DICIONÁRIO DE EXPRESSÕES
POPULARES DA LÍNGUA PORTUGUESA

DICIONÁRIO DE EXPRESSÕES POPULARES DA LÍNGUA PORTUGUESA

*Riqueza idiomática das frases verbais
Uma hiperoficina de gírias e outros
modismos luso-brasileiros*

João Gomes da Silveira

SÃO PAULO 2010

Copyright © 2010, Editora WMF Martins Fontes Ltda.,
São Paulo, para a presente edição.

1ª edição 2010

Acompanhamento editorial
Helena Guimarães Bittencourt
Preparação do original
Andréa Stahel M. da Silva
Revisões gráficas
Letícia Braun
Ana Maria de O. M. Barbosa
Edição de arte
Katia Harumi Terasaka
Produção gráfica
Geraldo Alves
Paginação/Fotolitos
Studio 3 Desenvolvimento Editorial

Dados Internacionais de Catalogação na Publicação (CIP)
(Câmara Brasileira do Livro, SP, Brasil)

Silveira, João Gomes da
  Dicionário de expressões populares da língua portuguesa :
riqueza idiomática das frases verbais : uma hiperoficina de
gírias e outros modismos luso-brasileiros / João Gomes da
Silveira. – São Paulo : Editora WMF Martins Fontes, 2010.

ISBN 978-85-7827-304-0

1. Português – Brasil – Expressões populares – Dicionários
I. Título.

10-06034   CDD-469.3

Índices para catálogo sistemático:
1. Brasil : Português : Expressões populares :
     Dicionários   469.3

Todos os direitos desta edição reservados à
Editora WMF Martins Fontes Ltda.
Rua Conselheiro Ramalho, 330 01325-000 São Paulo SP Brasil
Tel. (11) 3293.8125 Fax (11) 3101.1042
e-mail: info@wmfmartinsfontes.com.br http://www.wmfmartinsfontes.com.br

Dedicatórias

Antes que a memória se esvoace, qual ave de arribação, num eito de azul, ao sabor dos nordestes inclementes, quero *dedicar* homenagens, entre tantos que aqui deveriam constar, para...

— Antônio Martins Filho, *in memoriam*, eterno reitor e perene semeador de universidades, a quem nunca, uma única vez, por não tê-lo visto pessoalmente, dei "bom-dia";

— José Maria de Barros Pinho, professor, contista e poeta, ao qual vou dever sempre me ter mantido num emprego, até quando me solaparam a liberdade física, durante os "anos de chumbo";

— Antônio Luciano Pontes, Francisco Tarcísio Cavalcante, José Lemos Monteiro, Laura Tey, Luiz Marques de Sousa (este, carioca, *in memoriam*), Maria Aurora Rocha Costa, Maria Elias Soares, Maria Eurides Pitombeira de Freitas, Vicência Freitas Jaguaribe, professores – mestres e doutores – aos quais devo canudo de pós-graduado;

— Dr. Cid Sabóia de Carvalho, Narcélio Limaverde e Nonato Albuquerque, pedagogos maiores do rádio cearense, que me têm instruído nas suas diárias aulas radiofônicas, faz tantos anos;

— Francisco Auto Filho, jornalista e professor, *pena* e voz renitentes nos embates contra a ditadura, antes, durante e pós-64;

— Valter Pinheiro, professor, que, neste ensaio, norteou-me com críticas e sugestões valiosas;

— Adair, companhia de sempre, Carlos Frederico (o primogênito, *in memoriam*), Carlos Ernesto e Larissa Emília, filhos, solidários seres da convivência diária.

Agradecimentos

Este dicionário só pôde ser trazido a público mercê da determinação empreendedora da equipe de revisores e demais funcionários da Editora WMF Martins Fontes. A todos o meu sincero agradecimento.

Sou muito grato também a Paulo Calixto da Silva, executivo, em Recife, por sua manifestação em almejar ver este volume sair a público.

Deveras agradeço ao senhor Gabriel José da Costa, conceituado livreiro em Fortaleza, pelos incentivos e orientações que dele recebi, a fim de que pudesse levar a cabo esta manufatura escrita.

Meu reconhecimento a mestre Antônio Moreira da Silva, pedreiro, Péricles de Sá Roriz, amigo e exímio contador de anedotas, professora Sâmia Maia, doutora Sanny Mourão, minha benfeitora, na Fonoaudiologia, professor e advogado Pedro Aguiar Gomes, professora Maria do Livramento ("Menta") e universitária Euclêmia Ribeiro, que me deram subsídios interessantes sobre certas expressões.

Enfim, à Larissa Emília, filha prestimosa, pela mãozinha de ajuda na digitação, e ao amigo Fernando Mota, técnico em Informática, já pelos demais e preciosos quebra-galhos, quando o *camarada* PC empacava, meu imenso "Muito obrigado!"

"No princípio era o *Verbo*... "
(Jo 1, 1, in Bíblia Sagrada)

"Quem conta um
conto, acrescenta um ponto."
(Dito popular, in *Adagiário brasileiro*)

"Copiar um autor é plágio,
mas copiar muitos é fazer pesquisa."
(Isabel Allende, in *Aphrodite*)

"Uma língua que não se defende, morre."
(José Saramago, in *Bundas*)

"Estas expressões
não eu as inventei, *meu*!
Vêm das multidões."
(Haicai do autor)

Sumário

Nota introdutória (ou *Abrindo o verbo*)	**XIII**
Explicações prévias (ou *Pondo os pontos nos is*)	**XV**
Abreviaturas, siglas e convenções empregadas	**XIX**
Conclusão (ou *Botando a viola no saco*)	**XXI**
Dicionário de A a Z	**1**
BIBLIOGRAFIA	**929**
Referências bibliográficas	**941**

Nota introdutória (ou *Abrindo o verbo*)

Ganhem estas páginas edições sucessivas, ainda assim estarão deixando de registrar as últimas joias do saboroso e riquíssimo linguajar do povo. Gírias, lugares-comuns, calões, quaisquer desses fatos linguísticos, aos montões, surgem como a grama. E tiram prosa, à toa, para além dos espaços, nas esquinas do tempo.

Do contrário, ai deste simplório volume! Seria tal aqui se pôr um dique de opressão à caudal que correrá perene ao longo do vale do nosso idioma, como da mesma forma em qualquer língua viva do planeta.

O presente trabalho resulta numa *hiperoficina de gírias e outros modismos luso-brasileiros*. Ele traz à tona a inimaginável *riqueza idiomática* contida nas frases verbais.

Glossário monográfico, a rigor, o DICIONÁRIO DE EXPRESSÕES POPULARES DA LÍNGUA PORTUGUESA tem por fim explicar os significados de um campo específico, o das *frases verbais*. Tenta ser fiel ao nosso acervo idiomático. Restringe-se às expressões – ou *sintagmas*, como querem os linguistas – puramente *verbais*. Ou seja, tal fraseologia passa a ter vida própria a partir da classe gramatical dos verbos.

Por vezes, alguns *verbetes* poderão ir à quase exaustiva apresentação das várias versões, o que os torna ainda mais enriquecidos no terreno semântico. Suas frases foram meticulosamente recolhidas, sobretudo, dos dicionaristas e filólogos, dos estudiosos do folclore, dos meios de comunicação, da observação direta e das folhas da literatura luso-brasileira.

Quanto a ser um corolário de gírias, dialetos, calões, convencionalidades e modismos, alinhados em *frases feitas* e *lugares-comuns*, duvido que os escribas mais escorreitos – permitam uma vez só falar engrolado – já os não hajam experimentado, em consonância com o dialeto oral e popular.

Uma coisa, sem vulgaridade: a ausência de preconceito. O que se expressa em língua portuguesa, o *chulo* inclusive, por que iria eu escondê-lo? Mário Prata está com a razão: "... dicionário é dicionário". E este sempre deverá conter o *mais*.

A linguagem popular é um dom bem mais do domínio público que a de qualquer fachada que se pavoneia de *coisa pública*. Então, ouso repassar este *glossário* aos seus grandes e verdadeiros credores – a grei de usuários do idioma que falamos, tanto os companheiros daqui, do chão natal, quanto os falantes de além-mar.

Nota introdutória

Às vezes, por pedantismo, quantos de nós não estropiamos os estrangeirismos, ou macaqueamos sem conta alfarrábios já mofados?!

Por fim, metamos a mão na massa. Quero dizer, desejo-lhe, caro consulente, se não tão prazerosa mas com certeza ilustrativa viagem por este *corpus*[1] da linguagem que não inventei. Apenas tive a satisfação laboriosa de enfileirá-la no papel. E, prazer maior, cosê-la para todos, por tratar-se daquilo que a todos pertence.

---

1. *Corpus:* nada mais é que o "conjunto organizado de dados que servem de fundamento para uma descrição" (ALVES, Ieda Maria. *Neologismo*. São Paulo: Ática, 1990, p. 88).

Explicações prévias (ou *Pondo os pontos nos is*)

Aflorou-me a veneta de organizar este "expressionário" com alguns *objetivos*:

• **Apresentar expressões verbais de conteúdo idiomático**. Entenda-se como *expressão*, ou *locução*, o enunciado de duas ou mais palavras. Pode-se chamá-la teoricamente de *frase*. E *frase verbal*, ou *expressão verbal*, já que oriunda de um verbo, a excelência gramatical. Símbolo anteposto a ele: [•]. Quanto ao seu caráter *idiomático*, inferimos daquilo "cujo sentido não é transparente, isto é, que não pode ser compreendido somando-se os sentidos individuais dos elementos que o compõem" [TAGNIN, Stella Ortweiler. *Expressões idiomáticas e convencionais*. São Paulo: Ática, 1989, p. 83]. Assim, em *abotoar o paletó,* não se vá "traduzir" como *colocar os botões nas casas do traje masculino,* mas quer isto significar *morrer*. Aí está o objeto do que nos interessa – o jogo de cintura idiomático, o enfoque de onde predomina a convencionalidade. Em *quebrar a vidraça*, o fator metafórico inexiste. Aí há "sentido transparente", explícito, sem figuração alguma. Foge à seara do dizer idiomático. Este é rico em significados, tem sentido polissêmico, já que "possui vários sentidos" (cf. DUBOIS, Jean *et al. Dicionário de linguística*. São Paulo: Cultrix, 1993, s. v. "polissemia", p. 471).

• **Decodificá-las semanticamente**. Quer dizer, exprimi-las quanto aos seus *significados* possíveis, evidente que dentro de certa convencionalidade.

• **Associá-las à linguagem coloquial**. O filão linguístico, aqui, paira sobre todos os *lugares-comuns*, os *jargões*, por exemplo. Tanto as gírias mais recentes quanto aquelas *diacrônicas*, ou arcaicas. O que importa? Tudo está no universo pitoresco e popularesco das *frases feitas*, desde as mais reles até aquelas bem-comportadas. Do fundo do tempo, vêm as reminiscências, alusões históricas, mitológicas, religiosas, literárias etc. Como olvidar esse formidável oceano de falares?

• **Circunscrevê-las nacional e/ou regionalmente**. Mas atenção! Só com base em pistas ou dados inequívocos: *Lus., Alentejo; Bras., NE; Mad., Moç.* etc. As regiões (*S, SE, N, NE, Centro-Oeste*) designadas como local de origem das expressões referem-se sempre ao Brasil.

• **Subsidiá-las com informações e/ou exemplos**. Ícone norteador: [♦]. São *dicas* gramaticais ou de outros aspectos. **Exemplos**, quando expressos, surgem também como subsídios. Pequenos excertos literários, jornalísticos etc. Citações que comprovam a autenticidade das *frases verbais* em foco, lógico que em oposição a *frases* meramente *nominais*.

Há também algumas outras informações importantes para a compreensão da apresentação dos verbetes:

• *Expressões sinônimas* e *expressões variantes* têm o mesmo significado da expressão de entrada. A *variante*, na maioria das vezes, no entanto, é introduzida por um verbo diferente e tem o restante do corpo do sintagma igual ao da expressão de entrada.

• As *siglas* entre colchetes indicam as *fontes* ou *autores* consultados na feitura do(s) conceito(s) do verbete e também para as relações de sinonímia. Na Bibliografia (q. v.), tais convenções se acham em ordem alfabética e em *negrito*.

• O ícone [≠] indicará sempre expressão com entrada **negativa** ou, mais raramente, de natureza diversa. Ex.: ≠ **O pau comer na casa de noca**. Assim, só considerar a ordem alfabética a partir da presença verbal, ou seja, COMER NA CASA DE NOCA.

• Em inúmeros verbetes, surgem *exemplos* de outrem, recolhidos pela FONTE CONSULTADA, não por este *organizador*. Por vezes, eles ocorrem em casos de que até se dispõe da bibliografia. Essencial é que este guia, ou glossário, seja um texto expositivo. Daí virem anotados só o *autor* e sua respectiva *obra*, sem paginação da fonte. Procedeu-se assim por questão ética. O critério pode ser inusitado, todavia é o que bem ressoa à consciência. No papel de mero *organizador* deste *hipermercado* de expressões, sem veleidades maiores de originalidade, o procedimento, ainda que fuja à praxe acadêmica, imaginamos ser o mais fidedigno e/ou fiel à realidade.

• Algumas expressões podem também ser encontradas com algumas de suas palavras contraídas (por exemplo, "pra" em vez de "para", "u'a" em vez de "uma" etc.).

O livro se endereça a qualquer usuário de língua portuguesa. Especialmente, interessa ao falante nato de línguas estrangeiras. Apenas um naco de resgate do que andava à toa, por aí. Tem feição própria, é *sui generis*. Não se propõe ombrear nem competir com nenhum dos tantos e bons dicionários existentes. Não é repositório de sinônimos, apenas ensaio de abordagem específica. Para os que redigem, então, terá fins bastante pragmáticos.

Faço ainda uma advertência: caso o(a) consulente se oponha à presença da fraseologia *chula*, devotando-lhe aversão, mercê da inconveniência dos impropérios, por favor, queira ignorar tal seção "maldita". Passe por sobre tais vilões, aqui ou lá onde eles voltem a ocorrer. Contudo, em linguagem, há que não se desprezar o que vive submerso como contextura de um acervo cultural.

Que a teteia vire mistério fascinante. Reparto-a, de bom grado, com estudantes, professores, jornalistas, publicitários, redatores, estudiosos em geral. Enfim, seja ambrosia para os amigos que mais irão degustar folhas idiomáticas, à beira de suas escrivaninhas.

Abreviaturas, siglas e convenções empregadas

A.: autor
abon.: abonação; abonações
abr.: abril
abrev.: abreviatura
Açor.: Açores
adapt.: adaptação; adaptado
adj.: adjetivo
ago.: agosto
AL: Alagoas (Estado de)
AM: Amazonas (Estado do)
Ang.: Angola; angolanismo
ant.: antigo/a; antigamente
antôn.: antônimo
apresent.: apresentação
arc.: arcaico; arcaísmo
art.: artigo
A. T.: Antigo Testamento
atual.: atualizado/a
Autom.: Automobilismo
BA: Bahia (Estado da)
bras.: brasileiro; brasileirismo
cad.: caderno
Cand.: Candomblé
cap.: capítulo
Cf.: conferir; confrontar
cit.: citado/a (por)
col.: coluna
Col. Mil.: Colégio Militar
constr.: construção
crim.: criminoso/s
d.: dom
dep.: deputado
deprec.: depreciativo/a
der.: derivado/a
desp.: desporto, esportes
desus.: desusado/a
dez.: dezembro
DF: Distrito Federal
dial.: dialeto
dic.: dicionário
dr.: doutor
ed.: edição
Ed.: editora
encad.: encadernação
ES: Espírito Santo (Estado do)
esp.: espanhol
et al.: *et alii* (lat.), "e outros"
ex.: exemplo
expr.: expressão
fam.: familiar
fem.: feminino
fev.: fevereiro
fig.: figurado; figurativo
fil.: filológico/a
Fil.: Filologia
folh.: folheto
fr.: francês/-a (e plurais)
Fr.: Frei
fut.: futebol
gal.: galicismo
ger.: geral
gír.: gíria
GO: Goiás (Estado de)
gov.: governador
gr.: grego
Hip.: hipismo
ib.: *ibidem*, lat. (= no mesmo lugar)
id.: *idem*, lat. (= o/s mesmo/s)
i. e.: isto é (do lat. *id est*)
infant., inf.: infantil
Inform.: Informática
ingl.: inglês
irôn., iron.: irônico; ironicamente, ironia
it., ital.: italiano
jan.: janeiro
joc.: jocoso
jorn.: jornal; jornalismo
jul.: julho
jun.: junho
Jur.: Jurídico
lat.: latim; latino
ling.: linguagem, linguajar
loc.: locução
lus.: lusitano/a; lusitanismo
MA: Maranhão (Estado do)
Mad.: Madeira (Ilha da)
mar.: março
Mar.: Marinha
Mar. G.: Marinha de Guerra
Marinh.: Marinharia
masc.: masculino(s)
Mec.: Mecânica
MG: Minas Gerais (Estado de/das)
mil.: militar; militarismo
Mit.: Mitologia
Moç.: Moçambique; moçambicanismo
modern.: moderno/a; modernamente
m. q.: mesmo/a que
MS: Mato Grosso do Sul (Estado de/do)
MT: Mato Grosso (Estado de/do)
m. us.: mais usado/a
N: Norte
Náut.: Náutica
NE: Nordeste

Abreviaturas, siglas e convenções empregadas

N. T.: Novo Testamento
nov.: novembro
op. cit.: obra/s citada/s
or.: origem
org., organiz.: organizador; organização
out.: outubro
p.: página
PA: Pará (Estado do)
paral.: paralela/s (= variante/s)
Patol.: Patologia
PB: Paraíba (Estado da)
PE: Pernambuco (Estado de)
pe.: padre
pej.: pejorativo; pejorativamente
pess.: pessoa
p. ext.: por extensão
PI: Piauí (Estado do)
pl.: plural
pop.: popular/es
Port.: Portugal (uês/eses)
pp.: páginas
PR: Paraná (Estado do)
prep.: preposição
prov.: provérbio
Quimb.: Quimbanda
q. v.: *quod vide* (lat.); queira ver/ verificar
rel.: relativo/a
Rel.: Religião
rev.: revisado/a; revisto/a

RJ: Rio de Janeiro (Estado do)
RN: Rio Grande do Norte (Estado do)
RS: Rio Grande do Sul (Estado do)
S.: Sul; São (quando precedido de nome de pessoa)
SC: Santa Catarina (Estado de)
s/d: sem data
SE: Sergipe (Estado de)
séc.: século/s
set.: setembro
sic.: (*lat.*) "bem assim", como está; erro ou desvio gramatical; ling. coloquial, registro inusitado de ling.
sing.: singular
sin.: sinônimo/s
SP: São Paulo (Estado de)
s/p.: sem paginação
s. v.: *sub voce*: sob o verbete
tb.: também
Teatr.: Teatro
Tip.: Tipografia
TO: Tocantins (Estado de/do)
UFC: Universidade Federal do Ceará
Umb.: Umbanda
Univ.: Universidade
us.: usado/a (e pl.)
v.: verbo
var.: variante/s

Conclusão (ou *Botando a viola no saco*)

O teor deste dicionário pretendeu ser um tributo à extensão dos significados do *verbo*, através de *expressões idiomáticas*, ou quase idiomáticas, mas puramente expressões verbais. Eis por que elegemos o *verbo* como o "mocinho do filme", e não outra classe gramatical, colocando-o como referência de abertura em cada bloco de expressões. Em sua essência, rigorosamente, o todo da *hiperoficina* enfeixa um tomo de conteúdo polissêmico, farto cabedal de significados múltiplos e variados.

Bom, razoável ou apenas medíocre, o dicionário, ou *glossário*, sob formato de *frases* (feitas) *verbais*, que ora vai levado a lume, é, sem lambança alguma, uma fonte fiel, fidelíssima, porquanto trigo, e não joio, colhido às espigas, no campo do próprio trigal. Não é apenas o maior, também não é o melhor trabalho do gênero, porém, quanto à sua essência, ele é simplesmente único.

Fonte fidedigna, pois não, já que o único compromisso assumido ao alinhavá-la, em letras de forma, foi o de dar um testemunho dos fatos meramente linguísticos, com feições e conotações essencialmente populares, sobretudo com ênfase na oralidade.

Fortaleza, 2010
J.G.S.

Bate-papo com José Saramago, escritor português e Prêmio Nobel de Literatura, às 14h (horário do Brasil) do dia 27 de fevereiro de 2001, direto da Cidade do México, pela internet, no sítio www.elfoco.com:

J. G. da Silveira:
Vi muitas expressões populares, do tipo idiomáticas, em seus livros. Acha válido que, em linguagem mais estilizada, por exemplo, na poesia, também se faça uso desse mundo de clichês, gírias e frases feitas?

José Saramago:
Todo lo que se ha dicho alguna vez se puede repetir adaptándolo a cada momento en que se usa; un refrán de un tiempo pasado, utilizado literariamente hoy, no tiene el mismo sentido.

a

Abafar

Abafar a banca *Bras., gír.* **1.** Ganhar no jogo todo o dinheiro do banqueiro. **2.** Sair-se bem numa empresa; fazer algo extraordinário; obter sucesso absoluto, admiração geral; colocar-se acima de todos, em primeiro lugar; ir além da expectativa; vencer totalmente, com distinção; destacar-se; sobressair; suplantar; sobrepujar; dominar; triunfar; abafar: "Que filho da puta inteligente! Abre a boca e abafa a banca" (Eneida, *Boa-noite, professor*, p. 33). [ABH/AC/AN/CPL/GAS/MPa/OB/RG/TC]. Para saber mais, ver LCCa, p. 57.

Sin. (1): *levar a banca à glória*

Abafar alguém Tirar a vida a alguém (estrangulando-o, afogando-o) [GAS].

Abafar a palhinha *Lus., chulo.* Praticar o coito anal [GAS].

Abafar o caso Esconder: "Vamos abafar o caso. Será melhor pra todo mundo" [JB].

Abafar o riso Fazer esforço para não rir [GAS].

Var.: *sufocar o riso*

Abafar tudo Açambarcar [OB].

Abafar um processo Não dar seguimento a algo [FF].

Abaganhar

Abaganhar a azeitona *Lus., gír.* Agarrar; catrafilar [FF]. ♦ Abaganhar, em FSB, significa "deitar baga", "começar a frutificar". Diz-se do linho viçoso: "o linho abagou [ou abaganhou] bem".

Abagunçar

Abagunçar o coreto Desorganizar: "Não vai abagunçar o meu coreto, parceiro, pois eu não gosto" [JB].

Var.: *bagunçar o coreto* (1)

Abaixar

Ver tb. BAIXAR

Abaixar a cabeça a alguém Reconhecer a superioridade de alguém [AN].

Abaixar o diapasão Ver *abater a grimpa*

Abaixar o mealheiro *Bras., BA.* Soltar grana; liberar dinheiro [NL].

Abaixar o muro *Lus.* Humilhar [GAS].

Abalar

Abalar as estruturas 1. Arrasar: "Vou abalar as estruturas deste pessoal com um arraso geral". **2.** Mexer com os sentimentos de uma pessoa: "Vou abalar as estruturas da moça" [JB].

Abalar bangu *Bras., gír.* Fazer sucesso, surpreender: "A Clarinha abalou bangu, gente, fez o maior *su*" [JB].

Abalar em fuga Fugir: "Um abalou em fuga, o adversário pôs-se-lhe na pegada, alcançou-o..." (Coelho Neto, *O rei negro*) [ECS].

Abalar o sistema *Bras., gír. funk.* Fazer bonito: "O pessoal abalou o sistema, pagou geral" [JB].

Abanar

Abanar alguém *Lus.* Procurar demover alguém da ideia ou do propósito em que está; procurar que alguém atue [GAS].

Abanar a(s) orelha(s) Não se mostrar disposto a fazer o que se pede; não querer; não consentir; não anuir; recusar [AN/FF/GAS].

Abanar as tranças *Bras., RS.* Fazer coisas livremente, de maneira irresponsável.

Expr. m. us. em referência a gente jovem, em especial a moças [LAF/LAFa].

Abanar o capacete *Lus.* Diz-se de dança moderna em que os dançarinos estão frente a frente, muito perto, mexendo-se ambos ao ritmo da música [GAS].

Abanar o rabo Oferecer-se; agradar: "O puxa-saco vive abanando o rabo, arreganhando-se todo" [JB].
Var.: *abanar o rabo e fazer festa*

Abanar o rabo e fazer festa Agradar: "Todo cagueta vive abanando o rabo e fazendo festa. É uma merda" [JB].
Var.: *abanar o rabo*

Abanar os queixos Bras., gír. Contar vantagem: "O vagabundo tava abanando os queixos, arrotando o que não tem" [JB].

Abanar os queixos de alguém Bras., CE. Falar em tom provocativo a alguém, agitando a(s) mão(s) perto do rosto do interlocutor, o qual se deve considerar insultado – gesto que equivale a um desafio à luta corporal e exige sempre enérgico revide; insultar ou provocar alguém, agitando a mão perto do rosto da pessoa [AN/FS/LM/RG].

Abandonar-se

Abandonar-se aos excessos da cólera Entregar-se à cólera; ficar com muita raiva [FF].

Abarcar

Abarcar o mundo com as mãos Querer tudo ao mesmo tempo [AC].

Abarcar o mundo com as mãos ambas Lus. Querer fazer tudo sozinho; querer tudo para si; fazer tudo ao mesmo tempo; ser muito ambicioso; querer tudo ao mesmo tempo [GAS].

Abarcar o mundo com as pernas Empreender muitas coisas simultaneamente; querer obter mais do que é possível; ter pretensões inexequíveis; querer tudo ao mesmo tempo; querer fazer tudo; entregar-se a tarefas várias e de execução pouco provável; empenhar-se em vários negócios ao mesmo tempo; querer tudo ao mesmo tempo; querer fazer tudo sozinho; querer mais do que o razoável; querer ganhar tudo: "Efetuei transações arriscadas, endividei-me, importei maquinismos e não prestei atenção aos que me censuravam por querer abarcar o mundo com as pernas" (Graciliano Ramos, *São Bernardo*, p. 38); "Também pudera, você quer abarcar o mundo com as pernas!" [ABH/AN/CA/FF/FSB/JB/LM/TC].
Var.: *abraçar o mundo com as pernas*

Abastecer

Abastecer a caveira Bras., gír. Beber: "Vamos abastecer a caveira e falar de futebol e mulher" [JB].

Abater

Abater a grimpa Humilhar(-se); sujeitar(-se); submeter(-se); acovardar(-se); calar-se; reconhecer-se vencido; render(-se); admitir que errou; abater a prosápia; abater a vaidade, a presunção; baixar as pretensões; perder a fama, o orgulho; aceitar uma admoestação; tornar(-se) manso, cordato, acessível; tirar a prosa; desmoralizar alguém com muita energia, fazendo-o calar-se [ABH/AJO/AN/FS/GAS/TC].
Sin.: *abaixar o diapasão, abater a proa,* (lus.) *abater os fumos, baixar a crista, baixar a pancada, baixar a proa, curvar a cerviz*
Var.: *baixar/abaixar a grimpa*

Abater a proa Ver *abater a grimpa*

Abater os fumos Ver *abater a grimpa*

Abdicar

Abdicar de um direito Renunciar a um direito; desistir de um direito [FF].

Abilolar

Abilolar de vez Endoidar: "O cara abilolou de vez, danou-se" [JB].

Abismar-se

Abismar-se na abjeção Perder-se moralmente; arruinar-se [FF].

Abocanhar

Abocanhar na reputação de alguém Difamar alguém [FF].

Abocanhar uma fatia Conquistar um pedaço ou uma parte: "Quero abocanhar uma fatia deste negócio" [JB].

Abotoar

Abotoar o paletó *Bras., gír.* **1.** Morrer; esticar: "Quero continuar sendo o que sou, até abotoar o paletó" (Aírton Monte, *O Povo*, 16/9/98, p. 2B); "Fumantes abotoam o paletó mais cedo" (*Jornal da Rua*, 29/6/99, p. 3). **2.** Matar: "Vou mandar abotoar o paletó do dedo-duro, pra nunca mais entregar os amigos" [ABH/CGP/FSB/JB/JIF/RMJ/TGa].
Sin. (1): *bater a(s) bota(s)*
Var.: *fechar o paletó*

Abraçar

Abraçar o céu com as mãos ambas *Lus.* Querer tudo para si [GAS].

Abraçar o lado *Bras., RS.* Encarar ou assumir (a questão, a tarefa, a bronca) [LAF].

Abraçar uma doutrina Seguir, adotar uma doutrina [FF].

Abrandar

Abrandar o coração de alguém Dispor alguém para praticar uma boa ação, perdoar, dar auxílio etc. [AN].

Abrasar

Abrasar a caldeira *Mad.* Embriagar-se [GAS].

Abrir(-se)

Abrir a alma Expandir os sentimentos; abrir o coração; desabafar: "Já vai longe a história que me interessa esclarecer – sua participação nas ações armadas contra a ditadura militar –, mas, à medida que ela vai abrindo a alma, esse espaço de tempo parece não contar" (Luiz Maklouf Carvalho, *Mulheres que foram à luta armada*, p. 22) [ABH].

Abrir a barba *Bras., RS.* Ir embora [AJO].

Abrir a boca 1. Revelar algo; delatar; denunciar. **2.** Começar a falar; conversar; dizer ou revelar o segredo: "Outra vez ninguém abriu a boca. Aí Zeferino Bento, dono de muito casco e chifre de boi, perdeu as boas educações de berço e soltou a língua..." (José Cândido de Carvalho, *Porque Lulu Bergantim não atravessou o Rubicon*, p. 44). – M. us. negativamente. **3.** Chorar; gritar [ABH/AJO/AN/GAS/OB/TC].
Sin. (1) e (2): *abrir o bico/biquinho* (1)

≠ **Não abrir a boca** Não falar; manter-se em silêncio [FF/GAS].

Abrir a boca e sair asneira Dizer parvoíces (tolices), coisas sem nexo [GAS].

Abrir a boca no mundo 1. Gritar; clamar; berrar; protestar; pedir socorro: "Vitorino não deu tempo porque abriu logo a boca no mundo: – É isto, meu compadre. Para me levar preso só mesmo um batalhão" (José Lins do Rego, *Fogo morto*, p. 204). **2.** Propalar boato ou mentira [RG/TC].
Var. (1) (2): *assentar a boca no mundo, botar a boca no mundo* (1), *pôr a boca no mundo* (1) (2)
Var. (1): *soltar a boca no mundo*

Abrir a bolsa Ter de pagar; dispor-se a gastar; pagar; pagar as despesas [AN/GAS].
Var.: *puxar da bolsa*

Abrir a caixa de conversa *Bras., gír.* Falar: "Vais abrir a caixa de conversa, malandrão?" [JB].

Abrir a caixa de ferradura *Bras., gír.* Bater; agredir: "Vou abrir a caixa de ferradura se me encherem o saco" [JB].
Var.: *abrir a caixa de ferramenta(s)* (1)

Abrir a caixa de ferramenta(s) *Bras., gír.* **1.** Bater; agredir: "O cidadão quer abrir a caixa de ferramenta. Cuidado quele (*sic*) bate muito". **2.** *Desp.* Investir violentamente de chuteira sobre um adversário sem bola [HM/JB].
Sin. (2): *mostrar (todas) as ferramentas*
Var. (1): *abrir a caixa de ferradura*

Abrir a caixa de pancada Agredir: "Vou abrir a caixa de pancada se este porra encher o saco" [JB].
Var.: *abrir a caixa de porrada*

Abrir a caixa de porrada Agredir: "Pô, não enche, senão abro a caixa de porrada" [JB].
Var.: *abrir a caixa de pancada*

Abrir a cancela Descompor [AN].

Abrir a contagem *Desp*. Fazer o primeiro gol ou marcar o primeiro ponto em partidas desportivas [GAS/HM].

Sin.: *abrir o marcador, abrir o placar*

Abrir a goela 1. *Bras., CE*. Gritar. **2.** *Bras., RS*. Cantar [LAF/RG].

Sin.: *abrir os peitos* (1)

Abrir a graxeira *Bras., RS*. **1.** Começar a falar tudo o que sabe. **2.** Gritar [LAF].

Abrir a guarda Deixar-se surpreender: "Cuidado, cara, para não abrir a guarda. Vai se dar mal" [JB].

Abrir alas Formarem-se pessoas em fileiras, frente a frente, para que passe alguém entre elas: "As árvores, despidas de folhas, reduzidas aos esqueletos, enfileiradas nas orlas do caminho, pareciam que abriam alas a um préstito fúnebre" (Rodolfo Teófilo, *A fome*, p. 47) [ABH].

Abrir a mão Soltar dinheiro; subornar; peitar; dar agrados, gorjetas, facilitando a pretensão, burlando a lei: "O negócio estava escuro mas ele abriu a mão, e tudo clareou" [CGP/LCCa].

Sin.: *dar bola* (3)

Var.: (ant.) *pender a mão*

Abrir a mesa *Umb*. Ato de adivinhar para resolver os problemas de um consulente, realizado com o auxílio de búzios lançados sobre a mesa, perto de um copo de água e uma vela acesa. Quem o faz, geralmente, é um pai ou mãe de santo [OGC].

Abrir a parada Ver *abrir o jogo* (6)

Abrir a perna *Bras., RS*. Sair de cima do cavalo quando ele roda [AJO].

Abrir a(s) porta(s) Dar facilidade ou ocasião; franquear o acesso; favorecer ensejo; possibilitar [AN/FF/GAS].

Abrir a porteira 1. Aprovar sem exceção em exame, deixando todos os ignorantes passar. **2.** *Desp*. Ser compelido a abandonar a estratégia da defesa cerrada e partir para o ataque ao sofrer um gol, abrindo espaço ao time adversário [AN/HM].

Var. (1): *abrir a porteira para a manada passar*

Abrir a questão Dar aos sequazes a liberdade de votar como quiserem [AN].

Abrir (o) arco *Bras., pop*. Fugir; retirar-se em debandada [ABH/AC/AN/RMJ].

Sin.: *dar às de vila-diogo*

Var.: *meter o arco*

Abrir as comportas 1. Refere-se às situações em que alguém abre a boca e fala demais; falar demais; só dizer asneiras. Há loc. idêntica em fr.: *ouvrir les écluses*. **2.** Escancarar; abrir espaço: "O chefe abriu as comportas e onde passa um boi passa uma boiada" [GAS/JB/RMJ].

Sin. (1): *abrir a torneira, abrir o dique*

Abrir as goelas Pôr-se a gritar ou a cantar em voz muito alta [GAS].

Abrir as ideias 1. Ingerir bebidas alcoólicas. **2.** Aclarar as ideias; raciocinar; compreender melhor: "Cravino aconselhou o tesoureiro de Obras e Orçamento a abrir as ideias com um polidor de garganta" (José Cândido de Carvalho, *Porque Lulu Bergantim não atravessou o Rubicon*, p. 39) [GAS/TC].

Abrir as pernas 1. *Bras., chulo*. Entregar-se fisicamente (a mulher); copular; dar o sexo. **2.** *Bras., p. ext*. Ceder, transigir, sob pressão; capitular, acovardar-se; deixar passar tudo: "A Bahia abriu as pernas para a Ford: 2,1 milhões de..." (Sérgio Macedo, *Bundas*, 6/9/99, p. 29); "O cara abriu as pernas, foi aquele maná". **3.** *Bras., desp*. Jogar mal de propósito, para que o adversário ganhe; facilitar o jogo para o adversário; deixar a jogada seguir, sem nada fazer para impedi-la. **4.** Interpor-se entre um adversário e o companheiro que vai chutar, iludindo aquele ao deixar a bola passar. [ABH/GM/HM/JB/MSM].

Abrir as pregas *Chulo*. Fazer sexo anal: "O viadão (*sic*) abriu as pregas e agasalhou" [JB].

Var.: *abrir as pregas do brioco, abrir as pregas do buraco*

Abrir as pregas do brioco *Chulo*. Fazer sexo anal: "O viadão (*sic*) abriu as pregas do brioco e sentou no croquete" [JB].

Var.: *abrir as pregas*

Abrir as pregas do buraco *Chulo*. Fazer sexo anal: "A bichona abriu as pregas do buraco e agasalhou um trambulhetão" [JB].
Var.: *abrir as pregas*

Abrir as tesouras Andar depressa [GAS].

Abrir a temporada de caça Começar a investigar uma questão ou assunto: "Vamos abrir a temporada de caça e ver quem tem garrafas pra vender" [JB].

Abrir a toca *Umb*. Dar início à sessão de culto. Expr. empregada em cultos mistos, com elementos das camadas sociais mais baixas [OGC].

Abrir a torneira 1. Falar muito. **2.** *Fig.* Começar a conversar, a contar estórias, a mentir, a cortar a vida alheia etc.: "Seu Libório cantador e o cego preto Firmino juraram que estavam atentos. E Alexandre abriu a torneira..." (Graciliano Ramos, *Alexandre e outros heróis*, p. 15) [GAS/RMJ].
Sin.: *abrir as comportas* (1)
Var.: *abrir a torneira das bobagens*

Abrir banca Estabelecer um escritório de advocacia [GAS].

Abrir boqueirão *Bras., RS*. Tirar grande distância, em corridas de cavalo, entre o primeiro e o segundo colocado [AJO].
Sin.: *abrir luz*

Abrir brecha 1. Romper muralha, trincheira, linha inimiga. **2.** *Fig.* Causar grande dano; infringir; deixar de se esforçar, causando prejuízo no empreendimento [AN/GAS].

Abrir caminho Ir à frente em alguma atividade; ser paladino de algo; entrar, rompendo ou penetrando, em geral com algum esforço; iniciar: "As adolescentes abrem caminho para Benjamim em direção ao grande palco no fundo do pavilhão, onde um homem com microfone puxa aplausos para cinco moças idênticas, vestidas de boneca" (Chico Buarque de Holanda, *Benjamim*, p. 42); "E separando todas pode jogar umas cinco vezes, meia dúzia, que abre caminho ali e não sobra nada" (João Ubaldo Ribeiro, *Sargento Getúlio*, p. 137); "O menino foi abrindo caminho entre pernas e braços de móveis, contorna aqui, esbarra mais adiante" (Carlos Drummond de Andrade, *Contos de aprendiz*, p. 34) [AN/GAS].

Abrir campo fora *Bras., RS*. Sair da pista durante a corrida [AJO].

Abrir (a) cancha *Bras., S*. Dar lugar, oportunidade; dar passagem; franquear; deixar alguém passar; desimpedir o trânsito; abrir espaço: "Vou abrir cancha pra ele, mas só uma vezinha" [ABH/AC/AJO/AN/FF/JB].

Abrir (de) carreira Fugir desabaladamente; fugir; correr [FF/FS/TC].
Var.: *desabar na carreira, desguiar na carreira*

Abrir da parada Ver *abrir de/do/o chambre*

Abrir de banda/bandinha 1. Desviar-se, mudando de rumo: "Os animais rebelaram-se e abriram de banda" (Sinval Sá, *O sanfoneiro do riacho da Brígida*). **2.** Escafeder-se; sair; fugir, retirar-se, evitando a continuação da briga, da discussão [TC].

Abrir de/do/o chambre *Bras., NE, pop*. Fugir; correr; escapulir; escafeder-se; evadir-se; abandonar a luta; desaparecer; sumir sem deixar vestígio [ABH/AC/AJO/AN/DVF/ECS/FF/FN/FNa/FS/FSB/Gl/LM/RG]. Ver tb. LCCa, pp. 112-3; ver Rodolfo Garcia, *Dic. de brasileirismos*.
Sin.: *abrir da parada, abrir o pala, cagar fogo, cair no bredo, danar-se no/pelo mundo, dar às de vila-diogo, dar o pira, desatar o punho da rede, pegar a reta* (4), *virar bosta d'alma*

Abrir do olho *Bras*. Prevenir; advertir: "Eu sou sua amiga e queria lhe abrir do olho por mode que tem um bocado de cabra ruim por aqui e a gente pensa que é um cordeirinho..." (AS, pp. 105-6).
Var.: *abrir o olho* (2), *abrir os olhos* (1)

Abrir do(s) pau(s) *Bras., CE*. Correr da briga; amarelar; fugir; sumir: "O cara abriu dos paus, tomou doril, sumiu" [CGP/JB/MGa/ TGa].
Var.: *abrir no oco do mundo*

Abrir dos peitos 1. *Bras*. Arriar a carga; ter canseira ou aguamento; ficar estro-

Abrir(-se)

piado; cansar, enfraquecer, perder as forças, afrouxar, amolecer, arrebentar(-se), por excesso de esforço; praticar esforço demasiado, a ponto de alquebrar a pessoa. **2.** *Bras., NE* e *PA*. Dar mais do que se esperava, exceder-se em esforço ou em liberalidade; praticar generosidade excessiva, causando admiração; praticar um ato imprevisto de generosidade, fora dos hábitos ou contra a expectativa geral; tornar-se generoso: "... pode confiar no portador, que é amigo do peito do Profeta. Pode abrir dos peitos para ele" (Aníbal Bonavides, *As profecias do Arquimedes*, p. 227); "Lá na Torre, estaremos todos em casa. Podemos abrir dos peitos e dizer tudo o que pensamos" (*Id., ib.*, p. 305); "Ele resolveu abrir dos peitos e pagou a despesa de todo mundo" [ABH/AC/AN/FF/FN/FS/LM/RG/TC].

Abrir fogo Atirar; fazer fuzilaria: "Um homem armado abriu fogo ontem num prédio de escritórios da localidade de Pelham e matou três pessoas..." (*Jornal da Rua*, 6/8/99, p. 8).

Var.: *tocar fogo* (2)

Abrir luz Ver *abrir boqueirão*

Abrir mão da rapadura Desistir: "Não vou abrir mão da rapadura, não sou de largar o osso com facilidade" [JB].

Abrir mão de Condescender; facilitar; dispensar; ceder; desistir em favor de outrem; concordar; largar; deixar; desamparar; pôr de parte; desistir de; desabrir mão de; renunciar a: "Perplexo com a minha atitude, nunca discrepante das decisões aceitas pela coletividade, o reverendo deu largas à humildade e abriu mão do batismo" (Murilo Rubião, *O pirotécnico Zacarias*, p. 60) [ABH/AC/AN/FF/FSB/GAS/OB/TC].

Var.: *desabrir mão de*

Abrir na buraqueira *Bras*. Sumir: "Abri na buraqueira, me escafedi" [JB].

≠ **Não abrir nem para o trem** Reforçar a coragem que não possui; exibir-se diante das pessoas a quem se deseja infundir medo: "Comigo pão é pão, queijo é queijo, não temo nada e não abro nem para o trem" [RBA].

Abrir no mundo *Bras., NE, pop*. Ir embora; ir para lugar bem longe, desconhecido; fugir; retirar-se apressadamente: "Entrou de porta adentro, sem dar uma palavra, e atirou. Depois saltou no cavalo e abriu no mundo" (Fontes Ibiapina, *Congresso de duendes*); "Se não estava com os que ficaram é porque abrira no mundo" (Nelly Cordes, *O rei dos cangaceiros*) [ABH/AN/CGP/FF/GAS/TC].

Sin.: (MG) *abrir (n)o pé, dar às de vila-diogo*

Var.: *abrir o pé no mundo, pôr-se/quebrar no mundo*

Abrir no oco do mundo Ver *abrir do(s) pau(s)*

Abrir o açougue *Bras., RS, desp., gír*. Diz-se "quando acontece o primeiro lance meio criminoso (contra o nosso time, em especial), com dano ou expectativa de dano físico" [LAF].

Abrir o apetite Estimular a vontade: "– O senhor toma um gole pra abrir o apetite?" (Ivan José de Azevedo Pontes, *As outras pessoas*, p. 59) [GAS].

Abrir o balaio *Chulo*. **1.** Copular no sábado de aleluia, após o jejum carnal do dia anterior, sexta-feira santa (ver Edison Carneiro, *A ling. popular da Bahia*). **2.** Retomar, a viúva, a atividade sexual depois do luto (ver Euclides Neto, *Dic. das roças de cacau e arredores*) [FNa/MSM].

Abrir (n)o berreiro *Bras., pop*. **1.** Chorar muito: "O general Cândido Vargas Freire não conseguiu conter as lágrimas e abriu o berreiro no momento em que fazia o discurso de despedida da Secretaria de Segurança Pública e Defesa da Cidadania" (*Jornal da Rua*, 7/1/99, p. 10); "O guri abriu o berreiro". **2.** Falar mal: "Creonte: (...) Já não posso mais combater / que essa mulher fique abrindo o berrreiro / contra mim" (Chico Buarque & Paulo Pontes, *Gota d'água*, p. 96); "Egeu: (...) a agredir, xingar, abrir o berreiro / em tudo que é esquina..." (*Id., ib.*, p. 111) [ABH/JB].

Sin.: *abrir o berro*

Sin. (1): *abrir o bué, abrir (n)o eco*

Abrir(-se)

Abrir o berro *Bras., pop.* **1.** Chorar muito: "Para de abrir o berro, garoto chato". **2.** Falar mal [JB].
Sin.: *abrir (n)o berreiro*

Abrir o bico/biquinho *Bras., gír.* **1.** Falar; delatar, denunciar; contar; confessar; revelar (ou descobrir) um segredo; falar o que não deve, o que não pode ser revelado: "Se abrisse o bico, ouviria do Robertinho a palavra 'cagueta', que é o que mais dói para um malandro" (João Antônio, *Malagueta, Perus & Bacanaço*, p. 71); "O alemão está apanhando há três semanas como um cão danado e não abriu o bico. Nem ele nem a mulher" (Fernando Morais, *Olga*, p. 110); "Tasso Jereissati (...), não anunciou coisa alguma de novo ao abrir o biquinho sobre a novelinha sucessória estadual" (Sônia Pinheiro, *O Povo*, 27/1/98, p. 3B). **2.** Dar (o atleta) mostras de cansaço; manifestar cansaço: "Depois de meia dúzia de anos de lidar com maquinaria, Gesteira abriu o bico" (José Cândido de Carvalho, *Olha para o céu, Frederico!*, p. 47) [ABF/ABH/AN/FF/GAS/GS/HM/JB/OB/RG/TC].
Sin. (1): *abrir a boca* (1) (2), *abrir o bocão* (3), *bater com a língua nos dentes, romper o silêncio*
Sin. (2): *perder o gás*
Var. (1) e (2): *bater o bico*
Var. (1): (lus.) *abrir bico*

Abrir o bocão 1. Pronunciar coisa que ainda não está certa. **2.** Pôr-se a gritar bem alto. **3.** Bisbilhotar [GS].
Sin. (3): *abrir o bico/biquinho, bater/dar com a língua nos dentes*

Abrir o bué *Bras., pop.* Chorar: "Margarida abriu o bué, perdendo-se, em seguida, em convulsões de tosse" (Humberto Crispim Borges, *Chico Melancolia*) [ABH].
Sin.: *abrir (n)o berreiro* (1)

Abrir o cadeado Falar: "O malandro abriu o cadeado e deu uma de dedo de gesso, entregando a rapaziada" [JB].

Abrir o cavalo *Bras., Umb.* Mandar alguém retirar o que disse. – Cavalo, não o animal, na umbanda, é o médium possuído pelo orixá; aparelho [ABH/AJO/AN].

Abrir o compasso 1. *Desp.* Esticar a perna para alcançar a bola (no futebol); afastar as pernas o máximo possível, na tentativa de alcançar a bola: "O Tecão abriu o compasso e mandou o Aladim pro espaço". **2.** Começar a andar mais depressa [GAS/HM/JB].

Abrir o coração Revelar os sentimentos com toda a lealdade; mostrar o que sente; abrir-se; desabafar(-se): "Isto porque, o único disponível, o padre Severo, vigário de Luiziânia, é muito conhecido meu demais para com ele abrir o coração" (Darcy Ribeiro, *O mulo*, p. 14); "Já que as pompas do meu mundo estão acabando como poeira de estrelas (vejam como acabei, cronista de uma revista bunda!) vou abrir meu coração. O velho Natã está triste" (Nataniel Jebão, *Bundas*, 5/7/99, p. 31) [ABH/AN/CLG/GAS].

Abrir o dique Ver *abrir as comportas* (1)

Abrir (n)o eco *Bras., NE, pop.* Gritar, bradar, berrar; começar a chorar muito alto; fazer um berreiro (criança): "Outro dia abriu o eco aí feito louco porque outro carreiro furou o boi com ferrão" (Permínio Asfora, *Vento Nordeste*) [ABH/AN/TC].
Sin.: *abrir (n)o berreiro* (1)

Abrir o ganho *Lus.* **1.** Barafustar; fazer algazarra. **2.** *Douro.* Gritar [GAS].

Abrir o gás *Bras., gír.* **1.** Correr; fugir; ir embora; se mandar (*sic*): "O Matias abriu o gás e se escafedeu." **2.** *Desp.* Liberar todas as energias para decidir o jogo em lances rápidos [FN/HM/JB/NL].

Abrir o gongá *Umb.* O médium que já tem conhecimentos para ser pai ou mãe de santo pode abrir seu gongá, i. e., ter em sua casa um peji (altar, gongá) e aí "receber" seus Guias e dar consultas, com apenas um cambono, ou com dois ou três médiuns. Para abrir um terreiro são necessários pelo menos 16 médiuns, além dos auxiliares [OGC].

Abrir o jogo 1. *Bras., gír.* Revelar algo que está em segredo; tornar públicas atitudes ocultas; falar com toda a franqueza;

Abrir(-se)

dizer a verdade; falar às claras, desvendar implícitos; abrir: "Aí eu podia ser honesto, abrir o jogo, sair de casa, viver minha vida" (Ana Maria Machado, *Alice e Ulisses*, p. 52); "Apelar para alguém, pedir socorro. Abrir o jogo com o sócio. Com a mulher" (Otto Lara Resende, *O elo partido e outras histórias*, p. 46); "Barba Rala resolveu abrir o jogo. Contar tudo" (Plínio Cabral, *O mistério dos desaparecidos*, p. 30); "Por favor, já não somos mais crianças, acho melhor abrir o jogo". **2.** *Desp.* Começar a fazer o jogo pelos extremos do campo; mudar o jogo para as laterais. **3.** Atacar pelas extremidades. **4.** Demonstrar desinteresse pela partida. **5.** Facilitar aproximação e entendimento através de suborno. **6.** *Bras., RS.* Desfazer a aposta tratada na carreira ou na rinha de galo [ABH/AJO/FNa/GAS/HM/JB/JF/LAF/NL].

Sin. (1): (BA) *arriar o balaio, bater com a língua nos dentes, botar as cartas na mesa*

Sin. (6): *abrir a parada*

Abrir olhos grandes Olhar espantado; ficar pasmado [AN].

Abrir o livreto Injuriar; descompor [GS].

Abrir o livro 1. Passar uma descompostura; altercar; discutir; injuriar; descompor. **2.** Começar a discorrer sobre qualquer assunto. **3.** *Bras., gír.* Mostrar tudo; falar demais; revelar tudo o que se sabe: "Vamos abrir o livro e botar tudo em pratos limpos pra alegrar a galera" [AN/GAS/JB].

Sin. (3): *despejar o saco*

Abrir o marcador *Desp.* Marcar o primeiro gol ou o primeiro ponto da partida; inaugurar o placar com o primeiro gol da partida [HM].

Sin.: *abrir a contagem*
Var.: *inaugurar/movimentar o marcador*

Abrir o mote Iniciar o assunto [GS].

Abrir o olho 1. Olhar bem; tomar cuidado com certas atitudes; tomar cuidado para não ser enganado; ficar de sobreaviso; perceber; despertar; precaver-se: "O Capitão Antônio Silvino que abra o olho. A coisa está apertando" (José Lins do Rego, *Fogo morto*, p. 67); "Abra o olho, cara, tão dando em cima da tua mulher". **2.** Aconselhar; prevenir; advertir: "Todo mundo me abriu o olho" (Sabino Campos, *Catimbó*) [AJO/AN/JB/TC].

Var.: *abrir do olho, abrir os olhos* (1)

Abrir o pala *Bras., S, RS, pop.* Correr; fugir. – Pala é um poncho (tipo de vestimenta) de pontas franjadas [ABH/AJO/AN/FF].

Sin.: *abrir de/do/o chambre*

Abrir o par de queixos 1. Chorar alto: "Abriu o par de queixos e foi logo berrando" (Luís da Câmara Cascudo, *Folclore do Brasil*). **2.** Gritar bem alto. **3.** Soltar uma gargalhada; rir com espalhafato: "É mostrar satisfação, mas sem exagero de abrir o par de queixo (*sic*) e ficar soltando risada de traque..." (*Id.*, *Nó na língua*, p. 124) [TC].

Sin. (3): *cair na gaitada*

Abrir (n)o pé Ver *abrir no mundo*

Abrir o peito 1. Entisicar; tuberculizar. – Diz-se que um indivíduo se acha "com o peito aberto", no meio rural ou inculto, quando, ao sentir ele dores esternais ou precordiais, tem a impressão de que sofreu qualquer desarticulação na parte anterior do tórax ou deslocamento de órgão contido na caixa torácica, em geral consequente a um jeito ou torcedura. **2.** Contrair grande amizade; revelar os sentimentos com toda a lealdade. **3.** *Bras., RS.* Cantar [ABH/AJO/AN/FS/FSB/GAS].

Abrir o placar *Desp.* Marcar o primeiro gol ou o primeiro ponto da partida [HM].

Sin.: *abrir a contagem*
Var.: *inaugurar o placar*

Abrir o pulso *Bras., RS.* Por excesso de esforço, dar mau jeito no pulso [AJO].

Abrir os braços 1. Receber ou acolher bem, com satisfação, com amizade; chamar a si; acolher. **2.** Assistir, auxiliar [ABH/AN/GAS].

Abrir os caminhos Endireitar a sorte do crente, melhorando ou resolvendo seus problemas, através de rituais diversos [OGC].

Abrir os cordões à bolsa 1. *Lus.* Ter de arcar com uma despesa, contrariadamente.

2. *Bras.* Diminuir as despesas; poupar [AN/GAS].
Var. (2): *apertar os cordões da bolsa*

Abrir os dedos Ver *abrir os panos*

Abrir os dentes Sorrir; dar confiança; arreganhar-se: "Tive que trabalhar e amarelei, perdi a cor, ele foi embora com uma cabrocha vagabunda que vivia abrindo os dentes pra ele..." (Jorge Amado, *Jubiabá*, p. 20).

Abrir os olhos 1. Procurar conhecer as coisas como elas são, para tirar proveito e evitar as que possam prejudicar; adquirir conhecimentos inesperados; advertir; despertar a atenção; prevenir; cair em si; estar alerta, atento. **2.** Nascer; vir ao mundo [ABH/AN/FF/FS/GAS].
Var. (1): *abrir do olho, abrir o olho*
Var. (2): *abrir os olhos à luz*

Abrir os olhos a alguém Advertir; prevenir; despertar a atenção; fazer alguém ver as coisas: "Foi bom você me ter aberto os olhos..." – Expr. us. como sinal de que não se está satisfeito com alguém, como gesto de censura [GAS].

Abrir os olhos com Observar [Gl].

Abrir os olhos de alguém Fazer ver; mostrar a verdade a; esclarecer; advertir: "Se falta houve, foi não aproveitar o convívio com os filhos dos privilegiados para abrir os olhos dos privilegiados de amanhã" (D. Hélder Câmara, *Ano 2000: 500 anos de Brasil*, p. 17) [ABH/AN/Gl].

Abrir os ouvidos Escutar com atenção: "Os amigos abriram os ouvidos e Das Dores interrompeu o cochilo..." (Graciliano Ramos, *Alexandre e outros heróis*, p. 15) [GAS].

Abrir os panos *Bras., S, pop.* Desviar-se ou retirar-se apressadamente, para escapar a alguém ou a algum perigo; ir-se embora; pôr em fuga; escapar; fugir; fugir em carreira desabalada; correr; arrancar(-se); derrancar(-se): "Abriu os panos e nunca mais foi visto" (Mauro de Salles Villar, *Seleções*, jul./1996, p. 7) [ABH/AJO/AN/FF/TC]. Ver, para saber mais sobre a expr., Aurélio Buarque de Holanda, "Glossário", *apud* J. Simões Lopes Neto, *Contos gauchescos e Lendas do Sul*, p. 304.
Sin.: (RS) *abrir os dedos, ganhar os paus, picar a mula* (2)

Abrir os peitos 1. Cantar alto; falar alto, manifestando intensa alegria ou desafogando mágoas: "Seu Antônio, naquela noite, abriu os peitos" (José Lins do Rego, *O moleque Ricardo*). **2.** Fazer esforço excessivo, provocando males no pulmão ou dilatação aguda do coração; ter canseira (os animais). – Camilo empregou "abrir dos peitos" nesta acepção, diferindo, portanto, do significado que lhe damos: "O cavalo de Domingos Leite abrira dos peitos" (Camilo Castelo Branco, *O regicida*). **3.** Conceder generosidade [GAS/TC].
Sin. (1): (bras., RS) *abrir a goela*

Abrir os salões Dar recepção [AN].

Abrir os trabalhos 1. *Bras., AL.* Começar uma reunião. **2.** Começar a beber uma cana federal de quinta a domingo [Net].

Abrir o tarro *Bras., RS.* **1.** Chorar copiosamente; desandar a chorar desbragadamente. **2.** Berrar, reclamar [AJO/LAF/LAFb].

Abrir o tempo Diz-se a respeito da melhora das condições atmosféricas ou meteorológicas [GAS].

Abrir o verbo Falar; falar de ou sobre uma pessoa o que se tem vontade, alto, para todos ouvirem, ou às escondidas, via de regra em tom de reprovação; revelar um segredo; dizer mal de alguém: "O barulho foi grande e mamãe furiosa e ofegante abriu o verbo. Falou tudo na conversa com papai" (Ronald Claver, *Diário do outro*, p. 27); "Sem saber que era observado por outro passageiro, Geddel abriu o verbo quando o colega mostrou um jornal com a foto do presidente da comissão especial sobre reforma fiscal..." (Tales Faria, *IstoÉ*, 31/3/99, p. 35); "O ator Kadu Moliterno abre o verbo. Diz que as novelas são uma fórmula superada, critica o nível da televisão brasileira..." (Isadora Andrade,

O Povo, 17/5/99, p. 5B); "Vamos abrir o verbo e contar tudo o que houve, sem esconder nada" [JB].

Abrir parênteses 1. Colocar na escrita o sinal convexo de começo de parêntese. **2.** *Fig.* Fazer uma digressão, uma interrupção [ABH/AN].

Var.: *abrir um parêntese*

Abrir-se Ser franco; revelar tudo o que sente [AC/FF/FSB].

Abrir-se com o tempo *Bras.* Rir sem motivo nenhum; rir à toa: "Ô menino tolo! Ele se abre com o tempo."

Abrir-se que nem gaita velha *Bras., RS.* Exprimir-se de maneira ridícula, dando risadas escandalosas [AJO].

Abrir-se todo Abrir-se; revelar o que sabe; confessar; dizer confidências; contar tudo; ter expansões; ser franco [GAS].

Abrir tamanha boca Mostrar enorme admiração [AN].

Abrir uma avenida 1. *Bras., desp.* Criar espaço no setor defensivo do adversário. **2.** *Bras., RJ, gír.* Dar uma navalhada (em alguém, ou em parte do corpo de alguém). **3.** *Desp.* Causar grande corte na perna do adversário com as travas da chuteira [ABH/HM].

Var. (1): *abrir uma brecha* (2), *abrir um boqueirão, abrir um buraco, abrir um corredor*

Abrir uma brecha 1. Causar grande corte na perna do adversário com as travas da chuteira; ferimento provocado por pancada: "Caiu sobre a cabeça, abrindo uma brecha" (Hilário Gaspar de Oliveira, *Ceará hilariante*). **2.** *Desp.* Criar espaço no setor defensivo do time adversário [HM/TC].

Var. (2): *abrir uma avenida* (1)

Abrir um fuzuê Provocar uma briga: "E eu, sozinho, não queria abrir um fuzuê" (Sinval Sá, *O sanfoneiro do riacho da Brígida*) [TC].

Abrir um jaibro Provocar profundo ferimento na cabeça [TC].

Absorver

Absorver um prejuízo *Bras., S, RJ.* Diz-se de quem pratica a pederastia passiva (Sylvio Abreu, *in* art.) [MSM].

Absurdar

Absurdar a cabeça *Bras., gír.* Não entender: "O cidadão absurdou a cabeça e ficou doidão" [JB].

Abundar

Abundar nas mesmas ideias que outrem Pensar o m. q. alguém; estar de acordo com alguém [AN].

Var.: *comungar nas mesmas ideias que outrem*

Abusar

Abusar da inocência *Bras., NE.* Desvirginar: "Obrigar a casar com a moça pobre, que abusara da inocência" (Luís da Câmara Cascudo, *Flor dos romances trágicos*) [MSM/TC].

Abusar da moça *Bras., CE.* Deflorar; ofender a virgindade [RG].

Abusar de alguém Descabaçar, violar alguém: "– Não deixe eles me pegar, seu Fadu. Tão querendo abusar de mim" (Jorge Amado, *Tocaia Grande*, p. 261) [GM].

Abusar do copo Beber em demasia [TC].

Abusar do prato Comer em demasia: "... sempre que abusa do prato vai dormir" (César Coelho, *Strip-tease da cidade*) [TC].

Acabar(-se)

Acabar com 1. Espancar; maltratar; prejudicar: "Suma-se de minha vista, senão eu acabo com seu couro" (Luís da Câmara Cascudo, *Brasil de chapéu de couro*). **2.** Matar; dar um fim: "Ele é muito farofeiro. Qualquer dia eu acabo com seu roço" [JB/TC].

Acabar com a casca *Bras., RS.* Matar [AJO].

Acabar com a raça *Bras.* Matar uma pessoa e todos os seus descendentes [AN/LAF].

Acabar com o jogo Ver *comer a bola*

Acabar consigo Suicidar-se [GAS].

Acabar em nada Ver *acabar em pizza*

Acabar em pizza *Bras., gír.* Não dar em nada: "Cronenberg é aquele famoso diretor do cinema-nojo, autor de *A mosca*. Assim, tudo só podia acabar em pizza: nunca se viu tamanha vaia na noite da premiação" (José Lewgoy, *Bundas*, 25/6/99, p. 34); "Operação Mãos Limpas não acabou em pizza. Desta vez foi calzone" (*Bundas*, seção "Bundalelê", 12/6/00, pp. 8-9); "A CPI do Orçamento vai acabar em pizza e todos vão ficar com a grana roubada do povo" [JB/MPa].
Sin.: *acabar em nada, acabar em samba*
Var.: *terminar em pizza*

Acabar em samba Ver *acabar em pizza*

Acabarem-se os trabalhos Morrer; sossegar [GAS].

Acabar na peia /ê/ Levar uma surra ou pisa: "Ou dá-me conta da Rosa / ou vai se acabar na peia..." (João José da Silva, *A condessa Rosa Negra*). Ver Sebastião Nunes Batista, *Antologia da literatura de cordel* [FN].

Acabar na sarjeta Desgraçar-se: "Cê vai acabar na sarjeta, se continuar assim" [JB].

Acabar o campo *Bras., gír., desp.* Perder o controle da bola, deixando-a escapar para a linha de fundo [HM].

Acabar-se a lua de mel Encerrar a fase de deslumbramento: "Acabou-se a lua de mel, agora vamos ver quem tem garrafas pra vender" [JB].

Acabar-se a papa doce Diz-se quando se acaba qualquer coisa boa [GAS].

Acabar-se como arroz-doce em pagode Modo de advertir quem se mete em empresas arriscadas [LM].
Sin.: *acabar-se como doce de mamão em festa de pobre, acabar-se como pão de dois vinténs*

Acabar-se como doce de mamão em festa de pobre Ver *acabar-se como arroz-doce em pagode*

Acabar-se como pão de dois vinténs Ver *acabar-se como arroz-doce em pagode*

Acabar-se como sabão na mão da lavadeira *Bras., NE.* Desfazer-se ou consumir-se rapidamente, a olhos vistos; diz-se daquilo que se acaba rápido, que é consumido num "piscar de olhos" [ABH/FNa/LM].
Var.: *acabar-se depressa como sabão em mão de lavadeira* [LM]

Acabar-se o que era doce Estar tudo encerrado; terminar: "Acabou-se o que era doce e não deu pra todo mundo" [JB].

Açacalar

Açacalar a inteligência *Fig.* Aperfeiçoar, apurar. – Açacalar: polir, burnir [FF].

Acariciar

Acariciar a bola *Desp.* Demonstrar intimidade com a bola, tocando-a com delicadeza, com carinho [HM].
Sin.: *acariciar a criança*

Acariciar a criança Ver *acariciar a bola*

Acatitar

Acatitar os olhos *Bras., NE.* Arregalar os olhos, fixando-os [Gl].

Aceitar

Aceitar com as mãos ambas Receber com muita satisfação [GAS].

Aceitar de longe *Desp.* Deixar passar para o interior da meta bola chutada de longa distância [HM].

Acender

Acender a lamparina *Bras., pop.* Deitar bebida em copo, taça, durante um banquete; embriagar-se. – Expr. que é acompanhada pelo servir outra dose de bebida [ABH/AN/GAS].
Sin.: *beber um trago, encher a cara*
Var.: *acender a lanterna*

Acender as orelhas Ficar (o animal) assustado, de orelhas em pé, acesas; ficar alerta, de sobreaviso: "Acenda as orelhas, macho, prepare-se para o pior" [JB/TC].

Acender as ventas *Bras., NE.* **1.** Farejar, o cão ou o cavalo, pressentindo perigo: "O cavalo do filho do patrão acendeu logo as ventas e as orelhas, bufou três vezes, pôs-se todinho de pé e, arrancando o cabresto das minhas mãos, desembestou pelo caminho em fora 'que nem' maluco!" (Gustavo Barroso, *Alma sertaneja*, p. 80). **2.** Ficar alerta, de sobreaviso: "Acendi as ventas, tô desconfiado que minha mulher tá me botando um par de chifres" [ABH/AN/JB].
Sin. (2): *acender os olhos*

Acender a vela 1. Rezar. **2.** Esbofetear [GS].

Acender o sangue a alguém Excitar, alvoroçar, incitar alguém [GAS].

Acender os olhos Ficar alerta, de sobreaviso: "Acenda os olhos, mano, veja o par de enfeites que tua mulher te botou" [JB].
Sin.: *acender as ventas* (2)

Acender uma tocha *Gír., mil.* Dar um passeio, abandonando a unidade durante um dia ou uma noite, sem permissão superior [ABH].

Acender uma vela a Deus e outra ao Diabo Dar exemplo de duplicidade, de insinceridade, de ausência de convicções; querer agradar ao mesmo tempo a dois adversários; agradar simultaneamente a dois contrários. – A expr. se origina do caso de Robert de la Marck. Esse fidalgo, segundo conta Brantôme, se fez retratar ajoelhado diante de santa Margarida com uma vela em cada mão. A santa se apresenta com um dragão ao pé. Uma legenda dizia: "Se Deus não me ajudar, ao menos não me falte o diabo." Esta velha loc. existe tb. na França [ABH/AN/GAS/RMJ].

Aceniscar

Aceniscar os olhos Fazer sinais com os olhos; abrir e fechar os olhos rapidamente [GAS].

Acertar

Acertar a barreira *Desp.* Organizar em linha um grupo de jogadores do time que se defende, para dificultar a cobrança da falta e facilitar o trabalho do goleiro [HM].

Acertar a caixa *Desp.* Atingir a cabeça do adversário, casualmente ou de propósito [HM].

Acertar acordo Deixar um roubo com policial para não ser preso: "Acertei acordo, dr. depol, com cagaço de morrer" [JB].

Acertar a escrita Ver *ajustar (as/umas) contas*

Acertar agulhas Fazer acerto de combinações [GAS].

Acertar a mão 1. Ajustar, depois de várias tentativas, a pontaria; conseguir arremessar com pontaria; fazer uma boa jogada: "O Oscar acertou a mão e mostrou toda a sua competência." **2.** Ganhar boa soma no jogo; acertar frequentemente no jogo, graças a bons palpites. **3.** Fazer tudo certo: "Acertei a mão, xará, tá tudo certo, tá tudo legal" [GAS/JB/TC].

Acertar com o trilho *Lus.* Acertar com os intentos [GAS/JB/TC].

Acertar (as/umas) contas Revidar; tomar atitudes de vindita; resolver finalmente certa pendência: "Estou acertando as contas com o padre e qualquer hora acerto com o patrão" (Ariano Suassuna, *Auto da Compadecida*, p. 36) [TC].
Sin.: *ajustar os ponteiros*
Var.: *ajustar (as/umas) contas*

Acertar de boca *Bras., RS.* Ensinar o animal a obedecer às rédeas [AJO].

Acertar em cheio Adivinhar completamente; atingir o alvo [GAS].

Acertar na loteria Ganhar muito dinheiro: "O cara deu uma de João Alves e acertou na loteria sem nunca ter jogado" [JB].

Acertar na mosca Conseguir o intento, atingindo o alvo desejado; acertar no ponto exato; atingir o alvo em cheio; ter sorte no empreendimento; não ter errado o alvo das pretensões em jogo: "Quem acertar na mosca, ganha kits promocionais (com mala, camiseta, boné e CD-ROM) e acumula pontos..." (*O Povo*, cad. Demais, 20/7/97, p. 6D); "Acertei na mosca, cara, tô bom de pontaria" [AJO/CLG/JB/RBA/TC].

Acertar na trave *Desp.* Chutar para o gol, e a bola bater na trave [HM].
Sin.: *beijar o poste*
Var.: *beijar a trave, carimbar a trave*

Acertar na veia /ê/ **1.** Acertar no lugar certo. **2.** *Bras., NE.* Engravidar uma mulher (conforme meu dileto amigo Péricles de Sá Roriz, de Fortaleza): "Transou uma única vez com a gatinha e acertou-a na veia" [MPa/Net].
Var. (1): *pegar na veia* (1)
Var. (2): (AL) *acertar na veia mestra*

Acertar no milhar Ganhar: "Acertei no milhar, ganhei uma bolada" [JB].

Acertar o caminho do gol *Desp.* **1.** Fazer gol. **2.** Passar a fazer gol (quem não conseguia) [HM].

Acertar o passo 1. Pensar ou agir como os outros: "Por que você nunca acertou o passo politicamente com seu irmão, Zelito Viana, que é de esquerda?" (Ziraldo, *Bundas*, 1º/11/99, p. 11). **2.** Fazer tudo certo: "Vamos acertar o passo pra que tudo saia direito" [GAS/JB].

Acertar o pé *Bras., desp., gír.* **1.** Jogar bem; aprovar: "Claudinho voltou a jogar mal e Mazinho Loyola que podia ser a solução ainda não acertou o pé" (Alan Neto, *O Povo*, cad. Esportes, 22/3/01, p. 13). **2.** Chutar no alvo, com perfeição e precisão [HM].

Acertar os ponteiros *Gír.* Esclarecer; entrar em entendimentos: "Quando numa discussão percebe-se que vai perder, o melhor mesmo é acertar os ponteiros" [ABH/JF].
Sin.: *acertar os relógios* (2)

Acertar os relógios 1. Combinar ou concertar um plano comum de ação; fazer um ajuste mútuo. **2.** Chegar a um acordo, a um entendimento [ABH/AN/CLG/GAS].
Sin. (2): *acertar os ponteiros, ajustar (as/umas) contas*

Achar(-se)

≠ **Não achar** *Desp.* Esforçar-se para interceptar e controlar a bola, e não alcançá-la [HM].

≠ **Não achar a bola** *Desp.* Não se entrosar no time e na partida, denotando desinteresse e alheamento [HM].

Achar a forma /ô/ **do pé 1.** Encontrar alguém que se ajuste aos seus desejos, planos e interesses; encontrar seu par ideal; encontrar um igual que lhe sirva de companheiro: "O Zeferino, que havia achado a forma de seu pé, levou a mulatinha Inês" (Sabino Campos, *Catimbó*). **2.** Encontrar alguém que lhe dê o castigo merecido [GAS/LM/TC].
Var. (1) (2): *encontrar a forma do pé*
Var. (1): *achar a forma do seu pé, achar forma pro seu pé*

Achar a porta fechada Não ter a proteção pretendida [GAS].

Achar a rua pequena Cambalear, embriagado [GAS].

Achar a tampa do corrimboque Achar competidor à altura; achar o castigo que merece [TC].
Var.: *achar a tampa do tabaqueiro, encontrar a tampa do corrimboque*

Achar a tampa do tabaqueiro Achar competidor à altura; ter o castigo que merece [TC].
Var.: *achar a tampa do corrimboque, encontrar/procurar a tampa do tabaqueiro*

Achar de bem Julgar acertado: "Eu acho de bem que vá-se embora, enquanto o delegado não chega" [ABH/LM].

Achar fineza Achar extraordinário; causar admiração [GAS].

Achar graça Sorrir; abrir-se [CGP/TGa].

Achar graça em Apreciar; notar; dar atenção a: "... e estava daquele jeito, apaixonada demais, só pensando nele, sem achar graça em mais nada, temendo a hora de ver Etevaldo deixá-la por outra..." (Juarez Barroso, *Obra completa*, p. 148).

≠ **Não achar nada** *Desp.* Saltar para cabecear ou avançar para o chute e chegar atrasado, não alcançando a bola [HM].

Achar o fio à/da meada Descobrir um enredo; encontrar a maneira de esclarecer o que está confuso; atinar com o móvel de um enredo; identificar o começo; orientar-se; perceber como são as coisas: "Vou achar o fio da meada e isto não vai ficar assim" [AN/GAS/JB].

Var.: *encontrar o fio à meada, pegar o fio da meada*

Achar (um) pé Arranjar, procurar ou ter um motivo, uma ocasião, um pretexto etc.: "Ele sempre achava pé para não comparecer às reuniões" [AN/DT/GAS/LCCa/TC].

Var.: *buscar/procurar/ter um pé*

Achar-se ao engano *Lus., Melgaço.* Enganar-se [GAS].

Achar-se em bom pé Estar em boa situação [GAS].

Var.: *estar em bom pé*

Achar-se nas suas sete quintas Estar no auge do bem-estar [GAS].

Achar-se o tal *Bras., RJ.* Estar, ser cheio de si, presunçoso, arrogante [Net].

Achar sua estrada de Damasco Encontrar coisa que transforme subitamente as ideias, que converta para o bem. – Alusão à conversão de são Paulo (At 9, 1-19) [AN].

Achatar

Achatar o beque *Lus.* Vexar; humilhar; não conseguir o que pretende; termo para castigar quem faz uma impertinência [GAS].

Acionar

Acionar os ponteiros *Desp.* Lançar a bola para os extremas. – Ponteiro: jogador que atua numa das extremidades laterais do campo de jogo, daí, "ponteiro direito" e "ponteiro esquerdo" [HM].

Acoar

Acoar em sombra de corvo *Bras., RS.* Tomar medidas paliativas em vez de solucionar um problema de maneira definitiva [AJO]. ♦ A *op. cit.*, p. 15, traz este v. como var. de acuar, i. e., latir, ladrar.

Açodar

Açodar alguém 1. Ir ao encalço de alguém. **2.** Incitar, instigar alguém [GAS].

Açoitar

Açoitar em rumo de Andar apressadamente em direção a; correr em rumo de: "Quando cheguei na Pedra Branca, açoitei em rumo da Boa Viagem" [LM].

Açoitar um barbudo *Bras., RN, chulo.* Transar; ter relações sexuais (Affonso Real Nunes, em correspondência com a fonte cit.) [FNa].

Acompanhar

Acompanhar o terço Apoiar, ajudar [AN].

Acontecer

Acontecer ao mais pintado *Lus.* Acontecer ao mais esperto [GAS].

Acordar

Acordar a água *Umb.* Movimentar a água que vai ser us. em um "trabalho", antes de ser feito [OGC].

Var.: *despertar a água*

Acordar com as galinhas Acordar cedo: "O Paulinho acordou com as galinhas e chegou cedo ao trabalho" [JB].

Acordar com o cu pra frente *Chulo.* Estar de mau humor; diz-se de quando dá tudo errado: "O cara acordou com o cu pra frente e foi logo esporrando a empregada" [JB].

Acordar com o pé direito Diz-se de quando dá tudo certo: "O deputado tá feliz, acordou com o pé direito" [JB].

Acordar com o pé esquerdo Diz-se de quando dá tudo errado: "O senador tá puto, acordou com o pé esquerdo" [JB].

Acordar com o pijama engomado Sujar o pijama com esperma: "O cara sonhou alto, deve ter sonhado com uma garota da *Playboy* e acordou com o pijama engomado" [JB].

Acordar com os pés de fora Estar irritado, maldisposto [GAS].

Acordar de pé trocado Diz-se de quando dá tudo errado: "O cara acordou de pé trocado, nada está dando certo" [JB].

Acordar melado Despertar após episódio de polução noturna [J&J].

Acordar para cuspir Palavras para despertar quem esteja dormitando: "Acorda para cuspir" [AN].

Acreditar

≠ **Não acreditar no azar** Arriscar-se a tudo destemerosamente, confiando em sua boa sorte [AN].
Var.: *não ligar para o azar*

≠ **Não acreditar nos próprios olhos** Estar muito espantado do que vê [AN].

Acuar

Acuar o inimigo Deixar alguém em situação embaraçosa [FF].

Acudir

Acudir à ideia Lembrar-se de: "Hoje me acudiram à ideia os perfis de vários companheiros de bancos escolares" [GAS].
Sin.: *acudir à mente*

Acudir à mente Lembrar-se de; recordar-se de: "Mas, ao ler a súmula da narração, o que, de pronto, me acudiu à mente foi a imagem do patinho dinamarquês" (José Humberto Gomes de Oliveira, *Dez contos mal contados*, p. 32).
Sin.: *acudir à ideia*

Acudir ao bico da pena Ocorrer à memória de quem escreve; diz-se das ideias que surgem a quem escreve [AN/GAS].
Var.: *vir ao bico da pena*

Acusar

Acusar o toque *Lus*. Deixar transparecer qualquer contrariedade [GAS].

Adiantar

≠ **Não adiantar chorar sobre o leite derramado** Não valer a pena deplorar o que já passou: "Não adianta chorar sobre o leite derramado" [GAS].

≠ **Não adiantar ideia** Não influir em coisa alguma; não ter influência ou de nada servir para atenuar a falta de opinião ou para amenizar opinião desfavorável [LM/TC].

Adiantar o lado 1. Ajudar; resolver a situação de alguém: "Tô precisando que o senhor adiante o meu lado" (Émerson Maranhão, *O Povo*, 18/12/00, p. 8, expondo um rol de expressões e termos registrados pelo prof. José Océlio Camelo, ex-agente penitenciário do Instituto Penal Paulo Sarasate – IPPS, presídio oficial de Fortaleza, CE); "Preciso primeiro adiantar o meu lado". **2.** Ganhar mais dinheiro: "Quero adiantar o meu lado, veja como vai fazer comigo" [JB].

Adiantar o serviço *Bras., NE*. Desvirginar a noiva antes do casamento [MSM].

Adiantar um ganho *Bras., gír*. Ganhar mais dinheiro: "Pintou um lance, carinha, vou adiantar um ganho" [JB].

≠ **Não adiantar viagem** Não remediar, influir muito pouco: "De que me serve eu ganhar dez, perdendo cinco? Não adianta viagem..." [LM].

Adiar

Adiar para as calendas gregas Adiar para época que nunca chegará; ficar para data incerta e sempre remota. – A cronologia grega não apresentava calendas [AN/GAS].
Sin.: *ficar para o dia de são Nunca*
Var.: *ficar para as calendas gregas*

Adicionar

Adicionar o cavalo *Bras., S*. Causar doença ou defeito em; molestar [FF].

Adivinhar

Adivinhar chuva 1. *Lus*. Expr. aplicada a quem canta ou ri em demasia e fora de propósito; rir ou cantar em demasia, e fora do costume. **2.** *Bras., AM.* Cantar desafinadamente. – A expr. tem or. no fato de o povo ligar a chuva ao coaxar roufenho do sapo. **3.** Aprontar alguma arte; fazer coisas erradas; aludindo a castigos, emprega-se tb. em relação às crianças quando cometem travessuras: "Esse menino hoje acordou adivinhando chuva." **4.** *Lus.* Pressagiar algo ruim [AN/FF/FN/GAS].

Adivinhar passarinho verde *Lus.* Estar alegre, satisfeito; ter presságio de que vai acontecer algo de bom [GAS].

Var.: *adivinhar passarinho novo*

Adivinhar ventos Andarem (os animais) desinquietos [GAS].

Adoçar

Adoçar a boca a alguém Dizer coisas bonitas a alguém; conquistar alguém com palavras; agradar, afagar alguém para conseguir algo [AN/GAS].

Sin.: *pôr mel nos beiços*

Adoçar a pílula Pretender aliviar o castigo; dar uma descompostura com palavras pouco contundentes [GAS].

Adorar

Adorar o próprio umbigo Ser narcisista; só pensar em si [MPa].

Adorar o sol que nasce Adular, lisonjear pessoa elevada ao poder [AN/GAS].

Var.: (lus.) *adorar o sol nascente*

Adormecer

Adormecer à sombra da bananeira Não agir; não fazer nada, à espera que se resolva o assunto [GAS].

Adornar

Adornar o espírito Engalanar (o estilo); enriquecer com conhecimentos; ilustrar [FF].

Afagar

Afagar a palhinha *Lus.* Praticar coito (consoante Albino Lapa, *Dic. de calão*) [MSM].

Afanar

Afanar de conchazo (*sic*) Subtrair o que um indivíduo leva à cinta ou nas algibeiras do colete ou paletó (ver Manuel Viotti) [ECS]. ♦ O termo "conchazo" não foi encontrado. Aceitável seria "conchavo", que quer dizer maquinação, conluio.

Afanar de culatra Furtar visando ao bolso traseiro das calças (registra Manuel Viotti, *Novo dicionário da gíria brasileira*) [ECS].

Afanar de retinto *Lus.* Furtar de modo arrebatado e fugir rapidamente [ECS].

Afanar em branco *Lus.* Roubar sem haver ninguém à volta [GAS].

Afanar o mudo *Bras., ES.* Furtar em igrejas [Net].

Afastar

Afastar curtinho *Desp.* Desviar a bola com um leve toque [HM].

Afastar de circulação Prender: "Vamos afastar de circulação o mau elemento. Ele merece" [JB].

Afear

Afear o mal Exagerar a gravidade de algo [FF].

Afiar

Afiar a língua Ver *afiar os dentes* (1)

Afiar a moca 1. Praticar o coito. **2.** Preparar-se para qualquer ação [GAS].

Afiar a tesoura Ver *cortar na casaca*

Afiar com Avançar para atacar; avançar em direção a; atacar [ABH/FF/FSB].

Afiar o corta-palha *Lus.* Preparar-se para comer [GAS].

Afiar o dente Preparar-se para comer; despertar o apetite por algo [GAS].

Afiar os dentes 1. Dizer mal de alguém; preparar-se para a maledicência; caluniar; difamar. **2.** Preparar-se: "Vamos afiar os dentes porque a situação tá preta" [AN/JB/RMJ].

Sin. (1): *afiar a língua, ter a língua afiada*

Afinar

Afinar a carreira Acelerar a carreira; correr velozmente [TC].

Afinar a viola Acertar ou combinar antes: "Vamos afinar a viola, xará, pois nada pode dar errado"; "Vamos afinar a viola, todo mundo vai falar a mesma coisa" [JB].

Afinar com Combinar, ter as mesmas ideias, pensamentos, inclinações, propósitos: "O cavalo estava afinado com a vontade de quem o montava" (Juarez Barroso, *Mundinha Panchico e o resto do pessoal*) [TC].

Afinar o cabelo 1. Diz-se dos animais que mudam a pelagem, que estão bem gordos ou que são submetidos à sangria, para "afinar o sangue". **2.** *P. ext.* Prosperar, melhorar de vida, de situação: "É aí que nós afinamos o cabelo, pois ganhamos mais dez cruzeiros em quilo" (Jáder de Carvalho, *Aldeota*) [CGP/Gl/TC].
Sin. (1) (2): *afinar o pelo*
Sin. (2): *tirar o(s) pé(s) da lama*
Var. (1) (2): *limpar o cabelo*

Afinar o pelo 1. Mudar a pelagem de certos animais. **2.** *P. ext.* Prosperar [TC].
Sin.: *afinar o cabelo*
Var.: *alisar/limpar o pelo*

Afinar o sangue 1. Tornar o sangue (do animal) mais puro, através de sangria. **2.** Submeter a tratamento hematológico, com vistas a correção e hiperviscosidade sanguínea [J&J/TC].

Afinar os carretos *Lus.* Apurar uma combinação [GAS].

Afirmar

Afirmar a vista *Lus.* Examinar com atenção [GAS].

Afogar(-se)

Afogar a plantação Diz-se quando o mato ou as ervas daninhas se desenvolvem e atrofiam ou matam as culturas [TC].

Afogar as mágoas Procurar esquecer tristezas: "Desiludida com o amor, Patrícia foi afogar suas mágoas num balneário da Rio-Santos" (Cláudio Paiva, *Bundas*, 13/9/99, p. 40); "Vou tomar um porre e afogar as mágoas" [AN/GAS/JB].

Afogar em sangue Fazer grande mortandade em (uma povoação, uma cidade, um país) [AN].

Afogar o ganso *Bras., NE, S, chulo.* Manter relações sexuais; fazer sexo; transar: "... para não falar em outros, como os preás, que todo mundo sabe que quando não estão comendo estão afogando o ganso, seja inverno ou seja verão" (João Ubaldo Ribeiro, *Livro de histórias*, p. 15); "Vai indo que eu não vou! Aliás, vou, teclo, confirmo e depois afogo o ganso. Vota e depois dá uma pra relaxar!" (José Simão, *O Povo*, cad. Vida & Arte, 2/10/00, p. 5); "Tá na hora de afogar o ganso, gente, já me arrumei pra hoje". Ver Mauro Mota, *Os bichos na fala da gente*; Ariel Tacla, *Dic. dos marginais*; E. d'Almeida Víctor, *Pequeno dic. de gír. entre delinquentes* [BB/CGP/GM/JB/MPa/MSM/RG/TC].
Sin.: *afogar o grilo, afogar o jegue, afogar o judas, amassar o/um bombril, botar o ganso de molho, enforcar o gato, meter o invertebrado, molhar o bagre, molhar o biscoito*
Var.: *enforcar/meter/molhar o ganso*

Afogar o grilo Ver *afogar o ganso*

Afogar o jegue *Bras., NE, chulo.* Copular: "... tirou os três-vinténs, espalhou pedaço de buceta pra tudo que é lado. Foi entrando e afogando o jegue, porque não aguentava mais tanta galinhagem" (Neil de Castro, *As pelejas de Ojuara*). [FN/GM/MSM].
Sin.: *afogar o ganso*

Afogar o judas *Bras., NE, S, chulo.* Copular [MSM].
Sin.: *afogar o ganso*
Var.: *enforcar o judas*

Afogar-se em pouca água 1. Apoquentar-se por coisa de pouca monta, insignificante; afligir-se por pouco, à toa; preocupar-se por nada; precipitar-se; deixar-se levar facilmente: "Você pensa de uma maneira, eu penso de outra, vamos decidir na eleição mas não somos inimigos. Você ainda é muito novo, se afoga em pouca água" (Jor-

ge Amado, *Tieta do Agreste*, p. 546). **2.** Pôr tudo a perder por nada. **3.** *Fig.* Embriagar-se [ABH/AC/AN/CLG/FF/GAS].
Sin. (1): *tropeçar em argueiros*
Var. (1): *afogar-se em água rasa*

Afrouxar

– Muitas das expressões seguintes podem ser encontradas com a corruptela "afroxar"

Afrouxar a ponta *Bras., RS.* **1.** Dar mais liberdade à tropa quando conduzida na estrada. **2.** Relaxar a disciplina, em relação aos filhos [AJO].

Afrouxar a rédea Soltar; deixar com liberdade de correr; deixar à vontade, em plena liberdade; dar liberdade de ação; deixar alguém à vontade [ABH/AN/GAS]
Sin.: *dar velas, soltar a trela*
Var.: *dar rédea(s), soltar a(s) rédea(s)*

Afrouxar as pregas *Bras., gír., chulo*. Fazer sexo anal: "Vá afrouxar as pregas, seu viado (*sic*)" [JB].

Afrouxar gradualmente Morrer [FSB].

Afrouxar o cogote na primeira palanqueada *Bras., RS.* Diz-se do sujeito que não reage diante do primeiro obstáculo que aparece [AJO].

Afrouxar o garrão 1. *Bras., RS.* Dobrar as pernas e cair. **2.** Amolecer as pernas, perdendo as forças para subir uma lombada; cansar. **3.** *Fig.* Acovardar-se (o homem) em face do adversário; perder o ânimo, a coragem; amedrontar-se; afrouxar; levar medo; desistir da empreitada [ABH/AN/FF/LAF/LAFa]. ♦ Segundo FSB, "garrão" é o nervo da perna do animal.
Sin. (3): *tremer a perna/perninha, tremer na base*

Afrouxar o laço *Bras., RS.* Atirar o laço para laçar; arremessar o laço para pegar o animal [AJO].
Var.: *sacudir o laço*

Afrouxar os cachorros *Bras., RS.* Soltar os cães para procurarem a caça [AJO].

Afrouxar os quartos *Bras., RS.* Cansar [AJO].

Afundar

Afundar no mundo *Bras.* **1.** Ir-se embora; partir: "Vendeu as ferragens por meia cuité de dinheiro e afundou no mundo..." (José Cândido de Carvalho, *Olha para o céu, Frederico!*, p. 47). **2.** Fugir [ABH].
Var.: *danar-se no/pelo mundo, ganhar o mundo, pisar no mundo*

Afundar o barco Destruir: "O patrão afundou o barco e tudo virou fumaça" [JB].

Afundar o time *Desp.* **1.** Ser o responsável pelo mau desempenho do time na partida. **2.** Ser o responsável pela derrota [HM].
Var.: *enterrar o time*

Agachar

Agachar a palhinha *Lus., Univ. Coimbra.* Diz-se de quem é pederasta passivo [GAS].
Sin.: *soltar a palheta*
Var.: *soprar a palhinha*

Agarrar(-se)

Agarrar a ocasião pelos cabelos Aproveitar a ocasião, antes que passe; aproveitar com avidez uma conjuntura. – A ocasião, para o povo, significa a oportunidade, um ensejo rápido de possibilidade feliz. Os gr. e os romanos, em suas fábulas, descreviam a deusa Ocasião ou Fortuna como uma mulher nua, cega e calva, com asas no pé, um deles sobre uma roda (a roda da Fortuna) e outro no ar (*Occasio depicta*, de Fedro [V, viii], irrecuperável quando perdida). É, portanto, dificílima de agarrar. Diz um prov. que é preciso agarrar a ocasião pelos cabelos, porque ela não voltará, se a deixarmos passar. Isso significa que devemos agarrá-la por onde e como se possa [ABH/AN/RMJ].
Var.: *agarrar a ocasião pela calva, apanhar/pegar a ocasião pelo(s) cabelo(s)*

Agarrar com as unhas que tem Agarrar com os meios de que dispõe [AN].

Agarrar com unhas e dentes *Fig.* Prender ou segurar forte e rijo [GAS].

Agarrar no sono Cochilar; dormir; adormecer (acidentalmente); capotar: "Es-

ses dias todos fiquei amornando os ovos em casa e todo dia antes de agarrar no sono é em você que eu penso" (AS, p. 29) [AS/CGP/GAS/JB/MGb/TC/TG].
Sin.: *amarrar o bode* (3)
Var.: *pegar no sono*

Agarrar pela gola Apontar como ladrão [AN].

Agarrar-se ao verbo *Lus., Univ. Coimbra.* Estudar [GAS].

Agarrar-se às abas da casaca Procurar com instância; não largar a pessoa a quem se pede proteção; importunar alguém constantemente, para ser auxiliado ou protegido [AN/GAS].
Var.: *pegar nas abas da casaca de alguém*

Agarrar-se como (sic) **a lapa** *Lus.* Ligar-se a algo ou alguém insistentemente e inoportunamente [GAS].

Agasalhar

Agasalhar a criança *Desp.* Defender a bola, encaixando-a firmemente nos braços [HM].

Agasalhar a rola *Chulo.* Praticar a pederastia passiva [GM/JB/MSM].
Var.: *agasalhar o croquete*

Agasalhar o paranaguá *Bras., gír., chulo.* Fazer sexo anal: "O viadinho (sic) foi pego agasalhando o paranaguá, depois de tocar o hino" [JB].
Var.: *agasalhar uma mandioca*

Agasalhar um trambulhetão *Bras., gír., chulo.* Fazer sexo anal: "A bichona gosta de agasalhar um trambulhetão" [JB].

Agir

Agir de má-fé Trapacear; agir com falsidade; trair a confiança; ser desleal; valer-se de enganos, perfídia, deslealdade: "O cara agiu de má-fé, tá merecendo levar um esporro" [AN/CLG/JB].
Var.: *estar/usar de má-fé*

Agir na encolha Agir sem que seja percebido: "O chefe agiu na encolha e arrumou o dele" [JB].

Agir nos conformes Agir corretamente; cumprir seus deveres: "O Zezim sempre agiu nos conformes, é um cara pacato" [JB].

Agitar

Agitar o pedaço *Bras., gír.* Movimentar o ambiente: "Vamos agitar o pedaço com um pagodaço" [JB].

Agradar

Agradar a gregos e (a) troianos Agradar a toda a gente [GAS].

Agradecer

Agradecer o emprego *Bras., SE.* Demitir-se [FN].
Var.: *agradecer o trabalho*

Agradecer o tratamento Diz-se quando uma pessoa aproveita bem a alimentação que lhe é dada (tb. se aplica a animais e a plantas) [GAS].

Aguar

Aguar o pagode *Bras., RS.* Estragar a festa: "No barulho das saúdes e das caçoadas, quando todos se divertiam, foi que apareceu aquele negro excomungado, para aguar o pagode" (J. Simões Lopes Neto, "O negro Bonifácio", *in Contos gauchescos*).

Aguçar

Aguçar a curiosidade Excitar; estimular o desejo de conhecer [GAS].

Aguçar o dente Desejar; conseguir algo; preparar-se para comer algo que se deseja muito; preparar-se para gozar de algo [AN/GAS].

Aguentar(-se)

Aguentar a bucha Aguentar as consequências [CLG].

Aguentar a mão *Bras.* **1.** Enfrentar ou suportar uma situação penosa, trabalhosa: "Aguente a mão, que as coisas vão melhorar." **2.** Esperar um pouco; ter paciência; ir tolerando; aguardar pacientemente: "Seu cabo, aguente a mão, que a coisa agora vai

Aguentar(-se)

ser preta" (Sabino Campos, *Catimbó*); "– É o Paraíba. Agora aguenta a mão, não vá me perder o Paraíba" (Fernando Sabino, *O homem nu*, p. 27). **3.** Apoiar; prestigiar [ABH/AN/TC].
Sin. (1) e (2): *aguentar as pontas*
Sin. (1): *aguentar a parada, aguentar o repuxo*

Aguentar a mecha Suportar trabalho penoso ou contrariedades [GAS].

Aguentar a parada *Bras., gír.* Resistir; acompanhar o jogo feito pelos adversários; enfrentar destemerosamente a situação: "Houve nego que chegava lá, não aguentava, chamava o capitão e pedia pra sair. Houve quatro num só dia. Não aguentaram a parada" (Luiz Maklouf Carvalho, *Mulheres que foram à luta armada*, p. 316); "Pedro era desembaraçado e eu, confesso, não aguentei a parada, abri" (Sinval Sá, *Luiz Gonzaga: o sanfoneiro do riacho da Brígida*, p. 147) [ABH/GAS/RG/TC].
Sin.: *aguentar a mão* (1)

Aguentar a pedalada Conseguir acompanhar o ritmo dos outros, tanto física como intelectualmente [GAS].

Aguentar a pulso Tolerar; suportar à força ou contra a vontade [TC].

Aguentar a rasto Suportar com muita dificuldade e sacrifício, debaixo de humilhações, i. e., "de rastro" ou "rastejando" [TC].

Aguentar a rebordosa Enfrentar situação desagradável, circunstância difícil, reincidência de moléstia; ter resistência física ou moral para enfrentar grandes oposições: "Vão ver agora quem aguenta a rebordosa!..." [AN/FS].

Aguentar a retranca Resistir [GAS].

Aguentar as pontas *Bras., gír.* Suportar uma dificuldade com firmeza: "Faça tudo de ruim no começo, aguente as pontas, fique frio e deixe o que é bom para as vésperas de uma outra eleição. É batata!" (Sônia Pinheiro, *O Povo*, 1º/4/97, p. 2B); "Foi tiro e queda, Durvalino aguentou as pontas: se não recuperou a calma absoluta, ao menos engoliu o cagaço, começou na mesma hora a trabalhar" (Jorge Amado, *Tocaia Grande*, p. 315) [ABH/GAS/JB/JF/LAF]. – Às vezes, quando há aférese (queda do fonema inicial), diz-se *guentar as pontas*.
Sin.: *aguentar a mão*
Var.: *segurar as pontas*

≠ **Não aguentar carona** *Bras., RS.* Não suportar ofensas sem reagir; não aturar desaforo [AJO/AN].
Var.: *não aguentar carona dura*

Aguentar com a bucha Sofrer coisa incômoda [AN].

Aguentar e cara alegre Consentir ou suportar e manter boa disposição [GAS].

Aguentar firme Resistir com determinação; suportar com firmeza: "– Na hora não dei o braço a torcer, aguentei firme" (Odette de Barros Mott, *O Instituto de Beleza Eliza*, p. 9); "Coitadinhos dos meus; têm culpa de terem nascido? Agora é aguentar firme, Merandolina e eu" (Eneida, *Boa-noite, professor*, p. 29) [ABH].
Sin.: *aguentar o rojão*

Aguentar mão *Bras., CE.* Suspender provisoriamente por conveniência ou por determinada ação [AN/FS].

Aguentar muito tombo Diz-se de coisa ou pessoa que ainda pode suportar muita coisa, que ainda vai longe: "Mandou o motorista apanhar, no fundo da picape, a fortuna: machado, enxada, foice e facão, usados, bem verdade, mas ainda aguentando muito tombo." Ver Euclides Neto, *A enxada e a mulher que venceu o próprio destino* [FNa].

Aguentar no/o balanço Equilibrar-se nas dificuldades, saber resistir a elas; suportar o ambiente; suportar as consequências de um ato. – O balanço, quando impelido muito alto, é perigoso. Por conseguinte, quem não se sentir com forças, não deve meter-se neles. Caso se tenha metido, aguente-se [AN].

Aguentar o balandrau *Bras., CE.* Permanecer firme; enfrentar ou oferecer resistência; manter a animação; não deixar esmorecer; não recuar diante de perigos ou

Aguentar(-se)

de alguma empresa que exija resistência física ou moral: "Agora é que eu quero ver se você é macho, se você é capaz de aguentar o balandrau..." [AN/FS/TC]. ♦ "Balandrau", TC nos transmite, é termo que dá a ideia de movimento anormal.

Aguentar o banzeiro *Bras., CE.* **1.** Suportar o tumulto, a tropelia, em tempo de carnaval. **2.** Resistir; suportar o serviço; enfrentar o perigo, as responsabilidades, as dificuldades etc.; estar pronto para o que der e vier; enfrentar contratempo, imprevisto: "Agora é aguentar o banzeiro..." (João Clímaco Bezerra, *Sol posto*) [AN/RG/TC].

Sin. (2): *aguentar o canjirão, aguentar o repuxo, aguentar (o) tempo, aguentar o toco*

Var. (2): *aguentar o banzé*

Aguentar (com) o barco Enfrentar a situação: "Sendo homem de calibre e firme determinação, o fundador aguentou com o barco, por cima de paus e pedras" (Aníbal Bonavides, *As profecias do Arquimedes*, p. 10) [AN].

Aguentar o canjerê *Bras., CE.* Sustentar o ritmo, não afrouxar [RG].

Aguentar o canjirão Resistir; não esmorecer; não afrouxar [LM/RG].

Sin.: *aguentar o banzeiro* (2)

Var.: (CE) *sustentar o canjirão*

Aguentar o diabo Sofrer estoicamente privações, maus-tratos, perseguições: "Precisava o cristão aguentá o diabo pra uma empeleita (*sic*) com o bicho bruto" (José de Figueiredo Filho, *Folguedos infantis caririenses*) [TC].

Aguentar o que o cão enjeitou Passar por terríveis sofrimentos [TC].

Var.: *sofrer o que o cão enjeitou*

Aguentar o repique Arcar com a responsabilidade; enfrentar a situação: "Deodato não aguentou o repique" (José Lins do Rego, *Pedra Bonita*) [TC].

Aguentar o repuxo *Fig.* Suportar com energia; não dar parte de fraco; arcar com as dificuldades ou complicações; suportar o ambiente ou as consequências de um ato;

enfrentar qualquer situação; suportar serviço pesado ou puxado; tomar a responsabilidade; enfrentar uma série de dificuldades; enfrentar ou suportar situação penosa ou trabalhosa: "Gente fraca não aguenta mesmo o repuxo" (Benedito Valadares, *Esperidião*) [AJO/AN/GAS/JB/TC].

Sin.: *aguentar a mão* (1), *aguentar o banzeiro* (2), *arcar com as consequências*

Aguentar o rojão 1. Resistir com determinação; suportar com firmeza uma tarefa, um serviço pesado, uma longa caminhada, luta, briga, tiroteio etc.: "– Meu marido, que vive comigo há menos de um ano, com a mudança não aguentou o rojão e, amedrontado com os roubos, deu no pé" (João Antônio, *Casa de loucos*, p. 96). **2.** Competir com outro cantador, resistindo ao "rojão" do desafio. – Rojão é uma espécie de foguete. Para soltá-lo é preciso aguentar bem na mão [ABH/AN/Gl/JB/TC].

Sin. (1): *aguentar firme, aguentar o banzeiro* (2)

Var. (1): *sustentar o rojão*

Aguentar os cavais *Lus.* Suster-se; não perder o domínio de si: "Aguenta aí os cavais!" [GAS].

Aguentar o tirão *Bras., RS.* **1.** Aguentar o golpe. **2.** Sustentar uma opinião. – Tirão: tanto pode ser a tarefa quanto a responsabilidade, qualquer que seja, que esteja em causa. Originalmente, "tirão" pode ser um golpe, como o que o laço dá no animal [AJO/LAF].

Sin. (1): *aguentar o tranco*

Aguentar o toco Resistir; suportar; enfrentar; ser assíduo e persistente no trabalho árduo, pesado, difícil: "Aguenta o toco! Sustenta o rojão!" (José Américo de Almeida, *A bagaceira*) [TC].

Sin.: *aguentar o banzeiro* (2)

Var.: *sustentar o toco*

Aguentar o tombo Suportar com firmeza: "Aguente o tombo, cara, você é forte" [JB].

Aguentar o tranco Suportar com firmeza; suportar, resistir, enfrentar o impacto, as calúnias, imprevistos ou percalços: "Quer dizer, mulher assim é fácil de ser deixada, porque aguenta o tranco e se vira" (Ana Maria Machado, *Alice e Ulisses*, p. 53); "Segundo eles, desta vez a economia global está forte o suficiente para aguentar o tranco" (Andrea Assef, *IstoÉ*, 8/3/00, p. 67); "Desta vez o espírito de Francisco Xavier precisou ser forte para aguentar o tranco da perturbação familiar" (*Planeta*/Extra, jul./2002, p. 12) [JB].

Sin.: *aguentar o tirão*

Aguentar pianinho *Lus*. Saber esperar com paciência; ter calma [GAS].

Sin.: *ter pantufas*

Aguentar-se na retranca Resistir; conseguir; conservar-se [GAS].

Aguentar-se no balanço Saber conformar-se; reagir a qualquer contrariedade; conseguir sustentar-se numa determinada missão; manter-se a todo o custo [GAS].

Aguentar sob volta *Marinh*. Segurar um cabo que esteja portando, dando-lhe num cabeço, cunho etc., uma ou mais voltas redondas [ABH].

Aguentar (o) tempo Ser capaz de enfrentar sérias dificuldades ou contratempos; suportar com vantagem ataque ou situação perigosa; resistir: "Se você não aguenta tempo, não provoque homem para brigar!" [FS/LM/RG].

Sin.: *aguentar o banzeiro* (2)

≠ **Não aguentar um(a) gato(a) pelo rabo 1.** *Fam*. Estar muito fraco, debilitado, em extremo. **2.** *Irôn*. Diz-se de alguém que presume ser mais forte, mais saudável, ou mais poderoso etc., do que realmente é: "Não aguentava uma gata pelo rabo, no entanto almejava a diretoria-geral da empresa" [ABH].

≠ **Não aguentar um peido** *Bras., S, SP, chulo*. Não suportar nada; ser fraco [MSM].

Ajeitar

Ajeitar a musseline *Bras., gír*. Arrumar a roupa: "A dondoca ajeitou a musseline e assumiu a comissão de frente da campanha do maridão" [JB].

Ajeitar namoro Acoitar; dar uma de cupido [AS].

Ajudar

Ajudar à missa 1. *Lus*. Ajudar a dizer mal de ou fazer mal a alguém; aumentar a confusão ou a contenda. **2.** *Bras*. Servir ao padre que celebra a missa. **3.** *Bras*. Secundar alguém [AC/AN/GAS].

Ajuntar

Ajuntar as camas Dormir juntamente [GAS].

Ajuntar (os) joelhos *Bras., BA, MG*. Nas áreas ribeirinhas do rio São Francisco, estar desempregado, sem trabalho, inativo [FNa].

Ajuntar os pés 1. *Lus*. Morrer. **2.** *Bras., NE*. Preparar-se para correr, para fugir [GAS/TC].

Ajustar

Ajustar a alça de mira *Desp*. Concentrar-se para o chute a gol, ajeitando a bola na sua linha de tiro [HM].

Ajustar as contas com a natureza Ver *amarrar a gata* (2)

Ajustar (as/umas) contas 1. Tirar dúvidas; esclarecer (um caso, uma questão); resolver diferenças; resolver finalmente certa pendência: "Vamos ajustar as contas, não quero ser passado pra trás." **2.** Haver contenda; tomar satisfação por desavenças; revidar; tomar atitudes de vindita; chegar a vias de fato; tirar desforço (ou desforra): "Eu desfrutara duas filhas suas, e quando pensava que ele vinha ajustar contas comigo, o pobre me pedia duzentos mil-réis emprestados..." (José Lins do Rego, *Pureza*, p. 110) [ABH/AN/FF/GAS/JB/TC].

Sin.: (1) e (2): *acertar a escrita*

Sin. (1): *acertar os relógios* (2), *botar (tudo) em pratos limpos*

Sin. (2): *tirar uma diferença*

Var. (1) e (2): *acertar (as/umas) contas*

Var. (2): *saldar contas*

Ajustar os ponteiros Acertar, esclarecer, resolver pendência: "Vamos ajustar os ponteiros, tá mais do que na hora" [JB].
Sin.: *acertar (as/umas) contas*

Alargar

Alargar as puxadeiras *Lus*. Ouvir; escutar; dispor as orelhas para ouvir [GAS].

Alargar as rédeas Dar mais liberdade [GAS].

Alargar os cordões à bolsa Ter de pagar as despesas [GAS].
Var.: *puxar os cordões à/pelos cordões da bolsa*

Alarmar

Alarmar os gansos *Bras., RS*. Fazer barulho alertando o inimigo [AJO].

Albanar

Albanar o terreno *Lus*. Aplanar o terreno; tornar plano um terreno [GAS].

Alçar

Alçar a caganeta *Lus*. Ir-se embora. – Em Port., "caganeta" significa "pessoa que dá sorte, que amua" [GAS].

Alçar a cola *Bras., RS*. Sair apressado; ir embora [AJO].

Alçar (d)a mão Levantar a mão para bater [GAS].

Alçar a perna 1. *Lus*. Preparar-se para passar um obstáculo. **2.** Fazer xixi (o cão). **3.** *Bras., RS*. Montar a cavalo [AJO/GAS].

Alçar voo Elevar-se ao ar: "E de súbito eis que o pardal alçou voo" (Clarice Lispector, *Uma aprendizagem ou O livro dos prazeres*) [ABH].
Var.: *levantar voo* (1)

Alegrar(-se)

Alegrar as rachas Operação que consiste em abrir mais os espaços rachados em paredes ou tetos para tirar toda a superfície que não esteja bem firme, a fim de poder ser betumada [GAS].

Alegrar o touro Chamar o touro com a voz, em movimentos de corpo ou com as bandarilhas [GAS].

Alegrar o urso *Lus*. Patear uma peça, dizer mal dela; censurar [GAS].

Alegrar-se-lhe o olho Ficar feliz só de olhar; ver algo que dá grande satisfação [GAS].

Alertar

Alertar a caça Revelar um segredo que se queria manter secreto [GAS].

Alertar as ideias Ver *encher a cara*

Alertar os gansos *Bras., RS*. Expr. que designa o despertar da consciência de alguém para algo que desejaria que se mantivesse incógnito; dar pista sobre algo de muito bom que está "pintando", mas que deve ser de conhecimento de poucos [LAF].

Alimentar

Alimentar a dianteira *Desp*. **1.** Suprir de lançamentos o artilheiro. **2.** Lançar bolas da defesa ou meio de campo para o ataque [HM].
Sin.: *alimentar o ataque*

Alimentar esperanças Lisonjear-se, com pouco fundamento, de conseguir o que deseja [AN].

Alimentar o ataque Ver *alimentar a dianteira*

Alimentar o fogo da discórdia Fomentar discórdia; incentivar brigas, confusão [AN].

Alimentar sonhos Iludir-se com aparências, coisas improváveis ou impossíveis de realizar; fantasiar: "Por que deixar que alimentasse sonhos, projetos que não iria poder realizar?" (Dias Gomes, *Apenas um subversivo*, p. 317).

Alimentar tapuru *Fig*. Morrer: "– Eu sei. De qualquer modo, esse negócio de alimentar tapuru... – Não é de seu agrado? Nem meu. Não quero assentar o cabelo antes de fazer muita coisa" (Manuel Bandeira, in Miriam Maranhão & Gerusa Martins, *Pensar, expressar e criar*, p. 125).

Alinhar

≠ Não alinhar com alguém Não emparceirar com alguém; não concordar com alguém [GAS].

Alinhavar

Alinhavar o discurso Preparar o discurso: "Vou alinhavar o discurso que farei hoje na minha posse" [JB].

Alisar

Alisar banco 1. Permanecer muito tempo em determinado lugar, escola ou atividade. **2.** Namorar sem dizer se é pra casar ou pra que é; diz-se do namorado que fica muito tempo só filando a boia na casa da namorada e nem fala em casamento: "Os homens de hoje só querem alisar banco, principalmente com filha de viúva" (João Clímaco Bezerra, *Sol posto*) [CGP/TC/TGa].
Var. (1): *esquentar banco*
Var. (2): *alisar o banco*

Alisar o banco Embromar: "O camaradinha alisou o banco e quando quis dar o fora, o pai foi atrás" (João Clímaco Bezerra, *O semeador de ausências*, p. 105).
Var.: *alisar banco*

Alisar o banco com brilho Obter boas notas nos estudos; ter um currículo excepcional [FNa].

Alisar o banco da ciência Ver *conhecer os degraus da ciência*

Alisar os bancos da academia Ser formado por escola superior [ABH].

Alisar os bancos de uma escola Frequentar a escola em questão [AN].

Aliviar

Aliviar a barra *Bras., PE*. Tranquilizar; proporcionar conforto e alegria; evitar o pior: "O cara aliviou a barra e tudo ficou limpo" [BB/JB].

Aliviar a bolsa Roubar o dinheiro que alguém carrega [TC].
Var.: *aliviar a carteira, aliviar o passageiro*

Aliviar a tripa *Chulo*. Defecar [AN/GAS].
Var.: *despejar a tripa*

Aliviar o luto Deixar de usar roupas inteiramente negras: "Uma viúva que alivia o luto..." (Francisco de Brito, *Terras bárbaras*) [TC].

Aliviar o perigo *Desp*. Desafogar investida do time adversário [HM].

Aliviar o ventre *Chulo*. Defecar [GAS].

Aliviar sua precisão Ver *fazer precisão*

Almoçar

Almoçar a janta *Bras., NE, chulo*. Diz-se do noivo que mantém relações com a noiva antes do casamento [MSM].

Almoçar de garfo Diz-se de almoço verdadeiro, em que se come comida que necessita de garfo [AN].

Almoçar, jantar e cear Pensar exclusivamente, ou até de modo obsessivo, em; ter sempre em mente [ABH].

Almoçar na copa *Bras., gír*. Fazer refeição em restaurante da moda: "Almocei na copa, num lugar muito legal" [JB].

Alongar(-se)

Alongar a vista Olhar ao longe [ABH/FF].
Var.: *alongar os olhos*

Alongar-se de Afastar-se; sair: "Pouco a pouco muitas graves matronas, (...) se tinham alongado da corte para suas honras e solares" (Alexandre Herculano, *O bobo*, p. 22).

Alterar

≠ Não alterar (nem) uma vírgula 1. Copiar textualmente; não tocar num escrito para corrigi-lo. **2.** Ser o mais exato possível [AN/GAS].

Alugar

Alugar de meio-campo *Desp*. Manter acuado em seu campo o time adversário, sob ataques incessantes, enquanto o próprio meio de campo se mantém vazio [HM].

Alugar o passe *Desp.* Transferir por tempo certo o atestado liberatório de um jogador a clube interessado [HM].

Aluir

≠ **Não aluir uma palha** Nada fazer; não tomar nenhuma providência; não fazer nenhum trabalho; ser indolente, preguiçoso; não auxiliar ninguém; ser imprestável: "O velho Facundo não aluíra uma palha" (João Clímaco Bezerra, *Sol posto*) [ABH/GAS/TC].
Var.: *não arredar/levantar/mexer/mover uma palha*

Alumiar

Alumiar a cola nas macegas *Bras., RS.* Morrer [AJO].
Alumiar as ideias Ver *beber um trago*

Amaciar

Amaciar a bola *Desp.* Interromper a trajetória da bola, com a chuteira ou com o corpo, sem conseguir dominá-la de primeira [HM].
Var.: *amaciar a redonda*
Amaciar o jogo *Desp.* Diminuir o ritmo da partida, disputando-a sem garra e sem agressividade [HM].
Amaciar o pelo *Bras., RS.* **1.** Agradar alguém para conseguir um favor. **2.** Dar uma surra em alguém [AJO].
Amaciar o terreno 1. Organizar e dispor as coisas para que aconteça como queremos. **2.** Limpar e preparar a terra, deixando-a pronta para o plantio [GAS/TC].
Var. (1): *preparar terreno*
Var. (2): *preparar o terreno*

Amandar(-se)

Amandar a pera *Lus., chulo.* Copular; fazer amor [GAS].
Var.: *mandar a pera*
Amandar bocas Dizer coisas que não agrada ouvir [GAS].
Amandar bolas para o pinhal Causar confusão [GAS].

Amandar o alicerce Dar um pontapé [GAS].
Amandar-se ao ar Irritar-se; zangar-se; enfurecer-se por qualquer contratempo [GAS].
Sin.: (lus.) *dar pulos de corça*

Amanhar

Amanhar a terra Trabalhar na terra; preparar a terra para produzir; cultivar terras [GAS].

Amanhecer

Amanhecer com a avó atrás do toco Ver *amanhecer de chinelos trocados*
Amanhecer de chinelos trocados *Bras., fam.* Acordar irritado, de mau humor [ABH].
Sin.: (MG) *amanhecer com a avó atrás do toco*

Amansar

Amansar de baixo *Bras., RS.* Tirar todas as baldas e manhas do cavalo que vai ser domado, antes de ser montado [AJO].
Amansar o mate *Bras., S.* Tomar os primeiros mates, para deixar a erva menos amarga [AJO].

Amargar

Amargar a reserva *Bras., desp., gír.* Ficar, o atleta, na reserva ou no banco: "O Roberto Carlos tá amargando a reserva, está em queda livre" [JB].
Amargar como a breca *Lus.* Ser muito desagradável ao paladar [GAS].
Amargar um revés Ser derrotado: "O Ricardo amargou um revés, agora tá na pior" [JB].

Amarrar

Amarrar a cabra Ver *encher a cara*
Amarrar a cara *Bras., fam.* Zangar-se; amuar-se, carregando as feições em sinal de zanga ou contrariedade; ficar amuado, zangado, contrariado; tornar-se carrancudo,

demonstrando aborrecimento: "Mais um que lhe iria amarrar a cara, olhá-lo de banda, cuspir depois dele passar" (Jorge Amado, *Seara vermelha*, p. 11); "Não amarrou a cara, mas disse que não ia" (João Antônio, *Sete vezes rua*, p. 7); "Depois de ter sido repreendida pelo professor, ela amarrou a cara até o fim da aula" [ABH/DT/GAS/RG/TC].
Sin.: *carregar o cenho*
Var.: *fechar a cara, trancar a cara*

Amarrar a égua *Bras., gír.* Proteger-se; beneficiar-se: "Já sei onde vou amarrar a égua" [JB].
Sin.: *amarrar o burro na sombra*

Amarrar a ficar *Mar.* **1.** Amarrar de forma definitiva, nos lugares competentes, uma vez terminada a manobra, os cabos com que ela foi executada. **2.** Amarrar convenientemente uma embarcação ao pau de surriola, uma vez terminado o serviço diário [ABH].

Amarrar a gata 1. *Bras.* Estar bêbado, ébrio; apanhar uma bebedeira; embebedar-se. – Parece que a frase vem da vida de bordo. Gata é uma vela de mastaréu. Quando o navio balança, é preciso alar a gata, para ele se equilibrar. Quem ziguezagueia está como navio com gata desamarrada. **2.** *Bras., NE, chulo*. Expr. empregada para designar o ato de defecar; expelir os excrementos; evacuar; obrar; cagar; aliviar o ventre de fezes [ABH/AJO/AN/AS/BB/CGP/FF/FS/FSB/GAS/J&J/LAF/MGa/MSM/Net/RG].
Sin. (1): *encher a cara*
Sin. (2): *ajustar as contas com a natureza, armar o laço* (2), *arrear a carga*, (lus.) *arrear o cabaz, arriar a jorra/poia*, (CE) *arriar a massa*, (lus.) *arriar o calhau/pastel/preso*, (NE) *atender ao chamado da natureza*, (lus., Alentejo) *aviar a vida, dar de comer a calango, dar de corpo* (2), (S) *dar de ventre*, (PE) *dar um descarrego* (2), *descer nos pés, fazer cacá*, (lus.) *fazer câmara, fazer cocô*, (NE) *fazer obra*, (S, fam., pop.) *ir aos pés, medir o chão* (2), *passar (o/um) telegrama* (1), *quebrar o corpo* (2), *soltar o(s) barro(s)*, (RJ) *sujar a porcelana*

Var.: (MG) *amarrar o gato*
Var. (1): *marrar a gata*

Amarrar a lata *Bras.* **1.** Despedir o namorado; acabar com o namoro. **2.** Despedir o empregado. **3.** Declarar que não quer mais o emprego [AN].
Var. (1): *dar a lata*

Amarrar as calças Prevenir-se de algum contratempo iminente [GAS].

Amarrar as chuteiras da vista Perder a visão precocemente; aposentar a capacidade de enxergar [RBA].
Sin.: *ficar cedo sem enxergar*

Amarrar cachorro com linguiça Expr. us. para se referir a época de muita fartura, das coisas baratíssimas e da vida folgada; alusão pop. aos velhos tempos de fartura: "Encontrei meio de ganhar alguns tostões, muito dinheiro para os bolsos infantis daqueles tempos, em que se amarrava cachorro com linguiça" (José de Figueiredo Filho, *Folguedos infantis caririenses*) [RBA/RG/TC].

Amarrar o bicho No jogo do bicho, jogar cotidianamente no mesmo número; jogar o mesmo jogo todo dia [CGP/LM/RG].

Amarrar o bode *Bras., fam.* **1.** Ficar de cara fechada ou amarrada; ficar macambúzio, amuado, triste, pelos cantos; ficar sério, irritado, contrariado, enfezado, enjoado, zangado, mal-humorado; mostrar-se de mau humor; agastar-se; estar aborrecido, enfezado; zangar-se; amuar-se: "– Eu vou é pra Londres. Não quero ficar aqui vendo meus amigos se foderem, ficar amarrando o bode desse Brasil do Médici" (Alfredo Sirkis, *Os carbonários*, p. 197). **2.** Empacar. **3.** *Bras., CE*. Dormir. **4.** *Bras., gír.* Dormir sob o efeito de droga (o que é mais comum ocorrer quando o usuário está sob o efeito de uma droga depressora); "bodear" [ABH/AC/AN/CGP/CLG/FN/FS/LCCa/LM/MPa/Net/RG/TC].
Sin. (1): *amarrar o burro, andar/estar/ficar de bode amarrado*
Sin. (3): *agarrar no sono, estar de bode amarrado*

Amarrar o boi *Bras., gír.* Prender: "Vou amarrar o boi no pé da cajarana, conforme a tradição" [JB].

Amarrar o burro *Lus.* Ficar amuado [GAS].
Sin.: *amarrar o bode* (1)
Var.: *prender o burro*

Amarrar o burro na sombra *Bras., gír.* Proteger-se; beneficiar-se: "O cidadão amarrou o burro na sombra. Agora colhe o que plantou" [JB].
Sin.: *amarrar a égua*

Amarrar o burro onde manda o dono Obedecer, sem discutir, ordens recebidas; fazer algo sob exclusiva responsabilidade do mandante; fazer a vontade do superior, embora prevendo um mal; cumprir à risca ordens recebidas, sem renovar objeções anteriores, ainda que em desacordo ou sem compreender as razões que as ditaram: "Se amarra o burro onde o dono manda" (Manuel de Oliveira Paiva, *Dona Guidinha do Poço*) [AN/RMJ/TC].
Var.: *amarrar o burro à vontade do dono*

Amarrar o facão *Bras., pop., NE, chulo.* **1.** Diz-se do homem que, em decorrência da idade avançada ou por qualquer outro motivo, fica sexualmente impotente, aposentado das mulheres; brochar pela idade (o homem); chegar ao climatério, o primeiro passo no caminho que leva à aposentadoria sexual (em gr., climatério quer dizer "ponto crítico da vida humana"). Ver Carvalho Deda, *Brefaias e burundangas do folclore sergipano*. **2.** Entrar na menopausa (a mulher) [ABH/FN/FNa/MSM/NL].
♦ Mais lógico é que aceitemos só a primeira acepção, pois "facão" sugere o "pênis".
Sin.: *botar o machado nas costas*
Var.: *pendurar o facão*

Amarrar o jogo *Desp.* **1.** Interromper frequentemente a partida, apitando faltas numerosas. **2.** Praticar (o jogador) ação, proposital ou não, que ocasione interrupções frequentes da partida [HM].
Var.: *prender o jogo*

Amarrar o macho *Lus.* Teimar; embirrar [GAS].

Amarrar os panos *Expr. us.* para se referir a original duelo, de audácia e coragem, em que os contendores resolviam a pendência de vida ou de morte amarrando as pontas das camisas e munindo-se, cada um, de um punhal ou faca: "A tradição sertaneja fala também dessa forma de duelo, onde os contendores se faziam amarrar pelas fraldas das camisas. Daí a expr. ainda em voga: se é homem, vamos amarrar os panos" (Juvenal Lamartine, *Velhos costumes do meu sertão*) [TC].

Amarrar um bode 1. *Bras., gír.* Deprimir-se sob efeito de droga; fumar maconha; entrar em fossa: "Vou amarrar um bode mais tarde. Sou chegado." **2.** *Bras., RS.* Descansar, dormir ou pelo menos cair fora do combate; "bodear" [ABH/JB/LAF].

Amarrotar

Amarrotar os colarinhos *Lus.* Bater [GAS].

Amassar

Amassar barro *Bras., gír.* Ficar sem fazer nada; não progredir: "Estou amassando barro, numa situação desconfortável"; "O cara não vai pra frente, está amassando barro" [JB].

Amassar meloso *Bras., Centro, MG.* Copular [MSM].

Amassar o barro Dançar [GS].

Amassar o/um bombril *Bras., gír., CE, chulo.* Expr. rel. à relação sexual; praticar o ato sexual; fazer sexo; transar: "O cara gosta de amassar o bombril da morenaça" [AS/CGP/JB/JIF/MGa].
Sin.: *afogar o ganso*

Amassar o pão com o suor do rosto Trabalhar no duro para ganhar a subsistência; ganhar a vida à custa do trabalho. – Reminiscência da frase do Senhor a Adão (Gn 3, 19 – *In sudore vultus tui vesceris pane*) [AN/GAS].

Ameaçar

Ameaçar de cortar as pernas *Fig.* Prometer de fazer grande mal, de não deixar progredir [GAS].

Amolar

Amolar a ferramenta Ver *amolar o canivete*

Amolar as palanganas *Lus.* Levar pancada, bordoada; sofrer perda, prejuízo [GAS].

Amolar o canivete *Bras., NE, chulo.* Ficar excitado; copular; manter relações sexuais; fazer o coito (us. só para homens) [GAS/GM/MSM/RG/TC].
Sin.: *amolar a ferramenta, amolar o ferro, passar a faca* (2)
Var.: (CE) *afiar o canivete*, (lus.) *desenferrujar o canivete*

Amolar o caso Ficar pensando no caso; não dar crédito ao que se conta; pôr de remissa; reconsiderar um caso [GAS].

Amolar o ferro Ver *amolar o canivete*

Amolar os dentes *Bras.* Preparar-se para fazer um repasto; dispor-se a uma boa refeição, a um rega-bofe; preparar-se, num antegozo, para comer algo apetitoso [RG].
Sin.: *amolar os queixos*
Var.: (CE) *limar os dentes*

Amolar os queixos *Bras., CE.* Aguardar com ânsia um rega-bofe; aguardar sofregamente a comida ou refeição; esperar, lambendo os beiços, por uma refeição maravilhosa: "Domingo tem aquele churrasco, vá logo amolando os queixos" [ABH/AN/FN/FS/LM/RG].
Sin.: *amolar os dentes*

Amornar

Amornar os ovos Passar o dia todo ou a maioria do tempo sem fazer nada: "Esses dias todos fiquei amornando os ovos em casa e todo dia antes de agarrar no sono é em você que eu penso" (AS, p. 29) [AS].

Amortecer

Amortecer uma queda *Bras., S, RJ.* Praticar pederastia passiva (Sylvio Abreu, *in* art.) [MSM].

Ancorar

Ancorar o barco Fixar-se; parar [ABH].

Andar

Andar a apanhar beatas Ver *andar à boa-vida*

Andar a apanhar bonés *Lus.* Não ter o que fazer; estar desempregado [GAS].

Andar a aparafusar *Lus.* Ficar magicando, pensando, imaginando, cismando; meditar [GAS].
Var.: *estar a aparafusar*

Andar a apitar *Lus.* Estar sem dinheiro [GAS].

Andar à babugem *Lus.* Perseguir alguém; estar à espera de ocasião para conseguir benefícios; estar à cata de pechinchas [GAS].

Andar à bambalhona *Lus.* Andar mal-vestido, mal-arranjado [GAS].

Andar à batatada Ver *andar à pancada*

Andar a berrar 1. Andar sem dinheiro. **2.** Gritar [GAS].

Andar à boa-vida Não trabalhar; viver na ociosidade, sem fazer nada, sem ter nenhum rendimento: "Andar à boa-vida: viver na ociosidade" (Manoel Joaquim Delgado, *Rev. de Port.*, vol. XXX, p. 483) [ECS/GAS].
Sin.: *andar a apanhar beatas*
Var.: *estar à boa-vida*

Andar à boleia (*sic*) Viajar de graça [GAS]. ♦ No *Bras.*, leia-se: boleia /é/.

Andar à bolina *Lus.* Caminhar de esguelha ou inclinado para um lado [GAS].

Andar a bomba no jornal Vir [= trazer, dar] no jornal a notícia do crime, ou qualquer fato degradante ou funesto [GAS].

Andar a butes *Lus.* Andar, ir a pé [GAS].
Var.: *ir a butes*

Andar a cabeça à roda 1. Estar apaixonado; estar entusiasmadíssimo. **2.** Ter tonturas [GAS].

Andar a cair Estar bêbado [GAS].

≠ **Não andar a caldeira sem o caldeirão** Lus. Diz-se sobre duas pessoas inseparáveis [GAS].
Sin.: *andar aos pares como os frades*

Andar à capa 1. Diz-se do navio que, em grande mar e por vento contrário ou violento, leva poucas velas desfraldadas e não as apresenta, senão muito obliquamente ao vento, conseguindo assim andar com pequena velocidade. **2.** Diz-se de alguém que está à espreita ou observando, esperando ocasião favorável aos seus desígnios [AN].
Var. (1) (2): *pôr à capa*
Var. (2): *estar à capa*

Andar à cata Estar à procura [GAS].

Andar à chapada Lus. Estar envolvido em desordem [GAS].

Andar a chocar Sentir-se adoentado com repetições intermitentes dos incômodos, para depois vir a cair com doença grave [GAS].

Andar acima e abaixo 1. Ir em todas as direções: "Andei atrás do embruião/rua acima e rua abaixo" (José de Figueiredo Filho, *Patativa do Assaré*). **2.** Andar sem rumo certo [TC].
Var.: *correr acima e abaixo*

Andar a contas com a torta Lus., Alentejo. Ceifar (*Rev. Lus.*, XXXI, p. 120) [ECS].

Andar à corda Lus. **1.** Univ. Coimbra Diz-se do aluno que durante muito tempo não é chamado à lição e que se vê obrigado a prepará-la todos os dias, por não calcular quando o mestre o chamará. **2.** Aceder às instruções de alguém sem discutir; ser servil. Ver *Gíria dos estudantes de Coimbra*, p. 63 [ECS/GAS].

Andar a correr atrás das canas Lus. Não trabalhar; aproveitar-se do trabalho dos outros [GAS].

Andar à curta Andar em hábitos laicais (ver Morais Silva, *Grande dic.*, s. v. "à CURTA") [ECS].

Andar a dar a dar (*sic*) Ver *andar à deriva* (1)

Andar a dar ao rabo Lus. Não fazer nada [GAS].

Andar à deriva 1. Lus. Estar sem dinheiro, sem recursos. **2.** Andar ao sabor dos acontecimentos, sem norte [GAS].
Sin. (1): *andar a dar a dar* (sic), *andar à divina, andar à paisana* (1), *andar à peneira, andar a paz de pílula, estar à/na/numa dependura* (1), (lus.) *andar falho ao naipe*
Sin. (2): *andar à toa* (1)

Andar à divina Encontrar-se sem dinheiro [GAS].
Sin.: *andar à deriva* (1)
Var.: *estar à divina*

Andar a dizer adeus ao mundo Morrer aos poucos [GAS].

Andar a empurrar o mundo Lus. Estar em adiantado estado de gravidez [GAS].

Andar a engonhar Lus. Fazer ronha; preguiçar [GAS].

Andar a escrever Lus. Cambalear pela rua [GAS].

Andar à esparavela Lus. Andar nu [GAS].

Andar à espiga falida Lus. Viver com dificuldades (*Rev. Lus.*, XXXI, p. 125) [ECS].

Andar afanado Lus. Estar fraco, sem forças, adoentado [GAS].

Andar à festeira Lus. Usar vestuário que não seja capa e batina ou farda. – Termo acadêmico [GAS].

Andar a flanar Passear [GAS].

Andar a flaino Lus. Não fazer nada [ECS].

Andar a galope Trabalhar ou efetuar qualquer missão com excessiva rapidez; andar depressa, andar rápido [AJO/GAS].

Andar à/na gandaia 1. Vadiar, viver na ociosidade, na vagabundagem; levar vida de vagabundo, de ocioso; não trabalhar; viver à custa do que consegue encontrar no lixo das casas e das ruas. **2.** Levar vida boêmia e irresponsável; andar em farras, divertimentos etc.; gandaiar. – Gandaiar é fazer o ofício de trapeiro, catar papéis e outras coisas no lixo. Mas João Ribeiro acha que *andar à/na gandaia* nada tem que ver com os gandaieiros do lixo, e sim com o longínquo Reino de Gandaia, que poderia ser uma aproximação da Catai, nome pelo qual a China era conhecida nos tempos medievais [AN/GAS/GM/OB/RMJ].

Sin. (1): *viver ao deus-dará*
Var. (2): *cair na gandaia* (1)

Andar a ganhá-lo Furtar [GAS].

Andar à grade *Mad.* Não fazer nada, vadiar (ver Jaime Vieira dos Santos, "Vocabulário do dialeto madeirense", *Rev. de Port.*, X, p. 29) [ECS].

Andar a jardar Ver *andar à toa* (1)

Andar a jardinar Passear [GAS].

Andar à jorra Ver *andar na boa-vai-ela*

Andar à lebre *Lus., Univ. Coimbra, gír.* Diz-se quando a mesada do estudante acaba e ele fica às atenças dos condiscípulos; recorrer aos amigos, quer para se elogiar, quer para comer [ECS/GAS].

Andar à leja *Lus.* Catar uvas, amêndoas etc. que restam da colheita (ver *Rev. de Port.*, vol. XXXI, p. 252) [ECS].

Sin.: *andar ao rabisco de*

Andar a ler *Lus., Barcelos.* Andar distraído; pensar noutra coisa [GAS].

Andar a leste *Lus.* Ignorar; não saber; estar por fora do assunto [GAS].

Var.: *estar a leste*

Andar aluado 1. *Lus.* Estar no cio. **2.** *Bras.* Estar distraído [GAS].

Andar à malta Estar fugido da justiça; não ter domínio certo; vagabundear. – Os malteses, gente de sangue árabe, transportam-se ao continente europeu e lá vivem uma vida nômade e alegre na época das colheitas, trabalhando aqui e ali em grupos [AN].

Andar à mama Procurar proveito [GAS].

Andar à matroca Estar mal-arranjado, desajeitado, desgovernado, desordenado, abandonado; funcionar sem governo: "Ultimamente, o bar do Antônio anda à matroca, o pessoal se mandou de lá..." [GAS/JB/OB].

Var.: *ir à matroca*

Andar à mercê das ondas Não saber o que fazer [GAS].

Andar à mira Estar à procura de oportunidades; ver se consegue o que pretende [GAS].

Andar à moina *Lus.* Pedir esmola [GAS].

Andar a monte *Lus.* Andar fugido para escapar a/de ser preso [GAS].

Andar a navegar Não saber por onde começar, por onde pegar um trabalho [GAS].

Andar à nora Não encontrar rumo certo; estar, ficar desorientado; não saber resolver um assunto; não conseguir o que se pretende [GAS].

Var.: *estar/ficar à nora*

Andar a nove Andar muito depressa; andar apressadamente. – Expr. que nasceu deriv. da velocidade máxima dos carros elétricos [GAS].

Var.: *ir a nove*

Andar a nove pontos Andar com a máxima velocidade. – O *controller* dos bondes tem nove pontos reguladores da velocidade do veículo. O nono corresponde à maior velocidade [AN]. Com a superação do bonde, como meio de transporte, esta expr. passa a ser antiquada, arcaica, pelo menos no território bras.

Andar ao alto Estar desempregado [GAS].

Andar ao atá 1. *Bras., NE.* Andar a esmo, sem rumo, despreocupado, sem motivação: "... andamos ao atá, apanhando aqui e ali umas pedrinhas luzidias, uns seixos rolados" (Paulino Santiago, *Temas e processos do cancioneiro de Alagoas*). – A expr. tb. se aplica, com este sentido, aos caranguejos, que andam desorientados no tempo da desova. **2.** *Bras., CE, pop.* Estar sem dinheiro. – Atá (do tupi) significa "ele anda". LCCa atribui o termo "atá" como originado "do nheengatu ouatá, andar, caminhar" [ABH/LCCa].

Sin. (1): *andar à toa* (1)

Andar ao ataque Prostituir-se [GAS].

Andar ao cabrito Diz-se da relação entre homossexuais [GAS].

Andar ao descuido Roubar coisas que alguém tenha junto de si e por distração não defenda [GAS].

Andar ao desdém *Lus.* Andar sem compasso, sem ritmo regular, como pessoa que caminha distraída [ECS].

Andar ao deus-dará Andar sem rumo; andar ao acaso; vagar sem destino [AN/GAS/OB].
Var.: *ir ao Deus dará*

Andar ao fanico *Lus.* Diz-se da meretriz que anda, de noite ou de dia, pelas ruas, mostrando-se, provocando; andar na prostituição, à procura de freguês [GAS/MSM].

Andar ao/no gandéo *Lus.* Andar na farra, na folga; vadiar [GAS].
Sin.: *andar na moina*

Andar ao grepe Ver *andar na boa-vai-ela*

Andar ao lambisco *Lus.* Bisbilhotar [GAS].

Andar ao laré 1. Passar a vida ociosamente; vadiar (ver *Rev. Lus.*, XXXVI, p. 129). **2.** Funcionar precária ou irregularmente. **3.** Andar em situação precária, à tuna [ABH/ECS/FSB/GAS].

Andar ao léu 1. *Lus.* Andar, estar nu, descoberto; mostrar o corpo, ou parte, a nu. **2.** *Bras.* Vagar; andar sem destino certo; zanzar: "O bandido andava ao léu quando foi pego pela polícia" [ABH/FN/GAS/JB/RG].
Sin. (2): (NE) *andar aos emboléus, andar à toa* (1)
Var. (1): *estar/pôr ao léu*

Andar ao mânchi mânchi *Lus.* Coxear (ver *Rev. de Port.*, XX, p. 96) [ECS].

Andar ao melão Estar com fome [GAS].

Andar à/na onça Estar sem dinheiro; estar na miséria [AN/FF/FN/FNa/GAS/Gl/RG].
Sin.: *cortar fino, cortar uma dureta, sofrer mais do que pé de cego*
Var.: *estar/ficar/viver na onça*

Andar ao/a pé-coxinho Saltar apoiando-se num pé, mantendo o outro no ar [AN/GAS].
Var.: *andar ao pé-polim*

Andar ao ponto *Lus.* Prostituir-se [GAS].

Andar ao rabisco de *Lus.* Apanhar os restos de frutos, como uvas, amêndoas, figos etc., que ficaram após a colheita (ver *Rev. de Port.*, vol. XXX, p. 492) [ECS].
Sin.: *andar à leja*

Andar ao sabor do vento Ser inconstante, maleável; não ter opinião fixa [GAS].

Andar aos aparelhos Estar metido em desordens; guerrear [GAS].

Andar aos baldões da sorte Viver aos altos e baixos; sofrer contratempos e muitos infortúnios [GAS].

Andar aos boléus Andar de um lado para outro, à mercê da sorte: "Andou aos boléus, sujeitando-se a contratos em casas cada vez mais desclassificadas..." (Gebes Medeiros, *Linha do equador*) [ECS].

Andar aos bordos Diz-se da maneira insegura como andam os embriagados e os drogados; cambalear de bêbado; andar cambaleando, fazendo ziguezagues [ECS/FF/GAS].
Sin.: *cruzar os joanetes*
Var.: *ir aos bordos*

Andar aos cabritos *Lus.* Vomitar: "Em Coimbra eu próprio ouvi empregar andar aos cabritos no sentido de vomitar..." (ver Heins Kroll, *Rev. Port. de Filologia*, VI, p. 81) [ECS].

Andar aos caídos Estar em má situação financeira, sem dinheiro [GAS].

Andar aos cucos Viver na vadiagem, na mandrice [GAS].

Andar aos cunhos *Lus., Minho.* Viver de restos, de sobras, de migalhas [GAS].

Andar aos dias *Lus.* Não trabalhar em dias seguidos [GAS].

Andar aos emboléus Ver *andar ao léu* (2)

Andar aos esses /é/ /ss Andar ziguezagueando, em consequência de embriaguez; cambalear de bêbado; caminhar sinuosamente em estado de embriaguez [ABH/AN/GAS].

Var.: *fazer esses/ss*

Andar aos gambozinos *Lus*. Vadiar. – Origina-se de brincadeira de rapazes que consiste em ir à caça de gambozinos (espécie de coelho pequeno); vão para o campo e colocam o caçador (o que vai ser enganado) junto de uma moita; os outros dizem que vão bater mato e fogem à socapa. O enganado, ao fim de certo tempo, dá pelo logro (ver *Rev. Lus.*, XIII, p. 117) [ECS/GAS].

Andar aos papéis *Lus*. Estar em dificuldades [GAS].

Andar aos pares como os frades Ver *não andar a caldeira sem o caldeirão*

Andar aos paus *Lus*. Estar sem emprego; não fazer nada; não ter nada que fazer; estar na miséria [GAS].

Var.: *estar aos paus*

Andar aos pontapés da sorte *Lus*. Ser escorraçado, maltratado [GAS].

Andar aos rebeques *Lus., Trás-os-Montes*. Estar em jejum [GAS].

Andar aos rr e ss Estar embriagado (ver Manoel Viotti, *Dic. da gír. brasileira*) [ECS].

Andar aos tombos Ver *andar aos trambolhões* (1)

Andar aos trambolhões 1. Rolar de cá para lá; andar de cá para lá quando empurrado; cambalear, quase caindo. **2.** *Fig.* Sofrer vicissitudes [AN/FF/GAS].

Sin. (1): *andar aos tombos*

Andar ao tio ao tio Andar assoberbado à procura de algo [GAS].

Andar ao topo Diz-se dos gatunos que vendem pretensos bilhetes de loteria premiados [GAS].

Andar ao verde Pastar [GAS].

Andar à pai Adão Andar nu [GAS].

Andar à paisana 1. *Lus*. Estar sem dinheiro. **2.** *Bras*. Estar vestido com roupa de civil, não com a farda de militar [GAS].

Sin. (1): *andar à deriva* (1)
Var. (2): *estar à paisana* (2)

Andar à pancada Lutar corporalmente; brigar: "Fomos escolher sítio para andar à pancada, com padrinhos e tudo..." (Manuel do Nascimento, *Mineiros*) [ECS/GAS].

Sin.: *andar à batatada, andar à trolha,* (lus.) *ensarilhar bigodes, jogar à bulha, jogar à pera, jogar à porrada*

Var.: *jogar à pancada*

Andar a parafusar Cismar; matutar; ruminar [GAS].

Andar a passear a língua Falar sem tom nem som [GAS].

Andar à pata Andar, ir a pé; caminhar [GAS].

Var.: *ir à pata*

Andar à pata galhana Andar descalço [GAS].

Andar a paz de pílula Ver *andar à deriva* (1)

Andar a pedir sopa *Lus*. Diz-se de quem parece querer ser castigado [GAS].

Andar a penar Sofrer [GAS].

Andar a penates *Lus*. Andar a pé [GAS].

Andar à peneira Ver *andar à deriva* (1)

Andar à pesca *Lus*. Observar; estar à procura de algo: "O rapaz anda à pesca de emprego" [GAS].

Andar à pilha *Lus*. Roubar; pilhar [GAS].

Andar a pintar o teto ao rossio *Lus*. Estar ocioso [GAS].

Andar à piranga *Lus*. Viver vida de miséria, de penúria [GAS].

Andar a pregar as tardes Andar de um lado para o outro sem fazer nada [GAS].

Andar à procura da rolha Procurar inutilmente [GAS].

Andar à procura do homem das calças pardas Procurar alguém impossível de identificar [GAS].

Andar a quatro Gatinhar; engatinhar [GAS].

Andar à reboleta Cair e rolar sobre si mesmo [GAS].

Andar a reboque 1. Andar atrás de alguém; ir levado pelos outros. **2.** Estar subordinado a alguém [GAS].
Var.: *ir de reboque*

Andar à reçaluta Mad. Andar como lhe apetece a vontade (ver Jaime Vieira dos Santos, "Vocabulário do dialeto madeirense", *Rev. de Port.*, XI, p. 177) [ECS].

Andar à rédea solta Ter liberdade demasiada; diz-se de educação mal dirigida; diz-se da "pessoa que vive e age à solta, sem freios, com demasiada liberdade" [GAS/TC].

Andar à regalda Não fazer nada [GAS].

Andar armado 1. Trazer dinheiro consigo para fazer frente a qualquer necessidade que surja. **2.** Fazer-se acompanhar de arma de fogo [GAS].

Andar à roça Trabalhar o moinho sem grão para moer [GAS].

Andar à roça de alguém Perseguir alguém; assediar alguém com intuitos condenáveis (ou censuráveis) [ECS/GAS].

Andar à roda 1. Realizar sorteio de loteria; correr (a loteria). **2.** Andar à toa, desorientado, desatinadamente [ABH/GAS/TC].
Sin. (2): *andar num torniquete*

Andar à rola /ó/ Lus. Andar à mercê das ondas (embarcação ou qualquer outro objeto) [ECS].

Andar à rola do mar Andar à deriva, ao sabor da corrente [GAS].

Andar a rondar a porta Observar; estar à procura [GAS].

Andar arrancado Ter grande desejo de fazer algo [AN/FS/LM].

Andar arreliado Estar sem dinheiro [GAS].

Andar às apalpadelas 1. Tatear. **2.** Estudar sem método os fatos [GAS].

Andar às aranhas Andar sem norte, sem orientação; estar ou ficar desorientado [FF/GAS].
Var.: *ficar às aranhas*

Andar às atenças Às ordens, à disposição [GAS].

Andar às beatas Dizia-se ant. para se referir aos pobres que apanhavam do chão as pontas de cigarros já fumados [GAS]. – Atualmente, já nem isso lhes resta, dado que a grande maioria dos cigarros tem filtro.
Sin.: *andar às pontas*

Andar às cambaretas Lus., Beja. Andar com dificuldade [GAS].
Var.: (Montemor-o-Novo) *andar às cambaritas*

Andar às cegas Agir sem conhecimento, sem orientação, sem reflexão [AN/GAS].

Andar à Seca e Meca (*sic*) Perambular; andar de um lado para outro; diz-se de pessoa que se mostra insatisfeita onde quer que esteja [RBA].

Andar às escuras Não ter conhecimento do que se passa [GAS].

Andar às gatas Lus. Passar continuamente as noites fora de casa, na pândega, frequentando lupanares, à conquista de mulheres; diz-se da mulher de "vida fácil" que passa as noites fora de casa na pândega, continuamente; frequentar com assiduidade os lupanares [AN/GAS/MSM].

Andar às guedelhas Lus. Brigar de mãos (incluindo arranhões, puxões de cabelo etc.) [GAS].

Andar à sirga de alguém Lus. Andar agarrado a alguém enquanto essa pessoa não satisfizer o que se lhe pede; não largar alguém [GAS].

Andar às moscas Diz-se quando não há assistência (espetáculos, casas comerciais etc.); estar vazio, sem clientes, sem fregueses, sem espectadores, sem frequência; ser pouco frequentado; não ter concorrência; estar ocioso ou ocupado com bagatelas [AC/AN/FF/FSB/GAS].
Var.: *estar às moscas*

Andar à soga Bras., RS. Estar enamorado; estar namorando [ABH/AJO].

Andar às pontas Ver *andar às beatas*

Andar às turras Estar em constante altercação; andar desavindo; estar em questão com alguém: "Sua estrela maior, o governador Miguel Arraes, anda às turras com

Célio de Castro, prefeito de Belo Horizonte" (*Veja*, 25/2/98, p. 19) [GAS].

Andar às voltas Estar desorientado, sem saber o que fazer [GAS].

Andar às voltas com 1. Estar muito ocupado com; buscar a solução de. **2.** Empregar certa atividade em negócios confusos. **3.** Ter amizade ou relações suspeitas: "... andava às voltas com uma sirigaita de cabelos vermelhos" (Francisco de Brito, *Terras bárbaras*) [AN/FF/TC].

Andar às zorras Frequentar prostitutas [GAS].

Andar à tapona Brigar corporalmente [GAS].

Andar à toa 1. Andar sem rumo certo, desgovernado; estar sem destino, sem determinação própria, a esmo. – Toa é corda estendida de uma embarcação a outra, para rebocar essa outra. A embarcação que *vem à toa* não tem destino certo, tem de seguir o da que a reboca. **2.** Andar desempregado, despreocupado, sem ocupação, sem saber por onde; viver passando o tempo, vagabundando [AN/GAS/LCCa/MPa].

Sin. (1): *andar à deriva* (2), *andar a jardar, andar ao atá* (1), *andar ao léu* (2)

Andar a toda a roupa 1. Roubar quanto possível. **2.** Andar depressa [GAS].

Andar atrapalhado Não ter dinheiro [GAS].

Andar a traquete Andar atrapalhado, complicado [GAS].

Andar atrás de saias Andar atrás de mulheres; perseguir moças [GAS].

Andar atravessado Estar em desinteligência ou rixa velha com alguém [GAS].

Andar à trolha Lutar corporalmente; brigar; socar [GAS].

Sin.: *andar à pancada*
Var.: (lus.) *jogar à trolha*

Andar à vara Não atinar, não saber como resolver; estar em grande embaraço; estar confuso, com dificuldades; ver-se aflito, atrapalhado [GAS].

Var.: *estar/ver-se à vara*

Andar a voar baixinho Andar de automóvel a grande velocidade [GAS].

Andar à zorra 1. Roubar. **2.** Querer ver sem ser visto [GAS].

Andar a zorros/de zorro Ver *andar de rastos* (3)

Andar azuratado *Lus*. Estar enraivecido, raivoso: "... às vezes, quando anda azuratada, dá por paus e por pedras e descobre os defeitos das amigas" (Camilo Castelo Branco, *Amor de perdição*, p. 57). ♦ *Bras*. TC registra "azuretado", na acepção cit.; FSB traz as formas paralelas "azoratado" e "azoretado", significando "tonto, atordoado, doidivanas", i.e., estonteado, desnorteado.

Andar batendo na avó Diz-se de quem está anêmico, muito pálido, com aspecto doentio: "Zeca, você está branco demais... Parece que anda batendo na avó" [FNa].

Var.: *estar batendo na avó*

Andar bem-amanhado 1. Andar bem-vestido, bem-composto. **2.** Andar com muito dinheiro [GAS].

Andar bem apresentado Andar com muito dinheiro [GAS].

Andar bestando Vagar; andar à toa, sem destino, distraído, alheado: "... que andavam bestando no mato" (Afonso Arinos, *in* "A fuga") [Gl/TC].

Sin.: *estar lesando*

≠ **Não andar católico 1.** Não estar bem de saúde: "Hoje minha avó não anda muito católica: está com febre moderada." **2.** Estar muito aborrecido [GAS].

Sin.: *andar pouco católico*

Andar cheio dele Andar com muito dinheiro no bolso [GAS].

Andar cheio de saúde Ter dinheiro [GAS].

Andar chocho Andar adoentado [GAS].

Andar (alguma) coisa no ar Estar para suceder algo [GAS].

Sin.: *estar na forja*

Andar com Manter relações sexuais; copular; ter conúbio carnal: "E o mancebo que

andasse com duas mulheres pagava dobrado a insensata fornicação" (Nertan Macedo, *O clan dos Inhamuns*) [GM/TC].
Var.: *estar/ficar com*

Andar com a barriga à boca Estar grávida no fim do tempo de gestação; achar-se em adiantado estado de gravidez, com a barriga muito crescida, prestes a dar à luz. – "Boca" refere-se, aqui, à boca do estômago [AN/GAS].
Var.: *andar/estar de barriga na/pela boca, estar com a barriga à boca,* (lus.) *trazer a barriga à boca*

Andar com a boca cheia d'água 1. Apetecer; desejar. **2.** Jactar-se (ver Manoel Viotti, *Dic. da gír. brasileira*) [Cad. de Atividades, VI série, p. 323/ECS/TC].
Var.: *estar com a boca cheia d'água*

Andar com a boca doce Estar acostumado a conseguir tudo o que deseja; estar, ser mal-acostumado (ver Manoel Viotti, *Dic. da gír. brasileira*); avezar-se gostosamente [AN/ECS/FS/GAS/LM].
Var.: *estar/ficar com a boca doce*

Andar com a borda n'água Bras., RS. Andar mal de vida, em péssimas condições [AJO].

Andar com a cabeça ao léu Andar sem chapéu [ABH].

Andar com a cabeça ao ventoirinho *Lus.* Ter a cabeça leve, com pouco juízo; estar desnorteado [GAS].

Andar com a cabeça à razão de juros Andar desnorteado, desorientado, distraído; perder o tino; estar alheio, entontecido, esquecido, confuso, atordoado; ter ideias confusas [GAS].
Var.: *andar à razão de juros, estar com/ter a cabeça à razão de juros*

Andar com a cabeça à roda Estar sem orientação, desorientado, tresloucado; não ter governo; fazer tolices; andar perdido de amores. – Reminiscência das torturas da Inquisição (ver Ladislau Batalha, *História geral dos adágios portugueses*) [AN/GAS].

Andar com a cabeça no ar Ser estourado, estonteado, distraído [AN/GAS].

Andar com a cara no chão Diz-se "da situação vexatória de quem prometeu e não cumpriu" [MPa].
Var.: *ficar com a cara no chão*

Andar com a carinha n'água *Lus.* Estar alegre, bem-disposto, satisfeito. – Emprega-se esta expr. a respeito das pessoas enamoradas, especialmente [AN/GAS].
Var.: *estar com a/de carinha n'água, viver com a carinha n'água*

Andar com a casa às costas Mudar frequentemente de casa [GAS].

Andar com a chincha na virilha *Bras., RS.* Estar sem dinheiro, com dificuldades financeiras [AJO].

Andar com a corda de rastos *Lus.* Andar sem vigilância, sem controle [GAS].

Andar com a/de crista caída Sentir-se humilhado, acovardado, deprimido [TC].
Sin.: *andar de rabo entre as pernas*
Var.: *andar com a/de crista murcha, andar com a/de crista arriada*

Andar com a despesa *Lus.* Pagar toda a despesa [GAS].

Andar com a égua Estar embriagado (ver Heins Kroll, *Rev. Port. de Filologia*, VI, p. 86) [ECS].

Andar com a jorra Estar bêbado [GAS].

Andar com alguém no colo Acariciar, proteger, amparar alguém; dar todo o carinho a alguém; cuidar muito, trabalhar pelo bem-estar de alguém [ABH/AN/GAS].
Sin.: *trazer ao colo, trazer às costas* (1)

Andar com alguém pela garganta Estar indignado, revoltado, zangado com alguém; ter animosidade contra alguém [TC].
Var.: *estar com alguém pela garganta*

Andar com alguém pelo gogó *Bras., CE.* Estar muito prevenido contra alguém [AN/FS/LM].

Andar com a lua 1. Ter cio. **2.** Estar desorientado; disparatar; despropositar [GAS].
Var. (2): *estar com a lua*

Andar com a massa Pagar tudo [GAS].

Andar com a mosca Andar irritado, zangado, amuado, mal-humorado, desinquieto [GAS].
Var.: *estar com a mosca*

Andar com a negra Estar com pouca sorte [GAS]. ♦ Expr. revestida de preconceito.

Andar com a pulga na/atrás da orelha Mostrar-se desconfiado de algo, inquieto; suspeitar; estar de sobreaviso: "Talvez não fosse nada. Mas para quem, como eu, andava com a pulga atrás da orelha! Aborrecia" (Graciliano Ramos, *São Bernardo*, p. 110) [AN/FF/GAS/LM/RMJ].
Var.: *andar com a pulga no ouvido, estar com a pulga na/atrás da orelha, ficar com a/uma pulga atrás da orelha, ter a pulga atrás da orelha*

Andar com a pulga no ouvido Estar de sobreaviso; estar desconfiado de algo ou de alguém [GAS].
Var.: *andar com a pulga na/atrás da orelha, ter a pulga no ouvido*

Andar com a saia mal talhada Estar grávida [GAS].

Andar com as canjicas de fora *Bras., RS*. Rir; estar rindo; rir mostrando os dentes [ABH/AJO/AN].
Var.: *estar/viver com as canjicas de fora, pôr as canjicas de fora*

Andar com a sela na barriga Passar fome; sentir necessidades; sentir aperturas de dinheiro (ver Manoel Viotti, *Dic. da gír. brasileira*) [AN/ECS/GAS].

Andar com a telha Estar aborrecido, irritado [GAS].
Var.: *estar com a telha*

Andar com a trouxa às costas Mudar constantemente de sítio (lugar) [GAS].

Andar com cabeça Agir com acerto [GAS].

Andar com cem olhos Andar com vigilância intensa; estar muito vigilante. – Reminiscência da fábula de Árgus, que Jano mandou vigiar (ver Ovídio, *Metamorfoses*, I) [AN/GAS].

Andar com eles a bater numa laje Passar privações; não ter dinheiro [GAS].

Andar com galinha Estar com azar [GAS].
Var.: *estar com galinha*

Andar com leite Estar com sorte, com felicidade [GAS].
Sin.: *estar com leiteira*
Var.: *ter leite*

Andar com (a) macaca Estar com azar, com infelicidade [GAS].
Var.: *estar com macaca*

Andar com o amoque Estar maldisposto, ensimesmado [GAS].

Andar com o bode amarrado pelo rabo Estar raquítico; desfalecer [GAS].

Andar como bola sem manicla (*sic*) *Bras., RS*. Andar às tontas, sem fazer nada de útil [AJO/AN].
Var.: *andar como boleadeira sem manicla*

Andar como cachorro gaudério *Bras., S*. Andar à toa, gauderiando [GAS].

Andar como cachorro que comeu toucinho *Bras., S*. Andar cismado, invocado, ressabiado, arredio [GAS].
Var.: *andar como cachorro que lambeu graxa*

Andar com o chapéu na mão Pedir; solicitar [GAS].

Andar como chimango em tronqueira *Bras., RS*. Estar triste, abichornado, jururu [GAS].

Andar como cobra quando perde a peçonha Mostrar-se muito desejoso de conseguir ou realizar algo, ou enraivecido e sequioso de vingança [LM].

Andar com o credo na boca Estar com medo de perigo; ter um constante pensamento de desastre; estar receoso pelo que possa acontecer [GAS]. ♦ LM dá a expr. como gír. lus.
Var.: *ter o credo na boca*

Andar como doido Mostrar grande exaltação de ânimo por motivo de incidente grave [GAS].

Andar como gato em tapera Estar abandonado, esquecido ou desprezado [AJO].

Andar como gato sobre brasas Estar inquieto, muito preocupado [GAS].

Andar como negro fugido Estar desconfiado, ressabiado [AJO].

Andar como o cão e o gato Diz-se de duas pessoas que não se dão bem e discutem constantemente; diz-se de duas pessoas que sempre brigam [GAS].
Var.: *ser (como) o cão e o gato, viver como o cão e o gato*

Andar como o(s) caranguejo(s) Diz-se quando alguma atividade ou algum assunto se atrasa ou retarda; atrasar, em vez de adiantar; não progredir; andar para trás [AN/CLG/GAS].
Var.: *andar como caranguejo, andar para trás como o caranguejo*

Andar com o olho à espreita Vigiar [GAS].

Andar com o olho em cima de alguém Espreitar, vigiar alguém [GAS].

Andar com o olho sobre os ombros Ter cuidado; atender [= atentar] ao que se passa; andar vigilante [GAS].

Andar com o ouvido à escuta Procurar ouvir tudo o que se diz [AN].

Andar como pau de enchente Andar sem rumo, de um lado para outro, sem nenhum objetivo [AJO].

Andar com o prumo na mão Ser prudente, cauteloso, regrado nas despesas, no modo de viver. – A expr. tem or. no fato de, em mares desconhecidos, o navegante fazer constantes sondagens para não encalhar [AN].

Andar com os arreios nas costas *Bras., S.* Estar a pé, sem montaria [AJO].

Andar com os cascos ao sol Andar com a cabeça descoberta [GAS].

Andar com os copos Andar, estar bêbado [GAS].
Var.: *estar com os copos*

Andar com os cornos no ar Tentar descobrir algo [GAS].

Andar com os fígados torcidos Estar contrariado [GAS].

Andar com o toco 1. Estar rabugento. **2.** Estar bêbado [GAS].

Andar como um veludo Andar meigo, amigo; fazer tudo o que lhe pedem [ECS].

Andar como vira-bosta sem ninho *Bras., RS.* Diz-se daqueles que não têm moradia fixa nem família e andam meio perdidos na vida [AJO].

Andar com pancada Estar zangado, amuado [ECS].

Andar com partes de Pretender dar mostras de [LM].

Andar com partes de arrochado Querer passar por valente (ver Manoel Viotti, *Dic. da gír. brasileira*) [ECS].

Andar com passarinho na cabeça *Bras., S.* Estar se preparando para aprontar algo [AJO].

Andar com pés de pombo *Lus.* Andar descalço (*Rev. de Port.*, vol. XXVIII, p. 243) [ECS].

Andar com retovo *Bras., S.* Apresentar-se como lobo em pele de cordeiro; enganar. – Retovo: um tipo de forro de couro [AJO].

Andar com uma bicha Estar mal-humorado, zangado, iracundo (ver Manoel Viotti, *Dic. da gír. brasileira*) [ECS/GAS].

Andar com uma espinha na garganta Ter uma preocupação grave; ter um problema que não consegue resolver; guardar um remorso [AN/FF/GAS].
Var.: *ter/trazer uma espinha atravessada na garganta*

Andar com uma mão no fecho e outra no cano Conservar-se disposto à luta ou a qualquer eventualidade [LM].

Andar com uma mosca na orelha Suspeitar de algo; estar de sobreaviso, desconfiado [ECS/Gl]

Andar com um olho atrás e outro à frente Ser prudente; estar atento a tudo [GAS].

Andar com um pé adiante e outro atrás Viver precavido, prevenido: "Em política é sempre prudente andar com um pé adiante e outro atrás" (Francisco de Brito, *Terras bárbaras*) [TC].
Sin.: *estar de pé atrás*
Var.: *andar com um pé na frente e outro atrás*

Andar com um pé na frente e outro atrás Estar desconfiado; estar prevenido [F&A].
Var.: *andar com um pé adiante e outro atrás, estar/viver com um pé na frente e outro atrás*

Andar com (boa) vontade a alguém Odiar alguém; ter desejos de se vingar de alguém [GAS/RF].
Var.: *ter (boa) vontade a alguém*

Andar contente que nem barata em bico de galinha Estar muito contente. ♦ Comparação ou símile de conteúdo rural [LM].
Var.: *estar/ser contente que nem barata em bico de galinha*.

Andar correndo sem bainha *Bras., CE*. Denunciar a própria embriaguez com cambaleios [AN/FN/FS/LM].
Sin.: *cercar frango*
Var.: *andar cosendo (sem) bainha*

Andar corrida *Bras., gír.* Diz-se da fêmea que está no cio [AJO].

Andar cortando arame com os dentes *Bras., RS*. Estar duro, sem dinheiro [AJO].

Andar daqui para ali Andar ao acaso, sem destino certo [GAS].

Andar da sala para a cozinha Ir de um lado para outro, azafamado [AN].

Andar de alcateia Andar em bando ou em grupo, com intenções perversas ou agressivas. – Alcateia é um bando de lobos. Mas a expr. é tb. us. em sentido fig., em relação aos homens [RMJ].

Andar de amores Estar exclusivamente dedicado a uma pessoa; gostar de alguém; andar enamorado; cortejar alguém [GAS].
Var.: *estar de amores com*

Andar de aselha *Lus*. Mostrar-se ativo, diligente; manifestar interesse, impaciência por saber ou alcançar algo (ver *Rev. Lus.*, XXXI, p. 127) [ECS].

Andar de banda Andar penso para um lado [RG].

Andar de banda com alguém Não considerar alguém de modo favorável; estar com as relações tensas [RG].
Var.: *estar de banda com alguém*

Andar de bandinha com Tornar-se íntimo, inseparável [TC].
Var.: *viver de bandinha com*

Andar de beiço caído Estar triste [GAS].

Andar de beiço caído por Estar vivamente enamorado de, apaixonado por alguém [ABH].

Andar de biqueira *Bras., RS*. Não poder beber uma *canha* (cana, cachaça) [AJO].

Andar de boca em boca Ser alvo das conversas, censuras ou maledicências de toda a gente; ser muito falado, apregoado, difamado, censurado, comentado; ficar difamado: "E depois, mais dia, menos dia, tudo havia de andar de boca em boca..." (Manuel de Oliveira Paiva, *Dona Guidinha do Poço*, p. 111) [Cad. de Atividades/FF/GAS/TC].
Sin.: *estar na boca do mundo*

Andar de bode amarrado Ver *amarrar o bode* (1)

Andar de braços caídos Estar sem emprego; não fazer nada [GAS].

Andar de briga Estar de rixa; estar de relações cortadas com alguém [GAS].

Andar de burros Ver *andar de rastos* (3)

Andar de cabeça erguida Diz-se de quem não tem dívidas, de quem não é acusado de nada; ter consciência de sua honradez e dignidade, nada ter de que se envergonhar [AN/GAS].
Var.: *andar de cabeça levantada*

Andar de cabeça perdida Estar desorientado, ser capaz de tudo; estar transtornado devido a problema grave; estar aflito, sem saber o que fazer [GAS].
Var.: *estar/ficar de cabeça perdida*

Andar de cabresto curto Andar sob rigoroso controle, seja da mulher, seja do patrão [AJO].

Andar de cambão e cangalha Estar sendo vigiado por ter cometido alguma falta [AJO].

Andar de candeias às avessas Estar zangado, amuado, arreliado, maldisposto, aborrecido [AC/AN/GAS].
Var.: *estar de candeia às avessas*

Andar de cangote duro *Bras., CE*. Mostrar-se sobranceiro, altivo, arrogante [RG].

Andar de cantrambias (*sic*) *Lus*. Não dar palavra; estar zangado com alguém [GAS].

Andar de carrossel *Bras., SP, gír*. Beijar prolongado; beijar de/na língua: "O cara é chegado a andar de carrossel, basta que a gata esteja na dele" [JB/*O Povo*, 31/3/96, p. 4B/Net].

Andar de casa em casa Procurar toda gente para contar uma novidade, uma intriga, fazer um pedido [AN].

Andar de cavalo de tiro *Bras., RS*. Andar prevenido contra alguém ou contra algo [AJO].

Andar de Ceca a Meca Andar muito, exaustivamente, mas não erradio e sem destino. – Ainda é vulgar no Brasil. Frase transnacional, originária na Espanha [LCCa].

Andar de/por ceca e meca 1. Andar por várias terras; viajar muito: "Não sei se já lhes disse que andei por ceca e meca e olivais de Santarém, como outrora..." (Josué Montello, *Uma tarde, outra tarde*). **2.** Andar por aqui e por ali em busca de algo: "Andei de déu em déu, por ceca e meca, desfazendo cataratas..." (Monteiro Lobato, *Urupês, outros contos e coisas*) – A var. com "e olivais de Santarém" (ver ex. no sent. 1) ocorre em Portugal [ABH/AC/AN/GAS/RMJ].
Var.: *andar por/correr ceca e meca e olivais de Santarém, correr ceca e meca/de ceca em meca, correr seca e meca*

Andar de cepo *Bras., RS*. Andar de namoro [AJO].

Andar de chanqueta *Lus*. Ser demasiado servil, bajulador [GAS].
Sin.: *ser um capacho*

Andar de/em charola Andar no colo, de cadeirinha; ser levado no braço; ser levado de transporte; ser transportado nos ombros, nas costas; ser transportado de cavalinho: "A gente agradou-o, deu-lhe água e comida, e andou com ele (cachorro) em charola até a hora de dormir" (Gustavo Barroso, *Alma sertaneja*, p. 82) [GAS].
Var.: *ir de/em charola*

Andar de cola alçada *Bras., RS*. Estar com vontade de ir embora ou fugir para outro lugar [AJO].

Andar de costas direitas Não fazer nada; estar na vadiagem, sem ocupação [GAS].

Andar de cudio Andar aflito (ver Manoel Viotti, *Dic. da gír. brasileira*) [ECS].

Andar de cu tremido *Lus., chulo*. Transportar-se em qualquer veículo [GAS].

Andar de déu em déu Andar de casa em casa, de porta em porta, de um lugar a outro, à procura de algo. – Macedo Soares, *Dicionário*, dá uma explicação não muito convincente. Vê uma alusão à frase litúrgica *Te Deum laudamus*. O pron. teria se transformado na prep. "a". A desinência do acusativo de *Deum*, repetida no canto (*Te Deum Deum laudamus*), passou a ser a prep. "em" [AN/GAS].

Andar de esguelha com alguém Estar zangado, de relações cortadas com alguém [GAS].

Andar de esperanças Estar, achar-se grávida [ABH/AN/GAS/MSM].
Var.: *estar de esperanças*

Andar de esquerda em linha Comportar-se com disciplina rigorosa [GAS].

Andar de facho levantado Ser orgulhosa, vaidosa, pedante; diz-se de mulher sexualmente ansiosa, provocante, de namorada ardente. – Aplica-se às raparigas e aos acessos serôdios nas madurosas [LCCa].

Andar de fasto *Bras., MG*. Recuar; retroceder; andar para trás: "Andar de fasto, na sua linguagem de menino do interior de Minas, é andar para trás" (Fernando Sabino, *A vitória da infância*, p. 79).

Andar de gadelha *Lus., Alentejo*. Brigar (ver *Rev. Lus.*, XXXI, p. 127) [ECS].
Var.: *estar de gadelha*

Andar de ganho *Lus., Trás-os-Montes*. Estar em estado de gravidez; estar grávida (ver *Rev. Lus.*, XIII, p. 117) [ECS/GAS].

Andar de gatas 1. *Lus., Bragança*. Diz-se de grande bebedeira. **2.** Andar com as mãos pelo chão; arrastar-se pelo chão, apoiando-se com as mãos e com os joelhos e trazendo de rojo as pernas; engatinhar [ABH/AC/AN/CPL/ECS/FF/GAS].
Var.: *andar de gatinhas*

Andar de Herodes para Pilatos Andar de um lado para outro, por não ser atendido em nenhum sítio (lugar); andar de um lado para outro à procura de resolução de algo. – Alusão às caminhadas de Jesus durante seu julgamento (ver Lc 23, 7.11) [AN/GAS].
Sin.: *andar de trancos para barrancos*

Andar de lado Diz-se da situação de uma pessoa depois de receber uma grande descompostura [GAS].

Andar de levante Estar desassossegado, agitado [GAS].

Andar de lombo duro *Bras., RS*. Estar de mau humor, desconfiado, ressabiado [AJO].

Andar de manga solta Diz-se quando o vaqueiro não está campeando e tira o gibão, deixando-o preso ao pescoço pela correia ou jogado sobre um dos ombros [TC].

Andar de mão em mão Diz-se de coisas que se mostram ou se emprestam e passam por muitas pessoas sucessivamente; emprestar a uns e a outros; passar de pessoa para pessoa [AN/GAS].

Andar de/com as mãos nas algibeiras Estar ocioso; não ter o que fazer [ABH/AC/AN/FSB/GAS].

Andar de má resgalhice (sic) *Lus., Alentejo*. Estar brigado, indisposto com alguém [GAS].

Andar de monco caído *Lus*. Estar triste, desgostoso [GAS].

Andar de nariz no ar Farejar a descoberta de algo; querer descobrir algo; estar à procura de algo. – Expr. da caça; os cães farejam as presas [AN/GAS].
Var.: *pôr-se de nariz no ar*

Andar de olho Estar atento: "Antônio Vítor fazia muito tempo que andava de olho nela" (Jorge Amado, *Terras do sem fim*, p. 66) [AN].
Var.: *andar de olho alerta, estar de olho*

Andar de Oratos para Pilatos Andar de um lado para o outro [GAS].

Andar de orelha à escuta Escutar; ficar de vigia; ficar de atalaia [GAS].

Andar de orelha arrebitada Estar contente, satisfeito, alegre, na expectativa [GAS].

Andar de orelha murcha Estar triste, desgostoso, acabrunhado, infeliz, desacorçoado; contar com uma coisa e não acontecer; sofrer um desgosto; sentir uma decepção, uma desilusão; levar um não; decepcionar-se; estar humilhado [AJO/AN/CLG/GAS].
Var.: *ficar de orelha murcha, vir de orelhas murchas*

Andar de papo feito *Lus*. Acariciar um desejo; ter determinada vontade [GAS].

Andar de peito feito *Lus*. Andar resolutamente [GAS].

Andar de pelo a pelo *Bras., RS*. Viajar no mesmo cavalo, sem revezamento com outra montaria [ABH/AJO/AN].
Var.: *viajar de pelo a pelo*

Andar depenado Estar sem dinheiro, sem haveres [GAS].
Var.: *ficar depenado*

Andar de pevete (sic) *Bras., AL*. Andar a pé [Net].

Andar de pica-flor *Bras., RS*. Andar sem fazer nada, vadiando [AJO].

Andar de pito aceso *Bras., S*. Sentir-se em estado de excitação sexual [FSB/MSM].

Andar de porrete à esquina *Lus*. Estar pronto para brigar por qualquer coisa;

ser briguento; diz-se de chefão farejando faltas [GAS].

Andar de porta em porta Pedir a uns e a outros; mendigar de casa em casa [AN/CLG].

Andar de proa levantada Andar com altivez, com orgulho desmedido, com soberba [GAS].

Andar de rabo entre as pernas Sentir-se humilhado; estar cabisbaixo, acovardado: "O José Paulino anda de rabo entre as pernas com medo deste furriel. Não me assusta" (José Lins do Rego, *Fogo morto*, p. 209).
Sin.: *andar com a/de crista caída*

Andar de rastos 1. Trabalhar com muito sacrifício por doença ou incapacidade. 2. Estar desgostoso. 3. Andar se arrastando pelo chão [ABH/GAS].
Sin (3).: *andar a/de zorro*, (lus., Guarda) *andar de burros, andar de rojo*

Andar de rédea solta Governar-se; diz-se da criança, meio desgovernada, que pensa já ser adulta [AJO].

Andar de regaleta *Lus.*, Vila do Conde. Andar de comboio, de carro, de barco, ou de qualquer outro modo que não seja a pé (ver *Rev. Port. de Filologia*, II, p. 166) [GAS].

Andar de réstia *Lus.* Estar de conluio; mancomunar-se [GAS].

Andar de rixa Estar em ponto de explosão para um confronto físico com determinada pessoa [GAS].

Andar de rojo Ver *andar de rastos* (3)

Andar derretido Estar apaixonado [GAS].
Var.: *estar derretido*

Andar derrotado Ver *andar naufragado*

Andar desarmado Estar sem dinheiro [GAS].

Andar desconfiado como cachorro que quebrou a louça *Bras., NE.* Estar muito desconfiado. – Símile ou comparação de or. doméstica e rural [LM].

Var.: *estar/ser desconfiado como cachorro que quebrou a louça*

Andar desinquieto como galinha quando quer pôr *Bras., NE.* Mostrar-se desassossegado. – Símile ou comparação de or. rural [LM].
Var.: *estar/ser desinquieto como galinha quando quer pôr*

Andar de sot' e capa *Lus.* Evitar encontros (ver *Rev. de Port.*, vol. XXVIII, p. 243) [ECS]. ♦ "Sot'" é forma apocopada de "sota".

Andar de tira-virão *Lus.* Estar de mau humor [GAS].

Andar de trancos para barrancos Ver *andar de Herodes para Pilatos*

Andar de tromba Estar com cara de poucos amigos; estar carrancudo, zangado, macambúzio, aborrecido, amuado [AN/GAS/RMJ].
Sin.: *ficar trombudo*
Var.: *estar de tromba(s), fazer/mostrar tromba, ficar/pôr-se de trombas*

Andar devagar como quem procura com os pés penico no escuro *Bras., NE.* Andar bem devagar, lentamente. – Símile ou comparação de procedência campesina [LM].

Andar de vareta *Lus.* Estar com diarreia, soltura [GAS].

Andar de venta inchada *Bras., NE.* Mostrar-se carrancudo, arrufado, zangado, irritado [ABH/AN/FNa/FS/Gl/LM/RG].
Sin.: *ficar nos azeites*
Var.: *estar/ficar de venta inchada*

Andar de ventas *Lus.* Estar aborrecido, amuado, zangado [GAS].

Andar de viseira caída Estar aborrecido, mal-humorado, carrancudo, cabisbaixo, taciturno, amuado [GAS].
Var.: *estar de viseira caída*

Andar e andar, ir morrer à Beira *Lus.* Perder enormes esforços já despendidos, sacrificando uma causa pela falta de algo irrelevante. – O registro fundamenta-se em Francisco Rolland que, em 1780, publicou em Lisboa *Adágios, provérbios, rifões* *e anexins da língua portuguesa*. Alusão a uma província de Portugal, Beira [LM].

Var.: *nadar, nadar, vir morrer na beira*

Andar e desandar Ter alternativas na vida: "O tempo anda e desanda e as coisas voltam para o seu eixo" (Mário Landim, *Vaca preta e boi pintado*) [TC].

Andar e fiar dedo 1. Correr com a maior facilidade (trabalho). **2.** Andar depressa [AN].

Andar eguando *Bras., NE*. **1.** Andar à toa; vagar. **2.** Estar desempregado [TC].

Andar ela por ela Valer o mesmo; ter valor aproximado [GAS].

Andar em altas cavalariças Envolver-se em aventuras arriscadas: "Que pena que Juju Bezerra não estivesse vivo! Ia babar de contentamento ao saber que o coronel do Sobradinho, seu amigo, andava em altas cavalariças" (José Cândido de Carvalho, *O coronel e o lobisomem*, p. 196) [ABH/AC/AN/RMJ].

Var.: *meter-se em altas cavalarias/cavalariças* (1)

Andar embaixo 1. Não ter dinheiro ou saúde. **2.** Estar desanimado [GAS].

Andar embalado 1. Andar com dinheiro. **2.** Andar apressado [GAS].

Andar em bolandas Andar aos encontrões; andar de um lado para o outro, em azáfama, sem conseguir o que deseja; não ter parada ou sossego. **2.** Andar a toda a pressa [ABH/AC/AN/FSB/GAS].

Andar em campo *Desp*. **1.** Jogar sem motivação. **2.** Jogar em ritmo lento, por cansaço [HM].

Andar em clarins *Port., Turquel*. Andar açodado [GAS].

Andar em contradança Não ter estabilidade, mudar constantemente [AN].

Andar em dia com 1. Conhecer o que se passa; estar ciente de: "Anda em dia com a moda." **2.** Cumprir pontualmente; ter as contas atualizadas, saldadas ou reguladas: "Anda em dia com suas obrigações" [ABH/GAS].

Sin. (1): *estar a par*
Var. (1): *pôr-se em dia* (2)
Var. (2): *estar em dia* (1)

Andar em maré alta Encontrar-se em período afortunado [GAS].

Andar empanado Ver *andar em panos*

Andar em panete *Lus*. Estar sem capa nem qualquer outro agasalho (ver *Rev. de Port.*, vol. XXX, p. 491) [ECS].

Andar em panos *Bras., NE*. Diz-se do vaqueiro que campeia sem a roupa de couro [RG].

Sin.: *andar empanado*

Andar em pernas Estar sem meias [GAS].

Andar empiogado (sic) *Lus., Alentejo*. Estar com pouca saúde, sem forças [GAS].

Andar em polvorosa 1. Estar muito agitado; estar em rebuliço. **2.** Estar atarefado, preocupado [GAS].

Andar encourado *Bras., NE*. Diz-se do vaqueiro quando trajado a rigor, ou seja, metido nos couros, o seu gibão [LM/TC].

Andar enfronhado Estar preocupado, absorvido [GAS].

Andar enrabado com alguém *Bras., CE*. Acompanhar alguém constantemente, habitualmente [RG].

Andar enrolado *Lus*. Estar amancebado; viver junto, maritalmente com uma mulher [GAS].

Andar entre a quarta e a meia partida *Bras., RS*. Querer e não querer; estar indeciso; estar vacilante sem saber exatamente o que quer [AJO/AN/GAS].

Var.: *andar entre a quarta e a meia quartilha*

Andar entre San Juan y Mendoza *Expr. platina* Andar cambaleando por estar embriagado [AJO].

Andar escovado *Lus*. Estar sem dinheiro: "Gastei meus últimos escudos, ando escovado" [GAS].

Andar espingardeiro *Lus*. Sair das normas; ser fugidio, falso [GAS].

Andar esquerdo com alguém Estar de relações abaladas com alguém; revelar certa animosidade para com alguém [AN/LM].
Var.: *estar/mostrar-se esquerdo com alguém*

Andar falho ao naipe Ver *andar à deriva* (1)

Andar feito caramujo, com a casa às costas Mudar constantemente de casa [AN].

Andar fora da mãe Lus. Ser desaustinado (buliçoso, irrequieto, turbulento, traquina, vadio); estar extraviado, de cabeça perdida, descontrolado; estar fora de si [GAS].
Var.: *estar fora da mãe*

Andar fora das marcas Lus. Exorbitar, exagerar no que se refere ao comportamento [GAS].
Sin.: *andar fora dos limites*

Andar fora dos eixos 1. Viver desregradamente; ser malcomportado. **2.** Andar ou funcionar mal [AN].
Var.: *estar fora dos eixos*

Andar fora dos limites Ver *andar fora das marcas*

Andar fora dos trilhos Agir em desacordo com as normas ou com os bons costumes [ABH/TC].
Sin.: *sair da linha*
Var.: *sair (fora) dos trilhos*

Andar infilado (sic) Lus., Alentejo. Andar agoniado, angustiado, aflito com trabalho [GAS].

Andar inflamado Lus., Alentejo. Estar adoentado, com má aparência [GAS].

Andar jogado Bras., gír. Andar malvestido: "O cara anda jogado, está sem grana pra andar bem becado" [JB].

Andar leve Ver *estar liso*

Andar ligado à eletricidade Estar muito agitado, excitado [GAS].

Andar ligeiro que só peba em areia frouxa Bras., NE. Andar rápido, ligeiro: "Bom das pernas está ali! O seu Chico anda ligeiro que só peba em areia frouxa." – Símile ou comparação de or. rural [LM].

Andar limpo 1. Não ter dinheiro. **2.** Diz-se de uma pessoa dependente de drogas em fase de desintoxicação [GAS].
Var.: *estar limpo*

Andar liso e teso Estar sem dinheiro: "... numa quarta-feira pagava o velho, na outra a despesa era do santeiro – se bem nos últimos tempos o velho andasse liso e teso, sem níquel" (Jorge Amado, *Tenda dos milagres*, p. 24) [GAS].
Sin.: *estar liso*

Andar mais bêbado que um gambá Estar muito bêbado: "Só ele sabia que andava mais bêbado que um gambá. Morreu de elitismo abstrato..." (Carlos Drummond de Andrade, *Contos plausíveis*, p. 33).

Andar mal-arranjado Andar malvestido ou com trajes amarfanhados [TC].

Andar meio mundo Andar muito; ser muito viajado; andar por terras distantes; perambular; andar pelo mundo afora: "Tem andado meio mundo e de nada teme" (Cândido Carvalho Guerra, *Do calcinado agreste ao inferno verde*) [TC].

Andar melhorado Estar bem financeiramente; aparecer bem-vestido, fazer gastos ou ter dinheiro [LM].
Var.: *andar amiorado*

Andar metido com alguém 1. Lus. Estar em concubinato, amantizado, amasiado com alguém. **2.** Bras. Andar em companhia de alguém: "Preciso ver com quem anda metido o Raul o dia inteiro na rua" (Eneida, *Boa-noite, professor*, p. 28). **3.** Andar mal acompanhado [GAS/Gl/TC].

Andar metido em camisa de onze varas Achar-se em dificuldade, numa complicação ou encrenca; encontrar-se em sérias aperturas, em situação embaraçosa, difícil; ter um problema grave; ficar desesperado: "Para que andar metido em camisa de onze varas?" (José Cândido de Carvalho, *Olha para o céu, Frederico!*, p. 62) [MPa/TC].
Var.: *achar-se/ficar em camisa de onze varas, estar metido em/numa camisa de onze varas, meter-se em/numa camisa de onze varas*

Andar moiro na costa *Lus.* Diz-se quando há novidade, primórdios de namoro ou novo amor que ronda [GAS].

Andar morto por Andar (muito) desejoso, ansioso, ávido de [ABH/GAS].
Var.: *estar morto por*

Andar mosca Estar zangado [GAS].

Andar muito saído 1. Não parar em casa. **2.** Ser respondão, malcriado, atrevido [GAS].
Var. (2): *estar muito saído*

Andar na baila Andar aos saltos; acudir aqui e acolá; (*Port., Barcelos*) não ter descanso; ser muito badalado; ser chamado ou citado frequentemente: "... consumado / Nas hípicas façanhas, era (Vasco) o nome / Que mais na baila andava" (Machado de Assis, *Poesias completas*) [ABH/CPL/GAS].
Var.: *andar/estar à baila/balha, estar na baila*

Andar na batida Seguir os rastos; perseguir; ir no encalço (ver ainda T. A. Araripe Jr., *Luizinha*, p. 120, em "Notas aos capítulos") [FS/TC].
Sin.: *ir nas águas de* (1)
Var.: *ir na batida*

Andar na berra 1. Estar ou andar em voga; estar na moda, em maré de celebridade. **2.** Ser muito falado, famoso, afamado. **3.** Estar no cio [ABH/AC/AN/FF/GAS/RMJ].
Sin. (1) e (2): *andar na(s) boca(s) do mundo, estar na berlinda*
Var. (1) e (2): (lus.) *estar na berra*

Andar na boa-vai-ela *Lus.* Andar na boa-vida, na folga, na farra [GAS].
Sin.: *andar à jorra, andar ao grepe, andar na vida airada, andar na borga, andar no laré/lareque*

Andar na(s) boca(s) do mundo Ter a vida comentada; ser falado; ser muito criticado; ser badalado [GAS].
Sin.: *andar na berra* (1) (2), *andar pelas ruas da amargura* (2)
Var.: *andar na boca de todos, andar na(s) boca(s) do povo*

Andar na borga Ver *andar na boa-vai-ela*

Andar na broa *Lus.* Andar com grande velocidade [GAS].
Sin.: *ir na alheta, andar na guita, andar/ir na mecha*
Var.: *ir na broa*

Andar na caraíva Ver *andar na farra*

Andar na corda bamba Estar em risco iminente; ver-se metido em situação embaraçosa, em confusão; estar em situação difícil, instável; viver em dificuldade: "Após sete derrotas seguidas de audiência para o seu inimigo Gugu, do SBT, Faustão anda na corda bamba" (Ângela Oliveira, *IstoÉ*, 9/8/00, p. 74); "Não é de hoje que os benefícios da vitamina C contra gripe andam na corda bamba" (Juliane Zaché, *IstoÉ*, 6/6/01, p. 54) [CLG/GAS/JB].

Andar na ema Estar ébrio, embriagado; embriagar-se [AN/GAS].
Var.: (N) *montar na ema*

Andar na espada Pedir esmola [GAS].

Andar na farra Andar na diversão [GAS].
Sin.: *andar nas curvas, andar na caraíva, andar na retoiça, andar no pagode*

Andar na giraldina *Lus.* Passear; excursionar [GAS].
Var.: *andar na giraldinha*

Andar na lapa do mundo *Bras., CE.* Estar percorrendo terras longínquas [AN/FS/LM].

Andar na linha 1. Proceder de acordo com o esperado ou com o desejado; ter vida honesta, morigerada; comportar-se bem; manter conduta irretocável; ser moça certinha; ser direitinho; portar-se corretamente; seguir corretamente obrigações e deveres; obedecer determinada ordem ou padrão; ter boa conduta; comportar-se com educação: "– Depende de você. – De mim, como? – Se você andar na linha, eu não conto. – Certo" (Luis Fernando Verissimo, *As mentiras que os homens contam*, p. 100); "Cê precisa andar na linha, garota" (JB, p. 92); "Foi andar na linha, o trem pegou". – Tb. se usa para caçoar de quem é "certo", como no último ex. anterior **2.** Andar bem trajado; ser elegante. **3.** *Bras.,*

RJ, gír. funk. Manter-se distante de conflitos [ABH/ CGP/GAS/JB/Net/TC/TGa].
Sin. (1): *andar na risca*
Sin. (3): *ficar no sapatinho* (1)
Var. (1) (2): *ter linha*
Var. (2): *andar numa linha*

Andar na marcação Andar bem-vestido, com luxo; vestir impecavelmente [GAS].
Var.: *ir na marcação*

Andar na má vida Ser prostituta [GAS].
Sin.: *andar na guita*
Var.: *ir na mecha*

Andar na moina Ver *andar ao/no gandéo*

Andar na muleta Roubar [GAS].

Andar na navalha Andar na prostituição [GAS].

Andar na pendura Ver *estar à/na/numa dependura* (1)

Andar na pista de alguém Seguir os passos de alguém; vigiar alguém [AC/AN].
Var.: *ir na pista de alguém*

Andar na(s) ponta(s) 1. Achar-se em evidência; destacar-se em alguma atividade, ou mesmo no jogo ou em reuniões sociais; ter nomeada. **2.** Vestir-se com elegância ou esmero; luxar; andar alinhado, elegante: "O Zezinho, depois que tirou na loteria, só anda na ponta, todo emperiquitado"; "Ele deve ganhar bem, porque só anda na ponta". – Ponta, na expr., significa "evidência". A expr. é devida a Pardal Mallet, que redigia com Paula Ney e Coelho Neto um folh. intitulado *O Meio*. O êxito da folha fez Pardal dizer no duodécimo número: "O Meio cada vez mais... na ponta" (ver Austregésilo de Athayde, *Rev. da Academia Brasileira de Letras*, CLXX, p. 277): "Depois que acertou na loteria esportiva, só anda na ponta" [ABH/AC/AJO/FF/FN/LM/RG].
Var.: *estar/ficar/viver na ponta*

Andar na ponta dos cascos *Bras.* **1.** Estar o cavalo pronto para a carreira. **2.** Andar na ponta dos pés: "Pra sua segurança, malandro, é bom passar a andar na ponta dos cascos." **3.** Portar-se corretamente: "Acho, amigão, que cê deveria passar a andar na ponta dos cascos." **4.** *RS, fig.* Andar muito feliz e com ótima disposição [AJO/JB].
Var. (3): *andar nos cascos*

Andar na pontinha *Bras.* Andar bem trajado, com muito luxo [TC].
Var.: *viver na pontinha*

Andar na praxe *Lus., Univ. Coimbra.* Diz-se de estudante que veste capa e batina como manda a praxe, i. e, acompanhada da respectiva camisa branca, gravata preta, meias e sapatos [GAS].

Andar na prumada *Lus.* Portar-se bem [ECS].
Var.: *estar na prumada*

Andar na quebradeira Ver *estar liso*

Andar na ramboia *Lus.* Viver na pândega, na farra [GAS].

Andar na retoiça (sic) Ver *andar na farra*

Andar na risca Comportar-se bem: "Compreendeu logo a índole do patrão e tratou de andar na risca" (José de Figueiredo Filho, *Renovação*) [TC].
Sin.: *andar na linha* (1)

Andar na rusga *Lus.* Andar em noitadas, vadiando ou na roubalheira da fruta nos pomares durante a noite [GAS].

Andar nas alcatras *Bras.* **1.** Andar a cavalo sem arreio, sem sela, sentado diretamente no lombo do animal. **2.** Ir no encalço, nas peugadas, em perseguição: "... porque muitos ministros andaram-me nas alcatras" (T. A. Araripe Jr., *O cajueiro do Fagundes*) [ABH/TC].
Sin. (1): *montar em/no pelo*
Var. (2): *ir nas alcatras*

Andar nas curvas Ver *andar na farra*

Andar na sege a pé *Lus.* Gozar honras que não merece [GAS].

Andar nas palminhas Ser tratado da melhor maneira [GAS].

Andar nas pontinhas *Lus.* Diz-se de mulher que anda com extrema ligeireza e facilidade [GAS].

Andar na tinideira *Bras., RS.* Estar em dificuldades financeiras [AJO].

Andar na tiorga *Bras., RS.* **1.** Andar bêbado. **2.** Andar sempre muito bem-vestido. – Tiorga: bebedeira, carraspana, porre [AJO].

Andar na traita de *Lus., Alentejo.* Seguir (ver *Rev. Lus.*, XXXI, p. 105) [ECS].

Andar na trasfega *Lus.* Estar ocupado no serviço de casa (ver *Rev. de Portugal*, XXVIII, p. 243) [ECS].

Andar naufragado Trajar pobremente, usar vestes rotas [LM].
Sin.: *andar derrotado*

Andar na vida Andar na prostituição: "– Anda na vida há muito tempo? – Nem por isso. Quatro anos" (Graciliano Ramos, *Angústia*, p. 77) [GAS].
Sin.: (lus.) *andar no ataque*
Var.: *estar na vida, tratar da vida*

Andar na vida airada Ver *andar na boa-vai-ela*

Andar na voga Ser afamado [AN].

≠ **Não andar nem desandar** Diz-se de algo que se encontra paralisado; diz-se de aparelho ou instrumento que não trabalha, mesmo com insistência [GAS].

Andar no ar Andar preocupado, sobressaltado, ansioso [GAS].

Andar no ataque Ver *andar na vida*

Andar no calcanha Caminhar a pé. – Calcanha: forma jocosa de referir-se ao calcanhar [RG/TC].
Var.: *ir/seguir/vir/voltar no calcanha, ir no calcanho*

Andar no cangaço Viver vida de cangaceiro; ser bandido, ladrão, *camafonje*, aventureiro: "Dinheiro e moça bonita, / Cavalo estradeiro-baixo; / Clavinote e cartucheira, / Pra quem anda no cangaço" [FN/LCC].
Var.: *viver no/debaixo do cangaço*

Andar no cardenho *Lus.* Roubar [GAS].

Andar no cavalo dos frades Andar a pé [ABH/AN/LM].

Andar no comboio dos torresmos *Lus.* Deslocar-se vagarosamente [GAS].

Andar no corte *Lus.* Roubar (ver Alfredo Augusto Lopes, *Polícia portuguesa*, II) [ECS/GAS].

Andar no cravanço *Lus.* Pedir [GAS].

Andar no engate *Lus.* Diz-se das prostitutas quando andam na rua, ou dos homens quando andam na conquista [GAS].

Andar no falquejo *Lus., Alentejo.* Pedir esmola (ver *Rev. Lus.*, XXXI, p. 104) [ECS].

Andar no/sobre o fio da navalha Correr risco; conviver com o perigo; estar em situação perigosa, periclitante: "O chefe anda no fio da navalha, qualquer hora se lasca" [CLG/JB/MPa].
Var.: *estar/viver no fio da navalha*

Andar no gamanço *Lus.* Roubar [GAS].

Andar no guano *Lus.* Roubar [GAS].

Andar no laré/lareque Ver *andar na boa-vai-ela*

Andar no mocotó Achar-se bem próximo, nos calcanhares de alguém; seguir alguém, espionando-o; achar-se perto do animal ou da pessoa perseguida ou que se procura [AN/FS/GAS/LM/TC].
Sin.: *ir nas encarcas, ir no encalço, ir nos calcanhares*
Var.: *estar/ir/pisar no(s) mocotó(s), sair no mocotó*

Andar no mundo da lua Andar distraído, abstrato: "Padre Silvestre é desorientado. Com uma freguesia trabalhosa, anda no mundo da lua" (Graciliano Ramos, *São Bernardo*, p. 115) [TC].
Var.: *estar/viver no mundo da lua*

Andar no mundo por ver andar os outros Diz-se de pessoa que não pensa, que não raciocina [GAS].

Andar no pagode Ver *andar na farra*

Andar no piso Andar no rastro, no rumo, à procura: "Há cinco anos que eu ando no piso desse miserável" (Francisco de Brito, *Terras bárbaras*) [TC].
Var.: *estar no piso*

Andar no ratanço Ver *cortar na casaca*

Andar nos cascos *Bras., gír.* Portar-se corretamente: "Conheço o Paulo, sempre andou nos cascos" [JB].
Sin.: *andar nos conformes, andar nos trilhos*
Var.: *andar na ponta dos cascos* (3)

Andar nos chiques Vestir(-se) com elegância: "O compadre anda nos chiques. Parece que vai casar..." (José Cândido de Carvalho, *O coronel e o lobisomem*) [ECS].

Andar nos conformes *Bras.* Portar-se corretamente: "Sempre soube que o Anecir andava nos conformes" [JB].
Sin.: *andar nos cascos, andar nos trilhos*

Andar nos copos Bebericar [GAS].

Andar no segredo dos deuses Diz-se da pessoa "bem informada", conhecedora de segredos de valor [GAS].

Andar nos trilhos *Bras., gír.* Portar-se corretamente: "O Renato sempre andou nos trilhos" [JB].
Sin.: *andar nos cascos, andar nos conformes*

Andar no trinco Andar bem-vestido, com aparência chique: "O Geraldo só anda agora no trinco" [FS/LM].
Var.: *andar no(s) trinque(s)*

Andar no(s) trinque(s) *Bras., gír.* Vestir-se com roupa nova; vestir-se com esmero e elegância; andar muito elegante, muito bem-posto: "A Antônia sempre andou nos trinques, mas com simplicidade." – Trinque é o cabide em que os aljubeteiros expunham o traje feito [ABH/AN/JB].
Sin.: *andar numa pinta*
Var.: (pop.) *andar no trinco, estar no(s) trinque(s)*

Andar numa água Estar embriagado [TC].

Andar num aço Mostrar-se enraivecido: "Só mode aquela caçuada (*sic*), ele ficou num aço danado comigo..." (Leonardo Mota, *Violeiros do Norte*, p. 235) [LM].
Var.: *estar/ficar num aço*

Andar numa derrota Andar malvestido (Manuel Viotti) [ECS].

Andar numa dobadoura Ver *andar numa roda-viva*

Andar numa felga Ver *andar numa roda-viva*

Andar numa lufa-lufa Ver *andar numa roda-viva*

Andar numa maroma *Lus.* Estar metido, envolvido em coisas difíceis. – Maroma: vara us. pelos equilibristas [GAS].

Andar numa pior Estar em más condições financeiras; viver aperreado, social e economicamente): "Coitado do Elesbão, um conhecido meu, coitado. Anda numa pior, vendo urso de gola, chamando urubu de meu louro, pedindo a bênção a meio-fio. Imaginem que nosso herói, aliás sofrido herói, era funcionário de carreira de um banco estadual, concursado, primeiro lugar e tudo" (Aírton Monte, *O Povo*, cad. Vida & Arte, 12/6/02, p. 2).
Var.: *estar na/numa pior*

Andar numa roda-viva Não ter descanso; não descansar um só instante; estar sobrecarregado, muito atarefado, cheio de trabalhos urgentes; não parar nunca. – Reminiscência do ant. suplício da roda [AN/GAS/OB].
Sin.: *andar numa dobadoura*, (lus., Alentejo) *andar numa felga, andar numa lufa-lufa, andar num corrupio, andar num rodopio* (2), *andar num sarilho, andar num virote, ver uma fona*

Andar num corrupio Ver *andar numa roda-viva*

Andar num cortado Ver-se metido em dificuldades [AN].

Andar num rodopio 1. Andar vertiginosamente à roda, mover-se circularmente sem descanso. **2.** Não parar; não descansar [AN].
Sin.: *andar numa roda-viva*

Andar num sarilho Ver *andar numa roda-viva*

Andar num sino *Lus.* Estar muito contente [GAS].
Sin.: *não caber num sino*

Andar num torniquete Andar de um lado para outro, em grande azáfama ou agitação: "Faziam-se grupos; os repórteres andavam num torniquete" (Aluísio Azevedo, *Casa de pensão*) [RMJ].
Sin.: *andar à roda* (2)

Andar num virote Ver *andar numa roda-viva*

Andar o carro à frente dos bois Tomar iniciativas que competem a outros; tomar uma deliberação sem ouvir quem lhe compete [GAS].
Var.: *pôr o carro à frente dos bois*

Andar o diabo à solta Diz-se quando há uma sucessão de fatos que causam horror, quando há grossa pancadaria ou forte temporal com trovoada etc. – Frase que se diz no dia de são Bartolomeu (24 de ago.) [AN/GAS].

Andar o mundo às avessas Diz-se a respeito de qualquer acontecimento ou ação contrária ao que é costume ou natural [GAS].

Andar ó tio, ó tio Estar à procura; andar de um lado para o outro. – A expr. completa é: "Ó tio, ó tio passa pra cá a barcaça" [GAS].

Andar para cada hora Estar prestes a dar à luz [AN/GAS].
Var.: *estar para cada hora*

Andar pegado *Lus.* Estar zangado, em desavença com alguém [GAS].

Andar pelas caronas *Bras., RS.* **1.** Estar mal de saúde e em dificuldades; estar em situação difícil, penosa. **2.** Correr o risco de levar um tombo [AJO/AN/Aurélio Buarque de Holanda, "Glossário", *apud* J. Simões Lopes Neto, *Contos gauchescos e Lendas do Sul*, p. 316/ECS].
Var. (1): *estar/ir pelas caronas*

Andar pelas mãos dos outros Só se locomover ajudado por alguém; ter auxílio ao caminhar, em razão de doença ou idade avançada: "Se me acostumo a estar sentada e a andar pelas mãos dos outros, fico mesmo enferrujada de todo..." (Domingos Olímpio, *Luzia-Homem*, p. 130).

Andar pelas ruas da amargura 1. Estar na maior miséria, com grandes desgostos. **2.** Ter a vida comentada; ser falado; ser muito criticado [GAS].
Sin. (2): *andar na(s) boca(s) do mundo*

Andar pelo cabresto *Bras., RS.* Não ter opinião própria; ser governado por outra pessoa, geralmente pela mulher [AJO].

Andar pelo mundo Ver *atirar-se no mundo*

Andar pelos cabelos 1. Estar farto. **2.** Estar aflito, preocupado. **3.** Estar endividado. **4.** Estar com muita pressa [GAS/TC].
Var.: *estar pelos cabelos*

Andar pelos fiéis de Deus *Lus., Turquel.* Viver de esmolas (ver *Rev. Lus.*, XXXIII, p. 161) [ECS].

Andar pesadinho *Lus., Lamego.* Estar em perigo iminente; estar em risco [GAS].

Andar por aí aos gritos *Lus., Turquel.* Viver na ociosidade (ver *Rev. Lus.*, XXVIII, p. 162) [ECS].
Var.: *andar por aí aos paus*

Andar por arames Sentir fraqueza, principalmente nas pernas [GAS].

Andar por baixo 1. Estar em situação embaraçosa, difícil. **2.** Estar em situação de penúria, em má situação financeira: "Em 19 o velho Bias andou por baixo" (João Clímaco Bezerra, *Sol posto*) [GAS/TC].
Var.: *estar por baixo*

Andar por caminhos de cabras Percorrer caminho de piso irregular, acidentado [GAS].

Andar por cima de toda a folha *Lus.* Andar sem cuidado, sem ver onde põe os pés [GAS].

Andar por fora 1. Viajar; passear; ausentar-se. **2.** Ser infiel à esposa [GAS/TC].

Andar por maus caminhos Ter má conduta [GAS].

Andar por mundo e fundos Ver *andar, virar, mexer*

Andar por seu pé Dispensar quem guie, quem sustente [AN].
Var.: *caminhar por seu pé*

Andar pouco católico Ver *não andar católico*

Andar pra trás que nem rabo de cavalo Não progredir; não desenvolver: "– Tão pobre como Butiá, o lugar onde nasci. Só que Butiá em vez de andar pra frente, anda pra trás que nem rabo de cavalo" (Jorge Amado, *Tocaia Grande*, p. 254).

Andar prevenido 1. Portar armas. **2.** Andar com cautela ou com más intenções [TC].

Andar (bem) pronto 1. *Bras., CE.* Trajar decentemente: "O Nonato só anda bem pronto..." **2.** Estar desenganado; estar prestes a morrer. **3.** *Bras., RJ.* Estar sem dinheiro, desprovido financeiramente [AN/FS/LM].
Var. (2) (3): *estar pronto* (1) (4)

Andar raposa na capoeira Diz-se de um desconhecido que quer prejudicar alguém: "Anda raposa na capoeira." ♦ Expr. m. us. na 3ª pess. [GAS].

Andar ruim 1. Estar em má situação financeira. **2.** Estar mal de saúde [AN/FS/GAS/RG].
Var.: (NE) *andar ruim de corte* /ó/, (Bras.) *andar ruim dos pés*

Andar saído *Lus.* Estar no cio [GAS].

Andar se abaixando Ter o hábito de curvar-se, de rebaixar-se; humilhar-se: "Ficam logo amuadas e a gente é que tem de andar se abaixando" (José Pereira de Sousa, *Adivinha quem vem*) [TC].
Var.: *viver se abaixando*

Andar sem governo Não saber o que fazer da vida; fazer tontices [GAS].

Andar sempre agarrado às saias da mãe. Diz-se dos filhos que não se libertam da proteção constante das mães [GAS].

Andar sem sal Diz-se do indivíduo aborrecido da vida, sem dinheiro [GAS].

Andar sobre ovos 1. Andar vagarosamente. **2.** Caminhar desajeitadamente [OB].
Var. (1): *pisar (em) ovos*

Andar sujo 1. Estar zangado com alguém. **2.** Não ter asseio [GAS].

Andar trocando orelhas *Bras., RS.* **1.** Diz-se do cavalo bem-disposto que, chegando na querência, externa a sua disposição, fazendo um movimento contínuo e alternado com as orelhas. **2.** Estar alerta [AJO].

Andar um a mais Diz-se quando há mau cheiro causado por ventosidade anal sem ruído [GAS].

Andar, virar, mexer Manter certo período de andanças sem pouso certo; procurar; tentar encontrar: "Peguei um cabresto e saí de casa antes do almoço, andei, virei, mexi, procurando rastos nos caminhos e nas veredas" (Graciliano Ramos, *Alexandre e outros heróis*, p. 16) [LM/TC].
Sin.: *andar por mundo e fundos*

Animar

Animar as artes *Lus.* Dar animação ao convívio [GAS].

Anistiar

Anistiar um rebelde *Bras., S, RJ, gír. mil., chulo.* Ato de praticar a pederastia passiva (Sylvio Abreu, *in* art.) [MSM].
Sin.: *apanhar a estrela*

Anoitecer

Anoitecer e não amanhecer Desaparecer repentinamente, sem avisar: "Seu Frederico anoiteceu e não amanheceu no Pau d'arco" (Péricles Leal, *Caminhos da danação*) [TC].

Anular

Anular o gol *Desp.* Marcar lance faltoso que antecede suposto gol. – Expr. equivocada, porque o gol, a juízo do árbitro e tão somente dele, não é nulo nem anulável [HM].

Apadrinhar

Apadrinhar o boi Proteger a rês por meio de rezas e orações fortes, para não ser capturada [TC].

Apagar(-se)

Apagar da lembrança Esquecer de vez: "Preciso apagar da lembrança, foi uma merda que fiz" [JB].
Sin.: *apagar da memória*
Var.: *tirar da lembrança*

Apagar da memória Esquecer de vez, completamente: "Vou apagar da memória todo o mal que cê me fez" [AN/CLG/ GAS/ JB].
Sin.: *apagar da lembrança*
Var.: *varrer(-se-lhe) da memória*

Apagar o fogo com azeite Provocar quem está irado, sob pretexto de sossegá-lo [GAS].

Apagar o foquite Ver *bater a(s) bota(s)*

Apagar uma vela Bras., S, RJ, chulo. Ato de praticar a pederastia passiva (Sylvio Abreu, *in* art.) [MSM].
Sin.: *apanhar o sabão, apascentar um bode, atirar pela culatra,* (N, AM) *atracar de popa*

Apalpar

Apalpar as costelas Bater; espancar [GAS].
Sin.: *apalpar o costado*

Apalpar o chão Ter, a cavalgadura, pouca firmeza no andar [GAS].

Apalpar o costado Ver *apalpar as costelas*

Apalpar o terreno Agir com prudência e precaução; tentar conhecer o estado de um negócio antes de o compreender ou as disposições de uma pessoa antes de ir tratar com ela; procurar conhecer a situação [FF/GAS].
Var.: *sondar o terreno*

Apalpar o vau Buscar o melhor meio de sair de um embaraço ou de alcançar uma coisa [GAS].

Apanhar

Apanhar a bucha toda 1. Suportar o maior trabalho. **2.** Receber, quando julgado, a sentença de pena maior [GAS].

Apanhar a cinza e derramar farinha Fazer, ao mesmo tempo, gastos supérfluos e ridículas economias [LM].
Sin.: *quebrar a louça e guardar os palitos*
Var.: *apanhar a cinza*

Apanhar a dente Lus., Alentejo. Aprender algo de cor sem o ter entendido [CA/ECS/GAS].

Apanhar a estrela Ver *anistiar um rebelde*

Apanhar as coisas no ar Compreender as coisas no momento em que se dizem ou se fazem, graças a uma inteligência viva e perspicaz [AN].

Apanhar a sobra Desp. Apossar-se com oportunismo de bola rebatida ou solta pelo goleiro [HM].

Apanhar até dizer chega Levar uma grande surra; ser muito surrado [AN].
Sin.: *apanhar como/feito/que nem/que só boi ladrão*
Var.: *apanhar até dizer viva*

Apanhar até no/o céu da boca Ver *apanhar como/feito/que nem/que só boi ladrão*

Apanhar até o diabo dizer basta Ver *apanhar como/feito/que nem/que só boi ladrão*

Apanhar a trouxa Juntar os pertences para partir: "Achei melhor apanhar a minha trouxa e cair no oco do mundo" (Sabino Campos, *Catimbó*) [TC].
Var.: *arrumar a(s) trouxa(s)*

Apanhar barriga Bras., chulo. Engravidar; emprenhar; estar grávida: "Ela quer é apanhar barriga com o Heitor para poder casar com ele!" (Edison Carneiro, *A ling. popular da Bahia*) [ABH/AN/GM/MSM/RG].
Sin.: *estar de bobó*
Var.: *botar/ganhar/pegar barriga, estar/ficar de barriga*

Apanhar (uma) batata Lus. Tirar nota zero na escola [GAS].

Apanhar beijando o nó da peia *Bras., PE.* Ser muito subserviente [AN].

Apanhar boné(s) 1. *Lus.* Não conseguir nada do que deseja, apesar de lutar nesse sentido; atrapalhar-se; não fazer negócio. **2.** *Lus., Ericeira.* Seguir a mesma rota. **3.** *Turfe.* Terminar (o cavalo) um páreo entre os últimos colocados [ABH/GAS].

Apanhar bordoada Ser sovado, espancado [GAS].

Apanhar castanha Levar pancada [GAS].

Apanhar cavacos Ver *apanhar cavalas*

Apanhar cavalas *Lus.* Sofrer cópula anal (em registro de Albino Lapa, *Dic. de calão*) [MSM].
Sin.: *apanhar cavacos*

Apanhar com a boca na botija Surpreender alguém no momento da prática de uma falta: "Como então ele queria me apanhar com a boca na botija!" (Fernando Sabino, *O gato sou eu*, p. 74) [AN/MPa/TC].
Sin.: *apanhar com a mão na mochila, pegar com a boca/mão na mochila*
Var.: *apanhar com a mão na botija, apanhar com a boca na mochila, pegar com a boca na botija*

Apanhar como/feito/que nem/que só boi ladrão Ser muito surrado, espancado, bastante açoitado; levar uma surra, uma sova; apanhar demais: "Não, não dava muita porrada. Apanhei feito boi ladrão. Tudo ele batia" (Dercy Gonçalves, *Bundas*, 18/7/00, p. 42); "O crioulo apanhou feito boi ladrão"; "O coitado apanhou que nem boi ladrão. Virou saco de pancada". – No interior costuma-se levar o touro ladrão ao tronco e baixar-lhe a vara no lombo [ABH/AJO/AN/ECS/JB/JR/LM/RBA/TC/TGa].
Sin.: *apanhar até dizer chega, apanhar até no/o céu da boca, apanhar até o diabo dizer basta,* (CE) *apanhar de cachorro beber sangue,* (lus.) *apanhar nos untos,* (NE) *apanhar que nem couro de pisar tabaco/fumo, apanhar uma tosa, apanhar um enxerto*

Apanhar da bola *Desp.* **1.** Levar bolada no corpo, sem ter conseguido dominar o lance. **2.** Mostrar dificuldade no trato da bola [HM].

Apanhar de cachorro beber sangue Ver *apanhar como/feito/que nem/que só boi ladrão*

Apanhar de criar bicho Apanhar muito; sofrer castigo físico, ou até moral, excessivamente: "As notícias daquela noite davam gosto, os 'arianos' apanhando de criar bicho" (Jorge Amado, *Tenda dos milagres*, p. 22).

Apanhar descalço Pegar desapercebido, desprevenido [AN].

Apanhar de ouvido Ficar sabendo só de ouvir, sem conhecimentos teóricos [GAS].

Apanhar frango Estar bêbado [AN].

Apanhar na cabeça Sofrer as consequências de atos impensados, de negócios malfeitos [TC].

Apanhar na cara Ser esbofeteado [GAS].

Apanhar na ratoeira Pegar numa armadilha [GAS].

Apanhar na vida Sofrer as consequências de atos irrefletidos ou imprudentes [TC].

Apanhar no ar Ouvir o que se diz sem estar concentrado; compreender facilmente qualquer coisa; compreender imediatamente; aprender, perceber com muita rapidez [ABH/CLG/FF/GAS].

Apanhar nos untos Ver *apanhar como/feito/que nem/que só boi ladrão*

Apanhar no toutiço Sofrer uma pancada na cabeça [GAS].

Apanhar o boné *Bras., gír.* Ir embora: "Vou apanhar o boné e dar o fora" [JB].
Var.: *pegar o boné*

Apanhar o comboio Conseguir acompanhar uma ação que já está em andamento [GAS].

Apanhar o ganso Estar ébrio [AN].

Apanhar o pião à unha 1. Aproveitar-se rapidamente de uma oportunidade. **2.** Apanhar uma resposta dada sem rodeios. **3.** Legarem uma dificuldade [GAS].

Apanhar

Var. (1): *pegar o pião na unha*

Apanhar o sabão Ver *apagar uma vela*

Apanhar para o (seu) tabaco 1. Ser castigado por imprudência ou falta cometida. **2.** Levar uma surra; apanhar demais [ABH/GAS/Net].
Sin. (2): (Açor.) *apanhar química*
Var. (1) (2): *levar para o (seu) tabaco*
Var. (1): *tomar para o seu tabaco*

Apanhar paulito/palito Ver *levar pau* (1)

Apanhar pela proa Ser surpreendido [GAS].

Apanhar pés de burro *Lus.* Não ter ocupação; estar abandonado [GAS].

Apanhar por tabela Sofrer também castigo, sem ser culpado, só por estar num grupo em que se cometeu alguma falta [GAS].
Var.: *comer por tabela*

Apanhar posta *Lus.* Conseguir uma boa colocação, um bom emprego [GAS].

Apanhar poucas *Lus.* Levar pancada [GAS].

Apanhar que nem couro de pisar tabaco/fumo Ver *apanhar como/feito/que nem/que só boi ladrão*

Apanhar química Ver *apanhar para o (seu) tabaco* (2)

Apanhar uma Ver *encher a cara*

Apanhar uma aberta Aproveitar um intervalo em que não está chovendo [GAS].

Apanhar uma açorda Ver *encher a cara*

Apanhar uma barretina Ver *encher a cara*

Apanhar uma barrigada de fome Comer muito pouco por não haver comida [GAS].

Apanhar uma bezana Ver *encher a cara*

Apanhar uma boa posta Ganhar uma boa quantia ou um lugar rendoso [GAS].

Apanhar uma bolacha Levar uma bofetada [GAS].
Sin.: *apanhar uma narceja*

Apanhar uma bruega Ver *encher a cara*

Apanhar uma cardina Ver *encher a cara*

Apanhar uma carraspana 1. Embebedar-se: "... Meu pai mandou prendê-lo, porque ajuntou um bando de caboclos, roubou uma caixa de bebidas de bordo do tal navio, apanhou uma carraspana danada e 'desmanchou' três sambas, noite de sábado, na lagoa Redonda, perto do Muritiapuá" (Gustavo Barroso, *Alma sertaneja*, p. 90). **2.** Ficar gripado [GAS].
Sin. (1): *encher a cara*
Var. (1): *tomar uma carraspana*

Apanhar uma charutada *Lus.* Levar uma descompostura; ser censurado [GAS].

Apanhar uma coça Levar uma sova, tareia, tunda, surra [GAS].
Var.: *levar uma coça*

Apanhar uma cresta *Lus.* Sofrer um corretivo; levar uma surra [GAS].

Apanhar uma estafa Estar muito cansado [GAS].
Sin.: *apanhar uma estucha*

Apanhar uma estucha Ver *apanhar uma estafa*

Apanhar uma gaita *Lus.* Ser reprovado em exame [GAS].
Sin.: *apanhar um chumbo*

Apanhar uma grade Ir à caça e não matar nenhum animal [GAS].

Apanhar uma lição 1. Sofrer um corretivo, uma repreensão, uma punição. **2.** Diz-se quando se passa por experiência malsucedida que serve de ex. para não se repetirem os mesmos erros [GAS].
Var.: *levar uma lição*

Apanhar uma narceja Ver *apanhar uma bolacha*

Apanhar uma passa Sofrer um encontrão, uma pancada [GAS].

Apanhar uma raposa Ser reprovado no exame, ou não passar de ano escolar [GAS].

Apanhar uma ripada Receber uma descompostura [GAS].

Apanhar um arrepio 1. Receber uma forte admoestação. **2.** Levar um susto. **3.** Perder numa pugna desportiva por grande diferença de resultado. **4.** Perder grande quantia [GAS].

Apanhar umas calças Ter uma grande estafadeira; estar muito cansado; fatigar-se sem utilidade [GAS].

Apanhar uma surra Levar uma sova [GAS].

Apanhar uma talhada *Port., gír. mil.* Ser castigado [GAS].

Apanhar uma torta Ver *encher a cara*

Apanhar uma tosa Levar uma surra, uma tareia [GAS].
Sin.: *apanhar como/feito/que nem/que só boi ladrão*
Var.: *levar uma tosa*

Apanhar um banho Ter uma desilusão [GAS].
Var.: *apanhar uma banhada*

Apanhar um bigode Ser preterido; ser vencido [GAS].

Apanhar um cerote *Lus.* **1.** Ficar muito assustado. **2.** Ser malsucedido num negócio, numa seara etc. [GAS].

Apanhar um chimbalau *Lus.* Ter uma contrariedade; sofrer um prejuízo [GAS].
Var.: *levar um chimbalau*

Apanhar um chumbo Ser reprovado [GAS].
Sin.: *apanhar uma gaita*
Var.: *levar um chumbo*

Apanhar um 10 ou um 18 *Lus.* Obter uma nota 10 ou uma nota 18. Ser classificado com estes valores [GAS].

Apanhar um duche de água fria *Lus.* Ter uma grande desilusão [GAS].

Apanhar um enxerto Levar uma tareia, uma tunda [GAS].
Sin.: *apanhar como/feito/que nem/que só boi ladrão*
Var.: *levar um enxerto*

Apanhar um escalda-rabos Levar reprimenda; ser censurado [GAS].

Apanhar um par de coices Sofrer uma ingratidão [GAS].

Apanhar um R Ser reprovado em exame escolar; sofrer uma reprovação [AN/GAS].
Var.: *levar um erre/R*

Apanhar vento Apanhar golpe de ar; ficar gripado: "Foi porque eu tomei um purgante de Caparosa e apanhei vento" (José Pereira de Souza, *Adivinha quem vem*) [TC].

Aparar

Aparar água *Bras., ES, gír.* Receber dinheiro do governo [Net].

Aparar (algumas) arestas Superar dificuldades, chegar a um acordo: "Vamos aparar algumas arestas e preparar o terreno para uma virada"; "Sou especialista em aparar arestas e em reaproximar velhos amigos" [JB].

Aparar as asas a/de alguém Refrear entusiasmos; restringir as manifestações de independência ou de intimidade: "É uma criança metidiça: precisamos aparar-lhe as asas" [ABH/GAS].

Aparar as unhas 1. Dar dinheiro por conta de uma dívida. **2.** *Lus., Univ. Coimbra.* Impedir que alguém faça mal [GAS].

≠ **Não aparar golpes** Não aceitar combinações ilícitas [GAS].

Aparar o golpe Suportar uma repriminda; suster uma ação, até mesmo fisicamente [GAS].

Aparar o jogo Sofrer as consequências do que outros tramaram [GAS].

Aparar o murro Defender-se de golpes, açoites etc., com o braço ou com um objeto: "Partiu para cima e eu aparei o golpe aqui na mão" (Caio Porfírio Carneiro, *Trapiá*) [TC].
Var.: *aparar a pancada, aparar o cacete*

Aparar o pião à unha Ter de resolver um problema sem o desejar; ter de resolver um assunto grave e repentino [GAS].

Aparecer

Aparecer às luzes da ribalta Estar em evidência (como ficam os atores na ribalta) [AN].

Aparecer bem *Desp.* Atuar de forma a chamar atenção [HM].

Aparecer cada uma Ocorrerem coisas inesperadas, quase inacreditáveis: "Aparece cada uma! Isso é uma judiação!" (Moreira Campos, *Contos*) [TC].

Aparecer com a boca cheia de formiga Morrer: "Se continuar aprontando vai aparecer com a boca cheia de formiga" [JB].

Aparecer em cena Figurar por sua posição social ou pelo seu talento; brilhar [AN].

Aparecer na hora H Chegar em cima da hora; no momento oportuno, exato, preciso: "No centro, roubaram minha carteira, mas, por sorte, meu tio apareceu na hora H, me garantiu a passagem de volta" [FS].

Var.: *chegar na hora H*

Aparecer no pedaço *Bras., gír.* Comparecer a um compromisso; estar presente: "Prometo aparecer no pedaço, a qualquer hora lá estarei" [JB].

Apartar(-se)

Apartar (a/uma) briga Acabar com uma briga, separando os litigantes: "Sabia ser de respeito. Apartara muitas brigas" (Caio Porfírio Carneiro, *O sal da terra*) [FS/RG/TC].

Apartar o bezerro Desmamar o bezerro [TC].

Apartar os troços /ó/ **1.** Separar-se, desquitar-se ou divorciar-se. **2.** Desassociar: "A mercearia não dá para os dois, é melhor a gente apartar os troços" (Fran Martins, *Poço de Paus*) [TC].

Var.: *separar os troços*

≠ **Não se apartar uma unha da verdade** Não discrepar da verdade [AN].

Apascentar

Apascentar um bode Ver *apagar uma vela*

Apegar-se

≠ **Não se apegar a palavras** Não atribuir às palavras mais força ou verdade do que a que tenham [AN].

Apertar(-se)

Apertar a barriga Passar fome: "Grande é a cifra mundial dos que apertam a barriga" [AN].

Apertar a chuva Aumentar a intensidade da chuva [AJO].

Apertar a(s) cravelha(s) Mostrar-se exigente com firmeza; insistir; cercear liberdades; criar dificuldades; mostrar-se rigoroso com os subordinados, a ponto de impacientá-los. – Apurando demais a afinação de instrumentos de corda, apertam-se as cravelhas, arriscando-se a arrebentar as cordas [ABH/AN/GAS].

Apertar a mão de alguém Cumprimentar alguém; segurar a mão de alguém fazendo pressão com os dedos, como meio de cumprimento. – Essa é uma das primeiras ações de um conquistador ou conquistadora de corações [AN/GAS].

Apertar as carrapetas de alguém *Bras., gír.* Fazer sexo com alguém: "Vou apertar as carrapetas da crioula, a pedido da dita-cuja" [JB].

Apertar a tarracha Reprimir liberdades [GAS].

Apertar estrada *Bras., S.* Fugir apressadamente [AJO].

Apertar o bacalhau Dar um aperto de mão [GAS].

Apertar o cerco Reduzir a possibilidade de fuga; pressionar [GAS].

Apertar o chão *Bras., RS.* Viajar; ir embora [AJO].

Apertar o cinto Passar ou enfrentar dificuldades, principalmente de alimentação; passar ou curtir fome, ficando cada vez mais desbarrigado; reduzir as despesas, o bem-estar; expr. us. quando se está com o estômago vazio, sem meios de conseguir alimento; diz-se quando se está fa-

zendo economia forçada: " – Economizar é a palavra que mais se usa. Apertar o cinto, assim disse o Ministro do Planejamento" (Odette de Barros Mott, *O Instituto de Beleza Eliza*, p. 55); "Pelo sim, pelo não, custa nada tentar economizar o suado realzinho, segurar as pontas, apertar o cinto tal e qual o carrasco arrocha o nó da forca" (Aírton Monte, *O Povo*, 12/11/98, p. 3B) [ABH/AN/GAS/JB/OB/TC].
Var.: *apertar o cinturão*

Apertar o cinturão Passar dificuldade; passar fome; reduzir despesas; fazer economia: "Pouca despesa... Apertando assim o cinturão..." (José de Figueiredo Filho, *Meu mundo é uma farmácia*) [TC].
Var.: *apertar o cinto*

Apertar o crânio *Bras., gír.* Obrigar a falar: "Vamos apertar o crânio dele, só assim ele fala tudo o que sabe" [JB].

Apertar o gasganete Apertar a garganta [GAS].

Apertar o papo Estrangular [GAS].

Apertar o passo 1. Andar com rapidez, ou mais depressa; aumentar a velocidade do andar; apressar o passo: "Nisso, um relógio avulso atirou nos ouvidos de Gurjão a hora certa: dez e meia. Apertou o passo. Não podia entrar depois das onze" (José Cândido de Carvalho, *Porque Lulu Bergantim não atravessou o Rubicon*, p. 22); "Calce os calos e aperte o passo, pois quem vai pra frente é quem olha para todos as direções e sai do canto" (Kiko Bloc-Boris, *O Povo*, 4/5/97, p. 9D). **2.** Progredir: "Quem vai pro fundo / Tem é que agitar o braço / Tem é que apertar o passo / Tem é que remar contra a maré..." (Sérgio Ricardo, "Contra a maré", *in* CD *Mestres da MPB*) [ABH/AJO/AN/AT/FF/FSB/OB/TC].
Sin. (1): *apertar o pé*
Var. (1): *acelerar/firmar o passo*

Apertar o pé Ver *apertar o passo* (1)

Apertar o ponto *Bras., CE.* Dar uma consistência ao mel ou melado, ao doce, no momento em que é feito [RG].

Apertar os calos 1. Pressionar. **2.** Enclausurar [GAS].

Apertar os ossos Abraçar; dar um aperto de mão; cumprimentar; fórmula us. para saudar enfaticamente, para cumprimentar por algum feito, por solidariedade, num aperto de mãos [GAS/LAFb/TC].

Apertar o torniquete 1. Pôr em situação difícil quem já não está em boa situação. **2.** Exigir disciplina [AN/GAS].

Apertar-se o coração Ter mau pressentimento; angustiar-se [GAS].

Apilar

Apilar cocô *Bras., AL, chulo.* Diz-se do ato de pederastia; dar a bunda [Net]. ♦ O dic. *Aurélio* não faz registro do v. apilar. É corruptela de "pilar", por meio de prótese.

Apitar

Apitar na curva 1. Dar sinal de chegada próxima. – A expr. tem or. no fato de o trem, ainda não visto por causa de uma curva, apitar, dando sinal de sua presença próxima. **2.** Estar mal de saúde. **3.** Morrer [AN/CLG].

Apitar no grito *Desp.* Marcar falta (o juiz) depois que todo mundo avisa e reclama [HM].

Apitar o jogo *Desp.* Mandar no jogo (o time), pressionando o juiz [HM].

Apitar sério *Desp.* Apitar a partida com imparcialidade: "Esse apita sério" [HM].

Aplicar

Aplicar a pastilha 1. Castigar com um tabefe. **2.** Votar um castigo. **3.** Taxar financeiramente um empreendimento [GAS].

Aplicar o/um golpe Praticar um ato audacioso, roubo, assalto, trapaça, extorsão; preparar uma armadilha para assaltar; roubar: "Não vou deixar que aplique o golpe do dízimo neles" (Ivan José de Azevedo Pontes, *As outras pessoas*, p. 74) [JB/TC].
Var.: *dar um golpe* (1)

Aplicar os cinco sentidos Ter especial atenção e cuidado [AN].

Aplicar xexo /ê/ *Bras., AL*. Não pagar uma conta; sair sem pagar. – Xexo = seixo [Net].

Apoiar

Apoiar pouco *Desp.* Cooperar modestamente na ação ofensiva do time [HM].

Apontar

Apontar alto *Lus.* Ter aspirações [GAS].

Apostar

Apostar as fichas *Bras., gír.* Investir: "Apostei minhas fichas neste cara, espero que ele acerte a mão" [JB].

Apostar dobrado contra singelo *Lus.* Receber o dobro no caso de ganhar; ter tanta certeza de uma coisa que por ela se arrisca a perder dois contra um [AN/GAS].

Apostar no escuro Arriscar [CLG].

Apostar o pescoço Diz-se de desafio em aposta sem parada monetária [GAS].

Apregoar

Apregoar aos quatro ventos Dizer a todo o mundo; proclamar [GAS].

Aprender

Aprender a lição Tirar ensinamento de experiência vivida: "– Agora, quero ver se aprende a lição e deixa de ser tão relapso" (Álvaro Cardoso Gomes, *A hora da luta*, p. 145) [GAS].

Aprender de outiva Aprender de ouvido [GAS].

Aprender o bê-a-bá Estar em princípio de aprendizagem de algo; aprender as primeiras letras; aprender a soletrar. – Sendo o B a primeira consoante, é por ela que as crianças começam a compor as sílabas [GAS/RMJ].

Apresentar(-se)

Apresentar armas 1. Voz de comando para a tropa exibir os fuzis em posição vertical, à frente, segurando-os com as duas mãos: "Apresentar armas!" **2.** *Bras., gír.* Ficar com o pênis ereto: "O crioulo apresentou armas e endoidou a negona pelo tamanho da jeba." **3.** *Desp.* Exibir para o adversário a sola da chuteira, em sinal de ameaça [AN/HM/JB].

Apresentar as armas de são Francisco Ver *dar banana(s)*

Apresentar os seus recados Dar seus cumprimentos; enviar suas saudações [GAS].

Apresilhar

Apresilhar um laçaço (*sic*) *Bras., RS*. Aplicar um golpe de chicote ou de relho [AJO].

Aprontar

Aprontar alguma *Bras.* Fazer qualquer tipo de danação, diabrura ou travessura; preparar algo novo, estranho, diferente, inconveniente: "Esse menino aprontou alguma, olhem a cara dele!"; "O cidadão sumiu, imagino que esteja aprontando alguma, como sempre" [JB].

Aprontar barulho *Bras.* Fazer confusão: "O negão vive aprontando barulho" [JB].

Aprontar misérias Subjugar alguém numa disputa qualquer (ver Assis Ângelo, *O poeta do povo: vida e obra de Patativa do Assaré*) [FNa].

Aproveitar(-se)

Aproveitar a aragem Valer-se da oportunidade (como fazem os navegantes com o vento) [AN].

Aproveitar a maré Aproveitar a boa disposição de alguém de uma situação favorável [GAS].

Aproveitar a tela *Bras., gír.* Usar os espaços: "Aproveita a tela, mano, e vai em frente" [JB].

Aproveitar o carreto *Bras., gír.* Aproveitar a oportunidade: "Aproveite o carreto e traga um copo d'água pra mim também" [JB].

Var.: *aproveitar o frete*

Aproveitar o frete Aproveitar a oportunidade: "Vou aproveitar o frete, pra fazer alguma coisa que sempre pretendi" [JB].
Var.: *aproveitar o carreto*
Aproveitar-se Abusar [GM].

Aproximar-se
Aproximar-se do altar Comungar [AN].

Aprumar
Aprumar a carreira 1. Atingir (o animal) a máxima velocidade na corrida, com segurança. **2.** Diz-se do indivíduo que, conseguindo equilibrar-se nos negócios, progride rapidamente [TC].

Aprumar o cangote Não morrer [TC].
Var.: *sustentar o cangote*

Aprumar o choto /ô/ Equilibrar-se nos negócios, na vida. ♦ "Choto" é forma vulgar de "chouto" [TC].

Apurar
Apurar as antenas Escutar atentamente; prestar toda a atenção [GAS].

Apurar a verdade Averiguar a veracidade dos fatos [GAS].

Apurar a vista Ver *apurar o(s) ouvido(s)*

≠ **Não apurar nem para o gás** Nada render; nada conseguir em certa pretensão [TC].

Apurar o olfato Fazer esforço para sentir o cheiro: "Quando apurei o olfato e a vista, percebi que os lençóis de meus irmãos eram fétidos, horríveis" (Graciliano Ramos, *Infância*, p. 41).

Apurar o(s) ouvido(s) Esforçar-se para ver ou ouvir melhor: "Longe, no bate-bate das caçarolas, anunciava-se um bloco. Ternura apurou os ouvidos" (Aníbal M. Machado, *João Ternura*, p. 176); "Cristório apurou o ouvido e ouviu seu canto: – Caaadêêê o meuuuuuu!..." (José Sarney, *O dono do mar*, p. 76) [TC].
Sin.: *apurar a vista*

Apurar o passo Aligeirar o passo; andar mais depressa [AJO].

Aquecer
Aquecer as turbinas *Bras.* **1.** Transmitir calor; tornar quente; aquentar. **2.** Beber para ficar animado: "Precisamos aquecer as turbinas com a abrideira" [ABH/JB].

≠ **Não aquecer nem arrefecer** Tanto fazer; não alterar nada [GAS].
Var.: *não aquentar nem arrefentar*

Aquecer os motores Preparar-se para o pior [GAS].

Aquentar
Aquentar a água para outro tomar mate *Bras., RS.* Trabalhar em proveito alheio [ABH/AJO/AN/LM].
Sin.: *atiçar o fogo para o churrasco dos outros, fazer a cama para os outros se deitarem*
Var.: *aquentar água para o mate dos outros*

Arcar
Arcar com as consequências Responder pelos próprios atos; suportar os resultados de seus atos: "... quando usei até mesmo o prestígio da TV Globo, concordaram em deixar-me sair, ficando claro que meu comportamento lá fora seria observado e que eu deveria arcar com as consequências" (Dias Gomes, *Apenas um subversivo*, p. 291).
Sin.: *aguentar o repuxo*

Arcar com as responsabilidades Suportar as responsabilidades de seus atos: "Se você arcar com as responsabilidades, leve o menor consigo" [GAS].

Arder
Arder a tenda *Lus.* Diz-se do que é extinto por imposição ou por não haver possibilidades da sua continuação [GAS].

Arder em dois fogos *Lus.* Prestar atenção a dois serviços; querer fazer duas coisas ao mesmo tempo [GAS].

Arder em febre Estar com febre muito alta: "Essa criança passa mal. Ela arde em febre" [GAS].

Arder em pouca chama Diz-se de quem se inflama por pouco [GAS].

Arder o lombo Sofrer pancadaria, maus-tratos; ser obrigado a fazer serviço pesado [TC].

Arder troia *Lus.* Armar grande barulho ou escândalo [GAS].

Arear

Arear a fivela *Bras., SE.* Dançar agarrado, juntinho, colado: "Maurício me puxou pra dançar e ficamos lá, areando a fivela um tempão" [FNa].

Arear caçamba *Bras., MG, SP, MT, pop.* **1.** Vadiar; vagabundear. **2.** Agradar para obter vantagens; adular, bajular [ABH].

Arear o tacho Fazer a barba. — Em calão, "tacho" é "cabeça" [GAS].

Arejar

Arejar a cuca *Bras., gír.* Distrair-se; fazer uma higiene mental: "Após cada reunião, tenho de dar uma saída para arejar a cuca" [JF].

Arejar a pevide *Lus.* Passear [GAS].
Sin.: *laurear o queijo*
Var.: *laurear a pevide*

Armar(-se)

Armar a forca a alguém Fazer alguém cair num logro, numa armadilha, numa cilada [GAS].

Armar à lebre *Lus.* Defecar [GAS].

Armar a maior quizumba *Bras., gír.* Arranjar a maior confusão: "Vou armar a maior quizumba da paróquia" [JB].
Sin.: *armar barraco* (1), *armar o maior auê, armar o maior frejo, armar o maior quiproquó, armar o maior rebu, armar o maior sebo*

Armar ao efeito 1. Dispor ou preparar as coisas para um resultado seguro. **2.** Procurar ou querer atrair a atenção, a admiração, com aparências brilhantes; dar-se ares de importante; brilhar [ABH/AN/GAS].

Armar ao fino *Lus.* Ter maneiras afetadas; pretender passar por pessoa educada e rica [GAS].

Armar ao pingarelho *Lus.* Empregar artifícios e rodeios para conseguir determinado fim; presumir; pretender mostrar aquilo que se não é; fingir(-se) de esperto; exorbitar; exceder-se; enfatuar-se [AN/GAS].
Sin.: *armar em carapau de corrida, dar-se ares*

Armar aos cágados *Lus.* Pretender passar por aquilo que não é; querer evidenciar-se [GAS].
Var.: *armar aos cucos/goivos/pássaros/tentilhões*

Armar aradas *Lus.* Inventar mentiras; dizer mal [GAS].

Armar a/à raposa *Lus.* Evacuar [GAS/MSM].

Armar à risada Gargalhar de modo chistoso, brincalhão, com zombaria; zombar; escarnear: "Arma à risada com facécias de um aluno da escola militar" (Camilo Castelo Branco, *Boêmia do espírito*) [ECS].

Armar (o) banzé *Bras. gír.* Criar confusão, desordem; provocar pancadaria: "Armei o banzé e não me arrependo" [AN/GAS/JB].
Sin.: *armar confusão*
Var.: *armar um banzé-de-cuia*

Armar barraco *Bras., gír., pej.* **1.** Criar confusão, rolo: "A dançarina Denise Tacto, mulher de Gérson Brenner, armou o maior barraco num salão de beleza de São Paulo. Ela foi pintar o cabelo e o trabalho não saiu conforme o esperado..." (*Jornal da Rua*, cad. JRTevê, 29/6/99, p. 2); "O cara armou o maior barraco, distribuiu porrada a torto e a direito". **2.** Partir para briga [ABH/JB].
Sin. (1): *armar a maior quizumba*
Var. (1): *armar o maior barraco*

Armar bochincho *Bras., gír.* Arranjar confusão: "Armou bochincho, como nos velhos tempos" [JB].

Armar cambapé *Lus.* Passar uma rasteira em alguém [GAS]. ♦ O termo "cambapé", s. v. "CAMBAPE" e "ARMAR CAMBAPE" (*sic*), conforme a mesma fonte consultada, vem reiteradamente grafado sem acento. Por analogia, infere-se tratar-se de cambapé, cuja forma paral., no Brasil, é cangapé, uma espécie de jogo de capoeira. Senão vejamos como GAS define cambape: "golpe com o qual o lutador faz cair o adversário, metendo uma perna entre as dele; engano; laço; tramoia; ariosca".

Armar cara de réu Ficar carrancudo, sisudo, com fisionomia fechada: "Como nunca apreciei, nem nunca vou apreciar, os bisbilhoteiros da imprensa, armei cara de réu e na segunda o macilento já estava fora do meu bafo..." (José Cândido de Carvalho, *O coronel e o lobisomem*, p. 230).

Armar casa de caboclo *Bras., gír*. Preparar tudo: "Primeiro vamos armar casa de caboclo, depois a gente se acerta" [JB].

Armar castelos no ar Idealizar coisas irrealizáveis: "Toda essa riqueza se desfez, quando o Ouvidor pôs freio na montaria e olhos para o balcão, contemplando o sol, a princesa, aquela menina sem disfarces, que armava castelos no ar" (Sebastião Martins, *A dança da serpente*, p. 121) [AN].

Var.: *fazer castelos no ar*

Armar com asas de pau *Lus., Univ. Coimbra*. Sovar; espancar [GAS].

Armar confusão *Bras., gír*. Criar confusão: "Armei a confusão por causa das sacanagens dele" [JB].

Sin.: *armar (o) banzé*

Armar de pica-ponto *Lus., Alentejo*. Estabelecer conflito com alguém (ver *Rev. Lus.*, XXXI, p. 103) [ECS].

Armar em bom Fingir ser boa pessoa ou bom em algo [GAS].

Armar em bravo Diz-se de indivíduo que se finge de enérgico e valente [GAS].

Armar em carapau de corrida Ver *armar ao pingarelho*

Armar em otário Fazer-se de parvo, bobo, tolo, desentendido [GAS].

Sin.: *armar em parvo*

Armar em parvo Ver *armar em otário*

Armar em patacho *Port*. Diz-se de quem pratica a pederastia passiva [GAS/MSM].

Armar em santinho *Lus*. Mostrar-se bonzinho: "Esse gajo arma em santinho, mas, depois, quem ele na verdade é?" [GAS].

Armar em teso Querer passar por valente [GAS].

Armar em valente Jactar-se, desafiando meio mundo [GAS].

Armar em vivaço Querer mostrar-se muito esperto [GAS].

Armar laço *Bras., ES, gír*. Defecar no mato [Net].

Armar o barraco *Bras., gír*. Preparar: "Vou armar o barraco, depois a gente acerta tudo" [JB].

Armar o (maior) circo *Bras., gír*. Preparar tudo; fazer grande estardalhaço, grande sensacionalismo; dar publicidade bombástica a um fato: "Os policiais esperaram pacientemente a equipe de reportagem chegar para armar o circo" (Valéria Propato, *IstoÉ*, 26/1/00, p. 94); "E a Globo arma o maior circo, mas não atende ao meu pedido: Galvão Bueno para a transmissão do Oscar" (José Simão, *O Povo*, 19/3/99, p. 6B) [JB].

Var.: *armar um circo*

Armar o frege Provocar uma briga: "Um embriagado foi quem armou o frege" [TC].

Armar o laço *Bras*. **1.** Preparar o laço para ser atirado no animal que se quer pegar. **2.** *NE, S, SP*. Defecar [AJO/MSM/RG].

Sin. (2): *amarrar a gata* (2)

Armar o lance *Bras., gír*., Preparar a jogada: "Sei armar o lance, mas não vou fazer" [JB].

Armar o maior auê *Bras., gír*. Arranjar a maior confusão: "Armou o maior auê, malandro. O cara é foda" [JB].

Sin.: *armar a maior quizumba*

Armar o maior frejo *Bras., gír*., Arranjar a maior confusão: "Armei o maior frejo, xará, fechei o tempo" [JB].

Sin.: *armar a maior quizumba*

Armar o maior quiproquó *Bras., gír.* Arranjar a maior confusão: "Vou armar o maior quiproquó se me torrarem o saco" [JB].
Sin.: *armar a maior quizumba*

Armar o maior rebu *Bras., gír.* Arranjar a maior confusão: "O idiota armou o maior rebu e apanhou de montão" [JB].
Sin.: *armar a maior quizumba*

Armar o maior sebo *Bras., gír.* Arranjar a maior confusão: "Armou o maior sebo e deu uma confusão dos diabos" [JB].
Sin.: *armar a maior quizumba*

Armar o marido Cometer adultério; diz-se da mulher que se porta mal; cornear; chifrar o marido [GAS].
Sin.: *enfeitar a testa*
Var.: *ornar o marido*

Armar o pealo *Bras., RS.* **1.** Preparar o laço para pegar o animal. **2.** *Fig.* Preparar uma armadilha para pegar alguém em falta [AJO].

Armar o rolo Provocar um conflito ou uma briga [AJO].

Armar pé Arranjar motivo para conseguir determinado fim [ABH].

Armar (um) sarilho Provocar complicações, desordem, confusão, embrulhada [AN/GAS].

Armar-se o frege Estar na iminência de se iniciar uma briga [TC].

Armar-se o rolo Ter início uma briga ou conflito [AJO].

Armar-se o tempo Tornar-se o tempo feio, ameaçando chuva [AJO].

Armar tempo quente *Lus., Univ. Coimbra.* Criar desordem [GAS].

Armar tocaia Preparar emboscada: "Vou armar tocaia pra surpreender o malandro" [JB].

Armar uma história Ver *armar uma parada*

Armar uma jogada Planejar ou forjar uma ação sigilosa, em geral ilícita: "– Tamos aqui essa noite porque, acho que todo mundo já sabe, tão querendo armar uma jogada suja contra o pessoal do lado direito da rua" (Ivan José de Azevedo Pontes, *As outras pessoas*, p. 63).

Armar uma parada *Bras., RS.* Articular uma atividade; organizar algo (encontro, ação sigilosa etc.) [LAF].
Sin.: *armar uma história*

Armar um cavalo Nos "pegas", fazer um carro derrapar na pista em alta velocidade e manobrar num giro de 180 ou 360 graus: "Armei um cavalo. Foi legal, cara. Curti uma puta emoção" [JB].

Armar um laço Preparar uma armadilha, um ardil, uma patifaria, uma cilada [GAS/TC].

Armar um pé de vento Fazer desordem [GAS].

Armar um poço *Lus., Col. Mil.* Tirar os ferros de uma cama, para que, quando alguém se deite, caia no chão [GAS].

Armar um rente Armar uma cilada, uma traição [GAS].

Armar um saco *Lus., Col. Mil.* Tirar um lençol da cama e dobrar ao meio o que fica, fingindo de lençol de baixo o de cima [GAS].

Armar um vulcão *Lus., Col. Mil.* Ficar embaixo de uma cama e, quando alguém estiver deitado, por um impulso com o dorso, atirá-lo com o colchão ao chão [GAS].

Arrancar

Arrancar botija *Bras., CE.* Diz-se da pessoa que obteve, rápida e misteriosamente, largos recursos; enriquecer misteriosamente, de um dia para outro [RG/TC].

Arrancar o cabaço *Bras., gír., chulo.* Desflorar; desvirginar; estuprar: "Arrancaram o cabaço da Celinha. Ela chorou muito, mas nada adiantou" [DVF/FS/JB/RG]. – O termo "cabaço" provém do kimbundo *cabasus*, "virgindade", p. ext., subentende-se "hímen".
Var.: *quebrar um cabaço, rebentar o cabaço, tirar o cabaço a/de* (1)

Arrancar os cabelos Estar desesperado; desesperar-se: "Não adianta arrancar os cabelos, fica frio que o pior vem por aí"; "O Cristiano arrancou os cabelos da cabeça quando soube que era corneado pela Miralda" [GAS/JB].
Var.: *arrancar os cabelos da cabeça/do cu*
Arrancar os cabelos do cu *Bras., chulo*. Desesperar-se: "O chefinho tá arrancando os cabelos do cu, tá no maior sufoco" [JB].
Var.: *arrancar os cabelos*
Arrancar o selinho *Bras., gír., chulo*. Desvirginar: "Arranquei o selinho delazinha, foi sensacional" [JB].
Sin.: *arrancar o(s) tampo(s)*
Var.: *tirar o selinho*
Arrancar o(s) tampo(s) *Bras., NE*. Desvirginar; deflorar: "Um moleque da bagaceira tinha arrancado os tampos da filha do senhor de engenho" (Graciliano Ramos, *Angústia*) [GAS/MSM/RG].
Sin.: *arrancar o selinho*
Var.: *arrombar os tampos, tirar o(s) tampo(s)*
Arrancar pouco *Desp*. Avançar sem velocidade e sem ímpeto [HM].
Arrancar suspiros *Bras*. Provocar emoções ou paixões: "O artista arranca suspiros dos fudidinhos" (*sic*) [JB].
Arrancar uma botija 1. Topar; dar uma topada (num batente ou tropeçar numa pedra). 2. *Bras., CE*. Retirar a botija, sem fechar o buraco (quem fizer isso, segundo a crendice pop., morrerá dentro em breve) [FN/FNa/LM/RG].
Arrancar um 10 ou um 20 *Lus., Univ. Coimbra*. Conseguir ser classificado com esses valores [GAS].

Arranhar

Arranhar a trave. *Desp*. Passar, a bola, a centímetros de entrar na meta, e ir para a linha de fundo [HM].
Sin.: *passar assobiando, passar ventando, queimar o poste, tirar tinta da trave, tirar verniz do poste*
Var.: *chamuscar/raspar a trave*

Arranhar umas coisas Ser pouco experiente; ser ainda aprendiz [GAS].

Arranjar

Arranjar a bonita *Lus*. Fazer um grande desordem, confusão; criar um problema de difícil solução [GAS].
Arranjar a cama a alguém Preparar uma armadilha para alguém [GAS].
Arranjar alguma/uma estrangeirinha *Lus*. Meter-se em dificuldades; arrumar complicação, confusão [GAS].
Arranjar barulho Provocar encrencas, encrencar [CLG].
Arranjar cama para se deitar Diz-se de pessoa que não se peja de praticar inconsciência, erros de ofício etc., que lhe podem acarretar dissabores; agir desastrada ou impensadamente, sobrevindo dissabores ou punições [GAS].
Arranjar lastro Comer algo para que a bebida saiba melhor [GAS].
Arranjar lenha para se queimar Fornecer motivos ou pretextos para ser acusado ou censurado [GAS].
≠ **Só arranjar o que Maria ganhou nas capoeiras** Não resolver nada [TGa].
Arranjar pé Arranjar motivos [GAS].
Arranjar uma carrapata *Lus*. Criar uma situação difícil e embaraçosa [GAS].
Sin.: (lus., Alentejo) *arranjar um embrechado, arranjar um lindo molho de brócolos*
Arranjar uma sopeira Ver *encher a cara*
Arranjar um bom par de botas Envolver-se em assunto complicado, questão séria [AN].
Arranjar um embrechado Ver *arranjar uma carrapata*
Arranjar um jeito Procurar uma solução [TC].
Var.: *arrumar um jeito*
Arranjar um lindo molho de brócolos Ver *arranjar uma carrapata*
Arranjar um osso Arranjar um emprego, um "gancho" [TC].

Arranjar um osso para roer Obter emprego, negócio lucrativo [AN].

Arranjar um par de botas a alguém 1. *Lus.* Colocar alguém em situação embaraçosa. **2.** *Bras.* Proporcionar a alguém pequeno negócio; facilitar pequeno ganho a alguém [GAS/LM].

Arranjar um pé de vento Criar um conflito [GAS].

Arranjar um tacho Conseguir um bom emprego [GAS].

Arranjar um trinta e um Arranjar uma dificuldade; causar distúrbio [GAS].

Arrasar

Arrasar corações *Bras., RJ, gír.* Despertar paixões; arrebentar corações [Net].

Arrasar os olhos de água Ficar com os olhos cheios de lágrimas [AN].

Arrasar quarteirão *Bras., RJ, gír.* Chamar a atenção por onde passa, tamanha a beleza [Net].

Arrastar

Arrastar alguém às gemônias Fazer os últimos ultrajes a alguém; expor alguém à irrisão pública; levar alguém à última desgraça. – As gemônias eram escadas do monte Capitólio que davam sobre o Tibre e pelas quais eram arrastados os corpos dos supliciados ao rio (Suetônio, *Tibério*, LXI; *Valério Máximo*, VI) [AN].

Arrastar a mesa *Gír.* Ganhar o lance do jogo, a jogada [FS/LM].

Arrastar (a/uma) asa *Bras.* Diz-se de quem está interessado em alguém, em estado de paixão; dirigir galanteios e outras manifestações amorosas a uma mulher que se deseja namorar; tentar conquistar certa mulher; insinuar-se junto a alguém com intenções amorosas; cortejar, à semelhança dos pássaros cujo macho arrasta a asa à fêmea; voltar-se para uma mulher; conquistar; fazer a corte a alguém; galantear; paquerar; requestar; arrifar; diz-se do rapazola que começa a cortejar o sexo oposto, embora sem se definir em termos de masculinidade ou amadurecimento etário: "... que andou arrastando-se a asa cerca de dois anos, como namorado sem ventura" (José de Alencar, *Guerra dos mascates*); "Um galo no galinheiro pôs-se a arrastar a asa a uma franga. Eu estava fazendo ali a mesma coisa, apenas com mais habilidade e mais demora" (Graciliano Ramos, *Angústia*, p. 55); "Será que tu sabia que ela arrastava a asa pra você e ficou dando cartaz?" (AS, p. 140); "Dizem que ele anda arrastando asa à empregada. É uma paixão roxa" (Eduardo Campos, *O chão dos mortos*). – Deve haver alguma explicação quem sabe ligada ao pavão ou a algum outro bicho asado. Expr. nascida certamente da atitude de comportamento do galo, quando corteja ou requesta a galinha. Seu emprego não é novo (ver Silveira Bueno, *Grande dic. etimológico-prosódico da língua portuguesa*; Ariel Tacla, *Dic. dos marginais*) [ABH/AJO/AN/AS/FF/GAS/LAF/MSM/RBA/RG/TC].

Var.: *arrastar as asinhas*

Arrastar as asinhas Dirigir galanteios e outras manifestações amorosas a uma mulher que se deseja namorar: "Bem agora que ele e a sua ex Letícia Spiller ensaiavam uma volta, o jornal carioca *Extra* publicou que o ator foi arrastar as asinhas para o lado de Andréa, mulher do campeão de voo livre, Cláudio Matos" (*IstoÉ*, 29/9/99, p. 73). [ABH/AN/MSM/TC].

Var.: *arrastar (a/uma) asa*

Arrastar as palavras Falar lentamente [GAS].

Arrastar chinelo *Chulo.* Ser homossexual; desmunhecar [*fonte extraviada*].

Arrastar e soltar *Inform.* Arrastar texto ou imagens, pressionando e soltando o botão do mouse, até colocá-los em nova posição; dragar e soltar [CPL, 20ª ed., Ática, 2000].

Arrastar mala *Bras., SP, MG e MT, pop.* Roncar bravatas; bazofiar; fazer ameaças [ABH/AN/FF/RG].

Arrastar (a) mala 1. *Bras., CE.* Inclinar-se amorosamente para alguém: "Fulano está arrastando mala para fulana." **2.** *Bras., NE, fam.* Ser logrado, ludibriado; não lograr êxito; ser infeliz na pretensão; sair-se mal; ir ao encontro de alguém que deixa de chegar; ir em vão a um encontro; não encontrar o que esperava ou desejava; perder tempo; embatucar: "Foi pedir a moça em casamento e arrastou a mala" (José Pereira de Souza, *Adivinha quem vem*); "Quando a polícia batia na casa dele, sempre arrastava a mala..." [ABH/FF/FN/FNa/FS/LM/Net/RG/TC].

Sin. (2): *bater com a cara na porta,* (AL) *correr atrás de maraiá, entrar pelo/por um cano, levar um bolo, quebrar a cara* (2)

Var. (1): *rastar a mala*

Arrastar na/pela lama Difamar; caluniar; desconsiderar; insultar; fazer retrato falso de alguém; enlamear ou enxovalhar o nome de alguém [AN/GAS/RMJ].

Var.: *salpicar de lama*

Arrastar o cu na areia *Chulo.* **1.** Diz-se de quem se encontra submisso a outra pessoa. **2.** *Bras., S, SP.* Diz-se do homem que está perdidamente apaixonado [MSM].

Arrastar o lençol *Bras., AL.* Ir dormir em determinado lugar [Net].

Arrastar o pé 1. Procurar amedrontar alguém com ameaças. – Há o costume de arrastar o pé, quando se quer pôr gato ou cachorro em fuga. Daí talvez a or. da expr. **2.** Dançar [AJO/TC].

Arrastar os pés 1. Estar muito velho; andar muito devagar e com dificuldade por motivo de doença ou velhice. **2.** Dançar [AJO/AN/FF].

Arrastar pé Firmar-se [AN].

Arrastar pela(s) rua(s) da amargura 1. Difamar; injuriar; prostituir alguém; dizer mal de alguém; descobrir os defeitos, atacar o crédito ou a reputação, provocar o descrédito de alguém; fazer alguém sofrer muito, humilhando, ferindo sua honra. **2.** Impor sofrimentos; submeter a situações vexatórias e desagradáveis. – Alusão à passagem de Cristo, com a coroa de espinhos e a cruz às costas, pela rua que conduzia do Pretório, onde fora condenado, ao Gólgota, onde se deu a execução. É a *Via Dolorosa* de Jerusalém. Em *Itinerário,* Fr. Pantaleão de Aveiro refere-se a tal *via,* o caminho do Calvário (*Rua da Amargura* = Via-Sacra; *Gólgota* = Calvário) [ABH/AN/GAS/GM/RMJ].

Var.: *levar à rua da amargura, pôr nas ruas da amargura*

Arrastar (o) surrão *Bras., SP, pop.* Gabar-se; roncar valentia; bravatear [ABH/AN/FF/LM].

Arrastar uma cachorra magra Achar-se na miséria; atravessar situação financeira muito precária [TC].

Var.: *puxar uma cachorra magra*

Arrastar uma cachorrinha Achar-se na miséria; estar em situação financeira muito vexatória: "... chegara à nossa terra arrastando uma cachorrinha" (João Clímaco Bezerra, *Sol posto*) [TC].

Var.: *puxar a/uma cachorra/cachorrinha*

Arrastar uma cana Ver *puxar fogo*

Arrear

Arrear a carga Ver *amarrar a gata* (2)

Arrear a mochila Aceder; ceder [GAS].

Arrear o cabaz Ver *amarrar a gata* (2)

Arrear sujeira Falar mal em frente de pessoas desconhecidas; fazer disparates; sair-se mal [GAS].

Arrebentar

Arrebentar a beirinha do negocim *Bras., gír.* Fazer algo: "Vou arrebentar a beirinha do negocim, dê no que der" [JB].

Arrebentar a boca do balão *Bras., gír.* **1.** Fazer algo; empenhar-se em alguma coisa: "Vou arrebentar a boca do balão, custe o que custar." **2.** Conquistar uma vitória; brilhar; ter sucesso, êxito, excelente desempenho: "Assaz curioso, quiçá sintomático: há pelo menos três anos que ninguém no Brasil arrebenta a boca do balão, como também já não são tão numerosos os brasileiros que estão botando pra quebrar" (Joel

Silveira, *Bundas*, 18/10/99, p. 17). **3.** *Chulo.* Violar; currar; prostituir; copular; descabaçar (diz-se para homens) [GM/GS/JB].
Var. (2): *estourar a boca do balão, rebentar a boca do balão*

Arrebentar o caráter Dizer certas verdades que podem abalar o caráter de uma pessoa [AJO].

Arrebentar pelas costuras Estar superlotado, cheiíssimo; não caber mais; diz-se de situação de excesso [GAS].
Sin.: *rebentar as ilhargas*
Var.: *rebentar pelas costuras*

Arrebentar um laço *Fig.* Diz-se de alguém que, apesar da idade, ainda é forte (a ponto de arrebentar um laço) [AJO].

Arrebitar

Arrebitar as orelhas Estar na expectativa; prestar atenção [GAS].

Arrebitar cachimbo Ver *levantar cabelo*

Arrecuar

Arrecuar os ralfes *Bras.* Recuar os meio-campistas: "Arrecua os ralfes, pessoal, que a porrada vai descer". ♦ O v. "recuar", aqui, em dial. vulgar (arrecuar), sofreu prótese, acréscimo de sílaba inicial; em "ralfe" dá-se o aportuguesamento do ingl. *half*, o jogador de meio de campo [JB].

Arredar

Arredar pé Afastar-se; recuar; bater em retirada: "Ninguém quer arredar pé" (Antônio Callado, *Quarup*, II, p. 389).

≠ **Não arredar (o) pé 1.** Não se afastar, não sair: "E mandou este molho de dinheiro para o rapaz, me dizendo para o menino não arredar o pé do sertão" (José Lins do Rego, *Cangaceiros*, p. 90); "– Passou a noite inteira no hotel. Não arredou pé um só instante" (Fernando Sabino, *A faca de dois gumes*, p. 195). ♦ Respaldado em Eça de Queiroz, nossa fonte diz que em Portugal emprega-se *não arredar pé*. **2.** *Fig.* Não ceder em sua opinião; manter-se firme; não transigir [ABH/AN/AT/GAS/TC].

Var.: *não arredar os pés*

≠ **Não arredar uma palha** Não fazer nada, i. e., não tomar parte ativa, não dar opinião, não ter direito de interferir, não prestar nenhum auxílio etc.: "Nenhum arredará uma palha, para acabar com a exploração" (Odálio Cardoso de Alencar, *Recordações da comarca*) [TC].
Var.: *não aluir uma palha*

Arredondar

Arredondar a bola *Desp.* **1.** Pôr a bola à feição para cobrança de falta. **2.** Amortecer a bola para controlá-la melhor [HM].

Arrefecer

Arrefecer o céu da boca Morrer [GAS].

Arregaçar

Arregaçar as mangas Dispor-se a trabalhar (feio e forte); trabalhar; produzir; encetar uma ação: "Um grupo de jovens da cidade de Natal resolveu arregaçar as mangas" (Regina Moraes, *Quem Acontece*, 27/4/01, p. 85); "Vamos arregaçar as mangas, vamos parar de fingir que tamos trabalhando" [AN/GAS/JB].

Arregalar

Arregalar os olhos 1. Admirar; mostrar júbilo, admiração; cobiçar; espantar-se. **2.** Ficar vigilante; avisar; orientar: "Vou arregalar os olhos dele, pra ver se não faz besteira" [GAS/JB/TC].

Arregalar os olhos para alguém Ameaçar alguém; meter medo em alguém [AN].

Arreganhar

Arreganhar a boca 1. Abrir muito a boca. **2.** Rir [TC].
Sin.: *arreganhar os dentes* (1) (2) (3)

Arreganhar a cepa Rir maliciosamente, de escárnio [GAS].

Arreganhar a fateixa *Lus., Univ. Coimbra.* Rir [GAS].

Arreganhar a tacha *Lus., Minho.* Rir, mostrando os dentes [GAS].

Arreganhar o dente Refilar; mostrar-se ríspido [GAS].

Arreganhar os dentes 1. Rir por qualquer motivo. **2.** Ameaçar morder (o cão). **3.** Ameaçar alguém; ter coragem: "O cara arreganhou os dentes em ritmo de briga." **4.** Morrer encarangado (com muito frio) [AJO/JB/TC].
  Sin. (1) (2) (3): *arreganhar a boca*
  Var. (1) (2) (3): *mostrar o(s) dente(s)* (1) (2)

Arrematar

Arrematar um modelito *Bras., RJ e SP, BA, gír.* Travar relações com um garoto [Nivaldo Lariú, apud *Veja*, 24/8/77, p. 70].

Arremelgar

Arremelgar o olho *Lus.* **1.** Dirigir um olhar lascivo. **2.** Arregalar o olho [GAS].

Arrenegar

Arrenegar de alguém Ter ódio de alguém; não poder ver alguém; zangar, irritar, abjurar a fé, apostatar [GAS].

Arrepelar

Arrepelar as barbas Arrepender-se de ação cometida [GAS].
  Var.: *arrepelar os cabelos*

Arrepender-se

Arrepender-se cento e uma vezes Arrepender-se muito [AN].

Arrepender-se da hora em que nasceu Sofrer grande arrependimento [LM].

Arrepiar

Arrepiar as carnes Diz-se quando se leva um grande susto [GAS].

Arrepiar cabelo 1. Inverter o sentido. **2.** Deixar de insistir; recuar. **3.** Discutir; revoltar-se; opor-se. **4.** Ser áspero, ríspido [GAS].

Arrepiar caminho Não progredir na vida que vinha trilhando; voltar atrás; desdizer-se; desandar; retroceder: "Pestana parou alguns instantes, pensou em arrepiar caminho mas dispôs-se a andar" (Machado de Assis, *Várias histórias*) [ABH/AC/GAS].
  Sin.: *arrepiar carreira*

Arrepiar carreira *Bras.* Abandonar algo a que se vinha dedicando; desistir de algo; voltar atrás; voltar para trás; desandar; desistir de algum desafio: "Matei um, mas me guardei, arrepiei carreira, não sou de ferro, nem sou besta" (Darcy Ribeiro, *O mulo*, p. 26); "Os canaviais sem pragas de São Martinho não podiam arrepiar carreira na frente dos formigueiros do doutor" (José Cândido de Carvalho, *Olha para o céu, Frederico!*, p. 33); "O menino, assustado, arrepiou carreira" (Fernando Sabino, *A vitória da infância*, p. 44); "O táxi deixa o casal de velhos junto a uma entrada de metrô e arrepia carreira" (*Id.*, *O gato sou eu*, p. 59) [ABH/AC/AJO/AN/GAS].
  Sin.: *arrepiar caminho*

Arriar

Arriar a bagagem *Lus.* Perder a compostura; ser ordinário nas palavras proferidas [GAS].

Arriar a bera *Lus.* Deixar cair uma moeda falsa para chamar a atenção da pessoa que se pretende burlar [GAS].
  Sin.: *arriar a chapinha*

Arriar a bronca Dar escândalo [GAS].

Arriar a canastra Insultar; proferir palavras insultuosas a alguém; perder o verniz [GAS].
  Sin.: (lus.) *tirar a tábua da carroça*
  Var.: (lus.) *arriar a giga/o cabaz*

Arriar a carga *Bras.* **1.** Cansar, fatigar-se; pôr abaixo a carga. **2.** Não suportar o peso das responsabilidades; desistir dos encargos pesados ou onerosos [ABH/TC].

Arriar a chapinha Ver *arriar a bera*

Arriar a jorra Ver *amarrar a gata* (2)

Arriar a massa Ver *amarrar a gata* (2)

Arriar a mochila Ver *perder o gás*

Arriar a mochila e contar o caso direito Deixar os subterfúgios; falar com sinceridade. – A expr. deve ter vindo dos meios mil. [AN].

Arriar a poia Ver *amarrar a gata* (2)

Arriar as calças 1. Bajular. **2.** Ceder: "O chefe arriou as calças, deu os anéis pra não perder os dedos" [GM/JB].

Arriar bandeira Dar-se por vencido ou convencido [GAS].

Arriar o balaio Ver *abrir o jogo* (1)

Arriar o calhau Ver *amarrar a gata* (2)

Arriar o meião Ver *perder o gás*

Arriar o óleo 1. *Bras., chulo.* Copular; transar; manter relações sexuais: "Jarbas, domingo, não sai de casa, fica lá arriando o óleo o dia inteiro." **2.** Urinar; mijar [ABH/FN/MSM].

Var. (1): *mudar/trocar o óleo*

Arriar o pastel Ver *amarrar a gata* (2)

Arriar o preso Defecar; evacuar [GAS].
Sin.: *amarrar a gata* (2)
Var.: *largar/soltar o preso*

Arriar o taco *Desp.* Moderar o andamento do jogo, acomodando-se ao resultado do placar. – Referência ao ling. do jogo de sinuca [HM].

Arriar o tirante *Lus.* Deixar no chão um cordão falso, imitando ouro, para chamar a atenção da pessoa que se pretende burlar [GAS].

Arriar o trem de pouso Ver *perder o gás*

Arribar

Arribar no mundo *Bras., NE, pop.* Fugir: "Chiquita foi embora com um chofer de caminhão. Ceição casou-se (já largou o marido e arribou também no mundo)" (Fontes Ibiapina, *Congresso de duendes*) [ABH].
Var.: *danar-se no/pelo mundo*

Arribar o pé no mundo Viajar para bem longe; ir embora (sem destino); fugir; retirar-se apressadamente; desaparecer: "Arribar o pé no mundo, sem destino, seria como entrar num cortiço, sem achar o buraco de saída" (A. J. de Souza Carneiro, *Furundungo*) [ABH/AJO/AN/FF/TC].

Sin.: *botar o pé na estrada* (1), *lascar o pé no oco do mundo*, *meter a(s) canela(s) no mundo*
Var.: *botar/danar/enfincar/enfiar/meter/pôr/tocar o pé no mundo, pisar-o-pé-no-mundo*

Arriscar

Arriscar a pele Expor-se a um perigo [AJO/AN/CLG/GAS].
Var.: (RS) *arriscar o pelego*

Arriscar um olho 1. Aventurar. **2.** Espreitar: "Corria até a janela, arriscava um olho" (Jorge Amado, *Dona Flor e seus dois maridos*) [TC].

Arrochar

Arrochar o buriti *Bras., PI, AL.* Colocar em ação; causar sensação; fazer sucesso; arrebentar; diz-se quando a turma está na maior animação: "Todo mundo com seu par? Então vamos começar a quadrilha. Arrocha o buriti, moçada!"; "O pessoal arrochou o buriti. Aconteceu lá em Belém do Pará". ♦ Buriti: uma espécie de palmeira, tb. dita buritizeiro [JB/Net/PJC].
Sin.: *botar para quebrar* (2)

Arrochar o cavalo Acelerar a corrida para aproximar o cavalo o mais possível da rês que se persegue: "Arrochar o cavalo é chegá-lo à rês" (Carlos Feitosa, *No tempo dos coronéis*) [TC].
Sin.: *chegar o cavalo ao boi*

Arrochar o nó *Bras., CE.* Agitar; fazer algo benfeito; diz-se para dar força a alguém, para estimular: "Arroche o nó, peão!" – Expr. retirada do vocabulário das vaquejadas, quando o peão ou vaqueiro pega o rabo do garrote e aperta de tal modo que este não solte [AS/Net].
Sin.: *botar para quebrar* (2)

Arrodear

≠ **Não arrodear/rodear pau deitado** *Bras., CE.* Ser destemido, aguerrido, valente; ter coragem; não enjeitar parada: "Um Sá Roriz passa por cima até de onça, mas não arrodeia pau deitado." ♦ Arrodear é corruptela de rodear, por meio de prótese. Significa "girar, circular em volta de" [Péricles de Sá Roriz, meu amigo, de Fortaleza].

Arrolhar

Arrolhar a ponta *Bras., RS*. Reduzir o ritmo da marcha da tropa, na estrada, colocando um peão na frente da boiada [AJO].

Arrombar

Arrombar a laila *Bras., gír*. Fazer sucesso: "Arrombaste a laila naquele festival, hein, cara!" [JB].

Arrombar as redes *Desp*. Chutar com extrema violência e fazer gol [HM].

Arrombar uma porta aberta 1. Fazer trabalho ou esforço inútil. **2.** Deter-se na explicação de algo evidente ou muito fácil: "Montado agora pela primeira vez, trinta anos depois de escrito, vinha arrombar uma porta aberta" (Ruy Castro, *O anjo pornográfico*, p. 369) [ABH/AC/AN/FSB/GAS].

Arrostar

Arrostar a morte Afrontar perigos [GAS].

Arrotar

Arrotar choco /ô/ Arrotar azedo, por algum mal-estar estomacal, em razão da ingestão de bebidas e/ou alimentos variados. ♦ É crença pop. que tomar água logo após comer ovos tb. faz o indivíduo arrotar choco [PJC].

Arrotar com a despesa Pagar o que outros encomendam [GAS].

Arrotar farofa *Bras., NE*. Arrotar valentia; falar mal; esculhambar: "Como formiga sabe a roça que corta, nenhum quis brigar de vera. Se contentaram em arrotar farofa e ficaram de mal, inimigos de fogo a sangue" (Neil de Castro, *As pelejas de Ojuara*) [FN].

Arrotar flamância *Bras., CE*. Julgar-se importante; bancar o herói [RG].

Arrotar grandeza(s) Jactar-se da posse de bens de fortuna ou elevada posição social; empavonar-se com o que tem, com o que consegue; gabar-se; alardear vantagens; apregoar prosperidade e bem-estar pessoal, deturpando a realidade; procurar elevar-se acima de seus préstimos ou rendimentos; gloriar-se de ser poderoso ou rico; ostentar(-se); vangloriar-se; querer mostrar-se grande, até desprezando os humildes; atribuir-se valor superior ao merecido: "A mania dele é arrotar grandeza..." – Nesse ato, existe uma falsa ostentação, pompa, alarde. No reinado de Luís XV, a pessoa, depois de almoçar ou jantar, para provar que havia gostado da comida, tinha que dar um forte arroto, demonstrando apetite, elegância e honestidade. Há um dito pop. com um sentido ainda mais preciso: "Comer feijão e arrotar peru" ou: "Comer sardinha e arrotar pescado" [ABH/AN/FS/GAS/GS/LAFb/RG/RMJ/TC].

Sin.: (CE, chulo) *arrotar peidança, arrotar postas de pescada*, (RS) *cantar marra*

Var.: *contar grandeza(s)*

Arrotar peidança Ver *arrotar grandeza(s)*

Arrotar postas de pescada Ver *arrotar grandeza(s)*

Arrotar valentia Blasonar: "Não gosto de arrotar valentia" (José de Alencar, *Til*) [TC].

Sin.: *cagar goma*

Arrotar vantagem Blasonar; gabar-se; exagerar os feitos: "Sabia que quando começava a arrotar vantagem, só calava de estafado" (R. Batista Aragão, *Pedra Verde*) [TC].

Var.: *contar vantagem* (2)

Arrumar

Arrumar a casa *Bras.* **1.** Colocar tudo em ordem: "Primeiro, vou arrumar a casa, depois vamos ver como ficam as coisas." **2.** *Desp*. Reformular taticamente o time (o treinador), durante a partida [HM/JB].

Var.: *acertar a casa*

Arrumar a maca Preparar-se para ir embora [TC].

Sin.: *arrumar a(s) trouxa(s)*
Var.: *preparar a maca*

Arrumar a mala Ver *arrumar a(s) trouxa(s)*

Arrumar a mão Ver *arrumar o braço*

Arrumar as botas Ver *pendurar as chuteiras* (1) (2)

Arrumar as costas com o Ano do Nascimento Processar criminalmente [LM].

Arrumar a trouxa Compor os órgãos genitais [GAS].

Arrumar a(s) trouxa(s) Preparar-se para viajar ou para ir embora; juntar os pertences para partir: "O padre Balbino seguiria com Alípio para a Capital, só voltando para fazer o casamento e arrumar as trouxas para transferir-se a outra freguesia" (Antônio Sales, *Aves de arribação*, p. 183); "Ao falar no nome dele, depressa arrumou a trouxa" (F. Coutinho Filho, *Violas e repentes*); "Arrumou a trouxa e ganhou os paus" (Luís da Câmara Cascudo, *Contos tradicionais do Brasil*) [GAS/TC].
Sin.: *arrumar a maca/mala/os troços*
Var.: *apanhar/fazer a trouxa*

Arrumar encrenca *Bras., gír*. Criar confusão: "O cidadão gosta de arrumar encrenca, qualquer hora se estrepa" [JB].

Arrumar nova caçamba *Bras., gír*. Ter nova namorada: "O Dudu arrumou nova caçamba, por sinal bonitaça" [JB].

Arrumar o braço Bater; espancar; maltratar: "Arrumou o braço no pé do ouvido" (Fran Martins, *Dois de ouros*) [TC].
Sin.: *arrumar a mão/o cacete/o facão/o pau*
Var.: *assentar o braço*

Arrumar o cacete Ver *arrumar o braço*

Arrumar o facão Espancar; bater [TC].
Sin.: *arrumar o braço*
Var.: *descer o facão*

Arrumar o pau Ver *arrumar o braço*

Arrumar os troços /ó/ Preparar a bagagem para viajar ou para ir embora; preparar-se para ir embora: "Arrumaram os troços e pra lá se mudaram" (Nertan Macedo, *Capitão Virgulino Ferreira: Lampião*) [TC].
Sin.: *arrumar a(s) trouxa(s)*
Var.: *juntar/preparar os troços*

Arrumar uma barriga *Bras*. Engravidar: "A menina arrumou uma barriga, por falta de prudência" [JB].

Arrumar um inquérito *Bras., gír*. Criar confusão: "O cara tá a fim de arrumar um inquérito, vai acabar conseguindo" [JB].

Arrumar um peso *Bras., gír*. Transportar uma remessa de droga: "A bandidagem arrumou um peso mas foi surpreendida pela polícia" [JB].

Arrumar um trampo *Bras., gír*. Procurar, conseguir emprego, trabalho, ocupação (cf. tese de doutorado da socióloga Glória Diógenes, da UFC, in *O Povo*, 1º/6/98, p. 19A) [LAF].
Sin.: *batalhar um emprego*, (RS) *descolar um basquete*

Arrumar um troco *Bras., gír*. Conseguir dinheiro ou trabalho: "Preciso arrumar um troco, cara, a barra tá ruça" [JB].

Arvorar

Arvorar o estandarte da revolta Incitar uma revolta, uma rebelião [ABH/AN].
Var.: *levantar o estandarte da revolta*

Assacar

Assacar um aleive Dizer uma infâmia, uma calúnia: "A mim já ela me assacou um aleive, dizendo que eu, quando saía a ares, não ia só a ares, e andava por lá a fazer o que fazem as outras" (Camilo Castelo Branco, *Amor de perdição*, p. 57).

Assanhar(-se)

Assanhar o palhaço 1. *Bras., CE, chulo*. Ter ereção, por excitação sexual (o homem): "Quem come muita verdura nega fogo na hora de assanhar o palhaço" (*Jornal da Rua*, 28/5/99, p. 3). **2.** *Bras., gír*. Fazer sexo: "Vou assanhar o palhaço com a morena hoje à noite" [CGP/JB/TGa].

Assanhar-se como barata em tempo de chuva Ficar muito assanhado [AN].

Assar

≠ **Não assar mais carapaus fritos** *Lus.* Deixar de dizer gabolices [GAS].

Assar na ponta do dedo Diz-se quando se tem certeza de que algum fato não se realizará, de que algo não será obtido. – Loc. us. como desafio a caçadores ou pescadores, que nada caçarão nem pescarão, em frases deste gênero: "O peixe que pescares (ou: a caça que matares) assarei na ponta do dedo" [AN/RMJ].
Var.: *assar no bico do dedo*

Assar uma carninha *Bras., RJ.* Fazer churrasco: "O carioca gosta de chamar churrasco de assar uma carninha" [JB].

Assear

Assear o defunto *Lus.* Acirrar os ânimos; atiçar alguém [GAS].

Assentar

– Ver tb. SENTAR

Assentar a cabeça Deixar de estar excitado; livrar-se de preocupações; acalmar-se; assentar, ajustar-se (bem ou mal); adquirir tranquilidade; recuperar o juízo; tomar juízo: "Depois do casamento, assentara a cabeça" (Jorge Amado, *Dona Flor e seus dois maridos*); "O velho foi assentando a cabeça, reassumindo a direção da fazenda" (João Clímaco Bezerra, *O homem e seu cachorro*) [ABH/AN/GAS/TC].

Assentar a carapuça Assentar bem o apodo dado a alguém [GAS].

Assentar a espada Censurar asperamente [GAS].

Assentar a mão 1. Adquirir firmeza, destreza ou segurança no que faz, no exercício de determinado trabalho; adestrar-se; aperfeiçoar-se (numa atividade manual ou noutra qualquer): "... assentarei a mão para alguma obra de maior tomo" (Machado de Assis, *Dom Casmurro*). **2.** Esbofetear; dar tapona [ABH/AJO/AN/FF/FSB/TC].

Sin. (2): *enfincar o braço, lascar a tapa*
Var. (2): *açoitar/cascar/enfincar/fincar/largar/lascar/passar/plantar/tacar/tanger a mão*

Assentar à mesa *Lus.* Denunciar [GAS].

Assentar a poeira Ver *deixar a poeira assentar*

Assentar arraiais Fixar-se num lugar; acampar [GAS].

Assentar as costuras Bater; sovar; dar pancadas nas costas [AN/GAS].

Assentar as mãos Bater [GAS].
Var.: *assentar as mãos na cara*

Assentar como uma luva Ajustar-se perfeitamente; adaptar-se bem; convir perfeitamente: "O vestido assenta-lhe como uma luva" [ABH/AN/GAS].
Var.: *cair como uma luva*

Assentar no canhão Não esquecer nada [GAS].

Assentar o cabelo 1. Estar (o animal) gordo e sadio, com o pelo bem liso. **2.** *Bras., NE, gír.* Morrer: "Lampião pegou no copo / Sem escutar mais apelo / Botou na boca do cabra / Fez ele à força bebê-lo / Com meia hora depois / Ele assentava o cabelo" (Expedito Sebastião da Silva, *Trechos da vida completa de Lampião*, p. 31); "– Eu sei. De qualquer modo, esse negócio de alimentar tapuru... – Não é de seu agrado? Nem meu. Não quero assentar o cabelo antes de fazer muita coisa" (Manuel Bandeira, in Miriam Maranhão & Gerusa Martins, *Pensar, expressar e criar*, p. 125) [ABH/FN/TC].
Sin. (2): *bater a(s) bota(s)*

Assentar o cabelo de *Bras., NE, gír.* Matar [ABH].

Assentar o pé no caminho Ver *enfiar o pé na estrada*

Assentar o santo *Umb.* Fixar a força dinâmica do orixá no seu fetiche ou na cabeça da iniciada, i. e., em sua mente, por meio de cerimônias rituais [OGC]. ♦ "Santo", aqui, é o orixá, o caboclo, conforme as crenças afro-bras.

Assentar os cinco mandamentos Dar uma bofetada. – Alusão aos cinco de-

dos da mão. Além dos dez mandamentos do Decálogo, há os cinco da Santa Madre Igreja. A palavra "mandamento" aqui está como deriv. de "mandar" no sentido de arremessar [AN/GAS].
Var.: *dar com os cinco mandamentos*

Assentar o terreiro *Umb.* Fazer o ritual para estabelecimento de um novo terreiro, cuja parte principal é a fixação do axé no terreno escolhido [OGC]. ♦ Axé significa a força dinâmica das divindades, sua ordem, seu poder. Para saber mais sobre o termo, ver OGC, p. 56.

Assinar

Assinar a rogo Assinar por alguém que não sabe escrever, a seu pedido [GAS].

Assinar de/em cruz 1. Firma dos analfabetos, autenticada pelo escrivão, juridicamente idônea; fazer ou pôr uma cruz por assinatura, por não saber escrever. **2.** Assinar sem ler; assinar sem tomar conhecimento do que se subscreveu. **3.** Estar por tudo; aceitar sem ver; concordar, sem ter conhecimento prévio das condições da proposta ou do negócio. – A expr. se origina do fato de que outrora os analfabetos firmavam seus documentos com uma cruz [ABH/AN/GAS/LCCa/TC].

Assinar em branco Tomar a responsabilidade do que no papel for escrito; assinar sem ler o que está escrito [GAS].

Assinar o ponto 1. Pôr, assinar, inscrever o nome no livro de ponto ou de presença. **2.** Passar rapidamente em um local onde se costuma ir; ir ao lugar habitual; comparecer; fazer coisa que se faz diariamente, com muita frequência: "Antes de ir ao escritório assina o ponto na livraria." **3.** *Bras., S, SP.* Cumprir obrigação sexual: "Hoje é dia de assinar o ponto" [ABH/AC/AN/FF/FSB/MSM/TC].
Var.: *bater (o) ponto*

Assistir

Assistir de braços cruzados Presenciar algo sem se mexer, inativo, sem falar nada, sem intervir [AN].

Assistir-lhe o pau *Bras., RS.* Surrar, espancar [AJO].

Assobiar/Assoviar

Assobiar-lhe às botas Diz-se do que se perdeu, do que foi embora, do que não pode ser remediado [GAS].

Assoviar e chupar cana Fazer duas coisas incompatíveis ao mesmo tempo: "Não consigo assoviar e chupar cana, gente, isto é muito sério" [AN/CLG/JB].

Assumir

Assumir a comissão de frente *Bras.* Comandar: "A Ritinha assumiu a comissão de frente da campanha do maridaço". ♦ A expr., ao que parece, tem or. na ling. da crônica carnavalesca, no tocante à organização das escolas de samba e com relação ao posicionamento, nos cordões, do porta-estandarte, da porta-bandeira etc. [JB].

Assustar(-se)

Assustar mula *Bras., gír., funk.* Assaltar ônibus: "Vamos assustar mula, cidadão, vamos pagar pra ver" [JB].

Assustar-se com a própria sombra Ter medo de tudo [AN].

Atacar(-se)

Atacar em massa *Desp.* Desencadear ataques incessantes, mantendo o adversário sob sufoco [HM].

Atacar-se das bichas *Bras., RS.* Ficar revoltado, demonstrar irritação [LAF].
Var.: *atacar-se*

Atalhar

Atalhar frango Andar cambaleando, com a marcha do bêbado [FS].

Atar

Atar a cabeça *Bras., RS.* Ficar preocupado com algum problema [AJO].

Atar a cola à canta-galo *Bras., RS.* Aplica-se ao modo de atar a cauda (cola) do cavalo com um nó gracioso, deixando-a bem elevada, e pendente uma ponta de cada lado [AJO].

Sin.: *atar a cola lá onde a Maruca prende o grampo, quebrar o cacho à canta-galo*

Atar a cola lá onde a Maruca prende o grampo Ver *atar a cola à canta-galo*

Atar a língua Fazer calar; calar-se [GAS].

Atar ao jugo Submeter [AN].

Atar ao pelourinho Expor à irrisão pública. – O pelourinho era uma coluna levantada em lugar público, à qual atavam os crim., para infligir-lhes algum castigo e expô-los à ignomínia [AN].

Atar as mãos Impedir de fazer algo por falta de indicação ou por proibição; tirar a possibilidade de fazer uma coisa; tolher; privar da liberdade de ação ou de resolução [AN/GAS].

Var.: *atar de pés e mãos*

Atar carreira Bras., RS. Ajustar ou apostar carreiras [AJO].

Atar e pôr ao fumeiro Tomar uma resolução rápida, apressada [GS].

≠ **Não atar nem desatar** Não dar solução a algo; demorar a resolver; não decidir; não resolver; não deliberar; mostrar-se vacilante, irresoluto: "Há cinco horas está assim, não ata nem desata. É capaz até de morrer..." (Aníbal M. Machado, *João Ternura*, p. 205); "Não ata nem desata, pô, nem fode nem sai de cima, fica neste chove não molha, nesta conversa de cerca lourenço [= sem objetividade]" (JB, p. 404) [ABH/AC/AN/GAS].

Sin.: (GO) *não beber nem desocupar o copo*

Atar o guizo ao pescoço do gato Praticar ação arriscada a que todos se negam e que a todos aproveita. – Reminiscência da fábula "Assembleia dos ratos", de La Fontaine, in *Fábulas*, II [AN].

Atender

Atender ao chamado da natureza Ver *amarrar a gata* (2)

Atiçar

Atiçar fogo Bras., CE. Excitar, estimular [RG].

Atiçar o fogo 1. Reavivar o fogo dando uma arrumada na lenha, assoprando e colocando mais uns gravetos para formar labaredas. **2.** *Fig.* Fomentar ou excitar a discórdia; provocar a excitação [ABH/AJO/AN/GAS].

Var.: *soprar o fogo*

Atiçar o fogo para o churrasco dos outros Ver *aquentar a água para outro tomar mate*

Atirar(-se)

Atirar abaixo 1. Diz-se do professor que obriga o aluno a estender-se no exame. **2.** Pretender tirar do emprego ou de situação alguém que se encontra altamente colocado [GAS].

Atirar à bochecha Fazer uma acusação a alguém; alegar contra alguém que se comporta mal ou ingratamente, os serviços, indulgências e favores de que ele se beneficiou: "– Pois, meu caro, a Eufrásia saiu do seu papel de boa irmã, e atirou-lhe à bochecha estas palavras: Serei seu lesma, serei tudo o que você quiser; mas, pelo menos, não deixo venderem meu corpo, como se eu fosse uma escrava..." (Visconde de Taunay, *O encilhamento*) [ABH/AN/FF/GAS/RMJ].

Sin.: *lançar em rosto a*
Var.: *atirar à cara*

Atirar achas para a fogueira Argumentar de novo para aumentar a tensão, o desentendimento [GAS].

Sin.: *botar lenha na fogueira*
Var.: *deitar achas na fogueira*

Atirar à figura Ang., desp. Chutar bola que vai atingir o corpo do adversário ou do juiz [HM].

≠ **Não atirar a pardais** Lus. Não se ocupar com pequenas questões [GAS].

Atirar a pedra e esconder a mão Praticar um malefício e disfarçar; fazer o mal e

Atirar(-se)

procurar ocultá-lo; dizer mal de alguém e elogiá-lo em sua presença [AN/GAS].
Var.: *jogar a pedra e esconder a mão*

Atirar a primeira pedra Adiantar-se aos outros, para fazer acusação ou impor uma sanção a alguém; ser o primeiro a acusar; julgar-se sem pecado e iniciar a punição de um pecador. – Na Antiguidade hebraica as mulheres adúlteras eram lapidadas. Reminiscência do episódio de Cristo e a adúltera (Mt 25, 2; Mc 13, 2; Lc 19, 44; 31, 6). Ver *Rev. Lus.*, XIX, p. 49 [AN/FF/RMJ].

Atirar à rebanha Ver *atirar às rebatinhas*

Atirar areia nos olhos de alguém Tentar ingenuamente encobrir uma falta ou enganar alguém; iludir, tapear, confundir, lograr, ludibriar alguém; dar argumentos enganosos àquilo que não quer que se saiba [FS/GAS/TC].
Sin.: *botar terra nos olhos de alguém*
Var.: *atirar areia aos olhos dos outros, botar/deitar/jogar/pôr areia nos olhos de alguém*

Atirar às feras Fadar à ruína, à destruição, ao mal [AN].

Atirar às malvas Fazer por esquecer; deixar de cuidar do assunto; desinteressar-se; votar ao esquecimento; atirar fora [GAS].
Var.: *atirar às urtigas, mandar às malvas*

Atirar às rebatinhas *Lus.* Atirar algo à multidão [GAS].
Sin.: *atirar à rebanha*

Atirar à travena *Lus.* Insultar [GAS].

Atirar a última cartada Valer-se de medida extrema; fazer uso do último recurso possível: "E padre Tibúrcio atirou a última cartada, como um náufrago empregando as últimas energias na esperança de salvar-se" (José Alcides Pinto, *Os verdes abutres da colina*, p. 102) [ABH/AN/GAS].
Sin.: *queimar o(s) último(s) cartucho(s)* (1)
Var.: *jogar a última cartada*

Atirar com a albarda ao ar *Lus.* Perder a calma; irritar-se com violência [GAS].
Var.: *atirar com os aparelhos ao ar*

Atirar com a pólvora alheia Desperdiçar à toa, facilmente, por tratar-se de algo, bens ou capital, de outra pessoa; gastar sem medir as consequências, à custa de alguém: "*Época* registra que a Previ, o fundo de pensão dos funcionários do Banco do Brasil, está dando mais dinheiro a Benjamim Steinbruch, através da Vicunha do Nordeste. Grande empresário tucano é assim mesmo. Atira com a pólvora alheia, graças a amigos poderosos" (Lustosa da Costa, *Diário do Nordeste*, 8/6/99, p. 4).

Atirar de cangalhas Fazer uma pessoa cair com forte empurrão [GAS].

Atirar de rebolo Fazer de um objeto qualquer um projétil, arremessando-o [TC].

Atirar dinheiro à rua Esbanjar, desperdiçar dinheiro [GAS].

Atirar em profundidade *Desp.* Lançar, chutar a bola de longa distância, paralelamente à linha lateral [HM].
Var.: *lançar em profundidade*

Atirar lá pro quintal *Desp.* **1.** Chutar para o gol e a bola tomar direção para longe da linha de fundo. **2.** Chutar forte para a frente ou para os lados, para desafogar a grande área [HM].

Atirar (a) luva Desafiar; provocar; acusar; ameaçar; ousar. – Expr. dos torneios cavalheirescos [ABH/AN/FSB/GAS].
Var.: *lançar a luva*

Atirar na cara Relembrar: "Atirei na cara do Lopes a teoria do Katicic" (Carlos Drummond de Andrade, *De notícias e não notícias faz-se a crônica*, p. 109) [ABH/JB/MPa/TC].
Var.: *passar na cara* (1)

Atirar na fogueira Levar a uma situação embaraçosa: "Moreira não queria atirar o homem na fogueira" (Ribamar Galiza, *O povoado*) [TC].

Atirar no que viu e matar o que não viu Ter sorte em determinada empresa, embora tendo visado algo diferente; obter um resultado tão feliz quanto inesperado, mediante um ato que visava a objetivo diverso; pleitear uma coisa e, inesperadamente, conseguir outra melhor; pretender uma coisa e obter outra; conseguir resultado diferente do que tinha em vista. – Reminiscência da história inf. de um jovem que fez uma adivinha que a filha do rei não conseguiu decifrar (ver Luís da Câmara Cascudo, *Antologia do folclore brasileiro*) [AN/LM/RMJ/TC].

Atirar no rosto Lembrar, descobrir, recriminar, imputar, culpar, cara a cara, expressões, ditos ou atos desagradáveis praticados; dizer umas verdades, cara a cara [ABH/JB/MPa/TC]
Sin.: *passar na cara* (1)
Var.: *jogar/lançar/passar no rosto*

Atirar o lenço Mostrar sua preferência. – Alusão à prática do sultão em face da odalisca que ele queria honrar com seus favores [AN].

Atirar para a retangueira *Lus.* Praticar a cópula anal [GAS/MSM].
Sin.: *atirar para o queijo*

Atirar para (o) azar *Lus.* Argumentar com a intenção de magoar, ferir, ofender [GAS].
Sin.: *atirar para o torto*

Atirar para o queijo Ver *atirar para a retangueira*

Atirar para o torto Ver *atirar para (o) azar*

Atirar pela culatra Ver *apagar uma vela*

Atirar pelos ares Enfurecer-se; irar-se; encolerizar-se [GAS].
Var.: (lus.) *saltar pelos ares*

Atirar poeira nos olhos de alguém Procurar iludir com boas palavras ou ações hipócritas, explicar capciosamente uma coisa [AN].

Atirar-se aos pés de alguém Pedir, com humildade, algo a alguém [GAS].

Atirar-se a uso Atirar-se de qualquer maneira [GAS].

Atirar-se (por um) canhadão abaixo *Bras., S, fig.* Agir precipitadamente; agir temerariamente e com precipitação, saindo-se mal; fracassar, sofrer insucesso por ação precipitada e temerosa; ser malsucedido; sofrer malogro; malograr(-se) [ABH/AC/AJO/FF].
Var.: *despenhar-se (por um) canhadão abaixo*

Atirar-se como gato a bofe(s) 1. Jogar-se, fazer algo com sofreguidão. **2.** Resolver impetuosamente. **3.** Insultar ou agredir com desembaraço; bater muito [AN/GAS].
Var. (3): *ir-se a ele como gato a bofe*

Atirar-se de cabeça Enfrentar as dificuldades, o perigo, arcando com todas as consequências [AN/GAS].

Atirar-se no mundo Ir embora; viajar (pelo mundo afora); ir para bem longe, para lugar incerto etc.: "Atirou-se no mundo e quando deu por si estava em São Luís" (José Carvalho, *O matuto cearense e o caboclo do Pará*) [AN/GS/TC].
Sin.: *andar pelo mundo*
Var.: *atacar-se no/pelo mundo, bater mundo, desabar no mundo, furar (o) mundo, largar-se no/pelo mundo, largar-se no oco do mundo*

Atirar tudo para trás das costas Deixar de pensar no caso, de se preocupar [GAS].

Atirar uma casca de laranja Preparar uma armadilha para que alguém fique mal colocado [GAS].

Atolar

Atolar a chibata Ver *molhar o biscoito*

Atolar de serviço Sobrecarregar de coisas para fazer: "Não me atola de serviço pois assim não dá" [JB].

Atolar o carro *Fig.* Morrer: "– Saldar as dívidas tão cedo, hem? – Exato. Mas você sabe perfeitamente que não tem hora para atolar o carro" (Manuel Bandeira, *in* Miriam Maranhão & Gerusa Martins, *Pensar, expressar e criar*, p. 125).

Atolar o pé Acelerar, pisar na tábua: "Marieta (*a Benedito*): – Na subida da ladeira, Chico resolveu também engatar primeira, passar segunda, terceira, e atolar o pé" (Ariano Suassuna, *A pena e a lei*) [FN].

Atormentar

Atormentar o bichinho do ouvido Dizer muitas vezes a mesma coisa; repetir com insistência [GAS].

Atracar

Atracar de popa Ver *apagar uma vela*

Atracar de ré *Bras., gír.* Fazer sexo anal: "Sei não, mas ouvi dizer que o cidadão atraca de ré" [JB].

Atrair

Atrair como um ímã Fazer seguir e obedecer passivamente [AN].

Atrapalhar

Atrapalhar a escrita Perturbar o intento [AN].
Sin.: *atrapalhar o capítulo*
Var.: *estragar a escrita*

Atrapalhar o capítulo *Lus.* Obstar à realização de algo; perturbar o intento; inutilizar esforços; perturbar; introduzir a confusão em uma assembleia, numa conversação, no seguimento de um negócio; causar embaraço [AN/GAS].
Sin.: *atrapalhar a escrita*
Var.: *estragar a escrita*

Atrasar

Atrasar na fogueira *Desp.* Recuar a bola para defensor do seu time, na pequena área, acuado pelo ataque adversário [HM].

Atrasar o lado *Bras., gír. das cadeias.* Prejudicar [Émerson Maranhão, *O Povo*, 18/12/00, p. 8, expondo um rol de expressões e termos registrados pelo prof. José Océlio Camelo, ex-agente penitenciário do Instituto Penal Paulo Sarasate (IPPS), presídio oficial de Fortaleza, CE].

Atrasar para o goleiro *Desp.* **1.** Diz-se de chute fraco de um atacante, que o goleiro facilmente segura. **2.** Recuar a bola para o goleiro, com o objetivo de livrar-se da pressão do ataque [HM].

Atravessar

Atravessar a fogueira Andar por sobre as brasas ardentes de uma fogueira com os pés descalços, como um desafio de fé; costume regional, mais propriamente sertanejo, que consiste em atravessar com os pés descalços o braseiro da fogueira de são João. – Tradição junina, vinda da Europa, que ainda subsiste no NE bras. (ver Luís da Câmara Cascudo, *Superstição no Brasil*) [FNa/FS].
Var.: *passar (a) fogueira*

Atravessar o galinheiro *Bras., gír.* Intrometer-se: "O cidadão atravessou o galinheiro e deu-se mal" [JB].

Atravessar o Rubicão Vencer uma dificuldade [GAS].

Atropelar

Atropelar campo fora *Bras., RS.* Espantar o gado, para que se disperse; debandar [AJO].

Atropelar o petiço *Bras., RS.* Andar ligeiro; apurar o passo; apressar-se [AJO].
Var.: *tocar o petiço*

Aumentar

≠ **Não aumentar a aflição ao aflito** Não concorrer para afligir quem está sendo afligido [AN].

Aumentar a parada 1. Pôr mais dinheiro. **2.** Redobrar esforços [GAS].

Aumentar como/que nem correia no fogo *Bras., NE.* Diminuir: "O gadinho dele há de aumentar que nem correia no fogo". – Símile ou comparação de conteúdo rural, às vezes, até, desejando-se malefício a alguém [LM].

Avançar

Avançar o sinal *Bras.* **1.** Não atender ao sinal fechado; exceder-se. – Metáfora tirada do trânsito. **2.** *Fig.* Atribuir a si mesmo atitudes ou tomar providências que não sejam da alçada de sua competência e atribuições. **3.** *Pop.* Ter relações sexuais antes do casamento; copular [ABH/AN/GM].

Aventar

Aventar a sangria *Bras., RS.* Corrigir a sangria feita no animal, para que o sangue corra sem problemas [AJO].

Aviar

Aviar a vida Ver *amarrar a gata* (2)

Aviventar

Aviventar o passo *Bras., RS.* Andar depressa; acelerar a marcha [AJO].

Avoar

Avoar nos graguelos Ver *pegar pelas aberturas/berturas*

Azarar

Azarar alguém *Bras., gír.* Tentar conquistar alguém [CPL, 20.ª ed., Ática, 2000].

Azeitar

Azeitar as canelas Fugir ou preparar-se para fugir: "Aí azeitou as canelas no rumo de casa" (Fontes Ibiapina, *Passarela de marmotas*) [TC].
   Sin.: *dar sebo às/nas canelas*
   Var.: *ensebar as canelas*

Azeitar as molas Dançar [AN].

Azeitar o eixo do mundo Ver *coçar o saco*

Azular

Azular no mundo Fugir: "Zé Canuto que, ao cair, ficara com uma perna imprensada sob o corpo do animal, desvencilhou-se... e azulou no mundo. Chegou ao Monte Alto quase sem fôlego" (José Maria de Melo, *Os Canoés*) [ABH].
   Var.: *danar-se no/pelo mundo*

Babar(-se)

Babar na gravata *Bras., gír*. Ficar boquiaberto: "Babei na gravata diante daquele aviãozinho na minha frente" [JB].

Babar-se de gozo Enlevar-se; sentir grande satisfação; ficar como parvo de contente [AN/FF/GAS].

Var.: *babar-se de riso*

Babar-se (todo) por alguém Ter um grande amor e ficar enlevado, como que idiotizado, de boca aberta, diante da pessoa amada, ou quando vê a causa desse amor [AN/GAS/RMJ].

Badalar

Badalar a finados Tocar os sinos anunciando a morte de alguém: "Durante todo o dia, e todos os dias, os sinos não fazem mais do que badalar a finados" (Sousa Costa, *Milagres de Portugal*) [ECS].

Var.: *dobrar a finados*

Badalar (o) sino *Fig*. Morrer: "– Veja só. Outro dia foi o Inácio que badalou sino. – De fato. E no dia seguinte a Filó pediu baixa" (Manuel Bandeira, *in* Miriam Maranhão & Gerusa Martins, *Pensar, expressar e criar*, p. 125).

Bagunçar

Bagunçar o coreto *Gír*. **1.** Criar confusão; promover desordem; atrapalhar; conturbar; irritar; prejudicar: "O time perdedor bagunçou o coreto na festa do time campeão"; "Não vai bagunçar o coreto do papai aqui, meu, se não vai ter que me encarar" (*sic*); "Se pensa que vai bagunçar o meu coreto, pode ir tirando o cavalinho da chuva"; "Vou bagunçar o teu coreto, malandro, cê quer ser mais que todos nós...". **2.** Engravidar: "Dom Braz acha que foi Apingorá que bagunçou o coreto da moça" (*Jornal da Rua*, cad. JRTevê, 1º/2/00, p. 1) [JB/JF].

Var. (1): *abagunçar o coreto*

Bailar

Bailar as Triguecinhas *Lus*. Dançar muito, sem descanso [GAS].

Var.: *dançar as Triguecinhas*

Bailar na curva *Bras., RS*. **1.** Perder o rumo. **2.** Ser posto pra fora de algo. – A peça *Bailei na curva*, de Júlio Conte, que foi um sucesso, dirigida pelo próprio A., teria ajudado a perpetuar a expr. [LAF].

Sin. (1): *tomar um baile* (3)

Var.: *sobrar na curva*

Baixar

Baixar a bola 1. Ficar comedido; controlar, conter: "Vamos baixar a bola deste viado que tá se arvorando em chefe" (*sic*). **2.** *Desp*. Jogar com a bola rolando no gramado, para evitar lances aéreos, por terem maior estatura os adversários de defesa. **3.** *Desp*. Cair, jogador ou time, no rendimento da partida; cair de produção [GAS/HM/JB].

Sin. (1): *baixar a crista*

Baixar a borduna *Bras., gír*. Bater: "Vou baixar a borduna, doa em quem doer" [JB].

Var.: *descer/meter/sentar a borduna*

Baixar a botina *Desp*. Cometer falta grave, derrubando o adversário por meio de rasteira, chutão, carrinho etc.: "Boneca vibrava quando um jogador do outro time vinha de lá, correndo com a bola, e Etevaldo baixava a botina, derrubando..." (Juarez Barroso, *Obra completa*, p. 153).

Baixar/Abaixar a cabeça 1. Cumprimentar. **2.** Sentir-se humilhado, diminuído; rebaixar-se; resignar-se; obedecer; aceitar tudo: "Um dia pra diante, quando pudesse – muito bem! alugava um chalé em Botafogo e Adelaide não tinha de que baixar a cabeça às exigências do *high-life*" (Adolfo Caminha, *Tentação*, p. 21); "O tenente baixou a cabeça e a voz, e acrescentou..." (Érico Veríssimo, *O prisioneiro*, p. 93); "A gente não deve baixar a cabeça" [AN/GAS/JB].

Baixar/Abaixar a crista *Bras*. Admitir que errou; humilhar(-se); acovardar(-se); submeter(-se); sujeitar(-se); tornar(-se) manso, cordato, acessível; ficar quieto depois de ter tentado impor-se; acalmar(-se); deixar(-se) de brabeza: "O que eu não queria era baixar a crista logo no primeiro encontro" (Graciliano Ramos, *São Bernardo*, p. 25); "Acho melhor você baixar a crista e voltar pra casa, se não quiser piorar a situação"; "O secretário baixou a crista e pediu arrego à Justiça" [ABH/FN/JB/LAFb/MSM/TC].

Sin.: *abater a grimpa, baixar a bola* (1), *baixar a trunfa, baixar o cangote, baixar o toitiço, baixar o topete, quebrar o roço*

Baixar a guarda Moderar a rispidez da conversa; tornar-se acessível num diálogo: "Apesar do frio, Caio sentiu o rosto ardendo de raiva. Mas Pedro logo baixou a guarda, mais conciliador – Guarde isso..." (Cândida V. V. Vilhena, *Além da neblina*, p. 42).

Baixar a lavadeira Chegar pessoa de baixo nível: "Ih, cara, baixou a lavadeira. Vamos mudar de assunto" [JB].

Baixar a macaca Açoitar: "Mandava botar os pobres com os pés enfiados nos buracos da tábua e mandava baixar a macaca" (José Pereira de Souza, *Adivinha quem vem*). ♦ Macaca é um chicote de couro cru, ou relho; rebenque para açoitar as alimárias [TC].

Sin.: *baixar a peia, baixar o couro, banhar de relho, descer a chibata*

Baixar a madeira Surrar; espancar; castigar [AJO/AN/TC].

Sin.: *baixar a ripa* (1)

Var.: (RS) *descambar a madeira, meter a madeira*

Baixar a mamona *Bras., gír.* Bater: "Vou mandar baixar a mamona" [JB].

Sin.: *enfiar a bota*

Var.: *descer/enfiar/meter/sentar a mamona*

Baixar a marreta Ver *baixar a ripa* (1)

Baixar ao hospital Internar-se em hospital, para tratamento [ABH].

Baixar/Abaixar a(s) orelha(s) Ficar humilhado, desiludido; humilhar-se; ficar quieto [CLG/FSB/GAS].

Baixar a pancada Ver *abater a grimpa*

Baixar a peia Açoitar; atacar; agredir; esbofetear; espancar; bater; surrar: "Marcelino baixou a peia no jumento..." [LM/TC].

Sin.: *baixar a macaca*

Var.: *baixar uma mão de peia, cantar/descer/enfincar/fincar/lascar/mandar/sentar a peia, cortar de peia, meter a peia* (1), *quebrar de/na peia*

Baixar a porrada Bater: "Se me sacanearem, vou baixar a porrada" [JB].

Sin.: *enfiar a bota*

Var.: *descer/enfiar/meter/sentar a porrada*

Baixar/Abaixar a proa Ver *abater a grimpa*

Baixar a rama *Bras., PI*. Criticar com veemência: "Professor Wall Ferraz nunca foi homem de levar desaforo pra casa: trastejou, ele baixava a rama" [PJC].

Baixar a raquete/raqueta *Bras., gír.* **1.** Bater: "A polícia fez muito bem, baixou a raquete." **2.** *Desp*. Jogar com violência e deslealdade [HM/JB].

Sin.: *baixar a ripa* (1) (3)

Var. (2): *enfiar a raqueta*

Baixar a ripa 1. Atacar; agredir; espancar; bater; surrar; açoitar; espaldeirar; castigar: "O pessoal não vacilou, baixou a ripa." **2.** Falar mal de. **3.** *Desp*. Jogar com violência e deslealdade. – Esta expr. idiomática e seus sin., como assinala FS, "adquirem, por vezes, sentido chulo, correspondendo ao ato sexual" [AJO/AN/FN/FS/GM/HM/JB/LM/TC].

Sin. (1) (2) (3): *baixar o pau*

Sin. (1) (2): *baixar o malho em, descer a lenha* (2) (3), *meter a ronca em, meter a sola, meter a taca em*

Baixar

Sin. (1) (3): *baixar a raquete/raqueta* (2), *baixar o sarrafo, dar um cacete*

Sin. (1): *baixar a madeira, baixar a marreta, baixar o cacete, dar um laço, descambar bordoada, descambar o relho, meter a palmatória, meter o fandango, meter o mangual*

Sin. (3): *dar uma banda* (3), *dar uma botinada, dar um chambão, dar um chega-pra-lá, dar um racha, enfiar a galocha, mandar para o espaço*

Var. (1) (2): *descer/meter a ripa*

Var. (1): *passar a ripa em, sentar a ripa*

Baixar as calças Bras., gír. Ceder: "O chefe baixou as calças, agora é se preparar para o resto" [JB].

Baixar à sepultura Ser sepultado, enterrado [FF/GAS].

Baixar/Abaixar a tromba Abater o orgulho; dar-se por vencido; humilhar-se; perder a arrogância: "Só assim ele baixava a tromba; depois de perder tudo o que tinha..." [FS].

Baixar a trunfa Ver *baixar a crista*

Baixar a voz 1. Falar de modo que quase se não ouça. **2.** Abater; humilhar [GAS].

Baixar chumbo Atirar com arma de fogo [TC].
Sin.: *baixar fogo*
Var.: *mandar/tacar chumbo*

Baixar fogo Atirar com arma de fogo: "Baixo fogo, nem que mate" (Fran Martins, *A rua e o mundo*) [ABH/AN/TC].
Sin.: *baixar chumbo, baixar tiro,* (MG) *bater a brasa, mandar bala* (1), *picar a zorra*
Var.: *cascar fogo, fazer fogo* (2), *largar/ lascar/mandar/papocar fogo, passar fogo* (1), *pipocar/queimar/sapecar fogo, tacar fogo* (2)

Baixar na boca Bras., S. Paquerar; campar; femear; gandaiar; andar pela zona [GM/MSM].

Baixar na zona do agrião Bras., gír. Aparecer: "A malandragem baixou na zona do agrião com muita mulata e muita cerveja gelada" [JB].

Baixar no pedaço Bras., gír. Aparecer: "Vou baixar no pedaço mais tarde, cheio de amor pra dar" [JB].
Sin.: *pintar no sereno*
Var.: *chover/pintar no pedaço*

Baixar o baixo Bras., gír. Ficar tranquilo: "Cê precisa mesmo de baixar o baixo quando for falar com o patrão. Afinal, cê não tem nada a temer" [JB].

Baixar o barraco Bras., gír. Haver confusão: "Baixou o barraco e voou caco de buceta pra tudo quando é lado" [JB].
Var.: *rolar (o maior/o mó) barraco*

Baixar o bico Ver *encher a cara*

Baixar o braço Bras., gír. Bater; surrar; esmurrar: "Mandei baixar o braço, já que a coisa tava feia" [JB/TC].
Sin.: *enfiar a bota*
Var.: *descer/enfiar/largar/lascar/mandar/ meter o braço*

Baixar o cacete Bater; surrar; espancar: "Ainda na semana passada, democratas do governo mandavam a polícia baixar o cacete em quem fizesse passeatas contra a ditadura..." (Stanislaw Ponte Preta, *Febeapá 1*, pp. 46-7) [JB/TC].
Sin.: *baixar a ripa* (1)
Var.: *chegar/descer/lascar/meter/sentar/ tanger o cacete, quebrar de cacete*

Baixar o cangote Bras., CE. Humilhar(-se); arrefecer no ânimo ou entusiasmo: "Ela que um barulho / bem caro comprava / e o que topava / levava de embrulho / perdeu o orgulho, / baixou o cangote / um só cocorote / não deu mais em João..." (Patativa do Assaré, *Cordéis*, p. 111) [RG].
Sin.: *baixar a crista*

Baixar/Abaixar o chicote Açoitar; espancar [TC].
Var.: *cortar de chicote, meter o chicote*

Baixar o coco Bras., RS. Corcovear, velhaquear [AJO].

Baixar o couro Açoitar; espancar [TC].
Sin.: *baixar a macaca*
Var.: *descer o couro*

Baixar o espírito Inspirar, encher de entusiasmo [OB].

Baixar o facho 1. Aquietar-se; acalmar-se; sossegar. **2.** Conter o tesão; sossegar o ímpeto sexual [CGP/LCCa/TGa].
Sin. (1): *sossegar o pito*
Var. (1): *sossegar o facho*
Var. (2): *aquietar o facho*

Baixar o flandre *Bras., CE.* Surrar a sabre; surrar; espancar ou bater com o sabre, com o facão: "Ouvi-o dizer: baixem o flandre!" (Gustavo Barroso, *Liceu do Ceará*) [AN/FS/LM/RG/RMJ/TC].
Sin.: *dar um banho de facão, dar (uns) panos*
Var.: *meter/passar/tacar o flandre*

Baixar o fogo 1. Arrefecer o ardor, a coragem, o entusiasmo, o cio: "– Baixe o fogo, Marina. Venha para casa" (Graciliano Ramos, *Angústia*, p. 128); "Só havia uma pessoa a quem não desobedecia: Firmina, filha natural de meu avô, e sua comadre. Junto a ela França baixava o fogo e se calava igual a uma menina em castigo" (José Lins do Rego, *Meus verdes anos*, p. 29); "Climério baixava o fogo, perdia a coragem, voltava ser o vencido que sempre fora" (Fran Martins, *Poço de Paus*, p. 121). **2.** Aquietar-se (o canário, nas rinhas), esmorecendo, sem querer brigar [TC].
Sin. (1): *sossegar o(a) periquito(a)/priquito(a)*

Baixar o malho em *Bras.* **1.** Bater, espancar; agredir. **2.** Criticar acerbamente, veementemente; falar mal de: "Às vezes, quando a situação engrossa, ele vai para a tevê e baixa o malho no Governo dele mesmo e até no povo" (João Ubaldo Ribeiro, *Diário do Nordeste*, cad. 3, 15/7/01, p. 5).
Sin.: *baixar a ripa* (1) (2)
Var. (2): *descer/meter o malho em*

Baixar o nível Na conversação, dizer besteira; vulgarizar; descer o nível do que se fala: "Hum! Baixou o nível, melhor a gente mudar logo de assunto"; "Assim não dá, baixou o nível" [JB].
Var.: *descer o nível*

Baixar o pano Diz-se para se referir ao final impressionante de qualquer processo longo ou arrastado [GAS].

Baixar o pau *Bras.* **1.** Surrar; bater; espancar; dar bordoadas; diz-se de agressão física, de um ou de muitos: "– Tirem essa mulher daí! Todo mundo calado, ou mando baixar o pau!" (Fernando Sabino, *Os restos mortais*, p. 26). **2.** Falar mal de; criticar: "Engraçado: os críticos brasileiros baixaram o pau no espetáculo T.B.C.: no entanto ainda não encontrei um alemão que não se refira à representação como de boa qualidade" (Manuel Bandeira, *Poesia completa e prosa*, p. 604); "Felipão volta e baixa o pau nos donos do Porco" (*Jornal da Rua*, 19/1/99, p. 8) **3.** *Desp.* Jogar com violência e deslealdade [ABH/AN/AT/CGP/HM/JB/TC/TGa].
Sin.: *baixar a ripa*
Var. (1) (2): *cair de pau, dar um pau, descer/tocar o pau, meter (o) pau* (1) (2)
Var. (1): *chegar/lascar/tacar/tanger o pau, quebrar de pau*

Baixar o porrete Bater: "Baixe o porrete nestes bagunceiros e deixe o resto comigo" [JB].
Sin.: *baixar a bota*
Var.: *chegar/descer/enfiar/meter/sentar o porrete*

Baixar o queixo Comer: "Baixei o queixo e me empanturrei, comi muito" [JB/OB].
Var.: *dar queixo*

Baixar o santo Ficar agitado; ficar doido: "Agora, baixou o santo, o cara tá doidão" [JB].
Sin.: *dar a pererreca*

Baixar o sarrafo *Bras., pop.* **1.** Bater: "Vou baixar o sarrafo nestes merdas." **2.** *Desp., gír.* Jogar cometendo falta(s) violenta(s) contra jogador ou clube adversário; sarrafear [ABH/CGP/JB/TGa].
Sin.: *baixar a ripa* (1) (3)
Sin. (2): *dar sarrafadas*
Var.: *dar um sarrafo*
Var. (1): *descer o sarrafo, meter o sarrafo* (1), *sentar o sarrafo* (1)

Baixar os flaps *Bras., gír.* Acalmar: "Vamos baixar os flaps, chefe, pois não adianta ficar puto." – *Flap*: (*gír.*) entre *clubbers*, fracasso. Ou, do ingl., "ponta, borda; saliência; bofetada, golpe" [JB].

Baixar os olhos Dirigir o olhar para o chão, de vergonha; deixar de fitar o interlocutor; humilhar-se [AN/GAS].

Baixar o tempo 1. Começar a dizer ou a fazer algo com interesse, com entusiasmo. **2.** Agir com rapidez [TC].

Baixar o toitiço/toutiço Humilhar-se [TC].
Sin.: *baixar a crista*

Baixar o tom Falar mais baixo, moderar as palavras, a voz: "Apesar da preocupação em baixar o tom, as palavras chegavam mais claras" (Luiz Galdino, *Saruê, Zambi!*, p. 72); "Maciel saiu do Palácio com a missão de convencer Antônio Carlos a baixar o tom" (Andrei Meireles e Isabela Abdala, *IstoÉ*, 11/10/00, p. 42).

Baixar/Abaixar o topete Ver *baixar a crista*

Baixar o volume Falar baixo: "Poderia, por acaso, por gentileza, baixar o volume, pois meu ouvido não é penico" [JB].

Baixar tiro Atirar com arma de fogo; disparar; descarregar a arma de fogo [AN/RG/TC].
Sin.: *baixar fogo*
Var.: *lascar/mandar/sacudir tiro, tacar o tiro*

Balançar

Balançar a alface no meio da horta Ver *estufar a rede*

Balançar a galhada de *Bras., gír.* Trair: "Vou balançar a galhada daquele cara. A mulher dele é um avião e me dá bola" [JB].

Balançar a horta no fundo do barbante Ver *estufar a rede*

Balançar a jaqueira *Bras., gír.* Fazer sexo: "O negão balançou a jaqueira da negona e ficou maluco" [JB].

Balançar a roseira 1. *Bras., NE, BA.* Copular (ver Edison Carneiro, *A ling. popular da Bahia*). **2.** *Bras., S, gír.* Fazer sucesso; despertar euforia: "Aquele congressista balançou a roseira, no Congresso Latino-Americano." **3.** *Bras., NE, chulo.* Soltar gases; peidar. **4.** *Bras., gír.* Criar confusão: "Vou balançar a roseira se me encherem o saco." **5.** *Desp.* Fazer gol; balançar a rede em gol de chute forte [ABH/ECS/FN/HM/JB/JF/MGb/MSM].
Sin. (5): *estufar a rede*
Var. (3): *balançar o galho da roseira*
Var. (5): *sacudir a roseira*

Balançar o agrião *Desp.* Fazer gol [HM].
Sin.: *estufar a rede*
Var.: *balançar o agrião no meio da horta*

Balançar o aspargo Ver *estufar a rede*

Balançar o esqueleto *Bras., gír.* **1.** Dançar: "Hoje à noite bons programas para quem gosta de balançar o esqueleto" (Paulo Karam, *Jornal da Rua*, 9/1/99, p. 8). **2.** *Desp.* Repor a bola em jogo, com as mãos, depois de ter sido colocada fora da linha lateral [FS/HM/JB].
Var. (1): *sacudir o esqueleto*

Balançar o filó Ver *estufar a rede*

Balançar o véu da noiva Ver *estufar a rede*

Bambear

Bambear o corpo Gingar de um lado para outro [AJO].

Bancar

Bancar a besta /ê/ Diz-se de "uma pessoa que quer se mostrar, entender de tudo" [MPa].

Bancar a Madona Ver *bancar o(a) gostoso(a)*

Bancar avestruz 1. Obstinar-se em não ver ou não considerar o lado desagradável das coisas (como se para isso enfiasse a cabeça na areia). **2.** *Bras., PE, pop.* Ingerir bebidas alcoólicas [ABH].

Bancar (o) bicho Chefiar, gerir ou dirigir o negócio do jogo do bicho [RG/TC].

Bancar fofo *Bras., CE.* Enganar; passar para trás [CGP].

Bancar na rédea *Bras., RS.* Fazer o cavalo parar de súbito, puxando as rédeas bruscamente; sofrenar subitamente o ca-

valo; fazer o cavalo esbarrar pela ação das rédeas; fazer o cavalo rodopiar sobre as patas traseiras e tomar direção oposta; puxar a rédea de galope, fazendo o cavalo parar de repente (ver Roque Callage, *Vocabulário gaúcho*) [ABH/AJO/AN/ECS].
Var.: *sentar nas rédeas*

Bancar o amigo da onça 1. Não ser sincero; ser falso; cometer deslealdade a alguém: "Em duas ocasiões ele bancou o amigo da onça comigo. Como vou confiar numa pessoa dessas?" **2.** Falhar; tornar-se impotente; negar fogo: "Muito embora, por vezes, ele [o pênis] banque o amigo da onça" (Aírton Monte, *O Povo*, 5/5/99, p. 3B).

Bancar o besta 1. Fingir-se tolo. **2.** Não se aperceber de estar sendo ludibriado. **3.** Meter-se a importante; mostrar-se jactancioso, insolente, presunçoso: "O chefe gosta de bancar o besta. Se acha melhor que todo mundo" (JB, p. 117). [RG/TC].

Bancar o cachorro de são Roque Ver *botar (a) banca*

Bancar o coronel 1. Pagar rodadas de bebidas, contas ou gastos de outras pessoas: "Seu Osório não tem patente, mas vai bancar o coronel" (Inez Mariz, *A barragem*). **2.** Manter prostituta que tem outros amantes: "Sabe quem está bancando o coronel?" (Jáder de Carvalho, *Sua majestade, o juiz*) [TC].

Bancar o Cristo *Bras.* Expiar ou pagar pelos outros; ser responsabilizado por danos físicos ou morais praticados por outros; ser vítima de algo desagradável [ABH/AN/TC].
Var.: *ser o Cristo*

Bancar o difícil 1. Fazer-se de importante, superior, diferente dos outros. **2.** Procurar dar a impressão de que não se deixa render ou conquistar facilmente: "Aquela moça gosta de bancar a difícil" [ABH].
Var.: *fazer-se difícil*

Bancar o durão Fazer-se de firme, impassível, excepcional: "O pior de tudo era que ela tinha de bancar a durona, quando podia ser uma pessoa normal" (Álvaro Cardoso Gomes, *A hora da luta*, pp. 146-7).

Bancar o esperto Demonstrar sagacidade, esperteza (às vezes ilusoriamente) [TC].

Bancar o gostosão Meter-se a importante: "Para de bancar o gostosão, pois tu num tá com nada" [JB].
Var.: *bancar o(a) gostoso(a)*

Bancar o(a) gostoso(a) Meter-se a importante: "A Adriana vive bancando a gostosa, é dose" [JB].
Sin.: *bancar a Madona, bancar o besta* (3)
Var.: *bancar o gostosão*

Bancar o idiota Parecer bobo: "Vou bancar o idiota e tirar de letra o lance" [JB].
Sin.: *dar uma de otário* (1)

Bancar o importante Fazer-se de importante: "Vai querer bancar o importante?" [JB].

Bancar o jarrão Ficar num canto do salão, sem dançar (homem maduro ou velho) [AN].

Bancar o jogo Patrocinar; pagar a despesa: "Vou bancar o jogo, agora vamos ver quem tem garrafas pra vender"; "Vai querer bancar o jogo, chefe?" [JB].

Bancar o sabido Demonstrar ou fingir sagacidade: "É o caso de são Pedro: bancou o sabido, duvidou, acabou afundando" (Fernando Sabino, *O tabuleiro de damas*, p. 73) [TC].

Bancar o trouxa Fazer papel de bobo, de idiota: "Ele bancou o trouxa comigo..." (Millôr Fernandes, *A vaca foi pro brejo*, p. 123).

Bancar prestígio *Bras., CE.* Dar ideia de que tem prestígio [RG].

Bancar sabedoria Alardear cultura ou conhecimento que não possui [RG].

Bancar (o) veado *Bras., pop.* Fugir correndo, desabaladamente; evadir-se; sair correndo velozmente, para livrar-se de algo; desviar-se ou retirar-se apressadamente, para escapar a alguém ou a algum perigo; arrancar(-se); derrancar(-se): "Serrou as grades, fugiu na lenha e bancou o veado" (cit. Luís da Câmara Cascudo, *Flor dos romances trágicos*) [ABH/AN/FF/FS/GAS/LM/RG/TC].

Sin.: (RJ) *cair na cana*, (MG) *dar terra para feijão/feijões, ensebar as canelas, ganhar os paus*
Var.: (CE) *jogar no veado, jogar no vinte e quatro*

Banhar(-se)

Banhar as mãos no sangue de alguém Matar, assassinar alguém [ABH/AN].
Var.: *banhar-se no sangue de alguém*

Banhar de chiqueirador Surrar com chiqueirador [FS].

Banhar de facão *Bras., CE.* Surrar, esbordoar com sabre [AN].
Var.: *meter/tacar o facão*

Banhar de relho Surrar com relho; dar pancadas com relho; dar uma surra de relho; chicotear [AJO/AN/FS].
Sin.: *baixar a macaca*, (RS) *encostar o laço/pau*
Var.: (S) *encostar o relho, fincar/mandar/plantar/truviscar o relho*

Banhar de sabre Surrar com sabre [FS].

Banhar-se em água de rosas 1. Sentir-se feliz; obter êxito em seus empreendimentos ou amores; conquistar aplausos ou louvores; fruir gozos e prazeres; obter plena satisfação; estar contente, satisfeito, entusiasmado; estar em situação lisonjeira; sentir-se muito feliz. **2.** Alegrar-se muito com o mal alheio ou regozijar-se com o desengano, o escarmento ou o prejuízo de quem não fez caso dos nossos conselhos ou não obedeceu à nossa vontade; alegrar-se muito com a infelicidade alheia, especialmente quando esta resultou da não obediência aos conselhos de alguém [ABH/AN/GAS].
Var. (1): *lavar-se em água de rosas*

Baralhar

Baralhar as cobertas *Bras., S.* Meter-se em conflito(s); brigar [ABH/AJO].

Baralhar e tornar a dar Voltar ao princípio de uma situação ou assunto [GAS].

Baralhar o ferro *Bras., RS.* Brigar usando arma branca [ABH/AJO/FF].
Var.: *trançar o ferro*

Barranquear

Barranquear uma égua *Bras., RS.* Encostar uma égua no barranco e servir-se dela sexualmente [AJO].

Barrar

Barrar a mão de Empunhar; lançar mão de: "Barrei a mão da faca e cresci pra riba dele" (José Américo de Almeida, *A bagaceira*). – Dá a entender que "barrar", neste caso, vem de "barrer", corruptela de "bater", pois se emprega tb. *bater a mão de*. Parece mais lógico que seja uma corruptela ou derivação de "agarrar/garrar" [TC].

Barrer

Barrer mão a *Bras., NE, CE.* Lançar mão de: "Aí, eu inchei nas apragata, barri mão à faca e cresci pra riba dele" (Leonardo Mota, *Violeiros do Norte*, p. 237) [AN/FS/LM/RG].
Var.: *bater mão a/de*

Batalhar

Batalhar um emprego *Bras., RS.* Procurar emprego: "Preciso batalhar um emprego, a situação tá ruça" [JB/LAF].
Sin.: *arrumar um trampo*

Bater(-se)

Bater a alcatra em/na terra ingrata *Bras., RS, pop.* **1.** Morrer. **2.** Cair no chão. – Não dicionarizado no sentido 2. Roque Callage consigna a expr., dando-lhe o significado da primeira acepção, "morrer" (ver Aurélio Buarque de Holanda, "Glossário", *apud* J. Simões Lopes Neto, *Contos gauchescos e Lendas do Sul*, p. 310) [ABH/AC/AJO/AN/FSB/LM].
Sin. (1): *bater a(s) bota(s)*
Var.: *bater com a alcatra na terra*

Bater a alheta Fugir; sair vexado; ficar envergonhado [GAS/RF].
Var.: (lus.) *dar na alheta, pôr-se na alheta* (2)

Bater à baleia *Lus., Vila do Conde.* Expr. que se refere a exercício físico para aquecer, batendo alternadamente nos ombros,

Bater(-se)

cruzando e descruzando os braços com força e rapidez (ver *Rev. Port. de Filologia*, vol. II, p. 130) [ECS/GAS].

Bater a bela/linda plumagem *Fam.* Fugir (uma ave da gaiola, uma moça, ou, p. ext., qualquer pessoa); retirar-se às pressas; ir embora; desaparecer: "... tinha já resolvido não ficar ali nem mais um dia. Era fazer as malas e bater quanto antes a bela plumagem!" (Aluísio Azevedo, *Casa de pensão*); "– O Evaristo, que lembrou-se agora de bater a linda plumagem, inda que fosse, diz ele – para os subterrâneos da Cidade Nova!" (Adolfo Caminha, *Tentação*, p. 19) [ABH/AJO/AN/FF].

Bater aberto *Desp.* Cobrar falta lançando a bola para uma das extremidades do campo [HM].

Bater a biela 1. *Bras., PI.* Falhar. **2.** Morrer: "Ele bebeu tanta birita, que acabou batendo a biela!" (José Inácio Filho, *Vocabulário de termos populares do Ceará*, p. 59) [AS/J&J/PJC].

Sin.: *bater a(s) bota(s)*

Bater a bisca Jogar cartas [GAS].

Bater à boa porta 1. Pedir a quem está em condições de atender; achar proteção. **2.** *Pej.* Diz-se de quem costuma não auxiliar alguém [AN/GAS].

Bater a bola baixinho *Lus.* **1.** Não fazer ondas. **2.** Não levantar obstáculos. **3.** Não se fazer notar [GAS].

Bater a bota *Lus.* Andar muito [GAS].

Bater a(s) bota(s) *Pop.* Morrer; falecer: "Quando batesse a bota, a mulher e os filhos receberiam uma quantia muitas vezes maior" (Francisco de Brito, *Terras bárbaras*); "Mais dia, menos dia, todos nós vamos bater as botas" (Aírton Monte, *O Povo*, cad. Vida & Arte, 4/11/97, p. 2B); "Domingo à tarde, de volta da eleição, Mendonça recebeu um tiro na costela mindinha e bateu as botas ali mesmo na estrada, perto de Bom-Sucesso" (Graciliano Ramos, *São Bernardo*, p. 32); "A avó, porém, batera as botas e a notícia sensacional ela obtivera inteiramente por acaso..." (Jorge Amado, *Tenda dos milagres*, p. 204) [ABH/AC/AJO/AN/CGP/F&A/FF/FN/FNa/FSB/GAS/JB/LAF/LM/OB/*O Povo*/RBA/RG/TC/TGa].

Sin.: *abotoar o paletó* (1), (CE) *apagar o foquite, assentar o cabelo* (2), *bater a alacatra em/na terra ingrata* (1), *bater a biela, bater a caçuleta/caçoleta,* (S) *bater a canastra, bater a pacuera* (3), *bater a pá do rabo, bater a passarinha* (1), *bater as alpercatas,* (lus.) *bater as colheres, bater as conjuntas,* (RS) *bater com as dez,* (NE) *bater o cachimbo,* (lus.) *bater o canastro, bater o catolé, bater o pacau, bater o pino* (1), *bater o prego, bater os chinelos, bater o tacão* (1), (RS) *bater o timbo, bater o trinta, bater o trinta e um* (2), *botar o bloco na rua* (1), *comer capim pela raiz, dar a alma ao Criador, dar a alma ao diabo* (1), *dar à casca* (3), *dar à espinha, dar à estica, dar a lonca, dar a ossada, dar com o rabo na cerca* (1), *dar o couro às varas, dar o último alento,* (NE) *deixar a farinha para os outros, deixar de comer farinha, descansar no Senhor, descer à cova, descer ao túmulo, descer à terra* (2), *desinfetar o beco* (1), *dizer adeus ao mundo, embarcar deste mundo para um melhor, encontrar são Pedro, entregar a alma a Deus* (1), *entregar a rapadura* (2), *esticar a(s) canela(s), fazer ablativo de viagem* (2), *fazer passagem, fechar os olhos* (3), *ir(-se) desta para/pra melhor, ir para a cidade dos pés juntos, ir para o Acre* (3), *ir pro andar de cima, passar desta para outra, quebrar a tira* (1), *vestir o paletó de madeira*

Var.: *dar a bota*

Bater a brasa Ver *baixar fogo*

Bater a caçuleta/caçoleta *Bras., NE, pop.* Morrer: "O cidadão quer morrer, quer bater a caçuleta, assinou um documento – Odorico mostra uma cópia do contrato, o capitão vai só apertar o gatilho, quem vai se matar é ele" (Dias Gomes, *Sucupira, ame-a ou deixa-a*, p. 19) [ABH/AC/AN/AS/CGP/FNa/FS/FSB/GAS/JB/LM/MGb].

Sin.: *bater a(s) bota(s)*

Bater a calçada Vadiar; flanar [GAS].

Bater a cama *Bras., NE.* Diz-se quando os meninos urinam na cama, dormindo [MSM].

Bater a cama nas costas Ver *ferrar no sono*

Bater a cartela Ser sorteado no jogo do bingo; fazer ou acertar o número máximo de pontos: "Oriá Saldanha inventou um bingo de um Pálio (sic), uma moto XLR e três motos Titan. Quem bateu a cartela foi o pessoal ligado ao Oriá" (*Jornal da Rua*, 27/6/99, p. 9).

Bater a costeira *Bras., RS.* Andar de casa em casa mexericando, sem ter o que fazer [AJO].

Bater a coura *Lus.* Fugir [GAS].

Bater a estaca de Atingir o limite; chegar a: "Ao bater a estaca dos setenta e quatro anos, Barbalho de Almeida, (...), adquiriu costeletas de cantor de tango argentino e mudou o feitio da roupa" (José Cândido de Carvalho, *Porque Lulu Bergantim não atravessou o Rubicon*, p. 75).

Bater a língua Falar: "Não vai bater a língua pra não dizer besteira" [JB].

Bater à má porta Pedir a quem não está em condições de atender; não achar proteção [AN/GAS].

Bater à máquina Datilografar [MGb].

Bater (n)a mesma tecla Insistir no mesmo assunto; repisar o assunto; voltar sempre ao mesmo assunto; repetir sempre a mesma coisa; insistir nos mesmos assuntos ou exigências; repetir a mesma cantilena: "Vou continuar batendo na mesma tecla, quero mudanças" [ABH/AN/GAS/JB/RMJ].
Sin.: *cantar (sempre) a mesma cantiga*
Var.: *tocar (n)a mesma tecla*

Bater aos pontos Vencer; triunfar sobre alguém [GAS].

Bater a pacuera 1. *Port., Univ. Coimbra.* Adivinhar; dar um palpite. **2.** *Bras., pop.* Ir-se embora. **3.** *Bras., pop.* Acabar; morrer: "... ficou azaranzado e bateu a pacuera" (Nélson de Faria, *Tiziu e outras estórias*) [ABH/AN/FSB/GAS].
Sin. (3): *bater a(s) bota(s)*

Bater a pá do rabo *Bras., AL.* Falecer; morrer (ver Renato Oliveira, *Dic. alagoano*) [Net].
Sin.: *bater a(s) bota(s)*

Bater a parada Resolver negócio, assunto; decidir a situação; solucionar uma situação arriscada [CGP/TC/VAP].
Var.: *resolver a parada*

Bater a passarinha 1. *Bras., CE.* Morrer. **2.** Comover-se, impressionar-se [JIF/RG].
Sin.: *bater a(s) bota(s)*

≠ **Não/Nem bater a passarinha** Não ter medo; não abalar; não apetecer; não entusiasmar; não alterar; não ter o menor receio de que algo aconteça; não se preocupar com o caso: "– Nem me bate a passarinha! Me embaraço lá com isso! Mais tem Deus pra me dar que o diabo pra me tirar!" (Leonardo Mota, *No tempo de Lampião*, p. 84) [FS/Gl/TC].
Sin.: *não bater o papo*
Var.: *não bater nem a passarinha*

Bater a passarinha a alguém *Bras., pop.* Desejar; abalar; entusiasmar; apetecer; emocionar-se; ter desejo ou palpite (como que a antevisão) de alguma coisa; ter um palpite certo; prever um acontecimento; atinar para; despertar a atenção; ter uma intuição, que desvenda o sentido obscuro de algo; intuir; bispar; sacar; sentir um frio na espinha. – A loc. é m. us. em frases negativas [ABH/AJO/AN/CGP/FF/LAF/MGa/RG/TG/TGa].
Sin.: *tremer nas bases*

Bater a pedra Fechar o olho (com fins de galanteios); namorar: "– Fecha o olho... bate a pedra, refletiu maliciosamente o outro, e não vai cuidando de livrar o lombo do piqui, que te prepara o curiboca" (T. A. Araripe Jr., *Luizinha*, p. 73) [T. A. Araripe Jr., *id.*, p. 121, em "Notas aos capítulos"].

Bater a/da pestana Piscar os olhos: "Bateu da pestana, como que querendo fazer-lhe pé de alferes" [TC].

Bater(-se)

≠ **Não bater a pestana 1.** Manter-se firme, enfrentar desassombradamente o perigo. **2.** Estar com a atenção muito concentrada [TC].

Bater à porta de alguém Pedir favores a alguém [AN].

Bater à porta errada Solicitar alguma ajuda, ou favor, onde, por total impossibilidade, não seja atendido; procurar ajuda com pessoa não apropriada: "– E o namorado? – perguntei, desistindo de esclarecer que ela batera à porta errada" (Carlos Drummond de Andrade, *Boca de luar*, p. 42).

Bater a porta na cara de alguém 1. Fechar abruptamente a porta, não permitindo a entrada do visitante. **2.** Agredir: "O chefe bateu a porta na cara dele" [JB/TC].
Var. (1): *dar com a porta na cara de alguém* (1)

Bater a porteira Perder todo o gado, por morte (seca ou calamidade) ou por insucesso em negócios, restando apenas as terras da propriedade [ABH/AN/FS/LM/RG/TC].
Sin.: *ficar no casco da situação, perder (o) ferro e (o) sinal*
Var.: *bater a porteira do curral, bater o(s) pau(s) da porteira*

Bater a prancha *Lus.* Fugir [GAS].
Var.: *passar a prancha*

Bater asa(s) 1. Voar. **2.** *Pop.* Fugir; ir embora; desaparecer; retirar-se apressadamente, em debandada: "O técnico César Morais, o melhor (...) da terra, bateu asas para o futebol paraense..." (Alan Neto, *O Povo*, 5/4/97, p. 14A); "O Perna bateu asas e foi-se" [ABH/AC/AN/AT/FF/GAS/JB/OB/RG/TC].
Var.: *bater a(s) asa(s)*

Bater as alpercatas Ver *bater a(s) bota(s)*

Bater as colheres Ver *bater a(s) bota(s)*

Bater as conjuntas *Bras., RS.* Morrer. – Conjunta é a guasca com que se une o jugo nos chifres dos bois puxadores da carreta [AN].

Bater a sela *Bras.* **1.** Descansar o animal, após longa viagem ou violenta corrida, levantando a sela para refrescar-lhe o dorso; erguer e bater várias vezes a sela no dorso do animal, depois de longa caminhada, para refrescar: "Só se apeou para bater a sela em águas do Seridó" (Oswaldo Lamartine de Faria, *Encouramento e arreios do vaqueiro do Seridó*). **2.** Suspender por alguns momentos, para descanso, trabalho estafante [AN/RG/TC].

Bater as mãos de contente Gloriar-se de um mal; mostrar grande satisfação [AN].

Bater a sorna *Lus.* Dormir.

Bater aspas Ver *bater orelha(s)*

Bater a tacha *Lus.* Bater os dentes, de frio [GAS].
Sin.: *bater a tarola, bater castanholas*

Bater a tarola Ver *bater a tacha*

Bater até tocar a quebrado *Lus.* Dar uma grande surra [GAS].

Bater a todas as portas Pedir auxílio a todas as pessoas [GAS].

Bater atrás de Ir no encalço de; perseguir; andar à procura de: "Dois caboclos bateram ali sozinhos, atrás de ocupação" (José Lins do Rego, *Cangaceiros*) [TC].

Bater barba *Ant., gír. naval.* Conversar animadamente; diz-se de prosa sem fim entre velhos comandantes [LCCa].
Sin.: *bater língua, bater (um) papo*

Bater beira Ver *bater perna(s)*

Bater bem *Desp.* Bater falta de bola parada com malícia e competência: "Da esquerda, quem bate bem é o fulano" [HM].

≠ **Não bater bem** Não ser bom da cabeça; ter problemas mentais: "O parceiro parece que não bate bem" [JB].
Var.: *não bater bem da bola*

≠ **Não bater bem com as duas** *Bras.* Não jogar futebol: "O cidadão não bate bem com as duas" [JB].

≠ **Não bater bem da bola** Ser malucado [GAS].

Var.: *não bater bem, não girar bem da bola, não ser certo da bola, sofrer da bola*

Bater biela Estar cansado: "Tô batendo biela, mano, tô pregado, cansado mesmo" [JB].

Bater boca *Bras.* **1.** Palestrar: "Sem sono, Ricardo foi bater boca na padaria" (José Lins do Rego, *O moleque Ricardo*). **2.** Discutir; altercar; teimar; trocar impropérios, ou insultos: "De Seu Ernesto recebia ordens, e com o amarelo do Santa Rosa não batia boca" (José Lins do Rego, *Usina*, p. 88); "Roberto voltou para casa e bateu boca com Ana. (...) Da casa humilde nada restou. O fogo acabou com tudo" (*Jornal da Rua*, 1º/6/99, p. 9) [ABH/AC/JB/MPa/TC].

Bater bola 1. *Bras.* Praticar bate-bola (troca de passes antes do jogo, para aquecimento); jogar futebol sem ser em partida oficial, apenas treino ou pelada: "Nunca voltava diretamente para casa, ficava batendo bola na rua" (Zélia Gattai, *Anarquistas, graças a Deus*, p. 226). **2.** *Bras., gír.* Conversar: "Vamos bater bola enquanto a sessão não começa" [ABH/JB].

Bater bolacha *Bras., AL, SE.* Diz-se do amor homossexual entre mulheres, de quando acontece um caso entre duas mulheres, do ato sexual próprio das lésbicas, do toque lésbico (ver Renato Oliveira, *Dic. alagoano*) [ABF/FNa/Net].

Sin.: *botar (a/as) aranha(s) para brigar*

Bater bolsa *Bras., gír.* Andar (a prostituta) à procura de homem; exercer a prostituição (ver Euclides Carneiro da Silva, *Dic. da gír. brasileira*) [ABH/MSM].

Var.: *rodar bolsa/bolsinha (2)*

Bater (uma) bronha *Chulo.* Onanizar-se; masturbar-se (o homem): "E tu sabe, eu fiquei com esse braço esquecido não foi batendo bronha não, foi enfrentando desordeiro, no revólver, na faca..." (Juarez Barroso, *Obra completa*, p. 176) [BB/MSM/Net/TC].

Sin.: *bater punheta*
Var.: *socar/tocar bronha*

Bater bruacas *Bras., S.* Sair em viagem; andar à toa; vagar [ABH/AJO].

Bater cabeça 1. *Umb., Cand.* Fazer o cumprimento ritual ao peji, ao chefe do terreiro, aos atabaques, a um visitante ilustre ou a ogã de alta hierarquia, em sinal de respeito. – Na umbanda, o médium deita-se no chão, frente ao altar, bate de leve a testa à direita, à esquerda e de frente. Levanta-se e novamente bate com a testa, por três vezes, à borda do altar (em certos terreiros fazem apenas este último cumprimento). Deita-se, então, ante o pai de santo e repete as batidas de cabeça. Às vezes, ajoelha-se depois e beija-lhe a mão. Os cumprimentos rituais de respeito são feitos no princípio e no fim de sessões públicas. **2.** *Bras., gír.* Dançar: "Vou bater cabeça no forró do Geraldão." **3.** Agir de maneira insensata; cometer erro ou tolice: "O pessoal na fábrica está batendo cabeça, não está se entendendo." **4.** *Desp.* Entrechocar-se, em lance de bola alta, pequeno grupo de jogadores. **5.** *Desp.* Jogar mal: "Os zagueiros Cláudio e Ronaldo bateram cabeça os 90 minutos" (Analise Infante, *Jornal do Brasil*, 18/8/95) [HM/JB/OGC].

Var. (3): *bater cabeça com cabeça*

Bater cabeça com cabeça *Bras., gír.* Agir de maneira insensata; cometer erro ou tolice: "A situação tá braba. O pessoal tá batendo cabeça com cabeça e não está se entendendo" [JB].

Var.: *bater cabeça (3)*

Bater cadeado *Bras., gír. das cadeias.* Fechar celas: "Hoje à noite, depois de bater cadeado, a teresa [= corda feita com lençóis amarrados, utilizada nas fugas] e a espinha [= gancho para provocar blecaute e, portanto, facilitar a fuga] tão por trás do bico de coruja [= cela de tortura do IPPS]" (ver Émerson Maranhão, *O Povo*, 18/12/00, p. 8, expondo um rol de expressões e termos registrados pelo prof. José Océlio Camelo, ex-agente penitenciário do Instituto Penal Paulo Sarasate [IPPS], o presídio oficial de Fortaleza, CE).

Bater(-se)

Bater caixa *Bras., gír.* **1.** Espalhar notícias; contar novidades ou vantagens; anunciar fatos auspiciosos; assoalhar boatos. **2.** Conversar: "Vamos bater caixa mais tarde?" [ABH/AN/JB/LCCa/MPa].
Sin. (2): *jogar conversa fora* (1)

Bater caixeta *Bras., chulo.* **1.** *AL.* Masturbar-se. **2.** *BA.* Copular; ter relação sexual; transar. **3.** Praticar o lesbianismo; diz-se de namoro entre mulheres. Ver Edilberto Trigueiros, *A língua e o folclore da bacia do São Francisco*; Renato Oliveira, *Dic. alagoano* [FNa/MSM/Net].
Sin. (1): *matar a cutia/cotia de soco*
Sin. (2): *passar no/o grelão*
Sin. (3): *bater bolacha*

Bater cana *Bras., S.* Masturbar-se [MSM].

Bater caponga Pescar à mão [ABH/AT].

Bater cartão *Bras., gír.* Trabalhar: "Vou bater cartão, consegui ser fichado na firma" [JB].

Bater (o) cartão *Bras., gír., chulo.* Fazer sexo com a esposa, como que por obrigação: "Você toda semana vai em casa bater cartão, assim não é possível"; "O maridão chegou mais cedo em casa pra bater o cartão, mas encontrou o negão com a companheira" [JB].

Bater carteira 1. Assaltar: "Não sou de bater carteira." **2.** *Desp.* Avançar pelas costas do adversário que corre com a bola dominada, para ardilosamente apossar-se dela; apoderar-se a bola dominada por adversário, avançando por trás sem que ele se aperceba [HM/JB].
Sin. (2): *roubar a bola*

Bater castanholas Tremer os dentes com frio [GAS].
Sin.: *bater a tacha*
Var.: *tocar castanholas*

Bater certo Estar de acordo [GAS].

Bater chapa *Bras.* **1.** Disputar no voto alguma decisão: "Vamos bater chapa, não teve acordo." **2.** *RS.* Brigar de facão, faca ou adaga [AJO/JB].

Bater chifre *Bras., CE.* Aglomerar(-se); estar no meio da multidão, dando de cara com as pessoas; haver concentração de muita gente ou de animais: "Era gente, que batia chifre" [FN/RG/TC].

Bater chocolate Estar falhando (motor) [AN].

Bater com a cabeça pelas paredes Encontrar-se em estado de intensa aflição ou desatino [GAS].

Bater com a cara na porta Esbarrar em alguma dificuldade: "Ela bateu com a cara na porta, não conseguiu falar com o chefe" [JB].
Sin.: *arrastar (a) mala* (2)

Bater com a língua 1. *Bras., CE.* Delatar; revelar segredo; soltar assunto reservado: "– Tenho medo de Jaime; anda a bater com a língua por aí. – Mas esses galinhas-verdes estão de uma saliência incrível" (José Lins do Rego, *Eurídice*, p. 119). **2.** Tagarelar; falar da vida alheia: "Aqui, como em qualquer lugar, o zé-povinho bate com a língua, a valer" [RG].
Var.: *bater com a língua nos dentes*

Bater com a língua nos dentes 1. Ser bisbilhoteiro; tagarelar; falar demais: "Se ela desconfiasse, saía logo batendo com a língua nos dentes" (Otto Lara Resende, *O elo partido e outras histórias*, p. 24); "Trata-la-á bem, com a maior amabilidade, sem dar motivo aos criados para baterem com as línguas nos dentes" (Cruz Filho, *Histórias de Trancoso*, p. 119). **2.** Revelar ou desvendar um segredo; falar indiscretamente: "Imagine se esse juiz Lalau aparece e bate com a língua nos dentes! E a Turma do Abafão já quer abafar qualquer CPI" (José Simão, *O Povo*, 12/7/00, p. 5B) [ABH/FF/GAS/JB/TC].
Sin. (1) (2): *abrir o bico* (1), *abrir o bocão* (1) (3), *abrir o jogo* (1); *dar à/de língua*
Sin. (1): *correr o badalo*
Sin. (2): *passar língua*
Var.: *bater com a língua, dar com a língua nos dentes*

Bater com alma Bater com força [GAS].

Bater com a mão na boca Autopunição simbólica às palavras blasfêmicas ou irreverentes aos assuntos religiosos. Assim tb. castigam as vozes de orgulho, jactância, maledicência ou impiedade, para com os semelhantes. Segue-se a forma de contrição: "Deus me perdoe!" [LCCa].

Bater com a mão na testa Diz-se quando se lembra ou quer lembrar [LCCa].

Bater com a porta na cara 1. Fechar abruptamente a porta, não permitindo a entrada do visitante; recusar-se a receber alguém que faz uma visita inesperada, para solicitar favor; manifestar-se desabridamente contra um pedinte; negar-se a receber alguém: "– Um guarda-mosquitos (...) botou *martelo* (petróleo) no tanque do quintal, estragou toda a nossa água e quando eu lhe perguntei por que ele havia feito aquilo, bateu com a porta na minha cara e gritou que não tinha satisfações a me dar" (Murilo Melo Filho, *Testemunho político*, p. 21). **2.** Negar ajuda; não ser recebido ou atendido; ser-lhe indeferida a pretensão; sofrer uma desfeita [AN/FF/GAS/LCCa/RMJ/TC].
Var. (1): *dar com a porta na cara*
Var. (2): *levar com a porta na cara*

Bater com as coalheiras *Bras., RS*. **1.** Cair. **2.** Morrer [AJO].

Bater com as dez Morrer: "O cara bateu com as dez e agora está no andar de cima" [JB/MPa].
Sin.: *bater a(s) bota(s)*

Bater com as duas *Bras., gír*. **1.** Fazer algo benfeito: "O cara bate com as duas e muito bem. É eficiente." **2.** *Desp*. Diz-se de jogador que chuta com os dois pés: "O Magrão é bom de bola, bate com as duas, mata no peito e dá de trivela" [JB].

Bater com as ventas no sedeiro Ir em vão; sofrer revés; não ser bem-sucedido; fazer algo errado; cometer erro de sérias consequências [GAS].

Bater com o carro *Bras., gír*. Chocar, agredir: "O cidadão bateu com o carro, voou caco de (...) pra tudo que é lado" [JB].

Bater como cincerro de égua madrinha *Bras., RS*. Ditado gaúcho que define uma pessoa que gosta muito de chamar a atenção de todos, querendo aparecer. – Cincerro: espécie de sineta, ou chocalho, que se pendura no pescoço do animal que serve de guia [AJO].

Bater com o nariz na porta Ir debalde, inutilmente; não encontrar o que se desejava, ou a pessoa visitada; ir visitar ou procurar alguém e não encontrar esta pessoa no lugar onde deveria estar; não encontrar a pessoa visitada [AN/CLG/GAS].

Bater com o pé na boca já que a mão não alcança Repreensão com que se costuma chamar a atenção das pessoas que não sabem se comportar dentro dos padrões de humildade a que todos são obrigados [RBA].

Bater com os costados em Ir ter a algum lugar: "Foi aí que eu bati com os costados no xilindró" (João Clímaco Bezerra, *Sol posto*) [TC].
Sin.: *bater com os quartos em, bater com os ossos em*
Var.: *dar com os costados em*

Bater com os ossos em Ir parar em qualquer local a contragosto: "Fulano bateu com os ossos na cadeia" [GAS].
Sin.: *bater com os costados em, bater com os quartos em*
Var.: *dar com os ossos em*

Bater com os pés Patear [GAS].

Bater com os quartos em Ir ter a algum lugar; chegar a algum lugar distante; ser mandado para uma terra distante [TC].
Sin.: *bater com os costados em, bater com os ossos em*
Var.: *dar com os quartos em*

Bater córner *Desp*. Chutar a bola posta, no lugar apropriado, para a cobrança de escanteio [HM].

Bater (o) corredor *Bras., CE*. Pegar o corredor (osso da canela do boi) com uma das mãos e batê-lo fortemente contra a outra, sustentando o punho, a fim de fazer expelir o tutano; extrair do osso o tutano; retirar o tutano do corredor, por meio de pancadas [AN/RG/TC].

Bater coxa Dançar: "Hoje, vamos bater coxa no Clube do Vaqueiro, o forró lá é porreta" [JB].

Bater de ficar Estar de serviço ou de pernoite; "emprega-se para designar a permanência a bordo ou na repartição, de um dia para o outro, por obrigação. Não ir para terra" (A. M. Brás da Silva, *Gír. marinheira*) [ECS].

Bater de frente Desentender-se; divergir politicamente; opor-se; brigar; colidir: "Dom Hélder Câmara, 90 anos, arcebispo emérito de Olinda e do Recife, bateu de frente com o poder a maior parte da vida e especialmente nos conturbados anos 60 e 70, quando era chamado de 'bispo vermelho' pelos que governavam o País" (*IstoÉ*/Especial (6), 30/6/99, p. 5); "Não vou bater de frente com este cara" [JB].

Bater de prancha Bater com a folha do facão ou da espada [TC].
Var.: *dar de prancha*

Bater de prima *Bras., gír.* Revelar: "Vou bater de prima pro meu irmãozinho de fé: a coisa tá ruça, cara" [JB].
Var.: *bater de primeira*

Bater e ficar Diz-se quando alguma coisa chega com muita força, ou em definitivo: "Ricardo não tem mais jeito... A loucura, ali, bateu e ficou" [FNa].

Bater e gomar *Bras., PI.* Lavar e passar a roupa: "Após o desaparecimento de Francisco ela arranjara roupa para bater e gomar..." (Vítor Gonçalves Neto, no conto "Fogo") [PJC].

Bater em cima Chegar, aparecer em certo lugar ou no momento exato: "Quando menos esperavam, ele bateu em cima" [TC].

Bater em mortos Diz-se de discussão ou jogo em que os adversários não reagem por falta de argumentação ou desnivelamento de forças [GAS].

Bater em outra/noutra freguesia 1. Ir para outro lugar: "Meu nome é Cinderela. Vá bater em outra freguesia" (anúncio publicitário/Walita, *IstoÉ*, 5/5/99, p. 47); "Pode bater noutra freguesia. Isso aqui não é frege" (Sinval Sá, *O sanfoneiro do riacho da Brígida*). **2.** Opinar fora dali [TC].
Var.: *cantar em outra freguesia, pregar em outra/noutra/para outra freguesia*

Bater em retirada Fugir; retirar-se apressadamente; retirar-se em debandada; desistir; recuar; retirar-se do combate ou diante do inimigo, intruso, *persona non grata*; (*fig.*) ceder: "... despedi-me do médico e bati em retirada com toda a comitiva" (Fernando Sabino, *A vitória da infância*, p. 49); "'Estava gripado e cansado', explica o cantor, que bateu em retirada para os camarins" (Lizia Bydlowski *et al.*, *Veja*, 26/8/98, p. 99); "– Eu estava achando linda a brincadeira desse homem, e ele me assustou – queixou-se o pardal, batendo em retirada" (Carlos Drummond de Andrade, *Contos plausíveis*, p. 112). [ABH/AC/GAS].

Bater estaca *Bras., SP.* Acampar. – Ling. do tropeiro paulista [LCC].

Bater estribo *Bras., RS.* Andar a cavalo, ao lado de um companheiro, proseando [AJO].

Bater fechado *Desp.* Cobrar falta lançando a bola para o centro da grande área [HM].

Bater figurinha Ver *jogar bafo*

Bater fita *Bras., gír.* Informar: "Vou bater fita, cara, revelar o que sei" [JB].

Bater fixe *Bras., BA.* Bater muito, dar uma surra em alguém: "Flor, que já esperava na porta, retada, foi logo dizendo 'Seu descarado, filho de mulé dama, se prepare que vou lhe bater fixe! E nem abra a boca, que você calado tá errado'" [NL].

Bater fofo /ô/ *Bras., CE.* Não ir ao encontro; não cumprir o compromisso; não cumprir o que foi combinado; faltar à palavra; diz de quem, mesmo tendo firmado contrato por escrito, desiste ou tenta fazê-lo; descumprir; esmorecer; acovardar-se; furar: "Marcelinho bate fofo e continuará" (*Jornal da Rua*, 11/3/00, p. 6) [CGP/FNa/MGa/RBA].

Bater forte feio Bater com força [GAS].

Bater grade Nos presídios, verificar se as grades não estão serradas: "Vou fazer ronda e bater grade" [JB].

Bater guampas Ver *bater orelha(s)*

Bater laje *Constr.* Depositar massa sobre as lajes, geralmente com a ajuda de um grupo, para criar uma camada plana e impermeável [Net].

Var.: *virar laje*

Bater lata 1. Tocar instrumento: "Vou bater lata na quadra do Salgueiro." **2.** *Bras., gír.* Entre *disc jockeys*, sobrepor duas músicas no ritmo errado: "O DJ tava batendo lata, numa de horror" [JB].

Bater língua Discutir; conversar: "Quisera ele ser como José Amarelo, bater língua com um e com outro" (José Lins do Rego, *Usina*, p. 122) [GAS/LCCa].

Sin.: *bater barba, bater (um) papo*

≠ **Não bater mais no ceguinho** *Lus.* Diz-se quando as acusações já chegam para incriminar uma pessoa: "Não batas mais no ceguinho" [GAS].

Var.: *não bater mais no velhinho*

Bater manteiga Ver *comer pão com banha*

Bater mão a/de *Bras., CE.* Sacar; empunhar; segurar; procurar; começar; utilizar-se de; tocar a: "– Agora que nós estamo amarrado um no outro e nenhum de nós pode correr, bata mão à sua faca, cabra sem-vergonho..." (Leonardo Mota, *No tempo de Lampião*, p. 34); "... disse o desconhecido, batendo mão da faca que trazia no cós da ceroula e fazendo-se prestes para lutar pela reivindicação da sua propriedade" (Franklin Távora, *O Cabeleira*, p. 150) [FS/Gl/LM/TC].

Var.: *barrer mão a, bater a mão de, bater de mão em, lançar mão de*

Bater marca na estrada *Bras., RS.* Sair na disparada, a cavalo [AJO/AN].

Bater mato Procurar algo ou pessoa, demoradamente e com afã; percorrer [GAS].

Bater mocotós *Uso rural.* Fazer o novilho ou o touro rolar duas, três vezes no solo, seguidamente, ao lhe pegar (o vaqueiro) na cauda e "dar-lhe a mucica" (ver Leonardo Mota, *No tempo de Lampião*). ♦ "Mucica" (ou "mussica") é o safanão que o vaqueiro dá ao laçar a rês, na corrida. [FS].

Bater moeda Cunhar moeda [FF].

Bater na boca 1. Ser prudente; ter comedimento; respeitar: "– Lá se vão aquelas imundas. – Bate na boca, mulher, bate na boca. Tu tens uma filha" (José Lins do Rego, *Fogo morto*, p. 65). **2.** Não blasfemar: "– Bruxarias?!... Bata na boca, Romana, para não ser castigada. Com santo não se faz mangação" (Domingos Olímpio, *Luzia-Homem*, p. 86); "– Bate na boca, Manuel. Já viu cantoria de protestante ser bendito?" (João Clímaco Bezerra, *O semeador de ausências*, p. 98). **3.** *Bras., RS.* Ganhar a carreira com (muita) facilidade, sem grandes esforços [AJO].

Sin. (3): *ganhar abanando, ganhar brincando*

Var. (3): *golpear na boca*

Bater na fraqueza *Bras., CE.* Provocar risadagem ou sonolência; refere-se à sonolência que ataca algumas pessoas após uma farta refeição: "... dando a entender que vai se mijar de rir, que aí vão pensar que a comida bateu na fraqueza" (TG, p. 124). [TG/TGa].

Bater na lousa *Lus.* Cair no chão [GAS].

Bater na madeira Isolar; pedir para que algo de ruim não aconteça; tocar em qualquer objeto de madeira para evitar algo ruim [ABH/MPa].

Var.: *bater no pau*

Bater na marca *Bras., RS.* **1.** Chicotear o cavalo para apressá-lo; fazer o cavalo andar a toda velocidade; fustigá-lo, apressá-lo: "... E batendo na marca, risques pago adentro" (Pery de Castro, *Cousas do meu pago*). **2.** Seguir viagem tocando estrada afora, sem parar. Ver tb. Aurélio Buarque de Holanda, "Glossário", *apud* J. Simões Lopes Neto, *Contos gauchescos e Lendas do Sul*, p. 337 [AN/AJO/ECS].

Var.: *cobrir a marca*

Bater na toda Correr: "Com medo da polícia, os moleques bateram na toda, ontem à noite" [ECS].

Bater na trave Chegar perto do alvo: "A informação do ministro bateu na trave, chegou perto" [JB].

Não bater nem a passarinha *Bras., CE*. Não se abalar; não se sentir tocado; não ligar: "Se ele acha que eu liguei pra o que ele falou, pois tá! Não bateu nem a passarinha" [AS].

Var.: *não/nem bater a passarinha*

Bater no ceguinho *Lus*. Insistir desnecessariamente [GAS].

Bater no ferro *Desp*. Chutar a gol e a bola atingir a armação de ferro que sustenta a parte posterior da rede [HM].

Bater no fundo Bater na traseira (carro) [NL].

Bater no(s) peito(s) Penitenciar-se; arrepender-se; demonstrar arrependimento, contrição por pecados ou faltas cometidas; confessar culpas: "Monsenhor Monteiro, que dissera batendo no peito: 'Se eu negar o que vi, ceguem meus olhos!' – ficou cego, e cego morreu" (Rachel de Queiroz e Maria Luiza de Queiroz Salek, *O nosso Ceará*, p. 63); "Mal saía do diário metia-se na igreja, rezava, batia nos peitos pedindo perdão pelos seus crimes" (Fran Martins, *Poço de Paus*, pp. 127-8). – Durante a missa, os católicos recitam o "Confiteor", batendo no peito às palavras: "*Mea culpa, mea culpa, mea maxima culpa*" [GAS/RMJ].

Bater nos ombros *Umb*. Saudar do seguinte modo: o médium, com uma entidade incorporada, toca com seu ombro direito o ombro esquerdo da pessoa cumprimentada, depois, com seu esquerdo, o ombro direito dela [OGC].

Bater nos peitos *Bras., CE*. Vangloriar-se; blasonar; afirmar categoricamente: "Pode bater nos peitos dizendo que é homem, mais macho que preá de balseiro, que não vai adiantar" (Aírton Monte, *O Povo*, 7/8/96, p. 4B); "Pois então hão de entregar o município ao João Ferreira, que bate nos peitos gritando que é monarquista?" (Antônio Sales, *Aves de arribação*, p. 112). [ABH/AC/AN/FF/FS/FSB/LM/TC].

Bater o aço *Bras., CE*. Começar algo, dando prosseguimento a certa ação; fazer uma coisa, uma tarefa: "Bateu o aço a falar da vida alheia" [AN/FS/LM/RG/TC].

Var.: *meter o aço*

Bater o brim *Bras., RS*. Surrar alguém [LAFb].

Bater o cachimbo Ver *bater a(s) bota(s)*

Bater o(a) canastro(a) Ver *bater a(s) bota(s)*

Bater o capacho Diz-se de conversa entre empregadas domésticas [GAS].

Bater o catolé 1. Falhar a arma: "A espingarda bateu o catolé, a onça veio e aí quem bateu o catolé foi ele." **2.** Morrer; falecer: "O susto foi tão grande que nosso herói estatelou-se no chão como se tivesse batido o catolé na mesma hora" (Aírton Monte, *O Povo*, 27/9/96, p. 4B); "A Bolsa bateu o catulé (*sic*), como diz no Nordeste. Tá russo!" (*sic*) (José Simão, *O Povo*, 28/8/98, p. 5A) [CGP/PJC/TGa].

Sin. (2): *bater a(s) bota(s)*

Bater o centro Ver *tomar a abrideira*

Bater o dente Ter frio; estar gelado [GAS].

Bater o fado *Lus*. Jogo entre homens, que consiste em, alternadamente, um deles sustentar as investidas do outro sem cair, estando de pés juntos. O jogo efetua-se ao som do fado corrido [GAS].

Bater o ferro enquanto está quente 1. Aproveitar-se da altura oportuna; aproveitar a ocasião. **2.** Insistir [AN/GAS].

Var. (1): *malhar o ferro enquanto está quente*

Bater o/um fio Telefonar; dar um telefonema: "E com um detalhe novo: desta vez, o Presidente não bate o fio ao Cambeba para qualquer consulta naquela de 'odeio olhos verdes'" (Sônia Pinheiro, *O Povo*, 2/7/99, p. 2B); "... o próprio Bob bate o fio à coluna para passar sua versão..."

(Sônia Pinheiro, *O Povo*, 13/2/98, p. 3B); "Bati um fio de meia hora com minha garota, que mora no interior" (JF, p. 499); "Bate um fio pra mim amanhã, tá?" [ABH/CLG/JB/LAF/*O Povo*, 31/3/96, p. 4B]. – Claro que a expr. nasceu antes do celular.
Sin.: *bater uma linha, bater um bel*

Bater o justo *Bras., gír.* Falar a verdade [GS].

Bater o martelo 1. Fechar um negócio; negociar; atuar financeiramente: "Faria também planeja bater o martelo em outro projeto ligado aos hotéis Transamérica" (László Varga, *IstoÉ*, 29/9/99, p. 80). **2.** Aceitar o desafio da maior oferta em um leilão; ser o ganhador de uma concorrência pública no mundo dos negócios: "Uma leva de executivos eufóricos bateu o martelo da venda da Telebrás, por R$ 22 bilhões, ágio de 64% na média..." (Liana Melo e Maria Fernanda Delmas, *IstoÉ*, 4/11/98, p. 92). **3.** Decidir, tomar decisão: "Bati o martelo, a coisa começou a andar" [JB].

Bater o(s) mato(s) 1. Cortar o mato com foice ou facão. **2.** Vasculhar, procurando localizar pessoas ou animais [RG/TC].

Bater o napo *Lus.* Fugir [GAS].

Bater o nagueiro *Lus., Porto.* Fugir [GAS].

Bater o pacau Ver *bater a(s) bota(s)*

Bater o passarinho *Bras., gír.* Acordar, despertar: "Aí bateu o passarinho, acabei acordando e tomando conhecimento de tudo" [JB].

Bater o pino 1. Morrer. **2.** Ceder; não resistir: "Bati o pino, xará, num guentei" [JB/TC].
Sin. (1): *bater a(s) bota(s)*

Bater o prego Morrer: "A pança dele foi crescendo, estourou, batendo o prego com a danada da hidropisia" (Fernando Ramos, *Os enforcados*) [ABH].
Sin.: *bater a(s) bota(s)*

Bater o(s) queixo(s) *Fig.* Tiritar de frio; tremer de frio ou de medo [ABH/AC/AN/FF/GAS/TC]. – Tb. pode vir acompanhada de v. auxiliares, como em *Fazer bater o queixo*.

Bater orelha(s) *Bras., RS.* **1.** Andar ou correr parelho (ou parelha) com outro; ser ou estar igual a outro, da mesma força: "Aqueles dois sujeitos batem orelha na maledicência." **2.** Ter destino igual ao de outro. – Aplica-se a animais, e tb. a pessoas. Ver tb. Aurélio Buarque de Holanda, "Glossário", *apud* J. Simões Lopes Neto, *Contos gauchescos e Lendas do Sul*, p. 310. [ABH/AJO/AN/FF].
Sin.: *bater aspas, bater guampas*

Bater o sarrafo *Lus.* Expr. referente a toque feito com um pau num ferro para suspender o trabalho (us. nas pequenas oficinas de construção civil) [GAS].

Bater os chinelos Ver *bater a(s) bota(s)*

Bater os chispes *Lus.* **1.** Andar depressa. **2.** Fugir [GAS].

Bater os escorrápios *Lus.* Fugir [GAS].

Bater os tocos *Bras., SP, pop.* Ir(-se) embora; viajar para algum lugar [ABH/AN/LM].

Bater o tacão *Lus.* **1.** Fazer continência a um superior nas Forças Armadas. **2.** Morrer [GAS].
Sin. (2): *bater a(s) bota(s)*

Bater o timbo (sic) Ver *bater a(s) bota(s)*

Bater o trinta *Bras., gír.* Morrer: "O velho vai bater o trinta de um jeito ou de outro. E quando isso acontecer, eu e a guria vamos entrar na grana" (Luana von Linsingen e Rosana Rios, *O botão grená*, p. 30).
Sin.: *bater a(s) bota(s)*

Bater o trinta e um 1. *Bras., pop.* Conseguir, em primeiro lugar, os trinta e um pontos no jogo de trinta e um, eliminando assim todos os concorrentes. **2.** Perder a vida; falecer; expirar; morrer: "A verdade é que bateu o trinta e um de madrugadinha" (Valdomiro Silveira, *Lérias*): "Feito isso botou-se a pedra em cima e ela agarrou-se para só largar quando o doente... – Bateu o trinta e um? troçou ainda o Lucas" (Antô-

Bater(-se)

nio Sales, *Aves de arribação*, p. 19) [ABH/AN/FS/FSB/JB/RBA/RG/TC].
Sin.: *bater a(s) bota(s)*
Var. (2): *bater o trinta e um de roda*

Bater o trinta e um de roda *Bras., NE.* Perder a vida; morrer: "Muitas outras (criaturas) nascem, mas tão sem vitalidade, tão frágeis, tão quebradiças, que batem o trinta e um de roda na primeira coqueluche" (Mendonça Jr., *Jornal da Província*) [ABH/TV Globo, novela *A indomada*, de Aguinaldo Silva e Ricardo Linhares].
Var.: *bater o trinta e um*

Bater pala *Lus.* Fazer continência entre militares de hierarquia diferente; bajular os superiores [GAS].

Bater palhada *Bras.* Operação agrícola que consiste em colher as espigas de milho, quebrando os colmos, ou em arrancar os colmos, depois da colheita, para preparo de nova plantação [ABH].

Bater palma na casa alheia como quem estuma cachorro pra acuar tatu em buraco Bater bastantes palavras e de maneira ruidosa. ♦ Símile ou comparação de or. rural. – A campainha da casa do homem sertanejo, de fato, exprime-se por meio do gesto de os visitantes baterem palmas, à porta do anfitrião, quase sempre acrescentando um imperdível: "Ó de casa!!!" Alguns são exagerados, anunciam-se de modo ruidoso, com palmas estrondosas [LM].

Bater palmas Aplaudir; dar sinais de aprovação: "Todo dia se vende alguma indústria a grupos estrangeiros e eles batem palmas" (Celso Furtado, *Bundas*, 18/10/99, p. 11); "Sou Mangueira, mas tão covarde que nem torço por ela e, como a Portela ganha sempre, quando vejo estou batendo palmas pra ela" (Eneida, *Boa-noite, professor*, p. 31) [AC/AN/GAS].
Var.: *dar palmas*

Bater (um) papo *Bras., fam.* Conversar, palestrar, prosear, papear; falar dos acontecimentos, da vida alheia; manter uma conversa demorada entre duas pessoas; conversar longa e despreocupadamente: "Tornou-se quase um hábito ir à casa dele bater papo e jogar xadrez" (Ricardo Lucena Jr., *Longo caminho de volta*, p. 168); "Hoje, pensou, não vou até o boteco da esquina bater papo com a turma" (Eneida, *Boa-noite, professor*, p. 22); "Cara: Você me encontra às três no café e vamos até lá bater um papo com ele" (Stanislaw Ponte Preta, *Rosamundo e os outros*, p. 54); "Ao menos devias vir bater um papo comigo" (Eneida, *Boa-noite, professor*, p. 37); "A vida dele é batendo papo nas esquinas..." [ABH/AC/AN/FS/FSB/GAS/JB/RG].
Sin.: *bater barba, bater língua*

Bater papo furado Conversar sobre amenidades: "... dobrar o cachê, vencer Festival, namorar as moças, bater papo furado" (Vinícius de Moraes, *apud* Antônio Maria, *Crônicas*, p. 9) [JB].

Bater patilha Ver *bater pilha*

Bater patinhas *Lus.* Fugir [GAS].

Bater (o) pé 1. Protestar; não aceitar o que se quer impor; resistir; insistir; recalcitrar; teimar; zangar-se; mostrar-se obstinado, irredutível, recalcitrante; não transigir; opor-se: "– Tudo é calúnia, calúnia, calúnia torpe! – bradou Maricota, fula de raiva e batendo o pé" (Arthur Azevedo, *Contos*, p. 177); "Embora eu já estivesse bem grandinha para ir sozinha ao médico, minha mãe bateu o pé e disse que iria junto" (Valéria Piassa Polizzi, *Depois daquela viagem*, p. 25); "O Paraíba bateu pé e não deixou" (Vander Sílvio, *O Povo*, 16/9/98, p. 1B).
2. Enxotar; expulsar; provocar a fuga; fazer medo: "O coronel batesse o pé e eu entregaria a propriedade" (João Clímaco Bezerra, *Sol posto*) [ABH/AC/AN/AT/CLG/FF/FSB/GAS/JB/TC].

Bater perna(s) *Bras., fam.* Andar à toa; passear ociosamente; andar muito; caminhar sem destino; vadiar; peruar; zanzar; vagar; perambular; vagabundar; não ter o que fazer; diz-se de desocupado que se dá ao luxo de perambular, de andar à toa: "Pálido, encardido, dei para bater perna de novo, catando virações pelos cantos e pelos longes da cidade" (João Antônio, *Patuleia*, p. 81); "Assembleia e Câmara em recesso, nobres deputados e vereadores batendo pernas em Miami e Disney..." (Alan Neto, *O Povo*, 27/7/97, p. 14A) [ABF/ABH/AS/CLG/JB/RBA/RG/TC].

Sin.: (CE) *bater beira*

Bater picadinho *Bras., AL*. Fazer embaixadas com a bola. – Embaixadinhas: o m. q. "pontinhos". Ver Renato Oliveira, *Dic. alagoano* [FNa/Net].

Bater pilha *Lus*. Dormir [GAS].

Sin.: *bater patilha*

Var.: *bater pilhosa*

Bater pino 1. *Mec*. Bater (o pino da válvula) no bloco, produzindo som intermitente por não estar o motor bem regulado. **2.** *Bras., pop., fig*. Achar-se mal, física ou moralmente: "Ando preocupado com ele: está batendo pino já faz uns meses." **3.** Ter reduzida capacidade vital por efeito dos anos: "Depois dos 50 muita gente começa a bater pino" [ABH/HM].

Sin. (2): *perder o gás*

Bater (o) ponto 1. Comparecer; assinalar a presença: "... a classe média, aquela mesma que dez anos atrás só saía a passeio para almoçar na casa da mãe, pegar um cineminha ou eventualmente bater ponto em casamentos e batizados, está burilando seus gostos" (Aída Veiga, *Veja*, 20/10/99, p. 122). **2.** Trabalhar: "Vou bater ponto na padaria, mano, pra descolar um troco." **3.** *Chulo*. Fazer sexo com a esposa, como que por obrigação: "Bati ponto, ontem, com a radiopatroa, agora posso aprontar por quinze dias"; "Vou em casa bater o ponto, pois a patroa é braba e se desconfiar tô ferrado" [JB].

Var.: *assinar o ponto*

Bater porta Explodir: "O cara bateu porta com violência" [JB].

Bater pralguém (*sic*)/**pra gente** *Bras., gír*. Avisar; revelar: "O cara bateu pralguém que a polícia tava atrás da malandragem"; "Bate pra gente, vai, diz o que acontece" [JB].

Bater pratos Diz-se de ação libidinosa entre mulheres [GAS].

Bater pronto Retorquir, responder em cima da hora: "Como é aquela piada do nosso Chico Anísio? Alguém lhe diz 'Mãe, só tem uma!' E ele bate pronto: 'Graças a Deus!'" (Rachel de Queiroz, *O Povo*, 16/1/99, p. 8B).

Bater punheta *Bras., chulo*. Masturbar-se (homens e meninos); onanizar-se: "... dava imediata vontade de beijar e lamber e que me fazia gozar quando esfregava a cara nele, tinha um jeito de bater punheta para gozar na minha boca só na última hora..." (João Ubaldo Ribeiro, *A casa dos budas ditosos*, p. 94) [ABH/AS/FN/GAS/GM/MSM].

Sin.: *bater sigoga, bater (uma) bronha, dar no macaco*, (NE, S) *debulhar a espiga, descascar a banana, pecar na mão, pecar na rua-da-palma n.º 5, pelar o sabiá, ser da gloriosa*, (S, SP) *socar pilão, tocar a flauta lisa*, (NE) *tocar flautim de capa*, (PB) *tocar safira*

Var.: *tocar punheta*

Bater roupa 1. *Bras., desp*. Soltar (o goleiro) a bola chutada pelo adversário; diz-se quando o goleiro solta uma bola; rebater com as mãos bola chutada com violência, sem conseguir agarrá-la: "O Gilmar bateu roupa e Zico faturou." – A conhecida expr. us. no futebol tem or. no MA. **2.** *Desp*. Rebater bola pelo mesmo modo, mas agarrando-a; acalmar. – O goleiro "bate roupa" quando defende e solta rapidamente uma bola chutada com força, amortecendo o primeiro impacto e segurando-a de vez em seguida. **3.** Lavar a roupa [ABH/FN/HM/JB/TC].

Bater roupa ao fresco *Lus*. "No Minho é batê-la na pedra do lavadouro apenas umedecida..." (*Rev. Lus*., XVI, p. 231) [ECS].

Bater-se até o primeiro sangue Cessar o duelo ao primeiro ferimento [AN].

Var.: *bater-se até fazer sangue*

Bater-se com armas iguais 1. Não ter um contendor superioridade sobre o outro. **2.** "Corresponde, *fig*., a usar dos mesmos planos que o contrário, acompanhando-o no terreno para onde ele levar a discussão"

Bater(-se)

(Teobaldo, *Provérbios históricos e locuções populares*, Rio de Janeiro, 1879, *apud* LCCa, p. 216). – Reminiscência das ordálias [AN].

Bater-se como um leão Lutar com bravura e tenacidade [AN].

Bater sigoga *Bras., chulo.* Masturbar-se (diz-se do homem) [ABH/GM/MSM].
Var.: (CE) *bater/tocar sirigoga*

Bater siririca *Bras., chulo.* Masturbar-se (a mulher) com o dedo [ABH/AS/BB/MSM].
Sin.: *tocar (uma) siririca*

Bater sola *Lus.* **1.** Andar. **2.** Dormir. **3.** *Bras.* Viver com dificuldades [GAS/OB].

Bater sorna Dormir [GAS].

Bater soro *Bras., BA, chulo.* Copular com mulher que acabou de trepar com outro (ver Edison Carneiro, *A ling. popular da Bahia*) [MSM/NL].
Sin.: *comer pão com banha*

Bater testa Enfrentar situação difícil; disputar um negócio difícil (ver Euclides Neto, *Dicionareco das roças de cacau e arredores*) [FNa].

Bater uma *Bras., chulo.* Masturbar-se: "... no perdão das punhetagens da meninice, junte, o senhor, as de homem-feito, de adulto e até de velho que, ainda hoje, com os peitos podres desta ronqueira, se posso bato uma" (Darcy Ribeiro, *O mulo*, p. 87) [CGP/GAS/MGa/MSM/NL].
Var.: (lus.) *descascar uma*

Bater uma bola 1. *Bras., desp.* Jogar futebol. **2.** *Bras., CE, gír.* Diz-se quando se faz um discreto convite para fumar maconha: "E aí? Vamos bater uma bola?" [ABH/RK].

Bater uma caixa 1. *Bras., BA, gír.* Conversar; dialogar: "Vou bater uma caixa com o gerente do banco, a fim de conseguir um empréstimo." **2.** *Port., desp.* Entrevistar jogador ou técnico, antes ou depois da partida, para rádio ou televisão [HM/JB/JF/*O Povo*, 31/3/96, p. 4B/NL].
Sin. (1): *levar um papo*

Bater uma chapa Fotografar: " – O suicida acaba de tomar café, devolve a xícara, baixa os olhos, encolhe-se na poltrona, envergonhado, vendo que Carijó se prepara para bater uma chapa" (Dias Gomes, *Sucupira, ame-a ou deixe-a*, p. 12) [GAS].

Bater uma chepa/xepa /ê/ *Bras., gír.* Comer; almoçar: "Vou bater uma chepa, tô com uma fome de cão"; "Vamos hoje bater uma xepa no Estoril?" [JB].

Bater uma linha *Bras., gír.* Telefonar: "Se souber de alguma coisa, não se acanhe. Bata uma linha pra este número e chame qualquer um de nós" (Álvaro Cardoso Gomes, *A hora da luta*, p. 96).
Sin.: *bater o/um fio*

Bater uma pelada Jogar futebol: "Lá na Mangueira, todos os domingos o pessoal do samba bate uma pelada que eles chamam de Coroas e Coroados" (Maurício Murad, *Todo esse lance que rola*, p. 66).
Var.: *tirar uma pelada*

Bater uma perninha *Desp.* Jogar em praia ou em campo de pelada [HM].

Bater um bel *Bras., gír.* Telefonar: "Num se esqueça de bater um bel pra muá, pra me contar as babadarias." ♦ Bel, no caso, é uma alusão (por meio de metonímia) ao inventor norte-americano, o físico Alexandre Graham Bell (1876) [JB].
Sin.: *bater o/um fio*

Bater um bisu *Bras., RJ, gír.* Contar algo importante, ou alguma coisa qualquer: "Vou bater um bisu: a batata dele tá assando, o cara vai rodar" [JB/*O Povo*, 31/3/96, p. 4B].

Bater um catatau *Bras., gír. rappers* Conversar: "Vamos bater um catatau, precisamos afinar a viola" [JB].

Bater um elétrico Fazer um eletrocardiograma [MGb/TGa].

Bater um lero *Bras., gír.* Ter uma conversa séria; conversar: "Vamos bater um lero, cara, quero saber das coisas" [JB/Net].

Bater um quinto Fazer um roubo de quintal com escalamento [GAS].

Bater um rango *Bras., gír.* Comer; alimentar-se: "Vou bater um rango, tô com o estômago nas costas" [JB].
Var.: *pegar um rango*

Bater um recorde Fazer melhor do que os outros numa especialidade desportiva. – Na Antiguidade tinha a denominação de "vencer o grado" [GAS].
Bater um 21 *Bras., BA.* Telefonar [Net].
Bater zoada *Bras., MG, pop.* Contar casos; papear [ABH].

Batizar

Batizar o leite Adicionar água ao leite [TC].
Batizar os atabaques *Umb.* Cerimônia ritual que torna sagrados os atabaques. Entre cânticos etc., os atabaques são lavados com água misturada a folhas sagradas dos orixás e entidades [OGC].

Beber

Beber a espora *Lus.* **1.** Diz-se do último copo que se bebe antes de partir. **2.** *Beira Baixa.* Iniciar viagem [GAS].
Sin.: *beber a vaca*
Beber água de bruços *Bras., chulo.* Entregar-se à pederastia passiva; ter (o homem) coito anal [AJO/LM].
Beber água de chocalho 1. Ser tagarela; falar demais: "Acho que você bebeu água de chocalho"; "Esse guri foi advertido. Ontem, na aula, ele tinha bebido água de chocalho". **2.** Simpatia para fazer a criança começar a falar: "Aroldo está falando tanto que até parece que bebeu água de chocalho." – Essa expr. provém do hábito que tem o sertanejo de dar a beber água, colhida em chocalho, à criança que custa a balbuciar as primeiras palavras, na certeza de bom resultado (ver João Ribeiro, *A língua nacional*) [ABH/AN/CGP/GAS/JB/MGb/RMJ/TC/TG]. Ver ainda RMJ, p. 40; LCCa, p. 80.
Sin. (1): *falar pelos cotovelos*
Beber água de cu lavado Ser bajulador: "Esse cara bebeu água de cu lavado do chefe, nunca vi gente tão puxa-saco" [JB].
Beber água na fonte *Bras., S, RJ, chulo.* Ato de buscar excitação aplicando a boca no clitóris da mulher; fazer sexo oral: "Vou beber água na fonte" [JB/MSM].

Beber água na orelha dos outros *Bras., RS.* Depender sempre de favores de terceiros [AJO].
≠ Não beber água nas orelhas dos outros *Bras., RS.* Não depender dos outros [AJO].
Beber água nos ouvidos dos outros *Bras., S.* Viver sempre aos cochichos, a fazer intrigas; mexericar [ABH/AJO/RMJ].
Var.: *beber água nas orelhas dos outros*
Beber água que passarinho detesta Tomar bebida alcoólica, cachaça: "Os caras estavam com bafo de álcool. Só o Astênio e Carlos André não beberam água que passarinho detesta" (Paulo Karam, *Jornal da Rua*, 6/7/99, p. 6).
Beber ares Gostar muito de alguém ou de algo [GAS].
Var.: *beber ventos*
Beber à saúde Fazer, antes de beber, votos de saúde [GAS].
Beber as lágrimas 1. Sofrer um grande desgosto sem ninguém que o console; recalcar as dores; dominar as mágoas. **2.** Consolar alguém ou enxugar o pranto de quem se encontra em situação aflitiva [GAS/RMJ].
Beber as palavras Ficar embevecido com o que alguém diz: "José bebia uma a uma as palavras do companheiro mais velho" (Jáder de Carvalho, *Sua majestade, o juiz*, p. 56); "José bebia as palavras de Homero e Damião" (*Id., ib.*, p. 61). [GAS].
Beber à tripa forra Beber desmedidamente: "Fiel a seus usos e costumes, bebeu à tripa forra..." (Camilo Castelo Branco, *Agulha em palheiro*) [ECS].
Beber a urina *Bras., NE.* Comemorar o nascimento de um filho oferecendo vinho aos amigos [AN/MSM/TC].
Sin.: *beber o mijo*
Var.: *beber a urina da criança/do menino*
Beber a vaca Ver *beber a espora*
Beber azeite Ser muito esperto [ABH/AN].

Beber azeite por alguém *Lus.* Diz-se de uma pessoa que gosta muito da outra: "Seria capaz de beber azeite por Maria" [GAS].

≠ **Não beber chá de criança** Não se educar; não tomar maneiras requintadas, finas; ser mal-educado; ter falta de educação; não ter modos, educação, maneiras [GAS/LCC].
Sin.: *beber pouco chá em criança, não ter tomado chá em pequeno*
Var.: *não ter tomado/tomar chá em criança*

≠ **Só não beber chumbo derretido** Beber toda qualidade de bebidas [AN].

Beber com farinha Ver *encher a cara*

Beber com o leite Beber desde a mais tenra idade [AN].

Beber como uma esponja Beber muito; não se fartar de beber bebidas alcoólicas [AN/GAS].
Sin.: *beber como um odre*
Var.: *ser uma esponja*

Beber como um funil Beber em abundância, em larga escala [AN/GAS].

Beber como um/feito um/que nem/ que só gambá Beber demais, exageradamente: "Yeltsin – nada contra os alcoólatras – bebe feito um gambá e tem cara de tarado" (Aroeira, *Bundas*, 20/12/99, p. 39).
Sin.: *encher a cara*
Var.: *beber como um/que nem/que só timbu, beber que nem/que só raposa*

Beber como um odre Ver *beber como uma esponja*

Beber como um/que nem/que só timbu *Bras., CE.* Embriagar-se demasiadamente; tomar bebida alcoólica em excesso e com frequência; beber demasiadamente; ser muito dado à embriaguez: "Bebia que nem timbu velho, mas perdia o tino" (Sabino Campos, *Catimbó*); "Zé Teixeira bebeu que só timbu" (José Pereira de Souza, *Adivinha quem vem*) [LM/RG/TC].
Sin.: *encher a cara*
Var.: *beber como um/feito um/que nem/ que só gambá, beber que nem/que só raposa*

Beber da água do Parnaíba *Bras., PI.* Apaixonar-se por Teresina, cidade banhada pelo rio Parnaíba, e voltar a visitá-la: "José Eduardo (Pereira) não queria ir e tinha razão. Tal como aconteceu comigo ele bebeu da água do Parnaíba e ficou preso a esta querida terra..." (José Lopes dos Santos, ao tomar posse na Academia Piauiense de Letras) [PJC].

Beber de gute-gute/gúti-gúti *Bras.* Beber todo o conteúdo sem tirar o copo da boca, de uma vez só; beber o conteúdo de um copo numa talagada só: "Quero ver tu beber tudo isso de gúti-gúti." – Gute-gute, gúti-gúti: onomatopeia do som da garganta [LAFa/MGa/PJC].
Var.: *beber de glute-glute, fazer gúti-gúti, tomar de gúti-gúti*

Beber em/no branco Diz-se quando o animal (geralmente cavalo) tem o beiço inferior branco: "Cavalo com a parte inferior da cara toda branca – bebe em branco" (Gustavo Barroso, *Terra do sol*) [TC].

Beber fumo *Bras., NE, pop.* **1.** Fumar; pitar; mascar fumo: "Caboclo velho nunca tocou em espírito, nunca bebeu fumo..." **2.** Depolmar; ostentar-se presunçosamente [ABH/FS/LM/RG].
Var. (1): *gastar fumo*

Beber jurema Praticar, exercer ou fazer feitiços (catimbó, macumba) [LCC].

Beber lume Diz-se de pessoa esperta, azougada [GAS].

Beber na bica Buscar o que na fonte procura [OB].

Beber na fonte Receber informação nas origens [GAS].

≠ **Não beber nem desocupar o copo** Ver *não atar nem desatar*

Beber o cálice da amargura Sofrer os maiores infortúnios [AN].

Beber (d)o fino Estar informado de segredos políticos e/ou de negócios de importância; diz-se de pessoa bem informada, que anda no segredo das coisas [ABH/ AN/GAS].

Beber o gás *Bras., NE.* **1.** Demorar-se longamente num bordel ou lupanar somente para conversar (Rodolfo Garcia). **2.** Na zona rural (NE), diz-se "quando um noivo, à boquinha da noite, vai conversar com a noiva, diariamente": "O José não quer outra vida; toda noite vai beber o gás do futuro sogro. É um bebe-gás danado!" – Gás ainda é sin. de querosene [MSM].

Beber o mel *Bras., S, RJ.* Desvirginar, deflorar uma donzela (Manuel Viotti) [MSM].

Beber o mijo *Bras., NE, MA.* Comemorar o nascimento de um filho oferecendo vinho aos amigos; costume que consiste em os pais servirem um cálice de vinho fino, de preferência moscatel, aos amigos que os visitam para festejar o nascimento de um filho; no RN, expr. utilizada quando o padrinho da criança é o avô; expr. us. quando se chega em visita a recém-nascido e na ocasião é servida alguma bebida [AN/DVF/FS/LCC/MSM/TC].
Sin.: *beber a urina*
Var.: *beber o mijo da criança/do menino, pagar o mijo*

Beber o sangue Diz-se de revelação de ódio profundo e de ameaça [AN].

Beber pela medida grande Levar uma sova; receber muita pancada; receber um grande castigo [GAS].
Var.: *comer pela medida grande*

Beber pelo gargalo Beber sem controle, sem conta, à vontade: "Agora nem a Vanessa da Globo vai acabar sua tristeza. Bebendo pelo gargalo, fazendo 'glu-glu-glu'. Feito um peru..." (Carlos Paiva, *Jornal da Rua*, 11/3/00, p. 4).

Beber pelo mesmo copo Ter intimidade, confiança; manter relações de muita camaradagem [AN/FF/GAS].

Beber pouco chá em criança Ver *não beber chá de criança*

Beber sobre dentes Beber sem ter comido [GAS].

Beber só pra esquentar Ingerir bebida alcoólica em quantidade suficiente apenas para provocar viva reação corporal [FS].

Beber uma cerva Beber cerveja: "Tava bebendo uma cerva, gélida, legal, ao lado de uma loura de fechar o comércio" [JB].

Beber um trago Ingerir bebida alcoólica; beber (bebida alcoólica); tomar um copo de cachaça; beber cachaça [ABH/AJO/AN/DVF/FNa/LM/NL/RG].
Sin.: *acender a lamparina, alumiar as ideias,* (BA) *comer água,* (BA) *comer mel, dobrar o cotovelo, matar o bicho* (1), *moer cana, molhar a conversa, molhar a garganta, molhar a goela* (2), *molhar a palavra, mudar a camisa,* (SE) *mudar o colarinho, pagar promessa,* (BA) *queimar o buraco do dente, tomar uma(s), tomar uma bicada,* (CE) *tomar um calisto*
Var.: *tomar um trago*

Beber (os) ventos por alguém 1. Ter extrema dedicação a alguém. **2.** Estar loucamente apaixonado por alguém; amar alguém apaixonadamente; ter grande afeição por alguém; gostar muito de alguém: "A tia Serafina bebia os ventos por ela" (Camilo Castelo Branco, *Noites de Lamego*) [ABH/AN/FF/GAS]. Ver ainda RMJ, p. 40.
Var.: *beber os ares por alguém*

Beijar

Beijar a garrafa Levar a garrafa à boca para tomar um gole do líquido que ela contém [AN].

Beijar a lona Ser derrotado; ser posto em nocaute ou em *knockdown*: "Maria Regina (Letícia Spiller) beija a lona" (*Jornal da Rua*, 28/5/99, cad. JRTevê, p. 1); "O chefe beijou a lona, foi demitido, fez merda". – Expr. originada do boxe [AN/JB].

Beijar a mão Prestar preito de homenagem a uma pessoa [GAS].

Beijar a pedra *Umb.* Reverenciar os "assentamentos" dos orixás, ajoelhando-se (os iniciados) e beijando o peji (altar) [OGC].

Beijar a sola do sapato *Bras., NE, ant.* "Para o defunto não ficar assombrando a casa, pela lembrança obstinada na memória dos parentes (depois de o calçado ser rigorosamente limpo), beijava-se a sola do sapato" [FNa/LCC]

Beijar a terra 1. Cair no chão. **2.** Preito de homenagem a algum lugar [GAS].

Beijar o chão diante de alguém Humilhar-se a alguém [AN].

Beijar o chicote Adular a quem castiga, trata mal [AN].

Beijar o poste Ver *acertar na trave*

Beijar uma fita *Bras., S, RJ.* Praticar a pederastia passiva (Sylvio Abreu, *in* art.) [MSM].

Beliscar

Beliscar no anzol Estar o peixe tentando comer a isca e, assim, puxando a linha [AJO].

Beliscar o melro Usar de artimanhas a fim de averiguar algo [GAS].

Beliscar os nervos Irritar: "Tentava espantar o guaxinim que beliscava seus nervos" (Durval Aires, *Barra da Solidão*) [TC].

Beneficiar

Beneficiar o algodão Descaroçar o algodão [FF].

Beneficiar o arroz Descascar o arroz [FF].

Beneficiar o infrator *Desp.* Apitar infração, paralisando o jogo para cobrança de falta, e, por consequência, beneficiar o infrator, já que o prosseguimento do lance seria mais vantajoso para o time prejudicado [HM].

Benzer(-se)

Benzer o quebranto Afastar a prostração [GAS].

Benzer-se e quebrar o nariz Querer uma coisa por bem e sair-se mal [GAS].

Berrar

Berrar como um touro Falar alto e forte, desafiando a todos [AJO].

Berrar grosso Entonar-se; bravatear [TC].

Boiar

Boiar na maionese *Gír.* Não compreender, não entender, ignorar algo: "O chefe tá boiando na maionese, tá mais por fora que bunda de índio" [JB/*O Povo*, 31/5/96, p. 4B].
Sin.: *estar por fora*
Var.: (PR) *surfar na maionese*

Bolar

Bolar as trocas Ver *trocar as bolas*

Bolar para o santo *Umb.* Entrar em transe pela primeira vez sem ter sido ainda iniciado [OGC].

Bolear

Bolear a perna *Bras., RS.* Descer do cavalo, apear; montar a cavalo [ABH/AJO/AN].

Bordar

Bordar a matiz Bordar com retrós (em geral de seda), cujo colorido muda gradualmente de tom [GAS].

Bordar a orelha/orelhinha *Bras., RS.* Manter uma conversa ao pé da orelha, para convencer o ouvinte: "O cara ficou me bordando a orelha pra me convencer" [LAF/LAFa].

Borrar

Borrar a escrita Estragar o que está pronto; escangalhar o que está feito; perturbar o intento; contradizer alguém e mostrar que ele está mentindo [AN/LAF/LAFa].
Sin.: *borrar a pintura*

Borrar a pintura Ver *borrar a escrita*

Borrar o mapa Fazer uma revelação, praticar ato impensado, que concorra para dificultar ou impedir a realização de um propósito, de um negócio em andamento [AN]. Ver tb. LCCa, pp. 46-7.

Borrar papel Escrever sem mérito literário [AN].

Borrifar-se

Borrifar-se em alguém Diz-se quando se deixa de dar importância a alguém: "Borrifei-me nele" [GAS].

Botar(-se)

Botar a alma no inferno 1. Atazanar, atormentar, infernizar a vida de alguém; exasperar, irritar alguém. **2.** Praticar pecado mortal [AN/GAS].
Var. (1): *meter/pôr a alma no inferno*

Botar a alma pela boca Estar excessivamente cansado, quase extenuado; fazer um grande esforço; ficar ofegante, com a respiração opressa; ficar esbaforido; arfar; mostrar extremo cansaço: "Apavoradas, aos gritos e lamúrias, suas irmãs desabaram no rumo de casa, aonde chegaram em tempo de botar a alma pela boca, a fim de narrar o acontecido" (José Humberto Gomes de Oliveira, *Dez contos mal contados*, p. 36); "Eu corri tanto pra pegar o trem, chega cheguei (*sic*) botando a alma pela boca" [ABH/AN/ Cad. de Atividades, *VI série*, p. 323/ GAS/LM/RG/RMJ/TC].
Sin.: *botar os bofes de/pra fora, deitar os bofes pela boca*
Var.: *botar os bofes pela boca, deitar/pôr a alma pela boca*

Botar abaixo 1. Arriar (o volume, a carga etc.); apear. **2.** Derrubar com um golpe; atirar no chão; abater. **3.** *Bras.* Desfazer a insídia, a calúnia, a questão etc. [GAS/TC].

Botar a barra mais além Fazer mais que os outros; demonstrar superioridade; fazer melhor figura do que qualquer outro. – Barra era um jogo em que se atirava longe um varão de ferro, ganhando o jogador que mais longe o arremessasse [AN/GAS].
Sin.: *deitar a barra adiante*

Botar a barriga fora *Bras., CE.* Abortar [RG].

≠ **Não botar a boca em capim verde** Não ganhar nada [LM].

Botar a boca no mundo 1. Dar gritos; gritar, bradar; pedir socorro; fazer uma gritaria: "Ao perceber que fora roubada, ela botou a boca no mundo (DT, *VIII série*, p. 160); "... e tive de meter a mão na boca dele para ele não botar a boca no mundo e ele ficou unf unf e sacudindo as pernas, mas eu encostei a pontinha da peixeira e fui rodando..." (João Ubaldo Ribeiro, *Sargento Getúlio*, p. 118). **2.** Falar demais: "E a mulher, quando acorda, pela manhã, vem botando a boca no mundo, atacada dos nervos" (João Antônio, *Meninão do caixote*, p. 25). **3.** Fazer escândalo: "Diz à secretária que ou também está nessa ou vai botar a boca no mundo" (Millôr Fernandes, *Todo homem é minha caça*, p. 62). **4.** *Lus.* Nascer. **5.** Denunciar; reclamar: "Foi preciso a Anistia Internacional botar a boca no mundo para o governo dar sinal de vida" (Valdemar Menezes, *O Povo*, 29/12/96, p. 24A); "Se perceber que se arma uma tunga contra o dinheiro do CPMF destinado à saúde, bota a boca no mundo" (Elio Gaspari, *O Povo*, 20/7/97, p. 3B). **6.** Chorar muito, protestar insistentemente [ABH/AJO/AN/Cad. de Atividades, *VI série*, p. 323/GAS/JB/OB].
Var. (1) (2) (3) (5) (6): *pôr a boca no mundo* (1) (2) (3)
Var. (1) (2) (5): *meter a boca no mundo*
Var. (1): *abrir a boca no mundo* (1), *assentar a boca no mundo* (1)

Botar a boca no trombone *Bras., pop.* **1.** Denunciar; delatar; revelar tudo; reclamar; protestar; emputecer-se; fazer um escândalo; contar tudo o que sabe sobre certo assunto; falar alto, para todo mundo ouvir: "O banqueiro Salvatore Cacciola e a condessa desbocada Carola Scarpa têm nomes de ópera-bufa. Marco Aurélio Gil de Oliveira, que botou a boca no trombone contra o ex-sogro Nicolau dos Santos Neto, juiz aposentado do TRT paulista, também tem um nome teatral" (Mário Sabino, *Veja*, 5/5/99, p. 43); "Botou a boca no trombone sobre a negociata". **2.** *Bras., S, chulo.* Excitar sexualmente a mulher, por intermédio da língua no clitóris; chupar; fazer sexo oral: "Botou a boca no trombone pra depois botar a boca no trombone dizendo que botou a boca no trombone! Esse Clinton também transa com cada baranga" (José Simão, *O Povo*, 27/1/98, p. 5B) [ABH/Cad. de Atividades, *VI série*, p. 323/GM/JB/MPa/MSM].

Sin. (1): *jogar merda no ventilador*

Botar a bola Lus. Escarnecer; fazer chacota [GAS].

Botar a bunda na janela Bras., gír. Mostrar-se; exibir-se: "Bote a bunda na janela, pra ver o que vai acontecer" [JB].

Botar a cabeça de fora 1. Aparecer: "Cuidado pra não botar a cabeça de fora. Se botar vai se dar mal". **2.** Ser revelado (segredo); desvendar; esclarecer; vir à tona (a verdade): "E quando o caso do telegrama botou a cabeça de fora não importava mais. Nhonhô Baltazar era já de muitos anos morrido" (José Cândido de Carvalho, *Porque Lulu Bergantim não atravessou o Rubicon*, p. 35) [JB/TC].

Botar a cabeça no lugar Parar para pensar; acalmar-se: "Preciso botar a cabeça no lugar, preciso descansar um pouco" [JB].

Botar a cabeça para funcionar Pensar: "Vou botar a cabeça para funcionar e amanhã falaremos" [JB].

Botar a caça/caçada no mato Deitar a perder, estragar um negócio ou uma aventura: "... quase eu ia botando a caçada no mato" (João Clímaco Bezerra, *Sol posto*); "O aventureiro indicado não queria botar a caça no mato" (Mário Landim, *Mãe d'água e caipora*) [TC].

Botar a casa abaixo Provocar escândalo, quebra-quebra; fazer muito barulho, grande desordem, balbúrdia [GAS/TC].

Var.: *deitar a casa abaixo*

Botar a cola no lombo Bras., RS. Fugir, disparar (o animal) [AJO].

Botar a conversa em dia Bras., gír. Atualizar-se: "Vamos botar a conversa em dia, vamos atualizar o nosso papo" [JB].

Botar a corrida fora Bras., RS. **1.** Fazer perder-se, por imperícia, uma corrida de animais. **2.** *Fig.* Atrapalhar a realização de um negócio ou desejo [ABH/AJO/AN].

Botar a faca na bainha Bras., NE, chulo. Copular [MSM].

Botar a faca nos peitos Bras., CE. Deixar sem alternativa; imprensar; ameaçar; exigir algo sob ameaça; obrigar com violência; exigir uma resposta ou decisão imediata; obrigar alguém a decidir; cobrar uma posição definitiva sobre uma pendência; fazer cobrança final: "Botei a faca nos peitos dele e ele falou tudo"; "Botei a faca nos peitos dele, ele teve que decidir, comigo é assim: ou dá ou desce" [ABH/AN/CGP/GAS/JB/TC/TG/TGa].

Sin.: *dar um arrocho em, encostar à/na parede*

Var.: *meter a faca aos/nos peitos, pôr a faca no(s) peito(s)*

Botar água a pinto Preocupar-se com coisa(s) de pouca monta [FS/LM].

≠ **Não botar água a pinto 1.** Ser ladino. **2.** Impor-se; não dar ensejo a que se lhe falte com respeito: "Eu cá não boto água a pinto..." (Manuel de Oliveira Paiva, *Dona Guidinha do Poço*) [LM/TC].

Sin. (1): (lus.) *não lançar milho a pintãos* (sic)

Botar água às mãos Mostrar superioridade; revelar-se superior: "Não havia em toda a rua outro caixeiro, que lhe botasse água às mãos na meiguice do gesto, na elegância com que cortava uma peça de seda" (Pedro Ivo, *Contos*) [ABH].

Botar água (fria) na fervura 1. Acabar, pôr fim; sufocar; acalmar; silenciar; amenizar; evitar zangas; atenuar culpas; apaziguar: "Deve ter inventado uma maneira de botar água na fervura daquelas idiotices do cemitério" (Rachel de Queiroz, *Dora, Doralina*, p. 149); "– Pedro queria deliberadamente botar água fria na fervura" (Cândida V. V. Vilhena, *Além da neblina*, p. 15). **2.** Aquecer um assunto; insistir no assunto: "Não vou botar água na fervura, vou deixar tudo como tá"; "Não estou querendo botar água na fervura, mas acho que tá tudo errado" [GAS/JB].

Var. (1): *deitar/pôr água na fervura*

Botar água no chope *Desp.* Ganhar de um clube já sagrado campeão de um torneio no jogo de entrega das faixas; estragar a festa de: "O Mengão quer botar água no chope do Vascão" [HM/JB].

Botar a guitarra pra funcionar Emitir dinheiro: "O governo gosta de botar a guitarra pra funcionar e dane-se o déficit público" [JB].

Botar a juriti pra cantar *Desp.* Fazer gol [HM].

Botar alguém de Apelidar, injuriar alguém: "... pra poder botar,a gente de militriz" (*sic*) (Rachel de Queiroz, *João Miguel*) [TC].

Botar a maca abaixo Deixar de circunlóquios e dizer a verdade; falar francamente, narrando o fato como foi ou dizendo o que sabe a respeito de determinado assunto; confessar toda a verdade; narrar com clareza, sem subterfúgios: "Diga logo a verdade: bote a maca abaixo e conte a história direito..." (Leonardo Mota, *Violeiros do Norte*, p. 237) [FS/LM/TC].

Var.: *botar a carga abaixo*

Botar a mão *Umb.* Praticar a adivinhação. ♦ "Mão" está no sentido de "mão de jogo", i. e., faculdade de adivinhar [OGC].

Botar a mão em Ganhar dinheiro: "Botei a mão em cinco milhas este mês..." [JB].

Botar a(s) mão(s) em Prender, dar voz de prisão: "A equipe da DRF acredita que não tardará muito e vai botar as mãos em Eulino" (*Jornal da Rua*, 9/1/99, p. 11); "A polícia botou a mão em cinco vagabundos" [JB].

Botar a mão na cabeça *Umb.* Ato de o chefe de terreiro responsabilizar-se espiritualmente por um(a) filho(a) de santo, ao fazer sua iniciação [OGC].

Botar a mão na massa 1. Entrar em ação; começar logo uma tarefa; agir: "Meu irmão, bote a mão na massa, senão você não lava esse carro hoje." **2.** Ganhar dinheiro: "Botei a mão na massa e me dei muito bem" [JB].

Var. (1): *pôr a mão na massa*

Botar a mão no fogo por 1. Ter confiança cega em alguém; julgar que alguém é correto: "Por ele eu boto a mão no fogo." **2.** Defender os atos de alguém, responsabilizando-se por sua lisura; assegurar a pureza, a inocência de alguém. – Reminiscência de ant. prova judiciária do fogo. Essa prova consistia em fazer o indiciado carregar uma barra de ferro em brasa. Se o fogo produzisse uma chaga de que restassem vestígios depois de certo número de dias, o indiciado era condenado como crim. [AN/JB/TC].

Var.: *colocar a mão no fogo por, meter/pôr a(s) mão(s) no fogo por*

Botar a mesa Preparar a mesa para uma refeição, cobrindo-a com toalha e colocando nos lugares próprios pratos, talheres, copos, comidas e bebidas: "– Senhora, botai a mesa; / – A mesa sempre está posta / Para vossa senhoria" (José Lins do Rego, *Fogo morto*, p. 187); "Estava na hora do almoço, fui botar a mesa" (Rachel de Queiroz, *Dora, Doralina*, p. 204) [AN].

Var.: *pôr a mesa*

Botar a perder 1. Estragar, por descuido ou inépcia; destruir; inutilizar; dar cabo de: "Falo humilde, falo baixo, os músculos da cara parados, um medo de botar tudo a perder" (João Antônio, *Patuleia*, p. 63). **2.** Perverter; desencaminhar; botar no mau costume; prostituir; deflorar; tirar a desonestidade; desonrar; injuriar; ser a causa da ruína ou da desgraça de: "– Maria, pelo amor de Deus! Quem foi que te botou a perder?" (Mílton Dias, *As cunhãs*, p. 25); "Mas naquele tempo já começava (*sic*) esses modernismos, invenções que botam a perder os povos destas Minas" (Sebastião Martins, *A dança da serpente*, p. 123); "Sonhou que ali vive dragão peçonhento, que há de botar a perder a virtude das mulheres e o caráter dos homens..." (Paulo Amador, *Rei branco, rainha negra*, p. 23). **3.** Cortar um tecido de modo errado [ABH/CGP/GAS/TC/TG].

Sin. (1): *botar as cargas n'água*
Sin. (1) (2): (lus., Melgaço) *dar de pedra*
Var. (1) (2): *deitar/pôr a perder*

Botar a pipa no alto *Bras., gír.* Elogiar; ajudar: "Vou botar a pipa no alto. Ele merece"; "Não vou botar a pipa de ninguém no alto, estes caras não merecem" [JB].

Botar areia Atrapalhar; impedir; dificultar: "Escolas longe de casa botam areia no bê-á-bá de crianças" (*Jornal da Rua*, 1º/2/00, p. 3).
Var.: *jogar areia* (2); *pôr areia*

Botar as aranhas para brigar *Bras., RJ, Centro-Oeste, GO, chulo*. Diz-se do tribadismo: "Que mal que as meninas se divirtam, façam um sabãozinho, botem as aranhas para brigar?" (Carlos Alberto Meneses, *Folha de Goiás*, Goiânia, 19/8/83, p. 18) [ABF/MSM].
Sin.: *bater bolacha*
Var.: *botar aranha para brigar*

Botar as barbas de molho 1. *Bras., CE*. Preparar-se para o que poderá vir ou acontecer; precaver-se; acautelar-se; preparar-se para perigo iminente: "Tratei de botar as barbas de molho, antes que Dona Esmeraldina apanhasse nova remessa de ciúme" (José Cândido de Carvalho, *O coronel e o lobisomem*, p. 238); "A inflação prevista para este mês de julho é de 2%, segundo prévia do IGP-M. Previdente, Armínio Fraga já se apressou a informar que o Banco Central trabalha com uma margem de erro e que o índice deve ficar 'ligeiramente acima do estipulado'. Não é nada, não é nada, é bom botar as barbas de molho e tirar o traseiro da reta" (Luís Pimentel, *Bundas*, 2/8/99, p. 45); "Vou botar as barbas de molho, pois tudo pode acontecer neste pedaço". **2.** Refletir; pensar: "Botei as barbas de molho, quando vi o passaralho passando" [FF/GAS/JB/TG].
Var. (1): *deitar/pôr as barbas de molho, ficar com a barba de molho*

Botar as cargas n'água Fazer fracassar um plano, um negócio, uma empreitada [TC].
Sin.: *botar a perder* (1), *dar com os burros/burrinhos n'água/na água* (1)
Var.: *deitar as cargas n'água*

Botar as cartas na mesa Fazer um ajuste; passar algo a limpo; contar toda a verdade: "Brilhantina: Chegou a hora da gente botar as cartas na mesa" (Dias Gomes, *O rei de Ramos*, p. 101) [JB].
Sin.: *abrir o jogo, mostrar as cartas*
Var.: *pôr as cartas na mesa*

Botar as mangas/manguinhas de fora *Bras*. Agir revelando qualidades ou denunciando intenções que, em geral, anteriormente se ocultavam; cometer, em determinadas ocasiões, faltas, erros, deixando entrever as más inclinações; querer aparecer; expandir-se; denunciar-se; ter atrevimentos; praticar ousadias; abusar das situações: "Era vez do sacristão Tibério da Silva botar as mangas de fora, pois ele sabia onde as andorinhas dormiam" (Aníbal Bonavides, *As profecias do Arquimedes*, p. 10); "O filho do coletor botava aos poucos as mangas de fora" (Jáder de Carvalho, *Sua majestade, o juiz*, p. 42); "Sérgio Augusto, que já botava as manguinhas de fora desde os tempos do *Pasquim*, escreveu um artigo hilário com os mais de duzentos sin. bras. para a palavra bunda, confirmando-a como um dos nossos ícones atuais" (Eleuda de Carvalho, *O Povo*, 22/6/99, p. 1B) [ABH/AN/FS/GAS/Gl/JB/LM/RMJ/TC].
Sin.: *botar as unhas de fora, deitar as mãos/mãozinhas de fora, pôr os pauzinhos de fora*
Var.: *deitar as manguinhas de fora, pôr as mangas/manguinhas de fora*

Botar as mãos em cima de Agarrar, pegar, tocar: "... e que não era besta pra botar as mãos em cima dela" (Rachel de Queiroz, *João Miguel*) [TC].
Var.: *pôr as mãos em cima de*

Botar as mãos na cabeça Achar-se em situação embaraçosa; fazer gesto de contrariedade, aflição ou desespero; afligir-se; modo de protestar contra um abuso: "O pai botou as mãos na cabeça... Abriu a boca no mundo" (Nelly Cordes, *O rei dos cangaceiros*) [AN/GAS/RMJ/TC].
Var.: *deitar as mãos à cabeça, estar com as mãos na cabeça, pôr as mãos na cabeça*

Botar assunto nisso *Bras., NE.* Desenvolver o tema; dar prosseguimento ao assunto [FNa].

Botar as tripas Diz-se de quem tem uma demorada diarreia ou vomita repetidamente, quase sem parar [GAS].

Botar as tripas pra fora Ver *vomitar (quase) até às tripas*

Botar as unhas de fora *Bras.* Revelar, subitamente, intenção abusiva ou imprevista; abusar das situações [GAS/RMJ].
Sin.: *botar as mangas/manguinhas de fora* Var.: *deitar/pôr as unhas de fora*

Botar as vacas *Bras., S.* Diz-se da tarefa de recolher o gado leiteiro (vacas e terneiros), no fim da tarde, a fim de prender os terneiros, separados das mães, para que estas amanheçam com os úberes cheios de leite [AJO].

Botar atrás Pôr em perseguição: "O governador botou a polícia atrás dos sem-terra" [TC].

Botar a vergonha de lado Perder o acanhamento [AN].

Botar a viola no saco Ser forçado a calar-se, por imposição ou por não ter condições para continuar com a discussão; calar-se, vencido ou acovardado; aceitar uma decisão; embatucar; não ter o que responder: "Salvo algumas declarações de D. Luciano Mendes de Almeida contra a privatização da Vale do Rio Doce, os outros prelados botaram a viola no saco" (Antônio Mourão Cavalcante, *O Povo*, 29/12/96, p. 7A); "Botaram a viola no saco e se contentariam com o ex-governador..." (Adísia Sá, cad. People, *O Povo*, 12/4/98, p. 5D) [GAS/JB/TC].
Var.: *enfiar/meter/pôr a viola no saco*

Botar azeitona na empada *Bras., gír.* Beneficiar, ajudar alguém: "Vou botar azeitona na empada dele porque ele merece"; "Não vou botar azeitona na empada de ninguém, virem-se" [JB].

Botar (a) banca *Bras., gír.* **1.** Vangloriar-se de alguma posse ou qualidade pessoal; superiorizar-se; menosprezar os demais; esnobar: "E ainda mais, quando o Cabo particular de Gildésia se zanga, deixa de vir para o seu amorento pernoite, bota banca feito gostosão decaído de cinema mexicano,..." (Mílton Dias, *As cunhãs*, p. 61); "Para de botar banca, que isto te torna ridículo". **2.** Fazer-se de difícil, ou tornar-se difícil, procurando ostentar superioridade; parecer importante; ser exigente, boçal; fazer-se de rogado: "– Como é que é? Vem receber e ainda bota banca? Pois espere sentado!" (Sales Andrade, *Jornal da Rua*, 9/1/99, p. 4); "Aldair bota banca e chuta a seleção" (*Jornal da Rua*, 15/6/99, p. 6). **3.** Exibir-se; diz-se de indivíduo falante, que quer se impor numa conversa com certa autoridade que, geralmente, não tem: "Bota banca, faz-se luxenta, tem pabulança de honestidade" (Mílton Dias, *Estórias e crônicas*) [ABH/CGP/CPL/FNa/FS/JB/JF/MGa/MPa/TC].
Sin.: *bancar o cachorro de são Roque*
Var.: *pôr banca*

Botar barriga Ficar prenhe; engravidar; emprenhar; fazer filho: "Como já lhe disse, ela nunca emprenhou, não por minha causa, porque eu botei barriga em muitas mulheres, mas nunca me responsabilizei por filho" (José Sarney, *Saraminda*, p. 204) [TC].
Var.: *apanhar barriga*

Botar (um) bezerro Ver *botar pelo ladrão* (2)

Botar biliro de vaca *Bras., NE.* Cornear; conquistar a mulher alheia (Mauro Mota, *Os bichos na fala da gente*) [MSM].

Botar bode na chuva Diz-se de um sujeito convincente, bom de lábia: "Aquele é capaz de botar bode na chuva" [MGa].

Botar (o) boné *Bras., N, NE.* Ser infiel (a mulher) a; trair o marido ou o amante [ABH/AN/FN/FNa].
Sin.: *raspar a(s) canela(s)*
Var.: (N) *botar boné em/no marido*

Botar (o/o maior) boneco /u/ *Bras., CE.* **1.** Colocar dificuldade, opor-se; apresentar resistência; fazer-se de difícil: "Eu não lhe disse, Chico, que aquela Rosinete ia butar (*sic*) o maior boneco pra casar? Pense

Botar(-se)

numa individa (*sic*) banqueira!" **2.** Divertir-se; fazer algo legal; beber sem excessos; brincar (com os colegas): "O rela-bucho foi só o mi, nós butamos o maior buneco (*sic*)"; "Vamos botar o boneco mais tarde lá na praia". **3.** Extrapolar na diversão; palhaçar embriagado ou criar dificuldades desnecessárias; farrear em demasia; fazer baixaria, algazarra, desordem, putaria; arrumar ou criar confusão; brigar; agredir, normalmente depois de uma carraspana; diz-se do indivíduo que, ao ensejo do menor pretexto, gosta de se fazer passar por valente: "Totalmente embriagado, ele chegou em casa botando boneco. Pegou um colchão e tocou fogo, jogando em seguida em cima das poucas coisas que tinha em seu casebre" (*Jornal da Rua*, 1º/6/99, p. 1); "Pois bem, um arruaceiro chamado Riba Navalha se meteu a besta. Veio no embalo da banda e ficou botando boneco no pedaço" (Carlos Paiva, *Jornal da Rua*, 8/2/00, p. 4). – Referência ao teatro de marionetes onde os bonecos fazem a maior algazarra. Certamente é a expr. que melhor representa o falar cearense. Por aqui todos sabem o que significa. Difícil é explicar o significado sem contextualizar. Então criamos algumas situações para exemplificar [AS/CGP/FNa/MGA/RBA/TG].
Var. (3): *botar um boneco federal*

Botar bozó *Umb.* Enfeitiçar alguém; lançar sobre alguém influências negativas através da magia negra. ♦ Bozó, no caso, significa "feitiço, magia negra" [OGC].
Var.: *fazer bozó*

Botar bucho 1. *Bras., NE.* Achar-se grávida; engravidar. **2.** *Bras., CE.* Fartar-se; engordar-se: "– Um vidão, minha gente! Bote bucho aqui, Dona Anjinha! Só esta coalhada escorrida, este café com leite..." (Manuel de Oliveira Paiva, *Dona Guidinha do Poço*). Ver Carvalho Deda, *Brefaias e burundangas do folclore sergipano* [MSM/Net/RG/TC].
Sin. (1): *ficar prenha*
Var. (1): *estar de bucho, pegar bucho*

Botar cabresto 1. *Bras., CE.* Mandar; dominar a situação. **2.** *Bras.* Prender: "Todo corno quer botar cabresto na mina, mas acaba é corno mesmo" [CGP/JB].

Botar cafanga(s) *Bras., CE, pop.* Inventar defeitos; colocar defeito em alguém ou em algo: "Os homens todos são assim, cheios de luxos e desdéns quando são queridos. A demora é saberem que a gente gosta deles: começam logo a botar cafangas" (Domingos Olímpio, *Luzia-Homem*, p. 111) [ABH/AN/FNa].

Botar cana para engenho *Bras., NE, chulo.* Copular: "Ela ainda não botou cana para engenho" (Luiz Marinho, *Viva o cordão encarnado*). – Cana = pênis, e engenho = vagina [MSM].

Botar canga *Bras., SE.* Dominar ou oprimir alguém [FNa].

Botar cangalha em Sobrepujar; dominar: "Ninguém lhe bota cangalha / no fole dos oito baixos" (Zé Praxedi, *Luís Gonzaga e outras poesias*) [TC].

Botar canzil *Bras., NE.* Azarar [FS/LM].

Botar caraminhola na cabeça Sugerir algo, em geral invencionices, intrigas, ideias fantasiosas: "Não vem botar caraminhola na minha cabeça, não sou burro" [JB].
Var.: *botar minhoca na cabeça*

Botar cartas 1. *Umb.* Praticar a adivinhação do futuro etc. através das cartas de baralho. **2.** *Bras.* Diz-se da ocupação da cartomante que, utilizando-se de um baralho, por meio do qual revela o passado, prediz o futuro e resolve negócios e problemas: "Dona Lelé estava botando cartas" (César Coelho, *Strip-tease da cidade*) [OGC/TC].
Var.: *pôr cartas*

Botar carvão Andar depressa; acelerar a marcha [GAS].

Botar casa Montar casa, para residência: "Botou casa para Arminda" (Fran Martins, *Dois de ouros*) [TC].

Botar catinga Intrometer-se; colocar uma pessoa contra a outra; incitar a discórdia; fazer intriga; torcer contra algo; contribuir para que algo não dê certo; atrapalhar; desestimular: "A Bilô pensa que eu não sei que ela fica butando catinga no meu namoro com o..." [AS]. ♦ No ex., preferiu-se grafar a forma dialetal (pop.) "butar catinga".

Sin.: (CE) *jogar água*

Botar chapéu de bode *Bras., NE.* Prevaricar; cornear; conquistar a mulher alheia (cit. por Mauro Mota, *Os bichos na fala da gente*). – O "chapéu do bode" é o par de chifres [MSM].

Var.: (NE, MG) *botar chapéu de boi*

Botar chifre(s) *Bras., NE.* Trair o cônjuge; ser infiel, adúltero(a); cornear; cometer adultério: "– Diz que aí que ele matou a mulher, ela botando os chifres nele com um marinheiro de um navio" (Jorge Amado, *Mar morto*, p. 171); "Teresa me botou chifres mas não me desprezava, ainda" (Carlos Heitor Cony, *Matéria de memória*, p. 131) [AN/AS/BB/FNa/GAS/JB/LAFa/MSM/Net].

Sin.: *botar galha*, (RS) *botar guampa, botar ponta, enfeitar a testa, meter gaia, pôr corno(s)/os cornos, pôr galhos*

Var.: *botar um par de chifres, plantar chifres, pôr chifre(s)*

Botar chinfra *Bras., gír.* Querer parecer importante: "Não vai botar chinfra comigo não!" [JB].

Botar cinza nos olhos de alguém Enganar, iludir, lograr, burlar, mistificar, procurar enganar alguém [ABH/AN].

Var.: *deitar/pôr cinza nos olhos de alguém*

Botar corpo Crescer; desenvolver as formas; desenvolver-se; tornar-se púbere; ficar moça ou rapaz; tomar ou adquirir formas adultas: "Não a viu botar corpo e se fazer mulher" (Jorge Amado, *Tocaia Grande*, p. 249); "Pedroca: ... Certo? Vi ela enfeitar, botar corpo de moça e..." (Dias Gomes, *O rei de Ramos*, p. 108). – Faz-se hora com os adolescentes, assim: "Esse cabra tá forte, parece que tá botando corpo de homem em cima dele" [ABH/AN/CGP/FS/GAS/TC/TG].

Var.: *ganhar corpo* (1)

Botar cria Parir; reproduzir [AJO].

Botar debaixo do chinelo *Bras., CE.* Humilhar [CGP].

Botar de galão Ver *dar às de vila-diogo*

Botar dinheiro 1. Lançar; ofertar. **2.** Fazer lance bem avultado [TC].

Botar dinheiro bom em cima de dinheiro ruim Advertência quanto ao emprego de capital sadio em negócio ruim [RBA].

Botar em Arremeter contra; procurar pegar: "A polícia botou nos piratas da Internet" [TC].

Botar (tudo) em pratos limpos Esclarecer completamente (uma questão, um assunto controvertido); averiguar: "E levantei a espingarda: queria botar as coisas em pratos limpos, saber se aquela infeliz era vivente de fôlego ou alma penada" (Graciliano Ramos, *Alexandre e outros heróis*, p. 81); "Vou botar tudo em pratos limpos, quero ver quem tem garrafas pra vender" [ABH/FF/FSB/GAS/JB/TC].

Sin.: *ajustar (as/umas) contas* (1), *botar o preto no branco* (1), *tirar a limpo* (2)

Var.: *deixar em pratos limpos, pôr (tudo) em pratos limpos*

Botar em torniquete Vexar; apertrear [FS].

Var.: *pôr em torniquete*

Botar em vista Alegar: "Ninguém esperaria com café na mesa pelo pão que o negro distribuía. Seu Alexandre botava isto em vista quando brigava com os outros" (José Lins do Rego, *O moleque Ricardo*) [ECS].

Botar espiche Falar; fazer um discurso; usar da palavra. – Deriva do ingl. *speech* [GAS].

Var.: *deitar espiche*

Botar farda Entrar para a vida militar; ser soldado: "Quando cheguei em Aracaju, antes de botar farda, fui engraxate" (João Ubaldo Ribeiro, *Sargento Getúlio*, p. 22).

Sin.: *sentar/assentar praça* (1)

Botar fé Acreditar; confiar: "– Não, não é duvidança. Boto fé no seu apetrechamento moral, sei que é um homem abastecido de caráter e outros opcionais" (Dias Gomes, *Sucupira, ame-a ou deixe-a*, p. 23); "Dois caras muito iguais comigo, me con-

sideram e botam fé no que faço" (João Antônio, *Patuleia*, p. 94); "Pescadores botam fé em São Pedro" (*Jornal da Rua*, 29/6/99, p. 2); "– Pois eu boto fé nessa seleção. E boto fé no país, é só organizar um pouco mais as coisas, pensar positivamente..." (João Ubaldo Ribeiro, *Diário do Nordeste*, cad. 3, 15/7/01, p. 5): "Bote fé, meu amigo, a coisa é boa e vamos ganhar dinheiro" [JB].
Var.: *pôr fé*

Botar fervendo *Bras., PI*. Paquerar com insistência; assediar: "Terezinha Nunes está botando naquele moreno é fervendo" [PJC].

Botar fogo Agitar; movimentar; atiçar: "Vou botar fogo nesta discussão, vou fazer o papel de advogado do diabo e provocar" [JB].
Sin.: *botar pilha, dar (muito) gás*
Var.: *meter fogo* (2)

Botar fogo na canjica Animar; entusiasmar; incitar; atiçar; insuflar, incentivar uma briga, querela ou discussão [AN/OB].
Var.: *pôr fogo na canjica*

Botar fogo na fogueira Alimentar estado de animosidade; incentivar a discórdia; agitar [JB/TC].
Var.: *botar lenha na fogueira, deitar/pôr fogo na fogueira*

Botar fogo no circo Agitar: "Ele tá querendo botar fogo no circo" [JB].
Sin.: *tocar fogo no mundo*
Var.: *tocar fogo no circo*

Botar fogo pelas ventas Estar ansioso, enraivecido, colérico: "... os guardas descobriram onde o coisinha morava, foram..., botando fogo pelas ventas" (Fernando Sabino, *A vitória da infância*, p. 109).

Botar foguetes *Lus*. **1.** *Bragança*. Estar bêbado. **2.** Festejar ruidosamente. **3.** Dar venticidades (*sic*); soltar gases [GAS].

Botar fora 1. Pôr ou jogar fora; gastar; desperdiçar; desfazer-se de algo, vendendo muito barato: "Bota fora tudo quanto ganha." **2.** Afastar; rejeitar: "Esta observação, porém, que valeria alguma coisa em outro espírito, depressa a botei fora" (Machado de Assis, *Páginas recolhidas*). **3.** Abortar voluntariamente: "Botou fora o filho sem nenhum medo ou escrúpulo." **4.** Vomitar. **5.** Relatar; revelar. **6.** Perder a pista do animal, por inépcia [ABH/FS/GAS/JB/TC].
Sin. (1) (2) (6): *botar no mato*
Var. (3) (4) (5): *botar pra fora*
Var. (1): *jogar fora* (1) (3), *rebolar fora*
Var. (4): *lançar fora*

Botar força 1. Esforçar-se. **2.** Interessar-se em demasia [TC].

Botar fumo *Umb*. Enfeitiçar; fazer "trabalhos" visando o mal a alguém. ♦ Fumo, no caso, significa fumaça [OGC].

Botar galha Ver *botar chifre(s)*

Botar gosto ruim *Bras., BA*. Melar, atrapalhar um negócio; perturbar; colocar defeito [NL].
Sin.: *jogar areia*

Botar guampa Ver *botar chifre(s)*

Botar lastro no estômago Comer comida substancial, preparando o estômago para beber melhor [AN/GAS].
Sin.: *fazer lastro*

Botar lenha na fogueira Atiçar uma discórdia, uma discussão; excitar um ressentimento (para que não se extinga); alimentar estado de excitação ou de animosidade; agitar; provocar: "... quando os guarda-costas se haviam metido a força no elevador, mas não menciona o fato para não botar lenha na fogueira: – O que posso fazer para evitá-la?" (Jorge Amado, *Farda fardão camisola de dormir*, p. 41); "Doido pra botar mais lenha na fogueira, mandou FHC baixar o pau nos sem-terra, porque esse negócio de reforma agrária é coisa de comunista" (Aírton Monte, *O Povo*, 11/10/96, p. 4B); "Há os que gostam de ver o circo pegar fogo. Outros de botar lenha na fogueira" (Alan Neto, *O Povo*, 17/9/00, p. 4); "Vou botar lenha na fogueira e espalhar boatos por aí" [ABH/AN/GAS/JB/TC].
Sin.: *atirar achas para a fogueira, chegar lenha ao lume*
Var.: *colocar/deitar/jogar/lançar/pôr lenha na fogueira*

Botar-lhe as mãos Agarrar, apanhar, prender alguém; bater, dar uma sova em alguém [GAS].
Var.: *deitar-lhe/pôr-lhe as mãos*

Botar lumbriga (*sic*) Expelir *Ascaris lumbricoides* (lombrigas) por orifícios naturais do organismo [J&J].

Botar macaco *Bras., CE.* Dançar sem deixar o parceiro encostar-se; impedir que o homem se aproxime da pélvis feminina, durante a dança [FNa/MGb].

Botar mais raso do que o chão Dizer muito mal; desacreditar muito [AN].

Botar mandinga Fazer bruxaria; botar feitiço: "... Não matei o homem, foi coisa de feitiço, botaram mandinga, meu pai!" (Jorge Amado, *Terras do sem fim*, p. 87).

Botar menino no mato Abortar [J&J].

Botar menino no mundo Parir; ter filho: "Bem Coroca lhe avisara: quando mulher-dama bota menino no mundo, um dos dois se prepare para sofrer" (Jorge Amado, *Tocaia Grande*, p. 314).

Botar merda no ventilador *Bras., gír., chulo.* Revelar segredos: "Vou botar merda no ventilador se me encherem o saco e se não derem a minha parte" [JB].
Var.: *botar no ventilador, botar titica no ventilador, jogar merda no ventilador*

Botar mesa *Umb.* Praticar adivinhação para resolver os problemas de um consulente. Os objetos us. para isso (búzios, cartas de baralho, copo d'água etc.) geralmente estão ou são lançados sobre uma mesa [OGC].

Botar minhoca na cabeça Sugerir algo, em geral invencionices, crendices, ideias fantasiosas: "Não vou botar minhoca na cabeça de ninguém, não me interessa" [JB].
Var.: *botar caraminhola na cabeça*

Botar na bacia *Bras., CE.* Colocar em uso [CGP].

Botar na bunda/bundinha de alguém *Bras., chulo.* Prejudicar, sacanear, fazer maldade com alguém: "Não vais botar na bunda de ninguém aqui" [JB/LAF].
Var.: *botar no rabo de alguém*

Botar na cabeça Fazer o propósito de; tomar decisão de; acreditar: "Botei na cabeça não abandonar mais a espingarda" (Luís Luna, *Lampião e seus cabras*) [JB/TC].

Botar na cachola Entender; compreender: "Para ele, o brasileiro precisa botar na cachola a importância de um seguro de vida e também de uma poupança" (*Jornal da Rua*, 8/6/99, p. 5).
Sin.: *meter na cabeça* (3)

Botar na cacunda *Fam.* Fazer trepar ou escanchar-se aos ombros (uma criança geralmente), estando o indivíduo com o corpo curvado para a frente [FS].
Var.: *botar na corcunda*

Botar na caixa de catarro *Bras., gír., desp.* Dominar a bola no peito [JB].

Botar na cerca Não escalar para jogo de futebol; ficar vendo os outros jogarem [AN].

Botar na conta Debitar uma compra; anotar um débito, a fim de que seja pago posteriormente: "Chamava o garçom: – Bote na conta, seu merda..." (Jorge Amado, *Seara vermelha*, p. 137).

Botar na fita *Bras., RJ, gír.* **1.** Incentivar o amigo a "ficar" com alguém. **2.** *Bras., gír.* Entre *rappers*, fazer um bom contato: "Vou botar na fita, preciso resolver uns probleminhas." **3.** Deixar uma pessoa em boa situação: "Vou botar na fita, porque ele merece" [JB/*IstoÉ*, 24/3/99, p. 64].
Sin. (1): *mandar um veco*

Botar na geladeira Deixar para resolver mais tarde [AN]. ♦ Em tempos da modernidade, bem que se poderia dizer de modo diverso: "botar no freezer", ou seja, "protelar, adiar, procrastinar".
Sin.: *empurrar com a barriga* (2)

Botar na jaula Prender: "O corno tava querendo botar na jaula a mulher dele" [JB].

Botar na linha Ajeitar, consertar; fazer (alguém, algo) endireitar-se; exigir cumprimento das normas; amoldar uma pessoa às conveniências do dominador; colocar alguém na boa conduta: "– Cuida da tua mulher, Astério, bota ela na linha, ensina a te

Botar(-se)

respeitar" (Jorge Amado, *Tieta do Agreste*, p. 585) [GAS].

Botar na mesa *Bras., RS*. Desvendar, revelar algo que está escondido ou abafado; esclarecer as intenções [LAF/LAFa].

Botar na roda *Bras., gír*. **1.** Designa a atitude de compartilhar com os demais da roda (do círculo, literal ou fig.) o objeto (*a maconha*). **2.** *Desp*. Trocar passes rápidos (jogadores de um time), para que adversários tentem recuperar a bola e assim o tempo passar [HM/LAF].
Sin. (2): *colocar na burrinha*
Var. (2): *colocar/pôr na roda*

Botar na rua 1. Expulsar: "Amorim: O corno velho do Creonte vai saber que não pago e me bota na rua..." (Chico Buarque & Paulo Pontes, *Gota d'água*, p. 13); "Creonte: Vou co'a polícia e bota ela na rua..." (Chico Buarque & Paulo Pontes, *id.*, p. 99). **2.** Demitir do emprego: "Na primeira vez, a Globo me botou na rua depois que eu tinha cinco anos de casa" (Dercy Gonçalves, *Bundas*, 18/7/00, p. 47) [TC].
Var.: *pôr na rua* (1)

Botar nas ventas Repreender; escarnecer; dizer na presença [GAS].

Botar na vida Deflorar e provocar a prostituição de alguém: "O Coronel botou a Cotinha na vida" (João Clímaco Bezerra, *Não há estrelas no céu*) [TC].

Botar no ar Obter sustentação (diz-se da arraia, pipa) [TG].

Botar no bolso *Bras., pop*. **1.** Enganar, lograr, burlar: "Só não boto você no bolso porque sou seu amigo" (Ariano Suassuna, *Auto da Compadecida*, p. 37). **2.** Dominar; levar a melhor; ser superior; avantajar-se: "Botou no bolso todos os adversários." **3.** Apropriar-se [ABH/AC/JB/TC].
Var.: *meter/pôr no bolso*

Botar no cepo Castigar [AJO].

Botar no chão Derrubar; fazer cair; desfazer; abandonar [AN].

Botar no chinelo *Bras*. Levar vantagem; derrotar completamente, definitivamente, sem perdão; suplantar: "O professor quis me enfuneirar [= meter numa fria] e eu botei ele no chinelo" [ABH/AC/LAF/LAFb].
Var.: *meter no/num chinelo, pôr no chinelo*

Botar no fogo Açular; comprometer alguém, levando-o ao perigo ou a uma situação embaraçosa [TC].
Var.: *meter no fogo*

Botar no mato 1. *Bras., NE*. Jogar fora; pôr (ou atirar, botar, deitar) fora; não querer mais alguma coisa, por imprestável; jogar no lixo, ou no mato. **2.** Perder de vista, ou de rastro, por inépcia, o animal que se tenta pegar; perder (o vaqueiro) a rês na carreira: "Botou a rês no mato, cabra frouxo!" **3.** Abortar (o animal). **4.** Desfazer-se de algo, dando ou vendendo muito barato: "O senhor está vendendo apenas o papel. Botou o seu livro no mato" (Mário Landim, *Vaca preta e boi pintado*). **5.** Esbanjar, desperdiçar: "Botava tudo no mato, não levava nada pra casa" (César Coelho, *Strip-tease da cidade*). **6.** Provocar prejuízo: "Os açudes dão pra arrombar e botam no mato o que o pobre semeou" (pe. J. J. Dourado, *Cafundó*). [ABH/FN/FNa/FS/LM/RG/TC].
Sin.: *botar fora* (1) (2) (6)
Var. (1): *avoar/jogar/rebolar no mato*

Botar no melão *Bras., desp*. Cruzar a bola na área para o cabeceio: "O Luizinho botou no melão, mas ninguém aproveitou" [JB].

Botar no mundo 1. Dar à luz uma criança. **2.** Deflorar e perverter: "... botara não sei quantas mocinhas no mundo" (Fran Martins, *Ponta de rua*). **3.** Criar; inventar: "Cativeiro é má sina; não foi Deus que botou no mundo semelhante coisa, não; foi invenção do diabo" (Bernardo Guimarães, *A escrava Isaura*, p. 40) [TC].

Botar no pasto Abandonar namorada, amásia [AN].

Botar no pau *Bras., CE*. Levar à justiça [CGP].

Botar no piso *Bras., gír*. Entre homossexuais, roubar e esconder nas pernas: "Este relógio vou botar no piso" [JB].

Botar no prego 1. *Bras., CE.* Deixar para pagar depois; pendurar. **2.** Empenhar: "Todos vão fazer a carteira, botam no prego o que têm" (Joana Rolim, *Casos e coisas sertanejas*) [CGP/TC/TG].
Var. (2): *pôr no prego*

Botar (tudo) nos eixos Ajustar; corrigir; regularizar o assunto, um negócio, uma pendência etc.; pôr em ordem; disciplinar: "Vão dar uma lição nesta corja e botar tudo nos eixos" (José de Figueiredo Filho, *Meu mundo é uma farmácia*) [ABH/AN/FF/GAS/TC].
Var.: *pôr nos eixos*

Botar no ventilador *Bras., gír.* Revelar tudo: "Se me apertarem, boto no ventilador, conto tudo" [JB].
Var.: *botar merda/titica no ventilador, jogar no ventilador*

Botar num jequi/jiqui *Fig.* Pôr ou deixar em apuros, em situação difícil; criar um problema. – Jiqui é um cesto de pesca. AN grafa "jiqui", mas ambas as formas são aceitas [ABH/AN/FNa].

Botar o bagre de molho *Bras., NE.* Copular [MSM].

Botar o barro à parede Dizer algo para saber se se consegue o que deseja; jogar uma indireta para ver se cola; empregar toda diligência para conseguir certo resultado [AN/GAS/NL].
Var.: *atirar/deitar o barro à parede,* (BA) *jogar o barro na parede, lançar barro à parede*

Botar o bezerro Ver *vomitar o pirão de louro*

Botar o bloco na rua *Bras., pop.* **1.** Morrer. **2.** Comparecer em público; surgir, aparecer em grupo: "Lula, o *sparring* escolhido a dedo, tentaria botar o bloco na rua..." (Andrei Meireles *et al.*, *IstoÉ*, 3/6/98, p. 21); "A Juventude Socialista botou o bloco na rua". **3.** Agir com franqueza, com objetividade; tomar providências decisivas: "Como sói acontecer a cada ano, a polícia vai botar o bloco na rua, nas avenidas, nos logradouros mais frequentados pelos viajantes" (Aírton Monte, *O Povo*, 2/7/99, p. 3B); "Vou botar o bloco na rua e aguardar o que vai acontecer" [ABH/JB].
Sin. (1): *bater a(s) bota(s)*
Var. (3): *colocar o bloco na rua*

Botar o bode na sala *Bras., gír.* Propor algo polêmico: "Vamos botar o bode na sala pra ver como a oposição vai reagir" [JB].

Botar o boi na sombra *Bras., gír.* Aguardar: "Vou botar o boi na sombra, espero que dê tudo certo" [JB].

Botar o caso em si Imaginar-se; figurar-se em tal conjuntura, em determinada situação [ABH/AN/LM/TC].
Var.: *pôr o caso em si*

Botar o cavalo em *Bras., NE.* **1.** Investigar. **2.** Ir à procura; ir no encalço: "Meu camarada Pedro Amorim, tu tem que arribar já-já, vão botar o cavalo em tu, o seu Aprígio está feito uma cascavel..." (Juarez Barroso, *Obra completa*, p. 175) [TC].

Botar o corpo de banda 1. Esquivar-se, desviar-se de complicações; fugir. **2.** Deixar habilmente de atender um pedido; livrar-se diplomaticamente de situação embaraçosa: "Promete ajudar mas vai sempre botando o corpo de banda" (Luciano Barreira, *Os cassacos*) [TC].
Sin.: *negar o corpo, saltar de banda, torcer o corpo*
Var.: *botar o corpo fora, botar os quartos de banda, jogar/negar/quebrar/tirar/torcer o corpo de banda*

Botar o cu na goteira *Chulo.* Ficar de sobreaviso, prevenido [MSM].

Botar o dedo na ferida Tocar no assunto; atingir o ponto crucial, a parte sensível; tocar na essência; falar em assunto doloroso: "Mário botou o dedo na ferida: abri o jornal despreocupado, não esperava pela porrada..." (Carlos Heitor Cony, *Matéria de memória*, p. 14); "Ao afirmar que o PT faz propostas para o povo ouvir, e impossíveis de execução, o vice-governador Beni Veras (PSDB) botou o dedo na ferida do partido" (Newton Pedrosa, *Tribuna do Ceará*, 14/9/99, p. 3A); "Botei o dedo

Botar(-se)

na ferida, aí o cidadão não gostou e estrilou" [GAS/JB].
Sin.: *bulir na ferida, tocar na chaga*
Var.: *pôr o dedo na ferida*

Botar o dedo no suspiro *Bras.* **1.** Valer-se de situação vantajosa para impor condições vexatórias; não deixar alternativa. **2.** Esconder um assunto: "Vou botar o dedo no suspiro e ninguém vai saber do assunto" [ABH/AN/JB/LM/TC].
Var.: *pôr o dedo no suspiro*

Botar o engenho pra moer *Bras., NE, chulo.* Ter relações sexuais [MSM].

Botar o galho dentro *Bras., gír.* Recuar: "O bandido botou o galho dentro e acabou se entocando" [JB].

Botar o ganso de molho Ver *afogar o ganso*

Botar olhado Diz-se de olhar invejoso que provoca destruição, malefício: " – Tou com um peso no peito, uma gastura. Até parece que me botaram olhado. É bem capaz" (Jorge Amado, *Tocaia Grande*, p. 170) [BB].
Sin.: *botar quebranto/quebrante*

Botar olho gordo Invejar; cobiçar [AN/CLG].
Var.: *botar olho grande*

Botar o lixo debaixo do tapete Esconder a sujeira (tb. no sentido fig.) [RBA].

Botar o machado nas costas Ver *amarrar o facão*

Botar o muçu de molho *Bras., NE, chulo.* Copular: "Aproveitei uma horinha que ela foi conversar na casa de uma rapariga da rua do Meio para botar o muçu de molho" (Permínio Asfora, *Sapé*) [MSM].

Botar o mundo abaixo Dar escândalo; fazer barulho exagerado, reclamando; fazer destampatório, escarcéu [TC].

Botar o olho em *Fam.* **1.** Invejar; cobiçar; desejar. **2.** Ver, encontrar alguém: "Nunca mais botei o olho em cima dele" [ABH/GAS].
Var.: *pôr o olho em*
Var. (1): *botar o olho grande em, crescer/deitar o olho em*

Botar o(s) olho(s) em Dar atenção; olhar com interesse; voltar atenção; examinar: "Botou o olho em Violeta" (Jorge Amado, *Terras do sem fim*) [AN/TC].
Var.: *botar os olhos em cima de, deitar os olhos em*

Botar o pau na mesa *Bras., RS.* Fazer o desafeto calar a boca; impor autoridade [LAF/LAFa].
Sin.: *bater o pau na mesa*

Botar o pau para quebrar *Bras.* **1.** Tomar séria decisão, arriscando-se a tudo. **2.** Meter-se em briga séria: "Hoje, mesmo de manhã / o rádio tava a contá / Qui num tal de Vitinã / botaro o pau pra quebrá" (Patativa do Assaré, *Cante lá que eu canto cá*). **3.** Causar sucesso [TC].
Var.: *botar para quebrar*

Botar o pé Conquistar: "O negócio é botar o pé lá, o resto a gente acerta depois" [JB].

Botar o pé atrás Tornar-se irredutível; resistir: "Botei o pé atrás e ela saiu-se com quatro pedras na mão..." (José Américo de Almeida, *A bagaceira*, p. 115) [Gl/TC].

Botar o pé na estrada 1. Andar, ir embora; fugir. **2.** Viajar: "Vou botar o pé na estrada e logo logo (*sic*) dar no pé" [JB/TC].
Sin.: *arribar o pé no mundo*
Var.: *meter o(s) pé(s) na estrada, pôr o pé na estrada*

Botar o pé na forma /ô/ *Desp.* Treinar chutes a gol para aprimorar sua precisão [HM].

Botar o pé na lama *Bras., gír.* Trabalhar: "Vamos botar o pé na lama e parar de fazer discurso bonito" [JB].
Var.: *botar o pé no barro/estribo, enfiar o pé na lama, pisar na lama*

Botar o pé no acelerador Andar mais rápido: "Bota o pé no acelerador, rapá, isto é pra ontem" [JB].

Botar o pé no barro *Bras., gír.* Trabalhar: "É preciso botar o pé no barro e ir à luta" [JB].
Var.: *botar o pé na lama/no estribo, pisar no barro*

Botar o pé no bucho *Bras., pop.* Impor a vontade [TC].

Botar o pé no estribo *Bras., gír.* Trabalhar: "Vamos botar o pé no estribo e deixar de brincadeira" [JB].
Var.: *botar o pé na lama/no estribo*

Botar o pé no pescoço Dominar, exercer ascendência sobre alguém: "Comprei para mostrar que não deixo ninguém botar o pé no pescoço" (Jáder de Carvalho, *Aldeota*) [TC].
Sin.: *trepar no cangote* (1)
Var.: *pôr o pé no pescoço*

Botar o preto no branco **1.** Esclarecer qualquer assunto; resolver uma questão. **2.** Assinar contrato; passar escritura; lavrar documento etc. (para não ficar só em palavras o ajustado). **3.** Ler e escrever: "O exemplo começava em casa. Não teve empregada que não saísse de nossa cozinha sabendo botar o preto no branco" (José Cândido de Carvalho, *Porque Lulu Bergantim não atravessou o Rubicon*, pp. 36-7) [ABH/AC/AN/FF/FSB/GAS/TC].
Sin. (1): *botar (tudo) em pratos limpos*
Var. (1) (2): *pôr o preto no branco*

Botar o prumo *Marinh.* Medir a profundidade da água por meio de uma linha de prumo ou de máquina adequada; aprumar [ABH].
Var.: *deitar/largar o prumo*

Botar o/um rabo do olho Olhar rápida e disfarçadamente; dar uma mirada; olhar de soslaio, de esguelha: "Laura botou um rabo de olho e nem deu as horas" (José Pereira de Souza, *Adivinha quem vem*) [AN/GAS/TC].
Var.: *deitar/lançar/pôr o rabo do olho, olhar com o/pelo rabo do olho*

Botar o rabo entre as pernas Calar-se; ficar acovardado, com medo ou por não ter razão: "Joana: ... Jasão bota o rabo / entre as pernas e vem..." (Chico Buarque & Paulo Pontes, *Gota d'água*, p. 125). – Comparação com a atitude do cachorro quando está com medo.
Var.: *meter/pôr o rabo entre as pernas, sair com o rabo entre as pernas*

Botar ordem na suruba *Bras., gír.* Organizar: "Vamos botar ordem na suruba, assim não é possível" [JB].
Var.: *pôr ordem na suruba*

Botar o sarampo pra fora *Bras., RS.* Diz-se quando alguém (...) está de roupa de lã e a temperatura já é alta, insinuando que a pessoa está fazendo uma sauna particular: "Ué, tás botando o sarampo pra fora?" [LAFb].

Botar os bofes de/pra fora Ofegar de cansado; esbaforir-se; ficar sem fôlego; cansar-se: "Até os atacantes botaram os bofes de fora" (Mário Landim, *Mãe d'água e caipora*) [TC/TG].
Sin.: *botar a alma pela boca*
Var.: *botar os bofes pela boca*

Botar os bofes pela boca Estar extremamente cansado, ofegante: "O pobrezinho vinha muito cansado, vinha botando os bofes pela boca..." [FS].
Var.: *botar a alma pela boca, botar os bofes de/pra fora, deitar os bofes pela boca*

Botar os burrinhos n'água *Bras., N, NE.* Vomitar; expelir pela boca: "... o jogo do navio atacava seu estômago: – Tá um vento brabo... Se eu tomar vinho boto os burrinhos n'água..." (Jorge Amado, *Terras do sem fim*, pp. 20-1).

Botar os cachorros *Bras., RS.* Passar uma descompostura; brigar; insultar; enfrentar; dar uma bronca; censurar rispidamente: "Fui falar com ela mas ela nem quis papo, e botou os cachorros em mim" [AJO/LAF/LAFa].
Var.: *largar/soltar os cachorros*

Botar os dentes *Lus.* **1.** Comer. **2.** Conseguir algo para si; conquistar [GAS].

Botar os limões *Bras., BA.* Diz-se quando os seios da menina-moça começam a aparecer (ver Edison Carneiro, *A ling. popular da Bahia*) [MSM].
Sin.: *botar peito*

Botar os olhos em cima de Olhar; dar atenção; vigiar com interesse: "Nunca mais botará os olhos em cima de Mazu" (Jáder de Carvalho, *Aldeota*) [TC].
Var.: *botar os olhos em*

Botar os pés Ir a algum lugar: "A casa dos carros passou a nos amedrontar. Nunca mais tivemos coragem de botar os pés ali" (José Lins do Rego, *Meus verdes anos*, p. 35); "Quase nunca vinha à fazenda, só botava os pés nela para achar tudo ruim" (Graciliano Ramos, *Vidas secas*, p. 24). – Us. na forma negativa (*não botar/não pôr os pés* em determinado lugar), significa não ir ou deixar de ir a tal lugar [TC].
Var.: *pôr os pés*

Botar os pés no chão Pensar: "É bom botar os pés no chão, pra não fazer besteira" [JB].

Botar os pés no estribo Viajar: "Encheu, vou botar os pés no estribo e tchau" [JB].

Botar os pingos nos ii/is Agir com correção; esclarecer: "Vamos botar os pingos nos ii e deixar tudo em pratos limpos, não quero confusão" [JB].
Var.: *pôr os pingos nos ii/is*

Botar os quartos de banda Escusar-se habilmente; ficar neutro; safar-se duma responsabilidade; esquivar-se a um dever; fugir: "Ela ficou-se mijando de gosto. Depois botou os quartos de banda e enxeriu-se com o João Fagundes, um que mudou o nome para furtar cavalos" (Graciliano Ramos, *São Bernardo*, p. 13) [FS/Gl/LM/RG/TC].
Sin.: *negar o corpo, tirar os quartos de fora, tirar o corpo fora*
Var.: *botar o corpo de banda, botar os quartos de lado, dar com os quartos de banda*

Botar os queixos em *Bras., S.* Descompor, destratar: "Briga de garotos na rua é assim: um termina por botar os queixos na mãe do outro" [ABH/AJO/AN].

Botar palavra Discursar [GAS].

Botar panos quentes Atenuar uma situação de crise; tentar contornar uma complicação, uma pendenga; suavizar uma situação vexatória; acalmar uma discussão: "Odorico: Eu procurei botar uns panos quentes. Mas o homenzinho está zoró. É capaz de fazer uma besteira" (Dias Gomes, *O Bem-Amado*, p. 96); "Vizinhas: Bota panos quentes no teu coração" (Chico Buarque & Paulo Pontes, *Gota d'água*, p. 38); "Tupiara tentou botar panos quentes, mas os gritos do injuriado fizeram a bateria silenciar..." (Aldir Blanc, *Bundas*, 19/9/00, p. 14) [CLG/JB].
Sin.: *pôr panos mornos*
Var.: *colocar panos quentes*

Botar para 1. Atribuir a; suspeitar de: "... Luís Padre e Zé Dantas se danavam toda vez que sabiam que estavam botando pra eles safadeza de soldado" (Leonardo Mota, *No tempo de Lampião*, p. 42). **2.** Investir decididamente ou com ímpeto [LM/TC].

Botar para a pele *Lus., Univ. Coimbra.* Comer [GAS].

Botar para cima Ver *botar para (a) frente*

Botar para cima de Suspeitar de; pressupor: "O pai estava preso por causa duma briga na feira do Sapé. Tinham feito uma desgraça num homem e botaram para cima dele" (José Lins do Rego, *Fogo morto*, p. 56) [TC].

Botar para correr Obrigar a fugir; expulsar; enxotar; dispensar; surrar [AN/AS].

Botar para Deus Entregar o caso à justiça divina; deixar à justiça divina o castigo de uma injustiça sofrida; fiar da Providência Divina o desagravo de uma injúria: "O vigário animou-a, exortando-a a que botasse pra Deus" (Pedro Batista, *Cangaceiros dos Nordeste*); "... deu-lhe uma palavra de consolo cristão: – Bote pra Deus" (José Américo de Almeida, *A bagaceira*, p. 114) [AN/FS/Gl/LM/TC].
Sin.: *entregar a Deus*

Botar para fora. 1. Expulsar; despedir; fazer sair: "Me botarem pra fora de casa? Eles é quem iam sentir minha falta, eu tenho a minha máquina, sei trabalhar de costureira..." (Juarez Barroso, *Obra completa*, p. 177). **2.** Dizer; contar; falar francamente; falar tudo; desabafar; confessar a verdade: "... e a cabeça arde, a gente não sossega, tem que botar para fora, no papel" (Aníbal Bonavides, *As profecias do Arquimedes*, p. 428). **3.** Vomitar [AN/Gl/JB/TC].

Var. (1): *tocar para fora*

Botar para (a) frente Dar prosseguimento a algo; continuar [TC].

Sin.: *botar pra cima*

Var.: *botar pra diante, tacar/tanger/tocar para a frente*

Botar para quebrar 1. Tomar a frente de um empreendimento com pulso firme, fazendo que as coisas se decidam: "... e, depois desse dia, passei a tomar todo tipo de ousadia possível sempre que tinha ocasião, passei o dedo pelos contornos do rosto dele, encostei o joelho no dele, botei logo para quebrar tanto quanto se podia naquela época..." (João Ubaldo Ribeiro, *A casa dos budas ditosos*, pp. 71-2); "Aí, ele abria uma gaveta, tirava um papel, lia com atenção, guardava de volta, e começava a botar pra quebrar, dando ordens de batalha" (João Ubaldo Ribeiro, *Bundas*, 12/7/99, p. 12). **2.** Introduzir formas radicais; revolucionar; causar sensação; fazer sucesso; arrebentar: "Hebe botou para quebrar numa festa feita em sua homenagem na mansão de um casal amigo, em São Paulo. Riu, dançou, pulou, cantou e até brigou. Isso mesmo" (*Veja*, 18/3/98, p. 104); "Neste carnaval, vou botar pra quebrar". **3.** Agir com violência, e radicalmente; meter-se em encrenca de modo ríspido e violento, mesmo que o lado contrário seja igualmente duro: "É bom lembrar que no Chile / Já botaram pra quebrar" (Reynaldo Jardim, *Bundas*, 3/10/00, p. 18) [ABH/FN/JB/JF/NL/RBA].

Sin. (1) (2) (3): *botar pra derreter, botar pra foder, botar pra rachar,* (BA) *jogar os cajás*

Var. (1) (2) (3): *botar o pau para quebrar*
Sin. (2): *arrochar o buriti, arrochar o nó*

Botar pegado Aproximar-se de uma garota [FSB].

Botar peitica 1. Torcer contra o sucesso de alguém. **2.** Denegrir [CGP/TGa].

Botar peito *Bras.* Diz-se quando os seios da menina-moça começam a aparecer:
"Francisco Rosa, morador de Uauá, mais a filha botando peito, mais a mulher, com seus trens, passaram de viés pelo largo" (João Felício dos Santos, *João Abade*) [MSM].

Var.: *botar os limões*

Botar pelo ladrão 1. *Bras., gír.* Fazer com que alguma coisa recaia sobre alguém: "Vou botar pelo ladrão, vou encher o salum." **2.** *Bras., MA.* Vomitar: "Ele acordou avariado e botou pelo ladrão tudo o que comeu ontem" [BB/FN/FNa/JB].

Sin. (2): (AL) (PE) *botar (um) bezerro,* (PE) *botar um bode*

Botar pilha *Bras., BA, RS.* Estimular briga; incentivar ostensivamente uma pessoa a fazer algo: "Bota pilha nele, o cara tá meio apagadão." – Expr. de uso mais ou menos recente [JB/LAF/LAFa/NL].

Sin.: *botar fogo*

Var.: *colocar pilha*

Botar pilha errada *Bras., ES, gír.* Fazer ou falar algo errado [*O Povo*, 31/3/96, p. 4B].

Botar ponta Provocar infidelidade conjugal: "Hoje em dia a moça que se casa, / chamando o rapaz – querido, / com poucos dias depois / bota ponta no marido" (José Costa Leite, *Peleja de José C. Leite com Maria Quixabeira*) [MSM/TC].

Sin.: *botar chifre(s)*

Botar pra chegar *Bras., SE, gír.* Agir com rigor (*O Povo*, 31/3/96, p. 4B).

Botar pra dentro Beber; deglutir: "O pinguço botou pra dentro uma meiota, de boa procedência" [JB/J&J].

Botar pra derreter Investir com ímpeto, esperando resultado decisivo; arrebentar: "A noite só estava começando quando o bloco Kanguru entrou na avenida com Ricardo Chaves, do 'É o bicho', a moçada botou pra derreter na avenida" (*Jornal da Rua*, 31/7/99, p. 3); "O Fogão chegou e botou pra derreter. Fodeu meio mundo" [JB/TC].

Sin.: *botar para quebrar*

Botar pra efe Arrebentar: "Vou botar pra efe, custe o que custar" [JB].

Botar(-se)

Botar pra escanteio Afastar: "Assim não dá, vou botar pra escanteio" [JB].

Botar pra foder *Chulo*. Arrebentar; violar; desvirginar; ir fundo: "Vou botar pra foder. Cês vão ver" [GM/JB].
Sin.: *botar para quebrar*

Botar pra frente *Bras., gír.* Roubar: "Encontramos um pastor com a bíblia na mão, querendo botar pra frente no supermercado" [JB].

Botar pra gata miar 1. Mostrar-se. **2.** Ser vitorioso. **3.** Ganhar dinheiro. Ver Euclides Neto, *Dicionareco das roças de cacau e arredores* [FNa].

Botar pra jambrar 1. *Chulo*. Copular (diz-se do homem). **2.** *Bras., gír.* Decidir; executar imediatamente. **3.** Arrebentar: "Bom de papo, veste-se na base da onda jovem e, quando não está em regime de concentração, bota pra jambrar na *Uai, Estilingue* ou *Wood Face*" (João Antônio, *Casa de loucos*, p. 74) [GM/GS/JB].

Botar pra lenhar *Bras., gír.* Arrebentar: "Vou botar pra lenhar, haja o que houver" [JB].

Botar pra marchar Fazer de bobo: "Você me botou pra marchar, mas vai se arrepender do que fez" [JB].

Botar pra maré *Bras., CE.* Expr. indicativa de pôr a jangada no mar, para saírem para a pesca os jangadeiros [JIF].

Botar pra rachar *Bras., gír.* Arrebentar: "Não tem colher. Vou botar pra rachar" [JB/JF].
Sin.: *botar para quebrar*

Botar pra valer 1. Investir resolutamente contra alguém. **2.** Tomar uma decisão, sem temer as consequências [TC].
Sin. (2): *botar pra ver*

Botar pra ver Ver *botar pra valer* (2)

Botar preço Dizer quanto pede por determinada coisa ou quanto oferece por ela: "O homem fez foi rir. – Mas bote preço, eu disse" (Juarez Barroso, *Mundica Panchico e o resto do pessoal*) [TC].
Var.: *fazer preço*

Botar quebranto/quebrante Lançar mau-olhado; fazer definhar ou adoecer, em consequência de mau-olhado ou de gabar muito a coisa: "– Aquela bruxa me botou quebranto..." (Domingos Olímpio, *Luzia-Homem*, p. 60). – Expr. de uso rural [AN/FS].
Sin.: *botar olhado*

Botar queixão Engrossar; peitar; falar mais alto; querer ganhar no grito: "Lá vem você de novo querendo botar queixão pra cima da gente" [FN].

Botar queixo *Bras., gír. das cadeias.* Argumentar [Émerson Maranhão, *O Povo*, 18/12/00, p. 8, expondo um rol de expressões e termos registrados pelo prof. José Océlio Camelo, ex-agente penitenciário do Instituto Penal Paulo Sarasate (IPPS), o presídio oficial de Fortaleza, CE].

Botar quente *Bras., CE.* **1.** Fazer sucesso; dominar; arrasar: "O bloco Evabary abriu a noite trazendo como atração a Banda Eva, com a nova vocalista Emanuele, que botou quente com novas e velhas baladas" (*Jornal da Rua*, 31/7/99, p. 3). **2.** Atacar; jogar pesado (contra): "Para botar quente no mosquito, a Sesa aumenta as ações de controle para reduzir o número de doentes em Fortaleza, principalmente em 76 bairros, onde a coisa não está fácil" (*Jornal da Rua*, 22/6/99, p. 3); "A bandidagem tá botando quente em Fortaleza" (*Jornal da Rua*, 8/2/00, p. 1). **3.** *Bras., SE.* Agir ou falar com firmeza (ver Rubens Dória, *Dic. de sergipanês*) [FNa].

Botar questão Recorrer aos meios judiciais; entrar na Justiça; recorrer aos seus direitos; questionar judicialmente: "Se botar questão, comem o dinheiro e a terra" (José Américo de Almeida, *A bagaceira*) [FN/Gl/TC].

Botar rabo Colocar uma tira de papel ou pano às costas de alguém, à altura do cóccix, com o objetivo de troçar. Os circunstantes dizem então para a vítima da brincadeira: "Macaco, olha teu rabo." Em Portugal o costume é conhecido pelo nome rabo-leva. Ver Ramalho Ortigão, *A Holanda* [DVF].

Botar reparo Vigiar; prestar atenção; olhar; observar; reparar: "– Você nem botou reparo no vestido e diz que ele é lindo" (Stela Maris Rezende, *Atrás de todas as portas*, p. 18); "Não que o padre Anastácio Frutuoso da Frota botasse reparo nessas coisas" (José Alcides Pinto, *Os verdes abutres da colina*, p. 73) [TC].
Var.: *pôr reparo*

Botar sal na moleira *Bras., PI, CE.* Diz-se de alguém que, durante uma discussão, prova que está com a razão; dar uma lição; dar um corretivo: "O Brasil era o país mais valente do mundo (...). Botou sal na moleira do Paraguai" (Fontes Ibiapina, *Tombador*); "Essa me botou sal na moleira" (Getúlio César, *Crendices do Nordeste*) [FNa/PJC/TC]. Ver ainda, para saber mais, LCCa, s. v. "SAL NA MOLEIRA".
Var.: *pôr sal na moleira*

Botar-se a Meter-se a; aventurar-se: "Botou-se a valente na festa."

Botar-se a/para alguém Avançar, investir contra alguém; tentar agredir, atacar alguém; bater em alguém: "O cabra que cair na besteira de se botar a ele segure o pulo porque, se errar o salto, ele o lambisca depressinha..." (Leonardo Mota, *No tempo de Lampião*, p. 19); "Vi o cabra puxar de uma faca e botar-se para o rapaz" (José Lins do Rego, *Cangaceiros*) [GAS/LM/TC].
Sin.: *crescer para alguém*
Var.: *deitar-se a alguém*

Botar-se a tudo Atirar-se a um empreendimento com disposição de tudo arriscar; empenhar-se com todas as forças numa ação [ABH].

Botar sem cuspe *Bras., CE.* Arrepiar; botar sem dó nem piedade; botar pra quebrar [CGP/TGa].

Botar-se no caminho 1. Viajar. **2.** Ir embora: "Desceu da árvore e botou-se no caminho" (Luís da Câmara Cascudo, *Contos tradicionais do Brasil*); "Decidido, pois, a cumprir tal resolução, esporeei o animal, um alazão estradeiro (aquilo, sim, é que era cavalo!) e botei-me no caminho, com Deus e Nossa Senhora" (José Humberto Gomes de Oliveira, *Dez contos mal contados*, p. 25) [TC].
Var.: *botar-se na estrada*

Botar sentido *Bras.* Prestar atenção; tomar conta; guardar; proteger; pastorar (*sic*); vigiar ("botar sentido nas ovelhas" etc.); fiscalizar: "Como estou morando, agora, na cadeia nova, para botar sentido nas obras, de noite, enchi a cabaça na jarra e fui à cidade receber as rações..." (Domingos Olímpio, *Luzia-Homem*, p. 133); "Fique aí, botando sentido no leite pra não deixar derramar quando ferver" [PJC/RG/TC].
Var.: *pôr/prestar sentido*

Botar-se para Dirigir-se a; tomar determinado rumo: "Vossemecê para onde se bota?" (João Clímaco Bezerra, *Sol posto*); "Era um eito da usina que se botava para o partido da Paciência" (José Lins do Rego, *Usina*, p. 77) [TC].

Botar tacha Botar falta, defeito, culpa; maldizer; detratar: "– Quem é que está botando tacha em todo o mundo? Eu só falo no que sei!" (Rachel de Queiroz, *João Miguel*, p. 59); "Aquilo não é boa bisca: gosta de botar tacha nos outros..." [FS/TC].

Botar tapete(s) *Bras., gír.* Fazer honras: "O comandante Rolim me cedeu e vou botar tapete pra receber o amigo" [JB].

Botar tempo nisso Expr. us. para dar a ideia de longo período de tempo: "Três dias? Bote tempo nisso" (Braga Montenegro, *As viagens e outras ficções*); "Bota tempo nisso, parceiro" [JB/TC].

Botar terra Estragar, melar algo; agourar; torcer contra: "Não vou deixar agora alguém aparecer e botar terra nos meus planos, certo?" [FNa].

Botar terra sobre Esquecer; olvidar; deixar de dar atenção ao fato sucedido [GAS].

Botar terra nos olhos de alguém Enganar, iludir alguém; tapear, confundir, lograr, ludibriar alguém [FS/TC].
Sin.: *atirar areia nos olhos de alguém*
Var.: *pôr terra nos olhos de alguém*

Botar(-se)

Botar terror *Bras., gír.* Alertar; agitar: "Vamos botar terror no pedaço, vamos acordar a macacada" [JB].

Botar titica no ventilador *Bras., gír.* Revelar tudo: "Vou botar titica no ventilador, vocês me sacanearam" [JB].
Var.: *botar merda no ventilador, botar no ventilador*

Botar tudo nos trinques Disciplinar; organizar inteiramente; pôr tudo em ordem: "Áreas onde todo ano existe uma verdadeira novela pra botar tudo nos trinques e não deixar a gurizada sem botar os pés na escola e aprender a tabuada" (*Jornal da Rua*, 1º/2/00, p. 3).

Botar uma mitra Usar de astúcia ou esperteza; ser sabido [FS].

Botar uma pedra em cima 1. Pôr termo a (assunto ou questão desagradável, constrangedora); encerrar, esquecer (um assunto) definitivamente; liquidar; enterrar; desistir de uma demanda; encerrar um desentendimento; fazer silêncio sobre um assunto; fazer esquecer uma rixa; abafar; ocultar; encobrir: "Alguém tem culpa no cartório. Quem? Ou simplesmente vão botar uma pedra em cima?" (Alan Neto, *O Povo*, 17/9/00, p. 4). **2.** Retardar, postergar indefinidamente ou suspender o andamento de um processo, de uma causa ou de certo empreendimento: "Quando é mesmo que a Prefeitura devolverá o dinheiro dos que pagaram antecipadamente a Taxa do Lixo? Botaram uma pedra em cima" (Alan Neto, *O Povo*, 20/6/99, p. 4A) [ABH/AN/CGP/CLG/FF/FS/GAS/JB/LM/TC/TGa].
Var.: *pôr (uma) pedra em cima*

Botar um bode Ver *botar pelo ladrão* (2)

Botar um boneco federal Fazer baixaria, desordem; arrumar confusão: "E você pare de me chamar de *bunequeira* por que se não você vai saber bem direitinho o que é butar um buneco federal!" (sic) (AS, p. 46).
Var.: *botar (o/o maior) boneco* (3)

Botar um cabresto Controlar estritamente uma situação ou relacionamento; mandar [TGa].

Botar um cerco Cercar o inimigo [TC].

Botar um par de chifres Trair: "Vou botar um par de chifres nele, ele tá merecendo. Vive aprontando" [JB].
Var.: *botar chifre(s)*

Botar um pé lá, outro cá Ir e voltar com muita ligeireza
Var.: *pôr um pé lá, outro cá*

Botar um penso Amarrar um peso do lado mais estreito da arraia ou fazer um furo no lado mais largo, para equilibrar [TG].

Botar um roçado Cultivar uma roça de legumes, algodão, mandioca etc. [TC].

Botar um verso Versejar; recitar um desafio; fazer versos de louvor a alguém; compor um poema, uma poesia [FS/LM/RG/TC].
Var.: *tirar um(uns) verso(s)*

Botar velocidade *Desp.* Aumentar a rapidez da corrida em direção ao gol [HM].

Botar verde Entrar com rodeios no sentido de arrancar de alguém segredo que lhe interessa; insinuar algo, conduzindo a conversa para determinado assunto, a fim de apurar o que tenciona saber; fazer insinuação [ABH/FS/FSB/LAF/RBA/TC].
Var.: *botar verde para colher maduro, jogar (um) verde, plantar verde*

Botar verde para colher maduro Insinuar ou afirmar algo, conduzindo a conversa para determinado assunto, a fim de apurar o que tenciona saber; entrar com rodeios no sentido de arrancar de alguém segredo que lhe interessa; tentar obter uma confissão, fingindo já conhecer a verdade, ou simulando não necessitar dela (confissão); sondar a disposição de alguém; usar de lábia e malícia para conhecer a intenção de alguém; estimular alguém mediante perguntas hábeis, dissimuladas, a fazer uma declaração, contar um fato; fingir falsas convicções para conquistar a confiança; afetar conhecer um assunto, para instigar alguém a confiar pormenores ignorados: "Ela anda botando verde pra colher maduro" (Jáder de Carvalho, *Sua majestade, o juiz*). – O romancista fr. Honoré de Balzac usa a expr. *advogar o falso para saber o verdadeiro* [ABH/AC/AN/FF/FS/GAS/JB/LM/RBA/RMJ/TC].

Sin.: *botar o barro à parede*, (lus.) *deitar uma bisca*, (lus.) *deitar uma dica*

Var.: *botar verde, botar uma verde pra colher uma madura,* (NE) *botar verde pra pegar maduro, deitar verde pra colher maduro, deitar verdes para colher maduras, jogar verde pra colher maduro, plantar verde pra colher maduro(as)*

Botar zebu *Bras., gír.* Arrebentar: "Vou botar zebu nisso, num tô gostando da parada" [JB].

Bradar

Bradar ao(s) céu(s) Expr. us. em relação a algo que julgamos uma injustiça, uma desumanidade; ser muito injusto, desumano, atroz; diz-se do pecado que causa grande horror [AN/GAS].

Bradar aos quatro ventos Esbravejar; falar muito alto, como a discursar, no afã de querer impor seus pontos de vista: "Parecia que recitava um epitáfio, bradava aos quatro ventos de braços abertos e gestos largos que lhe davam um aspecto de pregador leigo..." (Mílton Dias, *As cunhãs*, pp. 75-6); "Ao voltar, o sujeito bradava aos quatro ventos que os americanos foram feitos para dominar e nós para sermos dominados. Bateu-me um frouxo de riso" (Aírton Monte, *O Povo*, cad. Vida & Arte, 25/6/01, p. 2).

Brigar

Brigar com a bola *Desp.* Ter dificuldade momentânea no trato da bola [HM].

Brigar no rebote *Desp.* Disputar (grupo de jogadores) bola que refluiu após chocar-se com trave, jogador ou juiz [HM].

Brigar por ela *Desp.* Disputar a posse da bola [HM].

Brilhar

Brilhar pela/por sua ausência Não estar presente; não comparecer, mas por acinte, propositadamente; fazer-se notado por uma atitude de acintoso desdém, deixando de comparecer a um local ou cerimônia em que a presença seria, quando não obrigatória, ao menos por todos esperada; fazer-se notar justamente por não ter comparecido onde devia ir. – A expr. vem de uma observação de Tácito ao narrar o funeral de Júnia, viúva de Cássio e irmã de Bruto. Os romanos costumavam colocar junto ao cadáver as efígies dos antepassados e parentes falecidos do morto, mas nesse funeral faltaram as imagens daqueles dois, malvistos por suas ações contrárias a Augusto, e, por isso mesmo, brilhavam pela ausência [AN/GAS/RMJ].

Brincar

Brincar ao gato e ao rato Conseguir esconder as suas intenções [GAS].

Brincar com a morte Viver perigosamente [F&A].

Brincar com a tropa Divertir-se com quem deveria respeitar; não cumprir [GAS].

Brincar com (o) fogo Tratar levianamente assuntos perigosos ou de ponderação; meter-se levianamente em coisas ou empresas perigosas, arriscadas; envolver-se em negócios, encrencas ou aventuras perigosas; facilitar ante o perigo; expor-se a situação mais séria; arriscar-se imprudentemente [ABH/AN/CLG/GAS/MPa/RG/TC].

Brincar com pólvora Não ligar importância a perigos; arriscar-se, expor-se [ABH].

Brincar de esconder peia *Bras., NE.* Manter relacionamento sexual, copular, transar. É eufemismo do órgão sexual masc.: "Se não fosse impiedade, usaria de franqueza: sua caçula está na travessa do Jasmim brincando de esconder peia" (Permínio Asfora, *Bloqueio*) [MSM]. – A expr. tem sua or. no jogo inf. de esconder-a-peia, o chicote.

Brincar de papai e mamãe *Bras., chulo.* Ter relações carnais; copular [ABH].

Brincar de Pedro *Bras., NE, chulo.* Ter relações sexuais com pederasta [MSM].

Brincar de troca-troca *Bras., S.* Relacionamento em que os parceiros são ativo e passivo ao mesmo tempo [MSM].

Brincar em serviço *Desp.* 1. Afrouxar, sobre um adversário, a marcação que competia a certo jogador na estratégia do jogo. 2. Reduzir o desempenho na partida [HM].

≠ **Não brincar em serviço** *Bras.* 1. Cumprir uma obrigação com rapidez e eficiência; não perder tempo. 2. Não desperdiçar oportunidades; não perder tempo: "Cheia de amor pra dar, a morena não brinca em serviço" (*Jornal da Rua*, cad. JRTevê, 27/6/99, p. 1) [ABH/AT].

Brincar nas onze *Desp.* Gabar-se (um jogador) de poder atuar em qualquer uma das onze posições de uma equipe [HM].

Brincar o corte Refere-se ao auge da brincadeira de arraia (ou pipa ou pandorga): o desafio é embiocar (mergulhar de ataque, num lanceio bem dado) em cima da outra para se mostrar; disputar com outro o espaço de uma arraia no céu (geralmente, os meninos ficam em ruas diferentes e lanceiam cada um a sua arraia em direção à outra, para que ocorra o corte de uma delas): "A gororoba é passada na linha pra brincar o corte. O melhor encerol pode embiocar sobre as outras que papocam com a linha e tudo" (*Jornal da Rua*, 6/7/99, p. 2) [CGP/TG].

Brotar

Brotar como cogumelo Aparecer inopinadamente e em grande abundância [AN].

Bufar

Bufar de raiva *Bras., CE.* Estar irritado, irado; ficar enfurecido: "Pode bufar de raiva, ficar puto, mas não vou mudar minha decisão" [JB/RG].

Bulir

Bulir com a doença Provocar excitação de incômodos, feridas etc., por meio de remédios, para poder estudar formas de cura [TC].

Bulir com alguém 1. Incomodar alguém. 2. *Bras., CE.* Deflorar, desvirginar alguém: "Fulano buliu com a filha de Sicrano e o caso vai ser sério" [GAS/RG/TGa].

Bulir com o pensamento Ficar preocupado: "Aquilo vivia bulindo com o seu pensamento" (Ribamar Galiza, *O povoado*) [TC].

Bulir com os nervos Causar antipatia, repulsão [GAS].

Bulir em casa de mari(m)bondo(s) Tocar em assunto delicado, perigoso, escabroso, que suscite questão, brigas; provocar, com palavras ou atos, situação ou reação desagradável, insuportável, perigosa; provocar briga, revolta, questão [ABH/AN/TC].

Var.: *mexer em casa de mari(m)bondo(s)*

Bulir na ferida Referir-se a coisa que magoa, que traz dolorosas recordações; fazer referência a assunto melindroso, delicado ou desagradável; tocar no ponto sensível [AN/GAS/TC].

Sin.: *botar o dedo na ferida*
Var.: *mexer/tocar na ferida*

Bulir na mobília de uma moça *Bras., NE, chulo.* Desvirginar [MSM].

Buscar

Buscar fogo Diz-se da visita muito rápida; ir ou vir com muita pressa; ir a algum lugar e nele não se demorar: "Não vá agora não, espere: você parece que veio buscar fogo..." – Ant., quando não havia fósforos, os sertanejos iam de uma a outra fazenda, muitas vezes à distância de quilômetros, à procura de fogo. Corriam, então, para que o tição não se apagasse [AJO/AN/FS/LM].

Buscar lenha para se queimar Procurar pelas próprias mãos o que depois vem atormentar; promover o próprio infortúnio; pretender algo que compromete ou prejudica a si próprio [AN/GAS].

Sin.: *procurar sarna para se coçar*

Buscar pleito *Bras., RS.* Procurar briga [AJO].

Buscar posicionamento *Desp.* Colocar-se em condição de receber a bola para chutá-la a gol [HM].

Buscar serviço *Desp.* Correr para onde a bola está e disputar o seu controle [HM].

Buzinar

Buzinar aos/nos ouvidos de alguém Enredar, repetir a alguém insistentemente qualquer recado ou assunto; aturdir alguém com repetições importunas; falar a mesma coisa com insistência; maçar; teimar; insistir [AN/CLG/GAS].

Var.: *martelar (n)os ouvidos de alguém, seringar os ouvidos de alguém*

Buzinar na orelha *Bras., gír.* Avisar: "Vou buzinar na orelha dele" [JB].

Var.: *buzinar no ouvido*

Buzinar no ouvido *Bras., gír.* Avisar: "Vou buzinar no ouvido dele, ele que tome suas providências" [JB].

Var.: *buzinar na orelha*

Buzinar seios *Bras., gír.* Apertar os seios de uma mulher: "O cara é chegado a buzinar os seios das meninas" [JB].

Caber

≠ **Não caberem dois proveitos num só saco** Ser impossível auferir duas vantagens ao mesmo tempo [ABH].

Caber em partilha Pertencer por sorte; destinar-se [AC].
Var.: *tocar em partilha*

≠ **Não caber em si** Andar ou estar muito contente, satisfeito com algo que lhe tenha acontecido: "Aplaudido pela população e pelos colegas, não cabia em si, de satisfação, dando vazão à sua ânsia exibicionista" (Mariano Freitas, *Nós, os estudantes*, p. 57).
Sin.: *não caber na pele de contente*
Var.: *não caber em si de alegre*

≠ **Não caber em si de alegre** Estar desmedidamente alegre, satisfeito: "Meu pai não cabia em si de alegre; inquieto, apertava Jorginho, me beijava..." (Fernando Vaz, *É tudo mentira*, p. 11).
Var.: *não caber em si*

≠ **Não caber na cabeça** Ser inacreditável: "Mas isso não cabe na cabeça de uma pessoa de juízo" (João Clímaco Bezerra, *Sol posto*) [GAS/TC].
Var.: *não caber na cabeça de um tinhoso, não entrar na cabeça*

≠ **Não caber na cabeça de ninguém** Ser uma insensatez [AN].

Caber na cova de um dente Ver *caber numa mão fechada*

≠ **Não caber na cova de um dente** Ser coisa demasiadamente pequena; ser pouco e muito escasso; ser em quantidade mínima, insuficiente [AN/GAS].
Sin.: *não chegar nem para o buraco de um dente*
Var.: *não dar para a cova de um dente*

≠ **Não caber na pele de contente** Estar eufórico; estar muito contente com algo; sentir grande contentamento; estar muito inchado de contentamento. – Alusão à fábula da rã e do boi (La Fontaine): a rã queria ser um boi, e ficou tão inchada com seu esforço que acabou não cabendo mais na sua pele... e estourou; ver Esopo, *Fedro* [AN/GAS/RMJ].
Sin.: *não caber em si*
Var.: *não caber na pele, não caber em si de contente*

≠ **Não caber nas bainhas** Presumir muito de si; ser enfatuado [GAS].

≠ **Não caber no bucho** Não poder comer mais nada; ter comido muito; estar de barriga cheia [GAS].

Caber numa mão fechada Diz-se a respeito de coisa com dimensões muito pequenas [GAS].
Sin.: *caber na cova de um dente*

≠ **Não caber num sino** Ver *andar num sino*

≠ **Não caber um alfinete** Estar, um lugar, inteiramente cheio; não haver lugar para mais nada [AN/GAS].
Sin.: (lus.) *estar a casa à cunha*
Var.: *não caber nem uma cabeça de alfinete*

Caçar

Caçar à mochila Caçar com o prévio acordo de que tudo o que for caçado será distribuído por todo o grupo de caçadores [GAS].

Caçar borboleta *Desp*. Tentar agarrar ou desviar bola alta, com os braços estendidos, e deixá-la escapar [HM].
Sin.: *catar mexerica*

Caçar conversa Provocar; agredir: "O pessoal de fora não combina com a gente porque tem as diferenças, mas a gente vai levando. Um dia desses andou um rapaz caçando conversa. Ele era do povoado de Arara. (...)" (Augusto Rabelo da Paixão, da comunidade negra Mimbó, em entrevista aos *Cadernos de Teresina*) [FNa/PJC].

Caçar mala *Bras., gír.* Entre policiais, prender bandidos: "Vamos caçar malas e vamos arrepiar" [JB].

Caçar pulgas Esmiuçar; estar atento aos detalhes [AN/CLG].

Caçar terra nos pés *Bras., CE.* Estar com tontura [CGP].

Caçar veado *Bras., RS.* **1.** Levantar à noite, com dor de barriga, para ir ao banheiro. **2.** Urinar na cama [AJO].

Cacarejar

Cacarejar e não pôr ovo *Lus.* Prometer e não cumprir [GAS].

Caçoar

Caçoar com a tropa *Lus.* Brincar com as pessoas; ironizar [GAS].

Cagar(-se) *Chulo*

Cagar a laço Ver *cagar a/de pau*

Cagar a/de pau *Bras., RS.* O ato de dar uma "camaçada de pau", uma surra [LAF].
Sin.: *cagar a laço*

Cagar de gatinhas *Bras., RS.* Estar em apuros; estar em dificuldades [AJO].

Cagar(-se) de medo Medrar; ficar apavorado: "O caguete cagou de medo, ficou todo borrado" [JB/TC].
Sin.: *cagar no dedo*
Var.: *mijar-se de medo*

Cagar dinheiro *Bras., gír.* Ter muito dinheiro: "Cê pensa que cago dinheiro, xará, tô numa de horror" [JB].

Cagar e andar *Bras., gír.* Significa atitude de pouco-caso, de desprezo pelas consequências de certo ato; não se interessar: "Se ele se der mal, tô cagando e andando pra ele"; "Eu cago e ando pro que vai acontecer se eu sair com ela"; "Tô cagando e andando presses caras" (*sic*) [JB/LAF].

Cagar e limpar o cu com a merda *Bras., NE.* Não fazer nada que preste; não resolver o problema; ficar tudo como era anteriormente [MSM].

Cagar em pé feito boi *Bras., NE.* Diz-se de quem faz o que quer, o que bem entende, cometendo até abusos [MSM].

Cagar e sentar em cima Ver *cuspir no prato em que/onde comeu*

Cagar fininho *Bras., NE.* Passar apuros, dificuldades, interrogatórios, vexames (ver Paulino Santiago, *Dinâmica de uma linguagem*, "O falar de Alagoas") [MSM].

Cagar fogo Sumir, fugir, desaparecer: "– Foi o senhor se deitar e ele cagar fogo em cima da égua lá dele" (Neil de Castro, *As pelejas de Ojuara*) [FN].
Sin.: *abrir de/do/o chambre*

Cagar fora do penico Fazer besteira, bobagem; cometer uma gafe [LAFb].

Cagar goma *Bras.* Ostentar de forma arrogante feito ou condição superior; ditar normas de comportamento, contando mentira, vantagem, grandeza, valentia, fanfarronada; fanfarronar; vangloriar-se; jactar-se mentirosamente; gabar-se de seus atos ou bens materiais; diz-se da pessoa gabola: "O mais apreciado é um modelo que não *tesoura* ninguém, nem chega nos lugares querendo cagar goma, sabe ouvir com atenção..." (TG, p. 41); "Acho tão bonito... tem certas pessoas que vivem dando uma de cu doce, não tem um pau pra dar num gato e aí vem querer cagar goma aqui perto de mim..." (AS, p. 61). [AC/AN/AS/CGP/JB/MGb/Net/RG/TC/TG].
Sin.: *arrotar valentia*

Cagar-lhe o cão na carreira Ficar por concluir uma coisa em que fazia muita vontade [GAS].

Cagar loas Dar opiniões sem solicitação; dar ordens ou opiniões idiotas ou absurdas; querer influir nas ações de outrem; dizer mentiras [GAS].
Sin.: *cagar sentenças*

Cagar na cabeça *Bras., RS.* Expr. utilizada para designar o ato ou o efeito de tripudiar de alguém, vencendo-o de forma total e irremediável, seja por palavras, seja por ações, ou o ato de insultar alguém [LAF/LAFa].

Cagar na retranca *Bras., S, SP*. Diz-se da pessoa que fez fracassar o que já se encontrava encaminhado [MSM].

Cagar no dedo *Bras., gír*. Medrar: "O malandro cagou no dedo, borrou-se todo" [JB].

Sin.: *cagar(-se) de medo*

Cagar no patê Ver *cagar no pau*

Cagar no pau *Bras., RS*. Ter medo; demonstrar medo; levar medo (m. us.) [LAF].

Sin.: *cagar no patê*

Cagar no prato *Bras., gír*. Fazer desfeita: "O cara não cuspiu no prato, cagou no prato, é um ingrato" [JB].

Cagar o louro *Bras., gír*. Dar tudo errado: "Ih, cagou o louro, nada deu certo" [JB].

Cagar (n)o pau *Bras., gír*. Errar; falhar; não cumprir a contento determinada tarefa; fazer besteira; estragar tudo; dar mancada; esculhambar; (*gír*.) sujar: "O chefinho cagou no pau, também só faz merda"; "Arre égua, Rosinete, pra que diabo tu foi falar disso na hora que a gente tava se abufelando. Pronto, cagou o pau!" [AS/CGP/MGa/PJC/TG].

Sin.: *melar a vara*

Cagar para o mundo *Bras., S, NE*. Não fazer caso da opinião alheia; não fazer caso dos murmúrios dos outros; ser em extremo despreocupado da opinião alheia [AN/MSM].

Var.: *rir-se do mundo*

Cagar pela boca *Bras., NE*. Falar besteiras; dizer tolices; diz-se de orador que fala mal: "Ouviu o discurso de José? – Discurso? Ele só fez cagar pela boca o tempo todo! Não disse nada que se aproveitasse!" [J&J/MSM].

Cagar pra dentro Ver *morder a fronha*

Cagar prosa Tirar muita conversa; contar vantagem; gabar-se: "Cabra de Engenho Novo não caga prosa, não canta de galo, com as costas quentes" (José Lins do Rego, *Fogo morto*, p. 100).

Cagar raiva *Bras., CE*. Diz-se de alguém que está azedo, irascível [ABH/MSM].

Cagar regra(s) *Bras*. **1.** Dar-se ares de sabichão; dar uma de entendido; passar por ou bancar o inteligente; pedantear: "O chefão gosta de cagar regras, pensa que é o dono da cocada preta." **2.** Ditar conduta ou comportamento: "Ao que o menino mais velho redarguiu alegando, com perdão da palavra, que não valia cagar regra" (Fernando Sabino, *O homem nu*, p. 121); "Americano consegue ser chato e cagar regra até em suruba, são muito piores do que os alemães..." (João Ubaldo Ribeiro, *A casa dos budas ditosos*, p. 107); "O cara vive cagando regras, como se tivesse moral para isso" [ABH/JB/MPa].

Cagar sentenças Dar opiniões com jactância e sem ser chamado [GAS].

Sin.: *cagar loas*

Var.: *dar sentenças*

Cagar-se todo 1. Dizer asneira. **2.** Passar decepções [TC].

Cagar um quilo certo *Bras., S, SP*. Ter de cumprir uma missão com exatidão [MSM].

Caiar

Caiar à mourisca Caiar à maneira mourisca: "Em Penaguião 'caiar uma parede à mourisca' é caiá-la rebocando-a somente nas juntas das pedras" (Júlio Nogueira, *Estudos da língua port.*) [ECS].

Caiar bolos *Lus., Évora*. Colocar bolos em calda de açúcar para ficarem brancos (as cavacas, os cachorros etc. são bolos caiados) [GAS].

Cair

≠ **Não cair** Não ir no jogo, na conversa; não se deixar convencer: "Ela me contou essa história, mas eu não caí."

Cair a alma aos pés Sentir grande decepção ou desânimo repentino [AN/GAS].

Var.: *cair a alma a uma banda, cair o coração aos/nos pés*

Cair a beiça *Lus.* Ficar amuado [GAS].

Cair a bunda *Bras., RS, chulo.* **1.** Deslumbrar(-se): "Me caiu a bunda de ver o guri jogando bola". **2.** Ficar estarrecido; indignar-se: "Me caiu a bunda a Fulana estar andando com aquela gente" [LAF/LAFb].
Sin.: *cair os cadernos, cair os revólveres, ficar de cara* (1) (m. us.)

Cair à cama Adoecer [GAS].

Cair a fantasia Revelar-se: "Caiu a fantasia do bofe, agora está nu e exposto" [JB].
Var.: *cair a máscara*

Cair a ficha *Bras., gír.* **1.** Acontecer o que se pretende: "Caiu a ficha, tudo aconteceu como tínhamos planejado." **2.** Entender: "Finalmente, caiu a ficha da turma, agora todo mundo sabe o que fazer" [JB].

Cair a fundo 1. *Desp.* Na esgrima, lançar um ataque profundo sobre o adversário. **2.** Diz-se de pessoa frontal e direta que diz o que pensa [GAS].

Cair à giralda *Lus.* Estar prestes a dar à luz. (*Rev. Lus.*, XXXVIII, p. 120) [ECS].

Cair água Chover: "– Vai cair água. O sul está puxando" (José Cândido de Carvalho, *O coronel e o lobisomem*, p. 71).

Cair água no goto /ô/ *Bras., CE.* Diz-se quando a água desce garganta abaixo e aloja-se na epiglote (dói muito); acontece quando a gente bebe água ligeiro e ela desce pela laringe rasgando e doendo muito. ♦ "Goto" é o popularismo de "glote" [CGP/TGa].

Cair algum santo do altar Acontecer algo inesperado [GAS].

Cair a madeira Haver espancamento, pancadaria, confusão, briga [AN/FS/JB/TC].
Sin.: *cair o cacete*
Var.: *roncar a madeira*

Cair a máscara Revelar-se: "Caiu a máscara, agora todo mundo vai saber quem é o vagabundo" [JB].
Var.: *cair a fantasia*

Cair ância (*sic*) *Lus.* Chover [GAS].

Cair aos bocados Esfarelar-se; despedaçar-se [GAS].

Cair à perna a alguém Atacar, injuriar alguém: "A gente do distrito caiu-lhe à perna, injuriando-lhe com palavras..." (Camilo Castelo Branco, *Formosa Lusitânia*) [ECS].

Cair a ré *Mar.* Recuar; descair (a embarcação) [ABH].

Cair a/como sopa no mel Vir muito a propósito; aparecer no momento oportuno; vir ao encontro dos nossos desejos; a uma coisa agradável, juntar outra, em complemento; diz-se de auspiciosa coincidência, de feliz e inesperada ocorrência: "A sopa caiu no mel: vim a saber que o pai dela andava por aqui de dívidas" (Caio Porfírio Carneiro, *O casarão*). Ver Leite de Vasconcelos, *Opúsculos* [ABH/AN/FF/GAS/OB/RBA/TC]. – A sopa de mel, i. e., pão molhado em mel, é guloseima muito apreciada, e que mais o devia ser de nossos avós, em tempos em que o açúcar não tinha o uso que hoje tem.

Cair a venda dos olhos Atinar finalmente com a verdade [AN].

Cair bem 1. Condizer; ser adequado; vir a propósito; agradar; gostar: "Estou bonita? Será que está caindo bem? Rosa com branco? Não é muito ousado sair de minissaia?" (Marcelo Rubens Paiva, *Blecaute*, p. 138). **2.** *Desp.* Impulsionar o corpo para o lado de chute dado em bola rasteira contra a meta que defende [GAS/HM].

Cair (no/o) cacau *Bras., BA.* Diz-se quando está chovendo ou quando a terra está dando lucro [FNa/NL].

Cair com Arcar com as despesas; pagar: "Seu Edgar caiu com 5$000" (João Clímaco Bezerra, *Não há estrelas no céu*) [TC].
Sin.: *chiar com*
Var.: *cair com os cobres*

Cair com a gaita Ver *cair com os cobres*

Cair com as despesas Ver *cair com os cobres*

Cair com o dinheiro Ver *cair com os cobres*

Cair como o carrapato na lama Cair desamparado, ficando escarrapachado no chão [GAS].

Cair como peixe Ver *cair na rede*

Cair com os cobres *Bras., pop.* Entrar com o dinheiro, pagando ou emprestando; pagar; indenizar; fazer uma despesa: "Este, se vosmecê o curar, talvez caia com os cobres" (Visconde de Taunay, *Inocência*) [ABH/AN/FF/FS/LM/RG/TC].

Sin.: *cair com a gaita, cair com as despesas, cair com o dinheiro, passar a nota*

Var.: *cair com, entrar com os cobres, marchar com os cobres, morrer com os cobres*

Cair com os quartos Ver *dar o rabo*

Cair como uma bomba Acontecer de surpresa; chegar de repente e inesperadamente; chegar repentinamente sem aviso; diz-se de notícia chocante [AN/CLG/GAS].

Cair como uma carapuça Ajustar-se perfeitamente [AN].

Cair como uma luva Adaptar-se perfeitamente, muito bem: "Demorou, mas encontrei uma bolsa nordestina, (...) de couro curtido, e uma boina preta de pano que cai como uma luva" (Fanny Abramovich, *As voltas do meu coração*, p. 26).

Var.: *assentar como uma luva*

Cair como um patinho Deixar-se iludir ou lograr; ser enganado por ingenuidade; ser facilmente logrado: "Ele caiu como um patinho naquela armadilha." – Ladislau Batalha, *História geral dos adágios portugueses*, dá como frase de vigaristas. João Ribeiro, em *Frases feitas*, conta a respeito uma crespa estória que vem nas *Facetiae*, de Poggio [AN/ABH/CLG/DT/GAS/TC].

Sin.: *cair como um dez, cair que nem um anjinho*

Var.: *cair como/que nem pato*

Cair como um tordo *Lus.* Tombar repentinamente; morrer de repente [GAS].

Var.: *tombar como um tordo*

Cair com todo o seu peso 1. Cair sem que nada amorteça a queda. **2.** *Fig.* Lançar toda a sua influência [AN].

Cair da boca Ver *cair fora*

Cair da boca aos cães Diz-se da pessoa que anda miseravelmente vestida ou muito doente, famélica; estar extremamente magro [GAS].

Cair da burra abaixo Ficar espantado [GAS].

Cair da cama Acordar cedo: "O Miguel caiu da cama, madrugou e foi à luta" [CLG/JB].

≠ **Não cair daí abaixo** *Lus.* Não estar de acordo; não tomar essa resolução. – Mais us. na 1.ª pess. do sing.: "Não caio daí abaixo" [GAS].

Cair da lua Cair na realidade [GAS].

Cair dando *Bras., RS.* Ir embora, sair correndo, rapidamente. A expr. tb. pode ser empregada para afastar chatos, explicitamente: ouve-se dizer contra a presença deles (e tb. de crianças indesejáveis), "Cai dando (...)" [LAF].

Var.: *sair dando*

Cair das alturas Ver *cair das nuvens*

Cair das calças abaixo Diz-se de alguém que usa calças muito curtas [GAS].

Cair das nuvens Espantar-se ou decepcionar-se com acontecimento imprevisto ou imprevisível; sofrer forte decepção; ficar muito admirado por qualquer coisa imprevista; ter ou sofrer uma enorme surpresa; experimentar uma grande surpresa, um enorme choque ou traumatismo moral; ficar surpreso; surpreender-se perante um fato inesperado: "Nigombe caiu das nuvens. Esperava por tudo, menos aquilo" (Luiz Galdino, *Saruê, Zambi!*, p. 54); "Belarmino caiu das nuvens ao ouvir as palavras do companheiro" (Fran Martins, *Poço de Paus*, p. 148); "Caí das nuvens quando soube o que aconteceu" [ABH/AC/AN/FF/FS/FSB/GAS/JB/RMJ].

Sin.: *cair das alturas, cair dos céus*

Cair da tripeça Diz-se de pessoa muito velha; estar muito velho [GAS].

Cair de anel Ver *dar o rabo*

Cair debaixo do ano do nascimento Estar inteiramente sob o poder de alguém [GAS].

Cair de banda Ver *cair fora*

Cair de bandeja Favorecimento inesperadamente que surge; oportunidade inesperada: "Esta chance caiu de bandeja, mas ele não soube aproveitar" [JB].

Cair de boca *Chulo*. Fazer sexo oral: "Vou cair de boca naquela buça" [JB].

Cair de borco Cair emborcado, com a titela no chão; cair de bruços [CGP/TGa].

Cair de braço Bater: "Vou cair de braço naquele filho da puta" [JB].

Cair de bunda Cair sentado: "O cara caiu de bunda, estatelou-se, acho que se machucou" [JB].

Cair de cabeça Dedicar-se: "Vou cair de cabeça nesta causa, vou me dedicar ao assunto" [JB].

Cair de calhostra *Lus., Turquel*. Estabelecer-se (ver *Rev. Lus.*, XXVIII, p. 96) [ECS].

Cair de cama Ficar doente com certa gravidade: "Desejei avisar a família, consultar o Dr. Mota, cair de cama" (Graciliano Ramos, *Infância*, p. 247); "O velho Nonô Barbeiras, (...), sentiu aquela pontada nas partes subalternas pelo que apalpou a barriga e caiu de cama" (José Cândido de Carvalho, *Porque Lulu Bergantim não atravessou o Rubicon*, pp. 60-1) [AN].

Cair de cangalhas Cair de costas ou de cabeça, ficando com as pernas para o ar [GAS].

Cair de cavalo magro Mostrar-se inábil, inepto em coisas de fácil execução. – Expr. hoje quase em desuso [LM/TC].

≠ **Não cair de cavalo magro** Ter experiência: "Barbosa Lima Sobrinho foi-se aos 103, sem nunca envergar caminho para defender as liberdades. Um guerreiro jornalista e democrata que não caía de cavalo magro" [AN].

Cair de chapa Cair de frente [GAS].

Cair de Cila em Caribde Sair de um perigo e cair em outro. – Tradução do prov. lat. *Jucidet in Scullam cupiens vitare Charybdim*. Cila é um rochedo na costa ital. e Caribde, um turbilhão ao nordeste da Sicília, perto do porto de Messina. Ver Homero, *Odisseia*, XII; Ovídio, *Metamorfoses*, XIV [AN].

Var.: *cair em Cila, tentando evitar Caribde*

Cair de cócoras diante de alguém Lisonjear; humilhar-se [GAS].

Var.: *estar de cócoras diante de alguém*, *pôr-se de cócoras*

Cair de costas Espantar-se; ficar surpreso, surpreender-se com determinado fato ou notícia; ficar surpreso com alguma notícia-bomba: "– Acabei de saber agorinha mesmo. Vosmicê não imagina, vai cair de costas" (Jorge Amado, *Terras do sem fim*, p. 120) [AJO/CLG/TC].

Cair de costas e quebrar o nariz Ser alguém tão caipira que lhe acontecem coisas quase impossíveis. – É um dos cúmulos glosados em loc. pop. Esse é tido como o cúmulo do azar [AN/RMJ].

Cair de cu *Lus*. Diz-se da pessoa que teve uma grande surpresa, ou que cai sentada [GAS].

Cair de cu trancado *Desp*. Desabar sentado em consequência de drible rápido e desconcertante [HM].

Cair de joelhos 1. Ajoelhar-se. **2.** *Fig*. Arrepender-se; pedir perdão. **3.** *Bras., NE*. Fazer o coito usando a língua [AN/MSM].

Cair de língua *Chulo*. Fazer sexo oral: "Diante deste avião, caio de língua e faço serviço completo" [JB].

Cair de madura Não ter experiência: "Caiu de madura, não aprendeu nada" [JB].

Cair de maduro 1. Não poder mais resistir; estar no ponto ou ultrapassando o ponto de ser resolvido, concedido, solucionado (o negócio, o caso, o assunto etc.): "O governo vai ser *impixado*. Tá caindo de maduro." **2.** A criatura (ingênua, boba) se esborrachar no chão sem tropeçar em nada: "Ele caiu de maduro, por ingenuidade ou bobeira." **3.** *Desp*. Simular queda no interior da grande área, tentando conseguir um pênalti [AN/HM/JB/TC/TGa].

Cair de moda Deixar de estar na moda; sair da moda; cair; deixar de estar em voga; cair em desuso; deixar de ser atual [ABH/GAS].
Var.: *passar de moda, sair da moda*

Cair de pantana Cair estrondosamente [GAS].

Cair de pau 1. Bater: "Vou cair de pau naquele merda." **2.** Criticar veementemente: "O próprio Veríssimo colocou-a de bruços na frente de seus leitores e deu-lhe umas boas palmadas no traseiro – o resto da imprensa caiu de pau na atriz!" (Tutty Vasques, *Bundas*, 19/7/99, p. 49) [JB].
Sin. (1): *cair de porrada*
Var. (1) (2): *cair de pau em cima, baixar o pau*
Var. (1): *pegar de pau*

Cair de pau em cima 1. Bater. **2.** Criticar com veemência: "Ela não conseguia acompanhar o ritmo do treinamento. Chorava, caía muito, e o Paulo caía de pau em cima" (Luiz Maklouf Carvalho, *Mulheres que foram à luta armada*, p. 473).
Var.: *cair de pau*

Cair de pé *Bras*. Manter-se combativo, íntegro, digno, em face da derrota ou de má situação na vida; abandonar um alto cargo para não se humilhar; sair de um lance difícil com dignidade; dar-se por vencido, mas honradamente: "Hoje, sou um homem desarmado, sem possibilidade de reação material, mas disposto a reagir com a energia, a determinação e a coragem dos que combatem para cair de pé" (Sen. Juscelino Kubitschek, *apud* Murilo Melo Filho, *Testemunho político*, p. 416); "Cartago, derrotada, caiu de pé" [ABH/AC/AN/AT/GAS].

Cair de pedra Cair como uma pedra: "Foi um tiro só. Caiu de pedra: durinho num carrascoal de banhado..." (José Cândido de Carvalho, *O coronel e o lobisomem*) [ECS].

Cair de podre *Lus.* **1.** Diz do que está em má situação financeira. **2.** Diz-se do que já não representa perigo algum. **3.** Estar com muito sono [GAS].

Cair de ponta-cabeça Cair de cabeça para baixo [AJO].

Cair de porrada Bater: "Não vou nem esperar, vou cair de porrada em cima daquele mau-caráter praticante" [JB].
Sin.: *cair de pau* (1)
Var.: *pegar de porrada*

Cair de quatro 1. Cair de joelhos e com as mãos de encontro ao chão, a sustentar o corpo; estatelar-se: "Caiu de quatro, não se levanta mais." **2.** *Fig.* Ter uma surpresa muito grande; espantar-se, surpreender-se ao extremo: "Ao ler no jornal o nome do filho entre os dos contraventores, caiu de quatro." **3.** *Chulo.* Fazer sexo anal passivo: "O cacura [= homossexual velho] caiu de quatro" [ABH/JB/MPa].

Cair de queixo(s) 1. *Pop.* Comer. **2.** *Chulo.* Ação libidinosa; praticar a felação; sucção do clitóris; minete [ABH/AN/FF/GAS/MSM].

Cair de sono Sentir-se muito sonolento [GAS].

Cair de tombo *Bras., NE, PB, chulo.* Ato da mulher que se deixa possuir através do ânus [MSM].

Cair de venta Esparramar-se, cair com a cara no chão [TC].

Cair direitinho Ser facilmente logrado; cair no logro, exatamente como foi planejado [TC].

Cair do altar Perder um lugar de prestígio ou lucrativo [GAS].

Cair do banco *Bras., NE, S, chulo.* Ser pederasta [MSM].

Cair do cavalo 1. Escorregar em prova, negócio ou qualquer empreendimento; dar-se mal; sair-se mal: "Sem dinheiro, o maior malandro cai do cavalo e sofredor algum sai do buraco" (João Antônio, *Malagueta, Perus & Bacanaço*, p. 14); "Imagine uma bolha de sabão e viaje nela, mas não vá muito longe. A bolha pode arrebentar e você cair do cavalo" (Ronald Claver, *Diário do outro*, p. 22); "É mais fácil a Argentina cair do cavalo do que vice-versa!" (Tutty

Vasques, *Época*, 16/7/01, p. 28); "Como não estava preparado para a prova, Eurípedes acabou caindo do cavalo". **2.** Ter uma grande surpresa; surpreender-se; achar que algo ia dar certo e não dar; diz-se de pessoa que se julga senhora da verdade sem prever fatos que não estejam ao seu alcance: "Quem pensava que o prefeito estava dando a volta por cima, caiu do cavalo e comeu formiga" (Alan Neto, *O Povo*, 27/6/99, p. 4A). **3.** Faltar com a palavra. **4.** Perder o emprego: "O chefe caiu do cavalo, fez besteira e dançou feio" [CLG/F&A/JB/MPa/RBA].

Cair do céu Vir na melhor ocasião; chegar em boa hora; chegar inesperadamente e em momento oportuno; aparecer na hora certa; diz-se de felicidade ou vantagem que chega inesperadamente; resolver a situação; vir a propósito, como o maná bíblico: "– Qual, Manuel, a mocidade tem loucuras e o teu amigo não caiu do céu por descuido" (Rodolfo Teófilo, *A fome*, p. 119); "Ao ver o jornalista de bandeja para uma tocaia que lhes parecia cair do céu, quarenta ou cinquenta soldados da força estadual..." (Ruy Castro, *O anjo pornográfico*, p. 12); "– Você caiu do céu, querida – me disse" (Teresa Noronha & Ganymédes José, *O príncipe fantasma*, p. 32) [AN/CLG/GAS/JB/MPa/RMJ].

Var.: *cair do céu aos trombolhões, cair do céu com arroz* (i. e., como um prato já feito)

Cair do céu por descuido 1. Ser tão cheio de perfeição que não merecia viver no mundo; ser excepcional. **2.** *Pop., irôn.* Não ser tão bom, caridoso, correto, quanto aparenta ser [ABH/AN].

Cair do céu por não ter unhas *Lus.* Perder uma boa situação por incompetência [GAS].

Cair doente Ficar menstruada [FS].

Cair do galho *Bras., gír.* **1.** Perder o emprego: "Caí do galho, e pior que não esperava". **2.** *Desp.* Perder, um clube, posição vantajosa no campeonato [HM/JB].

Cair do pedestal 1. Perder a dignidade. **2.** Sair de um lugar de evidência por falta de qualidades ou por destituição [GAS].

Cair do primeiro andar *Desp.* **1.** Ir ao chão (um jogador) em consequência de cama de gato, i. e., de tranco desleal pelas costas, para desequilibrá-lo, no momento de salto para a disputa de bola. **2.** Ser deslocado e ir ao chão ao tentar uma cabeçada [HM].

Cair dos céus Ver *cair das nuvens*

Cair dos quartos 1. Diz-se do animal que, devido a certa doença na coluna vertebral ou nos quadris, conhecida por "mal dos quartos", enfraquece as pernas traseiras, quando cansado de longa caminhada ou quando conduz carga pesada. **2.** Mostrar-se espantado, surpreso. **3.** Faltar à palavra empenhada em certo negócio; desistir. **4.** *Bras., NE, S.* Ser pederasta: "Esse negro safado não deixa ninguém dormir, nem fica quieto. Esse cabra cai dos quartos, não juro por ele" (Maximiano Campos, *Sem lei nem rei*) [MSM/TC].

Cair em campo Agir [AT].

Cair em Cila, tentando evitar Caribde Tentar escapar de um perigo, para cair noutro igual ou pior. – Esta expr., que corre mundo, teve grande divulgação num verso do poeta neolat. Gualtier de Lille, ou Gautier de Chatillon, que nasceu e viveu na França no séc. XII e foi A. de "Alexandreis", poema épico em dez volumes, sobre a vida de Alexandre Magno [RMJ, s. v. "Cila e Caribde"].

Var.: *cair de Cila em Caribde*

Cair em cima de 1. Comentar muito; explorar; censurar; criticar; troçar: "Todos os jornais caíram em cima do fato" (Fran Martins, *Ponta de rua*). **2.** Exigir, insistir, forçar a cobrança, o cumprimento de compromisso etc.: "Os seus credores agora viriam cair-lhe em cima, a cobrarem desesperadamente" (Fran Martins, *Mundo perdido*) [TC].

Cair em cima do rastro Ter morte súbita, achando-se de pé. – Refere-se geralmente a assassinato por tiros [TC].

Cair em comisso Perigar: "Era encargo que lhe vinha transmitindo por herança, de que não podia descuidar-se sem que viesse a cair quase em comisso o seu glorioso patrimônio" (Latino Coelho, *Vasco da Gama*, I, cap. 4) [ECS].

Cair em desgraça Deixar de ser desejado ou estimado; ficar em situação ruim; perder o poder: "Amanhã pode cair em desgraça, e teremos que enfrentar a ira de nossos vizinhos..." (Paulo Coelho, *O Monte Cinco*, p. 19); "O cidadão caiu em desgraça. Tomou o bonde errado" [GAS/JB].

Cair em erro Ter opinião que não é correta [GAS].

Cair em falta Faltar ao compromisso, a uma obrigação social [TC].

Cair em graça 1. Ser acolhido com benevolência. **2.** Merecer a simpatia: "Antes cair em graça do que ser engraçado" (prov.) [ABH].

Cair em graça/nas graças de 1. Ser preferido ou especialmente estimado por alguém; ser acolhido com benevolência; merecer a simpatia; gozar da simpatia, da benevolência, da amizade, da proteção de alguém: "Se o pretendente não tivesse o nariz, o olhar, o gesto, o conjunto enfim de que constava o padrão, podia, desde logo, perder a esperança de cair nas graças da filha de Manuel Pedro" (Aluísio Azevedo, *O mulato*, p. 24). **2.** Ter valimento (importância, influência) junto de alguém [ABH/AN/FF/FSB/GAS/TC].

Sin. (1) (2): *cair em sorte, estar em graça para com*

Sin. (1): *cair no gosto de*

Var.: *estar na graça/nas boas graças de*

Cair em idade Envelhecer; ficar velho (o indivíduo): "A impressão geral era entre louro e fulvo, cor de quati, ou barba de negro quando vai caindo em idade" (Manuel de Oliveira Paiva, *Dona Guidinha do Poço*, p. 150).

Cair em poder de Ser subjugado, submetido por [FF/GAS].

Caírem os parentes na lama Diz-se quando alguém sente ou se lamenta de circunstâncias que podem ferir o bom nome pessoal ou familiar [GAS].

≠ **Não cair em saco roto** *Lus*. Não ficar esquecido [GAS].

Var.: *não cair em cesto roto, não deitar em saco roto*

Cair em si 1. Reconhecer seu erro; perceber o erro que cometeu ou estava para cometer; recordar-se do que estava esquecido; atentar no que fez ou ia fazer e reconhecer seu erro ou imprudência. **2.** Voltar à realidade; tomar consciência; recuperar a calma; compreender o que se explica; deixar de estar abstraído, distraído, ausente; refletir; dar-se conta; aperceber-se: "E quando caiu em si, já não havia Castana Beatriz, nem ônibus, nem nada" (Chico Buarque de Holanda, *Benjamim*, p. 134); "Só depois de José sair foi que Zuzu caiu em si e procurou enfrentar a nova situação" [ABH/AC/AN/CLG/DRR/ECS/FF/GAS/OB/TC].

Var. (2): *entrar/recair em si*

Cair em sorte Ver *cair em graça/nas graças de*

Cair este mundo e o outro Cair toda a gente [GAS].

Cair fora 1. Ir(-se) embora; sumir; retirar-se: "– E você aí? – berrou o grandão – Num vai cair fora?" (*Bundas*, seção "Salão de Anedotas", 1º/8/00, p. 29). **2.** Desistir; não continuar: "Algumas caíram fora, outras trocaram de ninho" (Mário Landim, *Mãe d'água e caipora*). **3.** Evitar certa responsabilidade ou livrar-se dela: "Se não caísse fora, acabava me amarrando à Lolica" (Odálio Cardoso de Alencar, *Recordações da comarca*) [FF/JB/LAF/TC].

Sin.: (RS) *cair da boca*, (RS) *sair de banda/bandinha* (1), *dar no pé, tirar o time*

Var.: *pular fora*

Var. (1): *rapar fora*

Cair-lhe a cara no chão Ficar embaraçado [GAS].

Cair matando *Bras., gír.* **1.** Seguir em frente, definitivamente; investir no que se quer conquistar: "Vou cair matando em cima do broto." **2.** Decidir; realizar: "Vou cair matando no meu novo emprego." **3.** *Bras., BA.*

Saciar; comer tudo ou demais; matar a fome: "Vou cair matando no angu da Fátima." **4.** Não deixar falar. **5.** Dar porrada [JB/MPa/NL].

Cair na água *Bras., CE.* Sair-se mal em um negócio [AN/FS].

Cair na arapuca Ver *cair na rede*

Cair na ariosca Ver *cair na rede*

Cair na asneira Ver *cair na besteira*

Cair na barrela Ficar com a reputação enodoada, maculada; desonrar-se [ABH].

Cair na besteira Cometer uma tolice; agir impensada ou imprudentemente; tomar uma deliberação errada; aventurar-se: "Caí na besteira de perguntar por que seria de tamanha importância conhecer Paris" (Aírton Monte, *O Povo*, cad. Vida & Arte, 25/6/01, p. 2); "Não me caia na besteira de selar o cavalo pedrês" (Juarez Barroso, *Mundica Panchico e o resto do pessoal*) [ABH/AC/AN/GAS/TC].

Sin.: *cair na asneira, cair na ébia, cair na tolice*

Cair na boca do lobo Tombar numa armadilha; cair num perigo que se queria evitar; ir ao encontro do perigo; expor-se imprudentemente aos manejos de um inimigo: "Sizenando rumou para a direita e foi cair na boca do lobo. Das lobas, pois deu com as duas mulheres empenhadas num entrevero..." (Manuel Bandeira, *Poesia completa e prosa*, p. 558). – Reminiscência de ant. fábula de civilização ariana (ver João Ribeiro, *Frases feitas*; Esopo, *Lykos Kaierodiós*; La Fontaine, *Fábulas*, III) [ABH/AN/GAS/RMJ].

Var. (1): *cair na goela do lobo*

Cair na boca do mundo 1. Adquirir má fama; tornar-se objeto de maledicência; ser alvo de comentários ou de maledicência. **2.** Dar que falar, a mulher, a respeito de sua honra; ficar (mal) falada; ser difamada: "A laranja, de madura, / Caiu n'água, foi ao fundo: / – Coitadinha da menina / Que cai na boca do mundo!" (quadrinha pop.). Ver Paulino Santiago, *Dinâmica de uma linguagem*, "O falar de Alagoas" [AN/CLG/Net/FS/Gl/GM/LM/MSM/TC].

Sin.: *andar de boca em boca*
Var.: *andar/estar na boca do mundo, cair na boca do povo*

Cair na boca do povo Ficar falado, ou malfalado; ficar malvisto na sociedade: "Odorico: Eu não estou dizendo? Caiu na boca do povo" (Dias Gomes, *O Bem-Amado*, p. 94); "O representante da coalizão que ocupa o primeiro degrau do Executivo está bastante desgastado. Caiu na boca do povo, como dizemos em nosso jargão de consultores políticos" (Benedito B. de Paiva, *Bundas*, 30/8/99, p. 3) [JB/MPa].

Var.: *cair na boca do mundo*

Cair na brincadeira 1. Tomar parte ativa em folguedos; divertir-se com entusiasmo na festa dançante. **2.** Aventurar-se; fazer tentativas imprudentes: "Caiu na brincadeira de namorar a filha do patrão" [TC].

Cair na buraqueira *Bras., CE.* **1.** Farrear; desbundar: "Vou cair na buraqueira, vou me realizar". **2.** Sair por aí; ir embora; viajar [AS/JB]. – O ex., de certa forma, tem aplicação semântica nos dois casos.

Cair na caatinga Ver *cair na madeira*

Cair na cama 1. Adoecer. **2.** Deitar-se [GAS].

Cair na cana Ver *bancar (o) veado*.

Cair na cantada Ser ludibriado ou seduzido [TC].

Cair na cantiga Ser convencido com artimanhas [GAS].

Cair na cola *Bras., RS.* Perseguir rês que foge [AN].

Cair na dança 1. Tomar parte em festa dançante: "Vamos cair na dança. Se o patrão não dançar, o negro velho não fica satisfeito..." (João Clímaco Bezerra, *Não há estrelas no céu*, p. 126). **2.** Meter-se em encrenca; envolver-se em barulho: "Pena é que o povo não possa virar doido e cair na dança" (Inez Mariz, *A barragem*) [TC].

Cair na ébia Ver *cair na besteira*

Cair na embira *Bras., CE.* Ser preso [RG].

Cair na esparrela 1. Acreditar; deixar-se pegar ou enganar; ser logrado; ser víti-

ma de uma cilada; cair numa armadilha ou num engano; diz-se de alguém que caiu na armadilha que lhe prepararam. **2.** Fazer tolice: "Não caia na esparrela de lhe emprestar dinheiro." – "Esperrela" ou "esperralha" era o nome de uma armadilha (arapuca, alçapão) para pássaros, segundo o *Dicionário português e latim*, de Pedro José da Fonseca, 3.ª ed., 1815 [ABH/AN/FF/GAS/JB/OB/RMJ/TC].
Sin. (1): *cair na rede*

Cair na estrangeirinha *Lus.* Ser vítima de logro [GAS].

Cair na farra Farrear: "Vou cair na farra que é bom paca" [JB].
Sin.: *cair na gandaia* (1)

Cair na gaitada Soltar gargalhadas; rir com espalhafato: "Todo o grupo caiu na gaitada" (Fran Martins, *Dois de ouros*) [TC/TG].
Sin.: *abrir o par de queixos, cair na risada*
Var.: *dar (uma) gaitada, soltar a gaitada*

Cair na gandaia 1. Entrar na farra, na folia, para valer; gandaiar; farrear; divertir-se: "Antigamente era melhor, segundo uma velha senhora que segura o seu neto para que ele não caia na gandaia da rua da Liberdade..." (João Antônio, *Patuleia*, p. 22); "... Mas não tá em mim, arranjo um trabalho, acho um troço muito pau, caio na gandaia de novo" (Jorge Amado, *Mar morto*, p. 153); "Depois de uma semana em Floripa, José Antônio Menezes e Terezinha resolveram cair na gandaia" (Chrystian de Saboya, *Tribuna do Norte*, cad. Viver, 24/10/00, p. 5); "Vou cair na gandaia e seja o que Deus quiser"; "Vou cair na gandaia e espero me dar bem". **2.** Paquerar [GM/JB/MPa].
Sin. (1): *cair na farra*
Var. (1): *andar à/na gandaia* (2)

Cair na guaxa *Bras., gír.* Fugir depois do crime ou do roubo [GS].

Cair na lama Perder o sentido moral; cair por abjeção [GAS].

Cair na madeira Fugir, desaparecer: "... e finalmente espirra um ou outro boi e cai na madeira" (Ildefonso Albano, *Jeca Tatu e Mané Xique-xique*) [TC].
Sin.: *cair na caatinga, cair no bredo, cair no mato* (1), *cair no gramiá, danar-se no marmeleiro, ganhar os paus, quebrar na lenha*
Var.: *quebrar na madeira*

Cair na malha fina *Bras.* Ser surpreendido, fiscalizado, investigado pela Receita Federal: "O Antônio caiu na malha fina, vai explicar como ganhou tanto dinheiro" [JB].

Cair na pele de *Bras., pop.* Zombar ou escarnecer de; gozar de [ABH].

Cair na pilha *Bras., DF, gír. rap e rock.* Acreditar em alguma mentira [Net].

Cair na ratoeira Ver *cair na rede*

Cair na real *Bras.* Tomar inteira consciência de um fato; dar-se conta de uma situação; conscientizar-se; despertar para a realidade; acordar para o que está acontecendo: "Para cair na real do ajuste, falta ainda que as Forças Armadas também contribuam para a Previdência" (Isabela Abdala, *IstoÉ*, 7/4/99, p. 31); "'É cair na real, e deixar de ver tudo azul.' É assim que Sachs critica a euforia dos governos e do mercado brasileiros com a retomada do fluxo de dólares na economia, por aplicadores estrangeiros" (Edgard Patrício, *O Povo*, 18/7/99, p. 2); "É bom cair na real, senão neguim dança" [JB].
Sin.: *sair da laje* (2)

Cair na rede 1. *Fig.* Deixar-se apanhar ou envolver de tal forma que se torna difícil desvencilhar-se; deixar-se apanhar nas mais diversas situações. **2.** Prender-se no laço; ser capturado; cair numa cilada: "Espertalhões caem na rede da Polícia" (*Jornal da Rua*, 1º/6/99, p. 10). **3.** Cair no logro; ser logrado ou enganado; ser vítima de ardil, artifício ou engodo [ABH/AN/AT/CLG/GAS/TC].
Sin.: *cair como peixe, cair na arapuca, cair na ariosca, cair na esparrela* (1), *cair na ratoeira, cair no anzol, cair no laço, cair redondamente* (2), *ir na onda* (3), *pegar no rabo da macaca* (1)
Var.: *cair na rede como peixe*

Cair na risada Soltar gargalhadas: "Os outros carreiros caíram na risada" (José Lins do Rego, *Fogo morto*, p. 102); "Daí todo mundo olha pro lado, faz uma careta de medo e cai na risada" (Valéria Piassa Polizzi, *Depois daquela viagem*, p. 48) [TC].

Sin.: *cair na gaitada*

Cair na rua 1. Ir para a rua; ir passear na rua: "... trocava a roupa, jantava e caía na rua" (Francisco de Brito, *Terras bárbaras*). **2.** *Bras.*, *CE*. Desaparecer; ausentar-se em rumo incerto [AN/FS/TC].

Cair nas boas graças Agradar [GAS].

Cair nas costas *Desp.* Deslocar-se para trás de defensor adversário para receber a bola [HM].

Cair nas folhas Ver *picar a mula* (1) (2)

Cair nas garras de alguém Ver *cair na(s) unha(s) de alguém*

Cair nas malhas da lei Ser preso por meio de processo judicial, ou por averiguação policial; ser autuado por infração ou delito: "Féria no bolso, o homem da barba saiu montado na noite e só dois meses depois, em Juazinho do Sertão, é que caiu nas malhas da lei" (José Cândido de Carvalho, *Porque Lulu Bergantim não atravessou o Rubicon*, p. 93).

Cair nas mãos de 1. Chegar às mãos de; ficar em poder de; ficar dependente de: "Ao cair nas mãos da Igreja foi completamente destruída" (Régis Lopes, *Padre Cícero*, pp. 29-30). **2.** Ser preso, ser apanhado ou agarrado por; ficar sob a guarda de: "Para ela que, além de judia, era comunista, cair nas mãos de Hitler seria o fim de tudo" (Fernando Morais, *Olga*, p. 159). **3.** Ser possuído por [AN/GAS/TC].

Cair na taca *Bras.*, *NE*. Ser açoitado; apanhar: "O resultado era que todo mundo caía na taca" (Mário Landim, *Vaca preta e boi pintado*) [NL/TC].

Cair na tiguera Ver *cair no mato* (1)

Cair na tolice Ver *cair na besteira*

Cair na(s) unha(s) de alguém Cair em poder de alguém; ser dominado por alguém; estar ou ficar sob o domínio de alguém: "Não deixe que ela caia nas unhas destes cafajestes" (José Américo de Almeida, *A bagaceira*) [AN/CLG/GAS/Gl/TC].

Sin.: *cair nas garras de alguém*

Cair na vida *Bras.* **1.** Procurar o que fazer: "Vou cair na vida, é o que me resta." **2.** Trabalhar: "Vou cair na vida e espero me dar bem." **3.** Entregar-se ao meretrício, ou à prostituição; vadiar; perder-se; prostituir-se (segundo Pereira da Costa, *Vocabulário pernambucano* e Fernando São Paulo, *Linguagem médico-popular no Brasil*): "– Que foi isto, Maria? – É isto mesmo, Dona Iaiá, eu caí na vida" (Mílton Dias, *As cunhãs*, p. 25); "Aos 18, Amaro estava livre para assumir sua porção mulher e cair na vida" (Ana Carvalho e Ricardo Giraldez, *IstoÉ*, 28/6/00, p. 50) [ABH/AC/AJO/AN/FF/FN/FS/GM/JB/LM/MSM/OB/RG/TC].

Sin. (3): (NE) *cair na zona, entrar na praça*

Var. (3): *entrar na vida*

Cair na volteada *Bras.*, *RS*. **1.** Ser enganado; cair na cilada. **2.** Ser trazido ou trazer (o animal) para o rodeio ou para o curral [ABH/AJO/AN/FF].

Cair na zona Ver *cair na vida*

Cair nessa Ser enganado: "E o bobo do homem caiu nessa?" (José Potiguara, *Terra caída*) [TC].

Cair no anzol Ver *cair na rede*

Cair no artigo *Bras.*, *CE*. Cometer falta punível [RG].

Cair no barulho Meter-se na briga, na folgança, na festa etc. [TC].

Cair no berreiro Chorar convulsivamente: "Disse à menina e ela caiu no berreiro" (José Lins do Rego, *Cangaceiros*) [TC].

Cair no bredo *Bras.*, *CE*. Fugir; desaparecer; ir embora; embrenhar-se no mato: "... xingaram a patroa, rogaram-lhe pragas e caíram no bredo" (José Expedito Rego, *Reminiscências de Oeiras Velha*) [AN/FN/FS/LM/PJC/TC].

Sin.: *abrir de/do/o chambre, cair na madeira, cair no mato, ganhar a catinga, ganhar o(s) mororó(s)*

Var.: *entrar no(s) bredo(s), ganhar o bredo, pisar/pôr-se no bredo*

Cair no buraco 1. Desaparecer; cair no esquecimento. **2.** Morrer [GAS].

Cair no cangaço Ingressar na vida de cangaceiro: "Era muito melhor caírem logo no cangaço" (Fran Martins, *Mundo perdido*) [TC].

Var.: *entrar no cangaço*

Cair no chão Ficar (palavra, promessa) sem efeito [AN].

Cair no chão de alguém *Bras., S.* Ser agradável a alguém [ABH/AN].

Cair no cheiro do queijo Ver *morder a isca* (1)

Cair no/num choro Começar a chorar; chorar alto e de repente: "Aí, seu padre, de besta caí no choro" (Darcy Ribeiro, *O mulo*, p. 503); "A avó cai no choro, enquanto os acordes da canção ainda se ouvem no gramofone" (Fernando Gabeira, *Entradas & bandeiras*, p. 57); "Quando soube do que se tratava, caiu num choro..." (Jáder de Carvalho, *Sua majestade, o juiz*, p. 43) [TC].

Var.: *abrir no choro, disparar no choro*

Cair no conto da Cinderela *Bras., gír. policial*. Diz-se de "turista vacilão que sai com uma garota de programa e amanhece o dia capotado numa cama de motel. Enquanto isso a Cinderela já vai longe, achando graça da moleza que foi botar sonífero na bebida dele, dar o bacurejo [bacorejo = roubar] nos dólares e desaparecer para sempre do verbo dançou" (*sic*); diz-se de "otário que sai com uma puta, ela bota ele pra dormir e rapa tudo. O camarada acorda 'mais liso que espinhaço de pão doce'": "Músico cai no conto da Cinderela" (*Jornal da Rua*, 27/6/99, p. 9) [TGa/CGP].

Cair no conto do paco *Bras., gír.* Ser lesado em alguma coisa: "Caiu no conto do paco, na maior tranquilidade". – Paco: bobo, idiota, palerma [JB].

Var.: *cair no conto do vigário*

Cair no conto do vigário Ser vergonhosamente passado para trás; deixar-se lograr ou enganar; levar um golpe: "Mas logo ocê, xará, cair no conto do vigário? Essa não!" [GAS, s. v. "CONTO DO VIGÁRIO"/JB/MPa/OB/TC]. ♦ Conto do vigário é "história que os burlões impingem a simplórios e palermas para lhes apanhar dinheiro em troca de coisas falsas".

Sin.: *comprar (um) bonde* (1)

Var.: *cair no conto, cair no conto do paco*

Cair no desagrado Tornar-se indesejado [TC].

Cair no desvio Prostituir-se; exercer a profissão de prostituta [MSM/TC].

Var.: (S) *trabalhar no desvio*

Cair no esgoto do povo *Bras., gír.* Ser objeto de comentários: "Ele caiu no esgoto do povo" [JB].

Cair no esquecimento 1. Ser esquecido: "Na verdade, o grande ator caiu no esquecimento e acabou louco." **2.** *Jorn.* Sair do noticiário: "A autoridade caiu no esquecimento, não está fazendo nada nem fazendo falta" [AN/TC].

Sin. (1): *dormir o sono do esquecimento*

Cair no fojo Morrer [GAS].

Cair no gosto de Ser benquisto por; tornar-se querido, simpático; agradar: "Egeu: É sucesso nacional / Cair no gosto da multidão / E inda vai pegar no carnaval..." (Chico Buarque & Paulo Pontes, *Gota d'água*, p. 48); "O padre Marcelo caiu no gosto do povo. Virou *pop music*" [JB].

Sin.: *cair em graça/nas graças de* (1)

Var.: *cair no goto de*

Cair no goto /ô/ Engasgar-se com os alimentos; produzir sufocação ao ser engolido; provocar tosse por ter entrado na glote por ocasião da deglutição (alimento). – Goto é a forma pop. de "glote" [ABH/AN/CPL/FF/FSB/GAS/RG].

Var.: *dar no goto*

Cair no goto de Ser objeto de agrado, de simpatia, por parte de; agradar: "O romance caiu no goto do público, e é *best-seller*"; "O Ronaldo caiu no goto do povo" [ABH/CPL/JB/TC].

Cair

Var.: *cair no gosto de, dar no goto* (1)

Cair no gramiá Ver *cair na madeira*

Cair no jeito Ver *vir a calhar*

Cair no laço Ser logrado, iludido; cair no logro; deixar-se embair; deixar-se enganar: "Leitor seja corajoso / para romper o embaraço / e não vá cair no laço..." (Patativa do Assaré, *Cordéis*, p. 223) [AN/GAS/TC].

Sin.: *cair na rede*

Cair no lombo de alguém Recair um prejuízo, uma responsabilidade sobre alguém [AN].

Cair no mangual Cair com o corpo todo no chão [GAS].

Cair no mangue Bras., S, RJ. Prostituir-se [MSM].

Cair no mato Bras., pop. **1.** Fugir (precipitadamente); desaparecer: "Os cangaceiros caíram no mato. Viram quando a tropa voltou" (João Clímaco Bezerra, *O semeador de ausências*, p. 108). **2.** Ir para o mato, para o campo: "Recolheu a roupa e caiu no mato, tomando a direção de casa" (Ciro de Carvalho Leite, *Grito da terra*) [ABH/AJO/AN/FF/FS/TC].

Sin. (1) (2): *cair no bredo*

Sin. (1): *cair na madeira*, (SP a RS) *cair na tiguera, cair no mundéu*, (BA, GO) *capar o mato*

Var. (1) (2): *ganhar o(s) mato(s), meter-se no mato*

Var. (1): *cair na mata, capar o mato*

Cair no mundéu Bras., NE. **1.** Fugir. **2.** Ser apanhado, preso, surpreendido. **3.** Arriscar-se em maus negócios [ABH/AN/FS/LM/RG].

Sin. (1): *cair no mato*

Var. (1) (2): *cair no mondé/mundé*

Cair no mundo 1. Bras., pop. Ir embora; viajar para bem longe; fugir; desaparecer; sair a tratar da vida; tomar seu rumo: "O marinheiro caiu no mundo, e, se já não morreu, deve estar embasbacando os papalvos de tudo quanto é porto" (Fernando Sabino, *O homem nu*, p. 172). **2.** Diz-se da moça que se prostitui; prostituir-se: "A senhora não sabe quem é Anita? Ela caiu no mundo já faz tempo" (Amando Fontes, *Os corumbas*). **3.** Trabalhar: "Vou cair no mundo e ver que bicho dá" [ABH/AN/CA/FS/JB/MSM/TC].

Sin. (1): *danar-se no/pelo mundo*

Var. (1): *cair no oco do mundo*

Cair no oco do mundo Bras., pop. Ir embora; desaparecer; fugir para lugar muito distante; se mandar sem deixar rastros: "Dali mesmo, se a coragem não lhe faltasse, Vitorino poderia cair no oco do mundo, sem deixar vestígios" (Nélson de Faria, *Tiziu e outras estórias*); "Achei melhor apanhar minha trouxa e cair no oco do mundo" (Sabino Campos, *Catimbó*) [ABH/AN/FNa/TC].

Var.: *cair no mundo* (1), (AL) *entupir no oco do mundo, ganhar o oco do mundo*

Cair no ouvido Diz-se do que se apreende e retém facilmente só de ouvir (uma música, uma canção, uma frase etc.) [GAS].

Var.: *ficar no ouvido*

Cair no papo 1. Diz-se quando alguém consegue o que deseja; apoderar-se. **2.** Ser possuída (a mulher): "... sujeita a cair um dia no papo do Zé Vicente" (Sabino Campos, *Catimbó*) [GAS/TC].

Cair no pau Revelar um segredo [GAS].

Cair no queijo Bras., CE. Ser embromado, vítima de golpe [CGP].

Cair no rol do esquecimento Ser esquecido, olvidado [ABH].

Cair no santo Umb. Entrar em transe; ser possuído pelo orixá. – Bras., NE. Diz-se apenas "cair" [OGC].

Cair nos braços de alguém 1. Abraçar alguém com efusão. **2.** Entregar-se a alguém; ficar sob a proteção de alguém [AN].

Cair nos braços de Morfeu Adormecer; entregar-se às delícias do sono: "Mesmo sem todas essas afirmações, dentro de nós, sentimos que em muitas situações, a melhor saída é cair nos braços de Morfeu e sonhar" (Regina Marshall, *Diário do Nordeste*, 23/8/87). – Mais propriamente deveria dizer-se que o significado da expr. é "sonhar", porque Morfeu era deus dos sonhos, filho de Hipnos, deus do sono na mit. greco-romana. Representava-se com um punhado de papoulas na mão. Encarregava-se de adormecer os homens, incutindo-lhes sonhos (ver Ovídio, *Metamorfoses*, X) [AN/GAS/RMJ, s. v. "BRAÇOS DE MORFEU"].

Var.: *estar nos braços de Morfeu, recolher-se aos braços de Morfeu*

Cair no/num sono Adormecer; dormir profundamente: "Depois, também caí no sono e não me dei conta de mais nada em redor" (Francisco Marins, *Em busca do diamante*, p. 51); "Fingindo que estava tudo bem, convidou a onça para tomar uns drinques por conta da casa e embebedou o inadimplente felino que caiu num sono pesado" (Mino, *Diário do Nordeste*, 1º/4/01, cad. 3, p. 8); "À noite, já em casa, antes de cair no sono, refleti que tinha cometido mais um crime ecológico..." (Mariano Freitas, *Nós, os estudantes*, p. 73).

Cair noutra 1. Ser novamente ludibriado. **2.** Sofrer nova decepção. **3.** Cometer novo malfeito: "Eu quero menino saindo de casa sem os pais? Olhe, José: por esta, passa. Mas não caia noutra. Ouviu?" (Jáder de Carvalho, *Sua majestade, o juiz*, p. 41) [TC].

Cair no vazio *Bras., gír.* Deixar de ser importante, relevante: "O problema caiu no vazio, deixou de preocupar muita gente" [JB].

Cair no verde *Bras., RJ, gír.* Fugir para o campo; esconder-se no mato [ABH/AC/FF].

Cair numa ratoeira Cair numa cilada [GAS].

Cair num cipoal Meter-se em sérios embaraços [TC].

Cair num engano 1. Deixar-se enganar. **2.** *Ant.* Verificar que se enganou [ABH].

Cair num erro 1. Deixar-se enganar. Ser vítima de erro. **2.** *Ant.* Verificar que se enganou [ABH/AN].

Cair o cacete Haver espancamento, pancadaria: "Como o furdunço era grande, a polícia baixou no bar e caiu o cacete, até não se querer mais" [TC].

Sin.: *cair a madeira, cantar o pau*
Var.: *chover/trovejar cacete, tinir o cacete*

Cair o Carmo e a Trindade Diz-se, por iron., quando se receiam consequências graves de causas sem importância [GAS].

Cair o chocalho 1. Não ter mais filhos. **2.** Ficar estéril (a mulher) [TC].

Cair o coração aos/nos pés Ficar estarrecido; assustar-se; amedrontar-se; surpreender-se; demonstrar desolação, tristeza, desapontamento profundo; ficar siderado com notícia imprevista; ter grande desapontamento; sofrer decepção [AN/GAS].

Var.: *cair a alma aos pés*

Cair o ministério Rapar o bigode [GAS].

Cair o pano Dar por findo [GAS].

Cair o raio em casa Acontecer um grande mal, uma fatalidade, uma desgraça [AN/GAS].

Cair os cadernos Ver *cair a bunda*

Cair os revólveres Ver *cair a bunda*

Cair o vento *Pop., fam.* Termo com que é expressado o receio de que ocorra rotura ligamentar por desaceleração de órgãos abdominais quando se brinca com uma criança erguendo-a para o alto: "Cuidado, não faz isso, senão cai o vento do menino" [J&J].

Cair para não se levantar Arruinar-se para sempre; desacreditar-se ou desonrar-se sem reabilitação possível [AN].

Cair para sotavento *Mar.* Andar (a embarcação) lateralmente para sotavento, por efeito do vento do mar, conservando-se entretanto aproada ao mesmo rumo [ABH].

Cair para trás *Bras., CE.* Ficar perplexo, surpreso, diante de alguma situação; assustar-se: "Eu quase caí pá trás quando soube que a Rosinete tava junta do Chico da Bilô" [AS].

Cair pela base Ficar sem valer o argumento [GAS].

Cair pelas tabelas 1. Sentir-se mal, e/ou

fatigado, ou adoentado etc.; estar cansado: "Depois de enfrentar o enfarte meu tio vive caindo pelas tabelas"; "O cara tá caindo pelas tabelas, não tem condições de continuar". **2.** Atravessar uma situação difícil, desagradável ou penosa: "A nova legislação fiscal fez muita gente cair pelas tabelas." **3.** Não estar em bom estado (coisa, situação etc.) [ABH/JB].

Sin. (1): *estar caindo aos pedaços*

Cair por terra 1. Cair inanimado. **2.** Fracassar; não dar certo; fraquejar; esmorecer: "Mas quando, atendendo a seu sinal, ela abriu a porta e se aproximou suavemente dele, no Jardim, tudo lhe recordou a primeira vez que a tivera e suas resoluções caíram por terra" (Ariano Suassuna, *Fernando e Isaura*, p. 115); "O prefeito de Juazeiro, Mauro Sampaio, viu cair por terra seu projeto de instalar no município uma Faculdade de Medicina" (Regina Marshall, *Diário do Nordeste*, cad. 3, 10/6/00, p. 7) [GAS].

Cair que nem um anjinho Ver *cair como um patinho*

Cair redondamente 1. Estatelar-se, esparramar-se. **2.** Ser logrado, enganado [ABH].

Sin. (2): *cair na rede*

Cair redondo Cair em cheio, de repente, sem amparo [GAS].

Sin.: *cair todo junto*

Cair roncando 1. Estar nos estertores; agonizar: "Caiu roncando nos meus pés" (José Lins do Rego, *O moleque Ricardo*). **2.** Adormecer profundamente [TC].

Cair sem sentidos Desmaiar; ter um delíquio (síncope cardíaca) [GAS].

Cair todo junto Ver *cair redondo*

Cair um dente com uma graça Diz-se quando se quer referir a alguém que disse algo sem graça [GAS].

Var.: *cair-lhe os dentes com a graça*

Cair um pedaço do céu velho Diz-se de acontecimento fora do comum: "Hoje caiu um pedaço de céu velho: Lurdinha resolveu sair da cama cedo. Milagre!" [FN].

Cair um toró Cair chuva grossa; chover abundantemente: "No carnaval seguinte, armamos o Bloco na Praça Mauá, pra atravessar a Rio Branco de cabo a rabo. Caiu um toró desgraçado" (Aldir Blanc, *Bundas*, 13/3/00, p. 10) [BB].

Sin.: *destampar um aguaceiro*
Var.: *cair o maior toró*

Calar(-se)

Calar a boca Ver *calar o bico*

Calar a buzina Ver *calar o bico*

Calar baioneta Colocar a baioneta em posição (de ataque) para investir contra o inimigo [AN/FF]. ♦ "Calar", aqui, está no sentido de "abrir cala em".

Calar fundo Sensibilizar [GAS].

Calar no ânimo Persuadir; convencer [FF/GAS].

Calar o badalo Calar-se: "Lozarte disse: não! / E você cale o badalo, / senão deixo-o no chão" (Abraão Batista, *Lozarte e Ormando no país dos xeleléus* [folh.]) [TC].

Sin.: *calar o bico*

Calar o bico Não falar; não dizer nada; não contar o que sabe; guardar segredo; ficar quieto; silenciar; calar-se: "Senti vontade de fazer uma piadinha: perguntar onde estava o defunto de tal 'inteligência nacional'. Mas calei o bico" (Lourenço Cazarré, *O mistério da obra-prima*, p. 28); "Calei o bico por uns instantes, mas isso não me ajudou em nada" (Lourenço Cazarré, *O motorista que contava assustadoras histórias de amor*, p. 78) [AC/AN/CLG/FF/GAS/RG].

Sin.: *calar a boca*, *calar a buzina*, *calar o badalo*, *fechar a matraca*, *fechar a tramela*

Var.: *fechar/trancar o bico*

Calar-se com o jogo Disfarçar seu propósito [GAS].

Calcar

Calcar aos pés Desprezar; maltratar; humilhar [AN/GAS].

Calçar

Calçar a ponta *Bras., RS.* Diminuir a velocidade de deslocamento da tropa na estrada [AJO].

Calçar as botas de sete léguas Preparar-se para viajar rapidamente. – Alusão às botas do papão, no conto do Pequeno Polegar [AN].

Calçar as puas *Bras., RS.* Colocar as esporas [AJO].

Calçar nos trinta *Bras., RS.* Render alguém sob a mira de um revólver [AJO].

Calçar o coturno 1. *Teat.* Desempenhar um papel com nobreza e força dramática. **2.** *Teat.* Escrever tragédias. **3.** Tratar de assuntos elevados em estilo nobre, sublime [ABH/AN].
Var.: *calçar coturnos*

Calçar pelo mesmo pé Ter os mesmos gostos, as mesmas opiniões [AC/FF].

Calçar quarenta *Bras., PE.* Ser tudo igual; ter os mesmos defeitos de caráter [informação do nosso caro amigo Fausto Arruda, sociólogo].
Sin.: *ser farinha do mesmo saco*

Calhar

Calhar a matar Diz-se daquilo que vem a propósito num momento de necessidade [GAS].

Calhar às mil maravilhas Vir no momento oportuno [GAS].

Calhar na rifa Ser sorteado [GAS].

Calhar que nem ginjas Chegar mesmo em boa altura, no momento próprio [GAS].

Calibrar

Calibrar o pau *Bras., S, NE, chulo.* Ficar com o pênis ereto [MSM].

Cambar

Cambar fora *Bras., gír.* Sair; fugir: "Vou cambar fora, tirar um baiano de responsa depois de voltar ao pedaço" [JB].

Cangar

Cangar raposas *Port., Minho.* Trabalhar lentamente [GAS].

Cansar

Cansar a beleza de alguém *Bras., fam.* Amolar; esgotar a paciência: "Sabe de uma coisa? Você tá cansando a minha beleza" [ABH/JB].

Cansar na reta de chegada *Desp.* Apresentar, atleta ou clube, pouco rendimento em final de partida ou de campeonato [HM].

Cantar

Cantar a buena-dicha *Bras., RS.* Dizer claramente certas verdades a alguém; descompor [AJO/GAS]. ♦ *Buena-dicha*, em FSB, é hispanismo e significa "mulher que lê a sorte ou prediz o futuro; cigana".
Sin.: *cantar a tirana*

Cantar a canção do bandido Tentar convencer ou enganar moças [GAS].

Cantar a cigana *Lus., Lisboa.* Estar bêbado [GAS].

Cantar a conceição *Bras., S, RJ.* Praticar a pederastia passiva, na gír. artística (Sylvio Abreu, *in* art.) [MSM].

Cantar à desgarrada Cantar ao desafio; responder cantando [GAS].

Cantar a lupa *Lus.* Vomitar [GAS].

Cantar a macarena Dar uma grande descompostura; repreender [GAS].

Cantar (sempre) a mesma cantiga Ver *bater (n)a mesma tecla*

Cantar a moliana a Repreender; admoestar; censurar [ABH/DT/GAS].

Cantar (o) amor febril Andar a pé: "... vai já pegar carona também e descontar no primeiro que encontrar cantando amor febril" (TG, p. 196) [TG].

Cantar a palinódia Desdizer-se, voltando à opinião primitiva; retratar-se (ver Plutarco, *Alexandre*, III) [AN/FF/GAS].

Cantar a pedra *Bras., gír.* Antecipar: "Cantei a pedra, amigão. Sabia que tudo isso iria acontecer" [JB].

Cantar a sebenta *Lus., Univ. Coimbra.* Repetir precisamente o que diz a sebenta. – "Sebenta" eram os "apontamentos coligidos pelos alunos, segundo as lições dos professores" [GAS].

Cantar ao alto *Lus., Univ. Coimbra.* Falar sobranceiramente [GAS].

Cantar as saias Cantar cantigas, modas [GAS].

Cantar a tirana Ver *cantar a buena-dicha*.

Cantar bendito Sofrer; padecer. – Expr. rural, já em desuso [TC].

Cantar com (bom/mais) despacho Cantar desembaraçadamente (o cantador pop) [TC].

Cantar como galo Ser homem sexualmente; mandar na sua casa: "Porque nunca mais na vida dele... ele vai cantar como galo" (Luiz Marinho, *Viva o cordão encarnado*) [MSM].

Cantar como uma sereia Ser mulher de voz e palavras sedutoras [AN].

Cantar das boas Dizer a alguém o que pensa dele quando cometeu uma falta; desabafar; dar uma descompostura [GAS].

Cantar de clérigo Fanfarrear; bazofiar [GAS].

Cantar de corrida Diz-se do canto baixo e prolongado do canário (é o canto característico da fêmea): "Sou direito um canário: tanto canto de corrida, como de estalo" (Leonardo Mota, *No tempo de Lampião*) [TC].

Cantar de estalo *Bras.* Trinar; estalar: "Um dia o canarinho amanhecera corruchiando, cantando de estalo" (Gilvan Lemos, *Jutaí menino*). – Refere-se ao canto alto e prolongado do macho; diz-se do canto do pássaro, um cantar especial [ABH/TC].

Cantar de facão *Bras., RS.* Usar o facão numa briga [AJO].

Cantar de galinha 1. Esmorecer; fugir ou esgueirar-se covardemente. – Reminiscência das rinhas. **2.** Diz-se do galo de briga que é derrotado numa rinha [AJO/AN/GAS].

Cantar de galo 1. Dominar uma situação; falar ou agir com autoridade, dominadoramente; falar grosso; agir como se fosse melhor que os outros; ser o senhor absoluto, o mandachuva; assumir o comando; impor-se aos demais em determinadas circunstâncias; sair vitorioso; mostrar-se audaz; possuir vantagens; dizer que manda; parecer importante; considerar-se vitorioso, superior; ter voz ativa; tentar ser o bom, o que sabe, o superior; botar moral; ser valente; ser arrogante: "Na catinga ele às vezes cantava de galo, mas na rua encolhia-se" (Graciliano Ramos, *Vidas secas*, p. 31); "Um Quinca Napoleão, passador de dinheiro falso, vai para a cadeia. Cabra de Engenho Novo não caga prosa, não canta de galo, com as costas quentes" (José Lins do Rego, *Fogo morto*, p. 100); "Era quem primeiro cantava de galo. Bacanaço não olhava na cara dos desconhecidos" (João Antônio, *Malagueta, Perus & Bacanaço*, p. 18); "Depois de passar uma noite de porre, o metalúrgico Guilherme Menezes cantou de galo, desafiando a todos, em Messejana" (*Jornal da Rua*, 6/2/00, p. 1); "Agora que ganhou a chefia, o chefinho vai cantar de galo". – Us. não raro em tom joc. **2.** *Bras., DF, gír. rap e rock.* Querer comandar os agitos [AN/CGP/CLG/FS/GAS/JB/LM/MPa/Net/RMJ/TC/TGa].

Var. (1): *cantar o/um galo*

Cantar de papo Falar com conhecimento de causa; jactar-se quando se tem as costas quentes [GAS].

Cantar de poleiro Falar com arrogância ou autoridade [GAS].

Cantar despique Procurar ridicularizar o adversário durante o desafio, nas cantorias de violeiros (ver Leonardo Mota, *Violeiros do Norte*) [AN/FS/LM]. – LM e FS grafam a frase como *cantar despique*; AN, no entanto, fê-lo com o v. contar, quiçá falha de revisão.

Var.: *contar despique*

Cantarem os ferros Diz-se do barulho que se ouve numa briga de arma branca, quando essas armas se encontram [AJO].

Cantar em outro terreiro Desafio que se costuma lançar contra pessoas que vivem na terra alheia a dirigir insultos a quantos lhe sejam desafetos [RBA].

Cantar em verso e prosa Elogiar por todos os meios: "Vou cantar em verso e prosa a minha amada" [AN/JB].
Var.: *cantar em prosa e verso*

Cantar folhas *Umb*. Realizar a longa e complexa cerimônia ritual de preparar as folhas sagradas, macerando-as em água etc., com cânticos durante o processo. É realizado por um grupo de sacerdotisas escolhidas. O líquido assim obtido é us. para banhos rituais e outras cerimônias, como lavagem das pedras-fetiche etc., pois contém axé [OGC].
Var.: *pisar folhas*

Cantar grosso Falar alto e com decisão, sem deixar transparecer receio [GAS].

Cantar-lhe de alto Dizer em alto e bom som o que bem entende sobre o interlocutor ou sobre qualquer assunto [GAS].

Cantar loas Elogiar para conseguir um fim; elogiar [AN].

Cantar macareno *Lus*. Criticar; dizer toda a verdade [GAS].
Sin.: *cantar o fado, largar espírito*

Cantar marra Ver *arrotar grandeza(s)*

≠ **O pau cantar na casa de Noca** Haver confusão: "O pau cantou na casa de Noca. A galera ficou doidona" [JB].

Cantar no coro dos anjos Morrer [F&A].

Cantar no jogo 1. Mostrar-se tagarela, blasonador, brincalhão, durante os jogos em família, para encabular ou atrapalhar o adversário. **2.** *Desp*. Visualizar jogadas com antecipação, mandar o companheiro avançar, recuar, apertar a marcação em cima de um adversário [HM/TC].

Cantar o facão Bater, ferir, golpear com espada: "... e o facão cantou nos lombos" (Paulo Elpídio de Menezes, *O Crato de meu tempo*) [TC].

Cantar o fado Ver *cantar macareno*

Cantar o macaco *Lus., gír. das casas de jogo* Dizer erradamente o número que saiu na roleta, por inconveniência [GAS].

Cantar o pau Haver briga, confusão, surra, pancadaria, espancamento: "Houve um fuzuê dos diabos, o pau cantou"; "O pau cantou firme, bicho, todo mundo brigou" [ABH/AN/JB/TC].
Sin.: *cair o cacete*
Var.: *cair/tinir o pau, chover (o) pau, comer o pau/o pau comer, quebrar o (maior) pau, trovejar pau*

Cantar outro galo Tornarem-se diferentes as coisas; haver mudança de atitudes, orientação etc.: "Cá por esta casa outro galo lhe canta" (Manuel de Oliveira Paiva, *Dona Guidinha do Poço*) [TC].

Cantar para subir *Bras., DF, gír. rap e rock*. Ir embora [Net].

Cantar sotaque *Umb*. Cantar, nas cerimônias religiosas, versos alusivos a alguém que se encontra no ambiente e não é aí desejado; ser hostil a alguém; gritar; resmungar [OGC].

Cantar (em) teoria *Bras., NE, CE*. Para os cantadores de viola, discutir ou versejar sobre qualquer área do conhecimento, como gramática, história do Brasil, doutrina cristã ou outro qualquer ramo, inclusive o das ciências [LM/RG]. Ver tb. FS, s. v., p. 367.

Cantar uma mulher Ver *dar uma cantada em* (1)

Cantar um fadinho Lisonjear para alcançar o que se pretende [GAS].

Cantar verso Narrar uma história ou romance versificado. – Ling. rural (ver Leonardo Mota, *Violeiros do Norte*, cap. final). Romance, em versão popularesca, é o fol. da literatura de cordel, apreciadíssimo pelo povo, no NE bras. Trata-se de história ou narrativa inventada por poetas pop., cantadores de viola ou não violeiros de ofício. Em geral, seu texto lavra-se em versos de sete sílabas métricas (ou redondilhas maiores), quase sempre dispostos em sextilhas. Um romance de cordel aborda temas os mais variados: Padre Cícero e Lampião, aventuras e desventuras, pelejas físicas e verbais, histórias de dragão, disputas entre o bem e o mal, lutas com facínoras, Jesus e satanás. Num folh. de cordel, o surrealismo, o absurdo e a realidade andam sempre de mãos dadas [FS].

Capar

Capar de macete Processo rudimentar e cruel de castrar animais, sem extrair os testículos, martelando os tendões com macetes de madeira, até tornar o animal impotente; castrar sem retirar os testículos, seccionando-os com uma pancada de macete sobre os tendões [AJO/TC].

Capar de volta 1. Castrar, invertendo os testículos; castrar torcendo os tendões dos testículos, provocando atrofia dos mesmos; tipo de castração por meio de apertado laço na bolsa dos testículos e torção violenta. **2.** Diz-se, no jogo de bilhar, quando um adversário põe um fuso na dianteira do outro [FF/TC].

Capar linha Surrupiar a linha que serpenteia sobre casas e árvores depois do corte (de arraia, pipa) [TG].

Capar na marca *Bras., RS*. Castrar o animal, por ocasião de sua marcação [AJO].

Capar no rasto/rastro *Bras., CE*. Castrar simbolicamente, com palavras e certos modos, sobre as pegadas da pessoa ou animal [RG].

Capar o gato *Bras., CE e RN, gír*. Ir embora; sair ligeiro; correr; sumir; desaparecer: "O cartomante ainda revela que a rua está ficando deserta porque muitos moradores, até mesmo os mais antigos, caparam o gato por não aguentarem mais a fedentina" (*Jornal da Rua*, 8/6/99, p. 3) [CGP/JB/MGa/*O Povo*, 31/3/96, p. 4B/RBA/TGa].
Sin.: *dar no pé*

Capinar

Capinar sentado 1. Ver-se em situação difícil; passar maus momentos. **2.** Maldizer de; caluniar. **3.** *Bras., gír*. Ficar parado, esperando: "Não sou de capinar sentado, ocês vão ver" [FF/JB].

Capotar

Capotar na curva *Bras., gír*. Divertir-se: "Vou deixar cair, quero capotar na curva" [JB].

Caprichar

Caprichar na pontaria Ver *dormir na pontaria*

Caquear

Caquear a faca Procurar a faca na roupa, a fim de utilizá-la em gesto de defesa ou ataque apressado [RG].

Cardar

Cardar o povo *Lus*. Roubar o povo, extorquir-lhe o que tem [GAS].

Carimbar

Carimbar as faixas *Desp*. Derrotar clube que acaba de conquistar título de campeão [HM].

Carimbar o passaporte *Bras., gír*. Garantir presença, participação; assegurar viagem: "O Brasil carimbou o passaporte quando venceu a Bolívia, nas eliminatórias" [JB].

Carpir

Carpir saudades Sofrer com a ausência daquilo ou daqueles que causam saudade [GAS].
Var.: *curtir saudades*

Carregar

Carregar a bandeja *Bras., NE*. Diz-se de quem tem jeito de pederasta, *veado* [MSM].

Carregar a bateria Dormir; descansar; ganhar forças [GAS].

Carregar a celha *Lus*. Franzir a testa, em sinal de aborrecimento ou raiva [GAS].
Var.: *carregar a cenha*

Carregar a cruz Estar sob o peso de grandes responsabilidades ou contrariedades, em caráter duradouro: "... não para que fosse o seu tirano mas para que a ajudasse a carregar a cruz da pobreza" (Franklin Távora, *O Cabeleira*, p. 62) [TC].

Carregar água em cesto 1. Fazer ou desenvolver esforço inútil; realizar atividade em tudo e por tudo improfícua, sem sentido prático; perder tempo; trabalhar em vão. **2.** Tentar coisas impossíveis ou absurdas [ABH/AJO/AN/CLG/RMJ].
Sin.: *buscar água no cesto*, (S) *enfiar água no espeto*
Var.: *carregar água em peneira*

Carregar a mão 1. Aumentar a dose, a quantidade, as despesas, os gastos etc.; dar demais. **2.** Caprichar em determinado serviço, em trabalho artístico etc. **3.** Castigar muito [AN/GAS/TC].

Carregar aos ombros Tratar alguém com especial carinho ou atenção [ABH].

Carregar a pistola Encher de vinho uma garrafa [GAS].

Carregar a sua cruz Suportar dificuldades; arrastar encargos pesados; sofrer os seus tormentos [AN/GAS].

Carregar mortes nas costas Ter cometido crimes de morte: "Carregava várias mortes nas costas" (Josué de Castro, *Homens e caranguejos*) [TC].
Var.: *ter morte(s) nas costas*

Carregar na parte Inculcar falsamente para provocar maior castigo [GAS].

Carregar nas contas Aumentar o valor da conta [TC].

Carregar nas cores Ver *carregar nas tintas*

Carregar nas costas. *Bras.* **1.** Numa tarefa que exija esforço de um grupo, fazer praticamente sozinho o trabalho de todos. **2.** Ter ou manter sob a sua responsabilidade [ABH/CLG/TC].
Sin. (1): *ter em cima das costas*
Var. (2): *ter nas costas*

Carregar nas doses *Fig.* Beber exageradamente; embriagar-se: "Num dia em que carregou nas doses e quase despenca do oitavo andar, foi descoberto e posto para fora" (Romeu de Carvalho, *Carro Doce*, p. 23).
Sin.: *encher a cara*

Carregar nas tintas Mostrar-se exagerado, exagerar numa descrição, num relato: "Amigo de Raul Solnado, o Chaplin da comédia port., Antônio carrega nas tintas a nostalgia de um império perdido" (Chico Caruso, *Bundas*, 23/8/99, p. 32); "O chefe carregou nas tintas e acabou virando puxa-saco" [AN/GAS/JB/TC].
Sin.: *carregar nas cores*

Carregar no bicho Jogar exageradamente em determinado número do jogo do bicho [TC].

Carregar no preço Cobrar além do custo normal [TC].

Carregar no prego Acelerar o veículo [GAS].

Carregar nos peitos Avançar atabalhoadamente, enfrentando e afastando os obstáculos: "Uma anta estourou mato a dentro (*sic*), carregando tudo nos peitos" (Francisco de Brito, *Terras bárbaras*) [TC].
Var.: *levar nos peitos*

Carregar o cenho Ficar sério: "Carreguei o cenho, num cumprimento seco" (Moreira Campos, *Dizem que os cães veem coisas*, p. 34) [ABH/GAS].
Sin.: *amarrar a cara*

Carregar o piano *Desp.* Destacar-se (um jogador) de tal forma numa partida em relação aos companheiros, fazendo gols, distribuindo passes precisos, deslocando-se sempre, que o mérito da vitória é só dele [HM].
Sin.: *carregar o time, levar o time nas costas*

Carregar o piano nas costas *Bras., gír.* Esforçar-se; trabalhar demais: "É preciso carregar o piano nas costas" [JB].
Sin.: *carregar pedra*

Carregar (uma) opinião Não mudar de parecer; não transigir; ter opinião formada; ter ou sustentar um capricho: "Eu carrego uma opinião: um homem só não me açoita!" [LM/T. A. Araripe Jr., *Luizinha*, "Notas aos capítulos", p. 122/TC].
Sin.: *carregar um capricho*
Var.: *sustentar uma opinião*

Carregar os machos/machinhos Ver *encher a cara*

Carregar o sobrolho Mostrar contrariedade; mostrar-se carrancudo, enrugando ou franzindo as sobrancelhas [AN/GAS].
Var.: *carregar o sobrenho*

Carregar o time Ver *carregar o piano*

Carregar pedra Bras., gír. Trabalhar demais: "Francamente, tô cansado de carregar pedra. De ajudar os outros" [JB].
Sin.: *carregar o piano nas costas*

≠ **Enquanto descansa carregar pedras** Fazer um trabalho ligeiro entre dois de responsabilidade [AN].

Carregar (um) roço /ó/ Fazer sentir, através de atitude ou pronunciamentos, suas qualidades de valentão; ser presumido, petulante. – Roço: petulância, empáfia de valentão [TC].

Carregar uma barriga Bras., MA. Estar grávida [ABH/FN].

Carregar um alto-astral Bras., gír. Estar bem [JB].

Carregar uma pose Ostentar vaidade, orgulho, petulância: "Carrega uma pose como quem tem o rei na barriga" (Gustavo Barroso, *Mississipe*) [TC].

Carregar um capricho Não mudar de opinião; ter um capricho: "Carregava um capricho, de tudo fazer do melhor possível" (Mário Landim, *Vaca preta e boi pintado*) [TC].
Sin.: *carregar (uma) opinião*

Cartar

Cartar alto Bras., CE. Exibir-se gastando dinheiro; viver gastando muito dinheiro; estar numa situação próspera [CGP/MGa].

Cartar marra Bras., CE. Querer ser o mais importante; ser invocado [CGP].

Cartar onda Bras., PI. Passar-se por importante: "Leão Marcelo chegou lá cartando onda de gostoso pra cima das moças. Mas eu num tô dizendo mermo...!" [PJC].
Var.: *tirar onda*

Casar

Casar à moda da covilhã Lus., Turquel. Amancebar-se; viver maritalmente (ver *Rev. Lus.*, XXVIII, p. 145) [ECS/GAS].
Sin.: *casar à porta do talho, casar atrás da porta*

Casar à porta do talho Ver *casar à moda da covilhã*

Casar atrás da porta Bras., GO. Amigar-se (ver Regina Lacerda, *Folclore brasileiro: Goiás*) [MSM].
Sin.: *casar à moda da covilhã*

Casar com a humanidade Bras., NE, BA. Prostituir-se, velada ou abertamente (ver Edison Carneiro, *A ling. popular da Bahia*) [MSM].

Casar de papel passado Casamento pelo Registro (cartório): "... a nova mulher (Cláudia, da Comissão Pastoral da Terra, com quem casou de papel passado) e o trabalho político que tanto ansiava" (Luiz Maklouf Carvalho, *Mulheres que foram à luta armada*, p. 456) [GAS].

Casar e batizar Ver *deitar e rolar* (1)

Casar freira Diz-se de ultimato às moças casadoiras: ou casavam ou viravam freiras [GAS].
Var.: *matar freira*

Casar mal a filha Bras., RS. Expr. que significa meter-se em dificuldades das quais não consegue sair [AJO].

Casar na capelinha verde Ver *casar na polícia*

Casar na capoeira Amasiar-se: "Arrumou o noivo na feira e casou na capoeira" (Sabino Campos, *Catimbó*) [TC].

Casar na folha Ficar, a noiva, grávida antes do casamento. – A expr. se origina de outra – *fazer negócios na folha* –, que indica a compra ou venda de determinado produto agrícola, não colhido ou ainda em formação [TC].

Casar na igreja Casar-se eclesiasticamente, religiosamente [ABH/GAS].
Sin.: *casar no padre*
Var.: *receber na igreja*

Casar na igreja verde *Bras., NE.* "Viver em união ilegítima, em concubinato", registram Pereira da Costa e Edison Carneiro; amasiar-se; amigar-se; viver maritalmente; ter relações sexuais antes de casar (casando ou não depois); transar, ter relações antes do casamento (ver Renato Oliveira, *Dic. alagoano*). – "É uma expr. pitoresca, que se aplica aos casais que não contraíram matrimônio legalmente. A 'igreja verde' é o bosque, o mato, o lugar dos encontros clandestinos" – diz R. Magalhães Jr: "Igual destino teve Paulina, filha de Elvira e primeira neta do vigário Loyola que, embora tivesse ido ao altar, recebeu primeiramente os sacramentos do matrimônio na igreja verde" (Evandro Rabello, *O mundo de dona Finha*) [AN/FNa/MSM/Net/RG/TC].
Sin.: *plantar no pó*

Casar na moita *Bras., CE.* Amigar-se; amancebar-se [RG].

Casar na polícia *Bras.* **1.** Casar obrigado por mandado judicial. **2.** Casar em prazo muito curto [ABH].
Sin.: *casar na capelinha verde*

Casar no cartório Contrair casamento civil; casar no civil: "Casei no padre; a mulher 'tá querendo casar no cartório também'" (W. Bariani Ortêncio, *Vão dos Angicos*) [ABH].

Casar no juiz *Bras., pop.* Casar-se civilmente: "– Lá na pensão tu vais dizer... que tu casas comigo no juiz e no padre" (Josué Montello, *Casais da Sagração*) [ABH/TC].

Casar no militar *Bras., S, NE.* Diz-se do homem que casa à força com mulher menor de idade e com a qual copulou [MSM].

Casar no padre *Bras., pop.* Casar(-se) na igreja, eclesiasticamente, de acordo com as normas dessa instituição; consorciar-se religiosamente: "Disse até que ia casar no padre e no juiz..." (Jorge Amado, *Jubiabá*, p. 20) [ABH/TC].
Sin.: *casar na igreja*

Casar no queima Casar às pressas, sem quase ninguém saber, às escondidas. – Uso rural [AN/FS/LM].

Casar nos dois Casar-se no civil e no religioso [TC].

Cascar

Cascar a mão Esbofetear: "E eu cascava a mão na cara dele" (Ribamar Galiza, *O povoado*) [TC].
Sin.: *passar o braço*
Var.: *assentar a mão* (2)

Cascar a marreta Atacar, falar mal [AN].
Var.: *meter a marreta*

Cascar fora *Bras., gír.* Sumir; fugir; desaparecer: "O malandro levou porrada e cascou fora" [JB].

Cassar

Cassar a palavra Impedir de falar [AN].

Castigar

Castigar a imaginação Ver *dar trato(s) à bola* (1)

Castigar o corpo Trabalhar [AN].

Castigar sem pau nem pedra Modo de referir uma penalidade moral [GAS].

Castrar

Castrar o felino Ver *dar no pé*

Catar

Catar cavaco *Bras., desp., gír.* **1.** Perder, o jogador, o equilíbrio na corrida, seguindo para frente até certa distância com o corpo curvo e as mãos quase tocando o chão; desequilibrar-se ao avançar em velocidade, prosseguindo porém para não cair, com o tronco curvado e as mãos quase roçando o gramado; testavilhar. **2.** Diz-se quando o goleiro chega atrasado; diz-se quando o goleiro não segura a bola que entra mansamente no gol: "O Clemer ficou catando cavaco, enquanto a bola entrava mansamente no gol"; "O Carlos Germano saiu catando cavaco, enquanto a bola entrava". – "Cavaco" está no sentido de "estilha ou lasca de madeira" [ABH/HM/JB].
Sin. (1) (2): *catar graveto*

Catar ficha *Bras., AL.* Diz-se de quando a pessoa vai caindo e tentando se amparar com as mãos e/ou os braços (ver Renato Oliveira, *Dic. alagoano*) [FNa/Net].

Catar graveto Ver *catar cavaco*

Catar lenha *Bras., Centro-Oeste, MG.* Copular [MSM].

Catar marra Aprender a lição: "Eu vou dar um gelo naquela tal de Rosinete pra ela catar marra" [AS].

Var.: (CE) *criar marra*, (CE) *pegar marra*

Catar mexerica Ver *caçar borboleta*

Catar milho *Bras.* Datilografar, digitar, muito vagarosamente. – Uso joc. [ABH].

Catar pelo no ovo Buscar uma coisa onde ela não existe [AN].

Catar pulgas em leões Procurar pequenos defeitos, fazer pequenas críticas com o intuito de obscurecer as grandes qualidades de algo ou alguém [AN/RMJ].

Var.: *catar pulgas na juba do leão*

Catucar

Catucar (a) onça com vara curta. *Bras.* Provocar; expor-se a perigo certo: "Penso que cê num deve catucar onça com vara curta, pode lhe custar caro" [AN/JB].

Var.: *cutucar (a) onça com vara curta*

Causar

Causar discórdia Ser motivo de zanga [GAS].

Causar engulhos Causar aborrecimentos, inveja, nojo [GAS].

Causar espécie Causar reflexão, ou estranheza; intrigar; surpreender; dar que pensar; fazer desconfiar: "Sentei-me numa das últimas filas, para não causar espécie à seleta assembleia de progenitoras" (Fernando Sabino, *O homem nu*, p. 61); "A mim me causa espécie ainda haver candidatos para quem o povo continua sendo um ilustre desconhecido" (Aírton Monte, *O Povo*, 5/9/96, p. 4B) [ABH/AC/AN/FF/GAS].

Sin.: *fazer espécie*

Causar mossa Provocar desgosto; deixar vestígios de pancada ou ação moral [GAS].

Causar tédio Diz-se do que enfastia, aborrece [GAS].

Cavar

Cavar a própria sepultura Ser imprudente; arriscar a vida, provocando brigas, não zelando pela saúde etc.; arruinar-se: "O cara está cavando a própria sepultura. É ruim de cintura" [JB/TC].

Var.: *cavar a própria cova*

Cavar a vida *Bras.* Trabalhar (muito) para viver, para sobreviver: "O pobre homem é mesmo um professor que anda cavando a vida" (João Clímaco Bezerra, *Não há estrelas no céu*, p. 164) [ABH/AN/GAS/RG].

Sin.: *lutar pela vida*

Var.: (S, SP) *trabucar a vida*

Cavar batatas *Lus.* **1.** *Ant.* Não ter onde ganhar a vida. **2.** Mandar alguém ir embora [GAS].

Sin.: *cavar pés de burro*

Cavar na vinha e no bacelo *Lus.* Fazer duas coisas ao mesmo tempo [GAS].

Sin.: *lucrar a dois carrinhos*

Cavar pés de burro Ver *cavar batatas*

Ceder

Ceder a cauda Ver *dar o rabo*

Ceder à evidência Mostrar-se convencido; admitir o que é incontestável; conformar-se; concordar ante os argumentos apresentados [AN/GAS].

Var.: *render-se à evidência*

Ceder escanteio *Desp.* Causar (um jogador) a saída da bola pela linha de fundo, determinando o juiz que o adversário cobre a infração [HM].

Ceder o campo Desistir de empresa ou negócio [AN].

Ceder o passo a 1. Deixar passar, por civilidade: "Embora tivesse pressa, cedeu o passo à moça." **2.** *Fig.* Reconhecer a superioridade de alguém. **3.** Cessar, acabar(-se), dando lugar a outra coisa: "... aquela preocupação vai cedendo o passo a questões muito mais importantes" (E. Roquete-Pinto, *Seixos rolados*) [ABH].

Ceder terreno Recuar; começar a perder [GAS].

Cercar

Cercar frango Ver *andar correndo sem bainha*

Cercar número Ver *cercar o bicho*

Cercar o bicho Jogar em certo número (no jogo do bicho ou na loteria), inclusive em suas aproximações, semelhanças e inversões: "Cercara o bicho. Jogara no burro, jogara no camelo, ambos animais de montaria" (João Clímaco Bezerra, *O semeador de ausências*) [TC].
Sin.: *cercar número*

Cercar pelos sete lados *Bras., gír.* Bloquear; prender: "Vou cercar pelos sete lados este pessoal" [JB].

Cerrar(-se)

Cerrar a noite Escurecer; anoitecer [AJO].

Cerrar a perna *Bras., RS.* Montar a cavalo e partir em frente [AJO].

Cerrar a ponta *Bras., RS.* Diminuir a marcha da tropa, na estrada, atacando-a pela frente [AJO].

Cerrar as esporas *Bras., RS.* Esporear o animal [AJO].

Cerrarem-se os espíritos Desmaiar [AN].

Cerrar fileiras *Bras., gír.* Aderir; formar ao lado; engajar: "Vamos cerrar fileiras na defesa do Neco, ele tá fudido" (*sic*) [JB].

Cerrar o namoro *Bras., RS.* Levar o namoro a sério, já com propostas de noivado ou até mesmo casamento [AJO].

Cerrar o negócio Concluir definitivamente um negócio [AJO].

Cerrar os olhos 1. Fechar os olhos, ocultando o globo ocular: "Lançou os braços em volta do próprio corpo, acariciando-se, cerrou os olhos em êxtase" (Dias Gomes, *Derrocada*, p. 74). **2.** Morrer [FF/GAS]. ♦ O v. cerrar, em sua acepção primeira, significa "fechar". Em Portugal, pop., segundo consigna GAS, tem o sentido de "teimar".

Cerrar perna *Bras., RS.* Fazer o cavalo parar de súbito [ABH/AN].

Cerrar rodeio *Bras., RS.* Reunir ou juntar o gado [AJO].

Cerrar-se à banda Teimar; obstinar [GAS].

Chamar(-se)

Chamar à autoria Invocar a responsabilidade de [ABH/FSB].

Chamar à baila Chamar à responsabilidade; fazer que se manifeste; provocar [ABH/GAS].
Var.: *chamar à balha*

Chamar a bola de meu bem *Desp.* Demonstrar extraordinária intimidade com a bola; revelar aptidão no trato da bola [HM].
Sin.: *ter intimidade com a bola*
Var.: *chamar a bola de minha nega, chamar a bola de você*

Chamar a bola de vossa excelência *Desp.* Demonstrar pouca aptidão, dificuldade no trato da bola [HM].
Sin.: *não ter intimidade com a bola*

Chamar a campo Desafiar alguém [GAS].

Chamar a capítulo *Lus.* Chamar a atenção; chamar à responsabilidade; tomar culpas a alguém; repreender; culpar [GAS].

Chamar a contas 1. *Lus.* Reclamar contas em dinheiro. **2.** *Bras.* Pedir explicações; obrigar alguém a dar satisfação dos seus procedimentos; chamar alguém a dar contas dos seus atos [FF/GAS].
Sin. (2): *chamar à responsabilidade*
Var. (2): *pedir contas*

Chamar à fala Pedir ou ordenar a alguém que se aproxime a distância adequada para falar, a fim de interpelar, obter in-

Chamar(-se)

formações etc.; pedir a alguém que venha falar conosco [ABH/AN/GAS].

Chamar à(s) fala(s) 1. Pedir explicações, esclarecimentos; tomar uma satisfação; chamar a atenção; repreender: "Vou chamar às falas este cidadão." **2.** Entrar em entendimentos, a fim de esclarecer certos quiproquós: "Com o Itu na gaveta, só faltava Frederico chamar às falas a fabriquinha de cachaça..." (José Cândido de Carvalho, *Olha para o céu, Frederico!*, p. 61) [ECS/JB/TC].

Sin. (1): *chamar na chincha* (1), *chamar nas comidas*

Var.: *chegar às falas*

Chamar a juízo Chamar para julgamento [ECS].

Chamar à liça Chamar à discussão, ao assunto [GAS].

Chamar à mochila *Lus.* Apossar-se [GAS].

Chamar ao estreito *Lus.* Comer; engolir [GAS].

Var.: *passar ao/pelo estreito*

Chamar à ordem Repreender; advertir [FF/GAS].

Chamar aos peitos 1. Abraçar fortemente. **2.** Subjugar, para o ato carnal [RG/TC].

Var. (2): *chamar nos peitos*

Chamar à pá *Lus.* Chamar a si [GAS].

Chamar à pedra *Lus.* **1.** Chamar a atenção; chamar à responsabilidade. **2.** Chamar ao quadro escolar [GAS].

Chamar à razão Convencer [AN/FF/GAS].

Var.: *trazer à razão*

Chamar à responsabilidade Ver *chamar a contas* (2)

Chamar atenção *Bras.* Repreender; corrigir; ralhar [ABF].

Chamar cachorro de cacho *Bras., NE, BA.* Estar totalmente bêbado, não pronunciando mais as sílabas finais das palavras: "Aí, certa feita, Tenório saía do bar de Guega dando rasteira em cobra e chamando cachorro de cacho, quando chegou debaixo da amendoeira..." (NL, *Dic. de baianês*, s/p.) [FN/NL].

Chamar chuva 1. Cantar com má voz; cantar desafinadamente. – A expr. tem or. no fato de o sapo chamar chuva quando coaxa com sua voz roufenha. **2.** *Bras., RS.* Diz-se "quando os cabelos das crianças (de cabelo habitualmente liso ou apenas ondulado) estão inusitadamente encaracolados" [AN/LAFa].

Chamar curta e comprida *Lus.* Insultar a mãe de quem se está falando [GAS].

Chamar de cara *Lus., Univ. Coimbra.* Quando o professor chama o aluno sem ser pela caderneta [GAS].

Chamar de careca e (ainda) oferecer o pente Humilhar, agredir, desqualificar alguém: "Barbosa foi lá e botou pra quebrar em cima de Lourival... Chamou de careca e ainda ofereceu o pente" [FNa].

Sin.: *quebrar a castanha* (1)

≠ Só não chamar de santo 1. Dizer a alguém toda espécie de desaforos; descompor: "Ela se zangou comigo, só não me chamou de santo." **2.** Falar mal de alguém [AN/FS/LM/TC].

Chamar (a/o) gato meu tio Estar em estado de completa miserabilidade; achar-se na extrema pobreza ou humilhação: "Meu pai chegou aqui tomando bença a cachorro, chamando gato meu tio e lá hoje não é rico, mas é arranjado..." (Leonardo Mota, *Violeiros do Norte*, p. 254) [ABH/LM].

Sin.: *chamar urubu de meu louro* (1), *tomar (a) bênção a(os) cachorro(s)*

Chamar lágrimas aos olhos Fazer chorar; causar dó ou enternecimento [AN].

Chamar-lhe um figo *Lus.* **1.** Comer. **2.** Guardar alguma coisa. **3.** Agradar ao paladar [GAS].

Chamar na chincha 1. *Bras., RJ, gír.* Chamar para si a responsabilidade; chamar a atenção; chamar a atenção de alguém sobre alguma falta cometida; dar uma bronca em alguém; chamar a atenção de alguém, alertando ou deixando clara a responsabilidade dessa pessoa em relação a certo fato:

"Vou chamar na chincha todo o pessoal."
2. Cobrar (de desafeto, inimigo) um acerto de contas; trazer para si; enquadrar: "Vou chamar na chincha este cara metido a besta." **3.** *Gír. da noite.* Cobrar uma decisão da pessoa pretendida, agarrando-a de modo a obter reciprocidade ou rejeição imediata; agarrar para abraçar; atrair. **4.** Fazer sexo; copular (diz-se do homem): "Vou chamar na chincha aquela gata querida" [AJO/GM/ JB/LAFa/MPa/Net].
Sin. (1): *chamar à(s) fala(s)* (1), *chamar no apito*
Var.: (RS) *chamar na cincha*

Chamar na grande *Bras.* **1.** Transar. **2.** Trazer algo com vontade e disposição [Net].

Chamar nas canelas *Pop.* Fugir [FF].

Chamar nas comidas *Bras., PI.* Chamar a atenção: "Vou chamar nas comidas este chato" [JB/PJC].
Sin.: *chamar à(s) fala(s)*

Chamar na(s) espora(s) 1. Picar o cavalo com as esporas. **2.** Censurar ou repreender alguém [ABH/AJO/AN].
Var.: *procurar nas esporas*

Chamar no apito Ver *chamar na chincha* (1)

Chamar no canto *Bras.* Falar a sós com alguém [JB].

Chamar nome(s) 1. Apelidar. **2.** Injuriar; afrontar; insultar; descompor: "– A véia tua mãe chegou na porta lá de casa, para chamar nome a gente" (José Lins do Rego, *Cangaceiros*, p. 79) [FF/GAS/TC].
Var. (1) (2): *botar nomes*
Var. (2): *dizer nomes, pôr nomes*

Chamar no pio *Bras., gír.* Atrair: "Chamei no pio o cidadão e ele veio de mansinho" [JB].

Chamar no saco *Bras., gír.* Chamar a atenção; decidir: "Vou chamar no saco e decidir a parada" [JB]

Chamar nos alicates *Bras., S, chulo.* Copular [MSM].

Chamar nos peitos *Bras., NE.* Deflorar (ver Paulino Santiago, *Dinâmica de uma linguagem:* "o falar de Alagoas"; Basílio de Magalhães, *O folclore no Brasil*) [MSM].
Var.: *chamar aos peitos* (2)

Chamar o apoio *Desp.* Atrair companheiro para reforçar o ataque, passando-lhe a bola [HM].

Chamar o cavalo nas puas *Bras., RS.* Cravar as esporas no cavalo [ABH/AJO/AN].
Var.: *convidar o cavalo nas puas*

Chamar o/pelo Gregório Vomitar [GAS].
Var.: *chamar (o) Raul, gritar ao Gregório*

Chamar o vento Perscrutar o céu assobiando, a fim de que a arraia (pipa) suba ao ar, tome altura [TG].

Chamar para o jogo *Desp.* Lançar a bola para determinado companheiro [HM].

Chamar para o pé direito *Desp.* Passar a bola para si próprio, de um pé para outro, avançando em direção ao gol, a fim de poder chutar com a perna dominante [HM].
Var.: *chamar para o pé esquerdo*

Chamar pra dança *Desp.* Atrair o adversário para um drible ou finta, podendo, assim, lançar em melhores condições [HM].

Chamar pra grande Desafiar; elucidar: "Com a boataria da compra de votos para reeleger FHC, a Nação deveria ter chamado pra grande a Justiça Eleitoral, a fim de esclarecer os fatos" [CGP/TGa].

Chamar pro pau *Bras., CE.* Maneira ruidosa de irritar os amásios, que, em geral, reagem violentamente, indo para o "pau", ou seja, para a briga ou a descompostura. ♦ Costume tradicional em Acaraú (que ocorre ainda hoje), espécie de "serração da velha", mas já destituída do seu principal ato simbólico, que era o de serrar uma barrica em frente à casa da vítima [AN/FS].

Chamar (o) raul *Bras., gír.* Vomitar; vomitar depois de tanto beber (ver Renato Oliveira, *Dic. alagoano*): "Arlindo foi até o banheiro chamar Raul já tem uns cinco minutos..." (FNa, p. 107); "Acabei chamando o raul depois que comi aquela coxinha estragada". ♦ Nas expr. como esta, envolvendo nomes próprios, em Portugal, costuma-se grafar o nome próprio em minúsculo [CGP/JB/LAFb/MGa/Net/NL].

Var.: (CE) *chamar o Gabriel, chamar o/ pelo Gregório*, (BA, CE, RS) *chamar (o) Hugo*

Chamar-se ao silêncio Evitar falar; recolher-se ao silêncio; calar [AN/GAS].

Var.: *remeter-se ao silêncio*

Chamar-se aos peitos *Bras., gír.* **1.** Apropriar-se. **2.** Beber; comer [AN].

Chamar urubu de meu louro 1. Achar-se em extrema pobreza ou humilhação: "Coitado do Elesbão, um conhecido meu, coitado. Anda numa pior, vendo urso de gola, chamando urubu de meu louro, pedindo a bênção a meio-fio. Imaginem que nosso herói, aliás sofrido herói, era funcionário de carreira de um banco estadual, concursado, primeiro lugar e tudo" (Aírton Monte, *O Povo*, cad. Vida & Arte, 12/6/02, p. 2). **2.** *Bras., CE.* Beber além da conta, a ponto de confundir urubu com papagaio [ABH/AS].

Sin. (1): *chamar (a/o) gato meu tio*

Chapinhar

Chapinhar na água Esparrinhar com a mão ou com o pé na água, fazendo-a saltar [GAS].

Chegar(-se)

≠ **Até Mané chegar** Até não ser mais possível; até não poder mais [TC].

Chegar a bom porto Chegar a local seguro, protegido [GAS].

Sin.: *chegar a bom recato*

Chegar a bom recato Ver *chegar a bom porto*

Chegar (n)a conta Chegar ao ponto final de tolerância, da indecisão: "Chegava na conta, pois era a terceira vez que o capitão tinha notícia daquele cavalo" (Juarez Barroso, *Mundinha Panchico e o resto do pessoal*) [TC].

≠ **Não chegar à craveira 1.** Diz-se de pessoa de estatura muito baixa. **2.** Não ser suficiente; não ser apto; ser inferior; não possuir as aptidões necessárias. – Alusão à inspeção para o serviço mil. [AN/FF/GAS].

Chegar à fala Ter uma conversa especial; diz-se de encontro e conversa depois de zanga [GAS].

Chegar à gata *Bras., S.* Chegar com extrema dificuldade e muito cansaço [ABH/AJO/AN].

Chegar a hora da onça beber água Chegar o momento certo, aprazado, decisivo, oportuno: "Pode até não pesar muito, mas que ajuda, ajuda. Chegou, portanto, a hora da onça beber água e do quem for podre que se quebre" (Alan Neto, *O Povo*, 27/6/98, p. 6E).

Var.: *estar na hora da onça beber água*

Chegar a hora de alguém Estar (alguém) prestes a morrer; aproximar-se a hora da morte de alguém [AN/GAS].

Chegar a jeito Discutir determinado assunto com habilidade e jeito a fim de obter o resultado desejado [AJO].

Chegar ali e parar Apreciação jocosa dos méritos de uma pessoa [GAS].

≠ **Não lhe chegar a língua 1.** Não poder dizer algo por lhe faltar a expressão exata, por não lhe ocorrerem as palavras próprias. **2.** Ser malcriado no que diz [GAS].

Chegar ao arco cruzeiro Casar [GAS].

Chegar ao bico Dar coisa de agrado; dar; pagar; entregar. – Originou a expr. *chega-me ao bico a ver como eu fico* [GAS].

Chegar ao cabo Chegar ao fim; não poder mais [GAS].

Chegar ao ponto Chegar a altura, o momento [GAS].

Chegar ao rego 1. Seguir o bom caminho; atender ou chegar-se à razão; convencer-se; corrigir-se. **2.** *Chulo.* Aproximar-se do ânus [GAS/LCCa].

Chegar aos cabelos Ver *chegar a/às vias de fato*

≠ **Não chegar aos calcanhares de alguém** Ser muito inferior a alguém; estar muito longe da capacidade de alguém; não se poder comparar com alguém. – Reminiscência do que são João Batista disse em relação a Cristo (*João* 1, 27) [AN/GAS].

Sin.: *não chegar à(s) sola(s) do sapato de alguém*

Chegar aos ouvidos Vir a conhecer; tomar conhecimento; ter conhecimento pelo que se ouve dizer [AN/CLG/GAS].

Var.: *ressoar aos ouvidos*

Chegar aos/nos pés Aproximar-se [TC].

≠ **Não chegar aos pés de** Ser muito inferior a; ficar muito aquém de; não estar em condições de competir; não se igualar a; não se comparar a: "Quero passar na praia de Copacabana, no Rio. Não tem nada igual. O réveillon (em Paris) não chega aos pés!" (Pedro Bial, *Contigo!*, set./1999, p. 15); "Emerson, porém, não chega aos pés de Vampeta como volante de criação" (Armando Nogueira, *Diário do Nordeste*, cad. 3, 30/4/00, p. 2); "É culto, mas não chega aos pés do irmão" [ABH/AN/AT/FF/FSB/TC].

Chegar a peia Açoitar [TC].

Chegar a ponto de rebuçado Chegar ao extremo da saturação ou da zanga [GAS].

Chegar a porto e salvamento **1.** Escapar de tempestade e arribar a um porto. **2.** Ter feliz êxito numa empresa [AN].

Chegar à razão Convencer-se da verdade; conformar-se; anuir; deixar-se persuadir; serenar [FF/GAS].

Var.: *vir à razão*

Chegar a roupa ao corpo Bater; espancar; dar uma sova, uma tareia [AN/FF/GAS]. ♦ LM, p. 371, sem conceituá-la, aponta a expr. como gír. luso-bras.

Var.: *chegar a roupa ao pelo*

Chegar(-se) às boas Chegar a acordo; reconciliar-se; submeter-se; conformar-se; concordar; terminar pacificamente alguma situação que parecia vir a acabar mal; fazer as pazes; vir com propósitos de paz e harmonia; falar pacificamente para resolver questão pendente, depois de ter apelado para a violência: "A velha endureceu, depois chegou às boas e acabou pedindo pelo bicho um despropósito" (Graciliano Ramos, *Alexandre e outros heróis*, p. 39); "Nós tivemos um bate-boca, mas ele acabou chegando-se às boas" (Leonardo Mota, *Violeiros do Norte*, p. 238); "Eu desando-lhe a mão na cara, já você se chega às boas" (Leonardo Mota, *id.*) [AN/CA/GAS/LM/TC].

Sin.: *fazer as pazes*

Var.: *dar-se/tornar-se/vir às boas*

Chegar às do cabo Ver *chegar a/às vias de fato*

Chegar as esporas **1.** Esporear: "E ele, chegando as esporas no cavalo, correu rápido no encalço do boi" (Carlos Feitosa, *No tempo dos coronéis*). **2.** Açular; espicaçar [TC].

≠ **Não chegar à(s) sola(s) do sapato de alguém** Ver *não chegar aos calcanhares de alguém*

Chegar a sua hora **1.** Chegar a sua oportunidade. **2.** Estar à morte, prestes a morrer; morrer: "O moribundo tinha a certeza de que chegara a sua hora" [ABH/GAS].

Chegar às últimas Chegar ao ponto extremo [GAS].

Chegar à tabela Chegar qualquer carreira (comboio, camioneta, barco, avião etc.) à hora marcada, no horário [GAS].

Chegar a/às vias de fato Chegar ao confronto físico, à luta física, corporal; degenerar em pancadaria; brigar: "O assunto pegou fogo, chegamos até às vias de fato, quando as 'piedosas' nos chamavam de 'macaquinhas'" (Rachel de Queiroz, *O Povo*, cad. Vida & Arte, 15/6/02, p. 8) [AN/GAS].

Sin.: (lus.) *chegar aos cabelos, chegar às do cabo, pegar-se à unha, vir às brabas*

Var.: *ir às vias de fato, passar a vias de fato*

Chegar bem *Desp.* Progredir, o ataque, com dribles e troca de passes, em direção à meta adversária [HM].

Chegar com Oferecer; fazer oferta, lances [TC].

Chegar como os carabineiros de Offenbach Chegar tarde, fora de tempo. – Esses carabineiros são personagens da opereta *Les Brigands*, os quais atravessam várias vezes a cena, cantando umas coplas em que eles mesmos censuram sua chegada sempre tarde quando têm de socorrer os particulares [AN].

Chegar com perigo *Desp.* Atacar em velocidade com ameaça de gol [HM].

Chegar de asa aberta Ver *perder o gás*

Chegar de chapéu-de-sol armado Chegar enraivecido; começar a discutir ou entrar na discussão já excessivamente irado, disposto a brigar [TC].
Var.: *entrar de chapéu-de-sol armado*

Chegar duro Investir com violência sobre um adversário [HM].

Chegar em boa hora Chegar na hora de comer [AN].

Chegar embrulhados *Bras., S.* Diz-se de uma carreira em que os dois cavalos chegam juntos sem que se possa afirmar qual deles ganhou a corrida [AJO].

Chegar firme *Desp.* Avançar (o goleiro) com decisão para agarrar a bola [HM].

Chegar fogo Atear fogo: "Esquecera de avisar que havia chegado fogo ao estopim" (Fran Martins, *Poço de Paus*) [TC].
Var.: *ripar fogo, tocar fogo* (1)

Chegar junto *Bras., gír.* **1.** Alcançar o mesmo objetivo: "Quero chegar junto neste lance." **2.** *Desp.* Avançar na base da raça para disputar bola controlada pelo adversário: "Beque tem de chegar junto, mostrar moral" [HM/JB].

Chegar lá para as quinhentas Chegar muito tarde [GAS].

Chegar lenha ao lume Ver *botar lenha na fogueira*

Chegar-lhe ao vivo Bater mesmo, sem fingimento [GAS].

Chegar-lhe com o dedo Estar com o estômago cheio; ter comido muito [GAS].

Chegar-lhe na maçaneta Bater-lhe na cabeça [GAS].

Chegar mais *Bras.* Aproximar-se: "Quero chegar mais, quero ir ao encontro dela" [JB].

Chegar na área *Bras., gír.* Aparecer: "O cara chegou na área, de mansinho" [JB].
Var.: *piar na área*

Chegar na bagagem Ser o último a chegar; ficar, o competidor, bem atrasado no páreo [AN/GAS/TC].
Sin.: *chegar na rabada*
Var.: *deixar/estar/ficar na bagagem*

Chegar na rabada Estar em último lugar, entre os últimos concorrentes de uma corrida: "Coitado do Zezinho: chegou na rabada..." – P. ext., aplica-se o sentido a outras competições, mesmo no plano intelectual: "Ele se submeteu ao concurso, mas ficou na rabada..." [AN/FS].
Sin.: *chegar na bagagem*
Var.: *andar/ficar/vir na rabada*

Chegar na saúde *Desp.* Apossar-se com vigor, porém sem falta, da bola em poder do adversário [HM].

Chegar na tala *Bras., RS.* Diz-se do parelheiro (cavalo de corrida) que é exigido debaixo de rebenque, na chegada de uma carreira (*sic*) [AJO].

≠ **Não chegar nem para o buraco de um dente** Ver *não caber na cova de um dente*

Chegar no escritório *Bras., gír.* Ter conversa particular: "Precisamos chegar no escritório, temos muito o que falar, vamos trocar chumbo" [JB].

Chegar o cacete Espancar; bater; atingir: "Houve manifestações, a polícia chegou o cacete e a massa reagiu" [TC].
Var.: *baixar o cacete*

Chegar o cavalo ao boi Na corrida, aproximar (o vaqueiro) o cavalo até alcançar a rês que pretende derrubar: "Chegar o cavalo ao boi é aproximar aquele a este" (Carlos Feitosa, *No tempo dos coronéis*) [TC].
Sin.: *arrochar o cavalo*
Var.: *chegar o cavalo à rês*

Chegar o chiclete *Bras., MG, gír.* Beijar na boca [*O Povo*, 31/3/96, p. 4B].

Chegar o couro Açoitar [TC].

Chegar o cu pra seringa *Bras., NE, chulo.* Chegar para um acordo; render-se; concordar [MSM].

Chegar o joão-pestana Estar com sono [GAS].

Chegar o rabo na chiringa Dar-se por vencido; sair perdendo: "Sou duro de dobrar – aguentei, de pé, o comércio de compra e venda com Fonseca. Mas, passado um par de meses, tive de chegar o rabo na chiringa" (José Cândido de Carvalho, *O coronel e o lobisomem*, p. 197).
Sin.: *entregar os pontos* (1)
Var.: *chegar o rabo à ratoeira*

Chegar os ingleses Chegar a menstruação [GAS].

Chegar o vinagre ao nariz Ver *subir a mostarda ao nariz*

Chegar para as encomendas Ser suficiente para a ação a desenvolver [GAS].

≠ **Não chegar para as encomendas** Ser muito disputado; ser insuficiente, muito requisitado; não ter tempo para tudo o que deseja fazer [AN/TC/GAS].

Chegar para ele Não temer alguém; ser homem para homem [GAS].

≠ **Não chegar para meia missa** Não ser suficiente [GAS].

≠ **Não chegar para o bico de alguém** Não se destinar ao gozo ou desfrute de; não ser para o gozo, a fruição de; não estar (a pessoa) em condições de candidatar-se a algo: "– Eu sou mulher, sim, mas não chego pro teu bico!" (Fran Martins, *Poço de Paus*, p. 39) [ABH/AN/GAS/LM/TC].
Sin.: *não ser mel para os beiços de alguém, não ser para os dentes de alguém*
Var.: *não ser para o bico de alguém*

Chegar para uma casa de família Haver grande fartura [GAS].

Chegar-se ao rego Estar no bom caminho; convencer-se a aceitar o considerado razoável; chegar à razão; acertar. – Alusão ao arado que segue paralelo ao rego já feito [AN/GAS/LM].
Sin.: *chegar-se ao relho*

Chegar-se ao relho Ver *chegar-se ao rego*

Chegar-se aos bons Aproximar-se de pessoas sensatas para conviver [GAS].

Chegar terra no pé do milho Surgirem os primeiros pelos no púbis do adolescente: "Espere! Já está chegando terra no pé do milho?" (Jáder de Carvalho, *Aldeota*) [TC].

Cheirar

Cheirar a bispo *Lus.* Diz-se de comida que cheira a queimado [GAS].

Cheirar a brilhantina *Lus.* Levar uma cabeçada no nariz [GAS].

Cheirar a chamusco 1. Haver ameaça de conflito, briga; inspirar suspeitas de logro ou perigo; dar a impressão de que está para acontecer algo de grave (tumulto, zanga, perturbação). **2.** Augurar iminente morte ou ferimento numa desordem incipiente. – Primitivamente se aplicava aos judeus que tinham probabilidade de serem queimados nas fogueiras da Inquisição [ABH/AN/FF/GAS].

Cheirar a corno queimado *Lus., Univ. Coimbra.* Diz-se quando se vê aproximar um semiputo que ainda há pouco era calouro. – "Semiputo" era o estudante do segundo ano de faculdade [GAS].

Cheirar a cueiros Ser ainda muito criança, garoto; diz-se para se referir à infância, à idade pueril [ABH/GAS/J&J].
Var.: *feder a cueiro*

Cheirar a defunto *Bras., CE.* Diz-se de uma situação de conflito iminente, com consequências imprevisíveis; referência ou questão vaticinadora de crime, assassinato etc.; prognosticar assassinato [AJO/AN/RG/TC].
Sin.: *feder a chifre queimado* (1)
Var.: *feder a defunto*

Cheirar a esturro 1. Diz-se quando uma altercação está a chegar a vias de fato. **2.** Prever negócio ou ação duvidosa [GAS].

Cheirar a mofo Diz-se do que é antiquado, velho, do que está fora de moda [GAS].

Cheirar a mortos Diz-se quando há uma ameaça de um indivíduo considerado fraco [GAS].

Cheirar a mostarda *Lus.* Arreliar-se; zangar-se [GAS].

Cheirar a povo Expr. quase sempre demagógica com que certos indivíduos manifestam o desejo de chegar às massas com halo de simpatia [RBA].

Var.: *sentir cheiro de povo*

Cheirar a rosas Ter cheiro agradável [AN].

Cheirar a saias Haver mulheres no local [GAS].

≠ **Não cheirar bem** Deixar dúvidas, suspeita; diz-se de alguém suspeito de estar com maus modos, agindo de má-fé, preparando algum ardil, velhacaria ou malefício contra outrem: "– Este sujeito não me está cheirando bem" (João Clímaco Bezerra, *O semeador de ausências*, p. 61); "Essa história nunca me cheirou bem" (César Coelho, *Strip-tease da cidade*) [TC].

Cheirar farinha *Bras., gír.* Cheirar cocaína: "O cara tava cheirando farinha no banheiro" [JB].

Cheirar o cu de alguém *Bras., chulo.* Bajular alguém: "O parceiro é dado a cheirar o cu do patrão" [JB].

Var.: *cheirar o rabo de alguém*

Cheirar o fundo de alguém Ver *cheirar o rabo de alguém*

Cheirar o rabo de alguém *Bras., NE, chulo.* Bajular alguém: "– Não, você mande para Antônio Silvino. Vocês todos vivem cheirando o rabo deste bandido" (José Lins do Rego, *Fogo morto*, p. 202).

Sin.: *cheirar o fundo de alguém, puxar (o) saco*

Var.: *cheirar o cu de alguém*

Chiar

Chiar com Ter que pagar: "E teve que chiar com os cobres" (José de Figueiredo Filho, *Meu mundo é uma farmácia*) [TC].

Sin.: *cair com*

Chiar na faca cega *Bras., NE.* Estrepar-se por falta de cuidado; pagar pela imprudência: "João Valente achou que podia com três ao mesmo tempo, chiou na faca cega e quase que morre de tanta pancada" [FN].

Chiar no nó da peia Sofrer açoites: "Vamos ter muito negro chiando no nó da peia" (Francisco Fernandes do Nascimento, *Milagre na terra violenta*) [TC].

Var.: *sofrer no nó da peia*

Chinchar

Chinchar na borracha Brincar de bola; jogar bola [GAS].

Chocalhar

Chocalhar o limoeiro Ver *estufar a rede*

Chocar

Chocar jacaré *Bras., gír.* Não fazer nada: "Não fique em casa chocando jacaré neste fim de semana, arranje o que fazer" [JB].

Chocar na rampa *Bras., S, RJ.* Entregar-se à prostituição [MSM].

Chocar os ovos 1. *Lus.* Preparar um roubo ou um negócio. **2.** *Bras., gír.* Ser um palerma [AN/GAS].

Chocar uma doença Sentir-se adoentado, sem a doença se definir [GAS].

Chorar

Chorar a morte da bezerra *Bras., pop.* Lastimar-se de/por um fato irremediável; lamentar o que já não tem remédio; arrepender-se de algo; estar triste, sorumbático, de fisionomia carrancuda, sem razão aparente, sem motivo algum; ficar pensativo, introspectivo; ficar com o olhar perdido [ABH/AS/FF/GAS/RMJ].

Sin.: *chorar sobre o leite derramado*

Chorar a(s) pitanga(s) *Bras.* Ficar choramingando, reclamando; queixar-se; lamentar-se [CLG/LAF].

Chorar as mágoas Lastimar-se [GAS].

Chorar baba e ranho *Lus.* Chorar muito e ruidosamente; lastimar-se choramingando [GAS].

Sin.: *chorar como uma madalena, chorar como uma perdida, chorar em bica*

Var.: *chorar baba e ranho de todo o tamanho*

Chorar como uma madalena Ver *chorar baba e ranho*

Chorar como uma perdida Ver *chorar baba e ranho*

Chorar como um/feito bezerro desmamado Chorar muito, fazendo alarido; chorar desesperadamente [AN/CLG/GAS].

Var.: (lus.) *chorar como uma vitela desmamada*

Chorar com um olho e rir com o outro Fingir que chora; usar de duplicidade; fingir pesar sem esconder bem a alegria que lhe causa certo desastre que recaiu sobre outra pessoa; mostrar sentimento por uma desgraça, experimentando no íntimo satisfação [AN/GAS/RMJ].

Var.: *chorar por um olho azeite e pelo/por outro vinagre*

Chorar de barriga cheia Queixar-se sem ter de quê; reclamar ou lamentar-se sem motivo, pois já conseguiu o que queria: "Você já ganhou os presentes que queria, portanto pare de reclamar, pare de chorar de barriga cheia" (DT, *V série*, p. 12). [ABH/AN/CLG/DT].

Var.: *falar de barriga cheia* (2), *queimar-se de barriga cheia*

Chorar desgraça Queixar-se amargamente da própria situação financeira: "Não gosto de gente assim, gente que só vive chorando desgraça..." [LM].

Sin.: *chorar miséria(s), chorar necessidade*

Chorar dia e noite Diz-se de quem se lamenta continuamente [GAS].

Chorar em bica Ver *chorar baba e ranho*

Chorar lágrimas como punhos Chorar grossas lágrimas [GAS].

Chorar lágrimas de crocodilo Chorar sem vontade; fingir-se arrependido [GAS].

Chorar lágrimas de sangue 1. Verter sentido pranto. **2.** Sentir dor ou arrependimento profundo; chorar de arrependimento; chorar com profundo pesar, com grande dor, com grande mágoa: "... sentada no cinema olhando aquela tela branca, chorava lágrimas de sangue, porque não pude filmar minha obra-prima... Faria um puta drama" (Valéria Piassa Polizzi, *Depois daquela viagem*, p. 19). Para saber mais, ver LCCa, s. v. "CHORAR PITANGA" [ABH/AN/FF/GAS].

Var.: *verter lágrimas de sangue*

Chorar mais um pouco *Bras., gír.* Pôr um pouco mais de bebida num copo ou taça; aumentar a dose de bebida: "Chora mais um pouco, parceiro" [JB].

Chorar miséria(s) 1. Deplorar ao extremo algum fato; discutir ou dizer que está sem dinheiro, pobre, doente, mesmo sem estar; lamentar-se ou lastimar-se de desgraças, infortúnios, de situação de penúria, das dificuldades da vida. **2.** Reclamar algo insignificante, denotando avareza; mostrar-se avaro; deplorar-se, mostrando-se avaro, econômico; alardear pobreza ou miséria para conseguir algo [ABH/CGP/FF/GAS/LM/TC].

Sin.: *chorar desgraça*

Chorar na barriga da mãe Ver tudo correr à medida dos seus desejos; ser muito feliz; diz-se de quem tem sempre boa sorte, da pessoa muito feliz; ser sagaz; ter nascido com dons divinatórios: "Eu sou macaca velha, tenente; chorei na barriga da minha mãe" (Ribamar Galiza, *Que duas belas crianças*); "– Não chorei na barriga de minha mãe, mas adivinho" (Domingos Olímpio, *Luzia-Homem*). Ver José Maria Adrião, *Rev. Lus.*, XIX, p. 55 [ABH/AN/GAS/LM/RG/TC].

Sin.: *chorar no ventre materno, nascer empelicado*

Var.: *chorar na barriga*

Chorar na cama, que é lugar quente Lastimar o mal feito quando já não tem remédio: "– Está chorando, Desidéria? Vá chorar na cama, que é lugar quente..." (Amando Fontes, *Os corumbas*, p. 20) [GAS/LM].

Var.: *chorar na cama, que é parte quente*

Chorar necessidade Ver *chorar desgraça*

Chorar no ombro de Contar suas mágoas a; lamentar-se com; desabafar com [ABH/CLG/GAS].

Chorar no pé do momento Chorar na mesma hora, no mesmo instante: "... voz de quem ia chorar no pé do momento" (João Guimarães Rosa, *No Urubuquaquá, no Pinhém*) [ECS].

Chorar no pinho *Bras.* Tocar (com sentimento) viola ou violão. – Alusão à madeira com que são feitos esses instrumentos [ABH/AN/RG].

Chorar no ventre materno Ver *chorar na barriga da mãe*

Chorar o defunto Velar um defunto: "Ainda resiste o chorar o defunto no interior brasileiro, executado por velhas ligadas por laços de parentesco..." [FN/LCC].

Chorar o lamba Lamentar-se demasiadamente [FSB/GAS].

≠ **Não chorar o leite derramado** Não lamentar o que já passou: "Também eu aprendi a manter uma relação lúdica com o tempo, mesmo porque não adianta chorar o leite derramado ou a morte da bezerra" (Aírton Monte, *O Povo*, cad. Vida & Arte, 11/7/01, p. 2) [CLG].

Chorar pelas cebolas do Egito Sentir saudades do passado, embora tenha sido pouco feliz. – Reminiscência da Bíblia (Nm 11, 5) [AN].

Chorar pitanga(s) 1. *Bras.* Chorar muito. **2.** *Bras., S.* Pedir insistentemente, lamuriando-se, algo que é negado; fazer lamúria ou choradeira; lastimar-se; dizer que não tem nada de seu. – Segundo o escritor bras., prof. Antenor Nascentes, a frase foi criada pelos colegas do violoncelista Casemiro de Sousa Pitanga, na segunda metade do séc. XIX. Esse violoncelista tocava com muito sentido um solo no seu instrumento e, quando era ocasião de entrar esse solo, os colegas diziam: "Chora Pitanga!" [ABH/AJO/AN/FF/GAS/RMJ].

Var.: *chorar as pitangas*

Chorar por mais Querer com veemência; querer mais [GAS].

Var.: *morrer por mais*

Chorar por um olho azeite e pelo/por outro vinagre Ver *chorar com um olho e rir com o outro*

Chorar que nem mamão verde cortado *Bras., NE.* Chorar muito. – Comparação, ou símile, do homem simples do interior [LM].

Chorar rios de lágrimas Chorar muito, demais [AN/CLG].

Var.: *chorar torrentes de lágrimas*

Chorar sangue *Bras., NE, S, chulo.* Menstruar [MSM].

Chorar sobre o leite derramado Ver *chorar a morte da bezerra*

Chorar suas misérias 1. Lamentar sua triste vida de desprezo amoroso. **2.** Contar mentiras para conseguir algo [AN].

Chorar uma carta *Bras.* Verificar o jogo que teve por sorte, descobrindo devagar o canto das cartas (no pôquer ou noutros jogos) [FF].

Chorriscar

Chorriscar na gordura *Lus.* Queimar; esturricar [GAS].

Chover

Chover a cântaros Chover torrencialmente; diz-se de chuva grossa ou torrencial; chover copiosamente [ABH/AN/CPL/DT/ECS/GAS].

Sin.: *chover canivete(s)* (3)

Var.: *chover a potes*

Chover a Miguel *Bras., gír.* Chover muito [JB].

Chover bala 1. Haver confusão. **2.** Haver intenso tiroteio [JB/MPa/RMJ/TC].

Sin. (1): *chover canivete(s)* (2)

Var. (1): *chover bala ou canivete*

Chover cangalhas Expr. comumente empregada nesta frase feita que procura caracterizar a estupidez de certas pessoas: "Se chovesse cangalhas, uma lhe cairia no lombo" [RMJ].

Chover canivete(s) 1. Haver o que houver; diz-se de decisão inabalável, em qualquer circunstância: "Quanto ao Plano de Cargos e Carreira, o presidente Átila Bezerra prega antes aviso aos navegantes: 'Sairá, sim, nem que chova canivete'" (Alan Neto, *O Povo*, 26/11/95, p. 4A); "Nem que chova canivetes, farei tal coisa". **2.** Haver confusão, situação difícil, complicada: "Na rua e dentro de casa / Tá chovendo canivete" (Reynaldo Jardim, *Bundas*, 3/10/00, p. 18); "Choveu canivete, quebrou o maior pau"; "Tá chovendo canivete no Pará; polícia e sem-terras não se entendem"; "Prepare-se para o pior, vai chover canivete". **3.** Chover demais, torrencialmente, principalmente quando a chuva é cortante, acompanhada de fortes ventos. – O canivete foi inventado na Tailândia, mais precisamente em Bancoc, por um ferreiro que deu seu nome ao instrumento: Khan Yi Viet (tinha or. vietnamita, conforme demonstra o nome), ainda no séc. XVI, a pedido do imperador Adul Ya Deja (Rama II). O problema de "chover canivetes" surgiu da grande quantidade do objeto que se derramou sobre a Ásia e, depois, sobre a Europa. Uma verdadeira chuva [JB/MPa/RMJ/TC].

Sin. (2): *chover bala* (1)
Sin. (3): *chover a cântaros*
Var. (2): *chover faca e canivete, chover bala ou canivete*

Chover de os cachorros beberem água em pé Diz-se de chuva muito forte [AN].

Chover maná Obter uma vantagem inesperada, um auxílio valioso e imprevisto, um lucro pelo qual não se trabalhou. – Alusão bíblica [RMJ].

Chover na cozinha *Desp.* Acontecer uma confusão, uma zorra na grande área [HM].

Chover na horta de *Bras., gír.* Dar tudo certo; ser favorável (um jogo, um lance); ir tudo às mil maravilhas; dar certo uma jogada, um empreendimento, uma ação; passar por situação boa, favorável: "Finalmente choveu na horta dos comunistas brasileiros" (I.G., *IstoÉ*, 11/10/00, p. 31); "Está chovendo na horta do Botafogo. Virou o jogo em cima da hora"; "Choveu na horta do meu amigo, que bom"; "A coisa mudou, o bicho pegou e agora tá chovendo na minha horta"; "Não é sem tempo, Deus é grande e vai chover na minha horta" [JB]. ♦ O sintagma ou loc. "chover na horta de" foi uma criação do saudoso e famoso locutor Valdir Amaral, carioca que introduziu inovações admiráveis na loc. esportiva, conforme notícias colhidas na imprensa, quando do seu falecimento, na década de 1990.

Chover na roça Realizar negócios vantajosos; conseguir, em determinado período ou ocasião, uma série de bons negócios; ser beneficiado abundantemente [LM/TC].
Var.: *chover no roçado*

Chover no molhado 1. Ser perdido o tempo ou o esforço gasto em algo; perder tempo: "Afinal, ninguém é perfeito, nem mesmo os suicidas. Beber veneno era chover no molhado" (Aírton Monte, *O Povo*, 7/10/96, p. 4B). **2.** Ser supérflua a insistência em qualquer assunto, já suficientemente exposto, ou em problema já resolvido; fazer algo desnecessário, que nenhuma vantagem trará; dizer ou comunicar o que já é sabido; dizer coisa dita ou redita; ser repetitivo; repetir; ficar repetindo a mesma coisa; ser uma inutilidade; obter algo que já se tem com abundância: "Alguém tem que avisar a esse produtor revolucionário que ele está é chovendo no molhado e que sua *revolução* já existe há vários séculos: se chama teatro" (Millôr Fernandes, *Todo homem é minha caça*, p. 152). **3.** Insistir em qualquer coisa já muito batida, ou na tentativa de resolver situação já resolvida; aconselhar, com insistência, medida já tomada; insistir no que já está realizado; tentar convencer, para obter algo, sem resultado; agir sem resultado favorável: "Assim não é possível, é chover no molhado" [ABH/AN/GAS/JB/MPa/RG/RMJ/TC]. ♦ LM, no seu *Adagiário brasileiro* (obra póstuma, compilada), expõe a expr. como gír. luso-bras., sem, contudo, conceituá-la.

Sin.: *levar corujas para Atenas*

Chover no pedaço *Bras., gír.* Aparecer: "Eu vou chover no pedaço, não perco boca livre" [JB].

Var.: *baixar no pedaço*

Chover num lugar como na rua Estar (um lugar) mal coberto [AN].

Chover (o) pau Haver pancadaria: "O pau choveu de todos os lados" (Gustavo Barroso, *Liceu do Ceará*) [TC].

Var.: *cantar o pau*

Chover picaretas Chover muito [GAS].

Chuchar

Chuchar com a tropa *Lus.* **1.** Caçoar. **2.** Afirmar, dar como certa uma coisa que não é [GAS].

Chuchar no dedo Não conseguir o que se deseja; ficar sem alguma coisa; não ser contemplado; ficar sem o que se pretende; ver uma esperança frustrada [AN/FF/GAS].

Sin.: *ficar a apitar*, (Port., Trás-os-Montes) *ficar a recha, ficar chuchando*

Var.: *chupar o dedo*

Chumbar

Chumbar na parede *Bras., PE.* Fixar [BB].

Chumbar uma panela *Bras., gír.* Obturar um dente: "Fui ao dentista pra chumbar uma panela, mudar a mobília e saí de lá rindo à toa" [JB].

Chupar

Chupar a carótida *Desp.* Jogar com extrema violência, visando o adversário e não a bola [HM].

Chupar a mala *Bras., gír.* Fazer sexo oral: "O viadão (*sic*) gosta de chupar a mala do sobrinho" [JB].

Chupar até ao tutano Reduzir à maior miséria [GAS].

Chupar bala *Bras., RS.* Marcar bobeira; perder a oportunidade [LAFb].

Chupar bala sem tirar o papel *Bras., gír.* Fazer sexo com camisinha: "Não gosto de chupar bala sem tirar o papel" [JB].

Chupar (uma) barata *Bras., CE.* Agastar-se muito; zangar-se; enfurecer-se; dar mostras de ressentimento; desapontar: "Por esse tempo encontrei em Maceió, chupando uma barata, na Gazeta do Brito, um velho alto, magro, curvado, amarelo, de suíças, chamado Ribeiro" (Graciliano Ramos, *São Bernardo*, p. 33) [LM/RG].

Sin.: *ficar puto, fumar (n)uma quenga, vender azeite às canadas* (2), *virar bicho* (1)

Chupar camorços *Lus.* Ser condenado [GAS]. ♦ Sobre o termo "camorço", está na aludida fonte port. o que se lê: "Camorço. O m. q. 'cominhão'. Pl. Dias de prisão, derivando o nome por ser computado em dinheiro cada dia de multa."

Chupar cana e assobiar *Bras., RS.* Expr. irôn. para a tentativa de desempenhar simultaneamente duas atividades excludentes [LAFb].

≠ **Não chupar desse tabaco** *Lus.* Não gostar; não acreditar [GAS]. ♦ M. us. na 1.ª pess. do sing.: "Não chupo desse tabaco" (= Não gosto, não acredito).

Var.: *não chupar*

Chupar manga *Chulo.* Diz-se do ato de chupar, como se fosse uma manga, o clitóris da mulher; fazer sexo oral em mulher [MSM].

Chupar o cérebro *Bras., gír.* Destruir; punir; castigar: "O chefe tá querendo chupar o cérebro do Edelvan" [JB].

Chupar o dedo *Bras., gír.* Ficar sem nada; não conseguir o que queria; esperar sem ter solução; decepcionar-se; ficar decepcionado: "Na gestão anterior do tricolor, o ex-presidente Osvaldo Azin também comprou os passes de Sandro e Frank, foi bom-

bardeado por todos os lados e terminou chupando o dedo" (Renato Abreu, *O Povo*, cad. Esportes, 20/6/99, p. 10D); "Fiquei chupando o dedo. Aí proclamei-me barão" (Barão de Itararé, *IstoÉ*/Especial (8), 8/9/99, p. 39); "Lixão é reaberto e prefeito fica chupando o dedo" (*Jornal da Rua*, 1º/6/99); "Quirino ficou chupando o dedo por não ter visto o melhor lance do jogo" [CLG/F&A, *VIII série*, p. 93/JB].
Sin.: *ficar a ver navios*
Var.: *chuchar no dedo*

Chupar o olho Ser exigente em matéria de serviço e tiranizar os subordinados, mostrando-se implacável com seus defeitos ou fraquezas [RMJ].

Chupar o/um ovo *Bras., NE, AL, PE, chulo*. Bajular: "Você gosta mesmo de chupar o ovo de um chefe, hein?" (FNa, p. 112) [ABH/FNa/MSM].
Sin.: *puxar (o) saco*
Var.: *babar o ovo*

Chupar o sangue 1. *Lus*. Tirar os bens de outrem em benefício próprio; nutrir-se do alheio; fazer papel semelhante ao das sanguessugas. – Existe em esp. a mesma loc. **2.** *Bras., NE*. Fingir estar contribuindo com seu esforço em trabalho coletivo ou esporte comum, cujo rendimento depende da cooperação conjunta dos componentes [GAS/RMJ/TC].

Churrasquear

Currasquear no mesmo espeto *Bras., RS*. Expr. que significa uma grande amizade entre duas pessoas [AJO].

Chutar

Chutar alto Contar mentiras e/ou gabolices totalmente inverossímeis [ABH].

Chutar a santa *Bras., gír*. Querer aparecer: "O cara quer é chutar a santa e ter seus dias de glória" [JB].

Chutar cachorro morto *Bras., gír*. Bater em pessoa sem expressão, vencida, punida; tripudiar o vencido; humilhar: "Não gosto de chutar cachorro morto. Isto não me anima"; "Não chuto cachorro morto, seria humilhar quem já está no chão" [JB].

Chutar com os dois pés *Bras., CE*. Fazer qualquer coisa com habilidade, destreza, desenvoltura [AS]
Sin.: *comer com farinha* (1)

Chutar com os três dedos *Desp*. Chutar a bola com violência, empregando os três artelhos a partir do médio para o mínimo [HM].

Chutar de bico *Desp*. Mandar a bola longe, em geral chutando com o bico do pé; chutar forte com a extremidade da chuteira [HM/LAF].
Sin.: *chutar de agudo*
Var.: *chutar de bicanca/bicão*, (lus.) *chutar de bicudo/bicanço, dar de/um bico*

Chutar de bicanca *Desp*. Chutar forte com a extremidade da chuteira [HM].
Var.: *chutar de bico, dar uma bicanca*

Chutar na orelha da bola *Desp*. Triscar, roçar levemente a chuteira num dos gomos da bola, desviando-a da direção desejada [HM].

Chutar na trave *Bras., gír*. Fazer besteira; falhar; errar: "Romário chutou na trave quando exibiu a camisa de apoio ao Presidente, deu no jornal" [JB].

Chutar no meio da rua *Desp*. Chutar de área próxima à linha divisória do gramado, chutar para o gol [HM].

Chutar o balde 1. *Bras., gír*. Revoltar-se com uma situação e tomar uma atitude radical: "Empurraram com a barriga, eu chutei o balde e fui embora" (Hélio Luz, *Bundas*, 3/4/00, p. 8); "... e vai chutar o balde, terminando o namoro, porque ela *soltou mó veneno* [= falou mal] contra ele..." (Vianne Banharo, *Pais & Filhos*, Família, I, ago./1998, p. 49). **2.** Desmontar; desistir; abandonar: "Vou acabar chutando o balde, eu não aguento mais" [JB].

Chutar o pau da barraca *Bras., gír*. **1.** Destruir: "Se você quiser chutar o pau da barraca, faça com jeito. Se errar, se fode" [JB]. **2.** Criar uma grande confusão, um es-

cândalo, inesperadamente: "– Poxa, o carinha chutou o pau da barraca, gente – comenta Bruno Passos, enquanto passa por Hilda e os outros" (Júlio Emílio Braz, *A coragem de mudar*, p. 8); "– Chutar o pau da barraca agora é a maior furada, César – ajuntou Esquilo, tentando ajudar Franco e Balu a segurar o companheiro" (Júlio Emílio Braz, *id.*, p. 29); "Vou chutar o pau da barraca e seja o que Deus quiser" [JB/MPa].
Var.: *derrubar o pau da barraca*

Chutar o vento Sair com tudo; agir com ímpeto ou ânimo; zangar-se; sentir afobação: "É o bastante para a viúva do major botar as manguinhas de fora. Como Lavínia sai chutando o vento, a coroa aproveita para atacar Waldomiro de frente" (*Jornal da Rua*, cad. JRTevê, 8/6/99, p. 1).

Chutar para escanteio Ver *mandar pra córner*

Chutar para o alto Deixar de interessar-se por; pôr de lado; desprezar [ABH].

Chutar pro gol e correr pro abraço *Bras., gír.* Conquistar: "Precisava conquistar a Kátia, chutei pro gol e corri pro abraço" [JB].

Chutar sem avisar *Desp.* Atirar a bola para o gol inesperadamente [HM].

Cicatrizar

Cicatrizar a ferida Dissipar uma impressão dolorosa [AN].

Cisar

Cisar à palma *Lus.* Ver bem; ver à vontade [GAS].

Ciscar

Ciscar para trás *Bras., S, RJ*. Diz-se do ato de praticar a pederastia passiva (Sylvio Abreu, *in* art.) [MSM].

Cismar

Cismar da boneca *Bras., PI*. Teimar; fixar-se num ponto de vista; complicar as coisas; não arredar pé: "Disseram-me que o presidente do Flamengo, Antônio Bento Vieira, cismou da boneca e mandou tirar tudo que era antiguidade do clube e botar no lixo" (Deusdeth Nunes, "Um prego na chuteira", in *O Dia*) [FNa/PJC].
Sin.: *cismar do cabeção, cismar do cocoruto, cismar do quengo*

Cismar do cabeção Ver *cismar da boneca*

Cismar do cocoruto Ver *cismar da boneca*

Cismar do quengo Ver *cismar da boneca*

Clarear

Clarear o leite *Bras., gír*. Comprar leite: "Consegui uma grana para clarear o leite da molecada lá de casa" [JB].

Clarear o milho *Bras., gír*. Trabalhar: "Tô clareando o milho, pra ganhar um troco" [JB].

Clarear o milho em duas frentes *Bras., gír*. Ganhar ou trabalhar em dois locais: "Tô clareando o milho em duas frentes para manter o circo da fórmula 1" [JB].

Clarear o miolo *Bras., gír*. Agir: "O amigão tá clareando o miolo e mandando no pedaço"; "Vou clarear o miolo com a moçada do partido alto" [JB].

Coar

Coar o gado *Bras., RS*. Expr. us. quando no serviço de apartação do gado para o rodeio, vai se deixando para trás a rês que não precisa ser apartada [AJO].

Coalhar

≠ **Não coalhar vintém** Não conseguir poupar dinheiro; não sobrar dinheiro [GAS].

Cobrar

Cobrar ânimo Refazer-se; restaurar-se de ânimo, de forças [GAS].

Cobrar chão *Umb.* Receber dinheiro (o pai ou mãe de santo) por qualquer trabalho feito: bori, ebó, feitura de santo, jogo de búzio etc. [OGC].

Cobrar o castigo *Lus., desp*. Cobrar a falta do adversário [GAS].

Cobrar o furo *Bras., CE, dial. das gangues urbanas.* Descontar o que o outro fez (cf. tese de doutorado da socióloga Glória Diógenes, da UFC) [*O Povo*, 1º/6/98, p. 19A].

Cobrar sustança Revigorar-se ou adquirir vigor [FS]. – Loc. de uso rural. "Sustança" é corruptela de "sustância", que, por sua vez, é forma deturpada de "substância" (ling. culta); na ling. pop., quer dizer "vigor, força, coragem, resistência". Ver TC, p. 697, e FS, p. 357.

Cobrir(-se)

Cobrir a parada Botar maior lance; oferecer maior importância em certo negócio; fazer melhor oferta [TC].

Cobrir de elogios Elogiar demais: "O chefe cobriu de elogios a Meire, satisfeito com o desempenho dela" [JB].

Var.: *rasgar elogios*

Cobrir de porrada(s) *Bras.* Bater: "Vou cobrir de porradas este maluco, pra ver se ele fica quieto" [JB].

Cobrir de razão Dar plena razão [TC].

Cobrir na pontaria Manter determinado alvo sob a mira de arma de fogo [TC].

Cobrir o céu com (uma) joeira *Lus.* Negar ou dissimular o que é evidente; fazer um esforço malsucedido para ocultar uma asneira: "... cobrem o céu com uma joeira, como dizem as velhas" (Diogo do Couto, *Soldado prático*) [ABH/GAS].

Sin.: *tapar o sol com (a/uma) peneira*

Cobrir o rancho *Bras., AL.* Diz-se quando começam a nascer os pelos pubianos na garota pré-adolescente (ver Renato Oliveira, *Dic. alagoano*) [FNa/Net].

Cobrir-se com a mesma manta Viver em comum [GAS].

Coçar(-se)

≠ **Não se coçar** *Bras., pop.* Não fazer menção de tirar dinheiro para pagar uma despesa, dando ensejo a que outrem a pague [ABH].

Coçar a cabeça 1. Arrepender-se. **2.** Atitude de hesitação, dúvida: "Está pensando em se casar? Vilaverde sorriu, coçando a cabeça" (Antônio Callado, *Quarup*, I, p. 295) [AN].

Coçar a orelha com o pé Ser mestiço; ser mulato; ter gotas de sangue negro nas veias (ver Amadeu Amaral, *Rev. da Academia Bras. de Letras*, CXVII, p. 9) [AN].

Coçar as canelas *Bras., RS.* Ter ciúmes [AJO].

Coçar o cu pelas esquinas *Lus., chulo.* Não trabalhar; não fazer nada [GAS].

Coçar o pelo Surrar; espancar; dar uma surra ou coça; aplicar castigo físico [AN/RMJ].

Var.: *escovar o pelo*

Coçar o saco *Bras., S, NE, chulo.* Diz-se quando o homem fica desempregado; não fazer nada; ficar o tempo todo sem fazer nada; vadiar; ficar à toa: "Antônio, agora, coitado, está coçando o saco"; "O cara está coçando o saco o dia todo" [GM/JB/MPa/MSM].

Sin.: *azeitar o eixo do mundo*

Var.: *coçar os bagos, coçar os colhões, coçar os ovos*

Coçar os bagos *Bras., gír. chulo.* Não fazer nada o tempo todo: "Tô cansado de ficar coçando os bagos" [JB].

Var.: *coçar o saco*

Coçar para dentro *Lus.* Ser sovina, avarento [GAS].

Coçar-se com um dedo só Estar em precárias condições financeiras, destituído de quaisquer recursos: "De formas que foi só por via disso mesmo que eu não fiquei rico, e que agora estou me coçando com um dedo só" (João Guimarães Rosa, *Sagarana*) [RMJ].

Colar

≠ **Não colar** Não dar certo: "Não vem que não vai colar, o pessoal já te conhece" [JB].

Colar com uma menina *Bras., gír. dos rappers.* Ficar com uma menina; ter relacionamento passageiro e não muito profundo com uma garota, sem compromisso de estabilidade ou fidelidade amorosa: "Vou colar com uma menina, tô muito afim" (*sic*) [JB].

Colher

Colher a amarra *Mar.* **1.** Deixar a amarra livre, para facilitar a manobra. **2.** Enrolar a amarra [ABH].
Var. (2): *ferrar a amarra*

Colher à manobra *Mar.* Dispor o cabo, de modo que fique pronto e livre para a manobra seguinte [ABH].

Colher às mãos Prender, agarrar, apanhar [ABH].

Colher o brando *Mar.* Puxar, estirar (um cabo, amarra etc.) até que fique esticado, mas sem tensão [ABH].
Var.: *rondar o brando*

Colher o seio de *Mar.* Puxar, estirar (um cabo, corrente etc.). – "Seio" é a parte mediana de um cabo, corrente etc., que fica entre os seus chicotes [ABH].
Var.: *tirar o seio de*

Colher os frutos Beneficiar-se do que foi feito; obter a recompensa de seus esforços ou trabalho [ABH/GAS].

Colher os louros Ficar com as honras [GAS].

Colher primaveras Fazer aniversário: "Felicidades para ela, que hoje colhe primaveras."

Colocar(-se)

Colocar a banda na rua *Bras., gír.* Mostrar o que está fazendo: "O ministro resolveu colocar a banda na rua e mostrar a que veio" [JB].
Var.: *colocar o bloco na rua*

Colocar a cabeça a prêmio *Bras.* Expor-se: "Coloquei a cabeça a prêmio, mas vou sair bem dessa enrascada" [JB].

Colocar a carroça na frente do boi Ver *passar o carro adiante dos bois*

Colocar a mão nas bolas de *Bras., gír., chulo.* Masturbar: "O Michel colocou a mão nas bolas do Valderrama" [JB].

Colocar a mão no fogo por *Bras., gír.* Dar o testemunho: "Por esta aí, xará, coloco a mão no fogo" [JB].
Var.: *botar a mão no fogo por*

Colocar à margem Pôr de lado; desprezar; preterir; alijar; afastar; deixar; abandonar; desinteressar; votar ao ostracismo. – Em João Ribeiro, *Frases feitas*, ver corruptela de "almargem", vocábulo árabe que significa "pasto de erva". Deitar um animal ao almargem seria abandoná-lo num pasto por inútil para o serviço [AN/FSB/GAS].
Var.: *deitar/lançar/pôr à margem*

Colocar em xeque 1. Pôr em dúvida o valor, a importância, o mérito de: "Com o aval presidencial, Jáder colocou em xeque o jogo de Antônio Carlos Magalhães" (*IstoÉ*, 29/9/99, p. 25). **2.** Ameaçar; pôr em perigo [ABH/CPL].
Sin.: *dar (um) xeque-mate*
Var.: *pôr em xeque*

Colocar graxa no cabelo *Bras., gír.* Pentear o cabelo: "O Mário colocou graxa no cabelo, queria ficar bonito" [JB].

Colocar lenha na fogueira Aumentar a confusão: "Na esteira da denúncia de que usou um avião da Força Aérea Brasileira para levar a família à paradisíaca ilha de Fernando de Noronha durante o Carnaval, ministros e partidos aliados resolveram colocar mais lenha na fogueira" (*IstoÉ*, 24/3/99, p. 30) [CLG].
Var.: *botar lenha na fogueira*

Colocar na geladeira *Bras., gír.* Esquecer: "Coloca na geladeira este filho da puta: não fala mais nele" [JB].
Sin.: *colocar pra escanteio*

Colocar na lista negra *Bras.* Punir; excluir; não aceitar: "Coloca na lista negra, ele merece" [JB].
Sin.: *colocar no índex*
Var.: *botar na lista negra*

Colocar no índex Condenar ou proibir que entre em ação; excluir; negar sistemati-

camente tudo o que pedir; considerar perigoso e por isso afastar: "Coloca no índex prele num ser mais convidado pra nada" (*sic*). – O Índex é a lista dos livros condenados pela Inquisição [ABH/AN/GAS/JB/RMJ].
Sin.: *colocar na lista negra*
Var.: *pôr no índex*

Colocar no meio do rolo *Bras., gír.* Complicar: "Não vá me colocar no meio do rolo, cara, tô com minha vida complicada" [JB].

Colocar num pedestal Diz-se quando uma pessoa, pelos seus méritos, se sobrepõe aos comuns dos homens [GAS].

Colocar o bloco na rua *Bras., gír.* Mostrar o que está fazendo: "Vamos colocar o bloco na rua pra ver o que acontece" [JB].
Var.: *botar o bloco na rua* (3), *colocar a banda na rua*

Colocar o bode na sala *Bras., gír.* Desviar a atenção: "Coloquei o bode na sala, espero que ninguém perceba" [JB].

Colocar o coração na ponta da chuteira *Desp.* Jogar com emoção, paixão, determinação [HM].

Colocar pilha *Bras., gír.* Incentivar: "Vamos colocar pilha na Paulinha pra ver se ela pensa com seriedade" [JB].
Var.: *botar pilha*

Colocar pra escanteio *Bras.* Esquecer: "Coloca pra escanteio este viado (*sic*) metido a besta" [JB].
Sin.: *colocar na geladeira*

Colocar-se na cola *Bras., gír.* Seguir; acompanhar: "O cara se colocou na cola da chefia, na esperança de melhorar sua vida" [JB].

Colocar uma pedra sobre o assunto Esquecer [GAS].

Colocar um exu no caminho *Umb.* Fazer feitiço contra alguém para prejudicar sua vida atrapalhando negócios, saúde etc. [OGC].

Comandar

Comandar as caçarolas *Bras., gír.* Assumir a cozinha: "A Luiza comandou as caçarolas e fez um lindo jantar" [JB].

Comandar o ataque *Desp.* Coordenar avanço sobre o gol adversário [HM].

Combater

Combater de viseira erguida Combater com franqueza e altivez, sem temer as consequências [AN].

Combater fantasmas Discutir o que não se disse [AN].

Combater moinhos de vento Pelejar contra inimigos imaginários. – Reminiscência de uma aventura de D. Quixote (*Quijote*, I, cap. VIII) [AN].

Combater sob o estandarte de alguém Abraçar o partido de alguém [AN].

Começar

Começar a apertar Aproximar-se o momento [GAS].

Começar a inana /inăna/ Surgirem as encrencas, trapalhadas, dificuldades etc. (ver Luiz A. P. Vitória, *Dic. da origem e da vida das palavras*) [TC].

Começar a ladrar Diz-se de pessoa que descompõe outra depois de ser atingida [GAS].

Começar a levar caminho Ver *entrar nos eixos*

Começar a temporada de caça às bruxas Diz-se de perseguição política, religiosa ou de qualquer natureza: "Vai começar a temporada de caça às bruxas, quem for fraco vai se arrebentar" [JB].

Começar com chove não molha Empregar evasivas, subterfúgios; tergiversar [TC].
Var.: *estar/vir com chove não molha*

Começar com o pé direito Começar bem [GAS].

Começar de raiz Começar pelos alicerces, do princípio [GAS].

Começar o balandrau Dar início ao barulho, à questão, à briga: "Conforme a coisa, a gente começa o balandrau" (Jáder de Carvalho, *Sua majestade, o juiz*) [TC].
Var.: *virar o balandrau* (2)

Comer(-se)

Comer a bola *Bras., desp.* Jogar futebol muito bem, primorosamente; jogar demais; jogar excepcionalmente bem; bater um bolão; ser bom de bola; ter ótimo desempenho (o atleta, o time); sair-se maravilhosamente bem; dar um espetáculo; fazer excelente exibição: "O Brasil comeu a bola!!!" (anúncio publicitário, in *O Povo*, 30/6/99, p. 6); "No mais, é ver o Roma comendo a bola, o Cássio, idem, o Juan, idem, idem" (Armando Nogueira, *Diário do Nordeste*, 15/4/01, cad. Jogada, p. 2) [ABH/ HM/JB].

Sin.: *acabar com o jogo, estar com a/de bola cheia* (2)

Var.: *engolir a bola, gastar a bola*

Comer a caça pelo caminho Ficar com algo de que outrem estava à espera [GAS].

Comer a dois carrilhos Receber dois pagamentos por um serviço; receber proventos de dois partidos contrários; exercer duas indústrias diversas; acumular interesses; ter dois empregos. – Parece tratar-se de expr. esp. Em esp., *comer a dos carrillos* quer dizer "comer com rapidez e voracidade" (*Academia*). Desconhecendo-se em port. que *carrillo* quer dizer "bochecha", o povo alterou *carrillo* em "carrinho", que é a palavra que geralmente aparece. Assim, por deturpação pop., usa-se mais a expr. *comer a dois carrinhos* (ver Antônio Tomás Pires, *Rev. Lus.*, IX, p. 390; XII, p. 181; XX, p. 303) [AN/GAS/RMJ/RF].

Sin.: *comer por duas bocas, jogar em dois times*

Var.: *comer a dois carrinhos*

Comer água *Bras., BA.* Beber bebida alcoólica: "Era dia de sexta-feira de tardinha. E Valdelício Bispo dos Santos, o Val, tava desmilinguido ali na janela de sua casa no Bairro Machado, agoniado, seco pra comer água com a galera, mas enfusado (*sic*) dentro de casa" [NL, s/p.].

Sin.: *beber um trago*

Comer a isca e cuspir no anzol Receber um favor ou benefício e não retribuir, ou pagá-lo com ingratidão; receber os proventos da adulação e depois não atender ao adulador; desaparecer sem agradecimento, depois de servido; aproveitar-se de uma vantagem, mas não se deixar prender; aproveitar as vantagens e não mostrar reconhecimento. – "Cuspir" é um eufemismo. Dizem que o baiacu (peixe) é tão hábil que rói a isca de modo que não se deixe prender pelo anzol [ABH/AN/GAS].

Var.: (chulo) *comer a isca e cagar no anzol, morder a isca e cuspir no anzol*

Comer a macaíba Haver pancadaria: "Então esse tal vigia / Que trabalha no portão / Dá pisa que voa cinza / Não procura distinção / O negro escreveu não leu / A macaíba comeu / Ali não usa perdão" (José Pacheco, *apud* Otacílio Batista, *Ria até cair de costa*, p. 90).

Sin.: *comer o pau*

Comer amarrado *Bras., CE.* Expr. us. quando alguém engorda de repente, de uma hora para outra. Diz-se, então, que ele está "comendo amarrado", fazendo referência ao porco. – A tática us. pelo dono é prender o porco, quando se quer sua engorda [AS].

Comer à mesa do orçamento Ser remunerado pelos cofres públicos; viver à conta do Estado [AN/GAS].

Var.: *ter talher à mesa do orçamento*

≠ **Não comer a moca** Não acreditar em (determinada) mentira [AN].

Comer à pamparra *Bras., gír.* Comer muito, demais: "O cara comeu à pamparra, encheu o rabo, agora tá passando mal" [JB].

Sin.: *encher a barriga*

Comer a pinha *Lus.* Enganar [GAS].

Comer arame farpado Ver *comer safado*

Comer à rancha *Lus., Douro e Trás-os-Montes.* Comer em grupo [GAS].

Comer à rica Levar uma grande surra [GAS].

Comer a sapatela a alguém Apupar alguém [GAS].

Sin.: (lus.) *correr a sapateta*

Comer a sapatela Ver *comer a sapatela a alguém*

Comer as palavras Pronunciar as palavras de forma confusa, incompleta [GAS].

Comer as papas na cabeça *Lus.* Enganar, ludibriar alguém com facilidade [GAS].
Var.: *comer as papas na cabeça de um tinhoso*

Comer as sobras Ficar com o resto: "Vou comer as sobras, pelo menos ficarei com alguma coisa" [JB].

Comer as surrapas *Lus.* Comer os restos [GAS].

Comer até ficar triste *Bras., NE, CE.* Comer demais: "Valha, (...), comi que fiquei triste!" [CGP/TG].
Sin.: *encher a barriga*

Comer até o cu fazer bico Ver *encher a barriga*

Comer até pecar Ver *encher a barriga*

Comer até rebentar Ver *encher a barriga*

Comer à tripa forra 1. Comer sem fazer despesas. – "Forro" /ô/ quer dizer "livre de foro ou direito"; no caso, do pagamento das despesas. **2.** Comer muito, demasiado, à vontade, à beça; abarrotar-se de comida [AN/FF/FSB/GAS].
Var.: *viver à tripa forra*

Comer à tromba estendida *Lus.* Comer com avidez: "Comeu à tromba estendida..." (*Rev. Lus.*, XXVIII, p. 153) [ECS].

Comer à unha Comer com a mão [GAS].

Comer à vera *Bras., gír.* Comer muito: "Ela não pintou e eu já estava mal de fome [= com muita fome], por isso comi à vera" [Vivianne Banharo, *Pais & Filhos*, Família, II, set. 1998, p. 27].

Comer bala 1. Ser alvejado; ser vítima de ataques a tiro; ser visado com tiros. **2.** Haver tiroteio [TC].
Sin. (1) (2): *comer chumbo*
Var. (1): *tomar bala*

Comer banha *Bras., CE.* Ignorar; ser enganado, ludibriado; não perceber nada; não perceber o exato sentido de um fato ou de uma frase [AN/FS/LM/RG].

Comer barbante *Gír. dos radioamadores.* Esperar [Net].

Comer barriga *Bras., gír.* Enganar-se; cometer algum erro por distração [CLG].

Comer barro Ver *comer mosca* (1) (2)

Comer bem 1. Levar muita pancada. **2.** Ganhar muito dinheiro [GAS].

Comer bola *Bras., gír.* Deixar-se enganar ou subornar; ser ludibriado, ou subornado, com dinheiro; receber suborno, propina; aceitar dinheiro para permitir o que a lei proíbe; beneficiar interesses privados em detrimento do fisco ou do Estado; receber suborno (juiz ou jogador) para facilitar a vitória de um time: "A última – ou mais recente – derrapagem, o bombardeio à Embaixada da China em Belgrado, não pode ser creditada exclusivamente à CIA, já que o Pentágono e a Otan também comeram bola" (*IstoÉ*, 19/5/99, p. 112). – Expr. deriv. de "bola", veneno em comida, em forma de bolo, que se dá aos cães [ABH/AC/AN/HM/RG/RMJ/TC]. Ver ainda *Cartilha de folclore*, Fortaleza, Secretaria de Educ. do Município, 1996, p. 33.
Var.: *levar bola*

Comer brasa 1. Ficar furioso; enfurecer-se; irritar-se. **2.** Passar dificuldades [AN/RG]. Ver tb. *Cartilha de folclore*, Fortaleza, Secretaria de Educ. do Município, 1996, p. 33.
Sin. (2): *comer da banda podre* (1)
Var. (2): *comer fogo*

Comer brisa 1. Passar fome; não querer comer; não ter o que comer. **2.** *Bras., gír.* Ficar para trás: "O cidadão comeu brisa e deu-se" [JB/LCC/TC].

Comer (uma) broca Lutar com dificuldades: "O cara está comendo uma broca" [JB].

Comer buta *Bras., SP.* "Ser logrado, enganado. 'Butiá' é um vegetal medicinal, muito amargo: o estrangeiro, metido a sabichão, ao ver-lhe o fruto, colhe, elogia-lhe a doçura e... mete-lhe os dentes. Comeu buta!... a fruta é amarga" (ver Cornélio Pires, *Conversas ao pé do fogo*, "Vocabulário", 3ª ed., São Paulo, 1927) [LCCa].

Comer cadeia Ser aprisionado: "E quem vender bebida come cadeia – avisaram os chefes de turma" (Carlos Drummond de Andrade, *Contos de aprendiz*, p. 50) [LCCa].
Sin.: *comer cafua*
Var.: *comer prisão*

Comer cafua Ser aprisionado: "Pobre trastejou, come cafua" (Sabino Campos, *Catimbó*) [LCCa].
Sin.: *comer cadeia*

Comer calado *Bras., CE*. Sofrer, sem queixas nem protesto, uma injustiça ou violência; sofrer resignadamente, pacientemente; tolerar sem demonstração de revolta: "Eu só como isso calado porque, em política, no Ceará, quem está de baixo não tem razão..." (Leonardo Mota, *Violeiros do Norte*, p. 238); "Eu ouvi os desaforos deles e comi calado, porque não queria brigar" [FS/LCC/LM/RG/TC].

Comer candeias de sebo Ver *comer safado*

Comer capim pela raiz *Bras., gír*. Morrer: "Se vacilar, malandro, vais comer capim pela raiz" (JB, p. 570); "Se continuar provocando, vai comer capim pela raiz" [ABH/JB/TGa].
Sin.: *bater a(s) bota(s)*

Comer carne-cagada *Chulo*. Diz-se do ato de quem pratica a cópula anal [MSM].

Comer carne de coruja *Bras., NE*. Adivinhar, ter a capacidade de prever o futuro. – No interior, é comum a noção de que comer carne de coruja ajuda as pessoas a adivinhar o futuro, segundo uma velha tradição (ver Luís da Câmara Cascudo, *Superstição no Brasil*) [FNa].
Var.: (CE, ant.) *comer carne de pavão*

Comer carne-de-ovelha *Bras., NE, chulo*. Copular [MSM].

Comer carne-mijada *Bras., NE, PE, chulo*. Copular [MSM].

Comer cebola Estar a assistir e não perceber o que se passa [GAS].

Comer chocolate *Bras., PR, gír*. Ficar com alguém; ter relacionamento passageiro e não muito profundo com alguém [*O Povo*, 31/3/96, p. 4B].

Comer chumbo 1. Ser alvejado a tiros. **2.** Haver tiroteio [TC].
Sin. (1) (2): *comer bala*
Var. (1): *tomar chumbo*

Comer cipó-de-boi Apanhar; ser surrado: "– Veja só no que dá proteger cangaceiro. Vai comer cipó-de-boi, vai comer cadeia. Velho doido" (José Lins do Rego, *Cangaceiros*, p. 230).

Comer cobra Estar de mau humor [AN].

Comer cocada *Bras., NE, CE*. Ser acompanhante de namorados; sair com um casal e ficar só olhando o namoro; diz-se de pessoa desacompanhada que sai com um casal e fica calada, enquanto os pombinhos namoram [ABH/AS/CGP/FN/TC/TGa].
Sin.: *segurar (a) vela* (1)
Var.: (MA) *vender cocada*

Comer cola *Bras., RS*. Chegar em último lugar na corrida de cavalos [AJO].

Comer com a testa 1. Não conseguir seu intento, apesar de desejar muito; falhar o plano e vê-lo realizado por outrem; pretender algo impossível; ver o que se deseja sem o poder possuir; ver, desejar e não obter ou não gozar; desejar obter algo e não lográ-lo. **2.** Comer com o pensamento, pensar em comer: "– E quando não tem o que comer? – Come com a testa..." [ABH/AN/ECS/FF/FN/FS/Gl/LCC/LM/RG/TC].
Sin. (1): *ficar no ora veja, ver por um óculo* (1)
Var. (1): *ver com os olhos e comer com a testa*

Comer com beijos Beijar sôfrega e repetidamente [GAS].

Comer com coentro. *Bras., BA*. Fazer algo com facilidade [NL].

Comer com farinha. **1.** *Bras., NE*. Fazer algo com facilidade, com destreza: "Consertar o motor *é teta*, eu como com farinha"; "Isso aí é mole, eu como com farinha". **2.** Realizar determinadas ações com

muita assiduidade: "Ô Francisco Genivaldo, você não bebe cachaça, não. Você come com farinha" [AS/FN/NL].
Sin. (1): *chutar com os dois pés, fazer com as mãos para trás*
Var. (1): (BA) *comer com coentro*

Comer comida de urso Levar pancada [GAS].

Comer como/que nem/que só impingem/impigem *Bras., CE.* Comer devorando; comer muito: "Come que só impingem" [LM/RBA/RG].

Comer como pinto e cagar como pato Ganhar pouco e gastar muito; diz-se do indivíduo que não mede o seu próprio equilíbrio financeiro, fazendo despesas além das disponibilidades ao seu alcance [LM/RBA].

Comer como sarna Ter apetite insaciável [AN].

Comer com os dentes da frente Comer com pouca vontade; não gostar do que está comendo [GAS].

Comer com os olhos 1. Olhar, com cobiça, os alimentos; cobiçar algo que não pode alcançar (comida que não poderá comer, por não ter fome); invejar. **2.** Fitar com atenção ou interesse (pessoa amada, objeto desejado); olhar lasciva e insistentemente, com desejo mal contido: "Enquanto fazia isto, as minhas mãos percorriam-lhe o corpo. Quando nos separamos, ficamos comendo-nos com os olhos, tremendo" (Graciliano Ramos, *Angústia*, p. 59); "... ia comendo o animal com os olhos" (Luís da Câmara Cascudo, *Contos tradicionais do Brasil*). **3.** Devorar: "O cara tá doidão, tá comendo com os olhos" [ABH/AN/FF/GAS/JB/LCCa/MPa/RG/TC].

Comer como um abade Comer muito [GAS].

Comer como uma freira Comer muito e com ânsia [AN].

Comer como um alarve Comer com gula e demasia [AN]. ♦ "Alarve" é homem grosseiro, selvagem.

Comer como um boi e cagar como uma vaca *Bras., chulo.* Comer demais: "O bicho come como um boi e caga como uma vaca" [JB].

Comer como um bruto Comer muito; comer mais do que o necessário [GAS].

Comer como um cavalo *Bras.* Comer demais: "O cidadão come como um cavalo. Melhor tratar elefante com amendoim do que chamá-lo para comer" [GAS/JB].
Var.: *comer como um animal*

Comer como um frade Comer à farta; comer demais [AN/GAS].
Var.: *comer como uma freira*

Comer como um lobo Comer muito e com sofreguidão, com avidez [ABH/AN/GAS].

Comer como um passarinho Ver *comer como um pisco*

Comer como um pisco Comer muito pouco [AN/CLG/GAS]. ♦ Pisco é um dos bois da junta.
Var.: *comer como um passarinho*

Comer corda Acreditar em mentiras [LCC].

Comer couro Ser surrado, açoitado, sovado [LCC/TC].

Comer cru Sofrer sérias aperturas ou contrariedades [TC].

Comer da banda podre *Pop.* **1.** Sentir dificuldade; sofrer embaraços; suportar trabalho duro, dificuldades, ou sofrimento; passar maus momentos, privações, dificuldades; passar sérias dificuldades; só experimentar infortúnios; enfrentar vicissitudes; lutar com sérias dificuldades; achar-se em má situação: "Fabiano comera da banda podre" (Graciliano Ramos, *Vidas secas*). **2.** Sofrer desapontamentos, obrigado pelas circunstâncias; suportar duras penas; arrepender-se de haver tomado uma atitude: "Se ele vier, come da banda podre." ♦ A expr. subentende que outra pessoa come a banda sã do fruto. RMJ, p. 77, assinala: "Os franceses têm loc. equivalente: *Manger de la vache enragée* (= comer da vaca furiosa)"; RG, s. v. "BANDA", grafa *comer-da-banda-podre* [ABH/AN/FS/GAS/LCC/LM/RG/RMJ/TC].

Sin. (1) (2): (NE) *comer insosso e beber salgado*

Sin. (1): *cortar broca* (1), *cortar (uma) volta* (3), *comer brasa* (2), *comer gerumba/jerumba, comer (d)o pão que o diabo amassou, comer do pior pedaço, comer safado, passar o que o diabo enjeitou*

Var. (1): *comer da banda ruim*

Comer da/na/pela mão de alguém Ser subordinado a, depender de alguém. – Menção ao animal adestrado [LAFb].

Comer da/na mesma gamela Conviver; ter intimidade, opinião e interesses comuns; estar mancomunado [AN/GAS].

≠ **Não comer de** Não aceitar; não acreditar; não tolerar: "Não, minha Santa, eu não como disso" (Flávio da Cunha Prata, *Estórias pitorescas do Nordeste*) [TC].

Comer de atolagem *Bras., CE*. Ter refeição de graça, à custa de outrem [RG].

Comer de colher Ficar à vontade [RBA].

Comer de esmola 1. Acontecer amiudemente; haver em abundância; dar-se com frequência: "Estupros comem de esmola no Barroso" (*Jornal da Rua*, 27/6/99, p. 3). **2.** Ecoar bombasticamente; ocorrer com grande alarido: "No meio do papo, para azar do prefeito, o telefone tocou. A vaia comeu de esmola" (Inês Aparecida, *Diário do Nordeste*, cad. Gente, 13/8/00, p. 11).

Comer de toledo *Lus., Turquel*. Comer sem pagar (ver *Rev. Lus.*, XXVIII, p. 123) [ECS/GAS].

Comer de vianda *Bras., RS*. Não cozinhar em casa; encomendar comida de fora, que vem acondicionada em marmita; comer de marmita [ABH/AJO].

Comer do ganhado Não precisar trabalhar para viver [AN].

Comer do/no mesmo prato Diz-se de duas pessoas que têm os mesmos interesses; acamaradar-se; nivelar-se à mesma condição [GAS].

Var.: *comer do mesmo tacho*

Comer do pior pedaço Ver *comer da banda podre* (1)

Comer (no) duro Sofrer provações, maus-tratos, humilhações [TC].

Comer e calar Levar pancada e não reagir; receber uma descompostura e não protestar [GAS].

Comer e chorar por mais Diz-se de acepipe de muito agrado; achar ótimo algo que se está comendo [GAS].

Comer escoteiro Comer um só tipo de alimento, sem nenhum outro acompanhamento: "Não sei como se aguenta comer assim arroz escoteiro!"

Comer e virar o cocho *Bras*. Ser ingrato, não reconhecendo e até falando mal dos que o ajudaram. – Comparação com o porco que, como o ingrato, termina de comer e entorna o recipiente em que comeu [AJO/LAF].

Sin.: *cuspir no prato em que/onde comeu*
Var.: *virar o cocho*

Comer (à/de/na) faca Esfaquear; agredir, ferir com faca; crivar de facadas; apunhalar: "Se ele reagir, como ele na faca" (Caio Porfírio Carneiro, *Uma luz no sertão*) [AN/FS/TC].

Sin.: *comer na peixeira, meter o ferro, passar o rabo-de-galo*
Var.: *coser a/de/na faca, comer na ponta da faca, costurar de/na faca, mandar/tacar a faca, meter a faca* (2), *passar a faca* (1), (CE, uso rural) *riscar com a faca*

Comer farinha *Bras., CE*. Diz-se do relógio que atrasa muito: "Esse roscofe só pode estar comendo farinha. Não é possível que ainda seja três horas da tarde, se já tá anoitecendo" (*sic*) [AS].

Comer feijão-com-arroz Diz-se do marido que só tem relações sexuais com a esposa: "O velho Machado foi feliz, mas comendo feijão-com-arroz todo dia. Não variava o prato" (Permínio Asfora, *O eminente senador*) [MSM].

Comer feio Ocorrer com frequência e pra valer: "Chibata come feio em outros Estados" (*Jornal da Rua*, 27/6/99, p. 3).

≠ **O pau comer firmino da silva** Haver confusão: "O pau comeu firmino da silva e houve muita correria na rua" [JB].
Sin.: *comer o pau*
Var.: *o pau comer firme, o pau comer sarteado, o pau comer solto*

Comer fogo *Bras., pop.* Passar privações, ou dificuldades; suportar situação difícil; padecer ou sofrer aperturas; encontrar-se em situação embaraçosa: "Para arranjar uma folhinha da parede comeu fogo" (Hilário Gaspar de Oliveira, *Ceará hilariante*) [ABH/AN/FF/GAS/Gl/RG/TC].
Var.: *comer brasa* (2)

Comer galinha *Bras., NE.* Parir; descansar; dar à luz: "Deus Nosso Senhor lhe dê o mesmo... Como vai a comadre? Comeu galinha ontem... É o que acode nessa carestia" (Mário Sette, *Sombra de baraúnas*, Porto, Livraria Chardron, 1927, p. 128) [MSM].

Comer gambá errado Ver *comer gato por lebre*

Comer gato por lebre *Pop.* Julgar que é uma coisa boa e ser de má qualidade; ser vergonhosamente enganado, trapaceado; enganar-se; entender, tomar uma coisa por outra: "Difícil é a boa comida, só encontrada em poucas casas do ramo. Convém o interessado se informar bem, para evitar comer gato por lebre" (Regina Marshall, *Diário do Nordeste*, cad. Gente, 10/9/00, p. 14); "Tô comendo gato por lebre, meu, o que foi que houve?" [ABH/GAS/JB/MPa].
Var.: *comprar/levar gato por lebre*

Comer gerumba/jerumba Ver *comer da banda podre* (1)

Comer grama 1. Enfrentar situações difíceis. **2.** *Desp.* Perder o equilíbrio e cair, após ser driblado. **3.** *Desp.* Ficar na reserva muito tempo, na expectativa de integrar o time principal [CLG/HM].

Comer grosso Aguentar uma situação difícil [AN].

Comer insosso Passar por amarguras diárias, sucessivas [LCC].

Comer insosso e beber salgado Ver *comer da banda podre*

Comer jiló Enrabar [GM].

Comer junça Ser sexualmente forte: "Seu Neco come junça, taí o resultado: quinze filhos". – A junça, *Cyperus esculentus*, Linneu, dizem ser tônico afrodisíaco, nos tubérculos terminais das raízes [LCC].

≠ **Não comer lambança** Não acreditar em jactâncias; não ser iludido; não sofrer desaforo, não tolerar, não suportar fanfarronice: "Não como lambança de ninguém" [Gl/TC].

Comer leite *Bras., NE.* Alimentar-se de leite: "Vou passar minhas férias na fazenda, onde a gente come muito leite" [TC].

Comer-lhe o couro *Bras., CE.* Surrar, açoitar, bater em, espancar alguém: "Comi-lhe o couro, sem piedade"; "Te aquieta, menino, senão eu te como o couro" [ABH/AN/FN/FS/LM/RG/TC].

Comer-lhe os ossos da cara Apanhar a outrem tudo o que tem; defraudá-lo; roubar tudo de alguém [GAS].

Comer linguiça *Bras., NE, chulo.* Diz-se da mulher quando vai ter relações sexuais [MSM].

Comer linha Apoderar-se da linha do papagaio de papel, pertencente a outra pessoa, quando ele estava caindo [TC].

Comer lombo *Bras., S, RJ, chulo.* Diz-se do ato de pederastia ativa (Ariel Tacla, *Dic. dos marginais*) [MSM].

Comer manga com febre *Bras., CE.* Existe um mito de que se uma pessoa come manga, estando com febre, ela morre ou aleija [AS, p. 81].

Comer mel Ver *beber um trago*

Comer mingau das almas Comer qualquer alimento, em jejum, antes do asseio da boca [TC].

Comer mingau de couve e arrotar lombo de porco *Bras., MG.* Dissimular dificuldades; disfarçar o próprio sofrimento [LM].

Comer miolo Ver *comer poeira* (2)

Comer miolo de enxergão *Fig.* Não ter espertez; ser parvo; ser burro [GAS].

Comer mole Ser parasita; viver à custa de outra pessoa [TC].

Comer mosca *Bras., gír.* **1.** Deixar-se enganar; ser logrado, enganado, iludido, subornado; estar apatetado; bobear; ser passado pra trás; deixar passar uma boa chance; vacilar. **2.** Não perceber, não compreender algo; estar distraído: "Na semana do lançamento do Plano Nacional de Segurança, batizado de 'Brasil diz não à violência', o Palácio do Planalto comeu a maior mosca" (Ângela Oliveira, *IstoÉ*, 28/6/00, p. 89). **3.** Ficar de boca aberta, com as moscas pousando nela [ABH/AC/AJO/AN/FF/FSB/LAF/NL/TC].
Sin.: (BA) *comer barro*
Var.: *papar mosca*

Comer muito queijo *Lus.* Ser muito esquecido [GAS].

Comer na mão que nem galo cego Pessoa que exige e escolhe as maneiras como deseja ser tratado [RBA].

Comer na minha mão *Bras.* Domar, dominar alguém; expr. equivalente a dizer que a pessoa será subjugada (ou seja, "vai depender de mim, vai fazer tudo que eu quero") [AS].

Comer na panela Diz-se dos noivos em cujo dia do casamento chove [AN].

Comer na peixeira Ver *comer (à/de/na) faca*

Comer no centro *Bras., NE.* Ser grave, radical: "A vaia comeu no centro e o meganha deu no pé" (Ronildo Maia Leite, *Um chope para a Gordinha*) [FN].

Comer no coco Levar pancada [GAS].

Comer no mesmo cocho Emparceirar-se, ou aparceirar-se, igualar-se, nivelar-se com alguém; ter as mesmas faltas e defeitos; participar das mesmas ações desonestas ou hostis de outrem; praticar idênticas ações reprováveis; parecerem duas pessoas na conduta fraudulenta, desonesta; participar dos mesmos desvios de caráter ou de conduta; ser da mesma laia: "Aqueles dois – todo mundo sabe – comem no mesmo cocho..." [ABH/AN/FS/LM/RG/TC].

Var.: *comer num cocho só*

Comer num cocho só Emparceirar-se, ou aparceirar-se, igualar-se, nivelar-se com alguém: "Parece que vocês comem num cocho só" (Mário Landim, *Mãe d'água e caipora*) [TC].
Var.: *comer no mesmo cocho*

Comer o diabo Sofrer aperturas, perseguições; passar por muitos aperreios, privações etc.: "Ficou ela com os filhos, comendo o diabo" (José Lins do Rego, *O moleque Ricardo*) [TC].
Sin.: *ver o diabo de testa*
Var.: *sofrer o diabo*

Comer o dinheiro Gastar, esbanjar dinheiro: "Homens públicos... ah, que decepção! Muitos deles só servem para comer o dinheiro do povo" [TC].

Comer o/um galo 1. *Bras., CE.* Diz-se quando alguém, em situação de extrema miséria, dispõe do último bem que possui. **2.** Enfrentar adversidade ou problemas muito sérios [FNa/RBA].

Comer o lanche antes do recreio *Chulo.* Diz-se dos noivos que têm relações sexuais antes do casamento [MSM].
Sin.: (NE, PE) *pisar no sacramento*

Comer o pão alheio Receber alimentação de alguém; ser sustentado por alguém [AN/GAS].
Sin.: *ficar às sopas de alguém*
Var.: *comer o pão de alguém*

Comer (d)o pão que o diabo amassou Passar grandes privações; enfrentar dificuldades; sofrer contrariedades; trabalhar no duro e durante muito tempo; ganhar sustento com trabalho esforçado; ganhar a vida com muita dificuldade; sofrer amargamente e não ter a quem recorrer; comer pouco e mal: "Casal sequestrado come o pão que o diabo amassou" (*Jornal da Rua*, 29/6/99, p. 1); "Quem não soube administrar a fartura, passa dificuldades agora e come o pão que o diabo amassou" (Adísia Sá, *O Povo*, 14/12/98, p. 6A); "Uns se alimentam de iguarias, outros comem o pão que o diabo amassou" (Aníbal Bonavides, *As profecias do Arquimedes*, p. 3); "Conheci Tobias comendo o pão que o diabo amassou, ao tempo em que ele era vaqueiro..." (Aníbal Bonavides, *id.*, p. 224); "Sem emprego e abandonado pelos amigos, durante algum tempo ele sobreviveu comendo o pão que o diabo amassou"; "Comi o pão que o diabo amassou, mas passei por mais essa" [ABH/AN/CLG/DT/FF/GAS/JB/MPa/RBA].

Sin.: *comer da banda podre* (1), *comer o que o diabo ajuntou*

Var.: *ver o pão que o diabo amassou*

Comer o pau/O pau comer Diz-se a respeito de situação de guerra, confusão, caos social; haver brigas, confusão, lutas a cacetes, pancadaria, em aglomerações; haver espancamento: "Brincou com ele, o pau come. E isto é que é direito" (José Lins do Rego, *Fogo morto*, p. 100); "Outra confusão é ali nas Arábias, onde o pau anda comendo..." (Fernando Sabino, *A vitória da infância*, p. 119); "O pau comeu, a polícia baixou o sarrafo" [AN/FS/JB/TC].

Sin.: *comer a macaíba, meter o relho, o pau comer firmino da silva, roncar a lenha, roncar a pancadaria*

Var.: *cantar o pau, roncar o pau/o pau roncar, sentar o pau, o pau troar*

Comer o peito da franga *Bras., MG, pop.* Alcançar uma vitória [ABH].

Var.: *comer o peito da franga com molho pardo*

Comer o que o diabo ajuntou Ver *comer (d)o pão que o diabo amassou*

Comer os fígados de alguém Ameaça que faz um antagonista irado [GAS].

Comer os olhos de alguém Explorar alguém; extorquir muito dinheiro a alguém [GAS].

Comer os pirões 1. Almoçar ou jantar; fazer uma das refeições principais. **2.** Fazer refeições em companhia de alguém. **3.** Viver à custa de alguém: "Passou quinze dias no povoado, comendo os pirões de Nilo" [AN/TC].

Sin. (1): *ir aos pirões*, (CE) *pegar os pirões*

Comer palhas e maravalhas *Lus., Algarve.* Comer de tudo, mesmo que seja do mais trivial [GAS].

Comer pão com banha *Bras., NE, chulo.* Diz-se quando o homem tem relações sexuais com uma prostituta após ela haver copulado com outro sem fazer higiene (Mário Souto Maior, *Em torno de uma possível etnografia do pão*); possuir mulher que acaba de ser possuída por outro; manter relações sexuais com mulher que acabou de fazer sexo com outro: "Isto é o que se chama comer pão com banha. Comer puta dá nisso" [ABH/GM/JB/MSM].

Sin.: (RS) *bater manteiga*, (BA) *bater soro*, (S, RS) *comer queijo quente*, (S, SP) *ir na sopa de*

Comer pão com côdea Ser já homem [GAS].

Comer papa Ser logrado [TC].

Comer papas com um fuso *Lus.* Esforçar-se sem resultado [GAS].

Var.: *comer papas com um garfo*

Comer para viver e não viver para comer Observação que se faz das pessoas de hábitos extravagantes, gulosas [RBA]. ♦ Toda criança, ao querer mais comida do que o seu estômago é capaz de comportar, já deve ter ouvido esta pergunta de algum adulto, em tom joc.: "– Você come para viver ou vive para comer?"

Comer pastel de brisa 1. Passar fome; estar de barriga vazia: "Pois é, hoje, desde que acordei, só comi pastel de brisa." **2.** Diz-se quando alguém rejeita um prato de comida: "Não quer comer? Pois então vá comer pastel de brisa" [FNa/LCC].

Var.: *comer queijo de brisa*

Comer pedras Comer muito de tudo; ter bom apetite [GAS].

Comer pelas beiradinhas Rodear o objetivo a ser alcançado, em vez de atacá-lo diretamente: "Vamos comer pelas beiradinhas que a gente chega lá" [JB].

Sin.: *comer pelas bordas*

Comer pelas bordas Ver *comer pelas beiradinhas*

Comer peru Ver *fazer renda* (1)

Comer pó *Bras., gír.* Ficar sem nada: "O cara comeu pó, tá na maior merda" [JB].

Comer poeira 1. Andar na retaguarda da turma, da tropa: "Comia poeira nas estradas, transportando cargas" (Jorge Amado, *Dona Flor e seus dois maridos*). **2.** Ser vencido na corrida; ficar para trás; levar desvantagem na corrida, na competição: "Escolhido com 45% de preferência pelos jornalistas que votaram na Seleção do Nordeste, o técnico Ferdinando Teixeira deixou Evaristo de Macedo comendo poeira" (Alan Neto, *O Povo*, 5/5/01, p. 14) [JB/TC].

Sin. (2): *comer miolo*

Comer por duas bocas Ver *comer a dois carrilhos*

Comer por sete Comer muito [AN].

Comer por tolo Julgar (alguém) parvo; enganar [GAS].

Comer por uma/pela perna Enganar do melhor modo; lograr, ludibriar; explorar: "E quem não soubesse diria que acabariam se atracando. Um querendo comer o outro pela perna, dizendo desconsiderações" (João Antônio, *Malagueta, Perus & Bacanaço*, p. 14) [AN/FF/FS/LAF].

Var.: *comer por um/pelo pé*

Comer por um/pelo pé Explorar; enganar; ludibriar; abusar da confiança: "Papava as terras dos parentes pobres almoçando com eles à mesa. Comeu pelo pé uma propriedade do primo..." (José Cândido de Carvalho, *Olha para o céu, Frederico!*, p. 48); "Comiam-no pelo pé os companheiros de véspera" (Nertan Macedo, *Floro Bartolomeu*); "Esse diabo come a pobre da D. Guidinha por um pé" (Manuel de Oliveira Paiva, *Dona Guidinha do Poço*) [TC].

Var.: *comer por uma/pela perna*

Comer puro *Bras., PE.* Bancar o bobo, o idiota: "Z [Zefinha] – Negro do pé duro / Ladrão de galinha / Na chibata minha / Você come puro / Não tem mais futuro / Vejas como faço / A rima que traço..." (José Costa Leite, *Peleja de Jerônimo do Junqueiro com Zefinha do Chambocão*, p. 13).

Comer queijo 1. Esquecer-se das coisas. **2.** Acalcanhar o calçado [AN/LCC].

Comer queijo quente Ver *comer pão com banha*

Comer rama Ter o vício do alcoolismo; embriagar-se; embebedar-se: "E tome a comer rama, dizer dixote um pro outro e olhar os balaios das meninas feito abelha de padaria" (NL, *Dic. de baianês*, s/p.); "Comendo rama daquele jeito, ele vai acabar todo inchado..." (Leonardo Mota, *Violeiros do Norte*) ♦ A rama (cana) é a bebida alcoólica, a cachaça, feita da mesma cana-de-açúcar [FS/LCC/LM].

Sin.: *encher a cara*
Var.: *puxar uma rama*

Comer raspas *Lus*. Não comer nada [GAS].

Comer reagge (*sic*) *Bras., BA*. Acreditar em absurdos [Net].

Comer relho Ser castigado, espancado ou açoitado: "Você me dá conta da vaca ou come relho" (Domingos Olímpio, *Luzia-Homem*) [TC].

Sin.: *ir à peia*
Var.: *entrar no relho, levar relho*

Comer ruim Ver *comer safado*

Comer safado *Bras., pop*. Achar-se em sérias aperturas ou dificuldades; lutar com dificuldade, com mortificantes embaraços; enfrentar obstáculos; arrostar contratempos; passar por maus momentos: "Este ano, se houver seca, não tem quem não coma safado"; "Comi safado para arranjar aquele negócio" [ABH/AN/FS/GAS/LM/RG/TC].

Sin.: *comer arame farpado*, (lus.) *comer candeias de sebo, comer da banda podre* (1), (NE) *comer ruim, comer salgado, comer tampado*

Comer sal Batizar. – Na cerimônia do batismo, o padre põe sal na boca do neófito [AN].

Comer salgado Ver *comer safado*

Comer-se de inveja Amofinar-se, consumir-se pelo que os outros têm ou fazem; estar com muita inveja; sentir o estímulo da inveja; despeitar-se [AN/CLG/GAS].

Var.: *morder-se/morrer/roer-se de inveja*

Comer solto Ocorrer em profusão, sem limite, excessivamente, à vontade [JB/TC].

≠ **O pau comer solto** Haver confusão: "O pau comeu solto e muita gente levou porrada" [JB].
Var.: *o pau comer firmino da silva*

Comer sopa de bode *Lus.* Receber uma recusa [GAS].

Comer sopas de cavalo cansado *Lus.* Comer pedaços de pão embebidos em vinho [GAS].

Comer tampado *Bras., NE, pop.* Passar grandes ou sérias dificuldades; sofrer perseguições, aperturas, aperreios: "Ele tem comido tampado pra segurar aquela mulher em casa. Vá gostar de rua e de furupa [= farra; algazarra] de homem assim lá na baixa da égua" [ABH/PJC/RG/TC].
Sin.: *comer safado*

Comer terra *Lus.* **1.** Comer muito; ter bom apetite. **2.** Viver com dificuldades [GAS].

Comer terra convém Expr. us. como justificativa para manter determinados vícios. – A expr., de or. oriental, prossegue assim: "pois é certo mais tarde ela nos comer também" [RBA].

Comer uma rosca *Chulo.* Masturbar-se. [Albino Lapa, *Dic. de calão*/MSM].

Comer um boi Comer demais, com excesso e de uma assentada [AN/CLG].

Comer um cortado Sofrer castigo, punição; ser obrigado a andar às direitas: "Cabra ruim come um cortado nas garras do delegado novato, aqui, no bairro" [TC].

Comer um fresco *Bras., BA.* Comer carne retirada do animal logo depois de abatido, especialmente do boi (ver Euclides Neto, *Dicionareco das roças de cacau e arredores*) [FNa].

Comer um milho *Bras., gír., chulo.* Fazer sexo: "Vou comer um milho hoje. Vai ter carne nova no pedaço" [JB].

Comer um palrante ao manego *Lus.* Roubar um relógio a um tolo. ♦ No mesmo A., "palrante" é o "relógio que dá hora" [GAS].

Comer uruá *Bras., AM.* Entregar-se a práticas lesbianas [ABH].
Var.: *fazer uruá*

Comer vento *Gír.* **1.** Passar privações, fome: "Muitos povos do universo comem vento, literalmente". Ver catálogo do McDonald's (empresa), maio/2000. **2.** Ficar sem nada: "O cara comeu vento, tá fodido" [JB].

Comer verde Já ter, para o consumo, milho e feijão verdes, i. e., ainda não amadurecidos [TC].

Comer vício *Bras., NE, pop.* Comer terra, barro, ou coisa anormal; praticar a geofagia; viçar, geralmente por verminose, ancilostomíase [ABH/AN/FN/FS/LM/RG/TC]. – Ling. de acento rural. O sertanejo, em seu dial., usa a gostosa corruptela "viço" (ver var.).
Var.: *comer viço, estar com vício* (2), *ter vício*

Comer vivo Vingar-se cruelmente, pelo grande ódio que tem [AN].

Compor

Compor a dois Ver *compor à linha certa*

Compor à linha certa *Tip.* Compor de modo que o granel termine em linha cheia, para que se possa juntar a outro, quando o original é composto por mais de um tipógrafo [ABH].
Sin.: *compor a dois*

Compor a quadratim *Tip.* Compor com renumeração à base do milheiro de quadratins, de acordo com os preços estipulados para cada corpo [ABH].

Compor limpo *Tip.* Compor com reduzido número de erros [ABH].

Compor o ramalhete Tentar emendar o que não está bem ou o que foi dito inconvenientemente [GAS].

Compor sujo *Tip.* Compor com erros frequentes [ABH].

Comprar

Comprar a camorra *Bras., RS.* Aceitar, reagir a uma provocação: "Mas ele não comprou a camorra e a discussão se acalmou" [AJO/Mauro de Salles Villar, *Seleções*, jul./1996, p. 7].

Comprar a Casa dos Bicos *Ant*. Expr. us. em relação a riqueza, fartura de recursos financeiros. – Há cinquenta anos a presença port. era mais intensa entre o povo bras. Os emigrantes reforçavam a ling. lus., fazendo divulgação das frases feitas, correntes em Portugal. Notadamente, peculiaridades verbais de Lisboa e do Porto ganhavam circulação, nacionalizando-se. Os velhos port. habituavam-se à fraseologia local, esquecendo modismos pátrios. Atualmente se diria, para certos nababos: "Vai comprar Copacabana!" [LCCa].

Comprar a giz *Lus*. Comprar a crédito [GAS].

Comprar a mangrado Comprar sem escolher [ABH].

Comprar a olho Comprar avaliando sem peso nem medida, sem contar [GAS].

Comprar (a) parada *Bras., RS*. Tomar as dores por outrem; meter-se em complicações ou negócios alheios, sem necessidade ou proveito [AJO/AN].

Comprar a peso de ouro Comprar muito caro [AN].

Comprar a preço de padre-nossos Comprar a prestações [GAS].

Comprar a pronto pagamento Comprar efetuando o pagamento contra recibo [ECS].

Comprar à quarta parte Comprar por um quarto do valor: "... e metem nas contas papéis velhos comprados à quarta parte, como já contei no capítulo dos alvitres..." (Diogo do Couto, *Soldado prático*, cap. IX) [ECS].

Comprar a retalho Comprar a miúdo, por pequenas porções [GAS].

Comprar barulho 1. Meter-se em questão que não lhe diz respeito; intrometer-se em briga alheia. **2.** Brigar; ser provocador ou desordeiro: "O paraíba gosta de comprar barulho" [AN/CLG/JB/RMJ].
Sin.: *procurar encrenca*

≠ **Não comprar bonde** Não ser tolo ou explorável [LM].

Comprar (um) bonde *Bras., gír.* **1.** Levar um logro; ser logrado; ser vítima de uma vigarice. **2.** Fazer um mau negócio. – Reminiscência da anedota de um mineiro que foi enganado por um espertalhão que lhe vendeu um bonde da Companhia de Carris, Força e Luz do Rio de Janeiro. Já RMJ, p. 81, faz amplo relato sobre o histórico da expr., que, segundo ele, teria se originado de "uma notícia de jornal, inteiramente fantasiosa, escrita pelo repórter João Mauro de Almeida, no *Diário Carioca*, em maio de 1929..." [ABH/AN/CPL/RMJ/TC].
Sin. (1): *cair no conto do vigário*

Comprar briga(s) 1. Meter-se em questão dos outros; meter-se, sem necessidade, na briga de alguém com outra(s) pessoa(s); meter-se em complicações, sem necessidade ou proveito: "A CPI do Judiciário decidiu comprar briga com o Tribunal de Justiça de Mato Grosso e vai pedir a quebra de sigilo bancário, fiscal e telefônico de magistrados denunciados pelo juiz Leopoldino Marques do Amaral, assassinado há três semanas" (Ricardo Miranda, *IstoÉ*, 29/9/99, p. 29). **2.** Brigar: "Não vou comprar briga, mas se for preciso compro e me lasco." **3.** Negociar coisa litigiosa [ABH/AN/ JB/TC].
Sin.: *comprar encrenca, comprar questão*
Var. (1) (2) (3): *comprar uma briga*
Var. (1) (2): *puxar briga*

Comprar de/em segunda mão Comprar objeto us., ou de outro dono: "... Comprou de segunda mão, por via de anúncio de jornal..." (Carlos Drummond de Andrade, *Cadeira de balanço*); "Arrumara no quarto uns móveis que comprara em segunda mão..." (Camilo Castelo Branco, *Amor de perdição*); "Comprava telha em segunda mão..." (Aluísio Azevedo, *O cortiço*) [ECS].
♦ No *Bras.*, atualmente, predomina o uso da expr. com a prep. "de".

Comprar em primeira mão Comprar ao primeiro dono [ECS].

Comprar encrenca Ver *comprar briga(s)*

Comprar fiado Prática exercida por aqueles que têm por hábito comprar e não pagar, donde se obtém "comprar fiado até casa de palha pegando fogo" [RBA].
Sin.: *comprar no fuso*

Comprar gato por lebre *Pop.* Ser enganado, recebendo coisa pior do que a devida ou esperada; enganar-se numa compra; realizar um mau negócio; ser ludibriado e comprar uma coisa de pouco valor pensando estar levando algo valioso: "Ele deu um bom dinheiro por esse anel de vidro porque lhe disseram que era uma joia; comprou gato por lebre" [ABH/DT/F&A/JB].
Var.: *comer gato por lebre*

Comprar grado e mau grado Comprar grande e pequeno sem escolha [GAS].

Comprar na bacia das almas *Pop.* Comprar muito barato [AN/FF].

Comprar nabos em saco Comprar sem ver o que compra; comprar ou aceitar uma coisa sem a examinar; fazer ou conduzir um negócio, às escuras, sem estudo prévio, sem examinar; não examinar o que se compra, o que se aceita [ABH/AC/AN/FF/GAS]. Ver ainda, para conhecer mais, RMJ, pp. 80-1.
Sin.: *comprar porcos na lama*

Comprar na folha 1. Negociar produtos agrícolas, antes da colheita e até mesmo antes de frutificarem: "Todos se prosternam e saúdam o rei do algodão, aquele homem poderoso, que compra na folha, descaroça e exporta" (Aníbal Bonavides, *As profecias do Arquimedes*, p. 9). **2.** Antecipar acordo de solução ainda incerta [AN/TC].
Sin. (1): *comprar no pé*

Comprar no escuro Fazer negócio, sem conhecer o objeto [TC].
Var: *negociar/vender no escuro*

Comprar no fuso Comprar e não pagar. – O emprego de "fuso", nesta acepção, talvez se deva à homonímia existente entre "fiar com fuso" [= fazer fio] e "fiar" [= vender fiado] [TC].
Sin.: *comprar fiado*

Comprar no pé Ver *comprar na folha* (1)

Comprar o jogo *Bras., gír.* "Pedir para substituir um dos praticantes que estão no centro da roda" (de capoeira) [*O Povo*, 18/2/97, p. 5B, citando *Superinteressante*, Ed. Abril, maio/1996].

Comprar o juiz *Desp.* Subornar o árbitro para que ele fraude o resultado de um jogo [HM].

Comprar o resto de barato Comprar como sobra de mercadoria depreciada, vendida a preço baixo [AN].

Comprar pé-com-cabeça *Bras., PE.* Comprar os bons e os ruins misturados [BB].

Comprar por atacado Comprar em grosso, de uma vez: "Se o compadre topar, compro por atacado toda a sua safra de arroz" [MF].

Comprar por bom preço Obter à custa de muito sacrifício [AN].

Comprar porcos na lama Comprar sem exame rigoroso da mercadoria e com risco de sair logrado: "Não sou eu que caio nessa – não compro porcos na lama. Quero ver o que compro" (Martins Pena, *O diletante*) [RMJ].
Sin.: *comprar nabos em saco*

Comprar questão Ver *comprar briga(s)*

Comprar salgado Adquirir algo por preço muito alto [GAS].

Concatenar

Concatenar as jogadas *Desp.* Coordenar os lances de defesa ou ataque de acordo com o sistema tático [HM].

Conceder

Conceder a vida Não matar podendo fazê-lo [AN].

Concentrar

Concentrar ações Reunir todas as ações de uma sociedade anônima, de modo que passe a dirigi-la sozinho, usando como expediente o nome de parentes ou sócios fictícios [ABH].

Conciliar

Conciliar o sono Adormecer: "Tendo partido de Limeira, às onze horas, chegamos aqui, de novo, pouco depois da meia-noite... E apesar da fadiga, não consegui conciliar o sono" (Humberto de Campos, *Fragmentos de um diário*, p. 134) [FF].

Conferir

Conferir os cruzamentos *Desp.* **1.** Correr atrás de bola aparentemente perdida, na tentativa de apossar-se dela. **2.** Avançar para o goleiro, quando este praticamente agarrou a bola, na expectativa de que a solte [HM].
Sin.: *pagar pra ver*

Confiar

Confiar ao papel Registrar por escrito (pensamentos, planos, aspirações etc.); escrever aquilo que não se deseja exprimir de viva voz: "Confiou ao papel as suas angústias" [ABH/GAS].

Confiar desconfiando Não dar crédito ou confiança de modo algum. Ver *não confiar nem amarrado*

≠ **Não confiar nem amarrado** Não confiar [TG].
Sin.: *confiar desconfiando*
Var.: *não confiar nem dormindo*

Confiar no taco *Bras., gír.* Saber de suas possibilidades; ter certeza de que pode dar conta da tarefa: "Confio no meu taco, sei o que devo fazer" [JB/LAF].

Confundir

Confundir alhos com bugalhos Confundir coisas bem diferentes; estar meio fatigado de cabeça; não atinar bem com o que diz; não perceber; fazer confusão: "Pode, até, ser que eu tenha confundido alhos com bugalhos ou, ainda, como também se diz, ouro com besouro" (José Humberto Gomes de Oliveira, *Dez contos mal contados*, p. 31) [ABH/AN/CLG/GAS/RBA/RMJ].
Sin.: *fazer do céu cebola, trocar égua por animal fêmea*

Var.: *misturar alhos com bugalhos, perguntar alhos e responder bugalhos, trocar alho por bugalhos*

Confundir germano com gênero humano Ver *fazer do céu cebola*

Congelar

Congelar a bola Ver *fazer cera* (3)

Conhecer

Conhecer a dedo 1. Conhecer todos, um por um. **2.** Conhecer tudo, minuciosamente [TC].

Conhecer (d)a escrita Saber, entender bem do negócio, do assunto, do fato de que se trata [AN/RG].

Conhecer a léguas de distância. Conhecer muito bem; conhecer perfeitamente; conhecer de longe: "– Eu conheço o meu Toy a léguas de distância" (Carlos Drummond de Andrade, *Boca de luar*, p. 46) [AN/GAS].
Var.: *conhecer à(s) légua(s)*

Conhecer alguém por dentro e por fora Saber perfeitamente quem é essa pessoa, com suas qualidades e defeitos [AN].

Conhecer a palmo(s) Conhecer bem o terreno; ter conhecimento minucioso de toda a região, terreno, área etc. [GAS/TC].

Conhecer a trempe da panela Saber com quem lida: "Conheço a trempe de minha panela" (Luís Luna, *Lampião e seus cabras*) [TC].

Conhecer como a palma da(s) mão(s) Conhecer perfeitamente, muito bem; ter o domínio de um assunto, nada ignorando a respeito; ter conhecimento pleno de determinada pessoa, lugar, negócio ou assunto: "Genial e marginal como Lima, João, Wilson e Nelson, [o escritor e pintor Antônio Fraga] conhecia o Rio como a palma da mão – viveu na Praça Onze, no Morro do Castelo..." (Luís Pimentel, *Bundas*, 30/8/99, p. 35); "Não sou um traste qualquer. Conheço estes senhores de engenho da Ribeira como a palma da minha mão" (José Lins do Rego, *Fogo morto*, p. 5); "Conhecia como a

palma da mão todos os meandros da luta municipal, suas pequenas ambições e suas grandes batalhas" (José Sarney, *Norte das águas*, p. 17) [AN/RMJ/TC].
Var.: *conhecer como as próprias mãos*, (bras., S) *entender como as palmas da mão*

Conhecer como as próprias mãos. Conhecer muito bem [GAS].
Var.: *conhecer como a palma da(s) mão(s), conhecer como os próprios dedos*

Conhecer de cor e salteado Identificar sem erro algum; distinguir sem titubear: "Conheço de cor e salteado, sou capaz de distingui-lo entre mil *pointers* iguaizinhos uns aos outros" (Carlos Drummond de Andrade, *Boca de luar*, p. 46).

Conhecer de ginjeira Conhecer a fundo, de longa data [GAS].

Conhecer Deus e o mundo Conhecer muita gente; ser muito relacionado [TC].

Conhecer de vista Conhecer alguém superficialmente, sem manter relação de amizade nem diálogo [GAS].

Conhecer homem Manter relação sexual pela primeira vez; diz-se da mulher que já teve relações sexuais: "... Só mulher pode saber o que é nunca ter conhecido homem" (José Sarney, *O dono do mar*, p. 63).

Conhecer mulher Ter relações sexuais pela primeira vez; diz-se do homem que já teve relações sexuais: "Tio Moisés não conhecia mulher" (João Clímaco Bezerra, *Não há estrelas no céu*) [GAS/TC].
Var.: (lus.) *revelar mulher*

≠ **Não conhecer o á-bê-cê** Não saber os elementos de uma arte, ciência ou ofício; não conhecer o assunto, a arte etc.; ignorar o caso [AN/TC].

Conhecer o jogo de alguém Adivinhar os propósitos ou intenções de alguém, embora a pessoa os dissimule [AN].

Conhecer o pau pela casca Ver *conhecer pela pinta*.

Conhecer o preço dos pastéis de nata Ter noção ou conhecimento das coisas de custo muito elevado [AN].

Conhecer o rigor da mandaçaia *Bras., SP, pop.* Ser severamente punido; sofrer um castigo, uma dura lição [ABH/AN]. ♦ AN registra "mandacaia", termo que inexiste no *Aurélio*. Mandaçaia é um tipo de inseto.

Conhecer (d)o riscado Ter pleno conhecimento de algo; ter experiência em determinado serviço; ser perito, ou competente, em determinado assunto ou profissão: "Ele conhece do riscado como ninguém" (José Lins do Rego, *Pedra Bonita*); "Agora, já sabem! Já conhecem o riscado!" (José Lins do Rego, *id.*) [ABH/AN/FS/LM/RMJ/TC].
Sin.: *saber onde tem o nariz*
Var.: *entender do riscado, saber (d)o riscado*

Conhecer o santo e a senha Ser amigo de toda confiança. – Nas ant. milícias, dava-se o nome de um santo como sinal nas guardas, em segredo, e que devia, a quem vinha render, dar à sentinela, para mostrar que era o competente. A senha era sinal e nome que se ajuntava ao santo, para as rondas se reconhecerem entre si e para se darem a conhecer às sentinelas e guardas [AN].

Conhecer os degraus da ciência *Bras., AL.* Estudar; frequentar estudos; ter feito os estudos: "Ora, João Leite, dono do Cavalo-Escuro, não conhecia os degraus da ciência" (Graciliano Ramos, *Infância*) [FNa].
Sin.: *alisar o banco da ciência*

Conhecer o seu lugar Dar-se a respeito; não se intrometer em conversas de terceiros, em esfera social diferente: "Sou uma moça honesta e conheço o meu lugar" (Mário Landim, *Mãe d'água e caipora*) [TC].
Var.: *enxergar o seu lugar*

≠ **Não conhecer o seu lugar** *Fam.* Não ser capaz de reconhecer sua posição inferior em relação a outrem ou a algo; não perceber como é ridículo [ABH/AC/CLG].
Sin.: *não se enxergar*

Conhecer os podres de alguém Conhecer os defeitos, fraquezas e más ações do passado de alguém [GAS].

Conhecer o terreno que pisa Conhecer perfeitamente as pessoas com quem tem de tratar ou as circunstâncias do assunto que tem em mão, que discute; estar a par do que se passa [AN/GAS].

Var.: *conhecer o terreno, conhecer o terreno a palmo, saber o terreno que pisa*

Conhecer pela pinta Tirar conhecimento pelas parecenças com os pais ou avós; reconhecer pelos traços familiares; distinguir graças a um sinal físico; conhecer à primeira vista, por certos sinais externos e/ou modos característicos, que indicam a boa ou má qualidade ou espécie de pessoa ou coisa, o seu caráter; julgar pela aparência (o exterior denuncia o interior); conhecer ou avaliar o caráter de uma pessoa, ou seu modo de proceder, pela fisionomia ou pelo trato; identificar alguém por uma característica permanente, nos modos ou fisionomia. – É expr. originariamente de jogadores de cartas. As cartas de outros tinham no seu extremo uma raia; ás de copas, duas; ás de espada, três e ás de paus, quatro (ver Academia Espanhola, *Diccionario de la lengua castellana*). No RJ dizem *manjar a pinta*, por observar, olhar detidamente. A "pinta dos olhos" é a pupila [ABH/AC/AN/FS/GAS/LCCa].

Sin.: *conhecer o pau pela casca*

Var.: *manjar a pinta, tirar pela pinta*

Conhecer pela rama Conhecer, tratar superficialmente, sem aprofundar, sem entrar no essencial [AN/GAS].

Var.: *tratar pela rama*

Conhecer pelo bater da pestana Reconhecer ou avaliar as qualidades de alguém, por um simples sinal [TC].

Conhecer por dentro e por fora Ter conhecimento perfeito [GAS].

Conjugar

Conjugar o verbo rápio *Ant.* Furtar ou exercer rapinagem. – Expr. cunhada pelo pe. Antônio Vieira e rememorada por João Francisco Lisboa no *Jornal de Timon*, a propósito das autoridades port. do MA: "... o eloquente jesuíta, que já sem rebuço os chamara de ladrões, figurando-os chistosamente a conjugar o verbo rápio em ambas as vozes, e em todos os modos e tempos" [RMJ].

Conquistar

Conquistar a ponta *Desp.* Ganhar a liderança de um campeonato [HM].

Conseguir

Conseguir chegar *Desp.* Adiantar a bola, mantendo-a sob controle, para infiltrá-la na grande área [HM].

Consertar

Consertar a casa Ver *espanar a área*

Consertar peixe *Bras., MA.* Operação de desvisceração e escamação do pescado [DVF].

Conservar

Conservar a mão Manter-se na pista da direita do trânsito, nas vias com mão dupla [AN].

Conservar o bicho Diz-se do primeiro copo de bebida alcoólica que se bebe de manhã. – Apesar de, na forma, a expr. ser o contrário de *matar o bicho*, o sentido é o mesmo [GAS].

Var.: *matar o bicho* (2)

Considerar

Considerar o reverso da medalha Ver o lado mau, o que há de perigoso ou desfavorável no assunto de que se trata [AN].

Consolar

Consolar o cadáver *Lus.* Comer [GAS].

Consultar

Consultar o país Proceder a novas eleições [AN].

Contar

Contar Áfricas Contar proezas, habilidades [GAS].

Contar a meio mundo Contar a muitas pessoas [AN].

Contar as horas Esperar com impaciência, com inquietação [AN].
Var.: *contar os minutos*

Contar bravatas *Bras.* Jactar-se, ostentar-se presunçosamente [RG].

Contar bulas Dizer mentiras, petas [GAS].

Contar com alguém e dormir no mato A expr. "Conte comigo (ou conosco) e durma no mato" representa uma forma chistosa de oferecer ajuda muito precária [TC].

≠ **Não contar com desgraça** Fazer o que quer, sem medir consequências [AN].

Contar com o ovo no cu da galinha. *Bras., chulo.* Esperar algo pouco provável antecipadamente; fazer planos com base em coisa incerta; precipitar-se; superestimar o desfecho de certa situação; diz-se de quem está certo de um sucesso. – O ditado insinua ser melhor esperar para ver se o ovo vem mesmo ou não [ABH/AN/GAS/LAF/MSM].
Var.: *contar com o ovo na bunda da galinha*

Contar goga Exagerar; arrotar superioridade: "O vaqueiro Jorge Grande, que contava goga de colecionar cabaços e nunca se apaixonar por mulher, arriou-se de paixão por Aninha de seu Joel..." (Neil de Castro, *As pelejas de Ojuara*) [FNa].
Sin.: *só ter folia*

Contar grandeza(s) Gabar-se; vangloriar-se: "Fora com o patrão ao Rio e voltara de lá de língua atravessada contando grandezas" (José Lins do Rego, *Meus verdes anos*, p. 105) [TC].
Var.: *arrotar grandeza(s)*

Contar história Mentir [TC].
Var.: *inventar história*

Contar lorota(s) Mentir; blasonar; contar piada: "Você só leva seu tempo a contar lorotas" [BB/TC].

Contar maravilhas Contar só o lado bom das coisas [GAS].

Contar mundos e fundos Contar vantagens; vangloriar-se; exagerar certa narrativa [TC].

Contar o milagre sem dizer o nome do santo Narrar um fato omitindo o nome da pessoa a que ele se refere para evitar desgostos ou compromissos [AN].

Contar os passos 1. Andar devagar; marchar vagarosamente. **2.** Fazer as coisas com cuidado e circunspecção [AN/GAS].

Contar pelo miúdo Narrar com minúcias [TC].

Contar pelos dedos Haver pouca coisa; referência a coisa rara, pouco numerosa ou a pequeno grupo, fácil de contar; diz-se quando há pouca quantidade [GAS/TC].
Var.: *contar a dedos, poder(-se) contar pelos dedos*

Contar piada 1. Mentir: "Vamos contar piada pra distrair a moçada." **2.** Contar história, lorota, conversa fiada: "Este negócio de contar piada não é bem comigo, não sou de enrolar ninguém" [JB].

≠ **Não contar pipoca** *Bras., CE.* Decidir rapidamente; agir, resolver logo: "Aquele cara começou a encher o saco e eu não contei pipoca. Dei-lhe uma porrada na fuça" [MGb].

Contar ponto por ponto Contar tudo minuciosamente [GAS].

Contar potoca(s) Contar lorotas, mentiras, conversas bestas: "Gostava de ficar na venda, contando potocas" (Paulo Dantas, *O capitão jagunço*) [BB/TC].
Var.: *dizer potoca(s)*

Contar rodelas *Bras.* **1.** Contar gabolices; gabar-se; vangloriar-se. **2.** Mentir [ABH].

Contar tudo Dizer o que sabe: "Vou contar tudo pro delega, dê no que der" [JB].

Contar vantagem *Bras.* **1.** Ser bem-sucedido. **2.** Contar coisas impossíveis; gabar-se; fanfarronear-se; jactar-se: "– Vamos parar de contar vantagem! Ninguém aguenta mais tanta vaidade! Parece uma doença..." (Ana Maria Machado, *Amigos secretos*, p. 63). **3.** Mentir: "Eu não gosto de conversar com o Cardoso, não; a vida dele é contar vantagem..." [AN/FS/Gl/RG].

Var. (2): *arrotar vantagem*

Contar vitória Alardear êxito, triunfo, vantagem; gabar-se de ter conseguido o que desejava; vangloriar-se de um feito praticado: "Não vi um que contasse vitória" (pe. J. J. Dourado, *Cafundó*) [AN/GAS/TC].

Var.: *cantar vitória*

Conter

Conter as lágrimas Ver *conter o choro*
Conter o choro Conseguir não chorar: "Eu e Carlos também custávamos a conter o choro" (Paulo Amador, *Rei branco, rainha negra*, p. 57) [GAS].

Var.: *conter as lágrimas*

Continuar

Continuar de pé Diz-se de pessoa que resiste aos reveses [GAS].

Continuar tudo no mesmo pé Não haver nenhuma modificação [GAS].

Conversar

Conversar água *Bras., CE*. Diz-se de alguém que só conversa besteira, tolice, parvoíce, vulgaridade, futilidade; diz-se de quem não tem nada na cabeça: "Égua, macho! Tu só conversa água...!" (Mino, *Diário do Nordeste*, cad. 3, Cartum, 11/6/00, p. 7); "O seu mal, Edilberto, é que você quando bebe, só conversa água" (Mino, *Diário do Nordeste*, cad. 3, The Mino Times, 27/8/00, p. 8) [AS].

Conversar alguém Sondar as intenções de alguém [GAS].

Conversar com a garrafa Ver *encher a cara*

Conversar com as almas Falar sozinho: "O cara é tão macambúzio que vive conversando com as almas" [JB].

Conversar com os seus botões Falar sozinho, meditando sobre os problemas da vida: "Conversando com os meus botões, percebi que tava sozinho no mundo"; "Tava conversando com meus botões quando fui despertado por gritos de pavor" [GAS/JB].

Var.: *dizer para os seus botões, falar com (os) seus botões, pensar com os seus botões*

Conversar com o travesseiro 1. Dormir. **2.** Delongar para o dia seguinte a solução de um negócio, a tomada de uma resolução; deixar uma resolução, ou decisão, para o dia seguinte; pensar numa coisa de um dia para o outro; examinar amiudadamente antes de resolver qualquer assunto; pensar e considerar maduramente sobre o assunto; adiar a decisão para outro dia, a fim de ter tempo de refletir; pensar sobre determinado assunto que se terá de resolver no dia seguinte [ABH/FF/GAS].

Sin.: *dormir sobre o caso*
Var.: *consultar o travesseiro*

Conversar comprido Estender-se demais num diálogo; alongar-se no papo; parolar por longo tempo: "– É impossível. Mesmo. Sinto muito. Amanhã a gente conversa comprido. Tá?" (Fanny Abramovich, *As voltas do meu coração*, p. 25).

Conversar fiado Manter palestra sem futuro, sem proveito: "... conversando fiado, como quem não tem o que fazer" (João Clímaco Bezerra, *Sol posto*) [TC].

Conversar miolo de pote Abordar assuntos sem importância ou ficar sem dizer nada por falta de assunto; conversar ou falar besteira: "E olhe, não tem *nadazaver* [= nada a ver] ficar conversando miolo de pote, deixe de *muagem* [= besteira, conversa] que eu lá quero conversa com aquela marmota" (AS, p. 175) [CGP/FS/TGa].

Conversar o juízo de *Bras., NE*. **1.** Aliciar; convencer, ou induzir, a determinado consenso: "Deve existir mais coisa: só se tem que descobrir uma a uma. Valeria a pena conversar o juízo dos prefeitos ou de seus secretários a respeito disso" (Pedro Alves Filho, *Tribuna do Ceará*, 20/6/97, p. 4A). **2.** Aplicar (geralmente na mulher) uma cantada, tendo em vista objetivos sexuais.

Conversar para trás *Bras., CE*. Diz-se de alguém que está falando de uma maneira muito pessimista. Geralmente, o tema da conversa envolve morte: "O Chico deu pra dizer que quer comprar logo um caixão pra quando morrer não dar trabalho a ninguém. O bicho tá dando pra conversar patrás" (*sic*) [AS].

Convidar

≠ **Não convidar pra jantar** *Bras., gír.* Estarem (dois indivíduos) brigados: "Não convidem pra jantar o Serjão e o Inocêncio, vai sair faísca" [JB].

Corar

Corar até à raiz dos cabelos Ruborizar-se intensamente; ficar com todo o rosto avermelhado: "A moça corou até à raiz dos cabelos e disse-lhe: – Obrigada" (Rodolfo Teófilo, *A fome*, p. 119). – Expr. corrente tb. em fr. [AN/GAS/RMJ].

Correr

Correr a bacia *Bras.* Fazer uma quota, uma arrecadação pecuniária, entre pessoas, amigos, torcedores etc.: "... se alguém tivesse sugerido correr a bacia não se arrecadaria 50 reais" (*sic*) (Torcedor ao telefone, *apud* Alan Neto, *O Povo*, cad. Esportes, 22/3/01, p. 13).
Sin.: *fazer uma vaca/vaquinha*

Correr a bala Levar a bala à agulha, a fim de atirar [TC].

Correr à boca pequena Espalhar-se (assunto, boato) reservadamente, sem divulgação pública; comentar algo reservadamente; falar em segredo, com cautela; lançar boato; falar em voz baixa; segredar, murmurar: "A fofoca corre à boca pequena no PMDB: o líder do partido, Geddel Vieira, teria aprendido a dança do ventre em Marrakesh, no Marrocos..." (Tutty Vasques, *Época*, 1º/4/02, p. 98) [AN/Cad. de Atividades, *VI série*, p. 323/GAS/MPa/TC].
Var.: *comentar/dizer/falar à boca pequena*

Correr a bom correr Correr muito [GAS].

Correr à conquista *Lus., Univ. Coimbra.* Ir buscar [GAS].

Correr a cortina 1. Mostrar o que está coberto; mostrar; patentear. **2.** Esconder o que não quer que se veja; deixar de falar de um fato [AN/GAS].
Var. (2): *correr a cortina sobre um fato*

Correr a enxada Fazer uma rápida limpeza com enxada [TC].

Correr a foguetes 1. Gostar de festas. **2.** Entusiasmar-se com pouca coisa; cansar-se por coisas vãs; seguir ideias sem finalidade. **3.** Correr com pressa, com ânsia [GAS].

Correr a freguesia 1. Procurar toda a gente conhecida. **2.** Andar: "Tô pelaí correndo a freguesia" [AN/JB].

Correr a lacuchia *Bras., PI.* Passar por uma apertura, sobretudo financeira: "Neste final de ano falta serviço, as empresas ficam num aperto danado. Tá todo mundo correndo a lacuchia pra pagar as contas." – A expr. vem de uma brincadeira inf. em que se recita, falando depressa: "corre-corre, lacuchia / quer de noite, quer de dia / tem um saco de cutia / pra amanhã comer de dia..." [PJC].
Sin.: *estar tomando osso da boca de cachorro, passar o que o diabo enjeitou*

Correr a musa a alguém Ter facilidade de expor, de contar, de escrever: "Nada, hoje, não posso escrever, não me corre a musa" [CA].

Correr ao contrário Sair de modo diferente ou em desacordo com os planos [TC].

Correr a pedrada Apedrejar para pôr em fuga [GAS].

Correr à própria *Lus.* Chegar à hora; ser pontual (ver *Rev. Lus.*, XXXIII, p. 149) [ECS].

Correr as capelinhas *Lus.* Andar de taberna em taberna [GAS].

Correr a sete pés *Lus.* Fugir rapidamente [GAS].

Correr às mil maravilhas Decorrer (trabalho, ação) muito bem, do melhor modo possível [AN/GAS].
Sin.: *ir tudo às mil maravilhas*

Correr as sete partidas do mundo Viajar pelo mundo todo, pelas cinco partes do mundo; viajar muito [AN/GAS].

Correr atrás Perseguir um objetivo; procurar, preparar-se para um desafio: "Vou correr atrás, maninho, tô precisando"; "Tô correndo atrás pra arranjar mais um troco"; "Vou correr atrás, isto não vai ficar barato" [JB].

Correr atrás da batalha *Bras., gír.* Procurar emprego: "Preciso correr atrás da batalha, a coisa tá preta" [JB].

Correr atrás da duplicata *Desp.* Esforçar-se, um time, para reverter o resultado que lhe está sendo desfavorável no jogo. – Esta expr. foi cunhada pelo jornalista esportivo Sílvio Luiz (SP) [HM].

Var.: *correr atrás do prejuízo* (2)

Correr atrás de maraiá Ver *arrastar (a) mala* (2)

Correr atrás do preju *Bras., gír.* Procurar se defender; tentar recuperar; procurar; preparar-se para um desafio: "Vou correr atrás do preju, pois não quero ser prejudicado" [JB].

Var.: *correr atrás do prejuízo*

Correr atrás do prejuízo 1. Procurar alguma coisa para fazer: "Vou correr atrás do prejuízo, pois não posso ficar parado." **2.** *Desp.* Esforçar-se (um time) para reverter o resultado que lhe está sendo desfavorável no jogo [HM/JB].

Var. (1) (2): *correr atrás do preju*
Var. (2): *correr atrás da duplicata*

Correr a vista Examinar, ver ligeiramente, de relance: "Por favor, corra a vista aqui neste processo" [TC].

Sin.: *dar um vistaço*

Correr a zona 1. *Bras., CE.* Passear observando, investigando. **2.** Fazer a vida na zona do meretrício (a mulher) ou procurar mulheres (o homem): "Dito isto, se quiser ficar mais eu, fique, vambora logo pro quarto, se estiver esperando alguém pra mais tarde, adeus, que eu vou correr a zona e não tenho tempo a perder. Pois eu simpatizei com o senhor e vambora pro quarto" (Juarez Barroso, *Obra completa,* p. 535) [RG].

Correr com alguém Expulsar, enxotar, mandar alguém embora energicamente: "Eles aqui chegaram e eu corri com eles" (José Lins do Rego, *Cangaceiros*) [FF/LAF/LM/TC].

Correr com a sela *Bras., NE, CE.* **1.** Abandonar o jogo, tendo ganho, estando a conduzir lucros; sair no meio do jogo, estando ganhando: "Outros, porém, 'correram com a cela' (*sic*), como se diz no Nordeste, às pressas, sem grandes motivos" (Paulo Cavalcanti, *O caso eu conto como o caso foi,* vol. II). **2.** *P. ext.* Afastar-se de uma sociedade comercial, depois de haver se aproveitado bem da mesma; fugir a um compromisso de alta responsabilidade; esmorecer; acomodar-se; acovardar-se, renunciando a algo ou desistindo de prosseguir em certo empreendimento. – É uma referência às alimárias velhacas [ABH/AN/FN/FS/LM/RG/TC]. Ver tb., para conhecer mais, LCCa, pp. 135-6.

Correr com a sorte Desprezar o que traria felicidade; não se valer da oportunidade favorável [AN/GAS].

Correr com bom despacho Correr normalmente, eficientemente (o trabalho) [TC].

Correr como uma lebre Correr velozmente [AN/GAS].

Var.: *correr como um galgo, correr como um gamo*

Correr (a/uma) coxia 1. Andar muito, ao acaso; andar sem destino, à procura de alguém ou de algo, por toda a parte; vagar de um para outro recanto, com ar preocupado. Diz-se quando se atravessam momentos difíceis, de apertura e trabalho: "Está correndo uma coxia danada!" **2.** Mandriar; vadiar; vagabundear. – A frase se origina do castigo que outrora se impunha nas galeras, formando em duas filas na coxia a equipagem, armada de açoites, e obrigando o culpado a entrar por um lado e sair por outro, e até o séc. XVIII era essa a acepção da expr.

Outrora havia, tb., nos hospitais, a coxia, sala estreita com leitos em ambos os lados, e "correr a coxia" era "assistir frequentemente nos hospitais", "estar sempre doente" [ABH/AC/AN/FF/GAS/ LCCa/ RMJ].
Var.: *andar à coxia*

Correr da raia Fugir; desertar: "E antes de morrer, passando a limpo seus tempos de alferes da Guerra de Canudos, gritou: – Um brasileiro não corre da raia!" (José Cândido de Carvalho, *Porque Lulu Bergantim não atravessou o Rubicon*, p. 76); "... mas nunca se furtou a emprestar sua imagem a uma causa que achasse justa, nem correu da raia quando o embate endureceu e o cerco da censura apertou" (Regina Zappa, *Chico Buarque*, p. 10) [JB].
Sin.: *correr do pau, fugir do trilho*
Var.: *fugir da raia*

Correr de boca em boca Diz-se de notícia que circula rapidamente: "A notícia correu de boca em boca, de légua em légua, ouvidos apurados" (Moreira Campos, *Dizem que os cães veem coisas*, p. 61) [GAS].

Correr de casa Expulsar de casa: "Órfão da mãe, foi corrido de casa pela madrasta" [TC].

Correr de dentro Fugir da briga; "amarelar" [CGP].

Correr de faixa *Turfe*. Usar, um faixa, em geral, para forçar a corrida, de uma tática em que sacrifica suas próprias possibilidades em benefício de um companheiro com possibilidades maiores. – Um faixa é o segundo e, às vezes, o segundo e o terceiro e até mesmo o quarto cavalo(s) inscrito(s) sob o mesmo número em um páreo [ABH].
Sin.: *ir para o sacrifício*

Correr dentro *Bras., CE*. Aceitar certo desafio para luta corporal; entrar na briga, na confusão; resolver uma questão em luta corpo a corpo; atirar-se; avançar; investir; vir pro murro; expr. injuriosa, desafio para alguém entrar numa briga: "De peixeira na mão, mandava a galera correr dentro" (*Jornal da Rua*, 6/2/00, p. 1); "E, se um braço não presta mais, o outro vale por dois. Quem quiser experimentar que corra dentro" (Juarez Barroso, *Obra completa*, p. 176).
– Muito empregado na ling. inf. [AN/AS/FNa/FS/RG/TC]. Para saber mais sobre a expr., ver LCCa, s. v. "CORRA DENTRO".
Var.: *vir dentro*

Correr do pau *Bras., gír*. Fugir: "Você é muito mole, vive correndo do pau" [JB].
Sin.: *correr da raia*
Var.: *fugir do pau*

Correr em condições *Bras., RS*. Correr bem; ter um bom desempenho durante a corrida [AJO].

Correrem rios de tinta Escrever muito a respeito de um assunto [AN].

Correr estreito Viver situação de aperturas, de dificuldades; viver em dificuldades financeiras; encontrar-se em situação difícil: "Um controlista eu conheço / o qual merece respeito, / mas do jeito que padeço / ele também corre estreito" (Patativa do Assaré, *Cante lá que eu canto cá*) [TC].
Var.: *passar/ver-se estreito*

Correr freguesia *Bras., gír*. Procurar o que fazer: "Vou correr freguesia pra ganhar um troco" [JB].

Correr frouxo *Bras., NE*. **1.** Fazer algo à vontade: "Traz mais duas bem geladas que hoje eu vou deixar correr frouxo pra ver o bicho que vai dar." **2.** Ter em abundância: "Ali o dinheiro corre frouxo" [MGa/PJC].

Correr-lhe com a sorte Expulsar alguém [GAS].

Correr montes e vales Andar daqui para ali, correr muito para conseguir uma coisa, vencer uma dificuldade [AN].

Correr muita tinta 1. Escrever muito. **2.** Falar-se muito na imprensa [AN/GAS].

Correr mundo Espalhar(-se); divulgar(-se); propalar(-se); divulgar até bem longe (a notícia, o boato, a fama): "Ora aí está como as coisas se arrumam, e como por obra e graça de meia dúzia de Neros de pé no chão entra a correr mundo mais um livro" (Monteiro Lobato, *Urupês*, p. 138); "As mais desencontradas notícias corriam mundo sobre o poderio surpreendente dos guerrilheiros entrincheirados nos cerros e grotas em torno de Canudos" (Sylvio Rabello, *Euclides da Cunha*, p. 89); " – ... e nossos nomes vão correr mundo, fazer as pessoas tremerem..." (Ana Maria Machado, *Amigos secretos*, p. 69) [ABH/AN/FF/GAS/Gl/TC].

Correr (o) mundo Viajar (por muitos países, pelo estrangeiro); vagabundear: "A sina dele era correr mundo, andar para cima e para baixo, à toa, como judeu errante" (Graciliano Ramos, *Vidas secas*, p. 20); "Nos olhos do pai ele leu também a vontade de correr o mundo" (Paulo Coelho, *O alquimista*, p. 32) [ABH/AN/FNa/TC].

Sin.: (NE) *correr (o) trecho, correr terras*

Correr mundos e fundos Viajar muito, andar pelo mundo, procurando algo [TC].

Correr no escuro "É quando o cavalo corre com a cabeça apoiada na anca do boi, não permitindo ao vaqueiro ver o chão que a cavalgadura pisa" (Carlos Feitosa, *No tempo dos coronéis*) [ECS].

Correr o badalo Falar demais; tagarelar, taramelar [ABH].

Var.: *dar o badalo*

Correr o chapéu *Bras*. Fazer uma quota, uma arrecadação pecuniária, entre pessoas, amigos, torcedores etc.: "Vamos correr aqui o chapéu pra ajudar esse velhinho."

Sin.: *fazer uma vaca/vaquinha*

Correr o foguete Repetir uma pergunta a outro ou outros alunos até cabal resposta [GAS].

Correr (na) orelha *RS*. Expr. de carreiras ou corridas, que significa correrem juntos os cavalos, sem diferença, um do outro; correr uma corrida em igualdade de condições (ver Roque Callage, *Vocabulário gaúcho*) [AJO/AN/ECS].

Correr o resultado Sair o resultado: "Que horas é que corre o resultado do jogo do bicho?" [AS].

Correr os arames Pagar, fazer circular, sair o dinheiro [TC].

Correr os banhos Diz-se do tempo que demoram os preparativos de casamento católico (na igreja) [GAS].

Correr os olhos em/por Examinar superficialmente: "... pediu-me umas informações, e para servi-lo andei correndo os olhos na literatura de cordel" (Manuel Bandeira, *Poesia completa e prosa*, p. 534); "O pai corre os olhos pelo botequim, satisfeito, como se a convencer..." (Fernando Sabino, *A vitória da infância*, p. 163); "Lourenço: (...) E se algum dia você quiser saber se ainda pertence à raça humana, vai correr os olhos pelo deserto e pela solidão à sua volta..." (Édson d'Santana, *Ao mar!*, p. 32) [ABH].

Var.: *passar os olhos por*

Correr o touro Correr o touro a ponta de capote; i. e., movê-lo de um lado para o outro a fim de o colocar em sorte – enganá-lo ou enfiar as bandarilhas nele [GAS].

Correr outras terras Andar em países estrangeiros; percorrer terras estranhas, de língua e costumes diferentes; viajar pelo exterior: "– Nunca saí daqui, não quis correr outras terras" (Jorge Amado, *Mar morto*, São Paulo, Círculo do Livro, s/d, p. 37).

Correr para o abraço *Desp*. **1.** Comemorar depois de finalizar, fazendo o gol: "Gérson repete o lançamento... para Jair, que encobre Viktor e corre para o abraço" (Oldemário Touguinhó e Marcus Veras, *As copas que eu vi*). **2.** Comemorar: "Chutei pro gol e corri pro abraço, cara, deu tudo certo" [HM/JB].

Var.: *partir pro abraço*

Correr parelha(s) com Igualar-se a; ser igual a; comparar-se com; rivalizar com; competir com: "Correndo parelhas com a malária, nas capitais, havia outra terrível causa de morte: a tuberculose" (Djalma Batista, *Da habitabilidade da Amazônia*) [ABH/AN/FF/GAS].

Var.: *correr parelhas*

Correr parelhas Igualar-se, rivalizar: "Os dois romancistas correm parelhas" [ABH].

Var.: *correr parelha(s) com*

Correr por conta de Ser da responsabilidade de [GAS].

Correr por fora *Desp.* Credenciar-se à conquista de título de campeonato um time a princípio sem chance de consegui-lo [HM].

Correr (o) risco Aventurar-se; abalançar-se; arriscar(-se); expor-se; estar sujeito a: "– E a moça pode correr o risco. – Risco de quê?" (Terezinha Alvarenga, *Rio dos sonhos*, p. 33); "Não quero correr risco neste lance, meu" [GAS/JB/TC].

Correr sangue Haver morticínio: "E ele tem que tomar conta, nem que corra sangue" (José Lins do Rego, *Fogo morto*, p. 101) [AN].

Correr seca e meca Andar por toda parte; percorrer muitos lugares: "À cata de uma colocação, José correu seca e meca" (Jáder de Carvalho, *Sua majestade, o juiz*, p. 73).
Var.: *andar de/por ceca e meca*

Correr sério risco Encontrar-se sob ameaças: "O cidadão corre sério risco de ser demitido" [JB].

Correr terras Viajar por vários países; vagabundear: "Ao menos ia correr terras" (Manuel de Oliveira Paiva, *Dona Guidinha do Poço*) [ABH/AN/TC].
Sin.: *correr (o) mundo*

Correr touros Tourear [FF].

Correr tudo sobre rodas Haver só facilidades [GAS].

Correr uma aragem/aragenzinha Ver *correr um vento/ventinho*

Correr um boato Dizer-se por aí: "Corre um boato que minha vizinha disputou com Eva o amor de Adão. Ela é muito velha" [JB].

Correr um vento/ventinho 1. Ventar. **2.** Pressentir primeiros sinais de boa sorte (especialmente nos negócios) [TC].
Sin.: *correr uma aragem/aragenzinha*

Cortar(-se)

Cortar a alma Tocar, comover ao extremo; causar pena: "Cortava-me a alma a saudade do meu engenho" (José Lins do Rego, *Menino de engenho*, p. 90) [ABH/GAS].
Sin.: *cortar (o) coração*

Cortar a bananeira *Bras., NE, chulo.* Copular [MSM].

Cortar a bola *Desp.* Interceptar o giro da bola no gramado, durante o jogo [FS].

Cortar a cabeça de 1. Demitir de posto ou função, por motivos políticos. **2.** Eliminar ou demitir: "Vou cortar a cabeça dessa pessoa peçonhenta" [ABH/JB].

Cortar a coleta 1. Cessar de fazer aquilo que fazia. **2.** Deixar de tourear [GAS].

Cortar a conversa Interromper a conversa [AJO].

Cortar a figura *Teat.* Ação do ator que gesticula com os membros, sobretudo os braços e as mãos, na frente do corpo e do rosto [GC].

Cortar água *Bras., gír.* Beber demais: "Vou cortar água, encher os cornos e entornar" [JB].

Cortar a natureza de *Bras., SP.* Produzir ou causar frigidez sexual em [ABH/AN].

Cortar a noite *Bras., BA.* Atravessar a noite: "A chuva cortou a noite toda." Ver Euclides Neto, *Dicionareco das roças de cacau e arredores* [FNa].
Var.: *varar a noite*

Cortar a onda 1. Interromper algo que alguém está fazendo. **2.** *Bras., CE, gír.* Interromper subitamente o efeito da maconha: "Vamos fumar outro que aquele susto cortou a onda" [RK].
Sin. (1): *cortar o barato*

Cortar a palavra a/de Impedir que alguém continue a falar: "Alice cortou a palavra de Graça" (F&A, *V série*, p. 43); "Mas Fernando cortou-lhe a palavra: – Eu estou sentindo tanto quanto você, meu amor!" (Ariano Suassuna, *Fernando e Isaura*, p. 113) [ABH/AN/GAS].

Cortar a partida *Bras., RS.* Suspender a corrida quando os parelheiros estão prontos para a largada [AJO].

Cortar a proa Ultrapassar [PJC].

Cortar as amarras com *Fig.* Desligar(-se); separar(-se) de (aquele ou aquilo que serve de amparo ou proteção): "Vamos cortar as amarras. Tá na hora" [ABH/JB].

Cortar as asas/asinhas de alguém Tirar a alguém a liberdade de ação; cercear a esfera das atribuições de alguém; rebaixar da autoridade; tirar os meios de realizar uma ação; dificultar os planos de alguém; frear as pretensões de alguém; impedir que alguém faça algo; retirar o poder de alguém: "O Dantas é governador macho, meu compadre. Eu só quero ver é aqui, quando o Coronel começar a cortar as asas dos grandes" (José Lins do Rego, *Fogo morto*, p. 101); "Vamos nos antecipar e cortar as asinhas deste canalha" [AN/FF/GAS/JB/LAF].

Var.: *cortar as asas/asinhas a alguém*

Cortar as esporas *Bras.* Cortar as pretensões de pessoas atrevidas; inutilizar arrogâncias; apagar valentia; extinguir petulâncias: "Vamos cortar as esporas dele" [JB/LCCa].

Var.: *cortar os esporões*

Cortar as gorduras Cortar o excesso: "Será preciso cortar as gorduras, para facilitar as coisas" [JB].

Var.: *queimar (as) gorduras*

Cortar as pernas Impedir de progredir, de melhorar [GAS].

Cortar as unhas rentes Ser sovina; não ser pessoa para dar ou oferecer alguma coisa [GAS].

Cortar as vazas Impedir os intuitos; impedir que uma pessoa ganhe, lucre; não permitir que leve por diante os intentos; prejudicar um conluio [AN/GAS].

Var.: *tolher as vazas*

Cortar as voltas Iludir; rodear o assunto a tratar; evitar uma pessoa [GAS].

Cortar a teia da vida de Tirar a vida a; matar [ABH].

Cortar broca 1. *Bras., CE.* Sentir dificuldade; sofrer embaraços; suportar trabalho duro, ou sofrimento. **2.** Mentir [AN/FS/RG].

Sin. (1): *comer da banda podre* (1)
Sin. (2): *cortar vara*
Var. (2): *contar broca*

Cortar caminho 1. Mudar de direção, procurando evitar o encontro com outra pessoa; ir por um atalho, uma vereda ou por um caminho mais curto; utilizar atalho ou outro meio que encurte o espaço a percorrer: "Só conseguiu chegar a tempo porque cortou caminho." **2.** Desviar-se de propósito do caminho certo: "O pior é que não tem como cortar caminho. Estamos espremidos entre o mar e a montanha" (Dias Gomes, *Derrocada*, pp. 134-5) [ABH/FS/TC].

Cortar caminho de Atravessar-se no caminho, impedindo a passagem de alguém [FS/TC].

Cortar cavilha Ter medo [GAS].

Cortar certo Ver *cortar um dobrado*

Cortar como uma navalha Estar muito afiado [AN].

Cortar (o) coração Dar pena, dó, piedade; comover; fazer pena; meter dó; sentir certa perturbação ou comoção por medo, esperança etc.; entristecer-se: "É de cortar coração como ela geme" (José Lins do Rego, *O moleque Ricardo*, p. 26); "Primeiro peço a Jesus / uma santa inspiração / para escrever estes versos / sem me afastar da razão / contando uma triste cena / que faz cortar coração" (Patativa do Assaré, *Cordéis*, p. 35); "Coitada, tão magra, tão amarela, com o bucho por acolá... e toda cheia de pereba pelas mãos, pelas pernas... corta coração" (Rachel de Queiroz, *João Miguel*, p. 113); "Mestre Ambrósio: De cortar o coração, seu Moleza" (Dias Gomes, *O Bem-Amado*, p. 17); "Não posso nem olhar para ele que me corta o coração: magrinho, triste, os olhos grandes" (Eneida, *Boa-noite, professor*, p. 37); "A tristeza de tia Dulce cortava-me o coração" (João Clímaco Bezerra, *Não há estrelas no céu*, p. 190); "Maria: Ela não melhorou, não? Corina: É de cortar o coração..." (Chico Buarque & Paulo Pontes, *Gota d'água*, p. 3) [ABH/AN/CLG/GAS].

Sin.: *cortar a alma*

Var.: *apertar o coração*

Cortar de pau Açoitar; espancar [TC].

Cortar de peia Açoitar; espancar: "Você se lembra como ele mandou cortar de peia o negrinho?" (Sabino Campos, *Catimbó*) [TC].

Cortar (a/pelo) direito Ser justo; proceder com retidão, com justiça; proceder de modo correto; defender princípio justo: "... nem em tal reparei, vinha andando com o gado, eu seja ceguinho, cortei a direito, julgava estar ainda nas terras do patrão, foi só isto e nada mais" (José Saramago, *Levantado do chão*, p. 275) [ABH/AC/AN/GAS].

Cortar e aparar Diz-se quando uma pipa, arraia, corta a linha de outra, pescando-a pelo rabo [TG].

Cortar em alguém Dizer mal de alguém [AN].

Cortar em claro Cortar rente [ABH].

Cortar fino Passar necessidade; estar em dificuldade: "E ainda tem as multas, tem as faltas por causa das crianças, as doenças, e ficam logo velhas, acabadas... a gente corta fino aqui, seu mano..." (Jorge Amado, *Jubiabá*) [FN].
Sin.: *andar à/na onça, estar na/numa pior*

Cortar jaca *Bras., PE, AL, gír.* Adular; lisonjear; bajular: "Diz o povo que o espaço é cousa rica, / Mas quem vai para lá, por lá não fica / E o diabo é quem vai, só corta jaca!" (Zé Limeira, *apud* Otacílio Batista, *Ria até cair de costa*, p. 29) [ABH/AN/TC]. Para informar-se mais sobre a expr., ver LCCa, s. v. "CORTA-JACA".

Cortar-lhe as pernas Retirar a alguém qualquer ajuda que lhe facilitaria a vida; retirar-lhe qualquer possibilidade de alcançar o que deseja [GAS].

Cortar língua *Bras., pop.* Falar, exprimir-se, em língua estrangeira [ABH].

Cortar na casaca Dizer mal de alguém; falar mal de alguém na sua ausência; murmurar (de outrem) na sua ausência; tesourar [ABH/AC/AN/FF/GAS].
Sin.: *afiar a tesoura*, (lus.) *andar no ratanço*

Cortar na junta 1. *Lus.* Aparecer na hora exata da refeição. **2.** *P. ext.* Chegar à hora certa, no momento propício [ECS/FS/LM].

Cortar na pele de Falar mal de; dizer mal de; difamar; acusar; agredir [ABH/AN/GAS].
Sin.: *cortar na vida alheia, fazer a poda de*
Var.: *cortar na pele fina, morder na pele, tosar na pele de*

Cortar na própria pele Reduzir ao mínimo as despesas [AN].

Cortar na vida alheia Falar mal de alguém; difamar alguém [ABH/AN/GAS/TC].
Sin.: *cortar na pele de*
Var.: *tocar na vida alheia*

Cortar no rumo de *Bras., SP, pop.* Dirigir-se para; encaminhar-se ou rumar para: "Cortou no rumo do Maranhão" [ABH/AN].

Cortar o barato *Bras., gír.* Interromper o que alguém quer dizer ou fazer; interromper algo que alguém está fazendo: "Depois me arrependi, mas era tarde e já tinha cortado o barato dela" (Henfil, *Cartas da mãe*, p. 162); "Corta o barato deste filho da puta, ele tá querendo aparecer"; "Ele cortou o meu barato, não gostei da atitude dele" [JB/RK].
Sin.: *cortar a onda* (1)
Var.: *quebrar o barato*

Cortar o cabelo a eitinho Cortar o cabelo de alto a baixo [ECS].

Cortar o campo *Bras., RS.* Viajar pelo campo, fora da estrada, para cortar caminho [AJO].

Cortar o capim por baixo do pé *Fig.* Bloquear a expansão, o intento, o adiantamento; evitar o mal: "Mas cortar o capim por baixo do pé de um sujeito safado, não lhe dava remorso nenhum" (Rachel de Queiroz, *Dora, Doralina*, p. 100).
Sin.: *cortar o mal pela raiz*

Cortar o couro Falar mal de alguém; difamar: "A própria língua da velha cortava o couro deles" (José Lins do Rego, *O moleque Ricardo*) [TC].

Sin.: *tirar o couro* (1)

Cortar o cu na foice *Bras., S, NE, chulo.* Passar por dificuldades financeiras [MSM].

Cortar o embalo Ver *cortar os naipes*

Cortar o fio Interromper: "Essa frase, dita com entonação sentenciosa por um velhote que passava, (...), veio cortar o fio à conversa das mulheres" (Amando Fontes, *Os corumbas*, p. 20) [GAS].

Cortar o fio do pensamento Interromper quem fala: "O burburinho que vinha de fora cortou o fio do pensamento" (Luiz Galdino, *Saruê, Zambi!*, p. 20) [AN].

Var.: *cortar o fio do discurso*

Cortar o fogo Evitar que um incêndio se propague [ABH/AN].

Cortar o galho Acabar com a confiança dada; cortar a ligação existente [GAS].

Cortar o gás Reduzir a atividade, a velocidade [GAS].

Cortar o jogo *Desp.* Barrar a ofensiva do adversário, desfazendo a sua estratégia. – Expr. em desuso [HM].

Cortar o mal pela raiz Terminar algo tomando medidas drásticas; dar termo (fim) a uma má situação; destruir completamente, e em tempo, aquilo que prejudica ou molesta, evitando consequências irremediáveis: "Não veem a vida que ele leva, trancado na farmácia com cinco negras? Mesmo, o mal está sendo cortado pela raiz" (Jáder de Carvalho, *Sua majestade, o juiz*, p. 65); "Cacetão: Ficou cotó... Vem e lasca o jornal: ciumenta corta o mal pela raiz" (Chico Buarque & Paulo Pontes, *Gota d'água*, p. 7); "O candidato João Oliveira, aquele que vive prometendo cortar o mal pela raiz, na campanha eleitoral, conseguiu deixar as crianças ainda mais apavoradas" (Regina Marshall, *Diário do Nordeste*, cad. 3, 8/10/00, p. 7) [ABH/AN/FF/GAS].

Sin.: *cortar o capim por baixo do pé*

Cortar o nó górdio Resolver uma grande dificuldade de modo rápido e/ou violento. – Alusão ao feito de Alexandre, que, não podendo desatar o nó de um carro existente num templo da cidade de Górdio, cortou-o com a espada (ver Plutarco, *Vida de Alexandre*, XVIII) [ABH/AC/AN/FSB].

Cortar o papo *Bras.* Interromper o papo, a conversa: "Vou cortar o papo desse cara, tá dizendo muita besteira" [JB].

Cortar o pé *Bras., NE, SE.* Cometer adultério; trair o esposo; diz-se de mulher casada ou amancebada que engana o marido ou amante (ver Carvalho Deda, *Brefaias e burundangas do folclore sergipano*) [MSM].

Cortar o pescoço Degolar, decepar a cabeça [AN].

Cortar o pio Impedir alguém de falar [GAS].

Cortar o rabo 1. *Bras., CE, gír.* Ato de iniciar alguém a fumar maconha, muitas vezes revestido de caráter cerimonial por ser considerado um momento antológico que o usuário nunca esquece (como o primeiro porre); fumar maconha pela primeira vez: "Ele cortou o rabo dela lá em Canoa." **2.** *P. ext.* Introduzir alguém em qualquer conhecimento: "Meu tio, maestro, foi quem me cortou o rabo em música erudita." – Nesta segunda acepção, a informação vem de uma professora amiga, a Maria do Livramento, ou Menta. Ela ouviu de um professor de Geografia, colega seu de escola, o seguinte: "Ele foi quem cortou o meu rabo de som" [MGb/RK].

Cortar os braços a alguém Tirar a alguém os meios para alcançar algo [GAS].

Cortar os naipes *Bras., RS.* Acabar com a festa de alguém; cortar as pretensões de alguém: "O cara veio bem-belo e eu cortei os naipes dele" [LAF].

Sin.: *cortar o embalo*

Cortar os tomates 1. Apostar forte. **2.** Diz-se de ablação dos testículos; retirar, extrair, arrancar os testículos [GAS].

Cortar pelos dois lados *Bras., chulo.* Praticar a pederastia ativa e passivamente; ser bissexual; "giletar" [ABH/GM].

Cortar (por) largo Gastar largamente, não dar importância a pequenas coisas; gastar muito, sem peso nem medida [AN/GAS].

Cortar prego 1. Ter medo; estar receoso; ficar com muito medo; ter forte sensação de medo: "Tribunal amanhã. Alvinegros estão cortando prego" (*Jornal da Rua*, 15/6/99, p. 7). **2.** *Bras., RS, chulo.* Contrair os esfíncteres, numa (forte) sensação de medo; apertar o ânus. **3.** Trabalhar, enfrentando muitos riscos e perigos: "Os *motoboys*, em São Paulo, cortam prego no trânsito pesado" [GAS/JB/LAF/PJC/TGa].
Sin. (1): *torar um aço*
Var. (1): (PI) *torar prego*

Cortar-se de dinheiro *Bras., RS.* Ficar sem dinheiro [AJO].

Cortar-se-lhe os ossos Estar muito magro, com as costelas de fora: "Cortam-se-lhe os ossos" [AN].

Cortar terreno Dirigir-se, o touro, pelo caminho mais curto direto ao toureiro [GAS].

Cortar uma dureta *Bras., BA.* Passar fome; estar na miséria: "Já não tinha força... Andava agora passando fome, cortando uma dureta. Coitado..." (Jorge Amado, *Jubiabá*) [FN].
Sin.: *andar à/na onça*

Cortar um dobrado Enfrentar grande dificuldade; passar por poucas e boas: "Pra conseguir permissão de curtir as delícias consumistas do Tio Sam, turista patrício antes tem de cortar um dobrado, ver urso de gola" (Aírton Monte, *O Povo*, 28/11/96, p. 6B); "Velhinhos levam famílias nas costas cortando um dobrado" (*Jornal da Rua*, 27/6/99, p. 5); "O Flamengo cortou um dobrado, em Montevidéu, enfrentando o Peñarol" (Boris Casoy, *Jornal da Record*, 20/12/99) [ABH/PJC].
Sin.: (PI) *cortar certo, cortar (uma) volta* (3)

Cortar um doze *Bras., S, Centro-Oeste.* Sentir dificuldades; sofrer embaraço: "– Ele corta um doze comigo" (José J. Veiga, *A máquina extraviada*) [ABH].

Sin.: *cortar (uma) volta* (3)

Cortar vara *Bras., CE, pop.* Afirmar coisa que sabe ser contrária à verdade; mentir (ver *Cartilha de folclore*, Fortaleza, Secretaria de Educação do Município, 1996, p. 33). ♦ RG preferiu a grafia "cortar-vara" [ABH/FS/GS/LM/RG].
Sin.: *cortar broca* (2)

Cortar (a) vida de Falar mal da vida alheia: "Aqui se corta vida de todo mundo" (Jorge Amado, *Terras do sem fim*) [TC].

Cortar (uma) volta 1. Ir por um desvio da estrada, de percurso mais curto; mudar de caminho, temendo perigos. **2.** *Bras., pop.* Achar-se em situação difícil, em aperturas; ver-se em dificuldades; experimentar uma dificuldade; suportar um sofrimento; experimentar uma dificuldade; sofrer atribulações; suportar trabalho pesado ou sofrimentos; passar mal: "A pobrezinha se perdeu há mais de um mês, / Deve estar cortando volta, pois não fala o português" (marcha carnavalesca *Pele-Vermelha*, de Haroldo Lobo e Milton Oliveira); "O moleque cortava uma volta cruel" (José Lins do Rego, *O moleque Ricardo*). **3.** Procurar enganar alguém; usar de subterfúgios; desconversar; desviar o assunto; ficar enrolando para contar algo: "Falei com ele e cortou volta" (José Lins do Rego, *Cangaceiros*); "Conte logo, rapaz, fica aí cortando volta, ôxe!" [ABH/AC/AJO/AN/FF/FS/LM/NL/RG/TC].
Sin. (3): *comer da banda podre* (1), *cortar um dobrado, cortar um doze*
Var.: *cortar voltas*

Coser(-se)

Coser a/de/na faca Esfaquear; crivar de facadas [AN/FF/TC].
Var.: *comer (à/de/na) faca, coser a/às/de facadas, coser de punhal*

Coser a/às/de facadas Esfaquear; crivar de facadas; anavalhar [AN/FF/GAS/TC].
Var.: *coser a/de/na faca, coser de punhaladas*

Coser de punhal Esfaquear; crivar de facadas: "– Porque, se um atrevido daqueles ousasse levantar a palavra, eu cosia de

punhal" (José Lins do Rego, *Fogo morto*, p. 202) [AN/FF/TC].
Var.: *coser a/de/na faca, coser de punhaladas, mandar o punhal*

Coser-se à parede Encostar-se rente à parede; colocar(-se) bem juntinho da parede [AN/GAS].

Coser-se consigo Ver *fechar-se em copas* (1)

Costear

Costear a cerca *Bras., S.* Diz-se do boi que caminha junto à cerca, procurando uma saída [AJO].

Costurar

Costurar para fora 1. Aceitar encomendas de costuras. **2.** *Bras., NE, CE.* Ser (a mulher) infiel ao marido; manter encontros amorosos ilícitos ou cometer adultério (a mulher); trair (diz-se da mulher); diz-se da mulher adúltera, que trai o marido: "Nunca tomara a sério as advertências de que a mulher estava costurando para fora" (Antônio Barroso Pontes, *Mundo dos coronéis*); "A Rosinha costura pra fora, geralmente quando o maridão viaja. Aí, vagabundo deita e rola" [GM/JB/MPa/MSM/RG/TC].
Sin. (2): *pular fora dos trilhos*

Cozer

Cozer a bebedeira *Pop.* Dormir ou esperar que a bebedeira passe; esperar que passe o estado de embriaguez [AN/FF/GAS].
Sin.: (lus., Univ. Coimbra) *cozer a carraspana, curtir a mona*
Var.: *curar a bebedeira*

Cozer a carraspana Ver *cozer a bebedeira*

Cozinhar

Cozinhar a fogo lento *Fig.* Adiar, delongar, procrastinar sucessivamente a solução de (um negócio, um caso, um assunto) [ABH/AN].
Sin.: *cozinhar em água fria*
Var.: *cozinhar a fogo brando*

Cozinhar em água fria *Pop.* Procrastinar a solução de um caso; adiar a solução de (um assunto), a efetivação de (uma medida, uma providência); deixar, por conveniência ou desinteresse, pendência ou negócio parado, sem pressa ou sem bom andamento: "Dê tempo ao tempo. Nós o cozinhamos em água fria e ele não arranja nada" (Gustavo Barroso, *Mississipe*) [ABH/AN/TC].
Sin.: *cozinhar em fogo lento*

Cozinhar o galo *Bras., NE.* Fingir que está fazendo alguma coisa; enrolar; enganar; protelar; postergar; adiar o máximo possível; deixar o tempo passar, sem pressa; gastar o tempo; prolongar um assunto ou questão: "Tô cozinhando o galo pra ver o que acontece"; "Vou cozinhando o galo, depois a gente se fala" [AS/CGP/JB/MPa/NL/RBA/TGa].
Sin.: *empurrar com a barriga* (2); *fazer cera* (2)

Cravar

Cravar a tripa *Chulo.* Enfiar o pênis: "O tarado cravou a tripa na xereca da neném e foi ripado" [JB].

Crer

Crer a olhos fechados Acreditar sem reflexão [GAS].

Crer como num artigo de fé Dar crença absoluta [AN].

Crer como um evangelho Acreditar piamente, sem a mínima reserva [AN].

Crescer

Crescer a bom crescer Crescer vigorosamente [ECS].

Crescer água na boca 1. Produzir vontade ou desejo de, em; apetecer; ver coisa apetitosa; despertar apetite; sentir desejo de comer algo: "Com o cheiro da comida, cresceu-lhe água na boca." **2.** *Fig.* Ter desejos de fazer o m. q. se vê fazer a outra pessoa, ou que se ouve contar; produzir vontade ou desejo de, em [ABH/GAS/TC].

Var.: *chegar água na boca, dar água na boca, fazer água na boca*

Crescer a olhos vistos Diz-se de crescimento rápido; aumentar, evoluir, progredir algo, sendo claramente notado por todos: "Os bens do marajá cresceram a olhos vistos, todos notaram" [GAS].

Crescer a palmos Crescer muito e depressa [AN].

Crescer a(s) vista(s) Desejar ardentemente algo; ambicionar; interessar-se: "Os cabras cresceram a vista no dinheiro" (Francisco Fernandes do Nascimento, *Milagre na terra violenta*); "Não sabe como ninguém cresceu as vistas naquela casa" (Francisco Fernandes do Nascimento, *id.*) [TC].
Sin.: *crescer os olhos*
Var.: *crescer as vistas em cima*

Crescer como rabo de cavalo *Bras., fam. e irôn.* Decrescer; declinar; decair; crescer para baixo; descer em vez de subir; diminuir em vez de aumentar; ser rebaixado: "A inteligência dele cresce como rabo de cavalo" [ABH/AN/LM].
Var.: *crescer como cauda de cavalo, crescer para baixo como rabo de cavalo*

Crescer e aparecer 1. Diz-se quando a criança quer parecer homem, ou quando o novato quer saber mais do que os velhos; expr. que retira autoridade a alguém, por inferioridade etária, física ou de formação; advertência aos menores para que se não intrometam em conversas de maiores. **2.** Preparar-se melhor: "Cresça e apareça, meu caro, cê pensa que pode mais do que eu?" ♦ A expr. tem uso predominante no modo imperativo: "Para você ser eleito síndico, cresça e apareça, viu?" [AN/GAS/JB].
Sin. (1): *fazer-se pessoa crescida e depois sim*

Crescer nas vistas Avultar vantajosamente, despertando cobiça: "O negócio cresceu nas vistas dele e ele deu os dois contos de réis" (Leonardo Mota, *Sertão alegre*) [FS/LM].

Crescer nos cascos *Bras.* Exasperar-se, irritar-se: "Quando ele veio com aquela conversa, cresci nos cascos e mandei-lhe a mão" [ABH].
Sin.: *pular nas tamancas*

Crescer os olhos Desejar algo ardentemente; ambicionar: "O homem cresceu os olhos diante de tanta vantagem" (Nertan Macedo, *Capitão Virgulino Ferreira: Lampião*) [TC].
Sin.: *crescer a(s) vista(s)*

Crescer para alguém Arremeter, investir contra alguém; procurar agredir; enfrentar destemorosamente: "O major quis crescer para o Paiva" (João Clímaco Bezerra, *Sol posto*) [TC].
Sin.: *botar-se a alguém*
Var.: *crescer para cima de alguém, crescer pra riba de alguém*

Crescer para cima de alguém Avançar contra alguém: "Meti os pés; cresci para cima do cabra, e disse-lhe assim..." (Domingos Olímpio, *Luzia-Homem*, p. 33); "Foi então que o representante dos capitalistas cresceu para cima do dono da São José..." (José Cândido de Carvalho, *Olha para o céu, Frederico!*, p. 51) [LM].
Var.: *crescer para alguém, partir em/para cima de alguém*

Crescer pra riba de alguém *Bras., NE.* Investir contra: "Aí, eu inchei nas apragata, cresci pra riba dele e disse por aqui assim..." (Leonardo Mota, *Violeiros do Norte*, p. 239) [FS/LM].
Var.: *crescer para alguém, partir pra riba de alguém*

Criar

≠ **Não se criar** Diz-se de criança muito engraçada ou muito inteligente: "Este menino não se cria" [AN].

Criar (uma) alma nova Retemperar-se; recobrar a coragem; ter ou readquirir ânimo; tomar novo alento, nova esperança: "– Criou alma nova e tudo lhe pareceu menos duro" (Ariano Suassuna, *Fernando e Isaura*, p. 113) [AN/CGP/GAS/TC].
Var.: *nascer uma alma nova*

Criar ao peito Amamentar [ABH].

Criar asas 1. *Bras.* Desaparecer sem deixar vestígio, misteriosamente: "Minha bolsa criou asas; não consigo encontrá-la." **2.** Ser furtado: "Não achei o livro; foi mais um que criou asas." **3.** *Lus.* Sentir-se desanuviado depois de um período de depressão; revelar desenvolvimento em relação a conduta anterior [ABH/AN/GAS].

Criar barriga Diz-se de quem tem um grande abdome por levar uma vida sedentária [GAS].

Criar beriga *Bras., gír.* Casar: "Não vai criar beriga, xará, cê é novinho" [JB].

Criar bom cabelo Engordar; ter prosperado; ter conseguido melhor situação [GAS].

Criar cabelo *Bras., BA.* Deixar o cabelo crescer [NL].

Criar calo Habituar-se a uma coisa; treinar-se; ganhar experiência [GAS].
Var.: *ganhar calo*

Criar calos na língua Falar bastante [CLG].

Criar calos na paciência Habituar-se a sofrer [AN].

Criar caso(s) 1. Intrigar; dificultar; arranjar ou suscitar dificuldades, complicações, intrigas; provocar questiúncula: "... um moleque agressivo ameaçando criar caso porque a moeda dada não era suficiente. Pedi ajuda ao homem do bazar que deu uma dura no garoto, e tudo bem" (Jefferson del Rios, *Uma*, ano 2, n.º 15, dez./2001, p. 114). **2.** Fazer fuxico, intriga [ABH/AN/GAS/TC].

Criar coelho *Bras., gír.* Namorar meninas de 13/14 anos: "O velhote gosta de criar coelho. É chegado a uma ninfeta" [JB].

Criar corno Ser traído pelo cônjuge, por namorado(a) [GM].
Sin.: *levar chifre, levar ponta*
Var.: *virar corno*

Criar corpo Aumentar; desenvolver-se: "As liberdades públicas criaram corpo, dia a dia, em pleno governo monárquico" (Abelardo Duarte, *Três ensaios*) [ABH].
Var.: *ganhar corpo*

Criar de meia Encarregar-se da criação de animais de terceiros, mediante partilha equitativa dos resultados obtidos; tomar conta de animais, com direito à metade dos rendimentos [TC].

Criar embalagem Ter vontade de começar uma atividade [GAS].

Criar fama Tornar-se famoso, célebre, com boa reputação; ficar afamado, por virtudes ou más qualidades: "E criou fama, entre outros, o bando constituído por uma viúva, por nome Maria de Oliveira..." (Rachel de Queiroz e Maria Luiza de Queiroz Salek, *O nosso Ceará*, p. 85).

Criar fama e deitar-se a dormir Ganhar reputação e nada mais fazer para a manter [GAS].♦ A expr. tem a ver com o prov. "Pegou fama, deite-se na cama".
Var.: *criar/pegar fama e deitar-se na cama*

Criar mofo Ficar velho [ABH/AN].

Criar moleja *Lus.* Engordar [GAS].

Criar na larga *Bras.* Criar sem cercas divisórias, na plena comunidade da terra [ABH/AN].

Criar os dentes Referência às atividades da primeira idade: "Criei meu dentes em riba de animal" (Juarez Barroso, *Mundinha Panchico e o resto do pessoal*) [TC].

Criar para cangalha *Bras., NE.* Não dar, o camponês, educação ao(s) filho(s); criá-los (os filhos) rústicos, para tanger animais com cargas: "Um homem de dinheiro, criar os filhos sem educação. Criar para cangalha, quando poderia ter criado para sela" (João Clímaco Bezerra, *O semeador de ausências*, p. 121).

Criar para sela *Bras., NE.* Educar o(s) filho(s) adequadamente: "Eu num saí aqui do mato, mar meus fi' eu criei todos eles pra sela. Estudaro na cidade, meu cumpade."

Criar raízes 1. Deixar-se ficar infinitamente; diz-se de estado estacionário; criar hábitos; firmar-se; consolidar-se. **2.** Constituir família em determinado lugar ou adquirir ali bens imóveis [GAS/TC].

Criar sebo Diz-se do animal que está engordando demasiado por falta de trabalho [AJO].

Criar situações 1. *Desp.* Abrir espaços na defesa adversária com atacantes entrosados, fazendo passes, tabelas, lançamentos. **2.** Trazer embaraços a alguém; causar transtornos, complicações a alguém: "A mulher não o embaçava na vida, não lhe dava despesas, não criava situações" (José Lins do Rego, *Meus verdes anos*, p. 16) [HM].

Cruzar

Cruzar os braços Ficar ocioso, inativo; deixar correr; não se maçar; não intervir por indiferença; furtar-se ao trabalho: "... ninguém ainda em nossa casa há de cruzar os braços quando existe o irmão para socorrer..." (Raduan Nassar, *Lavoura arcaica*, p. 58); "Meu pai foi um sertanejo honrado, que jamais cruzou os braços" (prefeito Juraci Magalhães, *in* anúncio publicitário sobre o "Dia dos Pais", *O Povo*, 13/8/00, p. 4) [ABH/AN/GAS].

Cruzar os joanetes *Lus.* Estar bêbado e cambaleante [GAS].

Sin.: *andar aos bordos*

Cubar

Cubar o movimento *Bras., NE.* Observar tudo minuciosamente [AS].

Cuidar

Cuidar bem da pele *Lus.* Tratar-se bem [GAS].

Cuidar da criança *Bras., S, RJ.* Praticar a pederastia passiva (Sylvio Abreu, *in* art.) [MSM].

Cultivar

Cultivar a vinha do Senhor 1. Viver no grêmio da religião cristã; cuidar dos interesses da alma, da salvação. – Alusão ao N. T., Mt 20, 7. **2.** Embriagar-se [AN/GAS].

Sin. (2): *encher a cara*

Var. (2): *entrar na vinha do Senhor*

Cumprir

Cumprir a inácia *Bras., Mar. G.* Observar as prescrições legais e regulamentares [ABH].

Cumprir com as obrigações Fazer fielmente o que lhe compete; cumprir com os seus deveres [GAS].

Sin.: *cumprir com os seus deveres*

Cumprir com a terra *Lus.* Morrer [GAS].

Cumprir com os seus deveres Ver *cumprir com as obrigações*

≠ **Não cumprir obrigação** Não precisar enterrar; dispensar o enterro [FNa].

Cumprir o preceito Dar cumprimento à promessa, a certa determinação [TC].

Cumprir o seu fadário Viver a vida que lhe está destinada [GAS].

Cumprir o seu papel Fazer a função que lhe foi designada [GAS].

Curar

Curar de cobra Prática dos curadores (rezador, feiticeiro que diz curar picadas de cobra), que proliferam (no interior), especialmente durante certas fases do ano [FS].

Curar no rasto/rastro *Bras., CE.* Curar de longe, sem ver o paciente (pessoa ou animal); ação do curador, por meio de exorcismo ou rezas; fazer sarar, a distância, bicheiras ou feridas das reses ou animais; prática de rezadores e benzedores sertanejos, que fazem esconjuros sobre o rasto de um animal doente, pretendendo com isso curar as suas bicheiras: "Fabiano curou no rasto a bicheira da novilha raposa" (Graciliano Ramos, *Vidas secas*, p. 18). – É crendice no sertão que certas pessoas têm a faculdade de castrar e curar bicheiras de animais a distância, por meio de rezas e passes de bruxaria, utilizando-se, para isso, de suas pegadas [FS/RG/TC].

Var.: *rezar no rasto/rastro*

Curtir

Curtir a cachaça Sofrer as consequências do uso imoderado de bebida alcoólica [TC].
   Sin.: *curtir o porre*
   Var.: *curtir a pinga*

Curtir a carraspana Ver *curtir o porre*

Curtir a mona *Bras., MA.* Dormir depois de uma bebedeira. – A acepção de "bebedeira" funda-se na inclinação que têm os monos (macacos) para o vinho (pe. Rafael Bluteau) [AN/GAS].
   Sin.: *cozer a bebedeira*
   Var.: *cozinhar a mona*

Curtir a ressaca Ver *curtir o porre*

Curtir a sua Viver cada um a sua vida [GAS].

Curtir a xibaba *Bras., gír.* Satisfazer-se com droga: "O malucão é chegado a curtir a xibaba" [JB].

Curtir cadeia Sofrer prisão, encarceramento: "Quase curtia cadeia ao esbordoar o Donato" (Francisco de Brito, *Terras bárbaras*) [TC].
   Var.: *curtir prisão, curtir xilindró*

Curtir com a cara de alguém *Bras.* Brincar: "Tá querendo curtir com a minha cara, pô, logo comigo" [JB].

Curtir de montão *Bras., gír.* Satisfazer-se (em): "Vou curtir de montão tudo o que puder" [JB].

Curtir o porre Aguardar o bêbado que passe a ebriez, ou embriaguez: "Vá curtir esse porre na caixa prego!..." [FS/LM].
   Sin.: *curtir a cachaça, curtir a carraspana, curtir a ressaca*

Curtir os embalos *Bras., gír.* Ir às festas: "Vamos curtir os embalos de sábado à noite" [JB].

Curtir os fs *Bras., gír.* Desfrutar o fim de semana: "O pessoal vai curtir os fs em Terê" [JB].

Curtir uma boa *Bras., gír.* Aproveitar uma situação favorável: "Quero curtir uma boa, um lance legal com a minha gata" [JB].
   Sin.: *curtir um lance legal*
   Var.: *curtir uma legal*

Curtir uma diferente *Bras., gír.* Fazer outra coisa: "Hoje vou curtir uma diferente" [JB].

Curtir uma legal *Bras., gír.* Aproveitar uma situação favorável: "Vou curtir uma legal, vou barbarizar" [JB].
   Sin.: *curtir um lance legal*
   Var.: *curtir uma boa*

Curtir uma onda *Bras., gír.* **1.** Entre prostitutas, manter relações sexuais: "Vou curtir uma onda com uma pá de gente". **2.** Viver uma situação: "Vou curtir uma onda. Deve ser legal" [JB].

Curtir um barato *Bras., gír.* Aproveitar uma situação favorável; viver momentos felizes: "Vou curtir um barato hoje à noite" [JB].

Curtir um lance legal *Bras., gír.* Aproveitar uma situação favorável: "Vou curtir um lance legal com minha garota" [JB].
   Sin.: *curtir uma boa, curtir uma legal*

Curtir um papo *Bras., gír.* Conversar: "Quero curtir um papo numa naice" [JB].
   Var.: *curtir um papo (mais do que) legal*

Curtir um papo (mais do que) legal *Bras., gír.* Conversar: "Quero curtir um papo legal com aquela gataça"; "Quero curtir um papo mais do que legal com a minha felina" [JB].
   Var.: *curtir um papo*

Curtir um som Ouvir música: "Vou curtir um som numa boa" [JB].

Curvar

Curvar a cerviz *Fig.* Submeter-se; dar-se por vencido; sujeitar-se; humilhar-se; vergar-se; ceder: "... e, quando o filho lhe arrancou das mãos a herança paterna, só havia um ano que a altiva dona curvara a cerviz ante a fortuna de seu sobrinho Afonso Raimundes, o jovem imperador de Leão e Castela" (Alexandre Herculano, *O bobo*, p. 17) [ABH/AC/AN/FF/GAS].
   Sin.: *abater a grimpa, curvar a fronte, dobrar a espinha*

Var.: *dobrar a cerviz*

Curvar a fronte Ver *curvar a cerviz*

Cuspir

Cuspir à unha Trabalhar muito [GAS].

Cuspir bala 1. *Bras., CE*. Estar embriagado. **2.** Achar-se demasiadamente cansado em face de grande esforço; estar com a boca ressequida, devido à sede ou ao abuso do álcool: "Estava seco, a língua dura, cuspindo bala" (Graciliano Ramos, *Alexandre e outros heróis*) [AN/FS/RG/TC]. ◆ Em RG a expr. vem hifenizada: "cuspir-bala".

Var. (1): *estar cuspindo bala* (1)

Cuspir de cima do poial *Lus*. Mostrar-se superior [GAS].

Cuspir fininho *Lus*. Estar disciplinado; submeter-se [GAS].

Cuspir fogo *Bras., NE*. Estar muito bravo, com raiva; ficar colérico, muito zangado: "O cidadão chegou cuspindo fogo e fazendo ameaças" [CLG/JB].

Cuspir gostoso *Bras., S, chulo*. Ter relação sexual (ver E. d'Almeida Víctor, *Pequeno dic. de gír. entre delinquentes*) [MSM].

Cuspir grosso 1. *Bras., NE*. Diz-se da mulher grávida: "Dona Zilda anda cuspindo grosso, já de uns cinco meses." **2.** *Bras., CE*. Estar embriagado: "Aguentar conversa de quem cospe grosso é um porre!" **3.** *Bras., RS*. Impor-se arrogantemente; tomar ares de mandão; falar autoritariamente [AN/AT/FS/LAFa/MSM/RG].

Sin. (3): *falar mais alto*

Cuspir-lhe na cara Dizer a alguém as últimas a seu respeito; motejar, ofender alguém [GAS].

Cuspir mari(m)bondo Estar com raiva: "O chefe tava cuspindo marimbondo, não sei o que houve" [JB].

Cuspir no copo e depois beber Casar-se com a amásia [AN].

Cuspir no copo em que bebeu Ver *cuspir no prato em que/onde comeu*

Cuspir no prato em que/onde comeu Ser ingrato, falando mal de pessoa ou coisa de que se utilizou; menosprezar algo que em outro momento lhe foi útil; ser mal-agradecido; não prezar os favores recebidos, tornando-se ingrato; cometer a maior das ingratidões: "Vossa Excelência está cuspindo no prato em que comeu!" (Coelho Neto, em plena sessão pública da Academia Brasileira de Letras, atirou essa expr. a Graça Aranha, quando este, renegando a Casa de Machado de Assis, ali proferiu a ruidosa conferência sobre "O Espírito Moderno"; *in* RMJ, *Dic. de curiosidades verbais*, p. 88); "Sambou na gafieira e agora cospe no prato que (*sic*) comeu" (Programa do Ratinho, legenda, SBT, 7/8/00); "Pois é: cuspiu no prato onde comeu" (José Potiguara, *Terra caída*). – A expr. é de or. árabe. Em vez de "cuspir" aparece outro v. Referia-se primitivamente a quem não devolvia um prato em que alguém recebeu um bolo [ABH/AN/MPa/MSM/RBA/RMJ/TC].

Sin.: (*bras.*, NE, S): *cagar e sentar em cima, comer e virar o cocho, cuspir no copo em que bebeu, sujar a água que bebe*

Var.: *cuspir no prato, cuspir no prato servido, cuspir no prato depois de comer, quebrar o prato onde comeu*

Cuspir no prato servido Não prezar os favores recebidos, tornando-se ingrato: "... se aproveitando de passageiras dificuldades para agora matá-la assim, de maltrato, cuspindo no prato servido" (Juarez Barroso, *Mundinha Panchico e o resto do pessoal*) [TC].

Var.: *cuspir no prato em que/onde comeu*

Cuspir para o ar 1. *Lus*. Mostrar ufania. **2.** *Bras., CE*. Censurar nos outros o que em nós é censurável; censurar aquilo que em nós é censurável; fazer contra alguém uma diligência que recai sobre si mesmo; dizer de outrem o que outrem pode dizer de nós [AN/GAS/RG].

Custar

Custar barato Estar à venda, ou ser obtido por preço baixo, módico: "Os tapetes custaram barato porque estavam em liquidação" [ABH].

Custar cara a brincadeira Sofrer penalizações por se agir com leviandade; aguentar com as consequências de um ato leviano; diz-se quando as consequências foram más por algum atrevimento ou ousadia, pelo que recebe o devido castigo [AN/GAS].
Var.: *sair(-lhe) cara a brincadeira*

Custar caro 1. Estar à venda, ou ser obtido, por preço alto, elevado: "O sapato custou caro, mas é ótimo." **2.** Ser obtido à custa de grande sacrifício, aborrecimento, desgosto, despesa etc.: "Custou-lhe caro a reconciliação dos pais." **3.** Acarretar consequências graves ou penosas; resultar grave dano; dar prejuízo: "Sua vadiação vai-lhe custar caro" [ABH/AN/GAS].
Sin. (3): *render juros e correção monetária*
Var. (2) (3): *sair caro*

Custar couro e cabelo Custar muito caro [GAS].

Custar o olho do cu *Bras., chulo*. Custar muito caro: "Custa o olho do cu, não tenho toda esta grana" [JB].

Custar o que custar Acontecer o que acontecer, vir o que vier, de qualquer maneira: "Este negócio vai sair custe o que custar" [GAS/JB]. ♦ Em geral, o uso do sintagma restringe-se a esta expr., "custe o que custar", flexionada na 3.ª pess. do sing.

Custar os dentes da boca Ver *custar os olhos da cara*

Custar os olhos da cara 1. *Lus*. Ter repugnância em fazer determinada coisa; fazer grande sacrifício. **2.** Ser oneroso, demasiado caro, de preço elevadíssimo; custar muito caro; ficar extremamente caro; ter preço exorbitante, demasiadamente elevado; objeto ou vitória de alto preço; diz-se de algo que tem "custo caríssimo": "Esse anel custa os olhos da cara! Como posso comprá-lo?" (DT, *VI série*, p. 64). – Os fr. usam expr. parecida: *Coûter les yeux de la tête* (= custar os olhos da cabeça). Ladislau Batalha, *História geral dos adágios portugueses*, vê reminiscência dos tormentos da Inquisição. João Ribeiro, em *Frases feitas*, vê evolução de sentido de "cara" (rosto) para "caro" (de alto preço). Observa Leite de Vasconcelos, *Opúsculo*, VII, que os romanos empregavam *oculus* no sentido de "preciosidade" e chamavam *ocellus* ternamente a uma pessoa [ABH/AN/DT/GAS/JB/LCCa/MPa/RMJ/TC].
Sin.: *custar os dentes da boca*
Var. (2): *custar pelos olhos da cara*

Custar os tubos *Bras., gír*. Custar muito caro: "Esta roupita custou os tubos, mermão" [JB].

Custar suor e lágrimas Custar muito caro: "Isto me custou suor e lágrimas, penei pra pagar" [JB].

Custar um susto e uma carreira Ter sido obtido por meio de furto ou roubo [AN].

Cutucar

Cutucar com vara curta Espicaçar, provocar, incorrendo em sério perigo [TC].

Cutucar o diabo com vara curta Expor-se a revides ou represálias, às quais é difícil resistir; agir com imprudência ou temeridade: "A nação está sentindo que o chefe do governo está cutucando o diabo com vara curta" (trecho do discurso do sr. Dirceu Cardoso, da bancada capixaba, na Câmara dos Deputados, em dez./1963, referindo-se ao então presidente João Goulart). – Em fr., há duas expr. de sentido equivalente, que são: *tirer le diable par la queue* (= puxar o diabo pelo rabo) e *loger le diable dans sa bourse* (= agasalhar o diabo em sua bolsa) [RMJ].
Var.: *cutucar (a) onça com vara curta*

Cutucar o leão Mexer com alguém que pode reagir: "Vou cutucar o leão, mas sei que ele pode acordar" [JB].
Var.: *cutucar o leão com vara curta*

Cutucar o leão com vara curta Mexer com alguém que pode reagir: "Não vá cutucar o leão com vara curta, malandro, cê pode se dar mal" [JB].

Cutucar o mexilhão *Bras., gír., chulo*. Fazer sexo: "Tô querendo cutucar o mexilhão daquela gata, ela é lindona" [JB].

Cutucar (a) onça com vara curta Meter-se onde não se deve; abusar da situação; estar em perigo iminente; arriscar-se: "No primeiro encontro que tivemos já falou na possibilidade de desertar, saindo com um enorme arsenal. Eu achei que naquela hora seria cutucar a onça com vara curta" (Renata, *apud* Luiz Maklouf Carvalho, *Mulheres que foram à luta armada*, p. 45); "Em nome do sistema militar os advertiu de que estavam 'cutucando a onça com vara curta'" (Alfredo Sirkis, *Os carbonários*, p. 115) [CLG/MPa].

Var.: *catucar (a) onça com vara curta, cutucar o diabo com vara curta, zangar cobra com vara curta*

d

Danar(-se)

Danar no bucho 1. Comer: "Ele danou no bucho uma quarta de carne." **2.** Ferir com arma perfurante, na altura do estômago ou dos intestinos [GAS/TC].

Var.: *meter no bucho*

Danar o pé na carreira Sair correndo; correr: "Na hora que a polícia chegou, o vagabundo pulou o muro e danou o pé na carreira" [CGP/MGa].

Var.: (CE) *dar o pé na carreira*

Danar o pé no mundo Ir embora para bem longe; desaparecer no mundo; fugir: "Eta mulher sem direção! Danou o pé no mundo" (Eduardo Campos, O chão dos mortos) [ABH/FN/FNa/TC].

Var.: *arribar/botar o pé no mundo, danar-se no/pelo mundo*

Danar-se atrás Ir à procura de, em perseguição: "Os meninos ficavam dentro d'água, quando não se danavam atrás dos preás" (José Lins do Rego, *Pureza*) [TC].

Danar-se no marmeleiro *Bras., CE.* Fugir pelo mato; fugir; evadir-se; ir embora: "Temendo os jagunços de Lampião, matuto danava-se no marmeleiro" [AN/FS/TC]. – Ling. rural.

Sin.: *cair na madeira, ganhar a catinga*

Var.: *cair/pisar/quebrar no marmeleiro, ganhar o(s) marmeleiro(s)*

Danar-se no/pelo mundo *Bras., NE, pop.* Ir embora para bem longe; desaparecer no mundo; viajar; fugir: "No dia em que José Amaro fugira, com o apurado da venda, teve inveja dele, daquele que se danara no mundo feito ladrão..." (José Lins do Rego, *Usina*, p. 223); "Dane-se no mundo, Pãozinho, amarre a mulher e os filhos e ganhe a estrada" (Teotônio Brandão Vilela, *Andanças pela crônica*) [ABH/FN/TC].

Sin.: *abrir de/do/o chambre, dar às de vila-diogo, desatar o punho da rede, ganhar a estrada*

Var.: *afundar no mundo* (1), *arribar/azular/botar-se no mundo, cair no mundo* (1), *danar o pé no mundo*

Danar-se no rumo de Tomar a direção de; dirigir-se para [TC].

Dançar

Dançar as tripecinhas *Lus.* Ver-se em apuros [GAS].

Dançar com bola e tudo Perder: "Dancei com bola e tudo, pessoal, perdi a parada" [JB].

Dançar como/conforme tocam Ver *dançar conforme a música*

Dançar conforme a música Agir segundo as conveniências ou circunstâncias do momento; adaptar-se com presteza às situações difíceis; fazer o que os outros querem; expr. que indica achar-se a pessoa disposta a enfrentar todos os obstáculos, que "topa toda parada"; comportar-se da maneira que a situação exige: "– Você já ouviu dizer que a gente dança conforme a música?" (Odette de Barros Mott, *O Instituto de Beleza Eliza*, p. 55). – Tem o mesmo sentido o prov.: "Responde o abade como canta o frade" [ABH/AN/CLG/GAS/RMJ/TC].

Sin.: *dançar como/conforme tocam, dançar do jeito que tocar*

Dançar de feição Dançar durante toda a festa com uma só pessoa [TC].

Dançar de urso *Bras., CE.* Enganar, trair, lograr um companheiro, um amigo; mentir: "– Casório?... O traste dançou de urso... Estou procurando outro" (Amando Fontes, *Os corumbas*, p. 91) [GAS/RG/TC].

Sin.: *fazer (uma) ursada*

Var.: (lus.) *meter o urso*

Dandar

Dançar do jeito que tocar Agir segundo as conveniências ou circunstâncias do momento; adaptar-se à(s) situação(ões) difícil(eis): "Do jeito que tocar eu danço" [ABH/AN/CLG/GAS/RMJ/TC].
Sin.: *dançar conforme a música*

Dançar miudinho Ser punido, demitido: "O corrupto vai dançar miudinho, não tenham dúvidas" [GAS].

Dançar na corda bamba 1. Passar dificuldades; estar em apuros; fazer equilíbrio nas finanças para se manter; estar metido em assunto de cuidado por haver responsabilidade; ver-se em embaraços, ou ver-se em situação embaraçosa; usar truques, para encobrir situação difícil; fazer malabarismos, para livrar-se de dificuldades e trapalhadas: "O cara está dançando na corda bamba." **2.** Cometer adultério [ABH/AN/GAS/JB/TC].

Dançar no caquiado *Bras., CE.* Dançar bem devagar. – "Caquiado", oriundo de "caquear", ou seja, procurar com as mãos, às apalpadelas; na verdade, é corruptela de "caqueado", o ato de apalpar, ou tatear, procurando algo.

Dançar o chifarote Levar pancada; ver-se em apuros, dificuldades [GAS].

Dançar o coco /ô/ *Bras., CE.* Encontrar-se em dificuldade; padecer [RG].

Dançar que nem rede se balançando Diz-se de valseador, profissionalmente exímio em tangos e outras músicas de passo lento [RBA].

Dançar sobre um vulcão Folgar em momento de perigo iminente, mas oculto. – Frase de Henri Salvandy, político fr., ao duque de Orléans, Luís Filipe, em junho de 1830, numa festa por este oferecida a seu cunhado, o rei de Nápoles, pouco antes da revolução de julho daquele ano, a qual destronou Carlos X [ABH/AN].

Dandar

Dandar pra ganhar vintém *Bras.* Expr. us. para estimular a criança que está começando a andar: "Vivia deitado mas se punha os olhos em dinheiro Macunaíma dandava pra ganhar vintém" (Mário de Andrade, *Macunaíma*) [ABH].

Dar(-se)

≠ **Pouco se lhe dar** Pouco lhe importar [ABH].
Var.: *não se lhe dar*

Dar a alma ao Criador Expirar; morrer; morrer como bom cristão: "Benvenuto agonizando / no triste leito da dor / se despedindo dos filhos / deu a alma ao Criador" (Patativa do Assaré, *Cordéis*, p. 56) [ABH/AN/AT/FF/FSB/GAS].
Sin.: *bater a(s) bota(s)*
Var.: *dar a alma a Deus, entregar/render a alma ao Criador*

Dar a alma ao diabo 1. Morrer. **2.** Fazer pacto com o diabo; fazer com o diabo um pacto em que se estipulem vantagens terrenas (como mocidade, fortuna) em troca da alma; fazer o possível e o impossível para conseguir algo que se deseja intensamente, por alusão a uma lenda pop.; procurar obter vantagens a todo custo, ainda que com a violação dos mandamentos da Igreja, das leis e dos preceitos da moral comum; obter vantagens por qualquer preço; perder-se; diz-se de quem tem ambição desmedida. – Na Idade Média prevalecia a crença de que era possível fazer pactos com o diabo, cedendo-lhe a alma em troca dos gozos terrestres e das vantagens materiais. É a lenda do *Fausto*. A mesma loc. existe em várias línguas: em fr., *vendre son âme au diable*; em ingl., *to sell one's soul to the devil* [ABH/AN/GAS/RMJ].
Sin. (1): *bater a(s) bota(s)*
Var. (1): *entregar a alma ao diabo*
Var. (2): *dar uma perna ao diabo, dar um quarto ao diabo, vender a alma ao diabo*

Dar a assada (sic) *Lus.* Morrer [GAS].

Dar aba *Bras., gír. grafiteiros* Emprestar o *spray* a outro pichador: "Vou dar aba pro amigão, espero não me aborrecer" [JB].

Dar a barbada Ver *dar a real* (2)

Dar a batida Ato de apalpar a pessoa que o gatuno se prepara para roubar; fugir após ter efetuado o roubo [GAS].

Dar abébias *Lus.* Dar facilidades, oportunidade; facilitar [GAS].

Dar a bênção Pedir, tomar a bênção: "... e não tinha ido dar a bênção a pai e mãe" (Sinval Sá, *O sanfoneiro do riacho da Brígida*) [TC].
Sin.: *dar as horas*

Dar a bexiga Ficar muito irritado [TC].

Dar a bobônica Ver *dar a bouba*

Dar a bolar Escarnecer; rir; fazer troça, chacota [GAS].

Dar à borda *Mar.* **1.** Inclinar-se demasiado, e com risco, para um lado dos bordos, por efeito súbito de vento ou mar. **2.** Cangar [ABH].

Dar a borla *Lus.* Confessar algo; dar-se por aludido; abespinhar-se; agastar-se [GAS].

≠ **Não dar a bota com a perdigota 1.** Não jogar certo. **2.** Haver acentuada diferença [GAS].

Dar a bouba /ô/ Acontecer uma desgraça; receber uma notícia ruim: "Deu a bouba, não acredito, não pode ser verdade." – Originalmente, a palavra designa uma doença infecciosa que tem resultados idênticos aos da sífilis, trazida para o Brasil no século XVI (ver Gilberto Freyre, *Casa-grande e senzala*) [FN].
Sin.: *dar a bobônica*

Dar a broca *Bras., CE.* Fracassar [RG].

Dar a bronca 1. Ocorrer um caso encrencado, um imprevisto, um insucesso. **2.** *Bras., CE.* Diz-se de discussão, mau resultado, fracasso [RG/RMJ/TC].

Dar a (maior) bronca Brigar; censurar; reclamar; protestar com veemência; zangar-se; reprovar em voz alta o procedimento de alguém; proferir palavras duras em estado de exaltação; bronquear: "Sabia que papai ia dar a maior bronca, mas não era isso o que me chateava" (Álvaro Cardoso Gomes, *A hora do amor*, p. 114); "... recorriam a um expediente: davam a bronca" (Sinval Sá, *O sanfoneiro do riacho da Brígida*); "O chefe deu a maior bronca no pessoal" [JB].
Var.: *dar uma bronca, meter a bronca* (1)

Dar a bunda *Chulo.* **1.** *Bras., gír.* Procurar o que fazer: "Vai dar a bunda, rapaz." **2.** Fazer sexo anal: "A bichona gosta mesmo é de dar a bunda." **3.** Arruinar-se: "Vá dar a bunda, seu filho da..." [JB].
Sin.: *dar o rabo*

Dar a bunda por resposta *Bras., BA.* Sair sem avisar, sem falar com ninguém: "Depois de meia-noite Douglas deu a bunda por resposta e sumiu" [FNa].
Sin.: *sair à francesa*

Dar à cabeça *Lus.* Diz-se de pessoa que é doidivanas, que tem a cabeça leve [GAS].

Dar a cabeça a cortar Afirmar que algo há de ocorrer [AN].

Dar a camisa Ser muito generoso [GAS].

Dar à canela 1. Dançar. **2.** Fugir; andar depressa; apertar o passo; correr; ir-se embora; afastar-se com toda pressa [ABH/AC/AN/CLG/FF/FSB/GAS/TC].
Sin. (1) (2): *dar à perna, dar às gâmbias*
Sin. (2): *dar aos/nos calcanhares, dar perna/às pernas, dar às de vila-diogo*
Var. (2): *dar às/nas canelas, valer-se das canelas*

Dar a(s) cara(s) *Bras., gír.* Aparecer (pessoa); comparecer; surgir; mostrar-se; apresentar-se; dar notícias; apresentar-se como responsável; diz-se de gatuno quando se denuncia: "Só deu as caras em casa duas horas depois" (Stanislaw Ponte Preta, *Gol de padre*, p. 104); "Faz muito tempo que ele não dá as caras por aqui" (DT, V série, p. 117); "A revista *Bundas* deu as caras e está nas bancas, com jornalismo, sátira, cartuns e o primeiro time do humorismo bem brasileiro" (Eleuda de Carvalho, *O Povo*, 22/6/99, p. 1B). – Expressa uma espécie de satisfação [ABH/AS/DT/FS/LAF/MPa/TC].
Sin.: *dar o ar da graça*
Var.: *dar cara* (2)

Dar a cara a bofete/bufete Expressa um desafio, pondo em dúvida um fato ou algo que foi relatado; é uma forma de empenhar o rosto para ser batido, caso não se

vença a aposta; duvidar: "Chico que ficou muito amuado com bilhete-resposta resolveu dar uma de danadão [= briguento] dizendo que dava a cara a bufete se ainda bilasse [= flertasse, paquerasse] Rosinete. Aquela individa ia saber o que era ser escroto!..." (sic) (AS, p. 87); "Eu dou minha cara a bufete se ela não vier atrás de mim em dois dias!" [AS/TC].
Var.: *dar a cara a tabefe/tapa*

Dar a cara a tapa É uma forma de empenhar o rosto para ser batido, caso não se vença a aposta: "... e Zagalo, no papel de coordenador técnico, vinha pro *front* da mídia, decidido a dar a cara a tapa. Falava, explicava, justificava, contestava" (Armando Nogueira, *Diário do Nordeste*, cad. Jogada, 30/4/00, p. 2).
Var.: *dar a cara a bofete/bufete*

Dar a César o que é de César Restituir a cada um o que lhe pertence; dar a cada um o que é seu (ver Mt 22, 21) [AN/GAS].

Dar acordo *Lus*. Autorizar; concordar [GAS].

Dar acordo de si *Bras*. Atinar; tomar consciência: "Em certo momento dera acordo de si e estava daquele jeito, apaixonada demais..." (Juarez Barroso, *Obra completa*, p. 148).
Var.: *dar (a) cor de si*

≠ **Não dar acordo de si** Estar privado do uso dos sentidos; diz-se do indivíduo que está desmaiado ou bêbado [AN/GAS].
Var.: *não dar cor de si*

Dar acordo de uma coisa Atentar em algo: "Também não dava ele acordo de coisa alguma, e tinha os olhos fechados" (Lúcio Cardoso, *Crônica da casa assassinada*, pp. 62-3) [AN].

Dar à costa 1. *Mar*. Naufragar ou encalhar (a embarcação) no litoral, por acidente ou má visibilidade, ou impelida por tormenta, vindo de encontro aos baixios e rochedos. **2.** *Fig*. Sofrer um insucesso; ser malsucedido; fracassar; perder-se; arruinar-se; falir [ABH/AN/FF/GAS].
Var. (1): *ir à costa*

Dar a cravelha pra outro lado Mudar de conversa [GAS].

Dar açucarada *Desp*. Fazer passe preciso nos pés de um companheiro com chance real de fazer gol [HM].

Dar a curva *Bras*. Sair; ir embora: "Vou dar a curva, mano, aqui num fico mais" [JB].

Dar adadineira (*sic*) Ser entregue às autoridades por mau comportamento [GAS].
♦ "Dadineira" ou "adadineira", conforme está grafado. O termo pode ter relação com "dadinheza", que, em Portugal, segundo a fonte, significa "travessura".

Dar a deixa Indicar o que deve ser feito. – Expr. vinda dos meios teatrais [AN].

Dar adeus *Gír., turfe*. Despedir [ABH].

Dar adeus de/com a mão fechada Fazer um gesto ofensivo, flexionando o braço direito, com o punho cerrado, e segurando-o, pelo meio, com o braço esquerdo.
Sin.: *dar banana(s)*
Var.: *dizer adeus com a mão fechada*

Dar a Deus o que o diabo enjeitou Tornar-se (ou virar) religioso na velhice; tornar-se beato [AN/GAS/LM].
Var.: *dar a Deus o que o diabo não quis*

Dar a dica Divulgar; denunciar; revelar um segredo ou confidência: "A informação que eu tive foi que o salva-vidas chegou depois de meia hora e quem deu a dica pro Alexandre sair foi um cidadão comum..." [Márcio (conjunto musical "J. Quest"), *O Povo*, 14/11/97, p. 1B] [GAS].

Dar a dispensada Ver *dar o/um fora em*

Dar a elza *Bras., gír*. Entre homossexuais, roubar: "O viado (*sic*) deu a elza e picou a mula" [JB].
Var.: *dar a nancy*

Dar a entender Fazer crer, ou compreender, por meias palavras: "Ela contará o caso ao Florêncio, com a condição de ele não dar a entender coisa alguma à Bilinha, se não estará tudo perdido" (Antônio Sales, *Aves de arribação*, p. 167); "– A *claire* número 3, evidentemente – disse eu, dando a entender que um bom *maître* veria na mi-

nha cara que eu era um homem de *claire* número 3" (Luis Fernando Verissimo, *A mesa voadora*, p. 113) [ABH/FF/GAS].
Sin.: *deixar perceber*

Dar à espinha Ver *bater a(s) bota(s)*

Dar à estampa Imprimir; publicar; editar algum trabalho literário [ABH/FF/GAS].
Sin.: *dar a volume*

Dar à estica Ver *bater a(s) bota(s)*

Dar a gança Zangar-se; irar-se dizendo desaforos; deblaterar [LCC].

Dar a gangrena 1. Gangrenar. **2.** Ficar furioso, excessivamente irado [TC].

Dar a garupa Consentir a alguém que, atrás de si, outra pessoa monte a mesma alimária. – Alimária: o animal irracional, o bruto [FS/LM].

Dar a goiaba Ver *dar o rabo*

Dar a golhelha *Lus., ant.* Falar muito, demasiado. ♦ RF, p. 1942, assinala que o termo arc. "golelha", ou "golhelha", quer dizer "esôfago" [RF]. Para saber mais, ver LCCa, pp. 84-5.
Sin.: *dar à/de língua* (1)

Dar a gota *Bras., NE, pop.* **1.** Ficar muito zangado; irritar-se; aborrecer-se; abespinhar-se. **2.** Expr. us. como interjeição: "Deu a gota!" [= inacreditável!, puta que pariu!, não posso acreditar nisso!] [ABH/FN].
Sin.: *dar a porra*
Sin. (1): *dar (uma) popa, estar com a macaca* (1), *ficar nos azeites, não estar pra biu, pegar fogo* (3), *romper as baetas* (1)
Var.: (NE) *dar a gota-serena*
Var. (1): *estar com a gota*

Dar à grunhideira Ver *dar à/de língua*

Dar (em) água Falhar; não prosperar; frustrar-se o que se pretendia ou esperava; malograr-se; não dar bom resultado: "O Plano Real deu água. Ao levantar-se o tapete, estava toda a sujeira (dívida) debaixo dele" (Antônio Mourão Cavalcante, *O Povo*, 19/9/99, p. 7A). [ABH/ANRG/RMJ].
Var.: *dar em água de barrela, fazer água* (2)

≠ **Não dar água a pinto** Não dar a menor chance [TGa].
Sin.: *não dar carne a gato*

Dar água de/do cu lavado *Chulo, ant.* Encantar; enfeitiçar; convencer; agradar; conquistar: "Ela pra ti trabalha bem mas é porque tu deve ter dado água de cu lavado pra ela." – Alusão a filtros amorosos que prendem os namorados, esposos ou amantes de modo a ficarem sempre apaixonados. Esta expr. nasceu do fato de ant. se dar a beber da água da lavagem do bebê ao próprio bebê para que a ele não tardasse a fala [GAS/JB/LAF].

Dar água na boca Ser uma delícia; causar grande sensação, forte apetite: "O bacalhau com batatas tostadas que ela costumava servir em seu apê em Manhattan é de dar água na boca a magricela anoréxica" (Nirlando Beirão, *Gula*, nº 86, dez./1999, p. 19); "A mais nova sensação da culinária chinesa chama-se Dragão lutando contra o tigre. Dá água na boca: é um prato que mistura carne de gato e carne de cobra" (*IstoÉ*, 26/1/00, p. 29).
Var.: *crescer água na boca*

Dar água pela barba Apresentar dificuldades ou risco; dar grande trabalho; pôr em dificuldades; causar dificuldades, trabalhos, perigos; custar grande trabalho; encontrar-se em dificuldades, em grande apuro; diz-se de um problema de difícil solução: "Essas sessões têm dado água pela barba a padre Atanásio. Ainda ontem estava arengando com o Neves por causa das materializações" (Graciliano Ramos, *Caetés*, p. 16) [ABH/AN/FF/GAS/RMJ].
Var.: *dar água pela borda*

Dar água sem caneco Fazer trabalho inútil; não fazer nada de útil [GAS].

Dar (uma) ajuda de campo Ver *dar campo* (1)

Dar (um) alce *Bras., RS.* Dar uma chance ao adversário; dar uma folga ao inimigo; contemporizar [AJO].

Dar a letra *Bras., gír. do mundo rap.* Contar (a história): "– Nem sei por que tu

Dar(-se)

precisas te esconder desse jeito. Achas que ela ia dar a letra?" (Luana von Linsingen e Rosana Rios, *O botão grená*, p. 29) [Ivan Cláudio, *IstoÉ*, 6/9/00, p. 95]. ♦ A respeito do que venha a ser o *rap*, como manifestação urbana e pop., o A. da reportagem aludida, sob o título "Língua solta", pp. 92-6, assim se manifesta, logo de início, na chamada do texto: "O *rap* sai dos guetos periféricos, é assimilado pelas gravadoras multinacionais, por programas de rádio e televisão e ganha *status* junto à classe média." Mais adiante, esta opinião: "O *rap* é a grande aposta musical do momento." E, finalmente, num tópico deveras esclarecedor: "Antes associado ao mundo do crime, o *rap* se transformou numa crônica da pobreza metropolitana. Claro que muitas das letras, ao querer ser politizadas, fazem apologia à violência. Mas nem todos militam da mesma forma. A cultura *hip-hop*, da qual o *rap* é a caixa sonora, também gosta de diversão e arte e muita falação." As letras musicais do *rap* são, em geral, ladainhas longas e se prestam para ser meio declamadas e cantadas, a um só tempo. Fazem crítica social e ensaiam a tecla do protesto. Ex. de gír. da sua lavra: "ferro" = revólver; "gambé" = policial; "na fita" = estar em destaque; "truta" = amigo.

Dar alfinetadas/uma alfinetada Dizer bocas desagradáveis; dizer com malícia: "Mestre na capacidade de destilar ironias, o jogador não iria perder a chance de dar uma alfinetada em Felipão e seus desafetos" (Chico Silva, *IstoÉ*, 15/5/02, p. 69). – A alfinetada é um pequeno golpe desferido com malícia e por isso mesmo bastante molesto. Procura ferir sobretudo o amor-próprio [AN/GAS/RMJ].

Dar à/de língua 1. Falar muito, sem precisão; tagarelar; parolar; taramelar; ling.: "Cancela sentia-se satisfeito, loquaz: gostava de dar à língua e, quando pilhava hóspedes que o aturassem, ninguém podia com a vida dele" (Aluísio Azevedo, *O mulato*, p. 152); "Que é prosearem? – É conversar, dar de língua, explicou Cirino" (Visconde de Taunay, *Inocência*). **2.** Acusar alguém; denunciar; ser indiscreto; revelar um segredo [ABH/AN/FF/FSB/GAS/OB].

Sin. (1): *bater com a língua nos dentes*, (lus. ant.) *dar a golhelha*, (lus.) *dar à grunhideira*, (lus., Alentejo) *dar (ao) zangarro*

Dar a lonca Bras., SP, RS, pop. Morrer [AJO/AN/FSB/LM]. ♦ Lonca: tira de couro despida de pele. Achamos registro com a crase ("dar à lonca") em LM, é provável que por um lapso ortográfico.

Sin.: *bater a(s) bota(s)*

Dar a louca 1. Enlouquecer; ficar doido, enfurecido, transtornado; fazer uma loucura: "Deu a louca, (...) o cara ficou doidão." **2.** Dar uma sugestão repentina, que surpreende os demais [ABH/GAS/JB/RG].

Sin. (1): *dar-lhe a travadinha*

Var. (1) (2): *dar a maluca*

Dar alta Diz-se quando o médico considera que o doente entra em convalescença [GAS].

Dar alteração 1. Brigar; praticar desordem, arruaça. **2.** Falar alto [BB/FS].

Dar a lume Publicar; imprimir um livro [ABH/AC/FF/FSB/GAS/OB].

Dar à luz 1. Parir; partejar; o ato do nascimento de um ser; (*bras., NE*) aliviar-se: "O cabo Fagundes empurrou a porta da viatura e já foi pensando logo – é mulher dando à luz, amanhã a gente conta, os caras dizem que é história de Natal, essas coisas" (Lourenço Diaféria, *O invisível cavalo voador*, p. 122). **2.** Editar; publicar (alguma obra) [ABH/AN/FF/GAS/LM/MSM/OB/TC].

Var. (2): *tirar à luz*

Dar a macaca Endoidar, pirar, quando se está com muita pressa; estar a mil por hora, com muita pressa: "De repente deu a macaca e ela saiu gritando" [FN/FNa].

Var.: *estar com a macaca* (2)

Dar a maior confa Dar ou haver confusão: "Isso vai dar a maior confa, vai virar merda" [JB].

Dar a maior/uma geral *Bras., gír.* Roubar tudo; assaltar: "O ladrão deu a maior geral na casa do magnata"; "O lalau deu uma geral nele e arrastou tudo [JB].

Dar a maior pala *Bras., CE.* Paquerar [CGP].

Dar a mão *Bras., RS.* Diz-se do cavalo que se deixa enganar, iludir, burlar facilmente [AJO].

Dar a mão a 1. Estender a mão para cumprimentar. **2.** Dar autorização para casar [ABH/AN/FSB/GAS/JB].

Dar a/uma mão a 1. Ajudar; auxiliar; amparar: "Odorico: Dei a mão a esse homem, perdoei os crimes que ele cometeu, fiz ele meu delegado... e ele se junta com Neco Pedreira pra me desmoralizar" (Dias Gomes, *O Bem-Amado*, p. 89); "– Se me der uma mão... Na geladeira, na parte de baixo, estão os camarões..." (Luis Fernando Verissimo, *A mesa voadora*, p. 81); "Lembras-te daquele velho, de que te falei, aquele que foi quem me deu a mão lá no Norte?... Pois este é o sobrinho" (Aluísio Azevedo, *Casa de pensão*). **2.** Proteger, favorecer ou orientar alguém no encaminhamento de determinada pretensão: "Apresentei para eles o pessoal da cidade, dei uma mão pra resolver o assunto do seguro do carro e no final acabei ficando com um deles, o Jacob" (Valéria Piassa Polizzi, *Depois daquela viagem*, p. 40); "Zaíra: não fosse Joana lhe dar uma mão e ele seria um pobre-diabo inofensivo" (Chico Buarque & Paulo Pontes, *Gota d'água*, p. 23) [ABH/AN/CLG/GAS/TC].
Var.: *dar uma mãozinha*

Dar a mão a bolos/ao bolo Confessar o erro, um engano (1.ª ed., 1973); confessar-se vencido; convencer-se do erro (2.ª ed., 1982): "Até um adversário político e pessoal meu, o mais intransigente e desabrido dentre todos, me disse: 'Dou a mão a bolos. V. Ex.ª tem razão'" (Rui Barbosa, em discurso de 6/6/1902) [TC].
Var.: *dar a(s) mão(s) à palmatória, estender a mão ao bolo*

Dar a(s) mão(s) à palmatória Confessar o próprio erro; reconhecer que errou, que não tem razão; confessar-se culpado; confessar ou admitir um erro; declarar-se vencido; admitir que errou: "Ele achava que era capaz de fazer tudo sozinho; no entanto foi obrigado a dar a mão à palmatória, pedindo ajuda aos amigos" (DT, *VIII série*, p. 40); "Mas, aí, dou a mão à palmatória depois de um fim de semana traumático" (Aldir Blanc, *Bundas*, 10/4/00, p. 29). – Loc. remanescente dos tempos em que eram admitidos castigos corporais nas escolas. Nas sabatinas, os alunos que erravam a pergunta feita pelo mestre recebiam bolos de palmatória dos que acertavam [ABH/AC/AN/DT/FF/FSB/GAS/JB/OB/RMJ].
Sin.: *dar o braço a torcer, dar-se por vencido*
Var.: *dar a mão a bolos/ao bolo, estender a mão à palmatória*

Dar a mão de Consentir no casamento de (em geral, de uma mulher) [AN].

Dar amarelão Ver *dar uma tremedeira*

Dar a maricotinha *Bras., BA, chulo.* Diz-se do ato de pederastia passiva: onde o reverendo Frei ouvira dizer que tomar no cu era o mesmo que dar a maricotinha?" (*sic*) (Jorge Amado, *Tocaia Grande*) [MSM].

Dar a matraca *Lus., Quadrazais.* Gritaria que grupo de rapazes faz às moças em noite de Entrudo, dizendo os seus defeitos ou ações que porventura hajam praticado [GAS].

≠ Não dar a mecha para o sebo *Lus.* Dar mais trabalho e dispêndio do que vale o produto final [GAS].

Dar amém a Dar atenção, confiança a [FS].

≠ Não dar a mínima Não dar importância: "Por curiosidade, insistência das amigas e para chamar a atenção de um garoto sardento que não lhe dava a mínima, Mariana decidiu participar de um concurso de modelos, no final de 1997" (Timóteo Lopes, *Caras*, 3/9/99, s/p.).

Dar(-se)

Sin.: *não/nem ligar*
Var.: *não ligar a mínima*

Dar a moléstia 1. Estar hidrófobo. **2.** Ficar furioso, excessivamente irado, exasperado. **3.** Estar cheio de ânimo, coragem, disposto a tudo. **4.** Expr. us. como interjeição, com o significado de não ser possível, ser inacreditável ("puta merda!"): "Deu a moléstia, com essa chuva toda não dá pra continuar jogando" [FN/TC]. ♦ No dial. do interior do Nordeste, pronuncia-se "mulésta".

Var. (2) (3): *estar com a moléstia*
Var. (2) (4): *ficar com a moléstia*
Var. (2): (PB, PE) *andar com a moléstia, dar com a moléstia, virar a moléstia*

Dar à monelha *Lus., Barcelos*. Sacudir a cabeça, mostrando má vontade contra uma ordem ou uma repreensão recebida [GAS].

Var.: (Sta. Iria, Port.) *abanar a monelha*

Dar à morte Denunciar; indicar [GAS].

Dar a mosca Repetir-se o número sorteado no dia anterior, no jogo do bicho [TC].

Dar a mussica/mucica *Bras*. **1.** Diz-se da "forma expressional característica desse ato de agilidade e destreza dos nossos vaqueiros" (Gustavo Barroso, *Terra do sol*, p. 48). **2.** *CE*. Diz-se da sacudidela do pescador, ao sentir que o peixe ferrou o anzol. – "Mussica" significa puxão com que os vaqueiros, apanhando as reses pela cauda, conseguem derrubá-las, ou puxão rápido que o pescador dá à linha, para chamar a atenção dos peixes para a isca [FS]. TC registra "mucica", secundando o termo como "mussica", ambos apresentados com o significado de "safanão".

Dar a muzenga 1. Zangar-se. **2.** Haver revolta, ira [TC].

Var.: *virar a muzenga*

Dar a nancy *Bras., gír*. Entre homossexuais, roubar: "A bichona deu a nancy e levou tudo" [JB].

Var.: *dar a elza*

Dar anca Deixar montar na garupa [AN].

≠ **Não dar andado** *Lus*. Não acabar de andar; não chegar ao fim da caminhada [GAS].

Dar andamento a Tratar de dar marcha ao assunto; promover a movimentação ou a execução de [ABH/GAS].

Dar a nota 1. Lembrar a expr. ou frase precisa para designar algo. **2.** *Fam*. Brilhar muito, sobressaindo entre os demais; fazer boa presença, boa figura em público; chamar a atenção; sobressair; distinguir-se; revelar-se; destacar-se. **3.** Diz-se do que paga as despesas [ABH/AN/GAS/TC].

Dar ansio *Lus., Algarve*. Animar; acompanhar; entusiasmar [GAS].

Dar anzarel Ver *dar ouvidos a*

Dar ao badalo Confessar; contar; falar muito [GAS].

Dar ao beque *Lus*. Falar [GAS].

Dar ao canelo *Lus*. Andar muito [GAS].

Dar ao chocalho Falar; ser indiscreto [GAS].

Dar ao cilhão *Lus*. Recalcitrar [GAS].

Dar ao coco *Lus*. Trabalhar duramente [GAS].

Var.: *puxar ao coco*

Dar ao dedo *Lus*. Trabalhar com afinco, com diligência [FF/GAS].

Var.: *dar à(s) unha(s)*

Dar ao dente Mastigar; comer [AN/GAS].

Dar ao desconto Considerar em menos; não levar a mal [AN].

Dar ao desprezo Não dar importância; não considerar [GAS].

Var.: *votar ao desprezo*

Dar ao diabo 1. Desprezar; não fazer caso. **2.** Maldizer; rogar pragas [AN/GAS].

Dar ao diabo a cardada Desesperar-se; esbravejar; arrepender-se do que fez; não ter êxito [GAS].

Var.: *dar o diabo à cardada*

Dar ao gatilho *Lus*. Morrer [GAS].

Dar ao leque Diz-se de mulher que remexe muito as cadeiras quando anda [GAS].

Dar ao manifesto 1. Fazer declaração de (as mercadorias que um navio traz, ou as que expõe à venda). **2.** *Fig.* Declarar; confessar [ABH].

Dar ao pé *Lus.* Dançar [GAS].

Dar ao penacho *Lus.* Passear [GAS].

Dar ao perrocho *Lus.* Pavonear-se; exibir-se [GAS].

Dar ao rabo 1. Agitar o rabo ao andar. **2.** *Lus.* Zangar-se; irritar-se. **3.** Passear [ABH/GAS].

Dar aos butes *Lus.* Fugir; correr; desaparecer; evadir-se [GAS].
Var.: *passar os butes*

Dar aos/nos calcanhares Fugir [ABH/AN/CA/FSB/GAS].
Sin.: *dar à canela* (2)
Var.: *mostrar/virar os calcanhares*

Dar aos foles 1. Ter a respiração muito acelerada. **2.** Falar [GAS].

Dar aos/de ombros Movimento que se faz com os ombros quando se quer mostrar desprendimento, desprezo, indiferença ou resignação; não querer saber; não se importar com alguém ou alguma coisa: "Nando se limitou a dar de ombros, ocultando a irritação" (Antônio Callado, *Quarup*, I, p. 17); "Chegaram (os boatos) aos nossos ouvidos; eu negava formalmente e sério; ela dava de ombros e ria" (Machado de Assis, *Várias histórias*) [ABH/CLG/FF/GAS].
Var.: *encolher/levantar os ombros*

Dar aos queixos Comer [GAS].

Dar a ossada Ver *bater a(s) bota(s)*

Dar aos trocos Falar [GAS].

Dar ao taleigo Falar; conversar [GAS].

Dar ao través Perder um negócio [GAS].

Dar a pada *Lus., Ponte de Lima.* Estar morrendo [GAS].

Dar a palavra a Permitir (o presidente duma assembleia) que alguém fale perante auditório, ou sessão.

Dar a palavra de honra Garantir que vai cumprir a promessa que fez: "Daniela deu a palavra de honra" [F&A].

Dar a palavra final Fazer minuciosa e imparcial análise de algum fato; encerrar o assunto; lavrar um veredicto: "Na memória daqueles tempos, quando a História der a palavra final, ele será lembrado como exemplo para as futuras gerações..." (Carlos Eugênio Paz, *Viagem à luta armada*, p. 170); "O senador baiano foi ouvido em cada ponto do pacote e deu a palavra final sobre os itens que passam e os que não no Congresso" (Tales Faria *et al.*, *IstoÉ*, 4/11/98, p. 31).

Dar a palha Admitir querela, permitindo o debate [LCCa].

Dar a palma a Considerar vencedor ou superior [ABH/AC/AN].

Dar a palmada 1. Roubar. **2.** Saber dar o toque necessário para que as coisas se realizem [GAS].

Dar a perereca *Bras., NE.* Ficar agitado, transtornado: "De repente deu a perereca nela. Juro! Sem nenhum motivo ela começou a rir como uma doida" [FN].
Sin.: *baixar o santo*

Dar à perna Ver *dar à canela*

Dar a peste Ficar muito enfurecido; encolerizar-se; irritar-se: "Quando alguém pedia pelo amor de Deus, dava a peste e respondia com desaforo" (Mário Landim, *Vaca preta e boi pintado*) [AS/FN/TC].
Sin.: *virar o diabo*
Var.: *estar/ficar com a peste, virar a peste*

Dar à piadeira *Lus., Minde.* Ralhar; falar; conversar [GAS].

Dar a picholeta por *Lus.* Gostar muito de [GAS].

Dar a ponta de um corno *Lus.* Não dar nada [GAS].

Dar a porra Ver *dar a gota*

Dar a público Divulgar; tornar conhecido de toda a gente: "Só agora foi dado a público que um violentíssimo incêndio..." (Adolfo Coelho, *Porto de abrigo*) [ECS/GAS].
Var.: *trazer a público*

Dar aquele calor Estimular: "É preciso dar aquele calor no pessoal" [JB].

Dar aquele calor no gogó *Bras., gír.* Cantar: "O Carlinhos vai entrar no embalo e dar aquele calor no gogó" [JB].

Dar ar Arejar [ABH/AN].

Dar a radiola *Bras., CE.* Expr. machista us. para designar uma mulher que transou com alguém [AS].

Dar ar à pluma Passear [GAS].

Dar área *Bras., SP, gír.* Ir embora; sair: "Vou dar área, gente, abandonar o pedaço" [JB/JN]. ♦ JN atribui este modismo como sendo de uso em SP (capital), surgido num período de verão.

Dar a real 1. *Bras., RS, gír.* Explicar a situação; falar francamente: "Vamos dar a real, os mauricinhos e as patricinhas querem saber o lance." **2.** Indicar qual é o verdadeiro sentido de algo que se apresenta; desvendar o sentido oculto de certa circunstância ou ação: "Vou te dar a real, ó: o cara tá a-fim (*sic*) de ti" [JB/LAF].
Sin (2): *dar a barbada*

Dar a receita Dar o corretivo (em bruxaria, significa "dar a mezinha" que foi preparada) [GAS].

Dar a receita do bolo *Bras., gír.* Explicar; detalhar: "Agora, vou dar a receita do bolo, como agi e como fiz" [JB].

Dar (os/uns) ares de Ser parecido com alguém: "Ele dá uns ares do avô materno" [ABH/GAS/Gl].
Sin.: *dar parença com*
Var.: *ter ares de*

Dar arras Fazer concessões antes do devido tempo. – Diz-se de mulher [AN].

Dar asa(s) a Dar independência a; dar confiança ou intimidade a; dar expansão a; dar muita liberdade a: "Não dê asa a este rapaz: ele é muito confiado" [ABH/AT].

Dar asa a cobra *Bras., CE.* Estimular alguém que de maneira alguma precisa de estímulos extras [AS].

Dar a saber Fazer constar [ABH/AC].

Dar a saída *Desp.* **1.** Tocar a bola no círculo central iniciando o jogo: "O Vasco vai dar a saída." **2.** Tocar a bola para o recomeço do segundo tempo (time que não o fez no primeiro). **3.** Tocar a bola para a continuação do jogo após a feitura de um gol (time que sofreu o gol) [HM].

Dar a salvação *Lus.* Cumprimentar; saudar [GAS].

Dar a saque Saquear: "O Senhor Governador ia dar Lisboa a saque..." (Camilo Castelo Branco, *Carlota Ângela*) [ECS].
Sin.: *pôr a saco*
Var.: *meter a saque*

Dar asas à imaginação Soltar a inventiva; inspirar-se: "Não sou ficcionista, o cara que dá asas à imaginação, que se solta em devaneios" (Lustosa da Costa, *Diário do Nordeste*, 19/8/00, p. 4); "No seu último romance deu asas à imaginação" [GAS].

Dar as boas-vindas Saudar alguém que acabou de chegar [AN].

Dar às botas Fugir [GAS].

Dar às canetas *Lus.* Fugir [GAS].

Dar as cartas Distribuir as cartas aos jogadores, nos jogos de baralho.

Dar as contas a Demitir, despedir do emprego: "Deu-lhe as contas sem justa causa?"

Dar as/de costas 1. Negar ajuda; voltar as costas, em sinal de descaso ou desprezo: "E no que lhe dei as costas, ela se virou para Antônio..." (Rachel de Queiroz, *Dôra, Doralina*). **2.** Fugir; ausentar-se; afastar-se; sair: "Mal a mulher de Ali Babá deu as costas, a mulher de Cassim examinou o fundo da medida e ficou boquiaberta ao ver a moeda de ouro" (Carlos Heitor Cony, *Ali Babá e os quarenta ladrões*, p. 17) [AN/CLG/GAS/TC].
Sin. (1) (2): *dar de trombas*
Sin. (1): *virar o lombo*, (lus.) *virar o rabo*
Var. (1) (2): *voltar as costas*
Var. (1): *virar as costas*

Dar as costas ao inimigo *Bras., S, RJ, gír. mil.* Ato de praticar a pederastia passiva, na gír. mil. (Sylvio Abreu, *in* art.) [MSM].

Dar as dédicas *Bras., CE.* Empregar os meios convenientes [AN].

Dar às de João das Penhas *Lus., Minde.* Fugir [GAS].

Dar às desmortes Lus. Bater até matar: "... em dar a valer, dar a bruta, dar às desmortes e outras expressões assim, além do modo, frisarem a intensidade até a violência..." (Augusto Moreno, *Rev. de Portugal*, III, p. 116) [ECS].

Dar as despedidas Ver *estar na(s) última(s)*

Dar às de vila-diogo Ant. Fugir com rapidez; safar-se; fugir para se eximir de responsabilidades ou de pagamento de dinheiro; desviar-se, ou retirar-se apressadamente para escapar a alguém ou a algum perigo; pôr-se em fuga; arrancar(-se); derrancar(-se); retirar-se em debandada (ver Gonçalves Viana, *Apostilas*; Antônio de Castro Lopes, *Origens de anexins*; *Rev. Lus.*, XX, p. 313; Gomes Monteiro e Costa Leão, *A vida misteriosa das palavras*): "Ante a intervenção de tão aguerrida equipe de batedores do arvoredo, voluntários do antiofidismo militante, a cobra tratou de dar as de Vila Diogo... (sic). Largou o calango e internou-se no matagal, ..." (Aníbal Bonavides, *Diário de um preso político*, p. 102); "Virgulino novamente deu às de vila-diogo na madrugada de 1º de julho, empreendendo um *raid* ainda mais exaustivo e ousado" (Leonardo Mota, *No tempo de Lampião*, pp. 45-6); "Sujeito safado, deu às de vila-diogo no dia mesmo do pagamento...". – Na expr. subentende-se "calças" (no sentido ant. de "meias"). A frase aparece completa na *Celestina*: *tomar las calzas de Villa Diego* [ABH/AC/AJO/AN/FF/FS/GAS/LM/RMJ]. Para saber mais sobre o sintagma, ver RMJ, p. 91.

Sin.: *abrir no mundo, abrir (o) arco, abrir de/do/o chambre, bancar (o) veado, bater em retirada, botar de galão, cair no mato, danar-se no/pelo mundo, dar à canela (2), dar no pé, dar nos cascos, dar o pira, dar sebo às/nas canelas, derreter na quiçaça, desatar o punho da rede, ensebar as canelas, largar terra para favas, mandar-se dizer na estrada, mostrar as costas, pisar no tempo, virar alcanfor*

Dar as/umas dicas Empregar os meios mais convenientes, de modo jeitoso (ver Juvenal Galeno, *Cenas populares*) [FS].

Dar às gâmbias Ver *dar à canela*

Dar as horas Cumprimentar: "Vá lá na sala e dê as horas a seu tio" [FN/Gl].
Sin.: *dar a bênção*

≠ **Não dar (nem) as horas** Não ligar; não dar atenção: "A pessoas fuxiqueiras eu não dou as horas"; "Ela não me dá nem as horas" [PJC/TC].
Sin.: *fazer ouvido(s) de mercador*

Dar às mãos cheias Dar sem olhar a economia [GAS].

Dar à sola Lus., Alentejo. Andar; ir(-se) embora [GAS].

Dar às palanganas Escapar(-se); fugir [GAS].

Dar às palhetas Andar depressa; fugir [GAS].
Var.: *passar as palhetas* (sic)

Dar as provas Provar o que disse: "Injúria! Você vai dar as provas em juízo" [TGa].

Dar às trancas Lus. Andar; fugir: "A questão era poder dar às trancas e pôr-se em Espanha" (Aquilino Ribeiro, *Geografia sentimental*) [AN/ESC/GAS].
Var.: *pôr-se nas trancas*

Dar as voltas em alguém Vencer ou convencer alguém [LM].
Var.: *dar a volta a alguém*

Dar (com) a tábua Interromper bruscamente um romance de amor; romper um compromisso de noivado; recusar namoro ou casamento; acabar com o namoro [GAS/RMJ].
Sin.: (lus.) *dar com a tampa*, (lus.) *dar o/um cabaço, pregar a lata*
Var.: *pregar a tábua*

Dar a tacada Lus., Univ. Coimbra. Empurrar; derrubar [GAS].

Dar à taramela Falar muito, demais; tagarelar [AN/GAS].

Dar até à última pinga de sangue Fazer os maiores sacrifícios, mesmo com perigo de vida [AN/GAS].
Var.: *dar a última gota de sangue*

Dar à/na telha Vir à ideia, ou passar pela ideia; cogitar; tomar decisão despropositada e inesperada; surpreender; cismar de fazer uma coisa; decidir fazer algo; decidir-se; agir; resolver; ficar com a mania: "Diante da boa ocasião, fiz os desenhos com o maior entusiasmo, daí o barato de usar na sua elaboração tudo o que me deu na telha, tudo o que aprendi – ou não – nesses meus trinta anos de batalha" (Drummond & Ziraldo, *O pipoqueiro da esquina*, p. 111); "No dia do batizamento do primogênito, deu-lhe na telha ir a uma festa em Pacoti" (Leonardo Mota, *Cabeças-chatas*, p. 158); "Certa vez, deu-me na telha a ideia de descobrir botijas em velhas fazendas aqui das Jacunãs" (Aníbal Bonavides, *As profecias do Arquimedes*, p. 111) [ABH/AC/AN/GAS/JB/LAF/RG/TG].

Sin.: *dar (na) veneta*

Dar até tiro Diz-se quando a situação é grave, é radical: "A briga entre os dois está indo longe demais. Qualquer hora, isso dá até tiro" [FNa].

Dar atilho Ver *dar sorte* (4)

Dar a(s) tinta(s) 1. Dizer como uma coisa deve ser feita. **2.** Pagar as despesas de uma pândega; dar dinheiro [AN/GAS].

Dar a última demão Dar o acabamento; aperfeiçoar; concluir [GAS].

Var.: *dar a última pincelada*

Dar a última palavra Decidir: "Todos os grupos aí têm um líder, o cara que dá a última palavra, mas no grupo MPB-4 todo mundo opinava..." (Rui, do grupo musical MPB-4, *Bundas*, 8/5/00, p. 11).

Dar a venta *Bras*. Cansar(-se); fatigar-se [ABH].

Dar a vida a alguém Dar existência, ser a causa da existência de alguém [AN].

Dar a vida por 1. Fazer o possível para ajudar, alegrar alguém, para tornar alguém feliz: "A professora dá a vida pelos alunos." **2.** Fazer o possível para obter algo: "Daria a vida por conhecer o Oriente." **3.** Gostar muito de; ser doido por: "Dá a vida por uma festa." **4.** Morrer; sacrificar-se por (alguém, alguma instituição, pela pátria, por uma ideia etc.): "Combateu como gente grande, deu a vida pela liberdade" (Carlos Eugênio Paz, *Viagem à luta armada*, p. 218); "Guevara foi capaz de dar a vida pelo socialismo". – Imagem da suprema dedicação voluntária. Perdeu-se o conteúdo real da frase, pois as pessoas creem tratar-se de uma demonstração do amor absoluto [ABH/AN/ LCCa/LM/TC].

Dar a volta 1. Aceitar uma derrota e se preparar para uma vitória: "Vamos nos preparar para dar a volta." **2.** Enganar; ludibriar; conseguir rodear o assunto de maneira tal que o queixoso possa parecer o culpado. **3.** *Pl*. Dar o tratamento; efetuar as necessárias diligências para a resolução de um assunto [GAS/JB].

Var. (1): *dar a volta por cima*

Dar a volta olímpica *Bras*. Recuperar-se de um fracasso: "Vou dar a volta olímpica, estou trabalhando para isso" [JB].

Dar a volta por cima Transformar um mau momento a fim de ficar novamente em boa posição; superar uma situação difícil; recomeçar, sem se importar com o fracasso anterior; vencer os obstáculos e chegar ao triunfo com relação aos objetivos colimados; vencer: "O deputado Paes de Andrade sabe dar a volta por cima" (Walter Gomes, *O Povo*, cad. People, 21/6/98, p. 2D); "Há trinta e tantos anos a mais poderosa potência do mundo sataniza esse homem, promove atentados e explosões terroristas, cerca-o de dificuldades com um bloqueio brutal – no entanto ele dá a volta por cima e ainda rouba o filme!" (Moacir Werneck de Castro, *Bundas*, 5/7/99, p. 18) [ABH/GAS/JB/MPa/RBA].

Var.: *dar a volta*

Dar a volume Ver *dar à estampa*

Dar azia Ver *dar (o/um) bode* (2)

Dar azo Dar oportunidade; dar ocasião: "E, sem dar azo a um aparte, desceu a minúcias..." (José Humberto Gomes de Oliveira, *Dez contos mal contados*, p. 29) [GAS].

Dar bagagem *Bras., CE*. Vencer facilmente [AN/FS/GAS/LM].

Dar baixa 1. Tirar a carga em nome de alguém. **2.** Sair do serviço ativo; despedir-se dele ou ser despedido; acabar seu tempo de serviço mil.; ser dispensado do serviço mil.: "Tinha também estado na ilha Rasa, dera serviço no Forte de Santa Cruz. Mas foi só terminar o tempo deu baixa e voltou pra terra" (Fran Martins, *Poço de Paus*, p. 137). **3.** *Mar. G.* Ser posto de lado por já não ter condições para operar [ABH/AN/DRR/OB].
Var. (2) (3): *ter baixa*

Dar baixa em 1. Tornar sem efeito; cancelar: "Fiquei então sabendo que estava despedido por justa causa e que devia passar na Seção de Pessoal pra dar baixa na carteira de trabalho" (Álvaro Cardoso Gomes, *A hora da luta*, p. 145). **2.** Dispensar do serviço mil. [ABH].

Dar balanço 1. *Lus.* Calcular a posição atual da vida de uma pessoa. **2.** Calcular; verificar o estado das contas [AN/GAS].
Sin. (1): *deitar contas à vida*

Dar balão *Desp., gír.* Abandonar; desistir: "Balu ameaça dá (*sic*) balão no Vovô [Ceará, o clube] indo para o Diabo potiguar [América]" (*Jornal da Rua*, 9/1/99, p. 9) [Net].

Dar (um) balão *Bras., RJ, DF, gír. funk, rap e rock.* Dar calote; pegar algo emprestado e não devolver [Net].

Dar banana(s) Fazer um gesto ofensivo, flexionando o braço direito, com o punho cerrado, e segurando-o, pelo meio, com o braço esquerdo; erguer o dedo para alguém, com ímpeto, num gesto obsceno: "Sentou-se no chão, à la godaça, mostrou a língua para os meninos, bateu a mão no braço no gesto insultuoso de lhes dar bananas e os esqueceu" (Jorge Amado, *Tocaia Grande*, p. 261). – A frase e o gesto são vulgares no Brasil. É uma mímica obscena, plebeia e vetusta, tradicional em Portugal, Espanha, Itália, França, com significação idêntica na intenção fálica [GAS/LCC/LCCa/MPa/MPb/MSM/RMJ].
Sin.: (lus.) *apresentar as armas de são Francisco*, (bras., NE) *dar adeus de/com a mão fechada*, *dar cotoco*, (lus.) *dar (um) manguito*, (lus.) *fazer as armas de santo Antônio*, *fazer borrego*, *fazer manguito*
Var.: *dar/fazer uma banana*

Dar bandeira *Bras., gír.* **1.** Deixar transparecer (o toxicômano) que está sob o efeito de droga: "Mais importante do que tudo, nas reuniões dos *beautifuls* e dos *jets* é nunca dar bandeira e não espantar nem um pouquinho quando, às três horas da manhã, todo mundo começar a cheirar açúcar. Ou será polvilho?" (Millôr Fernandes, *Todo homem é minha caça*, p. 118). **2.** *P. ext.* Deixar transparecer, ou revelar, algo que deveria ficar oculto; não saber disfarçar certas situações; denunciar algo que se fez errado: "Deixa de dar bandeira, ninguém quer saber se você agiu errado, pô"; "Vê se não dá bandeira, cara, se der..." **3.** Fazer descortesia: "Vou dar bandeira neste cara, ele merece." **4.** Vacilar; agir com imprudência: "Cuidado, cara, tá dando bandeira demais"; "Regra de malandro federal: não dar bandeira, pois pode acabar deitado." **5.** *Bras., S, RS.* Aceitar a paquera de um homem; namorar: "Ele ficava sem-gracíssima, uma tesão, e eu não dava bandeira nenhuma, só perguntava como ele ia e dizia que estava esperando aquela aula, eu adorava Penal, e as aulas dele me abriam mundos" (João Ubaldo Ribeiro, *A casa dos budas ditosos*, p. 63). **6.** Diz-se tb. da prostituta quando está procurando freguês. **7.** Desmunhecar; assumir (o homem) ser homossexual. **8.** Ajudar no roubo, pastoreando o ambiente [ABF/ABH/CLG/CPL/GM/GS/JB/MPa/MSM/*Veja*, 24/8/77, p. 201].
Sin. (6): *dar bola* (1)

Não dar bandeira Ver *não dar espiga*

Dar banho *Gír.* **1.** Vencer e convencer; vencer o adversário. **2.** Enganar alguém; iludir os companheiros na partilha entre ladrões. **3.** Espaldeirar; açoitar; bater; castigar com sabre, facão, chibata etc. [GAS/GS/TC].
Var. (1): *dar banho de cuia*

Dar banho à minhoca Pescar [GAS].

Dar banho na macaca *Bras., NE, chulo.* Copular [MSM].

Dar barraca *Lus.* Fazer asneira [GAS].

Dar barretadas com o chapéu alheio Fazer obséquios à custa dos outros; fazer generosidades à custa dos outros; promover homenagens deixando as responsabilidades financeiras por conta de terceiros [AN/RMJ].

Var.: *fazer barretadas com o chapéu alheio*

Dar barriga *Bras., gír.* Complicar; não dar certo: "A coisa tá ruça, acho que vai dar barriga" [JB].

Dar (uma) barrigada 1. Fazer mau negócio. **2.** Cometer uma tolice; fazer fiasco [TC].

Dar (uma) batida *Gír. policial.* Fazer ronda policial a certos locais, objetivando apreender armas, coibir arruaças e prender assassinos e/ou marginais; fazer (a polícia) uma barreira para averiguação; dar uma busca de armas; caçar algum fora-da-lei ou infrator do trânsito: "Jurara matar o capitão e agora não parava com os seus soldados, dando batida por toda a parte" (José Lins do Rego, *Fogo morto*, p. 52); "– Estão dando uma batida – informou Rômulo, enfiando a cara pela janela. Dois policiais militares entraram pela porta da frente" (Rogério Andrade Barbosa, *Rômulo e Júlia: os caras-pintadas*, p. 22).

Dar beliscão em azulejo *Bras., gír.* Procurar fazer alguma coisa: "O cara tá dando beliscão em azulejo, tá no maior sufoco" [JB].

Dar berrida *Ang.* Dar uma corrida em alguém; afugentar, afastar com violência; expulsar: "Primeiro, um vento raivoso deu berrida nas nuvens todas fazendo-lhes correr do mar para cima do Kuanza" (José Luandino Vieira, *Luuanda*, p. 5). ♦ Em "notas de rodapé de página", fica-se sabendo que berrida é "corrida" e Kuanza, "o principal rio de Angola; nasce no planalto do Bié e deságua ao sul de Luanda" [José Luandino Vieira, *Luuanda*, p. 5, nota de rodapé].

Dar bicho Nascer tapuru nas feridas [TC].

Var.: *criar bicho*

Dar birra Ver *dar um calote*

Dar birro Ver *dar o calote*

Dar boa vida Dar conforto, segurança: "Vou dar boa vida pra ela..." [JB].

Dar boba *Lus.* Dar novidade; fazer alarido; ralhar [GAS].

Sin.: *dar bramo*

Dar (uma) bobeira *Bras., gír.* Fazer besteira, bobagem; vacilar; bobear: "Estela: Que que é isso? Deu bobeira, mulher?..." (Chico Buarque & Paulo Pontes, *Gota d'água*, p. 43); "O cara deu bobeira e foi apanhado pela dona justa"; "Deu uma bobeira, malandro, e se deu mal" [JB].

Dar bode 1. *Lus.* Negar. **2.** Descansar. [CLG/CPL/DT/GAS/JB].

Dar (o/um) bode *Bras., gír.* Haver ou dar confusão; acontecer complicação ou conflito; resultar em briga: "O plano, que parecia perfeito, acabou dando bode, deixando-nos frustrados" (DT, *VIII série*, p. 176); "Peguei nele pela orelha e falei: Vem comigo pra você ver o bode que deu desta vez" (Fernando Sabino, *A vitória da infância*, p. 110); "Deu o maior bode. A pobre cabra foi levada na base da porrada ao xilindró local, onde foi devidamente autuada em flagrante delito e recolhida aos costumes" (Aírton Monte, *O Povo*, 15/9/98, p. 2B); "– Se eu soubesse que ia dar esse bode todo não teria recorrido à justiça! Disse o desalentado animal" (Mino, *Diário do Nordeste*, 1º/4/01, cad. 3, p. 8); "Egeu: ... não vai poder porque vai dar um bode, / todo mundo vai ficar do seu lado..." (Chico Buarque & Paulo Pontes, *Gota d'água*, p. 111); "Isto vai dar um bode e virar um cocô, aguarde"; "Deu bode e tudo foi de água abaixo" [CGP/DVF/GAS/JB/TC/TGa].

Sin.: *dar azia*

Var.: *dar o maior bode, dar um bode danado*

Dar bola *Bras., gír.* **1.** Aceder; concordar; corresponder à corte amorosa; dar confiança, mostrando que entendeu os galanteios ou insinuando-se (mulher); demonstrar interesse às propostas amorosas; flertar; dar entrada a, para namoro ou conquista; deixar perceber interesse amoroso: "Elas passavam sem ligar. Jamais alguma deu bola para ele" (Carlos Drummond de Andrade, *Contos plausíveis*, p. 100). – Aplica-se, em geral, às moças. **2.** Dar atenção especial a alguém; ligar importância a; prestar a devida atenção a; procurar agradar: "Mas ele não dava bola, nem conversa pra ninguém" (Lourenço Cazarré, *O mistério da obra-prima*, p. 5); "Não dava muita bola para minha mãe. Namorei uns quatro caras bem mais velhos que eu" (pe. Zezinho, *in* "A revolta e a paz de Maria Helena", *apud* Enih Sens, *Gente crescendo*, p. 20); "Não dou bola pra torcida, vou procurar fazer meu jogo". **3.** Peitar, subornar; gratificar alguém, a fim de obter certas vantagens. – Nas acepções 1 e 2, é m. us. na negativa ("não dar bola") [ABH/AC/CLG/FF/FS/GAS/JB/Net/TC].

Sin. (1): *dar bandeira* (6), *dar mole* (2)
Sin. (2): *dar pelota*
Sin. (3): *abrir a mão*

Dar (uma) boleia Ver *dar carona* (1)

Dar bolô Mofar: "Deu bolô, pô, também, não usou" [JB].

Dar (o/um) bolo 1. *Bras.* Gerar confusão: "– Não senta no puf que faz puf. Não come o bolo que dá bolo" (Álvaro Cardoso Gomes, *A hora da luta*, p. 123); "Deu o maior bolo aquela história". **2.** Não pagar; lograr; ludibriar; dar um desfalque: "Alguns padrinhos pagavam, mas outros davam bolo" (Mário Landim, *Vaca preta e boi pintado*). **3.** Faltar a um compromisso, a uma entrevista, a um encontro; não honrar um compromisso; não ir ao lugar em que marcou com alguém: "– Está bem. São três da tarde; às quatro estarei na porta de ABI. Se quiser dar o bolo, pode dar. Tenho de toda maneira que ir à cidade. – Malcriado... Você vai cair duro quando me vir" (Vinicius de Moraes, *Poesia completa e prosa*, pp. 646-7) [ABH/AC/AN/CLG/CPL/FN/JB/LAF/Net/TC].

Dar bolo em Ver *dar quinau* (1)

Dar bomba Dar notícia sensacional [GAS].

Dar bonde *Bras., gír.* Passar drogas em barreiras e em *blitz*: "Deu bonde, cara, foi tudo limpo, tudo legal" [JB].

Dar (os) bons-dias Ser temido; mandar: "O Fulano dá (os) bons-dias lá no sítio" [GAS].
Var.: (lus., Trás-os-Montes) *dar as boas-horas*

Dar borrada Dar mau resultado [GAS].

Dar bota *Lus.* Fazer asneira; sair-se mal; enganar-se [GAS].

≠ **Não dar bote errado** Agir com segurança: "Não dava bote errado. Foi fazer o serviço e dera conta" (W. Bariani Ortêncio, *Sertão sem fim*) [TC].
Var.: *não dar bote em falso*

Dar brado Causar espanto; adquirir grande fama; tornar-se muito falado; notabilizar-se [ABH/GAS].

Dar bramo Ver *dar boba*

Dar brecha *Bras., NE, CE.* **1.** Diz-se quando, estando mal sentada ou com decote muito generoso, a mulher não preserva as intimidades dos olhares dos homens; deixar ver os seios sob o decote ou a calcinha num lance de pernas; diz-se quando a mulher está de saia ou vestido e deixa a calcinha ou o entresseio à mostra. **2.** Dar a chance de; deixar que. **3.** Dar confiança a alguém; dar oportunidade para alguém se meter na sua vida [AS/CGP/TGa].
Sin. (1): *dar o lance*

Dar brilho à porcelana *Bras., gír.* Melhorar a aparência: "A coroa vai dar brilho à porcelana pra correr atrás do gato" [JB].

Dar broca Ver *dar (uma) porrada*

Dar bronca 1. *Gír.* Fazer escândalo; repreender; provocar distúrbio; dar encrenca: "Ele não dá bronca, ele não é nenhum monstro com os alunos" (Márcia Kupstas, *Crescer é preciso*, p. 32). **2.** Confessar o crime. **3.** Fazer grande asneira: "Deu bronca por fazer aquele discurso acusando Fulano sem provas" [FS/GAS/JB].

Dar (uma) bruta *Bras., CE, desp., gír.* M. us. nos rachas de futebol, significa ser

Dar(-se)

muito duro na dividida com outros jogadores (é o chamado jogo perigoso, violento): "O Galvão Bueno não sabe mas quando ele diz que o jogador entrou na jogada na maldade, ele tá dizendo que o jogador deu uma bruta" [AS].

Sin.: (bras., RJ) *entrar na maldade*

Dar bufas *Chulo*. Peidar [BB/MPb/RG].
Var.: *soltar bufas*, (lus., gír.) *tirar uma bufa*

Dar busca Percorrer um local à procura de determinada pessoa ou objeto [ABH].

Dar (uma) cabeçada 1. Fazer asneira, uma tolice que não fique bem a quem a pratica: "O acaso não veio, e decidi procurar João Nogueira, informar-me do nome, posição, família, as particularidades necessárias a quem pretende dar uma cabeçada séria" (Graciliano Ramos, *São Bernardo*, p. 64). **2.** Fazer mau negócio. **3.** Dar um mau passo; errar; diz-se de mulher que se deixa seduzir, de moça que se deixa desonrar antes do casamento [ABH/AC/AN/FF/GAS/MSM].

Dar cabeçada no céu da boca *Bras., gír., chulo*. Fazer sexo: "Vou dar cabeçada no céu da boca com aquela gataça..." [JB].

Dar cabeçadas *Mar*. Dar pancadas com a proa no mar, em virtude do balanço de popa ou proa [ABH].

Dar cabimento Permitir intimidade; dar atenção ao que alguém diz; importar-se: "A culpa foi sua, Luísa. Quem mandou dar cabimento àquele malandro?"; "Não se pode dar cabimento para este tipo de gente"; "Se esses marmanjos vivem atrás de você, é porque tu dá cabimento a todo cafuço" [AS/CGP/FN/Gl/MGa].

Sin.: *dar corda* (1) (2)

Dar cabo Estragar; gastar; liquidar; extinguir; destruir; acabar [AN/GAS].

Dar cabo a/ao machado *Bras., CE, pop.* Expor-se leviana ou desnecessariamente a contrariedades; inventar problema sem necessidade; arriscar-se perigosamente; ter aborrecimento à toa: "O chefe respondia evasivamente que não podia condenar ninguém sem provas, que qualquer providência a esse respeito atingiria a Alípio e, conseguintemente, ao vigário, e então seria dar cabo ao machado dos adversários para eles o baterem e a todos os seus amigos" (Antônio Sales, *Aves de arribação*, p. 76); "Eu não vou à festa porque não gosto de dar cabo a machado" [ABH/AN/FN/FS/LM].

≠ **Não dar cabo a machado** Proceder corretamente, a fim de não ensejar censuras [LM].

Dar cabo da canastra Agredir violentamente; espancar. – Na formulação com "canastra", segundo Gonçalves Viana, o termo "canastra" deve originar-se do fr. *carcasse*. Canastra: arca, mala ou baú, próprios para a guarda de valores [TC].

Var.: *dar cabo do canastro*

Dar cabo da vida Matar(-se); suicidar-se: "– Ele botou aí com a letra dele que vai dar cabo da vida?" (Dias Gomes, *Sucupira, ame-a ou deixe-a*, p. 19).

Sin.: *dar cabo de* (1)
Var.: *dar cabo da pele*

Dar cabo de 1. Matar; assassinar: "Tornei a subir como tinha descido, de mãos abanando e furioso por não ter podido dar cabo daquela maldita ladrona. Porém vinguei-me dela" (Gustavo Barroso, *Alma sertaneja*, p. 68); "A moléstia que vinha da raiz das águas quietas dava cabo do povo" (José Cândido de Carvalho, *Olha para o céu, Frederico!*, p. 25). **2.** Dar sumiço a; fazer desaparecer; extinguir; destruir; acabar com: "Não há, parece-me, inimigos do governo em Maceió. E se houvesse alguns, estou certo de que o dr. José Carneiro sozinho bastaria para dar cabo deles" (Graciliano Ramos, *Cartas*, p. 115). **3.** Terminar; concluir; realizar; completar; arrematar; finalizar: "Estou tentando dar cabo deste serviço ainda hoje" [ABH/AC/FF/GAS/OB/TC].

Sin. (1): (lus.) *dar cabo da pele, dar cabo da vida*
Var. (3): *levar a/ao cabo*

Dar (de) cabo de Empunhar: "Deu cabo de uma faca e foi esperar o inimigo" [TC].

Sin. (3): *dar garra a/(de) garra de*

Dar cabo do canastro de 1. Suicidar-se; ir propositadamente arruinando a saúde. **2.** Matar [ABH/AN/FF/GAS].

Dar cabo dos atafais a alguém *Lus., Guarda.* Matar alguém [GAS].

Dar cabo dos nervos Perder a paciência; tornar-se neurastênico [GAS].

Dar caça Perseguir; procurar [AN].

Dar cacete Permanecer por tempo superior ao racionalmente admitido em casa de alguém; demorar-se na casa da namorada [RBA].

≠ **Não dar café nem doce** *Bras., Centro, S.* Diz-se de quem é sexualmente impotente, brocha: "A mulher desse vadiava com muitos, perdera o preceito: – Respeitar? Ele não dá nem café nem doce" (João Guimarães Rosa, *Noites do sertão*) [MSM].

Dar (um) campo Percorrer o mato ou o campo, à procura de algo ou de alguém; procurar um animal no campo; procurar (o vaqueiro) uma rês ou reses; reunir o gado; dar uma volta, à procura de alguém; campear: "Eu dei um campo no cercado todo e não vi a vaca *Combuquinha*" (Leonardo Mota, *Violeiros do Norte*, p. 239) [LM/TC].

≠ **Não dar camisa a ninguém** Não ser meio de vida, não sustentar ninguém [AN].

Dar campo 1. *Bras., NE, CE.* Prestar ajuda de campo; ajudar a reunir o gado ou a pegar uma rês solta no campo. **2.** *Desp.* Abrir amplo espaço para o time adversário atacar, ao fechar-se na defesa [HM/RG/TC].

Sin. (1): *dar (uma) ajuda de campo*

Dar canelo Ver *dar (o/um) cavaco*

Dar canjas/uma canja *Bras., pop.* Apresentar-se (o artista) de graça, além do programa ou simplesmente apresentar-se de graça: "A garota deu uma canja para os leitores do *Jornal da Rua* e fez uma série de fotos" (*Jornal da Rua*, cad. JRTevê, 27/6/99, p. 1); "Eu tinha que esperar até três, quatro horas da manhã, pra dar uma canja: 'Dá um tempo, agora não, o cara taí...' Parecia aquelas histórias da mulher passando o marido pra trás" (João Donato, *Bundas*, 4/10/99, p. 8); "Aqui eu só dava canjas, tinha dificuldade em arranjar emprego, não tinha aceitação" (João Donato, *id.*, p. 6) [ABH/JB].

Sin.: *dar uma sopa*

Dar canseira no marcador *Desp.* Cansar o jogador que tem como função marcar, driblando-o, correndo e fazendo-o correr; *matar* [HM].

Dar capeta *Bras., gír. policial* Invadir uma favela: "Deu capeta, maninho, foi fogo cruzado e muita porrada" [JB].

Dar capote 1. Vencer com larga vantagem os competidores em tarefas da lavoura (limpas de roça, plantios etc.). **2.** "Raspar a metade da casca da mandioca e passar esta a outra mulher para que ultime o serviço" (Patativa do Assaré, *Inspiração nordestina*) [AC/AN/FF/RG/TC].

Dar (um) capote Não deixar fazer vazas (ao jogo); não deixar fazer trinta pontos na bisca; não dar vaza ou vantagem ao parceiro, em qualquer trabalho; ganhar no jogo com diferença igual à metade dos pontos ou maior ainda; ganhar um jogo por grande diferença [ABH/GAS].

Dar cara 1. *Lus.* Aceitar; aceder; fazer um favor. **2.** *Bras.* Comparecer: "Ele, aqui, não deu cara hoje" [GAS].

Var. (2): *dar a(s) cara(s)*

Dar (um) carão 1. Repreender; brigar; esculhambar: "A mestra te dá carão, se conversares durante a aula." **2.** *Bras., RS.* Diz-se da moça que, num baile, alegando já ter par, se nega a dançar com o rapaz que a convida [AJO/AS/JB].

Sin. (1): *dar um esculacho*

≠ **Não dar carne a gato** Ver *não dar água a pinto*

Dar carona 1. Conduzir gratuitamente, ou de favor, em veículo. **2.** *Mil., gír.* Preterir na promoção [ABH/GAS].

Sin. (1): (lus.) *dar (uma) boleia*
Var. (2): *tomar carona*

Dar (as) cartas *Fig.* Mandar; comandar; dominar; dirigir; governar; estar em posição vantajosa, privilegiada; ter autoridade para mandar a sua vontade; ter todas as facilidades, todas as vantagens, todos os ins-

Dar(-se)

trumentos necessários à realização de uma empresa: "Gangueiros dão as cartas no São Miguel" (*Jornal da Rua*, 28/5/99, p. 10); "O chanceler Robin Cook, representando o ausente Tony Blair, muito ocupado com a Irlanda e os Bálcãs, tomará mais um dos seus pileques em homenagem aos bons tempos em que o imperialismo britânico dava as cartas" (Moacir Werneck de Castro, *Bundas*, 5/7/99, p. 18) [ABH/AC/AN/CLG/FF/GAS/JB/RMJ/TC].

Sin.: *fazer e desfazer* (1), *mandar e desmandar*

Var.: *dar carta, dar as cartas e jogar de mão(s)*

Dar (as) cartas e jogar de mão(s) 1. Estar em posição privilegiada; ter todas as facilidades, vantagens, todos os instrumentos necessários à realização de uma empresa. **2.** Mandar: "O mioleiro tá dando as cartas e jogando de mão" [AN/JB/RMJ/TC].

Var.: *dar (as) cartas, dar carta e jogar de mão*

Dar carta branca Dar autorização ou conceder permissão a alguém para proceder como entender; dar licença para agir; deixar ao livre-arbítrio: "Diante disso tudo, deu carta branca a Teodoro para agir como quisesse em relação à mata" (Jorge Amado, *Terras do sem fim*, p. 198) [AN/CLG/GAS].

Sin.: *dar luz verde*

Dar cartaz Ver *dar corda* (1) (2)

Dar (à) casca *Lus.* **1.** Levar a mal; amuar(-se); zangar-se. **2.** Perder tudo; arruinar-se: "Pode muito bem dar à casca. Faz então a falência geral, a grande, aquela em que o credor é implacável, saca a vista, e... *per omnia saecula!*" (Eça de Queiroz, *O primo Basílio*, p. 299). **3.** *Gír.* Morrer: "Eu via, queria ver, antes de dar à casca, um pássaro voando sem movimento" (João Guimarães Rosa, *Grande sertão: veredas*) [ABH/AN/ECS/FSB/GAS].

Sin. (1): *dar sorte* (1)
Sin. (3): *bater a(s) bota(s)*

Dar castanha Bater; dar pancada [GAS].

Dar cá um pulo Maneira de chamar alguém para que venha à sua presença: "Dá cá um pulo." ♦ Flexão no modo imperativo [GAS].

Dar cavaco Encompridar a conversa; falar mais um pouco. – "Cavaco", no caso, é "bate-papo" [ABH/CGP/TC/TGa].

Sin.: *dar trela* (1)

Dar (o/um) cavaco *Bras.* Dar mostras de aborrecimento ou zanga, por ser objeto de troça, de pirraça ou de ridículo; enfurecer-se com um gracejo; lamentar; incriminar alguém ou a si próprio; zangar-se; aborrecer-se; irritar-se: "Ninguém dá cavaco por isto. As alcunhas, em vez de prejudicar, estreitam a camaradagem" (Aníbal Bonavides, *Diário de um preso político*, p. 62) [ABH/AC/AN/FF/FSB/GAS/OB/RG/TC/TGa].

≠ **Não dar cavaco** Não responder; não dar satisfações [AC/GAS].

Dar cavalaria Fazer tudo o que os outros querem; se deixar subjugar [GAS].

Dar cena *Teat.* Movimentar-se, um ator, a fim de deixar o centro da cena mais livre para a atuação de outro, que, no caso, toma cena [GC].

≠ **Não dar certo** Não ser possível: "Não dá certo o que você me pede" [TC].

Dar certo/certinho Dar ou ter bom resultado; dar a exata medida; ter êxito; ficar como se deseja ou de acordo com os planos; dar bom resultado (diz-se tb. de uma rima, p. ex.): "Eu logo vi que ano com seca e com revolução não dava certo no fim" (Leonardo Mota, *Violeiros do Norte*, p. 239); "'Curto' com 'produto' não dá certo" (Leonardo Mota, *id.*); "Esse negócio de andar agarradinho não dá certo" (Flávio da Cunha Prata, *Estórias pitorescas do Nordeste*); "Muita calma no exame, e tudo dará certinho na classificação" [AT/ FS/LM/TC].

Dar chabu 1. *Bras., SE, BA.* Falhar; malograr; não dar certo; não emplacar: "O assalto aos cofres públicos deu chabu, melou." **2.** *Bras., S, RJ.* Brochar (*sic*); não conseguir orgasmo durante a cópula [ABH/FN/JB/MSM].

Dar chá de garfo *Bras., RS.* Ofender alguém com indiretas [AJO].

Dar changui *Bras., RS.* Fazer concessões ao inimigo [AJO].

≠ **Não dar changui** *Bras., RS.* **1.** Não dar quartel ao inimigo. **2.** Não dar vantagem no jogo [ABH/AJO].

Dar chave de galão em *Bras., gír.* Impor uma decisão a: "Dei chave de galão neste viado (*sic*), ele pensava que podia mais do que eu" [JB].

Dar cinca 1. *Lus.* Errar; dizer disparates. **2.** *Bras.* Perder cinco pontos por não passar a bola além de certos limites estipulados pelo jogo [ABH/GAS].

Dar cobertura *Desp.* Proteger o companheiro, facilitando a sua investida para o campo adversário [HM].

Dar coca a Apoderar-se do espírito, da vontade de alguém; fascinar, seduzir, encantar alguém [ABH/AN/GAS].

Dar codilho Ganhar, por ter feito maior número de vazas no voltarete [AN].

Dar coice(s) Praticar atos grosseiros, estúpidos, de gente malcriada; ser grosseirão; agir de maneira estúpida; reagir de modo mal-educado, sem gentileza: "Ah, mãe, eu não falo mais com ela, ela fica dando coice" [AN/GAS/LAF/TC].

Var.: *dar um coice*

Dar coice até na sombra Diz-se de pessoa estúpida: "O cara é maluco, dá coice até na sombra" [JB].

Dar coice nas esporas *Bras., RN, CE.* Diz-se quando o indivíduo perde as estribeiras, afobado e neurastênico [TC].

Dar coito Acoitar bandidos: "Você agora está dando coito a todo cigano extraviado?" (Rachel de Queiroz, *Dora, Doralina*) [TC].

Dar (uma) colher de chá 1. Dar uma oportunidade, uma chance: "Não vou dar colher de chá para o senador me responder da tribuna do Senado. Podemos fazer isso em uma esquina qualquer, mas o meu caminho preferido é a Justiça" (Mário Covas, gov., PSDB-SP, *IstoÉ*, 22/9/99, p. 29). **2.** Facilitar; favorecer; ajudar; auxiliar: "Está sendo interrogado onde? – Dá uma colher de chá pra gente, delegado" (Fernando Sabino, *A faca de dois gumes*, p. 195); "Cissa Guimarães deu colher de chá, ao vivo, do Fortal 99 no *Vídeo Show*" (Abidoral Possidônio, *O Povo*, cad. Jornal da Tevê, 1º/8/99, p. 4); "O Dênis não dá colher de chá, não ajuda mesmo" [ABH/CLG/JB/TC].

Dar coluna do meio *Bras., gír.* Empatar; igualar: "Deu coluna do meio no jogo Vasco x América" [JB]. ♦ A expr. teve or. na imprensa bras., a partir do advento da Loteria Esportiva, a pop. loteca.

Dar com Encontrar(-se); avistar: "Os cachorros silenciaram, ela olhou para a árvore e deu com Clément Tamba" (José Sarney, *Saraminda*, p. 163) [Gl/TC].

Sin.: *topar com*

Dar com a cabeça nas/pelas paredes Perder a razão, o juízo; praticar atos de maluco [AN/GAS].

Dar com a cara na porta Não ser recebido em algum lugar, mesmo com visita marcada; ser barrado; encontrar fechada determinada entrada; voltar de um lugar, ou recinto, em razão de encontrá-lo fechado à presença do público: "Não era possível que outros jornalistas brasileiros da comitiva me tivessem passado a perna, para dar também com a cara na porta" (Fernando Sabino, *O gato sou eu*, p. 32); "Como a visitação só era permitida pela manhã, muitos visitantes davam com a cara na porta" (João Alberto, *Diário de Pernambuco*, 8/1/00, p. D2) [JB/Net].

Var.: *dar com o nariz na porta*

Dar com a coisa Desvendar, saber o que se encontrava em segredo [GAS].

Dar com a cola na cerca *Bras., RS.* Morrer. – Expr. vinda do gaulês. Uso rural e citadino [Cola = o rabo do animal] [LAF].

Var.: *bater com a cola na cerca, dar com o rabo na cerca* (1)

≠ **Não dar com/por alguém** Não encontrar alguém [Gl].

Dar com a língua nos dentes Falar indiscretamente; revelar segredos; denun-

Dar(-se)

ciar cúmplices durante um interrogatório; falar o que não devia; cometer uma indiscrição; alcaguetar; falar demais, sobretudo para quem não devia; contar tudo o que sabe: "– Até que enfim deste com a língua nos dentes" (Franklin Távora, *O Cabeleira*, p. 111) [ABH/AN/CLG/DT/FF/FSB/GAS/JB/LAF/LM/MPa/RMJ].

Var.: *bater com a língua nos dentes*

Dar com a mão Dar adeus; fazer sinais; acenar: "Após o jantar, vesti a melhor roupa, que se achava numa cadeira, com uma nota de mil-réis. A seguir, dei com a mão em despedida e acompanhei Norberto no caminho para o Ateneu" (O. G. Rego de Carvalho, *Ulisses entre o amor e a morte*) [NL/PJC].

Sin.: *dar com o lenço*

Dar com a porta na cara de alguém 1. Negar-se a receber alguém; dizer não a alguém. 2. Despedir alguém. 3. Desfeitear alguém em público; ser descortês para com alguém [ABH/AC/AN/FF/FSB/GAS].

Var. (1): *bater a porta na cara de alguém* (1), *bater com a porta na cara* (1)

Dar com as ventas no chão Cair; espalhar-se [GAS].

Dar com as ventas no sedeiro Fracassar; falhar uma iniciativa [GAS].

Dar com as vistas em Avistar: "Reconheceu, porém, que se havia enganado, quando deu com as vistas em José..." (Franklin Távora, *O Cabeleira*, p. 50).

Sin.: *dar com os olhos em*

Dar com a tampa Ver *dar (com) a tábua*

Dar com a verruma em prego Encontrar dificuldade inesperada, contratempo [GAS].

Dar combate 1. Combater. 2. *Desp.* Combater o time adversário, em todos os setores do campo de jogo [ABH/HM].

Dar com luva de pelica Responder ao mal com o bem; ser delicado com quem é grosseiro; responder ou agir de modo delicado, porém irôn. ou mordaz: "Deu-lhe com luva de pelica indo ao jantar como se nada houvera" [ABH/FSB].

Var.: *dar tapa com luva de pelica*

Dar com o badalo Revelar segredo; ser indiscreto [TC].

Dar com o bode Recusar [GAS].

Dar com o dedo no céu *Ant.* Agastar-se ou revoltar-se contra um benefício – atitude a que são levadas certas pessoas que têm excesso de amor-próprio e se sentem humilhadas com o que lhes parece uma esmola. – Morais Silva já registra esta expr. [RMJ].

Dar cômodos Dar alojamento; hospedar [GAS].

Dar com o lenço Ver *dar com a mão*

Dar com o nariz em terra Cair de bruços, dando com a cara no chão [GAS].

Dar com o nariz na porta Sofrer uma recusa; não encontrar o que esperava; encontrar fechada ou defesa a porta que esperava encontrar aberta ou franqueada; procurar uma pessoa e não a encontrar em casa ou no lugar onde deveria estar; ir em vão: "Ele foi até o consultório mas deu com o nariz na porta, pois o médico tinha acabado de sair" [ABH/DT/FSB/GAS].

Var.: *dar com a cara na porta*, *dar com as ventas na porta*

≠ **A dar com o/um pau** Haver (algo) em grande quantidade, com fartura [GAS].

Dar com o(s) pé(s) Desprezar; abandonar; repudiar: "– Depois me deu com os pés. Mas não ficou nisso não" (José Lins do Rego, *Pedra Bonita*, p. 169) [AN].

Dar com o rabo na cerca *Bras.*, *pop.* 1. Morrer. 2. Não ter sucesso: "Candidatou-se no último pleito, mas deu com o rabo na cerca" [ABH/FSB]

Sin. (1): *bater a(s) bota(s)*

Var. (1): *bater com o rabo na cerca*, *dar com a cola na cerca*, *dar com o cotovelo na cerca*

Dar como Santiago aos mouros Bater muito [GAS].

Dar com os burros/burrinhos n'água/na água *Bras.* 1. Não lograr êxito; não conseguir levar um empreendimento adiante;

ter insucesso na vida comercial; perder no negócio; ser malsucedido em algum negócio; sair-se mal de uma empresa qualquer; não conseguir alguma coisa que desejava; fracassar por relaxamento, imprevidência, incompetência ou indecisão; falir; baquear: "Ele se meteu a estudar pra doutor, mas deu com os burros n'água e largou o estudo..." (Leonardo Mota, *Violeiros do Norte*, p. 239); "– E a senhora pensa que há no mundo um trouxa que se engane com ela? Não casa não, D. Adélia. Aquela dá com os burros na água" (Graciliano Ramos, *Angústia*, p. 84); "De todos os que fugiram a esta norma, raro é o que não deu com os burros n'água" (José Cavalcante, "Prefácio", *apud* Otacílio Batista, *Ria até cair de costa*, s/p.); "Um projeto acadêmico que não tem lacre administrativo dá com os burros n'água" (Roberto Leal Lobo e Silva Filho, reitor da Univ. de Mogi das Cruzes, *Jornal do MEC*, III, ago./1998, p. 9). **2.** Não se conter; perder o autodomínio. **3.** Enganar-se completamente; fazer tolice, asneira: "Afinal por que seria que D. Rosália afirmava que Marina dera com os burros na água?" (Graciliano Ramos, *Angústia*, p. 99); "Antes de Wanderley Luxemburgo, Zagalo deu com os burros n'água, justamente por se proclamar o senhor de todas as vontades do futebol brasileiro" (Armando Nogueira, *Diário do Nordeste*, cad. Jogada, 30/4/00, p. 2). **4.** Não conseguir algo que queria: "Deu com os burros n'água, mas eu avisei" [ABH/AN/CLG/DT/FF/FS/GAS/JB/LM/MPa/RG/RMJ/TC]. Para saber mais sobre a expr., ver LCCa, p. 77.
Sin. (1) (3) (4): *dar-se mal*
Sin. (1): *botar as cargas n'água, levar na cabeça*

Dar com os calcanhares no cu *Lus.* Correr; fugir [GAS].
Var.: *bater com os calcanhares no cu, dar com os calcanhares no rabo*

Dar com os costados em 1. Bater com as costas em alguma coisa. **2.** Chegar a um lugar distante; ser mandado para uma terra distante; ir ter a algum lugar: "– Como este gajo veio dar com os costados aqui?" (Lourenço Cazarré, *O mistério da obra-prima*, p. 44); "... fomos dar com os costados na simpática cidade de Salgueiro, onde tencionávamos dormir e prosseguir, no dia seguinte, para o Exu" (Sinval Sá, *Luiz Gonzaga: o sanfoneiro do riacho da Brígida*, p. 167) [AN/GAS/TC].
Var.: *bater com os costados em*
Var. (2): *dar com as costelas em*

Dar com os olhos em Avistar; reparar; encarar alguém de repente: "Quando Luisinha, da areia do rio onde se sentara a descansar, se dispunha a levantar-se para tornar à casa, deu com os olhos em um homem que da borda do mato a observava..." (Franklin Távora, *O Cabeleira*, p. 76) [AN/GAS].
Sin.: *dar com as vistas em*

Dar com os ossos em Ir ter a algum lugar; ir parar em algum lugar; ir parar num lugar com que não simpatize: "Depois de muito andar, deu com os ossos no mercado" [ABH/GAS].
Var.: *bater com os ossos em*

Dar com os pés Negar um pedido; receber mal; escorraçar; mandar embora [GAS/TC].

Dar com os pratos na cara *Lus.* Ser ingrato; desfeitear [GAS].

Dar com os quartos de lado Ver *roer a corda* (1)

Dar com o trincho *Lus.* Acertar [GAS].

Dar como um centeio verde Bater com força [GAS].

Dar com um gato morto na/pela cabeça *Bras., RS, irôn.* Usa-se para dizer que certa pessoa não tem conserto, não tem jeito, não vai melhorar: "Esse aí nem dando com um gato morto na cabeça" [LAF].

Dar condição *Bras., gír.* Mostrar-se interessado: "Eu tive que regular o cara, que quase perdeu a linha com uma perua que estava dando condição" [Vivianne Banharo, *Pais & Filhos*, Família, III, out./1998, p. 27].

Dar condições *Desp.* Estar o atacante em condição legítima para chutar a gol, pela existência de um adversário entre ele e o goleiro [HM].

Dar confiança 1. Estimular; consentir em dar atenção a quem a solicita; tratar alguém com familiaridade e/ou consentir em ser assim tratado. **2.** Consentir em namoro proposto ou em encontros ilícitos; permitir certos atos, principalmente libidinosos; encorajar pessoas que fazem insinuações amorosas; diz-se da pessoa que aceita ser cortejada por outra que está querendo iniciar um namoro: "Os machos dessa cidade pensam que eu dou cartaz pra eles. Pois eu nem olho! Não ando dando confiança pra qualquer um. Vou lá dar asa a cobra!" (AS, pp. 94-5) [ABH/AC/AS/GAS/RMJ/TC].
Sin.: *dar corda* (1) (2), (lus.) *dar cúnfia*
Sin. (1): *dar ensachas*, (bras.) *dar estribo*

Dar (de) conta de 1. Dar tento de; notar. **2.** Dar informação, satisfação sobre (pessoa ou coisa pela qual se é responsável); responder por; revelar: "Você dá-me conta da vaca ou come relho" (Domingos Olímpio, *Luzia-Homem*). **3.** Dar (um) fim a; acabar, destruir; estragar; espatifar; matar: "Esteja descansado, que eu darei conta deles" (Pedro Batista, *Cangaceiros do Nordeste*). **4.** Realizar bem alguma tarefa; ser capaz de fazer algo: "– Já não dava conta das pessoas que me procuravam normalmente no consultório!" (Jáder de Carvalho, *Sua majestade, o juiz*, p. 30) [ABH/AN/GAS/LM/TC].
Var. (2): *prestar conta de*
Var. (3): *dar conta de tudo*
Var. (4): *dar (boa) conta do recado*

≠ **Não dar conta de nada 1.** Não conseguir fazer nada de jeito. **2.** Não perceber [GAS].

Dar conta de si Desempenhar bem alguma obra [GAS].

Dar conta do feito e do não feito Pagar por tudo que fez; prestar contas: "Tu hoje dá conta do feito e do não feito, feladaputa (*sic*)" (Juarez Barroso, *Obra completa*, p. 173).

Dar (boa) conta do recado Realizar bem alguma tarefa; desincumbir-se de encargos ou tarefas impostas ou de ação crim. pactuada; desempenhar cabal e satisfatoriamente determinada incumbência, função ou encargo; desempenhar a contento uma missão; ser capaz de executar bem uma tarefa; honrar compromissos: "Zeca: Não, eu sozinho dou conta do recado" (Dias Gomes, *O Bem-Amado*, p. 76); "A pesquisa que devia ser feita era difícil, mas o aluno deu conta do recado" [ABH/AN/DT/GAS/JB/LM/TC].
Var.: *dar (de) conta de* (4)

≠ **Não dar conta do recado 1.** Não conseguir cumprir uma tarefa. **2.** *Bras.* Diz-se do homem que já não faz sexo: "O cara não dá conta do recado. O charuto dele tá apagado" [GAS/JB].

Dar contas a Deus Morrer [GAS].

Dar conversa Falar com; atender ao que outro lhe diz [GAS].

Dar corda *Bras., fam.* **1.** Dar pretexto ou ocasião a alguém para falar muito; puxar pela boca; estimular o outro a contar coisas que sabe; provocar alguém; permitir familiaridades; incitar, estimular ou atiçar alguém a fazer algo; incentivar a discórdia, ou que alguém tome uma atitude; deixar que alguém se expanda; provocar conversa ou confidência, para obter certas informações; estimular o interesse de alguém, para atingir o fim pretendido; consentir; ceder: "Em se lhe dando corda, ressurgia nele o tagarela da cidade" (Monteiro Lobato, *Urupês*, p. 39); "Fez até sucesso, pelo menos é o que me diziam, não sei se para dar corda, ou sinceramente" (Narcélio Limaverde, *Fortaleza, história e estórias*, p. 226); "Ele está dando corda pra ver aonde vai". **2.** Alimentar pretensões a alguém; dar, a alguém, pretexto para namorar; provocar flerte; aceitar a corte; encorajar namorados; fingir que está correspondendo a um namoro: "– Essa menina, que pelos modos não tem que fazer, namora a torto e a direito, dá corda a quanto bicho-careta lhe arreganha os dentes" (Arthur Azevedo, *Contos cariocas*). **3.** Afrouxar o laço que prende o animal [ABH/AC/AJO/AN/AS/CGP/CLG/FF/GAS/JB/LAF/MSM/RG/RMJ/TC/TG/TGa].

Sin. (1) (2): *dar cabimento, dar cartaz, dar confiança,* (lus.) *dar guita, dar linha* (2) (4) (5)
Sin. (1): *puxar pela língua*
Sin. (2): *dar trela* (3)

Dar corda ao relógio *Lus.* Bater na mulher [ABH/GAS].

Dar corda aos sapatos Preparar-se para se ir embora [GAS].

Dar corda para se enforcar Fornecer razões para aumentar as culpas próprias; fornecer razões contrárias ao que se pretende fazer crer [AN/GAS].

Dar (a) cor de si 1. Orientar-se; estar em condições de poder raciocinar: "Tava tão alto que nem dava a cor de si." **2.** Aperceber-se. – Deve ser uma corruptela de *dar acordo de si* [TC].
Var.: *dar de/por si*

Dar costa Fugir: "Lampião nunca deu costa, brigando" [LM].

Dar cotoco /ô/ Fazer um gesto obsceno, com o punho semifechado, deixando apenas o dedo médio distendido [TC].
Sin.: *dar banana(s)*
Var.: *dar João Cotoco*

Dar crença *Bras., CE.* Acreditar: "Eu não dou crença a buzões" [RG].

Dar crepe 1. Dar errado; esquecer-se: "Deu crepe, não sei o que aconteceu". **2.** Haver confusão: "Deu crepe, cara, ficou tudo ruço" [JB/MPa].

Dar cria *Bras.* Dar à luz; parir: "Avelina todos os anos dava a sua cria. E assim tinha filhos de vários homens" (José Lins do Rego, *Meus verdes anos*, p. 28). – Expr. de or. rural e, geralmente, só us. em relação aos animais: "A vaca malhada deu cria." Mas, em tom joc., já está sendo us. pelos maridos em relação às esposas: "Apareça lá em casa. A patroa deu cria ontem, um bezerrão com mais de três quilos!" [AJO/MSM/RG/TC].

Dar cúnfia Ver *dar confiança*

Dar da medalhinha para cima *Desp.* Atingir faltosamente adversário, de cotovelo ou de chuteira, visando o tórax [HM].

Sin.: *dar de medalhinha*

Dar daqui, dar dacolá 1. Insistir: "Dê daqui, dê dacolá, eu me caso com você" (Leonardo Mota, *Violeiros do Norte*). **2.** Procurar indiscriminadamente [TC].

Dar de/um agrado Dar algo além do que é devido; gratificar; presentear; dar uma gorjeta: "Teve uma festa na Casa Grande e mandou dar um agrado a cada trabalhador" (José Pereira de Souza, *Adivinha quem vem*) [NL/TC].

Dar de ancas e sumir Diz-se de mulher que sorrateiramente aparece, dá uma sacudidela nos traseiros e some [RBA].

Dar de bandeja *Bras., gír.* Oferecer todas as facilidades; entregar; ceder; dar algo sem exigir remuneração ou recompensa: "O Animal [Edmundo] acabou com a defesa do Manchester, dando de bandeja o primeiro gol para Romário e marcando um golaço, com um drible genial em cima do zagueiro Silvestre" (*Diário de Pernambuco*, 11/1/00, col. Fala, torcedor!, p. B8) [ABH/GAS/JB].

Dar de barato Supor como verdade o que outrem afirme; ceder sem dificuldade; levar em conta; estar de acordo; considerar verdade o que alguém afirmar; dar uma vantagem; considerar por hipótese; admitir sem discussão: "Dou de barato, por ser irrelevante, o detém que deveria estar no plural (detêm) no editorial do Ziraldo" (Sérgio Augusto, *Bundas*, 7/11/00, p. 24) [AC/AN/FF/GAS].

Dar de barriga Diz-se quando a arraia (pipa) cede com a pressão do vento e fica pelo avesso, por ter sido feita com palitos verdes [TG].
Sin.: *dar de chapéu*

Dar de beber à dor Beber algo [GAS].

Dar de bico Pôr alguém no ostracismo; isolar [LAF].

Dar de calcanhar *Desp.* Rebater a bola usando o calcanhar [HM].

Dar de calo *Desp.* Impulsionar a bola com a chuteira à altura do dedo mínimo [HM].

Dar(-se)

Dar de cano *Bras., CE.* Vencer; ganhar; sobressair [AN/FS/RG].

Dar de cara *Lus.* Negar.

Dar de cara(s) Encontrar imprevistamente; topar de frente quando menos espera; encontrar-se de chofre; encontrar-se subitamente em presença de alguém ou de alguma coisa; ficar frente a frente com alguém: "Foi tão chato que Fernando propôs logo que a gente se mudasse, para nunca mais dar de cara com eles, e eu topei" (João Ubaldo Ribeiro, *A casa dos budas ditosos*, p. 104); "Senti um estremecimento desagradável, a repugnância que sempre me vinha quando dava de cara com aquele sujeito, e fingi não vê-lo..." (Graciliano Ramos, *Angústia*, pp. 68-9); "Se não dobra a esquina, daria de cara com ele – logo Geraldo, seu companheiro de serviço" (Luís Vilela, *Chuva e outros contos*, p. 103); "Dei de cara com o cidadão acompanhado de um bagulho" [ABH/AN/GAS/JB/TC].
Var.: *dar de face/rosto/testa/trombas/ventas, topar de cara*

Dar de chapa 1. Bater com a face mais larga do objeto. **2.** Acertar, adivinhar **3.** Ajustar-se uma peça à outra. **4.** Encontrar-se, inopinadamente, frente a frente; deparar [GAS/TC].
Sin. (4): *dar de cheio*

Dar de chapéu Ver *dar de barriga*

Dar de chapéu de couro *Desp.* Humilhar o adversário; dar de goleada; tripudiar: "Brasil velho almoçado. Deu de chapéu de couro no Paraguai!" (Fontes Ibiapina, *Tombador*) [FNa/PJC].
Sin.: *ganhar de buchuda*

Dar de cheio Ver *dar de chapa* (4)

Dar de chinelo Vencer facilmente; demonstrar sobejamente maiores conhecimentos do que os competidores [TC].

Dar de choro Dar mais do que o justo numa venda a peso ou medida: "... tome isto para o café... disse, dando-lhe cinco mil-réis de choro..." (David Antunes, *Briguela*) [ECS].
Sin.: *dar de quebra*

Dar decisão em *Bras., gír.* Brigar com: "Vou dar decisão neste cara" [JB].

Dar de coco /ô/ *Desp.* Fazer gol, ou passe, de cabeça [HM].

Dar de comer à cabeça *Cand.* Cerimônia ritual do cand. e terreiros afins (tb. dita "bori" ou "obori"), cujas finalidades são fortificar o espírito do crente para suportar repetidas possessões, ou por estar por elas enfraquecido (profilaxia e terapêutica); penitência pela quebra de algum preceito; dar resistência contra influências negativas [OGC].

Dar de comer a calango *Bras., BA.* Defecar; fazer cocô. – A expr. vem do fato de os calangos se alimentarem de fezes [FNa].
Sin.: *amarrar a gata* (2)

Dar de/com força Açoitar; agredir rudemente [TC].

Dar de corpo 1. Desviar o corpo de algum golpe, ataque inesperado; refugir. **2.** *Chulo, pop.* Expelir os excrementos; evacuar; obrar; defecar; dejetar; estrabar; cagar: "Um companheiro viu-o agachar-se. Vai dar de corpo?" (Gilvan Lemos, *Os emissários do diabo*) [ABH/AN/FF/FSB/GAS/MPb/MSM/RG/TC].
Sin. (2): *amarrar a gata* (2)
Var. (1) (2): *quebrar o corpo*
Var. (2): *ir de corpo*

Dar de curva *Desp.* Fazer lançamento ou cobrar falta com a bola descrevendo trajetória em arco [HM].

Dar de encontros Chocar-se: "O vulto da angolinha estava de costas para ele, deu de encontros, abriu as asas, fechou-as, foi crescendo" (Valdomiro Silveira, *Os caboclos*) [ECS].

Dar definição de *Bras., pop.* Conhecer; saber informar; prestar atenção a; ser intrometido em; dar notícia de; estar a par de: "Sabe da vida de todo o mundo, dá definição de tudo" [ABH/AN/FS/Gl].

Dar de frostes *Lus.* Ir-se embora [GAS].

Dar de graça *Desp.* Ceder a bola a um adversário, por erro de passe [HM].

Dar de lambuja (sic) Dar gratificação [BB].
Sin.: *dar de quebra*

Dar de mamar à enxada *Bras., PB, pop.* Apoiar-se, descansando, no cabo da enxada [ABH/AN/FN/Gl].

Dar de mão *Bras., RS.* Roubar; levar consigo deliberadamente objeto que não lhe pertence: "Bom, o troço tava ali, de banda, e eu dei de mão" [LAF/LAFa].

Dar de mão a Pôr de lado; abandonar; renunciar; dispensar; não autorizar; deixar; afastar de si; repelir disfarçadamente: "Eu quisera ter ido (...) para contemplar essa moça que dá de mão ao mundo e suas agitações, troca (...) o figurino vário como a fortuna pelo vestido único e perpétuo de uma congregação" (Machado de Assis, *A Semana*, II) [ABH/AN/GAS].
Var.: *deixar de mão, largar da/de mão*

Dar de mão beijada Dar sem remuneração, sem nada receber em troca, sem retribuição do aceitante (ou aceitador) mais que o dever de beijar a mão pelo dom e em reconhecimento do benefício; dar de graça ou vender por preço bem abaixo do mercado: "Jamais houve tanto desmando administrativo como no atual Governo. Basta citar a cobertura financeira que o Banco Central deu de mão beijada a meia dúzia de bancos..." (pe. Antônio Vieira, *O Povo*, cad. Jornal do Leitor, 20/7/97, p. 1); "Não mudava muita coisa: quase tudo que o governo anterior dava de mão beijada o atual também dava, mas sem os beijos" (Luis Fernando Verissimo, *Bundas*, 5/7/99, p. 6) [AN/GAS/MPa].
Var.: *entregar de mão beijada*

Dar de mão de/em 1. Agarrar, empunhar: "Fui então pra casa, dei de mão de uma vela benta..." (Jaime Sisnando, *Sertão bravio*); "O negro deu de mão na faca..." (Fran Martins, *Ponta de rua*). **2.** Ser o primeiro a jogar (no jogo do baralho) [TC].

Dar de marcha Começar a andar; andar; pôr-se em marcha; seguir caminho; partir: "Mas o homem deu de marcha" (João Clímaco Bezerra, *O semeador de ausências*, p. 70) [FS/LM/RG/TC].

Dar demasia Ver *dar (o) troco*

Dar de medalhinha *Desp.* Atingir o adversário com chuteira ou bola, à altura do peito [HM].
Sin.: *dar da medalhinha para cima*

Dar de meia Entregar a alguém animais ou aves para cuidar, dando-lhe direito à metade dos lucros ou dos animais que nascerem [TC].

Dar de munheca *Desp.* Defender a meta com um soco na bola [HM].

Dar dentro *Bras., NE.* Diz-se de cópula completa, normal [MSM].

Dar de olho Piscar o olho, para comunicar-se imperceptivelmente com alguém; avisar; pôr em alerta [AN/GAS].

Dar de pedra Ver *botar a perder*

Dar de pelego Ver *dar de relho*

Dar de quebra Dar de agrado a coisa, além do peso ou da medida contratada; diz-se do "que é dado a mais numa transação, como compensação, ou não, a possíveis diminuições de medida ou peso": "Isso aqui foi dado de quebra numa transação..." (Leonardo Mota, *Cantadores*) [FS/TC].
Sin.: *dar de choro, dar de lambuja*

Dar de rédea(s) 1. *Bras., RS.* Fazer o animal rodopiar sobre as patas traseiras e tomar direção oposta; fazer com que o cavalo se volte para rumo oposto ao que seguia. **2.** Sacudir as rédeas, para fazer o animal andar: "Deu de rédeas ao sendeiro e foi seguindo..." (Amando Fontes, *Os corumbas*) [AJO/AN/ECS/FF/TC].

Dar de relho *Bras., RS.* Vencer inequivocamente uma parada qualquer, uma disputa, uma partida de futebol; vencer com autoridade incontestável, e de preferência deixar o perdedor meio constrangido [LAF/LAFa].
Sin.: *dar de pelego*

Dar descaminho 1. Esconder; ocultar; dar sumiço. **2.** Matar: "Tu me dirás direitinho / como me atraiçoaste / ou te darei des-

Dar(-se)

caminho, / te matarei no castigo / com este teu molequinho" (Joaquim Batista de Sena, *Os martírios de Emília e as crueldades de Adolfo Rico*, folh. de cordel) [TC].

Dar desconto Não dar toda a importância, todo o valor [AN/FF].

Dar de si 1. Estar abalado (construção, terreno); sofrer abalo ou deslocamento; ceder; abater. **2.** Transigir. **3.** *Lus., chulo*. Peidar [ABH/AN/FF/GAS/OB].

Dar de/por si Aperceber-se: "Quando deram por si, a barra ia quebrando" (José Carvalho, *O matuto cearense e o caboclo do Pará*); "Quando ele deu de si, já estava viciado no jogo" [TC].
Sin.: *dar fé*
Var.: *dar (a) cor de si*

Dar detalhe *Bras., AM, gír*. Dar vexame [*O Povo*, 31/3/96, p. 4B].

Dar, de tinta e papel Diz-se de algo que está bem documentado, bem garantido: "O rei deu, de tinta e papel, metade do reinado" (Luís da Câmara Cascudo, *Contos tradicionais do Brasil*) [TC].
Var.: *dar, passado a tinta e papel*

Dar de trombas Ver *dar as/de costas* (1)

Dar de um tudo Não deixar ter falta de nada [AN].

Dar Deus Administrar o viático [AN].

Dar de vaia 1. *Lus*. Chamar por alguém em voz alta; saudar; cumprimentar; despedir. **2.** Não dar atenção [GAS].

Dar de vela *Bras., CE*. Frase que exprime a ordem de retorno para a jangada voltar para a terra; voltar da pesca [JIF].

Dar de ventre Ver *amarrar a gata* (2)

Dar dica *Bras*. Sugerir; propor; ensinar: "Vou dar dica, mas vê, cara, se aproveita..." [JB].

Dar dinheiro Ser rentável; dar lucro: "Ele o que quer é café, e mais café, que é o que dá dinheiro" (Bernardo Guimarães, *A escrava Isaura*, p. 40).

Dar dói, chorar faz ranho Frase que se diz a quem pede que se lhe dê algo [AN].

Dar doideira *Bras., gír*. Ficar nervoso: "Deu doideira, num guentei e ripei o viado" (*sic*) [JB].

Dar dois dedos de prosa Conversar um pouco; conversar durante pouco tempo; ter um rápido diálogo com alguém; ter conversa muito curta, ligeira: "Era um que toda tarde vinha dar dois dedos de prosa comigo. Gostava de tirar pilhéria..." (Jorge Amado, *Capitães de areia*, pp. 60-1); "... confiado na conversa que eu puxara com ele, na manhã do barulho com o carreiro, vinha ao chalé dar dois dedos de prosa" (José Lins do Rego, *Pureza*, p. 101); "Venceslau veio aqui em casa para darmos dois dedos de prosa" [AN/F&A/FF/GAS].
Var.: *dar dois dedos de conversa, trocar dois dedos de prosa*

Dar dor de cabeça Causar aborrecimentos, preocupação, cuidados [AN/CLG].

Dar duas palavras/palavrinhas Fazer brevíssima exposição; ter conversa breve, resumida: "– Boa noite, doutor. Eu até queria dar duas palavras a vosmicê..." (Jorge Amado, *Mar morto*, p. 166) [AN/GAS].

≠ **Não dar duas para a caixa** *Lus*. Já não ter juízo; não ter tino [GAS].

Dar (uma) dura *Bras., BA*. Censurar, achacar, repreender alguém: "– Mas dessa vez o nosso amigo aqui foi junto e deu uma dura danada nele" (Ivan José de Azevedo Pontes, *As outras pessoas*, p. 64); "Gente, *algaravia* (aliás, palavra árabe) um moleque agressivo ameaçando criar caso porque a moeda dada não era suficiente. Pedi ajuda ao homem do bazar que deu uma dura no garoto, e tudo bem" (Jefferson del Rios, *Uma*, ano 2, nº. 15, dez./2001, p. 114); "Vou dar uma dura neste viado (*sic*) que continua aprontando" [JB/NL].

Dar duro Ficar firme; não ceder.

Dar (no/um) duro *Bras., gír*. Trabalhar em ritmo acelerado; trabalhar muito, em serviço fatigante ou prolongado; trabalhar duramente, com afinco fazer grande esforço; não ser poupado no trabalho; não poder ter descanso; aquele que se habitua a vi-

ver inquieto em suas atividades profissionais: "[Ricardo] Bergman é um dos 1000 brasileiros que nos últimos três anos dispensaram as férias nacionais para dar duro na terra do Tio Sam" (Daniella Camargo, *Veja*, 3/11/99, p. 73) [AT/FS/JB/RBA/RG/TC].
Sin.: *dar o/um murro*
Var.: *dar um duro danado*

Dar duro na vida Trabalhar; trabalhar arduamente; ter ocupação remunerada: "... malandro diplomado que nunca dera duro na vida, mas não relaxava a boa pinta, um bom papo e muita animação" (Romeu de Carvalho, *Carro Doce*, p. 25); "Começou trabalhador braçal, deu duro na vida e acabou corretor de terrenos" (Fernando Sabino, *O homem nu*, p. 158).

Dar em águas de bacalhau *Lus*. Fracassar uma tentativa; sofrer malogro; ficar em projeto; não ir por diante; ficar em nada; não se realizar; dar em nada; frustrar-se (falando-se de um negócio ou intento) [ABH/FF/GAS/MPb].
Var.: (lus., bras.) *ficar em água(s) de bacalhau, terminar em água de bacalhau*

Dar em bola *Bras., RJ, desp., gír.* Tocar na bola [Net].

Dar em chalado *Lus*. Enlouquecer; ficar maluco [GAS].
Sin.: *dar em doido*

Dar em cheio 1. Acertar o alvo, exatamente no ponto desejado; conseguir o que desejava; ter sorte. **2.** Adivinhar; abordar exatamente o assunto pretendido [AN/GAS/TC].

Dar em cima de 1. Atacar; perseguir: "A polícia deu em cima" (Fran Martins, *Dois de ouros*). **2.** Procurar; insistir (com alguém); cobrar: "Só combinados é que davam em cima de um e de outro" (Fran Martins, *O Cruzeiro tem cinco estrelas*). **3.** Atingir; encontrar: "A polícia, perseguindo maconheiro, deu em cima do roçadinho" (Rachel de Queiroz, *Cem crônicas escolhidas*). **4.** *Bras., pop.* Elogiar; lisonjear; usar todos os meios para conquistar; perseguir com atenções; procurar agradar, visando a uma conquista amorosa; tentar conquistar; requestar; galantear; assediar uma pessoa com intuitos amorosos; batalhar (alguém) para namorar (ver Manuel Cavalcanti Proença, *Roteiro de Macunaíma*): "Bonitão: Eu não dou em cima de mulher nenhuma, você sabe disso" (Dias Gomes, *O pagador de promessas*, p. 23); "Um cromo, a danada da bichinha! Com certeza foi por isso que o velho deu em cima..." (Amando Fontes, *Os corumbas*, p. 46); "O barão Scarpia, personagem de Sardou eternizado por Puccini, dá em cima da mulher que deseja – e nada o detém" (Carlos Heitor Cony, *Folha de S. Paulo*, cad. 1, 29/12/96, p. 2); "Tá dando em cima dela, mas vai com muito jeito, ela é arisca" [ABH/AT/FS/JB/LAF/MSM/OB/RMJ/TC].
Sin. (4): *dar no duro, fazer a corte*
Var. (4): *voar para/pra cima de* (3)

Dar em coco de macaco Diz-se de negócio cujos resultados, ao invés de proporcionar as vantagens presumidas, acarretam prejuízo [RBA].

Dar em doido Ver *dar em chalado*

Dar em droga 1. Tornar-se intrujão; perder a confiança dos outros; resultar em nada; não dar bom resultado; não prestar; falhar; terminar mal; não dar lucro; fracassar; degenerar; malograr-se; frustrar-se; arruinar-se; acabar em barulho ou em insucesso: "Casamento com muito amor e pouco raciocínio... dão sempre em droga" (Lauro Palhano, *O Gororoba*). **2.** Desacreditar(-se); diz-se da mulher promíscua; (*lus*.) prostituir-se: "Desse dar em droga nascera o bastardo" (Camilo Castelo Branco, *Novelas do mundo novo*). ♦ LM registra a expr. como sendo uma gír. luso-bras., sem, contudo, atribuir-lhe significado [ABH/AN/GAS/OB/RG/TC].
Sin. (1): *dar em nada, dar em pantana(s)*

Dar em gol *Bras., RJ, desp., gír.* Chutar para o gol [Net].

Dar em nada Não ter bom êxito; não dar certo; falhar; fracassar; acabar-se [ABH/AT/GAS/TC].

Dar(-se)

Sin.: *dar em droga* (1), *dar em pantana(s)*, *fazer água* (2)

Dar em pantana(s) Estragar-se; arruinar(-se); falir; falhar: "O cataclismo cósmico, enfim, que podia surgir dum momento para outro e dar com tudo em pantanas..." (Aquilino Ribeiro, *Mônica*) [ABH/AN/ECS/FSB/GAS].

Sin.: *dar em droga* (1), *dar em nada*

Dar em raia Dar em malogro [GAS].

Dar em seco Chegar o navio a um local sem água: "Nisto dá em seco a galeota em que vinha o capitão Paulo do Rego Pinheiro" (Bulhão Pato, *Portugueses na Índia*) [ECS].

Darem-se como cães Darem-se mal [GAS].

Sin.: *darem-se como o cão e o gato*

Dar(em)-se como Deus com os anjos Darem-se muito bem; ter uma convivência bonançosa; dar-se bem no seu relacionamento; viver na melhor harmonia com toda a gente [GAS].

Var.: *estar/viver como Deus com os anjos*

Darem-se como o cão e o gato Ver *darem-se como cães*

Dar em terra Derribar; cair [AN/GAS].

Dar (com tudo) em Vaza-Barris *Ant.* Dar em nada; arruinar-se; perder, dissipar a fortuna; perder tudo. – A frase vem do naufrágio da urca *Grifo dourado* em 1590, na enseada do rio sergipano deste nome (Basílio de Magalhães, *Expansão*). Vaza-Barris é, registra FSB, um afluente do rio São Francisco [AN/FSB/GAS].

Sin.: *dar tudo em pandarecos*
Var.: *dar com tudo em Pandarane*

Dar ensachas *Lus.* Tratar com familiaridade: "Ela estava a dar ensachas ao forasteiro?" [GAS].

Sin.: *dar confiança* (1)

Dar escova *Lus.* Lisonjear; adular [GAS].

Dar (um) espetáculo. **1.** Ser objeto de zombaria, mofa ou escândalo; proceder de modo que provoque o riso. **2.** Provocar ou dar escândalo, desordem [ABH/GAS/TC].

Sin. (1): *prestar-se ao ridículo*
Var. (1): *servir de espetáculo*

Dar espeto Ver *dar o calote*

≠ **Não dar espiga** *Lus.* Não facilitar; não vacilar; não errar; não falhar [MPb].

Sin.: (bras.) *não dar bandeira*

Dar (um) esporro Censurar violentamente; dar forte reprimenda; repreender: "Perdi a cabeça. Me pendurei no andor e dei um tremendo esporro: Tá rateando, merda? Decola logo, sua filha da...!" (Aldir Blanc, *Bundas*, 13/3/00, p. 11); "Eu dou esporro porque sou esporrento"; "Dei um esporro naquele canalha, que nunca mais ele faz outra" [JB/MPa/NL/TC].

Sin.: *dar uma regulagem*
Var.: *pagar (um) esporro*

Dar esquema *Bras., gír.* **1.** Organizar emboscada contra adversários: "Vou dar esquema contra aqueles vagabundos." **2.** Resultar em negócios: "Nesta operação tem jogo, dá esquema" [JB].

Dar estribo Ver *dar confiança* (1)

Dar (o/um) estrilo Ralhar; brigar; reclamar asperamente; estrilar; zangar-se [GAS/TC].

Dar (uma) facada Pedir dinheiro; pedir dinheiro emprestado; extorquir dinheiro: "A vida dela é na Praça do Ferreira dando facada em quem passa"; "Vou dar uma facada no chefe, que é cheio da grana" [AJO/FS/JB/MPa/TC].

Var.: *dar facadas*

Dar faísca Dar bom resultado [GAS].

≠ **Não dar faísca** Não dar resultado [GAS].

Dar falta de Notar a ausência de algo ou alguém: "– Cadê a Pilar? – eu logo dei falta dela" (Ana Maria Machado, *Amigos secretos*, p. 36).

Dar fé Perceber; ver; notar; assistir: "Comunicou ao Sem-Pernas que fora a coisa mais canja do mundo, que ninguém dera fé na casa, que todos tinham continuado dormindo" (Jorge Amado, *Capitães de areia*, p. 97); "Quando dei fé, ouvi o barulho de um corpo espalhando a água; levei a lazarina à cara, e, pensando que eram os pa-

tos, ia papocar fogo" (Domingos Olímpio, *Luzia-Homem*, p. 134); "Bacanaço deu fé do relógio, seu Movado com corrente de ouro" (João Antônio, *Malagueta, Perus & Bacanaço*, p. 24); "Nem deu fé da minha presença" [ABH/AN/CGP/MGa/PJC].
Sin. (1): *dar de/por si*

Dar (por) fé 1. Afirmar algo como verdade; testificar; bisbilhotar. **2.** Garantir, por encargo legal, a verdade ou a autenticidade do texto de um documento ou de um relato, de uma assinatura etc. [ABH/AC/AN].
Var. (2): *portar por fé*

Dar fé a Acreditar em; acreditar; crer [ABH/AN].

Dar fé de *Lus., Minho.* Lembrar-se [GAS].

≠ **Não dar fé de nada** Não ouvir; não ver; não perceber [GAS].

Dar fezes Ver *dar (a maior) merda*

Dar fiau Vaiar; apupar; zombar [FS].

Dar (um) fim 1. Terminar; concluir; rematar. **2.** Dar sumiço; perder; fazer desaparecer: "Botou sal no chão, jogou tudo no mato, deu fim na bezerrada" (João Ubaldo Ribeiro, *Sargento Getúlio*, p. 32); "... e quero ver ninguém me segurar, chego lá e me ajeito e dou um fim nessa situação..." (*Id. ibid.*, p. 100). **3.** Extinguir; liquidar; matar; assassinar: "... e açoitando a mulher com uma peia de relho cru como se ela fosse um animal bravo, o diabo aproveitou-se para dar fim à vida do coronel..." (José Alcides Pinto, *Os verdes abutres da colina*, p. 25) [ABH/CGP/Gl/MGa/TC].
Var.: *pôr fim*

Dar fino *Lus.* Ter sorte; acertar [GAS].

Dar firmeza do terreiro *Umb.* Riscar pontos na porteira, sob o altar, defumar, cantar determinados pontos etc., coisas que são feitas antes de uma sessão de terreiro umbandista para afastar ou impedir a entrada de más influências espirituais [OGC].

Dar (o) flagra *Bras., gír.* Flagrar; apanhar em flagrante: "O cornudo deu flagra na vaca que amava" [ABH/JB].

Dar (o) flanco Dar lugar por onde possa ser atacado; dar a conhecer seu fraco; apresentar um ponto fraco [AN/GAS].
Var.: *oferecer o flanco*

Dar fogo *Bras., CE.* **1.** Oferecer cigarro ou charuto aceso para outra pessoa acender seu cigarro ou charuto. **2.** Animar; prestigiar: "Não dá fogo a este cabra que isto é um sujeito precipitante!" (Leonardo Mota, *Violeiros do Norte*, p. 239). – No sentido 2, "fogo" está com o sentido de "fôlego" [AN/FS/LM].

Dar (a maior/uma) força Estimular; apoiar; prestigiar; animar; ajudar; incentivar: "Quando acabaram, Vinícius deu uma força – 'você vai longe' – e nunca mais se lembrou do encontro, e tampouco de ter, naquela noite, conhecido Toquinho..." (Regina Zappa, *Chico Buarque*, pp. 46-7); "Ele fechava os olhos, movia os ombros e, quando eu podia, sempre erguia o polegar para lhe dar uma força" (Fernando Gabeira, *Entradas & bandeiras*, p. 140); "Vou dar a maior força ao meu pessoal"; "Fui lá dar uma força pra ele" [ABH/JB/LAF].

Dar fraternos Ter cuidados, apoquentações [GAS].

Dar frutos Produzir bons resultados [GAS].

Dar fuete *Bras., NE.* **1.** Ocorrer encrenca, situação embaraçosa. **2.** Fazer tropelias, traquinagem [TC].

Dar fuga Dar liberdade; dar oportunidade; ensejar: "Falou, falou, não dando fuga pra eu me defender"; "Deu fuga pra fugir" [Gl/TC].

Dar fumos *Lus.* Dar indícios; nutrir suspeitas [GAS].

Dar fundo 1. *Lus.* Morrer. **2.** *Náut.* Lançar a âncora (a embarcação): "O navio deu fundo ao amanhecer" [ABH/AN/GAS].

Dar furo Dar certo; resultar; dar resultado [GAS].

≠ **Não dar furo** Não falhar: "Vê se não dá furo, cara, a situação tá crítica" [JB].

Dar (uma) gaitada *Bras., NE.* Gargalhar; rir alto e espalhafatosamente: "Udenista safado, eu disse, e cuspi no chão a mascada que estava na boca. O Chefe deu uma gaitada daquelas surdas, espiando o chão, com a biqueira cavoqueando" (João Ubaldo Ribeiro, *Sargento Getúlio*, p. 26) [BB].

Var.: *cair na gaitada*

Dar (um) galho *Bras., gír.* Acabar em complicação; resultar em confusão; ocorrer aborrecimento, barulho, briga; complicar; não dar certo; trazer dificuldades, complicações, aborrecimentos; diz-se quando se crê que um ato, por imprudente, precipitado ou inoportuno, produzirá consequências desastrosas ou grandes animosidades e vivas reações contrárias: "Nessa não entro, mano, vai dar galho"; "Se você não parar com esses telefonemas anônimos que anda fazendo, isto vai dar galho"; "Nessa eu não vou, xará, vai dar galho, tá na cara". – Os que desfazem complicações ou resolvem dificuldades, burocráticas ou não, "quebram galhos" [ABH/CLG/FF/JB/JF/RMJ].

Dar gamão *Bras., AL*. Dar um problema técnico; surgir uma complicação [Net].

Dar ganas/na gana Ter vontade repentina de: "Deu-me ganas de agarrar aquela velha estúpida" (João Clímaco Bezerra, *Não há estrelas no céu*, p. 8) [GAS].

Var.: *dar-lhe na real gana, ter gana(s)*

Dar ganja(s) a *Bras., S*. Dar importância a; dispensar consideração a (pessoa abusada, confiada, cheia de presunção) [ABH/FF].

Dar garapa *Fig*. Lisonjear alguém, para o reduzir àquilo que queremos; engarapar; enganar; iludir [LCC].

Dar garra a Empunhar: "Zefa deu garra a uma vassoura e cobriu o marido de pau" [AN/FS/LM/TC].

Var.: *dar (de) garra de*

Dar (de) garra de Empunhar; segurar; pegar; apanhar: "Ele deu de garra duma faca que estava em cima da mesa e furou ela" (Leonardo Mota, *Violeiros do Norte*, p. 239); "Empurrão, atiram casca de banana, toda porqueira que dão de garra (com licença de vosmecê)" (Moreira Campos, *Dizem que os cães veem coisas*, p. 41); "Dei de garra da faca e reagi" [AN/FS/LM/RG/TC].

Sin.: *dar (de) cabo de, lançar mão de* (1)

Var.: *dar garra a*

Dar (muito) gás *Bras*. Dar importância a alguém; ter consideração por alguém; incitar; alimentar a vaidade: "O patrão dá gás àquele mequetrefe... um pé de poeira, como os outros" (José Américo de Almeida, *A bagaceira*); "Você dá muito gás àquela mulher" [FF/FN/Gl/RG/TC].

Sin.: *botar fogo*

Dar geral *Bras., CE, dial. das gangues urbanas*. Expr. que significa "namoro íntimo" – conforme tese de doutorado da socióloga Glória Diógenes, da UFC [*O Povo*, 1º/6/98, p. 19A].

Dar goela Dar fácil entrada; abrir com facilidade [GAS].

Dar (mais) gosto ao cão *Fig*. Fazer a vontade do inimigo; dar satisfação a quem não deve. No sentido literal, é assim: " (...) Não se perdoando esta alma, / Faz-se é dar mais gosto ao cão: / Por isso absolva ela, / Lançai a vossa bênção" ("O castigo da soberba", auto pop., anônimo, do romanceiro nordestino, incluído no *Auto da Compadecida*, de Ariano Suassuna) [FN].

≠ **Não dar gosto ao cão** Apanhar e comer uma porção de comida que caiu no chão. – Acredita-se que a comida caiu porque o "cão" (satanás, demônio) estava querendo. Quando a gente está comendo alguma coisa que cai da mão, apanha do chão e diz: "Aqui só pisa gente conhecida, eu num vou nem dar gosto ao cão" [CGP/TGa].

Dar graças Estar agradecido; louvar a Deus; ser contemplado; dar-se por pago: "Se não tivéssemos nos reencontrado, talvez o vazio fosse maior. Dou graças por ter vivido esse amor por inteiro, enquanto foi possível" (Ana Luiza, 22 anos, *Marie Claire*, jun./1999, p. 72).

Dar grau *Lus*. Dar resultado [GAS].

≠ **Não dar grau** *Lus*. Não dar resultado [GAS].

Dar graxa *Lus.* Lisonjear com intenção premeditada [GAS].

Dar guarda Ficar de guarda, de sentinela; ser destacado para: "– O cabo Salu, dona. Um que dava guarda aqui na cadeia e foi destacado para o Juazeiro" (Rachel de Queiroz, *João Miguel*, p. 115) [TC].
Var.: *fazer guarda* (1)

Dar guita Ver *dar corda* (1) (2)

Dar homem por si Apresentar quem faça as suas vezes, que desempenhe os encargos que lhe cabem; mandar outrem em vez de si mesmo [AN/GAS].
Var.: *dar homem por nós*

Dar (o maior) ibope Conquistar a preferência de determinado público; receber audiência (rádio, tevê, aula, curso etc.); ser benquisto; ser sucesso; fazer sucesso; ser vantajoso: "A novela – cuja sinopse havia sido recusada três anos atrás por José Bonifácio Sobrinho, o Boni, então todo-poderoso na emissora – hoje dá um ibope médio de 32 pontos, baixíssimo para o horário" (Roberta Paixão, *Veja*, 19/5/99, p. 157); "Quando era mocinha eu era engraçada, mas percebi que ser engraçadinha e catita dava mais ibope" (Cláudia Ventura, *Bundas*, 25/6/99, p. 10); "O show deu o maior ibope. Tinha muita gente, cara". – Alusão ao Instituto Brasileiro de Opinião e Estatística (Ibope), órgão da mídia que se especializou em pesquisas (inclusive de audiência) [JB].
Var.: *ter ibope*

Dar (uma) ideia 1. Dizer pouco mais ou menos como foi ou como deve ser. **2.** Dar uma sugestão para fazer qualquer coisa [GAS].

Dar jeito Servir; ser conveniente, útil, prestável; convir; vir a propósito: "O carcereiro jogou água no ladrilho, várias latas, ia e vinha, ele tentou dormir na tábua suspensa, não dava jeito, era estreita..." (Garcia de Paiva, *Os agricultores arrancam paralelepípedos*, p. 24) [ABH/AN/FSB/GAS].
Sin.: *fazer arranjo*
Var.: *fazer jeito*

Dar laçaço *Bras., RS.* **1.** Estar (algo) muito bom. **2.** Ser (alguém) muito bonito e formoso [AJO].

Dar (uma) lambujem 1. Dar uma pequena vantagem, nas corridas de cavalos. **2.** Dar um lucro tenuíssimo, com que se engoda alguém [AJO/AN].

Dar largas a Dar liberdades; deixar expandir; desabafar: "Perplexo com a minha atitude, nunca discrepante das decisões aceitas pela coletividade, o reverendo deu largas à humildade e abriu mão do batismo" (Murilo Rubião, *O pirotécnico Zacarias*, p. 60) [GAS].
Sin.: *dar linha* (4)

Dar leitinho *Bras., S, chulo.* Copular [MSM].

Dar lenha 1. Diz-se de colisão entre dois carros. **2.** Bater [GAS].

Dar (uma) letra Fazer-se admirar; salientar-se; destacar-se; sobressair vitoriosamente, com a prática de um feito notável: "O meu Citonho, este ano, deu letra nos estudos..." (Leonardo Mota, *Violeiros do Norte*, p. 239); "O Pinto Martim, voando das estranja (*sic*) ao Ceará, deu uma letra e foi das grande..." (Leonardo Mota, *id.*) [FS/LM/RG].
Var.: *fazer uma letra*

Dar-lhe a filoxera Chatear-se subitamente; aborrecer-se com algo [GAS].

Dar-lhe a macacoa *Lus.* Morrer [GAS].

Dar-lhe a mosca Diz-se do que se mostra desassossegado, inquieto, aflito, irritado [AN/FSB/GAS].
Var.: *picá-lo a mosca*

Dar-lhe a solipanta *Lus.* Morrer [GAS].

Dar-lhe a travadinha Ver *dar a louca* (1)

Dar-lhe a valer 1. Trabalhar muito e depressa; produzir em grande quantidade. **2.** Bater muito [GAS].
Var.: *dar-lhe*

Dar-lhe a/na zoina *Lus.* Ficar amuado, zangado [GAS].

Dar-lhe forte e feio Bater sem olhar ao lugar onde bate [GAS].

Dar-lhe na bolha Ver *dar-lhe na cabeça*

Dar-lhe na cabeça ou na cabeça lhe dar Ser-lhe indiferente; pouco lhe importar [GAS].
Sin.: *dar-lhe na bolha*

Dar-lhe na maçaneta Bater na cabeça de alguém [GAS].
Sin.: *dar-lhe na moleirinha*

Dar-lhe na moleirinha Ver *dar-lhe na maçaneta*

Dar-lhe na mona *Lus.* Tomar uma resolução repentina [GAS].
Sin.: *dar-lhe na mosca*

Dar-lhe na mosca Ver *dar-lhe na mona*

Dar-lhe nas eivas Acertar alguém em seu ponto fraco; conhecer os defeitos, fraquezas e as más ações de alguém [GAS].
Sin.: (lus.) *dar-lhe nos livas*

Dar-lhe nas maturrangas *Lus., Trás-os-Montes.* Descobrir as manhas de alguém; tocar nos pontos vulneráveis de alguém [GAS].

Dar-lhe nas ventas Bater na cara de alguém [GAS].

Dar-lhe nos livas Ver *dar-lhe nas eivas*

Dar-lhe o badagaio *Lus.* Desmaiar; desfalecer; ter um troço: "Vai me dar um badagaio!" (i. e., "vou ter um troço") [GAS/MPb].

Dar-lhe para ali *Lus.* Resolver à toa [GAS].

Dar-lhe raspas Não dar nada a alguém [GAS].

Dar-lhe um ar Desaparecer; evolar-se [GAS].

Dar (a) língua Forma de insulto ou desrespeito, que consiste em estirar a língua à pessoa visada; mostrar a língua [NL/TC].
Sin.: *dar merda*
Var.: *estirar a língua*

Dar (a) linha *Bras., gír.* Sumir; desaparecer; ir embora: "Dei a linha e me mandei antes que a coisa ficasse ruça pro meu lado"; "Vou dar linha, gente, o ambiente tá ficando pesado" [JB].

Dar linha 1. Vencer por grande distância (diz-se dos cavalos de corrida); sobrepujar: "Não diga isso porque, todo mundo vendo, meu cavalo dá linha ao seu" (Leonardo Mota, *Violeiros do Norte*, p. 239); "Em negócio de mentira, o Basto dá linha ao Salgado" (Leonardo Mota, *id.*). **2.** *Bras.* Corresponder a namoro; flertar; namorar; alimentar o namoro; dar atenção ao papo do paquerador: "Ela me deu linha, agora tô amarrado." **3.** Soltar mais linha (ao papagaio de papel); deixar a pipa ser levada pelo vento. **4.** Dar confiança; dar importância. **5.** Provocar; estimular; inspirar; puxar conversa com alguém, para torná-lo mais loquaz: "Dá linha prele que ele vai embora, tá precisando de um empurrão" (sic). **6.** Romper com a namorada. ♦ JN atribui este modismo como sendo de uso em Belo Horizonte, MG, surgido num período de verão [FS/JB/JN/LM/Net/RG/TC].
Sin. (2) (4) (5): *dar corda*
Sin. (4): *dar largas a*

Dar linha à pipa *Bras., gír.* Elogiar, promover: "Acabei dando linha à pipa do cara" [JB].

Dar livre curso a *Fig.* Deixar correr ou seguir livremente; não opor nenhuma resistência a [ABH].

Dar lugar a 1. Ter como resultado; causar; originar: "Uma e outra coisa escandalizavam as solteironas que vinham para a Igreja e davam lugar aos mesmos comentários, cada dia, na hora vespertina da prece..." (Jorge Amado, *Gabriela, cravo e canela*, p. 89). **2.** Abrir caminho; reconhecer a superioridade de alguém. **3.** Dar oportunidade. **4.** Fazer supor; levar à ideia ou à conclusão de [ABH/AN].

Dar lustro *Lus., Univ. Coimbra.* Usar manhas para conquistar as boas graças dos professores [GAS].

Dar luvas Pagar uma forte soma, a fim de adquirir o direito de obter um contrato de locação de imóvel, ou coisa semelhante; gratificar; aliciar; dar prêmio em dinheiro ao locador. – As luvas são exigidas pelos proprietários geralmente para evitar o pagamento de selo, proporcional ao valor do contrato, ou para fraudar os ajustes escritos, quando os aluguéis se encontram sob controle oficial. A expr. "dar luvas" tem or. religiosa e vem do séc. XVII, ou de época ainda mais recuada. Negando-se as autoridades a pegar nas hastes do pálio nas procissões no séc. XVII, em Portugal, mandou-se pagar pares de luvas e repartir dinheiro com os ministros das rezas. *Larousse* dá a frase fr. como de or. esp., do tempo em que se recompensava o portador de boas notícias com luvas perfumadas (ver Ladislau Batalha, *História geral dos adágios portugueses*; Leite de Vasconcelos, *Opúsculo*, VII) [AN/GAS/RMJ]. Para conhecer mais sobre a expr., ver FSB, "Questões de português", p. 208, s. v.; LCCa, p. 123.

Dar (uma) luz *Bras., RS*. Dar vantagem em qualquer competição, especialmente em corridas de cavalos. – A "luz significa a distância entre um cavalo parelheiro e outro". Guris brincando apostam corrida, e o maior "dá uma luz" ao menor [AJO/LAF].

Dar luz ao trépano *Lus*. Estudar; entender [GAS].

Dar luz verde Ver *dar carta branca*

Dar maçada *Bras., CE*. **1.** Fazer as coisas vagarosamente. **2.** Diz-se de quem deu azar, de quem vacilou [AS].

Dar mais do que chuchu em/na cerca *Chulo*. Diz-se da "mulher que faz sexo com qualquer um": "Ela é foda, cara, dá mais do que chuchu na cerca. Não resiste a uma cantada" [JB].

Dar (uma) mancada *Bras., gír*. **1.** Errar; ficar mal perante outras pessoas; cometer engano; cometer uma gafe: "Isso é bom pra você aprender a não dar mancada – bronqueou" (Rogério Andrade Barbosa, *Rômulo e Júlia: os caras-pintadas*, p. 51); "Não mexa com aquela garota, pois ela é namorada do seu melhor amigo e você vai dar mancada"; "O cidadão deu uma mancada e se ferrou". **2.** *Bras., SP, gír*. Deixar alguém esperando: "Quem desconsiderar e não for companheiro, dando mancada ou fazendo pouco caso, não pode ser malandro" (João Antônio, *Patuleia*, p. 94) [JB/JF/ *IstoÉ*, 24/3/99, p. 64/RG].

Sin. (1): *dar um fora, marcar bobeira* (1)

Dar manchetes Envolver-se em acontecimentos que vão para a primeira página dos jornais; achar-se ou estar em evidência. – As manchetes dão na vista de todos, mesmo daqueles que não leem os jornais [AN/RMJ].

Var.: *estar nas manchetes*

Dar mangas Fornecer ocasião para fazer algo [GAS].

Dar (um) manguito Ver *dar banana(s)*

Dar manta *Bras., gír*. Enganar; ludibriar: "O Zé deu manta no Chico, vive aprontando" [JB].

Dar manteiga 1. *Lus*. Lisonjear, elogiar demasiadamente. **2.** *Bras*. Dar vantagem, facilitar em algum jogo, em alguma brincadeira [AN/GAS].

≠ **Não dar mão** *Lus*. Diz-se de animal que não deixa ninguém se aproximar [GAS].

Dar mão de amigo Cumprimentar alguém com um aperto de mão: "– Em carne e osso. Depois de dar-lhe mão de amigo, pedi-lhe que me aviasse depressa para poder eu chegar aqui cedinho" (Domingos Olímpio, *Luzia-Homem*, p. 133).

Dar mão forte a Dar todo o apoio a; apoiar; prestigiar; dar gente armada [ABH/ AN].

Var.: *prestar mão forte*

Dar marcha ré no quibe *Bras., gír., chulo*. Fazer sexo anal: "A bichona gosta mesmo é de dar marcha ré no quibe" [JB].

Dar margem Dar ocasião, lugar; proporcionar ensejo [AN/FSB/GAS].

Dar (o/um) mau passo Deixar-se seduzir ou deflorar; diz-se de donzela que perde a virgindade; perder a virgindade; diz-se de moça virgem que se "entrega": "Meninas na maioria que deram o mau passo no interior e foram expulsas de casa..." (*O Estado de S. Paulo*, 8/8/71, p. 42); "Dera um mau passo com o empregado da padaria" (sra. Leandro Dupré, *Gina*) [ABH/AN/MSM].

Dar(-se)

Dar (um) mau passo 1. Cometer uma falta grave, um crime; agir ou proceder mal. **2.** Prostituir-se: "Era parteira e fazia aborto nas moças que davam mau passo" (José Pereira de Souza, *Adivinha quem vem*) [ABH/AC/AN/GAS/TC].

≠ **Não dar meia para a caixa** *Lus.* Não conseguir [GAS].

≠ **Não dar meia tigela** Não valer nada; ser insignificante: "Pois vocês sete pra mim / Não dão meia tigela / Soldado, macaco e frango / Só me serve na panela" (Abraão Batista, *João Peitudo, o filho de Maria Bonita e Lampião*, p. 16).

Dar mel pelos beiços Ver *fazer a boca doce* (1)

Dar merda Estirar a língua; mostrar a língua. – No Tibete, é uma saudação [JB].
Sin.: *dar (a) língua*

Dar (a maior) merda *Bras., chulo.* Haver confusão; acontecer alguma coisa ruim: "Deu merda, porra, o Paulo tava armado"; "Deu a maior merda, antes eu não estivesse lá"; "Este troço tá errado, vai dar merda" [GAS/JB/MSM].
Sin.: *dar fezes*
Var.: *dar merdel*

Dar milho a avião *Bras., gír.* Diz-se do que paulistano fazia em aeroporto aos domingos para ver os aviões: "A paulistada adora dar milho a avião, seu programa de domingo" [JB].

Dar milho a bode *Bras., gír.* Tratar bem o adversário; ajudar: "Eu não vou dar milho a bode, não quero me complicar"; "Não vou dar milho a bode" [JB].

Dar milho a burro *Bras., gír.* Alimentar algo; prolongar: "Tô dando milho a burro, mas sei que não vai adiantar nada" [JB].

Dar mole *Bras., gír.* **1.** Facilitar: "Tem saído ao luar / Com um mímico / Ambiciona estudar / Canto lírico / Não dá mole pra polícia" (canção "Iracema voou", Chico Buarque, 1999); "Não vou dar mole, vou arrepiar". **2.** Namorar; mostrar interesse por alguém: "Ele conta que ainda gosta da *gata*, que é *puro suco* [= mulher de corpo perfeito], mas reclama que ela virou uma *maria tatame* [= só namora lutador de jiu-jitsu], por dar mole para um garoto da academia, no *sapatinho* [= escondido]". **3.** *Desp.* Deixar de se empenhar no jogo, por desânimo ou pela constatação de não valer a pena. **4.** Deixar-se vencer, por suborno [HM/JB/Vivianne Banharo, *Pais & Filhos*, Família, I, ago./1998, p. 49].

Sin. (3): *entregar a rapadura* (1), *entregar a mercadoria em domicílio, entregar o jogo, entregar o ouro* (2)

Var. (1): *dar moleza, dar o maior mole*

≠ **Não dar mole** *Bras., gír.* Exigir trabalho: "O chefe não dá mole" [JB].
Var.: *não dar moleza*

Dar mole pra preguiça Estar ou ficar sem fazer nada: "O malandro tá dando mole pra preguiça, vai acabar se ferrando" [JB].

Não dar moleza *Bras., gír.* Não facilitar: "Não vou dar moleza, vou encarar" [JB].
Var.: *não dar mole*

Dar montes Dar muito: "Ele deu-me montes de notas" [GAS].

Dar mosca Repetir-se um número (no jogo da roleta) [ABH].

Dar mostra(s) de Manifestar; aparentar; demonstrar: "E o padre, sem dar mostras de perceber o pasmo da cidade, sempre com as suas ferramentas, ativo e suarento" (Paulo Mendes Campos, *Balé do pato e outras crônicas*, p. 60) [GAS].

Dar muita sorte *Gír.* Ter bastante sorte; livrar-se sempre das situações difíceis: "Quando a mulher dele chegou, a outra tinha acabado de sair. E os amigos comentaram: 'É dar muita sorte!'" [JF].

Dar murro em faca de ponta *Bras.* Pretender o impossível e, às vezes, com risco pessoal; lutar com adversário mais forte; tentar coisa difícil e arriscada: "Num momento como este dar murro em faca de ponta! Se tivéssemos uma eleição federal de cabala, vá" (Graciliano Ramos, *São Bernardo*, p. 49) [ABH/AN/FS/LM/OB].
Var.: *dar murro(s) em ponta de faca*

Dar murro(s) em ponta de faca Pretender o impossível, às vezes contra si mesmo, e com risco pessoal; tentar coisa difícil e arriscada; agir afoitamente; arriscar-se muito; esforçar-se inutilmente, tentando fazer o impossível; insistir em fazer algo sem perspectiva de êxito: "Z [Zefinha] – ... Em mim você não se monta, / Cantor que me desafia / Dá murro em ponta de faca" (José Costa Leite, *Peleja de Jerônimo do Junqueiro com Zefinha do Chambocão*, p. 5); "Egeu: (...) Sozinha, fraca, assim é dar murro em ponta de faca" (Chico Buarque & Paulo Pontes, *Gota d'água*, p. 112); "E, mesmo que houvesse minissaia, eu não usaria, já estava ligada na prática do primeiro-foi-você, nunca perdi tempo em querer dar murro em ponta de faca" (João Ubaldo Ribeiro, *A casa dos budas ditosos*, p. 63); "Você não conseguirá mudar o pensamento dessas pessoas, não insista! Isso é como dar murro em ponta de faca" [DT/FF/FSB/JB/MPa/TC].
Var.: *dar murro em faca de ponta*

≠ **Não dar murro em ponta de faca** Ver *não dar ponto sem nó* (1)

Dar música *Lus*. Convencer; iludir; enganar; lisonjear [GAS].

Dar na bolha Ver *dar (na) veneta*

Dar na bucha *Desp*. Passar a bola a companheiro em situação propícia a fazer gol [HM].

Dar na cabeça 1. Imaginar, tomar uma decisão; decidir; convencer-se: "Um dia deu na cabeça de Zé Procópio que ele devia ser toureador" (Sabino Campos, *Catimbó*). **2.** Acertar; ser vencedor em competição ou disputa: "O cara ganhou um bolão; deu na cabeça" [JB/TC].
Var. (1): *ventar na cabeça* (1)

Dar na/pela/no meio da canela *Bras., CE*. Sobrar; existir em demasia, em quantidade, em grande número, em abundância: "Uísque dando pela canela – como diz Araci de Almeida, sempre que o escocês rola fácil" (Stanislaw Ponte Preta, *Rosamundo e os outros*, p. 43); "Anta aqui dá na canela" (Jáder de Carvalho, *Aldeota*); "... e o dinheiro dando no meio da canela" (Luís Cristóvão dos Santos, *Brasil de chapéu de couro*); "Compareceu gente, que dava na canela" [ECS/RG/TC].

Dar na cara *Bras., gír*. Tornar, ficar evidente: "Escancarou geral, deu na cara, todo mundo percebeu que é bicha" [JB].
Var.: *estar na cara*

Dar na cara do sapo *Bras., gír., chulo*. Fazer sexo: "Vou dar na cara do sapo de minha gata" [GAS].

Dar na cuia dos quiabos *Bras., PA*. Ir embora: O Palmeiras perdeu mais uma, deu na cuia dos quiabos" [TV Cidade, canal 8, *Jornal da Record*, ed. de 20/7/02].

≠ **Não dar nada em cachimbos de barro** *Lus*. Diz-se de quem não tem jeito para nada [GAS].

≠ **Não dar nada pela caçada** Não ter fé nos resultados [GAS].

≠ **Não dar nada por alguém 1.** Fazer pouco nos méritos dessa pessoa. **2.** Julgar alguém às portas da morte [AN].

Dar nado Não dar pé, i. e., não dar vau, só podendo atravessar a nado: "O rio deu nado" (Jáder de Carvalho, *Sua majestade, o juiz*) [TC].

Dar na doidice Tomar certa resolução imprudente, irrefletida, louca [TC].
Var.: *dar na loucura*

Dar na fogueira *Desp*. **1.** Lançar uma bola nas cercanias da pequena área. **2.** Passar a bola em situação difícil para quem a recebe [HM].
Sin. (2): *dar no abafa, dar no fogo*

Dar na fraqueza 1. Esmorecer; enfraquecer momentaneamente: "Deu na fraqueza, pegou no sono" (Rachel de Queiroz, *Dora, Doralina*). **2.** Ficar debilitado por falta de alimentação. **3.** Ter crise de choro: "Coitado! Esse deu na fraqueza!" (Rachel de Queiroz, *João Miguel*). **4.** Bater forte (a comida); diz-se quando algum alimento prostra pessoas ou animais já debilitados: "O deputado Ari Magalhães tá suando que nem tampa de chaleira. Foi da panelada que ele comeu. Deu na fraqueza"; "Sentiu sono. Era a dispepsia de um estômago vazio por muitos dias, e que de repente se encheu. 'Deu na fraqueza', como vulgarmente se diz" (C. de Moura Batista, *Capurreiros do Piauhy*) [CGP/PJC/TC].

Dar na laje 1. Secar (o rio, o açude, a lagoa). **2.** Fracassar [TC].

Dar na melgueira/malgueira (*sic*) *Lus*. Descobrir o que está escondido, sobretudo dinheiro; atinar com um posto oculto de observação sobre o procedimento de alguém. ♦ Não achamos registro para "malgueira" em nenhuma fonte, o que faz supor que tenha havido lapso ortográfico. Melgueira, conforme GAS, é "dinheiro escondido; coisa que se joga às ocultas; patifaria; pedincha (ou pechincha); vantagem; coisa que dá bons lucros; maquinação dolosa" [AN/GAS].

Dar na quarta *Bras., CE, pop.* Parir; dar à luz; sentar-se (a parturiente) numa quarta para o trabalho de parto. – "Quarta" é um cântaro, vaso de barro ou uma moringa, i. e., sentar-se na quarta (vaso de barro ou moringa) para dar início aos trabalhos de parto [ABF/ABH/AN/FN].

Var.: *descansar na quarta*

Dar nas bitáculas Bater na cara [GAS].

Dar nas canelas Fugir; ir-se embora: "Não tem limites para a frouxidão que faz o homem dar nas canelas e botar a alma no mundo..." (João Ubaldo Ribeiro, *Sargento Getúlio*, p. 10).

Var.: *dar à(s) canela(s)* (2)

Dar nas costas *Desp*. Lançar a bola a companheiro por trás de adversário, facilitando àquele o avanço para o gol [HM].

Dar nas ventas para trás Contrariar; impedir [GAS].

Dar na tineta Ver *dar (na) veneta*

Dar na tonta Ocorrer à lembrança; ter a ideia; meter-se-lhe na cabeça: "Deu-lhe na tonta o querer ser o rei de Portugal" (Manuel Pinheiro Chagas, *Histórias alegres de Portugal*, IV) [ECS].

Sin.: *dar (na) veneta*
Var.: *dar na tonteira*

Dar na tonteira Ocorrer à lembrança; tomar uma resolução maluca: "Deu-lhe na tonteira para vociferar" (Aquilino Ribeiro, *Geografia sentimental*, cap. 18) [ECS/GAS].

Var.: *dar na tonta*

Dar na trilha Acertar nos intentos de uma pessoa; adivinhar as intenções de alguém [ABH/ECS].

Sin.: *dar nos chesmininés*

Dar na veia Passar pela ideia; cogitar; resolver: "Deu-me na veia contar a história do menino" (José Lins do Rego, *Cangaceiros*) [TC].

Sin.: *dar (na) veneta*

Dar na(s) vista(s) Tornar-se, ser evidente ou notável; ficar claro; dar a perceber ou notar facilmente; ser notado; chamar a atenção; impressionar; causar escândalo; ficar público e notório: "Dá na vista que ele está apaixonado por aquela garota" (DT, VI série, p. 132); "Para não dar na vista dos chefes, quando estava me aproximando da agência, eu folgava a gravata e acelerava o passo" (Lourenço Cazarré, *O mistério da obra-prima*, p. 14) [ABH/AC/AN/DT/FF/GAS/TC].

Sin.: *saltar aos olhos*
Var.: *saltar à vista*

Dar nega /é/ **1.** Dizer que não. **2.** Diz-se quando a ereção falha no momento de iniciar cópula. **3.** *Constr*. Chegar (a estaca de uma fundação) à nega (i. e., ao limite máximo, geralmente expresso em centímetros) [ABH/GAS].

Dar nele 1. *Lus., Univ. Coimbra*. Diz-se da mulher que não é honesta ou do pederasta passivo. **2.** Bater em alguém. **3.** *Desp*. Fracassar na partida, nada conseguindo de proveitoso com a bola: "A bola deu nele o tempo todo" [GAS/HM/MSM].

≠ **Não dar nem para a saída** *Bras., pop*. Não ter, não apresentar condições de desempenhar cargo, função, tarefa, de ser vitorioso em eleição, competição etc.: "As três candidatas a secretária não deram nem para a saída" [ABH].

Dar(-se)

≠ **Não dar nem para o gás** Ser insuficiente [TC].

≠ **Não dar nem tchum** *Bras., gír.* Não ter a menor atenção: "O cara a quem você me indicou não deu nem tchum" [JB].

Dar nisso *Lus.* Exercer cópula; dar em invertido (Albino Lapa, *Dic. de calão*, Lisboa, 1974) [GAS/MSM].

Dar nó Usar magia negra contra alguém; enfeitiçar [OGC].

Dar no abafa Ver *dar na fogueira*

Dar no amoque Fraquejar; amuar de súbito; mudar de humor [GAS].

Dar no buraco *Desp.* Lançar bola para trecho de campo vazio, a fim de que companheiro, bem colocado, realize a penetração; escolher trecho do campo sem jogadores, para lançar a bola e atrair um companheiro em condições de investir rumo ao gol [HM].

Sin.: *dar no espaço vazio, procurar o vazio*

Dar no couro 1. *Desp.* Jogar bem o futebol: "O jogador será substituído; não dá mais no couro." – M. us. na forma negativa. O "couro" é a bola. **2.** Conseguir transar; diz-se de pessoa que tem bom desempenho sexual. **3.** *Bras., gír.* Entre os *headbangers*, cantar as meninas: "Dá no couro, cara, a gata tá dando chance" [ABH/AC/AN/JB/NL].

≠ **Não dar (mais) no couro** *Bras., NE, Centro, S.* Diz-se do homem sexualmente impotente (ver Euclides Carneiro da Silva, *Dic. da gír. brasileira*): "E paira sobre os intimoratos coroas o fantasma do declínio da performance sexual. Medo de não dar mais no couro, de adentrar o gramado com a bola mais murcha que a seleção do Zagalo..." (Aírton Monte, *O Povo*, 7/8/96, p. 4B); "Tu não dá mais no couro. Tu já virou *major*, Chiranha!" (Paulo Dantas, *O livro de Daniel*) [MSM].

Dar no(s) couro(s) Servir; acertar plenamente; conseguir fazer algo; satisfazer plenamente determinado objetivo; mostrar-se hábil num encargo; ter pendor, inclinação para certas funções especializadas ou para desempenhar determinado encargo [ABH/AN/TC].

Dar no duro Ver *dar em cima de* (4)

Dar nó em fumaça *Bras., gír.* Resolver qualquer problema: "O Luís Carlos Santos é craque mesmo: o homem dá nó em fumaça" [JB].

Var.: *dar nó em pingo d'água* (1)

Dar nó em pingo d'água 1. Resolver qualquer problema, por ser muito astuto ou hábil; ser espertalhão: "... como o senador Antônio Carlos Magalhães, o vice-presidente Marco Maciel e o Bornhausen, que dão nó em pingo d'água e ainda passam recibo" (Antônio Britto, gov., *Veja*, nº 1545, 6/5/1998, p. 15). **2.** Dar o que falar; causar problema, ou vexame: "População chia: trânsito tá dando nó em pingo d'água" (*Jornal da Rua*, 1º/2/00, p. 2) [JB/LM].

Var. (1): *dar nó em fumaça, dar nó em pingo de chuva*

Dar nó em pingo de chuva *Bras., gír.* Resolver qualquer problema: "O cara é foda mesmo, dá nó em pingo de chuva" [JB].

Var.: *dar nó em pingo d'água*

Dar no espaço vazio Ver *dar no buraco*

Dar no fogo Ver *dar na fogueira* (2)

Dar no goto /ô/ **1.** *Fig.* Agradar; causar gosto; dar prazer; ser objeto de agrado, de simpatia; chamar atenção: " – Que estás a malucar, Eleutério? – disse ele. A modo que essa carta te deu no goto!..." (Camilo Castelo Branco, *Amor de salvação*, p. 92). **2.** Matutar [ABH/AN/CPL/FF/FSB/GAS/RG/TC].

Var. (1): *cair no goto de*

Dar no jeito Diz-se de algo que ocorre no momento oportuno [AJO].

Dar no juízo Querer; achar por bem: "Pois, dando no juízo fazer isso, eu pego uns apitos e umas cornetas e chamo esse meu Exército que eu sou Comandante e entro em Aracaju com vosmecê numa parada..." (João Ubaldo Ribeiro, *Sargento Getúlio*, p. 146).

Dar(-se)

Dar no macaco *Bras., NE, BA, chulo.* Masturbar-se (o homem) (ver Edison Carneiro, *A ling. popular da Bahia*, Rio de Janeiro, 1951) [FN/MSM].
Sin.: *bater punheta*

Dar nome *Bras., BA.* Falar palavrão [NL].

Dar nome a Nomear; apelidar; tornar afamado, famoso, célebre [AC/FF/FSB].

Dar (o) nome aos bois *Bras.* Revelar nomes que se vinham ocultando, geralmente por se tratar de protagonistas de acontecimentos desabonadores; indicar expressamente a quem se está referindo; nomear as pessoas; dizer de quem se trata; falar claramente sem omitir os verdadeiros nomes: "Vou dar nome aos bois e falar de todas as mulheres com quem dormi" (Nélson Gonçalves, cantor, *IstoÉ*, 19/11/97, p. 6); "O ex-chanceler admitiu a doação ilegal de mais de US$ 50 mil à CDU entre 1989 e 1993, mas negou-se a dar nome aos bois" (Kátia Mello, *IstoÉ*, 26/1/00, p. 105); "Semana que vem eu dou nome aos bois e às cabras para tudo ficar mais claro" (Fernando Costa, *O Povo*, 21/9/98, p. 5B). – Quando alguém faz acusações vagas, apontando desonestidade em serviços públicos ou privados, sem nomear os responsáveis, é geralmente convidado a dar nome aos bois, i. e., a apontar os culpados. É um adágio atribuído a Erasmo, sábio dos sécs. V-VI [ABH/AN/GAS/JB/RMJ/TC].
Sin.: *dizer pão, pão, queijo, queijo*

Dar no(a) mesmo(a) Ter o mesmo resultado (que uma medida etc., tomada anteriormente); não apresentar nenhuma diferença; não haver alteração; continuar tudo como estava; ser a mesma coisa: "– De ágata ou de porcelana, dá na mesma" (Carlos Drummond de Andrade, *De notícias e não notícias faz-se a crônica*, p. 88); "Pode tomar qualquer destas ruas: dá no mesmo" [ABH/GAS].

Dar no nariz para trás Reprimir; corrigir; educar [GAS].

Dar nó no marcador *Desp.* Driblar, girando com a bola em torno do marcador, jogador que tem como função marcar [HM].

Dar no pé *Bras., gír.* Ir(-se) embora; sair (apavorado); sumir; fugir apressado; sair ligeiro; correr; chispar; retirar-se: "Depois encontramos com a alma da chuva que vinha do lado / da Bolívia – e demos no pé" (Manoel de Barros, *O livro das ignorãnças*, p. 97); "Guardei o Viagra, recolhi o bastão de comando e dei no pé" (Aldir Blanc, *Bundas*, 25/6/99, p. 18) [ABH/AN/AT/CGP/CLG/GAS/JB/MGa/MPa/RBA/TC/TGa].
Sin.: *cair fora, capar o gato,* (CE) *castrar o felino, dar às de vila-diogo, dar o pira*
Var.: (lus.) *andar nos pés, quebrar no pé*

Dar no pinote *Bras., gír.* Fugir: "O malandro deu no pinote e pirulitou-se" [JB].
Var.: *dar o/um pinote* (1)

Dar no ponto 1. Atinar com um ponto de observação oculto sobre o procedimento de alguém. **2.** *Bras., CE.* Acertar [AN/RG].

Dar no porco *Mad.* Fazer asneira; falir [GAS].

Dar no que dar Acontecer o esperado: "Deu no que deu e não poderia ser de outra forma" [JB].

Dar no saco Ver *encher o saco*

Dar nos calcanhares. *Pop.* Fugir [ABH/AC/CLG].

Dar nos cascos *Bras., gír.* Fugir; sumir: "O Miguel deu nos cascos, sumiu no mundo" [ABH/JB].
Sin.: *dar às de vila-diogo*

Dar nos chesmininés Atinar; adivinhar. – Chesmininés são atavios, adornos [ABH].
Sin.: *dar na trilha*

Dar nos couros Ter jeito para a profissão de vaqueiro [TC].

Dar nos dedos *Bras., RS.* Vencer gloriosamente o oponente, num debate ou num confronto qualquer [LAFa].

Dar no sete Acertar; ter razão; compreender: "– E se a gente saísse por aí e acabasse com uns candomblés? – propôs Candinho Faroleiro. – Você deu no sete. O

doutor Pedrito vai gostar – apoiou Mirandolino" (Jorge Amado, *Tenda dos milagres*, p. 170).
Var.: *dar no vinte*

Dar nos gosto (sic) *Bras., CE, chulo.* Atingir o orgasmo [MGb].

Dar nos nervos *Bras.* Ficar nervoso: "Deu nos nervos e arrepiei, cara" [JB].

Dar nos olhos Chamar a atenção, tornar-se reparado [AN].

Dar no vento *Desp.* **1.** Jogar mal. **2.** Chutar em falso, não alcançando a bola no seu trajeto; furar [HM].

Dar no vinte *Fig.* Acertar; entender; compreender; perceber o ponto essencial de um negócio; adivinhar; atingir; ganhar; alcançar o desejado: "– Sem mais nem menos; deu no vinte, atalhou Martinho, e chamando-os para junto da porta..." (Bernardo Guimarães, *A escrava Isaura*, p. 82); "– Queres saber, Araújo?! Dei no vinte! Achei uma excelente cozinheira!" (Arthur Azevedo, *Contos fora da moda*). – O "vinte" era, no jogo da bola, um pau que valia pontos [ABH/AC/AN/FF/GAS/TC]. Ver tb., para saber mais, LCCa, p. 81.
Var.: *dar no sete*

Dar número Ajudar com sua presença a abertura da sessão [AN].

Dar o abra *Bras., gír.* Ir embora: "Vou dar o abra, tá na hora de me mandar" [JB].

Dar o alamiré Tocar levemente num assunto; dar pequena indicação que desperte a atenção ou a memória [ABH/AN/GAS].
Var.: *dar um lamiré*

Dar o ar da graça Aparecer; mostrar-se; mostrar o seu lado prazenteiro: "Pois azedou a cocada. Nenhum desses referidos ou sequer o restante da multidão de super-heróis dá o ar da sua graça para enfrentar os mais perigosos adversários que a sociedade conheceu" (Carlos Chagas Filho, *Manchete*, 8/5/99, p. 9); "Quem quer dar o ar da graça agora é o filho de Sônia Lafoz, na verdade a filha, que por enquanto só tem 4 meses de vida e mal sabe a batalha que a mãe guerrilheira travará com o MR-8" (Luiz Maklouf Carvalho, *Mulheres que foram à luta armada*, p. 407); "E, ao lado de Mário Sérgio Lopes e Odete, deram o ar da graça no Recifolia – o carnaval fora de época dos *pernambucos*" (Chrystian de Saboya, *Tribuna do Norte*, Natal, cad. Viver, 24/10/00, p. 5); "Luiz Inácio Lula da Silva também não deu o ar de sua graça" (Ana Pessoa *et al.*, *Veja*, 6/5/98, p. 29); "Você não dá o ar de sua graça, maninho?" [CLG/JB].
Sin.: *dar a(s) cara(s)*

Dar o arroz *Lus.* Dar o corretivo [GAS].

Dar o aspirante Mandar embora; aconselhar ou facilitar a fuga [GAS].

Dar o assejo (sic) *Lus., Vila do Conde.* Largar, ir para o mar ao pôr do sol [GAS].

Dar o bacurejo /ê/ *Bras., gír.* **1.** Fazer um balanço; conferir as finanças; revistar; conferir. **2.** Roubar; furtar num piscar de olhos. **3.** Em ling. policial, dar uma batida, fazer uma *blitz*; refere-se a revista pessoal feita por um policial: "Zé Procópio levava 22 dólares (cigarros de maconha) dentro da cueca, quando os canas deram o bacurejo e encontraram a mercadoria" (*Jornal da Rua*, 28/5/99, p. 9). ♦ FSB registra "bacorejo", como sin. de "pressentimento, suspeita", do v. "bacorejar" [CGP/MGb/TG/TGa].
Sin. (2): *dar o ganho*

Dar o bafo Morrer [GAS].

Dar o balanço *Teat., gír.* Verificar, mediante ensaio corrido, se os atores já dominam perfeitamente os seus papéis [ABH].

Dar (com) o basta Dar a conversação por terminada; acabar com algo; fazer cessar algo cuja continuação não convém (despedir um empregado, terminar um namoro etc.) [ABH/AN/CGP/GAS].
Sin.: (NE, CE) *dar um chega*

Dar o beiço *Bras.* **1.** Ceder, por covardia ou devido a circunstâncias imperiosas: "Então viu-se forçado a entregar os pontos, dar o beiço ao outro, como eles diziam" (Fran Martins, *Poço de Paus*, p. 149). **2.** Falar finalmente com o desafeto, com o intuito de cessar as hostilidades [AJO/JB/LAF/TC].

Dar(-se)

Dar o/um beiço *Bras., gír.* Deixar de pagar uma dívida; não pagar a conta; sair sem pagar; enganar num negócio; aplicar um golpe; comprar alguma coisa e não pagar; deixar de pagar dívida; calotear: "Quando tinha dinheiro pagava, quando não tinha dava o beiço..." (Rachel de Queiroz, *Dora, Doralina*, p. 68); "Está de volta o empresário Jorge Piano, que reinava no mercado negro de dólares antes de dar o beiço nos investidores" (Ancelmo Gois, *Veja*, 5/5/99, p. 31); "Os formandos deram um beiço no restaurante do Ticão" [ABH/FN/JB/MPa/NL].
Sin.: *dar um calote*
Var.: *dar o maior beiço, passar o beiço*

Dar o berro 1. *Lus., Univ. Coimbra.* Morrer; findar; acabar. **2.** *Port., desp.* Fazer sinal para sair do jogo por cansaço [GAS/HM].
Sin. (1): (chulo) *dar o peido mestre*

Dar o bicho Ser sorteado certo número no jogo do bicho [TC].

Dar o boga Ver *dar o rabo*

Dar o bote 1. Agir no momento certo; tomar iniciativa; avançar num intento: "Basta encontrar a oportunidade certa para dar o bote" (*Você S. A.*, ago./1998, p. 15). **2.** *Bras., DF, gír. rap e rock.* Pegar alguém em flagrante. **3.** Roubar alguém [JB/Net].

Dar o bote e esconder a unha Agir sorrateiramente (como o gato, que tem as unhas curtas, encobertas); fazer algo irregular ou proceder incorretamente, procurando não deixar vestígios de culpa; dissimular; disfarçar; ser dissimulado, hipócrita, astuto [ABH/CGP/TC].
Sin.: *fazer que nem gato: dar unhada e esconder a unha*
Var.: (NE, CE) *dar uma unhada e esconder a unha, dar unhada e esconder as unhas*

Dar o braço a torcer *Bras.* Mudar de opinião, ante a evidência do erro; confessar-se vencido, derrotado; confessar fraqueza ou ignorância; confessar que errou; concordar com uma opinião contrária à própria; ceder; aceitar ou admitir uma derrota; convencer-se de que errou; reconhecer um erro ou uma derrota: "Pela primeira vez, o 'duro na queda' deu o braço a torcer" (Marconi Alves, *O Povo*, 20/7/97, p. 14A); "O prefeito de Fortaleza, Juraci Magalhães, deu o braço a torcer e admitiu que a Emlurb realmente pisou na bola com relação à administração do aterro de Caucaia e pediu um tempo para resolver o problema" (*Jornal da Rua*, 8/6/99, p. 3) [ABH/AC/CLG/DT/FF/GAS/JB/OB].
Sin.: *dar a(s) mão(s) à palmatória*

≠ **Não dar o braço a torcer** Obstinar-se; mostrar-se irredutível; não concordar; não ceder; não se render à evidência; insistir na opinião própria, não se rendendo à evidência; não se confessar vencido: "Seria rebaixar-me, fazer como essas que continuam a querer bem ao homem que as despreza, surra e maltrata; seria contra o meu gênio de não dar o braço a torcer, de não dar parte de fraca, de sofrer calada" (Domingos Olímpio, *Luzia-Homem*, p. 129); "Como macho, iria morrer, mas não daria o braço a torcer" (Dias Gomes, *Apenas um subversivo*, p. 136); "Ela não deu o braço a torcer: – Vamo' ver se quando tu sair toma vergonha e casa" (Jorge Amado, *Seara vermelha*, p. 237). – Reminiscência das torturas da Inquisição (ver Ladislau Batalha, *História geral dos adágios portugueses*) [ABH/AC/AN/GAS/TC].

Dar o bute Exasperar-se; enfurecer-se: "O Major vai dar o bute com a morte do outro" (José Lins do Rego, *Cangaceiros*) [Gl/TC].

Dar o cabaço *Bras., chulo.* Perder a virgindade (diz-se da mulher).

Dar o/um cabaço Ver *dar (com) a tábua*

Dar o cadilho Acabar; morrer [GAS].

Dar o calado como resposta Não responder; não ligar às interpelações; nada responder: "Fechei a minha boca e dei o calado como resposta" (José Lins do Rego, *Cangaceiros*) [LM/TC].
Var.: *dar calado por resposta*

Dar o calote Enganar; velhacar; calotar; trapacear: "E afinal não levou nada, a morte lhe deu o calote" (Rachel de Queiroz, *Dora, Doralina*, p. 223).

Sin.: (BA) *dar birro*, (BA) *dar espeto*

Dar o/um cano *Bras., gír.* **1.** Não cumprir o prometido; falhar com alguém; prometer e não cumprir: "Dei um cano no safado, mas ele merecia." **2.** Comprar algo e não pagar: "Não tenho erva, porra, por isso vou dar o cano" [JB/MPa].

Dar o cavaco/cavaquinho por Gostar muito de; apreciar muito; ser afeiçoado a: "Afinal, era um escândalo, e a mãe de Inês dava o cavaquinho pelos escândalos" (Aluísio Azevedo, *O Coruja*) [ABH/AC/AN/FF].

Dar o cavanço *Lus.* Fugir; evadir-se [GAS].

Dar o chá Exibir-se [DVF/GAS].

Dar o chicote Ver *dar o rabo*

Dar o coice Mostrar-se inquieto [AN].

Dar o contra Opor-se; votar contra; recusar; discordar; não atender: "Em nossa farmácia deram-lhe o contra" (José de Figueiredo Filho, *Meu mundo é uma farmácia*); "Vou dar o contra, não tenho opção" [AN/JB/TC].

Dar o corpo ao manifesto *Lus.* **1.** Deixar-se espancar; entregar-se à prisão. **2.** Trabalhar muito. **3.** Expor-se; arriscar-se [GAS].

Dar o corpo à terra fria Morrer [*Id.*].

Dar o couro *Bras., RS.* Apanhar [AJO].

Dar o couro às varas *Bras., CE, fam. e pop.* Morrer: "Talvez já tivesse dado o couro às varas, que pessoa como ele não podia aguentar verão puxado" (Graciliano Ramos, *Vidas secas*, p. 23). – Alusão ao espichamento, por meio de varas, do couro do animal abatido para o consumo [ABH/AN/FSB/LM/RG].

Sin.: *bater a(s) bota(s), espichar o couro, espichar o rabo*

Var.: *entregar o couro às varas*

Dar o cu *Chulo.* Ser pederasta passivo; diz-se do ato de pederastia passiva: "... tu e os teus amigos davam o cu ao controleiro para ele lhes ensinar a doutrina de Moscovo, isso é, pois se queres voltar para Monte Lavre..." (José Saramago, *Levantado do chão*, p. 249) [ABH/MSM].

Sin.: *dar o rabo*

Var.: *tomar no cu* (1)

Dar o cu a oito tostões *Chulo.* **1.** Dar tudo o que lhe pediram para conseguir aquilo que deseja. **2.** *Lus.* Ser condescendente em extremo [GAS/MSM].

Var. (1): *dar o cu a seis vinténs*

Dar o cu e pedir desculpas por estar de costas *Chulo.* **1.** Diz-se da pessoa subserviente. **2.** *Bras., S, SP.* Modo de se referir a homossexual delicado [MSM].

Dar o desespero *Bras.* Irar-se, irritar-se, encolerizar-se, enfurecer-se, despropositadamente; ficar muito enraivecido, furioso. – João Ribeiro, em *Frases feitas*, pensa ser corruptela de "dar-se a perros" [ABH/AN/FF/LCCa/TC].

Dar o disco *Bras., NE, CE.* Praticar a pederastia passiva [MSM].

Dar o dito por não dito 1. Desfazer um trato; considerar sem efeito o que se disse: "O que Juquinha queria era matar a conversa, dar o dito por não dito e voltar fagueiro da silva para o seu comércio do Capão" (José Cândido de Carvalho, *O coronel e o lobisomem*, p. 248). **2.** Desdizer-se [ABH/AN/GAS].

Sin.: *voltar o bico ao prego*

Dar o doce *Bras., NE, MA.* Casar [ABH/DVF/MSM].

Dar o empate Oferecer a vantagem do empate à pessoa com quem se aposta sobre o resultado de uma partida [HM].

Dar o/um ensino *Bras.* Castigar; surrar; bater; dar uma lição; aplicar corretivo; punir: "... e a primeira ação é dar um ensino a esses vagabundos, nem um pé de trigo será ceifado este ano..." (José Saramago, *Levantado do chão*, p. 304); "J [Jerônimo] – Eu hoje dou-te um ensino / Como fiz com Benjamim, / Se você quiser escapar / Tem que respeitar a mim..." (José Costa Leite, *Peleja de Jerônimo do Junqueiro com Zefinha do*

Chambocão, p. 5); "Dei um ensino em Fulano, pra ele largar de besteira" [RG/TC].

Sin.: *mostrar com/de quantos paus se faz uma cangalha*

Dar o/um esbregue *Bras.* **1.** Fazer desordem; provocar motim; exaltar-se; provocar confusão; protestar ruidosamente. **2.** Repreender severamente; ralhar: "Foi o bastante para o coronel dar o esbregue no oficial (Paulo Dantas, *O capitão jagunço*); "Assediada, a secretária deu um esbregue no seu chefe" [BB/LM/RG/TC].

Var.: *passar o/um esbregue*

Dar o esquinaço *Lus.* Fugir; ir-se embora [GAS].

Sin.: *dar o foguete*

Dar o exemplo Ser o primeiro a executar, a fazer uma coisa [AN/GAS].

Dar o expiante *Lus.* **1.** Fugir. **2.** Mandar embora [GAS].

Dar o fiofó *Chulo.* Praticar (passivamente) o sexo anal; praticar pederastia passiva; praticar ato de sodomia: "Aí ele entrou e balbuciou no ouvido do balconista: quando eu era menino, dei o fiofó" (José Simão, *O Povo*, 14/9/96, p. 4B) [BB/FS].

Sin.: *dar o rabo*

Var.: *tomar no fiofó*

Dar o foguete Ver *dar o esquinaço*

Dar o fora *Bras.* **1.** Ir(-se) embora; retirar-se; sair; raspar-se: "– Vai dando o fora de mansinho que esta venda acabou" (Carlos Drummond de Andrade, *Contos de aprendiz*, p. 53); "– Eu se fosse você dava o fora do país, Boca" (Luis Fernando Verissimo, *Comédias para se ler na escola*, p. 89). **2.** Fugir. **3.** Quebrar um trato [ABH/AC/AN/FF/GAS/JB/OB].

Sin. (1) (2): *dar o pira*

Dar o fora de fininho Sair rápido e sem barulho: "É melhor dá o fora de fininho, a coisa tá ruça procê" [JB].

Dar o/um fora em Romper com; livrar-se de; deixar de satisfazer a pretensão de; mostrar-se adverso a alguém; desistir do namoro; desprezar o(a) namorado(a); acabar um namoro; *Bras., SP, gír.* diz-se quando a menina ou menino não quer "ficar": "Eu, sendo a senhora, dava-lhe um fora" (José Américo de Almeida, *Coiteiros*); "Tirada para dançar, deu um fora no rapaz" [ABH/AC/FF/FS/*IstoÉ*, 24/3/99, p. 64/LM/TC].

Sin.: (AL) *dar a dispensada*, (ant.) *dar um suíte*

Dar o frosquete Ver *dar o rabo*

Dar o furico Ver *dar o rabo*

Dar o ganho Ver *dar o bacurejo* (2)

Dar o gás Fugir; ir embora [NL]

Dar o gato em *Bras., MA.* Prender; segurar: "O agente Tupinambá, achando que aquilo era uma indecência, deu o gato na Maria" (Tito Novais, *Peneirando*) [ABH/AN/DVF].

Dar o golpe *Bras.* **1.** Cortar a dificuldade ou evitar uma ação contrária, física ou moral; tentar ver se dá certo: "Vou dar o golpe; se colar, colou e tudo bem." **2.** Trapacear [JB/RG].

Var. (2): *dar um golpe* (2)

Dar o golpe de misericórdia Aplicar o golpe final: "Ao desligar, deu-me o golpe de misericórdia: ela própria se queixava de não ter acesso ao marido nos últimos quatro dias..." (Fernando Sabino, *O gato sou eu*, p. 34).

Var.: *dar o tiro de misericórdia* (1) (2)

Dar o golpe do baú Casar-se por interesse, a fim de apoderar-se da fortuna de uma rica herdeira; casar interessado(a) no dote da(o) noiva(o); casar com filha de milionário: "Ágape tem alma de sultão. Pragma gosta de dar o golpe do baú" (Aírton Monte, *O Povo*, 10/6/97, p. 2B); "Ela vem requisitando o direito de herdar 820 milhões de dólares de seu ex-marido, o bilionário J. Howard Marshall II, mas o filho dele a acusa de ter dado o golpe do baú" (*Veja*, 3/11/99, p. 135); "Um conterrâneo de Pedregulho que sonhava casar com mulher rica e conseguiu dar o golpe do baú" (Lustosa da Costa, *Diário do Nordeste*, 27/1/01, p. 4) [FNa/JB/MPa/RMJ].

Sin.: (RN) *vender a rola /ô/*

Dar o golpe do joão/joãozinho sem braço *Bras., gír.* Tentar ver se dá certo; dar

o golpe: "O cara tentou dar o golpe do joão sem braço, mas sifu" [JB].
Var.: *dar uma de joão/joãozinho sem braço*

Dar o grau Ver *dar um(uns) mata(s)*

Dar o/um grau 1. Bras., CE, pop. Dar melhor acabamento; diz-se, em um trabalho qualquer, do ato de concluí-lo com perfeição, aperfeiçoá-lo; fazer o serviço benfeito; fazer uma tarefa, consertar ou ajeitar algo com capricho; caprichar; dar uma incrementada: "O Severo vai dar o grau no barco dele pra parecer um iate"; "Vou dar o grau no cabelo"; "Pode deixar, dotô, vou dar um grau no seu carro"; "Já terminou de pintar o portão? Dê mais um grau nele". – Equivalente aos v. "fazer", "ajeitar" ou "providenciar". Pode-se "dar o/um grau" em qualquer coisa, mas só vale se o negócio ficar benfeito. **2.** Procurar resolver uma dificuldade; resolver uma situação melindrosa: "Como ninguém valorizasse o trabalhador autônomo, o voluntarismo de Marcolino falou alto. – Deixa que dou um grau nessa porra!" (Tarcísio Matos & Falcão, *O Povo*, cad. Vida & Arte, 19/8/00, p. 2B) [AS/CGP/CLG/FNa/LCC/MGa/MGb/TG/TGa].
Sin. (2): *descascar o/um abacaxi*

Dar o grito do Ipiranga Proclamar a sua independência [GAS].

Dar o laço Ver *dar o nó*

Dar o lamiré Fig. **1.** Dar a primeira voz, o sinal de começo: "Com um maestro que dá o lamiré para iniciar o coro das vozes..., Raul Brandão, para escrever, tem de conquistar esse espaço da alma onde o mundo não é como é, senão como ele o absorve e deforma" (João Gaspar Simões, *O ministério da poesia*). **2.** Dar o tom, a nota, o caráter; dar indicação; fazer alusão a uma possível falta ou coisa para furtar [ABH/CPL/GAS].

Dar o lance Ver *dar brecha* (1)

Dar olé Desp., gír. Impor, o time vencedor ao vencido, exibição de virtuosismo em série de passes sem permitir ao adversário tocar na bola, de modo semelhante ao toureiro quando engana o touro, para gozo da torcida gritando o olé!; vencer: "Vou dar um olé e ganhar a parada" [HM/JB].

Dar o leite Bras., NE. Dar informações precisas embora mastigadas; dar a dica; dar o macete; abrir o jogo [ABH/CGP/FN/NL/TGa].
Sin.: *entregar o ouro ao bandido*
Var.: (CE) *entregar o leite*

Dar olhado Ser vigilante; estar de vigia [GAS].

Dar o litro Zangar-se; irritar-se [GAS].

Dar o maior bode Bras., gír. Complicar; dar confusão: "Deu o maior bode. A pobre cabra foi levada na base da porrada ao xilindró local..." (Aírton Monte, *O Povo*, 15/9/98, p. 2B); "Isto vai dar o maior bode, vai ficar preta a situação" [JB/BB].
Var.: *dar (o/um) bode*

Dar o maior buchicho Bras., gír. Dar a maior confusão, ou falatório; haver confusão: "Deu o maior buchicho e o bicho pegou feio" [JB/MPa].

Dar o maior cu de boi Bras., NE. Haver confusão [BB].

Dar o maior 10/dez Bras., CE. Gostar muito; aprovar sem restrições; dar o sinal de positivo; aprovar; adorar; expr. de apreço a alguém ou a algo: "Buneco fulerage? Dou o maior 10!" [AS/CGP/MGa/MGb/TGa].
Sin.: *dar o maior ponto*

Dar o maior grau a Bras., CE. Aceitar com boa vontade: "Macho véi, eu dei o maior grau a camisa do Kléber, oí!" (*sic*) [CGP]. ♦ Entenda-se, no caso, por questão de regência, "dar o maior grau a". Assim, "... dei o maior grau à camisa...".

Dar o maior mole Bras., gír. Facilitar: "O cidadão deu o maior mole, facilitou tudo de montão" [JB].
Var.: *dar mole* (1)

Dar o maior ponto Ver *dar o maior 10/dez*

Dar o maior rabo Bras., gír. Dar tudo errado: "Ih, cara, deu o maior rabo, foi uma merda" [JB].

Dar o maior rebu Bras., gír. Haver confusão: "Deu o maior rebu. Não poderia imaginar" [JB].

Dar o maior/mó valor Gostar muito: "Maria dá o maior valor a novela, mas eu num dou ponto não" [CGP/MGa/MGb].

Dar o mel para depois dar o fel Iludir, tratando bem a princípio para, mais tarde, poder tratar mal. – Perestrelo da Câmara, na *Coleção de provérbios, adágios, rifões, anexins, sentenças morais e idiomatismos da língua portuguesa*, registra: "Agora dá pão e mel, / Depois dará pau e fel" [LM].

Dar o milho *Bras., SP, gír.* Nos presídios, contrariar a norma: "Os presos permanecem nas celas, calados, comendo como num ritual. Quem 'der o milho' (...) pode sofrer várias sanções..." (Okky de Souza, *Veja*, 26/8/98, p. 75).

Dar o mote Indicar o sentido em que deve atuar [GAS].

Dar o/um murro Trabalhar intensamente: "Engraçado, então eu dou o murro lá na loja para você depois comprar lírios? Tem graça" (Luís Vilela, *Tremor de terra*) [ABH].
Sin.: *dar (no/um) duro*

Dar o negro *Lus.* Diz-se ao indivíduo que descobre ter sido roubado [GAS].

Dar o nó *Bras., fam.* Casar(-se), matrimoniar-se. – Diz-se quando o casamento é civil [ABH/AC/AN/FSB/GAS/LCCa/TC].
Sin.: (lus.) *dar o laço*

Dar o/um nó cego Enganar uma pessoa com palavreado; responder a alguém sem lhe dar tempo a retorquir; responder de maneira que o interlocutor fica sem resposta [GAS].

Dar o nome Permitir que alguém se sirva de uma influência para um fim [AN].

Dar o nome a uma mulher Casar-se com ela [AN].

Dar o obi *Bras., Umb.* Dar resistência contra influências negativas [OGC].
Sin.: *fazer bori* (em cand. dito nagô do RJ)

Dar o oitão Ver *dar o rabo*

Dar o oiti Ver *dar o rabo*

Dar o pago 1. Ser ingrato; mostrar-se ingrato com quem lhe fez um benefício: "É bom que você me descomponha, é bom que você me dê o pago pra nunca mais eu lhe fazer favor." **2.** Castigar. **3.** Sofrer castigo, expiação: "Pois é muito bom que uns deem o pago pelos outros" (Rachel de Queiroz, *João Miguel*). **4.** Dar um pagamento, em reconhecimento: "... o pago que ele me dá é este?" (Ribamar Galiza, *Que duas belas crianças*) [AN/FS/GAS/LM/RG/TC].

Dar o pão *Bras., NE, chulo.* Praticar a pederastia passiva (Mário Souto Maior, *Em torno de uma possível etnografia do pão*) [MSM].

Dar o passo Casar [GAS].

Dar o passo do Mané da Hora Andar um pouco à vista do alfaiate, por ocasião de experimentar uma roupa [LM].

Dar o passo maior do que as pernas Tentar fazer algo além de suas possibilidades; ser pretensioso: "O cara se estrepolho (*sic*), deu o passo maior do que as pernas" [JB/MPa].

Dar o pé e tomar(em-lhe) a mão Abusar da confiança que é dada; diz-se das pessoas excessivamente confiadas, às quais, em se dando um auxílio, exigem sempre mais [AN/FF/GAS/RMJ].
Var.: *dar o pé, tomar a mão*

Dar o peido mestre Ver *dar o berro* (1)

Dar o pelego *Bras., RS.* Dar a vida por alguma coisa [AJO].

Dar o pescoço à canga Submeter-se ao jugo, às imposições de outrem: "Teve de dar o pescoço à canga do agiota" (Jáder de Carvalho, *Sua majestade, o juiz*) [TC].
Var.: *entregar o pescoço à canga*

Dar o pincho Ver *dar o/um pinote* (1)

Dar o/um pinote *Gír.* **1.** Fugir; abandonar; desaparecer: "Comeu, bebeu e dormiu à vontade na pensão onde se hospedou e, no fim das contas, deu o pinote." **2.** *Bras., gír. prisão* Fugir da cadeia; escapulir: "Fulano tentou dar um pinote, mas foi agarrado." **3.** Chiar; esparrar; protestar; discordar;

divergir; reprimir; censurar com veemência, acerbamente; reagir com veemência em alguma situação: "A Rosinete deu um pinote quando soube que a sogra ia morar com eles em Fortaleza!..." [ABH/AS/CGP/GAS/JB/JF/TG].
Sin. (1) (3): *dar o pulo*
Sin. (1): (lus., Univ. Coimbra) *dar o pincho, dar o piro*, (lus.) *dar o rasca*
Var. (1): *dar no pinote, preparar o pinote, sair de pinote*

Dar o pio *Lus.* Morrer; acabar; findar [GAS].
Var.: *dar o triste pio*

Dar o piolho Irritar-se; revoltar-se, cavaquear [TC].

Dar o pira *Bras., gír.* Ir(-se) embora; sair; afastar-se; sumir; fugir; escafeder-se; pirar; azular; se mandar (*sic*): "... diziam que ela já tinha tido marido, mas fazia dele gato e sapato, até que o coitado não aguentou mais e cagou fogo, deu o pira, nunca mais que deu notícia..." (Neil de Castro, *As pelejas de Ojuara*); "Eu não vou morrer por ninguém. Vou dar o pira" (Caio Porfírio Carneiro, *Uma luz no sertão*); "Vou dar o pira, tô cansado de esperar que as coisas aconteçam" [ABH/AS/CGP/FN/JB/MGb/RG/TC/TGa]. Para saber mais sobre o assunto, ver RMJ, pp. 92-3.
Sin.: *abrir de/do/o chambre, dar às de vila-diogo, dar no pé, dar (n)o pireli, dar o fora* (1) (2)

Dar (n)o pireli *Bras., RS.* Fugir; ir embora; fugir apressado. – Pequena homenagem à Pirelli, a indústria de pneus, em forma de expr. pop., (...) com essa variação engraçadinha [LAF].
Sin.: *dar o pira*

Dar o piro *Lus.* Fugir [GAS].
Sin.: *dar o/um pinote* (1)
Var.: *pôr-se no piro*

Dar o pontapé de saída Proceder ao começo, início de algo [GAS].
Sin.: *dar o primeiro passo*

Dar o prefixo *Bras., RS.* Diz-se quando alguém está incomodando, já passou da conta: "Dá o prefixo e sai do ar." – Claramente inspirada na ant. forma de as rádios se apresentarem ou se despedirem dos ouvintes, dando seu prefixo [LAFb].

Dar (n)o prego *Pop.* Considerar-se vencido; desistir; entregar-se [ABH/AC/AN/FF/FSB/LM].

Dar o primeiro passo Ver *dar o pontapé de saída*

Dar o pulo Ver *dar o/um pinote* (1) (3)

Dar o quedaço Ver *dar o/um tombo* (2)

Dar o que tem de dar Não poder mais ser útil; não poder mais trabalhar [AN].

Dar o que tinha a dar Diz-se de quem ou do que está a findar, a acabar: "Deu o que tinha a dar" [GAS].

Dar o que tinha de dar Confirmar-se o resultado: "Deu o que tinha de dar, sem maiores problemas" [JB].

Dar o rabo *Bras., chulo.* Prestar-se à pederastia passiva; ser passivo na relação homossexual; fazer sexo anal: "O viadão (*sic*) gosta mesmo é de dar o rabo" [ABH/BB/FN/FNa/JB/MSM/Net/NL/PJC/RG].
Sin.: *cair com os quartos, cair de anel,* (BA) *ceder a cauda, dar a bunda* (2), *dar a goiaba,* (NE) *dar o boga,* (AL) *dar o chicote, dar o cu, dar o fiofó,* (PE) *dar o frosquete,* (PE) *dar o furico, dar o oitão, dar o oiti, dar o roscofe,* (PE) *dar o tareco, engolir cobra, entregar o rabane,* (PE, MA) *fazer gaiola, queimar a ré, queimar (a) rodinha, queimar a rosca/rosquinha, queimar a roseta, ser falso à bandeira, tomar no olho da goiaba*
Var.: *tomar no rabo*

Dar o rasca Ver *dar o/um pinote* (1)

Dar o ré *Lus., Univ. Coimbra.* Acabar; findar [GAS].

Dar o recado *Bras.* Falar: "Lula deu o seu recado e foi aplaudido" [JB].

Dar orelhas Dar atenção; confiar no que lhe dizem [GAS].

Dar o reverso Produzir o efeito contrário: "Deu o reverso, cara, pintou merda" [JB].

Dar(-se)

Dar o revertere Degringolar; ocorrerem infelicidades sucessivas; saírem as coisas às avessas. – Loc. pop. nascida da frase lat. que se lê à porta dos cemitérios: *Revertere ad locum tuum* [RMJ].
Sin.: *dar o/um tangolomango*

Dar o risco *Lus.* Dar as ordens; dirigir [GAS].

Dar o roger *Gír. radioamadores.* Informar se recebeu [GAS].

Dar o roscofe *Bras., PE* e *AL, chulo.* Ser pederasta passivo: "Parece que ele é do tipo que gosta de dar o roscofe." – "Roscofe" indica objeto de má qualidade, coisa vagabunda. A palavra vem de G. F. Roskopf, relojoeiro suíço do séc. XIX que virou nome de relógio [ABH/FN/MSM].
Sin.: *dar o rabo*

Dar o sagrado nó Casar(-se). – Diz-se quando o casamento é religioso [ABH/AC/AN/FSB/GAS/LCCa/TC].

Dar o salto Fugir [GAS].

Dar os améns Dar proteção ou concordância [GAS].

Dar o sangue Esforçar-se; doar-se [CLG].

Dar os doces Casar-se. – Alusão à festa do casamento [AN].

Dar os emboras *Lus.* Dar os parabéns [GAS].

Dar o serviço *Bras., gír.* **1.** Informar; ceder, num interrogatório, confessando crime: "Vou dar o serviço, mas sem essa de delatar." **2.** Delatar; denunciar; abrir; entregar alguém: "Os olheiros se infiltraram nos grupos da oposição a fim de dar o serviço"; "O dedo nervoso num guentou e deu o serviço aos milicos" [ABH/AT/JF/JB].

Dar o seu ponto Fazer amor; praticar a cópula [GAS].

Dar o seu recado Cumprir uma obrigação [AN].

Dar o sim 1. Consentir. **2.** *Fam.* Aceitar por cônjuge; aceitar o pacto matrimonial perante o padre ou oficial do Registro Civil [AN/FF/GAS].

Dar os pregos *Bras., S.* **1.** Enfurecer-se; zangar-se; irritar-se. **2.** Ficar desapontado [ABH/AJO/AN/FF].

Dar os seus pulinhos *Bras., S.* Prevaricar (Euclides Carneiro da Silva, *Dic. da gír. brasileira*): "Ela é viúva, ainda jovem, bonita pra burro e outros bichos. Você acha em sã consciência que ela não dá seus pulinhos?" (Antônio Contente, *Última Hora*, 24/12/69, p. 14) [MSM].

Dar o suíte *Bras., gír.* Ir-se embora; fugir [ABH/AC].

Dar os últimos toques Fazer as últimas correções em um texto; revisar um texto impresso [GAS].

Dar o/um tangolomango Apanhar doença mortal; morrer; degringolar; sumir; desaparecer de uma vez por todas; ocorrerem infelicidades sucessivas; dar errado de repente, de forma imprevista; ter acesso de raiva (ver Antenor Nascentes, *Dic. etimológico da língua portuguesa*): "Durou três dias e três noites o grão embate, o sumo pagode, sem intervalo: dez mil trepadas e uma só metida, e a iaba tanto entesou-se em seu furor sem termo que, de repente, deu-lhe um tangolomango e em gozo ela se abriu como se rompe o céu em chuva" (Jorge Amado, *Tenda dos milagres*, p. 93) [AN/LCCa, s. v. "TANGOLOMANGO"/NL/RMJ].
Sin.: *dar o revertere, levar a/da breca*
Var.: *dar-lhe o tranglo-mango*

Dar o tareco Ver *dar o rabo*

Dar o teco Dar o golpe certo. – Expr. do jogo inf. do gude [AN].

Dar o/um teco *Bras., pop.* Ficar zangado; estrilar; ter uma crise de nervos: "Dei um teco, cara, fiquei nervoso" [ABH/AN].

Dar o tesa com alguém Ver *entesar com alguém*

Dar o/um tiro *Lus.* Pedir dinheiro emprestado [GAS].

Dar o tiro de misericórdia 1. Disparar contra o fuzilado que não morreu logo, ou acabar com um animal para ser abatido (cavalo, cão, gato etc.); diz-se do que faz

um moribundo deixar de sofrer; acabar com qualquer coisa. **2.** Marcar o gol ou o ponto da vitória sobre alguma equipe, agremiação, time: "Faltando um minuto para o término da partida, o clube santista deu o tiro de misericórdia no time pernambucano, sacramentando a vitória" (*Jornal do Comércio*, cad. Esportes, 10/1/00, p. 2). **3.** Agir sutil e matreiramente: "Risos e tapinhas nas costas. Walter Hack deu o tiro de misericórdia e a noite se fechou como um leque" (Aldir Blanc, *Bundas*, 19/9/00, p. 14) [AN/GAS].
Var. (1) (2): *dar o golpe de misericórdia*

Dar o tiro na macaca *Bras., AL*. Menstruar pela primeira vez [Net/TC].
Sin.: *quebrar o pote* (3)

Dar o/um tiro na macaca Fazer 25 anos sem estar casada (a moça); diz-se de mulher que passa dos 30 anos e não casa; ficar sem casar; ficar solteirona [AN/CGP/FS/LCCa/LM/RG]. ♦ Notem a gradação dos tempos (25, depois 30 anos). Hoje, o comum é as mulheres casarem cada vez mais tarde, até preferem.
Var.: *dar o tiro da macaca, dar o último tiro na macaca*, (CE) *levar o tiro da/na macaca*

Dar o tom 1. Servir de modelo; ser o exemplo. **2.** *Lus.* Dar o dinheiro [AN/GAS].

Dar o/um tombo 1. Causar prejuízo a alguém; arruinar; prejudicar; tirar de uma posição, de um cargo. **2.** Derrubar a rês, na vaquejada, o que se consegue com forte puxão, fazendo-a perder o equilíbrio das patas traseiras. **3.** *Fig.* Derrubar: "Vou ter que dar um tombo neste filho da puta que só pensa em levar vantagem." ABH/AJO/AN/FS/JB].
Sin. (2): (NE) *dar o quedaço*

Dar o tomé *Bras., gír.* Retirar-se do jogo: "Com seu gol anulado, o Olaria deu o tomé, foi-se danado" [ABH].

Dar o/um toque 1. Sondar, tocando de leve em determinado assunto; aludir ao assunto; reiterar ou voltar à carga: "Já dei um toque. Diz que não quer" (José Américo de Almeida, *A bagaceira*). **2.** Chamar: "Vou dar um toque pra ele." **3.** Avisar; fazer uma pequena recomendação: "Vou dar um toque prele manerar na bebida." **4.** Melhorar; arrumar-se: "Vamos dar um toque, tudo vai ficar nos trinques" [GAS/Gl/JB/TC].
Sin. (3) *dar uma letra*

Dar o troco por miúdo Responder ponto por ponto, na altura, esclarecer a situação [AN].

Dar o último alento Morrer [ABH/AC/AN/FSB].
Sin.: *bater a(s) bota(s)*
Var.: *dar o último suspiro*

Dar o último suspiro Morrer [F&A/GAS].
Var.: *dar o último alento, soltar o último suspiro*

Dar o último tiro na macaca Diz-se de uma mulher que completou 30 anos e não casou: "Deu o último tiro na macaca" [MGb].
Var.: *dar o/um tiro na macaca*

Dar ousadia/ozadia Dar espaço: "– Isso é comigo? Pois bem, namoro como quero, fique sabendo. E não dou ousadia pra ninguém. A vida é minha, pra que se metem?" (Jorge Amado, *Terras do sem fim*, p. 117); "Calejado, não deu ousadia de demonstrar o susto ao motorista" (João Ubaldo Ribeiro, *Diário do Nordeste*, cad. 3, 24/6/01, p. 5); "O negão virou e fez: 'Qual é, meu rei? Tá procurando frete comigo, é? Eu lhe dei ozadia, por acaso?' Resultado: levei um cachação que doeu como um corno e fui parar lá na casa da porra" (NL, *Dic. de baianês*, s/p.); "Deu ozadia... agora, todo dia, ele vai querer um pouquinho" [NL]. ♦ "Ozadia" é corruptela de "ousadia" (coragem, audácia), que é termo da língua culta.

≠ **Não dar outra** *Bras., gír.* Acontecer precisamente o que se tinha imaginado ou previsto: "Andreia descolou uma visitinha ao camarim para conhecer o astro. Não deu outra: cupido disparou suas flechas e eles se casaram no sábado..." (*IstoÉ*, 21/10/98, p. 89) [ABH].

Dar outra cor *Lus.* Mudar o sentido à conversa [GAS].

Dar ouvidos a Dar crédito ao que se diz; acreditar no que é dito; acolher uma opinião ou um conselho; tomar ou levar em consideração; prestar, dar atenção a; atender a; escutar; observar: "E olha que da outra vez, eu avisei. Mas é assim: ninguém me dá ouvidos..." (Ziraldo, *Bundas*, 25/6/99, p. 39); "No caminho não deu ouvidos ao chofer, que falava sem parar" (Rogério Andrade Barbosa, *Rômulo e Júlia: os caras-pintadas*, p. 32) [ABH/AN/CLG/GAS/TC].
Sin.: (lus., Barcelos) *dar anzarel*
Var.: *prestar ouvido(s)*

Dar ouvidos de mercador Ouvir e fazer de conta que nada percebeu; denotar menosprezo [RBA].

Dar o vistaço *Lus*. Mostrar algo [GAS].

Dar o/um xexo Ato de comer e não pagar; calotear; não pagar uma conta; sair sem pagar. – No PI, pronuncia-se "xeixo". No CE, a pronúncia usual é "xêxu" [Net/PJC].
Sin.: *dar um calote*

Dar pala *Bras., gír*. Sugerir: "Vou dar pala, mas não quero me comprometer" [JB].

≠ **Não dar pala** *Bras., gír*. Não facilitar: "O chefe não dá pala pra ninguém" [JB].

Dar (a) palavra Assegurar o cumprimento de uma promessa; comprometer-se; prometer solenemente alguma coisa; obrigar-se a cumprir: "Mestre Ambrósio: ... Dei a minha palavra, jurei – olhe que eu sou compadre dele –, não adiantou" (Dias Gomes, *O Bem-Amado*, p. 68); "O cangaceiro, sorrindo, recebeu a arma, que desembainhou, mirou como quem lê, admirou, e deu palavra: – Suas ordens serão cumpridas, séa dona Guidinha!" (Manuel de Oliveira Paiva, *Dona Guidinha do Poço*, p. 218) [ABH/AC/AN/GAS].

≠ **Não dar (uma) palavra** Conservar-se calado; não responder; abster-se de falar; calar(-se); não falar [ABH/GAS].
Sin.: *não dar (um/nem um) pio*
Var.: *não dizer palavra*

Dar palha a Enganar alguém com boas palavras [ABH/FN/GAS].

≠ **Não dar palha ao burro nem capim a cavalo** Não dar importância [AN].

Dar palmadinhas nas costas Mostrar-se amigo para facilmente convencer [GAS].

Dar palpite Dar opinião, intrometer-se disparatando, prestando-se ao desfrute: "A benzedeira de quebranto não deu palpite, e Alexandre mentalmente pulou nas costas do animal..." (Graciliano Ramos, *Alexandre e outros heróis*, p. 19); "– A [reforma] do ensino técnico acompanhei e dei muito palpite. A do ensino médio dei menos palpites" (Cláudio de Moura Castro, *Jornal do MEC*, III, ago./1998, p. 11) [AN/TC].

Dar panca(s) 1. Distinguir-se; salientar-se em algo; fazer proezas; sobressair em qualquer ato ou empresa. **2.** Brilhar em um ato; sobressair em qualquer ato social; causar admiração pela beleza e/ou elegância; brilhar pela formosura e elegância, mantendo corte de admiradores (de referência a mulheres): "Conheci aquela mulher: ela já deu panca aqui em Fortaleza." **3.** Dar que fazer [ABH/AC/AJO/AN/FF/FS].

Dar pancada de criar bicho *Gír. luso-bras*. Bater impiedosamente [LM]. – O A. cit. não a define, mas tal significado parece ser o óbvio.

Dar pancada em homem deitado Praticar uma covardia [AN].

Dar pano para mangas 1. Dar o que falar; ser assunto controverso e de muito interesse; render o assunto, prolongar-se: "Isso não vai ficar assim, ainda vai dar muito pano pras mangas." **2.** Haver espaço de manobra, largas possibilidades, quantidade superior à necessária; ter todos os elementos necessários para algo [ABH/AC/AN/CLG/FF/GAS/JB].
Var.: *haver pano para mangas, ter pano(s) para mangas*

Dar (uns) panos Espaldeirar; bater com o pano ou a lâmina da arma branca; espancar com o sabre ou facão: "Deu vários panos no rosto e no peito do bandido acovardado." – Expr. de uso rural (ver Leonar-

do Mota, *No tempo de Lampião*) [FS/LM/RG/RMJ/TC].
Sin.: *baixar o flandre*

Dar papo 1. *Bras., RS, gír.* Conversar; significa mais que "dar conversa", manter conversação: "Deve-se dar papo somente àqueles que nos ensinam algo." **2.** Dar uma chance; abrir a possibilidade: "Também, tu fica dando papo" [JF/LAF].
Sin. (2): *dar trela* (1) (2)

≠ **Não dar para a sela 1.** Diz-se do animal que não tem qualidades para ser utilizado com sela. **2.** Alusão a pessoa mais útil em serviços grosseiros: "Fulano não dá para a sela: se aplica a gente rude que não dá para aprender letras com facilidade" (José de Figueiredo Filho, *Patativa do Assaré*) [TC].

Dar para baixo Dar pancada; punir; bater; infligir um castigo; castigar [FF/GAS].

≠ **Não dar para mandar cantar um cego** Não chegar, o que existe, para nada [GAS].

≠ **Não dar para o gasto** Ser insuficiente; acabar-se logo; não sobrar nada: "O dinheiro é pouco, não vai dar pro gasto" [JB/TC].

Dar para o tabaco *Lus.* Sovar alguém [GAS].

≠ **Não dar para o tabaco** Ganhar pouco [GAS].

Dar para o tacho Dar para a comida [GAS].

Dar para o torto Não dar resultado; diz-se daquilo que tem resultado contrário ao pretendido [GAS].

Dar para ruim *Bras., NE.* Degenerar-se; corromper-se; prostituir-se; prevaricar: "Helenita deu para ruim" (Fran Martins, *O amigo da infância*) [TC].

Dar para se roer *Bras., NE.* Ser tolerável [TC].

Dar para trás 1. Entrar em declínio; declinar; ir piorando; piorar: "Tudo dando para trás – o campeonato amador chegou e me encontrou convalescente" (João Antônio, *Sete vezes rua*, p. 36). **2.** Corrigir; contrariar; retroceder; retrogradar; desistir; regredir; esmorecer; fraquejar; fracassar; censurar; impedir que se pratique um ato; não dar certo; não ter forças para reagir; fugir a compromisso assumido: "Os tucanos só temiam que FHC, na hora de passar a perna no PFL, mais uma vez desse para trás" (Andrei Meireles, *IstoÉ*, 23/2/00, p. 31) [ABH/AN/AT/CLG/FS/GAS/LAF].
Sin. (2): *pedir penico*

Dar parença com Parecer-se com alguém [Gl].
Sin.: *dar (o/uns) ares de*

Dar parte de 1. *Fam.* Mostrar-se; revelar-se; aparentar: "Ele, em matéria de esporte, deu parte de ignorante." **2.** Fazer-se de; fingir-se: "Deu parte de cansado para não trabalhar." **3.** *Jur.* Denunciar de crime ou delito; relatar um fato perante a autoridade policial: "– Que Deus perdoe este monstro. Você deu parte dele, Neguinho?" (Antônio Callado, *Quarup*, I, p. 38) [ABH/AC/CPL/FF/GAS].

Dar parte de fraco(a) Confessar-se incapaz de executar; dizer que tem receio de afirmar ou fazer; mostrar-se sem força ou sem aptidão; considerar-se vencido(a); acusar medo: "... seria contra o meu gênio de não dar o braço a torcer, de não dar parte de fraca, de sofrer calada" (Domingos Olímpio, *Luzia-Homem*, p. 129) [AN/GAS].

Dar partido Conceder ou oferecer vantagem a um parceiro nos jogos (*handicap*) [GAS/TC].

Dar passagem *Umb.* Ato de o orixá ou a entidade deixar seu "cavalo", para que outra entidade nele incorpore [OGC].

Dar passagem para o outro mundo Ver *mandar para o outro mundo* (1)

Dar passe *Umb.* Ato de a entidade, através do médium incorporado, emitir vibrações que anulam os efeitos de más influências sofridas pelo cliente através de feitiços, "encostos", "olho-grande" etc. e que "abrem seus caminhos". Isso é realizado nas sessões de consultas, tb. chamadas de caridade. O médium passa as mãos próximo ao corpo da pessoa, de cima para baixo, na frente e nas costas, puxa seus braços para

Dar(-se)

baixo, defuma-a com a fumaça de seu charuto ou cachimbo etc. [OGC].

Dar passos por 1. Tomar providências tendentes a (um fim). **2.** Envidar esforços por algo [ABH/AN].

Dar pastel *Bras., SC, gír.* Fazer besteira; cometer uma gafe: "O cara deu pastel e se ferrolho" (*sic*) [J. B. Serra e Gurgel, *O Povo*, 31/3/96, p. 4B].

Dar (uma) patada *Fam.* Desconsiderar; ser descortês; cometer ato de ingratidão ou grosseria; praticar atos de ignorância ou de estupidez; dizer ou fazer tolice, asneira ou grosseria [ABH/AN/GAS/TC].

Var.: *dar patadas*

Dar pau 1. *Bras.* Terminar em confusão, em briga. **2.** *Lus., desp.* Jogar com violência maldosa [AS, s. v. "VAI DAR PAU"/HM].

Dar pau na ideia Refutar uma ideia, recusar uma proposta: "Vou dar pau na ideia do Zé, não acredito em nada do que ele fala" [JB].

Dar pé *Bras., pop.* **1.** Apresentar vau onde se possa firmar o pé; ser raso (mar, rio etc.) o suficiente para que se toque o fundo com os pés, ficando a cabeça fora da água. **2.** *Bras., gír.* Ser possível ou cabível; poder; valer a pena; fornecer pretexto; dar certo; ser possível: "Para dar pé participar de um concurso tão difícil assim, o prêmio tem de ser muito compensador" (JF, p. 503); "O *som* já não é mais *aquele, morou*? Muito comercial, muito *pra* gringo. Não dá mais pé" (Vinicius de Moraes, *Poesia completa e prosa*, p. 663); "Amanhã não dá pé, iremos depois"; "Embarcar no medo não dá pé" (Terezinha Alvarenga, *Rio dos sonhos*, p. 26). **3.** *Lus.* Facilitar; ceder [ABH/AN/AT/GAS/JB].

Sin. (1): *dar vau, ter pé* (5)

Dar pedal *Bras., gír.* Ser possível; haver chance: "Vê se dá pedal, chefe, prometo não me demorar no bar", "A coisa tá ruça, não dá pedal [JB].

Dar peido maior que o cu *Bras., S, SP, chulo.* Diz-se de quem pretende realizar algo além de suas possibilidades [MSM].

Dar pela coisa Aperceber-se; notar: "Quando dei pela coisa, era quase dia" (Sinval Sá, *Luiz Gonzaga: o sanfoneiro do riacho da Brígida*, p. 111); "Duas beatas deram pela coisa e saíram a badalar" (Gustavo Barroso, *Mississipe*) [TC].

Dar pela fieira *Lus.* Dar pouco [GAS].

Dar pela marosca Descobrir uma manobra [GAS].

Dar pelo cu aos grandes *Lus., Minho.* Diz-se de quem quer engrandecer-se ou elevar-se acima das suas possibilidades [GAS].

Dar pelota *Bras., gír.* Encher-se de cuidados; dar importância; dar confiança; dar atenção: "A morenaça desfilou no alto de um carro da Beija-Flor, sambando bem direitinho. Ninguém deu pelota para a garota" (Ângela Oliveira, *IstoÉ*, 15/3/00, p. 71) [ABH/JB/RMJ].

Sin.: *dar bola* (2)

≠ **Não dar (nem) pelota** Não dar a menor importância; não retrucar ao que alguém diga: "Eles têm que respeitar! Eu não dou bola! Não dou pelota!" (Nélson Rodrigues, *O beijo no asfalto*); "O cara não deu nem pelota pro que falei". – A expr. veio do futebol [AN/RMJ].

Dar perigo de gol *Irôn., desp.* Apitar infração inexistente, para prejudicar o time na iminência de fazer gol [HM].

Dar perna *Bras., gír.* Ir embora, sair: "Vou dar perna, aqui não há mais clima pra linha" [ABH/AC/AN/FSB/GAS/JB].

Var.: *dar às pernas, pôr-se nas pernas*

Dar pinote Correr, pular, dançar; diz-se daquele que não consegue ficar parado [AS].

Dar pinta *Bras., gír.* Entre homossexuais, chamar a atenção: "O cara deu pinta, mostrou toda sua paixão pelo negão" [JB].

Dar pinta de Aparentar ser; ter modos de: "Em São Paulo, Chico tinha o apelido de Carioca, por causa do sotaque e do jeito. Mas quando vinha de férias ao Rio, dava pinta de paulista" (Regina Zappa, *Chico Buarque*, p. 12).

Dar pinta em Aparecer em; comparecer a: "Deu pinta no Posto 9, na praia de

Ipanema, tomou caipirinha de maracujá e se deliciou com cuscuz feito de leite moça" (*IstoÉ*, 29/9/99, p. 73).

≠ **Não dar (um/nem um) pio** Calar-se; guardar segredo; permanecer mudo; nada dizer; nada confessar: "– Você fica calado, não dá um pio. Deixe que eu conto" (Dias Gomes, *Apenas um subversivo*, p. 183) [PJC/TC/TGa].
Sin.: *não dar (uma) palavra*
Var.: *não dizer nem um pio, não soltar um pio*

Dar (uma) pisa Bater; esmurrar; espaldeirar; surrar: "Então esse tal vigia / Que trabalha no portão / Dá pisa que voa cinza / Não procura distinção..." (José Pacheco, *apud* Otacílio Batista, *Ria até cair de costa*, p. 90) [BB/CGP/TGa].

Dar poeira Ver *deitar poeira nos olhos* (2)

Dar pomada *Lus*. Bajular, engraxar, lisonjear [GAS].

Dar pontada *Desp*. Perturbar o time adversário, contra-atacando pelas pontas [HM].

Dar pontapé no regulamento Faltar aos deveres que teria de cumprir; não satisfazer os deveres de fidelidade conjugal [GAS].

Dar pontapés na fortuna Enjeitar o que ia trazer sorte [AN].

Dar pontapés/um pontapé na gramática Diz-se quando há erros de dicção ou na constr. das frases; dizer um grande disparate linguístico [GAS].

≠ **Não dar ponto sem nó 1.** Ser muito interesseiro; não fazer nada sem visar a algum interesse; não fazer nada sem segundo sentido; fazer algo sempre pensando em tirar proveito pessoal; fazer algo com segunda intenção; atuar só por interesse: "– Lhe conheço. O compadre não dá ponto sem nó" (José Cândido de Carvalho, *Olha para o céu, Frederico!*, p. 61); "Ele é interesseiro, só faz o que pode lhe trazer vantagem; ele não dá ponto sem nó" (DT, *V série*, p. 86); "O empresário Silvio Santos não dá ponto sem nó. Ele já começou a preparar pessoalmente uma nova apresentadora (Lú Barsotti) para o *cast* do SBT" (*Zapping*, *O Povo*, cad. Tevê, 1º/8/99, p. 3). **2.** Só aparecer na hora certa para fazer o certo: "O cidadão não dá ponto sem nó, é vivaldino" [ABH/AC/AN/CGP/FSB/GAS/JB/TGa].
Sin. (1) (2): *não pregar prego em/sem estopa*
Var. (1): *não ser de dar ponto sem nó*

Dar (uma) popa *Bras*., *NE*. Explodir; demonstrar insatisfação; irritar-se; cavaquear; reclamar; dar o maior esporro: "Contrariado pelo comerciante, o fiscal deu popa, multou o atrevido"; "Ele deu uma popa com a conta do bar". – Popa: o pulo, o pinote do cavalo, burro etc. [BB/FN/FNa].
Sin.: *dar a gota* (1)
Var.: *dar popa(s)*

Dar popa(s) Dar upas, corcovos, saltos da cavalgadura: "... açoita o bicho que, às vezes, dá popa, levantando uma perna" (José de Figueiredo Filho, *Folguedos infantis caririenses*). – Popa (ou poupa) é o corcovo que o animal dá com as pernas traseiras [RG/TC].

≠ **Não se dar por achado** Não revelar que já conhecia o assunto; dissimular; ignorar; despistar; fingir não entender algo; fingir que nada há; fingir que não ouve nem percebe; não encabular com um logro, partida ou alusão satírica ou irôn., feita por outrem; não dar sinal ou demonstração de; ignorar ou fazer de conta que não é a ele que se dirigem, em geral para deixar passar despercebida uma solicitação; fingir-se invisível; simular não ser observado; aparentar ignorância, ausência, inocência de fatos bem sabidos; ignorar as ofensas: "Laurinha não se dá por achada, também não se dá por perdida, conserva um silêncio prudente..." (Mílton Dias, *As cunhãs*, p. 32) [ABH/AN/AT/DRR/FF/GAS/LCCa/MPa/RMJ/TC].

Dar por bem empregado 1. Congratular-se pelos resultados obtidos com (coisa qualquer, dinheiro, esforço). **2.** Obter bons resultados [ABH/AT].

Dar por ela(s) Notar um fato que está encoberto; descobrir; aperceber-se; suspei-

tar: "Quando eu dei por elas, havia perdido tudo no jogo de cartas" [GAS/TC].
Var.: *dar por isso*

Dar por encerrado *Desp.* Determinar (o juiz) o fim da partida [HM].

Dar por isso Notar; reparar; perceber: "... mas me contive, achando que exortá-lo, além de inútil, seria uma tolice, e, sem dar por isso, caí pensando nos seus olhos, nos olhos de minha mãe nas horas mais silenciosas da tarde..." (Raduan Nassar, *Lavoura arcaica*, p. 17) [GAS].
Var.: *dar por ela(s)*

Dar por nada Vender muito barato [TC].

Dar por onde Dar motivo de censura: "No entanto o patrão o tratava bem, sem gritos, sem aborrecimentos. Também não dava por onde" (José Lins do Rego, *O moleque Ricardo*, p. 22).
Var.: *fazer por onde* (2)

Dar por paus e por pedras Praticar ou cometer desatinos; ter vida muito acidentada; andar sofrendo pelo mundo afora; desvairar-se; irritar-se muito; ficar furioso por qualquer motivo; tomar maneiras dementadas ou brutais; barafustar; reclamar; delirar: "Os filhos mandaram vir avião de Belém do Pará para meter o velho em sua operação salvadora. Nonô deu por paus e por pedras. Protestou, pediu revólver: – Mato um!" (José Cândido de Carvalho, *Porque Lulu Bergantim não atravessou o Rubicon*, p. 61); "Quando Quincas de Barros soube da venda do Itu, deu por paus e por pedras" (José Cândido de Carvalho, *Olha para o céu, Frederico!*, p. 63); "... é verdade que, às vezes, quando anda azuratada, dá por paus e por pedras e descobre os defeitos das suas amigas" (Camilo Castelo Branco, *Amor de perdição*, p. 57) [ABH/AC/AN/ECS/FF/FSB/GAS/TC].

Dar porra *Bras., S, SP, chulo.* Manter relações sexuais [MSM].

Dar (uma) porrada Bater: "Vou dar porrada neste filho da puta"; "Vou dar uma porrada neste filho da puta, está merecendo de montão" [JB/NL].
Sin.: (BA) *dar broca*

Dar por um derréis de mel coado Entregar em troca da menor quantia. – Derréis: corruptela de "dez-réis" [AN].

Dar por visto 1. Ser semelhante, igual, comparável a: "Viu um soldado em diligência, dê por visto um cangaceiro" (Leonardo Mota, *No tempo de Lampião*). **2.** Poder avaliar, presumir: "Eu dou por visto o que você andou fazendo por lá" [TC].

≠ **Não dar pra bucha** Não dar para o sustento [GAS].
Sin.: *não ganhar pro tacho*
Var.: *não dar para o petróleo, não ganhar para a bucha*

≠ **Não dar (nem) pra conferir** Menosprezar; desprezar; ignorar algo ou alguém; não se importar; não tomar conhecimento: "Essa Rosinete pensa que é 31 de fevereiro. Vive dizendo pro povo que qualquer dia ela me pega. Bombasta! Pois eu não dou nem pra conferir: cachorro que late não morde!" [AS].

≠ **Não dar pra minha radiola** *Bras., CE.* Utilizada para dizer que se tirou proveito de uma situação ou então que se deu mal com a sobra: "Só deu pra minha radiola" [AS].

≠ **Não dar pra ninguém** Não sobrar nada: "Não vai dar pra ninguém. Foi pouco" [JB].
Var.: *não ter pra ninguém*

Dar pra trás Voltar; recuar; desistir: "O Presidente deu pra trás e não demitiu ninguém"; "A festa deu pra trás, acabou não acontecendo" [JB].

Dar (o/um) prego *Bras.* **1.** Ficar cansado, exausto; fatigar-se; render-se à fadiga; cansar; não resistir mais; não poder prosseguir, por cansaço: "Começamos a estudar às sete horas, quando foi às três da madrugada ele deu o prego..." **2.** Deixar de andar; pregar; parar; deixar de funcionar, por qualquer desarranjo em suas peças (aparelho mecânico, automóvel, relógio, máquina etc.); falhar; empacar; estacar; estancar (o carro, a máquina); estragar; pifar; quebrar; enguiçar: "O ônibus dera o pre-

go" (Moreira Campos, *Dizem que os cães veem coisas*, p. 75); "Nunca deu um prego feio, nunca nos deixou na estrada" (Rachel de Queiroz, *O Povo*, cad. Vida & Arte, 26/8/00, p. 8B); "Trabalhava-se na substituição da velha maquinaria, que vivia dando o prego" (F. Coutinho Filho, *Violas e repentes*); "Isso não vale nada, esse relógio; deu logo o prego no segundo dia..." [ABH/AC/AN/AS/CGP/FF/FS/FSB/HM/LM/MG/OB/TC/TG].
Sin. (1): *perder o gás*
Sin. (2): *vir abaixo* (5)
Var. (1) (2): *estar no prego* (3) (4)

Dar pressa Mandar executar rapidamente [GAS].

Dar pressão *Bras., gír. funk*. Transar: "Vem *tchutchuca* linda, vou te jogar na cama e te dar pressão" (trecho de uma música *funk*) [Clarisse Meireles, *IstoÉ*, 17/1/01, p. 63].

≠ **Não dar pro buraco de um dente** Não servir para nada; ser completamente desvalioso [FS].

Dar pro gasto Dar para sobreviver: "O que tenho dá pro gasto" [JB].

Dar pro mundo *Bras., NE*. Prostituir-se: "Achava duro um homem, se era homem de verdade, casar com uma mulher que deu pro mundo" (Francisco Julião, *Irmão Juazeiro*) [MSM].

Dar pulos de contente Manifestar contentamento extremo, grande alegria [AN/GAS].
Var.: *pular de contente*

Dar pulos de corça Ver *amandar-se ao ar*

Dar pulos de raiva Manifestar raiva extrema [AN].

Dar pulso livre Dar inteira liberdade [GAS].

≠ **Não dar quartel a 1.** Não poupar, tratar com todo o rigor da guerra, matar (o inimigo, o adversário). **2.** *Lus*. Não abrigar; não deixar descansar [ABH/AN/GAS].

Dar que cuidar Causar inquietação [GAS].

Dar *queen* *Bras., gír. dos clubbers*. Diz-se de homens que se vestem de mulher: "No carnaval, o pessoal deu *queen*, tava todo mundo muito doidão" (*sic*) [JB].

Dar que entender Fazer pensar; ser difícil de perceber [GAS].

Dar (o) que falar Ser muito comentado; ser motivo de muitos comentários; dar motivo a comentários (em geral maliciosos); fazer ações que têm repercussão na opinião pública; causar fofocas ou comentários diversos; prestar-se a ser objeto de murmurações; render, prolongar o assunto: "A filha, a menina Mundica, também deu muito o que falar, apesar das aparências virtuosas, um dia eu conto" (Mílton Dias, *As cunhãs*, p. 83); "Mas sempre é melhor entrar sem fazer barulho para não dar que falar à vizinhança" (Franklin Távora, *O Cabeleira*, p. 111); "A atitude do rei deu o que falar no reino"; "Vai haver tititi, vai dar o que falar" [ABH/AN/AT/CLG/F&A/GAS/JB].

Dar que suar Dar que fazer; ser motivo de grande trabalho; dar grande trabalho [AN/GAS].
Sin.: *suar a bom suar*
Var.: *fazer suar*

Dar quinau em 1. Passar à frente de; adiantar-se a; sobrelevar: "Muito estudioso, o caçula está dando quinau em todos os mais velhos." **2.** *Lus., Turquel*. Dar fé; dar notícia [ABH/CPL/GAS/OB].
Sin. (1): (NE) *dar bolo em*

Dar (o/um) quinau em Corrigir uma resposta errada; corrigir um sabichão na cara dele; desmoralizar um cabra metido a besta; mostrar que alguém errou; corrigir por/com palavras: "O aluno deu quinau no professor"; "Menina viva, aquela! Deu logo um quinau no professor de história" [ABH/CGP/GAS/TG/TGa].

Dar quintos *Lus*. Catar parasitas (piolhos, pulgas, percevejos etc.) [GAS].

Dar quizilha *Bras., NE, CE*. Dar azia [CGP/TGa]. ♦ ABH não registra a forma "quizilha". Traz "quizila" e "quizília", a última como var. da primeira, significando "repugnância, chateação, inimizade, rixa".

Dar (uma) rabiçaca Desviar a cabeça bruscamente, sem encarar outrem, num gesto de irritação e grosseria; virar o rosto violentamente em sinal de desprezo; ser indelicado com alguém, ao dar-lhe de ombros: "Motoristas dão rabissaca pros passageiros" (*Jornal da Rua*, 1º/2/00, p. 4). ♦ ABH usa a grafia "rabiçaca", oriunda de "rabo", significando "empurrão, repelão, empuxão", enquanto TC admite tb. "rabissaca", como var. Segundo MGa, o gesto a que se refere a expr. seria próprio das mulheres [ABH/MGa/TC].

Dar rabo *Bras., RS*. Levar sorte [LAF/LAFa].

Dar (um) rabo Acontecer uma grande confusão; causar confusão: "Tu faz isso direito que senão vai dar rabo"; "Ih, deu rabo"; "Ser *gay* (...) é dar um rabo de responsa" [JB/LAF/LAFa].

Dar rabo ao nambu *Bras*. Dar que falar; motivar a maledicência. – O "nambu" é surdo [ABH/AN].

Var.: *dar rabo ao anhambu/inhambu*

Dar raia Fazer ou dizer asneira [GAS].

Dar rancho Dar abrigo ou agasalho; hospedar: "– O sinhô mandô dá janta a ele e no otro dia mandô eu dá rancho pra ele" (Aristides Fraga Lima, *Mané Tomé, o liberto*, p. 78) [FS/LM/TC].

Dar rasteira em cobra *Bras., BA, gír*. Cambalear, por estar bêbado: "Aí, certa feita, Tenório saía do bar de Guega dando rasteira em cobra e chamando cachorro de cacho, quando chegou debaixo da amendoeira ali defronte da pousada de Renatinho e lhe deu vontade de verter água" (NL, *Dic. de baianês*, s/p.) [JB/NL].

Dar razão a pena *Lus*. Aguardar, esperar; tolerar, por mais algum tempo, até que chegue o momento apropriado: "Dê razão a pena, rapaz, sua nomeação sairá em breve" [GAS].

Dar rédea(s) Soltar; deixar com liberdade de correr; dar liberdade de ação [AN/GAS].

Var.: *afrouxar a rédea, dar rédea solta/larga*

Dar (um) refresco *Bras., gír*. Facilitar; atenuar; diminuir a pressão: "Vou dar refresco preste cara, mas vou me precaver"; "Vou dar um refresco pra rapaziada, sei que a barra está pesada" [JB].

≠ **Não dar rego** *Lus., Lourinhã*. Já não ter forças para trabalhar [GAS].

Dar rodeio *Bras., RS*. Ceder a um vizinho lugar para ele fazer seu rodeio [AN].

≠ **Não dar rodeio** *Bras., RS*. Diz-se do gado chucro que não tem costeio [AJO].

Dar rolo /ô/ *Bras*. Causar confusão, encrenca: "– Isso aí vai dar rolo – disse a um neto já próximo da VPR quando as greves de 68 começaram a pipocar" (Luís Maklouf Carvalho, *Mulheres que foram à luta armada*, p. 149); "Eu sempre disse que essa lista ia dar rolo!!" (Sinfrônio, *Diário do Nordeste*, charge, 5/5/01, p. 2).

Dar rolos *Lus*. Mandar embora [GAS].

Dar ruim *Bras., PI*. Dar errado: "... Terminou desafiando Faustino para um desafio. Aí deu rúim" (*sic*) [PJC]. – A pronúncia piauiense acentua a primeira sílaba ("rúim"), daí ela estar acentuada no ex.

Dar rum para o santo *Umb*. Tocar os atabaques para o orixá dançar, em festa pública, com suas roupas e apetrechos rituais [OGC].

Dar sabão Não ganhar a primeira mão no lasquinê ou no bacará [LM].

Dar saída Facilitar; resolver um problema [GAS].

≠ **Não dar saída** Não dar oportunidade [GAS].

Dar sainete Dar resultado [GAS].

Dar sal ao gado *Chulo*. Ir copular na zona de meretrício [MSM]. ♦ "Gado", no caso, tem o sentido de prostituta.

Dar samba *Bras*. Acontecer alguma coisa, algum fato novo: "Vai dar samba este negócio aqui" [JB].

Dar sangue *Lus*. Doar sangue [MPb].

Dar sarrafadas Ver *baixar o sarrafo* (2)

Dar satisfações Desdizer-se de ofensas [GAS].

Dar-se a/ao apreço 1. Portar-se convenientemente: "... do que uma branca que não se dá a apreço" (João Clímaco Bezerra, *Sol posto*). **2.** Respeitar [TC].
Var.: *dar-se a preço*

Dar-se a conhecer Mostrar de quanto é capaz; revelar-se [FF].

Dar-se alta *Bras., gír.* Ficar livre de uma pena judicial; tirar o tempo de cadeia: "Mirandão: Eu já me dei alta. Será que o senhor não entende?" (Dias Gomes, *O rei de Ramos*, p. 89).

Dar-se a melódia 1. Gerar-se a confusão, a briga, o desentendimento. **2.** *Bras., gír.* Acontecer o que não se esperava, o que não era desejável: "Taí, deu-se a melódia: o Ceará perdeu pro América." ♦ ABH registra flexionada esta loc., e somente na terceira pessoa: "deu-se a melódia". "Melódia", desvio de "melodia". Alteração, portanto, da pronúncia. O dicionarista consigna tal fenômeno fonético como "hiperbibasmo de intenção jocosa" [ABH/TC].

Dar-se ao desfrute Prestar-se às brincadeiras e troças [GAS].

Dar-se ao desprezo Fazer-se desprezível; abandalhar-se; aviltar-se; acanalhar-se [ABH/GAS].

Dar-se ao destino Prestar-se às brincadeiras e troças [GAS].

Dar-se ao diabo Enfurecer-se, desesperar-se [AN/GAS].
Var.: *dar-se dos diabos*

Dar-se ao luxo de Fazer o que muito bem quer; dar-se a caprichos, ou ao capricho, à fantasia, à extravagância de; permitir-se o luxo de: "Também Maneca Dantas não sabe por que diabo essa gente que engana marido, com tanto perigo, ainda se dá ao luxo de escrever cartinhas de amor" (Jorge Amado, *Terras do sem fim*, p. 207); "Nas horas vagas, ainda se dá ao luxo de fazer preleções otimistas aos nervosos e sorumbáticos" (Aníbal Bonavides, *Diário de um preso político*, p. 62) [ABH/GAS].

Var.: *permitir-se o luxo de*

Dar-se ao sério Proceder corretamente, dar-se ao respeito [LM].

Dar-se ao trabalho Dar-se ao incômodo [GAS].

Dar-se à paródia Confraternizar em brincadeiras [GAS].

Dar-se a perros 1. *Lus.* Dar tratos à imaginação. **2.** Zangar-se; encolerizar-se [AN/GAS].

Dar-se a preço *Bras., CE.* Ter vergonha, educação; dar-se a respeito. – Ouve-se, no interior, comumente desta forma, por analogia fônica com apreço.
Var.: *dar-se a/ao apreço*

Dar-se ares Ver *armar ao pingarelho*

Dar(em)-se as mãos 1. Travá-las amigavelmente, trazê-las unidas. **2.** *Fig.* Mancomunar-se para um fim; estar de inteligência; aliarem-se; unirem-se [AN/GAS].

Dar-se bem 1. Ser bem-sucedido: "Deu-se bem naquele lance, agora tá com a pipa no alto". **2.** Ter laços afetivos; conviver em harmonia, em clima de paz; coexistir pacificamente com alguém: "... entrou na Academia pela mão carinhosa de Machado de Assis, com quem mantinha uma relação de muito afeto, enquanto que com o pai legal não se dava bem" (Moacir Werneck de Castro, *Bundas*, 23/8/99, p. 25); "Eu nunca me dei bem com Aracaju, de verdade" (João Ubaldo Ribeiro, *Sargento Getúlio*, p. 152) [JB].

Dar sebo às/nas canelas *Pop.* Correr desabaladamente; fugir; sair em disparada. – O sebo é lubrificante; ajuda a deslizar [AN/FF/GAS/OB/TC].
Sin.: *azeitar as canelas, dar às de vila-diogo*
Var.: *botar/meter/passar sebo nas canelas*, (lus.) *dar sebo nas botas, pôr sebo às/nas canelas*

Dar-se (por) conta Aperceber-se; notar; flagrar-se: "Ao chegar à fazenda, Eugênio Da Col deu-se conta, em seguida, de que não existia ali aquela 'cugagna', aquela fartura tão propalada" (Zélia Gattai, *Anar-*

quistas, graças a Deus, p. 161); "Quando eu me dei por conta, já era" [LAF].

Dar-se de bem com *Bras., CE*. Ficar com alguém; namorar; jogar um papo com alguma pretendente e ser aceito. – Em ling. coloquial diz-se "Se dar de bem com" [AS].

Dar-se mal Ser malsucedido; estrepar-se: "Deu-se mal e agora tá *fu* [= arruinado]". – Não confundir com "estar de mal" [JB/LAF].
Sin.: *dar com os burros/burrinhos n'água/na água* (1) (3) (4)

Dar sem olhar *Desp*. Passar a bola a um companheiro sem se voltar para ele [HM].

Dar sentenças Dar opiniões sem lhe serem solicitadas [GAS].

Dar-se o caso Acontecer (algo): "A cabeça do motorista confirmava: – Dá-se o caso" (Moreira Campos, *Dizem que os cães veem coisas*, p. 78) [ABH].

Dar-se por achado 1. *Lus*. Dar-se por entendido. **2.** *Bras*. Dar-se por molestado ou ofendido por palavras; acusar um golpe recebido; mostrar-se sensível a uma denúncia. – João Ribeiro esclarece que a loc. primitivamente era "dar-se por achacado". Esta última palavra, de or. árabe, com o tempo se teria transformado em "achado", assim como "achacar" se transformou em "assacar" (permanecendo, porém, com a forma primitiva na gír. policial, para caracterizar funcionários que se valem de sua posição para extorquir dinheiro de contraventores) [GAS/RMJ].

Dar-se por batido 1. Aperceber-se de que foi roubado. **2.** Aceitar que perdeu [GAS].

Dar-se por finado Verificar que foi preterido [GAS].

Dar-se por vencido 1. Deixar de resistir; ceder; render-se. **2.** Reconhecer que errou [ABH].
Sin.: *dar a(s) mão(s) à palmatória, entregar os pontos* (1)

Dar-se pressa Apressar-se; fazer prontamente [ABH/GAS].

Dar serventia 1. Diz-se de um ajudante de pedreiro quando o ajuda. **2.** Dar passagem [GAS].

Dar seu sangue por uma causa Estar disposto a sacrificar-se por uma causa [AN].
Var.: *derramar o seu sangue por uma causa*

Dar (um) show *Bras., fig.* **1.** Ter uma atuação brilhante; fazer um brilhareto; atuar de forma irretocável: "Foi aí que, nesse exato instante, o Garçom do Tururu deu um show de erudição em matéria de mitologia grega" (Aírton Monte, *O Povo*, 10/6/97, p. 2B). **2.** Dar escândalo; dar vexame; passar ou causar constrangimento; fazer cena: "O turista deu um show quando lhe roubaram a carteira" [ABH]. ♦ Muitos são os que aportuguesam o termo ingl., que significa "espetáculo", grafando-o "xou": "Xou da Xuxa".
Sin.: *dar um baile* (3) (5)

Dar sinal Advertir; dar aviso: "– Bem, pessoal, a prosa tá boa mas o estômago já deu o sinal" (Odette de Barros Mott, *O clube dos bacanas*, p. 15); "Esse era o segundo dos três contos que eu lhe mandara, Jorge, sem receber resposta. Você não deu sinal de reconhecê-lo" (Luis Fernando Verissimo, *Borges e os orangotangos eternos*, p. 71) [GAS].

Dar sinal de si Fazer ato de presença, ou dar notícias de sua pessoa; manifestar-se; aparecer: "... descaiu-lhe a cabeça sobre o peito, e abraçando-se com o bordão, não deu sinal de si" (Almeida Garrett, *Viagens na minha terra*, p. 93) [ABH/GAS/Gl/TC].
Var.: *dar sinal de vida*

Dar sinal de vida Manifestar-se; dar notícias; revelar o paradeiro; aparecer: "... chamou pelo nome, pediu, implorou, e nada: o outro não dava sinal de vida" (Fernando Sabino, *A volta por cima*, p. 149); "A casa estava toda no escuro. Furtado e a mulher não davam sinal de vida" (Adolfo Caminha, *Tentação*, p. 24) [ABH/Gl/TC].
Var.: *dar sinal de si*

≠ Não dar (mais) sinal de vida 1. Desaparecer e não dar mais notícias; não se manifestar. **2.** Parecer morto; não apresentar manifestações externas que indiquem a vida; não se mover [AN/GAS].
Var.: *não dar sinal de si*

Dar (o) sinal verde Aprovar; concordar; aquiescer; decidir favoravelmente; autorizar (com base em dispositivo legal); permitir: "Ricardo Teixeira, amigo e admirador de Zé Lino, já deu o sinal verde" (Alan Neto, *O Povo*, 9/4/99, p. 16A); "Pelo sim, pelo não, Eunício deu o sinal verde" (Alan Neto, *id.*, 6/5/01, p. 2); "Juiz dá sinal verde e Naya sai da prisão" (*Diário de Pernambuco*, 12/1/00, p. A6).

Dar sopa 1. Oferecer facilidade de ser roubado, ou de ser enganado, ou passado para trás etc.; facilitar: "Jorge deu sopa e ficou sem a carteira." **2.** Dar chance, oportunidade de. **3.** Mostrar-se (a pessoa) fácil de ser conquistada; dar confiança: "Não precisava ir longe: na casa de farinha, raspando mandioca, revolvendo o tacho, estavam dando sopa as filhas de Zé dos Santos" (Jorge Amado, *Tocaia Grande*, p. 282); "Mulher honesta não deve dar sopa". **4.** Existir em abundância, podendo-se adquirir ou alcançar com facilidade: "Para este pessoal, viajar, sumir é o que há de mais simples. Sobretudo com tanto avião aí dando sopa na pista" (Aníbal M. Machado, *João Ternura*, p. 134); "A banana está dando sopa". **5.** *Bras., gír. mil.* Ficar à vista e sob o fogo do inimigo: "Quem der sopa pode levar um tiro." **6.** *Lus.* Não aceitar namoro; recusar [ABH/AC/CLG/GAS/TC].
Var. (6): *dar sopa de bode, dar sopa de espanador*

Dar sorte 1. *Lus.* Amuar; zangar-se; irritar-se. **2.** *Bras.* Ter bom êxito num empreendimento, numa atividade etc.; favorecer; fazer sucesso; ter sorte: "Deu sorte: ganhou 6.519 moedas de R$ 0,25, equivalentes a R$ 1.629,75" (*IstoÉ*, 29/9/99, p. 21); "– Meus dois maridos também detestavam drogas. Não dou sorte" (Dias Gomes, *Derrocada*, p. 74); "Fiz umas transações, e dei sorte: fiquei independente". **3.** *Desp.* Vencer invariavelmente determinado clube, por crença sobrenatural: "O Vasco dá sorte contra o Santos." **4.** *Bras.* Oferecer-se (mulher); chamar a atenção; dar atenção a galanteios; corresponder a manifestações amorosas [ABH/AN/FF/GAS/Gl/HM/TC].
Sin. (1): *dar (à) casca*
Sin. (4): (lus.) *dar atilho*

Dar sota e ás a *Fam.* Ser mais esperto que outrem; vencer alguém numa questão; levar vantagem pronunciada; revelar esperteza; ser influente; dispor de prestígio; replicar com vantagem: "Na cozinha dava sota e ás à mais pintada; sabia lavar como ninguém e assistia à roça dos pretos sem cair doente" (Aluísio Azevedo, *O mulato*, p. 152) [ABH/AC/AN/FF/GAS/RMJ].
Var.: *dar sota e basto a*

Dar suas pernadas Fazer suas estrepolias [AN].

Dar (um) sufoco /ô/ **1.** Pressionar: "Vou dar um sufoco naqueles caras." **2.** *Desp.* Desencadear ataques incessantes, mantendo o time adversário sob pressão [HM/JB].
Sin. (2): *fazer pressão* (2)

Dar sugesta *Bras., gír.* Repreender: "Vou ter que dar sugesta pro malandro que tá dando mole" [JB].

Dar sumiço 1. Fazer desaparecer; ocultar; dar fim: "Quando pôs a mão em mim, puxou logo: 'Que febrão!, vou dar sumiço nesse garoto!...'" (Terezinha Alvarenga, *Rio dos sonhos*, p. 61). **2.** Roubar. **3.** Matar: "Mil soldados não dão sumiço a ele" (Leonardo Mota, *No tempo de Lampião*) [TC].

Dar sustança Dar forças; dar tesão: "De vez em quando uma passarinha ou um caldo de sururu pra dar sustança" (NL, *Dic. de baianês*, s/p.); "– Melancia é fruta boa mais num dá sustânça não, só serve pra dá u'a mijadêra danada na gente" (*sic*) (Luciano Barreira, *Os cassacos*, p. 332); "Caldo de sururu dá uma sustança!" [NL]. ♦ "Sustança" é popularismo de "substância", a forma culta.

Dar tábua 1. Enganar; lograr. **2.** Não aceitar (a moça) um convite para dançar;

Dar(-se)

recusar casamento, dança etc.: "Na festa, ela deu tábua no mané que ficou com cara de otário" [AN/FSB/JB/MPa].

Dar talho Pôr fim; acabar com alguma coisa [GAS].

Dar tapa com luva de pelica Criticar ou reprovar veladamente, de maneira muito suave, sem veemência; ser delicado com quem nos fez uma grosseria: "Registrei na coluna a forma criativa como funcionários do Banco do Nordeste, em nota oficial divulgada na imprensa, deram tapa com luva de pelica no presidente da instituição..." (Regina Marshall, *Diário do Nordeste*, cad. 3, 18/3/00, p. 7) [AN].

Var.: *dar com luva de pelica, dar uma bofetada com luva de pelica*

Dar tampa Dizer que não; negar [GAS].

Dar tela Ver *dar trela*

Dar tempo a Dar oportunidade [TC].

Dar tempo ao tempo Contemporizar; esperar; fazer as coisas com calma; não se apressar; aguardar os acontecimentos; modo de significar que o que se disse, mais adiante se verificará, embora o interlocutor pense o contrário; esperar que com o tempo as coisas se modifiquem ou se resolvam, os rancores se amorteçam e os equívocos se desfaçam; esperar com paciência aquilo que só virá mais tarde: "... É preciso dar tempo ao tempo, seu compadre!" (Aluísio Azevedo, *O mulato*, p. 25); "Não se afobe, dê tempo ao tempo que, no fim, você terá o que quer" [AN/DT/GAS/JB/RMJ].

Dar tento *Lus.* Ver; notar; reparar; descobrir; dar fé; perceber; dar atenção; estar atento [GAS].

Var.: *prestar tento*

Dar terra Ligar com a terra (de potencial zero) de modo que ela faça parte de um circuito elétrico [AN].

Dar terra para feijão/feijões Ver *bancar (o) veado*

Dar testa *Bras., BA.* Enfrentar; reagir à altura [NL].

Dar tilte Sair errado, com defeito: "Deu tilte" [MPa].

Dar tino Dar fé; perceber [GAS].

Dar toco *Bras., RJ, gír.* Diz-se quando a menina ou menino não quer "ficar" [*IstoÉ*, 24/3/99, p. 64].

Sin.: (SP) *dar o fora*

Dar trabalho Exigir esforço ou atenção; causar transtorno ou preocupação; ocasionar preocupações, cuidados: "O Brasil está em quarto lugar. Para agravar a situação, os próximos adversários prometem dar trabalho" (Ivan Padilla, *Época*, 30/4/01, p. 94) [ABH/TC].

Dar trabalho ao vinho *Lus., Douro e Trás-os-Montes.* Pisar as uvas [GAS].

Dar trato(s) à bola 1. Ter cuidados que obriguem a pensar muito; pensar muito para resolver um problema; procurar decifrar algo; empregar muito tempo e muita atenção para desvendar ou decifrar algo; ter assuntos de intensa preocupação: "Dando trato à bola, Arquimedes refletia, dialeticamente, ao impacto das realidades físicas e humanas do sertão..." (Aníbal Bonavides, *As profecias do Arquimedes*, p. 216); "Alguns dos principais conselheiros e assessores de Fernando Henrique Cardoso estão dando trato à bola para descobrir fórmulas que façam com que melhorem os índices de popularidade do presidente, que ainda enfrenta forte rejeição popular" (Tarcísio Holanda, *Diário do Nordeste*, 13/8/00, p. 2); "Tive de dar tratos à bola até achar uma solução para aquele caso". – Subentende-se que esses tratos são maus-tratos, ou torturas. A loc. port. "pôr a tratos" tem o sentido de "pôr sob torturas". Em esp., tem o mesmo sentido, e Cervantes aludiu ao que sofreu na Argélia como "los tratos de Argel". **2.** *Bras., gír.* Ajeitar; esmerar-se na forma de fazer: "É preciso dar trato à bola, cidadão, se não a coisa não anda" [ABH/AN/DT/JB/RMJ].

♦ "Bola", no caso, é o cérebro, o juízo.

Sin. (1): *castigar a imaginação, espremer os miolos, fundir a cuca* (2), *puxar pelas ideias*

Var. (1): *dar tratos à cabeça, dar tratos à imaginação*

Dar tratos a Torturar; atormentar [ABH].

Dar tratos de polé 1. Atormentar a memória ou o espírito para se lembrar ou congeminar qualquer coisa. **2.** Proporcionar maus-tratos a alguém [GAS].

≠ **Não dar trégua(s)** Não deixar descansar; não dar descanso: "... mulheres interplanetárias desfilam em suas calças compridas, a guerra comercial não me dá tréguas..." (Paulo Mendes Campos, *Balé do pato e outras crônicas*, p. 45); "... o Sílvio vai é explodir de tanto comer, já que não lhe darei trégua!" (Sônia Pinheiro, *O Povo*, 7/6/97, p. 3B) [AN/GAS].

Dar trela *Bras.* **1.** Conversar; alimentar conversa; puxar alguém à conversa; puxar conversa com alguém; manter conversação com quem não merece; dar conversa (em sentido menos abrangente que "dar corda"): "Quase sempre só lhe damos trela quando sonhamos com cobra e depois fazemos uma fezinha na esquina" (Sérgio Augusto, *Bundas*, 13/9/99, p. 12); "Encontrei o Sílvio e fiquei dando trela". **2.** Dar folga, licença, chance; conceder, dar atenção, tempo, cabimento, interesse; deixar o outro falar; deixar o outro falar para se extrair alguma informação dele; dar confiança a, para alguém: "Não vou dar trela pra inimigo meu." **3.** Corresponder ao namoro de; aceitar a corte (de); aceitar os galanteios; namorar; dar confiança; dar moleza: "Florinda vai avisar que só dá trela pro rapaz se ele se separar da mulher e fizer um pedido oficialmente" (*Jornal da Rua*, cad. JRTevê, 13/2/00, p. 2). – Segundo João Ribeiro é uma deturpação de "dar tela", expr. arcaica que tinha o mesmo sentido. Trela: o nome da correia com que se prendem os cães de caça. Dando-se trela, o cachorro fica com liberdade para movimentar-se. Talvez por um lapso ortográfico, FF, no *Dic. brasileiro Globo*, assinala "dar treta" para as acepções supra (1 e 3). [ABH/AC/AN/CGP/CPL/FF/GAS/JB/LAF/LCCa/MPa/NL/OB/RMJ].

Sin. (1) (2) (3): *dar tela*
Sin. (1) (2): *dar papo*
Sin. (1): *dar cavaco*
Sin. (3): *dar corda* (2)

Dar (uma) tremedeira Ter medo: "Deu uma tremedeira e acabei fazendo tudo errado" [JB].

Dar (o) troco /ô/ Revidar a ofensa anterior com outra; responder com castigo; replicar a tempo, ou à altura; vingar-se; retribuir; devolver; retorquir; responder; argumentar; não se calar: "A gravata deu-lhe a pista certa: vingança de Zaíra, iaba sem coração, incapaz de sofrer desaforo sem logo dar o troco" (Jorge Amado, *Dona Flor e seus dois maridos*, p. 315); "E eu não vou aguentar provocações sem dar o troco necessário" (Aníbal Bonavides, *As profecias do Arquimedes*, p. 305); "Agora será a vez de os democratas darem o troco" (Osmar Freitas Jr., *IstoÉ*, 6/6/01, p. 111); "Para ser honesto comigo mesmo e com minha família, tenho uma filosofia: Não levar desaforo para casa, dar o troco na hora" [ABH/AN/GAS/JB/JF/TC].

Sin.: *dar demasia, passar recibo* (2)

≠ **Não dar troco** Não responder [GAS].

Dar trombada *Bras., gír.* Agredir: "Vou dar trombada em todo viado (*sic*) que ficar na minha frente" [JB].

Dar tudo Empenhar-se a fundo; esforçar-se o mais possível [GAS/TC].

Var.: *dar tudo por tudo*

Dar tudo em pandarecos Dar em nada; não ter êxito bom. – Alteração da frase port. "dar com tudo em Pandarane", usual na Mad. Pandarane era paragem suja de Ilhéus, onde os portugueses fizeram acolher-se desbaratados os navios do rei de Calecute (João de Barros, *Décadas*, IV) [AN].

Sin.: *dar (com tudo) em Vaza-Barris*

Dar uma/umazinha *Bras., NE, S, chulo.* Fazer amor num curto espaço de tempo; copular; fazer sexo; gozar (diz-se do macho); transar: "Esse é o verdadeiro Ronaldinho [Gaúcho]. Como dizia minha avó, nada como macho novo. Rarará! Joga futebol, toma banho de rio e ainda chega em casa e dá uma" (José Simão, *O Povo*, 2/7/99,

Dar(-se)

p. 6B); "Vamos dar umazinha, numa naice [= numa boa]?" [GM/JB/MSM/Net].

Var.: *dar uma só*

Dar uma aberta Oferecer ensejo; dar uma oportunidade [GAS].

Dar uma achega Ajudar; proporcionar novas soluções ou facilidades [GAS].

Dar uma alça *Bras., gír.* Ajudar; amparar: "Vou dar uma alça, o malandro tá precisando" [JB].

Dar uma apitadela Dar aviso; dar recado [GAS].

Dar uma babada Ver *marcar bobeira*

Dar uma bacalhauzada Apertar a mão a outra pessoa [GAS].

Dar uma banda 1. *Bras., gír.* Enganar; engambelar; ludibriar. **2.** *Bras., RS.* Fazer um passeio; caminhar a esmo. **3.** *Desp.* Jogar com violência e deslealdade [ABH/HM/LAF].

Sin. (1): *passar a perna em* (2)
Sin. (3): *baixar a ripa* (3)

Dar uma bandeira Ver *dar um fora*

Dar uma barretada *Bras., gír.* Agredir: "O Jáder deu uma barretada no ACM" [JB].

Dar uma berlaitada *Lus.* **1.** Dar uma pancada. **2.** Fazer amor [GAS].

Dar uma bicada *Bras., gír.* Beber um gole: "Deixa eu dar uma bicada pra ver se tá bão" [JB].

Dar uma bifa *Bras., AL.* Bater; dar uma porrada [Net].

Dar uma bilocada Ver *dar uma bimbada/bimbadinha*

Dar uma bimbada/bimbadinha *Chulo.* Ter relação sexual; copular: "Devendo seguir viagem com o céu ainda escuro, para ganhar tempo, exigiam que as três raparigas abandonassem imediatamente o dançarás, pois não pretendiam sair de Tocaia Grande sem antes dar uma bimbada" (Jorge Amado, *Tocaia Grande*, p. 186); "Caro Traíra, só política 24 horas por dia, sem parar para dar uma bimbadinha, é coisa de louco" (Nataniel Jebão, *Bundas*, 3/1/00, p. 50) [BB].

Sin.: (PE) *dar uma bilocada*

Dar uma bisolhada *Bras., RS.* Dar uma olhada, ver meio que sem compromisso certa cena ou coisa [LAFb, s. v. "BISOLHAR"].

Dar uma bobeada *Bras., pop.* Deixar-se enganar; bobear: "Dei uma bobeada e caí do cavalo" [ABH/JB].

Sin.: *dormir de touca* (1)

Dar uma boca *Lus., desp.* Negacear com o corpo, lançando a bola para as costas do adversário, por um lado, para retomá-la pelo outro; driblar [HM].

Dar uma bocha *Bras., RS.* Surrar. – LAF relata que se lembra que se dizia das olheiras fundas e/ou roxas que eram "bochas", mas não sabe por quê [LAF].

Dar uma bola 1. *Lus.* Fazer um bom negócio. **2.** Fazer um furto rendoso. **3.** Ajudar, oferecer auxílio; dar uma mãozinha [ABH/FN/GAS/JB/Net/RK].

Dar uma bola/bolinha *Bras., RJ, SP, gír.* Fumar maconha; acender um baseado; discreta designação para o ato de fumar maconha: "E aí, vamos dar uma bola?"; "O pessoal foi ali atrás do muro dar uma bolinha e já volta" [FN].

Sin.: *puxar (um) fumo*

Dar uma bombada *Bras., S.* Sugar a bomba, canudo de metal com que se bebe o chimarrão [*O Povo*, 19/4/01, cad. Turismo, p. 3].

Dar uma botinada Ver *baixar a ripa* (3)

Dar uma bronca Brigar; censurar; reclamar; protestar com veemência; zangar-se; reprovar em voz alta o procedimento de alguém; proferir palavras duras em estado de exaltação; bronquear: "A tia ainda pensou em dar uma bronca nos sobrinhos-netos..." (Cândida V. V. Vilhena, *Além da neblina*, p. 18); "Também no intervalo, o cartola foi dar uma bronca no goleiro que já tinha tomado seis gols" (Armando Nogueira, *Diário do Nordeste*, 15/4/01, cad. Jogada, p. 2) [JB].

Var.: *dar a (maior) bronca*

Dar uma bucha. *Lus.* **1.** Ceder o par para dançar. **2.** Oferecer um naco de pão [GAS].

Dar uma bunda-canastra Dar cambalhota (movimento de virar o corpo por sobre a cabeça) [BB].

Dar uma burrada Fazer um mau negócio [TC].
Var.: *fazer uma burrada*

Dar uma cacaca *Bras., gír.* Ser ruim: "Vai dar uma cacaca [= será ruim], ninguém pode esperar coisa boa" [JB].

Dar uma cambalhota *Lus., bras., S, fig.* Exercer a cópula; copular [GAS/MSM].

Dar uma canseira em *Bras.* Cansar; dar muito trabalho: "Dei uma canseira nela que só vendo"; "Vai dar uma canseira neste pessoal, malandro?" [JB].

Dar uma cantada em 1. *Bras., pop., fam.* Tentar seduzir ou subornar, valendo-se de palavras hábeis, usando de lábia; cantar alguém, com fins libidinosos; fazer proposta amorosa ou obscena. **2.** Fazer pedido de dinheiro [ABH/ CPL/GM/RG/TC].
Sin. (1): (CE) *cantar uma mulher*
Var. (1) (2): *dar uma cantata em*
Var. (1): *passar uma cantada em*

Dar uma caqueirada Golpear; bater; golpear alguém com um caqueiro (vaso de barro, espécie de bilha ou moringa, em que se guardava água). – Passou a expr. para a gír. como sin. apenas de golpear, ou bater, ainda que apenas com a mão. Caqueirada: um tiroteio com cacos e louça velha, us. no ant. carnaval de Portugal [AN/RMJ].

Dar uma carga em *Bras., gír.* Fazer sexo com: "Queria só dar uma carga na mina [= garota], mas ela reagiu" [JB].

Dar uma carreira Dar uma corrida; correr [GAS].

Dar uma carreira em Pôr para correr; pôr pra fora de casa; expulsar de casa [AS].

Dar uma carteirada *Bras., gír.* Mostrar documento de autoridade: "O panaca deu uma carteirada pra viajar de graça no buzum [= ônibus]" [JB].

Dar uma casada Casar-se: "Então, Rita, você vai dar uma casada?" [TC].

Dar uma catada Procurar; catar; promover uma colheita ligeira, na roça [GAS].

Dar uma chamada *Bras., pop.* **1.** Embebedar-se. **2.** Passar uma descompostura em alguém; chamar a atenção de alguém; advertir alguém: "Dei uma chamada naquele viado (*sic*) que estava se exibindo" [ABH/JB/LM/RG].
Sin. (1): *encher a cara*

Dar uma chance Dar uma oportunidade: "Dei uma chance prela e ela agarrou com unhas e dentes" [JB].

Dar uma chapelada *Pop.* Cumprimentar cerimoniosamente [AC].

Dar uma(s) chapuletada(s) Ver *meter a peia* (1)

Dar uma charada Insinuar de maneira sutil [AJO].

Dar uma chatada *Bras., RS.* Repreender [AN].

Dar uma chegada/chegadinha Aparecer rapidamente (em algum lugar); ir a determinado lugar, para demorar-se pouco: "A senhora de três em três minutos dará uma chegada no / boteco da esquina e tomará um trago" (Manoel de Barros, *Poemas concebidos sem pecado*, p. 53); "O senhor quer dar uma chegadinha lá em casa, para tomar um cafezinho?" [ABH/TC].
Var.: *dar um chego(a)*

Dar uma cheirada *Bras., NE.* Errar o chute na bola: "Na hora de fazer o gol ele deu uma cheirada que só vendo" [FNa]. – Nada a ver com cocaína!

Dar uma chinelada *Bras., NE, chulo.* Ter relações sexuais; copular; transar: "(...) venha cá, minha safada, que eu não vou fazer mal a você não, só vou dar uma chinelada pra burra nenhuma botar defeito, venha cá, se ajeite nessa beira de cama que eu subo e acerto diretinho nesse seu cachimbo grande e bonito..." (Neil de Castro, *As pelejas de Ojuara*) [FN/MSM/TC].
Sin.: *dar um chinelo, largar a chinela*

Dar uma chispada 1. Fazer uma corrida curta e veloz, em veículo. **2.** Ir rapidamente a algum lugar [AJO/TC].

Dar uma ciscada *Bras., pop.* Procurar, buscar, pesquisar por alto [ABH].

Dar uma coça Açoitar; bater; dar surra, tareia, sova: "– A minha mãe vai me dar uma coça de me deixar no puro vergão" (Stela Maris Rezende, *Atrás de todas as portas*, p. 57).

Dar um acocho 1. Dar um abraço apertado; apertar fortemente. **2.** Cobrar uma dívida com insistência ou ameaças [TC].

Dar uma colher *Bras., gír.* Ajudar: "Vou dar uma colher, (...) mas não vai me sacanear" [JB].

Dar uma corrida em pelo *Lus.* Despedir violentamente alguém [GAS].

Dar uma cravada *Bras., gír.* Fazer sexo: "Vou dar uma cravada com minha negona" [JB].

Dar uma curva 1. *Lus.* Dar um pequeno passeio. **2.** *Bras., RS.* Enrolar; enganar; protelar demasiadamente [GAS/LAFa/LAFb].
Sin. (2): *dar um camba/cambão*

Dar uma de *Bras., fam.* Agir à maneira de; imitar; bancar; agir como; fazer o papel de, as vezes de; passar por: "É a primeira vez que posso dar uma de turista" (Leilane Neubarth, *Marie Claire*, jun./1999, p. 81); "– Bom, seu vigário já tá querendo que eu dê uma de caguete" (Dias Gomes, *Sucupira, ame-a ou deixe-a*, p. 24); "Então vocês acham que vou ficar dando uma de otário, cuidando de criancinha de velocípede, ajudando babá...?" (Alfredo Sirkis, *Os carbonários*, p. 152); "Vai dar uma de homem, agora?" [ABH/JB].

Dar uma de barriga-fria *Bras., RS.* Revelar um segredo que era para continuar sendo um segredo [LAF].

Dar uma de bom moço *Bras., gír.* Passar por gente bem: "Vai dar uma de bom moço, agora, boneca?" [JB].

Dar uma de brabo Ficar com raiva: "O cara deu uma de brabo e ficou puto com tudo, acabou virando bicho" [JB].

Dar uma de galo *Bras., S, RJ, chulo.* **1.** Praticar o ato sexual às pressas, num beco, protegido pela escuridão. **2.** *NE.* Dar uma rapidinha (relação sexual breve); diz-se de quem copula depressa, de quem sofre de ejaculação precoce; diz-se do homem que tem ejaculação rápida; ter, o homem, orgasmo demasiado rápido [ABH/GM/MSM].
Var. (2): (S) *ser um galo*

Dar uma de gato mestre *Bras.* Passar por malandro; agir como quem sabe tudo, quando pouco ou nada sabe: "O vacilão deu uma de gato mestre, mas se deu mal" [ABH/JB].
Var.: *meter-se a/de gato mestre*

Dar uma de gostoso *Bras.* Querer ser melhor que todo mundo: "O cara pensou em dar uma de gostoso e se estrepolhou" (*sic*) [JB].

Dar uma de horror *Bras., gír.* Escandalizar; ficar irritado: "Vou dar uma de horror, esta festa tá um saco" [JB].

Dar uma de joão/joãozinho sem braço *Bras., gír.* Tentar ver se dá certo: "Vou dar uma de joão sem braço, se colar, tudo bem, vou em frente" [JB].
Sin.: *dar uma de migué*
Var.: *dar o golpe do joão/joãozinho sem braço*

Dar uma de migué *Bras., gír.* Tentar ver se dá certo; aplicar um golpe de esperteza contra alguém; fazer um pequeno fruto; cometer um pequeno delito, uma pequena burla: "Vou dar uma de migué, na certeza de que tudo vai colar" [JB/LAFb].
Sin.: *dar uma de joão/joãozinho sem braço*
Var.: *dar um migué/miguel*

Dar uma dentro *Bras.* Expr. que refere o acerto de determinada ação, sobretudo quando o autor dela não costuma acertar: "Agora tu deu uma dentro" (= afinal acertaste dentro do alvo) [LAFb].

≠ **Não dar uma dentro** Não aprovar; não acertar; não obter êxito: "Pelego, na direção do sindicato, não dá uma dentro; só prejudica a sua categoria."

Dar uma de otário *Bras.* **1.** Passar por bobo: "Não vai dar uma de otário, agora,

xará." **2.** *Desp.* Perder um passe de bola por distração ou por falta de malícia [HM/JB].
Sin. (1): *bancar o idiota*
Var. (1): *bancar o otário*
Sin. (2): *estar de bobeira* (2), *ler gibi*

Dar uma desanda *Lus.* Dar uma descompostura [GAS].
Sin.: *dar uma descasca*

Dar uma descaída Afrouxar a linha (da arraia, pipa) para perder altura rapidamente. É ataque e defesa [TG].

Dar uma descasca Ver *dar uma desanda*

Dar uma e emprestar outra Trabalhar molemente; engonhar; mandriar; embromar [GAS].

Dar uma engrossada *Bras., gír.* **1.** *Desp.* Fazer uma jogada horrível; falhar ou errar de forma grosseira: "O Edu deu uma engrossada e foi vaiado pela torcida." **2.** Agir com violência: "Vou dar uma engrossada pra começo de conversa, depois a gente se acerta" [JB].
Sin. (2): *dar uma espanada*

Dar uma enrabada em *Bras., PE.* Repreender alguém: "O treinador deu uma enrabada no atleta" [BB].
Sin.: *dar uma ensaboada em*

Dar uma ensaboada em *Bras.* Repreender alguém: "Dei uma ensaboada neste viadão que tava me enchendo o saco (*sic*)" [JB].
Sin.: *dar uma enrabada em*

Dar uma escapula 1. Facilitar a fuga: "Sou eu que lhe peço que dê uma escapula ao infeliz" (Franklin Távora, *O Cabeleira*). **2.** Ir ligeiramente ou às ocultas a um lugar: "... com medo que um de nós dê uma escapula para tomar banho no rio" (Francisco Fernandes do Nascimento, *Milagre na terra violenta*) [TC].

Dar uma esculhambação Ver *dar um esculacho*

Dar uma esfrega 1. Dar uma surra. **2.** Deixar alguém exausto, cansado [GAS].
Var.: *pregar uma esfrega*

Dar uma espanada *Bras.* Agir com violência: "Vou dar uma espanada, (...) vocês pensam o quê?" [JB].
Sin.: *dar uma engrossada* (2)

Dar uma espiada Fazer uma verificação, um ligeiro exame; dar uma olhadela: "Entrou, deu mais uma espiada, parece que saía espuma..." (Terezinha Alvarenga, *Rio dos sonhos*, p. 68); "Lourenço: Dá uma espiada, Saci" (Édson d'Santana, *Ao mar!*, p. 30); "Tenha paciência de me esperar enquanto eu dou uma espiada no lixo" (Gustavo Barroso, *Mississipe*) [TC].

Dar uma espichada *Bras.* Crescer: "A Mariana deu uma espichada e cresceu barbaridade" [JB].

Dar uma facada no matrimônio Copular com outra pessoa que não o cônjuge [GAS].

Dar uma ferrada *Chulo.* Copular; transar: "Você deu uma ferrada na galega?!" [GM].

Dar uma foda *Chulo.* **1.** Fazer sexo: "Hoje à noite vou dar uma foda com a minha gata". **2.** Repreender: "Vou dar uma foda naquele filho da puta" [JB].

Dar uma fofadinha *Bras., AL.* Transar (ver Renato Oliveira, *Dic. alagoano*) [Net].
Sin.: *dar uma rapidinha*

Dar uma folga Deixar alguém sozinho, desacompanhado: "Para evitar companhia, na saída ele se aproximou da irmã, (...) e avisou: – Maninha, me dá uma folga, tá?" (Raul Drewnick, *Correndo contra o destino*, p. 100).

≠ **Não dar uma folga** Não deixar descansado [AN].

Dar uma furada Ver *dar uma rapidinha*

Dar uma gaitada 1. *Lus., Douro.* Beber vinho por uma garrafa. **2.** Fazer amor [GAS].

Dar uma ganhada Vencer, em episódio solidamente observável, de um opositor. Uma bravata bem-sucedida é uma ganhada [LAFb].

Dar uma garibada *Bras., gír., PE.* Zelar; melhorar; garibar (ou guaribar): "O negócio é dar uma garibada. Depois a gente vê como fica" [BB/JB].

Var.: *dar uma guaribada*

Dar uma gaúcha *Desp.* **1.** Bater com o calcanhar, pelo alto, bola que cobriu o jogador. **2.** Lançar a bola para as costas do adversário, por um lado, para retomá-la pelo outro [HM].

Dar uma geral *Bras., pop.* **1.** Inspecionar, repassar, limpar, revisar, rever algo: "Antes da festa, deu uma geral na sala"; "Precisa dar uma geral no carro, pois está caindo aos pedaços". **2.** Submeter-se a uma transformação corporal, ou fisionômica, bastante acentuada, por meio de plástica ou outros meios de embelezamento: "Linda Tripp (aquela que grampeou os telefonemas entre Bill Clinton e Monica Lewinsky) fez uma cirurgia plástica. Deu uma geral: *lifting* nos olhos e na face, implante no queixo, correção do nariz, retirada de gordura do pescoço" (*IstoÉ*, 26/1/00, p. 31). **3.** Fazer (a polícia) uma busca cuidadosa de armas, drogas e/ou outros sinais de coisa ilícita: "O aniversariante ficou nervoso. Os PMs deram uma geral e encontraram o *bagulho* [= maconha]" (*Jornal da Rua*, cad. JRTevê, 28/5/99, p. 9) [ABH/JB].

Dar uma goma *Bras., CE, gír.* Passar saliva no cigarro de maconha para que ele queime por igual e/ou para que não levante chama: "Dá uma goma no *tcheuris* [ou *tchauris*, cigarro de maconha] senão o vento vai fumar tudinho!" [RK].

Dar uma guaribada *Bras., CE.* Caprichar; *Bras., RS.* Ajeitar a coisa, limpar: "Vamos dar uma guaribada nisso que melhora e muito" (JB, p. 229) [LAFb, s. v. "GUARIBADA"/MGa].

Sin.: *dar um trato* (1)
Var.: *dar uma garibada*

Dar uma incerta *Bras.* **1.** *Gír., mil.* Passar revista de surpresa, sem aviso prévio; fazer uma visita inesperada, de surpresa. **2.** *P. ext.* Ir a um lugar, ou fazer alguma coisa, sem combinação ou determinação prévia; chegar de repente sem avisar, para fiscalizar algo: "E passou a seguir o malfazejo, ficando de botuca por todo lugar que ele passava. E quando deu uma incerta na praça, pegou Tenório jogando um catiopiu com a jega. Aí foi o maior arerê..." (NL, *Dic. de baianês*, s/p.) [ABH/JB/NL]. ♦ Atenção para o ling. baianês, segundo NL: "de botuca" = olhando, corujando; "catiopiu" = transa sexual; "arerê" = confusão, agito.

Dar uma injeção 1. *Lus., chulo.* Ter relações sexuais; transar. – Conta-se o caso de uma moça bras. que entrou numa farmácia em Lisboa à procura de uma pessoa para lhe dar uma injeção. A confusão foi enorme, é claro. **2.** *Bras.* Animar; estimular; encorajar [MSM/TC].

Var. (2): *dar uma injeção de coragem*

Dar uma lamparina Dar uma bofetada [GAS].

Dar uma lavagem Ver *dar um baile* (4)

Dar uma lavagem em regra Repreender severamente [TC].

Dar uma letra *Bras., RS.* Alertar; informar: "Bá, cara, vou te dar uma letra, a mina aquela tá tri afinzona de ti" [AN/LAF, s. v. "LETRA"/LM].

Sin.: *dar o/um toque* (3)

Dar uma lição Fazer reprimenda, admoestação; censurar demonstrando o erro ou a falta e suas incidências: "Valério Cachorrão, Dorindo e Pergentino, três colhudos, decidiram atravessar o rio e dar uma lição à corja dos ciganos" (Jorge Amado, *Tocaia Grande*, p. 91) [GAS].

Dar uma lingada *Lus.* Copular [GAS].

Dar uma lisa Não deixar fazer vaza nem tento no jogo [AN].

Var.: *levar uma lisa*

Dar um alô Conversar: "Dá um alô pra mim, assim que for possível" [JB].

Dar uma mão de tinta Aplicar uma vez a tinta [GAS].

Dar uma mãozada Dar uma ajuda com a mão; dar um auxílio rápido e eficiente [FS].

Dar uma mãozinha *Bras.* Ajudar: "O Ministério da Educação vai dar uma mãozinha para a Comissão Parlamentar de Inquérito (CPI) da Assembleia Legislativa do Ceará, que está investigando o desvio da grana das escolas pelas Prefeituras" (*Jornal da Rua*, 8/6/99, p. 3); "Vamos dar uma mãozinha pro amigo neste lance" [JB].

Var.: *dar a/uma mão a*

Dar uma máquina Ver *dar um ligeirão* (1)

Dar uma marretada Roubar; trapacear [BB].

Dar um(uns) amasso(s) Dar um arrocho; namorar agarrado; conquistar; pressionar e roçar o corpo no da parceira e acabar com beijos e toques, provocando prazer; fazer carinhos: "Era só o que Carlota queria. Dá-lhe um tremendo amasso e puxa o amado pro quarto" (*Jornal da Rua*, cad. JRTevê, 8/6/99, p. 1); "Vou dar um amasso, hoje à noite, na minha gata"; "A Ritinha tá merecendo: vou dar uns amassos nela" [BB/JB/Net/NL/*O Povo*, 31/3/96, p. 4B].

Sin.: (SP, gír.) *dar uns catas, dar um malho* (2)

Dar uma mijada Bras., PE, RS. Repreender; fazer uma descompostura: "Severino deu uma mijada no filho, só porque o menino não fez a lição" [BB/LAFa].

Sin.: *passar (um) carão, passar (um) pito*

Dar uma no cravo e outra na ferradura Dizer ou fazer uma coisa acertada e outra errada; elogiar por um lado, censurar por outro [GAS].

≠ **Não dar uma nota 1.** Não ter voz para cantar. **2.** Não valer nada [GAS].

Dar uma palavra/palavrinha 1. Ter um entendimento, uma conversa; ter conversa curta para relembrar o que está esquecido. **2.** Falar: "Um momento, senhor. Posso dar uma palavra?" (Ariano Suassuna, *Auto da Compadecida*, p. 181) [GAS/TC].

Dar uma palhaça Dar uma cambalhota; cair [GAS].

Dar uma palhinha 1. Bras., gír. Conversar despreocupadamente; conversar sobre amenidades: "Eu vou até a casa de Luciana dar uma palhinha e já volto". **2.** Opinar: "Quero dar uma palhinha sobre este assunto" [FN/FNa/JB].

Dar uma pancada no coração Ter um pressentimento [GAS].

≠ **Não dar uma para a caixa 1.** Lus., Univ. Coimbra. Não responder a nenhuma pergunta do professor. **2.** Não ter habilidade [GAS].

Var. (1): *não dar uma*

Dar uma passa Lus. **1.** Diz-se quando um automóvel bate em outro. **2.** Fumar droga (diz-se em grupo em que cada um dá uma passagem ou uma fumaça) [GAS].

Dar uma passada/passadinha Ir ligeiramente a certo lugar; vir para breve demora; passar: "... vou dar uma passada na venda do Juca, beber duas ou três cachaças..." (Paulo Mendes Campos, *Balé do pato e outras crônicas*, p. 48).

Sin.: *dar um pulo/pulinho a/até/em*

Dar uma passada/passadinha para Mudar para; passar para: "Só mais tarde, com Caymmi e João Gilberto, resolvi dar uma passadinha pro violão, senti que o Brasil estava mais por ali" (Sérgio Ricardo, *Bundas*, 13/9/99, p. 6).

Dar uma passeata Fazer um pequeno passeio [GAS].

Dar uma paulada Bras., NE, chulo. Ter relações sexuais [MSM].

Dar uma paulada na moleira Bater: "Se me torrar, vou dar uma paulada na moleira, é melhor parar por aí" [JB].

Dar uma peitada Ir de encontro a; trombar [BB].

Dar uma pelotada Bras., S, SP, chulo. Fazer amor; ter relações sexuais; copular [GAS/MSM].

Dar uma penada por Intervir em favor de: "– Dê uma penada por ela" (Graciliano Ramos, *Angústia*, p. 50) [ABH].

Dar uma perna Lus. Fazer um remoque, uma piada [GAS].

Dar uma pernada 1. Bras., NE. Ir a certo lugar. **2.** Bras., CE. Praticar o coito [RG/TC].

Dar um apertão Pressionar [GAS].

Dar um aperto de calos Dar uma reprimenda [GAS].

Dar uma pesada Dar um pontapé [TC].

Dar uma piaba *Bras., AL*. Dar um cascudo, tapa; bater; dar pancadas; surrar [Net].
Var.: *dar uma piabada*

Dar uma piloura *Bras*. Desmaiar; passar mal: "Deu uma pilora (sic) na Tetê bem na hora dela dizer sim" (Ricardo Kelmer, *Baseado nisso*, p. 131). ♦ No dial. pop., pronuncia-se "pilora" /ô/ [ABF/BB/CGP/TGa].
Sin.: *dar um treco* (1)
Var.: *ter uma pilora/piloura*

Dar uma pingolada *Chulo*. Praticar o coito [DVF].

Dar uma pinocada *Lus., chulo*. Praticar o coito – consoante Albino Lapa, *Dic. de calão* [MSM].

Dar uma pirocada *Bras., chulo*. Ter relação sexual [BB].

Dar uma pisada na bola *Bras., gír*. Errar: "O cara deu uma pisada na bola, vai pagar caro" [JB].
Var.: *pisar na bola* (2)

Dar uma preacada *Bras., CE*. **1.** Dar uma chicotada. **2.** Praticar o coito. – Preaca: chicote de tanger animais, feito de couro cru trançado [RG].

Dar uma pregada *Bras., NE, chulo*. Ter relações sexuais [MSM].

Dar uma prensa *Bras*. Ato de constranger alguém a fazer algo que se deseja; pressionar; imprensar: "Vou dar uma prensa no chefe que é corrupto, acho quele cede" (sic). – Pode-se dar uma prensa em alguém para que ele defina se vai ou não vai, ou para cobrar uma dívida [JB/LAF].
Sin.: *encostar à/na parede*

Dar uma prosa Conversar; papear: "Miguel Rufino não gostava de dar uma prosa" (Fran Martins, *Poço de Paus*, p. 27); "Pareciam alegres quando alguém parava para dar uma prosa" (Carlos Drummond de Andrade, *Contos de aprendiz*, p. 43); "O negro estivador, marido de Julieta, a lavadeira, por vezes descia o morro para dar uma prosa com o 'seu tenente'..." (Jorge Amado, *O Cavaleiro da Esperança*, p. 66).
Sin.: *puxar conversa* (2)

Dar uma queca *Lus., chulo*. Copular [MPb].
Var.: *dar uma quecada*

Dar uma queda de asa *Bras., gír*. Pender; inclinar-se para alguém com fins de namoro: "Vou dar uma queda de asa pra cima da Soninha" [JB].

Dar uma rabeada/rabiada *Bras., AL*. Dar uma puxada brusca para um lado (o veículo); dar uma derrapada [BB/Net].

Dar uma rapidinha Transar; ter relação sexual breve [GM/Net]
Sin.: *dar uma fofadinha, dar uma furada*

Dar uma rasteira em *Bras*. **1.** Aplicar o golpe de capoeiragem; derrubar. **2.** Iludir, prejudicar, enganar, lograr, burlar, embrulhar, ludibriar alguém; levar vantagem sobre alguém: "Egeu: Quer dar uma rasteira no destino / pra não seguir vivendo no ora veja..." (Chico Buarque & Paulo Pontes, *Gota d'água*, p. 68); "Precisamos dar uma rasteira neste besta" [ABH/AC/AN/CGP/FN/FS/GAS/JB/LM].
Sin. (1) (2): *passar o pé em*
Sin. (2): *meter na maca*, (CE) *passar no(s) quarto(s), passar um quengo em* (2)
Var.: *passar uma rasteira em*

Dar uma rata Ver *dar um fora*

Dar um ar da sua graça *Lus*. Falar [AN/GAS].

Dar uma regulagem Ver *dar (um) esporro*

Dar uma resposta torta Ser malcriado [GAS].

Dar uma retambana *Lus*. Passar uma descompostura [GAS].

Dar uma revestreia *Bras., PE*. Retornar; voltar-se contra [BB].

Dar uma rodada 1. Espairecer; dar uma volta; andar a pé durante algum tempo. **2.** Servir bebida a várias pessoas: "Corre, Geraldo, dá uma rodada de cachaça, que a turma está ficando mole" (Ciro de Carvalho Leite, *Grito da terra*). **3.** *Lus.* Dirigir a alguém um nome insultuoso [GAS/TC].

Dar uma roda de (+ nome injurioso) Dirigir a alguém esse nome injurioso [AN/GAS].

Dar uma roda-de-pau Dar pauladas; dar uma surra com um pau [GAS].

Dar uma roubada Dirigir em pequeno trecho na contramão [NL].

Dar um arrasto Dar uma rasteira; dar um golpe e derrubar no chão; derrubar: "O cavalo outra vez / em cima dele bateu. / Genésio deu um arrasto, / que ele se estendeu" (Demóstenes de Oliveira, *A mulher dá à luz de 4 em 4 meses*, folh. de cordel) [TC].

Dar um arrepio *Lus.* Vencer outros por grande diferença [GAS].

Dar um arrocho em Ver *botar a faca nos peitos*

Dar uma sacada *Bras., gír.* Olhar: "Vou dar uma sacada neste lance, pra num ser enganado" (sic) [JB].

Dar uma salga Dar uma sova [TG].

Dar uma saltada Ver *dar um pulo/pulinho a/até/em*

Dar uma sapeada *Bras., gír.* Olhar: "Vou dar uma sapeada pra assuntar o que tá rolando" [JB].

Dar umas bombadas Trabalhar com bomba (de ar, de água, de gasolina etc.) [TC].

Dar umas chibatadas *Bras., NE.* Dar porradas; bater, açoitar: "Dou-lhe já umas chibatadas no meio dos chifres, seu cabra safado!"

Dar uma sede de água *Lus.* Dar água a beber; dar porção de água suficiente para matar a sede [GAS].

≠ **Não dar uma sede de água** Não ter piedade; não dar esmola; ser extremamente avaro [AN].

Dar umas encalcas Cobrar insistentemente, fazer certas exigências, com ameaças: "Dei-lhe umas encalcas, ele descobriu [= revelou] que matava aulas." – O termo "encalcas" parece ter alguma ligação com "calcar" [TC].

Dar umas lamboradas *Bras.* Dar chicotadas; chicotear: "Alguns revoltados deram umas lamboradas no safado" [BB].

Dar uma sopa Ver *dar canjas/uma canja*

Dar um assalto Diz-se quando um grupo de foliões invade a casa de um amigo e improvisa ali festa dançante (de ordinário na época carnavalesca) [TC].

Dar uma surra Ver *dar um banho* (2)

Dar uma surra de boceta *Chulo.* **1.** Dar (um macho) uma transada; transar. **2.** Manter relação (diz-se de uma fêmea) [GM]. – A propósito: por causa da força da pronúncia, a grafia incorreta ("buceta") da palavra está predominando sobre a correta ("boceta"), e não só no NE bras. Cerca de 80% das pessoas garantem e até apostam que a palavra é escrita com "u".

Dar uma surra de pica *Chulo.* Transar; manter relação sexual [GM].

Dar uma tacada 1. Dar um bom golpe de taco no bilhar. **2.** Fazer um bom negócio. **3.** *Chulo.* Copular. – No jogo de bilhar, o taco e as bolas lembram o órgão sexual masc. [AN/MSM].

Dar uma tainha Ver *pular de ponta*

Dar uma teoria Dar uma repreensão [GAS].

Dar um atiação a alguém (sic) *Lus.* Importunar alguém com insistência, para que essa pessoa satisfaça um pedido [AN/CA/GAS]. ♦ Mais sensato, em lugar de "atiação", seria "atição", o ato de picar, irritar, provocar.

Sin.: *dar um atração a alguém*

Dar uma topada *Fig.* Dar uma cabeçada; cometer uma tolice, asneira [ABH].

Dar uma tosa *Lus.* Dar uma tareia, uma sova [GAS].

Sin.: *dar uma tunda*

Dar uma totinha *Bras., NE, chulo.* Ter relações sexuais; transar [BB/MSM].

Dar um atracão a alguém Ver *dar um atiação a alguém*

Dar um atraque *Bras., RS.* Fazer uma abordagem; desfechar uma ação, especificamente a abordagem ou a ação amorosa e sexual: "Dei um atraque na *mina* [= guria, gata, namorada]" [LAFb, s. v. "ATRAQUE" e "MINA"].

Dar uma tremedeira *Desp.* Denotar, demonstrar insegurança ou medo em jogo difícil [HM].
Sin.: *dar amarelão, sentir a camisa pesada*
Var.: *ter uma tremedeira*

Dar uma trepa *Lus.* **1.** Dar uma tareia, surra ou descompostura. **2.** Ocorrer uma vitória muito desnivelada [GAS].

Dar uma trepada *Bras., NE, S, chulo.* Copular [MSM].

Dar uma trumbicada *Bras., S, SP, chulo.* Copular [MSM].

Dar uma truviscada *Bras., NE.* Praticar o coito (o homem) [TC]. ♦ "Truviscada", no caso, é desvio: foge ao sentido primeiro, que quer dizer "bicada, curta dose de bebida".

Dar uma tunda Ver *dar uma tosa*

Dar uma turra Bater com a cabeça [GAS].

Dar uma upa 1. Mostrar-se irritado. **2.** Erguer-se, surpreso ou irritado [TC].

Dar uma vacilada *Bras., gír.* **1.** Deixar-se enganar ou ludibriar. **2.** Perder boa oportunidade [ABH].
Sin.: *dormir de touca*

Dar uma vassourada *Bras.* Demitir: "Logo que assumir, vou dar uma vassourada" [JB].

Dar uma virada 1. *Bras., fam.* e *pop.* Desenvolver esforço, em geral conjunto, para o término de algum empreendimento. **2.** Mudar tudo: "Vou dar uma virada na minha vidinha de artista do Terceiro Mundo" [ABH/JB].

Dar uma vista de olhos Fazer uma rápida inspeção [GAS].

Dar uma volta 1. Consertar, reparar; (*fig.*) remediar uma situação, enrolar; protelar. **2.** *Bras., gír.* Envolver: "Vou dar uma volta neste filho da puta, que pensa que me enganou." **3.** *Bras., RS.* Lograr alguém; pegar dinheiro emprestado e não pagar [AC/AJO/AN/FF/GAS/JB/LAF/LAFa/TC].
Sin.: *dar um camba/cambão*

Dar uma(s) volta(s) Sair para um passeio ligeiro, por mera distração; espairecer; perambular; passear; voltear: "Vou fazer uma extravagância, vou dar uma volta pelo cafezal" (Júlio Ribeiro, *A carne*, p. 115); "Assim que o alfaiate lhe entregou a farda, José a vestiu e foi dar umas voltas pela cidade" (Jáder de Carvalho, *Sua majestade, o juiz*, p. 58) [AC/FF/GAS/TC].
Sin.: *dar um giro* (1), *dar um mix*
Var.: *dar uma voltinha*, (lus.) *dar uma volta ao bilhar grande*

Dar uma voltinha Sair para um passeio ligeiro, por mera distração; espairecer; passear: "Vamos dar uma voltinha pela praça do Ferreira?" (João Clímaco Bezerra, *Não há estrelas no céu*) [TC].

Dar um babau *Bras., NE, pop.* Bater de leve em alguém: "Se ele não chegar com as bebidas na hora combinada, vamos dar um babau nele?" [FN].
Var.: *dar um nescau*

Dar um bafo Ver *dar um calor*

Dar um baile 1. Desfeitear; ralhar; criticar; censurar acremente; tripudiar; humilhar; reclamar; chamar a atenção de; repreender; recriminar: "Dei um baile, num guentei, esporrei aquela merda"; "Dei um baile naquele safado porque ele merecia". **2.** Mexer com alguém; troçar de alguém. **3.** *Bras., RJ, gír.* Ser superior; atuar com desenvoltura e graça, não encontrar dificuldade; usar ou agir sobre algo exageradamente; exercer domínio absoluto. **4.** *P. ext., desp.* Diz-se quando uma das equipes consegue reter a bola e passá-la entre os seus jogadores sem que os adversários a toquem; ser muitíssimo mais habilidoso que outrem com quem está a competir; demonstrar supremacia absoluta sobre o adversá-

rio numa partida, com troca de passes e jogadas de efeito, sem a preocupação de fazer mais gols; aplicar uma vitória tranquila sobre o adversário; derrotar com grande vantagem, de maneira desmoralizante, um adversário; ter uma vitória folgada em competição esportiva; vencer por larga margem de gols: "Na defesa, Garrincha deu um baile"; "O Flamengo deu um baile no Fluminense". **5.** Dar vexame; passar ou causar constrangimento; dar escândalo; diz-se tb., quando um nenê incomodou durante a noite, que ele "deu um baile" nos pais [ABH/AN/FS/GAS/HM/JB/LAF/Net/TC].
Sin. (1): *dar um esculacho*
Sin. (3) (5): *dar (um) show*
Sin. (4): *dar uma lavagem, dar um banho* (2) (3), *dar um show de bola*
Var. (4): (lus.) *dar baile*

Dar um balão apagado *Bras., gír.* Assaltar, roubar um bêbado: "Vamos dar um balão apagado, o cara recebeu hoje a aposentadoria e tá com grana" [JB].

Dar um banho 1. Dar uma lição, uma ensinadela; dar um ensino, um corretivo; escrachar: "O Escrete de Ouro do Rádio deu um banho na concorrência em relação à crise que atravessa o Ceará" (*Jornal da Rua*, cad. JRTevê, 1º/2/00, p. 2); "Desde que a força do Tenente Lucas deu-lhe um banho de cipó-de-boi..." (José Lins do Rego, *Cangaceiros*). **2.** Vencer por larga margem de pontos, ou gols, no jogo de futebol; ganhar um jogo por ampla diferença de gols: "Dei um banho, tudo foi manero (sic) e rápido." **3.** Demonstrar supremacia absoluta sobre o adversário numa partida, com troca de passes e jogadas de efeito, sem a preocupação de fazer mais gols. **4.** *Bras., CE, desp.* Lançar a bola sobre a cabeça do adversário e pegar do outro lado [AS/GAS/HM/JB/TC].
Sin. (2) (3): *dar um baile* (4), *dar um passeio*
Sin. (2): *dar uma surra*
Sin. (3): *fazer um carnaval, pesar demais*
Sin. (4): (CE) *dar um chapéu*
Var. (2): *vencer de banho*

Var. (3): *dar um banho de bola, dar um banho de futebol*

Dar um banho de facão Ver *baixar o flandre*

Dar um banho de loja *Bras.* Vestir uma pessoa; comprar roupas novas; modificar o estilo de se vestir: "Ele precisa dar um banho de loja na gata prela (sic) ficar na ponta dos cascos" [JB].

Dar um baque Fazer alguém cair; derrubar alguém [TC].

Dar um bigode 1. Fazer melhor; dar uma lição para corrigir. **2.** Matar a caça em que outrem não acertou; matar a perdiz, errada por outrem. **3.** Pregar uma peça [ABH/AN/GAS/LCCa, s. v. "BIGODEADO"].

Dar um bode *Lus.* Diz-se do cavaleiro que cai do cavalo no picadeiro [GAS].

Dar um bode danado *Bras., gír.* Ficar ruim; dar confusão: "Isto vai dar um bode danado, num quero tá nem aqui pra ver o resto do filme" [JB].
Var.: *dar (o/um) bode*

Dar um boi *Bras., gír.* Dar carona: "Dei um boi pro amigo, e espero não me aborrecer" [JB].

≠ **Não dar um boi para entrar numa briga, mas dar uma boiada para não sair** Declaração de pessoa inimiga de brigas, mas que, uma vez nelas, não desiste: "Clóvis é daquele tipo que dá um boi pra não entrar numa briga e uma manada de búfalos pra dela não sair" (Alan Neto, *O Povo*, cad. Esportes, 8/3/01, p. 20). – A frase de ex. é construída com uma var. [AN].

Dar um bolão *Desp.* Fazer um passe preciso, nos pés de um companheiro [HM].

Dar um bom facho *Lus.* Conseguir um roubo rendoso [GAS].
Sin.: *dar um bom fangueiro*

Dar um bom fangueiro Ver *dar um bom facho*

Dar um bonde *Bras., gír.* Roubar um homossexual: "Vou dar um bonde nesta bicha" [JB].

Dar(-se)

Dar um bordejo Dar um rápido passeio, uma volta; vistoriar: "Pitta, com tudo pago pelo Yunes, foi dar um bordejo pelo Vaticano" (Jaguar, *Bundas*, 10/4/00, p. 21); "Após o almoço, vou dar um bordejo" (José Marques da Silva, *Diário de um candango*) [TC].

Sin.: *dar um bordo* (2)

Dar um bordo 1. Cambalear: "Outras, quase levantava-se da areia, ansioso, ouvindo as mulheres apavoradas gritarem que uma das embarcações, dando um bordo às ondas, ameaçava virar" (Gustavo Barroso, *Praias e várzeas*, p. 6). **2.** Dar um rápido passeio, um giro, uma volta, especialmente para olhar, perquirir, fiscalizar: "Vou já dar um bordo no mato, pra ver se acho o cavalo pedrês" (Leonardo Mota, *Violeiros do Norte*, p. 239); "Vou dar um bordo por aí". – Lembra os andares ou passeios pelo convés do navio, para encher o tempo [GAS/Gl/LM/RG/TC].

Sin. (2): *dar um bordejo, dar um varejo*

Dar um bote *Desp.* **1.** Saltar (o goleiro) quase instintivamente para agarrar a bola. **2.** Agir subitamente para apossar-se da bola [HM].

Dar um box/uns boxes *Bras.* Bater; socar: "Vou acabar dando um box neste cara"; "Vou acabar dando uns boxes neste merda pra que sirva de lição" [JB].

Dar um braguetaço *Bras., gír.* Casar com mulher rica: "O gaúcho deu um braguetaço e mostrou que é machachô" [JB].

Dar um branco *Bras.* Esquecer; diz-se do "fenômeno natural quando não conseguimos lembrar o nome de alguma coisa": "– Engraçado, me deu um branco agora. Como foi meu desfile" (João Ubaldo Ribeiro, *Diário do Nordeste*, cad. 3, 4/3/01, p. 5); "Na hora agá, me deu um branco, fiquei sem pai nem mãe" [JB/TG].

Dar um branco total *Bras.* Esquecer tudo: "Deu um branco total, não me lembrei de nada" [JB].

Dar um breque Ver *dar um freio*

Dar um brilharete 1. Luzir a grande altura. **2.** Sair-se muito bem de uma ação [GAS].

Var. (2): *fazer um brilharete*

Dar um cacete Ver *baixar a ripa* (1) (3)

Dar um cagaço Ver *dar um esculacho*

Dar um cala-boca/calaboca *Bras., gír.* Dar dinheiro, como forma de suborno; subornar: "Dá um calaboca pra ele que ele fica manso e quieto" [JB].

Dar um calço *Bras.* Procurar provocar a queda; impor a alguém (com o pé ou a perna) um obstáculo físico tal que faça o sujeito ou cair ou pelo menos balançar [LAF].

Dar um caldinho *Lus.* **1.** Aparar o cabelo só sobre a nuca. **2.** Dar uma palmada na nuca [GAS].

Dar um caldo *Bras.* **1.** Manter debaixo d'água, no mar, numa piscina, num rio, num lago, até perder a respiração; afogar parcialmente alguém; fazer uma pessoa mergulhar sem querer; diz-se de mergulho forçado que se dá em alguém; obrigar ou forçar alguém a mergulhar, sustentando sua cabeça dentro d'água: "Vou dar um caldo naquele garoto chato." **2.** Ainda servir para alguma coisa; ser desfrutável; diz-se da "forma de avaliar mulher madura: quando ela é interessante, embora já tenha perdido muito do antigo viço, o comentário masc. é que ela ainda 'dá um caldo', significando que ainda vale a pena...": "A coroa serve para dar um caldo, panela velha é que faz comida boa." – Nesse caso, a expr. pode vir antecedida de "ainda" ("ainda dá um caldo"). **3.** *Bras., NE.* Dar uma lição; provar que é o bom: "Quero ver você ir até lá e dar um caldo naquele vagabundo" [AN/BB/FN/JB/LAF/TC].

Var. (1): *dar caldo*

≠ **Não dar um caldo 1.** Não resistir ao primeiro ataque; deixar de ter ânimo, disposição, coragem: "Imaginou o soldado amarelo atirando-se a um cangaceiro na catinga (*sic*). Tinha graça. Não dava um caldo" (Graciliano Ramos, *Vidas secas*, p. 36). **2.**

Dar(-se)

Ficar imprestável; não resolver a parada; ser incapaz de resolver um problema: "P [Pretinho] – Cante mais moderno / perfeito e bonito / como tenho escrito / cá no meu caderno / sou seu subalterno / embora estranho / creio que apanho / e não dou um caldo / lhe peço Aderaldo / reparta o ganho" (Firmino Teixeira do Amaral, *Peleja do Cego Aderaldo com Zé Pretinho*, p. 12); "Você não é de nada, não dá um caldo naquele desgraçado pra ele deixar a gente em paz" [FN/FNa/ Gl/TC].

Dar um calor 1. *Bras., RS, desp.* Marcar de perto, sob pressão; exercer forte pressão sobre a defesa adversária. **2.** *Bras., gír.* Fazer uma pessoa passar por um aperto, pressionar: "Dei um calor danado naquele filho da puta." – A expr. parece oriunda da gír. de bandido [HM/JB/LAF/LAFa].
Sin.: *dar um bafo*

Dar um calote *Bras.* Não pagar uma dívida; ficar devendo e não pagar; comprar e não pagar: "Dei um calote, fiz como o Brasil" [FN/GAS/JB/NL].
Sin.: (BA) *dar birra, dar o/um beiço, dar o/um xexo, ferrar o cão,* (lus.) *pregar o caurim*
Var.: *passar calote,* (lus.) *pregar o/um calote*

Dar um camba/cambão *Bras., RS, gír.* Enrolar, iludir, ludibriar; dar um golpe. – Provável or.: "cambalacho", nada tendo a ver com "cambão", o pedaço de pau que une os bois numa parelha [LAF, s. v. "CAMBA" e "DAR UM CAMBÃO"/LAFa].
Sin.: *dar uma curva* (2), *dar uma volta, passar a perna em* (2)
Var.: *dar uma camba*

Dar um cambão em *Bras., PE.* Ultrapassar; vencer [BB].

Dar um cascudo Dar uma pancada na cabeça [GAS].

Dar um castigo em Surrar: "Dei um castigo naquele moleque" [JB].

Dar um catas Ver *dar um(uns) amasso(s)*

Dar um cato *Bras., gír.* Agarrar alguém: "Vou dar um cato, na festa da Lili. Vou fazer minha praia" [JB].

Dar um chá 1. *Lus.* Alusão disfarçada a qualquer falta de atenção, descortesia ou asneira; fazer leve censura de maneira sutil. **2.** *Bras.* Repreender, ridicularizar, importunar alguém. **3.** Dar uma lição: "Deu um chá de mestre na rapariga" (Fran Martins, *Poço de Paus*) [DVF/GAS/TC].

≠ **Não dar (para) um chá** Ser facilmente vencido, dominado, resolvido; de nada servir; não ter importância ou significação: "Cinco soldados nas unhas de Lampião não dão para um chá" (C. Nery Camelo, *Alma do Nordeste*); "Nabor nas suas unhas não dava um chá" (Leonardo Mota, *Sertão alegre*) [LM/LCC/TC].

Dar um chá a/em *Bras., CE.* **1.** Desfrutar alguém dizendo indiretas ou talhando carapuças; **2.** Dar uma resposta, uma represália a alguém [AN/RG].

Dar um chá de casca de vaca *Bras., RS.* Dar uma surra de relho [AJO].

Dar um chambão Ver *baixar a ripa*

Dar um chapéu Ver *dar um banho* (4)

Dar um charuto *Bras., NE.* Gratificar, dar uma gorjeta: "Se você der um charuto ao encarregado do setor, sua papelada vai andar, num vapt-vupt" [TC].

Dar um chega Ver *dar (com) o basta*

Dar um chega em 1. Fazer medo; ameaçar: "Os cangaceiros deram ontem um chega na polícia de Pernambuco." **2.** Aperrear com cobrança, insistindo e ameaçando: "Vou dar-lhe um chega, até aquele velhaco pagar a dívida." **3.** Realizar parte de um trabalho: "Na semana que vem, eu quero ver se dou um chega na desmancha da farinha" [FS/LM/TC].

Dar um chega pra lá Ver *baixar a ripa* (3)

Dar um chego(a) *Bras., RS.* Passar por determinado lugar, para falar rápido com alguém ou para pegar uma encomenda; aproximar-se, ir a certo lugar: "José Ferrei-

Dar(-se)

ra deu um chega na fazenda, para entregar a carta" (Frederico Bezerra Maciel, *Lampião, seu tempo e seu reinado*) [LAF].
Var.: *dar uma chegada/chegadinha*

Dar um cheiro Dar um beijo; beijar; acariciar; fazer carinho [JB/Net/NL].

Dar um chinelo Ver *dar uma chinelada*

Dar um chocho Dar um beijo sem energia [GAS].

Dar um chocolate *Bras., desp., gír.* Ganhar: "Dei um chocolate naquele lance" [JB].

Dar um chouto *Bras., CE.* Fazer correr a alguém; afugentar [AN/FS/Gl/LM]

Dar um chute 1. Dar um pontapé numa bola. **2.** Abandonar; desprezar; despedir alguém abruptamente [GAS].
Var.: (lus.) *dar um chuto*

Dar um *close* Mostrar; exibir-se: "Dá um close, mano, veja como estou linda" [JB].

Dar um cocô danado Ser ruim; dar tudo errado: "Vai dar um cocô danado. O pior está por acontecer" [JB].

Dar um come *Bras., desp., gír.* Driblar; dar um drible de estilo: "O Roberto Carlos deu um come no norueguês e disparou uma bomba no canto" [JB].

Dar um confere *Bras., gír.* Verificar: "O bandido deu um confere no morro e depois voltou a matar" [JB].

Dar um contravapor Repelir incontinente; reagir imediatamente; dar uma contraordem; revidar: "Vamos dar um contravapor nos vapozeiros do morro" [AN/JB].

Dar um corte 1. *Bras., RS.* Cortar as pretensões de alguém; deixar alguém de lado. **2.** *Desp.* Negacear com o corpo e sair com a bola, deixando o adversário para trás [HM/LAFb].
Sin. (1): *cortar os naipes*

Dar um costeio em Tratar alguém com energia, corrigi-lo, quando tenha praticado ação condenável [ABH].

Dar um créu Quebrar; pifar; deixar de funcionar: "Tenho medo de mexer num troço desse e depois dar um créu" [FN].

Dar um danquerque *Bras., gír.* Não pagar, dar um calote: "Tô durango kid, mano, vou ter que apelar e dar um danquerque" [JB].

Dar um dedo *Bras., RS.* Expr. us. para situações em que se está ansioso para ver acontecer determinada coisa que mal se prenuncia, ou que se antecipa: "Eu dava um dedo para ver se ele tinha coragem pra ir até lá" [LAF].
Sin.: *dar um doce*

Dar um dente Dar coisa preciosa, indispensável [AN].

Dar um descarrego 1. *Bras., gír.* Tentar ajudar: "Vou dar um descarrego, vou pedir a proteção de pai veio (*sic*), o amigo merece." **2.** Evacuar [JB].
Sin. (2): *amarrar a gata* (2)

Dar um destaque em *Bras., gír.* Demonstrar a alguém, por palavras e/ou gestos, ou por indiferença, que sua presença não é desejada ou apreciada [ABH].

Dar um destroço /ô/ Agredir com pancadas: "Eu dou-te um destroço, / começo a questão, / te boto no chão, piso no pescoço" (João Martins de Athayde, *Peleja de Antônio Machado com Manoel Gavião*) [TC].

Dar um doce 1. *Lus.* Gratificar. **2.** *Bras.* Duvidar da realização de algo, oferecendo um prêmio a quem o conseguir: "Disse ela: – Pois venha, / que te dou um doce! / Foi ao canto e trouxe / a tora de lenha, / qual onça na brenha / pra cima pulou, / mas João se abaixou..." (Patativa do Assaré, *Cordéis*, p. 104) [GAS/TC].
Sin. (2): *dar um dedo*

Dar um doce se adivinhar Achar impossível que adivinhe [AN].

Dar um dois *Bras., gír.* Fumar maconha: "Que tava fazendo, cara? Dando um dois?" [JB].
Sin.: *puxar (um) fumo*

Dar um duro danado Trabalhar muito: "Tá dando um duro danado, tá ficando cansado"; "Tô dando um duro danado pra ver se descolo uma grana" [JB].
Var.: *dar (no/um) duro*

Dar(-se)

Dar um empurrão/empurrãozinho Ajudar alguém em certa pretensão, patrocinando sua causa, orientando-o ou dando boas informações a seu respeito [TC].

Dar um ensaio *Lus*. Dar uma tareia, sova [GAS].

Dar um eq *Bras., gír.* clubber. Enganar; ludibriar: "Vou dar um eq em cima do pessoal" [JB].

Dar um esculacho *Bras., CE.* Xingar; desmoralizar alguém com palavras; tomar uma satisfação; repreender; esculhambar; escrachar, esculachar alguém [AS].
Sin.: *dar uma esculhambação*, (entre gays) *dar um baile, dar (um) carão* (1), *dar um cagaço*

Dar um estenderete Cometer uma ação imprópria, uma gafe; ser chamado a uma lição e não saber responder às perguntas; fazer má figura [AN/GAS].

Dar um estoiro *Lus.* Cair; fazer ruído de grande intensidade [GAS]. ♦ "Estoiro" é forma var. (e poética) de "estouro".

Dar um estouro na praça *Bras.* Falir causando à praça grande prejuízo; falir dando grande prejuízo aos credores; causar prejuízo a diversas pessoas, por falência fraudulenta [ABH/AN].
Var.: *dar um tiro na praça*

Dar um exemplo Castigar [TC].

Dar um fifilape Esquivar-se ardilosamente. – "Fifilape" é "logro, engodo, tapeação" [TC].

Dar um(uns) flight(s) *Bras., gír.* Fazer sexo: "Vou dar um *flight*. Tô namorando uma deusa"; "Tô precisando dar uns *flights*, tô a perigo" [JB].

Dar um fora *Bras.* Errar; cometer uma gafe ou indiscrição [ABH/AC/CGP/MPb/Net/RG/TC/TG]. ♦ No seu *Dic. de porto-alegrês*, 9.ª ed., p. 56, LAF consigna a expr. "dar um fora" como "antôn. imperfeito de 'dar uma dentro'" (q. v.).
Sin.: *dar uma bandeira, dar (uma) mancada* (1), *dar uma rata*, (lus.) *dar um prego, pisar na bola* (2), *passar um especial*

Dar um freio Parar, frear o entusiasmo, as pretensões, as investidas; conter impulsos, entusiasmo, exageros [TC].
Sin.: *dar um breque*

Dar um furo *Bras., gír.* Falhar; errar; fazer errado; "marcar": "Todos: ... No futuro, que tristeza / Se a empresa der um furo / Nós venderemos em dois meses..." (Dias Gomes, *O rei de Ramos*, p. 166). [LAF].
Var.: (RS) *deixar furo*

Dar um gás para *Bras., gír.* Ajudar alguém: "Vamos dar um gás pro moço" [JB].

Dar um gelo a/em alguém *Bras., fam.* Passar a tratar alguém com indiferença, frieza; tratar alguém com frieza, com distanciamento, ou a distância; não dar nenhuma atenção; fazer de conta que não conhece; desprezar alguém propositadamente; dar o desprezo a; isolar alguém; punir: "Como não tem culpa no cartório, se dá ao direito de dar um gelo em quem..." (TG, p. 44); "Vamos dar um gelo neste merda, ele merece, faz por onde merecer" [ABH/AS/CGP/CLG/GAS/JB/TG/TGa].
Var.: *pôr no gelo*

Dar um giro 1. *Bras., ES.* Dar uma volta, um pequeno passeio; dar um ligeiro passeio ou fazer certo percurso: "E na mesma tarde, ao anoitecer, foram ambos dar um giro à Rua do Ouvidor" (Adolfo Caminha, *Tentação*, p. 29); "Não conheço ninguém e tenho que me virar lá em Copacabana, aqui não tenho nem a regalia de sair certas horas da noite e dar um giro, refrescar a cabeça deste fedor de fossa entupida" (João Antônio, *Casa de loucos*, p. 98). **2.** Viajar: "Vou dar um giro pela Europa" [GAS/JB/O Povo, 31/3/96, p. 4B/TC].
Sin. (1): *dar uma(s) volta(s)*
Var. (1): *dar um giroflex*

Dar um giroflex *Bras., gír.* Girar, passear: "Vamos dar um giroflex pelaí, pessoal" [JB].
Var.: *dar um giro*

Dar um godô *Bras., RS.* Não aparecer, não "pintar". – É de uso restrito aos letrados, que têm noção do *Esperando Godot*, de Samuel Beckett. Tb. há o caso exagerado, "dar um godofredo", só pra aumentar a palavra e dar um som legal [LAFb].

Dar um gogó em 1. *Bras., AL*. Namorar alguém, durante curto espaço de tempo, sem compromisso; "ficar" com alguém. **2.** *Bras., gír*. Roubar homossexual: "Vou dar um gogó nesta maricona" [JB/Net].

Dar um golpe 1. Roubar, trapacear alguém: "Mas se um dia essa revista nos render alguma coisa é porque está vendendo muito e não porque nós fomos espertos e demos um golpe em vocês, trocando gatos por lebres ou bundas por caras" (Miguel Paiva, *Bundas*, 18/6/99, p. 36). **2.** Tratando-se de pessoas sem posição oficial, "dar um golpe" é fazer uma esperteza, realizar um negócio muito vantajoso e de duvidosa lisura. **3.** Tratando-se de homem de governo, tem o sentido de usurpação do poder, com a suspensão das garantias constitucionais, ou mesmo com mudança de regime: "– Foi melhor assim, a desmoralização é maior. Quis nos dar um golpe, nós demos outro nele" (José Sarney, *Norte das águas*, p. 32). – Quando se diz, p. ex.: "Getúlio Vargas deu o golpe de 1937", entende-se que é o golpe de Estado, o *coup d'État* dos fr. [GAS/RMJ].
Var. (1): *aplicar o/um golpe*
Var. (2): *dar o golpe* (2)

Dar um golpe de mestre Tomar uma resolução ótima para o assunto em causa e no momento apropriado; tomar uma disposição decisiva num assunto [AN/GAS].

Dar um gostinho *Bras*. Oferecer, real ou imaginariamente, uma breve antecipação, um *trailer* de algo que se pode presumir maravilhoso [LAF].

Dar um grande pulo Mudar-se para lugar muito afastado daquele onde estava [AN].

Dar um grau *Bras*. **1.** *CE*. Tratar bem uma mulher; fazer a corte; seduzir. **2.** *CE*. Beber bebida alcoólica e ficar alegre. **3.** *PB*. Bater na moleira; bater no juízo; fazer efeito (a bebida alcoólica): "Ir embora logo agora? Justo na hora em que a bebida deu um grau..." [FNa].

Dar um help *Bras., gír*. Ajudar: "Vou dar um *help* pro pessoal do morro, que tá no sufoco..." [JB].

Dar um jeitão Diz-se do que faz muito arranjo [GAS].

Dar um jeito/jeitinho 1. Encontrar uma solução conveniente ao interessado, à margem da lei ou mesmo contra ela: "Alguns baianos deram um jeitinho, para justificar a queda de produção do time" (Tom Barros, *Diário do Nordeste*, cad. Jogada, 5/5/01, p. 4); "Chlép! Vou ter que dar um jeitinho brasileiro pra acabar com a larica!" ("Tapioca, o repórter", desenho animado, *O Povo*, 21/6/98, p. 6G). **2.** Diligenciar ou conseguir o que outra pessoa pretende; encontrar uma solução ou saída para determinada situação; arranjar um meio hábil de resolver um caso complicado ou difícil; fazer um favor; facilitar algo difícil de ser de ser executado ou cheio de embaraços; achar uma solução: "– Não obstantemente esse lamentável entretanto, o senhor podia dar um jeito..." (Dias Gomes, *Sucupira, ame-a ou deixe-a*, p. 30); "Tudo precisando de João Grilo! Pois vou dar um jeito" (Ariano Suassuna, *Auto da Compadecida*, p. 168). – O diminutivo é muito us., o que dá à frase um caráter afetivo. O "jeitinho", ou o "jeito", vem de longe, pois em 1859 já o poeta Bruno Seabra se ocupava do assunto, rimando: "Com jeito se leva o mundo, / De tudo o jeito é capaz, / O caso é ajeitar-se o jeito / Como muita gente faz". Diz-se até que "o 'jeitinho' é brasileiro", senão vejamos o que nos diz RMJ, p. 94: "Peter Kellemen, húngaro, autor do livro *O Brasil para principiantes*, escrito em português e grande sucesso de vendas em nosso país, dedicou um capítulo a essa particularidade da conduta brasileira, embora não haja podido valer-se de tal *jeitinho*, quando se viu às voltas com a justiça por ter dado na praça um estouro de centenas de milhões com atividades comerciais fraudulentas" [ABH/AN/GAS/RMJ/TC].

Dar um jeito em *Bras.* **1.** Fazer com que alguém se comporte de modo conveniente; submeter à disciplina; dar uma lição. **2.** Consertar; reparar; compor: "Dei um jeito na televisão." **3.** Sofrer uma luxação, deslocamento de junta, contusão na articulação; luxar ou desarticular (osso, músculo): "Dar um jeito no pescoço, pá etc." [ABH/BB/F&A].

Dar um laço Bater; surrar; espancar [AJO/JB].
Sin.: *baixar a ripa* (1)
Var.: *descambar o laço*

Dar um lápis Esquecer; não conseguir lembrar-se de algo: "Deu um lápis, cara, esqueci tudo" [JB]. "Lápis" está como forma corrupta de "lapso".
Sin.: *dar um lapso*

Dar um lapso Ver *dar um lápis*

Dar um let's *Bras., gír.* Fazer sexo: "Vou dar um *let's* com uma jovem senhora, uma verdadeira cinira [= mulher bonita, deliciosa]" [JB].

Dar um levante *Bras., gír.* Levantar: "Vou dar um levante no negócio dele que anda meio ruim..." [JB].

Dar um ligeirão *Bras., RS.* **1.** Fazer algo rapidamente, em geral porque há um prazo se esgotando e/ou porque tem coisa melhor surgindo; apressar a conclusão da tarefa. **2.** Fazer algo provisoriamente, sem dar solução definitiva para o problema de que se está tratando [LAF].
Sin. (1): *dar uma máquina*
Var.: (raro) *fazer um ligeirão*

Dar um malho *Gír.* **1.** Acelerar um trabalho. **2.** Namorar agarrado; dar um arrocho [FSB].
Sin. (2): *dar um(uns) amasso(s)*

Dar um(uns) mata(s) *Bras., CE.* Namorar; agarrar; arrochar; "ficar": "Mas o pior que eu achei foi ele dizer que só não deu uns matas contigo por que (*sic*) ele não quis" (AS, p. 107) [AS/CGP/TGa].
Sin.: *dar o grau, dar uns quebras, tirar um sarro*

Dar um melê *Bras., gír.* Ocorrer danação, confusão: "Deu um melê geral naquele lance quando o cara arrepiou" [JB].

Dar um mix Ver *dar uma(s) volta(s)*

Dar um murro na mesa Chamar a atenção: "O ministro deu um murro na mesa, jogando pra torcida" [JB].
Var.: *dar um soco na mesa*

Dar um muxoxo Dar um estalo com a língua e os lábios, num gesto que demonstra desdém ou desprezo: "Ela deu um muxoxo e, brincalhona como uma garota: – Parece que este rapaz tem uma aduela de menos" (Graciliano Ramos, *Caetés*, p. 97).
Sin.: *dar um tunco*

Dar um nescau Ver *dar um babau*

Dar um nó 1. *Fut., gír.* Driblar: "Garrincha dava um nó no adversário com a maior classe." **2.** *Bras., gír.* Complicar: "Vou dar um nó nesse cara, vai pagar um dobrado" [JB/NL].

Dar um osso Recompensar mesquinhamente de um trabalho difícil [GAS].

Dar um osso a alguém roer Arranjar a alguém um emprego ou ocupação para se ver livre dessa pessoa [AN].

Dar um pano de amostra Dar uma demonstração do que é capaz: "Queria era desgraçar-se, dar um pano de amostra àquele safado" (Graciliano Ramos, *Vidas secas*) [TC].

Dar um paradeiro Fazer parar; sustar; impedir a continuação; parar; dar fim: "Chamaram um médico, para que desse um paradeiro ao hábito do coronel" (pe. J. J. Dourado, *Muçambê*); "Vou dar um paradeiro nessa história" [JB/NL/TC].
Sin.: *pôr um paradeiro*

Dar um passamento Desmaiar: "No meu tempo de jovem, só havia passamento, viu? 'Olha, fulano deu um passamento e entortou a boca!'" (Patativa do Assaré, *Digo e não peço segredo*, p. 61) [TC].
Var.: *ter um passamento*

Dar um passa-moleque *Bras., gír.* Repreender: "É preciso dar um passa-moleque nesse viado (*sic*) que pensa que é gente" [JB].

Dar(-se)

Dar um passeio *Bras., gír., desp.* Vencer; demonstrar supremacia absoluta sobre o adversário numa partida, com troca de passes e jogadas de efeito, sem a preocupação de fazer mais gols: "Vou dar um passeio, se o adversário vacilar" [HM/JB].
Sin.: *dar um banho* (2) (3)

≠ **Não dar um passo 1.** Nada fazer, não tomar nenhuma providência. **2.** Não se interessar por determinado caso ou diligência: "Ninguém dava um passo para aliviar o desgraçado" (José de Figueiredo Filho, *Meu mundo é uma farmácia*). **3.** Estar impedido, por doença, de andar [GAS/TC].

Dar um passo atrás Recuar: "Às vezes é preciso dar um passo atrás" [JB].

Dar um passo em falso Cometer um erro, uma falta contra a ética de vivência; agir erradamente: "Dera um passo em falso, caíra na vida" (Josué de Castro, *Homens e caranguejos*) [GAS/TC].
Var.: *pisar em falso* (2), *pôr o/um pé em falso*

Dar um pau 1. *Lus.* Fazer um furto rendoso; realizar uma transação excepcionalmente vantajosa. **2.** *Bras.* Bater; dar uma surra: "Vou dar um pau neste porqueira se continuar me torrando" (JB, *Dic. de gíria*, p. 227). **3.** Fazer pesada crítica: "A Disney, que começou o filme, andava com planos de um grande parque temático na China, o filme dá um tremendo pau na China maoista, coitadinha" (José Lewgoy, *Bundas*, 18/6/99, p. 40) [GAS].
Var. (2) (3): *baixar o pau* (1) (2)

Dar um pau na máquina 1. *Chulo.* Manter relação sexual. **2.** Dirigir um carro rapidamente [GM].

Dar um pé de vento Haver, ocorrer ventania: "Na boquinha da noite, deu um pé de vento que só faltou destampar o telhado" [BB].

Dar um pega Ver *tirar um sarro*

Dar um peitaço Ver *meter o(s) peito(s)*

Dar um pelo outro e não querer troco *Deprec.* Considerar (duas pessoas) de qualidade e condição idênticas [ABH].

Var.: (NE) *dar um pelo outro e não querer volta*

Dar um pescoção 1. *NE, chulo.* Copular: "Quando há trabalho extraordinário, continuou o Neves, passa semanas que não pode dar um pescoção na mulher, senão aos domingos... que não trabalha" (Lauro Palhano, *O Gororoba*) [MSM]. **2.** Pancada no pescoço com a mão.

Dar um pesqueiro *Bras., CE.* Dar um tapa de leve na cabeça das crianças [FNa].

Dar um peteleco *Bras., gír.* Bater: "Vou dar um peteleco neste viado (*sic*), pra parar de me torrar o saco" [JB].

Dar um pezinho *Bras., RS.* Us. sem variação, a expr. descreve o auxílio que se dá para alguém subir num muro, por ex. [LAF].

Dar um pezinho de dança Dançar um pouco [GAS].

Dar um pino Ver *fazer terra* (1)

Dar um pio Falar; manifestar-se; gemer; chorar: "– Venha cá! Se der mais um pio, vai levar umas palmadas" (Fernando Sabino, *A vitória da infância*, p. 84); "... a Petrobras não pode, como importadora de 40% do petróleo que consumimos, dar um pio sobre o preço do barril no mercado" (Paulo Francis, *O Povo*, 16/11/95, p. 6B); "Ninguém seria besta para dar um pio" (Fran Martins, *Ponta de rua*) [TC].

Dar um pipoco /ô/ Explodir [BB].

Dar um pique 1. Correr uma distância relativamente pequena. **2.** Apressar-se na tarefa que está sendo executada [LAFb].

Dar um pitó Dar uma bronca, um esporro [NL].

Dar um pitu Despistar alguém, se livrar de um incômodo: "Alexandre ficou atrás de mim o dia todo, mas consegui dar um pitu nele e desapareci" [FNa].

Dar um pontapé na lei Faltar ao cumprimento do que está estipulado: "José deixou de pagar a pensão alimentícia da ex-mulher. Deu um pontapé na lei, o velhaco" [GAS].

Dar um pontapé na morte Sobreviver a acidente grave ou doença má [GAS].

Dar um pontapé na sorte Recusar ou desprezar o que daria bom resultado: "Você deu um pontapé na sorte, quando renunciou àquele emprego" [GAS].

Dar um ponto na boca Calar-se; reduzir-se ao silêncio [GAS].

Dar um porrolho *Bras., gír.* Dar um soco no olho de alguém: "Vou acabar dando um porrolho neste filho da puta" [JB].

Dar um porrote Dar um arroto [BB].

Dar um pouquinho para o santo Jogar um pouco de cachaça no chão antes do primeiro gole [MPa].

Dar um prego Ver *dar um fora*

Dar um presente *Desp.* Errar no passe de bola, entregando-a a um adversário [HM].

Dar um pulo Crescer, desenvolver-se, com muita rapidez: "O garoto deu um pulo enorme, está um homem."

Dar um (grande) pulo Passar repentinamente de situação medíocre para situação elevada; prosperar grandemente; melhorar muito de vida: "Fulano deu um pulo – quem o viu e quem o vê!" [ABH/AN].

Dar um pulo/pulinho a/até/em Fazer visita breve; ir ligeiramente a certo lugar; passar; ir a algum lugar perto; vir para breve demora; fazer pequena viagem, de que se volta em breve; ir com disposição de pouca demora; vir com brevidade ou para breve demora; ir a (algum lugar), voltando logo em seguida: "Estou no orelhão em frente ao correio, dá um pulinho aqui" (Ana Maria Machado, *Alice e Ulisses*, p. 58); "Dê um pulo à farmácia e compre-me uns comprimidos para dor de cabeça"; "Hoje à noite, quando sair, vou dar um pulo na casa do Alexandre"; "Será exibido o filme *Tomates verdes fritos*. Você pode dar um pulinho ao Centro Dragão do Mar?"; "Vou dar um pulo na casa de fulano"; "A festa vai estar ótima, dê um pulo até lá" [ABH/AN/AS/FS/GAS/Gl/RG/TC]. ♦ Em ling. menos culta, vale dizer, em boa ling. pop, poderá a prep. "a" converter-se na prep. "em", como neste ex. oferecido por Florival Seraine: "Hoje à noite, (...) dar um pulo 'na' casa do Alexandre." É a velha briga de regência: "ir ao cinema" (língua culta), em oposição a "ir no cinema" (dial. pop.).

Sin.: (lus.) *dar uma saltada, dar um salto/saltinho a, dar uma passada/passadinha, ir de fugida*

Dar um puxão de orelhas Corrigir alguma falta; repreender; fazer admoestação: "O técnico tricolor aproveitou a presença de todos ontem no Pici e deu um puxão de orelha no Denílson, que, enquanto esteve em campo, ficou xingando o assistente do árbitro, culminando com sua expulsão" (*Jornal da Rua*, 8/6/99, p. 7) [GAS/JB].

Sin.: *puxar a orelha de*

Dar um quarto ao diabo Fazer grande sacrifício, ser capaz de tudo por ou para alguma coisa: "... há quem dê um quarto ao diabo para ter o gosto de desencantar casa encantada, desenterrando o tesouro que cause as assombrações" (Gilberto Freyre, *Assombrações do Recife Velho*) [ABH].

Var.: *dar a alma ao diabo* (2)

Dar um queixo Aplicar ou passar uma lábia em alguém, via de regra de modo caviloso, para usufruir de vantagem financeira ou de caso amoroso: "O Dudu é fogo!... Deu um queixo no agiota e outro na filha dele" [DVF].

Var.: *passar o/um queixo*

Dar um quilo Expr. us. em uma precisa circunstância: quando alguém pressente que certa empreitada, certa intenção, não vai ser bem-sucedida, diz "Isso não vai dar um quilo", querendo dizer que vai "dar merda", dar confusão [LAF].

Dar um racha Ver *baixar a ripa* (3)

Dar um rasante *Bras., gír.* Fazer uma visita: "Vou dar um rasante na casa da Laurinha pra acertar um troço" [JB].

Dar um rasgão no contrato matrimonial Faltar à fidelidade conjugal [AN].

Dar um raspanço Descompor [GAS].

Dar(-se)

Dar um raspanete Dar uma pequena repreensão, uma sarabanda, uma descompostura; censurar; ralhar [GAS].
Var.: *passar um raspante*

≠ **Não dar um real** Não gastar a menor quantia de dinheiro [AN]. – "Real" era a ant. moeda port. que depois se tornou meramente nominal, e era a menor quantia, meramente convencional no sistema monetário port. e no bras. Correspondia a um décimo de centavo. Após a existência de algumas moedas, o "real", atualmente menos desvalorizado, é a unidade monetária bras. Corresponde a cem centavos.

Dar um rebuçado *Lus.* Presentear alguém em mira de receber alguma coisa [GAS].

Dar um remédio Dar um jeito; resolver; amenizar; remediar [TC].

Dar um revertério *Bras., gír.* Mudar tudo: "Deu um revertério e a coisa mudou de novo" [JB].

Dar um rolé/rolê 1. *Bras., gír.* Passear; sair; dar uma volta: "Por isso, está pedindo *dindin* [= dinheiro] para *pegar* [= ficar com] uma garota e, mais tarde, dar um rolé" (Vivianne Banharo, *Pais & Filhos*, Família, I, ago./1998, p. 49). **2.** Vingar-se: "Vou ter que dar um rolé/rolê neste malandro que vive aprontrando pra cima de mim" [JB/Tese da socióloga Glória Diógenes, da UFC, in: *O Povo*, 1º/6/98, p. 19A].

Dar um rombo Causar um grande prejuízo pecuniário; fazer um desfalque; prejudicar financeiramente [AN/GAS].

Dar um sabão *Bras., gír.* Repreender: "Vou dar um sabão nele, xá comigo" (*sic*) [JB].
Sin.: *passar (um) pito*
Var.: *passar (o/um) sabão*

Dar um sabonete Dar uma pequena repreensão, sarabanda, descompostura [AN/GAS].
Var.: *passar um sabonete*

Dar um sacode Ver *dar um sal*

Dar um sacode na mina *Bras., RJ, gír.* Namorar [Net].

Dar um sal *Bras., gír.* Bater: "O chefão mandou dar um sal pro cara aprender a respeitar a chefia" [JB].
Sin.: *dar um sacode*

Dar um salame *Bras., RS, desp.* Dar um drible [AJO].

Dar um salto/saltinho a Ir a qualquer lado, perto, em curto tempo; ir ligeiramente a certo lugar; ir a algum lugar rapidamente e voltar; ir a um lugar, demorando-se pouco: "... à hora em que os outros hóspedes iam para a escola, estudar medicina, eu dava um salto ao Passeio Público e lia, debaixo das árvores, o noticiário da polícia" (Graciliano Ramos, *Angústia*, p. 10); "Peço agora a S. Ex. que não deixe de dar um salto a Blumenau..." (Olavo Bilac, *Obra reunida*, p. 735); "Vou dar um saltinho na casa de Mariana e volto daqui a pouco" [AN/FN/GAS/TC].
Sin.: *dar um pulo/pulinho a/até/em*

Dar um salto em *Marinh.* Arriar ou folgar um pouco um cabo, uma vela etc. [ABH].

Dar um salto no escuro Meter-se em aventura de êxito duvidoso [AN].

Dar um sarrabulho *Bras., PE.* Dar uma surra, uma repreensão [BB].

Dar um sarrafo 1. Bater; dar uma surra; esmurrar: "Precisou a sogra aí dar um sarrafo nele" (João Antônio, *Casa de loucos*, p. 101). **2.** *Desp.* Jogar com violência e deslealdade [HM/TC].
Var.: *baixar o sarrafo*

Dar um show de bola *Bras., gír., desp.* Ter, o time, ótimo desempenho; jogar muito bem; jogar de forma notável; fazer um partidaço; demonstrar supremacia absoluta sobre o adversário numa partida, com troca de passes e jogadas de efeito, sem a preocupação de fazer mais gols: "Já diante do Serra deu um show de bola (3 a 0)" (Tom Barros, *Diário do Nordeste*, cad. Jogada, 19/8/00, p. 4) [HM].
Sin.: *dar um baile* (4), *jogar (uma) barbaridade, jogar bola redonda, jogar um bolaço, jogar um bolão*

Dar um sinal *Bras., CE, dial. das gangues urbanas.* Dar uma surra (cf. tese de doutorado da socióloga Glória Diógenes, da UFC) [*O Povo*, 1º/6/98, p. 19A].

Dar um soco ao comissário Fazer um vale para levantar dinheiro [GAS].

Dar um sopapo na gaveta Surrupiar dinheiro [GAS].

Dar um suíte Ver *dar o/um fora em*

Dar um susto *Bras., gír.* Avisar: "Dá um susto nele, diz que na próxima vez ele vai cair, vamo passar o ferro nele" (*sic*) [JB].

Dar um taime/*time* *Bras., gír.* Aguardar: "Dá um *time* pra muá, xará" [AJO]. ♦ "Taime", aportuguesamento do ingl. *time*, "tempo".

Dar um talho *Bras., RS.* Beber um gole de bebida de outro copo que não o seu [AJO].

Dar um tapa 1. Bater: "Vou dar um tapa neste viadinho pra acalmar ele" (*sic*). **2.** *Bras., gír.* Fumar maconha: "Vou dar um tapa, volto daqui a pouco" [JB].

Sin. (2): *puxar (um) fumo*

Dar um tapa na boneca *Bras., gír., chulo.* Fazer sexo: "Vou dar um tapa na boneca. Ela é um fodão" [JB].

Dar um tapa na orelha *Bras.* Agredir: "Vou acabar dando um tapa na orelha do vagabundo" [JB].

Dar um teco *Bras., gír.* **1.** Lembrar: "Deu um teco, acabei me lembrando de tudo que se passou ontem..." **2.** Dar um trago num cigarro de maconha; cheirar cocaína: "Dá um *time*, porque vou dar um teco no banheiro, volto logo" [FNa/JB].

Dar um tempo Aguardar; esperar; silenciar; parar, temporária ou finalmente, com algo que se está fazendo: "Edgar Hertz adorava um debate, mas achou melhor dar um tempo, ao notar que estava deixando a namorada do filho sem graça..." (Rogério Andrade Barbosa, *Rômulo e Júlia: os caras-pintadas*, p. 38); "Bá, cara, dá um tempo" [= "Cai fora, larga do meu pé"]; "Dá um tempo, amigão, a coisa vai se resolver como planejamos" [JB/LAF].

Dar um tempinho Dar prazo: "E aquela continha? – Não pude, seu Henrique. O senhor me dê mais um tempinho..." (Caio Porfírio Carneiro, *Trapiá*) [TC].

Dar um tinte *Bras., PE.* Desmaiar [ABF].

Dar um tiro 1. *Bras., NE.* Descarregar vultosa importância em certo número no jogo do bicho, e ser contemplado: "Havia dado um tiro, ganhando no bicho, no jacaré" (Gustavo Barroso, *Mississipe*). **2.** *Bras., BA, gír.* Pedir preço muito alto por alguma coisa: "Pô, quando eu perguntei quanto era, o cara deu um tiro retado!" [NL/TC].

Dar um tiro em Deixar de se ocupar com; acabar, encerrar, liquidar, finalizar (um trabalho, um assunto etc.) [ABH/AN].

Dar um tiro imediato Pedir licença extraordinária [GAS].

Dar um tiro na macaca Perder as esperanças [LCCa].

Dar um tiro na questão Terminar o debate [LCCa, s. v. "É TIRO!"].

Dar um tiro no escuro Tomar uma decisão sem pensar nas consequências que poderão advir se a decisão não der certo [AJO].

Dar um toco *Bras., desp., gír.* Fazer falta: "O Bordon deu um toco no Reinaldo e levou cartão amarelo" [JB].

Dar um tombo na lã *Bras., gír.* Cortar o cabelo: "Hoje à tarde pretendo dar um tombo na lã" [JB].

Dar um tope Tropeçar [TC].

Dar um toque de classe Melhorar: "Vou dar um toque de classe, pra melhorar as coisas" [JB].

Dar um totozinho *Bras., desp.* Bater de leve ou de efeito na bola: "O Lúcio deu um totozinho na bola" [JB].

Dar um traço *Bras.* **1.** Enrolar alguém; enganar; combinar e não cumprir; iludir; despistar. **2.** *Desp.* Driblar; cortar o adversário, aplicando-lhe fintas de corpo: "Garrincha sempre dava um traço no jogador que fosse" [AS/BB].

Dar(-se)

Dar um trago Tomar, beber: "Já posso dar um trago no coquetel?" (Muscu, *in* cartum, *Bundas*, 12/6/00, p. 34).

Dar um trambolhão 1. Cair ou quase cair: "Isidoro Pinheiro deitou fora a ponta do cigarro, deu um trambolhão, agarrou-me um braço e berrou..." (Graciliano Ramos, *Caetés*, p. 33). **2.** *Fig.* Sofrer um prejuízo. **3.** Decair de situação importante [AN].
Var.: *levar um trambolhão*

Dar um trancão 1. Embaraçar a passagem de alguém, com um encontrão. **2.** Indeferir ou impedir uma pretensão [TC].

Dar um tranco 1. Dar um esbarro em alguém: "Dei-lhe um tranco no ombro e disse baixinho..." (Ribamar Galiza, *O povoado*). **2.** Negar um pedido. **3.** Namorar: "Vou dar um tranco naquela gata que tá um troço de linda." **4.** Apertar; cobrar dívida com certa brutalidade, verbal ou física. **5.** Sustar; impedir: "Vou dar um tranco neste cara que quer subir nas minhas costas" [JB/LAF/LAFa/NL/TC].
Sin. (3): *tirar um sarro*
Sin. (4): *encostar à/na parede*

Dar um trato 1. *Bras., RS.* Cuidar de; ajeitar; melhorar; arrumar; embelezar; dispor algo em ordem: "Botou a beca mais fina, / Passou graxa no sapato. / Camisa de omo branca, / no cabelo deu um trato" (Reynaldo Jardim, *Bundas*, 10/10/00, p. 14). **2.** No contexto do namoro, dar um amasso, ter contato físico, transar [JB/LAF/LAFa].
Sin. (1): *dar uma garibada*

Dar um trato na pessoa Cuidar-se ou vestir-se com capricho [TG].

Dar um trauma *Bras., gír.* Entre surfistas, quando o surfista namora com uma garota: "Dá um trauma, cara, tô numa boa" [JB].

Dar um treco *Bras.* **1.** Perder os sentidos; desfalecer e ter uma perda gradual de cor; desmaiar. **2.** Atirar: "Cacetão: (...) Que se alguém pega um trabuco / E dá um treco nessa adega / Causa enchente em Pernambuco" (Chico Buarque & Paulo Pontes, *Gota d'água*, p. 74) [ABF].
Sin. (1): *dar uma piloura*

Dar um treino Apoquentar alguém; fazer gozação [DVF].

Dar um tremido *Bras., RS.* Intimar; comprar briga explícita; cobrar claramente [LAFb].

Dar um trepa *Desp.* Atingir faltosamente o adversário, com ou sem bola [HM].

Dar um triste Ser vítima de intensa tristeza, melancolia, prostração: "Ficou lesa! Avalie que lhe deu um triste..." (José Lins do Rego, *Cangaceiros*) [TC].

Dar um troço /ó/ Dar uma síncope; desmaiar: "Num estará dando um troço nele?" (Mário Landim, *Vaca preta e boi pintado*) [TC].

Dar um trote Ver *pregar peça(s) a*

Dar um trupicão Tropeçar [BB].

Dar um truque *Bras., gír.* clubber. Encontrar um meio de fazer algo: "Vou dar um truque para azarar uma baranga" [JB].

Dar um tufo *Bras., PE.* Dar murro, pancada [BB].

Dar um tunco Produzir esse som, como sinal de descaso, descrença ou reprovação. – Tunco: onomatopeia produzida com a língua [TC].
Sin.: *dar um muxoxo*

Dar um varejo Dar uma volta, andar, vistoriar, varejar: "À noite davam um varejo, para ver como iam as coisas" (Mário Landim, *Mãe d'água e caipora*) [TC].
Sin.: *dar um bordo* (2)

Dar um verniz *Bras., gír.* Melhorar as aparências: "Vou dar um verniz nele, pra ver se este cara melhora" [JB].

Dar um vistaço Ver *correr a vista*

Dar uns ares com Parecer-se com; ter semelhança com: "Até dá uns ares com sua filha" (José Américo de Almeida, *A bagaceira*) [AN/TC].

Dar uns catchancos *Bras., gír.* Fazer carinhos: Vou dar uns catchancos nesta mina" [JB].

Dar uns catiripapos *Bras., CE.* Dar uns tabefes [CGP/TGa].

Dar uns empurrão nas cruz (sic) Dar umas chapuletadas, misturando puxões violentos, bofete e empurrão nas cruzes. – As "cruzes" são as costas, o dorso, em bom "populês" [TGa].
Sin.: *dar uns sopapos*

Dar uns galeto (sic) Bras., gír. Passear.

Dar uns guentas Namorar; paquerar; flertar: "Os meninos disseram que a festa ia ser boa pra dar uns guentas, mas mamãe não me deixou ir de jeito nenhum" [ABH/AN/FN/FNa/FS/LM/RG].
Sin.: (NE, CE) *pegar uma ponta/pontinha*

Dar uns pegas 1. Bras., RJ, gír. Estar saindo com alguém; estar ficando. **2.** Bras., gír. Fazer carinhos: "A Rosinha tá pedindo e vai ganhar: vou dar uns pegas nela" [JB/Net].

Dar uns quebras Ver *dar um(uns) mata(s)*

Dar uns sopapos Ver *dar uns empurrão nas cruz*

Dar uns tarracos Bras., gír. Fazer carinhos: "Vou dar uns tarracos na Amanda, ela merece" [JB].

Dar uns tecos Bras., gír. Dar tiros: "Vou dar uns tecos nesses viados" (sic) [JB].

Dar uns tirinhos Bras., CE. Fazer sexo; transar [AS].

Dar vaga 1. Fugir da prisão. **2.** Morrer [GAS].

Dar vaia Originar zombaria, escarnecimento [GAS].

Dar valor Apoiar, aplaudir: "O Corinthians, tanto fez que fisgou o 'Fenômeno'. A fiel deu (o maior) valor."

Dar valor a Gostar de; apreciar: "Mulherio dá valor à espuma" (*Jornal da Rua*, 28/5/99, p. 1).

Dar (um) vareio Bras., gír. Vencer: "Vou dar um vareio pra mostrar que podemos vencer"; "O Bonsuça deu vareio no Vascão" [JB].

Dar vasqueiro e não em cheio Dar de esguelha [GAS].

Dar vau Ver *dar pé*

≠ **Não dar vaza** Não dar chance, oportunidade [TC].

Dar vazão a 1. Dar saída; não interromper; externar (sentimentos, ideias etc.): "Mas eu só viria a encontrá-lo novamente um ano depois, quando procurava dar vazão à minha rebeldia anárquica participando de manifestações de rua..." (Dias Gomes, *Derrocada*, p. 98). **2.** Dar solução a; atender, resolver (negócios, compromissos); despachar: "Tão grande é a freguesia que é impossível dar-lhe vazão" [ABH/CPL/GAS].

Dar velas Ver *afrouxar a rédea*

Dar vencimento Acabar: "Este ano, não tem quem dê vencimento a milho verde" [FS/LM].

≠ **Não dar vencimento a** Bras. Não atender satisfatoriamente, inteiramente a (pedidos, procura, consumo, de algo que se vende, dá, produz etc.); não dar conta; ter algo em excesso: "... porque só um macaco não dava vencimento não, no final de tudo, contavam-se as cascas, geralmente davam 120" (Ciro Colares, *Diário do Nordeste*, cad. 3, 27/8/00, p. 5); "Vende toda a manteiga que produz, não dá vencimento aos pedidos que recebe"; "A festa tinha comida que não dava vencimento" [ABH/NL].

Dar (na) veneta Vir à ideia; ter desejo ou impulso repentino de fazer algo ou de cometer ato imprudente; tomar uma resolução súbita; tomar decisão despropositada e inesperada; sentir vontade súbita; ter um capricho; cismar de fazer algo: "Quando dava na veneta, subia de gato pelo teto em risco de quebrar a canela" (José Cândido de Carvalho, *Porque Lulu Bergantim não atravessou o Rubicon*, p. 34) [ABH/AN/ECS/FF/GAS/OB/TC].
Sin.: *dar à/na telha*, (lus.) *dar na bolha*, (lus.) *dar na tineta, dar na tonta, dar na veia*
Var.: *ter veneta*

Dar vida Animar; dar expressão, força, vigor [AN].

Dar visgo Dar azo; dar pretexto [GAS].

Dar vista Curar da cegueira; restituir o uso da vista [AN].

Dar vista de um processo Entregar um processo para examinar; lançar num processo informação, despacho [AN].

Dar viva ao nó da peia *Bras., CE*. Dissimular ressentimentos por injustiças, maus-tratos ou perseguições; fingir ignorar ou perdoar sofrimentos, castigos e maus-tratos [AN/FS/LM/TC].

Dar vivas à Cristina Gritar dando vivas [GAS].

Dar volta a *Marinh*. Dar algo por encerrado (uma faina, manobra, serviço etc.) [ABH].

Dar volta ao estômago Agoniar-se com algo [GAS].

Dar volta ao juízo Perturbar o juízo; fazer perder o juízo; enlouquecer; ficar transtornado; endoidecer [ABH/AN/FF/GAS].
Var.: *dar volta ao miolo*

Dar volta à tripa **1.** Ter receio, medo. **2.** Ter dores de barriga [GAS].

Dar volta em 1. *Marinh*. Prender convenientemente (um cabo etc.) em um cunho, cabeço etc., pelo seio ou pelo chicote. **2.** Disciplinar; pôr alguém no bom caminho, por meio de repreendas ou castigos. **3.** Corrigir; resolver: "Pois, se o mal é de morte, nem doutor dá volta" (Manoel Lobato, *Garrucha 44*) [ABH/TC].

Dar voltas ao juízo Pensar; refletir; tentar recordar-se [AN/FF/GAS].
Var.: *dar voltas ao miolo*

Dar voltas na cama Não dormir sossegado [FF].

Dar (um) vomitório a alguém Aproveitar ocasião propícia para fazer perguntas indiscretas e capciosas, a fim de se inteirar de uma situação; obter, por coação, ou por meios indiretos, uma confissão ou depoimento, fazendo o indivíduo em questão "vomitar" ou "despejar" o que sabe. – Amadeu Amaral, em *Os ditados que, de fato, se dizem*, mostra que se trata da tradução de uma expr. fr.: *faire rendre gorge à quelqu'un*. E afirma que a metáfora parece tirada do costume que tinham os caçadores medievais de fazer com que os falcões vomitassem antes da caça [AN/RMJ].

Dar voto Intrometer-se: "E vinham aquelas sirigaitas dar voto" (José Lins do Rego, *Pedra Bonita*) [TC].

Dar voto de confiança Confiar: "Vou dar voto de confiança neste cara, mas num garanto nada, o cidadão é foda" [JB].

Dar voz de prisão Anunciar, em seu nome ou no de outrem, que alguém está preso; declarar preso; prender: "Dando voz de prisão para todo mundo e exibindo uma 'ordem de busca e apreensão do coronel Fontenelle', entraram na casa Wellington Moreira Diniz, Juarez, Minc..." (Luiz Maklouf Carvalho, *Mulheres que foram à luta armada*, p. 388) [ABH/FF].

Dar vulto a alguma coisa Dar forma; dar importância a algo [GAS].

Dar xabu *Bras., NE*. Não dar certo; falhar, malograr-se [ABH/BB].

Dar (um) xeque-mate 1. Expr. oriunda de um lance do jogo de xadrez, quando um parceiro faz a jogada que lhe dá a vitória, reduzindo o rei do adversário a não se poder mover senão com a perda final. **2.** Por analogia, "dar xeque-mate a/em alguém" é vencer, derrotar, esmagar, desbancar alguém: "Nesse caso e somente nesse caso você pode dar um xeque-mate no chefe" (*Você S. A.*, ago./1998, p. 15). – A expr. é corrente no fr., com esta forma: *donner échec et mat à quelqu'un* [RMJ].
Sin.: *colocar em xeque*

Dar (ao) zangarro Ver *dar à/de língua*

Dar zebra *Bras*. Expr. originária do jogo do bicho, transportada para a loteria esportiva (hoje loteca) e para o futebol: resultado surpreendente, inesperado, como o aparecimento de um bicho raro; dar resultado mau e/ou inesperado; acontecer o impossível, o imponderável; sair tudo errado; dar errado; ter um resultado inesperado, negativo, ao contrário do que se esperava (diz-se de um negócio, uma transação, um empreendimento qualquer); resultar inesperadamente; surpreender; não condizer com a opinião da maioria; acabar uma partida com a imprevisível vitória do mais fraco; acontecer algo inesperado: "Como corintiano que sou, acho que desta vez ele errou em cheio. Só que o homem não errou até hoje. Será que vai dar zebra mesmo?" (Marconi Alves, *O Povo*, 28/11/99, p. 23A); "Anunciou várias estreias que não aconteceram. Deu zebra em todas" (Abidoral Possidônio, *O Povo*, cad. Jornal da TV, 28/11/99, p. 4); "Deu zebra, passei no concurso e passei a esperar pelo meu título que até agora não chegou" (Aírton Monte, *O Povo*, cad. Vida & Arte, 9/8/00, p. 2B); "Poderia render o zelador e assaltar o depósito. Fácil. Mas não gostava da ideia. Esse tipo de ação dava zebra" (Plínio Cabral, *O mistério dos desaparecidos*, p. 69); "Vai dar zebra nesta merda". – Mesmo sentido em que se dizia *avis rara*, no lat. [ABH/BB/CLG/HM/JB/JF/LAF/RMJ].

Debotar

Debotar os dentes Diz-se quando se come qualquer coisa ácida e os dentes ficam com uma sensibilidade que torna difícil o contato [GAS].

Debulhar(-se)

Debulhar a espiga Ver *bater punheta*

Debulhar a sangue Diz-se de debulha feita com animais e não com debulhadora mec. [GAS].

Debulhar música "Debulhar notas musicais. Bom músico (...) debulha sons como debulha milho, dizem"; extrair sonidos e acordes de algum instrumento musical [GS]. – A expr. associa o gesto de debulhar, descaroçar grãos (de feijão, milho, trigo etc.), utilizando-se da agilidade dos dedos, ao gesto de tocar instrumentos, posto que a música é extraída do hábil, ágil e sistemático dedilhar do artista.

Debulhar o milho *Bras., S.* Masturbar-se (Manuel Viotti) [MSM].

Debulhar-se em lágrimas *Fig.* Chorar muito, copiosamente [ABH/AC/AN/FF].

Sin.: *debulhar-se em pranto*

Debulhar-se em pranto Ver *debulhar-se em lágrimas*

Decretar

Decretar a lei seca Proibir a venda ou consumo de bebida alcoólica: "O pessoal decretou a lei seca pra sacanear os bebuns" [JB].

Defender(-se)

Defender a pele Cuidar de si, de seus interesses mais próximos [AN/CLG].

Defender as cores *Desp.* Atuar em determinado clube ou na seleção bras. [HM].

Defender(-se) com unhas e dentes Defender(-se) com todas as forças, não fraquejar de nenhuma maneira; defender(-se) de todas as maneiras, com suas armas naturais, de todos os modos possíveis, com toda a energia; pôr na (sua) defesa todos os meios ao seu alcance: "Torcia o corpo, defendia a virgindade com unhas e dentes" (Graciliano Ramos, *Angústia*, p. 64) [AN/CLG/GAS/MPa].

Defender o leite das crianças *Desp.* Receber gratificação em dinheiro do clube, por vitória ou empate sobre outro time [HM].

Sin.: *ganhar um bicho*

Defender o pelego *Bras., RS.* Defender a vida [AJO].

Defender-se com o rabo que nem tejuaçu Diz-se das pessoas cujas formas de comportamento sexual tendem em busca do feminismo [RBA].

Defender uma grana Ver *defender um ganho*

Defender uma nota Ver *defender um ganho*

Defender um ganho *Bras.* Ganhar dinheiro: "Preciso defender um ganho de responsa" [JB].

Deitar(-se)

Sin.: *defender uma grana/nota, defender um pedágio/troco*

Defender um pedágio *Bras.* Ganhar dinheiro: "Tô precisando defender um pedágio" [JB].

Sin.: *defender um ganho*

Defender um troco Ver *defender um ganho*

Deitar(-se)

Deitar abaixo Destruir; arrasar, arruinar [ABH].

Deitar a barra adiante Ver *botar a barra mais além*

Deitar a cantareira abaixo Espatifar tudo, zangado [GAS].

Deitar a escada *Lus.* **1.** Cobiçar o que pertence a outrem. **2.** Comer à custa alheia. **3.** Tentar alguma coisa. **4.** Fazer uma abordagem amorosa [GAS].

Deitar a espelunca abaixo Ver *puxar (um) fumo*

Deitar a fateixa *Lus.* **1.** Apanhar. **2.** Roubar [GAS].

Sin.: *deitar água às mãos*

Deitar água às mãos Ver *deitar a fateixa*

Deitar água benta Procurar contemporizar; ajudar; atenuar culpas [GAS].

Deitar a língua de fora Diz-se de gesto que se faz como gracejo, ou para melindrar ou insultar alguém. – Gesto muito vulgar nas crianças malcriadas [GAS].

Deitar a luva *Lus.* **1.** Prender, agarrar. **2.** Roubar; tirar [GAS].

Deitar a mão a/em Apossar-se de algo contra a vontade do dono; apoderar-se de; agarrar; aprisionar: "... o coração parado, e a respiração suspensa, vendo o cabra dirigir-se cauteloso e sorrateiro para o lado onde os arreios estavam, com a valisa largada por cima, a deitar a mão ao volume precioso" (Herman Lima, *Tigipió*, pp. 64-5) [ABH/AC/AN/FSB/GAS/TC].

Var.: (lus., Alentejo) *jogar a mão*

Deitar a rede *Lus.* **1.** Estabelecer um círculo de informação. **2.** *Univ. Coimbra.* Iludir com palavreado [GAS].

Deitar à rua Desprezar; desperdiçar [GAS].

Deitar as garras Apoderar-se [GAS].

Deitar as mãos/mãozinhas de fora Ter atrevimentos; praticar ousadias; revelar-se [GAS].

Sin.: *botar as mangas/manguinhas de fora*

Var.: (lus.) *pôr as mãozinhas de fora*

Deitar as sortes *Lus.* Diz-se da divisão de uma herança, quando se chega a acordo na proporção dos lotes dos bens [GAS].

Deitar as unhas Agarrar; prender com força; bater; catrafilar [GAS].

Var.: *meter as unhas*

Deitar as unhas em Apossar-se com fraude ou violência de [ABH].

Deitar às urtigas Despojar-se de algo, renunciar a algo, como se o houvesse jogado no mato; jogar fora; desperdiçar: "Todas as virtudes cuja capa de veludo acabava em franja de algodão, uma vez puxadas pela franja, deitavam a capa às urtigas" (Machado de Assis, "A Igreja do Diabo", *apud* Célia A. N. Passoni, *Onze contos de Machado de Assis*, p. 18) [AN/ECS].

Var.: *mandar às urtigas* (2)

Deitar a última pá de cal sobre um assunto Dar um assunto por encerrado. – A frase provém do uso de se deitar uma pá de cal sobre o caixão do defunto na sepultura [AN].

Deitar azeite no fogo Irritar pessoa já zangada; provocar irritação a quem já está zangado; atiçar uma questão [AN/GAS].

Deitar bocas Levantar falsos testemunhos; lançar boatos; falar sem sentido [GAS].

Deitar (a) carga ao mar *Gír. luso-brasileira.* Vomitar por sentir enjoo de mar; vomitar [ABH/AN/GAS/LM/RMJ].

Var.: *lançar carga ao mar*

Deitar carvão na máquina *Lus.* **1.** *Univ. Coimbra.* Estudar para exame ou para ponto. **2.** Comer [GAS].

Deitar cobras Dizer mal; levantar falsos testemunhos; injuriar [GAS].

Deitar contas à vida Ver *dar balanço* (1)

Deitar em rosto Exprobrar; fazer censuras a; repreender [GAS].

Deitar em saco roto *Lus.* Dizer uma confidência a quem a não sabe guardar [GAS].

Deitar e rolar 1. *Bras.* Aproveitar a situação; usar; abusar da ocasião; fazer o que quer, quando em posição de mando, aproveitando eventual superioridade em relação a outrem; aproveitar(-se) (de) algo; ter privilégios e regalias; dar-se bem: "Para deitar e rolar sobre alguém, o passo inicial é descobrir seu calcanhar de aquiles"; "Vamos deitar e rolar no próximo governo"; "O cara vai deitar e rolar, numa boa". **2.** Divertir-se: "Ela não se fazia de difícil. Topava ir pra cama logo no primeiro encontro. Deitava e rolava. Não tinha a frescura de recusar algumas posições ousadas na hora do sexo" (Sérgio Riparbo, *Jornal da Rua*, 1º/6/99, p. 4). **3.** Praticar travessuras, diabruras, ou desatinos, desregramentos [ABH/AS/JB/JF, p. 503/Net/TC].

Sin. (1) (3): *pintar e bordar* (1) (2)

Sin. (1): (CE) *casar e batizar*

Sin. (2) (3) : *pintar o sete* (1) (2)

Deitar fala Conversar muito, animadamente: "E enquanto deitava fala, as mulheres foram chegando a ouvi-la, numa atmosfera de respeitosa admiração e verdadeira inveja e todas suspiravam por um amigo generoso..." (Mílton Dias, *As cunhãs*, p. 87).

Deitar falação *Bras.* **1.** Fazer um discurso; discursar: "Fez questão de sair pelo Nordeste com o candidato, deitando falação em tudo quanto é lugar" (Fernando Sabino, *O tabuleiro de damas*, p. 89). **2.** Conversar: "Uma noite, à beira do fogo, numa roda em que Joaquim Bentinho figurava, Cornélio deitou falação, *bancando* o conselheiro..." (Leonardo Mota, *Sertão alegre*, p. 77); "Deitou falação sobre diversos problemas artísticos, literários e políticos..." (Carlos Heitor Cony, *Matéria de memória*, p. 158). **3.** Falar demais: "Disputa se firma e os três deitam falação a um só tempo" (João Antônio, *Sete vezes rua*, pp. 42-3) [ABH/GAS/JB/RG/TC].

Sin.: *deitar faladura*

Var. (1) (3): (irôn.) *botar falação*

Deitar faladura 1. Fazer discurso; discursar. **2.** Conversar. **3.** Falar demais [ABH/GAS/JB/RG].

Sin.: *deitar falação*

Var. (1): (lus., Univ. Coimbra) *botar faladura*

Deitar ferro *Lus., Univ. Coimbra.* Parar [GAS].

Deitar fogo na fogueira Ver *botar lenha na fogueira*

Deitar foguetes antes da festa Evidenciar contentamento antes de o acontecimento se consumar; antegozar coisa de realização duvidosa [ABH/AN/GAS].

Var.: *soltar os foguetes antes da festa*

Deitar fora 1. Desfazer-se de; (*lus.*) jogar fora. **2.** Fazer sair; expulsar. **3.** Passar inutilmente, sem proveito: "Deitou fora as suas férias" [ABH/MPb].

Deitar fumo pelo bico Estar furioso [GAS].

Deitar (uma) galinha Pôr a galinha no ninho, para chocar ovos; dispor ovos para chocar [GAS/TC].

Sin.: *deitar uma ninhada*

Deitar luzes Preparar as coisas para alcançar o que se deseja [GAS].

Deitar (a) mão de Empunhar, agarrar: "Quando senti o perigo, deitei logo mão de uma faca" [TC].

Deitar mau-olhado Desejar desgraças a outrem [GAS].

Deitar na cama Estar vencedor: "Cria fama e deita na cama" (adágio pop.) [GS].

Deitar na seda Ver *deitar o pelo* (1)

Deitar na sopa *Bras., gír.* Aproveitar-se: "Vamos deitar na sopa enquanto há tempo" [JB].

Deitar o anzol Esforçar-se para agradar, para conseguir algo [GAS].

Deitar o arpéu Agarrar, apanhar; conquistar [GAS].

Deitar o braço Esmurrar [TC].

Deitar o cabelo *Bras., S, gír.* Correr; sumir; fugir em disparada; ir embora; sair às pressas: "O malandro deitou o cabelo e se escafedeu" [AJO/JB/LAFa/TV Globo].

Deitar o cabrito fora Vomitar [GAS].

Deitar o coração ao largo Deixar de se preocupar; não se afligir; não se afligir nem se preocupar com o que haja de suceder [AN/GAS].

Sin.: *pôr o coração à larga*

Deitar o dinheiro pela janela afora Malbaratar o dinheiro; dissipar o dinheiro sem proveito [AN].

Deitar o gadanho Diz-se de rápido movimento de mão para agarrar [GAS].

Deitar o leite *Bras., PB.* Dar informações precisas embora mastigadas [ABH].

Deitar olho comprido a Cobiçar; desejar; ambicionar [ABH/AN].

Deitar o lúzio Olhar; observar [GAS].

Deitar o nariz de fora Aventurar-se [GAS].

Deitar o pealo *Bras., RS.* Atirar o laço para prender o animal [AJO].

Var.: *sacudir um pealo*

Deitar o pelo 1. *Bras., gír.* Nas cadeias, matar: "Não tem mais que esperar. Vamo deitar o pelo. Desencave os *cossoco* [= arma artesanal, perfurante] e chame os cara" (*sic*) [Émerson Maranhão, *O Povo*, 18/12/00, p. 8, expondo um rol de expressões e termos registrados pelo prof. José Océlio Camelo, ex-agente penitenciário do Instituto Penal Paulo Sarasate (IPPS), o presídio oficial de Fortaleza, CE]. **2.** *Bras., gír.* Estar pronto: "Deitei o pelo, agora está tudo nos trinques" [JB].

Sin.: *deitar na seda*

Deitar os bofes pela boca *Bras., CE.* Mostrar-se extenuado, ofegante; mostrar grande cansaço; estar estafado: "– Isso, começar a vida de novo, deitar os bofes pela boca varando caminho..." (Graciliano Ramos, *Alexandre e outros heróis*, p. 50) [GAS/RG].

Sin.: *botar a alma pela boca*

Var.: *botar os bofes pela boca*

Deitar os clises *Lus.* Ver; observar. – "Clises", "clísios" ou "clisos" são o m. q. "olhos" [GAS].

Deitar os galfarros *Lus.* Deitar, estender as mãos para agarrar [GAS].

Deitar os gatázios *Lus.* Agarrar; furtar [GAS].

Deitar o verbo *Bras., pop.* **1.** Fazer discurso; discursar; falar, sem reservas, o que vem à cabeça. **2.** Vomitar; sujar-se ao vomitar [ABH/AC/AN/TC].

Var. (1): *despejar/meter/soltar o verbo*

Deitar o/um véu sobre *Lus.* Não tocar no assunto; deixar um assunto no esquecimento; não falar; não mencionar [AN/GAS].

Var.: *lançar um véu sobre*

Deitar para o santo *Umb.* Cerimônia em que o crente, não desejando entrar em transe, recolhe-se a uma camarinha, dão-lhe banho de ervas. Ele veste camisolão branco e deita-se no peji (altar) do santo, aos sons de cânticos e atabaques. Enquanto isso, com velas acesas, pratos são preparados para a entidade particular. Depois de algumas horas, o iniciado é ungido com óleo especial. Essa "obrigação" livra o praticante da possessão por mais um ano, sem sofrer consequências desastrosas. No cand., significa iniciar-se [OGC].

Sin.: *fazer (a) cabeça*

Var.: *firmar o santo*

Deitar (tudo) para trás das costas Fazer por esquecer; esquecer as preocupações [GAS].

Deitar peçonha Interpretar malevolamente ou à má parte o que outrem faz ou diz, com intenção de desacreditá-lo; atribuir intenção malévola [AN/GAS].

Sin.: *deitar veneno*

Deitar pelos olhos Estar farto [GAS].

Deitar pérolas a/aos porcos 1. Favorecer, obsequiar a quem não o merece, ou a

quem não sabe agradecer. **2.** Dizer coisas finas, preciosas, a quem não é capaz de as entender; oferecer coisas finas e requintadas a pessoas rústicas e ignorantes, incapazes de bem apreciá-las; dar a quem não sabe apreciar. – A expr. é de or. bíblica, pois reminiscência do N. T., Mt 7, 6 (ver Ladislau Batalha, *História geral dos adágios portugueses*; *Rev. Lus.*, XXI, p. 36) [ABH/AN/GAS/RMJ].
Var. (2): *dar pérolas a porcos, jogar pérolas a/aos porcos*

Deitar pimenta na língua Ameaça de castigo que se faz a crianças mal-educadas [GAS].

Deitar poeira nos olhos 1. Querer ofuscar ou cegar alguém, deturpando a realidade com propósitos maliciosos; procurar iludir; ludibriar; enganar; tentar convencer de que não é verdade o que se vê ou ouve; tentar enganar; disfarçar com ardil. – Existe em fr. a mesma expr.: *jeter de la poudre aux yeux*. **2.** *Bras., gír*. Passar, um automóvel, à frente de outro, levantando poeira e deixando-o distanciado [ABH/AN/GAS/RMJ/TC].
Sin. (2): *dar poeira, deixar na poeira*
Var. (1): *deitar terra nos olhos, lançar poeira para os olhos, pôr poeira nos olhos*

Deitar por fora Estar cheio; não aguentar mais [GAS].

Deitar por terra 1. Destruir; arruinar; derrubar: "Lembrei-me de quanto boi valente deitei por terra, e agora ali zombado por uma caturra!" (Graça Aranha, *Canaã*, p. 80). **2.** Intervir drasticamente para acabar com alguma ação [AN/GAS].

Deitar regra Opinar impensadamente; emitir parecer sobre um assunto, sem conhecimento de causa; afirmar um despropósito; dar palpite: "Apressado como sempre, deitei regra: 'O canapum não existe. É mera ilusão gustativa!'" (Lustosa da Costa, *Diário do Nordeste*, 5/5/01, p. 4).

Deitar remendos à vida Viver com privações [GAS].

Deitar-se a adivinhar Conjeturar [GAS].

Deitar-se ao trabalho Iniciar uma tarefa [GAS].

Deitar-se a perder Tomar uma resolução que afeta moralmente [GAS].

Deitar-se a uso Atirar-se de qualquer maneira [GAS].

Deitar-se com Ter relações sexuais com: "O HIV inibe a mulher atual de deitar-se com qualquer um" [TC].
Sin.: *dormir com, sair com*

Deitar-se com as galinhas Ir para a cama cedo, logo que anoitece; deitar-se logo ao anoitecer ou não muito depois; deitar-se, dormir muito cedo: "Você acorda cedo, mas é porque você se deita com as galinhas" [ABH/AN/GAS/LM].
Var.: *dormir com as galinhas*

Deitar-se como gato a bofe Atirar-se com toda a paixão ou raiva [GAS].

Deitar-se de fora Não querer assumir a responsabilidade [AN].

Deitar-se nas cordas *Bras.* Ser relapso; deixar de cumprir tarefa; diz-se para descrever a falta de ação do vagabundo, do preguiçoso, do folgado: "Depois o cara se deitou nas cordas, bem belo [= satisfeito, de folgança]." – A expr. tem or. no esporte do boxe [LAF].
Sin.: *fazer corpo mole*
Var.: *atirar-se nas cordas*

Deitar seu cartão de visita Fazer ato que denuncie sua presença anterior [AN].

Deitar trombas 1. Remendar calçados. **2.** Remediar um assunto mas mal [GAS].

Deitar uma bisca Ver *botar verde para colher maduro*

Deitar uma casca de banana Criar dificuldades ou situações embaraçosas, capazes de provocar a queda ou o desfavor de alguém [AN/GAS/RMJ].
Var.: *deitar cascas de banana no caminho de alguém*

Deitar uma dica Ver *botar verde para colher maduro*

Deitar uma ninhada Ver *deitar (uma) galinha*

Deitar um segredo à rua Divulgar, publicar um segredo [GAS].
Var.: *deitar um segredo ao mar*
Deitar veneno Ver *deitar peçonha*
Deitar veneno pela gorja Maldizer [GAS].

Deixar(-se)

Deixar a argola *Lus., Univ. Coimbra.* Diz-se dos recém-formados, que, apesar de pouca inteligência, conseguem o grau [GAS].

Deixar (muito) a desejar Não corresponder ao que se esperava, ou ao que seria de esperar; não corresponder ao esperado; não satisfazer completamente; estar longe da perfeição; diz-se de algo que não ficou perfeito [ABH/AT/FF/GAS].
Var.: *estar muito a desejar*

Deixar a farinha para os outros Ver *bater a(s) bota(s)*

Deixar amigo na chapada Abandonar; deixar à própria sorte: "Ele não era homem de deixar amigo na chapada" (José Sarney, *O dono do mar*, p. 71) [*Id*., cap. "O vocabulário", p. 276].

Deixar andar Ver *não se ralar*

Deixar aos imboléu (*sic*) *Bras.* Deixar à toa [Net].

Deixar a pão e laranja Deixar com poucos recursos ou nenhum; fazer passar fome [AN].

Deixar a perder de vista Ser muito superior [AN].

Deixar a peteca cair *Bras.* Vacilar; falhar: "... achava a palavra certa na hora de me animar, de não deixar a peteca cair, mesmo nos momentos mais difíceis..." (Ricardo Lucena Jr., *Longo caminho de volta*, p. 77); "Em Fortaleza, terra das aparências, o negócio é não deixar a peteca cair dando sinais de 'liseira'. E tome gente querendo dá uma de bacana no soçaite!" (*sic*) (Regina Marshall, *Diário do Nordeste*, cad. 3, 8/10/00, p. 7) [ABH].

Deixar a poeira assentar *Bras.* Esperar; aguardar; deixar uma situação serenar, tranquilizar: "Vamos deixar a poeira assentar, depois a gente ajeita tudo" [GAS/JB].
Sin.: *assentar a poeira*
Var.: *deixar a poeira baixar*

Deixar a poeira baixar Aguardar os acontecimentos; esperar que acalme a repercussão de um momentoso assunto: "José Serra deixou a poeira baixar para contra-atacar" (Tutty Vasques, *Época*, 1º/4/02, p. 98).
Var.: *deixar a poeira assentar*

Deixar a/uma porta aberta para Facilitar a concessão de algo; dar oportunidade para o exercício de um direito, para chegar a um acordo; dar um ensejo, um recurso, uma possibilidade [AN/GAS].

Deixar as coisas como estão Ficar na expectativa sem tomar nenhuma atitude [GAS].

Deixar as ruas francas para passear Nada deixar de herança [AN].

Deixar a terça Deixar em testamento a terça parte dos seus bens [GAS].

Deixar atrás 1. Não mencionar; preterir; omitir. **2.** Exceder; superar; suplantar; vencer; avantajar-se [ABH/AN].

Deixar a ver navios Situação em que más circunstâncias podem nos deixar em condições de insegurança ou frustração: "O sujeito pode até insistir em cantar contra a maré e aí a mulher tira de letra, saindo de fininho, deixando-nos a ver navios na beira do deserto" (Aírton Monte, *O Povo*, cad. Vida & Arte, 10/5/02, p. 2) [RBA].

Deixar barato *Bras., RS.* É um comentário sobre o desfecho não agressivo de alguma situação: "Te dá por satisfeito, que o cara deixou barato" [LAF].
Sin.: *levar livre*

≠ **Não deixar barato 1.** *Bras., RS.* Levar tudo a ponta de faca; reagir a provocação ou desafio; encarar todas as paradas; vender caro toda e qualquer parada. **2.** Vender-se caro; valorizar-se: "O cara não deixou barato, tá se aproveitando de tudo" [JB/LAF].
Sin. (1): *não levar desaforo para casa*

Deixar barcos e redes Abandonar tudo; deixar tudo para seguir outro rumo [GAS].
Var.: *largar o barco e as redes*

Deixar cair *Bras.* **1.** Deixar acontecer, realizar-se; deixar que as coisas aconteçam: "Vou deixar cair. Só pra ver o que acontece." **2.** *Gír.* Fazer sucesso; ser destaque: "Apesar de toda minha fossa, se for nesta festa, vou deixar cair" [ABH/AT/JB/JF].
Sin. (1): *deixar correr*

Deixar cair a viseira Tornar-se sorumbático, carrancudo, zangado; franzir as sobrancelhas [GAS].
Var.: *descer a viseira*

Deixar cair o guardanapo *Bras.*, *S*, *RJ*. Praticar a pederastia passiva (Sylvio Abreu, *in* art.) [MSM].

Deixar cair o rebenque Surrar o animal com o rebenque [AJO].

Deixar correr 1. Deixar que aconteça; deixar andar sem se importar com o que possa acontecer. **2.** Não se preocupar com as ocorrências eventuais e suas consequências; não dar importância a; não fazer caso de [ABH/AT/FS/GAS].
Sin.: *deixar cair* (1), *deixar ir*
Var.: *deixar correr o barco, deixar correr o marfim*

Deixar correr à revelia Descurar completamente (um negócio qualquer) [AC/FF].

Deixar correr frouxo Não dar importância alguma; fechar os olhos a qualquer erro ou deslize de outrem; não fazer caso de; omitir-se: "Meia-armador tesourou o centroavante londrinense e Jacarandá omitiu, deixou correr frouxo" (João Antônio, *Patuleia*, p. 16).

Deixar correr o barco/o barco correr Não se importar com o que vier, com o que possa acontecer; deixar as coisas acontecerem; deixar que as coisas tomem seu rumo natural, que sigam seu caminho normal; deixar que as coisas corram normalmente ou sem interferência; não interferir; não criar embaraços: "A coisa está feita por si... Deixe correr o barco! Você não disse uma vez que queria entrar em negócio com a fazenda do Cancela?" (Aluísio Azevedo, *O mulato*, p. 30); "Às vezes as consequências dos seus gestos, ou omissões, o perturbam, como no caso de D. Anselmo, mas na hora o senhor deixa o barco correr" (Antônio Callado, *Quarup*, II, p. 472); "Ele não quis se meter nessa questão, então resolveu deixar o barco correr" [ABH/AN/CLG/DT/TC].
Var.: *deixar o barco andar*

Deixar correr o marfim 1. Aguardar com indiferença os acontecimentos; ser indiferente aos sucessos, ao que vai pelo mundo; não intervir na marcha dos acontecimentos; deixar que as coisas sigam o rumo normal. **2.** Não se preocupar com as consequências dum ato; não interferir numa briga ou discussão. – Parece expr. de jogador de bilhar, por causa da bolinha de marfim deste jogo. Popularizou-se com a representação do *vaudeville A Lagartixa*, título com que se traduziu *La Dame de Chez Maxim*, de Feydaux [ABH/AJO/AN/FF/FSB/GAS].
Var.: *deixar correr*

Deixar de cascata Parar de mentir, de contar conversa fiada. ♦ Uso frequente da expr. com o v. no modo imperativo: "Deixe de cascata sobre este assunto, homem!" [MPa].

Deixar de comer farinha Ver *bater a(s) bota(s)*

Deixar de conversas Ir diretamente ao assunto, abandonar os rodeios [AN].

Deixar de folote /ó/ Não importunar; não chatear. – "Folote" é "troça, brincadeira" [TC].

Deixar de fora Não dar oportunidade de participar; não contar com; excluir [ABH/AN/AT].

Deixar de frescura *Bras.*, *chulo*. Expr. us. para pedir a alguém (quase "intimar") que mude de atitude, que deixe de ter melindres: "Deixe de frescura, cidadão. Sei que cê não é disso" [JB].

Deixar de mão Não insistir; condescender; transigir; não se preocupar mais com; abandonar: "Cuidem de seu trabalho

Deixar(-se)

e deixem os fornecimentos de mão" (Jáder de Carvalho, *Aldeota*) [TC].

Var.: *dar de mão a*

≠ **Não deixar de mão** Perseguir; insistir; aperrear: "Dizem que o senhor não deixa as moças de mão?" (José Américo de Almeida, *O Boqueirão*) [TC].

Deixar de mas-mas Acabar com as hesitações, com as procrastinações (as palavras "mas... mas..." denotam tudo isso): "Bonitão: Ande, vamos deixar de mas-mas. Passe pra cá o dinheiro" (Dias Gomes, *O pagador de promessas*, p. 21) [AN].

Deixar de molho Aguardar; suspender uma decisão: "Vou deixar de molho, vamos ver o que vai acontecer" [GAS/JB].

Var.: *pôr de molho*

Deixar de proveito Lus. Abandonar a mulher que fica grávida [GAS].

Deixar de queixo caído Causar espanto, admiração: "... foi a inclusão de D. João VI, Francisco Alves, o Rei (ou Rainha) da Voz e – essa me deixou de queixo caído – Tiradentes" (Jaguar, *Bundas*, 20/2/01, p. 15).

Deixar de relva Lus. Deixar o campo sem amanho, sem ser cultivado [GAS].

Deixar descalço Lus. Deixar desprevenido [GAS].

Deixar de tanga Deixar uma pessoa sem meios, paupérrima, na miséria: "Depois vinguei-me: hipotecou-me a propriedade e tomei-lhe tudo, deixei-o de tanga" (Graciliano Ramos, *São Bernardo*, pp. 13-4) [AN/GAS].

Deixar de velho Lus., Minho. Deixar terreno de poisio ♦ "Poisio" ou "pousio", segundo RF, é a "terra que não foi cultivada durante um ou mais anos; ato de conservar a terra em descanso, durante este período de tempo" [GAS].

Var.: *ficar de velho*

Deixar em jejum Deixar em completa ignorância de uma coisa [AN].

Deixar em paz Deixar descansar: "E a cunhada nunca o deixou em paz. Até o filho dele, diziam que a mando da minha avó, sofrera uma facada do negro Domingos Ramos" (José Lins do Rego, *Meus verdes anos*, pp. 23-4) [GAS].

Deixar em silêncio Não falar no assunto [GAS].

Deixar entrar o bispo Deixar queimar um alimento [ABH/FF].

Deixar escorregar Deixar escapar, involuntariamente, um segredo ou algo inconveniente [TC].

Deixar estar Deixar as coisas como estão, não empreender nada, porque a situação haverá de mudar: "Deixa estar, que a CPI do Senado vai apurar as ligações do teu partido com a corrupção!" – Palavras de ameaça [AN].

Deixar estar para ver como é que fica Diz-se de situação em que as coisas se apresentam de modo tão confuso que mais prudente será não mexer; maneira de procrastinar uma solução, por horror à responsabilidade, esperando que o tempo se encarregue disso; fórmula para se adiar qualquer decisão a ser tomada, ao sabor dos acontecimentos; maneira de fazer corpo mole: "Eis toda a diferença entre um país assumidamente racista, mas que luta para integrar sua sociedade, e uma suposta democracia racial, que deixa estar para ver como é que fica" (Roberto Pompeu de Toledo, *Veja*, 29/8/01, p. 154) [AN/RBA].

Var.: *deixar (estar) como está para ver como fica*

Deixar falando sozinho Não responder às objurgatórias, às observações de alguém; não considerar o que o outro diz: "Esse deixou a gente falando sozinho e querendo dar um chute no saco daquele velho que havia passado durante a noite" (Lourenço Diaféria, *O invisível cavalo voador*, p. 35) [AN/CLG].

Deixar falar o mundo Não ligar importância ao que se diz [AN].

≠ **Não deixar fazer moeda falsa** Lus. 1. Não permitir atrevimentos nem ousadia; não dar liberdade de ação. 2. Vigiar; espreitar [GAS].

Sin. (1): *não deixar pôr o pé em ramo verde*

≠ **Não deixar fazer o ninho atrás da orelha** *Lus*. Não consentir em ser prejudicado [GAS].

≠ **Não deixar furo** *Bras., gír*. Fazer tudo correto: "Ele não é de deixar furo, é supercorreto" [JB].
Sin.: *não deixar rabo, não deixar rastro*

Deixar ir Ver *deixar correr*

Deixar ir tudo por água abaixo Perder tudo por má cabeça [GAS].

Deixar jogar *Desp*. Desistir de empenhar-se na partida, por cansaço, desinteresse ou contusão: "O camisa 9 se limita a deixar jogar" [HM].

Deixar longe Superar; ser superior [AN].

Deixar murchar os louros Deslustrar um passado glorioso [AN].

Deixar na mão Faltar a um compromisso; negar ajuda; abandonar: "– O senhor não pode me deixar na mão. Pense na sua mulher, nos seus filhos" (Dias Gomes, *Sucupira, ame-a ou deixe-a*, p. 18); "– Daqui a uma hora eu passo aí para te pegar. Não me deixe na mão. Tchau" (Ana Maria Machado, *Alice e Ulisses*, p. 10) [AN/CLG/TC].

Deixar na poeira Ver *deitar poeira nos olhos* (2)

Deixar no balaio 1. Não acabar com o namoro, não dispensar o namorado, à espera de melhor partido. **2.** Deixar o frango magro no balaio, para ser superalimentado e engordar [AN].

Deixar no mato sem cachorro 1. Deixar em situação difícil, embaraçosa, sem auxílio de ninguém. **2.** Deixar alguém perdido, sem saída [AC/CLG/FF/GAS/TC].

Deixar nome Deixar fama; ficar célebre [AN/GAS].
Var.: *deixar o nome na história*

Deixar no tinteiro Não mencionar na escrita; esquecer-se de escrever [GAS].

Deixar o barco andar Permitir que as coisas aconteçam: "O melhor é deixar o barco andar" [JB].
Var.: *deixar correr o barco/o barco correr*

Deixar o campo Desistir da luta [AN].

Deixar o cavalo passar selado e não montar Deixar passar a oportunidade; demonstrar falta de interesse [RBA].

Deixar o certo pelo duvidoso Arriscar-se a ter um prejuízo, a sair-se mal, querendo melhorar. – Reminiscência da fábula "O cão e a carne" [AN].

≠ **Não deixar o crédito por mãos alheias** *Lus*. Não permitir que se esqueça o merecimento próprio; confirmar as suas aptidões [GAS].

Deixar o dito pelo não dito Deixar para lá; fazer com que nada mude; esquecer; considerar sem efeito o que foi combinado: "Soube que, quando ele foi prestar conta na casa-grande, ainda quiseram deixar o dito pelo não dito..." (Romeu de Carvalho, *Carro Doce*, p. 52).
Var.: *ficar o dito pelo/por não dito*

Deixar o mundo Morrer [GAS].

Deixar os cueiros Diz-se quando se trocam as brincadeiras próprias de crianças por ocupações mais sérias; acabar com as brincadeiras para meter-se em estudos ou trabalho [AN/GAS].

Deixar os mortos enterrarem os próprios mortos Ocupar-se com os vivos, com as coisas atuais, sem deter-se inutilmente com o que não existe mais (Lc 9, 59-69) [AN].

Deixar o umbigo em Ser nascido em; ser natural de: "... no próximo 22 de maio inaugura-se em Itabira, terra onde o colunista deixou o umbigo, uma edificação de 3 mil 132 metros quadrados, com instalações para teatro, galeria de arte, biblioteca" (Carlos Drummond de Andrade, *Jornal do Brasil*, 15/5/82) [ABH].

Deixar o umbigo enterrado Referência ao lugar em que nasceu: "Desgraçado do cristão que deixou o umbigo enterrado no pé da porteira do curral do sertão" (Luciano Barreira, *Os cassacos*) [TC].

Deixar para amanhã Embromar; enrolar; protelar; mandriar; fazer que trabalha mas pouco produzir [GAS].

Deixar para trás 1. Abandonar. **2.** Afastar-se [TC].

Deixar passar 1. Não impedir que passe; não perceber; não levar em conta, em consideração; deixar escapar: "Por que o capitão quer que eu escreva sobre um assunto que ele deixou passar?" (Durval Aires, *Barra da Solidão*). **2.** Admitir; tolerar; dispensar; contemporizar; condescender com: "Impossível deixar passar semelhante desaforo" [ABH/AT/TC].

Deixar passar a onda Contemporizar até altura favorável; esperar que volte a prosperidade, a tranquilidade, uma situação boa qualquer [AN/GAS].

Deixar passar batido *Bras., gír.* Deixar acontecer: "Cheguei superatrasado, o chefe não deixou passar batido..." [JB].

≠ **Não deixar passar camarão por malha** Ser muito rigoroso na fiscalização, na seleção [AN].

Deixar passar carros e carretas Sofrer com serenidade; fazer por não incomodar [GAS].

≠ **Não deixar pedra sobre pedra** Destruir; arrasar completamente. – Reminiscência do N. T., Lc 19, 44 [ABH/AN/CLG/FF/GAS].

Deixar perceber Ver *dar a entender*

Deixar plantado 1. *Bras., RS.* Num encontro combinado, de caráter amoroso ou não, lograr alguém, fazendo-o esperar sem êxito. **2.** Só chegar ao encontro marcado depois de fazer o outro esperar por longo espaço de tempo [LAFa].

≠ **Não deixar pôr pé à frente** Não permitir ser ultrapassado [GAS].

≠ **Não deixar pôr pé em cima do pescoço** Repelir humilhações, vexames [GAS].

≠ **Não deixar pôr o pé em ramo verde** Ver *não deixar fazer moeda falsa* (1)

Deixar pra lá Não se incomodar; sair de perto: "Deixa pra lá, (...) não se mete neste assunto" [AT/JB].

Sin.: *deixar quieto*

Deixar quieto *Bras., SP, gír.* Deixar de lado; deixar só; não (se) incomodar: "Vamos deixar quieto o Ricardo, ele tá precisando" [JB/*O Povo*, 31/3/96, p. 4B].

Sin.: *deixar pra lá*

Deixar rabo Deixar vestígio pelo qual seja apanhado, reconhecido [AN].

Sin.: *deixar rasto*

≠ **Não deixar rabo** *Bras., gír.* Fazer tudo correto: "Ele não é de deixar rabo, é supercorreto" [JB].

Sin.: *não deixar furo*

Deixar rasto Ver *deixar rabo*

≠ **Não deixar rastro** Ver *não deixar furo*

Deixar rolar *Bras., gír.* **1.** Esquecer; abstrair; não se preocupar; relaxar; deixar que as coisas aconteçam: "Prefere não pensar mais nessa história *sinistra* [= situação estranha, complicada – pode ter conotação positiva ou negativa] e vai deixar rolar" (Vivianne Banharo, *Pais & Filhos*, Família, I, ago./1998, p. 49); "O jeito é deixar rolar". **2.** Entregar-se [JB/Net].

Deixar-se de cantigas Deixar de argumentar; calar-se [GAS].

Deixar-se de fitas Acabar com demonstrações parvas [GAS].

Deixar-se de grelos Deixar-se de tecer considerações, de dar conselhos [GAS].

Deixar-se de histórias Evitar rodeios, floreados; ser discreto [GAS].

Deixar-se de lérias Deixar de dizer asneiras, ou de falar sem sentido; deixar de promessas vãs [GAS].

Deixar-se de piques Deixar de cuidados, de preocupar-se [GAS].

Deixar-se disso Desistir de algo; abster-se de algo [GAS].

Deixar-se ir na corrente Seguir o exemplo da maioria [GAS].

Deixar-se levar por Influenciar-se, ser influenciado, induzido ou atraído por; embarcar na onda de: "... nos empolgamos e ele se deixou levar pelo nosso entusiasmo, declarou guerra aos Estados Unidos e anunciou o lançamento da guerrilha rural..." (Carlos Eugênio Paz, *Viagem à luta armada*, p. 64).

Deixar-se limpar Perder todo o dinheiro conscientemente [TC].

Deixar sem conserto Deixar bastante maltratado [GAS].

Deixar terra para feijões-galegos *Lus., Barcelos*. Fugir apressadamente sujando tudo por onde passa. A expr. origina-se do procedimento de deixar a terra estrumada para semear feijões-galegos [GAS].

Deixar vazio Fazer boa colheita num roubo [GAS].

Deixar ver Patentear; ter curiosidade; mostrar, apresentar; demonstrar [ABH/GAS].

Deixar viver quem vive Não obstar à vivência de outrem [GAS].

Delirar

Delirar na goiaba *Bras., gír.* Sonhar; imaginar: "O Pedro vive delirando na goiaba, sonhando com o céu" [JB].

Demorar(-se)

Demorar para ir *Desp.* Atrasar-se para receber lançamento [HM].

Demorar-se pouco como quem vai buscar fogo *Bras., NE*. Não se demorar. – Símile ou comparação de or. rural [LM].

Denunciar

Denunciar um tratado Fazer conhecer às potências contratantes o termo de um tratado [FF].

Depenar

Depenar alguém Extorquir, astuciosamente, dinheiro de alguém [FF].

Depenar um galo *Bras., S, RJ*. Praticar a pederastia passiva (Sylvio Abreu, *in* art.) [MSM].

Depositar

Depositar confiança em alguém 1. Crer na honradez ou discrição de alguém.

2. Ter alguém em bom conceito, em alta ou subida estima [ABH/FF].

Depositar no cofre das almas Emprestar dinheiro ou vender fiado a quem habitualmente não paga suas contas [RBA].

Depositar todas as fichas *Bras., gír.* Acreditar: "Depositei todas as fichas naquele filho da puta e ele me traiu" [JB].

Derramar

Derramar a bílis sobre alguém Descarregar a raiva sobre alguém [AN].

Derramar a sua bílis Gritar todo o seu azedume, toda a sua irritação; despejar o mau humor [GAS].

Var.: *descarregar a bílis*

Derramar lágrimas Chorar; produzir, fazer brotar lágrimas em abundância [FF/GAS].

Sin.: *verter pranto*
Var.: *verter lágrimas*

Derramar mel *Bras., gír.* Elogiar: "O amigão gosta de derramar mel, mas não gosto nada disso" [JB].

Derramar o sangue de 1. Matar alguém. **2.** Ferir alguém [FF].

Derrapar

Derrapar na geleia *Bras., gír.* Cair: "Não vá derrapar na geleia, meu caro, assim você se *ferra*" [JB].

Derreter(-se)

Derreter a massa *Lus*. Gastar dinheiro em coisas inúteis e na paródia [GAS]. ♦ "Paródia", aqui, significando "brincadeira, pândega".

Derreter dinheiro Gastar dinheiro desordenadamente; dissipar dinheiro [GAS].

Derreter na quiçaça *Bras., SP, pop*. Sumir-se; fugir; retirar-se às pressas [ABH/AN]. ♦ AN (lapso de revisão?) registra "quiçada". "Quiçaça" (cf. ABH) significa terra árida, ruim, espécie de capoeira, com mato baixo e espinhento.

Sin.: *dar às de vila-diogo*

Derreter-se o coração em ternura Apaixonar-se; enternecer-se [FF].

Derreter-se todo Estar extremamente enamorado [GAS].

Derrubar

Derrubar a capoeira *Bras., CE.* Cortar o cabelo, a cabeleira [RG].

Derrubar a coruja *Desp.* Fazer gol num dos ângulos superiores da baliza: "Quase derrubou a coruja" [HM].

Derrubar a cria *Bras., RS.* Parir (o animal) [AJO].

Derrubar de vassoura *Bras.* Forma característica de o vaqueiro derrubar a rês, pelo rabo; derrubar a rês, na carreira, suspendendo, pelo rabo, as patas traseiras: "No limpo, era chegar o cavalo, derrubar de vassoura, isto é, a rês empinava a cauda..." (Manuel de Oliveira Paiva, *Dona Guidinha do Poço*) [TC].

Derrubar o pau da barraca *Bras., gír.* Desfazer, destruir alguma coisa; criar confusão: "Só me restou derrubar o pau da barraca e acabar com a festa" [JB].

Var.: *chutar o pau da barraca*

Derrubar o queixo de *Bras., S.* Sujeitar; submeter; subjugar [ABH/AJO/AN].

Derrubar uma mulher *Bras., PE, chulo.* Praticar o ato sexual [BB].

Desabar

Desabar o céu Ver *desabar o tempo*

Desabar o mundo Ver *vir o mundo abaixo*

Desabar o tempo *Bras., NE, pop.* Começar a chover torrencialmente; chover forte [ABH/GAS/RG].

Sin.: *desabar o céu*

Desamarrar

Desamarrar a língua Falar; expressar-se oralmente: "Vá, desamarre a língua, camarado, que boca foi feita para falar" (Jorge Amado, *Tenda dos milagres*, p. 24)

Desamarrar o bode *Lus.* Desamuar; passar a zanga [GAS].

Desandar

Desandar a maionese *Bras., gír.* Dar tudo errado: "Desandou a maionese, cara, a coisa complicou paca" [JB].

Desandar a roda 1. Decair de um estado próspero; começar uma série de infelicidades. **2.** Mudar a sorte; mudar a vida para melhor ou para pior [AN/GAS].

Sin. (2): *mudar a roda da fortuna*

Desaparecer

Desaparecer como fumo Esvair-se sem ninguém ver, tal como o fumo se esvai no ar [AN].

Desapertar

Desapertar para a esquerda 1. Esquivar-se, livrar-se habilmente de situação embaraçosa; transferir para a outra pessoa a solução de problemas encrencados; livrar-se de perigo ou de prejuízo, em detrimento de terceiros; fugir a uma pressão qualquer de ordem moral, principalmente; sair-se de um apuro metendo nele outra pessoa; passar a responsabilidade para os subordinados ou para os outros; desobrigar-se; desoprimir-se: "Os próprios baianos desapertam para a esquerda..." (Leonardo Mota, *No tempo de Lampião*). **2.** *Bras., CE.* Satisfazer uma urgente necessidade fisiológica [FF/ GAS/RG/TC].

Var. (1): *desapertar para a direita*
Var. (2): *descarregar para a esquerda*

Desarmar

Desarmar a bomba *Desp.* Impulsionar a bola com chute forte [HM].

Desarmar a tenda Não atender mais ninguém; acabarem-se as atividades [GAS].

Sin.: *fechar a loja*

Desarmar com deficiência *Desp.* Apossar-se da bola e não dominá-la, ou passá-la mal [HM].

Desarmar o toureiro Diz-se quando o touro, com os chifres, tira do toureiro a muleta ou o capote [GAS].

Desarrolhar

Desarrolhar a ponta *Bras., RS.* Adiantar os ponteiros de uma tropa, para que ela ande mais depressa [AJO].

Desarrolhar o rodeio *Bras., S.* Afrouxar o cerco do rodeio, para que o gado fique mais em liberdade [AN].

Desatar

Desatar a boca ao saco Expandir-se; desabafar [GAS].

Desatar o nó 1. Deslindar o caso. **2.** Desencrencar. **3.** *Umb.* Anular a ação maléfica de um feitiço [OGC/TC].
Var. (1) (2): *cortar o nó*

Desatar o punho da rede *Bras., CE, pop.* Fugir apressadamente: "Quando eu vi o negócio feio pro meu lado, desatei o punho da rede que não teve mais quem me visse" (Leonardo Mota, *Violeiros do Norte*, p. 240) [ABH/FN/LM].
Sin.: *abrir de/do/o chambre, danar-se no/pelo mundo, dar às de vila-diogo*

Descabelar

Descabelar o palhaço *Bras., S, RJ, chulo.* Masturbar-se: "Vou descabelar o palhaço" [JB/MSM].

Descalçar

Descalçar a/uma bota Remover uma dificuldade; resolver a questão, um problema difícil; vencer um obstáculo ou uma dificuldade; solucionar o problema; livrar-se dum aperto; sair de apuros: "Vamos ver como ele descalça aquela bota" [ABH/AC/AN/FF/GAS/RG].

Descambar

Descambar bordoada Ver *baixar a ripa* (1)

Descambar o facão Surrar de facão [AJO].

Descambar o relho Ver *baixar a ripa* (1)

Descansar

Descansar a cabeça Ver *descansar o coração*

Descansar armas Voz de comando para a tropa retirar do ombro a arma e repousá-la no terreno, pela soleira, correndo a mão direita para cima até um pouco abaixo da braçadeira superior. A tropa assenta a arma no chão, em posição vertical: "Descansar armas!" [AN].

Descansar baioneta Voz de comando para a tropa retirar a arma do ombro e repousá-la no terreno, pela soleira, correndo a mão direita para cima até um pouco abaixo da braçadeira superior: "Descansar baioneta!" [AN].

Descansar em Ter confiança em [GAS].

Descansar em paz Morrer [GAS].

Descansar na sepultura Morrer [FF].

Descansar no Senhor Morrer [AN/GAS].
Sin.: *bater a(s) bota(s)*
Var.: *adormecer/dormir no Senhor, descansar no regaço do Senhor*

Descansar o coração Tranquilizar-se; despreocupar-se: "Só descanso o meu coração quando ele voltar" (Jáder de Carvalho, *Aldeota*) [TC].
Sin.: *descansar a cabeça/o juízo*

Descansar o juízo Ver *descansar o coração*

Descansar o queixo na muteta /ê/ **1.** *Bras., BA, chulo.* Literalmente, descansar o queixo entre o ânus e a "xota" da mulher. **2.** *Fig.* Dar um tempo; respirar fundo; ganhar fôlego. – "Muteta" é o períneo [FNa].

Descansar os ossos Deitar-se; repousar: "É hora de descansar os ossos, doutor. Seu quarto é aquele" (Francisco de Brito, *Terras bárbaras*) [TC].

Descarregar

Descarregar a arma Voz de comando para descarregar a arma [AN].

Descarregar a bateria *Bras., S, RJ.* Manter relações sexuais [MSM].

Descarregar forte *Desp.* Chutar com vigor, rechaçando ataque adversário [HM].

Descarregar o coração Dizer tudo o que tinha para dizer; desabafar [AN].

Descarregar o madeiramento Andar ligeiro [GAS].

Descarregar para o ataque *Desp.* Atacar com decisão [HM].

Descascar

Descascar a banana Ver *bater punheta*

Descascar a mandioca *Bras., S, NE, chulo.* Masturbar-se [MSM].

Descascar o/um abacaxi *Bras., gír.* Resolver problema de solução difícil; resolver ou procurar resolver uma dificuldade; fazer um trabalho penoso; efetuar tarefa espinhosa ou cheia de embaraços; realização de coisa difícil; solucionar um caso intricado; resolver habilmente a situação, o problema; sair-se de uma embrulhada, de uma situação desagradável, maçante: "Vou descascar o abacaxi que me deixaram" [ABH/AN/AT/CLG/DRR/FS/JB/LCC/RG/TC].

Sin.: *dar o/um grau* (2), *resolver o pepino*

Descascar o couro *Bras., gír.* Trabalhar: "O cara é chegado a um batente, é de descascar o couro" [JB].

Descascar o palmito *Bras., S, RJ, chulo.* Masturbar-se [MSM].

Descascar uma guavirova *Bras., RS.* Masturbar-se [AJO].

Descascar um(a) pinhasca *Chulo.* Praticar a masturbação [GAS/MSM/NL]. ♦ MSM assinala o termo "pinhasca" como masc.

Descer

Descer a benguela *Bras., gír.* Pegar um atalho com velocidade: "O assaltante desceu a benguela e se escafedeu, a polícia ficou no ora veja" [JB].

Descer a borduna *Bras. gír.* Bater: "Vou descer a borduna, sem a menor cerimônia" [JB].

Descer a chibata Açoitar; chicotear [FS/TC].

Sin.: *baixar a macaca, descer o cinturão*
Var.: *cortar de chibata, mandar/plantar a chibata*

Descer à cidade *Lus., Univ. Coimbra.* Ser enganado [GAS].

Descer à cova Ver *bater a(s) bota(s)*

Descer a ladeira *Bras., gír.* Cair, perder: "A Caprichosos tá descendo a ladeira"; "O Mengão tá descendo a ladeira, vai acabar no mar" [JB].

Sin.: *descer o elevador, descer o morro* (2)
Var.: *descer ladeira abaixo*

Descer a lenha 1. *Bras., DF, gír. rap e rock.* Brigar com alguém. **2.** Bater; dar uma surra; atacar; espancar; agredir: "Eles têm a missão de policiar disfarçadamente os colegas e, quando preciso, descer-lhes a lenha sem dar impressões de que é por ordem superior" (Carlos Drummond de Andrade, *Contos de aprendiz*, p. 52). **3.** Falar mal de; causticar; criticar rudemente [CLG/FS/HM/JB/Net/OB/TC].

Sin. (2) (3): *baixar a ripa* (1) (2)
Var. (2) (3): *baixar/meter a lenha, mandar lenha*
Var. (3): *passar a lenha*

Descer a macaca Dar um soco; bater: "A velha ergueu-se de novo / e partiu com desadoro, / mas João desceu-lhe a macaca / em cima do cabelouro..." (Patativa do Assaré, *Cordéis*, p. 107).

Descer a mamona *Bras., gír.* Bater: "Vou descer a mamona neste pessoal" [JB].
Var.: *baixar a mamona*

Descer ao túmulo Ver *bater a(s) bota(s)*

Descer a papeira *Bras., patol.* Diz-se da inflamação nos testículos (orquite) ocasionada por complicação da parotidite epidêmica (caxumba); refletir a inflamação nos escrotos ou testículos. – Papeira: nome pop. da parotidite, ou caxumba [J&J/RG].

Descer à terra 1. Ser sepultado. **2.** Morrer; perder a vida; falecer; finar-se; expirar [ABH/AN].

Sin. (2): *bater a(s) bota(s)*

Descer da burra Perder a arrogância; considerar a derrota depois de grande teima [GAS].

Descer das suas tamanquinhas Humilhar-se; perder a vaidade [GAS].

Descer do estribo Perder a dignidade [OB].

Descer do trono Deixar de reinar, abdicando ou sendo deposto [AN].

Descer ladeira abaixo *Bras., gír.* Cair, perder: "A Bolívia [seleção de futebol] tá descendo ladeira abaixo" [JB].
Var.: *descer a ladeira, descer morro abaixo*

Descer nos pés *Bras., NE, BA, chulo.* Defecar (Fernando São Paulo, *Ling. médico-popular no Brasil*) [MSM].
Sin.: *amarrar a gata* (2)

Descer o cinturão Ver *descer a chibata*

Descer o elevador *Bras., gír.* Cair, perder: "A Unidos da Tijuca tá descendo o elevador, desfilou pra perder" [JB].
Sin.: *descer a ladeira*

Descer o malho em *Bras., pop.* Criticar; falar mal de alguém: "Os republicanos desciam o malho em D. Pedro II."
Var.: *baixar o malho em* (2)

Descer o morro 1. *Bras., RJ.* Mostrar-se ríspido, grosseiro, grosso; partir para a briga; bater; agredir; engrossar; arrumar confusão: "Vou descer o morro e arrepiar." **2.** Cair, perder [ABH/JB].
Sin. (1): *virar a mesa* (1) (2); *entornar o caldo*
Sin. (2): *descer a ladeira*
Var. (2): *descer morro abaixo*

Descer o nível Baixar o nível da conversa; dizer besteira; vulgarizar: "Vou descer o nível e pagar pra ver" [JB].
Var.: *baixar o nível*

Descer o pau 1. Espancar; bater. **2.** Falar mal de uma pessoa; criticar acerbamente; desancar: "Começou a falar de maneira exaltada, descendo o pau nos politiqueiros" (Gustavo Barroso, *Terra do sol*) [CLG/TC].
Var.: *baixar o pau* (1) (2)

Descer o pé Bater: "Vou descer o pé em cima de todo mundo" [JB].

Descer pelo ralo Deixar que algo do esforço próprio tome descaminho; diz-se de frustração, logro [RBA].

Descobrir

Descobrir a careca Denunciar; revelar o que quer esconder [GAS].

Descobrir a pólvora Iron. com quem refere, como novidade, coisas já conhecidas ou sabidas; ter pressuposta originalidade; fazer trabalho sem originalidade; inventar o que está inventado; descobrir o que já está descoberto; trazer como novidade coisas velhas, sabidas e ressabidas; diz-se a um indivíduo que está com grandes lucubrações: "Bem, descobriram a pólvora!" (Celso Furtado, *Bundas*, 18/10/99, p. 10) [ABH/AC/FSB/GAS/RMJ].
Sin.: *descobrir o mel-de-pau/mel de pau, descobrir o xarope do bosque*
Var.: *inventar a pólvora*

≠ **Não descobrir a pólvora** Diz-se com referência a uma pessoa pouco inteligente; ser pouco inteligente: "Não descobriu a pólvora" [AC/AN].

Descobrir as baterias Revelar as intenções. – Frase proveniente dos meios mil. [AN].

Descobrir mel de pau engarrafado *Bras., séc. XIX.* Expr. com que se manifesta o encontro mais afortunado, o acaso mais dadivoso, verdadeira oferta da sorte generosa, no conceito de roceiros e lavradores, passando à ling. urbana [LCCa].

Descobrir o Brasil *Bras., CE.* Expr. us. para se referir à menina que menstrua pela primeira vez: "Ela descobriu o Brasil" [AS].

Descobrir o jogo de alguém Estar a par das intenções alheias; reconhecer ou declarar projetos de outrem; compreender todo o alcance de coisa que se apresenta embuçadamente [AN/GAS].

Descobrir o mel-de-pau/mel de pau Deparar facilmente com o que se deseja;

diz-se iron. de quem julga ter dito algo interessante ou revelado fato desconhecido; propor-se a resolver algum problema já resolvido: "São Paulo tem a virtude de descobrir o mel-de-pau em ninho de coruja" (Lima Barreto, em *Feiras e mafuás*, de forma pitoresca, falando da irrupção do futurismo na capital paulista). – Mel-de-pau: nome pop. dado ao mel de algumas abelhas, como a jataí e a uruçu [AN/LM/RMJ].
 Sin.: *descobrir a pólvora*
 Var.: *descobrir o mel a pau, inventar o mel-de-pau*
 Descobrir os podres de alguém *Gír. luso-brasileira*. Desmascarar os defeitos ou as malfeitorias de alguém [GAS/LM].
 Descobrir o xarope do bosque *Bras*. Não dizer novidade; dizer coisa conhecida (ver Amadeu de Queiroz, *Provérbios e ditos populares*): "Ele descobriu o xarope do bosque" [LM]. ♦ Frases deste gênero são m. us. na 3ª pess. do pretérito.
 Sin.: *descobrir a pólvora*
 Descobrir o x do problema Encontrar a solução do problema [AN].

Descolar

 Descolar dinheiro Pagar; desembolsar: "Para conseguir o que queria, ele teve que descolar um bocado de dinheiro" [TC].
 Descolar uma grana *Bras., gír*. Arranjar, ganhar dinheiro: "O bandido foi à luta para descolar uma grana" [JB].
 Sin.: *descolar uma nota*
 Descolar uma nota *Bras., gír*. Ganhar dinheiro: "Preciso descolar uma nota, a barra tá pesada" [JB].
 Sin.: *descolar uma grana*
 Var.: *levantar uma nota*
 Descolar um basquete Ver *arrumar um trampo*

Descontar

 Descontar uma letra Casar uma filha [AN].

Descoser

 Descoser as orelhas Puxar as orelhas com força [GAS].
 Descoser o fiado a alguém *Lus*. Divulgar os podres de alguém [GAS].

Desculpar

 Desculpar o mau jeito Expr. muitas vezes irôn. (us. em geral no imperativo), com que se inicia uma crítica, uma restrição, ou se pede desculpa de incômodo que se vai causar a outrem: "Desculpe o mau jeito, mas acho que você não agiu certo"; "Pedi-lhe que desculpasse o mau jeito, mas eu tinha de lhe desarrumar os papéis" [ABH].

Desejar

 Desejar muito boa hora Desejar um parto feliz [FS].
 Desejar ver pelas costas Desejar a ausência, o desaparecimento de alguém (diz-se, p. ex., de visita desagradável) [ABH/AN/GAS].

Desembainhar

 Desembainhar a espada *Bras., gír., chulo*. Mostrar a genitália masculina: "O crioulo desembainhou a espada e provocou o desmaio do viadão (*sic*)" [JB].

Desembarcar

 Desembarcar um *Lus*. Diz-se daquele que paga por todos; o que é esperado com ansiedade para satisfazer um encargo monetário [GAS].

Desembrulhar

 Desembrulhar uma intriga Explicar; esclarecer [FF].

Desencadear

 Desencadear a tempestade Dar causa para se armar uma briga, uma discussão [AN].
 Desencadear blitz Ver *fazer pressão* (2)

Desenferrujar

Desenferrujar a língua 1. *Fig.* Ter ocasião de falar, de conversar; conversar prolongadamente; falar muito, depois de longo tempo de silêncio; voltar a falar, depois de algum tempo, por não ter com quem conversar ou por mutismo voluntário: "O velho Severino aproveitou o ensejo para desenferrujar a língua" (Batista Siqueira, *Folclore humorístico*). **2.** Resolver relatar ou denunciar algo: "Na próxima oportunidade, desenferrujarei a língua" (João Clímaco Bezerra, *Sol posto*) [ABH/AN/FF/GAS/TC].

Desengodar

Desengodar a linha Diz-se quando a linha *capada* da arraia, pipa, geralmente fica engodada. Aí o menino tem que sentar, espalhar o bolo no chão e, com a maior paciência, desengodar o tanto que puder sem quebrar a linha [TG, p. 27]. ♦ "Desengodar" (de "engodar") talvez signifique o ato de desenlear, desenrolar, desembaraçar. FSB registra "engodar" como "atrair com engodo, iludir, seduzir". Exatamente o papel de sedução da arraia que quer cortar o fio da sua adversária.

Desenrolar

Desenrolar a frequência *Bras., gír. rapper.* Resolver um problema: "Vou desenrolar a frequência, vou resolver a parada" [JB].

Desenrolar uma garota *Bras., RJ, gír.* Convencer uma garota a "ficar" [*IstoÉ*, 24/3/99, p. 64].

Desenrolar uma ideia *Bras., gír.* Desenvolver um pensamento: "O malandro tava desenrolando uma ideia quando foi surpreendido pelos inimigos" [JB].

Desentupir

Desentupir o beco Dar passagem; facilitar a saída; sair da frente: "Desintope o beco, se não vai levar porrada" (*sic*) [GAS/JB]. – Como se vê pelo ex., na ling. oral, a pronúncia é "desintupir".

Var.: *desocupar o beco* (2)

Desfazer(-se)

Desfazer a meada Desembaraçar, inutilizar uma intriga, embrulhada ou enredo; tirar a limpo alguma ocorrência; desfazer uma intriga [AN/GAS].

Var.: *desfiar a meada*

Desfazer com os pés o que fez com as mãos Proceder bem e em seguida proceder mal [AN].

Desfazer-se como o fumo Passar rapidamente; dissipar-se na mesma hora; evaporar-se; desaparecer prontamente [AN].

Desfechar

Desfechar o rumo 1. *Náut.* Fazer a embarcação seguir em dada direção; dirigir-se; rumar. **2.** Ir; encaminhar-se [ABH].

Desfiar

Desfiar a ladainha Lastimar-se repisando fatos conhecidos de todos; diz-se de conversa fastidiosa e repetida [GAS].

Desfiar o rosário Começar a comunicar uma série de novidades; relatar sucessos, novidades, sofrimentos etc.; dizer de uma vez, sem interrupção, alguma coisa, geralmente queixas. – Quem reza um rosário vai direto ao fim, sem nenhuma pausa. É corrente, em fr., a loc. *défiler son chapelet* (= desfiar seu rosário) [AN/GAS/RMJ].

Desfilar

Desfilar um besteirol *Bras., gír.* Falar besteira: "O Peixotinho desfilou um besteirol, deixando todo mundo de queixo caído" [JB].

Desfolhar

Desfolhar a margarida *Bras., gír., chulo.* Fazer sexo: "Tô afim de desfolhar a margarida" (*sic*) [JB].

Desfolhar o facão *Bras., CE.* Desembainhar o facão [AN/FS/LM].

Desfolhar o sabre Ver *desfolhar o facão*

Desfrutar

Desfrutar uma moça *Bras., CE.* Tirar vantagens menos lícitas, por amizade mais íntima, namoro etc. [RG].

Desguarnecer

Desguarnecer o setor *Desp.* Abrir-se um claro na área da defesa, do meio de campo ou do ataque, por falha técnica ou tática [HM].

Desguiar

Desguiar na carreira *Bras., gír.* Fugir: "O falsário desguiou na carreira" [JB].
Var.: *abrir (de) carreira*

Desistir

Desistir da briga *Bras., fig.* Morrer: "Sabes da última? O Neves desistiu da briga. – Mas você tem certeza? – De que ele picou a mula?" (Manuel Bandeira, *in* Miriam Maranhão & Gerusa Martins, *Pensar, expressar e criar*, p. 125).

Desligar

Desligar a tomada *Fig.* Morrer: "– Logo depois, o Bené desligou a tomada. – Agora é o Neves que esvazia os pneus. – Vamos mudar de assunto?" (Manuel Bandeira, *in* Miriam Maranhão & Gerusa Martins, *Pensar expressar e criar*, p. 125).

Desmanchar

Desmanchar a cara *Bras.* Desfazer o ar carrancudo; desanuviar o semblante [ABH/TC].
Var.: *endireitar a cara*

Desmanchar a carranca Perder a sisudez; deixar de aborrecimento: "Se Daniel soubesse que eu possuía 500$000 no bolso, desmancharia a carranca" (João Clímaco Bezerra, *Não há estrelas no céu*, p. 216).

Desmanchar a igrejinha Desfazer um conluio, um enredo, uma trama; fazer frustrar uma combinação; denunciar um plano [AN/GAS].

Desmanchar a massa do sangue *Bras., SP, pop.* Tornar-se morfético [ABH]. – Morfético: portador de hanseníase.

Desmanchar a panelinha Desmascarar um grupinho de intrigantes associados [AN].

≠ **Não desmanchar carreira** *Bras., CE.* Dissimular ressentimentos; não modificar o tratamento para com alguém; continuar firme; não recuar; prosseguir [LM/RG].

Desmanchar o angu Deslindar a encrenca; acabar com a confusão: "Muitas pessoas telefonaram, desmanchando o angu" (Durval Aires, *Barra da Solidão*) [TC].

Desmanchar o patuá *Bras., NE.* Acabar com a força ou influência da oração forte [TC].

Desmanchar o ramalhete Destoar do conjunto [GAS].

Desmanchar trabalho *Umb.* Anular os efeitos maléficos de feitiços lançados contra alguém [OGC].

Desmanivar

Desmanivar o cacete *Bras., CE, chulo.* Pôr fora o pênis [RG].

Desmentir

Desmentir o braço *Bras., CE.* Deslocar o braço [CGP/TGa]. – "Desmentir" é deslocar, torcer, luxar alguma parte do corpo.

Desocupar

Desocupar o beco *Pop.* **1.** Morrer. **2.** Deixar o lugar em que se encontra; sair de onde está para dar o lugar a outro; retirar-se; ser expulso; sair; abrir caminho; sair da frente; afastar-se: "– Marina, esse procedimento é incorreto. Por que não me larga? Dê o fora, desocupe o beco" (Graciliano Ramos, *Angústia*, p. 83); "O melhor que você faz é ir logo desocupando o beco..." [ABH/AC/AN/FS/FSB/JB/GAS/TC].
Sin. (1): *bater a(s) bota(s)*
Var.: *desinfetar o beco*
Var. (2): *desentupir o beco*

Desopilar

Desopilar o fígado Divertir-se; comunicar, ou produzir, alegria ou bem-estar; tornar alegre; aliviar; desabafar: "Tô precisando desopilar o fígado." – O povo pensa que o indivíduo de mau humor tem opilado o canal colídico e assim, com uma risada boa, desopila o fígado. [Ele] tem consciência da influência do moral sobre o físico [ABH/AN/FF/GAS/JB].

Despachar(-se)

≠ **Não se despachar** Ter parto demorado; demorar muito para parir: "Marta foi pra maternidade três horas atrás e nada, ela até agora não se despachou. Nunca vi uma coisa dessa" [FN].

Despachar desta para outra melhor Ver *despachar para o outro mundo*

Despachar os caixeiros Tirar meleca do nariz com o dedo [AN].

Despachar para a eternidade Ver *despachar para o outro mundo*

Despachar para o além Matar: "Os chefes decidiram despachar para o além um monte de nego" [JB].
Sin.: *despachar para o outro mundo*

Despachar para o outro mundo *Bras., pop.* Matar; assassinar [ABH/AC/FS/FSB/JB/GAS/LM/RG/TC].
Sin.: *despachar desta para outra melhor, despachar para a eternidade, despachar para o além*
Var.: *mandar para o outro mundo* (1)

Despachar terreno *Bras., RS, pop.* Andar, o cavalo, a toda a velocidade [AJO/AN].

Despedir(-se)

Despedir com os emboras Despedir com os votos que vá em boa hora; despedir com cumprimentos [GAS].

Despedir o mordomo *Bras., S, RJ.* Praticar a pederastia passiva (Sylvio Abreu, *in art.*) [MSM].

Despedir-se à francesa Sair sem aviso, sem dizer adeus; retirar-se sem se despedir [FF/GAS].

Despejar

Despejar a água às azeitonas *Lus.* Urinar [GAS/MSM].
Sin.: *escorrer a água às batatas*
Var.: *escorrer/mudar a água às azeitonas*

Despejar a bordada *Mar.* Terminar a bordada à vela em que a embarcação seguira, a fim de iniciar outra [ABH].

Despejar a lata do lixo Ver *dizer as últimas*

Despejar o beco Ser expulso de algum lugar; diz-se a alguém que nos incomoda e por isso nos deixe em paz [GAS].

Despejar o saco *Pop.* Dizer tudo o que sabe; contar tudo; fuxicar; desabafar; desembuchar [ABH/FF/GAS/RG/TC].
Sin.: *abrir o livro*
Var.: (lus., Algarve) *limpar o saco*

Despejar o verbo Fazer discurso; discursar: "Despejei o verbo forte lá no meio da gente ilustre" (Paulo Dantas, *O capitão jagunço*) [TC].
Var.: *deitar o verbo* (1)

Despertar

≠ **Não despertar o leão que dorme** Não provocar a reação de pessoa temível e poderosa; não estimular inimigo que está quieto; não bulir em coisas esquecidas; não suscitar iras; não lembrar coisas perigosas [AN/CLG].

Despertar para a esquerda *Gír. mil.* Descarregar no vizinho um mal; sair-se de um apuro envolvendo nele outra pessoa [AN].

Despir

Despir a farda Sair da vida militar [AN/GAS].

Despir o casaco Preparar-se para o trabalho; preparar-se para iniciar uma tarefa [GAS].
Var.: *tirar o casaco*

Despir um santo para cobrir outro *Fam.* Procurar sanar uma falta, criando novo caso; ajudar alguém, em detrimento de outro; favorecer alguém em prejuízo de outrem ou de si mesmo; prover a uma necessidade ocasionando outra [ABH/AN/OB/TC].

Var.: *descobrir um santo para cobrir outro, despir um santo para vestir outro*

Despontar

Despontar cabeceiras 1. *Bras., Centro e S.* Contornar as nascentes dos rios, procurando sempre terreno enxuto. **2.** *Bras., GO.* Contornar mata onde não há passagem pelo centro [ABH].

Despontar o vício *Bras., S.* Contentar-se com pouco, ou com coisa parecida, ao satisfazer o vício; satisfazer um vício: "Parou de fumar, porém às vezes ainda desponta o vício fumando um cigarrinho" [ABH/AJO/GAS].

Destampar

Destampar um aguaceiro Chover forte: "Eu até fui convidado pra festa lá no apartamento do deputado João Henrique. Mas destampou um aguaceiro que não deu pra sair de casa" [FNa/PJC].

Sin.: *cair um toró*

Destilar

Destilar ódio Tornar-se rancoroso, odioso: "O Fran só destila ódio, é um tipo vingativo" [JB].

Destilar veneno Falar com ódio [GAS].

Destravar

Destravar a malvada *Lus.* Injuriar [GAS].

Destripar

Destripar o mico *Bras., SP, pop.* Vomitar [ABH/AN].

Desvendar

Desvendar o fio à meada Esclarecer completamente o que se achava nebuloso ou escondido [GAS].

Dever

≠ **Não dever a cabeça a ninguém** Ser completamente independente [GAS].

Dever a Deus e ao mundo Estar em dívidas para com muita gente; estar muito endividado [FS/GAS/LM].

Var.: *dever a Deus e a todo o mundo*

Dever à moça Ter cometido defloramento: "Se você deve à moça, então, case com ela" [TC].

Sin.: *dever (a) honra de*

Dever a vida a alguém Ter sido salvo da morte por esta pessoa [AN].

Dever (a) honra de Ter cometido defloramento; deflorar ou desvirginar uma donzela: "Eu não boli (*sic*) com ninguém não, mamãe, eu não devo honra de ninguém não" (Juarez Barroso, *Obra completa*, p. 175); "Não devia a honra de moça solteira" (João Clímaco Bezerra, *Não há estrelas no céu*) [TC].

Sin.: *dever à moça*

Var.: *tirar a honra*

Dever muitas obrigações Ter obséquios, favores a pagar com igual moeda [GAS].

≠ **Não dever nada a ninguém** Ser igual; não ser inferior a ninguém [AN].

Dever os cabelos da cabeça Estar completamente endividado; estar muito endividado, mesmo que seja para com um único credor: "... devia os cabelos da cabeça e dava festas, punha automóveis à disposição da amásia" (Graciliano Ramos, *Angústia*, p. 53) [AN/CLG/FS/LM].

Sin.: *dever os olhos da cara*

Dever os olhos da cara Estar cheio de dívidas: "Cachorro! Começou a negociar com meu dinheiro e ainda hoje me deve os olhos da cara" (Luciano Barreira, *Os cassacos*, 3ª ed., p. 198) [GAS].

Sin.: *dever os cabelos da cabeça*

Dever ser fresco Apreciação que se faz quando se duvida da bondade de uma pessoa: "Deve ser fresco" [GAS].

Dever somente a duas pessoas: a Deus e ao diabo Diz-se, em tom de perversa gozação, das pessoas endividadas [RBA].

Devolver

Devolver a bola *Bras., gír.* Devolver o assunto: "Vou devolver a bola, já que o assunto é seu" [JB].
Sin.: *devolver a peteca*

Devolver a peteca Ver *devolver a bola*

Devolver de bate-pronto *Bras., gír.* Retrucar, na hora: "O cara foi chamado na chincha e devolveu de bate-pronto" [JB].

Devolver o presente *Desp.* Lançar nos pés de adversário bola recebida também por erro de passe [HM].

Devorar

Devorar páginas Ler avidamente: "Numa entrevista com a escritora Rachel de Queiroz, ela declara devorar páginas, todo dia, e com muita rapidez" [AN].

Dezomar

Dezomar a rama *Lus., gír.* Roubar uma corrente [GAS]. ♦ Não há registro do v. "dezomar" sequer na fonte consultada.

Diminuir

Diminuir o espaço *Desp.* Acercar-se o máximo possível do adversário, reduzindo a distância entre ambos [HM].

Discutir

Discutir o sexo dos anjos Perder tempo falando de questões sem importância; perder tempo com questões artificiais, fabricadas, insignificantes, bizantinas: "Com tanta miséria e um monte de coisas importantes para resolver, tem deputado que ainda perde tempo discutindo o sexo dos anjos, ou melhor, dos santos. A última marmota que apareceu no Congresso Nacional é do deputado federal Marcos de Jesus (PST-PE). Ele, que é pastor evangélico, criou um projeto de lei propondo que Nossa Senhora Aparecida deixe de ser a padroeira do Brasil" (*Jornal da Rua*, 6/7/99, p. 2); "– Gastam-se horas e mais horas preciosas discutindo o sexo dos anjos enquanto questões fundamentais nem de leve são analisadas..." (Paulo Caruso, *IstoÉ*, 29/9/99, p. 114); "... e uma campanha insidiosa surgia na imprensa, capitaneada pelo jornalista Ferreira Neto, pintando-nos como nababos que recebiam salários altíssimos para passar os dias numa rica mansão discutindo o sexo dos anjos e divagando na busca da pedra filosofal" (Dias Gomes, *Apenas um subversivo*, p. 336) [GAS/RMJ].

Disfarçar

Disfarçar a magnólia *Bras., gír.* Olhar pro outro lado: "Disfarça a magnólia, malandro, vê que o pilantra tá chegando" [JB].

Disparar

Disparar com os arreios *Bras., RS.* Zangar-se [LM].

Dispor

≠ **Não dispor de si** Andar muito atarefado, ocupado com afazeres [GAS].

Disputar

Disputar no palitinho *Bras.* Disputar: "Esta vamos disputar no palitinho" [JB].

Disputar o terreno Empregar todos os meios de defesa [AN].

Disputar tomada *Desp.* Disputar o saque, nos jogos de vôlei e pingue-pongue [FNa].

Distrair

Distrair o/um dente *Bras., CE.* Extrair o/um dente [MGb/RG]. ♦ "Distrair" é corruptela de "extrair".

Dividir

Dividir com o beiço Dividir com uma simples indicação do lábio inferior; indicar a divisão de alguma coisa movendo apenas o lábio inferior em direção a algum lugar: "(...) Se resistir, vem o chefe político e divide com o beiço, tirando o melhor quinhão" (José Américo de Almeida, *A bagaceira*). – É sinal de autoritarismo, de mandonismo [FN/Gl].

≠ **Não dividir mais a mesma cama** Estarem separados: "Não dividem mais a mesma cama o Célio e a Teresa" [JB].

Var.: *não dividir mais o mesmo edredom/teto*

Dividir o mal pelas aldeias Dividir proporcionadamente [GAS].

Dividir para reinar Dividir os inimigos (ou pretensos aliados) para melhor dominá-los, e, em seguida, ter poder sobre eles. – Conceito que se tornou proverbial e que tem sido atribuído a muitos governantes, entre os quais o imperador romano Tibério, Filipe da Macedônia, Luís XI, rei de França, e rainha Catarina de Médicis. Voltaire, na sua peça *Don Pèdre*, tem na segunda cena do quarto ato esta expr.: *Diviser pour régner; voilà sa politique* (= Dividir para reinar; eis a sua política). Há registros da frase (ou equivalente) em vários idiomas: *divide et impera* (lat.), "divida e reine"; *divide ut imperes* (lat.), "divida para reinar"; *divide and conquer* (ingl.), "divida e conquiste"; *enemigo dividido, enemigo vencido* (esp.) [RMJ].

Dizer

Dizer à boca cheia Dizer a toda a gente; dizer francamente, sem receio de ser desmentido, sem rebuço, publicamente [RMJ].

≠ **Não dizer a cara com a careta** Não estar uma coisa de acordo com a outra [AN].

Dizer adeus a algo Renunciar a algo; ter algo por perdido: "Com o casamento disse adeus à boêmia" [ABH/AN/GAS].

Dizer adeus a alguém Despedir-se de alguém [AN].

Dizer adeus ao mundo Ver *bater a(s) bota(s)*

Dizer adeus à sorte Deixar fugir um momento feliz, uma oportunidade [GAS].

≠ **Não dizer água vai** *Lus*. Não avisar [GAS].

Dizer (em) alto e bom som Falar sem ter receio de que o ouçam; falar destemidamente, sem restrições: "Só que aí, quando ela viesse com aqueles materiais todos cutucar a minha boca, eu lhe diria alto e bom som: – Eu tenho o vírus da Aids!" (Valéria Piassa Polizzi, *Depois daquela viagem*, p. 59); "Basta dizer em alto e bom som, em qualquer rodinha social, que não gosta de novelas, nem mesmo a das oito" (Aírton Monte, *O Povo*, cad. Vida & Arte, 7/9/01, p. 2) [GAS].

Dizer alto e forte Dizer com desassombro, com firmeza: "No dia seguinte subiria o novo tapeguaçu e iria dizer alto e forte ao Curê que aceitava ser foguista..." (Hernâni Donato, *Selva trágica*) [ECS].

Dizer amém a Concordar com; condescender com; apoiar; aprovar; consentir em; anuir a: "Diz amém a todas as loucuras dos filhos" [ABH/AN/GAS].

≠ **Não dizer (nem) á nem bê** Não pronunciar uma palavra; nada dizer em resposta ao que viu ou que ouviu [ABH].

Dizer a que veio Marcar ou assinalar época, ponto, posição favorável; trazer resultado positivo: "... Itamar Franco elegeu-se escondendo seu vice, o enrolado Newton Cardoso, e resmungando contra o Planalto, mas, fiel a seu estilo vacilante, sem nunca dizer a que veio: fará oposição?" (José Edward, *Veja*, 4/11/98, p. 51); "Um tchã meio chocho, batido mesmo. De cara, *Bundas* tenta dizer a que veio" (Eleuda de Carvalho, *O Povo*, 22/6/99, p. 1B).

Dizer "Arreda" Exceder: "Se um mente, o outro diz 'Arreda'..." (Leonardo Mota, *Violeiros do Norte*, p. 240) [FS/LM].

Dizer as últimas Desabafar, falando desabridamente; dizer as maiores ofensas ou injúrias possíveis; ralhar; descompor; injuriar; chamar nomes injuriosos; escrachar: "Também, disse-lhe as últimas, disse até que tinha namorado" (João Clímaco Bezerra, *Sol posto*) [ABH/AN/GAS/RG/TC].

Sin.: *despejar a lata do lixo, dizer cobras e lagartos*

Dizer as/umas verdades Censurar as faltas e os defeitos dos outros; repreender rudemente [GAS/TC].

Dizer a verdade nua e crua Falar sem rodeios, sem ambages, sem disfarces [AN].

Dizer bem Elogiar; contar o lado bom [GAS].

≠ **Não dizer (nem) bolacha** *Bras., CE.* Calar-se; nada responder ou replicar; não dar um pio; não pronunciar palavra; emudecer, por imposição; não relatar ou delatar algo [LM/RG/TC].
Var.: *não dizer nem broa, não dizer nem que bolacha é quadrada*

≠ **Não dizer chus nem bus** Calar; nada falar; não retrucar; não dizer palavra (ver Antenor Nascentes, *Dic. etimológico da língua portuguesa*, s. v. "CHUS") [ABH/AN/FSB].
Var.: *não dizer chus nem mus*

Dizer cobras e lagartos Falar mal de alguém (ou algo) com muita ênfase; dizer muito mal de outrem; dizer coisas que ofendem outra pessoa; fazer referências desagradáveis e injuriosas; dizer coisas muito ofensivas ou injuriosas, a respeito de (pessoa ou coisa): "Há quem ache Lisboa detestável...; e que... a não tolere por forma alguma e dela diga cobras e lagartos" (Fialho d'Almeida, *Pasquinadas*); "Disse cobras e lagartos dele. Acho que fiz bem". Ver *Rev. Lus.*, VII, pp. 230 e 232; XIV, p. 184 [ABH/AN/CLG/DT/GAS/JB/MPa].
Sin.: *dizer as últimas,* (lus.) *zunir de papo*

≠ **Não dizer coisa com coisa** Falar desencontradamente; falar sem nexo ou propósito; não dizer ou fazer acertado; disparatar [ABH/AN/FF/GAS].

≠ **Não dizer coisa com porra nenhuma** *Bras., gír.* Não dizer nada sério ou útil: "O cidadão não diz coisa com porra nenhuma" [JB].
Sin.: *não dizer nada com nada*

Dizer coisas do outro mundo Dizer coisas incríveis, estranhas, inconcebíveis [GAS].

Dizer coisas, ó Rosa Procurar iludir [GAS].

Dizer coisas sem pé nem cabeça Dizer coisas sem sentido [F&A].

Dizer da sua 1. Dar a entender por palavras. **2.** Diz-se da maneira de cada um se expressar [GAS].

Dizer da sua justiça Justificar-se; alegar fatos e direitos [GAS].

Dizer de/com a boca cheia Vangloriar-se; manifestar-se sobre algo, vaidosamente, francamente, sem rebuços, sem receio de desmentido; falar, de modo petulante, sobre algo [AN/Cad. de Atividades, VI série, p. 323/TC].
Var.: *falar de/com a boca cheia*

Dizer de boca é manejo dos queixos Expr. que significa "falar custa pouco" [LM].

Dizer de/na cara Dizer na presença, diretamente; dizer cara a cara, frente a frente, desassombradamente: "Não tinha a coragem de dizer na cara" (Fran Martins, *Dois de ouros*); "Ele me disse de cara e sem tremer o beiço" (Leonardo Mota, *No tempo de Lampião*) [GAS/LM/TC].
Sin.: *dizer nas bochechas*

Dizer de si para si Dizer a si próprio: "Dizia de si para si mesmo: não quero dona de casa, do que gosto mesmo é do prazer de puta" (Barros Pinho, *A viúva do vestido encarnado*, p. 74) [GAS].

Dizer de viva voz Dizer pessoalmente e não por meio de outra pessoa ou de documento [AN].

Dizer dito *Bras., NE, pop.* Proferir obscenidade; dizer pilhérias de mau gosto ou grosseiras [ABH/AN/FS/LM/RG].

Dizer dixote Falar piadinha; jogar indiretas; debochar: "E tome a comer rama, dizer dixote um pro outro e olhar os balaios das meninas feito abelha de padaria" [NL].

Dizer do coração Dizer de verdade, com amor [GAS].
Var.: *falar do coração*

Dizer duas palavras O que em geral diz quem vai discursar e depois nunca mais acaba de falar [GAS].
Var.: *proferir duas palavras*

≠ **Não dizer duas para a caixa** *Lus.* Só dizer asneiras [GAS].

≠ **Não dizer duas seguidas** Só dizer idiotices [GAS].

Dizer e fazer Conformar as palavras com as ações [AN].

Dizer em público e raso 1. Assinar por extenso na presença de testemunhas perante o tabelião, e só com o nome, sem os sinais e guardas us. nos sinais públicos e nas escrituras solenes (é uma fórmula tabelioa de certos fechos de documento). **2.** Declarar abertamente, sem reticências [AN].

Var. (1) (2): *declarar em público e raso*
Var. (1): *assinar em público e raso*

Dizer horrores a alguém Injuriar alguém; apontar ações más a alguém [GAS].

Dizer indiretas Fazer alusão velada, geralmente pouco delicada, ofensiva; dizer frases ambíguas ajustadas a determinadas pessoas inominadas [AN/LCCa].

Dizer-lhe do bom e do bonito Dizer a alguém as verdades apontando os defeitos; descompor alguém [GAS].

Dizer liberdade Ser petulante; faltar com o respeito [NL].

Dizer mal da sua vida Queixar-se; lastimar-se [GAS].

Dizer mal de Falar contra as qualidades, talentos, costumes de alguém; fazer restrições, ataques a; fazer má ausência de; menosprezar; difamar [ABH/AN/GAS].

≠ **Não dizer nada com nada** Não dizer nada sério ou útil; dizer coisas impossíveis de se entender: "O senador não diz nada com nada, é um fracasso" [F&A/JB].

Sin.: *não dizer coisa com porra nenhuma*
Var.: *não falar nada com nada*

Dizer nas barbas Falar afoitamente; dizer cara a cara [TC].

Dizer nas bochechas Dizer na presença de alguém; dizer face a face [AN].

Sin.: *dizer de/na cara*
Var.: *pregar na bochecha*

Dizer na sua Dar a entender nas suas próprias palavras, na sua opinião [GAS].

≠ **Não dizer nem ai nem ui** Ficar estarrecido, (e) não ser capaz de emitir um som [GAS].

Dizer o diabo 1. Dizer coisas esquisitas, complicadas. **2.** Fazer acusações acerbas, censuras violentas, revelações íntimas; falar mal de: "Disse o diabo da amiga"; "Disse-lhe o diabo, e ele nem abriu a boca para se defender" [ABH/AN].

Dizer o que faz e acontece 1. Fazer promessas, ameaças. **2.** Contar a sua vida [GAS].

Dizer (de alguém) o que Mafoma não disse do toucinho/toicinho Falar muito mal de alguém. – Origina-se do fato de Maomé ter proibido aos muçulmanos o uso da carne do porco (por parte dos seus fiéis) (*Corão*, V, p. 4; VI, pp. 146 e 151; XVI, p. 116); "toicinho", forma coloquial, é var. da forma "toucinho", que é a preferível na ling. culta [AN/GAS].

Dizer o que não sabia Falar tudo: "O falastrão disse o que não sabia, abriu o verbo" [JB].

Dizer o que tinha direito Falar tudo o que queria: "Ele disse o que tinha direito" [JB].

Sin.: *dizer poucas e boas* (1)

Dizer o que vem à boca Falar sem pensar; pronunciar palavras insensatas, despropositadas [AN/GAS].

Dizer o que (lhe) vem às ventas *Fam.* Dizer tudo quanto quer ou lhe vem ao pensamento, à cabeça; dizer o que bem entende; falar impensadamente, sem medir as palavras [ABH/TC].

Dizer o sonho e a soltura Dizer tudo o que vem à cabeça; ser desbocado [GAS].

Dizer outra vez pra marcar Insistir: "Diz outra vez pra marcar, malandro, assim o pessoal do morro vai entender" [JB].

Dizer pão, pão, queijo, queijo Ver *dar (o) nome aos bois*

Dizer por aqui assim Expr. utilizada para reproduzir as palavras de alguém; "dizer da seguinte maneira"; "dizer mais ou menos o seguinte": "Criei coragem e disse por aqui assim..." (José Américo de Almeida, *A bagaceira*) [TC].

Var.: *falar por aqui assim*

≠ **Não dizer por mal** Não haver dito com mau propósito [AN].

Dizer poucas e boas 1. Falar tudo o que quer: "Vou dizer poucas e boas praquele (*sic*) filho da puta." **2.** Falar com muita determinação [JB].

Sin. (1): *dizer o que tinha direito*

Dizer que sim e mais que também Não atender ao que se lhe diz [GAS].

Dizer que sim, que foi e que tornou Expr. us. numa conversa e para abrev. o que se quer contar [GAS].

Dizer raios e coriscos Dizer o pior de outra pessoa; proferir injúrias e obscenidades [GAS].

Dizer respeito a Ter relação com; referir-se a [ABH].

≠ **Não dizer sim nem não 1.** Ficar indeciso, hesitante, perplexo, diante de um assunto; não dar opinião; não se explicar. **2.** Não falar [AN/GAS/TC].

Dizer trapos e farrapos Falar mal de alguém: "... da Maria de Prazins dizia trapos e farrapos..." (Camilo Castelo Branco, *A brasileira de Prazins*) [ECS].

Dizer trinta por uma linha Falar mal de alguém [GAS].

≠ **Não dizer (nem) uma nem duas** Ficar ou manter-se calado; abster-se de falar; calar-se: "O velho não dizia nem uma nem duas" (José Lins do Rego, *Cangaceiros*) [ABH/AN/GAS/TC].

Dizer um verso Recitar [TC].

≠ **Não dizer uste nem aste** *Bras.*, *NE*, *pop*. Abster-se de falar; não dar uma palavra; calar-se [ABH/FNa].

Dobrar

Dobrar a espinha Humilhar-se; acovardar-se; curvar-se à vontade ou às imposições de alguém; ceder à influência de outrem: "Ele chegou aqui se julgando acima de todo mundo. Não se misturou, não entrou em grupos, não dobrou a espinha, viveu como um corpo estranho dentro do Senado" (Ney Suassuna, senador (PB), *apud IstoÉ*, 5/7/00, p. 28) [GAS/TC].

Sin.: *curvar a cerviz*
Var.: *vergar a espinha*

Dobrar a esquina Ver *dobrar a rua*

Dobrar a finados Tocar os sinos anunciando a morte de alguém; diz-se do toque de sino pelo falecimento de alguém: "O sino batia com força, dobrando a finados" (João Clímaco Bezerra, *Não há estrelas no céu*, p. 21); "E os sinos, dobrando a finados, lhes atraíam os olhos para a sepultura" (Camilo Castelo Branco, *Amor de salvação*) [ECS/GAS].

Var.: *badalar a finados*

Dobrar a língua 1. Emendar o que se acabou de dizer; corrigir o que se disse. **2.** *Bras.* Tratar de "senhor" ou de "dona"; falar com respeito, depois de ser advertido pela pessoa a quem se tratou desrespeitosamente; ter educação; ter comedimento nas palavras; tomar cuidado com o que fala; ser delicado nas palavras que profere: "Dobre a língua ao falar comigo! Não admito essas intimidades" (DT, *VI série*, p. 88); "... por isso, dobre a tua língua, eu já disse, nenhuma sabedoria devassa há de contaminar os modos da família!" (Raduan Nassar, *Lavoura arcaica*, p. 169). ♦ A expr. é us. em geral no modo imperativo, ao se repelir insulto ou se exigir mais polimento no que alguém fala [ABH/AC/AN/CLG/FF/FS/FSB/GAS].

Dobrar a parada Duplicar o dinheiro com que se joga; acrescentar outro tanto a [FF/GAS].

Dobrar a rua Tomar outra direção, na rua [TC].

Sin.: *dobrar a esquina*

Dobrar o cabo 1. Vencer uma dificuldade. **2.** Passar dos 50 anos; ultrapassar uma idade já madura, em geral os 50 [ABH/AN/GAS].

Var. (1): *dobrar o cabo das Tormentas*
Var. (2): *dobrar o cabo da Boa Esperança*, *virar o cabo de*

Dobrar o cabo da Boa Esperança Passar dos 50 anos; ultrapassar uma idade já madura; ficar velho; perder a ereção: "Duro é dobrar o cabo da boa esperança (sic), aí tudo aparece: a barriga cresce, a bunda desce, o pau amolece, a mulher oferece e ele vai parar na fila do INPS"; "O velho já dobrou o cabo da boa esperança (sic), já brochou" [ABH/AN/JB]. ♦ A expr. se deriva do descobrimento do cabo da Boa Esperança por Bartolomeu Dias, em 1487. *Bras*. INPS é a sigla do extinto Instituto Nacional da Previdência Social, que corresponde hoje ao INSS, Instituto Nacional de Seguridade Social.

Var.: *dobrar o cabo* (2)

Dobrar o cotovelo *Bras*. Ingerir bebida alcoólica; beber; levar o copo à boca: "Vou dobrar o cotovelo e encher a cara" [AJO/JB/LM].

Sin.: *beber um trago*

Dobrar pés com cabeça Juntar as extremidades [AN].

Doer

Doer a barriga de riso Ver *rir a/às bandeiras despregadas*

≠ **Não doerem as mãos a alguém** Não se arrepender de ter dado castigo merecido [AN].

Doer em/a quem doer Haver o que houver: "Doa em quem doer, vou dizer tudo o que sei" [JB].

Doer no bolso Pesar no orçamento; tornar-se caro, dispendioso: "Aproveite essa promoção e leve o seu KIT por um precinho que não vai doer no seu bolso" (anúncio publicitário, *Jornal da Rua*, 9/1/99, p. 12); "Isso não significa, porém, que não vá doer no nosso bolso. (...) o preço do combustível está entre 5% e 8% mais caro em todo o Brasil" (Andrea Assef, *IstoÉ*, 8/3/00, p. 66).

Doer o cabelo *Ant*. Diz-se de pressentimento, agouro; advertência premonitória de ato ou presença futura. – Expr. transnacional, us. em Portugal e na Roma ant. [LCCa].

Doer que só topada de madrugada *Bras., NE*. Doer muito. – Símile ou comparação de procedência rural [LM].

Dominar

Dominar a bola *Desp*. Manter a bola sob controle em determinado lance [HM].

Dormir

Dormir a sesta Dormir a meio do dia; sestear [GAS].

Dormir à sombra da bananeira Descansar confiado no bom nome conseguido; deixar de agir, confiado nos resultados obtidos [GAS].

Dormir à sombra dos louros Ficar ocioso depois de se ter tornado notável nas letras ou nas armas; renunciar a uma vida ilustre para entregar-se ao ócio e aos prazeres materiais [AN].

Var.: *dormir sobre os louros*

Dormir a sono solto Dormir profundamente: "Foram até lá e os dois, cada qual para um canto, dormiam a sono solto..." (Romeu de Carvalho, *Carro Doce*, p. 36); "... o diabo aproveitou-se para dar fim à vida do coronel, enquanto este dormia a sono solto em sua alcova com a cativa entalada entre as virilhas, estendido na rede de algodão cru..." (José Alcides Pinto, *Os verdes abutres da colina*, p. 25) [ABH/GAS].

Dormir chiqueirado *Bras., NE, CE*. Dormir separado da mulher; não dormir com a mulher na mesma alcova [AN/FS/LM/MSM].

Dormir com *Bras., NE*. Ter relações sexuais com alguém: "E eu desejava dormir com ela..." (João Clímaco Bezerra, *Não há estrelas no céu*) [MSM/TC].

Sin.: *deitar-se com*

Dormir com as galinhas Dormir cedo, logo ao anoitecer, na hora em que as "penosas" vão para os "braços de Morfeu"; recolher-se cedo, para dormir: "... para que ninguém desconfiasse, jantei mais cedo e fui dormir com as galinhas" (Fernando Sabino, *A vitória da infância*, p. 147); "O Ma-

noel se encontra com o Joaquim: – Como é, Joaquim, vamos pra esbórnia hoje à noite? – Não posso, Manoel. 'Stou muito cansado. Ultimamente ando dormindo com as galinhas! Manoel leva um susto: – E são boas de cama?" ("500 anos de anedota de português", apud *Bundas,* 3/1/00, p. 42) [ABH/AC/AJO/AS/CLG/GAS/LAFa/TC].
Var.: *deitar-se com as galinhas*

Dormir com cobertor de orelha *Bras., NE.* Dormir com mulher: "Mau costume de quê? – De dormir com cobertor de orelha" (Nelson Barbalho, *Major Sinval*) [MSM].

Dormir com o couro quente Diz-se de quem levou umas bordoadas já altas horas da noite; levar uma surra antes de deitar: "Você hoje vai dormir com o couro quente, pode ter certeza" (FNa, p. 139) [CGP/TGa].

Dormir com os pés de fora *Bras., RS.* Expr. us. por mães que querem xingar ou acalmar o filho que acordou meio azedo, meio brabo, meio esquerdo: "Que que houve, dormiu com os pés de fora?" – Talvez "em alusão à coberta de dormir" [LAFa].

Dormir como uma pedra Dormir profundamente; ter sono pesado [AN/CLG/GAS].
Sin.: *dormir como um prego*

Dormir como um justo Ver *dormir o sono dos justos*

Dormir como um porco Dormir profundamente [GAS].

Dormir com um olho aberto e outro fechado Fingir que dorme; dormir "acordado" frequentemente [AN/GAS].
Var.: *dormir com um olho fechado e outro aberto*

Dormir de casado Dormir na mesma cama com uma mulher, com a intenção de com ela manter relações sexuais: "Bom mesmo seria tarefar durante a noite, mas Maria Calango resolveu dormir de casado e só o deixou livre àquela hora" (João Felício dos Santos, *João Abade*) [MSM].

Dormir de escopeta Dormir ajoelhado: "Vou dormir de escopeta" [JB].

Dormir de touca 1. *Bras., fam.* Deixar-se enganar, ou ludibriar; bobear. **2.** Perder boa oportunidade. – M. us. na forma negativa. **3.** Precaver-se: "É bom dormir de touca, xará" [ABH/JB/MPa].
Sin. (1) (2): *dar uma vacilada, dormir no ponto* (1) (2)
Sin. (1): *dar uma bobeada, marcar bobeira* (1)
Var. (1): *marcar touca*

≠ **Não dormir de touca** Não errar: "O cara não dorme de touca" [JB].
Var.: *não dormir no lance/ponto*

Dormir em pé Estar distraído, cansadíssimo [GAS].

Dormir encolhido *Lus.* Diz-se de quem é mentiroso [GAS].

Dormir na forma /ô/ *Lus.* Diz-se de pessoa que anda abstrata, distraída; estar sem atenção; andar alheado, sem saber o que está fazendo, o que está acontecendo; ser pessoa lenta e desatenta [GAS].

Dormir na pontaria *Bras.* Demorar ao fazer pontaria, para dar certo no alvo; fazer pontaria demorada e certeira, antes de atirar; fazer pontaria sem pressa, cuidadosamente; mirar bem no alvo; mirar demoradamente antes de atirar; não agir precipitadamente: "Encostei a espingarda à cara, dormi na pontaria, a carga bateu na pá do bicho" (Graciliano Ramos, *Alexandre e outros heróis,* p. 91) [ABH/AC/AN/FF/FN/RMJ/TC].
Var.: *caprichar na pontaria*

Dormir nas palhas 1. *Lus.* Não ter casa onde se abrigar. **2.** *Bras., S.* Não ter cautela; não se acautelar; descuidar-se. **3.** Retardar ou deixar de tomar uma providência importante; perder a oportunidade adequada e aprazada. **4.** Ser passado para trás, ludibriado [ABH/AN/FF/GAS/LAFa].

Dormir no hotel pinho Dormir ao relento, ou no chão, nas tábuas [GAS].

≠ **Não dormir no lance** Não errar: "O cidadão não dorme no lance" [JB].
Sin.: *não dormir de touca*

Dormir no ponto *Bras., pop.* **1.** Perder uma oportunidade; negligenciar os próprios interesses; ser iludido ou antecedido por outro mais hábil ou mais esperto; descuidar-se; relaxar as funções: "Eu também não dormi no ponto porque hoje já sou cabo" (Antônio Barroso Pontes, *Cangaceirismo do Nordeste*). **2.** Não ter presença de espírito, para uma resposta pronta; tardar a tomar providência em defesa dos próprios interesses; não tomar providências em tempo; não agir no momento oportuno; perder ou deixar escapar a oportunidade, por displicência ou inércia; ser passado para trás, pela própria negligência: "Ele dormiu no ponto, perdendo a oportunidade de fazer um bom negócio" (DT, *VI série*, p. 24). – Uma frase da gír. diz: "Quem dorme no ponto é chofer." O chofer que dorme no ponto é preterido por outros no atendimento do passageiro. **3.** Apurar-se na pontaria [ABH/AC/AN/FF/FS/JB/MPa/RMJ/TC].

Sin. (1) (2): *dormir de touca* (1) (2)

≠ **Não dormir no ponto** Não errar: "O gato não dorme no ponto" [JB].

Var.: *não dormir de touca*

Dormir no tempo Dormir ao relento: "É comum, nos centros urbanos, mendigos dormirem no tempo" [TC].

Dormir o sono da inocência Dormir tranquilamente, profundamente, como o faz uma criança inocente [AN].

Dormir o sono do esquecimento Ver *cair no esquecimento* (1)

Dormir o sono dos justos Dormir profundamente, serenamente, como quem não tem crimes na consciência: "O dono do estabelecimento recolheu-se na parte de cima pra dormir o sono dos justos" (Aírton Monte, *O Povo*, cad. Vida & Arte, 1º/7/02, p. 2) [AN/GAS].

Sin.: *dormir como um justo*

Dormir o sono eterno Morrer [AN/GAS].

Dormir o último sono Morrer [AN/GAS].

Dormir para Mecenas Fechar os olhos aos atos de uma pessoa importante, ou de posição superior, numa atitude de complacência, sem, no entanto, tolerar regalias de qualquer natureza aos subalternos, ou inferiores; tudo permitir aos poderosos e tudo negar aos humildes. – Narra Plutarco que Galba, tendo dado um jantar a Mecenas, viu que sua esposa e o ilustre romano trocavam olhares e sinais de sentido tão inequívocos que, deitando-se em seu coxim, fingiu ter sido dominado pelo sono, a fim de deixá-los inteiramente à vontade. E o fez de modo tão convincente que um criado resolveu se aproveitar da ocasião para furtar umas vasilhas de prata. Quando, porém, lançava as mãos sobre elas, gritou-lhe Galba: "Não estás vendo, patife, que durmo somente para Mecenas?" A célebre anedota é repetida por Montaigne nos *Ensaios* (livro III, cap. V) [RMJ].

Dormir sobre 1. Adiar a decisão sobre algo para o dia seguinte, a fim de dar-se tempo para refletir. **2.** Não tomar, no devido tempo, as providências sobre um caso, uma decisão [ABH].

Dormir sobre a mesma manta Viver em comum [GAS].

Dormir sobre o caso Ver *conversar com o travesseiro* (2)

Dourar

Dourar a pílula Procurar meios de levar alguém, por maneiras sutis ou com falsas razões, a suportar voluntariamente um incômodo, um desgosto; procurar fazer com que alguém aceite uma coisa desagradável ou prejudicial, usando de palavras amáveis, lisonjeiras, ou de qualquer expediente hábil e brando; apresentar com um aspecto agradável uma coisa difícil de aceitar; procurar atenuar; disfarçar; rodear a questão para disfarçar um desgosto ou contrariedade; tentar suavizar a notícia triste que se tem de dar; suavizar alguma contrariedade. – Os farmacêuticos, desde o séc. XV pelo menos, já douravam as pílulas para lhes diminuir a repugnância ao tomá-las (ver Ladislau Batalha, *História geral dos adágios portugueses*). A frase é transnacional. Segundo RMJ, Molière, no terceiro ato de *Amphitryon* [*Anfitrião*], utiliza-a na boca de Sósia: *Le Seigneur Jupiter sait dorer la pilule* (= O Senhor Júpiter sabe dourar a pílula) [ABH/AN/FF/GAS/RMJ].

Sin.: *ensebar a bola*

Dourar o brasão Diz-se de fidalgo arruinado que casa com mulher rica, mas sem nobreza alguma [AN].

Dourar por folha *Encad.* Dourar o corte do livro [ABH].

Durar

Durar pouco que nem manteiga em venta de cachorro Durar muito pouco. – Símile ou comparação de or. rural e doméstica [LM].

Edificar

Edificar sobre areia Fazer obra pouco durável; fazer projetos sem base firme, sólida ♦ Expr. or. do Novo Testamento (Mt 7.26). [AN/GAS].

Editar

Editar o *look* Bras., gír. Melhorar a aparência: "A velhota editou o *look*, melhorando o visual" [JB].

Elevar

Elevar às nuvens Elogiar com excesso [AC/FF].

Emagrecer

Emagrecer como grilo Ficar magro demais, palito, de acordo com *A notícia na literatura de cordel*: "Um astronauta pesava / Aqui 120 quilos / Mas na balança da Lua / Emagreceu como grilo / Porque só pesou 18 / Mas conservou-se tranquilo" (José Soares, o poeta-repórter, *Como o Nordeste foi à Lua*) [FN].

Emalar

Emalar o poncho Bras., RS. **1.** Enrolar o poncho a fim de prendê-lo nos arreios pelos tentos do lombilho. **2.** Preparar-se para viajar [AJO].

Var. (2): *enrolar o poncho*

Embaçar

Embaçar a ideia Ver *puxar (um) fumo*

Embandeirar

Embandeirar em arco Lus. Ter grande alegria [GAS].

Embarcar

Embarcar deste mundo para um melhor Bras. Morrer: "Maria-do-Luciano fez o pior negócio da vida, pois logo no primeiro parto embarcava deste mundo para um melhor, carregada nas asas dos anjos, de boa que era" (W. Bariani Ortêncio, *Vão dos Angicos*) [ABH].

Sin.: *bater a(s) bota(s)*

Embarcar em canoa furada Arriscar-se a perigosa aventura; considerar verdadeiras as falácias de alguém que só faz sobressair como papo-furado; sair-se mal; enganar-se redondamente: "Amunhecaram, e baixei a pancada: – Juízo de galinha. Embarcando em canoa furada!" (Graciliano Ramos, *São Bernardo*, p. 56) [JB/LM/MPa/RBA].

Sin.: *entrar em/numa fria*

≠ **Não embarcar em canoa furada** Bras. **1.** Não se meter em situações ou negócios arriscados; não tomar parte em negócios perigosos; não se deixar enganar: "Não embarco em canoa furada não, Mestre Gaudêncio" (Graciliano Ramos, *Alexandre e outros heróis*, p. 71). **2.** Não se casar com mulher deflorada [ABH/AC/AN/CLG].

Embarcar mais cedo para a eternidade Morrer antes da hora: "O cidadão embarcou mais cedo para a eternidade" [JB].

Embarcar numa furada Bras., gír. Errar, atrapalhar-se, enganar-se: "Embarquei numa furada, acho que vou me dar mal" [JB].

Var.: *entrar numa furada*

Embarcar para o outro mundo Morrer [AN/GAS].

Sin.: *bater a(s) bota(s)*

Var.: *ir para o outro mundo*

Embarrar

Embarrar o pastel Bras., RS. Botar tudo a perder; estragar um plano [AJO].

Embolar

Embolar o meio de campo *Bras., desp., gír.* Complicar: "Embolou o meio de campo, xará, não é possível" [JB].

Emborcar

Emborcar a bebida Tomar um copo de bebida alcoólica [TC].
Sin.: *virar o copo*
Var.: *emborcar a cachaça*

Embrulhar

Embrulhar o estômago Causar nojo ou enjoo; ficar com náuseas: "Embrulha o estômago! O que vale é que fome não tem nariz" (D. Martins de Oliveira, *Os romeiros*) [FF/TC].

Emendar

Emendar a(s) camisa(s) Unir, com um nó, a extremidade das camisas, para um duelo, a punhal ou faca; brigar ferozmente para decidir uma questão: "Mas o mais afamado, que emendou a camisa comigo, foi o índio Azuplim" (Aderaldo Ferreira de Araújo, *Eu sou o cego Aderaldo*). – Disputa bárbara e estúpida, pondo à prova a coragem dos contendores. Ant., nos duelos sertanejos, os contendores amarravam uma a outra as fraldas das camisas e a questão era decidida a punhal ou faca de ponta. Desapareceu o costume, mas a expr. permanece, para significar um desafio. Hoje persiste a expr., eventualmente, na ling. pop., como dito referente a um desafio atrevido a outrem, para decidir, brigando, uma questão [AN/FS/TC]. Ver ainda, para saber mais sobre a expr., LCCa, pp. 19-20.
Sin.: *emendar os bigodes* (2)

Emendar a mão Corrigir uma frase inconveniente; corrigir-se; reformar o que está malfeito; retificar; suprimir; ajeitar algo: "Tu erraste; agora podes emendar a mão e ganhar" (José Carvalho, *O matuto cearense e o caboclo do Pará*) [AN/GAS/TC].

Emendar as baetas Travar competições: "Seu cavalo nunca que corra mais do que o meu: se quer emendar as baetas, eu aposto e dou lambujem" [LM].

Emendar o ponche *Bras., S.* Casar-se, passar a noite com uma mulher, cobrindo-se ambos com o ponche (poncho) [FSB/MSM].

Emendar os bigodes *Bras., NE.* **1.** Conversar longamente, sem hora pra terminar: "Emendaram os bigodes, e foram até pela manhã, batendo língua..." **2.** Brigar; lutar; esmurrar; engalfinhar-se [FN/LCCa/TC].
Sin. (2): *emendar a(s) camisa(s)*

Ementar

Ementar os defuntos. *Lus.* Referir os nomes à missa a fim de os encomendar a Deus [GAS].

Empalhar

Empalhar tempo *Bras., NE.* Provocar perda de tempo; fazer demorar; maçar; embaraçar: "Não era homem de empalhar tempo" (Mário Landim, *Vaca preta e boi pintado*) [TC]. ♦ "Empaiar" é como, no dial. sertanejo, pronunciam o v. "empalhar", ocorrendo a expr. *empaiar tempo*.
Var.: *empatar (o) tempo*

Empalitar

Empalitar os dentes *Bras.* Ficar tranquilo: "O Pedrinho empalita os dentes, fazendo o que bem quer" [JB].
Var.: *palitar os dentes* (2)

Empatar

Empatar (o) tempo *Bras., NE.* Provocar perda de tempo; fazer demorar; maçar: "Eu só tenho aqui 20$000 e não queria empatar-lhe o tempo" (José de Figueiredo Filho, *Renovação*) [TC].
Var.: *empalhar tempo*

Empenar

Empenar o pneu *Bras., AL.* Estar embriagado, alcoolizado (ver Renato Oliveira, *Dic. alagoano*) [Net].
Sin.: *encher a cara*

Empenhar

Empenhar a palavra Obrigar-se por promessa; comprometer-se; dar sua adesão total e responsabilizar-se por ela [ABH/AC/FF/GAS].

Empenhar as barbas Garantir; assegurar; dar o mais valioso penhor ao assumir um compromisso de honra. – Assim fez o vice-rei d. João de Castro na Índia: "Não tendo o Governador baixelas nem diamantes de que poder valer-se, assim recorreu a outros penhores..., cortou da barba alguns cabelos, sobre que pediu vinte mil pardaus (sic) à Câmara de Goa..." (Jacinto Freire de Andrade, *Vida de D. João de Castro, quarto vice-rei da Índia*) [AN/GAS].

Empenhar até a ceroula Estar muito endividado, com os haveres onerados [TC].
Sin.: *empenhar até as cuecas*

Empenhar até as cuecas Ver *empenhar até a ceroula*

Empestear

Empestear o ambiente *Bras.* Causar mau cheiro [JB]. ♦ *Bras., NE*. Em geral, diz-se "empestar", mesma acepção.

Empinar

Empinar a pipa *Bras., S, RJ*. Masturbar-se [MSM].

Empinar o braço *Bras., RS*. Beber; dar-se à embriaguez [ABH/AJO/AN].

Empinar o cavalo Fazer o cavalo firmar-se nas patas traseiras, ficando quase na posição vertical: "Para empinar o cavalo, basta apertar as esporas e dar um soquinho nas rédeas" (João Clímaco Bezerra, *Sol posto*) [TC].

Empregar

Empregar a bufunfa *Bras., gír*. Gastar dinheiro: "Vou empregar a bufunfa pra tirar um sarro" [JB].

Empregar balão de oxigênio Tentar os recursos supremos para evitar um desfecho receoso ou desagradável [AN].

Empregar o latim Tentar convencer [GAS].
Var.: *empregar o melhor do seu latim*

Emprenhar(-se)

Emprenhar pelas oiças Ver *emprenhar(-se) pelo ouvido*

Emprenhar(-se) pelo ouvido 1. Dar crédito a tudo o que ouve dizer; acreditar facilmente em tudo o que se diz; acreditar no que dizem sem verificar da sua veracidade; convencer-se facilmente; ser excessivamente crédulo. **2.** Deixar-se levar por intrigas, mexericos; dar ouvidos a intrigas, fofocas; formar opinião: "O chefinho emprenha-se pelo ouvido e fica pagando esporro no Lourenço" [ABH/AN/BB/FS/GAS/JB/LM/NL/RG]. Ver tb. LCCa, p. 145.
Sin.: (CE) *emprenhar pelas oiças*
Var.: *emprenhar pelos ouvidos*

Emprenhar urna Fraudar urna eleitoral durante a votação ou depois dela [FNa].

Empunhar

Empunhar a férula Assumir a autoridade da crítica literária [AN].

Empunhar a vara Entrar no cargo de juiz. – A vara era ant. insígnia de juiz [AN].

Empunhar o bastão Comandar; governar; dirigir. – O bastão era a insígnia do marechal [AN].

Empunhar o cetro Governar; reinar; começar a reinar [ABH/FF].

Empurrar

Empurrar a janta *Bras., S, SP, chulo*. Praticar pederastia ativa [MSM].

Empurrar bêbado em ladeira *Bras., CE*. Expr. us. para se referir a algo fácil, que não necessita de esforço, ou para ironizar alguém que tem vida boa: "Quer moleza? Pois vá empurrar bêbo (sic) em ladeira" [AS].

Empurrar com a barriga *Bras.* **1.** Não dar solução devida a um caso, uma questão, um problema etc.; fazer algo de qualquer jeito: "... chega aos 200 mil reais, atrasada em três meses e lá, como aqui, os cartolas empurram o problema com a barriga, prometendo mundos e fundos" (Alan Neto, *O Povo*, cad. Esportes, 12/10/00, p. 19); "O governo apostou que em 2001 as chuvas voltariam e ia dar para empurrar com a barriga até a próxima eleição" (Antônio Luiz Monteiro Coelho da Costa, *IstoÉ*, 6/6/01, p. 97). **2.** Adiar a solução de um caso, uma questão, um problema etc.; deixar uma decisão para depois; protelar: "FHC repassou o pedido ao chefe da Casa Civil, Clóvis Carvalho, que como sempre está empurrando o assunto com a barriga" (Tales Faria *et al.*, *IstoÉ*, encarte "Eleição 98", 21/10/98, p. 11); "Na disputa para mostrar de quem é a culpa, Congresso e governo foram obrigados a encarar as mudanças na Constituição que vinham sendo empurradas com a barriga" (Isabela Abdala e Sônia Filgueiras, *IstoÉ*, 29/9/99, p. 46) [ABH/CLG/JB/TGa].

Sin.: *botar na geladeira, cozinhar o galo*

Empurrar pela goela abaixo Impor algo a alguém; obrigar a aceitar algo: "Na crise de abril, a Light empurrou pela goela abaixo dos bancos uma rolagem compulsória de 1 bilhão de dólares" (Ancelmo Gois, *Veja*, 20/10/99, p. 39).

Encambitar

Encambitar atrás Seguir no encalço; seguir logo atrás de outra pessoa; perseguir [FS/TC].

Var.: *encaixar/enfiar/engatar/enrabichar/entabocar atrás*

Encambitar em procura de alguém Bras., CE. Correr atrás de alguém [RG].

Encanar

Encanar a perna Bras., gír. Melhorar de vida: "O cidadão encanou a perna, agora tá numa boa" [JB].

Encanar a perna à rã Lus. Não dar andamento; fingir que se trabalha; mandriar [GAS].

Encanar as águas Lus. Preparar; dispor as coisas para um calculado efeito [GAS].

Encangar

Encangar grilos Ver *escovar urubu*

Encaracolar

Encaracolar o rabinho Mostrar-se atrevido [GAS].

Encarar

Encarar a coisa de outro ângulo Bras., S, RJ. Praticar a pederastia passiva (Sylvio Abreu, *in* art.) [MSM].

Encarar a primeira saia justa Bras., gír. Enfrentar o primeiro problema: "O diplomata teve que encarar a primeira saia justa, depois agiu nos conformes" [JB].

Encarar as coisas de frente Enfrentar com coragem, com convencimento [GAS].

Encarar na mão Bras., gír. Brigar: "O chefe da boca encarou na mão o samango" [JB].

Var.: *sair na mão, vir às mãos* (2)

Encarar uma social Bras., CE, gír. Participar de atividades de caráter formal sob efeito da maconha, geralmente com não usuários, quando é necessário estar sério e atento ao que se faz: "Putz, tudo que eu não queria agora é encarar uma social" [RK].

Encardir

Encardir o joelho Fazer pé firme; obstinar-se, recusar teimosamente [AN].

Encetar

Encetar a broa Lus., Col. Mil. Apanhar o primeiro castigo [GAS].

Encharcar

Encharcar a botina Bras., gír. Beber demais: "O pescador encharcou a botina, vacilou e foi parar no fundo da fedorenta água do Caju" [JB].

Encher(-se)

Encher a barretina Lus., Col. Mil. **1.** Dar uma sova. **2.** Receber uma sova [GAS].

Encher a barriga Comer a fartar(-se); comer demais; empanturrar-se; comer em excesso: "A comida estando pronta / A todos foi bem servida / Cada, encheu a barriga / Que vinha desprevenida / Porém teve um dos bandidos / Que não gostou da comida" (Expedito Sebastião da Silva, *Trechos da vida completa de Lampião*, p. 12) [AN/CGP/GAS/MPa/RMJ/TGa].

Sin.: *comer à pamparra, comer até ficar triste,* (chulo) *comer até o cu fazer bico,* (NE, CE) *comer até pecar, comer até rebentar, encher a malvada, encher a mula, encher a pá, encher a padiola, encher a pança* (1), *encher (o) bucho* (2), *encher o bandulho, encher o baú, encher o fole* (1), *encher o paiol, encher o pandulho, encher o pote* (2), *encher o rabo* (1)

Encher a boca Dizer algo com ênfase, vaidosamente [TC].

Encher a boca d'água Apetecer [TC].
Var.: *encher d'água a boca*

Encher a boca de língua Complicar-se todo ao ler ou tentar pronunciar as palavras; ter dificuldade em articular a fala; não dominar bem a ling., oralmente: "Tossi e resmunguei a segunda palavra enchendo a boca de língua" (Graciliano Ramos, *Infância*, p. 201).

Encher a boca de uma coisa Falar nessa coisa jactanciosamente, com ênfase [AN].

Encher a bola/bolinha de alguém *Bras., gír.* Elogiar, com uma certa desmedida, o potencial ou o desempenho de alguém: "Daí que, sem o querer, acabou por encher a bola de Cambraia" (Sônia Pinheiro, *O Povo*, 7/6/97, p. 3B); "Enchi a bola dele, mas não adiantou nada" [JB/LAF].

Encher a burra Encher o cofre de dinheiro; ganhar muito dinheiro: "O Pelé encheu a burra, faturou alto" [GAS/JB].

Encher a cabeça de alguém Semear a discórdia para alguém em relação a outrem; fuxicar ou futricar, despertando a desconfiança de alguém; fazer a cabeça de uma pessoa, com mentiras; espalhar boatos: "Odorico: Andaram enchendo a cabeça do coitado..." (Dias Gomes, *O Bem-Amado*, p. 96).

Encher a cara *Bras., pop.* Ingerir grande quantidade de bebida alcoólica; beber demais e ficar embriagado; embebedar-se; encharcar-se; embriagar-se: "O desempregado Roberto Jorge (...) encheu a cara no domingo passado e foi para casa, na Rua Ternura, 1571, no Conjunto Palmeiras (*Jornal da Rua*, 1º/6/99, p. 1); "Depois de encher a cara e fumar um baseado, o verdureiro Odair José (...), se juntou com um amigo conhecido por Neguim e juntos assaltaram o posto de combustíveis Arizona..." (*Jornal da Rua*, 15/6/99, p. 9); "Vou pro bar e encho a cara de cana / E volto pra casa sem ter solução" (Rafael Santos, in CD *Arimar Cândido*, Fortaleza, 1999); "No dia do casamento da filha, ele encheu a cara" [ABH/AN/BB/DT/DVF/FN/FS/GAS/TC].

Sin.: *acender a lamparina, alertar as ideias,* (PE) *amarrar a cabra, amarrar a gata* (1), *apanhar uma, apanhar uma açorda, apanhar uma barretina, apanhar uma bezana, apanhar uma bruega, apanhar uma cardina, apanhar uma carraspana, apanhar uma torta,* (lus., Ericeira) *arranjar uma sopeira,* (MA) *baixar o bico, beber com farinha, beber como um/feito um/que nem/que só gambá, carregar nas doses,* (lus.) *carregar os machos/machinhos, comer rama, conversar com a garrafa, cultivar a vinha do Senhor* (2), *dar uma chamada* (1), *empenar o pneu, encher a caveira, entrar no embalo-7, entrar pela pinga,* (lus.) *entrar por ele, esquentar o(s) peitos(s), meter-se em pileque, meter-se na bebida, meter-se na cachaça, meter-se na cana,* (CE) *meter-se no gole, molhar o bico, molhar o peito, montar no/num porco,* (BA, gír.) *pisar na mão, pôr óleo,* (lus. Ericeira) *puxar porção, quebrar a munheca,* (lus.) *tocar a gaita, tomar (um) prego, tomar-se da pingoleta,* (S) *tomar uma jorna,* (lus.) *tomar uma ximbreza, tomar uma xumbrega, tomar um oito,* (PE) *tomar um pifão, tomar um porre*

Encher a caveira *Bras., pop.* Embriagar-se; beber demais: "O cidadão encheu a caveira e caiu de quatro" [ABH/JB].

Encher(-se)

Sin.: *encher a cara*
Var.: *encher o caveirão*

Encher a cuca *Bras., gír.* Embriagar-se; beber demais: "Hoje vou encher a cuca" [ABH/JB].

Encher água *Bras., PA.* Encher de água um vaso qualquer na respectiva fonte: "Fui preso, fiz faxina e enchi água pra soldado bem três dias" [LM].

Encher a lata *Bras., CE.* Beber demais [CGP].

Encher a mala *Bras.* Ganhar muito dinheiro: "O corrupto encheu a mala, ficou rico..." [JB].

Encher a malvada Ver *encher a barriga*

Encher a(s) medida(s). **1.** Satisfazer plenamente; dar satisfação; corresponder à expectativa na medida esperada; agradar muito; contentar: "O novenário enchia as medidas, de animado" (pe. J. J. Dourado, *Cafundó*). **2.** Importunar; maçar; desagradar em demasia; encher; tornar-se intolerável: "Ontem, porém, a medida encheu, é o que lhe digo" (Benedito Valadares, *Esperidião*) [AC/AN/AT/FF/FS/FSB/GAS/JB/RMJ/TC].

Encher a moringa *Bras.* Beber demais: "Encheu a moringa hoje?" [JB].

Encher a mula Ver *encher a barriga*

Encher a pá Ver *encher a barriga*

Encher a paciência Impacientar: "Pare de me encher a paciência" [JB].

Encher a padiola Ver *encher a barriga*

Encher a pança 1. Fartar-se comendo bastante; comer demais. **2.** Locupletar-se: "Os políticos montados no poder só pensam em encher a pança" (Josué de Castro, *Homens e caranguejos*) [CGP/JB/TC/TGa].

Sin. (1): *encher a barriga*

Encher a rua de pernas *Bras., CE, fam.* Vadiar; vagabundar; vagabundear; flanar [ABH/AN/FS/LM/TC].

Encher as calças *Bras., S, SP.* Diz-se da pessoa que se obrou, defecou em consequência de forte emoção, como pavor etc. [MSM].

Encher as ventas de folhas *Bras.* **1.** Enganar; ludibriar. **2.** Estimular a vaidade, o orgulho, a revolta etc., de alguém, alimentando essas qualidades negativas, a fim de induzi-lo à prática de algo desonesto: "Andava gente por ali, enchendo de folhas as ventas dos operários" (Fran Martins, *Ponta de rua*) [TC].

Encher a tampa *Bras.* Beber muito: "O cara tava enchendo a tampa, vai ficar bebão" [JB].

Encher a tripa Comer [GAS].

Encher barriga *Bras.* Engravidar: "As mulheres usavam chá de cabacinha para abortar e não encher barriga" (José Sarney, *Saraminda*, p. 139).

Encher barriga de corvo *Bras., RS.* Morrer (o animal): "Já encheu barriga de corvo / O meu cavalo de lei..." (Vargas Neto, *Tropilha crioula e gado xucro*) [ABH/AJO/AN].

Encher (o) bucho 1. Sustentar; alimentar: "Vai trabalhar, macho véi! Pensamento num enche bucho de ninguém, não" (Mino, *Diário do Nordeste*, cad. 3, 29/4/01, p. 8). **2.** Alimentar-se; comer demais; fartar(-se), comer até pecar: "O cidadão tava com muita fome, encheu o bucho e encheu o caveirão" [AN/JB/TG].

Sin.: *encher a barriga*

Encher de desaforo Ver *encher de osso*

Encher de osso *Bras., RS.* Insultar, incomodar, aborrecer enfaticamente: "Bá, eu tava lá de sangue doce e o cara me encheu de osso" [LAFa].

Sin.: *encher de desaforo*

Encher de vento Tornar vaidoso, orgulhoso [AN].

Encher linguiça 1. Dizer ou escrever coisas que não vêm ou mal vêm a propósito da matéria tratada. **2.** Ocupar tempo com outra coisa que não a combinada ou esperada; falar numa assembleia sobre um assunto qualquer, para tomar tempo até poder dar-se um acontecimento desejado; falar ou fazer algo, para ganhar tempo; perder tempo com outra conversa que não estava combinada; ocupar o tempo com banalidades; esticar a conversa falando de outro assunto; ganhar tempo; jogar conversa fora; ser prolixo; falar palavras vazias, bobagens; importunar, com discurso sem assunto digno de audição; falar muito e explicar pouco; engabelar, usando de palavrório, conversa sem profundidade, chantagem verbal; artifício para enrolar alguém; diz-se de algo que não tem conteúdo, vazio de sentido; diz-se de enrolação pra passar o tempo; falar muito sem dizer nada: "Vou encher linguiça, maninho, enxugar gelo"; "O chefinho gosta de encher um pouco de linguiça, mas fala muita água" [ABH/AN/AS/JB/LCC/MGb/MPa/RG/TC].

Encher morcilha *Bras., RS.* **1.** Aborrecer alguém. **2.** Fazer algo para passar o tempo [LAFa]. ♦ *RS.* Morcilha (do esp. *morcilla*, de or. desconhecida) é o m. q. morcela (*Bras.*), espécie de chouriço, à base do sangue de porco; doce feito de miolo de pão, canela etc. Ver tb. ABH, s. v. "MORCELA".

Encher o balão *Bras., gír.* Elogiar: "Precisamos encher o balão dele, depois a gente esvazia" [JB].

Encher o bandulho Comer muito; comer até fartar-se: "Citava trechos da crônica de Giovanni Guimarães, baixava o pau na Brastânio, 'empresa multinacional destinada a encher o bandulho de estrangeiros à custa da miséria do povo'" (Jorge Amado, *Tieta do agreste*, p. 555); "Assim, um enche o bandulho e cai de bastão na fome do outro" (Sebastião Martins, *A dança da serpente*, p. 155). – Bandulho era uma cunha de madeira com a parte mais delgada cortada em ângulo. RMJ crê que a expr. tenha nascido em tipografias [AN/GAS/RMJ].
Sin.: *encher a barriga*

Encher o baú Ver *encher a barriga*

Encher o bolso Ganhar muito dinheiro: "O chefinho fez uma corrupinha e encheu o bolso" [JB].
Sin.: *encher o(s) cofre(s)*

Encher o caveirão *Bras., gír.* Beber demais: "Vou encher o caveirão, até entornar" [JB].
Var.: *encher a caveira*

Encher o(s) cofre(s) Ganhar muito dinheiro: "O cidadão arranjou uns negócios estranhos e encheu os cofres, tá rico" [JB].
Sin.: *encher o bolso*

Encher o cu *Bras., RS, chulo.* Comer, beber bastante; ganhar algo em grande quantidade: "Hoje eu vou encher o cu de carne"; "Fulano encheu o cu de dinheiro"; "O vagabundo encheu o cu de cachaça e estatelou-se no chão" [JB/LAFa/LAFb].

Encher o fole 1. Fartar-se de boas comilanças. **2.** Beber demais: "Hoje enchi o fole, num guento mais, vou explodir" [JB/RMJ].
Sin. (1): *encher a barriga*
Sin. (2): *encher o pote* (3)

Encher o(s) olho(s) Mostrar boa aparência; provocar apetite; causar sensação; impressionar fortemente; agradar; satisfazer; contentar muito: "Esta paisagem enche os olhos" [ABH/GAS/JB].

Encher o paiol Ver *encher a barriga*

Encher o pandulho Comer demais: "Vou encher o pandulho, quero comer até o fiofó fazer bico" [JB].
Sin.: *encher a barriga*

Encher o papo 1. Comer fartamente; alimentar-se bem; encher o estômago; empanturrar-se. **2.** Obter bom lucro, inesperadamente, em certo negócio. **3.** Locupletar-se: "Este negócio de Sociedade é mesmo que irmandade. A Diretoria enche o papo" (José Lins do Rego, *O moleque Ricardo*). **4.** *Lus.* Gozar muito e demoradamente [AN/GAS/TC].

Encher o pé *Desp.* **1.** Chutar a bola com muita força, com vigor. **2.** Chutar violentamente para o gol [GAS/HM].

Encher o pote 1. *Bras., NE.* Chamar palavrão; esculhambar alguém com palavrões; ofender com impropérios. **2.** *Bras., CE.* Comer demais. **3.** Beber em excesso [FN/TGa].
Sin. (2): *encher a barriga*
Sin. (3): *encher o fole* (2)

Encher o rabo *Chulo.* **1.** Encher-se, fartar-se, empanturrar-se; comer demais: "– Tu nunca teve fome não? Qué se meté a besta

Encolher

só porque o dotô enche teu rabo?" (Luciano Barreira, *Os cassacos*, 3ª ed., p. 213). **2.** Ganhar algum prêmio [ABH/CGP/JB/TG/TGa].

Sin. (1): *encher a barriga*

Encher o rabo de dinheiro Ganhar muito dinheiro: "O Gugu encheu o rabo de dinheiro, ficou milhiardário" (*sic*) [JB].

Encher o saco *Bras., chulo.* **1.** Fazer chegar progressivamente ao cúmulo da irritação; importunar em alto grau; tornar-se finalmente intolerável; apoquentar a outrem com atos ou conversas desagradáveis; deixar nervoso; incomodar; chatear, enfadar, aborrecer (até o insuportável), irritar; aporrinhar; amolar; torrar: "O que enche o saco não é a piada, é a repetição" (José Simão, *O Povo*, 29/10/97, p. 7B); "O sujeito vai pro bar, enche o saco do artista pedindo música atrás da outra e na hora de pagar o *couvert* tira o corpo fora, faz que não entende ou parte pra ignorância" (Aírton Monte, *O Povo*, 22/10/99, p. 2B); "Não enche o saco, macho. Se continuar, vai levar porrada". **2.** Ficar extremamente aborrecido; estar enfadado pela repetição; enfadar-se; enfastiar-se; amolar-se; chatear-se. – Expr. pop. de sentido sexual [ABH/AN/FS/FSB/GAS/JB/MPa/MSM/RG/TC].

Sin. (1): *torrar a paciência*
Sin. (2): *estar de/com o saco cheio*
Var. (1): *dar no saco, torrar o saco*

Encher os cornos *Bras., gír.* Beber: "Hoje vou me esbaldar, encher os cornos" [JB].

Encher os mapas *Lus., Trás-os-Montes.* Comer muito [GAS].

Encher os ouvidos Mexericar; relatar muita coisa aborrecida ou desagradável: "Era capaz daquele sujeito estar enchendo os ouvidos de histórias" (José Lins do Rego, *O moleque Ricardo*) [TC].

Encher o talo *Bras., NE.* Encher o estômago de comida ou de bebida; empanturrar-se: "O que eles querem é que eu lhes pague a cerveja, até encher o talo" (João Clímaco Bezerra, *Sol posto*) [JB/TC].

Encher-se de coragem Encorajar-se bastante; fortalecer-se: "Os corajosos romeiros / De coragem se encheram / E quando os vis revoltosos / Num tiroteio romperam / Eles caídos no chão / Com balas lhes responderam" (Expedito Sebastião da Silva, *Trechos da vida completa de Lampião*, p. 25); "Encheu-se de coragem, e deu graças a Deus pela fortaleza que lhe dava" (Camilo Castelo Branco, *Amor de salvação*, p. 132).

Encher-se de inveja Invejar em extremo [GAS].

Encher-se de razões Acumular provas contra alguém; reunir provas para contestar; ter motivos para contradizer [AN/GAS].

Encher-se de vento Impar de orgulho; ficar muito envaidecido; envaidecer-se; empavonar-se [GAS/RG/TC].

Var.: (lus.) *encher a pele de vento*

Encolher

Encolher as garras Encolher-se; retroceder; deixar a arrogância [GAS].

Encolher os mirantes *Lus., Minde.* Morrer [GAS].

Encolher os ombros Desinteressar-se; acovardar-se; mostrar indiferença ou resignação: "Dissera que ia pescar, ia mesmo, desse no que desse! Não respondeu, limitou-se a encolher os ombros com desprezo" (Gustavo Barroso, *Praias e várzeas*, p. 13) [ABH/AC/AN/FF/FSB/GAS].

Var.: *dar aos/de ombros*

Encolher o umbigo *Bras., CE.* Recuar para se defender [GAS/RG].

Encomendar(-se)

Encomendar a alma 1. Fazer orações litúrgicas, ou mandar rezar missa, por alma do defunto, de corpo presente. **2.** Preparar-se para morrer [TC].

Encomendar a alma a Deus Pedir proteção divina para desgraça iminente [GAS].

Encomendar o caixão Esperar, augurar a morte, a má sorte etc. [TC].

Encomendar-se a bom santo Exclamação irôn. que demonstra nada valer o patrocínio a que alguém recorreu [LM].

Encompridar

Encompridar a história Tornar-se prolixo: "Mas para não encompridar mais a história..." (Paulo Dantas, *O capitão jagunço*) [TC].
Sin.: *encompridar (a) conversa*

Encompridar caminho Tornar-se prolixo: "Não precisa encompridar caminho, vou dizer o que precisa ser dito" (Luciano Barreira, *Os cassacos*) [TC].
Sin.: *encompridar (a) conversa*

Encompridar (a) conversa Tornar-se prolixo: "Santana não encompridou conversa" (Sinval Sá, *Luiz Gonzaga: o sanfoneiro do riacho da Brígida*, 8ª ed., p. 35); "Chico não quis encompridar a conversa" (Caio Porfírio Carneiro, *Trapiá*) [TC].
Sin.: *encompridar a história, encompridar caminho*

Encompridar os loros /ó/ Bras., RS. **1.** Tornar os estribos mais longos. **2.** *Fig.* Fazer com que alguma conversa ou assunto dure mais do que o necessário. – Loro: peça de couro que prende o estribo à sela [AJO].

Encontrar(-se)

Encontrar a cama feita Usufruir dos trabalhos de outrem; gozar de facilidades que deviam caber à pessoa que as conquistou [AC].

Encontrar a forma /ô/ **do pé 1.** Encontrar alguém que se ajuste aos seus desejos, planos e interesses. **2.** Encontrar alguém que lhe dê o castigo merecido: "É, mas onte (*sic*) ele ia encontrando a forma do pé" (R. Batista Aragão, *Pedra Verde*) [TC].
Var.: *achar a forma do pé*

Encontrar a tampa do tabaqueiro Ver *achar a tampa do corrimboque*

Encontrar macho Ter como competidor ou adversário alguém mais forte ou mais corajoso [TC].
Sin.: *encontrar marido/pai*

Encontrar marido Ver *encontrar macho*

Encontrar o fio de Ariadne Encontrar o fio condutor para qualquer pesquisa difícil. – A proveniência da frase é da mit. grega. Ariadne ou Ariana (segundo a *Focus*), filha de Midos, rei de Creta, graças a um fio, ajudou Teseu a sair do labirinto, depois de matar o Minotauro [GAS].

Encontrar o prato feito Não lutar para conseguir alguma coisa, alguma posição; ter tudo à disposição, a seu favor: "Nasceu em berço de ouro, encontrou o prato feito" (Jorge Amado, *Dona Flor e seus dois maridos*) [AN/TC].
Var.: *achar o prato feito*

Encontrar pai Ver *encontrar macho*

Encontrar são Pedro Ver *bater a(s) bota(s)*

Encontrar-se a vontade com o desejo Haver uma combinação de volições: "Eu queria ir e ela não queria ficar: encontrou-se a vontade com o desejo e nós fomos" [LM].

Encontrar toco /ô/ Ter perigo a enfrentar; encontrar barreiras, embaraços [TC].

Encontrar um testo que dê na sua panela Procurar, encontrar aquilo em que haja conjugação de interesses; preferir algo do mesmo nível, que se ajuste melhor (no caso de união conjugal, p. ex., sem uma sensível diferença de idade, educação e cultura): "Pelo que você disse / nesta sua frase bela, / agora eu encontrei um testo / que deu na minha panela" (João do Cristo Rei, *Toinha e Napoleão*) [TC].
Var.: *achar um testo que dê na sua panela, procurar um testo que dê na sua panela*

Encostar(-se)

Encostar à bananeira Lus., Univ. Coimbra. Deixar de trabalhar; viver à custa alheia; conseguir um bom apoio, boa proteção [GAS].

Encostar a mão 1. Tocar, com intenção de bater, agredir: "Em coronel Leocádio ninguém encosta a mão" (Caio Porfírio

Carneiro, *Trapiá*). **2.** Esbofetear, surrar [AJO/TC].

Encostar à/na parede 1. Exigir resposta; forçar alguém a definir-se ou a tomar uma decisão; tentar forçar alguém a uma decisão, um pronunciamento, uma atitude ou ato qualquer. **2.** Fazer cobrança final; obrigar a confessar o que fez; intimar a dizer a verdade; dar um ultimato; vencer com argumentação: "A polícia encostou na parede o bandido e o cara confessou tudo." – Em geral, dívidas ant. pedem esta providência [ABH/CGP/GAS/JB/LAF/TC/TG/TGa].

Sin.: *botar a faca nos peitos*, *dar uma prensa*, *dar um tranco* (4)

Var. (1): (RS) *botar na parede*, *imprensar/pôr contra a parede*

Encostar as chuteiras 1. Despedir-se de um cargo ou de qualquer função: "O chefe do setor de pessoal encostou as chuteiras, após trinta e cinco anos de batente." **2.** Afastar-se da vida pública, da política, legal ou voluntariamente; não mais concorrer a cargos eletivos: "Na primeira corrida às urnas onde a reeleição é permitida supera a 16% ou 30% o número de prefeitos que preferiu encostar as chuteiras e não encarar reprises em 1º de outubro" (*O Povo*, cad. People, 16/7/00, p. 3d). **3.** Ficar impedido de exercer suas atividades sexuais, por razões quaisquer: "Diabético e muito obeso (196 kg), seu Pancrácio encostou as chuteiras ainda novo em folha, parece que aos 36."

Var.: *pendurar as chuteiras*

Encostar a vara Deixar o cargo de juiz [AN].

Encostar o cacete Esbordoar, castigar com cacete [AN].

Encostar o laço Ver *banhar de relho*

Encostar o pau Ver *banhar de relho*

Encostar o rabanete Lus., Univ. Coimbra. Dançar [GAS].

Var.: *roçar o rabanete*

Encostar os bigodes Diz-se de duas pessoas que se igualam em habilidade, inteligência, mérito qualquer [ABH].

Encostar-se a pau que faz/faça sombra Saber precaver-se; ser prudente: "É como diz o outro; a gente deve se encostar a pau que faça sombra" (F. Magalhães Martins, *Mundo agreste*) [TC].

Var.: *encostar-se a pau que tem sombra*

Encostar-se às tábuas Precaver-se contra qualquer contrariedade ou patifaria. – Deriva da gír. tauromáquica, referente aos touros poucos bravos e que tomam esta atitude de defesa [GAS].

Encurtar

Encurtar a mão Diminuir ou suprimir os favores, as doações, os gastos [AN].

Encurtar as correias a Cercear ou diminuir a liberdade de alguém [ABH].

Encurtar as distâncias Fazer uma concessão para chegar a um acordo [AN].

Encurtar (a) conversa Resumir, finalizar, encerrar um assunto: "Vamos encurtar a conversa, pois tô de saco cheio com essa intrigalhada"; "... pra encurtar conversa, aí ele chegou e resolveu o problema" [JB/NL].

Encurtar o cabresto Reduzir, frear as pretensões: "Precisamos encurtar o cabresto dessa gente" (José Potiguara, *Terra caída*) [TC].

Encurtar o pavio Reduzir as despesas (no período eleitoral, quando as verbas estão escasseando): "Os políticos estão encurtando o pavio. Na hora do pau quebrar eles são os primeiros a subir na fumaça" (Ciro de Carvalho Leite, *Cacimba*) [TC].

Encurtar os loros /ó/ **1.** Bras., S. Calar-se. **2.** Bras., CE. Restringir desejos; reprimir impulsos. – Loro: peça de couro que prende o estribo à sela [ABH/AJO/AN/RG].

Encurtar razões Ser breve e resumido nas alegações; chegar logo ao fim do que está contando; não perder tempo; evitar questões; diz-se quando nos explicamos em menos palavras [AN/GAS].

Endireitar

Endireitar a rabeca Melhorar de vida [AN].

Endireitar a sombra de uma vara torta Querer remediar o que não tem remédio [GAS].

Endurecer

Endurecer a conjuntura *Bras., S.* Morrer [AJO].

Endurecer o lombo *Bras., RS.* **1.** Tornar-se, o cavalo, de lombo duro, i. e., contrair-se para corcovear. **2.** *Fig.* Rebelar-se contra uma determinação; não ceder; teimar; resistir [ABH/AJO/AN].

Endurecer o pescoço Ver *fazer finca-pé* (2)

Enfeitar(-se)

Enfeitar a jogada *Desp.* Complicar um lance simples, exagerando na encenação para impressionar a torcida; inventar [HM].

Enfeitar a testa Diz-se quando a mulher engana o marido; ser infiel; cometer adultério; trair o marido ou o amante; cornear; trair o cônjuge: "Vou acabar enfeitando a testa daquele puto que só pensa em mulher e tá me corneando" [ABH/GAS/JB/NL].

Sin.: (lus.) *armar o marido, botar chifre(s)*

Var.: *armar a testa,* (BA) *plantar na testa*

Enfeitar o borrego Aumentar os fatos: "A chuva não foi tanta assim. O noticiário do jornal é que enfeitou o borrego" [MGb, p. 66/TG].

Sin.: *enfeitar o pavão* (1)

Enfeitar o maracá 1. *Bras., NE, PE.* Alterar ou modificar um caso, uma história, um acontecimento, pela tendência à invencionice, pelo gosto de fantasiar; contar o caso a seu modo, favorecendo-se; enfeitar uma história, disfarçar as coisas; ajeitar a seu modo as histórias que conta; encenar, inventar mentiras: "Aquilo é um sujeito presepeiro, mas ele só faz é enfeitar o maracá" (Leonardo Mota, *No tempo de Lampião,* p. 125); "O caso não foi bem assim: ele enfeitou o maracá"; "O jogo é o mesmo de antes, só que mais descansado. Para que enfeitar o maracá? Pensa que agora vou bancar a senhora dona e arrotar puritanismo? Dar conselho às moças? Ah! Tire o cavalo da chuva" (Osman Lins, *Avalovara).* **2.** *Bras., gír.* Diz-se de mulher que se enfeita à noite para atrair e provocar o marido: "Vou enfeitar o maracá para que meu marido possa tocar" [ABH/FN/JB/LM].

Sin. (1): *pôr as tintas*

Enfeitar o pavão 1. *Bras., NE, CE.* Mentir; dizer além do fato; aumentar os fatos; fantasiar. **2.** *Bras., gír.* Melhorar a aparência: "Não vais querer enfeitar o pavão?" [CGP/JB/TG/TGa].

Sin. (1): *enfeitar o borrego*

≠ **Não enfeitar o pavão** *Bras. gír.* Não elogiar: "Não enfeito o pavão, ele gosta de elogios, mas vou ser econômico" [JB].

Enfeitar o ramalhete Compor o discurso com palavras bonitas [GAS].

Enfeitar-se com penas de pavão Atribuir a si ações gloriosas ou méritos de outrem; fazer-se passar por aquilo que não é; jactar-se; vangloriar-se; encher-se de vaidade. – Reminiscência da fábula da gralha enfeitada com penas de pavão (La Fontaine) [AN/GAS/RMJ].

Enfiar

Enfiar a bota *Bras.* Bater: "Vou enfiar a bota neste porra-louca" [JB].

Sin.: *baixar a porrada, baixar o braço, baixar o porrete, enfiar a espada, enfiar a mamona, enfiar a mão* (2)

Enfiar a carapuça Tomar para si uma alusão indireta, ou dito crítico, feito sem endereço certo, mas destinado a ferir a pessoa em questão; tomar o assunto como lhe dizendo respeito; aceitar a alusão; julgar-se atingido pelo que estão a dizer; considerar que lhe corresponde o que ouve; reagir a uma indireta; admitir um erro, uma falha: "... o 'bispo' Macedo, da Igreja Universal do Reino de Deus – cujo crescimento é assombroso –, enfiou a carapuça e moveu um processo contra mim, processo esse que, no momento em que redijo estas memó-

rias, ainda rola na Justiça" (Dias Gomes, *Apenas um subversivo*, pp. 350-1). – A carapuça é a alusão, atirada no ar, para aquele em cuja cabeça possa caber [ABH/AN/FF/GAS/JB/RMJ].
Var.: *tomar/vestir a carapuça*

Enfiar a coifa Lus. Acreditar em tudo o que lhe dizem [GAS].
Sin.: *enfiar a touca*

Enfiar a espada Ver *enfiar a bota*

Enfiar a galocha Ver *baixar a ripa* (3)

Enfiar água no espeto Ver *carregar água em cesto*

Enfiar alguém pelo fundo de uma agulha Enganar alguém facilmente; usar esperteza para enganar outrem [GAS].

Enfiar a mamona Bras., gír. Bater: "O cara enfiou a mamona, bateu em muita gente" [JB].
Sin.: *enfiar a bota*
Var.: *baixar a mamona*

Enfiar a mão Bras. **1.** Roubar: "O ministro enfiou a mão, virou sócio do Tesouro." **2.** Bater: "Enfiei a mão no viadão (sic)" [AN/JB].
Sin. (2): *enfiar a bota*
Var. (1) (2): *meter a mão*
Var. (1): *enfiar a mão na jaca, enfiar a mão no jarro*
Var. (2): *limpar/sentar a mão*

Enfiar a mão na jaca Bras., gír. Roubar: "O Paulo foi surpreendido enfiando a mão na jaca" [JB].
Var.: *enfiar a mão*

Enfiar a porrada Bater: "Vou enfiar a porrada neste merda" [JB].
Var.: *baixar a porrada*

Enfiar a touca Ver *enfiar a coifa*

Enfiar a viola no saco Ser forçado a calar-se, por imposição ou por não ter condições para continuar com a discussão; calar-se, vencido ou acovardado; não ter o que responder; aceitar uma decisão; embatucar: "... e somente o desgastou, Sérgio Machado enfiou a viola no saco e está mais silente do que nunca" (Regina Marshall, *Diário do Nordeste*, cad. Gente, 10/9/00,

p. 14). – Talvez a expr. se origine do gesto do violeiro que, vencido pelo contendor, guarda no saco sua viola, abandonando a liça [GAS/JB/TC].
Var.: *botar a viola no saco*

Enfiar de grosso Gastar à larga [GAS].

Enfiar na bunda Chulo. Danar-se: "Enfie na bunda, seu viado (sic), um dia a gente acerta as contas" [JB].

Enfiar na cabeça Convencer-se de: "O cara enfiou na cabeça que é o manda-chuva no pedaço" [JB].
Var.: *meter na cabeça* (3)

Enfiar nas águas de alguém Ter as mesmas ideias e modos de alguém [RMJ].

Enfiar no olho da bunda Chulo. Guardar: "Enfie no olho da bunda e não me encha o saco" [JB].
Var.: *enfiar no olho do cu*

Enfiar o agarunço Lus. Enganar; ludibriar [GAS].
Sin.: *enfiar o barrete/garruço*

Enfiar o barrete Ver *enfiar o agarunço*

Enfiar o braço Bater: "Pode parar, se não (sic) vou te enfiar o braço" [JB].
Var.: *baixar o braço*

Enfiar o dedo Bras. Meter-se; mostrar-se abelhudo; intrometer-se: "Vou enfiar o dedo nesta jogada" [AN/CLG/JB].
Sin.: *meter o dedo em tudo*

Enfiar o dedo no suspiro Bras., gír. Aceitar uma decisão: "Enfie o dedo no suspiro, fique quieto, respire fundo e cuidado" [JB].
Sin.: *enfiar o galho dentro*

Enfiar o facão na bainha Bras., AL. **1.** Diz-se do homem que "aposenta" seu falo. **2.** Diz-se de mulher menstruada [Net].

Enfiar o galho dentro Bras., gír. Aceitar uma decisão: "Aí ele enfiou o galho dentro e ficou quieto" [JB].
Sin.: *enfiar o dedo no suspiro*
Var.: *pôr o galho dentro*

Enfiar o garruço Ver *enfiar o agarunço*

Enfiar o murro Esbofetear [TC].
Var.: *enfincar/fincar/meter o murro*

Enfiar o pé *Bras.* **1.** Bater; atingir deslealmente o corpo do adversário: "Vou enfiar o pé nesta merda." **2.** *Desp.* Chutar com vigor bola parada ou emendar-lhe o trajeto. **3.** Rebater fortemente a bola para qualquer direção, aliviando pressão de ataque [HM/JB].
Var.: *meter o pé*

Enfiar o pé na estrada Pôr-se a caminho [TC].
Sin.: *assentar o pé no caminho, ganhar a estrada*
Var.: *enfincar/estar com/sapecar/tocar/sentar/assentar o pé na estrada*

Enfiar o pé na jaca *Bras., gír.* **1.** Beber demais: "O Pedro enfiou o pé na jaca, ficou bebum e, como você sabe, cu de bebum não tem dono." **2.** Trabalhar: "Vou enfiar o pé na jaca, tô precisando de um troco" [JB].
Var. (2): *enfiar o pé na lama, enfiar o pé no barro*

Enfiar o pé na lama *Bras., gír.* Trabalhar: "Vou enfiar o pé na lama, trabalhar um pouco" [JB].
Var.: *botar o pé na lama, enfiar o pé na jaca* (2)

Enfiar o pé no barro *Bras., gír.* Trabalhar: "Vou enfiar o pé no barro e correr atrás do preju, enquanto é tempo" [JB].
Var.: *enfiar o pé na jaca* (2)

Enfiar o pé no mundo Ir para bem longe; viajar; desaparecer; ir-se embora; sumir; escafeder-se; desaparecer do mapa; fugir; retirar-se apressadamente: "Para ficar livre e desembaraçado, enfiou o pé no mundo, nunca mais deu as caras, sumiu que nem fumaça" (Lourenço Diaféria, *O invisível cavalo voador*, p. 22) [ABH/AN/AT/TC].
Var.: *arribar o pé no mundo, enfiar a cara no mundo*

Enfiar o porrete *Bras.* Bater: "Vou acabar enfiando o porrete neste pessoal. Mandar parar o barulho não adianta nada" [JB].
Var.: *baixar o porrete*

Enfiar os peitos *Bras., gír.* Entrar: "Vou enfiar os peitos. Vou entrar, sim" [JB].

Enfiar o urso Fazer acreditar numa mentira [GAS].

Enfiar peido em/no cordão *Bras., chulo.* Diz-se de quem não está fazendo nada, de quem está completamente desocupado; passar o tempo livre de obrigações; ficar à toa sem fazer nada; estar desempregado; não fazer nada; vagabundar: "O cara está enfiando peido no cordão, a barra tá pesada"; "Um bando de homens ganhando para não produzir nada, aprendendo a enfiar peido em cordão" (Magalhães da Costa, *Estação das manobras*) [JB/MGb/MSM/NL].
Var.: *enfiar bufa no cordão*

Enfiar toicinho em cu de capado gordo *Bras., NE, chulo.* Dar a quem não precisa [LM].
Sin.: *socar banha em cu de porco*

Enfincar

Enfincar o braço Espancar com taponas; esbofetear; dar uma bofetada [AJO/TC].
Sin.: *assentar a mão* (2)
Var.: *cascar/destampar/fincar/plantar/passar/sapecar/sentar/tacar/tanger/tocar o braço*

Enforcar

Enforcar a segunda-feira Folgar em uma segunda-feira de trabalho entre o fim de semana e um feriado [RMJ].

Enforcar o ganso *Bras., chulo.* Copular: "Dia de enforcar o ganso. Oba! Hoje eu teclo, confirmo e enforco o ganso!" (José Simão, *O Povo*, 3/10/96, p. 4B).
Var.: *afogar o ganso*

Enforcar o gato *Bras., NE, S, chulo.* Copular: "Pancrácio largava a loja, ia enforcar o gato na hora do expediente. Depois, como remate, saía-se com esta potoca: 'Fui matricular o menino'." [MSM].
Sin.: *afogar o ganso*
Var.: *afogar o gato*

Enfrenar

Enfrenar mal o cavalo *Bras., S.* Não ser bem-sucedido. – Enfrenar: substituir o bocal pelo freio em animais que se amansam [AJO].

Enfrentar

Enfrentar a parada 1. Aceitar o lance no jogo. **2.** Aceitar o desafio, o convite ou a proposta: "Vadinho não fugiria, enfrentaria a parada" (Jorge Amado, *Dona Flor e seus dois maridos*) [OB/TC].
Var.: *topar parada*

Enfrentar o boi Ter relação sexual com mulher menstruada: "... e quando aparece algum tarado querendo me lamber, eu dizia que estava incomodada. – E mesmo assim não apareceu ninguém disposto a enfrentar o boi?" (Moacir Japiassu, *A santa do cabaré*) [FNa].

Enfunar-se

Enfunar-se que nem vela de jangada Ser jactante; diz-se de pessoa que de um momento para outro sofre transformação para melhor e passa a exibir, ostentar comportamento exibicionista [RBA].

Engaiolar

Engaiolar a passarinha *Bras., gír., chulo*. Deixar de fazer sexo: "A gata não tem planos de engaiolar a passarinha" [JB].

Enganar(-se)

Enganar a barriga Comer um pouco para atenuar a sensação de fome; alimentar-se: "O que ganhava mal dava para enganar a barriga e pagar a cachaça que passara a companheira de todas as horas" (Romeu de Carvalho, *Carro Doce*, p. 23).
Sin.: *enganar o estômago*

Enganar a fome Ver *enganar o estômago*

Enganar o estômago Comer alguma coisa para poder esperar a hora da refeição; comer algo apressadamente; comer algo para mitigar um pouco a fome até à hora da refeição; comer qualquer coisa até chegar a hora da refeição; petiscar: "O almoço ainda não está pronto; coma essas azeitonas para enganar o estômago" [AN/CLG/DT/GAS/JB].
Sin.: *enganar a barriga, enganar a fome*

Enganar o pagode Enganar as pessoas em geral [GAS].

Enganar-se no número da porta Dirigir-se a pessoa que se considera de menores recursos (físicos, morais ou intelectuais) e sair-se mal [GAS].

Engatar

Engatar a ré *Bras*. Ir embora: "Engatei a ré, malandro, e dei no pinote" [JB].

Engatar a segunda *Bras*. Retomar o esforço, a tentativa, com mais empenho: "Aí, engatei a segunda e fui em frente" [JB].

Engatar de ré *Bras., gír., chulo*. Fazer sexo anal: "O cidadão gosta de engatar de ré, não é chegado a uma prexeca [= vagina]" [JB].

Engatar uma quinta *Desp*. Partir para fazer gol em alta velocidade com perigo [HM].

Engatilhar

Engatilhar a matraca *Bras., gír*. Sacar a arma de fogo: "Vou engatilhar a matraca pra revidar qualquer assalto" [JB].

Engatilhar a primeira Ir em frente: "Engatilhei a primeira e fui à luta" [JB].

Engolir

≠ **Não engolir** Não acreditar [GAS].

Engolir a bandeira *Desp*. Deixar de marcar infrações sucessivas (o bandeirinha) [HM].

Engolir a bucha Comer um bocado de pão [GAS].

Engolir a/uma fita *Bras., gír*. Diz-se de pessoa que fala demais: "O cara engoliu a fita, tá falando muito" [JB].
Sin.: *engolir o rádio, engolir uma vitrola*

Engolir a língua Calar, por conveniência, alguma coisa que estava em ponto de ser dita: "Sempre me deu uma coraçonada para fazer umas perguntas... mas engoli a língua" (J. Simões Lopes Neto, *Contos gauchescos e Lendas do Sul*, p. 42) [ABH].

Engolir a palhinha *Lus*. Praticar a pederastia; ser homossexual [GAS].
Var.: *esconder a palhinha*

Engolir a pílula 1. Aceitar contrariado uma resolução já tomada; ouvir algo à força; ser forçado a tolerar; suportar sem protesto coisa desagradável: "Disse o que queria, e o outro engoliu a pílula direitinho." **2.** Acreditar na mentira; cair num logro; deixar-se enganar, lograr, geralmente por meio de palavras melífluas: "Dei uma desculpa mal convincente, e ele engoliu a pílula" [ABH/AN/GAS/TC].

Engolir a saliva Não se atrever a dizer palavra, a falar [AN/GAS].

Engolir as lágrimas Dominar o choro [GAS].

Engolir as mágoas Sofrer ocultamente [AN].

Engolir calado Ver *engolir (a/em) seco*

Engolir cobra *Bras., S, SP, chulo*. Submeter-se alguém à cópula anal; praticar passivamente a pederastia [GAS/GM/MSM].
Sin.: *dar o rabo*
Var.: *engolir cobras vivas*

Engolir cobras *Lus*. Diz-se de quem é pederasta (conforme Albino Lapa, *Dic. de calão*) [MSM].

Engolir cobras e lagartos Aceitar tudo: "Engoli cobras e lagartos, agora vou vomitar" [JB].

Engolir cururu Ver *engolir sapo(s)*

≠ **Não engolir desaforo** Revidar por palavras ou atos [AN].

Engolir espadas *Chulo*. Fazer sexo oral: "O viadão (*sic*) é chegado a engolir espada" [JB].

Engolir (um) frango *Desp*. Tomar um gol fácil de defender; deixar passar para o interior da meta que defende bola facilmente defensável; diz-se do ato de goleiro que deixa entrar um gol defensável: "E a Lusa não engoliu um frango. Engoliu um fran-galhau!" (José Simão, *O Povo*, 1º/12/98, p. 5B) [AN/ CLG/GAS/HM].
Var.: *cercar/comer/laçar um frango*, (lus.) *dar frangos*

Engolir o apito *Desp*. Deixar de assinalar faltas graves no jogo; diz-se de juiz que não apita direito: "Este filho da puta engoliu o apito. É ladrão" [HM/JB].

Engolir o choro Suspender bruscamente o choro [TC].

Engolir o pau da vassoura Diz-se de pessoa que anda muito direita, reta, empertigada [GAS].

Engolir o rádio *Bras., gír*. Diz-se da pessoa que fala demais: "Acho que este cara, (...), engoliu o rádio" [JB].
Sin.: *engolir a/uma fita*

Engolir pirolitos Beber água do mar quando se está tomando banho na praia [GAS].

Engolir sapo(s) *Bras*. Suportar coisas desagradáveis sem revidar nem reclamar, por impotência ou conveniência; suportar resignadamente as restrições ou atitudes de menosprezo dos superiores, por mais que estas importem em desprestígio pessoal, a fim de não sacrificar uma posição vantajosa ou criar uma incompatibilidade insanável; tolerar humilhações; sofrer desconsiderações, contrariedades; ter de aceitar decisões alheias contrárias às suas convicções; aceitar certas coisas; ouvir coisas desagradáveis, sem poder responder a elas; aceitar à força, e sem reclamar, certas situações indesejáveis: "Calma, pessoal! Depois de engolir sapos durante 75 anos, é apenas natural o Dr. Tancredo nos obrigar a engolir alguns que lhe são familiares!" (Millôr Fernandes, *Diário da Nova República*, p. 16); "Tem-se mesmo que engolir sapo, conforme um paredro leonino" (Paulo Karam, *Jornal da Rua*, 15/6/99, p. 6) [ABH/AN/CLG/GAS/JB/RG/RMJ].
Sin.: *engolir cururu*
Var.: *engolir sapos vivos, engolir um sapo*

Engolir (a/em) seco 1. Engolir sem nada ingerir [ECS] **2.** Não reagir a ofensas; não responder a um insulto; não poder responder a um insulto, tendo de suportá-lo sem reação; ser obrigado a calar; não poder dizer o que sente; ficar privado do que se deseja ardentemente: "Como eram bobos, não questionaram. Assim como engoliram a seco quando o rei nomeou um carrasco para comandar a guarda do reino" (Frei Betto, *Bundas*, 12/7/99, p. 18); "– Na... nada. – Dirceu engole em seco. – Eu não disse nada" (Dias Gomes, *Sucupira, ame-a ou deixe-a*, p. 154); "Azevedo Gondim apagou o sorriso, engoliu em seco, apanhou os cacos da sua pequenina vaidade e replicou amuado que um artista não pode escrever como fala" (Graciliano Ramos, *São Bernardo*, p. 9); "O porta-voz engole em seco e pergunta: – E... então?" (Luis Fernando Verissimo, *Comédias para se ler na escola*, p. 85); "Agora, a gente que precisa, engole seco e se assujeita" (W. Bariani Ortêncio, *Sertão sem fim*) [AN/CGP/CLG/ ECS/ FF/GAS/JB/TC/TGa].

Sin.: (NE, CE) *engolir calado*

Engolir uma afronta Sofrer uma ofensa impassivelmente [AN].

Engolir uma vara *Bras., AL*. Ficar muito ereto; esticar-se demais [Net].

Engolir uma vitrola *Bras., gír*. Diz-se de pessoa que fala muito: "Ela parece que engoliu uma vitrola, fala pelos cotovelos" [JB].

Sin.: *engolir a/uma fita*

Engolir um boi e engasgar-se com um mosquito Diz-se dos indivíduos reconhecidamente iracundos e ao mesmo tempo suscetíveis de boas maneiras [RBA].

Engolir um elefante e engasgar-se com um mosquito Dar-se bem em tarefas difíceis e confundir-se nas fáceis; diz-se da pessoa que se sai bem de empresa difícil e fraqueja em fácil. – Frase semelhante está no N. T., Mt 23, 24: *excolantes culicem, camelum autem glutientes* [AN/CLG].

Engordar

Engordar a conta bancária Aumentar o lucro, ganhar mais: "Preciso engordar a conta bancária do papai aqui, preciso faturar mais" [JB].

Engordar da noite pro dia que nem cachorro *Bras*. Engordar de repente; engordar muito rápido. – A expr. tem cunho pop. e rural. Representa uma símile ou comparação, bem ao gosto dos sertanejos nordestinos [LM].

Engraxar

Engraxar os bigodes *Bras., RS*. Comer churrasco, segundo a imagem masculina [LAFa].

Engrossar

Engrossar a voz Tornar a voz forte para espantar alguém [AN].

Engrossar o barro *Bras., gír*. Comer bem e muito: "Prefiro comer um churrasco, que dá para engrossar o barro" [JB].

Engrossar o caldo 1. Complicar; agitar o ambiente: "Quer engrossar o caldo, vai falando pra gente ficar sabendo." **2.** Perder a compostura numa conversa [MPa/JB].

Var.: *entornar o caldo*

Engrossar o cangote 1. Tornar-se adulto. **2.** Ficar indisciplinado; não obedecer mais; julgar-se independente: "Com Franco Rabelo de cima, mandando e desmandando, acabo engrossando o cangote" (Francisco Fernandes do Nascimento, *Milagre na terra violenta*) [TC].

Engrossar o cordão Bajular: "Tá engrossando o cordão do chefe, tá puxando pra caralho" [JB].

Engrossar o talo *Bras., CE*. Ficar rapazinho; mostrar o pomo-de-adão: "O Marcinho engrossou o talo, tá virando homem" [CGP/JB/TG].

Enjeitar

Enjeitar a parada Fugir a um compromisso [GAS].

Enjeitar doce de coco Recusar dádivas apreciáveis, propostas ou negócios vantajosos [LM].

Sin.: *enjeitar pirão de ovos*

≠ **Não enjeitar (a) parada** Aceitar toda e qualquer situação, enfrentando-a corajosamente; aceitar o desafio; estar pronto para o que der e vier: "O patrão sabe que não enjeito parada" (José Américo de Almeida, *A bagaceira*) [AJO/AN/LM/RG/TC].
Sin.: *topar a/uma parada*

≠ **Não enjeitar peru por carregado** *Bras., NE, pop.* Não fugir a perigos; gostar de encrencas, de topar paradas [ABH].

Enjeitar pirão de ovos Ver *enjeitar doce de coco*

≠ **Não enjeitar serviço** Aceitar qualquer proposta de trabalho, mesmo crim.: "Eu não enjeito serviço, / a bem de ganhar o pão, / para adquirir dinheiro / eu dou murro até no cão" (Luiz Rodrigues de Lira, *A pedra misteriosa e os ladrões de Bagdá*) [TC].

Enlamear

Enlamear a farda Diz-se quando um militar pratica crime ou falta; diz-se quando um militar se avilta [AN].

Enquadrar

Enquadrar o alvo *Bras.* Numa salva de artilharia, obter que o ponto médio de queda da salva fique sobre o alvo [ABH].

Enredar(-se)

Enredar o rasto a *Bras., RS.* Despistar; enganar; lograr; iludir [ABH/AJO/AN].

Enredar-se nas quartas *Bras., S, RS.* Ficar tonto, sem saber o que fazer; atrapalhar-se; perturbar-se; embaraçar-se [ABH/AJO/AN]. Ver ainda Aurélio Buarque de Holanda, "Glossário", *apud* J. Simões Lopes Neto, *Contos gauchescos e Lendas do Sul*, p. 325.

Enriar

Enriar o linho *Lus., Guarda.* Pôr o linho de molho, para curti-lo [GAS].

Enrolar

Enrolar a bandeira *Bras.* **1.** *Gír.* Desistir de uma campanha, uma tarefa etc. **2.** *Chulo.* Suspender atividade sexual, voluntariamente ou não [ABH/GAS/MSM].

Enrolar a manta e levantar a cesta *Lus., Alentejo.* Ir-se embora (ordem para abalar) [GAS].

Enrolar as asas *Lus.* Morrer; cair morto (referindo-se à caça) [GAS].

Enrolar a trouxa *Lus.* Calar-se [GAS].

Enrolar o meio de campo *Bras., gír.* Complicar: "Chii, enrolou o meio de campo, agora nada vai dar certo" [JB].

Enrolar prego *Bras., CE.* Procurar o que fazer [Euclêmia Ribeiro, amiga universitária].

Ensaboar

Ensaboar o juízo *Lus.* Apoquentar; atormentar; maçar; importunar [GAS].
Var.: *ralar o juízo*

Ensaiar-se

≠ **Não se ensaiar para fazer uma coisa** Não hesitar em praticar algo; não estar com meias medidas, dúvidas, perplexidades; estar sempre disposto [AN].

Ensamar

Ensamar as manocas *Bras., BA, SE.* Desfiar, esfarelar as folhas de fumo, esfregando-as ou amassando-as com as mãos [TC]. ♦ TC define "manoca" como "denominação dada a algumas folhas de fumo enroladas e postas para secar". Não achamos registro para *ensamar*, certamente um termo regional das zonas do cultivo do fumo (BA, SE).

Ensarilhar

Ensarilhar (as) armas *Mil.* **1.** Dispor as armas em grupos de três ou quatro, formando pirâmide; voz de comando para a tropa pôr as armas em sarilho: "Ensarilhar armas!" **2.** *Fig.* Depor as armas, cessando a guerra; deixar uma luta; pôr termo a uma luta; render-se; entregar-se [ABH/AN/FF].
Var. (2): *depor as armas*

Ensarilhar bigodes Ver *andar à pancada*

Ensebar

Ensebar a bola Ver *dourar a pílula*

Ensebar as canelas *Bras., pop.* Correr; fugir veloz e medrosamente: "Disseram-me que tinha ensebado as canelas para São Bernardo" (Graciliano Ramos, *São Bernardo*, p. 20) [ABH/AJO/LM/RG/TC].
Sin.: *bancar (o) veado, dar às de vila-diogo*
Var.: *azeitar as canelas*

Ensinar

Ensinar as regras de bem viver Orientar para a vida; incutir um jeito de ser; transmitir conhecimentos úteis e práticos: "E o pequeno que ali está chorando necessita quem o encaminhe e lhe ensine as regras de bem viver" (Graciliano Ramos, *São Bernardo*, p. 11).

Ensinar o á-bê-cê Dar uma lição, um ensinamento, um castigo: "Eu hei de ensinar a esse doutorzinho burro o á-bê-cê da pajeú ou da lazarina" (Sabino Campos, *Catimbó*) [TC].

Ensinar o bê-á-bá Transmitir as primeiras letras; instruir; ajudar: "E agora aquela ideia de ir para a Escola Normal, de sair professora, de ensinar o bê-á-bá a meninos pobres" (Jorge Amado, *O Cavaleiro da Esperança*, p. 31).

Ensinar o bom caminho Castigar [TC].

Ensinar o caminho das pedras *Bras., CE.* Ensinar o jeito certo de fazer uma coisa; dizer como é que se faz; orientar: "A Jovelina encontrou alguém que lhe ensinou o caminho das pedras" [CGP/JB/TGa].

Ensinar padre-nosso a vigário/o padre-nosso ao vigário Aconselhar ou ensinar a alguém mais experimentado ou mais competente; pretender dar conselhos a pessoa mais competente, que sabe mais do que aquele que os dá; querer explicar a uma pessoa aquilo que ela sabe perfeitamente; ter pretensões a ensinar a quem é mais ilustrado; querer ensinar a quem já sabe mais; querer dar lições a quem delas não precisa; ensinar a uma pessoa aquilo que ela sabe muito bem; tentar explicar determinado assunto a quem já é perito nele; dar lições a quem não precisa, sem a competência necessária para fazê-lo; ensinar aquilo que já é muito sabido, conhecido ou experimentado; dar lições a alguém que conhece certo assunto ou trabalho, por lidar habitualmente com ele; procurar ou dizer ser mestre em patifaria a um patife contumaz; ensinar a quem sabe: "... Eu sei bem o que devo fazer. Não queira ensinar o padre-nosso ao vigário"; "E tem mais uma: não vou ensinar padre-nosso a vigário" (*sic*) [ABH/AN/AT/DT/FS/JB/OB/RBA/RMJ/TC].
Var.: *ensinar o padre-nosso a vigário*

Ensinar rabo de couro a subir em garrafa Ser perito na arte de furtar: "F. foi quem ensinou rabo de couro a subir em garrafa" (José de Figueiredo Filho, *Meu mundo é uma farmácia*) [TC].

Ensinar rato a subir de costa em garrafa Ser espertalhão [LM].
Sin.: *fazer bala de rifle torcer a esquina*

Ensurdecer

Ensurdecer um surdo Fazer grande barulho [AN].

Entabocar

Entabocar atrás Perseguir; ir em seguimento [TC]. ♦ Entabocar é um v. neológico. Segundo a mesma fonte do verbete, significa "entrar, embocar". Deriva de "taboca", um tipo de bambu.
Var.: *encambitar atrás*

Entabular

Entabular uma manada *Bras., S.* Reunir as éguas que serão servidas pelo garanhão ou reprodutor [AJO].

Entalar

Entalar o rabo Comprometer-se em qualquer ação menos lícita; ficar compro-

metido em situação de que não se pode fugir [GAS].
Sin.: *ficar com o rabo entalado*

Entender(-se)

≠ **Não entender chongas/xongas** *Bras., gír.* Não saber, não entender nada: "O dr. Palhares não entende chongas de previdência, mas conhece o caminho das pedras"; "Não entendi xongas do que foi dito" [*Novo Aurélio – Séc. XXI*/JB/LAF].
Sin.: *não entender patavina, não entender porra nenhuma*
Var.: *não entender xonga nenhuma*

Entender com alguém (sic) *Lus., Barcelos.* Rixar com alguém; brigar [GAS].

Entender da poda Ter certos conhecimentos especiais; ter perfeito conhecimento de algum assunto; ser experiente; ter conhecimento profundo sobre algum assunto [AN/GAS].
Var.: *perceber/saber da poda,* (lus.) *pescar da poda*

≠ **Não se entender de gente** Ser ainda criança ou não ter nascido [Gl].

≠ **Não entender de lagares de azeite** *Lus.* Não saber de coisas complicadas [GAS].

Entender do carteado 1. Ser perito em certo jogo de cartas. **2.** *P. ext.,* conhecer bem determinado assunto, ramo de negócio etc. [TC].

Entender do riscado *Bras.* Ter pleno conhecimento de algo; ser perito, ou competente, em determinado assunto ou profissão; ser conhecedor profundo de um assunto; conhecer bem uma disciplina, um ramo de atividade, assunto ou mister; entender bem do assunto ou matéria; ter experiência em determinado serviço: "É gente que entende do riscado, e cada qual tem lá o seu método" (Fernando Sabino, *O gato sou eu,* p. 51); "A transmissão promete ser das melhores. O trio entende do riscado" (*Jornal da Rua,* cad. JRTevê, 27/6/99, p. 2). – Parece que a or. da loc. veio da interpretação de plantas de edifícios, ou desenhos técnicos, riscados no papel. Os leigos não entendem do riscado [ABH/AC/AN/CPL/FF/FS/LM/PJC/RMJ/TC].
Var.: *conhecer (d)o riscado*

≠ **Não entender níquel** Não entender nada. – Na realidade, o vocábulo não representa o nome do metal, e sim o lat. medieval *nichil* por *nihil* [AN].

≠ **Não entender pataca** Ver *não entender patavina*

≠ **Não entender patavina** Não saber nada sobre determinado assunto; não entender nada; não perceber nada de coisa nenhuma; mostrar desconhecimento completo do caso ou assunto: "Sim senhor, não entendeu patavina!" (Ribamar Galiza, *Que duas belas crianças*) [AN/GAS/JB/MPa/RMJ/TC].
Sin.: *não entender chongas/xongas, não entender pataca,* (lus.) *não perceber de horta,* (lus.) *não perceber népia,* (lus.) *não perceber um boi,* (lus.) *não saber boia disto,* (lus.) *não saber nicles,* (lus.) *não saber peva,* (lus.) *não saber pisca,* (lus.) *não saber pívia,* (lus.) *não saber ponta de um corno,* (lus.) *não saber puto*
Var.: *não perceber (nem) patavina, não pescar/saber patavina*

≠ **Não entender pirocas** Não compreender nem entender nada.

≠ **Não entender porra nenhuma** Ver *não entender chongas/xongas*

Enterrar

Enterrar a cabeça do boi *Bras., NE.* Prorrogar os festejos natalinos até o primeiro domingo seguinte a eles [ABH].

Enterrar a mão Ver *enterrar a unha*

Enterrar a unha Vender muito caro; explorar nos preços; aproveitar a oportunidade, locupletando-se; auferir lucro excessivo; vender muito caro, por preço demasiadamente elevado; cobrar mais do que o lucro lícito; extorquir: "Os armazenistas aproveitam a ocasião e enterram a unha nos compadres" (José de Figueiredo Filho, *Feiras do Nordeste*) [ABH/AN/FF/GAS/OB/TC].
Sin.: *enterrar a mão, enterrar o dedo*
Var.: *ferrar/meter a unha*

Enterrar a vida de solteiro Expr. que significa dar o noivo, à véspera do casamento, uma festa, ou oferecer uma farra, aos amigos não casados, dos quais vai se separar em razão do seu novo estado civil. – Nesta festa, o noivo se permite algumas extravagâncias, entre as quais a de tomar um bom pileque. Talvez por isso exista, em fr., a loc. *boire comme un fiancé* (= beber como um noivo). Existe, na França, a loc. *enterrer la vie de garçon* [AN/RMJ].
Var.: *despedir-se da vida de solteiro*

Enterrar capital Ver *enterrar dinheiro*

Enterrar dinheiro Empregar dinheiro em certo empreendimento, com poucas possibilidades de recuperação: "O maluco vendeu para enterrar o dinheiro no vício" (Jorge Amado, *Dona Flor e seus dois maridos*) [TC].
Sin.: *enterrar capital, enterrar os cobres*

Enterrar dos pés Competir (num jogo, numa maratona) [TG/TGa].

Enterrar o/um cadáver Pagar uma dívida [AC/FF/GAS].

Enterrar o dedo Ver *enterrar a unha*

Enterrar o machado de guerra Fazer tréguas; fazer as pazes [GAS].

Enterrar o mondrongo Copular; transar: "Ele quando queria dinheiro pra trepar, eu achava graça porque ele dizia: 'Seu Melque, me dê 30 mil-réis pra enterrar o mondrongo.' Ele não dizia fuder (*sic*), não. Ele só dizia enterrar o mondrongo" (Melquisedec, sebista recifense, *apud* Liedo Maranhão, *Conselhos, comidas e remédios para levantar as forças do homem*) [FNa].

Enterrar os chifres *Bras., S, SP*. Diz-se de pessoa que perde seus bens em maus negócios [MSM].

Enterrar os cobres Ver *enterrar dinheiro*

Enterrar os mortos e cuidar dos vivos Expr. que aconselha a superar os sofrimentos do passado, a não reclamar e não chorar o passado, para cuidar do presente. – É um preceito corrente, em casos de calamidade pública. Teria sido essa a resposta do gen. Pedro de Almeida, marquês de Alorna, ao rei de Portugal, quando este lhe perguntou que fazer diante das consequências do terremoto de Lisboa, em 1755: "Sepultar os mortos, / Cuidar dos vivos / E fechar os portos" [RMJ].

Enterrar os ossos Comer no dia seguinte os restos das iguarias de uma festa [FF].

Enterrar (d)os pés *Bras. CE*. Decidir-se súbita e violentamente; levantar-se impetuosamente, para sair ou para pôr-se em guarda; partir para a decisão; manifestar-se com veemência; partir para cima: "Aí, eu me danei, enterrei os pés e disse por aqui assim..." (Leonardo Mota, *Violeiros do Norte*, p. 241) [AN/CGP/LM/TC/TG/TGa].
Var.: *meter os pés* (1)

Enterrar o umbigo Não mudar de situação ou de lugar; não querer mais mudar de lugar; estar em algum lugar desde que nele se enterrou o umbigo quando a pessoa nasceu: "O cara enterrou o umbigo na Ceilândia e não sai mais de lá." – A expr. vem do velho hábito de se enterrar o umbigo dos recém-nascidos. Nos meios da gente simples, era costume, para dar sorte, enterrar-se o umbigo da criança na porteira de um curral de gado (vacum), ou, ainda, jogá-lo ao mar [AN/JB].
Var.: *plantar o umbigo em algum lugar*

Entesar

Entesar com alguém *Lus*. Irritar-se, encrespar-se com alguém. – Esta expr. já havia sido registrada por Morais Silva, que usou em seu dic. a forma reflexiva, então corrente: *entesar-se com alguém* [RMJ].

Entoar

≠ **Não entoar** Não acreditar; duvidar: "Essa história de contas do coronel Pedro Bias não entoa nos meus ouvidos, não. Entoa o quê, seu Biinha" (João Clímaco Bezerra, *Sol posto*) [TC].

Entoar ditirambos Fazer excessivos elogios [AN].

Entornar

Entornar o caldo Complicar uma situação com ato intempestivo; complicar as coisas; estragar uma situação com um ato desastroso ou intempestivo; ser grosseiro; arrumar confusão: "Cuidado pra não entornar o caldo." – Ant., dizia-se *entornar o carro*, ou seja, "virar o carro", como mostram estes versos do poeta port. Sá de Miranda: "Quem nunca ouviu um rifão / Mais corrente e mais usado, / Que é darem todos de mão / Quantos vêm e quantos vão, / Ao carro que está entornado." João Ribeiro mostra que a aproximação entre "caldo" e "carro" veio de outro modismo peninsular, *mexer o caldo*. Deturpações desse gênero são muito frequentes. [CLG/GAS/JB/RMJ].
Sin.: *descer o morro* (1)
Var.: *engrossar o caldo*

Entrançar

Entrançar perna(s) Vagabundear: "A vida dele é entrançando perna na Praça do Ferreira..." [FS].
Var.: *trançar as pernas*

Entrar

≠ **Não/Nunca entrar 1.** Não acreditar: "Você sabe que aquela história nunca me entrou". **2.** Não ser simpático; não agradar: "Esse tipo não me entra" (José Américo de Almeida, *A bagaceira*) [TC].

Entrar água em Bras., gír. Não dar certo; falhar; fracassar; complicar; estragar; errar: "Está começando a perceber que as coisas não deram tão certo como esperava; entrou água no seu sonho e no pesadelo que preparava para nós, apenas seres humanos" (Fausto Wolff, *Bundas*, 10/4/00, p. 15) [JB].

Entrar a matar Lus. Dizer logo o que se quer, sem reticências nem preparos [GAS].

Entrar areia em 1. Ficar estragado um negócio; estragar. **2.** Surgir algo inesperado, que atrapalha tudo; complicar: "Entrou areia no golpe de estado da União Soviética"; "Entrou areia na jogada do ministro" [AN/JB/MPa].

Entrar bem Bras., gír. Dar-se mal; sair-se mal; malograr-se; ser malsucedido; ter problemas: "Com tanta arrogância, o que ele merece é entrar bem"; "O cidadão entrou bem neste lance"; "Neste lance entrei bem, perdi uma fortuna"; "O cidadão vai entrar bem" [ABH/JB/JF/MPa].

Entrar bispo numa comida Diz-se quando a comida fica com gosto, com cheiro de queimado; diz-se quando a comida começa a queimar. – Nas pequenas cidades do interior com bispado, sempre que o bispo vinha à rua para levar o viático a moribundo importante, toda a gente corria à porta para ver o prelado passar, até a cozinheira, que, descuidando-se das panelas, deixava a comida queimar [AN/GAS].
Var.: *entrar o bispo*

Entrar calado e sair mudo Diz-se de pessoa que entra e sai sem falar nada; não falar em reunião: "O cidadão entrou calado e saiu mudo" [JB].
Var.: *entrar mudo e sair calado*

Entrar com a cara Bras., fam. Entrar em um negócio, no gozo de uma vantagem qualquer, sem despender dinheiro; entrar numa empreitada sem ter dinheiro [ABH/MPa].
Sin.: *entrar com o corpo*
Var.: *entrar com a cara e a coragem*

Entrar com a grana Bras., gír. Pagar; financiar: "– Gustavo, o meu pai é mais legal e até está achando um barato a gente entrar com a grana, e tal" (Márcia Kupstas, *Crescer é preciso*, p. 47).

Entrar com alguém Troçar; parodiar de alguém [GAS].

Entrar com algum Concorrer, contribuir com dinheiro [GAS].

Entrar com as quatro Bras., RS. Expr. que descreve a entrada agressiva, com quatro patas metafóricas, de alguém em alguma situação (um carrinho no futebol, uma intervenção agressiva numa reunião etc.). Não implica (só) reprovação, mas, ao contrário, pode significar regozijo, aplauso [LAFa].

Entrar com bola e tudo 1. *Bras., desp.* Driblar, o jogador, defensores adversários, inclusive o goleiro, entrando com a bola no gol, invadindo a meta com a bola. **2.** Conquistar: "Entrei nesta com bola e tudo, de cabeça" [ABH/HM/JB].

Entrar com o corpo *Bras., fam.* Entrar em um negócio, no gozo de uma vantagem qualquer, sem despender dinheiro: "É sócio de grande firma, na qual entrou com o corpo"; "Pobre, casou com uma pequena rica – entrou com o corpo" [ABH].

Entrar com o jogo Procurar convencer; interferir em certo negócio ou entendimento, usando meios próprios de persuasão [TC].

Entrar com o pé direito Começar bem; ter boa sorte (em qualquer carreira, empresa ou negócio); diz-se para entrar num local ou começar algo com sorte; prenúncio de felicidade, ventura, êxito: "Há pessoas que entram com o pé direito" (Jáder de Carvalho, *Sua majestade, o juiz*). – Velha superstição rel. ao lado direito. A crendice pop. acredita que dá sorte. Se entrarmos no ano-novo com o pé direito, tudo dará certo; jogador de futebol tb. entra no gramado com o pé direito. Ver *Rev. Lus.*, XXI, p. 163 [AC/AN/CLG/FF/FSB/GAS/LCCa/MPa/TC].

Var.: *começar/descer com o pé direito*

Entrar com o pé esquerdo Dar-se mal logo no começo; começar mal qualquer empresa, ou ser malsucedido nos primeiros tempos de permanência em uma nova localidade: "O Alberto entrou com o pé esquerdo nesta cidade..." – Velha superstição rel. ao lado esquerdo. A crendice pop. acredita que pode proporcionar desastre ou má sorte nas atividades [AN/FS/TC].

Var.: *descer com o pé esquerdo*

Entrar como Pilatos no Credo Diz-se do indivíduo que, sem razão aparente, é citado numa questão com a qual nada tem que ver, ou em que é figura de importância secundária; não ter culpa nenhuma. – No credo se diz: "... padeceu sob o poder de Pôncio Pilatos". Pilatos foi pusilânime, mas no fundo era favorável a Jesus (ver Ladislau Batalha, *História geral dos adágios portugueses*) [AN/RMJ].

Var.: *entrar em alguma/numa coisa como Pilatos no Credo, entrar no Credo como Pilatos, estar como Pilatos no Credo*

Entrar danado Correr; fugir; desaparecer [TC].

Entrar de amizade com Travar amizade com [ECS].

Entrar de bochecha *Bras., CE, pop.* Entrar sem pagar ingresso, de carona, de graça; não pagar o ingresso ou a passagem, escapando à vigilância do porteiro ou do condutor do veículo: "Fui no show ontem à noite e dei a maior sorte. O Julinho tava por lá e eu entrei de bochecha" [ABH/AN/FN/FS].

Var.: *andar de bochecha*

Entrar de borzeguins Ver *entrar de sola* (2)

Entrar de cabeça 1. Empregar tempo integral em algo; dedicar-se inteiramente a; voltar-se todo para algo: "– Resolvi enfrentar a 'Divina Comédia', entrei de cabeça na leitura" (Fernando Sabino, *O Povo*, cad. Cultura, 10/10/82, p. 7). **2.** Participar: "Neste negócio, vou entrar de cabeça" [JB].

Entrar de caixeiro e sair de sócio Alusão a quem começa com uma situação modesta e por seu valor ou por suas espertezas acaba bem [AN].

Entrar de caras Ir direto ao assunto [GAS].

Entrar de chapa *Bras., gír.* **1.** Enfrentar com agressividade; (*desp., gír.*) disputar a bola de forma desleal. **2.** Falar direto, sem rodeios [MGb/TC].

Entrar de/com força Enfrentar resolutamente [TC].

Entrar de corpo aberto Entrar na luta, na questão, na discussão sem a devida pre-

caução, de forma imprudente, intempestiva, resoluta, sem medir as consequências [TC].
Var.: *entrar de peito aberto*

Entrar de fogo aceso Investir resolutamente [TC].

Entrar de gaiato 1. *Bras., CE.* Intrometer-se em conversa sem ser chamado; meter-se: "O médico ainda entrou de gaiato" (César Coelho, *Strip-tease da cidade*). **2.** Ser malsucedido: "Vou entrar de gaiato neste lance" [JB/MGb/TC].

Entrar de gaiato no navio *Bras., gír.* Fazer besteira: "Entrei de gaiato no navio, tô fodido" [JB].

Entrar de gorra com alguém Implicar com alguém; replicar, questionar alguém: "José, aqui e ali, entra de gorra com a mulher. E haja bate-boca!" [GAS].

Entrar dentro de si Refletir; congeminar [GAS].

Entrar de olhos fechados Meter-se em negócio ou situação sem o mínimo conhecimento [GAS].

Entrar de/pela porta adentro Entrar, penetrar na casa resolutamente (e dela sair abruptamente): "Foi entrando de porta adentro e contando a história" (Batista Siqueira, *Folclore humorístico*), "O cara entrou pela porta adentro no peito e na marra" [JB/TC].

Entrar de sola *Bras.* **1.** *Desp.* Ir de chuteira levantada contra as pernas do adversário; disputar faltosamente a bola, atingindo, ou em risco de atingir, o adversário com a sola da chuteira; solar. **2.** *Fig.* Agir, logo de começo, grosseira ou agressivamente. **3.** Agredir: "Vou entrar de sola neste cara, ele tá merecendo um pontapé sem bola nas bolas dele" [ABH/HM/JB].
Sin. (2): *entrar de borzeguins*
Var. (1): *chutar/dar de sola*

Entrar em Agredir: "Entrou no sujeito com vontade mesmo" [TC].

Entrar em alfa Desligar-se: "Vou entrar em alfa, cara, tô precisando" [JB].

Entrar em alguma/numa coisa como Pilatos no Credo Ser tomado injustamente como cúmplice; ser culpado estando inocente: "Claro que o Junco e o torcedor sobralense nada tiveram a ver com todo o festival de sandices que antecedeu a decisão. O Junco entrou nessa história toda como o Pilatos entrou no credo" (Alan Neto, *O Povo*, 17/7/00, p. 24A). – Alusão à inclusão do nome do procurador da Judeia no Creio-em-Deus-Padre (ver Ladislau Batalha, *História geral dos adágios portugueses*) [AN].

Entrar em alta Passar a ser importante: "O cidadão entrou em alta" [JB].

Entrar em anos Ficar velho, fora de série: "2000 – meio século do descobrimento. O nosso país entrou em anos." [JB].

Entrar em baixa Declinar: "O cidadão entrou em baixa" [JB].

Entrar em campo Agir: "O presidente, como Rei do abafão que sempre foi, entrou em campo e sepultou a CPI que iria apurar os seus desmandos" [JB].

≠ **Não entrar em campo** *Desp.* Sumir (time) na partida; não jogar nada: "O Volta Redonda ainda não entrou em campo" [HM].

Entrar em cana *Bras., gír.* Ser preso, encarcerado: "A doméstica Francisca Helena (...), no quinto mês de gravidez, acabou entrando em cana depois de tentar assaltar o taxista José Ivo de Oliveira" (*Jornal da Rua*, 8/2/00, p. 1) [ABH/JB/TC].
Var.: *ir/meter-se em cana, levar cana*

Entrar em/na cana Sofrer agressão: "Um belo dia o falso sacerdote foi confessar uma velhinha e acabou entrando em cana" (Flávio da Cunha Prata, *Estórias pitorescas do Nordeste*) [ABH/JB/TC].

Entrar em cena 1. Iniciar a representação de uma peça teatral: "E a representação correu bem. Apenas, ao entrar em cena, o meu primo se aproximou de meu tio, e saudou..." (Humberto de Campos, *Memórias inacabadas*, p. 40); "Nunca se vira isso no teatro brasileiro – um teatro em que, não raro, os atores só eram apresentados aos personagens na hora de entrar em cena" (Ruy Castro, *O anjo pornográfico*, p. 166). **2.** Aparecer; distinguir-se demais: "... chegaram a me dar assovios quando entrei em cena, pra eu não andar querendo me fazer passar por moça de família cearense!" (Rachel de Queiroz, *Dora, Doralina*, p. 89) [GAS].

Entrar em colapso Falhar: "Até a energia, no ocaso do Rei do abafão (FHC), pode entrar em colapso" [JB].

Entrar em crise Abalar-se: "O cara entrou em crise, pirou de vez" [JB].

Entrar em curral de rama *Bras., RS.* Meter-se em complicações perigosas [AJO].

Entrar em deprê Cair em depressão: "Ela entrou em deprê" [JB].

Entrar em/numa fria *Bras., gír.* Ficar em situação difícil, embaraçosa, crítica; ser malsucedido; dar-se mal; meter-se em dificuldades, em encrencas: "Entramos numa fria, doutor. Está havendo um bode aqui embaixo" (Fernando Sabino, *O gato sou eu*, p. 43); "Cuidado com estes caras, você pode entrar em fria" [ABH/CLG/JB/JF/MPa/RMJ/TC].

Var.: *embarcar em canoa furada*

Entrar em idade Envelhecer [FF].

Entrar em jogo Entrar numa discussão, em linha de conta, em ação; começar a fazer uma coisa, a desempenhar algumas funções [AN].

Entrar em linha de conta 1. Fazer entrar na conta como parcela. **2.** Fazer caso; levar em consideração; ser tomado em consideração [AN/FF/GAS].

Var.: *meter em linha de conta*

Entrar em órbita 1. *Lus.* Ficar eufórico. **2.** *Bras., fam.* Estar ou ficar fora da realidade, alienado da realidade circunstante; buscar novos caminhos: "O malandro entrou em órbita, pirou e está nas estrelas." **3.** *Bras., gír.* Embriagar-se com drogas: "É ir levando, *entrar em órbita*, canear [= beber] por aí com umas *grinfas* [= mulheres, garotas do mesmo naipe] bem *xués* [= malucas], que é pra não dar dor de cabeça" (Vinicius de Moraes, *Poesia completa e prosa*, pp. 662-3) [ABH/GAS/JB/Vinicius de Moraes, *op. cit.*].

Var.: *estar em órbita*

Entrar em pânico Ficar fora de si, por um temor extremo: "Vendo a iminência da CPI da Corrupção, o Rei do abafa entrou em pânico" [JB].

Entrar em parafuso 1. Ficar momentaneamente desorientado, desatinado; descontrolar-se. **2.** Enlouquecer [GAS/JB].

Entrar em pua *Desp.* Perder para outro time por ampla margem de gols [HM].

Entrar em/na vara *Chulo.* Ser possuído o homem ou a mulher, sexualmente: "Vai entrar em vara" (Plínio Marcos, *Barrela*) [GM/MSM].

Entrar feio Entrar com rigor, ousadamente. – Expr. que dá ideia de impetuosidade, de castigo [TC].

Entrar frio *Desp.* Começar a jogar sem o aquecimento muscular próprio, expondo-se a estiramento ou distensão [HM].

Entrar-lhe em casa Começar a falar da pessoa de maneira contundente, provocando-a; diz-se quando alguém, de maneira deprec. ou disfarçada, fala de outrem [GAS].

Entrar macio que só colher em mamão maduro Diz-se daquilo que é muito fácil. – Expr. de cunho rural. Trata-se de uma símile ou comparação [LM].

Entrar mal Ser malsucedido: "Entrei mal neste lance" [JB].

Entrar mosca ou sair asneira Diz-se do indivíduo apalermado que só diz asneiras [GAS].

Entrar mudo e sair calado Diz-se daquele que entra e sai sem proferir palavra; não falar em reunião: "Nunca pensei que o Mariolanda fizesse o que fez: entrou mudo e saiu calado" [GAS/JB].

Var.: *entrar calado e sair mudo*

Entrar na borracha *Bras., pop.* Ser surrado com cassetete [ABH].

≠ **Não entrar na cabeça** Ser inacreditável; não ser possível acreditar-se: "Isso não me entra na cabeça" (Juarez Barroso, *Mundica Panchico e o resto do pessoal*) [TC].

Var.: *não caber na cabeça*

Entrar na chibata Ser castigado, espancado ou açoitado [TC].
Sin.: *ir à peia, tomar chicote*
Var.: *tomar chibata*

Entrar na confraria de são Cornélio Diz-se a respeito do homem cuja mulher começa a cometer adultério [AN].

Entrar na contramão Atropelar; fazer o oposto do convencionado, do esperado: "Entrei na contramão e me dei mal" [JB].

Entrar na dança 1. Envolver-se também na luta; ser parte em alguma ação; meter-se em negócio, assunto, empresa, a que era estranho ou que oferece dificuldades; envolver-se no negócio, na questão, na briga, no conflito: "Quando a Inglaterra entrou na dança, foi um alívio para os francófilos" (José de Figueiredo Filho, *Folguedos infantis caririenses*). **2.** Ser citado numa conversa ou ser objeto de maledicência. **3.** Acomodar-se: "Vou entrar na dança, não há alternativa" [ABH/AN/FF/GAS/JB/TC].
Sin. (1): *entrar na luta*
Var. (1): *estar na dança*

Entrar na degola *Bras.* Ser demitido ou reprovado [RG].

Entrar na faca *Fam.* **1.** Submeter-se a operação cirúrgica; ser operado; operar-se: "No que dependesse dele, já teria passado por todas as operações jamais registradas nos anais da cirurgia: 'Só mesmo entrando na faca para ver o que há comigo'" (Fernando Sabino, *O homem nu*, p. 31); "A mãe entrou na faca ontem e já tá em casa". **2.** Ser esfaqueado [ABH/AN/FS/GAS/JB/LAF/TC].
Sin. (1): *entrar no ferro*
Sin. (2): *levar facada* (1)
Var. (1): *ir à faca, passar na faca* (1)
Var. (2): *levar/tomar faca*

Entrar na gaita Ganhar dinheiro: "Vou entrar na gaita, tô precisando de uns cobres" [JB].
Sin.: *meter-se nos cobres*
Var.: *meter-se na gaita*

Entrar na lei de/do Chico de Brito *Bras., CE.* Levar uma surra [CGP/TGa]. ◆ Uma canção da década de 1950, muito tocada no rádio, em Fortaleza, dizia assim: "Sou filha de Chico Brito, nascida em Baturité..." O Chico, na modinha, era um sujeito ao que parecia durão, coronel do mato. Não seria o mesmo valente do sintagma em questão?

Entrar na lenha *Bras.* Apanhar; apanhar de rijo, a pau ou de qualquer outra forma; ser surrado; levar pancada; ser fisicamente agredido; sofrer espancamento. – Expr. pouco us. [ABH/AC/FSB/HM/RMJ/TC].
Var.: *levar lenha, meter-se na lenha*

Entrar na liça Entrar na luta; começar a luta; ingressar numa discussão. – A expr. vem dos tempos dos torneios medievais entre cavaleiros, tb. conhecidos como "justas". A liça era o campo em que se realizavam esses combates, ora a lança, ora a espada, os quais passaram de moda quando o rei da França, Henrique II, morreu em 1559 dos ferimentos que o conde Gabriel de Montgomery lhe infligiu na liça com uma lança que o atingiu na fronte [AN/GAS/RMJ].

Entrar na liça com alguém Contender, competir com alguém. – A liça era, na Idade Média, lugar reservado para justas e torneios [AN].

Entrar na linha Corrigir-se; emendar-se; ficar disciplinado; regenerar-se; proceder com correção; tomar juízo; endireitar: "Cê precisa entrar na linha, gente boa" [AN/GAS/JB].

Entrar na luta Ver *entrar na dança* (1)

Entrar na madeira Ver *ir à peia*

Entrar na maior roubada *Bras., gír.* Enganar-se, errar: "Entrei na maior roubada, gente, (...), mas espero me safar" [JB].

Entrar na maldade Ver *dar (uma) bruta*

Entrar na marreta Levar pancada; levar uma surra [AN].

Entrar na matéria Começar a tratar do assunto; começar uma lição [GAS].

Entrar na onda Acompanhar o ritmo ou o passo da situação; assumir o moderno, com tudo o que ele implica: "Quem tem sentimento é guia-de-cego. O negócio é *entrar na onda*" (Vinicius de Moraes, *Poesia completa e prosa*, p. 662) [JB/Vinicius de Moraes, *op. cit.*].

Entrar na praça Prostituir-se: "Essa mais velha que ela adotou quando entrou na praça..." (Mílton Dias, *Estórias e crônicas*) [TC].
Sin.: *entrar na vida*
Var.: *sentar/assentar praça* (2)

Entrar na pua Levar pancada; ser agredido [AN].

Entrar na reta da chegada Chegar à fase final. – Alusão à pista dos prados de corridas, que termina por uma reta [AN].

Entrar nas quartas *Bras., RS.* Atrapalhar-se; embaraçar-se [AJO].

Entrar nas sortes Ser recenseado para o serviço mil. [GAS].

Entrar na tela da discussão Ser tratado ou discutido [AN/GAS].
Var.: *estar na tela da discussão*

Entrar na vara Receber uma sova: "Ele entrou na vara, que saiu de lombo quente."

Entrar na vida Ver *entrar na praça*

Entrar no aquário Entrar para o rol dos protegidos, dos privilegiados; passar a fazer parte do grupo dos protegidos que, ficando à disposição de altas autoridades, nada tem que fazer. – É assim como um peixinho dourado. O aquário é o gabinete do chefe que protege. Um gabinete ministerial ou de presidente de autarquia é um aquário, onde em geral ficam à disposição os peixinhos dourados, i. e., os protegidos, os que não precisam fazer nada. Quando se diz: "Aquilo lá é um aquário", diz-se que em tal lugar ninguém faz coisa alguma [AN/RMJ].

Entrar no bacalhau Ser castigado, espancado ou açoitado: "Você somente o que tem é entrar no bacalhau" (Aderaldo Ferreira de Araújo, *Eu sou o cego Aderaldo*). – Bacalhau era um açoite de couro cru, us. no tempo da escravidão [AN/TC].
Sin.: *ir à peia*

Var.: *comer bacalhau, levar bacalhau, tomar bacalhau*

Entrar no(s) bredo(s) *Bras., NE.* Fugir: "Buliu com a moça e entrou nos bredos, de mundo afora, o safado" [TC].
Var.: *cair no bredo*

Entrar no cacete Ser castigado, espancado ou açoitado: "Ficam obrigados a pagarem as despesas ou entram no cacete" (Artífio Bezerra da Cunha, *Memórias de um sertanejo*) [TC].
Sin.: *ir à peia*
Var.: *levar (um) cacete*

Entrar no cordão Aderir [AN].

Entrar no(s) couro(s) *Bras., CE.* Apanhar; sofrer açoites: "E se disser que não toma, entra no couro" (Aderaldo Ferreira de Araújo, *Eu sou o cego Aderaldo*) [RG/TC].
Var.: *levar (um) couro, tomar couro/ nos couros*

Entrar no embalo *Bras., gír.* Adquirir o vício de consumir entorpecentes [ABH].

Entrar no embalo-7 *Bras., RJ, gír.* Embriagar-se muito: "... tem que discutir cinema novo, e sobretudo Gláuber; tem que saber *queimar o pé* [= embriagar-se] e entrar no *embalo-7* com *birita* de pobre..." (Vinicius de Moraes, *Poesia completa e prosa*, p. 664) [Vinicius de Moraes, *op. cit.*].
Sin.: *encher a cara*

Entrar no ferro Ser operado: "Entrei no ferro, pô, pra ver se melhoro" [JB].
Sin.: *entrar na faca* (1)

Entrar no fogo Meter-se em brigas, tiroteios, encrencas: "... chegara para entrar no fogo" (César Coelho, *Strip-tease da cidade*) [TC].

Entrar no fraga *Bras., gír.* Ser flagrado: "O bandido entrou no fraga e acabou no xilindró" [JB].

Entrar no jogo Participar do acordo, ou dos conluios; ser cúmplice: "– Nós nunca mais vamos ver você? – pergunta o pai, resolvendo entrar no jogo do filho enquanto o encaminha, sutilmente, para a cama" (Luis Fernando Verissimo, *Comédias para se ler na escola*, p. 20) [GAS/TC].

Entrar no jogo sem ficha *Bras., CE.* Meter-se onde não é chamado [MGa].

Entrar no lance Procurar saber: "Vou entrar no lance, numa naice" [JB].

Entrar no mondé *Bras., BA, desp.* Ser subornado (diz-se de jogador ou juiz) [HM].

Entrar no pique de Acompanhar: "Entre no pique da Globo" [JB].

Entrar no/para o rol dos homens sérios Casar(-se); desposar alguém: "O diretor me diria: – 'Entrou no rol dos homens sérios, Seu Luís'" (Graciliano Ramos, *Angústia*, p. 66) [AN].

Entrar nos eixos 1. Voltar a conduzir-se com juízo, bom-senso, comedimento; resolver-se a seguir no bom caminho; acomodar-se; corrigir-se; regenerar-se; refazer-se; tomar rumo certo; endireitar: "Minha mãe voltou para a nossa cidade, minha vida foi entrando nos eixos" (uma leitora, à repórter Eliane Trindade, *Marie Claire*, jun./1999, p. 126). **2.** Normalizar-se; regularizar-se: "... as coisas entraram nos eixos. O almoxarife parecia não ter mais aborrecimentos" (Francisco de Assis Barbosa, *A vida de Lima Barreto*) [ABH/AN/FF/GAS/TC].

Sin.: *começar a levar caminho, entrar nos trilhos*

Entrar nos trilhos Ver *entrar nos eixos*

Entrar no vermelho Ficar devendo; ter saldo bancário negativo: "Toda vez que a Bolsa cai mais de 10%, fecha. Sensacional. Vamos aplicar aos bancos. Entrei no vermelho, fecha a agência. O cheque especial estourou?" (José Simão, *O Povo*, 11/9/98, p. 5A).

Entrar numa canoa furada Errar: "Os caciques da Frente Trabalhista desconfiam que entraram numa canoa furada" (Expedito Filho, *Época*, 1º/4/02, p. 9) [JB].

Entrar numa de horror *Bras., gír.* Dar-se mal, errar, entrar em pânico: "Entrei numa de horror, não acreditei que pudessem me sacanear" [JB].

Entrar numa furada *Bras., gír.* Errar, atrapalhar-se; enganar-se: "Estou convencido: entrei numa furada, tô fu" [JB].

Var.: *embarcar numa furada*

Entrar numa gelada *Bras., PE.* Errar; fazer mau negócio: "Quem acreditar nessa conversa de 'demissão voluntária' do Governo, vai é entrar numa gelada" [BB/JB].

Entrar numa roda-de-pau *Ant.* Refere-se a um tipo de suplício: punham o condenado, despido até a cintura, no meio de um círculo constituído por meia dúzia ou mais de indivíduos armados de rijas, flexíveis e resistentes varas. Sofria o castigo aplicado em sucessivos golpes, ininterruptos, obrigando-o a correr no centro da roda durante o tempo previsto, no mínimo uma hora interminável. Ver, para conhecer mais, LCCa, p. 110.

Entrar numas 1. *Bras., CE, gír.* Cismar de pensar, dizer ou fazer algo estranho ou sem sentido em função do efeito da maconha: "A gata entrou numas de achar que todo mundo sabia que ela tava doidona [sob efeito da maconha]." **2.** *Bras., DF, gír. rap e rock.* Brigar [Net/RK].

Entrar o rio na caixa *Bras., S.* Diz-se do rio que volta ao seu leito depois de ter saído campo fora devido a uma enchente [AJO].

Entrar para o teatro Seguir a carreira teatral [AN].

Entrar pela janela *Bras.* **1.** Comparecer a acontecimentos sociais sem ser convidado: "Não fui convidado, entrei pela janela." **2.** Ingressar em escola, universidade, emprego público etc., sem a prestação de concurso normalmente obrigatório ou valendo-se de expedientes escusos; ingressar no serviço público sem as formalidades legais: "Estou no governo, mas entrei pela janela, sou um autêntico jabuti." **3.** Conquistar um emprego por indicação de alguém; conseguir (algo) sem muito esforço: "O cara entrou pela janela, tinha pistolão forte" [ABF/ABH/AN/JB].

Entrar pela madeira dentro Sofrer as consequências [GAS].

Entrar pela noite adentro Perder a hora: "Entramos pela noite a dentro (*sic*), com a cuca cheia e o peito em festa" [JB].

Entrar pela pinga Embriagar-se; embebedar-se [GAS].
Sin.: *encher a cara*
Var.: *tomar-se da pinga*

Entrar pela porta do cavalo *Lus.* Entrar por uma porta que não é a principal; não seguir os caminhos normais; conseguir algo por processos pouco claros [GAS].

Entrar pela porta errada Ser malsucedido: "O cidadão entrou pela porta errada, quis saber demais" [JB].

Entrar pela tubulação *Bras., gír.* Ser malsucedido; dar-se mal: "O cidadão entrou pela tubulação. Foi acreditar em conversa de vendedor e se arrebentou todo" [ABH/JB].
Sin.: *entrar pelo/por um cano*

Entrar pelo/por um cano *Bras., gír.* Sair-se mal (em qualquer intento); acabar mal; dar-se mal; ser malsucedido num empreendimento qualquer; ser ludibriado, enganado, derrotado; sofrer ou levar prejuízo, decepção, castigo etc.; fazer negócio malfeito; perder; fracassar; fazer fiasco; trumbicar-se; diz-se do assunto logrado, não aprovado, que não teve seguimento; diz-se de pessoas que se deixam conduzir por vantagens eivadas de erro, de frustrações: "Mesmo tendo recebido algumas benesses do governo que entrava pelo cano, Genésio aderiu à 'redentora', mais por vocação do que por convicção (ele tinha – e ainda tem – um caráter muito adesivo)" (Stanislaw Ponte Preta, *Febeapá 1*, p. 66); "E tome dólar pra lá, dólar pra cá, neguinho só levando uma nota com esse nervosismo e a gente entrando pelo cano" (João Ubaldo, *Diário do Nordeste*, cad. 3, 15/7/01, p. 5); "Como nem tudo na vida tem final feliz, o infeliz Elesbão acabou entrando por um solene cano" (Aírton Monte, *O Povo*, 20/10/97, p. 2B); "Cuidado quando ajudar alguém, você pode entrar pelo cano"; "O cidadão vai acabar entrando por um tremendo cano". – O cano, no caso, é o cano do esgoto [ABH/GAS/JB/JF/MPa/RBA/RMJ/TC].
Sin.: *arrastar (a) mala (2), entrar pela tubulação*
Var.: (lus.) *cair pelo cano*

Entrar pelo gatilho *Lus., Montemor-Alentejo.* Entrar em qualquer casa e não se demorar nada [GAS].

Entrar pelos olhos Ser evidente, facílimo de compreender; diz-se do que é lógico, fácil de perceber: "Maria das Dores não podia ser Irmã de Caridade. Entrava pelos olhos" (Manuel de Oliveira Paiva, *A afilhada*) [ABH/AN/GAS/TC].
Var.: (lus.) *entrar pelos olhos dentro*

Entrar por ele Ver *encher a cara*

Entrar por morto *Bras., S.* Não ser considerado. – Origina-se do fato de, quando se vai comprar uma tropa, combinar-se com o vendedor que os terneiros até certa idade não serão computados na contagem [AJO].

Entrar por um ouvido e sair pelo/por outro Não dar importância ao que se ouve; não merecer atenção; não levar em consideração; não ser levado em conta (conselho, advertência, lição etc.); não dar atenção (ao que se diz); não dar a mínima atenção; não ligar; não fazer caso; não merecer apreço aquilo que foi dito: "Ele mente como cachorro de preá: o que ele me diz entra por um ouvido e sai por outro." – O povo pensa que há comunicação direta entre os dois ouvidos [ABH/AN/CLG/FF/FSB/GAS/LM/TC].

Entrar zunindo Mover-se apressadamente, velozmente: "Entrei zunindo na cozinha" (Rachel de Queiroz, *Dora, Doralina*) [TC]. – O que dá o sentido à expr. é "zunindo". Ele tb. aparece em várias outras expr., como *chegar/ir/sair/voltar zunindo*, cuja diferença de sentido é dada pelo v. que o antecede.

Entregar(-se)

Entregar a alma 1. Morrer. **2.** Aceitar [ABH/AN/GAS/JB/TC].
Var. (1) (2): *entregar a alma a Deus*
Var. (1): *render a alma*

Entregar a alma a Deus 1. Morrer: "Quando meu pai entregou a alma a Deus, deixou tantos possuídos que..." (Graciliano

Ramos, *Alexandre e outros heróis*, p. 48).
2. Aceitar: "Entreguei a alma a Deus, não deu mais para segurar o pepino" [ABH/AN/F&A/GAS/JB/TC].
Sin. (1): *bater a(s) bota(s)*
Var. (1) (2): *entregar a alma*
Var. (1): *dar/render a alma a Deus*

Entregar a alma ao Criador Morrer: "Hilário: Foi uma carta que ele ditou e assinou, pouco antes de entregar a alma ao Criador. Leia este pedaço" (Dias Gomes, *O Bem-Amado*, p. 114) [ABH/FSB/GAS/TC].
Var.: *dar a alma ao Criador*

Entregar a Deus Ver *botar para Deus*

Entregar a espada Render-se [AN].

Entregar alguém a um orixá *Umb.* Pedir a seu santo particular que faça o mal a alguém, geralmente como vingança [OGC].

Entregar a mercadoria em domicílio *Desp.* Desistir de ação na partida, por desânimo, cansaço ou pela constatação de não valer a pena [HM].
Sin.: *dar mole* (3)
Var.: *entregar a mercadoria em casa*

Entregar a pasta Transferir a responsabilidade [GAS].

Entregar a rapadura 1. *Bras., SP, pop.* Desistir de um projeto ou plano; (*desp.*) desistir de ação na partida; capitular; desanimar; deixar-se vencer; reconhecer-se vencido; ceder a vitória ao adversário: "O Bonsuça entregou a rapadura ao Mengão." **2.** *Bras., pop.* Morrer; falecer [ABH/AC/AN/FF/HM/JB/LCC/LM].
Sin. (1): *dar mole* (3), *pedir penico* (2)
Sin. (2): *bater a(s) bota(s)*
Var. (2): *refinar a rapadura*

Entregar as fichas *Bras., RS.* Ceder; concordar [AJO].

Entregar de bandeja Delatar: "O dedo de seta entregou de bandeja" [JB].

Entregar de mão beijada Dar sem remuneração; dar de graça ou vender por preço bem abaixo do mercado: "Odorico: ... o senhor acha que eu vou entregá-lo assim de mão beijada? Nunca. Pode o juiz mandar trinta ordens" (Dias Gomes, *O Bem-Amado*, p. 125); "Jasão: Não fique pensando que o povo é nada, / carneiro, boiada, débil mental, / pra lhe entregar tudo de mão beijada..." (Chico Buarque & Paulo Pontes, *Gota d'água*, p. 102) [AN/GAS].
Var.: *dar de mão beijada*

Entregar mal *Desp.* Errar, passando a bola para um adversário [HM].

Entregar marmita a domicílio *Bras., gír.* Trair: "O pessoal falou que a (...) entrega marmita a domicílio quando o maridão trabalha" [JB].
Var.: *entregar marmita pra fora*

Entregar marmita pra fora Trair: "A (...) entrega marmita pra fora, o marido dela nem desconfia" [JB].
Var.: *entregar marmita a domicílio*

Entregar o boné Renunciar; pedir para sair: "O presidente Carlos Mesquita retroagiu da sua decisão anterior de renunciar e promete sanear financeiramente o clube (Ferroviário), para depois, e aí em definitivo, entregar o boné" (*Jornal da Rua*, 6/7/99, p. 7).

Entregar o couro às varas Morrer: "Um dia arreamos, entregamos o couro às varas e, como temos religião, vamos para o céu, que é talvez a última canoa, Deus me perdoe" (Graciliano Ramos, *Alexandre e outros heróis*, p. 71) [TC].
Var.: *dar o couro às varas*

Entregar o jogo Deixar de se empenhar no jogo, concorrendo para a derrota [TC].
Sin.: *dar mole* (3)

Entregar o pescoço à canga Deixar-se subjugar: "Em tal caso, cruzemos os braços, e entreguemos duma vez o pescoço à canga dos mascates – interrompeu André de Figueiredo" (José de Alencar, *Guerra dos mascates*) [RMJ].
Var.: *dar o pescoço à canga*

Entregar o ramo Transferir as funções, o cargo, o negócio: "Um dos agrônomos discursava, entregando o ramo a outro" (Inez Mariz, *A barragem*). – A expr. se origina do costume de ant. os noitários, depois de terminada sua tarefa daquela noite, transferirem a obrigação para os encarregados da noite seguinte, entregando-lhes um ramo de palmeira retirado das barracas [TC].

Entregar os passaportes Mandar embora (um diplomata) [AN].

Entregar os pontos *Bras., gír.* **1.** Desistir; capitular; considerar-se vencido, perdido; fracassar; arriar; reconhecer a própria derrota: "– Ora e daí. O camaradinha alisou o banco e quando quis dar o fora, o pai foi atrás. E ele teve de entregar os pontos" (João Clímaco Bezerra, *O semeador de ausências*, p. 105); "Desanimei, ia entregar os pontos quando me veio de repente uma ideia..." (Graciliano Ramos, *Alexandre e outros heróis*, p. 75); "– Você também vai pedir para eu mudar meu pensamento, entregar os pontos?" (Jorge Amado, *Tieta do agreste*, p. 546); "O rapaz não entregava os pontos, olho vidrado, se consumindo..." (Terezinha Alvarenga, *Rio dos sonhos*, p. 68); "Depois de horas de discussão, ele entregou os pontos, reconhecendo que não tinha razão"; "Vou entregar os pontos, não dá mais pra mim, gente boa". **2.** *Desp.* Não comparecer a um jogo programado [ABH/AN/DT/FF/HM/JB/TC].

Sin. (1): *chegar o rabo na chiringa, dar-se por vencido, pedir penico* (2)

Entregar o ouro 1. Revelar: "Entregou o ouro nesta conversa." **2.** Ceder a vitória ao adversário: "Não vais entregar o ouro logo agora, vais?" [JB].

Sin. (2): *dar mole* (3)

Entregar o ouro ao bandido Abrir-se; revelar tudo: "Não é que o cara entregou o ouro ao bandido?" [CGP/JB/TGa].

Sin.: *dar o leite*

Entregar o rabane Fazer sexo anal: "O bichona gosta mesmo é de entregar o rabane" [JB].

Sin.: *dar o rabo*

Entregar-se à bicharada Andar ao acaso da vida; deixar-se levar à mercê da própria sorte, sem rumo certo, sem norte, à maneira de quem anda à toa na vida, ao acaso, sem razão nem profissão, vivendo por mero ato de casualidade, como os bichos [GAS].

Entregar-se a mercê Render-se à discrição [AN].

Entregar-se ao sono Dormir [AN].

Entregar-se de corpo e alma Dedicar-se com toda a devoção, com todo o interesse [GAS].

Entregar-se nos braços de alguém Submeter-se cegamente a essa pessoa, perdendo a ação própria para fazer o que ela impõe [AN].

Entreter

Entreter o tempo Fazer qualquer coisa sem importância; estar ocupado por pequenos afazeres [GAS].

Entreverar

Entreverar os pelegos *Bras., RS, fig.* Juntar-se com alguém; casar. – Entreverar: misturar, confundir [AJO].

Entrosar

Entrosar de valentão *Bras.* Querer figurar com impostura; aparentar aquilo que não é [ABH].

Entubar

Entubar uma brachola *Chulo.* Ser homossexual passivo [GM].

Entupir

Entupir no fundo *Bras., NE.* Correr (o vaqueiro), por algum tempo, rente às ancas da rês, a fim de a derrubar pela cauda [ABH/AN].

Envergonhar

Envergonhar as barbas Fazer grande patifaria em que o bom nome da família fica manchado [GAS].

Envidar

Envidar de falso Oferecer por mera cortesia, sem desejo de que aceitem a oferta [ABH/FF].

Envidraçar-se

Envidraçar-se os olhos Marejarem-se os olhos de lágrimas [GAS].

Envolver

Envolver os zagueiros *Desp.* Confundir e ultrapassar a última linha de defesa antes do goleiro [HM].

Enxergar(-se)

≠ **Não se enxergar** Ver *não conhecer o seu lugar*

≠ **Não enxergar dois dedos diante do nariz** Não perceber o que está acontecendo [CLG].

Enxergar em esquina Diz-se de pessoa cuja visão penetra os mais diferentes ângulos do que em torno de si possa estar a ocorrer; diz-se de indivíduo perspicaz [RBA].

≠ **Só enxergar os dourados** Ver somente o que é bonito, o lado bom [AN].

≠ **Não enxergar um palmo adiante/diante do nariz 1.** Haver grande escuridão, grande nevoeiro. **2.** *Fig.* Ser muito estúpido, ignorante e/ou muito curto de inteligência; diz-se de quem evidencia demasiada estupidez, ignorância profunda, de quem é de vistas muito curtas; não compreender nada; ser pouco inteligente [ABH/AC/AN/FF/FSB/GAS].
Var. (2): *não ver um palmo adiante/à frente do nariz*

Enxotar

Enxotar as bexigas *Lus., Maia.* Fazer a vacinação antivariólica [GAS].

Enxugar

≠ **Não enxugar a rede** *Mad.* Andar sempre bêbado [GAS].

Enxugar as lágrimas a alguém Consolar, minorar os infortúnios [AN/GAS].
Var.: *secar as lágrimas a alguém*

Enxugar gelo 1. Fazer um trabalho inútil. **2.** *Bras., gír.* Jogar conversa fora: "Meu, dando uma de enxugar gelo?" **3.** Passar o tempo: "Vai ficar aí enxugando gelo?" [AN/JB].

Enxugar uma garrafa *Bras., gír.* Beber: "Vou enxugar uma garrafa hoje à noite na festa do Dadão" [JB].

Equilibrar

Equilibrar o barco Conseguir estacionar a situação [GAS].

Erguer

Erguer a crista Enfatuar-se, mostrar arrogância [AN/GAS].
Var.: *levantar a crista*

Errar

Errar a porta Dar-se mal num empreendimento por não ter recorrido a quem devia; diz-se quando nos dirigimos a pessoa ou entidade que não é a indicada [AN/GAS].

Errar da porca e cair no leitão Querer atingir uma coisa e atingir outra que não devia [AN].

Errar de porta Ver *tomar (o) bonde errado* (1)

Errar o bote 1. *Bras., CE.* Falhar no intento; não atingir o alvo. **2.** Fracassar na tentativa de fazer mal a outrem; falhar em tentativa mal-intencionada: "A Vaca Mocha chegou mesmo a lastimar que a Cobra tivesse errado o bote" (Jorge Amado, *O Gato Malhado e a Andorinha Sinhá*, p. 40). – O agressor simula uma cobra [ABH/AN/RG/TC].
Sin. (1): *errar o golpe*

Errar o golpe Ver *errar o bote* (1)

Errar o lance Não acertar; dar em falso; falhar [ABH].

Errar o pealo *Bras., RS.* **1.** Enganar-se; sair-se mal de uma tentativa, ou investida.

2. Não obter uma vantagem aparentemente fácil [ABH/AJO/AN/FF].
Sin. (1): *errar o vau*
Sin. (2): *errar o pulo*

Errar o pulo Ver *errar o pealo* (2)

Errar o tiro Não conseguir o que se deseja ou intenta; perder [GAS].

Errar o vau Ver *errar o pealo* (1)

Escancarar

Escancarar geral *Bras., gír.* Fazer o que deve ser feito, em grande estilo: "O cara escancarou geral, xará, de montão" [JB].
Var.: *escancarar total*

Escanchar-se

Escanchar-se no rasto/rastro *Bras., NE, CE.* Perseguir pessoa, ou rês, a distância; seguir o animal sem desviar-se, constantemente, não o deixando em sossego; seguir o rastro; pôr-se no rastro; perseguir cuidadosamente o animal procurado e esquivo (ver Juvenal Galeno, *Lendas e canções populares*) [FS/LM/RG].

Escangotar

Escangotar a cabeça Virar a cabeça para trás na hora duma gargalhada [TGa].

Escapar(-se)

Escapar ao manajeiro *Lus., Alentejo.* Sair sem pagar a despesa [GAS].

Escapar arranhando Ver *escapar fedendo*

Escapar à tangente Conseguir safar-se do perigo [GAS].
Sin.: (lus.) *escapar por uma unha negra*

Escapar como uma enguia Saber fugir a uma dificuldade, a uma situação perigosa. – A enguia, peixe viscoso, escorrega facilmente da mão [AN].

Escapar da foice e cair no machado Livrar-se de um mal menor e ter que enfrentar outro mais complexo, ou arriscado: "Coitados! Escapavam da foice, caíam no machado; um chupão, apenas, do peixe de couro: e lá se vai a desinfeliz da piabinha, escapa dos dourados e tabaranas, acabar-se em outra pança insaciável..." (Mário Palmério, *Vila dos Confins*, p. 259).
Sin.: *escapar das labaredas para cair na fogueira*

Escapar da moléstia e morrer da cura Deitar a perder o que se vai salvar [AN].

Escapar das labaredas para cair na fogueira Ver *escapar da foice e cair no machado*

Escapar de boa Diz-se quando uma pessoa escapa ilesa de um desastre ou de qualquer outro perigo; fugir de situação perigosa; livrar-se de situação difícil; escapar de uma boa cilada, uma boa traição, uma boa manobra armada pelos inimigos [ABH/AN/GAS/RMJ].

Escapar do sufoco Sair de dificuldades: "Escapei do sufoco, foi foda, cara, o que passei" [JB].
Var.: *sair do sufoco*

Escapar fedendo *Bras., NE.* Escapar com dificuldade; livrar-se de uma situação difícil; passar por um sufoco ou escapar de um acidente por um triz; livrar-se quase milagrosamente; diz-se de alguém que se safa de alguma coisa por pouco; livrar-se de aborrecimento, punição, situação embaraçosa etc. precisamente quando estão a pique de ocorrer; escapar com grande dificuldade, sofrendo danos mínimos: "Dez passageiros escaparam fedendo de tragédia de avião" (*Jornal da Rua*, 1º/2/00, p. 8); "Ser homem era não quebrar a palavra dada, não chorar diante da dor e do sofrimento, não sentir medo de nada, preferir morrer com honra do que escapar fedendo de vergonha" (*sic*) (Aírton Monte, *O Povo*, cad. Vida & Arte, 16/2/01, p. 2) [ABH/AN/AS/CGP/JB/MGb/PJC/TC/TGa].
Sin.: *escapar arranhando, ser salvo pelo gongo*

≠ **Não escapar nem rato** Haver aniquilamento total: "Não escapou nem rato" [AN].

Escapar pela malha Fugir à observação [AN].

Escapar pela tangente 1. Sair a custo de uma situação difícil. **2.** Obter a última nota de aprovação em exame. – Por um ponto a tangente não tocaria a circunferência [AN].

Escapar por uma unha negra Ver *escapar à tangente*

Escapar por um fio Ser salvo: "Escapei por um fio, fui salvo pelo gongo" [JB].

Escapar por um triz Escapar por um nada, por pouco [GAS].

Escapar-se das unhas. Conseguir soltar-se [GAS].

Escarrar

Escarrar grosso *Bras., CE.* Deitar importância, falar com convicção [RG].

Escarrar sangue *Bras.* Fazer enorme esforço [RG].

Escolher

Escolher a dedo Selecionar criteriosamente; escolher bem, com muito cuidado: "... Ele escolheu você a dedo. Sabia que você é do tipo que gosto. Igual a ele, o cachorro!" (Luis Fernando Verissimo, *As mentiras que os homens contam*, p. 144); "Aquela empresa escolheu a dedo seus funcionários"; "O treinador escolheu a dedo os jogadores para essa partida" [CLG/F&A].

Esconder

Esconder a borracha *Bras., S, RJ, chulo.* Copular. – Borracha: o órgão sexual masc. [MSM].

Esconder a cobra *Bras., gír., chulo.* Fazer sexo oral ou anal: "A bichona esconde a cobra" [JB].

Esconder o jogo 1. *Bras., gír.* Ocultar as verdadeiras intenções de um comportamento, de uma atitude etc.; manter intenções ocultas; não revelar o que se pensa; agir com dissimulação, buscando evitar que alguém lhe descubra as intenções; enganar: "Zizi ainda tentou esconder o jogo para a imprensa" (Christiane Viana, *O Povo*, 24/12/97, p. 5B). – Em fr. usa-se a mesma expr.: *cacher le jeu*. **2.** *Bras., CE, gír.* Não se manifestar ou dizer que não tem maconha quando na verdade tem e estão querendo fumar: "Ih, ó o cara, escondendo o jogo..." [ABH/AN/GAS/JB/RK/RMJ].

Esconder o leite *Bras., pop.* **1.** Encobrir, fingir, dissimular, ocultar algo; disfarçar as intenções ou os trunfos, com vistas a iludir o adversário: "Não te faz, não fica escondendo o leite que eu sei que vai lá." **2.** Negar o que havia prometido. **3.** *RS.* Mostrar-se medroso. **4.** Diz-se da vaca que, na hora da ordenha, retém o leite, porém logo que é solta deixa o terneiro mamar todo o leite retido [ABH/AJO/CLG/LAF].

Esconder o rosto Envergonhar-se [GAS].

Escorar

Escorar de cabeça *Desp.* Anular lançamento de bola com a cabeça [HM].

Escorar de forquilha Escorar, tendo como âncora uma forquilha; amparar [AJO].

Escorar no serviço Trabalhar com muita lentidão ou desinteressadamente [TC].
Sin.: *escorar no trabalho*

Escorregar

Escorregar a grana *Bras., gír.* Pagar: "Escorrega a grana, malandro, paga a dolorosa" [JB].

Escorregar a mão Diz-se quando se perde o ponto do sal ou do tempero: "Acho que você escorregou a mão, tem sal demais na omelete" [FN].

Escorregar-lhe o pé Tendência para a ordinarice [GAS].

Escorregar na baba do quiabo Diz-se quando alguém dá um fora, uma rata, comete uma gafe [AS].

Escorregar na calçada *Bras., gír.* Trair: "O cidadão escorregou na calçada e entregou tudo aos tiras" [JB].

Escorregar na maionese *Bras., gír.* Falhar; errar: "O cidadão escorregou na maionese" [JB].

Escorregar não é cair Expr. utilizada para dizer que cometer uma falta ou erro não quer dizer que tudo esteja perdido [GAS].

Escorregar no quiabo *Bras., gír.* Ser homossexual: "O cara escorrega no quiabo, aliás com muito gosto" [JB].

Escorregar numa casca de banana Cometer um erro preparado por outrem [GAS].

Escorrer

Escorrer a água às batatas Ver *despejar a água às batatas*

Escorrer a fita *Bras., CE.* Sangrar [CGP].

Escovar

Escovar a casaca Diz-se, em equitação, do cavalo que deita fora o cavaleiro [GAS].

Escovar o fato *Bras., CE, chulo.* Ter relações sexuais: "Mariazinha, tome cuidado com o João, que ele está doido para escovar seu fato" [MGb].

Escovar o malandro *Bras., gír.* Dar surra em malandro: "Mandei você escovar o malandro, apenas dar um sal, um susto" [JB].

Sin.: *escovar o otário*

Escovar o otário Ver *escovar o malandro*

Escovar o pó ao casaco Dar pancada [GAS].

Escovar os bolsos Roubar; furtar [GAS].

Escovar os dentes Ver *pagar boquete*

Escovar urubu *Bras., AM, pop.* Achar-se desempregado; ficar sem fazer nada; não ter o que fazer; estar desocupado, sem emprego; viver na ociosidade: "Eu só ando escovando urubu porque peço um emprego e não me dão..." (Leonardo Mota, *Violeiros do Norte*, p. 235); "Tava escovando urubu quando ele chegou" [ABH/AN/CGPJB/LM/TC].

Sin.: *encangar grilos*

Var.: *lavar urubu*

Escrever

Escrever à família *Lus.* Varrer o pátio do quartel [GAS].

Escrever com letras de fogo Escrever algo de modo enérgico, terrível, intimativo [AN].

Escrever com luva branca Escrever usando da maior delicadeza [ABH/FSB].

Escrever direito por linhas tortas Chegar a um fim certo por processos pouco ortodoxos [GAS].

Escrever duas regras Escrever uma carta [GAS].

Escrever na areia Fazer coisa sem duração; trabalhar em vão [AN/GAS].

Escrever por números Diz-se de recreação que prevaleceu na segunda metade do século passado e que consistia em escrever sentenças com números intercalados, formando sentido, pelo menos fonético. – Eis alguns ex. desses exercícios mais ou menos charadísticos: "O 10-engano é o castigo do 7co" (= O desengano é o castigo do cético); "Um homem af-8 sabe que a mulher 10-embaraçada só 70 com flores e presentes" (= Um homem afoito sabe que a mulher desembaraçada só se tenta com flores e presentes); "O 10-tino do 9-lo é ser 19-lado" (= O destino do novelo é ser desenovelado); "O mi-0 ou avarento está sempre 10-contente" (= O mísero ou avarento está sempre descontente) [RMJ].

Escrever sobre o joelho Escrever à(s) pressa(s) [GAS].

Escrever um verdadeiro testamento Escrever carta muito longa [AN].

Esculhambar

Esculhambar a guerra *Bras., gír.* Anarquizar; desorganizar: "Não esculhamba a guerra, pô" [JB].

Escumar

Escumar de raiva Estar possuído de furor violento ou de grande mal; estar furioso [AN/CLG].

Var.: *espumar de raiva*

Escutar

Escutar a gente, como quem procura abelha em pé de pau *Bras., NE*. Diz-se do médico que examina minuciosamente seu paciente. – Símile de procedência rural. Escutar = auscultar [LM].

Escutar demais Ouvir o que não foi dito [AN].
Var.: *ouvir demais*

Esfarrapar-se

Esfarrapar-se todo *Lus*. Esforçar-se ao máximo [GAS].

Esfolar

Esfolar a piaca *Bras., NE, chulo*. Ter relações sexuais [MSM].

Esfolar o cabrito *Lus., chulo*. O que diz a prostituta quando vai atender um cliente [GAS].

Esfolar o rabo Executar a parte final e mais difícil de um empreendimento; ultimar qualquer serviço ou trabalho [GAS/RG].

Esfregar

Esfregar as costas Bater; espancar; esbordoar; dar uma tareia, surra, sova [AN/GAS].

Esfregar as mãos Mostrar muita alegria por algum fato acontecido; revelar grande contentamento: "'– O senhor Luís da Silva quer casar com D. Marina Ramalho?' Eu, encabulado, mastigaria uma sílaba, esfregando as mãos" (Graciliano Ramos, *Angústia*, p. 66) [AN/GAS].
Var.: *esfregar as mãos de contente*

Esfregar na cara *Bras., gír. pop*. Mostrar, exibir, com irritação e/ou acinte: "Não perde por esperar, vou esfregar tudo na cara dele. E quero ver se ele repete o que disse" [ABH/JB].
Sin.: *esfregar nas ventas*

Esfregar nas ventas Ver *esfregar na cara*

Esfregar o pente Dançar [GAS].

Esfriar

Esfriar a cabeça Acalmar: "– Não é assim que se resolve! Vamos dar uns dias pra esfriar a cabeça!" (Ivan José de Azevedo Pontes, *As outras pessoas*, p. 90) [JB].

Esfriar a moringa *Bras., gír*. Acalmar: "Vamos esfriar a moringa, patrão, não adianta apelar, calma, bete" [JB].

Esfriar as naturezas *Bras., NE, BA*. Diz-se da pessoa que fica sexualmente impotente: "Fervura com *patchuli* deixava a roupa cheirosa, mas separava casais; com quitoco, esfriava as naturezas dos rapazes" (Hildegardes Vianna, *As aparadeiras, as sendeironas e seu folclore*) [MSM].

Esfriar o adversário Ver *fazer cera* (3)

Esfriar o céu da boca Morrer [GAS].

Esfriar o jogo Ver *fazer cera* (3)

Esgotar

Esgotar o cálice até às fezes 1. Sofrer os maiores infortúnios até o fim; sofrer os maiores desgostos. – Reminiscência dos sofrimentos de Cristo no horto de Getsemani (cf. Mt, 26, 42, Mc, 14, 36, Lc, 22, 42); ver Ladislau Batalha, *História geral dos adágios portugueses* [AN/FF]. **2.** *Fig*. "Sorver seu conteúdo todo até às últimas gotas" [Celso Pedro Luft, *O romance das palavras*, p. 92].
Var.: *esgotar o cálice da amargura, esgotar o cálice/copo da amargura até às fezes, esgotar o copo até às fezes*

Esgravatar

Esgravatar os dentes *Bras., NE, CE*. Zombar [CGP/JB/TG].

Esmagar

Esmagar como a um verme Frase de ameaça a quem facilmente se pode vencer ou confundir; destruir totalmente [AN/CLG].

Espalhar(-se)

Espalhar brasa *Bras., gír*. Diz-se de agitação: "Vou espalhar brasa, animar o pagode" [JB].

Espalhar o bofe Desafogar; espairecer; distrair-se [GAS].

Espalhar o mal pelas aldeias Dividir proporcionalmente os custos com todos [GAS].

Espalhar o sacramento pela rua *Bras., BA*. Ser infiel à esposa [LM].

Espalhar o sangue *Bras., NE*. **1.** Acalmar-se; diz-se quando se ingere água para acalmar os nervos, para diminuir o calor de quem discutiu ou fez esforço excessivo: "Trouxe-lhe um copo d'água para espalhar o sangue" (Odálio Cardoso de Alencar, *Recordações da comarca*); "Tome essa mistura que é para espalhar o sangue". **2.** Justificativa de quem ingere a primeira dose de bebida alcoólica: "Seu Chico, mim bot'aí u'a lapingonchada, qu'é pra mod'a gente ispaiá o sangue" (*sic*) [RG/TC].

Espalhar os arreios *Bras., RS*. Diz-se do cavalo encilhado que se solta e sai em disparada campo fora, fugindo do cavaleiro e espalhando as peças do arreamento pelo caminho [ABH/AJO/AN].

Var.: *sair vendendo os arreios*

Espalhar os pés 1. Dançar. **2.** Tomar certa iniciativa; avançar com o intuito de vencer na vida: "Disse mais: eu quero ver / Pretinho espalhar os pés / E para os dois cantadores / Tirei setenta mil-réis..." (Firmino Teixeira do Amaral, *Peleja do Cego Aderaldo com Zé Pretinho*, p. 7) [AJO/AN/TC].

Espalhar-se que só merda de doido *Bras., NE, chulo*. Diz-se de tudo que é muito espalhado, muito divulgado: "A notícia se espalhou que só merda de doido" [MSM].

Espanar

Espanar a área *Desp*. Chutar a bola de qualquer maneira para livrar o time de investida perigosa [HM].

Sin.: *consertar a casa, jogar pro mato, mandar a bola pro inferno* (2)

Var.: *limpar/varrer a área*

Espanar a criança *Desp*. Posicionar a bola para cobrança de falta [HM., s. v. "AJEITAR"].

Sin.: *passar a manteiga nela, passar azeite na bola, passar giz no taco, passar o tempero*

Espantar

Espantar a caça 1. Promover ação para afastar um pretendente. **2.** Incutir desconfiança; fazer fugir [AN/GAS].

Espantar a senha *Lus*. Fazer sair o bordo da carteira da algibeira da vítima a roubar [GAS].

Espantar a zebra *Bras., gír*. Livrar-se do azar: "Vou espantar a zebra, antes que alguma coisa de ruim me aconteça" [JB].

Espantar o azar *Desp*. Chutar a bola para fora do campo de jogo, aliviando pressão de ataque e iminência de gol [HM].

Espantar o gado *Bras., gír*. Afugentar pessoas: "Vê se não espanta o gado, xará" [JB].

Espantar tico-tico *Bras., RJ, gír*. Dar passos disfarçados, fazer negaças, nas brigas, para enganar o adversário [ABH].

Esperar

Esperar a pé quedo Não fugir nem recuar; afrontar as consequências; enfrentar [AN/GAS].

Var.: *enfrentar a pé quedo, esperar a pé firme*

Esperar a visita da cegonha Aguardar o nascimento de um filho. – Na Europa se diz às crianças que os recém-nascidos são trazidos por uma cegonha que os atira pela chaminé abaixo [AN/GAS].

Esperar feito vaca Ficar esperando alguém um tempão feito um idiota: "(...) E eu fiquei lá, esperando feito vaca" [FNa].

Esperar na curva Esperar a oportunidade, o flagrante; surpreender: "Nunca se deve avançar o sinal e sim esperar a presa na curva" (Mário Landim, *Vaca preta e boi pintado*) [TC].

Esperar na volteada *Bras., RS*. Esperar em ponto por onde tem de passar [AN].

Esperar o tempo correr Deixar o tempo passar naturalmente [F&A].

Esperar pela pancada *Pop.* Contar com o resultado ou o castigo do mal que fez; aguardar um fato ou acontecimento desagradável [ABH/AN].

Esperar pelo Messias Fundar-se em vãs esperanças; esperar coisa pouco provável [ABH/AN].

Esperar por sapato(s) de defunto Contar com lucros problemáticos ou de realização demorada; contar com lucros ou ganhos futuros incertos ou duvidosos; ansiar por benefício, negócio ou herança que nunca mais chega; aguardar coisa difícil, impossível (ver João Ribeiro, *Rev. de Língua Portuguesa*, III, p. 93) [AN/GAS/RG].

Esperar sentado *Irôn.* Em geral a expr. é dita contra alguém que precisa esperar muito; aguardar: "Foi o Fulano que te prometeu isso? Então pode esperar sentado"; "Vai esperar sentado, enquanto adoto as providências" [JB/LAFa/TG].

Var.: *esperar deitado*

Espertar

Espertar o touro *Lus.* Castigar o touro com um par de bandarilhas [GAS].

Espiar

Espiar a fateixa *Bras., S.* Ancorar [AJO].

Espichar(-se)

Espichar o couro 1. Esticar o couro do animal morto, por meio de varas, deixando-o assim até secar (ao sol). **2.** Morrer [TC].

Sin.: *dar o couro às varas*

Espichar o dinheiro Pagar o que está devendo [ABH/AJO/AN/TC].

Sin.: *espichar (com) os cobres*
Var.: *soltar o dinheiro*

Espichar o laço *Bras., RS.* Atirar o laço para prender a rês [AJO].

Espichar o nome Assinar; escrever o próprio nome [TC].

Var.: *ferrar/sapecar o nome*

Espichar o rabo Ver *dar o couro às varas*

Espichar (com) os cobres Ver *espichar o dinheiro*

Espichar-se na rede Deitar-se comodamente, na rede [LM].

Espirrar

Espirrar o taco *Desp.* Resvalar a bola na chuteira, por imperícia do autor da jogada; pegar mal na bola. – Referência ao jogo de bilhar e sinuca. A expr. foi introduzida no vocabulário do futebol pelo comunicador esportivo Sílvio Luiz [HM].

Espreitar

Espreitar o furo *Lus.* Ver a oportunidade [GAS].

Espremer

Espremer a cabeça Ver *espremer os miolos*

Espremer o limão Obter o máximo de alguém [GAS].

Espremer os miolos Forçar o intelecto; esforçar-se mentalmente: "Aquela mania besta de espremer os miolos, consumindo, em vão, a vista, horas, caneta e papel" (José Humberto Gomes de Oliveira, *Dez contos mal contados*, p. 13) [AN].

Sin.: *dar trato(s) à bola, espremer a cabeça*
Var.: *puxar pelos miolos*

Esquecer(-se)

Esquecer a bola *Desp.* Perder o controle da bola e mostrar-se aéreo, momentaneamente desligado do jogo [HM].

Esquecer-se nas delícias de Cápua Viver no meio de delícias depois de uma vitória, perdendo um tempo precioso para a conquista de novos triunfos. – Alusão à desmoralização do exército de Aníbal quando depois de Cannes hibernou em Cápua (ver Tito Lívio, *Res memorabiles*, XXIII) [AN].

Esquentar

Esquentar a barriga *Bras., NE, chulo.* Copular: "Nem Rita, com quem o negro vinha esquentando a barriga, lamentou sua ida" (Olímpio Bonald Neto, *O homem que devia ter morrido há três anos*) [MSM].

Esquentar a bílis Provocar uma explosão de raiva. – Os ant. ligavam ao fígado a raiva [AN].

Esquentar a cabeça 1. Ficar irritado; preocupar-se: "Quem esquenta a cabeça com facilidade corre mais perigo de papocar com linha e tudo por infarte do miocárdio" (Aírton Monte, *O Povo*, 24/4/97, p. 2B). **2.** Ficar meio ébrio [CLG/TC].

Esquentar a paciência 1. Fazer alguém perder a paciência. **2.** Aperrear, chatear [TC].

Esquentar as orelhas Ver *estar com as orelhas quentes*

≠ **Não esquentar (o) assento 1.** Não permanecer quieto. **2.** Não demorar muito em determinado lugar [TC].

Sin.: *não esquentar (o) lugar*

Esquentar as turbinas 1. *Bras., gír.* Aquecer: "Tô só esquentando as turbinas, daqui a pouco a gente parte pra ignorância." **2.** Preparar-se: "Vou esquentar as turbinas, depois a gente conversa" [JB].

Sin. (1): *esquentar os tamborins*

≠ **Não esquentar canto 1.** Não permanecer quieto. **2.** Não demorar muito em determinado lugar. **3.** Ser inconstante [TC].

Sin. (1) (2): *não esquentar (o) lugar*

Esquentar dinheiro Tornar legal dinheiro sujo (provindo do narcotráfico, de operações fraudulentas, da prostituição etc.): "Os ladrões do mercado financeiro vivem de esquentar dinheiro, com operações aparentemente legais" [JB].

Esquentar documento Falsificar documento: "Os espertalhões foram flagrados esquentando documentos" [JB].

≠ **Não esquentar (o) lugar** Não demorar em parte alguma aonde vá; demorar-se pouco num lugar; mudar de lugar constantemente; diz-se de pessoa irrequieta (impaciente, igual a cigano) que muda com facilidade de emprego, de casa etc.; não se demorar em visita; não conseguir ficar muito tempo na mesma situação [ABH/AN/FSB/CGP/GAS/TG/TGa].

Sin.: *não esquentar (o) assento, não esquentar canto/o banco, ficar de galho em galho*

Var.: *não aquecer o lugar*

Esquentar o banco *Desp.* Permanecer na reserva durante muitas partidas [HM].

≠ **Não esquentar o banco** *Bras., S.* Não se demorar numa visita: "Mas Dona Clara não esquentava o banco: andava à caça dos leilões" (Augusto Meyer, *No tempo da flor*) [ABH/AJO/FSB].

Sin.: *não esquentar (o) lugar*

Var.: *não aguentar o banco, não aquentar o banco*

Esquentar o corpo Tomar alimento forte e reconstituinte; beber um trago de bebida espirituosa [AN].

Esquentar o(s) couro(s) Açoitar: "Menino, deixa de amuo. Teu pai vem te esquentar o couro" [TC].

Esquentar o(s) peito(s) Ver *encher a cara*

Esquentar o sangue 1. Animar-se, criar coragem, devido a infusão alcoólica: "Era o Policarpo que esquentara o sangue" (José Lins do Rego, *O moleque Ricardo*). **2.** Ficar irritado, aumentar a irritação: "Depois de ter esquentado o sangue no tiroteio contra os macacos..." (Eduardo Barbosa, *Lampião – rei do cangaço*) [TC].

Esquentar os tamborins *Bras., gír.* Aquecer: "Vamos esquentar os tamborins pra ver o que podemos fazer" [JB].

Sin.: *esquentar as turbinas* (1)

Esquentar o tempo 1. Aumentar o calor. **2.** Estar na iminência de conflito, briga: "Com a crise econômica, o tempo esquenta para os neoliberais" [TC].

Var. (2): *fechar(-se) o tempo* (2)

Estalar

Estalar de riso Rir sem poder conter-se; rir muito; não reprimir o riso [AN/GAS/OB].

Var.: *rebentar de riso*

Estalar-lhe a castanha na boca Lus. Não conseguir fazer mal e ainda receber castigo; sofrer uma decepção; contar com uma coisa e obter outra; malograrem-se as esperanças [GAS].

Estalar o verniz Lus. Revelar a sua má--criação, a pouca educação [GAS].

Estampar

Estampar a frio Encad. Marcar por pressão, sem tinta, ouro ou outro material, ornatos e letras, nas lombadas e pastas de pano, couro etc., de livro ou outra coisa que se encaderna [ABH].

Sin.: *estampar a seco*

Estampar a seco Ver *estampar a frio*

Estancar

Estancar a água Represar a água [GAS].

Estar(-se)

≠ **Só estar** Bras., NE, fam. Espantar-se ou admirar-se de; estranhar: "Só estou o Carlos, tão orgulhoso, sujeitar-se a essa humilhação" [ABH/FNa].

Estar a afiar o dente Estar na esperança de conseguir algo que muito deseja [GAS].

Estar à altura de Ser capaz de compreender, de apreciar, de desempenhar convenientemente; estar apto [AN/GAS].

Estar a apagar-se Estar morrendo [GAS].

Estar a aparafusar Meditar [GAS].

Estar a aquecer Crescer de intensidade [GAS].

Estar a ares Lus. 1. (*Univ. Coimbra*) Hospedar-se em casa alheia; viver à custa dos outros. 2. Estar na cadeia [GAS].

Estar a arrebentar 1. Estar chegando. **2.** Estar prestes a zangar-se [GAS].

Var.: *estar a arrebentar pelas costuras*

Estar a baixo (sic) Bras., RS. Estar dependente [AJO].

Estar a balão Bras., RJ, gír. Inebriar-se com drogas ou psicotrópicos; estar suspenso no ar: "... uísque é *pros* Onassis da vida; ou *estar a balão* sempre que puder, puxando seu *charo* [= corruptela de charuto; cigarro mais grosso de maconha] em companhia de uma *grinfete* [= diminutivo de *grinfa*, broto, garota, mulher do mesmo naipe] super, ..." (Vinicius de Moraes, *Poesia completa e prosa*, p. 664) [Vinicius de Moraes, *op. cit.*].

Estar à bebida Ver *estar na(s) bica(s)*

Estar à beira de um abismo Achar-se nas vésperas de uma catástrofe [AN].

Estar à beira do túmulo Estar prestes a morrer [AN].

Estar aberta a gaiola Achar-se a braguilha desabotoada [AN].

Estar abichornado Bras., RS. Estar triste, aborrecido, abatido [AJO].

Estar à boa-vida Estar ocioso: "... e melhor do que alguns que estão à boa-vida fazendo mais figura" (Antônio Feliciano de Castilho, *Fausto*) [ECS].

Var.: *andar à boa-vida*

Estar a bola murcha Ver *perder o gás*

Estar a braços Encontrar-se impedido com alguma coisa, com dificuldade de resolução de um problema; ter um grande encargo [GAS].

Var.: *ver-se a braços*

Estar à brocha Lus., gír. Sentir-se, estar atrapalhado, comprometido; ver-se em dificuldades; estar preocupado em ter que acabar alguma coisa; estar aflito com algo, com uma necessidade urgente [GAS/MPb].

Sin.: *estar à rasca*

Var.: *ver-se à brocha*

Estar absoluto Não aceitar restrições, ficar intransigente; revelar atitudes de suficiência ou pleno domínio da situação; exibir-se afetadamente, com modos excessivos e sem ligar para os circunstantes [FS].

Estar acabado Estar envelhecido [GAS].

Estar à/na cabeça Estar na chefia; ir à frente; estar na liderança: "O Brisa tá na cabeça" [GAS/JB].

Estar a casa à cunha Ver *não caber um alfinete*

Estar a cem léguas de distância Não prever; não perceber, não ter pensado previamente; não estar prevenido [AN].

Estar à coca Observar; espiar; estar, pôr-se à espreita; espreitar; vigiar com cuidado; esperar a ocasião para descobrir algo [AN/FF/GAS].

Var.: *andar/pôr-se à coca*

Estar acordado Achar-se de espírito prevenido: "Casamento já enjeitei, mas estou acordada pra casamento me encher de filho" (Mílton Dias, *As outras cunhãs*) [TC].

Estar à cunha Diz-se de um recinto completamente cheio de gente [GAS].

Estar a dar a bota Estar prestes a morrer [GAS].

Estar a deitar fumo Estar fulo; estar em estado de irritação [GAS].

Estar a desconversar Dizer coisas que não se prendem com a conversa que se está a ter [GAS].

Estar a desfazer Amesquinhar, criticar, fazer pouco [GAS].

Estar a dispor Dividir bens ou coisas [GAS].

Estar adivinhando chuva 1. Diz-se do gado quando cabriola em frente aos currais ou no pátio das fazendas; estar o gado escaramuçando no pátio da fazenda ou no campo. **2.** Diz-se da pessoa que imprudentemente pratica ato ou toma atitude de que pode resultar em malefício ou prejuízo [FS/LM/RG].

Estar a dois dedos Estar perto; estar quase [AN/GAS]. – A expr. pode ocorrer com complementos, para querer dizer que se está muito perto de algo; por ex., da ruína, da desgraça, da morte, em "estar a dois dedos da ruína/da desgraça/da morte".

Estar a dormir Estar completamente distraído [GAS].

Estar a duas amarras Garantir-se de dois modos [AN].

Estar a encher Acumular motivos para explodir [GAS].

Estar a encher balões Perder tempo [GAS].

Estar a engraxar 1. Deixar que o colega trabalhe por si fingindo, no entanto, que também trabalha. **2.** Lisonjear [GAS].

Estar aéreo Não compreender o assunto ou não atinar o que se está comentando; andar distraído, abstrato, sem nada perceber ou suspeitar: "Na aula de matemática, eu estava muito aéreo!" [TC]

Var.: *andar aéreo*

Estar à escovinha Estar zangado [GAS].

Estar a estalar Desejar muito; ansiar [GAS].

Estar a este verdadeiro Não perceber nada de algum assunto (ver A. M. Brás da Silva, *Gír. marinheira*) [ECS].

Estar a fancos Lus. Estar atento [GAS].

Estar a fazer Lus. Defecar [GAS].

Estar a ferros Estar preso, algemado [ECS/GAS].

Estar a ferver Agitar-se; estar fora de si [GAS].

Estar a fim de *Bras., gír.* Estar com disposição ou desejo de; querer; desejar; pretender: "Estavam a fim de uma aventura e nada mais" (Rogério Andrade Barbosa, *Rômulo e Júlia: os caras-pintadas*, p. 12); "Pra falar a verdade, não estava muito a fim de almoçar na casa dele, mas é que eu precisava pegar as contas de luz e telefone, que estavam lá" (Álvaro Cardoso Gomes, *A hora da luta*, p. 122); "Não estou a fim de ir a essa festa: deve ser muito chata"; "O negócio é estar afim (*sic*) nem importa de quê". – A expr. é m. us. negativamente [ABH/JB].

Var.: *estar afim* (sic)

Estar a flux Ter todos os votos a favor [GAS].

Estar a fogo e sangue com alguém Estar muito irado com alguém; achar-se em grande inimizade com alguém [AN/ECS].

Estar a fungar Estar desejoso, ansioso [GAS].

Estar agradando Fazer sucesso: "O rapaz está agradando" [JB].

Estar a impar Mostrar-se soberbo ou desdenhoso [GAS].

Estar ainda com a ferida aberta. Guardar ressentimento (ver Virgílio, *Eneida*, IV: *Vivit sub pectore vulnus*) [AN].

Estar aí para as curvas Estar preparado; estar resolvido a divertir-se [GAS].

Estar a jeito Estar à mão; estar perto [GAS].
Sin.: (lus., Alentejo) *estar a pico*

Estar alegre Começar a ficar embriagado [GAS].

Estar a ler *Lus*. Diz-se a quem profere disparates [GAS].

Estar alheio Não ter conhecimento [GAS].

Estar à limpa Estar sem dinheiro [GAS].

Estar ali para as curvas *Lus*. Frase que significa que está em boas condições [GAS].

Estar aloprado Estar fora de si; não ser responsável pelos atos que pratica; cometer desatinos; estar desavorado, doido ou biruta [RMJ].

Estar alto 1. *Lus*. Ter dinheiro. **2.** *Bras*. Andar em estado de embriaguez: "O açougueiro está alto, bebeu demais, deve ir embora" [GAS].

Estar aluado Ver *estar de lua*

Estar à mão de semear *Lus*. Estar perto; estar junto [GAS].

Estar a marcar *Lus*. Fazer boa figura; sair-se bem [GAS].

Estar amarelo de *Bras*. Estar farto de; estar afeito, habituado a: "Estou amarelo de ver cabra sem-vergonha" [ABH/LM/TC].
Sin.: *estar besta de, estar careca de, estar cansado de*

Estar amargo Estar mal-humorado [GAS].

Estar a marimbar-se *Lus*. Não dar importância; não ligar; não fazer caso [GAS].
Var.: *estar-se marimbando*

Estar amarrado por Estar preso por encantos, apaixonado amorosamente: "Estou amarrado por aquela menina" [RG].

Estar a meia casa *Mad*. Estar embriagado [GAS].

Estar a meia guampa *Bras., RS*. Estar ligeiramente embriagado [AJO].

Estar à meia porta Diz-se das prostitutas que ficavam na entrada do prostíbulo por detrás de um taipal de madeira que tapava metade da porta e tinha pouco mais de um metro de altura. – A este taipal era dado o nome de "avental de pau" [GAS].

Estar a meio pau *Lus*. **1.** Estar a caminho de se embebedar. **2.** Estar com vontade de comer mais. **3.** Ser sexualmente impotente [GAS].

Estar à mercê de Estar às ordens de, segundo o capricho de, sob a influência de, em poder de [AN/GAS].
Var.: *ficar à mercê de*

Estar a mil Estar confuso, desligado, preocupado, sem atinar direito: "– Olha, não adianta... hoje não dá. Minha cabeça está a mil" (Dias Gomes, *Derrocada*, p. 70).

Estar à mira Vigiar; estar atento [GAS].

Estar a nada Estar sem dinheiro: "Hoje estou a nada, sem um vintém" [ECS].

Estar a nadar *Lus*. Estar sem saber, sem entender, sem perceber coisa alguma [GAS].
Var.: *ficar a nadar*

Estar a/sem nenhum Não ter dinheiro: "Mas acontece que ontem eu não trouxe dinheiro da cidade, estou a nenhum" (Fernando Sabino, *O homem nu*, p. 65) [RMJ/TC].
Sin.: *estar liso*

Estar ao corrente 1. Ter informações sobre o andamento de alguma coisa; ter conhecimento de algo; saber o/do que se passa; ser sabedor; estar ciente; inteirar-se; ficar sabendo. **2.** (*Lus*.) Teimar contra as lições da experiência [AC/AN/FF/GAS/MPb].
Var. (1) (2): *andar ao corrente*
Var. (1): (lus.) *estar do corrente, ficar ao corrente*

Estar ao fato Estar ciente; ser sabedor; ter conhecimento do que se passa [ABH/AN/FF/GAS].

Estar à olha *Lus., Turquel.* Estar presente a uma refeição de que se não participa (ver *Rev. Lus.*, XXVIII, p. 119) [ECS].

Estar ao par Ter valor igual ao declarado (diz-se de câmbio ou papéis de crédito); estar em situação de igualdade, não dando um país a outro nem mais nem menos [AN/FSB].

Estar ao pintar Ajustar-se bem; quadrar, convir, acertar com toda a exatidão [ABH/AN].
Sin.: *ficar a matar*
Var.: *ficar ao pintar*

Estar à paisana 1. *Lus.* Não ter dinheiro para entrar nas despesas de uma pândega com amigos. **2.** *Bras.* Diz-se do indivíduo que, sendo militar, anda com vestes comuns, civis [GAS].
Var. (2): *andar à paisana* (2)

Estar apanhado Estar fora das suas faculdades mentais [GAS].

Estar a pão e água Estar quase na miséria [AC].
Var.: *estar a pão e laranja*

Estar a par Estar bem informado; saber bem; acompanhar os progressos; conhecer: "Maria Tereza, porém, a mãe de Lurdes, parecia já estar a par da situação ou, pelo menos, sentir alguma desconfiança a respeito" (Odette de Barros Mott, *O Instituto de Beleza Eliza*, p. 30) [ABH/AN/FSB].
Sin.: *andar em dia com* (1)

Estar a patinar Estar morrendo [GAS].

Estar a pau 1. *Lus.* Estar precavido, atento, vigilante, à espera. **2.** *Bras., RS.* Estar em jejum [AJO/GAS].
Var. (1): *andar a pau, estar a pau com a escrita*

Estar à paz de parolim *Lus.* Estar reduzido ao último recurso; não ter dinheiro [GAS].

Estar a pé Achar-se sem base, sem apoio, desprotegido: "Em matéria de candidatura não estamos a pé" (Nélson Lustosa Cabral, *Paisagem do Nordeste*) [TC].
Var.: *ficar a pé* (3)

Estar a pedir chuva 1. Estar sem dinheiro. **2.** Cometer ações que merecem um corretivo [GAS].

Estar a perigo Ver *estar liso*

Estar apertado *Pop.* Sentir forte necessidade de defecar ou urinar [ABH].

Estar apertado que só um pinto no ovo *Bras., NE.* Símile que significa achar-se enrascado, em dificuldade, atrapalhado, confuso: "Pretinho – Cego, estou apertado / que só um pinto no ovo / estás cantando aprumado / e satisfazendo o povo / este teu tema de paca / por favor, diga de novo" (Firmino Teixeira do Amaral, *Peleja do Cego Aderaldo com Zé Pretinho*, p. 15).

Estar a pico Ver *estar a jeito*

Estar a pilar *Lus., Trás-os-Montes.* Estar ansioso; desejar ardentemente [GAS].

Estar a pintar *Lus.* Mentir; gabar-se de coisas que não fez [GAS].
Sin.: *pintar à pistola*

Estar a pique 1. Estar quase, prestes a, a ponto de. **2.** Ver-se em perigo, em risco [AC/AN/FF].

Estar apitando Estar sem dinheiro: "Iria assistir ao jogo, no estádio, se hoje não estivesse apitando" [AN/TC].

Estar a pó de peido *Bras., gír., chulo.* Estar em situação ruim: "O amigão tá a pó de peido" [JB].
Var.: *estar a pó de traque*

Estar a ponto de Estar prestes a, próximo a [AN/GAS].

Estar à/na porta Aproximar-se; estar perto: "As eleições municipais estão aí à porta"; "E o inverno está na porta" (Inez Mariz, *A barragem*) [TC].

Estar (tudo) a postos Estar tudo pronto para a primeira voz resistir a um perigo ou tomar a ofensiva; estar atento à primeira voz [AN/GAS].

Estar apulumado Estar bem de vida.
♦ Apulumado: corruptela de "aprumado" [DVF].

Estar aqui entalado Diz-se de ofensa que não se esquece, de fato que não se pode aceitar, tragar, engolir. – Frase que se pronuncia levando a mão à glote [GAS].
Sin.: *ficar atravessado na garganta*

Estar a quinar *Lus.* Estar morrendo [GAS].

Estar à rasca *Lus.* Sentir-se atrapalhado, em dificuldades; estar aflito com algo, com uma necessidade urgente; estar aflito ou em apuros [GAS/MPb].
Sin.: *estar à brocha*
Var.: *ver-se à rasca*

Estar a regar Mentir; exagerar; alterar a verdade do que conta; vangloriar-se [GAS].

Estar armado *Bras., NE, chulo.* Diz-se do homem quando está com o membro ereto [MSM].

Estar armado até os dentes Estar extremamente preparado para um combate [F&A].

Estar arrancando de/por Estar com desejo insopitável; estar impaciente por; ter veemente desejo de: "O povo gostou do preço do algodão: está tudo arrancando pelo inverno cedo" (Leonardo Mota, *Violeiros do Norte*, p. 242); "Eu estava arrancando por uma xícara de café" (*Id.*, *ibid.*); "Como já estavam arrancando de fome, tomaram a última chamada e voltaram à choupana" (Sabino Campos, *Catimbó*) [LM/TC].

Estar arranjado Achar-se na iminência de sofrer as consequências de ato impensado [TC].

Estar arriado com os/dos quatro pneus Estar apaixonado, perdidamente apaixonado: "Querida, tô arriado com os quatro pneus" [JB/MSM].
Var.: *ser arriado dos quatro pneus, estar com os quatro pneus arriados*

Estar arrumado *Lus.* Diz-se de pessoa que cessa a atividade ou que sofreu desastre que o impossibilita de fazer a sua vida normal; ficar em situação de não mais poder ser o que era [GAS].
Var.: *ficar arrumado*

Estar as bruxas a pentear-se *Lus.* Diz-se quando chove e faz sol ao mesmo tempo [GAS].

Estar às chaças com Disputar com: "Deixemo-nos d'estar mais nestas às chaças" (Sá de Miranda, *Obras*, I, p. 83) [ECS].

Estar/Estarem as coisas pretas Estar a situação a turvar-se, a tornar-se pior; diz-se de situação de dificuldades, complicada, com previsão de perigo [GAS/JB/TC].
Sin.: *estar preto o caso, ficar preto(a)*
Var.: *andar a(s) coisa(s) preta(s), estar preta a coisa, ficar a(s) coisa(s) preta(s), ver a(s) coisa(s) preta(s)*

Estar a secar *Lus.* Estar, ficar à espera [GAS].
Var.: *ficar a secar*

Estar à sombra Estar, ficar preso, encarcerado [GAS].
Var.: *ficar à sombra*

Estar às ordens Estar à disposição. – Expr. costumeira que encerra uma oferta, em resposta a alguém que manifesta excelente impressão a respeito de certo animal ou objeto de sua propriedade [TC].

Estar às portas da morte Estar gravemente doente, em perigo de vida [AN/GAS].
Sin.: *fazer testamento*

Estar até ao pescoço Estar cheio, farto; estar saturado, demasiado enfadado: "Não posso aturar mais isto: estou até ao pescoço" [ECS/GAS].
Sin.: *estar até aos olhos*

Estar até aos olhos Ver *estar até ao pescoço*

Estar atido *Lus.* Ser dependente [GAS].

Estar a tinir Estar sem dinheiro, sem vintém [AC/AN/FF/GAS]. ♦ Note a grafia "tinir", em confronto com "tenir" (nas var.), quiçá incorreção ortográfica.
Var.: *andar/ficar a tinir, estar a tenir*

Estar a trigo *Lus., Beira Baixa.* Expr. com que os charnecos (os que vivem nos montes e nas aldeias mais afastadas) dizem do estado grave dos doentes [GAS].

Estar a troços de baguines *Lus.* Estar sem dinheiro [GAS].

Estar avariado da caixa dos pirolitos. Não estar no seu juízo perfeito [GAS].

Estar a ver a coisa muito feia Diz-se de situação que tende a agudizar-se, carregada de imprevistos; demonstrar pessimismo [GAS].

Estar à vez Esperar que lhe caiba o ensejo, a ocasião [GAS].

Estar à vontade Estar a seu cômodo, sem cerimônia; não se atrapalhar; não sentir embaraços ou dificuldades; estar no seu meio [AN].

Estar a zero 1. *Lus.* Não perceber nada; não conhecer o assunto; não compreender nada. **2.** Estar sem dinheiro; ficar sem nada; não conseguir alguma coisa [ABH/AC/AN/ECS/FF/GAS].
Sin. (2): *ficar à ucha*
Var.: *ficar a zero*

Estar azul de fome Estar esfaimado, morto de fome [TC].

Estar baldo ao naipe 1. Propriamente, não ter carta no naipe obrigatório, em certos jogos como o burro, p. ex. **2.** Estar sem dinheiro [AN].

Estar baleado *Bras., AL.* Estar cansado, sem condições físicas para agir [Net].

Estar bancando Achar-se na direção do jogo do bicho [TC].

Estar baralhado Estar confuso [GAS].

Estar barato *Desp.* Ser pequena a vantagem em gols de time mais forte sobre time mais fraco: "2 a 0 está barato" [HM].

Estar barbarizando *Bras., gír.* Estar fazendo tudo benfeito: "O chefinho está barbarizando" [JB].

Estar belisário (sic) *Lus., Univ. Coimbra.* Estar sem dinheiro [GAS, s. v. "BELISÁRIA"].

Estar bem 1. Gozar saúde. **2.** Ter boa situação financeira [ABH].

Estar bem abelha *Lus.* Maneira de concordar com pessoa com quem se tem muita intimidade [GAS].

Estar bem-arranjado *Fam.* Estar em situação complicada, em dificuldades; diz-se de quem cometeu qualquer falha [FF/GAS].

Estar bem-arrumada *Bras., CE.* Estar grávida: "Fulana está bem-arrumada" [RG].

Estar bem-arrumado 1. Achar-se em situação embaraçosa, devido a ato irrefletido. **2.** Estar bem-vestido, bem trajado: "Minha mãe precisava andar bem-arrumada" (José Pereira de Souza, *Adivinha quem vem*) [TC].
Var. (1): *estar mal-arrumado*

Estar bem aviado Correr perigo; estar fortemente culpado. – Loc. que tem o sentido oposto ao que teria se fosse rigorosamente tomada ao pé da letra. É um dos mais singulares idiotismos da língua port. "Estar bem aviado" significa estar mal aviado, ou mal aparelhado, mal preparado, mal auxiliado, sem o que é mais necessário, ou mesmo essencial: "– Fique você descansado, que o ponho sob a minha guarda – disse o mascatinho, em tom de importância. – Estava eu bem aviado! – respondeu o poeta sorrindo" (José de Alencar, *Guerra dos mascates*) [GAS/RMJ].

Estar bem coberto Estar bem protegido, com boa proteção [RMJ].

Estar (de) bem com Ter boas relações com alguém; achar-se em boas relações de amizade com alguém; estar de bem com alguém: "Estou de bem com todo mundo" [ABH/JB/TC].

Estar bem com Deus Ter algum dinheiro [AN].

Estar bem com Deus e com o diabo Dar-se bem com todos, bons e maus; não se definir por nenhum lado para evitar dificuldades com os dois contendores [AN].
Var.: *ficar bem com Deus e com o diabo*

≠ **Não estar bem da cabeça** Diz-se de pessoa que pretende algo muito difícil ou impossível [GAS].
Var.: *não estar bom da cabeça*

Estar bem entregue Ter boa proteção [GAS].

Estar bem livre Não querer comprometer-se [Gl].

Estar(-se)

≠ **Não estar bem presente** Não ter certeza; não se recordar perfeitamente; ter vaga lembrança [TC].

Estar ben johnson *Bras., gír.* Estar drogado: "O garoto está *ben johnson*" [JB].

Estar bera Estar doente; zangado; maldisposto; irritar-se [GAS].
Sin.: *ficar cabra*
Var.: *ficar bera*

Estar berge *Bras., gír.* Estar surpreso, chocado: "Tô berge com o que estou vendo" [JB].
Sin.: *estar bolado* (1)

Estar besta de Ver *estar amarelo de*

Estar bicudo Estar difícil [GAS].

Estar bolado *Bras., gír.* **1.** Estar surpreso, confuso. **2.** Estar chateado, magoado, preocupado: "Diz que tá bolado e vai chutar o balde, terminando o namoro..." (Vivianne Banharo, *Pais & Filhos*, Família, I, ago./1998, p. 49) [JB/Vivianne Banharo, *op. cit.*].
Sin. (1): *estar berge*

Estar brincando Não demonstrar interesse em levar a sério o assunto ventilado [TC].

Estar broco /ô/ Estar gagá, senil; andar a caducar de tão velho: "É bem capaz que o Coronel tenha negado ajuda a Ascânio, o velho está broco, cada vez mais canguinha" (Jorge Amado, *Tieta do agreste*, p. 566).

Estar buchuda Ver *estar de bucho*

Estar cabreado Andar ou estar zangado [GAS].

Estar cada vez mais na mesma Frase jocosa para dizer que uma pessoa está bem [GAS].

Estar caído por *Bras.* Estar apaixonado por: "Não estou caído por ela" [JB].
Var.: *ficar caído/caidinho por*

Estar caindo aos pedaços 1. Desfazer-se; desmoronar-se; rasgar-se; ser muito velho, doente ou malconservado. **2.** Achar-se exausto [ABH/AN].
Sin. (2): *cair pelas tabelas* (1)

Estar calhado Ter aptidão, treino, disposição [GAS].

Estar caneado Ver *estar na cana*

Estar cansado de Já ter feito há muito tempo a ação indicada no complemento da frase "Estou cansado de pedir para ela voltar"; "Você estava cansado de pedir ajuda ao sogro". [AN].
Sin.: *estar amarelo de*

Estar careca de *Bras., fam.* Estar habituadíssimo a; estar cansado de: "Estou careca de falar com ela"; "Estou careca de ouvir aquela história" [ABH].
Sin.: *estar amarelo de*
Var.: *ficar careca de* (2)

Estar careca de saber Estar ciente, acostumado, cientificado; saber tudo: "O chefe tá careca de saber que a situação dele é ruim" [JB].

Estar caro que nem ovo em tempo de quaresma Estar, ser muito caro [LM]. – Símile ou comparação de or. rural.
Var.: *ser caro que nem ovo em tempo de quaresma*

Estar carregado Estar embriagado [GAS].

Estar cem furos acima de alguém Avantajar-se a alguém; avantajar-se muito, ser muito superior a alguém. – Parece que as ant. craveiras, us. para medir a altura dos recrutas, dispunham de furos onde se metiam cravos que indicassem até onde ir [ABH/AN].
Var.: *estar muitos furos acima de alguém*

Estar certo Diz-se quando se está de acordo: "Está certo" [AN].

Estar chapado *Bras., gír.* Estar cansado: "Agora seu filho quer ficar de bob [= ficar sem fazer nada], está chapado" (Vivianne Banharo, *Pais & Filhos*, Família, I, ago./1998, p. 49) [Vivianne Banharo, *op. cit.*].

Estar chegando Expr. normalmente us., em geral na 1ª pessoa, quando se está de partida: "A conversa tá muito boa mas eu tô chegando, ainda tenho muito o que fazer antes de ir pra casa" [FN].

Estar cheia a medida Estar esgotada a paciência [AN].

Estar cheio 1. Ter bebido muito. **2.** Ter comido muito. **3.** Estar saturado; achar-se a ponto de não tolerar mais [TC].

Estar cheio até aqui Estar farto. – Frase que se pronuncia levando-se a mão à garganta [GAS].

Estar cheio da gaita Ver *estar cheio da grana*

Estar cheio da grana *Bras., gír.* Ter dinheiro; estar com muito dinheiro: "O cara tá cheio da grana, tá com muito dinheiro. Empanturrou-se das verdinhas" [JB].
Sin.: *estar cheio da gaita*

Estar cheio de gás *Bras., gír.* Estar muito empolgado: "O bicho tá cheio de gás. Encheram a bola dele" [JB].

Estar cheio de nove-horas Ser pretensioso, exigente, adamado [FS].
Var.: *ser cheio de nove-horas*

Estar cheio de traça Ver *estar com/cheio de apitos*

Estar cheio do mel Estar muito embriagado: "– O colega ali está mais cheio do mel do que nós três, juntos. Arriou de borco, vomitou as tripas – novamente ri e tropeça no ar, numa pirueta de circo" (Jorge Amado, *Tenda dos milagres*, p. 23).

Estar cheio dos paus Estar embriagado: "Vá lavar esse rosto, Genivaldo, tu tá cheio dos paus, chega tá zuruó..." (AS, p. 235) [FS].
Sin.: *puxar fogo/um foguinho*

Estar cheirando Haver alguma coisa no ar; estar para acontecer algo: "Istaqui tá cheirando..." (*sic*) [JB].
Var.: (*chulo*) *estar cheirando a merda*

Estar cheirando a alho *Bras., BA.* Estar/ser novo: "Rapaz, o carro de Lena está cheirando a alho" [NL].

Estar cheirando a merda *Bras., chulo.* Haver alguma coisa no ar; estar para acontecer algo: "Istaqui tá cheirando a merda" (*sic*) [JB].
Var.: *estar cheirando*

Estar chovendo nas coivaras *Desp.* Estar (o time, o jogador) ganhando [TG].

Estar coçando *Bras., NE, chulo.* Querer transar; estar a fim de ter relações: "Vai lá, cara, vai lá, não tá vendo que ela está coçando? Ela não para de olhar pra você..." [FN].

Estar com Estar em conúbio carnal com: "Havia arranjado umas doenças e sem avisar estivera com ela" (Omer Mont'Alegre, *Vila de Santa Luzia*) [TC].
Var.: *andar com*

Estar com a alma no papo Estar morrendo [GAS].

Estar com a/de aspa torta *Bras., S, pop.* Estar zangado, de mau humor [ABH/AJO/AN/FF].

Estar com a avó atrás do toco *Bras., MG.* Zangar-se [LM].

Estar com a barriga a dar/dando horas Sentir fome; estar com fome [AN/CLG/GAS].
Sin.: *estar com a barriga nas costas*
Var.: *estar com o estômago a dar horas, ter a barriga a dar horas*

Estar com a barriga nas costas *Bras.* Estar com muita fome: "Estou com a barriga nas costas e não há nada pra comer" [JB].
Sin.: *estar com a barriga a dar/dando horas*
Var.: *estar com o estômago nas costas*

Estar com a barriga no espinhaço 1. Estar muito magro, desnutrido. **2.** Estar esfomeado, faminto, com fome [ABH/AJO/AN].
Var.: *andar com a barriga no espinhaço*

Estar com a barriga por acolá Estar grávida, já no ponto de parir: "A negra está com a barriga por acolá" (João Clímaco Bezerra, *Não há estrelas no céu*, p. 231).

Estar com a bexiga 1. Ficar enfurecido. **2.** Achar-se em situação anormal: "Carne tá cara. Tá com a bexiga de cara" (Aglaé Lima de Oliveira, *De pote, esteira, chita e candeeiro*) [TC].
Var. (1): *ficar com a bexiga*

Estar com a boca seca Ter vontade de beber por haver passado muito tempo sem fazê-lo [AN].

Estar com a/de bola cheia *Bras.* **1.** *Gír.* Ter muito prestígio ou cartaz; ser bem-visto aos olhos dos outros; desempenhar perfeitamente uma atividade; estar ótimo: "Quem está com a bola cheia é Roberto Carlos, que está seguindo hoje para a Europa onde o espera uma intensa programação" (*Jornal do Brasil*, 15/5/82); "O chefinho tá de bola cheia". **2.** *Desp.* Jogar demais, bem, excepcionalmente [ABH/CLG/HM/JB/LAF].
Sin. (2): *comer a bola*
Var. (1): *estar com a bola toda*
Var. (2): *estar com a bola redonda*

Estar com a bola toda Estar bem, muito bem, em tudo: "Sua marca não está com a bola toda?" (Anúncio publicitário/jornal *Hoje, O Povo*, 14/5/99, p. 7D); "Histórias e heróis da Antiguidade estão hoje com a bola toda, como atesta uma série sobre faraós e outras sobre Alexandre, o Grande" (C. G., *Veja*, 3/11/99, p. 164); "Careca, agora tô ca bola toda" [JB].
Sin.: *estar com tudo*
Var.: *estar com a/de bola cheia* (1)

Estar com a bolha *Lus.* Estar cismado; não estar disposto; acontecer-lhe tudo ao contrário [GAS].

Estar com a broca Sentir fome, como se uma broca lhe estivesse a rodar no estômago [AN].

Estar com a brotoeja Estar com o nervoso próprio da mocidade [GAS].

Estar com a cabeça frouxa Estar louco, amalucado, abirobado, aluado: "– Você está com a cabeça frouxa, seu Cristório" (José Sarney, *O dono do mar*, p. 83).

Estar com a cachorra *Bras., CE.* **1.** Estar irritado, de mau humor: "O chefe tá com a cachorra." **2.** Achar-se embriagado, saturado de beber [GAS/JB/LM/RG].
Sin. (1): *estar com a macaca* (1)
Var. (1): *andar com a cachorra*
Var. (2): *estar com a cachorra cheia*

Estar com a cara amarrotada Diz-se de quem dormiu demais e acabou de acordar: "O chefe tá com a cara amarrotada" [JB].

Estar com a cara de quem peidou na igreja *Bras., NE, S, chulo.* Diz-se da pessoa assustada [MSM].

Estar com a cobra Estar com sono [GAS].

Estar com a corda na garganta Estar em situação difícil, desesperadora; estar em apuros; estar ameaçado [FF/GAS/JB].
Var.: *estar com a corda no pescoço* (2), *ter a corda na garganta*

Estar com a corda no pescoço 1. Estar ameaçado de enforcamento. **2.** Estar em dificuldades (quase sempre financeiras); estar muito necessitado de dinheiro, muito endividado; diz-se do cidadão que está em perigo, geralmente financeiro; estar em apertos; estar em situação difícil, desesperadora; estar em apuros: "Agora é impossível, tô ca (*sic*) corda no pescoço." – A expr. vem da época da pena de morte, quando os condenados chegavam ao seu último momento, ainda vivos, mas já com a corda no pescoço, só faltando a descida do alçapão para ficarem nela pendurados [AC/AN/CLG/FF/GAS/JB/MPa/RMJ].
Var. (2): *estar com a corda na garganta*

Estar com a corda toda *Bras., gír.* **1.** Estar falando muito: "O cidadão tá com a corda toda." **2.** Estar animado, entusiasmado: "Paulo Maluf está com a corda toda. Começa a instalar gabinete de trabalho em Brasília" (Walter Gomes, *O Povo*, 29/12/96, p. 2D); "Vamos lá pessoal, tô ca corda toda" (*sic*) [JB].
Var. (1): *estar com toda a corda* (2)

Estar com a escrita atrasada *Bras., chulo.* Achar-se fora do hábito de manter relações sexuais, por ausência, enfermidade ou outro motivo qualquer; não copular há algum tempo [MSM/RG].

Estar com a escrita em dia *Bras., chulo.* Copular com a frequência desejada, sem "atrasos" [MSM].
Var.: *botar/ter a escrita em dia, estar em dia com a escrita, pôr a escrita em dia* (2)

Estar com a faca e o queijo na mão 1. Mandar; ter poder amplo; ter poder para dispor como lhe aprouver; ter amplos poderes para proceder como entender: "Tô ca (*sic*) faca e o queijo na mão, posso fazer o que quiser." **2.** Dispor inteiramente de algo; estar com tudo para algo dar certo; possuir todos os dados e ter possibilidade de agir; ter tudo à disposição; encontrar todas as facilidades para dar cabo de certa tarefa: "O cara tá com a faca e o queijo na mão" [ABH/AN/FF/GAS/JB/MPa/TC].

Var.: *ficar com a faca e o queijo na mão, ter a faca e o queijo na mão*

Estar com a faca na garganta Estar ameaçado de degola, constrangido a proceder conforme a vontade de algum opressor; estar ameaçado [AN].

Var.: *ter a faca na garganta*

Estar com a goitanga *Bras., PE.* Estar com o diabo no corpo [BB].

Var.: *estar com a goitana*

Estar com a gota *Bras.* Estar enraivecido, irado, agitado, elétrico: "O chefe hoje está com a gota" [BB/Net].

Var.: *dar a gota, estar com a gota serena*

Estar com a gralha na alma Estar com um desejo [GAS].

Estar com a gravata de fora Ver *perder o gás*

Estar com (a) água na boca Não satisfazer o desejo; ficar desejoso; ter sensação de desejo angustiante [GAS].

Var.: *ficar de água na boca*

Estar com águas mornas Tratar o assunto com demasiadas boas maneiras [GAS].

Estar com alguém de cama e mesa Estar na maior intimidade [AN].

Estar com a língua coçando Estar com vontade de falar algo que não deve ser dito [ABH].

Estar com a língua de fora Demonstrar muito cansaço; estar estafado; ficar cansado [CLG/GAS/HM].

Var.: *andar/ficar com a língua de fora*

Estar com a louca Estar doido [ABH].

Estar com a macaca 1. Estar de mau humor; estar furioso, irritado, em estado de irritação: "E o juiz tava com a macaca. Foi *carton rouge* pra tudo quanto é lado!" (José Simão, *O Povo*, 19/6/98, p. 3E). **2.** Estar apressado, acelerado: "Não me segura, dona Maria! Não me segura que eu tô com a macaca!" (Henfil, *Cartas da mãe*, p. 129). **3.** *Bras., RS.* Estar gripado [AJO/AS/BB/FN/FNa/JB/MPa].

Sin. (1): *dar a gota* (1), *estar com a cachorra* (1), *estar com a pá virada* (1)

Var. (2): *dar a macaca*

Estar com a maldita *Bras., PE.* Estar com erisipela [BB]. ♦ Em Recife (capital de PE), a erisipela é o flagelo das populações ribeirinhas, por onde corre o rio Capibaribe. Ainda, como fator agravante, há os inumeráveis canais. Notadamente a pobreza, sem higiene, vive sob constante ameaça das picadas do mosquito transmissor da "maldita", um mal que "engorda" a perna das pessoas.

Estar com a manta pelas costas *Lus.* Estar terminando a missão, pronto para partir [GAS].

Estar com a mão furada Deixar tudo cair: "A Rosinha tá com a mão furada, tudo cai da mão dela" [JB].

Estar com a(s) mão(s) na massa Tratar do assunto; daí, aproveitar a oportunidade; estar na execução daquilo de que se vem falar; fazer alguma coisa; estar realizando um trabalho; estar trabalhando em determinada coisa de que se trata no momento: "Já que você tá com a mão na massa vê se arresolve o meu problema" (*sic*) [AN/CLG/FF/FSB/GAS/JB].

Estar com a moela caída Achar-se alquebrado [AN].

Estar com a moléstia *Bras., NE.* **1.** Estar enraivecido, enfezado, zangado, decidido, disposto a tudo. **2.** Estar agitado, eufórico, descontrolado, disposto a tudo: "Tá com a mulesta." – Moléstia, pop. "mulesta" /é/, é a hidrofobia [BB/LM/MGa/Net/RG].

Var.: *dar a moléstia* (2) (3), *estar com a moléstia/mulesta do cachorro*

Estar com a muzenga/musenga Estar raivoso, muito indignado: "Cena iguá eu nunca vi / Ô carreirão da muzenga! / Foi a maior estrovenga / passada no Cariri." – "Muzenga" é termo de significação imprecisa. No Brasil Central, segundo W. Bariani Ortêncio, em *Sertão sem fim*, o termo quer significar "coisa mal-arrumada" e ele dá os seguintes ex.: "Morava num rancho cai-não-cai, uma musenga danada"; "Festa na roça é uma musenga desgraçada" [TC].

Estar com a/de orelha em pé *Bras.* Estar prevenido, vigilante, desconfiado; estar esperando algo: "O bacana está de orelha em pé, pode dançar a qualquer momento" [ABH/AJO/AN/CLG/FS/Gl/JB/LM/RG].
Var.: *andar/ficar com a/de orelha em pé, viver de orelha em pé*

Estar com a passarinha na mão *Bras., CE.* Estar ou achar-se receoso [AN/FS].
Var.: *estar com a passarinha tremendo*

Estar com a pá virada *Bras., CE.* **1.** Estar de mau humor. **2.** Estar obstinado, decidido a resolver algo [AS].
Sin. (1): *estar com a macaca* (1)

Estar com a pedra no sapato 1. Estar prevenido, acautelado, preparado para não se deixar surpreender. **2.** Estar desconfiado, suspeitoso, receoso [AN/GAS].
Var.: *ter pedra no sapato*
Var. (2): *trazer a pedra no sapato*

Estar com a/na pinga Estar bêbado, embriagado; estar em estado de embriaguez (ver Heinz Kroll, *Rev. Port. de Filologia*, VI, p. 112) [AC/ECS/GAS/TC].
Var.: *ficar na pinga*

Estar com a pitigoitanga Estar enraivecido [BB].

Estar com/cheio de apitos Ter fome [GAS].
Sin.: *estar cheio de traça*

Estar com a pulga na/atrás da orelha Ficar prevenido; desconfiar; estar desconfiado de que alguma coisa desagradável vai acontecer; alimentar suspeita: "O chefe está com a pulga atrás da orelha" [AJO/FS/GAS/JB/LM].
Var.: *andar com a pulga na/atrás da orelha*

Estar com a pulga no ouvido Não aceitar desculpas por estar convencido, por intrigas, de que não são verdadeiras [GAS].
Var.: *estar com a pulga na orelha*

Estar com a rosca ruim *Bras., S, SP, chulo.* Estar com hemorroidas [MSM].

Estar com as antenas ligadas Estar bem atento; andar ligado aos fatos; ter percepção aguçada: "Estamos com as antenas ligadas. Temos também um projeto de fazer mais um *show* com o Quarteto em Cy, relembrando vinte anos sem Vinicius" (Aquiles [do conjunto MPB-4], *Bundas*, 8/5/00, p. 12).

Estar com as dores Referência às dores de parto [GAS].

Estar com as mãos abanando Estar sem recurso; nada conseguir duma tentativa; ficar/estar sem coisa alguma [GAS/RG].
Var.: *ficar de/com as mãos abanando/a abanar*

Estar com as orelhas quentes Diz-se de alguém de quem se está a falar; expr. que faz alusão à pessoa ausente que está sendo, na ocasião, vítima de maledicência; ser alvo de comentários. – Diz-se que, quando alguém está falando mal de uma pessoa, as orelhas dela esquentam [CGP/CLG/GAS/TC/TG].
Sin.: *esquentar as orelhas, ter as orelhas a escaldar*
Var.: *estar com as orelhas ardendo/a arder, ficar com as orelhas quentes, ficar de orelha quente, ter a orelha quente*

Estar com as peias no pescoço Sentir-se em liberdade [LM].

Estar com as tripas torcidas Estar demasiadamente contrariado [GAS].

Estar com a vela na mão Estar moribundo, gravemente doente [AN].

Estar com avental de pau *Lus.* Diz-se de mulher que, na prostituição, se encontra sentada atrás da porta do prostíbulo [MSM].

Estar com a vida feita Ter meio de vida assegurado; achar-se com a situação financeira equilibrada; ter obtido algo muito vantajoso; estar bem instalado na vida [AN/TC].

Estar com a vida ganha *Bras.* Já ter feito sua obrigação e por isso poder folgar; não ter motivos para preocupar-se [ABH/AN].

Estar com a vida que pediu a Deus Estar vivendo de acordo com a sua própria índole ou vontade [ABH/AN].

Estar com a xeta *Bras., ant.* Estar pensativo, apreensivo, preocupado [LCCa].

Estar com a zoina Andar amuado, zangado, irritado [GAS].

Estar com bafo de onça Estar embriagado, exalando forte cheiro de bebida [RMJ, s. v. "BAFO DE ONÇA"].

Estar com cara de caso 1. Estar comprometido. **2.** Revelar que algo não corre bem [GAS].

Estar com cara de enterro Estar macambúzio, entristecido; estar com cara muito triste; diz-se de pessoa muito triste [GAS].
Var.: *ficar com/ter cara de enterro*

Estar com cara de quem comeu e não gostou Estar desapontado; diz-se de pessoa irritada, um tanto quanto contrariada: "– O imperador está com cara de quem comeu e não gostou" [F&A/MPa].
Var.: *andar/ficar com cara de quem comeu e não gostou*

Estar com cara de réu Estar carrancudo ou comprometido; estar com cara de culpado [GAS].
Var.: *ficar com cara de réu*

Estar com cara de tacho Fazer fisionomia de quem está sem graça, sem saber o que fazer: "Como devia estar com cara de tacho, seu Nestor me explicou: – A Lúcia Helena jurou pra mim que tinha visto você" (Álvaro Cardoso Gomes, *A hora do amor*, p. 125) [MPa].
Var.: *andar/ficar com cara de tacho*

Estar com chuva na coivara *Bras., NE.* Sentir-se em dificuldades [LM].

Estar com cócegas para fazer uma coisa Sentir desejo de fazer uma coisa [AN].

Estar com comichão nas costas Estar com vontade de apanhar; estar querendo levar uma surra; estar provocando [AJO/AN].
Var.: *estar com comichão no lombo*

Estar com deprê *Bras., gír.* Estar deprimido; estar com depressão: "A Tininha tá com deprê, depois que o maridão lhe deu um chute na bunda" [JB].

Estar com Deus Ter morrido e haver conseguido a bem-aventurança [AN].

Estar com dois dedos de gramática Revelar começo de embriaguez; estar levemente bêbado; achar-se na fase palradora; estar meio bêbado [AN/GAS].
Var.: (lus., Chaves) *estar com dez réis de gramática*, (lus.) *ter dois dedos de gramática*

Estar com dor de corno *Bras., gír.* Estar magoado: "O cara tá com dor de corno, levou uma chifrada do ricardão" (*sic*) [JB].
Sin.: *estar com dor de cotovelo*

Estar com dor de cotovelo Ver *estar com dor de corno*

Estar com dores de barriga Ter a sensação produzida pela ansiedade de uma expectativa; esperar resultado de exame ou de deliberação de que podem resultar benefícios ou más notícias [GAS].

Estar com ela *Lus., Univ. Coimbra.* Estar com sorte [GAS].

Estar com ela fisgada Tencionar fazer determinada coisa; ter premeditado a realização de algo; ter uma ideia fixa; atuar com premeditação [GAS].
Var.: *andar/vir com ela fisgada, estar com ela ferrada, levar a sua fisgada*

Estar com escola Fazer traficância; tentar lograr [TC].

≠ **Não estar com essa bola toda** *Bras.* Juízo sumário sobre alguém ou algo, que não é tão bom quanto quer parecer [LAFb].

Estar com febre Estar ansioso, desejoso [GAS].

Estar com febre para ontem Frase que se diz a quem acusa febre inexistente [AN].

Estar com fininha Ver *vazar pelo pito*

Estar com galga Ver *estar com larica*

Estar com gasolina *Lus*. Estar bêbado [GAS].

Estar com grisa Ver *estar com larica*

Estar com história *Lus*. Estar menstruada [MPb].

Estar com larica *Lus*. Estar com fome excessiva (principalmente de doces), depois de fumar maconha [GAS/MPb].
Sin.: *estar com galga, estar com grisa*

Estar com leiteira *Lus*. Estar com sorte [GAS].
Sin.: *andar com leite*
Var.: *ter leiteira*

≠ **Não estar com mais aquelas** *Lus*. Resolver rapidamente algum assunto [GAS].

≠ **Não estar com más nem més** *Lus*. Ser repentista na maneira de resolver algum assunto [GAS].

Estar com meia aquela *Mad*. Estar bêbado [GAS].

≠ **Não estar com meias medidas** Não hesitar; tomar uma resolução rápida, sem hesitações [AN/GAS].

Estar com meio palmo de língua Ver *perder o gás*

Estar com minhoca na cabeça 1. Ter ideias malucas. **2.** Planejar algo perigoso [TC].

≠ **Não estar com nada** Ser insignificante, pífio; não ser digno de respeito: "Ah, eu tô ferrado! São-paulino hoje não tá com nada" (José Simão, *O Povo*, 7/6/97, p. 7B); "O cidadão não está com nada" [JB].

Estar com necessidade Estar com fome [TC].

Estar com o amoque *Lus*. Estar furioso, enfurecido [GAS].

Estar como aspa de boi brasino *Bras., RS*. Cortar muito (faca ou objeto perfurante) [AN].

Estar com o bispo *Lus*. Diz-se de comida que se deixou queimar [GAS].

Estar como bosta n'água *Bras., chulo*. Não ter pouso nem paradeiro, estar sempre em movimento [Net].

Estar com o braço engessado *Desp*. Marcar pouco, o árbitro auxiliar ou bandeirinha, deixando de levantar a bandeira para infrações evidentes [HM].

Estar com o braço quebrado *Desp*. Levantar a bandeira a todo instante, marcando muito [HM].

Estar com o briol *Lus*. Estar bêbado [GAS].

Estar com o(s) burro(s) *Lus*. Estar amuado; diz-se quando não se consegue o pretendido [ECS/GAS].

Estar com o cão nos couros *Bras., CE*. Estar possesso; diz-se da pessoa que está muito enraivecida, zangada, irritada, mal-humorada, enfezada: "O cidadão tá com o cão nos couro" (*sic*). [AS/JB].
Var.: *estar com o diabo no couro*

Estar como/que nem carancho em tronqueira *Bras., RS*. Estar muito triste, abatido, jururu [AJO/AN]. – Carancho: carcará, gavião, uma ave de rapina.

Estar com o cavalo pela rédea *Bras., RS*. Estar pronto para partir [AJO].

Estar como chaira *Bras., RS*. Ficar preparado [AN]. ♦ Em Portugal, informa-nos GAS, "chaira" quer dizer "carne".

Estar com o cu na mão 1. *Lus*. Estar com medo, com muito medo. **2.** *Bras*. Estar desesperado, angustiado: "Tô com o cu na mão, sem saber o que poderá acontecer" [ABH/GM/JB/MPa/MSM].
Var.: *ficar com o cu na mão*

Estar com o cu na reta *Bras., RS*. Estar a perigo, em via de ser executado. – Metáfora sexual [LAFa].

Estar com o cu tefe-tefe *Lus*. Estar cheio de medo [GAS].

Estar como Deus o deitou ao mundo. Estar nu [GAS].

Estar como Deus quer as almas Estar sem vintém [LM].

Estar com o diabo no corpo 1. Ser insuportável, ruim como um possesso do diabo; estar furioso, descontrolado, possesso. **2.** Estar inquieto, alvoroçado, assanhado;

Estar(-se)

fazer desatinos, distúrbios, desordem: "Esta menina está com o diabo no corpo; não para um segundo" [ABH/AJO/AN/GAS/JB].
Var. (1) (2): *andar com o diabo no corpo, ter/trazer o diabo no corpo*
Var. (1): *estar com o diabo no couro*

Estar com o diabo no couro Estar furioso, possesso: "O chefinho tá com o diabo no couro" [ABH/AJO/AN/JB].
Var.: *estar com o cão nos couros, estar com o diabo no corpo* (1)

Estar com o estômago nas costas Estar com muita fome; achar-se faminto: "Você passou o dia inteiro sem comer. Deve estar com o estômago nas costas, coitado!" [AN/DT].
Var.: *estar com a barriga nas costas*

Estar com o fogo no rabo *Lus.* Estar cheio de pressa [GAS].

Estar como galinha quando quer pôr Mostrar-se desassossegado, não se demorar em pouso algum [LM].

Estar como há de ir Estar pronto, arrumado, prestes a morrer [GAS].

Estar com o João Pestana Diz-se às crianças quando estão com sono [GAS].

Estar com o jogo na palma da mão *Desp.* Ter o completo domínio da partida [HM].

Estar com olho bem aberto Vigiar atentamente, com toda a atenção [GAS].
Var.: *estar com o olho aberto*

Estar com olho grande Querer muita coisa: "O cidadão está com olho grande, mas num tá com nada" [JB].

Estar com olhos no caminho Esperar por alguém com ansiedade [AN].

Estar com o maior ibope *Bras.* Estar com muito prestígio: "O Fernandinho tá com o maior ibope. Tá cheio de gás" [JB].

Estar com o miolo a arder 1. Estar agitado, exaltado. **2.** Estar extenuado [GAS].

Estar com o nome na boca Estar prestes a lembrar-se de certo nome; estar quase se lembrando de um nome e não conseguir dizê-lo: "Estou com o nome na boca e não me alembro" (José Lins do Rego, *Cangaceiros*) [Cad. de Atividades, *VI série*, p. 323/ LM/TC].
Var.: *estar com a palavra na boca*

Estar como o burro de Buridan Achar-se perplexo, indeciso, entre dois partidos a tomar. – No célebre argumento do filósofo, um burro morre de fome e de sede, entre uma tina de feno e outra d'água. Não consta das obras de Buridan este argumento [AN].

Estar como o diabo gosta Estar numa situação boa; estar ótimo: "O cara está como o diabo gosta, numa boa"; "O cidadão tá como o diabo gosta, numa naice" [JB].

Estar com o/de olho aberto Vigiar [AN].
Var.: *estar com o olho alerta, estar de olho*

Estar como Pedro Sem Ficar pobre, depois de ter sido muito rico. – Pedro Sem, aliás Pedrossen, foi um milionário portuense, vaidoso da sua grande fortuna; depois que empobreceu com o naufrágio de seus navios, vagava pelas ruas dizendo: "Esmola para Pedro Sem, que já teve e hoje não tem" [AN].

Estar como/que nem peixe fora d'água Estar por fora de tudo: "O cara tá que nem peixe fora d'água" [JB].
Var.: *ficar como (um) peixe fora d'água*

Estar como peixe na água/n'água Estar à vontade, a seu gosto, satisfeito, no seu elemento [AN/CLG/GAS].
Var.: *sentir-se como peixe na água*

Estar com o(s) pé(s) na cova *Fam.* Estar muito ou gravemente doente; estar muito mal de saúde; estar prestes a morrer; não ter mais salvação: "O senador tá com o pé na cova, nem adianta pedir nada a ele"; "Veja a situação desse pobre homem: ele está com os pés na cova" [ABH/AT/DT/F&A/FF/FSB/GAS/JB/MPa].
Var.: *estar com os pés para a cova, estar com um pé na cova, ter os pés na cova*

Estar com o/um pé no estribo Estar pronto para partir, ou para sair; estar prestes a viajar, partir, deixar um cargo; estar para ir embora, se preparando para sair: "A gente, no governo, deve estar com o pé no estribo, já que vai haver reforma" [ABH/AJO/GAS/JB/LM/OB/TC].

Estar com o pé no estribo para Estar prestes a; estar perto, próximo de: "Para quem está com o pé no estribo para ser Ministro..." (Jorge Amado, *Farda fardão camisola de dormir*, p. 218).

Estar como peru em chapa quente Sentir-se em dificuldades; estar inquieto, aflito. – O peru em chapa quente pula de um lado para outro, para evitar o calor [AN].

Var.: *estar sobre brasas*

Estar como Pilatos no Credo Ver-se sem qualquer justificação num lance para o qual não se concorreu de maneira alguma; ficar em situação de constrangimento, embaraçosa; estar envolvido em algo sem que se tenha nada a ver com ele: "... sei muito bem de tudo: o homem está nesse negócio como Pilatos no Credo" (Manuel Antônio de Almeida, *Memórias de um sargento de milícias*, p. 120) [GAS].

Var.: *entrar como Pilatos no Credo*

Estar com o pingo *Lus*. Diz-se de pessoa maltrapilha [GAS].

Estar como (um) pinto Estar completamente molhado, encharcado, ensopado [AC/FF/GAS].

Var.: *estar num pinto, ficar como um pinto, parecer um pinto*

Estar com o pocho *Lus., Trás-os-Montes*. Estar mal-humorado [GAS].

Estar como pólvora Estar irritadíssimo [GAS].

Estar como rato no queijo Estar muito satisfeito. – Reminiscência da fábula do rato que se retirou do mundo (La Fontaine) [AN].

Estar com o risador aberto *Bras., gír*. Estar muito feliz: "O Mané tá com o risador aberto, tá na maior felicidade" [JB].

Estar com o sangue quente Estar irritado [AN].

Estar como sardinha em lata Estar muito apertado com outras pessoas em espaço pequeno [GAS].

Estar com os dias contados 1. Ter pouco tempo de vida; estar próximo de morrer, quer por doença ou por ter sido jurado de morte por algum inimigo; estar perto do fim: "Ele tá com os dias contados, não vai muito longe, pode deixar." **2.** Estar em situação ruim ou difícil: "O barão está com os dias contados. Ele aprontou e vai pagar caro" [ABH/AJO/AN/CLG/JB].

Var. (1): *ter os dias contados* (1)

Estar com o sentido em Pensar em determinada coisa ou pessoa [GAS].

Estar com os ingleses *Lus*. Estar menstruada [GAS].

Estar com os olhos fechados Não ter experiência; ser principiante; não ter muitos conhecimentos sobre algo [GAS].

Estar com os quatro pneus arriados *Bras., gír*. Estar apaixonado: "Ela tá com os quatro pneus arriados. Só pensa nele" [JB].

Var.: *estar arriado com os/dos quatro pneus*

Estar com os vinagres *Lus*. Estar de mau humor [ECS].

Estar como uma bicha *Lus*. Estar muito irritado, fora de si, furioso [GAS].

Var.: *ficar como uma bicha*

Estar como um cacho *Lus*. Estar embriagado [GAS].

Estar como um cristo *Lus*. Estar ensanguentado [GAS].

Estar com o vinho *Lus., pop*. Estar embriagado, bêbado (ver Heinz Kroll, *Rev. Port. de Filologia*, VI, p. 117) [GAS].

Estar com/de ovo *Bras*. Diz-se das pessoas rabugentas, turronas, impertinentes, mal-humoradas, que rezingam pela menor coisa [DVF/JB].

Var.: *estar de/com o ovo virado*

≠ **Não estar com panos quentes** Não usar de paliativos, desculpas, contemplações [AN].

Estar(-se)

Estar com partes *Lus.* Estar com insinuações, fingimentos [GAS].

Estar com pichilinga *Bras., AL.* Diz-se do homem cuja mulher teve neném recentemente [Net].

Estar com pirrita *Bras., PE.* Estar com diarreia [BB].

Estar com queijo *Bras., PE.* Fazer, dizer bobagem, idiotice [BB].

Estar com quenturas *Bras.* Estar com apetite sexual [BB].

Estar com santo *Umb.* Estar em estado de transe, de possessão. – "Santo" significa orixá ou entidade [OGC].

≠ **Não estar com santo** *Umb.* Não estar possuído(a) por nenhuma divindade ou entidade; não estar em transe verdadeiro, apenas fingir que está "recebendo" (o caboclo/a entidade); fingir que é médium e simular transe [OGC].

Sin.: *estar sem santo*
Var.: *não ter santo*

Estar com sede a/em alguém Querer vingar-se de alguém; ter desejos de desagravo [GAS].

Estar com segundas intenções Ter propósitos diferentes daqueles que demonstra [GAS].

Estar com sorte Estar em maré de felicidade [AN/FF].

Estar com toda a corda 1. Estar livre de qualquer inibição ou coação. **2.** Falar incessantemente, movido por grande entusiasmo ou excitação: "Ah! Pois o senhor não sabia do sucesso? –, prossegue o cego Daniel, que estava com toda a corda" (Antônio Versiani, *Viola de Queluz*) [ABH].

Var. (2): *estar com a corda toda* (1)

Estar com todo o gás 1. Estar em boa forma: "Quem mais entende de banho agora está com todo o gás" (Anúncio publicitário/Lorenzetti, *IstoÉ*, 17/11/99, p. 18). **2.** *Desp.* Denotar determinação para vencer uma partida [HM/TG].

Estar com triciclos-meclos *Lus., Póvoa de Varzim.* Estar bêbado [GAS].

Estar com trinta sentidos Estar muito atento [GAS].

Estar com tudo Estar bem: "O chefe está com tudo, está pagando pra ver o que acontece" [JB, s. v. "ESTÁ COM TUDO"].

Sin.: *estar com a bola toda*

Estar com tudo em cima Estar muito bom, muito bem, excelente, o máximo: "Mas, para não dizer que o disco está com tudo em cima, os 'senões' ficam por conta..." (Christiane Viana, *O Povo*, 14/9/98, p. 1B).

Estar com tudo em riba Estar bem, tudo certo: "A deputada está com tudo em riba, inclusive suas miçangas" [JB].

Estar com tudo e não estar prosa 1. Estar numa situação boa: "O governador (Mário Covas) está com tudo e não está prosa" (Andrei Meireles, *IstoÉ*, 4/11/98, p. 33). **2.** Estar feliz: "O cidadão está com tudo e não está prosa, montado na erva" [JB].

Estar com tudo que tem direito Estar realizado: "Ele tá com tudo que tem direito" [JB].

Estar com uma avaria Ficar com o veículo avariado (= no prego); estar imobilizado por avaria [GAS].

Sin.: *estar com uma pane*

Estar com uma cadela *Lus., gír.* Estar num grande porre [MPb].

Estar com uma gambiarra *Bras., PE.* Ter uma amante [BB].

Sin.: *estar com um gancho*

Estar com uma leseira Estar estafado, cansado [BB].

Estar com uma pane Ver *estar com uma avaria*

Estar com uma perna *Mad.* Estar bêbado [GAS].

Estar com uma pinga a mais Estar muito bêbado: "Estar com uma pinga a mais: ter bebido em demasia" (Heinz Kroll, *Rev. Port. de Filologia*, VI, p. 112) [ECS].

Estar com uma secura Estar com vontade insaciável [BB].

Estar com uma urucubaca Estar com azar, maldição [BB].

Estar com um gancho Ver *estar com uma gambiarra*

Estar com um grão na asa *Lus.* Estar ligeiramente bêbado: "Estar com um grão na asa, estar levemente embriagado; estar alegre..." (Heinz Kroll, *Rev. Port. de Filologia*, VI, p. 66) [ECS/GAS].

Estar com um mondé *Bras., PE.* Ter um caso amoroso [BB].

Estar com um pé na cova e outro na casca de banana *Bras., gír.* Estar doente, com saúde abalada: "O dr. Manuel tá com um pé na cova e outro na casca de banana" [JB].

Estar com um pé no estribo. Estar prestes a partir [GAS].

Estar com vício 1. Dar-se à prática de atos solitários. **2.** Estar viciado em comer terra ou outras coisas anormais: "Este menino está com vício" (José Lins do Rego, *Menino de engenho*) [TC].

Var. (2): *comer vício*

Estar com vontade de Haver aparência de, indício ou prenúncio (que se vai produzir certo fenômeno atmosférico): "Está com vontade de chover, de nevar etc." [ABH].

Estar contando os dias Esperar ansiosamente por algo [CLG].

Estar contigo e não abrir Diz-se para demonstrar apoio incondicional: "Tô contigo e não abro, mermão" [JB].

Estar convencido Diz-se de pessoa que julga possuir predicados que não tem [GAS].

Estar conversado Já ter (duas ou mais pessoas) falado o bastante sobre um assunto, dito sobre ele o que havia para dizer: "... e por três vezes foi lhe falar, e dizer que já vinha com tudo engrenado, era só chegar a grana e então estavam conversados" (Rachel de Queiroz, *Dora, Doralina*, p. 207) [ABH].

Estar corrido da Justiça Revelar açodamento; agir precipitadamente: "Escreva mais devagar! Você estará corrido da Justiça?" [LM].

≠ **Não estar corrido da Justiça** Não haver pressa alguma; não estar sob nenhuma pressão: "Fique mais um pouco; você não está corrido da Justiça, homem!"

Estar cortado *Lus.* Diz-se do estudante que ultrapassou o número de faltas regulamentar ou não foi aprovado [GAS].

Estar crau Estar complicado: "De repente, bicho, tá crau" [JB]. ♦ JB, p. 213, consigna que "crau" é "expr. que significa fazer sexo": "Aí, deitaram na cama e ele, então, crau." O neologismo não consta em ABH.

Estar (muito) cru Ser principiante; estar no início, com pouco treino; não ter conhecimentos suficientes de alguma matéria ou assunto [ABH/GAS].

Sin.: *estar (muito) verde*

Estar cuspindo bala 1. *Bras., NE, pop., gír.* Estar embriagado, bêbado. **2.** *Bras., gír.* Estar em estado de grande irritação, de fúria [ABH/FN].

Sin. (2): *estar uma bala*

Var. (1): *cuspir bala* (1)

Estar de abalada *Lus., Alentejo.* Ir-se embora; estar prestes a partir [GAS].

Var.: *ir de abalada*

Estar de alcateia *Pop.* Estar à espreita, vigiando [AC/FSB/LM].

Var.: *ficar de alcateia*

Estar de asa caída Estar entristecido ou desanimado [ABH].

Estar de astral baixo *Bras.* Estar infeliz, mal: "Ela tá astral baixo, tá numa de horror" [JB].

Var.: *estar num baixo-astral*

Estar de atalaia Estar ou ficar de observação; ficar à espera; ficar à espreita [AJO/GAS].

Var.: *ficar de atalaia*

Estar de azeite Estar mal-humorado, irritado, irado, arreliado, zangado, maldisposto, aborrecido: "Parece que o velho hoje está de azeite..." [AN/FF/FS/GAS].

Var.: *estar nos (seus) azeites*

Estar(-se)

Estar de baiano *Bras., gír.* Estar dormindo, descansando: "O Pé de Chinelo tá de baiano na caxanga dele" [JB].

Estar de baixo Pertencer ao partido político decaído ou da oposição: "Um dia, estando de baixo o seu partido..." (José Carvalho, *O matuto cearense e o caboclo do Pará*) [TC].

Estar debaixo da escota de alguém Achar-se às ordens de alguém. – Escota é um cabo com que se mareiam as velas [AN].

Estar debaixo de olho 1. Estar sob vigilância. **2.** *Gír. funcionalismo* Estar sentado sobre o processo que trata do assunto [GAS].

Estar debaixo de telha Estar recolhido sob um teto, dentro de casa, a coberto [AN/GAS].

Estar debaixo do nariz 1. Ter muito perto; achar-se bem próximo da pessoa ou daquilo que se procura. **2.** Estar claro, evidente [AN/CLG/GAS].
Var.: *ter debaixo do nariz*

Estar de balaio fechado Estar, a mulher, sexualmente em estado de greve, sem querer transar: "– Nem elas nem nós, nenhuma com vergonha nas fuças vai trepar hoje com vancês. Não sabe que nós tá de balaio fechado? Vão meter nas vacas, se quiser" (Jorge Amado, *Tocaia Grande*, p. 187).

Estar de bangu *Bras., RS.* Estar à toa, sem nada pra fazer. – Bangu, no caso, é "bobeira" [LAFa].

Estar de barraca armada *Bras., S, RS, chulo.* Estar com o pênis em ereção, dentro das calças, como o mastro de uma barraca armada [MSM].
Var.: (S, SP, NE) *estar de circo armado*

Estar de barriga na/pela boca *Bras., NE, BA.* Estar em estado de gravidez muito adiantado, já próximo do parto (ver Edison Carneiro, *A ling. popular da Bahia*; Pereira da Costa, *Vocabulário pernambucano*) [MSM].
Var.: *andar de barriga à boca*

Estar de bege *Bras., gír.* Estar envergonhado: "Tô de bege, a batalha não é nada animadora" [JB].

Estar de beiço caído por Estar vivamente enamorado de, apaixonado, perdido de amor por: "... tá de beiço caído pela dançarina..." (Jorge Amado, *Gabriela, cravo e canela*) [ABH/ECS].
Var.: *andar de beiço caído por*

Estar de bem com a vida Estar em paz: "O pessoal tá de bem com a vida" [JB].

Estar de bico seco *Bras., pop.* Estar com vontade de beber, especialmente bebida alcoólica [LAF].

Estar de boa-fé Acreditar na lealdade alheia [AN].

Estar de bobeira *Bras., gír.* **1.** Estar devagar, desocupado, sem ter o que fazer: "O cara tá de bobeira, é um vacilão." **2.** *Desp.* Perder um passe ou a posse da bola por distração ou falta de malícia [HM/JB].
Sin. (2): *dar uma de otário* (2), *ler gibi*
Var. (1): *ficar de bobeira*
Var. (2): *marcar bobeira* (2)

Estar de bobó *Lus., bras., S, BA.* Estar grávida; diz-se da mulher quando está grávida (ver Hildegardes Vianna, *As aparadeiras, as sendeironas e seu folclore*) [ECS/MSM].
Sin.: *apanhar barriga*

Estar de boca aberta Ver *perder o gás*

Estar de bode 1. *Bras., CE.* Diz-se quando alguém está amuado, de mau humor. **2.** *Bras., NE, S.* Diz-se da mulher que está na TPM (tensão pré-menstrual); estar ou achar-se menstruada (a mulher); menstruar [AS/DVF/FS/MSM/RG/TC].
Sin. (2): *estar de boi, estar de/na lua, estar de paquete, estar no mês*
Var. (2): *ficar de bode*

Estar de bode amarrado Ver *amarrar o bode* (1) (3)

Estar de boi *Bras., NE, S.* Estar (a mulher) menstruada: "– Hoje não pode ser, tou de boi... – desculpava-se a mulher" (Jorge Amado, *Tocaia Grande*, p. 242) [ABH/AJO/BB/FNa/JB/MSM/Net/NL].
Sin.: *estar de bode* (2)
Var.: *ficar de boi*

Estar de bola *Lus.* Diz-se do preso que está prestes a acabar a pena em que foi condenado [GAS].

Estar de bom astral *Bras., gír.* Estar ótimo, feliz: "O cara tá de bom astral" [JB].

Estar de bom tamanho Estar tudo bem, inteiramente de acordo: "Se Ciro Gomes fizer pelo Brasil a metade do que fez pelo Ceará, estará de bom tamanho" (Chico Anísio, *Bundas*, 1º/11/99, p. 11).

Estar de braços quebrados Ter perdido a indispensável ajuda de alguém [TC].
Sin.: *estar de pernas quebradas*

Estar de bucho *Bras., CE.* Estar grávida, prenhe: "Sinhá zangar porque a moleca está de buxo (*sic*)?" (Manuel de Oliveira Paiva, *A afilhada*) [RG/TC]. ♦ Note, na frase cit., a grafia "buxo", em vez de "bucho".
Sin.: *estar buchuda*
Var.: *botar bucho* (1)

Estar de burros com alguém Achar-se zangado com alguém [AN].

Estar de cabeça inchada Estar descontente, decepcionado com um fracasso, com a derrota do clube favorito [AN].
Var.: *ficar de cabeça inchada*

Estar de cabelo assentado *Lus.* Estar de acordo, estar de casamento combinado [ECS].

Estar de cacho com alguém *Bras., RS.* Estar de namoro com alguém [LAF].
Var.: *ter um cacho com alguém*

Estar de caixa alta *Bras., gír.* Estar com dinheiro: "Tô de caixa alta, mermão, vamos gastar a erva" [JB].

Estar de caixa baixa Estar sem dinheiro: "Tô de caixa baixa, malandro, num sufoco que só vendo" [JB].

Estar de calção *Bras., RS.* Diz-se do boi que está muito gordo, apresentando porções de carne gorda em redor das pernas [AJO].

Estar de calundu *Bras.* **1.** *BA.* Estar zangado, na bronca; amuar-se; "... Quer tudo dizer: estar de mau humor, calado, abstrato e sem disposição para atender a quem quer que seja..." (João Ribeiro, *A língua nacional*). – Expr. de or. africana (ver João Ribeiro, *id.*). **2.** *CE.* Ficar calado; permanecer mudo [ECS/FNa/NL/RMJ].

Sin. (1): *estar de lundu*
Var.: *estar com (os) seus calundus*

Estar de cama Estar ou achar-se doente, sem poder erguer-se da cama [AN/FF].
Sin.: *estar de mororó*

Estar de campo alagado *Bras., NE, chulo.* Diz-se da mulher quando se encontra menstruada [MSM].

Estar de cana Estar preso [GAS].

Estar de cangote duro *Bras., S.* Estar gordo o animal [ABH/AJO].
Var.: *estar de cangote grosso*

Estar de capadura *Bras., RS.* Diz-se do boi muito gordo que apresenta o saco escrotal bastante volumoso, por excesso de gordura [AJO].

Estar de cara amarrada Estar irritado: "O cidadão tá de cara amarrada" [JB].

Estar de cara inchada *Bras., CE.* Estar aborrecido, amolado [RG].
Sin.: (chulo) *estar de cu inchado*

Estar de carijo aceso *Bras., RS.* Estar namorando [AJO].

Estar de casa e pucarinha com alguém Residir na casa de alguém, sustentando-se à custa dessa pessoa [AN].

Estar de cavalo selado Estar mortalmente enfermo, desenganado [LCCa].

Estar de cessa *Bras., gír.* Estar fora, não participar: "Tô de cessa, patrão, não adianta me corromper" [JB].

Estar de chapéu *Bras., NE.* Achar-se menstruada [TC].

Estar de chico *Bras., PE.* Estar menstruada; menstruar: "O Chico (Anysio) só podia estar de chico pra falar um negócio desses" (Carlos Castelo Branco, *Bundas*, 5/9/00, p. 10); "Ela tá de chico" [BB/GAS/GM/JB/MSM].
Sin.: *pagar prestação*
Var.: *estar com a chica, estar com (o) chico, ficar de chico*

Estar de/no choco 1. *Fam.* Estar ou ficar de cama, deitado; estar podre, estagnado. **2.** *Fig.* Estar (alguma coisa) em preparação, em estudo [ABH/AN/FF/FSB/GAS].

Estar(-se)

Estar de cima 1. Pertencer ao partido político dominante: "Odorico: Claro, assim, vença quem vencer, ele está sempre de cima" (Dias Gomes, *O Bem-Amado*, p. 126). **2.** Levar vantagem, sobrepujar: "Em Poço de Paus cassaco estava de cima. Quem era doido para chamar cassaco de peste no açude?" (Fran Martins, *Poço de Paus*, pp. 15-6) [TC].

Estar de coca pra não aparecer Fazer de conta que não existe; fazer-se de morto; tentar passar despercebido [FNa]. ♦ "De coca" vem na expr. como vulgarismo de "de cócoras".

Estar de cocó de trança *Bras., CE (zona norte).* Estar de mau humor; estar irritada. – Diz-se da mulher, mesmo sem estar de cocó nem de tranças [FS].

Estar de colete Estar magro, passar mal, ter fome [FSB].

Estar de colher Ser fácil de fazer, proveitoso, excelente; estar tudo a favor; dar certo; ser muito fácil [AJO/AN/FSB].
Var.: *ser de colher*

Estar de corpo limpo *Umb.* Estado exigido para os médiuns poderem executar rituais religiosos. Para isso devem antes tomar banho purificatório e de firmeza, fazer higiene mental e abster-se de relações sexuais. Em alguns terreiros, a mulher menstruada é considerada de "corpo sujo" [OGC].

Estar de corpo sujo *Umb.* Estado contrário a corpo limpo. Em alguns terreiros, estado do médium feminino em período de menstruação [OGC].

Estar de crista alta *Bras., gír.* Estar feliz: "O cara tá de crista alta, ganhou na loteca" [JB].

Estar de crista baixa *Bras., gír.* Estar abatido [JB].

Estar de cu inchado Ver *estar de cara inchada*

Estar de culo (sic) *Bras., RS.* Estar sem sorte no jogo; estar caipora, com azar (Manuel Viotti) [AJO/ECS].

Estar de cumpodouro (sic) *Lus., Alto-Minho.* **1.** Diz-se da fruta que se guarda para amadurecer. **2.** Tb. se diz, por analogia, das pessoas convalescentes (ver *Rev. Lus.*, XX, p. 239) [ECS].

Estar de cu trocado com alguém *Bras., RS, chulo.* Estar brigado ou de cara feia com alguém [LAF].
Var.: *ficar de cu trocado com alguém*

Estar de dar lançaços (sic) *Bras., RS.* Estar muito agradável [AN].

Estar de dia Achar-se escalado para serviço (em quartel, hospital etc.); estar de serviço escalado para aquele dia [AN].

Estar de escapamento aberto *Bras., S, SP, chulo.* Peidar constantemente [MSM].

Estar de faca afiada Estar pronto a atacar, a castigar [GAS].

Estar de facho aceso *Bras., NE, chulo.* Diz-se da mulher sapeca, "pimenta", que anda à procura de homens [MSM].

Estar de facho apagado 1. Estar abatido, melancólico, sucumbido. **2.** *Bras., S, SP.* Diz-se do homem "brocha" (sic), "aposentado das mulheres" [AN/MSM].

Estar de falha *Bras., S.* Estar de pouso, pernoitar na casa de alguém [ABH/AJO].

Estar de farol apagado *Bras., gír.* Estar muito bêbado: "O cara bebeu demais, tá de farol apagado" [JB].

Estar de farol baixo *Bras., gír.* Estar abatido [JB].

Estar de feição 1. *Lus.* Estar bem-disposto. **2.** *Bras., NE.* Estar namorando alguém [GAS/TC].

Estar de fel e vinagre *Lus.* Estar muito amargurado, arreliado [GAS].

Estar de feriado Estar com a meia furada [NL].

Estar de flozô *Bras., gír.* Estar folgado: "Tô de flozô, xará, espero arranjar trabalho" [JB].

Estar de/no fogo *Gír.* Estar embriagado: "O cara tá de fogo" [ABH/JB].

Estar de fogo morto *Bras.* **1.** *NE.* Dizia-se quando um engenho deixava de moer: "Aquele engenho estava de fogo morto e Manuel Lopes só vinha ao Corredor para pagar o pouco que recebia dos seus foreiros" (José Lins do Rego, *Meus verdes anos*, p. 121); "O engenho do coronel Viana este ano não vai moer. Está de fogo morto". **2.** *Bras., chulo.* Diz-se do homem senil, incapaz de satisfazer uma mulher sexualmente [MSM].

Estar de fole cheio *Bras., gír.* Estar bêbado: "O cidadão aí tá de fole cheio" [JB].

Estar de freio na mão *Bras., RS.* Estar pronto para atender a qualquer chamado [AJO].

Estar de gaiola *Bras., gír.* Estar preso, de castigo: "Tô de gaiola, mano, acho que errei" [JB].

Estar de galinheiro *Lus., Alentejo.* Não sair à rua, por estar envergonhado em vista de ter levado uma sova ou haver-lhe sucedido qualquer percalço etc. (ver *Rev. Lus.*, XXXVI, p. 212) [ECS].

Estar de gato amarrado *Lus.* Diz-se do embriagado, trôpego; andar oscilante, em plena carraspana. – Loc. de or. náut., dos barcos de vela (primitivamente era *amarrar a gata*) [LCCa].

Estar de gravata vermelha Ver *perder o gás*

Estar de guarda Vigiar [GAS].

Estar de história com alguém *Bras., RS.* **1.** Estar namorando (ou em via de namorar) alguém: "Fulano tá de história com fulana". **2.** Estar de combinação, de trama com alguém [LAFa].

Estar de jorna *Lus.* Estar devagar [GAS].

Estar de jururu Diz-se da mulher quando está nos seus dias críticos, menstruada [RBA].

Estar de língua passada Entrar no conluio; estar combinado; estar acertado de antemão. – Aires da Mata Machado Filho, *Miscelânea Said Ali*, p. 43, acha que a frase vem das combinações de negros com brancos nos garimpos, para roubos nas lavras e outras malfeitorias [AN/FN/Gl].

Estar de lombo duro Tornar-se o cavalo de lombo duro, todo contraído e pronto para corcovear [AJO].

Estar de lua Achar-se num período de maior crise nervosa (a pessoa irritadiça, demente ou louca); estar mal-humorado; estar de mau humor, zangado [AC/AN/FF/FS/GAS/MSM/RG/TC].

Sin.: *estar aluado*

Estar de/na lua *Bras., NE.* Estar ou achar-se (a mulher) menstruada [AC/AN/FF/FS/GAS/MSM/RG/TC].

Sin.: *estar de bode* (2)

Estar de lundu Estar de mau humor [ECS].

Var.: (CE) *estar de calundu*

Estar de mal a pior Estar em situação difícil; estar cada vez pior; tender a piorar; diz-se de pessoa a quem ocorre o mal com frequência: "A coisa tá de mal a pior, cara, tá uma merda" [GAS/JB].

Var.: *andar de mal a pior*

Estar de mal com a vida Estar em situação difícil: "O amigão parece que tá de mal com a vida" [JB].

Var.: *estar de mal com o mundo/com todo mundo*

≠ **Não estar de mangação** Não admitir zombaria: "Não estou de mangação: (...). Me dê o revólver..." (Antônio Callado, *Quarup*) [ECS].

Estar de mano *Bras., RS.* Estar em igualdade de condições com o adversário, no jogo, na corrida ou na briga [AJO].

Var.: (S) *ficar de mano*

Estar de marcação com *Bras.* Estar de implicância com alguém; fazer de alguém alvo de perseguição contínua: "O babaca tá de marcação comigo, isto não vai ficar assim" (JB, p. 528). – A expr. parece ter or. no jogo de futebol, em que a tática da defesa impõe a certos jogadores a marcação cerrada dos atacantes adversários [ABH/AN/GAS/RMJ].

Var.: *ter marcação com*

Estar de marca quente *Bras., RS.* Andar zangado, enraivecido, brabo, ressabiado, como cavalo que acabou de ser marcado [Aurélio Buarque de Holanda, "Glossário", *apud* J. Simões Lopes Neto, *Contos* *gauchescos e Lendas do Sul*, p. 337/AJO/AN].

Var.: *andar de marca quente*

Estar de maré 1. Estar ou achar-se com boa disposição, bem-disposto, bem-humorado; condescender; concordar; satisfazer um pedido; estar de bom humor; estar acessível ou predisposto a servir; estar a fim; ter ocasião e vagar; estar de boa sorte; pagar pra ver; significa tb. disposição de alguém para fazer qualquer coisa.: "Eu adoro uma iaiá, / Que quando está de maré, / Me chama, muito em segredo, / Pra me dar seu cafuné" (Oitava popular, *in* Pereira da Costa, *Dicionário pernambucano*. **2.** Estar zangado [AC/AN/DVF/FF/FN/FS/GAS/LCC/OB].

Sin.: *estar de veia*

Estar de matar passarinho Diz-se quanto está calor demais [AN].

Estar de menino Estar grávida; ter parido [TC].

Estar (numa) de migué *Bras., gír.* Estar de favor, sem dinheiro: "Ele tá de migué, veio comigo"; "Tô de migué, cara, o buraco do pano tá liso"; "O coitado tá numa de migué, no maior miserê" (*sic*) [JB].

Estar de miolo mole Estar ou achar-se caduco, atoleimado, amalucado, doido, delirando, sofrendo do juízo: "Capaz de estar doido e não saber que estava. Sim. (...) podia muito bem estar de miolo mole..." (José Lins do Rego, *Cangaceiros*, p. 170) [AN/CLG/RG].

Var.: *estar de miolo frouxo*

Estar de molho 1. Permanecer inativo; estar ou achar-se doente de cama. **2.** Estar repousando. **3.** *Fam.* Estar no banho [AN/FF/GAS/JB/LM].

Var. (1): *ficar de molho*

Estar de moqueca 1. Estar encolhido, arredado. **2.** Estar adoentado. **3.** Estar fora de circulação [LCC].

Estar de moral alta Estar feliz: "O chefinho tá de moral alta" [JB]. ♦ Popularmente, usa-se indistintamente "o moral" [= ânimo, brio] e "a moral" [= norma de conduta].

Estar de moral alto Estar bem: "Tô de moral alto com os home" (*sic*) [JB]. ♦ Popularmente, usa-se indistintamente "o moral" [= ânimo, brio] e "a moral" [= norma de conduta].

Estar de moral arriada Estar mal: "Tô de moral arriada, fiz merda" [JB]. ♦ Popularmente, usa-se indistintamente "o moral" [= ânimo, brio] e "a moral" [= norma de conduta].

Estar de moral baixa Estar infeliz [JB]. ♦ Popularmente, usa-se indistintamente "o moral" [= ânimo, brio] e "a moral" [= norma de conduta].

Estar de moral baixo Estar mal [JB]. ♦ Popularmente, usa-se indistintamente "o moral" [= ânimo, brio] e "a moral" [= norma de conduta].

Estar de mororó *Bras., PE e MG, fam.* Estar acamado, por doença: "Deixei a patroa no catre... quase que morta: prostrada, pançuda. Está de mororó desde transantontem" (Manoel Lobato, *Garrucha 44*) [ABH/AN].

Sin.: *estar de cama*

Estar de mururu Ficar deitado, com achaques, impossibilitado de andar. – "Mururu" é "enxaqueca" [TC].

Var.: (NE) *ficar de mururu*

Estar de mutreita (*sic*) *Bras., RS.* Estar muito gorda (a carne ou o animal). – Mutreita: gordura excessiva do gado vacum [ABH].

Estar de nada *Lus., gír. mil.* Estar de folga [GAS].

Estar de nariz aceso *Bras.* Estar zangado, com raiva [RG].

Estar de nojo Estar de luto [GAS].

Estar de novidade *Bras., NE.* Estar grávida ou em início de gestação: "A Quitéria casou na semana passada e já está de novidade!"; "Já soube da notícia? Eugênia está de novidade!" [FS/MSM/RG].

Estar dentro Estar preso [GAS].

Estar de olada *Bras., RS.* Estar com sorte (principalmente no jogo) [ABH/AJO].

Estar(-se)

Estar de olho Estar de vigilância, a fiscalizar; estar vigilante, pronto para fiscalizar atitudes suspeitas [GAS/RMJ].
Var.: *andar/ficar de olho, estar com o/de olho aberto/alerta*

Estar de olho(s) com Estar prevenido, alerta, acautelado [AN/Gl].

Estar de olho(s) em 1. Estar fixando firmemente; vigiar; acompanhar seus passos: "Tô de olho no senhor, mermão, vê se anda na linha." **2.** Estar com alguém em vista; cobiçar: "Espanhóis do Santander compraram o Bozano-Simonsen e estão de olho agora no Banespa" (Liana Melo, *IstoÉ*, 26/1/00, p. 91); "Antes de namorá-la, ele já estava de olho nela fazia muito tempo" [AN/FS/GAS/JB].
Var.: *estar com olho em*

Estar de onda *Bras., gír.* Estar inventando coisa; estar de combinação com alguém: "O cara tá de onda, ele quer encher o saco" [JB].

Estar de orelha baixa Estar, ficar humilhado [ABH/AN/FF].
Var.: *ficar de orelhas baixas*

Estar de/com o ovo virado Achar-se zangado por motivo ignorado, estar mal-humorado, rabugento, impertinente, resingando por qualquer motivo: "O chefe tá de ovo virado porque lhe pediram o cargo"; "O chefe tá de ovo virado porque foi chamado na chincha"; "O chefe tá com o ovo virado". – Comparação com a agitação da galinha com o ovo atravessado no oviducto, apresentando a parte rombuda em vez da pontuda [AN/JB].
Var.: *estar com/de ovo, estar com ovo atravessado, ficar de ovo virado*

Estar de panca(s) *Bras., CE, S.* Sentir-se disposto a praticar desordens; estar procurando encrenca e fazendo desordem; decidir-se à prática de desordens. – Panca: forma contraída de "palanca" [ABH/AJO/AN/FS/LM/RG].
Var.: *tomar panca(s)*

Estar de papo cheio Haver comido [AN].

Estar de papo vazio Não haver comido ainda [AN].

Estar de paquete *Bras., NE, PE, chulo.* Situação das mulheres quando estão menstruadas; estar (a mulher) menstruada; diz-se das mulheres na época do fluxo catamenial: "Ela tá de paquete" (ver Pereira da Costa, *Vocabulário pernambucano*. O dr. Romanguera Correia, *Vocabulário sul-rio-grandense*, consigna "paquete" como "chique, bem-vestido e com elegância, em vestes domingueiras") [BB/DVF/JB/LCC/MPa/MSM]. Ver tb., para saber mais, LCCa, p. 50.
Sin.: *estar de boi* (2)
Var.: *estar de paqueta*

Estar de passagem Estar por pouco tempo; não se demorar [ABH].

Estar de pé 1. Haver-se levantado da cama. **2.** Continuar (a vigorar); estar assente; subsistir; ficar de pé: "Mas a parceria está de pé. Ele continua escrevendo letras ótimas" [Haroldo (membro do conjunto musical Skank), *O Povo*, 8/11/97, p. 1B] [AC/AN/FF].
Var. (2): *ficar de pé*

Estar de pé atrás Estar prevenido, acautelado, desconfiado; estar na defensiva; estar pronto para a defesa [AN/CLG/FSB/GAS/MPa].
Sin.: *andar com um pé adiante e outro atrás*
Var.: *andar/ficar de pé atrás, estar com o/um pé atrás*

Estar de pé calhado Estar de vigia, muito atento [GAS].

Estar de pedra Não atender a pedidos [GAS].

Estar de periquilho *Lus., Alentejo.* Estar amuado [GAS].

Estar de periquita/priquita queimada Ver *queimar a periquita/priquita* (2)

Estar de perna estendida Estar preguiçosamente descansando; não fazer nada; mandriar [AN/GAS].

Estar de pernas quebradas Ver *estar de braços quebrados*

Estar de pileque/pilequinho Estar bêbado: "Ela tá de pilequinho, tá um charme" [JB].
Sin.: *estar de porre*

Estar de pinimba com alguém *Bras., gír.* Perseguir alguém: "O chefe tá de pinimba comigo" [JB].

Estar de pito aceso *Bras., S.* Estar agitado, assanhado; não estar quieto [AC/AJO/AN].

Estar de poleiro *Lus.* Estar em situação privilegiada [GAS].

Estar de ponta com alguém Estar irritado, zangado, embirrado, de implicância com alguém; estar ou andar brigado, em desavença com alguém, alimentando discussões; sentir vontade de fazer mal a alguém: "O diretor anda de ponta comigo há muito tempo" [AC/AN/FF/FS/GAS/LAFa/TC].
Var.: *andar de ponta com alguém, ficar de ponta com alguém*

Estar de porre Ver *estar de pileque/pilequinho*

Estar de pote *Bras., NE, chulo.* Diz-se da mulher quando se encontra grávida [MSM].

Estar de prova Saber, ser testemunha: "Mas tudo que faço, os senhores estão de prova, é por amor de meus fiéis" (Caio Porfírio Carneiro, *Uma luz no sertão*) [TC].

Estar de quatro Ver *estar derrubado*

Estar de regimento *Lus.* Estar de resguardo (ver *Rev. de Port.*, XXVIII, p. 244) [ECS].

Estar de rego aberto *Bras., PI.* Andar em maré de boa sorte, ganhar bem, receber presentes: "Quero lhe dar alvíssaras pela saúde de seu filho. O rapaz está de rego aberto" (José Lins do Rego, *Cangaceiros*) [TC].
Var.: *viver de rego aberto*

Estar de ressaca Diz-se a respeito de alguém que ainda sente os efeitos da embriaguez do dia anterior [AN].

Estar de roda *Bras., MA.* Ir ligeiro; correr muito [José Sarney, *O dono do mar*, p. 276, cap. "O vocabulário"].

Estar de rosca *Bras., gír.* Estar difícil: "O quadro tá de rosca" [JB].

Estar de/em rota batida Andar, viajar sem parar, sem interrupção, depressa, velozmente: "Estamos de rota batida para as bandas de Tacaratu" (José Lins do Rego, *Cangaceiros*, p. 15); "Já estou de rota batida pra o bando de Deodato" (José Lins do Rego, *Pedra Bonita*, p. 123).

Estar derrubado *Bras., gír.* Estar arrasado: "O chefe tá derrubado desde quando soube que tava demitido" [JB].
Sin.: *estar de quatro*

Estar de/com o saco cheio *Bras., pop.* Achar-se desapontado, enjoado, chateado, aborrecido, cansado, desanimado, saturado, de tanto suportar conversas ou atitudes alheias; estar farto do que lhe dizem; não suportar ouvir mais: "As pessoas já estão de saco cheio do blá-blá-blá global" (Márcia Goldschmidt, *O Povo*, cad. JRTevê, 12/10/97, p. 8); "Mas você acha que ele já está de saco cheio de ser presidente?" (Ricky Goodwin, *Bundas*, 6/9/99, p. 10) [GAS/MPa/RG].
Sin.: *encher o saco* (2)
Var.: *ficar de saco cheio, ter o saco cheio*

Estar descalço Não estar prevenido; encontrar-se desconhecedor, sem dinheiro [GAS].

Estar descascado *Lus.* Estar nu, despido [GAS].

Estar desempregado *Lus., Univ. Coimbra.* Não ter namoro [GAS].

Estar de sentinela Achar-se espreitando [AN].

Estar deserto Estar desejoso [GAS].

Estar de sobreaviso Ser cauteloso; estar prevenido [GAS].

Estar despachado Ver *estar na casa do sem-jeito*

≠ **Não estar deste mundo** Diz-se de coisa ou fato incomum, extraordinário: "O comentário por aí não está deste mundo" (Juarez Barroso, *Mundinha Panchico e o resto do pessoal*) [ABH/TC].
Var.: *não ser deste mundo* (2)

Estar de tanga *Bras., gír.* Não ter, estar sem dinheiro; estar na miséria; ficar empobrecido, quebrado, sem recurso financeiro; ficar sem nada; perder tudo (ver Bernardo Pedral Sampaio, *Rev. de Port.*, XXVI, p. 78) [AC/CPL/ECS/FF/GAS/RG].
Sin.: *ficar limpo* (1)
Var.: *andar/ficar de tanga*

Estar de tirar lechiguana/lexiguana *Bras., RS.* Fazer muito frio. – Lechiguana é a vespa *Nectarina lecheguana*. É de índole muito bravia, de modo que quem vai tirar-lhe o mel precisa envolver-se em muita coberta; quando faz muito frio, a pessoa tb. tem necessidade de envolver-se em muitas cobertas (Teschauer). O registro "lechiguana" é de AN [AJO/AN].

Estar de 301 *Bras., NE.* Estar, a mulher, menstruada. – Basta ligar com um traço vertical o 3 da centena 301 (B) para a mesma se transformar no vocábulo BOI [MSM].

Estar de uaiô *Bras., AM.* Ser obrigado, o peixe, a vir respirar na tona da água por achar-se esta sem oxigênio; e, não raro, morrer [ABH/AN].
Var.: *estar de uaiua*

Estar de veia 1. Mostrar-se acessível, com boa disposição de espírito. 2. *Bras., CE.* Estar zangado [AN/GAS/RG/TC].
Sin. (1) (2): *estar de maré*
Var. (2): *estar na veia* (2)

Estar de vela Estar acordado, com atenção ao que se pode passar [GAS].

Estar de vela apagada *Bras., NE, S.* Diz-se do estado de impotência sexual: "Frederico não dava mais nada. O fogo das bocas de fornalha havia secado meu tio na raiz. Estava no fim, de vela apagada" (José Cândido de Carvalho, *Olha para o céu, Frederico!*) [MSM].

Estar de veneta Estar de bom ou de mau humor: "O Raimundim tá de veneta, acordou com o pé trocado" [JB].

Estar de vento em popa Estar às mil maravilhas, com as circunstâncias a seu favor: "As primeiras gravações da próxima novela das oito da Globo estão de vento em popa" (*Jornal da Rua*, cad. Tevê, 27/6/99, p. 2).

Estar de virar e romper *Bras., RS, gír.* Estar apto para um fim, em excelentes condições; estar em ótimas condições e pronto para fazer alguma tarefa determinada [ABH/AJO].

Estar de xarola *Lus., Algarve.* Perder tempo com conversas inúteis [GAS].

Estar diante de um impasse Não encontrar solução para uma dificuldade. – "Impasse" é "beco sem saída" [AN].

Estar do caralho *Chulo.* Estar bom demais: "Tá do caralho a putaria, bicho" [JB].

Estar dodói *Infant.* Estar doente [CPL].

Estar doido varrido Estar completamente louco, maluco, endoidecido; estar transtornado, de cabeça virada: "– Não há dúvida, o rapaz está doido varrido..." (Bernardo Guimarães, *A escrava Isaura*, p. 80) [GAS].
Sin.: *estar varrido do juízo*

Estar do peru *Bras., gír.* Estar ótimo: "Tá do peru, cara, gosto de ver assim" [JB].

Estar duro *Port.* 1. Estar zangado. 2. *Bras.* Estar sem dinheiro; diz-se de quem não tem grana: "– Eu... eu estou duro... – gaguejei, morrendo de vergonha" (Dias Gomes, *Apenas um subversivo*, p. 54); "Paguem minha conta, por favor, estou duro" (Carlos Eugênio Paz, *Viagem à luta armada*, p. 96) [CLG/GAS/JB].
Sin. (2): *estar liso*

Estar em Depender de: "Todo o problema está em ele aceitar a proposta" [ABH/AC].

Estar em ablativo de partida Estar prestes a partir, nos últimos preparativos para viagem ou partida [ABH].
Var.: *estar em ablativo de viagem*

Estar em ação *Lus., Algarve.* Estar em pelo; estar nu. – Manuel Joaquim Delgado grafa "cação" e reporta o termo à mesma província [GAS].

Estar em alas *Lus., Alentejo.* Estar ansioso, inquieto, impaciente; (*bras., S.*) estar

Estar(-se)

muito preocupado com alguma coisa que possa acontecer de ruim [AJO/GAS].

Estar em azar Em situação difícil [GAS].

Estar em baixo (*sic*) *Lus*. Não se sentir bem [GAS].

Estar embaraçada *Lus*. Estar grávida [GAS].

Estar em boas mãos Estar nas mãos em que deve estar, com a pessoa mais competente para o caso [AN].

Estar em boca de venda Correr fama de que vai ser vendido (ver *Rev. de Port.*, vol. XXVIII, p. 244) [ECS].

Estar em bom caminho Ser bem-sucedido no princípio de um empreendimento ou de um negócio [AN/GAS].

Estar em branco Ser apanhado sem os conhecimentos sobre determinado assunto; não saber a lição ou a matéria de estudo; ignorar uma coisa; ficar sem saber; não entender nada [AN/GAS/OB].
Sin.: *estar em jejum*
Var.: *ficar em branco*

Estar em brasa Estar irado, irritado, furioso; estar ansioso, desejoso, excitado, expectante, impaciente [ABH/GAS].

Estar embrulhado Estar em dificuldades [CLG].

Estar emburrado Estar irritado: "O cara tá emburrado" [JB].

Estar em casa Diz-se quando, no jogo, não se perde nem se ganha [GAS].

≠ **Não estar em casa** Fazer-se de desentendido [AN].

Estar em cilício *Lus*. Estar impaciente, em frenesi, atormentado [GAS].

Estar em/por cima Estar em excelente situação, em situação vantajosa: "O cidadão tá por cima" [AT/FF/JB].

Estar em cima da hora Estar no minuto derradeiro, na hora exata [GAS].

Estar em cima da jogada Estar assistindo ao que se passa [GAS].

Estar em coiro *Lus*. Estar nu; estar em pelo: "Essa criança ainda está em coiro? Vai vesti-la, Maria" [GAS].

Estar em couro(s) *Bras., CE*. Vestir a roupa de couro; estar com a roupa de couro devidamente vestida, pronto para a carreira; estar encourado, encourar-se (o vaqueiro); trajar-se com roupa de couro, típica do vaqueiro; vestir a roupa de vaqueiro e demais acessórios [RG/TC].

Var.: (NE) *meter-se nos couros*, (NE) *tomar (d)os couros*, (NE) *vestir os couros*

Estar em cuidados *Lus*. Estar inquieto, receoso [GAS].

Estar em dia 1. Não estar atrasado nas contas; acharem-se regularmente em dia as coisas, o pagamento dos compromissos etc.: "Rosa: (...) Santa Bárbara é tão sua amiga... Você não está em dia com ela?" (Dias Gomes, *O pagador de promessas*, p. 19). **2.** Estar às vésperas de, em via de: "A mulher está em dias de descansar" (José Carvalho, *O matuto cearense e o caboclo do Pará*) [RG/TC].

Var. (1): *andar em dia com* (2)

Estar em dia não Sair-lhe tudo ao contrário [GAS].

Estar em embrião Achar-se apenas começado; não ter ainda forma própria [AN].

Estar em espírito Ter presente no pensamento [GAS].

Estar em espírito num lugar Transportar-se a algum lugar na imaginação [AN].

Estar em esqueleto Achar-se em esboço, com as bases necessárias para depois se aperfeiçoar [AN].

Estar em estado Achar-se habilitado, apto; ser capaz; ter as faculdades precisas [AN].

≠ **Não estar em estado de deliberar** Achar-se embriagado. – Palavras delicadas de um presidente da Câmara dos Deputados da monarquia a um parlamentar que se apresentou bêbado e foi impedido de votar [AN].

Estar em estado interessante Achar-se grávida [AN].

Estar em evidência Ocupar posição de destaque [AN].

Estar em foco Achar-se em evidência, sendo alvo de todas as atenções, de todas as conversações, de todos os olhares [AN].

Estar em forma /ó/ Achar-se com boa saúde e treinado [AN].

Estar em foto *Ant.* Estar (a embarcação) boiante e livre de perigo [ABH].

Estar em fraldas de camisa Não ter mais vestuário a não ser a camisa [AN].

Estar em franja *Lus.* Estar excitadíssimo [GAS].

Var.: *estar com os nervos em franja, ficar em franja*

Estar em fungas *Lus.* Estar desejoso, ansioso [GAS].

Sin.: *estar em picos, estar em pulgas*

Estar em gosto Achar-se na moda [TC].

Estar em graça para com Ver *cair em graça/nas graças de*

Estar em grande Atravessar um bom momento [GAS].

Estar em guarda Estar de prevenção, de alerta [GAS].

Estar em jejum Não cumprir o que se deseja; não perceber o que se ouve; não ter percebido uma explicação; ficar em completa ignorância a respeito de uma coisa [AN/GAS]

Sin.: *estar em branco*
Var.: *ficar em jejum*

Estar em jogo Tratar-se de alguma coisa; estar em discussão, em posição perigosa, incerta ou em risco de perda [GAS].

Estar em letra redonda Diz-se do que se encontra publicado [GAS].

Sin.: *vir em letra de forma*
Var.: (Bras.) *estar em letra de forma* /ô/, *vir em letra redonda*

Estar em mangas de camisa Estar sem casaco, à vontade [GAS].

Estar em maré de azar Estar infeliz [AN].

Estar em más circunstâncias *Lus.* Não estar em boa situação financeira [GAS].

Estar em mau caminho Ser malsucedido no princípio de um empreendimento ou negócio [AN/GAS].

Estar em maus lençóis Ver-se ou estar em má situação, em dificuldades que tiram o sono; meter-se em situação complicada, em uma situação difícil; ver-se em posição ou negócio difícil ou arriscado: "A segurança dos americanos está em maus lençóis" (*Veja*, 11/6/97, p. 43) [AN/CLG/FF/FSB/GAS].

Var.: *ficar/meter-se/ver-se em maus lençóis*

Estar em mentes *Lus., Portalegre.* Estar na disposição, na intenção [GAS].

Estar em mira Pretender, desejar alguma coisa [GAS].

Estar em *off-side* *Desp.* Ter o atacante apenas o goleiro pela frente ao lhe ser lançada a bola; estar impedido. – Expr. pouco us. [HM].

Estar em osso Diz-se de casa que só tem o madeiramento e as paredes, mas ainda precisa ser coberta e acabada de arranjar [AN].

Estar em outra *Bras., gír.* **1.** Ser antigo, ou "quadrado": "Você está em *outra*. Leia Marcuse e Norman Mailer e atualize seu *repertório* [= a súmula do linguajar moderno]" (Vinicius de Moraes, *Poesia completa e prosa*, p. 662). **2.** Sob outra ótica, até pode tb. significar o oposto, i. e., ser moderno, avançado: "Agora eu estou em outra; curto coisas e assuntos do mundo global" [Vinicius de Moraes, *op. cit.*].

Estar em pane Estar imobilizado. – A expr. é de or. fr.: *être en panne* ou *rester en panne* [RMJ].

Estar em papos de aranha Estar atrapalhado, em situação difícil; andar azafamado, em meio de muitas dificuldades; viver perigosamente; atravessar momento angustioso, difícil, melindroso. – Antônio de Castro Lopes verteu "papos" em "palpos", impossível na prosódia vulgar [FSB/LCCa].

Var.: *estar em palpos de aranha, ficar/ver-se em papos de aranha*

Estar em paz com a consciência Ter a convicção de que procedeu bem [AN/CLG].

Estar em pé a flanela *Desp.* Levantar a bandeira, o auxiliar do juiz, assinalando infração [HM].

Estar em pé de guerra Estar pronto para as hostilidades [GAS].

Estar em picos Ver *estar em fungas*

Estar empistolado Ver *ter pistolão*

Estar em ponto de bala *Bras.* **1.** Chegar a um grau elevado, a estado de grande apuro. **2.** Diz-se do ponto a que se eleva a calda (mel) do açúcar, de modo que, resfriando, se torne translúcido, quebradiço e de aspecto vítreo. **3.** *RS.* Estar preparado para alguma missão ou tarefa (ver Aires da Mata Machado, "Fraseologia diferencial luso-brasileira", in Miscelânea Antenor Nascentes) [AJO/AN].

Estar em/no ponto de bala Diz-se da mulher já em idade própria para o coito, na puberdade; achar-se em plena puberdade (moça) [ABH].

Estar em pulgas Ver *estar em fungas*

Estar em si Achar-se bom de juízo, em seu estado normal; estar calmo, em seu juízo [ABH/AC/AN/FF/GAS].

≠ **Não estar em si** Estar distraído ou alheado; perder a serenidade, o sangue-frio ou a compostura [GAS].

Estar em/numa sinuca Estar em dificuldade, em posição perigosa, numa espécie de beco sem saída; estar diante de problema de difícil solução. – Expr. oriunda do jogo de bilhar ingl., em que a habilidade de cada jogador está em deixar o parceiro *snookered*, palavra que passou para a nossa língua como "sinuca". A var. diz respeito a situação mais grave [FSB/RMJ].

Var.: *estar em sinuca de bico, estar na maior sinuca*

Estar em sua casa Estar à vontade: "Aqui estamos a seu dispor. Esteja em sua casa" [AN].

Estar em todas *Bras., fam., gír.* Seguir tudo o que se passa; participar ativamente da vida social, política, literária etc.; estar muito bem informado do que se passa nos meios social, político, literário etc.; estar presente em todas as ocasiões; frequentar; fazer parte; ser popular: "Luxemburgo quer estar em todas: bate de frente com os clubes, suscita polêmicas, banca intransigências, descontenta o público..." (Armando Nogueira, *Diário do Nordeste*, cad. Jogada, 30/4/00, p. 2); "Em termos de Brasil, o samba está em todas" [ABH/CLG/ECS/GAS/JB/JF].

Estar em veia de felicidade Conseguir tudo o que deseja [AN].

Estar em vê-lo-emos Estar ainda muito atrasado em relação ao momento aprazado [GAS].

Estar em vésperas de Não tardar muito para; estar prestes a; estar a ponto de; diz-se de mulher grávida [AN/GAS].

Estar em voga Estar em/na moda, em uso [AN/GAS].

Estar em voz Estar bem-disposto para cantar; estar com a voz pura e sonora [AN].

Estar encanado Ver *estar na cana*

Estar encharcado 1. Estar muito molhado. **2.** Estar bêbado [GAS].

Estar enforcado 1. Ver-se obrigado pela necessidade a empenhar ou vender objeto, mercadoria por qualquer valor; estar em situação difícil: "O cara tá enforcado, se meteu numa enrascada." **2.** Estar casado: "Ele tá enforcado. Casou com uma merda" [AN/JB].

Estar engalicado *Bras., PE.* Estar com doença venérea [BB].

Estar engomado *Lus.* Estar fechado na cela, por castigo [GAS].

Estar entre a bigorna e o martelo/o martelo e a bigorna Ver *estar entre a cruz e a caldeirinha* (1)

Estar entre a cruz e a caldeirinha 1. Ver-se numa situação difícil, em grande risco; achar-se entre dois perigos e não saber como evitá-los; estar entre duas dificuldades; estar numa situação sem saída; encontrar-se

num grande aperto sem escapatória; não poder escapar de um grande aperto. **2.** Estar morto ou para morrer. **3.** Estar indeciso, em dúvida: "O malandro tá entre a cruz e a caldeirinha" [AN/CLG/FSB/GAS/JB].
Sin. (1): *estar entre a bigorna e o martelo/o martelo e a bigorna, estar entre a cruz e a espada, estar entre a espada e a parede*
Var.: *ver-se entre a cruz e a caldeirinha*

Estar entre a cruz e a espada Ver *estar entre a cruz e a caldeirinha* (1)

Estar entre a espada e a parede Ver *estar entre a cruz e a caldeirinha* (1)

Estar entre a vida e a morte Estar em iminente perigo de vida; estar gravemente doente [AN/GAS].

Estar entre dois fogos Achar-se exposto dos dois lados, aos golpes do inimigo [AN].

Estar entregue 1. *Lus.* Diz-se do crim. que espera ser condenado com pesada pena. **2.** *Bras., RS.* Diz-se de quem está cansado à exaustão, sem vontade, sem comando de si mesmo, ou por extremo esforço físico ou por qualquer outro motivo, inclusive o amoroso [GAS/LAFa].

Estar entregue à bicharada Estar morto, em maus lençóis, sem esperança de salvar-se [GAS].
Var.: *estar entregue aos bichos, ficar entregue à bicharada*

Estar entregue à própria sorte Estar abandonado: "Na verdade, Marilda está entregue à própria sorte, chamando papagaio de meu louro" [JB, s. v. "ENTREGUE À PRÓPRIA SORTE"].
Sin.: *estar entregue às baratas* (1)

Estar entregue às baratas 1. *Fam.* Não receber os devidos cuidados; estar abandonado: "Ela cobra uma ação das autoridades competentes, pois o bairro está entregue às baratas, ou seja, sem nenhum apoio institucional" (*Jornal da Rua*, 8/6/99, p. 4); "A Segurança na periferia de Fortaleza está literalmente entregue às baratas" (Regina Marshall, *Diário do Nordeste*, cad. Gente, 13/8/00, p. 14). **2.** *Desp.* Demonstrar, o jogador ou o time, muito cansaço na partida [ABH/HM/JB].
Sin. (1): *estar entregue à própria sorte*
Sin. (2): *perder o gás*
Var. (1): *estar entregue às traças*

Estar entregue às traças Estar abandonado, sem os cuidados necessários: "Tava tudo entregue às traças, no maior abandono" [JB].
Var.: *estar entregue às baratas*

Estar envolvido Estar namorando: "O Leleco está envolvido com a Matilde" [JB].

Estar enxofrado Estar amuado [GAS].
♦ Cognato de "enxofre", daí a grafia correta. No entanto, o próprio GAS registra "enchofrado", significando "amuado, arrufado, zangado". E registra tb. "enxofrado", em acepções similares: "amuado, arreliado, ofendido, zangado".

Estar escamado Achar-se escarmentado, receoso, precavido, para não experimentar o mesmo dano ou perigo [AN].

Estar escrito Estar marcado pelo destino; ser o destino; ter mesmo de acontecer. – Fórmula do fatalismo árabe, *maktub*. Palavra de resignação diante de um acidente, de uma perda (ver Corão, XI, p. 8; XVII, p. 14; XXV, p. 12; LIV, p. 52; LX, LVII, p. 22). Usa-se tal expr. geralmente na 3ª pess. do sing.: "Está/estava escrito" [AN/GAS].

Estar escrito em tua testa Estar claro: "Tá escrito em tua testa que tu és um vagabundo" [JB].

Estar esperando Achar-se grávida (a mulher): "Maria já está esperando" (um filho) [TC].

Estar esquerdo Não estar com sorte; estar mal colocado ou em situação desfavorável, imprópria [FS].

Estar estremecido com alguém Estar de relações abaladas, esfriadas, com alguém [AN].

Estar estribado 1. *Lus.* Estar prevenido; contar com o que possa acontecer. **2.** *Bras.* Estar com muito dinheiro; estar em boa situação financeira [ABH/GAS].

Estar(-se)

≠ **Não estar falando grego** Exprimir-se em ling. compreensível. – Expr. com que lamentamos que não nos entendam [AN].

Estar faleiro *Lus*. Estar feio [GAS].

Estar farto até os olhos Estar farto demais [AN].
Var.: *estar farto até a raiz dos cabelos*

Estar fechado pra balanço *Bras., gír.* Deixar de fazer sexo: "O Sílvio tá fechado pra balanço, broxou (*sic*)" [JB].

Estar feito *Lus*. **1.** Namorar; ser correspondido na pretensão de namoro; fazer a corte; ter relações amorosas. **2.** Ser bem-sucedido; estar concomunado. **3.** Estar aflito [GAS].
Var. (1): *andar feito*

Estar feito num feixe Diz-se de um ferido após desastre grave, ou de um carro após grande embate (choque, abalroada) [GAS].
Sin.: *estar feito num oito/molho de bróculos*

Estar feito num molho de bróculos Ver *estar feito num feixe*

Estar feito num oito Ver *estar feito num feixe*

Estar feito um odre Achar-se muito embriagado de vinho [AN].

Estar feliz da vida Estar satisfeito com o momento que se está vivendo [GAS].

Estar (uma) fera Estar feroz; ficar irritadíssimo, indignadíssimo, muito zangado; enfurecer-se; exasperar-se: "O chefe tá uma fera. Vai explodir" [GAS/JB/LM/RG/RMJ/TC].
Sin.: *virar (uma) onça, virar bicho*
Var.: *ficar uma fera, virar (uma) fera*

Estar ferrado Estar liquidado, complicado, em situação ruim: "Se fosse assalto, eu estava ferrada, mas era polícia mesmo..." (Fernando Sabino, *A vitória da infância*, pp. 107-8); "Tá ferrado aquele cara, deram uma foda nele" [JB].

Estar fervendo Achar-se na iminência de [TC].

Estar fino *Lus*. Estar com boa saúde [GAS].

Estar fixe Estar garantido, confiado, assente, combinado [GAS].

Estar fodido *Bras., chulo*. Estar mal; diz-se de quem se encontra em situação difícil: "– Então chame Caboré, o chefe da segurança. Temos que achar esse homem. Ou tou fodido" (Dias Gomes, *Sucupira, ame-a ou deixe-a*, p. 29). ♦ A esta expr. se associa, de alguma forma, uma gama de outras similares (p. ex., os sin. abaixo) [JB/MSM].
Sin.: *estar frito* (1), (NE) *estar pebado*

Estar fodido e mal pago *Chulo*. Estar arrasado: "O cidadão tá fodido e mal pago" [JB].

Estar fora da inácia *Bras., Mar. G.* Deixar de respeitar as prescrições legais e regulamentares [ABH].

Estar fora da jogada Não conhecer o assunto [GAS].

Estar fora da vila e termo *Lus*. Estar desorientado [GAS].

Estar fora de forma /ó/ Achar-se destreinado [AN].

Estar fora de si Estar descontrolado; ficar irado, irritadíssimo; exaltar-se; zangar-se [GAS/TC].
Var.: *ficar fora de si, sair (fora) de si*

Estar forte 1. Diz-se do estudante seguro da matéria. **2.** Ter bastante dinheiro; diz-se quando se anda com muito dinheiro nas algibeiras [GAS].
Var. (2): *andar forte*

Estar (muito) fosfórico 1. Não estar bem de saúde. **2.** Estar muito duvidoso [GAS].

Estar fraco Diz-se do jornal ou revista quando não traz boa matéria [ABH].

Estar fresco Sair-se mal de um negócio; sofrer um prejuízo; achar-se em situação ruim [AN].

Estar frio *Fam*. Estar longe da verdade ou do objeto que se procura [ABH].

Estar frito 1. Achar-se em posição difícil, insustentável, apertada; estar em má situação; estar culpado, comprometido, perdido, entalado; estar em apuros; estar numa situação complicada; achar-se derrotado; não ter desculpa para uma falta: "Marcelo está frito! O professor percebeu que ele estava colando na prova" (DT, *VII série*, p. 74). **2.** Estar arreliado, zangado, irritado, fulo. **3.** Estar morto [ABH/AC/CLG/DVF/FF/GAS/MPa/OB/RG/TC].
Sin. (1): *estar fodido*
Var. (2): *ficar frito*

Estar fulo Estar irritadíssimo, zangadíssimo, fora de si: "Os bundões de plantão devem estar fulos. Maravilha!" (Jorge Rondelli da Costa/leitor, *Bundas*, 26/7/99, p. 42) [GAS].
Var.: *estar fulo da vida, ficar fulo*

Estar fulo da vida Estar zangadíssimo: "Ricardão tá fulo da vida com Pelé" (*Jornal da Rua*, 11/3/00, p. 6) [GAS].
Var.: *estar fulo*

Estar fumando charuto apagado *Desp.* Estar um jogador visivelmente impedido e, mesmo assim, prosseguir no avanço em direção ao gol.

Estar gamado Estar apaixonado [GAS].

Estar gorda Achar-se grávida (a mulher) [TC].

Estar governado Ter o que deseja; ter conseguido os seus fins [GAS].

Estar grego em Nada saber a respeito de (um assunto ou matéria) [ABH].
Var.: *ser grego em*

Estar (um) griso *Lus.* Estar (muito) frio [GAS].
Sin.: *estar um taró*

Estar grogue Ficar tonto, atordoado, por pancada ou embriaguez [GAS/TC].
Var.: *ficar grogue*

Estar horas esquecidas Demorar-se muito; esquecer-se do tempo; esperar demasiadamente [GAS].

Estar hóspede num assunto Não entender de um assunto; não ter especialidade no assunto [AN].

Estar impedido *Desp.* Ter o atacante apenas o goleiro pela frente ao lhe ser lançada a bola [HM].

Estar interado Não tolerar mais; estar saturado: "Não quero mais negócios com ele: já estou interado de tanta safadagem"; "Dessa eu fico interado e noutra não caio mais" [TC]. ♦ "Interado" vem, aí, como corruptela de "inteirado", ou seja, "certo, justo, completo".
Var.: *ficar interado*

Estar joia Estar tudo bem, excelente [AT].

Estar jornando Não querer sair [GAS].

Estar jurado Ameaçado de morte por algum inimigo: "Tava jurado. Fez negócio com um trinta e oito de carga dupla e redobrou os cuidados..." (Romeu de Carvalho, *Carro Doce*, p. 58).

Estar jururu *Bras.* Estar desconfiado, cabisbaixo [BB].

Estar lá meio mundo Haver muita gente [GAS].

Estar lascado 1. Sofrer grande prejuízo; sair-se mal numa empreitada. **2.** Sofrer punição [TC].

Estar lavado *Bras., BA.* Estar bêbado [FNa/NL].

Estar lavando cachorro com sabão emprestado Estar sem emprego e sem vintém [LM].

Estar lerdo como uma mula guaxa *Bras., RS.* Diz-se de pessoa mole, vagarosa [AN].
Var.: *parecer/ser lerdo como uma mula guaxa*

Estar lesando Achar-se distraído, abstrato [TC].
Sin.: *andar bestando*
Var.: *andar lesando*

Estar levinho *Bras., gír.* Fazer sexo: "Disse o Romário: estou levinho, numa boa" [JB].

Estar-lhe a roer a consciência Causar remorsos [GAS].

Estar(-se)

Estar-lhe na caixa Diz-se do artista teatral que tem aptidões especiais para o desempenho de determinado papel [GAS].

Estar ligado *Bras., gír.* **1.** Entender: "Tá ligado, mano, se não tá, cai fora." **2.** Estar atento: "O pessoal tá ligado." **3.** Entre *skatistas*, diz-se quando a pessoa já está por dentro do assunto: "O cara tá ligado" [JB/NL].
Var. (2): *ficar ligado*

Estar lindo Estar em situação difícil [GAS].

Estar liru Estar caquético, senil, amalucado [GAS].

Estar liso Estar sem dinheiro nenhum; não ter dinheiro: "Se me virarem hoje de cabeça para baixo, não cai do bolso um níquel. Estou liso" (Graciliano Ramos, *São Bernardo*, p. 22). – A expr. completa é "Tô liso, leso e louco, comprando fiado e pedindo o troco!" [AS/CLG/CGP/GAS/LM/RMJ/TGa].
Sin.: (lus.) *andar leve, andar liso e teso, andar liso, leso e louco, andar na quebradeira, estar a/sem nenhum,* (CE) *estar a perigo, estar duro* (2), (CE) *estar miado, estar na disga, estar na embira* (2), *estar na pindaíba, estar na pindura, estar no arco, estar pronto* (4), *estar quebrado, estar teso*
Var.: *andar liso*

Estar liso e leso Estar sem dinheiro e bobo: "Tô liso e leso, cara, numa pior" [JB].

Estar liso que só muçu *Bras., CE.* Estar totalmente sem dinheiro, completamente arruinado: "Floreio danado de chocho porque, mais dias, menos dias, tá liso que só muçu!" (Romeu de Carvalho, *Carro Doce*, p. 37). – O muçu é escorregadio, liso [AN].
Var.: *andar liso que só muçu*

Estar livre de uma penhora Não prestar para nada; pôr de lado o que é mau [AN].

Estar livre de uma senhora (sic) *Lus.* Diz-se, em tom irôn., a quem aguarda ingenuamente um benefício pouco provável; diz-se de quem não tem nada que preste [GAS]. ♦ Senhora está em lugar de penhora.

Estar lixado Estar em má situação [GAS].

Estar lobuno de fome *Bras., RS.* Estar com tanta fome, a ponto de mudar de cor [AJO].

≠ **Não estar mais aqui quem falou** Expr. dita por quem nega o que proferiu, por quem retira o que disse [GAS].

Estar mais duro que pau de tarado Ver *estar sem um puto*

Estar mais enrolado do que linha em carretel Estar complicado, difícil: "O chefinho tá mais enrolado do que linha em carretel. Tá feia a coisa" [JB].

Estar mais morto que vivo Desfalecer de cansaço, de susto ou por doença; estar muito fatigado [GAS].

Estar mais para lá do que para cá **1.** Diz-se de quem está próximo da morte. **2.** *Bras.* Tb. se diz de quem se excedeu na bebida, ou já está ébrio: "Deu-se que uma noite, nosso herói já estava mais pra lá do que pra cá. Exausto pelo calvário dos bares, entrou numa churrascaria modesta..." (Aírton Monte, *O Povo*, cad. Vida & Arte, 1º/7/02, p. 2) [GAS].

Estar mais sujo do que pau de galinheiro Diz-se quando se passa por situação difícil, complicada: "O governo tá mais sujo do que pau de galinheiro; tem muita corrupção, muita sujeira" [JB].

Estar mal das pernas Estar em dificuldades [CLG].

Estar mal para passar Encontrar dificuldades [GI].

Estar mangaba *Bras., BA, gír.* Estar moleza [NL].

Estar marado *Lus.* **1.** Estar furioso, irritadíssimo; estar maluco. **2.** Diz-se de objeto estragado [GAS].

Estar mar cão *Lus.* Diz-se de mar agitado [GAS].

Estar marreco Estar zangado, de relações cortadas com alguém [GAS].

Estar marreco da cabeça *Lus.* Ter perdido o juízo [GAS].

Estar martelado Estar alterado: "O número do chassis do carro tá martelado, foi alterado" [JB].

Estar matias Estar pateta, amalucado [GAS].

Estar medoinho Estar extremamente raivoso, indignado: "Ele está medoinho com você" [TC].
Var.: *estar/ficar medoinho da vida/de raiva, estar medonho, ficar medoinho*

Estar medonho Estar muito raivoso, indignado [TC].
Var.: *estar medoinho, estar/ficar medonho da vida/de raiva, ficar medonho*

Estar meio cá, meio lá Estar quase embriagado [GAS].

Estar meio chambregado/xambregado Estar meio embriagado [TC].

Estar meio-morto Estar estafado, muito cansado [GAS].

Estar metido em calças pardas Achar-se muito embaraçado, em apuros, em dificuldades, em situação complicada; estar aflito, metido em embaraços, em complicações; ter obstáculos a vencer; envolver-se em algo difícil, em negócio ou empresa arriscada (ver Ladislau Batalha, *História geral dos adágios portugueses*) [AN/FF/GAS].
Sin.: *ver-se e desejar-se*, (lus.) *ver-se nas de atacar*
Var.: *meter-se/ver-se em calças pardas*

Estar metido em talas Estar sem espaço de manobra, em apertos [GAS].

Estar metido no caldinho Estar no conluio, na combinação [GAS].

Estar metido numa alhada *Lus*. Confrontar-se com um grave problema, com um assunto complicado [GAS].

Estar metido num beco sem saída Ter de resolver um problema para o qual não se vê solução [GAS].

Estar metido num sarilho Estar envolvido em assunto complicado [GAS].

Estar metido num sino *Lus*. Estar contente, entusiasmado, alegre [GAS].

Estar miado Ver *estar liso*

Estar missado *Lus*. Ter ouvido missa [GAS].

Estar molhado como um pinto Ficar muito molhado, pingando água. – O pinto ao sair da casca traz uma viscosidade [AN].
Var.: *ficar molhado como um pinto*

Estar montado na erva Ver *estar montado no porco*

Estar montado no porco *Bras., gír*. Estar com muito dinheiro: "O Ricardo está montado no porco" [JB].

Estar mordendo o freio *Bras., RS*. Estar pronto para entrar em ação [AJO].

Estar mordido Estar irritado: "O bicho tá mordido, tá de mal com a vida"; "Tá todo mundo mordido com o que houve" [JB].
Var.: *ficar mordido* (2)

Estar morto Ver *perder o gás*

≠ **Não estar morto** *Desp*. Não se mostrar derrotado no jogo e partir para reverter a desvantagem no placar [HM].

≠ **Não estar muito católico 1.** Estar meio embriagado. **2.** Estar meio perturbado do juízo, ou adoentado [ABH/GAS].

Estar muito em baixo Estar em decadência, em mau estado [GAS].

Estar muito pegado a alguém Diz-se quando se sente muito a falta do convívio de alguém; sentir saudade de alguém; ser muito íntimo de alguém; ser muito companheiro e amigo de alguém [AN/GAS].

Estar na(s) água(s) Estar bêbado, embriagado [ABH/DVF/FNa/RG].

Estar na aldeia e não ver as casas Diz-se de quem tem uma coisa diante dos olhos e não vê, de quem não percebe uma coisa evidente [GAS].

Estar na bandeira *Bras., CE*. Estar na quebradeira, sem dinheiro [RG].

Estar na banheira *Desp*. Diz-se quando o jogador está em situação de impedimento [CPL].

Estar na berlinda 1. Ser alvo de comentários, no jogo da berlinda; ser motivo de curiosidade. **2.** Ver-se em embaraços ou em evidência pouco lisonjeiros; ser alvo de censuras, motejos ou largas apreciações; ser objeto de comentários; ser falado. **3.** Achar-se em evidência, sendo mais elogiado ou mais censurado do que os outros. – Reminiscência do jogo de prendas da berlinda [ABH/AC/AN/CPL/FF/GAS/JB].

Sin.: *andar na berra*

Estar na(s) bica(s) Ser dos primeiros a obter algo; tocar-lhe a vez de alcançar coisa que pretende; estar prestes a obter um posto que lhe pertence por escala, a entrar para o seu lugar numa série; estar próximo a ser promovido; achar-se em vias de, prestes a; achar-se a caminho de conseguir uma coisa; estar aguardando a vez; estar prestes a acontecer, a ser, a conseguir; estar iminente; estar perto da consecução do que deseja: "Sua nomeação está na bica"; "Estava na bica para ministro, quando veio a guerra"; "O cara tá nas bicas". – Reminiscência do tempo em que o povo se abastecia em fontes públicas (chafarizes) [ABH/AN/CPL/ECS/GAS/JB/RF/TC].

Sin.: (lus.) *estar à bebida*
Var.: (lus.) *estar à bica*

Estar na boa com *Gír.* Ser bem cotado; ter bom relacionamento com: "Estou sempre na boa com todos os meus colegas de trabalho" [JF].

Estar na boca de espera Esperar: "Ele tá na boca de espera" [JB].

Estar na boca do mundo Ficar difamado; ser alvo de censuras, maledicência etc.: "Logo estavam na boca do mundo, faladas" (Sinval Sá, *O sanfoneiro do riacho da Brígida*) [TC].

Sin.: *andar de boca em boca*
Var.: *andar na(s) boca(s) do mundo, cair na boca do mundo, estar na boca do povo*

Estar na boca do povo Ser falado; estar todo mundo sabendo: "Está na boca do povo, porra, o cidadão gosta de engolir espada"; "O assunto já tá na boca do povo há muito tempo" [JB].

Var.: *andar na(s) boca(s) do povo, estar na boca do mundo*

Estar na brecha 1. *Lus.* Estar na vanguarda; estar na frente. **2.** *Bras.* Estar sempre pronto para a luta; combater constante e valorosamente na defesa de uma causa; estar vigilante, como sentinela na muralha.

3. Estar em via de: "Estava na brecha para ser nomeado" [ABH/AN/GAS].

Var. (2): *estar sempre na brecha*

Estar na brisa *Bras., CE.* Achar-se sem dinheiro [AN/RG].

Estar na/numa bronca Estar irritado: "O malandro tá na bronca, mas deixa ele comigo"; "O pessoal tá numa bronca danada" [JB].

Var.: *estar na maior bronca*

Estar na caixinha *Desp.* Diz-se de juiz ou jogador que foi subornado: "– Você está na caixinha, safado, negro salafrário! Mas não perde por esperar!" (João Antônio, *Onze em campo*) [HM].

Estar na calha Estar a seguir, no lugar imediato [GAS].

Estar na cana Achar-se embriagado. [TC].

Sin.: *estar caneado, estar encanado*
Var.: *arrastar uma cana*

Estar na canga *Bras., S.* **1.** Estar preso. **2.** Ser dominado por uma mulher [AJO].

Estar na cara *Bras., fam.* Ser ou estar evidente, lógico, claríssimo; ser de toda a evidência: "Me guiou pra meu bem, está na cara" (Carlos Drummond de Andrade, *Obra completa,* p. 934); "Está na cara que ele se apaixonou por aquela menina! Quem é que não vê isso?" (DT, *VII série*, p. 98); "Disse-lhes que Lira não iria dar muito espaço aos jogadores do Lula e está na cara" (Paulo Karam, *Jornal da Rua*, 1º/6/99, p. 6) [ABH/CLG/ECS/JB/TC].

Var.: *dar na cara*

≠ **Não estar na casa de seu(sua) sogro(a)** Não poder julgar-se com direito a umas tantas liberdades; não ter direito a liberdades onde se encontra; não ter direito de tomar certas liberdades: "Deixe de risada, respeite a igreja: você não está na casa de seu sogro, não!" [AN/LM].

Var.: *não estar na casa da sogra*

Estar na casa do chapéu Estar em lugar muito distante, muito longe: "O cara tá na casa do chapéu, mora muito longe daqui" [JB].

Var.: *estar na casa do caralho*

Estar na casa do sem-jeito *Bras., CE.* Ser irremediável o caso (a coisa) ou a situação: "Não chovendo no dia de São José, está na casa do sem-jeito: temos seca!" [LM/RG].
Sin.: *estar despachado*
Var.: *estar sem jeito* (1)

Estar na cerca *Bras., desp., gír.* Não atuar (o jogador) no time principal; permanecer (um jogador) fora das cogitações do treinador por déficit técnico, nem ao menos figurando entre os reservas, no banco; estar na reserva; estar afastado: "O cara tá na cerca há um tempo"; "O cara tá na cerca, fez besteira" [ABH/HM/JB].
Var.: *ficar na cerca*

Estar na ceva Estar o animal preso, sendo tratado com alimentação especial, antes de ser abatido para consumo [AJO].

Estar na chuva *Bras., pop.* Estar ou achar-se embriagado, bêbado [ABH/AN/AT/RG/TC].

Estar na cola de Andar no encalço de alguém; seguir, espiar alguém: "'Estamos na cola dele', avisou um agente da Delegacia de Roubos e Furtos" (*Jornal da Rua*, 9/1/99, p. 11) [GAS/TC].
Var.: *ir/sair/seguir na cola*

Estar na conta Estar em condições de ser útil; ser suficiente; servir para o fim a que se destina [AN/GAS].

Estar na corda bamba Estar por um triz, em perigo; estar perigando: "O chefe tá na corda bamba, qualquer descuido lhe será fatal" [JB/MPa].

Estar na CP *Lus., Univ. Coimbra.* Estar na casa dos pais [GAS].

Estar na crista da onda *Fig.* Estar em situação relevante (na sociedade, na política, nas artes etc.) [ABH].
Var.: *achar-se/andar na crista da onda*

Estar na dele(a) Estar tranquilo(a): "O garoto está na dele" [JB].

Estar à/na/numa dependura 1. Estar na miséria total, sem dinheiro. **2.** Estar em perigo de vida. **3.** Ser condenado a enforcamento. Ver *Rev. Lus.*, XXXIII, p. 197 [ABH/AJO/AN/DFV/FF/GAS/TC].

Sin. (1): *andar à deriva* (1), *andar na pendura, estar na pindura*
Var. (1) (2): *achar-se na/numa dependura, andar na/numa dependura, estar por uma dependura, ficar à/na/numa dependura*

Estar na desgraça 1. Achar-se em estado de miserabilidade. **2.** Ter sido corrompida, possuída (a donzela) [TC].

Estar na disga Ver *estar liso*

Estar na draga *Bras., MT.* Estar sem dinheiro, na miséria: "Abrigo de vagabundos e de bêbados, restaram as / expressões: estar na draga, viver na draga por *estar sem dinheiro,* / *viver na miséria*" (Manoel de Barros, *Poemas concebidos sem pecado*, p. 44).
Var.: *viver na draga*

Estar na embira 1. Estar preso, amarrado. **2.** Estar em dificuldades pecuniárias; achar-se sem dinheiro; estar em situação financeira precária, crítica. **3.** Ser açoitado: "Os criminosos já devem estar na embira" (Manuel de Oliveira Paiva, *Dona Guidinha do Poço*). – "Embira" é fibra da planta *Tunifera utilis*, da família *Trymeleceae*, com a qual se fazem cordas [AN/RG/TC].
Sin. (2): *estar liso*
Var. (2): *ficar na embira,* (CE) *ver-se na embira*

Estar na engorda Comer bem e descansar [GAS].

Estar na espinha 1. Estar muito magro (por doença), escanzelado; ter só a pele sobre os ossos. **2.** Estar muito pobre [ABH/AN/FF/GAS].
Var. (1): *andar na espinha*

Estar na estica 1. *Lus.* Estar muito magro. **2.** *Bras., NE, pop.* Estar na miséria, na pobreza extrema; estar em situação precária; terminar a vida na pobreza. **3.** *Bras., S.* Estar muito bem-vestido, alinhado [ABH/AJO/AN/FF/FNa/GAS/RG].
Var. (2): *ficar na estica*
Var. (3): *andar na estica*

Estar na fama dos anéis Estar no auge da fama: "Eu bem sei que seu Romano / Está na fama dos anéis: / Canta um ano, canta dois, / Canta cinco, canta dez, / Mas o nó que der com a mão, / Eu desmancho ele com os pés" [LM].

Estar na favela *Bras., gír. surfistas* Estar sem dinheiro: "O cara tá na favela, tá durão" [JB].

Estar na febre-do-rato Ver *matar cachorro a grito*

Estar na fila Estar aguardando vez [GAS].

Estar na folha *Bras., gír.* Estar comprado; estar contratado: "O chefinho tá na folha do magnata" [JB].

Estar na forja Estar ou achar-se em preparação [AN/GAS].

Sin.: *andar (alguma) coisa no ar*

Estar na fossa 1. *Lus.* Estar desesperado. **2.** *Bras.* Estar esgotado; estar com depressão: "Sinto quele tá na fossa" [GAS/JB].
♦ No Brasil, diz-se de quem está com dor de cotovelo, i. e., está curtindo ou sentindo em consequência de alguma decepção amorosa.

Estar na franciscana Estar sem dinheiro [TC].

Estar na fritadeira *Bras., gír.* Estar em desgaste, desgastado: "O ministro está na fritadeira" [JB].

Estar na gaveta *Bras., gír.* Estar comprado; diz-se de quem foi subornado: "O juiz tá na gaveta do Eurico, há muito tempo" [JB].

Estar na geladeira *Bras., gír.* **1.** Estar em desgraça: "O chefinho está na geladeira." **2.** Estar isolado: "Ela tá na geladeira. Muito fofoqueira" [JB].

Estar na(s) grade(s) Achar-se preso na cadeia; estar preso [AN/FS/TC].

Estar na hora da onça beber água Ser o momento certo, decisivo; ser chegado o momento; chegar a hora da decisão: "Está na hora da onça beber água, vamos lá" [JB/MPa].

Var.: *chegar a hora da onça beber água*

Estar na hora de mudar do fino pro grosso *Desp.* Tornar-se necessária a troca do apito durante o jogo, pelo fato de alguém, na arquibancada, estar usando um igual ao do juiz, perturbando a arbitragem [HM].

Estar na jante Diz-se de pneu gasto, careca [NL].

Estar na jogada 1. Conhecer o assunto; acompanhar o que se está passando. **2.** Estar presente; participar: "Tô na jogada, moçada. Também quero o meu" [GAS/JB].

Estar na lista de espera Aguardar; esperar: "O cidadão tá na lista de espera, aguardando uma chance" [JB].

Estar na lista negra Estar marcado: "Tô na lista negra do chefe, mas vou reagir e..." [JB].

Sin.: *estar na minha lista*

Estar na(s) lona(s) 1. Estar gasto, roto, imprestável. **2.** Estar na miséria, sem dinheiro, sem recursos; estar em situação difícil: "O Zezão tanto fez, tanto fez que agora está na lona." **3.** Estar exausto, muito cansado. – Por analogia com o pneumático dos carros já muito gasto, liso [FSB/GAS/JB].

Var.: *estar na última lona*
Var. (2): *ficar na lona*

Estar na maior sinuca Estar em dificuldade: "Tô na maior sinuca, não sei o que devo fazer" [JB].

Var.: *estar na/numa sinuca*

Estar na mancha *Bras., gír.* Estar fora, não participar; não se interessar por algo; não ter a ver com algo: "Tô na mancha, cara, não adianta insistir" [JB].

Estar na manha *Bras., gír.* Estar na expectativa, preparando alguma coisa: "A Adélia está na manha, aguarde que vem rabo" [JB].

Estar na(s) mão(s) de 1. Ser dependente de outra pessoa. **2.** Caber nas forças, no poder, nas atribuições de alguém; ter força ou poder para fazer algo [AN/FF/GAS].

Estar na marca do pênalti Estar em dificuldades; estar ameaçado: "O viado (*sic*) está na marca do pênalti, aprontou demais" [JB].

Estar(-lhe) na massa do sangue Ser natural, ser próprio de uma pessoa; ser de

sua natureza, no íntimo, na índole; ser-lhe natural, ingênito; estar em harmonia com os sentimentos; ser congênito: "Quem padecer traição / Não se zangue. / Ingratidão de mulher / Está na massa do sangue" (Afrânio Peixoto, *Trovas brasileiras*) [AN/ECS/GAS].
Var.: *estar no sangue*

Estar na massa dos impossíveis Diz-se a alguém falando-se de quando ele ainda não tinha nascido [GAS].

Estar na mente que Supor; presumir; julgar; pensar: "– Eu não disse, seu Coronéu, porque eu tava na mente que Vossa Senhoria queria era um burro pra carregar carga" (Leonardo Mota, *Sertão alegre*, p. 22); "Hoje é sábado? Eu estava na mente que era domingo..." [FS/Gl/LM/TC].
Var.: *ter na mente que*

Estar na (maior) merda *Bras., chulo*. Achar-se na miséria, quebrado; estar sem dinheiro, ou sem perspectivas, ou sem amor, ou sem algo importante; estar em situação difícil: "Ele está na merda, destrambelhou-se todo"; "O cara tá na maior merda" [JB/LAFa/MSM/TC].

Estar na mesma com a lesma Diz-se de quem não anda, não se desenvolve [GAS].

Estar na minha lista Estar marcado: "Tá na minha lista, seu viado (*sic*), cê vai ver com quantos paus se faz uma canoa" [JB].
Sin.: *estar na lista negra*

Estar na mira da alça Estar marcado, sob observação; debaixo de cuidados especiais: "Delegado: ... Vão endurecer. E você tá na mira da alça. Vão te mandar pra Ilha Grande" (Dias Gomes, *O rei de Ramos*, p. 86) [ABH].
Var.: *estar na alça da/de mira de*

Estar na muda *Fig*. Ficar ou estar calado; não dizer palavra. – Analogia com os pássaros que perdem o cantar durante a muda. Em outras palavras, os pássaros não cantam durante a muda [AN/CA].

Estar na onda *Bras., gír*. Estar em posição de destaque; estar na moda, em evidência; estar a par com as novidades e cumpri-las; fazer sucesso: "Eles têm que estar na onda, senão não tem apartamento, não tem carro..." (Vinicius de Moraes, *apud* Antônio Maria, *Crônicas*, p. 9); "Só que agora ser brega virou chique. A cafajestagem nuvô rica tá na onda" (Tárik de Souza, *Bundas*, 25/6/99, p. 23) [ABH/GAS/JB/MPa].
Sin.: *virar moda*
Var.: *virar onda*

Estar na ordem do dia Ser a pessoa mais falada na ocasião; estar na moda [AN].

Estar na panqueca Estar em descanso, ocioso, vadiando [AN].

Estar na paquera *Bras., gír*. **1.** Estar na espera: "O cidadão tá na paquera." **2.** Estar na escuta: "Tô na paquera da Rádio Globo" [JB].

Estar na parada *Bras., gír*. Estar presente; participar: "Tô na parada, gente. Quero o meu em verdinhas" [JB].
Sin.: *estar no bolo, estar no lance, estar no rolo*

Estar na pauta Estar prestes a ser resolvido [AN].

Estar na peia *Bras., CE*. Apanhar feio. – Expr. difundida pelo locutor Gomes Farias: "E o Ferrim, rá, rá, rá, tá na peia!" [MGa].

Estar na pele de Achar-se no caso ou nas circunstâncias de alguém; estar na posição, situação etc., ocupada por alguém; estar no lugar de; colocar-se na posição de outrem [ABH/AN/GAS].
Var.: *pôr-se na pele de*

Estar na pindaíba *Bras., gír*. Achar-se em má situação financeira; estar em dificuldades; estar sem dinheiro, sem grana, passando necessidades; estar em situação difícil: "Eu vou ser franco. Estou na pindaíba, ouviu? É necessário a gente escolher mercadoria barata" (Graciliano Ramos, *Angústia*, p. 80). – Baptista Caetano diz que a palavra pindaíba vem do tupi e quer dizer "caniço, ou vara de anzol", instrumento que os índios pouco usam, porque suas pescarias se fazem geralmente a flecha, timbó etc., mas dá como significado da expr. "depender do anzol para ter o que comer". João Ribeiro, em *A língua nacional*, quer que a significação seja outra, a de "estar preso num cipoal, tolhido, amarrado" (ver Paulino Nogueira, *Vocabulário indígena*) [ABH/AJO/AC/AN/FS/JB/NL/RG/RMJ/TC]. Para saber mais, ver RMJ, p. 112.

Sin.: *estar liso*

Var.: *achar-se/andar/viver na pindaíba, estar na pinda, estar numa pindaíba danada*

Estar na pindura Estar em dificuldades: "Nada pior do que estar na pindura, ninguém olha pra gente" [JB].

Sin.: *estar à/na/numa dependura, estar liso*

Estar na/numa pior Estar em má situação ou disposição; estar em dificuldades; estar em situação precária; estar necessitado financeiramente; passar necessidades: "Sem essa de estar na pior, sempre dou a volta por cima"; "Sem dindim, fim de mês e tal. Estás na pior, hem?" [catálogo da McDonald's, maio/2000/GAS/JB/JF].

Sin.: *estar no bico do corvo, matar cachorro a grito, vender o almoço para ter o que jantar*

Var.: *ficar na pior*

Estar na ponta 1. Distinguir-se; estar na dianteira: "O dr. Geraldo está na ponta; ele deve aproveitar a boa sorte que está tendo..." **2.** Estar ou viver elegante, bem trajado, consoante a moda; estar chique, bem-vestido [AC/AN/DVF/FS/LM/TC].

Var.: *andar na(s) ponta(s)*

Estar na prateleira Diz-se de artista que está sem contrato, sem trabalho; diz-se de pessoa que foi esquecida, colocada de lado [GAS].

Var.: *ficar na prateleira*

Estar naquela/nessa/numa de horror *Bras., gír.* Estar na pior; estar preocupado, angustiado, em situação difícil: "Infelizmente, o cara tá naquela de horror, na maior deprê"; "Lamento mas ele tá nessa de horror"; "O amigo tá numa de horror por acaso?" [JB].

Estar naqueles/nos dias Estar menstruada; diz-se da mulher menstruada: "A Maria gosta de dizer pro namorado: hoje não dá bem, tô naqueles dias" [JB/MSM].

Sin.: *estar pouco boa*

Estar na recoca *Lus, gír. de radioamador.* Escutar as conversas de outros sem se assinalar [GAS].

Estar na rede 1. Estar preso. **2.** *Modern.* Estar ligado na Internet [GS].

Estar na rela *Lus.* Estar sem dinheiro [GAS].

Estar na réstia sem ser cebola Aparecer num todo de que não faz parte [AN].

Estar na retranca Estar na expectativa; acautelar-se; evitar; defender-se [GAS].

Var.: *pôr-se na retranca*

Estar na/numa roubada *Bras., gír.* Ter problema de difícil solução; estar em situação difícil: "O garoto tá na roubada"; "Estamos numa roubada, gente, fomos vendidos" [JB].

Estar na rua 1. Estar desempregado: "Então estão na rua. Coronel Timóteo manda um pedaço" (Benedito Valadares, *Esperidião*). **2.** *Desp.* Ter sido expulso; ser expulso de campo: "Se vier cartão, está na rua" [HM/TC].

Estar na rua da amargura Estar em dificuldades: "O cara está na rua da amargura, mas ele é culpado" [JB].

Var.: *ficar na rua da amargura*

Estar nas alturas Estar em situação de mando, altamente colocado [GAS].

Estar nas argolinhas Ficar satisfeito com uma boa nova [GAS].

Estar nas baratas "Diz-se da mulher quando começa a sentir as dores do parto que, de tão fortes, lhe dão vontade de subir pelas paredes, como as baratas" (Mário Souto Maior, *Como nasce um cabra da peste*, 1969) [MSM].

Estar nas bocadas *Bras., gír.* Estar em todas as festas: "O malandro tá nas bocadas, é chegado a muita cerva" [JB].

Estar nas bocas *Bras., gír.* Participar de tudo; estar presente em todas as ocasiões: "O picareta tá em todas as bocas" (*sic*) [JB].

Estar nas calmas Estar com pachorra; não ter nervoso [GAS].

Estar nas cordas de alguém Estar dentro das possibilidades de alguém [AN].

Estar nas folhas Estar, ser publicado nos jornais: "Tá nas folhas de hoje" [AN/JB].
Var.: *sair nas folhas*

Estar nas guabirabas Estar desconfiado [LCC]. ♦ Guabiraba: fruta muito doce. O A. cit. dá o termo como adj., significando "zangado" ou "irritado".

≠ **Não estar nas nossas mãos** Não depender de nós [GAS].

Estar na sombra Viver ignorado; trabalhar sem ser visto [GAS].
Var.: *ficar na sombra*

Estar nas paradas *Bras., gír.* Estar em evidência: "O cara tá nas paradas" [JB].

Estar nas pontas *Bras., gír.* Estar na frente: "O Verdão tá nas pontas, tá pintando que ficará com o caneco" [JB].

Estar nas suas sete quintas Achar-se completamente à vontade, contentíssimo, alegre, satisfeito da vida; sentir-se bem, a seu gosto [AN/GAS].
Sin.: (lus.) *estar no seu pão pingado*

Estar nas toeiras *Bras., SP.* Achar-se muito apertado, atrapalhado, confuso [AN].

Estar na sua cancha *Bras., RS.* Estar em lugar conhecido, onde é mais forte [AN].

Estar nas unhas Estar na dependência de outra pessoa [GAS].

Estar na tala *Bras., S.* Estar em dificuldades por falta de dinheiro [AJO].

Estar na tauba da beirada. *Bras., MG, gír.* **1.** Estar sem dinheiro. **2.** Estar sem namorada. **3.** Estar cansado: "Tô na tauba da beirada" [JN]. ♦ "Tauba" vem como corruptela de "tábua".
Sin.: *estar no pau da goiaba*

Estar na tinideira *Bras., CE, S.* Sentir falta de dinheiro; estar sem dinheiro [AJO/AN/RG].

Estar na tiorga *Bras., S.* Estar bêbado. – João Ribeiro, em *Frases feitas*, vê uma corrupção bras. de "teiroga", termo este com aplicação ao ébrio teimoso [AJO/AN].

Estar na tira *Bras., CE.* Estar na miséria, na penúria [RG].

Estar na ucharia Estar sem vintém [GAS].

Estar na última Estar muito mal (no sentido de saúde, de dinheiro, de moral) [GAS].

Estar na(s) última(s) Estar ou achar-se prestes a morrer; agonizando: "O pai estava nas últimas, de vela na mão" (F. Coutinho Filho, *Violas e repentes*) [AN/GAS/OB/TC].
Sin.: *dar as despedidas*
Var.: *dar as últimas*

Estar na última lona 1. Estar com grande falta de dinheiro, tendo só uma pequena quantia, suficiente para as despesas imprescindíveis. – Metáfora tirada do pneumático gasto. **2.** *Desp.* Demonstrar muito cansaço na partida, jogador ou time [AN/HM].
Sin. (2): *perder o gás*
Var. (1) (2): *estar na(s) lona(s)*

Estar na veia *Bras., CE.* **1.** Estar predisposto a, interessado por: "A velha estava na veia da bisbilhotice" (João Clímaco Bezerra, *Não há estrelas no céu*). **2.** Estar zangado [RG/TC].
Var. (2): *estar de veia*

Estar na vida *Bras., NE, S.* Exercer a vida de prostituta; viver na prostituição: "Quando me soltaram, ela estava na vida, de porta aberta, com doença do mundo" (Graciliano Ramos, *São Bernardo*, p. 13) [MSM/TC].
Var.: *andar na vida*

≠ **Não estar nem aí** Não ligar, não aceitar: "Não tô nem aí pro que o pau de bosta [= pessoa sem expressão] tá falando sobre mim" [JB].

Estar nesse pé Encontrar-se na situação relatada [TC].

≠ **Não estar no almanaque** *Bras., gír.* Ser novidade: "Esta não está no almanaque, malandro, supimpa" [JB].
Var.: *não estar no gibi* (1)

Estar no altíssimo Ter morrido [GAS].

Estar no aquecimento *Desp.* Fazer, um jogador, determinados exercícios físicos, antes de substituir um companheiro durante a partida [HM].

Estar no ar 1. *Lus.* Estar desejoso de algo; estar impaciente. **2.** *Bras.* Diz-se do locutor que está falando na rádio ou na televisão; irradiar [AN/GAS].

Estar no arco Ver *estar liso*

Estar no aro *Bras., CE.* Estar sem dinheiro [CGP/LM/RG].

Estar no/num/um bagaço Estar cansado, baqueado: "Tô no bagaço, cara, não dá mais" [GM/JB].

Estar no banco dos réus Ser muito criticado, muito atacado [ABH].

Estar no batente *Bras., CE.* Estar no trabalho de todos os dias [RG].

Estar no bem-bom Estar numa situação boa: "Tô no bem-bom, mas dei duro pra chegar lá" [JB].
Var.: *ficar no bem-bom*

Estar no bico do corvo *Gír.* Achar-se sem dinheiro: "Qual dinheiro, cara? Hoje eu estou no bico do corvo" [catálogo do McDonald's, maio/2000].
Sin.: *estar na/numa pior*

Estar no bolo Ver *estar na parada*

Estar no bolso Estar comprado: "Este tá no bolso, paguei o que ele cobrou" [JB].

Estar no bolso do colete Estar guardado: "Essa está no bolso do colete e será a melhor solução" [JB].

Estar no brinquedo Achar-se envolvido em determinado caso [AN].

Estar no cabresto *Bras., RJ, gír. da noite.* Estar à mercê da vontade de alguém [Net].

Estar no caixão *Bras., AM, PA.* Diz-se quando o nível do rio está muito baixo: "Era perigoso avançar: podíamos encalhar. O rio estava no caixão" (Peregrino Jr., *A mata submersa*) [ABH].

Estar no canto 1. Deixar de ser o caçula. **2.** Ficar abandonado, desprezado: "Quando a mulher pertence a dois sujeitos, um moço e outro velho, o velho está no canto" (Artífio Bezerra da Cunha, *Memórias de um sertanejo*) [TC].
Var.: *ficar no canto*

Estar no cartaz Ser muito falado; ser alvo de comentários gerais [TC].

Estar no caso de Ter faculdade ou possibilidade de; ser suficiente para [AN].

≠ **Não estar no caso de** Não ter condições ou merecimento para; não merecer; não dever [ABH].

Estar no caso de alguém Estar nas mesmas condições, nas mesmas circunstâncias de alguém; ser como alguém é; dispor dos mesmos meios que alguém [AN].

Estar no cavaco Conversar [GAS].

Estar no chão Estar derrotado: "O cara tá no chão" [JB].

Estar no chefe *Lus., Univ. Coimbra.* Estar na moda [GAS].

Estar no cio Diz-se do desejo, da excitação sexual própria dos animais; estar ansioso; diz-se das fêmeas fogosas, apimentadas: "A gata tá no cio, tá doida pra dar." "A vaca está no cio" (isto é, procurando o touro para ser fecundada) [JB/MSM].

Estar no couro *Bras., CE.* Estar extremamente magro [RG].

Estar no descanso 1. Estar deitado. **2.** Estar na cadeia. **3.** Estar no hospital [GAS].

Estar no escuro Não ser reconhecedor; desconhecer algo [AN].

Estar no espinhaço Achar-se muito magro, muito pobre, reduzido à miséria [AN].

Estar no estaleiro 1. Estar hospitalizado, doente, de cama; estar (um jogador) contundido ou em convalescença de cirurgia: "O cidadão tá no estaleiro." **2.** Estar em execução, em gestação [AN/GAS/HM/JB].

Estar no estilo *Bras., gír. clubber.* Estar na moda: "Tô no estilo, tô ousando" [JB/ *Veja*, 24/9/97, p. 86].

Estar no estrafego /ê/ *Bras., RS, pop.* Estar ou achar-se em uso (um objeto, uma peça de vestuário) [ABH/AJO/AN].

Estar no fim Achar-se perto de morrer [TC].

Estar no fio Diz-se de vestimenta, roupa já muito gasta, usada, surrada, puída [AN/FF/GAS].

Estar no fogo Envolver-se em encrencas [TC].

Estar no galarim Estar em posição elevada ou rendosa, em lugar superior; na opulência, no fastígio do poder, ter grande valimento e influência nos negócios públicos; viver com ostentação [AN/GAS].

Estar no gancho *Desp.* Estar um jogador pendente de terceiro cartão amarelo, cuja aplicação resultará em suspensão automática de uma partida [HM].

Estar no ganço (*sic*) Estar embriagado [LCC]. ♦ LCC, p. 56, expõe o termo "ganço" (masc.) como sin. de "bebedeira, pileque, carraspana", e o emprega como fem. na expr. *dar a gança* (q. v.). Segundo ABH, "ganço" é um termo port., arc., que significa "ganho, interesse, meretriz".

Var.: *viver no ganço*

Estar no gelo *Gír. mil.* "Ser excluído provisoriamente do convívio diário com a coletividade (classe de alunos, pelotão, subunidade) por decisão geral dos pares" (Gen. Jonas Moraes Correa, *Subsídios para um vocabulário da gír. mil.*, Ed. Biblioteca do Exército, p. 81) [ECS].

≠ **Não estar no gibi 1.** *Bras., pop.* Ser inacreditável, incrível, fora do comum; ser novidade: "– O tempo que eu passo estudando as atrizes não está no gibi" (Carlos Drummond de Andrade, *Boca de luar*, p. 43); "E depois lembrei do Santana: o que o coitado sofreu na mão da besta não estava no gibi" (Álvaro Cardoso Gomes, *A hora da luta*, p. 146). **2.** Diz-se de "coisa muito bonita, fora de série, maravilhosa" [ABF/ CLG/CPL].

Var. (1) (2): *não estar no mapa*

Var. (1): *não estar no almanaque*

Estar no gole Estar embriagado [AN].

Estar no índex Ser boicotado; estar marcado: "Tá no índex, aprontou, pagou" [AN/JB].

Estar no jereré *Bras., NE.* Ficar encurralado, aprisionado [TC].

Var.: *ficar no jereré*

Estar no lance Ver *estar na parada*

Estar no limbo 1. Não ter amante. **2.** Estar no esquecimento [GAS].

Var. (2): *ficar no limbo*

Estar no maior liseu *Bras., PE.* Estar sem dinheiro [BB].

≠ **Não estar no mapa 1.** Ser fora do comum, fora de série. **2.** Possuir qualidades incomuns; diz-se de coisa muito bonita, maravilhosa: "Este tipo de mulata, patrão, não está no mapa" [CLG/JB].

Var.: *não estar no gibi*

Estar no/num mato sem cachorro 1. Fracassar; sofrer prejuízo total; estar em situação difícil, embaraçosa, sem auxílio de ninguém; estar sem condições de sair de uma dificuldade. **2.** Ficar inteiramente desorientado, devido a negócios fracassados ou planos frustrados; estar perdido, sem saída, sem perspectiva à vista: "Às dez horas da noite eu estava, como costumam dizer aqui, no mato sem cachorro" (José de Figueiredo Filho, *Patativa do Assaré*) [AC/ CLG/FF/GAS/JB/LAF/RG/TC].

Var.: *estar perdido no mato sem cachorro, ficar na várzea sem cachorro, ficar no mato sem cachorro*

Estar no melhor da festa Estar no auge da ação [GAS].

Estar no mês Ver *estar de bode* (2)

Estar no mesmo barco Ser solidário: "– Todos temos nossa parcela de responsabilidade, estamos no mesmo barco" (Carlos Eugênio Paz, *Viagem à luta armada*,

Estar(-se)

p. 46); "Tô no mesmo barco e não vou pular fora" (*sic*) [JB].

Estar no meu caderninho Estar anotado: "Tá no meu caderninho o que cê fez de bão" (*sic*) [JB].

Estar no mundo da lua Não estar vendo nada que está se passando: "Ele está no mundo da lua, não sabe de nada" [JB].

Var.: *andar no mundo da lua, estar na lua*

Estar no oco do mundo Achar-se em terras muito distantes, no fim do mundo: "... o movimento aqui tá ficando muito menor, o povo tá todo no oco do mundo, espalhado pelas frentes de trabalho" (Luciano Barreira, *Os cassacos*, p. 272).

Estar no oratório 1. *Bras., PE.* Estar ameaçado de morte, jurado. **2.** Preparar-se para sofrer desgosto ou prejuízo iminente. – Os condenados à morte, antes de serem enviados ao suplício, eram metidos no oratório para se confessarem e se arrependerem dos seus pecados, salvando assim ao menos a alma [ABH/AN].

Estar no osso 1. Estar de magreza extrema; estar muito magro. **2.** Estar sem fazer sexo há algum tempo: "Tô no osso, cara, num tô guentando mais" [GAS/JB/RG].

Var. (1): *andar no osso*

Estar no paio 1. Perder a partida, não conseguindo ganhar uma só das três jogadas (mãos), no jogo do lu (tipo de jogo de cartas). **2.** Malograr; paiar [TC]. – "Paiar" seria corruptela de "falhar", que o vulgo pronuncia "faiar"?

Var. (1): *ir pro paio*

Estar no papel Estar ainda em projeto, em esboço ou rascunho; diz-se do que se faz fé por estar registrado [GAS].

Estar no papo *Bras., fam.* **1.** Estar alcançado, conseguido, garantido, seguro; estar obtida ou ganha uma coisa ou uma pretensão; estar de posse ou contar como certa a posse (de um objeto, de uma mulher etc.); ser superado ou superável (aquilo que constitui uma dificuldade); constituir uma aspiração concretizada ou concretizável; ser uma coisa fácil, aquilo que não dá trabalho para ser feito; ser certo: "Se votassem menos de mil, a eleição estava no papo!" (Mário Palmério, *Vila dos Confins*, p. 248); "No dia em que Quincas abrisse o olho estaria no papo do São Martinho..." (José Cândido de Carvalho, *Olha para o céu, Frederico!*, p. 62); "A prova de matemática está no papo"; "Este emprego está no papo". **2.** Esgotar-se ou acabar-se, depois de ter sido vivido, gozado, usufruído: "Brincando, brincando, metade de novembro está no papo, e aí vem o Natal" [ABF, s. v. "UMA COISA FÁCIL"/ABH/AN/FS/GAS/RG/TC].

Estar no páreo *Desp.* Seguir, o clube com boas chances, na disputa de um torneio ou campeonato [HM].

Estar no pau da goiaba Ver *estar na tauba da beirada*

Estar no/num pepino *Bras., RS.* Estar com problemas em alta proporção [LAFb, s. v. "PEPINO"].

Estar no pinho Ver *estar no prego* (1) (2)

Estar no piso Andar atrás, à procura de alguém: "Zeca: Tou no piso dele. Diz que entrou aqui" (Dias Gomes, *O Bem-Amado*, p. 100).

Var.: *andar no piso*

Estar no poleiro 1. Morar em sobrado. **2.** Estar em posição ou situação elevada, superior, onde exerce o mando ou a autoridade [AN/GAS].

Estar no ponto Estar no tempo exato de ser retirado (doce, mel, papa etc.) do fogo; estar em condições de ser utilizado: "Quando o mel está no ponto, o caxiador mete um pau forte pelas asas do tacho" (Artífio Bezerra da Cunha, *Memórias de um sertanejo*) [TC].

Estar no ponto de bala 1. *Bras., gír.* Achar-se preparado ou adestrado para exame, prova, competição etc. **2.** Estar em ótimo estado de conservação. **3.** *Bras., chulo.* Estar em estado de excitação sexual, arretado. – No NE, diz-se "arretado" [ABH].

Estar no prego 1. *Lus.* Estar na loja de penhores. **2.** *Lus.* Não ter amante. **3.** *Bras.* Ficar cansado; render-se à fadiga. **4.** *Bras.* Deixar de andar; deixar de funcionar (aparelhos mecânicos, carro, relógio etc.) [GAS].
Sin. (1) (2): *estar no pinho*
Var. (3) (4): *dar (o/um) prego*

Estar no programa Já se contar com algo: "Dado este sem-rumo por que tem passado o País, sob o tacão neoliberal, a Marcha dos Cem Mil está no programa das forças populares" [AN].

Estar (ainda) no quente Estar na cama; ainda não ter se levantado da cama; permanecer na cama [AN/GAS].
Var.: *ficar no quente*

Estar no quente e macio Estar em boa situação [CLG].

Estar no rio Achar-se (a roupa) em mão da lavadeira: "– Cadê minha calça branca? – Está no rio" [LM].
Var.: *ir pro rio*

Estar no ripanço *Lus.* Descansar [GAS].

Estar no rol da roupa suja Diz-se de alguma coisa que não presta [GAS].

Estar no rol do esquecimento Nunca mais vir à lembrança [GAS].

Estar no rolo Ver *estar na parada*

Estar no sal *Bras., gír.* Estar em situação difícil: "O cara tá no sal, tá chamando urubu de meu louro" [JB].

Estar nos alares adentro Estar preso, recolhido [GAS].

Estar nos ares Ficar sobressaltado, alvoraçado de esperanças e alegrias ou de receios e susto [GAS].

Estar nos (seus) azeites Estar muito aborrecido, irritado, zangado: "Fui em casa do Velho, ele está nos azeites. Sabe o que perguntou? Se Astério não tinha metido a mão no dinheiro e pago alguma dívida como fez daquela vez que usou o cheque para resgatar a letra vencida" (Jorge Amado, *Tieta do agreste*, p. 22); "– A comadre, hoje, está nos azeites. Mulher é isto mesmo. Deixei a minha em casa numa peitica dos diabos" (José Lins do Rego, *Fogo morto*, p. 101) [FF/FS/TC]. Para saber mais sobre o verbete, ver LCCa, s.v. "NOS AZEITES".
Var.: *andar com os/seus azeites, estar com os (seus) azeites, estar de azeite, ficar nos azeites*

Estar nos cascos Estar com boa disposição [AN].

Estar nos cueiros Estar nos começos de arte ou ciência; ser aprendiz [AN].

Estar no segredo Estar na confidência de coisa que prepara [AN].

Estar no sétimo céu Alcançar a máxima felicidade, a completa bem-aventurança; alcançar o auge do gozo, do bem-estar; sentir as maiores delícias. – Na rel. maometana, há não um céu único, mas sete, superpostos. O primeiro é um céu de prata, onde estão as estrelas e os seus respectivos anjos guardiães. O segundo é de ouro puro; nele estão João Batista e Jesus. No sétimo céu, formado de luz divina que as palavras não podem descrever, está Abraão, que o preside. Cada um de seus habitantes é maior do que a Terra e tem 70 mil cabeças, cada uma com 70 mil bocas e cada boca com 70 mil línguas, cada língua falando 70 mil linguagens, todas empenhadas em cantar louvores a Alá. Reminiscências do Corão, cap. LXVII, v. 3, cap. LXXVIII, v. 12, com o paraíso de Maomé [AN/GAS/RMJ].
Var.: *subir ao sétimo céu*

≠ **Não estar no seu dinheiro** *Bras., RS.* Não estar em seu normal; não estar com o espírito preparado; expr. us. quando o sujeito está meio triste ou meio descornado ("não necessariamente corno, traído, descornado por uma frustração") e vem alguém convidá-lo para beber; daí o cara, o triste, recusa o convite, argumentando "Não tô no meu dinheiro". – Sempre se refere a males espirituais, e não a materiais [LAF].

Estar no seu elemento 1. Estar em companhia que agrada e que lhe é afim; achar-se na sociedade onde foi criado ou naquela que mais apraz. **2.** Estar como quer, a seu gosto [AN/GAS].

Estar no seu pão pingado Ver *estar nas suas sete quintas*

Estar no seu papel Estar na sua missão [GAS].

Estar nos pernambucos Estar à vontade, na situação que sempre desejou; achar-se a gosto, na situação desejada [ABH/AJO/AN/FN].

Estar nos quintos da rolha *Lus., Univ. Coimbra*. Estar metido em sarilhos; estar atrapalhado [GAS].

Estar nos sete *Bras., S, N, AM*. Diz-se da mulher quando está grávida (ver Amado Mendes, *Vocabulário amazônico*, Sociedade Impressora Brasileira, São Paulo, 1942) [MSM].

Estar no seu são João Ser jovem [GAS].

Estar nos seus dias Estar bem-disposto, jovial [GAS].

≠ **Não estar nos seus dias** Não estar bem-disposto [GAS].

Estar nos seus gases *Bras*. Estar amuado, zangado [RG].

Estar nos seus gerais *Bras., NE*. Não caber em si de contente; viver satisfeito com a posição que ocupa (Beaurepaire-Rohan); estar a seu gosto, em liberdade, contente, satisfeito [ABH/AN].

Estar nos seus trinta e seis *Bras., SP, RJ, MG*. Ostentar elegância, bem-estar físico e econômico [LCCa].

Var.: (lus., sécs. XVI, XVII) *estar nos seus treze*

Estar no tipiti *Bras., RS*. Estar em situação embaraçosa; estar em apuros [AJO].

Estar nos três *Bras., NE*. Loc. muito us. com referência à pessoa que está nervosa, irritada, capaz de explodir facilmente, como acontece com as mulheres quando estão menstruadas, durante três dias [MSM].

Estar no(s) trinque(s) Estar elegantíssimo, muito bem-vestido; estar vestido com roupa nova: "A perua tá nos trinques, tá lindona." – Trinque: cabide em que os alfaiates colocam as roupas que acabaram de fazer e ainda não foram usadas [ABH/RMJ].

Var.: *andar no(s) trinque(s)*

Estar nos trinques *Bras. RS*. Estar bêbado, embriagado [ABH/AJO/JB].

Estar no trono *Fam*. Achar-se sentado à latrina ou ao urinol. – Diz-se, em geral, de criança [FS].

Estar noutra *Bras., gír*. Estar em outra situação: "O cara tá noutra muito diferente" [JB].

Estar no vício *Bras*. Estar no cio (o animal): "... me disse que viu a vaca e parece que ela tá no vício" (Ciro de Carvalho Leite, *Grito da terra*) [TC]. ♦ Para designar a fase de vida sexual do animal, o camponês nordestino diz "viço", oriundo de "viçar" (estar no cio).

Sin.: *estar viçando*

Estar no vinagre *Bras., gír*. **1.** Estar em situação ruim: "Tô no vinagre, malandro, numa merda federal." **2.** *Desp*. Demonstrar, jogador ou time, muito cansaço na partida [HM/JB].

Sin. (2): *perder o gás*

Estar no xadrez Estar preso [GAS].

Estar nu Estar desprevenido de vestes; achar-se em estado de grande pobreza: "Ainda sem emprego, coitado, o Chico está nu; só tem a roupa do corpo." – Uso rural [FS].

Estar numa beca da pocha *Bras., AL*. Estar muito arrumado, elegante, bonito (ver Renato Oliveira, *Dic. alagoano*) [Net].

Estar numa boa Estar tudo a correr bem; estar bem; diz-se de indivíduo que atravessa uma boa fase da sua vida: "Senti tanta raiva que, eu que estava numa boa, comecei a me esquentar" (Álvaro Cardoso Gomes, *A hora da luta*, p. 147); "Olhei pra ele, ele olhou pra mim, e acho que, apesar de toda sua burrice, o Batata viu que eu não estava numa boa" (Álvaro Cardoso Gomes, *id.*, pp. 148-9) [GAS/JB].

Var.: *andar numa boa*

Estar numa felga Estar desarrumado, em confusão [GAS].

Estar num alto-astral. *Bras., gír*. Estar bem, feliz: "O colega tá num alto-astral, que bão" (*sic*) [JB].

Var.: *estar de astral alto*

Estar numa má *Lus.* Estar atormentado, aflito, inquieto [GAS].

Estar numa naice *Lus.* Estar numa boa, num bom momento; estar bem [GAS/JB].

Estar numa peidorreira *Bras., RS, chulo.* Estar com uma sucessão infinda de peidos [LAFb, s. v. "PEIDORREIRA"].

Estar numa peinha de nada Passar por má fase; enfrentar perigo de vida, dificuldades financeiras, iminência de desclassificação etc.: "Aí deveremos ter licença. Itapipoca é outro que está numa peinha de nada" (Paulo Karam, *Jornal da Rua*, 6/7/99, p. 6). – "Peinha" é forma corrupta de "pelinha".

Estar numa pindaíba danada *Bras., gír.* Estar sem dinheiro: "O chefe tá numa pindaíba danada" [JB].

Var.: *estar na pindaíba*

Estar numa pinta louca Achar-se bem trajado [TC].

Var.: *ir numa pinta louca*

Estar numa poça d'água Transpirar muito [GAS].

Estar numa redoma Ser tratado com exageradas cautelas [GAS].

Estar numa/feito uma sopa Estar muito molhado; estar encharcado [AN/GAS].

Var.: (lus.) *ficar numa sopa*

Estar num buraco Estar em dificuldade [GAS].

Estar num chove não molha Estar indeciso [CLG].

≠ **Não estar num leito de rosas** Achar-se também em má situação. – Pretendida frase de Guatemozim (último soberano asteca), deitado sobre uma grelha incandescente, a um ministro seu em idêntica situação e que se queixava dos sofrimentos por que estava passando. O ministro, para evitar o suplício, queria falar para dizer onde estavam escondidos os tesouros do soberano (ver Maria Rosa Lida, *Rev. de Filologia Hispânica*, 1941, pp. 263-70) [AN].

Estar o caldo entornado Malograr-se qualquer combinação; haver contratempo; azedar-se a conversa; desmanchar-se algum plano; diz-se de desavença entre amigos [AN/GAS].

Var.: *ter o caldo entornado*

Estar o caso muito malparado Não se ver solução fácil [GAS].

Estar(-lhe) o corpo a pedir festa Necessitar de ser corrigido, de apanhar uma tareia, surra; diz-se quando se procede de modo que merece castigo [GAS].

Estar o diabo atrás da porta Ter azar; haver iminência de desgraça; correrem mal os negócios; sucederem-se frequentes desgostos ou contratempos [AN/GAS].

Estar O.k. Estar em ordem, certo, bem [GAS].

Estar opado *Bras., PE.* Estar inchado [BB].

Estar operacional *Lus.* Estar apto a trabalhar [GAS].

Estar o rio campo fora *Bras., S.* Diz-se do rio que transbordou do seu leito por força de enchentes [AJO].

Estar papando alto *Bras., pop.* Estar metido em grandes cavações, grandes aventuras, em matéria de dinheiro ou de amores [ABH].

≠ **Não estar para aí virado** Não estar inclinado a ceder; não estar disposto a concordar [GAS].

≠ **Não estar para clavo** *Bras., RS.* Não estar disposto a arcar com nenhum prejuízo [AJO].

Estar para fazer um testamento Ter muito pouca saúde; andar com cara de doente [AN].

Estar para lá da cota Designação com que os de menos de 20 anos classificam os que têm mais de 40 [GAS].

Estar para lavar e durar Estar em muito bom estado [GAS].

Estar para/por ver Expr. de dúvida ou de desafio, correspondente a "ainda não vi...": "Ainda estou para ver uma moça mais foguete" (José Américo de Almeida, *A ba-*

gaceira); "... mas uma coisa daquela estou por ver" (João Clímaco Bezerra, *Não há estrelas no céu*) [Gl/TC].

Estar passado Estar surpreso, perplexo, confuso, envergonhado: "Estou passada!" [GAS/JB].
Var.: *ficar passado*

Estar pastando *Bras., gír.* Amargar insucesso: "O cara tá pastando, enfrentando os maiores abacaxis" [JB].

Estar pebado *Bras., NE.* Estar em má situação, sem saída, enrascado, encurralado: "João está pebado... Comprou um carro novo e não está conseguindo pagar as prestações" [BB/FNa].
Sin.: *estar fodido*

≠ **Não estar pedindo para as almas** Expr. utilizada como maneira de impor, de forçar uma resposta. – Quem pede para as almas, quase sempre não recebe resposta das pessoas a quem se dirige [AN].

Estar pejada 1. Estar grávida. **2.** Estar cheia, repleta, carregada [GAS].
Var.: *ficar pejada*

Estar pela bola da vez *Bras., gír.* Ser a próxima vítima: "A chefia vai pro espaço, tá pela bola da vez" [JB].
Var.: *estar pela bola sete, ficar pela bola da vez, ser a bola da vez* (2)

Estar pela bola sete *Bras., gír.* Estar pendente ou ameaçado de alguma coisa, ou esperando por ela; ser a próxima vítima; aguardar definição: "O chefe está pela bola sete"; "Estou pela bola sete no concurso" [ABH/JB].
Var.: *estar pela bola da vez, ficar pela bola sete*

Estar pelacho *Lus.* Estar nu [GAS].

Estar pela hora da morte Estar ou ser muito caro, extremamente caro: "Isto está pela hora da morte, não posso comprar" [AN/FF/FS/GAS/JB/LM].
Var.: *andar pela hora da morte*

Estar pelas costuras Estar prestes a despedir-se, a ir-se embora [GAS].

Estar pelas pontas *Lus.* Diz-se de assunto que está quase no fim; estar concluso, ou quase; estar completo, repleto, quase finalizado [GAS].

Estar pelo beiço/beicinho Estar perdido de amores; estar enamorado, apaixonado [ABH/ECS/GAS].
Var.: *estar de beiço, estar pela beiça, ficar pelo beiço/beicinho*

Estar pelo gogó Achar-se indignado, muito irritado [TC].

Estar pelos ajustes Aceitar; estipular ajustes; estar de acordo; concordar [ABH/AC/AN/GAS].
Sin.: *estar pelos autos*

≠ **Não estar pelos ajustes** Não querer saber de ajustes, acordos, adaptações; não estar de acordo; não concordar; discordar [ABH/AC/AN/FF/GAS].
Sin.: *não estar pelos autos*

Estar pelos autos Ver *estar pelos ajustes*

≠ **Não estar pelos autos** Ver *não estar pelos ajustes*

Estar pendurado até o pescoço Estar endividado [BB].

Estar perdido no mato sem cachorro Estar em situação difícil: "Tô perdido no mato sem cachorro, não sei o que fazer da vida" [JB, s. v. "PERDIDO NO MATO SEM CACHORRO"].
Var.: *estar no/num mato sem cachorro*

Estar pinel *Bras., RJ, ant.* Estar com problemas de saúde mental, semi ou inteiramente biruta, merecendo ser tratado no Hospital Pinel, destinado a pessoas que não apresentam agressividade e não precisam ser confinadas; estar doido, pirado. – O Hospital Pinel perto do ant. Hospício, na Praia Vermelha, RJ, foi assim denominado em honra do médico fr. Philippe Pinel, que em seu livro *Traité médico-philosophique sur l'aliénation mentale* advogou um tratamento mais humano dos doentes mentais, sem confinamento [JB/RMJ].

Estar pinguinhas Estar bêbado [GAS].

Estar pintando Parecer que; tornar-se factual, perceptível; tornar-se realidade:

"Tá pintando que o Mengão será campeão, basta vencer o Fogão, o Vascão, o Fluzão..." [JB].

Estar pior Estar mais maluco [GAS].

Estar pior da perna *Lus.* Diz-se quando não se está de acordo e alguém continua a insistir [GAS].

Estar pirosca *Bras., gír.* Estar doido (sent. fig.); não pesar, não considerar claramente a situação: "Tá pirosca, mano? O qué (sic) que houve?" [JB].

Estar podre de rico Estar, ser muito rico: "O cará tá podre de rico, não sabe o que fazer com tanto dinheiro" [JB].
Var.: *ser podre de rico*

Estar político com alguém *Fam.* Ter estremecidas as relações com alguém; diz-se de quem não se encontra em boas relações com outrem; estar indisposto, zangado, de relações cortadas com alguém; estar de relações tensas com alguém [AN/FF/GAS].
Var.: *andar político com alguém*

Estar por 1. Concordar com algo; acertar algo. 2. Ser a favor de [ABH].

Estar por acolá Estar muito inchado: "Ele não vai à escola porque está com o queixo por acolá" [LM].

Estar por aqui 1. Estar saturado, cheio: "O pai dela estava por aqui de dívidas" (Caio Porfírio Carneiro, *O casarão*). 2. Achar-se muito embriagado [TC].
Var.: *andar por aqui*

Estar por baixo Estar ou achar-se em má situação, abatido, deprimido, sem dinheiro, sem cargo importante: "O cidadão tá por baixo" [AN/GAS/JB].
Var.: *andar por baixo, estar na mó de baixo*

Estar por cima da carne-seca *Bras., NE, CE.* Estar bem, numa situação cômoda, gozando de prosperidade, altamente colocado: "O chefe, agora, está por cima da carne-seca" [AN/CGP/JB].
Var.: *ficar por cima da carne-seca*

Estar por conta 1. *Lus.* Diz-se de mulher mantida pelo amante. 2. *Bras.* Estar indignado, furioso, zangado; ficar muito irritado, aborrecido [AC/GAS/TC].
Var. (2): *estar por conta da vida, estar por conta do Bonifácio, ficar por conta*

Estar por dentro Conhecer bem o que se passa ou o assunto de que se trata; participar; saber de tudo; ter conhecimento do caso, do assunto, do segredo etc.: "Pensa que não leio teus livros? Estou por dentro de todos os lances, seu cretino!" (José Cândido de Carvalho, *Porque Lulu Bergantim não atravessou o Rubicon*, p. 97); "Não sei se vocês já estão por dentro do babado, conterrâneos..." (Aírton Monte, *O Povo*, 11/11/96, p. 4B); "O bacana tá por dentro, ele é do miolo" [DRR/GAS/JB/TC].
Var.: *ficar por dentro*

Estar por detrás da cortina Dirigir um negócio ou uma intriga na sombra, sem se revelar [GAS].

Estar por fora Não conhecer o problema; ficar fora de contexto, desligado do assunto; esquivar-se; não se imiscuir; ignorar ou fingir ignorar: "– Escuta, bicho, você *tá por fora*... Falar *umas e outras* já saiu do ar" (Vinicius de Moraes, *Poesia completa e prosa*, p. 662) [GAS/JB/RMJ/TC].
Sin.: *ficar boiando*
Var.: *estar por fora como arco de barril, estar por fora como bambolê, estar por fora como padre em gafieira, ficar por fora*

≠ **Não estar por isso** Não estar de acordo; não admitir [TC].

Estar por terra 1. Estar caído no chão. 2. Ser vencido [GAS].

Estar por tudo Condescender; dispor-se a fazer o que outros querem; estar pelo que os outros quiserem; não ter opinião ou vontade própria; concordar com tudo; sujeitar-se a todas as exigências; conformar-se com todos os embaraços ou dificuldades [ABH/AN/GAS/TC].

Estar por um cabelo Estar quase [GAS].

Estar por um fio 1. Estar prestes a resolver-se. 2. Estar prestes a morrer. 3. Estar em dificuldades, em perigo; estar prestes a quebrar-se, arruinar-se: "O cara está por um fio, a situação dele é muito ruim" [AN/GAS/JB].

Estar potro *Bras., RS.* Estar bem-disposto e pronto para agir [AJO].

Estar pouco boa *Bras., CE.* A mulher diz de si mesma, quando está menstruada.
Sin.: *estar nos/naqueles dias*

Estar pouco se lixando Estar despreocupado; não dar importância; não ligar, não se incomodar: "Tô pouco me lixando pra o que aconteceu, vou tirar de letra" [JB].
Sin.: *estar pouco somando com*

Estar pouco somando com *Bras., gír.* Ligar pouco ou nenhuma importância a; pouco ou nada importar-se com: "Teimoso, está pouco somando com a opinião alheia, faz sempre o que deseja" [ABH].
Sin.: *estar pouco se lixando*

≠ **Não estar pra biu** *Bras., NE.* Não estar bem; estar arretado, puto da vida: "O dia está um inferno! Bateram no meu carro, o banco devolveu um cheque... Diga à meninada que eu não tô pra biu hoje não!" [FN].
Sin.: *dar a gota* (1)

Estar pra lá de marrakesh *Bras., gír.* Estar distante (sent. fig.): "Tô pra lá de marrakesh, xará, quero sombra e água fresca" [JB].
Var.: *estar pra lá de bagdá*

Estar pregado Estar cansado, com sono: "Estou pregado, cara, trabalhei demais hoje" [JB].

Estar preto Estar perigoso; estar prestes a ser castigado [GAS].

Estar preto de gente *Bras., CE.* Estar cheio de gente [RG].

Estar preto o caso Ver *estar/estarem as coisas pretas*

Estar prevenido Trazer dinheiro consigo [ABH].

Estar procurando a bola *Desp.* Estar perdido na partida, alheio ao andamento dela, desentrosado e desenturmado [HM].

Estar pronta *Bras., NE.* Estar, a mulher, grávida [MSM].

Estar pronto *Bras., CE.* **1.** Estar prestes a morrer, desenganado. **2.** Estar conformado; não ter mais escapatória ou salvação: "Se me meter nessa, estarei pronto" (João Clímaco Bezerra, *Sol posto*). **3.** Estar muito mal de saúde. **4.** Encontrar-se sem dinheiro [ABH/AN/GAS/TC].
Var. (1) (4): *andar (bem) pronto* (2) (3)

Estar pronto para outra Palavras ditas a respeito de pessoa que fica curada de moléstia grave [AN].

Estar puto da vida *Bras., gír.* Estar com raiva: "Tô puto da vida com tudo" [JB].
Var.: *estar puto, ficar puto da vida*

Estar puxando 1. Achar-se semiébrio. **2.** Estar com crise asmática [TC].

Estar quebrado Ver *estar liso*

Estar que não chama cachorro Diz-se de quem se encontra tão ébrio que não pode nem falar [LM].

Estar que nem bosta n'água Ver *estar como/que nem peixe fora d'água*

Estar que nem manga de pedra *Bras., RS.* Estar brabo [AN].

Estar que nem queijo de minas: cheio de buracos (sic) *Bras., gír.* Estar em situação difícil [JB].

Estar que nem um espeto Achar-se muito magro [AN].

Estar quengando *Bras., PE.* Procurar parceiro para transar [BB]. ♦ Tem a expr. como palavra-chave o v. "quengar", i. e., "procurar parceiro sexual".

Estar quente 1. Em certos jogos inf. aproximar-se do objeto ou pessoa escondida. **2.** *P. ext.* Aproximar-se de uma verdade [ABH].

Estar quilhado Estar prejudicado [GAS].

Estar quites Ver *ficar a mano*

Estar rebocado *Bras., BA.* Corresponde a "pode crer", "pode acreditar" (de acordo com Raul Seixas): "... Queria que eu comesse calado / Mas tá rebocado / Nem vem que não tem..." (Raul Seixas & Marcelo Nova, "Você roubou meu videocassete"); "Tá rebocado, meu cumpade, / Como os donos do mundo piraram, / Eles já são carrasco e vítimas / Do próprio mecanismo que criaram" (Raul Seixas, "As aventuras de Raul Seixas na cidade de Thor") [FN].

Estar rindo à toa Estar feliz: "O chefe tá rindo à toa, foi promovido de cavalo a burro" [JB].

Estar rochedo *Bras., AL.* Estar muito bom, muito legal [Net].

Estar roxo por 1. Gostar muito de. **2.** Estar ansioso para (jogar etc.): "Gildo estava roxo para entrar naquela partida" (Almir Albuquerque, *Eu e o futebol*). – A pessoa ansiosa fica com o rosto congesto [AN/FF/HM].

Var.: *andar/ser roxo por*

Estar ruço/ruça Estar difícil: "Tá ruça a coisa, não sei como vai ficar" [JB].

Var.: *ficar ruço*

Estar ruim da ideia *Bras., gír.* Estar doido, maluco: "Tá ruim da ideia, mano, tá complicado" [JB].

Estar ruim pra dedéu *Bras.* Estar péssimo: "Tá ruim pra dedéu, cara, tá feia a coisa" [JB].

Var.: (chulo) *estar ruim pracaralho* (sic)

Estar ruinzinho 1. Achar-se muito doente, em estado grave. **2.** Em situação muito embaraçosa [TC].

Estar saindo faísca *Bras., RS.* **1.** Estar em ótimo estado. **2.** Diz-se do cavalo que está pronto para a carreira [AJO].

Estar são como um pero[ê] *Lus.* Ter boa saúde; diz-se de pessoa que considera ter muito boa saúde [GAS].

Var.: *ser como um pero*

Estar satisfeito Estar saciado [TC].

Estar-se a ver Tornar-se claro; ser evidente [GAS].

Sin.: *meter-se(-lhe) pelos olhos dentro*

Estar-se a vir *Lus.* Gozar; ter, atingir o orgasmo: "Estou-me a vir!" [MPb].

Estar-se balançando para Estar desejoso de, em via de, inclinado a [TC].

Estar-se borrifando *Lus.* Não ligar; não se interessar [GAS].

Estar-se cagando *Lus., chulo.* Desprezar; não se importar com as consequências [GAS].

Estar seco 1. *Bras., NE, S.* Diz-se de quem não copula há algum tempo. **2.** *Bras.* Estar ávido, sôfrego, voraz, sequioso por algo: "– Meu velho, nós queremos um poiso, uma dormida. Os companheiros aqui estão secos por uma janta" (José Lins do Rego, *Fogo morto*, p. 82) [MSM].

Var.: *Estar seco para jogar*

Estar seco que nem língua de papagaio *Bras., NE.* Estar, ser muito seco. – Comparação ou símile de or. rural [LM].

Var.: *ser seco que nem língua de papagaio*

Estar selada a sorte de alguém Achar-se decidida a sorte de alguém [AN].

Estar sem alma para nada Estar em grande desalento, sem disposição [GAS].

Estar sem cabeça Não se achar em condições de pensar, raciocinar: "Não repare nas minhas tolices. Estou hoje sem cabeça" (José Américo de Almeida, *Coiteiros*) [TC].

Estar sem jeito 1. Não haver solução. **2.** Mostrar-se desajeitado, confuso, envergonhado, embaraçado [GAS/TC].

Var. (1): *estar na casa do sem-jeito*

Var. (2): *ficar sem jeito*

Estar sem pernas Ver *perder o gás*

Estar sempre com a espada desembainhada Estar sempre pronto a repreender, a admoestar; estar sempre disposto a censurar ou atacar alguém [AN/GAS].

Estar sempre em cena 1. Ser chamado para muitas missões. **2.** Ser constante objeto de risota, de crítica [AN].

Estar sem santo Ver *não estar com santo*

Estar sem teto Não ter lugar, casa onde morar [AN].

Var.: *ficar sem teto*

Estar sem um puto Estar sem grana, sem dinheiro: "Não vou viajar porque tô sem um puto" [GM/JB/NL/RG].

Sin.: (chulo) *estar mais duro que pau de tarado*

Estar(-se)

Var.: (CE) *estar sem um puto vintém*

Estar-se nas sopas *Lus.* Ser malsucedido [GAS].

Estar-se nas tintas *Lus.* Não ligar; não se importar; desprezar as consequências; desinteressar-se; mostrar-se indiferente a algo [GAS].

Estar senhor da situação Ter perfeito conhecimento e controle de uma situação difícil, perigosa: "Pairava a ameaça de golpe, mas o presidente estava senhor da situação" [ABH].

Estar senhor de alguma coisa Possuir alguma coisa; conhecer alguma coisa [GAS].

Estar senhor de si 1. Estar mentalmente sadio, na posse das suas faculdades. **2.** Manter-se tranquilo, seguro, confiante; estar calmo; confiar serenamente em si [ABH/AN/GAS].

Var. (2): *ser senhor de si*

Estar-se perdendo Não aproveitar ou não saber aproveitar as aptidões [TC].

Estar-se roendo Ver *roer(-se) de raiva*

Estar-se vendo Estar sofrendo: "Comi e de noite lá estava eu me vendo" (Rachel de Queiroz, *Dora, Doralina*) [TC].

Estar-se vestindo *Bras., NE.* Nos bares, botecos e restaurantes pop., é us. quando o garçom quer dizer que a comida está "quase" saindo: "Um minutinho aí, rapaziada, que a peixada está se vestindo" [FN].

Estar sobre brasas Estar impaciente, enervado, ansioso, aflito, sobressaltado, inquieto, desejoso; achar-se, ou estar, em viva ansiedade; estar em dificuldades. – Os fr. dizem: *être sur des charbons ardents* [FF/GAS/RMJ].

Sin.: *estar como peru em chapa quente*

Var.: *andar sobre brasas*

Estar sobre si Estar alerta, seguro, senhor de si [ABH].

Estar sobre um vulcão Estar; viver em perigo iminente mas oculto [GAS].

Var.: *viver sobre um vulcão*

Estar só de migué *Bras., gír.* Estar esperando a oportunidade para fazer alguma coisa: "O malandro tá só de migué. Vai aprontar" [JB].

Estar solto/soltinho na buraqueira 1. Estar totalmente liberado, desimpedido, sem governo: "Aquele menino anda perdido; está soltinho na buraqueira." **2.** *Desp.* Ser uma agremiação esportiva favorita tecnicamente: "No vôlei, Brasil está solto na buraqueira" (*Jornal da Rua*, 27/6/99, p. 6).

Sin. (1): *virar bicho* (2)

Estar só o pacote *Bras., BA.* Expr. us. para alguém dizer que está muito cansado, exausto, esgotado [FNa, s. v. "TÔ SÓ O PACOTE"].

Estar sossegado 1. *Bras., gír. "novos hippies".* Estar tranquilo. **2.** Gostar do que está fazendo: "Estou sossegado, aqui tá tudo limpo, tá tudo clareado" [JB/*Veja*, 24/9/97, p. 88].

Estar sozinho Ver *ser quem Deus deixou*

Estar sujo com Ter perdido o conceito; não gozar da confiança de alguém [ABH/TC].

Estar suspenso da boca de alguém Escutar atentamente, ouvir com embevecimento o que alguém diz [AN/GAS].

Var.: *estar suspenso das palavras de alguém*

Estar sussu *Bras., SP, gír.* Estar tranquilo, sossegado [JN]. ♦ A mesma fonte consultada atribui este modismo, no seu étimo, como sendo de uso em SP (capital), surgido num período de verão.

Estar tapado *Lus.* Diz-se do estudante que ultrapassa o número regulamentar de faltas [GAS].

Estar teselas *Lus.* Estar sem dinheiro; estar na miséria [ECS/GAS].

Estar teso Estar sem dinheiro [GAS].

Sin.: *estar liso*

Var.: *andar teso*

Estar tinindo *Bras.* **1.** *CE.* Estar repleto: "– O circo pegou enchente [= lotou] hoje? – Ora!, está tinindo..." **2.** *PE.* Brilhar: "As botinas do cabo Vidal estavam sempre tinindo." **3.** *RS.* Estar sem vintém; estar na miséria. **4.** Estar inteiro, em perfeito estado mecânico, ótimo de funcionamento: "... pintura meio descascada, esgarçado no forramento dos bancos, mas diziam os homens que o motor estava tinindo" (Rachel de Queiroz, *Dora, Doralina*, p. 177) [AJO/BB/LM].

Estar tiririca 1. *Lus.* Estar patareco, senil, apalermado. **2.** *Bras.* Estar zangado: "Contrariado pela oposição, o governador está tiririca com a aprovação da CPI" [GAS].
Var. (2): *ficar tiririca*

Estar tiririca da vida Estar muito zangado, irritado: "O ministro José Serra está tiririca da vida, mas parece que vai perder a queda-de-braço" (Tales Faria *et al., IstoÉ*, 4/11/98, p. 31).

Estar todo giro *Lus.* Diz-se de quem está bem-vestido, com bom aspecto [GAS].

Estar toldado Estar embriagado, bêbado [GAS].

Estar tomando osso da boca de cachorro *Bras., PI.* Estar na penúria, passando fome (ver Noé Mendes de Oliveira, *Folclore brasileiro: Piauí*) [FNa].
Sin.: *correr a lacuchia*

Estar torcido *Lus.* Estar contrariado, maldisposto [GAS].

Estar trabalhado 1. Já estar intrujado ou prestes a cair no logro; ficar tramado, enganado, codilhado. **2.** Ter cometido alguma falta [GAS].
Var. (1): (lus., Estrada-Oeste) *ficar trabalhado*

Estar trancado 1. Estar preso, aprisionado, dentro de uma masmorra, ou prisão. **2.** Estar completamente ensimesmado, metido consigo mesmo, introvertido, concentrado, absorto. **3.** Estar carrancudo, sisudo, fechado, reservado, raivoso.
Var. (2): *trancado dentro de si mesmo*

Estar trancado dentro de si mesmo Estar completamente ensimesmado, introvertido, alienado: "Fiquei pensando. Ele acertou, ela está trancada dentro de si mesma... e dela não pode sair sozinha" (Odette de Barros Mott, *O Instituto de Beleza Eliza*, p. 57).
Var.: *estar trancado* (2)

Estar tremido *Lus.* Diz-se daquilo que não se tem a certeza de alcançar, de conseguir [GAS].

Estar triligado *Bras., gír.* Estar apaixonado: "O Maurício deve estar triligado na Débora, só fala nela" [JB].

Estar triste Diz-se do estado em que se fica depois de comer demais: "Não consigo nem me levantar da mesa. Chega, estou triste..." [FN].
Var.: *ficar triste*

Estar tudo azul Estar em ordem, estar bem [AC].

Estar tudo em cima Estar tudo correto, combinado, ajustado, acertado, ensaiado: "Chico diz que ficou feliz, mas que o mérito não é seu, que só chegou para gravar quando estava tudo em cima" (Regina Zappa, *Chico Buarque*, p. 32) [JB].
Var.: *estar com tudo em riba*

Estar uma água só *Bras.* Estar muito bêbado: "O Dão estava uma água só de tanto encher os cornos de mé" [JB].

Estar uma arara Ficar irritado; estar irado, feroz: "O chefe está uma arara" [AT/JB].
Var.: *ficar/virar uma arara*

Estar uma bala Ver *estar cuspindo bala* (2)

Estar uma bosta Ver *estar uma droga*

Estar uma coisa *Bras., gír.* Estar bom: "Tá uma coisa istaqui" (*sic*) [JB].

Estar uma droga Estar horrível, um horror [JB].
Sin.: *estar uma bosta, estar uma merda*

Estar uma jararaca Estar bravo(a); diz-se em geral da mulher, estando zangada; ficar exaltado, enraivecido, furioso: "Ela (ou ele) está uma jararaca" [AN/BB/RMJ].
Var.: *ficar uma jararaca*

Estar uma merda Ver *estar uma droga*

Estar um amor Estar muito bonito [AN].

Estar uma mulher Diz-se da adolescente desenvolvida [GAS].

Estar(-se)

Estar uma ruína Estar com acentuado declínio físico [GAS].
Sin.: *estar um cavaco*

Estar uma teteia Achar-se muito graciosa [AN].

Estar uma zona *Chulo.* Estar uma bagunça, uma confusão; estar tudo confuso: "Não dá, istaqui está uma zona (*sic*)" [AN/JB].
Sin.: *estar uma zorra*

Estar uma zorra Ver *estar uma zona*

Estar um baba Estar moleza [NL].

Estar um boi Estar enorme de gordo, imenso: "Se você visse a tia Maria... Ela está um boi! Você nem ia reconhecer" [FN].

Estar um brinco Ser, estar bem-arrumado, asseado, limpo, benfeito, perfeito: "A sala estava um brinco; dava até gosto de ver" (Stanislaw Ponte Preta, *Gol de padre e outras crônicas*, p. 21) [AN/GAS].
Var.: *ficar um brinco/brinquinho, ser um brinco*

Estar um caco Estar envelhecido: "O cara tá um caco" [JB].
Sin.: *estar um farrapo humano, estar um trapo*

Estar um cavaco Ver *estar uma ruína*

Estar um charme *Bras., gír.* Estar lindo(a): "Cê tá um charme" [JB].

Estar um chuá *Bras., gír.* Estar fácil: "O curso tá um chuá" [JB].

Estar um farrapo humano Estar envelhecido: "O veinho tá um farrapo humano" [JB].
Sin.: *estar um caco*

Estar um fiapo Estar magro: "O cara tá um fiapo, acho que tá doente" [JB].

Estar um frege Estar um rebuliço [BB].

Estar um homem Diz-se do adolescente desenvolvido [GAS].

Estar um lixo *Bras.* Estar malvestido, horrível: "Tô um lixo, malandro, mas o que posso fazer?" [JB].

Estar um maná *Bras., gír.* Estar fácil: "A defesa do Vascão tá um maná" [JB].

Estar um palito *Bras.* Estar muito magro: "O Tico tá um palito, lembra o Telê" [JB].

Estar um saco *Bras., gír.* Estar desagradável: "Istaqui tá um saco, simbora" (*sic*) [JB].

Estar um taró (*sic*) Ver *estar (um) griso*

Estar vai não vai 1. Estar indeciso, prestes a tomar uma resolução. **2.** Estar quase morrendo [GAS].

Estar valendo *Desp.* Iniciar-se a partida, ou ter começo o segundo tempo: "Está valendo!" – Advertência criada pelo locutor esportivo Sílvio Luiz [HM].

Estar varado 1. Ser paupérrimo. **2.** Estar atônito, estupefato, assombrado [GAS].
Var. (2): *ficar varado*

Estar varrido do juízo Ver *estar doido varrido*

Estar vazando *Bras., gír.* Estar indo embora: "Tô vazando, mano, vou me pirulitar [= ir embora], tô sartando de banda" [JB].
Sin.: *tirar o time*

Estar velho Estar habituado: "A gente está é velho de lutar com montaria" (Mário Landim, *Mãe d'água e caipora*) [FS/TC].
Var.: *estar velho de achar-se*

Estar velho num lugar *Bras., CE.* Achar-se muito tempo num lugar; viver num lugar há muito tempo [FS/RG].

Estar vendendo botões Estar com a braguilha desabotoada [AN].

Estar vendido Ser traído, surpreendido: "O chefe tá vendido nesse lance. Foi passado para trás" [JB].

Estar vendo 1. Sentir; pensar; imaginar; concluir: "Agora é que eu estou vendo que o senhor quer um burro pra assobiar" (Leonardo Mota, *Sertão alegre*). **2.** Tentar; diligenciar: "Estou vendo se acabo este trabalho hoje ainda" [TC].

Estar vendo alma Imaginar coisas impossíveis ou que não ocorrem [TC].

Estar vento de feição Diz-se de ocasião favorável [GAS].

Estar (muito) verde 1. Ser muito ignorante, pouco vivido; ter pouca prática; ser principiante em alguma coisa. **2.** Ser incipiente [GAS].
Sin.: *estar (muito) cru*

Estar viajando 1. Estar drogado: "O cara tá viajando. Tá muito doidão." **2.** Estar muito longe, desligado: "O cidadão tá viajando. O lance dele é outro" [JB].
Sin. (2): *estar voando*

Estar viçando Ver *estar no vício*

Estar virado 1. Estar disposto a. **2.** Estar alterado, zangado [GAS].
Var. (2): *ficar virado*

Estar virado do avesso Estar irado, indignado, fora de si [GAS].

Estar virado no cão *Bras., AL.* Estar doido, enfurecido, afoito, com muita força [Net].
Var.: *virar (o) cão*

Estar virando homem Diz-se da mulher que está prestes a entrar na menopausa [J&J].

Estar virgem de Jamais haver praticado determinado ato; nunca ter visto, ouvido, dito, feito ou sentido algo; ignorar por completo: "Frouxos daquele jeito estou virgem de ver" (Fran Martins, *Mundo perdido*) [LM/TC].

Estar voando Estar muito longe, desligado: "O cara tá voando. Tá noutra. Tá viajando" [JB].
Sin.: *estar viajando* (2)

Estar xarope Estar maluco [GAS].

Estar zen *Bras., gír.* Estar tranquilo, calmo: "Tô zen, gente, sem neura e sem *stress*" [JB].

Estar zezinho *Lus.* Diz-se de vestimenta que está pequena, acanhada [GAS].

Estar zoró Estar amalucado: "Odorico: Mas o homenzinho está zoró. É capaz de fazer uma besteira" (Dias Gomes, *O Bem-Amado*, p. 96).
Var.: *estar zuruó*

Estar zuruó *Bras., NE.* Estar amalucado, adoidado, abestado: "Talvez vossemecê estivesse zuruó, tresvariando" (Graciliano Ramos, *Alexandre e outros heróis*, p. 98).
Var.: *estar zoró*

Estender(-se)

Estender a loja *Lus.* Falar desordenadamente [GAS].

Estender a mangueira *Lus., Univ. Coimbra.* **1.** Comer à custa alheia. **2.** Adiantar-se para fazer qualquer coisa. **3.** Dar ajuda; pedir esmola [GAS].
Sin. (3): *estender a mão a*

Estender a manta *Lus.* Confessar tudo [GAS].

Estender a mão a 1. Pedir uma coisa a alguém, como grande favor, ou como esmola. **2.** Dispor-se a proteger, a ajudar; dar ajuda: "No dia seguinte, não sei como, descobriu a pensão onde eu me hospedava, invadiu meu quarto de estudante, estendeu-me a mão" (Dias Gomes, *Derrocada*, p. 99) [ABH/AN/GAS].
Sin.: *estender a mangueira* (3)

Estender a mão à caridade Pedir auxílio monetário [GAS].
Sin.: *estender a meia vara*

Estender a massa Procurar fazer valer um serviço; elogiar méritos próprios; aumentar [GAS].

Estender a meia vara Ver *estender a mão à caridade*

Estender a perna 1. Deitar-se; mandriar. **2.** Alargar o passo; apertar a carreira [AN/GAS].

Estender a roupa 1. Botar a roupa para secar no varal. **2.** Trair; cometer adultério [CGP/MGb/TG].

Estender a toalha *Bras., S, RJ.* Praticar a pederastia passiva (Sylvio Abreu, *in* art.) [MSM].

Estender o bacalhau *Lus.* Dar a mão para cumprimentar [GAS].

Estender o braço Agredir com o braço [AN].
Var.: *esticar o braço*

Estender o cavalo *Bras., RS.* Preparar o cavalo para correr tiro-longo [AJO].

Estender o cenário Estender no chão os panos e papéis pintados para serem atacados aos sarrafos dos trainéis, que sobre eles serão armados [GC].

Estender o guardanapo Falar desordenadamente; não mais terminar a conversa; falar ininterruptamente [GAS].

Estender o laço *Bras., S.* Atirar o laço para prender a rês [AJO].

Estender o saco Pedir esmolas [GAS].

Estender o trombil Comer à custa de outrem [GAS].

Estender-se que nem um cação *Lus.* Diz-se quando num interrogatório a uma lição o aluno não responde a nada ou quase nada [GAS].

Esticar

Esticar a(s) canela(s) *Bras., pop.* Morrer: "– Até o ar que se respira aqui ficou mais leve depois que o desgraçado esticou a canela..." (Jorge Amado, *Dona Flor e seus dois maridos*, p. 43); "... mas pode crer que você assim estica a canela no primeiro dia que Deus der" (João Ubaldo Ribeiro, *Sargento Getúlio*, p. 69); "– É! E fiquem sabendo que os pequenos 'pequenos' esticavam a canela antes dos 'grandes'..." (Amando Fontes, *Os corumbas*, p. 20); "Porque não pretendo jamais me aposentar, a não ser quando esticar minhas pícaras canelas" (Aírton Monte, *O Povo*, 11/12/97, p. 2B); "O cara esticou as canelas mais cedo". – Alusão à crendice pop. de que à meia-noite o defunto se alonga, devido à pronação dos pés [ABH/AC/AJO/AN/AT/CPL/FF/FNa/FS/FSB/GAS/Gl/JB/LM/NL/OB/RBA/RG/TC].

Sin.: *bater a(s) bota(s), esticar a perna, esticar as gâmbias, esticar o(s) cambito(s), esticar o mocotó, esticar o molambo, esticar o pernil*

Var.: *espichar a(s) canela(s), esticar o canelo*

Esticar a corda Ameaçar; pressionar; prometer represália: "Como a degola de Aloysio Nunes não foi aceita, o PFL foi obrigado a esticar a corda" (Weiller Diniz, *IstoÉ*, 13/3/02, p. 28).

Esticar a guita Levar as coisas longe demais [GAS].

Esticar a jiboia na avenida *Bras., RJ, gír.* Armar uma escola de samba na Marquês de Sapucaí [JB].

Esticar a língua Falar demais [OB].

Esticar a perna Ver *esticar a(s) canela(s)*

Esticar as gâmbias Ver *esticar a(s) canela(s)*

Esticar as pernas 1. *Bras., CE.* Fazer exercício com as pernas; aluir-se. **2.** Andar, sair a passeio. **3.** Cumprir uma tarefa [AN/TG].

Var. (2): *estirar as pernas*

Esticar as pregas Fazer cirurgia plástica: "A velhota esticou as pregas e mudou o visual" [JB].

Var.: *tirar as pregas*

Esticar muito a corda Ser exigente demais [AN].

Esticar o(s) cambito(s) Morrer [AN/FNa/TC].

Sin.: *esticar a(s) canela(s)*

Var.: *virar os cambitos*

Esticar o mocotó Ver *esticar a(s) canela(s)*

Esticar o molambo Morrer. – Não dicionarizado [AJO/Aurélio Buarque de Holanda, "Glossário", apud J. Simões Lopes Neto, *Contos gauchescos e Lendas do Sul*, p. 327].

Sin.: *esticar a(s) canela(s)*

Var.: *estender o molambo*

Esticar o passo Estugar o passo; caminhar mais rápido [TC].

Esticar o pé até onde o lençol alcança Ser prudente com as coisas, avaliando-as de acordo com a sensatez ditada de acordo com as probabilidades [RBA].

Esticar o pernil Ver *esticar a(s) canela(s)*

Esticar os olhos Alongar a vista; perscrutar; procurar ver ou divisar algo: "O noivo esticava os olhos para a porta" (pe. J. J. Dourado, *Muçambê*) [TC].

Esticar os ouvidos Procurar ouvir: "Os homens vizinhos do altar esticavam os ouvidos na direção do celebrante" (pe. J. J. Dourado, *Uma história por dia*) [TC].

Estirar

Estirar a mão Pedir esmolas; mendigar: "Seu Edgar dá uns diasinhos e depois o infeliz tem é que pedir esmola na feira. Estirar a mão como um desvalido" (João Clímaco Bezerra, *Não há estrelas no céu*, p. 93).

Estirar as pernas Andar um pouco para espairecer; dar um pequeno passeio; sair a passeio; dar um giro; perambular; andar após algum tempo parado: "– É verdade, estirando as pernas" (José Lins do Rego, *Fogo morto*, p. 52); "Em friorenta tarde de inverno, o Fateixa agasalhou debaixo do sobretudo o bombo da pança e saiu a estirar as pernas, espairecendo ao longo das margens do Rio Subaé" (Leonardo Mota, *No tempo de Lampião*, p. 59); "Levante-se, deixe dessa preguiça, vamos estirar as pernas..." [ABH/AN/FF/FS/GAS/LM/TC].

Var.: *desenferrujar as pernas*, (lus.) *estender as pernas, esticar as pernas* (2)

Estirar o beiço Mímica significativa de desprezo ou descaso [TC].

Estoirar/Estourar

Estoirar o foguete *Lus.* Diz-se quando a pergunta difícil ou maliciosa encontra resposta pronta e adequada [GAS].

Estourar a banca *Bras.* No jogo do bicho, ganhar tudo e quebrar o banqueiro: "Vou estourar a banca e quero ver a cara do banqueiro" [JB].

Estourar a boca do balão *Bras., gír.* Fazer o maior sucesso: "O lucro de uma dessas empresas estourou a boca do balão" (Egídio Serpa, *O Povo*, 9/1/97, p. 4D); "Vamos estourar a boca do balão, arrebentar, mostrar que vamos ganhar o carnaval" [JB].

Var.: *arrebentar a boca do balão* (2)

Estourar a bolsa Romper o saco amniótico [J&J].

Estourar a bomba Haver repentina divulgação de um escândalo ou de uma notícia desagradável [TC].

Estourar a bomba nas mãos de alguém Aturar as consequências de uma situação que já vem de outrem [AN].

Estourar a fortaleza do bicheiro *Bras., gír.* Invadir: "A polícia estourou a fortaleza do bicheiro e apreendeu o livro de ouro com a relação dos corrompidos" [JB].

Estourar a notícia Divulgar-se sensacionalmente: "Quando estourou a notícia que ele era o autor do crime, o povo se revoltou..." (Leonardo Mota, *Sertão alegre*) [FS/LM].

Var.: *estalar/estralar a notícia*

Estourar a praça Arruinar tudo [OB].

Estourar a verba Fazer despesa além da orçada de modo que a verba não a comporte [AN].

Estourar barraco *Bras., gír. policial.* Ir atrás de bandido: "Vamos estourar barraco, gente" [JB].

Estourar/Estoirar os miolos 1. *Lus., bras.* Suicidar-se; dar um tiro de revólver na cabeça; matar; agredir com muita violência. **2.** *Lus.* Pensar muito; estudar muito [AN/GAS/JB/TC].

Estourar os pulmões Gritar com muita força [OB].

Estourar uma caxanga *Bras., gír. policial.* Invadir casa de bandidos: "Vamos estourar uma caxanga no morro do Querosene" [JB].

Estragar

Estragar o pesqueiro *Bras., SP, pop.* Atrapalhar; confundir; perturbar; impedir: "Você está estragando o pesqueiro. Saia da frente!" [ABH/AC/AN/FF].

Estrangular

Estrangular a cobra *Bras., S, RJ, chulo.* Defecar [MSM].

Estranhar

Estranhar a capadura Passar de um estado agradável a outro desagradável com que não se conforma; não habituar-se à nova situação; diz-se quando uma pessoa não se mostra resignada a passar de uma situação agradável para outra que o não é; estar desajustado; estar inconformado na função subalterna. – Era costume em alguns conventos fazer os noviços usar um hábito de burel duro e áspero. Os menos conformados "estranhavam a capa dura". O povo reuniu as duas palavras numa só e deu sentido fig. Antônio de Castro Lopes, em *Origem de anexins*, Gomes Monteiro e Costa Leão, em *A vida misteriosa das palavras*, dão outra or. à expr. [AN/GAS/LCCa].

Estrelar

Estrelar os olhos *Lus., Trás-os-Montes.* Esbugalhar os olhos [GAS].
Var.: *estretelhar os olhos*

Estrelar ovos *Pop.* Fritar ovos [FS].
Var.: *estalar/estralar ovos*

Estudar

Estudar a comida *Bras., NE.* Diz-se quando o cavalo ou outro animal fica na frente da comida, olhando, sem comer: "O que deu em Magnífico? Não quer comer, fica só estudando a comida... Que coisa!" [FN].

Estudar o adversário *Desp.* Ir um time tocando a bola, geralmente no início do jogo, para observar a tática do adversário [HM].

Estudar os costumes *Lus., Univ. Coimbra.* Ir à baixa (centro da cidade) em Coimbra [GAS].

Estudar o tempo Examinar o firmamento, a situação atmosférica, para concluir se vai ou não chover [TC].

≠ **Não estudar palavra** Não estudar nada [GAS].

Estufar

Estufar a rede *Desp.* Fazer gol; penetrar (a bola) na linha da meta: "O artilheiro do Íbis (PE) estufou a rede apenas uma vez neste campeonato" [HM].
Sin.: *balançar a alface no meio da horta, balançar a horta no fundo do barbante, balançar a roseira, balançar o agrião, balançar o aspargo, balançar o filó, balançar o véu da noiva, chocalhar o limoeiro, estufar o barbante, estufar os cordéis*
Var.: (pouco us.) *entufar a rede*

Estufar o barbante *Desp.* Fazer o gol; marcar o gol [HM].
Sin.: *estufar a rede*
Var.: (pouco us.) *entufar o barbante*

Estufar o peito 1. Atitude própria de quem se enche de vaidade, ao ser lisonjeado, adulado, bajulado: "O bandido ficou todo prosa, e estufou o peito, feito pavão quando abre a roda" (Ana Maria Machado, *Amigos secretos*, p. 88). – Diz-se que o pavão é vaidoso, por estufar o peito quando ostenta sua bela plumagem. **2.** *Desp.* Dominar a bola com o tórax tufado, demonstrando arrogância [HM].
Var. (2): (pouco us.) *entufar o peito*

Estufar os cordéis Ver *estufar a rede*

Estugar

Estugar o passo *Lus.* Indicação para se andar mais depressa [GAS].

Esvair-se

Esvair-se em sangue Perder o sangue a ponto de desmaiar [CPL].

Esvair-se em suor Ver *suar em bica(s)*

Esvaziar

Esvaziar o saco Contar, revelar tudo o que se sabe [AN/GAS].

Esvaziar os pneus *Bras., fig.* Morrer: "– Logo depois o Bené desligou a tomada. – Agora é o Neves que esvazia os pneus. – Vamos mudar de assunto?" (Manuel Bandeira, *in* Miriam Maranhão & Gerusa Martins, *Pensar, expressar e criar*, p. 125).

Exagerar

Exagerar na dose Errar demais; exceder-se: "O ministro exagerou na dose e pegou todo mundo de surpresa" [JB].

Exagerar nas tintas Acrescentar; aumentar; ampliar: "O chefe exagerou nas tintas e contou tudo nos mínimos detalhes" [JB].

Exercer

Exercer vigilância *Desp.* Estar atento à movimentação de jogador adversário [HM].

Existir

≠ **Não existir** *Bras.* Possuir qualidades morais incomuns; ser excelente, boníssimo [ABH].
Sin.: *não ser deste mundo* (1)

Explicar

Explicar tintim por tintim Explicar minuciosamente [GAS].

Explodir

Explodir a boca do balão *Bras., gír.* Fazer alguma coisa de grande impacto: "Vou explodir a boca do balão, não tem conversa nem papo" [JB].

Explorar

Explorar a lavoura dos outros Ter um caso com mulher casada: "Pra explorar a lavoura dos outros, como dizia meu pai, qualquer uma serve" (Zé Ursulino, sebista de Recife, *apud* Liedo Maranhão, *Conselhos, comidas e remédios para levantar as forças do homem*) [FNa].

Explorar o filão Não desperdiçar a oportunidade [GAS].

Expulsar

Expulsar os vendilhões do templo 1. Estigmatizar os profanadores de qualquer espécie. **2.** Agir, com energia, tomando providências moralizadoras e severas contra quaisquer fraudes ou abusos. – A expr. é de or. bíblica. Assim procedeu Cristo, ao entrar em Jerusalém (ver N. T.: Mt 21, 12; Mc 11, 15; Lc 19, 45; Jo 2, 14-15) [AN/RMJ].

Fabricar

Fabricar zebra *Desp.* Provocar a vitória de clube tecnicamente fraco sobre outro mais qualificado, mediante suborno [HM].

Fachear

Fachear o osso Sofrer fratura incompleta do osso (Fernando São Paulo) [TC].

Falar

Falar abobrinha Falar coisas desnecessárias; dizer besteira: "O cidadão só fala abobrinha, só fala água" [F&A/JB].

Falar à chaboqueira Falar de modo grosseiro (ver *Rev. de Portugal*, vol. XXXI, p. 29) [ECS].

Falar à fina *Lus.* Crítica feita pelos rústicos aos que querem imitar os da cidade no falar, com palavras escolhidas e bem pronunciadas [GAS].

Sin.: (lus.) *falar à política*, (lus.) *falar caro*

Falar água *Bras., CE.* Conversar besteira; falar o que não deve ser dito; não dizer nada que se aproveite; diz-se de pessoa que fala muita asneira, bobagem: "De tanto falar água, bem que podiam tornar-se um ativo elemento na luta contra a seca" (Aírton Monte, *O Povo*, 11/9/98, p. 2B) [AS/JB].

Falar alto Diz-se de pessoa que pode falar pela sua situação altamente colocada [GAS].

Falar à mão 1. Dirigir a palavra a um indivíduo que vai iniciar qualquer trabalho difícil e carecido de concentração. **2.** Interromper alguém [GAS].

Falar a mesma língua Diz-se de pessoas que têm a mesma opinião [GAS].

≠ **Não falar a mesma língua 1.** Não se entender, não se harmonizar com outrem; pensar diferentemente; ter interesses diferentes (duas ou mais pessoas). **2.** Não se fazer entender [ABH].

Falar ao coração Tentar comover; pretender captar alguém; tornar-se agradável; causar viva alegria, viva satisfação [AN/GAS].

Falar ao homem *Lus.* **1.** (*Porto*) Ir a uma taberna beber vinho. **2.** Satisfazer uma necessidade corporal [GAS].

Falar ao pau Dar tesão em homem; excitar sexualmente [MPa].

Falar aos ós-e-ás *Bras., MG.* Falar titubeando, com medo: "Oé, esse falava, (*sic*) aos ós-e-ás, em tanto explicava" (*sic*) (João Guimarães Rosa, *No Urubuquaquá, no Pinhém*) [ECS].

Falar aos peixes *Gír., Mar. G.* Vomitar [ABH].

Falar ao telefone Prática lasciva que consiste em sucção do sexo do parceiro [GAS].

Falar à política Ver *falar à fina*

Falar arrastado Falar com muita lentidão, pronunciando vagarosamente as palavras [TC].

Falar a sabor *Lus.* Gracejar; chalacear [GAS].

Falar às massas Falar ao povo, à população; orar para a multidão [AN/GAS].

Falar as sete falas *Port., Alentejo.* Falar muito [GAS].

Falar a torto e a direito Falar muito e de qualquer assunto, geralmente maldizendo algo ou alguém [GAS].

Falar atrás das costas Maldizer na ausência da pessoa visada; falar mal de alguém em sua ausência; fazer má referência de alguém que não está presente [AN/CLG/GAS/TC].

Sin.: *falar por trás*
Var.: *falar pelas costas*

Falar a um surdo Dirigir a palavra a alguém que está resolvido a não atender ou fazer o que se lhe pede [AN].

Falar a verdade Falar de modo que não pode sofrer desmentido: "... de poeta tenho o meu pouco, padeci, a falar a verdade, meus ataques assaz agudos dessa moléstia..." (Almeida Garrett, *Viagens na minha terra*, p. 62) [GAS].

Falar bem Falar favoravelmente; elogiar [ABH].

Falar bem italiano Ver *falar francês* (2)

Falar bonito Falar com estilo, talento, competência: "O chefe falou bonito, emocionou todo mundo" [JB].

Falar borracha *Bras., gír.* Não dizer nada que preste: "Para de falar borracha, ninguém guenta mais" [JB].

Falar carioca Apresentar sotaque de carioca: "A dona da casa falando carioca, parecia até coisa que prestasse" (João Ubaldo Ribeiro, *Sargento Getúlio*, pp. 17-8).

Falar caro Ver *falar à fina*

Falar chinês Falar de modo pouco perceptível, ou ininteligível; falar sem sentido [GAS/RMJ].

Falar claro e mijar direito Diz-se de pessoa que fala sem reticências, que diz tudo [GAS].

Falar com/para as paredes Falar com quem não quer atender; falar sem ser ouvido; falar para quem não ouve [AN/GAS].
Sin.: (lus.) *falar para o abade*, (lus.) *falar para o boneco*
Var.: *pregar para as paredes*

Falar com cabeça Falar ajuizadamente, pensadamente [GAS].

Falar com desafogo Falar com desembaraço [FF].

Falar com Miguel/com o miguel *Bras., NE, S.* Ir ao banheiro, à privada; fazer necessidade fisiológica: "O chefe foi falar com o miguel, espere só um pouquinho" [BB/GM/JB/LAF/LAFa/MSM/NL].
Var.: *ir ao miguel*, (RS) *ir no Miguel*, (BA) *ver Miguel*

Falar com o coração nas mãos Falar com sinceridade, sem qualquer reserva; dizer o que se sente com a máxima franqueza, sem reticências [ABH/AN/FF/GAS].

Falar como o evangelho Dar bons conselhos [GAS].

Falar como (um) papagaio *Bras., CE.* Falar demais; tagarelar [RG].

Falar com o pescoço Falar de maneira arrogante [GAS].

Falar como quem é Falar segundo a educação recebida [AN].

Falar com os olhos Dar a entender com o olhar, com um aceno de olhos; revelar no olhar pensamentos e sentimentos; olhar com muita expressão [AN/GAS].

Falar com os pobres Ser cortês com todos [AN].

Falar como um canário Falar bem [GAS].

Falar como um doutor Falar afetado, doutoralmente [GAS].

Falar como um livro Falar com facilidade, com elegância; exprimir-se com propriedade e conhecimentos; usar de palavras esmeradas, de vocabulário escolhido [ABH/AN/GAS].
Var.: *falar como um livro aberto*

Falar como um oráculo Dizer coisas certas; falar acertadamente; dizer verdades [AN/GAS].

Falar como um papagaio Repetir as coisas inconscientemente [AN/CLG/GAS].

Falar com Pedro *Bras., gír.* Morrer [GS].

Falar com pouco ensino *Bras., CE.* Modo de pedir vênia para dizer (ou referir) algo inconveniente, torpe, escabroso ou simplesmente tabu [AN/FS].

Falar com sete pedras na mão Falar com modos zangados, com maus modos [GAS].

Falar com (os) seus botões Falar consigo próprio; falar sozinho; consultar a si mesmo; dizer de si para si: "Vivia falando da vida alheia. Mas Dona Quitéria falou bai-

xinho com os seus botões: – Eu te conheço" (João Clímaco Bezerra, *O semeador de ausências*, p. 38) [AN/CLG/GAS/JB].
Var.: *conversar com os seus botões*

Falar com Wanderley Cardoso *Bras., NE, S.* Ir à privada. – A loc. se explica facilmente: as iniciais do famoso artista (dos anos 1960-70) são WC, iguais às us. em ingl. para designar a privada, i. e., WC (*Water Closet*) [MSM].

Falar da banda mouca *Bras., CE.* Fazer pedidos que não podem ser atendidos ou dizer coisas indignas de atenção; não fazer caso do que estão dizendo; fazer pedidos inatendíveis: "Disse Artur: 'Senhor gigante, / pra falar basta ter boca; / sua cabeça é tão grande / mas estou vendo que é oca. / Dizer ameaça a mim / é falar da banda mouca'" (Bráulio Tavares, escritor e letrista paraibano, *in* FNa, p. 158); "Você me pedindo dinheiro emprestado, está falando da banda mouca" [AN/LM/TC].
Sin.: *falar da banda que facão não corta*

Falar da banda que facão não corta Ver *falar da banda mouca*

Falar da boca para/pra fora Não ser sincero; manifestar opinião sobre algo, quando pensa de outra maneira; falar sem convicção, ou sem maior preocupação com a verdade [ABH/Cad. de Atividades, VI série, p. 323/TC].
Var.: *dizer da boca para fora*

Falar da/de/pela porta dianteira *Lus.* Falar rudemente, sem rodeios, sem reticências [ECS/GAS].

Falar de barriga cheia *Bras.* **1.** Expressar-se como quem não precisa das coisas. **2.** Queixar-se sem razão; expr. us. para designar uma pessoa mal-agradecida, "que cospe no prato em que comeu" [ABH/AN/AS/Net].
Sin. (2): *falar de papo cheio* (2)
Var. (2): *chorar de barriga cheia*

Falar de cadeira Ver *falar de cátedra*

Falar de cátedra Estar seguro do que afirma; ter conhecimentos bastantes para falar sobre o assunto; conhecer perfeitamente o assunto e por isso poder dar lições a respeito dele; saber bem o que diz por ser assunto de sua especialidade; ter perfeito conhecimento daquilo que se diz; saber perfeitamente o que diz: "Eu posso falar de cátedra sobre o Patriarca de Juazeiro, graças à minha longa convivência com ele" (Jáder de Carvalho, *apud* Ângela Barros Leal, *Jáder de Carvalho*, p. 70); "Deitando conhecimentos, que espantavam o filho de Clarice, Fenelon falou de cátedra..." (Jáder de Carvalho, *Sua majestade, o juiz*, p. 54) [AN/FF/GAS/OB].
Sin.: *falar de cadeira*
Var.: *falar ex cathedra*

Falar de cor Falar com conhecimento de causa [GAS].

Falar de fora *Lus.* Delirar com febre [GAS].

Falar demais Exceder-se com palavras; dizer muitas coisas sem pensar: "Ele falou demais e pagou pela língua" [GAS/JB].

Falar de onda *Bras., gír.* Dizer por dizer: "Falei de onda, cara, não sustento o que disse" [JB].

Falar de outiva Falar, sem saber por que, do que não se conhece, por ter ouvido dizer [GAS].
Sin.: (lus., Trás-os-Montes) *falar pelas oiças*
Var.: *falar de ouvido*

Falar de papo *Lus.* Estar seguro do que afirma; falar orgulhosamente, com autoridade ou conhecimento de causa [GAS].

Falar de papo cheio 1. *Bras., CE.* Falar orgulhosa e iron., com a consciência no próprio valor. **2.** *Fam.* Queixar-se de alguma coisa; reclamar contra algo, tendo, em verdade, razões para atitude contrária: "Diz que a mulher não o trata com carinho, mas não há marido mais bem tratado que ele: fala de papo cheio" [ABH/AN/FS/LM].
Sin. (2): *falar de barriga cheia* (2)

Falar de papo descansado Falar de sangue-frio, imparcialmente, por não estar envolvido no assunto [GAS].

Falar de poleiro Falar estando em situação superior [GAS].

Falar de trás *Lus., ant.* Falar entre si, para dentro (ver *Rev. de Língua Port.*, II, p. 37) [ECS].

Falar de vaidade *Lus.* Falar corretamente (entre os pescadores da Vila do Conde). Ver *Rev. Port. de Filologia*, II, p. 148 [ECS/GAS].

Falar de verga alta *Lus.* Falar atrevidamente (fr. Domingos Vieira, *Grande dic. port.*, s. v. "ALTO") [ECS].

Falar difícil Empregar palavras pomposas e pouco habituais, com terminologia rebuscada; expressar-se em ling. acadêmica, empolada, pernóstica; exprimir-se em estilo empolado, pretensioso; buscar termos peregrinos, complicados; complicar: "A Bá gosta de falar difícil. Outro dia contou pra mamãe que estraguei a 'televisão terremoto' de tanto apertar os botões" (Álvaro Cardoso Gomes, *Ladrões de tênis*, p. 10); "O cara fala difícil, ninguém entende" [AN/FF/GAS/JB/TC].

Falar do alto dos seus tamancos *Bras., CE.* Pretender exibir uma autoridade ou valor que realmente não tem [RG].

Var.: *proceder do alto dos seus tamancos*

Falar do próprio umbigo *Bras., gír.* Falar de si: "O cara só fala do próprio umbigo, se elogia o tempo todo" [JB].

Falar dos outros por trás Falar das pessoas quando elas não estão presentes [F&A].

Falar economês Exprimir-se no jargão técnico ou na ling. peculiar aos economistas [RMJ].

Falar é fôlego Referência irônica ao gabola, fanfarrão; diz-se quando o interlocutor desconfia da veracidade da informação do gabola, quando duvida de que o que se fala vai se realizar: "Pretexto bobo, porque falar é fôlego, obrar é sustança" (Manoel Lobato, *Garrucha 44*); "Aff!... O Matias gosta muito de cortar vara [= mentir]... Imagina só..., pessoal, anda dizendo por aí, pra Deus e o mundo, que, quando for ao Rio, [...] vai flertar com uma atriz global. Mas falar é fôlego!" [TC].

Falar em alhos e responder em/com bugalhos Diz-se quando alguém não compreende ou não quer compreender o que se lhe diz, e responde outra coisa; não responder a propósito; dar resposta sem relação com a pergunta. – "Bugalho" é a noz-de-galha, fruto redondo e liso dos carvalhos [AN/GAS].

Falar em jangada que é pau que aboia/boia 1. Expr. us. para pedir que se fale claramente, por ser mais fácil de entender. **2.** Expr. us. para significar que a proposta é mais razoável de determinada maneira. **3.** *Bras., gír.* Falar de outra coisa: "Fale em jangada que é pau que boia, pare de dizer besteira" [JB/TC].

Falar empolado Usar na conversação termos pouco comuns ou construir frases de difícil entendimento [TC].

Falar em português Ver *falar português claro*

Falar em volapuque Falar de maneira ininteligível ou confusa; o m. q. algaravia, i. e., a ling. dos algarvios, difícil de entender, pelos elementos arábicos que contém. – O volapuque (*vola*, originado de *vol*, "mundo", + *pük*, "língua") é uma ling. inventada, construída artificialmente, como o *esperanto*. A palavra *volapuk* significa, em seus elementos constitutivos, "fala do mundo". É uma língua auxiliar de comunicação internacional, lançada em 1879, na Áustria, por um alemão, o mons. Johann Martin Schleyer (1831-1912) [ABH/RMJ].

Var.: *escrever em volapuk/volapuque*

Falar entre (os) dentes Falar sem articular bem as palavras; pronunciar quase imperceptivelmente as palavras; resmungar; falar de modo que não se ouve ou não se entende por estar encolerizado ou enraivecido; falar baixo sem articular bem as palavras; rosnar [ABH/AN/F&A/FF/GAS/RG].

Var.: *falar por entre dentes*

Falar *ex cathedra* Falar com autoridade, com conhecimento. – O papa fala *ex cathedra*. A expr. se refere, aliás, à cadeira de São Pedro, que ele ocupa, e que é tb. chamada trono. E o texto lat. completo é:

Ex cathedra Petri (= Da cadeira de Pedro) [RMJ].
Var.: *falar de cátedra*

Falar francês *Fam.* **1.** Pagar, ou dar a entender que pretende pagar; gratificar; dar dinheiro. **2.** Ter dinheiro; ser rico, endinheirado; possuir abundância de dinheiro: "Ele quer casar com ela só porque o pai dela fala francês" (Leonardo Mota, *Violeiros do Norte*, p. 242) [ABH/AN/FF/FS/GAS/LM/RG].
Sin. (2): (lus.) *falar bem italiano*
Var. (1): *falar mal o francês*
Var. (2): (lus.) *falar bem francês*

Falar francês como uma vaca espanhola 1. Falar mal o idioma francês. **2.** Falar muito mal o idioma pátrio (não importando qual seja). É tradução de uma expr. fr. que primitivamente teria sido: *parler français comme un basque espagnol* (Larousse, s. v. "VACHE") (ver *Rev. Lus.*, XXII, p. 121) [AN/RMJ].

Falar franco Falar energicamente, usando toda franqueza [TC].

Falar frocado *Bras., CE.* Falar de maneira altiva; demonstrar altivez, autoridade, coragem ou segurança nas afirmações: "Eu, se falo frocado, é porque quem não deve não teme..." (Leonardo Mota, *Violeiros do Norte*, p. 242) [AN/FS/LM/RG].
Var.: *falar grosso* (1)

Falar giz *Bras., gír.* Mentir: "Para de falar giz, cara, isto é muito ruim" [JB].

Falar grego Comunicar-se de modo incompreensível, enrascado, indecifrável; não se fazer entender; falar ou expressar-se de modo ininteligível: "E me olhava a quilômetros de distância, como se eu estivesse falando grego: 'Sei lá que livro é esse, menino'" (Fernando Sabino, *O gato sou eu*, p. 67); "– Meu desfile, pô! Tou falando grego? Meu desfile, meu desfile, eu lá na avenida!" (João Ubaldo Ribeiro, *Diário do Nordeste*, cad. 3, 4/3/01, p. 5).

Falar grosso 1. Mostrar-se duro, destemido com outrem; não se atemorizar; falar alto, com entono e com destemor; gritar; falar autoritariamente, com razão; ter autoridade, voz ativa. **2.** Agir com coragem, desassombro; bancar o valente [ABH/AN/AT/CLG/FS/GAS/JB/RG/TC].
Var. (1): *falar frocado*

Falar mais alto Ver *cuspir grosso*

Falar mais que a boca Ver *falar pelos cotovelos*

Falar mais do que matraca em Semana Santa Ser excessivamente tagarela: "Dona Luiza fala mais do que matraca em Semana Santa" (José Marques da Silva, *Diário de um candango*) [TC].
Var.: *ser pior do que matraca em Semana Santa*

Falar mais (do) que o homem da cobra Falar demais; não parar um minuto de falar: "Diziam que cigano era raça que não prestava. Diziam coisa em cima de coisa. Falavam mais que o homem da cobra" (Marilene Felinto, *O lago encantado de Grongonzo*). – Para FNa, a alusão é ao vendedor de pomadas medicinais feitas a partir da banha do pirarucu ou do poraquê (peixes teleósteos), nas feiras livres do interior nordestino; já RBA diz que a expr. faz referência ao camelô que faz seu ganha-pão com uma serpente enroscada no pescoço [FNa/LM/RBA].
Var.: *falar que só o homem da cobra*

Falar mais (do) que o preto do leite Falar muito, demais. – A frase viria da época em que os escravos negros faziam entrega ou venda do leite [AN/LM/NL].
Sin.: *falar mais que pobre no sol*
Var.: *falar mais que a nega do leite*

Falar mais que pobre no sol Ver *falar mais (do) que o preto do leite*

Falar mal do governo Estar com a ponta da calça metida no calcanhar do sapato [AN].

Falar mal e depressa Falar sem rodeios, com toda a franqueza [GAS].

Falar na tampa *Bras., gír.* Falar sem rodeios: "O velhote falou na tampa, disse poucas e boas" [JB].

Falar no ar Discorrer sem fundamento, vagamente [GAS].

Falar no telefone Ver *fazer minete*

Falar ozadia *Bras., BA.* Falar palavrão ou coisas obscenas [NL]. ♦ "Ozadia" é um desvio da oralidade; é corruptela de "ousadia".

Falar para dentro Sussurrar sozinho: "– Falar sozinho, não falo; falo pra dentro, ninguém ouve nada das minhas conversas" (Eneida, *Boa-noite, professor*, p. 38) [AT].

Falar para o abade Ver *falar para as paredes*

Falar para o boneco Ver *falar para as paredes*

Falar pela boca de alguém Afirmar ou dizer coisas no lugar de outrem, sem o aval desta pessoa: "Quando vi que ele foi cassado por causa das coisas que eu falei pela boca dele, enchi-me de escrúpulos" (Henfil, *Cartas da mãe*, p. 29).

Falar pela boca de um anjo Pressagiar bem; falar algo de bom como predição; dizer coisa de realização desejada e que efetivamente ocorreu; resposta que se dá a alguém, significando desejar ardentemente que se realize aquilo que essa pessoa acaba de declarar: "– Quéra Deus! Deus queira que você teja falando pela boca dum anjo!" (Leonardo Mota, *Sertão alegre*, p. 21); "... Ronaldinho que está prometendo, a partir de hoje, descontar o velho, o novo e o atrasado. Que tenha falado pela boca de um anjo" (*sic*) (Alan Neto, *O Povo*, 27/6/98, p. 6E); "Este ano é de bom inverno? Deus queira que você fale pela boca de um anjo!". – Boca de anjo: referência à pessoa que prediz coisas agradáveis [ABH/Cad. de Atividades, VI série, p. 323/FS/LM/RG/TC].

Falar pelas oiças Ver *falar de outiva*

Falar pelas tripas de/do Judas Falar muito, demasiado: "Ele é pau pra toda obra, mas fala pelas tripas do Judas..." (Millôr Fernandes, *A vaca foi pro brejo*, p. 123) [AN/ECS/GAS].

Sin.: *falar pelos cotovelos*

Falar pelo ladrão *Bras., gír.* Falar demais: "O cara falava pelo ladrão, acabou entregando todo mundo" [JB].

Sin.: *falar pelos cotovelos*

Falar pelos cotovelos Diz-se de pessoa muito faladora, que nunca está calada; falar demais, demasiadamente, continuamente; falar além da conta; falar em excesso e com desembaraço; ter verbosidade; ser ou mostrar-se muito tagarela: "Esse menino fala pelos cotovelos! Não fica calado um instante!" (DT, *V série*, p. 35); "Baixinho e bigodudo, agitado, falando pelos cotovelos, o patrício, tendo feito o convite, acrescentou que depois do jantar..." (Jorge Amado, *Tocaia Grande*, p. 111) [ABH/AN/CGP/ECS/FF/FS/GAS/JB/LM/MGb/TGa]. Para aprofundar-se em mais detalhes sobre a expr., ver RMJ, p. 128, e LCCa, pp. 177-8.

Sin.: *beber água de chocalho* (1), *falar mais que a boca, falar pelas tripas de/do Judas, falar pelo ladrão, falar por quantas juntas tem*

Falar por alto Apenas tocar no assunto, sem dar muitos detalhes; falar sem convicção do que diz; sair alguém com evasivas: "O advogado mostrava-se meio aéreo, falava por alto: – Tudo se arranja" (João Clímaco Bezerra, *O semeador de ausências*, p. 35).

Falar por cima da burra Falar com frieza, com "superioridade"; não dar confiança [GAS].

Falar por cima da carne-seca *Bras., CE.* Falar como dono da situação [TGa].

Var.: *falar por cima do lombo*

Falar por engonços Falar sem rodeios [GAS].

Falar por falar Falar sem querer afirmar nada; falar sem necessidade; tagarelar: "Falei assim por falar, mas que São José era um santo, não é nenhuma novidade" (Ariano Suassuna, *Auto da Compadecida*, p. 178) [AN/CLG/GAS].

Falar por meias palavras Falar só metade sobre o assunto que o interlocutor já conhece [GAS].

Falar por monossílabo Responder só "sim" ou "não", dizer meias palavras, por zanga, timidez etc. [AN].

Falar por pincéis *Lus.* Falar com sutileza ou por figuras [GAS].

Falar por quantas juntas tem Ver *falar pelos cotovelos*

Falar por si Diz-se de coisa evidente, que não necessita de explicações [GAS].

Falar por trás Criticar, falar mal de alguém que não está presente; maldizer; difamar [FS/GAS/TC].
Sin.: *falar atrás das costas*
Var.: *falar por detrás*

Falar português claro Dizer as coisas como elas são, de forma contundente, com toda a franqueza, sem rodeios; falar claramente, sem subterfúgios: "Falando português claro: quero que você vá embora daqui!" (DT, *VII série*, p. 44) [ABH/AN/TC].
Sin.: *falar em português*

Falar rasgado Dizer abertamente, sem subterfúgios; falar com franqueza, desassombradamente [FF/TC].

Falar rosado Falar sem receio, corajosamente [TC].

Falar sem tom nem som Falar demais e sem nexo [GAS].

Falar só Dizer em voz alta os pensamentos [GAS].

Falar torto Falar com maus modos [GAS].

Falecer

Falecer nas trevas 1. Morrer sem ter uma vela acesa na mão: "Não entrará nas portas do céu a alma da pessoa que faleceu nas trevas, isto é, sem um vela na mão" (Juvenal Lamartine, *Velhos costumes do meu sertão*). **2.** Morrer sem assistência espiritual [TC].
Var. (2): *morrer nas trevas*

Falhar

Falhar a tacada *Lus.* Não sair bem-sucedido de um empreendimento [GAS].

Falhar no trato Faltar à palavra empenhada: "Chamaram um tocador de fora e o bicho falhou no trato" (Sinval Sá, *O sanfoneiro do riacho da Brígida*) [TC].
Var.: *faltar ao trato, quebrar o trato*

Falhar os tempos Diz-se de amenorreia decorrente de distúrbios hormonais e/ou gravidez; faltar a menstruação [J&J].

Falsear

Falsear a verdade Mentir; distorcer o sentido: "Desta vez Sitõe calça sapato sem encomenda e bota a carga abaixo sem adjutório de ninguém, sem falsear a verdade nas ventas do Coronel" (Barros Pinho, *A viúva do vestido encarnado*, p. 48) [TC].

Faltar

Faltar ao respeito a Ser descortês ou inconveniente para com; desrespeitar, desacatar alguém; ser malcriado para com um familiar, pessoa mais velha ou superior hierárquico [ABH/FF/GAS].

Faltar à/com a palavra Faltar a uma promessa; não cumprir compromisso: "Vejam! este homem deixa de fazer uma viagem, que, para me iludir, fingiu que ia fazer, e, depois de andar por aí a esconder-se de todos, falta à sua palavra de honra, e..." (Aluísio Azevedo, *O mulato*, p. 227); "Não dá, cara, porra, o cara faltou com a palavra, um merda" [GAS/JB/OB].
Var.: *quebrar a palavra*

Faltar a terra debaixo dos pés Sentir-se desamparado, não ter meios [GAS].

Faltar à verdade Mentir; afirmar falsamente [GAS].

Faltar gás *Bras.* Falhar: "Chegou lá, mas faltou gás na hora dos finalmentes" [JB].

Faltar o melhor Faltar o dinheiro [GAS].

Faltar pernas *Desp.* Demonstrar cansaço na partida [HM].

Faltar pouco para Estar a ponto de; estar iminente, próximo [ABH/AT].

Faltar pouco pra virar Faltar pouco para enlouquecer, para endoidar de vez [FNa].

Faltar terra nos pés *Bras., NE.* **1.** Perder o equilíbrio, faltando firmeza nos pés, ou seu apoio, devido à velocidade da carreira ou ao ímpeto inicial da arrancada. **2.** *Bras., CE.* Perder o controle ou o apoio em certo negócio ou atividade; não dispor de meios, de elementos; ver-se (uma pessoa) infirme, sem segurança, em algum negócio ou empresa: "Quando eu vir que está me faltando terra nos pés, eu mesmo peço minha demissão." **3.** Diz-se quando se sente vertigem diante duma notícia ou fato desconcertante; diz-se de abalo emocional provocado por uma notícia inesperada [CGP/LM/RG/TC/TGa].

Faltar(-lhe) um parafuso Ser desequilibrado, adoidado; não estar bem da cabeça; estar louco [CLG/GAS].

Fanquear

Fanquear a polaina *Lus., Beira*. Passear [GAS].

Faquear

Faquear a guaica (*sic*) *Bras., RS*. Pedir dinheiro [AN]. ♦ Sem registro do termo, em ABH, aí se lê: "guaicá", oxítono, "arbusto ou pequena árvore da família das lauráceas". Em LAFb, no entanto, aparece "guaiaca", paroxítono, "cinto de couro cheio de compartimentos, para revólver, para moedas etc., que faz parte da vestimenta gauchesca..."

Farejar

Farejar cantiga agourenta no ar Pressentir incidente desagradável. – Não dicionarizado [Aurélio Buarque de Holanda, "Glossário", *apud* J. Simões Lopes Neto, *Contos gauchescos e Lendas do Sul*, p. 328/AJO].

Farejar como um cão Andar em busca de algo [AN].

Fartar

Fartar a buzara *Lus*. Encher a barriga [GAS].

Fartar o bandulho Alimentar-se; encher a barriga ou pança: "E gritei, com um murro sobre o atlas, que fez estremecer a castíssima Senhora do Patrocínio e todas as estrelas da sua coroa: – Caramba, vou fartar o bandulho!" (Eça de Queiroz, *A relíquia*, p. 59).

Fazer(-se)

Fazer a autópsia *Lus*. Tirar todos os valores que a vítima tem [GAS].

Fazer a barba *Lus., Ericeira*. Apanhar; caçar [GAS].

Fazer a base Fumar antes de alguma situação específica, para vivê-la sob efeito da maconha: "Antes de sair a gente faz a base lá em casa" [RK].

Fazer ablativo de viagem 1. Partir inesperadamente, sem se despedir; desaparecer. **2.** *Fig*. Morrer [ABH].
Sin. (2): *bater a(s) bota(s)*
Var. (2): *fazer ablativo de partida*

Fazer a/da/uma boa Deixar de cumprir um trato; provocar fato desagradável, trote etc. [TC].
Var.: *fazer uma da(s) boa(s)*

Fazer abóbora *Lus*. Não estudar [GAS].

Fazer a boca doce 1. Lisonjear alguém; ser agradável a alguém. **2.** Acostumar mal [AN/GAS].

Fazer a broa maior (do) que a boca do forno Exagerar; querer demasiado; ter exageradas pretensões [LM].

Fazer a cabaça em água Fatigar excessivamente o cérebro [GAS].

Fazer (a) cabeça 1. *Bras., gír*. Usar a droga; fumar maconha, buscando excitação violenta para a prática de atos crim.; fumar maconha: "Vamos fazer a cabeça que o show já vai começar." **2.** Modificar o pensamento de alguém; convencer, orientar uma pessoa: "Newton Mendonça, sim, esse era comunista. Foi quem fez a cabeça do Tom pras coisas políticas" (Tárik de Sousa, *Bundas*, 13/9/99, p. 10) [CLG/FS/JB/Net/RK]. **3.** *Umb*. Iniciar-se, submeter-se a determinados rituais e aprendizados das "coisas do santo"; preparar ritualmente a cabeça para "receber" os orixás ou as entidades [OGC]. ♦ Neste sentido, também sem o artigo: Fazer cabeça.
Sin.: (3) *deitar para o santo, fazer o santo*

Fazer a cama 1. Arrumar em boa ordem os lençóis e cobertas, travesseiros etc., da cama, para nela alguém deitar-se. **2.** *Bras., NE*. Bater o mato para queimar [ABH/TC].

Fazer a cama a/de/para alguém Preparar uma situação; tramar, preparar a maneira de alguém ser lesado; preparar uma falcatrua; armar uma intriga em prejuízo de alguém; vingar-se contando a falta praticada a quem possa aplicar um castigo; dar más informações de alguém; acusar, denunciar alguém; contribuir para o castigo ou punição de alguém; vingar-se de alguém; dar más informações acerca de alguém; dizer mal de alguém com o fim de indispô-lo em certo ambiente ou diante de outrem; prevenir o espírito de alguém contra um terceiro, ausente, difamando-o ou revelando suas faltas e defeitos; fazer uma denúncia, que importe em punição, ou armar uma intriga, em prejuízo de um rival; preparar o terreno, com denúncias e intrigas, para a vítima sofrer reprimenda ou castigo ou, ainda, ser repudiada; dedurar: "Na presença do velho fazia a cama do Liberato, contando o que lhe vinha à cabeça" (Pedro Batista, *Cangaceiros do Nordeste*); "... quando a Conceição chegar, eu vou fazer a tua cama, vou contar tudo a ela" [ABH/AC/AN/CGP/FF/FS/GAS/PJC/RMJ/TC].

Sin.: *fazer a caveira de alguém*
Var.: *preparar a cama de alguém*

Fazer a cama para alguém Ver *fazer a cama para os outros se deitarem*

Fazer a cama para os outros se deitarem Preparar situação que vai favorecer a um adventício; fazer ou praticar alguma ação cujo mérito venha a ser desfrutado por outro; trabalhar em proveito alheio [ABH/AJO/AN].

Sin.: *aquentar a água para outro tomar mate, fazer a cama para alguém*

Fazer a canoa Preparar o papel no qual o cigarro de maconha vai ser feito, friccionando suas bordas, uma contra a outra, deixando-o no formato similar ao de uma canoa: "Que dificuldade fazer essa canoa, heim, meu chapa?" [RK].

Fazer ação *Bras., NE.* **1.** Reagir, lutar; fazer gesto, menção de defender-se: "O bicho é mole, nem fez ação" (Luciano Barreira, *Os cassacos*). **2.** Praticar um ato de generosidade; agir de maneira que merece elogios, i. e., fazer uma boa ação, uma ação bonita; socorrer um necessitado [ABH/FS/GAS/Gl/LM/TC].

Var. (2): *fazer uma boa ação*

≠ **Não fazer ação 1.** Não poder movimentar-se: "Amarrei o peia-mão em cruz, pro boi não fazer ação" (Ildefonso Albano, *Jeca Tatu e Mané Xique-xique*). **2.** Não se defender de agressão física; acovardar-se: "... na hora do pega pra capar não fez a menor ação" (Leonardo Mota, *No tempo de Lampião*) [Gl/TC].

Var. (2): *não ter ação*

Fazer a caveira de alguém *Bras.* Denunciar uma falta; intrigar; difamar; destruir; denunciar alguém; prejudicar alguém nos seus interesses; indispor alguém com outrem; tornar alguém malvisto; falar mal de alguém; promover a discórdia; fazer má referência a alguém, aproveitando-se de sua ausência; fazer ou dizer coisas que tornem alguém malvisto por outros; desejar um mal a alguém; cometer ação nociva a alguém: "Ela é muito invejosa e fez a caveira do colega para que o chefe não desse a ele o prêmio de melhor funcionário"; "O chefe fez a caveira da Sandra, acabando com a moça" [ABH/AS/CGP/DT/DVF/JB/LAF/MPa/RMJ/TC/TG].

Sin.: *fazer a cama a/de/para alguém, fazer inferno/inferninho* (1)
Var.: *ver a caveira de alguém*

Fazer a chuva e o bom tempo Ser senhor absoluto; exercer um poder sem limite [AN].

Sin.: *fazer e desfazer* (1)
Var.: (lus.) *dar chuva e bom tempo*

Fazer a corte /ô/ Galantear; requestar; cortejar; namorar; procurar agradar a alguém, ou conquistar-lhe o amor, as boas graças: "... um homem imoral, sem princípios, sem coração, que fazia a corte – fazer a corte ainda não é nada – que amava duas mulheres ao mesmo tempo?" (Almeida Garrett, *Viagens na minha terra*, p. 163); "– Ele mesmo, e não te admires, porque outros de maior sisudez fazem a corte à baronesa" (Adolfo Caminha, *Tentação*, p. 74). ♦

Fazer(-se)

"Corte", aqui, no sentido de "galanteio" [ABH/AN/FF/GAS].

Sin.: *dar em cima de* (4), (ant.) *quebrar louça*

Fazer a curva descendente *Desp.* Entrar, jogador ou clube, em declínio [HM].

Fazer a distribuição *Desp.* Organizar o ataque coordenando os lançamentos [HM].

Fazer a Elza *Bras., CE, dial. das gangues urbanas.* Roubar [tese de doutorado da socióloga Glória Diógenes, da UFC, in *O Povo*, 1º/6/98, p. 19A].

Fazer a engomada *Bras., gír.* Roubar a casa desabitada [GS].

Fazer a feira *Bras.* **1.** Aproveitar muito; dar-se bem: "Raparigas do Pilar faziam a feira de São Miguel" (José Lins do Rego, *Meus verdes anos*, p. 101). **2.** Ganhar dinheiro: "Vou fazer a feira, pois preciso faturar um troco" [AS/JB/Net].

Fazer a feira de véspera *Desp.* Contar como certa a vitória de um clube na véspera do jogo [HM].

Fazer a festa e soltar os foguetes Ser o primeiro a achar graça no que diz; aplaudir os próprios atos; divertir-se com as próprias graças [AN/GAS/LM].

Var.: *fazer a festa e deitar os foguetes*

Fazer a folha Ajustar as contas; vingar-se [GAS].

Fazer a força Trocar, consertar o pneu furado [NL].

Fazer à francesa Faltar ao prometido; deixar de comparecer a encontro combinado [GAS].

Fazer a gata miar *Bras., CE.* Comprimirem-se vários meninos sentados num banco, uns contra os outros, até que saia um deles; apertar um magricela entre dois fortes e tomar-lhe o lugar; imprensar; brincadeira inf. em que os mais fortes apertam os franzinos até gemerem [CGP/MGb/TG/TGa/RG].

Fazer agrado a Agradar; bajular: "Mulher casada só fazia agrado a marido na cama" (José Lins do Rego, *O moleque Ricardo*, p. 158) [RG].

Fazer água 1. *Mar.* Receber água por uma ou mais aberturas acidentais; vazar (a canoa, o barco etc.); ser (uma embarcação) invadida pela água. **2.** *P. ext.* Principiar uma tarefa e perder-se, durante sua execução; ser um fiasco; haver êxito desfavorável; diz-se de situação ruim: "O ex-presidente do BC ficou realmente surpreso com seu afastamento. Sabia que sua política estava fazendo água e que o presidente queria mudar de rumo" (*Veja*, 20/1/99, p. 41); "Como Fernando Henrique continuou a protelar a nomeação para a PF, o PMDB percebeu que a indicação de Jacini estava fazendo água e resolveu aumentar a pressão sobre o presidente" (Andrei Meireles e Guilherme Evelin, *IstoÉ*, 16/6/99, p. 26); "O projeto de Ciro começou a fazer água quando perdeu o apoio do PTB..." (Mino Pedrosa, *IstoÉ*, 29/7/98, p. 33); "O soldado do futuro faz água" (*Veja*, 12/1/00, p. 55); "Está fazendo água e os ratos estão pulando para fora do navio". – Esta última frase de ex. serve tanto para o sentido próprio 1 quanto para o fig. 2. **3.** *Desp.* Cair o rendimento do time ou de um dos seus setores táticos [ABH/AN/HM/JB/TC].

Sin. (2): *dar em nada*
Var. (1) (2) (3): *abrir água*
Var. (2): *dar (em) água*

Fazer aguada Ver *tomar água* (1)

Fazer água na boca 1. Aguçar o apetite; tornar apetecível; excitar o desejo; diz-se do que tem excelente aspecto, é muito gostoso ou desperta apetite. **2.** Causar inveja: "Largou a picareta na fabriquinha de barro do velho. Do quê brotou fabricona de fazer água na boca" (sic) (José Cândido de Carvalho, *Olha para o céu, Frederico!*, p. 35) [ABH/AN/GAS].

Var.: *crescer água na boca, fazer crescer água na boca*

Fazer algazarra Fazer brincadeira, barulho: "A turma toda gosta de fazer algazarra" [JB].

Fazer alguém *Bras., gír.* Fazer sexo: "Vou fazer aquela gata, ela tá me dando linha" [JB].

Fazer alguém de joguete Tomar alguém como objeto de zombaria [AN].

Fazer alguém num cristo Bater em alguém até sangrar; impor maus-tratos a alguém; martirizar alguém [GAS].
Var.: *pôr alguém num Cristo*

Fazer a liberdade *Bras., SE* e *AL.* Repartir o cabelo no meio da cabeça, para os lados [FNa].

Fazer a ligação *Desp.* Lançar bola a longa distância para alcançar um companheiro [HM].

Fazer a linha barraco Parecer de baixo nível: "Ela faz a linha barraco, vive gritando com o marido" [JB].

Fazer a linha de Parecer: "Ela faz a linha da mulher magra e fatal" [JB].

Fazer alto Estacionar; parar; suspender marcha: "Com pouco uma escolta subiu a ponte e foi fazer alto na vendola de Timóteo" (Franklin Távora, *O Cabeleira*, p. 47); "O homem mandou que a tropa fizesse alto" (Paulo Amador, *Rei branco, rainha negra*, p. 77).

Fazer a maior zona *Bras., gír.* Fazer confusão: "Vou fazer a maior zona se me sacanearem" [JB].

Fazer a mala *Lus.* Morrer [GAS].

Fazer a(s) mala(s) Preparar-se para partir; preparar-se para viajar ou para ir embora [GAS/TC].

Fazer à matroca *Lus.* Fazer grosseiramente, de qualquer maneira [GAS].

≠ **Não fazer a menor ideia** Ignorar inteiramente; desconhecer [TC].

Fazer amor Ter, manter relações sexuais; praticar o coito; copular; transar: "Nunca fiz amor com uma mulher" (*apud* Márcia Kupstas, *Crescer é preciso*, p. 24); "Depois de fazermos amor ela me aconselhou a voltar para casa" (Luis Fernando Verissimo, *Borges e os orangotangos eternos*, p. 99) [ABH/GAS].
Sin.: *fazer sexo*

Fazer andar *Desp.* Jogar objetivamente, fazendo a bola correr [HM].

Fazer andar a cabeça à roda Entusiasmar o namorado e vice-versa [GAS].

Fazer andar numa rede varredoura *Lus., Douro.* Levar tudo por diante [GAS].

Fazer anos 1. *Lus., gír. mil.* Levar pancada. **2.** *Bras.* Ver decorrer a data do seu aniversário natalício; aniversariar [ABH/GAS/OB].

Fazer anos de vida que Fazer muito tempo que: "Faz anos de vida que eu nem boto os olhos num soldado" (Rachel de Queiroz, *Lampião*) [ECS].

Fazer antijogo *Desp.* Praticar infração dolorosa no adversário; catimbar; tumultuar o andamento da partida [HM].

Fazer ao caso Ter importância; influir naquilo de que se trata [AN].

Fazer a papinha Preparar tudo para um trabalho a ser feito por outrem [GAS].

Fazer a parte *Lus.* Tentar enganar [GAS].

Fazer a pavana *Lus., Univ. Coimbra.* Fazer mal; atormentar [GAS].

Fazer a pista *Bras., gír.* **1.** Ir-se embora; sair. **2.** Fugir; retirar-se às pressas [ABH/AC/GS].

Fazer a poda de Ver *cortar na pele de*

Fazer a pomba *Lus., Univ. Coimbra.* Ganhar ou conseguir algo [GAS].

Fazer a ponte *Desp.* Saltar, o goleiro, quase paralelamente ao chão, de forma espetacular, para agarrar a bola; aterrissar: "... brilha o goleiro espanhol, fazendo a ponte" (Stanislaw Ponte Preta, *Bola na rede: a batalha do bi*) [HM].

Fazer a praça Percorrer a parte comercial de uma localidade, vendendo algo ou visitando os fregueses, na colheita de novos negócios: "Nesses hotéis de nenhuma higiene, hospedavam-se caixeiros-viajantes, que faziam a praça" (Jáder de Carvalho, *Sua majestade, o juiz*, p. 33) [TC].

Fazer a praia Tomar banho de sol: "Vou fazer a praia na reta de serviço" [JB].

Fazer a primeira comunhão *Desp.* Estar de uniforme seco e limpo após o jogo, por se haver poupado ou por não ter sido acionado: "O camisa 9 fez a primeira comunhão" [HM].

Fazer aquilo Eufemismo para ter relação sexual, transar [GM].

Fazer a retranca de *Tip.* Despaginar [ABH].

Fazer a rima *Bras., gír. do mundo rap.* Passar a mensagem [Ivan Cláudio, *IstoÉ*, 6/9/00, p. 95].

Fazer a roda a Requestar, cortejar alguém: "– Vão ver que você, seu Crapiúna, também está fazendo roda (*sic*) a Luzia-Homem?!..." (Domingos Olímpio, *Luzia-Homem*, p. 21) [ABH].

Fazer arraial *Lus.* Fazer grande barulho [GAS].

Fazer arranjo Ver *dar jeito*

Fazer arreigada *Marinh., ant.* Ligar ou prender o chicote de um cabo, corrente etc., ou o rabicho de um poleame enrabichado, em um objeto que possa aguentá-lo [ABH].

Fazer arremessos Ameaçar fazendo o gesto de bater ou ferir [GAS].

Fazer (uma) arte 1. Fazer diabruras; fazer danação, brincadeira perigosa; cometer uma traquinice; fazer traquinagem: "– Vou saber de Maria dos Santos se você andou fazendo arte, alguma coisa que não devia" (Paulo Amador, *Rei branco, rainha negra*, p. 108); "... em ás de fazer uma arte, dando dor de cabeça às preocupadas mães..." (TG, p. 16); "Este cabrito andou fazendo arte" (Caio Porfírio Carneiro, *Trapiá*). **2.** Sofrer ou provocar um acidente; cometer um crime; sofrer ou infligir um desastre, provocado por imprudência própria: "– Quem houvera de dizer que este pedaço de homem era aquele Luís que andava por aí fazendo arte" (José Lins do Rego, *Fogo morto*, p. 223); "Mas ele apanhou na cara e fez foi dizer: – 'Se isso inchar, eu sou capaz de fazer umar arte!'" (Leonardo Mota, *No tempo de Lampião*, p. 125); "Não brinque com arma de fogo, que você, lá um dia, faz uma arte"; "Zezinho, larga essa tesoura! Tu vai acabar fazendo um arte!" (*sic*) [AS/BB/CGP/FS/LM/MGa/TC/TG].

Var. (2): *fazer um arte*

Fazer arte de Agir de modo provocante, com determinado intuito: "Estás fazendo arte de me irritar" [ABH/AT/LM].

Fazer aruá *Bras., NE, AL, chulo.* Expr. us. para se referir a onanismo recíproco das mulheres [MSM].

Fazer as armas de santo Antônio Ver *dar banana(s)*

Fazer as barbas um ao outro Ajudarem-se mutuamente; ajudar um ao outro. – Expr. registrada por Morais Silva [GAS/RMJ].

Fazer as caridades a alguém *Lus.* Ajustar contas; repreender [GAS].

Fazer as coisas a remendos Fazer algo vagarosamente ou aos poucos [GAS].

Fazer as coisas no ar Fazer algo sem atenção, sem reflexão, levianamente [GAS].

Fazer as coisas pela metade Deixar os trabalhos a meio; não concluir; não chegar ao fim [AN/GAS].

Fazer as delícias de Dar grande prazer a; ser o encanto de [FF].

Fazer as despesas Arcar com os encargos; suportar o convívio: "Foi ele que fez as despesas da conversa" [GAS].

Fazer as honras da casa Dar atenção especial a convidados e visitas (o dono da casa, ou outrem, a seu pedido): "Solteirão, o governador faz as honras da casa com o auxílio de uma irmã, e de duas senhoras, tipos de acentuada distinção" (Humberto de Campos, *Fragmentos de um diário*, p. 61); "E o conduzi até o escritório, fazendo as honras da casa" (Fernando Sabino, *O gato sou eu*, p. 37); "Por favor, faça as honras da casa, enquanto mando servir o jantar" [ABH].

Var.: *fazer as honras da sala*

Fazer as honras da sala Dar atenção especial aos convidados, fazendo com que se sintam bem: "Abraçava os conhecidos, fazendo as honras da sala" (João Clímaco Bezerra, *Não há estrelas no céu*, p. 126).

Var.: *fazer as honras da casa*

Fazer asneira Agir com inépcia; praticar tolices [GAS].

Fazer a social *Bras., RJ, gír.* Usar do bom papo e da simpatia para fazer amigos ou colocar velhos amigos em dia [Net].

Fazer as onze 1. *Lus., Porto.* Beber dois decilitros, na parte da manhã. **2.** *Bras., ant.* Fazer uma ligeira refeição a essa hora para esperar o jantar, um petisco, ou um lanche (conforme registro de Pereira da Costa, *Vocabulário pernambucano*, Recife, 1937); diz-se do ato de alguém receber, no meio da jornada, uma breve refeição, do tipo lanche, por volta das 11 horas [GAS/LCCa]. ♦ Em tempos patriarcais, almoçava-se às 7 e o jantar era servido às 3 da tarde. Ver, para saber mais, LCCa, pp. 51-3.

Fazer as pazes Reconciliar-se depois de uma briga; reconciliar-se com alguém com quem estava de mal: "Caetano faz as pazes com Fagner" (*Jornal da Rua*, cad. JRTevê, 27/6/99, p. 2); "Depois você fez as pazes com você mesmo?" (Jaguar, *Bundas*, 13/9/99, p. 9) [ABH/AC/AJO/AN/CLG/FF/GAS].
Sin.: *chegar(-se) às boas*

Fazer asseio Assear-se; fazer as abluções matinais [TC].

Fazer asseio da criança Fazer asseio benfeito e trocar roupas e panos de cama [TC].
Sin.: *fazer asseio do doente*

Fazer asseio do doente Ver *fazer asseio da criança*

Fazer a sua obrigação *Lus.* Cumprir conjugalmente o dever sexual [GAS].

Fazer a sua/uma perninha *Lus.* Colaborar no que puder; associar-se a qualquer ação (pândega, trabalho etc.); dar uma ajuda; cooperar; contribuir para que algo da própria responsabilidade se realize [GAS/RBA].

Fazer as unhas Aparar, limpar, tratar e, geralmente, pintar as unhas [ABH/AC/AN/FF].

Fazer as vezes de 1. Desempenhar as funções que competem a outrem; imitar; ficar em lugar de outro. **2.** Servir para o mesmo fim que alguma coisa; substituir a pessoa ou a coisa por outra [ABH/AC/AN/FF/GAS/TC].
Var.: *tomar as vezes de*
Var. (1): *fazer vez de*

Fazer ato de presença Comparecer e demorar-se; comparecer em determinado lugar, demorando-se pouco [ABH/FSB].

Fazer a toque de caixa Executar ou realizar às pressas, imediatamente [MPa].

Fazer a/uma totinha *Bras., gír.* Fazer sexo; copular: "Vamos fazer a totinha, maninha?" – "Totinha" é o diminutivo da abrev. de "pitota", pênis de menino [JB/ MSM].

Fazer atropelos 1. Causar motim. **2.** Fazer diabruras [GAS].

Fazer audiência Falar num local e começar a juntar-se gente para ouvir [GAS].

Fazer à unha Fazer com as mãos, sem qualquer auxílio de ferramenta ou máquina [GAS].

Fazer avarias Fazer proezas variadas, mas fáceis [GAS].

Fazer avenida Passear de um lado para o outro em local onde se possa evidenciar; andar à toa [FF/GAS].

Fazer a viagem do corvo *Bras., RS, gír.* **1.** Viajar e demorar muito para voltar. **2.** Chegar tarde em casa: "O marido dela fez a viagem do corvo. Saiu ontem à noite e ainda não voltou" [AJO/JB].

Fazer a viagem do outro mundo Morrer [AN].

Fazer aviãozinho 1. *Bras., MG, gír.* Passar droga. **2.** *Desp.* Comemorar um gol correndo de braços abertos, balançando-os para a direita e para a esquerda e imitando as asas de um avião no movimento de rolamento, para uma e outra lateral [Gilberto Nascimento e Alan Rodrigues, *IstoÉ*, 23/8/00, p. 42/HM].

Fazer a via-sacra 1. Contemplar os quadros da via-sacra detendo-se ante cada um deles para rezar. **2.** Visitar as igrejas na Semana Santa, principalmente na quinta e na sexta-feira; visitar todas as igrejas, especialmente as sete da quinta-feira santa. **3.** *Fig.*

Ir à casa de todos os conhecidos a fim de obter, alcançar alguma coisa; ir a várias casas para visita ou outro fim; dar o passeio costumeiro, usual. ♦ A via-sacra é uma devoção, reza-se certo dia da semana, durante toda a quaresma, na qual os fiéis param em estações diante de quadros encimados por uma cruz, os quais representam os sofrimentos de Jesus na *Via Dolorosa*. Na ortografia port., registra-se o termo sem hífen: via sacra [ABH/AN/GAS].

Var. (2) (3): *correr a via-sacra*

Fazer a vida 1. Trabalhar, esforçar-se pela subsistência. **2.** *Bras., NE, S.* Viver ou estar na prostituição; prostituir-se profissionalmente; exercer o meretrício; trabalhar como prostituta; virar-se: "– Tu nasceu ontem, não sabe de nada. Tu já topou com cigana fazendo a vida? Donde? Eu que sou de maior nunca vi cigana em casa de rapariga" (Jorge Amado, *Tocaia Grande*, p. 82); "– Sua mãe está fazendo a vida na casa de Zulmira, vagabundo! Lazarento!" (João Antônio, *Patuleia*, p. 14) [ABH/AC/FF/GM/GS/MSM/RG/TC].

Fazer a vida cara Massacrar uma pessoa com exigências; martirizar [GAS].

Fazer a vida negra Maltratar alguém; criar dificuldades a alguém; não deixar alguém viver em sossego [GAS].

≠ **Não fazer azia** Não precisar irritar-se [AN].

Fazer a zona 1. Percorrer, o viajante ou o comerciante, a cidade ou a região, em visita à freguesia. **2.** *Bras., gír.* Ir à zona do meretrício; percorrer a zona do meretrício à procura de aventuras [ABH/AN/TC].

Fazer babaréu *Lus.* Fazer alarido, barulho [GAS].

Fazer bacu *Bras., AL.* Fazer um baculejo, uma revista para procurar um objeto numa pessoa [Net].

Fazer bala de rifle torcer a esquina Ver *ensinar rato a subir de costa em garrafa*

Fazer (o) balão Mudar de sentido no trânsito, fazendo o retorno; fazer o retorno com o veículo; retornar (no trânsito); pegar o próximo retorno de veículos [FN/Net/NL].

Var.: *pegar o balão*

Fazer balãozinho Ver *fazer embaixada(s)*

Fazer banca Ser banqueiro nos jogos de azar [GAS].

Fazer banguela Desligar o motor de um carro, pondo-o em ponto morto numa descida ou ladeira para poupar gasolina [DVF]. Prática proibida pelo Código Brasileiro de Trânsito.

Fazer barba, cabelo e bigode/barba-cabelo-e-bigode 1. *Desp.* Vencer uma série de três jogos contra o mesmo adversário em categorias diferentes – juvenil, reserva e time principal – no mesmo dia; vencer outro clube três vezes no mesmo dia em categorias diversas. **2.** *P. ext.* Dominar; monopolizar; ter vantagem: "A atual diretoria da Associação dos Docentes da UFC, presidida por Helena Serrazul, não conseguiu eleger delegados para o congresso nacional da categoria, marcado para o fim desta semana, em São Paulo. A antiga diretoria fez barba, cabelo e bigode" (*O Povo*, col. Vertical, 22/6/99, p. 4A). **3.** *Chulo.* Praticar todas as técnicas sexuais (sexo vaginal, anal e oral): "Vou fazer barba, cabelo e bigode na minha nega" [ABH/HM/JB]. ♦ HM optou pela segunda grafia, a hifenizada.

Fazer-barba-e-cabelo *Desp.* Vencer outro clube duas vezes no mesmo dia nas categorias amadora e profissional [HM].

Fazer barriga Emprenhar [TC].

Fazer barulho com uma coisa Alardear algo; contar alguma coisa com grandes exclamações [AN].

Fazer beiço/beicinho *Fam.* **1.** Mover os lábios, dispondo-se para cair num berreiro (criancinha); deixar cair o lábio antes de chorar (a criança); dispor-se para chorar; fazer menção de chorar; estirar o beiço, para chorar ou mostrar-se amuada (a criança); estender o beiço inferior, como fazem as crianças quando vão chorar: "Do

lado de cá do vídeo, Pilar fez beicinho, cara de choro, e as lágrimas desataram a escorrer..." (Ana Maria Machado, *Amigos secretos*, p. 33). **2.** Amuar-se; agastar-se; mostrar-se zangado, amuado. **3.** Dar mostra de descontentamento; ser manhoso: "É bom parar de fazer beicinho" [ABH/AC/AN/DRR/FF/GAS/JB/RG/TC].
Sin.: *fazer bico/biquinho, fazer boquinha*

Fazer beixe (sic) Lus. Irritar-se; amuar [GAS].

Fazer bem à barriga Alimentar-se [GAS].
Var.: *fazer bem ao estômago*

Fazer (uma) besteira 1. Cometer um ato impensado, irrefletido, imprudente: "... Mas o velho conhecia que o moleque era capaz de fazer besteira: – Se você fosse ao Fundão, eu fazia uma coisa que tirava isto da sua cabeça" (José Lins do Rego, *O moleque Ricardo*, p. 92). **2.** Praticar um crime: "Um dia o homem faz besteira e se desgraça..." [TC].

Fazer bexiga Submeter alguém a ridículo; fazer troça [GAS].

Fazer bichas Bras. Praticar travessuras [ABH].

Fazer bico Ver *fazer boca* (1)

Fazer bico/biquinho 1. Estender o beicinho (a criança) para chorar; juntar os lábios (criancinha), dispondo-se para chorar. **2.** Mostrar-se contrafeito, levemente irritado, mas discretamente; amuar(-se) [ABH/AN/GAS/LAF/TC].
Sin.: *fazer beiço/beicinho*

Fazer biquinho Contrair os lábios, arredondando-os, para beijar: "Ela volveu para mim os olhos longos e beijou-me a ponta dos dedos, fazendo biquinho" (Moreira Campos, *Dizem que os cães veem coisas*, p. 28).

Fazer (um) biscate Lus. Fazer um operário um serviço extra, de pequena monta, por conta própria, em suas horas vagas, a fim de ganhar mais um dinheirinho; fazer trabalho ou serviço eventual, miúdo. – "Biscate" é uma migalha, ou pequena porção de alimento, que as aves levam no bico para os filhos. Daí, tb., a expr. sin. [RG/RMJ].

Sin.: *fazer um bico*
Var.: *fazer biscates, viver de biscate(s)*

Fazer biscoito Preparar-se para a jornada: "Já estou fazendo os biscoitos para a viagem" [LCCa].

Fazer biscoito para a viagem Apresentar sintomas de moléstia fatal; andar macambúzio, adoentado, indisposto [AN].

Fazer boa ausência de Dizer bem de alguém na sua ausência [ABH/AC/FSB/GAS].

Fazer boa cara Conformar-se com um contratempo [GAS].

Fazer boa figura Sair-se bem no que faz; ser bem-sucedido; brilhar: "No concurso, fez boa figura" [ABH/GAS].
Sin.: *fazer um brilhante papel*

Fazer boa massa 1. Misturar uma coisa com outra para servir para um fim. **2.** Entender-se bem (diz-se de pessoa) [AN].

Fazer boca 1. Comer acepipes, aperitivos para que as bebidas saibam melhor ("saber" no sentido de "ter sabor ou gosto"); comer alguma coisa; comer alguma coisa para que o vinho saiba melhor: "Tinham vinho, tinham tudo. Para fazer boca, fomos arrumando umas leivas e umas copadas, o José Gato tocava a gaita e ia olhando pela caldeirada..." (José Saramago, *Levantado do chão*, p. 128). **2.** *Fig.* Fazer alguma coisa como ponto de partida para uma ação mais importante. – Não está nos dic. o sentido fig. **3.** Bras., CE. Fazer o lance no jogo, instituindo a cota [AJO/GAS/RG]. Ver ainda Aurélio Buarque de Holanda, "Glossário", *apud* J. Simões Lopes Neto, *Contos gauchescos e Lendas do Sul*, p. 328.
Sin. (1): (lus.) *fazer bico*

Fazer boca de pito Beber ou comer algo antes de fumar como que para aumentar o desejo de fazê-lo [ABH].

Fazer boca-de-siri Fazer silêncio; ficar calado; calar-se; nada dizer; não se manifestar; não comentar nada sobre determinado assunto; guardar segredo: "*Voz de mulher*: Sutil artista da faca / me chamo de Pitangui / e se a polícia me acha / faço boca de siri"

Fazer(-se)

(Dias Gomes, *O rei de Ramos*, p. 69); "Por que os hipocráticos coleguinhas de Pernambuco calaram o bico, fizeram boca de siri diante deste descalabro ético..." (Aírton Monte, *O Povo*, 12/11/97, p. 2B); "Eles fizeram boca-de-siri sobre o plano" [AT/Cad. de Atividades, VI série, p. 323/CLG/DT/FS/TC]. ♦ As duas grafias (com e sem hífen) coexistem, mas a oficial é "boca de siri".

Fazer bocanho *Lus*. Dizer mal [GAS].

Fazer bode 1. *Mar. G., bras., gír*. Fazer mistério a respeito de um assunto; esconder o jogo. 2. *Bras., BA, gír*. Roubar ou furtar objetos da empresa onde trabalha [ABH/FN/NL].
Sin. (2): *fazer pinto*

Fazer bolsa comum Fazerem, várias pessoas, todas as despesas em comum [AN].

≠ **Não fazer bom cabelo** Desagradar; não convir; não servir; não estar nas condições exigidas [AN/GAS].

Fazer boneco *Bras., NE, S*. Copular. [MSM].

Fazer boneco(a) *Bras., CE*. Pegar a barra da camisa ou da blusa, simulando uma boneca, para fazer sentir ao narrador que já conhece a história ou anedota que ele está contando; gesto de zombaria à pessoa que repete anedota ou história já conhecida; mostrar um lenço à moda de um boneco a pessoa que repete sempre, como novidade, anedota conhecida de toda gente [AN/RG/TC].

Fazer (o) bonito Sobressair; causar sucesso; destacar-se, mostrando certa vaidade, grandeza, valentia etc.: "Todos os demais acharam que ele enfrentara a cobra apenas para mostrar-se, fazer bonito, bancando o valente" (Jorge Amado, *O Gato Malhado e a Andorinha Sinhá*, p. 40) [TC].
Sin.: *fazer figura, fazer uma letra*

Fazer bons ofícios Fazer bem nos negócios de outrem [GAS].

Fazer boquinha(s) Ver *fazer beiço/beicinho*

Fazer borbolha /ô/ Ver *melar o jogo* (1)

Fazer bordão *Bras., PE*. Sustentar com as rédeas a andadura do cavalo [ABH/AC/AN].

Fazer bori Ver *dar o obi*

Fazer borrego Ver *dar banana(s)*

Fazer briga Lutar; resistir; fazer desordem [GAS].

Fazer bulha Dar grande importância a algo; alardear alguma coisa: "– Chii... Faz bulha não. A velha ronca e quase desperta. Minha santa mãezinha tá sonhando com os anjos" (Dias Gomes, *Sucupira, ame-a ou deixe-a*, p. 21) [AN].

Fazer burrada Fazer asneira, burrice, tolices: "De qualquer jeito eu vou contar e, depois, é desabafo. Pra ver se eu aprendo a não fazer burrada de novo" (Márcia Kupstas, *Crescer é preciso*, p. 8) [GAS].

Fazer buzina *Bras*. 1. *RS*. Irritar-se; irar-se; encolerizar-se; abespinhar-se. 2. *NE*. Fazer barulho; provocar alarme e confusão: "Chegue pra lá, vá fazer buzina com esse carro na casa de sua sogra" [ABH/FNa/LM].

Fazer cabeça *Mar*. Desviar, a embarcação, a proa para um ou outro bordo, ao arrancar o ferro, ou largar da boia [ABH/TC].

Fazer (boa) cabeça *Bras., CE*. Fazer primeiras economias; amealhar recursos, à custa de poupança, podendo ser em dinheiro, terras ou gado; ter economias; fazer fortuna: "Fez boa cabeça, como se diz no Ceará, quando se faz boa fortuna" (José de Figueiredo Filho, *Meu mundo é uma farmácia*) [TC].
Var.: *fazer uma cabeça/cabecinha*

Fazer cabeceira Tomar a dianteira do rebanho, para guiá-lo: "Faz cabeceira, compadre Janja!" (Manuel de Oliveira Paiva, *Dona Guidinha do Poço*) [TC].

Fazer cabeda Dar importância, estimação [AN].

Fazer cabedal de Ligar importância a; ligar a: "Pardalo ria-se de rios; pontes, fazia tanto cabedal delas como de um retraço de palha" (Alexandre Herculano, *Lendas e narrativas*) [ABH].

Fazer caborje Fazer feitiçaria; enfeitiçar alguém.

Fazer cacá Ver *amarrar a gata* (2)

Fazer cacha Provocar o parceiro sem ter jogo para ganhar; blefar. – "Cacha" (ant.) significa "manha, estratagema, ardil" [ABH].

Fazer cada uma Pregar peças; agir sem refletir ou imprudentemente [TC].

Fazer cafuné Fazer estalinhos na cabeça com as unhas, como quem cata [GAS].

Fazer (uma) cagada *Chulo.* Cometer erro ou falha imperdoável; fazer uma grande besteira: "O goleiro Kahn, da Alemanha, ao 'bater roupa', fez uma cagada e o Ronaldo lavou a égua, fez o gol" [fonte extraviada].

Fazer caixinha *Lus.* Não revelar um segredo; fazer segredo; guardar uma revelação para o momento conveniente [GAS].

Fazer calangro *Pop.* Contrair o bíceps [AN/FS]. ♦ "Calangro" é var. de "calango", um tipo de lagarto. No caso, trata-se da parte anatômica, a musculatura do braço, ou o bíceps.

Fazer cama 1. Diz-se do canavial quando as canas, açoitadas pelos ventos fortes ou pelas enxurradas, deitam-se umas sobre as outras. **2.** Diz-se quando a vegetação nasce e cobre os campos [TC].

Fazer câmara Ver *amarrar a gata* (2)

Fazer câmbio Realizar a operação chamada câmbio; trocar dinheiro [ABH].

Fazer caminho Adiantar-se em honras, posição, riqueza [AN].

Fazer cantar Obrigar a dar dinheiro sob ameaça de revelações; obrigar a revelar uma confidência [GAS].

Fazer cantoria *Bras., NE.* Exercer a profissão de cantador popular [TC].

Fazer capicua *Lus.* Diz-se de ação sexual em que os dois intervenientes praticam ação semelhante (coito oral) [GAS].

Sin.: *fazer sessenta e nove*

Fazer capinar sentado Infligir sofrimento; fazer sofrer [LM].

Fazer capitão *Bras., NE.* **1.** Alusão ao costume nordestino (sobretudo cearense) de comer baião-de-dois amolegando a comida na mão até esculpir um bolinho em forma de quibe, também chamado de "raposa" ou "raposinha". – "Baião-de-dois" é a mistura do arroz com feijão. **2.** *Chulo.* Diz-se quando o namoro está avançado e a moça amolenga [= apalpa] o pênis do rapaz [CGP/TG/TGa].

Fazer cara *Lus.* Mostrar mau modo; não querer; ter repugnância; desaprovar; opor-se, contraindo o rosto [GAS].

Fazer cara de paisagem Aparentar bom humor; tornar-se afável, bonachão, receptivo, condescendente; dispor-se ao diálogo, apresentando boa cara: "Diferentemente do comportamento inflamado nas sessões do Congresso, desta vez ACM vestiu a pele de cordeiro. Fez cara de paisagem, desviou a atenção do que realmente importava" (*Diário do Nordeste*, 29/4/01, p. 6).

Fazer cara feia Aborrecer-se; zangar-se; amuar: "Rodolfo forcejava por fazer cara feia. Não conseguiu" (Jorge Amado, *Mar morto*, p. 105) [GAS].

Fazer carambola Enganar; intrigar; enredar [FSB].

Fazer caramunha *Lus.* Lastimar-se; lamuriar-se; chorar-se [GAS].

Fazer careta Recusar [GAS].

Fazer carga 1. Pressionar. **2.** *Desp.* Exercer marcação cerrada sobre jogador adversário [HM/JB].

Sin.: *fazer pressão* (1) (3)

Fazer carga a/contra/em 1. Fazer pressão moral sobre: "Fez tanta carga contra o criminoso que este acabou confessando tudo." **2.** Acusar; censurar; denegrir; dirigir uma série de acusações contra alguém; falar mal de alguém: "Não se deve, porém, fazer carga aos mestres parnasianos de certos defeitos que apareceram mais tarde nos discípulos..." (Manuel Bandeira, *Poesia completa e prosa*, p. 676); "Soube que Firmino, naquele tempo, fez carga contra ele na polícia" (Fran Martins, *Dois de ouros*); "Para

livrar-se do castigo fez carga contra o colega" [ABH/AN/JB/TC].
Var. (2): *fazer carga cerrada contra*

Fazer (a) caridade 1. Ser caritativo, bondoso, altruísta; dar-se à prática da filantropia. **2.** *S, NE, chulo, irôn.* Fazer favores sexuais, sem ter vínculos amorosos e sem exercer a prostituição; fazer amor gratuitamente [ABH/MSM/GS].

Fazer cariri Fazer força; reagir: "Força, bote a mala em cima! Faça cariri!" (Leonardo Mota, *Violeiros do Norte*, p. 243) [AN/LM].

Fazer carnaval Manifestar-se ruidosamente, quer por motivo de satisfação, quer por protesto contra algo [GAS].

Fazer carreira 1. Recuar ou preparar-se para correr; partir, iniciar a corrida. **2.** Ser adotado ou aceito por grande número de pessoas: "Haider, 50 anos, fez carreira com declarações bombásticas, elogiando as políticas sociais de Adolf Hitler..." (*IstoÉ*, 8/3/00, p. 81); "A minissaia fez carreira" [ABH/AN/FN/Gl/TC].
Var. (1): *marcar carreira*

Fazer (uma) carreira Alcançar boa posição social e/ou profissional; prosperar: "Quem tem coragem de enfrentar a luta pode ficar na certeza de que aqui faz carreira" (Fran Martins, *Poço de paus*, p. 25); "... eu lhe transmitira o meu desejo de mudar-me para a capital, continuar os meus estudos, fazer uma carreira" (João Clímaco Bezerra, *Não há estrelas no céu*, p. 159) [ABH/AN/FN/TC].

≠ **Não fazer carreira direita a ninguém** Não ser prestável; ser sempre do contra; não facilitar; não ajudar [GAS].

Fazer casa Ir adquirindo bens; juntar haveres; amealhar [ABH/GAS].

Fazer caso de Dar atenção, apreço, a pessoa ou coisa; ligar importância a. – Us., em geral, negativamente, no sentido de não dar importância, não dar atenção, desprezar: "Prosseguiu sem fazer caso dessa rapidez" (José Américo de Almeida, *A bagaceira*, p. 50); "Mas quando o governo não faz caso de votos, querer sacudir Padre Silvestre na prefeitura!" (Graciliano Ramos, *São Bernardo*, p. 49); "Acho que eu parecia dormir sono doutro mundo. E ele não fazia caso da minha presença!" (Terezinha Alvarenga, *Rio dos sonhos*, p. 61) [ABH/AN/TC].
Sin.: *levar em conta*

Fazer caso de alguém como da lama da rua Não ter a menor consideração por alguém [AN].

Fazer castelos no ar Imaginar coisas que não podem, ou muito dificilmente podem realizar-se; idealizar coisas irrealizáveis: "Ora bolas! Lá começo eu a procurar novas encrencas. Também, se pobre não fizer castelos no ar, quem vai fazer?" (Eneida, *Boa-noite, professor*, p. 33) [AN/GAS].
Var.: *armar castelos no ar*

Fazer catimba *Desp.* Praticar malandragem no jogo, para enervar o adversário ou para tirar proveito de marcação, pelo juiz, de falta inexistente [HM].

Fazer causa com alguém *Lus.* Aliar-se a alguém; associar-se a alguém [GAS].

Fazer cavalo de batalha Insistir com a mesma ideia ou argumento; trazer argumento aparentemente mais valioso e insistir nele [AN/CLG/GAS].

Fazer (uma) cena Dar, fazer escândalo; dar-se ao desfrute; praticar escândalos; fazer figura ridícula; fazer espalhafato; sujeitar-se ao ridículo: "Levei-a para casa, minha mulher achou ridículo, fez uma cena" (Carlos Drummond de Andrade, *De notícias e não notícias faz-se a crônica*, p. 101); "O cara fez a mó cena" (*sic*) [AN/GAS/TC].
Var.: *fazer cenas*

Fazer cera *Bras.* **1.** *Desus.* Namorar, sem dar mostras de casamento; atrair, chamar. **2.** Não fazer nada; enrolar; mandriar, retardar ou demorar na realização de um trabalho; enganar as pessoas no pressuposto de que algo está sendo realizado graças aos seus esforços; engabelar; fingir que (se) trabalha; trabalhar devagar, sem diligência; demorar com o serviço; desinteressar-se do trabalho; remanchar: "Vamos logo, Chico! Acorda e vai trabalhar! Tu só chega atrasado nos canto porque fica fazendo cera" (AS, p. 132); "... até os ricos ociosos, que iam ali para encher o dia, e os caixeiros, que 'faziam cera'..., apresentavam diligência e precisão" (Aluísio Azevedo, *O mulato*). **3.** *Bras., desp*. Retardar o andamento da partida nos seus momentos finais, para tirar proveito da vantagem no marcador e prejudicar o time adversário, freando-lhe o ímpeto; nos jogos em que é importante o decorrer do tempo, retardar o andamento do jogo; deixar passar o tempo; diz-se quando o time que está ganhando faz de tudo para passar o tempo e o jogo terminar logo (ver Joaquim Ribeiro, *Revista da Academia Brasileira de Letras*, CVII, p. 294): "O Zico está fazendo cera" [ABH/AC/AN/AS/CLG/FF/GAS/HM/JB/MPa/OB/RBA/RG/TC].

Sin. (3): (lus.) *congelar a bola, esfriar o adversário, esfriar o jogo*

Fazer cerimônia Comportar-se com solenidade; não estar à vontade; não usar de franqueza; mostrar-se cerimonioso ou acanhado [FF/GAS].

≠ **Não fazer cerimônia** Modo de pôr alguém à vontade; perder o acanhamento: "Não faça cerimônia" [AN].

Fazer chaça Empinar-se (o equídeo) [ABH].

Fazer chacota Fazer troça; zombar. – Chacota é uma ant. canção pop. port., de fundo satírico ou zombeteiro, cantada nas aldeias pela gente rústica, em coro ou em solo. Fernão de Queirós, na *Vida do venerável irmão Pedro Basto*, descreve uma festa pop., em que diz: "Outros se desenfadavam com chacotas e folias." Desse costume ant. surgiu a expr. [GAS/RMJ].

Fazer chacrinha 1. Formar grupos para comentar desfavoravelmente os colegas de trabalho. – Loc. corrente no meio radiofônico. **2.** Conversar demais: "Vamos parar de fazer chacrinha, pessoal, tem gente esperando" [JB/RMJ].

Fazer chão *Bras., pop*. **1.** Ir embora; partir. **2.** Fugir; retirar-se apressadamente; pôr em fuga. **3.** Caminhar: "Lentamente, com persistência, fazendo muito chão por dia, a pé, de ônibus, em boleia de caminhão, chegara a patroa" (Moreira Campos, *Dizem que os cães veem coisas*, p. 76) [ABH/AN/FF].

Var. (1) (2): *queimar o chão*
Var. (2): (SP) *riscar chão*

Fazer charme/charminho *Bras., fam*. Procurar agradar, cativar, valendo-se do seu charme, real ou imaginário; afetar desinteresse, visando assédio; ser manhoso: "Rosinha fingiu que estava assombradíssima e começou a fazer charminho, como se não quisesse nem saber do Lindoro" (Corina Rónai Vieira e Paulo Rónai, *Aventuras de Fígaro*); "Ela gosta mesmo de fazer charme" [ABH/CPL/JB].

Fazer charqueada *Bras., RS*. Derrotar o adversário no jogo, deixando-o sem dinheiro; ganhar, no jogo, todo o dinheiro do adversário [ABH/AJO/AN].

Fazer charqueira Ver *fazer charqueada*

Fazer chicana Fazer tramoia; sofismar; contestar capciosamente; enredar questões judiciais [GAS].

Fazer chiquê Disfarçar; iludir; mostrar afetação [GAS].

Fazer choque-choque *Bras., S, chulo*. Copular. – Choque-choque: onomatopeia do coito [MSM].

Fazer chorar as pedras Enternecer os corações mais duros; conseguir comover, emocionar. – É o cúmulo da emoção, comover pedras até as lágrimas. Alusões bíblicas ao N. T., Lc 19, 40, e ao A. T., Jr, Lm 4) [AN/GAS/LCCa].

Var.: *fazer chorar as pedras da calçada*

Fazer chouriços Ganhar pontos em jogos como o bilhar, tênis e tênis de mesa apenas por sorte [GAS].

Fazer chover Ser capaz de tudo: "O cara faz chover, é demais, é mais do que demais" [JB].

Var.: *fazer chover e acontecer*

≠ **Só não fazer chover** Diz-se para ratificar, assegurar que alguém ou algo faz tudo: "O cara só não faz chover, tudo o mais ele faz com muita competência" [JB].

Fazer chover e acontecer Ser capaz de tudo: "O cidadão faz chover e acontecer, é assim com os homens lá de Brasília" [JB].
Var.: *fazer chover*

Fazer chover na horta de alguém Fazer as coisas melhorarem para alguém; fazer a vida de alguém melhorar: "O chefe fez chover na horta do João, as coisas melhoraram"; "O chefe fez chover na minha horta, levantou meu astral" [JB].

Fazer chulé Fazer barulho, gritaria [GAS].

Fazer ciente Dar conhecimento; informar [GAS].

Fazer cinema 1. Fingir; pretender enganar; simular. **2.** *Desp*. Simular com exagero contusão insignificante ou fingir contusão inexistente. **3.** Ser presunçoso, vaidoso; supervalorizar uma coisa; fazer pose: "Cinema quem fez mesmo foi Clayton, o maranhense, ao cobrar a penalidade máxima. Fez tanta pose que pareceu o rei da cocada preta" (Alan Neto, O Povo, 2/7/99, p. 15A) [GAS/HM/RMJ].
Sin.: *fazer (uma) fita*

Fazer ciranda *Desp*. Movimentar-se com habilidade em estreito espaço, com dribles curtos, geralmente sem proveito para o time [HM].

Fazer clínica Diz-se da prática médica que consiste em visitas a doentes no domicílio ou em consultório [GAS].

Fazer coberto 1. *Bras., NE*. Diz-se de serviço malfeito, em que não se limpa todo o mato. **2.** Ver de cima, a distância [TC].

Fazer cobertura Ficar na retaguarda, protegendo [TC].

Fazer coca /ô/ *Lus*. Assustar crianças [GAS].

Fazer cocada *Bras*. **1.** Diz-se de chamego, libidinagem, namoro grudado. **2.** *BA*. Diz-se de correio entre namorados ou amantes [LCC].

Fazer cocão Ver *fazer lá-lá-lá/lá lá lá*

Fazer cócegas na barriga Tocar bandolim, guitarra ou viola [GAS].

Fazer cocô *Bras., NE, S*. Defecar. – A expr. é geralmente us. referindo-se às crianças [AT/MSM/RG/TC].
Sin.: *amarrar a gata* (2)

Fazer coisa *Bras., NE*. Manter relações sexuais: "– Lá em cima chegou a notícia, e até dizem também que este homem tem uma filha que ele faz coisa com ela" (José Lins do Rego, *Fogo morto*, p. 56).
Var.: *fazer coisa feia*

≠ **Não fazer coisa com coisa** Agir despropositadamente; disparatar [ABH].

Fazer coisa feia Praticar o coito: "Não, não devia fazer coisa feia com Maria Selma. Uma menina tão pura" (João Clímaco Bezerra, *Não há estrelas no céu*, p. 230) [TC].
Var.: *fazer coisa*

Fazer colher de pau e bordar o cabo Não ter o que fazer [FF].

Fazer com as mãos e desmanchar com os pés Fazer um favor, uma caridade, um benefício a alguém, mas em seguida proceder de modo inamistoso, deselegante, desdenhoso etc. [ABH].

Fazer com as mãos para trás *Bras., CE*. Fazer algum trabalho ou alguma coisa com muita destreza: "Isso eu faço com as mãos para trás" [AS].
Sin.: *comer com farinha* (1), *fazer com um pé nas costas*.

Fazer como a mula de Tales *Ant*. Querer desfazer-se de suas responsabilidades; aliviar-se de qualquer modo de tarefas que parecem incômodas. – A mula de Tales é um ex. de malícia, mas essa malícia não fica sem castigo. Trata-se de uma fábula narrada por Plutarco e repetida por Montaigne, no cap. XII do segundo vol. dos *Ensaios*. A história era narrada pelo filósofo gr. Tales de Mileto. Uma mula, carregada de sal, atravessara um rio, e, tendo tropeçado e caído, observou que o peso de sua carga diminuíra consideravelmente. A água dissolvera grande parte do sal que ela transportava. Desde então, sempre que encontrava qualquer curso de água, a mula se apressava a deitar-se nele com sua carga. E tantas vezes o fez que o seu dono, descobrindo-lhe a malícia, ordenou que substituíssem as cargas de sal por cargas de lã. O resultado passou a ser o contrário: a lã, molhada, pesava mais. Corrigiu-se então a mula do seu mau costume. O sentido moral da fábula é o de que os homens que sabotam o seu trabalho acabam em apuros ainda maiores, pois um dia terão lã em vez de sal para conduzir às costas. La Fontaine tratou do assunto em "O asno carregado de esponjas e o asno carregado de sal" (*Fábulas*, livro II) [RMJ, s. v. "Mula de Tales"].

Fazer como a própria cara Fazer (algo) malfeito [AN].

Fazer como o(a) avestruz Fechar os olhos ao perigo, por fraqueza ou timidez, em vez de lutar, de enfrentar a situação, de defender-se valentemente; fingir não perceber uma ameaça, supondo ser esse o melhor modo de conjurá-la. – Diz-se que o avestruz, quando perseguido, enfia a cabeça no primeiro buraco que encontra e, vendo-se na escuridão, supõe estar inteiramente oculto e em perfeita segurança, quando mais do que nunca está à mercê dos seus inimigos [GAS/RMJ].

Fazer como Pilatos Eximir-se da responsabilidade de um ato iníquo, que não se tem força para evitar, mas ao qual não se quer dar solidariedade. – Embora não conformado com a sentença que condenou Cristo, Pilatos sancionou a condenação (ver Mt 27; Mc 15; Lc 23; Jo 18-19) [AN].

Sin.: *lavar as mãos*

Fazer com um pé dois rastos Diz-se quando alguém se retira confuso, atrapalhado, sobretudo após haver sofrido uma repreensão ou uma desfeita [LM].

Fazer com um pé nas costas Fazer algo com muita facilidade; não ter nenhuma dificuldade na execução de alguma coisa: "Esse trabalho eu faço com um pé nas costas" [AGK/DT/GAS/Net].

Var.: *fazer com uma perna às costas, fazer com as mãos para trás, comer com farinha* (1)

Fazer confirmação de santo *Umb. e Quimb.* Ato de um filho de santo provar que é possuído, realmente, por entidade de grande força e poder. – Para chegar a tal provação é feito todo um preparo do iniciado, como promover curas, enfiar punhais no corpo, rolar sobre vidros, beber cachaça em chamas etc. [OGC].

Fazer consciência de Mostrar escrúpulos a respeito de [GAS].

Fazer conta de Contar com alguma coisa; estar à espera de; supor que suceda; fazer caso de; levar em conta; dar atenção; dar valor, importância: "Não faça conta de pedra encantada, que é abusão" (Mário Landim, *Mãe d'água e caipora*) [ABH/AN/FF/GAS/TC].

Sin.: *levar em conta*

Fazer conta de cabeça *Bras.* Fazer cálculos mentais, i. e., sem usar papel ou máquina: "Fazia conta de cabeça sem nunca ter lido uma tabuada" (Barros Pinho, *A viúva do vestido encarnado*, p. 101) [TC].

Var.: *tirar conta de cabeça*

Fazer (de) conta que 1. Fingir que compreende, que ouve ou vê; meter-se na pele de outra personagem: "A moça fizera conta que estava sonhando e delirando..." (Franklin Távora, *O Cabeleira*). **2.** Imaginar que; admitir algo para chegar a uma conclusão; procurar convencer-se, conformar-se ou aceitar a realidade, em troca daquilo que se deseja; supor: "... não tem confiança em mim? Faça de conta que sou sua mãe" (Machado de Assis, *Quincas Borba*). **3.** Convir que [ABH/AC/AN/ECS/FF/GAS/JB/TC].

Fazer contas de cabeça *Lus.* Cabecear de sono [GAS].

Fazer coro 1. Dizer o m. q. os outros; aprovar conjuntamente; repetir o que alguém diz ou faz; juntar-se a pessoas que estão fazendo uma afirmação, para confirmá-la; estar de acordo: "... surgiu um bolo com vinte velas e até os garçons fizeram coro no parabéns-a-você" (Chico Buarque de Holanda, *Benjamin*, p. 153) [ABH/AN/GAS].

Fazer corpo de cobra *Bras., RS.* Saber defender-se, com agilidade, contra ataque de arma branca [AJO].
Var.: *fazer corpo de mico*

Fazer corpo mole *Bras., CE.* Negar discretamente; proceder com inércia; não se esforçar; fugir, ou tentar fugir, mais ou menos maliciosamente, ao atendimento de um pedido ou ao cumprimento de obrigação: "Ele estava no nosso grupo de trabalho, mas fez corpo mole, ajudando muito pouco"; "Prometeu ajudar-me na reunião do livro, e fez corpo mole" [ABH/AN/DT/RG].
Sin.: *deitar-se nas cordas*

Fazer correr sangue Causar mortandade; mandar matar [AN].

Fazer corrupio Rodopiar: "E o redemoinho invadia os quartos, fazendo corrupio" (Mário Landim, *Vaca preta e boi pintado*) [TC].

Fazer cortesia com o chapéu alheio Mostrar-se generoso ou pródigo à custa de outrem; obsequiar à custa alheia [ABH/AN/FSB].
Var.: *fazer cortesia com o chapéu dos outros*

Fazer cosquinhas *Bras., CE.* Aparentar fazer cosquinhas em alguém para indicar não ter nenhuma graça a história ou anedota que está contando [RG].

Fazer costado *Bras., RS.* Ajudar outro, colocando-se ao seu lado [AJO].

Fazer costas Encobrir alguém que pratica ação má ou delito [GAS].

Fazer couro de onça *Bras., MA.* Infundir temor a alguém. – A onça, no interior, é o temor do caboclo supersticioso. Só em ver o couro de uma onça espichado o caboclo treme, no dizer do povo. DVF, p. 45, preferiu a grafia com hífen: couro-de-onça [AN/DVF].

Fazer couro duro Resistir [AN].

Fazer cruz *Bras., RS.* Desistir de procurar coisas perdidas [AJO].

Fazer (a) cruz na boca Passar fome; não ter o que comer, conformando-se com a leiga abstinência: "Fez a cruz na boca e foi dormir" (ver Euclides Neto, *Dicionareco das roças de cacau e arredores*). – A cruz fará o crédito no Céu [ABH/AN/FNa/LCCa].
Var.: *fazer cruzes na boca*

Fazer cruz(es) na boca Resignar-se com a falta; não apanhar o que deseja; ficar privado de algo; resignar-se a perder o que se quer; não conseguir o que se quer; não perceber nada do que se ouviu [ABH/AN/FF/GAS/LCCa].

Fazer cruz na marca *Bras., RS.* Perder definitivamente um animal ou objeto de estimação [AJO].

Fazer (uma) cruz na porta Não voltar a determinada casa; jurar, prometer não tornar mais a determinada casa [AN/GAS].

Fazer cruz no lombo *Bras., RS.* Tomar a decisão de jamais montar num determinado cavalo ou impedir que alguém o faça [AJO].

Fazer cu-doce *Chulo.* **1.** Ato de dissimular, de parecer o que não é; assumir modos, refinamento ou prestígio que não tem. **2.** Ser manhoso, dengoso, exigente: "É bom parar de fazer cu doce, pois não me garanto" [DVF/GM/JB]. ♦ O último A. cit. não hifeniza, conforme se vê no ex. acima.

Fazer curso de canário *Bras., RS.* Diz-se "para designar o enjaulamento, o aprisionamento do bandido, que vai para trás das grades aprender a ser um metafórico canário". – Expr. atribuída a Paulão, repórter policial gaúcho [LAF].

Fazer dama No jogo de damas, chegar com uma peça a uma das últimas casas do tabuleiro, fronteiro ao jogador [AN].

Fazer danação *Bras., NE.* Fazer barulho, algazarra: "Sabem que horas são? Isso é lá hora de fazer danação?" [FNa].

Fazer da necessidade virtude Resignar-se a uma coisa desagradável [AN].

Fazer da noite dia Trabalhar, divertir-se a noite inteira e dormir de dia [AN].

Fazer da noite dia e do dia noite Viver desregradamente; fazer vida noturna; diz-se do bebê que dorme todo o dia e está acordado de noite [GAS].

Fazer das fraquezas força(s) Cobrar ânimo, enfeixar energias, para abalançar-se a um empreendimento difícil, ousado; reagir, para poder enfrentar perigo, embaraço, dificuldade: "Oh! Isso também é demais. Eu estava fazendo das fraquezas forças, compreenda" (Graciliano Ramos, *Angústia*, p. 81); "... vivi meses aperreado, vendendo macacos e fazendo das fraquezas forças para não ir ao fundo" (Graciliano Ramos, *São Bernardo*, p. 27) [ABH/AN/GAS/TC].
Var.: *fazer da fraqueza força*

Fazer das suas Praticar ações condenáveis; praticar uma das peças que está acostumado a pregar aos outros; proceder mal, como de costume; fazer loucuras, algo errado, irregular, desagradável; cometer tolices ou leviandades; fazer trampolinice ou as traquinices costumeiras; fazer asneiras, maroteiras ou traquinadas: "De uma certa hora em diante, como acontece com a maioria dos personagens de ficção, ele passou a ser ele mesmo. Distanciou-se do seu modelo. Saiu por aí, fazendo das suas" (Érico Veríssimo, *A liberdade de escrever*, pp. 205-6); "Ali também o sol fazia das suas, lambendo chão e máquinas" (Eneida, *Boa-noite, professor*, p. 20). – Existe a mesma expr. em fr.: *faire des siennes* [ABH/AN/GAS/RMJ/TC].
Sin.: *fazer das boas*

Fazer das tripas coração 1. Realizar grande esforço para fazer algo em meio a situação difícil ou desagradável; realizar um esforço supremo para enfrentar situação difícil, se não desesperadora; fazer grande esforço para não demonstrar um sentimento; fazer o impossível para conseguir alguma coisa desejada; munir-se de coragem; dispor-se a enfrentar o perigo ou a adversidade, desprezando situações humilhantes ou repugnantes; ter coragem para um lance perigoso; aguentar com boa cara, alegre, um transe difícil; enfrentar situação desagradável, sem dar a percebê-lo; condescender contrariado; dispor-se a grandes sacrifícios; empregar o último esforço; arriscar-se a uma imprudência, quando se dominam as emoções; esforçar-se; fazer o maior esforço possível, ou até o impossível, para conseguir realizar alguma coisa: "– O melhor é gastar esse dinheiro, mesmo fazendo das tripas coração" (Jáder de Carvalho, *Sua majestade, o juiz*, p. 164); "Há que trabalhar à força, fazendo das tripas coração" (Aírton Monte, *O Povo*, 13/2/98, p. 2B); "Por isso, os noruegueses farão das tripas coração para derrotar os brasileiros..." (Egídio Serpa, *O Povo*, 19/6/98, p. 2E); "De qualquer jeito, você se olha e diz estamos aí diante do primeiro espelho, fazendo das tripas coração" (Aírton Monte, *O Povo*, 21/1/99, p. 3B); "Ele batalhou bastante, fez das tripas coração para terminar o trabalho dentro do prazo". – O coração era considerado a sede da coragem, como o prova a etimologia de coragem (ver Veríssimo de Melo, *Adagiário da alimentação*). **2.** *Bras., S, RJ*. Praticar a pederastia passiva (Sylvio Abreu, *in* art.) [ABH/AN/CGP/DT/FF/GAS/JB/MSM/RMJ/TC/TG].
Sin. (1): *rir para não chorar*

Fazer(-se) de Fingir(-se), simular: "Apesar de ela se fazer de difícil, na hora do 'vamo vê', o desejo (ah, como essa carne é fraca...)..." (*Jornal da Rua*, cad. JRTevê, 13/2/00, p. 2); "Para não ser reconhecido, o rei fez(-se) de mendigo"; "Tive de fazer(-me) de anfitrião" [DPC/TC].

Fazer de advogado do diabo Ver *fazer(-se) de cardeal-diabo*

Fazer de anjinho Dissimular; fazer-se inocente [GAS].

Fazer de arqueiro um cavaleiro Exagerar méritos [GAS].

Fazer de besta Procurar enganar, tapear outrem [TC].

Fazer de cabeça Fazer, armar, construir por intuição [TC].

Fazer(-se) de cardeal-diabo *Lus.* Opor argumentos que contrariam a discussão com o fim de ser mais bem discutido o assunto [GAS]. ♦ A tendência, no Brasil, é o uso do v. pronominal.
Sin.: *fazer de advogado do diabo*

Fazer (uma) declaração Expressar à pessoa visada sentimentos amorosos [TC].

Fazer de fel e vinagre Troçar; chatear; arreliar [GAS].

Fazer (uma) defesa 1. Roubar, subtrair (do patrão ou de quem lhe está confiando algo) aos poucos, para não despertar suspeita: "A mulher já tinha feito sua defesa, colhendo uma pedra de grande valor" (Mário Landim, *Mãe d'água e caipora*). **2.** Diz-se da mulher que mercadeja seu corpo por meios escusos [TC].

Fazer(-se) de gato morto Simular; fingir que almeja uma coisa e ter outra como objetivo. – Esta loc. é definida por João Ribeiro como o fingimento de que se alveja um ponto, para tomar vingança e assaltar outro. É o m. q. fazer uma simulação, como na fábula do gato que se fingiu de morto [F&A/RMJ].

Fazer degrau *Desp.* Cabecear ou disputar a bola no alto, apoiando-se aos ombros de adversários [HM].
Sin.: *fazer escada/escadinha, fazer trampolim*

Fazer de indústria Fazer ou providenciar algo ardilosamente, com segundas intenções [TC].

Fazer de joão Fazer de bobo: "Ninguém vai me fazer de joão, fico brabo" [JB].

Fazer de manto de seda Fazer-se valer; não ceder; mostrar-se soberbo [GAS].

Fazer de mim roupa de franceses *Lus.* Querer dispor como coisa sua [GAS].

Fazer demora Deter-se; parar por algum tempo [GAS].

Fazer de princesa Afetar grande altivez [AN].

Fazer de Sambenedito gala *Lus.* Informar-se de coisa pouco honrosa [GAS].

Fazer-se (de) desentendido Fingir não compreender; fingir que não entende ou que não está ouvindo; ficar indiferente; disfarçar; dissimular: "– Ela quem? – retorquiu o feitor, fazendo-se de desentendido" (Luciano Barreira, *Os cassacos*, p. 274) [GAS/Gl/TC].
Sin.: (lus.) *fazer-se lucas*
Var.: *mostrar-se desentendido*

Fazer despacho Desejar mal a alguém: "Vou fazer despacho e se tudo der certo ele estará f..." [JB].

Fazer de trampolim 1. Utilizar como ponto donde possa dar um salto. **2.** Diz-se sobre aquilo de que alguém se serve para chegar a um resultado: "Quando secretário, o deputado Pancrácio lavou a égua, eleitoralmente. Fez de trampolim o cargo que ocupava" [AN].

Fazer de tudo Trabalhar em muitas coisas [ABH].

Fazer de um argueiro um cavaleiro Emprestar muita importância a coisa insignificante; exagerar; representar as coisas mínimas como entidades assustadoras. – "Argueiro" é uma partícula leve, separada de qualquer corpo [ABH/AN]. Para saber mais sobre a expr., ver RMJ, p. 131.

Fazer de um filho e de outro enteado. Tratar bem um e tratar mal o outro [AN, pp. 129-30].

Fazer dia 1. Andar todas as noites na pândega, na farra. **2.** Achar a solução de determinado assunto [GAS].

Fazer dinheiro Ganhar muito dinheiro: "O proxeneta de K., porém, achava que podia fazer mais dinheiro com o corpo dela vendendo-o a varejo" (Érico Veríssimo, *O prisioneiro*, p. 106) [ABH].

Fazer distinção Apreciar as coisas segundo o valor de cada uma [AN].

Fazer doce *Pop.* Fingir desinteresse; mostrar-se difícil, criar dificuldade: "O chefe está fazendo doce, ele quer aparecer" [CPL/JB].

Fazer do céu cebola *Lus., ant.* João Ribeiro crê que tem o sentido de "fazer con-

fusão" e que refere-se ao erro de escrita ou de leitura das palavras latinas *coelum* (céu) e *cipullam* (cebola), em formas abrev. [RMJ].
Sin.: *confundir alhos com bugalhos, confundir germano com gênero humano*

Fazer do cu um candeeiro *Bras., CE, chulo*. Fazer esforço [CGP/MGa].

Fazer dominó para os dois lados Diz-se de um indivíduo que serve igualmente duas correntes adversas; diz-se de "pessoa que tão depressa diz sim como não, que serve os interesses de um e de outro lado conforme as suas conveniências, que faz o jogo dos dois lados" (Aquilino Ribeiro) [GAS].
Sin.: *ser pau de dois bicos*

Fazer do preto branco e do quadrado redondo Frase com que se pretende mostrar a intangibilidade e a força das sentenças proferidas pelos juízes [AN].

Fazer dó-ré-mi Furtar. – Comparação com o gesto da mão de quem corre uma escala no piano e retoma o polegar depois da terceira nota [AN].

Fazer do sambenito gala Gloriar-se de ter praticado uma ação má, uma indignidade, uma asneira; vangloriar-se de uma má ação ou qualidade. – O sambenito era um hábito dos penitentes que iam para o auto de fé, por conseguinte, o verdadeiro cristão da época da Inquisição não podia gloriar-se [AN/GAS].
Var.: *fazer gala de sambenito*

Fazer drama *Lus., desp.* Retardar o andamento do jogo [HM].

Fazer (um) drama 1. Dramatizar; fazer um texto teatral. **2.** *P. ext.* Exagerar, tornar dramática uma situação [ABH/GAS].

Fazer durão Insistir energicamente: "Fez durão para entrar, só para me visitar" (Joana Rolim, *Casos e coisas sertanejas*) [TC].

Fazer durinho Equilibrar-se, a criança, na palma da mão [TC].

Fazer duru Conservar equilibrada e de pé uma criança, sustentando-a na palma da mão e de braço estendido [FS/LM].

Fazer e acontecer 1. Ser melhor; fazer muita coisa; fazer tudo; determinar; prometer fazer coisas que geralmente ficam só na promessa; diz-se de alguém que se vangloria do que faz. **2.** *Bras.* Fazer livremente o que bem entender; satisfazer todos os seus caprichos; agir livremente; provocar distúrbios; ameaçar:: "... e seus arroubos totalitários de enrubescer as bochechas rosadas de qualquer burguês ou ianque no seu próprio país (aqui dentro é onde eles fazem e acontecem como se estivessem atrasados de século)" (Alfredo Sirkis, *Os carbonários*, p. 39); "Todo-poderosos, sabem que podem fazer e acontecer sem licença pedir a seu ninguém" (Aírton Monte, *O Povo*, cad. Vida & Arte, 20/9/01, p. 2); "Os cangaceiros fizeram e aconteceram e não tiveram nem um padre-nosso de penitência" [ABH/AC/AN/FF/GAS/JB/LM/TC].
Sin.: *prender e arrebentar* (1)
Sin. (2): *fazer o que der na telha, fazer tudo quanto lhe vier às ventas*

Fazer e batizar 1. Efetuar um trabalho e conferi-lo ou fiscalizar a sua efetivação; elogiar, justificar a própria obra. **2.** Ficar com todo o lucro [AN/GAS].
Sin.: *ser pai e padrinho*

Fazer economia de cartão *Desp.* Deixar correr o jogo sem punir lances de violência [HM].

≠ **Não fazer economia de cartão** *Desp.* Interromper a partida com frequência, exibindo cartões desnecessários para punir lances normais de disputa de bola. [HM].

Fazer e desfazer 1. Mandar discricionariamente, sem limitação alguma; possuir todos os poderes; decidir absolutamente; mandar; dar as ordens. **2.** Proceder bem, elogiar etc., e em seguida proceder mal, censurar etc. [ABH/AN/GAS].
Sin. (1): *dar (as) cartas, fazer a chuva e o bom tempo, pôr e dispor*

Fazer efeito 1. *Lus.* Falar-se no assunto. **2.** *Bras.* Resultar; dar resultado positivo (diz-se de um remédio): "O supositório fez efeito: o doente sentiu-se muito aliviado" [ABH/GAS/RG/TC].

Fazer embaixada(s) *Bras., desp.* Manter a bola no ar, durante algum ou por longo tempo, dando-se leves toques com ambos os pés, alternadamente, e às vezes com um só pé; demonstrar, profissional ou não, perfeito controle da bola, executando jogadas sucessivas com o peito de um dos pés, passando-a para o ombro, tórax, coxa, cabeça, sem deixar que ela vá ao chão; executar esse virtuosismo, a curta distância somente com o peito de um dos pés; chutar a bola, "levemente para o alto para mais uma vez chutá-la, controlando o movimento apenas com o peito do pé"; executar ainda o mesmo virtuosismo com a trivela, isto é, com a face externa do pé [AJO/HM/LAF].
Sin.: (RS) *fazer balãozinho*, (lus.) *fazer flores* (2)

Fazer em fanicos Reduzir a pedaços; despedaçar; esmigalhar [GAS].
Sin.: *fazer em frangalhos, fazer em tiras*
Var.: *pôr em fanicos*

Fazer em frangalhos Ver *fazer em fanicos*

Fazer em papa 1. Diluir; desfazer. **2.** Derrear; estafar [AN].

Fazer em pedaços 1. Desfazer; destruir. **2.** Rasgar; romper. **3.** Quebrar; partir; despedaçar; cortar em pedaços: "Era logo feito em pedaços pela turba sanguinária..." (Manuel Pinheiro Chagas, *A máscara vermelha*) [ABH/ECS/FF].

Fazer empenho *Bras., CE.* Importar-se; fazer questão; dar atenção. – Geralmente é us. na forma negativa para exprimir desdém [AS].

≠ **Não fazer empenho** *Bras., CE.* Não fazer questão por uma coisa; não se importar: "Se aquele cabôco pensa que eu tô ligando porque ele passa por mim e faz de conta que não me vê, ele tá é com as contas erradas! Eu não faço empém de falar com aquele troço!" (*sic*) [AS/MGb/TGa]. ♦ No dial. rural, inculto, o homem do interior pronuncia "empém" ou "impém".

Fazer em pó 1. Pulverizar. **2.** Destruir; desfazer [AC/AN].

Fazer emprego na fama Adquirir fama com merecimento ou com muito trabalho [GAS].

Fazer em tiras Ver *fazer em fanicos*

Fazer encosto *Bras., NE.* Processo utilizado para suspender a rês caída de inanição, por meio de uma faixa de cipós trançados ou de cordas: "Hoje vou fazer encosto para o garrote Azulão" (Pedro Bandeira, *O sertão e a viola*) [TC].

Fazer ensopadinho *Bras.* Vingar-se: "Vou fazer ensopadinho daquele mau-caráter que tá me infernizando a vida" [JB].

Fazer enxame Juntar gente, fazer estardalhaço [NL].

Fazer época Ter sido notável por conduta inovadora ou extravagante; chamar a atenção; deixar lembrança duradoura; tornar-se importante; ficar famoso: "Eu me encontrava no horário, aguardando que ele apresentasse justamente o noticioso, para, em seguida, iniciar a *Parada Musical Dummar*, um programa que fez época nesta cidade" (Narcélio Limaverde, *Senhoras e senhores...*, p. 72); "Os Beatles fizeram época na música da década de 60". – Frase de Séguier (João Ribeiro, *Curiosidades verbais*) [ABH/AN/FF].

Fazer escabeche Fazer barulho, alarido [GAS].

Fazer escada/escadinha Ver *fazer degrau*

Fazer escala Entrar em porto situado entre o de partida e o de destino; escalar; parar. – Escala (do it. *scala*, "escada") era o nome que no Levante se dava a molhe construído com escadas e apropriado à descarga de mercadorias. Dizia-se que um navio fazia as escalas do Levante quando ia parando em todas elas. A expr. depois generalizou-se [ABH/AN].

Fazer (o maior) escarcéu Fazer barulho; criar confusão: "O cara fez escarcéu, pintou e bordou"; "O chefete fez o maior escarcéu quando foi demitido" [GAS/JB].

Fazer escola Ter seguidores que continuam ou copiam; ter, criar ou fazer adeptos; conquistar seguidores; assentar princípios, bons ou ruins, seguidos depois por muita gente; dar bons ou maus exemplos que são seguidos: "Quem leva o varejo a sério faz escola" (anúncio publicitário, *O Povo*, 14/12/98, p. 5D); "O crime faz escola em toda parte" [AN/GAS].

Fazer escovinhas *Lus*. Pôr-se a dançar ou gingar em frente de alguém para o distrair ou estudar como atacar [GAS].

Fazer espírito Dizer gracejos com imaginação; dizer coisas engraçadas: "Rio Branco fazia questão de ter como seu pessoal de trabalho, no Itamarati, homens de bom aspecto físico, vestindo-se com elegância e sabendo fazer espírito, nos dias em que dava recepções e banquetes a diplomatas estrangeiros ou a figuras eminentes que vinham ao Rio de Janeiro" (Sylvio Rabello, *Euclides da Cunha*, p. 327) [FF/GAS].

Fazer espuma *Bras., gír*. Falar muito e não fazer nada: "O cara gosta mesmo é de fazer espuma, é um enganador" [JB].

Fazer esteira *Bras., NE*. Seguir a cavalo, na carreira, rês que pretende escapar; fazer tangimento do gado, pelo vaqueiro; seguir a rês, emparelhando com ela o cavalo para que outro perseguidor a derrube pelo outro lado; pôr o vaqueiro seu cavalo a correr ao lado da rês, para não deixá-la abrir, a fim de permitir que seu companheiro consiga "rabiá-la"; acompanhar, o vaqueiro, o boi de perto; o ato de, na carreira para derribar a rês, um dos vaqueiros acompanhar de lado o outro que vai alcançá-la: "Faça esteira, que eu derrubo" [ABH/AN/FS/JIF/LM/RG/TC].

Sin.: *fazer parede* (3)

Fazer estrago Produzir ferimentos, morte, devastação [TC].

Fazer estribo em Fundar-se, apoiar-se em [AN].

Fazer estripulia(s)/estrepolia(s) Fazer confusão, desordem, bagunça: "Eu era uma criança alegre, traquinas e estouvada, que vivia correndo pelo quintal e fazendo estripulias pela casa" (Viriato Corrêa, *Cazuza*, p. 13).

Fazer exame de fezes *Bras., CE, irôn*. Expr. us. para ironizar uma pessoa quando ela está toda arrumada, pronta, produzida: "Vai fazer exame de fezes?" [AS].

Fazer exemplo em alguém Castigar alguém para exemplo a outros; castigar alguém para aviso dos que podem incorrer em falta igual à dessa pessoa [ABH/AN].

Fazer face 1. Enfrentar; não fugir ao inimigo ou a uma dificuldade; resistir. **2.** Opor-se. **3.** Remediar um inconveniente; satisfazer. **4.** Prover; custear: "Fez face a todas as despesas do casamento." **5.** Ter a fachada voltada para determinado ponto [ABH/FF/GAS].

Sin. (1) (2): *fazer testa a*
Sin. (1) (5): *fazer rosto a*

Fazer facoca *Lus., Ericeira*. Soprar aragem; fazer brisa [GAS].

Fazer faísca *Lus*. Diz-se de duas pessoas que não conseguem relacionar-se por antipatia mútua [GAS].

Fazer falar Obrigar alguém, por meio de conversa habilidosa, a revelar o que se pretende saber; obrigar por meio coercivos a confessar o que sabe ou faz [GAS].

Fazer fanfarra Fazer festa: "Vamos fazer fanfarra e animar o pagode" [JB].

Fazer fanha *Lus*. Fingir [GAS].

Fazer farinha *Lus*. Diz-se de pessoas que se relacionam bem uma(s) com a(s) outra(s) [GAS].

≠ **Não fazer farinha** Não convencer; não levar a melhor [GAS].

≠ **Não fazer farinha com alguém** Não concordar; não se relacionar bem com alguém [AN].

Fazer farinha com alguém *Lus., interior*. Abusar de alguém: "Fazer farinha, comigo não!"(i. e., "Abusar de mim, nem pensar!") [MPb].

Fazer farol Agir intencionalmente no sentido de chamar a atenção dos outros; gabar-se de riqueza, poderio, importância, relações com gente poderosa; ostentar o que não é; aparentar: "... fala pelas tripas do Judas, está sempre fazendo farol..." (Millôr Fernandes, *A vaca foi pro brejo*, p. 123) [AN/CPL/GAS/TC].

Sin.: *fazer (uma) fita* (4)

Fazer favores Diz-se de uma mulher com ligações sexuais ilícitas; ter relações ilícitas com qualquer homem; diz-se de mulher fácil em deixar-se conquistar [GAS/MSM].

Var.: *fazer o(s) seu(s) favor(es)*

Fazer faxina *Bras., gír.* Demitir: "Quando assumiu, o prefeito fez uma faxina, demitiu todo mundo" [JB].

Fazer fé 1. Ser digno de crédito; acreditar: "Uma vizinha fez o favor de enviar uma garrafada em que muita gente vinha fazendo fé – da Santa Manuelina dos Coqueiros" (Otto Lara Resende, *O elo partido e outras histórias*, p. 54). **2.** Prestar testemunho autêntico, oficialmente reconhecido; dar prova do que é certo [ABH/AN/FF/GAS].

Fazer feio 1. Sair-se mal; ser derrotado: "... ela promete não fazer feio na terra dos cangurus" (Simone Esmanhotto, *Caras*, 3/9/99, s/p.); "E o bicho não faz feio, espalha menino por todos os canto deste mundo" (*sic*) (Barros Pinho, *A viúva do vestido encarnado*, p. 124). **2.** Cometer gafes [ABH/TC].

Fazer (a) feira Ir às feiras livres e adquirir o necessário para o consumo em determinado período; ir ao supermercado [TC].

Fazer ferro *Lus.* Fazer inveja; irritar [GAS].

Fazer (a maior) festa Receber bem; festejar; cumprimentar alguém com sinais de muita alegria ou amizade: "O pessoal faz a maior festa quando me vê"; "Vou fazer festa quando cê chegar lá em casa". – Diz-se tb. dos animais [AJO/JB].

Fazer festas Ameigar; acariciar [GAS].

Fazer festinha *Bras., S.* Copular [MSM].

Fazer (uma) fezinha Aventurar, arriscar a sorte na roleta, no jogo do bicho ou na loto; jogar; apostar; arriscar algum dinheiro no jogo; jogar ou apostar de modo tímido ou modesto: "O funcionário público carioca Antônio Henrique Alexandre é daqueles que estão sempre fazendo uma fezinha" (*IstoÉ*, 29/9/99, p. 21); "Embora possa parecer pretensão, Dercy é uma doce senhora de hábitos típicos da idade: sua bebida predileta é soro caseiro e ela não deixa de fazer uma fezinha no bingo (Bianca Fincati, *Quem Acontece*, 27/4/01, p. 70); "O bicho era uma diversão sadia e inocente. Até senhoras idosas e de boas famílias diariamente faziam a sua fezinha, jogando no mamute, no tigre-de-dente-de-sabre, no tiranossauro e outros grandes répteis" (Reinaldo, *Bundas*, 12/7/99, p. 46); "Ninguém resiste à propaganda na televisão. Hoje, quem faz sua fezinha tem, no mínimo, 40 anos" (Castor de Andrade, bicheiro carioca, *apud* Sílvio Ferraz, *Veja*, 11/6/97, p. 48); "O povo gosta de fazer a sua fezinha" (Jáder de Carvalho, *Sua majestade, o juiz*) [ABH/FS/JB/MPa/RG/TC].

Var.: *fazer a fé*

Fazer fiapo Sair; ir embora; sumir rapidamente de um lugar; safar-se: "Aí a gente agradece a atenção do convite, diz que precisa se ver mais vezes e faz fiapo" (TG, p. 124) [AS/CGP/TG/TGa].

Sin.: *meter o pé na carreira, pegar o beco* (2), *tirar os calços*

Fazer fiasco Sofrer uma derrota, um insucesso; ser tapeado e sair-se mal; enganar-se; não proceder de maneira correta. – A expr. é de or. it.: *far fiasco*, e pertence ao jargão dos meios teatrais [AN/GAS/RMJ].

Var.: *dar fiasco*

Fazer figa(s) a 1. Esconjurar; fazer gesto, abertamente ou às ocultas, com a mão fechada e com o dedo polegar metido entre o indicador e o médio; cruzar os dedos para evitar o pior; fazer pequeno esconjuro; precaver-se; torcer: "Fui subindo devagar, degrau por degrau, (...) fazendo figas e torcendo para que a dra. Sylvia fosse a de cabelos curtos" (Valéria Piassa Polizzi, *Depois daquela viagem*, p. 45). – É um esconjuro ao demônio, que tem sua or. na África, de onde foi trazido pelos escravos e pelos port. Informa Antônio Tomás Pires que, em alvará de 14/8/1423, o governo de Portugal proibia "pôr a mão", isto é, "fazer figas". A figa era um amuleto us. para afastar o mau-olhado. **2.** Mostrar ódio a. **3.** Troçar de alguém; provocar; causar inveja; espicaçar: "Eu sempre digo, e faço figa do que diga seu melhor, muito melhor que óleo de fígado" (Vinicius de Moraes, *Poesia completa e prosa*, p. 674) [ABH/AN/FF/GAS/JB/NL/RMJ].

Fazer figura Sobressair; dar na(s) vista(s) pelo talento, beleza ou formosura, riqueza, ostentação em que vive etc.; presumir; brilhar; atrair a atenção; tornar-se notado: "[Pretinho] – Cala-te, cego ruim / Cego aqui não faz figura / Cego quando abre a boca / É uma mentira pura..." (Firmino Teixeira do Amaral, *Peleja do Cego Aderaldo com Zé Pretinho*, p. 10); "O rosto, bem entendido, porque o corpo, reparando, revelava certa delicadeza de perfil e poderia fazer figura com a cabeça de Mona Lisa" (Garcia de Paiva, *Os agricultores arrancam paralelepípedos*, p. 35) [ABH/AN/AT/FF/GAS].

Sin.: *fazer (o) bonito, fazer vista*

Fazer figura de papelão Atuar, em público, de forma ridícula, apagada ou decepcionante, por omissão, falta de desembaraço ou incompetência [TC].

Fazer figura de parvo Ver *fazer figura de urso*

Fazer figura de sendeiro Ver *fazer figura de urso*

Fazer figura de urso Sair-se mal de algum empreendimento [GAS].

Sin.: *fazer figura de parvo, fazer figura de sendeiro*

Fazer fila *Desp.* Driblar sucessivamente três ou mais adversários, deixando-os batidos e em fileira [HM].

Fazer filete *Port.* **1.** Não puxar carta superior ou não entrar com ela, esperando fazer melhor vaza depois (jogo). **2.** *Trás-os-Montes.* Fazer caretas, trejeitos [GAS].

Fazer filho(s) em mulher alheia Efetuar benefícios em coisa que não nos pertence; executar benfeitorias em bem que não lhe pertence. – A expr. vem do prov. "Quem faz filho em mulher alheia, perde o filho e perde o feitio" [AN/GAS].

Fazer filigranas "Jogar enfeitado, exibir malabarismos, fazer jogadas vistosas para a plateia"; filigranar. – "Filigrana" é "enfeite", "ornamento". Palavra de or. it., significa obra de ourives em forma de renda tecida com fios de ouro e prata [CPL, *O romance das palavras*, p. 93].

Fazer finca-pé 1. Tomar impulso, para safar-se, para fugir: "O negro fez finca-pé, rasgou o beiço e ganhou o mundo" (Leonardo Mota, *No tempo de Lampião*). **2.** Não mudar de parecer, de resolução; apoiar-se; firmar-se; teimar intransigentemente; estribar-se em alguma coisa; não entregar os pontos; persistir; insistir; porfiar; obstinar-se: "Fez finca-pé e declarou que de lá não sairia" (Fran Martins, *O Cruzeiro tem cinco estrelas*) [ABH/AN/GAS/RG/TC/TG]. ♦ AN e GAS grafam "fincapé", sem hífen, ao contrário de outros.

Sin. (2): *endurecer o pescoço*

Fazer fio *Lus.* Começar; principiar [GAS].

Fazer fio-terra *Bras., CE, chulo.* Diz-se da posição erótica onde o dedo médio do(a) parceiro(a) penetra o ânus. – Na verdade, é uma insinuação de que o indivíduo é homossexual e gosta de "fazer o fio-terra" [AS].

Var.: *fazer terra* (2)

Fazer firmeza Apoiar-se: "De uma feita, que ela me empurrou o pé para fazer firmeza..." (Domingos Olímpio, *Luzia-Homem*) [TC].

Fazer firula *Bras., RJ, gír.* **1.** *Desp.* Exagerar nos dribles e nas jogadas de efeito, catimbar; ensebar. **2.** Sustentar conversa despretensiosa [Net].

Fazer (uma) fita 1. Pretender enganar; mentir; fingir; simular: "Jasão: Eu sei quando chora ou quando faz fita..." (Chico Buarque & Paulo Pontes, *Gota d'água*, pp. 101--2); "Para de fazer fita". **2.** *Desp.* Simular

contusão, praticando cera para o tempo de jogo passar. – Nesta acepção, a expr. é pouco us. **3.** Discutir azedamente; fazer desordem. **4.** Praticar ação vistosa com o intuito de impressionar ou causar admiração. **5.** Namorar. – Expr. trazida pelo cinematógrafo [AN/BB/CPL/GAS/JB/TC].
  Sin. (1) (2) (4): *fazer cinema*
  Sin. (4): *fazer farol*

Fazer flores *Lus.* **1.** Dar nas vistas; procurar tirar partido. **2.** *Desp.* Demonstrar perfeito controle da bola, executando jogadas sucessivas com o peito do pé, passando a bola para o tórax, coxa, cabeça, sem deixá-la ir ao chão [GAS/HM].
  Sin. (2): *fazer embaixada(s)*

Fazer fofoca Fazer mexericos, enredos; intrigar; levar e trazer notícias sobre fatos escandalosos, reais ou não; fofocar [GAS/RMJ].

Fazer fogo 1. Produzir faísca com o choque. **2.** Disparar arma de fogo: "Barbosa tomou a espingarda, aperrou-a, aproximou-se do reparo, olhou pela porta, levou a arma à cara, fez fogo" (Júlio Ribeiro, *A carne*, p. 102); "... acreditava que era um dos moradores da casa quem o agredia e, sacando de um revólver, fez fogo" (Olavo Bilac, *Obra reunida*, p. 424) [ABH/AN].
  Var. (2): *baixar fogo*

Fazer fora do testo *Lus.* Mostrar-se indisciplinado; agir fora do que está regulamentado [GAS].
  Var.: *fazer fora do penico*

Fazer força 1. Lutar; diligenciar; trabalhar; insistir, esforçar-se, empenhar-se ou interessar-se em benefício de alguém ou de alguma coisa: "Estamos fazendo força para te alcançar..." (Aníbal M. Machado, *João Ternura*, p. 177); "Quer tudo sem fazer força"; "Vamos fazer força pela ponte" (Jáder de Carvalho, *Sua majestade, o juiz*); "Quantas vezes não fizera força para deixar o vício" (José Lins do Rego, *O moleque Ricardo*). **2.** *Bras.* Defecar [ABH/AN/GAS/LAF/RG/TC].

Fazer força de vela Fazer toda a diligência [GAS].

Fazer *forfait* 1. *Turfe.* Deixar, um cavalo, de correr, mesmo depois de inscrito, num dos páreos duma reunião do jóquei-clube; desertar. **2.** *P. ext.* Faltar a um compromisso; não comparecer: "Não vá fazer *forfait*, apareça, deixe de ser irresponsável" [ABH/JB].

Fazer formação *Bras., gír.* Reunir-se para consumir droga: "Vamos fazer formação, pessoal, chegou o pó de giz" [JB].

Fazer forninhos *Lus.* Fazer masturbação entre indivíduos de sexos diferentes [GAS].

Fazer fortuna Enriquecer-se: "Plácido de Castro era um antigo combatente da revolução federalista do Rio Grande do Sul, que tinha procurado a Amazônia com o intuito de fazer fortuna" (Sylvio Rabello, *Euclides da Cunha*, p. 244); "No Crato, Manoel Cordeiro estava fazendo fortuna, enriquecendo" (Fran Martins, *Poço de Paus*, p. 105); "... cadê os emigrantes alemães, polacos, italianos etc., que estavam sempre a desembarcar aqui em procura de trabalho e no sonho de fazer fortuna?" (Rachel de Queiroz, *O Povo*, cad. Vida & Arte, 12/8/00, p. 8B) [FF].

Fazer fosquinhas Fazer trejeitos, caretas; fingir afetos [AN/GAS].

Fazer frases Falar difícil, de modo pretensioso; falar ou escrever em estilo empolado e quase sempre oco de sentido; falar ou escrever engrolado, com frases sonoras, de efeito, mas pobres ou vazias de sentido [ABH/AN].

Fazer freiteio *Lus., desp.* Disputar a bola com adversário; dar combate ao adversário [HM].

Fazer frente 1. Ficar diante; dar para. **2.** Defrontar; enfrentar: "Os parapsicólogos, vez ou outra, tentavam explicações para fazer frente a esse acesso de Francisco Xavier ao mundo dos espíritos" (*Planeta*/Extra, jul./2002, p. 12) [ABH/GAS].

Fazer *frisson* Causar surpresa: "A Tininha fez o maior *frisson* quando apareceu com sua meia-saia transparente..." [JB].

Fazer fum *Bras., NE*. Evacuar (ver Hugo Moura, *Contribuição ao estudo do linguajar paraibano*) [MSM].

Fazer fumaça *Bras., PB*. Fumar cigarro, charuto ou baseado [ABH/FN].
Var.: *tirar fumaça*

Fazer fumo 1. Correr muito. **2.** Estabelecer confusão. **3.** Tentar esconder a verdade [GAS].

Fazer fuque-fuque *Bras., S, RJ, chulo*. Copular: "Como é... tem feito muito fuque-fuque com o Orozimbo?" (Orígenes Lessa, *Beco da fome*). – Fuque-fuque: onomatopeia do coito. Em todos os sin. e var. (ver abaixo) tb. são empregadas onomatopeias do coito [GAS/MSM].
Sin.: (lus., Coimbra) *fazer tac-tac*
Var.: (S, NE, BA) *fazer foque-foque*

Fazer furor Ter grande êxito; ser elogiado por todos; estar na moda; causar entusiasmo [AN/GAS].

Fazer fusquinha *Bras., RS*. Aborrecer, importunar. – Athos Damasceno Ferreira dá *fazer fosquinha*, no mesmo sentido (no livro *Carnavais antigos de Porto Alegre*) [LAFb, s. v. "FUSQUINHA"].

Fazer fuxico Fuxicar; fazer mexericos [TC].

Fazer gadanhos Fazer medo [GAS].

Fazer gaifonas Fazer trejeitos, caretas, macacadas [GAS].

Fazer gaiola Ver *dar o rabo*

Fazer gala Glorificar-se; ostentar; alardear; jactar-se: "Ficou o materialismo estúpido, alvar, ignorante, devasso e desfaçado, a fazer gala de sua hedionda nudez cínica no meio das ruínas..." (Almeida Garrett, *Viagens na minha terra*, p. 188) [AN/GAS].

Fazer gambá *Bras., PR*. Dançar o fandango em cima do arroz, para descascá-lo, como na região de Paranaguá [ABH].

Fazer (um) ganho *Bras., gír*. Roubar; assaltar; fazer um assalto: "Vamos fazer ganho, dá uma geral"; "Então vamos fazer um ganho?" [JB/Net].
Var.: (DF, gír. rap e rock) *meter os ganho(s)*

Fazer gargarejo Namorar da rua para janela de sobrado ou de andar alto [AN/GAS].
Var.: (lus.) *tomar gargarejos*

Fazer gatimonhas Fazer "gestos ridículos ou sinais com as mãos"; fazer trejeitos desengonçados: "... o bandido pôs a cara mascarada na porta, começou a fazer gatimonhas, para atrair atenção" (Fernando Sabino, *A vitória da infância*, p. 62) [ABH].

Fazer gato e sapato contra Fazer tudo contra uma pessoa: "Vou fazer gato e sapato contra aquele filho da puta" [JB].

Fazer gato e sapato/gato-sapato de 1. Fazer de (alguém) joguete; maltratar; exercer absoluto domínio sobre outrem; fazer o que se quer de uma pessoa; subjugar uma pessoa a ponto de conseguir que ela faça tudo o que se deseja: "Por mais atletismo que façamos qualquer animal selvagem do nosso tamanho faz de nós gato-sapato" (Paulo Francis, *O Povo*, 15/9/96, p. 10B); "Porque a iaba pensava fazer dele gato e sapato, mísero suplicante, desinfeliz escravo, traído e desprezado" (Jorge Amado, *Tenda dos milagres*, p. 91). **2.** Fazer de alguém objeto de mofa; tratar (alguém) com desprezo; troçar; ridicularizar; menosprezar; zombar. **3.** Ludibriar; aproveitar-se de alguém; enganar a alguém grosseiramente: "... porque gostava de mostrar como podia fazer dele gato e sapato – eu estava chupando ele muito aplicadamente mas pensando em artistas de cinema e aí..." (João Ubaldo Ribeiro, *A casa dos budas ditosos*, pp. 86-7) [ABH/AC/AN/CLG/CPL/F&A/GAS/RMJ/TC]. – *Caldas Aulete* diz que "gato-sapato" era um jogo parecido com o da cabra-cega, no qual se dava com um sapato na pessoa que tinha os olhos vendados.
Var.: *fazer de gato e sapato, fazer de/do gato sapato, fazer de alguém gato e sapato*

Fazer gazeta Faltar às aulas, ao emprego, a uma obrigação para vadiar; gazear; gazetear: "... tinha de fazer um 'bico' como redator de boletins da UNE, embora sua grande característica como estudante tivesse sido a de fazer gazeta" (Ruy Castro, *O anjo pornográfico*, p. 180) [ABH/AC/AN/FF/GAS].

Fazer gemer os prelos 1. Fazer falar de si nos jornais. **2.** Editar alguma obra ou trabalho literário; publicar uma obra [AN/GAS].

Fazer ginástica 1. Diz-se das habilidades e lutas para se conseguir fazer frente à vida. **2.** *Lus., Univ. Coimbra.* Fazer um esforço [GAS].

Fazer gluglu *Bras., gír.* Fazer sexo: "Vamos brincar de fazer gluglu?" [JB].

Fazer gosto Ter vontade de; causar ou sentir prazer; ficar feliz; apoiar; aprovar: "A gente cisca em cima da formiga preta que faz gosto. E o pé fica um rebolo" (José Américo de Almeida, *A bagaceira*, p. 20); "Muito de 'pogresso', praia bonita, riqueza, edifício... tem e faz gosto de se ver, mas nunca que chegue pro bico da gente" (Romeu de Carvalho, *Carro Doce*, p. 28) [GAS].

Fazer graça/gracinha 1. Dar indulgências. **2.** Querer ser ou ser engraçado; passar por engraçado: "Para de fazer graça, não gosto disso"; "Quer parar de fazer gracinha?" [GAS/JB/MGa].

Fazer (uma) graça *Bras., CE.* Pagar uma rodada; oferecer um rega-bofe para a turma [MGa/MGb].

Fazer graça com a cara de alguém Irritar alguém: "Quer deixar de fazer graça com a minha cara?" [JB].

≠ **Não fazer graça para ninguém rir** Ser muito severo, muito enérgico; não tolerar desrespeitos [AN/LM].

Var.: *não fazer graça pra cabra se rir*

Fazer gracinhas Fazer trejeitos e momices às crianças para as entreter; pretender, um adulto, atrair a atenção dos demais com ademanes e trejeitos só admissíveis nas crianças [GAS].

Fazer grau *Bras., RS.* Mostrar-se; exibir-se: "Vou botar esses óculos escuros aqui só pra fazer um grau praquela (*sic*) gata" [LAFa].

Fazer guarda 1. Ser destacado para; ficar de guarda, de sentinela. **2.** Tomar parte em velório [TC].

Var. (1): *dar guarda*

Fazer guerra de nervos Apavorar ou amedrontar alguém; incutir temor ou ansiedade em outrem, por meio de expedientes ardilosos e/ou de suspense: "Claro que ela nunca teve condições de provar qualquer coisa, e eu fazia guerra de nervos, não tinha dó" (João Ubaldo Ribeiro, *A casa dos budas ditosos*, p. 84).

Fazer hora(s) Encher o tempo com coisas variadas, até chegar a hora certa ou combinada; entreter-se ou ocupar-se em alguma coisa; procurar distrair-se, enquanto não chega o momento de fazer o que está planejado ou é obrigatório: "No bar, bebericando o aperitivo, fazendo hora para o almoço no Tacho de Bibi, no Pontal, moqueca de pitu regada a cerveja, Fadul gozava momentos de profunda elevação espiritual..." (Jorge Amado, *Tocaia Grande*, p. 111) [ABH/TC].

Sin.: *fazer tempo* (1)
Var.: *fazer as horas*

Fazer hora com 1. *Bras., pop.* Caçoar com, motejar ou zombar de alguém, para encher o tempo; fazer gozação; zombar: "Saiu do quarto enfurecido, pois todos estavam fazendo hora com ele"; "Não gosto de fazer hora com ninguém, cidadão, sou de responsa"; "Pare de fazer hora com a minha cara...". **2.** Escorar-se em alguém com o intuito de chamar atenção por meio de falsas aparências [ABH/CGP/JB/MGa/RBA/TC].

Fazer ideia Representar na própria imaginação: "– Estou fatigada como o senhor não faz ideia" (Humberto de Campos, *Memórias inacabadas*, p. 103); "Lembrou-se do pântano no chão da casa em que se criou, e sentiu grande vexame, pensando que Benjamim não fazia ideia do passado da mulher que pretendia acolher" (Chico Buarque de Holanda, *Benjamim*, p. 119) [GAS/TC].

Var.: *ter ideia*

Fazer imoral *Bras., CE.* Brincar de médico; bolinar: "Eita, peguei você fazendo imoral, heim! Vou dizer à sua mãe!" [AS]. ♦ Em ling. infant., na mesma acepção, ouviam-se no interior cearense as expr. correlatas *fazer escandelo/ê/* e *fazer escandilice*.

Fazer impressão Perturbar-se; abalar-se; impressionar-se [GAS].

Fazer inferno/inferninho *Bras., CE.* **1.** Opinar maldosamente sobre alguém; forjar encrencas, desentendimentos através de fuxicos; fuxicar. **2.** Fazer distúrbios [AS/TC].

Fazer ipsilone triplo *Chulo.* No sexo, diz-se de mulher insaciável: "Ela gosta de fazer ipsilone triplo. É fogosa e tem furor uterino" [JB].

Fazer jato Defecar; fazer dejeção líquida: "Já fiz jato hoje três ou quatro vezes, só agora de manhã..." – Uso rural [FS].

Fazer jogo 1. Namorar; dirigir galanteios; elogiar uma coisa na esperança de obtê-la. **2.** *Bras., gír. das cadeias.* Comercializar [Émerson Maranhão, *O Povo*, 18/12/00, p. 8, expondo um rol de expressões e termos registrados pelo prof. José Océlio Camelo, ex-agente penitenciário do Instituto Penal Paulo Sarasate (IPPS), o presídio oficial de Fortaleza, CE/GAS].

Fazer jogo duro *Bras.* Complicar, endurecer, exigir: "O pessoal passou a fazer jogo duro, apresentando novas exigências" [JB].

Fazer jogo limpo Agir corretamente; ser franco, honesto: "Chegam aqui e eu falo logo o que tenho que falar, faço jogo limpo com eles" (Zeca Pagodinho, *Bundas*, 5/7/99, p. 12) [JB].

≠ **Tanto fazer José como Cazuza** Ser o mesmo; ser a mesma coisa: "Tanto faz José como Cazuza" [LM].

Fazer judiarias Fazer pequenos gracejos, zombarias [GAS].

Fazer jus a 1. Tratar de merecer algo. **2.** Ser merecedor de; ganhar direito a; merecer; ter direito; justificar: "Ele não faz jus ao título que lhe dão" (DPC, p. 130); "Boa Conceição! Chamavam-lhe 'a santa', e fazia jus ao título, tão facilmente suportava os esquecimentos do mundo" (Machado de Assis, *Páginas recolhidas*) [ABH/AT/CPL/FF/FSB/GAS].

Fazer jus ao salário *Bras., AM.* Ir trabalhar [ABF/ABH].

Sin.: (TO) *ir ralar*

Fazer justiça por suas (próprias) mãos Vingar-se pessoalmente de mal cuja punição caberia à justiça; tirar desforço; vingar-se diretamente: "Cada vez mais me convenço: – Ou o pobre faz justiça por suas próprias mãos, ou há de viver escravo eternamente" (Amando Fontes, *Os corumbas*, p. 90) [ABH/GAS].

Var.: *fazer justiça pelas próprias mãos*

Fazer lá-lá-lá/lá lá lá *Bras., SC, gír.* Transar; fazer sexo: "Vamos fazer lá lá lá, que é bom pra aliviar as tensões" [JB/*O Povo*, 31/3/96, p. 4B].

Sin.: *fazer cocão, fazer tsi-tsi, fazer tuf*

Fazer lambaça (sic) *Lus.* Fazer barulho, zaragata, desordem [GAS]. ♦ É possível que seja "lambança". "Lambaça", em Trás-os-Montes, Portugal, quer dizer "comilão".

Fazer lambança 1. *Lus., ant.* Preparar um prato à custa do esforço alheio (sentido primitivo). – "Lambança", segundo CA, designa coisa que se pode lamber ou comer. No Brasil, a palavra adquiriu o sentido de "desordem, confusão". Depois, assume a acepção de "trapaça no jogo". Por fim, é us. para caracterizar os pescadores furtivos que invadem os currais de pescas alheios, a fim de se apoderarem dos peixes neles retidos por diligência de terceiros. Está sendo, assim, restituído à loc. o primitivo sentido. **2.** *Bras., MA.* Roubar [DVF/RMJ].

Fazer lastro Ver *botar lastro no estômago*

Fazer leilão do menino Fazer no dia do batizado o leilão das prendas oferecidas ao menino, como cereais, frutos etc. [GAS].

Fazer lenha 1. *Autom.* Causar prejuízos num choque de veículos; apostar corrida; lenhar. **2.** *Lus.* Fazer desordem, confusão, algazarra. **3.** *Bras., Mar. G.* Causar estrago(s): "Ao aportar, fez lenha no cais" [ABH/GAS].

Fazer levantar as pedras da calçada Provocar grande indignação [AN].

Fazer(-se)

Fazer-lhe em cima Diz-se daquele que toma grande ascendente sobre alguém a ponto de conseguir tudo o que quer [GAS].

Fazer ligação direta *Desp.* Lançar a bola para determinado companheiro [HM].

Fazer limpeza Assear os urinóis [FS/LM].

Fazer limpeza à pele Abortar forçadamente; fazer um aborto [GAS].

Fazer lume com as patas *Lus.* Fugir [GAS].

Fazer lunários Ocupar-se com bagatelas, coisas frívolas, inúteis [GAS].

Fazer luxo 1. *Lus.* Fazer gala; primar; orgulhar-se. **2.** *Bras., pop.* Negar por cerimônia ou afetação [ABH/AJO/GAS].

Fazer luz 1. *Lus.* Esclarecer alguém. **2.** *Bras., RS.* Ganhar uma carreira com mais de um corpo de diferença [AJO/GAS].

Fazer má(s) ausência(s) de Dizer mal de alguém na sua ausência [ABH/AC/FSB/GAS].

Fazer macaquinho Carregar uma criança sentada em cima do pescoço, segurando-a pelas mãos ou pelos pés [FN/FNa].

Fazer macaquinhos Fazer perturbações [GAS].

Fazer madrugada de lagarto Prometer acordar cedo e na hora fazê-lo com o sol de fora. – O lagarto tem o hábito de esquentar-se ao sol [AN].

Fazer má figura Sair-se mal no que faz; sair-se mal; ser malsucedido; dar fiasco; falhar; malograr-se [ABH/GAS].

Sin.: *fazer um triste papel*

Fazer mágica Resolver tudo: "Não faço mágica, como gostaria. Só resolvo o que posso" [JB].

Fazer mal Proceder mal; incorrer em falta; errar: "Você fez mal em ter vindo aqui" [ABH].

Fazer mal a *Bras.* **1.** Causar dano a; prejudicar. **2.** Contundir, machucar, ferir. **3.** *Bras.* Seduzir, desonrar, ofender, deflorar, desflorar, desvirginar, descabaçar alguém; estuprar; transar com alguém: "Lavindonor (...), foi o que deu mais trabalho, porque fez mal a duas moças do povo..." (João Ubaldo Ribeiro, *Viva o povo brasileiro*, p. 618); "Sabe Deus o que a Angélica anda comendo, mas, magra do jeito que está, se engolir um caroço de azeitona os pais dela vão dizer que Maurício Mattar fez mal à moça!" (Tutty Vasques, *Bundas*, 29/11/99, p. 47) [ABH/AC/AN/AS/CGP/FS/JB/MGb/MSM/Net/NL/RG/TC].

Sin. (3): (CE) *fazer malefício* (*a*)

Fazer malefício a Ver *fazer mal a*

Fazer mandados Ter as atribuições de moço de recados [TC].

Fazer mandinga Desejar mal a alguém: "Vou fazer mandinga pra este cara ser demitido" [JB].

Fazer manguito Ver *dar banana(s)*

Fazer mão Diz-se da "... ação de pegar na cauda do animal" (A. Tito Filho, *Ligeiras observações sobre a "Lira sertaneja"*) [TC].

Fazer mão baixa em Furtar; roubar; rapinar; subtrair; surrupiar: "Fazia mão baixa no que podia – o mais importante era gado e pessoas na idade juvenil aproveitáveis como escravo – e abalava" (Aquilino Ribeiro, *Os avós dos nossos avós*) [ABH/AN/FF/FSB/GAS].

Var.: (lus., Porto) *fazer mão morta em*

Fazer mão de gato Furtar; roubar; afanar: "Ele fez mão de gato nos meus cinco mil-réis" [CGP/FN/FNa/LM/TC]. ♦ Em LM, a expr. vem hifenizada: "mão-de-gato".

Sin.: *passar a mão em* (2)

Fazer máquina *Moç.* Ter relações sexuais (ver Antônio Cabral, *Pequeno dic. de Moçambique*) [MSM].

Fazer marcha atrás Recuar; desdizer-se [GAS].

Fazer marmelada Fazer ternuras (carícias, afagos, carinhos) de namoro [GAS].

Fazer marola Provocar tumultos; complicar: "A candidatura de Ciro Gomes faz marola, mas não chega à crista da onda" (Expedito Filho, *Época*, 1º/4/02, p. 9); "O cara é de fazer marola, só isso, não é de mostrar serviço" [JB/OB].

Fazer(-se)

Fazer marreta *Bras.* Trapacear no jogo, de conluio com um ou mais parceiros; empandilhar [ABH].

Fazer (o) matrimônio *Bras., NE, BA, CE.* Efetuar o coito, a cópula, o ato sexual, segundo Fernando São Paulo [MSM/RG].

Fazer matutage/matutagem Abater uma rês, comumente com fins festivos; fazer provisões para pessoas que viajam. [ABH/FS/LM]. – Uso rural. "Matutage" ou "matutagem", que significam "matutice", são corruptelas ou alterações de "matalotagem".

Fazer mau juízo Julgar erroneamente; pensar mal: "Deixe esses despotismos, para os nossos amigos não fazerem mau juízo, não pensarem que eu ando com invenções" (Graciliano Ramos, *Alexandre e outros heróis*, p. 82).

Fazer mau sangue Causar desgostos [AN].
Sin.: *fazer sangue podre*

Fazer maus ofícios Fazer mal nos negócios de outrem [GAS]

Fazer *mea-culpa* Reconhecer o seu próprio erro, a sua própria culpa; arrepender-se [ABH].

Fazer média Conseguir, o estudante, a nota exigida para não ser reprovado.

Fazer (uma) média Valer-se de certas situações em detrimento de outrem; embair; procurar agradar; ser aceito; bajular; agradar: "Ele explica as coisas, todo mundo tem certeza de que ele conhece muito, muito mais do que ele fala, e não mente e não faz média" (Márcia Kupstas, *Crescer é preciso*, p. 32); "Jorge aproveitou para fazer média: – Eu vou com você, Cá" (Raul Drewnick, *Correndo contra o destino*, p. 100); "Durante as partidas decisivas do campeonato paulista de futebol, a Empresa Baiana de Turismo resolveu fazer uma média e mostrou para todo o Brasil a campanha dos 450 anos de Salvador (*Jornal da Rua*, 22/6/99, p. 2) [AC/AN/JB].

Fazer meia *Chulo.* Diz-se de sexo entre homens: "Os dois estavam fazendo meia" [JB].

Fazer meinha *Chulo.* Diz-se de sexo entre criança: "O cidadão revelou que quando era criança fazia meinha com seu amiguinho" [JB].

Fazer menção Mencionar; aludir: "Em 1981, lançou seu disco *A Terra é Naturá*, que ganhou resenha assinada por José Ramos Tinhorão, no *Jornal do Brasil* (2/9/81), cujo título fazia menção à 'poesia em estado puro'" (Gilmar de Carvalho, *Patativa do Assaré*, p. 45).

Fazer menção de Mostrar intenção de fazer alguma coisa: "E fez menção de sacar uma arma" (Jáder de Carvalho, *Sua majestade, o juiz*, p. 58) [GAS].

Fazer menino *Bras., NE, S.* Copular [MSM].
Sin.: *fazer moleque*

Fazer merda *Bras., RS, chulo.* Cometer algum deslize, erro, de qualquer ordem, especialmente se a situação for delicada; complicar: "Eu te dou o dinheiro, mas tu não vai me fazer merda, guri"; "O cara é de fazer merda, faz bem o gênero dele" [JB/LAF].

Fazer mesa Realizar uma sessão de macumba; abrir sessão de terreiro. – Termo influenciado pelo espiritismo [AN/OGC].

Fazer meuã *Bras., AM.* Fazer careta para intimidar. – Meuã: "careta" em tupi [ABH/AN].

Fazer milagre(s) Fazer coisas extraordinárias; praticar ou realizar o que parece impossível [AN/GAS].

≠ **Não fazer milagres** Não fazer coisas impossíveis [GAS].

Fazer mimi *Lus., bras., S.* Fazer sucção do clitóris [MSM].

Fazer minete *Chulo.* Fazer sexo oral: "O velhote adora fazer minete nas meninas" [JB/MSM].
Sin.: (Bras., S, RJ, chulo) *falar no telefone*

Fazer minga *Lus.* Fazer falta; ser necessário [GAS].

≠ **Não fazer minga** *Lus., Monção.* Não ser preciso; não se necessário: "Não faz minga" [GAS].

Fazer(-se)

Fazer míngua *Lus.* Diz de quem é melhor, que consegue superar todos (*sic*) [GAS].

Fazer miséria(s) 1. Desembaraçar-se de todas as cartas sem fazer vaza (no jogo do bóston). **2.** *Bras., gír.* Praticar façanhas extraordinárias, diabruras; realizar coisas fora do comum; exceder-se; sobressair; fazer grandes proezas no domínio de aventuras galantes ou no campo desportivo: "Pelé fez misérias na Copa do Mundo." **3.** Cometer crimes, atos indecentes etc.: "As cunhãs andaram fazendo miséria por porta de travessa" (Mílton Dias, *Estórias e crônicas*) [ABH/AN/GAS/RG/RMJ/TC].

Fazer mistério Esconder um segredo; ocultar avidamente [GAS].

Fazer moeda falsa Proceder com disfarce e às ocultas [GAS].

≠ **Não fazer moeda falsa** Não conseguir enganar outrem; não precisar esconder-se [AN/GAS].

Fazer moer os dois engenhos *Bras., NE, PE., chulo.* Diz-se da prostituta que também se submete à cópula anal [MSM].

Fazer mofo Mostrar má vontade, mau modo [GAS].

Fazer moitim *Bras.* **1.** *CE.* Dar susto. **2.** Fazer desordem. **3.** Encrencar; fazer birra, obstinar-se. **4.** Reunir-se em grupo para, aos cochichos, falar da vida alheia e criticar ou discutir certos planos ruinosos, de vindita, afronta etc. **5.** *Bras., NE.* Diz-se da "rês que em vez de correr" defende-se, tentando chifrar os cavalos, negaciando. Todo novilho de ponta limpa faz pantim" (Luís da Câmara Cascudo, *A vaquejada nordestina e sua origem*) [FNa/RG/TC]. ♦ Sobre o vocábulo "moitim" (ou "moitinho"), TC consigna: "Corruptelas de *moitinha* ou de *motim?* – Evasivas, subterfúgios, rodeios, segundas intenções".

Fazer moitinha 1. Demonstrar insegurança; encabular-se para entrar numa festa ou lugar pomposo; ficar indeciso no vai não vai: "Já preveni *tudim* pra não fazer moitinha. É entrar, dar boa noite..." (TG, p. 123). **2.** Insultar com cachorro; importunar o cachorro até ele mostrar os dentes; miar como gato ou fazer trejeitos que perturbam o sossego do bicho e provocam-lhe grunhidos de nervosismo. **3.** *Chulo.* Defecar no mato [CGP/TG/TGa].

Fazer moleque Ver *fazer menino*

Fazer morcegueira *Bras., CE.* Tornar-se importuno, inoportuno: "Eu hoje faço morcegueira em riba de gente." – Expr. de uso rural [AN/FS/LM].

Fazer mossa 1. Bater com força e deixar vestígios. **2.** *Fig.* Prejudicar gravemente alguém. **3.** Causar impressão, abalo [AN/GAS].

≠ **Não fazer mossa** Não causar impressão; não deixar consequências; não causar nenhum dano: "De resto a dor dos flagelados naquele tempo não me fazia mossa" (Graciliano Ramos, *Angústia*, p. 27) [AJO/GAS].

Fazer mourão Fincar os pés no chão, como um mourão, para segurar o animal [FNa].

Fazer mucica Puxar o boi pela cauda, para o derribar [CA].

Fazer muetas *Bras.* Falar por mímicas; gesticular. – Mueta: gesto, mímica [RG].

Fazer munganga Fazer careta; fazer estripulias [AS].

Fazer na meia *Lus.* **1.** Fazer e desmanchar; fazer que anda mas não anda; hesitar. **2.** Ter repugnância; opor-se em contrações da cara [GAS].

Fazer naná/nanar *Inf.* Acalentar; acalantar; ninar; fazer dormir [ABH/AC/MPb]. Var.: *fazer nana*, (lus.) *fazer ó, ó*

Fazer nanã *Bras., SP, inf.* Dormir [ABH/AN].

Fazer nariz de cera Fazer longo preâmbulo ou exórdio inutilmente, enchendo papel, tomando tempo, em vez de tratar logo do assunto [AN].

Fazer nas coxas 1. Diz-se de coito imperfeito, em que se ejacula nas coxas. **2.** Fazer às pressas, de improviso: "Sucesso aqui a gente faz nas coxas" (Chico Buarque, *Roda-Viva*) [MSM].

Fazer (uma) necessidade *Pop.* Defecar, fazer cocô, ou urinar, fazer xixi; fazer as necessidades fisiológicas: "Ele acabou fazendo necessidade no quintal." – É uma forma mais social de se referir à dejeção ou micção [ABH/AN/FS/GAS/J&J/LM/PJC/TC].
Sin.: (NE) *fazer (a/uma) precisão, ir ao/no mato*, (ES) *ir falar com o Bernardo, passar (o/um) telegrama*
Var.: *fazer as necessidades, satisfazer uma necessidade*

Fazer negaça(s) Fazer sinais de engodo; mostrar e esconder uma coisa que alguém deseje muito: "Vitorino trocava as bolas, fazia negaça, eu aceitava a sua charla macia" (João Antônio, *Patuleia*, p. 36) [GAS].

Fazer nenen *Bras., NE, S.* Copular: "Não faz mal. Vamos, dengosa, fazer um nenen" (Jorge Amado, *Gabriela, cravo e canela*) [MSM].

≠ **Não fazer nenhum** *Lus.* Não fazer nada; não trabalhar; não produzir [GAS].
Var.: *não fazer népia*

≠ **Não fazer népia** Ver *não fazer nenhum*

Fazer nero Fazer touca no cabelo [NL].

Fazer nica *Bras., BA.* Zombar; ridicularizar alguém [FNa].

Fazer nome Conquistar renome; tornar-se conhecido [GAS].

Fazer noves fora Esquecer; apagar; passar o espanador por sobre um assunto: "– Apenasmente, em respeito à memória do falecido, vamos fazer noves fora desses considerandos" (Dias Gomes, *Sucupira, ame-a ou deixe-a*, p. 127).

Fazer número 1. Fazer ação de corpo presente; participar passivamente, sem função; figurar sem real utilidade, somente para aumentar a assistência; figurar sem autoridade, não ter valor pessoal; servir apenas para aumentar a quantidade, o número, por não ter valor pessoal, merecimento próprio: "Na reação em cadeia, sobrou a Tele Norte-Leste para o Telemar, consórcio armado pelo governo só para fazer número..." (Liana Melo e Maria Fernanda Delmas, *IstoÉ*, 4/11/98, p. 92); "Só um falou, os outros vieram apenas para fazer número". **2.** *Desp.* Servir somente para que o time jogue completo, por ter sofrido contusão na partida e não poder mais ser substituído [ABH/AN/FF/GAS/HM].

Fazer num feixe Espancar violentamente; maltratar de pancadas; sovar; espancar [AN/GAS].
Sin.: *fazer num molho*

Fazer num molho Ver *fazer num feixe*

Fazer o agá Armar, preparar: "Deixa que eu vou fazendo o agá com o Cabelouro pra ele garantir o Carnaval da gente em Barras" [PJC, p. 105].

Fazer o bem Socorrer; ser útil [GAS].

Fazer o benefício *Bras., CE.* Deflorar; desvirginar [RG].

Fazer o bicho *Bras., NE.* Expr. us. pelos cangaceiros, significa amedrontar as pessoas que perseguiam [TC].

Fazer obra Ver *amarrar a gata* (2)

Fazer obra asseada Trabalhar com perfeição [GAS].

Fazer o breguiço *Bras., NE., CE.* Praticar o ato sexual [MSM/RG].

Fazer o breque *Desp.* **1.** Travar a bola para lhe dar nova direção. **2.** Interromper com o corpo o trajeto da bola [HM].

Fazer o cabelo Cortar ou mandar cortar o cabelo: "... até a barbearia, disposto a fazer o cabelo" (Odálio Cardoso de Alencar, *Recordações da comarca*) [TC].

Fazer o campo *Bras., CE.* Observar, verificar o que é necessário fazer para preservar o gado; campear [RG].

Fazer o cartaz de *Bras., CE.* Elogiar alguém; projetar o renome de alguém [RG].

Fazer o choradinho *Lus.* Pedir meigamente, mas com insistência [GAS].

Fazer o cimo *Lus.* Cantar de falsete [GAS].

Fazer o cliente Entre homossexuais, fazer sexo com o cliente: "O viadinho (*sic*) quer fazer o cliente por isto está na Avenida Atlântica, que é a Boca do Lixo do Rio" [JB].

Fazer(-se)

≠ **Não fazer "o" com o copo** *Bras., BA*. Não saber ler nem escrever [NL].
Var.: *não fazer o "o" com uma quenga*

Fazer o corpo ao instrumento *Lus*. Começar a acostumar-se [GAS].

Fazer o correio *Lus*. Esperar a chegada dos comboios para roubar os passageiros [GAS].
Sin.: (lus.) *fazer o rápido*

Fazer o crime *Lus., gír. jornalística*. Escrever a reportagem sobre um crime [GAS].

Fazer o cristo *Lus*. Exercício nas argolas em que o ginasta se mantém durante certo tempo com os braços abertos, como um crucificado [GAS].

Fazer o decote Depilar a virilha pra ir à praia [FN/NL].

Fazer o diabo Fazer coisas incríveis, complicadas, esquisitas, inexplicáveis; provocar distúrbios, confusão, encrencas, estrepolias; provocar alteração drástica nas normas, na rotina; fazer tudo: "Vou fazer o diabo contra esse cara" [AN/FF/JB/TC].
Var.: *fazer o diabo a quatro*

Fazer o diabo a quatro Fazer desordem ou ruídos; provocar acidentes de toda a espécie; fazer coisas incríveis, espantosas, grande confusão, grande balbúrdia, tumulto, alarido. – Nos ant. mistérios, quando se queria atemorizar muito os espectadores com as penas do inferno, em vez de um só personagem, vinham quatro fazer o papel de diabo. A frase é de procedência fr. [AN/GAS/RMJ].
Var.: *fazer o diabo*

Fazer o fadinho Pedir indiretamente; fazer rodeios [GAS].

Fazer (o) ofício de Fazer as vezes de; exercer a função de [AC/FF].

Fazer ofício de corpo presente Assistir a algum ato sem ter nenhuma ação a desempenhar [GAS].

Fazer o/um frete Suportar; aturar; fazer um sacrifício [GAS].

Fazer o gênero Representar: "Ele faz o gênero do corno manso" [JB].

Fazer o gosto ao dedo Satisfazer uma vontade. – A frase provém da gír. de caçadores por, com o dedo, premirem o gatilho [GAS].

Fazer o(s) impossível(is) Realizar façanha superior às forças humanas; empregar esforço sobre-humano para conseguir algo; esforçar-se muito; tentar o impossível; fazer tudo para que suceda [GAS/TC].
Var.: *tentar o impossível*

Fazer oitos *Lus., Porto*. Estar bêbado, embriagado [GAS].

Fazer o jogo 1. *Bras., gír. das cadeias*. Ficar do lado de alguém: "A transferência pro IPPOO. Tô sentindo *cheiro de queijo* [= armadilha fatal]. Sou *escamoso* [= desconfiado; experiente]. É melhor fazer o jogo que ficar na *leda* [= risco de vida]" [Émerson Maranhão, *O Povo*, 18/12/00, p. 8, expondo um rol de expressões e termos registrados pelo prof. José Océlio Camelo, ex-agente penitenciário do Instituto Penal Paulo Sarasate (IPPS), o presídio oficial de Fortaleza, CE]. **2.** *Desp*. Fraudar o resultado de uma partida, subornando juiz ou jogador [HM].
Var. (2): *zebrar o jogo*

Fazer o jogo de alguém 1. Jogar por alguém. **2.** Colaborar com o(s) objetivo(s) de alguém, atuando com dissimulação ou sem consciência do que faz; proceder dissimuladamente a favor de alguém; atuar no interesse de alguém; trabalhar disfarçadamente para um fim oculto: "A título de salvar o mundo livre, [o capitalismo] pratica atrocidades e esmaga a liberdade; fala em tradição e família, mas não cria condições para que os trabalhadores e pequenos proprietários tenham família; prestigia a religião à medida que ela faz o jogo de seus interesses, e desconfia dela, persegue-a, quando ela luta pelo desenvolvimento do homem todo e de todos os homens" (D. Hélder Câmara, *Ano 2000: 500 anos de Brasil*, pp. 31-2) [ABH/AN/GAS].

Fazer o levantamento *Desp*. **1.** Cobrar escanteio ou falta a média ou longa distância. **2.** Lançar pelo alto [HM].

Fazer olho grande Cobiçar, deitando avidamente os olhos [AN].

Fazer o maior fuzuê Complicar, criar dificuldades e embaraços: "O cara é de fazer o maior fuzuê para conquistar uma coisa" [JB].

Fazer o mal Vingar-se [CGP]. ♦ A fonte cit., crê-se, por um lapso de revisão, traz a grafia "fazer o mau".

Fazer o mal e a caramunha Praticar uma falta e lastimar-se de a ter cometido [GAS].

Fazer o mandado *Port., Trás-os-Montes.* Defecar [GAS].

Fazer o Mangue "Praticar a prostituição na zona do Mangue, no Rio de Janeiro", registra Euclides Carneiro da Silva: "Jandira Frango, que faz o Mangue, nos aposentos da rua Pereira Franco, 31..." (Gilvandro Gambarra, *Diário de Notícias*, Rio de Janeiro, 5/7/70, 1ª Seção, p. 15) [MSM].

Fazer o mercantil *Bras., CE.* Fazer a feira; fazer o supermercado [MGa/MGb]. ♦ Uma rede de hipermercados, surgida nos anos 1960, ensejou em Fortaleza o surgimento desta expr. Era o Mercantil S. José. As pessoas diziam: "Hoje, como sem falta, a gente vai fazer o mercantil." Ou seja, iam fazer as compras, a feira semanal, quinzenal etc.

Fazer onda *Bras.* Procurar meios para que falem de sua pessoa (especialmente nas rodas teatrais, de rádio e cinema).

Fazer onda(s) Provocar agitação; criar casos; tumultuar, por simples gosto ou interesse, ou por prazer; exagerar boatos; provocar escândalo sobre algo aparentemente sem grande importância; procurar indispor certos meios contra determinada pessoa; instigar; complicar; intrigar; fingir; sugestionar; causar perturbação; criar dificuldades: "O cidadão gosta é de fazer onda, sem ter cacife" [ABH/AC/AN/FS/GAS/JB/MPa/Net/TC].

≠ **Não fazer ondas** Não criar problemas [GAS].

Fazer o ninho atrás da orelha Pregar peça, fazer brincadeiras com astúcia; enganar; ludibriar [GAS].

Fazer ó, ó Ver *fazer naná/nanar*

Fazer o palhaço chorar *Chulo.* Masturbar-se: "O garotão fez o palhaço chorar, agora tá abatido" [JB].

Fazer o pão caro Diz-se do indivíduo que já é muito velho; ser muito velho e não poder trabalhar [GAS].

Fazer o papel de Desempenhar determinada personagem em récita teatral ou mesmo na vida real: "No dia e hora, estava eu lá fazendo o papel de futuro dono, para receber os convidados do meu casamento" (Darcy Ribeiro, *O mulo*, p. 366) [GAS].

Fazer o parafuso Fazer um dos passos do frevo, em que o corpo se contrai e dá um giro completo, apoiado nas pernas quase totalmente flexionadas [FN].

Fazer o pelo-sinal Persignar-se; benzer-se: "Agora que vinha o Alvarenga com ordem de autoridade no Rio das Mortes, cheio dos prateados e das potências, com seu atrevimento, o padre fez o pelo-sinal, prevendo desatinos" (Sebastião Martins, *A dança da serpente*, pp. 121-2).

Sin.: *fazer o sinal-da-cruz*

Fazer o pinho chorar Tocar sentidamente violão [AN].

Fazer o ponto da situação *Lus.* Apresentar e sintetizar o que se está acontecendo. – Expr. do final dos anos 1970 e começos dos 1980 [GAS].

Fazer o possível Tentar todos os meios para conseguir algo [GAS].

Fazer o prato Deixar pronto e guardado o prato de comida; preparar o prato de alimentos [TC].

Fazer o preço ao milho *Lus.* Diz-se do indivíduo que manda [GAS].

Var.: *fazer o preço aos bois*

Fazer o que dá na cabeça Ver *fazer o que der na telha*

Fazer o que der na telha Fazer o que muito bem quer e entende; fazer o que der na cabeça, num impulso; seguir inclinações de momento; agir sem pensar nas consequências; agir livremente: "... estivava olha-

Fazer(-se)

res compridos aos companheiros que encontrava no caminho vivendo à solta, fazendo o que lhes dava na telha" (Romeu de Carvalho, *Carro Doce*, p. 18); "Vou fazer o que der na telha, depois a gente acerta o passo" [AN/CLG/GAS/JB].
Sin.: *fazer e acontecer* (2), *fazer o que dá na cabeça*

Fazer o que entende Agir de acordo com a sua própria vontade, sem ouvir os conselhos dos mais experientes [GAS].

Fazer o que o coração dita Agir sem peias nem restrições, conforme o livre-arbítrio: "Corina: Ela fez o que o coração ditou" (Chico Buarque & Paulo Pontes, *Gota d'água*, p. 10).

Fazer o quilo 1. Repousar, descansar após uma refeição (mais comum o almoço); dormitar: "O rango tá bom, mas tô com pressa e não vai dar pra fazer o quilo." – Alfredo de Carvalho, *Frases e palavras*, faz ver que a palavra "quilo" significa em quimbundo "sono" e que naturalmente seria ouvida dos escravos africanos. Nada tem que ver com o suco digestivo, como à primeira visita poderia parecer (ver Gilberto Freyre, *Casa-grande e senzala*). **2.** Andar, percorrer a pé certa distância, após as refeições, para auxiliar a digestão [AN/FF/GAS/JB/OB].

Fazer o rápido Ver *fazer o correio*

Fazer orelhas moucas Ver *fazer ouvidos moucos*

Fazer o santo Ver *fazer (a) cabeça*

Fazer os cabelos brancos Diz-se de qualquer ação que causa aborrecimentos [GAS].

Fazer o servicinho *Chulo.* Copular [GAS].

Fazer o serviço 1. Fazer certo trabalho, certa empreitada. **2.** Roubar [GS/Net/TC].

Fazer o sete *Lus., Trás-os-Montes.* **1.** Sinal feito por piscadela de olho no jogo de cartas (bisca). **2.** Diz-se de qualquer pretensão amorosa [GAS].

Fazer o seu filé Aproveitar-se do que é bom [AN].

Fazer o seu jeitinho *Lus.* Diz-se de mulher que se entrega discretamente, sem ser prostituta [GAS].

Fazer o seu ofício Cumprir com as suas obrigações; produzir o devido efeito [AC].

Fazer o sinal-da-cruz Persignar-se; benzer-se: "– Minha Nossa Senhora! – assustou-se Dinalva, fazendo o sinal-da-cruz" (Rogério Andrade Barbosa, *Rômulo e Júlia: os caras-pintadas*, p. 33); "Passando em frente da igreja, parou olhando para o alto. Seguiu depois seu caminho, fazendo o sinal-da-cruz" (Ricardo Azevedo, *A hora do cachorro louco*, p. 4).
Sin.: *fazer o pelo-sinal*

Fazer os mandados/um mandado Fazer os trabalhos que lhe competem durante o dia; cumprir as determinações; ir a alguma parte, a mando de alguém; dar cumprimento a uma incumbência: "Negro fiel. Podia se fazer um mandado por ele sem susto" (José Lins do Rego, *O moleque Ricardo*, p. 6); "– Onde você andava? – Eu fui fazer o mandado que vaimncê mandou..." [GAS/LM/TC].

Fazer os mortos *Gír. jornalística.* Preparar a seção necrológica nos jornais [GAS].

Fazer o trabalho Cometer um crime, uma agressão, um roubo, de forma premeditada, por conta própria ou a mando de terceiros: "E que jogou o punhal fora depois de saber que alguém tinha feito o trabalho por ele" (Luis Fernando Verissimo, *Borges e os orangotangos eternos*, p. 107); "Havia feito o trabalho por um cavalinho" (Pedro Batista, *Cangaceiros do Nordeste*) [TC].

Fazer o traçado Preparar o plano, o ardil [TC].

Fazer ousadia/ozadia *Bras., BA.* **1.** Bolinar; dar uns amassos; fazer coisas obscenas. **2.** Ter relações sexuais; transar [FNa/NL].

Fazer ouvido(s) de mercador Fingir que não ouve; fingir não escutar o que lhe estão dizendo; fingir que não percebeu as razões alheias; fazer-se de desentendido; não fazer caso do que se lhe diz; não dar atenção; ignorar advertências; não atender ao que se lhe diz ou pergunta: "Ao ouvir o chamado da mãe, o menino faz ouvidos de mercador e continua brincando" (DT, *VIII série*, p. 147); "Fiz ouvido de mercador à sua recomendação" (João Clímaco Bezerra, *Não há estrelas no céu*, pp. 174-5); "O Onipotente faz ouvidos de mercador às minhas preces... Protege o país!" (Eça de Queiroz, *O primo Basílio*, p. 323). – Os mercadores agiotas tinham muitas vezes os ouvidos fechados às súplicas, aos queixumes e aos rogos dos que a eles recorriam. Gomes Monteiro e Costa Leão, *A vida*, acham que a expr. vem dos tempos bárbaros em que os escravos eram marcados a fogo, como reses. Os marcadores executavam sua cruel missão com a maior indiferença, não ouvindo os gemidos dos desgraçados. O povo corrompeu "marcadores" em "mercadores" [ABH/AC/AJO/AN/DT/FF/GAS/OB/RMJ].

Sin.: *não dar (nem) as horas, fazer ouvidos moucos*

Fazer ouvidos moucos Não dar atenção; fingir que não ouve; não querer ouvir; esquecer-se propositadamente: "Correm avisos nos ares. / Há mistério, em cada encontro. / O Visconde, em seu palácio, / a fazer ouvidos moucos" (Cecília Meireles, *Obra poética*) [ABH/FSB/GAS].

Sin.: *fazer orelhas moucas, fazer ouvido(s) de mercador*

Fazer o vácuo em torno de alguém Isolar alguém [AN].

Fazer ovo Fazer mistério em torno de algum fato; esconder algum fato [ABH/AN].

Fazer pala 1. *Lus.* Encobrir um roubo. 2. *Bras., NE.* Estender a mão horizontalmente sobre os olhos, para evitar o excesso de luz e poder enxergar melhor: "Mulheres surgiram nas calçadas, fazendo pala com a mão, por causa do sol" (Caio Porfírio Carneiro, *Trapiá*) [GAS/TC].

Fazer panelas Embalançar as pernas, estando sentado [AN].

Fazer panelinha Conluiar-se; juntar-se a um grupo para um fim determinado; as-

sociar-se com alguém para intriga ou fim de pouca seriedade [AN/GAS].

Fazer pantim Contar boatos; contar notícias más, alarmantes ou terríficas; dar notícias más ou aterradoras [ABH/AN].

Fazer pão grande *Bras., pop.* Viver na indolência, no ócio [ABH/AC/AN].

Fazer (um) papagaio Assinar uma nota promissória [RMJ].

Fazer papel bonito Sobressair [TC].

Fazer papel de cachorro magro *Bras., RS.* Sair da mesa ou da casa em que houve a refeição logo após terminar de comer: "Olha, eu vou ter que fazer papel de cachorro magro, desculpa" [LAFa].

Fazer papel feio 1. Cometer asneiras; fazer papel ridículo. 2. Agir inescrupulosamente [TC].

Sin. (2): *fazer papel pança*

Fazer papel pança Ver *fazer papel feio* (2)

Fazer papo *Lus., Alentejo.* Resistir; opor-se em contrações da cara [GAS].

≠ **Não fazer papo** *Lus.* Não encher as medidas; não contentar [GAS].

Fazer para as despesas Não obter lucro, mas também não ter prejuízo [GAS].

Var.: *dar para as despesas*

Fazer (a/uma) parada *Bras., gír. policial.* Roubar; assaltar (a mão armada): "Odair disse que se arrependeu depois de fazer a parada" (*Jornal da Rua*, 15/6/99, p. 9); "Ele fez parada até os 18, depois foi engaiolado".

Var.: *sacudir a parada*

Fazer parede 1. Obstruir; dificultar; fazer combinação em comum; oferecer resistência; combinar não comparecer ao trabalho (operários), à aula (estudantes); unir-se a alguém para alcançar um objetivo; fazer greve. 2. *Desp.* Pôr-se à frente do adversário para dificultar-lhe a ação. 3. *Bras., NE.* Perseguir uma rês, emparelhando o seu cavalo com ela, para que outro perseguidor a derrube [ABH/AC/AN/GAS/HM].

Sin. (3): *fazer esteira*

Fazer parelha Diz-se de duas pessoas com as mesmas tendências, as mesmas virtudes ou os mesmos vícios; emparelhar; igualar-se: "Ela encanta e se desencanta no coração das matas, das palmeiras de buriti e de babaçu, fazendo parelha toda noite com as estrelas na belezura do luar" (Barros Pinho, *A viúva do vestido encarnado*, p. 69) [AN/GAS/RMJ].

Fazer parole No carteado, concordar (todos os jogadores) com nova distribuição de cartas [ABH].

Fazer parte de Ser um dos elementos ou figurantes de; participar de, ou em: "Fazem parte da comissão dois advogados" [ABH].

Var.: *ter/tomar parte em*

Fazer partes gagas Praticar ações para despistar [GAS].

Fazer passagem Ver *bater a(s) bota(s)*

Fazer passar *Umb. e Quimb*. Passar o "cavalo" (o médium) para outra vida, matá-lo. Isso pode ser feito pela entidade do médium como castigo [OGC].

Sin.: *levar o cavalo*

Fazer pé atrás 1. Recuar para firmar-se. **2.** *Fig.* Preparar-se para resistir. **3.** Desdizer-se; desfazer o que estava combinado; recuar: "Eu fiz agora pé atrás vinte e quatro anos da minha vida..." (Camilo Castelo Branco, *Amor de salvação*, p. 62) [ABH/AC/AN/FF/FSB/GAS].

Fazer pé-de-alferes a *Bras., SE.* Cortejar; galantear; dirigir galanteios; namorar; namoriscar; estar firme no namoro: "Num cenário qual aquele, e numa idade qual a nossa, não podíamos deixar de fazer pé de alferes à inefável Virgem Loura de Casemiro de Abreu..." (Leonardo Mota, *Cabeças-chatas*, p. 182). – Os alferes eram os porta-bandeiras dos regimentos e por isso eram os que menos deviam abandonar o posto [ABH/AC/AN/FF/GAS/*O Povo*, 31/3/96, p. 4B].

Fazer (um) pé-de-meia Enriquecer; fazer fortuna; juntar muito dinheiro; conseguir juntar um pecúlio; acumular bens; guardar dinheiro: "Primeiro, descobrimos que nossos eleitos estão contra nós, depois, que juiz de direito pode fazer pé-de-meia impunemente..." (Maristela, leitora, *Bundas*, 6/9/99, p. 30) [F&A/GAS].

Fazer pela(s) calada(s) Fazer algo ocultamente, sem estardalhaço, sub-repticiamente [AN/GAS].

Fazer pelas pernas abaixo 1. Ter diarreia ou estar aflito para mictar. **2.** Entrar em pânico ou estar aterrorizado [GAS].

Fazer pela vida Angariar proventos trabalhando; conseguir boa situação na vida: "O que eu quero simplesmente, exclusivamente, é fazer pela vida, ganhar algum dinheiro, prosperar, com os diabos!" (Adolfo Caminha, *Tentação*, p. 7) [GAS].

Fazer pelego /ê/ *Bras., RS.* Cometer erros nos passos de danças gaúchas, por não saber dançá-las [AJO].

Fazer pelouro *Ant.* Sortear os nomes dos vereadores e do procurador. – "Pelouro" era uma bola de cera dentro da qual os eleitores colocavam os votos para quem havia de servir como juiz ordinário ou vereador (Moreira de Azevedo, *O Rio de Janeiro*) [AN].

Fazer pender a balança Fazer que alguma questão se decida favoravelmente para uma das partes; pesar decisivamente na determinação de uma coisa [AN/GAS].

Fazer peneira Selecionar entre interessados em participar de alguma atividade: "O Bangu fez peneira e mandou um bando de perna-de-pau catar coquinho" [JB].

Fazer perder a paciência a um santo Diz-se de alguém que é teimoso, enfadonho ou traquinas [GAS].

Fazer (uma) perna 1. Tomar o lugar de parceiro no jogo; servir de parceiro no jogo: "– Ó Pinheiro, dá-me aqui fora uma palavra? É um instante. – Impossível, meu filho, inteiramente impossível. Ocupadíssimo. O *poker* é uma grande instituição. Faça uma perna" (Graciliano Ramos, *Caetés*, p. 181); "Você faz perna comigo no jogo de canastra, hoje à noite?" **2.** Associar-se a qualquer atividade de grupo; coparticipar dos atos de um grupo; atuar em parceria, seja em qualquer aventura ou empreitada; entrar em uma negociação; conluiar-se: "Quincão não ficava atrás: fazia perna comigo" (José Américo de Almeida, *A bagaceira*) [ABH/AN/FF/FN/FS/FSB/GAS/Gl/LM].

Fazer pescadinha Guardar como seu o dinheiro ganho pelo jogador que está logo a seguir [GAS].

Fazer pestana Colocar o dedo indicador sobre o braço da viola, guitarra etc. com o fim de facilitar a execução das peças a tocar [GAS].

Fazer peteca de alguém *Bras.* Jogar facilmente com a vontade de alguém; fazer de alguém um joguete [RG].

Fazer pião em Girar apoiando-se em determinado objeto ou determinado ponto, ou tomando-o como referência [ABH].

Fazer piauí *Bras., NE.* Dar certo jeito ao rabo da rês, já seguro pela mão, a fim de derrubá-la; levantar e torcer o sabugo da cauda de uma rês, obrigando-a a acostar-se ao moirão para ser facilmente ferrada; dar, o vaqueiro, o tombo na rês, na corrida: "Que tal se a gente apanhasse a ideia e começasse a fazer piauí com essa raça de políticos safados que andam por aí, hein?" (PJC, p. 106); "Fazer piauí é dar um certo jeito ao rabo já seguro da mão a fim de derrubar a rês" (Gustavo Barroso, *Terra do sol*) [ABH/AN/FN/FS/LM/RG/TC].

Sin.: *dar o/um tombo* (2)

Fazer picadinho Vingar-se: "Vou fazer picadinho daquele viado que tá me sacaneando" (*sic*) [JB].

Fazer pichi *Bras., NE, BA.* Urinar. – Expr. utilizada por crianças (Fernando São Paulo) [MSM].

Sin.: *fazer xixi*

Fazer pininho Ato de equilibrar uma criança de meses na palma da mão. – Motivo folclórico largamente estudado e com ligações à parlenda *Palminha de Guiné* [DVF].

Fazer pinto *Bras., NE, MA.* Fazer, empregado doméstico (por via de regra), pequenos furtos nas compras diárias; furtar ou sonegar, o criado, pequenas quantias nas compras diárias de que é encarregado: "A Tonha fez pinto na bolsa da avó e mandou-se pro cinema." – Diz-se do pequeno furto à gaveta do patrão, bolso conjugal ou paterno, subtraindo algumas moedas, ou cédulas miúdas. Não muito que se notasse nem pouco que não servisse (ver Cândido de Figueiredo, *Dicionário*, s. v. "PINTO") [ABH/AC/AN/FF/LCCa].

Sin.: *fazer bode* (2)

Fazer pintura Provocar distúrbios; fazer diabruras, traquinagem: "Toda criança faz pintura, até os guris bem-comportados fazem"; "A criança está fazendo pintura" [TC].

Fazer pipi Urinar: "Apenas entrei, passando pela fila de automóveis, dei uma longa volta no salão, fiz pipi e fui embora" (Fernando Gabeira, *Entradas & bandeiras*, p. 152). – Ling. inf. "Pipi" tem semelhança fonêmica com o ingl. *pee*, "urina", cuja pronúncia é /pi:/ [ABH/AN/FF/FS/GAS/MSM/RG].

Sin.: *fazer xixi*

Fazer piquê Fazer pirraça; implicar; encrencar; aperrear. – Talvez originário do fr. *piquer*, "ofender", "irritar" [TC].

Fazer piruetas Fazer diferentes caras e figuras, ser versátil e inconstante [AN].

Fazer pirraça Irritar: "E eu voltei a frequentar o Clube, mesmo para fazer pirraça ao caluniador" (Jáder de Carvalho, *Sua majestade, o juiz*, p. 304); "Para de fazer pirraça, seu merda" [JB].

Fazer (a) pista *Bras., gír. gay.* Prostituir-se: "Queria ser travesti e 'fazer pista', ou seja, prostituir-se nas ruas" (Ana Carvalho e Ricardo Giraldez, *IstoÉ*, 28/6/00, p. 50); "A bichinha nova tá fazendo a pista na Avenida Atlântica" [JB].

Fazer pocinha de mijo *Açor.* Fazer troça [GAS].

Fazer poeira *Bras., gír.* Provocar desordem [ABH/AC/AN/FF].

Fazer pomada Ostentar; ser ostentador [AN].
Var.: *ser um pomada*
Fazer ponta *Lus.* **1.** Provocar ereção. **2.** Abrir o apetite para algo [GAS].
Fazer pontão em alguém *Lus.* Desconsiderar alguém; tratar alguém com pouca consideração [GAS].
Fazer pontaria Visar o alvo [ABH].
Fazer ponte a alguém *Lus., Trás-os--Montes.* Passar à porta de alguém sem lhe falar [GAS].
Fazer ponto 1. *Lus.* Suspender pagamentos. **2.** Terminar; parar; acabar; rematar; concluir; cessar; dar um assunto por encerrado; dar por finda uma ligação amorosa: "Faça ponto com essa discussão besta" [ABH/AC/AN/FSB/GAS].
Sin. (2): *pôr (um) ponto final*
Var. (2): *fazer ponto final, pôr (um) ponto*
Fazer ponto em Ter por hábito ficar estacionado em algum lugar; ser costume demorar-se em certo local; estacionar habitualmente em determinado lugar; frequentar com muita assiduidade determinado lugar; costumar demorar-se ou permanecer em; assistir em: "Começa, então, a pintar nas festinhas de embalo enturmada com as bandidetes e faz ponto no Castelinho, no Leme e no Lido" (João Antônio, *Sete vezes rua*, p. 29); "E tem a turma do Zeca, que faz ponto aqui" (*Bundas*, 5/7/99, p. 11); "Ele mora no Ipu, mas faz ponto em Sobral"; "O bicheiro faz ponto na praça"; "Costuma fazer ponto na casa do primo" [ABH/AN/FF/FS/GAS/LM/TC].
Fazer porcaria(s) 1. Defecar: "Os flagelados vinham às escondidas tomar banho e faziam porcaria dentro" (F. Magalhães Martins, *Mundo agreste*). **2.** Praticar atos indecentes; praticar atos sexuais aberratórios: "Pois não é que esses cachorros (moleques) andavam fazendo porcaria?" (Fran Martins, *Ponta de rua*). **3.** Fazer coisas malfeitas [GAS/TC].

Fazer por elas Merecer pancadas, castigo [AN].
Fazer por esporte Fazer para divertir--se [AN].
Fazer por menos Diminuir; deixar mais barato [AN].
≠ **Não fazer por menos 1.** Não baratear o preço. **2.** *Lus.* Diz-se de pessoa que alardeia ir fazer uma grande ação. **3.** Realizar igualmente, ou melhor ainda, determinada ação: "– Rui Barbosa não fazia por menos. Só falava empapado de conhaque com salsaparrilha. Era cada discurso, Seu Pertilato, de abalar os alicerces!" (José Cândido de Carvalho, *Porque Lulu Bergantim não atravessou o Rubicon*, p. 39). **4.** Agir resolutamente e sem perder tempo, sem questionar: "Ele carregou a moça para a Flórida e ela não fez por menos: desfilou para as dezesseis *griffes* que participaram da Semana Internacional da Moda de Miami, no início do mês" (Janete Leão Ferraz, *IstoÉ*, 19/5/99, p. 85); "Fulano candidatou-se ao emprego, e o ministro não fez por menos: nomeou-o imediatamente". **5.** Revidar rápida e decididamente: "Levou um soco, e não fez por menos, derrubou o adversário" [ABH/GAS].
Fazer por onde 1. Procurar jeito de fazer algo: "Fiz por onde abrandá-lo, e não o consegui." **2.** Provocar certo acontecimento; fazer jus a alguma recompensa; dar motivo a algo; dar lugar a algo; ser culpado de algo; praticar ato pelo qual mereça castigo; ter culpa; dar motivos a censura: "Vamos encher as cadeias tudo de novo! Que cada um comece imediatamente a fazer por onde ser preso" (Henfil, *Cartas da mãe*, p. 163); "Se não quer apanhar, não faça por onde"; "Foi castigado sem fazer por onde" [ABH/AC/AN/AT/FF/FS/GAS/LM/TC].
Var. (2): *dar por onde*
Fazer posturas *Lus., Minho.* Fazer trejeitos [GAS].
Fazer pouco caso/pouco-caso de Menosprezar: "Não façais pouco caso das horas!" (Olavo Bilac, *Obra reunida*, p. 316);

"– É, todo mundo acha ridículo, todo mundo desdenha, faz pouco-caso, mas não há intelectual nesta terra que não sonhe vestir aquele fardão" (Dias Gomes, *Sucupira, ame-a ou deixe-a*, p. 150); "Quem ele pensa que é pra ficar fazendo pouco-caso da minha dor?" (Valéria Piassa Polizzi, *Depois daquela viagem*, p. 25).
Var.: *fazer pouco de*

Fazer pouco de 1. Desprezar; humilhar; depreciar; apoucar; menosprezar; desdenhar; ridicularizar; não dar importância: "Rosa: Se ele faz pouco de mim, faz pouco do que é dele" (Dias Gomes, *O pagador de promessas*, p. 32); "Meu tio dava de ombros, fazia pouco das raivas de Dona Lúcia" (José Cândido de Carvalho, *Olha para o céu, Frederico!*, p. 75). **2.** Zombar; maldizer; troçar; mangar; avacalhar; mofar, escarnecer de: "– Não fala alto, por quê? Até você, querendo fazer pouco de mim" (José Lins do Rego, *Fogo morto*, p. 255) [ABH/CGP/FS/GAS/JB/MGa/PJC/TGa/TC].
Sin.: *levar a/no pagode*
Var.: *fazer pouco caso/pouco-caso de, fazer pouco em*

Fazer praça de Fazer alarde de; alardear; vangloriar-se; ostentar; estadear: "Não prometes recompensa tentadora; não fazes praça de generosidade ou largueza; acenas com o razoável, com a justa medida das coisas..." (Carlos Drummond de Andrade, *Quadrante 2*, p. 12); "Não exigia que os demais fossem de aço nem xingava os companheiros de pequeno-burgueses, fazendo praça de bolchevique" (Jorge Amado, *Farda fardão camisola de dormir*, pp. 187-8) [ABH/AC/FF/FSB].

Fazer (a/uma) precisão Satisfazer necessidade fisiológica; urinar ou defecar; fazer xixi ou cocô: "... e procurar uma moita qualquer, para fazer a precisão, aliviar os bofes, pois intestino mesmo, hoje em dia, só quem possui é rico" (Aníbal Bonavides, *As profecias do Arquimedes*, p. 248); "(Um urubu fez precisão em mim?)" (Manoel de Barros, *O livro das ignorâncias*, p. 35). Ver Rodrigues de Carvalho, *Gíria do Norte* [ABH/FF/FN/FNa/FS/MSM/RG/TC].
Sin.: *fazer (uma) necessidade*
Var.: *aliviar sua precisão, satisfazer uma precisão*

Fazer preço Dizer quanto pede por determinada coisa ou quanto oferece por ela. "Faça preço no papagaio, dona" (Graciliano Ramos, *Alexandre e outros heróis*) [TC].
Var.: *botar preço*

Fazer presa Começar a solidificar [GAS].

Fazer presença *Bras., CE*, gangues urbanas. "Usar o companheiro sexualmente" [tese de doutorado da socióloga Glória Diógenes, da UFC, in *O Povo*, 1º/6/98, p. 19A].

Fazer presente Transmitir notícia, recado etc.: "– Lembranças a seu pessoal, Gil. – Farei presente" (Ribamar Galiza, *Que duas belas crianças*) [TC].

Fazer presepadas Fazer estrepolias [BB].

Fazer pressão 1. Pressionar: "Vamos fazer pressão pra derrubar este (...) traidor." **2.** *Desp.* Desencadear ataques incessantes e devastadores, mantendo o time adversário sob sufoco; bombardear. **3.** *Desp.* Exercer marcação cerrada sobre jogador adversário [HM/JB].
Sin. (1) (3): *fazer carga*
Sin. (2): *dar (um) sufoco (2), desencadear blitz*

Fazer prestança e amor *Lus.* Emprestar; fazer presente [GAS].

Fazer projetos no ar Fazer projetos sem assento, levianamente [GAS].

Fazer pu-pu/pupu *Bras., NE.* Defecar, evacuar. – Maneira de falar das crianças [GAS/MSM].

≠ **Não fazer puto** *Lus.* Não fazer nada [GAS].

Fazer (o) quarto *Bras.* Velar um defunto, um doente; assistir a enfermo ou fazer sentinela a defunto, à noite; ficar, durante uma parte da noite (ou a noite inteira), ao lado de um doente ou um morto; ficar vigilante um quarto da noite; passar a noite, ou parte da mesma, a velar um defunto ou pessoa em estado de saúde muito grave; passar a noite em vigília, ao lado de algum enfermo, moribundo ou defunto; velar; comparecer ao velório: " – Qual, mulher! Aquilo é o cansaço de estar fazendo quarto à mãe, que estava vai-não-vai" (Domingos Olímpio, *Luzia-Homem*, p. 82); "... fizeram quarto regado a pinga, com duas galinhas cruelmente sacrificadas (este foi aliás o orgulho maior do farto velório), nada disso lhes fez perder o ânimo carnavalesco" (Mílton Dias, *As cunhãs*, p. 115); "Morto o doente, vão fazer o quarto, velar o corpo durante a noite" (Getúlio César, *Crendices do Nordeste*); "Vamos fazer quarto para seu Antônio e ficar um pouco com dona Marisa. Mais tarde a gente volta" [ABH/AN/FNa/FS/GAS/LM/RG/TC].

Var.: *fazer quarto a defunto, fazer quarto a moribundo*

Fazer quarto a Lus. Velar imagens numa igreja [GAS].

Fazer quarto a defunto 1. Vigiar; espreitar. **2.** Velar; passar a noite em velório [RG].

Var.: *fazer (o) quarto*

Fazer quarto a moribundo 1. Vigiar; espreitar. **2.** Passar a noite ao lado de pessoa doente [RG].

Var.: *fazer (o) quarto*

Fazer quatro soldados e um cabo Lus. Roubar. – A imagem (quatro soldados e um cabo) refere-se à mão [GAS].

Fazer que Fingir, simular: "Faz que trabalha, mas diverte-se" [ABH/AC].

Fazer (com) que Influir para; ser causa de; conseguir; esforçar-se por; obrigar a; causar: "Com bons argumentos, fiz (com) que todos apoiassem a minha ideia"; "Faça (com) que seus filhos trabalhem cedo"; "Estava imóvel e fiz que se movesse" [DPC].

Fazer queixa de Fam. Fazer reclamação contra o procedimento de alguém à pessoa que tem autoridade para repreender ou punir [ABH].

Fazer que nem gato: dar unhada e esconder a unha Ser hipócrita [AN/LM].

Sin.: *dar o bote e esconder a unha*
Var.: *fazer que nem gato*

Fazer quesipa Bras., MA. Complicar as coisas fáceis. – "Quesipa" significa "encrenca, rolo, briga" [DVF].

Fazer questão de Exigir de si mesmo ou de outrem; insistir; não transigir em: "Faço questão, porém, de esclarecer desde logo que a história que Joel Silveira andou contando por aí sobre Ingrid Bergman e mim é inexata" (Rubem Braga, *200 crônicas escolhidas*, p. 66); "Rosa: (...) Você explicava à santa que tinha sido roubado, ela não ia fazer questão" (Dias Gomes, *O pagador de promessas*, p. 18) [ABH/JB].

≠ **Não fazer questão do preço da banha, o que quer é a comida bem temperada** Não olhar a despesa para um fim útil [AN].

Var.: *não querer saber do preço da banha, o que quer é a comida bem engordurada*

Fazer questão fechada de 1. Ter maior interesse, o máximo empenho em: "Faço questão fechada de sua presença aqui." **2.** Ser intransigente em relação a: "Faço questão fechada da manutenção dos meus princípios" [ABH].

Fazer quibinho Bras., PB. Pegar no pênis de alguém e ficar apertando ou amolegando [FNa].

Fazer (uma) química Bras. **1.** Nas repartições públicas, empregar uma verba em destino diverso do que era determinado pela lei, em benefício do serviço, porém de modo irregular; fazer uma manobra ilegal. **2.** Arranjar as coisas e situações de modo tendente a levá-las ao ponto desejado [ABH/AN].

Fazer quizila Importunar; enquizilar [FS].

Fazer quizumba Ver *melar o jogo* (2)

Fazer rancho Bras., RS. Fazer compras de provisões [LAFa].

Fazer rapapés Fazer excessos de cortesias, mesuras, contumélias, fazer namoro; galantear [GAS].

Fazer rapar Criar expectativas; fazer esperar [GAS].

Fazer renda *Bras.* **1.** Permanecer numa festa dançante, sem dançar ou sem ter com quem dançar; diz-se das mulheres que não dançam, num baile ou festa, por falta de pares que as prefiram; não ser tirada pra dançar no baile ou na festinha: "Levei o maior chá de cadeira do mundo, fiquei lá fazendo renda um tempão, mas terminei conseguindo dançar com ele"; "A Maria foi ao baile, mas fez renda toda a noite". **2.** *NE, pop.* Ficar parado, ocioso ou entregue a serviços secundários; esperar [ABH/CGP/FN/LM/MGa/TC].

Sin. (1) (2): *tomar chá de cadeira*
Sin. (1): (ES) *comer peru*.

Fazer render o peixe Conseguir demorar, em seu proveito, alguma situação [GAS].

Fazer reparo 1. *Lus.* Notar; reparar; avistar. **2.** *Bras.* Criticar, censurar: "Feito o reparo, prossigo no adiantamento" (Paulo Dantas, *O capitão jagunço*). **3.** Vigiar: "Aquele cachorro veio foi fazer reparo" (José Lins do Rego, *Cangaceiros*) [GAS/TC].

Fazer retórica Falar ou escrever com estilo empolado e com grande opulência de forma; expressar-se de modo afetado [TC].

Fazer rir as pedras Provocar grande hilariedade; ser, alguma coisa, muito engraçada [AN/GAS].

Var.: *fazer rir as pedras da calçada*

Fazer risca *Bras., PE.* Fazer ou oferecer resistência a alguma coisa; opor-se a algo; ser do contra; ficar contra [ABH/FN].

Fazer roça Explorar [AN].

Fazer roçadinho *Bras., NE, S, chulo.* Diz-se do onanismo recíproco das mulheres; referência ao sexo entre mulheres: "Elas tavam fazendo roçadinho" [JB/MSM].

Fazer rodeios Usar de meios indiretos para conseguir algo; usar subterfúgios, circunlóquios [GAS].

Fazer rolha Fazer trinta pontos certos no jogo da bisca [AN].

Fazer ronha Fingir que trabalha [GAS].

Fazer rosto a 1. Estar defronte de: "A casa faz rosto ao mar." **2.** Resistir a; enfrentar [ABH/AC/AN/FF].

Sin.: *fazer face* (1) (5)

Fazer rua Andar, a prostituta, pelas calçadas à procura de homem (Euclides Carneiro da Silva, *Dic. da gír. brasileira*, Bloch Ed., 1973): "Se ela me largar, para onde imagina você que possa ir? Só se for fazer rua!..." (Octávio de Faria, *Ângela ou as areias do mundo*) [MSM].

Fazer sabão 1. *Bras., AL, chulo.* Procurar estabelecer contatos voluptuosos com alguém, principalmente numa aglomeração de pessoas, em veículo, cinema etc.; sarrar; xumbregar; bolinar; esfregar-se em alguém; diz-se do famoso e pop. amasso. **2.** *Bras., NE, S, Centro-Oeste.* Praticarem, mulheres, o ato lésbico, transarem; exercer o homossexualismo feminino que consiste no atrito recíproco dos órgãos genitais; ato ou prática de tribadismo; diz-se do onanismo recíproco das mulheres; expr. us. para se referir a sexo entre mulheres (lésbicas), a lesbianismo: "Aquelas duas não se consertam... Elas gostam mesmo é de fazer sabão" (FNa, p. 162); "Elas gostam de fazer sabão, são chegadas" [ABH/DVF/FN/JB/MGb/MSM/Net/RG/TC].

Fazer saber Avisar, participar [FF].

Fazer sala a 1. *Lus., ant.* Receber alguém esmeradamente, com cortesias e atenções, não o deixando sozinho; receber e entreter uma visita, conversando com ela; permanecer a empatar alguém; passar tempo; estacionar num estabelecimento sem fazer nenhuma despesa; esperar; fazer companhia: "É pra passar um pedaço lá fazendo sala, e mesmo que tenha achado a janta boa..." (TG, p. 124); "Dona Lúcia vinha fazer sala, receber o dono da São José" (José Cândido de Carvalho, *Olha para o céu, Frederico!*, p. 35); "... precisava ir fazer sala às visitas ... Há quanto tempo estavam ali!" (Machado de Assis, *Quincas Borba*). – Usa-se a expr. para designar a atitude de receber uma visita, mas quase sempre com um condimento: há um certo tédio envolvido na atividade. Loc. já us. na *Crônica de Dom Fernando*, de Fernão Lopes. **2.** *Fig.* Lisonjear; fazer corte a [ABH/AC/AJO/AN/CGP/FF/GAS/JB/LAF/RMJ/TG].

Fazer salseiro *Bras., NE.* Fazer bagunça, confusão, desordem [ABH/BB].

Fazer sangue 1. Derramar sangue por golpe ou contusão; produzir ferimento, provocando saída de sangue ou hemorragia; ferir alguém: "Junto ao túmulo mandou que lhe açoitassem as costas nuas até fazer sangue e por três dias ali jejuou e orou..." (Rachel de Queiroz, *Dora, Doralina*, p. 59). **2.** Despedir pessoal. **3.** Dar más notas a grande número de alunos. **4.** Castigar mui severamente, com rigor [AN/FS/GAS/Gl/LM/TC].

Fazer sangue podre Ver *fazer mau sangue*

Fazer-se alonso Fazer-se desentendido [GAS].

Fazer-se à malta Fugir; retirar-se [GAS]. Var.: *aproximar-se da malta*

Fazer-se ao caminho Partir: "O mascate fez-se ao caminho muito cedo" [ECS].

Fazer-se ao largo 1. *Mar.* Navegar para o largo; afastar-se, a embarcação, da costa; sair do porto. **2.** Mudar de lugar; andar [ABH/AN].

Fazer-se ao mar Sair do porto e dirigir-se para o alto-mar; sair de um porto, principiando a navegar; dirigir(-se) ao mar alto: "Ímpetos de voltar, fugido, para o mato, / De me fazer ao mar numa casca de noz" (Vicente de Carvalho, *Poemas e canções*) [ABH/AN].

Sin.: *tomar o alto*

Fazer-se ao piso Tentar conseguir algo; insinuar-se; candidatar-se; namorar [GAS].

Fazer-se à/de vela Começar a navegar; sair de um porto; embarcar; zarpar: "Pus de lado o assado que comia, atirei longe o charuto, comprei um navio e fiz-me à vela, no mesmo dia, rumo à velha Europa..." (Orígenes Lessa, *Aventuras do barão de Münchhausen*, p. 98); "No fim de oito dias o *Barroso* deixava de uma vez o país dos ianques, fazendo-se de vela para os Açores" (Adolfo Caminha, *No país dos ianques*, p. 176); "Apresentou-se um brigue que devia... fazer-se à vela para o Rio de Janeiro..." (Camilo Castelo Branco, *Carlota Ângela*) [ABH/AC/AN/ECS/FF].

Fazer seboseira Fazer sujeira [BB].

Fazer-se caro Fazer-se importante, difícil; pôr dificuldades no que lhe pedem [GAS].

Fazer-se com alguém Tentar conquistar, requestar alguém [GAS].

Fazer-se com terra 1. Aprontar-se para uma determinada finalidade. **2.** Desejar [GAS].

Fazer sede Despertar o apetite, o desejo [GAS].

Fazer-se de besta 1. Fingir-se tolo. **2.** Mostrar-se intrometido, malcriado, atrevido, insolente, desaforado. **3.** Meter-se a sabido, inteligente, ou ser petulante: "Se eu fosse delegado, ela ia mas era pra cadeia, para não se fazer de besta..." (Domingos Olímpio, *Luzia-Homem*) [RG/TC].

Fazer-se de burro, pra poder dar peido diante das moças Simular ingenuidade para inconveniências [LM].

Fazer-se de burro pra poder ventar na frente das moças Simular falta de senso [LM].

Fazer-se de inocente Fingir desconhecimento do caso [TC].

Fazer-se de manto de seda Ficar todo grave e correto para melhor iludir [GAS].

Fazer-se de mil cores Fazer cara de envergonhado; levar um grande susto; mostrar grande perturbação do ânimo, por mudanças rápidas e sucessivas da cor do rosto [AN/GAS].

Fazer-se de morto *Bras., RS.* Fazer-se de sonso, bancar o desentendido, pra não se incomodar ou pra não ser chamado às falas: "E o egrégio Conselho Regional de Medicina maurício [= pernambucano] se fez de morto. Arquivou o processo 'por falta de provas'" (Aírton Monte, *O Povo*, 12/11/97, p. 2B) [LAF].

Fazer-se de novas Fingir-se ignorante, desconhecedor do assunto em que se fala; fingir ignorar aquilo que muito bem sabe [AN/GAS].

Fazer-se de proa Ir a: "Bem almoçados, mal almoçados, fazemo-nos de proa à Vidigueira" (Brito Camacho, *Por cerros e vales*) [ECS].

Fazer-se de salame Bras., RS. Disfarçar suas verdadeiras intenções [LAF, s. v. "SALAME"].

Fazer-se de sancho rengo Fazer-se de tolo, de desentendido. – Do platinismo *hacerse el chancho rengo*. "Rengo" (adj.): diz-se do animal, ou da pessoa, que manqueja de uma perna (Aurélio Buarque de Holanda, "Glossário", *apud* J. Simões Lopes Neto, *Contos gauchescos e Lendas do Sul*, p. 351) [AJO/Aurélio Buarque de Holanda, "Glossário", *apud* J. Simões Lopes Neto, *Contos gauchescos e Lendas do Sul*, p. 328].
Var.: (Bras., S) *fazer-se de chancho-rengo*

Fazer-se de tolo para poder viver Ser um falso tolo, sendo na realidade um espertalhão [AN].

Fazer-se de volta Voltar: "Chegou à estrada sem butucum nem espingarda, e fez-se de volta..." (Valdomiro Silveira, *Os caboclos*) [ECS].

Fazer-se eco Passar adiante notícias, geralmente más [AN].

Fazer-se em postas Cansar-se; esfalfar-se: "Eu, um homem como os mais, que nunca fiz mal a ninguém, que me tenho feito em postas para os sustentar a vocês..." (Rodrigo Paganino, *Contos do tio Joaquim*) [ECS].

Fazer-se (de) esquerdo Fingir que não ouve; não prestar apoio, não dar consentimento; desculpar-se, esquivar-se: "Faça-se de esquerdo... Pensa que eu não sei tudo?" (Bernardo Guimarães, *A escrava Isaura*, cap. 6) [AN/ECS/GAS].

Fazer-se fino Fazer-se presumido, vaidoso, atrevido; pretender enganar; querer passar por esperto [AN/GAS].

Fazer-se forma /ô/ Lus. Mostrar-se sovina ou intratável [GAS].

Fazer-se forte Querer mostrar que tem mais ânimo do que realmente tem [GAS].

Fazer-se gente Tornar-se adulto pelas suas ações; ter importância ou valimento: "Fez-se gente à custa do próprio esforço" [ABH/GAS].

Fazer sei lá o que (sic) Fazer alguma coisa: "Ele faz sei lá o que, acho que ele vende biscoito" [JB].

Fazer-se Inês d'Horta Lus. Fazer-se desentendido; fingir-se parvo ou tolo [GAS].

Fazer-se lucas Ver *fazer-se (de) desentendido*

Fazer semana inglesa Deixar o trabalho no sábado ao meio-dia para retomá-lo segunda-feira pela manhã [AN].

Fazer semblante de uma coisa Dar ares ou mostra de alguma coisa [AN].

Fazer-se menino bonito 1. Fingir-se desentendido. **2.** Mostrar-se superior [GAS].

Fazer-se mister Ser forçoso, preciso, necessário: "Faz-se mister reduzir os gastos públicos" [DPC/GAS].
Var.: *haver mister (de)*, *ser (de) mister*

Fazer-se moita Lus. Fingir que não vê ou que não ouve [GAS].

Fazer-se morto 1. Disfarçar parecendo morto. **2.** Cair com todo o peso do corpo em cima de outrem. **3.** Fazer doação dos bens em vida [GAS].

Fazer-se na faca Empunhar; agredir com arma [TC].
Sin.: *fazer-se no punhal*

Fazer-se na volta do mar Distanciar-se da terra [AN].

Fazer-se noite Anoitecer; vir a noite [GAS].

Fazer-se no punhal Ver *fazer-se na faca*

Fazer sentido Ser compreensível; ser lógico: "A história de lobisomem não fazia mesmo muito sentido" (Ricardo Azevedo, *A hora do cachorro louco*, p. 28) [ABH].

Fazer sentinela Vigiar; espreitar [AN].

Fazer sentir Fazer conhecer; fazer perceber; fazer compreender; ser franco; não disfarçar: "Ora, os jovens sabem que a raiz dos equívocos entre classes sociais de um mesmo país consiste na atitude dos ricos em fazer sentir que o problema é de ajuda, de generosidade, de distribuição das migalhas que caem das mesas do banquete" (D. Hélder Câmara, *Ano 2000: 500 anos de Brasil*, p. 30) [GAS].

Var.: *dar a sentir*

Fazer-se pagar Exigir grande paga ou recompensa por serviços prestados [GAS].

Fazer-se pessoa crescida e depois sim *Lus.* Diz-se quando a criança quer parecer adulto ou quando o novato quer saber mais do que os velhos: "Faz-te pessoa crescida e depois sim." – Expr. que retira a autoridade a alguém.

Sin.: *crescer e aparecer* (1)

Fazer sereno Passear e olhar as casas nos dias de festas [FN/FNa].

Fazer-se (de) rogado Deixar que insistam: "Patativa não se fez de rogado: 'Quando eu entrei no Pará / achei a terra maió / vivo debaixo de chuva / mas pingando de suó!'" (Gilmar de Carvalho, *Patativa do Assaré*, p. 20); "– Não me faço de rogado. Dou a minha opinião que é a mesma do povo..." (Aníbal Bonavides, *As profecias do Arquimedes*, p. 122) [ABH/AT/FF].

Var.: *fazer-se rogar*

Fazer-se rogar Gostar que lhe peçam algo com insistência; deixar que insistam: "Sem se fazer rogar o dono da casa já despejava num copo uma dose do líquido dourado" (Luciano Barreira, *Os cassacos*, 3ª ed., p. 273) [ABH/AT/FF].

Var.: *fazer-se (de) rogado*

Fazer (o) serviço *Bras., NE, AL.* Defecar [FS/MSM/RG/TC].

Fazer (o/um) serviço Matar; cometer um crime, uma agressão; matar alguém por encomenda, por empreitada; agredir, espancar a mando de alguém: "Lá um dia o chamou: '– Vicente, temos que fazer um serviço na quinta-feira.' O major Solano não era homem de muito falar" (José Lins do Rego, *Cangaceiros*, p. 171); "Eles brigaram e Augusto levou a pior. Por isso, prometeu matar José e, como não teve coragem, pediu a James que fizesse o serviço" (*Jornal da Rua*, 6/7/99, p. 10) [AT/CGP/FN/FNa/FS/TG].

Var.: *fazer um servicinho*

Fazer serviço de tatu Cavar; escavar; esburacar: "E uma noite, trepado no coreto da Praça das Acácias, gritou: – Agora a gente vai fazer serviço de tatu!" (José Cândido de Carvalho, *Porque Lulu Bergantim não atravessou o Rubicon*, p. 138).

Fazer sessão *Lus., gír. mil.* Juntar gente à sua volta para diversos fins [GAS].

Fazer sessenta e nove Ver *fazer capicua*

Fazer-se tarde Aproximar-se da hora fixada [GAS].

Fazer-se trouxa Fingir que é parvo ou tolo [GAS].

Fazer seus entes de razão Calcular a conveniência de ação projetada; calcular os resultados, consultar-se a si mesmo [AN].

Fazer seus favores *Lus.* Fazer, a mulher, concessões de caráter amoroso [AN].

Fazer-se valer Saber tirar partido [GAS].

Fazer-se vermelho Corar de pejo; envergonhar-se [AN].

Fazer sexo Ver *fazer amor*

Fazer sinal Indicar por qualquer meio compreensivo, convencionado previamente [GAS].

Fazer sombra a Deixar alguém na penumbra; levar vantagem; pretender suplantar alguém; não deixar que alguém se evidencie; concorrer, competir com alguém; escurecer as boas qualidades de alguém com o próprio merecimento [ABH/AN/GAS].

Fazer sopa Diz-se de aproximação erótica, de namoro flamejante em que os participantes se confundem com os ingredientes [LCCa].

Fazer (uma) sopa de pedra Obter vantagens, procedendo por partes e com ares de quem nada quer. – A or. da expr. está na conhecidíssima história de um frade que saiu a pedir esmolas e, à noite, extenuado, longe do convento, sentiu muita fome e entrou numa casa, a fim de pedir comida. Logo, descobre que lidava com gente de muita avareza e diz, então, que não quer nada mais que um pouco de água, para fazer uma sopa de pedras. Põe água para ferver com as pedras, mas aos poucos vai pedindo os temperos e, depois do sal e da pimenta, passa aos ossos e aos legumes [AN/RMJ].

Fazer suar o topete Molestar, preocupar, incomodar; dar que fazer [ABH/AN]. ♦ *Bras*. De acordo com o dic. *Aurélio*, pronuncia-se /topéte/, em ger., embora o *Vocabulário ortográfico* oficial preconize o timbre fechado, /topête/.

Fazer sucesso Brilhar; obter êxito [GAS].

Fazer sujeira 1. Fazer asneira; sair-se mal. **2.** Cometer vilania; praticar atos indignos e traiçoeiros [FS/GAS].

Fazer suspense Suscitar expectativa interessada [CPL].

Fazer tábua rasa de 1. Suprimir totalmente o que existe, para substituir por coisas novas; limpar a mesa, levar tudo, não deixar vestígio de coisa alguma. **2.** Não fazer caso de; não levar em conta, em consideração; desprezar; ignorar; esquecer; anular; não considerar o assunto; passar por cima de: "O sexo, insubmisso, urgente, fez tábua rasa dos pudores da epiderme e de outras relutâncias inconfessadas" (Miguel Torga, *Traço de união*). – "Tábua rasa" é propriamente uma superfície lisa, preparada para receber uma inscrição, mas onde ainda não se gravou coisa alguma; uma prancha de gravadores, escudo de uma só cor e sem figura alguma. As tabuinhas enceradas onde os ant. escreviam eram raspadas depois de usadas para que se pudesse escrever de novo. A comparação já vem de Platão, *Teeteto*, de Aristóteles, *Peri psychês*, e da Escolástica. Expr. comum na ling. filosófica, tem or. estoica. Diz-se que o espírito é uma tábula rasa e que as sensações é que a preenchem [ABH/AC/AN/ GAS/RMJ].

Var.: *fazer tábula rasa*

Fazer tac-tac Ver *fazer fuque-fuque*

Fazer tagatés *Lus*. Fazer trejeitos propositados para fazer rir outra pessoa ou para lhe captar as simpatias [GAS].

Fazer tanto caso de uma coisa como da primeira camisa que vestiu Não ligar a menor importância. – A expr. vem dos gr.: "... *ut Graeci dicere solent, quem mater amictum dedit, sollicite custodientium*" (Quintiliano, *Institutiones*, verso 14). Onde andará a primeira camisa vestida por alguém? [AN/LM].

Var.: *fazer tanta conta de uma coisa como da primeira camisa que vestiu, importar-se com uma coisa tanto como com a primeira camisa que vestiu*

Fazer táxi *Bras*. Rodar, o avião, em terra, preparando-se para decolar; taxiar [ABH].

Fazer tchaca tchaca na butchaca *Bras., gír*. Fazer sexo: "Os dois gostam mesmo é de fazer tchaca tchaca na butchaca" [JB].

Fazer teatro Exagerar para despertar a atenção dos presentes; imprimir dramaticidade às próprias palavras e/ou atitudes, para suscitar comoção ou interesse [ABH/GAS].

Fazer (uma) tempestade em copo d'água Discutir, ou brigar, por pouca coisa; fazer um escândalo por nada; armar uma confusão, uma briga, por uma questão sem importância; promover grande discussão por uma causa insignificante: "Onde anda o Nicolau? Estão fazendo tempestade em copo d'água!" (João Bosco, músico, *Bundas*, 1º/8/00, p. 25); "Vamos parar de fazer tempestade em copo d'água!?" (Paulo Caruso, *IstoÉ*, 17/1/01, p. 112); "O seu mal, Valdir, é viver fazendo tempestade em copo d'água" (Mino, *Diário do Nordeste, in* "The

Mino Times", cad. 3, 4/3/01, p. 8) [AN/CLG/GAS/JB/MPa].

Var.: *levantar uma tempestade num copo d'água*

Fazer tempo 1. Demorar com algum fim. **2.** Decorrer muito tempo: "Faz tempo que deixei o vício" (Durval Aires, *Barra da solidão*) [GAS/TC].

Sin. (1): *fazer hora(s)/as horas*

Fazer tenção Tencionar; projetar; decidir: "Voltou desanimado, ficou um instante no copiar, fazendo tenção de hospedar ali a família" (Graciliano Ramos, *Vidas secas*, p. 13); "– Vendi-as, porque não faço tenção de lá voltar" (Camilo Castelo Branco, *Amor de perdição*, p. 117) [GAS].

Fazer terra *Bras., NE, BA, chulo.* **1.** Encostar-se o homem numa mulher, dentro de um transporte coletivo, com fins libidinosos; encostar no traseiro de uma mulher, no ônibus lotado, no meio do empurra-empurra, e tirar uma casquinha; tirar sarro, com gente desconhecida, em ônibus cheio; pinar: "Meio apoquentado, fui me espremendo lá pra frente e consegui passar pela borboleta. Num daqueles feios de arrumação, fiquei de grande fazendo terra numa graxeira [= empregada doméstica] bem muderninha (sic), mais enfeitada que jegue na Lavagem do Bonfim" (NL, s/p.). **2.** Quando a mulher coloca o dedo no ânus do homem durante o ato sexual; colocar o dedo no ânus na hora da cópula [CGP/FNa/MGa/NL].

Sin. (1): *dar um pino*, (AL) *marcar cartão*

Var. (2): *fazer fio-terra*

Fazer tesourinha(s) Teimar até o fim; porfiar; não ceder em circunstância alguma [AN/GAS].

Fazer testa a Ver *fazer face* (1) (2)

Fazer testamento Ver *estar às portas da morte*

Fazer tijolo *Bras., NE, SP, gír.* Namorar (aqui tb. significando atrair, chamar), conforme registram Pereira da Costa e Beaurepaire-Rohan. – Será que a expr. *fazer tijolo*, significando "namorar", tem alguma relação com o ato de fabricar tijolos, quando se toma o barro para amolegá-lo com as mãos? [ABH/AN/MSM].

Fazer tijolos *Lus.* Estar morto e enterrado [GAS].

Fazer tijuco em *Bras., SP, pop.* Passar diversas vezes em um lugar; frequentar um lugar: "O poeta Vinícius fazia tijuco na praia de Ipanema, Rio de Janeiro" [ABH/AN].

Fazer timbre de 1. Gloriar-se de. **2.** Fazer questão de; caprichar. – "Timbre" é a insígnia que se põe sobre o escudo de armas para distinguir os graus de nobreza [AN/FF].

Fazer tirante Roubar [GAS].

Fazer toalete Arranjar-se; alindar-se; cuidar da higiene e da indumentária [GAS].

Fazer toda a vida Fazer algo durante muito tempo [Gl].

Fazer trabalhar no arame Castigar corporalmente [GAS].

Fazer trabalho de bandido contra alguém Trabalhar em prejuízo de alguém [AN].

Fazer tragédia Dar aspecto trágico a um fato ou acontecimento mais ou menos insignificante [ABH].

Fazer trampolim Ver *fazer degrau*

Fazer trancinha Fuxicar; mexericar [TC].

Fazer trapo doutro pano Ter um filho doutra mulher que não a esposa [GAS].

Fazer tremer a passarinha Meter grande medo [AN].

Fazer tremer os alicerces Abalar; diz-se de algo de impacto muito forte: "Esta é para fazer tremer os alicerces da República" [JB].

Fazer trenzinho *Bras., gír.* Fazer sexo grupal, enfileirado: "Vamos brincar de fazer trenzinho, gente" [JB].

Fazer tricô *Bras., gír.* Intrigar: "Para de fazer tricô, seu viado" (sic) [JB].

Fazer triste figura Desempenhar, representar papel vergonhoso [ABH/AN/AT].

Var.: *fazer uma figura triste*

Fazer troça 1. Caçoar. **2.** Humilhar: "Se vai fazer troça, diga logo, pois vou reagir à altura" [JB].

Fazer troco /ô/ Converter nota ou moeda em troco (i. e., moedas ou cédulas, de valor menor, equivalentes a uma só que representa quantia superior); trocar dinheiro [ABH].

Fazer tropa Tropear, conduzir gado [AJO].

Fazer (o) *trottoir* *Bras., S, RJ*. Oferecer-se, a meretriz, pelas ruas; exercer a prostituição perambulando pelas ruas para aliciar fregueses; diz-se de mulher que caça homem na rua: "A Solange vive fazendo *trottoir* na Avenida Atlântica." – "Trotuar" e "trotoar", empregados nas var., são aportuguesamento do fr. *trottoir* ("calçada", em port.) [ABH/GM/JB/MSM].
Sin.: *fazer uma calçada*
Var.: *fazer trotoar/trotuar*

Fazer tsi-tsi Ver *fazer lá-lá-lá/lá lá lá*

Fazer tucura *Bras., N*. Dar beijinhos amiudados; dar beijos curtos e repetidos. – Tucura é uma espécie de gafanhoto [ABH/AN].

Fazer tudo a compasso Ser muito minucioso; fazer tudo com muita exatidão e morosidade [AN].

Fazer tudo à toureira *Lus*. Proceder desordenadamente, atabalhoadamente [GAS].

Fazer tudo como manda o figurino *Bras*. Fazer tudo certo: "Vou fazer tudo como manda o figurino, não quero me aporrinhar" [JB].

Fazer tudo no mundo Empenhar-se a tudo; esforçar-se muito para obter algo [TC].

Fazer tudo nos conformes *Bras*. Fazer tudo certo: "Vou fazer tudo nos conformes" [JB].

Fazer tudo quanto lhe vier às ventas Satisfazer todos os seus caprichos; fazer o que bem entender; agir livremente: "Mas por estar na sua casa não se segue que o noivo lá da pequena há de fazer tudo quanto lhe vier às ventas" (T. A. Araripe Jr., *Luizinha*, p. 83) [AN/FS/LM/TC].

Sin.: *fazer e acontecer* (2)
Var.: *fazer o que vem às ventas*

Fazer tuf Ver *fazer lá-lá-lá/lá lá lá*

Fazer tutu *Bras., CE*. Fazer medo, ou amedrontação, para o menino calar-se ou acomodar-se [RG].
Var.: *fazer tutu-bicho*

Fazer uga *Lus*. Continuar [GAS].

Fazer uma Cometer certa falta, um ato reprovável [TC].

Fazer uma asneira Cometer um crime: "São capazes de fazer alguma asneira" (Juarez Barroso, *Mundica Panchico e o resto do pessoal*) [TC].
Var.: *cometer uma asneira*

Fazer uma bafunga *Bras., PE*. Fazer um desafio [BB].

Fazer uma banana Gesto obsceno de erguer o dedo médio (às vezes todo o braço) para alguém: "Fiz uma banana pro segurança e saí andando pelo calçadão" (Álvaro Cardoso Gomes, *Ladrões de tênis*, p. 34).
Var.: *dar banana(s)*

Fazer uma boa Pregar uma peça [ABH/AN].
Sin.: (Bras., MA) *fazer uma fina*

Fazer uma boca/boquinha *Bras*. Comer alguma coisa antes da refeição; ingerir refeição leve, quase sempre oferecida; comer um pouco, nunca o suficiente para matar totalmente a fome: "Vamos fazer uma boquinha, mermão (*sic*)?" [ABH/AN/CPL/DVF/LAF/LAFa].
Sin.: (RS) *fazer um lastro*

Fazer uma boca de pito *Bras*. Fumar. – É expr. muito us. no interior paulista na hora do café [LCC].

Fazer uma boquinha *Bras., MA*. Se alimentar; maneira de oferecer um pouco de comida a alguém [DVF/JB] "O senhor não quer fazer uma boquinha conosco?".

Fazer uma bulha de sete lições *Lus., Univ. Coimbra*. Fazer muito barulho [GAS].

Fazer uma brilhadura *Lus., Univ. Coimbra*. Dar uma boa lição [GAS].

Fazer uma cabeça/cabecinha *Bras., CE.* Fazer primeiras economias; amealhar recursos: "Eu queria que o senhor me emprestasse um dinheirinho que servisse mesmo só pra fazer uma cabecinha" (Fran Martins, *Ponta de rua*) [TC].
Var.: *fazer (boa) cabeça*

Fazer uma calçada *Bras., RJ e SP, gír.* Exercer a prostituição na rua [*Veja*, 24/8/77, p. 70].
Sin.: *fazer (o) trottoir*
Var.: *bater calçada*

Fazer uma cantoria *Bras., NE.* Cantar em peleja ou em determinada função [TC].

Fazer uma cara/carinha *Bras., RS.* Comer um pouco; filar uma boia [LAF].

Fazer uma caridade *Irôn.* Fazer algum mal [AN].

Fazer um acerto de contas Saldar uma antiga rixa [GAS].

Fazer uma chambregada/xambregada Efetuar uma troca; efetuar um negócio através de permutas [TC].

Fazer uma coisa brincando Fazer uma coisa com grande facilidade e desembaraço [AN].

Fazer uma coisa com segunda intenção Ocultar o fim com que faz, aparentando outro [AN].

Fazer uma coisa na melhor das intenções Fazer algo, agir com bons desígnios, com o intuito de fazer bem, embora causando prejuízo [AN].

Fazer uma coisa sobre a perna Fazer malfeito, às carreiras, sem cuidado [AN].

Fazer uma corrida *Bras., CE.* Fretar um carro de praça; pegar um táxi [AS].

Fazer uma criança *Bras., RJ, SP, gír.* Manter relações sexuais com um *boy* ou modelito. ♦ "*Boy*", no dial. das gangues urbanas, como sin. de modelito, i. e., "garoto que mantém relações com homossexuais" [*Veja*, 24/8/77, p. 70].

Fazer uma desfeita Desconsiderar uma pessoa [GAS].

Fazer uma desgraça Matar uma pessoa: "– Se for coisa daquele negro, eu te juro que faço uma desgraça! Estou perto de da morte, mas levo um infeliz comigo" (José Lins do Rego, *Fogo morto*, p. 89).

Fazer uma doidice Cometer um crime: "Ele puxou faca, no meio da salão. Só faltou fazer uma doidice" [TC].

Fazer uma espera Esperar traiçoeiramente num lugar de passagem, com o intento de ferir ou matar [AN].

Fazer uma esticada Continuar através de vários bares ou boates uma noitada alegre começada num salão particular [RMJ].

Fazer uma fala Fazer um discurso, sermão, palestra etc. [TC].
Var.: *fazer uma falação*

Fazer uma figuração *Bras., CE.* Formular uma hipótese [RG].

Fazer uma fina Ver *fazer uma boa*

Fazer uma fúria Praticar uma ação notável, mormente por inesperada: "Meu cavalo fez uma fúria: chegou em primeiro lugar"; "Ele fez uma fúria: deixou o dentista arrancar o dente...". – Emprega-se, mais frequentemente, em sentido irôn., como no segundo ex. acima [LM].

Fazer um agá *Bras., RS.* Fazer uma onda; apresentar credenciais convenientes; seduzir; usa-se para dizer da pose de alguém, em certo contexto, para determinado fim: "Fiz um agá pra *mina* [= guria, namorada], fui com o carro do velho." – O "H" teria or. num jargão médico: forma secreta para referir histeria [LAF, s. v. "H"].
Sin.: *fazer uma presença* (1)

Fazer uma gambiarra 1. Fazer um arranjo, improviso. **2.** Diz-se da ligação elétrica clandestina, sem autorização prévia da companhia de luz [BB].

Fazer uma graça *Bras., gír., desp.* Fazer um lance bonito, um drible de estilo: "O Romário fez uma graça e deixou o zagueiro catando cavaco" [JB/MGb].

Fazer um agrado pra patroa Fazer sexo com a esposa: "Quando chegar em casa, vou fazer um agrado pra patroa, ela merece" [JB].

Fazer uma gravata Passar o braço em volta do pescoço de alguém e apertá-lo [GAS].

Fazer uma lança *Bras., gír. policial.* Investigar: "Vamos fazer uma lança?" [JB].

Fazer uma letra *Bras., CE.* Mostrar-se grande, valente; cometer um ato de bravura; praticar ato digno de nota: "É bom não experimentar, embora batido ele fará uma letra, pois não duvido que ele tenha pauta com o diabo" (Rodolfo Teófilo, *Maria Rita*) [AN/FS/LM/VAP].
Sin.: *fazer (o) bonito*
Var.: *dar (uma) letra*

Fazer uma limpa 1. Roubar: "Os caras fizeram uma limpa na casa do magnata..." **2.** Demitir: "O Presidente mandou fazer uma limpa no DNER" [JB].

Fazer uma limpeza 1. Proceder um trabalho completo de limpeza (caiamento, baldeação etc.). **2.** Roubar tudo. **3.** Expulsar, dispensar do trabalho os preguiçosos, incompetentes ou inescrupulosos [TC].
Var.: *fazer uma limpeza em regra*

Fazer uma louvação Cantar uma saudação, com louvores [TC].

Fazer uma madrugada Iniciar a viagem pela madrugada; levantar-se de madrugada para viajar ou trabalhar [TC].

Fazer uma meia-sola *Bras., gír.* Melhorar o aspecto físico: "Deixa eu fazer uma meia-sola, logo, logo estarei de volta" [JB].

Fazer um anjo *Bras., Centro, MG, chulo.* Copular [MSM].

Fazer uma parada 1. Oferecer certo preço. **2.** Apostar. **3.** Fazer determinado jogo [TC].

Fazer uma pega *Lus.* **1.** Pegar um touro. **2.** Ser o primeiro a afrontar a ira de alguém [GAS].

Fazer uma ponta Desempenhar uma pequeno papel numa peça teatral [AN].

Fazer uma presa /é/ Ver *fazer uma presença* (2)

Fazer uma presença *Bras., RS.* **1.** Exibir-se com fins de sedução. **2.** Presentear alguém, especificamente com um pouco de maconha (secundariamente outras coisas, como bebida alcoólica) [LAF].
Sin. (1): *fazer um agá*
Sin. (2): *fazer uma presa*

Fazer uma rasoura Ver *fazer uma razia*

Fazer uma raspagem 1. Roubar. **2.** Levar tudo quanto havia em certo lugar [TC].

Fazer uma razia *Lus.* Dar uma grande baixa em quantidade de material; provocar grande mortandade; matar muita gente; reduzir drasticamente o número de pessoal [GAS].
Sin.: *fazer uma rasoura*

Fazer uma reza Fazer uma oração forte: "Fiz uma reza e ele ficou bom" (João Clímaco Bezerra, *Não há estrelas no céu*) [TC].

Fazer uma salada Misturar as coisas [CLG].

Fazer uma saúde Fazer uma saudação laudatória [GAS].

Fazer uma sauna *Bras., gír.* Fumar maconha junto com outras pessoas em local fechado: "Fecha a porta que a gente vai fazer uma sauna" [RK].

Fazer um auê *Bras., gír.* Fazer, criar confusão: "O cidadão fez um auê danado" [JB].

Fazer uma vaca/vaquinha *Bras., pop.* Associar-se para pagamento de uma despesa; cotizar-se para uma despesa comum; dividir igualmente entre todos uma despesa qualquer; arrecadar dinheiro de um grupo de pessoas para ter uma quantia necessária a determinada finalidade; recolher de várias pessoas uma cota para cobertura de determinada despesa (geralmente uma corrida de automóvel); ato de se cotizarem duas ou mais pessoas pra pagamento de uma despesa: "Já sei, eles querem fazer uma vaquinha pra ajudar o Brasil" (José Simão, *O Povo*, 16/9/98, p. 7A); "Vamos fazer uma vaca. Com essa gaita, a gente compra a omissão da polícia" (Jáder de Carvalho, *Al-*

deota). – É expr. muito em voga no NE e considerada por alguns gír. bras., entretanto, A. Tenório de Albuquerque, *Questões linguísticas americanas*, esclarece que ela é conhecida em vários países da América do Sul – *hacer una vaca* [AC/AJO/DVF/FF/FS/LM/RMJ/TC].

Sin.: *correr a bacia, correr o chapéu*

Fazer uma vaca com o diabo *Bras., RS.* Fazer um trato com o diabo [AJO].

Fazer um barro *Bras., RS.* Cometer algum tipo de transgressão ou ação crim. [AJO].

Fazer um bicho de sete cabeças 1. *Lus.* Estar em grande confusão; estar baralhado. **2.** *Bras.* Dificultar mais ainda algo não tão difícil; exagerar; complicar; diz-se das pessoas de espírito fraco ou de idade avançada a quem tudo parece dificultoso: "José não se sentia fraco nas matérias do exame de admissão. Mas faziam desse exame um bicho de sete cabeças..." (Jáder de Carvalho, *Sua majestade, o juiz*, p. 56) [GAS].

Var. (2): *meter um bicho de sete cabeças*

Fazer um bico *Bras.* Aceitar um trabalho extra, fora das funções normais; desempenhar um trabalho eventual: "Para comprar a manteiga com a qual barrar o pão, tinha de fazer um 'bico' como redator de boletins da UNE..." (Ruy Castro, *O anjo pornográfico*, p. 180); "Vou ver minha família. A coisa lá em casa tá preta. Vou fazer um bico na minha cidade para ganhar uns trocados. No Pici, eu só ganhei foi calo nos dedos" (Robson, atleta, *apud* Marconi Alves, *O Povo*, 27/6/99, p. 18A) [LAF/RMJ].

Sin.: *fazer biscates/(um) biscate*

Fazer um bola-gato Ver *pagar boquete*

Fazer um bom cinto *Lus., gír. de caçadores.* Fazer uma boa caçada [GAS].

Fazer um brilhante papel Ver *fazer boa figura*

Fazer um cabrito *Bras.* **1.** *RS.* Fazer serviço eventual, bico. **2.** *CE, gír.* Virar-se para ganhar mais dinheiro; ganharem, motoristas e trocadores de ônibus, alguns trocados a mais, além do salário; aceitarem, motoristas e trocadores de ônibus, passageiros além da capacidade normal de passageiros sentados, a fim de aumentarem ilicitamente seu salário; fazer alguma diligência no sentido de conseguir algo para sobreviver, ainda que (mas não só) por meios ilícitos [*Informante*: motorista da empresa "Rota do Sol", Fortaleza/LAF].

Fazer um cardenho *Lus.* Roubar uma casa (o seu recheio) [GAS].

Fazer um carnaval Ver *dar um banho* (3)

Fazer um cavalo de batalha Fazer confusão; criar caso; complicar alguma situação; dificultar: "– Mas isso é um absurdo! Basta o rapaz beber um pouquinho mais para você fazer disso um verdadeiro cavalo de batalha" (Júlio Emílio Braz, *A coragem de mudar*, p. 17); "Você está fazendo um cavalo de batalha por nada" [F&A].

Fazer um cinema *Bras., RJ, SP, gír.* Procurar "bofes" ou "babalus" no interior de cinemas. – "Bofe" ou "babalu" é aquele "rapaz que se relaciona sexualmente com homossexual por dinheiro" [*Veja*, 24/8/77, p. 70].

Fazer um esparrame/esparramo *Bras., S, gír.* **1.** Ficar admirado. **2.** Dar importância exagerada a coisa ou fato insignificante [ABH/AJO].

Fazer um estrago Ver *melar o jogo* (1)

Fazer um fachadão *Bras., RS.* Fazer ótima figura, pela boa aparência, pela beleza ou elegância da vestimenta [Aurélio Buarque de Holanda, "Glossário", *apud* J. Simões Lopes Neto, *Contos gauchescos e Lendas do Sul*, p. 328/AJO].

Fazer um figurão Brilhar pela ação que realizou [GAS].

Fazer um filho Engravidar; emprenhar: "– Hoje vou te fazer um filho, tenho certeza, meu amor" (Jorge Amado, *Farda fardão camisola de dormir*, p. 210).

Var.: *plantar um filho*

Fazer um frete *Lus.* Levar um presente a noivos e trazer de volta bolos que estes oferecem [GAS].

Fazer um galo Bater com a cabeça e ficar com hematoma no local atingido [GAS].

Fazer um gancho Fazer pequeno trabalho fora do emprego e por sua conta; realizar pequeno negócio; fazer pequeno arranjo, serviço clandestino, bico, biscate. – Perestrelo diz que "faz gancho" o servo ou oficial que ganha qualquer coisa em horas furtivas e em detrimento da pessoa a quem serve [BB/GAS/LM].

Fazer um gato 1. *Bras., NE.* Fazer uma ligação de luz clandestina, irregular; roubar energia. **2.** Roubar: "Vou acabar fazendo um gato, só pintar o lance" [BB/JB/Net].

Fazer um gol de placa *Desp.* Fazer um gol maravilhoso, inesquecível [MPa, s. v. "GOL DE PLACA"].

Fazer um jeito Prestar um auxílio, um favor [GAS].

Fazer um lastro Ver *fazer uma boca/boquinha*

Fazer um lelê *Bras., BA, gír.* Fazer sexo; transar: "Vamos fazer um lelê, morena, tô querendo" [JB/NL].

Fazer um lundu *Bras., CE.* Encrencar; fazer birra; obstinar-se [FNa].

Fazer um mandarilho *Lus.* Dar um recado [GAS].

Fazer um meio-de-campo *Bras., RS.* Fazer mediação; mediar; fazer uma embaixada, uma intermediação entre partes em conflito [LAFb, s. v. "MEIO-DE-CAMPO"].

Fazer um menino Convite de uma prostituta a um presumível cliente [GAS].

Fazer um papelão Expor-se ao ridículo; ficar em situação vexatória; fazer algo vergonhoso [AN/CLG/GAS].

Fazer um passe *Rel.* No espiritismo, fazer movimento de mãos, ou sopro, sobre alguém, gesto se supõe transmitir energia: "Jasão: É bruxaria? Então deixa pra mim / Posso fazer um passe? (...) (Brinca de fazer passe nela)" (Chico Buarque & Paulo Pontes, *Gota d'água*, p. 91) [ABH].

Fazer um presente Diz-se das fezes; defecar [GAS].

Fazer um presidente *Bras., Centro, MG, chulo.* Copular [MSM].

Fazer um quatro Dobrar a perna direita em ângulo reto sobre a esquerda mantendo-se de pé e imóvel para provar que não está bêbado; atividade que os suspeitos de estarem bêbados são convocados a fazer: consiste em ficar em um pé só e cruzar a outra perna sobre o joelho da que sustenta o corpo: "Quero ver fazer um quatro." – As pernas assim dispostas formam o número quatro, daí a expr. [GAS/LAF/LAFa].

≠ **Não fazer um quatro** Achar-se embriagado, a ponto de não poder equilibrar-se, apoiando a planta de um dos pés na coxa da outra perna. – As pernas assim dispostas formariam o número quatro, daí a expr. [TC].

Fazer um queima *Bras., PI.* Casar de surpresa [PJC].

Fazer um rolo /ô/ *Bras.* Armar uma desordem [AN].

Fazer um salseiro Ver *melar o jogo*

Fazer um sarilho 1. Mover rapidamente uma arma ou pau em torno da cabeça, para impedir que o inimigo se chegue. **2.** Armar uma desordem; arranjar uma complicação [AN].

Fazer um sebo Ver *melar o jogo* (1)

Fazer um sermão Censurar; ralhar; dar uma descompostura [AN/GAS].

Fazer um(a) social *Bras., RS.* Ter atitudes convenientes no momento, em geral momento importante ou pelo menos não trivial; aplica-se (...) a encontros familiares, mais ou menos tediosos, quando é preciso "fazer um social", ou a encontros de conhecimento com o sogro, a quem é preciso apresentar certa disposição de cumprir regras [LAF].

Fazer um soinho Comer alguma coisa, estando com o estômago vazio; fazer pequena refeição [ABH/FF/J&J/TC]. ♦ Segundo ABH, o "soinho" (ou "soim") é a merenda, a alimentação, que vai guardada na matula ou farnel do camponês, i. e., o "saco para provisões de jornada".
Sin.: *forrar o estômago*

Fazer um triste papel Ver *fazer má figura*

Fazer um vistaço *Lus.* Ser muito admirado [GAS].
Var.: *fazer um vistanço*

Fazer (uma) ursada Lograr, trair um companheiro, um amigo; enganar; iludir; mentir [GAS/TC].
Sin.: *dançar de urso*
Var.: *meter a ursada*

Fazer valer sua mercadoria Pôr em relevo as boas qualidades da sua pessoa [AN].

Fazer vantagem Exceder [FF].

Fazer varal *Bras., CE, dial. das gangues urbanas.* Roubar roupas [tese de doutorado da socióloga Glória Diógenes, da UFC, in *O Povo*, 1º/6/98, p. 19A].

Fazer veneno Criar casos, intrigas e fuxicos [TC].

Fazer ventas. *Lus.* Mostrar má cara; estar de cara fechada [GAS].

Fazer ver 1. Expor à vista; explicar; mostrar; demonstrar com clareza. **2.** Chamar a atenção para; advertir [ABH/AT/FF/GAS].

Fazer verde Sofrer disenteria, obrando um líquido esverdeado [TC].
Var.: *obrar verde*

Fazer versos à/pra lua 1. Diz-se de quem está apaixonado. **2.** *Bras.* Estar desocupado, sem trabalho. **3.** *Bras., NE, pop.* Compor uma poesia, uma trova; escrever poemas [ABH/AC/AN/FN/GAS]. ♦ ABH grafa "Lua", com inicial maiúscula.

Fazer vez de *Bras., CE.* Ser (o) mesmo que; fazer o papel de; cumprir a função de: "Eu, pegando um cantador, eu faço vez de machado em tronco de pau maciço!" [AN/FS/LM].
Var.: *fazer as vezes de* (1)

Fazer vida com alguém 1. Conviver com alguém: "Ouça lá: você continuará, para o público, a fazer vida comum com a sua mulher, durante seis meses, pelo menos. Vida conjugal teórica, com quartos de dormir separados, está bem visto" (Cruz Filho, *Histórias de Trancoso*, p. 119); "Naturalmente, agora, ia fazer vida com a mulher..." (Rachel de Queiroz, *João Miguel*, p. 113). **2.** Amasiar-se, amigar-se, amancebar-se; viver maritalmente, amasiado com alguém [AN/GAS/RG/TC].

Fazer vida de casados Viver maritalmente [ABH/AN].

Fazer vida santa *Joc.* Viver sem alimentar-se [ABH].

Fazer visagem Amedrontar, simulando a aparição de coisas sobrenaturais: "Sabia lá se a alma de Baleia andava por ali, fazendo visagem?" (Graciliano Ramos, *Vidas secas*) [TC].

Fazer víspere *Lus.* Pôr-se em fuga quando perseguido; desaparecer; sumir-se [GAS].

Fazer vista Ver *fazer figura*

Fazer (a) vista grossa a 1. Ver e fingir que não vê (alguma coisa errada); encarar as coisas complacentemente, fingindo não ver erros e falhas; deixar passar; deixar fazer coisa proibida; disfarçar; fingir não compreender; não se importar; não se incomodar; tolerar; omitir-se; saber disfarçar bem; adotar um critério elástico na apreciação das coisas: "O professor percebeu que o pessoal estava saindo sem acabar o trabalho, mas fez vista grossa" (DT, *VI série*, p. 126); "Claro que um escritor tem deveres e um deles é não fazer vista grossa a certas injustiças sociais ou certos problemas, por medo da crítica, da polícia ou dos partidos políticos" (Érico Veríssimo, *A liberdade de escrever*, p. 95). – P. ex., um chefe de governo que ignora as dilapidações dos seus auxiliares está fazendo vista grossa ao que se passa em seu redor. **2.**

Desp. Fingir, o juiz, que não viu uma infração e deixar o jogo correr [ABH/AC/AN/FF/FSB/GAS/HM/JB/OB/RMJ].

Fazer voar os miolos Suicidar-se ou matar alguém com um tiro na cabeça; disparar arma de fogo contra o crânio; dar um tiro na cabeça [AN/GAS].
Var.: *fazer saltar os miolos, fazer voar a cabeça, queimar os miolos* (1)

Fazer vomitar Causar nojo; diz-se de coisa nauseabunda, torpe, repugnante [AN].

Fazer votos Desejar muito, com veemência; estimar que aconteça [AN/GAS/RF].

Fazer xarope Troçar [GAS].

Fazer xixi *Bras., fam.* Expelir urina pela via natural; urinar, entre crianças; mijar: "Acostumei a sublimar a vontade de fazer xixi..." (Ana Maria Braga, *Caras*, 3/9/99, s/p.). ♦ Xixi: onomatopeia do ato de mictar [ABH/AN/FF/FS/GAS/GM/LM/MSM/RG/TC].
Sin.: *fazer pichi, fazer pipi*
Var.: (lus.) *fazer chi-chi*

Fazer ziguezagues Caminhar tortuosamente, como ébrios [AN].

Fazer zumbaia(s) Bajular; adular, para conseguir vantagem; tentar conquistar. – "Zumbaia" é a forma port. de uma palavra malaia – *çumbaya* – levada para a Europa pelos navegadores lusos. João de Barros, em *Décadas*, diz ser uma cortesia "entre malaios, a qual cortesia é abaixar a cabeça até os joelhos, com a mão direita no chão, e isto três vezes antes que cheguem ao Senhor" [AN/GAS/RMJ].

Fechar(-se)

Fechar a boca Calar; ficar quieto: "É hora de fechar a boca, (...), para de falar asneiras" [JB].

Fechar a boca de alguém Deixar alguém sem saber como responder, ou retrucar [Cad. Atividades, VI série, p. 323/TC].

Fechar a bolsa Parar nos gastos; não pagar mais coisa alguma [AN].

Fechar a cancela *Bras., NE*. Aposentar-se sexualmente; ficar totalmente frígida (a mulher): "– Já fechei a cancela, Boa-Vida. Passei da idade" (Jorge Amado, *Capitães de areia*, p. 60) [MSM].

Fechar a cara Ficar sério, aborrecido, irritado, de cara amarrada: "Eu tentei, mas não consegui conter uma risada. Ela fechou a cara, disse que ia telefonar – e sumiu" (Pedro Vicente, *Bundas*, 25/6/99, p. 30); "O mestre fechou a cara, torceu a boca com uma fúria terrível" (José Lins do Rego, *Fogo morto*, p. 100) [ABH/TC].
Sin.: *fechar a carranca*
Var.: *amarrar a cara*

Fechar a carranca Ver *fechar a cara*

Fechar a cena *Teat*. Reduzir os limites do espaço cênico por meio de reguladores, bambolinas, fraldões e telões de fundo [GC, p. 154].

Fechar a conta Parar, dar por encerrada uma atividade qualquer; deixar de (fazer algo): "Felizmente Merandolina diz que fechou a conta e jura que não terá mais filhos" (Eneida, *Boa-noite, professor*, p. 29).

Fechar a gira *Umb*. Encerrar uma sessão de "trabalhos" ou qualquer cerimônia de terreiro em que tenha havido formação de corrente vibratória [OGC].
Sin: *fechar a roda*

Fechar a janela na cara de alguém Fazer uma descortesia pública para com alguém [AN].

Fechar a loja Ver *desarmar a tenda*

Fechar a marcha Ir na retaguarda; ser o último [TC].

Fechar a matraca Calar-se; parar de falar: "– Dá para você fechar a matraca? – perguntou ela, parando de caminhar" (Lourenço Cazarré, *O motorista que contava assustadoras histórias de amor*, p. 78).
Sin.: *calar o bico*

Fechar a porta *Desp*. Barrar a investida de um adversário [HM].

Fechar a porta a alguém 1. Vedar a entrada a alguém. **2.** Negar ajuda a alguém [GAS].

Fechar(-se)

Fechar a porta na cara 1. Negar entrada; fechar a porta voluntariamente por desconsideração; expulsar, não querer receber alguém. **2.** Recusar proposta, entendimentos [GAS/TC].

Fechar a porteira 1. Impedir: "Fechei a porteira. Agora quero ver nego passar..." **2.** *Bras., GO.* Casar com viúva (ver Regina Lacerda, *Folclore brasileiro: Goiás*) [JB/MSM].

Fechar a questão Impor aos sequazes que votem com o partido [AN].

Fechar a raia *Turfe.* Chegar, o cavalo, em último lugar num páreo; vir por último (diz-se de cavalo de corrida, de barco de regata) [ABH/AN].

Fechar a roda *Bras., NE.* Encerrar uma reunião religiosa, nos cultos afro-indígenas do NE [OGC].
Sin.: *fechar a gira*

Fechar a rosca 1. Numa série de objetos dispostos em círculo, engatar o último no primeiro. **2.** *Bras., RS.* Ficar complicado; estourar briga; dar confusão [AN/LAF].

Fechar as apás *Bras., NE, CE.* Não querer conversa com ninguém; emburrar: "Quando o Jonas emburra, quedo e mudo, numa espécie de ludum (*sic*) do cárcere, o camponês costuma dizer que ele 'fechou as apás'. Em linguagem rústica dos campos do Aracati, Américo Silvestre chama ombro de apás" (Aníbal Bonavides, *Diário de um preso político*, p. 54). ♦ "Apá" é corruptela de "pá", a parte anatômica posterior do corpo, o dorso, região limítrofe e acima das costelas.

Fechar a sete chaves Fechar muito bem, com toda a segurança, com especial cuidado; fechar bem fechado, com segurança; trancar cuidadosamente; esconder [ABH/AN/CLG].

Fechar as portas Diz-se de casa comercial que encerra os negócios [AN].

Fechar a tampa do caixão *Bras., gír.* Liquidar, encerrar um assunto: "Vou fechar a tampa do caixão, não dá mais para continuar o debate" [JB].
Var.: *fechar o caixão*

Fechar a torneira *Bras., gír.* **1.** Calar; ficar quieto: "Quer fazer o favor de fechar a torneira?" **2.** Não repassar dinheiro; conter gastos: "O governo fechou a torneira e não está soltando dinheiro pra ninguém." **3.** Proibir bebida em qualquer oportunidade: "O pessoal fechou a torneira e decretou a lei seca" [JB].

Fechar a tramela Calar-se: "Acho bom você ir fechando a tramela, Marieta, que hoje eu não tô pra muita conversa não!" [FNa].
Sin.: *calar o bico*

Fechar a tronqueira *Fig.* Fechar o terreiro às más influências dos quiumbas (espíritos atrasados), por meio de defumações e aspersão de aguardente nos quatro cantos do local onde se realizará a reunião do culto [OGC].

Fechar (a/na) carreira *Bras.* Acelerar a montada; correr celeremente, com mais rapidez; empregar-se ou empenhar-se mais a fundo na carreira, na corrida, acelerando-a o mais possível [ABH/AN/FF/TC].
Var.: *esticar a carreira*

Fechar com chave de ouro/d'ouro Acabar bem; terminar algum trabalho ou ação de forma esplendorosa, com brilho: "Nada como sabedoria de vó pra fechar uma discussão com chave de ouro" (Leo Cunha, *Pela estrada afora*, p. 37) [AN/MPa].

Fechar e jogar a chave fora Encerrar ou esquecer um assunto [CLG].

Fechar em alta Valorizar; estar valorizado: "O cara tá fechando em alta" [JB].

Fechar em baixa Desprestigiar; estar desprestigiado: "O ministro tá fechando em baixa" [JB].

Fecharem-se as portas Negarem-se todos a auxiliar [AN].

Fechar firme a marcação *Desp.* **1.** Enfrentar com decisão escapada de um atacante. **2.** Enfrentar com vontade e rispidez avanço do ataque adversário [HM].

Fechar o balaio *Bras., NE, chulo.* Copular pela última vez na Semana Santa, na quarta-feira de trevas, pois os dois dias seguintes são de abstinência carnal; parar de ter relações (as mulheres) durante a Semana Santa (no domingo de Páscoa elas "abrem o balaio") (ver Edison Carneiro, *A linguagem popular da Bahia*): "Ora, as putas, na influência dos festejos, haviam decidido fechar o balaio, não aceitando fregueses nas noites dos forrós de junho: festa é festa" (Jorge Amado, *Tocaia Grande*, p. 186) [MSM/NL].

Fechar o bico *Bras., CE*. Calar-se: "Acho, nessas ocasiões, melhor botar a boca no mundo ou fechar o bico de vez" (João Antônio, *Casa de loucos*, p. 5); "Jagunço: Feche o bico que não tenho medo de diabo, quanto mais de Saci" (Édson d'Santana, *Ao mar!*, p. 24) [JB/RG].
Var.: *calar o bico*

Fechar o bocão Calar(-se); ficar quieto: "Cê poderia fechar o bocão e deixar a gente em paz" [JB].

Fechar o caixão *Bras., gír*. Acabar, encerrar o assunto ou debate: "Vai fechar o caixão, gente, quem tiver mais alguma coisa pra falar que o faça" [JB].
Var.: *fechar a tampa do caixão*

Fechar o corpo *Bras.* **1.** *Umb*. Tornar o corpo invulnerável a facadas, tiros e mordidas de cobra, mediante orações e feitiçarias; fazer oração, benzedura, sortilégio, para imunizar a pessoa de mordeduras peçonhentas, doenças, tiros etc.; realizar cerimônia ritual especial, com finalidade de proteger uma pessoa contra o mal, visível ou invisível, e impedi-la de ser vítima de tiros, facadas, picadas de cobra etc. que possam ser mortais: "Jasão: E não adiantava, todo mundo ia / fechar o corpo contra todo mal..." (Chico Buarque & Paulo Pontes, *Gota d'água*, p. 91); "À sua casa, vinham homens de muito longe para que ela fizesse orações fortes, mezinhas, fechasse o corpo às balas e aos feitiços" (João Clímaco Bezerra, *Não há estrelas no céu*, p. 172); "Muitas são as benzedeiras que tiram feitiços e fazem orações para fechar o corpo" (Regina Lacerda, *Papa-ceia*). – Tal cerimônia é feita com o auxílio de cânticos rituais, sacrifícios (de) animais, velas, punhal etc. **2.** Ingerir bebida alcoólica a pretexto de isentar o corpo de qualquer doença [ABH/AC/AN/FN/LM/OGC].

Fechar o gol 1. *Desp*. Praticar, o goleiro, defesas difíceis e constantes, impedindo que o time adversário marque gols; praticar seguidamente defesas extraordinárias, evitando gols considerados feitos: "... e só não marcou porque o goleiro Mondragón realmente fechou o gol da Colômbia" (*O Povo*, 27/6/98, p. 6E). **2.** Impedir: "Vou fechar o gol, esse cara não vai poder andar." **3.** *Desp*. Exorcizar a baliza que vai defender, benzendo-se abaixo dela, beijando os postes, riscando o chão ou praticando outros rituais supersticiosos, para que a bola não entre [AT/HM/JB].

Fechar o olho *Bras*. Fazer gesto de confirmação ou de despistamento [RG].

Fechar o paletó *Bras., gír*. Morrer: "Isso queria dizer que Mané Tiofo deveria fechar o paletó aos sete de setembro" (R. Batista Aragão, *Pedra Verde*) [ABH/JB/RBA/TC].
Var.: *abotoar o paletó* (1)

Fechar o paletó de *Bras., gír*. Matar: "Fecharam o paletó do dedo-duro" [ABH/JB/TC].
Var.: *abotoar o paletó* (2)

Fechar o paraquedas Morrer. – Quando o paraquedas não se abre, o paraquedista achata-se no solo. A expr. deve ter vindo dos meios aeronáuticos [AN].

Fechar o pau *Bras., RS*. Rebentar a briga, quase sempre envolvendo briga mesmo, ou verbal ou física [LAF/LAFa].

Fechar o placar *Desp*. Fazer o último gol do jogo [HM].

Fechar os olhos 1. Dormir: "Todo o Brejal acordado, os ouvidos preparados para ouvir a metralha. Ninguém conseguia fechar os olhos" (José Sarney, *Norte das águas*, p. 36). **2.** Confiar cegamente; ignorar; tolerar; não fazer caso; consentir tacitamente: "Eu posso consentir isso, posso fechar os olhos?" (Fran Martins, *Estrela do pastor*). **3.**

Morrer: "O bandido fechou os olhos" [ABH/AN/FF/GAS/JB/TC].

Sin. (3): *bater a(s) bota(s)*

Fechar os olhos a Fingir, ou simular, que não vê ou percebe; desculpar; perdoar; condescender; tolerar: "A empolgação revolucionária levava-nos a fechar os olhos a toda e qualquer discordância ideológica..." (Dias Gomes, *Apenas um subversivo*, p. 137) [ABH/AC/AN/FF/FS/GAS].

Fechar os olhos a/de Assistir à morte de; acompanhar nos últimos instantes; ajudar a morrer. – A expr. se relaciona com o costume de cerrar realmente as pálpebras a um morto, por se supor que, se ele vai para a cova com os olhos abertos, morre em breve alguém da família. É um caso de magia: os olhos fitam os vivos e, por isso, como que os chamam (Leite de Vasconcelos, *Opúsculo*) [ABH/AC/AN/FF/FS/GAS].

Fechar os olhos à evidência Recusar-se a admitir, apesar das provas apresentadas [AN].

Sin.: *fechar os olhos à razão*

Fechar os olhos ao perigo Não refletir sobre as consequências [GAS].

Fechar os olhos à razão Ver *fechar os olhos à evidência*

Fechar(-se) o tempo 1. Escurecer; ficar (o tempo) feio, ameaçando chuva; ficar o céu nublado para chover. **2.** Brigar por causa de alguém; ter começo uma briga, conflito, pancadaria; criar-se uma confusão; iniciar-se um motim, uma desordem; ir dar briga; romper a luta; ficar bravo; engrossar; encrencar; complicar; tornar-se a luta mais encarniçada: "Pronto, depois dessa tenho certeza que o Jorge vai fechar o tempo e botar todo mundo pra fora, podem se preparar" [ABH/AJO/AN/CLG/F&A/FF/FN/FS/JB/LM/MPa/TC].

Var. (1) (2): *cerrar o tempo, escurecer o tempo*

Var. (2): *esquentar o tempo (2)*

Fechar para balanço *Bras*. Aposentar-se sexualmente: "Meu avô fechou pra balanço, isto faz mais de trinta anos."

Fechar (o) parêntese 1. Colocar na escrita o traço côncavo de final de parêntese. **2.** Concluir a digressão, a interrupção [ABH/AN].

Fechar questão Não admitir outra solução: "Vamos fechar questão sobre esse assunto" [JB].

Fechar-se com o jogo Não revelar o que sabe [GAS].

Fechar-se em copas 1. Retrair-se; proteger-se; calar-se; ficar calado, silencioso; acautelar-se; trancar-se; conservar-se discreto, decidido a nada revelar; não dizer o que sente; não dizer nada; não dizer palavra; não abrir a boca; abster-se; guardar segredo; silenciar; manter absoluta discrição: "Faz bem em fechar-se em copas. No seu lugar eu faria o mesmo" (Carlos Drummond de Andrade, *De notícias e não notícias faz-se a crônica*, p. 22); "Embora o senhor seja considerado um dos maiores arquitetos do Brasil, fechou-se em copas nos últimos vinte anos" (*IstoÉ*, 28/1/98, p. 8); "Eles botaram verde pra pegar maduro, mas eu me fechei em copas e não lasquei nada do que sabia". – A expr., segundo Caldas Aulete, teve or. no voltarete, jogo de cartas muito pop. no séc. XIX. Há quem julgue corruptela de "meter-se nas encóspias" (ver verbete neste dic.). "Encóspias" é palavra menos conhecida, daí a substituição. **2.** Amuar; zangar-se [ABH/AC/AJO/AN/ECS/FF/GAS/JB/LM/RMJ/TC].

Sin. (1): *coser-se consigo, meter-se nas encóspias*

Var. (1) (2): *trancar-se em copas*

Var. (1): *fazer-se em copas*

Fechar-se em seus botões Fechar-se consigo: "Preferia fechar-se em seus botões e nas suas dúvidas..." (J. Cruz Medeiros, *Pinheiros*) [ECS].

Fechar-se na concha Retrair-se: "Quando não andou bem, sumiu, se fechou na concha, como sempre" (Ana Maria Machado, *Alice e Ulisses*, p. 13).

Fechar-se o mundo 1. Estar sem notícias. **2.** Encontrar-se em lugar ignorado. **3.** Começar a luta [Gl/TC].

Fechar todas *Bras., RS.* Expr. que descreve a situação em que todas as coisas que deveriam concorrer para algum fim chegaram lá, ao tal fim; diz-se quando se está combinando uma ponte, um encontro e todas as circunstâncias são aceitas pelos envolvidos: "Se a gata me telefonar, aí fecha todas" [LAFa, pp. 112-3].
Sin.: *matar a pau*

Feder

Feder a chifre de bode Abrir-se a luta: "Hoje aqui fede a chifre de bode" (José Américo de Almeida, *A bagaceira*) [Gl/TC].
Var.: *feder a chifre queimado* (1)
Feder a chifre queimado *Bras., CE.* **1.** Ocorrer coisa importante, mormente tumultuária; haver reação armada, tiroteio; haver barulho, encrenca, grande confusão, briga de foice; estar muito tensa uma situação, em perigo de degenerar-se em conflito; estar na expectativa de sérias ocorrências: "A festa só não foi melhor porque, já no fim, houve um começo de briga; quase fedia a chifre queimado"; "O negócio lá andou ruim, acabou tudo fedendo a chifre queimado..." **2.** Retirar-se irado (ideia de pressa, rapidez): "Descemos num boqueirão, fedendo a chifre queimado" (H. Castelo Branco, *A lira sertaneja*) [CGP/FS/LM/RG/TC].
Sin. (1): *cheirar a defunto*
Var. (1) (2): *cheirar a chifre queimado*
Var. (1): *feder a chifre de bode*
Feder a fogo *Bras., PI.* Ficar perigoso; correr perigo; passar por um grande susto: "A situação está ficando preta, está fedendo a fogo por aqui" [FNa/PJC].
≠ **Não feder nem cheirar** Não ser de nada; não resolver nada; não decidir: "O chefinho não fede nem cheira, tem o jeitão do Mané Rolinha [mané rolinha = pessoa sem expressão]" [JB].

Feijoar

Feijoar o meu melado *Bras., gír.* Criar dificuldades, complicar: "Se feijoar o meu melado, vai complicar" [JB].

Fender

Fender o macadinho *Lus.* Embezerrar; pôr-se carrancudo; amuar [GAS].

Ferir

Ferir a nota Acentuar; salientar; tocar determinado ponto ou coisa [GAS].
Ferir fogo Produzir chispas ou centelhas; ferir lume [FF].
Ferir o ar com gritos Gritar muito; dar altos gritos [FF].
Var.: *ferir o céu com gritos*
Ferir o ponto Tocar a questão principal [AN].
Ferir os brios Melindrar; sensibilizar: "Odorico: Que mande, que mande um batalhão. Melhor até, porque isso vai ferir os brios da população" (Dias Gomes, *O Bem-Amado*, p. 125).

Ferrar

Ferrar a carreta Colocar o aro de ferro na roda da carreta [AJO].
Ferrar a espora/nas esporas Esporear; esporear com insistência: "Ferrou o cavalo nas esporas, mas o bovino já se encontrava muito em cima" (Antônio Gomes de Freitas, *Inhamuns – terra e homens*) [FS/LM/TC].
Var.: *chegar a espora/nas esporas, pegar a espora/na(s) espora(s), pinicar nas/com as esporas*
Ferrar (o) namoro Manter namoro cerrado, firme; intensificar o namoro [AJO/TC].
Ferrar no namoro Achar-se em estado de exaltação amorosa [AN].
Ferrar no sono Dormir demais; adormecer profundamente: "No outro dia tomei o trem, ferrei no sono e acordei às dez horas, na estação central" (Graciliano Ramos, *São Bernardo*, p. 66) [ABH/AJO/FF/GAS/JB/RF/TC].
Sin.: *bater a cama nas costas*
Var.: (lus.) *aferrar no sono*
Ferrar o bico 1. Não pagar uma dívida. **2.** Furtar; roubar [GAS].

Ferrar o cão *Lus.* Não pagar o que deve [GAS].
Sin.: *dar um calote*
Var.: *pregar o cão*

Ferrar o cheque Não pagar uma dívida [GAS].

Ferrar o dente Conseguir o que se deseja; conseguir o que quer [GAS].
Var.: *pôr o dente*

Ferrar o(s) dente(s) Morder; cravar os dentes [AJO/GAS/TC].

Ferrar o galho Adormecer; dormir [GAS].
Sin.: (lus.) *ferrar o lúzio*

Ferrar o jeco *Lus.* Não pagar dívida [GAS].

Ferrar o lúzio Ver *ferrar o galho*

Ferrar o mono Ludibriar; enganar; iludir; lograr; vender como bom algo que não presta [GAS].
Var.: *pregar o mono*

Ferrar um cigarro Filar, pedir um cigarro: "Espera aí um minutinho que eu vou naquela mesa ferrar um cigarro pra gente" [FN].

Ferver

Ferver em algum sentimento Sentir vivamente [FF].

Ferver em pouca água Incomodar-se por qualquer insignificância; excitar-se por coisa pouco importante; dar grande importância a qualquer ação ou dito sem valor; irritar-se facilmente [ABH/GAS].

Ferver-lhe o sangue Ser jovem [GAS].

Ferver-lhe o sangue nas veias Diz-se quando se está numa grande excitação [GAS].

Ferver mentiras Diz-se da água que está ao lume a ferver sem ser necessário [GAS].

Ferver o sangue a Ser impaciente, irrequieto; sentir ardor veemente por indignação, raiva, ódio, desejo de vingança; zangar-se; irritar-se com facilidade: "... Amai--vos uns aos outros, mas ferve o sangue do inspetor Paveia, Ah, sim, então os vinte e cinco aves que distribuías na tua terra, se me negas, acabo-te com o resto da existência" (*sic*) (José Saramago, *Levantado do chão*, p. 250); "Foi quando vi um negro dando morras ao presidente Franco Rabelo. Aquilo me ferveu o sangue, pulei da trincheira como uma fera" (Fran Martins, *Poço de Paus*, p. 18) [AN/GAS].

Fiar

Fiar em calças de cuco *Lus., Guimarães.* Diz-se de moçoila que começa no manejo da roca e se mostra muito inexperiente [GAS].

Fiar (mais/muito) fino 1. Diz-se do que exige cuidados especiais ou se reveste de especial atenção; mudar de figura; tornar-se mais sério; ser mais exigente; ser assunto ou caso melindroso, delicado, de monta, que deve ser tratado com muito cuidado ou minúcia: "Com a gente do governo o negócio fia mais fino" (Leonardo Mota, *No tempo de Lampião*). **2.** Ser submetido, humilhado, castigado; sofrer situação angustiosa; haver punição [ABH/FF/GAS/RMJ/TC].

Ficar(-se)

Ficar a abanar 1. Ficar, estar sem dinheiro. **2.** Ficar tremendo, depois de um grande susto [GAS].
Var. (1): *andar a abanar*

Ficar a apitar Ver *chuchar no dedo*

Ficar a arder Diz-se do que se deixou de receber em valores [GAS].

Ficar abafado Ficar sem argumentação diante das razões expostas, admirado perante um espetáculo grandioso [GAS].

Ficar abananado Ficar aturdido, desnorteado [GAS].

Ficar a casa quieta com o povo dentro Permanecer tudo como dantes; não haver alteração [LM].

Ficar a cheirar Não conseguir o que se pretende [GAS].

Ficar a desamão *Lus.*, *Barcelos*. Ficar fora do caminho, fora da rota [GAS].

≠ **Não ficar a dever nada** Ser semelhante a alguma coisa; ser quase igual; não ficar com dúvidas [GAS].

Ficar à disposição de alguém Ficar às ordens [AN].

Ficar à disposição do inimigo Render-se à discrição [AN].

Ficar aguado Pensar fixamente no que não se conseguiu [GAS].

Ficar a lamber-se Ser beneficiário único ou sê-lo indevidamente [GAS].

Ficar alisando Tapear, fazer cera [TC].

Ficar à mama Ficar na expectativa de conseguir [GAS].

Ficar a mano *Bras.*, *RS*. Ficar igual; desquitar-se no jogo. – A expr. vem do esp. platino "quedar a mano" (Segovia, *Diccionario de argentinismos*) [AJO/AN].
Sin.: *estar quites*
Var.: (S) *estar a mano*

Ficar amarelo Ficar pálido, lívido, diante dum susto, dum perigo [RG].

Ficar a matar Ficar a condizer; diz-se do que fica muito bem a uma pessoa; ficar bem; ficar bonito; quadrar admiravelmente; ajustar ou dizer bem; ser conforme; acertar com toda a exatidão [AN/FF/GAS].
Sin.: *estar ao pintar*
Var.: *estar a matar*

Ficar a meia adriça *Lus*. Não ficar completamente satisfeito [GAS].

Ficar a meia tripa *Lus*. Ficar meio alimentado, meio comido [GAS].

Ficar a meio pau *Lus*. Não comer o suficiente [GAS].

Ficar amigo como dantes Embora não efetivado negócio, combinação etc., não se alterarem as relações de amizade [GAS].

Ficar a olhar para o sinal *Lus*. Ficar a olhar para o rasto, para a silhueta de alguém, como que marcando, medindo, contemplando essa pessoa [GAS].

Ficar apanhadinho *Lus*. Ficar apaixonado [GAS].

Ficar a pão e laranja 1. *Lus*. Ficar muito magoado, muito contundido. **2.** *Bras*. Ficar na miséria; passar fome [AN/GAS].

Ficar à paz de pílulas Ficar sem saber, sem perceber [GAS].

Ficar a pé 1. Ficar sem o auto, sem condução. **2.** *Bras.*, *RS*. Ficar sem algo imprescindível: "Fiquei a pé de grana." **3.** Ficar só: "Fiquei a pé, sem lenço nem documento." **4.** *Desp*. Ser driblado e deixado para trás [JB/LAF].
Var. (3): *estar a pé, ficar a pé na estrada*

Ficar a pé na estrada Ficar só: "Fiquei a pé na estrada, mano" [JB].
Var.: *ficar a pé* (3)

Ficar apitando 1. Ficar logrado, sem conseguir o que deseja. **2.** Aguardar aflito, desesperado, tenso: "Fiquei apitando, mas acabei me safando" [AN/JB].

Ficar areado /i/ Perder o rumo; desnortear-se; ficar perdido, desorientado, atordoado; andar à toa, sem rumo [AS, s. v. "FICAR ARIADO" (*sic*)/FS].

Ficar a recha Ver *chuchar no dedo*

Ficar a rir-se 1. Ficar impune. **2.** Gozar outrem ou outros depois de uma ação em que levou a melhor [GAS].

Ficar arrelampado *Lus*. Ficar aturdido [GAS].

Ficar arretado *Bras.*, *PE*. Ficar zangado [ABF].

Ficar às sopas de alguém *Lus*. Ser mantido por alguém, na dependência; ser sustentado por outros ou por instituições de beneficência; viver à custa de alguém; aproveitar a esmola ou a caridade de alguém; receber alimentação de alguém [AN/GAS]. Para saber mais, ver RMJ, p. 135.
Sin.: *comer o pão alheio*
Var.: *andar/estar/viver às sopas de alguém*

Ficar a tocar matinas Ficar sem nada [GAS].

≠ **Não ficar atrás** Não merecer menos; não ser inferior; ser igual [AN/Gl].

Ficar atrás de 1. Ser inferior a; ter menos mérito que: "Apesar de bom poeta, Junqueira Freire fica atrás de Castro Alves." **2.** Ter uma qualidade qualquer em grau inferior: "Se Paulo é rico, Pedro não lhe fica atrás" [ABH/AN].

Ficar atrás do biombo *Bras., gír.* Dar ordens sem ser reconhecido: "O cara fica atrás do biombo, dando as cartas e jogando de mão" [JB].

Ficar atravessado na garganta Ficar com ressentimento [GAS].
Sin.: *estar aqui entalado*
Var.: *estar atravessado na garganta*

Ficar à ucha Ver *estar a zero* (2)

Ficar a ustia *Lus., Beira.* **1.** Ficar enganado, logrado. **2.** Ficar sem nada, na miséria [GAS].

Ficar a vermelho Corar: "E sêo Habão estava ali, me desentendeu nos olhos. Ele ficou a vermelho..." (João Guimarães Rosa, *Grande sertão: veredas*) [ECS].

Ficar a ver navios Esperar o que não virá; não conseguir o que desejava; aguardar o impossível; esperar em vão; ficar sem orientação, só, abandonado, desenganado, logrado, desiludido ou desempregado; ficar sem nada; sofrer uma decepção: "Mais uma vez a defesa do Ceará [time] ficou a ver navios" (Alan Neto, *O Povo*, 16/4/97, p. 14A); "Eles foram embora pra Las Vegas e fiquei a ver navios" (João Donato, *Bundas*, 4/10/99, p. 7). — Em Lisboa, usa-se acrescentar "no alto de Santa Catarina", um miradouro existente na cidade. A expr. é uma alusão aos armadores port. que nos séculos das conquistas ficavam no alto de Santa Catarina em Lisboa esperando as caravelas que vinham das Índias, da África ou do Brasil. Antônio de Castro Lopes, em *Origem de anexins*, explica o sintagma com o caso do milionário portuense, Pedrossen, que, do seu palácio da Torre da Marca, viu chegar sua frota e cujos navios foram soçobrando um por um devido a um temporal, ficando assim na miséria o ricaço (*Boletim de Filologia* [Lisboa], XIII, p. 10) [ABH/AN/DRR/ECS/FF/FSB/GAS/JB/MPa/OB].

Sin.: *chupar o dedo, ficar no ora veja,* (lus., Trás-os-Montes) *ficar-se em trinta, xaquear de/o rabo*
Var.: (Lisboa) *ficar a ver navios no alto de Santa Catarina*

Ficar baço Empalidecer por efeito de dor ou despeito [GAS].

Ficar bambo *Fam.* Ficar atrapalhado, em apuros [FSB].

Ficar bem Ser conveniente; quadrar; convir [ABH/AC/TC].

Ficar (de) bem Fazer as pazes; reatar amizade rompida; reconciliar-se: "Brigavam hoje e ficavam bem amanhã" (Ribamar Galiza, *Que duas belas crianças*) [ABH/AC/FF/TC].
Var.: (bras.) *trocar de bem*

Ficar bem convidado Ter sido espancado a valer; ter ficado em má situação; ter sido embebedado propositadamente [AN/GAS]. ♦ Grafia port.: bem-convidado.

Ficar besta Ficar muito surpreso, admirado, aparvalhado: "Ela ficou besta: – Quer dizer que você já sabia ler, escrever..." (Stanislaw Ponte Preta, *Febeapá 1*, p. 126) [FS/TC].

Ficar boiando Ficar sem entender nada: "Mesmo assim fiquei boiando em matéria de 'escavações para as tuberosidades isquiáticas' e, quando estou em dúvida, faço o que todos deviam fazer: consulto Tia Zulmira" (Stanislaw Ponte Preta, *Febeapá 1*, p. 55) [JB].
Sin.: *estar por fora, ficar voando*
Var.: *estar boiando*

Ficar bonitinho *Bras., gír.* Expr. com que se ameaça alguém, aconselhando-o a não se intrometer, a não agir [ABH].

Ficar branco *Bras., CE.* Empalidecer, por medo ou susto [RG].

Ficar buzina *Bras., RS.* Irritar-se; irar-se; abespinhar-se; encolerizar-se; estar com raiva, enfurecido, abatido: "Fiquei buzina com o cara" (LAF, p. 37); "Foi um estafaréu, na estância, por causa disto; o patrão velho ficou buzina com o capataz..." (J. Simões Lopes Neto, *Contos gauchescos e Lendas do Sul*, p. 174) [AJO/AN].
Var.: *estar buzina*

Ficar cabra Ver *estar bera*

Ficar cagado Bras., S, RS, chulo. Ficar assustado [MSM].

Ficar cagalizado Lus. **1.** Univ. Coimbra Ficar estupefato. **2.** Ficar desvanecido, agradecido [GAS].

Ficar caído/caidinho por Apaixonar-se por alguém; tornar-se defensor de alguém: "– Pelo jeito, parece que o senhor ficou caidinho por ela" (Lázaro Cazarré, *O mistério da obra-prima*, p. 63).
Var.: *estar caído por*

Ficar cara a cara Encarar; enfrentar: "O malandro ficou cara a cara com a bandidagem e se ferrou de verde e amarelo" [JB].

Ficar caramelo Ficar gelado [GAS].

Ficar careca de Bras., MA. **1.** Desesperar. **2.** Repetir uma coisa muitas vezes [AN/DVF].
Var. (2): *estar careca de*

Ficar cedo sem enxergar Ver *amarrar as chuteiras da vista*

Ficar chapada Ficar chateada: "Fiquei chapada com o que vi" [JB].

Ficar cheio de dedos Ficar todo atrapalhado, como se tivesse mais de cinco dedos em cada mão; ficar atrapalhado, confuso [AN/FF].

Ficar chuchando Ver *chuchar no dedo*

Ficar chumbado Lus. Ser reprovado [GAS].

Ficar chupando chupeta Bras., gír. Aguardar aflito, desesperado, tenso: "Posso até ficar chupando chupeta, mas isto não vai ficar assim..." [JB].

Ficar chupando uma barata Ser bigodeado, enganado; não obter o que desejava [AN].

Ficar cinzento de raiva Enfurecer-se; sentir muita raiva: "Dotô, mamãe desta vez / de raiva ficou cinzenta, / fungou inguá uma rez / quando cai água nas venta..." (Patativa do Assaré, *Cordéis*, p. 130).

Ficar cobra/cobrinha Bras., pop. Enfurecer-se; indignar-se; ficar muito irado [ABH/AT/FSB/TC].

Sin.: *ficar como cobra que perdeu o veneno*
Var.: *ficar uma cobra, estar cobrinha, virar cobra*

Ficar codilhado Ficar prejudicado [GAS].

Ficar com a barba de molho Preparar-se para o pior: "Fique com a barba de molho, pois o pior pode acontecer" [JB].
Var.: *botar as barbas de molho*

Ficar com a bomba na mão Ficar em situação difícil: "Fiquei com a bomba na mão, desde que ele foi embora" [JB]
Var.: *ficar com a brocha na mão*

Ficar com a brocha na mão Ficar em situação difícil: "Fiquei com a brocha na mão por causa dele" [JB].
Var.: *ficar com a bomba na mão*

Ficar com a calva à mostra Ant. Ter os defeitos mais ocultos expostos publicamente; ser desmascarado, desmoralizado. – Os cabelos longos eram atributos notórios da nobreza. O cavaleiro com a calva à mostra estava evidentemente degradado da condição aristocrática (sécs. XIII a XV). O povo guardou a imagem que veio de Portugal [LCCa].

Ficar com a camisa do corpo Ficar reduzido às roupas que vestia [AN].

Ficar de/com a cara à banda Lus. Sofrer uma desilusão, uma grande decepção; ficar desapontado, vexado, embatucado com um desengano; ser formalmente desmentido [AN/FF/GAS].
Sin.: (fam.) *ficar com cara de asno*
Var.: *ficar com a cara ao lado*

Ficar com a cara de Mané besta Ficar bestificado, apalermado [FS].

Ficar com a cara mexendo Desconfiar; ficar envergonhado; frustrar-se: "O povo cobriu na vaia! Pra Vitorino não ficar com a cara mexendo o que restou foi sentar-se no chão e acompanhar a batucada de tanta sorrideira..." (Romeu de Carvalho, *Carro Doce*, pp. 31-2).

Ficar com a cara pra cima Ficar desnorteado, confuso, atoleimado [TC].

Ficar(-se)

Var.: *ficar com a cara pra riba*

Ficar com a criança nos braços Ficar com um problema por resolver [GAS].

Ficar com a cueca engomada *Chulo.* Ficar com o pênis ereto: "Quando viu a gatinha sem calcinha o cara ficou com a cueca engomada" [JB].

Ficar com a faca e o queijo na mão Ficar em situação favorável: "Fiquei com a faca e o queijo na mão, agora quem dá ordens sou eu" [JB].

Var.: *estar com a faca e o queijo na mão*

Ficar com a mesma cara Manter o cinismo sem se alterar, depois de ato ridículo ou impróprio [AN].

Ficar com a/de orelha em pé Estar desconfiado: "O comando da campanha de Lula no Ceará ficou de orelha em pé" (Fábio Campos, O Povo, 16/9/98, p. 3A) [FS/LM].

Var.: *estar com a/de orelha em pé*

Ficar com a parte de/do leão *Ant.* **1.** Tirar o melhor quinhão, a maior e melhor parte; ficar com tudo; escolher para si a melhor parte: "Seus pais, na serra de Santana, não estavam submetidos a regimes feudais, tipo meia ou quarta, onde o dono da terra fica com a parte do leão" (Gilmar de Carvalho, *Patativa do Assaré*, p. 12). **2.** Despojar os sócios por meio de recursos ilícitos e intimidações. – Nasce a expr. de uma fábula clássica (da vitela, da cabra e da ovelha em sociedade com o leão), de que há versões em Esopo e Fedro e que foi renovada por La Fontaine [AN/GAS/RMJ].

Var.: *tomar a parte do leão*

Ficar com a/uma pulga atrás da orelha Desconfiar; ficar cismado, desconfiado, muito apreensivo: "Mesmo com as explicações de Roseana, a cúpula pefelista ficou com a pulga atrás da orelha" (Weiller Diniz, *IstoÉ*, 13/3/02, p. 28); "Fiquei com uma pulga atrás da orelha quando saiu meu primeiro disco nos EUA, *Bud Shank introducing João Donato*, e disseram *This is the Cole Porter from Brazil*. Como vou ser Cole Porter se não lido com esse material de sons?" (João Donato, *Bundas*, 4/10/99, p. 9) [JB].

Var.: *andar com a pulga na/atrás da orelha, ficar com a pulga na orelha*

Ficar com as calças na mão Ficar em situação difícil, desorientado, atarantado, desiludido, incapaz de agir; estar aflito: "O cara ficou com as calças na mão" [GAS/JB].

Var.: *andar/estar com as calças na mão*

Ficar com (a) cara de André Mostrar-se encalistrado, envergonhado, desconfiado; encabular-se; ressabiar-se: "Todos os vizinhos ficaram com cara de André e cada um foi saindo na maciota" (Mário de Andrade, *Macunaíma*) [FS/LM/VAP].

Var.: (MA) *ficar André*

Ficar com cara de asno Ver *ficar de/com a cara à banda*

Ficar com cara de bunda Ficar sem graça; ficar de mau humor, sem ânimo: "Pensando bem, mesmo escrevendo sobre caras, acho que não vou conseguir fugir do tema que tanto assusta o Jaguar. Afinal, todo mundo que aparece em *Caras* fica com cara de bunda" (Artur Xexéo, *Bundas*, 18/6/99, p. 23); "O chefe ficou com cara de bunda, depois que ganhou bilhete azul" [JB/MPa].

Ficar com cara de cachorro que quebrou panela Mostrar-se ressabiado, envergonhado, humilhado, constrangido, desajeitado, depois de ter feito coisa que não devia [AN/RMJ].

Ficar com (a) cara de pau *Bras.* Ficar desapontado [ABH/FF].

Ficar com cara de tacho Ficar envergonhado: "Ele não esperava ouvir aquela resposta e ficou com cara de tacho" (DT, *V série*, p. 141); "É sempre difícil repreender um olhar do chefe. Ele pode dizer que foi mal interpretado e aí você fica com cara de tacho" (*Você S. A.*, ago./1998, p. 14) [AN].

Var.: *estar com cara de tacho*

Ficar com Deus e as pulgas Ficar sozinho: "O cara ficou com Deus e as pulgas, os seus amigos foram embora" [JB].

Ficar como a mãe de são Pedro Não ter onde ficar; achar-se entre o céu e o

Ficar(-se)

purgatório ou em lugar incerto, não definido; ficar perdido: "O André ficou como a mãe de são Pedro, literalmente no sufoco." – Uma lenda pop. diz que a mãe de são Pedro era muito má e por isso não foi para o céu; foi para o limbo. Funda-se a expr. na lenda sobre o destino da mãe do grande santo. Dizia-se que não gozava de boa reputação, de modo que, após sua morte, a alma ficou vagando entre aqueles dois lugares. Não tinha direito ao céu, e ser conduzida ao purgatório seria uma desconsideração ao filho [ABH/AN/JB/TC].

Ficar como cobra que perdeu o veneno Ficar exaltado, enraivecido, desatinado, furioso; andar inquieto, aflito, agitado, irritado, à procura de algo: "... por isso é que ela ficou como cobra que perdeu o veneno" (J. Simões Lopes Neto, *Contos gauchescos*, em "O negro Bonifácio"). – O povo crê que a cobra antes de beber água tira da boca o veneno, escondendo-o no mato, e depois vem procurá-lo para recolocar em si (ver d. Fr. Amador Arrais, *Diálogo*, VII, cap. VIII) [AJO/AN/RMJ/TC].

Sin.: *ficar cobra/cobrinha, virar cobra, virar uma cascavel*

Var.: *andar como/que nem cobra que perdeu o veneno, estar como cobra que perdeu o veneno*

Ficar com o cu cheio d'água *Bras., CE, chulo.* Sentir-se lisonjeado, orgulhoso, envaidecido, cheio de si [MGb].

Ficar como dantes Ficar tudo na mesma; não haver alteração [GAS].

Ficar como dois com um sapato 1. Ficar indeciso. **2.** Ficar desfalcado [GAS].

Ficar com o nariz à banda Não obter aquilo que desejava; ficar desiludido [GAS].

Ficar como nariz de palmo e meio Ficar zangado, aborrecido [GAS].

Ficar como o diabo gosta *Desp.* Crescer em ritmo uma partida, com ataques perigosos de parte a parte [HM].

Ficar como ostra Apegar-se [AN].

Ficar como (um) peixe fora d'água Ficar desambientado num determinado lugar: "Não conhecia ninguém na nova escola; não conseguia fazer amizades, não sabia como me comportar. Fiquei como peixe fora d'água" [AN/DT/GAS].

Var.: *estar como/que nem peixe fora d'água, parecer peixe fora d'água*

Ficar com o rabo entalado Ver *entalar o rabo*

Ficar com os cabelos em pé Ficar assustadíssimo, aterrorizado; sentir medo; apavorar-se [AN/CLG/GAS].

Sin.: *ter visto alma*

Var.: *porem-se/pôr os cabelos em pé*

Ficar com os dentes empapados *Lus., Univ. Coimbra.* Ficar atrapalhado, sem saber o que dizer [GAS].

Ficar como se nada fosse Ficar impassível, imperturbável [GAS].

Ficar com os olhos tortos Ficar desorientado [GAS].

Ficar com os ossos num feixe 1. Levar uma tremenda sova. **2.** Sofrer uma grande queda ou atropelamento [AN/GAS].

Var.: *pôr os ossos num feixe*

Ficar como um abade Ficar sem poder comer mais, farto, cheio [GAS].

Var.: *ficar como um padre*

Ficar como uma luva Diz-se do traje que se ajusta muito bem ao corpo [GAS].

Ficar como um burro olhando para palácio Olhar sem apreciar, nada entendendo [AN].

Ficar como um crivo Ficar cheio de buracos, todo furadinho [AN].

Ficar como um pimento maduro Ver *ficar como um tomate*

Ficar como um tomate Corar muito (de vergonha, pejo ou pudor etc.) [GAS].

Sin.: *ficar como um pimento maduro*

Ficar com pele de galinha *Lus.* Estar, ficar arrepiado (com medo ou com frio) [GAS].

Var.: *ter pele de galinha*

Ficar com pipio Amedrontar-se [FSB].

Ficar com uma cruz às costas Ficar com uma incumbência difícil, com grandes encargos [GAS].

Ficar com uma grande cabeça Lus. Sofrer um forte dissabor; ficar decepcionado, arreliado; ficar contrariado, aborrecido com alguma coisa. [GAS].
Sin.: *ficar com uma grande cachola/mona/pinha, ficar com um grande pneu*

Ficar com uma grande cachola Ver *ficar com uma grande cabeça*

Ficar com uma grande mona Ver *ficar com uma grande cabeça*

Ficar com uma grande penca Ver *ficar com um grande nariz*

Ficar com uma grande pinha Ver *ficar com uma grande cabeça*

Ficar com uma mão atrás e a outra à frente Ficar sem nada, sem recursos; não ter nada; ter perdido tudo [AN/CLG/GAS].
Var.: *andar com uma mão atrás e outra à frente, ficar com uma mão atrás, outra adiante, ficar com uma mão na frente, outra atrás*

Ficar com um grande melão Lus. Ter uma grande decepção ou contrariedade [GAS].

Ficar com um grande nariz Lus. Não obter o que se deseja; ter uma grande decepção [GAS].
Sin.: *ficar com uma grande penca*

Ficar com um grande pneu Ver *ficar com uma grande cabeça*

Ficar (bem) conforme Ficar de acordo; ajustar-se [TC].

Ficar da pontinha Ficar excelente: "... orna principalmente com vestido marrom. Fica da pontinha" (Orígenes Lessa, *João Simões continua*) [ECS].

Ficar de Ajustar, combinar, assentar; obrigar-se a algo; prometer; comprometer-se a: "Aceitei o oferecimento e a moça ficou de vir à noitinha" (Coelho Neto, *Turbilhão*); "Fiquei de visitá-lo, mas não pude" [ABH].

Ficar de adão Ficar nu [GAS].

Ficar de água na boca Ficar cheio de apetite: "... ele [o bolo] ficou cheirando pela casa toda, quando estava no forno... A gente ficou de água na boca" (Ana Maria Machado, *Amigos secretos*, p. 24).
Var.: *estar com (a) água na boca, ficar com (a) água na boca*

Ficar debaixo do balaio Ficar à espreita, à espera.

Ficar de barriga Bras., NE. Ficar, a mulher, grávida: "Quando o marido morreu, ela ficou de barriga" [MSM].
Var.: *apanhar barriga*

Ficar de beiça caída (sic) Lus. Ficar desiludido, amuado [GAS].

Ficar de bico calado Ficar calado; não se pronunciar; omitir-se de fazer comentários: "Enquanto o senhor não compra, tem que ficar de bico calado" (Terezinha Alvarenga, *Rio dos sonhos*, pp. 57-8); "Joana: Mas, mestre, Creonte rouba, me engana, / me destrói, me carrega até meu macho / e eu fico de bico calado?" (Chico Buarque & Paulo Pontes, *Gota d'água*, p. 110) [JB].

Ficar de bob Bras., gír. Ficar sem fazer nada: "Agora seu filho quer ficar de bob, está chapado [= cansado]" [Vivianne Banharo, *Pais & Filhos*, Família, I, ago./1998, p. 49].

Ficar de bobeira Bras., gír. Ficar sem fazer nada: "O Bira se aposentou e ficou de bobeira" [JB].
Var.: *estar de bobeira* (1)

Ficar de bobó Bras., gír. Ficar sem fazer nada: "Não é bom ficar de bobó, malandro não fica de bobó" [JB].

Ficar de boca aberta Pasmar-se do que está vendo; ficar pasmado, muito admirado, aparvalhado, sem querer acreditar [AN/Cad. de Atividades, *VI série*, p. 323/GAS/TC].

Ficar de bode Bras., NE, chulo. Ficar, a mulher, menstruada; menstruar (ver Mauro Mota, *Os bichos na fala da gente*) [MSM/RG/TC].
Var.: *estar de bode* (2), *sangrar o bode*

Ficar de bode amarrado Ver *amarrar o bode* (1)

Ficar de boi Bras., NE. Ficar, a mulher, menstruada; menstruar: "Não atrapalha não, mas Ritinha não vai tomar banho de piscina porque ficou de boi hoje de manhã" [FNa/MSM].

Var.: *estar de boi*

Ficar de boroeste Bras., gír. Ficar à toa: "Fiquei de boroeste, meio perdidão, no mato sem cachorro" [JB].

Ficar de braços cruzados Não se resolver; não tomar uma iniciativa [GAS].

Ficar de butuca Bras., CE. Olhar e escutar com muito interesse; observar com muita atenção. – Pode tb. designar terceiras intenções [AS].

Sin.: *ficar de olho*

Ficar de cara 1. Bras., RS. Ficar estarrecido, estupefato, sem palavras, perplexo, indignado; admirar. **2.** Bras., gír. surfistas. Expr. us. para identificar quem fica sem beber e usa drogas: "O cara ficou de cara, acabou doido" [JB/*O Povo*, 31/3/96, p. 4B/LAF].

Sin. (1): *cair a bunda*

Ficar de cara grande Ficar surpreso: "O chefe ficou de cara grande, depois que foi demitido" [JB].

Ficar de cara no chão Sentir-se humilhado, diminuído, envergonhado: "E decretou entredentes que quem não conhecia Paris não passava de um analfabeto em matéria de civilização. Fiquei de cara no chão" (Aírton Monte, *O Povo*, cad. Vida & Arte, 25/6/01, p. 2).

Ficar de cócoras Ficar espantado [GAS].

Ficar de contas justas Ter resolvido definitivamente o negócio, a questão, a discussão etc.: "Conte o meu, que eu conto o seu. E ficamos de contas justas" (Manuel de Oliveira Paiva, *A afilhada*) [TC].

Var.: *estar de contas justas*

Ficar de crista Ficar tristonho com a derrota. – Frase de rinha [AN].

Ficar de dente arreganhado Morrer [AN].

Ficar de emenda Servir de lição [GAS].

Ficar de fora Ser excluído, afastado; não ser contemplado; não participar; não tomar parte: "Por que sugeriu o negócio para os outros e ficou de fora?" (Ariano Suassuna, *Auto da Compadecida*, p. 183); "O Icasa não pôde ficar de fora e gritou: pelos poderes de Kléber. E foi à luta" (Marconi Alves, *O Povo*, 20/7/97, p. 14A) [ABH/AC/DRR/FF/GAS].

Ficar de frente pro crime Dispor de oportunidade: "O cidadão ficou de frente pro crime e se deu bem" [JB].

Ficar de galho em galho Ficar mudando: "O cara fica de galho em galho, não para em lugar nenhum" [JB/TG].

Sin.: *não esquentar (o) lugar*
Var.: *pular de galho em galho*

Ficar de grande Bras., BA. Não se meter em encrenca alguma e continuar bem conceituado [NL].

Ficar de mãos atadas Ficar sem liberdade de ação; estar impedido de agir [AN/GAS].

Var.: *ficar de pés e mãos atadas, ter as mãos atadas*

Ficar de marra Bras., gír. Encarar: "Vou ficar de marra, pagar pra ver" [JB].

Ficar de miolo virado Endoidecer; ficar amalucado: "De modo que quando o cujo vê um rabo branco, na capital, fica de miolo virado..." (Jorge Amado, *Terras do sem fim*, p. 20).

Sin.: *virar o miolo*

Ficar de/na mira Observar; fiscalizar; manter sob fiscalização: "E enquanto tocava, ficava de mira nelas" (Sinval Sá, *O sanfoneiro do riacho da Brígida*) [TC].

Ficar de molho Ficar de cama; repousar: "Ele pegou uma forte gripe e ficou de molho durante o carnaval" (DT, *VI série*, p. 113) [GAS/JB].

Var.: *estar de molho* (1)

Ficar de nariz comprido Não alcançar ou conseguir o que desejava [ABH/AC/AN].

Ficar de nariz torcido Melindrar-se; ficar amuado; estar de mau humor; zangar-se [ABH/AC/AN/FF/FSB/GAS].

Var.: *andar de nariz torcido*

Ficar de olho Manter vigilância constante; vigiar; observar; estar atento, sob vigilância: "Fique de olho naquele sujeito e

me avise quando ele sair do bar" [AN/CLG/DT/GAS/JB/TC].
Sin.: *ficar de butuca*
Var.: *estar de olho*

Ficar de olho grande Cobiçar algo alheio [MPa].

Ficar de ovo virado *Bras., gír., chulo.* Ficar com raiva: "O Mário ficou de ovo virado depois que foi passado pra trás" [JB].
Var.: *estar de/com o ovo virado*

Ficar de papo furado *Bras., gír.* Falar besteira: "Vou ficar de papo furado, jogando conversa fora" [JB].

Ficar de papo pro ar Ficar, viver no ócio, sem fazer nada; descansar; repousar; folgar: "Fiquei de papo pro ar o tempo todo" [AN/JB].
Var.: *viver de papos para o ar*

Ficar de pé Não sucumbir; resistir; subsistir; continuar; prevalecer; manter-se; subsistir; ficar em vigor; não haver alteração: "Nenhum dos seus argumentos ficou de pé ante os do adversário" [ABH/AC/AN/FF/FSB/GAS].
Var.: *estar de pé* (2)

Ficar de pernas quebradas *Bras., CE.* Ser prejudicado, derrotado; ficar em circunstâncias críticas [AN/FS/LM].

Ficar de pés e mãos atadas Ficar sem liberdade de ação ou de resolução [AN/CLG].
Var.: *estar de pés e mãos atadas, ficar de mãos atadas*

Ficar de pés e mãos quebradas 1. Ficar sem meios de resistir. **2.** Ser privado dos melhores auxiliares [AN].

Ficar de pires na mão Mendigar; pedir esmola; implorar por socorro: "... a região pode crescer à custa de suas próprias riquezas, como o gás, sem precisar ficar de pires na mão atrás de verbas do governo" (Francisco Viana, *IstoÉ*, 29/7/98, p. 36).

Ficar de quarentena Adiar a decisão; deixar de formar um juízo [GAS/Gl].
Var.: *pôr de quarentena*

Ficar de quatro Ficar em situação ridícula: "O cidadão escorregou e ficou de quatro" [JB].

Ficar de queixo caído 1. Sofrer luxação do maxilar inferior, deslocamento do côndilo para fora da cavidade glenoide. **2.** *Bras.* Ficar muito admirado; ficar perplexo, surpreso; ter grande decepção ou surpresa; quedar(-se) admirado, pasmo, boquiaberto, escandalizado: "... mas as duas araras podem vir logo, e os senhores ficarão de queixo caído" (Graciliano Ramos, *Alexandre e outros heróis*, p. 84); "Uma coisa tão bonita que até hoje eu não esqueci e a americana ficou de queixo caído..." (João Ubaldo Ribeiro, *Livro de histórias*, p. 45) [ABH/AC/AN/DT/FF/FS/GAS/JB/LM/TC].
Var. (2): *andar/estar de queixo caído, ficar de queixo na mão*

Ficar de recuperação Ficar de segunda época; seguir período de estudos para tentar se recuperar de notas ruins, com vistas a ser aprovado e poder passar para a série seguinte na escola [NL].

Ficar de relva *Lus., Beira e Estrada.* Dizem os agricultores das terras que ficam sem ser semeadas [GAS].

Ficar de remissa Ficar de reserva [GAS]

Ficar de rolo *Bras., gír.* Namorar: "Quero ficar de rolo com aquela gata" [JB].

Ficar de saia justa *Bras., gír.* Ficar em situação difícil, sem opção, sem saída: "O cara ficou de saia justa, numa pior" [JB].

Ficar de salto alto *Bras., gír.* Exibir-se: "O cara vai ficar de salto alto, fazendo espuma" [JB].

Ficar de salto alto na areia *Bras., gír.* Ficar em situação difícil: "A polícia chegou e o cara ficou de salto alto na areia" [JB].

Ficar descadeirado Ficar sem arrimo, sem proteção: "Desferi o segundo golpe com tal confusão de sentimentos que a infeliz ficou descadeirada" (Paulo Mendes Campos, *Balé do pato e outras crônicas*, p. 50) [GAS].

Ficar descalço Ficar desremediado; perder em benefício de outrem [GAS].

Ficar de seu Ficar à vontade; ficar indiferente [Gl].

Ficar devendo *Bras., RS.* Não entender o que foi dito, a que se aludia na conversa: "Bá, essa eu fiquei devendo" [LAF/LAFb].

Ficar de venta acesa *Bras., CE.* Pressentir um perigo; ficar alerta [RG].

Ficar dodói *Bras., NE.* Diz-se da mulher quando fica menstruada [MSM].

Ficar doente Ficar aborrecido, revoltado, irritado, inconformado: "Eu fico doente com essa fuxicada!" [TC].

Ficar doido e a família não saber Dito irôn. aos desatinados, desajuizados, como que para enfatizar essa perda do siso, do juízo (sem a pessoa estar, no entanto, clinicamente maluca): "Coitado do Zé da Ana, *paixonou-se* pela mulher do Neco! Ele ficou doido e a família não sabe..." [AN].

Ficar em cólicas Ficar aflito, preocupado [AN].

Ficar em conta Ficar, ser barato [GAS].
Var.: *sair em conta*

Ficar em palpos de aranha Ficar em situação difícil, com grande preocupação, sem saída; estar em dificuldades, em situação embaraçosa: "Quando na escola do bairro a professora mandou que os alunos fizessem uma pesquisa sobre patriotismo, trazendo exemplos recentes e de conhecimento geral, os garotos ficaram em palpos de aranha" (Lourenço Diaféria, *O invisível cavalo voador*, p. 110). ♦ Há quem afirme que o correto, no étimo, seria "palpos" (= carícia, afago), no lugar de "papos" [AC/FF/GAS/MPa]. Antônio de Castro Lopes verteu "papos" em "palpos", impossível na prosódia vulgar [FSB/LCCa].
Var.: *estar/ver-se em palpos de aranha, ficar em papos de aranha*

Ficar em picos *Lus.* Ficar nervosíssimo, em sobressalto [GAS].

Ficar em ponto de rebuçado Estar meigo em extremo, melado [GAS].

Ficar em seco Não conseguir [GAS].

Ficar em terra Perder o transporte [GAS].

Ficar em vê-lo-emos Ficar adiado; ser esperado para melhor ocasião [GAS].

Ficar engasgado 1. Ficar sem saber o que responder; morrer a palavra na garganta por não ocorrer o que dizer. **2.** Ficar enleado, confuso, perturbado no meio de um discurso [AN/GAS].

Ficar entalado 1. Ficar indeciso. **2.** Achar-se em grande aperto [AN].

Ficar escaldado Aprender a lição pela prática; ficar prejudicado [GAS].

Ficar escamado *Lus.* Ficar zangadíssimo [GAS].

Ficar esperto Ficar atento: "É bom ficar esperto, pois malandro não fala alto nem grita" [JB].

Ficar esquecido Diz-se das pessoas hemiplégicas que ficaram com um lado, um braço ou uma perna, "esquecido", i. e., sem movimento ou sensibilidade [DVF].

Ficar estomagado Ficar zangado, amuado, mal-humorado, chateado; estar escandalizado, indignado, agastado: "Você não quis receber o dinheiro. Ficou até meia estomagada..." (Domingos Olímpio, *Luzia-Homem*, p. 32) [GAS].
Var.: (lus.) *estar estomagado*

Ficar falando sozinho 1. Ser desprezado, abandonado; ficar sem a convivência de pessoa querida; ficar só: "Vai ficar falando sozinho." **2.** Não receber resposta do adversário; não ser objeto de atenção, de apreço; não ser levado em conta; não ser ouvido [ABH/AN/JB].

Ficar feito num figo *Lus.* Levar uma grande sova; ficar muito amachucado [GAS].

Ficar feito um pinto calçudo Usar calças muito compridas, caindo por cima dos sapatos [AN].

Ficar feito vaca Ficar feito besta, sem objetivo; andar abestado; eguar [CGP/TGa].

Ficar firme 1. Suportar algo, sem demonstrar ressentimento; tolerar graçolas, injúria etc., com o propósito de revidar depois. **2.** Não dar a perceber ter conhecimento de algo sigiloso, suspeito ou desagradável [TC].

Ficar fora da fotografia *Turfe.* Chegar, um cavalo, a uma distância tal do primeiro colocado que fique excluído do campo visual das fotos dos juízes de chegada [ABH].

Ficar frio 1. Ter um grande espanto. **2.** *Gír.* Manter-se calmo, sossegado, tranquilo; não se importar com o caso em questão; aquietar-se; não perder a serenidade; não esquentar a cabeça: "Fique frio, isso não vai acontecer. Boa noite" (Rogério Andrade Barbosa, *Rômulo e Júlia: os caras-pintadas*, p. 52); "– Nãooooo!!! Você não aguenta com a correnteza, fica frio aí!" (Terezinha Alvarenga, *Rio dos sonhos*, p. 10) [AN/CLG/GAS/JB].

Ficar frosô Ficar descansando, vagabundando [BB].

Ficar fulo Ficar enraivecido, encolerizado, zangadíssimo; ficar com raiva, muito zangado: "– Seu Modesto, se vier a saber, vai ficar fulo, Doutor Pedro" (Jorge Amado, *Tieta do agreste*, p. 447) [FS/GAS/JB].

Var.: *estar fulo, ficar fulo da vida/de raiva*

Ficar fulo da vida Ficar com muita raiva: "Ele ficou fulo da vida com essa história."

Var.: *ficar fulo*

Ficar fulo de raiva Ficar com muita raiva; mudar de cor por efeito de cólera: "O mulherio abriu em roda; e o Crapiúna, vendo que eu estava decidido para o que desse e viesse, murchou; ficou fulo de raiva e foi saindo..." (Domingos Olímpio, *Luzia-Homem*, p. 33) [AN].

Var.: *ficar fulo*

Ficar gagá Estar senil; perder, com a idade, a agudeza de raciocínio: "Não o fez por exibicionismo ou por ter ficado gagá, mas..." (Sérgio Augusto, *Bundas*, 12/6/00, p. 30) [GAS].

Var.: *estar gagá*

Ficar gaitado *Lus.* Ser reprovado [GAS].

Ficar gelado 1. Ficar tonto de espanto; ficar aterrado, temeroso, na expectativa de algo desagradável. **2.** *Bras., gír.* Morrer: "O vagabundo ficou gelado" [AN/JB/TC].

Ficar geleia *Bras., gír.* Ficar calmo: "Fique geleia, cara, fique peixe, tá tudo em riba" [JB].

Ficar gira *Bras., PE.* Ficar doido, louco [BB].

Ficar grampeado Ficar preso: "Ela ficou grampeada em casa" [JB].

Ficar grosso 1. *Lus.* Ficar bêbado, etilizado, embriagado, borracho. **2.** *Bras.* Ficar aborrecido, zangado, irritado, chateado: "Pô! Fiquei grosso. Estávamos discutindo isso em ritmo de chopp e enquanto isso a Fatinha tava me procurando aqui em casa. Quando cheguei com este número ela já tinha se picado" (Edmar Oliveira, em carta a Durvalino Filho, 1973) [GAS/PJC/TC].

Var. (1): *estar grosso*

Ficar igual a caixa de fósforo, cheia dos paus! *Bras., CE.* Beber muito [AS].

Ficar (todo) inchado Ficar vaidoso [GAS].

Ficar injuriado Ficar irritado: "Fiquei injuriada com o que vi" [JB].

Ficar lá para os quintos dos infernos Diz-se de lugar longínquo e desconhecido [GAS].

Ficar legal Ficar calmo, tranquilo: "Fique legal, cidadão, tá tudo em ordem" [JB].

Ficar lelé da cuca *Bras., gír.* Ficar doido, débil mental [BB].

Ficar-lhe lá os olhos *Lus.* Ficar cheio de admiração; estar admirado [GAS].

Ficar ligado Ficar atento: "É bom ficar ligado para o que der e vier" [JB].

Var.: *estar ligado* (2)

Ficar limpo 1. Ficar sem dinheiro, por haver sido furtado ou roubado, por haver perdido tudo no jogo, por haver dado todo o que tinha; perder ou gastar todo o dinheiro. **2.** Ter readquirido a confiança, por meio de explicações, justificativas [ABH/AC/AN/DRR/FF/GAS/TC].

Sin. (1): *estar de tanga*

Ficar limpo como cu de santo *Bras., S, SP, chulo.* Diz-se da pessoa que ficou sem dinheiro [MSM].

Ficar (de) mal Zangar-se; incompatibilizar-se, brigar com alguém; intrigar-se; desentender-se; deixar de falar com alguém;

ficar sem falar com o amigo; romper relações com alguém; inimizar-se; desavir-se; estar em desarmonia: "Marcavam encontro no adro. Ficavam de mal e faziam as pazes" (Otto Lara Resende, *O elo partido e outras histórias*, p. 19); "Você ia dizendo uma coisa e eu fico mal se você guardar segredo" (Inez Mariz, *A barragem*). – Pra ficar de mal basta estender os dois dedos indicadores encostando a ponta de um dedo na ponta de outro dedo e dizer: "Corta aqui! Tô de mal" [ABH/CGP/MGb/OB/TC].

Var.: *andar/estar/trocar de mal, pôr-se de mal com*, (BA) *tocar de mal*

Ficar mal a Não ser próprio ou digno de; ser desabonador para: "Fica-lhe mal agir dessa maneira" [ABH].

Ficar mal com Não se harmonizar, não combinar com: "Esta blusa fica mal com a saia" [ABH].

Ficar mamado 1. Ser enganado. **2.** Ficar desapontado [GAS].

Ficar marreco Ficar corcunda, segundo Antônio Nóbrega [FNa].

Ficar melado igual a espinhaço de pão doce CE. Beber muito [AS].

Ficar miudinho *Bras., gír.* Preparar-se para a briga: "O vacilão ficou miudinho mas não vai pagar sujesta" [JB].

Ficar monstro *Bras., gír.* Estar sob efeito de drogas: "Vou ficar monstro se esta merda continuar assim" [JB].

Ficar mordido 1. *Bras.* Ser "acometido de um sentimento forte ou de vingança, ou de decisão para fazer certa tarefa, ou pelo menos de vontade de fazê-la". **2.** Ficar com raiva: "O chefinho ficou mordido" [JB/LAFa].

Var. (2): *estar mordido*

Ficar morno Ficar indiferente [LM].

Ficar muito fresco Mostrar-se indiferente, calmo, como quem nada tem com a coisa [AN].

Ficar murcho *Fig.* Acovardar-se; ser submisso; tornar-se mofino: "Um homem. Besteira pensar que ia ficar murcho o resto da vida" (Graciliano Ramos, *Vidas secas*, p. 114).

Ficar na aba *Bras., RJ, gír.* Viver à custa de, sob a proteção de, prestigiado por, tirando proveito de [Net].

Ficar na banha *Bras., MA*. Empobrecer; reduzir-se à miséria; ficar na miséria: "... tanto lutei que estou nuazinha... e fiquei na banha!" (*A Peroba*, 17/11/34, São Luís) [AN/DVF].

Ficar na bronca *Desp.* Gesticular e fazer cara feia, não escondendo o desagrado com o que o juiz marcou ou deixou de marcar [HM].

Ficar na corda bamba Diz-se quando alguém está indeciso, em situação embaraçosa, ainda que tentando demonstrar imparcialidade: "Ou que eu queira ficar na corda bamba para não desagradar ninguém" (Gustavo Barroso, *O Tonico*, novela semanal, 1921); "Chamado para depor na Comissão Parlamentar de Inquérito, o vereador ficou na corda bamba. Temia trair o pacto dos corruptos. Mas foi depor".

Ficar na(s) encolha(s) Aguardar, esquivar-se; evitar complicações: "Ficou nas encolhas, cautelosa, mas não conforme diagnosticou Coroca: engane-se quem quiser" (Jorge Amado, *Tocaia Grande*, p. 179); "Vou ficar na encolha e esperar o que vai acontecer" [GAS/JB].

Ficar na estrada *Bras., gír.* Ficar abandonado: "Fiquei na estrada, os caras me largaram" [JB].

Ficar na fila *Desp.* Permanecer, um clube, durante anos, na expectativa da conquista de um campeonato [HM].

Ficar na gaveta Ver *ficar no tinteiro*

Ficar na geladeira 1. Ficar afastado do grupo: "O bestinha vai ficar na geladeira." **2.** Não ser citado. – "Ibrahim [Sued, famoso colunista social carioca] usava a expr. para não citar buzuntas, chumbões e chumbetas." JB nivela os três termos exóticos cit. como sin. de "pessoas insignificantes, bobas, sem expressão", respectivamente. Assim é que o polêmico colunista Ibrahim Sued ridicularizava seus adversários, que não eram poucos [JB].

Ficar na lona Ficar sem dinheiro; estar em dificuldades: "O amigão ficou na lona, tá fu (*sic*)" [JB].

Var.: *estar na lona* (2)

Ficar na mão 1. Ser dispensado do emprego, sem ter para quem apelar num compromisso: "João Caçula já tava querendo vender o 'Paquete Voador', a gente ficava na mão" (Jorge Amado, *Mar morto*, p. 182). **2.** Não conseguir o que esperava ou o que contava na certa; ser logrado, ludibriado, enganado; ficar sozinho, abandonado, esquecido, sem nada, de repente; perder tudo: "Todo mundo arranjou a sua garota, só ele ficou na mão..." [ABH/AC/AN/DRR/FF/FS/FSB/JB/MPa/OB/TC].

Ficar na melhor Ficar em situação favorável; estar bem: "Quero mesmo é ficar na melhor" [JB].

Var.: *estar na melhor*

Ficar na mesma Continuar não compreendendo [AN/GAS].

Sin.: (lus.) *ir de manos a nicos*

Ficar na mezenga Ficar na pior, em dificuldade: "O moleque ficou na mezenga, depois do que aprontou" [JB].

Ficar na minha Ficar tranquilo: "Só quero ficar na minha, sem aporrinhação" [JB].

Ficar na moita 1. Esconder-se; retrair-se; omitir-se; negacear: "Propus o negócio e ele ficou na moita." **2.** Silenciar; guardar silêncio; não falar; não dar opinião; não se pronunciar; não revelar algum segredo (ver A. M. Brás da Silva, *Gír. marinheira*): "Fique na moita! Não deixe ninguém saber disso" (DT, *VIII série*, p. 58); "– Fica na moita, e não espalha não" (Stanislaw Ponte Preta, *Gol de padre*, p. 112) [AN/DT/ECS/RG].

Ficar na peça Ver *ficar no caritó*

Ficar na penumbra Ficar obscurecido, esquecido [GAS].

Ficar na pindaíba Ficar em situação ruim: "O meu chefe ficou na pindaíba, depois que perdeu a chefia" [JB].

Ficar na pior Ficar em situação difícil: "O cidadão ficou na pior, gente boa" [JB].

Var.: *estar na/numa pior*

Ficar na poeira Ser ultrapassado: "O cidadão ficou na poeira, num guentou o tranco" [JB].

Ficar na rua 1. Ficar fora de casa; dormir ao relento; não dormir debaixo de telha. **2.** Não ter onde morar. **3.** *Bras., PI*. Prostituir-se [FF/GAS/PJC].

Ficar na rua da amargura Ficar em situação difícil; perder tudo: "O cara ficou na rua da amargura, numa de horror" [JB/MPa].

Ficar na rua dos ratos *Lus., Trás-os-Montes*. Sofrer uma desilusão; ficar desapontado; ficar em má situação [GAS].

Ficar na saudade Ser passado pra trás: "O cara ficou na saudade, foi engolido pelos fatos" [JB].

Ficar nas covas Não iniciar uma tarefa com os companheiros; deixar-se ficar a mandriar enquanto outros iniciam qualquer missão. – As covas referem-se às que eram feitas no atletismo pelos corredores de velocidade, para ajudarem o impulso da partida. Atualmente são us. utensílios próprios [GAS].

≠ **Não ficar nas covas** Agir, tomar uma atitude [GAS].

Ficar nas manha (*sic*) *Bras., DF, gír. rap e rock*. Ficar quieto [Net].

Ficar na sua 1. Continuar com a mesma opinião; obstinar-se numa opinião ainda que incorreta: "Mas, por enquanto, o Romeu vai ficar na sua" (Paulo Zulu, modelo e ator, *IstoÉ*, 14/6/00, p. 11). **2.** Ficar tranquilo: "O cara só quer ficar na sua" [GAS/JB].

Ficar na várzea sem cachorro *Bras., CE*. Ficar sem auxílio e sem esperança [AN/FS/LM]. ♦ Em ling. rural, pop., as fontes consultadas registram tb. a forma "vage".

Var.: *estar no/num mato sem cachorro, ficar na várzea, ficar na vage sem cachorro*

Ficar no ar Ficar perturbado, abalado, surpreso por alguma notícia ou sucesso, ou duvidoso dele [CA].

Ficar no banco *Desp.* Estar na reserva à disposição do técnico, podendo a qualquer instante entrar no jogo [HM].

Ficar no barricão *Bras., NE, pop., fam.* Não casar (a moça); envelhecer solteirona; encalhar: "Tenho uma irmã que ficou no barricão, e hoje vive na janela com as outras vitalinas lá em Vila Nova, que gostava de ver cana de floração" (João Ubaldo Ribeiro, *Sargento Getúlio*, p. 21) [ABH/AN/FN/FNa/NL].
Sin.: *ficar no caritó*
Var.: *ir para o barricão, morrer no barricão*

Ficar no bem-bom Ficar em situação favorável: "O cidadão gosta mesmo é de ficar no bem-bom" [JB].
Var.: *estar no bem-bom*

Ficar no canto Ser desprezado ou preterido; deixar de ser o caçula, em virtude do nascimento de novo irmão: "Nasceu o Zequinha, a Mimosa ficou no canto..." – Quando tem menino novo numa casa, os parentes, ao visitarem a família, torturam o ex-caçula com o aval dos pais e avós, dizendo que ele ficou no canto depois do nascimento do irmão. Sentindo-se rejeitado, o menino fica chato que não tem quem aguente e começa a inventar quanta munganga para chamar atenção. É uma verdadeira regressão: desaprende a fala, chora por qualquer coisinha, quer tomar mingau em mamadeira, e tem uns que, já grandes, voltam a chupar bico e fazer cocô na roupa [AN/CGP/FS/LM/MGb/PJC/RGTG].
Var.: *estar no canto*

Ficar no caritó *Bras., NE, joc.* Ficar solteirona, vendo os filhos dos irmãos; não se casar (a mulher); envelhecer solteirona; encalhar: "... tombém num quero que mi'ha fia fique no caritó, viveno a vida toda naquele sufrimento..." (Luciano Barreira, *Os cassacos*, p. 332); "É o horror de ficar no caritó: – Não tem importância. Ele pode ser até desquitado" (João Antônio, *Casa de loucos*, p. 67) [ABH/AN/AS/BB/CGP/FN/FS/JB/LM/MSM/RG/TC/TGa]. – Caritó pode ser uma dependência pequena, suja e escura da casa, um autêntico quarto-depósito, ou um tipo de engradado de vime onde ficam os caranguejos durante a engorda; na expr., é um lugar fictício para onde vão as moças que não casam. *Ficar no caritó* é mais us. para se referir a mulheres. Para se referir a homens, é mais frequente *guardar no caritó* (cf.).
Sin.: *ficar na peça, ficar no barricão*, (SP, pop.) *ficar para galo de são Roque, ficar para/pra tia/titia*, (MA, fam.) *ir para a prateleira*, (N, NE) *ficar vitalina*
Var.: *acabar/estar no caritó*, (CE) *ir para o/pro caritó*

Ficar no casco da situação *Bras., CE.* Perder, numa seca, todo o gado, restando-lhe só as terras da fazenda; diz-se dos fazendeiros quando, numa seca, perdem todo o gado e ficam apenas com as terras da propriedade; perder todo o gado da fazenda por efeito da seca e de doença [ABH/AN/FS, s. v. "FICAR"/LM/RG].
Sin.: *bater a porteira*
Var.: *ficar no casco da fazenda*

Ficar no couro do espinhaço 1. Estar muito magro; ficar com o couro da barriga quase unido ao do espinhaço. **2.** Ter perdido os haveres; achar-se paupérrimo [TC].

Ficar no desvio Ficar desempregado; perder o emprego: "Fiquei no desvio, na empresa. Agora, estou desempregado" [AC/AN/FSB/JB/RG/TC].
Sin.: *trabalhar na companhia do desvio*
Var.: *estar no desvio*

Ficar no limbo Ficar esquecido, numa posição obscura. – O limbo, segundo a rel. católica, é um lugar entre o céu e a terra, onde ficam as almas das crianças mortas sem batismo e de todos os justos, que viveram antes de Cristo, ou depois dele, mas que não professaram o cristianismo. Um político que perde o mandato de dep. ou senador e não é aproveitado num bom cargo fica no limbo [RMJ].
Var.: *estar no limbo* (2)

Ficar no meio da rua *Desp.* **1.** Perder a bola para um adversário de forma vexatória. **2.** Ser coberto pela bola ao adiantar-se uns metros da baliza que defende [HM].

Ficar no mundo Manter vida de prostituta [TC].

Var.: *viver no mundo*

Ficar no muro Não se decidir; vacilar; ser hesitante, indeciso; não tomar partido; não ser contra nem a favor, muito pelo contrário; "tucanar": "Enquanto isso, um leitor me escreve e diz que de vez em quando eu adoro ficar no muro" (Pasquale Cipro Neto, *O Povo*, 7/3/99, p. 2B).

Var.: *ficar em cima do muro*

Ficar no olho da rua 1. Ficar ao desamparo, sem ter onde morar, sem pouso: "Da casa, que só tinha um vão, não sobrou nada. A esposa do desordeiro, Ana Rosa, 26 anos, ficou no olho da rua com suas três filhas, uma de 4, outra de 2 e a mais nova de 3 meses" (*Jornal da Rua*, 1º/6/99, p. 9). **2.** Perder o emprego; estar desempregado [RG/TC].

Var.: *estar no olho da rua*

Ficar no olho mágico Observar: "Vou ficar no olho mágico, só pra ver o que acontece" [JB].

Ficar no ora veja Ficar desorientado, desamparado, arruinado; ser esquecido, deixado à margem; não alcançar o que tinha como certo; perder; sair logrado, sem conseguir o que desejava; sofrer prejuízo total, ter os planos frustrados; ser logrado; ficar sem nada: "Fiquei outra vez no ora e veja" (José Américo de Almeida, *A bagaceira*); "Fiquei no ora veja, não sobrou nada pra mim". – É uma expr. de desculpa ou de surpresa. Preferível escrever "ficar no ora veja". LM e AN grafam ficar no ora (e) veja. Em TC, tomando-se a grafia do A. de *A bagaceira*, lê-se: ficar no ora e veja. [ABH/AN/ECS/FS/JB/LM/TC].

Sin.: *comer com a testa* (1), *ficar a ver navios*

Var.: *estar no ora veja*

Ficar no papel Não se realizar o que foi escrito (ou alguma outra coisa); não passar de projeto [ABH/AC/CLG/FF/GAS].

Ficar no pau da roupa Ficar à espera [GAS].

Ficar no pé de Ficar cobrando, importunando alguém [AT].

Ficar no penduranço *Lus*. Situação em que fica o locutor da TV que informa ir seguir-se um determinado assunto e este não surge, ficando o locutor na tela [GAS].

Ficar no rol do esquecimento 1. Não querer mais saber do assunto. **2.** Diz-se da promessa que não se cumpriu [GAS].

Ficar no são *Lus*. Ser extirpado do que não presta [GAS].

Ficar no sapatinho *Bras., RJ*. **1.** *Gír. funk*. Não arrumar confusão; ficar na moral, na boa; curtir o baile sem arrumar confusão. **2.** Moderar-se; não cometer excessos. **3.** Ficar quieto, discreto, sem chamar atenção ou alardear: "Fiquei no sapatinho, trunquilo" (*sic*). **4.** *Gír. do crim*. Não levantar suspeita; ficar na encolha, na maloca [JB/Net].

Sin. (1): *andar na linha* (3), *zoar na moral*

Ficar nos azeites Ficar enfurecido, com muita raiva: "Ele me odeia porque não lhe descobri o tal amuleto, vive a dizer que ainda o obrigarei a cometer uma desgraça. Fica nos azeites quando me vê pintada" (Gilvan Lemos, *Os olhos da treva*) [FN].

Sin.: *andar de venta inchada, dar a gota* (1)

Var.: *estar nos (seus) azeites*

Ficar nos cornos da Lua 1. *Lus., Alentejo e Algarve*. Ficar culpado de alguma coisa; sentir-se como promotor ou causador de algum fato ocorrido. **2.** Ser exaltado; ser considerado o melhor [GAS].

Ficar no seco Ficar sem nada.

Ficar no segredo dos deuses Diz-se de segredo que fica só entre poucas pessoas [GAS].

Ficar no tinteiro *Ant*. Omitir na escrita; não ter sido escrito; ficar algo por dizer ou escrever; não se realizar; não ser dito por esquecimento; diz-se do que não se informa ou escreve, por esquecimento; omitir; olvidar; preterir: "Fala-se num liceu e não sei em que mais 'que ficou na gazeta': fra-

Ficar(-se)

se port. mod. que deve suprir a ant. e antiquada de – 'ficou no tinteiro' – por muitas razões..." (Almeida Garrett, *Viagens na minha terra*, p. 178); "Encomendas sem dinheiro, ficam no tinteiro" (Gregório de Matos, *Décimas*, XLVII) [ABH/AC/AN/FF/GAS/LCCa, p. 153].
Sin.: *ficar na gaveta*

Ficar no toco *Bras., NE*. Ser derrotado; ficar imobilizado, parado, sem ação: "Amigo José Tinoco / eu ainda faço glosa, / sou repentista de prosa / que nunca ficou no toco" (Alberto Porfírio, *Poetas populares e cantadores do Ceará*) [TC].

Ficar no vácuo *Bras., gír*. Falar com alguém que não deu atenção: "E ainda ficou no vácuo quando foi tirar satisfações" [Vivianne Banharo, *Pais & Filhos*, Família, I, ago./1998, p. 49].

Ficar no vácuo de alguém *Bras., gír*. Seguir alguém: "Vou ficar no vácuo deste viado" (*sic*) [JB].

Ficar no vazio Ficar sem espaço: "Vou ficar no vazio, continuando esta situação" [JB].

Ficar no zero a zero Empatar; ficar igual: "Ficou no zero a zero, ninguém levou vantagem" [JB].

Ficar numa boa Melhorar de vida: "O chefinho ficou numa boa, agora tem espaço" [JB].

Ficar num bolo Sofrer um acidente grave; levar uma grande sova [GAS].

Ficar num oito *Lus*. Ficar estragado, destruído; sofrer um acidente grave; levar uma grande sova [GAS].
Sin.: *ficar sem conserto*

Ficar num pé e noutro Ficar inquieto, com desejo incontido de fazer algo; mostrar-se contentíssimo ou ansioso por que algo aconteça; estar aflito: "Eu, quando oiço musga tocar, fico num pé e noutro pra dançar..." (Leonardo Mota, *Violeiros do Norte*, p. 235); "Você já reparou, Seu Zé, que o Chico fica num pé e noutro para ir pra casa daquela tribufu?!?" [AS/LM/TC].
Var.: *andar/estar num pé e noutro*

Ficar o dito pelo/por não dito Considerar sem efeito o que se combinou: "– Agora – falou, resignado – se vosmecê quiser acreditar em mim, acredita; senão, fica o dito pelo não dito" (José Humberto Gomes de Oliveira, *Dez contos mal contados*, p. 28); "Controle estrangeiro – inicialmente, previa-se que ele não seria permitido. Às vésperas dos leilões ficou o dito pelo não dito" (Aloysio Biondi, *O Brasil privatizado*, p. 38); "Concluindo a falação / Pra ficar tudo onde está / Eu não me chamo Benedito / E fica o dito por não dito / E o dito por não falar" (Sérgio Ricardo, "Vou renovar" [faixa 2], *in* CD *Mestres da MPB*) [MPa].
Var.: *fica o dito pelo/por não dito, que eu não me chamo Benedito*

Ficar pajeando Adular [BB].

Ficar para aí Ficar abandonado [GAS].

Ficar para galo de são Roque Ver *ficar no caritó*

Ficar para lá do sol posto Diz-se de lugar que fica muito longe [GAS].

Ficar para morrer Ficar desmoralizado, preocupado, abismado [GAS].

Ficar para o dia de são Nunca Ficar indefinidamente postergado. – A expr. surgiu de um dito do imperador romano Augusto, registrado por Suetônio, e se aplica aos que não pagam nunca, ou não cumprem nenhuma promessa [RMJ].
Sin.: *adiar para as calendas gregas*

Ficar para segundas núpcias Ficar para outra ocasião [GAS].

Ficar para/pra semente 1. Ter vida muito longa; viver muito além da média; viver eternamente; não morrer; sobreviver; continuar vivo; subsistir: "– Me importo lá com nada! Ninguém fica pra semente!" (Romeu de Carvalho, *Carro Doce*, p. 76); "Bem sei que não hei de ficar para semente... Tu, que és o meu sangue, tomarás o meu lugar..." (Domingos Olímpio, *Luzia-Homem*, p. 130); "Entraria num bando de cangaceiros e faria estrago nos homens. Não ficaria um pra semente" (Graciliano Ramos, *Vidas secas*). **2.** *Bras., NE*. Diz-se de gado que se traz para começar ou recomeçar um curral; diz-se de gado escolhido ou reservado para servir de reprodutor [ABF/ABH/AN/FF/FS/GAS/RG/TC].

Sin.: *virar museu*, (N, Centro-Oeste) *virar pedra*

Var.: *virar semente*

≠ **Não ficar para/pra semente** Não restar; nada restar [TC].

Var.: *não deixar para semente*

Ficar para tia/titia Diz-se da mulher que não casa, que fica solteira; não casar (a mulher); ficar solteirona, vendo os filhos dos irmãos: "João foi para os Estados Unidos, Teresa para o convento, / Raimundo morreu de desastre, Maria ficou para tia..." (Carlos Drummond de Andrade, *Obra completa*, p. 69); "Quem sabe, talvez desse certo, né? E talvez não. Calu vai ficar pra tia, meu Deus" (Carlos Drummond de Andrade, *O observador no escritório*, p. 61); "Julia Roberts quer ficar para titia" (Sara Duarte, *IstoÉ*, 13/3/02, p. 61) [ABH/AC/AN/CPL/FF/FS/FSB/GAS/LM/RMJ]. – O "para" da expr. às vezes vem contraído em "pra", como no ex. de Drummond.

Sin.: *ficar no caritó*
Var.: *ficar titia*

Ficar passado *Lus., ant.* Ficar chocado, surpreendido, envergonhado; ficar encabulado, encalistrado, exposto a uma situação desagradável ou a um constrangimento: "Coisas ouvi eu, que fiquei passado" (d. Francisco Manuel de Melo, cap. "Metáforas de Andar", in *Feira de anexins*) [GAS/JB/RMJ].

Var.: *estar passado*

Ficar patrulhando Controlar: "Vou ficar patrulhando este pessoal..." [JB].

Ficar pau da vida *Fig.* Encher-se de ódio; ter um acesso de violenta emoção; ficar irado: "O Manoel ficou pau da vida. No dia seguinte fingiu que estava indo pra padaria e se escondeu atrás de uma árvore, no caminho de casa" ("500 anos de anedota de português", *Bundas*, 29/5/00, p. 14).

Var.: *ficar puto da vida*

≠ **Não ficar pedra sobre pedra** Ser completamente demolido; haver derrocada total [GAS].

Ficar peixe *Bras., gír.* Ficar calmo: "Fica peixe, cara, fica queto" (*sic*) [JB].

Ficar pela bola da vez *Bras., gír.* Ser o próximo alvo: "O cidadão ficou pela bola da vez, vai levar chumbo" [JB].

Var.: *estar pela bola da vez*

Ficar pelos cabelos Ficar muito zangado, excessivamente irado; encher-se de cólera, revolta ou desespero [AN/FS/TC].

Ficar pendendo Oscilar o corpo, tonto, embriagado: "Vou ficar pendendo, gente" (João Clímaco Bezerra, *Sol posto*) [TC].

Var.: *andar/estar pendendo*

Ficar pendurado Ficar sem resposta [GAS].

Ficar-pensando-em-ti *Bras., N, gír. dos garimpos.* Masturbar-se: "Podia ser velha, feia, bonita, moça ou rapariga, ou então era só ficar-pensando-em-ti" (José Sarney, *Saraminda*, p. 139).

Ficar pequeno *Bras., gír. rap e rock* Ficar malfalado [Net].

Ficar perimetral *Bras., CE.* Ficar doido, amalucado [FNa].

Ficar piano *Bras., gír.* Ficar quieto: "Fique piano, cara, tudo se arresolverá" (*sic*) [JB].

Ficar pintado Ser enganado, logrado, ludibriado [GAS].

Ficar pior que estragado *Lus.* Ficar muito arreliado, zangadíssimo; estar muito aborrecido, zangado [GAS].

Var.: *estar pior que estragado, ficar pior que bera/uma barata*

Ficar pirado Ficar amalucado: "E eu ali no meio, de minissaia e tal. Porque eu fiquei pirada também" (Luiz Maklouf Carvalho, *Mulheres que foram à luta armada*, p. 475); "– Eu não estou ficando pirada, púpi! – insistiu a menina" (Teresa Noronha & Ganymédes José, *O príncipe fantasma*, pp. 51-2).

Ficar por cima Vencer; levar vantagem [GAS].

Ficar por cima da carne-seca *Bras., gír.* Ficar, estar em ótima situação: "O chefe ficou por cima da carne-seca, ele sabe sobreviver" [JB].
Var.: *estar por cima da carne-seca*

Ficar por conta Indignar-se; zangar-se; ficar muito irritado, aborrecido: "Ele ficava por conta e se queimando de raiva" (Mário Landim, *Mãe d'água e caipora*) [AC/TC].
Var.: *estar por conta* (2)

Ficar por isso mesmo Deixar como está; não prosseguir; ficar na mesma; nada adiantar; não haver punição de falta ou crime cometido: "Pratica as maiores violências e fica por isso mesmo" [ABH/TC].
Var.: *ficar por isso*

Ficar por um fio *Bras., gír.* Aguardar definição: "O cara ficou por um fio na entrevista no banco" [JB].

Ficar pra contar a história Ser o único a escapar, a sobreviver; ficar por último: "Quando a polícia atacou a família dos Chicote, não ficou um pra contar a história" [FS/JB/LM].

≠ **Não ficar pra meizinha** Nada restar: "Não ficou um pingo de cera pra meizinha" (Mário Landim, *Vaca preta e boi pintado*) [TC].
Sin.: *não ter nem um para/pra remédio*

Ficar pra próxima Aguardar a próxima oportunidade: "Fica pra próxima, malandro" [JB].

Ficar pra trás Ser ultrapassado: "Ficou pra trás, xará, te cuida na próxima" [JB].

Ficar prenha Ver *botar bucho* (1)

Ficar preto(a) Diz-se de situação ou caso que se complica, torna-se vexatório: "As agências de publicidade deixaram de programar 'Última Hora' para seus anúncios e a situação ficou preta para Samuel Wainer" (Ruy Castro, *O anjo pornográfico*, p. 245).
Sin.: *estar/estarem as coisas pretas*

Ficar pronto *Bras., BA.* Ficar "legal" após beber algo; ficar um tanto bêbado [NL].

Ficar punhetando *Bras., PE.* Demorar a decidir [BB].

Ficar puto *Bras.* Irritar-se; ficar com raiva, irritado: "Boca: Pra falar a verdade eu nem escuto / direito, mas seu Creonte ficou puto..." (Chico Buarque & Paulo Pontes, *Gota d'água*, p. 98); "E nisso eu sinto lá a cara feia do preconceito, fico puta com essas contradições, mas neurose é neurose" (João Ubaldo Ribeiro, *A casa dos budas ditosos*, p. 101); "Vai ficar puto e não adianta nada" [JB].
Sin.: *chupar (uma) barata, montar no/ num porco* (2)
Var.: *ficar puto da vida*

Ficar puto da vida *Bras., NE, S.* Diz-se de quem se acha dominado pelo ódio; ficar com raiva: "Fiquei puto da vida quando soube da notícia" [JB/MSM].
Var.: *estar puto da vida, ficar pau da vida, ficar puto*

Ficar queimado 1. Ficar sem crédito, desclassificado; sem préstimo. **2.** Zangar-se; agastar-se, encolerizar-se [GAS/RMJ].

Ficar que nem o marisco que se encontra entre a onda e o rochedo Ficar num beco sem saída; encontrar-se em apertura de difícil solução [RBA].

Ficar que nem um ovo 1. *Lus.,Univ. Coimbra.* Ficar muito contente. **2.** Estar cheio, repleto [GAS].

Ficar reduzido a zero 1. Ficar sem coisa alguma; atingir a miséria extrema (pessoal). **2.** Desmoronar-se; desfazer-se; fracassar; abortar (plano, desígnio). **3.** Perder tudo; perder todo o valor; quebrar [ABF/AN/FF].

Ficar remoendo Lastimar [BB].

Ficar ressabiado *Bras., NE.* Ficar desconfiado: "Fiquei ressabiado com o esporro que levei" [JB].

Ficar roendo Ficar, estar com ciúmes [BB].

Ficar ruço/ruça Ficar difícil: "Pô, maninha, a coisa ficou ruça" [JB].
Var.: *estar ruço/ruça*

Ficar ruim Estar fortemente embriagado: "O Gustavo ficou ruim logo, com umas quatro garrafas de cerveja..." [FS].
Var.: *estar ruim*

Ficar(-se)

Ficar sapateiro *Bras., S.* **1.** Não conseguir ganhar nenhuma vez sequer, durante um jogo de cartas ou em corridas de cavalos. **2.** Numa pescaria, não pescar um único peixe; ir pescar e não pegar nada [AJO/Net].
Var. (1) (2): (RS) *sair sapateiro*
Var. (2): (BA) *sair de sapateiro*

Ficar-se com essa *Lus.* Gravar na memória para servir de lição; apanhar [GAS].

Ficar-se em trinta Ver *ficar a ver navios*

Ficar seleiro 1. Estar pronto para ser usado como animal de sela. **2.** Perder, o indivíduo, os arroubos de valentia, de fanfarronice; ficar manso, cordato [TC].

Ficar sem ação Ficar sem ânimo, sem coragem: "Ficou sem ação, de queixo caído" (César Coelho, *Streap-tease da cidade*) [TC].

Ficar sem camisa Perder tudo; arruinar-se [AN/GAS].

Ficar sem conserto Ver *ficar num oito*

Ficar sem cor Ficar pálido por efeito de susto, doença etc.; empalidecer de súbito por efeito de emoção, ou tornar-se pálido, macilento, por efeito de doença [ABH/AN/CLG/GAS].
Sin.: *perder a cor*

Ficar sem fala Levar um grande susto; ficar fortemente surpreendido [GAS].

Ficar sem graça Ver *perder a graça*

Ficar sem mel nem cabaço(a) Perder tudo; arriscar uma coisa para ganhar outra e perder ambas; perder uma coisa e outra, sacrificando a primeira à segunda; não conseguir nem uma nem outra de duas coisas esperadas: "– Felicito-a pela sua prudência. Efetivamente a senhora se arriscava a ficar sem mel nem cabaço" (Graciliano Ramos, *São Bernardo*, p. 81); "Desempregado, ficou sem mel nem cabaça. Tem procurado emprego feito doido" (Aírton Monte, *O Povo*, cad. Vida & Arte, 12/6/02, p. 2); "Ele gastou o dinheiro, pra ver se salvava o gado na seca, e ficou sem mel nem cabaça..." [CLG/FS/LM].
Var.: *perder o mel e a cabaça*

Ficar sem os três Perder a virgindade [GAS].

Ficar sem pai nem mãe Ficar sozinho: "Neste lance, fiquei sem pai nem mãe" [JB].

Ficar sem pinga de sangue Levar um grande susto; ficar apavorado; ficar pálido por motivo de grande susto, de dor etc.; ficar estarrecido, aterrorizado: "Sofia, ao ler o nome de Carlos Maria, ficou sem pinga de sangue" (Machado de Assis, *Quincas Borba*). – Ladislau Batalha, *História geral dos adágios portugueses*, vê na expr. reminiscência das torturas inquisitoriais [ABH/AN/GAS].
Var.: *estar sem pinga de sangue*

Ficar sem rangar *Bras.* Ficar sem comer: "Num vou ficar sem rangar, tô com fome..." [JB].

Ficar sem sangue nas veias Ficar transido de medo; empalidecer pela convergência do sangue dos vasos para o coração [AN].

Ficar sem sentidos Desmaiar; ter um delíquio [FF/GAS/J&J].
Sin.: *perder o insenso, perder o sopro, perder os sentidos, ter um fanico*

Ficar senhor do campo 1. Vencer a batalha pondo o inimigo em debandada. **2.** *P. ext.* Não ter concorrentes que estorvem no campo de ação [AN].

Ficar sentido *Bras., CE.* Magoar-se; melindrar-se: "Ela ficou sentida com a grosseria do noivo" [AS].

Ficar sobrando 1. Ser relegado; ser esquecido; sobrar: "Os demais irmãos foram convidados, só ele ficou sobrando." **2.** Não ser procurado ou atendido; não ser alvo de atenção; sobrar: "Várias pessoas conseguiram a audiência, e eu fiquei sobrando" [ABH].

Ficar só chupando o dedo Ficar doido pra fazer também; ficar na vontade [CGP/TGa].

Ficar sujo Sair-se mal; ser descoberto; não ter êxito; desmerecer; desacreditar-se no conceito de alguém [ABH/AC/AN/GAS].

Ficar surdo Não querer ouvir, desatender [AN].

Ficar tátaro *Lus*. Ficar espantado, admirado [GAS].

Ficar testo Zangar-se; ficar amuado [GAS].

Ficar tiririca *Bras., CE*. Zangar-se; ficar amuado, bravo, enraivecido, fulo, irritado: "Por que fiquei tiririca, mãe?" (Henfil, *Cartas da mãe*, p. 40) [BB/JB/RG].
Var.: *estar tiririca* (2), *ficar tiririca da vida*

Ficar todo despranaviado *Bras., PE*. Ficar atordoado [BB].

Ficar todo prosa Alegrar-se; ficar satisfeito; encher-se de contentamento: "O bandido ficou todo prosa, e estufou o peito, feito pavão quando abre a roda" (Ana Maria Machado, *Amigos secretos*, p. 88).

Ficar tramado Ser prejudicado [GAS].

Ficar triste Comer além da conta: "Comi demais, chega fiquei triste..." (*sic*) [FN].
Var.: *estar triste*

Ficar trombudo Ver *andar de tromba*

Ficar tudo em casa Não transpirar; não passar para mãos alheias; guardar segredos [AN/CLG].

Ficar tudo na mesma Não haver alteração [GAS].

Ficar uma arara Ficar muito irritado: "A Fernanda ficou uma arara e disse pra ele: – Seu burguês reaça!" (Álvaro Cardoso Gomes, *A hora da luta*, p. 135) [CLG/JB].
Var.: *estar uma arara*

Ficar uma moqueca *Bras., NE*. Ficar enrodilhado [Gl].

Ficar uma vara *Bras.,* Sentir muita raiva; ficar muito bravo, irado, possesso: "O homem ficou uma vara e gritou: – Você foi contratado pro que eu quiser. E, se não quiser fazer o que eu mando, te ponho no olho da rua!" (Álvaro Cardoso Gomes, *A hora da luta*, p. 33) [CLG/GM/LAF].

≠ **Não ficar um só para/pra contar a história** Desaparecerem todos, por fuga ou por morte [TC].

Ficar vendido Ficar sem jeito, envergonhado, desapontado com sucesso inesperado ou que se deu de modo diverso do afirmado [AN].

Ficar verde Espantar-se; amedrontar-se [OB].

Ficar verde de raiva Ficar extremamente furioso [CLG].

Ficar vermelho 1. Enrubescer(-se). **2.** Envergonhar-se [DRR/OB].

Ficar virado *Bras., PE*. Ficar irado: "Ficou virado com o acontecido" [BB].
Var.: *estar virado* (2)

Ficar vitalina Ver *ficar no caritó*

Ficar voando Ver *ficar boiando*

Ficar xavier Ficar tolhido, acanhado, encalistrado, enleado, sem jeito, encabulado, desenxabido [AJO/FSB, apud "Questões de português", p. 86].
Var.: *ficar chavi/chavié*

Ficar zanzando Perambular; vagar [BB].

Ficar zaranza Ficar tonto, espantado [GAS].

Filar

Filar a boia *Bras., ES*. Comer de graça: "Vou passar aí e filar a boia" [ABF/JB].

Filar nos exames Colar, pescar; nortear-se ou orientar-se sorrateiramente pela prova de alguém, numa seleção, concurso etc., burlando a fiscalização [FS].

Filhar

Filhar panos de segurança Tornar-se frade; tomar hábito religioso [GAS].

Filmar

Filmar alguém *Bras., gír*. Observar, olhar ou vigiar alguém: "Tô te filmando, cara, acho que cê tá exagerando na dose" [JB].

Finar-se

Finar-se de Padecer de: "Ele se finou de riso" [FF].

Finar-se por Desejar ardentemente [FF].

Fincar

Fincar as aspas *Bras., RS.* **1.** Levar uma queda violenta; cair de cabeça para baixo; cair batendo com a cabeça no chão. **2.** Morrer [ABH/AJO/AN].
Sin.: (S) *fincar as guampas*
Var. (2): *fincar as aspas no inferno*

Fincar as aspas no inferno *Bras., RS, pop.* Morrer; perder a vida; exalar o último suspiro; falecer; finar-se, expirar; perecer; expr. com que se faz referência à morte de pessoa indesejável [ABH/AJO].
Sin.: *fincar as guampas no inferno*

Fincar as cravelhas no chão *Bras., S.* Cair junto com o cavalo ou rodar [AJO].

Fincar as guampas Ver *fincar as aspas*

Fincar o laço Arremessar o laço para prender a rês [AJO].

Fincar o pé 1. Insistir; teimar; relutar; resistir; porfiar. **2.** *Bras., RS.* Sair correndo, em disparada; fugir [AJO/AN/LAF].
Var. (2): *dar no pé*

Fincar o pé na estrada Ir embora; desaparecer; sumir: "– Agora, negro, finca o pé na estrada e vai olhando sempre para a frente. Se não..." (Carlos Drummond de Andrade, *Contos de aprendiz*, p. 54) [AJO].
Var.: *fincar o pé no mundo*

Fincar pé Ter decisão, firmeza; teimar; recalcitrar; obstinar-se: "Vigário: Nada. Fincaram pé. Vão levar o cadáver pra Jaguatirica mesmo" (Dias Gomes, *O Bem-Amado*, p. 118); "Clinton concordou com quase tudo. Fincou pé contra cortes no imposto de ganho de capital" (Paulo Francis, *O Povo*, 8/9/96, p. 10B) [CGP].

Fincar uma bofetada Aplicar um tapa de mão aberta no rosto de outra pessoa [AJO].

Firmar

Firmar a porteira *Umb.* Riscar, na estrada do terreiro, um "ponto" especial para protegê-lo de más influências astrais, ou fazer defumações na entrada, com aquela finalidade, bem como a de atrair a proteção das entidades [OGC].

Firmar o anjo da guarda *Umb.* Fortalecer, por meio de rituais especiais e oferendas de comidas votivas, o orixá "dono de cabeça" de uma pessoa [OGC].

Firmar o jamegão Assinar; apor a assinatura: "Não tive dúvidas: firmei meu jamegão" (Leonardo Mota, *No tempo de Lampião*) [TC].
Var.: *espichar/lançar/sapecar o jamegão*

Firmar o ponto *Umb.* **1.** Cantar coletivamente o ponto (cântico) determinado pela entidade que vai dirigir os "trabalhos", para conseguir uma concentração de corrente espiritual. **2.** Ato de a entidade provar sua identidade ao "baixar", por meio de seu ponto especial, cantado e riscado [OGC].

Firmar um médium *Umb.* Iniciar um médium, fazer o "assentamento" de seu anjo da guarda (orixá principal), colocando-o em relações mais íntimas, mais firmes e seguras com seu Protetor. – Isso só pode ser feito por pai ou mãe de santo que tenha sido tb. iniciado [OGC].

Fitar

Fitar as orelhas *Bras., S.* Levantar as orelhas (o animal), entesando-as [AJO].

Fmigar (sic)

Fmigar magustes *Lus., Beira e Trás-os-Montes.* Resmungar [GAS]. ♦ A grafia acha-se assim mesmo: "fmigar". Supõe-se que por um lapso de impressão, o que nos leva a crer, pela sequência alfabética, tratar-se de "flumigar", forma não encontrada na bibliografia disponível. Talvez seja a forma pop., ou corruptela, de "formigar". Pode tb. se originar de "fumigar" (expor a fumaça, vapores; defumar; desinfetar por meio de fumo ou fumaça).

Foder(-se)

≠ **Não foder e não sair de cima**, *Chulo.* Não resolver: "Este merda não ata nem desata, não fode e não sai de cima" [JB].
Var.: *não trepar e nem sair de cima*

Foder maria-preá *Bras., BA, chulo.* Estar tudo perdido; dar tudo errado: "Malmente ele chegou, encontrou a raça: Beto Bozó, Del, Das Águas, Geninho e Zé Mário. 'Eta zorra, agora fudeu (*sic*) maria-preá', pensou Val" [FN/NL].

Foder o barraco *Bras., gír., chulo.* Acabar, dar tudo errado: "Agora, fodeu o barraco, compade, vai dar tudo errado. Tudo vai pra cucuia" (*sic*) [JB].

Foder-se de amarelinho *Bras., RS, chulo.* Dar-se mal; perder a parada; ver frustrados os intentos [LAF].

Foder-se em verde-e-amarelo Sair tudo errado; nada dar certo [MPa].

Forçar

Forçar a barra Fazer grande esforço para conseguir algo; insistir contra a vontade de outrem; querer o impossível e o irrealizável; exagerar; insistir; precipitar; obrigar: "Sônia estudou no Externato São José – até o pai, ateu convicto, descobrir que forçavam a barra no ensino religioso" (Luiz Maklouf Carvalho, *Mulheres que foram à luta armada*, p. 384); "Eu fui um dos que pegaram ele pela mão e disseram que ele tinha que cantar sim. Ele achava que eu estava forçando a barra e que isso ia me prejudicar" (João Donato, *Bundas*, 4/10/99, p. 6); "Quando as coisas vão mal, não adianta forçar a barra, o negócio é ir com calma" [AN/GAS/GS/JB/JF].

Sin.: *forçar a mão, forçar a nota*

Forçar a mão Ver *forçar a barra*

Forçar a natureza Vencer-se; dominar o próprio medo ou repugnância; dominar-se, fazendo algo que desagrada ou repugna: "Senhora viu que não adiantava protestar e forçou a natureza para me pedir..." (Rachel de Queiroz, *Dora, Doralina*, p. 60) [FS/LM/TC].

Var.: *obrigar a natureza*

Forçar a nota Proceder de maneira inatural, inadequada, inoportuna, inconveniente: "É melhor citar-lhe o pensamento, não pareça esteja eu querendo interferir para forçar a nota" (Xavier de Placer, *Doze histórias curtas*) [ABH/GAS].

Sin.: *forçar a barra*

Forçar a porta 1. Arrombar a porta. **2.** *Fig.* Entrar num lugar contra ordens estabelecidas [AN].

Forçar o setor *Desp.* Insistir, com frequentes investidas, por determinada área da defesa adversária [HM].

Formar(-se)

Formar corda Dar os braços ou as mãos para delimitar um espaço ou sitiar um percurso (us. nos comícios ou manifestações) [GAS].

Var.: *formar cordão*

Formar o bonde *Bras., RJ, gír. funk.* Sair em grupo [Net].

Formar seio *Marinh.* Diz-se quando um cabo, uma corrente etc. formam catenária (uma curva) por estarem frouxos ou em virtude do seu comprimento [ABH].

Formar-se o tempo Ficar a atmosfera carregada, o céu nublado, prognosticando chuva [TC].

Formar um juízo Ter uma opinião definitiva, formada, acabada: "Havia meses que tinha o major sob suas ordens e ainda não formara um juízo seguro a seu respeito" (Érico Veríssimo, *O prisioneiro*, p. 25).

Forrar

Forrar o buraco do pano Botar dinheiro no bolso: "Preciso forrar o buraco do pano enquanto posso" [JB].

Forrar o estômago Ingerir certa porção de alimento muito menor que a da refeição habitual; comer alguma coisa, estando com o estômago vazio; fazer pequena refeição; merendar; lanchar; alimentar-se preventivamente: "A poupança do vidente foi aumentando e lhe permitiu abrir um café, onde a clientela poderia forrar o estômago e ao mesmo tempo descobrir se aquela seria sua última refeição" (Osmar Freitas Jr., *IstoÉ*, 6/6/01, p. 80) [ABH/FF/JB/TC].

Sin.: *fazer um soinho*

Forrar o poncho *Bras., S.* Ter bom lucro; ganhar muito dinheiro (no jogo ou em qualquer negócio); obter ótimo resultado em algum negócio; ter o lucro desejado ou mais ainda; fazer bom negócio; arranjar-se; dar-se bem, em geral [ABH/AJO/AN/FF/LAFa].

Franzir

Franzir as sobrancelhas Ver *franzir a testa* (1)

Franzir a testa 1. Dar sinal de descontentamento, contrariedade; testemunhar mau humor; estar carrancudo: "Quisemos saber se os tais índios eram bravos. Ele franziu a testa e se encolheu" (Francisco Marins, *Em busca do diamante*, p. 26). **2.** Não concordar: "O tenente limitou-se a franzir a testa numa dúvida..." (Érico Veríssimo, *O prisioneiro*, p. 79) [AN/GAS].

Sin. (1): *franzir as sobrancelhas*

Fraquejar

Fraquejar das pernas Cansar-se [TC].

Frechar

Frechar em cima Avançar na comida; apressar-se no ato de ir comer; ser muito açodado quando se vai à mesa: "Ao chegar nossa vez, pelo amor de Deus, não frechar em cima como em casa, é pra esperar..." (TG, p. 123). ♦ "Frechar", no sentido de "avançar, correr para cima" [TG].

Frechar em riba de Avançar sobre, correr para cima de alguém: "Um vexame, doutor. Frecham em riba de mim todo o tempo" (Moreira Campos, *Dizem que os cães veem coisas*, p. 41).

Frigir

Frigir a carne do porco com a banha do mesmo porco Competir comercialmente com outrem, graças ao dinheiro ou crédito desse mesmo alguém [LM].

Fritar

Fritar bolinho 1. *Desp.* Ser um mau desportista, não conseguir resultado nas competições. **2.** Não servir para nada, a não ser para a cozinha, ou para trabalho de mulher. **3.** Mandar alguém fritar bolinho é o m. q. dizer que não atrapalhe [RMJ].

Fuçar

Fuçar a vida de alguém Bisbilhotar; investigar as ações, os negócios de alguém: "Esse jornalista é hábil em fuçar a vida de figurões da corrupção oficial" [BB].

Fugir

Fugir a boca para a verdade *Lus.* Revelar a verdade quando tentava defender a mentira [GAS]

Fugir aos encartes *Lus.* Conseguir maneira de se desenvencilhar de dificuldades [GAS].

Fugir aos encontros Fugir às responsabilidades [GAS].

Fugir a quatro pés Fugir rapidamente a toda a velocidade. – Vulgarmente usa-se mais dizer "fugir a sete pés", mas compreende-se que seja "quatro pés", alusão a fugir a cavalo [GAS].

Var.: *fugir a sete pés*

Fugir a sete pés *Lus., Turquel.* Fugir desabaladamente, a toda a pressa (ver *Rev. Lus.*, XXVIII, p. 136): "Fugiu a sete pés..." – "Sete" aí é um número indeterminado [AN/ECS].

Var.: *fugir a quatro pés*

Fugir a terra dos/nos pés Correr velozmente [TC].

Fugir a traquetes *Açor.* Fugir a toda a pressa [GAS].

Fugir a unhas de cavalo Fugir depressa com propriedade; fugir a cavalo [GAS].

Fugir com a moça *Bras., CE.* Raptar uma donzela [CGP].

Fugir com armas e bagagens Fugir levando tudo quanto lhe pertence e algumas vezes com o que é dos outros [GAS].

Fugir com a roupa do/no corpo Fugir como estava, sem poder carregar nada

consigo: "Na pressa, o fora-da-lei fugiu com a roupa no corpo" [AN/CLG/GAS].
Var.: *sair/salvar-se com a roupa do corpo*

Fugir com o corpo Fintar; conseguir safar-se; esquivar-se; evitar: "Até hoje, em toda a história do futebol, ninguém soube fugir com o corpo tal como Garrincha o fez com maestria" [AN/GAS].

Fugir como o diabo da cruz Recusar-se a tudo o que for maçante [GAS].

Fugir com o rabo à seringa Esquivar-se a coisa desagradável, a responsabilidades; esquivar-se a fazer alguma coisa [AN/GAS].

Fugir da raia *Bras., fam.* Fugir de dificuldade, compromisso etc.; deixar de assumir compromisso; sair fora: "Diz que, enquanto seus torcedores estão se empenhando para que o Verdão não fuja da raia..." (Everaldo Lopes, *Tribuna do Norte*, Natal-RN, cad. Jerns, 24/10/00, p. 3) [ABH/JB].
Var.: *correr da raia*

≠ **Não fugir da raia** Voltar; não desaparecer: "Não fuja da raia, cara, tô de olho em você" [JB].

Fugir de alguém às sete léguas Fugir a toda pressa [AN].

Fugir de alguém como de um cão danado Evitar alguém de todos os modos possíveis. – Expr. que tem como base o fato de que toda gente tem medo de ser mordida por cão danado [AN].

Fugir de alguém como o diabo da cruz Esquivar o trato ou companhia de alguém, por ser odioso [AN].

Fugir do pau *Bras., gír.* Sair fora; sumir: "O cara é cagão, fugiu do pau. Amarelou" [JB].
Var.: *correr do pau*

Fugir do trilho *Bras., gír.* Deixar de enfrentar uma situação vexatória; fugir de uma dificuldade: "Não vou fugir do trilho, vou encarar a parada" [JB].
Sin.: *correr da raia*

Fugir o pé para a chinela *Lus.* Ter tendência para o ordinário [GAS].
Var.: *puxar-lhe o pé para a chinela*

Fugir pela porta dos fundos Sumir, escapar: "O bandido fugiu pela porta dos fundos na maior cara de pau" [JB].

Fugir que nem o diabo foge da cruz Fugir, com muito medo [MPa].

Fumar

Fumar boi *Lus*. Fumar droga; fumar liamba, maconha; fumar droga [GAS].

Fumar como uma chaminé Ver *fumar que nem caipora*

Fumar como um cavalo Ver *fumar que nem caipora*

Fumar como um turco Ver *fumar que nem caipora*

Fumar nas calças *Bras., CE*. Andar doido pra fumar: "Rapaz, sei das consequências nocivas do fumo, mas estou aqui fumando nas calças" [CGP/MGa].

Fumar o cachimbo da paz Fazer as pazes; fazer acordo; entrar em acordo; conciliar divergências; apaziguar ódios ou malquerenças; renunciar a disputas armadas; resolver pacificamente os conflitos; mostrar que não tem más intenções: "Tudo leva a crer que [Orestes Quércia e Roberto Requião] fumarão o cachimbo da paz, dia 27, em São Paulo..." (Walter Gomes, *O Povo*, cad. People, 12/10/97, p. 2D); "Vamos fumar o cachimbo da paz, gente, tá na hora". – A expr., oriunda dos costumes dos índios norte-americanos, que assim selavam acordos entre tribos rivais, ou entre indígenas e homens brancos, popularizou-se internacionalmente por meio do primeiro canto do poema de Henry Woodsworth Longfellow, "The Song of Haiawatha", em que era celebrado um herói indígena. O poema mostra como um grande cachimbo passava de mão em mão, para que cada um dos participantes dele tirasse uma fumaça, como sinal de que todos se sentiam iguais, irmanados e satisfeitos [AN/GAS/JB/RMJ, p. 139].

Fumar o goia *Bras., PE*. Fumar ponta de cigarro [BB].

Fumar o vinte Pedir a metade de um cigarro a quem está fumando. – Entre a população de baixa renda, é comum uma pessoa acender um cigarro e o companheiro ao lado pedir o vinte [TG].

Fumar que nem caipora Fumar muito, demais; ser viciado por fumo: "Copote fuma que nem caipora. E a mãe dele não sabe" (Jáder de Carvalho, *Sua majestade, o juiz*, p. 42) [AN/GAS/TC].

Sin.: *fumar como uma chaminé, fumar como um cavalo, fumar como um turco*

Fumar se-me-dão *Bras., joc.* Fumar à custa alheia; ser filante de cigarro [ABH].

Fumar (n)uma quenga *Bras., CE.* Zangar-se; encolerizar-se; ficar enfurecido, transtornado pela cólera; irritar-se; agastar-se muito; dar mostras de ressentimento; sentir grande exasperação: "Fumando numa quenga, moradores da Vila Ellery querem proteção" (*Jornal da Rua*, 1º/6/99, p. 3); "O sujeito não gostou de ter sido barrado na boate Senzala, deu cavaco e saiu fumando numa quenga" (Neno Cavalcante, *Diário do Nordeste*, cad. 3, 12/8/00, p. 3); "Quando eu vi que tinha perdido o trem, fiquei fumando numa quenga!..." [AN/AS/CGP/FS/LM/MGa/RG]. ♦ A expr., via de regra, vem empregada no modo gerundial – "fumando numa quenga" –, consequentemente precedida de v. auxiliar.

Sin.: *chupar (uma) barata*

Fumar um pacaia *Bras., PE.* Fumar cigarro de palha [BB].

Fumegar

Fumegar de raiva Irritar-se: "O cidadão fumegava de raiva o tempo todo, bufava por todos os buracos" [JB].

Funcionar

Funcionar na mesma onda *Lus.* Diz-se de pessoas que têm as mesmas ideias [GAS].

Fundir

Fundir a cuca 1. *Lus.* Preocupar-se. **2.** *Bras.* Fazer grande esforço mental. **3.** *Bras., gír.* Fazer perder o senso, o siso, o juízo, o rumo, a direção; confundir; perturbar; baralhar; baratinar; encucar; endoidar: "Skrbndansky... Bastava ter que pronunciar um nome deste cinco vezes por dia para fundir a cuca de qualquer cidadão" (Orígenes Lessa, *Aventuras do Barão de Münchhausen*, p. 23); "Quando Eduardo começa a projetar em mim os complexos edipianos dele, funde a minha cuca" (Marisa Raja Gabaglia, *Milho pra galinha, Mariquinha*); "Não vá fundir a cuca, cidadão, cê tá maus!" [ABH/GAS/JB/RMJ].

Sin. (2): *dar trato(s) à bola* (1)

Fungar

Fungar no cangote 1. Acompanhar. **2.** Cheirar; hábito sertanejo de se dançar colado; fazer chamego: "Para de fungar no cangote da nega." **3.** *Desp.* Correr quase colado às costas do adversário, tentando surpreendê-lo para apossar-se da bola. **4.** *Chulo.* Ser homossexual: "Ele gosta de fungar no cangote, é chegado a uma carne quente" [HM/JB/RBA].

Furar

Furar a barreira Não respeitar as normas: "O cara furou a barreira e foi repreendido" [JB].

Sin.: *furar a fila*

Furar a bicha *Lus.* Passar à frente dos que esperam a sua vez: "O banco estava lotado. Mas furei a bicha, numa boa" [GAS]. ♦ Em Portugal, "bicha" corresponde a "fila".

Furar a chapa 1. Deixar de votar em um ou mais nomes constantes da chapa; faltar ao compromisso eleitoral, votando em outro candidato. **2.** Trocar clandestinamente a chapa de votação [AN/TC].

Furar a fila Não respeitar as normas: "O magnata furou a fila e ouviu poucas e boas..." [JB].

Sin.: *furar a barreira*

Furar a greve Ir trabalhar quando há greve [GAS].

Furar a menina *Bras., AL.* Tirar a virgindade de uma moça [Net].

Furar a parede Quebrar a solidariedade com os colegas numa greve [GAS].

Furar chão Andar muito, por muitos lugares: "Ele é um sujeito viajado. Já furou muito chão" [TC].

Furar na venta *Bras., CE*. Dispor-se ao que der e vier: "O Isidoro furou na venta: vai longe..." [AN/FS/LM].

Furar o bloqueio 1. Conseguir ter acesso a algo ou alguém. **2.** *Desp*. Ultrapassar a linha defensiva do time adversário [HM/JB].

Var. (1): *romper o bloqueio*

Furar o cerco Romper o cerco; escapar a uma perseguição qualquer: "O fora-da-lei furou o cerco, a polícia ficou a ver navios" [TC].

Furar o couro *Bras., gír. head-bangers, chulo*. Fazer sexo; transar: "Vamos furar o couro, nega?" [FNa/JB/MGb].

Furar o esquema Fazer falhar uma combinação ou acordo [GAS].

Furar os tímpanos Falar ou cantar muito alto [AN].

Furar uma acumulada *Turfe*. Diz-se quando um dos cavalos da acumulada deixa de ganhar seu páreo [ABH].

Furtar

Furtar o corpo Esquivar-se [GAS].

Fuzilar

Fuzilar com os olhos Olhar ameaçadoramente [GAS].

g

Gabar

≠ **Não gabar o gosto a alguém** Desaprovar a ideia ou a escolha de alguém [AN].

Gadanhar

Gadanhar a palma Pegar o jeito; pegar próximo da mão [GAS].

Galdropar

Galdropar da corda *Lus.* Comer a ceia de outrem. – Galdropar: **1.** Comer à custa de outrem uma refeição. **2.** Emporcalhar; sujar [GAS].

Galrar

Galrar verbos trefes *Lus.* Falar com desembaraço e dizer só parvoíces e asneiras [GAS].

Gambar

Gambar a vela *Lus.* Fugir depressa; sair a tempo [GAS].

Ganhar

Ganhar abanando Ver *bater na boca* (3)

Ganhar a batida de alguém Perseguir, rastrear alguém: "Infeliz do cantador / Que eu lhe ganhar a batida: / Se não pegar no descanso, / Pego sempre na dormida!" [LM].

Ganhar a catinga Fugir; sumir(-se); tomar rumo ignorado [AN/DVF/FS/LM/RG/TC]. ♦ "Catinga", aqui, significando "caatinga", um tipo de vegetação.

Sin.: *cair no o bredo, danar-se no marmeleiro*

Var.: *danar-se na caatinga/catinga*

Ganhar a cena *Gír.* Perceber uma situação que tenta passar despercebida [CPL].

Ganhar a confiança Ser confiável: "Preciso ganhar a confiança do chefe" [JB].

Ganhar a dois carrinhos *Lus.* Ter benefícios de dois lados [GAS].

Ganhar a estrada Pôr-se a caminho: "Ao raiar do dia, dona Maria da Paixão acordou todos da casa, arrumou as crianças, colocou alguns poucos pertences no lombo de um jumento e ganhou a estrada" (Luiz Valério, *Jornal do Cariri*, Juazeiro do Norte, CE, 24/7/01, p. 3) [TC].

Sin.: *danar-se no/pelo mundo, enfiar o pé na estrada, ganhar o caminho, largar-se estrada afora*

Var.: *largar-se/meter-se/pisar na estrada, pegar a estrada*

Ganhar a garupa de alguém *Bras., CE.* Perseguir alguém; importunar alguém [AN/FS/LM/RG].

Ganhar a lapa do mundo *Bras.* **1.** Ir-se sem destino; percorrer terras longínquas; afastar-se para morar muito longe; exilar-se; expatriar-se: "Ave-maria que não se tenha inverno e se precise ganhar a lapa do mundo como retirante!" (Leonardo Mota, *Sertão alegre*, p. 21). **2.** Fugir [LM/RG].

Sin.: *ganhar o mundo*

Var.: *cair na lapa do mundo*

Ganhar a partida 1. Ter vantagem em algum negócio ou empresa. **2.** *Desp.* Sair vitorioso no jogo [AN].

Ganhar a porta Procurar rapidamente a saída, para fugir [AJO].

Ganhar a rua 1. *Lus., Beiras.* Ir-se embora. **2.** *Bras.* Sair para a rua: "A cachorrada ganhou a rua. Ia, atrevida, pelas avenidas da Barra como garotos de má catadura vão em arrastão pelas praias" (Roberto Pompeu de Toledo, *Veja*, 3/11/99, p. 170). **3.** Retirar-se: a) "Foi pedir a Seu Inácio os troços que ele havia guardado, vestiu o gibão, passou as correias dos alforjes no ombro, ganhou a rua" (Graciliano Ramos, *Vidas se-*

cas, p. 30); "Ganho a rua, tenho a cabeça em tumulto" (Moreira Campos, *Dizem que os cães veem coisas*, p. 31) [GAS].

Ganhar as cacundas de alguém Ver *ganhar o mucumbu de alguém*

Ganhar a vida Adquirir, trabalhando, os meios de subsistência; trabalhar para sustentar a si ou à família: "Se é para investir no futebol feminino, por que o Náutico não contratou aquela menina do Sport que mostrou como usar todas as partes do corpo para ganhar a vida, a Jô?" (Pérsio Apolinário Friaça, *Diário de Pernambuco*, col. Fala, torcedor!, 11/1/00, p. B8); "Ele permaneceu solteirão e ganhou a vida como bancário" (C. G., *Veja*, 3/11/99, p. 164); "Alguns já formados, trabalhando na sua profissão, ganhando a vida por si" (Fran Martins, *Poço de Paus*, p. 31); "Vou ganhar a vida a meu modo" [AN/FF/GAS/JB].

Ganhar a vida eterna Morrer [F&A].

Ganhar brincando Ver *bater na boca (3)*

Ganhar cama Diz-se de objeto que, sobreposto, acaba por aderir perfeitamente [GAS].

Ganhar caminho Encaminhar-se no bom sentido; encarreirar [GAS].

Ganhar colher de chá Ter oportunidade: "Perivaldo pediu penico e ganhou colher de chá do chefão dele" [JB].

Ganhar corpo 1. Começar a ganhar formato de adulto; corporalizar-se; crescer; desenvolver-se: "Era fragilzinho, mas com os ares da serra ganhou corpo." **2.** Aumentar; avultar; crescer; avolumar-se: "O boato surgiu, e foi ganhando corpo" [ABH/AC/AN/GAS/TC].

Var. (1) (2): *criar/tomar corpo*

Var. (1): *botar/deitar corpo*

Ganhar de barbada Vencer com folga: "Vou ganhar de barbada essa parada" [JB].

Ganhar de boqueirão *Bras., S.* Diz-se do cavalo que ganha uma corrida com muita luz (com muita distância à frente do segundo colocado) [AJO].

Ganhar de buchuda Ver *dar de chapéu de couro*

Ganhar de cabeça Diz-se de cavalo de corrida que ultrapassa o imediato pela distância de uma cabeça [AN].

Ganhar de capote Ganhar um jogo sem que o adversário atinja metade dos pontos da partida (15 x 6 ou 21 x 9 no pingue-pongue, p. ex.) [FN].

Sin.: *ganhar de lavagem*

Ganhar de colher Ganhar com facilidade (Manuel Viotti) [ECS].

Ganhar de fiador *Bras., S.* Diz-se do cavalo que ganha uma carreira (corrida) apenas pela distância que vai da cabeça até a garganta [AJO].

Ganhar de lavagem Ver *ganhar de capote*

Ganhar de luz *Bras., S.* Diz-se do cavalo que ganha uma carreira pela distância mínima de um corpo inteiro [AJO].

Ganhar de mão. 1. Conquistar à força: "Vou ganhar de mão e não vai dar pra ninguém." **2.** *Bras., S.* Tomar a dianteira numa determinada disputa [AJO/JB].

Var. (2): *ganhar de mano*

Ganhar de meio corpo Diz-se do cavalo que ganha uma carreira pela diferença de meio corpo [AJO].

Ganhar de meio pescoço Diz-se do cavalo que ganha uma carreira pela diferença de meio pescoço [AJO].

Ganhar de paleta /ê/ Diz-se do cavalo que ganha uma carreira apenas pela distância que vai da cabeça até a paleta [AJO].

Ganhar de queixo torto *Bras., S.* Diz-se do cavalo que ganha uma carreira com muita facilidade [AJO].

Ganhar de rebenque erguido *Bras., S.* Diz-se do cavalo que ganha uma carreira com muita facilidade e sem levar uma chicotada [AJO].

Ganhar de vazio Diz-se do cavalo que ganha uma carreira apenas pela distância que vai da cabeça até a altura do vazio, da virilha [AJO].

Sin.: *ganhar de virilha*

Ganhar de virada *Desp.* Sobrepujar o time adversário numa partida, depois de estar perdendo por dois ou mais gols [HM].

Ganhar de virilha Ver *ganhar de vazio*

Ganhar distância 1. Fugir; ir embora: "Era só meter tudo na patrona e ganhar distância" (João Felício dos Santos, *João Abade*). **2.** Aumentar a distância, na corrida, entre os competidores [TC].

Ganhar dividindo a cancha *Bras., S.* Diz-se do cavalo que ganha uma carreira com muitos corpos de luz (i. e., de distância), deixando o adversário na metade da cancha [AJO].

Ganhar do alugado Viver da renda de trabalhos braçais, especialmente na roça, a serviço de terceiros [TC].
Var.: *viver do alugado*

Ganhar domando *Bras., S.* Vencer a carreira com grande facilidade [AJO].

Ganhar experiência(s) Aprender; ter novos conhecimentos; amadurecer pela prática da vida; diz-se de lucro tirado de um prejuízo [AN/GAS/JB].
Var.: *tomar experiência*

Ganhar fama e deitar-se a dormir Diz-se daquele que conseguiu prestígio ou fortuna e depois descura o que conseguiu [GAS].

Ganhar fogo Pegar fogo; incendiar [TC].

Ganhar longe Vencer com larga margem; vencer facilmente; sobrepujar com vantagem [FS/TC].

Ganhar, mas não levar *Bras., gír.* Alcançar o prêmio ou a vitória, numa disputa, ou pretensão, mas sem vir a usufruir os louros e/ou vantagens [ABH].
Var.: *ganhar, mas não arrastar*

Ganhar mundos e fundos Auferir grandes proventos; adquirir grandes capitais; tornar-se rico [CA/GAS].

Ganhar na conversa Conquistar sem muito esforço: "Ganhei na conversa, levei um bom papo com ela" [JB].
Sin.: *ganhar na lábia*

≠ **Não ganhar nada com o quiosque** Não ganhar nada com a argumentação ou com uma nova ação [GAS].

Ganhar na estrada *Bras., S.* Ir-se embora, viajar [AJO].

Ganhar na lábia Conquistar sem muito esforço: "Ganhei na lábia a Cláudia, ela acabou me dando" [JB].
Sin.: *ganhar na conversa*

Ganhar na mão Conquistar à força: "Não vai ganhar na mão, malandro, terás que trabalhar" [JB].

Ganhar na mão grande Roubar: "Se pensas que vais ganhar na mão grande estás enganado" [JB].
Var.: *tomar na mão grande*

Ganhar na marra Conquistar à força: "Ganhei na marra, gente boa, é uma parada" [JB].

Ganhar na moral Impor-se: "Vou ganhar na moral, malandro. Nem vou esquentar" [JB].

Ganhar na noite Desaparecer na escuridão da noite, sumir [AJO].

Ganhar na raça Conquistar à força: "Não tem papo, gente fina, vou ganhar na raça este lance" [JB].

Ganhar na tala *Bras., RS.* Diz-se do cavalo que ganha, apanhando de rebenque, com grande esforço [ABH/AJO/AN].

Ganhar na tampa *Bras., S.* Ganhar a carreira com uma diferença insignificante [AJO].

≠ **Não ganhar nem para o café** Ganhar muito pouco [AN].

Ganhar no apito *Desp.* Vencer a partida à custa da desonestidade do juiz [HM].

Ganhar no berro Conquistar à força: "Vou ganhar no berro este negócio, cês vão ver" [JB].
Sin.: *ganhar no grito*

Ganhar no bicho Ser premiado no jogo do bicho [RG/TC].
Var.: *pegar no bicho*

Ganhar no braço Conquistar à força: "Vou ganhar no braço esta parada" [JB].

Ganhar no grito Conquistar à força: "Vou ganhar este lance no grito, dê no que der" [JB].
Sin.: *ganhar no berro*

Ganhar no papo Conquistar sem muito esforço: "Vou ganhar no papo, gente, sei conversar" [JB].

Ganhar no peito Conquistar à força: "Vou ganhar no peito esta parada" [JB].
Var.: *ganhar no peito e na marra/raça*

Ganhar no peito e na marra Conquistar à força: "Não posso perder este lance, vou ganhar no peito e na marra" [JB].
Var.: *ganhar no peito*

Ganhar no peito e na raça Conquistar à força: "Esta eu vou ganhar no peito e na raça, doa em quem doer" [JB].
Var.: *ganhar no peito*

Ganhar nos pelegos *Bras., RS*. Meter-se na cama; ir dormir [AJO].

Ganhar no tapa Conquistar à força: "Vou ganhar no tapa dê no que der" [JB].

Ganhar o bredo /ê/ *Bras., CE, MA*. Fugir; desaparecer; sumir(-se); ocultar-se em outro lugar; tomar rumo ignorado; ir embora; ir para longe; correr pelo mato afora: "Quando ele viu a coisa preta, ganhou o bredo..." [AN/DVF/FS/LM/ RG/TC].
Var.: *cair no bredo*

Ganhar o caminho Ir embora: "E mesmo minha mãe em desacordo, daí a pouco ganhava o caminho da feira" (Sinval Sá, *Luiz Gonzaga: o sanfoneiro do riacho da Brígida*, p. 32) [TC].
Sin.: *ganhar a estrada*

Ganhar o dia 1. Fazer trabalho que dá direito ao salário. **2.** Cometer ação com que se sente recompensado [GAS].

Ganhar o jeito do chão 1. Cair. **2.** Fugir [LM/TC].
Sin. (1): *ver o chão de perto*

Ganhar o lado de laçar *Bras., RS*. Ganhar a confiança de alguém [AJO].

Ganhar o(s) marmeleiro(s) Fugir; evadir-se; correr pelo mato em fora ou pelo mundo afora: "Enquanto prevaleceu esse modelo pedagógico, a mulher foi oprimida e o homem ganhou os marmeleiros desde pequeno..." (TG, p. 15) [CGP/FS/LM/MGb/RG/TGa].
Var.: *danar-se no marmeleiro*

Ganhar o(s) mato(s) 1. *Bras., pop*. Fugir (para o mato); meter-se no mato, ou na caatinga, fugindo; desaparecer: "Ligeiro, porém, como um gato, não aguardou que o facínora repetisse o insulto, e, jurando em segredo vingar-se, ganhou o mato" (T. A. Araripe Jr., *Luizinha*, p. 50); "O cangaceiro ganhou o mato e foi ter à sua furna" (Gustavo Barroso, *Heróis e bandidos*). **2.** Entrar, penetrar no mato: "Mas como eu ia dizendo: saí com o cachorro e ganhávamos o mato" (João Clímaco Bezerra, *O semeador de ausências*, p. 71) [ABH/FSB/RG/TC].
Var.: *cair no mato*

Ganhar o(s) mororó(s) *Bras*. Fugir, correr pelo mato em fora, pelo mundo afora; desaparecer; tomar rumo ignorado [AN/DVF/FS/LM/RG/TC].
Sin.: *cair no bredo*

Ganhar o mucumbu de alguém *Bras., CE*. Sair em perseguição a alguém; sair no encalço de alguém: "Triste do criminoso que eu ganhar o mucumbu dele; ele pode se socar no inferno, eu trago ele pra cadeia!" [AN/LM/RG].
Sin.: *ganhar as cacundas de alguém*

Ganhar o mundo *Bras*. **1.** Ausentar-se em longa viagem; viajar; ir para longe. **2.** Fugir; ir embora, sem destino certo; passear; ir voltear; sair a ermo; sair à toa, para longe, para não se sabe onde; desaparecer às pressas: "Qualquer dia o patrão os botaria fora, e eles ganhariam o mundo, sem rumo, nem teriam meios de conduzir os cacarecos" (Graciliano Ramos, *Vidas secas*, p. 25); "Quando eu cheguei em casa não encontrei ninguém. A Rosinete já tinha ganhado o mundo!" (AS, p. 145) [ABH/AN/AS/RG/TC].
Sin. (1) (2): *ganhar a lapa do mundo*
Sin. (2): *ganhar o oco do mundo*
Var.: *afundar no mundo*

Ganhar o oco do mundo *Bras., NE*. Fugir; retirar-se para longe: "Quando se botou pra Maria do Sapó, uma escurinha alegre e enxuta, cria da casa desde os cueiros, Chico Bico-Doce enganchou o carro, foi expulso da fazenda, ganhou o oco do mundo" (Mílton Dias, *As cunhãs*, p. 23) [RG].
Sin.: *ganhar o mundo* (2)
Var.: *cair no oco do mundo*

Ganhar o pão Trabalhar: "Tô precisando ganhar o pão" [JB].

Ganhar o pão de cada dia Trabalhar: "Estou a fim de ganhar o pão de cada dia" [JB].

Ganhar o pasto Sair à toa, por aí, à procura de aventuras, quase sempre amorosas: "Em Manaus fazia a conta com o meu correspondente, botava o pacote no bolso e ganhava o pasto" (José Lins do Rego, *Usina*, p. 84).

Ganhar o piso *Bras., NE*. Perseguir; rastrear alguém. – Uso rural [FS].

Ganhar o que Luzia ganhou na horta *Chulo*. Ganhar um pênis: "O cara ganhou o que Luzia ganhou na horta" [JB].

Ganhar o que Luzia ganhou nas capoeiras *Bras., NE*. Ser logrado [TC].
Var.: (lus.) *ganhar o que Luzia ganhou no centeio*

Ganhar o que Maria ganhou nas capoeiras *Bras., NE*. Ser logrado, nada ganhar [LM/TC].
Var.: (BA) *ganhar o que Maria ganhou na horta*

Ganhar o respeito Ser respeitado: "Quero ganhar o respeito" [JB].

Ganhar o rumo Tomar certa direção; ir para onde se deseja ou tem obrigação de estar [TC].

Ganhar os paus *Bras*. Fugir; sair às pressas: "A mamãe nem acabou de falar e eu ganhei os paus, na proteção do meu camarada Joaquinho..." (Juarez Barroso, *Obra completa*, p. 176) [AN/FS/Gl/LM/RG/TC].
Sin.: *abrir os panos, bancar (o) veado*
Var.: (NE) *abrir nos paus, cair nos paus*, (NE, CE) *quebrar nos paus*

Ganhar os tubos *Bras., gír*. Ganhar muito dinheiro: "O chefe tá ganhando os tubos, são mijones e mijones de muita grana" (sic) [JB].

Ganhar o tirão *Bras., RS*. Chegar em primeiro lugar [AJO].

Ganhar para a bucha *Lus*. Ganhar modestamente a vida a trabalhar [GAS].
Sin.: *ganhar para a côdea, ganhar para o petróleo, ganhar para o tacho*

Ganhar para a côdea Ver *ganhar para a bucha*

Ganhar para fora do bolso Perder [AN].

Ganhar para o petróleo Ver *ganhar para a bucha*

Ganhar para os alfinetes Ganhar para o supérfluo [GAS].

≠ **Não ganhar para o/pro susto** Frase que se diz depois de um grande susto para indicar que a vantagem não corresponde ao risco; diz-se de uma pessoa que se recupera depois de levar um susto [AN/GAS].

Ganhar para o tacho Ver *ganhar para a bucha*

Ganhar pé Conseguir uma base de apoio [GAS].

Ganhar pela porta traseira Ganhar ilicitamente por meio de fraude ou burla [GAS].

Ganhar pra alguém Ganhar de alguém: "Cyntia, ganhei pra você, viu?" [NL].

≠ **Só ganhar pro prato** Ganhar apenas o suficiente para a subsistência [LCC].

≠ **Não ganhar pro tacho** Ver *não dar pra bucha*

Ganhar tempo 1. Esperar ensejo favorável; lucrar; alcançar vantagem; empatar; retardar, para esperar ensejo favorável; adiar ou delongar a solução de um caso, a tomada de uma providência etc., à espera de melhor oportunidade: "Tentou ganhar tempo. Parou na esquina, junto a uma carrocinha que vendia frutas..." (Ana Maria Machado, *Alice e Ulisses*, p. 21); "Não podendo vencer a batalha, ganhou tempo até que chegassem reforços". **2.** *Desp.* Fazer cera para o tempo correr; catimbar. – Nesta acepção 2, a expr. é pouco us. [ABH/FF/GAS/HM].

Ganhar tento Readquirir ânimo, o sangue-frio; readquirir o juízo [GAS].

Ganhar terreno 1. Encurtar o avanço que o separa de alguma coisa ou de alguém; passar à frente; aproximar-se; conquistar vantagens numa empresa, ou progredir num negócio etc.; (fig.) avançar. **2.** Propagar-se; espalhar-se; difundir-se: "Dia a dia suas ideias ganham terreno" [ABH/AN/FF/GAS].

Ganhar uma medalha de cortiça Não ter nenhum prêmio; não ganhar nada [GAS].

Ganhar uma nota Ganhar dinheiro: "Espero ganhar uma nota" [JB].

Ganhar uma nota de resposta Ganhar muito dinheiro: "Espero ganhar uma nota de responsa neste negócio" [JB].

Var.: *ganhar uma nota preta*

Ganhar uma nota preta Ganhar muito dinheiro: "Tô esperando ganhar uma nota preta" [JB].

Var.: *ganhar uma nota de responsa*

Ganhar um balúrdio *Lus.* Ganhar muito dinheiro. – Balúrdio: grande porção [GAS].

Ganhar um bicho Ver *defender o leite das crianças*

Ganhar um ovo de porco Diz-se de resultado que se tira de fazer uma intriga [AN].

Ganhar um quente e um fervendo Nada lucrar com um mexerico [GAS].

Garantir

Garantir a alcatra *Desp.* Diz-se da "renumeração extracontratual a jogadores de um time por vitória ou empate"; obter "prêmio em dinheiro, gratificação" [HM].

Var.: *garantir o filé*

Garantir a mão *Bras., RS.* Garantir, em todo sentido; expr. us. "... quando se quer pedir solidariedade a alguém para certa tarefa, ou se quer confirmar a adesão do interlocutor ao projeto em causa..." [LAF].

Garantir a zona 1. Assumir a responsabilidade, em caso de ameaças de distúrbios ou brigas. **2.** Conceder apoio ou proteção policial [GAS/GS/TC].

Garantir o leite das crianças Ganhar dinheiro; ter lucros [CLG].

Garantir os atos Garantir a integridade, a segurança e os direitos (seus ou de terceiros): "Pode ficar, que eu garanto os atos" (Mílton Dias, *Estórias e crônicas*) [TC].

Gastar(-se)

Gastar a paciência Impacientar-se; perder a paciência [TC].

Gastar a última cera do pavio *Lus.* Viver os últimos dias de vida [GAS].

Gastar cera com defunto ruim *Bras.* **1.** Fazer favor ou proteger quem não presta ou não merece; dispensar consideração a quem não merece; perder tempo e fazer despesas com pessoa que não faz jus às nossas homenagens; fazer sacrifícios ou benefícios, esforçar-se por quem não merece; não merecer o que se recebe; ocupar-se de pessoas que não reconhecem os benefícios. – Ainda que se diga que o melhor ato dos maus é o de morrer, a loc. nos aconselha a evitar o desperdício de cera com os ruins defuntos. **2.** Perder tempo e dinheiro em coisa sem futuro; empregar esforço, fazer sacrifício inútil [AN/GAS/RG/RMJ/TC].

Var. (1) (2): *queimar vela com defunto ruim*

Var. (1): *gastar cera com ruim(ns) defunto(s)*

Gastar cuspo debalde Falar à toa [AN].

Gastar fumo Usar, mascar fumo. – Uso rural [FS].

Var.: *beber fumo* (1)

Gastar o latim Gastar tempo explicando a alguém uma coisa que esta pessoa não percebeu; tentar convencer alguém; falar em vão, à toa: "Tô gastando o meu latim... Não quero ficar dando uma aula aqui..." (João Ubaldo Ribeiro, *Bundas*, 12/7/99, p. 10); "Gastei o meu latim, enquanto tentava convencê-la a não sair" [AN/GAS/JB/OB].

Var.: *perder o latim*

Não gastar o latim Não falar mais nada; calar-se: "Não vou gastar o meu latim, não vou falar mais nada..." [JB].

Gastar o ouro Gastar dinheiro: "Tá gastando o ouro, maninho?" [JB].

Gastar os anos Viver; permanecer; passar a vida: "Gastara cinquenta e tantos anos naqueles cafundós" (Gustavo Barroso, *Alma sertaneja*) [TC].

Gastar os cabelos da cabeça *Bras.* Gastar exageradamente em compras, ou com doença, farras etc. [Net].

≠ **Não gastar os meus cartuchos** Economizar recursos de toda espécie: "Não vou gastar os meus cartuchos com cachorro morto" [JB].

Gastar o tempo Passar o tempo: "Tô gastando o tempo, esperando o cidadão" [JB].

Gastar o verbo Falar demais: "Tô gastando o verbo, dizendo o que tenho direito" [JB].

Gastar pólvora com mijaretes *Lus.* **1.** Gastar dinheiro com extravagâncias; gastar todo o dinheiro em pequenas compras sem interesse. **2.** Perder-se algo; inutilizar-se [GAS].

Var.: *ir-se a pólvora em mijaretes*

Gastar pólvora em chimango *Bras., RS*. Desperdiçar esforços em coisas insignificantes [AJO].

≠ **Não gastar pólvora em chimango** *Bras., RS*. Não gastar esforços nem perder tempo com assuntos sem importância [JB].

Gastar rios de dinheiro Gastar muito, grandes quantias [AN/CLG/GAS].

Gastar saliva 1. Falar muito, ou demais. **2.** Falar à toa para convencer alguém; tentar convencer; falar em vão: "Não vou gastar saliva com cê, já sei que num adianta" [AN/GAS/JB/RMJ].

Gastar-se como canela Diz-se do que se consome rapidamente [GAS].

Gastar sola de sapato Andar demais: "Tô gastando sola de sapato pra ver se arrumo um bico" [JB].

≠ **Não gastar um real** Ser sovina; não fazer nenhuma despesa [GAS].

Gastar uns cobres Fazer uma pequena despesa [GAS].

Gelar(-se)

Gelar-lhe/Gelar-se o sangue nas veias Ter muito medo; sofrer um grande susto; ficar transido de pavor [AN/AS].

Gemer

Gemer na pua Sofrer com pancadas [AN].

Gemer nas puas *Bras., RS*. Ter grandes aborrecimentos e sofrer castigos morais.

Girar

Girar a bolsinha *Bras., S, NE*. Hábito característico das prostitutas que, na zona, fazem plantão nas calçadas, girando a bolsinha, sinal de que estão à procura de fregueses; prostituir-se [MSM].

Girar bem Ser normal, lúcido [TC].

≠ **Não girar bem** *Bras.* Não ter bom juízo; não ter o juízo perfeito; ser amalucado; não estar mentalmente equilibrado: "Havia quem dissesse que o agulheiro não girava bem" (Permínio Asfora, *Vento nordeste*) [ABH/FF/TC].

Var.: *não girar, não girar bem da bola*

Gloriar-se

Gloriar-se no Senhor Expr. dita por alguém ao fazer coisa boa, reconhecendo a Deus por autor dela e dando-lhe louvores [AN].

Golpear-se

Golpear-se no chão Atirar-se no/ao chão [AJO/AN].

Gorar

Gorar o ovo *Bras., AL*. Passar vexame numa brincadeira de esconde-esconde [Net].

Gostar

Gostar à brava *Lus.* Gostar muito [GAS].

Gostar da fruta *Bras., NE, chulo.* Diz-se de quem tem preferência pela função sexual. – É tradicional a imagem da fruta evocar a mulher: no séc. XIX, "fruta nova" designava a novata em prostituição (o m. q. "fruta verde", "mangabinha", "catolé") [LCCa/MSM].

Gostar de alguém como cachorro gosta de couro Odiar alguém [AN].

Gostar de uma bicada Ser viciado em bebida alcoólica: "Zé Vaqueiro gostava de umas bicadas de cachaça" (Cândido Carvalho Guerra, *Do calcinado agreste ao inferno verde*) [TC].
Sin.: *gostar do copo*
Var.: *apreciar uma bicada*

Gostar de (tomar) uns conhaques Dar-se ao abuso de bebida alcoólica [GAS/TC].

≠ **Não gostar do cheiro** *Bras., gír.* Diz-se de homem que não gosta de mulher; diz-se de homossexual: "O cara não gosta do cheiro de mulher..." [JB].

Gostar do copo Ver *gostar de uma bicada*

Gostar do jogo *Desp.* Melhorar o desempenho durante o jogo; entusiasmar-se, um time, reagindo a placar desfavorável [HM].

Gostar muito de queijo *Lus.* Ser esquecido [GAS].

Gostar paca *Bras., gír.* Gostar muitíssimo, demais: "Ontem, até a tarde, não havia chegado. Deve ter gostado paca do novo neném" (Paulo Karam, *Jornal da Rua*, 8/2/00, p. 6).

Gostar que se enrosca Gostar a ponto de sentir contorções de prazer: "Gosto que me enrosco" [AN]. ♦ M. us. na primeira pes. do discurso.

Gostar tanto de uma coisa como pulga de cós de saia Gostar muito. – Símile ou comparação de or. campesina [LM].

Governar(-se)

Governar a vida *Lus.* Esforçar-se; lutar; trabalhar para se sustentar [GAS].

Governar com mão-de-ferro Diz-se dos chefes de governo (ditadores) ou setores administrativos em geral que se mostram inflexíveis em suas atitudes: "Médici e Costa e Silva governaram o Brasil com mão-de-ferro" [RBA].

Governar o barco Trabalhar com pequena renumeração; diz-se da administração da casa ou de estabelecimento de qualquer dimensão [GAS].

Governar-se com a prata da casa Bastar-se com o que há [GAS].

Gozar

Gozar à brava *Lus.* Divertir-se muito [GAS].

Gozar da cara Zombar; troçar; caçoar; escarnecer: "Estela: '... Ela só fala nisso: vão gozar da cara dela...'" (Chico Buarque & Paulo Pontes, *Gota d'água*, p. 57).

Gozar de palanque Desfrutar; regozijar-se com um assunto difícil em que não está metido [GAS].

Gozar o pagode *Lus.* Desfrutar as pessoas presentes; troçar de todos [GAS].

Gozar o panorama *Lus.* Assistir ao que se passa à sua volta sem tomar parte [GAS].

Gozar que nem um preto *Lus.* Fartar-se de se divertir [GAS].

Gozar uma pessoa Desfrutar uma pessoa; fazer pouco, troçar de uma pessoa [GAS].

Gramar

Gramar a bucha Ter de sofrer os trabalhos, as dificuldades; apanhar a canseira [GAS].

Gramar a pastilha 1. Receber o impacto do acontecimento. **2.** Ter de cumprir o mandato [GAS].

Gramar a pé Andar a pé (de referência, em geral, a caminhada longa, cansativa e aborrecida); andar a pé longo trecho; fazer certo percurso a pé; gramar: "O cavalo cansou e eu tive de gramar a pé légua e meia" [FS/LM/TC].

Gramar e cara alegre Ter de sofrer e ficar com cara de satisfeito [GAS].

Grampear

Grampear o título Conquistar o campeonato: "Vou grampear o título de campeão desta vez" [JB].

Granar

Granar o catete *Bras., RS.* Atingir um objetivo predeterminado [AJO].

≠ **Não granar o catete** *Bras., RS.* Não conseguir realizar o que estava planejado [AJO].

Gravar

Gravar em letras de ouro Conservar precisamente a lembrança [AN].

Grelar

Grelar nos faróis da jovem Diz-se de indiscrição com que certas pessoas se projetam em relação às mulheres, notadamente aos seios [RBA].

Gritar

Gritar a plenos pulmões Berrar com toda a força: "Mané Tomé subiu a escada e gritou a plenos pulmões: – Gente! Fogo no canaviá!..." (Aristides Fraga Lima, *Mané Tomé, o liberto*, p. 67); "O delegado de polícia, entusiasmado, ergueu o braço, gritando a plenos pulmões: – Viva o Brasil!" (João Clímaco Bezerra, *Não há estrelas no céu*, p. 185) [GAS].

Gritar buraco *Bras., RS.* Durante as carreiras, desafiar qualquer competidor [AJO].
Sin.: (RS) *gritar sem reservas*

Gritar pela mãe Expr. us. para se referir a menina que está sendo atacada [GAS].

Gritar pelo rei de França Ver *gritar pelos tetéus da Bahia*

Gritar pelos tetéus da Bahia *Bras., CE.* Sofrer dor intensa; pedir socorro; chorar berrantemente, ou gemer muito por motivo de determinado mal-estar: "Largue de mão essas pimentas, senão você se esquece, passa os dedos nos olhos e grita pelos tetéus da Bahia..." [LM].
Sin.: (BA) *gritar pelo rei de França*

Gritar sem reservas Ver *gritar buraco*

Grudar(-se)

Grudar no pé de Pressionar: "Para de grudar no pé do rapaz, pô" [JB].

Grudar-se com alguém Engalfinhar-se com alguém [Gl].

Guardar

Guardar as conveniências Não afastar-se das convenções sociais [ABH].

Guardar as costas Andar junto para defender de um ataque [AN].

Guardar as distâncias Não deixar tomar intimidades; fazer observar o devido respeito; guardar um certo respeito no trato [AN/GAS].
Var.: *manter as distâncias*

Guardar a sete chaves Guardar muito bem guardado, praticamente esconder: "Vou guardar esta informação a sete chaves, depois veremos o que acontecerá" [JB/MPa].

Guardar cabras *Lus.* Não prestar atenção ao que se passa, ao que se está a fazer [GAS].

Guardar como um relicário Guardar com toda a devoção [AN].

Guardar de/na cabeça Conservar na memória: "Hoje em dia não se guarda mais na cabeça" (José Américo de Almeida, *A bagaceira*) [TC].

Guardar no caritó Diz-se dos homens que não saíram de casa, que são superprotegidos: "– Filho meu não é pra ser guardado no caritó. Não criei filho para ser desmoralizado" (Vera Ferreira & Antônio Amaury, *O espinho do quipá*) [FNa]. – *Guardar no caritó* é m. us. para se referir a homens; para se referir a mulheres, usa-se *ficar no caritó* (cf.).

Guardar o preceito *Bras., BA.* Manter a virgindade; conservar-se virgem [FNa].

Guardar o santíssimo *Bras., S, NE.* Não copular durante a Semana Santa [MSM].

Guardar preceito *Lus.* Guardar jejum [GAS].

Guardar silêncio Não falar [OB].

Guarnecer

Guarnecer a forma /ô/ *Tip.* Engradar; pôr as guarnições e os cunhos em chapa ou fôrma tipográfica colocada na rama [ABH].

Guarquear

Guasquear o parelheiro *Bras., RS.* Submeter o parelheiro a uma corrida simulada para avaliar seu desempenho [AJO].

Hastear

Hastear a bandeira *Bras., NE.* Menstruar (ver Hugo Moura, *Contribuição ao estudo do linguajar paraibano*) [MSM].

Haver

Haver balão *Lus.* Haver demissão coletiva de pessoal [GAS].

Haver borbulha *Lus.* Haver contratempo, erro, confusão [GAS].

Haver cachorro na cancha Haver alguma coisa atrapalhando: "A situação tá crítica, há cachorro na cancha. Todo cuidado é pouco" [JB].

Haver caveira de burro Haver coisa que dê azar, que acarrete malogros contínuos [AN].

Haver chuva *Mad.* Haver bebedeira [GAS].

Haver de ganhar muito com alguma coisa Tirar proveito de atos de bajulação [AN].

≠ **Não haver deixado filho chorando em casa** Não haver razão para retirar-se tão depressa [AN].

Haver dente de coelho Haver coisa suspeita; haver sinal de existência de algo misterioso ou suspeito; haver dificuldade, armadilha, artimanha, oculta mas deduzível; diz-se de negócio ou empresa difícil, intricada, espinhosa; ser muito difícil de entender; existir um problema confuso, mas perceptível, não de or. natural, mas engenhado pela intenção humana, demandando habilidade para a solução: "Eu notei que ali havia dente de coelho" (José Pereira de Souza, *Adivinha quem vem*) [AN/GAS/LCCa/TC].

Var.: *ter dente de coelho*

Haver grilo *Bras., gír.* Haver preocupação, amolação, chateação; haver bronca, problema, tabu: "Nunca houve grilo de se falar sobre sexo em casa..." (Ricardo Lucena Jr., *Longo caminho de volta*, p. 95) [ABH].

Var.: *pintar grilo*

Haver lobos na malhada Haver gente estranha e prejudicial. – Expr. da vida pastoril [AN].

≠ **Não haver mãos a medir 1.** Não dar vencimento; ter muito o que fazer. **2.** Fazer qualquer esforço; esbanjar: "Para prover de conchego, não há mãos a medir" (Ferreira Soares, "Casa abatida", em *Portucale*, III, p. 17) [ECS, s. v. "não há mãos a medir"/GAS].

Var.: *não ter mãos a medir*

Haver mister (de) Ter necessidade; ser preciso; precisar [FF].

Var.: *fazer-se mister, haver de mister*

Haver mosquitos por cordas e moscas por arames Acontecerem coisas extraordinárias, complicações, confusões [AN].

Haver mouro na costa Haver alguém a espionar, inimigo desconhecido, intrigante encoberto; estarem presentes pessoas que não devem conhecer determinados assuntos, ou nas quais não se pode confiar, sendo, por isso, necessário manter reserva. – A expr. se originou nos tempos em que os piratas mouros, operando de Argel e de outros pontos do Norte da África, assolavam constantemente as costas da Espanha e de Portugal [AN/RMJ, s. v. "mouros nas costas"].

Var.: *ter mouros nas costas*

Haver música de pancadaria Haver desordem em que se dê muita pancadaria [AN].

≠ **Não haver outro lema** Não haver outra alternativa [GAS].

≠ **Não haver outro na roda do sol** Não haver outro igual [GAS].

≠ **Não haver pago à costureira** Trazer alinhavos no vestido [AN].

≠ **Não haver pago ao alfaiate** Trazer alinhavos na roupa [AN].

≠ **Não haver parente pobre** Ganhar tanto dinheiro que pode distribuir parte com outras pessoas [AN].

Haver por bem Dignar-se; resolver; assentar [ABH/AC/FF/OB].

≠ **Não haver que dizer** Não haver razão de críticas ou de queixas [GAS].

Haver sempre um mas Aparecer em tudo uma objeção, um obstáculo, uma contrariedade [AN].

≠ **Não haver tempo a perder** Convir apressar-se [AN].

Haver teto Estar limpo o céu até a altura aonde o avião deve chegar [AN].

≠ **Não haver uma só Maria no mundo** Haver mais de uma pessoa com nome igual [AN].

Haver vista Ter por exemplo [OB].

i

Ignorar

≠ **Não ignorar** Não estranhar; não reparar; não censurar: "Não ignore se estamos com a casa em desalinho" [TC].

Iludir

Iludir o público *Bras., S, RJ.* Praticar a pederastia passiva (Sylvio Abreu, *in* art.) [MSM].

Iluminar

Iluminar em resistência *Teat.* Fazer incidir a luz gradualmente sobre a cena [GC, p. 58].

Impor

Impor um marcador vantajoso *Desp.* Vencer por boa margem de gols [HM].

Inchar

Inchar as cordoveias 1. Incharem-se os tendões e veias jugulares. **2.** Enfurecer-se; encolerizar-se [LCCa, s. v. "INCHAR"].

Inchar a veia da goela *Bras., CE.* Falar demasiadamente [RG].

Inchar na coronha Ver *inchar nas alpercatas* (3)

Inchar nas alpercatas 1. Pôr-se nas pontas dos pés. **2.** Sair a andar. **3.** *Bras., CE.* Dispor-se à luta. **4.** Zangar-se; enfurecer-se; arremeter enfurecido; resolver-se à violência ou a ato desesperado e decisivo: "Se eu inchar nas apragatas, você se arrepende!" [AN/ LCCa, s. v. "INCHAR"/LM/RG/TC]. ♦ Há var. com as formas corruptas ("apragata", "apregata", "apercata", "alpracata") da língua culta ("alpercata", "alparcata" ou "alpargata").

Sin. (3): *inchar na coronha*
Var. (4): *queimar as/nas apragatas*

Inchar os maturis *Bras., CE.* Diz-se da menina que começa a ficar moça, com o intumescimento dos seios [RG].

Incursionar

Incursionar pela esquerda/direita *Desp.* Explorar uma ou outra das laterais do campo adversário, avançando com a bola [HM].

Industriar

Industriar alguém Ensinar, explicar antecipadamente a alguém como se há de haver em determinada situação: "A chefe do cerimonial industriou os formandos do curso para a colação de grau" [FF].

Inteirar

Inteirar era Fazer anos [FS/LM].

Inteirar tempo 1. Chegar à idade certa. **2.** Encher as horas, à espera do momento azado ou combinado [TC].

Interromper

Interromper o trânsito *Desp.* Ordenar, o técnico, fechamento de amplo espaço numa das laterais, por onde o adversário com facilidade ataca [HM].

Inticar

Inticar com Implicar com [LM]. ♦ "Inticar" é forma pop. de "implicar".

Introduzir-se

Introduzir-se como piolho por costura Meter-se em todos os assuntos, em todas as conversas [GAS].

Inventar

Inventar a roda *Bras., gír.* Fazer tudo

de novo: "Não vamos inventar a roda, cara, isto aí tá pra lá de bão" [JB].
Var.: *reinventar a roda*

Inventar de cabeça Criar, improvisar (uma história, uma mentira, uma peça literária etc.) [TC].

Inventar moda Criar dificuldades; complicar; dificultar as coisas: "Não inventa moda, cidadão, cê num é do ramo" [JB].

Ir(-se)

Ir a águas *Lus.* Sair; partir; estar em parte incerta [GAS].

Ir a ares Mudar-se para o campo ou praia em gozo de férias [GAS].

Ir a baleia pra rua *Flores – Açor.* Ir para o mar [GAS].

Ir a banhos Tomar banhos medicinais fora da localidade [GAS].

Ir à boa hora Ir embora: "Vai-te à boa hora, não tens de que devas temer" (Sá de Miranda, *Obras completas*, II, p. 20) [ECS].

Ir à bola *Lus.* Gostar de uma coisa ou pessoa [GAS]

Ir à/para a bola *Desp.* Ir ao futebol, ao campo, ao estádio; ir assistir a um desafio de futebol [GAS/HM/MPb].

≠ **Não ir à bola 1.** *Lus.* Não gostar; não simpatizar. **2.** *Desp.* Não ir assistir a jogos de futebol [GAS].
Var.: *não levar à bola*

Ir à bola com *Lus., gír.* Maneira carinhosa de dizer que gosta de alguém: "Vou à bola com aquele!" (i. e., "Vou com a cara dele!") [MPb].

Ir a Canossa Humilhar-se diante de alguém; retratar-se; buscar uma reconciliação com o inimigo, penitenciando-se dos atos de hostilidade antes praticados. – A loc. tem or. num episódio histórico. Vencido, excomungado e abandonado de todos, o imperador Henrique IV, da Alemanha, dirigiu-se à Canossa, cidade da Itália onde estava o papa Gregório VII. Durante três dias e três noites, descalço e com vestuário de penitente, o imperador esperou num pátio do castelo, na neve e com intenso frio, o perdão do pontífice [AN/RMJ]. Para saber mais sobre a expr., alusão histórica etc., ver RMJ, pp. 156-7.

Ir à capela *Lus., arc.* Ser julgado no Torel. – Torel: departamento da Polícia Judiciária, que funcionou num palacete que tinha aquele nome e que se localizava perto do Campo de Santana, em Lisboa [GAS].

Ir à cena *Teat.* Ser levado à representação (qualquer peça dramática) [ABH/GAS].
Var.: *subir à cena*

Ir à certa Ser enganado [GAS].

Ir à chinchada *Lus.* Roubar das árvores; subtrair frutos às árvores [GAS].

Ir acima, ir abaixo Haver certa atividade, tentativa, discussão, disputa, debate em negócios, troca de ideias etc.: "E foram acima, foram abaixo, sem chegar a um acordo" (pe. J. J. Dourado, *Uma história por dia*) [TC].

Ir à confiança Ter a certeza; ir confiado [GAS].

Ir à confissão Diz-se de crim. que vai depor perante autoridade [GAS].

Ir à cortiça *Lus., Vila Pouca de Aguiar, Vila Real.* Zangar-se (*Rev. Lus.*, XV, p. 549) [ECS].

Ir à de *Lus.* Ir à casa de (Alberto Bessa, *A gíria portuguesa*) [ECS].

Ir à degola Ficar sem dinheiro ao jogo [GAS].

Ir a ele 1. Dirigir-se a alguém, para exigir uma satisfação, um esclarecimento. **2.** Agredir [TC].

Ir a esgalhar Ir com muita pressa [GAS].

Ir à fama de *Lus., Alentejo.* Procurar notícias de [GAS].

Ir à(s) fava(s) Ir para longe, afastar-se, para deixar de importunar; ser mandado embora por ser maçante; expr. us. para se desfazer de alguém: "No Brasil é assim, a partir dos 35, o sujeito passa a ser considerado senil e compulsoriamente detonado do mercado de trabalho, o currículo que vá

às favas" (Aírton Monte, *O Povo*, cad. Vida & Arte, 12/6/02, p. 2) [ABH/ECS/GAS/OB].
Sin.: (lus.) *ir apanhar pés de burro, ir bugiar, ir pentear macaco(s), ir plantar batatas*

Ir à figura Bater em alguém; dar pancada [GAS].
Var.: *ir-lhe para a figura*

Ir à fonte *Bras., BA.* Lavar roupa [FNa].

Ir à fonte limpa Colher informações na origem ou por intermédio de pessoa idônea; dirigir-se a quem pode dar verdadeiro conhecimento de uma coisa, explicar a origem de um fato, dar a melhor informação [AN/GAS].

Ir à forra *Bras.* **1.** Vingar-se; desforrar-se; desforçar-se; tirar desforço: "Eu vou à forra, FHC" (Nani, *Bundas*, 13/9/99, p. 37); "Não morrerei sem ir à forra" (gen. Canrobert Pereira da Costa, *apud* Murilo Melo Filho, *Testemunho político*, p. 115). **2.** *Desp.* Desforrar-se de derrota, em nova partida [ABH/HM/JB/TC].
Var. (1): *tirar a forra*

Ir à frangueira Ficar aborrecido, amuado, contrariado [GAS].

Ir(-se) à gaita Malograr-se; acabar-se; diz-se do assunto malogrado, perdido [GAS].

Ir à garra 1. *Mar., bras.* Perder a amarra; perder o rumo; ficar à deriva (a embarcação): "O navio vai à garra." **2.** Perder-se qualquer coisa; perder o rumo; (*fig.*) ir sem governo; arruinar-se: "Este país vai à garra! Está perdido" (Paulo Setúbal, *A marquesa de Santos*) [ABH/AN/ECS/FF].

Ir à gentil *Lus., Alentejo.* Diz-se de pessoa que em tempo frio anda sem agasalhos (o m. q. "escudeira") [GAS].

Ir à glória *Lus.* Perder todo o dinheiro, quer o jogador quer a própria banca [GAS].

Ir à igreja verde *Bras., NE, SE.* Manter relações sexuais no mato (Carvalho Deda, *Brefaias e burundangas do folclore sergipano*) [MSM].

Ir a locé *Bras.* Ir bem; ir de modo agradável [AC].

Ir à loló *Lus., Vila do Conde.* Diz-se quando o barco desliza ao sabor das ondas ou da corrente (ver *Rev. Port. de Filologia*, II, p. 154) [ECS/GAS].

Ir à lona Ir, o pugilista, ao chão quando nocauteado [CPL].

Ir à luta 1. Trabalhar: "Vamos à luta, pessoal." **2.** Fazer qualquer coisa; agir; tentar; enfrentar uma situação árdua, difícil, complicada: "Vai à luta, mano, do céu só cai chuva e avião"; "Mesmo casado, irei à luta, não desisto do amor da Ismênia" [JB].

Ir à mãe *Lus.* Ir-se embora [GAS].

Ir a manaos (*sic*) *Lus.* Consumar o desejo carnal [MSM].

Ir à mão Contrariar; repreender; advertir; admoestar; corrigir [GAS].

Ir à mata-cavalos Ir a toda a pressa com a maior velocidade possível [GAS].

Ir a matar Assentar admiravelmente [AN].

≠ **Não ir a matar** Ser trabalho que convém interromper, a bem da saúde de quem o faz ou para evitar incômodos [AN].

Ir a meças Ser confrontado [GAS].

Ir a meia vela *Lus., Univ. Coimbra.* Diz-se de começo de embriaguez [GAS].

Ir à missa com alguém Gostar de alguém; simpatizar com alguém [GAS].

≠ **Não ir à missa com alguém** Não gostar da companhia de alguém; não simpatizar com alguém; não querer ligação ou amizade com alguém [ABH/AC/AN/FSB/GAS].

Ir a morrer Ir demasiado devagar [GAS].

Ir a nau dos quintos Ir degredado para o Brasil, lugar longínquo e desconhecido nas eras coloniais. – A "nau dos quintos" era a nau que levava a Portugal o "quinto", imposto recolhido nas minas de ouro bras. no período colonial.

Ir andando 1. Retirar-se; ir embora: "Faz o favor de ir andando, desapareça da minha frente." **2.** Ir vivendo nem bem nem mal [FF/GAS/JB].

Ir ao ar *Lus*. Zangar-se; arreliar-se; enfurecer-se; perder-se; desaparecer [GAS].

Ir ao baeta *Lus*. Ir ao barbeiro [GAS].

Ir ao barro Ir ao chão; cair no chão; cair; ser nocauteado; diz-se tb. do lutador de boxe que leva um murrão certeiro e cai: "Com uma pancada certa do chapéu de couro, aquele tico de gente ia ao barro" (Graciliano Ramos, *Vidas secas*, p. 31) [CGP/TC/TG/TGa].

Ir ao beija-mão *Lus*. Ter de justificar-se; pedir desculpas [GAS].

Ir ao bispo *Lus*. Sujar os sapatos com bosta, excremento [GAS].

Ir ao caça *Lus*. Ir à loja de penhores [GAS].

Ir ao caco e não fazer obra *Bras., NE*. Ter estado a pique de conseguir e não lograr [LM].

Ir ao castigo Cair, especialmente mulher, em armadilha quando diga respeito à sua castidade [GAS].

Ir ao cepo *Bras., RS*. Ir namorar [AJO].

Ir ao charco Perder-se; falir [GAS].

Ir ao cheiro Ir à procura de uma vantagem [GAS].

Ir ao couro Bater; dar uma sova [GAS].

Ir ao encontro de 1. Ir à recepção de. **2.** Estar de acordo com [FF].

Ir ao fardamento Castigar a montada com as esporas ou o chicote [GAS].

Ir ao faval *Lus*. Fazer amor [GAS].

Ir ao fim do mundo Ir a qualquer lugar: "Irei ao fim do mundo no serviço de V. Exª" (Camilo Castelo Branco, *Amor de salvação*, p. 131).

Ir ao frontispício Esbofetear; dar sopapos [GAS].

Ir ao leme Governar; dirigir; administrar [ABH/AN/FSB/GAS].
Var.: *ter o leme*

Ir ao mar e perder o lugar Perder, por licença ou abandono, um lugar que antes tinha ocupado [GAS].
Sin.: *ir ao vento e perder o assento*

Ir ao/no mato *Bras., NE, MG, GO, fig., pop*. Desobrigar-se de um ato fisiológico; ir fazer uma necessidade corporal; ir defecar; defecar; ir ao quintal ou à latrina: "– Você viu e ouviu? – Não vi nada. Você foi ao mato pela barriga, é natural" (José Sarney, *O dono do mar*, p. 21); "Ela começou de tarde dizendo que estava com dor no intestino, falou que queria ir no mato e eu adverti: 'Olha lá, Natividade, se não é criança'" (José Sarney, *id.*, p. 25). – Às vezes, na roça, não há aparelhos sanitários, de modo que as necessidades se fazem geralmente no mato. Na Ilha da Madeira a expr. tb. é us., conforme registra Abel Marques Caldeira, *Falares da ilha*, Funchal (Madeira), 1961 [ABH/AN/FS/GS/J&J/LCC/LCCa/LM/MSM/RG/TC].
Sin.: *fazer (uma) necessidade, ir lá fora*
Var.: *sair pro mato*

Ir ao mato sem cachorro *Bras., gír*. Estar desaparelhado para determinada missão [GS].

Ir ao monte Ver *ir à serra*

Ir ao/pro pau 1. Ser espancado. **2.** Ser, o aluno, reprovado em exames escolares [ABH/AN/AT/CLG/FS/JB/MPa/TC].
Var. (1): *levar (um) pau*
Var. (2): *levar pau (1)*

Ir ao pelego *Bras., RS*. Surrar alguém; espancar [AJO].

Ir ao pelo a Agredir; bater em; espancar; dar pancada em; avançar contra alguém: "Foram-lhe ao pelo uns cinco rapazinhos" (Nélson de Faria, *Tiziu e outras estórias*) [ABH/AN/ECS/FSB/GAS].

Ir ao ponto de *Irôn*. Ter a capacidade de [ABH].

Ir ao pote *Bras., gír*. Avançar: "Calma, pessoal, na hora de ir ao pote" [JB].

Ir ao pote com muita sede Atacar; precipitar-se: "Foi ao pote com muita sede e se lascou" [JB].
Var.: *ir com muita sede ao pote*

Ir ao remolhão *Lus*. Ir pescar enguias com isca de minhocas [GAS].

Ir ao rio *Lus.* Ir lavar roupa em água corrente [GAS].

Ir ao sabor da corrente Deixar-se levar pelos acontecimentos [GAS].

Ir aos améns Concordar; aceder; anuir [GAS].

Ir aos arames *Lus.* Andar armado; arreliar-se; irritar-se; zangar-se muito [GAS].

Ir aos ares Ver *ir às nuvens* (2)

Ir aos barbadinhos Conselho a pessoa perseguida pelo caiporismo: "Vá aos barbadinhos!" – Os barbadinhos são frades franciscanos barbados, de um convento do RJ, hoje na rua Haddock Lobo [AN].

Ir aos copos *Lus., gír.* Sair para beber; abusar das bebidas alcoólicas; embebedar-se [GAS/MPb].
Var.: *meter-se nos copos*

Ir ao seringa *Lus.* Ir ao médico: "Amanhã tu irás ao seringa?" [GAS].

Ir aos fagotes *Lus.* Bater em alguém; esbofetear [GAS].
Sin.: *ir aos fungões*

Ir aos fungões Ver *ir aos fagotes*

Ir aos molhos *Lus.* Diz-se de gatuno que fala, que confessa tudo [GAS].

Ir aos pés Ver *amarrar a gata* (2)

Ir aos pirões Ir comer (almoço ou jantar); ir almoçar ou jantar: "Boas falas! Vamos aos pirões!" (Leonardo Mota, *No tempo de Lampião*) [AN].
Var.: *comer os pirões* (1)

Ir aos ss *Lus.* Cambalear de bêbado [GAS].

Ir aos untos a alguém *Lus.* Bater em alguém; sovar alguém [GAS].

Ir ao telégrafo Ver *passar (o/um) telegrama*

Ir ao vento e perder o assento Ver *ir ao mar e perder o lugar*

Ir ao zegre *Lus., pop.* Beber muito vinho (ver *Rev. Lus.*, XVIII, p. 162) [ECS].

Ir apanhar pés de burro Ver *ir à(s) fava(s)*

Ir à parede 1. Zangar-se; melindrar-se. **2.** Ficar sem argumento para retorquir; ficar vencido [GAS].

Ir à pedra de toque *Lus.* Ser acareado com alguém [GAS].

Ir à peia Sofrer açoites; ser castigado, espancado ou açoitado: "O lutador novato foi à peia no primeiro assalto" [TC].
Sin.: *comer relho, entrar na chibata, entrar na madeira, entrar no bacalhau, entrar no cacete*
Var.: *cair/entrar na peia, comer/levar/sofrer/tomar peia*

Ir a perguntas Ser interrogado: "Eu não posso processar sem ser noviça e ir a perguntas três vezes" (Camilo Castelo Branco, *Amor de perdição*) [TC].

Ir a pior Piorar cada vez mais [GAS].

Ir a pique 1. Afundar(-se) o navio, a embarcação. **2.** *P. ext.* Arruinar-se; perder-se negócio; fracassar empreendimento: "– Não é possível! A firma vai a pique" (José Cândido de Carvalho, *Porque Lulu Bergantim não atravessou o Rubicon*, p. 99) [AC/ AN/CPL/ECS/FF/FSB/GAS/OB].

Ir à praça Ser levado a leilão, posto em hasta pública; ir a mercado; ser posto em leilão [AN/GAS].

Ir à pus de alguém *Lus., Alentejo.* Ir à procura de alguém (ver *Rev. Lus.*, XXXI, p. 105) [ECS].

Ir à puxada do parceiro 1. Jogar carta do mesmo naipe que a que o parceiro jogou. **2.** *Fig.* Dizer ou fazer uma coisa conforme o desejo manifestado por alguém [AN].

Ir à ramada do Guedes *Bras., RS.* Morrer [LM].

Ir a rasgar pano Ir muito depressa [GAS].

Ir à/de reboleta Ir de escantilhão, de roldão [GAS].

Ir à regola *Lus.* Ficar sem dinheiro ao jogo [GAS].

Ir a riba Ir acima; tomar vigor [GAS].

Ir à rola Ver *ir de/pela/por água abaixo*

Ir(-se)

Ir a Roma e não ver o papa Ter estado num lugar e não haver visto o que há de mais importante nele; ir a algum lugar e não fazer ou não ver o mais importante; ir a qualquer lado e não conseguir aquilo que deseja; procurar uma coisa, passar-lhe ao lado e não a ver; não fazer o principal, o óbvio; não lograr o mais interessante, dada a relativa facilidade ou rara oportunidade; deixar de tomar conhecimento, em determinada oportunidade, de caso ou de fato de maior importância; diz-se de fracasso, descuido: "Era mais uma deliciosa surpresa que nos estava reservada. Ir a Matanzas e não ver as Cuevas equivale a ir a Roma e não ver o papa" (Adolfo Caminha, *No país dos ianques*, p. 158) [AN/GAS/GS/JB/LM/MPa/TC].

Ir à samarra a alguém *Lus., Minho.* Bater em alguém [GAS].

Ir a sanganalho *Lus.* Ir de escantilhão, aos tombos, aos rebolões [GAS].

Ir às boas Concordar; conciliar; harmonizar [GAS].

Ir às compras *Lus., desp.* Falhar no aproveitamento de bola que lhe passa à frente, sem que consiga dominá-la; cheirar; furar [HM].

Ir às copadas Ir à taberna [GAS].

Ir às do cabo Desabafar; ralhar; dizer ofensas, injúrias; recorrer a excessos; não guardar consideração; irritar-se por pouco, dizendo logo as últimas, as palavras de conclusão; não admitir razões; não guardar consideração; chegar a extremos de brutalidade; usar os meios extremos; levar às últimas consequências; ir às vias de fato: "Américo soltou uma gargalhada. Valadas foi às do cabo" (Castro Soromenho, *Terra morta*) [AN/ECS/FF/GAS].

Var.: *levar às do cabo*

Ir à serra *Fam.* Amuar(-se); ficar amuado; abespinhar-se; zangar-se; afinar; melindrar-se; irritar-se com o que lhe disseram ou fizeram; tornar-se áspero como a gente serrana [ABH/AN/FF/GAS/OB].

Sin.: (lus., Barcelos) *ir ao monte*

Var.: (bras.) subir à serra

Ir às estrelas Irritar-se; encolerizar-se; enfurecer-se; indignar-se [AN/FF].

Ir às fuças de alguém *Bras., pop.* Agredir fisicamente, sovar, esbofetear, esmurrar alguém; bater; dar pancada em alguém [ABH/AN/GAS].

Sin.: *ir às tabaqueiras a/de alguém, ir às ventas de alguém*

Ir às mamas Ir para o cemitério [AN].

Ir às meninas Ir ter com prostitutas [GAS].

Ir às nuvens 1. Elevar-se muito; pôr(-se) muito alto. **2.** Ficar amuado; irritar-se; enraivecer-se; enfurecer-se; desesperar-se. **3.** Ficar admirado. **4.** Afinar [ABH/AC/AN/FF/GAS/OB].

Sin. (2): *ir aos ares*

Ir à sola Ver *ir de/pela/por água abaixo*

Ir às sortes *Lus.* Expr. us. pelos provincianos quando vão à inspeção mil. para prestação de serviço obrigatório; ir cumprir a lei do recrutamento mil.: "Chegada a idade militar foi às sortes..." (Aquilino Ribeiro, *Aldeia*) [ECS/GAS].

Ir às tabaqueiras a/de alguém Ver *ir às fuças de alguém*

Ir as telhas pelos ares Estar ventando muito [GAS].

Ir às unhas *Lus., Univ. Coimbra.* Bater com uma colher de pau ou com um sapato nas mãos de um segundanista ou calouro estrangeiro apanhado depois das 21 horas na baixa ou depois da meia-noite, na alta [GAS]. ♦ *Alta* e *baixa* são setores distintos da zona de prostituição.

Ir às urnas Votar [GAS].

Ir às/para as ventas de alguém Ver *ir às fuças de alguém*

Ir às vias de fato Chegar à luta corporal; haver violência, pancadas; engalfinhar-se: "Discutiram muito e quase iam às vias de fato" (João Clímaco Bezerra, *Não há estrelas no céu*) [AN/TC].

Var.: *chegar a/às vias de fato*

Ir à tábua Ser despedido com desprezo [GAS].

Ir até ao fim da linha Insistir; persistir; teimar; não renunciar [GAS].

≠ **Não ir atirar-se ao mar por causa de uma coisa** Não ficar triste a ponto de suicidar-se [AN].

Ir a todas Diz-se do indivíduo que colabora em todas as iniciativas, que nunca recusa colaboração [GAS].

Ir a todo o pano Ir com toda a rapidez. – Alusão aos barcos à vela [GAS].

Ir a toque de caixa Ser despedido com pancada [GAS].

Ir à tosquia Ir cortar o cabelo [GAS].

Ir a trancos de *Lus.* Ir no encalço de [GAS].

Ir atrás de 1. Seguir, aceitar opiniões, conselhos; acreditar ou confiar em; ir na conversa de; ir buscar; ir à procura de: "Para trabalhar no ramo é preciso ser habilitado profissionalmente. Depois disso, o próximo passo é ir atrás dos clientes" (*Jornal da Rua*, 8/6/99, p. 5). **2.** Levar a sério; dar crédito; perder tempo com: "Que bravura, você ainda vai atrás disso?" (José Lins do Rego, *O moleque Ricardo*). **3.** Averiguar; apurar: "Vá atrás, que não é moça!" (Hilário Gaspar de Oliveira, *Ceará hilariante*) [ABH/AN/TC].

≠ **Não ir atrás de alguém** Não seguir o exemplo ou o conselho de alguém [AN].

≠ **Não ir atrás do choro de alguém** Não se deixar enternecer por lágrimas; não se deixar compadecer por lástimas [AN].

Ir a trinca e nove *Lus.* Ir a grande velocidade [GAS].

Ir à vaca-fria Retomar um assunto interrompido; insistir em questões já deliberadas; retomar o fio de uma conversa interrompida; retomar assunto já tratado; voltar a assunto já discutido: "Deixemos de arrodeios e vamos à vaca-fria do caso" (Fontes Ibiapina, *Passarela de marmotas*) [ABH/CPL/RMJ/TC].

Var.: *tornar/voltar à vaca-fria*

Ir a vaca para o brejo *Bras.* **1.** Malograr-se; frustrar-se; dar tudo errado; fracassar: "O otimista acha que a vaca foi pro brejo e o pessimista acha que não vai ter brejo pra tanta vaca" (José Simão, *O Povo*, 16/9/98, p. 7A); "A vaca foi para o brejo". **2.** *Desp.* Perder, um clube, partida ou campeonato: "Sete a seis, oito a seis, nove a seis, dez a seis... – Nossa Senhora, lá vai indo a vaca para o brejo!" (Mário Palmério, *Vila dos Confins*, p. 284). ♦ A propósito da expr., vale a pena folhear Millôr Fernandes, *The Cow Went to the Swamp/A vaca foi pro brejo*, livro farto de expr. idiomáticas, todavia sem os respectivos significados. O A. apenas as verteu para o ingl., sem nos dispensar de fortíssimos copázios de humor (ver Bibliografia, no fim deste dic.) [ABH/CLG/HM].

Sin. (2): *ir para o buraco, ir para o vinagre* (4)

Ir à vela 1. Arruinar-se, perder-se: "Se continuássemos neste caminho... cedo iria Portugal à vela..." (Rebelo da Silva, *Contos e lendas*). **2.** Ir, estar nu; estar com o corpo ou parte do corpo a descoberto [ECS/GAS].

Var. (2): *andar/estar à vela*

Ir à vida Ir-se embora [GAS].

Ir à viola Perder-se; desaparecer; acabar: "De mão em mão, ora cheio, ora vazio, foi-se à viola um odre dos dois que estavam à vista" (Aquilino Ribeiro, *Dom Quixote de la Mancha*) [ECS/GAS].

Ir bater a outra porta Procurar outro recurso, por ter falhado o primeiro [CA/GAS].

Ir bater em Dirigir-se a algum lugar: "Eu fui bater no Rio de Janeiro" [LM/TC].

Sin.: *ir ter a* (1)

Ir bater lá 1. Cumprir o itinerário proposto, geralmente distante. **2.** Chegar ao lugar projetado [RBA].

Ir bem Quadrar; assentar [FF].

Ir bem convidado Retirar depois de muito sovado ou bem orientado, satisfeito nos seus interesses [GAS].

≠ **Não ir bem dos pés** Achar-se em má situação: "As antigas casas aviadoras não vão bem dos pés" (Jáder de Carvalho, *Aldeota*) [TC].

Ir(-se)

Ir bugiar Ver *ir à(s) fava(s)*

Ir buscar a morte Demorar-se muito em algum recado ou mandato; ir fazer um mandado e demorar-se demais [AN/GAS].

Ir buscar lã e voltar tosquiado Cuidar que se engana alguém e ser enganado; tentar lograr e sair logrado; pretender pregar uma partida e ser troçado; esperar receber e sair perdendo; ficar logrado aquele que pretendia enganar; esperar receber e sair perdendo; procurar lucros e obter prejuízos. – Esta é a forma com que Mário Lamenza registra tal loc. em seu livro *Provérbios*. Parece tratar-se de velho castigo imposto aos ladrões de lã, que furtivamente tosquiavam ovelhas alheias e que, despojados do produto do furto, tinham a cabeça raspada, como castigo e para que o seu crime os envergonhasse, levando-os a ocultar-se das vistas alheias. A expr. é transnacional; tem trânsito na Espanha [ABH/AN/FF/GAS/GS/RF/RMJ].

Var.: *ir buscar lã e ficar/sair/vir tosquiado*

Ir buscar lume a casa do vizinho Diz-se daquele que é incapaz de efetuar qualquer serviço continuado [GAS].

Ir cagar de cu pra cima *Bras., NE, chulo.* Expr. utilizada de maneira debochada, para responder a algum insulto. – Equivale (resguardadas as devidas proporções) a um "Vá pra China!", "Cuide da sua vida", "Me deixe em paz", "Vá à merda!" [AS].

Ir catar-se Retirar-se; deixar de amolar: "Vá se catar" [AN]. ♦ De uso, em geral, no modo imperativo.

Ir chegando *Fam.* Ir-se embora; retirar-se; ir-se; partir: "Já é tarde, eu vou chegando." – Só se usa nas primeiras pessoas [ABH/TC].

Ir chegar junto Ser bom: "Vai chegar junto, malandro, numa boa" [JB].

Ir clarear beleza *Bras., gír.* Ser bom: "Vai clarear beleza, xará, vai ser legal" [JB].

≠ **Não/Nunca ir com** Não tolerar; não admitir; não concordar com; não simpatizar com; não gostar de: "– Sua mulher me fez uma visita. Pede que você considere a possibilidade de voltar. Você sabe que eu nunca fui com ela. Mas podem recomeçar a vida aqui. Não faltam quartos e salas" (Osman Lins, *Avalovara*, p. 152); "É que não vou com aquela reza. Não está vendo que não acredito em reza deste moleque safado!" (José Lins do Rego, *Fogo morto*, p. 32); "Não vou com aquele cara" (Ariano Suassuna, *Auto da Compadecida*, p. 36) [ABH/TC].

Sin.: *não ir com a cara*; *não ir com os cornos*

Ir com a cara Simpatizar: "Pedro não vai com a cara da sogra".

≠ **Não ir com a cara** Não gostar; não simpatizar: "Não fui com a cara dele nem ele com a minha" (Aírton Monte, *O Povo*, 7/6/97, p. 2B) [GAS].

Sin.: *não/nunca ir com*

Ir com alguém à madeira Açoitar, espancar alguém [TC].

Ir com alguém às obras de misericórdia *Bras., CE.* Castigar fisicamente alguém; infligir castigo físico a alguém. – Uma das obras de misericórdia é castigar os que erram (a outra é bater por bater) [AN/LM].

Var.: *usar das obras de misericórdia*

Ir com duas cantigas Ser facilmente convencido [GAS].

Ir começar a inana *Desp., joc.* Aviso que certas pessoas dão de que o jogo vai ter início [HM].

Ir com fogo no rabo Ir correndo [AN].

Ir com muita sede ao pote Mostrar-se muito sôfrego, imprudente, pouco ponderado; cometer um excesso, querer desforrar-se de uma só vez de uma longa privação, agir com imprudência ou precipitação; atacar: "Não tenho meias medidas. Há de casar, quer queira, quer não. Podes, desde já, considerá-lo teu marido. Sobre isso não há dúvidas, descansa. (Furioso) Não fosse com tanta sede ao pote!" (Coelho Neto, na comédia *O diabo no corpo*); "Cuidado! Não vá com muita sede ao pote". – Emprega-se, geralmente, em tom de advertência (como no segundo ex. anterior) [ABH/AN/JB/RMJ].

Var.: *ir ao pote com muita sede, ir com tanta sede ao pote*

Ir como a roda de um carro Lus., Figueiró dos Vinhos. Ir bêbado [GAS].

Ir com o calcanhar para a frente Não ir [LM].
Sin.: *ir com os que ficam*

Ir como cão por bagaço Ir contrariado, como o cão cujo dono o conduz preso por corda ou corrente [GAS].

≠ **Não ir com os cornos** Ver *não/nunca ir com*

Ir com os que ficam Ver *ir com o calcanhar para a frente*

Ir com o tempo Acomodar-se às circunstâncias [GAS].

Ir como um chinelo Lus. Ir bêbado [GAS].

Ir com quartos ou guartos Lus., Barcelos. Desaparecer [GAS].

Ir com tudo Ver *ir fundo*

Ir com vista Ser, um processo, entregue a magistrado ou às partes, para que nele se lance despacho, ou alegações etc. [ABH/AC/AN/FF].

Ir com vista a alguém Referir-se a alguém [AN].

Ir contra os ventos Ir contra as opiniões [GAS].

Ir de/pela/por água abaixo Fig. Diz-se do negócio que não se realiza ou que tem demasiado prejuízo; dar prejuízo sobre prejuízo; não realizar-se; malograr-se; arruinar-se; falhar; fracassar; gorar; ter um fim desastroso; dar tudo errado; não dar certo; falhar: "Muito romance telefônico irá de água abaixo..." (Rachel de Queiroz, *O Povo*, 19/9/98, p. 6A); "– Fugiu, desapareceu! Lá se foi tudo pela água abaixo" (Franklin Távora, *O Cabeleira*, p. 49); "Tudo o que aprenderam, tudo para o que foram condicionados, vai por água abaixo e eles não sabem como agir" (João Ubaldo Ribeiro, *Diário do Nordeste*, cad. 3, 30/4/00, p. 5); "Vai aparecer no fim da partida, depois da bola três, quando não há mais jeito para o adversário. As apostas contrárias iam por água abaixo" (João Antônio, *Patuleia*, p. 33); "Deixou ir o negócio pela água abaixo..." (Camilo Castelo Branco, *Agulha em palheiro*); "Nossos planos foram por água abaixo"; "Quero dizer que foi tudo por água abaixo, deu tudo errado" [ABH/AC/AN/CLG/DT/ECS/GAS/JB/RMJ].
Sin.: *ir à rola* /ó/, (lus.) *ir à sola, ir tudo em bolandas*

Ir de alcance Diz-se "quando o cão segue a caça muito atrasado, tendo esta já se afastado dali há algum tempo" (Joaquim de Paula Sousa, *Escola de caça, ou Montaria paulista*, Rio, 1863, p. 91) [ECS].

Ir de aselha Lus. Ir depressa; ir a toda (a) pressa, com vontade ou sem ela (*Rev. Lus.*, XXXI, p. 127) [ECS/GAS]. ♦ Port. GAS registra "azelha", com "z".

Ir de bandinha Frase que diz a moça dando fora ao namorado: "Vá de bandinha" [GS].

Ir de barra fora Lus. Ser degredado [GAS].

Ir de/em/na cana Ser preso, recluso, encarcerado: "Euclides diz que está tudo errado, sabe de coisas, fala em luta de classes, explica o papel do proletariado. Um doido que por qualquer coisinha vai em cana" (Eneida, *Boa-noite, professor*, p. 26); "É que se um policial reparar no meu carro chacoalhando na rua, eu posso ir em cana" (Edgar Alves, *Marie Claire*, jul./1998, p. 96) [ABH/CLG/GAS/GS].
Sin.: *ir para a/pra chave*

Ir de carrinho Ser expulso, ser corrido [GAS].

Ir de catambrias Lus., Barcelos. Ir de canto em esquina, caindo aqui e levantando-se acolá [GAS]. ♦ O termo não consta no *Aurélio*, que registra-se "catrâmbias" [de catâmbrias = de pernas para o ar].

Ir de choldra Ir em confusão ou em má companhia; ir em desordem [ABH/ECS].

Ir de conserva Navegar, um navio, junto com outro, fazendo a mesma rota [AN].

Ir de corpo à terra *Lus., Alentejo.* Ser enterrado sem caixão [ECS].

Ir decretado *Bras., CE.* Proceder de propósito deliberado; ir especialmente a um fim: "Tu foste decretado para abrir confusão na festa?" [AN/FS].

Var.: *sair/vir decretado*

Ir de encontro a Opor-se a; estar em contradição com: "Evaristo argumentava, porém, que não dizia o contrário, que tudo aquilo era uma grande verdade, mas que ninguém podia ir de encontro à natureza" (Adolfo Caminha, *Tentação*, p. 17) [FF].

Ir de escantilhão Ir empurrado violentamente [GAS].

Ir de fiunça *Lus.* Ir diretamente: "Vamos de fiunça ao que interessa." – Fiunça: (*lus., Trás-os-Montes*) quer dizer "pressa, rapidez" [GAS].

Ir de fugida Ver *dar um pulo/pulinho a/até/em*

Ir de gangão *Lus.* Ir cambaleando (ver *Rev. de Port.*, vol. XXX, p. 489) [ECS].

Ir de longada Viajar para longe [GAS].

Ir de mal a/para pior Passar de uma situação menos má para uma pior; passar de uma condição ou situação muito difícil para outra ainda mais precária; piorar cada vez mais. – Expr. transnacional [AN/FF/GAS/RMJ].

Ir de malva *Lus.* Levar guarda-chuva [GAS].

Ir de manos a nicos Ver *ficar na mesma*

Ir com as/de mãos a abanar Não levar nada; trazer as mãos vazias [GAS].

Ir de naga *Lus.* Retirar-se depois de receber uma reprimenda ou descompostura [GAS].

Ir dentro 1. *Lus.* Ser preso. **2.** Ter cópula [GAS].

Ir de ordens *Lus., Turquel.* Ir com toda a pressa (*Rev. Lus.*, XXVIII, p. 136) [ECS].

Ir de panos largos Diz-se de senhora que enverga vestido largo [GAS].

Ir de pantanas *Lus.* Cair; arruinar-se [GAS].

Sin.: (lus.) *ir por aqui abaixo*

Ir de pé dois Ir a pé: "Vou de pé dois, me aguarde na sua caxanga [= barraco]" [JB].

Ir de/para a penitência Ir de castigo; sofrer um castigo corporal, qual seja o de permanecer ajoelhado; ficar de castigo em lugar determinado, sem direito de locomover-se ou dali afastar-se; cumprir missão penosa [GAS/LM/TC].

Ir de pinuça *Lus., Trás-os-Montes.* Ir diretamente, de propósito, rapidamente [GAS].

Ir de ponta Ver *ir de venta*

Ir de ponta a ponta *Bras., gír.* Errar gravemente, não havendo arrependimento [GS].

Ir de queda em queda Caminhar para baixo; declinar gradativamente [AN].

Ir de rabo alçado *Lus.* Ser despedido abruptamente [GAS].

Ir de reboleta *Lus.* Ir rebolando [GAS].

Ir de rojo Ir arrastado à força, rastejando [GAS].

Ir de rota batida Ir a toda pressa, em andamento acelerado: "A 4 de setembro, vibraram as cornetas o toque de partida. Ia-se agora de rota batida para Monte Santo" (Sylvio Rabello, *Euclides da Cunha*, p. 108); "Era o velho Vitorino que não se apeou. Ia de rota batida para o Oiteiro a chamado do primo Augusto" (José Lins do Rego, *Fogo morto*, p. 58) [AN].

Ir desculpando Desculpar: "Vai desculpando" (i. e., "desculpe-me") [NL].

Ir(-se) desta para/pra melhor Morrer; perder a vida; falecer: "Quando um cabra safado deixa de ser visto na feira, já não tem o que saber: foi desta para melhor" (Jáder de Carvalho, *Aldeota*); "O ex-presidente João Goulart foi-se desta para melhor, quando estava no exílio. E há suspeitas de que foi assassinado" [ABH/AN/AT/F&A/FSB/GAS/TC].

Sin.: *bater a(s) bota(s)*

Var.: *passar desta para melhor*

Ir de varada *Lus., Minho.* Ir rapidamente, depressa, num instante [GAS].

Ir de venta Desequilibrar-se, caindo para a frente; desequilibrar-se, quase se esparramando com a cara no chão [TC].
Sin.: *ir de ponta*
Var.: *sair de venta*

Ir de ventas ao sedeiro *Lus.* Cair [GAS].
Var.: *ir de ventas à torneira*

Ir de vento em popa /ô/ **1.** Ir com vento favorável, no sentido da navegação. **2.** *Fig.* Seguir tudo bem; progredir aceleradamente; favorecido pelas circunstâncias; diz-se de segurança, vitória, vida em progresso: "Enquanto as populações regressam aos seus lares e a vida retoma, aos poucos, como é costume dizer-se, o curso normal, vão de vento em popa os debates entre os cientistas sobre as causas do desvio *in extremis* da península..." (José Saramago, *A jangada de pedra*, p. 238); "O negócio vai de vento em popa, acumulando um contrato atrás do outro" (*Veja*, 29/9/99, p. 54) [AN/FSB/GAS/GS/JB].

Ir direitinho para o céu Ser muito bom e virtuoso. – Às vezes se diz iron. [AN].

Ir direito como um fuso. Seguir caminho direito, reto; dirigir-se imediatamente [AN].

Ir direto ao coração Excitar a afetividade [AN].

Ir direto ao pote Ir diretamente ao assunto, ao que interessa [MPa].

Ir em Contar, ter; haver, fazer aproximadamente [FF].

Ir em aumento Fazer progresso; progredir (alguma coisa): "Sua fama vai sempre em aumento" [ABH/FSB].

≠ **Não ir em cantigas/na cantiga** Não se deixar ludibriar; não se deixar enganar [GAS].
Sin.: *não ir no bote*

Ir em conversa de camelô Seguir palavras ocas [AN].

Ir em frente Seguir: "Vá em frente, pô, se manda, vai embora" [JB].
Var.: *ir em frente no rumo da venta*

Ir em frente no rumo da venta Seguir: "Vou em frente no rumo da venta, sem medo de ser feliz" [JB].
Var.: *ir em frente*

≠ **Não ir em futebóis** *Lus.* Não ser levado pela lábia de outrem; não ir em conversas [GAS].

≠ **Não ir em grupos** *Lus.* Não aceitar mentiras; não se deixar enganar [GAS].

Irem-lhe aos unhos (*sic*) *Lus.* Baterem-lhe [GAS].

Irem-se-lhe os olhos Desejar ardentemente uma coisa que se está olhando [GAS].

Ir em tempo de se espedaçar Estar na iminência, em risco de [Gl].

Ir em vinhas de alhos *Lus., Figueiró dos Vinhos.* Estar bêbado [GAS].

Ir encanado Ir para a prisão: "Lampião morreu lutando, mas nunca foi encanado" [GAS].

Ir enfiado *Lus.* **1.** Ir na mesma direção. **2.** Ir com o semblante lívido [GAS].

Ir engavetado Ir preso: "Já foste engavetado alguma vez?" [GAS].

Ir entrar no pau Ser punido: "O mau empregado vai entrar no pau" [JB].

Ir entre lusco e fusco Ir sem instruções, ou com instruções vagas [ABH/FSB].

Ir e vir num pé só Ver *ir num pé e voltar no outro/noutro*

Ir falar com o Bernardo Ver *fazer (uma) necessidade*

Ir fazer a barba a Cacilhas *Lus.* Diz-se de quem vai longe fazer compras, por ser mais barato, mas não faz contas ao que gasta no transporte e perda de tempo [GAS].

Ir fazer estrinha *Lus.* Esperar os comboios para roubar os passageiros [GAS]. ♦ *Port.* Estrinhe (*sic*): comboio.
Sin.: *ir fazer comboio*

Ir fazer tijolo Morrer [GAS].

Ir(-se)

Ir fazer um serviço que outra pessoa não pode fazer *Bras., NE, S.* Ir defecar ou urinar [MSM].

Ir feder Acontecer alguma coisa: "Vai feder, malandro, a barra tá pesada" [JB].
Sin.: *ir ferver*

Ir feito 1. Estar no segredo de uma combinação; ter interesses combinados. **2.** Atirar-se com decisão; avançar para brigar. **3.** *Bras., RS.* Ir confiante em alguma direção a mais não poder: "Fui feito pedir a grana pro pai e ele negou" [GAS/LAF].

Ir ferver Ver *ir feder*

Ir firme Seguir em frente: "Vai firme, xará, que dá pé, tudo vai sair nos conformes" [JB].

Ir fora Ir para o lixo: "... esta pilha é das suas coisas, esta caixa é para as coisas que vão fora" (Luis Fernando Verissimo, *Comédia da vida privada*) [ABH].

Ir fundo 1. *Chulo.* Penetrar sexualmente; bolinar. **2.** Esgotar o assunto; avançar em alguma empreitada ou matéria; discutir todos os pontos de uma questão: "Desculpe, não quero entrar numa discussão filosófica ou teológica. Mas tenho necessidade de falar sobre isso, preciso ir fundo, mergulhar nesse buraco negro" (Dias Gomes, *Apenas um subversivo*, p. 316). **3.** Seguir em frente: "A gente que é mulher vai fundo demais e depois não sabe voltar à tona em tempo" (pe. Zezinho, *in* "A revolta e a paz de Maria Helena", *apud* Enih Sens, *Gente crescendo*, p. 20); "Vai fundo, malandro, que o mar tá pra peixe". **4.** *Desp.* Disputar a bola, ou partir para alcançá-la, com determinação [GM/HM/JB].
Sin.: *ir com tudo*

Ir furando Ir vencendo a luta pela vida; ir atravessando a crise, de acordo com as circunstâncias: "Vou furando, como Deus é servido" (Domingos Olímpio, *Luzia-Homem*) [TC].

Ir guardar os pitos ao abade *Lus., Minho.* Morrer [GAS].

Ir indo 1. Sair, retirar-se: "Já está tarde. Vamos indo..." **2.** Estar vivendo regularmente; continuar como estava previsto; ir passando ou vivendo mais ou menos bem, sem novidade. **3.** Conduzir-se passavelmente, sem grande êxito nem grande insucesso, mais ou menos mediocremente, em seus negócios, ou em qualquer atividade: "Nem ótimo, nem péssimo (Venceslau Brás na presidência do Brasil). Vai indo" (Emílio de Meneses, *Mortalhas*) [ABH/GAS/TC].

Ir lá Conseguir ir até à meta estipulada [GAS].

≠ **Não ir lá bem das pernas** Não estar bem: "O garoto não vai lá bem das pernas" [JB].

≠ **Não ir lá das pernas 1.** *Fam.* Não chegar ao fim do caminho porque as pernas são fracas; não ir adiante; não fazer progressos: "Aquele namoro não vai lá das pernas." **2.** Não sair-se bem nalguma tarefa ou propósito; estar em situação difícil: "Nos estudos o menino não vai lá das pernas" [ABH/AN/TC].
Var. (2): *não ir bem das pernas*, (lus.) *não ir lá nas pernas*

Ir lá dentro *Bras., NE, S.* Ir ao interior da casa, ao sanitário, ao WC, ao quartinho; ir à privada, para defecar [GAS/MSM/TC].

Ir lá fora Ver *ir ao/no mato*

≠ **Não ir lá nas pernas** Ser incapaz de levar a cabo algum encargo [GAS].
Var.: *não ir lá das pernas* (2), *não ir lá nas canetas*

Ir lascar da batalha *Bras., gír.* Ir embora: "Vou lascar da batalha, vou procurar o que fazer" [JB].

Ir levando *Bras., pop.* Ir passando a vida regularmente; ir resistindo estoicamente às vicissitudes: "– Não é tão ótimo assim, doutor. Mas dá para ir levando. Está vendo aquela carroça ali?" (Liberato Vieira da Cunha, *Um hóspede na sacada*, p. 59) [ABH/TC].
Sin.: *ir no vai da valsa*

Ir levando a vida Forma de viver ou de ir vivendo: "Conseguiu comprar um sítio e ia levando a vida mais ou menos sem apereio" (José Pereira de Souza, *Adivinha quem vem*) [TC].

Ir levar ferro *Bras., gír.* Levar tiros: "Se bancar o fim de comédia, vai levar ferro" [JB].

Ir-lhe à cara Bater-lhe [GAS].

Ir-lhe ao farol *Lus.* Copular [GAS].

Ir longe 1. Fazer progressos; chegar a posição social elevada; ter grandes possibilidades de vencer na vida, de exceder-se, de distinguir-se, de sobressair. **2.** Tornar-se rico, abastado; fazer fortuna; enriquecer. **3.** Dar esperanças de grandes resultados e de vir a ser notável; prometer muito de si: "Você quer ir mais longe, onde todos os dados fundamentais com que jogamos para poder raciocinar são subvertidos, vão pro espaço" (Dias Gomes, *Apenas um subversivo*, p. 316). **4.** Passar-se há muito tempo (falando-se de tempo); ter, um fato, ocorrido há muito tempo [ABH/AN/FF/GAS/TC].

≠ **Não ir longe 1.** Não durar muito. **2.** Não ter capacidade [GAS].

Ir mal das pernas Não estar bem; andar em descenso; estar fracassando: "Uma economia que, vale lembrar, está longe de ir mal das pernas: o PIB, por exemplo..." (Francisco Viana, *IstoÉ*, 29/7/98, p. 35).

Ir mandar a porcos no chiqueiro Modo de repelir quem vem dar ordens a quem não é seu subordinado: "Vá mandar a porcos no chiqueiro" [AN].

Ir molhado *Lus., Figueiró dos Vinhos.* Ir bêbado [GAS].

Ir muito grave *Lus.* Ir bem-vestido, bem trajado [GAS].

Ir muito longe Exagerar, exceder(-se): "– Naquela idade o homenzinho não pode ir muito longe. E não foi" (Arthur Azevedo, *Contos*, p. 78) [ABH/AN].

Ir na alheta Ver *andar na broa*

Ir na alheta de alguém Ir no encalço, na pista de alguém; seguir alguém de perto [AC/AN/FF/RF].

Var.: *pôr-se na alheta* (1)

Ir na boa *Bras., gír.* Diz-se de situação tranquila: "O serviço vai na boa, tudo em riba" [JB].

Ir na bota *Bras., gír.* Pegar carona: "Ele vai na bota porque está *durangokid* [= sem dinheiro]" [JB].

Ir na brasa *Lus.* Ir com velocidade [GAS].

Ir na cantiga da/de sereia Ser levado a fazer o que os outros querem: "Nunca vás na cantiga da/de sereia de qualquer farsante" [GAS].

Var.: *ir na cantiga*

Ir na casinha *Bras., CE.* Ir ao banheiro, ao toalete; ir ao mictório, que na zona rural é a fossa, em uma pequena construção isolada: "Pois até não se lembrara de ir na casinha e foi aquela espera insuportável pra ninguém!" (Mário de Andrade, *O poço & outras histórias*, p. 23) [AS].

Sin.: *passar (o/um) telegrama*

Ir na/atrás de conversa *Bras., pop.* Ser logrado, enganado, convencido; deixar-se enganar; acreditar; dar crédito a: "A única pessoa que não vai na minha conversa é a Bá" (Álvaro Cardoso Gomes, *Ladrões de tênis*, p. 8); "– Não vá na conversa dele, Fernando. Faça como eu: andando" (Fernando Sabino, *O gato sou eu*, p. 50); "Quem vai na conversa é mãe de noiva" [ABH/GAS/GS/TC].

Sin.: (lus.) *ir na fita*

Var.: *cair na conversa de*

Ir na conversa de Ver *ir na onda* (5)

Ir na corrida *Bras., gír.* Ser enganado [GS].

Ir na couve *Bras., RS.* Cumprir a tarefa, conferir a promessa, chegar ao âmago da questão: "Vai na couve, que o repolho é macho" [LAF/LAFa].

Ir na esteira de Ir atrás de alguém; seguir os passos de alguém; seguir ou acompanhar alguém de perto [ABH/AN/GAS].

Ir na fé *Bras., PI.* Us. no modo imperativo, como expr. de adeus: "Vá na fé!" [*O Povo*, 31/3/96, p. 4B].

Ir na fé dos padrinhos Louvar-se na opinião de alguém; consentir numa coisa sem inquirir de razões e fiado apenas na autoridade de quem pede [AN].

Ir na fita Deixar-se ludibriar, enganar: "Não vou na fita" [GAS].
Sin.: *ir na/atrás de conversa de*

Ir na garapa *Bras.* Conseguir com facilidade [RG].

Ir na gasosa Ir com grande velocidade [GAS].

Ir na hora Estar viril: "Será que você ainda vai na hora? Pois esse seu amigo velho é só uma veizinha por mês" (João Clímaco Bezerra, *Sol posto*) [MSM].

Ir na mão Conduzir um veículo na faixa de rodagem que lhe compete [GAS].

Ir na montra Ser preso [GAS].

Ir na onda *Bras.* **1.** Ir levado pelos outros, por uma multidão; não resistir; acompanhar a maioria; concordar ou consentir, sem pesar as consequências; aderir; deixar-se convencer; deixar-se arrastar; acompanhar os demais. **2.** Deixar-se levar pelas circunstâncias, ou adaptar-se a elas. **3.** Ser enganado, por ingenuidade ou boa-fé; deixar-se enganar; cair na esparrela. **4.** Acreditar: "Algumas chegavam, desconfiadas, cheirando o 'companheiro'. Mas foram na onda" (Orígenes Lessa, *Aventuras do Barão de Münchhausen*, p. 79). **5.** *Desp.* Cair na negaça do drible, na astúcia e na esperteza do adversário [ABH/AC/AN/FF/FS/FSB/GAS/HM/TC].
Sin. (3): *cair na rede*
Sin. (5): *ir na conversa de*

Ir na outra *Bras., CE, gír.* Morrer (ver Mário C. Barata, "Gíria dos delinquentes da cadeia de Fortaleza", *in A bem da língua portuguesa*, fev. de 1969) [ECS].

Ir na peida *Bras., S, chulo.* Praticar a cópula anal [GAS/MSM].

Ir na podre /ô/ *Desp.* Correr, na tentativa de dominar bola mal lançada para um adversário [HM].

Ir na poeira *Lus., Barcelos.* Ir depressa [GAS].

Ir na rede *Lus.* **1.** Ir preso. **2.** Estar no grupo dos cúmplices. **3.** Ser iludido com artifícios, com promessas. **4.** Apaixonar-se; casar [GAS].

Ir na saga de *Lus., Alentejo.* Seguir (*Rev. Lus.*, XXXI, p. 105) [ECS].

Ir nas águas Seguir a esteira que uma embarcação que está na frente vai deixando.

Ir nas águas de *Fig.* **1.** Seguir de perto alguém para espionar, para fazer o m. q. essa pessoa fizer; seguir os acontecimentos sem reagir; seguir trâmites conhecidos por outros, já descobertos; deixar-se iludir por alguém; acompanhar, seguir a orientação ou sugestão de; sugestionar-se; concordar com; seguir; acompanhar a maneira de pensar ou de agir de: "José ia nas suas águas, tirando suas casquinhas" (Sinval Sá, *O sanfoneiro do riacho da Brígida*); "Ele foi nas águas dos outros e sifu". **2.** Aproveitar-se de uma oportunidade ou favor dado a outrem: "É muito caradura: sempre vai nas águas dos amigos" [ABH/AN/FS/GAS/JB/TC].
Sin. (1): *andar na batida*
Var. (1): *estar/seguir nas águas de*

Ir nas ancas Ir em seguimento de alguém [CA/GAS].

Ir nas asas do vento Ir rapidamente; ir em grande velocidade [GAS].

Ir nas bimbas *Lus., bras., S, chulo.* Diz-se de cópula sem introdução completa do pênis, de cópula com a parcial penetração [GAS/GM/MSM].
Sin.: (lus.) *ir nas perninhas*

Ir nas calmas Ir com todo o vagar [GAS].

Ir nascer Diz-se do que pode ou vai cair e quebrar: "Cuidado, cara, vai nascer" [JB].

Ir nas encarcas *Bras., NE.* Ir no rastro, no encalço, em perseguição. – O termo "encarcas" pode derivar-se de "calcanhar" [TC].
Sin.: *andar no mocotó*
Var.: *ir nas encalca, ir nas encarca, pisar nas encarcas*

Ir nas horas de estalar *Lus., Turquel.* Ir muito depressa, em grande velocidade; ir a toda a velocidade (ver *Rev. Lus.*, XXVIII, p. 136) [ECS].

Ir na sopa de *Bras., S, SP, chulo.* Ver *comer pão com banha*

Ir nas pegadas de alguém 1. Seguir o rasto de alguém; perseguir alguém; perse-

guir de perto; ir no encalço. **2.** Imitar, copiar alguém; seguir o exemplo de alguém [AN/GAS].
Sin. (2): *seguir as mesmas peugadas*
Var. (1) (2): *seguir as pegadas de alguém*
Var. (1): *ir na(s) peugada(s) de alguém*

Ir nas perninhas Ver *ir nas bimbas*

Ir nas primas *Bras., DF, gír. rap e rock.* Ir ao puteiro [Net].

Ir nas salgas de alguém *Lus.* Ir no encalço, na peugada [GAS].

Ir na talha *Bras., MA.* Ficar bêbado e ser conduzido para casa nos braços dos companheiros (de pândega): "Ainda que eu vá 'na talha', / Mas quero tudo virar!" (Nascimento Morais Filho, *Pé de conversa*) [AN/DVF].

Ir na valsa Ir de mansinho: "Vai na valsa, leva a vida na flauta, viva a vida" [JB].

Ir navegando Ir vivendo; levar a vida como Deus quer; passar a vida regularmente: "No seu barco da fome, o assalariado só vai navegando" [ABH].

Ir nela *Bras., NE, chulo.* Copular (o homem): "Dulce-Mil-Homens já o esperava, pronta, e ele foi nela" (Hermilo Borba Filho, *Os ambulantes de Deus*) [MSM].

≠ **Não ir nessa** Não se meter em algo: "Não vai nessa que é fria" [JB].

≠ **Não ir nessas** Não se deixar convencer por essas razões [AN].

≠ **Não ir nesse trem** Não admitir; não acreditar; não tolerar; duvidar: "O cavalo lhe chegava ao poder com uma marchinha ensinada pelo mestre. Mas o menino não ia nesse trem. Preferia andar aos galopes e às carreiras" (José de Figueiredo Filho, *Folguedos infantis caririenses*) [TC].
Sin.: *não ir nisso/nisto*

≠ **Não ir nesta canoa** Ver *não ir nisso/nisso*

≠ **Não ir nesta corrida de ganso** Ver *não ir nisso/nisto*

Ir nisso Concordar [GAS].

≠ **Não ir nisso/nisto** Não acreditar; não concordar; não estar de acordo; não atender; não convir no que alguém diz; não se deixar enganar: "Ótimo! Arranjava-se com os tabeliães e metia-me no bolso. Mas eu não vou nisso" (Graciliano Ramos, *São Bernardo*, p. 25); "Quando toca as ave-marias, dão para rezar. Reza todo o mundo da casa. Eu é que não vou nisto. Não é que seja herege, não, comadre" (José Lins do Rego, *Fogo morto*, p. 32) [AN/GAS/Gl/TC].
Sin.: *não ir nesta canoa, não ir nesta corrida de ganso, não ir nesse trem*

Ir no andor Ver *ir no balão*

Ir no apito *Desp.* Diz-se de grupo desportivo que perde num jogo por influência de má arbitragem; perder a partida por causa de arbitragem parcial [GAS/HM].

Ir no arrastão *Bras., pop.* **1.** Deixar-se envolver pela influência de outrem; sofrer prejuízo ou ser prejudicado, juntamente com outros, por culpa de terceiros: "Ao adquirir dólares, no câmbio, ele foi no arrastão da ciranda financeira." **2.** Deixar-se enganar facilmente; não escapar; deixar-se iludir; ser astuciosamente enganado; acreditar no engodo; ser logrado [ABH/AN/AT/CLG/ECS/FS/GAS/LM/RG/TC].
Sin. (2): *ir no embrulho*

Ir no balão *Lus., gír.* Deixar-se enganar (facilmente); ser enganado (ver Alberto Bessa, *A gíria portuguesa*) [ECS/GAS].
Sin.: *ir no andor*

Ir no barril *Lus.* **1.** Ceder com facilidade ao interrogatório da polícia contando o que sabe. **2.** Ser enganado [GAS].

Ir no baú Ser conduzido no carro dos presos [GAS].

Ir no bote *Lus.* Ser enganado [GAS].

≠ **Não ir no bote** Ver *não ir em cantigas/na cantiga*

Ir no cacho *Desp.* Saltar, para agarrar a bola, sobre um amontoado de jogadores na pequena área [HM].

Ir no cambão *Lus.* Ser preso [GAS].

Ir no conto da sereia Ser enganado; deixar-se atrair; ser seduzido; deixar-se iludir por promessa enganosa [GAS].

Ir no conto do vigário Ser vítima de burla pelo processo da promessa de venda de coisa valiosa em troca de um embrulho ou papel sem valor [GAS].

Ir no embrulho Ver *ir no arrastão* (2)

Ir no encalço Ver *andar no mocotó*

Ir no escuro Jogar sem ver as cartas (no pôquer) [AN].

Ir no farol *Lus.* Ser enganado [GAS].
Sin.: *ir no rol*

Ir no melhor dos mundos Estar, algo, muito bem; ter andamento ótimo, excelente [ABH].

Ir no pacote *Bras., gír.* Ser enganado, logrado; deixar-se lograr [ABH/AJO].

Ir no popular *Bras.* Expressar-se como se diz na gír.: "Vamos no popular: Baranga, vê se não enche, porra!" [JB].

Ir no prego *Bras., NE.* Ir atrasado, fora do horário, quase na hora de bater o prego indicando o começo dos trabalhos [ABH/AN].

Ir no rol Ver *ir no farol*

Ir no rumo da venta Seguir: "Vai no rumo da venta que cê acaba chegando lá" [JB].

Ir nos calcanhares Ir no encalço; achar-se perto, bem próximo do que ou de quem se persegue [TC].
Sin.: *andar no mocotó*
Var.: *pisar nos calcanhares*

Ir nos cangotes Ir montado no pescoço de alguém [GAS].

Ir nos cós Investir, pegar, prender: "Eu aí fui nos cós do Beato. Mas antes raspei a barba dele e dei-lhe umas lapadas de relho" (Nertan Macedo, *Rosário, rifle e punhal*) [TC]. ♦ O plural de "cós" seria "coses".

Ir no segundo andar *Desp.* Saltar de braços estirados para o alto e agarrar a bola [HM].

Ir nos molhos Fazer declarações; confessar [GAS].

Ir no socaino *Lus., arc.* Acompanhar; seguir de perto [LCCa].

Ir nos pés *Bras., gír.* Ir ao banheiro: "Vou nos pés, volto logo" [JB].

Ir no vai da valsa *Bras., fam.* Viver ao sabor dos acontecimentos sem projetar nada, sem preocupar-se [ABH].
Sin.: *ir levando*
Var.: *ir no vai da vida*

Ir numa aragem Ir depressa [GAS].

Ir numa volantina *Lus., Barcelos.* Ir depressa [GAS].

Ir num pé e voltar no outro/noutro *Bras., fam.* Não se demorar; realizar rapidamente uma missão, sem pausa ou descanso, em uma só jornada; fazer o serviço rapidamente; ir e voltar com a máxima rapidez, sem demora; partir e voltar rapidamente; ir a determinado lugar, voltando com a maior rapidez; não demorar senão o mínimo indispensável; ir e voltar incontinenti: "Leve esta carta ao meu irmão. Mas vá num pé e volte no outro!" [ABH/AN/AT/CLG/DT, VII série, p. 133/FF/FSB/GAS/LM/MPa/RMJ/TC].
Sin.: *ir e vir num pé só, ir num pronto, ir num rufo*
Var.: *ir numa perna, voltar na outra, ir num pé e vir no outro*

Ir num pé só *Bras., fam.* **1.** Ir a algum lugar com toda a rapidez; ir rapidamente. **2.** Ir e voltar com rapidez [ABH/AT].

Ir num pronto Ver *ir num pé e vir no outro/noutro*

Ir num rufo Ver *ir num pé e vir no outro/noutro*

Ir num sino *Lus.* **1.** Ir com todo o gosto e entusiasmo. **2.** Ir com rapidez [GAS].

Ir obrar na casinha *Bras., PE.* Ir defecar [BB].

Ir o gato às filhós *Lus.* Haver contratempo, quando se quer referir figuradamente a perda da virgindade da pessoa de que se está falando [GAS].

Ir olhar os pitinhos ao vigário *Lus., Barcelos.* Morrer (referindo-se a crianças) [GAS].

Ir ou rachar Decidir-se: "Vai ou racha [= Decida-se], pessoal, agora é a vez do povo" [JB].

Sin.: *pegar ou largar*

Ir para a bola *Lus.* Sair em liberdade da cadeia [GAS].

Ir para a borga *Lus.* Ir para a paródia; ir divertir-se [GAS].

Ir para a buíca *Bras., MA.* Morrer [AN/DVF].

Ir para a cabeça do touro Ser o primeiro a tomar a iniciativa; encabeçar um empreendimento; assumir a responsabilidade [GAS].

Var.: *ir para os cornos do touro*

Ir para a caldeira de Pedro Botelho Ir para o inferno – no sent. próprio (ver Ladislau Batalha, *História geral dos adágios portugueses*; Leite de Vasconcelos, *Rev. Lus.*, XX, p. 296, XXI, p. 188; *Opúsculos*, VII) [AN].

Ir para a cama com alguém Ter relações sexuais com alguém: "Não negarei que às vezes vou para a cama com prostitutas nativas" (Érico Veríssimo, *O prisioneiro*, p. 119).

Ir para a cesta dos papéis Diz-se de artigo de colaboração que não presta [AN].

Ir para a/pra chave Achar-se preso; ir para a prisão, para a cadeia: "Quem gosta de você é a onça! Vá pra lá, senão vai pra chave!" (Ariano Suassuna, *A pena e a lei*); "Dizem que rico não vai para a chave" [FN/TC].

Sin.: *ir de/em/na cana*

Ir para a cidade dos pés juntos *Bras., pop.* Morrer; ir para o cemitério: "O segundo esticou as canelas porque chupou manga com febre e o outro foi pra cidade dos pés juntos, vítima de um acidente: caiu sete vezes em cima de uma faca" (AS, p. 26) [ABH/AN/FSB/LM/GAS/RG].

Sin.: *bater a(s) bota(s)*

Var.: (lus., Univ. Coimbra) *ir para a sociedade dos pés juntos, ir pra terra dos pés juntos*

Ir para a cova Morrer [GAS].

Ir para a frente Progredir; prosperar [ABH].

Ir para a peluda *Lus.* Ser licenciado na tropa [GAS].

Ir para a pildra *Lus.* Ir para a cama [GAS].

Ir para a prateleira Ver *ficar no caritó*

Ir para a roda *Umb.* Desenvolver a mediunidade, passar a fazer parte dos iniciados (que em geral dançam em roda, no terreiro) [OGC].

Ir para a rodagem Ser morto, fuzilado sumariamente [TC].

Var.: *mandar para a rodagem*

Ir para a rua 1. *Lus., desp.* Ser expulso do jogo. **2.** *Bras., CE.* Ir ao povoado, à vila, ao centro da cidade. – Uso rural. **3.** Sair de casa: "Vou já me vestir, que eu tenho que ir já pra rua"; "Daqui a pouco eu vou sair pra rua...". – Uso citadino [AN/FS/HM].

Sin. (3): *ir pro centro*

Var. (3): *sair pra rua*

Ir para a salgadeira *Lus.* Ser colocado no caixão [GAS].

Sin.: *ir para o estojo*

Ir para a sangria Diz-se do noivo quando vai dormir pela primeira vez com a esposa virgem: "Joacir, por nome curto Cici, segredou ao ouvido de Nino: – Já vai para a sangria, hem?" (Gilvan Lemos, *A noite dos abraçados*) [MSM].

Ir para as barcas *Bras., CE, gír.* Sair para dar uma volta, seja num *shopping*, numa praia ou para uma festinha [JN, p. 335]. ♦ JN atribui este modismo como sendo de uso em Fortaleza, surgido num período de verão.

Ir para as cabeças *Desp.* Passar, um clube, a liderar torneio ou campeonato [HM].

Ir para as cabeceiras Investir com decisão; realizar uma coisa com ímpeto e ardor [RMJ].

Ir para as grades/pra grade Ir para a cadeia [FS/TC].

Ir para as malvas Morrer; ir para o cemitério [GAS].

Ir para a tabela Levar multa. – Expr. da ling. de teatro. [AN].

Ir para a terra da verdade Morrer [GAS].

Ir para bom lugar Morrer; morrer, indo para o céu [AN/GAS].

Ir para cafeteiras de bicos *Lus., Univ. Coimbra.* Ir para lugar desconhecido [GAS].

Ir para casa *Lus.* Morrer [GAS].

Ir para casa mais cedo *Desp.* **1.** Ser expulso de campo. **2.** Ser desclassificado (um clube) em disputa de campeonato [HM].
Var. (1): *ir para o chuveiro mais cedo*

Ir para cima Subir, ascender (sobretudo socialmente): "– O Evaristo vai para cima, hem? – O Evaristo? Ignoro, respondi. De que se trata? – Secretário do interior. Creio que vão fazer dele secretário" (Graciliano Ramos, *Caetés*) [ABH].

Ir para diante Vencer, desenvolver determinado trabalho, empresa, atividade, empreendimento etc. [TC].

Ir para o Acre 1. *Bras., NE, ant.* Ser enganado pela esposa. – Empregado na expr. "Mais um que vai/foi para o Acre". Diz-se perfidamente em relação ao homem recém-casado (ver Paulino Santiago, *Dinâmica de uma linguagem* (O falar de Alagoas). Desde o início do séc. XX, até mais além do seu segundo quartel, foi grande o fluxo migratório de nordestinos corridos pelas secas. A maioria desses retirantes dirigia-se à Amazônia. E muitos homens, ao emigrarem para lá, deixavam suas jovens mulheres na esperança de, um dia, poderem reavê-las. Os casos de infidelidade tornavam-se, às vezes, inevitáveis. Logo, quem fosse para o Acre... podia dar-se mal, ser corneado. Para saber mais sobre o verbete, ver LCCa, s. v. "VAI PARA O ACRE". **2.** *Bras., MA.* Perder no jogo de bilhar. **3.** *Bras.* Morrer; perder a vida; exalar o último suspiro; falecer, finar-se, expirar [ABH/DVF/MSM].
Sin. (3): *bater a(s) bota(s)*

Ir(-se) para o beleléu *Bras., pop.* **1.** Morrer. **2.** Desaparecer; sumir(-se). **3.** Fig. Frustrar-se; malograr-se; fracassar [ABH].
Sin.: *ir pra(s) cucuia(s)*

Ir para o/pro brejo Ser malsucedido; falhar; fracassar; mergulhar em crises; acabar-se: "Ensaio, prosa, poesia, modernidade, tudo isso vai pro brejo quando você escorrega gostosamente da vírgula para o sono" (Raduan Nassar, *Veja*, 30/7/97, p. 13); "Sempre com um pacote de jornais debaixo do braço, exibe números, estatísticas e fatos capazes de mostrar que o Brasil está indo pro brejo, ao contrário do que dizem o presidente da República e colunistas de economia globalizados, além, é claro, das manchetes cor-de-rosa dos ex-jornais e TV brasileiros" (Aloysio Biondi, *Bundas*, 18/6/99, p. 25); "Depois de seis planos econômicos (?) que foram para o brejo, eu deveria ser peagadê em economia" (Bruno Liberati, *Bundas*, 12/6/00, p. 18); "– Esperança em quê? Nem no futebol nós não somos mais nada, já foi tudo pro brejo!" (João Ubaldo Ribeiro, *Diário do Nordeste*, cad. 3, 15/7/01, p. 5); "Este foi pro brejo, sifu" (*sic*) [ABH/FSB/JB]

Ir para o buraco Ver *ir a vaca para o brejo* (2)

Ir para o canto Ser desprezado: "Depois que nasceram os gêmeos, o filho mais velho foi para o canto" [AN].

Ir para o/pro caritó Não casar (diz-se das moças): "Moça que corta o cabelo / Pelas tranças não tem zelo, / Raspa o cangote sem dó. / Enche o pescoço de pó, / Nos beiços bota carmim: / Moças que procede assim / Vão todas pro caritó" [LM].
Var.: *ficar no caritó*

Ir para o cepo *Bras., RS.* Colocar os cavalos lado a lado, emparelhados, para a carreira (corrida) [AJO].

Ir para o céu Morrer [F&A/GAS/JB].
Sin.: (lus.) *ir-se acima*
Var.: *partir/subir pro céu*

Ir para o céu vestido e calçado Diz-se daquele que tem merecimento para entrar no céu [GAS].

Ir para o chuveiro mais cedo *Desp.* Ser expluso de campo; ser expulso por indisciplina ou falta grave [HM].
Var.: *ir para casa mais cedo, ir para o chuveiro*

Ir para o engenho do Pestana Dormir; pegar no sono [FN].

Ir para o estaleiro 1. Ir para tratamento, para hospital. **2.** *Desp.* Afastar-se do time para tratamento de saúde [GAS/HM].

Ir para o estojo Ver *ir para a salgadeira*

Ir para o galheiro 1. Perder-se; ficar sem efeito. **2.** Jogar fora o que não presta. **3.** Morrer [GAS].

Ir para o gancho *Lus.* Pôr num espeto-gancho o original que não é publicado. – Expr. utilizada entre jornalistas [GAS].

Ir para o jardim das tabuletas *Lus.* Morrer [GAS].

Ir para o laço *Bras., RS.* Recorrer à justiça para resolver uma contenda para a qual não foi possível uma solução amigável [AJO].

Ir para o major *Lus.* **1.** Morrer; diz-se de coisa que se estraga, que se escangalha, que se perde. **2.** *Univ. Coimbra.* Reprovar; não prestar; não servir [GAS].

Ir para o maneta Escangalhar-se; estragar-se; perder-se (no sentido de não ter recuperação) [GAS].

Ir para o matadouro Expor-se a iminente perigo de vida [AN].

Ir para o mundo das sombras Morrer [GAS].

Ir para o/pro olho da rua 1. Ser despedido do emprego: "Com o novo código de conduta, muita gente boa foi pro olho da rua..." (Paulo Caruso, charge, *IstoÉ*, 30/8/00, p. 130); "O PFL vai entregar todos os seus 2000 cargos e ir pro olho da rua!" (Aroeira, charge, *apud* Tales Faria, *IstoÉ*, 13/3/02, p. 33). **2.** Ser posto fora de casa [GAS].

Ir para o porão *Teat.* Ser arquivada (a peça), sair de cartaz, não ser representada [ABH/AN].

Ir para o rol do esquecimento Diz-se daquilo que não se tenciona fazer; ser deitado fora, deixado de lado [GAS].
Var.: *ir para o rol da roupa suja*

Ir para o sacrifício Ver *correr de faixa*

Ir para os anjinhos Morrer (referindo-se a criança pequena) [AN/GAS].

Ir para os bichinhos Morrer [GAS].

Ir para os cascos de rolhas Ir para lugar muito distante, longínquo, incerto ou desconhecido [AN].

Ir para os peixinhos *Lus.* Morrer afogado [GAS].

Ir para os queixos *Lus.* Bater; dar pancada [GAS].

Ir para o vale dos lençóis Ir para a cama dormir [AN/GAS].
Var.: *ir para vale de lençóis*

Ir para o vinagre 1. Morrer. **2.** Acabar-se: "O amor da Zélia foi pro vinagre, era podre." **3.** Falir. **4.** *Desp.* Perder, um clube, partida ou campeonato [FSB/HM/JB].
Sin. (4): *ir a vaca para o brejo*

Ir para o xadrez Ser preso [GAS].
Sin.: *ir para o xilindró*

Ir para o xilindró Ver *ir para o xadrez*

Ir para penates *Lus.* Ir para casa [GAS].
Var.: *recolher a penates*

Ir para perto e bom caminho *Lus.* Ir para um lugar próximo [GAS].

Ir parar na grade Acabar sendo preso. – Uso irôn. [FS].

Ir para trás Regredir; retroceder [ABH].

≠ **Não ir para trás nem para adiante** Ficar estacionário; não melhorar nem piorar [AN].

Ir para um bom lugar Morrer [GAS].

Ir para um raio que te parta Fórmula de imprecações us. contra alguém em momento de raiva: "Vá para um raio que te parta!" [AN]. ♦ De uso comum no modo imperativo.

Ir passear *Bras., gír.* Morrer [FS].

Ir pela alma de quem mais não pode *Lus.* Ir contrariado [GAS].

Ir pela sombra Ir de modo mais confortável, abrigado do sol; seguir bom caminho; ir com cuidado; prestar atenção no que faz. – Recomendação jocosa numa despedida: "Vá pela sombra" [AN].

Ir pelejando Ir lutando, trabalhando para viver: "Vou pelejando, meu patrão, por este mundo" (Odálio Cardoso de Alencar, *Recordações da comarca*) [TC].

Ir pelo cano de esgoto Ver *ir pelo ralo*

Ir pelo mesmo caminho Seguir a mesma orientação; ter ideias idênticas [GAS].

Ir pelo ralo Perder-se; malograr-se: "Pense o que é você ver o patrimônio de toda uma vida ir pelo ralo de repente" (Salvatore A. Cacciola, *Veja*, 5/5/99, p. 41).

Sin.: *ir pelo cano de esgoto*

Ir pelos ares Ser destruído por explosão, ou por qualquer cataclismo; explodir; sumir: "Se alguém riscar um palito de fósforo ali ou acender um cigarro, boa parte da Baixada Santista pode ir pelos ares" (Edson Félix dos Santos, *IstoÉ*, 26/1/00, p. 45) [ABH/AN/CLG].

Ir pelos cabelos *Lus.* Ir contrariado [GAS].

Ir pelo seguro Agir cautelosamente [GAS].

Ir pochorro *Lus., Figueiró dos Vinhos*. Ir embriagado [GAS].

Ir por água abaixo Seguir a corrente natural da água.

Ir por alguém/alguma coisa Procurar alguém/algo; buscar alguém/algo [FF].

Ir por aqui abaixo Ver *ir de pantanas*

Ir por cima da bola *Desp.* Atingir deslealmente a perna do adversário, pelo alto, em posição mais elevada que o percurso da bola [HM].

Ir por diante 1. Continuar; prosseguir. **2.** Não se frustrar [ABH].

Ir por partes Proceder metodicamente; fazer as coisas com método: "– Vamos por partes, como está sua segurança?" (Carlos Eugênio Paz, *Viagem à luta armada*, p. 37) [AN/GAS].

Ir por plano inclinado Ir a caminho da perdição; caminhar para o abismo [GAS].

Ir por terra Fracassar um projeto, um plano etc.; ser frustrado; não se realizar: "Seus bem-intencionados planos de moralização foram por terra" (Dias Gomes, *Apenas um subversivo*, p. 129) [TC].

Ir pra(s) cucuia(s) 1. Morrer. **2.** Acabar-se; decompor-se; extinguir-se; desaparecer; ir embora: "Viu você? Até o português está indo pra cucuia. Aliás, já foi, descansa em paz" (João Ubaldo Ribeiro, *Diário do Nordeste*, cad. 3, 15/7/01, p. 5); "E por aqueles lados, o que o Rio tinha de antigo sambou, indo pra cucuia, largando só recordações" (João Antônio, *Sete vezes rua*, p. 16); "Foi pras cucuias, foi pro espaço". **3.** Falhar; malograr-se [ABH/JB].

Sin.: *ir(-se) para o beleléu*

Ir pra frente Sofrer uma queda; levar uma topada [GS].

Ir pra gaiola Ser preso, encarcerado: "Ladrão azarado vai pra gaiola" (*Jornal da Rua*, cad. JRTevê, 28/5/99, p. 10).

Ir pras cabeças *Bras., RS.* Expr. que designa o desejo ou a ação efetiva de resolver de uma vez por todas a situação em causa [LAF].

Var.: *partir pras cabeças*

Ir pras calendas Ir pra bem longe: "O cidadão foi pras calendas" [JB].

Ir pras picas 1. *Bras., NE, PI, chulo.* Perder-se: "Passou da hora, nem adianta ir mais: o batizado foi pras picas, não deve ter mais nem um chocolate pra gente tomar." **2.** *Bras., gír.* Ir pra bem longe: "O chefinho foi pras picas, mas fez por merecer" [JB/PJC].

Ir pro andar de cima Morrer: "Esta é a nossa homenagem ao colega que foi pro andar de cima" [JB].

Sin.: *bater a(s) bota(s)*
Var.: *partir pro andar de cima*

Ir pro beleléu *Bras., gír.* **1.** Ir para o esquecimento; ser desprezado. **2.** Acabar-se: "Enquanto isso, muita união nascida no amor já foi pro beleléu, há muito tempo" (Lustosa da Costa, *Diário do Nordeste*, 27/1/01, p. 4) [FS/JB].

Ir pro centro Sair de casa [FS].
Sin.: *ir para a rua* (3)
Var.: *sair pro centro*

Ir pro céu das formigas Morrer. – Eufemismo de ir para o inferno (no sent. próprio) [GS/LM].

Ir pro espaço Acabar(-se): "O nosso programa foi pro espaço, num dá mais" [JB].

Ir pro paio Não ganhar nenhuma das três vazas do jogo do lu (tipo de jogo de cartas) [LM].
Var.: *estar no paio* (1), *ir pro pai*

Ir pro pau *Bras., gír.* Mandar executar; obrigar a pagar por meio de ação judicial: "Foi pro pau, cara, não foi possível segurar" [ABH/AN/JB/TC].
Var.: *mandar pro pau*

Ir pro quilé *Lus.* **1.** Morrer. **2.** Ir bugiar; afastar-se a mando de alguém; diz-se quando alguém pede a outra pessoa que se afaste [GAS].

Ir pro rio Achar-se em mão da lavadeira (a roupa): "Toda a roupa desta casa foi pro rio e ainda não voltou" [LM].
Var.: *estar no rio*

Ir pro saco *Bras., RS, SP, gír.* Deixar de existir; cumprir sua sina; desaparecer; morrer: "Há dois anos, escapou de uma chacina enquanto fumava *crack* com mais quatro amigos em um terreno próximo à sua casa. 'Os outros foram pro saco' (morreram), conta ele" (Artur, nome fictício de um integrante de gangue, in Eduardo Marini *et al.*, *IstoÉ*, 21/10/98, p. 68) [LAFa].
Sin.: (RS) *ir pros cocos*

Ir pros cocos Ver *ir pro saco*

Ir puxar um trem *Bras., gír.* Nos pegas, diz-se de motorista que se dirige para o local de mais um pega, em fila indiana: "Vamos puxar um trem que a coisa vai ser superlegal" [JB].

Ir que é mole Seguir em frente: "Vai que é mole, cidadão, tá a maior moleza" [JB].

Ir que nem capim Ir mal; ser perseguido pela sorte. – A expr. é justificada por esta explicação: "Vou que nem capim que, quando não chove, não nasce e, quando nasce, o boi come…" [LM/RMJ, s. v. "QUE NEM CAPIM"].
Sin.: *rolar sem ser pipa*

Ir ralar Ver *fazer jus ao salário*

Ir remando *Bras., gír.* Suportar a cadeia [GS].

Ir saber o segredo de alguém Beber no mesmo copo que esta pessoa e o resto do líquido que ela bebeu [AN].

Ir-se abaixo das canetas *Lus.* Desmaiar; não conseguir terminar uma ação; não se aguentar; falir; cair por terra [GAS].

Ir-se acima Ver *ir para o céu*

Ir-se a la cria *Bras., RS.* Pegar a estrada e ir embora [AJO]. ♦ Expr. com influência do esp. de fronteiras.
Var.: *mandar-se a la cria*

Ir-se arrastando Ir passando ou vivendo com dificuldade [TC].

Ir se catar Ver *ir procurar sua turma*

Ir-se chegando 1. Aproximar-se aos poucos, ou sorrateiramente: "Olavo levantou-se e foi se chegando" (Caio Porfírio Carneiro, *Trapiá*). **2.** Procurar tornar-se íntimo. **3.** Tentar jeitosamente fazer as pazes [TC].

Ir seco Ir, cheio de ardor ou vontade, atrás de algo ou de alguém: "Ele ia seco, quase a correr, à procura da ex-namorada" [FS].

Ir-se com a breca Perder-se para sempre [ABH].

Ir-se ninando Deixar-se embalar por falsas promessas: "Vá-se ninando" [AN].

Ir se olhar no espelho Acordar, despertar (no sent. fig.): "Vai te olhar no espelho, veja o que se passa à tua volta" [JB].

Ir-se o tempo Fazer muito tempo, no sentido de que esse tempo já acabou, de que as coisas já não são, no presente, como eram antes: "Foi-se o tempo em que tudo era muito bom" [JB].

Ir-se raspando Fugir; desaparecer: "Eu mesmo não gosto dessa raça, não suporto, fico sem jeito e vou me raspando, vou saindo, prefiro ir ficando nos meus" (João Ubaldo Ribeiro, *Sargento Getúlio*, p. 150).

Ir-se virando Esforçar-se para ganhar a vida; procurar meios de defender-se na vida, nos negócios; diligenciar para conseguir algo [TC].

Ir simbora *Pop.* Partir; retirar-se; ir embora: "Tua famia vai simbora, Zefa?" (*sic*) [TC].

≠ **Não ir só** Estar bêbado [GAS].

Ir telegrafar *Bras., NE.* Ir defecar [MSM].

Ir ter Ir haver briga: "Vai ter" [FS].

Ir ter a 1. Chegar; atingir certo lugar: "Caminhando, caminhando, foi ter à cidade." **2.** Chegar até; comunicar(-se) com: "A Avenida Rio Branco vai ter à Avenida Presidente Wilson" [ABH].
Sin. (1): *ir bater em*

Ir ter com Ir ao encontro de, dirigir-se a alguém: "Indaguei por fim quem era o proprietário da chácara, e fui ter com ele" (Bernardo Guimarães, *A escrava Isaura*, p. 59); "No fim de 63 foi ter com Pauline" (Luiz Maklouf Carvalho, *Mulheres que foram à luta armada*, p. 416) [ABH].

Ir ter mão em *Bras., CE.* Chegar a lugar determinado: "O avião perdeu-se no temporal e foi ter mão no Paraguai" [AN/FS].

Ir ter pitanga na sua jaca *Bras., gír.* Complicar: "Se me encher o saco, vai ter pitanga na sua jaca" [JB].

≠ **Não ir tirar o pai da forca** Não haver motivo para tanta pressa. – Alusão ao caso de santo Antônio, que, enquanto o povo rezava uma ave-maria durante um sermão na catedral de Pádua, veio em espírito a Lisboa livrar o pai de falsa imputação (ver *Rev. Lus.*, XXIV, p. 243; Gomes Monteiro e Costa Leão, *A vida misteriosa das palavras*) [AN].

Ir tudo às mil maravilhas Ver *correr às mil maravilhas*

Ir tudo em bolandas Ver *ir de/pela/por água abaixo*

Ir tudo raso Praticar desatinos por motivo de cólera; desatinar; cometer excessos e estragos; haver pancadaria [AN/GAS].

Ir (n)um brinquinho Ir bem-vestido, bem-composto, asseado, bem-posto, bem-arranjado [AN/GAS].

Ir unido *Tip., ant.* Espacejar o mínimo possível as palavras de uma composição, para ganhar linhas: "Linotipista, vá unido, senão o poema não cabe na diagramação" [ABH].

Ir ver 1. Indagar; perguntar; procurar. **2.** Buscar: "A mulher foi ver o sal / Por Lampião exigido / Ele entregou para o cabra / Dizendo: Coma, bandido / Você não queria sal? / Está feito o seu pedido" (Expedito Sebastião da Silva, *Trechos da vida completa de Lampião*, p. 13). **3.** Expr. utilizada para sinalizar interesse, promessa: "Vou ver o que posso fazer." **4.** Expr. utilizada em ameaças: "– A razão está do meu lado, você vai ver!" (Lúcio Cardoso, *Crônica da casa assassinada*, p. 47); "Não fica só nisso, não, você vai ver!" [TC].

Ir ver o bispo *Bras., ES.* Deixar queimar a comida [LM].

Ir ver se estou (ali) na esquina Usa-se na ordem irôn. que se dá a alguém cuja presença nos está sendo incômoda; modo de se descartar de um importuno: "Conheça a sua cidade! Vá ver se estou na esquina!" (Reinaldo, *Bundas*, 19/7/99, p. 15); "Vá ver se eu estou ali na esquina!" [AN/LM]. ♦ Em geral, usa-se a expr. no modo imperativo.

Ir zebrar *Bras., gír.* Dar o inesperado: "Vai zebrar a nossa festa" [JB].

Irritar

Irritar o indígena *Lus.* Fazer ações que causam mal-estar, que encolerizam os circunstantes [GAS].

Istruir

– "Istruir" já é forma corrupta da corruptela "estruir", i. e., "destruir, gastar à toa, desperdiçar".

Istruir a comida *Bras., CE.* Estragar a comida; diz-se quando alguém não come toda a refeição ou deixa sobra da comida e "joga fora" esse resto [AS].

Jogar(-se)

Jogar à bulha Ver *andar à pancada*

Jogar a cabra-cega Andar sem saber o caminho [AN].

Jogar à defesa Estar precavido [GAS].

Jogar a feijões Ver *jogar a leite de pato*

Jogar água Ver *botar catinga*

Jogar água fora da bacia *Bras., S, RJ.* Ser homossexual ou tomar atitude de homossexual; ser pederasta passivo; desmunhecar; diz-se daquele que tem trejeitos femininos; diz-se de homem afeminado (de gestos suaves): "O cara bichou de vez, agora joga água fora da bacia" [AS/CLG/ECS/MSM].

Var.: *derramar água fora da bacia*, (CE) *jogar água fora do balde*

Jogar a leite de pato Fazer jogo inocente, em que não se empenha dinheiro; jogar sem ser a dinheiro. – "Leite de pato" é coisa inexistente, que se pode perder à vontade [GAS/RMJ].

Sin.: *jogar a feijões, jogar a padre-nossos*

Jogar amarrado Jogar com muita cautela [FS/LM].

Jogar à murraça Jogar à força; medir forças; diz-se de uma disputa acirrada [GAS].

Jogar a padre-nossos Ver *jogar a leite de pato*

Jogar à pancada Lutar corporalmente: "Dizia que eram expulsos os meninos que jogavam à pancada..." (Tomás de Figueiredo, *Nó cego*) [ECS].

Jogar à paz Jogar bastante a fim de saldar as contas com o parceiro [ABH].

Jogar à pera Diz-se de pancadaria a soco [GAS].

Sin.: *andar à pancada*
Var.: *andar à pera*

Jogar à porrada Ver *andar à pancada*

Jogar areia *Bras., gír.* 1. Incentivar a discórdia. 2. Atrapalhar: "Jogaram areia nos meus planos" [JB/TG/TGa].

Sin. (1) (2): *botar gosto ruim*
Var. (2): *botar areia*

Jogar as cargas no mar Desfazer-se de alguma coisa: "Vou jogar as cargas no mar, num guento mais tanto peso nas costas" [JB].

Jogar as cristas Brigar; lutar; porfiar; ter rixa com alguém; discutir acaloradamente; ralhar; andar em contenda. – Reminiscência das rinhas [ABH/AN/GAS/OB].

Jogar às escondidas 1. Andar a esconder-se de alguém. 2. Procurar fugir às responsabilidades [GAS].

Jogar a sorte Tentar obter ou resolver algo valendo-se do acaso; arriscar; aventurar-se; experimentar a sorte em jogos ou sorteios [ABH/GAS].

Sin.: *lançar os dados, tentar a fortuna*
Var.: *lançar/tentar a sorte*

Jogar a sorte pela janela Desprezar uma boa oportunidade [CLG].

Jogar às pedrinhas Copular [GAS].

Jogar a toalha *Bras., gír.* Desistir; abandonar uma tarefa, suspender uma atividade, ainda que temporariamente: "Enfim, a equipe econômica jogou a toalha. Deixou a cotação do dólar oscilar na sexta-feira" (*IstoÉ*, 20/1/99); "Caetano jogou a toalha e se mandou em turnê para os States embalado pelas críticas do *New York Times*" (Iza Salles, *Bundas*, 26/7/99, p. 18); "Como se o Gama fosse o insolente e não a vítima; e que, agora, tivesse jogado a toalha" (Armando Nogueira, *Diário do Nordeste*, cad. Jogada, 23/7/00, p. 2) [JB].

Jogar a última carta Fazer a suprema e última tentativa [FF].

Jogar(-se)

Jogar bafo *Bras., RS, pop.* Disputar no tapa as figurinhas (dessas que se colecionam em álbuns) que são casadas (apostadas) numa superfície qualquer [LAF/LAFa].
Sin.: *bater figurinha*

Jogar (uma) barbaridade Ver *dar um show de bola*

Jogar (no) bicho Aventurar no jogo do bicho: "... até já ganhamos dinheiro juntos, ele me ensinou a jogar no bicho" (Fernando Sabino, *A vitória da infância*, p. 110) [TC].

Jogar bola quadrada *Desp.* Jogar mal [HM].

Jogar bola redonda Ver *dar um show de bola*

Jogar bolinha Jogar bola de gude [DVF].

Jogar búzios Adivinhar por meio de búzios: "– Minha avó jogou os búzios e disse que não me aproximasse da água nesta lua. Seria muito perigoso" (Luiz Galdino, *Saruê, Zambi!*, p. 16) [OGC].

Jogar cacete *Bras., CE.* **1.** Diz-se de espécie de luta com cacete, praticada até as primeiras décadas do séc. XX). **2.** Usar o cacete com mestria [RG/TC]. ♦ No duelo, na luta referida acima, munidos de porretes de jucá, que é madeira bastante consistente, seus contendores necessitavam de muita habilidade, até para não triturarem os dedos. Tais diversões, em geral, ocorriam em época dos folguedos juninos e das folias de reis, os famosos reisados.

Jogar cangapés *Bras., CE.* Entre banhistas, trocar pontapés, por brincadeira [RG].

Jogar capoeira *Bras., CE.* Exercitar a capoeira [RG].

Jogar capote *Bras., CE.* Apostar, entre os descascadores de mandioca, geralmente mulheres, quem sobrepuja o outro na raspagem, na qual um deles raspa o tubérculo até o meio e outro faz o resto [RG].

Jogar carta baixa Fazer-se desentendido [GAS].

Jogar catiopil (*sic*)/**um catiopiu** (*sic*) *Bras., BA, gír.* Transar; fazer sexo: "E quando deu uma incerta na praça, pegou Tenório jogando um catiopiu com a jega. Aí foi o maior arerê..." (NL, *Dic. de baianês*, s/p.); "Tô afinzão de jogar catiopil, preciso só de uma bela parceira" [JB/NL]. ♦ Justifica-se o uso duplo dos neologismos "catiopiu" e "catiopil", no sentido de "transa sexual", do mesmo modo que se grafa indiferentemente "mulherio" e "mulheril".

≠ **Não jogar certo** *Lus.* **1.** Não coincidir; não concordar; não combinar. **2.** Ser meio adoidado [GAS].

Jogar charme *Fam.* Procurar cativar [CPL].

Jogar com as palavras Interpretar as palavras a seu modo, geralmente de má-fé, para vantagem própria [GAS].

Jogar com Deus e com o diabo Pedir a proteção de um e doutro conforme as circunstâncias [GAS].

Jogar com duas bolas *Bras., NE, S, chulo.* Copular. – As duas bolas são os testículos [MSM].

Jogar com o baralho todo Ter os trunfos para ganhar uma disputa [GAS].

Jogar com pau de dois bicos Defender ora uma, ora outra de duas ideias opostas, com o fim de agradar às duas partes; portar-se com ambiguidade; ter duas opiniões diferentes, conforme a pessoa a quem se fala; defender ao mesmo tempo ideias opostas, para agradar a duas partes; apresentar argumentos ou assumir atitudes com objetivo de satisfazer a duas opiniões ou pessoas que divergem; tergiversar; marombar: "Ele gosta de jogar com um pau de dois bicos, não merece confiança nenhuma..." – Pau de dois bicos, segundo Aquilino Ribeiro, é "Pessoa que tão depressa diz sim como não, que serve os interesses de um e de outro lado conforme as suas conveniências, que faz o jogo dos dois lados" [ABH/AN/FF/FS/FSB/GAS].

Jogar confete Elogiar rasgadamente [AN/CLG].

Jogar contra o patrimônio *Bras., desp., gír.* Fazer gol contra: "O Juan jogou contra o patrimônio e acabou levando o Mengão à derrota" [JB].

Jogar conversa fora 1. Conversar: "No seu apartamento, em Copacabana, dá vontade de ficar, tomar sopa feita pela caçula Cristina, que passou por lá, e jogar conversa fora em volta da mesa com ela e Maria do Carmo, a filha número cinco, nascida logo depois de Chico" (Regina Zappa, *Chico Buarque*, p. 19); "O jogo é bastante equilibrado. Bom mesmo é o papo, é jogar conversa fora" (Ricardo Lucena Jr., *Longo caminho de volta*, p. 168); "Benzinho, eu ando pirado / Rodando de bar em bar / Jogando conversa fora / Só pra te ver / Passando..." (Cazuza & Frejat, "Ponto fraco", *in Cazuza: Pra dizer que te amo*, p. 37). **2.** Falar besteira: "A gente tá mesmo jogando conversa fora" (Cândida V. V. Vilhena, *Além da neblina*, p. 14); "Pedi uma cerveja ali mesmo no balcão e fiquei jogando conversa fora, dando a noite por perdida" (Mariano Freitas, *Nós, os estudantes*, p. 42); "Ih, cidadão, para de jogar conversa fora!"; "Este negócio de ficar jogando conversa fora pode acabar dando em sujeira" [JB/MPa].
   Sin. (1): *bater caixa* (2)

Jogar de bandido *Gír.* Agir, conscientemente ou não, contra si ou outrem, ou empreendimento etc.; fazer algo que prejudica alguém; tramar contra alguém, contra algum empreendimento: "– Poxa! Assim você está jogando de bandido!" – Imagem sugerida pelos *westerns* [ABH/AN].
   Var.: *trabalhar de bandido*

Jogar de cara amarrada *Desp.* Jogar com rispidez e decisão [HM].

Jogar de fora 1. Interferir indiretamente quando não se está metido no assunto, embora ele interesse. **2.** Mostrar-se valente longe do perigo [GAS].

Jogar de freio de mão puxado *Desp.* Comportar-se com moderação na partida, sem apelar para a violência [HM].

Jogar deitado *Desp., irôn.* Ir ao chão a todo instante [HM].

Jogar de mano *Bras., RS.* **1.** Formar uma dupla para jogar contra outra dupla. **2.** Jogar, um contra o outro, em igualdade de condições [AJO].

Jogar de mão 1. Ter o controle da situação. **2.** Ser o primeiro a jogar as cartas. **3.** Dar, a cavalgadura, coices ou patadas. – Or. da expr.: jogos de carta [ABH/AN/FSB/LAF/TC].

Jogar de ouvido *Desp.* Jogar, um time, sem orientação tática [HM].

Jogar de porta 1. Diz-se do dep. que comparece à chamada, assiste à sessão de abertura e vai depois para os corredores; diz-se de aluno que espera que o professor já tenha chamado à lição um colega para depois entrar na aula, tentando assim evitar ser chamado. **2.** Evitar perder a primeira cartada no jogo do monte [ABH/AN/FSB/GAS].

Jogar de salto alto *Desp.* Jogar preocupado com exagero em não se machucar nem cometer infração [HM].

Jogar de testa Jogar com um parceiro só; jogar de frente a outro ou ser o parceiro no jogo de cartas [FS/LM/TC].

Jogar duro Agir com vigor: "Agora vou jogar duro, vou encarar a realidade" [JB].

Jogar em casa *Desp.* **1.** Atuar, o clube, no próprio estádio, ou na cidade ou país em que tem sede. **2.** Atuar, uma seleção, no país de origem [HM].

Jogar em cima *Desp.* **1.** Atuar no time principal: "Você vai ter que esperar: com 15 anos não pode jogar em cima" (Mário Filho, *Viagem em torno de Pelé*). **2.** Impedir que adversário se apose da bola, impondo-lhe forte marcação [HM].
   Var. (2): *marcar em cima* (2)

Jogar em cima de Atirar em: "Jogou em cima da negrada e botou todo mundo pra correr" [JB].

Jogar em compasso de espera *Desp.* Jogar mais na defesa que no ataque, analisando a tática do adversário para contra-atacar [HM].

Jogar em dois times Ver *comer a dois carrilhos*

Jogar(-se)

Jogar e não deixar jogar *Desp.* Marcar em cima (jogador ou time), não lhe dando espaço para apossar-se da bola e armar seu ataque [HM].

Jogar espetado *Desp.* Jogar contundido [HM].
Sin.: *jogar na agulha*

Jogar facão *Bras., BA.* Brigar com facões, a sério ou por brincadeira, como esporte, para se mostrar (ver Euclides Neto, *Dicionareco das roças de cacau e arredores*) [FNa].

Jogar fora 1. Vender muito barato. **2.** Perder por inépcia, por falta de zelo. **3.** Arremessar; atirar; lançar; abandonar; desfazer-se de; desvencilhar-se de algum objeto; pôr fora; pôr no lixo: "A criança, enfastiada, jogou fora o brinquedo." **4.** Tirar vestimenta: "Eu nem sei mesmo o que faça: jogar fora o capote, não jogo..." (Aníbal M. Machado, *João Ternura*, p. 227) [ABH/AS/GAS/TC].
Var. (1) (3): *botar fora* (1)

Jogar fora de casa *Desp.* **1.** Atuar, o clube, no estádio, ou na cidade, ou no país do adversário. **2.** Atuar, uma seleção, no país da seleção adversária. **3.** Abandonar, o goleiro, a grande área para jogar com os pés: "O Higuita volta e meia sai para jogar fora de casa" [HM].

Jogar forte *Desp.* Chegar ao mesmo tempo que a bola e o adversário, com vigor e decisão, porém sem violência [HM].

Jogar franco Falar, debater e/ou ouvir toda a verdade: "Urgente fazer as coisas, terminar um livro. Resolveu jogar franco com o médico parisiense: 'O senhor pode me dar três meses de vida, lúcido?'" (João Antônio, *Casa de loucos*, p. 6).

Jogar inferiorizado *Desp.* Atuar em desvantagem técnica em relação ao outro time [HM].

Jogar isca Paquerar, caçar, ir à luta: "Hoje à noite, na festa, vou jogar isca pra tudo quanto é lado..." – Contribuição do mangue *beat* [FN].

Jogar jaca *Bras., RJ, gír.* Sair com uma mulher e deixá-la depois com outro pretendente [Net].

Jogar lá no meio *Desp.* Fazer lançamento em profundidade para o centro da grande área [HM].

Jogar lenha na fogueira Atiçar uma discórdia: "Ao que Chico, numa entrevista-resposta à jornalista Maria Lúcia Rangel, do *Jornal do Brasil*, respondeu, jogando lenha na fogueira: 'Eu me aproveito dele como me aproveito de outros compositores'" (Regina Zappa, *Chico Buarque*, p. 124) [ABH/AN].
Var.: *botar lenha na fogueira*

Jogar limpo 1. *Desp.* Jogar na bola, sem violência. **2.** Proceder com decência, com dignidade, honestamente: "Creonte: Eu joguei limpo, honesto, na franqueza..." (Chico Buarque & Paulo Pontes, *Gota d'água*, p. 106) [HM].

Jogar lixo fora Conversar sobre futilidades ou inutilidades: "Isso é jogar lixo fora, pessoal, vamos mudar de assunto enquanto é tempo" [JB].

Jogar merda no ventilador *Bras., S, SP, chulo.* Diz-se de quem, vendo-se em apuros, denuncia os demais culpados; revelar tudo; complicar tudo, criar a maior confusão, deixando tudo às claras; jogar a verdade para o alto: "O cidadão quer mesmo jogar merda no ventilador"; "Se me sacanearem, jogo merda no ventilador"; "Vou jogar merda no ventilador" [JB/MPa/MSM].
Sin.: *botar a boca no trombone* (1)
Var.: *botar merda no ventilador, jogar farofa no ventilador*

Jogar miúdo *Desp.* Movimentar-se com habilidade em estreito espaço, abusando de dribles curtos [HM].

Jogar na agulha Ver *jogar espetado*

Jogar na cara *Bras., CE.* **1.** Fazer um favor e depois cobrar. **2.** Dizer umas verdades, cara a cara; lembrar, imputar, incriminar, culpar, cara a cara, expressões, ditos ou atos desagradáveis praticados [ABH/AS/TC].
Var. (2): *passar na cara* (1)

Jogar na espera Ver *jogar na sobra* (1)

Jogar na rampa *Bras., CE.* Jogar fora [RG]. ♦ Para corroborar com o verbete de

RG, quando criança, no interior do Ceará, conheci uma rezadeira, a anciã Cecília, quase cega, que, após exercer a sua função, bradava enfaticamente, jogando fora o feixe de ramos de vassourinha que utilizara: "Vai-te pra rampa!" E com que firmeza e convicção ela sentenciava isto!

Jogar na retranca Impedir; não revelar; esconder: "Vou jogar na retranca, não vou abrir, não vou dar moleza pra esses caras" [JB].

Jogar na rua Desempregar; despedir do emprego: "O real já jogou 10 milhões de desempregados na rua. E vai jogar mais. Eu acho que vai faltar rua" (Nani, *Bundas*, 12/7/99, p. 24).

Jogar nas costas 1. Aproveitar-se da boa atuação de um companheiro para, à custa dele, suprir a própria insuficiência ou displicência. **2.** *Desp.* Deslocar-se para o vazio atrás de defensor adversário, a fim de receber a bola e avançar [HM].

Jogar na sobra *Desp.* **1.** Atuar na função de beque de espera, atrás dos demais zagueiros, o último homem de defesa antes do goleiro. **2.** Dar combate a adversário que ultrapasse um companheiro de equipe. **3.** Exercer o papel de líbero, à frente ou atrás dos zagueiros, cobrindo falhas eventuais deles [HM].

Sin. (1): *jogar na espera*

Jogar nas onze *Bras., gír.* Fazer tudo: "É um bom sujeito, joga nas onze" [JB].

Jogar no chão 1. Abandonar. **2.** *Desp.* Ter habilidade para o jogo rasteiro, fazendo a bola correr com precisão no gramado [AN/HM].

Jogar no erro *Desp.* **1.** Tirar proveito de um lance errado de um jogador adversário. **2.** Atuar, um time, na expectativa de falha da defesa contrária [HM].

Jogar no fogo Abandonar à própria sorte [AN].

Jogar no mato Jogar fora, jogar no lixo: "Não vou deixar aquilo se aproveitar da minha menina e depois jogar no mato feito um juá podre!" [PJC, pp. 132-3/TC].

Var.: *botar no mato* (1)

Jogar no mesmo time Pertencer ao mesmo grupo: "Que qui há, cara, tá me estranhando, jogo no mesmo time" (*sic*) [JB].

Jogar no mundo Deflorar; prostituir [TC].

Jogar no outro time Ver *morder a fronha*

Jogar no time de *Bras., fam.* Simpatizar ou dar-se bem com [ABH].

Jogar no ventilador *Bras., gír.* **1.** Revelar tudo: "Vou jogar no ventilador, não quero saber a merda que vai dar." **2.** Complicar tudo [JB].

Var.: *botar no ventilador*

Jogar o corpo de banda Deixar habilmente de atender um pedido; livrar-se diplomaticamente de situação embaraçosa: "... mas saberei jogar o corpo de banda" (João Clímaco Bezerra, *Sol posto*) [ABH/TC].

Sin.: *tirar o corpo fora*

Var.: *botar o corpo de banda*

Jogar o jogo Jogar respeitando as regras do jogo [GAS].

Jogar o maior de espadas Jogar no voltarete a espadilha, o ás de espada, a carta de maior valor [AN].

Jogar o pelego *Bras., RS.* Arriscar a vida [AJO].

Jogar os cajás Ver *botar para quebrar*

Jogar o siso Consiste em dois parceiros se encararem fixamente, o primeiro que se rir, perde [GAS].

Var.: *jogar o sisudo*

Jogar os trunfos Mover influências; meter empenhos [GAS].

Jogar o último trunfo Utilizar o último argumento [GAS].

Jogar ovo na fritadeira *Bras., chulo.* Fazer sexo: "Vou jogar ovo na fritadeira, esse é o melhor lance" [JB].

Jogar para as/pras arquibancadas 1. *Desp.* Praticar com exagero jogadas de efeito, muito vistosas, porém de nenhum proveito para o time. **2.** Mostrar serviço; exibir-se: "O cidadão gosta de jogar pras arquibancadas, quer mostrar que carrega pedra" [HM/JB].

Jogar parado *Desp*. Atuar sem empenho, desinteressadamente [HM].

Jogar para o gasto *Desp*. Limitar-se, um time, a um esquema de jogo para não ser derrotado: "Nossa seleção tem jogado para o gasto e pode melhorar muito" (*Placar*, mar./1981) [HM].

Jogar para o/pro time 1. *Desp*. Atuar objetivando a vitória, sem preocupação de vedetismo. **2.** *Gír*. Ser solidário: "O Mané joga pro time, o bicho é solidário" [HM/JB].

Jogar pedra/pedrinhas *Bras., gír., desp*. Não jogar nada; atuar mal (time ou jogador): "Hoje, o São Paulo jogou pedra, tava ruim demais" [HM/JB].

Jogar pedra em Agredir; criticar; malhar; atacar; ofender moralmente: "O relator da CPI, deputado Marcelo Sobreira, disse que a visita ao IML deveria ter sido feita desde o início quando começaram a jogar pedra naquele órgão, mas só foi feita ontem, de surpresa pra ver se pegava alguém com as calças na mão" (*Jornal da Rua*, 15/6/99, p. 2); "Não vou jogar pedra nos meus amigos, eles não merecem" [JB].

≠ **Só não jogar pedra em santo** Jogar tudo; saber todos os jogos: "Só não joga pedra em santo" [LM].

Jogar pela janela *Bras., gír*. Descartar: "O ministro jogou tudo pela janela e pediu demissão do cargo" [JB].

Jogar pelo(a) certo(a) Só entrar em negócios absolutamente seguros, que não falhem [AN/GAS].

Jogar pelo empate *Desp*. Jogar sem se importar com a vitória, bastando-lhe o empate para conquistar torneio ou campeonato [HM].

Jogar pelo seguro Só efetuar uma ação quando se tem certeza que bate certo [GAS].

Jogar pérolas a/aos porcos Dizer coisas finas, preciosas, a quem não é capaz de as entender: "Não sei por que ainda leio este sermão para vocês, ingratos! O que faço é nada mais nada menos do que jogar pérolas aos porcos. Agora saiam!" (Lourenço Cazarré, *O mistério da obra-prima*, p. 33) [ABH/AN/GAS/RMJ].

Var.: *deitar pérolas a/aos porcos* (2)

Jogar plantado *Desp*. **1.** Preferir a estratégia da defensiva, para explorar contra-ataques. **2.** Executar, com rigor, tática estabelecida pelo técnico. **3.** Atuar na posição para a qual foi escalado, nela se mantendo durante a partida. **4.** Movimentar-se (jogador ou time) parcimoniosamente em campo [HM].

Jogar por fora Não entrar diretamente na ação [GAS].

Jogar por música *Desp*. Atuar, um time, com perfeita noção de conjunto [HM].

Jogar por tabela 1. Dirigir a bola à tabela para depois bater na outra bola, em vez de apontar diretamente a esta. – Expr. de jogo de bilhar. **2.** *Fig*. Censurar ou injuriar indiretamente [AN].

Jogar por terra Invalidar; desperdiçar; inutilizar: "Primeiro porque joga por terra o trabalho dos promotores José Filho, José Pinheiro e Bruno Barreto, que na época acompanhavam o caso" (Demitri Túlio, *O Povo*, 9/4/99, p. 6A).

Jogar potoca Atirar pilhérias: "Fale claro, sem me jogar potoca" [TC].

Jogar pra cabeça *Desp*. Atuar com energia e paixão. – Expr. em desuso [HM].

Jogar pra cima *Bras., NE, BA*. Copular; deflorar (ver Edison Carneiro, *A linguagem popular da Bahia*, 1951) [MSM].

Jogar pra escanteio Deixar de lado: "Se continuar me enchendo, vou jogar pra escanteio" [JB].

Jogar pra galera *Bras., gír*. Exibir-se: "O chefe joga pra galera, quer mostrar serviço" [JB].

Jogar pra sua torcida Proceder ou exibir-se para as pessoas (plateia, adeptos, claque de partidários etc.) de acordo com os interesses delas: "E o Fidel falou mal da Inquisição e o papa falou mal do Lênin.

Enfim, fizeram bonito: cada um jogou pra sua torcida!" (José Simão, *O Povo*, 23/1/98, p. 4B).

Jogar pra trás *Bras., gír.* Matar: "Vou jogar pra trás este vagabundo" [JB].

Jogar pro alto Desfazer-se: "Não posso jogar pro alto esta chance" [JB].

Jogar pro mato Ver *espanar a área*

Jogar puia/pulha *Bras., NE.* Zombar, chasquear, escarnecer com ditos engraçados, cabulosos ou atrevidos: "... que tava lá no terreiro / o diabo dum cangaceiro / jogando puia e bebendo" (Patativa do Assaré, *Inspiração nordestina*); "Pois um bando de anarquistas / estava jogando pulha..." (Liedo Maranhão de Souza, *Classificação popular da literatura de cordel*) [TC].

Var.: *dizer puia/pulha, estar com puia*

Jogar-se de cabeça Empenhar-se ou dedicar-se inteiramente: "... demorou a se decidir pela luta armada. Quando o fez, jogou-se de cabeça, demonstrando dedicação ímpar à causa e a seus companheiros" (Carlos Eugênio Paz, *Viagem à luta armada*, p. 221).

Jogar sem bola *Desp.* Atrair para si marcação de um adversário, abrindo espaço para avanço de companheiro com a bola dominada [HM].

Jogar sério Ficar sério juntamente com outras pessoas, para ver quem se ri primeiro; ficar de frente um pro outro para ver quem ri primeiro. – É uma brincadeira, um jogo [AN/PJC].

Var.: *pegar sério*

Jogar sinteco no picumã *Bras., gír.* Esticar o cabelo: "A crioula jogou sinteco no picumã e saiu lindona" [JB].

Jogar sujo Fazer patifaria [GAS].

Jogar terra *Bras., CE.* **1.** Esculhambar. **2.** Complicar [CGP].

Jogar trancado *Desp.* Atuar, em bloco, na defesa, para exploração de contra-ataques [HM].

Jogar trançado *Desp.* Trocar passes curtos avançando para o gol; "pingue-ponguear" [HM].

Jogar u'a mão Jogar uma partida ou parada em jogos, como os de damas, dados etc. [FS].

Jogar uma cartada Aventurar-se num empreendimento [GAS].

Jogar uma ducha de água fria *Bras., gír.* Evitar uma situação crítica: "Vou jogar uma ducha de água fria nesse lance, para evitar o pior" [JB].

Jogar uma rebolada *Bras.* Jogar uma pedra [Net].

Jogar um bolaço *Bras., desp.* Jogar muito bem, excepcionalmente bem, com excelência: "Garrincha jogou um bolaço" [ABH/HM].

Sin.: *dar um show de bola*

Jogar um bolão Ver *dar um show de bola*

Jogar um creme *Bras., gír.* Melhorar a aparência: "A Marilda jogou um creme antes de ir ao teatro" [JB].

Jordar

♦ "Jordar", segundo GAS, significa "fazer à toa, sem ordem, sem utilidade; fazer; gostar; desejar; desperdiçar; despejar".

Jordar o neto *Lus.* Fazer negócio [GAS].

Jordar para a macainha *Lus., Minde.* Morrer [GAS].

Julgar(-se)

Julgar que nasceu ontem Julgar que não sabe ainda o que faz [GAS].

Julgar-se em terreno conquistado Achar que tudo é seu [AN].

Julgar-se o super-rato Julgar-se o mais esperto de todos [GAS].

Juntar(-se)

Juntar(-se) a fome com a vontade de comer 1. Unirem-se dois desejos ou interesses semelhantes; diz-se quando dois fatos ou duas situações favoráveis acontecem: "Juntamos a fome com a vontade de comer e nos casamos." **2.** *Lus.* Diz-se de casamento entre pobres; diz-se de sociedade de quem não dispõe de capital [ABH/AN/CLG/GAS/JB/MPa].

Juntar as cuias *Bras., pop.* Transferir a residência; mudar-se [ABH/AT].

Juntar as escovas *Bras., RJ.* Passar a viver juntos; casar: "Juntamos as escovas há alguns dias" [JB].
Sin.: *juntar os panos*
Var.: *juntar as escovas de dente*

Juntar as esporas *Bras., RS.* Fincar as esporas no animal de montaria [AJO].

Juntar Bebé com Tomé Diz-se de fato realizado [GS].

Juntar o fogo e a pólvora Deixar sós dois namorados [AN].

Juntar os cacos Passar a viver juntos; casar: "Vou juntar os cacos com ela" [JB].
Sin.: *juntar os panos*

Juntar os coletes Diz-se de duas pessoas que se agridem [GAS].

Juntar os panos Casar; passar a viver juntos; morar junto: "Juntamos os panos, pois acreditamos que nos amamos" [JB].
Sin.: *juntar as escovas, juntar os cacos, juntar os trapos/trapinhos*
Var.: *juntar os panos de bunda*

Juntar os panos de bunda *Bras., gír., chulo.* Casar; passar a viver juntos; Amigar-se; amasiar-se; viver amancebado, amigado, maritalmente: "Os dois juntaram os panos de bunda e foram felizes para sempre" [ABF, s. v. "AMIGADO"/JB].
Var.: *juntar os panos*

Juntar os pés 1. Morrer. **2.** *Bras., gír.* Tomar decisão repentina [GAS/GS].

Juntar os trapos/trapinhos *Bras., pop., fam.* Casar(-se) ou amigar-se; amancebar-se; passar a viver juntos: "Vamos juntar os trapos desta vez?" – A expr. alude às roupas do marido e da mulher, que passam a ser guardadas juntas após a união [ABH/AJO/AN/GAS/JB/MSM].
Var.: *juntar os panos*

Juntar os velcros *Bras., gír.* Diz-se de casamento de lésbicas: "Quando as sapas se casam a gente diz que juntaram os velcros" [JB].

Juntar o torresmo *Bras., RS.* Juntar dinheiro; economizar para enriquecer [AJO].

Juntar o útil ao agradável Conseguir conjugar os interesses com a satisfação do obtido; fazer duas coisas boas ao mesmo tempo [GAS/MPa].
Var.: *unir o útil ao agradável*

Juntar pé com cabeça Unir as (duas) extremidades; abranger todo o conjunto [AN/TC].

Juntar-se a vontade com o desejo *Bras., CE.* Haver mais uma razão para que algo aconteça, uma vez que a pessoa cuja anuência se quer está de acordo [AN/FS/LM].

Juntar terra ao pé da bananeira *Bras., NE.* Copular (ver Hugo Moura, *Contribuição ao estudo do linguajar paraibano*) [MSM].

Jurar

Jurar aos seus deuses Ter propósito deliberado [AN].

Jurar dedo com dedo *Bras.* Jurar pela cruz que se faz cruzando com os dedos indicadores [ABH/AN].

Jurar de peia *Bras., CE.* Ameaçar de bater; prometer uma surra [AS].

Jurar de pés juntos/juntinhos Jurar; afirmar com convicção; prometer dizer a verdade; tem sentido de juramento firme, categórico, como se fora em presença da morte (daí o emprego de "pés juntos": "... neto do próprio João Perna-Mole, o qual Chico jura de pés juntos ter visto quando o vovô deu um encontrão na Guaracilda, na festa do Mucuripe, no ano passado" (Mílton Dias, *As cunhãs*, p. 27); "Há quem jure de pés juntinhos que a barba do deputado Ted Pontes é só um aviso..." (Sônia Pinheiro, *O Povo*, 13/2/98, p. 3B) [GAS/MPa/TC].
Var.: *jurar a pés juntos, jurar de pé junto*

Jurar em cruz Jurar fazendo uma cruz com os dedos sobre os lábios, o que exprime e reforça a ideia de verdade, pureza, honestidade, fé em Deus: "Não adianta, meu irmão, é hoje! Sangro o homem. Juro em cruz" (João Guimarães Rosa, *Sagarana*) [ECS/GS].

Jurar em falso *Bras.* Prometer e não cumprir; não cumprir o prometido [ABF].

Jurar pela alma da mãe/dos filhos Ver *jurar pelo leite que mamou*

Jurar pela hóstia consagrada Ver *jurar pelo leite que mamou*

Jurar(-lhe) pela pele *Lus.* Ameaçar; prometer que há-de pagar pelo mal feito; alimentar desejo de vingança; protestar que se fará mal a outrem [GAS].

Jurar pelas chagas de Cristo Fórmula de juramento solene, por algo muito sério [AN]

Var.: (NE) *jurar pelas cinco chagas de Cristo*

Jurar pelas cinzas de pai Juramento de pessoas órfãs para serem acreditadas [AN].

Var.: *jurar pelas cinzas de mãe/dos pais*

Jurar pelo leite que mamou Forma de juramento utilizada perante uma coisa séria [AN/FNa].

Sin.: *jurar pela alma da mãe/dos filhos, jurar pela hóstia consagrada, jurar por tudo o que/quanto há de mais sagrado*

Jurar pelos (seus) olhos que a terra há de comer Jurar verdadeiramente, sem engodo [GAS]. – São os olhos que tudo veem; eles dão testemunho vivo e insofismável do real, com toda fé e veracidade, dizem até que "os olhos são a janela da alma"; daí a expr. A forma contracta "há-de" é m. us. poeticamente, por convencionalidade métrica, ou em textos arc.

Jurar por tudo o que/quanto há de mais sagrado Ver *jurar pelo leite que mamou*

Jurar que peida na farofa e não espalha *Bras., CE, gír., chulo.* Ser muito metido, ou intrometido: "Você vive entrando onde não lhe cabe. É do tipo que jura que peida na farofa e não espalha." – Conforme a fonte, concludente do Curso de Enfermagem da UFC/2000, a expr. é usual no meio jovem e acadêmico de Fortaleza [Larissa Emília (filha do A. deste dic.)].

Jurar sobre os santos evangelhos Jurar solenemente, pondo a mão direita ou ambas sobre a Bíblia [AN].

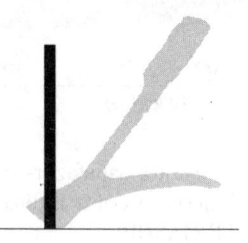

Laborar

Laborar em erro Errar; errar de boa-fé; trabalhar sobre fundamento falso; cometer engano. – Expr. muito us., mas não consignada nos dic. [FF/TC].

Ladrar

Ladrar à lua 1. Perder as palavras; falar sem ser ouvido ou atendido; dizer coisas a que ninguém presta atenção; proferir injúrias para quem está longe ou não se pode ofender com elas. **2.** Gritar em vão e desarrazoadamente [AN/GAS].

Ladrar ao vento Vociferar sem que alguém ouça [GAS].

Ladrar o ventre Ter fome [GAS].

Lamber(-se)

Lamber a canga *Bras., RS.* Tornar-se, o boi, manso e submisso [AJO].

Lamber a cria 1. Ficar admirando a própria cria; ficar admirando o filho recém-nascido. **2.** Admirar o que se faz ou se fez; ficar admirando a própria obra: "Gosto de lamber a cria, isto me satisfaz" [AJO/AN/JB/MPa].

Lamber a mão até furar *Bras., BA.* Ser ganancioso, avarento ou unha de fome [FNa].

Lamber a poeira Ser atirado ao chão numa briga; ser arrojado ao chão, atirado por terra, numa briga; cair no chão [AN/GAS/RMJ].
Sin.: *lamber a terra, lamber o pó*

Lamber a rapadura detrás dum pau *Bras., NE.* Esperar indefinidamente pelo inimigo para matá-lo [LCC].

Lamber as botas de Lisonjear servilmente; praticar atos do mais baixo servilismo; ser servil; adular; bajular; humilhar-se; rebaixar-se: "Deixe de lamber as botas do chefe, pô, seja macho." – A expr. é comum a vários idiomas [ABH/AJO/AN/AT/CLG/FF/FSB/GAS/JB/RMJ].
Sin.: *lamber as mãos/o chão/os pés de*, (RS) *lamber esporas*, (chulo) *lamber o cu/rabo de*
Var.: *limpar as botas de*

Lamber as mãos de Ver *lamber as botas de*

Lamber as unhas Ver *lamber os beiços* (2)

Lamber a terra Ver *lamber a poeira*

Lamber cu de cão Rastejar, humilhar-se por alguém: "– Você está lambendo cu de cão por essa criatura, não? Vai continuar encontrando-se com ela..." (Osman Lins, *Avalovara*) [FN].

Lamber do coco *Lus.* Levar pancada [GAS].

Lamber e chorar por mais Comer coisa muito saborosa [GAS].

Lamber embira *Bras., SP.* Passar miséria; não ter o que comer [ABH].

Lamber esporas Ver *lamber as botas de*

Lamber o caco *Bras., gír.* Satisfazer-se: "Lamba o caco, mano, não terás outra chance" [JB].
Sin.: *lamber o prato*

Lamber o chão Ver *lamber as botas de*

Lamber o cu de Ver *lamber as botas de*

Lamber o fundo ao tacho Levar uma grande surra até ficar caído no chão [GAS].

Lamber o pó Ver *lamber a poeira*

Lamber o prato Ver *lamber o caco*

Lamber o rabo de Ver *lamber as botas de*

Lamber os beiços 1. Mostrar que se gosta muito de uma comida ou bebida. **2.** *Bras., fam.* Ficar ou mostrar-se (muito) contente,

satisfeito; satisfazer-se: "Esta de lamber os beiços, é coisa muito boa" [ABH/AC/AN/FF/GAS/JB].
Sin. (1): *lamber os dedos*
Sin. (2): *lamber as unhas*

Lamber os dedos Prolongar o sabor no aproveitamento dos vestígios. – É a expr. mais legítima da homenagem sápida [GAS/LCCa].
Sin.: *lamber os beiços* (1)

Lamber os pés de Ver *lamber as botas de*

Lamber os vidros Ficar de fora, não tomar o gosto [AN].

Lamber seda *Bras., AL.* Fumar maconha (ver Renato Oliveira, *Dic. alagoano* [FNa/Net].
Sin.: *puxar (um) fumo*

Lamber-se por um lambisco *Lus.* Ser guloso; gostar de bons pitéus, de iguarias saborosas [RMJ].
Sin.: *lamber-se por um petisco*

Lamber-se por um petisco Ver *lamber-se por um lambisco*

Lamber-se todo Regalar-se [GAS].

Lançar(-se)

Lançar à cara Exprobrar; repreender; censurar [GAS].

Lançar a escada Procurar conseguir alguma coisa para interesse próprio; tentar [GAS].

Lançar à força Dizer a alguém as verdades; censurar [GAS].

Lançar água no mar Praticar um ato inútil; fazer algo inútil; prov. que se aplica a quem oferece algo a pessoa que dele não necessita [AN/CLG/RMJ].

Lançar a moda Ser o primeiro a servir de modelo [GAS].

Lançar aos sete ventos Dizer a toda a gente [GAS].

Lançar a primeira pedra Dar início a uma ação [GAS].

Lançar as culpas Acusar, culpar, incriminar alguém; atribuir algo a alguém [GAS/TC].

Var.: *tornar/voltar as culpas*

Lançar às feras 1. Acusar em público. **2.** Deixar sem apoio uma campanha árdua [GAS].

Lançar azeite no lume Amenizar uma discussão, uma disputa [GAS].

Lançar de si Repelir [FF].

Lançar em rosto a Alegar contra alguém os favores e serviços de que se beneficiou e depois mostrar-se ingrato; atirar uma acusação a alguém, ou alegar contra uma pessoa que se comporta mal ou ingratamente, os serviços, indulgências e favores de que ela se beneficiou; exprobrar a alguém, cara a cara; acusar de: "Lançou-lhe em rosto a sua covardia" [ABH/AN/FF/GAS/RMJ].
Sin.: *atirar à bochecha*
Var.: *lançar em cara/face a*

Lançar ferro *Mar.* Ancorar; lançar, a embarcação, uma âncora no fundo, para com ela manter-se parada: "O navio lança ferro. Chega a primeira lancha" (Humberto de Campos, *Fragmentos de um diário*, p. 78) [ABH/AN].

Lançar fogo pelos olhos Revelar no olhar a cólera ou a paixão que sente; diz-se de olhar de grande excitação colérica [AN/GAS].

Lançar luz sobre Fazer compreender, esclarecer, ilustrar, explicar, elucidar alguma coisa, algum assunto [ABH/AN/FF/GAS].

Lançar mão de 1. Empunhar. **2.** Apoderar-se de; servir-se de; utilizar-se de um meio, um recurso; valer-se de; aproveitar-se de; recorrer a: "Mas não havendo entre nós a tradição da rima com consoante de apoio (Goulart de Andrade tentou introduzi-la já no crepúsculo do parnasianismo), lançaram mão da rima rara" (Manuel Bandeira, *Poesia completa e prosa*, p. 676); "Ninguém aludira a filipinos nem a formigas, mas o homem achava meio de lançar mão desses viventes e dissertava" (Graciliano Ramos, *Infância*, p. 238); "Depois de uma olhadela nos lugares onde o objeto usualmente estaria, solte um suspiro resignado e lance mão de outro – munido que

deve estar de um substituto..." (Fernando Sabino, *O gato sou eu*, pp. 25-6); "Jacob lança mão do meio extremo: mata a mísera mocinha e deita o seu corpo ao rio" (Alphonsus de Guimaraens, *Obra completa*) [ABH/AN/FF/GAS/TC].
Sin. (1): *dar garra a/(de) garra de*
Var.: *bater mão a/de*

≠ **Não lançar milho a pintãos** (*sic*) Ver *não botar água a pinto* (1)

Lançar n'água uma embarcação Fazer resvalar, pela carreira, até flutuar n'água [AN].

Lançar o bastão no meio da contenda Intervir para que termine uma altercação ou controvérsia. – Alusão ao caduceu, com que Mercúrio separou duas cobras que brigavam [AN].

Lançar o hábito às ervas Abandonar o estado de sacerdote; apostatar; renunciar à vida eclesiástica ou monacal [AN/ABH/FSB].
Var.: *lançar o hábito às urtigas*

Lançar o rabo do olho Olhar disfarçado, de viés: "O padre lança-lhe um rabo de olho desolado" (Inez Mariz, *A barragem*) [TC].
Var.: *botar o/um rabo do olho*

Lançar os braços ao pescoço Dar abraço de amizade ou amor [GAS].

Lançar os dados Ver *jogar a sorte*

Lançar o tapete Preparar homenagem a alguém [GAS].

Lançar raízes Prender-se; enraizar-se; arraigar-se [ABH/AN/GAS].

Lançar-se ao pescoço de alguém Abraçar alguém efusivamente [AN/FF/GAS].
Var.: *saltar ao pescoço de alguém*

Lançar uma sombra sobre uma coisa Diminuir o brilho ou a importância de algo [AN].

Lançar um branco *Autom*. Nos pegas, mudar as cores do carro (independentemente da cor): "Vou lançar um branco no meu carango" [JB].

Lançar um pealo *Bras., RS*. Dar uma indireta [AJO].

Lapear

Lapear a pé Andar longo trecho a pé; fazer longa caminhada a pé: "Lapeamos a pé mais de três léguas." – Não deixa de ser uma redundância, pois "lapear", no caso, já é "andar a pé". O v. "lapear" origina-se de "lapa", o pé [TC].
Var.: *lombear a pé*

Lapiar

Lapiar fogo *Bras., NE*. Atirar com arma de fogo: "O bandido foi chegando e ele não contou conversa: lapiou fogo" [TC]. ♦ Não teria o v. "lapiar" a sua or. em "lapiana", tipo de facão ou faca de ponta? ABH não registra o termo.

Largar(-se)

≠ **Não largar a braguilha** *Lus*. Diz-se de pessoas aborrecidas que perseguem outras constantemente [GAS].

Largar a casca **1.** *Bras*. Civilizar-se; perder os modos de matuto. **2.** *Port., bras*. Morrer [ABH/AN/FS/FSB/GAS/LM/RG].

Largar a chinela Ver *dar uma chinelada*

Largar a cor Desbotar a cor do tecido [FS].

Largar a fugir *Lus*. Ir-se embora a correr [GAS].

Largar a goela no mundo 1. Exprime ações como berrar, cantar, gritar, reclamar em alta voz. **2.** Chorar alto [TC].

≠ **Não largar a labita** Estar sempre presente; diz-se de pessoa demasiado insistente [GAS].

≠ **Não largar a porta** Diz-se de quem não arreda pé [GAS].

Largar a sua piada Dizer uma chalaça, uma graça [GAS].
Var.: *soltar uma piada*

Largar a tapa Surrar; esmurrar [TC].
Var.: *meter a tapa*

Largar campo fora Deixar que vá embora [AJO].

Largar com um couro na cola *Bras., RS.* Despachar ou mandar, com rispidez, uma pessoa ir embora [AJO].

Largar da/de mão Deixar; largar; deixar de se ocupar; deixar de lado; abandonar; cessar; desistir; soltar; abandonar; desprezar; deixar por uma vez; não incomodar ou perseguir; não insistir mais em um assunto que se estava tratando; deixar em paz, deixar pra lá: "Ela só fazia achar graça e largar de mão" (Juarez Barroso, *Obra completa*, p. 488); "Mas, olha: tu larga meu nome de mão, deixa de paleio com minha vida..." (Leonardo Mota, *No tempo de Lampião*, p. 34); "Ela largou da mão da filha, porque a mesma ficou grávida" [ABF/AJO/AN/FS/GAS/Gl/LM/PJC/RG/RMJ/TC].

Var.: *dar de mão a, largar (a) mão de*

Largar de cepo *Bras., RS.* Diz-se dos parelheiros que, estando parados, iniciam a carreira (corrida) repentinamente; iniciarem (os páreos) a corrida [AJO].

Sin.: *largar de tronco*

Largar de tronco Ver *largar de cepo*

Largar do pé de alguém Deixar alguém em paz; dar sossego; sair de perto; afastar-se: "– Este chato não larga do meu pé" (Joel Silveira, *Bundas*, 1º/8/00, p. 22); "Larga do meu pé, jacaré, tá enchendo e isto vai acabar mal pro teu lado"; "Larga do pé, cara, num guento. Cê é grudento"; "O cara não larga do pé, fica ali, grudado" [JB].

Var.: *tirar do pé de alguém*

Largar espírito Ver *não se ralar*

Largar fogo Atirar; disparar arma de fogo: "... tirou a espingarda, botou um cartucho, segurou firme, fez pontaria, puxou o gatilho e largou fogo" (José Sarney, *O dono do mar*, p. 76) [TC].

Var.: *baixar fogo*

Largar fogo à palavra Excitar o ódio, a discórdia; abrir um conflito [GAS].

Largar loas Dizer mentiras [GAS].

Largar (a) mão de Deixar; abandonar: "Filho de pobre, ele falou, era pra trabalhar que nem camelo e levar pancada, pra largar a mão de ser besta" (Raul Drewnick, *Correndo contra o destino*, p. 115); "Largue mão dessa besteira!... Uma coisa de nada..." (José Américo de Almeida, *A bagaceira*, p. 96) [AJO/Gl].

Var.: *largar da/de mão*

≠ **Não largar nem à mão de Deus padre** *Lus.* Não despegar a sua presença de maneira nenhuma; não deixar algum lugar de forma nenhuma [GAS].

Largar o berro Gritar bem alto: "... e largou o berro no mundo, avisando ao povo todo" (Mário Landim, *Vaca preta e boi pintado*) [TC].

Sin.: *largar o grito*

Largar o grito Ver *largar o berro*

Largar o marido/a mulher Abandonar o lar, separando-se um cônjuge do outro: "A Belinha largou o marido, mas depois engatou de novo..." [LM].

Largar o osso 1. Deixar a mulher com quem se tem relações; abandonar a amante. **2.** Abandonar um cargo que se ocupe; deixar ou perder negócio fácil e rendoso. **3.** *Bras., NE.* Interjetiva us. quando se vê alguém agarrado com uma mulher, com certa liberdade; expr. jocosa para indicar que o homem se afaste da mulher com a qual se acha em colóquio amoroso: "Larga o osso!" **4.** Soltar: "Vê se larga o osso, malandro, arranja o que fazer" [AN/GAS/JB/MSM/RG/TC].

Largar o ovo *Lus.* **1.** Passar a direito mercadorias por via marítima. **2.** Defecar [GAS].

Var. (2): *pôr o ovo*

Largar o pangaio no chão *Bras., NE.* Cair desastradamente [TC].

Largar o pau *Bras.* **1.** *PI, PE.* Iniciar, deflagrar, começar uma briga; dar a primeira porrada: "Olha, turma, eu vou lá pra largar o pau e depois todo mundo entra na briga, tá certo?" **2.** *NE.* Bater sem piedade [FNa/PJC].

Largar os pés *Bras.* **1.** Fazer grosseria; descompor; destratar; ser estúpido com alguém. **2.** Desprezar. **3.** Escoicear; dar coices [AJO/RG].

Sin.: *soltar as patas*
Var.: (S) *soltar os pés*

Largar o tabefe Surrar; bater; esbofetear [TC].

Largar piada Ver *cantar macareno*

Largar piadas Fazer censuras veladamente [GAS].

Largar-se atrás de Ir à procura ou em perseguição [TC].

Largar-se estrada afora Ver *ganhar a estrada*

Largar terra para favas Ver *dar às de vila-diogo*

Largar uma piada Proferir uma piada [OB].

Largar um pombo sem asas *Desp.* Chutar a bola com extrema violência [HM].

Lascar

Lascar a cara Surrar [TC].

Lascar a pedrada Atirar uma pedra [TGa].

Lascar a tapa Ver *assentar a mão* (2)

Lascar da batalha *Bras., gír.* Perder o emprego: "Com a crise braba, cara, lasquei da batalha" [JB].

Lascar em banda(s) Deixar em pedaços: "Não venha, que eu te lasco em bandas" [RG].

Lascar fogo Atirar; disparar; descarregar a arma de fogo: "Aponte na testa e lasque fogo" (Mário Landim, *Mãe d'água e caipora*) [AN/RG/TC].
Var.: *baixar fogo*

Lascar o pé no oco do mundo. Ir para bem longe, sem destino: "... reunir o que pudesse e lascar o pé no oco do mundo" (João Felício dos Santos, *João Abade*) [TC].
Sin.: *arribar o pé no mundo*
Var.: *lascar o pé no mundo*

Laurear

– Laurear: (*lus., pop.*) "passear, vadiar, flanar, premiar".

Laurear o chinelo Passear; divertir-se. [GAS].

Laurear o queijo Ver *arejar a pevide*

Lavar(-se)

Lavar a afronta Vingar-se: "Há de aparecer um homem para lavar a afronta, já que eu não tenho coragem para tanto" (José Lins do Rego, *Cangaceiros*) [TC].

Lavar a alma 1. Desabafar: "Até que enfim uma publicação pra lavar a alma. Esse governo, esses emergentes, esses 'breganeiros' estavam totalmente impunes" (Maria Lúcia, leitora, *Bundas*, 26/7/99, p. 42). **2.** Realizar-se: "Vou lavar a alma depois de tudo que aconteceu." **3.** Tirar desforra; levar vantagem: "Os patins *klap*, desenvolvidos [...] por engenheiros holandeses, lavaram a alma nos Jogos Olímpicos..." (*Veja*, 25/2/98, p. 14) [JB/TC].

Lavar a burra/burrinha 1. Obter grandes vantagens ou lucro em certo negócio; obter lucro extraordinário em qualquer negócio; aproveitar-se bem de uma situação favorável, na administração, nos negócios, em conquistas amorosas etc.; apropriar-se desbragadamente de dinheiro da nação, ou fazer grandes negócios aproveitando-se de oportunidades; ter ganho substancial valor, sem esperar; tirar proveito; locupletar-se; fazer tudo que tem direito; dar-se bem: "... tá na hora da gente lavar a burra porque o quilo de homem vai ficar cada vez mais caro!" (Aírton Monte, *O Povo*, 16/11/95, p. 4B); "Vou lavar a burra e depois me entendo com o garçom!" (*Tapioca, o repórter*, história em quadrinhos, *O Povo*, 21/6/98, p. 6G); "Como é que é, lavou a burra? Esta frase foi muitas vezes dirigida por um amigo a outro, após uma contradança com aquela menina que topava, dançava bem coladinho" (Narcélio Limaverde, *Fortaleza, história e estórias*, p. 225); "Ali tem sorte, lavou a burra com aquela gostosona!". **2.** Conseguir êxito num empreendimento; conquistar uma grande vitória: "Os brasileiros lavaram a burra, derrotando os alemães de forma decisiva." – Dizem que a expr. *lavar a burra* vem da mineração. "Burra" é um bloco rochoso cravejado de diamantes [AS/CGP/DVF/FS/GS/JB/MGb/PJC/TC/TGa].

Sin.: *lavar a égua* (2) (3)

Lavar a cara Referir-se sempre a obséquios prestados na presença da pessoa que os recebeu; lançar em cara os segredos que se sabem acerca de alguma pessoa presente [GAS].

Lavar a égua *Bras.* **1.** *Desp.* Ganhar com vantagem; alcançar vitória por contagem elevada. **2.** Ganhar muito dinheiro; ter um grande lucro sem esforço. **3.** Ser bem-sucedido; dar-se bem; dar sorte; regozijar-se pelo bom sucesso de alguma empreitada; levar vantagem; realizar-se: "Enquanto o Boris passa o Brasil a limpo, a gente lava a égua!" (José Simão, *O Povo*, 8/11/97, p. 7B); "Eu só sei que a jabiraca lavou a égua: passou a noite todinha com o Chico" (AS, p. 151); "Lavei a égua no jogo de ontem". – A frase veio do turfe. Quando os proprietários de cavalos ganhavam muito dinheiro num páreo, em regozijo pela vitória davam na égua um banho de champanhe. Caldas Aulete, na ed. bras., consigna essa expr. como sendo bras., de or. pop. e utilizada entre os adeptos do futebol. Mas sua or. deve provir do esporte hípico, em que por vezes os donos de parelheiros lavam seus animais vitoriosos, não com água, mas com cerveja e, como já foi dito, até com champanhe. RG preferiu grafar "lavar-a-égua" [ABH/AN/AS/FNa/JB/LAFb/Net/RG/RMJ].

Sin. (2) (3): *lavar a burra/burrinha*
Sin. (3): *lavar a jega, pelar o porco*

Lavar a honra Desafrontar-se de uma injúria, fazendo correr o sangue do ofensor; realizar-se; vingar-se; tirar desforço: "Vou lavar a honra, cara, num guento mais" [AN/JB/RMJ/TC].

Lavar a jega *Bras., BA, gír.* Dar-se bem numa empreitada: "Mas eu, que faço terra desde o tempo de dom corno, não ia vacilar. 'É hoje que eu vou lavar a jega', pensei. E fiquei ali, mal sabendo o esparro em que eu ia cair." – Jega: fem. de "jegue" (burro ou jumento) [FNa/Net/NL].

Sin.: *lavar a égua* (3)

Lavar a pintura Lavar o carro só por fora [NL].

Lavar as mãos Não tomar a responsabilidade de algo; eximir-se da responsabilidade; eximir-se da responsabilidade de um ato iníquo, que não se tem força para deter ou evitar, mas ao qual não se quer dar solidariedade; furtar-se às consequências: "Jasão: Então eu lavo as minhas mãos, mulher" (Chico Buarque & Paulo Pontes, *Gota d'água*, p. 128). – Reminiscência do N. T. (Mt 27, 24) [ABH/AC/AN/FF/FS/FSB/GAS/RMJ].

Sin.: *fazer como Pilatos*
Var.: *lavar as mãos como Pilatos*

Lavar cachorros Trabalhar inutilmente [AN].

Lavar dinheiro *Bras., gír.* Tornar legal dinheiro ganho ilegalmente, por meio de operações financeiras: "Os ladrões de gravata gostam de lavar dinheiro que enfurnaram nos paraísos fiscais" [JB].

Lavar dinheiro sujo *Bras., gír.* Investir ou realizar operações para enganar a polícia e a justiça: "A malandragem quer lavar dinheiro sujo" [JB].

Lavar em sangue uma afronta Vingar uma afronta matando ou ferindo [AN].

Lavar o caco *Bras., gír.* **1.** Realizar-se: "Agora vou lavar o caco, tirar o atraso." **2.** *Desp., gír.* Ser, o time, bem-sucedido; abafar; "arrebentar": "Foi isso mesmo, e nosso escrete foi para o México e lavou o caco, como se dizia na época, arrebentou, como se diz hoje" (Maurício Murad, *Todo esse lance que rola*, pp. 39-40) [JB].

Lavar o coração Dizer quanto sente; desabafar [AN].

Lavar o litro Ver *tirar o sebo da piaba*

Lavar o pau Ver *tirar o sebo da piaba*

Lavar o peito 1. Desabafar; desafogar-se. **2.** Desagravar-se; desforrar-se; tirar vingança plena; vingar-se; ter ciência de que a pessoa por quem fora maltratado ou injuriado sofreu o merecido castigo: "– Que miséria. Dar num homem como Vitorino!

Tenho fé em Deus que o Capitão Antônio Silvino me lava os peitos" (José Lins do Rego, *Fogo morto*, p. 206). **3.** Alegrar-se muito; ter grande satisfação; regozijar-se [ABH/AN/FS/TC].

Lavar o peritônio *Bras., CE.* Tomar uma cerveja só para aliviar a garganta; tomar uma cerveja pra lavar o gosto de outra bebida já tomada [CGP/TG].
Var.: (pop.) *lavar o peritônico*

Lavar os cascos *Bras., CE.* Lavar os pés [AS].

Lavar roupa de ganho Lavar roupa pra fora [NL].

Lavar roupa fora *Bras., NE.* Diz-se da mulher que engana o marido [MSM].

Lavar roupa suja Desvendar faltas íntimas, misérias morais; diz-se de discussão em que se põem a nu os defeitos e as más ações dos litigantes; discutir problemas em grupo; expor, em público, problemas ou questões íntimas: "Assim como há os que adoram lavar roupa suja publicamente" (Alan Neto, *O Povo*, 17/9/00, p. 4); "Lavar roupa suja só entre nós, em nossa casa"; "Não gosto de lavar roupa suja, mas diante do ocorrido não me resta outra alternativa". – Há um prov.: "A roupa suja lava-se em casa" [AN/GAS/JB].

Lavrar

Lavrar um tento Acertar; fazer o que deve; ter êxito numa empresa [AN].

Lembrar

≠ **Não lembrar a ninguém** Diz-se de ideia extraordinária [GAS].
Var.: *não lembrar ao diabo*

Ler(-se)

Ler a *buena-dicha* de 1. Fazer uma análise vulgar da pessoa ou de seu futuro, adivinhamento pelas linhas da palma da mão. **2.** Dizer a sina, o futuro de uma pessoa por algum método de adivinhação [ABH/GAS].
Sin.: *ler a sorte*

Ler a cartilha a alguém Dizer a alguém as regras de conduta que deve ter [GAS].

Ler a lenda de alguém Ler os defeitos, calcular as manhas, as intenções de alguém [GAS].

Ler a mão Adivinhar por meio do estudo das linhas da palma da mão. – Esse processo divinatório, us. ant. apenas pelas ciganas e outras pessoas leigas, já está sendo empregado por pais de santo de alguns terreiros de umbanda [OGC].

Ler a panjelínqua a alguém *Lus., Trás-os-Montes.* Fazer alguém ouvir o que não queria [GAS].

Ler a sorte Dizer a sina, o futuro de uma pessoa pelas linhas da mão, pelas cartas do baralho, pela bola de cristal etc.; ler o destino de alguém pelas cartas, pelas linhas da mão etc.; querer adivinhar por meio de sortes ou de cartas de jogar [ABH].
Sin.: *ler a buena-dicha de*
Var.: *deitar a(s) sorte(s)*

Ler de cadeira Ter grande conhecimento do assunto; ser mestre naquilo que ensina [GAS].
Sin.: *ler de cátedra*

Ler de carreirinha Ler depressa [NL].

Ler de cátedra Ver *ler de cadeira*

Ler em alguém como num livro aberto Conhecer alguém perfeitamente [GAS].

Ler em braile *Bras., gír.* Acariciar: "Gosto de ler em braile" [JB].

Ler gibi *Desp.* Perder um passe, ou a posse da bola, por distração ou falta de malícia. – A expr. é uma referência à ant. revista em quadrinhos *Gibi* [HM].
Sin.: *dar uma de otário* (2)
Var.: *ler jornal*

Ler nas entrelinhas Adivinhar ou interpretar o sentido oculto de um escrito, ou a verdadeira intenção que o A. não quis deixar escapar; compreender o sentido implícito; fazer ilações mentais do que lê; supor o que se calou intencionalmente [AN/GAS/RMJ].

Ler nas estrelas Tirar horóscopo [ABH/AN].

Ler no coração Adivinhar os sentimentos ou ideias sobre um assunto [AN].

Ler no ponto *Teat.* Diz-se do que o ator faz, com a habilidade resultante de longa experiência, ao repetir suas falas sem tê-las previamente decorado, apenas acompanhando e interpretando os movimentos de lábios do ponto, em pleno espetáculo [GC].

Ler o jogo *Desp.* Acompanhar lance a lance a movimentação, a estratégia, as falhas na defesa, as debilidades no meio de campo, erros e qualidades do time adversário, para cantar manobras, de defesa e ataque, aos companheiros [HM].

Ler por cima 1. Ler muito mal, por ignorância, pressa ou desleixo, soletrando ou gaguejando. **2.** Ler sem soletrar ou ler depois de ter soletrado: "Não pode ficar analfabeto. Aprenda ao menos a ler por cima" (Jáder de Carvalho, *Aldeota*). **3.** Ler sem prestar atenção, superficialmente [TC].

Var.: *ler por riba*

Ler-se em letra de forma /ô/ Ler-se impresso, publicado nos jornais [AN].

Var.: *ler-se em letra redonda*

Ler um texto *Bras., gír. novos hippies.* Fumar maconha: "Vamos ler um texto de forma solidária" [JB/*Veja*, 24/9/97, p. 88]. Ver ainda este registro em tese de doutorado da socióloga Glória Diógenes, da UFC, que analisa o dial. das gangues urbanas, in *O Povo*, 1º/6/98, p. 19A.

Sin.: *puxar (um) fumo*

Levantar(-se)

Levantar a bandeira 1. Hastear a bandeira, na cerimônia religiosa ou cívica. **2.** *Bras., gír.* Adotar, defender uma causa [ABH/TC].

Var. (2): *carregar a bandeira; levar a bandeira*

Levantar a bola *Bras., gír.* Reanimar; melhorar o ânimo: "Vou levantar a bola do chefe, cara, a situação tá difícil" [JB].

Levantar a cabeça 1. Prosperar; melhorar de situação; reconquistar posição; restabelecer-se: "Eles sofriam no Brasil e era evidente que iam levantar a cabeça, num momento em que todos diziam haver uma abertura política..." (Fernando Gabeira, *Entradas & bandeiras*, p. 74). **2.** Conseguir independência financeira; recuperar-se moral e/ou financeiramente: "Muitos desses atravessadores tinham sido pobres diabos, mas que tinham levantado a cabeça" (Josué de Castro, *Homens e caranguejos*); "Levanta a cabeça, cara, e dá a volta por cima" [ABH/AN/Gl/JB/TC].

≠ **Não levantar a cabeça** Não progredir [GAS].

Sin.: *não sair da cepa-torta*

Levantar a/uma caça Diz-se do cão que força a caça a sair do esconderijo, para ser abatida pelo caçador; fazer a caça sair do pouso com cães; fazer a caça sair do lugar onde se acolhe; fazer a caça sair da toca [AN/FF/GAS/TC].

Levantar a caça *Fig.* Aventar negócio de que outros se hão de aproveitar; provocar um assunto, para abrir discussão; alertar um assunto que estava esquecido ou não conhecido [AN/FF/GAS/TC].

Levantar (o) acampamento 1. Mudar-se de lugar, de casa etc., levando todos os seus pertences. **2.** Ir(-se) embora; retirar-se: "Eu pedi ontem mesmo a ele que levantasse acampamento" (Inez Mariz, *A barragem*) [ABH/AN/AT/GAS/JB/TC]. Para saber mais, ver LAF, p. 96.

Levantar a cerviz Revoltar-se; livrar-se de um jugo [AC].

Var.: *sacudir a cerviz*

Levantar a cesta Deixar de dar de comer a alguém [GAS].

Levantar a curica *Bras., MA.* Prosperar; vencer na vida: "... dinheiro suficiente para que a mesma levantasse a 'curica'" (*Estado do Maranhão*, São Luís, 17/4/74) [DVF].

Var.: *empinar a curica*

Levantar a Deus Erguer no ar, o sacerdote, na missa, a hóstia consagrada [AN].

Levantar a espinhela *Bras.* Pôr em prática certos meios de que os curandeiros e curandeiras se servem, e com que fingem curar aqueles que acreditam ter espinhela caída [CA/RG].

Sin.: *levantar a espinhela caída*

Levantar a fatiota Fugir com os bens que possui [GAS].

Levantar a fiança Pagar a fiança; cumprir com todos os trâmites legais e de praxe [FF].

Levantar a grimpa 1. Mostrar-se soberbo, arrogante ou insubmisso; ensoberbecer-se; tornar-se orgulhoso; ensimesmar-se. **2.** Reagir e não se submeter a outro; protestar; responder de modo altaneiro; responder incorretamente a superior hierárquico; argumentar quando repreendido; não se deixar subjugar [ABH/AC/AJO/AN/FF/GAS/TC].

Levantar a lebre Ser o primeiro a dar com uma irregularidade, a aventar uma ideia, a excitar uma questão etc.; iniciar um debate; dar uma nova pista para discussão [AN/GAS].

Levantar a mão para alguém Pôr-se em atitude de bater em alguém; bater em alguém; dar pancada em alguém [AN/GAS].

Levantar a mesa Retirar da mesa o que serviu para uma refeição e a toalha; recolher todos os utensílios que serviram à refeição [AN/GAS].

Levantar âncora Ver *levantar ferro*

Levantar (a) âncora Ir-se embora [ABH/GAS].

Levantar a/uma ponta do véu Começar a desvendar um mistério, um segredo; patentear em parte; descortinar; começar a descobrir [AN/GAS].

Levantar a postura 1. Deixar, a galinha, de pôr. **2.** Não ter mais filhos (a mulher), por ter atingido a menopausa [TC].

Levantar as forças Fortalecer-se; criar alento: "É crença comum que gemada levanta as forças do indivíduo" [TC].

Levantar as mãos ao/para o céu Agradecer a Deus um benefício, ou dar-se por satisfeito com ele; dar graças a Deus [ABH/AN].

Levantar a voz Falar mais alto para se impor ou para discutir; falar mais alto (que alguém) e desaforadamente: "Ao encontrar, no emaranhado vivo dos fatos, um fio de Ariadne para sair do labirinto, José Bonifácio anima-se, levanta a voz, e a mão, trêmula, aberta, bate nervosamente, acompanhando a palavra, no rebordo da tribuna" (Humberto de Campos, *Fragmentos de um diário*, p. 44) [AN/GAS].

Levantar bandeiras contra alguém Declarar-se inimigo de alguém [FF].

Levantar cabeça Sair do anonimato; começar a ganhar dinheiro de sobra; conseguir sair de uma má situação; melhorar de situação depois de um período de má sorte [GAS].

Levantar cabelo Refilar; reagir; colocar obstáculos, problemas; responder asperamente. ♦ Em FSB, "refilar" é "filar novamente, recalcitrar, separar em folhas"; em GAS, "morder no que mordia, responder asperamente" [GAS].

Sin.: *arrebitar cachimbo*

Levantar do pó Levantar de condições ínfimas ou de adversidade [AN/GAS].

Levantar (um) falso Afirmar fato que não é verdadeiro, em relação a uma pessoa; incentivar mentiras sobre alguém; caluniar [AN/AS/TC].

Levantar falso testemunho Dizer inverdades, mentir em desabono de alguém; caluniar [FF].

Levantar ferro 1. *Mar.* Suspender a âncora para partir; diz-se de embarcação que levanta âncora para iniciar viagem; içar âncora (ferro). **2.** Começar, o navio, a navegar; começar a viagem; partir em viagem marítima: "Seu navio só demorou dois dias, na segunda tarde levantou ferro, entrou pelo mar oceano..." (Jorge Amado, *Mar morto*, p. 151); "Há um circo funcionando na vila e, como o vapor só levanta ferro às dez da noite, desembarco, depois do jantar, para assistir à função" (Humberto de Campos, *Fragmentos de um diário*, p. 73) [ABH/AN/FF/GAS/OB].

Sin.: *levantar âncora*

Levantar letra(s) *Tip.* Compor; reunir tipos no componedor, para formar palavras, linhas e páginas [ABH].

Levantar (a) luva Aceitar um repto ou desafio. – Expr. das justas cavalheirescas [ABH/AN/FF/FSB/GAS].

≠ **Já não se levantar mais** *Fig.* Não ter a esperança de melhorar a posição política ou social, o crédito [AN].

≠ **Não levantar mais a cabeça** Nunca mais melhorar de situação [AN].

Levantar mal *Desp.* Cruzar ou cobrar falta de forma defeituosa [HM].

Levantar mentiras Caluniar; enredar; intrigar [GAS].

Levantar muita poeira 1. Armar sarilho, confusão, desordem. **2.** Falar ou agir a fim de esconder alguma coisa [GAS].

Levantar o astral *Bras., gír.* Melhorar o tom de uma conversa ou momento deprimente; alegrar o clima emocional; ficar numa boa; melhorar o ânimo: "– Já temos alguma coisa em comum – brincou o rapaz, tentando levantar o astral" (Rogério Andrade Barbosa, *Rômulo e Júlia: os caras-pintadas*, p. 17); "Este lance levantou o meu astral, tava de moral baixa" (*sic*) [JB].

Levantar o bolo Arrecadar os ganhos do jogo [GAS].

Levantar o caneco *Bras., gír., desp.* Erguer a taça; conquistar campeonato ou torneio: "O capitão Dunga levantou o caneco e foi aplaudido" [CLG/JB].

Var.: *ganhar/segurar o caneco*

Levantar o estandarte Declarar-se chefe de um partido, de uma facção [ABH].

Levantar o estilo Usar de estilo alto, não humilde [FF].

Levantar o juntó *Umb.* Submeter-se a uma espécie de pequena iniciação, durante sete dias, para "receber" o segundo (ou o terceiro, quarto etc.) santo, na nação angola (com banhos de folhas, aprendizado sobre o santo, danças, oferendas etc.) [OGC].

Levantar o manche *Bras., gír.* Ficar com o pênis ereto: "Amendoim ajuda a levantar o manche de qualquer broxa" (*sic*) [JB].

Levantar o miolo *Bras., gír.* Nos presídios, deixar livre o centro da cela para que dois presos possam brigar: "Vamos levantar o miolo, xará, que a coisa tá ruça" [JB].

Levantar o(a) moral Reanimar: "Levantei o moral do rapaz, que tava pra baixo"; "Levantei a moral dele com umas palavrinhas" [JB]. ♦ No sentido de "incentivar", melhor opção: *levantar o moral*; *levantar a moral* (fem.) é dito impropriamente.

Levantar ondas Criar obstáculos; fazer objeções [GAS].

Levantar o papelão *Bras., NE.* Operação que consiste em retirar a renda da almofada, quando utilizado todo o papelão, para reiniciar a tarefa, adaptando no início do papelão os últimos rendilhados feitos ali: "Não faltava quase nada pra levantar todo inteiro o papelão" (Leonardo Mota, *Sertão alegre*) [RG/TC].

Levantar o pau *Bras., NE.* Erguer do chão as reses que caem de inanição, quando das secas, por meio de varais passados sob o ventre [ABH].

Levantar o pendão da revolta Apresentar-se como o chefe da revolta; suscitar a revolta [AN].

Levantar o problema *Bras., S, RJ.* Praticar a pederastia passiva (Sylvio Abreu, *in art.*) [MSM].

Levantar os espíritos Excitar, revigorar os ânimos [AN].

Levantar os olhos 1. Dirigir o olhar para o alto: "Delfim apanhou os pães, levantou os olhos aos seus e desfalsificou os cálculos do índice do custo de vida de 73" (Henfil, *Cartas da mãe*, p. 158). **2.** Atrever-se a olhar para quem pertence a uma hierarquia ou classe superiores: "Antes a negra nem tinha coragem de levantar os olhos, toda ela mansa, de fala em surdina" (José Lins do Rego, *Meus verdes anos*, p. 28) [AN/GAS].

Levantar os olhos ao céu Implorar o auxílio divino [AN].

Levantar os olhos para Aspirar a pessoa ou coisa, apesar da superioridade de fortuna ou posição da pessoa pretendida ou de situação da coisa pretendida [AN].

Levantar os ombros Desinteressar-se; mostrar indiferença ou resignação: "... diante do mistério, contentou-se em levantar os ombros, e foi andando" (Machado de Assis, *Várias histórias*) [ABH].
Var.: *dar aos/de ombros*

Levantar os pés 1. Reagir mal ao que se lhe diz; ser malcriado. **2.** Andar, apressar-se [GAS/TC].

Levantar o tempo Passar a chuva; cessar a enxurrada; diz-se de mudança atmosférica após chuvas: "Está limpando. Levantou o tempo" (José Américo de Almeida, *A bagaceira*) [GAS/Gl/TC].

Levantar poeira 1. Derrubar o boi (na vaquejada) em queda estrepitosa. **2.** Fazer espalhafato, dar grande importância ao que nada vale [AN/GS].

Levantar polvadeira *Bras., RS.* Promover agitação; provocar conflito; criar intranquilidade [AJO].

Levantar-se à cria *Lus., Trás-os-Montes.* Diz-se da fêmea quando no cio [GAS].

Levantar-se com as estrelas Levantar-se da cama muito cedo, quase de noite, de madrugada [ABH/AN/GAS].

Levantar-se com o santo e com a esmola Ficar irritado, furioso [GAS].

Levantar-se trabalhos debaixo dos pés *Lus.* Ser ameaçado de mentiras, calúnias ou brigas [GAS].

Levantar uma galga *Lus.* Inventar uma mentira e dar-lhe curso [GAS].

Levantar uma nota Conseguir algum dinheiro; ganhar dinheiro: "Tô precisando levantar uma nota" [CLG/JB].
Var.: *descolar uma nota*

≠ **Não levantar um dedo** Não fazer esforço algum, ou o mínimo esforço; não fazer um gesto, um esforço para evitar; não fazer nada: "Não levantou um dedo para me ajudar"; "Silvino não levantou um dedo para que o problema se resolva" [ABH/CLG/F&A/GAS].

Levantar um escarcéu Fazer um alarido para tornar importante o que não o é [AN].

Levantar voo 1. Voar; elevar-se no ar. **2.** *Fig.* Desviar-se apressadamente; retirar-se em debandada; fugir; ir-se embora; desaparecer [ABH/AN/FF/GAS].
Var. (1): *alçar voo*

Levar(-se)

Levar à ardeca *Lus., Alentejo.* Deixar à solta o gado para se fartar no alheio [GAS].

Levar a banca à glória Ver *abafar a banca* (1)

Levar a bem Aprovar; consentir [GAS].

Levar a/da boa Sofrer; ser vítima de [TC].

Levar a bom termo. Realizar, terminar com êxito: "Para levar a bom termo era necessário atender" (Alexandre Herculano, *O monge de Cister*) [ECS].
Var.: *levar a bom fim*

Levar a breca Frase implicativa, que denota contrariedade, dirigida a alguém que aborrecemos: "Quero mais que ele leve a breca" [AC/AN/FF/JB/LCCa/TC].

Levar a/da breca 1. Morrer: "A pontaria dos cabras era tão horrenda que Mário Rodrigues teve tempo de jogar-se ao chão e esgueirar-se de gatinhas entre os coches e bondes estacionados em greve na praça. Quase levou a breca" (Ruy Castro, *O anjo pornográfico*, p. 12); "Ouvi dizer que o apontador de lá morreu... Levou da breca" (Caio Porfírio Carneiro, *O sal da terra*); "Se não fosse a injeção, ele teria levado a breca". **2.** Sofrer desastre. **3.** Sofrer prejuízo. **4.** Acabar-se; findar; arruinar-se; estragar-se; desgraçar-se; perder-se; desaparecer [ABH/AC/AN/FF/JB/LCCa/TC].
Sin.: *dar o/um tangolomango*, *levar o diabo*

Levar a carga *Bras., RS.* **1.** Tentar conquistar uma mulher a qualquer preço. **2.** Atirar-se contra o inimigo [AJO].

Levar a carta a Garcia Cumprir bem uma missão. – A frase deve-se ao fato de, durante a guerra Norte × Sul dos EUA, um oficial ser incumbido de levar uma carta ao general mexicano Garcia, do qual não conhecia a localização, o que conseguiu depois de muitos trabalhos e perigos [GAS].

Levar à certa Enganar; convencer alguém [GAS].

Levar a comédia *Lus.* Levar uma sova, uma tareia: "Ah, estava ainda muito longe de supor a que paroxismos o marido era capaz de levar a comédia" (Lúcio Cardoso, *Crônica da casa assassinada*, p. 70) [GAS].

Levar a conta Levar uma tareia, uma surra [GAS].

Levar à conta de 1. Imputar ou atribuir a: "Levam o crime à conta do velho." **2.** Considerar; contar como: "Levo as suas faltas ao serviço à conta de férias" [ABH].

Levar a crédito Creditar; depositar [ABH].

Levar a cruz ao calvário Concluir com resignação uma empresa árdua; conseguir vencer as agruras da vida; levar a cabo empresa difícil; cumprir o destino; aguentar o sacrifício até o fim. – Alusão ao suplício de Cristo [ABH/AN/FF/GAS].

Levar a débito Debitar; lançar determinada quantia na conta devedora de alguém [ABH].

Levar a efeito Efetivar; realizar: "Ao se calar, notei que ofegava, como se acabasse de levar a efeito uma longa caminhada" (Lúcio Cardoso, *Crônica da casa assassinada*, p. 67) [CPL/OB].

Levar a êxito Concluir com êxito [ECS].

Levar a fio de espada 1. Agredir, acutilar a torto e a direito. **2.** Resolver os assuntos à força; querer resolver pela violência. **3.** Ser demasiado exigente, severo [ABH/AC/AN/GAS].

Var.: *levar à ponta de espada*

Levar à frente Persistir em, não deixar malograr-se uma ideia, um plano, um propósito etc. [ABH].

Levar a gosto Querer; concordar [TC].

Levar (a) água ao seu moinho Procurar vantagens para si; conduzir as coisas para seu interesse; conseguir os seus intentos; empenhar-se na defesa de seus interesses; olhar bem por seus interesses; buscar a sua conveniência [GAS/RMJ].

Sin.: *puxar a brasa à/para a sua sardinha*

Var.: *trazer água ao seu moinho*

Levar a jogo *Arc., séc. XV.* Não tomar a sério [ECS].

Levar a lata 1. Receber a declaração de que o namoro está acabado. **2.** Receber a declaração de que o empregado não quer mais servir [AN].

Sin. (1): *levar (a) tábua*

Levar alguém ao altar Desposar alguém [AN].

Levar alguém nas costas Manter alguém financeiramente; dar sustento a alguém: "Velhinhos levam famílias nas costas cortando um dobrado" (*Jornal da Rua*, 27/6/99, p. 5).

Levar a mal Desgostar-se com alguém; sentir-se ofendido; desaprovar; levar para o mau sentido; interpretar em sentido desfavorável: "Para que etiqueta? Por isso me lembrei de propor a Marina... A senhora não leva a mal, suponho" (Graciliano Ramos, *Angústia*, p. 68); "Não leve a mal estas palavras" [ABH/AC/AN/FF/FSB/GAS].

Var.: *deitar para mal, tomar a mal*

Levar a melhor 1. Vencer uma contenda; ter vantagem sobre alguém ou alguma coisa; ser superior; vencer; dominar; superar; sobrepujar; sair triunfante. **2.** Demonstrar que tem razão [ABH/AC/AN/FF/FSB/GAS].

Levar à morte *Lus.* Convencer um renitente [GAS].

Levar a mostarda ao nariz *Ant.* Fazer alguém passar um mau momento. – Esta loc. deve ser do tempo em que era generalizado o uso do rapé e caracterizava um engano desagradável levar a cáustica mostarda às narinas, em vez do fumo em pó. [RMJ].

Levar ao castigo Enganar uma mulher [GAS].

Levar(-se)

Levar ao pé da letra Seguir à risca; observar os preceitos, o modo de pensar, a orientação: "Em seu galope desenfreado contestaram também o casamento, que de *para todo o sempre* passou a ser *eterno enquanto dure*, levando o poeta ao pé da letra" (Maria Lúcia Dahl, *Bundas*, 17/1/00, p. 15); "E aquele coreano que morreu durante o jogo? Esse levou ao pé da letra a morte súbita" (José Simão, *O Povo*, cad. Vida & Arte, 20/6/02, p. 7).

Levar aos arames Conseguir irritar muito outra pessoa [GAS].

Levar ao túmulo Causar a morte [AN].

≠ **Não levar à paciência** Não aceitar; não querer sofrer; não poder acreditar; não querer convencer-se [GAS].

Levar a pagode 1. *Bras.* Zombar; ridicularizar; não levar a sério; levar na troça: "Você pensa que pode levar todo mundo no pagode, mas você se enganou..." **2.** Faltar com o devido respeito a autoridades ou a pessoas mais idosas [AN/FS/MGb/RG/TC].

Sin. (1): *fazer pouco de*
Var. (1) (2): *tomar a pagode*
Var. (1): *levar no pagode*

Levar a palma (a) Alcançar vitória (sobre); distinguir-se; sobressair; salientar-se; sobrelevar-se; sobrepor-se; ir mais além; vencer; avantajar-se; fazer melhor do que os outros: "... na prioridade e no âmbito dos descobrimentos, ... a ocidental praia lusitana leva a palma à castelhana" (Ricardo Jorge, *Sermões dum leigo*). – A palma indica a vitória. Os vitoriosos eram representados com uma palma na mão, na pintura e na escultura [ABH/AC/AN/FF/FSB/GAS].

Var.: *tomar a palma*

Levar à parede Ter argumentos que fazem emudecer o adversário; superar com vantagem um adversário numa discussão ou divergência; vencer, derrotar alguém numa questão. – Alusão ao esgrimista que põe o adversário entre a espada e a parede [ABH/AC/AN/FF/GAS].

Levar a peito Decidir a agir, sem relutância; levar de vencida, de roldão, do começo ao fim: "Tomás, todavia, por conversão sincera e pela virtude e graça do sacerdócio recebido, levou a peito sua missão pastoral..." (Rachel de Queiroz, *Dora, Doralina*, p. 58) [ABH/GAS/TC].

Var.: *tomar a peito*

Levar a pior *Gír.* Perder um negócio; ser derrotado numa disputa; ser derrotado numa contenda: "Mas, se 2002 fosse hoje, Fernando Henrique levaria a pior" (Luiza Villaméa, *IstoÉ*, 20/10/99, p. 31); "Não me meto com quem sabe mais, para não levar a pior" [JF].

Levar à ré *Marinha., gír.* Levar marinheiro ao oficial de serviço, para dar parte dele (A. M. Brás da Silva, *Gír. marinheira*) [ECS].

Levar a reboque Ver *levar à sirga*

Levar a rego *Lus., Algarve.* Levar adiante [GAS].

Sin.: *levar a réu*

Levar a réu Ver *levar a rego*

Levar a roupa pro rio Mandar lavar a roupa suja [FS].

Var.: *mandar a roupa pro rio*

Levar as alturas de um princípio Dar oportunidade de elevar-se [AN].

Levar às carranchas Levar nos ombros, de cavalinho, às cavalitas [GAS].

Levar às cordas *Boxe.* Vencer [GAS].

Levar a sério 1. Dar importância; tomar algo como sério: "... e, para falar franco, gostaria que ninguém levasse a sério o que agora, se me permitem, vou revelar pela primeira vez na imprensa brasileira" (Lourenço Diaféria, *O invisível cavalo voador*, p. 95); "Os meninos não o levaram a sério" (Jáder de Carvalho, *Sua majestade, o juiz*, p. 44). **2.** Melindrar-se; magoar-se [ABH].

Var.: *tomar a sério*

Levar à sirga Ir com uma pessoa a persegui-la; ir atrás de alguém. – Sirga é o nome da corda puxada por pessoas ou animais que marcham para mover embarcações em terra firme, à beira de cursos d'água, como os ant. barqueiros do Volga [GAS/RMJ].

Sin.: *levar a reboque*

Levar as mãos à cabeça Mostrar-se aflito: "... estendeu os braços sem poder falar, levou as mãos à cabeça com um gesto ansioso como se sentisse ferida, e oscilando, com um grito rouco, caiu sobre os joelhos, ficou estirada no tapete" (Eça de Queiroz, *O primo Basílio*, p. 310) [GAS].

Levar as mesmas voltas Fazer idêntico trabalho [GAS].

Levar à soga *Bras., RS.* Prender alguém por afeto; dominar [ABH/AJO].
Var.: *trazer à soga*

Levar às remedas Transportar com constantes descansos [GAS].

Levar às remudas *Lus.* Levar algumas coisas, deixando outras, para ir buscar outras [ECS].

Levar a sua avante Conseguir os seus intentos; sair triunfante; ter vantagem; alcançar os seus desígnios: "Eles levaram a sua avante (...) porque eu estava desarmado" (Franklin Távora, *O matuto*) [ABH/AC].

Levar a terreiro Provocar; desafiar: "A mim, ele não me leva a terreiro" (Leonardo Mota, *No tempo de Lampião*) [AN/GAS/LM/TC].
Var.: *chamar/tirar a terreiro*

Levar a trouxa No trabalho árduo diz-se daquele que trabalha enquanto o colega fica no ócio [GAS].

Levar a vida na flauta *Bras., gír.* Viver bem: "O cidadão leva a vida na flauta" [JB].

Levar azar Não ter sorte; ser malsucedido: "No fim de semana que passou, James meteu bala na cabeça de José Alexandre, mas levou azar: foi capturado por militares e autuado em flagrante" (*Jornal da Rua*, 6/7/99, p. 10).

Levar azeitona *Bras., gír.* Receber tiros: "O tira foi tirar o comerciante do sufoco e levou azeitona" [JB].

Levar baculejo *Gír.* Ser revistado pela polícia [NL].

Levar (uma) barriga *Bras., gír. de jorn.* Divulgar, um jornal, notícia falsa [ABH/AN].

Levar boa vida Viver folgadamente, alegre, com pouco trabalho ou nenhum; viver sem cuidados, alegremente, sem fazer nada de útil [AN/GAS].
Sin.: *levar (a) vida direita*

Levar boçal *Bras., RS.* Ser ludibriado [AJO].

Levar bolo Ser castigado: "Na escola antiga, a criança peralta levava bolos" [TC].

Levar bomba Ser reprovado em exame ou na escola: "Vai passar fácil pelo vestibular, mas, quatro anos depois, levará bomba no Provão..." (*Veja*, 25/2/98, p. 49) [AN/CLG/JB/Net].
Var.: *tomar bomba* (1)

Levar buçal de couro fresco *Bras., RS.* Ser enganado ou iludido [AN].

Levar (uma) bucha *Bras., RS.* **1.** Ser logrado; ser vítima de negócio malfeito; ser lesado em algum negócio. **2.** Comprar alguma coisa de má qualidade [AJO/TC].
Var. (1): *tomar uma bucha*

Levar cabeçada 1. Ser logrado. **2.** Não receber a importância que emprestou [TC].

Levar (um) cacete Apanhar; levar surra; levar uma sova ou tareia: "Enquanto Reich, os alemães só levaram cacete. Perderam duas guerras mundiais neste século, saíram arrasados..." (Fritz Utzeri, *Bundas*, 18/6/99, p. 42) [GAS].
Sin.: *levar uma arrochada*
Var.: *entrar no cacete*

Levar (um) caldo Sofrer mergulho forçado [BB/TC].

Levar caminho Desaparecer; sumir; perder-se; extraviar-se [AN/GAS].

Levar cana *Bras., gír.* Ser preso: "Justiceiro leva cana na hora de papocar os gangueiros" (*Jornal da Rua*, 1º/2/00, p. 10).
Var.: *entrar em cana*

Levar canudo Ser prejudicado, reprovado; ser logrado [GAS/TC].
Var.: *tomar canudo*

Levar (um) capote Fazer menos de trinta pontos na bisca; não fazer vazas no jogo; perder no jogo com diferença igual à metade dos pontos ou menor ainda; ser derrotado fragorosamente no jogo de baralho: "Levei um capote, tudo porque fui fazer gracinha" [AC/AN/FF/JB/RG/TC]. ♦ *Fig.* "Capote" quer dizer "pretexto, disfarce", e não a ave, a galinha-d'angola.

Levar carão/carões 1. *Bras., S.* Diz-se quando, num baile, se convida uma moça para dançar e ela não aceita; ter um pedido de dança recusado pela mulher. **2.** *Bras., NE.* Sofrer repreenda; ser censurado, repreendido; levar uma descompostura: "... a política se mete no meio, e nós estamos a levar carões todos os dias" (Graça Aranha, *Canaã*, p. 90); "Tenho visto poucos sujeitos levar carão e ficar com cara lisa como esse" (Ariano Suassuna, *Auto da Compadecida*, p. 159) [AJO/AN/BB/FN/FNa/LAF/NL/TC].
Sin. (1): (BA) *levar mala, levar taboca* (2), *levar um chepo, queimar a mão*
Var. (2): *levar um carão*

Levar carona *Bras.* Sofrer calote; ser caloteado [ABH/FS/TC].

Levar carta de prego 1. Ser despedido de emprego. **2.** Ir com destino que só será revelado em hora e local determinado [GAS].

Levar cascudo Apanhar leve pancada na cabeça, na nuca [GAS].

Levar chifre *Bras., NE, S.* Ser vítima de infidelidade conjugal; ser traído; ser corneado: "Quando leva chifre, torna-se o mais rancoroso dos cornos" (Aírton Monte, *O Povo*, 10/6/97, p. 2B); "Levou chifre e mandou o galego pro cemitério" (*Jornal da Rua*, 18/1/00, p. 8) [JB/MSM/TC].
Sin.: *criar corno*

Levar chumbo Receber tiros: "– Índio leva chumbo, sacou? – Não tire sarro..." (Terezinha Alvarenga, *Rio dos sonhos*, p. 18) [JB].

Levar clavo *Bras., RS.* Ser prejudicado, logrado, enganado [AJO].

Levar codilho Perder, por haver feito menor número de pontos no voltarete; vencer ou perder luta de interesses, de dissimulações, de astúcias [AN].

Levar com a chiça *Lus.* Ouvir um não a um pedido; receber uma negativa [GAS].
Sin.: *levar uma/com a tampa, levar um/com o bode, levar raspas, levar sopa*

Levar com a moca *Lus.* Levar uma sova. – Diz-se que as solteironas, quando chegam ao céu, apanham com a moca de são Macário [GAS].

Levar um/com o bode Ver *levar com a chiça*

Levar com o nega *Lus.* Não ser atendido; receber resposta negativa [GAS].
Sin.: *levar com os pés*

Levar com os pés Ver *levar com o nega*

Levar com um pano encharcado Receber uma desconsideração [GAS].

Levar corujas para Atenas Indica um esforço supérfluo, a transferência de uma coisa para um lugar em que ela já existe com abundância. – É expr. transnacional, corrente em língua alemã, com correspondentes em alguns idiomas: em ingl., *to carry coal to Newcastle* (= levar carvão para Newcastle [porto exportador de carvão]); em fr., *porter des figues à Damas* (= levar figos para Damasco [de onde são exportados figos]); em esp., *llevar hierro a Biscaia* (= levar ferro a Biscaia [onde existem as maiores reservas esp. desse minério]) [RMJ].
Sin.: *chover no molhado*

Levar (um) couro Apanhar; ser açoitado, espancado: "... em pleno carnaval, um poeta chamado Cartola, embora cidadão samba, levava um couro da polícia na Praça Onze e saía de lá, todo ensanguentado, para medicar-se no Pronto-Socorro" (Nei Lopes, *Bundas*, 13/9/99, p. 16).
Var.: *entrar no(s) couro(s)*

Levar couro e cabelo Diz-se dos empréstimos em dinheiro dos quais se cobram altos juros; exigir demasiada recompensa por algum trabalho; cobrar demasiado caro; exigir preço demasiadamente elevado; explorar o freguês, o cliente; deixar completamente arruinado. – É uma fórmula do direito germânico: *capillos et cutem detrahe-*

re, que figura no Código visigótico e como castigo [AN/FF/GAS].
Var.: (lus.) *levar coiro e cabelo*

Levar de eito *Bras.* Levar, carregar, avançar de uma vez, atropeladamente, impetuosamente: "O boi entrou na caatinga / Que não procurava jeito, / Mororó, jurema-branca / Ele levava de eito, / Rolava pedra nos cascos, / Levava angico no peito" (Leandro Gomes de Barros, poesia, *O boi misterioso*) [LM, p. 319/TC].
Sin.: *levar de roldão*
Var.: *ir de eito*

Levar de roldão Agir atabalhoadamente, atropeladamente, sem respeitar o que está à frente: "... pois o Brígida, quando se zangava, cobria as margens, se espraiava raivoso, levando tudo de roldão" (Sinval Sá, *Luiz Gonzaga: o sanfoneiro do riacho da Brígida*, p. 41) [TC].
Sin.: *levar de eito*
Var.: *atirar/ir de roldão*

Levar desaforo para casa Aguentar uma ofensa sem a ela reagir; engolir calado: "Odorico: ... Homem que leva desaforo pra casa não é homem" (Dias Gomes, *O Bem-Amado*, p. 72).

≠ **Não levar desaforo para casa** Desafrontar-se no momento em que recebe um desaforo; não aceitar qualquer provocação ou desafio sem reagir: "A cantora Diana Ross, 55 anos, provou que não costuma levar desaforo para casa" (*IstoÉ*, 29/9/99, p. 72); "Sangue quente, tenho o mau costume de não levar desaforo pra casa, herança de família" (Aírton Monte, *O Povo*, cad. Vida & Arte, 27/4/01, p. 2) [AJO/AN].

Levar descaminho 1. Perder-se; sumir-se; extraviar-se. **2.** Corromper-se: "Maria levou descaminho, gente" (Mário Landim, *Mãe d'água e caipora*) [GAS/TC].

Levar destino Ser dirigido(a) a alguém; ter certa direção; ter certo fim; desaparecer alguma coisa [GAS].

Levar de vencida Perseguir; alcançar vantagem sobre; exceder; ultrapassar; derrotar: "A geleia que produz não tem competidora, e a sua aguardente, coobada, levará de vencida a famosa *kirchwasser*" (Júlio Ribeiro, *A carne*, p. 58) [ABH/ECS/FF].
Sin.: *tirar de eito*

Levar eco *Bras., gír.* Levar tiro: "O malandro levou eco e sifu"; "Se vacilar, vai levar eco do meu trezoitão" [JB].

Levar em Agir; usar; permitir [TC].

Levar em banho-maria *Bras., RJ, gír.* Contornar situação indesejável [Net].

Levar em charola Levar alguém carregado por ocasião de uma manifestação de apreço [ABH].

Levar em conta Atender; considerar [ABH/AN/FF/GAS/TC].
Sin.: *fazer caso de, fazer conta de, tomar em consideração*
Var.: (lus.) *levar em linha de conta, ter em/na conta*

Levar em gosto Ter prazer que aconteça [GAS].

Levar esporro Sofrer forte reprimenda; ser repreendido: "O cara levou esporro" [JB/TC].
Sin.: *levar (um) pito*

Levar facada 1. Ser esfaqueado. **2.** Ser extorquido em dinheiro [TC].
Sin. (1): *entrar na faca* (2)

Levar facão Ser espaldeirado [TC].

Levar fama Ficar com a fama; ser falado a propósito de algum fato [AN].

Levar fé *Bras., gír.* Empolgar-se, ser otimista: "É preciso levar fé, é preciso ter esperança" [JB].

Levar ferro 1. Ser malsucedido em algo; dar-se mal: "Levei ferro. Concordei com redução do meu salário..." (Nani, *Bundas*, 18/6/99, p. 32); "Levou ferro na prova de matemática". **2.** *Chulo.* Dar; dar o cu [ABH/JB/MG].
Sin.: *levar fumo*
Var. (1): *tomar ferro*

Levar forquilha Sofrer malogro, decepção; ser exposto à irrisão, ao escárnio público; ser ridicularizado: "Serena Estrela / Que no céu não brilha. / Gastei meu cobre / E levei forquilha" [LCCa, citando Pereira da Costa].

Levar fumo 1. *Bras., NE, chulo.* Diz-se da mulher que é sexualmente possuída: "As gringas também querem levar fumo!" (José Simão, *O Povo*, 15/9/98, p. 5A). – "Fumo" é o órgão sexual masc. **2.** *Bras.* Fazer mau negócio: "Vendeste caro tua moto. O comprador levou fumo na grande." **3.** *Bras., CE.* Dar-se mal: "Eu sei o que o Clinton prometeu pro Brasil: um charutaço! Todo mundo levando fumo!" (José Simão, *O Povo*, 16/9/98, p. 7A) [BB/JB/MSM].
Sin.: *levar ferro*

Levar gagau Ver *levar um fora*

Levar (um) gancho *Bras., PB.* Ficar esperando, ficar sem resposta: "Ela não responde, já liguei três vezes. Estou levando um gancho danado" [FNa].

Levar gato por lebre Ser enganado: "O administrador (o honesto, claro) agora pode saber se não está levando gato por lebre" (Ancelmo Gois, *Veja*, col. Radar, 26/8/98, p. 33) [CLG].
Var.: *comer gato por lebre*

Levar gongo *Bras.* Ser reprovado: "O cara levou gongo, não *cantou* nada" [JB].
Var.: *tomar gongo* (1)

Levar horas esquecidas Levar muito tempo [GAS].

Levar jeito Começar a estar conforme os fins a que se destina: "Só que, no encerramento do meu curso de inglês, a professora me deu o maior incentivo, falou que eu levava jeito, que eu tinha que continuar estudando..." (Valéria Piassa Polizzi, *Depois daquela viagem*, p. 38) [GAS].

Levar (as) lampas a alguém Levar vantagem sobre alguém; ficar superior a alguém; deixar alguém para trás; avantajar-se; mostrar-se superior a; vencer; exceder aos demais ou a outros: "Graças ao seu professorado em Portugal, hoje não havemos medo que nos levem as lampas em manhas e cavilações" (Camilo Castelo Branco, *As três irmãs*). – Segundo GAS, a or. de "lampas" deriva de "lampo" (= temporão, o que vem antes do tempo); já João Ribeiro, A. das *Frases feitas*, esclarece que as lampas são o m. q. as lâmpadas que eram conduzidas à frente das procissões (ver Antenor Nascentes, *Dic. etimológico da língua portuguesa*; *Rev. Portuguesa de Filologia*, VI, p. 393) [ABH/AC/AN/FF/GAS/RMJ].

Levar livre *Bras., RS.* Deixar pra lá; não esquentar a cabeça; não chegar à agressão: "Eu te levei livre ontem, mas não te baseia, guri" ("se basear" = aproveitar-se de uma situação em favor próprio) [LAF/LAFb].
Sin.: *deixar barato*

Levar mala Ver *levar carão/carões* (1)

Levar maré de rosas *Lus.* Diz-se de quem ou do que desapareceu [GAS].

Levar medo Ter medo [LAF].

Levar na anilha *Lus., chulo.* Ser pederasta passivo [GAS/MSM].
Sin.: (lus.) *levar na caixa*, (lus.) *levar na peida*, (lus.) *levar no queijo*, (bras., S) *levar no ânus*

Levar na cabeça Ter ou tomar prejuízo; sofrer contratempos, decepção; sair logrado; sair-se mal numa empresa; ser prejudicado; sofrer as consequências: "Essa é boa, João Grilo, o amarelo, que enganava todo mundo, vai levar na cabeça" (Ariano Suassuna, *Auto da Compadecida*, p. 164); "Os escritores sutis e amigos de certas preciosidades estão a cada passo levando na cabeça quando escrevem para os jornais" (Manuel Bandeira, *Poesia completa e prosa*, p. 545); "Já que eu vou levar na cabeça pelo que não fiz, pelo menos tenho o direito de roubar um beijo seu!" (Luana von Linsingen & Rosana Rios, *O botão grená*, p. 108) [ABH/AN/OB/RG/TC].
Sin.: *dar com os burros/burrinhos n'água/ na água* (1)
Var.: (CE) *tomar na cabeça*

Levar na caixa Ver *levar na anilha*

Levar na conversa *Bras.* **1.** Iludir e trapacear as pessoas; fazer as pessoas de lesas; enganar; envolver: "Levei na conversa o chefe e me dei muito bem." **2.** *Desp.* Driblar um adversário deixando-o para trás: "Levou dois na conversa" [ABF/HM/JB].
Sin. (1): *levar na lábia, levar no beiço, levar no bico, levar no lero*

Levar na corneta Levar pancada na testa [GAS].
Sin.: *levar nas ventas*

Levar na flauta Não tomar, não levar nada a sério; brincar ou troçar de: "É um boa-vida, leva tudo na flauta"; "Se você pensa que pode levar o curso na flauta, está enganado; vai ter de estudar muito" [ABH/AC/FF/DT/RG].
Var.: *viver na flauta*

Levar na guia *Lus., Minho*. Ser vencido na luta, quer braçal quer de interesses [GAS].

Levar na lábia Enganar, seduzir, envolver alguém com palavras bonitas, frases sedutoras e musicais; diz-se de conversa fiada, enganação: "Levei a mulata na lábia, acabei ganhando a mina" [BB/FSB, "Questões de português", p. 217/JB].
Sin.: *levar na conversa* (1)
Var.: *passara uma lábia*

Levar na lata *Lus*. Levar pancada na cara [GAS].
Sin.: *levar na tromba, levar no focinho*

Levar na mangação Troçar; ridicularizar: "Ele levou na mangação" (Aglaé Lima de Oliveira, *Lampião, cangaço e Nordeste*) [TC].
Sin.: (CE) *levar na mangofa*

Levar na mangofa Ver *levar na mangação*

Levar na manha *Bras., gír*. Agir com jeito, com sutileza: "Vou levar na manha, talvez dê certo" [JB].

Levar na parada *Bras., RS, gír. carreira*. Entrar de sócio na aposta [AJO].

Levar na peida Ver *levar na anilha*

Levar nas bitáculas *Pop*. Levar ou tomar pancada na cara; levar bofetadas [ABH/AN/GAS].

Levar nas lonas 1. Apanhar uma sova; sofrer pancada na cara. **2.** *Bras., S, chulo*. Ser pederasta passivo [GAS/MSM].

Levar nas ventas Ver *levar na corneta*

Levar na tampa *Lus., chulo*. Praticar a pederastia [MSM].

Levar na tarraqueta *Bras., gír*. Apanhar: "Por enquanto tô só levando na tarraqueta, mas vou sair dessa" [JB].
Var.: *tomar na tarraqueta*

Levar na tromba Ver *levar na lata*

Levar na valsa *Bras., gír*. Agir com jeito, com sutileza: "Isto aí é pra se levar na valsa, vai dar tudo certo" [JB].

Levar no ânus Ver *levar na anilha*

Levar no beiço *Bras., gír*. Conversar: "O negócio é levar no beiço e enrolar" [JB].
Sin.: *levar na conversa* (1)

Levar no bico *Bras., gír*. Conversar; argumentar; convencer por meio de argumentos; amaciar na conversa; fazer alguém de bobo; enganar ou seduzir alguém com palavras bonitas, frases sedutoras e musicais: "Não deixava porém de fazê-lo de bobo, de levá-lo no bico, para não perder o mau costume..." (Jorge Amado, *Tocaia Grande*, p. 251); "Vou levar no bico e mostrar a minha competência" [CGP/JB/TGa].
Sin.: *levar na conversa* (1)

Levar no bote Enganar uma pessoa [GAS].

Levar no cu *Chulo*. Diz-se de quem é possuído pelo ânus: "Então não andavas a distribuir avantes, muito bem, andavas a levar no cu, tu e os teus amigos davam o cu ao controleiro para ele lhes ensinar a doutrina de Moscovo, é isso..." (José Saramago, *Levantado do chão*, p. 249) [MSM].

Levar no embrulho Enganar; ludibriar [TC].

Levar no focinho Ver *levar na lata*

Levar no lero *Bras., gír*. Conversar, enganar: "A malandragem gosta de levar no lero a fuleiragem" [JB].
Sin.: *levar na conversa* (1)

Levar nome Sofrer descompostura [TC].

Levar no pacote *Bras., RS*. **1.** Lograr. **2.** Ser logrado [AJO].

Levar no papo *Bras., gír*. Enganar: "Levei no papo a coroa e me dei bem" [JB].

Levar no pé da lata Receber taponas [TC].

Levar no queijo Ver *levar na anilha*

Levar nos cornos Levar pancada [GAS].

Levar no sentido Lembrar-se; ter sempre em mente, na lembrança: "Leve no sentido. Não se esqueça..." (Leonardo Mota, *No tempo de Lampião*) [TC].

Levar no toutiço Levar pancada na cabeça [GAS].

Levar no tranco Ganhar na (ou à) força: "Esta eu vou levar no tranco, me aguarde" [JB].

Levar o barco em frente Prosseguir; aceitar o desafio, a proposta: "Agora, é levar o barco em frente" [Caio Porfírio Carneiro, *Chuva (ou Os dez cavaleiros)*] [TC].

Levar o burro pelo bico *Mad.* Diz-se de mulher que consegue tudo de um homem; diz-se de mulher que exerce domínio sobre um homem [GAS].

Levar o cavalo Ver *fazer passar*

Levar o contra Sofrer recusa, desprezo, desatendimento: "E quando tentava se enrodilhar em suas saias, levava logo o contra" (Gustavo Barroso, *Mississipe*) [TC].

Levar o diabo Ver *levar a/da breca*

Levar o maior estouro Sofrer uma queda; estatelar-se no chão: "Ih, corre que o menino levou o maior estouro e tá com a perna sangrando" [FN].

Levar o maior pepino Dar-se mal: "Tentou namorar uma casada, levou o maior pepino" [MPa].

≠ **Não levar o meu** Não se deixar enganar dando dinheiro [AN].

Levar o seu 1. *Fam.* Apanhar; ser surrado. **2.** *Bras., RJ, gír.* Contar suas histórias; levar o seu papo: "... em companhia de uma *grinfete* [= diminutivo de *grinfa*, broto, lolita, garota, mulher do mesmo naipe] super, levando o seu com aquela disponibilidade..." (Vinicius de Moraes, *Poesia completa e prosa*, p. 664) [AC/Vinicius de Moraes, *op. cit.*].

Levar os meninos a pastar *Lus., Col. Mil.* Acompanhar e vigiar os alunos num passeio [GAS].

Levar os porcos à adua Deixar os porcos à solta para que pastem no alheio [GAS].

Levar o time nas costas Ver *carregar o time*

Levar o tombo *Desp., ant.* Perder uma partida [HM].

Levar o troco Pagar o que fez: "O chefão levou o troco. Aqui se faz, aqui se paga" [JB].

Levar para baixo *Lus.* Levar uma sova [GAS].

≠ **Não levar para/pra compadre** *Bras., RS.* Não aceitar certas companhias sem primeiro conhecê-las melhor; usa-se para elogiar o caráter valente e altaneiro de alguém: quem "não leva ninguém pra compadre" é quem não dá moleza, não aceita corrupção, não se deixa passar pra trás [AJO/LAF].

Levar para contar Levar uma grande sova [GAS].

Levar para o Santo Antônio do Buraco Mandar para o internato; ameaça que se fazia com os filhos que desobedeciam aos pais: "Se tu não tomar jeito de gente, traste, eu te mando lá para o Santontoin (*sic*) do Buraco!" [CGP].

Levar patada *Fam.* Ser vítima de ato de ingratidão ou grosseria [ABH].

Levar pau 1. Ficar ou ser o aluno reprovado em exames escolares; repetir de ano, na escola: "Terá que estudar ainda nove anos – se não levar pau – até sair médico" (Rachel de Queiroz, crônica "As heranças", *O Povo*, 7/6/97, p. 6A). **2.** *Chulo.* Ser, a mulher, sexualmente possuída [ABF/ABH/AC/AN/AT/CLG/FF/FS/JB/MPa/MSM/TC].
Sin. (1): (lus.) *apanhar paulito/palito*
Var. (1): *ir ao/pro pau* (2)

Levar (um) pau *Bras.* Ser espancado, surrado; apanhar de cacete; apanhar; levar uma surra, sova ou tareia: "Levou pau de todo lado"; "Esse cara quer levar um pau" [JB/LAF].
Var.: *entrar no pau, ir ao/pro pau* (1), *levar um pau redondo, tomar um pau*

Levar pela arreata Levar uma pessoa a fazer o que outra quer [GAS].

Levar pela beiça Receber um insulto, uma injúria de que não se gosta; diz-se de

Levar(-se)

desfeita por ter sofrido qualquer contrariedade [GAS].

Levar pela gola Conduzir alguém à prisão [TC].

Levar pelo nariz Dominar alguém completamente; fazer de alguém o que quiser. – Alusão ao anel de ferro que se põe nos bois [TC].

Levar perigo *Desp.* Ameaçar a meta adversária com a iminência de gol [HM].

Levar (um) pito *Bras.* Receber advertência; ser reprimido; ser repreendido ou censurado: "– Bobagem, Ponciano. Prepare o ânimo para levar pito da patroa" (José Cândido de Carvalho, *O coronel e o lobisomem*, p. 237); "... deixou de escrever um 'e' em um particípio passado e esqueceu de pôr um 's' em um adj. Faltas que fizeram com que levasse um pito da respeitada Academia Francesa" (*IstoÉ*, 25/2/98, p. 17) [JB/RG/TC].

Sin.: *levar esporro*

Levar ponta Ser traído pelo cônjuge: "Sei que estou levando ponta de todo tamanho" (Manuel de Oliveira Paiva, *Dona Guidinha do Poço*) [TC].

Sin.: *criar corno*

Levar por diante Empurrar; conseguir [GAS].

Levar por maus caminhos Desviar da boa conduta [GAS].

Levar porrada Apanhar: "Tô cansado de levar porrada" [JB].

Levar poucas *Lus.* Levar uma sova [GAS].
Var.: *levar poucas no crânio*

Levar que contar Sofrer uma descompostura; ouvir forte reprimenda [GAS].

Levar (uma) queda Cair ao chão; sofrer um tombo; sofrer uma queda [AN/AS/TC].

Levar quentinho *Bras., RS.* Fofocar: "Não conta isso pra ele porque ele vai levar quentinho pra ela" [LAF].

Levar rajada Levar tiros: "O malandro vacilou, levou rajada. A lei do morro não é mole não" [JB].

Levar raspas Ver *levar com a chiça*

Levar recado Transmitir mensagem: "Vou levar recado, mas não levarei desaforo pra casa" [JB].

Levar reprovo Reprovar, condenar [TC].

Levar revaleste *Lus., Barcelos.* **1.** Desaparecer. **2.** Ter má sorte [GAS].

Levar rolos Não ser atendido; ser despedido [GAS].

Levar rumor Espécie de intimação a que se dispersem pessoas que estão aglomeradas, discutindo ou observando curiosamente um fato qualquer. – Esta curiosa loc. figura em várias cenas do romance *O cortiço*, de Aluísio Azevedo, proferida pelos habitantes da estalagem. João Ribeiro acha, em *Frases feitas*, que se trata de uma alteração de *levar remos!*, ilustrando a hipótese com vários ex. clássicos, inclusive este, da *Aulegrafia*, de Jorge Ferreira: "Ora, leva remos, ... e untai as vossas barbas." O Visconde de Taunay, nas *Reminiscências*, usa a curiosa expr. nesta passagem: "Houve um imperioso sciu! uma voz de comando ordenou leva rumor! e todos os partidozinhos, em que se pulveriza a política ardente do Ceará, desapareceram..." [RMJ].

Levar (um) sabão *Bras., gír.* Ser repreendido: "O cidadão levou sabão pelo que fez de merda" [AN/JB].

Var.: *levar um sabonete*

Levar sarrafo *Desp.* Ser atingido por jogada bruta e desleal [HM].

Sin.: *tomar lenha*

Levar-se dos diabos Irritar-se; zangar-se [GAS].

Levar sopa (*sic*) Ver *levar com a chiça*

Levar (uma) sova Ser surrado [TC].

Levar (um) sumiço Desaparecer; sumir [GAS/TC].

Levar taboca 1. Sofrer um desengano; receber negativa no pedido de casamento (Afrânio Peixoto); ser ludibriado; sofrer prejuízo. – Beaurepaire-Rohan vê substituição de "tábua" por "taboca", na loc. port. e tb. bras., *levar com uma tábua* (ver João Ri-

Levar(-se)

beiro, *Frases feitas*). **2.** *Bras., BA, gír.* Ser recusado para dançar [AN/FN/NL/TC].

Sin. (1): *levar (a) tábua, levar uma tabocada*

Sin. (2): *levar carão/carões* (1)

Levar (a) tábua *Bras., SP.* Sofrer um logro; ser logrado, desenganado, ludibriado; ser recusado por uma mulher; sofrer bruscamente o rompimento de um romance de amor; sofrer uma desilusão, um desengano; receber negativa no pedido de casamento: "O Ricardo levou tábua da Mariléa, que tá noutra." – A expr. vem do jogo do gamão: "tábua" = corruptela de "tabola", pedra com que se joga o gamão [ABH/AN/GAS/JB/RMJ/TC].

Sin.: *levar a lata* (1), *levar taboca* (1)
Var.: *levar com a/com uma tábua*

Levar (uma/com a) tampa Ver *levar com a chiça*

Levar tau-tau Diz-se às crianças para terem medo de corretivo [GAS].

Levar (um) teco *Bras., gír.* Receber, levar tiros: "Levou teco porque quis brigar com todo mundo no morro"; "O bandidaço levou um teco e escafedeu-se" [JB].

Levar tempo Ser demorado; demorar [GAS/TC].

Levar tinta *Bras., gír.* Ser assassinado: "O cara levou tinta, mas tava merecendo, era um bandido" [JB].

Levar tratos de polé Sofrer trabalhos e dores; ser maltratado, torturado. – Reminiscência das torturas inquisitoriais (ver Ladislau Batalha, *História geral dos adágios portugueses*) [AN].

Levar tudo a flux Não deixar escapar nada [GAS].

Levar uma abada Sofrer uma grande derrota [GAS].

Levar uma arrochada Ver *levar (um) cacete*

Levar uma bandeira Ver *levar um fora*

Levar uma banhada *Lus.* Receber uma nega [GAS]. ♦ De acordo com a mesma fonte, "NEGA", p. 467, é a falta de ereção ou ejaculação nas relações sexuais e "BANHADA", p. 108, a recusa por parte do cliente de pagamento a uma prostituta.

Levar uma bocha *Bras., RS.* Ser surrado [LAF].

Levar uma bolada *Lus.* Sofrer um prejuízo [GAS].

Levar uma cantada Receber proposta amorosa ou obscena [TC].

Var.: *levar uma cantata*

Levar uma capina Ser surpreendido [AN].

Levar uma chamada Sofrer uma admoestação; ser repreendido: "Levei uma chamada de seu chefe que estava puto comigo, não sei por quê" [JB/TC].

Levar uma chupada *Bras., gír.* Ser repreendido: "Levei uma chupada do chefe, mas acho que mereci" [JB].

Levar uma coça Levar uma sova, tareia, tunda [GAS].

Levar uma cor Tomar sol: "Tô precisando, malandro, levar uma cor no verão. Tô brancão" [JB].

Levar uma corrida em osso Ser despedido com uma reprimenda [GAS].

Levar uma descalçadela Levar uma descompostura [GAS].

Levar uma descasca Ser censurado por algo que fez [GAS].

Levar uma ducha fria Perder o entusiasmo, a animação [AN].

Levar uma enrabada *Bras., gír.* Ser repreendido: "O cara levou uma enrabada, mas foi merecida" [JB].

Sin.: *levar uma ferrada, levar uma prensa*

Levar uma ensinadela Ser repreendido, ficando sabendo do porquê da falta [GAS].

Levar uma esfrega 1. Trabalhar muito. **2.** Sofrer castigo corporal [AN].

Levar uma espiga Ter um prejuízo quando esperava lucros [AN].

Levar uma estopada Suportar uma grande maçada. – Expr. que deriva do fato

Levar(-se)

de ser maçante fiar uma porção de estopa [AN].

Levar uma existência Levar um tempo enorme; demorar muito [AN].

Levar uma facada Receber um pedido de dinheiro. (João Ribeiro, *Frases feitas*) [AN].

Levar uma ferrada 1. *Bras., gír.* Ser repreendido: "Levei uma ferrada, cara, que só vendo." **2.** Estrepar-se [GM/JB].
Sin.: *levar uma enrabada*

Levar uma lamparina Levar uma bofetada [GAS].

Levar uma manta Ser ludibriado em compra ou em troca, adquirindo o mau como bom; ser logrado num negócio [ABH/AC/AN/AT].
Var.: *tomar (uma) manta*

Levar uma mão-de-peia Ser açoitado; receber uma surra: "Fábio levou uma mão-de-peia e foi encanado" (*Jornal da Rua*, 1º/2/00, p. 10).

Levar uma maquia *Lus.* Levar uma sova, uma tareia [GAS].

Levar uma mordida do leão *Bras.* Ser multado pela Receita Federal: "Levei uma mordida do leão, agora vou ter que pagar a conta" [JB].

Levar uma pechada *Bras., RS.* Receber pedido de dinheiro [AN].

Levar uma pera Levar um soco [GAS].

Levar um aperto Ser censurado [GAS].

Levar uma pesada Ser vítima de pontapé [TC].

Levar uma pica *Lus.* Ser injetado; tomar uma injeção [GAS].

Levar uma pisa Levar uma surra [BB].

Levar uma prensa Ser repreendido: "O babaca levou uma prensa, ficou puto" [JB].
Sin.: *levar uma enrabada*

Levar uma queda *Fig.* Passar da opulência à desgraça; diz-se de alguém que se julgava no topo do sucesso e que, de repente, perdeu tudo: "Seu Jorge se gabou tanto e, quando menos esperou, levou uma queda" [AN/AS].

Levar uma rabecada Ser repreendido, criticado, censurado [AN/GAS].

Levar uma rasteira 1. Sofrer o golpe de capoeira; ser derrubado. **2.** Ser logrado, ludibriado; ser vítima de um canalhismo [AN/TC].

Levar um argumento *Bras., gír.* Ter diálogo; manter conversação; tratar um assunto [ABH].

Levar uma roda-de-pau *Lus.* Receber pauladas; levar uma surra com um pau [GAS].

Levar um arrepio 1. Perder no jogo. **2.** Levar uma sova [GAS].

Levar um arrocho Sofrer pressão ou coação [ABH].

Levar uma sarabanda Receber uma descompostura, admoestação; ser repreendido. – A sarabanda era ant. dança que obrigava a maneios de corpo um tanto desenvoltos [AN/GAS].

Levar uma soca Ser, o banhista, colhido e agitado por uma grande onda [ABH].
Var.: *ir na soca*

Levar uma solha Levar um murro, uma bofetada [GAS].

Levar uma surdina *Lus.* Levar uma bofetada [GAS].

Levar uma tabocada Ver *levar taboca* (1)

Levar uma trepa Levar uma sova ou reprimenda [GAS].

Levar uma tunda Levar uma sova, ou tareia: "O safado levou uma tunda e está todo moído" [GAS/JB].

Levar uma vida de cachorro Ter vida infeliz, cheia de trabalhos, em misérias; ter vida difícil [AN/CLG].
Var.: *ter vida de cachorro*

Levar uma vida de príncipe Viver faustosamente [AN].

Levar uma volta *Lus.* Modificar; alterar [GAS].

Levar um banho Ser bem vencido [GAS].

Levar um banho de poeira Levar um trambolhão na estrada [AN]. ♦ "Trambolhão": queda com estrondo.

Levar um baque Sofrer uma queda [BB].

Levar um bico *Bras., gír.* **1.** Ser demitido, desprezado, afastado: "O Dida levou um bico da diretoria do Cruzeiro." **2.** Conversar: "Gostaria de levar um bico com o amigo sobre minha situação na empresa" [JB].

Levar um bode Ter um prejuízo [GAS].

Levar um boléu *Bras., RS.* Cair [LAF].

Levar um bolo Ver *arrastar a mala* (2)

Levar um cacete *Chulo.* Dar; dar o cu [BB/GM].

Levar um caixão *Bras., RS, gír.* Ir a uma festa e não ficar com ninguém [*O Povo*, 31/3/96, p. 4B].

Levar um capote *Bras., MG, gír.* Levar um fora; ser desprezado, preterido [*O Povo*, 31/3/96, p. 4B].

Levar um caqueado *Bras., CE.* Conversar [FNa].

Levar um chá *Bras., CE.* Sofrer uma decepção: "Fulano quis fazer-lhe de besta, mas levou um chá" [RG].

Levar um chão Cair: "Levei um chão, mano, escorreguei, caí e me machuquei" [GAS/JB].

Var.: *morder o chão*

Levar um chepo /ê/ Ver *levar carão/carões* (1)

Levar um coice Sofrer uma desconsideração grosseira, uma ingratidão [AN/GAS].

Levar um corte *Bras.* Ter um pedido de dança ou de casamento recusado [ABH/AN/FN/TC].

Levar um *eject* *Bras., gír.* Levar um fora; ser desprezado, preterido: "... e que está pagando paixão (sentindo dor de cotovelo) porque levou um *eject* da namorada" [Vivianne Banharo, *Pais & Filhos*, Família, I, ago. 1998, p. 49].

Levar um ensaio 1. Levar uma sova, tareia. **2.** Ser repreendido [GAS].

Levar um entalão Ser repreendido, admoestado [GAS].

Levar um esbregue *Bras., CE.* Levar uma repreensão: "Quer dizer, eu não estou sentindo nada, mas levei um esbregue de meu médico e de minha mulher..." (João Ubaldo Ribeiro, *Diário do Nordeste*, cad. 3, 1º/4/01, p. 5); "Levei um esbregue de meu pai" [RG].

Levar um(a) especial Sofrer uma reprimenda, uma severa admoestação [TC].

Levar um fora 1. Ser grosseiramente recusado em pretensão, pedido, solicitação etc.; ser desprezado(a) pelo(a) noiva(o) ou namorada(o); sofrer recusa amorosa; sofrer rompimento amoroso; ser menosprezado por alguém: "A Zélia levou um fora do Bernardo." **2.** Ser repreendido: "O modesto servidor foi perguntar ao chefe de seção se não dava jeito de arranjar bandeira 2 para ele. Levou um fora total..." (Carlos Drummond de Andrade, *Contos plausíveis*, p. 48) [ABH/JB/LCCa/TC].

Sin. (1): *levar gagau, levar uma bandeira*

Levar um lembrete Receber um pequeno castigo [GAS].

Levar um lero *Bras., gír.* Conversar: "Quero levar um lero com o amigão pra saber uns babados" [JB].

Sin.: *levar um papo*

Levar um lindo enterro Diz-se quando se alude a uma pessoa que fez algo de que não gostamos [GAS].

Var.: *levar um lindo funeral*

Levar um não pela cara Receber uma negativa [AN].

Levar um pão Levar um murro na cara [GAS].

Levar um papo *Bras., gír.* Conversar: "Taís: É, mãe, nós queremos levar um papo com o velho" (Dias Gomes, *O rei de Ramos*, p. 143); "Só pra levar um papo e botar as ideias em ordem" (Fernando Vaz, *É tudo mentira*, p. 42) [JB].

Sin.: *bater uma caixa* (1), *levar um lero*, *levar um plá*

Levar um pau redondo *Bras., gír.* Apanhar: "Levei um pau redondo, os caras bateram ni mim" (*sic*) [JB].
Var.: *levar o/um pau*

Levar um pé na bunda *Bras.* Ser despedido: "O mané [= bobo, palerma] levou um pé na bunda, apesar de ser puxa-saco do chefe de merda" [JB].
Var.: *tomar um pé na bunda*

Levar um peru *Bras., BA.* Ser recusado por uma mulher [FN/JB].

Levar um piau *Bras., gír.* Apanhar: "Levei um piau, tô todo quebrado" [JB].

Levar um plá *Bras., gír.* Conversar; explicar: "Preciso levar um plá com o chefinho para pôr tudo em pratos limpos" [JB].
Sin.: *levar um papo*

Levar um pontapé Sofrer ingratidão [AN].

Levar um pontapé na maçã-da-albarda Ver *levar um pontapé no cu*

Levar um pontapé no cu *Lus.* Ser enxotado, escorraçado [GAS]. ♦ Em tempo: "cu", em Portugal, significa "bunda".
Sin.: *levar um pontapé na maçã-da-albarda*

Levar um rapa Cair: "O Fábio levou um rapa do Fabinho e caiu de quatro" [JB]. ♦ Mais lógico seria, aí, "rapa" ser um termo compreendido como "rasteira", "pernada", ou mesmo "safanão".

Levar um raspanete *Lus.* Ser repreendido [GAS].

Levar um rombo Sofrer prejuízo em negócio; ter grande prejuízo; ser vítima de um desfalque; levar um calote [AN/GAS].

Levar um sarrabulho *Bras., PE.* Sofrer uma repreensão, um castigo [BB].

Levar um suíte *Ant.* Ser desprezado(a) pela(o) namorada(o) [TC].

Levar um susto Assustar-se; passar por momentos de aflição: "Saci: (...) Uma criança levava um susto meu, num levava?" (Édson d'Santana, *Ao mar!*, p. 16); "O cheiro não era bom, as margens do caminho sequer eram floridas e, de vez em quando, levava um susto" (Fernando Gabeira, *Entradas & Bandeiras*, p. 32) [OB/TC].
Var.: *raspar um susto*

Levar um tapa na orelha Ser agredido: "O Júnior levou um tapa na orelha, depois de agredir o amigo" [JB].
Var.: *levar um tapa no ouvido*

Levar um tapa no ouvido Receber, alguém, uma agressão, a soco: "O sujeito que segurava meu pai levou um tapa no ouvido e largou o velho" (Ivan José de Azevedo Pontes, *As outras pessoas*, p. 96).
Var.: *levar um tapa na orelha, levar um tapa no pé do ouvido*

Levar um toco /ô/ *Bras., gír.* Receber um não: "O puxa-saco levou um toco justo e merecido" [JB].

Levar um trancão Sofrer violento esbarro [TC].

Levar um tranco Sofrer prejuízo, contrariedade [AN].

Levar um trepa *Desp.* Receber do adversário entrada ríspida e faltosa [HM].

Levar vantagem 1. Ser superior a; exceder; sobrelevar; superar; avantajar-se. **2.** Passar outros para trás: "O viado (*sic*) só pensa em levar vantagem" [AN/FF/OB]. ♦ O ex-atleta Gérson, da Seleção Brasileira, tornou-se ainda mais famoso por causa de uma propaganda de cigarro que apresentava no rádio e na TV. No texto, ele enfatizava: "Eu gosto sempre de levar vantagem em tudo, certo?!" E o bordão pegou como a "lei do Gérson".
Var. (2): *levar vantagem em tudo*

Levar vantagem em tudo Passar outros para trás: "Prevalece a Lei de Gérson, o pessoal só pensa em levar vantagem em tudo" [AN/FF/JB].
Var.: *levar vantagem* (2)

Levar vida de cão vadio Ter uma vida cheia de dificuldades [GAS].

Levar (a) vida direita Ver *levar boa vida*

Levar zero Receber a nota de reprovação; ser reprovado [OB].

Liberar

Liberar geral *Bras., gír.* Não haver limites; ser tudo autorizado, permitido; ser tudo; poder fazer tudo: "Liberou geral, agora é cada um por si e Deus por todos" [JB].

Libertar

Libertar da lei da morte Praticar ações que o imortalizam (Camões) [GAS].

Ligar

≠ **Não/Nem ligar** Não dar atenção; demonstrar descaso; não se incomodar; não dar a mínima importância; ser indiferente a: "Eu nem ligo o teu mau humor" [ABH/TC].
Sin.: *não dar a mínima*
Var.: *não ligar a mínima*

≠ **Não ligar a coisa alguma/a nada** Não recear o que possa advir; não pensar no que possa suceder, não pensar no futuro [AN/GAS].
Var.: *não olhar a coisa alguma/a nada*

Ligar a rádio *Bras., CE.* Ficar atento, ligado; prestar atenção [MGa].

Ligar as pontas Estabelecer contatos, conexões: "Vamos ligar as pontas e achar o fio da meada" [JB].

Ligar à terra Não dar atenção ao que se diz [GAS].

≠ **Não ligar boia** /ó/ *Lus.* Não dar importância [GAS].
Sin.: *não ligar meia, não ligar pevide, não ligar puto*

Ligar direto *Bras., CE.* Ficar sem dormir [CGP].

Ligar importância Dedicar interesse; ter em consideração; dar atenção; fazer caso: "... mas não liguei importância a isso, ainda que a caixa trouxesse coisas insólitas..." (Raduan Nassar, *Lavoura arcaica*, p. 176) [AN/GAS].
Var.: *dar importância*

≠ **Não ligar meia** Ver *não ligar boia*

≠ **Não ligar nenhuma** Não tomar em consideração o que se diz ou vê [GAS].

Ligar o nome à pessoa Identificar alguém [AN].

≠ **Não ligar o nome à pessoa 1.** Reconhecer uma pessoa, sem contudo recordar-se de seu nome; conhecer a pessoa mas não a identificar. **2.** Reter o nome de determinada pessoa cuja fisionomia não se recorda [GAS/TC].

Ligar o ventilador *Bras., gír.* Espalhar; difundir; revelar: "Vou ligar o ventilador e contar tudo o que aconteceu na reeleição" [JB].

≠ **Não ligar peva** *Lus.* Não se importar; não dar importância; não tomar em consideração. – Peva: o m. q. "nada" [GAS].

≠ **Não ligar pevide** Ver *não ligar boia*

Ligar pouca importância a Não dedicar muita atenção a; não demostrar interesse por: "E fingiu-se amuada. Liguei pouca importância ao amuo, mas fiquei remoendo aquela ideia desagradável de explicar-me aos outros..." (Graciliano Ramos, *Angústia*, p. 65).

≠ **Não ligar puto** Ver *não ligar boia*

Limar

Limar as arestas Aperfeiçoar; corrigir [GAS].

Limar a vela *Ling. dos pescadores.* Esfregar a vela da jangada com limo de pau e água salgada, e depois expô-la ao vento, com o fim de lhe dar maior durabilidade [FS].

Limpar

Limpar a barra 1. Tentar consertar uma besteira que disse ou fez: "Só que o pato reapareceu e a gente, pra limpar a barra dele, passou a chamá-lo de Ex-Janjão" (*Bundas*, Entrevista, 5/7/99, p. 11). **2.** Esclarecer: "Preciso limpar a barra, tô com a razão do meu lado." **3.** Inocentar alguém: "Seguindo o mesmo raciocínio, limpou a barra de um taxista que emprenhou outra menininha de moral não muito ilibada" (Aírton Monte, *O Povo*, cad. Vida & Arte, 17/5/02, p. 2) [JB/TG].
Sin. (1): *tirar a suja*

Limpar

Limpar a boca quando falar de alguém Ter mais cautela ao referir-se a alguém [AN].

Limpar a cara Livrar, inocentar, salvar alguém de qualquer ato ilícito: "Ele limpou a cara da diretora do IML, dizendo que lá tá tudo tranquilo e que se há envolvimento é de funcionários" (*Jornal da Rua*, 15/6/99, p. 2).

Var.: *livrar a cara* (1) (2)

Limpar a casa *Umb*. Praticar atos rituais de purificação para tirar do terreiro influências espirituais negativas [OGC].

Limpar a garganta Procurar desembaraçar o pigarro da garganta [ABH].

Var.: *temperar a garganta*

Limpar a jogada *Desp*. **1.** Desfazer lance embolado, em que três ou mais jogadores disputam a bola, e sair com ela dominada; "clarear". **2.** Driblar e avançar, deixando o adversário para trás [HM].

Sin. (2): *limpar o lance*

Limpar a pauta Dar conta dos processos que constem da pauta: "Em convocação extraordinária, a Assembleia finalmente limpou a pauta dos seus trabalhos" [AN].

Limpar as estrebarias de Augias Consertar grandes abusos; fazer reformas urgentes e difíceis de extirpar. – Alusão a um dos trabalhos de Hércules, o de limpar os estábulos de Augias, rei da Élida, os quais continham três mil bois e havia trinta anos não eram limpos (Sêneca, *Hércules Furioso*; Luciano, *Alexandria*, XXXII; *Fugitivo*) [AN].

Limpar as mãos à parede Diz-se de quem faz uma obra malfeita, defeituosa; diz-se a quem faz ação que não resulta; praticar uma tolice, um ato que não presta; frase irôn. que se diz a quem se vangloria de ato inconsciente, desassisado ou que produziu mau resultado; diz-se de quem procura encobrir uma falta praticando outra pior, ou de quem fez uma evidente injustiça e não poderá disfarçá-la: "Eu bem lhe dizia: 'Paulo, deixa andar a pequena com as bonecas'... E ele a dar-lhe com as morais dos filósofos e com os cálculos matemáticos. Pode limpar a mão à parede com o resultado" (Coelho Neto, na peça *Neve ao sol*); "Podes limpar as mãos à parede" [AN/GAS/RMJ].

Limpar a sua testada Emendar defeitos próprios; conseguir justificar erros que lhe possam ser atribuídos [GAS].

Limpar a vista 1. *Lus*. Copular; fazer amor. **2.** *Bras*. Ver a pessoa que a gente gosta; ver e apreciar algo mais agradável do que o costumeiro; ver gente bonita: "Quem tá a fim de limpar a vista lá (no Fortal, na Beira-Mar), é o melhor local" (*Jornal da Rua*, 31/7/99, p. 3); "Um dia, vou à Cidade Luz. Lá eu limpo a vista" [CGP/GAS/TC/TG].

Limpar o cabelo 1. Mudar o pelo de certos animais, tornando-o mais fino, graças à sangria ou à alimentação de pastagem nova e tenra. **2.** *Bras*., *NE*., *p. ext*. Diz-se de uma pessoa, quando esta tomou bom aspecto físico e de saúde, ou até ao assumir boa posição econômica e social: "O Janjão da Imburana está de fazer rolar a sela. E rico! Limpou o cabelo, o antigo pé-rapado" [TC].

Var.: *afinar o cabelo*

Limpar o cavalo *Chulo*. **1.** *Bras*., *S*, *SP*. Ter relações sexuais, copular. **2.** *Bras*., *S*. Masturbar-se [GAS/MSM].

Limpar o céu Ver *limpar o tempo*

≠ **Não limpar o cu a nenhum caco** *Lus*. Diz-se de pessoa que só gosta do que é bom [GAS].

Limpar o lance Ver *limpar a jogada* (2)

Limpar o nome Salvar a reputação [TC].

Limpar o risco Impedir os desígnios de alguém [GAS].

Limpar o salão *Bras*., *fam*. e *pop*. Limpar o nariz (ou a venta) com o dedo; enfiar o dedo no nariz para limpá-lo; tirar catota com a unha; tirar sujeira, ou melecas, do nariz; fazer com o dedo a limpeza das fossas nasais; minerar: "Se quiser limpar o salão ou tirar o carro da garagem, ir no banheiro, e isso serve também em caso de precisar esgravatar os dentes" (TG, p. 123); "Encontrei o ministro limpando o salão, meio distraído". – Muito comum no trânsito, quando o sinal está vermelho [ABH/AN/CGP/GAS/JB/LAFb/MGb/Mpa/Net/Tga].

Var.: *limpar o salão para dar uma festa*

Limpar o sangue Purificar o sangue, eliminando a sífilis e/ou outros males [TC].

Limpar o sarampo Matar [GAS].

Limpar os caminhos *Umb.* Seguir as determinações do pai ou mãe de santo – preces, banhos de descarga, oferendas, uso de amuletos etc. – com o fim de melhorar as dificuldades causadas por más influências espirituais [OGC].

Limpar o sebo 1. Dar uma sova; dar pancada. **2.** Matar [GAS].

Limpar o tacho *Bras., gír.* Roubar: "O gaturama [= ladrão] limpou o tacho e sumiu com a grana" [JB].

Limpar o tempo Desanuviar [TC]. Sin.: *limpar o céu*

Limpar o terreiro *Bras., gír.* Fazer desaparecer um marginal, matando-o [GS].

Limpar tudo Roubar tudo; não deixar nada [GAS].

Liquidar

Liquidar a fatura *Bras., fam.* **1.** Desempenhar-se de uma obrigação, um compromisso. **2.** Levar a termo um negócio ou uma tarefa. **3.** *Bras., SP, gír.* Ficar com alguém, em relacionamento sem compromisso. **4.** *Desp.* Vencer um jogo [ABH/HM/JN, p. 335]. ♦ JN atribui este modismo como sendo de uso em SP (capital), surgido num período de verão.

Lisar

Lisar a roupa *Bras., BA.* Passar a roupa [NL]. ♦ Em FSB, "lisar" quer dizer "desfazer, desaderir, dissolver". "Lisar", aqui, vem do v. "alisar", que sofreu aférese, queda do fonema inicial.

Livrar(-se)

Livrar a cabeça Escapar: "Quero livrar a cabeça neste lance" [JB].

Livrar a cara *Bras., fam.* **1.** Conseguir sair-se bem de alguma coisa; escapar; evitar punição: "Não livro a cara de porra nenhuma." **2.** Tirar, sair de situação embaraçosa; defender alguém: "Mas que tipo de compromissos uma pessoa assume que exijam dela que saia correndo para, publicamente, livrar a cara de um bandido?" (Ziraldo, *Bundas*, 3/10/00, p. 10); "Liberado, enfim, pra livrar a cara dos tripulantes, Marcolino, àquela altura conhecido no Kremlim por 'camarada Marcolinov', veste o calção do Ferrim, empurra dois litros de querosene na mochila e parte" (Tarcísio Matos & Falcão, *O Povo*, cad. Vida & Arte, 19/8/00, p. 2B); "Livrei a cara daquele vagabundo pela última vez". **3.** *Gír.* Fumar um cigarro de maconha. – Diz-se, nessa última acepção, em referência ao ato de deixar o estado "de cara": "Tenho unzinho aqui pra gente livrar a cara". RK, p. 100, explica a loc. "de cara": "Estado daquele que não se encontra sob o efeito da maconha: 'Eu tô de cara'" [ABH/JB/MPa/RK].

Var. (1) (2): *limpar a cara*

Var. (3): *tirar a cara*

≠ **Não livrar a cara de** *Bras., fam.* Não poupar; não ser tolerante com; não indulgenciar; não perdoar [ABH].

Livrar de culpa e pena Desculpar e não castigar [AN].

Livrar de sezão depois de morto Diz-se de remédio inútil, de solução inútil, por vir muito tarde [AN].

Livrar no jogo Acordo entre dois jogadores, no sentido de, se um deles for sorteado, cobrir o prejuízo do outro; fazer dois jogos, um deles de pouca monta, o qual, se for premiado, cobrirá pelo menos o total despendido [TC].

Livrar o meu Salvar o que me pertence: "Quero primeiro livrar o meu, que não é o do judeu" [JB].

Livrar-se solto Defender-se, o indiciado ou réu, em liberdade independente de fiança [ABH].

Lombear(-se)

Lombear-se de medo Encolher-se por medo [FF].

Louvar

Louvar a Deus de gatinhas Fazer um louvor descabido. – Us. em sentido pej. [AN].

Louvar-se em alguém 1. Aceitar ou fazer sua a opinião de alguém; aprovar o parecer de alguém. **2.** *Jur.* Nomear alguém para seu louvado ou árbitro, em causa que depende de avaliação; aprovar indicação de perito em arbitramento judicial [ABH/AC/FF/FSB].

Lucrar

Lucrar a dois carrinhos Ver *cavar na vinha e no bacelo*

Lutar (v.)

Lutar como a padeira de Aljubarrota *Lus., arc.* Lutar com qualquer arma, improvisando recursos e demonstrando coragem. – Essa padeira de Aljubarrota, cujo feito se tornou proverbial em Portugal, teria sido dona Brites de Almeida, que em 1385 teria matado sete espanhóis com uma pá de levar pão ao forno [RMJ].

Lutar com unhas e dentes Empregar todos os recursos, todos os esforços; lutar com todas as forças: "Ele lutou com unhas e dentes para conseguir realizar seu sonho" [DT/GAS].

Lutar contra moinhos de vento Debater-se contra inimigos imaginários; ver o perigo onde ele não se encontra. – A frase deriva das alucinações de D. Quixote, na célebre obra de Cervantes [GAS/RMJ].

Lutar pela vida Trabalhar (muito) para viver: "Mortos os seus protetores, teve de lutar pela vida, militando na imprensa..." (Manuel Bandeira, *Poesia completa e prosa*, p. 689) [ABH/GAS/RG].

Sin.: *cavar a vida*

Luzir

Luzir-lhe o olho Manifestar forte interesse por algo [GAS].

Luzir-lhe o pelo Diz-se de alguém que se encontra em boa situação econômica ganhando bem e vivendo melhor; diz-se de uma pessoa que está gorda e com boa aparência [GAS].

Luzir o buraco *Lus.* Diz-se quando se vê amanhecer de dentro de casa [GAS].

m

Malhar

Malhar abaixo *Lus.*, *Beira*. Cair [GAS].

Malhar com os ossos Bater com o corpo no chão; cair [GAS].

Malhar com os ossos na grelha Ser preso [GAS].

Malhar em alguém como em centeio verde Espancar [GAS].

Malhar em ferro frio Perder o tempo; não obter resultado das diligências empregadas para um fim; gastar o tempo, insistindo com pessoa intransigente, irredutível ou muito ignorante; insistir sem resultado; realizar um esforço inútil; dedicar-se a uma causa perdida; procurar o impossível; dar murro em ponta de faca; diz-se de desejo inatingível: "Pare de malhar em ferro frio e monte um negócio" (*Jornal da Rua*, 19/1/99, p. 5); "E não adianta: é malhar em ferro frio". – Existe, em esp., a mesma expr.: *machucar en hierro frio*. O ferro dever ser trabalhado quando quente (ver *Rev. Lus.*, XXIV, p. 239) [ABH/AC/AN/FF/GAS/JB/RBA/RMJ].

Malhar no(a) vazante *Lus.*, *gír. estudantes de Coimbra*. Ter má frequência nas aulas (*Boletim de Filologia*, IX, p. 362) [ECS/GAS]. ♦ GAS assinala "malhar no vasante", masc. e com "s", termo que ABH não registra.

Malhar o ferro enquanto está quente Aproveitar a ocasião enquanto é favorável: "– A gente tem que malhar o ferro enquanto tá quente – meu pai disse, quando saiu animado para o trabalho" (Ivan José de Azevedo Pontes, *As outras pessoas*, p. 74) [GAS].

Var.: *bater o ferro enquanto está quente* (1)

Maltratar

Maltratar a menina *Desp.* Jogar mal em determinada partida; haver-se mal num jogo [HM]. ♦ Menina = bola
  Sin.: *maltratar a redonda*

Maltratar a redonda Ver *maltratar a menina*

Mamar

Mamar em onça Ser muito corajoso ou capaz de façanhas perigosas; diz-se de alguém que é capaz de fazer qualquer coisa, até mamar em onça: "Aquele soldado é homem como trinta! Aquele mama em onça!" [CGP/LM].

Mamar-lhe o dinheiro Conseguir que alguém lhe dê todo o dinheiro: "Mamou-lhe o dinheiro" [GAS].

Mamar na égua *Bras.*, *CE*. Viver sem trabalhar, à custa dos outros; usufruir uma situação tranquila, boa; aproveitar: "O cara tava mamando na égua, vivendo no bem-bom como marajá" [JB/MGb].
  Sin.: *mamar nas tetas, mamar na vaca*

Mamar na Paula *Bras.*, *S*. Estar à toa, sem fazer nada (Manuel Viotti) [MSM].

Mamar nas tetas Aproveitar: "Vá mamar nas tetas da nação, seu merda" [JB].
  Sin.: *mamar na égua*

Mamar na teta da vaca Usufruir vantagens com continuidade; conseguir receber bons proventos [GAS].

Mamar na vaca *Bras.*, *gír.* Aproveitar: "Vá mamar na vaca e se farte" [JB].
  Sin.: *mamar na égua*

Mancar

≠ **Não/Nunca mancar** Não faltar; não falhar; ter como certo: "Sempre me comoveu a fidelidade de Zeza, que nunca mancou" (Mílton Dias, *Estórias e crônicas*). – "Mancar" é termo arc., considerado por uns de or. do fr. *manquer* e por outros do it. *mancare*, o que leva a crer provenha mesmo da língua-mãe (lat.). Na acepção indicada, é empregado entre nós apenas na forma negativa [TC].

Mandar(-se)

Mandar (para) abaixo de Braga Ver *mandar à/pra merda*

Mandar a bola pro inferno *Desp.* **1.** Chutar a esmo para a lateral, com a intenção de retardar o andamento da partida; praticar a cera. **2.** Chutar a bola de qualquer maneira para livrar a defesa de perigo de gol [HM].

Sin. (2): *espanar a área*

Mandar a canhola *Lus.* Praticar coito [GAS].

Mandar a escada Fazer alusão a alguma coisa, para a conseguir [GAS].

Mandar à(s) fava(s) 1. Mandar embora; despedir abruptamente alguém que importuna; mandar bugiar: "Ainda mando às favas aquela mulher." **2.** Expr. de desprezo de quem não está disposto a aturar alguém; demonstrar pouco apreço a alguém ou algo; agredir com palavras: "Se ela soube que tu tinhas dito que a tinhas beijado, mandava-te às favas" (Graciliano Ramos, *Cartas*, p. 28); "... só deixando o sofrente falar dois minutos e mandando-o às favas para ter tempo de atender a mais noviços" (João Ubaldo Ribeiro, *A casa dos budas ditosos*, p. 92); "O cara mandou às favas o chefe vagabundo e perdeu o emprego" [ABH/AC/AN/CPL/DRR/FF/GAS/JB/MPa].

Sin.: (RS) *mandar às chanchas mouras, mandar à tabua, mandar bugiar, mandar agourar o boi*

Var.: *mandar plantar favas*

Mandar agourar o boi *Bras., gír.* Mandar alguém aborrecer, irritar outra pessoa; mandar alguém, que está aborrecendo ou importunando, procurar o que fazer. – Esta expr., assim como seus sin. e var., tb. ocorre com outros v. auxiliares no lugar de "mandar", p. ex., "ir" (*ir agourar o boi* – que manifesta a oralização da ordem, na forma direta, no imperativo): "Vá agourar o boi e me deixe em paz"; "Vá agourar o boi, por favor, e não me queira mal" [JB].

Sin.: *mandar à(s) fava(s), mandar caçar égua, mandar cantar em outra/noutra freguesia, mandar catar coquinho, mandar catar pulga em cachorro, mandar chatear a porca, mandar chupar cu de passarinho, mandar chupar ovo, mandar chupar um capim/carpim, mandar empacotar fumaça, mandar encantar grilos, mandar encher outro, mandar escovar urubu* (e *ir escovar urubu*), *mandar lamber sabão, mandar para a/pra caixa prego, mandar pastar caracóis, mandar pentear macaco(s), mandar pintar urubu de branco, mandar procurar pelo em ovo, mandar tomar banho*

Var.: *mandar amolar o boi, mandar encher a paciência do boi, mandar mamar no boi, mandar torrar o saco do boi*

Mandar à mãe *Lus.* Mandar embora [GAS].

Mandar a mão Bater [TC].

Mandar à/pra merda Mandar embora com desprezo; demitir; Mandar para o inferno; expr. que traduz sentimento de desprezo, de diminuição total em relação à pessoa com quem se fala: "Já vieram comprar os escravos que me restam. Sabe a resposta que dei? Mandei os atrevidos à merda" (Josué Montello, *A noite sobre Alcântara*); "Vou mandar à merda este filho da puta que tá enchendo o saco". Esta expr., assim como seus sin. e var., tb. ocorre com outros v. auxiliares no lugar de "mandar", p. ex., "ir" (*ir à/pra merda* – que manifesta a oralização da ordem, na forma direta, no imperativo) [GAS/JB/ MSM].

Sin.: (lus.) *mandar (para) abaixo de Braga* (e *ir (para) abaixo de Braga*), *mandar à outra banda* (e *ir à outra banda*)

Mandar à missa Ver *mandar bugiar*

Mandar amolar o boi *Bras., fam.* Mandar aborrecer, importunar outra pessoa que não a que fala; mandar importunar, maçar, enjoar, causar mal-estar a outra pessoa; mandar chatear alguém; pedir para não aborrecer; pedir que alguém deixe de amolar; mandar procurar o que fazer. – Esta expr., assim como seus sin. e var., tb. ocorre com outros v. auxiliares no lugar de "mandar", p. ex., "ir" (*ir amolar o boi* – que manifesta a oralização da ordem, na forma direta, no imperativo): "Me deixe em paz, malandro, vá amolar o boi." Tal loc. se presta a ordem irôn., via de regra dada a alguém cuja presença, ou atitude, está sendo incômoda, inconveniente ou maçante (ver FS, pp. 197-8) [ABH/AN/AT/FS/JB/MPa/RG].

Var.: *mandar agourar o boi*

Mandar ao canto da cerca Deixar uma pessoa sem ação; deixar tolhido, sem meios de defesa, revide ou sem saber responder: "Ele mandou certo violeiro ao canto da cerca com esta sextilha..." (F. Coutinho Filho, *Violas e repentes*) [TC].

Var.: *levar ao canto da cerca*

Mandar à outra banda Ver *mandar à/pra merda*

Mandar à/pra pequepê/p. q. p. *Chulo*. Tentar despachar, despedir ou livrar-se de alguém, traduzindo sentimento de desprezo, de diminuição total em relação à pessoa com quem se fala; mandar pra bem longe; expr. de fórmula de imprecações us. contra alguém em momento de raiva: "Vou acabar mandando à pequepê este chefete de merda." – Expr. formada a partir da escrita, por extenso, das iniciais de "puta que o pariu". Esta expr., assim como seus sin. e var., tb. ocorre com outros v. auxiliares no lugar de "mandar", p. ex., "ir" (*ir à/pra pequepê* – que manifesta a oralização da ordem, na forma direta, no imperativo): "Vá pra pequepê e não enche, tá?" [GM/JB].

Sin.: *mandar catar a mãe na zona* (e *ir catar sua mãe na zona*), *mandar à/pra puta que o pariu*

Mandar à preta dos pastéis Pedir que deixe de maçar [AN].

Mandar à/pra puta que o pariu *Chulo*. Despachar, despedir, livrar-se; expr. que traduz sentimento de desprezo, de diminuição total em relação à pessoa com quem se fala: "Dá vontade de mandar à puta que o pariu" [JB].

Sin.: *mandar à/pra pequepê/p. q. p.*

Mandar àquela parte Modo eufêmico, maneira menos agressiva de mandar à merda [AN/GAS].

Sin.: *mandar à taba*

Mandar a realidade *Bras., gír. rappers*. Explicar a situação: "Vamos mandar a realidade e mostrar o que é bom" [JB].

Mandar às chanchas mouras Ver *mandar à(s) fava(s)*

Mandar às urtigas 1. Despedir, expulsar: "Vou acabar mandando às urtigas tudo isso." **2.** Desprezar; não ligar mais; repudiar; atirar fora; desfazer-se de uma coisa sem mais pensar nela, como se a tivesse jogado ao mato: "Mandou a batina às urtigas." – A expr. é corrente em escritores fr. [JB/RMJ/TC].

Var. (2): *deitar às urtigas*

Mandar à taba Ver *mandar àquela parte*

Mandar à tabua (sic) *Lus*. **1.** Mandar embora brutalmente, para não importunar mais. **2.** "Ter alguém como a tolo e inepto, e bom para esteireiro de tabúas" (sic), matéria-prima na espécie [AN/LCCa]. ♦ "Tabua", ou "taboa", é um tipo de erva grande, mais comum nos brejos.

Sin. (1): *mandar à(s) fava(s)*

Mandar atentar/tentar o cão com reza Ver *mandar procurar sua turma*

Mandar bala 1. Atirar com arma de fogo; deflagrar a arma: "Saturnino mandou balas / Com a sua cabroeira / Na rajada caiu morto / O velho José Ferreira / Em busca de arma, os filhos / Saíram em toda carreira" (Expedito Sebastião da Silva, *Trechos da vida completa de Lampião*, p. 7). **2.** *Bras., pop*. Pôr mãos à obra com afinco; agir: "Vou mandar bala" [ABH/JB/TC].

Sin. (1): *baixar fogo*

Var. (1): *baixar/lascar/sacudir/tacar bala*

Mandar balanço Fazer um apanhado geral, um levantamento ou um balanço de assunto ou coisa muito importante [GAS].

Mandar bater *Lus*. Frase que se usava no tempo dos carros puxados por animais (caleche, trem etc.) para começar a andar. – Usava-se a frase *bater para a Perna de Pau*, célebre taberna nos arredores de Lisboa.

Mandar bater a outra porta Mandar procurar outro recurso, porque o primeiro falhou [AN].

Mandar bocas 1. Dizer piadas. **2.** Dizer frases sem sentido; falar por falar. **3.** Fazer um reparo, uma crítica [GAS].

Mandar brasa *Bras., gír.* **1.** Agir com disposição firme, ou com veemência, agressividade etc.; tomar medidas drásticas; entrar em competição comercial com preços mais baixos; esmagar adversários; pôr-se em atividade, fazer algo com entusiasmo: "Jânio também se entusiasmava, e mandava brasa contra seus opositores" (Gregório Bezerra, *Memórias*, II, p. 119); "Metade do que se faz aqui é bobagem! Mas como temos mesmo que fazer, vamos mandar brasa!" (Marques Rebelo, *O simples coronel Madureira*); "Puxo da faca, do fuzil, da garrucha, do que achar, e mando brasa" (Fernando Lemos, *Os enforcados*); "No jogo com os ingleses, Pelé mandou brasa como nunca". **2.** *Bras., NE, S.* Praticar ato libidinoso; copular; fazer sexo: "Vou mandar brasa com ela logo mais." **3.** Atirar; disparar a arma de fogo; matar: "Fiz pontaria novamente, inclinando-me bastante para trás, e mandei brasa!" (Orígenes Lessa, *Aventuras do Barão de Münchhausen*, p. 101). **4.** Ouvir música; dançar; divertir-se: "Que fazem vocês aí? Voltem depressa, venham logo para casa, que é pra gente mandar brasa ao som do Quarteto em Cy" (Vinicius de Moraes, *Poesia completa e prosa*, p. 624). **5.** Bater; açoitar: "Gedeão pegava as vergônteas, dispunha em laçadas de quatro e mandava brasa, sem dó nem piedade..." (Aníbal Bonavides, *As profecias do Arquimedes*, p. 159) [ABH/RMJ/MSM/TC/JB].

Sin. (1): *meter ficha*

Mandar bugiar Mandar embora; maneira de despedir, com desprezo, com raiva, um importuno. "Bugiar" é fazer gestos de bugio (macaco). Por conseguinte, *mandar alguém bugiar* é o m. q. reconhecer nesta pessoa habilidade apenas para fazer momices e trejeitos de macaco. Gil Vicente empregou a frase no *Auto pastoril português*. Houve quem procurasse atribuir outra or. à frase, relatando a construção do forte do Terreiro do Paço, em Lisboa, no tempo de Felipe II. Como o terreno era lodoso e alagadiço, foi preciso assentar os alicerces sobre estacas que eram fincadas com um bugio (o bate-estacas atual). Para este serviço, muito penoso e fatigante, agarravam os vadios que andavam ociosos pelas ruas. Daí o hábito de mandar bugiar o ocioso que se tornava importuno. A construção do forte é posterior ao auto de Gil Vicente, o que destrói esta hipótese [ABH/AN/GAS].

Sin.: *mandar à missa, mandar à(s) fava(s)*

Mandar caçar égua *Bras., gír.* Mandar procurar o que fazer. – Esta expr., assim como seus sin. e var., tb. ocorre com outros v. auxiliares no lugar de "mandar", p. ex., "ir" (*ir caçar égua* – que manifesta a oralização da ordem, na forma direta, no imperativo): "Vá caçar égua, seu macho de merda" [JB].

Sin.: *mandar agourar o boi*

Var.: *mandar para a/pra baixa da égua*

Mandar cantar de galo noutra freguesia Mandar alguém procurar o que fazer. – Esta expr., assim como seus sin. e var., tb. ocorre com outros v. auxiliares no lugar de "mandar", p. ex., "ir" (*ir cantar de galo noutra freguesia* – que manifesta a oralização da ordem, na forma direta, no imperativo): "Vai cantar de galo noutra freguesia que é melhor, malandro, aqui num tem procê" [JB].

Var.: *mandar cantar em outra/noutra freguesia*

Mandar cantar em outra/noutra freguesia Mandar alguém procurar o que fa-

zer, para que deixe de amolar. – Esta expr., assim como seus sin. e var., tb. ocorre com outros v. auxiliares no lugar de "mandar", p. ex., "ir" (*ir cantar em outra/noutra freguesia* – que manifesta a oralização da ordem, na forma direta, no imperativo): "Vai cantar noutra freguesia, aqui cê num tá agradando"; "Ele que vá cantar em outra freguesia" [FS/JB].
Sin.: *mandar agourar o boi*
Var.: *mandar cantar de galo noutra freguesia, mandar cantar noutro terreiro* (e *ir cantar noutro terreiro*)

Mandar cantar na praia Maneira de despachar alguém chato e falador, mandando-o falar em lugar onde ninguém o ouvirá. – Esta expr., assim como seus sin. e var., tb. ocorre com outros v. auxiliares no lugar de "mandar", p. ex., "ir" (*ir cantar na praia* – que manifesta a oralização da ordem, na forma direta, no imperativo) [GS].

Mandar casco Bras., RS. Diz-se em relação ao cavalo que é bom de carreira, bom corredor [AJO].

Mandar catar a mãe na zona Ver *mandar à/pra puta que o pariu*

Mandar catar coquinho Bras., gír. Mandar alguém procurar o que fazer e não amolar. – Esta expr., assim como seus sin. e var., tb. ocorre com outros v. auxiliares no lugar de "mandar", p. ex., "ir" (*ir catar coquinho* – que manifesta a oralização da ordem, na forma direta, no imperativo): "Vá catar coquinho na Ceilândia, pare de torrar o saco"; "Vá catar coquinho e me deixe em paz" [JB].
Sin.: *mandar agourar o boi*

Mandar catar pulga em cachorro Mandar alguém procurar o que fazer, para deixar de amolar. – Esta expr., assim como seus sin. e var., tb. ocorre com outros v. auxiliares no lugar de "mandar", p. ex., "ir" (*ir catar pulga em cachorro* – que manifesta a oralização da ordem, na forma direta, no imperativo): "Vai catar pulga em cachorro, cara, deixa a gente em paz" [JB].
Sin.: *mandar agourar o boi*

Mandar chatear a porca Lus. Modo de uma pessoa que está muito aborrecida dispensar outra que vem com assuntos igualmente aborrecidos. – Esta expr., assim como seus sin. e var., tb. ocorre com outros v. auxiliares no lugar de "mandar", p. ex., "ir" (*ir chatear a porca* – que manifesta a oralização da ordem, na forma direta, no imperativo): "Vai chatear a porca!" [GAS].
Sin.: *mandar agourar o boi*

Mandar chumbo Ver *baixar fogo*

Mandar chupar cu de passarinho Chulo. Mandar alguém embora, procurar o que fazer; mandar importunar, aborrecer, causar mal-estar a outra pessoa. – Esta expr., assim como seus sin. e var., tb. ocorre com outros v. auxiliares no lugar de "mandar", p. ex., "ir" (*ir chupar cu de passarinho* – que manifesta a oralização da ordem, na forma direta, no imperativo) [FS/JB/MPa/RG].
Sin.: *mandar agourar o boi*
Var.: *mandar lamber cu de passarinho* (e *ir lamber cu de passarinho*)

Mandar chupar ovo Mandar procurar o que fazer. – Esta expr., assim como seus sin. e var., tb. ocorre com outros v. auxiliares no lugar de "mandar", p. ex., "ir" (*ir chupar ovo* – que manifesta a oralização da ordem, na forma direta, no imperativo): "Vá chupar ovo, cara, não enche o saco" [JB].
Sin.: *mandar agourar o boi*

Mandar chupar um capim/carpim (sic) Bras., gír. Mandar alguém procurar o que fazer, não aborrecer. – Esta expr., assim como seus sin. e var., tb. ocorre com outros v. auxiliares no lugar de "mandar", p. ex., "ir" (*ir chupar um capim/carpim* – que manifesta a oralização da ordem, na forma direta, no imperativo): "Vá chupar um capim, arranje alguma coisa pra fazer, invente moda"; "Vá solenemente chupar um carpim, não torra, porra" [JB].
Sin.: *mandar agourar o boi*
Var.: *mandar chupar um pau, mandar chupar um prego*

Mandar chupar um pau *Bras., gír.* Mandar alguém arranjar algo para fazer, para não importunar. – Esta expr., assim como seus sin. e var., tb. ocorre com outros v. auxiliares no lugar de "mandar", p. ex., "ir" (*ir chupar um pau* – que manifesta a oralização da ordem, na forma direta, no imperativo): "Vá chupar um pau e encher outro" [JB].
Var.: *mandar chupar um capim/carpim*

Mandar chupar um prego *Bras., gír., chulo* Mandar arranjar algo para fazer; mandar procurar o que fazer. – Esta expr., assim como seus sin. e var., tb. ocorre com outros v. auxiliares no lugar de "mandar", p. ex., "ir" (*ir chupar um prego* – que manifesta a oralização da ordem, na forma direta, no imperativo): "Não me enche o saco, pô, vá chupar um prego" [JB/LAFa].
Var.: *chupar um capim/carpim*

Mandar comer capim Chamar alguém de burro [AN/CLG].

Mandar confessar-se *Fig., fam.* Despedir alguém; não querer ouvir alguém [AC/GAS].

Mandar dar o ó *Chulo.* Xingar, expr. interjetiva de ódio, de revolta, de desabafo, sugerindo que o interlocutor vá ser pederasta. – Esta expr., assim como seus sin. e var., tb. ocorre com outros v. auxiliares no lugar de "mandar", p. ex., "ir" (*ir dar o ó* – que manifesta a oralização da ordem, na forma direta, no imperativo): "Vai te foder, vai dar o ó, não vem se meter comigo não, seu cabra safado!" [FN/MSM].
Sin.: (NE, S) *mandar encher o cu de rola* (e *ir encher o cu de rola*), *mandar sentar numa touceira de pica* (e *ir sentar numa touceira de pica*), *mandar tomar no cu*
Var.: (bras., NE) *mandar dar* (e *ir dar*)

Mandar dar uma curva Mandar passear; despedir uma pessoa [GAS].

Mandar desta para (a) melhor Matar, assassinar alguém [AN/GAS/LM/OB/TC].
Sin.: *mandar (desta) para a outra vida, mandar para o outro mundo* (1)

Mandar e desmandar *Bras.* Dar ordens e contraordens; ser o soberano senhor de tudo e de todos; ter ou exercer poderes totais, absolutos; fazer o que bem entende: "Sempre mandou e desmandou no seu trabalho" [ABH/AN/TC].
Sin.: *dar (as) cartas*

Mandar embora Despedir [ABH/AT].

Mandar empacotar fumaça *Bras., gír.* Mandar alguém procurar o que fazer, para deixar de aborrecer. – Esta expr., assim como seus sin. e var., tb. ocorre com outros v. auxiliares no lugar de "mandar", p. ex., "ir" (*ir empacotar fumaça* – que manifesta a oralização da ordem, na forma direta, no imperativo): "Vá empacotar fumaça e deixe a gente em paz" [JB].
Sin.: *mandar agourar o boi*

Mandar em testamento Deixar como legado; legar; transmitir; transferir [ABH].

Mandar encantar grilos Intimar alguém a retirar-se. – Esta expr., assim como seus sin. e var., tb. ocorre com outros v. auxiliares no lugar de "mandar", p. ex., "ir" (*ir encantar grilos* – que manifesta a oralização da ordem, na forma direta, no imperativo): "Você não tem o que fazer, não? Vá encantar grilo, vá apartar briga de urubu no curral da matança, vá conversar com os presos na cadeia, vá enfiar 'traque' num cordão, vá-se pro diabo que o carregue!" (Leonardo Mota, *No tempo de Lampião*, p. 115) [TC].
Sin.: *mandar agourar o boi*
Var.: *mandar encangar grilos* (e *ir encangar grilos*)

Mandar encher Provocar; desafiar para a pancada, para a briga [GAS].

Mandar encher a paciência do boi Mandar chatear outra pessoa; mandar procurar o que fazer, para parar de aborrecer. – Esta expr., assim como seus sin. e var., tb. ocorre com outros v. auxiliares no lugar de "mandar", p. ex., "ir" (*ir encher a paciência do boi* – que manifesta a oralização da ordem, na forma direta, no imperativo): "Vai encher a paciência do boi. Não quero ser sacaneado" [JB].
Var.: *mandar agourar o boi*

Mandar encher o cu de rola Ver *mandar dar o ó*

Mandar encher outro Mandar procurar o que fazer, para deixar de aborrecer. – Esta expr., assim como seus sin. e var., tb. ocorre com outros v. auxiliares no lugar de "mandar", p. ex., "ir" (*ir encher outro* – que manifesta a oralização da ordem, na forma direta, no imperativo): "Vai encher outro, xará" [JB].
Sin.: *mandar agourar o boi*
Var.: *mandar encher o saco de outro* (e *ir encher o saco de outro*), *mandar foder outro*

Mandar escovar urubu Ver *mandar agourar o boi*

Mandar foder outro *Chulo*. Mandar alguém procurar o que fazer; mandar irritar outra pessoa. – Esta expr., assim como seus sin. e var., tb. ocorre com outros v. auxiliares no lugar de "mandar", p. ex., "ir" (*ir foder outro* – que manifesta a oralização da ordem, na forma direta, no imperativo): "Vá foder outro, malandro, comigo não vai ter colher de chá, só porrada" [JB].
Sin.: *mandar encher outro*

Mandar ir para a pedra de São Diogo Mandar trabalhar. – No morro de São Diogo, no RJ, havia uma afamada pedreira [AN].

Mandar lamber sabão Mandar não aporrinhar; mandar alguém sair de perto, para procurar o que fazer e parar de amolar; mandar embora; desprezar, expulsar: "Por pouco-pouco não o mandaram lamber sabão ao oferecer pente de osso na rua Acre" (João Antônio, *Sete vezes rua*, p. 7). – Esta expr., assim como seus sin. e var., tb. ocorre com outros v. auxiliares no lugar de "mandar", p. ex., "ir" (*ir lamber sabão* – que manifesta a oralização da ordem, na forma direta, no imperativo): "Vá lamber sabão e me deixe em paz, porra. Pare de torrar o saco"; "Vá lamber sabão, antes qu'eu me esqueça" [AN/CLG/GAS/JB/MPa/TC].
Sin.: *mandar agourar o boi*

Mandar lembranças Mandar cumprimentos [GAS].
Sin.: *mandar recados*

Mandar lenha 1. Espancar; bater; agredir: "Chegou o caçador armado de cacete e mandou lenha" (Mário Landim, *Mãe d'água e caipora*). **2.** Causticar, criticar rudemente [JB/TC].
Var.: *descer a lenha* (2) (3)

Mandar mal *Bras.*, *RJ, gír.* Agir de forma equivocada ou desastrosa; vacilar, facilitar [Net].

Mandar mal com Ver *quebrar (a) corrente* (1)

Mandar mamar no boi *Bras., gír.* Mandar alguém procurar o que fazer. – Esta expr., assim como seus sin. e var., tb. ocorre com outros v. auxiliares no lugar de "mandar", p. ex., "ir" (*ir mamar no boi* – que manifesta a oralização da ordem, na forma direta, no imperativo): "Vá mamar no boi e deixe a gente em paz" [JB].
Var.: *mandar agourar o boi*

Mandar no jogo *Desp.* Sobrepor-se um time a outro numa partida [HM].

Mandar no pedaço Reinar; dominar: "O Suruagy manda no pedaço, aí dançou" [JB].

Mandar o Bernardo às compras *Lus., chulo.* Copular [GAS].

Mandar o braço Agredir com o braço; esmurrar: "O Manuel não gostou da proposta e mandou o braço no amigo" ("500 anos de anedota de português", *Bundas*, 29/5/00, p. 14) [AN/TC].
Var.: *baixar o braço*

Mandar o carocho *Lus., chulo.* Praticar cópula [GAS].

Mandar o carro *Bras., gír.* Roubar o carro: "Vou mandar o carro, num tô nem aí" [JB].

Mandar o pombo em *Bras., gír.* Intimidar alguém: "Vou mandar o pombo naquele filho da puta, ele merece" [JB].

Mandar o sapato *Desp.* Chutar muito forte: "O Careconi mandou o sapato. Pelas barbas do profeta, a bola não entrou" [HM/JB].

Mandar os padrinhos Fazer desafio muito formal [AN].

Mandar para a/pra baixa da égua Mandar alguém ir pra bem longe, amolar outra pessoa; mandar sumir-se. – Esta expr., assim como seus sin. e var., tb. ocorre com outros v. auxiliares no lugar de "mandar", p. ex., "ir" (*ir para a/pra baixa da égua* – que manifesta a oralização da ordem, na forma direta, no imperativo): "Vá pra baixa da égua e me deixe em paz" [AN/JB].

Var.: *mandar caçar égua*

Mandar para a/pra caixa-prego Mandar embora alguém que está importunando ou aborrecendo; mandar alguém procurar o que fazer. – Esta expr., assim como seus sin. e var., tb. ocorre com outros v. auxiliares no lugar de "mandar", p. ex., "ir" (*ir para a/pra caixa-prego* – que manifesta a oralização da ordem, na forma direta, no imperativo): "Na hora que arrocha, se vão-se todos para a cachaprego (*sic*)" (João Ubaldo Ribeiro, *Sargento Getúlio*, p. 18) [FS/JB/Mpa/RG/TC].

Sin.: *mandar agourar o boi*

Mandar para a casa do diabo Mandar alguém embora, para parar de perturbar. – Expr. us. por pessoa aborrecida ou indignada, para livrar-se da presença de alguém. Esta expr., assim como seus sin. e var., tb. ocorre com outros v. auxiliares no lugar de "mandar", p. ex., "ir" (*ir para a casa do diabo* – que manifesta a oralização da ordem, na forma direta, no imperativo) [TC].

Var.: *mandar para o diabo, mandar pra casa do caralho, mandar pra casa do Lázaro* (e *ir pra casa do Lázaro*)

Mandar para a Casa Pia *Lus.* Fazer um aborto [GAS].

Mandar para a cidade de pés juntos Matar: "Vou mandar para a cidade de pés juntos esse bando de vagabundos" [JB].

Mandar para a contracosta *Lus.* Matar; assassinar [GAS].

Mandar para a gaiola Mandar para a prisão [GAS].

Mandar (desta) para a outra vida Ver *mandar desta para (a) melhor*

Mandar para a pata que o pôs *Lus., chulo.* Chamar de "filho da puta" [GAS].

Mandar para a ramada dos Guedes Ver *mandar para o/pro diabo que o carregue*

Mandar para casa *Desp.* Vencer clube ou seleção, eliminando-o de campeonato [HM].

Mandar para fora da carroça Causar o afastamento por imposição, habilidade ou supremacia [GAS].

Mandar para o beleléu Mandar que deixe de amolar para o inferno ou para o diabo. – A palavra "beleléu" sugere uma associação com Belzebu [RMJ].

Sin.: *mandar para o/pro diabo que o carregue*

Mandar para o/pro diabo que o carregue Mandar alguém ir para bem longe, onde não se torne incômodo; mandar desaparecer das vistas; mandar que deixe de amolar; às vezes us. como alusão a pessoa ou coisa que não nos convém. – Esta expr., assim como seus sin. e var., tb. ocorre com outros v. auxiliares no lugar de "mandar", p. ex., "ir" (*ir para o/pro diabo que o carregue* – que manifesta a oralização da ordem, na forma direta, no imperativo): "... é preciso que esses estrangeiros do segundo andar ponham-se ao fresco, vão para o diabo que os carregue!" (Adolfo Caminha, *Tentação*, p. 32); "'Me interessa a pessoa em particular', sempre disse Nelson. 'A História que vá para o diabo que a carregue, e Marx, que vá tomar banho'" (Ruy Castro, *O anjo pornográfico*, p. 245); "E sabe de uma coisa: vá pro diabo que o carregue, com toda sua cambada" [AN/GAS/JB/MSM/RMJ].

Sin.: *mandar à/pra merda*, (RS) *mandar para a ramada dos Guedes* (e *ir para a ramada dos Guedes*), *mandar para o beleléu, mandar para os quintos* (1), *mandar praquele lugar, mandar pro/para o inferno* (1)

Var.: *mandar para o diabo* (e *ir para o diabo*), *mandar pros diabos que o carregue*

Mandar para o espaço Ver *baixar a ripa* (3)

Mandar para o galheiro Lus. Estragar; danificar [GAS].

Mandar para o major Ver *mandar para o maneta* (2)

Mandar para o maneta Lus. **1.** Escangalhar alguma coisa. **2.** Dar cabo de alguém; prender [GAS].

Sin. (2): *mandar para o major*

Mandar para o outro mundo 1. Matar. **2.** Sobreviver ao cônjuge; ficar viúvo(a): "Lia mandou Pedro para o outro mundo. Mas cuidado! Ela não o matou" [AN/GAS/OB/TC].

Sin. (1): *dar passagem para o outro mundo, mandar desta para (a) melhor*

Var. (1): *despachar para o outro mundo*

Mandar para o raio que o parta Despedir, mandar embora violentamente [GAS].

Mandar para os anjinhos Matar [GAS].

Mandar para os quintos 1. Mandar para um lugar longe; mandar que se retire, que suma, que se vá embora. – "Quinto" era um imposto de vinte por cento, cobrado pelo erário port., das minas de ouro do Brasil, lugar longínquo e desconhecido nas eras coloniais. Chamava-se "nau dos quintos" a que levava ao reino esse imposto (ver *Rev. de Cultura*, XXXIX, p. 134, CII, p. 328 e Figueiredo, *Dicionário, Rev. Lus.*, XXIX, p. 134; Gomes Monteiro e Costa Leão, *A vida misteriosa das palavras*; Mello Souza, *Folclore*). Esta expr., assim como seus sin. e var., tb. ocorre com outros v. auxiliares no lugar de "mandar", p. ex., "ir" (*ir para os quintos* – que manifesta a oralização da ordem, na forma direta, no imperativo). **2.** *Bras., pop.* Matar: "Cada um dos combatentes entrou em luta convencido de que (...) mandaria o justo para os quintos" (Amadeu de Queiroz, *Os casos do Carimbamba*) [ABH/AN].

Sin. (1): *mandar para o/pro diabo que o carregue*

Var. (1): *mandar para os/pros quintos dos infernos*

Mandar para os/pros quintos dos infernos Mandar (embora) pra bem longe; para deixar de aborrecer. – Esta expr., assim como seus sin. e var., tb. ocorre com outros v. auxiliares no lugar de "mandar", p. ex., "ir" (*ir para os/pros quintos dos infernos* – que manifesta a oralização da ordem, na forma direta, no imperativo): "Vá pros quintos dos infernos, me deixe em paz" [GAS/JB].

Var.: *mandar para os quintos* (1)

≠ **Não mandar para o vigário** Não enjeitar; aproveitar: "Não mando para o vigário uma boa briga; eu mesmo tomo o caso para mim" [LM].

Var.: *não mandar para o bispo/padre*

Mandar passear Expulsar, despedir, dispensar do emprego; maneira indelicada de despedir uma pessoa, mandá-la embora: "E o Frutuoso foi mandado a passear" (Leonardo Mota, *No tempo de Lampião*) [GAS/TC].

Mandar pastar Mandar embora [CLG].

Mandar pata Correr muito; ser, o cavalo, muito corredor [AJO].

Mandar pentear asnos Lus., ant. Mandar meter-se com sua própria vida. – Esta expr., assim como seus sin. e var., tb. ocorre com outros v. auxiliares no lugar de "mandar", p. ex., "ir" (*ir pentear asnos* – que manifesta a oralização da ordem, na forma direta, no imperativo). Para saber mais, ver LCCa, pp. 27-8.

Var: *mandar pentear macaco(s)*

Mandar pentear macaco(s) *Fam.* Mandar alguém procurar o que fazer, não amolar; mandar alguém fazer algo desagradável, inútil, ridículo; convite a alguém para retirar-se ou para não aborrecer; mandar alguém meter-se com sua própria vida; mandar embora pessoa incômoda; despedir alguém: "Há apenas entre mim e ela uma ligação precária, por três anos, mas se achas a ligação indecente, desmancho tudo e mando-a pentear macacos" (Graciliano Ramos,

Cartas, p. 104). – Esta expr., assim como seus sin. e var., tb. ocorre com outros v. auxiliares no lugar de "mandar", p. ex., "ir" (*ir pentear macaco(s)* – que manifesta a oralização da ordem, na forma direta, no imperativo): "África inesquecível! Vá pentear macacos!"; "O amigo poderia ir pentear macaco e me deixar em paz"; "Menino, vá pentear macaco, pois eu tenho mais o que fazer" (Reinaldo, *Bundas*, 19/7/99, p. 15). É o revide verbal a uma impertinência, intromissão ou reparo inoportuno. Em geral, direta ou indiretamente, a expr. tem us. no modo imperativo [ABH/AN/CLG/GAS/JB/LCCa/MPa/RMJ/TC].
Sin.: *mandar agourar o boi*
Var.: *mandar pentear asnos*

Mandar pintar urubu de branco Mandar procurar o que fazer. – Esta expr., assim como seus sin. e var., tb. ocorre com outros v. auxiliares no lugar de "mandar", p. ex., "ir" (*ir pintar urubu de branco* – que manifesta a oralização da ordem, na forma direta, no imperativo): "Vá pintar urubu de branco e me deixe em paz" [JB].
Sin.: *mandar agourar o boi*

Mandar plantar batata(s) Modo de despedir ou despachar alguém com desprezo; enxotar uma pessoa; mandar procurar o que fazer; pedir que alguém não amole; mandar alguém embora: "Despache logo esse homem. Mande plantar batata" (Mário Landim, *Vaca preta e boi pintado*). – Esta expr., assim como seus sin. e var., tb. ocorre com outros v. auxiliares no lugar de "mandar", p. ex., "ir" (*ir plantar batata(s)* – que manifesta a oralização da ordem, na forma direta, no imperativo): "Murmurei entre os dentes: – Ora, fossem plantar batatas..." (João Antônio, *Sete vezes rua*, p. 38); "Ora, amigão, antes qu'eu me esqueça, vá plantar batatas" [ABH/AN/CLG/GAS/JB/MPa/OB/RG/TC].
Sin.: *mandar agourar o boi*
Var.: *mandar plantar couves*

Mandar plantar couves Mandar alguém retirar-se; pedir que alguém deixe de amolar. – Esta expr., assim como seus sin. e var., tb. ocorre com outros v. auxiliares no lugar de "mandar", p. ex., "ir" (*ir plantar couves* – que manifesta a oralização da ordem, na forma direta, no imperativo): "Vá plantar couves, homem!". Enquanto se está plantando couve, deixa-se tranquilos os outros [AN].
Var.: *mandar plantar batata(s)*

Mandar pra casa do caralho *Bras., S, NE, chulo.* Mandar alguém se danar; mandar alguém ir embora para parar de perturbar. – Esta expr., assim como seus sin. e var., tb. ocorre com outros v. auxiliares no lugar de "mandar", p. ex., "ir" (*ir para a casa do caralho* – que manifesta a oralização da ordem, na forma direta, no imperativo): "Vai pra casa do caralho, seu viado (*sic*)" [JB/MSM].
Var.: *mandar para a casa do diabo*

Mandar pra córner Despedir; mandar embora; pôr de lado: "Vou mandar pra córner este viado (*sic*) que está torrando" [ABH/JB].
Sin.: *chutar para escanteio*
Var.: *chutar para córner*

Mandar pra ponte que caiu Mandar alguém procurar o que fazer e deixar de amolar. – Esta expr., assim como seus sin. e var., tb. ocorre com outros v. auxiliares no lugar de "mandar", p. ex., "ir" (*ir pra ponte que caiu* – que manifesta a oralização da ordem, na forma direta, no imperativo): "Vá pra ponte que caiu e deixe a gente em paz" [JB]. ♦ Usada por semelhança fonética, para amenização da expressão original "mandar pra puta que o pariu".

Mandar pra porra *Bras., NE, chulo.* Mandar alguém não importunar, não aborrecer. – Esta expr., assim como seus sin. e var., tb. ocorre com outros v. auxiliares no lugar de "mandar", p. ex., "ir" (*ir pra porra* – que manifesta a oralização da ordem, na forma direta, no imperativo): "Vá pra porra!" [NL].

Mandar praquele lugar (*sic*) Despachar alguém, para que deixe de aborrecer: "Vou mandar praquele lugar quem me encher o saco." – Esta expr., assim como seus

Mandar(-se)

sin. e var., tb. ocorre com outros v. auxiliares no lugar de "mandar", p. ex., "ir" (*ir praquele lugar* – que manifesta a oralização da ordem, na forma direta, no imperativo) [JB].

Sin.: *mandar para o/pro diabo que o carregue*

Mandar pregar noutra/para outra freguesia Mandar contar suas lorotas em lugar onde acreditem nelas; mandar fazer a outro as propostas feitas num lugar; despedir alguém; mandar alguém dar opiniões a outras pessoas [AN/GAS].

Mandar procurar pelo em ovo Mandar procurar o que fazer: "Vá procurar pelo em ovo, cara, não me torre o saco" [JB].

Sin.: *mandar agourar o boi*

Mandar procurar sua turma Mandar procurar o que fazer; mandar procurar algo em que se ocupe, para não aborrecer. – Esta expr., assim como seus sin. e var., tb. ocorre com outros v. auxiliares no lugar de "mandar", p. ex., "ir" (*ir procurar sua turma* – que manifesta a oralização da ordem, na forma direta, no imperativo): "Vá procurar sua turma" [AS/JB].

Sin.: *mandar se catar* (e *ir se catar*), *mandar se coçar nas ostras*, *mandar atentar/tentar o cão com reza* (e *ir atentar/tentar o cão com reza*)

Mandar pro espaço *Bras., gír.* Demitir; afastar; punir: "Vou acabar mandando o canalha por espaço" [JB].

Mandar pro/para o inferno 1. Mandar embora, para que deixe de amolar. – Esta expr., assim como seus sin. e var., tb. ocorre com outros v. auxiliares no lugar de "mandar", p. ex., "ir" (*ir pro/para o inferno* – que manifesta a oralização da ordem, na forma direta, no imperativo). **2.** Matar: "O pistoleiro afirmou cinicamente na polícia: – Só mandei dois para o inferno"; "Tô a fim de mandar pro inferno um vagabundo" [GAS/JB].

Sin. (1): *mandar para o/pro diabo que o carregue*

Var. (1): *mandar pro inferno da pedra*

Mandar pro inferno da pedra Mandar alguém ir pra bem longe, para não importunar. – Esta expr., assim como seus sin. e var., tb. ocorre com outros v. auxiliares no lugar de "mandar", p. ex., "ir" (*ir pro inferno da pedra* – que manifesta a oralização da ordem, na forma direta, no imperativo): "Vá pro inferno da pedra e me deixe em paz" [JB].

Var.: *mandar pro/para o inferno* (1)

Mandar pro pau Executar; obrigar a pagar por meio de ação judicial: "Manda pro pau, xará, num tô tendo paciência pra esperar" [JB].

Var.: *ir pro pau*

Mandar pros diabos que o carregue (*sic*) Mandar alguém ir pra bem longe, para que pare de aborrecer. – Esta expr., assim como seus sin. e var., tb. ocorre com outros v. auxiliares no lugar de "mandar", p. ex., "ir" (*ir pros diabos que o carregue* (*sic*) – que manifesta a oralização da ordem, na forma direta, no imperativo): "Vá pros diabos que o carregue (*sic*) com suas tranqueiras" [JB]. ♦ Preservou-se, no verbete, a oralidade empregada pela fonte, inclusive com os lapsos de concordância. Pela norma padrão, o certo seria "mandar pros diabos que o carreguem".

Var.: *mandar para o/pro diabo que o carregue*

Mandar recados Ver *mandar lembranças*

Mandar repicar o sino Palavras de alegria ao receber visita de pessoa que há muito não aparecia. – Ant., quando se dava um acontecimento extraordinário mandava-se repicar o sino para prevenir a população [AN].

Mandar-se cambiar *Bras., RS.* Ir-se embora [AJO].

Mandar se coçar nas ostras Mandar alguém procurar o que fazer, para não importunar. – Esta expr., assim como seus sin. e var., tb. ocorre com outros v. auxiliares no lugar de "mandar", p. ex., "ir" (*ir se coçar nas ostras* – que manifesta a oralização da ordem, na forma direta, no imperativo) [JB]

Sin.: *mandar procurar sua turma*
Var.: *mandar se roçar nas ostras* (e *ir se roçar nas ostras*)

Mandar-se de mala e cuia Ir embora, com armas e bagagens, de uma vez: "Para tanto, já ofereceu o comando de um *talk show* pra Serginho, no mesmo horário do *Jô Onze e Meia*, que se mandou de mala e cuia pra Globo" (*Jornal da Rua*, cad. JRTevê, 29/6/99, p. 1).

Mandar-se dizer *Bras., RS*. Exprimir-se bem a respeito de um assunto, mostrando conhecê-lo: "Mandou-se dizer na mesa-redonda sobre tóxicos" [ABH/AJO].

Mandar-se dizer na estrada Ver *dar às de vila-diogo*

Mandar se foder *Chulo*. Mandar alguém procurar o que fazer, para deixar de amolar. – Esta expr., assim como seus sin. e var., tb. ocorre com outros v. auxiliares no lugar de "mandar", p. ex., "ir" (*ir se foder* – que manifesta a oralização da ordem, na forma direta, no imperativo): "Vai te foder!" [JB/MSM].

Mandar-se mudar *Bras., RS*. Ir-se embora [AJO].

Mandar sentar numa touceira de pica Ver *mandar dar o ó*

Mandar telegrama Botar um papel que corre ao longo da linha levado pelo vento até chegar à arraia (pipa, papagaio) [TG].

Mandar tirar o sofá Dar solução incompleta para o caso. – A expr. vem de uma anedota rel. a um marido enganado [AN].

Mandar tomar ar Despedir; mandar retirar; pôr fora [GAS].

Mandar tomar banho Mandar alguém procurar o que fazer, ir embora, para não amolar. – Esta expr., assim como seus sin. e var., tb. ocorre com outros v. auxiliares no lugar de "mandar", p. ex., "ir" (*ir tomar banho* – que manifesta a oralização da ordem, na forma direta, no imperativo): "A História que vá para o diabo que a carregue, e Marx, que vá tomar banho" (Nelson Rodrigues, *apud* Ruy Castro, *O anjo pornográfico*, p. 245); "– Vá tomar banho!" (Rose Marie Muraro, *Bundas*, 23/8/99, p. 9) [AN/GAS/MPa].

Sin.: *mandar agourar o boi*

Mandar tomar no cu *Chulo*. Mandar procurar o que fazer; reação de ódio, revolta, desabafo, sugerindo que o interlocutor vá ser pederasta: "Fiquei com vontade de mandar ele tomar no cu. Mas, em respeito à minha mãe..." (Valéria Piassa Polizzi, *Depois daquela viagem*, p. 25). – Esta expr., assim como seus sin. e var., tb. ocorre com outros v. auxiliares no lugar de "mandar", p. ex., "ir" (*ir tomar no cu* – que manifesta a oralização da ordem, na forma direta, no imperativo): "O grito fanhoso do papagaio cortou o diálogo: – Filho da puta! Vá tomar no cu!" (Jorge Amado, *Tocaia Grande*, p. 293); "Essas três vão tomar no cu, queira ou não queira, e tu vai apanhar na cara, jega de merda!" (Jorge Amado, *Tocaia Grande*, p. 187); "Vá tomar no cu, me deixe em paz"; "Vá tomar no cu antes queu me esqueça" (*sic*) [GM/ JB/LAFa/MSM/RG/TC].

Sin.: *mandar dar o ó*
Var.: *mandar tomar* (e *ir tomar*), *mandar tomar dentro* (e *ir tomar dentro*), *mandar tomar na bunda* (e *ir tomar na bunda*), *mandar tomar nas pregas* (e *ir tomar nas pregas*), *mandar tomar no brioco* (e *ir tomar no brioco*), *mandar tomar no fiofó* (e *ir tomar no fiofó*), *mandar tomar no franzido* (e *ir tomar no franzido*), *mandar tomar no rabo* (e *ir tomar no rabo*)

Mandar tomar onde a galinha toma Mandar alguém procurar o que fazer, para que deixe de amolar; ato revestido de ódio, de revolta, de desabafo, sugerindo que o interlocutor vá ser pederasta. – Esta expr., assim como seus sin. e var., tb. ocorre com outros v. auxiliares no lugar de "mandar", p. ex., "ir" (*ir tomar onde a galinha toma* – que manifesta a oralização da ordem, na forma direta, no imperativo): "Vá tomar onde a galinha toma e não perde a linha" [JB].

Var.: *mandar tomar onde as patas tomam*

Mandar tomar onde as patas tomam *Chulo*. Mandar alguém procurar o que fazer, para que deixe de amolar; ato revestido de ódio, de revolta, de desabafo, sugerindo que o interlocutor vá ser pederasta. – Esta expr., assim como seus sin. e var., tb. ocorre com outros v. auxiliares no lugar de "mandar", p. ex., "ir" (*ir tomar onde as patas tomam* – que manifesta a oralização da ordem, na forma direta, no imperativo): "– Vai tomar onde as patas tomam! – rosnou Aparício" (Jáder de Carvalho, *Sua majestade, o juiz*, p. 360).

Var.: *mandar tomar onde a galinha toma*

Mandar torrar o saco do boi *Bras., gír.* Forma de mandar que alguém vá irritar outra pessoa. – Esta expr., assim como seus sin. e var., tb. ocorre com outros v. auxiliares no lugar de "mandar", p. ex., "ir" (*ir torrar o saco do boi* – que manifesta a oralização da ordem, na forma direta, no imperativo): "Vá torrar o saco do boi e deixe a gente em paz" [JB].

Var.: *mandar agourar o boi*

Mandar uma letra *Bras., gír.* **1.** Fazer uma declaração: "Vou mandar uma letra pra cima do chefe, de repente arranja-se alguma coisa extra." **2.** Fazer uma declaração de amor: "Mandei uma letra pro meu amor, que adorou" [AN/JB].

Mandar um *Bras., gír. rappers.* Cantar um *rap*: "Vou mandar um pancadão (doido) e quero ver zoação do mulão" [JB].

Mandar um canudo *Desp.* Chutar: "O Cléber mandou um canudo e fez o gol" [JB].

Mandar um carvão *Bras., gír.* Fazer sexo: "Vou mandar um carvão mais tarde" [JB].

Mandar um rangão *Bras., gír.* Comer, fazer um lanche: "Combinei de encontrar com ela para ver um filme *irado* [= algo muito legal] e depois mandar um rangão" [Vivianne Banharo, *Pais & Filhos*, Família, II, set. 1998, p. 27].

Mandar um S. O. S. Fazer um pedido de socorro. – S. O. S. é sinal de socorro no código de telégrafo sem fio (... – – – ...). Estes três sinais foram adotados, talvez, pela facilidade da sua transmissão. Oficialmente, não há frase alguma interpretativa deles. Os sinais pertencem ao ant. Código Morse, meio ou sistema de comunicação em total desuso nos nossos dias [AN].

Mandar um veco Ver *botar na fita* (1)

Mandar ventarolas *Lus.* Aparentar importância, luxo, requinte de ficar pasmado; ser muito bom; ser ótimo [GAS].

Mandar ver 1. Mandar buscar: "Havia uma rês de seu ferro para mandar ver" (Manuel de Oliveira Paiva, *Dona Guidinha do Poço*). **2.** Verificar: "Pode mandar ver, o cara é bichona mesmo" [JB/TC].

Mandar vir *Lus.* **1.** Desconversar; atirar para azar; querer conversa. **2.** Zangar-se [GAS]. **3.** *Bras., fut.* Aceitar desafio de um clube para revanche [HM].

Mangar

Mangar com a tropa Troçar; desfrutar; dizer uma certa coisa que não é [GAS].

Manotear

Manotear coludos *Bras., RS.* Roubar ovelhas [AJO].

Manter

Manter (com) a corda curta Não conceder liberdade demasiada a um filho, marido ou dependente, que poderá abusar dela, ou "sair da linha". Impor regime de restrição [RMJ].

Manter a distância Não dar confiança [GAS].

Manter a ponta *Desp.* Conservar-se, clube, na liderança de um campeonato [HM].

Manter a rédea curta Não dar largas; não dar grandes liberdades [GAS].

Manter as aparências Dar demonstração externa de decoro, decência, correção, bondade, amizade, riqueza etc.: "Apesar de empobrecida fazia qualquer sacrifício para manter as aparências" [ABH].

Manter o fogo sagrado Conservar o mesmo entusiasmo, o ardor necessário para o êxito de uma causa, para o bom desempenho de um encargo. – Alusão ao fogo que as vestais eram obrigadas a manter aceso, sob pena de horríveis castigos [AN/GAS].

Marcar

≠ **Não marcar** Não valer a pena; não compensar: "Viu? Eu bem que avisei que não marcava ir até lá... Taí, foi e dançou"; "Marca não, a gente não vai conseguir, é melhor desistir logo agora" [FN].

Marcar a costela mindim *Bras., NE, CE*. Estar atento para o desfecho de certeiro golpe. – Uso rural [AN/FS/LM].

Marcar a fogo "Ferrar" a rês [FS].

Marcar bobeira *Bras., gír.* **1.** Fazer bobagem, besteira; vacilar, ficar em dúvida; bobear: "– Meus homens marcaram a maior bobeira. Recebi uma intimação da polícia" (Rogério Andrade Barbosa, *Rômulo e Júlia: os caras-pintadas*, p. 51); "– Vai ver ele andou marcando bobeira. Deixa que eu o mantenho sob controle" (Fr. Betto, *O vencedor*, p. 74); "– Contrabando. Acha pouco? Marcou bobeira, dançou" (Fernando Sabino, *O gato sou eu*, p. 42); "O cara está marcando bobeira, deu um branco nele, só pode ser"; "Não marca bobeira, xará, senão 'cê dança". **2.** *Desp*. Perder um passe ou a posse da bola por distração ou falta de malícia; estar de bobeira, dar uma de otário [ABH/HM/JB/LAF].

Sin. (1) (2): *dar uma babada*

Sin. (1): *dar (uma)mancada* (1), *dormir de touca* (1)

Var. (2): *estar de bobeira* (2)

Marcar carreira Tomar fôlego e se preparar para dar uma carreira: "Vamos marcar carreira e ver quem chega primeiro lá no rio?" [FN].

Var.: *fazer carreira* (1)

Marcar cartão Ver *fazer terra* (1)

Marcar colado Ver *marcar em cima* (2)

Marcar com (uma) pedra branca Diz-se quando se quer fazer perdurar uma lembrança querida. – Os romanos costumavam marcar com pedra branca os dias felizes. *Albo lapillo notanda dies* (expr. latina). Entre os romanos, as pedras brancas eram símbolo de felicidade. E os dias felizes, os grandes dias, eram assinalados com uma pedra branca, para recordação futura. A expr. *marcar com pedra branca* tornou-se corrente no Brasil [AN/GAS/RMJ].

Marcar com uma pedra preta *Lus*. Diz-se quando se quer fazer perdurar uma lembrança funesta [GAS]

Marcar em cima 1. Visar; acompanhar: "Eu marco em cima, comigo é assim." **2.** *Desp*. Impedir que adversário se aposse da bola, impondo-lhe forte marcação [HM/JB].

Sin. (2): *marcar colado, marcar por pressão*

Var. (2): *jogar em cima* (2)

Marcar época Diz-se de fato que dá que falar por muito tempo, que se não há de esquecer [GAS].

Marcar na paleta *Bras., RS*. Diz-se "para designar a situação em que determinado sujeito passa a ser destacado negativamente, por algum mau ato seu, e portanto o cara fica na mira daquele desafeto"; registrar o mau procedimento de alguma pessoa e não esquecer isso para o resto da vida. – Alusão ao ato de ferrar o gado [AJO/LAFa].

Var.: *marcar na picanha*

Marcar no grito *Desp*. Marcar o adversário xingando e intimidando [HM].

Marcar o campo todo *Desp*. Perseguir: "Vou marcar o campo todo, pra num deixar espaço" [JB].

Marcar o gado Ferrar: "Dizem que os vaqueiros antigos, no sertão, nem precisavam marcar o gado" (Édson d'Santana, *Ao mar!*, p. 33) [TC].

Marcar o ponto *Bras., gír*. Fazer sexo com a própria esposa: "Gosto de marcar o ponto uma vez por mês" [JB].

Marcar (o) passo 1. Movimentar os pés sem sair do lugar; simular o passo, sem avançar; mover os pés, mas sem avançar; não ir nem pra frente nem pra trás: "Tá marcando passo, amigo, assim não vai ser possível". **2.** *Fig*. Não melhorar, não progredir na carreira, no emprego etc.; não ser promovido; não mudar de situação; permanecer na mesma posição; estacionar no negócio; estacionar, sobretudo em emprego de acesso; não prosperar, ou, se o fizer, progredir lentamente (nos estudos, nos negócios etc.); esperar alguém ou alguma coisa, tempo ou oportunidade; ser preterido; não melhorar de sorte. – A expr. veio da gír. mil. [ABH/AC/AN/FF/FS/FSB/GAS/JB/TC].

Marcar ponto(s) Levar vantagem; subir de cotação: "Quero marcar ponto com o meu chefe" [GAS/JB].

Marcar por meia-pressão *Desp.* Marcar de perto, porém somente no meio de campo do time que se defende [HM].

Marcar por pressão Ver *marcar em cima* (2)

Marcar por zona *Desp.* Ação de marcar por setores do campo de jogo, à medida que o adversário invada cada um deles [HM].

Marcar presença Comparecer: "Vou marcar presença nesta festa" [JB].

Marcar seis e meia *Bras., S, SP, chulo.* Diz-se de quem está impotente: o pênis e os testículos dependurados ficam exatamente como os ponteiros do relógio quando estão marcando seis horas e meia: "O seu Zuza já anda marcando seis e meia" [MSM].

Marcar touca *Bras., gír.* Bobear: "Baby, você marcou touca / Porque eu sou carne de pescoço" (Frejat & Cazuza, "Carne de pescoço", in *Cazuza: Preciso dizer que te amo*, p. 69); "O cara ficou marcando touca e dançou de vacilão que era" [MPa/JB].

Var.: *dormir de touca* (1)

Marcar um encontro *Bras., NE.* Combinar entre vaqueiros local e hora para novo entendimento, para ter notícia de certa rês desaparecida [TC].

Marcar um gol de placa Acertar num empreendimento; ser bem-sucedido; cometer um ato de muita valia: "O empresário Dalton Guimarães marcou mais um gol de placa. Recentemente a Empresa Vitória contratou o goleiro Almeida, ex-Ceará..." (*Jornal da Rua*, 11/3/00, p. 6). ♦ Alusão a um belíssimo gol marcado por Pelé em 1961. O então repórter Joelmir Beting sugeriu a confecção de uma placa em comemoração à beleza do tento: "Um gol de placa!!! Esse gol merece uma placa!!!"

Marchar

Marchar a um de fundo Marchar um após outro, em cordão, numa só fila [AN/ABH].

Marchar com os cobres Pagar, marchar: "– Então você está pago do serviço que me prestou. Mas é de um cômico infinito o Florêncio marchar com os cobres para eu fazer uma visita à namorada dele!" (Antônio Sales, *Aves de arribação*, p. 166) [LM/FS].

Var.: *cair com os cobres*

Marear

Marear a vida *Lus., Trás-os-Montes.* Governar a vida [GAS].

Mariscar

Mariscar na água *Bras.* Pescar; apanhar peixe na água [ABH].

Mariscar no seco *Bras.* Bicar, a ave, na terra à busca de insetos, grãos etc. [ABH].

Maritar

Maritar com *Bras., S.* Juntar-se maritalmente com (Euclides Carneiro da Silva, *Dic. da gír. brasileira*, Bloch, 1973): "Mário desdobrou-se... para maritar com uma e com outra simultaneamente" (Gilvandro Gambarra, *Diário de Notícias*, Rio de Janeiro, 5/3/70, 1ª Seção, p. 13) [MSM].

Martelar

Martelar a cabeça Pensar muito; procurar recordar-se [TC].

Mascar

Mascar chiclete *Bras., gír.* Beijar na boca: "Vou querer mascar chiclete, a boca da lindinha é apetitosa" [JB].

Mascar fogo *Bras., gír.* Ficar com medo: "Tá mascando fogo, xará, qualé?" [JB].

Mastigar

Mastigar a menina *Bras., gír.* Fazer sexo: "O Nando acabou mastigando a menina. A Nandinha ficou doida" [JB].

Mastigar em seco Mastigar sem nada ingerir; ficar privado do que deseja ardentemente: "Chegavam mastigando em seco para enganar a fome, nas mais grotescas atitudes da miséria" (José Américo de Almeida, *A bagaceira*) [ECS].

Mastigar o janjão *Bras., gír.* Comer, alimentar-se: "Vamos mastigar o janjão da tia Inácia" [JB].

Mastigar sebentas *Lus., Univ. Coimbra.* Estudar [GAS].

Massagear

Massagear o ego Elogiar; valorizar; fazer a pessoa se sentir bem: "Vamos massagear o ego dele, o moço gosta de ser elogiado ou reconhecido" [JB].

Matar(-se)

Matar a bola *Desp.* **1.** Amortecer o impacto da bola no ato da recepção. **2.** Conduzir a bola até ser desarmado; "firular" [Net].
Var.: *gastar a bola*

Matar a bola no terreno *Desp.* Interromper o percurso da bola travando-a no chão, mantendo-a dominada para em seguida chutá-la [HM].

Matar a cabeça Pensar muito; procurar recordar-se ou decifrar algo; calcular; matutar: "Meu filho, não mate a cabeça com essas coisas" (João Clímaco Bezerra, *Sol posto*) [GAS/TC].

Matar a cobra e mostrar o pau 1. Vangloriar-se de ação má. **2.** *Bras.* Afirmar alguma coisa e prová-la; provar que fez determinada ação; oferecer a prova daquilo que se discute ou que está sendo posto à margem da credibilidade; proceder às claras; tomar uma decisão importante, ou perigosa, aceitando de público a sua inteira responsabilidade; esclarecer: "Do deputado Carlomano Marques (PMDB-CE) denunciando corrupção nas prefeituras, em discurso na Assembleia: '– Eu mato a cobra e mostro o pau...' Ah, bom!" (Newton Pedrosa, *Tribuna do Ceará*, 12/6/97, p. 3A); "Emiliano Zapata, maior espada e líder camponês mexicano, sempre que matou a cobra mostrou o pau!" (Lan, *Bundas*, 29/5/00, p. 2); "Iuri (o menino astronauta do Brasil) mata a cobra e mostra o pau" (*Bundas*, 10/10/00, capa); "Comigo é assim: mato a cobra e mostro o pau" [ABH/AN/CLG/GS/JB/MPa/RBA/RMJ].
Var.: *matar a cobra*

Matar a cutia/cotia de soco Ver *bater caixeta* (1)

Matar a fome 1. Extinguir a fome, comendo; comer; saciar o apetite: "Ele foi sincero e honesto. Me procurô e contô que tinha robado cana prá matá a fome" (Aristides Fraga Lima, *Mané Tomé, o liberto*, p. 77); "... fogareiro onde cozinhavam peixe para matar a fome durante a pescaria..." (Caio Porfírio Carneiro, *Da terra para o mar, do mar para a terra*, p. 19). **2.** *Bras., S.* Copular [AN/CLG/GAS/MSM].

Sin. (1): (gír.) *matar a larica*

Matar a galinha dos ovos de ouro Destruir fonte de que provinham frequentes e grandes proveitos; agir com precipitação, imprudência ou impaciência, extinguindo uma fonte de renda constante no afã de extrair resultados imediatos: "Lembrei-me de otimistas e pessimistas que conheço e conheci e considerei o quanto estamos todos sempre a cometer erros, (...) muitas vezes com a arrogância do rei que matou a galinha dos ovos de ouro para conseguir o tesouro escondido em suas vísceras" (Marcos Guedes de Oliveira, *Jornal do Comércio*, cad. JC Cultural, 10/1/00, p. 7). – A expr. é baseada numa história do folclore europeu sobre uma gansa que, em sua primeira postura, pôs um ovo de ouro. O dono, estúpido e avarento, em vez de esperar novos ovos, matou-a, para extrair desde logo o que havia dentro dela. Nas adapt. para o port., a gansa passou a ser uma galinha, ave no

Brasil mais pop. Reminiscência de uma fábula de La Fontaine [AN/RMJ].

Matar a jogada *Desp.* **1.** Amortecer com o corpo bola chutada à meia altura. **2.** Interromper com violência e deslealdade avanço de jogador adversário [HM].

Matar a larica Ver *matar a fome*

Matar a pau *Bras., gír.* **1.** Desenredar; deslindar; aclarar bem um assunto, caso etc.: "A começar pelo título: Gip! Gip! Nheco! Nheco! tirado, pra quem não sabe (eu não sabia mas meu amigo Machado matou a pau), de uma embola, *Trepa no coqueiro*, de Ari Kerner Veiga de Castro..." (Jaguar, *Bundas*, 8/5/00, p. 28). **2.** *Bras., RJ, gír.* "Arrebentar"; mandar muito bem; cumprir totalmente a expectativa; fazer tudo o que deve ser feito; acabar com a situação; "arrasar"; "abafar"; dar-se bem; liquidar; esculachar: "Hoje tá matando a pau e num tá prosa." **3.** Obter uma vitória expressiva; vencer fácil; sobressair por mérito e com vantagem (no jogo, num empreendimento); "abafar"; suplantar: "Na quarta o Ceará matou a pau o Serra, fazendo 3 x 0" (Paulo Karam, *Diário do Nordeste*, cad. Jogada, 20/8/00, p. 4). **4.** *Desp.* Desfazer jogada adversária com habilidade e rapidez; diz-se de quem jogou bem uma partida: "Matou a pau" [HM/JB/LAFa/Net].

Sin.: *fechar todas*

Matar a planta *Bras., gír. rappers.* Enfraquecer: "Tá matando a planta, gente, tá enfraquecida" [JB].

Matar a sangue-frio Matar com premeditação, sem ser na hora da ofensa [AN].

Matar a sapeira *Lus., Douro.* Matar o vício [GAS].

Matar aula *Bras.* Faltar à aula para passear ou divertir-se; não ir à escola: "Os filhos sacanas, jogando bola no campinho, até mesmo matando aula pra ir pro campinho..." (Giselda Laporta Nicolelis, *No fundo dos teus olhos*, p. 34); "Outro exemplo: matar a última aula, pois não era isso mesmo?" (Fernando Sabino, *A vitória da infância*, p. 92) [ABF/AS/JB/NL].

Var.: *enforcar/filar aula*, (CE) *gazear aula*

Matar cachorro a gritaço *Bras., gír.* Diz-se de alguém que está em/passa por situação difícil: "Na verdade, tá matando cachorro a gritaço" [JB].

Var.: *matar cachorro a grito*

Matar cachorro a grito *Bras., gír.* Encontrar-se numa situação aflitiva e/ou desesperadora; passar por momentos difíceis; estar desesperado, em situação difícil; diz-se de atitude de desespero, tomada por quem já não tem outro recurso; estar na miséria, passando necessidades; estar em mau estado financeiro; estar extremamente faminto, morto de fome: "Todo mundo anda liso, leso e louco. Vive-se, aqui, a matar cachorro a grito"; "A massa tá matando cachorro a grito" [ABF, s. v. "VARADO DE FOME"/ABH/AJO/CLG/JB/LAF/MPa/Net]. Ver ainda catálogo da McDonald's, maio/2000.

Sin.: *estar na febre-do-rato, estar na/numa pior, matar jacaré a botinada*

Var.: *matar cachorro a gritaço*

Matar charadas/a charada *Bras.* Resolver problema(s) difícil(eis); desfazer uma dúvida; compreender; entender; decifrar: "Elysio Serra, representante do Ceará [time], matou a charada no ato..." (Alan Neto, *O Povo*, cad. Esportes, 12/10/00, p. 19); "Matei a charada, entendi tudo" [ABH/GAS/JB].

Matar de amores Inspirar grande paixão a alguém [ABH/FF].

Matar de fome Dar pouca comida [AN].

Matar defunto *Bras.* Contar história já conhecida ou sabida [ABH/AN/RG].

Matar de inveja Causar grande inveja; ser muito invejado [ABH/FF].

Matar dois coelhos com uma cajadada só/só cajadada Conseguir dois com um só esforço; obter dois resultados com um só trabalho; com o mesmo trabalho conseguir dois resultados; resolver dois assuntos de uma só vez; obter dois resultados positivos com um só trabalho ou esforço; conseguir duplo proveito num só trabalho ou esforço: "Ordenou ao Branco do Brasil que lhe

Matar(-se)

concedesse um empréstimo destinado à fundação de um jornal – político matreiro, matava assim dois coelhos com uma cajadada só: gratificava o amigo e ganhava o apoio de um periódico..." (Dias Gomes, *Apenas um subversivo*, p. 125); "Preocupado em garantir que o rico dinheirinho fosse para a fundação do PSDB, que tem o presidente Fernando Henrique como um dos conselheiros, Eduardo Jorge resolveu matar dois coelhos com uma só cajadada" (Mino Pedrosa & Eduardo Hollanda, *IstoÉ*, 9/8/00, p. 29) [ABH/AN/AT/CLG/FF/GAS/MPa]. Var.: *de uma cajadada matar dois coelhos, matar dois coelhos de uma (só) cajadada*

Matar e ficar limpando a faca nas perneiras *Bras., NE.* Fazer o mal e ostentar-se impune; fazer a vítima e dela escarnecer, na certeza da impunidade, na convicção de que não sofrerá represálias [LM].

Matar em vida Fazer sofrer: "Soledade não havera de me matar em vida..." (José Américo de Almeida, *A bagaceira*, p. 114) [Gl].

Matar jacaré a botinada Ver *matar cachorro a grito*

Matar na cabeça 1. Dar resposta incisiva e desconcertante; dar golpe mortal. – Um ditado diz que é na cabeça que se mata a cobra. **2.** Resolver um problema intrincado [AN/TC].

Matar na caixa *Desp.* Interceptar com o tórax o trajeto da bola [HM].
Sin.: *matar no peito*

Matar na coxa *Desp.* Interromper o trajeto da bola empregando a coxa [HM].

Matar na unha 1. Ser cruel com uma paquera ou namorada, não satisfazendo suas expectativas; não corresponder às expectativas; privar; deixar só na vontade. **2.** Tratar uma pessoa, sobretudo empregado, com requintes de desumanidade: "Ali quando o profissional não morre em serviço, dadas as precárias condições de trabalho, eles procuram matá-lo na unha" (Neno Cavalcante, *Diário do Nordeste*, cad. 3, 8/4/00, p. 3) [CGP/TGa].

Sin. (2).: *matar no cansaço*

Matar no cansaço Ver *matar na unha* (2)

Matar no ovo Destruir antes de nascer [AN].

Matar no pé *Desp.* Interromper com a chuteira o trajeto da bola, amortecendo-a para dominá-la [HM].

Matar no peito Ver *matar na caixa*

Matar o bicho 1. Tomar um aperitivo, um trago de caninha, de pinga; ingerir aguardente ou qualquer outra bebida alcoólica; tomar um gole de bebida espirituosa: "Estava sem ter o que fazer no roçado limpo à espera de chuvas e dera-lhe vontade de matar o bicho" (Gustavo Barroso, *Praias e várzeas*, p. 45); "Viera com Maninho matar o bicho e comprar uma lasca de carne-do-sertão para chamuscar na brasa debaixo do palheiro, comer com farinha e rapadura" (Jorge Amado, *Tocaia Grande*, p. 83). **2.** Ingerir bebida alcoólica, a primeira dose do dia; beber cachaça logo ao amanhecer; tomar um gole de qualquer bebida alcoólica, especialmente antes do almoço; beber aguardente: "Mas era a frase que ele disparava quando lhe negavam uns trocados para ir matar o bicho no 'Garoto do papai', o botequim na esquina..." (Ruy Castro, *O anjo pornográfico*, p. 363). – Versões etimológicas: a) Alberto Bessa, no seu *Dic. de calão*, conta que a frase deriva do seguinte: No séc. VIII manifestou-se, num reino, que depois formou a Espanha, uma epidemia que os médicos não conseguiram debelar. Um médico de nome Gustavo García estudou a doença até que, num cadáver, conseguiu descobrir um bicho. Este reagia a todos os líquidos e só mergulhado em aguardente morreu. Daí a receita que os doentes e sãos passaram a tomar; b) Conta uma anedota que, uma vez, ao fazer uma autópsia, os médicos encontraram no coração do cadáver um verme que morreu ao receber sobre si um pouco de aguardente. Daí a prática de tomar um gole de aguardente, em jejum, para matar este bicho. **3.** (*Port.*) Beber ou comer em jejum; fazer o desjejum.

4. Expr. que designa a ingestão de aguardente com o objetivo de romper bloqueios psicológicos ou afugentar sintomas depressivos (fobias). **5.** *Bras., RS.* Realizar algum desejo antigo; fartar-se [ABH/AC/AJO/AN/FF/FSB/GAS/Gl/J&J/GS/JIF/LM/TC]. Para saber mais sobre histórico da expr., ver LCCa, pp. 164-5; RMJ, p. 191.
 Sin. (1): *beber um trago*
 Sin. (2): *tomar a abrideira*
 Var. (2): *conservar o bicho*

Matar o bicho do ouvido Enzonar; maçar com ditos e mexericos; importunar [GAS].

Matar o borrego *Lus.* Diz-se da primeira venda efetuada por empregado de comércio ou vendedora de mercado ou ambulante [GAS].

Matar o cachorrinho Fazer algum mal [AN].

Matar o frango *Bras., NE, BA, chulo.* Menstruar pela primeira vez (ver Edison Carneiro, *A ling. popular da Bahia*) [MSM].
 Var.: *matar o pinto*

Matar o galo Mostrar energia logo no começo. – Alusão a uma anedota rel. a um noivo que na noite do casamento matou com um tiro um galo que cantou perto do quarto nupcial e com isso amedrontou a noiva, fazendo dela mulher submissa [AN].

Matar o goleiro *Desp.* Vencer o goleiro vazando-lhe a meta [HM].

Matar o lance *Desp.* Interromper o curso da bola com o corpo ou com a chuteira [HM].

Matar o mandarim *Ant.* Prejudicar alguém, esperando sair impune, para disso tirar vantagem. – Expr. de or. fr. (*tuer le mandarin*), que tem sido objeto de muitas citações literárias. Seu maior mérito foi o de ter inspirado, a Eça de Queiroz, a pequena obra-prima que é a novela *O mandarim*. Surgiu de uma passagem do livro *O gênio do cristianismo*, do visconde de Chateaubriand, que, no cap. "Do remorso e da consciência", propõe nos seguintes termos um problema de consciência: "Se pudesses por um simples desejo matar um homem da China e herdar sua fortuna na Europa... consentirias em formular esse desejo?" A China entrou aí apenas como um lugar remoto, um antípodo da França. Ainda conforme RMJ, com o passar dos tempos, outros escritores (Honoré de Balzac, o primeiro) substituíram "homem da China" por "mandarim" [RMJ].

≠ **Não matar o pai com quarto de bode** Expr. utilizada por uma pessoa para negar que esteja louca: "E quem disse a você que eu fechei negócio com ele? Não matei meu pai com quarto de bode" [FNa].
 Var.: *não bater no pai com quarto de bode*

Matar o porco *Bras., gír., chulo.* Fazer sexo: "Vou matar o porco, afogar o ganso, praticar o doce esporte do sexo" [JB].

Matar o serviço 1. Deixar de ir ao serviço, ao trabalho. **2.** Fazer mal o trabalho, o serviço [LAFa, p. 115].

Matar o trabalho Não trabalhar [GAS].

Matar o verme 1. *Bras., CE.* Satisfazer a vontade de malinar, de fazer danação; satisfazer uma vontade prazerosa; realizar um desejo como se fosse um vício; saciar a vontade de: "Ave Maria, comi demais! Mas também matei meu verme de caranguejo." – Fumar um cigarro, "bater um racha" (jogar bola), são ex. de "matar o verme". **2.** *Bras., BA.* Beber cachaça; embriagar-se [AS/CGP/FNa/MGb/TG/TGa].

Matar quem estava nos matando Saciar a fome ou a sede: "Arre! Eu estava mas era arado de fome; matei quem estava me matando..." [LM].

Matar saudades Apagar nostalgias: "Uma bebedeira no sábado, ouvindo os gemidos da sanfona para matar as saudades, era sua única diversão com os companheiros..." (Romeu de Carvalho, *Carro Doce*, p. 23) [GAS].

Matar-se a trabalhar Trabalhar muito [GAS].

Matar (o) tempo Empregar, gastar o tempo em qualquer ocupação que sirva apenas para afastar o tédio e a inação; distrair-se; recrear-se; entreter-se; ter uma distração, um entretenimento; gastar o tempo ocasionalmente; ocupar-se contando piadas; empregar o tempo disponível em operações transitórias; passar o tempo com qualquer divertimento, trabalho ou leitura; entreter-se com coisas desnecessárias para deixar passar o tempo: "– Meus senhores, que propõem para matar o tempo? Vamos a uma partida de manilha?" (Graça Aranha, *Canaã*, p. 143); "Durante o voo, seu secretário, Armando Pascoal, para matar o tempo, enfiou a mão naquele monte de *scripts* e tirou um para ler: era *O pagador*" (Dias Gomes, *Apenas um subversivo*, p. 169); "E se converso de mais, é porque a gente precisa matar tempo, não sapecar tudo logo de uma vez" (Graciliano Ramos, *Alexandre e outros heróis*, p. 73) [ABH/AN/FF/F&A/GAS/TC].

Var.: *encher/queimar o tempo*

Matar uma charada Decifrar uma charada [DRR].

Matar um boi *Bras., gír.* Matar: "Vou matar um boi e partir pra outra" [JB].

Matar um careta *Bras., gír.* Fumar um cigarro: "Vamos matar um careta, gente?" [JB].

Matar um gambá *Bras., gír. rappers.* Fumar maconha: "Matar um gambá, gente, é um luxo só, é só para relaxar" [JB].

Matar zezinho *Bras., NE, PE, chulo.* Masturbar-se [MSM].

Matricular

Matricular o menino *Bras., CE.* Fugir na hora do expediente para fazer sexo [TGa].

Medir

Medir as armas Ver *tirar um cotejo*

Medir as palavras Atentar bem no que diz; falar com prudência e circunspecção; tomar cuidado no que diz; falar com toda a circunstância e prudência; saber o que diz; ter cautela em não falar inconveniências ou de coisas que não pode provar [ABH/AC/AN/FF/GAS/TC].

Var.: *pesar as palavras*

Medir a temperatura de *Bras., gír., chulo.* Masturbar a mulher: "Vou medir a temperatura dela, despertar a fera" [JB].

Medir de alto a baixo Observar dos pés à cabeça [GAS].

Medir (as) forças Disputar com alguém, velada ou acirradamente, um cargo, posição ou jogo de ideias; experimentar as forças com outrem: "Irritado com os pitos públicos que tem recebido de ACM, Fernando Henrique simplesmente estimulou Jáder a medir forças com o Toninho Malvadeza" (*IstoÉ*, 29/9/99, p. 25) [GAS].

Medir largo e cortar estreito *Lus.* Prometer muito e cumprir pouco; fazer promessa(s) de vulto e dar muito menos que o prometido [ABH/GAS/LM].

Var.: *prometer largo e dar estreito, riscar largo e cortar estreito*

Medir o chão 1. Estatelar-se no chão; cair em terra. **2.** *Bras., NE, chulo.* Defecar [AN/GAS/MSM].

Sin. (2): *amarrar a gata* (2)

Medir o tempo Não desperdiçar tempo; aproveitar o tempo [GAS].

Medir (tudo) pela mesma bitola Não fazer distinção entre o bom e o mau, entre o bem e o mal; considerar tudo igual [AN/FF/GAS].

Sin.: *medir pela mesma craveira*

Medir pela mesma craveira Ver *medir (tudo) pela mesma bitola*

Melar

Melar a vara *Bras., CE, chulo.* Estragar um negócio; estragar tudo; estragar ou atrapalhar uma coisa; "sujar": "Celular mela a vara de dois malacas" (*Jornal da Rua*, 1º/6/99, p. 1) [AS/CGP/TGa].

Sin.: *cagar (n)o pau*

Var.: *melar a vareta*

Melar o bico Tomar uma (dose de cachaça ou de outra bebida alcoólica); provar alguma bebida ou beliscar alguma comida [AS/CGP/TGa].

Melar o jogo *Desp.* **1.** Acabar a partida antes do tempo normal por grave perturbação da ordem **2.** Tumultuar o jogo com provocações e lances violentos [HM].
Sin. (1) (2): *fazer um salseiro*
Sin. (1): *fazer borbolha, fazer um estrago, fazer um selo*
Sin. (2): *fazer quizumba*

Melar o lance *Bras., gír.* "Furar"; não dar certo; frustrar: "Quando cheguei em casa, a patricinha ligou dizendo que *foi mal* (desculpa) porque o velho dela melou o lance e encrencou, mas tô achando essa história um *caô* (mentira)" [Vivianne Banharo, *Pais & Filhos*, Família, II, set. 1998, p. 27].

Melhorar

Melhorar o astral *Bras., gír.* Ficar de bom humor: "Preciso melhorar o astral, levantar a cabeça e agir" [JB].

Menear

Menear casco *Bras., RS.* Correr muito, o parelheiro [AJO].

Menear o corpo Fazer negaceios com o corpo [AJO].

Mentir

Mentir como sobrescrito de carta Não ser verídico. – Os sobrescritos mentem atribuindo aos destinatários títulos que estes não possuem [AN].

Mentir com quantos dentes tem na boca Mentir com intenção, completamente; faltar à verdade em absoluto [AN/GAS].

Mentir fogo *Bras.* **1.** Falhar (arma de fogo); não detonar: "– A bom diabo te encomendaste hoje que o meu bacamarte mentiu fogo duas vezes – disse Cabeleira" (Franklin Távora, *O Cabeleira*, p. 37). **2.** *Fig.* Falhar; esmorecer; faltar; fraquejar; fugir da parada: "Parecia muito disposto, mas, na hora da onça beber água, mentiu fogo" [ABH/AN/FN/FS/LM/TC].
Var.: *negar fogo* (1) (3)

≠ **Não mentir fogo** Não falhar: "– Eu sabia era que um fato de ovelha preta em cima da cabeça de quem sofre do juízo é meizinha que não mente fogo" (Leonardo Mota, *Sertão alegre*, p. 79). – Na forma negativa, a expr. é us. para referir-se a pessoa de princípios ou ações imutáveis ou a determinada coisa que não falha [Gl/TC].

Mentir pela gorja Mentir deslavadamente, descaradamente, com o maior cinismo: "... E isso me dizeis vós em minhas barbas, dom vilão desbragado? Mentis pela gorja, perro aleivoso que sois" (Arnaldo Gama, *Última dona*, cap. 14, 1864, p. 263); "Mente pela gorja o censo comum. Iludem-nos refalsadamente a experiência, a lógica, a verossimilhança" (Rui Barbosa, *Diário de Notícias*, 29/9/1889). – A expr. era us. nos ant. desafios, com que os desafiados desmentiam e afrontavam um ao outro [ABH/AN/ECS/FSB/RMJ].

Mentir por quantas juntas tem no corpo Mentir de todas as maneiras [AN].

Mentir que só cachorro de preá Mentir muito; ser mentiroso habitual: "Esse leva-e-traz está mentindo que só cachorro de preá" (Nelson Lustosa Cabral, *Paisagem do Nordeste*) [TC].

Merecer

≠ **Não merecer a mínima** Não merecer confiança: "Não merece a mínima este filho da puta" [JB].

Merecer cartão *Desp.* Cometer infração que por sua natureza impõe punição com cartão amarelo ou vermelho, isto é, advertência ou expulsão [HM].

≠ **Não merecer o que come** Ser pessoa indolente, preguiçosa, ociosa, inútil na sociedade [AN/GAS].
Var.: *não merecer o pão que come*

Mergulhar

Mergulhar de cabeça *Bras., gír.* Envolver-se: "Vou mergulhar de cabeça nesta questão" [JB].

Mergulhar em temporada de sombra e água fresca *Bras., gír.* Entrar em férias: "Vou mergulhar em temporada de sombra e água fresca, já não é sem tempo" [JB].

Mergulhar fundo Ir longe: "Vou mergulhar fundo pra ver o que dá" [JB].

Var.: *pisar fundo*

Mermar

Mermar o corpo *Bras., RS.* Procurar, o cavaleiro, ficar com o corpo mais leve, não se firmando tanto nos estribos [AJO].

Meter(-se)

Meter a bala Disparar a arma [TC].

Meter a barba no cálice sem dizer a missa Fazer asneira antes de começar a fazer o que tem de cumprir [GAS].

Meter a batata Insinuar-se; pretender agradar [GAS].

Meter a biriba *Bras., CE.* Espancar, surrar de cacete: "Você se cale, senão meto-lhe a biriba..." [AN/FS].

Meter a boca no mundo 1. Gritar escandalosamente. **2.** Propalar; falar tudo o que sabe; sair-se com indiscrição: "Abrimos a página ao lado para Antônio mostrar o pai da criança, Mick Jagger, aquele que meteu, inclusive, a boca no mundo" (Chico Caruso, *Bundas*, 23/8/99, p. 32) [TC].

Var.: *botar a boca no mundo* (1) (2) (5)

Meter a boca pra cima Comer com avidez, com entusiasmo [TC].

Meter a bomba *Desp.* Chutar muito forte em direção ao gol adversário [HM, s. v. "BOMBA"].

Sin.: *meter o charuto, meter o espeto, meter o joanete nela, meter o penacho nela*

Meter a borduna *Bras., gír.* Bater: "Vou meter a borduna neste viado (*sic*) antes quele me apronte uma" [JB].

Var.: *baixar a borduna*

Meter a broca *Bras., gír.* Trabalhar: "Vou meter a broca pois tá chegando a hora da verdade" [JB].

Meter a bronca *Bras.* **1.** Censurar; criticar: "Meteu a bronca na sua verdadeira terra" (Mário Landim, *Vaca preta e boi pintado*). **2.** *Gír.* Bater; dar uma surra; espancar [NL/TC].

Var. (1): *dar a (maior)/uma bronca*

Meter à bulha Incitar a polêmicas e discórdias; animar a que se faça alguma coisa [AN/GAS].

Meter a cabeça 1. Observar; ver. **2.** Corcovear (diz-se de animais); ginetear. **3.** Afoitar-se em determinada empresa; agir desassombradamente [FS/GAS/TC].

Sin.: *meter a(s) cara(s)*

Meter a caceta *Chulo.* Fazer sexo: "Legal mesmo é meter a caceta numa buça" [JB].

Meter a cachaporra Espancar. – "Cachaporra" é "cacete, bengalão". Há uma cantiga de congos que diz: "Zabelinha, Zabelão, / Zabelinha come pão... / Cachaporra para o padre / E também pro sacristão!" [GAS/LM].

Meter a caminho Encaminhar alguém para o lugar certo [GAS].

Meter a(s) canela(s) no mundo Ir embora; viajar, ir para bem longe; fugir; desaparecer; pôr-se a andar [TC].

Sin.: *arribar o pé no mundo*

Var.: *enfincar/fincar as canelas no mundo, meter a cara no mundo* (2), *meter a(s) perna(s) no mundo, meter a sola no mundo*

Meter à cara Exibir; tentar que uma pessoa se interesse por determinada pessoa ou coisa [GAS].

Meter a(s) cara(s) *Bras.* **1.** Criar coragem; dispor-se corajosamente a; atrever-se; ousar; agir; afoitar-se em determinada empresa; agir desassombradamente: "Vou ter que meter a cara pra resolver isto." **2.** Apresentar-se sobranceiramente; aparecer: "É preciso meter a cara." **3.** Enfrentar; enfrentar uma situação com decisão; entrar em algum lugar sem hesitação, sem cerimônia; vencer a timidez e enfrentar a situação: "E toca para S. Paulo, meter a cara na lavoura do café" (Graciliano Ramos, *Angústia*, p. 94); "– Vamos meter a cara pelo matagal. Assim a gente tem mais o que contar depois" (Antônio Callado, *Quarup*, I, p. 317); "Vou meter a cara, pagar pra ver" [ABH/AN/F&A/FS/GAS/JB/MPa/TC].

Meter(-se)

Sin.: *meter a cabeça* (3), *meter as ventas*, *meter o(s) peito(s)*

Meter a cara em *Bras., pop.* Fazer algo com grande interesse ou paixão; empenhar-se com afinco em: "Meteu a cara nos estudos e conseguiu a aprovação" [ABH].

Meter a cara na arca do mundo Prostituir-se: " – Que é feito daquela mulher? – Meteu a cara na arca do mundo" (Valdemar Alves Pereira, *Entre excelências e majestades*, p. 46) [VAP].

Meter a cara no cu de um burro *Chulo.* Sentir-se envergonhado a ponto de evitar encontrar com as pessoas [AN].

Meter a cara no mundo 1. *Desp.* Dominar a bola no próprio campo e avançar com ela driblando e em alta velocidade, objetivando o gol. **2.** Ir embora; fugir [HM/TC].

Var. (2): *meter a(s) canela(s) no mundo*

Meter a catana em *Bras., fam.* Falar mal de; falar contra alguém; maldizer de; difamar; retalhar a reputação alheia; fazer comentários desairosos, insistentes, implacáveis: "Durante todo o tempo só se ocupou em meter a catana no presidente" [ABH/AC/AN/AJO/CPL/FF/GAS/LCCa/LM/RG].

Sin.: *meter a ronca em* (2)

Meter a chapa nela *Desp.* Bater forte na bola [HM].

Meter a chibata *Bras., NE.* **1.** Açoitar; bater; surrar: "– Pois é... Quando ela vem da fonte o moleque mete a chibata gritando 'Passa daí, Né Guiné'..." (José Sarney, *Norte das águas*, p. 31). **2.** *Chulo.* Ter relações sexuais [CGP/TGa].

Meter a choupa *Lus.* **1.** Mentir. **2.** Conseguir extorquir dinheiro por empréstimo [GAS].

Meter a colher 1. Intrometer-se em conversa a que não se é chamado; meter-se em conversa alheia; dar a opinião sem solicitação, de graça; intervir num assunto que está sendo discutido em nossa presença, mas sem nossa participação; meter-se onde não é chamado, entrar na conversa dos outros; envolver-se; querer se meter nas coisas achando que sabe em que está se metendo; intrometer-se abelhudamente onde não deve: "Eu também me julgo com o direito de meter a colher nos assuntos da praia de Iracema..." (Milton Dias, *O Povo*, cad. Cultura, 17/10/82, p. 11). – É usual a forma interrogativa: "Posso meter a minha colher?" **2.** Intervir administrativamente: "MEC vai meter a colher no Fundef" (*Jornal da Rua*, 8/6/99, p. 3) [ABH/AC/AN/CGP/CLG/FF/GAS/JB/OB/RG/RMJ/TC/TGa].

Sin. (1) (2): *meter o canudo*

Sin. (1): *meter a palheta*, (fam.) *meter a sua colherada*, *meter o bedelho*, *meter o focinho*

Var. (1): *meter a colher enferrujada*, *meter a colher de pau*

Meter a colher de pau *Bras.* Envolver-se: "Posso meter a colher de pau, mas não me agrada" [JB].

Var.: *meter a colher*

Meter a colher enferrujada Intrometer-se: "Não venha meter a colher enferrujada aqui, não vou aceitar isso" [JB].

Var.: *meter a colher*, *meter a colher ferrugenta*

Meter a cote *Lus.* Começar a usar uma coisa [GAS].

Sin.: *meter a uso*

Meter a cuia *Lus.* Dar uma cabeçada [GAS].

Meter a desgraça em Espancar, castigar, matar alguém: "Se ele der em mim, eu meto a desgraça nele" (Luís Cristóvão dos Santos, *Brasil de chapéu de couro*) [TC].

Meter a direita *Desp.* Chutar a bola com a perna com que é hábil: "Meteu a direita nela" [HM].

Meter a escova Mentir [GAS].

Meter a espada *Bras., gír., chulo.* Fazer sexo: "Hoje vou meter a espada na Lurdinha" [JB].

Sin.: *meter a lança*

Meter a estopa *Lus.* Burlar alguém, à maneira dos vigaristas; fraudar [GAS].

Meter a faca 1. Suprimir; cortar; amputar. **2.** Esfaquear [AN/TC].

Var.: *comer (à/de/na) faca*

Meter(-se)

Meter a faca no pescoço Pôr em aperto [AN].

Meter a foice em/na seara alheia Intrometer-se no trabalho, nas atribuições ou na área reservada a outrem; falar de assuntos em que se não tem competência, ou que são da competência de outros [AN/GAS].

Meter água Fazer ou dizer asneira; ter um deslize; errar [GAS].

Meter agulhas por alfinetes 1. Empregar todos os meios para vencer dificuldades. **2.** Enganar-se na descrição de uma coisa mas conseguir fingir que está certo [GAS].

Meter a lança *Bras., gír*. Fazer sexo: "Meti a lança e me dei bem" [JB].

Sin.: *meter a espada*

Meter a lenha *Bras., pop*. **1.** Surrar; espancar; bater; esbordoar; ripar; agredir fisicamente: "Entrou com a chibata e meteu a lenha até nos cabritos" (Caio Porfírio Carneiro, *Trapiá*). **2.** Dizer mal de; criticar; malhar; detratar; ofender com palavras: "Leitor do *JB* meteu a lenha no governo FHC" (*JB*, p. 385); "Tome um banho e venha meter a lenha nesse canalha" (Odálio Cardoso de Alencar, *Recordações da comarca*) [ABH/FS/JB/TC].

Var.: *descer a lenha* (2) (3)

Meter alguém à nora Meter alguém em assunto de difícil solução; desnortear alguém [GAS].

Meter alguém em fofas Gabar muito, lisonjear alguém para que se torne vaidoso; instigar alguém para cometer uma determinada ação [GAS].

Meter alguém no círculo de Popílio Pôr alguém numa situação da qual não é possível sair de modo evasivo. – O cônsul Caio Popílio Lenas foi enviado pelo senado ao rei Ontíoco Epifânio, da Síria, a fim de obrigá-lo a renunciar às suas conquistas. Dizendo o rei que ia entregar o caso ao seu conselho, Popílio, traçando um círculo na areia com sua espada, intimou-o a responder antes de sair do círculo. Ontíoco pensou um instante e depois anuiu aos desejos do senado romano (Cícero, *Filípicas*, VIII) [AN].

Meter alguém numa alhada Envolver alguém num enredo, numa intriga. – A alhada é um alimento indigesto [AN].

Meter alguém por dentro Fazer alguém calar ou ficar acanhado [GAS].

Meter a língua Maldizer; criticar; falar mal, comentar algo sobre alguém com maledicência; apelar: "– Não vá só. Leve ao menos Xavinha. Senão o povo estranha e mete a língua" (Rachel de Queiroz, *Dora, Doralina*, p. 60) [TC].

Var.: *meter a língua em cima*

Meter a língua na boca 1. Calar-se. **2.** Diz-se tb. dos namorados muito derretidos, fazendo carícias [GAS].

Meter a língua no fim do espinhaço *Bras., chulo*. Calar-se [ABH].

Meter a língua no saco Não dizer mais nada [GAS].

Meter a mamona *Bras., gír*. Bater: "Meti a mamona no vagabundo que pediu clemência" [JB].

Var.: *baixar a mamona*

Meter a mão 1. Bater; espancar; esbofetear; agredir com tapas e socos. **2.** Vender caro; roubar; apoderar-se indebitamente: "Este cabrito andou fazendo arte, metendo a mão" (Caio Porfírio Carneiro, *Trapiá*); "O ministro tá metendo a mão, vai ficar ainda mais rico"; "Meteu a mão no dinheiro alheio". **3.** Examinar; estudar; tomar conhecimento. **4.** Intrometer-se: "Ele está metendo a mão onde não é chamado." **5.** *Bras., gír. funks*. Sacar a arma: "Vamos meter a mão, cidadão, para dar um banho nestes indiotas" (*sic*) [ABH/AN/CGP/FF/GAS/JB/TC].

Var. (1) (2): *enfiar a mão*
Var. (2): *passar a mão em* (2)

Meter a mão aos arames *Lus*. Puxar da navalha [GAS].

Meter a mão até ao cotovelo Exceder-se [GAS].

Meter a mão em buraco de tatu *Bras*. Referência que se faz dos riscos existentes no tocante aos buracos onde moram tatus e podem, igualmente, ser ocupados por

Meter(-se)

serpentes [RBA]. ♦ Expr. bastante divulgada a partir de uma interpretação musical do saudoso cantor Luís Gonzaga, apelidado Lua, ou Gonzagão.

Meter a mão na cara Esbofetear: "Meteu-lhe a mão na cara. Ele mesmo se gabou a mim..." (Raquel de Queiroz, *João Miguel*, p. 117); "... era voltar, bater na porta da tal mulher e meter-lhe a mão na cara" (Fernando Sabino, *A vitória da infância*, p. 89) [AN/TC].
Sin.: *partir a cara*
Var.: *lascar a mão na cara*

Meter a mão na consciência Examinar os próprios atos, os próprios sentimentos; fazer meditação sobre certo assunto; fazer análise do procedimento próprio; pensar, meditar, a fim de reconhecer se está ou não em falta ou erro [ABH/AC/AN/FF/GAS].
Sin.: (lus.) *meter a mão no seio*
Var.: *botar/pôr a mão na consciência*

Meter a mão na draga *Bras., gír.* Sacar a arma: "Vou meter a mão na draga e arrebentar estes filhos da puta" [JB].
Sin.: *meter a mão na turbina*

Meter a mão na lata Esbofetear; bater; dar taponas; ir à cara de alguém: "O mais besta pisa e o outro manda-lhe a mão na lata" [GAS/TC].
Var.: *mandar a mão na lata, mandar a mão no pé da lata, meter a mão no pé da lata*

Meter a mão na massa 1. Entrar na discussão. 2. *Bras., gír.* Roubar: "Mas (o presidente) criou uma enorme marola, responsável pela impressão de que estava metendo a mão na massa como muitos, como 'os outros'" (Roberto Pompeu de Toledo, *Veja*, 21/5/97, p. 35) [GAS/JB].
Var. (2): *meter a mão no jarro*

Meter a mão na turbina *Bras., gír.* Sacar a arma: "Malandro meteu a mão na turbina e empapuçou o dedo nervoso de bala" [JB].
Sin.: *meter a mão na draga*

Meter a mão no bolso de alguém Roubar: "O governo tá metendo a mão no meu bolso, tá me tungando" [JB].

Meter a mão no coração de alguém Penetrar nas intenções de alguém [GAS].

Meter a(s) mão(s) no fogo por Sustentar a veracidade de uma afirmativa por todos os meios e com a maior convicção; responsabilizar-se; aprovar; avalizar em branco; eximir alguém de culpa: "– Por ela eu puno: meto a mão no fogo..." (Domingos Olímpio, *Luzia-Homem*, p. 20); "– Positivamente. Sou reservado porque há muito incrédulo, mas juro, meto a mão no fogo" (Graciliano Ramos, *Caetés*, p. 17); "Não meto a mão no fogo por gente de caráter duvidoso" [FS/JB/LM/MPa/RBA/RMJ].
Var.: *botar a mão no fogo por*

Meter a mão no jarro *Bras., gír.* Roubar: "O cidadão é maneta, mas gosta de meter a mão no jarro" [JB].
Var.: *meter a mão na massa* (2)

Meter a mão no patuá de sacumirim *Bras., gír.* Meter a mão no bolso, gastar dinheiro: "O irmãozinho meteu a mão no patuá de sacumirim e pagou um papá esperto pra rapaziada" [JB].

Meter a mão no seio Ver *meter a mão na consciência*

Meter a munheca na grana *Bras., gír.* Roubar: "O malandro meteu a munheca na grana, limpou o tacho e lambeu os beiços" [JB]. ♦ Há uma intenção eufêmica na expr., um claro abrandamento da ação de roubar.

Meter a napa *Bras., gír.* Cheirar cocaína: "Vou meter a napa na brisola [= cocaína], quero dar um levante em mim" [JB].

Meter a nocaute *Desp.* Derrubar jogador ou juiz com bolada violenta [HM].

Meter ao barulho *Lus.* Tomar parte numa desordem [GAS].

Meter a palheta Ver *meter a colher* (1)

Meter a palmatória em Ver *baixar a ripa* (1) [TC].

Meter a pata 1. *Bras., RS.* Cometer uma gafe. 2. Estragar uma situação. 3. Entrar em conversa alheia, de outras pessoas; intrometer-se [ABH/AJO/AN/GAS/TC].
Var.: *botar/pôr a pata*

Meter(-se)

Meter a pata na poça *Lus*. Errar; dizer o que assim não é; fazer asneira [GAS].

Meter a peia 1. Surrar; espancar; dar pancada, soco. **2.** Dizer mal de alguém; destratar [AN/BB/CGP/FS/LM].
Sin. (1): *dar uma(s) chapuletada(s)*
Var. (1): *baixar a peia*

Meter a perna Pôr-se a andar; ir embora; fugir; partir; evadir-se [TC].
Var.: *meter a(s) perna(s) na catinga/estrada, meter a(s) perna(s) no mato/mundo*

Meter a pique 1. Fazer navio afundar ou submergir. **2.** *Fig*. Afundar; perder-se; arruinar-se [AN/ECS/FF].
Var.: *pôr a pique*

Meter à poche *Lus*. **1.** Guardar. **2.** Chamar a si. – *Poche*: palavra fr. que significa "algibeira" [GAS].

Meter a porrada Bater: "Meti a porrada naquele filho da puta" [JB].
Var.: *baixar a porrada*

Meter a preaca *Bras*., *MA*. Espancar [AN/DVF].

Meter a pulga no ouvido Instalar a dúvida ou o ciúme; instigar ao crime [GAS].

Meter a ridículo Troçar de alguém em público; tornar objeto de mofa ou de escárnio [FF/GAS].

Meter a ripa 1. *Bras*., *pop*. Açoitar; espancar; dar pancada. **2.** Criticar; detratar; falar mal de: "Considerando que os políticos da Arena, em sua maioria, procuram não se confundir com o governo e, na última reunião que o Bonifácil convocou, eles passaram horas e horas metendo a ripa no governo" (Henfil, *Cartas da mãe*, p. 26) [FF/RG].
Var.: *baixar a ripa* (1) (2)

Meter a riso Ridicularizar: "Prossegui metendo a riso a traça mercantil..." (Camilo Castelo Branco, *A mulher fatal*) [ECS].
Var.: *pôr/tomar a riso*

Meter a ronca em *Bras*. **1.** Açoitar; bater; dar bordoada grossa; dar pancada. **2.** Falar mal de; depreciar o caráter de uma pessoa ou as qualidades de uma coisa; reduzir à expressão mais simples; criticar; difamar; detratar; maldizer; espinafrar; esculhambar: "O povo é mesmo aleivoso, mete a ronca na coitada como se ela fosse mulher-dama" (Ricardo Ramos, *Os caminhantes de Santa Luzia*); "Qualquer dia o padre Amâncio mete a ronca nessa pouca-vergonha" [ABH/AJO/AN/GAS/JB/LM/PJC/RMJ].
Sin. (1) (2): *baixar a ripa* (1) (2)
Sin. (2): *meter a catana em*

Meter a saque *Lus*. Saquear: "Diz que metem a saque tudo quanto topam..." (Camilo Castelo Branco, *Carlota Ângela*) [ECS/GAS].
Var.: *dar a saque, meter a saco*

Meter as botas em Criticar desfavoravelmente, acrimoniosamente; falar mal de alguém em sua ausência, como se desse pontapés morais; tratar mal uma pessoa, com desprezo ou com agressividade: "O mais desapontado de todos foi o autor do expediente, que viu fenecer no nascedouro uma fonte de possíveis réditos. Também sabia vingar-se, metendo as botas no desconfiado médico" (Visconde de Taunay, *Memórias*) [ABH/AJO/AN/FS/GAS/RMJ].

Meter as costas dentro Sofrer uma coisa difícil ou custosa; transportar às costas um grande peso [GAS].

Meter a Sé na Misericórdia Pôr uma coisa grande dentro de outra pequena. – Alusão a duas igrejas da cidade do Salvador [AN].

Meter as mãos em Querer explorar (a pessoa, a coisa): "Mas deixa pra lá. Eu é que não vou meter as mãos nesse óleo sujo..." (Orígenes Lessa, *Aventuras do Barão de Münchhausen*, p. 111).

Meter as mãos nas algibeiras Roubar [GAS].

Meter a sola 1. Bater; açoitar; espancar: "Ela conta que a violência é provocada também por policiais e garotos de programa que metem a sola quando veem um travesti" (*Jornal da Rua*, 27/6/99, p. 3). **2.** Criticar: "No *Bote a Boca no Trombone* a população mete a sola no trânsito de For-

Meter(-se)

taleza. É engarrafamento que só" (*Jornal da Rua*, 1º/2/00, p. 1) [TC].
Sin.: *baixar a ripa* (1) (2)
Var. (2): *meter sola*

Meter a sola no mundo Ir embora; viajar para bem longe; fugir: "Metem a sola no mundo vindo para cá da banda do Parnaíba" (Francisco de Brito, *Terras bárbaras*) [TC].
Var.: *meter a(s) canela(s) no mundo*

Meter a sua colherada Ver *meter a colher* (1)

Meter as ventas Afoitar-se: "Onde você metê as ventas, o papai aqui tá na rabada" (Cândido Carvalho Guerra, *Do calcinado agreste ao inferno verde*) [TC].
Sin.: *meter a(s) cara(s)*

Meter a taca em *Bras., NE, CE, fam.* **1.** Surrar, açoitar, espancar: "Aquele carroceiro é malvado, mete a taca sem dó nem piedade nos pobres dos burros..." **2.** *P. ext.* Criticar; destratar; falar mal; maltratar com palavras; difamar; censurar; meter a ronca: "Quando a gente sai, eles metem a taca na gente!..." [ABH/AN/FS/TC].
Sin.: *baixar a ripa* (1) (2)

Meter a toca /ó/ *Lus.* Falar mal de alguém [GAS].

Meter a um canto Suplantar [GAS].

Meter a uso Ver *meter a cote*

Meter avante Facilitar o êxito [AN].

Meter a vara *Chulo.* Fazer sexo [JB].

Meter a viola no saco *Fam.* Não ter o que responder ou contestar; ficar quieto; decepcionar-se; calar-se de medo ou por outra conveniência qualquer; calar(-se); emudecer; embatucar; ser obrigado a aceitar alguma coisa; acovardar-se; deixar sorrateiramente o local onde se encontre: "Quando o Uniclinic empatou, os cartolas tricolores meteram a viola no saco e saíram mais cedo" (Alan Neto, *O Povo*, 14/5/99, p. 16A). – Era o sinal do acabamento da festança (ver *Rev. Lus.*, XXXVI, p. 172) [ABH/AC/AJO/AN/CLG/GAS/JB/RBA].
Var.: *botar a viola no saco*

Meter bala 1. Matar: "Meti bala nele, nem conversei." **2.** Atirar, sem um alvo certo: "Eles anunciaram o assalto e ameaçaram meter bala no comerciante caso não entregasse o dinheiro que estava guardado em sua residência" (*Jornal da Rua*, 1º/6/99, p. 9) [JB].
Sin. (1): *meter chumbo*
Var. (1): *torar na bala*

Meter bomba *Lus., Univ. Coimbra.* Dizer coisas que o mestre/professor não espera [GAS].

Meter brasa *Bras., gír.* Atirar [GS].

Meter bronca *Bras., RS.* Fazer o que deve ser feito; encarar a tarefa; ir em frente; resolver-se; trabalhar; agitar: "Mete bronca enquanto é tempo" [JB/LAF/LAFa].

Meter butes *Lus.* Meter conversa; insinuar-se [GAS].

Meter carvão Comer e beber [GAS].

Meter carvão na máquina Comer [AN].

Meter chumbo Matar: "Vou acabar metendo chumbo nele" [JB].
Sin.: *meter bala* (1)

Meter com *Bras., PE, chulo.* Praticar ato sexual: "Ele vai meter com..." [BB].

Meter cunhas/uma cunha *Lus.* Fazer um pedido, uma recomendação; diz-se de alguém influente que recomenda uma pessoa [GAS].
Sin.: *meter empenhos*

Meter das gordas *Lus.* Impingir histórias ou mentiras [GAS].

Meter debaixo dos pés Calcar; oprimir; tiranizar [GAS].

Meter de cabeça 1. *Bras., NE, CE.* Corcovear; ginetear; corcovar; curvetear: "Burro brabo não é gente; tanto dá coice como mete de cabeça." **2.** Desembestar; tornar infrene, sem freio, desordenado [ABH/AN/Gl/LM/RG].

Meter de ló Chegar o mais possível a proa da embarcação à linha do vento, a fim de que o navio orce rapidamente até tocar a bolina ou virar por de avante (*sic*) [ECS].

Meter (o) dente *Lus.* Compreender; entrar no assunto; perceber coisas difíceis [GAS].

≠ **Não meter dente** *Lus.* **1.** Não vencer dificuldades ou resistências. **2.** Não comer. **3.** Não provar. **4.** Não conseguir os intentos. **5.** Não compreender nada de uma coisa. **6.** Não lucrar [GAS].

Meter dentro Arrombar; introduzir; fazer entrar; aprisionar; meter na prisão [GAS].

Meter de rosca *Bras., desp.* Chutar a gol, com efeito: "O Amoroso meteu de rosca lá na gaveta do Veloso" [JB].
Sin.: *meter de trivela*

Meter de trivela Ver *meter de rosca*

Meter dias *Lus.* Lisonjear; adular [GAS].

Meter dó Causar pena, comiseração: "Boi entrado ali punha-se logo de costelas à mostra, encaroçado de bernes, triste e dolorido de meter dó" (Monteiro Lobato, *Urupês*, p. 113) [GAS].

Meter em boa *Fam.* Fazer entrar em negócio arriscado [FF].

Meter em/os brios Estimular alguém a agir da melhor maneira possível [ABH].

Meter em cana Prender: "Filha berra no *celular* e mete dois malacas [= malandros; assaltantes] em cana" (*Jornal da Rua*, 1º/6/99, p. 10); "Mas falta meter em cana / o safado do Lulu" (Reynaldo Jardim, *Bundas*, 1º/8/00, p. 19) [ABH].

Meter em cena Ensaiar e dispor os atores para uma representação teatral; exibir, fazer representar peça teatral [FF/GAS].
Var.: *pôr em cena*

Meter em danças Induzir alguém a entrar numa empresa arriscada [GAS].

Meter empenhos Ver *meter cunhas/ uma cunha*

Meter em processo Autuar; chamar a juízo [GAS].

Meter entre as pernas de 1. Fazer sexo com: "Meti entre as pernas da Graça. Ela ficou doidona." **2.** *Desp.* Passar a bola por entre as pernas do adversário: "Túlio meteu entre as pernas do Ronaldão e fez o gol" [JB].

Meter feira Ver *dar na(s) vista(s)*

Meter ferro 1. *Lus.* Fazer pirraça ou arreliar; enciumar. **2.** *Bras., gír.* Ganhar de: "O Inter meteu ferro no Verdão" [GAS/JB].

Meter ficha *Bras., gír.* Fazer; realizar; ir em frente; agir com disposição firme, com veemência, com agressividade; tomar medidas drásticas: "Mete ficha, cidadão, segue em frente" [ABH/CLG/JB/RMJ/TC].
Sin.: *mandar brasa* (1)
Var.: *tacar ficha*

Meter fogo 1. Alimentar a vaidade de alguém. **2.** Açular; atiçar; estimular alguém [TC].
Sin.: *dar (muito) gás*
Var. (2): *botar fogo*

Meter gaia Ver *botar chifre(s)*

Meter galgas *Lus.* Dizer mentiras [GAS].

Meter injomices *Lus.* Sugestionar; meter alguma ideia na cabeça de outrem [GAS].

Meter lastro *Lus.* Comer e beber [GAS].

Meter-lhe o diabo no corpo Desassossegar alguém [GAS].

Meter macaquinhos no sótão Pôr ideias malucas na cabeça das pessoas [GAS].

Meter (a) mão em cumbuca *Bras.* Meter-se em negócio que pode dar mau resultado; expor-se a um desastre ou dano previsível; expor-se a um risco sem nenhum resultado prático e antes com prejuízo certo; cair em esparrela, em logro; ser logrado; deixar-se ludibriar; meter-se na vida alheia ou em encrenca dos outros: "Inconformados em seus galhos, continuam, mesmo depois de velhos, metendo a mão em cumbuca, e irritam-se sobremaneira quando instados a pentear macaco" (Aldir Blanc, *Bundas*, 30/8/99, p. 39); "Quem iria meter mão na cumbuca do vigário?". – Vem a expr. de uma armadilha para apanhar macacos, que consiste em introduzir uma espiga de milho verde numa cumbuca feita de cabaça seca... Cumbuca é uma vasilha feita de cabaça; GAS, no verbete, registra "cambuca", que, em Portugal, quer dizer "contrabando" (ver var. abaixo) [ABH/FF/FS/FSB/GAS/RMJ].

Var.: *meter a mão em cambuca*

≠ **Não meter (a) mão em cumbuca/combuca** Não se arriscar; não se expor a um negócio arriscado, capaz de trazer consequências desagradáveis ou sem possibilidades de êxito; ser prudente, cauteloso, prevenido, precavido; ter experiência; não se expor a desastre ou dano imprevisíveis; não se entregar a aventuras perigosas. – A expr. decorre do prov. "Macaco velho não mete a mão em cumbuca". Para apanhar macacos, costumava-se fazer uma armadilha constante de uma cabaça seca em cuja abertura só se pode passar em sentido vertical. Mete-se uma espiga de milho na cumbuca e amarra-se esta a uma árvore. Quando o macaco mete a mão na cumbuca para apanhar a espiga, fica preso. Como não raciocina e quer sair com a espiga, não a solta. Não podendo retirar a mão, fica sem poder fugir [AN/FS/RG/TC].

Meter mãos à massa Começar imediatamente um trabalho ou tarefa; já cuidar de determinado assunto. – Os fr. têm a mesma expr.: *mettre main à la pâte* [RMJ].

Meter marcha 1. Atrapalhar: "Não meta marcha nesse meu negócio"; "Vá-se embora! Não me apirue, não meta marcha no meu jogo!". **2.** Ensinar às alimárias algum dos modos de andadura macia, como a "estrada", o "meio" e a "bralha" [LM/RG].

Meter medo Atemorizar; assustar; amedrontar; fazer temer: "O cara é forte paca, é de meter medo na gente" [GAS/JB/OB].

Meter na aljava Guardar por sovinice [GAS].

Meter na baralha Meter na confusão [GAS].

Meter na cabeça 1. Aprender de cor; decorar; acreditar; fixar; memorizar: "Meta na cabeça o seguinte, tô *ferrado*." **2.** Sugerir. **3.** *Bras., CE.* Convencer-se teimosamente; obstinar-se [ABH/FF/GAS/JB/RG].

Meter na cabeça de 1. Insinuar; sugerir. **2.** Despertar o desejo de: "Por que meteste na cabeça do rapaz essas ideias?" **3.** Convencer; persuadir; fazer acreditar: "Quem foi que lhe meteu na cabeça essa história?" (Ribamar Galiza, *Que duas belas crianças*) [ABH/AN/TC].

Meter na caixa *Desp.* Fazer gol [HM].

Meter na chave Prender: "Esses cabras saberão se é bom ou não meter homem de vergonha na chave" (José Sarney, *Norte das águas*, p. 32).

Sin.: *meter na grade*

Meter na grade Prender: "Quando chegar você mete o bicho na grade e deixe dormir uns dois dias para ver se é bom..." (José Sarney, *Norte das águas*, p. 30).

Sin.: *meter na chave*

Meter na maca *Bras., CE, pop.* Enganar; ludibriar; tapear; burlar; lograr; iludir; sacanear; mentir; intrujar alguém: "Tenha muito cuidado com as mamparras destes meus companheiros que não vão lhe meter na maca" (C. Nery Camelo, *Alma do Nordeste*) [ABH/AN/FN/FS/LM/RG/TC].

Sin.: *dar uma rasteira* (2)

Var.: *passar na maca*

Meter na mão um instrumento Ensinar a manejar um instrumento; adestrar no instrumento [AN].

Meter na ordem Admoestar; obrigar ao cumprimento do dever [GAS].

Meter na posse Dar posse a; empossar [FF].

Meter na roda Enjeitar uma criança [ABH/GAS].

Meter na terra Semear; plantar; enterrar [GAS].

Meter no bico Ver *meter(-lhe) no cu*

Meter no bolso 1. Enganar; tapear; lograr; roubar: "– Ótimo! Arranjava-se com os tabeliães e metia-me no bolso. Mas eu não vou nisso. Derruba-se a cerca" (Graciliano Ramos, *São Bernardo*, p. 25). **2.** Sobrepujar; avantajar-se; ser superior. **3.** Apropriar-se: "Vou meter no bolso tudo que sobrou pra mim" [JB/TC].

Var.: *botar no bolso*

Meter(-se)

Meter no/num chinelo Enganar; sobrepujar; ser superior; suplantar, deprimir um adversário; humilhar; confundir: "Uma criança mete a gente num chinelo, Moisés; qualquer imbecil mete a gente num chinelo, Moisés" (Graciliano Ramos, *Angústia*, p. 76); "Em matéria de gastar, o Epitácio meteu tudo num chinelo". – João Ribeiro, em *Frases feitas*, diz que a expr. era originariamente *meter num chinelo*. Rodolfo Garcia pensava que era *meter no titelo*; "titelo" era a sala de jantar dos criados. Em ambos os casos se sente a substituição de um arc. [AN/FF/GAS/LM/RG/RMJ/TC].

Var.: *botar no chinelo*

Meter no(s) cobre(s) Vender sem regatear ou obter lucro apreciável, apenas para apurar dinheiro; vender por qualquer preço; "Ele meteu tudo o que tinha nos cobres" [ABH/AN/FS/Gl/JB/RG/TC].

Var.: *passar/torrar no(s) cobre(s)*

Meter no coração Tentar captar a simpatia ou benevolência de outrem; admitir à sua estima [AN/GAS].

Meter no cu Ver *socar no rabo*

Meter(-lhe) no cu Lus. Contar; descrever; referir; dizer; informar; alcovitar [AN/GAS]. ♦ "Cu", que, no Brasil, é horrendo palavrão, em Portugal, é apenas "bunda", sempre com destaque na nossa mídia. Para saber mais, ver MPb, p. 44.

Sin.: *meter no bico*

Meter no embrulho Envolver em encrencas, brigas etc.: "Eu não quero ficar metido no embrulho" (Francisco de Brito, *Terras bárbaras*) [TC].

Meter no inferno Fazer perder a paciência; atormentar o espírito [AN].

Meter nojo aos cães Andar sujo, desprezível; estar num estado lastimoso [GAS].

Meter no rabo Apossar-se: "Meteu no rabo, mas está enganado" (João Clímaco Bezerra, *Sol posto*) [TC].

Meter nos cornos Decorar; fazer entender; fixar na memória [GAS].

Meter nos varais Obrigar a andar direito, a cumprir os seus deveres [GAS].

Meter no xilindró Colocar na prisão, na cela [BB].

Meter numa redoma Tratar com especial cuidado, com demasiadas cautelas; fazer evitar contatos [AN].

Meter o aço *Bras., CE*. Começar algo, dando prosseguimento a certa ação: "O homenzinho se sentou e meteu o aço a conversar" (pe. J. J. Dourado, *Uma história por dia*) [AN/FS/LM/RG/TC].

Var.: *bater o aço*

Meter o arpão Bater: "O zagueirão meteu o arpão e recebeu o cartão vermelho" [JB].

Meter o bacalhau em *Bras*. **1.** Falar mal de; censurar vivamente. **2.** Difamar; detratar. **3.** Açoitar, chicotear: "Onde José via teima / queria ser muito mau. / Gritava: o que é isto aqui? / Eu já meto o bacalhau!" (João Melquíades Ferreira, *História de José Colatino e o Carranca do Piauí*) [ABH/FF/RG/TC].

Meter o barato Não fazer caso; desprezar [GAS].

Meter o bedelho Intrometer-se de modo importuno numa conversa ou em assuntos alheios; intrometer-se no que não lhe diz respeito; meter-se em conversa alheia; meter-se sem ser chamado; envolver-se; interferir intempestivamente numa conversa ou negócio de terceiros; diz-se de pessoa metediça, que quer saber tudo; usa-se tb. na forma interrogativa, como pedido de licença para intervenção num debate ou colóquio: "Posso meter o meu bedelho?"; "Padilha meteu o bedelho na conversa: – Apoiado" (Graciliano Ramos, *São Bernardo*, p. 103); "Precisava arrumar dinheiro para a próxima safra e ninguém meteria o bedelho. Ia ser a menta!" (João Antônio, *Patuleia*, p. 52); "Nenê: Eu nunca fui de meter o bedelho, mas mulher como Joana não tem que juntar com homem mais novo" (Chico Buarque & Paulo Pontes, *Gota d'água*, p. 10). – Segundo Gomes Monteiro e Costa Leão, em *A vida misteriosa das palavras*, "bedelho" é o nome de um dos trunfos baixos em jo-

gos de cartas. Quem mete tal trunfo ajuda o parceiro. Ou, de outro modo, "bedelho" é um ferro chato, colocado horizontalmente numa porta, o qual, levantando-se ou abaixando-se, serve para abri-la ou fechá-la [ABH/AC/AN/AT/CGP/CPL/FF/GAS/JB/OB/RMJ/TC].
Sin.: *meter a colher* (1), *meter o bico*, *meter o nariz em*

Meter o bico Ver *meter o bedelho*

Meter o bico na criança *Desp.* Chutar forte com a extremidade da chuteira [HM, s. v. "BICANCA"].

Meter o braço *Bras.* Dar pancada, bater; espancar: "João Peitudo que era forte / Em todos meteu o braço / Até o frade apanhou / Que correu em descompasso" (Abraão Batista, *João Peitudo, o filho de Maria Bonita e Lampião*, p. 19) [ABH/AN/JB].
Var.: *baixar o braço*

Meter o braço até ao cotovelo Tirar a melhor parte; locupletar-se com o que pertence aos outros [GAS].

Meter o buzegue *Bras., MA.* Levar de roldão; investir de forma destruidora e violenta. – Provavelmente o termo "buzegue" vem de "burzegas", esporas, ou talvez seja uma corruptela de "borzeguim", espécie de botina [DVF].

Meter o canudo Ver *meter a colher*

Meter o cavalo *Bras., RS.* Interferir; apartear [AJO].
Sin.: *meter o petiço*

Meter o charuto Ver *meter a bomba*

Meter o chico Entregar requerimento para mais uma comissão militar [GAS].

Meter o chifre 1. *Bras., CE.* Aventurar-se, avançar. **2.** *Bras., gír.* Agredir: "Vou meter o chifre e quem reagir vai levar porrada" [JB/RG].

Meter o chispe *Lus.* Insinuar-se; pretender agradar [GAS].

Meter o conto Mentir; intrujar [GAS].

Meter o couro Encourar; açoitar; bater: "Jurava de mandar meter o couro em Dasdores, dar-lhe uma surra de matar, mas não passava da jura" (João Clímaco Bezerra, *Não há estrelas no céu*, p. 77) [TG].
Var.: *baixar o couro*

Meter o dedão no papel Assinar: "Meti o dedão no papel e deixei tudo preto no branco" [JB].
Sin.: *meter o jamegão*
Var.: *meter o dedão*

Meter o dedo em tudo *Bras.* Ser abelhudo, intrometido; intrometer-se; intrometer-se em todos os assuntos: "Hermes vive metendo o dedo em tudo" [ABH/F&A].
Sin.: *enfiar o dedo*
Var.: *meter o dedo*

Meter o dedo nela *Desp.* Dar um tapinha na bola, salvando a sua meta de gol certo [HM].

Meter o dedo no cadarço da celoura/ceroula Tropeçar e cair: "O trem, metendo o dedo no cadarço da celoura, não se aproveita nem o couro de quem andar dentro..." [LM].

Meter o dedo no orifício *Chulo.* Com o sent. próprio de enfiar o dedo no ânus, é expr. grosseira e chula para pedir que alguém deixe de incomodar e procure outra coisa para fazer: "Meta o dedo no orifício e não me encha mais o saco, entendeu?" [JB].

Meter o dente Aproveitar; provar; comer; locupletar-se [AN].

Meter o espeto /ê/ Ver *meter a bomba*

Meter o fandango Espaldeirar, bater com o sabre: "Chegou e foi metendo o fandango" (José Américo de Almeida, *A bagaceira*) [Gl/TC].
Sin.: *baixar a ripa* (1)

Meter o ferro Ferir à faca: "Na terceira investida, meteu-me o ferro com vontade. Rebati com a mão; mas quando senti o aço ranger-me na carne e o sangue espirrar, saquei da garrucha" (Domingos Olímpio, *Luzia-Homem*, p. 66) [FS/VAP].
Sin.: *comer (à/de/na) faca*
Var.: *mandar o ferro*

Meter o ferro na boneca *Bras., NE, S, chulo.* Copular [MSM].

Meter o focinho Ver *meter a colher* (1)

Meter o fora Lus. Enganar; burlar; calotear [GAS, s. v. "METER O FORA"].

Meter o ganso *Bras., gír., chulo*. Fazer sexo: "O cara aproveitou o lance e meteu o ganso" [JB].
Var.: *afogar o ganso*

Meter o garfo *Desp*. Prejudicar, lesar um time com a marcação de falta inexistente frustrando gol certo; garfar [HM].

Meter o invertebrado *Bras., gír., chulo*. Manter relação sexual; transar: "Quero meter o invertebrado na Fulana, ela merece" [JB].
Sin.: *afogar o ganso*

Meter o jamegão *Bras., gír*. Assinar: "Quer meter o jamegão aqui?" [JB].
Sin.: *meter o dedão no papel*

Meter o joanete nela Ver *meter a bomba*

Meter o malho em Censurar; atacar de rijo; falar mal de: "Vou meter o malho neste chefe de merda" [AN/JB].
Var.: *baixar o malho em* (2)

Meter o mangual Ver *baixar a ripa* (1)

Meter ombros Esforçar-se por algo; empenhar-se; iniciar uma ação [GAS].

Meter ombros a Esforçar-se, diligenciar por levar algo ou empresa a cabo [AN/FF].

Meter o miti *Bras., BA, gír*. Falar mal de [NL].

Meter o nariz em Intrometer-se impertinentemente no que não lhe respeita, no que não lhe diz respeito; imiscuir-se em assuntos de terceiros; interferir ou intrometer-se; ser metediço; querer saber tudo; procurar saber o que não deve; ser abelhudo; ingerir-se: "– Sem querer meter o nariz no que não é da minha conta, gostaria também que trouxesse pouco dinheiro, ou antes, nenhum" (Carlos Drummond de Andrade, *De notícias e não notícias faz-se a crônica*, p. 159) [ABH/AC/AN/CLG/FF/FSB/GAS/LM/RMJ/TC].
Sin.: *meter o bedelho, meter o nariz onde não deve*

Meter o nariz onde não deve Intrometer-se em tudo; meter-se em todos os assuntos, principalmente nos assuntos de outrem: "França, exílio de moças e rapazes ricos que vão meter o nariz onde não devem..." (Luciano Barreira, *Os cassacos*, p. 133).
Sin.: *meter o nariz em*
Var.: *meter o nariz onde não é chamado*

Meter o pé *Desp*. **1.** Chutar com força bola parada ou não. **2.** Rechaçar bola em momento de ameaça de gol. **3.** Atingir adversário sem disputa de bola [HM].
Var.: *enfiar o pé*

≠ **Não meter o pé 1.** Não entrar. **2.** Não ser recebido [GAS].

Meter o pé em 1. Introduzir-se; entrar: "Faz tempo que não meto o pé naquele teatro." **2.** Bater; atingir com o pé, com força; dar um pontapé: "Aí eu me benzi e meti o pé na porta" (Pedro Menezes, *Casas de caranguejo*); "Meti o pé na porta e fui em frente" [AN/GAS/JB/TC].

Meter o(s) peito(s) *Bras., gír*. Atirar-se a uma empresa com decisão; realizar algo com coragem; enfrentar; meter-se com decisão numa empresa ou situação; aceitar o risco de fazer algo ousado, complicado, complexo; afoitar-se em determinada empresa; enfrentar uma situação que se apresenta, por mais dura que seja; ter coragem e demonstrá-la; agir desassobradamente: "Não precisamos meter o peito na política" (Leonardo Mota, *Sertão alegre*); "Depois dessa, vou meter os peitos e ver o que vai sobrar pra mim"; "Mete os peitos, tchê" [ABH/AC/AN/CLG/FF/FS/FSB/GAS/JB/LAFa/RG/TC].
Sin.: (RS) *dar um peitaço, meter a(s) cara(s)*
Var.: *meter dos peitos, pôr peito a*

Meter o pé na argola *Lus*. Cometer uma imprudência; errar; fazer asneira [GAS].
Var.: *meter o pé no penico*

Meter o pé na bunda Despedir: "Vou meter o pé na bunda deste cara" [JB].

Meter o pé na carreira *Bras., CE*. **1.** Correr desesperadamente, desabaladamente; largar; desabar; sair em disparada. **2.** Fugir: "Assaltantes enfiam bala e Polícia mete o pé na carreira" (*Jornal da Rua*, 15/6/99, p. 1) [AN/AS/CGP/FS/LM/MGb/TC/TG/TGa].

Sin.: *fazer fiapo*

Var.: *enfiar/enfincar o pé na carreira, sentar/assentar o pé na carreira*

Meter o penacho nela Ver *meter a bomba*

Meter o(s) pé(s) na estrada Pôr-se a caminho; pôr-se a andar; ir embora; fugir [TC].

Var.: *botar o pé na estrada, meter a(s) perna(s) na estrada, meter o(s) pé(s) no caminho*

Meter o pé na jaca *Bras., gír.* Bater; agredir: "Meti o pé na jaca, (...) estava com os nervos à flor da pele" [JB].

Meter o pé na laçada *Bras., RS.* Cair numa armadilha [AJO].

Meter o pé na porta 1. Agredir; bater; criar confusão: "O cara chegou e meteu o pé na porta, arrebentando e..." **2.** Chegar: "A garota meteu o pé na porta, despertou logo a atenção geral" [JB].

Var. (1): *meter o pé no balde*

Meter o pé no balde *Bras., gír.* Agredir; bater; criar confusão: "A coisa ficou preta e o chefe meteu o pé no balde, metendo os pés pelas mãos" [JB].

Var.: *meter o pé na porta* (1)

Meter o(s) pé(s) no caminho Andar; ir embora; pôr-se a caminho; iniciar viagem [GAS/TC]

Var.: *meter o(s) pé(s) na estrada, meter pés ao caminho*

Meter o petiço Ver *meter o cavalo*

Meter o porrete Bater: "Vou meter o porrete neste cara" [JB].

Var.: *baixar o porrete*

Meter o rabo entre as pernas *Bras., pop.* Encolher-se, calar, com medo ou por não ter razão; submeter-se; calar-se; atemorizar-se; acovardar-se; retrair-se, encabulado, amedrontado, desapontado; deixar-se ficar encabulado e abandonar o local onde esteja: "Esses fofos papões covardes que nos queriam fuzilar em 1936 meterão o rabo entre as pernas e deixarão de falar na bomba atômica" (Graciliano Ramos, *Cartas*, p. 209); "... em vez de receber a solidariedade dos companheiros tinham todos metido o rabo entre as pernas, tremendo de medo daquele energúmeno e dos seus capangas" (Rachel de Queiroz, *Dora, Doralina*, p. 147); "Depois dessa, o rábula inconveniente meteu o rabo entre as pernas e saiu de fininho" (Regina Marshall, *Diário do Nordeste*, cad. 3, 10/6/00, p. 7). – Comparação com atitude do cachorro quando está com medo [ABH/AN/GAS/RBA/TC].

Var.: *botar o rabo entre as pernas, meter o rabo entre as pernas que nem cachorro*

Meter o rabo na ratoeira 1. Ser descoberto ou pego em um flagrante; dar-se mal; cair numa enrascada: "– Você está maluco? Eu vou dar o fora. Qualquer dia a gente mete o rabo na ratoeira. Os velhos descobrem tudo, estrilam, e é um fuzuê da desgraça" (Graciliano Ramos, *Angústia*, p. 63). **2.** Cair na emboscada, na armadilha; deixar-se enganar: "No outro dia, cedo, ele meteu o rabo na ratoeira e assinou a escritura" (Graciliano Ramos, *São Bernardo*, p. 24) [AN].

Meter o rabo no meio *Bras., CE.* Interferir; intrometer-se: "A política quando mete o rabo no meio atrapalha tudo" (Eduardo Campos, *O chão dos mortos*) [RG].

Var.: *meter o rabo*

Meter o relho Ver *comer o pau*

Meter o remo *Bras., gír.* Comer com as mãos: "Aí, meti o remo e fui em frente. A gororoba tava gostosa" [JB].

Meter o Rossio na Betesga *Lus.* Diz-se quando uma pessoa quer meter uma volume grande demais para o espaço em que pretende colocá-lo. – Alusão à grandeza do Rossio de Lisboa, em relação à Rua da Betesga, que lhe fica próxima [GAS].

Meter o sarrafo 1. *Bras., CE.* Bater; espancar. **2.** *Bras., AL.* Transar [Net].

Var. (1): *baixar o sarrafo* (1)

Meter os bois à nora Envolver outros em assuntos arriscados [GAS].

Meter os cães à bulha Acirrar conflitos [GAS].

Meter os canos *Bras., gír.* Roubar: "Tava metendo os canos, me arrumando" [JB].

Meter os dedos pelos olhos Querer enganar; negar o que é evidente; querer forçar, por meio de artifício ou insistência, a ver ou pensar de um modo e não de outro [AN/GAS].

Meter os nomes *Bras., CE, gír. gangues urbanas*. Pichar [tese de doutorado da socióloga Glória Diógenes, da UFC, in *O Povo*, 1º/6/98, p. 19A].

≠ **Não meter os peitos** Não trabalhar: "Mulher de malandro não mete os peitos, não precisa trabalhar para sustentar o vagabundo" [JB].

Meter os pés 1. Levantar-se de repente, de supetão: "Meteu os pés da rede" (Rachel de Queiroz, *O Quinze*). **2.** Fazer barulho; romper com um amigo; arrepender-se de um negócio [T. A. Araripe Jr., *Luizinha*, p. 122, em "Notas aos capítulos"/TC].

Var. (1): *enterrar (d)os pés*

Meter os pés em alguém Mostrar-se ingrato com alguém; desprezar, rejeitar, humilhar alguém [ABH/AN].

Meter os pés na catinga Pôr-se a andar; fugir; ir embora [TC].

Var.: *meter a(s) perna(s) na catinga/caatinga*

Meter os pés nas algibeiras Troçar de alguém; desfrutar, ridicularizar alguém [GAS].

Meter os pés para dentro Diz-se de quem é tolo ou parvo [GAS].

Meter os pés pelas mãos 1. Atrapalhar-se, desorientar-se, atordoar-se, confundir-se, enganar-se na execução de uma tarefa, de uma atividade qualquer; fazer tudo errado: "Houve tempo em que as bancadas do PT na Câmara e no Senado estavam afinadíssimas. Agora os deputados petistas acham que os senadores meteram os pés pelas mãos no escândalo do painel eletrônico, desgastando a imagem do partido" (Tales Faria, *IstoÉ*, 6/6/01, p. 34). **2.** Praticar inconveniências; cometer disparate ou gafe; cometer asneiras em negócios; precipitar os acontecimentos; não ter comedimento; impacientar-se; não se controlar; não saber esperar; disparatar; proferir tolices; não dizer coisa com coisa; tentar fazer algo para o qual não está apto; comprometer-se: "Mais sinistra ainda é a atitude atabalhoada de Taumaturgo em insinuar que a imprensa meteu os pés pelas mãos" (Demitri Túlio, *O Povo*, 9/4/99, p. 6A); "Um romancista é antes de mais nada um intuitivo. Quando ele se aventura a analisar seus próprios livros, a fazer a sua exegese, mete os pés pelas mãos" (Érico Veríssimo, *A liberdade de escrever*, p. 163); "Ele dizia conhecer bem o assunto, mas, quando lhe pediram algumas explicações, ele mete os pés pelas mãos e acabou passando vergonha". – Parece tratar-se de pessoa tonta de sono que, ao vestir-se, enfia os pés pelas mangas da camisa [ABH/AC/AN/AT/CLG/DT/F&A/FS/FSB/GAS/JB/MPa/TC].

Meter os tampos dentro/adentro *Chulo.* **1.** Fazer perder a virgindade; deflorar uma mulher. **2.** Estuprar, violentar, segundo Manuel Viotti [GAS/MSM].

Meter o veneno no corpo Instigar, pretender instalar um vício [GAS].

Meter pala *Lus.* Mentir [GAS].

Meter palha *Lus.* Encher um exercício, na aula, com coisas sem importância; escrever muito sem dizer nada [GAS].

Meter palha na albarda de alguém *Lus.* Enganar alguém grosseiramente [GAS].

Meter papa na boca de alguém Iludir alguém com lábias [LM].

Meter (o) pau 1. Espancar; surrar; castigar; bater; esbordoar; dar uma sova de pau: "– Homem de fibra, de calibre. Certa vez meteu o pau num juiz que quase esfarinhou suas leis" (José Cândido de Carvalho, *Olha para o céu, Frederico!*, p. 69); "Vou meter o pau neste viado (*sic*), se continuar torrando". **2.** *Bras.* Falar mal de; criticar; ata-

car; detratar; difamar; censurar vivamente; atacar resolutamente um trabalho, uma obra; criticar publicamente: "Sérgio Porto, o homem das Certinhas do Lalau, me meteu o pau. 'Isso é música de bordel!'" (Joyce, cantora e compositora, *Bundas*, 17/1/00, p. 9); "– Comprei um carro, princesa! Foi o bastante para a dona Gaudência começar a meter o pau e azarar: '– Esse carro só pode ter sido roubado!'" (Sales Andrade, *Jornal da Rua*, 7/1/99, p. 4); "Logo a conversa escorregou para as coisas da política. Meti o pau nos poderes" (José Cândido de Carvalho, *Olha para o céu, Frederico!*, p. 7); "Seu Alexandre meteu o pau no povo da padaria" (José Lins do Rego, *O moleque Ricardo*); "Aquela gente só se ocupa em meter o pau na vida alheia...". **3.** Reprovar em exame. **4.** Gastar sem conta; gastar prodigamente; esbanjar dinheiro; dissipar; malbaratar; malgastar: "Meta o pau nessa fortuna, que tantas dores de cabeça lhe dá! Esbanje essa riqueza, que lhe tira o sono e o apetite!" (Olavo Bilac, *Obra reunida*, p. 762) [ABH/AC/AJO/AN/AT/CGP/FF/FSB/JB/LM/MPa/RG/TC].
Var. (1) (2): *baixar o pau* (1) (2)
Var. (4): (CE) *meter o pau no dinheiro*

Meter pé Intrometer-se; atrever-se [GAS].

Meter pelos olhos adentro 1. Explicar da maneira mais clara possível. **2.** Obrigar a tomar ou a comprar, por meio de importunações, insistindo muito [ABH/AN].
Sin. (1): *pôr diante dos olhos*

Meter pena Causar lástima, comiseração [GAS].

Meter pepino *Bras., MA.* Beber. – "Pepino", nesta acepção, quer dizer bebida [DVF].

Meter perna Encostar a perna, a tatear possibilidades íntimas [GAS].

Meter pernas a caminho Pôr-se a andar; iniciar uma caminhada [GAS].
Var.: *meter pés a caminho*

Meter pilhas Enraivecer; pôr uma pessoa nervosa: "Não meta pilhas no velho, que ele poderá ter um ataque de nervos" [GAS].

Meter pra área *Desp.* Centrar de uma das extremas para a grande área [HM].

Meter (o) prego a fundo *Lus.* Acelerar o veículo; imprimir grande velocidade [GAS].

≠ **Não meter prego nem estopa** *Lus.* Não tomar parte; não ter responsabilidade; não contribuir [GAS].
Sin.: *não ser pega nem gavião*
Var.: *não pôr prego nem estopa*

Meter prego sem cabeça Fazer algo sem esperança de bom resultado [TC].

Meter raiva Causar indignação [GAS].

Meter rama *Bras., MA.* Beber; embriagar-se [DVF].

Meter-se a Querer, pretender ser; atribuir-se: "Você se mete a defender corruptos?" [TC].

Meter-se a besta *Bras.* **1.** Provocar; insultar; bancar o valente, o insolente: "A locomotiva, que era locomotiva, não se importava... Agora aquele sujeito vinha se meter a besta!..." (Aníbal M. Machado, *João Ternura*, p. 30). **2.** Tornar-se atrevido, engraçado [TC].

Meter-se à bulha Brigar; engalfinhar-se: "Estais co'as vossas cordas e cilindros, rodas e dentes a meter-me à bulha!" (Antônio Feliciano de Castilho, *Fausto*) [ECS].

Meter-se à cara Pôr-se em evidência; salientar-se [GAS].

Meter-se a duro Procurar enfrentar resolutamente um adversário; provocar: "Mandava fogo, se ele se metesse a duro comigo" (Francisco Fernandes do Nascimento, *Milagre na terra violenta*) [TC].

Meter-se a estoque de bode *Bras., CE.* Fazer-se de besta; encher-se de valentia [RG].

Meter-se a facão sem cabo *Bras., RS.* Querer se passar por algo superior ao que se é de fato; imaginar-se grande coisa [LAF].
Sin.: *meter-se de pato a ganso*

Meter-se a fogueteiro Fazer aquilo de que não entende e por isso sair-se mal; aventurar-se a fazer algo de que não entende e sair-se mal; lidar com material perigoso, como um aprendiz que resolve fazer fogue-

Meter(-se)

tes por si mesmo, arriscando-se a explosões e acidentes; agir como um desastrado: "– Quem mandou se meter a fogueteira? – diria um psiquiatra moderno da escola kleiniana" (Vinicius de Moraes, *Poesia completa e prosa*, p. 662) [ABH/AN/FSB/RMJ].

Meter-se a gaiteiro *Bras., RS.* Meter-se em uma empreitada e sair-se mal dela [AJO].

Meter-se ao piso *Lus.* Meter-se à frente [GAS].

Meter-se a sebo *Bras.* Impar de vaidade, presunção; considerar-se grande coisa no setor social, político ou intelectual; diz-se de indivíduo pedante, vaidoso, metido a importante: "– Só porque, outro dia, herdou uma casa, aquele peste cuida que é gente: se é por isso, maribondo também tem casa e não se mete a sebo!" (Leonardo Mota, *No tempo de Lampião*, p. 83). – Talvez se trate de uma deformação propositada de "metido a sábio" e "meter-se a sábio" [AN/MPa/RG/TC].

Var.: *ser metido a sebo*

Meter-se a taralhão Tornar-se engraçado; fazer-se abelhudo; meter-se, ou intrometer-se, onde não é chamado. – Taralhão é um pássaro de Portugal, tb. chamado mata-moscas [AN/GAS].

Meter-se com 1. Provocar, desafiar alguém. **2.** Aventurar-se a fazer alguma coisa na incerteza de sair-se bem [FF/GAS].

Meter-se como piolho por costura Intrometer-se persistentemente; aparecer sem ser convidado; tornar-se importuno acompanhando uma pessoa, procurando-lhe a convivência [AN/GAS].

Meter-se consigo Tratar de si; não se importar com a vida alheia; não querer relações [AN/FF].

Meter-se debaixo dos pés de alguém Humilhar-se a alguém; estorvar alguém colocando-se-lhe à frente [AN/GAS].

Meter-se de gorra 1. Combinar-se ou conluiar-se com alguém; fazer sociedade. **2.** Insinuar-se; intrometer-se (ver Alberto Bessa, *A gíria portuguesa*, s. v. "METER-SE") [ABH/AN/ECS/GAS].

Var. (2): (lus.) *prantar-se de gorra*

Meter-se de pato a ganso Ver *meter-se a facão sem cabo*

Meter-se de permeio Atravessar-se entre duas pessoas [GAS].

Meter-se de réstia Fazer parte de um grupo que negocia ou se diverte [GAS].

Meter-se em altas cavalarias 1. Meter-se ou envolver-se em aventuras arriscadas, em assuntos de solução difícil; meter-se em grandes empresas, em coisas que ultrapassam as possibilidades de quem as tenta, sendo fatal o mau resultado. **2.** Pretender fazer o que é superior às suas forças; meter-se em empresas superiores às próprias forças [ABH/AC/AN/RMJ]. – A var. *meter-se em altas cavalariças* deve ser uma deturpação de *meter-se em altas cavalarias*, forma dicionarizada por Caldas Aulete. A forma deturpada "cavalariças" só é consignada por RMJ, p. 197. Existe em fr. uma loc. parecida: *monter sus ses grands chevaux*.

Var.: *andar/meter-se em altas cavalariças, meter-se em cavalarias altas*

Meter-se em apertos Meter-se em complicações, em dificuldades [GAS].

Meter-se em assado(s) Comprometer-se em questões atrapalhadas e complicadas; meter-se em complicações, em situações embaraçosas, dificultosas ou de resultados ruins [AJO/AN/GAS].

Meter-se em boas Meter-se em dificuldades; fazer algo arriscado; meter-se em complicações [AN/GAS].

Meter-se em brios Determinar-se por levar por diante algum empreendimento; tomar como ponto de honra o que se pretende; fazer tomar alguma coisa como ponto de honra [AN/GAS].

Meter-se em/numa camisa de onze varas Encarregar-se de serviço cheio de dificuldades; debater-se em problema possivelmente insolúvel; estar em situação difícil, angustiosa, desesperada; ver-se em dificuldades; encontrar-se em situação embaraçosa; cair em apuros; estar num imbróglio, muitas vezes ocorrido por imprudência e

Meter(-se)

outras tantas à míngua de melhores cuidados; afrontar grande perigo; correr risco enorme; envolver-se em complicações que podem gerar os maiores dissabores; entrar em trabalhos difíceis, num problema de difícil solução, em empresa de que não pode dar boa conta: "– Escreveu-me uma carta muito tola, que afinal bem considerado era melhor que acabasse tudo, porque não estava para se meter em camisa de onze varas!" (Eça de Queiroz, *O primo Basílio*, p. 27); "Figura familiar na Baixa dos Sapos, metia-se constantemente em camisa de onze varas em consequência de seus constas, seus estão-dizendo-por-aí, dos boatos e dos zunzuns, mas sobretudo devido às conjeturas e aos agouros" (Jorge Amado, *Tocaia Grande*, p. 255); "Provocar um desquite, é fazer uma declaração de guerra, no seio da alta sociedade local, é infamar publicamente uma moça da classe rica da cidade. É, numa palavra, meter-se numa camisa de onze varas. – Que idade tem ela?" (Cruz Filho, *Histórias de Trancoso*, p. 118). – Alusão à longa alva dos padecentes das torturas inquisitoriais. Há outra versão que diz que cabia à Santa Casa de Misericórdia fornecer a alva com que era vestido o paciente e, como tal camisa era feita com onze varas de pano, daí veio a expr. (ver Ladislau Batalha, *História geral dos adágios portugueses*). Em nota de rodapé (do ed.) ao romance *O primo Basílio*, p. 27, a respeito da expr. "camisa de onze varas", lê-se: "Túnica que os condenados vestiam para o suplício, nos autos da fé. Daí, dificuldade extrema em que alguém se mete, e da qual é difícil ou impossível sair" [AN/GAS/LCCa/RBA/RMJ, s. v. "CAMISA DE ONZE VARAS"/TC].

Var.: *andar metido em camisa de onze varas*

Meter-se em casa Não sair; não conviver [GAS].

Meter-se em cavalarias altas Meter-se em trabalhos difíceis; tomar sobre os ombros ações superiores às próprias forças: "– Aproveitar [a noite de liberdade] como? Não sou pândego nem tenho recursos para meter-me em cavalarias altas..." (Arthur Azevedo, *Contos fora da moda*) [ABH/GAS].

Var.: *meter-se em altas cavalarias*

Meter-se em danças Envolver-se em embaraços, em dificuldades [GAS].

Meter-se em debuchos (sic) *Lus.* Meter-se em dificuldades [GAS].

Meter-se em despesas Gastar uma quantia superior ao que pode [GAS].

Meter-se em fofas *Lus.* Meter-se em situações penosas, em dificuldades [GAS].

Meter-se em funduras Arranjar complicações; arriscar-se em empresa superior às forças [AN].

Meter-se em pau Levar uma surra; ser espancado; apanhar: "Você pode meter-se em pau, só pra largar de ser besta" [AN/LM/TC].

Meter-se em pileque Embriagar-se; embebedar-se: "De quando em quando metia-se em pileques ruidosos" (Leonardo Mota, *No tempo de Lampião*) [ABH/AN/TC].

Sin.: *encher a cara*

Var.: (RS) *suspender um pileque, tomar um pileque*

Meter-se em réstia *Lus.* Intrometer-se [GAS].

Meter-se em sarilhos Meter-se em coisas complicadas e de solução difícil [GAS].

Meter-se em/na sua torre de marfim Permanecer em seu refúgio inacessível, onde pode sonhar à vontade; refugiar-se em si mesmo. – Reminiscência da ladainha de Nossa Senhora (*Turris eburnea*). A expr. vem de uma poesia de Sainte-Beuve em seu livro *Consolation* [AN/GAS].

Meter-se em talas Meter-se, estar em apertos, embaraços, dificuldades [AN/GAS].

Sin.: *ver-se em pancas*

Var.: *pôr(-se)/ver-se em talas*

Meter-se em trabalhos Entrar em situações perigosas; procurar complicações [GAS].

Meter-se entre a bigorna e o martelo Colocar-se em situação delicada, pois um manda e outro obedece [GAS].

Meter-se entre quatro paredes Encerrar-se em casa [AN].

Meter-se-lhe a rolha na boca Fazer alguém calar mediante um ato de corrupção, em troca de alguma benesse [GAS].

Meter-se na bebida Ver *encher a cara*

Meter-se na boca do lobo Ir para o local onde há perigo [GAS].

Meter-se(-lhe) na cabeça Ter uma ideia fixa; diz-se de quem tem ideias fixas, de quem se aferra a determinada ideia [GAS].

Meter-se na cachaça Ver *encher a cara*

Meter-se na cama Deitar-se [GAS].

Meter-se na cana Beber muito; embriagar-se: "Os músicos meteram-se na cana" (Jáder de Carvalho, *Sua majestade, o juiz*) [TC].
Sin.: *encher a cara*
Var.: *meter a cara na cana*

Meter-se na casca Ver *meter-se na concha*

Meter-se na concha Retrair-se; deixar de aparecer; não sair; não conviver; esquivar-se a aparecer em público; evitar encargos por escrúpulo ou timidez. – Alusão ao caracol (ver João Ribeiro, *Frases feitas*) [AN/GAS].
Sin.: (lus.) *meter-se na casca*

Meter-se na conversa Intrometer-se; interferir [BB].

Meter-se na febra Lus. Diz-se de um homem que anda metido com mulheres. – Febra: mulher de bons atributos físicos; vagina [GAS].

Meter-se na pele do diabo Fazer diabruras, maldades, crueldades, desumanidades [GAS].

Meter-se na ratoeira Cair voluntariamente num logro, numa emboscada [AN].

Meter-se nas encolhas 1. Não dar sinal de si; retrair-se; retirar-se. **2.** Emudecer; não dizer nada; calar(-se); ficar calado ou escondido; silenciar; acautelar-se; ficar sossegado, sem se manifestar; encobrir-se. **3.** Não gastar dinheiro; não querer fazer despesas; evitar gastos. – A expr. parece derivar do v. "encolher", mas a or. é outra. Trata-se de um dito tomado à profissão dos sapateiros e que outrora era *meter-se nas encospas*, isto é, nas formas de sapatos (ver João Ribeiro, *Frases feitas*) [ABH/AC/AN/FF/FSB/GAS/LCCa/RMJ].
Sin. (2): *meter-se nas encóspias*
Var. (1) (2): *meter-se nos encolhos*
Var. (3): *pôr-se nas encolhas*

Meter-se nas encóspias Calar-se; retrair-se; esquivar-se à convivência; não dar satisfações; não dar razão de si: "Para esse fim um grupo de governistas, com o competente destacamento policial, acampou na matriz, onde a oposição, que tivera o cuidado de meter-se nas encóspias, não apareceu" (José de Alencar, *Guerra dos mascates*, em "Advertência do romance"). Ver João Ribeiro, *Frases feitas* [AN/FSB/GAS/RMJ].
♦ Encóspias são formas /ô/ de madeira para alargar o calçado.
Sin.: *fechar-se em copas, meter-se nas encolhas* (2)

Meter-se na toca Ficar em casa [GAS].

Meter-se no gole Ver *encher a cara*

Meter-se no oco do mundo Esconder-se no mundo; ir embora: "... e dos convívios imundos contra o vigário, determinou Joaquim de deixar a casa para se ir meter com José no oco do mundo, palavras suas" (Franklin Távora, *O Cabeleira*, p. 70).

Meter-se nos cobres Receber dinheiro; achar-se de posse da importância (dinheiro) que lhe era devida ou que esperava receber: "Raro era o dia em que não *se metia nos cobres*" (F. Monteiro de Lima, *O Nordeste e meus alforjes*) [RG/TC].
Sin.: *entrar na gaita*
Var.: *entrar nos cobres*

Meter-se numa alhada Meter-se em complicação, num problema de difícil solução; meter-se numa encrenca, numa embrulhada: "Meu pecado me meteu nesta alhada" (Jorge Ferreira de Vasconcelos, *Eufrosina*, cena IV, quarto ato). – Primitivamente, segundo Morais, "alhada" era um prato feito à base de alhos [GAS/RMJ].

Meter-se numa enrascada Complicar-se: "Paulo meteu-se numa enrascada federal" [JB].

Meter-se numa redoma Cuidar exclusiva e excessivamente de si [GAS].

Meter-se num beco sem saída Colocar-se em dificuldades, das quais não consegue sair [GAS].

Meter-se num cipoal Ficar numa situação intrincada [AN].

Meter-se num ninho de víboras Ver-se envolvido involuntariamente em enredos de gente ruim [AN].

Meter-se o diabo num negócio Surgir coisa que o transtorne [AN].

Meter-se onde não é chamado Intrometer-se; ser intrometido; intervir em conversas; mostrar-se abelhudo; bisbilhotar: "Pare de meter-se onde não é chamado, cara!" [AN/CLG/GAS/JB].
   Var.: *meter o nariz onde não é chamado*

Meter-se(-lhe) pelos olhos dentro Ser evidente; tornar-se claro; não oferecer dúvidas [GAS].
   Sin.: *estar-se a ver*

Meter sola Criticar: "Vamos meter sola nesta questão, o governo tá errado" [JB].
   Var.: *meter a sola* (2)

Meter tempo em meio Protelar: "Alega dúvidas, pões embargo, mete tempo em meio, e ainda no fim de tudo, ou não paga, ou se queixa..." (D. Francisco Manuel de Melo, *Carta de guia de casados*) [ECS].

Meter travões às quatro rodas Parar de repente ou calar-se repentinamente para não dizer asneiras [GAS].

Meter uma bucha *Bras.* Entravar; impedir [TC].

Meter uma lança em África Levar a efeito proeza de vulto; praticar uma proeza extraordinária; realizar empresa dificílima; praticar ação valorosa, louvável; conseguir uma vitória, uma grande vantagem; vencer grandes dificuldades. – A loc. tem or. histórica: "Se a minha pátria carecer de mim, ainda meterei minha lança não só em Castela, mas em África." A frase é atribuída a D. Nuno Álvares Pereira, o bravo soldado de Aljubarrota e de Ceuta. O venerando herói, então, achava-se velho. Havendo alguém aludido à falta de forças na velhice, ele contestou e, apanhando numa panóplia uma lança, atirou-a pela janela afora, dizendo ser ainda capaz de atirá-la dali até a África. O fato se passou no Convento do Carmo, em Lisboa [ABH/AN/FF/FSB/GAS/RMJ].

Meter uma parada *Bras., gír.* Dar um grande golpe: "O malandro meteu uma parada e deu no pinote" [JB].

Meter uma rolha na boca Calar-se; remeter-se ao silêncio [GAS].

Meter uma rolha na boca de alguém Fazer alguém calar, impor silêncio a alguém, não necessariamente por ato de corrupção mas tb. por outros meios, p. ex., por força de argumentação [AN].

Meter uma rosca *Desp.* Chutar enviesado: "O Gérson e o Rivelino sabiam meter uma rosca" [JB].

Meter um bute à guitarra *Lus.* Dar um pontapé na barriga [GAS].

Meter um gancho em Retirar: "É preciso meter um gancho no Felipão e tirá-lo do túnel" [JB].

Meter um grampo no pulso *Bras., gír.* Prender; colocar algemas: "Vou meter um grampo no pulso do malandro que é todo metido" [GAS].

Meter um montão de tecos *Bras., gír.* Encher de tiros: "Meti um montão de tecos naqueles bandidos" [GAS].

Meter um pauzinho na engrenagem *Lus.* Sabotar [GAS].

Meter um prego Pleitear benefício; solicitar intervenção poderosa; recorrer ao auxílio de alguém [LCCa].

Mexer

Mexer a panela 1. Insistir em escândalos passados. **2.** Urdir, promover intrigas [GAS].
   Sin. (2): *mexer a trela*

Mexer a trela Ver *mexer a panela* (2)

Mexer com alguém 1. Provocar, importunar, aperrear alguém; caçoar de alguém: "Preferia não construir o canal, a mexer com Chico Cavalo" (Moacir C. Lopes, *Chão de mínimos amantes*). **2.** Intrometer-se; ser atrevido [AC/GAS/TC].

Mexer com/em alguém Tentar conquistar; deflorar: "Não mexa com a moça, roubando o único bem que a natureza lhe deu" (José Potiguara, *Terra caída*) [AC/GAS/TC].

Mexer com a moça Desvirginar; prostituir [PJC].

Mexer com os brios Provocar: "Você mexeu com meus brios, agora vai receber o troco" [JB].
Sin.: *mexer com os nervos*

Mexer com os nervos Ver *mexer com os brios*

Mexer em cumbuca de mulher *Bras., NE, BA, chulo.* Copular [MSM].

Mexer na bola *Desp.* Dar o toque inicial da partida ou do segundo tempo: "O Brasil mexe na bola" [HM].

Mexer no bolso *Desp.* Diz-se quando o clube multa o jogador por motivo que considera grave [HM].

Mexer nos/com os dois cruzados de Desvirginar uma mulher: "Ela sorriu desconfiada e perguntou-me: e ele não mexeu com teus dois cruzados não, bichinha?" (Sabino Campos, *Catimbó*) [TC].
Sin.: *tirar os três vinténs de* (1)
Var.: *tirar os dois cruzados de*

Mexer no time *Desp.* Fazer substituições durante a partida [HM].

Mexer o céu e a terra Empregar todas as forças para conseguir um fim [GAS].

Mexer os beiços Murmurar sem se ouvir [GAS].

Mexer os cordelinhos *Lus.* Dirigir, encaminhar, guiar por meios ocultos; intrigar; fazer diligências para conduzir ações como é desejo próprio; diz-se de pessoa que manobra ou influencia ações que se realizam à sua volta; ter artes ou meios ocultos com que se encaminham certos negócios [GAS].
Sin.: (bras.) *mexer (com) os pauzinhos* (2)
Var.: *mover/puxar os cordelinhos*

Mexer (com) os pauzinhos 1. Enredar; intrigar: "Vitorino trocava as bolas, mexia os pauzinhos, fazia negaça, eu aceitava a sua charla macia" (João Antônio, *Patuleia*, p. 36); "Mas Bacalau era um perigoso e tinha juízo, fintava na charla, mexia os pauzinhos" (João Antônio, *Malagueta, Perus & Bacanaço*, p. 16). **2.** Ser, às ocultas, o agente ou causa de certos resultados ou soluções; fazer manobras mais ou menos secretas para obter o que se deseja; diligenciar; agir; tocar; bulir; dar as voltas necessárias para a consecução do que se pretende; preparar o ambiente para obter vantagem; empregar os meios necessários para obter bom resultado em um negócio ou pretensão; movimentar os empenhos a fim de se obter resultado favorável; utilizar-se de pistolões e influência de terceiros para conseguir certa pretensão; empregar meios para obter certa pretensão ou negócio: "... e parece que o sujeito se entusiasmou e começou a mexer os pauzinhos, e por três vezes lhe foi falar, e dizer que já vinha com tudo engrenado, era só chegar a grana e então estavam conversados" (Rachel de Queiroz, *Dora, Doralina*, p. 207); "O governo decidiu então criar cargos de assessores especiais, com salários diferenciados e, para não ser acusado de estar criando 'marajás', mexeu como sempre os seus pauzinhos" (Aloysio Biondi, *O Brasil privatizado*, p. 24); "Ele estaria mexendo os pauzinhos para pôr o ministro no páreo da sucessão" (Ana Carvalho e Florência Costa, *IstoÉ*, 8/8/01, p. 36); "Vou mexer com meus pauzinhos e tentar me recuperar" [ABH/AC/AN/AT/FF/FSB/GAS/JB/RG/TC].
Sin. (2): *mexer os cordelinhos*
Var. (1) (2): *tecer/tocar/trançar os pauzinhos*

≠ **Não mexer um pé sem pedir licença ao outro** Diz-se de pessoa indolente [GAS].

Mexer um rolo *Bras., DF, gír. rap e rock.* Trocar alguma coisa [Net].

Miar

≠ **Não miar** Não gemer; não reclamar [TC]. ♦ Nesta acepção, a expr. é us. apenas negativamente.

Miar em serviço Brochar: "A outra vez que eu miei em serviço, eu era bem novo" (Marcos, sebista recifense, *apud* Liedo Maranhão, *Conselhos, comidas e remédios para levantar as forças do homem*) [FNa].

Mijar(-se)

Mijar às mãos do cavalo *Lus., chulo.* Exprime a necessidade de observação assídua e de vigilância do dono aos tratos dos animais da sua propriedade. – Constitui tradução chula do prov.: "O olho do dono engorda o gado" [GAS].

Mijar fora da bacia *Chulo.* **1.** Sair da linha; fazer algo errado: "Não vais querer, agora, mijar fora da bacia." **2.** Diz-se de quem é homossexual: "O cidadão mija fora da bacia há algum tempo" [JB].

Mijar fora do caco *Chulo, bras.* **1.** Faltar ao cumprimento das obrigações; cometer ato de desonestidade: "O Major Juvenal não sabe revelar nada, apura quem bebe, nunca mijou fora do caco" (Juarez Barroso, *Mundinha Panchico e o resto do pessoal*). **2.** *Bras., NE.* Prevaricar; ser infiel à esposa; cometer adultério; faltar ao dever conjugal; não andar na linha: "Você bem sabe que eu nunca mijei fora do caco" (Aníbal Bonavides, *As profecias do Arquimedes*, p. 211). **3.** Desobedecer às ordens de seus superiores; exorbitar: "– Em minha terra não, acabei, já rouco. Puxem! Das cancelas para dentro ninguém mija fora do caco" (Graciliano Ramos, *São Bernardo*, p. 55). Ver Leonardo Mota, *Violeiros do Norte* [ABH/AN/FS/LM/MSM/RG/RMJ/TC].

Var. (1) (2) (3): *cuspir fora do caco, mijar fora do penico*

Var. (2): *urinar fora do caco*

Mijar fora do penico *Chulo.* **1.** Dizer ou praticar inconveniências; errar; cometer bobagem; sair da linha: "Mijou fora do penico e deu-se muito mal." **2.** Faltar a compromisso; falhar na tarefa. **3.** *Bras., NE.* Prevaricar; diz-se do homem que tem relações sexuais fora de casa, com outra [GAS/JB/LAF/LAFa/MPa/MSM].

Var.: *mijar fora da pichorra, mijar fora do caco*

Var. (1): (S) *mijar fora do testo* /ê/

Mijar fora da pichorra /ô/ *Chulo.* **1.** *Bras., RS.* Não cumprir à risca um dever, uma obrigação, uma determinação etc.; não cumprir com compromissos assumidos; fazer de improviso, às pressas, sem capricho. **2.** Praticar ou dizer inconveniências; dizer o que não vem ao caso; sair da questão; sair dos limites de sua competência; afirmar algo que não está certo; tomar liberdade; abusar; violar; violentar; coagir. **3.** Trair; cornear [ABH/AJO/AN/FSB/GAS/GM/MSM]. Var.: *mijar fora do penico*

Mijar longe *Chulo, bras., S, SP.* Diz-se da pessoa que tem a faculdade de prever acontecimentos: "Pedro mijou longe quando afirmou que o Corinthians ia ganhar" [MSM].

Mijar na cabeça *Chulo.* Humilhar: "O cara mijou na cabeça, fiquei puto" [JB].

Mijar na/sobre a cova de alguém *Chulo.* Expr. em que se manifesta o desejo de não ser o primeiro a morrer; desejar a morte de alguém como desforço: "Deixe estar que eu ainda hei de mijar na cova deles" (Pedro Menezes, *Casas de caranguejo*); "Olhe, se eu desta vez não for nomeado, deixo-me de mais estudos, dedico minha vida a atacá-lo e injuriá-lo, e, depois do senhor morrer, ainda lhe vou mijar sobre a cova" (Oliveira Lima, *Memórias*). – Uma das supremas ameaças pop. é prometer urinar sobre a sepultura do inimigo [LCC/MSM/TC].

Mijar na escorva *Chulo, bras., S.* Frustrar a tentativa; iludir um propósito; não cumprir com o prometido; faltar à palavra dada. – Escorva: porção de pólvora que se punha na crossoleta para comunicar o fogo à carga [AN/FSB/GAS/MSM].

Mijar nos pés *Chulo, bras., NE.* Estar, o homem, sexualmente impotente: "E por que esse ciúme? O velhinho está mijando nos pés há muito tempo" (Permínio Asfora, *Bloqueio*) [MSM].

Mijar ossos *Chulo, lus.* Dar à luz; ter um parto [GAS].

Mijar para as botas *Chulo.* Diz-se de pessoa idosa, que já não pode nada [GAS].

Mijar para/pra trás *Chulo, bras., S, SP.* Não cumprir com a palavra empenhada; desistir por medo [AJO/LAF/MSM]. – Evidentemente é um termo masc. e machista: descreve sucintamente o modo fem. de mijar (i. e., rel. ao modo masc.).

Mijar pela bunda *Chulo.* Eliminar diarreia aquosa [J&J].

Mijar-se de medo *Chulo.* Sentir muito medo, ser muito medroso, covarde; sentir medo a ponto de não poder conter o esfíncter da uretra. – O medo afrouxa os esfíncteres [AN].

Var.: *cagar(-se) de medo*

Minar

Minar o terreno Trabalhar solapadamente contra alguém a fim de desbaratar-lhe plano ou propósito; diz-se do trabalho de sapa contra alguém; preparar uma ação de descrédito [AN/GAS].

Mirar

Mirar da cabeça aos pés Olhar bem uma pessoa; observar alguém atentamente [GAS].

Misturar(-se)

Misturar as estações *Bras., RJ, gír.* Ficar neurótico ou muito perturbado mentalmente (como se se tratasse de um rádio): "... e *se mandar* pra Barra no *carango* [= automóvel de preferência velho], a mil; tem que, pelo menos uma vez por ano, *fundir a cuca* e ir misturar as estações numa clínica de repouso, e fazer uma *sonda* [= sonoterapia] seguida de uma psicoterapia de apoio – dá um pé bárbaro!" (Vinicius de Moraes, *Poesia completa e prosa*, p. 664) [Vinicius de Moraes, *op. cit.*].

Misturar as pernas *Bras., NE.* Copular [MSM].

Sin.: (S, SP) *misturar os pelos*

Misturar os pelos Ver *misturar as pernas*

Misturar-se na bala Brigar a tiros [AJO].

Misturar-se no ferro Brigar de arma branca (facão, faca, espada, adaga etc.) [AJO].

Mixar /ch/

Mixar o papo *Bras., gír.* Acabar a conversa: "Mixou o papo, xará" [JB]. ♦ "Mixar" está aqui com o sentido de "acabar".

Sin.: *mixar os carburetos*

Mixar os carburetos *Bras., gír.* Acabar a conversa: "Não dá pra entender mais, mixou os carburetos" (*sic*) [JB]. ♦ Gíria antiga, dos anos 1950. Caiu em desuso.

Sin.: *mixar o papo*

Mobiliar

Mobiliar a sala de visitas Botar dentadura postiça [AN].

Moer

Moer a cabeça Causar preocupações [GAS].

Moer a/com/de cacete Bater, surrar muito; espancar violentamente [TC].

Sin.: *moer a/com/de pau*
Var.: *rachar de cacete*

Moer a chicote Ver *moer a/com/de pau*

Moer a paciência Arreliar; cansar o cérebro [GAS].

Sin.: (lus.) *moer a pinha, moer o juízo*

Moer a/com/de pau Espancar violentamente, barbaramente; dar uma surra; bater, açoitar, surrar muito: "– Ué, sargento, eu pensei que a gente ia moer o cão de pau mas o serviço já foi feito" (Antônio Callado, *Quarup*, II, p. 559) [TC].

Sin.: *moer a/com/de cacete, moer a/com/de chicote, moer de pancada(s), rachar de peia*

Var.: *rachar de pau*

Moer a pinha Ver *moer a paciência*

Moer as fressuras *Lus.* **1.** Arreliar; insistir; teimar. **2.** Estar contrariado ou irritado por motivo de espera ou palavreado [GAS].
Sin.: *moer os fígados*

Moer cana Beber bebida alcoólica; tomar cachaça: "Sesyom passava a noite bebendo e servindo bebida para uma dúzia de amantes da cachaça como ele, que iam pra venda moer cana e ouvir os versos do maior glosador daquelas bandas" (Neil de Castro, *As pelejas de Ojuara*) [FN/RG/TC].
Sin.: *beber um trago*
Var.: *meter cana, tomar uma cana/caninha*

Moer de pancada(s) Dar, aplicar uma grande sova; açoitar, esbordoar muito; espaldeirar; espancar [AN/GAS/TC].
Sin.: *moer a/com/de pau*
Var.: *moer a/com pancadas, rachar de pancadas*

Moer no pau Bater; agredir: "Se continuar me torrando, vou te moer no pau" [JB].

Moer no seco Diz-se quando as moendas do engenho estão girando sem a cana-de-açúcar [TC].

Moer o juízo Ver *moer a paciência*

Moer os bofes Corroer por dentro; destruir aos poucos; acabar: "O avanço da eletrônica estaria a moer os bofes da chamada mídia impressa. Em vez de jornal, o mundo emburaca em nossas casas, alumia a sala e desemboca no quarto via Internet" (Ronildo Maia Leite, *Um chope para a Gordinha*) [FN/FNa].

Moer os cornos Ralar-se a pensar; pensar demais [GAS].

Moer os fígados Ver *moer as fressuras*

Moer os ossos Dar pancadas; dar uma surra; bater muito; dar uma grande sova [AN/GAS].
Sin.: *pôr a alguém os ossos num feixe*
Var.: *quebrar os ossos*

Moer torresmos Trabalhar vagarosamente [GAS].

Molhar(-se)

Molhar a camisa Fazer trabalho cansativo [AN].

Molhar a cebola *Desp.* Ajeitar a bola, preparando-a para chute a gol. – Expr. cunhada pelo jornalista esportivo Sílvio Luiz [HM].

Molhar a conversa Tomar um trago de bebida alcoólica: "O comandante é simpático, e aceita uma cervejinha – sem exemplo – para molhar a conversa" (Carlos Drummond de Andrade, *Contos de aprendiz*, p. 52) [AN].
Sin.: *beber um trago*

Molhar a garganta *Bras., pop.* Ingerir bebida alcoólica; tomar uma cerveja, um aperitivo etc.: "A gaita anda curta para o *scotch* mas dá para molhar a garganta com uma 'loura'" (Vinicius de Moraes, *Poesia completa e prosa*, p. 558). [ABH/FF/JB/LAF/RG/TC].
Sin.: *beber um trago*

Molhar a goela 1. Dessedentar-se; matar a sede. **2.** *Bras.* Beber bebida alcoólica: "... de quando em quando dava uma passadinha ligeira pelo alojamento e molhava a goela às escondidas" (Romeu de Carvalho, *Carro Doce*, p. 23) [ABH/AN].
Sin. (2): *beber um trago*

Molhar a língua Beber: "Tô precisando molhar a língua, vamos tomar uma cerveja" [JB].

Molhar a(s) mão(s) 1. Subornar; corromper; dar uma gorjeta para conseguir facilidades no que se deseja: "Doutor Virgílio molhou as mãos de Venâncio e registrou no cartório dele um título de propriedade das matas..." (Jorge Amado, *Terras do sem fim*, p. 121); "Queria só molhar a mão do xará". **2.** Ser subornado, corrompido: "Vai facilitar a corrupção (muito fiscal molhando a mão e a garganta, vocês duvidam?) e vai fazer a festa de novos ambulantes" (Aroeira, *Bundas*, 2/8/99, p. 49) [AN/FF/GAS/JB].
Sin. (1): (lus.) *untar as rodas, untar as unhas,* (lus.) *untar o carro*

Var. (1): *untar as mãos*

Molhar a mão de Dar gratificação ou gorjeta a; gratificar [ABH].

Molhar a palavra Diz-se quando o orador bebe no intervalo do discurso; tomar alguma bebida alcoólica; beber vinho ou outra bebida alcoólica; beber; pedir licença e tomar uma no meio da conversa: "Ó Cesária, veja se arranja dois dedos de cachimbo lá dentro. Eu preciso molhar a palavra" (Graciliano Ramos, *Alexandre e outros heróis*, p. 44); "O povo comeu muita vaca atolada [= sopa de mandioca com costela de boi] e moiô as palavra [= tomar uma cachaça] como manda a religião" (Valéria Propato, *IstoÉ*, 30/8/00, p. 80) [AN/CGP/FF/GAS/JB/TGa].

Sin.: *beber um trago*

Molhar a parede *Bras., S, SP, chulo*. Mijar [FSB/MSM].

Molhar a pena *Lus*. Praticar o coito; transar; relacionar-se sexualmente [GAS].

Sin.: (bras.) *passar o pincel*

Molhar a sopa *Lus*. Bater; agredir; ajudar a dar pancada em alguém [GAS].

Molhar a vela *Lus., Univ. Coimbra*. Ver-se embaraçado; fazer asneira [GAS].

Molhar o bagre *Bras., NE, S, chulo*. Fazer sexo (Mauro Mota, *Os bichos na fala da gente*) [GM/MSM].

Sin.: *afogar o ganso*
Var.: *afogar o bagre*

Molhar o bico *Bras., pop*. Beber; embebedar-se: "Posso molhar o bico?" [ABH/GAS/JB].

Molhar o bico na gordura *Bras., S, SP, chulo*. Copular [MSM].

Molhar o biscoito *Bras., S, RJ, chulo*. Expr. us. em referência ao ato sexual; fazer sexo; copular: "Enquanto o padeiro fazia o pão, o vizinho molhava o biscoito" (Programa do Ratinho, legenda, SBT, 21/6/00); "Preciso molhar o biscoito, estou atrasado há três meses"; "Tá na hora de molhar o biscoito, pessoal, tem muita mulher neste forró" [ABF/AS/CGP/JB/MSM].

Sin.: *afogar o ganso, atolar a chibata*, (CE) *pentear a vassoura*

Molhar o carocho *Lus., bras., S*. Ter relações sexuais com a mulher [GAS/MSM].

Molhar o ganso *Chulo*. Ter relações sexuais; fazer sexo: "Molhar o ganso na própria filha" (*O Povo*, Rio de Janeiro, 28/10/82) [MSM].

Molhar o guarda Nos presídios, subornar o guarda: "Vamos molhar o guarda, que tudo fica mais fácil pra fuga em massa" [JB].

Molhar o nabo *Bras., NE, chulo*. Copular [MSM].

Sin.: *molhar o pavio*

Molhar o pavio Ver *molhar o nabo*

Molhar o peito Ver *encher a cara*

Molhar o pinto *Chulo*. Fazer sexo: "Tô afinzão de molhar o pinto naquela xereca de ouro" [JB].

Molhar os pés Embriagar-se [GAS].

Molhar-se como um pinto Apanhar chuva forte ou ter caído dentro de água [GAS].

Montar(-se)

Montar a escada *Lus*. Preparar-se para adular uma pessoa [GAS].

Montar a igrejinha Dispor as coisas para trabalho; organizar os pertences para alguma atividade [GAS].

Montar bicicleta Andar de bicicleta [NL].

Montar em 1. Exercer domínio; implicar, exigir constantemente. **2.** Abusar da prestimosidade, da tolerância ou servilismo de alguém [TC].

Montar em/no osso Montar sem sela ou albarda sobre o dorso do animal; montar a cavalgadura sem a sela ou cangalha, sobre o pelo mesmo; cavalgar sem arreio, sentado diretamente no lombo do animal: "O menino vinha montado em osso, quase na garupa..." (Rachel de Queiroz, *O Quinze*) [AN/GAS/LM/RG/TC].

Sin.: *montar em/no pelo*
Var.: *andar em/no osso, cavalgar em/no osso*

Montar em/no pelo Andar a cavalo sem arreio, sem sela, sentado diretamente no lombo do animal: "Queria mostrar que também sabia montar em pelo" (Fran Martins, *Estrela do Pastor*) [AJO/AN/LM/TC].
Sin.: *andar nas alcatras* (1), *montar em/no osso*
Var.: (RS) *andar de/em/no pelo*

Montar no pescoço Dominar; subjugar; submeter [AN].

Montar no porco 1. *Bras., gír.* Ir embora; fugir da polícia: "Vou montar no porco; os tiras tão me procurando." **2.** Ganhar muito dinheiro: "Tô montado no porco, gente, ganhei uma boa baba de quiabo no bingão dos importados" [JB/RMJ].

Montar no/num porco 1. *Bras., NE.* Embriagar-se; embebedar-se; ficar bêbado; "roer". **2.** Zangar-se; diz-se para designar estados de alma próximos da cólera. **3.** Ficar desconcertado, ou encabulado, em situação humilhante ou ridícula; envergonhar-se; encabular-se [ABH/AJO/AN/FN/FS/GAS/JB/LAFa/LM/RG/RMJ].
Sin. (1): *encher a cara*
Sin. (2): *ficar puto*
Var. (1): (N, CE) *tomar o/um porco*
Var. (3): (S) *montar um porco*

Montar num potro aporreado *Bras., RS.* **1.** Ter muita coragem; não ter medo de nada. **2.** Enfrentar uma situação muito difícil e muito perigosa [AJO].

Montar-se no cachaço Abusar, dominar completamente a pessoa que se encontra na sua dependência; fazer o que quer [AN/GAS].
Var.: *trepar no cachaço*

Montar sua barraca Morar: "O magnata paulista vai montar sua barraca em Paris" [JB].

Montar tenda Estabelecer-se [TC].

Montar uma fuguinha *Bras., AL, Santana do Ipanema* Descansar; aguardar, esperar pacientemente por alguém ou por alguma coisa [FNa].

Morar

Morar ao pé da porta Ser vizinho; morar perto [GAS].

Morar debaixo da ponte Não ter onde morar: "Tô morando debaixo da ponte, a barra tá pesada" [JB].

Morar em casa do diabo mais velho Morar em local distante e pouco acessível [GAS].

Morar lá em casa de Deus Morar muito longe [GAS].

Morar na filosofia Entender; compreender: "Mora na filosofia, cara, a situação não tá fácil" [JB].

Morar na jogada *Bras., gír.* Entender; compreender uma explicação, uma situação etc.: "Morou na jogada, mano? Assim té eu ajeito" [ABH/JB, p. 395].

Morar na rua do lá vem um Morar em rua de muito pouco movimento [GAS].

Morar no arco do cego Diz-se do indivíduo que revela pouca inteligência [GAS].

Morar no assunto *Bras., CE, RJ, gír.* Verificar; apurar; observar; entender; entender de tudo; manjar: "O *couvert* já está conversado. Você sabe que o papai mora no assunto. Taca peito" (Vinicius de Moraes, *Poesia completa e prosa*, p. 558). ♦ Em nota de rodapé, e aqui como referencial de época da expr., o poeta Vinicius nos adverte que esta gír. foi empregada em crônica que data de 1953 [JB/RG].

Morar no mato Habitar a zona rural [TC].
Var.: *ser do mato, viver no mato*

Morar para lá do sol posto Morar muito longe [GAS].

Morar paredes-meias Morar no prédio contíguo, na casa ao lado. – "Parede-meia" é a parede comum a duas casas, feita pelos proprietários de comum acordo. Em algumas casas, em vez de paredes-meias pode tratar-se de paredes em meio, isto é, contíguas (ver João Ribeiro, *Seleta clássica*, nota 78) [AN/GAS].

Morar (a/ao) pegado Morar vizinho, contíguo, ao lado: "Da casa a pegado saiu um homem" (Ribamar Galiza, *Que duas belas crianças*) [TC].

Morar porta com porta com alguém Morar em casa contígua, vizinha à de alguém [AN].

Morar rente Ser vizinho [TC].

Morder(-se)

Morder a areia 1. Cair morto em combate; cair sobre a areia. – Expr. homérica em relação aos heróis da Ilíada. **2.** Enterrar-se na areia [ABH/AN].

Morder a cabeça *Bras., gír*. Ficar bobo, idiota: "O cara mordeu a cabeça, agora tá bobão" [JB].

Morder a corda *Bras.* **1.** Adiar o pagamento; protelar; não se comprometer. **2.** Insinuar que alguém fez alguma coisa e obter confirmação: "Ele mordeu a corda e confirmou que realmente recebeu um jabá" [FN/JB/NL].
Sin. (2): *morder a isca* (2)
Var. (1): *roer a corda* (2)

Morder a fronha *Bras., RS*. Uma das formas de se referir o ato sexual entre homens, especificamente a atividade do assim chamado passivo [LAFb].
Sin.: *cagar pra dentro, jogar no outro time, pedalar pra trás*

Morder a isca *Bras*. **1.** Deixar-se seduzir, iludir ou lograr; cair no logro, na armadilha. **2.** Insinuar que alguém fez alguma coisa e obter confirmação: "Patrícia deixou 50 reais sobre um móvel da casa. A filha mordeu a isca. O dinheiro desapareceu" (Angélica Santa Cruz e Eduardo Junqueira, *Veja*, 5/5/99, p. 125) [ABH/AN/CLG/GAS/JB/OB/TGa].
Sin. (1): *cair no cheiro do queijo*
Sin. (2): *morder a corda* (2)
Var. (1): (lus.) *morder o isco, pegar na isca*

Morder algum *Lus*. Receber uma parte do roubo [GAS].

Morder a língua Reprimir-se no ímpeto de proferir um dito picante que ia sair dos lábios; conter o impulso de dizer algo; suspender-se [AN/CLG/GAS].

Morder a poeira Cair morto no chão; cair vencido; sucumbir na luta. – Expr. corrente nos poemas homéricos [ABH/AN/FSB/GAS].
Sin.: *morder o pó*

Morder a terra Cair morto em batalha. – Expr. corrente nos poemas homéricos [AN].

Morder (a) batata *Bras., CE, MA, pop*. Ingerir bebida alcoólica; beber aguardente ou outra qualquer bebida alcoólica; beber cachaça; ficar bêbado. – É crença pop. que o lagarto (tejo ou tejuaçu), nas suas lutas com as cobras, quando se sente ferido pelos dentes delas, corre para o mato à procura de um contraveneno que ele conhece, a chamada erva-do-lagarto, ou, segundo a versão baiana, "a batata do teiú" (tb. se diz cabeça-de-negro). *Morder a batata* é a desculpa de quem quer significar que o álcool o preservará de febres, doenças, frios ou... calor. Daí, na opinião do povo, o álcool como contraveneno é eficaz [ABH/AN/DVF/FN/LCC/LM/RG].

Morder e (as)soprar 1. Atacar e elogiar; fazer um mal e procurar remediá-lo. **2.** Fazer duas coisas ao mesmo tempo: "Francamente não posso morder e assoprar" [AN/JB].

Morder na goiaba *Bras., S, SP, MG, gír. dos ciganos*. Fazer negócio; entrar em acordo de compra, permuta ou venda [LCC].

Morder nas canelas Dizer mal de alguém [GAS].

Morder o alpiste de *Bras., gír*. Apoiar; dar apoio a; aderir a; concordar moral, política ou ideologicamente com: "Falcão [o cantor cearense 'bregastar'] deixou de morder o alpiste dos tucanos revoltado com o chamado modelo neoliberal, aquele que deixa a população cada vez mais pobre e os ricos cada vez mais ricos" (*O Povo*, col. Vertical, 14/9/01, p. 2).

Morder o anzol Aceitar o que se lhe diz [GAS].

Morder o bigode Dar sinais de impaciência, irritação ou nervosismo; manifestar contrariedade: "E o juiz, todo de preto, junto da mesa preta, mordia o bigode branco, impaciente" (Rachel de Queiroz, *João Miguel*, p. 120).

Morder o mosco *Lus*. Assaltar um domicílio para roubar. – Mosco é um roubo hábil, engenhoso, feito a uma casa [GAS].

Morder o pó Ver *morder a poeira*

Morder os beiços 1. Apertar o beiço inferior com os dentes, para impedir o riso ou como demonstração de despeito; mostrar-se descontente, despeitado, ressentido; mostrar despeito ou desgosto, apertando o lábio inferior com os dentes: "Baixei a cabeça, mordi os beiços para não gritar os desaforos que me subiam à garganta e que eu engolia..." (Graciliano Ramos, *Angústia*, p. 73). **2.** Manifestar contrariedade [ABH/AC/AN/FF/GAS].
Sin.: *morder os lábios*

Morder os cotovelos *Bras., RS*. Diz-se de alguém que está visivelmente bravo. – Gesto perfeitamente impossível, mas a imagem é ótima [LAF].

Morder os lábios 1. Apertar o beiço inferior com os dentes, para impedir o riso ou como demonstração de despeito; mostrar-se descontente, despeitado, ressentido; mostrar despeito ou desgosto, apertando o lábio inferior com os dentes: "Foi a única vez em que vi suas mãos tremerem, ao escrever o bilhete. Mordeu os lábios" (Dias Gomes, *Derrocada*, p. 108). **2.** Manifestar contrariedade: "Ela deu um gemido. Elias mordeu os lábios, e não disse nada. Alguém tocou o seu ombro" (Paulo Coelho, *O Monte Cinco*, p. 120) [ABH/AC/AN/FF/GAS].
Sin.: *morder os beiços*

Morder pela calada *Lus*. Caluniar à socapa, furtivamente; ser sonso, traiçoeiro [GAS].

Morder por baixo *Desp*. Tocar de leve com a chuteira e com malícia o tornozelo do adversário [HM].

Morrer

Morrer à/de fome Ter necessidade de comer; estar há muito tempo sem ingerir alimentos; não ter o que comer [AN/GAS].

Morrer ajudado Morrer com veneno ou gênero de morte preparada (a eutanásia, p. ex.) [GAS].

Morrer à míngua Morrer de fome, de inanição [GAS].

Morrer à nascença Diz-se do empreendimento que não consegue vingar [GAS].

Morrer aos bochechos Ver *morrer aos goles*

Morrer aos goles Morrer lentamente; morrer aos bocados ou aos poucos: "E a vida é isso, ou é morrer aos goles, sem consciência do que perde..." (Machado de Assis, *Helena*, cap. 15) [ECS/GAS].
Sin.: (lus.) *morrer aos bochechos*

Morrer a/de rir Rir muito, demais; esbaldar-se de rir; gargalhar; rir até o limite do inconcebível; ter um ataque de riso; dar grandes gargalhadas; rir com muita vontade: "Ele morreu de rir e avisou que não ia perder tempo com Sebastião nenhum" (Raul Drewnick, *Correndo contra o destino*, p. 116); "Tasso Jereissati morreu de rir da primeira comunhão de José Serra" (Tutty Vasques, *Época*, 21/1/02, p. 98) [ABH/AN/CLG/GAS/JB/LAF/MPa].
Sin.: *rir a/às bandeiras despregadas*
Var.: *cagar(-se)/finar-se/mijar-se de rir, escangalhar-se a/de rir, morrer de riso*

Morrer às mãos de Ser morto por alguém [GAS].

Morrer com/em Adiantar ou ceder uma quantia pedida emprestada; acudir a um gasto inesperado e sem proveito: "Eu fui cair na besteira de receber aquelas duas mulheres e acabei morrendo em cinco mil cruzeiros..." [FS].

Morrer como um cão Morrer desprezado, ao abandono [AN/GAS].

Morrer como um passarinho Morrer sem experimentar sofrimento físico; morrer suavemente, sem sofrimento; morrer calma e tranquilamente, serenamente, como se o paciente estivesse adormecido [ABH/AN/GAS/MPa/RG].

Morrer de Sofrer muito de; ser atormentado por [AC/FF].

Morrer de amor(es) por Ter grande paixão por; estar muito apaixonado, perdidamente enamorado; ter grande estima, afeição ou paixão por; ansiar; amar perdidamente: "Morria de amores pelo primo" [ABH/AN/GAS].

≠ **Não morrer de amores por** Não ter grande simpatia a; não sentir simpatia alguma; gostar pouco, ou nada de alguém ou alguma coisa; detestar; não gostar; ter antipatia: "Não morre de amores pelo uísque" [ABH/AN/FF/GAS].

≠ **Não morrer de caretas** Não ter medo de ameaças [AN].

Morrer de desejos Desejar muito [AN].

Morrer de desgraça Ser vítima de acidente fatal; falecer em acidente, desastre; morrer assassinado: "... é cova de cabra desordeiro que morreu de desgraça e não foi enterrado no sagrado...". – Expr. de uso rural [FS/LM/RG].

Morrer de dor Sentir grande dor; sofrer muito com um acontecimento doloroso [AN].

Morrer de ferro Morrer a golpes de arma branca [ECS].

Morrer de gosto Sentir muito prazer [AN].

Morrer de graça Bras., CE. Ser vítima de acidente fatal; morrer por assassínio [AN].

Morrer de medo Assustar-se demasiadamente; sentir muito medo: "Quando era pequeno, o rapaz sempre tinha morrido de medo de ser raptado pelos ciganos, e este temor antigo voltou enquanto a velha segurava suas mãos" (Paulo Coelho, *O alquimista*, p. 35) [AN/GAS].

Morrer de morte macaca Diz-se de morte infeliz, desastrosa; morrer desgraçada, violenta, ingloriamente. – Deturpação de "macabra" (i. e., horrível). Caldas Aulete dá "macaca" como adj., significando "desgraçada, violenta" [AN/GAS].

Morrer de morte matada Morrer assassinado, ou por assassínio: "... teve um causo que feiz ela ficá mudada, sabe que o noivo dela morreu de morte matada?" (Luciano Barreira, *Os cassacos*, p. 332). – Uso burlesco [AN/F&A/FS/GAS].

Morrer de morte morrida Ter morte natural, por doença ou velhice; morrer de morte natural. – A expr. é de uso burlesco [AN/CLG/ECS/F&A/FS/GAS].

Morrer de morte natural Falecer em virtude de doença ou velhice: "... de noite a notícia estaria chegando lá no Brejo, a galope, para desgraçar os últimos dias de Doia: morreu de morte natural, morrida, o Matador" (Darcy Ribeiro, *O mulo*, p. 53) [GAS].

Morrer de morte violenta Ser assassinado [GAS]. ♦ O eufemismo pouco suaviza a tragicidade da expressão.

Morrer de raiva Sentir grande raiva [AN].

Morrer de repente Morrer inesperadamente em virtude de síncope [GAS].

Morrer de saudade Ansiar pelo momento de tornar a ver a pessoa por quem se sofre: "– Mãe morre de saudade, Chica" (Paulo Amador, *Rei branco, rainha negra*, p. 57) [GAS].

Morrer de sede Estar sedento, com vontade de beber; ter sido privado de água [GAS].

Morrer de sucesso Bras., NE. Falecer de súbito, repentinamente; refere-se à morte repentina ou por acidente. – "Sucesso", no caso, pode ter duas or.: corruptela de "acesso", para o primeiro caso, e derivação de "coisa sucedida", para o segundo caso: "Antônio Ferreira morreu de sucesso, digo, vitimou-o um acidente" (Leonardo Mota, *No tempo de Lampião*, p. 18); "Morreu de sucesso, já tava pra lá dos 80" (Oswaldo Valpassos, *Nordeste pitoresco*) [AN/FS/LM/RG/TC].

Var.: *morrer de morte de sucesso*

Morrer de velho Morrer em idade avançada: "Foi um dos iscravo mais trabaiadô e honesto qui o Triunfo já teve. Morreu de veio quando não podia mais trabaiá..." (Aristides Fraga Lima, *Mané Tomé, o liberto*, p. 78); "O cavalo que eu montava na fotografia morreu de velho" (Darcy Ribeiro, *O mulo*, p. 45); "E os médicos, os bacharéis, os engenheiros, morrem de velhos" (Jáder de Carvalho, *Sua majestade, o juiz*, p. 65) [GAS].

Morrer de vergonha Ficar com muita vergonha; ficar sem jeito, sem defesa: "Fiquei muito envergonhado, quase morri de vergonha com a merda quela aprontou" (*sic*) [JB/MPa].

Morrer do(s) bofe(s) *Bras., CE*. Ter (muito) ciúme ou (muita) inveja de alguém [AS/CGP/TC].

Morrer e esquecer de deitar Ser, estar ultrapassado: "O cidadão morreu e esqueceu de deitar" [JB].

Sin.: *morrer e não saber*

Morrer em cheiro de santidade Ter reputação de vida virtuosa e santa. – Era crença pop. que das sepulturas dos santos emanava fragrância agradável (ver *Rev. Lus.*, XXIX, p. 123) [AN].

Morrer e não saber Ver *morrer e esquecer de deitar*

Morrer galego *Bras., CE*. Formar-se um ajuntamento de curiosos: "Aqui não morreu galego" [= não há motivo para curiosidade ou aglomeração] [RG].

Morrer-lhe um sapo nas unhas Ser muito sovina: "Parece que lhe morreu um sapo nas unhas" [= é muito sovina] [LM].

Morrer na área *Desp*. Chutar fracamente a bola por ricochete da chuteira, ocasionando que lentamente ela chegue à grande área, até parar [HM].

Morrer na beira virada Fracassar sem defesa possível. – "Virado" é que devia ser. Alusão ao modo por que morrem as tartarugas: viradas e à beira d'água [ECS/FS/LM].

Morrer na casca Diz-se do que não chegou a ter início; morrer à nascença; não vingar; abortar um plano, um negócio. – Alusão ao filhote de ave que não consegue sair da casca do ovo [AN/ECS/GAS].

Sin.: *morrer no ovo*

Morrer na faca cega *Bras., AL*. Sofrer, lascar-se, penar [Net].

Morrer na praia 1. Não conseguir o objetivo, na última etapa, quando já estava chegando lá; dar-se mal na reta final de alguma coisa: "Você é livre para acreditar na sua competência ou morrer na praia" (Bárbara Abramo, *O Povo*, cad. Vida & Arte, col. Astrologia, 6/4/01, p. 2). **2.** *Desp*. Diz-se de queda de rendimento de time no final de partida que iniciara com chance real de vencer. **3.** *Desp*. Apresentar, um clube, rendimento pequeno em final de campeonato, deixando escapar a possibilidade de ganhá-lo, contrariando os prognósticos [HM/JB/MPa].

≠ **Não se morrer na véspera** Frase com que se indica que cada um morre no dia que lhe estiver designado pelo destino [AN].

Sin.: *não ser peru, que morre na véspera*

Morrer no barricão Morrer solteira, sem casar: "Estão esperando os bancários de Alagoinhas e os homens da Petrobras. Estão esperando. Tabaréu, não: rapazes da cidade. – Vão morrer no barricão, loucas e com o tabaco ensebado, para pagar a língua, revidam os solteirões desenganados" (Antônio Torres, *Essa terra*) [FN/FNa].

Var.: *ficar no barricão*

Morrer no ovo Ver *morrer na casca*

Morrer no pio *Bras., gír*. Dar-se mal: "Morreu no pio, aqui na minha mão" [JB].

Morrer para o mundo 1. Fazer-se frade ou freira; professar; enclausurar-se; recolher-se a um convento. **2.** Fazer vida contemplativa; recolher-se, depois de ter intensa vida social; renunciar à vida social; renunciar aos prazeres e glórias do mundo [AC/AN/FF/GAS].

Morrer pela boca 1. Morrer por abuso dos prazeres da mesa [GAS/RMJ]. **2.** Não se dar bem; passar mal; ir seguidas vezes ao banheiro.

Morrer pela boca que nem peixe 1. Alusão que se faz às pessoas que habitualmente comem em demasia. **2.** Diz-se de pessoa abestalhada, tola, que se deixa enganar com facilidade [RBA].

Morrer(-se) por Ter grande afeição a alguma coisa ou a alguém; desejar muito, ardentemente [AC/FF/FSB/GAS].

Morrer sapo afogado Chover demais, em excesso: "– O inverno pegou e vai morrer sapo afogado" (Aníbal Bonavides, *As profecias do Arquimedes*, p. 19).

Morrer sem ver vovó *Bras., CE, pop.* Ser vencido irremediavelmente; sofrer um fiasco, sem ao menos ter o consolo esperado; sofrer uma grande decepção, sem direito a prêmio de consolo, sem uma recompensa mínima; ter os planos frustrados [ABH/AN/FN/FS/LM/TC].

Var.: *ficar sem ver vovó*

Mortificar

Mortificar os sentidos Infligir a si próprio castigos corporais [GAS].

Moscar

Moscar a noz 1. *Lus.* Atingir. Ferir a cabeça; esbofetear. **2.** Fugir das moscas, como foge o gado. **3.** *Fig.* Sumir-se; desaparecer; safar-se [FSB/GAS]. ♦ Conforme GAS, "moscar" (lus., pop.) significa "fugir com o roubo". Na Beira, em Portugal, diz-se "mosquitar".

Mostrar(-se)

Mostrar a estrovenga *Bras., NE, chulo.* Mostrar o pênis: "... que acudia pelo nome de Elias, que tentava mostrar a estrovenga à neta mais nova de Coriolano Tartaruga..." (Hermilo Borba Filho, *Sete dias a cavalo*) [MSM].

Mostrar a fela *Lus.* Aparecer; deixar-se ir; mostrar-se [GAS]. ♦ "Fela", está no mesmo A. consultado, é "cara, rosto, fisionomia".

Mostrar a força dos pastéis de nata Conhecer a energia da pessoa; ver com quem se meteu [AN].

Mostrar ao dedo Indicar com toda exatidão: "Uns me mostram ao dedo" (Sá de Miranda, *Obras completas*, Coleção Sá da Costa, 2, p. 10) [ECS].

Mostrar a pinhoada *Lus.* Rir-se [GAS].

Mostrar a popa Ver *mostrar as costas*

Mostrar a porta Mandar embora; despedir abruptamente; afastar; expulsar, pôr fora de casa [AN/GAS/TC].

Var.: *mostrar a porta da rua*

Mostrar a que veio Apresentar-se: "Mostre a que veio, cabra safado" [JB].

Mostrar as canjicas 1. *Bras., RS.* Sorrir, rir, descobrindo-se até às gengivas: "O negro arreganhou os beiços, mostrando as canjicas, num pouco caso e repostou: – Ora, misturada!..." (J. Simões Lopes Neto, "O negro Bonifácio", in *Contos gauchescos e Lendas do Sul*). **2.** Sair: "Vamos mostrar as canjicas e dar o fora" [AJO/JB/RMJ].

Sin. (1): *mostrar o(s) dente(s)* (2)

Mostrar as cartas Ver *botar as cartas na mesa*

Mostrar ascensão técnica *Desp.* Demonstrar melhora no nível de jogo [HM].

Mostrar as costas Fugir, evadir(-se) [ABH/AN/GAS].

Sin.: *dar às de vila-diogo*, (lus.) *mostrar a popa*, (lus.) *mostrar o cu*

Mostrar as credenciais *Bras., gír.* Exibir os órgãos genitais masc.: "O negão mostrou as credenciais e foi engaiolado por atentado ao pudor" [JB].

Sin.: *mostrar as ferramentas*, *mostrar os documentos*

Mostrar as ferraduras Fugir [GAS].

Mostrar as ferramentas *Bras., gír., chulo.* Exibir os órgãos genitais masc.: "O negão mostrou as ferramentas e aterrorizou a negona, que fugiu do boneco" [JB].

Sin.: *mostrar as credenciais*

Mostrar (todas) as ferramentas *Desp.* Investir violentamente de chuteira sobre um adversário sem bola [AJO/HM].

Sin.: *abrir a caixa de ferramenta(s)* (2)

Mostrar as unhas Dar mostra de maldade; revelar-se pessoa má; ameaçar [AN/GAS].

Mostrar as ventas que traz Manifestar os seus propósitos, os seus intentos [GAS].

Mostrar a vivo Mostrar em toda a sua realidade [ECS].

Mostrar boa cara Mostrar agrado; receber bem; dar bom acolhimento [AN/CA/GAS].

Mostrar com/de quantos paus se faz uma cangalha *Bras., NE, CE*. Dar uma lição; ministrar um corretivo, um castigo; infligir lição séria, exemplar; infligir castigo a alguém que se deseja maltratar: "Vou mostrar praquele comida de onça com quantos paus se faz uma cangalha" (Nelly Cordes, *O rei dos cangaceiros*) [ABH/AN/FS/LM/RBA/TC].
   Sin.: *dar o/um ensino*
   Var.: *dizer/ensinar/saber com quantos paus se faz uma cangalha, mostrar com quantos paus se faz uma canoa*

Mostrar com quantos paus se faz uma canoa *Bras., CE*. Dar uma lição, um corretivo a alguém; exercer uma represália; fazer alguma coisa que sirva de exemplo, ou de emenda; mostrar a alguém as consequências de seus maus atos: "— Vamos ver quem tem roupa na mochila. Agora eu lhe mostro com quantos paus se faz uma canoa" (Graciliano Ramos, *São Bernardo*, p. 14); "Pretendo continuar assim e vou mostrar com quantos paus se faz uma canoa" [ABH/AC/AN/AT/CLG/FF/FSB/JB/RMJ]. ♦ No NE do Brasil, por influência da cor regional, nas praias costuma-se dizer "jangada", em vez de "canoa" ou "cangalha", que são termos mais us. no sertão (ver var. abaixo).
   Var.: *mostrar com/de quantos paus se faz uma cangalha, mostrar com quantos paus se faz uma jangada, saber com quantos paus se faz uma canoa*

Mostrar com quantos paus se faz uma jangada Infligir castigo a alguém ou simplesmente dirigir-lhe ameaças [RBA].
   Var.: *ensinar/saber com quantos paus se faz uma jangada, mostrar com quantos paus se faz uma canoa*

Mostrar gato por leão *Ant*. Tentar convencer alguém de que são mínimos os riscos de uma empresa quando são os mesmos exagerados; "enganar, dando mais dano, quando prometia menos" (segundo Morais Silva) [RMJ].

Mostrar má cara Receber mal; dar mau acolhimento; mostrar, manifestar desagrado [AN/CA/GAS].

Mostrar o cu Ver *mostrar as costas*

Mostrar o(s) dente(s) 1. *Bras*. Ameaçar alguém; dizer o que vai fazer: "Mostre os dentes, não fique aí parado." **2.** *Bras*. Rir-se para alguém; rir ou provocar rindo; rir-se de escárnio: "Eu não gosto de gente assim, que só vive mostrando os dentes..." **3.** *Lus*. Ser padrinho de casamento ou batizado [ABH/AN/F&A/FF/FS/GAS/JB/RG].
   Sin. (2): *mostrar as canjicas* (1)
   Var.: *arreganhar os dentes* (1) (2) (3)

Mostrar o jogo Revelar as intenções [AN/GAS].

Mostrar o piano *Lus*. Rir, mostrando os dentes [GAS].

≠ **Não mostrar os dentes 1.** Mostrar-se sisudo, severo, sem amabilidade, sem sorrir; manter-se sério. **2.** Não dar confiança [AN/GAS].

Mostrar os documentos *Bras., gír*. Exibir os órgãos genitais masc.: "O negão mostrou os documentos, um verdadeiro pé de mesa" [JB].
   Sin.: *mostrar as credenciais*

≠ **Não mostrar os panos** Diz-se de moça que já não é virgem. – "Mesmo ao redor de 1870 era costume, nos sertões do NE bras., a exibição, aos parentes, dos panos íntimos da desposada, comprovando a virgindade anterior ao matrimônio. Uma frase expressiva era afirmar: aquela não mostra os panos, denunciando a impossibilidade de provar a donzelice indispensável ao casamento" (Luís da Câmara Cascudo, "Exibição da prova de virgindade", in *Rev. Bras. de Medicina*, Rio de Janeiro, vol. XIV, n.º 11, nov./1957). O costume de mostrar os panos já desapareceu dentro do tempo.

A expr. *não mostrar os panos* ainda é us. no interior de PE, pelo menos [MSM].

Mostrar serviço 1. Exibir-se: "Vive querendo mostrar serviço pro chefe." **2.** *Desp.* Apitar com isenção a partida, mantendo-a sob controle, e deslocando-se em campo para aproximar-se o mais possível das jogadas. **3.** *Desp.* Demonstrar, o atleta, decidida participação no jogo, justificando a sua escalação [HM/JB].

Mover

Mover a cria *Bras., RS.* Abortar (a vaca ou a égua) [AJO].

Mover céus e terras Empregar todos os esforços possíveis; lançar mão de todos os recursos; esforçar-se ao máximo; fazer o possível e o impossível; desenvolver o máximo esforço para conseguir determinado objetivo; empregar todas as forças para conseguir um fim; fazer todos os esforços para conseguir algo. – É um lugar-comum tb. na língua ingl.: *Move heaven and earth* [AN/CLG/GAS/RMJ].

Var.: *mexer/mover o céu e a terra, revolver céu e terra*

≠ **Não mover uma palha** Não executar o menor trabalho; não ajudar na realização de uma tarefa; não fazer nada para ajudar alguém; não fazer diligência: "Você é íntimo do Daniel Filho e não quer mover uma palha em favor de uma pobre artista em potencial!" (Carlos Drummond de Andrade, *Boca de luar*, p. 43) [AN/CLG/JB].

Var.: *não aluir uma palha*

Mudar

Mudar a camisa Ver *beber um trago*

≠ **Não mudar a chapa** Repetir sempre uma coisa [AN].

Mudar a mobília *Bras., gír.* Pôr dentadura nova: "Fui ao dentista pra chumbar uma panela e mudar a mobília" [JB].

Mudar a pele Rejuvenescer; regenerar-se [AN/GAS].

Mudar a roda da fortuna Ver *desandar a roda* (2)

Mudar as coisas Alterarem-se as condições de vida, o aspecto [GAS].

Mudar as guardas à fechadura Fazer as coisas de maneira que pareçam outras [GAS].

Mudar as setas em grelhas Ver *virar(-se) o feitiço contra o feiticeiro*

Mudar a voz Diz-se quando o adolescente chega à puberdade e muda o timbre da voz, que engrossa [GAS].

Mudar de ares Ir para outro lugar; ir para a praia ou para o campo; mudar de um lugar que não oferece boas condições à saúde, tranquilidade, segurança etc., para outro mais propício [ABH/GAS].

Mudar de camisa Trocar de clube, de partido; passar a outro clube de futebol ou a outro partido político [AN/HM].

Mudar de canto Retirar-se para outro lugar [TC].

Mudar de conversa Mudar de assunto para fazer desviar a atenção daquilo que se tratava [GAS].

Mudar de cor Tornar-se pálido, lívido, ou corado, ruborizado, por efeito de emoção repentina; corar ou empalidecer por efeito de uma paixão ou comoção; fazer-se pálido; empalidecer [ABH/AN/CLG/FF/GAS].

Mudar de dentes *Fam.* Diz-se da "queda dos dentes da primeira dentição" [FS].

Mudar de estado 1. Casar-se. **2.** Divorciar-se ou enviuvar [ABH/AC/AN/FF/GAS].

Var. (1): *tomar estado* (1)

Mudar de figura Variar; tomar, adquirir, um caso, outro aspecto; tornar-se diferente; diz-se de assunto que se transforma e tem de ser encarado novamente: "Aqui na corte, um caso desses perde-se na multidão da gente e dos interesses; mas na província muda de figura" (Machado de Assis, *Memórias póstumas de Brás Cubas*) [ABH/AN/AT/GAS].

Mudar de mão Passar de uma pessoa a outra: "Este carro mudou de mão três vezes" [AN].

Mudar de parecer 1. Mudar de opinião. **2.** Ficar pálido ou ruborizado [GAS].

Mudar de pato a ganso *Bras., gír.* Mudar de assunto: "Mudando de pato a ganso, acho que a situação vai piorar" [JB].
Sin.: *mudar de pau pra cacete*
Var.: *passar de pato a ganso* (2)

Mudar de pau pra cacete *Bras., gír.* Mudar de assunto: "Mudando de pau pra cacete, acho que as coisas estão ruins" [JB].
Sin.: *mudar de pato a ganso*
Var.: *passar de pau pra cacete*

Mudar de poiso Mudar de habitação [GAS].

Mudar de propósito Mudar de tenção; resolver outra coisa [GAS].

Mudar de querena *Lus.* Diz-se de mudança de ideias; tomar outro rumo [GAS].

Mudar de/o sentido Esquecer ou procurar esquecer [TC].
Var.: *tirar do sentido* (1)

Mudar de tom Falar de outra maneira; mudar de maneiras, de linguagem [AN/GAS].

Mudar de vida Adquirir novos hábitos [FF].

Mudar o colarinho Ver *beber um trago*

Mudar o disco 1. *Lus.* Passar a outro mundo; morrer. **2.** Calar-se: "Muda o disco!" **3.** *Bras., pop.* Mudar de assunto; deixar de repetir-se; dizer outra coisa [ABH/AN/GAS].
Sin.: *virar a página*
Var. (3): *virar o disco* (1)

Mudar o nome para cachorro, se... Expr. us. para afirmar a veracidade do que se diz, condicionando sua negação a algo "humilhante", "vergonhoso", ridículo (mudar o nome para cachorro) [AN].

Mudar o óleo *Bras., gír., chulo.* Fazer sexo: "Tô precisando mudar o óleo pra fazer muita mulher feliz" [JB].
Var.: *arriar o óleo* (1)

Mudar o sentido Mudar de ideia, de propósito [TC].

Mudar os tarecos Mudar os móveis de casa de um lado para o outro [GAS].
Sin.: *mudar os trastes*

Mudar os trastes Ver *mudar os tarecos*

Mudar para outro mundo Morrer [F&A].

Mugir

≠ **Não mugir nem tugir** Estar calado e quieto; calar-se; emudecer; não dizer nada [AC/FF/FSB/GAS].
Var.: *não tugir nem mugir*

Mungir

Mungir alguém Explorar alguém; despojar alguém dos seus bens [GAS].

Municiar

Municiar o ataque *Desp.* Lançar bolas para a grande área, alimentando a linha atacante [HM].

Murchar

Murchar as orelhas 1. Diz-se dos equinos quando estes contraem as orelhas; dizer a alguém que um cavalo "murchou as orelhas" é uma advertência de perigo de coice. **2.** Ficar, o animal, acovardado; ficar, alguém, envergonhado ou calado, humilhado, sucumbido: "Foi o Capoeiro [burro] enxergar os homens encourados e murchar as orelhas, aprontando a carreira" (Juarez Barroso, *Obra completa*, p. 239) [AJO/LM/TC].

n

Nadar

Nadar como um prego Diz-se de pessoa que não sabe nadar; ir para o fundo por não saber nadar [AN/GAS].

Nadar de braçada *Bras., gír.* Correr para o sucesso: "O cara tá nadando de braçada. Logo chegará aos pincaros da glória" [JB].

Nadar em delícias Viver no meio de prazeres, de sensações deleitosas [GAS].

Nadar em dinheiro Ser muito rico; ter grande fortuna; ter abundância de dinheiro: "O que faço é dizer que ele precisa controlar a conta, desligar as luzes e o ar. Não estão nadando em dinheiro como todo mundo diz" (Augusto Farias, dep. AL, *IstoÉ*, 29/9/99, p. 43) [GAS/OB].

Sin.: *nadar em ouro, nadar em riqueza*

Nadar em maré de rosas *Lus.* Gozar de felicidade [GAS].

Nadar em ouro Ser muito rico; ter grande fortuna; viver na opulência; viver na melhor, em ótima situação: "... o dinheiro tem sempre o seu prestígio, ninguém lhe pede a origem... e ela nadava em ouro" (Coelho Neto, *Turbilhão*) [ABH/AN/CLG/FSB/GAS/JB].

Sin.: *nadar em dinheiro*

Nadar em riqueza Ver *nadar em dinheiro*

Nadar em sangue um país Ter havido ou haver grande mortandade em um país [AN].

Nadar em seco Perder tempo; empregar os meios precisos para conseguir um resultado e não chegar a consegui-lo; empregar todos os meios para conseguir algo e não conseguir [AN/GAS].

Nadar entre duas águas Movimentar-se entre duas facções opostas [GAS].

Namorar

Namorar a girafa *Bras., RS.* Fazer duas coisas ao mesmo tempo, sucessivamente, num ritmo que exige que o sujeito faça uma coisa e tenha que correr para fazer a outra, feito o suposto namorado da girafa (que não seja o girafo), porque tem de estar bem embaixo, para as lides penetrativas, e bem em cima, para beijar e dizer palavras suaves ao ouvido [LAFb].

≠ **Só não namorar carrapato por não saber qual é o macho** Diz-se de moça dada a namoros; iron. a moça que namora qualquer um que apareça: "Isabel só não namora carrapato por não saber qual é o macho" [AN/LM].

Nascer

Nascer agora Ver *nascer de novo*

Nascer com colher de prata na boca Ver *nascer em berço de ouro*

Nascer com o cu na goteira *Bras., chulo, NE.* Diz-se de quem tem muita sorte e consegue tudo o que quer [MSM].

Nascer com o cu para a/pra lua *Chulo.* Ter sorte ao nascer; nascer como rico; nascer com talento, com sorte; ter muita sorte: "Boca: Aquele sim, nasceu co'o cu pra lua. Está / pra se casar co'a filha do rei" (Chico Buarque & Paulo Pontes, *Gota d'água*, p. 17) [AT/JB/MPa].

Var.: *nascer com a bunda para a lua, nascer de cu (virado) para a/pra lua*

Nascer com os pés para/pra frente Ser dotado de muita sorte: "– Você nasceu mesmo como os pés pra frente. É o que, na gíria, se chama 'um sujeito abortado'" (Jáder de Carvalho, *Sua majestade, o juiz*, p. 237) [TC].

Nascer com os pés para trás Ver *nascer empelicado*

Nascer de bunda Termo us. para designar o parto com apres. fetal pélvica [J&J].

≠ **Não nascer de chocadeira** Ter uma origem; ser bem-nascido: "Não nasci de chocadeira. Estudei em colégio religioso, fui do Partido Comunista durante a adolescência..." (Aírton Monte, *O Povo*, 4/6/99, p. 3B).

Nascer de cu (virado) para a/pra lua *Bras., NE, S, chulo.* Diz-se de quem tem muita sorte; ser afortunado: "– Velho sortudo. Nasceu de cu pra lua. Sorte dele eu tá bem-humorado" (Alfredo Sirkis, *Os carbonários*, p. 153) [GAS/MSM].

Var.: *nascer com o cu para a/pra lua, nascer de rabo virado para a lua*

Nascer de novo *Bras., fig.* Livrar-se ou escapar milagrosamente de desastre ou de grande perigo; escapar a um grande perigo de vida; salvar-se de um acidente; renascer; livrar-se de morte iminente, salvando-se por acaso; ter escapado de grave perigo; renovar-se: "O cara nasceu de novo, mas o acidente foi um horror"; "Só ele se salvou: nasceu de novo naquele dia" [ABH/AN/CLG/FF/JB/RG/TC].

Sin.: *nascer agora, nascer hoje, nascer naquele/nesse dia, nascer outra vez*

Nascer de tempo *Bras., NE.* **1.** Ser corajoso, valente, destemido; não temer nada; expr. empregada pelos sertanejos, gabando-se, quando querem significar que de nada se arreceiam, por não serem fadados à desgraça: "Eu não tenho medo doutro home, não! Eu nasci foi de tempo!"; "Eu nasci foi de tempo, não tenho medo de careta, não!". **2.** Nascer ao término do período normal de gestação, aos nove meses: "O parto foi normal, a criança nasceu de tempo..." [CGP/FS/LM/RG/TC].

Nascer em berço de ouro Nascer no meio da riqueza, do bem-estar; nascer muito rico, numa família rica; diz-se daqueles que têm pais muito ricos e que têm infância e mocidade fartas, além de um futuro despreocupado [ABH/AN/CLG/GAS/RMJ].

Sin.: *nascer com colher de prata na boca*

Nascer em boa hora Ser ditoso; ter sorte boa [GAS].

Nascer em má hora Ser infeliz; ter sorte adversa [GAS].

Nascer empelicado *Bras.* Ser muito afortunado; ter nascido com sorte, com estrela; ter sorte em tudo; vencer facilmente na vida; triunfar sem esforço sobre os maiores obstáculos; ser um favorito da fortuna; ter muita sorte; ser muito feliz. – Crença pop. com relação ao feto que ao nascer traz consigo parte dos âmnios ou da alantoide. RG grafa "empilicado", LM registra "impilicado", retratando a pronúncia pop. Estaria como corruptela de "implicado", que quer dizer "difícil, complicado"? ABH, no entanto, em consonância com AN *et al.*, traz o termo como der. de "pelico", uma membrana ou envoltório do feto. E acrescenta: "É crendice pop. que quem nasce envolto em pelico terá sorte na vida" [ABH/AN/FS/JB/LM/RG/RMJ].

Sin.: *chorar na barriga da mãe, nascer com os pés para trás, ter pena de pica-pau*

Nascer feito Vir ao mundo, nascer, com determinada qualidade, tendência etc. (indicada pela palavra que é sujeito ou predicado da oração): "O poeta nasce feito (i. e., feito poeta)"; "Quem é bom já nasce feito" (prov.) [ABH].

Nascer hoje Ver *nascer de novo*

Nascer-lhe os dentes em Ter muita experiência num determinado assunto [GAS].

Nascer morto Aparecer sem condições de durabilidade [AN].

Nascer naquele/nesse dia Ver *nascer de novo*

Nascer nas capoeiras Ser filho ilegítimo: "Fulano nasceu nas capoeiras" (Eduardo Campos, *Cantador, musa e viola*) [TC].

Nascer nas palhas *Lus.* Ter origem humilde [GAS].

Nascer num/dentro de um fole *Lus.* Ser feliz; ter sorte [GAS].

Nascer outra vez Ver *nascer de novo*

Nascer para Ter aptidões especiais para; estar fadado para [FF].

Nascer pra cangalha *Bras., NE.* Estar condenado ao fracasso; é dito para pessoas que fazem tudo errado: "Você não nasceu pra estrebaria que é de cavalo de sela: nasceu foi pra cangalha!" (José Américo de Almeida, *A bagaceira*). – Cangalha é uma peça, geralmente de madeira, que se põe nos animais de carga para sustentar a carga transportada [FN].

Nascer um para o outro Diz-se de noivos ou marido e mulher que vivem em boa harmonia: "Nasceram um para o outro" [GAS].

Naufragar

Naufragar no porto Malograr uma empresa na hora de chegar a bom termo [AN].

Navegar

Navegar à bolina *Mar.* Navegar, a embarcação de vela, com a proa bem cingida à linha do vento; bolinar [ABH].

Navegar a cairo largo Navegar com as escotas largas, ou seja, despreocupadamente [AN].

Navegar a dois ventos Navegar em cruz, cruzadamente [ECS].

Sin.: *navegar de borboleta*

Navegar com todos os ventos Adequar-se a todas as circunstâncias; adaptar(-se) a qualquer ritmo; mudar de um partido para outro que está no poder [GAS].

Navegar de borboleta Ver *navegar a dois ventos*

Navegar de conserva *Náut.* Navegar acompanhado de outro navio [ABH].

Navegar em duas águas Ter duas opiniões; seguir partidos diversos por conveniência [GAS].

Navegar nas mesmas águas Comungar das mesmas ideias [GAS].

Navegar num mar de rosas Viver cheio de felicidade [GAS].

Necessitar

Necessitar como de pão para a boca Ter grande necessidade de alguma coisa [AN/GAS].

Var.: *precisar de alguma coisa como de pão para a boca*

Negar(-se)

Negar a fala Não dirigir a palavra, para manifestar desagrado [AN].

Negar a pé firme Negar com firmeza, energia, constância [AN].

Negar a/de pés juntos Negar obstinada e categoricamente; negar sob juramento; insistir terminantemente na negativa; obstinar-se em não aceitar como verdade; insistir terminantemente na negação; negar formal, decisiva ou peremptoriamente: "Ambos negaram a pés juntos ter qualquer conhecimento a respeito" (Leonardo Mota, *No tempo de Lampião*). – A expr. parece reminiscência dos tormentos inquisitoriais [ABH/AC/AN/AT/CLG/FF/FS/FSB/GAS/LCCa/TC].

Var.: *negar-se a pés juntos*

Negar fogo *Bras.* **1.** Não deflagrar a arma; falhar a arma de fogo na ocasião precisa. **2.** Diz-se quando um homem não consegue efetuar o ato sexual; falhar sexualmente; estar impotente; desinteressar-se, o homem ou a mulher, por uma conquista amorosa; esquivar-se; brochar: "Comigo também não negou fogo. Depois que fiz concurso para o Banco do Brasil..." (Stanislaw Ponte Preta, *Febeapá 1*, p. 12); "– Que está havendo com você? Depois de tanta provocação, nega fogo?" (José Sarney, *Saraminda*, p. 45); "O velhinho tá negando fogo, tá meio broxa" (*sic*). **3.** Não realizar a função que lhe é peculiar; deixar de funcionar [ABF/ABH/AN/FF/GAS/JB/MPa/RG/TC].

Sin. (1) (2): *quebrar catolé/catulé*
Var. (1) (3): *mentir fogo*

Negar o auxílio Não se deixar abordar [FS].

Negar o corpo 1. Esquivar-se; afastar-se; arredar-se; desviar-se; negacear; livrar-se do adversário, esquivando-se agilmente: "Eu não possuía arma de fogo. Saquei a bicuda. Negou o corpo" (José Américo de Almeida, *Coiteiros*). **2.** Deixar habilmente de atender um pedido; livrar-se diplomaticamente de situação embaraçosa: "... negando o corpo, sem dar motivo a repreensões" (Fran Martins, *Dois de ouros*) [ABH/FS/LM/TC].

Sin.: *botar o corpo de banda, botar os quartos de banda, saltar de banda*

Var.: *negacear/tirar/torcer o corpo*

Negar o estribo *Bras., RS.* **1.** Negar-se, o cavalo, a ser montado, afastando-se no momento em que o cavaleiro ergue o pé para alcançar o estribo. **2.** *Fig.* Faltar a compromisso. **3.** *Fig.* Negar o concurso, o auxílio para alguma coisa. **4.** *Fig.* Mostrar-se esquivo, desdenhoso [ABH/AJO/AN/FF]. Ver ainda Aurélio Buarque de Holanda, "Glossário", *apud* J. Simões Lopes Neto, *Contos gauchescos e Lendas do Sul*, p. 340. ♦ AN registra apenas a acepção 1, dando-a como de uso no *CE*.

Negar pão e água Nada conceder, não prestar o menor auxílio ou assistência: "A mim interessa é que sejam negados pão e água" (Jáder de Carvalho, *Sua majestade, o juiz*) [TC].

Negar-se à evidência Não querer convencer-se; obstinar-se em negar coisa incontestável [AN].

Nomear

Nomear os bois pelo nome *Lus.* Dizer sinceramente o que se pensa [GAS].

Noticiar

Noticiar em primeira mão Ser o primeiro a dar a notícia [FSB].

Numerar

Numerar o esqueleto *Lus., Univ. Coimbra*. Preparar-se para qualquer eventualidade [GAS].

Numerar por folhas Ver *paginar a livro aberto*

O

Obrar

Obrar desandado Defecar com diarreia [FS].

Obrar milagre Causar efeito curativo extraordinário; solucionar satisfatoriamente situações difíceis ou embaraçosas: "Só se ele obrasse milagre pra consertar uma repartição tão desorganizada!" [FS].

Obter

Obter a mão de Receber consentimento para se casar com (em geral, com uma mulher) [AN].

Ofender

Ofender os olhos 1. Ferir os olhos. **2.** *Fig.* Desagradar; escandalizar [AN].

Oferecer

Oferecer o pescoço ao cutelo Apresentar-se como vítima; submeter-se voluntariamente a uma violência [AN].

Oferecer um jantar aos cachorros *Bras., NE, CE, PI, MA.* Havia e continua havendo a tradição de *oferecer um jantar aos cachorros* em homenagem a são Lázaro ou a são Roque. É promessa que se paga ao santo quando este atende às súplicas e cura uma úlcera obstinada, ou ferida braba. Ver Luís da Câmara Cascudo, *Superstição no Brasil* [FNa].

Olhar

≠ **Não olhar a despesa 1.** Gastar sem se preocupar; ser perdulário; gastar sem conta. **2.** Ser franco [AN/GAS].

Olhar a lua *Bras., NE, chulo.* Copular à noite, sob a luz das estrelas [MSM].

Olhar a menos Desprezar: "Assim Wababa e Vulpes me olharam a menos, com desconfianças" (João Guimarães Rosa, *Grande sertão: veredas*) [ECS].

Olhar atravessado Ter desconfiança de; encarar alguém com reserva: "Marli: (...) Já devo dois meses e a dona anda me olhando atravessado" (Dias Gomes, *O pagador de promessas*, p. 23).

Olhar com esses olhos que a terra há de comer Ser testemunha ocular: "Era a cabrocha mais linda que eu olhei com esses olhos que a terra há de comer" (Jorge Amado, *Jubiabá*, p. 21).

Var.: *ver com estes/os olhos que a terra há de comer*

Olhar como boi para palácio Não dar apreço; não dar, não ligar importância; não compreender [AN/GAS].

Olhar com o canto dos olhos Olhar de lado, de soslaio, de esguelha ou de través; olhar disfarçadamente; olhar com displicência: "Continuamos a trabalhar, e a olhar com o canto dos olhos" (Ivan José de Azevedo Pontes, *As outras pessoas*, p. 42) [GAS].

Var.: *olhar com o/pelo rabo do olho, olhar pelo canto do olho*

Olhar com o Ifá *Cond.* Praticar a adivinhação por meio do opelé ou rosário de Ifá. – Ifá é o grande orixá da adivinhação e do destino [OGC].

Olhar com olhos de ver Olhar inteligentemente, com olhos capazes de compreender [AN].

Olhar com o/pelo rabo do olho Olhar disfarçadamente, de esguelha; olhar de soslaio: "Embaraçado, limitei-me a olhá-la com o rabo do olho, pois íamos no mesmo frescão, ela ao meu lado..." (Carlos Drummond de Andrade, *Boca de luar*, p. 34) [AN/GAS/TC].

Var.: *botar o/um rabo do olho, olhar com o canto dos olhos, olhar de rabo de olho*

Olhar contra o governo *Lus.* Diz-se de pessoa zarolha, estrábica; vesguear [AN/GAS].
Sin.: *trocar a vista, trocar os olhos*

Olhar das chedas do carro *Lus.* Dar ao desprezo; olhar com arrogância, com desdém [GAS].
Sin.: *olhar por cima da burra*

Olhar de alto a baixo Observar uma pessoa atentamente: "Aí ele me olhou de alto a baixo, pensou um pouco e disse..." (Luiz Maklouf Carvalho, *Mulheres que foram à luta armada*, p. 44).

Olhar de banda Olhar com desconfiança; manter-se cético [GAS].
Sin.: *olhar de esconso*

Olhar de esconso Ver *olhar de banda*

Olhar de esguelha Dar uma olhadela oblíqua, de zarolho, de estrábico [GAS].
Sin.: *olhar de revés*

Olhar de lado (para) Olhar para alguém com desprezo, com desdém [ABH].

Olhar de revés Ver *olhar de esguelha*

Olhar de soslaio Olhar sem que vejam que se está a olhar pelo canto do olho; fingir que não vê; fiscalizar de longe [GAS/OB].

Olhar de través Olhar de lado, desaprovando ou com enfado [GAS].

Olhar o jogo *Desp.* Desistir de empenhar-se na partida, por cansaço, desinteresse ou contusão: "Ficou o segundo tempo olhando o jogo" [HM].

Olhar (para) o tempo Examinar as condições atmosféricas: "Zé Magro foi até a porta e olhou o tempo" (Ciro de Carvalho Leite, *Cacimba*); "O velho Custódio, de pé, olhava para o tempo" (José Lins do Rego, *Cangaceiros*) [TC].

Olhar o umbigo como um bonzo chinês Ficar aparvalhado, com o olhar parado [AN].

Olhar para a sombra Começar a namoriscar; diz-se da fase em que os adolescentes começam a sentir vaidade na sua pessoa, no vestir, no pentear, no reparar do sexo oposto [GAS].

Olhar para dentro Dormir [GAS].

Olhar para o ar Estar, ficar sem fazer nada [GAS].

Olhar para o dia de amanhã Precaver-se para o futuro; ser previdente; acautelar-se; prevenir-se [ABH/AN/GAS].
Sin.: *olhar para o futuro*
Var.: *pensar no dia de amanhã*

Olhar para o dinheiro Reparar em despesas [AN].

Olhar para o futuro Ver *olhar para o dia de amanhã*

Olhar para ontem Estar abstrato, pensativo, meditativo, distraído [AN/GAS].

Olhar para os queixos *Açor.* Não fazer caso do que o interlocutor diz; não estar para aturar o interlocutor [GAS].

Olhar para o tempo Andar na vadiagem, sem fazer nada [GAS/TC].

Olhar para si Considerar os defeitos próprios; ver os próprios defeitos antes de falar dos outros [AN/GAS].

Olhar para trás 1. Antever as consequências, fazer previsão. **2.** Lembrar-se dos antecedentes de família [AN].

Olhar pelo físico Não cometer excessos [GAS].

≠ **Não olhar pelo nem marca** *Bras., RS.* Nas carreiradas, não recusar nenhum desafio para uma corrida [AJO].

Olhar por alguém Proteger alguém; dar a alguém o que ele precisa [GAS].

Olhar por cima da burra Ver *olhar das chedas do carro*

Olhar por cima do ombro Tratar com sobranceria, com arrogância; fazer sinal de menosprezo; mostrar desprezo ou desdém; proceder desdenhosamente, com visível desprezo, como se a pessoa com quem se trata fosse inferior ou insignificante; tratar com certo desdém, com desprezo, com altivez; tratar mal: "A mulher pôs as mãos nos quadris, olhou o preso por cima do ombro e dirigiu-se à moça..." (Rachel de Queiroz, *João Miguel*, p. 115) [ABH/AC/AN/ECS/FF/FSB/GAS/RMJ/TC].

Sin.: *tratar por cima da burra*
Var.: *falar/tratar por cima do ombro*

Olhar por si Olhar pelas suas conveniências; acautelar-se [FF/GAS].

Orçar

Orçar as contas Calcular as receitas e despesas [GAS].

Orelhar

Orelhar as cartas *Bras., RS.* No jogo de baralho, especialmente no pôquer, abrir vagarosamente a carta de baixo, chuleando para ver se é a carta decisiva que se espera, para ganhar o jogo [AJO].

Orelhar a sota Jogar cartas [ABH/AJO/AN].

Orelhar uma esperança *Bras., RS.* Alimentar, manter uma esperança [AN].

Organizar

Organizar a fuga *Desp.* Armar o ataque e partir do meio de campo para investida coordenada, rumo ao gol [HM].

Orientar

Orientar uma boia *Lus., gír.* Apresentar um *beise* na roda, ou seja, passar o cigarro de maconha para a pessoa ao lado [MPb].

Ouvir

Ouvir (a) missa Assistir ao sacrifício da missa [FF/OB].

Ouvir as últimas Ser insultado [GAS].

Ouvir cantar o galo mas não saber onde Ter noção vaga de uma coisa; diz-se de quem tem notícias vagas de certos acontecimentos, ou transações, mas não conhece ao certo as suas motivações, nem o seu verdadeiro alcance, menos ainda a quem caberão os proveitos (é, portanto, possuidor de informações incompletas, que o levam a juízos falhos); expr. utilizada para significar que não se deve acreditar no que se ouve, sem se ter bem a certeza; discutir ou falar sobre determinado assunto, sem pleno conhecimento; diz-se de quem ouve algo a respeito de determinado acontecimento, recebe alguns pormenores errados e acha que está certo em suas deduções [AN/GAS/RBA/RMJ/TC].

Var.: *ouvir cantar o galo, sem saber aonde, ouvir cantar o galo sem saber onde ele está, ouvir o galo cantar e/mas não saber onde*

Ouvir como grilo *Lus.* Ouvir muito bem. – Muito vulgar a comparação. Os port. possuíam no séc. XVI o expressivo v. "ingrilar", "aguçar os ouvidos à maneira do grilo" [LCCa].

Ouvir de confissão Confessar; escutar quem se confessa: "O que o afligia era não ter à mão um eremita que o ouvisse de confissão" (Aquilino Ribeiro, *Dom Quixote de la Mancha*, I) [ECS].

Ouvir do bom e do bonito Ouvir aquilo que se não queria [GAS].

Ouvir mal Não compreender o que se diz; compreender errado [AN].

Ouvir o cu do veado assobiar. *Bras., NE, PB, chulo.* Enfrentar a dura realidade; passar por uma realidade desagradável; passar por uma situação vexatória, desagradável (ver Hugo Moura, *Contribuição ao estudo do linguajar paraibano*) [MSM].

Var.: (NE, chulo) *ouvir o cu da cutia assobiar*

≠ **Não ouvir o tom do chocalho** Não ter notícias de alguém ou de algo [TC].

Ouvir o voo de uma mosca 1. Haver silêncio profundo. **2.** Ter sono leve [GAS].

Ouvir poucas e boas Ouvir o que não quer: "O chefe ouviu poucas e boas e ficou caladinho" [JB].

Ouvir sermão e missa cantada Ser admoestado ríspida e prolongadamente [GAS].

Ouvir umas verdades Sofrer forte repreensão [TC].

≠ **Não se ouvir zunir uma mosca** Diz-se de situação de silêncio absoluto [AN].

p

Padecer

Padecer que só sovaco de aleijado em muleta Sofrer muito, em demasia; penar; passar por dificuldades. – Símile, comparação de cunho fam. e rural. Alude aos aleijados dos membros inferiores, que para se locomoverem precisam de auxílio de muletas, colocadas sob as axilas, suportando o peso do corpo com o qual não podem as pernas [ABH/AS/FN/LM/RMJ/TC].

Sin.: *sofrer que nem "cacunda" de anão em ruge-ruge de eleição, sofrer que nem couro de pisar fumo, sofrer que nem/que só pé de cego em porta de igreja*

Var.: (NE) *sofrer que nem/que só/como/mais do que sovaco de aleijado*

Pagar

Pagar à boca do cofre Pagar de pronto, prontamente [AN/FF/GAS].

Pagar a décima. *Lus.* Pagar tributo, contribuição [GAS].

Pagar a dolorosa Pagar a conta, a despesa [GAS].

Pagar a fatura Sofrer as culpas; reparar erros dos outros [GAS].

Pagar a língua de um parente Fazer aquilo que um parente seu censura no próximo [AN].

Pagar a mula roubada Ver *pagar o pato*

Pagar ao galarim *Lus.* Pagar dobrado; pagar em dobro: "... qual lha havia de pagar ao galarim ou por bem ou por mal" (Fernão Mendes Pinto, *Peregrinação*, Antologia, p. 77) [ECS].

Pagar aos bochechos *Lus.* Pagar pouco a pouco, intermitentemente, às prestações; pagar por forma que não custe; pagar aos poucos [GAS].

Sin.: *pagar aos soluços, pagar com cigas, migas e carvões*

Pagar aos soluços Ver *pagar aos bochechos*

Pagar a patente Satisfazer certo tributo por se estrear alguma coisa [GAS].

Pagar a pena Merecer trabalho ou sacrifício; compensar o trabalho que dá; merecer o sacrifício ou o trabalho que custa: "Meu caro Josafá, já lhe disse que toda honestidade tem seu preço. O nosso é baixo, não paga a pena, não se compara com o da Brastânio" (Jorge Amado, *Tieta do agreste*, p. 544); "Mas José Pedro pensava que só Pirulito e a sua vocação pagavam a pena" (Jorge Amado, *Capitães de areia*, p. 112) [ABH/AN/FF/OB/TC].

Var.: *valer a pena*

Pagar a peso de ouro Pagar muito caro [GAS].

Pagar a retada *Lus., Trás-os-Montes.* Pagar um serviço com outro serviço [GAS].

Pagar as alviças *Bras., CE.* Contar as novidades [CGP]. ♦ "Alviças" vem aí como corruptela de "alvíssaras".

Pagar as culpas Pagar pelo que os outros fizeram [GAS].

Pagar as custas Sofrer as consequências de alguma ação [AN/GAS].

Pagar as favas Ser acusado de algum ato praticado por outra pessoa; ficar com as culpas; sofrer castigo que não devia ser aplicado; sofrer as más consequências de uma ação alheia; receber a imputação de ato mau praticado por outra pessoa [AN/GAS].

Pagar a/uma visita Retribuir a visita; visitar alguém que nos visitou [FF/GAS/OB].

Pagar à vista Pagar no ato da compra, no ato da entrega daquilo que se compra [AC/ECS].

Pagar bom burro ao dízimo Auferir grandes lucros; obter grandes vantagens [GAS].

Pagar boquete *Bras., RJ, chulo*. Praticar sexo oral no homem [Net].
Sin.: *escovar os dentes, fazer um bola-gato*

Pagar canivetes *Ant*. Expr. aplicada às mulheres idosas que se apaixonam por homens moços, cujas atenções são movidas por interesse pecuniário; diz-se da mulher que "dá do seu para a quererem" (na definição de Morais) [RMJ].

Pagar (bem) caro Ser castigado com rigor, ou duramente, pelo que fez; sofrer as consequências; sofrer forte represália ou punição: "Pagaste caro pelo teimosia" [AT/GAS/OB/TC].

Pagar chapetonada *Bras., RS*. **1.** Ser logrado, pagando preço exagerado por um objeto; ser passado para trás, num negócio; sair-se mal em negócio. **2.** Comprar uma coisa por outra [ABH/AJO/AN].

Pagar cinquenta escudos para a banda *Lus., Univ. Coimbra*. Ser preso pela polícia de Coimbra [GAS].

Pagar com a língua 1. Criticar alguém por não resolver um problema e depois enfrentar a mesma situação sem encontrar a saída que antes parecia tão fácil. **2.** Receber de volta o mal provocado a alguém; pagar: "Cê vai pagar com a língua". – O m. q. dizer "Boca falou, cu pagou" [CGP/JB/TG].

Pagar com a vida Acertar contas: "Pagou com a vida o que aprontou por estas bandas" [JB].

Pagar com cigas, migas e carvões Ver *pagar aos bochechos*

Pagar comédia *Bras., SP, gír*. Dar vexame: "O cara além de pagar comédia ainda achou que tava agradando" [Eduardo Marini *et al.*, *IstoÉ*, 21/10/98, p. 66/JB]. ♦ A revista expõe a expr. como um dial. das gangues urbanas, atualmente em profusão pelo Brasil.

Pagar com juros Diz-se iron. quando se exerce vingança violenta [GAS].

Pagar com língua de palmo Pagar até o último tostão, com dificuldade; ser duramente castigado; sofrer reveses imerecidos; sofrer o castigo merecido: "Há de pagar-me com língua de palmo dois anos que o servi..." (Camilo Castelo Branco, *A corja*). – Referência à ant. penalidade de arrancar a língua, ou alusão à morte na forca. Ver *Rev. Lus.*, XXXII, p. 291 [AN/ECS/GAS/LCCa].

Pagar como o holandês, pelo mal que não fez Sofrer castigo imerecido e brutal, em razão de imputações injustas ou caluniosas; sofrer um mal sem ter dado causa a ele. – Alusão aos sofrimentos dos holandeses, impostos pelo duque de Alba, no séc. XVI, durante a dominação esp. A Holanda, sob a dominação esp., sofreu os horrores mais incríveis, em razão da crueldade do duque de Alba (D. Fernando Alvarez de Toledo) que no séc. XVI governou os Países-Baixos em nome do despótico Filipe II. Calcula-se que então dezoito mil pessoas foram executadas e cerca de cem mil proscritas, sem falar no confisco de mercadorias e bens imóveis dos que eram acusados de luteranismo [AN/RMJ].

Var.: *pagar como o holandês, ser como holandês, que pagou o mal que não fez*

Pagar com usura 1. Pagar muito além do que recebeu, em excesso. **2.** Sofrer mais do que merecia [AN].

Pagar depósito *Bras., RS*. **1.** Diz-se quando um dos competidores desiste da carreira (corrida), sem motivo especial e por isso perde o depósito efetuado, quando essa carreira foi tratada. **2.** *Fig*. Recuar por medo [AJO].

Pagar em três prestações *Lus*. Diz-se de um mau pagador, que paga tarde, mal e nunca [GAS].

Pagar e não bufar *Bras., gír*. Saldar os compromissos e não regatear; pagar sem reclamação, sem protesto [ABH/AN/GAS].

Pagar (um) esporro *Bras., RJ, gír*. Repreender; censurar; esculachar: "Paguei um esporro, mas o pessoal tava merecendo"; "O malandro pagou um esporro pra patota" [JB/Net].

Var.: *dar (um) esporro*

Pagar geral *Bras., RJ, gír.* Repreender asperamente; agredir; esculachar geral; censurar a todos: "Vou pagar geral, ninguém vai escapar, vai ser a última advertência" [JB/Net].

≠ **Não pagar imposto** *Bras., RS.* Ter riso fácil, solto: "Esse aí pra rir não paga imposto" [LAF].

Pagar luvas *Lus.* Dar gorjeta para conseguir algo; subornar [GAS]. Ver ainda FSB, "Questões de português", s. v. "DAR LUVAS", p. 208.

Pagar mica *Bras., gír.* Errar com os companheiros: "Vou pagar mica, falhei, pessoal" [JB].

Pagar (o/um) mico *Bras., gír.* **1.** Colocar-se em situação embaraçosa ou vexatória; passar vergonha, vexame: "Paguei mico neste lance, xará, sem querer." **2.** Fazer brincadeiras: "O palhaço tá pagando mico." **3.** Ser enganado. **4.** Fazer besteira; passar por tolo ao fazer ou dizer algo errado; dar vexame; ficar envergonhado: "Por outro lado, tem crescido acentuadamente o número dos (que) já tiraram o cavalinho da chuva e ainda maior a quantidade dos que pisaram na bola e pagaram mico" (Joel Silveira, *Bundas*, 18/10/99, p. 17); "O cantor Wilson Simonal, o jornalista e escritor Sérgio Porto e outros também pagavam esse mico" (Regina Zappa, *Chico Buarque*, p. 64); "O banqueiro financiando / Pobre pedindo penico, / É ele quem faz vergonha, / E é a gente que paga o mico" (Reynaldo Jardim, *Bundas*, 12/9/00, p. 29); "Tô pagando mico, fazendo papel de besta"; "O cara vai pagar um mico se continuar aprontando" [JB/MD/Net].

Pagar na/com a mesma moeda Retribuir algo da mesma maneira; corresponder àquilo que nos fazem por maneira igual; retribuir o bem com o bem e o mal com o mal; retorquir no mesmo tom; retribuir um obséquio ou maldade por ação igual; fazer a outra pessoa o m. q. ela fez ou faz a nós: "Ele sempre me recebeu muito bem em sua casa, por isso devo pagar na mesma moeda..." (DT, *V série*, p. 49); "Mendonça compreendeu a situação, passou a tratar-me com amabilidade excessiva. Paguei na mesma moeda" (Graciliano Ramos, *São Bernardo*, pp. 25-6) [ABH/AC/AN/CLG/FF/FSB/GAS/MPa].

Pagar na valsa *Bras., CE.* Pagar em prestações módicas e espaçadas. – Lembra a lentidão e suavidade do ritmo dessa dança [RG].

≠ **Não pagar nem promessa** Ser caloteiro incorrigível [TC].

Pagar o bernardo *Bras., S, chulo.* Defecar (ver Manuel Viotti, *Novo dic. da gír. brasileira*) [MSM].

Pagar o chão Pagar imposto, nas terras de rua, pela área que está ocupando para a exposição e venda de seu produto [TC].

Pagar o Ferreira *Bras., CE.* Satisfazer as necessidades fisiológicas; defecar; obrar; fazer cocô [AS/J&J].

Var.: *pagar o ferreiro*

Pagar o justo pelo pecador 1. Sofrer o inocente por quem prevaricou; ser castigado ou repreendido aquele que não tem culpa, ficando impune o culpado. **2.** Sofrer uma parte inocente de um grupo o mesmo castigo que atingiu a parte culpada, por ser impossível identificar os responsáveis [ABH/GAS].

Pagar o novo e o velho Ser castigado por culpas recentes e ant.; ser punido pelo mal que acaba de fazer e pelo que já fez; expiar culpas recentes e remotas; sofrer vindita completa: "No dia em que me faltar a paciência, você me paga o novo e o velho e é com um palmo de língua de fora..." (Leonardo Mota, *Violeiros do Norte*, p. 249) [ABH/AN/FSB/LM/TC].

Pagar o patau Ver *pagar o pato*

Pagar o pato *Fam.* **1.** Sofrer as consequências de algo; ser vítima; fazer o papel de tolo; pagar pelo que não fez; pagar injustamente por uma coisa que não fez; pagar o que outros fizeram; fazer o papel de tolo, pagando por aquilo que não deve; recair a punição no inculpado; ser ludibriado, às vezes, com afronta grave: "– Mas haverá ao menos um incendiário oposicionista que possa pagar o pato?" (Monteiro Lobato, *Urupês*, p. 138); "– O nosso Iguatu é que vai pagar o pato. Ponta de linha, seremos o chamariz dos flagelados" (Jáder de Carvalho, *Sua majestade, o juiz*, p. 12); "Ele não participou da briga mas no fim pagou o pato; foi o único homem preso pela polícia". **2.** *Lus., ant.* Satisfazer o que não deve; pagar as despesas dos outros; pagar as despesas; pagar para que os outros aproveitem; correr com as despesas; arcar com as responsabilidades de despesas alheias: "Onde se há de lançar tanto? / Aquilo é pagar o pato!" (Sá de Miranda, *Carta a Antônio Pereira*); "Pois eu que te roo o osso / É que hei de pagar o pato?" (Gregório de Matos, fins do séc. XVII). – A. renascentistas port., como Sá de Miranda, já usavam a expr., em seus versos, como demonstra João Ribeiro (ver ex. acima). O esp. tem a expr. *pagar el pato de la boda*. João Ribeiro, em *Frases feitas*, explica a expr. com um conto florentino de Braciolini. Teobaldo, em *Provérbios históricos*, conta a seguinte anedota: três rapazes mandaram preparar um pato numa hospedaria e quando chegou a ocasião de pagar, desfizeram-se em atenções, porfiando cada qual em não consentir que os outros pagassem. Quem "pagou o pato" afinal foi o caixeiro da casa, que esta explicação não é a verdadeira, pois não fala em boda alguma. Coromínas, *Diccionario*, s. v. "PATUSCO", vê em "pato" uma forma vulgar de "pacto" [ABH/AC/AJO/AN/CLG/DT/FF/FSB/GAS/JB/JIF/LCCa/MPa/RMJ].

Sin.: (RS) *pagar a mula roubada*, (lus.) *pagar o patau*

Pagar o tributo a Vênus Contrair doença venérea [GAS].

Pagar paixão *Bras., gír.* Ter ou sentir dor de cotovelo: "Seu filho chega a casa dizendo que a festa foi *caída* (ruim) e que está pagando paixão..." [Vivianne Banharo, *Pais & Filhos*, Família, I, ago./1998, p. 49].

Pagar para a música Fazer uma contribuição para fim imaginário. – Alusão à contribuição que fazia o ant. soldado da guarda nacional que não queria tomar parte nas paradas [AN].

Pagar para/pra ver 1. No pôquer, aceitar a aposta que o parceiro propõe, ganhando o direito de ver-lhe as cartas e disputar a parada. **2.** *Fig.* Pôr em dúvida a concretização de alguma coisa que se promete, anuncia etc.; duvidar: "Precisava pagar pra ver? Não, não precisava" (Ana Maria Machado, *Alice e Ulisses*, p. 53); "Eu encarei, o cara pagou para ver e ensaiou uma cabeçada na minha testa" (Nélson Gonçalves, cantor, *IstoÉ*, 19/11/97, p. 8); "Rei do blefe, o presidente do Congresso repetiu a estratégia de sempre dobrar as apostas, mas a cada lance novo Jáder pagava para ver" (*IstoÉ*, 29/9/99, p. 25); "Disse que vai vingar-se da afronta, mas eu pago para ver"; "Pago pra ver cê (*sic*) conquistar aquela gata" [ABH/AT/JB].

Pagar patente Oferecer um copo d'água aos amigos depois de nomeação, promoção, de ter feito pela primeira vez um ato notável [AN].

Pagar pau *Bras., MG, gír.* Subornar um delegado de polícia para que ele libere o traficante de drogas que se acha preso; ter, o crim., que pagar por sua liberdade, mesmo quando já era procurado pela polícia: "*IstoÉ* – Como é o esquema de pagar pau para a polícia?" (Gilberto Nascimento e Alan Rodrigues, *IstoÉ*, 23/8/00, p. 41).

Pagar (um) pau *Bras., SP, gír. gangues.* Paquerar; flertar; namorar (firme): "Tava pagando pau, mas me dei mal, a gata tinha dono"; "A Renatinha tá pagando um pau com o Ricardo"; "Tô pagando um pau, mas espero me dar bem [Eduardo Marini *et al.*, *IstoÉ*, 21/10/98, p. 66/JB].

Pagar pela língua *Fam.* Sofrer más consequências, ou castigo, por ser linguarudo; sofrer os efeitos do que se disse, da própria maledicência: "Fala mal das filhas alheias, e a dele deu um mau passo: pagou pela língua" [ABH/AN/GAS].

Pagar pela medida grande Pagar bem pelo que fez [GAS].

Pagar pela rasa Pagar conforme o preço de tabela [GAS].

Pagar pelos outros Ser castigado no lugar dos verdadeiros culpados [GAS].

Pagar placê *Turfe*. Chegar, o cavalo, pelo menos em segundo lugar [ABH].

Pagar por Padecer, ser castigado em lugar de outrem [FF].

Pagar por bom Sofrer a mesma pena quer se trate de um malandro ou de uma pessoa de bem [GAS].

Pagar por honra da firma Pagar não por ser devedor mas somente para evitar suspeita ou descrédito [GAS].

Pagar pra ver *Desp.* 1. Ir atrás de bola aparentemente perdida, na tentativa de apossar-se dela. 2. Correr para o goleiro no momento em que ele defende a bola, na expectativa de que a solte [HM].
Sin.: *conferir os cruzamentos*

Pagar prestação *Bras., NE.* Menstruar. – Quando foi cometido o pecado original, Adão pagou a culpa comendo o pão com o suor de seu rosto (trabalhando), e a mulher, cuja culpa foi maior, em suaves prestações mensais (menstruação) – diz o povo [GM/MSM].
Sin.: *estar de chico*

Pagar promessa Ver *beber um trago*

Pagar sapo 1. *Bras., DF, gír. rap e rock.* Discutir com alguém. 2. *Bras., gír.* Ser menosprezado: "O cara pagou sapo, foi escrachado" [JB/Net].

Pagar-se por suas mãos Indenizar-se com alguma coisa que era do devedor sem este ter conhecimento; indenizar-se o credor com algo que tenha em seu poder e pertença ao devedor [AN/GAS].

Pagar sua dívida à pátria Fazer o serviço mil. [AN].

Pagar sua dívida à sociedade Sofrer a pena última; cumprir pena (geralmente preso) por ter cometido algum crime [AN].

Pagar sugesta *Bras., gír. das cadeias.* Intimidar; repreender; ameaçar: "Vou pagar sugesta e intimidar este porqueira" [Émerson Maranhão, *O Povo*, 18/12/00, p. 8, expondo um rol de expr. e termos registrados pelo prof. José Océlio Camelo, ex-agente penitenciário do Instituto Penal Paulo Sarasate (IPPS), o presídio oficial de Fortaleza, Ceará/JB].

Pagar sugestão *Bras., gír.* Intimidar, dar susto: "Vou pagar sugestão e descer porrada na macacada" [JB].

Pagar todas juntas Sofrer o castigo de todas as patifarias que fez [GAS].

Pagar tributo à humanidade Ter seu defeito, sua imperfeição [AN].

Pagar tributo à mocidade Fazer estrepolias, loucuras [AN].

Pagar tributo à natureza *Bras., S, SP.* Satisfazer uma necessidade fisiológica [MSM/OB].

Pagar (o) tributo à natureza Morrer [AN/GAS].
Var.: *pagar sua dívida à natureza*

Pagar tributo ao mar Enjoar [AN].

Pagar tributo à velhice Ter seus achaques [AN].

Pagar uma cadeira "Cursar uma disciplina na faculdade, mesmo que a escola seja pública" (ver Mário Souto Maior, *Dic. de pernambuquês*) [FNa].
Sin.: *pagar uma matéria*

Pagar uma matéria Ver *pagar uma cadeira*

Pagar um bonde *Bras., RJ, gír.* Fazer ou dizer algo exageradamente imbecil [Net].

Pagar um dobrado *Bras., gír.* Enfrentar dificuldades: "Tô pagando um dobrado, cara, tô na batalha" [JB].

Pagar um sapo *Bras., gír.* 1. Ver-se em dificuldades; dar vexame: "Tô pagando um sapo, maninho, a barra tá pesada." 2. Fazer sexo: "Vou pagar um sapo com minha gata morena" [JB].

Pagar vale *Bras., RS.* 1. Desistir da aposta ou da ação; recuar. 2. *Fig.* Ter medo; temer algo; fraquejar, afrouxar. 3. *Bras., RS.* Passar vergonha. – Parece, para esse último sentido, ser igual à expr. bras. "pagar mico" [ABH/AJO/AN/LAFb].

Pagar vecha *Bras., DF, gír. rap e rock.* Passar vergonha [Net].

Paginar

Paginar a livro aberto *Tip.* Paginar, atribuindo número às folhas, em vez de às páginas; foliar [ABH].
Sin.: *numerar por folhas*
Paginar a livro fechado *Tip.* Paginar atribuindo número a cada página [ABH].

Palitar

Palitar os dentes 1. Ostentar-se impune: "Estou nas últimas, mas uma coisa eu garanto; este negro não fica palitando os dentes. Lá isto não fica não" (José Lins do Rego, *Fogo morto*, p. 109); "O sujeito, contando com proteção, mata e fica palitando os dentes". **2.** Demonstrar despreocupação; assumir uma atitude de descaso, desinteresse, de irresponsabilidade: "O Dr. Sampaio comprou-me uma boiada, e na hora da onça beber água deu-me com o cotovelo, ficou palitando os dentes" (Graciliano Ramos, *São Bernardo*, p. 14) [LM/TC].
Var. (2): *empalitar os dentes*

Palmear

Palmear porongo *Bras., RS.* Tomar chimarrão [AJO].

Palombar

Palombar a vela Coser a vela com fio grosso ou corda junto ao mastro [FS].

Pancar

Pancar o barraco *Bras., RJ, gír.* Brigar [Net].

Papar

Papar na caixa *Lus., Bras., S.* Praticar passivamente a pederastia [GAS/MSM].
Papar tudo *Bras., RJ, gír.* **1.** Conquistar o maior número possível de moças num determinado evento ou lugar. **2.** *Desp.* Conquistar todos os títulos que disputar [Net].
Sin. (1): *pegar geral* (1)
Var. (1) (2): *papar todos*

Papocar

Papocar com linha e tudo *Bras., CE.* Dançar brabo, diz-se quando, na brincadeira de pipas, alguém perde a arraia e toda a linha [MGa].
Papocar com toda linha Dançar feio, sair-se mal num negócio ou conquista amorosa [TGa].
Papocar fogo Atirar; disparar projétil de arma de fogo: "... levei a lazarina à cara, e, pensando que eram os patos, ia papocar fogo. Divulguei, então, o corpo de uma mulher, luzindo molhado e nadando como uma marreca" (Domingos Olímpio, *Luzia-Homem*, p. 134).
Var.: *baixar fogo*

Parafinar

Parafinar o cabelo Alisar o cabelo: "O crioulo parafinou o cabelo e ainda oxigenou" [JB].

Parar

Parar a corda Diz-se de quem está cansado [GAS].
Parar a rês *Bras., RS.* Colocar a rês, que está sendo carneada, de espinha para baixo, depois de tirado o couro de um dos lados, para poder esfolar o outro [AJO].
Parar com *Bras., fam.* Não querer mais relações com; não mais suportar alguém [ABH].
Parar estaca *Bras., RS.* Parar repentinamente [AJO].
Parar mais que jumento de verdureiro *Bras., CE.* Ser algo muito lento; parar demais: "Que horas nós vamos chegar em Fortaleza, motorista?!? Esse ônibus para mais que jumento de verdureiro!". – Símile ou comparação. Expr. us. em alusão ao verdureiro que para de porta em porta para vender verdura. (...) todo bom verdureiro tem que ter um jumento de estimação [AS].
Parar na marcação *Desp.* Perder a posse da bola, desarmado por defensor adversário [HM].

Parar o relógio *Fig.* Morrer: "– Conta como foi. – Não sei. Sei apenas que ele parou o relógio" (Manuel Bandeira, *in* Miriam Maranhão & Gerusa Martins, *Pensar, expressar e criar*, p. 125).

Parar patrulha *Bras., RS.* **1.** Provocar. **2.** Resistir ou responder a uma agressão, a uma ofensa; revidar; resistir. **3.** Zangar-se; aborrecer-se [ABH/AJO/AN].

Parar (o) rodeio *Bras., S, RS.* Reunir o gado em determinado lugar do campo, em geral uma vez por semana, marcar, castrar os touros, apartar novilhos e vacas, curar bicheiras e contar os animais, dar sal (Beaurepaire-Rohan); ajuntar o gado em determinado lugar do campo; reunir o gado no local do rodeio, ou trazê-lo para o curral [ABH/AJO/AN/FF].

Parar rodeio nas ideias *Bras., RS.* Recordar, relembrar fatos passados [AJO].

Parecer(-se)

Parecer bom moço Não assumir uma atitude prejudicial a alguém, para mostrar-se pessoa serviçal, bondosa [AN].

≠ **Não parecer muito católico** Ser sem firmeza; não ser muito acertado; haver algo errado ou censurável [TC/TG].
Var.: *não ser muito católico*

Parecer o preto da casa africana *Lus.* Diz-se de pessoa que transporta muitos embrulhos [GAS].

Parecer peixe fora d'água Estar em situação desconfortável: "O Ricardo parece peixe fora d'água no novo emprego dele" [JB].
Var.: *ficar como (um) peixe fora d'água*

Parecer que é pombo *Lus.* Diz-se do indivíduo que dá mostras de tolo: "Parece que é pombo" [GAS].

Parecer-se como um ovo com um espeto *Lus.* Diz-se da paridade absurda, impossível, extravagante; não ter semelhança alguma [AN/GAS].

Parecer uma baleia *Joc.* Diz-se de mulher muito gorda [AN].

Parecer uma boneca Diz-se de mulher que quase não se move para não desarranjar o vestuário e não tem animação nem expressão [AN].

Parecer uma drogaria Diz-se de mulher que está com a cara muito pintada [GAS].

Parecer um boneco de engonço Fazer trejeitos ridículos e tomar posições e comportamentos afetados, exagerados [AN].

Parecer um camarão torrado Estar muito queimado do sol [AN].

Parecer um hospital Diz-se de casa onde há muitas pessoas doentes [AN].

Parecer um morto-vivo Diz-se de indivíduo que tem o rosto lívido, com grandes olheiras [GAS].

Parecer um sonho Ser difícil de crer; ser tão extraordinário que se custa a acreditar; ser coisa tão extraordinária que quase não se acredita que aconteça ou tenha acontecido [AN/GAS].

Parecer veludo Diz-se do indivíduo que no seu trato é todo delicadezas; diz-se de pessoa irritadiça que naquele momento está muito calma [GAS].

Parir

Parir a galega *Lus.* Diz-se quando se junta muita gente movida pela curiosidade ou bisbilhotice; diz-se quando se forma grande aglomeração de pessoas: "Pariu aqui a galega?" [GAS].

Parir ouriço *Bras., gír.* Estar em situação difícil, aflitiva, desesperadora [ABH].
Sin.: *roer as unhas dos pés*

Participar

Participar da ceia de Cristo Ser velho(a) demais: "Minha sogra participou da ceia de Cristo, malandragem. A coroa tá caquética e esquelética" [JB].

Partir

Partir a cabeça Esbofetear [AN/GAS].
Sin.: *partir os cornos*

Partir a cara Dar uma grande tareia; dar uma sova: "– Que você está sendo grosseiro, pedante e chato. E que eu vou te partir a cara. Lhe partir a cara. Partir a sua cara. Como é que se diz?" (Luis Fernando Verissimo, *Comédias para se ler na escola*, p. 65) [GAS].
Sin.: *meter a mão na cara*
Var.: *quebrar a cara* (1)

Partir a corneta a alguém Bater na cara de alguém [GAS].

Partir a louça Fazer escândalo; pôr a descoberto o que se sabe [GAS].

Partir a moca Rir muito [GAS].

Partir bem pelo baraço Fazer partilhas, compelido pela justiça [GAS].

Partir como uma bala Sair correndo velozmente, com grande rapidez [AN/CA/GAS].
Sin.: *partir como uma flecha/frecha, partir como um foguete, partir como um raio*

Partir como uma flecha/frecha Ver *partir como uma bala*

Partir como um foguete Sair correndo velozmente, na disparada [AN/CA/GAS].
Sin.: *partir como uma bala*
Var.: *sair como um foguete*

Partir como um raio Ver *partir como uma bala*

Partir de pedra Haver discussão, controvérsia [GAS].

Partir desta vida Ver *partir deste mundo*

Partir deste mundo Morrer [GAS].
Sin.: *partir desta vida, partir deste vale de lágrimas*

Partir deste vale de lágrimas Ver *partir deste mundo*

Partir do nada Começar sem nada possuir senão o seu trabalho [GAS].

Partir do zero Começar do princípio [GAS].

Partir em/para cima de alguém Enfrentar alguém; tentar agredir alguém; iniciar a agressão contra alguém: "O touro partiu em cima do Zé, de cupim levantado" (Sabino Campos, *Catimbó*) [TC].

Var.: *crescer para cima de alguém*

Partir o bolo do céu Bras., NE. **1.** Merecer o prêmio da fidelidade conjugal. **2.** Nunca brigarem marido e mulher. – Narra uma lenda que no céu há um bolo para ser partido pelo casal que nunca tenha brigado. Até hoje o bolo está intacto... Ou, por outra versão, dizem os sertanejos que, no Dia de Juízo, haverá um grande bolo no céu e desse bolo só terão direito de se servir os maridos que não hajam prevaricado [AN/LM/MSM].
Var.: *partir o queijo do céu*

Partir o coco Lus. Rir muito [GAS].

Partir o queijo do céu 1. Bras., NE. Morrer, o homem, tendo guardado a fidelidade conjugal. **2.** Nunca brigar (um casal). – É crendice pop. que no céu existe um queijo para ser partido pelo casal que lá chegar sem nunca haver brigado na terra [AN/LM].
Var.: *partir o bolo do céu*

Partir os cornos Ver *partir a cabeça*

Partir o sol Dividir o campo dos duelistas de jeito que o sol não dê no rosto dos combatentes [AN/ABH].

Partir para a briga Agredir: "Vou partir para a briga, não adianta conversar" [JB].

Partir para a/pra ignorância Bras., gír. Bater, agredir alguém; descer o nível dos debates; começar a insultar o oponente; descompor-se; recorrer a expediente(s) em que há violência ou grosseria de palavras ou ações: "O sujeito vai pro bar, enche o saco do artista pedindo música atrás da outra e na hora de pagar o *couvert* tira o corpo fora, faz que não entende ou parte pra ignorância" (Aírton Monte, *O Povo*, 22/10/99, p. 2B); "Vou partir para a ignorância e não demoro" [ABH/GM/JB/LAF].
Sin.: *sair do sério* (2)
Var.: *apelar para a/pra ignorância*

Partir para fox Bras., gír. Fazer sexo; fazer amor: "Vamos partir para fox, gata, não podemos perder tempo" [JB/Net].
Var.: *dar um fox*

Partir pedra 1. Trabalhar inutilmente. **2.** Desbravar [GAS].

Partir pro abraço Comemorar: "O Romário fez um golaço e partiu pro abraço" [JB].
Var.: *correr para o abraço*

Partir pro andar de cima Morrer: "O velhote partiu pro andar de cima" [JB].

Partir pros finalmente Ir ao que interessa; decidir; definir: "Vamos partir pros finalmente, minha santa, (...). Chega de papo furado" [JB].

Passar(-se)

Passar abanando Diz-se quando, numa corrida, um cavalo assume a frente sem levar chicotada, enquanto seu condutor abana o chicote [AJO].

Passar a batata quente Ver *passar a bola* (1)

Passar a bisca *Lus.* Enganar [GAS].

Passar a bola 1. Entregar a outrem a resolução de um problema difícil ou a decisão final de uma contenda; passar adiante: "Vamos passar a bola pra Fernanda que quer dizer alguma coisa." **2.** *Bras., gír.* Passar o cigarro. – É comum pedir-se para "passar a bola" à pessoa que fica fumando o cigarro e não dá vez para que os outros também fumem. Muitas vezes vem complementado com o nome de algum jogador de futebol com fama de individualista ou ainda algum jogador famoso, em evidência ou de nome folclórico: Pelé, Mirandinha, Cafu, Ronaldinho, Edmundo, Maradona, Mazolinha etc.: "Passa a bola, Mirandinha!" [GAS/JB/RK].
Sin. (1): *passar a batata quente*

Passar a cábula *Lus.* Dar a um condiscípulo a resolução de um exercício [GAS].

Passar a/os cânhames *Lus.* Fugir [GAS].

Passar a/uma conversa Ver *passar a perna em* (2)

Passar adiante 1. Não tomar atenção; não reparar. **2.** Mudar de assunto. **3.** Tomar a dianteira de alguém. **4.** Contar, repetir, transmitir, revelar uma notícia, um boato, um fuxico, um segredo. **5.** Transferir a posse, os direitos: "Olhe, dona menina, a mãe dela disse que quando a senhora não quisesse mais ela, voltasse para trás, não passasse ela adiante" (Mílton Dias, *Estórias e crônicas*) [GAS/TC].

Passar a embira *Bras., NE.* Açoitar [AJO/TC].

Passar (n)a embira *Bras., S, RS.* Recolher preso; amarrar um crim.; botar o preso no xadrez: "Arrombaram a porta, passaram o homem na embira, deram-lhe pancada de criar bicho – e ele confessou, debaixo do zinco, meio morto, que tinha estuprado a menina" (Graciliano Ramos, *Angústia*, p. 64) [ABH/AJO/TC].
Var.: *passar nas embiras, meter nas embiras/imbiras*

Passar à escova *Lus., Univ. Coimbra.* Engraxar [GAS].

Passar à espada 1. Diz-se do indivíduo que tem muitas mulheres. **2.** Matar com espada; matar indistintamente: "... passando à espada a sua população e criando nela uma importante colônia..." (João Grave, *São Frei Gil de Santarém*) [ABH/ECS/GAS].

Passar a/uma esponja em/sobre 1. Esquecer o que se passou; apagar ou riscar da memória. **2.** Perdoar; desculpar. – Em fr., é corrente a expr.: *passer l'éponge* [ABH/AC/AN/CLG/FF/GAS/RMJ].

Passar a faca 1. Esfaquear. **2.** *Bras., NE, chulo.* Copular (diz-se do homem): "José passou a faca em Maria". – "Faca" é o órgão sexual masc. [GM/MSM/TC].
Sin. (2): *amolar o canivete*
Var. (1): *comer (à/de/na) faca*
Var. (2): *amolar a faca*

Passar a ferro *Lus.* **1.** Vender o produto de um roubo. **2.** Atropelar com um veículo passando por cima da vítima [GAS].

Passar à/pela fieira Observar minuciosamente; examinar atentamente [AN/GAS].

Passar a filé Passar bem; ser bem acolhido, bem alimentado [TC].

Passar a fita *Bras., gír. das cadeias.* Delatar: "Decidido. Vamo (*sic*) deitar o pescoço dele na seda. Mas antes eu quero ver *bordado* (= marcas de espancamento). Só falta arrumar o laranja. Alguém quer passar a fita?" [Émerson Maranhão, *O Povo*, 18/12/00, p. 8, expondo um rol de expressões e termos registrados pelo prof. José Océlio Camelo, ex-agente penitenciário do Instituto Penal Paulo Sarasate (IPPS), o presídio oficial de Fortaleza, CE].

Passar a gravata colorada em *Bras., RS.* Matar por degolamento; assassinar cortando o pescoço; degolar [ABH/AJO/FF].
♦ "Gravata" está na acepção de "degola".

Passar à história/História 1. Esquecer; deixar de ter oportunidade; não ter futuro; perder sua importância atual. **2.** Passar à posteridade; ser lembrado: "... ao que dizem lhe fez uma pergunta: 'Brizola, você quer passar à história como censor?' Ele teve de recuar" (Dias Gomes, *Apenas um subversivo*, p. 239) [AN/GAS].

Passar a/uma lábia Induzir alguém para o seu próprio ponto de vista; labiar; ganhar alguém na conversa; diz-se de conversa fiada, enganação: "Depois de muita insistência, conseguiu passar a lábia na Martinha" (Sales Andrade, *Jornal da Rua*, 7/1/99, p. 4) [BB].
Var.: *levar na lábia*

Passar à letra *Encad.* Colacionar; verificar, antes da costura, se os cadernos de um livro foram corretamente alçados; conferir [ABH].

Passar a limpo 1. Tornar a fazer um escrito corrigindo os erros ou a letra; copiar do rascunho. **2.** *Lus.* Praticar o coito. **3.** Revisar; corrigir; refletir sobre: "– Pôr todo o papo em dia. Passar a vida a limpo" (Fanny Abramovich, *As voltas do meu coração*, p. 3). **4.** *Bras.* Sanear política e moralmente determinada conjuntura em que predomina a corrupção; corrigir erros, desvio de verbas públicas, maracutaias; fazer uma assepsia nos costumes, para evitar a roubalheira: "Vamos passar o Brasil a limpo!" (Boris Casoy, jornalista) [FF/GAS].
Var. (1): *tirar a limpo* (1)

Passar a linha Atravessar o equador, a linha equinocial [AN].

Passar a mais Ser excessivo; ser insuportável [GAS].

Passar a manta *Bras., S, Centro.* Enganar a outrem numa transação qualquer; enganar alguém num negócio. – Referência talvez à manta ou capa com que se apresenta o demo quando quer iludir, fazendo-se de santo [GAS/LCCa].

Passar a manteiga nela Ver *espanar a criança*

Passar a mão em *Bras.* **1.** Lançar mão de; apanhar, empunhar: "Antes de pôr fim à própria vida, Vargas passou a mão na caneta e fez sua Carta-testamento." **2.** Roubar; roubar de supetão; furtar; apossar-se; carregar; desviar; subtrair; surrupiar: "Ele e o sócio davam entrada no seguro obrigatório e passaram a mão na grana" (*Jornal da Rua*, 28/5/99, p. 1) [ABH/CGP/FS/FSB/GAS/JB/LM/RG/TC].
Sin. (2): *fazer mão de gato*
Var. (2): *meter a mão* (2)

Passar a mão na/pela cabeça Superar tudo; perdoar; desculpar; proteger, livrando de castigo; perdoar falta(s); relevar vícios, erros, e mesmo crimes; poupar: "Se você beber, vai preso: o delegado não passar a mão pela cabeça de cachaceiro, não..." (Leonardo Mota, *Violeiros do Norte*, p. 249); "O cara passou a mão na cabeça e foi em frente" [ABH/AN/FS/FSB/JB/LCCa/LM].

Passar a mão nas ventas Esbofetear: "Passou-me a mão nas ventas, que o sangue correu" (José Lins do Rego, *O moleque Ricardo*) [TC].

Passar a mão no alheio Roubar: "A senhora não acha feio esse negoço de pasá a mão no que é aleio não?" (*sic*) (Luciano Barreira, *Os cassacos*) [TC].
Sin.: *pegar no alheio*

Passar a mão pela cabeça de 1. Acarinhar, acariciar, alisar alguém. **2.** Gesto de bênção, que aparece na crisma [ABH/AN/FS/FSB/LCCa/LM].

Passar a mão pelo lombo Tentar apaziguar; afagar [GAS].
Sin.: *passar a mão pelo pelo*

Passar a mão pelo pelo Ver *passar a mão pelo lombo*

Passar noites/a noite em claro Não dormir durante a noite; passar a noite sem dormir; passar a noite vigilante; ficar sem dormir: "Resolvi passar a noite em claro, para ver se você e mamãe se encontravam em seu quarto" (Paulo Coelho, *O Monte Cinco*, pp. 126-7); "Poetas que vão nascer / passarão noites em claro / rendidos à forma prima: / a rosa é mística (Adélia Prado, *Oráculos de maio*, p. 133); "Felizmente, o defunto meu primeiro marido está hoje prestando contas a Deus das noites e noites que me fez passar em claro" (Leonardo Mota, *No tempo de Lampião*, p. 94) [ABH/CLG/FSB/GAS].

Sin.: *pegar o sol com a(s) mão(s)*
Var.: (lus.) *passar a noite de vela, passar a noite em branco, passar as noites a olhos*

Passar a nota Ver *cair com os cobres*

Passar ao/de largo Passar longe, a distância, sem se aproximar; afastar-se; não se aproximar: "Duram apenas segundos, ou, se maior é a sua duração, com tanta força me atraem que os dias passam ao largo" (Osman Lins, *Avalovara*, p. 54) [ABH/AN/AT/GAS].

Passar aos direitos Passar mercadoria sem pagar as despesas de alfândega [GAS].

Passar a palavra 1. Transmitir um recado. **2.** Permitir que outra pessoa fale: "Após três horas de discurso, o político passou a palavra" [F&A/GAS].

Passar a pão e água 1. Ficar em jejuns e castigos. **2.** *Fig.* Passar mal de alimentação; passar com o mínimo necessário para viver: "Antes de arrumar novo emprego, ele passou algum tempo a pão e água" [AN/DT].

Passar a pão e manteiga 1. "Passar bem, com a mesa farta, sem dificuldades financeiras" (Mário Souto Maior, *Em torno de uma possível etnografia do pão*). **2.** Enfrentar necessidade: "O jovem casal está passando a pão e manteiga, mas estão começando a vida agora" [JB/TC].

Passar a pasta Transferir as suas atribuições a outrem [GAS].

Passar a patacos Vender por qualquer preço, por preço irrisório [GAS].

Passar a peia Fazer sexo: "A sapatão passou a peia no cacho dela" [JB].

Passar à peluda *Lus.* Acabar a prestação do serviço mil. [GAS].

Passar a/o pente fino Diz-se quando é mandado investigar até ao mais íntimo dos vestígios; submeter a crivo rigoroso [ABH/GAS].

Passar a pera *Bras., S, SP*. Desvirginar [MSM].

Passar a perna em 1. Tomar a dianteira em alguma coisa; avantajar-se; derrotar; vencer; dominar; exceder; sobrepujar; suplantar; levar vantagem, levar a melhor; ganhar promoção obtendo posto com preterição de alguém: "Não era possível que outros jornalistas brasileiros da comitiva me tivessem passado a perna..." (Fernando Sabino, *O gato sou eu*, p. 32); "Os tucanos só temiam que FHC, na hora de passar a perna no PFL, mais uma vez desse para trás" (Andrei Meireles, *IstoÉ*, 23/2/00, p. 31); "Você estude, senão seu irmão lhe passa a perna". **2.** Enganar; engabelar; lograr; burlar; ludibriar; enganar com falsas promessas; enrolar; vender na concorrência; atropelar: "Ele passou a perna no sócio, deixando-o sem nada" (DT, *VI série*, p. 44); "– Seu coroné tá querendo me passar a perna?" (Dias Gomes, *Sucupira, ame-a ou deixe-a*, p. 24); "Zé: (...) De outra vez o santo olha, consulta lá os seus assentamentos e diz: – Ah, você é o Zé-do-Burro, aquele que já me passou a perna!" (Dias Gomes, *O pagador de promessas*, p. 16). **3.** Montar, cavalgar: "Passei a perna no cavalo e galopei ao longo da estrada" (João Clímaco Bezerra, *Sol posto*). **4.** Fugir [ABH/AC/AJO/AN/AT/CGP/CLG/FF/FS/FSB/GAS/Gl/JB/LAF/LCCa/LM/TC/TGa/OB].

Sin. (2): *dar uma banda* (1), *dar um camba/cambão, passar a/uma conversa*

Passar a perna por cima Enganar; diz-se de pessoa que tem por costume e até

Passar(-se)

se compraz em dizer de suas qualidades pouco ou nada recomendáveis [RBA].

Passar a pirão de areia Não ter o que comer [AN].

Passar a porra *Bras., BA, gír.* Brigar; bronquear; ficar muito bravo: "E Flor de lá: 'Mas ói sua vida, hem, não vá demorar não senão eu lhe passo a porra, viu?'" [NL].

Passar a raspadeira *Lus, desp.* Rasteirar o adversário no futebol [GAS].

Passar a régua em *Bras., gír.* **1.** *Chulo.* Fazer sexo com: "Vou acabar passando a régua na Neuzinha, é só ela me dar uma chance." **2.** Comer demais: "Vou passar a régua neste prato de trabalhador braçal" [JB].
Sin. (1): *passar a ripa em* (3), *passar a tripa em*

Passar a ripa em 1. *Bras., NE.* Espancar; bater: "Passa a ripa nele, ele é vacilão, dedo de radar." **2.** Matar. **3.** *Bras., chulo.* Fazer sexo: "Ela pediu e eu passei a ripa" [JB/TC].
Sin. (3): *passar a régua* (1)

Passar as cangalhas Trocar animal por animal, sem outra compensação [LM].

Passar a sela Selar [TC].

Passar as lampas *Lus.* Ultrapassar as mentiras ou invenções de outrem [GAS].

Passar as mantas e azular Selar o cavalo, com o intuito de fugir e sair logo após em desabalada carreira [RBA].

Passar (d)as marcas Ultrapassar os devidos limites; exagerar; passar fora dos limites da disciplina, das conveniências; exorbitar; exceder-se [FF/GAS].

Passar as noites a olhos Passar as noites sem dormir: "E esse morava no moinho, contando-se que passava as noites a olhos..." (João Guimarães Rosa, *Noites do sertão*) [ECS].
Var.: *passar noites/a noite em claro*

Passar às palhetas *Mad.* Roubar: "São já duas foices que me passam às palhetas..." (Jaime Vieira dos Santos, *Vocabulário do dialeto madeirense*, in *Rev. de Port.*, XI, p. 64A) [ECS].

Passar as passas do Algarve Ver *passar o seu/um mau bocado*

Passar as raias Exceder a compostura; exceder-se; abusar; ultrapassar o razoável [ABH/AJO/AN/FF/GAS].
Sin.: (lus.) *passar as saias*

Passar as saias Ver *passar as raias*

Passar assobiando Ver *arranhar a trave*

Passar à tanga *Lus.* Passar de ano escolar com notas mínimas; passar com a nota mínima para ser aprovado: "Foste promovido de ano, mas passaste à tanga, hein?" [GAS].
Sin.: *passar à tangente*

Passar à tangente Ver *passar à tanga*

Passar atestado de burro Passar por ignorante ou pouco inteligente: "O chefinho passou atestado de burro, discutindo com a chefia" [JB].

Passar a tripa em *Chulo.* Fazer sexo com: "Ela exigiu que passasse a tripa nela" [JB].
Sin.: *passar a régua em* (1)

Passar a vara Transmitir a judicatura, o encargo [AN].

Passar a vista Ver *passar os olhos*

Passar à volta 1. Cortar o pescoço de alguém com uma navalha. **2.** Haver roubo ou briga [GAS].

Passar azeite na bola Ver *espanar a criança*

Passar baixo Viver em sérias dificuldades, com as maiores privações, seja por dificuldades materiais, seja por doença; passar mal; experimentar dificuldades de vida; viver em situação má, por deficiência de recursos ou de saúde; sofrer privações, dificuldades de ordem financeira; encontrar-se em situação difícil, devido a aperreios financeiros, perseguições etc.: "Zoião passara baixo naqueles tempos" (Fran Martins, *A rua e o mundo*); "Ela estaria sofrendo com ele, passando baixo" (Fran Martins, *Mundo perdido*) [ABH/FS/LM/TC].

Passar banha em Ver *puxar (o) saco*

Passar batido 1. *Bras., gír.* Passar ligeiro; passar sem notar; ir em frente, sem prestar atenção ao que está em volta: "O cara passou batido. Tava doidão." **2.** Entender algo facilmente. **3.** Entre policiais, fugir da ação policial ao ser descoberto: "Os bandidos passaram batido quando chegamos." **4.** *Bras., CE.* Não resolver nada [CGP/NL]. Sin. (1): *passar lotado* (1)

Passar bem 1. Gozar de boa saúde; ter saúde. **2.** Alimentar-se com iguarias finas e abundantes; comer do melhor [ABH/AT].

Passar bom tempo Levar vida alegre e descuidada [GAS].

Passar bonito *Desp.* **1.** Afastar um adversário com drible seco, deixando-o paralisado e sem ação. **2.** Fazer lançamento preciso a um companheiro bem posicionado [HM].

Passar (o/um) café Coar o café: "Passe um cafezinho, D. Zazá" [TC].

Passar calote Não pagar uma dívida: "E a senhora supõe que eu lhe pretendo passar calote?" (Ribamar Galiza, *Que duas belas crianças*) [TC].
Var.: *dar um calote*

Passar canudo Lograr, enganar alguém [TC].

Passar capina Repreender [AN].

Passar (um) carão Repreender rispidamente; repreender; ralhar: "E passou um carão no Seu Ernesto" (José Lins do Rego, *Usina*, p. 117); "Quis falar alto, passar carão" (Fran Martins, *Dois de ouros*) [AN/BB/RG/TC].
Sin.: *dar uma mijada*

Passar (uma) carona *Bras.* Calotear; enganar alguém; comprar fiado e não pagar; aproveitar-se de uma coisa sem pagar; viajar num veículo e não pagar a passagem; introduzir-se furtivamente num lugar de diversões [ABH/AN/FS/TC].

Passar carros e carretas *Lus.* Decorrer muito tempo [GAS].

Passar cartão Ver *passar cartucho*

Passar cartucho *Lus.* Dar confiança: "Não passei cartucho ao gajo" [GAS]. Sin.: *passar cartão*

Passar cerol na mão *Bras., gír. funk.* Roubar a namorada de outro [Clarisse Meireles, *IstoÉ*, 17/1/01, p. 63].

Passar (a) cola Entregar às ocultas ao examinando as respostas ou soluções dos pontos sorteados [TC].

Passar como cão por vinha vindimada *Lus.* Passar rápido sem atentar a quem está [GAS].

Passar como gato sobre brasas Passar com extrema agilidade, muito depressa; passar ligeiramente, com presteza, rapidamente, de leve, sem aprofundar (ver Ladislau Batalha, *História geral dos adágios portugueses*) [AN/CLG/GAS].

Passar como uma sombra Ser efêmero, ter curta duração [AN].

Passar como um meteoro Passar com rapidez vertiginosa [AN].

Passar como um relâmpago Passar muito rapidamente, repentinamente [GAS].

Passar como um sonho Desvanecer-se depressa [AN].

Passar coxo *Lus., Univ. Coimbra.* Passar de ano reprovado numa disciplina [GAS].
Sin.: *passar manco*

Passar da bitola Exceder-se: "Escuto a cantoria das pastoras, tiro qualquer coisa de prosa e, a bem de que, sem passar da bitola, provo da branquinha até chegar na medida do regular" (Romeu de Carvalho, *Carro Doce*, p. 42) [TC].

≠ **Não passar da/de cepa torta** Não fazer progresso; não sair da mesma situação precária; nunca melhorar de posição, por mais que se esforce; não aprender, por mais que estude [AN/GAS].

Passar da compostura *Bras., RS.* Diz-se do parelheiro que passou do ponto ideal para disputar a carreira (corrida) [AJO].

Passar da conta Ultrapassar o que é lícito, o que está certo, o que é permitido; abusar; tornar-se intolerável: "É verdade, aí você passou da conta, João" (Ariano Suas-

Passar(-se)

suna, *Auto da Compadecida*, p. 164) [GAS/TC].

≠ **Não passar da garganta** *Lus.* **1.** Não esquecer uma ofensa. **2.** Não acreditar. **3.** Ficar admirado [GAS].

Passar da linha da bola *Desp.* Avançar com a intenção de alcançar a bola e correr mais que ela, ultrapassando-a na corrida [HM].

Passar da meta Ir além das marcas, dos limites [GAS].

≠ **Não passar de** Não ser mais do que; não ser senão...; ser apenas; permanecer; não ir além de; não ser outra coisa senão...: "Pensar que aquilo não passa de paleio..." (José Américo de Almeida, *A bagaceira*) [ABH/FF/GAS/TC].

Passar de ano Ser promovido na escola, para o nível subsequente ou no término de todo o curso: "Cingapura, eterna campeã do rigor, decretou que criança gorda que não emagrecer também não vai passar de ano" (Consuelo Dieguez, *Veja*, 12/1/00, p. 96).

Passar de boca em boca Transmitir para a pessoa que fica próxima o que outro disse [GAS].

Passar de cabeça *Desp.* Lançar a bola a um companheiro com impulso de cabeça [HM].

Passar de cabo duro por alguém Passar por alguém sem cumprimentá-lo; passar por um conhecido sem olhar, sem cumprimentar [FS/LM/TC].

Passar de cavalo a/para burro Descer de posto, de posição social; descer na hierarquia; baixar de categoria; perder posição; ficar em pior situação; ser rebaixado de posto; passar de um cargo importante para outro que lhe é inferior; passar de uma situação mais elevada para uma mais baixa. – O sargento que perde as divisas, por má conduta, e passa a cabo, ou a soldado raso, passou de cavalo a burro [ABH/AN/CLG/GAS/RMJ].

Sin.: *passar de porqueiro a porco*
Var.: *andar de cavalo para burro*

Passar de ideia *Lus.* Esquecer-se [GAS].
Sin.: *passar de memória*

Passar de mão em mão Fazer circular: "Trabalhavam ordenadamente, em filas paralelas, e as pedras iam passando de mão em mão" (Garcia de Paiva, *Os agricultores arrancam paralelepípedos*, p. 39) [GAS].

Passar de memória Ver *passar de ideia*

Passar de passagem *Turfe.* Ultrapassar, o cavalo, um adversário, sem dificuldade alguma [ABH].
Sin.: *passar de viagem*

Passar de pato a ganso 1. Pouco melhorar de posição. **2.** Mudar de assunto: "Passando de pato a ganso, vamos ao que interessa" [AN/JB].
Var. (2): *mudar de pato a ganso*

Passar de pau pra cacete Mudar de assunto: "Passando de pau pra cacete, a barra tá pesada" [JB].
Var.: *mudar de pau pra cacete*

Passar de porco a porqueiro Melhorar de situação, de posição, de vida [ABH].

Passar de porqueiro a porco Ver *passar de cavalo a/para burro*

Passar de primeira *Desp.* Repassar a bola com simples toque [HM].
Var.: *jogar de primeira, passar de prima*

Passar despercebido Não se fazer notar [GAS].

Passar desta para outra Ver *bater a(s) bota(s)*

Passar de um polo a outro Mudar de um assunto para outro muito ou inteiramente diverso, numa conversação: "Passando de um polo a outro, preciso de ocê agora" [ABH/AN/JB].

Passar de viagem Ver *passar de passagem*

Passar dos carretos *Lus.* **1.** Ser desequilibrado, meio amalucado. **2.** Perder a paciência [GAS/MPa].

Passar dos sentidos/pelo sentido *Bras., CE.* Distrair-se; esquecer-se de algo: "Menina, deixei a panela no fogo e passei

Passar(-se)

dos sentidos... Quando fui ver tinha queimado tudo" [AS/TC].

Passar em brancas nuvens 1. Não entender: "Passei em brancas nuvens, não entendi nada." **2.** Passar sem ser percebido: "O cara passou em brancas nuvens pelos tiras" [JB].

Passar em branco 1. Não entender: "Passei em branco, malandro, não deu." **2.** Não ser lembrado: "Passou em branco o centenário do Juquinha" [JB].

Passar em claro Não mencionar [GAS].

Passar em julgado 1. *Jur.* Ficar decidido definitivamente por não haver agravo nem apelação nem embargo, não se admitindo mais discussão; tornar-se, uma sentença, irrecorrível, visto haver decorrido o prazo estabelecido para a interposição do recurso; ser decidido nos tribunais. **2.** *P. ext.* Decidir, liquidar-se definitivamente algum assunto, de modo que a respeito dele não reste dúvida; ser um fato [ABH/AN/CPL/ECS].

≠ **Não passarem os anos por alguém** Estar muito bem conservado, sem, ou quase sem, as marcas do passar do tempo [ABH/AN].

Passar em provérbio Citar-se vulgarmente como tipo, como modelo [AN].

Passar em silêncio Não mencionar; omitir [GAS].

Passar (um) fax *Bras., gír.* Defecar; ir ao banheiro [ABF/MGb/tese de doutorado da socióloga Glória Diógenes, da UFC, in *O Povo*, 1º/6/98, p. 19A].

Passar férias em Linhó *Lus.* Estar retido em presídio naquela localidade perto de Sintra [GAS].

Passar (a/no/o) ferro *Bras.* Alisar (a roupa) com ferro de engomar; estirar a roupa em ferro quente; engomar; passar: "Osvaldina fez questão de arrumar tudo que era meu, consertar, passar a ferro, engraxar os calçados" (Rachel de Queiroz, *Dora, Doralina*, p. 88) [ABH/FF/GAS/TC].

Sin.: *passar (a) roupa*

Passar fogo 1. Atirar: "... no seu lugar também perdia a cabeça e passava fogo nesse destruidor de lares. Mas é que a coisa talvez pudesse ser resolvida sem morte" (Dias Gomes, *O Bem-Amado*, p. 95); "Se desse uma palavra, passaria fogo" (Fran Martins, *Mundo perdido*). **2.** Tornar-se compadre ou comadre, padrinho ou afilhado em compromisso assumido por ocasião das festas juninas: "Era comum os moradores de uma mesma rua, no período junino, 'passarem fogo' e, a partir daí, tratar-se por compadres, padrinhos, afilhados" (Antônio Vieira Sales e Francisco Alcides do Nascimento, *Uma viagem ao mundo de Pintinho*) [PJC/TC].

Var. (1): *baixar fogo*

Passar fome de rato *Lus.* Passar muita fome [GAS].

Passar forquilha Faltar ao compromisso assumido para dançar com alguém [FS/LM].

Passar frequência *Bras., MA.* Viver apertado, em dificuldade [DVF].

Passar gato *Bras., AL.* Repreender [Net].

Passar gato por lebre Cometer uma fraude; enganar a alguém, prometendo ou vendendo coisa valiosa e dando depois coisa inferior: "Prestes foi um gigante na feitura da Constituição da República de 19 de setembro de 1946. Jamais deixou passar gato por lebre, nos diferentes projetos que eram debatidos" (Gregório Bezerra, *Memórias: segunda parte*, p. 12); "Tá querendo passar gato por lebre e me enganar?". Ver Gomes Monteiro e Costa Leão, *A vida misteriosa das palavras* [ABH/AC/AN/GAS/JB/RMJ].

Var.: *dar/trocar/vender gato por lebre*, (lus.) *impingir gato por lebre*

Passar ginja *Ant.* Ter pouco ou nenhum alimento. – Na fraseologia lus. "ginja" é o avarento, casmurro, antiquado. Alimentar-se de ginjas, ou sob sua égide, será regime intolerável pela parcimônia nutritiva. Ginja tb. é uma espécie de cereja, fruta da ginjeira, pop. e comum em Portugal [LCCa, p. 221, adapt.].

Passar giz no taco Ver *espanar a criança*

Passar lamba *Bras.* Passar mal, levar vida infeliz, com dificuldades, miséria (ver Antenor Nascentes, *Dic. etimológico da língua portuguesa*) [ABH/AN/FSB]. ♦ Palavra vinda do quimbundo, conforme FSB, "lamba" significa "mágoa, mal".

Passar larica *Lus.* Passar fome [GAS].

Passar língua *Bras., RS.* Transmitir a outrem um segredo; contar um segredo a outro [Aurélio Buarque de Holanda, "Glossário", *apud* J. Simões Lopes Neto, *Contos gauchescos e Lendas do Sul*, p. 343].

Sin.: *bater com a língua nos dentes* (2)

Passar lotado 1. Ir em frente: "O cara passou lotado, tava com pressa." **2.** *Desp.* Avançar velozmente, com a bola nos pés, em direção à meta contrária. **3.** *Desp.* Levar um drible desconcertante quando corria com a bola e não conseguir parar a corrida [HM/JB].

Sin. (1): *passar batido* (1)

Passar maca *Ang.* Criar confusão [José Luandino Vieira, *Luuanda*, in nota de rodapé, p. 10].

Passar maionese *Bras., gír. das cadeias.* Embromar [Émerson Maranhão, *O Povo*, 18/12/00, p. 8, expondo um rol de expressões e termos registrados pelo prof. José Océlio Camelo, ex-agente penitenciário do Instituto Penal Paulo Sarasate (IPPS), o presídio oficial de Fortaleza, CE].

Passar manco Ver *passar coxo*

Passar manteiga em focinho de cachorro 1. Tentar enganar, ludibriar. **2.** *Bras., NE, pop.* Perder tempo [ABH/TC].

Var. (2): *passar manteiga em venta de gato* (2)

Passar manteiga em venta de gato *Bras., NE, pop.* **1.** Dar conselhos ou fazer o bem a quem não sabe ouvir nem agradecer. **2.** Fazer qualquer coisa debalde; perder o tempo; perder tempo ajudando quem não merece [ABH/AN/FN/FNa].

Var. (1) (2): *passar manteiga em focinho de gato*, *passar manteiga em venta de cachorro*

Var. (2): *passar manteiga em focinho de cachorro* (2)

Passar mel nos/pelos beiços de alguém 1. Dizer ou fazer coisas que agradem a alguém; captar com elogios; adular; lisonjear; elogiar excessivamente. **2.** Agradar alguém com o intuito de o enganar; agradar, para depois enganar; enganar com promessas falsas; engabelar [AJO/AN/CLG/FS/GAS/LM].

Passar mel nos lábios Ver *pôr mel nos beiços*

Passar muita água sob as pontes Decorrer muito tempo [GAS].

Passar muito má rato (sic) Ver *passar o seu/um mau bocado*

Passar mulita em *Bras., RS.* Enganar, lograr, burlar alguém [ABH/AJO/AN].

Passar na bala Atirar em: "O jagunço passou o homem na bala" [TC].

Passar na barca de Caronte Morrer. – Caronte, filho de Érebo e da Noite, era o barqueiro do inferno greco-romano. Fazia os mortos passar os rios infernais, mediante o pagamento de um óbolo. Por isso, botava-se um óbolo debaixo da língua do defunto [AN].

Passar na cara 1. Relembrar, descobrir, imputar, incriminar, culpar, cara a cara, expressões, ditos ou atos desagradáveis praticados; dizer umas verdades, cara a cara: "Jasão: Me passar / na cara só porque deu um prato / pra meu filho comer..." (Chico Buarque & Paulo Pontes, *Gota d'água*, p. 52). **2.** *Bras., gír.* Ter contato sexual com alguém; fazer sexo: "O tarado queria passar na cara a menina." **3.** Enganar alguém [ABH/JB/MPa/TC].

Sin. (1): *atirar no rosto*, *passar nas ventas*

Var. (1): *atirar/lançar na cara*, *jogar na cara* (2)

Sin. (2): *passar na faca* (2), *passar nas ostras*, *passar nos ferros/o ferro*, *passar no(s) peito(s)* (2), *passar o cerol* (1)

Passar na faca *Bras., gír.* **1.** Fazer cirurgia: "A Terezinha passou na faca, melho-

rou muito o visual dela." **2.** *Chulo.* Fazer sexo: "Teixeira passou na faca a Margô." **3.** Matar: "O cabo passou na faca o malandro" [JB].
Sin. (2): *passar na cara* (2)
Var. (1): *entrar na faca* (1)

Passar na pedra *Bras., gír. dos presídios.* Matar: "Vou passar na pedra este vagabundo" [JB].
Sin.: *passar o carro*

Passar na/pela/por uma peneira 1. Examinar atentamente; esmiuçar, esquadrinhar. **2.** Escolher cuidadosamente [GAS/TC].

Passar nas/pelas armas *Chulo.* Copular; possuir uma mulher (diz-se do homem); descabaçar: "O escândalo fez com que seus superiores o promovessem a cardeal e o mandassem à Bolonha. Lá, passou nas armas mais de duzentas virgens, solteiras, viúvas e casadas" (Nataniel Jebão, *Bundas*, 13/9/99, p. 50); "Vamos te passar nas armas" (Plínio Marcos, *Barrela*) [ABH/GM/MSM].

Passar nas ostras *Bras., gír., chulo.* Fazer sexo: "Passei nas ostras, não conversei" [JB].
Sin.: *passar na cara* (2)

Passar nas ventas Ver *passar na cara* (1)

Passar no(s) cobre(s) *Fam.* Vender; vender sem regatear ou obter lucro apreciável, apenas para apurar dinheiro: "Eu, dona daquilo, passava aquele apartamento nos cobres, comprava outro, menor que fosse..." (Elsie Lessa, *A dama da noite*); "Vamo simbora daqui. Arruma a trouxa que eu vou passar nos cobres o que puder" (Jaime Sisnando, *Sertão bravio*) [ABH/AN/FS/JB/TC].
Var.: *meter no(s) cobre(s)*

Passar no/o grelão Ver *bater caixeta* (2)

Passar no liso *Bras., RS.* Ser reprovado em todas as provas de fim de ano [AJO].

Passar no papo *Bras.* **1.** Comer; devorar. **2.** *Bras., NE.* Conseguir a posse sexual; deflorar; desvirginar: "Se eu fosse um categoria, como o gerente, tinha também passado ela no papo" (Jáder de Carvalho, *Aldeota*); "O coronel Machado tinha um filho perverso e malvado que se chamava Julião, acostumado a passar no papo as filhas mais bonitas dos moradores do lugar" (Mário Souto Maior, *Antônio Silvino: capitães de trabuco*) [Gl/MSM/PJC/TC].
Sin.: *passar no(s) peito(s)*

Passar no(s) peito(s) *Bras.* **1.** Comer; devorar: "Cinco mil-réis para o forasteiro passar a penca de bananas nos peitos" (Inez Mariz, *A barragem*). **2.** *Bras., chulo.* Ter, o homem, relações sexuais com; copular com; deflorar; possuir sexualmente; manter relações sexuais com; fazer sexo; desvirginar; conquistar: "– Pois se uma cigana se afretar comigo, passo ela nos peitos, vancê vai ver" (Jorge Amado, *Tocaia Grande*, p. 82). Ver Edison Carneiro, *A ling. popular da Bahia*; Silveira Bueno, *Grande dic. etimológico-prosódico da língua portuguesa*; Euclides Carneiro da Silva, *Dic. da gír. brasileira* [ABH/FS/GM/JB/MSM/TC].
Sin. (1) (2): *passar no papo*
Sin. (2): *passar na cara* (2)

Passar no(s) quarto(s) Ver *dar uma rasteira* (2)

Passar no rabo *Bras., NE.* Pegar; comer; devorar; levar: "Não era que a raposa tinha passado no rabo a galinha pedrês?" (Graciliano Ramos, *Vidas secas*) [FN/TC].

Passar nos ferros/o ferro *Bras., chulo.* Manter, o homem, relações sexuais com; fazer sexo com: "Passei nos ferros aquela gata"; "Passei o ferro nela, logo na primeira noite". – "Ferro" é o pênis [JB].
Sin.: *passar na cara* (2)

Passar o bastão Passar a responsabilidade ao outro [CLG].

Passar o beiço Faltar ao pagamento de uma dívida; deixar de pagar dívida; lesar financeiramente; enganar; calotear: "Sujeito velhaco, passou o beiço numa porção de gente..." [ABH/AN/FS].
Var.: *dar o/um beiço*

Passar o brado 1. Ralhar. **2.** Fazer proposta amorosa [TC].

Passar o buçal *Bras., RS.* Enganar; subjugar; usar de esperteza [AJO].
Var.: *passar o buçal de couro cru*

Passar o cambito Dar uma rasteira; derrubar: "E o rapaz na rasteira / muito ligeiro e esperto / onde passava o cambito / era um desmantelo certo" (João do Cristo Rei, *João Noberto e Luciana*, cordel) [TC].

Passar o camboim *Bras., RS.* Surrar; bater [AJO].

Passar o carro *Bras., gír.* Matar: "Vou passar o carro, gente, tá me enchendo o saco"; "Passei o carro no pajereca [= nordestino], dedo de seca" [JB].
Sin.: *passar na pedra*

Passar o carro adiante dos bois Agir sem coordenação; começar pelo fim; realizar algo em ordem contrária da que deveria ser; antecipar-se; tentar começar algo pelo meio ou pelo fim: "Não gosto de passar o carro adiante dos bois" (João Clímaco Bezerra, *Sol posto*) [AN/CLG/MPa/TC].
Sin.: *colocar a carroça na frente do boi*
Var.: *andar/ir/pôr o carro adiante dos bois*

Passar o cerol 1. *Bras., RJ, gír., chulo.* Dar um amasso; fazer sexo com: "Vou passar o cerol nesta gata, já que é bonitaça." **2.** *Gír. marginal.* Atuar violentamente contra um ou mais indivíduos; matar: "Vou passar o cerol nestes vagabundos" [JB/Net/ *O Povo*, 1/3/96, p. 4B].
Sin. (1): *passar na cara* (2)

Passar o dinheiro Recontar; verificar a quantia: "Aqui estão bem contados mil e cem reais. Pode passar o dinheiro" [LM].

Passar o/um esbregue Exaltar-se; ralhar; repreender severamente: "O safado do velhaco, turuna, homem de facão grande no município dele, passou-me um esbregue" (Graciliano Ramos, *São Bernardo*, p. 14) [RG/TC].
Var.: *dar o/um esbregue*

Passar o facão Despedir do emprego [AN].

Passar o ferro em Matar: "Passa o ferro nele, cara, manda logo pro inferno" [JB].

Passar o fio de espada Matar sem distinção de sexo ou de idade [AN].

Passar o fumo *Bras., S, chulo.* Copular [MSM].

Passar o geral *Bras., NE, BA.* Fazer curra (como registra Edison Carneiro). – "Curra" é a "violência sexual caracterizada pela posse de uma mulher por mais de um homem, ao mesmo tempo, contra sua vontade" [MSM].

Passar o grelão Comer alguma coisa muito gostosa, saborosa [FNa].

Passar o lápis *Bras., NE, S, chulo.* Ter conjunção carnal: "Não vale o que o gato enterra. O que ele quer (sei eu perfeitamente) é passar o lápis na menina e dar o fora" (Josué Montello, *Uma tarde, outra tarde*) [MSM].

Passar o pano *Bras., CE.* Meter nas calças a(s) fralda(s) da camisa; recolher a fralda da camisa para dentro da calça; meter a fralda da camisa por baixo da calça ou da ceroula: "Um dos soldados ordenou: cabra sem-vergonha, passe o pano!" (Jáder de Carvalho, *Aldeota*) [AN/FS/LM/RG/TC].

Passar o pau em 1. *Bras., NE, chulo.* Ter relações sexuais com; "comer"; transar com: "Foi quando Tomé de Souza / desembarcou na Bahia. / Logo no primeiro dia / passou o pau na esposa. / Fez *que nem* uma raposa: / comeu na frente e atrás. / Depois, na beira do cais, / bem defronte da bodega, / comeu o padre *Nobréga* (sic) / que os anos não trazem mais" (Hermilo Borba Filho, *A porteira do mundo*, citando o mitológico Zé Limeira, o "poeta do absurdo"). **2.** Reprovar em exame escolar (ver Edison Carneiro, *A ling. popular da Bahia*) [AN/FNa/MSM].

Passar o pé em Ver *dar uma rasteira em*

Passar o pente-fino em Tirar tudo; não deixar nada [FSB].

Passar o pé pela mão Exceder-se em certos atos; abusar; exceder-se em liberdades; desmandar-se: "Um trabalhador do eito passou o pé pela mão e eu fui obrigado a

exemplá-lo" (José Pereira de Souza, *Adivinha quem vem*) [ABH/AN/FS/FSB/LM/TC].
Var.: *passar o pé adiante da mão, passar o pé na frente da mão*

Passar o pincel *Bras., CE, chulo.* Manter relações sexuais com alguém: "Aí eu passei o pincel na morena" [informação de Seu Antônio Moreira da Silva, mestre pedreiro, morador do bairro Álvaro Weyne, Fortaleza].
Sin.: *molhar a pena*
Var.: *molhar o pincel*

Passar o plano *Bras., RS.* Enganar [AJO].

Passar o/um queixo **1.** *Bras., CE.* Convencer pela lábia; enganar com palavras; ludibriar; enrolar alguém. **2.** Utilizar-se de mentira para conseguir algo: "Não se preocupe. Hoje à noite eu passo um queixo no meu marido, digo que vou rezar na igreja e venho aqui te ver!!!" [AS].
Var.: *dar um queixo*

Passar o que o demo não passou Passar dificuldades, tormentos [GAS].

Passar o que o diabo enjeitou *Bras., CE, pop.* Sofrer sérios reveses; penar: "Eu, o ano passado, passei o que o diabo enjeitou: foi doença, foi quebradeira, foi um Deus nos acuda" [ABH/AN/FN/FS/LM].
Sin.: *comer da banda podre, correr a lacuchia*
Var.: *comer/sofrer o que o diabo enjeitou*

Passar o rabo-de-galo Esfaquear: "Seu Nico botou uma tocaia, passou-lhe o rabo-de-galo na barriga" (José Pereira de Souza, *Adivinha quem vem*) [TC]. ♦ Rabo-de-galo: espécie de facão, curvo como o rabo do galo.
Sin.: *comer (à/de/na) faca*

Passar o rabo do olho Olhar de relance [GAS].

Passar o rodo **1.** Bater: "Se me encher, passo o rodo." **2.** Matar: "Passei o rodo neles. Eram quatro vagabundos." **3.** *Bras., gír. grafiteiros* Riscar a marca de outro grupo: "Passei o rodo no que eles fizeram." **4.** Entre prostitutas, matar e jogar o corpo em terreno baldio: "Passaram o rodo na bicha velha." **5.** *Desp.* Aplicar uma rasteira no adversário. **6.** *Bras., gír.* "Ficar" com várias pessoas: "Achei vacilo ter acontecido essa história, porque eu queria passar o rodo" (Vivianne Banharo, *Pais & Filhos*, Família, III, out./1998, p. 27) [HM/JB/*Pais & Filhos*, out./1998].

Passar o Rubicão/Rubicon Tomar uma decisão grave e enérgica após grande hesitação; tomar uma decisão arriscada, perigosa, na qual se joga tudo. – A frase teve or. na atitude de Júlio César (gov. da Cisalpina, Itália) quando, estacionado indeciso em frente do rio Rubicão (ou Rubicon), se dispôs a transpô-lo soltando a célebre frase *Alea jacta est*, "está lançada a sorte" (ver Suetônio, *César*, XXXI; Plutarco, *César*) [AN/GAS/RMJ].

Passar os cobres *Bras., pop.* Entregar o dinheiro, certa soma [ABH/FS].

Passar o seu/um mau bocado Passar por situações difíceis; atravessar um mau período na vida; levar um grande susto [GAS].
Sin.: (lus.) *passar as passas do Algarve*, (lus., Sabugal) *passar muito má rato, passar um mau pedaço*

Passar os limites Passar o permitido [GAS].

Passar os maneadores em *Bras., RS.* **1.** Atar ou amarrar; prender; segurar para que alguém não fuja. **2.** Manear o animal [ABH/AN]. Ver tb. Aurélio Buarque de Holanda, "Glossário", *apud* J. Simões Lopes Neto, *Contos gauchescos e Lendas do Sul*, p. 337.

Passar os olhos Ler ligeiramente: "– Já está pronto? – Espiraldo passa os olhos rapidamente, sem muito interesse. – Podemos assinar?" (Dias Gomes, *Sucupira, ame-a ou deixe-a*, p. 16) [AN].
Sin.: *passar a vista*

Passar os olhos em Olhar; mirar; observar: "Passou os olhos na canoa. Querente tinha desaparecido" (José Sarney, *O dono do mar*, p. 71); "Um conselheiro velho deu um salto de susto, passou os olhos em redor, e disse, Cuidado, senhor presidente, um soco assim, sabe-se lá que consequências poderá ter" (José Saramago, *A jangada de pedra*, p. 309).

Passar os queixos em Conquistar: "Tô de olho na Marileda, vou passar os queixos nela" [JB].

Passar o tempero Ver *espanar a criança*

Passar o tempo Entreter o tempo; viver; divertir-se; distrair-se [AN/CLG/FF].

Passar o toco (*sic*) *Bras., BA, gír*. Conferir o troco [NL].

Passar o trator Agir com firmeza ou violência: "O chefe passou o trator em cima dos grevistas" [JB].

Passar o verniz Dar o aperfeiçoamento final. – Expr. us. na pintura, o *vernissage* [AN].

Passar o vinho pela vela Coar o vinho por um pano (em geral serapilheira) para o limpar [GAS].

Passar palavra Transmitir para a pessoa que fica próxima o que outrem disse [AN].

Passar pano *Bras., gír. das gangues urbanas*. Estar bem-vestido [tese de doutorado da socióloga Glória Diógenes, da UFC, in *O Povo*, 1º/6/98, p. 19A].

≠ **Não se passar para** Não assumir certa atitude por julgar que ela não condiz com seu nome, situação, princípios etc. [ABH].

Passar para dentro *Bras., RS*. Convidar a visita para entrar [AJO].

Passar para/pra trás 1. Auferir, tirar alguma vantagem que normalmente caberia a outrem; preterir. **2.** Enganar, lograr, ludibriar. **3.** *Bras., fam., pop.* Ser infiel; trair: "Há muito que ela passa o marido para trás." **4.** Desprezar; menosprezar; preterir: "Sente-se o quanto fora passado para trás o caudilho do Juazeiro" (Nertan Macedo, *Floro Bartolomeu*) [ABH/AT/GS/TC].

Passar (o) pé *Lus*. Fugir [GAS].

Passar (o) pealo *Bras., RS*. Enganar; lograr; burlar; iludir [ABH/AJO/AN].

Passar pela barreira *Desp*. Ultrapassar o setor de defesa do adversário [HM].

Passar pela cabeça Acudir à mente alguma ideia, uma lembrança; lembrar-se: "– Não, isso nunca me passou pela cabeça" (Dias Gomes, *Sucupira, ame-a ou deixe-a*, p. 61); "... nem pensam nada porque nunca lhes passou pela cabeça que eu hoje deixaria de ser virgem..." (José Augusto Carvalho, *A ilha do vento sul*, p. 69); "Peter deu a primeira resposta que lhe passou pela cabeça..." (Ana Maria Machado, *Amigos secretos*, p. 92) [AN/GAS].

≠ **Não passar pela cabeça 1.** Não ter a menor intenção. **2.** Não se lembrar [GAS].

≠ **Não passar pela garganta** *Bras., pop*. Ser intolerável, insuportável: "Aquela referência do maledicente não me passou pela garganta" [ABH].

Passar pela malha Escapar à observação [GAS].

Passar pela rama *Lus*. Tratar superficial ou apressadamente [GAS].

Passar pelas armas Fuzilar [ABH/AN/FF/GAS/OB].

Passar pelas brasas *Lus*. Dormitar; diz-se de sono leve e curto [GAS].

Passar pelas forcas caudinas Sofrer grande humilhação; submeter-se; capitular ao inimigo de maneira incondicional. – Alusão à derrota dos romanos pelos samnitas no ano 321 a.C., nos desfiladeiros de Cáudio, onde os vencedores obrigaram os vencidos a passar sob um jugo formado de três lanças ligadas. Essa loc. é objeto de muitas confusões. Por vezes, aparece como: *Passar pelas forças caudinas*, devido a erro de escrita. Outras vezes, lê-se erradamente: *Passar sob as forcas caudinas*, como se na verdade se tratasse de um cadafalso. Tinha o nome de Forcas Caudinas um perigoso passo perto de Cápua, na Itália, hoje conhecido por vale de Arpaia, nome que apareceu repetidamente nos telegramas referentes às operações das forças aliadas na Segunda Guerra Mundial. Alude à mesma expr. Rui Barbosa, em discurso no Senado Federal (em 18/11/1904): "A monarquia já se lhe submetera [ao militarismo] aberta-

Passar(-se)

mente em 1888, quando o manifesto dos três generais obrigou o Ministério Cotegipe a passar pelas forcas caudinas". Ver Tito Lívio, *Res memorabiles*, XI, 1-7 [AN/RMJ].

Passar pelas mãos 1. Examinar. **2.** Ter tomado conhecimento de certos papéis ou documentos. **3.** Ter tido relações sexuais com certo indivíduo: "Marta e Maria passaram pelas mãos deles" (Fran Martins, *Dois de ouros*) [AN/TC].

Passar pelas varas Açoitar com varas [AN].

Passar pelo crivo Depurar; apurar; verificar; inquirir [GAS].

Passar pelo pau do canto Ver *passar raspando*

Passar pelo sentido 1. Imaginar. **2.** Ter intenções de [TC].

Passar pelos olhos Ler por alto, sem exame atento; ver em redor sem se fixar em nada; ver de relance [AN/GAS].

Passar pelo sono Dormitar [GAS].

Passar (um) pito Repreender; dar uma reprimenda; ralhar: "Quando saí do assombro, nem passei pito, só disse: calma, siá Calu, vai lá pra dentro" (Darcy Ribeiro, *O mulo*, p. 500); "O vigário deixou os meninos e veio de lá passar-lhe um pito, mas de nada adiantou..." (Fernando Sabino, *A vitória da infância*, p. 23) [AJO/BB].

Sin.: *dar uma mijada, dar um sabão*

Passar por 1. Ser tido ou considerado como. **2.** Ser submetido a; sofrer; suportar: "Passo por golpes terríveis" [ABH/FF].

Passar por alto Tratar de leve, ligeiramente; omitir; esquecer; não reparar [FF/GAS/OB].

Passar por aquilo que não é Ser tido por diferente do que realmente é; ser mal ajuizado [GAS].

Passar por baixo da carteira Perder o ano escolar [GAS].

Passar por baixo do poncho *Bras., S.* Passar às escondidas; contrabandear [ABH/AJO].

Passar por cima de 1. Não notar; não levar em consideração; não dar importância a; não fazer caso de. **2.** Transgredir; violar; desrespeitar; atropelar; vencer ou paliar dificuldades, obstáculos; não observar o recomendado, as leis, as instruções; desrespeitar uma hierarquia; diz-se de desaforo de motorista de carro pequeno (em caso de briga de trânsito): "Como pensava dela, louca andorinha, em rasgar uma velha lei estabelecida, em passar por cima de regras consagradas pelo tempo...?" (Jorge Amado, *O Gato Malhado e a Andorinha Sinhá*, p. 28); "Não poderia passar por cima da autoridade superior" (Fran Martins, *Dois de ouros*) [ABH/AT/FF/JB/TG].

Passar por cima de toda a folha Andar sem olhar o que pisa [GAS].

Passar por debaixo/baixo da mesa 1. Chegar tarde para uma refeição e já não haver comida; chegar tarde para uma refeição; chegar numa casa tarde, depois da hora, e perder o almoço ou jantar; chegar depois de servida a refeição; não chegar à hora da refeição. **2.** Perder todas as paradas de um jogo; ser vencido em jogo, perdendo tudo; perder o jogo, sem fazer uma vaza (segundo Perestrelo da Câmara) [AN/CGP/FS/GAS/LM]. Para saber mais, ver LM, p. 188.

Var.: (arc.) *chamar a um debaixo da mesa*

Passar raiva *Bras., AL*. Denominação para o mamão papaia [Net].

Passar raspando 1. Ser aprovado com a nota mínima necessária; ser aprovado com a pontuação mínima: "Fiz as provas e passei raspando." **2.** Passar perto do alvo, do objetivo [AT/JB/Net].

Sin. (1): (AL) *passar pelo pau do canto*

Passar recibo 1. Dar a conhecer que recebeu a ofensa. **2.** Revidar; desforrar-se; vingar-se [ABH/AN].

Sin. (2): *dar (o) troco*

Passar rente Passar muito perto [GAS].

Sin.: (lus.) *passar resvés*

Passar resvés Ver *passar rente*

Passar revista às tropas *Lus., Col. Mil*. Diz-se do aluno que no picadeiro não

Passar(-se)

consegue domar o cavalo que, desenfreado, passa sem governo à frente de todos os outros [GAS].

Passar (a) roupa Engomar; alisar com o ferro de passar: "... foi dar com ela no quarto dos engomados, despenteada, em roupão de manhã, passando roupa, muito aplicada e muito desconsolada" (Eça de Queiroz, *O primo Basílio*, p. 264) [TC].

Sin.: *passar (a/no/o) ferro*

Passar (o/um) sabão Repreender; criticar; reclamar; ralhar; espinafrar; dar uma reprimenda: "Devia esperar pelo menos ser eleito para nos passar um sabão público..." (Jorge Amado, *Farda fardão camisola de dormir*, p. 156); "O cura aguardava um momento oportuno para passar o sabão, dar uma lição de moral na turma" (Mário Landim, *Vaca preta e boi pintado*) [AN/BB/CLG/JB/LAF/TC].

Var.: *dar um sabão*

Passar sebo às/nas canelas *Bras., pop.* Fugir; retirar-se apressadamente para escapar a alguém ou a algum perigo; retirar-se em debandada; correr desabaladamente: "O instinto mandava que largasse tudo e passasse sebo nas canelas" (Luiz Galdino, *Saruê, Zambi!*, p. 16); "– Bom – disse o sargento –, foi a turma do choque que deixaram ele passar sebo nas canelas" (Antônio Callado, *Quarup*, II, p. 559) [ABH/FF/RG/RMJ].

Var.: *dar sebo às/nas canelas, passar sebo nas pernas*

Passar sebo nas pernas Fugir; retirar-se apressadamente para escapar a alguém ou a algum perigo; retirar-se em debandada: "Mas desta vez tu tem que passar sebo nas pernas. Sou um cantador e não quero sair desta terra" (José Lins do Rego, *Cangaceiros*, p. 241).

Var.: *passar sebo às/nas canelas*

Passar-se com armas e bagagens Fugir levando todos os seus pertences; fugir alguém levando tudo quanto lhe pertence, para aliar-se a adversário da pessoa junto da qual estava [AN/GAS].

Passar-se deste para o outro mundo Morrer: "A entrada dele em qualquer casa chegava a gerar desconfiança de que alguém ali estivesse a se passar deste para o outro mundo" (Leonardo Mota, *Sertão alegre*, p. 19).

Passar (o/um) seixo Deixar de pagar uma prostituta, após uma relação; evadir-se do pagamento de ato sexual [ABH/FS/GM/LM/TC]. – O povo, no seu dial. peculiar, pronuncia /xêxu/, daí a var. abaixo.

Var.: *passar um xexo*

Passar-se na jogada *Bras., RS.* Perder o rumo; deixar passar o tempo adequado para certa tarefa; perder-se; perder o fio da meada [LAFb].

Sin.: *perder-se na poeira*

Passar (o) serrote 1. Tomar a namorada do outro. **2.** Deixar a namorada por outra [TC].

Passar taboca *Bras., gír.* Ludibriar, enganar [TC].

Var.: *passar uma tabocada*

Passar (uma) taboca Romper noivado para casar com outrem [ABH/TC].

Var.: *passar uma tabocada*

Passar telegrama 1. Em certos jogos carteados, dar a entender ao seu parceiro, por uma jogada legítima, as cartas que se têm na mão. **2.** Pôr uma rodela de papel na linha da arraia ou do papagaio de papel, para que ela suba pelo cordel: "Passar telegrama consistia em enviar pedaço de papel pela linha. O vento encarregava-se de acionar o papel a boa altura" (José de Figueiredo Filho, *Feiras do Nordeste*) [ABH/DVF/MSM/TC].

Passar uma borracha Esquecer: "Vamos passar uma borracha neste negócio que tá ficando feio" [JB].

Passar uma cantada em Fazer convite à relação sexual; usar da conversação com intenções persuasivas ou sedutoras; seduzir uma mulher com conversa; cantar: "Passei uma cantada nela, mas não deu certo" [CPL/FS/GM/JB/RG].

Var.: *dar uma cantada em* (1), *passar uma cantata em*

Passar uma carraspana *Bras., PE.* Dar bronca; repreender; censurar: "Passei uma carraspana em José, que amarelou" [BB].

Passar uma carta Escrever uma carta. – Expr. us. talvez por analogia ao sentido próprio de "passar um telegrama" [TC].

Passar uma conversa em Procurar convencer [ABH].

Passar uma escala *Lus.* Ralhar, repreender alguém; dar uma descompostura [GAS].

Passar uma noite de cachorro Passar a noite no meio de fortes dores, angústias, preocupações; passar mal à noite, sem poder dormir [AJO/AN].

Passar uma pá de cal Procurar esquecer um fato desagradável; relevar falta de alguém [TC].

Passar uma perneta *Lus.* Passar aflições, dificuldades [GAS].

Passar uma rabecada *Lus.* Dar uma descompostura; repreender [GAS].

Passar uma rebordosa Ralhar com rispidez [TC].

Passar uma sarabanda Repreender [AN].

Passar uma vida Ficar ou permanecer durante muito tempo [TC].

Passar um camelo no fundo de uma agulha Fazer ou dizer coisas impossíveis [FF]. ♦ Alusão ao "Sermão da Montanha", em Mt 19, 24.

Passar um cerol em *Bras., gír. funk.* Namorar: "Tô passando um cerol numa gata, depois te conto todo o lance" [JB].

Passar um cheque em branco Dar autorização ilimitada: "Mesmo a oposição mais pró-Kabila não tem nenhuma intenção de passar um cheque em branco ao chefe rebelde..." (Vilma Gryzinski, *Veja*, 21/5/97, p. 41) [GAS].

Passar um especial Ver *dar um fora*

Passar um(a) especial Repreender; admoestar severamente [RG/TC].

Passar um mau pedaço *Bras., pop.* Passar maus momentos, privações; sofrer sérias dificuldades; só experimentar infortúnios; achar-se em má situação [ABH/AN/LM/RG/RMJ/TC].

Sin.: *passar o seu/um mau bocado, passar um mau quarto de hora*

Passar um mau quarto de hora Ficar, achar-se passageiramente em situação penosa, angustiosa, aflitiva; ficar em apuros; estar em dificuldades; encontrar-se em situação muito embaraçosa, crítica. – É difícil encontrar uma explicação para a redução de tais apuros ou dificuldades ao limite de um quarto de hora [ABH/AN/RMJ/TC].

Sin.: *passar um mau pedaço*

Passar um pano Relevar a falta; esquecer o desentendimento: "... passou um pano por cima do caso do anel" (Rachel de Queiroz, *Dora, Doralina*) [TC].

Passar um piau *Bras., SP.* Lograr; enganar [AN].

Passar um quengo em *Bras., NE.* **1.** Deixar de pagar à prostituta. **2.** Infligir um logro; enganar; ludibriar: "Deu num jornal fortalezense. Um turista italiano passou um quengo no comércio local" [CGP/FS/LM/TC].

Sin.: *dar uma rasteira em* (2)

Passar um rabo de arraia Cometer traição [TC].

Passar um rente *Lus.* Fazer uma picardia, uma malandrice [GAS].

Passar um ronco Fazer uma proposta amorosa [AN].

Passar um seixo *Bras., NE, PE.* Dar calote; sair sem pagar (ver Pereira da Costa, *Vocabulário pernambucano*) [ABH/BB/FS/MSM/NL].

Var.: *dar um seixo*

Passar um (tremendo) sufoco Enfrentar dificuldades: "A barra tá pesada, mano, tô passando um tremendo sufoco" [JB].

Passar (o/um) telegrama *Bras., gír.* Satisfazer as necessidades fisiológicas; fazer cocô; obrar; defecar; ir à latrina: "– Vou no mato passá um taligrama..." (*sic*) (Manoel de Barros, *Poemas concebidos sem pe-*

cado, p. 16); "Vou passar um telegrama, seu tenente" (Capitão João Bezerra, *Como dei cabo de Lampião*). – Uso em tom burlesco [ABH/AS/DVF/FS/GAS/LM/MSM/RG/TC].

Sin.: *amarrar a gata* (2), *fazer (uma) necessidade, ir ao telégrafo, ir na casinha*

Var.: *mandar um telegrama*, (CE) *passar o/um telegrama para o presidente*

Passar ventando Ver *arranhar a trave*

Passar vida de Lopes *Ant.* Passar vida regalada e de prazeres. – Frase de or. esp., ligada ao grande poeta Lope de Vega, mas erroneamente associada, no *Bras.*, ao nome do tirano paraguaio Solano López [LCCa].

Passear

Passear mais (do) que pitomba em boca de velho Ficar pra lá e pra cá, pra cima e pra baixo: "Ainda era cedo para se ouvir que 'Domingos da Guia está caindo mais do que gabinete francês' ou que 'Ademir está passeando mais do que pitomba em boca de velho', outras expressões com que Maria marcava suas aparições na Ipanema" (Joaquim Ferreira dos Santos, *Antônio Maria: noites de Copacabana*) [FN].

Pastar

Pastar a vaca *Lus.* Andar devagar; passear lentamente com um veículo [GAS].

Pastar caracóis *Lus.* Não fazer nada; andar vagarosamente [GAS].

Patrocinar

Patrocinar um vate *Bras., S, RJ.* Praticar a pederastia passiva (Sylvio Abreu, *in* art.) [MSM].

Pear

Pear o jegue *Bras., NE, chulo*. Defecar [TC].

Pecar

Pecar na mão *Bras., NE.* Diz-se da prática do onanismo; masturbar-se (o homem): "Porque o vigarinho me perguntou se eu tinha pecado na mão" (Nélson Barbalho, *Major Sinval*, Caruaru, PE, 1968, p. 86) [MSM].

Sin.: *bater punheta*
Var.: *pecar na mão gloriosa*

Pecar na rua-da-palma n.º 5 *Bras., NE, chulo*. Diz-se da prática do onanismo [MSM]. – "Rua-da-palma" é referência à mão e "n.º 5" é referência aos cinco dedos.

Sin.: *bater punheta*

Pedalar

Pedalar pra trás Ver *morder a fronha*

Pedir

Pedir a bênção a meio-fio Andar em grandes dificuldades, sobretudo financeiras: "Coitado do Elesbão, um conhecido meu, coitado. Anda numa pior, vendo urso de gola, chamando urubu de meu louro, pedindo a bênção a meio-fio. Imaginem que nosso herói, aliás sofrido herói, era funcionário de carreira de um banco estadual, concursado, primeiro lugar e tudo" (Aírton Monte, *O Povo*, cad. Vida & Arte, 12/6/02, p. 2). – Alusão ao muito embriagado, que vai ziguezagueando pela rua.

Pedir a Deus que o céu vire melado para ele morrer doce Ser amigo, gostar de facilidades, de comodidades [AN].

Pedir adiantado Pedir ou exigir certa importância, adiantadamente, em pagamento ou por conta de proventos ou empreitada [TC].

Var.: *tomar adiantado*

Pedir a mão de Pedir em casamento; pedir consentimento para casar-se com: "– Sabe que o nosso Alípio vai pedir a mão da minha Floriza? – Já ouvi falar. Parabéns" (Antônio Sales, *Aves de arribação*, p. 182); "Pediu a mão da moça, e casa em breve" [ABH/AC/AN/FF/FSB/GAS].

Pedir a palavra Pedir ou solicitar permissão para falar (numa assembleia): "No debate, quem quisesse transmitir sua mensagem tinha que pedir a palavra" (F&A, *V série*, p. 43) [ABH/AC/AN/FF/GAS].

Pedir arrego *Bras., RJ, gír.* **1.** Estar numa briga; levar a pior; perigar. **2.** Estar com medo, hesitante, indeciso. **3.** Fazer acordo; amedrontar-se; acovardar-se; fugir; escapar: "Depois de fazer o diabo com o pobre do motorista, pisar, dizer besteiras, é Maria Regina quem vai ficar pedindo arrego agora" (*Jornal da Rua*, cad. JRTevê, 28/5/99, p. 1) [ABH/JB/Net].
Sin. (2) (3): *pedir penico*

Pedir a vida Suplicar que não mate [AN].

Pedir baixa *Fig.* Morrer: "– Veja só. Outro dia foi o Inácio que badalou sino. – De fato. E no dia seguinte a Filó pediu baixa" (Manuel Bandeira, in Miriam Maranhão & Gerusa Martins, *Pensar, expressar e criar*, p. 125).

Pedir batatinhas Desculpar-se junto de alguém; pedir perdão ou desculpa; retratar-se [GAS].

Pedir bexiga Ver *pedir penico*

Pedir boleia Ver *pedir carona*

Pedir boleto *Lus., Beira.* Pedir guarida [GAS].

Pedir brida *Bras., NE.* Diz-se quando o cavalo "não mais corre por se sentir preso". – Expr. de uso rural. Ver Leonardo Mota, *Sertão alegre* [FS].

Pedir (um) campo *Bras., CE.* Pedir auxílio a outro vaqueiro, ou ao administrador, ou ao capataz de uma fazenda vizinha, quando necessita de procurar uma rês desgarrada (ver Juvenal Galeno, *Lendas e canções populares*) [FS/RG/TC].

Pedir carona *Gír.* Solicitar condução a alguém que passa dirigindo um veículo motorizado; solicitar condução gratuita em meio de transporte [FS/GAS].
Sin.: (lus.) *pedir boleia*

Pedir colheita *Lus., Minho.* Pedir lugar onde dormir [GAS].

Pedir de/por boca Pedir diretamente [AN/GAS].

Pedir escusa Pedir autorização para desistir de alguma coisa [GAS].

Pedir este mundo e o outro Fazer pedidos demasiados, impossíveis de atender [AN].

Pedir fogo *Bras.* Pedir cigarro ou charuto aceso para acender o seu [AN].

Pedir freio Estar o cavalo inquieto, forçando com a cabeça, para que o cavaleiro lhe afrouxe a rédea, para andar mais depressa [AJO].

Pedir licença às botas *Lus.* Ausentar-se sem licença; desertar [GAS].

Pedir licença a um pé para mexer o outro *Lus.* Andar muito devagar [GAS].

Pedir limpa *Desp.* Dispensar formação de barreira que lhe protegeria a meta, para enfrentar a bola chutada livremente em cobrança de falta [HM].

Pedir linha Diz-se do papagaio (pipa) de papel que, quando açoitado pelo vento, puxa o cordel [TC].

Pedir louca *Lus.* Pedir socorro; admitir incapacidade; considerar-se vencido; acusar medo [GAS].

Pedir meças a 1. Pôr em dúvida; exigir a medição, a avaliação de (quando não se concordar com a avaliação a olho); julgar-se superior a. **2.** Exigir satisfação, explicações a; solicitar confronto. **3.** Não temer comparações com: "Em coisas de educação pede meças a quem quer que seja" [ABH/AN/FSB/GAS].
Var. (1): *querer meças*

Pedir menage a alguém Reconhecer superioridade em alguém: "Você é cantador mas eu não lhe peço menage, porque eu também sei cantar!..." (ver Leonardo Mota, *Violeiros do Norte*) [FS]. ♦ *Bras.* "Menage", no dial. caipira nordestino, é forma deturpada de "homenagem".

Pedir (um) menos Pedir abatimento ou diferença no preço de determinada coisa [TC].

Pedir moça Solicitar a moça em casamento [FS/LM].

Pedir muito Forçar alguém a efetuar quaisquer trabalhos para além do admissível [GAS].

Pedir mundos e fundos Pedir demasiado [GAS].

Pedir o boné Bras., gír. Pedir para sair; pedir demissão; ir embora: "O ministro pediu o boné, num guentou a pressão e as críticas" [JB].

Pedir o céu Pedir o impossível [GAS].

Pedir os passaportes Mostrar, um diplomata, intenção de deixar o posto [AN].

Pedir para as almas Diz-se de qualquer petição lamurienta, muito chorosa [GAS].

Pedir pela luz dos olhos Forma extrema de pedir ou rogar algo, angustiadamente: "Pedimos por tudo, pela luz de seus olhos" (Mílton Dias, *Estórias e crônicas*) [TC].
Var.: *rogar pela luz dos olhos*

≠ **Não pedir pelanca a gato 1.** Não se humilhar. **2.** Não pedir abatimento no preço [FNa].

Pedir penico Bras. gír. **1.** Acovardar-se; render-se; amedrontar-se; não suportar alguma coisa e pedir socorro: "Vou pedir penico, não dá mais pra aguentar." **2.** *Bras., NE.* Dar-se por vencido; mostrar-se ou reconhecer-se vencido, fraco; reconhecer a derrota; pedir arrego, trégua, ajuda, clemência, confessando-se incapaz de prosseguir em certo empreendimento ou sem forças para dar cabo de determinado serviço; parar de tentar; desistir de algo; admitir a derrota: "O próprio machismo se voltou contra os machões, tornou o homem prisioneiro dele mesmo, obrigado a não chorar, não brochar, não afrouxar, não pedir penico" (João Ubaldo Ribeiro, *A casa dos budas ditosos*, p. 67) [ABH/AJO/AN/AS/CGP/JB/LAF/LAFa/LM/MG/TC/TG/TGa].
Sin. (1) (2): *dar para trás* (2), *pedir água*, *pedir arrego* (2) (3), (S) *pedir bexiga*
Sin. (2): *entregar a rapadura* (1), *entregar os pontos* (1)

Pedir pepeú (PPU) *Bras., MA.* Implorar graça; pedir clemência, penitência; chorar: "Eu não dizia que Associação terminava pedindo pepeú?" (*A Peroba*, 12/5/34, São Luís) [AN/DVF]. ♦ PPU [= Pedir Penico Urgente]
Var.: *pedir pepéu*

Pedir por boca Pedir tendo liberdade de escolher quanto e como quiser; poder pedir o que mais lhe agrada [AN/GAS].

Pedir por portas Mendigar de casa em casa [AN].

Pedir por quantos santos há no céu Implorar a proteção celestial [GAS].

Pedir por tudo Fazer uma súplica veemente [TC].

Pedir pra morrer Sentir uma vergonha imensa [NL].

Pedir quartel Pedir misericórdia e proteção; pedir guarida [AN/GAS/OB].

Pedir rancho Solicitar acolhida; pedir para comer e pernoitar: "E de repente, torcendo as suas maneiras macias que se anunciavam, deixando de lado os *arrodeamentos* que prefaciam essas ocasiões, pediu rancho a meu avô com a cara mais desassombrada e a fala mais convicta: queria só pernoitar" (Francisco Dantas, *Coivara da memória*) [FN].

Pedir reparo Necessitar de conserto, de restauração: "Meu curral pedindo reparo, meu gado reduzido a semente" (Rachel de Queiroz, *Dora, Doralina*) [TC].

Pedir rodeio *Bras., RS.* Pedir ao dono da fazenda ou estância licença para parar rodeio (ver expr. *parar (o) rodeio*), com o fim de recolher alguma rês extraviada [AJO].

Pedir soda Bras., gír. Pedir suspensão de hostilidade; render-se; entregar-se. – A expr. origina-se do fato de se pedir soda para atenuar o ardor de bebidas alcoólicas fortes [ABH/AN].

Pedir uma armação *Lus.* Pedir para continuar a jogar (em casas de jogo) a fim de conseguir dinheiro para o transporte ou para cigarros [GAS].

Pedir uma bucha *Lus.* **1.** Pedir ao par para dançar. **2.** Receber um naco de pão [GAS].

Pegar(-se)

Pegar a/de/em Começar (a); pôr-se a: "Aí ele sentou-se e pegou a chorar de verdade" (Mário Landim, *Vaca preta e boi pintado*); "E pegou de chorar com grande berreiro" (Camilo Castelo Branco, *Novelas do mundo novo*); "Já pega no maldito dos teus ciúmes" (Rachel de Queiroz, *João Miguel*). – Pegar em é expr. lus. [FS/LM/TC].

Pegar a baba *Bras., S, RJ, chulo*. Praticar pederastia passiva (Sylvio Abreu, *in* art.) [MSM].

Pegar (um) abacaxi Ser vítima de encrencas, de coisas embaraçosas: "A gente pega cada abacaxi nestas viagens!" (Mário Landim, *Vaca preta e boi pintado*) [TC].

Pegar a barca Conseguir transporte em automóvel ou outro veículo motorizado, com aquiescência do proprietário: "Vou pegar a barca, estou de a pé" [JB].

Sin.: *pegar carona* (1)

Pegar à cernelha *Lus*. Executa-se esta pega do touro de lide pondo o pegador um dos braços no lugar da cruz do animal (cernelha) e assim se aguentar nos saltos que naturalmente ele dá ao sentir-se agarrado. Esta sorte faz-se com o auxílio do rabejador e dos cabrestos [GAS].

Sin.: *pegar à volta*

Pegar a deixa Rimar o primeiro verso de uma estrofe com o último da estrofe anterior: "Pegar a deixa constitui demonstração de perícia na arte poética do cantador" (F. Coutinho Filho, *Violas e repentes*) [TC].

Pegar a dente de cachorro Agarrar à força [TC].

Pegar a embalagem 1. Iniciar o impulso da velocidade. **2.** Crescer em entusiasmo, em interesse: "Temia dona Gracinda pegasse a embalagem e não a deixasse de mão" (Ribamar Galiza, *O povoado*) [TC].

Pegar a embocadura *Bras., gír*. Saber fazer: "Tô precisando pegar a embocadura, o resto faço sozinho" [JB].

Pegar a estrada Ir-se embora; fugir; sumir; escafeder-se: "– É, pegue a estrada. Suma daqui" (Dias Gomes, *Sucupira, ame-a ou deixe-a*, p. 31) [TC].

Var.: *ganhar a estrada*

≠ **Não pegar a lábia** *Lus*. Não resultar o que maliciosamente se diz ou astuciosamente se pretende [GAS].

Pegar a macaca pelo rabo *Ant*. Tentar superar a má sorte, continuando a profissão, teimando na esperança da subsistência [LCCa].

Pegar a ocasião pelo(s) cabelo(s) Aproveitar todos os momentos; não ter tempo a perder: "Realize seus sonhos agora. Ouse, pegue a ocasião pelos cabelos, homem!" [ABH/LCCa/RMJ].

Var.: *agarrar a ocasião pelos cabelos*

Pegar ar Irritar-se; ficar com raiva; expr. us. para se referir a alguém que facilmente se deixa atiçar para entrar numa briga: "Menina, a Bilô pegou ar quando soube que a Rosinete tava dizendo pra todo mundo que ela era uma cobra. Vixe Maria!!!" [AS].

Sin.: *pegar corda*

Pegar a reta 1. Tomar a direção de casa; rumar sem demora e diretamente para a mansão doméstica. **2.** Disparar; sair correndo: "Sai daqui, menino, pega a reta, vamos logo!" **3.** Partir; ir embora; tomar a estrada para viajar: "Camarada Cinthya, eu tinha 15 anos que nem tu quando peguei a reta de Garanhuns. Pra chegar aqui, atravessei duas serras" (Ronildo Maia Leite, *Jornal do Comércio*, "Bom dia, Recife", 3/3/96). **4.** Fugir [AN/FN/FS/TC].

Sin. (4): *abrir de/do/o chambre*

Pegar a rodage(m) *Bras*. **1.** Viajar. **2.** Ir embora; fugir [BB].

Pegar as bichas *Lus*. Diz-se quando deu resultado determinada tentativa; obter êxito [GAS].

≠ **Não pegarem as bichas** *Lus*. Não aceitar a argumentação [GAS].

Pegar às comas *Lus*. Lançar mão do que nos pode tirar de embaraço; agarrar-se ao que pode salvar, ajudar: "Quem boa ventura tem a Deus a agradecer, encomendar a ele e pegar às comas" (Jorge Ferreira de Vasconcelos, *Eufrosina*) [ECS].

Pegar asfalto *Bras., NE*. Desasnar.; instruir-se; diz-se de pessoa do interior que se adapta à capital, do migrante do interior que dá certo na capital [CGP/TG]. ♦ Desasnar significa verdadeiramente sair da condição de asno. Em TG, foi grafado "desarnar", tal como o povão pronuncia.

Pegar a sopa *Bras., PE.* Pegar ônibus [BB].

Pegar as rebarbas Sofrer as consequências: "Não quero pegar as rebarbas. Num guento" [JB].

Sin.: *pegar as sobras*

Pegar as sobras Sofrer as consequências: "Mas logo eu vou pegar as sobras" [JB].

Sin.: *pegar as sobras*

Pegar a toda isca Engodar-se e aferrar-se a qualquer interesse e com ele se deixar prender ou subjugar (diz-se de avaro ou ambicioso) [AN].

Pegar à unha Pegar, agarrar, prender com as mãos: "Você pegaria uma onça à unha?" – Nas corridas de touros há a sorte, que é genuinamente port., de o forcado pegar o touro citando-o, caindo-lhe entre os cornos e depois ajudado pelos restantes pegadores conseguir segurar o animal [GAS/TC].

Var.: *apanhar à unha*

Pegar à volta Ver *pegar à cernelha*

Pegar a xepa/uma chepa /ê/ *Bras., gír.* Almoçar ou jantar; comer; alimentar-se: "Posso pegar a xepa, moço?" (Dalcio, *in* cartum, *Bundas*, 12/6/00, p. 40) [BB].

Pegar barriga Ficar grávida, prenhe; engravidar; gravidar: "Vive na gandaia com os meninos, não demora a pegar barriga – previu Fadul" (Jorge Amado, *Tocaia Grande*, p. 261) [ABH/TC].

Sin.: *pegar (um) filho, pegar menino*
Var.: *apanhar barriga*

Pegar bem *Bras., gír.* **1.** Ser (uma ação, atitude etc.) bem recebido ou aceito: "Hoje é vergonhoso viver um grande amor. É ridículo e não pega bem" (João Antônio, *Casa de loucos*, p. 60); "Jasão: Justo por isso / é que eu ir lá não pega bem" (Chico Buarque & Paulo Pontes, *Gota d'água*, p. 38);

"O discurso pegou bem". **2.** *Desp.* Chutar firme e com pontaria [ABH/HM].

Pegar (um) bigu *Bras., NE.* Ato de o ciclista segurar na carroceria ou na traseira de um carro para não ter que pedalar; obter passagem de graça em veículo: "... o Lourivalzinho, filho do Lourival Melão, gostava de pegar bigu nos caminhões de lenha da usina" [PJC/TC/TG]. ♦ Conforme TC, "bigu" é "o passageiro que viaja de graça".

Sin.: *pegar carona* (1)

Pegar (uma) bochecha *Bras., CE.* Subir aos bondes, ônibus ou trens para ligeiro percurso, saltando dos mesmos sem haver, propositadamente, pago a passagem; andar sobre ônibus ou trens; pendurar-se na traseira de um caminhão e andar de um sinal a outro bancando o herói; pendurar-se na traseiras dos caminhões; andar de carona, de graça, à custa de outrem, com a sua aquiescência [AN/CGP/RG/TG].

Sin.: *pegar carona* (1)

Pegar broxura (*sic*) Ficar sem libido, sem apetite sexual; tornar-se impotente: "... o tesudo usineiro pegou broxura (*sic*), mal incurável, ficou impotente..." (Jorge Amado, *Farda fardão camisola de dormir*, p. 88).

Pegar bucho Engravidar; emprenhar; embuchar: "Rosinete, você abra do olho, tome cuidado pra não pegar bucho, você pensa que eu não sei que tu anda se abufelando atrás das árvores?" (AS, *Orélio cearense*, p. 34) [AS/BB].

Var.: *botar bucho* (1)

Pegar cabacinho *Bras., AL, chulo.* Diz-se de homem que pega moças virgens, que tira o "cabaço" delas [Net].

Pegar (na) cabra pra outro mamar Diz-se quando alguém tira proveito de outra pessoa; trabalhar em proveito de outrem; aprontar uma situação para outro se aproveitar dela [AN/FS/LM].

Var.: *segurar a cabra para outro mamar*

Pegar cadeia Ser preso, encarcerado: "... os causadores da derrubada do belo

Pegar(-se)

coreto da Praça da Lagoinha seriam processados. E poderiam pegar cadeia" (Marciano Lopes, *Diário do Nordeste*, cad. Gente, 20/8/00, p. 9).

Pegar camurim Cabecear com sono; cochilar e se assustar de vez em quando [ABH/AN/FS/LM/RG/TC].
Sin.: *pegar traíra*
Var.: *puxar camurim*

Pegar carona 1. Conseguir transporte em automóvel ou outro veículo motorizado, por gentileza do proprietário do carro, não raro, em atendimento a pedido formulado à sua passagem, na via pública: "Uma amiga minha pegou carona com o marido duma grávida e ficou grávida do marido da grávida!" (Alan Neto, *O Povo*, 25/6/97, p. 4B). **2.** *Bras., BA.* Embarcar na ideia de alguém: "Em que marcha você (Fernanda Montenegro) pegaria carona até Brasília: a dos sem-terra, a dos com-terra, a dos contra-Carajás?" (Jaguar, *Bundas*, 6/9/99, p. 9) [FS/NL].
Sin. (1): *pegar a barca, pegar (um) bigu, pegar (uma) bochecha, pegar ponga, pegar um cavalo*

Pegar com a boca na botija Apanhar, pegar alguém em flagrante, num ato ilícito; surpreender no momento da prática de uma falta: "Peguei o ladrão com a boca na botija" (José Potiguara, *Terra caída*) [AN/CPL/MPa/TC].
Var.: *apanhar com a boca na botija*

Pegar com um trapo quente *Lus.* Querer remediar aquilo que já não tem remédio; já não valer a pena fazer nenhuma ação para contrariar o sucedido; tentar remediar o irremediável [GAS].

Pegar corda 1. Ficar irritado: "A Glória Sandes pega corda quando falam mal do Piauí perto dela." **2.** Diz-se da pessoa que "dá muito ouvido" às opiniões dos outros; diz-se de quem se deixa influenciar, de quem "vai na onda" de alguém e/ou faz algo graças ao estímulo malicioso de outrem: "Você vai mesmo terminar o namoro comigo, Chico?!? Olhe que você tá é pegando corda da cabra da sua mãe!" [AS/PJC].
Sin. (1): *pegar ar*

Pegar (uma) corrida Ver *pegar (uma) parelha*

Pegar de *Bras.* Segurar; empunhar [ABH/TC].

Pegar de cabeça *Açor.* Envaidecer [GAS].

Pegar de calça curta *Desp.* Surpreender o adversário numa ofensiva inesperada, com atacantes em número maior que defensores [HM].

Pegar de caras Enfrentar frontalmente [GAS].

Pegar de estaca Diz-se de visitas que ficam interminavelmente; ficar no mesmo lugar: "Quererá ele pegar de estaca no cemitério da serra?" (Aquilino Ribeiro, *Maria Benigna*, cap. 6) [ECS/GAS].

Pegar de furto *Bras.* **1.** Morder, o cachorro, traiçoeiramente: "Cachorro rajado pega de furto" (Mário Landim, *Vaca preta e boi pintado*). **2.** Atraiçoar; ser falso [RG/TC].
Var.: *morder de furto*

Pegar de galho Começar a conversar e não ter vontade de acabar [AN].

Pegar de grota *Bras., gír.* Ficar em boa situação: "Quem pega de grota é o pilantra" (Plínio Marcos, *Realidade*, jan./1969, p. 77) [ECS].

Pegar de igual para igual Enfrentar em igualdade de condições: "Confundíamo-nos com os jagunços nas caatingas, pegando de igual para igual" (Paulo Dantas, *Menino jagunço*) [TC].

Pegar de jeito Pegar em condições favoráveis; agir, intervir de modo apropriado, oportuno: "– Tive a tal 'diretas já eram' e ela me pegou de jeito. Dor de garganta, febre" (Odette de Barros Mott, *O Instituto de Beleza Eliza*, p. 56); "Tinha força empiquetada para pegar de jeito no dia marcado para o ataque" (José Lins do Rego, *Cangaceiros*); "Só preciso pegar de jeito, pra despachar o malandro pras profundezas" [JB/TC].

Pegar de pau Bater em: "Vamos pegar de pau este mau-caráter" [JB].
Var.: *cair de pau*

Pegar(-se)

Pegar de porrada Bater em: "Vou pegar de porrada este filho da puta..." [JB].
Var.: *cair de porrada*

Pegar de três dedos *Desp*. Chutar com os três artelhos a partir do médio para o mínimo [HM].

Pegar-de-veras Pegar pra valer, de verdade [JIF].

Pegar doença (de/em) 1. *Pop*. Contrair doença; contagiar-se de moléstia venérea; contrair mal venéreo; ser vítima de doença por transmissão; adoecer; ser vítima de doença contagiosa: "Maria, a noiva, pegou doença de José." **2.** Transmitir doença. – Refere-se mais aos males venéreos [FS/LM/RG/TC].
Var. (1): *apanhar doença*

Pegar em armas 1. Prestar serviço mil., ser soldado. **2.** Guerrear, combater: "O Brasil é país livre, e já não precisa de mim, velho sem forças para pegar em armas" (Paulo Amador, *Rei branco, rainha negra*, p. 26) [ABH].

Pegar embaixo/por baixo *Desp*. Impulsionar bola parada pela parte inferior dela, fazendo-a descrever trajetória errada, geralmente para o alto [HM].

Pegar em/no rabo da macaca Ver *pegar em rabo de/do foguete*

Pegar em rabo de/do foguete *Bras., CE, fam*. Meter-se em empresa arriscada, de resultado duvidoso; assumir, sem querer, responsabilidade séria; assumir compromisso difícil de cumprir; responsabilizar-se por coisa perigosa ou complicada; assumir a responsabilidade de um encargo difícil, perigoso ou cheio de complicações; insistir numa empresa, não obstante o mau começo [ABH/AN/RG/TC].
Sin.: *pegar em/no rabo da macaca*
Var.: *pegar no/um rabo de foguete, segurar em rabo de foguete*

Pegarem-se as mãos a *Lus*. Furtar algo; agarrar algo ilegitimamente [GAS].

Pegar (um) filho *Bras., NE*. Engravidar: "Trabalha como diabo o dia todo; pega filho com tanta facilidade" (Eneida, *Boa- noite, professor*, p. 30); "Ela acaba pegando mais um filho (Gustavo Barroso, *Mississipe*) [MSM/RG/TC].
Sin.: *pegar barriga*

Pegar firme 1. Agir depressa: "Pega firme, cara, não tem moleza não." **2.** *Desp*. Chutar a bola com violência e pontaria [HM/JB].

Pegar fogo 1. Inflamar-se; incendiar-se; queimar-se. **2.** *Fig*. Animar-se; estar muito animado ou muito tenso; excitar-se, agitar-se, entusiasmar-se; ocorrer movimento desusado de animação pop., barulho, briga armada etc.: "Pegou fogo a discussão, pode, não pode, por que não pode? Ora se não pode! O ferreiro se retou..." (Jorge Amado, *Tenda dos milagres*, p. 231); "O Tomazim vivia dizendo que a coisa ia pegar fogo: – A ditadura não dura muito, as massas estão se mobilizando" (Álvaro Cardoso Gomes, *A hora da luta*, p. 120); "A briga eleitoral pegara fogo" (Mário Palmério, *Vila dos Confins*, p. 269); "O assunto pegou fogo, chegamos até às vias de fato, quando as 'piedosas' nos chamavam de 'macaquinhas'" (Rachel de Queiroz, *O Povo*, cad. Vida & Arte, 15/6/02, p. 8). **3.** *Bras., NE, MA*. Ficar zangado, brabo, irritado, enraivecido. **4.** *Bras., S*. Prostituir-se [ABH/AN/FF/FN/FSB/GAS/MSM/RG/TC].
Sin. (3): *dar a gota* (1)

Pegar fogo na caixa-d'água Diz-se de coisa impossível [AN].

Pegar forte *Desp*. Chutar a bola com muita potência [HM].

Pegar geral 1. *Bras., RJ, gír. da noite*. Conquistar várias moças num mesmo evento; conquistar muitas mulheres. **2.** Complicar para todos. **3.** Bater em qualquer um; destruir [Net].
Sin. (1): *papar tudo* (1)
Var. (1): *farpar geral*

Pegar (o) humilhante *Bras., gír*. Pegar ônibus, lotação: "Vou pegar humilhante, cara, tô atrasado" [BB/JB].

Pegar leve Ir devagar, com calma: "Pega leve, cara, a situação tá complicada" [JB].

Pegar mais *Desp.* Jogar próximo ao adversário, pressioná-lo, buscando o ataque [HM].

Pegar mal *Bras., gír.* Ser (ação, atitude etc.) mal recebido ou mal aceito; causar má impressão; comprometer moralmente: "Maria da Conceição Tavares diz que FHC está nu. A senhora viu, professora? Isso pode pegar mal para sua reputação" (Nataniel Jebão, *Bundas*, 30/8/99, p. 50); "Essa medida pegou mal"; "Para não pegar mal, vista um traje decente pelo menos esta noite" [ABH/JF/Net].

Pegar mal na bola *Desp.* Resvalar a bola na chuteira, por imperícia de outro jogador [HM].

Pegar marreca *Bras.* Diz-se de quem usa calças curtas, acima dos calcanhares: "O cara usa calça pegando marreca e mostrando as canelas"; "Olhem o noivo, coitado! Bem trajado, mas está pegando marreca" [JB].

Sin.: *pegar siri*

Pegar menino Ver *pegar barriga*

Pegar (em) menino Servir de parteira: "Só presto pra pegar em menino" (Inez Mariz, *A barragem*); "A Zefa saía diariamente para pegar menino (Aglaé Lima de Oliveira, *De pote, esteira, chita e candeeiro*) [RG/TC].

Pegar mosca Ver *pegar traíra*

Pegar mulher *Bras., NE, chulo.* Copular: "No meretrício em Campina Grande ganhara o maior cartaz desde a noite em que pegou meia dúzia de mulheres" (Permínio Asfora, *Bloqueio*) [MSM].

Pegar na deixa Aproveitar uma palavra dita por outrem e continuar a narração [AN].

Pegar na louça devagar Ter que tomar cuidado e andar na linha: "C – Ficou vaiado o Pretinho / aí eu lhe disse: me ouça / José, quem canta comigo / pega devagar na louça / agora o amigo entregue / o anel de cada moça" (Firmino Teixeira do Amaral, *Peleja do Cego Aderaldo com Zé Pretinho*, p. 16).

Pegar na maçaneta *Chulo.* Pegar no pênis de alguém: "O viadão (sic) gosta de pegar na maçaneta" [JB].

Var.: *segurar na maçaneta*

Pegar na mão Golpe desleal na brincadeira de arraia. Tem que pegar é no encerol. – Encerol é o pó de vidro misturado com cola que faz a linha ficar cortante [TG].

Pegar na moral *Bras., RJ, gír.* Agredir alguém [Net].

Pegar namoro Iniciar namoro: "Pegou um namoro com um moço, baixinho e guenzo, igual a ela" (Rachel de Queiroz, *Dora, Doralina*) [TC].

Pegar na munheca 1. Experimentar, sondar ou ouvir a opinião de alguém. **2.** Surpreender alguém numa ação indefensável: "Ninguém me pega na munheca" [RG/TC].

Pegar na palavra Valer-se de um compromisso verbal de alguém, invocando-o para que seja cumprido à risca; dispor-se a exigir o cumprimento do prometido; aceitar a proposta, o oferecimento, antes que o outro se arrependa: "Pegou na palavra e ficou com a filha" (José Lins do Rego, *O moleque Ricardo*) [ABH/AN/GAS/RMJ/TC].

Pegar na pena Principiar a escrever [ABH].

Pegar na rebarba *Desp.* Dominar bola espirrada, no retorno ou no rebote, após chocar-se na trave ou no corpo de alguém [HM].

Pegar na/pela unha Surpreender [TC].

Var.: *pegar na ponta da unha*

Pegar na veia 1. Acertar: "Peguei na veia, cara, acertei em cheio." **2.** *Desp.* Chutar com violência e precisão usando plenamente o peito do pé [HM/JB].

Var. (1): *acertar na veia* (1)

Pegar na virada Vingar-se: "Vou pegar na virada este cara" [JB].

Pegar na volta Pegar de surpresa, para tirar desforço, vingar-se: "Só a cara torcida do Tenente Josafá pro meu lado, como a ameaçar de pegar-me na volta" (Sinval Sá, *O sanfoneiro do riacho da Brígida*) [TC].

Pegar(-se)

Pegar no alheio Furtar; roubar; apropriar-se de algo: "Mas antes matar do que pegar no alheio..." (Rachel de Queiroz, *João Miguel*, p. 47) [AN/CGP/FS/LM/RG/TC].
Sin.: *passar a mão no alheio*
Var.: *bulir/tocar no alheio*

Pegar no ar Perceber, apreender algo por meio de frases soltas, gestos ou olhares esquivos [TC].

Pegar no basquete *Bras., gír.* Trabalhar: "Vou pegar no basquete, preciso descolar um barão". – "Barão": ant. nota de mil cruzeiros [JB].
Sin.: *pegar no batente*

Pegar no batente *Bras., gír.* Trabalhar: "Tô pegando no batente na madruga" [JB].
Sin.: *pegar no basquete*

Pegar no bico da chaleira 1. *Bras.* Adular; lisonjear; incensar; bajular; chaleirar; agir com subserviência; gabar servilmente; fazer impossíveis para agradar aos poderosos. – Conta uma anedota que um adulador que todas as noites frequentava as reuniões que se faziam na casa de um poderoso político, uma vez, querendo servir o chá, pegou no bule pelo bico, queimando as mãos. **2.** *Bras., S, chulo.* Pegar no pênis. – Expr. de or. fescenina; ver Silveira Bueno, *Grande dic. etimológico-prosódico da língua port.* [ABH/AC/AN/FF/LCCa/LM/MSM/OB/RG/RMJ/TC].
Sin. (1): *puxar (o) saco*
Var. (1): *pegar na chaleira*, (CE) *pegar no bico*

≠ **Não pegar no/um buque** *Lus., Univ. Coimbra.* Não estudar. – "Buque": do ingl. *book*, "livro" [GAS].

Pegar no dente *Bras., PI.* Ouvir alguma coisa e passar a repeti-la à exaustão: "Cuidado, Manuca, senão a porca te come! A frase foi 'pegada no dente' pelos que assistiam à cena" (José Lopes dos Santos) [PJC].

Pegar no/um duro Trabalhar em serviço pesado, braçal, de difícil execução; trabalhar muito, esforçadamente; ser submetido a árdua tarefa: "A não ser que você queira pegar no duro" (Jorge Amado, *Cacau*); "Pensava que o trabalho era fácil, mas peguei um duro topado" [AN/CLG/GAS/RG/TC].
Sin.: *pegar no pesado*
Var.: *trabalhar no duro*

Pegar no estrovo /ô/ *Bras., CE.* Dominar. – Estrovo: parte do cabresto que liga a cabeçada ao rabo [RG].

Pegar no pau da venta *Bras.* Diz-se de pancada que pega no nariz [Net].

Pegar no pau-furado *Bras.* **1.** Ser sorteado para o exército; fazer, o civil, o serviço mil.: "– Vou pegar no pau-furado. No rabo da semana, se Deus quiser, vou cumprir meu dever militar" (José Cândido de Carvalho, *Porque Lulu Bergantim não atravessou o Rubicon*, p. 69). **2.** Ir lutar em uma guerra, ou numa revolução; empunhar uma arma de fogo: "– Rebentou negócio de tiro no sul. (...) Vou para a fronteira pegar no pau-furado" (José Cândido de Carvalho, *Porque Lulu Bergantim não atravessou o Rubicon*, p. 78); "Está convidando a gente pra pegar no pau-furado" (D. Martins de Oliveira, *Os romeiros*) [ABH/AC/FSB/TC].
Var.: *pegar no pau da goiaba, pegar no pau de fogo*

Pegar no pé 1. Ficar rente a alguém, insistindo em algo, aborrecendo, importunando; ser importuno; mostrar-se muito insistente; perturbar; irritar; perseguir alguém; aborrecer enfaticamente, não largar alguém, conferir tudo o que faz; marcar; encarnar; acompanhar de perto: "Pior que esses guris ficam pegando no pé da gente, não sossegam" (Lourenço Diaféria, *O invisível cavalo voador*, p. 57); "Detesto cena de ciúme. Mas não iria deixar que a mocinha pegasse no meu pé" (Álvaro Cardoso Gomes, *Ladrões de tênis*, p. 31); "'Vão ter de achar outra para pegar no pé', avisa" (Danielle Winits, reportagem de Aída Veiga *et al.*, *Veja*, 4/11/98, p. 123); "Para de pegar no meu pé". **2.** *Desp.* Zombar, importunar adversário; tirar o adversário do sério. **3.** *Desp.* Caçoar, a torcida do próprio clu-

Pegar(-se)

be, de determinado jogador, com impertinência, perseguindo-o e prejudicando-lhe o rendimento [AT/CLG/HM/JB/LAF/ LAFb/ MPa/NL].
Var. (1): *segurar no pé*

Pegar no pesado Executar fortes trabalhos braçais; trabalhar duro: "O fato é que não são os ribeirinhos, mas as ribeirinhas que pegam no pesado e saem em busca de alimentos..." (Luiz Maklouf Carvalho, *Marie Claire*, jul./1998, p. 19); "– Uma coisa é jogar frases em cima do trabalho alheio, outra é pegar no pesado" (Graciliano Ramos, *Angústia*, p. 73) [AN/CLG/JB/RG].
Sin.: *pegar no/um duro*
Var.: *trabalhar no pesado*

Pegar no pulo Pegar no flagrante: "Ele foi pego no pulo tentando roubar o dinheiro da gaveta" [DT, *VIII série*, p. 28].

Pegar no rabo da casaca de alguém Adular com propósitos interesseiros [AN].

Pegar no rabo da macaca *Bras*. **1.** Deixar-se enganar; iludir-se no aceitar um negócio ou empresa; cair em logro. **2.** Ter caiporismo (azar, má sorte) forte e persistente [AN/FS/LCCa/LM/RG/TC]. ♦ "Macaca", aqui, é relho, chicote, o cipó-de-boi.
Sin.: *cair na rede* (1)

Pegar no rabo da tirana *Bras., MG, pop*. Trabalhar com a enxada; capinar [ABH/FF].
Var.: *pegar no rabo do guatambu*

Pegar no rojão Dar início ao trabalho: "E outra vez pegava no rojão de manhã à noite" (José Lins do Rego, *O moleque Ricardo*) [TC].

Pegar no sono Adormecer; começar a dormir: "Dá-me outra colher de remédio. Quero ver se pego no sono. Fecha a porta e vem dormir" (Domingos Olímpio, *Luzia-Homem*, p. 132); "Demorou a pegar no sono" (Caio Porfírio Carneiro, *Da terra para o mar, do mar para a terra*, p. 14); "– Deixa, Martinha. Sem ele pegar no sono, é até bom" (Raul Drewnick, *Correndo contra o destino*, p. 101) [ABH/FF/FS/GAS/LM/OB].
Var.: *agarrar no sono*

Pegar no tombo Ver *pegar no tranco* (1)

Pegar no tranco 1. Diz-se quando um veículo automotor precisa ser empurrado ou puxado para que seu motor recomece a funcionar normalmente: "O jeito é pedir ajuda. Os espanhóis nos emprestaram cabos e fazem nosso caminhão pegar no tranco" (Leilane Neubarth, *Marie Claire*, jun./1999, p. 82). **2.** *Bras., gír*. Despertar; agir: "Vê se pega no tranco, por enquanto tá muito mole" [JB/NL].
Sin. (1): *pegar no tombo*

Pegar no veio Girar a roda da bolandeira, tangendo, acionando a manivela [TC].
Var.: *puxar/tanger o veio*

Pegar o babaçu Ver *pegar o grude*

Pegar o beco *Bras., CE, gír*. **1.** Ir embora; ir pra casa; sair de algum local. **2.** Fugir; desaparecer; escafeder-se. **3.** Ser destituído de um cargo ou função; ser demitido do emprego: "Castelo pode pegar o beco" (*Jornal da Rua*, 1º/2/00, p. 9); "... eu também sei botar boneco e jogador que não quiser ficar, é só pegar o beco" (Jorge Mota, *apud* Paulo Karam, *Diário do Nordeste*, cad. Jogada, 27/8/00, p. 4) [AS/CGP/JB/MGa/TGa].
Sin. (2): *fazer fiapo*

Pegar o bicho *Bras., gír*. Acontecer o pior: "O bicho pegou, malandro, foi arte da entregação" [JB].

Pegar o boi *Bras., BA*. Conseguir algo com facilidade; levar vantagem; fazer um bom negócio; dar-se bem [FNa/NL].

Pegar o boi pelo(s) chifre(s) *Bras*. Enfrentar situação difícil com disposição, com vontade; encarar com energia a dificuldade; arrostar o perigo; enfrentar situação difícil, caótica, desesperadora etc. com decisão e sentimento de responsabilidade [ABH/AN/AT/CLG/TC].
Sin.: *tomar o pião na unha* (2)
Var.: *pegar o touro pelos chifres*

Pegar o bonde *Bras., gír. presídios*. Diz-se de transferência de preso: "Vamos pegar o bonde amanhã, o diretor já falou" [JB].

Pegar(-se)

Pegar o bonde andando Entrar no meio da conversa: "Peguei o bonde andando, do que vocês falavam mesmo?" [JB].
Var.: *tomar o bonde andando*

Pegar o bonde errado *Bras., RS*. Enganar-se; errar: "Comigo tu pegou o bonde errado, meu" [= Pode esquecer, não conta comigo, eu não caio na tua esparrela, na tua conversa] [JB/LAF].
Var.: *tomar (o) bonde errado* (1)

Pegar o boné Ir embora: "Vou pegar o boné e sair no pinote, a coisa tá preta"; "Vou pegar o meu boné e sambar fora" [JB].
Var.: *apanhar o boné*

Pegar o cavalinho *Bras., CE*. Sair a pé com alguém para ir conversando no caminho; sair caminhando com alguém [CGP/TG].

Pegar o cavalo nas esporas *Bras., NE*. Castigar o cavalo com as esporas, para fazê-lo correr [RG].

Pegar o chap(e)-chap(e) Ver *pegar o grude*

Pegar o começo Começar; iniciar [AJO].

Pegar o espírito da coisa Entender, compreender bem algo, um assunto; captar o conceito central de alguma coisa: "O GGB (Grupo Gay da Bahia) não pegou o espírito da coisa" (Jaguar, *Bundas*, 20/2/01, p. 15).

Pegar o feijão de alguém *Bras., pop*. Almoçar ou jantar em casa de alguém [ABH/AN/CLG].

Pegar o fio da meada Seguir os vestígios de; investigar; pesquisar; procurar inteirar-se dos acontecimentos: "Investigar, afinal, não era tão difícil assim. Bastava começar de um ponto qualquer e pegar o fio da meada" (Plínio Cabral, *O mistério dos desaparecidos*, p. 15).
Var.: *achar o fio à/da meada*

Pegar o grude Ir almoçar ou jantar; comer; alimentar-se: "Vamos pegar o grude que a tirada daqui pra frente não é brincadeira" (Francisco de Brito, *Terras bárbaras*) [CGP/TC/TG/TGa].
Sin.: (CE) *pegar o babaçu*, (CE) *pegar o chap(e)-chap(e)*, *pegar o sal*

Pegar o meio-fio *Bras., CE*. Ir para casa sem perda de tempo [AN/FS].

Pegar o mijo *Bras., RN*. Pagar, o padrinho, bebida em homenagem ao afilhado, depois do batizado (ver Luís da Câmara Cascudo, *Vocabulário*, s. v. "PAGAR") [AN].

Pegar o pião na unha Prevalecer-se de algo para mostrar-se irritado ou intervir; aproveitar a deixa, a oportunidade: "Percebeu a alusão e pegando o pião na unha, respondeu..." (José Potiguara, *Terra caída*) [LM/TC].
Var. (1): *apanhar o pião à unha*

Pegar o sal *Bras., gír*. Almoçar; comer: "Vou pegar o sal, amigão, tô com a barriga nas costas" [JB].
Sin.: *pegar o grude*

Pegar o sol com a(s) mão(s) Ficar acordado a noite inteira, até o nascer do sol; não dormir durante a noite inteira: "Depois de tantos anos a pegar o sol com a mão, não ia eu saber o que é ressaca?" (Aírton Monte, *O Povo*, 27/10/98, p. 3B) [LM/TC].
Sin.: *passar noites/a noite em claro*

Pegar o touro a unha Enfrentar frontalmente uma dificuldade; começar um trabalho pelo mais difícil. – A expr. vem das touradas e é corrente em vários idiomas. Em esp.: *tomar el toro por los cuernos* [AN/GAS/RMJ].

Pegar ou largar Aceitar ou não, sem discussão; aceitar ou rejeitar uma última oportunidade; tomar uma decisão inadiável e definitiva [CLG/GAS/Net].
Sin.: *ir ou rachar*

Pegar para bucha *Bras., RJ, gír. marginal*. Atribuir a alguém culpa por ato anônimo ou geral [Net].

Pegar para cristo *Bras., gír*. Punir exageradamente; crucificar alguém pelos erros dos outros [Net].

Pegar para judas 1. Diz-se de mil. que está de folga e que, achando-se eventualmente no quartel, é escalado para suprir um faltoso. **2.** *Bras., CE*. Preferir uma pessoa para atormentá-la ou dela escarnecer [AN/RG].

Pegar (uma) parelha *Bras., N, NE.* Correrem a par, para ver qual das cavalgaduras anda mais; disputar, por aposta, uma corrida; disputar uma corrida de velocidade: "Vamos pegar uma parelha?" [MGb/PJC/TC]. ♦ MGb, ao gosto da pronúncia pop., registra "parêia".
Sin.: *pegar (uma) corrida*

Pegar peixe Ver *pegar traíra*

Pegar pela amarra do chocalho Subjugar, sustar os ímpetos de alguém, pegando-o pela garganta, pela gravata ou pelo colarinho: "Pra pegar um pela amarra do chocalho, foi Deus quem deixou" (F. Monteiro de Lima, *No botequim da velha Chica*) [TC].

Pegar pela rama *Bras., RS.* Compreender um dado assunto não em seu aspecto central, mas pelos secundários [LAF].

Pegar pelas aberturas/berturas Agredir alguém, segurando-o pelo colarinho; sustentar pela gola. – "Bertura" é corruptela de "abertura", i. e., a gola da camisa [AN/FS/JB/LM/TC].
Sin.: *avoar nos graguelos, pegar pelas bitacas* (1), *pegar pelos babados, voar no papo* (1)
Var.: *voar/avoar nas aberturas*

Pegar pelas bitacas 1. Agredir, segurando o adversário pelo gasnete (colarinho) ou pela roupa, abaixo do pescoço; pegar pela gola (da camisa); abertura: "Xico da Tirana, guardião do pedaço, o comendador perpétuo da Caio (a melhor rua do Brasil), pegou o Navalha pelas bitacas e disse: – Fica direito ou eu te meto o fumo" (Carlos Paiva, *Jornal da Rua*, 8/2/00, p. 4); "Peguei pelas bitacas o filho da puta e enfiei a porrada" (sic) **2.** Pegar pelo cós e chutar [CGP/FS/JB/TC/TG/TGa]. ♦ "Bitaca" é corruptela de "bitácula", i. e., a gola da camisa.
Sin. (1): *pegar pelas aberturas/berturas*
Sin. (2): *pegar pelo fundo das calças*
Var.: *agarrar/segurar pelas bitacas*

Pegar pelo fundo das calças Ver *pegar pelas bitacas* (2)

Pegar pelo gogó Agredir, agarrando a vítima pela goela [TC].

Pegar pelo pé 1. Pegar de surpresa; surpreender. **2.** Enganar; ludibriar: "– Velhaco. Pensa que me pega pelo pé" (Rachel de Queiroz, *Dora, Doralina*, p. 100); "Todos para ele eram usurários, unhas de fome, que só desejavam pegar pelo pé sua usina" (José Cândido de Carvalho, *Olha para o céu, Frederico!*, p. 76) [AT/TC].

Pegar pelo rabo Diz-se quando não se consuma o corte e uma arraia (pipa, papagaio) pega o rabo da outra [TG].

Pegar pelos babados Ver *pegar pelas aberturas/berturas*

Pegar pesado 1. Trabalhar: "Vou pegar pesado a partir de agora, tô precisando de um troco." **2.** Agredir; bater; revidar; exagerar; passar dos limites; apelar: "O cara pegou pesado e apelou, arrepiando." **3.** Apelar para a vulgaridade ou depreciação; forçar a barra [JB/Net].

Pegar piaba Ver *pegar traíra*

Pegar pilha *Bras., gír. cadeias* Ficar nervoso: "Não adianta pegar pilha, pirangueiro" [Émerson Maranhão, *O Povo*, 18/12/00, p. 8, expondo um rol de expr. e termos registrados pelo prof. José Océlio Camelo, ex-agente penitenciário do Instituto Penal Paulo Sarasate (IPPS), o presídio oficial de Fortaleza, CE].

Pegar ponga *Bras., gír.* Conseguir transporte em veículo motorizado, com a aquiescência do proprietário: "Vou pegar ponga, tô sem um tusta [= tostão] pra pegar o busum [= ônibus]" [JB].
Sin.: *pegar carona* (1)

Pegar quadra Aproveitar a oportunidade ou época propícia; lograr boa sorte; surgir oportunidade feliz [LM/TC].

Pegar-se a Valer-se de: "O advogado de defesa pegou-se a certas filigranas do processo e, com isso, absolveu seu constituinte" [ABH].

Pegar-se a rir Começar a rir [GAS].

Pegar-se à unha Ver *chegar a/às vias de fato*

Pegar-se com Procurar auxílio, pedir, recorrer à proteção de um santo, de uma autoridade ou de pessoa de prestígio [TC].

Pegar-se com a Implicar com alguém; brigar [ABH/FSB].

Pegar-se com o santo da sua devoção Implorar o patrocínio do santo de sua devoção [GAS].

Pegar-se com os santos Solicitar a proteção dos santos [AN].

Pegar seu guarani Bras., BA, gír. Pegar, encontrar algo fácil de fazer, pegar moleza [NL].

Pegar siri Diz-se de calça muito curta: "Ganhou roupa nova, mas ficou pegando siri" [MGa].
Sin.: *pegar marreca*
Var.: *pescar siri*

Pegar surf Bras., gír. Namorar à beira do mar: "Vamos pegar *surf* às 10 lá no Arpoador" [JB].

Pegar traíra Bras., CE, pop., fam. Cabecear com/de/no sono, cochilando; agarrar no sono e acordar com a cabeça já "embiocando"; acordar rapidamente de um cochilo; dormitar sentado, com a cabeça pra lá e pra cá; cochilar e se assustar de vez em quando; cochilar e acordar assustado; dormitar; toscanejar; cochilar; diz-se quando alguém está cochilando sentado e acorda bruscamente movimentando a cabeça para cima e arregalando os olhos: "– Eu vou dá u'a voltinha na cidade, é bom cê se deitá. Deve tá cansado, já tá pegando traíra..." (Luciano Barreira, *Os cassacos*, p. 106). – Alusão ao ligeiro enfado, sonolência do pescador com a demora do peixe (traíra, ou outro) [ABH/AN/CGP/FNa/FS/GAS/LCC/LM/MGb/RG/TC/TG/TGa].
Sin.: *pegar camurim, pegar mosca, pegar peixe, pegar piaba,* (lus.) *pesar bacalhau,* (lus.) *pesar figos,* (AM) *puxar piraíba*
Var.: *pescar traíra*

Pegar uma aposta Fazer uma aposta [NL].

Pegar uma enchente Transbordar de gente; superlotar: "O largo da Sé pegara uma enchente naquela noite. Os homens se apertavam nos bancos, suados, os olhos puxados para o tablado onde o negro Antônio Balduíno lutava com Ergin, o alemão" (Jorge Amado, *Jubiabá*) [FN].

Pegar uma friagem Bras., pop. Pegar um frio tal que cause gripe [LAFa].

Pegar uma ponta/pontinha Ver *dar uns guentas*

Pegar uma soneca Dormir: "Quero pegar uma soneca, puxar um ronco e dormir o sono dos justos" [JB].

Pegar um bronze Bras. Tomar banho de sol; queimar a cútis; bronzear: "Vai pegar um bronze?" (anúncio publicitário, *O Povo*, 18/7/99, p. 7E); "No final, só dava atleta brasileiro querendo pegar um bronze na praia de Sydney" (Jaguar, *Bundas*, 3/10/00, p. 14).

Pegar um bumba Bras., gír. Pegar ônibus: "Vou pegar um bumba, cara, preciso chegar cedo em casa" [JB].

Pegar um cavalo Bras., gír. Conseguir transporte em veículo motorizado, com a aquiescência do proprietário: "Vou pegar um cavalo pra Ressaquinha" [JB].
Sin.: *pegar carona* (1)

Pegar um peba Ver *pegar (um) tatu*

Pegar um sapo Bras., gír. Cometer uma gafe; dar vexame: "Não sou de pegar um sapo em festa de bacana" [JB].

Pegar (um) tatu Bras., NE, CE. Cair; cair no chão; sofrer uma queda; levar um tombo; cair da montaria; cair por meio de um escorregão: "Não chore, não, meu filho. Você não caiu: você fez foi pegar um tatu" [ABH/AN/FF/FN/FS/LM/RG/TC].
Sin.: *pegar um peba*
Var.: *levar um tatu*

Peidar

Peidar fogo Bras., S, chulo. Diz-se de quem está passando dificuldades, sem dinheiro, com medo, com fome etc. [MSM].

Peidar na farofa Bras., gír., chulo. Espalhar; denunciar; complicar: "Vou peidar na farofa, colocar tudo no ventilador" [JB].

Peidar na rabichola Bras., CE, chulo.
1. Falhar na conquista; levar um fora da pa-

quera. **2.** Dançar sem música. **3.** Deixar de cumprir um prometido. – O jumento, quando é muito explorado por seu dono no trabalho de carga, empaca e literalmente peida na correia de sola, comumente chamada de rabichola, que serve de sustentação da sela e que passa por baixo de seu rabo na altura do ânus do animal. Daí a relação entre a expr. e o fato de não se cumprir um compromisso [CGP/MGb/TG].

Peiticar

Peiticar a vida de *Bras., NE, PE*. Irritar, azucrinar, maçar, infernizar alguém: "Elisbertina, que pedaço de mulher, mas só vive peiticando a vida deste brasileiro" [BB]. ♦ O v. "peiticar" origina-se de "peitica", termo que, no NE, conforme ABH, quer dizer "pessoa importuna".

Pelar(-se)

Pelar a coruja *Bras., RS*. **1.** Ganhar uma aposta, uma carreira. **2.** Acabar com um inimigo; matar [AJO].

Pelar de luz *Bras., RS*. Ganhar uma carreira com luz, folgadamente [AJO].

Pelar o ferro *Bras., RS*. Tirar da bainha a faca, o facão, a espada etc. [AJO].

Pelar o ganso Ver *pelar o sabiá*

Pelar o porco Ver *lavar a égua* (3)

Pelar o sabiá *Bras., NE, S, chulo*. Praticar o onanismo; masturbar-se: "O neguinho nem esperou que eles terminassem. Ali mesmo desabotoou a braguilha e pelou o sabiá" (Neil de Castro, *As pelejas de Ojuara*) [FN/FNa/MSM].

Sin.: *bater punheta, pelar o ganso*
Var.: (S, SP) *estrangular o sabiá*

Pelar-se com/de medo Ver *ter (um) medo que se pela*

Pelar-se por uma coisa Desejar muito alguma coisa [AN].

Peleguear

Peleguear a natureza *Bras., RS*. Enfrentar dificuldades [AJO].

Pender

Pender de um fio Estar dependente por uma bagatela, por quase nada; estar próximo a cair, a acabar [AN/FF/GAS].

Pender para as letras Estar meio resolvido [FF].

Pendurar(-se)

Pendurar as chuteiras 1. *Desp., pop*. Deixar de jogar futebol como profissional; abandonar o futebol profissional; aposentar-se formal ou informalmente do futebol: "Acho que tá na hora de pendurar as chuteiras..." (Clayton, in *charge*, O Povo, 30/6/98, p. 6A). **2.** *P. ext*. Deixar de exercer trabalho, cargo ou função; aposentar-se; encerrar profissionalmente determinadas atividades, podendo, entretanto, continuar em outras; deixar de praticar determinada atividade: "Até os 60 anos jogava pelada com meus filhos e amigos no quintal de casa, até que levei um tombo numa bola dividida e resolvi pendurar as chuteiras" (Barbosa Lima Sobrinho, *in* entrevista a *Bundas*, 18/6/99, p. 11); "Minha vizinha não quer pendurar as chuteiras e disse que bota qualquer gatinha pra trás". **3.** *Bras., NE, S*. Chegar ou estar na menopausa; estar sexualmente impotente: "O Boa Sorte é femeeiro? Pensei que já tivesse pendurado as chuteiras há muito tempo" (Permínio Asfora, *O eminente senador*). – *Gír*. que tem or. no futebol [ABH/AC/AT/GAS/HM/JB/JM/MSM/RBA].

Sin. (1) (2): *arrumar as botas*
Var. (1) (2) (3): *encostar as chuteiras*
Var. (1) (2): *dependurar as chuteiras*

Pendurar o facão *Bras., NE*. Chegar ou estar na menopausa [ou andropausa?]; estar sexualmente impotente; aposentar-se sexualmente (ver Edison Carneiro, *A ling. popular da Bahia*, 1951) [FNa/MSM].

Var.: *amarrar o facão*

Pendurar-se na corda Enforcar-se [GAS].

Penetrar

Penetrar em diagonal *Desp*. Avançar da extrema do próprio campo, para a grande área adversária, em direção oblíqua [HM].

Pensar

Pensar alto Raciocinar em voz alta, transmitindo ou não o(s) pensamento(s) [ABH].

Pensar duas vezes Refletir, ponderar, antes de tomar uma decisão, de agir: "Via-se bem: uma bolsa, de couro, amarela, quadrada. Curioso, não pensei duas vezes e me apeei" (José Humberto Gomes de Oliveira, *Dez contos mal contados*, p. 25); "Em tal caso não pensam duas vezes, mandam abrir fogo" (José Saramago, *A jangada de pedra*, p. 215) [ABH].

Pensar grande Ter sonhos; ter ideais; cultivar aspirações elevadas; ser otimista: "Nossa posição geopolítica no mundo é fantástica. Temos um potencial econômico subutilizado. Temos que pensar grande" (José Genoíno Neto, *Bundas*, 8/11/99, p. 9).

Pensar na morte da bezerra Estar distraído, pensativo, alheio ao que se passa em redor; ficar apreensivo; pensar em coisas fora da realidade, em fantasias; meditar tristemente: "Ficava pensando na morte da bezerra quando estava trabalhando..." (Patrícia de Sabrit, em reportagem de Aída Veiga *et al.*, *Veja*, 4/11/98, p. 123). – Expr. de uso burlesco [ABH/AN/CLG/FF/GAS].

≠ **Só pensar naquilo** Ter ideia fixa em assuntos sexuais: "É um camarada bom, mas só pensa naquilo. É aí que ele se torna obsessivo."

≠ **Não pensar nem por sombra em** Não ter tido a menor ideia de algo; ser incapaz de executar alguma coisa se nela tivesse pensado [AN].

Pensar que babado é bico 1. Estar enganado, iludido a respeito de certos acontecimentos ou de alguma pretensão; não avaliar corretamente uma pessoa, coisa ou situação; fazer análise errada de uma situação: "Você está pensando que babado é bico? Ela não quer namorar com você e *priu*! [= e fim, acabou-se, ponto final]". **2.** Pretender uma coisa que não está à altura de merecer; diz-se de indivíduo muito folgado que acha que tudo vai ser resolvido: "Você pensa que babado é bico?" [AS/FNa/LM/Net/TC].

Sin. (1) (2): *pensar que o céu é perto*

Sin. (1): *pensar que cachaça é água, pensar que berimbau é gaita*, (AL) *pensar que cebola é ovo*

Pensar que berimbau é gaita *Bras., NE, AL*. Enganar-se com as coisas; estar enganado, iludido; pensar que é uma coisa sendo outra (ver Renato Oliveira, *Dic. alagoano*) [AN/FNa/Net].

Sin.: *pensar que babado é bico* (1)

Pensar que cachaça é água Não avaliar algo corretamente; enganar-se a respeito de algo: "Tá pensando que cachaça é água" [JB].

Sin.: *pensar que babado é bico* (1)

Pensar que cebola é ovo Ver *pensar que babado é bico* (1)

Pensar que é alguma/muita coisa Ser presumido, orgulhoso, vaidoso: "Aquele cachorro, só porque é amigo de Antônio Morais, pensa que é alguma coisa" (Ariano Suassuna, *Auto da Compadecida*, p. 42) [TC].

Pensar que maracujá é marmelo Ver *pensar que o céu é perto*

Pensar que mijo de padre é Santos Óleos Ver *pensar que o céu é perto*

Pensar que o céu é perto Supor que uma coisa é de fácil realização; mostrar otimismo; achar tudo muito fácil; pretender conseguir algo sem sacrifício ou resolver facilmente determinado empreendimento: "– Cuidado, seu Garrafa, não vá querer pensar que o céu é perto" (Romeu de Carvalho, *Carro Doce*, p. 51); "Basta pensar que o céu é perto e a cachaça é quem sabe do caminho..." (Romeu de Carvalho, *id.*, p. 76) [LM/TC].

Sin.: *pensar que babado é bico, pensar que maracujá é marmelo, pensar que mijo é Santos Óleos, pensar que sebo de tripa é gordura*

Pensar que o mundo foi feito para ele Entender, alguém, que o que há de bom deva ser só para si, que todos devem fazer o que ele deseja [AN].

Pensar que o mundo se acaba/vai se acabar Diz-se de quem leva vida de excessos, com todos os prazeres; atirar-se com sofreguidão e excesso aos prazeres [AN/GAS].

Pensar que se benze e quebrar o nariz 1. Esperar benesses e sofrer contrariedades. **2.** Dizer ou fazer alguma coisa que julga que resulta e ser contraproducente [GAS].

Pensar que sebo de tripa é gordura Ver *pensar que o céu é perto*

Pensar que todo dia é dia de santa Luzia Imaginar que certo acontecimento feliz ou vantajoso poderá repetir-se [TC].

Pentear(-se)

Pentear a vassoura Ver *molhar o biscoito*

Pentear palavras *Lus.* Cuidar do, aprimorar o estilo da escrita [GAS].

Pentear-se para *Fig.* Aspirar a; preparar-se para: "O escritor penteou-se para disputar uma cadeira na Academia Brasileira de Letras" [FF].

Perceber

Perceber à légua Perceber rapidamente [GAS].

Perceber as coisas à légua Vislumbrar o que vai acontecer conforme o que se passa [GAS].

≠ **Não perceber de horta** Ver *não entender patavina*

≠ **Não perceber (nem) patavina** Nada perceber; não entender do assunto. – No *Dic. etimológico*, Adolfo Coelho supõe frases escolásticas em que "patavina" estaria por "patavino", i. e., o historiador Tito Lívio, natural de Pádua. Seu estilo foi acusado de incorreto pelo gramático Polião, por conter patavinismos (Quintiliano, *Institutiones Oratoriae*). Ver Ladislau Batalha, *História geral dos adágios portugueses*; *Rev. Lus.*, XXX, p. 119; *A língua portuguesa*, II; Antenor Nascentes, *Dic. etimológico* [AN/GAS].
Var.: *não entender patavina*

≠ **Não perceber népia** *Lus.* Não entender do assunto [GAS].
Sin.: *não entender patavina*
Var.: *não saber népia*

Perceber tanto como dum lagar de azeite *Lus.* Não perceber absolutamente nada [GAS].

≠ **Não perceber um boi** *Lus.* Não perceber do assunto; não entender coisa alguma [GAS].
Sin.: *não entender patavina*
Var.: *não ver um boi*

Percorrer

Percorrer com a vista Ver *percorrer com os olhos*

Percorrer com os olhos Observar ligeira e sucessivamente [FF].
Sin.: *percorrer com a vista*

Perder(-se)

Perder a barriga *Bras., NE.* Abortar: "Coitada da Zuzu!... Perdeu a barriga quando seu companheiro lhe deu uma sova" [MSM/RG/TC].
Sin.: *perder a cria, perder a criança, perder o filho, perder (o) menino,* (CE) *perder o corpo*

Perder a bola Enlouquecer, endoidar, endoidecer; descontrolar-se; ficar doido, amalucado; pirar; perder o juízo: "Ficou quase prejudicado. Quando se aperreia muito, dá pra perder a bola" (José Américo de Almeida, *A bagaceira*, p. 25) [FN/FNa/Gl/TC].
Var.: (CE) *variar da bola*

Perder a cabeça 1. Agir intempestivamente; deixar-se arrebatar até a prática do ato impensado; perder a calma, o controle; descontrolar-se; faltar a serenidade; desorientar-se; não saber conter-se; não saber controlar-se; não saber mais o que fazer; cometer loucuras ou imprudências; usar violência: "– O vizinho perdeu a cabeça, mandou buscar jagunço até em Alagoas" (Jorge Amado, *Tocaia Grande*, p. 17); "Odorico: Se eu estivesse no seu lugar também perdia a cabeça e passava fogo nesse destruidor de lares" (Dias Gomes, *O Bem-Amado*, p. 95); "O senhor quer o quê? Eu perdi a cabeça com aquelas fitas mentirosas" (Arnaldo Jabor, *Diário do Nordeste*, cad. 3, 4/8/98, p. 7); "É como uma seleção de futebol vitoriosa que perde uma. Não pode desesperar, perder a cabeça, apelar" (Fausto Silva, apresentador de tevê, *O Povo*, 29/10/97, p. 8B). **2.** Ser condenado à pena capital. **3.** Apaixonar-se: "E perde a cabeça por esses paus-d'água" (Mário Landim, *Mãe d'água e caipora*) [AN/FF/GAS/TC].

Sin. (1): *perder a cachimônia*, (lus.) *perder a pinha*, (lus.) *perder a tineta*, (lus.) *perder o trambelho*

Var. (3): *virar a cabeça* (2)

≠ **Só não perder a cabeça porque está presa ao corpo** Ser muito relaxado, descuidado, perdendo tudo [AN].

Perder a cabrita Perder a pista de alguma investigação criminal [GAS].

Perder a cachimônia Ver *perder a cabeça* (1)

Perder a calma Descontrolar-se: "Ih, rapaz, não perde a calma!" [JB].

Perder a carreira Reduzir a velocidade da carreira (corrida), por acidente ou cansaço [TC].

Perder a chave Ver *perder a graça*

Perder a chuva do rabo *Bras., S, SP*. Perder o controle [MSM].

Perder a cocha Desanimar(-se); desencorajar-se [ABH/AJO/AN].

Perder a cor Ver *ficar sem cor*

Perder a cria Ver *perder a barriga*

Perder a criança Abortar: "Quem sabe perdeu a criança, pois não devia ser benéfico para uma gestante viver aos sobressaltos, a reboque de um ativista político" (Chico Buarque de Holanda, *Benjamim*, p. 135).

Sin.: *perder a barriga*

≠ **Só falta perder a(s) espora(s)** Insistir, esforçar-se muito para conseguir algo [TC].

Perder a esportiva *Bras., gír*. Zangar-se; ficar furioso; descontrolar-se: "Um dia ele acabou perdendo a esportiva..." (Fernando Sabino, *O gato sou eu*, p. 68); "... quando eu dei em cima dela, ela perdeu a esportiva..." (Millôr Fernandes, *A vaca foi pro brejo*, p. 123); "Não perca a esportiva, mano, fique calmo que tudo se acertará" [CGP/JB/MGb/TG/TGa].

Sin.: *queimar ruim*

Perder a fala Ficar mudo (por susto ou pelas palavras do antagonista); emudecer momentaneamente, surpreso, emocionado; deixar de falar (temporária ou permanentemente) [ABH/CLG/GAS/GS/TC].

Perder a graça Atrapalhar-se; perturbar-se; desconcertar-se: "Perdi a graça depois deste lance" [ABH/JB/NL].

Sin.: (BA, gír.) *perder a chave*, (bras., pop.) *perder o rebolado*

Perder a honra Deixar de ser virgem [TC].

Perder a hora Chegar atrasado; não chegar no horário combinado ou estabelecido; atrasar-se [FS/TC].

Perder a língua Não falar por acanhamento, por cálculo [AN].

Perder a linha 1. Faltar a serenidade e desmandar-se; divertir-se inconsequentemente; desconcertar-se; mostrar-se indelicado, grosseiro; perder o controle de si; descontrolar-se. **2.** Perder a noção do ridículo, geralmente após ingestão demasiada de bebida alcoólica. **3.** Engordar, ficar sem esbelteza [AN/GAS/GS/Net/TC].

Sin. (1): (bras., gír.) *zoar geral*

Var. (1) (2): *sair da linha*

≠ **Não perder a linha 1.** Ter serenidade. **2.** Ser elegante; manter a pose: "O Jorginho perdeu toda a grana, mas não perdeu a linha" [GAS/JB].

Perder a luz 1. Ficar cego; cegar. **2.** Desmaiar; esmorecer. **3.** Morrer [ABH/AN/GAS].

Var. (1): *perder a luz dos olhos*

Perder a maninha Ficar privado de coisa boa a que estava acostumado [AN].

Perder a mão Perder a vantagem de ser o primeiro a jogar [AN].

Perder(-se)

Perder amor ao dinheiro Dispor-se a fazer gasto necessário [AN].

Perder aos pontos *Lus.* Perder por margem curta, por pequena diferença [GAS].

Perder a paciência Impacientar-se; irritar-se; descontrolar-se: "– Ih, mamãe, lá vem a senhora com essa história de novo – Lúcia Helena perdia a paciência" (Álvaro Cardoso Gomes, *A hora do amor*, p. 32) [FF/GAS/JB].

Perder a palavra Ficar mudo por surpresa, medo ou doença [AN].

Perder a partida Ser vencido numa coisa; sair-se mal ou vencido de alguma coisa [ABH/AN].

Perder a pinha Ver *perder a cabeça* (1)

Perder a pista de 1. Não saber o caminho, o rumo que tomou. **2.** Perder o que ia a perseguir [AN/GAS].

Perder a ponta *Desp.* Ficar sem a liderança do campeonato [HM].

Perder a razão 1. *Fig.* Enlouquecer. **2.** *Direito.* Diz-se quando alguém perde uma querela, uma causa [ABH/AN/FF/OB].

Var. (1): *perder a luz da razão, perder o uso da razão*

Perder a realeza 1. Perder a dignidade de rei: "Rei nascido de todo o criado, perdeu a realeza: príncipe deserdado e proscrito, hoje vaga foragido..." (Almeida Garrett, *Viagens na minha terra*, p. 117). **2.** *Fig.* Perder a grandeza, a magnificência, a sublimidade [ABH].

Perder as alpercatas Ficar transtornado, apavorado; perder a linha, a paciência: "As tropas faziam Lampião perder as alpercatas, isto é, ficar apavorado" (Aglaé Lima de Oliveira, *Lampião, cangaço e Nordeste*) [TC].

Perder as calças Ser derrotado: "Perdi as calças, saí com elas na mão" [JB].

Perder as chetas *Lus., bras., S, RJ.* Deixar de ser virgem; perder a virgindade [GAS/MSM].

Perder a sela Ser sacudido do cavalo [AN].

Perder as estribeiras *Fam.* Desnortear-se; descontrolar-se; enfurecer-se; desorientar-se; desordenar-se; despropositar; atrapalhar-se; descomedir-se em palavras e atos; ficar desorientado, momentaneamente desatinado; ficar furioso e perder o controle; sair do normal; ficar fora de si; praticar despropósitos; perder o fio do discurso; deixar arrebatar-se até a prática de qualquer loucura; não saber conter-se; perder o controle, a direção; exceder-se na resposta, incortês e violenta; perturbar-se como o cavaleiro que, perdendo os estribos, não tem onde se firme e se esquece da prudência e da moderação: "Falei com Diogo e ele perdeu as estribeiras, me chamou de desconfiado..." (Carlos Eugênio Paz, *Viagem à luta armada*, p. 31); "Perdeu as estribeiras. E saiu na porrada com quem se metia na frente..." (Sales Andrade, *Jornal da Rua*, 9/1/99, p. 4); "Ao ser vaiado, ele perdeu as estribeiras e começou a ofender a plateia"; "Não perca as estribeiras, tente suportar tudo, o importante é a vitória final" [ABH/AC/AN/DRR/DT/GAS/FF/FSB/JB/LCCa/MPa/OB/RMJ].

Sin.: *perder os estribos, perder a tramontana*

Perder as ilusões Cair na realidade; acabar por ver a verdade [GAS].

Perder as passadas Perder tempo ao ir a algum lugar, sem resultado; não colher resultado da diligência empregada [AN/GAS].

Perder as pernas *Desp.* Deixar cair o ritmo de jogo, atrapalhar-se na partida ao saber que um observador de fora compareceu ao estádio para avaliar seu futebol: "Até 'cobra' de verdade perde as pernas quando está sendo visto, quanto mais jogador sem experiência" (João Saldanha, *Histórias do futebol*) [HM].

Perder as pregas *Bras., NE, chulo.* Perder a virgindade anal; fazer sexo anal: "A bichona perdeu as pregas" [JB/MSM].

Perder a tineta Ver *perder a cabeça* (1)

Perder a toada Falhar o ritmo, a rotina [GAS].

Perder a tramontana Ficar sem orientação, sem rumo; desorientar-se; atarantar-se; desatinar-se; perturbar-se; descontrolar-se; exasperar-se; perder a calma; tornar-se incontrolável em suas atitudes violentas; não saber conter-se; deixar-se arrastar à prática de alguma loucura; ficar sem norte, desorientado, perdido, fora dos eixos; perder o domínio de si. – Tramontana é o nome que os ital. dão à estrela polar, que fica além dos montes (os Alpes). Quando o mau tempo encobre o céu, deixa-se de ver a polar e assim se perde a orientação. Noutra acepção, a tramontana era uma das velas que se armava no comando das naus port. Perdê-la significava, na gír. marítima, havendo grande vendaval, não se poder abri-la e não se governar a embarcação devidamente. Monteiro Lobato, em *A barca de Gleyre*, falando sobre mulheres casadas que namoram, se refere a "atitude nervosa ou sanguínea em que o marido perde a tramontana e agride o insolente [cortejador] a bengaladas" [AN/CPL/FF/FSB/GAS/RBA/RMJ].
Sin.: *perder as estribeiras*, (lus.) *perder a travia*

Perder a travia Ver *perder a tramontana*

Perder a trilha Lus., ant. **1.** Errar a estrada real, o caminho; perder a direção. **2.** Desviar-se da conduta normal, desorientado; desvirtuar-se; decair moralmente [LCCa].

Perder a vergonha Desinibir-se: "Perdeu a vergonha, gatinha, vai logo tirando tudo?" [JB].

Perder a vez Não se aproveitar do ensejo ou da ocasião; desaproveitar o ensejo; deixar-se preterir; não se apresentar quando devia [AN/FF].

Perder a viagem Desp. **1.** Ver-se privado do domínio da bola após longo avanço com ela. **2.** Correr para disputar bola e não conseguir apossar-se dela [HM].

≠ **Não perder a viagem 1.** Não perder a oportunidade: "Não perdi a viagem e disse-lhe nas fuças que era corno." **2.** *Desp.* Ir buscar a bola a distância em poder de adversário e conseguir recuperá-la e dominá-la [HM/JB].

Perder a vida Morrer: "Quem se meter comigo na complementação das dez surras para aumentar a conta das nove que já levei, vai perder a vida e até sacrificar a alma" (Barros Pinho, *A viúva do vestido encarnado*, p. 84) [AN/GAS].

Perder a vista Cegar [AN].

Perder a voz 1. Ficar impossibilitado de falar. **2.** Ficar com má voz para o canto. **3.** Calar de medo, de espanto [AN].

Perder (o) cartaz Deixar de ser famoso; não ser mais popular [AN/CLG].

≠ **Não perder casamento 1.** *Lus.* Não ser necessário grande aprimoramento no porte ou no vestuário. **2.** Maneira de desculpar-se pelo desarranjo no vestuário: "Não vou perder casamento" [AN/GAS].

Perder de vista 1. Deixar de ver, de vigiar; não ver mais; deixar de seguir ou fiscalizar com a vista: "A caverna prolonga-se a perder de vista, deslumbrante como um palácio encantado..." (Adolfo Caminha, *No país dos ianques*, p. 158). **2.** Não saber mais da vida ou dos atos de alguém [AN/FF/JB].

Perder feio *Desp.* Ser derrotado por ampla diferença de gols [HM].

Perder (o) ferro e (o) sinal *Bras., CE.* Perder todo o gado; perder todo o rebanho [AN/ABH/TC].
Sin.: *bater a porteira*
Var.: *perder o ferro*

Perder gol feito *Desp.* Desperdiçar chance real de gol por imperícia ou falta de sorte [HM].

Perder longe Perder com grande desvantagem: "Estômago de ema perde longe" (W. Bariani Ortêncio, *Sertão sem fim*) [TC].

Perder (o) menino Ver *perder a barriga*

Perder no apito *Desp.* Sofrer uma derrota por erro de arbitragem; sofrer derrota devido aos erros, intencionais ou não, da arbitragem [GAS/HM].

Perder no bicho Não ser premiado no jogo do bicho [TC].

Perder o bonde Deixar de fazer algum negócio [MPa].

Perder o bonde da história Ficar pra trás; ser superado: "O Brasil corre o risco de perder o bonde da história com a reserva de mercado" [JB].

Perder o cabaço Ser, ter sido desvirginada, descabaçada; deixar de ser virgem [FS/RG].
Var.: *não ter mais o cabaço*

Perder o comboio Não acompanhar a marcha do progresso ou a evolução de algum assunto [GAS].

≠ **Não perder o comboio** Não se deixar atrasar [GAS].

Perder o comer Ter fastio [GAS].

Perder o compasso Desequilibrar-se; desorientar-se: "Uma sambista, quando dançava frevo, perdeu o compasso e largou a padaria no asfalto" [TC].

Perder o corpo Ver *perder a barriga*

Perder o crédito 1. Não lhe fiarem nada, nem lhe emprestarem. **2.** Perder a estima em que o tinham [GAS].

Perder o dia 1. Frase para lamentar não ter realizado a tarefa ou tarefas impostas para as vinte e quatro horas. **2.** Não ganhar o salário [GAS/RMJ].

Perder o equilíbrio 1. Inclinar-se de um lado e de outro, de modo que caia: "... estonteado, ele perdeu o equilíbrio e teve de recostar-se numa das paredes, sentindo a iminência duma dor entre as pernas" (Érico Veríssimo, O prisioneiro, p. 187). **2.** *Fig.* Exceder-se; descontrolar-se [AN].

≠ **Não perder o *fair(play)*** *Gír.* Manter a pose e o humor fino: "O Tony não perdeu o *fair* depois do que lhe aconteceu"; "Dona Carmem não perdeu o *fair play* e anda com o nariz arrebitado" [JB]. ♦ Origina-se do ingl. *fair play*, "jogo limpo", "retidão".

Perder o filho Ver *perder a barriga*

Perder o fio Aplica-se esta loc. principalmente quando alguém, ao fazer uma exposição ou um discurso, se desvia do seu objetivo ou não encontra palavras para prosseguir; esquecer-se do que ia dizer. – A or. da loc. tem relação com o fio de Ariadne, que serviu a Teseu de guia para os segredos do labirinto, ao fim do qual se encontrava o minotauro da lenda grega [AN/GAS/GS/RMJ].
Var.: *perder o fio à/da meada, perder o fio ao/do discurso, perder o fio à palavra, perder o fio da conversa*

Perder o fio à/da meada Desnortear-se; perder a continuidade do que se está fazendo; não dar continuidade ao fluxo de ideias, de fatos etc.; esquecer, ficar sem saber o que estava falando: "Para não perder o fio à meada, em assunto de tal transcendência, é conveniente começar por onde se encontram instalados... os arquivos e os fichários" (José Saramago, *Todos os nomes*); "O chefe perdeu o fio da meada, danou-se a falar besteira" [ABH/GAS/JB].
Var.: *perder o fio*

Perder o fôlego 1. Causar dispneia por cansaço; não poder mais; não ter mais força. **2.** Emocionar-se com mulher bonita: "A Ana Paula é de perder o fôlego, haja coração" [GAS/JB].

Perder o galeio Tornar-se desajeitado [ABH/AN].

Perder o gás *Desp.* Demonstrar, jogador ou time, muito cansaço na partida [HM].
Sin.: *abrir o bico/biquinho, arriar a mochila, arriar o meião, arriar o trem de pouso, bater pino (2), chegar de asa aberta, dar (o/um) prego (1), estar a bola murcha, estar com a gravata de fora, estar com meio palmo de língua, estar de boca aberta, estar de gravata vermelha, estar entregue às baratas (2), estar morto, estar na última lona (2), estar no vinagre (2), estar sem pernas, pisar/tropeçar na língua*
Var.: *acabar/faltar o gás*

≠ **Não perder o humor** Manter a pose: "O Jô, haja o que houver, não perde o humor" [JB].

Perder o insenso (sic) Ver *ficar sem sentidos*

Perder oito tostões *Lus.* Ter um encontro desagradável [GAS].

Sin.: *perder uma coroa*

Perder o juízo Ter ações ou palavras iguais às dos que endoidecem; enlouquecer; ficar fora de si; descontrolar-se; agir impensadamente; cometer tolices: "Pudera! Ruído, fumo e fagulhas a toda hora sobre a cabeça, não são coisas que agradem a ninguém. A pobre gente fica em risco de perder o juízo, pois não!" (Adolfo Caminha, *No país dos ianques*, p. 166); "Eu estava, como quem perdeu o juízo, apontando para o fundo escuro do quarto... Ah! Luzia! Nem pode imaginar o que tenho sofrido..." (Domingos Olímpio, *Luzia-Homem*, p. 144); "O cidadão perdeu o juízo e danou-se a fazer merda" [GAS/JB/TC].

Perder o latim Gastar tempo explicando a alguém uma coisa que esta pessoa não percebeu; perder os sacrifícios feitos por alguém; falar em vão; tentar convencer alguém, sem êxito; diz-se de esforço inútil, de tempo improfícuo, de assunto malogrado, sem resultado; fazer algo em vão; ficar falando inutilmente, perdendo tempo; não tirar proveito do que diz ou faz: "Perdi o meu latim aconselhando-o a que estudasse" [ABH/AN/FF/GAS/LCCa/MPa/OB].

Var.: *gastar o latim*

Perder o leme Ficar atarantado, atrapalhado, irado, sem saber o que fazer; perder o rumo; desnortear-se; desorientar-se; ficar sem direção, desatinado [ABH/AN/CLG/FF/FSB/GAS].

Sin.: *perder o norte*

Perder o norte Ver *perder o leme*

Perder o pão Perder o emprego; ser despedido ficando sem meios de subsistência [GAS].

Perder o pelo Civilizar-se [AN].

Perder o penacho Perder a razão de ser da vaidade; perder a posição eminente que tinha [AN].

Perder o pio Calar-se; não poder falar; não ter argumento para retorquir [GAS].

Perder o pique Cansar-se: "O gato velho perdeu o pique, tá cansado" [JB].

Perder o pote e o mel Perder tudo: "Perdi o pote e o mel, deu tudo errado" [JB].

Perder o prumo *Bras.* **1.** Endoidecer; desorientar-se; transviar; hesitar; ficar embaraçado: "Sertanejo, quando escuta falar de coisa assim, perde o prumo" (José Lins do Rego, *Pedra Bonita*). **2.** Desequilibrar-se: "Eu perdi o prumo e caí dentro da barragem" (José Pereira de Souza, *Adivinha quem vem*). **3.** Não acertar: "Perdeu o prumo, clicou no botão 'Deletar'" [ABH/AN/TC].

Perder o pulo *Bras., NE.* Fracassar em certa tentativa [TC].

Perder o rabo *Bras., gír.* Fumar maconha pela primeira vez: "Perdi o rabo com 16 anos, lá em Guaramiranga" [RK].

Perder o rebolado *Bras., pop.* Perder a prosápia; desconcertar-se; dar-se mal: "Quando eu desmentir tudo, o caloteiro vai perder o rebolado"; "Perdi o rebolado, não sei o que fazer"; "O cara vai perder o rebolado e poderá se ferrar" [ABH/JB/RG].

Sin.: *perder a graça*

Perder o rumo Desorientar-se; ficar perdido, atordoado: "O cara levou uma porrada e perdeu o rumo" [JB/TC].

Perder o rumo de casa 1. Ficar na rua: "O cara ficou bêbado, perdeu o rumo de casa." **2.** Ficar perdido: "Tomei uns mé e perdi o rumo de casa. Acho que fiz muito mal" [JB/TC].

Perder os bagos Ficar sem os órgãos genitais masc.: "O cara perdeu os bagos a golpes de facão" [JB].

Perder os estribos Descontrolar-se; ficar muito irritado; perder a calma: "Perdi os estribos com semelhante desaforo, gritei: – 'Seiscentos diabos!'" (Graciliano Ramos, *Alexandre e outros heróis*, p. 81); "Perdi os estribos: – Que mocidade! É sem-vergonheza" (Graciliano Ramos, *Angústia*, p. 84) [AJO/FSB/TC].

Sin.: *perder as estribeiras*)

Perder o sono Estar de vigília; não poder conciliar o sono; não poder dormir; ter insônia; ficar extremamente preocupado ou apreensivo a ponto de não poder dormir: "Jacarandá dera para perder o sono à noite, ruminar os pensamentos à luz da lua batendo no quintal dos fundos da casa" (João Antônio, *Patuleia*, p. 51) [AN/FF/GAS].

Perder o sopro Ver *ficar sem sentidos*

Perder os sentidos Ver *ficar sem sentidos*

Perder os três vinténs Bras., S., NE, chulo. Ser desvirginada; perder a virgindade; ser deflorada [FNa/GAS/MSM].
Sin.: *quebrar o pote* (2)

Perder o tempo da bola Desp. Atrasar-se na corrida em relação ao trajeto da bola [HM].

Perder o tempo e o latim Dedicar-se a trabalho improdutivo; realizar esforço vão, diligência sem recompensa; arengar sem proveito; aconselhar, pedir ou argumentar em vão [ABH/GAS/GS/RMJ].
Var.: *perder tempo e feitio*

Perder o tino Desorientar-se: "– O coronel perdeu o tino?" (José Cândido de Carvalho, *O coronel e o lobisomem*, p. 263) [GAS].

Perder o trambelho Ver *perder a cabeça*

Perder o trem Desp. Levar desvantagem para um adversário ao perder o domínio da bola [HM].

Perder o uso da razão Enlouquecer: "... vocês perderam o uso da razão? Que sabem a respeito do livro de Registro Civil do escrivão José Studart de Freitas?" (José Alcides Pinto, *Os verdes abutres da colina*, p. 102) [GAS].
Var.: *perder a razão* (1)

Perder (a) parada 1. Perder a aposta ou lance no jogo; perder; ser derrotado: "Perdi a parada, pessoal, me ferrei." **2.** Fracassar; não conseguir o que intentava fazer ou obter; ser malsucedido. **3.** Ser sobrepujado, dominado [GAS/JB/TC].

Perder (o) pé 1. Deixar de tocar com os pés o fundo da água (em poço, lago etc.); não achar fundo em mar, rio, lago; ficar com a cabeça por baixo de água; diz-se quando os pés não alcançam o fundo da água estando uma pessoa imersa, em posição vertical; deixar de ter fundo dentro de água. **2.** Ficar desorientado [ABH/AN/FF/FSB/GAS].

≠ **Não perder pela espera** Ter o castigo certo ainda que tarde [GAS].

≠ **Não perder pitada** Ant. Aproveitar toda oportunidade; estar atento; observar em todo o pormenor. – A expr. era us. no tempo em que se cheirava rapé [AN/GAS].

Perder-se na noite dos tempos Diz-se do que ocorreu em data muito remota; haver-se passado em remotíssima antiguidade [AN/GAS].

Perder-se na poeira Ver *passar-se na jogada*

Perder-se nas nuvens Falar de coisas que não conhece; exprimir ideias vagas, obscuras, ininteligíveis [GAS].

Perder-se por saias Gostar muito de mulheres por quem se fazem grandes asneiras [GAS].

Perder (o) tempo 1. Gastar tempo em ocupação sem utilidade; trabalhar em vão; pretender um resultado impossível; realizar ação improdutiva; esforçar-se inutilmente. **2.** Não saber aproveitar o tempo. **3.** Andar ao léu [AN/TC].

Perder terreno 1. Recuar em vez de avançar; ver reduzirem-se as vantagens, os privilégios num empreendimento, negócio etc.; ser suplantado por concorrente ou antagonista; ficar para trás. **2.** Diminuir em influência ou prestígio; ficar privado de vantagem ou primazia; fraquejar [ABH/AN/FF/GAS].

Perder uma boa ocasião de ficar calado Diz-se de pessoa que acabou de dizer uma tolice, uma coisa inconveniente [AN].

Perder uma coroa Ver *perder oito tostões*

Perder um tempo louco Esperar muito [GAS].

Perder um tostão e achar cento e dez Diz-se de um coxo que tem uma perna mais curta [GAS].

Perder (a) vaza 1. Deixar de fazer pontos por jogar mal. **2.** Perder a ocasião, a oportunidade. – No segundo sentido, mais us. na forma negativa: "Mas o padre era versado nas teologias e não perdeu a vaza: do meio da chuva enviou Estela para as profundas, com os seus brilhos, perante as testemunhas" (Sebastião Martins, *A dança da serpente*, pp. 49-50) [AN/TC].

≠ **Não perder vaza** Aproveitar-se de todas as oportunidades [AN].

Perguntar

Perguntar a Deus por meus pecados Bras., BA. Não saber do que se trata: "Pergunte a Deus por meus pecados!" [LM].

Perguntar a macaco se quer banana Indagar se uma pessoa aceita uma coisa de que ela gosta muito; expr. que sinaliza certeza da aceitação do que é oferecido; diz-se de pergunta desnecessária, porque se espera, na certa, resposta afirmativa [AN/CGP/LM/TC].

Var.: *perguntar se macaco quer banana*

Perguntar por Pedir notícias de [FF].

Perigar

Perigar a meta Desp. Ocorrer iminência de gol [HM].

Pertencer

Pertencer à confraria Estar integrado num grupo, como partido político, clube etc., identificado com suas convenções, seus sentimentos e seu modo de viver [GAS/RMJ].

Pertencer à confraria de são Cornélio Ter mulher adúltera [AN].

Pertencer à irmandade Ter mulher que proceda mal. – A Irmandade de são Cornélio era uma suposta confraria a que pertenceriam os maridos enganados (corneados) [AN].

Pertencer à mesma panelinha Pertencer ao mesmo grupo [CLG/GAS].

Sin.: *ser da mesma confraria*
Var.: *ser da mesma panela*

Pertencer a uma claque (*sic*) Estar integrado num grupo para fins pouco lícitos; estar integrado a uma conjura, a uma sociedade secreta, a uma quadrilha, a um bando [GAS/RMJ].

Pertencer a uma clique Pertencer a um grupo fechado, a uma conjura ou sociedade secreta de interesses convergentes. – As cliques se formam por toda a parte: nos partidos, sindicatos, associações de classes, nas repartições, nos ministérios, no ambiente teatral, literário e artístico, procurando sempre estabelecer laços de favoritismo e impedir a livre concorrência, baseada no mérito. Clique: sin. de bando, quadrilha [RMJ].

Sin.: *pertencer a uma corriola, pertencer a uma igrejinha, pertencer a uma patota, pertencer a uma turma*

Pertencer a uma corriola Ver *pertencer a uma clique*

Pertencer a uma igrejinha Ver *pertencer a uma clique*

Pertencer a uma patota Ver *pertencer a uma clique*

Pertencer a uma turma Ver *pertencer a uma clique*

Pesar

Pesar a era Lus. **1.** Escapar por um triz. **2.** Estar prestes a ser vítima [GAS].

Sin.: *pesar a pera*

Pesar a pera Ver *pesar a era*

Pesar bacalhau Ver *pegar traíra*

Pesar demais Ver *dar um banho* (3)

≠ **Só pesar desgraça de arroba pra cima/riba** Não ligar aos pequenos aborrecimentos, aos prejuízos insignificantes: "Sempre ouvi dizer que desgraça pouca é bobagem e que um homem só pesa desgraça de arroba pra cima" (Gustavo Barroso, *Mississipe*); "Na minha terra só se pesa desgraça de arroba pra riba" (Oswaldo Valpassos, *Nordeste pitoresco*) [TC].

Var.: *só fazer conta de miséria de arroba pra cima/ riba*

Pesar figos Ver *pegar traíra*

Pesar mais do que o meu dinheiro Frase empregada por quem carrega ao colo uma criança muito pesada: "É uma barra de chumbo, este guri! Pesa mais do que o meu dinheiro" [AN].

Pesar muito Diz-se de indivíduo com grandes poderes ou muito rico [GAS].

Pesar na balança Influir numa decisão: "No geral, a falta de preparação teórica pesou na balança" (Luiz Maklouf Carvalho, *Mulheres que foram à luta armada*, p. 456) [AN].

Pesar na consciência Ter remorsos; arrepender-se pelo que se fez ou disse [GAS].
Var.: *roer na consciência*

Pesar os prós e os contras Calcular os benefícios e os prejuízos: "– O senhor é quem sabe... – Odorico parece pesar os prós e os contras da ideia" (Dias Gomes, *Sucupira, ame-a ou deixe-a*, p. 27) [GAS].

Pesar sobre os ombros Ter a carga; ter sobrecarga [GAS].

Pescar

≠ **Não pescar boia** *Lus.* Não perceber nada [GAS].

Pescar corrido Ver *saber de cor e salteado*

Pescar de luzio *Lus.* Dar uma olhadela, uma piscadela de olho [GAS].

Pescar de ouvido Diz-se de um ator que, não sabendo as falas do seu papel, vai seguindo o ponto [GAS].

≠ **Nada pescar do ofício** Ser ignorante do ofício: "Um economista, no posto de ministro da Saúde, nada pesca do ofício" [AN].

Pescar em/nas águas turvas Tirar partido de situação confusa ou agitada; colher vantagens de situação agitada ou confusa; aproveitar-se da confusão para servir os seus interesses; prevalecer-se de momentos sombrios da vida de uma nação ou de uma instituição para especular e tirar proveitos exagerados, para si e para os seus, ou para um partido político ou grupo de interessados; tirar proveito das desordens, das confusões; aproveitar certos incidentes em interesse próprio: "Holandês: '... Seria o momento de pescar em águas turvas e clarear a sua posição'" (Chico Buarque & Rui Guerra, *Calabar*, p. 67). – Em esp.: *pescar en agua túrbida* [ABH/AC/AN/FF/GAS/RMJ].

Pescar para o seu samburá *Bras.* Cuidar dos seus interesses; arrumar-se; arranjar-se [ABH/AN].

Pescar siri *Bras., NE.* Usar calça muito curta, com a bainha acima do tornozelo: "Olha lá, o Chicão está pescando siri!" [FN/RG].
Var.: *pegar siri*

Pescar traíra *Bras., NE, CE.* Cambalear de sono, cochilar, dormitar sentado, com a cabeça pra lá e pra cá: "Lá no canto, começando um ronco que mais parecia um estertor, o velho dava súbitos mergulhos de cabeça no vácuo, para em seguida recuperar o equilíbrio. Pescando traíra, pensou Ojuara, rindo baixinho" (Neil de Castro, *As pelejas de Ojuara*) [FN/RG].
Var.: *pegar traíra*

Pestanejar

≠ **Não pestanejar** Conservar-se na maior quietação, imóvel de rosto [AN].

Piar

Piar a granel. Beber à vontade [GAS].

Piar baixo *Bras., RS.* Ficar na sua, na própria, para evitar mal maior. – O sujeito que tomou uma mijada [= bronca, reprimenda] fica "piando baixo" [LAF].
Sin.: *piar fino*

Piar fino Ver *piar baixo*

Piar na área *Bras., gír.* Aparecer: "Se piar na área, dá um sinal, depois sacode e depois senta o dedo" [JB].
Var.: *chegar na área*

Picar

Picar a curiosidade Tornar mais vivo o desejo de saber alguma coisa [GAS].

Picar a mula 1. *Bras., MG, pop.* Ir embora; retirar-se; ser hora de partir; quando alguém diz que vai picar a mula anuncia que chegou a hora de partir e está fazendo suas despedidas: "– Diz que ele largou tudo e picou a mula, capitão. – Danou-se!" (Dias Gomes, *Sucupira, ame-a ou deixe-a*, p. 43); "Vamos picar a mula que já é tarde". – O significado é o de esporear a montada. Esporeia-se a mula para ela andar. O uso da expr. generalizou-se, mesmo entre os que nunca montaram em mula ou cavalo. **2.** Fugir; sair ser notado; escafeder-se. **3.** Morrer: "– Mas você tem certeza? – De que ele picou a mula? – Absoluta. Quebrou o loro, te digo" (Manuel Bandeira, *in* Miriam Maranhão & Gerusa Martins, *Pensar, expressar e criar*, p. 125) [ABH/CGP/FF/JB/LAF/MPa/RMJ].
 Sin. (1) (2): *cair nas folhas*
 Sin. (2): *abrir os panos*
 Var. (1): *puxar a mula*

Picar a porra *Bras., BA, gír.* Bater: "E foi o maior mangue [= confusão] dentro do buzu [= ônibus]. Enquanto eu me lenhava, ouvia o povo dizer: 'Pique a porra nesse chibungo [= homossexual masculino], ôxe, tem mais é que estabocar [= dar um cacete, arrebentar] com esse sacana mesmo'" (Nivaldo Lariú, *Dic. de baianês*, s/p.); "Vou lhe picar a porra, viu?" [NL].

Picar a voga *Marinh.* Acelerar a cadência das remadas [ABH].

Picar a zorra Atirar com arma de fogo: "Bom, se aparecer gente, faço questão de esperar atrás da porta desse sobrado, que é pegado mas não é igreja, espero bem assim atrás da porta e pico a zorra no primeiro vivente que atravessar a porta e esse eu abro um rombo da pinoia, êta caraio, catibum, um dois gatilhos, trá-trá, é só bater" (João Ubaldo Ribeiro, *Sargento Getúlio*, p. 68).
 Sin.: *baixar fogo*

Picarem os alfinetes Ficar com muito ciúme, muita inveja [GAS].

Picar-lhe a cevada na barrifa *Lus.* **1.** Tornar-se altamente superior, envaidecido. **2.** Estar folgado por falta de trabalho ou exercício (referido a animal cavalar) [GAS].

Picar o peixe nas águas grandes *Lus.* Preparar um roubo de vulto [GAS].

Pingar

Pingar a capa de são Martinho *Lus.* Embebedar-se no dia de são Martinho (11 de nov.) [GAS].

Pingar algum Ganhar dinheiro: "Arranjei trabalho, agora vai pingar algum" [JB].

Pingar miséria Viver pobremente [GAS].

Pinicar

Pinicar a poldra *Bras., CE.* Tocar para a frente, esporear a cavalgadura [RG].

Pinicar nas/com as esporas Esporear: "Pinicou o cavalo com as esporas" (Luís da Câmara Cascudo, *Contos tradicionais do Brasil*) [TC].
 Sin.: *ferrar a espora/nas esporas*
 Var.: *pinicar a(s) espora(s)*

Pinicar o olho Dar uma piscadela de olhos; piscar o olho: "Sorriu para ela, pinicou o olho num gesto carinhoso, sentiu o esforço que ela fazia para rir" (Jorge Amado, *Seara vermelha*, p. 249) [TC].

Pinicar o papelão da almofada *Bras., CE.* Furar o papelão com agulha ou alfinete, obediente ao desenho da renda ou bico a ser tecido [RG].

Pintar

Pintar a cara de preto Diz-se quando se quer afirmar que se era capaz de fazer algo extraordinário [GAS].
 Var.: *pintar a cara de negro*

Pintar a macaca Ver *pintar a manta*

Pintar a maior muvuca *Bras., gír.* Haver confusão: "A coisa ficou feia no morro do Querosene, pintou a maior muvuca. Foi o bicho" [JB]. ♦ Para JB, "muvuca" quer dizer: "**1.** Confusão. **2.** Muita gente no mesmo lugar." O neologismo foi popularizado num programa da Rede Globo, com esse nome, apresentado por Regina Casé.

Pintar a manta *Bras.* Andar na pândega; fazer diabruras, traquinagens, distúrbios, alarido, desordem espalhafatosa, traquinices, partidas, brincadeiras, coisas aventurosas; praticar ações de estouvado; exceder-se; divertir-se a valer: "Como é que um cidadão goiano nascido tão longe (...) foi fazer o diabo e pintar a manta no Rio da Prata, (...) é o que custa crer" (Visconde de Taunay, *Ao entardecer*) [ABH/AC/AN/FF/GAS/OB/RG/TC].
Sin.: *pintar a macaca, pintar e bordar* (1), (CE) *pintar o bode, pintar o(s) caneco(s), pintar o cão, pintar o capeta, pintar o diabo, pintar o faneco, pintar o sete* (1) (2) (3)

Pintar à pistola Ver *estar a pintar*

Pintar a saracura *Bras., fam.* Dar-se a excessos: "– Como era mesmo o nome daquele seu parente que pintou a saracura com as meninas de Nonô Brigue?" (José Cândido de Carvalho, *Olha para o céu, Frederico!*, p. 17) [AN].

Pintar barata voadora *Bras., gír.* Diz-se de situação difícil: "Pintou barata voadora e ficou todo mundo ouriçado" [JB].

Pintar bobeira *Bras., gír.* Falhar; acontecer algo errado: "Pintou bobeira, xará, foi sem querer"; "Pintou bobeira, mano, vamos da o fora antes que a polícia chegue" [JB].

Pintar caçapa *Bras., gír.* Aparecer a polícia: "Pintou caçapa e a malandra se escafedeu" [JB].

Pintar com cores negras Exagerar os defeitos, erros ou acontecimentos [GAS].

Pintar com cores vivas Mostrar: "Vou pintar com cores vivas o novo Brasil" [JB].

Pintar de cor-de-rosa Descrever uma situação com otimismo [GAS].

Pintar e bordar 1. *Bras., fam.* Fazer travessuras: "O cidadão vai pintar e bordar, se não controlar." **2.** Aproveitar a situação; fazer o que quer, quando em posição de mando. **3.** Fazer de tudo que se possa imaginar na ordem do proibido, segundo o código de proibições em questão no ambiente: "... descobri um livro de sem-vergonhices, coisa de um barão de França que pintava e bordava com umas costureiras" (José Cândido de Carvalho, *Olha para o céu, Frederico!*, p. 52); "Não foi ele o único a ser alugado. Pintei e bordei com tia Tânia também" (Ricardo Lucena Jr., *Longo caminho de volta*, p. 94) [ABH/CLG/DVF/JB/LAF].
Sin. (1) (2): *deitar e rolar* (1) (3)
Sin. (1): *pintar a manta*

Pintar grilo *Bras., gír.* Aparecer algum problema: "Só não vou se pintar grilo" [JB].
Var.: *haver grilo*

Pintar monos/o mono Brincar [GAS].
Sin.: (lus.) *pintar ratos*

≠ **Não pintar nem mandar a conta** *Bras., gír.* Não aparecer: "O cara ainda não pintou nem mandou a conta" [JB].

Pintar no pedaço *Bras., gír.* Aparecer por aqui, neste local; aparecer no local: "Se o Valentim pintar no pedaço, a gente quer bater um papo com ele" (Álvaro Cardoso Gomes, *A hora da luta*, p. 96) [JB/Net].
Var.: *baixar no pedaço*

Pintar no sereno *Bras., gír.* Aparecer: "Aquela boazuda vai pintar no sereno" [JB].
Sin.: *baixar no pedaço*

Pintar o bode Ver *pintar a manta*

Pintar o(s) caneco(s) Fazer diabruras ou desatinos; fazer travessuras; fazer bagunça; divertir-se à grande; exceder-se na maneira de se divertir; proceder de forma alegre e irresponsável; exceder-se; pintar: "As crianças pintaram o caneco durante a festinha, deixando as mães loucas" (DT, VI série, p. 132); "O açúcar branco de suas turbinas ia pintar o caneco" (José Cândido de Carvalho, *Olha para o céu, Frederico!*, p. 71); "... porque com dois meses de idade ele já pintava os canecos e inclusive num dia que estava muito azuretado armou um quebra-pé no chão que afundou duas dúzias de boiadas..." (João Ubaldo Ribeiro, *Sargento Getúlio*, p. 145); "Vou pintar os canecos só pra ver o que acontece". – Viu-se em "caneco" um pej. de "cão" ou diabo". Ver Lindolfo Gomes, *Rev. de Ling. Port.*, XX, p.

151; Mansur Guerios, *Tabus* [ABH/AC/AN/CLG/FF/GAS/JB/RMJ].
   Sin.: *pintar a manta*

Pintar o cão Ver *pintar a manta*

Pintar o capeta Fazer diabruras, desatinos, travessuras; fazer bagunça; divertir-se à grande; exceder-se na maneira de se divertir; proceder de forma alegre e irresponsável; exceder-se; pintar: "Nunca mais vi o povo pintando o capeta no meio da rua" (Henfil, *Cartas da mãe*, p. 62) [ABH/AN/CLG/GAS/RMJ].
   Sin.: *pintar a manta*

Pintar o caramujo *Lus*. Fazer coisas extraordinárias; fazer diabruras [GAS].

Pintar o demônio Fazer barulho ou distúrbio [AN].
   Sin.: *pintar o diabo*
   Var.: *fazer o demônio*

Pintar o diabo Fazer travessuras; fazer barulho, distúrbio, confusão; fazer diabruras, traquinagens, desordem espalhafatosa, brincadeiras; fazer coisas aventurosas; praticar ações de estouvado: "– Minhas senhoras, Seu Mendonça pintou o diabo enquanto viveu" (Graciliano Ramos, *São Bernardo*, p. 38); "Homem bonito, de rosto estranhamente suave para quem pintou o diabo na guerra do Paraguai e era conhecido como esquentado" (João Ubaldo Ribeiro, *Viva o povo brasileiro*, p. 643) [ABH/AC/AN/FF/GAS/RG/TC].
   Sin.: *pintar a manta, pintar o demônio*
   Var.: *pintar o diabo a quatro, pintar o diabo a sete*

Pintar o faneco Ver *pintar a manta*

Pintar o gol *Desp*. Prever-se gol a qualquer momento [HM].

Pintar o quadro à sua vontade Ser otimista; mostrar só as vantagens, o lado bom [AN].

Pintar o sete *Bras., fam*. **1.** Praticar travessuras, diabruras, desatinos, desregramentos; fazer bagunça: "E enquanto ela dormia o bode pintou o sete. Por isso é que ainda hoje a onça é pintada" (Mino, *Diário do Nordeste*, 1º/4/01, cad. 3, p. 8); "Apenas permanece hibernando na alma dos adultos, esperando o momento exato pra sair por aí pintando o sete" (Aírton Monte, *O Povo*, 12/1/99, p. 3B); "Pois não andavam falando muito de Maria? Contavam que pintava o sete, ficara célebre com as extravagâncias e aventuras (Mário de Andrade, *Contos novos*). **2.** Divertir-se à grande; pandegar; exceder-se; pintar: "Voltaram contentes da viagem, pintaram o sete o tempo todo." **3.** Fazer coisas extraordinárias, fora do comum: "Depois que perdeu o medo dos câmeras, fazia imitações, pintava o sete" (Stanislaw Ponte Preta, *Febeapá 1*, p. 16); "Toca muito bem, pinta o sete com o violão". **4.** Judiar; maltratar: "Dá pena ver como pinta o sete com o pobre do bicho" [ABH/AN/AC/CLG/FF/GAS/JB].
   Sin. (1) (2) (3): *pintar a manta*
   Sin. (1) (2): *deitar e rolar* (2) (3), *pintar o simão de carapuça*

Pintar o simão de carapuça *Bras., NE, pop*. Divertir-se; pandegar; praticar travessuras, diabruras, desatinos, desregramentos; fazer bagunça: "Fazia [a meninada] uma zoada que nem é bom lembrar... Na cozinha a molecoreba também pintava o simão de carapuça" (Mário Brandão, *Almas do outro mundo*). – Simão é um sin. burlesco de macaco [ABH/AN/FN/FNa].
   Sin.: *pintar o sete* (1) (2)
   Var.: *pintar o simão*

Pintar ratos Ver *pintar monos/o mono*

Pintar sujeira *Bras., gír*. **1.** Fazer, acontecer alguma coisa errada; nada dar certo: "Se pintar sujeira comigo cê vai ver o que lhe acontece." **2.** Diz-se quando a polícia está por perto; haver delator na área: "Entro só e faço o que tenho que fazer. Ninguém se compromete. Se pintar sujeira, vocês dão o fora. É tudo" (Plínio Cabral, *O mistério dos desaparecidos*, p. 30); "Pintou sujeira, cara, vamos ter que se (*sic*) pirulitar [= ir embora]" [JB].

Pintar um burro *Lus*. **1.** Zangar-se; disparatar com alguém. **2.** Ser muito engraçado, divertido; (*Barcelos, Port.*) fazer partes engraçadas [GAS].

Pintar um lance *Bras., gír.* Surgir uma oportunidade: "Pintou um lance aí pra mim, xará, vou em frente" [JB].
Var.: *rolar um lance*

Piorar

Piorar o astral Complicar: "Piorou o astral do presi [= presidente], é sinal que a coisa tá feia" [JB].

Pipocar

– "Pipocar" é var. de "papocar". Alusão a pipocas, pulando no tacho ou panela. Outra forma paral.: "papoucar".

Pipocar fogo Atirar: "O desordeiro puxou da arma e pipocou fogo em pleno salão" [TC].
Var.: *baixar fogo*

Pipocar por toda parte Espalhar-se: "A greve pipocou por toda parte, foi fulminante" [JB].

Pirar

Pirar de vez Endoidar: "Pirou de vez. Num podemos fazer nada" [JB].

Pirar na batatinha *Bras., gír.* Endoidar: "O cara vai pirar na batatinha, tá loucão" [JB].

Pisar

Pisar a cena Representar; representar com aprumo e com talento no teatro; exercer a arte cênica; ser ator [ABH/AN/FF/GAS].
Sin.: *pisar as tábuas, pisar o palco*

Pisar a linha 1. Passar para além do que é permitido; ultrapassar as conveniências; cometer uma infração. **2.** Provocar a irritação de alguém [GAS].
Sin.: *pisar o risco*

Pisar aos pés Desprezar; desatender; humilhar; vexar; postergar; preterir: "Deus não permitiria que os estandartes de Cruz fossem pisados aos pés" (Rebelo da Silva, *História de Portugal*, I, cap. 2) [AN/ECS/FF/GAS].

Pisar as tábuas Ver *pisar a cena*

Pisar a tábua Desenvolver grande velocidade na condução de veículos motorizados [GAS].
Var.: *pisar pé na tábua*

Pisar bem Diz-se de mulher que tem o andar airoso, elegante, garboso [GAS].

Pisar com pés de lã 1. Andar maciamente, mansamente, sem fazer ruído. **2.** Agir com dissimulação, sorrateiramente; proceder com todas as cautelas e manhas para conseguir os seus fins; ir, vir com disfarce e sem ser notado, para conseguir certos fins; vir sub-repticiamente, disfarçadamente, com todas as cautelas, manhosamente, sorrateiramente. – Os ladrões costumavam calçar de lã os pés quando entravam à noite numa casa para se entregar às suas atividades, daí a expr. [AN/GAS/RF/RMJ].
Var. (2): *andar/ir com pés de lã, vir com pés/pezinhos de lã*

Pisar corações Descontentar a amigos [AN].

Pisar duro 1. Demonstrar ira incontida, muita cólera: "... saiu a pisar duro, pondo a palheta na cabeça" (Caio Porfírio Carneiro, *Uma luz no sertão*). **2.** Parecer lésbica: "Ela pisa duro, calça 44, meio machona" [JB/TC].

Pisar em brasa 1. Viver uma situação extremamente difícil, embaraçosa etc. **2.** Enfurecer-se, irritar-se, revoltado: "João (...) / estava pisando em brasa, / disse: '– Agora, vou botar / aquela gente pra casa, / e a que não me obedecer / ou corre, ou morre, ou se arrasa'" (Patativa do Assaré, *Cordéis*, p. 108) [ABH/TC].

Pisar em brasas *Bras., RS.* Andar com muita atenção e cuidado para não cometer erros [AJO].

Pisar em casca de banana Sofrer derrota eleitoral; cair politicamente; ser malsucedido em alguma empresa; vacilar: "Se o Pereira tinha pisado em casca de banana, pior para ele: caía, vinha outro e arranjava-se nova chapa" (Graciliano Ramos, *São Bernardo*, p. 49).

Pisar em cima de Humilhar, rebaixar alguém: "Mas pelo menos não deixei aquele nojento pisar em cima de mim" (Álvaro Cardoso Gomes, *A hora da luta*, p. 146).
Sin.: *pisar no cangote*
Var.: *pisar em riba de*

Pisar em falso 1. Pisar em terreno desnivelado; desequilibrar-se: "Só sei que pisei em falso num lado e saí deslizando sem fôlego..." (Terezinha Alvarenga, *Rio dos sonhos*, p. 25). **2.** Cometer ato desonesto ou reprovável [TC].
Var. (2): *dar um passo em falso*

Pisar em ovos Conduzir-se com cautela, diplomacia, habilidade, por tratar-se de situação delicada e/ou constrangedora; ser cauteloso ou diplomático; agir com muito cuidado: "O clima de trabalho, como se nota, é de pisar em ovos, todo mundo temendo..." (Adísia Sá, *O Povo*, cad. *People*, 27/4/97, p. 5D); "Piso em ovos, ajo rápido e com cautela, para não romper a magia" (Carlos Eugênio Paz, *Viagem à luta armada*, p. 23); "A situação era delicada e ele precisava pensar muito antes de fazer alguma coisa: por isso andava pisando em ovos para não ofender ninguém"; "O chefe está pisando em ovos, temendo uma derrubada" [ABH/CLG/CPL/DT/JB/TC].

Pisar em ramo verde Fazer o que tem na vontade; ter certas liberdades. – As tavernas, em Portugal, apresentam em vez de letreiro uma ramo verde. Daí a frase (ver *Rev. Lus.*, XXI, p. 125) [AN/GAS].
Var.: *pôr (o) pé em ramo verde*

≠ **Não pisar em ramo verde** *Fig.* Ser prudente, cuidadoso, cauteloso [ABH/FF/LCCa].

Pisar em/no rastro de corno *Bras., NE.* Diz-se "quando nada dá certo pelo resto do dia"; ter azar durante o dia; levar o maior azar, caiporismo; estar azarado: "Égua, macho, deu tudo errado lá com a Mariinha, parece até que eu pisei em rastro de corno!". – Dizem que dá azar, dos maiores, pisar em rastro de corno [CGP/FN/MSM/NL/RBA/TG].

Pisar em riba de *Bras., NE.* Humilhar alguém: "Ninguém pisa em riba de mim, joviu?" (Juarez Barroso, *Mundica Panchico e o resto do pessoal*) [TC].
Var.: *pisar em cima de*

Pisar fora do rego *Bras., S.* Proceder mal; não cumprir o dever; hesitar no cumprimento do dever [ABH/AC/AJO/AN].

Pisar fundo Ir longe: "É preciso pisar fundo, gente" [JB].
Var.: *mergulhar fundo*

Pisar fundo no acelerador Realizar alguma coisa em tempo recorde: "Os japoneses querem pisar fundo no acelerador para comprar a Vale" [JB].

Pisar na bola 1. Deslizar; resvalar; escorregar. **2.** Descuidar-se; cometer um engano; errar; dar uma mancada: "Nostradamus pisou na bola ao profetizar que o mundo ia acabar hoje, dia 11 de agosto" (Rose Marie Muraro, *Bundas*, 23/8/99, p. 8); "– Pisamos na bola! – reconheceram baixinho, para que ninguém os escutasse" (Maurício Murad, *Todos esse lance que rola*, p. 67); "Como o seu Q. E. (Quociente de Empáfia) era elevadíssimo, seus amigos, e sobretudo os inimigos, divertiam-se a valer quando o flagravam pisando na bola" (Sérgio Augusto, *Bundas*, 7/11/00, p. 24); "O chefe está pisando na bola" [ABH/CLG/JB/RBA].
Sin. (2): *dar um fora, pisar na jaca* (3), *pisar na redoma, pisar no tomate*
Var. (2): *dar uma pisada na bola*

Pisar na jaca *Bras., gír.* **1.** Cair na farra; beber; fumar; cheirar. **2.** Ficar muito mal. **3.** Errar: "O cara vacilou, pisou na jaca, dançou" [JB/MPa].
Sin. (3): *pisar na bola* (2)

Pisar na lama *Bras., gír.* Trabalhar: "É preciso pisar na lama, chefe, do contrário a gente não chega lá" [JB].
Var.: *botar o pé na lama*

Pisar na língua Ver *perder o gás*

Pisar na mão Ver *encher a cara*

Pisar na minhoca *Bras., gír.* Demorar; atrasar; retardar: "O cara pisou na minhoca, não tá ajudando" [JB].

Pisar na orelha *Bras., S, RS*. Sair pela frente do cavalo quando ele cai [ABH/AJO/AN].

Pisar na redoma *Bras., gír*. Errar: "O malandro pisou na redoma e sifu" (*sic*) [JB]. Sin. *pisar na bola* (2)

Pisar na tripa *Bras., BA, gír*. Estar morto de fome, esfomeado, faminto, esgalamido [ABF/NL].

Pisar no barro *Bras., gír*. Trabalhar: "Vamos pisar no barro, pessoal, vamos arregaçar as mangas" [JB].
Var.: *botar o pé no barro*

Pisar no calo de estimação Melindrar, atingir alguém no que o machuca, no que o ofende mais [AN].

Pisar no cangote *Bras., CE*. Exercer domínio absoluto; ter ascendência; dominar; humilhar: "Ele está acostumado a pisar no cangote de todo o mundo, mas comigo ele encontra!" (Leonardo Mota, *Sertão alegre*, p. 234) [LM/RG/TC].
Sin.: *pisar em cima de, pisar no pescoço*

Pisar no marmeleiro *Bras., NE*. Fugir apressadamente; correr; ir embora: "A velha (...) / berrou, soluçou e urrou, / deu três pulos no terreiro, / deixou o cocó no chão / e pisou no marmeleiro" (Patativa do Assaré, *Cordéis*, p. 108).
Var.: *danar-se no marmeleiro*

Pisar no mundo *Bras., S, pop*. Fugir; desaparecer às pressas; ir(-se) embora: "... e antes que ela ficasse buchada, pisou no mundo" (Sabino Campos, *Catimbó*) [ABH/AJO/AN/TC].
Var.: *afundar no mundo*

Pisar no pé Desafiar; insultar; procurar humilhar: "Ai do rico ou do gringo que pisar nos pé da gente!" (Pedro Menezes, *Casas de caranguejo*) [TC].

Pisar no pescoço Exercer domínio absoluto; dominar; humilhar: "É querer pisar no pescoço, fazer gato e sapato" (Francisco Fernandes do Nascimento, *Milagre na terra violenta*) [LM/RG/TC].
Sin.: *pisar no cangote*

Pisar no poncho de *Bras., S, RS*. **1.** Ofender, xingar, insultar alguém; fazer desaforo a alguém. **2.** Desafiar, provocar, afrontar alguém [ABH/AC/AJO/AN/FF/LM].
Var.: *sacudir o poncho de*

Pisar no rabo e ainda chamar de cachorro Insulto com que alguém lança desafio de briga contra seu desafeto [RBA].

Pisar no rastro Ir nas pegadas, na iminência de alcançar [TC].

Pisar no sacramento Ver *comer o lanche antes do recreio*

Pisar nos calos Irritar-se: "O dr. Lousada pisou nos calos. Ficou de briga, o homem" (Durval Aires, *Barra da solidão*) [AN/CLG/JB/TC].

Pisar (n)os calos Provocar a ira de alguém; atingir o ponto fraco de alguém; irritar, incomodar alguém; magoar, machucar muito alguém: "Eu não tenho dinheiro na burra, sou pobre, mas um cachorro deste não pisa nos meus calos" (José Lins do Rego, *Fogo morto*, p. 234); "Se lhe pisassem os calos, não seria como o irmão Fausto, humilde e medroso" (José Lins do Rego, *Meus verdes anos*, p. 118); "O perigo é pisar nos calos, é atanazar sua paciência" (Antônio Barroso Pontes, *Cangaceirismo do Nordeste*) [AN/CLG/GAS/JB/TC].

Pisar nos troços Enfurecer-se [GAS].

Pisar no tempo Ver *dar às de vila-diogo*

Pisar no terreiro Aparecer; surgir; apresentar-se: "Não me pise mais no terreiro desse homem, Josué" (Odálio Cardoso de Alencar, *Recordações da comarca*) [JB/TC].
Var.: *baixar no terreiro*

Pisar no tomate Fazer alguma coisa erradamente; errar: "Zagalo pisou no tomate. E caiu" (Egídio Serpa, *O Povo*, 19/6/98, p. 2E) [JB/MPa].
Sin.: *pisar na bola* (2)

Pisar o palco Ver *pisar a cena*

Pisar-o-pé-no-mundo (*sic*) *Bras., BA*. Ir embora para longe (ver Euclides Neto, *Dic. das roças de cacau e arredores*) [FNa].
Var.: *arribar o pé no mundo*

Pisar o rabo Ralhar com alguém; repreender; incitar para que faça mais, trabalhe mais depressa [GAS].

Pisar o risco Ver *pisar a linha*

Pisar os calcanhares Andar atrás de alguém; empurrar; fazer andar para a frente [GAS].

Pisar os calos Incitar a trabalhar mais por se verificar mândria; repreender: "Se lhe pisassem os calos, não seria como o irmão Fausto, humilde e medroso" (José Lins do Rego, *Meus verdes anos*, p. 118) [GAS].

Pisar os ossos Diz-se de quem morreu muito depois de outra pessoa [GAS].

Pisar (em) ovos Andar devagar, lentamente, de leve, de mansinho, com cuidado, cautelosamente [AN/GAS].

Var.: *andar sobre ovos* (1)

Piscar

Piscar o olho a alguém Fazer a alguém um sinal de inteligência; fazer sinal a alguém fechando e abrindo um dos olhos [AN/GAS]. ♦ No NE do Brasil, com este gesto convencionava-se dizer às crianças que era assim que as pessoas estavam namorando. Pode assumir o sentido de uma trama ou combinação ardilosa entre dois indivíduos.

Var.: *bater o olho*

Pitar

Pitar do Vicente *Bras., RS*. Passar maus momentos; sofrer; padecer [ABH/AJO].

Pitar macaia *Bras., SP, pop*. Morrer: "Quando todos pensavam que ele um belo dia pitasse macaia, de amarelão ou hética, justou-se como zelador do cemitério" (Valdomiro Silveira, *Os caboclos*) [ABH/AN/FSB/LM].

Plantar(-se)

Plantar aipim fora de casa *Bras., BA*. Trair, cornear [FNa].

Plantar bananeira(s) 1. Pôr as mãos no chão e as pernas para o ar; dobrar o corpo, virando a cabeça para o chão, apoiado nas palmas das mãos; ficar de cabeça para baixo, com o corpo apoiado nas mãos e as pernas para cima: "Rotáveis pelo tapete, fazendo micagens, plantando bananeiras" (José Geraldo Vieira, *Carta a minha filha em prantos*). – As pernas fazem o papel das folhas da bananeira. **2.** Procurar o que fazer: "Vá procurar o que fazer, vá plantar bananeira" [ABH/AN/CPL/GS/JB/OB].

Plantar chifre na cabeça de cavalo Realizar coisa forçada, impossível; exercer uma tarefa sem convicção, artificialmente: "O que foi ao ar, cheirou a uma produção forçada. Até parece que a repórter tentou plantar chifre na cabeça de cavalo" (Abidoral Possidônio, *O Povo*, cad. Jornal da Tevê, 1º/8/99, p. 4).

Plantar chifres *Bras., NE*. Trair; cometer adultério: "Mesmo que pretendesse plantar chifres no marido, não haveria condição de ser com aqueles garotos..." (Permínio Asfora, *Bloqueio*) [MSM].

Var.: *botar chifre(s)*

Plantar de meia Plantar em terras alheias ou com recursos alheios (de terceiros), para repartir oportunamente o resultado da colheita [TC].

Plantar (uma) figueira *Bras., RS*. Cair de cavalo [AJO].

Plantar no pó *Bras., BA*. Ter relações sexuais com a namorada antes de casar-se. – Alusão a "plantar a semente antes da chuva, ainda no pó da cinza da queimada". Ver Euclides Neto, *Dic. das roças de cacau e arredores* [FNa].

Sin.: *casar na igreja verde*

Plantar o cambiá *Umb*. Enterrar, junto à porteira, um ou mais objetos determinados, para impedir a entrada de espíritos malignos e de pessoas mal-intencionadas. – Cambiá (ou cambá) é um tipo de amuleto [OGC].

Plantar o obi *Cand*. Colocar o obi partido sobre a cabeça do iniciado, para confirmá-lo. – Obi é o fruto de um tipo de palmeira africana, imprescindível no cand. [OGC].

Plantar o ovo *Bras., chulo*. Fazer sexo: "Preciso plantar o ovo numa bela mulher" [JB].

Plantar-se nos arreios *Bras., S*. Segurar-se de qualquer maneira, nos arreios, para não cair do cavalo [AJO].

Plantar uma figueira *Bras., fam*. Levar uma queda, um trambolhão; prostrar-se por terra; cair na rua ou no campo; dar, sofrer uma queda [ABH/AN/GAS].

Plantar um filho *Bras., NE, N, chulo*. Copular; engravidar: "Quando eu era moça, perdi a minha inocência com um cachorro dum homem que me plantou um filho e bateu pra Belém até hoje" (Dalcídio Jurandir, *Chove nos Campos de Cachoeira*) [MSM].

Var.: *fazer um filho*

Plantar um murro *Bras., CE*. Esmurrar; socar; bater em alguém [AS].

Plantar um pezinho de cá-te-espero *Bras., BA*. Ameaça ou promessa a alguém para aguardar o que vai acontecer (com o sentido de: "deixa (*sic*) comigo, você vai ver só"): "Eu planto um pezinho de cá-te-espero... Me aguarde, e você vai ver no que dá a desfeita que você me fez!" [NL].

Plantar uns tabefes Esbofetear; dar taponas: "Uma vez Aníbal plantou-lhe uma porção de tabefes" (João Clímaco Bezerra, *Não há estrelas no céu*) [TC].

Var.: *lascar/meter o tabefe*

Pocar

Pocar fora *Bras., gír*. Ir embora: "Vou pocar fora, cidadão, a barra tá pesada pra cima de muá [= do fr. *moi*, "mim"]" [JB].

Poder(-se)

≠ **Não poder a cadela com tanto cachorro** Diz-se de quem tem despesas demasiadas para as suas posses [GAS].

Poder andar com a cara descoberta Ter a consciência limpa; não ter de que se envergonhar; não dever nada a ninguém [AN].

≠ **Não poder com a bunda** *Bras., S, SP, chulo*. Diz-se da pessoa que é medrosa, covarde, que não tem coragem [MSM].

≠ **Não poder com alguém** Não gostar de alguém; não simpatizar com alguém; odiar, detestar alguém [GAS].

≠ **Não poder com a vida de 1.** Não aturar, não suportar, não estar em condições de manter certo nível de vida. **2.** Não exercer força moral sobre alguém; não infundir respeito ou temor a alguém: "Não pode mais com a vida dela" (José Américo de Almeida, *A bagaceira*); "Isso é uma vergonha: se você não pode com a vida de seus filhos, eu posso!" [AN/LM/TC].

≠ **Não poder com uma gata pelo rabo 1.** Não ter forças físicas; estar muito fraco, muito abatido; diz-se de indivíduo fraco e débil. **2.** *Fig*. Estar sem recursos financeiros. **3.** Não ter prestígio ou valimento [AN/FF/GAS/LM/RMJ].

Sin. (1): *não poder consigo*

Var. (1): *não poder com um gato morto pelo rabo*

≠ **Não poder consigo** Ver *não poder com uma gata pelo rabo* (1)

Poder(-se) contar pelos dedos Diz-se quando há muito pouca quantidade, visivelmente menos de dez: "Pode-se contar pelos dedos" [AN/GAS].

Var.: *contar pelos dedos, poder contar com os dedos da mão*

≠ **Não poder deixar de ser** Ter forçosamente de acontecer [GAS].

≠ **Não se poderem tragar** Serem inimigos figadais [AN].

≠ **Não se poderem ver** Odiarem-se profundamente; não se suportarem um ao outro [AN].

≠ **Não poder fazer milagre** Não poder exceder-se; não ser capaz de fazer coisas extraordinárias, impossíveis [AN].

Poder ir no correio à meia-noite *Lus., pop*. Diz-se de mulher que, pela sua feiura, pode viajar sozinha de noite sem perigo de ser assaltada para fins sexuais [GAS].

≠ **Não poder passar em Guimarães** *Lus.* Diz-se de uma pessoa que tem as pernas muito magras (finas), por serem boas para cabos de faca (indústria que existe na cidade de Guimarães) [GAS].

≠ **Não poder piar** Estar inibido de dar opinião [AN].

≠ **Não poder pôr um pé adiante e outro atrás** Não poder andar [AN].

≠ **Não poder reter as águas 1.** Diz-se de quem não sabe guardar um segredo. **2.** Diz de quem sofre de incontinência urinária [GAS].

≠ **Não poder servir a dois senhores** Atendendo a uma obrigação, desprender-se de outra incompatível com ela. – A or. da expr. é o Evangelho (Mt 6, 24; Lc 16, 13) [AN].

≠ **Não poder ter-se em pé** Achar-se muito fraco [AN].

≠ **Não poder tragar alguém** Ter aversão a alguém; não gostar de alguém; não suportar alguém [AN/FF/GAS].

≠ **Não poder ver 1.** Detestar. **2.** Ser cego [GAS].

≠ **Não poder ver alguém nem pintado** Ter grande aversão a alguém [GAS].

Var.: *não poder vê-lo nem pintado*

≠ **Não poder ver defunto que não saia pegado no pau da rede** Não perder oportunidade de gozar aquilo de que gosta; nada poder ver sem querer tomar parte [AN/LM].

Sin.: *não poder ver defunto sem chorar*

≠ **Não poder ver defunto sem chorar** Ver *não poder ver defunto que não saia pregado no pau da rede*

≠ **Não poder ver micuim com tosse** *Bras., pop.* Não tolerar gabolice por parte de criança ou de pessoa presunçosa [ABH].

Var.: *não poder ver mucuim com tosse*

≠ **Não poder ver uma camisa lavada a alguém** *Lus.* Diz-se de um indivíduo invejoso [GAS].

Polir

Polir as pedras da calçada Diz-se de quem anda à boa-vida, a passear; diz-se de quem procura emprego; estar ocioso [GAS].

Pôr(-se)

Pôr a alguém os ossos num feixe Ver *moer os ossos*

Pôr a andar Mandar embora [GAS].

Pôr a boca em alguém Difamar alguém [GAS].

Pôr a boca no mundo 1. Gritar: "Antes que o diabo do papagaio pusesse a boca no mundo, eu avisei..." (Fernando Sabino, *A vitória da infância*, p. 154). **2.** Escandalizar com palavras; revelar segredos. **3.** Queixar-se; fazer acusações; lamentar-se; desabafar. **4.** Mentir [ABH/AC/AN/FF/OB/RMJ/TC].

Var. (1) (2) (3): *botar a boca no mundo* (1) (2) (3) (5) (6)

Pôr a bom recato Acautelar para evitar dano; resguardar de dano ou prejuízo. – A expr. era: *pôr a bom recado* (ver João Ribeiro, *Seleta*) [AN/GAS].

Pôr a cabeça de alguém a prêmio Oferecer dinheiro a quem denunciar o paradeiro, prender ou matar esse alguém [AN].

Pôr a calva à mostra Descobrir, mostrar os defeitos, os fracos de alguém; revelar um indivíduo tal como realmente é, tirando-lhe os disfarces (no caso o chinó ou cabeleira postiça); dar a saber os fracos, defeitos e culpas; desmascarar; contar os antecedentes. – Reminiscência das torturas inquisitoriais (ver Ladislau Batalha, *História geral dos adágios portugueses*; Leite de Vasconcelos, *Rev. Lus.*, XXIV, p. 233; *Opúsculos*) [AN/FSB/GAS/RMJ].

Var.: *pôr a careca à mostra*, (lus.) *pôr a moleirinha à mostra*

Pôr a casa em ordem Arrumar; disciplinar: "Acho melhor nos preservarmos dessa mania de pôr a casa em ordem" (Paulo Caruso, *IstoÉ*, 22/5/02, p. 114) [GAS].

Pôr(-se)

Pôr a claro Esclarecer; manifestar [ECS/GAS].
Var.: *tirar a claro*

Pôr a coberto Proteger [GAS].

Pôr a consciência em almoeda Oferecer a consciência, abrir mão de seus princípios a quem der, a quem pagar mais [ABH].

Pôr a corda no pescoço Meter em apuros exigindo o pagamento imediato de uma dívida [AN].

Pôr à curta alguém Desacreditar alguém [ECS].

Pôr a dar Arejar; submeter à influência da ação do ar [CA/GAS].

Pôr a descoberto Ver *pôr (tudo) a nu*

Pôr a dormir Dar uma pancada que ocasione perda de sentidos; matar; assassinar [GAS].

Pôr a escrita em dia 1. *Lus.* Dar conta das novidades havidas desde o último encontro. **2.** *Bras., NE, S.* Manter as obrigações sexuais do matrimônio; pôr a vida sexual em dia; manter relações sexuais, depois de longo período de continência; copular [AN/GAS/GM/MSM/TC].
Sin. (2): *tirar o atraso* (3)
Var. (2): *estar com a escrita em dia*

Pôr a faca no(s) peito(s) *Bras., fam.* Tentar forçar alguém a uma decisão, uma resolução imediata, um pronunciamento, uma atitude ou ato qualquer; imprensar; constranger por força; coagir alguém; obrigar a proceder conforme a vontade alheia: "O poeta Antônio Carlos Osório, que patrocinou minha campanha para a Academia Brasileira de Letras, me põe a faca nos peitos. Quer que tome posse na cadeira para a qual fui eleito" (Lustosa da Costa, *Diário do Nordeste*, 19/8/00, p. 4) [ABH/FF].
Var.: *botar a faca nos peitos, pôr a faca aos peitos, pôr as facas ao/no peito, pôr o punhal ao peito*

Pôr a fangos *Lus.* Acautelar-se [GAS]. ♦ Em Portugal, conforme o informante do verbete, "fangos" são escudos (moeda de Portugal. antes da adoção do euro), o dinheiro, a moeda circulante.

Pôr a farda às costas a alguém Obrigar alguém a assentar praça como castigo [AN].

Pôr a ferros Algemar [ECS].

Pôr água (fria) na fervura Tentar conciliar; procurar apaziguar uma disputa; abafar uma discussão; trazer calma; acalmar; moderar; arrefecer o entusiasmo, o ânimo, a excitação, a ira etc.; intervir de forma conciliadora, acalmando os ânimos e evitando graves consequências: "A bomba não chegou a explodir porque o primeiro-ministro Massimo D'Alema, seu ex-companheiro de partido, se apressou em pôr água fria na fervura" (*Veja*, 20/10/99, p. 64). – Em esp., com o mesmo sentido, diz-se: *echar agua al vino* (= pôr água no vinho) [ABH/AN/GAS/RMJ/TC].
Var.: *botar água na fervura* (1)

Pôr a jogo Pôr à sorte no jogo: "... Teve quem pôs a jogo até bentinho de pescoço" (João Guimarães Rosa, *Grande sertão: veredas*) [ECS].

Pôr a lei na boca do saco Disciplinar; restringir; ter prevenção, cautela, para evitar desmandos, abusos ou excessos [FS/Gl/TC].
Var.: (NE) *pôr a regra na boca do saco*

Pôr alguém pela rasa *Lus.* Dizer mal de alguém; difamar alguém [GAS].

Pôr a luz sob o alqueire Ocultar aos homens a luz intelectual, a verdade, o talento (ver Mt 5, 15) [AN].

Pôr a manta por cima Dar proteção [GAS].

Pôr a mão em Tocar ou mexer em [ABH].

Pôr a mão na cabeça Iniciar; ato de iniciação aos rituais e doutrinas afro-bras. [OGC].

Pôr a mão na massa Executar objetivamente; cair na prática de; praticar; exercitar um ensinamento, conhecimento etc.: "Pintou a sua chance de 'pôr a mão na massa'. Participe dos cursos programados..." (Anúncio publicitário/Mausi Sabess, *Gula*, n.º 86, dez./1999, p. 132).
Var.: *botar a mão na massa* (1)

Pôr a(s) mão(s) no fogo por 1. Dar testemunho de confiança em alguém; procedimento que se diz tomar para asserção de um fato; ter a mais elevada confiança; crer na inocência ou na pureza de alguém; demonstrar a maior confiança em alguém ou em algo: "Esse rapaz é muito honesto: ponho as mãos no fogo por ele." **2.** Responsabilizar-se por alguém: "Não ponho a mão no fogo pela minha tese, nem a defenderia contra quem sustenta que um reacionário é um reacionário" (Moacir Werneck de Castro, *Bundas*, 29/5/00, p. 21); "Começo por avisar: não assumo qualquer responsabilidade pela exatidão dos fatos, não ponho a mão no fogo, só um louco o faria" (Jorge Amado, *Tieta do agreste*, p. 15) [ABH/AC/DT/FSB/GAS].
Var.: *botar a mão no fogo por*

Pôr a marca *Lus.* **1.** Tirar a virgindade. **2.** Assinalar [GAS].

Pôr a mesa Preparar a mesa para as refeições: "Veio com fome, mandou pôr a mesa; enquanto esperava foi ao quarto de Lenita, bateu à porta" (Júlio Ribeiro, *A carne*, p. 115); "Doida, a velha Calu! Começou de repente; teve juízo bastante pra coar o café, pôr a mesa, tudo direitinho..." (Darcy Ribeiro, *O mulo*, p. 500) [ABH/GAS].
Var.: *botar a mesa*

Pôr (tudo) a nu Manifestar abertamente; descobrir; desvendar; patentear; revelar; desenredar; pôr à mostra, em evidência; desmascarar: "Nesses instantes de abertura, a anedota, o caso e o boato punham a nu o grotesco e a hipocrisia..." (Aníbal Bonavides, *As profecias do Arquimedes*, p. 10) [ABH/CPL/ECS/FF/GAS].
Sin.: *pôr a descoberto*

Pôr ao/a um canto Ver *pôr de lado*

Pôr ao corrente Ver *pôr ao correr de*

Pôr ao correr de Pôr a par de; fazer sabedor do que se passa; esclarecer; informar: "O tipógrafo pôs o novo companheiro ao correr de suas ideias" (Amando Fontes, *Os corumbas*) [AC/AN/ECS/FF/GAS].
Sin.: *pôr ao corrente*

Pôr a pão e laranjas Pôr alguém em mau estado por lhe ter dado uma sova [GAS].

Pôr a preço Pôr à venda: "Puseram a preço o Pão de Açúcar?!"

Pôr a procissão na rua 1. Trazer todos os argumentos. **2.** Provocar um levante de quartéis [AN].

Pôr à prova Fazer passar por situação aflitiva ou sofrimento; testar; verificar: "Era pôr à prova o coração de um pai" (Machado de Assis, *D. Casmurro*) [ECS].

Pôr a raiz/as raízes ao sol Arrancar planta, dente etc. [AN/GAS].

Pôr areia *Gír.* Atrapalhar; impedir: "Mesmo que você não acredite não é justo pôr areia nas ilusões dos outros" [JF].
Var.: *botar areia*

Pôr a riso Ridicularizar: "O receio de ser posto a riso por suas primas..." (Camilo Castelo Branco, *Amor de perdição*) [ECS].
Var.: *meter a riso*

Pôr a saco Saquear: "Entretidos em pôr a saco as opulentas cidades do meio-dia..." (Alexandre Herculano, *Eurico, o presbítero*) [ECS].
Sin.: *dar a saque*
Var.: *meter a saco*

Pôr a salvo Tirar ou livrar de perigo; salvar [FF/GAS].

Pôr as barbas de molho Acautelar-se; preparar-se para um perigo que se antevê; dispor-se para sofrer o que outros estão sofrendo; precaver-se contra algo, como um perigo iminente; prevenir-se; escarmentar-se; ficar de sobreaviso: "O presidente Serpa tratou de pôr as barbas de molho, coisa que ele, aliás, nunca possuiu..." (Leonardo Mota, *Cabeças-chatas*, p. 160); "A gente o que deve fazer, é pôr as barbas de molho, e ir tomando cautela, que é o caldo de galinha das sociedades doentes..." (*sic*) (Olavo Bilac, *Obra reunida*, p. 786); "O que aconteceu a seus colegas também pode acontecer a você; por isso é bom pôr as barbas de molho" [ABH/AN/DT/FF/GAS/OB/TC].
Var.: *botar as barbas de molho* (1)

Pôr as cartas na mesa *Fig.* **1.** Esclarecer todos os pontos de uma questão, sem omitir nada. **2.** Declarar suas intenções; declarar com franqueza as intenções ou propósitos de que se está animado, mostrando o seu poder diante da fraqueza do adversário; usar de toda a franqueza; não dissimular; obrar com franqueza e lealdade; dar a conhecer os meios de que dispõe; dispor-se para sofrer o que outros estão sofrendo; escarmentar-se; acautelar-se; agir às claras: "Esclarecer: 'Vou pôr as cartas na mesa e espero que não haja dúvida sobre minha lealdade ao chefe'" [ABH/AN/CLG/FF/JB/OB/RMJ].
Var.: *botar as cartas na mesa*

Pôr as coisas no seu lugar Restabelecer a verdade [AN].

Pôr as costelas num molho Esbordoar [AN].

Pôr as gaitas Cornear [GAS].

Pôr as garras *Bras., RS.* Encilhar o cavalo [AJO].

Pôr as linhas *Lus.* Olhar com cuidado e saber pelo governo da casa [GAS].

Pôr as mangas/manguinhas de fora *Bras., fam.* Revelar, subitamente, intenção abusiva ou imprevista; ousar: "Também nunca o arbítrio oficial, aproveitando a complacência dos órgãos da opinião, se mostrou mais resoluto em pôr as manguinhas de fora" (Rui Barbosa, art. em *A Imprensa*, 23/1/1899, condenando violências policiais) [GAS/RMJ].
Var.: *botar as mangas/manguinhas de fora, pôr os pauzinhos de fora*

Pôr as mãos Unir as mãos em atitude súplice para rezar [ABH].

Pôr as mãos em 1. Bater em; tocar em; espancar alguém: "Não ponha as mãos na sua mulher." **2.** Capturar; prender; agarrar, segurar alguém: "O delegado já pôs as mãos no malfeitor?" [AN/GAS/TC].

Pôr as mãos no chão Disparar, responder desabrida e ofensivamente [GAS].

≠ **Não pôr as mãos no fogo por** Duvidar da inocência ou pureza de; duvidar de algo ou de alguém [FF/GAS].
Var.: *não pôr as mãos no lume por*

Pôr à sombra Prender; encarcerar [AN].

Pôr as patas em cima Dominar; humilhar [GAS].

Pôr as telas nalgum assunto Principiar, começar, encetar um assunto [GAS].

Pôr as tintas Ver *enfeitar o maracá* (1)

Pôr as tripas ao sol Dar uma facada, uma navalhada na barriga causando a saída das vísceras; rasgar o ventre do adversário: "Pensas que assim hás de mangar com o sargento Quintino? Primeiro hei de tirar-te as tripas, pô-las ao sol" (Martins Pena, comédia *O caixeiro da taverna*). – "Hei de te pôr as tripas ao sol" é uma ameaça de morte, pois tal operação só pode ser realizada rasgando-se o ventre do adversário [AN/GAS/RMJ].

Pôr a via de fora Sofrer prolapso do reto [AN].

Pôr a vida ao sol Contar todos os segredos da sua vida; diz-se de inteira confissão [GAS].

Pôr a vista Fitar os olhos [AN].

Pôr à vista Mostrar de forma que passe a ser observado por todos [GAS].

Pôr a vista em cima Ver, avistar: "Nunca mais ninguém pôs a vista em cima" (Graciliano Ramos, *Alexandre e outros heróis*) [TC].

Pôr à vontade Deixar como quer; dar toda a liberdade [AN].

Pôr (o) barbicacho em *Bras.* Prender alguém; manter constrangido (alguém); ter alguém no cabresto; exprime a ideia de ter alguém sujeito, preso, forçado, constrangidamente obrigado (Morais Silva) [ABL/AN/GAS/RMJ].
Var.: *ter pelo barbicacho*

Pôr capa a ver se escapa Argumentar desculpas para se ilibar [GAS].

Pôr cartas Predizer o futuro; fazer previsões pelas cartas de um baralho; dispor

Pôr(-se)

as cartas segundo as regras da cartomancia, para adivinhar; procurar conhecer o futuro por meio das cartas de jogar: "– Aprendi a pôr cartas com vovó, que era cigana, e ela nunca mentiu para ninguém!..." (Teresa Noronha & Ganymédes José, *O príncipe fantasma*, p. 24) [ABH/FF].
Var.: *botar cartas*

Pôr chifre(s) Cornear; ser adúltero(a); tanto significa o fato de a mulher ser infiel ao marido, como o de o homem provocar esse ato de infidelidade: "Talvez Antônio tivesse razão. Ina lhe teria posto muitos chifres" (José Augusto Carvalho, *A ilha do vento sul*, p. 165) [AN/GAS/TC].
Var.: *botar chifre(s), pôr os chifres*

Pôr cobro Acabar; coibir; refrear; terminar com uma questão; fazer cessar um abuso: "A negralhada, a mulataria está invadindo as Faculdades, preenchendo as vagas, é preciso um freio, pôr cobro, proibir essa desgraça" (Jorge Amado, *Tenda dos milagres*, p. 218) [GAS].
Sin.: (lus.) *pôr sofremo*

Pôr com dono *Lus.* Ir embora; vender; transferir responsabilidades; desfazer-se de alguma coisa [GAS].

Pôr corno(s)/os cornos Ver *botar chifre(s)*

Pôr cravo Criar um obstáculo. – Alusão às pancadas do ferrador [AN].

Pôr de banda Ver *pôr de lado*

Pôr de lado 1. Não levar em conta, em consideração; desprezar; rejeitar: "Pôs de lado vários argumentos, por haver muitos outros de maior peso." **2.** Deixar (alguma coisa) para exame ou cogitação ulterior. **3.** Abandonar; desprezar; desamparar: "Por causa da amante pôs de lado a mulher" [ABH/AC/CPL/FF/GAS/TC].
Sin.: *pôr ao/a um canto, pôr de banda*
Var.: *deixar de lado*

Pôr de pantanas Destruir; arruinar; aniquilar [GAS].

Pôr de parte 1. Separar; apartar; isolar: "Pôs de parte as mercadorias importadas." **2.** Rejeitar; abandonar: "Pôs de parte as roupas rasgadas" [ABH].
Var.: *deixar de parte*

Pôr de quarentena uma notícia *Jorn.* Não dar crédito a uma notícia até obter informações mais seguras [AN].

Pôr de rastos 1. Infamar; desacreditar. **2.** Arruinar; abater; pôr na miséria [AN/GAS].

Pôr de remissa Reservar para ocasião mais oportuna: "Aquilo tudo estava pondo de remissa..." (Vilma Guimarães Rosa, *Acontecências*) [ECS/GAS].

Pôr de sua algibeira Pagar à sua custa [ABH].

Pôr diante dos olhos Ver *meter pelos olhos adentro* (1)

Pôr e dispor Ver *fazer e desfazer* (1)

Pôr em almoeda Ver *pôr em leilão*

Pôr embargos à ligeireza Impedir [AN].

Pôr em debandada Fazer fugir [FF].

Pôr em fugida *Lus., ant.* Afugentar: "Pondo o seu rei com muitos em fugida..." (Luís de Camões, *Os Lusíadas*, X); "Surpreender custou barato, bobearam as sentinelas, sem se haver um grito de armas, foi só pôr em fugida..." (João Guimarães Rosa, *Grande sertão: veredas*) [ECS]. ♦ Note-se a expr. arcaica, aqui empregada por um escritor modernista, ressuscitada da época clássica, de Camões (séc. XVI).

Pôr em hasta pública Vender em leilão ou a quem dê mais. – "Hasta" quer dizer "lança". Os romanos costumavam hastear uma lança no lugar do leilão [AN].

Pôr em jogo Pôr em ação: "... a par de uma espécie de prostração moral, sobrevém um como que cansaço material – e suponho que para me dominar ponho em jogo não só as energias ideais de minha alma, como também a fortaleza de meus músculos" (Euclides da Cunha, apud Sylvio Rabello, *Euclides da Cunha*, p. 27) [GAS].

Pôr em leilão Fazer estendal com alguma coisa expondo-a perante todos; leiloar, oferecendo a quem mais der; entregar

Pôr(-se)

alguma coisa ao serviço de quem mais der por ela [AN/GAS].
Sin.: (lus.) *pôr em almoeda, pôr em praça*

Pôr em lençóis de vinho *Lus.* Dar muita pancada [GAS].

Pôr em/por obra Providenciar no sentido de que algo se realize; realizar; executar; fazer executar; levar a efeito: "Apenas João Afonso... saiu para pôr por obra aqueles arbítrios, o chanceler deixou-se cair na grande poltrona e desandou uma das suas chirriantes gargalhadas" (Alexandre Herculano, *O monge de Cister*, II) [ABH/AN/FF].

Pôr em patanisca *Lus.* Despedaçar; desfazer; reduzir a farrapos [GAS].

Pôr em pé Organizar [GAS].

Pôr em pé de guerra Colocar em estado de entrar em combate [AN].

Pôr em picado *Lus.* Pôr em dificuldades, em apuros: "Ponho a Veledo em picado! Dez anos de luta, e regeneraremos o teatro português" (Fialho d'Almeida, conto "A eminente atriz"). – Deve provir de alusão a "mar picado", i. e., "agitado, perigoso" [RMJ].

Pôr (tudo) em polvorosa 1. Causar uma revolução, um alvoroço; armar uma grande confusão; fazer grande agitação, conflagração; pôr toda a gente a trabalhar, a se mexer. **2.** Arruinar; estragar; dar cabo: "A inflação novamente está pondo em polvorosa as pessoas de baixa renda" [AN/GAS/OB].

Pôr em praça Ver *pôr em leilão*

Pôr em prática Efetuar; efetivar; realizar; executar [FF/GAS].

Pôr (tudo) em pratos limpos Esclarecer por inteiro, completamente, uma questão, uma situação, um assunto controvertido; averiguar; referir tudo o que sabe sem ocultar pormenores, a fim de esclarecer bem uma situação: "Só uma Comissão Parlamentar de Inquérito terá condições de pôr tudo em pratos limpos" (Lúcio Flávio V. Lima, *O Povo*, "Cartas", 7/6/97, p. 6A); "Vou pôr tudo em pratos limpos e não quero mais confusão comigo" [ABH/AN/CLG/FF/FSB/GAS/JB/TC].
Var.: *botar (tudo) em pratos limpos*

Porem-se/Pôr os cabelos em pé Arrepiar-se; assustar-se; ter receio ou temor [AN/GAS].
Var.: *ficar com os cabelos em pé*

Pôr em sobressalto Assustar; alarmar; apavorar [GAS].

Pôr em sossego Tranquilizar: "Que quem no afago o choro lhe acrescenta / Por lhe pôr em sossego o peito irado" (Luís Vaz de Camões, *Os Lusíadas*, cap. II, estrofe 43, versos 4-5, p. 49) [ECS].

Pôr em sua vontade Tomar uma decisão; resolver; determinar, decidir sem hesitação [ABH/RF].

Pôr em voga Propagar, vulgarizar [AN].

Pôr em xeque 1. Pôr em dúvida o valor, a importância, o mérito de: "Henrique Bernardelli, seu professor na Academia, talvez não visse com bons olhos aquelas exaltações fantasiosas que, de certa maneira, vinham pôr em xeque os cânones tradicionais da pintura acadêmica" (Luís Edmundo, *De um livro de memórias*). **2.** Ameaçar; pôr em perigo; pôr em situação melindrosa [ABH/CPL/GAS].
Var.: *colocar em xeque, pôr em cheque* (sic)

Pôr entrames *Lus.* Esconder; ocultar [GAS].

Pôr entre as grades Encarcerar [AN].

Pôr fé Acreditar: "Ponha fé nos seus próprios dons de ser pensante" [CLG].
Var.: *botar fé*

Pôr fim à vida Matar-se; suicidar-se; morrer: "... mergulhou no precipício, com seus derradeiros pares, pondo fim à vida, para dar sentido à tradição de liberdade semeada na Serra da Barriga" (Luiz Galdino, *Saruê, Zambi!*, p. 86) [GAS].

Pôr (um) freio Reprimir; sujeitar; moderar: "É preciso pôr freio nos seus desatinos" [ABH].

Pôr galhos Provocar ato de infidelidade conjugal (o amante ou a mulher, em relação ao marido): "Andava falando das mulheres casadas, pondo galhos em muitos maridos decentes" (Nagib Jorge Neto, *As três princesas perderam o encanto na boca da noite*) [TC].
Sin.: *botar chifre(s)*

Pôr lá dentro *Desp*. Fazer gol: "... Tostão dá três ou quatro cortes luminosíssimos e entrega a Jairzinho. Este põe lá dentro" (Nélson Rodrigues, *À sombra das chuteiras imortais*) [HM].
Var.: *deixar lá dentro*

≠ **Não pôr lá os cotos** *Lus*. Não ir a qualquer lado; não comparecer num local [GAS].
Var.: *não pôr lá os pés*

Pôr lenha na fogueira Atiçar uma discórdia, um ressentimento: "... acrescentou o jornalista, argumentando que não quis pôr lenha na fogueira na briga entre ACM e o PMDB para não prejudicar Barbosa Lima" (Aziz Filho, *IstoÉ*, 14/2/01, p. 42) [TC].
Var.: *botar lenha na fogueira*

≠ **Não pôr mais na carta** Nada mais acrescentar [AN].

Pôr mais raso do que a lama Achincalhar; dizer o pior possível; difamar [GAS].

Pôr mãos à obra Começar a fazer uma coisa; atirar-se com afinco a um trabalho, a uma atividade: "Eis o réu que sobe a forca. Passou pela turba um frêmito. O carrasco pôs mãos à obra" (Machado de Assis, *Quincas Borba*) [ABH/FSB/GAS].
Var.: *meter mãos à obra*

Pôr mel nos beiços Fazer ou dizer coisas que deem prazer e ânimo a alguém de maneira que consiga aquilo que pretende; fazer coisa de prazer e mimo a alguém para o granjear, e conseguir dele alguma coisa [GAS/RMJ].
Sin.: *adoçar a boca de alguém, passar mel nos lábios*

Pôr mordaça Impedir que fale [AN].

Pôr na boca de Atribuir a; fazer dizer: "O nobre deputado distorce a verdade. Está pondo na boca de um dos seus pares uma calúnia" [FF].

Pôr na caçapa *Bras., gír*. Fazer sexo: "Aquela vou pôr na caçapa. Vou faturar" [JB].

Pôr na dança Enganar alguém; envolver em questão em que não tomava ou não queria tomar parte; atrair alguém para algo; meter na briga, na encrenca, na questão: "Nós devemos é pôr seu Biinha na dança" (João Clímaco Bezerra, *Sol posto*) [AN/GAS/TC].
Var.: *meter na dança*

Pôr na gazeta Levar ao conhecimento do público [AN].

Pôr na nana *Lus., Ericeira*. Pôr na cama [GAS].

Pôr na rua 1. Despedir; intimar que saia, que faça despejo da casa onde está; expulsar. **2.** Dar liberdade a; soltar [AN/FF/GAS/TC].
Var. (1) (2): *pôr no olho da rua*
Var. (1): *botar na rua*

Pôr nas alturas 1. Elevar, exaltar, endeusando; mitificar. **2.** Atribuir qualidades ideais a; idealizar [ABH].

Pôr nas baias *Lus*. Não deixar abusar; levar para o bom caminho [GAS].

Pôr nas/entre as estrelas Ver *pôr nas nuvens*

Pôr nas mãos de alguém Entregar, confiar, colocar sob a alçada, sob o poder de alguém [AN].

Pôr nas nuvens Elogiar muito; exaltar muito calorosamente; fazer a apoteose de; divinizar; encarecer o valor, o mérito; elogiar exageradamente; exaltar, louvar com exagero: "A crítica pôs nas nuvens o seu último romance" [ABH/AN/JB].
Sin.: *pôr nas/entre as estrelas, pôr nos cornos da Lua*

Pôr na vala comum Colocar misturado com outros, indistintamente, sem seleção. – Prática feita em tempos de epidemia [AN].

Pôr no andar da rua Expulsar; pôr fora de casa [GAS].

Pôr no cu sem vaselina *Bras., S, NE, chulo.* Castigar severamente, sem piedade [MSM].

Pôr no jornal 1. Publicar; falar para todo mundo. **2.** Fazer escândalo [AN/CLG].

Pôr no limbo Deixar no esquecimento. – O limbo é o lugar para onde, segundo a crença vulgar, vão as almas dos recém-nascidos mortos sem batismo [AN].

Pôr no mato *Bras., NE.* Diz-se da mulher infiel que mantém relações sexuais com amantes, fora de casa [MSM].

Pôr nome Injuriar; descompor: "Não ponha nome na mãe do guri, que ela é boa pessoa!" [LM].
Var.: *chamar nome(s)* (2)

Pôr no mesmo saco *Fig.* Dispensar o mesmo tratamento a pessoas ou coisas heterogêneas [ABH].

Pôr no olho da rua 1. Expulsar de casa; mandar embora. **2.** Despedir do emprego: "– Pois não é que entrou em greve também, acabou na comissão, escapou de ser preso e foi posto no olho da rua" (Jorge Amado, *Tenda dos milagres*, p. 29); "– Você foi contratado pro que eu quiser. E, se não quiser fazer o que eu mando, te ponho no olho da rua!" (Álvaro Cardoso Gomes, *A hora da luta*, p. 33). **3.** Soltar quem estava preso. – Segundo a or. bíblica, além da expulsão (de casa), era a pessoa exposta à crítica da rua, à crítica dos transeuntes [AN/FSB, "Questões de português", p. 277/GAS/OB/TC].
Var.: *botar no olho da rua, mandar para o olho da rua, pôr na rua*

Pôr no papel Escrever (em geral compromisso, contrato etc.) [ABH].

Pôr no prego Empenhar; dar como penhor: "Por que não põe uma joia no prego? Por que não empenha o relógio?" (Jáder de Carvalho, *Sua majestade, o juiz*, p. 73). – Naturalmente a expr. começou com os relógios, objetos de penhores por excelência. Uma pessoa aparecia sem relógio e alguém lhe perguntava onde estava ele. A pessoa respondia que no prego, para não dizer que estava empenhado [AC/AN/GAS].
Var.: *botar no prego* (2)

Pôr no rol do esquecimento Não se aludir mais a, esquecer algo, assunto etc. [GAS].

Pôr no rumo Colocar na direção que deve seguir; orientar; dispor [AN].

Pôr nos anais da fama Encher de elogios demasiados [AN].
Var.: *pôr nos anéis da fama*

Pôr no são *Lus.* Remediar; ordenar o que está em desordem ou mal administrado: "Este ano vou pôr no são as minhas finanças" [GAS].
Var.: *meter no são*

Pôr nos cornos *Mad.* Ter relações sexuais com mulher infiel (ver Abel Marques Caldeira, *Falares da ilha*, Funchal, Madeira, *Eco do Funchal*, 1961) [MSM].

Pôr nos cornos da lua Exaltar, enaltecer demasiadamente. – A lua é tomada como o lugar mais alto que há. A nova tem duas pontas, que foram comparadas com cornos [ABH/AN/GAS].
Sin.: *pôr nas nuvens*
Var.: (lus.) *pôr nos carrapitos da lua, pôr nos pincaros da lua, pôr os cornos na Lua*

Pôr no sentido Pôr na ideia; resolver; fixar [GAS].

Pôr nos trilhos Botar ordem em; arrumar; organizar administrativamente; governar bem (algo): "'Vou pôr São Paulo nos trilhos', promete a sra. Marta Suplicy. Ou seja, os bondes vão voltar" (Joel Silveira, *Bundas*, 26/7/99, p. 45).

Pôr numa redoma Diz-se, como troça, daquilo a que se procura dar demasiado resguardo ou carinho [GAS].

Pôr o apito na boca Chamar a polícia para prender o ladrão; denunciar um roubo. – O som do apito serve para chamar a polícia [AN].

Pôr o baraço Afrontar; pôr em aperto [GAS].

Pôr(-se)

Pôr o coração à larga Ver *deitar o coração ao largo*

Pôr o coração ao largo Cobrar ânimo; reagir a tristezas; atrever-se; afrontar o perigo [GAS].

Pôr o cu de fora Lus. Pôr-se à parte; desligar-se de um assunto [GAS].
Sin.: *pôr o rabo de fora*

Pôr o dedo em cima Descobrir ou compreender com exatidão [AN].

Pôr o dedo na ferida *Fig.* **1.** Indicar ou reconhecer o ponto vulnerável ou fraco; indicar o assunto certo; dizer o que está errado; conhecer o fraco; achar o defeito; tocar no ponto sensível ou em assunto que desagrada ao interlocutor; acertar; adivinhar; apontar um vício, um erro, uma prática má. **2.** Magoar alguém profundamente: "Ao declarar tudo o que pensava sobre as manias de Afrânio, Laurinha pôs o dedo na ferida" [ABH/AN/F&A/FF/GAS].
Var. (1) (2): *botar o dedo na ferida*
Var. (1): *botar o dedo na chaga*

Pôr o galho dentro *Bras., gír.* Aceitar uma decisão contrária; conformar-se: "O chefinho pôs o galho dentro quando a chefia falou mais alto" [JB].
Var.: *enfiar o galho dentro*

Pôr o juízo a arder *Lus.* Irritar fortemente outra pessoa [GAS].

Pôr óleo Ver *encher a cara*

Pôr olho(s) no chão Baixar o(s) olho(s) em atitude de humildade ou vergonha [AN].

Pôr o olho em *Fam.* **1.** Invejar; cobiçar. **2.** Avistar-se ou encontrar-se com: "Há dois anos não ponho o olho nele" [ABH].
Var.: *botar o olho em*

Pôr o peito às balas Expor-se a um gravíssimo perigo [GAS].

Pôr o pé na estrada *Bras.* Andar; ir embora; fugir; viajar: "Iracema: Amanhã vocês também hão de pôr o pé na estrada" (Édson d'Santana, *Ao mar!*, p. 12).
Var.: *botar o pé na estrada*

Pôr o pé na parede *Bras., PI.* Teimar, com extrema renitência; insistir numa opinião de maneira irredutível; tomar uma decisão; estar decidido, resolvido a; não se deixar convencer: "A CUT pôs o pé na parede. Em documento conjunto com a Fetag e a Comissão Pastoral da Terra está exigindo que o governo estabeleça um Conselho Gestor para os recursos do Programa de Apoio ao Pequeno Produtor" (Cláudio Barros, col. Zoon, *Meio Norte*). – A expr. se traduz em locuções outras como *nem que a porca torça o rabo* e *nem que a vaca tussa* [CGP/FF/FNa/GAS/PJC/TG/TGa].
Var.: (CE) *botar o pé na parede, colocar/meter o pé na parede, pôr os pés à parede*

Pôr o pé no cachaço Ver *pôr o pé no pescoço*

Pôr o pé no pescoço Oprimir, obrigar alguém valendo-se da fraqueza dessa pessoa; dominar, subjugar alguém; vexar, humilhar, deprimir alguém; reduzir um adversário à impotência: "No pescoço lhe porei eu o pé" (D. Francisco Manuel de Melo, *Feira de anexins*). – Nos ant. combates, como os dos gladiadores, por ex., o adversário caído por terra ficava à mercê do vencedor, que lhe punha o pé no pescoço [AN/GAS/RMJ].
Sin.: *pôr o pé no cachaço*
Var.: *botar o pé no pescoço*

Pôr o problema em equação Dar o principal passo para a solução do problema [AN].

Pôr o punhal ao peito Querer violentar alguém com exigências; exigir imediatamente [GAS].
Var.: *pôr a faca no(s) peito(s), pôr um punhal aos peitos*

Pôr o rabo de fora Ver *pôr o cu de fora*

Pôr o rabo entre as pernas *Bras., pop.* Encolher-se, com medo; atemorizar-se; acovardar-se: "Me amofinei, pus o rabo entre as pernas, aceitei perder o Vão, o melhor pedaço do mundo, o mais bonito, o mais meu" (Darcy Ribeiro, *O mulo*, p. 26) [ABH/AN/GAS/TC].
Var.: *botar o rabo entre as pernas*

Pôr ordem em Sistematizar; organizar: "João não quis voltar para casa com Cássia. Precisava andar sozinho, para tentar pôr ordem nas ideias, mais confusas do que nunca" (Raul Drewnick, *Correndo contra o destino*, p. 100).

Pôr ordem na suruba Bras., gír. Organizar: "Vamos pôr ordem na suruba, pessoal" [JB].
Var.: *botar ordem na suruba*

Pôr ordem no galinheiro Bras., gír. Organizar; estabilizar; ordenar: "A polícia acabou pondo ordem no galinheiro e acabou com a fanfarra" [JB].

Pôr o/Pôr-lhe sal na moleirinha Amofinar, chatear alguém; arreliar alguém sistematicamente [GAS].

Pôr os cabelos em pé Incutir grande medo [AN/GAS].

Pôr os gaitos Lus. Atraiçoar; não guardar a devida fidelidade [GAS].

Pôr os olhos em 1. Cobiçar. **2.** Olhar fixamente; deter o olhar. **3.** Imitar; seguir o exemplo [AN/GAS].

Pôr os olhos em alvo Por os olhos de maneira que só se veja o branco do olho (olhar para o céu); mover os olhos de modo que só se lhe veja o branco. – Por brincadeira, diz-se: *pôr os olhos em Álvaro* [AN/GAS].

Pôr os olhos em riba Ver; rever, avistar-se: "Ele vem sempre ao nosso povoado, mas nunca me pôs os olhos em riba" (Eduardo Barbosa, *Lampião – rei do cangaço*) [TC].
Var.: *pôr os olhos em cima*

Pôr os ossos de ponta Bras., RS. Pular da cama ao acordar; levantar-se [AJO].

Pôr os ossos num feixe. Dar uma queda ou levar uma grande sova [GAS].

Pôr os palitos Lus. Atraiçoar o cônjuge; Mad. ter relações sexuais com mulher infiel, segundo Abel Marques Caldeira [GAS/MSM].

Pôr os pauzinhos de fora Lus. Revelar intenções abusivas ou imprevistas; ousar; ter atrevimentos [GAS].

Sin.: *botar as mangas/manguinhas de fora*
Var.: *deitar os pauzinhos de fora, pôr os pauzinhos ao sol*

Pôr os pés em polvorosa Fugir, levantando o pó da estrada; fugir a toda a pressa [AN/GAS].

Pôr os pés em/na terra Descer de cavalo, veículo; desembarcar de navio, avião, automóvel etc. [AN/GAS].

Pôr os pés na terra Deixar de sonhar [GAS].

Pôr os pés num lugar Ir a esse determinado lugar: "E o minuto se dilatava em uma hora, em muitas horas – tempo bastante para Euclides ruminar a ideia de não pôr os pés no Itamarati" (Sylvio Rabello, *Euclides da Cunha*, p. 328) [AN].

Pôr os pingos nos ii/is Explicar de maneira clara, sem deixar nenhuma dúvida; deixar tudo esclarecido: "Vamos aproveitar essa reunião para pôr os pingos nos is" [DT/TC].
Var.: *botar os pingos nos ii/is, pôr os pontos nos ii/is*

Pôr os podres pra fora Revelar defeitos e faltas cometidas por alguém: "... que ele não lhe aparecesse em frente senão lhe punha os podres pra fora, e era melhor deixarem o seu amigo em paz" (Rachel de Queiroz, *Dora, Doralina*, p. 207) [GAS].
Var.: *pôr os podres à mostra*

Pôr os pontos nos ii/is 1. Dizer claramente, sem disfarces nem omissões, de modo terminante; esclarecer bem a situação, o assunto; deixar tudo muito bem explicado; pôr a questão clara sem omitir nada; explicar-se de maneira clara e minuciosa, sem omissões ou disfarces: "– Pois bem, disse ele animando-se de súbito. Vamos pôr os pontos nos is. Quanto é que vai ficar recebendo?" (João Alphonsus, *Eis a noite!*). **2.** Dizer o nome da pessoa a quem se faz alusão [ABH/AC/AN/FF/FSB/GAS/MPa].
Var.: *botar os pontos nos ii/is, pôr os pingos nos ii/is*

Pôr(-se)

Pôr os quartos de fora Ver *botar os quartos de banda*

Pôr os tarecos na rua *Port*. Pôr o mobiliário, os trastes fora de casa [GAS]. ♦ No Bras. diz-se "trecos".

Pôr panos mornos *Bras*. Substituir ou adiar uma solução; suavizar uma querela; acalmar uma discussão; contemporizar: "Carlos Perry foi atrás de Stella para pôr panos mornos, mas só lhe arrancou a promessa de que ela voltaria à noite para a peça – não para o ensaio. E não houve o ensaio final" (Ruy Castro, *O anjo pornográfico*, p. 168).
Sin.: *botar panos quentes*

Pôr para um canto Retirar de uso; atirar para o lado [GAS].

≠ **Não pôr pé em ramo verde** *Lus*. 1. Não ter liberdade para nada; viver oprimido. 2. Ser pessoa extremamente desconfiada [RMJ].

Pôr pelas ruas da amargura Dizer mal; caluniar [GAS].

Pôr pitafe *Lus., Alentejo*. Apontar defeitos; censurar [GAS].

Pôr (um) ponto final Concluir; terminar: "O biólogo sueco Carl-Adam Wachtmeister, da Universidade de Estocolmo, acaba de pôr um ponto final num estudo sobre a convivência entre os animais" (*IstoÉ*, 14/11/01, p. 20) [GAS].
Sin.: *fazer ponto* (2)
Var.: *fazer ponto final, pôr (um) ponto*

Pôr porta afora Mandar sair; pôr na rua, na parte exterior da casa [AN].

Pôr sal na moleira Fazer avisado, acautelado; obrigar a ser mais ponderado; estar de sobreaviso; estar prevenido por experiência própria; escarmentar alguém com um castigo ou ameaça, a fim de que a pessoa em questão tenha mais juízo ou se comporte com maior discrição: "Safa... que esta pôs-me sal na moleira" (Manuel Antônio de Almeida, *Memórias de um sargento de milícias*, p. 97). – Na cerimônia do batismo põe-se na cabeça do neófito o sal da sabedoria. Existe a mesma expr. em esp.: *poner sal en la mollera* [AN/RMJ/TC].
Var.: *botar sal na moleira*

Pôr-se a andar Ir-se embora [GAS].

Pôr-se à aventura Arriscar-se; aventurar-se [GAS].

Pôr-se a caminho Iniciar movimento no espaço: "Quando os horizontes começaram a desmaiar, e o brilho das estrelas a embranquecer, Marcolino pôs-se a caminho" (Franklin Távora, *O Cabeleira*, p. 170) [ABH].

Pôr-se a cavalo Montar; cavalgar [FF].

Pôr-se a cavanir *Lus*. Fugir [GAS]. ♦ "Cavanir" já quer dizer "fugir".
Sin.: *pôr-se a cavar*

Pôr-se a cavar Ver *pôr-se a cavanir*

Pôr-se a direito com alguém Recalcitrar a alguém; revoltar-se contra alguém [GAS].

Pôr-se a fancos *Lus*. Tomar precauções [GAS].

Pôr-se à fresca *Bras., RS*. Vestir roupa leve, própria para o verão [AJO].

Pôr-se a/ao fresco Retirar-se; sair; safar-se; fugir; ir-se embora; raspar-se: "– Em primeiro lugar – concluiu Evaristo – é preciso que esses estrangeiros do segundo andar ponham-se ao fresco, vão para o diabo que os carregue!" (Adolfo Caminha, *Tentação*, p. 32) [AN/FF/GAS/TC].

Pôr-se a gosto Ficar à vontade [AJO].

Pôr-se a jogo Acautelar-se [GAS].

Pôr-se a mexer Fugir; sair precipitadamente [GAS].

Pôr-se a milhas Ir-se embora [GAS].

Pôr-se ao alto Revoltar-se quanto ao que está a suceder; não consentir [GAS].

Pôr-se ao enxuto Ver *pôr-se a salvo*

Pôr-se ao fato Tomar conhecimento de algo: "– Olha, Venâncio, se continuares, tudo saberei, porque incumbi a tua própria mulher de me pôr ao fato de tudo quanto se passar!" (Arthur Azevedo, *Contos*, p. 240) [ECS].

Pôr(-se)

Pôr-se ao fresco 1. Vir para o ar livre: "Ponhamo-nos ao fresco. Aí vem a nossa bela já perto desta porta" (Antônio Feliciano de Castilho, *Fausto*). **2.** Pôr-se em liberdade [AN/ECS/FF/GAS].

Pôr-se ao largo Afastar-se de ação que não lhe agrade; esquivar-se; evadir-se [GAS].

Pôr-se a panos 1. Abrir as velas. **2.** *Bras., RJ, gír.* Fugir [AN/ECS].

Pôr-se a pau *Lus.* Acautelar-se; tomar cuidado [GAS].

Pôr-se a salvo Estar abrigado, protegido de perigos [ECS/GAS].
Sin.: (lus.) *pôr-se ao enxuto*

Pôr-se às cabritas *Lus.* Trepar, alçar-se; subir [ECS].

Pôr-se à tabela Pôr-se na expectativa [GAS].

Pôr-se bem com Deus Limpar de culpas a alma pelo sacramento da penitência [AN].

Pôr sebo às/nas canelas *Bras., pop.* **1.** Correr desabaladamente. **2.** Fugir: "Mas o cadete pusera sebo nas canelas e nem a polícia acertara seu paradeiro" (Gustavo Barroso, *Mississipe*) [TC].
Var.: *dar sebo às/nas canelas*

Pôr-se de grande *Lus., Trás-os-Montes.* **1.** Empertigar-se. **2.** Não dar confiança [GAS].

Pôr-se de/na lêndea *Lus, Univ. Coimbra.* Cobrir-se com capa; diz-se do estudante que se embuça na capa (ver Col. de Filologia, IX, p. 361) [ECS/GAS].

Pôr-se de parte Alhear-se; afastar-se do assunto [GAS].

Pôr-se de/em pé Levantar-se de um assento, de cama, canapé etc., ou do chão; erguer-se: "O Capitão tomava do despacho, punha-se de pé: – Vou esfregá-lo nas ventas de Tonico e de Amâncio..." (Jorge Amado, *Gabriela, cravo e canela*, p. 159) [AN/FF].

Pôr-se em bicos dos pés Tomar posições para se evidenciar [GAS].

Pôr-se em campo Procurar; investigar [GAS].

Pôr-se em dia 1. Pôr tudo em ordem. **2.** Saber todas as novidades; ficar ao corrente, a par; atualizar-se [AN/GAS].
Var. (2): *andar em dia com* (1)

Pôr-se em gêmeos 1. Tornar-se igual. **2.** Defrontar-se [GAS].

Pôr-se em tardança Demorar-se; não se apressar; atrasar-se [GAS].

Pôr-se homem Chegar à idade de homem [FS/LM].

Pô-se moça Chegar à idade de moça: "A Iaiá está se pondo moça e ainda anda de saia curta" [FS/LM].

Pôr-se na alheta *Lus.* **1.** Ir no encalço; ir na pista de alguém. **2.** Fugir; escapar-se [GAS/RF].
Sin.: *pôr-se na chala*, (lus.) *pôr-se nas achas*
Var. (1): *ir na alheta de alguém*
Var. (2): *bater a alheta*

Pôr-se na pireza *Lus.* Ir-se embora; esgueirar-se; safar-se; fugir: "Homem, o seguro morreu de velho; põe-te na pireza!" (Aquilino Ribeiro, *Lápides partidas*) [ECS/GAS/RF].
Var.: *ir na pireza*

Pôr-se na rampa *Lus.* Tornar público; ser evidente [GAS].

Pôr-se nas achas Ver *pôr-se na alheta*

Pôr-se nas andainas *Lus., Minho.* Fugir [GAS].

Pôr-se nas plantas *Lus.* Desandar; raspar-se; ir-se embora; retirar-se [GAS].
Sin.: *pôr-se nas tiras*

Pôr-se nas tiras Ver *pôr-se nas plantas*

Pôr-se nas suas tamancas/tamanquinhas 1. Teimar, não ceder, embirrar; não se demover do seu propósito; não transigir; manter a sua razão; não deixar a sua opinião; não abdicar das suas razões. **2.** Irritar-se; exasperar-se [AN/GAS].
Var. (1) (2): *estar/ficar nas suas tamanquinhas*
Var. (2): *trepar-se nas tamancas/tamanquinhas*

Pôr-se nas trancas Fugir: "O resto do pessoal era capaz de pôr-se também nas trancas" (Ferreira de Castro, *A selva*, cap. 1) [ECS].

Var.: *dar às trancas*

Pôr-se no bredo *Bras., CE*. Fugir: "O Silveira pôs-se no bredo, cabra desgraçado e traiçoeiro!" (Manuel de Oliveira Paiva, *Dona Guidinha do Poço*, p. 227) [AN].

Var.: *cair no bredo*

Pôr-se no olho do mundo Fugir; retirar-se às pressas: "E me pus no olho do mundo com passo de ema escabreada" (Graça Aranha, *Canaã*, p. 79).

Pôr-se nos bicos dos pés Recalcitrar; respingar; tomar uma atitude frontal [CA/GAS].

Pôr sentido Prestar atenção; vigiar; fiscalizar: "Não falei com a sinhá, mas pus sentido nele para ver sua intenção" (Gustavo Barroso, *Mississipe*) [TC].

Var.: *botar sentido*

Pôr-se numa aragem *Lus*. Atuar rapidamente, com brevidade [GAS].

Pôr-se ponto *Lus., Univ. Coimbra*. Fecharem as aulas, seguindo-se depois as avaliações; encerrar o ano letivo e iniciar-se o período de exames, avaliações [GAS].

Pôr-se rapaz Chegar à idade de rapaz [FS/LM].

Pôr soalhas *Lus*. Dar a máxima publicidade [GAS].

Pôr sofremo (sic) Ver *pôr cobro*

Pôr termo a Acabar; concluir; dar fim a: "Pensando bem, concluí que somente a morte poria termo ao meu desconsolo" (Murilo Rubião, *O pirotécnico Zacarias*, p. 55) [GAS/FF].

Pôr termo à existência Morrer; suicidar-se [GAS].

Var.: *pôr termo à vida*

Pôr todos os ovos no mesmo cesto Pôr as culpas todas na mesma pessoa [GAS].

Pôr tréguas Interromper [AN].

Pôr tudo a ferro e fogo Impor uma disciplina que cria revolta [GAS].

Pôr tudo em estado de sítio *Lus*. Fazer uma grande confusão no local [GAS].

Pôr um animal ao verde *Lus*. Pôr um animal a pastar verdura [GAS].

Pôr uma peninha para atrapalhar Pôr, botar dificuldade em algo bastante fácil. – Frase tirada de uma anedota rel. a um sujeito que propôs a outro que adivinhasse qual era o animal de quatro patas, que mordia, ladrava e tinha uma peninha no rabo. O outro respondeu que, se não fosse a peninha do rabo, seria um cachorro. É cachorro mesmo, disse o proponente. Então, para que botou você aquela peninha? Foi para atrapalhar [AN].

Pôr uma tramela Causar embaraços [TC].

Pôr um dique Fazer cessar; criar um obstáculo, um estorvo, um impedimento [AN].

Pôr um freio nos desejos Saber moderar-se; contrariar as próprias aspirações [AN].

Pôr um olho à Belenenses (sic) *Lus*. Dar um soco num olho deixando-o azulado [GAS].

Pôr um olho ao peito Frase jocosa que corresponde a ter um olho negro por pancada [GAS].

Pôr um paradeiro Sustar; impedir a continuação: "Eu previno para que ponha um paradeiro nisso" (Fran Martins, *A rua e o mundo*) [TC].

Var.: *dar um paradeiro*

Pôr vanja a alguém *Lus*. Caluniar, difamar alguém [GAS].

Sin.: *pôr vareja em alguém*

Pôr vareja em alguém Ver *pôr vanja em alguém*

Portar(-se)

Portar pela amarra *Marinh*. Puxar por ela o navio, aproando ao vento ou à maré [ABH].

Portar-se à reta dos mangos *Lus*. Portar-se bem; ser correto e honesto [GAS].

Portar-se como um homem Ser valente; enfrentar bem as contrariedades [GAS].

Portar-se na linha Saber-se conduzir à altura das circunstâncias [GAS].
Var.: *portar-se na linhaça*

Possuir

Possuir só a noite e o dia Ser extremamente pobre; não ter nada: "Ele vai se casar, mas só possui a noite e o dia, coitado!" [ABH/LM].
Sin.: *não ter onde cair morto, só ter de seu o dia e a noite*
Var.: *não ter senão a noite e o dia*

Poupar

≠ **Não poupar a pele de alguém** Não perder ocasião de falar mal de alguém: "O povo não poupa a pele de seus representantes."

≠ **Não poupar a pele de ninguém** Dizer mal de toda a gente [GAS].
Var.: *não poupar ninguém*

Poupar na farinha e gastar no farelo Diz-se daquele que passa mal, vive com dificuldade, mas gasta em coisas supérfluas [GAS].

Poupar palavras Ser lacônico [GAS].

Praticar

Praticar futebol agressivo *Desp.* Jogar com rispidez [HM].

Precisar

Precisar água de sola Diz-se de quem tem catarro [GAS].

Precisar de banhos de igreja Precisar casar-se (diz-se de moças) [AN].

Precisar de rédeas Necessitar de controle, de orientação, de medida repressiva ou punitiva [TC].

Precisar de um cão e dum furão Frase que se profere quando uma pessoa é demasiado branda, pouco ativa [GAS].

≠ **Não precisar dizer duas vezes** Bastar pedir, para ser logo atendido; ordenar, para ser obedecido [AN].

Preferir

Preferir levar uma bofetada a ... Mostrar de quanto alguém ficou melindrado por um acontecimento desagradável que se passou com ele [AN].

Preferir ser sapão de pocinho a ser sapinho de poção Ter prestígio num lugar pequeno é preferível a perder-se entre os grandes de lugar importante. – Lembra uma frase de César, que preferia ser o primeiro numa aldeia gaulesa a ser o segundo em Roma (ver Plutarco, *César*, XI) [AN].

Pregar

Pregar a lata Ver *dar (com) a tábua*

Pregar aos peixes/peixinhos Perder seu tempo dirigindo-se a quem não entende ou não quer ouvir; não ser escutado ou atendido; falar para quem não quer ouvir ou entender. – A frase provém da lenda de santo Antônio que, ao aperceber-se de que os homens não estavam dispostos a ouvi-lo, convidou os peixes a escutá-lo. Em outras palavras, alusão a um procedimento de santo Antônio quando se viu desprezado pelos paduanos. Ele foi à praia, começou a pregar, e os peixes vieram pôr a cabeça de fora (ver *Fioretti* de são Francisco, Milão, Hoepli, 1927) [AN/FF/GAS/OB].
Sin.: *pregar no deserto*

Pregar a pastilha Castigar com alguma ação cansativa ou maçadora [GAS].

Pregar aviso Anunciar autoritariamente; dar ordem; divulgar com empáfia ou pose: "Ferdinando Teixeira, usando linha dura, pregou aviso: 'Todos, às oito e meia no campo, não aceito nenhuma desculpa quanto a atraso para o trabalho'" (*Jornal da Rua*, 11/3/00, p. 7).

Pregar cartaz *Bras., gír.* Avisar, afirmar, declarar peremptoriamente: "Você, como coronel, que se limite ao seu quartel! – pregou cartaz Mindêllo". (Sônia Pinheiro, *O Povo*, cad. Vida & Arte, 19/8/00, p. 3B).

Pregar com os ossos na estopa *Lus.* Matar [GAS].

Pregar de pantanas *Lus.* Atirar ao chão [GAS].

Pregar em outra/noutra/para outra freguesia Repelir-se alguém quanto a sua permanência em determinado lugar ou meio onde sua presença seja indesejável; partir para outra; tratar de negócios precários em outra parte (registra Amadeu de Queiroz, em *Provérbios e ditos populares*): "Posto no olho da rua, o aprendiz de ferreiro foi pregar em outra freguesia e da outra freguesia sumiu no mundo" (José Cândido de Carvalho, *Porque Lulu Bergantim não atravessou o Rubicon*, p. 76) [AN/LM/RBA].
Var.: *bater em outra/noutra freguesia*

Pregar mentiras Dizer falsidades, imposturas, intrujices [GAS].

Pregar no deserto Falar sem ser ouvido ou atendido pelas pessoas a quem se dirige; falar para quem não quer ouvir; não ser ouvido, ou escutado; falar e ninguém ouvir, falar sem que ninguém lhe dê atenção; chamar e não ser ouvido. – Alusão a uma expr. de são João Batista repetindo Isaías (40, 3). É curioso que a frase tenha sido tomada em sentido oposto. São João aludia à multidão que ia procurá-lo no deserto para ouvi-lo [ABH/AN/GAS].
Sin.: *pregar aos peixes/peixinhos*
Var.: *bradar/falar/gritar no deserto*

Pregar o caurim Ver *dar um calote*

Pregar olho/os olhos Dormir: "Embora não tivesse podido pregar os olhos naquela noite" (José Lins do Rego, *Pureza*, p. 112); "Tava cansado e preguei os olhos" [GAS/JB].

≠ **Não pregar olho(s)** Não dormir; não conseguir dormir; não conseguir conciliar o sono: "A velha não pregou olho durante a noite e passou todo o dia seguinte na cama..." (Fernando Sabino, *O homem nu*, p. 109); "Nico não pregou olhos. Eu ainda dei uns cochilos" (José Lins do Rego, *Cangaceiros*, p. 145); "Deixe o médico em paz. Ele não pregou o olho, no plantão" [ABH/AC/AN/CLG/FF/GAS/TC].
Var.: *não fechar os olhos, não pregar o(s) olho(s)*

Pregar os olhos Fixar-se: "Preguei os olhos no malandro e não desgrudei dele" [JB].

Pregar peça(s) a Praticar ato malicioso contra alguém; assustar; enganar por brincadeira: "Oscar Niemeyer, falando baixo e pregando peças aos colegas de escritório, peças que eu vinha a saber terceiros..." (Carlos Drummond de Andrade, *Obra completa*, p. 1012) [ABH/AC/AN/GAS/LCCa/MPa/RMJ/TC].
Sin.: *dar um trote*
Var.: (lus.) *fazer peça a, pregar uma peça a*

Pregar petas Mentir [GAS].

≠ **Não pregar prego em/sem estopa 1.** Ser precavido; não fazer algo de resultado incerto; não fazer nada para outros sem mira em interesse futuro; não agir sem interesse, sem o pensamento fixo em lucros ou vantagens; agir com certeza de êxito; ser muito interesseiro: "Solteirão rico não prega prego sem estopa" (José Pereira de Souza, *Adivinha quem vem*). **2.** Só aparecer na hora certa para fazer o certo. – Emprega-se com mais frequência "sem estopa", quando a lógica mostra que "em estopa" é mais ajustável ao sentido [ABH/AC/AN/FF/FS/FSB/GAS/JB/LCCa/LM/TC].
Sin.: *não dar ponto sem nó*
Var.: *não bater prego em/sem estopa, não botar/pôr prego sem estopa, não meter prego em/sem estopa*

Pregar rabo ao/em nambu *Bras.* Dar importância a quem não a merece; responder a quem não é digno de resposta [ABH/AN].

Pregar (um) sermão Fazer longas e importunas admoestações ou advertências; pregar moral e condenar atitudes alheias [GAS/RMJ].

Pregar uma injeção *Lus.* Ser importuno, maçante [GAS].

Pregar uma partida 1. Fazer uma pirraça, um acinte. **2.** Pregar uma peça; causar desapontamento; lograr [ABH/GAS].
Sin.: *pregar um ópio*

Pregar uma peça a Praticar ato malicioso contra alguém; assustar, enganar por brincadeira; lograr: "A História tem o péssimo costume de pregar uma peça aos contemporâneos de cada época..." (Valdemar Menezes, *O Povo*, 3/8/97, p. 18A) [ABH/AN/GAS/LCCa/MPa/RMJ].
Var.: *armar uma peça a, pregar peça(s) a*

Pregar umas calças Dar uma grande canseira [GAS].

Pregar um ópio Ver *pregar uma partida*

≠ **Sem pregar um prego em barra de sabão** Sem nada fazer; sem estudar nem trabalhar; não fazer nada: "Talvez pensando que ser um pensador era passar o dia inteiro com livro na mão, sem pregar um prego em barra de sabão" (Aírton Monte, *O Povo*, 24/12/96, p. 4B).

Pregar um susto Assustar: "Vou pregar um susto neste viado" (*sic*) [JB].

Prender(-se)

Prender a bola *Desp.* Reter a bola com a intenção de frear o ritmo da partida [HM].

Prender a peça *Bras., gír. funk.* Roubar um anel, cordão, relógio ou tênis: "O pessoal tá prendendo a peça, mas isto pode acabar mal..." [JB].

Prender as linhas *Umb.* Romper o contato da divindade ou da entidade com seu suporte material, sem médium especial, impedindo-as de "descer" [OGC].

Prender de curto Não conceder liberdade demasiada [GAS/RMJ].

Prender e arrebentar 1. Massacrar; fulminar; triturar [JB]. **2.** Alguém fazer tudo que deseja, e a qualquer preço, sem medir as consequências; fazer o que tem vontade, custe o que custar: "Eu prendo e arrebento quem se meter no meu caminho."
Sin. (2): *fazer e acontecer*

Prender fogo *Bras., RS.* Atear, acender o fogo [LAFa]. ♦ Há na expr. o sentido antonímico, oposto, do v. "prender".

Prender o fôlego *Bras.* **1.** Suster a respiração. **2.** Causar dispneia [ABH/AT/FSB/RG].

Prender o grito *Bras., RS.* Gritar, soltar o grito (embora se diga prender), mas tem um sabor de mais força, mais ênfase, especialmente para pedir socorro ou auxílio; chamar; avisar; convidar: "Olha, qualquer coisa tu me prende o grito" [AJO/LAFa/LAFb]. ♦ Há na expr. o sentido antonímico, oposto, do v. "prender".
Var.: *pregar o grito*

Prender-se com teias de aranha Ficar indeciso por pouca coisa; embaraçar-se por coisas de pouca monta [GAS].

Prender-se nas redes de Cupido Enamorar-se [AN].

Preparar

Preparar a passadia *Lus.* Fazer as refeições [GAS].

Preparar o pinote Bater em retirada: "Vou preparar o pinote porque a polícia foi avisada e tá pra chegar" [JB].
Var.: *dar o/um pinote* (1)

Prestar(-se)

Prestar assistência técnica *Bras., NE, S.* Atender às necessidades sexuais da mulher [MSM].

Prestar contas a Dar explicações a alguém: "Queria sair dali o mais rapidamente possível, sentia-me inquieto como se tivesse que prestar contas a alguém pelo prazer usufruído" (Dias Gomes, *Derrocada*, p. 78).

Prestar-se ao ridículo Ver *dar (um) espetáculo* (1)

Prestar sentido Prestar atenção; ficar alerta: "Adolfo prestou sentido / para ver se ele estaria / enterrando pelos campos / o ouro que possuía" (Joaquim Batista de Sena, *Os martírios de Emília e as crueldades de Adolfo Rico*, cordel) [TC].
Var.: *botar sentido*

Pretender

Pretender o concurso *Desp.* Desejar, um clube, a contratação de determinado técnico ou jogador [HM].

Procurar

Procurar agulha em/no/num palheiro Procurar coisa muito difícil de encontrar; procurar algo quase impossível de ser encontrado; perder tempo com tarefa inútil ou de execução dificílima e resultados improváveis: "Tentar achar meu amigo no meio dessa multidão é como procurar agulha em palheiro" (DT, *VI série*, p. 44); "Eu não tenho data pra comemorar / Às vezes os meus dias são de par em par / Procurando agulha no palheiro" (Arnaldo Brandão/Cazuza, "O tempo não para", in *Cazuza: Preciso dizer que te amo*, p. 199). – É loc. de curso internacional. Em esp.: *buscar aguja en el pajar*. Em fr.: *chercher une aiguille dans une botte de foin*. Em ingl.: *to look for a needle in a haystack* [ABH/AN/CLG/GAS/MPa/RMJ].

Procurar a quadratura do círculo Empreender uma tentativa quimérica; buscar um impossível. – Fazer a quadratura de uma figura geométrica é achar o quadrado equivalente a esta figura. Para isso, procura-se a média proporcional entre as duas linhas cujo produto dá a área da figura [AN/GAS].

Procurar boca *Bras., BA*. Buscar ocasião ou propósito para falar [AN].

Procurar chifre em cabeça de cavalo Tentar achar o impossível; procurar problemas onde eles não existem: "O cidadão vive procurando chifre na cabeça de burro, um dia vai encontrar" [JB/MPa].
Sin.: *procurar pelo em ovo*
Var.: *procurar chifre na cabeça de burro*

Procurar com uma vela acesa Empregar grande afã para encontrar [AN].

Procurar conversa Falar demais, ser inconveniente [NL].

Procurar Deus Arrepender-se dos pecados; acolher-se à religião; pedir o auxílio divino [FF].

Procurar encrenca 1. Intrometer-se em briga alheia. **2.** Ser provocador ou desordeiro. – "Encrenca" é palavra que veio da Argentina para o Brasil trazida pelos crim., a cuja gír. pertence. Derivou de um vocábulo catalão – *enclenque* – que é o m. q. "ficar deitado ou acamado, por doença". O sentido primitivo da palavra foi suplantado pela nova acepção, de barulho, rixa ou motim [RMJ].
Sin.: *comprar barulho*

Procurar frete *Bras., BA*. Procurar confusão: "Saia deste bar, vá procurar frete com a polícia" [NL].

Procurar jogo *Desp.* Correr para onde a bola está com a intenção de brigar pela sua posse [HM].

Procurar o homem da capa preta 1. *Arc.* Procurar pessoa difícil de distinguir entre as demais, desconhecida, indeterminada. **2.** Dar-se a uma diligência inútil, uma vez que uma capa preta não basta como elemento para a identificação de um indivíduo. – Ant., em Portugal, os camponeses usavam capa parda e os homens das cidades capa preta. No princípio do séc. XX, os repórteres de polícia da imprensa carioca, por deboche, costumavam atribuir os crimes insolúveis ao homem da capa preta, conforme refere Luís Edmundo, em *O Rio de Janeiro de meu tempo* [AN/RMJ].

Procurar o homem das calças pardas Procurar o que não existe [GAS].

Procurar o que não perdeu Ter pretensão descabida [AN].

Procurar os espaços *Desp.* Buscar áreas livres de marcadores, para fazer ou para receber lançamento [HM].

Procurar pelo em ovo Inventar coisas; tentar achar problemas onde eles não existem: "O chefinho tá procurando pelo em ovo." JB registra "pele" em vez de "pelo".
Sin.: *procurar chifre em/na cabeça de cavalo*

Procurar refrigério Procurar auxílio, socorro, paliativo. – Embora com alguma diversidade de sentido, o termo "refrigério" é clássico, encontradiço nas letras port. [TC].

Procurar rosário e achar coroa Procurar uma coisa boa e achar outra coisa mas que seja má. – "Coroa" aqui significa meio rosário, com sete mistérios somente [AN].

Procurar sarna para/pra se coçar 1. Promover incidentes, questões ou brigas, em que o indivíduo que neles se empenha leva a pior; procurar encrencas, aborrecimentos; meter-se, sem necessidade, em empresa ou assunto que pode ocasionar desagradáveis consequências; arranjar motivos para se aborrecer; criar complicações a si próprio; procurar o que fazer e se complicar; procurar com que se cansar ou se aborrecer; ir buscar problemas para ter de resolver: "– Tu tá procurando sarna pra se coçar... Tu vai ver..." (Jorge Amado, *Dona Flor e seus dois maridos*, p. 89); "No flagrante, um procurador procurando sarna pra se coçar..." (Aroeira, *IstoÉ*, 23/8/00, p. 34); "– Lampião é um bandido / Ladrão sem honestidade / Só vem desmoralizar / A nossa propriedade / E eu não vou procurar / Sarna para me coçar / Sem haver necessidade" (José Pacheco, *apud* Otacílio Batista, *Ria até cair de costa*, p. 91); "Não se mete onde não é chamado. Fique quieto no seu canto e não procure sarna pra se coçar"; "Tá procurando sarna pra se coçar, qualquer dia desses cai do cavalo". **2.** Procurar o que fazer: "Tava procurando sarna pra se coçar e deu-se" [AN/CLG/DT/FF/GAS/JB/RMJ/TC].

Sin.: *buscar lenha para se queimar*
Var.: *achar/buscar sarna para se coçar, arranjar/caçar sarna para/pra se coçar*

Procurar seu giro Bras., NE. Ir embora [TC].
Var: *tomar seu giro*

Procurar tatu Bras., NE, chulo. Copular. – Tatu vive em buraco, daí a expr. [MSM].

Procurar terra nos pés 1. Procurar firmar-se, equilibrar-se. **2.** Tentar recuperar o controle, o sangue-frio: "Procurou terra nos pés e não encontrou" (César Coelho, *Strip-tease da cidade*) [TC].

Procurar trabalhos por suas mãos Praticar atos de que possam resultar desgostos ou situações difíceis, padecimentos, aflições [GAS].

Procurar um norte Mudar de vida; regenerar-se; tomar novo rumo de vida [TC].

Prometer

Prometer como sem falta e faltar como sem dúvida Ser um grande tratante; não cumprir nunca os seus compromissos; prometer sempre e nunca cumprir com a palavra: "Em tempo de eleições, político promete como sem falta e falta como sem dúvida."

Prometer e não cumprir Falhar: "O cidadão prometeu e não cumpriu, vacilão não é comigo" [JB].

Prometer este mundo e o outro Lus. Fazer oferecimentos exagerados [GAS].

Prometer ir mijar na cova de alguém Ameaçar de sobreviver a alguém [AN].

Prometer-lhe e dar outra Lus. Diz-se de perfeição no trabalho [GAS].

Prometer mundos e fundos Fazer muitos oferecimentos para depois não os cumprir ou fazê-lo pela metade; fazer promessas extraordinárias; usar métodos enganosos; prometer demais, em excesso, já com a intenção deliberada de não cumprir; anunciar largos dinheiros ou exageradas recompensas; prometer o possível e o impossível; prometer coisas impossíveis, irrealizáveis, inverossímeis; prometer muitas coisas, mais até do que se pode dar: "Quincas, com novo ânimo, prometeu ao representante mundos e fundos" (José Cândido de Carvalho, *Olha para o céu, Frederico!*, p. 50); "Para conquistar o amor daquela garota, ele lhe prometeu mundos e fundos". – João Ribeiro, in *Frases feitas*, vê corruptela da expr. ant. "mundo" e "fundo", i. e., limpo e fundo, na qual "mundo" perdeu seu valor etimológico (que aliás ficou em "imundo") e "fundo" foi tomado à fr. por títulos de crédito, apólices etc. [ABH/AC/AN/DT/FF/FSB/GAS/JB/TC].

Prometer o céu e a terra Prometer excessivamente [GAS].

Prometer os votos *Lus*. Afirmar (aquele que professa, no ato da profissão) que há de cumprir com o máximo rigor os três votos religiosos da sua Ordem [RF].

Prometer uma amostra do pano Ameaçar [AN].

Propor

Propor um *stop* *Gír*. Parar: "Vamos propor um *stop* nesta questão" [JB].

Proteger

Proteger bonito *Desp*. Resguardar da ação de adversário um companheiro que detém a bola [HM].

Provar

Provar as águas Convite para provar ou beber vinho [GAS].

Provar bem Dar bom resultado [FF].

Provar mal Dar mau resultado [FF].

Provar por a mais bê/a + b Provar com rigor matemático; diz-se de prova rigorosa, irrefutável: "O trabalhador agora vai ter que provar por A mais B que tem direito de tirar FGTS para a Caixa" (*Jornal da Rua*, 6/7/99, p. 5) [AN/GAS].

Pular

Pular a cerca Invadir outros espaços: "O chefe vive pulando a cerca e inventando coisas" [JB].

Pular avião *Bras., AL*. Brincar de amarelinha [Net].

Pular bem acolá Reagir contrariamente: "O Carlos Galvão nem quis ouvir a proposta: pulou bem acolá dizendo que não tinha acordo: sem pagamento de direito autoral ele não cedia *Sem essa aranha* para o show" [PJC].

Pular cancela Pular carniça. – Carniça: brincadeira onde um se abaixa/agacha e os outros pulam por cima usando as costas como ponto de apoio para o impulso. Brincadeira bastante pop. entre pré-adolescentes [FN/NL].

Pular (a) cerca Fazer o que não deve, sobretudo faltar à fé conjugal; exercer a "traição matrimonial"; ter relações sexuais extramaritalmente; trair, ser infiel: "... as duas mais prestigiadas colunas sociais da imprensa carioca insinuavam que o skin-head mais superestimado do futebol mundial anda pulando a cerca" (Sérgio Augusto, *Bundas*, 12/9/00, p. 8); "A Margô pulava a cerca bonitinho, mas acabou sendo descoberta e levou porradas" [GAS/GM/JB/MPa/TC].

Var.: *saltar a cerca* (2)

Pular de cabeça Ver *pular de ponta*

Pular de galho em galho Não ficar muito tempo em um mesmo lugar ou situação; não parar num lugar; não ter estabilidade; mudar: "A mão escriturava os livros, mas o pensamento vivia longe, inquieto, pulando de galho em galho, como ave assustada" (João Clímaco Bezerra, *Não há estrelas no céu*, p. 161); "O cara, vacilão, vive pulando de galho em galho"; "O cara fica pulando de galho em galho, não dá certo em lugar nenhum, isto é ruim" [AN/CLG/JB].

Var.: *ficar de galho em galho*

Pular de gato Pular como gato: "Abrir a pintada a boca e Dioguinho pulou de gato em demanda do telhado..." (José Cândido de Carvalho, *O coronel e o lobisomem*) [ECS].

Pular de ponta Saltar n'água, mergulhar com a cabeça amparada pelos braços distendidos [NL/TC].

Sin.: *dar uma tainha, pular de cabeça*

Pular fora dos trilhos *Bras., Centro*. Ser infiel ao marido: "Pra encurtar as razões: a ordinária começou a pular fora dos trilhos" (Valdomiro Silveira, *Lérias*) [TC].

Sin.: *costurar para fora* (2)

Pular macaco *Bras., BA*. Brincar de amarelinha [FN/LCC/NL].

Pular miudinho *Bras., gír.* Andar direito; pisar firme: "O malandro pulou miudinho, quando chamei no saco" [JB].

Pular nas tamancas Reagir: "O cara tava pulando nas tamancas e ameaçando arrebentar todo mundo na primeira volta" [JB].
Sin.: *crescer nos cascos*
Var.: *pisar/subir nas tamancas*

Pular num pé só Enfrentar dificuldades, sem ter sossego: "Tô cansado de pular num pé só, é como carregar pedra" (JB, p. 477). – Expr. aproximada em fr.: *ne plus savoir sous quel pied danser* [= não saber em que pé dançar] [JB/RMJ].

Pular o cercado das cabritas *Bras., gír.* **1.** Namorar: "O Ricardo vive pulando o cercado das cabritas, dia desses se fode todo." **2.** Ir atrás de mulheres: "O boneco é chegado a pular o cercado das cabritas" [JB].

Pular o muro *Bras., SP, ling. das patricinhas.* Beijar o garoto em uma festa: "Pulei o muro, adorei. O garoto sabe beijar" [J. B. Serra e Gurgel, *Veja*, 24/9/97, p. 87].

Pular o pé *Lus.* Ter vontade de [GAS].

Pular uma fogueira 1. Superar um obstáculo; contornar uma situação difícil, embaraçosa. **2.** Escapar de um casamento sem futuro; evitar um casamento desastrado: "Pafúncio pulou uma fogueira, quando rompeu o noivado com aquela sirigaita da Pancrácia" [ABH/CGP/TG].
Var. (1): *saltar uma fogueira*

Punir

Punir por 1. *Lus., Barcelos.* Acudir; defender; proteger; tomar o partido de; lutar em defesa de; diz-se de quem tem costas largas: "Se eu tivesse um cunhado baitola ou ladrão, eu não punia por ele, não ia sujar minha farda" (Juarez Barroso, *Obra completa*, p. 174); "Fulano faz aquilo porque tem quem puna por ele". **2.** Torcer por (agremiação esportiva): "Puno pelo Botafogo desde menino" [FS/GAS/Gl/PJC].

Purgar

Purgar a mora *Jur.* Satisfazer a prestação já vencida e ressarcir os prejuízos decorrentes do atraso; sendo o credor, renunciar aos direitos que deveriam advir do atraso; conservar, o devedor inadimplente, direitos contratuais e evitar a aplicação de uma pena, pagando a prestação vencida, os juros e demais encargos resultantes da inadimplência [ABH/FSB].

Puxar

Puxar a alguém *Bras.* Herdar as qualidades de alguém; sair semelhante a alguém; possuir as taras ou qualidades, virtudes hereditárias de alguém; ter semelhança com alguém no aspecto físico ou nas atitudes: "– Puxou ao avô! E riam-se, como se fosse uma coisa inocente, este libertino de doze anos" (José Lins do Rego, *Menino de engenho*, p. 87) [FF/FS/LM/OB].
Sin.: *sair a alguém*

Puxar a brasa à/para a sua sardinha Procurar as suas conveniências; defender seus interesses; preocupar-se antes de tudo com os próprios interesses; pedir para si próprio; conseguir os seus intentos; promover, patrocinar os próprios interesses; arranjar vantagens ou facilidades para si: "Todavia, nada mais natural, cada um puxa a brasa pra sua sardinha" (Aírton Monte, *O Povo*, 22/6/98, p. 2B); "Naquela situação, ninguém pensava nos outros; cada um puxava a brasa para a sua sardinha"; "O Zagalo disse: vou puxar a brasa para minha sardinha; e vai ajudar o filho dele a ser técnico". – A frase existe em esp. Rodríguez Marín, *Más de 21.000 refranes castellanos*, p. 65, assim explica a or.: "Dicen algunos que antaño salían dar a los trabajadores de los cortijos sardina que ellos asaban en las candelas de los caseríos; pero, como cada uno cojía ascuas para arrintalas a sus sardinas, la candela se apagaba, por lo cual tuvieron que prohibir el uso de ese pescado" [ABH/AC/AN/CLG/DT/FF/GAS/JB/OB/RG/RMJ].
Sin.: *levar (a) água ao seu moinho, puxar a sardinha para o seu lado*
Var.: *chegar a brasa à sua sardinha, puxar brasa(s) para (a)/pra sua sardinha,* (CE) *trazer brasa para a sua sardinha*

Puxar a brasa para Promover; patrocinar; ajudar: "Vamos puxar a brasa pro amigo, quele tá precisando" [JB].

Puxar a cachorrinha Ir embora: "Puxei a cachorrinha, deixei o Nordeste nesta condição e fui para o Sul tentar a vida" [JB].

Puxar a/uma cachorra/cachorrinha Viver no abandono, na miséria; não ter nada; atravessar situação financeira muito precária: "Chegam aqui puxando a cachorrinha por uma cordinha cheia de moscas e viram milionários" (Aírton Monte, *O Povo*, 9/9/97, p. 2B); "Barraqueiros da Praia do Futuro querem deixar de puxar a cachorrinha" (*Jornal da Rua*, 28/5/99, p. 5); "Chegou em nossa terra de mãos abanando, puxando uma cachorra" (João Clímaco Bezerra, *Não há estrelas no céu*) [TC].

Var.: *arrastar uma cachorrinha, puxar uma cachorra magra*

Puxar a cadeira Derrubar (sent. fig.): "O meu chefe puxou minha cadeira e perdi o cargo" [JB].

Puxar a capa a alguém Chamar a atenção de alguém [GAS].

Puxar a carroça Ir embora: "Vamos puxar a carroça, maninho, tô pregado" [JB/MPa].

Puxar a corda Bras., gír. Concluir: "O cara puxou a corda e acabou com tudo" [JB].

Sin.: *puxar a descarga*

Puxar a descarga Bras., gír. Concluir: "O cara puxou a descarga e fodeu todo mundo" [JB].

Sin.: *puxar a corda*

Puxar a fieira Ser o primeiro [AN].

Puxar a fila Liderar: "O presidente puxou a fila e a coisa começou a andar" [JB].

Puxar a mula Bras., gír. Ir embora: "Vou puxar a mula, tá na minha hora" [JB].

Var.: *picar a mula* (1)

Puxar à nora Trabalhar; estar muito atarefado [GAS].

Puxar ... anos de arame Cumprir certa quantidade de anos de prisão: "Vai puxar oito anos de arame, pela besteira que fez" [JB]. – As reticências, aqui, substituem a medida de tempo.

Puxar a(s) orelha(s) 1. *Mit.* Expr. e ato us. para invocar a deusa da Memória, atendida pela conservação imediata do que se procurava reter mentalmente; fórmula especial de pedir a intervenção sobrenatural de Mnemósine, deusa da Memória e mãe das Musas. – O castigo de "cortar as orelhas", uma ou ambas, antiquíssimo e comum, punia a quem não ouvira, entendera, cumprira a voz da Lei. Puxar a orelha correspondia a uma mnemotécnica pedagógica [LCCa]. **2.** Criticar, censurar, advertir, repreender alguém: "Papa puxa a orelha de cientistas moderninhos" (*Jornal da Rua*, 8/6/99, p. 8). **3.** Castigo infligido às crianças. **4.** Puxar a roupa da cama para cima, fingindo estar feita [GAS].

Sin.: *dar um puxão de orelhas*

Puxar ao sentimento Explorar a sensibilidade dos outros [GAS].

Puxar a ponta Bras., RS. Seguir, o tropeiro, à frente da tropa, para controlar a marcha [AJO].

Puxar a reza Começar o terço, recitando-o para ser acompanhado pelos fiéis [RG/TC].

Sin.: *puxar o terço*
Var.: *tirar a reza*

Puxar a roda Fazer girar a roda do aviamento da casa de farinha, tangendo o veio com impulsos cadenciados [TC].

Var.: *tanger/tocar a roda*

Puxar a sardinha para o seu lado Ver *puxar a brasa à/para a sua sardinha*

Puxar as rédeas Meter na ordem [GAS].

Puxar assunto Conversar; entabular conversação; levar um lero: "– Foi o senhor mesmo quem puxou o assunto" (João Ubaldo Ribeiro, *Viva o povo brasileiro*, p. 623); "O cara gosta mesmo é de puxar assunto pra ficar sabendo das coisas" [JB/LAF].

Sin.: *puxar conversa* (2)

Puxar a trouxa *Lus.* Morrer [GAS].

Puxar brasa(s) para (a)/pra sua sardinha Aproveitar a oportunidade para obter vantagens para si; advogar em causa própria; defender os próprios interesses: Sem querer puxar brasa pra minha sardinha, fazer crônica exige uma certa arte de sedução..." (Aírton Monte, *O Povo*, 10/9/98, p. 2B); "Não quero contradizer você nem puxar brasa pra minha sardinha, mas no caso de *A força de um desejo* tá pau a pau..." (José Lewgoy, *Bundas*, 6/9/99, p. 9) [TC].

Var.: *puxar a brasa à/para a sua sardinha*

Puxar briga Desafiar, xingar gratuitamente alguém; desentender-se com alguém, insistindo para brigar: "No princípio Frederico ainda quis puxar briga, cutucar com vara curta a força do vizinho..." (José Cândido de Carvalho, *Olha para o céu, Frederico!*, p. 26).

Var.: *comprar briga(s)* (1) (2).

Puxar cobra pros pés Trabalhar com a enxada [TC].

Puxar conversa 1. Tentar que outra pessoa fale naquilo que lhe convém; provocar palestra, entendimento: "Uma velha, que vai defronte dele doidinha para puxar conversa, se espanta do padre ir chorando" (Jorge Amado, *Capitães de areia*, p. 173); "Aleardo e Roberto puxavam conversa comigo, me tratavam como adulto, como se eu fosse do tope deles" (Mariano Freitas, *Nós, os estudantes*, p. 26). **2.** Conversar: "Deise aproxima-se dele e puxa conversa" (Odette de Barros Mott, *Férias do orfanato*, p. 29); "Quando Climério aparecia nas pedreiras Mestre Pedro puxava conversa com ele" (Fran Martins, *Poço de Paus*, p. 32) [GAS/JB/TC].

Sin. (2): *dar uma prosa, puxar assunto*

Puxar da cachimônia 1. Refletir; pensar; calcular. **2.** Procurar a solução de uma questão [AN/GAS].

Puxar do/pelo bestunto Pensar muito; raciocinar; fazer esforço para ter uma ideia [AN/GAS].

Puxar dois dedos de conversa Conversar um pouco; prosear; conversar alegremente: "... tomando uns goles da caninha fria na cabaça e puxando dois dedos de conversa com os companheiros de moagem" (Romeu de Carvalho, *Carro Doce*, p. 72).

Var.: *dar dois dedos de conversa*

Puxar dos galões Invocar a sua hierarquia quando ela é elevada [GAS].

Puxar duma/pela perna Ver *puxar dum quarto*

Puxar dum lado Ver *puxar dum quarto*

Puxar dum quarto Claudicar; mancar: "Ele puxava dum quarto. Dias antes, caíra dum cavalo" (Odálio Cardoso de Alencar, *Recordações da comarca*) [TC].

Sin.: *puxar duma/pela perna, puxar dum lado*

Puxar ferro Praticar exercícios em máquinas próprias, para desenvolver a resistência da massa muscular e para a recuperação de luxação ou fratura; fazer musculação [FNa/HM].

Var.: (AL) *pegar ferro*

Puxar fogo/um foguinho *Bras., NE, pop.* Estar alcoolizado; (*lus., Ericeira*) embriagar-se, mas não de todo; ficar meio ébrio, bêbado; ficar em estado de meia embriaguez por efeito de bebidas alcoólicas: "... brincava tudo contente, / cada quá o mais feliz, / porém ninguém puxou fogo, / nem houve banca de jogo / porque seu Joge não quis" (Patativa do Assaré, *Cordéis*, p. 132); "– O sargento pega o senhor, capitão. Ele quando puxa um foguinho fica terrível" (José Lins do Rego, *Fogo morto*, p. 72); "– Não estou bebo não senhora, sem desmentir a palavra da senhora eu estou só puxando um foguinho" (Rachel de Queiroz, *Dora, Doralina*, p. 172). – Às vezes, diz-se apenas puxar: "Ele bebe que nem raposa, mas custa muito a puxar" [ABH/AC/AN/FS/GAS/JB/LM/RG/TC].

Sin.: *estar cheio dos paus*

Puxar (um) fumo *Bras., gír.* Fumar maconha: "Sem falar nos 57% dos doutores [que] são chegados a um tranquilizantezinho vez por outra, 30% puxam fumo e 18% aspiram, cheiram, inalam outros tantos baratos" (Aírton Monte, *O Povo*, cad. Vida & Arte, 31/3/99, p. 3B); "Quem puxa fumo, perde o rumo, quem puxa fumo, perde o rumo" (Fernando Gabeira, *Entradas & bandeiras*, p. 115); "Dar uma de moderno, sair por aí, de calça vermelha ou azul-turquesa, camisa de florzinha e corrente com medalhão no pescoço, puxando um fumo honesto, e depois ir esticar com uma *percanta* [= mulher, garota que se namora] no Varanda, para biritar umas e outras? (Vinicius de Moraes, *Poesia completa e prosa*, p. 662) [ABH/GAS/Net/RK/Vinicius de Moraes, *op. cit.*].

Sin.: *dar uma bola/bolinha, dar um dois, dar um tapa* (2), (lus.) *deitar a espelunca abaixo,* (RJ) *embaçar a ideia, lamber seda, ler um texto, queimar a/uma erva, queimar o cheiro, queimar um bagulho*

Var.: *queimar (o) fumo*

Puxar o ataque *Desp*. Liderar um grupo de companheiros rumo ao gol [HM].

Puxar o barco *Bras., gír.* Ir embora: "Vamos puxar o barco" [JB].

Puxar o barraco *Bras., gír.* Ir embora: "Vou puxar o barraco agora mesmo" [JB].

Puxar o bonde Ir embora: "Vou puxá o bonde, num tô mais querendo ficá aqui" (*sic*) [JB].

Puxar o breque *Bras., gír.* Parar: "A paulista gosta de puxar o breque, querendo dizer o freio de mão" [JB].

Sin.: *puxar o freio de mão*

Puxar o carro Ir embora: "Vamos puxar o carro, a coisa aqui num tá legal"; "Vou puxar o carro, madame. Tá na hora" [JB].

Puxar o cordão *Bras., gír. das cadeias*. Começar um tumulto: "Não adianta pegar pilha, pirangueiro. Teu relógio parou os ponteiros agora. Pode puxar o cordão!" [Émerson Maranhão, *O Povo*, 18/12/00, p. 8, expondo um rol de expressões e termos registrados pelo prof. José Océlio Camelo, ex-agente penitenciário do Instituto Penal Paulo Sarasate (IPPS), o presídio oficial de Fortaleza, CE].

Puxar o fole 1. Acionar o fole, na oficina do ferreiro. **2.** Tocar a sanfona [TC].

Puxar o freio de mão Parar: "Vou puxar o freio de mão, a coisa tá indo muito rápido" [JB].

Sin.: *puxar o breque*

Puxar o ponto *Umb*. Iniciar um ponto (cântico ritual). É geralmente feito por um ogã, sendo logo acompanhado pelo coro dos filhos de santo. Ogã é o título honorífico dado a pessoas de destaque social ou político etc. [OGC].

Var.: *tirar o ponto*

Puxar o rosário Ver *puxar o terço*

Puxar o tapete *Bras., gír.* Tirar tudo de alguém; retirar o apoio; trapacear: "É simples: ambos estão esticando a agonia do Brasil, até chegar o momento em que puxarão o tapete e deixarão a economia brasileira desabar" (Aloysio Biondi, *Bundas*, 30/8/99, p. 32); "Puxaram meu tapete, francamente, não merecia isso" [CLG/GAS/JB].

Var.: *puxar o tapete com cadeira e tudo, tirar o tapete*

Puxar o tapete com cadeira e tudo *Bras., gír.* Tirar tudo de alguém: "Puxaram (o) meu tapete com cadeira e tudo, sei que não merecia tanta desventura" [JB].

Var.: *puxar o tapete*

Puxar o terço Dirigir o terço rezado em comum; presidir ou dirigir a recitação da reza; recitar as orações em primeira voz [AN/FS/LM/RG/TC].

Sin.: *puxar a reza, puxar o rosário, tirar a ladainha, tirar (a) novena, tirar a oração*

Var.: *tirar o terço*

Puxar (uma) palha *Bras., pop*. Dormir; estar entregue ao sono; descansar no sono; nanar; tirar uma soneca [ABH/CLG/MPa].

Puxar pela aba da casaca Recordar uma promessa [GAS].

Puxar pela bolsa Gastar dinheiro [AN].

Puxar pela cabeça Ver *puxar pela cachola*

Puxar pela cachola Pensar; raciocinar; tentar recordar-se; fazer esforço men-

tal: "... Puxa um pouco pela cachola que te hás de lembrar de alguma coisa" (T. A. Araripe Jr., *Luizinha*, p. 50) [GAS].
Sin.: *puxar pela cabeça*

Puxar pela labita Chamar a atenção [GAS].

Puxar pela língua Fazer (em geral por meios hábeis ou astuciosos) com que alguém fale, se expanda, se manifeste; desafiar alguém à conversa; provocar discussão; provocar alguém a contar o que sabe; obrigar disfarçadamente a fazer revelações; provocar confidências ou informações de alguém: "Este tinha bebido muito e o de anelão falso puxou pela língua" (Jorge Amado, *Terras do sem fim*, p. 196); "Alguns acadêmicos lhe davam corda, puxavam por sua língua falastrona, outros ouviam em silêncio" (Jorge Amado, *Farda fardão camisola de dormir*, p. 196) [ABH/AN/GAS/TC].
Sin.: *dar corda* (1), (lus.) *puxar pela palha*
Var.: *puxar pela boca*

Puxar pela/a orelha da sota *Bras.* Ter o vício do jogo; jogar cartas. – Sota: o m. q. dama (carta do baralho) [ABH/AN].

Puxar pela palha Ver *puxar pela língua*

Puxar pela perna Apressar a marcha [TC].

Puxar pelas ideias Ver *dar trato(s) à bola* (1)

Puxar pelo cabedal *Lus.* Empenhar-se mais ou melhor na labuta, naquilo que se está fazendo; dar mais de si em algo; esforçar-se no trabalho; trabalhar com afinco, sem medir os esforços físicos [GAS].

Puxar pelo pé *Bras., CE.* **1.** Apressar a marcha: "É bom você puxar pelo pé, senão vai chegar atrasado." **2.** Conduzir alguém até determinado lugar: "Não queria ir ao teatro, mas ela me puxou pelo pé" [AN/FS/LM/RG/TC].

Puxar pelos miolos Pensar minuciosamente; refletir muito; matutar: "Eu coçava a cabeça e puxava pelos miolos" (Graciliano Ramos, *Alexandre e outros heróis*, p. 46).

Var.: *espremer os miolos*

Puxar piraíba Ver *pegar traíra*

Puxar por alguém 1. Obrigar alguém a trabalhar física e intelectualmente: "– Bom médico, dizem por aí que não puxa pelos clientes. Muito bom coração" (José Lins do Rego, *O moleque Ricardo*, p. 28). **2.** Levar alguém a falar de assuntos que nos interessam: "Comeram ouvindo o papaguear de dona Auricídia que puxava pelo filho mais velho, obrigando a criança a responder a perguntas históricas..." (Jorge Amado, *Terras do sem fim*, p. 206) [GAS].

Puxar porção Ver *encher a cara*

Puxar (o) saco *Chulo.* Bajular servilmente; elogiar servil ou interesseiramente; adular; agradar; cortejar com subserviência: "O Pitta puxou o saco e depois puxou o carro" (José Simão, *O Povo*, 27/3/99, p. 7B); "Para de puxar o saco do patrão, bicho" [ABH/AN/FNa/GM/JB/MPa/Net/RMJ].
Sin.: *cheirar o rabo de alguém, chupar o/um ovo,* (AL) *passar banha, pegar no bico da chaleira*

Puxar uma palha *Bras., RS.* Acender um cigarro [AJO/CLG/MPa].

Puxar uma pestana *Bras., RS.* Tirar uma soneca [AJO].

Puxar uma vaza Recolher as cartas ganhas no jogo de baralho: "É meu! – brada o Miguel, puxando uma vaza" (Manuel de Oliveira Paiva, *Dona Guidinha do Poço*, p. 66).

Puxar um *beck* *Bras., gír. rap e rock.* Fumar droga (cocaína, maconha) [Net].

Puxar um cinco *Bras., gír. policial.* Cumprir pena por furto [JB].

Puxar um cinco sete/157 *Bras., gír. policial.* Cumprir pena por assalto: "Vou puxar um cinco sete" [JB]. ♦ Alusão a artigo de mesmo número no Código Penal.

Puxar um ronco *Bras., gír.* Dormir: "Vou puxar um ronco, preciso dormir mais cedo" [JB].

Puxar um sete um/171 *Bras., gír. policial.* Cumprir pena por vadiagem [JB]. ♦ Alusão a artigo de mesmo número no Código Penal.

Quadrar(-se)

Não lhe quadrar Não gostar; não simpatizar [GAS].

Quadrar o corpo *Bras., S.* Perfilar o corpo, distendendo o tórax e levantando os ombros; perfilar-se [FF].

Quadrar-se à volta *Bras., RS.* Oferecer-se a ocasião, a oportunidade [AJO].

Quadrar um cavalo *Bras., RS.* Fazer um cavalo parar apoiado regularmente nas quatro patas [AJO].

Quebrar

Quebrar a barra Aparecer o sol, de manhã cedo, entre nuvens carregadas: "Quando eu entro numa farra, / Não quero sair mais não; / Vou até quebrar a barra / E pegar o sol com a mão" (Luiz Gonzaga, *Forró no escuro*) [FNa].

Quebrar a barreira Romper com o passado; quebrar paradigmas; vencer um obstáculo: "Vou quebrar a barreira e fazer com que as coisas aconteçam" [JB].
Sin.: *quebrar a crista* (1), *quebrar a louça*

Quebrar a boca Dar tirões, puxando fortemente pelas rédeas, nos queixos do potro que está sendo domado, para que fique "doce de boca", isto é, obedeça facilmente às rédeas; dar tirões com as rédeas nos queixos do animal que está sendo domado, para que ele fique com a boca sensível e assim obedeça ao menor movimento da rédea [Aurélio Buarque de Holanda, "Glossário", *apud* J. Simões Lopes Neto, *Contos gauchescos e Lendas do Sul*, p. 349/AJO].
Sin.: *quebrar o queixo*

Quebrar a bola *Bras., desp., gír.* Jogar mal; ter, um time, fraca atuação durante uma partida: "Se não o tivessem roubado, teria conquistado lá importante vitória. Veio para casa e aqui quebrou a bola diante do São Raimundo" (Tom Barros, *Diário do Nordeste*, cad. Jogada, 19/8/00, p. 4).

Quebrar a cabeça 1. Ferir a cabeça, fendendo o couro cabeludo. **2.** Refletir muito, procurando uma saída para os problemas; ruminar; raciocinar; refletir; fazer repetidas tentativas para acertar numa solução; pensar demoradamente à procura de uma solução; procurar resolver uma questão: "Das duas uma; ou ele inventou a telegrafia e depois quebrou a cabeça até achar um alfabeto que se prestasse para sinalizar palavras ou então criou um dia o código..." (Jô Soares, "Da difícil arte de redigir um telegrama", *apud* F&A, *VIII série*, p. 31); "Que ele quebrasse a cabeça pra poder endireitar-se" (Ribamar Galiza, *Que duas belas crianças*) [ABF/ABH/AN/CLG/TC].
Sin. (2): *quebrar o quengo*

Quebrar a cabeça do sono *Bras., gír.* Descansar [GS].

Quebrar a cara *Bras., fam.* **1.** Esbofetear; dar uma grande surra; ferir-se na cara. **2.** Passar por vergonha ou vexame; não alcançar o que esperava, ou, contra a vontade, perder o que tinha; sofrer decepção ou malogro; decepcionar-se; malograr-se; dar-se mal; levar a pior; frustrar-se; falhar; perder uma aposta; fracassar diante de um objetivo: "É fácil quebrar a cara escrevendo sobre sexo. (...) João Ubaldo Ribeiro sabia que podia quebrar a cara enfiando-se nesse projeto" (Diogo Mainardi, *Veja*, 5/5/99, p. 161); "A gente não pode continuar. Vamos quebrar a cara" (Ana Maria Machado, *Alice e Ulisses*, p. 58); "– É o que veremos – disse. – Já vi muita gente quebrar a cara aqui" (Luis Fernando Verissimo, *Comédias para se ler na escola*, p. 79); "Deixe que se vá, depois que quebrar a cara voltará arrependida" [ABF/ABH/AN/CLG/FF/FNa/GAS/JB/JF/MPa/TC].

Sin. (2): *arrastar (a) mala* (2)
Var. (1): *partir a cara*

Quebrar a castanha *Bras.* **1.** Derrotar, vencer, humilhar, desmoralizar, desmascarar, castigar alguém; vingar-se de alguém; tirar a boa fama a alguém; quebrar um monopólio ou um tabu; tirar a prosa, a cisma de alguém; acabar com a bazófia de alguém; levar a melhor; bater o recorde. – Pode ser dito em relação a valentia, sabedoria, invencibilidade ou qualquer danação: "Você pensa que manda aqui, seu moleque? Vou quebrar sua castanha num minuto, você vai ver!" **2.** *Chulo.* Tirar a virgindade; desvirginar, deflorar; descabaçar: "Quebrei a castanha dela, depois de muito lero-lero, tal e coisa" [ABH/AJO/AN/FF/FN/Gl/GS/JB/LM/MSM/RG/RMJ/TG/TGa].

Sin. (1): *chamar de careca e (ainda) oferecer o pente, quebrar a crista* (2), *quebrar a cuia,* (S) *quebrar o colarinho,* (RS) *quebrar o corincho, tirar as carocas*
Var.: *quebrar a castanha na boca de alguém*

Quebrar a castanhola *Bras., CE.* Romper um empecilho [CGP].

Quebrar a crista 1. Vencer um obstáculo, uma barreira. **2.** Derrotar; vencer; humilhar; desmoralizar; castigar; vingar-se de alguém; tirar a boa fama a alguém [ABH/CGP/FF/LM/Net].

Sin. (1): *quebrar a barreira*
Sin. (2): *quebrar a castanha* (1)

Quebrar a cuia Ver *quebrar a castanha* (1)

Quebrar à direita Mudar de rumo, dobrando à direita; dobrar (em rua, beco etc.) à direita; desviar-se para o lado direito; tomar o caminho à direita [CGP/LM/RG/TGa/TC].

Var.: *quebrar à/a mão direita, quebrar o braço direito*

Quebrar a espada Renunciar, por desrespeito, à carreira mil. – Reminiscência da ling. das salas de armas (ver Ladislau Batalha, *História geral dos adágios portugueses*) [AN].

Quebrar à esquerda Mudar de rumo, dobrando à esquerda; dobrar (em rua, beco etc.) à esquerda; desviar-se para o lado esquerdo; tomar o caminho à esquerda [CGP/LM/RG/TGa/TC].

Var.: *quebrar à/a mão esquerda, quebrar o braço esquerdo*

Quebrar a frieza Amornar levemente a água [CGP/TG].

Quebrar a jura Faltar à promessa, ao juramento: "E, dê no que der, me caiam as mãos, se eu quebrar a minha jura!" (José Américo de Almeida, *A bagaceira*, p. 115); "Só a aceitou de minha mão, para não quebrar a jura" [TC].

Sin.: *quebrar o juramento*

Quebrar a louça *Bras., gír.* Romper com o passado; quebrar paradigmas: "Vamos quebrar a louça para conseguir novos resultados" [JB].

Sin.: *quebrar a barreira*

Quebrar a louça e guardar os palitos Ver *apanhar a cinza e derramar a farinha*

Quebrar a munheca Ver *encher a cara*

Quebrar a padaria Bater as nádegas [BB].

Quebrar a panela Ver *quebrar a tigela*

Quebrar as costas Reprimir; desmantelar; acabar com [GAS].

Quebrar as forças 1. Enfraquecer; perder o ânimo, a coragem. **2.** *Umb.* Neutralizar o poder de algum "trabalho", seja para o bem ou para o mal [OGC/TC].

Quebrar as pernas Diz-se de imprevisto que lhe deixa sem opção de resolver seus problemas; ficar impedido de resolver alguma coisa: "Rapaz, o carro deu o *prego* e quebrou minhas pernas, não mais ir ao encontro da Joana!" [TGa].

Quebrar a tigela *Bras., NE, CE, fam.* Vestir uma roupa nova pela primeira vez; estrear roupa nova; botar pela primeira vez uma roupa nova; usar vestuário novo pela primeira vez; andar vestido com roupas no-

Quebrar

vas; vestir uma roupa ou peça de roupa pela primeira vez; usar pela primeira vez um vestido ou um objeto qualquer; "inaugurar" uma roupa, um sapato ou um objeto: "Para quebrar a tigela com segurança, e sair por aí cartando alto..." (TG, p. 113); "– Minha gente, Chicó quebrou a tigela! O dono desse chapéu sabe que tu veio para cá? Cuidado com ele!" (Jáder de Carvalho, *Aldeota*). – Usar roupa nova provoca elogios, garbos lisonjeiros ou galhofa. A expr. é us. em tom irôn. [ABH/AN/CGP/FN/FS/GS/JIF/LCC/LM/RG/TC].
Sin.: *quebrar a panela*

Quebrar a tira Bras., CE, pop. **1.** Morrer. – Uso irôn. **2.** Exagerar um sentimento, do tipo "morrer de paixão", "debulhar-se em lágrimas", "espumar de ódio" [ABH/AN/FN/FNa/FS/LM/RG].
Sin. (1): *bater a(s) bota(s)*

Quebrar catolé/catulé Bras., NE, CE. **1.** Falhar, não disparar a arma de fogo portátil no momento do tiro; diz-se das espingardas que não fazem explodir a espoleta; diz-se da espingarda quando o cão bate sobre a espoleta sem produzir explosão. – Referência ao ruído de quebrar o coco catolé, semelhante ao de uma arma falhando. **2.** Brochar [ABH/AN/CGP/FN/FS/Gl/LM/MGa/RG/TC]. – Coexistem as duas formas, porém a usual é "catolé".
Sin. (1) (2): *negar fogo* (1) (2)
Sin. (1): *quebrar coco*
Var.: *bater catolé/catulé*
Var. (1): *quebrar o catolé/catulé*

Quebrar coco Ver *quebrar catolé/catulé*

Quebrar (a) corrente Bras., RJ, gír. **1.** Descumprir acordo; trair. **2.** *Rappers*. Enfraquecer; fraquejar; acovardar-se; vacilar: "Vou quebrar a corrente, a coisa tá pesado" [JB/Net].
Sin.: *mandar mal com*

Quebrar de/em Andar bem-vestido, vestir-se luxuosamente: "Você anda amiorado; em domingo e dia sumanal só quebra é de casimira!" (Leonardo Mota, *Violeiros do Norte*, p. 251); "Ele anda bem-vestido; só quebra no linho branco..." [FS/LM].

Quebrar de pau Espancar: "... quebraria aquele sem-vergonha de pau" (João Clímaco Bezerra, *Não há estrelas no céu*) [TC].
Var.: *baixar o pau* (1)

Quebrar de/na peia Açoitar muito; castigar: "Eu quebro esse corno de peia" (Fran Martins, *Estrela do pastor*) [TC].
Var.: *baixar a peia*

Quebrar em cima de Recair sobre: "O que eu acho chato é esse negócio quebrar sempre em cima de mim" (Juarez Barroso, *Mundinha Panchico e o resto do pessoal*) [TC].

Quebrar em direção de Tomar a direção de: "Os vaqueiros corriam a um barbatão que quebrou em direção de um baixio" (Juvenal Lamartine, *Velhos costumes do meu sertão*) [TC].

Quebrar (o/um) galho Resolver situações as mais intrincadas, difíceis, delicadas; resolver ou ajudar a resolver uma dificuldade; resolver um problema, uma situação complicada; dar solução; livrar de situações embaraçosas; atender solicitações, encomendas; resolver dificuldades, geralmente de ordem administrativa, ou obter favores em serviços governamentais, através de influências pessoais ou mesmo a poder de dinheiro: "'Nosso leque de clientes cresceu e hoje quebramos qualquer galho', diz Glória" (Ângela Oliveira, *IstoÉ*, 26/4/00, p. 84); "Everaldo dito Fode-Mansinho, de farda a farda, quebrou o galho" (Jorge Amado, *Tenda dos milagres*, p. 28); "O deputado quebrou o galho, deu mais quatro buzinadas na zona de silêncio, ficou quite com a Justiça e foi embora" (Stanislaw Ponte Preta, *Febeapá 1*, p. 29); "Todo mundo quebra o galho de todo mundo sem correr risco..." (Aírton Monte, *O Povo*, 17/10/96, p. 4B); "Quando um deles fazia *forfait*, o desenhista à mão quebrava o galho" (Jaguar, *Bundas*, 8/5/2000, p. 28); "Ele não tinha convite para a festa, mas o porteiro quebrou o galho, deixando-o entrar..." [ABH/AC/CLG/DT/GAS/JB/RG/RMJ].

Quebrar lança(s) por Proteger; interessar-se vivamente por; empenhar-se de corpo e alma; fazer-se campeão dos direitos de alguém; pretender para alguém as melhores posições e as mais altas honras; defender alguém ou algo em que se acredita; combater em defesa de algo; lutar, pugnar, lidar, disputar exaustivamente por alguém ou algo: "O deputado Correia quebra lança por aquele sobrinho..."; "Quebra lanças por seus amigos". – A lança, arma da Nobreza, deixou longa contribuição paremiológica. Nas Justas e Torneios, "quebrar lanças" significava a dedicação fidalga pela causa ou motivo eleito para o prélio [ABH/AN/FF/FS/GAS/JB/LCCa/RMJ].

Sin.: *terçar armas*
Var.: *quebrar a lança por, romper/terçar lanças*

Quebrar louça Ver *fazer a corte*

Quebrar na lenha Fugir: "Ganhara o bredo. Iria quebrar na lenha" (Odálio Cardoso de Alencar, *Recordações da comarca*) [TC].
Sin.: *cair na madeira*

Quebrar no mundo Ir embora; fugir: "Ele quebrou no mundo e ela ficou por aí..." (Inez Mariz, *A barragem*) [TC].
Var.: *abrir no mundo*

Quebrar no pé Fugir: "... quando lá falta inverno, o povo quebra no pé" (Manoel Florêncio Duarte et al., *Literatura de cordel: antologia*) [TC].
Var.: *dar no pé*

Quebrar o animal Amansar o animal; fazer o animal dócil às rédeas. – Uso rural [FS/LM].

Quebrar o barato Bras., gír. Interromper algo ou alguém: "Vou quebrar o barato dele, ele é muito folgado" [JB].
Var.: *cortar o barato*

Quebrar o cabresto Bras., NE, chulo. Romper o freio do prepúcio; romper o frênulo ou prepúcio; arregaçar o prepúcio, com ou sem violência, existindo fimose real ou aparente; perder a virgindade (o homem); diz-se quando o adolescente transa pela primeira vez, em alusão ao sangramento (que não é obrigatório) do prepúcio. – Cabresto é "uma membrana situada na glande e que atua como freio do prepúcio. Os judeus cortam tal freio fazendo a circuncisão, religiosamente". "Quebrar o cabresto" é romper essa membrana, esse freio, ato que se realiza durante as primeiras relações sexuais do jovem [FN/FS/J&J/MSM/NL/TC].
Var.: *tirar o cabresto*

Quebrar o cacho a cantagalo Bras., RS. Atar a cauda do cavalo fazendo um laço abaixo do sabugo [AJO/AN].
Sin.: *atar a cola a cantagalo*
Var.: *quebrar o cacho*

Quebrar o cavalo Domar, amansar o cavalo; fazer o cavalo dócil às/de rédeas [LM/RG].

Quebrar o colarinho Ver *quebrar a castanha* (1)

Quebrar o contrato Não cumprir o trato; faltar ao acordo, à palavra empenhada [TC].

Quebrar o corincho Ver *quebrar a castanha* (1)

Quebrar o corpo 1. Desviar-se. **2.** Pop. Expelir os excrementos; defecar [ABH/RG].
Var. (1) (2): *dar de corpo*
Var. (1): *quebrar o corpo de banda*

Quebrar o corpo de banda Deixar habilmente de atender um pedido; livrar-se diplomaticamente de situação embaraçosa [ABH/TC].
Var.: *botar o corpo de banda, quebrar de banda, quebrar o corpo de banda, quebrar o corpo fora*

Quebrar o cuspe/cuspo Bras., NE, pop. Alimentar-se pela primeira vez no dia; tomar a primeira refeição no dia: "Até esta hora sem quebrar o cuspe! Hoje não é dia de jejum de preceito..." (Manoel Lobato, *Garrucha 44*) [ABH/AN/FS/LM/RG/TC].
Sin.: *quebrar o jejum* (1)

Quebrar o encanto Tirar-lhe o efeito; aparecer: "Cruzo a portaria, estou fora... agora, bem devagar, só mais um pouco... não olhe pra trás, pode quebrar o encanto... como é bom viver..." (Carlos Eugênio Paz,

Viagem à luta armada, p. 21); "A Margarida quebrou o encanto e deu as caras" [AN/JB].

Quebrar o fio à meada Interromper [GAS].

Quebrar o gelo Deixar a cerimônia e cair na intimidade; lançar mão de atitude, gesto, palavras amáveis, para fazer com que a pessoa ou ambiente hostil, frio, se torne mais amigável, mais acolhedor; descontrair: "Foi Maria Werneck quem a procurou para quebrar o gelo, relembrando o encontro havido meses antes" (Fernando Morais, *Olga*, p. 152); "'Calma, Darcy. Isso é para quebrar o gelo', esclareceu Adhemar, que sem vestir a roupa pediu apoio à sua candidatura à Presidência da República" (*IstoÉ/Especial, O brasileiro do século* (7), 4/8/99, p. 20) [ABH/AN/JB].

Quebrar o jejum 1. *Bras., CE.* Alimentar-se pela primeira vez no dia; tomar a primeira refeição do dia; comer ou beber tendo estado até então em jejum. **2.** Ingerir alimentos antes do tempo estabelecido para terminar o jejum; violar a obrigação do jejum preceituado pela religião. **3.** *Desp.* Interromper uma sequência de campeonatos perdidos. **4.** *Desp.* Cessar uma série de insucessos em jogos com determinado clube. **5.** *Desp.* Voltar a fazer gols após numerosos jogos em que não marcou nenhum. **6.** *Desp.* Tornar a obter vitória depois de repetidas derrotas [ABH/AC/AN/FF/FS/GS/HM].

Sin. (1): *quebrar o cuspe/cuspo*

Quebrar o juramento Ver *quebrar a jura*

Quebrar o loro Morrer: "– Mas você tem certeza? – De que ele picou a mula? – Absoluta. Quebrou o loro, te digo" (Manuel Bandeira, in Miriam Maranhão & Gerusa Martins, *Pensar, expressar e criar*, p. 125).

Quebrar o magro *Lus.* Haver fortuna [GAS].

Quebrar o milho Retirar a espiga de milho da haste [TC].

Quebrar o nariz Sofrer decepção; frustrar-se [RG].

Quebrar o olho ao diabo Fazer o melhor, o mais justo e razoável [GAS].

Quebrar o pau 1. Discutir (com veemência). **2.** Recair a responsabilidade sobre: "O pau quebra é sempre no cu do mais fraco" (Luciano Barreira, *Os cassacos*) [ABF/AT/CLG/JB/MPa/TC].

Quebrar o (maior) pau Brigar; criar confusão; haver briga, pancadaria: "Uma tarde quebrou o pau na metade do segundo tempo, apareceu porrete de tudo quanto foi lado, quem não correu apanhou sem saber de quem" (Lourenço Diaféria, *O invisível cavalo voador*, p. 21); "O pau quebrou feio. Foi nessa noite que o Batata quase fez o Celso Cadela engolir um tijolo" (Álvaro Cardoso Gomes, *A hora do amor*, p. 97); "Vou quebrar o maior pau se este viado (*sic*) estiver lá" [ABF/AT/CLG/JB/MPa/TC].

Var.: *cantar o pau*

Quebrar o pote 1. Descabaçar; desvirginar: "Como diz a Alícia do Gilberto Melo, quebrou o pote, tem que casar" (ver Euclides Neto, *Dicionareco das roças de cacau e arredores*). **2.** Ser deflorada. **3.** Menstruar pela primeira vez [FN/FNa/NL/PJC].

Sin. (2): *perder os três vinténs*
Sin. (3): *dar o tiro na macaca*

Quebrar o preceito 1. *Bras., RS.* Perder a virgindade. **2.** *Umb.* Não seguir as regras estabelecidas para os rituais de iniciação, de "trabalhos" ou de cerimônias religiosas; não cumprir alguma determinação dos orixás ou fazer coisa proibida por estes. **3.** *P. ext.* Fugir às normas, às recomendações: "... não responder todas as vezes que ele tentava quebrar o preceito de que dependia a sua vida... e a dela, porque a infeliz amava-o... oh! amava-o como se não ama senão uma vez neste mundo" (Almeida Garrett, *Viagens na minha terra*, p. 152); "Disse Lampião: pois hoje / ocê quebra esse preceito" (Expedito Sebastião da Silva, *Trechos da vida completa de Lampião*) [MSM/OGC/TC].

Quebrar o queixo Ver *quebrar a boca*

Quebrar o quengo Raciocinar; tentar resolver o caso: "Precisamos quebrar o quengo, sim senhor" (Inez Mariz, *A barragem*) [TC].

Sin.: *quebrar a cabeça* (2)

Quebrar o regime *Bras., gír. das cadeias*. "Vacilar" na liberdade condicional; desrespeitar as normas da liberdade condicional [Émerson Maranhão, *O Povo*, 18/12/00, pp. 8-9, expondo um rol de expressões e termos registrados pelo prof. José Océlio Camelo, ex-agente penitenciário do Instituto Penal Paulo Sarasate (IPPS), o presídio oficial de Fortaleza, CE].

Quebrar o relho *Bras*. Morrer: "Meu avô, quando quebrou o relho, tinha 126 anos" (*O Araripe*, 8/1/20) [TC].

Quebrar o resguardo *Bras., CE*. Adoecer pela inobservância dos cuidados do puerpério; não respeitar as prescrições do resguardo; quebrar quarentena após o parto; ser vítima (a mulher) de acidente, susto ou algo anormal, no decorrer do período do resguardo, o que pode alterar seu estado de saúde ou prejudicar seu restabelecimento: "Ontem quebrei o resguardo" (Rachel de Queiroz, *João Miguel*); "A Paulina piorou de novo: ainda não estava boa e quebrou o resguardo..." [BB/FS/RG/TC].

Quebrar o roço /ó/ Acabar com a valentia, fanfarronadas ou presunção de outrem: "Eu queria quebrar-lhe o roço" (José Américo de Almeida, *A bagaceira*) [TC].

Sin.: *baixar a crista*
Var.: *tirar o roço*

Quebrar os chifres Bater com a cabeça em algum canto: "Vai quebrar os chifres se continuar agindo assim" [JB].

Quebrar os cornos 1. Bater: "Vou quebrar os cornos daquele filho da puta. Que coisa! Arre! Que coisa, sô!" **2.** Dar-se mal: "Quebrou os cornos, malandro, agora aguenta" [JB].

Quebrar o selo 1. Desvirginar; desonrar moça virgem. **2.** Estrear qualquer coisa: "Assis Davis adorava quebrar o selo de uma guitarra nova, no tempo dos *Brasinhas*" [MSM/PJC].

Var. (1): (bras., S, chulo) *abrir o selo, tirar o selo* (3)

Quebrar o sono Interromper o sono [GAS].

Quebrar os pratos *Bras., RS*. Brigar; desentender-se com alguém; entrar em conflito; ficar de mal; romper relações; "partir pra ignorância"; no mínimo, "bater boca" [AJO/LAF].

Quebrar os queixos Esbofetear [AN].

Quebrar o tabu *Desp*. Interromper uma série de ocorrências desfavoráveis a jogador, clube ou seleção [HM].

Quebrar o torto *Bras*. **1.** Comer alguma coisa (pouca) enquanto se espera a refeição principal. **2.** Desjejuar; quebrar o jejum [ABH].

Quebrar para trás Voltar: "Com medo de se perder, quebrou para trás" (Mário Landim, *Vaca preta e boi pintado*) [TC].

≠ **Antes quebrar que torcer** Mostrar-se irredutível em certo propósito ou determinada opinião; não ceder: "Tinha uma divisa original – antes quebrar que torcer!" (José Carvalho, *O matuto cearense e o caboclo do Pará*) [TC].

Quebrar um bucho *Bras., NE*. Ter relações sexuais com meretriz ou mulher fácil [MSM/RG].

Sin.: *quebrar um casquinho*

Quebrar um cabaço *Bras., NE, S, chulo*. Desvirginar; descabaçar: "Eu é que tou livre de quebrar um cabaço – interrompia o Santos batendo no peito" (Clóvis Amorim, *O alambique*) [MSM].

Var.: *arrancar o cabaço*

Quebrar um casquinho Ver *quebrar um bucho*

Quebrar um pau Brigar fisicamente: "... mas também sabendo quebrar um pau quando o negócio estiver mais *pra fezes* (com perdão do eufemismo) que *pra mousse* de chocolate..." (Vinicius de Moraes, *Poesia completa e prosa*, p. 664) [Vinicius de Moraes, *op. cit.*].

Quebrar uns quilos Emagrecer: "Fugindo do colesterol, o Rui quebrou uns quilos" [CGP/TGa].

Queimar(-se)

Queimar a alma Entusiasmar-se em excesso [OB].

Queimar a caçada *Bras., CE*. Errar o passo (na dança); fazer uma coisa malfeita; diz-se de fiasco: "– Tome tento! Não vá agora queimar-me a caçada..." (T. A. Araripe Jr., *Luizinha*, p. 74). – O romance *Luizinha* é de 1878 e a expr. talvez seja us. apenas, em nossa época, no interior do estado; em tal obra, de T. A. Araripe Jr., em "Notas aos capítulos", exaradas por Otacílio Colares, tal como no texto original, na p. 74, está grafada assim a expr.: *queimar a cacada* [FS].

Queimar a erva *Bras., gír*. Gastar dinheiro: "Queimei a erva, mano, gastei tudo que tinha" [JB].

Queimar a/uma erva *Bras., gír*. Fumar maconha: "O garotão tá queimando a erva" [JB/Net].
Sin.: *puxar (um) fumo*
Var.: *fumar erva*

Queimar a escorva Fracassar à última hora: "Tinha estudado para padre e tinha queimado a escorva para me ordenar" [TC].

Queimar a fita Desvendar, estragar uma burla. – Expr. trazida pelo cinematógrafo [AN].

Queimar a largada *Bras., desp., gír*. Antecipar-se ao sinal de largada [Net].

Queimar a língua Antecipar acontecimentos: "Queimei a língua, antecipei tudo" [JB].

Queimar a mão *Bras., PI*. Recusar o convite do cavalheiro para dançar: "Carmen Célia queimava a mão de todo mundo. Só dançava com o Rubens" [PJC].
Sin.: *levar carão/carões* (1)

Queimar a mufa *Bras., gír*. **1**. Estudar demais: "Vou queimar a mufa pro vestibular." **2**. Complicar: "Vou queimar a mufa daquele rapaz com tantas perguntas" [JB].

Queimar a periquita/priquita 1. *Bras., NE, CE*. Perder a virgindade; ter, a mulher, relações sexuais. **2**. Dispor-se ao que der e vier, estar disposto a tudo. **3**. *Bras., PI*. Zangar-se; irritar-se vivamente com algum fato; enfurecer-se com alguém; ter uma explosão de raiva: "Ele conseguiu o impossível, me fazer queimar a priquita... Ele me paga!" (ver Noé Mendes de Oliveira, *Folclore brasileiro: Piauí*). **4**. Morrer [AN/CGP/FNa/FS/LM/MSM/PJC].
Sin. (2): *estar de periquita/priquita queimada*

Queimar a ré Ver *dar o rabo*

Queimar a rosca/rosquinha *Bras., chulo*. Diz-se do indivíduo homossexual; alusão ao sexo anal; fazer sexo anal; entre homossexuais, fazer sexo: "E diz que lá no Rio G. do Sul, quando tem fumaça, ou tão fazendo churrasco ou tão queimando a rosquinha!" (José Simão, *O Povo*, 27/10/98, p. 5B); "A bichona queimou a rosca, agora está arrependidézima" (*sic*) [AS/FN/JB/Net].
Sin.: *dar o rabo*
Var.: *queimar rosca*

Queimar a roseta Ver *dar o rabo*

Queimar arquivo Destruir provas: "É preciso queimar arquivo pra não deixar rabo" [JB].

Queimar (o) arquivo *Bras., gír*. Matar; tirar, o mandante de um crime, a vida do executante desse crime, por suas próprias mãos ou pelas mãos de outrem, para evitar denúncia: "Vou queimar arquivo. O cara sabe de tudo e pode abrir o bico" [ABH/JB].

Queimar arroz Diz-se da calcinha ou cueca velha que está com o elástico um tanto gasto e fica entrando na regada do bumbum; diz-se de calça justa, penetrando no rego [AS/BB/FN].

Queimar as espoletas Dar tiros: "Vamos queimar as espoletas e botar pra quebrar" [JB].

Queimar as pestanas Debruçar-se sobre algo; examinar com especial atenção, durante muito tempo: "Lá dentro, Januário dava duro, queimava as pestanas arrumando as vozes, remendando e cobrindo os foles rasgados..." (Sinval Sá, *Luiz Gonzaga: o*

Queimar(-se)

sanfoneiro do riacho da Brígida, p. 32) [AC/AN/FF/FSB/GAS/JB/TC].

Queimar a vela *Bras., gír.* Falhar; errar: "Queimou a vela, cidadão, entregou o ouro ao bandido" [JB].

Queimar campo *Bras., SP, RS.* Mentir (exageradamente) [ABH/AJO/AN/FF]. Ver ainda Aurélio Buarque de Holanda, "Glossário", *apud* J. Simões Lopes Neto, *Contos gauchescos e Lendas do Sul*, p. 349.

Var.: *queimar campo em dia de chuva*

Queimar etapas Acelerar: "Vou queimar etapas nesta joça" [JB].

Queimar (o) fumo Fumar maconha: "Vamos queimar fumo, gente, vamos viajar na geleia"; "Vou queimar o fumo, cara, quero viajar" [JB].

Var.: *puxar (um) fumo*

Queimar (as) gorduras Eliminar os excessos para emagrecer; cortar qualquer tipo de excesso: "Precisamos queimar gorduras, meu caro" [JB].

Var.: *cortar as gorduras*

Queimar incenso a alguém Adular, bajular alguém [AN].

Queimar nas apragatas Atirar-se decididamente a renhida luta; enfurecer-se. – Expr. de uso rural. "Apragata" é forma pop. (var. mais corrupta) de "alparcata, alpargata, alpercata", conforme se lê no *Aurélio* [FS/LM].

Var.: *inchar nas alpercatas* (4)

Queimar no golpe *Bras., MG.* Zangar-se muito; irritar-se [ABH].

Queimar nos azeites Estar aborrecido, irritado: "Sinhá Vicência tomava suas doses. Descia o rio com a reima, queimando nos azeites. Enxaguava os panos, trombuda" (Caio Porfírio Carneiro, *Os meninos e o agreste*) [TC].

Queimar o buraco do dente Ver *beber um trago*

Queimar o chão Ir embora; zarpar; fugir; escafeder-se: "Santana não encompridou conversa. Queimou o chão..." (Sinval Sá, *Luiz Gonzaga: o sanfoneiro do riacho da Brígida*, p. 35) [TC].

Var.: *fazer chão* (1) (2)

Queimar o cheiro *Bras., gír.* Fumar maconha: "Vou queimar o cheiro, mano, quero ficar doidão" [GS/JB].

Sin.: *puxar (um) fumo*

Queimar o churrasco *Bras., RS.* Perder a hora; dormir demais; atrasar-se [AJO].

Queimar o filme *Bras., CE, dial. das gangues urbanas, gír. rap e rock.* **1.** "Falar coisa que não agrada"; fazer fofoca a respeito de alguém; prejudicar moralmente; agir fora do padrão: "Não vamos queimar o filme, xará." **2.** *Gír. de crim.* Matar a tiros. **3.** Vacilar; desgastar-se; estragar a imagem; perder o prestígio: "Bá, cara, não vai queimar o meu filme." **4.** *Desp.* Perder ótima chance de gol; passar errado para um companheiro em condições de marcar; perder um gol cara a cara com o goleiro [Glória Diógenes, socióloga da UFC, em sua tese de doutorado, *O Povo*, 1º/6/98, p. 19A/ HM/JB/*Jornal da Amererp*, apud *Saúde em Família/Hapvida*, n.º 18, ago.-set. de 2000, p. 6/LAF/Net].

Queimar o jogador *Desp.* Escalar jogador sem condições técnicas para atuar; escalar jogador para atuar em posição para a qual não tenha plena habilitação [HM].

Queimar óleo 90 Estar cansado: "Tô lascado da batalha, tô queimando óleo 90, tá difícil, mano" [JB].

Queimar-o-pé *Bras., RJ, gír.* Embriagar-se: "... tem que discutir cinema novo, e sobretudo Gláuber; tem que saber *queimar-o-pé* e *entrar no embalo-7* com *birita de pobre* ..." (Vinicius de Moraes, *Poesia completa e prosa*, p. 664) [Vinicius de Moraes, *op. cit.*].

Queimar o poste Ver *arranhar a trave*

Queimar os fusíveis *Lus.* Endoidecer [GAS].

Queimar os miolos 1. Dar um tiro na cabeça. **2.** Pensar bastante: "A última prova de matemática foi de arrasar! Toda a turma teve de queimar os miolos pra conseguir resolver os exercícios" [AN/CLG].

Var. (1): *fazer voar os miolos*

Queimar os (seus) navios Criar condições tais que não seja possível o arrependimento ou a hesitação, ante os obstáculos que se anteponham a uma tentativa por demais arrojada, em que se jogue a própria vida; colocar(-se) em situação de modo que não possa recuar, abandonar a empresa. – A expr. é proverbial em várias línguas. Faz alusão à ação praticada por Agátocles na África e por Cortez no México, para tirar aos seus soldados a esperança de voltar à pátria. Outros fizeram o mesmo: Menelau, Régulo, Guilherme, o Conquistador [AN/RMJ].

Queimar o(s) último(s) cartucho(s) 1. Esgotar todos os recursos, todos os argumentos; lançar mão dos derradeiros recursos para conseguir algo; recorrer ao(s) meio(s) extremo(s); fazer a(s) última(s) tentativa(s). **2.** *Desp.* Tentar, um time, reverter o placar no último minuto do jogo [ABH/AN/FF/GAS/HM/LM/TC].

Sin. (1): *dar a última cartada*

Queimar (uma) pedra *Bras., gír. rap e rock, gír. de crim.* Fumar *crack* [Net].

Queimar (as) pestanas Ler muito à noite; trabalhar muito em escritas ou leituras; estudar muito, com afinco; estudar atentamente noite afora: "Queima as pestanas até aprender" [ABH/AC/AN/FF/FS/FSB/GAS/JB/TC].

Queimar (a) rodinha *Bras., NE, chulo.* Praticar o coito anal; ser pederasta passivo. – "Rodinha" é o ânus [ABH/MSM].

Sin.: *dar o rabo*

Queimar ruim *Bras., CE.* Ficar com raiva; não gostar; enfezar-se; afobar-se; chiar: "Francelino queimou ruim quando falaram de sua filha" [CGP/MGb/TG/TGa].

Sin.: *perder a esportiva*

Queimar substituição *Desp.* Substituir sem proveito um jogador durante a partida [HM].

Queimar uma bota *Bras., RS, chulo.* Peidar [LAF].

Sin.: *queimar uma galocha*

Queimar uma galocha Ver *queimar uma bota*

Queimar um bagulho Fumar maconha: "O pessoal gosta de queimar um bagulho" [JB].

Sin.: *puxar (um) fumo*
Var.: *torrar um bagulho*

Queimar vela com defunto ruim Expr. us. para lembrar que o desperdício com que ou quem nada vale não compensa; gastar tempo ou atenção com quem não faz jus a isto: "Você já bebeu demais. Está é dizendo besteiras. E eu não vou aqui nem queimar vela com defunto ruim" [RBA].

Var.: *gastar cera com defunto ruim*

Queixar-se

Queixar-se ao bispo Não ter para quem apelar; queixar-se a quem não dá ouvidos; diz-se de queixa inútil. – No ant. direito port., os bispos gozavam de importantes prerrogativas de autoridade civil, em parte resultantes de leis que tiveram por objeto privilégios e isenções das corporações e pessoas eclesiásticas (José Maria Adrião, *Rev. Lus.*, XXIX, p. 129). Os bispos medievais eram, em regra, mais que príncipes da Igreja, eram verdadeiros régulos, porque, à autoridade própria (supremacia eclesiástica, poder de excomunhão e de interdito), e aos seus direitos de classe privilegiada, reuniam senhorio temporal, maior ou menor, tendo a prerrogativa de pôr justiça nos respectivos coutos (Leite de Vasconcelos, *Etnografia*). Esta loc., que parece ter sentido anticlerical, nasceu no RJ no séc. XIX, quando começou a campanha dos empregados do comércio, no sentido de obter o fechamento das casas comerciais aos domingos. Em *a pedidos*, esses empregados apelavam para o bispo do RJ, a fim de que ele obtivesse a aprovação de uma lei que permitisse aos moços, num país em que a religião era então oficial, o cumprimento dos seus deveres de católicos. O título dos *a pedidos* era, geralmente, o de *Queixas do Exmo. Sr. Bispo*. Como a lei demorou muito a vir, a loc. acabou tomando o sentido exposto [AN/RMJ].

Queixar-se ao sem jeito Expr. pouco us., significando que o que se deseja não tem solução: "Vá se queixar ao sem jeito, rapaz!" [JIF].

Querer

Querer a cabeça de Exigir a exoneração de alguém de posto ou função, por motivos políticos [ABH].

≠ **Só querer distância** Dispensar aproximações; não querer negócios ou entendimentos; dispensar relações comerciais ou de amizade: "Da fazenda Soledade eu só quero é distância" (Rachel de Queiroz, *Dora, Doralina*) [TC].

Querer aparecer Querer ser o centro das atenções [CLG].

Querer beber-lhe o sangue Diz-se de pessoa que manifesta ódio ou malquerença a alguém [GAS].

Querer bem a Ter afeição a; gostar de; amar [ABH/FF].

Querer botar suspensório em cobra Pretender, almejar o impossível; querer realizar façanha impossível [LM/RMJ].
Sin.: *querer carregar água em balaio, querer trepar em pau-de-sebo*
Var.: *querer pôr suspensório em cobra*

Querer carregar água em balaio Ver *querer botar suspensório em cobra*

Querer casar com o filho do sol e o neto da lua Pretender noivo extraordinário [LM].

Querer como à menina dos olhos Estimar muito; querer a alguém mais do que a qualquer outro [AN/GAS].

Querer conta com Ligar para; preocupar-se com: "Ele não tá querendo conta comigo" [NL].

Querer corda Querer conversa [GAS].

Querer crer Admitir; acreditar: "Quero crer que ele está com a razão" [ABH/FF].

≠ **Não querer dar seu quinhão ao vigário** Diz-se de mulher que não quer desistir de aventuras amorosas [AN].

Querer Deus para si e o diabo para os outros Diz-se de indivíduo que só quer o seu bem sem se importar com o seu semelhante; diz-se de pessoa egoísta [AN/GAS].

Querer dizer 1. Ter a intenção de dizer. **2.** Equivaler a; ser sinônimo de; significar: "Indolente quer dizer 'preguiçoso'" [ABH/FF].

Querer dizer e não lhe chegar a língua Querer pronunciar uma palavra e não saber ou não se lembrar [GAS].

≠ **Não querer dizer pescoço** *Bras., RS*. Não significar grande coisa; não fazer diferença: "Não quer dizer pescoço, porque no meu time tem o fulano que joga muito bem" (a expr. afirma que o que foi apresentado como contra-argumento não implica nada de mais grave) [LAF].
Var.: *não quer dizer*

Querer endireitar o mundo Diz-se do indivíduo que tudo quer corrigir [GAS].

Querer engolir alguém vivo Estar com muita raiva de alguém; ter gana de alguém [AN/CLG].

Querer ensinar o padre-nosso ao vigário Pretender dar lições a quem delas não necessita; querer dar lições a quem sabe mais [FSB/LM].
Var.: *querer ensinar o pai-nosso ao vigário, querer ensinar padre-nosso a vigário, querer ensinar pai-nosso a vigário*

≠ **Não querer estar na pele de alguém** Não querer ser determinada pessoa, pois sua situação nada tem de boa, embora pensem o contrário; não querer estar no lugar de uma pessoa em má situação. – Reminiscência de tormentos judiciários [AN/CLG].

Querer este mundo e o outro Ser ganancioso [GAS].

Querer galinha gorda por pouco dinheiro Querer do bom e gastar pouco [GAS].

Querer gosma *Lus.* Querer ser favorecido [GAS].
Sin.: *querer mana*

≠ **Não querer graça(s) com alguém** Não querer intrometer-se com alguém; não desejar ou não permitir negócio, relação de amizade etc. [AN/TC].

Querer mais *Desp.* Lançar-se com insistência ao ataque, mesmo ganhando com folga no marcador: "O Palmeiras quer mais" [HM].

Querer mal a Desejar que aconteçam males a; ter ódio a [ABH].

Querer mana Ver *querer gosma*

Querer meter o Rossio na Betesga *Lus.* Pretender colocar um objeto grande em espaço reduzido. – É calão de Lisboa, visto tratar-se da praça D. Pedro IV (vulgo Rossio) e da rua da Betesga que lhe fica contígua e que é pequeníssima [GAS].

Querer muita tripa por um vintém Exigir demais [TC].

≠ **Não querer nada com** Não desejar; não se interessar [AT].

≠ **Não querer negócios com alguém** Não confiar em alguém; não querer irritar alguém [AN].

Querer o milagre e dispensar o nome do santo Pretender algo, venha de quem vier [LM].

≠ **Não querer outra vida** Estar bem como está; estar contente com a situação, não desejando alterá-la; não querer mudar; achar-se no melhor dos mundos: "– É o velho chamando Floripes. Nunca vi pegado igual. O diabo do negro não quer outra vida" (José Lins do Rego, *Fogo morto*, p. 32) [AN/GAS].

≠ **Não querer (nem) ovo** Não querer ouvir falar no assunto; não querer nem conversa; não se interessar: "Não quero nem ovo! Devo e não nego e vou pagar na valsa..."; "Não quero nem ovo com o rolo que cê aprontou"; "O Ricardo não quer ovo com o trabalho" [JB/PJC].

Querer penacho Querer um lugar de mando, de prestígio [GAS].

≠ **Não querer perder as mordomias** Não querer deixar o poder: "O político não quer perder as mordomias. Está mal acostumado" [JB].

Querer por fina força Desejar a todo custo, de qualquer modo, sem medir esforços: "Numa hora lá Seu Brandini estava tão animado que queria por fina força fazer a *Valsa dos apaches*, mas Estrela recusou que era impossível sem orquestra..." (Rachel de Queiroz, *Dora, Doralina*, p. 176).

Querer porque querer Insistir; teimar; mostrar-se irredutível: "O dono quis porque quis comprar o urubu" (Luís da Câmara Cascudo, *Contos tradicionais do Brasil*) [TC].

≠ **Não querer porra nenhuma** *Bras., RJ, chulo.* Diz-se de pessoa zangada, aborrecida, chateada e que não quer nada [MSM].

Querer que lhe cuspam na cara Expr. utilizada por alguém para reforçar a segurança com que declara nunca mais fazer ou não fazer tal coisa [AN].

Querer que lhe metam a papa na boca Não gostar de incomodar-se; ser demasiado preguiçoso [AN].

Querer saber de *Bras.* Discutir ou pesquisar em profundidade; examinar detidamente [ABH].

≠ **Não querer (nem) saber de** Repelir; recusar; evitar; não admitir; não ligar: "Tenho uma amiga, a Clô, que quando briga com o namorado baiano não quer nem saber de conversa: vai direto ao santo-antoninho dela, amarra-o com uma fita branca, e acende uma vela durante a noite inteira" (Lourenço Diaféria, *O invisível cavalo voador*, p. 53) [AN/TC].

≠ **Não querer saber quem está de guarda** Não respeitar as conveniências [AN].

≠ **Só querer ser** Usa-se para criticar pessoa que quer passar pelo que não é; diz-se de quem tira onda do que não é, de quem quer ser mais do que é: "Virgínia só quer ser, não é? Aquela metida!" (FNa, p. 319); "Só quer ser o que a folhinha não marca"; "Só quer ser as cuecas do Merola"; "Só quer ser o 31 de fevereiro" [FNa/PJC].

≠ **Só querer ser as pregas** *Bras., CE.* Diz-se do indivíduo que é muito convencido e quer ser mais do que o que realmente é: "Só quer ser as pregas" [AS].

Querer ser mico de circo Pagar pra ver; aguardar; duvidar; expr. us. para afirmar a veracidade do que se diz, condicionando sua negação a algo "humilhante", "vergonhoso", ridículo: "Quero ser mico de circo se voltar a atender teus pedidos" [JB].

≠ **Só querer ser o cão** *Bras., CE.* Aparentar ter mais posses do que o que realmente tem; ostentar; esnobar; diz-se da pessoa antipática, sem humildade: "Só quer ser o cão" [AS].

Querer ser trinta de fevereiro Mostrar-se exageradamente arrogante; pretender ser muito importante [TC].

Querer sol na eira e chuva no nabal Querer tudo ao mesmo tempo [GAS].

Querer sombra e água fresca Querer o máximo de comodidade possível; querer vida folgada, fácil, sem esforço, cercada de comodidades; querer uma vida despreocupada, sem trabalho: "Esse sujeito é malandro, só quer sombra e água fresca" [AN/DT/RMJ].

Querer sopas e descanso *Lus.* Ser velho e já não poder trabalhar [GAS].

Querer tapar a boca do mundo Procurar inutilmente evitar a maledicência [TC].

Querer ter a última palavra Falar em último lugar, para que a sua palavra prevaleça [AN].

Querer tirar o aço do espelho Levar muito tempo a mirar-se [AN].

Querer trepar em pau-de-sebo Ver *carregar água em balaio*

Querer uma no papo e outra no regaço Comer e levar ainda [GAS].
Var.: *querer uma no papo e outra no saco*

Querer vender o botão Usa-se, em geral, na pergunta irôn. a quem (despercebidamente) mostra fora da casa um botão da braguilha: "– Quer vender o botão?" [LM].

Querer ver a caveira de alguém Desejar ver a morte, a ruína de alguém; desejar ver alguém em situação difícil [AN/RMJ].

Querer ver a mãe morta com mil facadas Fórmula de juramento [AN].

≠ **Não querer ver nem pintado 1.** Não querer ter sob os olhos; não querer ver alguém de jeito nenhum, nem sequer em retrato: "Ele foi tão desonesto comigo que agora não quero vê-lo nem pintado." **2.** Rejeitar ou repelir com abominação; desejar que desapareça. – Referência a pessoa odiosa ou antipática [ABH/AN/DT].

Querer ver o circo pegar fogo Desejar ou aguardar que o pior aconteça; criar problemas: "Eu quero ver o circo pegar fogo! E o palhaço morrer queimado!!!" (José Simão, *O Povo*, 19/9/98); "Quero ver o circo pegar fogo, já dei minha conta de sacrifício"; "O filho da puta está querendo ver o circo pegar fogo" [JB].

Querer ver o diabo, não querer ver alguém Ter uma grande ojeriza por alguém [AN].

Querer virar santo Pergunta que se faz a quem come pouco: "– Quer virar santo?" [LM].

Querer voar sem ter asas Empreender alguma coisa sem ter meios ou sem ter as qualidades necessárias [GAS].

Rachar

Rachar a cancha *Bras., RS.* Diz-se do cavalo que, na corrida tirou tanta distância do adversário, que dividiu a cancha [AJO].

Rachar a(s) despesa(s) Dividir a despesa (com alguém) em partes iguais: "O rango custou 20 paus, vamos rachar a despesa" [JB/LM].

Rachar a moringa Dar pancada na cabeça, ferindo-a: "Racharam a moringa da Rita cabrita" (*sic*) [JB].

Rachar de chibata Açoitar muito [TC].

Rachar de gordo Estar, o animal, muito gordo [AJO].

Rachar de peia Açoitar muito; espancar violentamente: "Eu te racho de peia, peste!" (Caio Porfírio Carneiro, *Trapiá*) [TC].
Sin.: *moer a/com/de pau*

Rachar no meio Dividir; serrar [TC].
Var.: *serrar no meio*

Rachar o bico Rir muito: "Rachamos o bico, rindo das besteiras que ele dizia" [CLG/JB].

Raiar

Raiar a marca *Bras., RS.* Passar um risco na marca ant., estampando, ao lado, a marca do novo dono do animal [AJO].

Ralar(-se)

≠ **Não se ralar** Não se importar; não ter cuidados; não fazer caso [GAS].
Sin.: (lus.) *deixar andar*, (lus., Ericeira) *largar espírito*

Ralar a fressura *Lus.* Ter relações penosas; ter cuidados [GAS].
Sin.: *ralar os fígados*

Ralar o peito *Bras., gír.* Entre prostitutas, mandar o homem ir embora: "Tá na hora de ralar o peito, veio, tem gente na espera" [JB].

Ralar o pinto *Bras., RJ, gír.* Roçar a região genital (em outra região genital); sarrar [Net].

Ralar o sete *Bras.* Pegar com o ás o sete do adversário, no jogo da sueca (jogo de cartas parecido com a bisca); ralar, "relar" [TC].

Ralar os fígados Ver *ralar a fressura*

Ralar (o) peito Ir embora; sair de algum lugar: "Vou ralar o peito, vou picar a mula"; "Uma turma está num *shopping* e resolve ir embora, então se diz: 'vamos ralar o peito'"; "Resolvi ralar o peito, porque estava numa *bad trip* [= depressão] depois dessa *crocodilagem* [= sacanagem]" [JB/Vivianne Banharo, *Pais & Filhos*, Família, II, set./1998, p. 27].

Ralar peito *Bras., gír.* **1.** Fugir da polícia: "Tô ralando peito há um tempão." **2.** *Bras., RJ, gír.* Sarrar; dar uns amassos em [JN/Net]. ♦ JN atribui este modismo como sendo de uso em Fortaleza, surgido num período de verão.

Ralhar

Ralhar na viola *Bras., CE.* Cantar, o cantador, orgulhosamente, cheio de entusiasmo [RG].

Ranger

Ranger (d)os dentes *Fig.* Mostrar ódio ou aversão a outra pessoa; encolerizar-se; ter raiva; irritar-se; cerrar com força os dentes, por nervosismo ou irritação [FF/GAS/RG/TC].
Var.: *trincar os dentes*

Rapar

Rapar a panela Comer o cascão que fica grudado no fundo da panela (de arroz, doce etc.) [TG].

Rapar fora *Bras., gír.* Sair; fugir; ir embora: "Vou rapar fora, cidadão, tô sobrando" [JB].
Var.: *cair fora* (1)

Rapar frio *Lus.* Sofrer, passar frio durante muito tempo [GAS].

Rapar o tacho *Bras., gír.* Acabar: "Vou rapar o tacho, mano, levar tudo" [JB].

Rasgar

Rasgar a boca *Bras., NE.* Errar uma previsão; perder uma aposta: "Você não disse que eu não passava na prova? Pois rasgou a boca, minha filha: tirei 8!" [FNa].

Rasgar a fantasia *Bras.* Mostrar a verdadeira face da sua personalidade, depois de haver tentado dissimulá-la; mostrar quem é: "Ela decidiu rasgar a fantasia e ir à luta" [ABH/JB].

Rasgar a nota Esbanjar; gastar: "Se der certo, menina, pego uma bolada e vamos rasgar a nota no Rio, no Cassino da Urca!" (Rachel de Queiroz, *Dora, Doralina*, p. 147) [TC].

Rasgar a viola *Bras., CE.* Tocar a viola "arrastando as unhas pelas cordas, sem as pontear"; fazer o rasgado [AN/RG].
Sin.: *rasgar o pinho*

Rasgar baieta (sic) *Lus., Turquel.* Expelir ventosidades anais com barulho surdo e prolongado [GAS].

Rasgar bucho *Bras., NE.* Bisbilhotar; mexericar; intrigar. – Uso rural [FS].

≠ **Não rasgar dinheiro** Não ser doido ou maluco: "O cara não rasga dinheiro, logo, não é débil mental" [JB].
Sin.: *não rasgar nota de cem*

Rasgar elogios Elogiar demais; endeusar: "O chefe rasgou elogios para a Tetê, que merece" [JB].
Var.: *cobrir de elogios*

Rasgar mortalha *Bras.* Grito da coruja tido como de mau agouro: "Rasgando mortalha, uma coruja passou em voo baixo" (Jáder de Carvalho, *Aldeota*) [RG].

≠ **Não rasgar nota de cem** Não ser doido: "O cara não rasga nota de cem, portanto, é sarado" [JB].
Sin.: *não rasgar dinheiro*

Rasgar o pinho Ver *rasgar a viola*

Rasgar o véu Não fazer mistérios; falar francamente; declarar abertamente, sem rodeios [AN].

Rasgar pano *Lus.* Diz-se das motos quando andam ruidosamente [GAS].

Rasgar seda(s) *Bras.* Desfazerem-se, duas pessoas, em amabilidades recíprocas; desmancharem-se, duas pessoas, em amabilidades mútuas; prestar homenagem com palavras pomposas a uma pessoa; usar de excessiva cortesia; trocar amabilidades; fazer galanteios; lisonjear: "Depois me cobriu de elogios, rasgou todas as sedas, me deixando nas nuvens..." (Miguel Paiva, *O Povo*, cad. Dela's, 5/10/97, p. 16); "Ricky Martin vira loiro e rasga seda para o cantor George Michael" (Eliana Castro, *IstoÉ*, 26/1/00, p. 81) [ABH/AN/FF/FS/GAS/LM/RMJ].

Raspar

Raspar a(s) canela(s) *Bras., NE.* Ato de botar chifres no marido; diz-se da mulher que trai o marido; chifrar; cornear (ver Antônio Vilaça, *Meu limão, meu limoeiro*; Renato Oliveira, *Dic. alagoano*) [FNa/MSM/Net/NL].
Sin.: *botar (o) boné*

Raspar-milhã *Lus., Trás-os-Montes.* Ter bazófia; ser tolo [GAS].

Rastejar

Rastejar com mochila *Bras., S, RJ, gír. mil.* Praticar a pederastia passiva (Sylvio Abreu, *in art.*) [MSM].

Reatar

Reatar o fio à/da conversa Prosseguir no ponto onde se interrompera; continuar a conversa do ponto onde havia parado [AN/GAS].

Rebater

Rebater desaforo Revidar, castigando: "... eu só gostava de usá / uma faca jardineira / e um cacete de jucá / pra rebater desaforo" (Patativa do Assaré, *Inspiração nordestina*) [TC].

Rebater o frio Acabar com o frio; reduzir o frio: "Compadre, bote outra lapada, pra rebater o frio" (Pedro Menezes, *Casas de caranguejo*) [TC].

Rebentar

Rebentar a boca *Bras., gír.* Realizar; conseguir: "Vou rebentar a boca, rapá (*sic*), vai dar tudo certo" [JB].
Var.: *rebentar a boca do balão*

Rebentar a boca do balão *Bras., gír.* Realizar; conseguir; arrebentar: "Vou rebentar a boca do balão, tudo vai sair como manda o figurino" [JB].
Var.: *arrebentar a boca do balão, rebentar a boca*

Rebentar a bomba Conhecer inesperadamente uma notícia sensacional [GAS].

Rebentar a escada Ultrapassar o limite do melhor; passar para além do que está considerado por meta [GAS].

Rebentar as ilhargas Ver *arrebentar pelas costuras*

Rebentar como uma bomba Explodir em ira [GAS].

Rebentar de fome Estar muito faminto [FF].

Rebentar-lhe a castanha na boca Suceder-lhe aquilo que pretendia fazer a outrem [GAS].

Rebentar o tomate *Lus.* **1.** Cortar as relações com alguém. **2.** Desfazer um hábito [GAS].

Rebentar por alguma coisa Desejar ardentemente determinada coisa [FF].

Rebolar(-se)

Rebolar fora Pôr no lixo: "Rebole meu tênis fora, que ele não presta mais" [AS].
Var.: *botar fora* (1)

Rebolar no mato *Bras., CE.* Jogar fora, jogar no lixo, tenha mato ou não: "Vou rebolar no mato todas essas bugigangas" [CGP/JB/TG].
Var.: *rebolar no mato* (1)

Rebolar o caneco *Lus.* Rebolar-se; saracotear-se [GAS].
Sin.: *rebolar o queijo*

Rebolar o queijo Ver *rebolar o caneco*

Rebolar-se a rir Divertir-se largamente [GAS].

Rebolar-se todo 1. Regozijar-se muito. **2.** Rir com muito gosto. **3.** Remexer as cadeiras [GAS].

Rebolear

Rebolear o laço Fazer movimento circular com a armada do laço para atirá-lo [Aurélio Buarque de Holanda, "Glossário", *apud* J. Simões Lopes Neto, *Contos gauchescos e Lendas do Sul*, p. 350].

Recair

Recair em si Refletir: "Pensou, recaindo em si um pouco envergonhado" (Eça de Queiroz, *O crime do padre Amaro*) [ECS].
Var.: *cair em si* (2)

Recauchutar

Recauchutar a lataria *Bras., gír.* Fazer plástica: "A *socialite* está no cirurgião para recauchutar a lataria!" [JB].

Receber

Receber a Deus Comungar [AN].
Sin.: *receber o Senhor*

Receber a mulher em camisa Casar com mulher que não traga dote; casar sem que a noiva tenha bens ou emprego [AN/GAS].

Receber aplauso *Bras., S, RJ, gír. artística* Praticar a pederastia passiva (Sylvio Abreu, *in* art.) [MSM].

Receber as sobras Ficar com o que restar: "Recebi as sobras, mas não fiquei aborrecido" [JB].

Receber a tonsura Tomar ordens sacras [AN].

Receber a visita da saúde Diz-se da melhora efêmera de um moribundo pouco antes de morrer, em vésperas de falecimento (a saúde vem fugazmente e logo se retira) [AN/GAS].

Receber bilhete azul 1. Diz-se de convite para demitir-se. **2.** Ser expulso; não mais ser aceito ou convidado [AN/FS].

Receber com quatro pedras na mão Fazer mau acolhimento; receber de forma agressiva: "Ao chegar, ele foi recebido com quatro pedras na mão pelos moradores da vila" [DT/GAS].

Receber de braços abertos Receber com satisfação [AN].

Receber de graça *Desp.* Receber passe errado de bola de jogador adversário [HM].

Receber de má sombra Receber com má cara [AN].

Receber fiau Ser vaiado; ser apupado [FS].

Receber irradiação de guia *Umb.* Entrar em meio transe, ou comunicar-se de algum modo com uma entidade espiritual superior [OGC].

Receber luvas 1. *Lus.* Ser subornado. **2.** *Bras.* Receber do locatário prêmio em dinheiro [AN/GAS].

Receber na Igreja Casar-se religiosamente [GAS].

Receber na ponta da espada Diz-se de acolhimento agressivo, altaneiro, ríspido, grosseiro; receber rudemente, agressivamente [GAS/TC].

Var.: *receber na ponta da faca, receber na ponta da lança*

Receber na puba *Bras., BA.* Receber pagamento à vista [FNa].

Receber no civil *Lus., Ericeira.* Casar-se civilmente [GAS].

Receber o batismo de fogo Entrar em combate pela primeira vez: "Após a edição do AI-5, no Brasil, durante a ditadura militarista de 1964, alguns estudantes receberam o batismo de fogo nas guerrilhas do Araguaia, sob inspiração da experiência cubana e do líder Che Guevara." – No tempo da Inquisição, referia-se àqueles que, não tendo recebido o batismo de água, recebiam o da fogueira. Mais tarde se aplicou aos que entravam em campanha pela primeira vez [AN].

Receber ordem/as ordens *Rel.* Ordenar-se sacerdote; ser ordenado; receber o sacramento que confere o poder de exercer funções eclesiásticas [ABH/GAS].

Receber o Senhor Ver *receber a Deus*

Receber o último suspiro de alguém Assistir à morte de alguém [AN].

Var.: *recolher o último suspiro de alguém*

Receber solto *Desp.* Ser servido de um passe sem adversário por perto [HM].

Receber uma boa prebenda Ficar com encargo pesado e nada lucrativo [AN].

Receber uma teoria Receber uma repreensão [GAS].

Receber visitas *Bras., NE, BA.* Ter amantes; entregar-se mais ou menos veladamente à prostituição (ver Edison Carneiro, *A ling. popular da Bahia*) [MSM].

Recepcionar

Recepcionar o envio *Desp.* Amortecer a bola com o corpo, dominá-la e dar-lhe sequência [HM].

Rechaçar

Rechaçar pressão *Desp.* Desfazer ofensiva em bloco, aliviando o sufoco na grande área [HM].

Recobrar

Recobrar a razão Sair do estado de demência; recuperar o juízo [AN].

Recolher(-se)

Recolher a bastidores 1. Retirar-se da vida pública ou das atividades. **2.** Sair de um lugar. – Alusão aos atores quando saem de cena [AN/GAS].

Var.: *recolher-se aos bastidores*

Recolher a fala ao bucho Calar-se; não dizer mais nada [GAS].

Recolher a sanfona Calar-se [GAS].

Recolher-se à mesquinha posição Retrair-se; voltar a seus afazeres ou a cuidar de sua própria vida; intimação à pessoa que se aventura em negócios de que não entende ou que se mete onde não é chamado [TC].

Recolher-se aos bastidores da insignificância *Bras., joc.* Retrair-se; deixar de ousar; ficar quieto.

Recolher-se a uma Tebaida *Ant.* Viver na solidão, no ermo, longe da vida mundana. – Tebaida era o nome ant. do Alto Egito, em cujos desertos procuraram abrigo os primeiros ermitas [RMJ].

Recolher-se nas despesas Restringir as despesas; economizar [FF].

Reconciliar-se

Reconciliar-se com a sua consciência Pôr-se em paz consigo mesmo [GAS].

Reconciliar-se com Deus Pedir a Deus perdão das suas faltas; confessar-se, e pedir a Deus perdão das faltas cometidas [FF/GAS].

Reduzir(-se)

Reduzir a cinzas 1. Queimar. **2.** Destruir completamente; aniquilar; destroçar [FF/GAS].
Sin.: *reduzir a pó*

Reduzir à expressão mais simples 1. Diminuir o mais possível; reduzir algo ao menor volume ou ao estado mais miserável. **2.** Tirar toda importância a alguém; dizer mal de alguém; rebaixar alguém ao máximo; ridicularizar alguém ao extremo; humilhar, acachapar, aviltar, acabrunhar alguém. **3.** Fazer alguém calar por não saber responder ao argumento que se lhe pôs [ABH/AN/FSB/GAS].
Sin. (2): *reduzir à mesquinha posição de lata de graxa, reduzir a pó de peido*

Reduzir à mesquinha posição de lata de graxa Ver *reduzir à expressão mais simples* (2)

Reduzir ao silêncio Fazer alguém calar [GAS].

Reduzir a pó Ver *reduzir a cinzas*

Reduzir a pó de peido *Chulo.* Levar alguém à humilhação extrema; humilhar; achincalhar; desmoralizar; ridicularizar ao extremo [LM/TC].
Sin.: *reduzir à expressão mais simples* (2)
Var.: *reduzir a pó de traque, reduzir a subnitrato de pó de peido*

Reduzir a pó de traque Desmoralizar; humilhar; aniquilar; vencer: "No debate sobre reeleição, o senador x reduziu um ministro da situação a pó de traque" [AN/LM/TC].
Var.: *reduzir a pó de peido*

Reduzir a sonante Vender a dinheiro [AN].

Reduzir o dinheiro Vender [GAS].

Reduzir-se à sua insignificância Não ir além das possibilidades [GAS].

Refinar

Refinar a rapadura *Bras., gír.* Morrer: "– Custa a acreditar. – Pois é. Te digo que refinou a rapadura" (Manuel Bandeira, *in* Miriam Maranhão & Gerusa Martins, *Pensar, expressar e criar*, p. 125).
Var.: *entregar a rapadura* (2)

Refrescar

Refrescar a memória Diz-se de pequena achega que faz lembrar o resto; rever uma leitura para se pôr a par com o assunto; relembrar; recordar; despertar a memória: "Vou refrescar a memória dele, mostrar como tudo aconteceu" [GAS/JB].
Var.: *avivar a memória*

Refrescar o sangue Ingerir bebida que torne menos intenso o calor do sangue [AN].

Refugar

Refugar os paus da porteira Diz-se das alimárias, quando se obstinam em não penetrar no cercado ou curral [LM].

Refundir

Refundir o ar *Lus.* Enterrar um roubo fora de casa [GAS].

Regar

Regar a horta *Bras., S, SP.* Urinar [MSM].

Regar com lágrimas Chorar sobre algo que causou grande desgosto [GAS].

Regar manjericos *Lus.* Chorar [GAS].

Regar o pé a alguém *Lus.* Falar a alguém de coisas do seu agrado [GAS].

Regular

≠ **Não regular** Não se achar com o juízo perfeito: "Provavelmente Sinhá Vitória não estava regulando" (Graciliano Ramos, *Vidas secas*) [TC].

Var.: *não regular bem, não regular certo, não regular direito*

≠ **Não regular bem** Ser amalucado, aluado; não se achar com o juízo perfeito: "Seu Izé, o senhor não está regulando bem" (José Pereira de Souza, *Adivinha quem vem*) [ABH/TC].

Var.: *não regular, não regular bem da cabeça*

≠ **Não regular bem da cabeça** Ser amalucado, aluado, meio louco: "Ao alcançar ele a rua, o padeiro, meio na brincadeira, meio a sério, fez um comentário nervoso: 'Esse cara não deve regular bem da cabeça. Uma capa dessas!'" (Lourenço Diaféria, *O invisível cavalo voador*, p. 98) [ABH].

Var.: *não regular bem*

≠ **Não regular direito** Não ter perfeito juízo; ser aluado: "Domício tem vez que não regula direito" (José Lins do Rego, *Pedra Bonita*) [TC].

Var.: *não regular*

Reinar(-se)

Reinar(-se) a/na natureza Sentir continuadamente impulsos violentos a; ser tentado a; desejar; reinar: "Só me reina a natureza é me largar..." (Lourenço Filho, *Juazeiro do padre Cícero*); "Só o que me reina na natureza é dá uns murros naquele sujeito" (Leonardo Mota, *Cantadores*) [FS/TC].

Reinventar

Reinventar a roda Fazer tudo de novo: "Pessoal, não queiram reinventar a roda, assim nem eu guento" (*sic*) [JB].

Var.: *inventar a roda*

Remar

Remar contra a corrente Esforçar-se, trabalhar em vão; opor-se à vontade geral; resistir contra a opinião comum: "O homem põe e Deus dispõe! Não se pode remar sempre contra a corrente!" (Francisco Marins, *Em busca do diamante*, p. 77); "Não adianta remar contra a corrente, mas é preciso" [JB].

Sin.: *remar contra a maré*

Var.: *ir contra a corrente, remar contra a correnteza*

Remar contra a correnteza Esforçar-se, trabalhar em vão; opor-se à vontade geral; resistir contra a opinião comum: "Desista, você não vai conseguir vencer todos eles! Seria o mesmo que remar contra a correnteza!" [JB].

Var.: *remar contra a corrente*

Remar contra a maré Trabalhar em vão, contra forças opostas, a fim de conseguir uma coisa, ou vencer; fazer um esforço muito grande; fazer um grande esforço para obter pouco ou nenhum benefício; fazer alguma coisa em vão; lutar contra óbices dificílimos, ou contra forças poderosas e obstinadas; lutar por uma coisa ou assunto que a opinião de muitos pretende levar a efeito; realizar esforços inúteis por constante adversidade; lutar em vão contra forças opostas e maiores; opor-se inutilmente; ir contra a opinião da maioria; esforçar-se em vão; enfrentar muitas dificuldades; debater-se; teimar: "Quem vai pro fundo / Tem é que agitar o braço / Tem é que apertar o passo / Tem é que remar contra a maré / Eu não tenho dor" (Sérgio Ricardo, "Contra a maré", *in* CD *Mestres da MPB*, faixa 19); "Para terminar a encomenda a tempo, Vini-

cius teve que remar contra a maré" [AN/CLG/DT/F&A/FS/FSB/GAS/JB/RMJ].
Sin.: *remar contra a corrente*
Var.: *nadar contra a maré*

Remar vergonha Sofrer, passar vergonha: "Diz ele que deu-lhe uma dor de barriga tão da excomungada, que, se não sai tão depressa, tinha remado vergonha" [FS/LM].

Rematar

Rematar a sorte *Lus.* Conclusão da sorte pelo toureiro [GAS]. – "Sorte" é cada um dos trabalhos executados pelo toureiro, seguindo determinadas regras.

Remexer

Remexer na ferida Avivar a lembrança a respeito de fatos tristes, desagradáveis [GAS/RMJ].

Renascer

Renascer das próprias cinzas como a Fênix Brotar inesperadamente o que havia sido destruído; designação metafórica de voltar a ser o que foi; diz-se de pessoa arruinada que refaz a fortuna; diz-se de pessoa gravemente doente que recobra a saúde. – Reminiscência da lenda grega a respeito da ave fênix, única de sua espécie, a qual durava trezentos anos, depois dos quais se queimava numa fogueira, para em seguida renascer das cinzas (ver Heródoto, *História*, II, p. 73) [AN/GAS].
Var.: *renascer das próprias cinzas*

Rendar

Rendar de bala Perfurar, crivar de balas [TC].
Var.: *render à bala*

Render(-se)

Render juros e correção monetária Acarretar consequências graves ou penosas: "Isto não vai ficar assim, vai render juros e correção monetária" [JB].
Sin.: *custar caro* (3)

Render o espírito Morrer [FSB/GAS].

Render preito e homenagem Dar mostras de deferência, respeito, cortesia; testemunhar acatamento, respeito. – Preito e homenagem eram o pacto que o vassalo fazia com o senhor feudal de ser homem dele [AN/GAS].
Var.: *render preito*

Render que só/mais do que mandioca de várzea *Bras., AL.* Não parar; não cessar; ser interminável: "A conversa fiada entre aqueles dois rende que só mandioca de várzea" [ABH/FN/FNa].

Render sentinela Substituir, trocar a sentinela [ABH/FF].

Repartir

Repartir o mal pelas aldeias *Lus.* Dividir os prejuízos por todos [GAS].

Repetir

Repetir em todos os tons Proclamar com insistência e de vários modos [AN].

Repontar

Repontar gordura Ver *repontar matambre*

Repontar matambre *Bras., RS.* Diz-se do boi que está tão gordo a ponto de aparecer o matambre por baixo do couro quando anda [AJO].
Sin.: *repontar gordura*

Repor

Repor em circulação *Desp.* Devolver à disputa bola saída do campo de jogo [HM].

Repousar

Repousar no seio do Senhor Morrer [F&A].

Representar

Representar para as cadeiras Haver poucos espectadores [AN].

Requerer

Requerer a alma Intimar a alma a declarar o motivo por que anda a penar [GAS].

Resignar-se

Resignar-se à risota Aceitar a gozação: "Mas, como eu conto tanto as minhas aventuras como os meus fracassos, contei em casa, ao voltar, o que me aconteceu e tive de me resignar à risota dos meus amigos" (Orígenes Lessa, *Aventuras do barão de Münchhausen*, p. 17).

Resolver

Resolver o pepino Ver *descascar o/um abacaxi*

Respeitar

Respeitar as conveniências Respeitar o decoro, a decência [ABH].

Respirar

Respirar aliviado Ficar tranquilo: "Respirei aliviado quando a chefia pagou os atrasados" [JB].

≠ **Não respirar o mesmo ar que alguém** Não poder estar junto de alguém nem viver no mesmo ambiente que essa pessoa [AN].

Respirar saúde por todos os poros Mostrar que goza de boa saúde [AN].

Responder

Responder à altura Responder nos mesmos termos em que foi interpelado, de forma categórica [ABH/TC].

Sin.: *responder no pé da letra*

Responder ao pé da letra Responder à risca, com toda a exatidão, sem rebuços, sem refolhos, ponto por ponto; dar a resposta adequada [AN/GAS].

Var.: *responder à letra*

Responder com a cabeça Assegurar, sob as penas mais severas, que uma coisa há de suceder [AN].

Responder com quatro pedras na mão Responder com altivez, insolência, mostrando modos imperiosos, exigindo com violência [AN].

Responder com sete pedras na mão Responder com maus modos [GAS].

Responder na bucha Dar uma resposta imediata [AJO].

Responder na volta do correio Mandar a resposta pelo mesmo correio que trouxe a carta; hoje, responder imediatamente [AN].

Responder no pé da letra Ver *responder à altura*

Responder por alguém Fazer as vezes de alguém; ficar por fiador ou avalista; responsabilizar-se [GAS/Gl].

Responder por si Tomar a responsabilidade dos seus atos [GAS].

Responder torto Dar uma resposta grosseira [GAS].

Resvalar

Resvalar o freio *Bras., RS*. Tirar o freio da boca do cavalo; desenfrenar; desenfrear [AJO].

Reter

Reter as lágrimas Reprimir as lágrimas [GAS].

Retirar(-se)

Retirar como doze *Tip*. Fazer a retiração voltando a folha de cima para baixo, i. e., trocando de posição os seus lados maiores [ABH].

Retirar como oitavo *Tip*. Fazer a retiração virando a folha no sentido lateral, i. e., trocando a posição dos seus lados menores [ABH].

Retirar-se da vida Morrer [F&A].

Retocar

Retocar a caveira *Bras., gír*. Maquiar-se: "A Cida passa o dia retocando a caveira" [JB].

Retovar

Retovar de brasino *Bras., RS*. Dar uma surra até deixar as marcas do relho no lombo ou nas costas de quem apanhou [AJO].

Retovar um burro *Bras., RS.* Cobrir um terneiro ou um potrinho com o couro de outro que tenha morrido, para que a mãe do que morreu aceite amamentá-lo, achando que é sua cria [AJO].

Rever-se

Rever-se em alguém como num espelho Respeitar alguém como modelo [AN].

Reverter

Reverter arremesso lateral *Desp.* Fazer repetir a cobrança lateral, por ter sido feita incorretamente, ou com uma das mãos apenas, ou com os pés erroneamente posicionados em relação à linha lateral [HM].

Revirar

Revirar os olhos *Lus.* Pôr os olhos em algo [GAS].

Revolver(-se)

Revolverem-se as tripas Indignar-se; revoltar-se [GAS].

Revolver o punhal na ferida Aumentar o desgosto de alguém com palavras que ferem [GAS].

Rezar

Rezar de longe Tentar, por meio de rezas a distância, curar doenças em pessoas e animais ou suspender feitiços e quebrantos [TC].

Rezar-lhe o padre-nosso Chamar ao bom caminho; admoestar; advertir firmemente [GAS].

Rezar-lhe o responso Admoestar; repreender; dar uma descompostura [GAS].

Rezar-lhe pela pele Prometer uma correção pela força [GAS].

Rezar-lhe por alma (*sic*) **1.** Perder a fé de recuperar. **2.** Prometer castigo em caso de reincidência [GAS].

Rezar pela mesma cartilha Fazer acordo mútuo; ter as mesmas ideias; ter a mesma opinião, doutrina ou teoria; ter idêntica opinião, formular os mesmos conceitos de alguém; seguir o mesmo modo de proceder que outra pessoa; seguir as mesmas ideias ou pontos de vista; proceder da mesma forma: "Por isso, Tasso começa a aparecer na TV e nos *outdoors*. Rezam pela mesma cartilha" (Antônio Mourão Cavalcante, *O Povo*, 17/9/00, p. 7) [ABH/AN/FS/GAS].
Sin.: *rezar pelo mesmo breviário, rezar pelo mesmo catecismo*
Var.: *ler pela mesma cartilha*

Rezar pelo mesmo breviário Ter as mesmas ideias, a mesma opinião; agir da mesma maneira; ter as mesmas ideias e inclinações que outrem; seguir as opiniões, o modo de proceder de alguém [ABH/AN/TC].
Sin.: *rezar pela mesma cartilha*
Var.: *ler pelo mesmo breviário*

Rezar pelo mesmo catecismo Ter idênticas ideias que outra pessoa; pensar e agir da mesma forma: "Os 'fracassomaníacos' de plantão insistem em dizer que o supracitado governo reza pelo catecismo do FMI, que são uns amoucos etc. e tal" (Bruno Liberati, *Bundas*, 12/6/00, p. 18).
Sin.: *rezar pela mesma cartilha*

Rezar por alma de Perder a esperança de receber de volta (dinheiro ou coisa emprestada) [ABH].

Rezar por alma de uma dívida Nunca mais receber a importância emprestada [AN].

Rezar um responso 1. Encomendar alguém a um santo porque está morto ou perdido. **2.** *Lus.* Mod. diz-se de uma recomendação prévia sobre conduta [GAS].

Rilhar

Rilhar os dentes Estar fulo de raiva e de dor [GAS].

Ripar

Ripar fogo Acender; atear fogo: "Menino tem arte do cão! Um desassuntado de um galeguinho carregador de feira livre colocou devagarinho uma bomba de junto do pobre do cachorro e ripou fogo!" (NL, *Dic. de baianês*, s/p.) [NL].

Var.: *chegar fogo*

Rir(-se)

Rir a/às bandeiras despregadas Rir muito, com muita vontade e prolongadamente; rir imoderadamente, à vontade, às escâncaras, sonoramente; rir às gargalhadas, abertamente, ruidosamente; dar ruidosas gargalhadas; torcer-se de rir: "E o mais engraçado, o que me faz rir a bandeiras despregadas, é que não me importo..." (Chico Buarque & Ruy Guerra, *Calabar*, pp. 89-90) [AN/GAS/LCCa/MPa].

Sin.: *doer a barriga de riso, morrer a/de rir*

Rir a bom rir Rir gostosamente: "... exclamou o moço de monte, rindo a bom rir" (Alexandre Herculano, *O monge de Cister*) [ECS].

Rir à capucha Rir às escondidas [GAS].

Rir amarelo Rir de modo forçado: "Gamba riu amarelo, não abriu a boca" (Luiz Galdino, *Saruê, Zambi!*, p. 54) [ABH/MPa].

Rir às cascalhadas Gargalhar: "Rir às cascalhadas é que eu ainda não vi amante ditoso nenhum..." (Camilo Castelo Branco, *Amor de salvação*) [ECS].

Rir à socapa Rir disfarçadamente [GAS].

Rir às paredes Rir fora de tempo [GAS].

Rir até apertar ilhargas Rir às gargalhadas, até não poder mais [AN].

Rir à tripa-forra Rir-se muito [GAS].

Rir como um perdido Rir demoradamente, desnorteado por uma emoção, por uma paixão violenta, como um possesso, diabolicamente [AN/GAS/RMJ].

Rir da própria desgraça Em situação totalmente desfavorável, rir do próprio infortúnio [MPa].

Rir de orelha a orelha Rir com todo o rosto; estar muito contente: "O chefinho tá rindo de orelha a orelha, deu tudo certo" [JB].

Rir dos dentes para fora Rir forçada ou falsamente [AN/F&A].

Rir entre dentes Diz-se de riso sardônico, sarcástico [GAS].

Rir na cara de alguém Troçar ou caçoar de uma pessoa na presença dela, cara a cara; não precisar estar na ausência de uma pessoa para rir dela [AN/GAS].

Sin.: *rir nas barbas de alguém, rir nas bochechas de alguém*

Rir nas barbas de alguém Ver *rir na cara de alguém*

Rir nas bochechas de alguém Ver *rir na cara de alguém*

Rir(-se) o roto do esfarrapado Criticar alguém, estando em condições iguais às desta pessoa ou piores; ridicularizar, zombar de outrem por defeito ou defeitos que também lhe são próprios; diz-se de quem troça de um defeito alheio quando também o tem [ABH/AN/GAS/LM].

Sin.: *rir(-se) o sujo do mal lavado*

Rir(-se) o sujo do mal lavado Ver *rir-se o roto do esfarrapado*

Rir para dentro Sorrir maliciosamente, incredulamente, disfarçadamente [GAS].

Rir para não chorar Ver *fazer das tripas coração*

Rir por dentro Sentir, sem manifestar, muita vontade de rir [TC].

Rir que se escangalha Rir a ponto de desarticular-se [AN].

Rir-se como um tonto Rir-se muito, chegando a dar a impressão de ser um tonto, sem motivo aparente ou por motivo mínimo, fútil [AN].

Rir sem tom nem som Rir como um doido; rir muito [GAS].

Rir-se o roto do nu Rir-se, aquele que tem culpas, de outro que também as tem [GAS].

Riscar

Riscar a faca Ameaçar ferir com arma cortante [TC].

Sin.: *riscar a peixeira, riscar o punhal*

Riscar a peixeira Ver *riscar a faca*

Riscar a rês *Bras., RS.* Cortar o couro da rês morta, no sentido longitudinal, começando no beiço inferior e terminando no ânus, depois fazendo mais quatro incisões transversais, sendo duas iniciando-se no peito até a extremidade dos membros anteriores e duas iniciando-se na barriga até a extremidade dos membros posteriores. Depois de descolado todo o couro é que se inicia a carneação [AJO].

Riscar as palhas Rasgar as folhas secas da carnaubeira com as trinchas, para lhes despender o pó cerífero [FS].

Riscar bonito *Bras., gír.* Dançar: "O casal riscou bonito na quadra da Manga" [JB].
Var.: *rodopiar bonito*

Riscar da faca Puxar a faca rapidamente: "Não esperdiça a mais ligeira contração muscular, a mais leve vibração nervosa sem a certeza do resultado. Calcula friamente o pugilato. Ao riscar da faca não dá um golpe em falso" (Euclides da Cunha, *Os sertões*) [FN].

Riscar estrada *Bras., RS.* Tocar, partir a galope, em viagem [ABH/AJO/AN].

Riscar na marca Ver *riscar na picanha*

Riscar na picanha *Bras., RS.* Fugir apressadamente [AJO].
Sin.: *riscar na marca*

≠ **Não riscar o fósforo fora da caixa** *Bras., S, SP.* Ser homem fiel à esposa; não prevaricar. – Fósforo: o pênis [MSM].

Riscar o punhal Ver *riscar a faca*

Riscar pontos *Umb.* Fazer desenhos de sinais cabalísticos que representam determinadas entidades espirituais e que possuem poderes de chamamento às mesmas ou lhes servem de identificação. Quem o faz é o chefe do terreiro ou o médium que "recebeu" a entidade (no caso, identificação) [OGC].

Roçar(-se)

Roçar a franja *Lus., Univ. Coimbra.* Dançar [GAS].

Roçar no pau-de-sebo *Bras., ES.* Fazer sexo [ABF].

≠ **Não roçar pelo** *Bras., RS.* Numa carreira, não deixar que o adversário encoste no seu parelheiro [AJO].

Roçar-se todo *Lus.* Gozar intensamente algum assunto ou pessoa; rir-se francamente [GAS].

Rodar

Rodar a baiana Enfezar-se; dar um escândalo público; fazer confusão: "... autora do projeto da união civil entre pessoas do mesmo sexo, rodou a baiana para permitir..." (*IstoÉ*, 28/1/98, p. 26); "Nem tente me comer que eu rodo a baiana" (anúncio publicitário/Walita, *IstoÉ*, 5/5/99, p. 49); "Uma vez na presidência / rodar a baiana eu sei" (Reynaldo Jardim, *Bundas*, 30/8/99, p. 35); "Acabou-se o que era doce, / ninguém mais roda a baiana" (Reynaldo Jardim, *Bundas*, 8/5/00, p. 18); "Vou rodar a baiana aqui se me encherem o saco" [JB/MPa].
Var.: *rodar o baianex*

Rodar a sacolinha Recolher ou arrecadar dinheiro: "Vamos rodar a sacolinha pra recolher a graninha" [JB].

Rodar bolsa/bolsinha *Bras., gír.* **1.** Trabalhar: "Vá rodar bolsa que cê consegue muito mais." **2.** Exercer a prostituição; diz-se da ação de mulher caçando homem: "A Margô tem como profissão rodar bolsa no calçadão"; "A Zezé vive rodando bolsinha, por necessidade" [JB].
Var. (2): *bater bolsa*

Rodar forte Ir-se embora; retirar [GAS].

Rodar na paulista *Bras., dial. das gangues urbanas.* "Dividir algo com o grupo" [tese de doutorado da socióloga Glória Diógenes, da UFC, in *O Povo*, 1º/6/98, p. 19A].

Rodar nos calcanhares Dar meia-volta: "Zé Favela rodou nos calcanhares" (Leonardo Mota, *No tempo de Lampião*, p. 23) [AN/CA/GAS].
Sin.: *rodar nos pés*
Var.: *virar (n)os calcanhares*

Rodar nos pés *Bras.* Dar meia-volta e ir embora; retirar-se logo após ter chegado: "Favela rodou nos pés, / Ligeiro, queimou o chão, / Sabino ficou dizendo: / Ou cabra macho do cão" (Benoni Conrado, *Antônio Silvino na casa do fazendeiro*, cordel) [TC].
Sin.: *rodar nos calcanhares*

Rodar o baianex *Bras., gír.* Fazer confusão: "Vou rodar o baianex, cara, vou botar pra efe" [JB].
Var.: *rodar a baiana*

Rodar o barraco *Bras., gír.* Sair o ônibus: "Vai rodar o barraco" [JB].

Rodar o pires *Bras.* Arrecadar dinheiro: "Vou rodar o pires e passar a sacolinha" [JB].

Rodear

Rodear o cupim *Bras., S, SP, chulo.* Diz-se do marido que vai copular com a mulher grávida, com as devidas precauções [MSM].

Rodopiar

Rodopiar bonito *Bras., gír.* Dançar: "A rapaziada vai rodopiar bonito, depois do mastigo [= comida]" [JB].
Var.: *riscar bonito*

Roer(-se)

Roer a corda 1. Deixar de cumprir um trato; faltar a uma promessa, a um compromisso; faltar com a palavra; não cumprir o prometido; faltar ao convencionado; ter medo: "Ele prometeu que estava lá para ajudar, mas, na hora, roeu a corda, deixando-nos sozinhos" (DT, *VIII série*, p. 134). **2.** Desfazer unilateralmente um negócio ou acordo, um contrato; quebrar um compromisso; arrepender-se de um negócio ajustado; não saldar uma dívida; não cumprir acordo; não atender a um compromisso; desistir: "Fiz despesas, reformei o cemitério, encomendei um mausoléu, paguei seu hotel, suíte presidencial! E agora o senhor quer roer a corda!" (Dias Gomes, *Sucupira, ame-a ou deixe-a*, p. 30); "Padilha escorregou a quarenta e cinco. Firmei-me nos quarenta. Em seguida roí a corda: – Muito por baixo. Pindaíba" (Graciliano Ramos, *São Bernardo*, p. 24) [ABH/AC/AJO/AN/CGP/FF/FN/FNa/FS/GAS/JB/MGa/NL/RG/TC/TGa].
Sin. (1): *dar com os quartos de lado*
Var. (2): *morder a corda* (1)

Roer as unhas Mostrar impaciência [GAS].

Roer as unhas dos pés Ver *parir ouriço*

Roer beira de penico Estar em fase ruim da vida, sem dinheiro, desempregado; não ter o que comer; passar fome [AN/FN/NL].

Roer coirama/courama *Bras., NE, pop.* Mostrar-se ciumento ou despeitado; demonstrar, sentir despeito, inveja ou ciúme; estar ciumado [ABH/AN/FS/LCC/LCCa/MSM].
Sin.: *roer coirana/coerana, roer um couro*

Roer coirana/coerana Ver *roer coirama/courama*

Roer(-se) de raiva Sentir muita ira, sem poder desabafar ou sem querer manifestá-la; ficar remoendo ira incontida [TC].
Sin.: *estar-se roendo*

Roer-lhe o bicho *Lus.* Ter fome [GAS].

Roer na pele Falar de alguém ausente [GAS].

Roer na ponta de um corno Não conseguir aquilo que quer [GAS].

Roer o cupim *Bras., NE.* Ter conjunção carnal, desvirginando; desvirginar: "Ela me disse ontem que foi o Fortunato quem roeu o cupim dela" (Jáder de Carvalho, *Aldeota*) [JB/MSM].

Roer o/um osso Ficar com o pior trabalho, com a maior dificuldade; aguentar uma situação difícil; achar-se em situação difícil [AN/GAS/TC].

Roer os ossos *Bras.* Desfrutar os restos de alguma coisa; ter somente os problemas, ou percalços, sem auferir nenhum lucro ou vantagem; aguentar com o difícil, o trabalho, quando outros desfrutaram as vantagens, as facilidades [ABH/AC/AN/FF/FSB].

Roer(-se) por dentro 1. Estar intimamente revoltado, irado; ficar remoendo ira incontida. **2.** Sentir algo ou sofrer, sem manifestar [TC].

Roer um chifre Passar vida difícil; não ter o que comer [AN].
Sin.: *roer um corno*

Roer um corno Ver *roer um chifre*

Roer um couro Ver *roer coirama/courama*

Rogar

Rogar ao santo até passar o barranco Só ser religioso nas ocasiões de perigo (ver Ladislau Batalha, *História geral dos adágios portugueses*) [AN].

Rogar praga(s) Praguejar; lançar, proferir imprecações; rogar maldições a; fazer imprecação contra alguém: "Quando eu cheguei na favela vi as mulheres rogando praga no Zuza" (Carolina Maria de Jesus, *Quarto de despejo*, p. 62) [ABH/GAS].

Rojar(-se)

Rojar a fronte no pó Humilhar-se; mostrar servilismo [AN].
Var.: *rojar-se no pó, volver a fronte no pó*

Rojar-se no pó Mostrar servilismo; humilhar-se [AN].
Var.: *rojar a fronte no pó, volver-se no pó*

Rolar

Rolar (o maior/o mó) barraco *Bras., gír.* Haver confusão: "Rolou barraco no morro do Borel, a polícia chegou atirando"; "Rolou o maior barraco lá no morro, d. Dinha bateu firme na amante do marido dela" [JB].
Var.: *baixar o barraco*

Rolar de rir Rir em demasia, em geral dobrando o corpo [ABH].

Rolar escada abaixo *Bras., gír.* Ser demitido: "O chefe rolou escada abaixo, agora está no desvio" [JB].

Rolar jabá Ter muito dinheiro em algo, em geral para corromper ou manipular alguém: "Vai rolar jabá, a coisa será legal" [JB].
Var.: *ter jabá*

Rolar no pedaço *Bras., gír.* Saber o que está acontecendo: "Rolou no pedaço uma história incrível" [JB].

Rolar o sentimento *Bras., gír.* Fazer sexo.

Rolar sem ser pipa Ir passando sofrivelmente, de qualquer modo; viver de acordo com as circunstâncias ou subordinado às contingências do momento [AN/TC].
Sin.: *ir que nem capim*

Rolar um caroço Jogar futebol: "Vai rolar um caroço no campinho do Olaria" [JB].

Rolar um lance *Bras., gír.* Aparecer oportunidade: "Vai rolar um lance especial, me aguarde" [JB].
Var.: *pintar um lance*

Romper

Romper a manhã Amanhecer [GAS].

Romper as baetas /ê/ *Bras., PE.* **1.** Revoltar-se; indignar-se; alterar-se; explodir; extravasar. **2.** Brigar; inimizar-se, malquistar-se, indispor-se com as pessoas; fazer inimigos [ABH/AN/FN/FNa].
Sin. (1): *dar a gota* (1)

Romper as baterias *Fig.* Dar começo a uma campanha, a uma polêmica, a manifestações de hostilidade: "Perdeu a calma, e rompeu as baterias contra os seus detratores" [ABH].

Romper as cadeias Libertar-se [FF].

Romper as hostilidades Entrar em guerra [FF].

Romper caminho Viajar; atravessar matas fechadas ou lugares ermos: "A negrada vai na frente. É tão ruim rompê camin sozim!" (Luciano Barreira, *Os cassacos*) [TC].

Romper com alguém Cortar relações, por queixa, desgosto ou injúria sofrida. – Expr. tb. corrente na língua esp. [GAS/RMJ].

Romper o ano Passar a entrada do ano novo: "Você vai romper o ano onde?" [NL].

Romper o bloqueio Conseguir ter acesso a algo ou alguém: "Até que enfim rompi o bloqueio" [JB].
Var.: *furar o bloqueio* (1)

Romper o fio do discurso Interromper o discurso; fazer uma pausa demorada [GAS].

Romper o silêncio Ver *abrir o bico/biquinho* (1)

Romper satisfeito Caminhar, viajar satisfeito da vida [FNa].

Roncar

Roncar a alguém o diabo nas tripas Ter um pressentimento [AN].

Roncar a barriga Haver sinal de fome; ser pressentido o momento de comer: "Só não sei é se essas jabuticabas maravilhosas matam a fome de verdade. Ou se, na hora que a barriga roncar, a gente vai querer comida mesmo" (Ana Maria Machado, *Amigos secretos*, p. 50); "A mulher abraçou o menino, e notou que sua barriga roncava de fome" (Paulo Coelho, *O Monte Cinco*, p. 146).

Roncar a lenha Haver espancamento, pancadaria [TC].
Sin.: *comer o pau/o pau comer*
Var.: *trovejar lenha*

Roncar a pancadaria Ver *comer o pau/o pau comer*

Roncar a potra *Lus., Univ. Coimbra*. Arrepender-se [GAS].

Roncar como um porco Ressonar estridentemente [GAS].

Roncar (de) grosso Resposta altiva de quem não tem nada a recear [AN/GAS/TC].

Roncar grosso Ser soberbo; blasonar; alardear; jactar-se; vangloriar-se [AN/TC].

Roncar o palheiro *Bras., NE*. Roncarem os intestinos, prenunciando um desarranjo intestinal e causando, em geral, dores de barriga [Gl].

Roncar o pau/O pau roncar *Bras., NE*. Haver pancadaria grossa, confusão; haver brigas, espancamento: "Um dia o pau ronca nas costas dele" (José Lins do Rego, *O moleque Ricardo*); "O pau roncou feio, bicho, houve muita porrada" [AN/FS/JB/TC].

Var.: *comer o pau/o pau comer*

Rondar

Rondar do vento Diz-se quando o vento muda de direção [GAS].

Roubar

Roubar a bola Ver *bater carteira*

Roubar a cena *Bras., gír*. Ser o centro das atenções; possuir grande poder de se destacar, de aparecer; chamar a atenção, de modo matreiro, hábil, até mesmo utilizando métodos ridículos ou reprováveis; ser mais importante do que alguém; dominar o ambiente: "O presidente Boris Yeltsin, mais uma vez, roubou a cena. Já adquiriu uma enorme capacidade de deixar seus conterrâneos de cabelos em pé, seja quando se ausenta do poder, devido à saúde precária..." (Eduardo Ferraz, *IstoÉ*, 19/5/99, p. 114); "Atualmente, Saddam Hussein e o Iraque roubam a cena na política internacional"; "A Clarice roubou a cena. Chegou e arrebentou" [JB].
Sin.: *roubar o filme*

Roubar a moça Sequestrar uma donzela da casa dos pais com fins matrimoniais [TG].

Roubar o boi *Bras., BA*. Diz-se de mutirão, de trabalho coletivo sem aviso prévio à pessoa que será beneficiada. – Expr. us. na região de Feira de Santana [FNa].

Roubar o filme Ser mais importante do que alguém; dominar o ambiente: "Há trinta e tantos anos a mais poderosa potência do mundo sataniza esse homem, promove atentados e explosões terroristas, cerca-o de dificuldades com um bloqueio brutal – no entanto ele dá a volta por cima e ainda rouba o filme!" (Moacir Werneck de Castro, *Bundas*, 5/7/99, p. 18) [JB].
Sin.: *roubar a cena*

Rugir

Rugir à quebrado (*sic*) *Lus., Univ. Coimbra*. Dar-se por vencido numa luta [GAS].

S

Saber

Saber a 1. Ter o sabor de: "A bebida sabia a maçã"; "Carne de capivara sabe a peixe". **2.** Dar a ideia de; lembrar; recordar: "Mas o caminho andado / Sabe a caminho percorrido" (Alberto de Serpa, *Fonte*) [ABH/DPC].

Saber a boca a ferro-velho Ver *saber a boca a papéis de música*

Saber a boca a papéis de música Diz-se do gosto que se sente na boca durante a ressaca de uma bebedeira [GAS].
Sin.: *saber a boca a ferro-velho*
Var.: *ter a boca a saber a papéis de música*

Saber a esturro 1. Diz-se de coisa que custou muito caro. **2.** Diz-se de castigo inesperado [GAS].

Saber a/como/que nem gaitas Ser muito gostoso; ter bom sabor; ser delicioso; diz-se de comida, bebida, tudo o que nos cause gosto. – Cândido de Figueiredo, s. v. "GAITA", alude a três explicações: "gaita" significando "couve", significando "lampreia" (tipo de peixe) e significando "canudo de doce" (que ant. se vendia à porta do Passeio Público de Lisboa). Ver *Rev. Lus.*, XXV, p. 97 [AN/GAS].

Saber amanhar-se Diz-se do indivíduo que sabe arranjar meio para ganhar dinheiro [GAS].

Saber a mofo Diz-se do que se recebeu de graça, sem qualquer dispêndio [GAS].

Saber a nozes Diz-se de comida que tem bom sabor [GAS].

Saber a pato Frase jocosa quando queremos nos referir ao sabor da comida que foi paga por outrem [GAS].

Saber a potes Saber muito de alguma coisa [GAS].

Saber a pouco *Lus.* Diz-se do que sabe muito bem [GAS].

≠ **Não saber a quantas anda 1.** Desconhecer as horas. **2.** Achar-se atarantado, atrapalhado, aparvalhado; estar atordoado, desorientado; atrapalhar-se. **3.** Não saber com exatidão qual o estado ou condições de negócio ou situação em que está envolvido [ABH/AN/FF/GAS].

≠ **Não saber a que santo encomendar-se** Vacilar muito para tomar uma solução [AN].

Saber as linhas com que se cose Ter conhecimento perfeito da situação sem revelar a outrem; saber bem o que lhe convém; conhecer as próprias dificuldades, os apertos por que passa [ABH/AN/GAS].
Sin.: *saber de que lado lhe chove*, (joc.) *saber os panos com que se limpa*

Saber bem Agradar ao paladar: "Este assado sabe bem" [ABH/AC].

≠ **Não saber boia disto** Ver *não entender patavina*

Saber como elas lhe doem *Lus.* Conhecer bem de perto o castigo ou outro motivo que dê lugar a precaução [GAS].
Var.: *saber como elas lhe mordem*

Saber como é o tempero Não ignorar as consequências [AN].

Saber com quantos paus se faz uma canoa *Bras.* Infligir castigo a alguém que se deseja maltratar; infligir castigo: "... sem correr risco de vestir camisa de sete varas nem ser obrigado a saber com quantos paus se faz uma canoa" (Aírton Monte, *O Povo*, 17/10/96, p. 4B); "Na hora do naufrágio ninguém se preocupou em saber com quantos paus se faz uma canoa" (Amorim, *Bundas*, 12/9/00, p. 29) [RBA].
Var.: *mostrar com quantos paus se faz uma canoa*

Saber com quantos paus se faz uma jangada *Bras.* Infligir castigo a alguém: "Quem é dono de um iate de 60 pés não tem qualquer interesse em saber com quantos paus se faz uma jangada" (Joel Silveira, *Bundas*, 29/5/00, p. 45) [RBA].

Var.: *mostrar com quantos paus se faz uma jangada*

Saber contar até 10 Não ser dos mais ignorantes [AN].

≠ **Não saber da missa (nem) a metade** Estar mal informado; não estar bem informado; saber pouco do assunto; conhecer apenas pequena parte do assunto; não estar a par de tudo o que interessa saber [ABH/AC/AN/FSB/GAS].

Var.: *não saber da metade da missa*

Saber dar o recado Ter habilitação para cumprir determinada tarefa [TC].

Saber das coisas *Desp.* Conhecer com intimidade as artes e os ardis do futebol: "O camisa 7 sabe das coisas" [HM].

Sin.: *saber tudo*

Saber de cor Conhecer muito bem; ter tudo decorado na memória; ter (uma lição, assunto etc.) perfeitamente sabido, estudado, compreendido [ABH/AN/DT/FF/FSB/GAS/MPa/RMJ].

Sin.: *saber na ponta da língua*

Saber de cor e salteado Saber muito bem, qualquer que seja a ordem das perguntas [FF/GAS].

Sin.: *pescar corrido, saber na ponta da língua*

Saber de fonte limpa *Bras., gír.* Ser bem informado: "Soube de fonte limpa que o negócio tá brabo" [JB].

≠ **Não saber de que cor é** *Lus.* Desconhecer o uso; não saber do que se trata; estar entontecido [GAS].

Saber de que lado lhe chove Ver *saber as linhas com que se cose*

≠ **Não saber de que lado se virar** Ignorar o partido que deve tomar [AN].

≠ **Não saber de que terra é** Ficar desorientado [GAS].

Saber de raiz Saber a fundo [GAS].

≠ **Só saber do nome** Não ter notícia; ignorar; sentir falta: "Não me divirto, faz muito tempo. De lazer eu só sei do nome" [TC].

Saber do (seu) ofício Entender do ofício; ser perito no ofício [AN/GAS].

≠ **Não saber ler nem escrever** *Lus.* Ter muita sorte numa coisa sem ter feito nada por isso [GAS].

Saber levar a água ao seu moinho Conduzir as coisas a seu jeito; saber meios para ganhar dinheiro [GAS].

Saber mais a dormir (do) que muitos acordados Saber muito; ser muito experiente; ter grandes conhecimentos [AN/GAS].

Var.: *saber mais a dormir (do) que outros*

Saber mal Desagradar, desgostar ao paladar: "Aquele bolo da véspera sabia mal" [ABH/AC].

Saber mamar Diz-se daquele que com docilidade e prudência tudo consegue [GAS].

Saber muito mas andar a pé Não ter situação correspondente aos seus vastos conhecimentos; não conseguir prosperar apesar de ser muito douto; não ter podido comprar um cavalo de montaria; frase que se diz a respeito de indivíduo vaidoso de seus conhecimentos e que entretanto ainda não conseguiu meios de obter uma posição de destaque. – Ant. só as pessoas de certa categoria podiam ter montaria (ver Lindolfo Gomes, *Rev. Filológica*, II, p. 12) [AN].

≠ **Não saber, não querer saber e ter raiva de quem sabe** Demonstrar supremo desinteresse por uma novidade [AN].

Saber na ponta da língua Conhecer perfeitamente, muito bem; ter tudo na memória; ter (uma lição, um assunto etc.) perfeitamente sabido, estudado, compreendido; ter, saber bem decorado; responder rapidamente; saber muito bem um assunto; ter as respostas prontas e dá-las sem hesitar: "Esse aluno sabe a matéria na ponta da língua"; "Sabe a matéria de português na pon-

ta da língua" [ABH/AC/AN/CLG/DT/FF/FSB/GAS/LM/MPa/RMJ].
Sin.: *saber de cor, saber de cor e salteado, saber nas pontas dos dedos*
Var.: *ter/trazer na ponta da língua*

Saber nas pontas dos dedos Ter tudo na memória; ter as respostas prontas e dá-las sem hesitar [ABH/AN/DT/FSB/RMJ].
– Em fr.: *savoir au bout des doigts* = saber na ponta dos dedos.
Sin.: *saber na ponta da língua*

≠ **Não saber nicles** Ver *não entender patavina*

≠ **Não saber o bê-á-bá** Desconhecer as noções elementares; ser analfabeto: "... viviam muito bem na Corte – formados, gozando de nomeada na advocacia, no magistério; outros, que nem sabiam o bê-á-bá do direito, elogiados na literatura, na imprensa, em tudo!" (Adolfo Caminha, *Tentação*, p. 6) [AN].

Saber o chão que pisa Saber o que faz [GAS].

Saber onde aperta o sapato Conhecer bem sua situação e por isso saber como se há de comportar; ter consciência de sua situação [AN/CLG].
Sin.: *saber onde o sapato aperta o calo*

Saber onde as andorinhas dormem/dormiam Ter conhecimento de determinado assunto; ser experiente; diz-se de pessoa esperta, que observa tudo, que encontra facilidade quando algo está nas suas cogitações; saber onde conseguir dinheiro; saber onde conseguir vantagem em alguma coisa: "Era vez do sacristão Tibério da Silva botar as mangas de fora, pois ele sabia onde as andorinhas dormiam" (Aníbal Bonavides, *As profecias do Arquimedes*, p. 10) [CGP/FS/LM/RBA].
Var.: *saber aonde as andorinhas dormem, saber onde as andorinhas malham*

Saber onde está o gato Desvendar o embuste ou a velhacaria; saber em que consiste a trapaça [AN/GAS].

≠ **Não saber onde meter a cara** Sentir-se envergonhado [AN].

≠ **Não saber onde meter as mãos** Ter gestos acanhados; estar muito acanhado [AN/CLG].
Var.: *não saber onde pôr as mãos*

Saber onde o sapato aperta o calo Ver *saber onde aperta o sapato*

Saber onde tem a cabeça Ter juízo; ser maduro; ter a cabeça no lugar [ABH].

≠ **Não saber onde tem a cabeça** Frase com que, quando estamos confusos ou incorremos em grave inadvertência, revelamos nossa distração ou preocupação [AN].

≠ **Não saber onde tem a cara** *Lus*. Ser incompetente; ser ignorante; ser ainda muito criança; ser um desajustado [AN/GAS].
Sin.: *não saber onde tem o nariz*

Saber onde tem as ventas Saber conduzir-se; ter tino; saber agir, deliberar; ser consciente de alguma coisa: "Fossem perguntar a Seu Tomás da bolandeira, que lia livros e sabia onde tinha as ventas" (Graciliano Ramos, *Vidas secas*, p. 36); "A senhora, pelo que mostra e pelas informações que peguei, é sisuda, econômica, sabe onde tem as ventas e pode dar uma boa mãe de família" (Graciliano Ramos, *São Bernardo*, p. 81); "O meu irmão era outro. Sabia onde tinha as ventas. Não vivia impressionado com tolices" (João Clímaco Bezerra, *Não há estrelas no céu*, p. 216) [ABH/PJC/TC].
Sin.: *saber onde tem o nariz*

Saber onde tem o nariz Ter consciência do seu valor; ter discernimento; ter plena consciência do que está fazendo; saber o que faz; ser perito, competente, capaz: "Sujeito de linha, que sabe onde tem o nariz" (José Cândido de Carvalho, *Olha para o céu, Frederico!*, p. 27) [ABH/AN/CLG/TC].
Sin.: *conhecer (d)o riscado, saber onde tem as ventas*

≠ **Não saber onde tem o nariz** Ver *não saber onde tem a cara*

Saber o nome aos bois Conhecer bem um negócio ou assunto; não se deixar enganar [GAS].

Saber o que a casa gasta *Lus.* Diz-se quando se conhece a fundo uma pessoa ou assunto [GAS].

≠ **Não saber o que diz** Falar inconsideradamente, sem pesar as palavras [AN].

≠ **Não saber o que perde/está perdendo** Ignorar o valor de coisa que desdenha; frase com que se faz ver a alguém a excelência de uma coisa que esta pessoa desdenha. – Reminiscência de anedota rel. a uma conversa entre um bispo católico e um rabino [AN].

≠ **Não saber o que possui 1.** Ter um bem ou bens afetivos de valor inestimável. **2.** Ser muitíssimo rico [ABH].
Sin.: *não saber o que tem*

Saber o que se passa Saber o que está acontecendo [GAS].

≠ **Não saber o que tem** Ver *não saber o que possui*

Saber (d)o riscado *Bras.* Ter pleno conhecimento de algo; ser perito em determinado assunto ou profissão; conhecer bem uma disciplina, um ramo de atividade, um assunto; ser competente: "A gente que sabe do riscado, faz trabalho benfeito" (Francisco Fernandes do Nascimento, *Milagre na terra violenta*) [ABH/AC/AN/CPL/FS/LM/RMJ/TC].
Var.: *conhecer (d)o riscado*

Saber os cantos à casa Conhecer bem a casa que se frequenta ou visita [GAS].

Saber os panos com que se limpa Ver *saber as linhas com que se cose*

Saber o trivial *Lus.* Saber o indispensável para cozinhar. – Frase que as empregadas domésticas utilizam muito quando são contratadas [GAS].

≠ **Não saber para onde se voltar 1.** Ter muito que fazer; ter muitos afazeres; estar muito atarefado: "Eu não sei para onde me voltar, hoje. O plantão está horrível!" **2.** Não saber a quem recorrer, de quem se valer. **3.** Estar muito atrapalhado [AN/GAS].

≠ **Não saber para que lado cair** Estar hesitante [GAS].

Saber perder Aceitar com resignação uma derrota [AN].

≠ **Não saber peva** Ver *não entender patavina*

Saber pisar Diz-se de mulher que anda com elegância, como os manequins na passarela; saber passar modelos [GAS].

≠ **Não saber pisca** Ver *não entender patavina*

≠ **Não saber pívia** Ver *não entender patavina*

≠ **Não saber ponta de um corno** Ver *não entender patavina*

Saber por portas e travessas Ter conhecimento indireto por outras pessoas que não são diretamente interessadas [GAS].

≠ **Não saber por que cargas-d'água** Expr. us. para significar "por que razão", "a que título". – A chuva sempre foi pretexto para explicar o não cumprimento de uma obrigação. Mas, quando não choveu, é natural a pergunta: "Por que cargas-d'água você não..." [AN].

≠ **Não saber puto** Ver *não entender patavina*

≠ **Não saber qual é a sua mão direita** Diz-se de pessoa de cuja capacidade ou discernimento se duvida [GAS].

≠ **Não saber quanto tem de seu** Ser rico a ponto de desconhecer o total de seus bens [AN].

Saber sair *Desp.* Abandonar a baliza com oportunismo e decisão para interceptar a bola [HM].

Saber ser homem Mostrar-se à altura da sua missão e das suas responsabilidades [GAS].

Saber tudo Ver *saber das coisas*

Saber vender o seu peixe Conseguir o que quer, com habilidade: "Um homem perspicaz sabe vender o seu peixe" [GAS].

Saber viver 1. Ter jeito de agradar a todos; haver-se com prudência; ter juízo e prudência precisos para agradar a todos; ser insinuante. **2.** Ter desembaraço em negócios. **3.** Saber, em qualquer oportunidade ou circunstância, tirar partido em benefício próprio; conformar-se com os usos da vida; acomodar-se às circunstâncias [AN/FF/GAS/TC].

Saborear(-se)

Saborear a vingança Expr. corrente, que sublinha o prazer das represálias. – Um prov. diz, aliás, que "a vingança é o prazer dos deuses". Os fr. ligam esse prazer ao do paladar, por meio deste prov.: *la vengeance est un plat que se mange froid* (= a vingança é um prato que se come frio) [RMJ].

Saborear-se com/em/por Tomar grande gosto por; apetecer sempre [FF].

Sacar

Sacar da onda *Bras., gír.* Agir: "Vou sacar da onda, cara, tá na hora" [JB].
Sin.: *sacar primeiro*

Sacar o dele *Lus.* Tirar a parte que lhe cabe [GAS].

Sacar orelha(s) 1. *Bras., S.* Chegar, na corrida, com pequeno avanço, pequena vantagem; chegar o parelheiro à raia com a orelha livre, i. e., adiantado do outro parelheiro apenas o espaço da orelha, ou tanto quanto se possa distinguir que a adiantou ao companheiro. **2.** Arrepender-se de não ter feito o que podia fazer [ABH/AJO/AN/FF].
Var. (1): (RS) *sacar a/na orelha*

Sacar primeiro Agir: "Quem sacar primeiro leva tudo" [JB].
Sin.: *sacar da onda*

Sacar quilate *Lus.* Arranjar dinheiro [GAS].

Sacar um peludo *Bras., RS.* Diz-se do trabalho de tirar um carro ou uma carreta, a muito custo, de um atoleiro ou buraco onde as suas rodas ficaram presas; tirar com grande trabalho um veículo de um atoleiro ou de um buraco onde as suas rodas ficaram presas; peludear. – "Peludo" é o tatu-peludo. Arrancá-lo da toca, puxando pelo rabo, é tarefa bem difícil (Ihering, *Dicionário*) [ABH/AJO/AN/FF].
Var.: *arrancar peludo, tirar um peludo*

Sacolejar

Sacolejar o rabo *Bras., gír.* Dançar: "A mulata tava sacolejando o rabo no *show* quando um francês, loucão, voou em cima dela" [JB].

Sacrificar

≠ **Não sacrificar às Graças** Ter maneiras, discurso, estilo, que se ressintam da falta de atrativos, de ornatos, de beleza [AN].

Sacrificar a Vênus Praticar o ato sexual; fazer amor [GAS].

Sacudir

Sacudir a água do capote Eximir-se a responsabilidades; esquivar-se; desculpar-se de modo que não seja culpado [GAS].

Sacudir a albarda Opor-se a alguma coisa; não aceitar imposições [GAS].

Sacudir a parada *Bras., gír.* Realizar o assalto: "Vamos sacudir a parada, mané, a caxanga [= barraco] é aquela" [JB].
Var.: *fazer (a/uma) parada*

Sacudir a poeira 1. Espancar, quase sempre ligeiramente. **2.** Livrar-se de algo: "Vou sacudir a poeira, jogar a carga no mar pra me sentir livre, leve e solto" [AN/JB].

Sacudir as banhas Trabalhar; entrar em ação [GAS].

Sacudir as bolas *Bras., RS.* Arremessar as boleadeiras para pegar o animal [AJO].

Sacudir as cadeiras Dançar; pular ao som do trio elétrico: "– Aí o baiano para? – Não, aí vai ao Pelourinho sacudir as cadeiras que ninguém é de ferro" (Carlos Paiva, *Jornal da Rua*, 11/3/00, p. 4) [CLG].

Sacudir as moscas Dar pequena bofetada; agredir levemente alguém [GAS].

Sacudir o esqueleto *Bras., gír.* Dançar: "Vamos sacudir o esqueleto na Estudantina" [JB].
Var.: *balançar o esqueleto* (1)

Sacudir o jugo Libertar-se de dominação; tornar-se livre depois de luta encarniçada [AN/FF/GAS].

Sacudir o pó a alguém Esbordoar, espancar, agredir alguém; bater em alguém [AN/FF/GAS].

Sacudir o pó das sandálias Afastar-se de algum lugar para sempre, com lamentações de desprezo ou de cólera; fugir, afastar-se de um lugar para sempre. – A expr. vem do ato de são Paulo e são Barnabé ao deixar Pisidia (At 13, 51) [AN/GAS].
Var.: *sacudir a poeira das sandálias, sacudir o pó dos pés, sacudir o pó dos sapatos*

Sacudir os arreios Bras., S, RS. Opor-se; reclamar; rebelar-se; fugir a imposições [ABH/AJO/AN].

Sacudir o sono Procurar meios para não adormecer; acordar; despertar [FF/GAS].

Safar(-se)

Safar a onça Sair(-se) de uma dificuldade de qualquer maneira; remediar uma necessidade em caráter provisório; cumprir compromisso: "Precisamos pelo menos safar a onça" [AN/GAS/JB/RMJ].

Safar gravana Lus. Trabalhar depressa, com ligeireza [GAS].

Safar o baralho Lus. Desembaralhar; desenredar; esclarecer [GAS].

Safar-se à capucha Ver *sair à francesa*

Sair(-se)

Sair a alguém Parecer-se com alguém; herdar certas qualidades; ser igual a um ascendente nas feições, no temperamento, nas atitudes: "Ela saiu à mãe, é séria e metódica"; "Dudu saiu a seu avô, João" [DPC/GAS/JB/TC].
Sin.: *puxar a alguém*

Sair a campo 1. Dirigir-se ao campo, para vaquejar, campear. **2.** Lutar; pelejar [FF/TC].

Sair a cavalo Lus. Ir às meretrizes e vir com doenças venéreas [GAS/MSM].

Sair a conta pela receita Bras., NE. Ficar uma coisa pela outra, no ajuste de contas [TC].

Sair à espora Lus. Dar-se por aludido; responder à provocação [GAS].

Sair à estacada Lus. Responder a uma provocação ou a um insulto [ECS/GAS].
Sin.: *sair à estalada*

Sair à estalada Ver *sair à estacada*

Sair à francesa Sair sem se despedir de ninguém, moscando-se; sair sem falar com ninguém; retirar-se discretamente, sem fazer ruído, sem se fazer notar: "Saí à francesa, em retirada estratégica rumo ao banheiro" (Aírton Monte, *O Povo*, cad. Vida & Arte, 25/6/01, p. 2). – Este costume ingl. foi moda na França no séc. XVIII e da França passou a outras nações. O ing. é um povo prático; dispensa cerimônias. Na França, em réplica a esta expr., diz-se "sair à inglesa" (ver Gomes Monteiro e Costa Leão, *A vida misteriosa das palavras*; Rev. Lus., XXIII, p. 121) [AN/FNa/GAS/Net]. Para maior aprofundamento histórico sobre a expr., ver LCCa, pp. 223-4.
Sin.: *dar a bunda por resposta*, (lus.) *sair à capucha, sair de banda/bandinha* (1), (bras.) *sair de fininho*, (bras., AL) *sair feito bufa*

Sair à liça Lus. Meter-se no assunto [GAS].

Sair ao caminho Lus. Ir para a pessoa que a procura [GAS].
Sin.: *sair ao encontro*

Sair ao encontro Ver *sair ao caminho*

Sair ao/do facho Bras., RS. Sair a/para passear; sair a passeio para se distrair; sair para se divertir; espairecer (ver Roque Callage, *Vocabulário gaúcho*) [ABH/AJO/AN/ECS].

Sair ao lençol de cima Sair ao pai; ser parecido com o pai [GAS].

Sair ao pai mas atirar à mãe Diz-se de quem não é parecido com nenhum dos seus progenitores [GAS].

Sair aos seus Ser parecido com os familiares [GAS].

Sair apagando *Bras., RS.* Fugir, sair em disparada [ABH/AJO/AN/FF].

Sair(-lhe) a porca mal capada *Pop.* Ver transtornados os planos; ter a pessoa um resultado negativo, não conseguir aquilo que queria, mas, ao contrário, ter resultado que lhe é de todo adverso [AN/FSB/GAS/MSM].

Sair à praça Aparecer em público [AN].

Sair a público Ser publicado, editado: "Se algum dia a obra sair a público..." (Antônio Feliciano de Castilho, *Fausto*) [ECS/FF].

Sair à rua 1. Sair de casa; vir à rua por motivo de acontecimento extraordinário que se passa na vizinhança. **2.** Aparecer aos olhos de todos [AN/GAS].

Sair/Saírem as contas erradas Sair ao contrário do que imaginamos [GAS].

Sair a terreiro Sair a público em defesa de alguém ou de alguma coisa [GAS].

Sair batendo Ir logo batendo: "Vou sair batendo, doa em quem doer" [JB].

Sair branco Diz-se do jogo de loteria que não obteve nenhum prêmio; não ser premiado (bilhete de loteria). – Ant., antes da invenção das máquinas *Fichet*, a loteria tinha duas rodas. Numa se punham bilhetes com os números dos vendidos e na outra bilhetes com os prêmios correspondentes e com bilhetes em branco. Tirava-se primeiro o número de um bilhete vendido e depois o prêmio correspondente. Se não saía prêmio, o bilhete era branco [AN/AT/GAS].

Sair campo fora *Bras., RS.* Sair em disparada; ir embora [AJO].

Sair chispa *Bras., RS.* Ser muito difícil de fazer [AJO].
Sin.: *sair faísca, sair fogo*

Sair cinza 1. Ocorrer fato notável: "Daqui pro fim do mês, se os revoltosos chegarem, sai cinza!" **2.** *Bras.* Degenerar em rolo; haver barulho grosso; surgirem descomposturas, revelações escabrosas, em bate-boca ou discussão acalorada; diz-se de luta, discussão violenta, bruta, de conseqüências mais sérias. – Expr. originada do ditado "Sai cinza e morre o gado e fede a chifre queimado" [AN/FF/FS/LM/RG/TC].

Sair com Ter ou manter relações sexuais com: "... usa revólver para atirar no irmão daquela moça que está saindo com ele" (Nagib Jorge Neto, *As três princesas perderam o encanto na boca da noite*) [TC].
Sin.: *deitar-se com*

Sair com as honras de guerra Permitir que se retire o inimigo que se entrega em condições dignas do respeito do vencedor; obter capitulação que lhe permite retirar-se com armas e bagagens e bandeiras desfraldadas [AN].

Sair com dois quentes e um fervendo *Bras., NE.* Ir embora com raiva [Net].

Sair com luz *Bras., RS.* Sair do ponto de partida, em ato de corrida, adiantado de outro mais de meio corpo ou com tanta vantagem que de longe se possa apreciar esse avanço; diz-se do cavalo que sai na frente do outro, com algum espaço de vantagem [AJO/AN].

Sair como Minerva da cabeça de Júpiter *Mit.* Surgir pronto para tudo (ver Píndaro, *Olímpica*, VII) [AN].

Sair com o pé direito Terminar bem [TC].

Sair com o pé esquerdo Terminar mal: "E saíra com o pé esquerdo, porque adiante foi cair..." (Franklin Távora, *Lourenço*) [TC].

Sair com o rabo entre as pernas Ir-se embora vexado, humilhado, encavacado; sair envergonhado, medroso, derrotado, como cachorro enxotado; afastar-se de uma situação adversa, com medo: "O chefe saiu com o rabo entre as pernas depois que foi demitido" [AJO/AN/GAS/JB].
Var.: *botar o rabo entre as pernas*, (Bras., RS) *sair com a cola entre as pernas*

Sair com os pés para frente Sair de casa no caixão [GAS].

Sair(-se) com quatro pedras na mão *Bras.* Dirigir-se a alguém com palavras ou modos grosseiros, ofensivos, com malcriação; agredir alguém verbalmente: "Ele saiu com quatro pedras na mão, me ofendendo moralmente" (Mauro César Amorim, leitor, *apud* Alan Neto, *O Povo*, cad. Esportes, 22/3/01, p. 13); "Botei o pé atrás e ela saiu-se com quatro pedras na mão..." (José Américo de Almeida, *A bagaceira*, p. 115) [Gl].

Sair com uma mão na frente e outra atrás Sair sem nada: "Saí com uma mão na frente e outra atrás, de mãos limpas, com o peito em festa e o coração a gargalhar" [JB].

Sair com um quente e outro fervendo Agir com grosseria, com estupidez; tratar mal alguém: "– Se eu for ela vai me sair com um quente e outro fervendo, você sabe como ela é malcriada. Com você é diferente" (Zélia Gattai, *Anarquistas, graças a Deus*, p. 131) [CLG].

Var.: *sair com um quente e dois fervendo*

Sair corrido(a) Ser posto(a) pra fora; sair brigado(a) com os donos da casa [AS].

≠ **Não sair da cabeça** Não conseguir esquecer; lembrar-se constantemente [AN/CLG].

Sair da casca 1. Diz-se do adolescente ou de pessoa muito tímida que começa a revelar personalidade; desabrochar, abrir-se para o mundo. **2.** *Bras., RS.* Assumir a condição homossexual [GAS/LAFb].

Sair da casca do ovo 1. *Bras., NE, BA.* Atingir a puberdade; fazer-se homem ou mulher. **2.** Começar a ser senhor de si (ver Edison Carneiro, *A ling. popular da Bahia*) [AN/MSM].

≠ **Não sair da cepa torta** Ver *não levantar a cabeça*

Sair da cola *Bras., gír.* Deixar de lado; deixar de acompanhar: "Vou sair da cola dele, o cara num dá sombra" [JB].

Sair da concha 1. Sair de casa; libertar-se de tutelas. **2.** Exceder-se da habitual modéstia ou acanhamento [AN/GAS].

Sin.: *sair da toca* (1)

Sair da conta Diz-se de pessoa que se porta mal [GAS].

Sair da frigideira para o fogo *Bras., pop.* Passar de uma situação má para outra pior [ABH].

Sair da laje *Bras., RJ.* **1.** Deixar de se esconder. **2.** Encarar a realidade [Net].

Sin. (1): *sair da toca* (1)

Sin. (2): *cair na real*

Sair da lama e meter-se no lameiro Ver *sair das brasas pra cair nas labaredas*

Sair da linha Desviar-se; desencaminhar-se; extraviar-se; portar-se mal em relação a determinada expectativa; perder um pouco o ar e caráter de gravidade; transgredir normas; praticar algum ato extraordinário; folgar, rir: "– Um conselho?! Estarei saindo da linha?" (Jáder de Carvalho, *Sua majestade, o juiz*, p. 84); "– Olha, Cangalha, ontem ela ganhou um colar de pérolas. Mas eu já tenho quase certeza que ela está saindo da linha. Eu sinto uma coceira aqui na testa..." (H. Aruom, *Jornal da Rua*, 27/6/99, p. 4) [ABH/GAS/JB/OB].

Sin.: *andar fora dos trilhos*

Var.: *perder a linha* (1) (2)

Sair dando *Bras., RS.* Sair correndo, a toda a velocidade: "Sai dando que tu ainda pega o banco aberto" [LAF].

Var.: *cair dando*

Sair da pindaíba Deixar a desgraça: "Vou sair da pindaíba, amigão, tô trabalhando para isso" [JB].

≠ **Não sair da saia** Colar em alguém; não desgrudar [NL].

Sair das brasas pra cair nas labaredas Sair-se, safar-se de uma dificuldade e cair em outra [FS/GAS/LM].

Sin.: *sair da lama e meter-se no lameiro, sair do lodo, cair no arroio, saltar das brasas para a frigideira*

Var.: *saltar das brasas e cair nas labaredas*

Sair da toca 1. Aparecer: "O cara saiu da toca, alegre e saltitante." **2.** *Desp.* Passar ao ataque, time fechado na retranca, no momento em que se vê em desvantagem no marcador [GAS/HM/JB].

Sin. (1): *sair da concha, sair da laje* (1), *sair do buraco* (1)

Sair da vida de alguém Largar, escapar de alguém; abandonar alguém; deixar de ter laços sentimentais com alguém: "Ele admitiu que não devia ter se casado, nem deixado eu sair da vida dele" (Ana Luiza, 22 anos, *Marie Claire*, jun./1999, p. 72).

Sair de andada Passear: "Vou sair de andada, dar umas badaladas por aí" [JB].

Sair de atravessado *Bras., RS.* **1.** Sair, o cavalo, atravessado em relação ao eixo da cancha; diz-se do cavalo de corrida que perde o rumo. **2.** *Fig.* Receber mal a alguém; tratar mal alguém [ABH/AJO/AN].

Sair de baixo Ver *salvar a pele* (2)

Sair de banda/bandinha *Bras.* **1.** Ir embora sem ser notado; escapulir-se; sair, retirar-se furtivamente, sorrateiramente, disfarçadamente, sem chamar atenção: "O pessoal começou a sair de banda, nas pontas dos cascos." **2.** Sair acompanhado de namorada [ABH/AC/AN/FS/JB/LM/Net/RG/TC].
Sin. (1): *cair fora, sair à francesa*
Var. (1): *cair de banda*

Sair de campo *Desp.* Deixar o gramado por expulsão ou contusão [HM].

Sair de casa *Bras., NE, BA.* Perder a virgindade (mesmo quando a moça continua a morar com os pais); ter relações sexuais com alguém sem casar: "Ora, eu já saí de casa há três anos!" (ver Edison Carneiro, *A ling. popular da Bahia*) [MSM/NL].

Sair de chouto/choto /ô/ Fugir, sair correndo apressadamente [ABH/FS/LM/RG].

Sair de circulação Ver *tomar (um) chá de sumiço*

Sair de fininho Sair de algum lugar (geralmente festa) sem ser percebido, sub-repticiamente; sair sem ser notado por ninguém, sem falar com ninguém; ir embora sem ser notado: "Depois dessa, o rábula inconveniente meteu o rabo entre as pernas e saiu de fininho" (Regina Marshall, *Diário do Nordeste*, cad. 3, 10/6/00, p. 7); "Em 10 dias um homem desses compra meio mundo e sai de fininho" (Luís Pimentel, *Bundas*, 12/6/00, p. 9) [ABH/JB/MPa/Net].
Sin.: *sair à francesa, sair de mansinho*

Sair de mano *Bras., RS.* Entrar e sair de um jogo com o mesmo dinheiro, sem ter tido lucro ou prejuízo [AJO].

Sair de mansinho Sair de algum lugar (geralmente festa) sem ser percebido, sub-repticiamente; sair sem ser notado por ninguém, sem falar com ninguém; ir embora sem ser notado: "Que bom se eu pudesse sumir! Sair de mansinho, desaparecer!" (Zélia Gattai, *Anarquistas, graças a Deus*, p. 119) [ABH/JB/MPa/Net].
Sin.: *sair de fininho*

Sair de marca quente *Bras., RS.* Sair desconfiado, ressabiado [ABH/AJO].

Sair de órbita Fugir: "Vou sair de órbita enquanto é tempo, a barra tá pesada" [JB].

Sair de (em) pé *Bras., RS.* **1.** Desembaraçar-se, o cavaleiro, na rodada do cavalo, ficando em pé; diz-se quando, numa rodada em que caem cavalo e cavaleiro, este se mantém em pé. **2.** *Fig.* Sair de reputação limpa em negócio; sair de um negócio com a reputação limpa [ABH/AJO/AN/FF].
Var. (2): *sair em pé*

Sair de pinote Fugir: "Vou sair de pinote deste lance que tá ruço" [JB].
Var.: *dar o/um pinote* (1)

Sair de porta afora Sair abruptamente da casa [TC].

Sair do ar 1. *Gír. dos radioamadores.* Interromper a transmissão; cessar a irradiação. **2.** Sumir, viajar: "Vou sair do ar por alguns dias pra refrescar a cuca" [AN/GAS/JB].

Sair do armário *Bras., gír.* **1.** Assumir sua condição de homossexual: "O casal 'gay' saiu do armário e desbundou." **2.** Assumir qualquer posicionamento ou atitude (político-ideológica, filosófica, religiosa etc.): "Após as saudações de praxe, entra de chapa no assunto: – Airtão, decidi assumir. E você, quando é que sai do armário? A gente tem que sair do armário! – A gente quem, cara-pálida? Se você é gay, tudo bem, tem mais é que assumir. Mas eu não sou e como posso assumir o que não sou? Tô fora. Foi aí que o amigo me explicou que

Sair(-se)

estava falando dos ateus, hoje 7% da população brasileira, segundo o IBGE" (Aírton Monte, *O Povo*, cad. Vida & Arte, 7/6/02, p. 2) [JB].

Sair do arquivo *Bras., gír.* Aparecer: "O cidadão saiu do arquivo, resolveu dar o ar de sua graça. Ainda bem, pensei que tivesse morrido" [JB].

Sair do atoleiro Livrar-se de situação perigosa ou difícil [AN].

Sair do buraco 1. Aparecer; deixar de se esconder. **2.** Sair de uma situação difícil: "Preciso sair do buraco, gente, preciso de ajuda" [GAS/JB].

Sin. (1): *sair da toca* (1)

Sair do chão *Bras., RS.* Desempenhar bem algum mister, alguma atividade [LAF].

Sair do compasso Descomedir-se; exceder-se; ser inconveniente [AN].

Sair do lodo, cair no arroio Ver *sair das brasas pra cair nas labaredas*

Sair do lombo Expr. com que se ameaça alguém com consequências graves ou penosas (como surra ou prejuízo) por algo que fez [AN].

Sair do meio Sair da frente: "Sai do mei" [MGa]. ♦ "Mei": corruptela, ou forma dialetal, de "meio".

Sair do osso *Bras., gír.* Deixar a mulher: "Saí do osso, num guentei mais" [JB].

Sair do papel Solucionar-se uma questão; resolver o caso; avançar, desburocratizar-se alguma coisa (acordo, processo etc.) que não progride: "O frágil rascunho de acordo para Kosovo, penosamente acertado há duas semanas com os países do Grupo dos Sete (...) com a Rússia, pode não sair do papel" (*IstoÉ*, 19/5/99, p. 111).

Sair do poço e cair no perau Sair de um perigo e cair noutro [AN].

≠ **Não sair do ramerrão** Ser monótono; seguir a rotina [AN].

Sair (fora) dos eixos Desorientar-se (do ponto de vista moral); perder o domínio de si mesmo; descomedir-se; exceder-se [ABH/AN/GAS].

Sair do sério 1. *Bras., NE.* Exceder-se em pagodeira, em farras e bebedeiras: "Só porque um dia de festa saiu do sério" (Manuel de Oliveira Paiva, *Dona Guidinha do Poço*). **2.** *Bras., RS.* Perder a paciência: "Adepto da filosofia paz e amor, o rapaz – *sorry*, moças, casado há oito anos com a modelo Cassiana Mallmann – só sai do sério quando o assunto é política. Defende, inclusive, o voto nulo" (Letícia Helena, *IstoÉ*, 14/6/00, p. 7) [LAFb/TC].

Sin. (2): *partir para a/pra ignorância*

Sair (fora) do sério 1. Tornar-se menos, ou nada, grave; rir, folgar, divertir-se; abandonar a gravidade, a sisudez; perder o ar e caráter de gravidade. **2.** *P. ext.* Praticar uma ação inabitual ou extraordinária: "Vi que endoidou quando Calu, tão respeitosa sempre, saiu do sério e me faltou o respeito" (Darcy Ribeiro, *O mulo*, p. 500) [ABH/AN].

Sair dos seus cuidados Dar-se o trabalho [AN].

Var.: *tirar-se dos seus cuidados*

Sair do sufoco Superar dificuldades: "Agora saí do sufoco, passei momentos difíceis" [JB].

Var.: *escapar do sufoco*

Sair dos varais *Lus.* Fazer asneiras, disparates, coisas erradas [GAS].

Sair em debalde Frustrar-se; diz-se de saída sem consequências, sem resultado [GAS].

Sin.: *sair em vão*

Sair em lastro Diz-se do navio que sai descarregado, completamente vazio; navegar sem carga (ver A. M. Brás da Silva, *Gír. marinheira*) [ECS].

Var.: *navegar em lastro*

Sair em vão Ver *sair em debalde*

Sair faísca Ver *sair chispa*

Sair fedendo *Bras., RS, gír.* Fugir rápido; sair apressadamente, correndo: "Saiu fedendo, vendendo azeite" [AJO/JB].

Sin.: *sair tinindo, sair ventando*

Sair feito bufa Ver *sair à francesa*

Sair fogo Ver *sair chispa*

Sair fritando *Bras., gír.* Ir embora: "Saí fritando, com raiva de tudo" [JB].

Sair fumaça *Desp.* Ir na bola com disposição e rispidez [HM].

Sair fumaça/fumacinha Haver briga, confusão; brigar: "Vai sair fumacinha"; "Nesse negócio, acho que vai sair fumacinha" [JB].

Sair fumaçando 1. Sair em alta velocidade; sair correndo impetuosa e desordenadamente, como quem tem as roupas a arder. **2.** Sair irritado, enraivecido, intempestivamente: "O prejudicado saiu dali fumaçando e foi dar queixa ao delegado" (pe. J. J. Dourado, *Uma história por dia*). – Em esp., diz-se: *salir pitando* [RMJ/TC].
Var.: *ir fumaçando*

Sair fumado *Bras., CE.* Ter sido infeliz numa empresa ou negócio qualquer [RG].

Sair fumando Sair enfurecido [TC].

Sair jogando *Desp.* Avançar de bola no pé [HM].

Sair-lhe do lombo Custar-lhe um esforço físico grande [GAS].
Sin.: *sair-lhe do pelo*

Sair-lhe do pelo Ver *sair-lhe do lombo*

Sair-lhe na rifa *Lus.* Ter que suportar [GAS].

Sair-lhe pela proa Aparecer inesperadamente algum obstáculo ou contratempo [GAS].

Sair limpo *Bras.* **1.** Ficar sem um níquel nas algibeiras; retirar-se sem dinheiro e bens. **2.** Sair sem deixar motivo para queixas, censura etc. **3.** *RS.* Desvencilhar-se do cavalo quando este leva uma rodada [FS/TC].

Sair liso *Desp.* Livrar-se de um adversário e seguir tranquilo com a bola [HM].

Sair matando *Bras., gír.* Resolver: "Vou sair matando. Uns e outros vão ver comigo" [JB].

Sair melhor (do) que a encomenda 1. Resultar melhor do que se esperava. **2.** *Irôn.* Exceder para pior a expectativa. – Diz-se iron., muitas vezes em tom de aprovação, que certa criatura "saiu melhor que a encomenda" quando ela revela aptidões ou tendências melhores (ou piores, conforme o contexto) que a expectativa [AN/LAF].

Sair na mão *Bras.* Brigar: "Vou sair na mão com este puto" [ABH/JB].
Var.: *encarar na mão*

Sair na *night* *Gír.* Divertir-se à noite: "Vamos sair na *night*, tem um pagode na Penha que é legal" [JB].

Sair na porrada Brigar: "Vou sair na porrada com este merda" [JB].

Sair na urina *Bras., NE, chulo.* Referência a algo a que não se deve dar muita importância: "Deixe-o falar; não se incomode. Isso sai na urina!" [MSM/TC].

Sair na vassoura Ver *sair no lixo*

Sair no braço Partir para a briga, no sentido físico: "O cara saiu no braço com o fulano" [LAF].

Sair no lixo *Bras., BA.* Sair depois que a festa termina, em último lugar; sair por último: "Não sei o que rolou, muito embora tenha saído no lixo. É que sou cego, surdo e mudo" [FNa/JB/Net/NL].
Sin.: (RN) *sair na vassoura*

Sair no melhor da festa Sair quando a festa está no apogeu, quando vai mais animada, quando todos esperavam que ficasse [AN].

Sair no passo do jocotó (sic) Diz-se do modo lascivo de caminhar [AN].

Sair no pau Brigar: "Vou sair no pau com este cara" [JB].

Sair nos calcanhares Ir no encalço, no piso: "O delegado saiu no seu calcanhar" (Caio Porfírio Carneiro, *Os meninos e o agreste*) [TC].

Sair nos conformes Sair tudo certo: "Vai sair nos conformes, como planejamos, cara" [JB].

Sair no tapa Brigar: "Saí no tapa com o corno, não me restou alternativa" [JB].

Sair(-se)

Sair no trem *Bras., gír. funk.* Sair dançando em fila indiana: "O pessoal vai sair no trem" [JB].

Sair o gado mosqueteiro *Lus.* Suceder o contrário do que espera; sair-se mal por alguma contrariedade [GAS].

Var.: *sair o gado moscoso*

Sair o molho mais caro do que o peixe Custarem os acessórios mais do que o principal [AN].

Sair o negócio furado Não conseguir concretizar o negócio por algum contratempo [GAS].

Sair o pau à racha Sair o filho ao pai (i. e., tal pai, tal filho) [GAS].

Sair o pombo mocho *Lus., Portalegre.* Ter resultado contrário do que se espera, do que se pretende [GAS].

Sair o Santíssimo Ser levada em procissão a hóstia a fim de se ministrar a alguém o sacramento da Eucaristia [AN].

Sair o tiro pela culatra Acontecer o inverso do que se esperava; ter, algum ato ou empreendimento, resultado oposto ao que se pretendia; ser o resultado de uma ação contrário à expectativa de quem a praticou; sair um resultado contrário, às avessas; diz-se quando a intenção de prejudicar alguém volta-se contra o próprio autor; ter de retorno os males que porventura alguém possa desejar ao seu semelhante: "Ele vai além: diz que o escritor é uma espécie de bobo da corte. Mas a verdade é que o tiro sai pela culatra. Saramago a corte critica o tempo todo" (Regina Zappa, *Bundas*, 30/8/99, p. 6); "O tiro saiu pela culatra, porque o povo e a classe operária, (...), não toparam as provocações policialescas do quebra-quebra..." (Gregório Bezerra, *Memórias*, II, p. 17); "Ele fez isso pensando em enganar os outros e, no fim, o único prejudicado foi ele mesmo. O tiro saiu pela culatra!" – Em esp. existe a mesma expr.: *salir el tiro por la culata* [ABH/AN/DT/FF/FS/GAS/OB/RBA/TC].

Sin.: *virar(-se) o feitiço contra o feiticeiro*
Var.: *sair pela culatra*

Sair o triunfo às avessas Dar-se mal; esperar uma coisa e vir outra [AN].

Sair parado *Bras., RS.* Sair em pé quando o cavalo roda [AJO].

Sair pela culatra Dar tudo errado; diz-se "quando acontece exatamente o contrário do que se esperava": "O negócio saiu pela culatra" [JB/MPa].

Var.: *sair o tiro pela culatra*

Sair pela porta dos fundos Sair mal, ser demitido por justa causa: "O chefinho saiu pela porta dos fundos, pagando pelas besteiras que fez" [JB].

Sair pela tangente Desviar-se: "Ele saiu pela tangente para não se comprometer" [JB].

Sair pelo beco Nada perder nem ganhar: "Você pensa que eu fiz bom negócio: dou graças a Deus, se eu sair pelo beco" (Leonardo Mota, *Sertão alegre*, p. 238) [FS/LM].

Sair pelo ladrão 1. Diz-se de um lugar muito cheio, com gente "saindo pelo ladrão": "Lá longe, na Cidade do México, Estádio Azteca lotado, gente saindo pelo ladrão" (Maurício Murad, *Todo esse lance que rola*, p. 40). **2.** Sobrar: "É verdade que o gordo é mais afável (só vive pensando 'naquilo' gostoso – comida saindo pelo ladrão) ..." (Adísia Sá, *O Povo*, 6/7/97, p. 5D); "Tem dinheiro saindo pelo ladrão. Como é que fazem estes ex-dirigentes do Banco Central?" (Lustosa da Costa, *Diário do Nordeste*, 5/8/98, p. 4) [JB/MPa].

Sair pior a emenda do que o soneto Querer fazer uma correção e cair em erro maior. – Conta-se que um dia um aspirante a poeta pediu a Bocage que marcasse com uma cruz os erros que encontrasse num soneto que ele havia feito. Bocage leu o soneto e não marcou cruz alguma, alegando que seriam tantas as cruzes que teria de marcar, que a emenda ficaria pior do que o soneto [AN/FF].

Var.: *ser pior a emenda (do) que o soneto*

Sair por conta da vida *Bras., BA.* Sair com raiva [Net].

Sair porrando Ir logo batendo: "Vou sair porrando quem estiver no meu caminho" [JB].
Sin.: *sair solando*

Sair porta afora Vir para a rua estabanadamente [AN].

Sair pra outra Tentar outra vez: "Vamos sair pra outra, pô, pois nesta já dançamos" [JB].

Sair puxando a cachorrinha Emigrar, sem eira nem beira; sair sem levar bens: "Ah, Bento! sério, trabalhador, sincero... Sair puxando a cachorrinha, uma besta carregada de picuás, uma fileira de sambudos..." (Romeu de Carvalho, *Carro Doce*, p. 109).

Sair-se da casca Mostrar qualidades boas ou más anteriormente desconhecidas; começar a revelar-se [GAS].
Sin.: (lus., Alentejo) *sair-se do pelico*

Sair-se do pelico Ver *sair-se da casca*

Sair sem dizer água-vai Sair sem se despedir [GAS].

Sair solando Ir logo batendo: "Num guento mais, vou sair solando, baixando a mamona" [JB].
Sin.: *sair porrando*

Sair solando meio tom acima *Bras., gír.* Entrar na conversar sem saber do que se estava falando: "O cidadão saiu solando meio tom acima, ninguém entendeu nada" [JB].

Sair tinindo Ver *sair fedendo*

Sair uma água suja Haver um bate-boca, uma descompostura, um escândalo [AN].

Sair um tempo quente Haver desordem, barulho, discussão acalorada [AN].

Sair vendendo azeite *Bras., gír.* **1.** Partir com raiva: "O chefe saiu vendendo azeite, puto da vida." **2.** Fugir rápido: "Saiu vendendo azeite, correndo da polícia" [JB].
Var. (1): *sair vendendo azeite às canadas*

Sair vendendo azeite às canadas Sair muito irritado, revoltado: "A lagartixa saiu / Vendendo azeite às canadas, / Encontrou-se c'o calango, / Criatura ajanotada..." (Leandro Gomes de Barros, *apud* Leonardo Mota, *Violeiros do Norte*, p. 105); "A mulher saiu vendendo azeite às canadas" (Sabino Campos, *Catimbó*) [TC].
Var.: *retirar-se vendendo azeite às canadas, sair vendendo azeite*

Sair ventando Ver *sair fedendo*

Sair virado *Bras., BA.* Sair correndo [Net].

Sair virado na moléstia *Bras., BA.* Sair enraivecido [Net].
Var.: *sair virado na porra*

Sair voado Ir embora, sumir: "O cara saiu voado, sumiu, escafedeu-se" [JB].

Sair voando Fugir: "O cara saiu voando" [JB].

Sair xavier *Bras., S.* Retirar-se do jogo perdendo, e por isso aborrecido; sair aborrecido do jogo por haver perdido [ABH/AJO/AN].

Sair zunindo Mover-se apressadamente, velozmente: "Saí que saí zunindo" (José Américo de Almeida, *A bagaceira*) [TC].
Var.: *entrar zunindo*

Saldar

Saldar as dívidas 1. Pagar o que deve. **2.** *Fig.* Morrer: "– Saldar as dívidas tão cedo, hem? – Exato. Mas você sabe perfeitamente que não tem hora para atolar o carro" (Manuel Bandeira, *in* Miriam Maranhão & Gerusa Martins, *Pensar, expressar e criar*, p. 125). – Esta expr. contém um eufemismo, uma ideia suavizada, um abrandamento do fato lutuoso de morrer.

Salgar

Salgar a linha de pesca Sacudir a linha de pesca quando sentir que o peixe mordeu a isca [AN].

Salgar o galo *Bras., NE, pop.* Ingerir, pela primeira vez no dia, qualquer bebida alcoólica; tomar a primeira dose de bebida do dia [ABH/AN/FN/FS/LM/RG].
Sin.: *tomar a abrideira*
Var.: *sangrar o galo*

Saltar

Saltar a cerca 1. *Lus.* Abusar; tomar familiaridades. **2.** *Bras., NE.* Prevaricar [GAS/TC].
Var. (2): *pular (a) cerca*

Saltar aos ares Exasperar-se; sair fora de si [GAS].

Saltar aos olhos Ser, claro, evidente, patente, incontestável; ser notado por todos: "Há verdades que saltam aos olhos" [ABH/AN/FF/GAS].
Sin.: *dar na(s) vista(s)*

Saltar as barreiras Ultrapassar os limites [AN].

Saltar da cama Levantar-se [GAS].

Saltar das brasas para a frigideira Ver *sair das brasas pra cair nas labaredas*

Saltar de banda Fugir: "Vou saltar de banda desses caras" [JB].
Sin.: *botar o corpo de banda, negar o corpo*
Var.: *quebrar/tirar de banda*

Saltar de marcha *Bras., NE, chulo.* Ser pederasta: "Aliás, aqui em Limoeiro corre um boato meio chato com ele. Dizem que o homem salta de marcha" (*A derradeira história das ricas aventuras do coronel Chico Heráclito, o "Senhor das Varjadas", Jornal da Cidade*, Recife, 25/2/78, p. 11) [MSM].

Saltar do cavalo Ser cuspido do cavalo; atirar-se para o chão [GAS].

Saltar do trem em movimento *Bras., NE, PE, chulo.* Diz-se do homem que, durante a cópula, retira o pênis da vagina antes da ejaculação com a finalidade de evitar a concepção [MSM].

Saltar fora *Bras., NE.* Prevaricar: "De quarenta para trás / Filhos respeitavam os pais / Hoje não respeitam mais / Sogro não respeita nora / Tem mulher que salta fora / Bota chifre no marido / É o uso mais conhecido / Do jeito que vai agora" (Pedro Armando, *Do jeito que vai agora*, folh. pop., s/d., p. 4) [GS/MSM].

Saltar num pé e noutro Demonstrar muita alegria: "Ficar saltando num pé e noutro, de tanta alegria" (José Lins do Rego, *O moleque Ricardo*) [TC].
Sin.: *saltar num pé só*

Saltar num pé só Ver *saltar num pé e noutro*

Saltar pela janela Diz-se quando se é apanhado em flagrante delito de adultério pelo marido [GAS].

Saltar por cima de tudo Não atender a razões; levar o seu capricho avante [GAS].

Saltar uma fogueira 1. Escapar de grande perigo; livrar-se de perigo iminente. **2.** Desvencilhar-se de negócio embaraçoso, malfeito, de prejuízo certo etc.: "É uma loucura se desfazer de uma propriedade, para viver da agiotagem. Graças a Deus saltei a fogueira" (Ciro de Carvalho Leite, *Cacimba*) [LM/TC].
Var.: *pular uma fogueira* (1)

Salvar(-se)

Salvar a cara Ver *salvar a face*

Salvar a face *Lus.* Ato que redime faltas passadas; isentar de erros ou faltas anteriores; purgar; redimir [GAS].
Var.: (bras.) *salvar a cara*

Salvar a honra do convento Diz-se do que no último momento consegue redimir o que estava mal [GAS].

Salvar a mesa *Umb.* Expr. que significa "pagar a consulta" feita ao adivinho. A quantia será determinada pelo orixá. Se o "olhador" não disser a verdade, será castigado pelo protetor espiritual do consulente enganado [OGC].

Salvar a pátria *Desp.* Rechaçar ataque perigoso do time adversário com chute forte para a frente ou para o lado [HM].

Salvar a pele 1. Sair com vida de uma enrascada. **2.** *Bras.* Esquivar-se da responsabilidade em mau ato; não assumir; correr, desistir; livrar-se de castigo ou reprimenda; evitar o perigo: "Ali Babá achou melhor salvar a pele, pois..." (Carlos Heitor Cony, *Ali Babá e os quarenta ladrões*, p. 10) [ABH/AN/CLG/GAS/Net].
Sin.: (BA) *sair de baixo, tirar o corpo*

Salvar as aparências Proceder de modo que não dê a perceber uma situação embaraçosa, vergonhosa, penosa, difícil etc.; encobrir, disfarçar ações ou circunstâncias que podem merecer reparo ou causar desconfiança: "Os dois cunhados ainda se falavam só para salvar as aparências" [ABH/AN/CA/FF/GAS].

≠ **Não salvar nem a alma** Diz-se de algo perigoso a ponto de ser certa a perda do corpo sem probabilidade alguma de escapar [AN].

Salvar o dique Expr. corrente, servindo para denotar que uma pequena providência ou esforço em tempo oportuno evitam grandes danos ou prejuízos que poderão advir da incúria ou do descaso [RMJ].

Salvar o galo *Umb., Cand.* Saudar o galo. – Ritual de saudação, feito à meia-noite, durante festas públicas, em cand. de caboclo, ou seus deriv. Alusão ao fato de o galo cantar à meia-noite, saudando a madrugada [OGC].

Salvar o pai da forca Diz-se quando alguém vai com muita pressa; Estar aflito por conseguir algo: "... havia mesmo um certo sentimento de urgência, como se cada um deles tivesse de ir salvar o pai da forca e chegar ao patíbulo antes de o carrasco fazer cair o alçapão" (José Saramago, *A jangada de pedra*, pp. 261-2). – A frase vem da lenda de santo Antônio, que foi de Pádua a Lisboa salvar o pai da forca no ano de 1227: "E Sto. Antônio salvara o pai da forca. Viera de Pádua, rompera os céus e, para salvar o pai, fizera um milagre" (José Lins do Rego, *Pureza*, p. 110); "Pirulito contava a história de Santo Antônio, que tinha estado em dois lugares ao mesmo tempo. Isso para salvar seu pai da forca, para a qual fora condenado injustamente" (Jorge Amado, *Capitães de areia*, p. 138) [GAS/OB].

Var.: *livrar o pai da forca, tirar o pai da forca* (1)

Salvar-se a semente Salvar algumas reses, para poder continuar a procriação (ver Ildefonso Albano, *Jeca Tatu e Mané Xique-xique*) [FS].

Salvar-se em água(s) de bacalhau Livrar-se a custo; escapar por um triz [FF/GAS].

Salvar-se numa barquinha Escapar milagrosamente [AN].

Salvar uma alma do purgatório *Bras., BA*. Diz-se quando acontece o inesperado, quando se faz alguma coisa inesperada e boa [Net].

Sambar

Sambar miudinho *Bras., gír.* Agir corretamente: "Comigo é assim, tem que sambar miudinho, agir nos conformes" [JB].

Sangrar(-se)

Sangrar(-se) em saúde 1. Tomar precaução desnecessária; fazer uma coisa desnecessária. **2.** Desviar antecipadamente a responsabilidade dum ato; defender-se de acusação que ainda não foi feita; defender-se antes de ser acusado; desculpar-se de uma coisa que não foi objeto de acusação direta; justificar-se antecipadamente; precaver-se. **3.** Acautelar-se diante do menor perigo ou de perigo que não se espera [ABH/AN/GAS/RMJ].

Var.: *sangrar-se na saúde, sangrar-se na veia da saúde*

Sangrar-se na veia da saúde Acautelar-se antes de haver o menor perigo ou mesmo quando este não se espera [AN/Francisco Manuel de Melo, *Feira de anexins*].

Var.: *sangrar(-se) em saúde, sangrar-se na veia da arca*

Sapecar

Sapecar a mão Agredir com a mão [AN].

Sapecar o jamegão *Bras., gír.* Assinar: "O Edmundo sapecou o jamegão e assinou o contrato" [JB].

Var.: *firmar o jamegão*

Sapecar pra cima Agir ou trabalhar com disposição e entusiasmo [TC].

Sartar

♦ Sartar: forma corrupta, dialetal, de "saltar".

Sartar de banda Sair sem ser notado: "O pessoal sartou de banda e foi em frente" [JB].

Satisfazer

Satisfazer uma precisão Satisfazer necessidade fisiológica, como urinar, evacuar: "Sinhá Vitória achava-se em dificuldade: torcia-se para satisfazer uma precisão e não sabia como se desembaraçar" (Graciliano Ramos, *Vidas secas*) [FN].
Var.: *fazer (a/uma) precisão*

Secar

Secar a ameixa *Lus., Univ. Coimbra*. Não sair de férias [GAS].

Secar a(s) canela(s) Andar muito; fazer uma longa caminhada: "Mamãe secou as canelas. Só num dia andou vinte quilômetros, pela estrada de Irará" (Antônio Torres, *Essa terra*) [FN/TC].

Secar badana *Bras., RS*. Deixar o cavalo encilhado, por muito tempo, enquanto faz uma visita [AJO].

Seguir

Seguir a corrente Aceitar o exemplo da maioria [AN].

Seguir à leva *Lus*. Seguir arrastado pela corrente: "... Segue 'à leva' no dizer da região, ou seja, levado pela corrente – loc. pop. flagrantemente mais expressiva do que o francesismo 'à deriva'" (Sousa Costa, *Camilo*) [ECS].

Seguir as mesmas peugadas Ver *ir nas pegadas de alguém* (2)

Seguir as pegadas de alguém 1. Marchar pelo mesmo caminho que alguém, guiando-se pelo rasto; espreitar cautelosamente alguém; observar de perto os movimentos e atos de alguém. **2.** Imitar; escolher para exemplo; seguir o exemplo de alguém [AN/GAS].
Sin.: *seguir as pisadas de alguém, seguir os passos de alguém*

Seguir as pisadas de alguém Ver *seguir as pegadas de alguém*

Seguir a trilha Imitar; tomar por modelo [GAS].

Seguir como um cachorrinho Acompanhar para toda parte [AN].

Seguir no túmulo Morrer em seguida [AN].

Seguir os passos de alguém Ver *seguir as pegadas de alguém*

Seguir os vestígios de alguém Imitar alguém; fazer o que alguém fez ou faz [AN].

Segurar(-se)

Segurar a banana *Bras., gír*. Assumir a responsabilidade: "Vamos ver se você segura a banana, cara?" [JB].

Segurar a barra Ter a responsabilidade; suportar a situação; aguardar os acontecimentos, ajudando-o (*sic*) sob segredo ou sem alarde: "Eu tinha um grande amigo que era viciado, e não segurei a barra. Ele foi pra uma clínica, se recuperou, mas nossa amizade já tinha acabado" (Laura Carneiro, *Bundas*, 29/11/99, p. 8); "Segure a barra aqui, eu vou pra casa, não estou me sentindo bem" (Dias Gomes, *Sucupira, ame-a ou deixe-a*, p. 139) [GAS/GS/JB].

Segurar a brocha *Bras., gír*. Suportar a situação: "Vais ter que segurar a brocha, podes crer" [JB].

Segurar a cobra *Bras., gír*. Controlar a animação: "É melhor a gente segurar a cobra, pois a coisa pode se voltar contra a gente" [JB].

Segurar a estaca Pegar no pênis: "O viadinho (*sic*) começou segurando a estaca do amiguinho, gostou e..." [JB].

Segurar a gira *Umb*. Ato de uma entidade-guia velar uma sessão de umbanda, para que os espíritos malignos ou as pessoas com más intenções dela não se aproximem para perturbar [OGC].

Segurar a lanterna *Desp.* Diz-se do time que fica ou está em último lugar: "O Fogão tá segurando a lanterna. O mesmo já aconteceu ao Fluzão" [JB].

Segurar a onda *Bras., gír. funk.* Ficar afastado dos tumultos: "Vamos segurar a onda, pessoal, o arrastão tá demais" [JB].

Segurar a peteca *Bras., gír.* Suportar a situação: "Não vou segurar a peteca sozinho. Preciso de ajuda" [JB].

Segurar as pontas Aguentar, suportar uma situação difícil; aguentar, em geral solidariamente em relação a outrem; aguardar; esperar; conter-se: "O pouco que resta dá pra segurar as pontas até o fim do mês" (Aírton Monte, *O Povo*, 27/10/98, p. 3B); "O Ricardo não aguentou as pontas e se esporrou. Ele tem ejaculação precoce" [GAS/JB/JF/LAF].
Var.: *aguentar as pontas*

Segurar a vela Suportar a situação: "Quero ver quem vai segurar a vela" [FSB/JB/MSM].
Var.: *pegar a vela*

Segurar na maçaneta *Chulo.* Pegar no pênis de alguém: "O viadão (*sic*) gosta mesmo é de segurar na maçaneta" [JB].
Var.: *pegar na maçaneta*

Segurar no pé Importunar; vigiar; tomar conta: "Essa mulher vive segurando no meu pé" [NL].
Var.: *pegar no pé*

Segurar o diabo pelo rabo Diz-se de "grande dificuldade vencida, de problema insolúvel com inopinada solução, incluindo audácia feliz" [LCCa].

Segurar o estribo Dar a mão; auxiliar [AN].

Segurar o jogo *Desp.* **1.** Fechar-se na defesa tentando garantir o resultado conveniente para o time. **2.** Garantir o placar mediante artifícios para que o adversário não se apposse da bola [HM].
Sin. (1) (2): *segurar o placar*
Sin. (1): *segurar o resultado*

Segurar o maior rabo de foguete Suportar uma situação difícil: "Ih, cara, tô segurando o maior rabo de foguete. Uma barra" [JB].

Segurar o pepino Suportar a situação: "Vou segurar o pepino, mas cês vão se foder" [JB].

Segurar o placar Ver *segurar o jogo*

Segurar o pulo Fazer uma coisa com muita segurança: "O cabra que cair na besteira de se botar a ele, segure o pulo" (Leonardo Mota, *No tempo de Lampião*) [TC].

Segurar o resultado Ver *segurar o jogo* (1)

Segurar-se nos cascos Ver *segurar-se nos pés de trás*

Segurar-se nos pés de trás *Bras., RS.* Conter-se; controlar o impulso: "O cara começou a mexer com a minha guria e tive que me segurar nos pés de trás pra não partir pra ignorância [LAF].
Sin.: *segurar-se nos cascos*

Segurar (a) vela 1. *Bras., NE.* Diz-se de quem fica tomando conta de um namoro (geralmente o irmãozinho mais novo dela); diz-se daquela pessoa que fica entre um casal, estando desacompanhada, de irmão que toma conta do namoro da irmã; fazer companhia a casal de namorados: "É o camarada que sai com um casal (...). Enquanto os dois se beijam, o besta fica segurando vela" (CGP, p. 199). **2.** Diz-se quando alguém fica sem companhia, numa festa, por ex., e fica perto de alguém que descolou companhia (digamos, um amigo com quem o solitário foi pra festa); ficar sem dançar num baile: "Saci: Ih, já vi que vou ficar segurando vela!" (Edson d'Santana, *Ao mar!*, p. 19) [ABH/AS/FN/JB/LAF/NL/TC/TGa].
Sin. (1): *comer cocada*
Var.: *ficar de vela, pegar a vela*

Selar

Selar acordo Decidir: "Reuniu-se com o presidente do PMDB, Eunício Oliveira, onde, segundo consta, teria selado um acordo, porém, não divulgado" (Alan Neto, *O Povo*, 6/5/01, p. 2); "Vamos selar acordo e acabar com toda a pendenga" [JB].

Selar o tejo *Bras., CE, gír.* Diz-se do comerciante desonesto que, por motivo de iminente falência ou por simples trapaça, a fim de se safar dos credores, da noite para o dia cerra as portas do próprio estabelecimento, antes levando todo o estoque de mercadorias; fechar às pressas e às escondidas um ponto comercial, uma loja; dar, um comerciante, o golpe da falência súbita. – Segundo o livreiro Gabriel José da Costa, a expr. é corrente na área comercial de secos e molhados das ruas Conde d'Eu e Gov. Sampaio, em Fortaleza.

Semear

Semear à casquinha Semear quase à flor da terra (*Rev. Lus.*, XVI, p. 226) [ECS].

Semear a cizânia Trazer discórdia, desarmonia; semear a dissensão, a desavença. – Ant. se escrevia "zizânia". Cizânia (ou joio) é uma erva má que nasce nos trigais. Sua semente, por conter um princípio narcótico, é muito nociva quando por acaso se junta com a farinha de que se faz o pão (ver Mt 13, 24) [AN/RMJ].

Semear à inveja *Lus., Turquel.* Semear, em mistura, plantas de várias espécies (*Rev. Lus.*, XXVIII, p. 113) [ECS].

Semear à judia *Lus., Turquel.* Semear a lanço (lançando as sementes) – não em lineamento sacholando depois a terra para cobrir a semente (*Rev. Lus.*, XXVIII, p. 114) [ECS].

Semear centeio *Lus.* Usar liberdade de expressão; proferir as ideias claramente [GAS].

Semear ventos e colher tempestades Provocar tensões e depois arcar com as consequências [GAS].

Sentar(-se)

Sentar a borduna *Bras., gír.* Bater: "Sentei a borduna naqueles canalhas" [JB].
Var.: *baixar a borduna*

Sentar a mão Espancar; esbofetear; castigar; bater: "Sentou-lhe a mão no cachaço" (Leonardo Mota, *Sertão alegre*) [TC].
Var.: *enfiar a mão* (2)

Sentar/Assentar a mão no pé do ouvido Esbofetear; dar um tabefe: "Seu Rufino sentou a mão no pé do ouvido do velho" (César Coelho, *Strip-tease da cidade*) [TC].
Var.: *meter/passar a mão no pé do ouvido*

Sentar a pua Espancar; castigar: "Seu Carlito sentou a pua em Lurdinha" (César Coelho, *Strip-tease da cidade*) [TC].

Sentar a ripa "Não conversei, sentei a ripa nele" [JB].
Var.: *baixar a ripa*

Sentar na bola *Desp.* Zombar de adversário fraco (time ou jogador), afrontando-o com técnica e habilidade no manejo da bola. Expr. em desuso [HM].

Sentar na boneca 1. *Bras., S, chulo.* Agir como pederasta ativo; ser homossexual; expr. us. para se referir ao homossexual masc.: "O viadão (*sic*) adora sentar na boneca." **2.** Aceitar um resultado ou decisão: "A Portela tem mais é que sentar na boneca e aceitar a decisão do júri, pagando seu erro" [AS/ECS/GM/JB/MSM].

Sentar na brocha *Bras., gír.* Acomodar-se: "O cara sentou na brocha e pulou fora" [JB].

Sentar na cenoura *Bras., NE, S, chulo.* **1.** Praticar pederastia passiva. **2.** *Bras., S.* Copular: "Não duvide: a moçoila senta firme na cenoura" (Marisa Raja Gabaglia, *Os grilos de Amâncio Pinto*) [MSM].

Sentar na coisa preta *Chulo.* Ser homossexual: "O cidadão gosta mesmo é de sentar na coisa preta" [JB].

Sentar na geleia *Bras., gír.* Ficar em boa situação: "A bichona adora sentar na geleia" [JB].

Sentar na maionese *Bras., gír.* Ser homossexual: "A bichona adora mesmo é sentar na maionese" [JB].
Sin.: *sentar no cabeço, sentar no croquete, sentar no porco*

Sentar no balde *Bras., CE, chulo.* Diz-se pej. do homossexual masc. [AS].

Sentar no banquinho Aguardar sua vez: "Vai acabar sentando no banquinho se continuar assim" [JB].

Sentar no cabeço *Chulo.* Ser homossexual: "A bichona gosta de sentar no cabeço" [JB].
Sin.: *sentar na maionese*

Sentar no cabresto *Bras., RS, Hip.* **1.** Volver, o cavalo, com toda a violência, o corpo para trás, quando preso ao palanque do cabresto; tentar, o cavalo, arrebentar o cabresto, atirando-se para trás com violência. **2.** *Fig.* Negar-se, recusar-se obstinadamente a alguma coisa [ABH/AJO/AN].

Sentar no croquete Ver *sentar na maionese*

Sentar no porco *Chulo.* Ser homossexual: "A bichona gosta de sentar no porco" [JB].
Sin.: *sentar na maionese*

Sentar o cacete Espancar; esbofetear: "Sentou-lhe o cacete no lombo" (Josué de Castro, *Homens e caranguejos*) [TC].
Var.: *baixar o cacete*

Sentar o dedo *Bras., gír. rap e rock.* Atirar; dar um tiro; apertar o gatilho; matar alguém: "Sentei o dedo na máquina e detonei alguns safados" [GS/JB/Net].
Sin.: *sentar o ferro*
Var.: *apertar o dedo*

Sentar o ferro *Bras., gír. rap e rock.* Atirar; dar um tiro; apertar o gatilho; matar alguém: "A polícia invadiu a favela e sentou o ferro na rapaziada" [JB/Net].
Sin.: *sentar o dedo*

Sentar o pé Acelerar com força o carro [LAFb, s. v. "SENTAR"].

Sentar/Assentar o pé na carreira Correr desabaladamente: "Os *tiras* foram chegando, a negrada sentou o pé na carreira" [TC].
Var.: *meter o pé na carreira*

Sentar o porrete Bater: "Vou sentar o porrete neste efedapê" [JB].
Var.: *baixar o porrete*

Sentar o rabo Pôr-se decididamente a fazer alguma coisa, cessando tudo o mais que pudesse estar dispersando, para dar conta do recado; expr. tb. us. contra crianças, sobretudo as que não querem fazer o tema (dever, lição) de casa: "Escuta, quando é que tu vai sentar o rabo pra fazer o tema?" [LAF].

Sentar o sarrafo 1. Bater: "Vou sentar o sarrafo neste merda." **2.** Acelerar: "Vou sentar o sarrafo pra ver se acabo logo com isso" [JB].
Var. (1): *bater o sarrafo* (1)

Sentar/Assentar os pés no chão Ficar de pé: "Sentei os pés no chão..." (pe. J. J. Dourado, *Uma história por dia*) [TC].

Sentar/Assentar praça 1. Ir para a tropa cumprir o serviço mil.; prestar o serviço mil.; alistar-se no exército; fazer-se, tornar-se soldado ou marinheiro: "– Fugiu da casa do pai e foi pro Rio, assentar praça na força do exército" (Fran Martins, *Poço de Paus*, p. 137). **2.** *Bras., NE.* Prostituir-se: "Os animais ficaram com o couro sangrando de levar ferrão. Dias depois, a filha do carreiro sentou praça na Mandchúria [zona de prostituição de Campina Grande, PB] de Campina" (Permínio Asfora, *Vento nordeste*) [ABH/AC/AN/CPL/FF/FSB/GAS/TC].
Sin. (1): *botar farda*
Var. (2): *entrar na praça, sentar praça na vida*

Sentar praça *Bras., S, SP.* Defecar [AC/MSM].

Sentar-se em jacá furado *Bras., SP.* Meter-se em empresa arriscada [AN].

Sentar-se na presilha *Bras., RS, fig.* Negar-se, opor-se a alguma coisa; não ceder [ABH/AJO/AN].

Sentir(-se)

Sentir a camisa pesada Ver *dar uma tremedeira*

Sentir a pancada *Bras.* Sentir o impacto, aperceber-se do castigo, do revide, da reação: "Ao ser inquirido no Congresso, o ex-assessor da Presidência sentiu a pancada e se contradisse" [TC].

Sentir a pimenta arder Deixar experimentar: "Deixa ele sentir a pimenta arder pra ver se é bom" [JB].

Sentir as costas quentes Sentir-se protegido; estar bem apadrinhado (ver Ladislau Batalha, *História geral dos adágios portugueses*) [AN].
Var.: *ter (as) costas quentes*

Sentir as dores antes do parto Ser timorato (escrupuloso), assustar-se antes do tempo [AN].

Sentir as orelhas arderem Pressentir que estão a falar mal de sua pessoa, em algum lugar [FS/LM].
Var.: *sentir as orelhas esquentarem*

Sentir a truta Ver *sentir o cutuco*

Sentir a vertigem das alturas Estar orgulhoso porque chegou a um alto cargo [AN].

Sentir dor de canela Ver *sentir dor de cotovelo*

Sentir dor de coração Ter arrependimento, profunda mágoa [AN].

Sentir dor de corno Pressentir tardiamente a infidelidade da mulher [AN].

Sentir dor de cotovelo Ser ciumento; ter ciúme [AN/GAS].
Sin.: *sentir dor de canela*
Var.: *ter dor de cotovelo*

Sentir falta daquilo Sentir falta de sexo: "Ele sentiu falta daquilo e se desesperou" [JB].
Var.: *sentir falta daquilo naquilo*

Sentir falta daquilo naquilo Sentir falta de sexo: "A Samantha sentiu falta daquilo naquilo e apelou pro dedinho" [JB].
Var.: *sentir falta daquilo*

Sentir fernicoques Lus. Ter desejos. – Fernicoques (ou fornicoques) são "cócegas, tentações, apetites, impaciências" [GAS].

Sentir firmeza no lance Acreditar: "Sente firmeza no lance, mermão, segue reto" [JB].
Var.: *sentir firmeza*

Sentir ganas Sentir uma vontade muito forte; sentir forças [GAS].

Sentir gosto de cabo de chapéu-de-sol na boca Ter gosto ruim na boca no dia seguinte a uma farra [AN].

Sentir na carne Ressentir-se profundamente de algo: "Souto: ... Nos meus lábios, a verdade dói mais e você está sentindo isso na carne, Bárbara" (Chico Buarque & Rui Guerra, *Calabar*, p. 77); "Aproximo-a de mim e ela refugia a cabeça em meu peito, sinto na carne o seu pranto morno" (Moreira Campos, *Dizem que os cães veem coisas*, p. 32).
Sin.: *sentir na (própria) pele*
Var.: *sofrer na própria carne*

Sentir na (própria) pele Bras. Ressentir-se profundamente de alguma coisa; sentir realmente em si; experimentar uma situação desagradável: "Todas as vezes em que estive com ele, pude sentir na pele a paz de sua casa e de seu espírito" (Gugu Liberato, *Planeta*/Extra, jul./2002, p. 20) [ABH/AN/CLG].
Sin.: *sentir na carne*
Var.: *sofrer na própria pele*

Sentir o clima Observar a situação, verificar: "Vai lá, cara, sente o clima e veja o que podemos fazer" [JB].

Sentir o coração aos pulos Diz-se quando o coração está agitado, com taquicardia, por corrida, susto, comoção ou ansiedade; estar agitado; esperar por uma novidade que lhe dará grande prazer [GAS].
Var.: *ter/trazer o coração aos pulos*

Sentir o coração bater na cueca Bras., S, SP. Diz-se quando o homem se encontra em estado de excitação sexual [MSM].

Sentir o cutuco Bras., RS. Aperceber-se da gravidade da situação, da ameaça que está no ar: "Quando eu vi o tamanho do pai dela eu senti o cutuco" [LAF].
Sin.: *sentir a truta*

Sentir o drama Pensar que poderia ser pior: "Sente o drama, cara, e pense no que sofri" [JB].

Sentir o estalo de Vieira Ficar inteligente de uma hora para outra. – Conta João Francisco Lisboa na *Vida do padre Antônio Vieira* que o grande orador fez grandes progressos intelectuais depois que sentiu na cabeça um estalo, na ocasião em que pedia à Virgem em oração que o iluminasse [AN].

Sentir o rabicho *Bras., RS*. Sentir-se acuado, sob pressão [AJO].

Sentir-se em casa Estar à vontade, sentir-se bem [CLG].

Sentir-se nas lonas Sentir-se machucado, estafado, cansadíssimo [GAS].

Sentir-se úmido Não se sentir seguro; ter medo [GAS].

Sentir um calor 1. Ver-se atrapalhado, em situação difícil; experimentar mal-estar; ficar embaraçado. **2.** Levar um susto. **3.** *Lus., Univ. Coimbra*. Diz-se de atrapalhação numa chamada [GAS].

Var. (1) (2): *apanhar um calor*

Sentir um nó na garganta Sentir a voz embargada pela comoção; estar com vontade, quase incontida, de chorar: "Quando me vi em frente da casa onde vivi e passei por tantos sofrimentos, senti um nó na garganta" (Manuel Bandeira, *Poesia completa e prosa*, p. 577) [GAS/MPa].

Var.: *estar com um nó na garganta*

Separar

Separar o joio do trigo Expulsar o que não presta, para longe do que é bom; distinguir o bom do mau; evitar confusões ou erros de julgamento, em que se toma o que é mau pelo que é bom: "A desastrosa administração de FHC, na Presidência da República, pelo visto não respingou no conceito que Tasso continua gozando junto à opinião pública cearense. A população, ainda bem, sabe separar o joio do trigo" (Alan Neto, *O Povo*, 27/6/99, p. 4A); "Mas nesse mercado rico em invenções, é fundamental saber separar o joio do trigo" (Kátia Stringueto & Thiago Lotufo, *IstoÉ*, 19/5/99, p. 48). – A expr. tem or. na Bíblia (ver Mt 13, 30) [AN/GAS/RMJ].

Var.: *separar o trigo do joio*

Sepultar(-se)

Sepultar em segredo Enterrar em lugar que recebeu um caráter de santidade por meio de certas cerimônias religiosas [AN].

Sepultar o talento Não cultivar o talento; deixar o talento esterilizar-se (ver Mt 25, 14) [AN].

Sepultar-se em vida Isolar-se do convívio do mundo; não frequentar a sociedade; meter-se num recolhimento, num convento [ABH/AN].

Sepultar-se num claustro Separar-se do mundo [FF].

Sin.: *sepultar-se num convento*

Sepultar-se num convento Ver *sepultar-se num claustro*

Ser

≠ **Já ser** Estar superado: "Já era" [AT].

Ser a alma de alguma coisa Ser o que dá impulso a algo, o que o dirige [GAS].

Ser abelhudo Ser intrometido, metediço [GAS].

Ser abissínio Atacar quem vai sair ou já saiu do poder. – Os abissínios passam por apedrejadores do sol no ocaso (ver Plínio, *História natural*, V) [AN].

Ser a bola da vez 1. Em certas modalidades de sinuca, refere-se à bola de menor valor, ainda sobre a mesa, e que deve ser encaçapada em primeiro lugar. **2.** Estar prestes a ser objeto de análise, crítica, exclusão etc.; ser o alvo; ser o próximo: "Tudo que dá dinheiro no Brasil de FHC tem que ir para o capital estrangeiro. Está na cartilha do FMI. A bola da vez é o futebol. Aguardem" (Nani, *Bundas*, 12/7/99, p. 24); "O malandro era a bola da vez e foi pro céu mais cedo, cheio de furos"; "O Joca é a bola da vez. Todo dedo de seta paga com a vida a vacilada que faz". **3.** Estar em evidência, conforme o que se ouve, faz ou divulga no momento; ser aquilo que está na moda; ser a sensação, tudo o que se discute amplamente, com sabor de atualidade: "Quantas vezes nos últimos tempos você ouviu falar que o Brasil era a bola da vez? Perdeu a conta? Este é um mau sinal. Você está diante de um dos mais perigosos vícios de quem escreve, a frase feita ou lugar-comum" (Eduardo Martins, *in Com todas as letras*, *apud IstoÉ*, 5/5/99, p. 67); "Nós somos a bola da vez!" (Paulo Caruso, *IstoÉ*, 16/12/98, p. 146) [ABH/JB].

Sin. (3): *ser a coqueluche* (2)
Var. (2): *estar pela bola da vez*

Ser a cara de Parecer-se muito com alguém: "O pequeno é a cara do pai" [ABH/GAS].

Var.: *ser a cara chapada*, *ser outra vez*

Ser a cauda do cachorro de Alcebíades Diz-se de assunto para desviar a atenção. – Alusão a um caso passado com Alcebíades, ao qual alude *Plutarco*, na vida deste varão, cap. IX [AN].

Ser a conta Ser (o) suficiente, o bastante para ultrapassar certo limite, para tomar certa resolução; bastar: "Levou um coice na barriga e foi a conta. Nunca mais teve saúde" (José Lins do Rego, *O moleque Ricardo*) [ABH/AN/TC].

Ser a coqueluche 1. Diz-se de pessoa muito querida. **2.** Diz-se de coisa que está na moda: "A música da Jovem Guarda, nos anos 1960, era a coqueluche nacional, enquanto hoje o axé music é a bola da vez, no Brasil" [AN]. ♦ Expr. quase em des., sendo m. us., atualmente, o sin. abaixo.

Sin. (2): *ser a bola da vez* (3)

Ser a cruz Referência à pessoa (geralmente ao jovem, à criança) de gênio irrequieto, provocadora de preocupações ou de situações desagradáveis: "E eu posso com uma mulher dessas? É a minha cruz" (Moacir C. Lopes, *Chão de mínimos amantes*) [TC].

Ser a diferença de alguém Ser o que contraria, aborrece, atrapalha, empata alguém [AN].

Ser a Egéria de alguém Ser a mulher de quem se recebem conselhos, sobretudo em matéria política. – Egéria era uma ninfa que num bosque de Rosa dava conselhos ao rei Numa Pompílio (Tito Lívio, *Res memorabiles*, I) [AN].

Ser a enxada Ser o meio, a arte, a indústria pela qual se ganha a vida, se obtêm os meios de subsistência [AN].

Ser aeromoça da arca de Noé Ser velha demais: "Minha vizinha foi aeromoça da arca de Noé. A velhota não quer pendurar a chuteira" [JB].

Ser a forma /ô/ **para o pé de** *Fam.* Ser muito conveniente, muito útil a; servir perfeitamente a alguém: "Casou bem: a mulher é a forma para o seu pé" [ABH].

Ser agarrado a alguém Ter profundo afeto por alguém e ser dele inseparável [AT].

Ser a gata borralheira de uma casa Aguentar com os serviços grosseiros, sobretudo da cozinha, não aparecendo na sala nem em bailes ou festas; diz-se de moça descuidada em seu vestuário, suja, esmolambada. – Reminiscência de uma estória inf. de três irmãs, uma das quais enteada da mãe das outras [AN].

Ser a glória Ser um sucesso: "É a glória o momento que estou vivendo" [JB].

Ser a gota d'água Ser aquilo que faz ultrapassar os limites de alguém ou de algo; exceder o limite de; ser o que faltava para o problema; passar da conta: "O grito dele foi a gota d'água. A partir daí, a coisa ficou preta" [ABH/JB].

Ser a gota d'água que transborda o cálice Ser um pequeno acontecimento, um nada, que provoca indignação, repulsa, ataque há longo tempo contidos [AN].

Ser água de cheiro Diz-se de indivíduo muito delicado e melindroso [GAS].

Ser a hora da verdade Ser o momento decisivo: "Agora, é a hora da verdade, vamos ver quem tem razão" [JB].

Ser a irmã Paula Ser pessoa muito bondosa, muito caritativa. – A irmã Paula foi uma vicentina de nacionalidade fr. Antoinette Vincent, falecida em 1945 no RJ, notável pelas inúmeras obras de beneficência que praticou [AN].

Ser algodão entre cristais Procurar evitar atritos entre pessoas inimigas [AN].

Ser ali Ser encontrado em seu mais alto grau num indivíduo, num objeto, num lugar etc.: "Comprou uma antiguidade preciosa: requinte é ali" [ABH].

Ser a maior conversa fiada Ser mentira, lorota, papo-furado: "Eu como qualquer coisa e tenho o maior apetite sexual. Por isso esse estudo aí é a maior conversa fiada" (Ênio Rodrigues Vasconcelos, *Jornal da Rua*, 28/5/99, p. 3).

Ser a maior greia /ê/ *Bras., PE*. Diz-se de anarquia, confusão, zombaria [BB].

Ser amarelo *Lus*. Ser neutro; não aderir; deixar de compartilhar [GAS].

Ser a Meca Diz-se de lugar onde todos são obrigados a ir. – É da rel. muçulmana a peregrinação a Meca, pelo menos uma vez na vida (Corão, XXII) [AN].

Ser a minha deixa Ser a minha vez: "Esta é a minha deixa, agora aguardem" [JB].

Ser a mola real Ser o principal incentivo das nossas ações [AN].

Ser a morte do artista *Lus*. Diz-se de um descuido ou desaire que põe em risco a integridade física ou a reputação de alguém, que pode pôr tudo a perder [GAS].

Ser a morte em pé Diz-se de pessoa que anda muito doente ou muito magra [AN].

Ser amplo *Lus*. Ser justo, reto [GAS].

Ser a negação de Não ter absolutamente certa qualidade ou capacidade para determinada atividade, função etc.: "Pedro é a negação do escritor, da bondade, do político etc." [ABH].

Ser antenado Ser ligado, atento, perito: "Não sou antenado nessa história de letra e música. Sou um compositor de temas" (João Donato, *Bundas*, 4/10/99, p. 8).

Ser antigo que só cagar de cócoras *Bras., NE, chulo*. Diz-se do que já é sabido de todos, coisa velha [MSM].

Ser a oitava maravilha do mundo Diz-se de pessoa ou coisa tão notável ou surpreendente que se julga digna de figurar ao lado das sete maravilhas do mundo [AN].

Ser a onda Ser a sensação do momento: "Isto é a onda, é a moda, é o lance" [JB].

Ser a ovelha negra da família Ser a pessoa desajustada de um grupo. – "Em toda família ilustre e velha existe um membro desajustado e causador de escândalo. No rebanho vive um animal insubmisso e difícil. Num partido político, um correligionário desacomodado, exigente, pessimista. É a Ovelha Negra. Figura corrente na Europa, Ásia e Américas" [LCCa, s. v. "É A OVELHA NEGRA DA FAMÍLIA!"].

Ser a pedra angular Ser a base, o fundamento, o alicerce. – Na esquina de uma edificação coloca-se uma pedra grande, resistente [AN].

Ser a pedra do escândalo Ser o pretexto ou o motivo da desavença, discórdia. – "Escândalo" é etimologicamente a pedra que faz tropeçar. A palavra encontra-se na *Versão dos Setenta*, Is 8, 14 [AN].

Ser apelido *Bras., gír*. Não ser (a qualidade anunciada por alguém a respeito de outrem ou de algo) a expr. inteira da verdade, estando a pessoa ou coisa muito acima do que foi dito: "– Que bonita moça! – Bonita é apelido" [ABH].

Ser apertado dos encontros Ser sovina, avarento [GAS].

Var.: *não ser largo dos encontros*

Ser apontado a dedo Ser mostrado com insistência ou atrair as vistas por motivo de celebridade, ordinariamente não honrosa [AN].

Ser a providência de alguém Prover a todas as necessidades de alguém; velar pelo bem-estar de alguém [AN].

Ser a pura Ser verdade: "É a pura, disto estou certo, convicto" [JB].

Ser a pura verdade Ser uma verdade incontestável, clara e positiva, sem exagero: "É a pura verdade, o chefe é ladrão" (JB, p. 251) [AN].

Ser aquela água Bras., pop. **1.** Não dar certo; falhar. **2.** Desenrolar-se (determinado fato ou situação) de maneira peculiar. **3.** Haver desordem, confusão, tumulto [ABH].

Ser aquela garapa Ser muito fácil; não haver dificuldades; diz-se de coisa fácil de conseguir, sem muito esforço: "Fui ao chefe, pedi a demissão do delegado, e foi aquela garapa: ele telegrafou pro governo e o homem foi demitido"; "Matemática, a prova foi aquela garapa" [LM/TC].

Ser a quinta-essência Diz-se do que há de mais refinado, requintado. – Reminiscência das práticas da alquimia; a Quinta-essência era o extrato retificado, levado ao último apuramento [AN].

Ser (de) armada grande Bras., S, RS. Ser pachola, gabola; contar vantagens; conversar fiado [ABH/AJO/AN].

Var.: *usar armada grande*

Ser arraia-miúda Diz-se de "pessoa sem muita importância dentro de certos grupos" [MPa].

Ser arrastado pela lama Ser difamado [GAS].

Ser a rua do lá-vem-um Ser rua pouco frequentada, sempre deserta [AN].

Ser a segunda pessoa de alguém Ser o substituto mais categorizado, o auxiliar mais importante, o braço direito de alguém: "F. é a segunda pessoa do diretor" [ABH].

Ser a sombra de alguém Seguir alguém por toda parte, principalmente para ver-lhe a desgraça; andar sempre com alguém; ser guarda-costas de alguém [AN/GAS].

Ser assim Ser muito ligada, muito íntima de alguém. – Ao empregar-se esta expr., friccionam-se, mimicamente, os dedos indicadores distendidos [ABH].

≠ **Não ser assim que se desova o grilo** Bras., NE. Não ser como se supõe ou se quer: "Não é assim que se desova o grilo" [LM].

Ser a tábua de salvação Ser o último expediente ou recurso para salvar de situação difícil. – Alusão ao náufrago que se apega à primeira tábua que encontra boiando [AN].

Ser a última palavra em Ser o que há de mais moderno, mais avançado, mais perfeito em: "Paris ainda é a última palavra em moda feminina" [ABH].

Ser a verdade em pessoa Diz-se de pessoa incapaz de mentir [AN].

Ser a vergonha de Causar vexame (a uma pessoa, família ou instituição) pela prática de atos indecorosos [AN].

Ser a vez do povo Ser o momento decisivo: "Agora é a vez do povo, vamos ver quem tem garrafas pra vender" [JB].

Ser baço demais para espelho Diz-se quando uma pessoa se interpõe entre nós e o que estamos a ver [GAS].

Ser bafo Bras., gír. Ser mentira: "É bafo, cidadão, é papo furado" [JB].

Ser baixo Ser impotente para agredir. – Maneira de repelir ameaças de alguém inferior em força física ou de talento [AN].

Ser bala Bras., gír. Ser bom, forte: "Penso que o Presidente é bala, o cara é massa, é fera" [JB].

Ser bananeira que já deu cacho Diz-se de pessoa que já deu o que tinha que dar: "Pobre dele, é bananeira que já deu cacho" [JB].

Ser bandeira de misericórdia Ser salvaguarda de faltosos, de crim.; diz-se de pessoa sempre disposta a desculpar erros ou defeitos de outrem. – As irmandades da Misericórdia acompanhavam ant. até o lugar do suplício os condenados e, quando por acaso se rompia a corda do enforcado, elas o cobriam com sua bandeira, livrando-o da morte (ver Vieira Fazenda, "Antiqualhas e memórias do Rio de Janeiro", *Rev. do Instituto Histórico*, vol. 140, p. 117;

Pereira da Costa, *Vocabulário pernambucano*) [AN].

Ser bárbaro Ser sensacional, espetacular: "O *show* do Chico é bárbaro!" [JB].

≠ **Não ser barqueiro para esta canoa** *Lus*. Não ser pessoa para cumprir determinada tarefa [GAS].

Ser barrado Sofrer algum impedimento; ser impedido de fazer algo ou chegar a algum lugar: "Eu tinha 16 anos, entrei no cinema num medo mortal, com medo de ser barrado" (João Ubaldo Ribeiro, entrevista a *Bundas*, 12/7/99, p. 11).

Ser barra-pesada Ser difícil; ser complicado: "A lei do morro é barra-pesada, malandro, alcaguetou, vacilou, levou rajada" [JB].

Var.: *ser barra*

Ser básico Ser essencial: "É básico agir com rapidez, para ganhar a parada" [JB].

Ser batata *Bras., gír.* Não falhar; não deixar de dar-se; ser decidido, definitivo: "A velha é batata e num instante matou a charada: – Meu filho, tá na cara, embora eu esteja dizendo isto em sentido figurado" (Stanislaw Ponte Preta, *Febeapá 1*, p. 55); "Na mulher normal, com 28 dias, a menstruação é batata" [ABH/JB].

≠ **Não ser baú** *Fam.* Não se comprometer a guardar segredo do que vem a saber; não guardar, não se sentir obrigado a guardar segredo(s) de ninguém; dizer tudo que sabe: "Já que falei na candidata do Cambeba, fonte lá de dentro de seu comitê me conta e como não sou baú, passo pra frente..." (Inês Aparecida, *Diário do Nordeste*, cad. Gente, 13/8/00, p. 11) [ABH/AN/DVF/GAS].

Ser bem Ser aceitável; ser justo; ser louvável [ABH].

Ser bem de ver Ser de fácil dedução; ser evidente [GAS].

Ser bem encabelado Ter um bom gênio [GAS].

Ser (uma) besta Ser parvo, lorpa, servindo sem retribuição, escravo espontâneo, sempre iludido, crédulo; diz-se de pessoa parva, boba, idiota: "O que vale é que sou um homem controlado. Fracoide, frio; no fundo sou uma besta" (Eneida, *Boa-noite, professor*, p. 35) [LCCa].

Var.: *ser uma besta quadrada*

Ser besta como/que só aruá Ser bastante tolo, ingênuo: "Belarmino era besta que só aruá. (...) E o besta do Belarmino pegou dez anos em Fernando [de Noronha]" (José Lins do Rego, *Meus verdes anos*, p. 129) [LM].

Var.: *andar besta como aruá*

Ser besta que amarga Ser demasiado tolo ou pretensioso: "Traste ruim! Aquilo é besta como aruá, é besta que amarga!" (Leonardo Mota, *No tempo de Lampião*, p. 81) [FS].

Ser bical Ser refratário ou resistente à alimentação [GAS].

Ser bicho Diz-se de pessoa sonsa, hipócrita, matreira [AN].

Ser bigodeado *Lus.* Ser tapeado, logrado, burlado, embrulhado, iludido, escarnecido: "Ontem fui bigodeado pelo cretino do açougueiro". – Reminiscência da ling. de caça. Em fr.: *faire la barbe à quelqu'un*, registrada por Lincy [LCCa, s. v. "BIGODEADO"/RMJ].

≠ **Não ser biscoito** Ser difícil, complicado: "Não é biscoito!" [CLG].

≠ **Não ser boa bisca** Não ser boa pessoa; diz-se de pessoa da qual é preciso acautelar-se: "Onde ele ia arranjar donzelice pra comer? Vontade não havia de lhe faltar, boa bisca ele não era..." (Jorge Amado, *Dona Flor e seus dois maridos*, p. 88); "Esse cara não é boa bisca, é muito enrolado pro meu gosto" [GAS/JB].

Ser boa-praça Diz-se de pessoa séria, que merece confiança [GAS].

≠ **Não ser boa-praça** Ver *não ser boa/grande rês*

≠ **Não ser boa/grande rês** *Lus.* Diz-se de pessoa considerada de má índole [GAS].

Sin.: *não ser boa-praça, não ser boa rolha*

≠ **Não ser boa rolha** Diz-se de pessoa de má índole [GAS].
Sin.: *não ser boa/grande rês*
Var.: *ser má rolha*

Ser (um) boi de presépio Estar presente, mas sem se manifestar; diz-se de pessoa manipulável, figura apenas decorativa, sem autodeterminação, passiva, como um ruminante [CLG/MF].

Ser bom algarismo Ser engraçado; ter ideias fora do vulgar; diz-se de pessoa divertida [GAS].
Sin.: *ser um número* (2)
Var.: (lus.) *ser um algarismo*

Ser bom copo Beber muito sem se embebedar [AN].

Ser bom(boa) de/em *Bras*. Ser eficiente, brilhante, possante, muito apto, muito capaz, muito competente, muito hábil em alguma coisa; ser profundo (em algum ramo de conhecimento): "O homem é bom em português" [ABH/AC/AT]. ♦ *Gír*. Desta expr. ger., decorre uma série delas. Ex.: *ser bom de papo, ser bom de cama, ser bom de bico* etc. (ver respectivos verbetes).

≠ **Não ser bom de assoar** *Lus*. Ter mau gênio; ser ríspido, senhor do seu nariz; não ser fácil de convencer [GAS].

Ser bom de bico Ser convincente ao falar.

Ser bom de bola *Desp*. Ter aptidão para o futebol; ser malicioso e competente no manejo da bola: "Dizem ser bom de bola. E se for, como vai ficar o bocão?" (Paulo Karam, *Jornal da Rua*, 9/1/99, p. 8) [ABH/HM].

Ser bom(boa) de/na cama *Bras., S, RJ*. Diz-se de quem, conhecendo todos os mistérios do amor, é o(a) amante ideal, na cama; ter bom desempenho sexual: "E aí perguntaram prum português se a mulher dele era boa de cama. E sabe o que ele respondeu?" (José Simão, *O Povo*, 14/4/96, p. 4B); "Perguntar-lhe-iam como a conhecera, se todas as alemãs eram assim. Se Karin era boa na cama" (José Augusto Carvalho, *A ilha do vento sul*, p. 127); "Disse [Marcello Mastroianni] uma vez na televisão americana, com Dick Cavett e Sophia Loren, que não eram bons de cama" (Paulo Francis, *O Povo*, 26/12/96, p. 6B); "A fita está acabando, a bebida já acabou. Uma última pergunta: vocês são boas de cama?" (Ziraldo, *Bundas*, 25/6/99, p. 11) [MSM].

Ser bom de papo Ter conversa muito agradável [ABH/AN].
Sin.: *ser uma boa prosa*
Var.: *ser um bom papo*

Ser bom para ir buscar a morte Ser muito lento, muito vagaroso [GAS].

Ser bom para o fogo *Bras., pop*. Não prestar para nada; não valer nada (pessoa ou coisa); ser próprio para se atirar a uma fogueira. – Reminiscência dos tempos da Inquisição [ABH/AN].

Ser breve Expressar-se, falando ou escrevendo, em poucas palavras [ABH].

≠ **Não ser (de) brincadeira** Ser difícil, duro, trabalhoso, cansativo etc.: "O ofício de jangadeiro não é brincadeira, de jeito nenhum!" [TC].

≠ **Não ser brincadeira de criança(s)** Ser assunto sério e importante; ser negócio e como tal deve ser tratado; ser coisa difícil [AN/GAS].

Ser brincadeira de menina fêmea/feme Ser coisa de fácil execução: "Carga de oito arroba pra ele é brincadeira de menina feme" (*sic*) (Leonardo Mota, *Sertão alegre*, p. 21).
Sin.: *ser (uma) sopa*

Ser (um) buraco Ser constrangedor; ser difícil, penoso, duro de suportar, dificultoso; custar muita diligência ou sacrifícios; constituir uma dificuldade: "É buraco, seu compadre, a gente vive hoje com a vida tão cara..."; "Foi um buraco pra eu chegar até aqui..." [AN/FS].

Ser burro Notabilizar-se como desinteligente; ser pessoa que constantemente comete asneiras: "Ela saiu rapidinho. Era preguiçosa mas não era burra" (Lourenço Cazarré, *O mistério da obra-prima*, p. 79).

Ser burro como carneiro preto Ser muito burro [AN].

≠ **Não ser burro de carga** Não estar disposto a aguentar com o seu serviço e mais o que lhe queiram impor [AN].

≠ **Não ser cabeça de turco** Não estar disposto a andar apanhando de toda a gente [AN].

Ser cabeça de vento Não refletir bem, com acerto; ser vazio de ideias: "Gente muito nova não atina, você diz que é cabeça de vento?"
Var.: *ter cabeça de vento*

Ser cabeça-dura Fazer apenas o que quer, o que dá na veneta; não aceitar sugestões alheias; ser teimoso e voluntarioso: "Esse governo é cabeça-dura: insiste em sua política de globalização da economia."
Var.: *ter cabeça-dura* (2)

Ser cabeça fria Ter ponderação; calcular bem o que faz; não esquentar a cabeça; não se apressar nem tomar decisões impensadas, irrefletidas; ser calmo; não se exaltar; não se deixar levar por arroubos, entusiasmos: "Seja cabeça fria, a fim de não cair no ridículo" [AN].
Var.: *ter cabeça fria*

Ser cabra Ser mau para os companheiros de prisão ou cúmplices [GAS].

Ser caçado Ser agarrado, preso [GAS].

Ser cachimbos apagados Ser inutilidades [LM].

Ser café-pequeno Ser coisa de pouca importância, de pouco valor, de pouca dificuldade: "Esse ratinho da senhora é café-pequeno pra nós. Já experimentou ratoeira?" (Carlos Drummond de Andrade, *Boca de luar*, p. 14); "Isto não é café-pequeno, é coisa muito séria" [AN/JB].

Ser caixão e vela preta *Bras.*, *CE*. Não falhar; ser certeiro; produzir resultado seguro e imediato [AS, s. v. "É CAIXÃO E VELA PRETA!"].
Sin.: *ser tiro e queda*

≠ **Não ser caju** Não ser tolo, palerma, abestado [AN/LCCa].
Var.: *não ser caju, que nasce com a castanha para baixo*

Ser caldo requentado 1. Dar como nova uma notícia ant.; diz-se de coisa que perdeu o valor, de notícia de fato geralmente sabido e que se quer dar como novo; ser coisa sem valor. **2.** Diz-se de coisa ou pessoa que fica para o fim ou é tratada de resto [AN/CLG].

Ser cama de gato Haver com fartura; existir em abundância: "A nossa fazenda ia de ribeira a ribeira, o gado não tinha conta e dinheiro lá em casa era cama de gato" (Graciliano Ramos, *Alexandre e outros heróis*, p. 16).

Ser camarada Condescender [AN].

Ser camarão *Bras.*, *MA*. Diz-se de coisa de que se gosta perdidamente; gostar intensamente de alguém: " ... fazendo propaganda do retrato de uma sua fã, dizendo que a jovem é camarão por ele" (*Jornal Pequeno*, 12/12/53, São Luís) [AN/DVF].

Ser Camões *Lus*. Ser zarolho; ter um olho a menos [GAS].

Ser canário sem muda Diz-se de pessoa que tem uma roupa só [AN].

Ser canja *Bras.*, *fam*. Ser negócio fácil de obter, de fazer etc.; ser fácil de vencer: "O jogo é canja" [ABH/AN/CLG/GAS/HM].
Sin.: *ser pinto* (1), *ser (uma) sopa*

Ser cão que não conhece o dono Ser pessoa ingrata [GAS].

Ser cão sem dono Não contar com apoios [GAS].

≠ **Não ser cão sem dono** Ter alguém por si; dispor de alguma valiosa proteção [LM].
Sin.: *não ser defunto sem choro*

Ser capa Ser encobridor; encobrir: "Comigo não conte. Jamais serei capa de qualquer patifaria" [GAS].

≠ **Não ser capa de velhacos** Não estar disposto a proteger nem apadrinhar velhacos, patifes, encobrindo, desculpando-lhes as faltas [AN].

Ser capaz *Bras., Ang., Moç.* Ser quase certo; ser provável: "– Você vem amanhã? – É capaz" [ABH].

Ser capaz de comer algo na cabeça de um tinhoso Gostar muito de uma coisa [GAS].

Ser capaz de dar cabo da paciência de um santo Ser impertinente em excesso, muito importuno. – Geralmente refere-se a criança [AN].

Ser capaz de enganar um santo Ser um grande vigarista, trapaceiro [GAS].

Ser careta Ser pessoa antiquada, conservadora, já entrada em anos [GAS].

≠ **Não ser carnaval** *Bras., NE, PB.* Ser coisa ou pessoa de valor, de respeito: "Eu sei jogar gamão, eu não sou carnavá, não!" [LM]. ♦ "Carnavá", pop., com o fonema final apocopado.

Ser carne de pescoço *Bras., pop.* Ser duro, irredutível, difícil de dobrar ou persuadir; ser enérgico, decidido, inflexível; ser indigesto, ou duro de roer; ser pedreira. – A expr. deriva do fato de a carne de pescoço ser dura de roer [ABH/AN/RMJ, s. v. "CARNE-DE-PESCOÇO"].

Ser carneiro de batalhão Seguir com os outros sem discutir; ser disciplinado, ordeiro, obediente. – Frase atribuída ao marechal Floriano Peixoto, por ocasião da proclamação da República [AN/RMJ, s. v. "CARNEIRO DE BATALHÃO"].

≠ **Não ser carneiro, que morre sem dar um grito** Protestar contra violência feita, embora sem obter resultado [AN].

≠ **Não ser (nem) carne nem peixe** Ser imparcial, não ter preferência, não opinar; diz-se de coisa indefinida: "Que lhe importava que fascistas e comunistas se digladiassem, se ele não era nem carne nem peixe?" (Jáder de Carvalho, *Sua majestade, o juiz*, p. 81) [GAS/TC].

Var.: *não ser (nem) peixe nem carne*

Ser carta fora do baralho Não ter prestígio, função, validade ou préstimo, como, em certos jogos, as cartas que são excluídas e mantidas à parte; diz-se de pessoa inutilizada, sem prestígio, afastada do caso: "Este será um processo embaraçoso, uma vez que o excluído terá o direito a recorrer da decisão, mas Garotinho já é carta fora do baralho" (Tarcísio Holanda, *Diário do Nordeste*, 8/10/00, p. 2) [AN/RMJ, s. v. "CARTA FORA DO BARALHO"].

Ser casa de mãe Joana Ser um lugar "onde vale tudo, onde todo mundo pode entrar, mandar etc." [MPa].

≠ **Não ser casa do Gonçalo** Não ser lugar onde a mulher manda mais do que o marido [AN].

Ser (um) casca-grossa 1. Ser pessoa grosseira, malcriada, rude; diz-se de pessoa de algumas posses, mas mal-educada, incivil, grosseira, rude. **2.** Diz-se de oficial sem curso regular [AN/CLG/GAS].

Ser caxias Ser determinado, obstinado, resoluto, decidido; ser cumpridor dos seus mínimos deveres, dê no que der: "Ele negou, disse que era perigoso, mas sou caxias, quando digo que vou fazer uma coisa, faço mesmo" (Laura Carneiro, deputada federal, PFL-RJ, *Bundas*, 29/11/99, p. 8). – Alusão ao Duque de Caxias, herói da Guerra do Paraguai, um vulto histórico que cumpria à risca aquilo que lhe dava na telha.

≠ **Não ser cedo nem ser tarde** Ser no momento certo; tomar uma resolução [GAS].

≠ **Não ser certo** Diz-se de pessoa em quem não se pode confiar; não regular bem da cabeça; não ter bom juízo; ser meio maluco, amalucado [AC/AN/FF/GAS].

Var.: *não ser certo da bola, não ser certo para relógio*

Ser chato pra caralho *Chulo.* Ser o mais chato de todos [MPa].

≠ **Não ser chegado** Não ser homossexual: "Elezim não é chegado" [JB].

Ser chegado a/em 1. *Bras., CE.* Gostar de; identificar-se com alguém ou algo; ser dado, propenso, inclinado a/para; valorizar: "Também ele era chegado / Muito a religião / E era grande devoto / Do Pe.

Cícero Romão..." (Expedito Sebastião da Silva, *Trechos da vida completa de Lampião*, p. 24); "Logo ele que era chegado a uma empregadirrha..." (Mino/"The Mino Times", *Diário do Nordeste*, cad. 3, 27/1/02, p. 8); "Ô Chico, mas você é chegado numa caninha, num é?" **2.** Ser homossexual (masc. ou fem.): "A Marinalva é chegada, aprecia, gosta de mulher" [AS/JB].

Ser chegado a uma carne quente *Chulo*. Ser homossexual: "O cara é chegado a uma carne quente" [JB].

≠ **Não ser chegado a um rabo de saia** Não gostar de mulher: "O Ayrton não é chegado a um rabo de saia" [JB].

≠ **Não ser chegado a um rolo** Não gostar de confusão: "O Zezim não é chegado a um rolo" [JB].

Ser cheio de chaves Diz-se de pessoa cheia de truques, modismos, maneiras diferentes [MPa].

Ser cheio de dodóis *Turfe*. Ter, o cavalo, várias partes do corpo doloridas [ABH].

Ser cheio de lero-lero Diz-se de pessoa com conversa mole [MPa].

Ser cheio de nós pelas costas *Bras., fam.* Ser manhoso, complicado; ter modos afetados, pedantes [AC/FS/FSB/GAS/LM].

Var.: *ter nós pelas costas*

Ser cheque *Bras., CE*. Ser coisa boa de vender [CGP, s. v. "É CHEQUE!"].

Ser chique Diz-se de quem se veste com elegância; trajar-se com distinção: "Hoje, Cláudia é chique. Veste-se com primor" (*Veja*, 17/2/99, p. 80).

Ser chumbado de arrebites *Bras., gír.* Ser morto a tiros: "O cidadão foi chumbado de arrebites no morro" [JB, s. v. "CHUMBADO DE ARREBITES"].

Ser ciumento como um turco Ser muito ciumento [AN].

Ser cobra criada *Bras.* Ser experiente: "Eu sou cobra criada, ninguém vai dar volta em mim" [JB].

Ser (muita) coisa Ser importante: "Já era coisa no Rio" (José Lins do Rego, *Pureza*) [TC].

Ser coisa de maluco Ver *ser coisa pra doido nenhum botar defeito*

Ser coisa pra doido nenhum botar defeito Ser algo inexplicável, extraordinário: "Tá lindona a festa da Tetê; é coisa pra doido nenhum botar defeito" [JB].

Sin.: *ser coisa de maluco*

Ser colhido de surpresa Não esperar que algo acontecesse [GAS].

Ser com 1. Dizer respeito a; concernir a: "Esta advertência não é com ele." **2.** Acompanhar; assistir [ABH/FF].

Ser/Já ser com Deus Ter falecido; haver morrido: "Ao chegar a ambulância, a mulher já era com Deus" [LM/TC].

≠ **Não ser com duas risadas** *Bras., NE*. Ser difícil: "Não é com duas risadas" [LM].

≠ **Não ser com essas** *Lus*. Não ser com essas palavras que me convence [GAS].

Ser comido Ser enganado [GAS].

Var.: (lus.) *ficar comido, ser comido pelo pé*

Ser comido pelo pé *Bras., NE*. Ser enganado: "Nesse negócio, eu fui comido pelo pé."

Var.: *ser comido*

Ser como água em balaio *Cabo Verde*. Não levar a nada; ser inútil: "Acreditar no milagre será como água em balaio" (Manuel Ferreira, *Voz de prisão*) [ABH].

Ser como a légua da Póvoa *Lus*. Diz-se de caminho muito comprido [GAS].

Ser como a mulher de César Não poder ser nem sequer suspeitada. – Clódio, apaixonado por Pompeia, mulher de César, introduziu-se, disfarçado, numa festa a que só eram admitidas mulheres. Tendo sabido disto, César repudiou Pompeia, embora estivesse inocente (Plutarco, *Vida de César*, X; Suetônio, *César*, LXXXIV) [AN].

Ser como a mulher do piolho Ser muito teimosa. – Alusão à anedota de uma mulher que altercou com o marido a respeito de um inseto que ele afirmava ser pulga e ela, piolho. Enfurecido, o marido atirou-a num poço, jogou-lhe pedras por cima e ela, não podendo mais falar, juntava as unhas dos polegares, uma contra outra, para indicar que era piolho [AN].

Ser como a pescada, que antes de ser já era Diz-se de medidas inócuas, que de nada servirão, ou por já serem aplicadas ou porque não serão seguidas. – Dá-se o nome de pescado ao peixe fora d'água, já apanhado, e a pescada é o pescado por excelência por causa da carne muito apreciada; a expr. origina-se de uma adivinha que "brinca" com o particípio do v. "pescar" e com o substantivo "pescada" [AN].

Ser como a velha de Siracusa Rezar pela vida de um tirano; desejar a manutenção de um mau governo, de um chefe despótico. – Perguntando Dionísio de Siracusa a uma velha porque rezava pela vida dele, ela respondeu que antes desejara a morte de três tiranos, mas cada vez vinha um sucessor pior. Por isso, resolvera então desejar a vida do que reinava, para não vir depois um pior (Valério Máximo, *Facta*, VI) [AN].

Ser como caboclo, que quebra o prato em que come Destruir aquilo de que se utilizou [AN].

Ser como cavacas *Lus*. Ser certo, inquestionável [GAS].

Ser como couro de pica *Bras., NE, chulo*. Diz-se de quem volta atrás no que afirma e fica indo pra frente e pra trás [MSM].

Ser como frei/são Tomás Fazer o que alguém diz e não o que faz; seguir os conselhos de quem procede contrariamente a estes conselhos. – A ideia está em Mt 23, 3 [AN/GAS].

Var.: *ser frei como Tomás*

Ser como na botica *Lus*. Diz-se de lugar onde existe tudo [GAS].

Ser como o arcebispo de Granada Pedir que alguém diga a verdade e depois irritar-se quando a ouve. – A expr. é tirada de uma passagem do *Gil Blás de Santillana*, de Lesage. Gil entra como secretário junto ao arcebispo. O prelado, que se julga um grande orador sacro, recomenda expressamente a Gil que o avise quando ele perceber que, por influência da idade, seu talento declina. Pouco depois, o arcebispo começa a pronunciar sermões sem eloquência alguma. Depois de haver hesitado algum tempo, Gil se atreve a prevenir seu patrão. O resultado foi ser despedido na mesma hora [AN].

Ser como o cavalo do inglês, o qual morreu quando ia saber jejuar Achar que nada está bom, impor muitas medidas restritivas e acabar tendo prejuízo em vez de benefício (não só econômico) com seus atos. – Alusão à anedota rel. a um ingl. avarento que diariamente reduzia a ração do seu cavalo, até que este morreu à míngua [AN].

Ser como o cego da Escritura Ter olhos e não ver (*Oculos habent, et non videbunt*, Salmo 113) [AN].

Ser como o sol *Lus., Barcelos*. Ser franco; ser sincero [GAS].

Ser como santo Antônio Diz-se de pessoa que se encontra em vários lugares [GAS]

Ser como são Tomé Só acreditar no que vê. – Tomé só acreditou no que os outros apóstolos lhe disseram a propósito da ressurreição de Cristo depois que o próprio Cristo lhe apareceu e deixou que ele lhe tocasse as chagas (ver Jo 20, 24-29) [AN/GAS].

Ser como um castelo de cartas Diz-se de construção instável, de coisa de duração precária [AN].

Ser como um relógio Ser correto, muito pontual [AN/CLG].

Ser conduzido debaixo de vara Ser conduzido sob mandado judicial [ABH].

Ser contos largos Ser negócio intrincado, misterioso, que levaria muito tempo para deslindar [AN]. – Expr. us. no pl.: "São contos largos."

Ser conversa para boi dormir Diz-se de conversa fiada, sem interesse nem resultado prático; diz-se de palavreado com intuito de enganar, iludir, seduzir; ser história sem fundamento: "Esse papo de prender banqueiro já não é mais conversa pra boi dormir. Já virou conversa para presidente cucaracho cochilar!" (José Simão, *O Povo*, 11/4/96, p. 4B); "Essa pesquisa é balela e conversa pra boi dormir" (José Ferreira Batista, *Jornal da Rua*, 28/5/99, p. 3) [AN/DT/FS].

Var.: *ser história pra boi dormir*

Ser corda e caçamba Serem, duas pessoas, inseparáveis; andarem sempre juntas. – Alteração da loc. port. que utiliza os termos "corda" e "caldeirão" (ver Morais Silva, *Grande dic.*, s. v. "CORDA E CAÇAMBA"; Beaurepaire-Rohan, *Dic. de vocábulos brasileiros*, s. v. "CASSAMBA") [ABH/AN/CA/ECS].

Var.: (lus.) *ser corda e caldeirão, serem a corda e a caçamba*

Ser correia de transmissão Servir aos interesses de outrem [GAS].

Ser corrido a toque de caixa Ser escorraçado, posto fora, expulso com ignomínia. – O toque de caixa indicava nos regimentos ordem urgente, que devia ser executada a toda pressa. A expr. está no Regulamento do conde de Lippe (ver *Rev. Lus.*, XXXVII, p. 191) [AN].

Ser coruja de Ser fã, admirador de: "Seria teu escudeiro, se não fosse coruja dos meus filhos."

Ser criado e pagar soldada Fazer um favor e ainda ter despesas por tal [GAS].

Ser criança Entreter-se com puerilidades; ser leviano; não tratar os negócios com seriedade [AN].

≠ **Não ser criança 1.** Já estar crescido; já estar adiantado em anos, mas não ser muito velho; proceder como homem: "Sou apenas uma menina... – Você não é criança!" (Luiz Galdino, *Saruê, Zambi!*, p. 46). **2.** Não se aborrecer por qualquer coisa, não se deixar enganar [AN].

≠ **Não ser cu de Mãe Chica** *Chulo*. **1.** Não ser bem comum. **2.** Não ser coisa a que todos tenham direito: "Não é cu de Mãe Chica" [LM].

≠ **Não ser cu de mãe Joana** *Chulo*. Não ser coisa em que todos mexem: "Creonte: Minha filha não é cu de mãe Joana / Não vai fazer como fez co'a outra, não" (Chico Buarque & Paulo Pontes, *Gota d'água*, p. 38). – Admite-se que a expr. *mãe Joana* não seja mais do que adapt. do esp. *damajuana*. Cf. o fr. *dame-jeanne*, der. do árabe *damachan*, "garrafão" (João Ribeiro, *Frases feitas*) [AN].

Ser curto e grosso Mostrar-se decidido, taxativo, resoluto: "O telefonema proposto para o tuxaua russo foi curto e grosso: – Tem deslocamento, diária e a mulher quer que eu deixe algum pra janta. Me dê aí R$ 10,00 e deixe os meninos do Kursk comigo" (Tarcísio Matos & Falcão, *O Povo*, cad. Vida & Arte, 19/8/00, p. 2B).

Ser cuspido Ser projetado, lançado a distância; ser atirado fora: "No acidente, o piloto foi cuspido a vinte metros" [GAS/TC].

Ser (alguém) cuspido e escarrado Ser extremamente semelhante, quer física, quer moralmente, com a pessoa indicada; parecer-se exatamente com alguém; ser idêntico, cópia, semelhante, parecido: "O Teo é cuspido e escarrado o pai dele" [GAS/JB, s. v. "CUSPIDO E ESCARRADO"/RMJ].

Var.: *ser alguém escarrado*

Ser da alta roda Ser da classe alta, da elite [FF].

≠ **Não ser da arte** Não ser do mesmo ofício, da mesma profissão [GAS].

Ser da casa do Xerez *Bras., N. do CE*. Diz-se a quem estranha a má qualidade de algo. – Xerez era um ant. comerciante sobralense que tinha fama de só vender artigos bons [LM].

≠ **Não ser da conta de alguém** Não ter, alguém, nada com o assunto; não ter, alguém, nada a ver com isso: "Não é da sua conta, seu besta, não se meta, fica fora" [GAS/JB].

Ser da cor Ser simpatizante: "Gosto da democracia. Eu sou da cor" [GAS].

Ser da corda Diz-se de indivíduo folgazão, bonachão, amigo de chalaça, sempre bem-disposto [GAS].

Ser dado Ser possível ou permitido: "Se me for dado falar na sessão, cobrarei das autoridades mais empenho na solução do caso" [FF/RMJ].

Ser (muito) dado Ser sociável, afável, acessível, prestimoso: "O cearense é dado com Deus e o mundo" [FF/RMJ].

Ser dado a Ter uma inclinação ou preferência: "Você é dado a uma geladinha, hein?" [GAS].

Sin.: *ser de*

≠ **Não ser da forma** /ô/ **do seu pé** Não ser da sua igualha, da sua simpatia [GAS].

Ser da gloriosa *Chulo.* Masturbar-se (o homem) [GM/MSM/TC].

Sin.: *bater punheta*
Var.: *tocar (a/uma) gloriosa*

Ser da inácia *Bras., Mar. G.* Ter por hábito respeitar as prescrições legais e regulamentares [ABH].

Ser da Irmandade de N. S. do Descanso Não gostar de trabalhar, de esforçar-se [AN].

Ser da laia de alguém Ser da igualha de alguém; identificar-se com alguém [GAS].

Ser da lavra de Ser da fabricação, da execução, da autoria, da criação de: "Esta bandeja é da lavra de um prateiro inglês"; "Os versos são da minha lavra" [ABH].

Ser dali Ser muito bom, muito bonito, muito gostoso etc.: "Os caramelos são dali" [ABH].

Sin.: *ser da pontinha*
Var.: *ser daqui* (2)

Ser da mesma confraria Ter o mesmo modo de vida, os mesmos hábitos, os mesmos ideais; pertencer ao mesmo grupo [AN].

Sin.: *pertencer à mesma panelinha*
Var.: *pertencer à mesma confraria*

Ser da mesma massa que outro Ser igual a outrem [AN].

≠ **Não ser da minha rodagem** Não ser do meu padrão: "A Marinalva não é da minha rodagem, quero coisa melhor" [JB].

Ser da pá virada Ser valentão, turbulento, desordeiro; referência ao indivíduo arruaceiro, briguento: "Este menino vai ser da pá virada" (Antônio Constantino, *Embrião,* cap. 2) [ECS/TC].

Ser da paz Ter gênio pacífico [TC].

Ser da pele de Judas 1. Ser mau; ter má índole. **2.** Ser (muito) travesso, traquinas, endiabrado, inquieto, buliçoso [AN/FF/GAS].

Var. (2): *ser da pele, ser da pele do diabo*

Ser da ponta/pontinha da orelha Ser bom, excelente, o melhor, o fino [AN/DVF/GAS].

Var.: *ser da orelha, ser da pontinha, ser de trás da orelha*

Ser da pontinha Ser bom, excelente [AN/DVF]. – "Com maior extensão expositiva estudei o gesto de tocar o lóbulo da orelha, significando excelência, no *Coisas que o povo diz,* Bloch Ed., n.º 44, Rio de Janeiro, 1968. É uma presença port., recebida da França, e abundantemente cit. em *A ilustre casa de Ramires,* de Eça de Queiroz. Diz-se ainda: – É daqui, da ponta fina! (...) Erguer o polegar é mais vulgar, depois de 1940. Mas não morreu apertar a extremidade da orelha. Ou fingir" (LCCa, s. v. "É DA PONTINHA!").

Sin.: *ser dali*
Var.: *ser da ponta/pontinha da orelha, ser da ponta fina*

Ser daqui 1. Ser natural de. **2.** Ser muito bom, muito bonito, muito gostoso [AT]. – Na acepção 2, geralmente acompanha uma mímica: pega-se na ponta da orelha.

Var. (2): *ser dali*

Ser das Arábias Ser muito esperto. – Os árabes tinham fama de espertos. Arábia, no pl., porque há três: a Feliz, a Petreia e a Deserta [AN].

Ser da velha guarda Ser dos antigos [GAS].

Ser de Ter propensão ou inclinação para: "O rapaz é de briga" [ABH].

Sin.: *ser dado a*

Ser de Alcanhões *Lus.* Ser apressado [GAS].

Ser de amargar Ser penoso, complicado, difícil de suportar: "É de amargar, gente, ter que aturar isto tudo" [AN/JB].

Ser de boa boca 1. Aceitar tudo com facilidade; consentir em tudo o que lhe fazem. **2.** *Bras.* Gostar de toda espécie de comida [ABH/AC/AN/FF/GAS].
Var.: *ter boa boca*

Ser de boa carnadura Não inflamarem-se os golpes ou ferimentos que recebe [FF/GAS].
Sin.: *ter carne de cão*
Var.: *ter boa carnadura*

Ser de boa cepa Ter boas origens [AN].

Ser de bom comer Ter poucos escrúpulos; consentir a infidelidade da esposa [GAS].

Ser de bom tempo Ser de outros tempos considerados melhores do que os atuais [GAS].

Ser de cagar *Lus., Univ. Coimbra*. Diz-se do que não presta, do que não tem valor [GAS].

Ser de cagar e ver a ruma *Bras., CE, chulo*. Expr. utilizada quando se está numa onda de azar muito grande [AS].

Ser de cair o queixo Diz-se de coisa espantosa [GAS].

≠ **Não ser de caixas encouradas** Não gostar de segredinhos, misteriozinhos [AN].

Ser de calibre Ser considerado má pessoa; ter gênio mau [GAS].

Ser de carne e osso Ser sujeito às fraquezas do gênero humano, do homem; ser tão humano quanto os demais, com fraquezas e limitações: "Lourenço: '... Mas se uma bala mal-intencionada me atinge lá vou-me embora em cumprir meu destino. Sou de carne e osso'" (Édson d'Santana, *Ao mar!*, p. 26) [ABH/CLG/GAS].

Ser de carregar *Lus., Univ. Coimbra*. Não prestar; ser inferior; não ter valor [GAS].

Ser de carregar pela boca Diz-se do que não presta, do que é inferior e muito ant., do que é rudimentar. – Alusão às ant. espingardas, trabucos que se carregavam pela boca [GAS].

Ser de casa Ser familiar, pessoa íntima, como se fosse da família; não ser de formalidades [ABH/AN].

≠ **Não ser de cerimônia** Ser pessoa humilde, despretensiosa; não ser de formalidades [GAS].
Sin.: (lus.) *não ser de modas*

Ser de chupeta Ser excelente, interessante ou chocante pelo modo capcioso com que se revela (fato, coisa ou pessoa) [FS/GAS/LM]. Ver tb. LCCa, s. v. "É DE CHUPETA!", p. 220.
Sin.: *ser de encomenda, ser de (lhe/se) tirar o chapéu*

Ser de circo 1. *Bras*. Ser muito sagaz, esperto, experimentado, que não se deixa ludibriar facilmente; sair-se bem das dificuldades; não se deixar lograr. **2.** Ser brincalhão [ABH/AN/TC].

Ser de colete Ser extraordinário; ser esperto [AN].

≠ **Não ser de conversa** Não tolerar bate-bocas, discussões, conversa fiada: "Eu não sou de conversa, não dou assunto a negro enxerido" (João Felício dos Santos, *João Abade*) [TC].

Ser de crer Merecer fé; ser crível: "É de crer que, vendo a família em dificuldades, comece a trabalhar" [ABH].

Ser de curtas vistas Ser pouco inteligente, pouco esperto; ser ignorante [AN/GAS].
Var.: *ter vistas curtas*

Ser de dar água na boca Ser muito bom ou boa: "Esse negócio de mulher bonita é de dar água na boca" [JB].

≠ **Não ser de dar ponto sem nó** Não fazer nada sem tirar proveito: "O cara não é de dar ponto sem nó, parece político" [JB].
Var.: *não dar ponto sem nó*

Ser de doer Ser lamentável [OB].

Ser de dois estalos e três assobios *Bras., ES*. Ser finório, sagaz [LM].

Ser de encomenda Ver *ser de chupeta*

Ser de espoleta retardada Demorar, ser lento a raciocinar, a responder [GAS].

Ser de estrela e beta Ser muito esperto, sagaz, finório, velhaco [CA/GAS].

Ser de estuche Diz-se de coisa forte, excepcional, extravagante [AN].

Ser de fábrica coberta *Lus.* Diz-se de quem tem o pênis com o prepúcio a encobrir completamente a glande [GAS].

Ser de fé Merecer crédito [FF].

Ser de fechar o comércio Diz-se de mulher muito bonita: "A miss Bahia é de fechar o comércio, é lindona" [JB].

Sin.: *ser de parar o trânsito*

Ser de ferro Ter organismo sadio, resistente [TC].

≠ **Não ser de ferro 1.** Não ser incansável; diz-se quando se quer justificar algum direito ou pretensão, especialmente direito a repouso: "Finalmente o vestibular acabou e, como eu não sou de ferro nem nada, fui passar as férias em Corumbá" (Valéria Piassa Polizzi, *Depois daquela viagem*, p. 20); "Você foi à dança? – Eu fui, que eu não sou de ferro". **2.** Ser muito sensível aos sofrimentos alheios, não podendo presenciá-los. **3.** Não ser indiferente ao que está vendo de bom: "– Aí o baiano para? – Não, aí vai ao Pelourinho sacudir as cadeiras que ninguém é de ferro" (Carlos Paiva, *Jornal da Rua*, 11/3/00, p. 4) [AN/LM/TC].

Ser de foder Ver *ser de fumar*

Ser de foder a paciência *Bras., S, SP, chulo.* Expr. empregada por quem está extremamente aborrecido: "É de foder a paciência" [MSM].

Ser de forno e fogão Ser bom cozinheiro [CLG].

Ser de frigir os miolos Ter difícil resolução [AN].

Ser de fritar bolinhos Ser uma nulidade: "O Maneco é de fritar bolinhos, não tá rigorosamente cum nada" (*sic*) [JB, s. v. "é de fritar bolinhos"].

Sin.: *não ser de nada* (1)

Ser de fumar *Bras., S.* Ser de causar estupefação: "É de fumar!" [MSM].

Sin.: *ser de foder, ser de lascar*

Ser defunto sem choro Diz-se de pessoa infeliz de que ninguém teve pena [AN].

≠ **Não ser defunto sem choro** Ver *não ser cão sem dono*

Ser de gancho Ter mau feitio; ser maldoso [GAS].

Ser de gosto Ser feito com boa vontade; concordar: "Aquilo não era trabalho, era de gosto" [TC].

≠ **Não ser de/para graças** Ser sério, grave, austero, sisudo; diz-se de pessoa que não admite brincadeiras; não gostar de brincadeiras [ABH/AN/GAS].

Ser de gritos *Lus.* **1.** Diz-se de mulher muito bonita, de mulher com dotes físicos atraentes. **2.** Diz-se de tudo o que entusiasma [GAS/MSM].

≠ **Não ser de hoje** Fazer muito tempo: "Não é de hoje que me tornei um leitor" [TC].

Ser deixado na pista *Bras., gír.* Ficar sozinho: "Não sei se sou muito *goiaba* (pessoa distraída) e fui para o lugar errado ou se a gata *amarelou* (desistiu) mesmo, porque fui deixado na pista" [Vivianne Banharo, *Pais & Filhos*, Família, II, set./1998, p. 27].

Ser de jogada *Desp.* Poder, juiz ou jogador, ser subornado: "O zagueiro de Aracaju é de jogada" [HM].

Sin.: *ser de transação*

Ser de lana caprina Ser fútil, sem importância. – A expr. é lat. Está em Horácio, *Epístola*, I [AN].

Ser de lascar Ser de causar estupefação; surpreender; causar impacto; estarrecer; chatear; importunar; diz-se de coisa lamentável: "Depois eles dizem que é marcação da gente, mas a notícia que veio de Curitiba é de lascar" (Stanislaw Ponte Preta, *Febeapá 1*, p. 60) [JB].

Sin.: *ser de fumar*

Ser de lei Ser norma: "É de lei chegar em casa com a dona encrenca" [JB].

Ser de lua Ter humor variável [CLG].

Ser de má carnadura Inflamarem-se os golpes ou ferimentos que recebe [FF]. Var.: *ter má carnadura*

Ser demais Extrapolar; ser muito: "Esta, francamente, chefe, foi demais" [JB].

Ser demais meu rei *Bras., BA.* Ser ótimo: "É demais meu rei, você esteve simplesmente esplêndido" [JB].

Ser demais para o/pro meu visual Extrapolar; ser muito pra mim: "Foi demais, xará, foi demais para o meu visual, tudo saiu legal" [JB].

Ser de manga larga Diz-se de confessor pronto a perdoar todos os pecados [GAS].

Ser de má raça *Pop.* Ter índole ruim, de má proveniência [FF/GAS].

Ser de marca Ser malandro [GAS].

Ser de marca maior Usa-se para acentuar característica negativa; ser da pior espécie; ser um grande... (tomado à má parte, em sentido negativo): "Era feiticeiro de marca maior. Chegou a bordo de duas malas graúdas e arrastando capa, guarda-chuva e galocha" (José Cândido de Carvalho, *Porque Lulu Bergantim não atravessou o Rubicon*, p. 98) [AN].

≠ **Não ser de meias medidas** Ser franco, positivo, severo, resoluto nas decisões [TC].

Ser de mitra e gaita *Lus.* Diz-se de pessoa que se melindra facilmente [GAS].

≠ **Não ser de modas** Ver *não ser de cerimônia*

Ser de morte *Bras., fam.* **1.** Ser impossível de suportar; ser insuportável, terrível, barulhento, difícil; endiabrado: "Há muitas maneiras de viver mas essa de Antoninha era / de morte!" (Manoel de Barros, *Poemas concebidos sem pecado*, p. 73); "Esta merda é de morte, vive complicando tudo". **2.** Ser desconcertante, excêntrico; ser espantoso, incrível, impressionante; ser imprevisível: "Fulano é de morte!" [ABH/AC/AN/JB/OB].

≠ **Não ser de nada** *Bras., pop.* **1.** Não ter influência; ser uma nulidade; expr. que traduz numerosas ideias deprec., como incapacidade, inaptidão, impotência, fraqueza, covardia, imprestabilidade etc.: "Eu não sou de nada; nunca fui de nada. Euclides tem paciência comigo, diz que um dia eu acordo" (Eneida, *Boa-noite, professor*, p. 27); "Xulé: A gente já discutiu o caso e concorda – menos Galego, que o gringo não é de nada..." (Chico Buarque & Paulo Pontes, *Gota d'água*, p. 22); "Grita muito, mas não é de nada"; "O carro custou caro, mas não é de nada". **2.** Já não ter virilidade: "A mulher diz que ele não é de nada" [ABH/AT/JB/TC].

Sin. (1): *ser de fritar bolinhos*

Ser de olhão Diz-se de indivíduo esperto, de olho bem aberto [GAS].

Ser de outra loiça *Lus.* Ser de qualidade superior [GAS].

Ser de papoco /ô/ *Bras., CE.* Ser admirável, surpreendente (fato, coisa ou pessoa) [AN/FS/LM].

Ser de parar o trânsito Diz-se de mulher tão bela que o trânsito precisa parar, para que todos a vejam [AN].

Sin.: *ser de fechar o comércio*

≠ **Não ser de pau** Não ser insensível [GAS].

Sin.: *não ser de pedra*

Ser de/uma pedra Ser insensível, impassível, empedernido, frio, cruel, inexorável [ABH/AC/AN/CLG/GAS].

Ser de pontinhos *Lus.* Ser exigente em matéria de etiqueta e de delicadeza [ECS/GAS].

≠ **Não ser de porra nenhuma** Ser fraco: "O parceiro não é de porra nenhuma" [JB].

Ser de poucas palavras Diz-se de indivíduo macambúzio, pouco falador [GAS].

Ser de presilha *Fam.* Ter lábia para aproveitar-se de alguém [ABH].

Ser de razão Ser justo [FF].

Ser de reservas Não esquecer as ofensas recebidas [GAS].

Ser de responsa *Bras., gír.* Ser espetacular: "O cara é de responsa, é sério e competente" [JB].

Ser desarmado *Desp.* Perder para um adversário a bola que mantinha dominada [HM].

Ser deslocado *Desp.* Desequilibrar-se com um esbarro intencional dado pelo adversário [HM].

Ser de/um sonho Ser maravilhoso, espetacular: "Foi um sonho, mas hoje a realidade é cruel" [GAS/JB].

Ser despachado para o além Morrer: "Os bandidos foram despachados para o além antes da hora, e depois da merda que aprontaram" [JB].

Ser dessa massa que eles se fazem Ter as qualidades necessárias para chegar às alturas, embora tenha nascido em condição humilde [AN].

≠ **Não ser deste mundo 1.** Possuir qualidades morais incomuns. **2.** Diz-se de coisa ou fato incomum, extraordinário, desastroso [ABH/TC].
Sin. (1): *não existir*
Var. (2): *não estar deste mundo*

Ser de (lhe/se) tirar o chapéu 1. Ser digno de admiração; merecer homenagem pela importância ou originalidade; diz-se de coisa linda, benfeita, de qualidade diz-se a respeito de pessoa ou coisa de qualidade singular: "Para fechar o capítulo, aqui vai uma de se tirar o chapéu" (Graciliano Ramos, *Cartas*, p. 29); "Seu esforço para formar-se aos cinquenta é de se tirar o chapéu". **2.** Diz-se de fato que surpreende ou choca pela singularidade ou gravidade imprevistas; diz-se de fatos, coisas ou pessoas interessantes, por sua velhacaria e habilidade; diz-se de coisa impactante: "Essa é de tirar o chapéu, me surpreendeu" [FS/GAS/JB/LCCa/LM/MPa].
Sin.: *ser de chupeta*
Var.: *ser de se lhe tirar o chapéu*

Ser de todo Diz-se quando se julga uma pessoa que não tem o juízo por inteiro [GAS].

Ser de transação *Desp.* Poder, juiz ou jogador, ser subornado [HM].
Sin.: *ser de jogada*
Var.: *ser de transa*

Ser de três assobios Ser bom, bonito [GAS].

Ser de três estalinhos Ser excelente. – A frase vem do hábito de dar estalos com a língua quando se degusta uma bebida [AN].

Ser de truz Ser de primeira qualidade [GAS].

Ser de um tiro só *Bras., Centro-Oeste, GO, S, RJ*. Diz-se do homem ou da mulher que se satisfaz com um único orgasmo em cada relação sexual: "Aguenta nada. Você leva jeito de ser mulher de um tiro só" (Adovaldo Fernandes Sampaio, "Lídia, Lígia e Lívia", in *Antologia do conto erótico*) [MSM].

Ser Deus no céu e ele na terra Ser, depois de Deus, a pessoa mais prezada [AN].

≠ **Não ser devasso** *Lus., Trás-os-Montes*. Não ser mau de todo [GAS].

≠ **Não ser de vergonhas** *Lus., Portalegre*. Não ser de cerimônias, de esquisitices [GAS].

Ser de/um vidro Ser muito frágil, melindroso, delicado; ser muito suscetível [AN/GAS].

Ser de xpto Ser de boa qualidade, excelente, ótimo, magnífico, primoroso [GAS].
♦ X.P.T.O. = Cristo (o tetragrama sagrado do tempo das catacumbas, quando era proibido escrever o nome de Cristo) [AN/FSB].

Ser dinheiro em caixa Ser negócio garantido, de lucro certo [AN].

Ser dinheiros de sacristão Diz-se de dinheiro ganho sem grande trabalho e por isso logo esbanjado. – É o começo de um prov. que diz: "Dinheiro de sacristão, cantando vem, cantando vão" (*sic*) [AN].

Ser direito como uma linha na algibeira *Lus.* Ser torto [GAS].

Ser disso que o povo gosta *Desp.* Diz-se para se referir a gol: "É disso que o povo gosta!". – Bordão inventado pelo locutor esportivo Januário de Oliveira [HM].

Ser do amor *Bras., S, RJ.* Preocupar-se exclusivamente com os prazeres sexuais [AN/MSM].

Ser do balacobaco Gostar de festa, de farra: "A coroa é do balacobaco, adora deixar cair" [JB].

Ser do baralho Ver *ser do barulho* (1)

Ser do barulho 1. Ser pessoa ou coisa excelente, da melhor qualidade, de primeira ordem, sensacional, ótimo: "A garotona é do barulho, é louquete." **2.** Ser folgazão, gostar de festas e folguedos [AN/CLG/JB/TC].

Sin. (1): *ser do baralho, ser do caralho, ser do carvalho*

Ser do bode *Mar. G., bras., gír.* Ser da mesma especialidade [ABH].

Ser do butantã *Bras., S, SP.* "Submeter-se alguém à cópula anal", informa A. do Monte e Vale [MSM].

Ser do caneco Ser excelente [GAS].

Ser do canudo *Bras., S, chulo.* Diz-se do que é bom, maravilhoso, excelente: "É do canudo". – Expr. us. para, em ambiente tradicional, substituir a pop. *ser do caralho*. Canudo: o órgão sexual masc. [MSM].

Sin.: *ser do caralho*

Ser do caralho *Bras., S, NE, chulo.* Diz-se de tudo que é bom, maravilhoso, excelente, verdadeiro; ser ótimo: "A festa foi do caralho, tava legal" [JB/MSM].

Sin.: *ser do barulho* (1), *ser do canudo*
Var.: *ser do carilho*

Ser do carvalho Ser sensacional, ótimo: "O cidadão é do carvalho, um troço" [JB].

Sin.: *ser do barulho* (1)

Ser do contra *Bras.* Discordar por princípio, sempre; ter, o indivíduo, ordinariamente pontos de vista diferentes; estar sistematicamente contra tudo e contra todos; diz-se de quem nunca concorda com nada: "Não adianta pedir: ele é do contra" [ABH/AN/GAS/TC].

Sin.: *ser espírito de contradição*

≠ **Não ser do contrato** Diz-se de inovação, de coisa que não fazia parte do trato feito [AN].

Ser do corte *Lus.* Ser comparsa [ECS].

Ser doente por Gostar muito de [GAS].

Ser do esquema *Desp.* Integrar a máfia da loteria esportiva (escândalo dos anos 1980), como corrupto ou corruptor. – Expr. em desuso [HM].

≠ **Não ser do governo** Ter dono: "Não é do governo, não!" [LM].

Ser doido por Gostar excessivamente de [AN].

Ser do mesmo sangue Ser aparentado [AN].

≠ **Não ser do meu tempo** Ser velho(a) demais: "Isto não é do meu tempo, é coisa do tempo do ronca" [JB].

≠ **Não ser do meu time** Não pertencer ao meu grupo: "Esse cara não é do meu time, pelo contrário, só joga contra a gente" [JB].

Ser dono de seu nariz Saber o quer para si; ser independente em todos os aspectos; possuir autodeterminação; ter suas próprias ideias e vontades; não ser manipulado por ninguém; não ter de dar satisfações a ninguém; proceder como bem lhe parece; ter independência; não se achar submetido a tutelas, subordinações ou restrições: "Olga era dona de seu nariz e fazia apenas o que acreditava ser importante. Na política e na vida pessoal" (Fernando Morais, *Olga*, p. 35) [ABH/AN/RMJ].

Sin.: *ser senhor das/de suas ações*
Var.: *ser senhor do seu nariz*

≠ **Não ser do número dos vivos** Ter morrido; ser morto: "Sou frade, minha irmã, sou um que já não é do número dos vivos" (Almeida Garrett, *Viagens na minha terra*) [ABH].

Ser do peru Ser ótimo: "O meu Dicionário é do peru" [JB].

≠ **Não ser do programa** Diz-se de coisa com que não se contava [AN].

≠ **Não ser do ramo** *Bras., gír.* **1.** Não ser heterossexual; ser homossexual: "Tem gente que não é do ramo, não é chegado a uma mina"; "O Marcelo, definitivamente, não é do ramo, desmunheca firme". **2.** Não ser profissional: "O cara não é do ramo, não manja nada do que faz." **3.** Ser uma nulidade em algo: "Não sou do ramo, não manjo nada do assunto e vou sambar fora" [JB].

Ser dose para elefante *Bras., fam., pop.* Ser muito árduo ou árido (um trabalho, uma tarefa); ser muito desagradável, tedioso, cacete etc. (pessoa ou coisa): "Não, irmãos, esta também é demais. Criancinhas subversivas também já é dose pra elefante. Ainda se fosse por corrupção, vá lá" (Stanislaw Ponte Preta, *Febeapá 1*, p. 61).

Var.: *ser dose para leão*

Ser dose para leão *Bras., fam., pop.* Ser muito árduo ou árido (um trabalho, uma tarefa); ser muito desagradável, tedioso, cacete etc. (pessoa ou coisa): "Traduzir cem páginas em um dia é dose para leão"; "Não aguento aquele chato: é dose para leão" [ABH].

Var.: *ser dose para elefante*

≠ **Não ser do seu rosário** Não se meter; não lhe dizer respeito (o assunto): "Não é da sua conta, / não é do seu rosário, / pegue seu focinho / e leve pro diário" (Tradicional) [FN, 174].

Ser do tempo do onça Ser coisa ou assunto muito ant., já fora de moda. – "Onça" era o apelido do marquês de Pombal [MPa].

Ser do time do eu sozinho Ser egoísta: "O Carlos é do time do eu sozinho, só pensa nele e depois dele, nele" [JB].

Ser duas almas num canudo de cachimbo *Bras., NE.* Ter gênios iguais e ser amigos: "São duas almas num canudo de cachimbo" [LM].

Ser duro da moleira 1. Ser pouco inteligente; não compreender com facilidade. **2.** Ser autoritário, teimoso, senhor do seu nariz [GAS].

Ser duro de roer *Fam.* Ser difícil de executar, de suportar etc. [ABH].

Ser elas por elas *Bras.* Ser de igual modo; retribuir na mesma intensidade, na mesma moeda: "Ele disse: 'Nada, Patativa, isso aí é elas por elas. Eles lá faziam a mesma coisa com os brasileiros'" (Patativa do Assaré, *Digo e não peço segredo*, p. 28).

Ser cunhas do mesmo pau Ser da mesma categoria, qualidade, laia [AN].

Ser da mesma panelinha Estar combinado; entender-se [AN].

Ser os ossos do ofício Diz-se dos percalços, das contrariedades inerentes a um mister, uma arte, uma indústria, um cargo [AN].

Ser empreiteiro de Cristo *Bras., MG.* Matar para ganhar dinheiro; ser pistoleiro, matador de aluguel: "Na Paraíba, ele era empreiteiro de Cristo, veio pro Ceará e foi preso" [LM].

Ser escamoso *Bras., SP, fam.* Diz-se do indivíduo enjoado, seco, intratável, insociável [ABH].

Ser escolado Ser esperto, arguto, vivo, sabido, experimentado: "Essa gente carioca é escolada: fala gíria até pelos cotovelos" [RMJ].

Ser escovado Levar uma surra: "O cara foi escovado pelos malandros" [JB].

Ser (um) escovado Ser precavido, manhoso, ladino, seguro, que não se deixa apanhar em falso: "O malandro é escovado, pisa manso, não é de lerolero" (*sic*). – João Ribeiro, em *Frases feitas*, supõe corruptela de "escoimado" (limpo, purificado) [AN/JB].

Ser escovado com bombril *Bras., gír.* Ser experiente, esperto, malandro, vivido: "O cara é escovado com bombril, é muito vivaldino" [JB].

Var.: *ser escovado com palha de aço*

Ser espírito de contradição Ver *ser do contra*

≠ **Não ser esse(s) balaio(s) todo(s)** Não ser uma coisa tão impressionante: "Assisti ao filme premiado com o *Oscar*. Não é esse balaio todo, não" [TGa].

Ser estouvanado *Lus.* Ser valdevinos, desastrado, esquisito, extravagante [GAS].

Ser estrangeiro em seu país Desconhecer as leis, os costumes, os usos de seu país [AN].

Ser estrangeiro em sua casa Não saber o que se passa em sua casa [AN].

Ser estrela Ser uma pessoa famosa; querer ser sempre notado: "Tenente tenta matar a charada. 'Como alguém pode ser estrela quando quem tem que ser não é?' E os músicos não têm a menor dúvida: Chico definitivamente está na sua última encarnação" (Regina Zappa, *Chico Buarque*, p. 34) [CLG].

≠ **Não ser eu quem comeu o boi do Divino** Não ser culpado: "Não fui eu quem comeu o boi do Divino" [LM].

Ser exemplado Receber castigo físico ou moral [FS].

Ser faca de dois gumes Apresentar os dois lados de uma mesma questão; ficar numa situação sem saída; ficar entre dois fogos cruzados: "As denúncias chegadas à CPI, na ótica da oposição, deveriam ser logo levadas ao conhecimento público, o que, convenhamos, não deixa de ser faca de dois gumes, pois, se há realmente acusações absolutamente incontestáveis, outras obedecem a interesse ou conveniência de adversários dos prefeitos denunciados" (Edilmar Norões, *Diário do Nordeste*, 8/6/99, p. 3).

Var.: *ser uma espada de dois gumes* (2)

≠ **Não ser fácil** Ser difícil, complicado: "Este cara não é fácil!" [JB]. ♦ A expr. caracteriza-se como um lítotes, que, em ling., segundo ABH, consiste no "modo de afirmação por meio da negação do contrário".

Ser falso à bandeira *Bras., AL, gír.* Ser pederasta passivo [ABH/GM].

Sin.: *dar o rabo*
Var.: (S) *ser falso ao corpo*

Ser família Ser honesto, recatado: "Não se meta com aquela pequena: ela é família" [ABH].

≠ **Não ser fanático** *Bras., gír.* Não gostar de mulheres: "O cara não é fanático" [JB].

Ser farinha do mesmo saco Ter, dois ou mais indivíduos, um grupo, os mesmos defeitos de caráter; ser pessoa do mesmo tipo, da mesma laia que outra; ser do mesmo grupo, do mesmo clã; ser tudo gente com o mesmo defeito de caráter: "Ele é tão malandro quanto o patrão; são farinha do mesmo saco" (DT, *VIII série*, p. 95); "Tudo pantomima: Clube dos Treze, Federações, CBF, Sul-americana, FIFA é tudo farinha do mesmo saco. Saco de gatos" (Armando Nogueira, *Diário do Nordeste*, cad. Jogada, 23/7/00, p. 2) [ABH/AN/CLG/DT/GAS/JB/MPa/TC].

Sin.: *calçar quarenta, ser retalho da mesma peça, ser vinho da mesma pipa*

Ser fato consumado Ser fato realizado, irremediável, irreparável [AN].

Ser favas contadas Ser coisa segura, certa; não haver dúvida [AN]. ♦ Uso, em geral, na terceira pessoa: "São favas contadas."

Ser feijão com carne-seca Diz-se de coisa trivial, de todo dia. – O feijão com carne-seca é comida diária do povo bras. [AN].

Ser feito a cordel Ser rigorosamente reto [AN].

Ser fichinha Ser fácil, sem dificuldade: "Os problemas causados pela desorganização do torneio (...) são fichinha perto do que as CPIs têm para apurar" (Celina Côrtes *et al.*, *IstoÉ*, 10/1/01, p. 26); "Sexo então é fichinha perto. É um momento de magia..." (Raduan Nassar, *Veja*, 30/7/97, p. 13) [CLG].

Ser figura de proa Diz-se de pessoa que aparece à testa de um empreendimento, mas nominalmente apenas [AN].

Ser figurinha difícil Diz-se de pessoa que se dá ares de importância; ser inacessível, cioso em suas relações ou negócios, ou mesmo na vida* pública; não ser fácil na vida social; não ser dado à vida social [RMJ].

Ser filho das malvas Ser enjeitado, nascido de pais desconhecidos [GAS].

≠ **Não ser filho de alemão** Ter direito; não ser tolo; reconhecer-se com direito a algo [LM].

≠ **Também ser filho de Deus** Queixa de pessoa que não é contemplada quando da distribuição que abrange um conjunto de pessoas; merecer o mesmo tratamento que é dado aos outros; ter iguais direitos e por isso não ser excluído de benefícios que devem ser comuns [ABH/AN/GAS].
Sin.: *ser também filho de gente*
Var.: *ser também filho de Deus*

≠ **Também ser filho de Mãe Chica** Também ter direito: "Divida isso direito: eu quero meu quinhão, que eu também sou filho de Mãe Chica" [LM].

Ser filho de pai alcaide Gozar de altas proteções, por ser filho de homem importante; ser favorecido pelas autoridades, em razão do nascimento; ter grande protetor [AN/GAS].
Var.: *ter (o) pai alcaide*

Ser filho de peixe 1. Nadar muito bem, com raça, com categoria; *(fig)* estar à vontade em seu ambiente, haver-se muito bem e com naturalidade. **2.** Ser parecido com o pai [GAS].

Ser filho de seu pai Ser muito parecido com o pai, ter os mesmos defeitos e qualidades [GAS].

Ser filho de uma senhora doente Diz-se para fingir que não pode fazer esforços [GAS].

Ser filho único de mãe solteira Diz-se de algo raro, incomum, de objeto único [MPa].

Ser fissurado em *Bras., gír.* Gostar de alguém ou de alguma coisa: "Sou fissurado em doces" [JB].

Ser fita Ser brincadeira; ser fingimento [GAS].

Ser flor que já murchou Diz-se de pessoa que já deu o que tinha que dar, que já não é útil: "Ele é flor que já murchou" [JB].
Sin.: *ser jardim que já deu flor*

≠ **Não/Nunca ser flor que se cheire** *Bras., fam.* Ser desonesto, menos correto, ou não muito digno de confiança; não ser boa pessoa; ter falha de caráter; ser pessoa de comportamento discutível ou controverso; ser indesejável, cheio de defeitos; diz-se das pessoas de boa aparência, mas de mau caráter, semelhantes a certas flores de belo aspecto, mas de odor desagradável ou repulsivo, como, p. ex., o cravo-de-defunto; ser pessoa presumivelmente de boa aparência, bem posicionada na vida, mas nada confiável: "Dias: Sebastião não é flor que se cheire. Mas o plano me parece seguro" (Chico Buarque & Rui Guerra, *Calabar*, p. 13); "Mas, como eu nunca fui flor que se cheire, dá para imaginar as confusões que eu arrumei para parar de ir na tal psicóloga" (Valéria Piassa Polizzi, *Depois daquela viagem*, p. 44); "Salu não é flor que se cheire, bota banca, quer ser decente, faz-se luxenta, tem pabulança de honestidade..." (Mílton Dias, *As cunhãs*, p. 91). – A expr. demonstra o juízo sagaz com que as pessoas costumam menosprezar o seu semelhante ou mesmo definir o caráter de alguém utilizando uma metáfora. Os it. têm uma forma análoga: *non esser farina da fare ostia* (= não ser farinha de fazer hóstia) [ABH/GAS/JB/RBA/RMJ/TC].
Var.: *não ser flor de se cheirar*

Ser foda *Chulo*. Ser difícil: "Foi foda, mas conseguimos resolver tudo" [JB].
Var.: *ser foda com peagá de pharmácia*

Ser foda com peagá de pharmácia *Chulo*. Ser difícil: "É foda com peagá de pharmácia, assim não é possível, francamente" [JB].
Var.: *ser foda, ser foda com peagá*

Ser fogo 1. Ser difícil, complicado, trabalhoso, complexo: "Ou melhor, minto... não dava bronca porque esta que deu ago-

ra foi fogo" (Stanislaw Ponte Preta, *Febeapá 1*, p. 91); "É fogo, o cara tá o cão". **2.** Ser muito bom, excelente, ótimo. **3.** Ser de gênio complicado, estranho; ser de convívio ou trato difícil; ser inquieto: "Estela: Aquilo ali / é fogo. Boca é muito falador" (Chico Buarque & Paulo Pontes, *Gota d'água*, p. 109); "A Lúcia é fogo! Dá um trabalho danado..." [ABH/CLG/FS/JB].
Var. (1) (2): *ser fogo na pipoca, ser fogo na roupa*
Var. (1): (bras.) *ser fogo na jaca*, (bras.) *ser fogo na jacutinga*, (bras.) *ser fogo no jacutengo*

Ser fogo de palha Diz-se de entusiasmo passageiro [AN].

Ser fogo no boné do guarda *Desp.* Haver possibilidade de gol a qualquer momento: "É fogo no boné do guarda!". – Expr. criada pelo locutor Osmar Santos [HM].

Ser fole de ferreiro Diz-se de pessoa que trabalha muito [GAS].

≠ **Não ser fole de ferreiro** Não poder estar sempre trabalhando [GAS].

Ser folgado que nem colarinho de palhaço Diz-se de quem quer moleza: "O cidadão é folgado que nem colarinho de palhaço. Vidão que também quero" [JB, s. v. "FOLGADO QUE NEM COLARINHO DE PALHAÇO"].

Ser fominha *Bras., RS.* Não ser solidário com os companheiros, em particular no futebol [LAFa].

≠ **Não ser forma** /ô/ **para o meu/seu pé** *Lus.* Não servir para alguém; não ser digno de alguém; não servir, conforme a proveniência. – É o que diz a mulher que não gosta de um homem: "Não é forma para o meu pé" [GAS].

Ser frei como Tomás Recomendar o que não faz (João Ribeiro, *Frases feitas*; *Rev. Lus.*, XIX, p. 49). – Reminiscência do N. T., Mt 23, 3 [AN].
Var.: *ser como frei/são Tomás*

Ser frouxo que só galinha pedrês Ser muito covarde. – Uso joc. ou escarninho [FS].

Ser fruta do tempo 1. Ser fruta própria da época do ano. **2.** *Fig.* Diz-se do que é próprio dos costumes de uma época [AN].

Ser gente 1. Ter importância ou valimento; ser alguém; ser pessoa de consideração, feita na vida: "Se ele é gente, deve-o a si mesmo." **2.** Ser um ente humano, considerado segundo o conceito de valores de uma pessoa, de um grupo social: "Ela é gente a valer" [ABH/AN].

≠ **Também ser gente** Ter os mesmos direitos [AN].

Ser grampeado *Bras., gír.* Ser preso, detido: "Um comparsa dele, identificado por Julinho, também foi grampeado" (*Jornal da Rua*, 15/6/99, p. 9).

≠ **Não ser grande coisa** Diz-se do que não é bom [GAS].

Ser grego para alguém Ser ininteligível a alguém. – Reminiscência do *Graecum est, non legitur* medieval [AN].

Ser (muito) grosso para/pra palito 1. Diz-se da pessoa que não admite graças; não se prestar a graçolas; não admitir motejos. **2.** Não ser capaz [AN/GAS/LM].

Ser hilário Ser mais do que engraçado: "O cara é hilário, porra, o que fazer?" [JB].

Ser história para menino dormir sem ceia Ser conversa fiada [FS].

Ser (muito) homem Ser valente, destemido, muito corajoso; ser muito másculo, muito viril; ser muito capaz de determinada coisa [AN/FS/LM/TC].
Var.: *ser homem como trinta*

Ser homem para alguém Não temer alguém; ser capaz de resistir a alguém; lutar com alguém [AN/GAS].

≠ **Não ser homem para alguém** Não ser homem que alguém possa temer [AN].

Ser homem para tudo Ser capaz das piores ações [AN].

Ser hora da onça beber água Ser hora de perigo [FS/LM].
Sin.: *ser hora de canção pegar menino*

Ser hora de canção pegar menino Ver *ser hora da onça beber água*

Ser igual ao litro *Lus.* Não ter significado ou importância [GAS].

Ser *in* *Bras., gír.* Estar no contexto: "O chefe disse: sou *in*" [JB, s. v. "SOU *IN*"].

Ser incapaz de fazer mal a uma mosca Ser incapaz de prejudicar alguém; ser inofensivo; ser brando, bondoso, pacífico: "A Bá seria incapaz de fazer mal a uma mosca" (Álvaro Cardoso Gomes, *Ladrões de tênis*, p. 11) [ABH/CLG/GAS].
Var.: *não fazer mal a uma mosca, ser incapaz de matar uma mosca*

Ser intriga da oposição Ser inexato: "São intrigas da oposição" [LM].

Ser isto, ser aquilo Ter pretensões de ser muita coisa, de ser de grande importância, ter muitas faltas, muitos defeitos: "... que Mundoca era uma cobra, que era isto, que era aquilo" (Mílton Dias, *Estórias e crônicas*) [TC].

Ser já mulher Ter atingido a idade núbil; já ter menstruado [GAS].

Ser jantada *Chulo.* Ser estuprada: "Aceitou a carona e foi jantada pelos vagabundos" [JB].

Ser jardim que já deu flor Diz-se de pessoa que já deu o que tinha que dar, que deixou de ser útil: "O cara é jardim que já deu flor, tá fumado" [JB].
Sin.: *ser flor que já murchou*

Ser joia Ser agradável, interessante: "É joia ser mãe? Sim, apesar de tudo" (Estela Maria Cavalcante, *O Povo*, 11/5/97, p. 11A) [CLG].

≠ **Não ser lá essas coisas** Não corresponder à expectativa; não merecer tantos elogios [AN].

≠ **Não ser lá grande coisa** Diz-se de uma pessoa de mau caráter [GAS].

Ser laranja em beira de estrada Diz-se de coisa oferecida em condições excessivamente vantajosas, certamente por esconder defeitos que não aparecem ao primeiro exame. – É o começo de um prov. que continua: "ou está podre ou tem marimbondo" [AN].

Ser largo dos encontros Ser pessoa dadivosa e prestável [GAS].

Ser lasca do mesmo pau *Bras., RS.* Diz-se de duas pessoas muito parecidas entre si na maneira de pensar e de agir diante das dificuldades por que passam [AJO].

Ser lebre corrida Ser assunto esgotado, questão terminada, recado cumprido [AN].

Ser letra morta Não ter nenhum valor; diz-se de disposição sem vigor, embora não esteja revogada; diz-se de regra que não se observa [AN/GAS].

Ser levado Ser enganado; ser iludido [GAS].

Ser levado da breca 1. Estar encolerizado; ter mau gênio. **2.** Ser travesso, endiabrado [FS/GAS/LM/LCCa/RMJ].
Sin.: *ser um trinta diabos*
Var.: *estar levado da breca, ser levado da carepa*

Ser lido e corrido *Bras., CE.* Ter ciência e experiência [AN/FS/LM].

Ser lindo de morrer Diz-se de uma pessoa bonita demais [MPa].

Ser macacão Ser manhoso, astuto [GAS].

Ser macaco velho Ter muita experiência; ser experiente: "Ele é macaco velho: não se deixa enganar facilmente." – Um prov. diz que o macaco velho não mete a mão em cumbuca [AN/DT, *VIII série*, p. 193].

Ser macho paca *Bras., gír.* Ser muito macho, muito viril, muito valente; ser homem de verdade, pra valer, metido a ter opinião; ser resoluto, ético, honesto etc.: "Afinal, além de fazer um bom governo (pros americanos, é claro) o rapaz é macho paca" (Aírton Monte, *O Povo*, 19/9/98, p. 2B).

Ser madeira Ser muito bom, ser superior em algo: "Foi quando o Frazão aproveitou o ensejo para dar mostras de ser madeira em matéria de dicacidade" (Leonardo Mota, *No tempo de Lampião*, p. 125).

Ser madeira de lei Ser de boa qualidade ou de padrão seleto: "Num cotovelo de estrada avisaram o comandante dos meganhas que Barreto era madeira de lei, pau-de-caroço" (José Cândido de Carvalho, *Olha para o céu, Frederico!*, p. 69). – Aplica-se tb. a pessoas [FS].

Ser madrasta Ser pouco carinhosa; pouco favorecer [AN].

Ser maior e vacinado Ser adulto e responsável; não ter de dar satisfações dos próprios atos; ser independente [ABH/AT/GAS].

Ser mais as vozes do que as nozes Ser a aparência maior do que a realidade. – As nozes se tiram, batendo as nogueiras com varas. O ditado teria surgido quando o estardalhaço foi grande e a colheita pequena (ver Lindolfo Gomes, *Rev. Filológica*, V, p. 56) [AN].

≠ **Só não ser mais besta porque é um só** Ser muito tolo: "Aquilo só não é mais besta porque é um só. Pra burro, só falta estercar redondo!" (Leonardo Mota, *No tempo de Lampião*, p. 81) [LM].

Ser mais do que demais Ser sensacional: "O lance foi mais do que demais, foi do caralho" [JB].

Ser mais fácil chegar um touro ao mourão que um bruto à razão Nunca conseguir dobrar o ignorante ou fazê-lo tornar-se menos estúpido, por mais que se tenha o poder de persuasão [RBA].

Ser mais fácil o mar secar Ver *ser mais fácil um boi voar*

Ser mais fácil que beber água Ser muito fácil: "Aprender informática, hoje? É mais fácil que beber água" [LM].

Ser mais fácil um boi voar Diz-se das afirmações enganosas, racionalmente impossíveis de realização; diz-se em comparação a algum empreendimento irrealizável; modo por que se indica a impossibilidade de um fato [AN/RBA].

Sin.: *ser mais fácil o mar secar*
Var.: *ser mais fácil um burro voar*

Ser mais fino do que lã de cágado Ser um finório; ser sagaz [AN].

≠ **Não ser mais gente** Ser um cadáver [AN].

≠ **Não ser mais moça** Bras., NE. Já ter sido desvirginada: "Eu não sou mais moça, confesso a minha desgraça..." (Domingos Olímpio, *Luzia-Homem*) [RG].

Ser mais papista do que o papa Defender ideais e ações com mais ardor que o próprio papa, ultrapassá-lo; ser exagerado demais em sua dedicação; ser mais exigente que a lei ou a ordem estabelecida [AN/GAS].

Ser mais que muitos Haver muita gente [GAS].

Ser mais realista do que o rei Ser exagerado na dedicação, no apego; tomar os interesses de alguém mais do que faria a própria pessoa. – A expr., de or. fr., vem da Restauração dos Bourbons em 1815 [AN].

Ser mal encabelado Ter um mau gênio [GAS].

Ser maluco mas não rasgar dinheiro Aparentar maluquice [AN].

Ser manga de colete Pop. Ser muito raro, muito escasso; não existir: "Dinheiro no meu bolso é manga de colete." – Expr. pouco us. [ABH/AC].

Ser mão Ter o direito de jogar em primeiro lugar [AN].

Ser mão aberta/um mão-aberta Diz-se de quem gasta em excesso; ser um indivíduo gastador, pródigo, perdulário; ser liberal, dar tudo o que tem; se gastador, não economizar: "Seja mão aberta; mas não deixe ninguém comer nela; pode perder os dedos" (Luiz Carlos Machado, *Bundas*, 8/5/00, p. 18); "Ele é um mão-aberta, sempre cede dinheiro a quem lhe pede" [AN/CLG/DT].

Ser mão de vaca Ser avarento, sovina [CLG].

Ser mão fechada Ser usurário, miserável, sovina.

Ser má peça Ser um tratante, capaz de tudo [GAS].

Ser maquefe *Lus.* Acanalhar-se; abandonar-se. – Maquefe: aborrecido, enfastiado [GAS].

≠ **Não ser marimba que preto toca** Não ser fácil como tocar marimba, coisa que qualquer um pode fazer. – Os brancos subestimavam a inteligência dos negros, no que muitas vezes se enganavam [AN].

Ser marinheiro de primeira viagem Ser pessoa inexperiente, bisonha [AN/CLG].

Ser massa *Bras., ES, gír.* Ser legal, bom [*O Povo*, 31/3/96, p. 4B].

Ser massa de manobra Ser manipulado, utilizado por outrem: "A gente era massa de manobra" (Ziraldo, *Bundas*, 13/9/99, p. 10).

Ser mato *Bras., pop.* Existir em abundância, em grande quantidade; ser encontradiço. – Recebeu voga em cerca de 1942, por Silvino Neto (humorista), no rádio: "É riquíssimo: dinheiro ali é mato" [ABH/AC/AN/FSB/TC].

Ser medroso que nem sonhim/soim Ser muito medroso [FS/LM]. ♦ Símile ou comparação de or. rural.

Var.: *ser medroso que nem saguim*

Ser meio caminho andado Estar com a solução bem encaminhada [AN].

Ser meio de vida e não de morte Explicação do fato de fazer pouco esforço no trabalho [AN].

Ser meio rádio, meio televisão *Bras., PE, pop.* Ser pederasta passivo [ABH].

Ser meio tocado *Bras., RS.* Ser meio louco [AJO].

≠ **Não ser mel para os beiços de alguém** Não ser coisa para alguém; não ser, alguém, digno daquilo que pretende [AN/GAS].

Sin.: *não chegar para o bico de alguém*
Var.: *não ser para os beiços de alguém*

Ser menina-fêmea Ser covarde, pusilânime, tímido [FS].

Ser metido a besta Ser almofadinha, falsamente elegante, falante: "... alguns tijucanos são metidos a besta e não se consideram suburbanos" (Rogério Andrade Barbosa, *Rômulo e Júlia: os caras-pintadas*, p. 10) [MPa].

Ser metido a rabequista 1. Ser saliente, metediço, namorador, metido a importante. **2.** Diz-se de menino que quer se dar ares de homem [AN].

Ser (de) mister Haver necessidade de; ser preciso, necessário: "É de mister que se cumpra a Carta Magna"; "É mister que se cumpra a Constituição, para se preservar a democracia" [CPL/FF].

Var.: *fazer-se mister*

≠ **Não ser moço de recados** Ouvir o que se diz mas não contar à pessoa referida o que dela se disse [AN].

≠ **Não ser mole** Não ser fácil; ser complicado: "Não é mole não, rapaz, a barra tá ruça" [AT/JB].

Ser mondongo (meio) duro de pelar Diz-se de alguém muito complicado, dado a brigas e confusões; ser turbulento [AJO]. Ver ainda Aurélio Buarque de Holanda, "Glossário", *apud* J. Simões Lopes Neto, *Contos gauchescos e Lendas do Sul*, p. 354.

≠ **Não ser morcego que morde e assopra** Não ser fingido; não gostar de usar de hipocrisia [AN/CLG].

Ser mordido pela mosca azul Estar, ficar "em estado de tentação de glória, de aspiração a posto elevado, a situação de grande relevo"; estar dominado por uma fantasia, ou ilusão, que tanto pode ser política, como literária ou artística: "– Lulu Gouveia tem um sorriso irônico e autogozador. – E quando é mordido pela mosca azul, faz o diabo pra chegar lá" (Dias Gomes, *Sucupira, ame-a ou deixe-a*, p. 150) [Aurélio Buarque de Holanda, *Novo Aurélio – Séc. XXI*, eletrônico, s. v. "MOSCA"/RMJ, s. v. "MORDIDA PELA MOSCA AZUL", p. 199].

Var.: *ser picado pela mosca azul*

≠ **Não ser morte de homem** *Lus.* Não ser coisa de gravidade; diz-se do que não é muito importante [GAS].

Ser morto e vivo *Bras., NE.* Ser espécie de fantasma ou visagem [AN].

Ser morto e vivo em *Bras., fam.* Frequentar muito assiduamente um lugar; ir com excepcional frequência a um lugar: "Antônio Joaquim é morto e vivo na casa da viúva"; "O Sebastião não larga de mão a Joana: é morto e vivo na casa dela" [ABH/AN].

Ser muito cru Ser muito inexperiente [GAS].

Ser muito esperto mas não caçar ratos Diz-se de quem se faz muito esperto, mas é menos do que alardeia [GAS].

Ser muito fichinha *Bras., gír.* Diz-se de pessoa sem importância, sem relevo, sob este ou aquele aspecto [ABH/MF].

Ser muito mulher Ver *ser mulher como trinta*

Ser muito sabido Diz-se de pessoa muito calculista que não se deixa enganar [GAS].

Ser muito urso Ser exigente ou pedir demasiado; querer ou pedir muito, exagerar: "É muito urso" [LM].

Ser mula Ser dissimulado; dissimular [GAS].

Var.: (lus.) *fazer-se mula, ser mula de físico*

Ser mulher como trinta Ser corajosa: "É mulher como trinta! Há seis anos que expele meninos com gemidos esparsos" (Moreira Campos, *Dizem que os cães veem coisas*, p. 16).

Sin.: *ser muito mulher*

Ser mulher pública Ser prostituta: "Você acha que sou mulher pública?" (Paulo Amador, *Rei branco, rainha negra*, p. 109).

≠ **Não ser nadaconada** (*sic*) *Bras., gír.* Ser fraco: "O cara parece que não é nadaconada" [JB, s. v. "NÃO É NADACONADA"].

≠ **Não ser nada do outro mundo** Diz-se do que não é sobrenatural, do que não é impossível ou que não causa admiração; não ser extraordinário, incomum [GAS/JB].

Var.: *não ser nenhuma coisa do outro mundo*

≠ **Não ser nada macio** *Lus.* **1.** Diz-se de pessoa rude e áspera de trato. **2.** Diz-se do que é difícil ou muito caro [GAS].

Ser nado e criado Ter nascido e passado a infância e a juventude em determinado lugar ou região [GAS].

≠ **Não ser nem sombra do que foi** Estar tão mudado que quase se desconhece [AN].

≠ **Não ser nenhuma brastemp** *Bras., gír.* Não ser algo espetacular: "Minha (...) não é nenhuma brastemp, é pequena, mas resolve" [JB]. ♦ Esta expr. nos foi legada por um anúncio publicitário dos anos 1990, amplamente divulgado na mídia, "vendendo" uma conhecida marca de geladeira.

≠ **Não ser nenhum peixe podre** Ter o seu valor, o seu merecimento; não merecer desprezo; não ser pessoa sem importância; achar quem dele se agrade: "Ladislau vive dizendo que não é nenhum peixe podre" [ABH/F&A, *VII série*, p. 45].

≠ **Não ser nenhum sábio da Grécia** Não ser tão sábio como se diz. – Na Grécia ant. houve sete homens considerados sábios: Tales de Mileto, Pítaco de Mitilene, Sólon de Atenas, Cleóbulo de Lindo, Bias de Priene, Mison de Xenas e Quilon da Lacedemônia (Platão, *Protágoras*; Diógenes Laércio, *Tales*) [AN].

Ser niquento 1. Ser chegado a caprichos do mau humor e do mau sangue; fazer questão de bagatelas, de pequeninas coisas. **2.** Ser pessoa que não come quase nada [GAS/RMJ].

Ser notícia Constituir-se novidade; destacar-se em um noticiário [ABH].

Ser novo em folha Ainda não ter sido usado, servido [AN].

Ser o ai Jesus *Lus.* Ser pessoa querida [GAS].

Ser o Benjamim 1. Ser o filho querido. **2.** Ser a pessoa mais amada. **3.** Ser o mais moço de uma agremiação. – Benjamim era o filho caçula de Jacó, nascido de Raquel, a esposa querida (Gn 35, 18) [AN].

Ser o bicho cacau *Bras., MA.* Ser o tal, aquele que se destaca por certas aptidões ou qualidades [AN/DVF].

Ser objetivo *Desp.* Movimentar a bola visando fazer gol, ou evitar gol, sem enfeitar a jogada [HM].

Ser o bode expiatório Pagar pelas culpas alheias; aguentar com as responsabilidades de outrem; ser aquele que arca com as culpas; diz-se do sujeito que leva a culpa por algo que não fez, geralmente encobrindo o verdadeiro responsável: "– Agora sou eu o seu bode expiatório" (Érico Veríssimo, *O prisioneiro*, p. 197). – Reminiscência da prática hebraica de expulsar para o deserto na festa das Expiações um bode, depois de tê-lo carregado com as maldições que queriam desviar de cima do povo (ver Lv 16) [AN/CLG/GAS/MPa].

Ser o boi de piranha Diz-se de uma pessoa colocada à frente de algum perigo, para que outras possam tirar proveito de determinada situação [MPa].

≠ **Não ser o bom** *Desp.* Não ser o pé hábil, que só serve de base para o outro chutar: "O pé esquerdo não é o bom" [HM].

Ser o bombo da festa *Lus.* Ser a vítima [GAS].

Ser obra Ser difícil [GAS].

Ser o braço direito de alguém Ser o seu principal agente ou auxiliar de alguém; diz-se de pessoa cujo concurso é indispensável ou de grande auxílio no desempenho dos negócios de alguém [ABH/AN/FF].

Ser o buraco mais embaixo Ser bem diversa a situação; não ser exatamente assim: "Tudo isso para inaugurar, em BUNDAS de fora, o Mercobundas – o espaço de BUNDAS no Mercosul, onde o buraco é sempre mais embaixo..." (Chico Caruso, *Bundas*, 26/7/99, p. 40).

Ser o canto de cisne Ser a última produção. – Alusão à lenda de que o cisne ao morrer solta um canto suavíssimo. Ver Aristóteles, *História dos animais*, X; Platão, *Fédon*; Eliano, *Histórias várias*, I, *Histórias de animais*, II, V; Camões, soneto "O cisne quando sabe ser chegado...", elegia IX, Canção V; Buffon, *Histoire naturelle* [AN].

Ser o centro do universo *Pej.* Ser objeto de todas as atenções: "Vaidosa, pensa que é o centro do universo" [ABH].

Ser (d)o chifre furado *Bras., pop.* Ser disposto, audaz, traquinas, afoito [ABH/AC].

Ser o cordão umbilical Diz-se do que prende uma coisa a outra, sustentando-a [AN].

Ser o coveiro de uma instituição Dirigir uma instituição, assistindo ao seu fim; diz-se de pessoa que contribui para a queda ou ruína de alguma instituição [AN].

Ser o desprezo de Ser objeto de desprezo por parte de [ABH].

Ser o deus-menino Ser o mais querido, o mais importante, o mandachuva: "Na política, ele é o deus-menino da região nordestina" [TC].

Ser o diabo Ser extraordinário, esquisito, estranho; ser traquina; parecer inconveniente, incômodo, prejudicial; transtornar um projeto; tirar uma esperança [AN/GAS].

Ser o diabo em figura de gente Diz-se de pessoa muito inquieta, traquina, amiga de travessuras, especialmente criança; ser peralta, desordeiro; ser pessoa demoníaca [AN/GAS/TC].

Var.: *ser o cão/demônio/satanás em figura de gente, ser o diabo em pessoa*

Ser o diabo em pessoa Ser peralta, desordeiro: "Qual! nem uma nem outra coisa. Vamos a ver que sou o diabo em pessoa" (T. A. Araripe Jr., *Luizinha*, p. 23) [AN/GAS/TC].

Var.: *ser o diabo em figura de gente*

≠ **Não ser o diabo tão feio como o pintam** Não ser, alguma contrariedade ou fato, tão desagradável como pode parecer de início [GAS].

Ser o espírito Ser o chefe, o guia principal [AN].

Ser o ferreiro da maldição Palavras alusivas a quem, quando tem uma coisa necessária para um fim, não tem outra igualmente necessária para o mesmo fim, lembrando assim o prov. que diz: "Ferreiro da maldição, quando tem ferro não tem carvão" [AN].

Ser oficial do mesmo ofício Ser um inimigo natural [AN].

Ser o fiel da balança Ser o que vai decidir uma questão [AN].

Ser o fim 1. Ser (uma coisa) extremamente desagradável, imprudente, penosa, absurda etc. **2.** Ser (alguém) muito desagradável, exigente, inconveniente, mal-educado, desonesto, burro, chato etc. **3.** Ser o final, o que precipita, o que transborda [ABH/GAS].
Var.: *ser o fim da picada*

Ser o fim da picada 1. Ser desagradável, difícil de suportar. **2.** Difícil de acreditar: "É o fim da picada, esta porra não vai ficar assim" [ABH/JB].
Var.: *ser o fim*

Ser o fraco *Bras., CE.* Diz-se iron. quando alguém está muito bem, com muito prestígio, com a bola toda [CGP].

Ser o galo do terreiro Querer dominar sozinho; ser dono da situação [AN/CLG].

Ser o homem de alguém Ser o confidente, o conselheiro, o homem submetido às ordens de alguém; ser o homem com que se pode lutar, o homem de que precisava [AN].

Ser o/um inferno em vida Ser um grande tormento, um verdadeiro martírio [ABH/AN].

Ser o maior *Bras., pop.* Estar por cima dos demais; ser mais notável ou importante que os demais; ser o tal: "Este cantor é o maior" [ABH].

Ser o maior bafafá Diz-se de grande rebuliço, confusão: "... o padre Ponciano vai ver que não tem hóstia e então vai ser o maior bafafá, o padre Ponciano vai pensar que a siá Durvalina já está coroca..." (Stela Maris Rezende, *Atrás de todas as portas*, p. 64).

Ser o maior quiproquó/quiprocó *Bras.* Haver confusão [BB].

Ser o maior rabo de foguete Ser uma coisa que não vale a pena: "Ser bicheiro, nas atuais circunstâncias, é o maior rabo de foguete" [JB].

Ser o maior rebuceteio *Bras., PE.* Diz-se de confusão, agitação [BB].

Ser o maior tentei/tei-tei *Bras., PE.* Haver confusão [BB].

Ser o mais aquele Ser distinto, sem comparação [FS].

Ser o mentor de alguém *Mit.* Ser um guia dedicado. – Na *Odisseia*, I, de Homero, Palas toma a forma de um velho preceptor, Mentor, para guia de Telêmaco, filho de Ulisses, na procura do pai [AN].

Ser o mesmo mané-luiz Ser a mesma coisa; não apresentar diferença: "Viraram cidade e necessidade, que é o mesmo mané-luiz" (pe. Antônio Vieira (CE), *Sertão brabo*) [TC].

≠ **Não ser onda para o rádio de** *Bras., gír.* Não ser do agrado ou simpatia de [ABH].

≠ **Não ser o negro de alguém** Não ser escravo de alguém [AN].

Ser o novo *Bras., CE.* Expr. empregada toda vez que alguém fala alguma coisa ant.: "É o novo!" [CGP]. ♦ Expr. divulgadíssima pelo jornalista Neno Cavalcante, tanto em sua col. diária "É...", no *Diário do Nordeste*, como no programa televisivo *Teveneno*, antes pela ant. Rede Manchete, em 2000 indo ao ar pela TV Diário. A ironia faz parte do espírito cearense.

Ser o pai cortado *Bras., MG.* Parecer-se muito com o pai [ABH].

Ser o pai da criança Ser o autor de um ato desastroso. – Parece alusão a um personagem de rua que viveu nos fins do império [AN].

Ser o pão de ló de toda festa "Diz-se da pessoa que está presente em toda festa, que não perde festas e reuniões" (Mário Souto Maior, *Em torno de uma possível etnografia do pão*) [TC].

Ser o pão nosso de cada dia Diz-se de coisa habitual, diária, do sustento. – Expr. tirada do padre-nosso [AN].

Ser o paraíso Ser lugar de delícias, de sossego, de tranquilidade, fartura etc. – Reminiscência do Gn 2, 8 [AN].

Ser o paraíso de Maomé Ser lugar de prazeres voluptuosos (ver Corão, VII; XLVII; LII; LVI; Ladislau Batalha, *História geral dos adágios portugueses*) [AN].

Ser opinioso 1. Ter amor-próprio. **2.** *Lus.* Ter atitudes corretas. **3.** *Bras.* Ter gênio forte, teimoso, opinião inabalável [GAS].

Ser o pivô de Ser o causador de; ser aquele que desencadeia algo: "O Ferroviário, representado pelo seu presidente, Carlos Mesquita, na reunião de ontem da Federação Cearense de Futebol, juntamente com os representantes dos clubes que estão no páreo para a conquista do último turno, foi o pivô da polêmica que inicialmente esquentou o ambiente, embora voltando posteriormente a sua temperatura normal" (*Jornal da Rua*, 29/7/99, p. 7).

Ser o ponto de uma questão Ser o ponto delicado, aquele em que não se deve tocar, sob pena de melindrar [AN].

Ser o/um pratinho Ser objeto de murmuração, de risota, de entretenimento; diz-se daquilo que nos diverte muito [AN/GAS].

Ser o que se leva deste mundo Diz-se do que se come, do que se bebe, do que se goza; us. na exclamação de quem se resolve a gastar com comidas ou bebidas: "É o que se leva deste mundo!". – Lembra o epitáfio de Sardanapalo [AN/LM].

Ser o rei da cocada preta Julgar-se o mais importante, o melhor; ser presunçoso, arrogante; pavonear-se: "Sei perfeitamente que a vaidade, além de pecado, é também um exemplar atestado de burrice, pois tira a capacidade de autocrítica, dando-nos a tola impressão de que somos o rei da cocada preta, quando qualquer coroa no fundo é de lata" (Aírton Monte, *O Povo*, cad. Vida & Arte, 20/6/02, p. 2).

Ser o retrato vivo de alguém Parecer-se muito com alguém; ter grande semelhança fisionômica com alguém [AN/GAS].

Ser o sal da terra Ser aquilo que impede a putrefação, que preserva da corrupção moral (ver Mt 5, 13; Mc 10, 49; Lc 10, 34) [AN].

Ser o segundo tomo de alguém Ser muito parecido, moral ou fisicamente, com alguém; assemelhar-se muito a [ABH/AN].

Ser os jardins de Armida Ser um lugar de delícias. – Reminiscência dos jardins em que na *Jerusalém libertada* de Tasso (canto XVI, 9 ss.) a linda feiticeira Armida reteve Rinaldo no meio de prazeres e voluptuosidades [AN].

Ser o sonho dourado Ser a maior ambição, a mais doce aspiração [AN].

Ser os pés e as mãos Ser muito eficiente e prestativo para determinada pessoa [TC].

Ser osso Ser difícil de enfrentar, de suportar; ser difícil de resolver [TC].

≠ **Não ser osso para andar em boca de cachorro** *Bras., pop.* Considerar-se moralmente acima de seus detratores [ABH].

Ser o suco Ser ótimo, excelente, admirável; ser o que há de melhor: "É o suco!" [AN/TC].

Ser o tal Ser pessoa de grande mérito num assunto; ser pessoa notável; ser o de mais evidência, o mais importante [AN/TC].

Ser o termômetro Indicar um estado ou certas condições físicas ou morais [TC].

Ser o tipo de alguém Corresponder ao ideal de alguém, em matéria amorosa ou sexual: "É ótimo rapaz, mas não é o seu tipo"; "Aquela pequena é o tipo do Eduardo" [ABH].

Ser o tudo de alguém Merecer o maior afeto e carinho de alguém [AN].

Ser o tutu Ser o bicho-papão, ou pessoa muito temida [RMJ].
Var.: *ser o tutu-marambá*

Ser o último abencerrage Ser o último defensor de uma causa perdida, o que fica sozinho defendendo uma ideia. – Os abencerrages formavam uma das mais importantes tribos do reino mouro de Granada. O rei Boabdil os exterminou, salvando-se por milagre um só, Aben-Hamet. A expr. popularizou-se graças ao romance de Chateaubriand, *Les aventures du dernier Abencérage* [AN].

Ser ouro de lei Ser pessoa ou coisa de grande valor, de grande perfeição; valer muito; ter valor inestimável [ABH/AN].

Ser ouro em pó Diz-se de coisa escassa e de grande preço; ser inestimável, perfeitíssimo [ABH/AN].

Ser ouro sobre azul Ficar muito bem. – O ouro é metal, o azul é esmalte. Uma regra de heráldica manda que não se coloque metal sobre metal, nem esmalte sobre esmalte, e sim metal sobre esmalte ou vice-versa (ver *Rev. de Língua Portuguesa*, IV, p. 22) [AN].

Ser out *Bras., gír.* Estar fora do contexto: "Disse a secretária: sou *out*" [JB, s. v. "sou out"].

Ser outra vez Ver *ser a cara de* [ABH].

Ser outro homem Haver mudado muito, física ou moralmente [AN].

Ser outros quinhentos Já ser outra estória; tratar-se de outro assunto; diz-se de uma situação totalmente diferente da anterior: "São outros quinhentos". – A expr. vem de uma anedota. Ela já se acha na comédia *Filodemeo*, de Camões [AN]. Ver tb., para saber mais, LCCa, p. 21.

Ser ouvido Ser consultado: "Para mudar o sistema de governo, o povo deve ser ouvido" [TC].

≠ **Não ser ouvido nem cheirado** *Bras.* Não ser convidado a emitir opinião sobre determinado assunto; não ser consultado; não ser chamado a opinar [ABH/AN/GAS/LM].

Var.: (lus.) *não ser ouvido nem achado*

Ser o vidro de alguém *Bras., SP, pop.* Ser muito amado, muito querido, muito mimado por alguém: "Ela... desde menina fora o vidro do pai: não havia vestido bonito que o Cândido lhe negasse, nem sapato de luxo que não lhe viesse parar aos pés" (Valdomiro Silveira, *Os caboclos*) [ABH].

Ser pagar pra ver Aguardar; esperar: "Agora, é pagar pra ver o que acontece. Tudo pode acontecer, inclusive nada" [JB].

≠ **Não ser pai de pançudo(s)** Não estar disposto a sustentar pessoa maior idade, que não quer trabalhar; não ter obrigação de ser obsequioso [AN/LM].

Ser pai e padrinho Ver *fazer e batizar*

Ser paleta *Bras., RS.* Ser intruso, intrometido; meter-se onde não é chamado; ser metido; entrar na conversa para a qual não foi chamado [AJO/AN].

≠ **Não ser palmatória do mundo** Não ter jeito para censurar os maus atos do próximo [AN].

Ser pancada de amor Ser pancada que não dói. – Diz um ditado que "pancada de amor não dói" [AN].

Ser panela em que muitos mexem Diz-se de coisa que não sairá direita. – Há um ditado segundo o qual "panela em que muitos mexem ou sai insossa ou salgada" [AN].

≠ **Não ser pano de amostra** Não deixar ser exposto às vistas alheias; não ser coisa para toda gente vir espiar [AN/GAS].

Ser pão com manteiga Diz-se de coisa muito fácil [GAS].

Ser pão-duro Ser avarento, miserável, egoísta: "Nunca seria pão-duro, também não vou ser um perdulário".

Sin.: *ser um mão de samambaia, ser (um) unha de fome,* (bras., fam.) *ter lacraia no bolso*

Ser papa fina Ser coisa excelente, magnífica [AN].

Ser papel queimado Ser viúvo [AN].

≠ **Não ser para graças** Ser irascível [AN/GAS].

Ser para inglês ver Apresentar-se como coisa de fantasiosa, utópica, ilusória; não ser real, verdadeiro; ser apenas ensaio: "Suas reformas administrativa e previdenciária são para inglês ver" (Paulo Francis, *O Povo*, col. "Diário da Corte", 26/12/96, p. 6B).

≠ **Não ser para menos** Modo de aprovar o procedimento de alguém, tendo em conta a gravidade do caso; ser compreensível; ser normal: "Não é para menos" [AN/AT].

≠ **Não ser para os dentes de alguém** Ver *não chegar para o bico de alguém*

≠ **Não ser para os dias de alguém** Modo de indicar que não espera ver uma realização [AN].

≠ **Não ser para os teus beiços** Diz-se para alguém quando se profetiza que não conseguirá o seu intento [GAS].

Ser para o topete de alguém Estar à altura de: "Esse filme é para o topete de público menos inculto."

≠ **Não ser para o topete de alguém** Não estar à altura de; não se destinar ao gozo ou desfrute de alguém: "Moça de cinema não é para o topete de capiau, não!" [TC].

≠ **Não ser (lá) para que digamos** *Fam.* Não ser na realidade o que se pensa; não prestar muito; não ser tão bom, tão extraordinário assim [ABH/AN].

Var.: *não ser lá para que se diga*

Ser parido por alguém *Bras., NE, fam.* Ser muito cuidadoso com alguém; ser extremamente dedicado, devotado a alguém; ser muito interessado por alguém: "É muito parida pela neta" [ABH/AN/FN/RG].

Ser passado na casca do alho *Bras., CE.* Ser muito experiente, sabido, finório: "Getúlio era daqueles políticos passado na casca do alho e ficou atento para as indicações dos candidatos locais" (Narcélio Limaverde, *O Povo*, cad. Política, 13/6/04, p. 22) [AN].

Sin.: *ser um alho*

Var.: (AL) *ser passado na casca do angico*

Ser passado nas armas Ser executado, fuzilado, morto: "Lá quem viu não pode contar, é um despreparo. Quem quer ser passado nas armas?" (João Ubaldo Ribeiro, *Sargento Getúlio*, p. 24).

Ser passado na tripa do macaco Ser muito velho, experiente [AN].

Ser passado no cornimboque do diabo Acontecer, passar-se em lugar muito longe, no cornimboque do Judas [AN]. AN, porém, registra "cornimeoque".

Ser pássaro bisnau Diz-se de pessoa com muita astúcia para enganar (ver João Ribeiro, *Frases feitas*) [AN].

≠ **Não ser pássaro que voe em bando** *Bras., NE, fam.* Não ter importância; não merecer maior consideração [ABH].

Ser pau *Bras., fam.* Ser maçante, incomodativo, aborrecedor: "Nós não temos empregada. E é muito pau fazer prato" (Jáder de Carvalho, *Sua majestade, o juiz*, p. 56).

Ser pau de dois bicos Ver *fazer dominó para os dois lados*

Ser pau de lata *Bras., CE.* Diz-se de pessoa que fica entre um casal, estando desacompanhada; atrapalhar [TGa].

Ser pau para/pra toda (a) obra Aplicar-se a muitas e diferentes coisas; ter várias utilidades; servir para tudo; fazer de tudo; ser capaz de executar tudo o que for preciso; ser hábil em vários misteres; prestar-se a tudo; servir pra tudo; ser prestativo; fazer qualquer coisa: "Na televisão fiz de tudo, era pau para toda obra. Toquei botãozinho para mostrar que sabia música, cantei em musical superprodução..." (Chico Buarque de Holanda, *apud* Regina Zappa, *Chico Buarque*, p. 55); "O cidadão é pau pra toda obra, é gente muito boa" [ABH/AC/AN/AT/CLG/FF/FSB/GAS/Gl/JB/MPa/TC].

Var.: *ser colher pra toda obra*

Ser pé Jogar por último [AN].

≠ **Não ser peco** *Lus.* Não ser parvo, tolo; diz-se de pessoa esperta, astuta, sagaz [GAS].

Ser pé-de-boi Diz-se do estudante ou do trabalhador que leva excessivamente a sério o seu estudo ou trabalho. – O pé-de-

-boi é o m. q. o cu-de-ferro, o famoso CDF; na gír. mil., é o "caxias". Ver GM, *Dic. do palavrão & correlatos*, s. v. "CU-DE-FERRO" [MF].

Ser pedra de toque Servir para aferir, avaliar; diz-se da pedra que serve para a avaliação da pureza dos metais que nela se esfregam [AN].

Ser pedra que cai em poço 1. Diz-se de segredo bem guardado. **2.** Diz-se de negócio a que não se dá andamento. **3.** Diz-se de quem apenas se deita, já adormece profundamente [AN].

Ser pé-frio Não ter sorte; ser azarado: "– Deixe de ser pé-frio. Vou ver se acho algum matinho lá na água – falei" (Terezinha Alvarenga, *Rio dos sonhos*, p. 38).

Ser pegado/pego a dente de cachorro Ser agarrado à força: "Vocês todos são pegados a dente de cachorro, como recruta" (José Lins do Rego, *Pedra Bonita*, p. 170) [TC].

Ser pegado com a boca na botija Ser surpreendido no momento da prática de uma falta: "Não senhora. A coisa era diferente. Eles tinham sido pegados com a boca na botija, grelando, esquecidos do mundo" (Graciliano Ramos, *Angústia*, p. 79) [AN/MPa/TC].

Var.: *ser pego com a mão na boca da botija*

Ser pegado com alguém *Bras.* Ser amoroso com alguém; ser íntimo de alguém [RG].

≠ **Não ser pega nem gavião** Ver *não meter prego nem estopa*

Ser pegar ou largar 1. Aceitar ou rejeitar: "Anos atrás, era pegar ou largar: você podia querer ou não querer telefone" (Rachel de Queiroz, *O Povo*, 19/9/98, p. 6A). **2.** Não fazer abatimento no preço de mercadoria [AN].

Ser pego com a mão na boca da botija Ser flagrado: "O cara foi pego com a mão na boca da botija, recebendo uma corrupa [= corrupção]" [JB].

Var.: *ser pegado com a boca na botija, ser pego com a mão na massa*

Ser pego com a mão na massa Ser flagrado: "O chefe foi pego com a mão na massa e acabou demitido" [JB].

Var.: *ser pego com a mão na boca da botija*

Ser peia *Bras., PE, AL, pop.* Ser coisa muito difícil, árdua, complexa: "É peia! A gente quase conseguiu..." [ABH/FN].

Ser peixe de alguém Ser o favorito de alguém [LCC].

≠ **Não ser (nem) peixe nem carne** Ser neutro, imparcial, na política, no futebol etc.; não ser uma coisa nem outra; não ter opinião nem pró nem contra; não ter ou não tomar partido; não se definir: "A nós que votávamos com o partido dominante, mas não éramos peixe nem carne – queixumes, nariz torcido, modos de enjoo" (Graciliano Ramos, *São Bernardo*, p. 57); "Como o companheiro falou não é peixe nem carne..." (Jorge Amado, *Seara vermelha*, p. 235).

Var.: *não ser (nem) carne nem peixe*

≠ **Não ser peixe podre** *Bras., MA.* Diz-se de mulher bonita e bem feita de corpo [DVF].

Ser pelado por Apreciar demasiado alguma coisa [GAS].

Ser pele e ossos Ser, estar muito magro, sem um pingo de gordura [AN].

Sin.: *ser um esqueleto*

≠ **Não ser peru, que morre na véspera** Ver *não se morrer na véspera*

Ser pesado a alguém Causar despesas a alguém; viver à custa de alguém: "Penso o quanto é penoso a gente ser pesado aos parentes" (José Marques da Silva, *Diário de um candango*) [AN/GAS/TC].

Ser pesado Não ter sorte [AN].

Ser (um) peso morto 1. Não ter utilidade ou que, além de não a ter, é dispendioso; só dar trabalho ou despesa. **2.** *Fig.* Ser indivíduo que nada faz e vive à custa dos pais ou de outrem; ser parasito [ABH/AN].

Ser picado pela mosca azul Ficar deslumbrado: "O senador foi picado pela mosca azul; agora acha que é o rei da cocada preta" [JB].

Var.: *ser picado pela mosca azul*

Ser pílulas *Lus*. Ser amalucado [GAS].

Ser pinto *Bras*. **1.** Não oferecer nenhuma dificuldade ou obstáculo; não constituir problema; ser muito fácil; referência a uma coisa fácil, simples ou banal, sem maior importância "Andar 50 km para ele é pinto"; "Esse trabalho para mim é pinto"; "Comparando ao que fiz depois, aquilo era pinto" (Graciliano Ramos, *Alexandre e outros heróis*). **2.** Ser ou valer muito pouco, quase nada; ser um novato, um principiante, indivíduo inferior, que não vale nada na ordem das coisas: "Por mais que Paulo saiba matemática, para o Fernando ele é pinto" [ABH/AN/RG/TC].

Sin. (1): *ser canja*

Ser pintor *Lus*. Ser mentiroso [GAS].

Ser pinto saído do ovo Ser um criançola [AN].

Ser pior que pelar mondongo Ser muito difícil, muito complicado: "Teve ele que ir à vila, depor como testemunha, acolá, e quarar uma tarde inteira, porque negócio com autoridade, é pior que pelar mondongo" (Darci Azambuja, *No galpão*).

Ser pior que sarna Ser insuportável, maçador [GAS].

Ser plantar na pedra Diz-se de negócio difícil: "Do jeito que tá, chefe, é plantar na pedra" [JB].

Ser pobre como Jó Ser muito pobre. – Reminiscência do A. T., Jó. O Senhor, depois de dar riquezas a Jó, despojou-o delas [AN].

Ser pobre (e) soberbo Diz-se de quem necessita, mas recusa auxílio ou benefício de outrem; não ter dinheiro, nem posição e mostrar soberbia, rejeitando benefícios que lhe querem fazer [AN/GAS].

Ser podre de rico Ser muito rico: "... O senhor é podre de rico. A coisa cai é em cima de mim" (Jorge Amado, *Mar morto*, p. 180); "Ele é podre de rico! Não sabe o que fazer com tanto dinheiro" [DT].

Var.: *estar podre de rico*

Ser ponto assente Estar decidido, determinado [GAS].

Ser por Estar a favor de [FF].

≠ **Não ser por aí que o gato vai às filhoses** *Lus*. Não ser isso que impede; não ser aí que está o mal [GAS].

Ser porreiro *Lus*. Ser boa pessoa; ser bom [GAS].

Ser por uma coisa como peba é por defunto Apreciar, gostar muito. – Símile ou comparação de or. rural [FS/LM].

Sin.: *ser por uma coisa como pinto é por pé de cerca*

Ser por uma coisa como pinto é por pé de cerca Ver *ser por uma coisa como peba é por defunto*

Ser posto a um canto Ser votado ao abandono; ser considerado inútil [GAS].

Ser posto fora da carroça Ser eliminado, afastado [GAS].

Ser posto na prateleira Ser considerado inútil ou já não necessário [GAS].

≠ **Não ser pouca porcaria** Ter seu valor [AN].

Ser pra lascar Ser demais: "Viu a vitória do nosso time? É pra lascar! Quem vier a gente traça" [FN, p. 105].

Ser prato de arroz-doce *Bras., MA*. Diz-se de uma pessoa que sobressai, que quer brilhar num salão, tornando-se centro de geral atenção; diz-se de ostentação fácil [AN/DVF].

≠ **Não ser pra tua bolinha** Frase us. para anunciar para o pretensioso que ele não tem tanta qualidade quanto imaginava: "Não é pra tua bolinha" [LAF].

Sin.: *não se pro seu bico*

Ser precipitado da rocha tarpeia Tombar de posição elevada; diz-se da queda rápida de uma posição elevada, particularmente da perda de uma grande popularidade: "Com tantos desatinos na política econômica, o ministro foi precipitado da rocha tarpeia. Resultado: popularidade zero para o governo." – Do alto da rocha tarpeia os romanos lançavam os seus crim. [GAS].

Var.: (lus.) *cair da rocha tarpeia*

Ser prendado Ter muito boas qualidades intelectuais, profissionais, artísticas etc. [GAS].

≠ **Não ser pro seu bico** Não ser para alguém; não vir se enxerir; ser bom demais para alguém; frase feita ou para repreender, ou irritar, ou meramente "gozar" o sujeito que quer se passar por algo superior ao que é de fato: "Joana não é pro seu bico, Fernando, não se meta a besta. Cresça e apareça!" [FN, pp. 174-5/LAF].

Sin.: *não ser pra tua bolinha*

Ser público e notório Todos saberem; ninguém ignorar; ninguém duvidar; todos falarem e publicarem. – Nem tudo o que é público é notório. Uma coisa pode correr na boca de todos e não ser sabida evidentemente e com toda a certeza [AN].

Ser quebra-freio *Bras., RS.* Ter má índole; ser estúpido e descontrolado [AJO].

Ser queijo Valer a pena; ser uma facilidade [LCC].

Ser quem dá as cartas Ser a pessoa que manda, que regula tudo: "Agora é ela quem dá as cartas" (DT, *VIII série*, p. 74) [AN].

Ser quem dá os dias santos Ser a pessoa que toma as decisões: "Antigamente, no interior, o padre era quem dava os dias santos. Mandava mais que o prefeito, o juiz e o delegado" [GAS].

Ser quem Deus deixou *Bras., CE.* Ser competentíssimo ou incomparável em dado mister: "O Felismino pra inventar mentira foi quem Deus deixou..." [AN/LM].

Sin.: *estar sozinho*

≠ **Não ser que nem sonhim para ter medo de careta** *Bras., CE.* Não se amedrontar com ameaças de semblante ou de situações reais [AN].

Ser quentura *Bras.* Ser pessoa conceituada e poderosa [BB].

Ser questão de tempo Ser problema, questão que o andar do tempo resolve [AN].

Ser questão de vida e morte Ser questão, problema capital, de sumo perigo ou de suma importância [AN].

Ser rapaz direito Ter crédito; exercer profissão; pagar as contas em dia [RMJ].

Ser rei em Mandar em determinado setor; dar ordens [AN].

≠ **Não ser relógio de repetição** Não estar disposto a repetir o que disse e que outrem não ouviu bem; não dizer as coisas duas vezes [AN/GAS].

Ser remédio santo Ser remédio que cura radicalmente [GAS].

Var.: *ser um santo remédio*

Ser retalho da mesma peça Ver *ser farinha do mesmo saco*

Ser ripado *Bras., gír.* Ser morto: "O marginal foi ripado na queima de arquivo" [JB].

Ser roda dura *Bras., MG.* Ser mau motorista [ABH].

Ser roubado 1. Sofrer um roubo. **2.** Pagar por uma coisa preço mais alto do que o justo [AN].

≠ **Não ser roupa de franceses** Não ser coisa comum ou sem dono; não ser coisa que os outros entendem dever ou poder apreender ou utilizar em seu proveito sem pedir licença ao dono ou a alguém. – A palavra "roupa" está empregada aqui em sua acepção geral de despojos de banditismo (roubo). A expr. vem da época em que de Dieppe, Honfleur e outros portos fr. saíam piratas e corsários para pilhar nos mares as riquezas do império colonial ibérico. A explicação é de Alexandre Herculano, em *O panorama* (ver João Ribeiro, *Frases feitas*; *Curiosidades verbais*; Ladislau Batalha, *História geral dos adágios portugueses*; *Rev. Lus.*, XXVI, p. 234) [AN].

Ser ruim de Não ser eficiente, brilhante, possante, hábil em: "São ruins de estudo" [ABH/AT].

Ser ruim de bola *Desp.* Demonstrar falta de pendor e talento para a prática do futebol [HM].

Ser salvo pelo gongo Ver *escapar fedendo*

≠ **Não ser (nenhuma) sangria desatada** Não ser caso grave ou de urgente solução; não haver necessidade de grande urgência para praticar um ato; diz-se do que não exige muita pressa: "Não é sangria desatada." – A expr. se origina do fato de, não se atando logo a veia furada, a pessoa se esvair em sangue [AN/GAS/LM].

≠ **Não ser santo da devoção de alguém 1.** Não ter a mesma maneira de ser, de comportar-se que. **2.** Não gozar das simpatias de alguém; ser pessoa antipática ou odiosa [ABH/AN].

Ser segredo de Estado Diz-se de coisa de que se faz grande mistério como se dela dependesse a salvação do Estado; ser segredo importante, relacionado com o governo de um Estado ou com suas relações com os Estados vizinhos e no qual somente são iniciados os homens que participam do governo [AN].

Ser segunda pessoa de alguém Ser amigo íntimo [Gl].

Ser sempre o último a saber Diz-se do marido, que é sempre o último a saber do adultério da mulher [AN].

≠ **Já não ser sem tempo** Diz-se do que já devia ter acontecido há mais tempo; já tardar [AN].

Ser senhor 1. Ser capaz. **2.** (*Mad.*) Ser de respeito [GAS].

Ser senhor das/de suas ações Ter liberdade de agir; ter independência; não se achar submetido a tutelas, subordinações ou restrições: "O seu dever de amigo está cumprido; ela que o ouça e faça o que entender: é senhora das suas ações" (Arthur Azevedo, *Contos*, p. 177) [ABH/AN/Gl/RMJ].

Sin.: *ser dono de seu nariz*

Ser senhor da sua vontade Ser livre, independente [GAS].

Ser sermão encomendado Diz-se de coisa que alguém mandou dizer [AN].

≠ **Não ser seu malungo** Não admitir que alguém o trate como seu igual: "Não sou seu malungo." – Malungo era o companheiro de viagem no navio negreiro [AN].

Ser serviço *Bras., fam.* Ser difícil, complicado, penoso, desagradável; não ser coisa de fácil realização: "Antigamente um noivado era serviço. Preparar a roupa branca, bordar a colcha, que trabalhão!" (Graciliano Ramos, *Angústia*, p. 68); "Conviver com gente maluca é serviço"; "Ele não queria pagar: pra esburnir o cobre foi serviço!" [ABH/FS/LM].

Var.: *ser serviço braçal*

Ser servido Haver por bem; dignar-se; permitir: "O chefe de Estado foi servido comparecer à cerimônia"; "Deus não é servido que eu morra desonrado" [ABH/Gl].

Ser só encostar *Desp.* Ser facilmente subornado: "Esse juiz é só encostar" [HM].

Ser sol de pouca dura Diz-se de coisa favorável mas que dura pouco [GAS].

Ser (uma) sopa *Bras., pop.* Ser coisa fácil de fazer ou de aprender; ser de fácil execução ou ser fácil de entender, de resolver, de tolerar; ser descomplicado: "– Mas a porretada não foi sopa, não" (Odette de Barros Mott, *O clube dos bacanas*, p. 14); "E vai ser uma sopa. Para cada pergunta todos terão as respostas na ponta da língua" (Henfil, *Cartas da mãe*, p. 40); "Este cara não é sopa, vive me torrando o saco". – Alude ao fato de a sopa não precisar ser mastigada [AN/JB/TC].

Sin.: *ser brincadeira de menina fêmea/feme, ser canja*

Ser só quem quer ser Referência à pessoa que denota querer sobressair sobre as demais, pretensiosa, com mania de grandeza: "É só quem quer ser!" [FS].

Ser surdo como uma porta Ser mouco; não ouvir [GAS].

Ser tabu Estar acima das críticas; ser sagrado ou intocável; diz-se de coisa proibida: "– O tema sexo nunca foi tabu em nossa casa" (Ricardo Lucena Jr., *Longo caminho de volta*, p. 95). – A psicanálise muito contribuiu para difundir a expr. [GAS/RMJ].

Ser também filho de gente Ver *também ser filho de Deus*

Ser tido Ser reputado [GAS].

Ser tirado a ferros 1. Diz-se de bebê que nasce com a ajuda de fórceps. **2.** Ser coisa muito custosa de conseguir [GAS].

Ser tiro e queda 1. Não ter erro; ser certeira a pontaria; ter pontaria certa; apontar para um pássaro, atirar e vê-lo morto. **2.** *Fig.* Produzir resultado seguro e imediato; decidir rapidamente um caso; provocar um efeito infalível; ser de efeito infalível, certo; ser fácil de resolver: "Foi tiro e queda, Durvalino aguentou as pontas: se não recuperou a calma absoluta, ao menos engoliu o cagaço, começou na mesma hora a trabalhar" (Jorge Amado, *Tocaia Grande*, p. 315); "Eu não experimentei, mas um amigo meu afiançou que é tiro e queda. O nome é Catitoline" (Carlos Drummond de Andrade, *Boca de luar*, p. 15); "Assim, passo por pirado e me tiram o olho de cima. O recurso, reconheço, não é tiro e queda" (João Antônio, *Casa de loucos*, p. 5); "– Posso até ver o Vinícius ensinando você. Olha, beija ela ali que é tiro e queda (Luis Fernando Verissimo, *As mentiras que os homens contam*, p. 144); "O médico receitou um remédio contra gripe que é tiro e queda!"; "Esta é tiro e queda. Não é muito difícil a gente resolver" [ABH/AN/DT/FS/GAS/JB/MPa/TC].

Sin.: *ser caixão e vela preta*

Ser todo ouvidos Prestar toda a atenção; estar muito atento ao que se diz; diz-se quando alguém se dispõe a ouvir, a dar atenção a uma pessoa, a estar com a maior atenção [ABH/AN/CLG/GAS].

Ser todo saído Ser desinibido [BB].

Ser tranchan/tranchã Não falhar; não deixar de dar-se; ser como se esperava. – Do fr. *tranchant*, "categórico, decisivo, terminante" [TC].

Ser tratado à vela de libra Viver, colher ou ser acolhido regiamente: "... como ia muito bem recomendado ao capitão do navio, fui sempre tratado à vela de libra" (J. Simões Lopes Neto, *Casos do Romualdo*) [ABH/TC].

Var.: *passar/viver à vela de libra*

Ser tratado nas palmas das mãos Receber especial atenção, com muitos agrados e obséquios [TC].

≠ **Não ser trigo limpo** *Bras., S.* **1.** Não ser boa pessoa; não ser decente; diz-se do indivíduo que não tem bom caráter; ser pouco escrupuloso. **2.** Ser valente, de gênio irascível [ABH/AJO]. Ver tb. Aurélio Buarque de Holanda, "Glossário", *apud* J. Simões Lopes Neto, *Contos gauchescos e Lendas do Sul*, p. 340.

Ser trigo sem joio Ser pessoa ou coisa sem defeito; diz-se de quem não tem mácula ou defeito [AN/GAS].

Ser (muito) troço /ó/ Ter valimento; ser importante; gozar de prestígio (referindo-se a pessoa) [FS].

Ser trouxa Ser tolo; deixar-se enganar facilmente [LM].

Ser tu cá, tu lá com alguém Ter com alguém grande intimidade, familiaridade, confiança [AN/GAS].

Sin.: *tratar por tu*

Ser tudo para alguém Ser a pessoa mais estimada por alguém; nenhuma outra pessoa merecer a estima de alguém [AN].

Ser tudo um Ser a mesma coisa [AN].

Ser uma anedota Ser uma pessoa pouco considerada, asneirenta [GAS].

Ser uma aranha Trabalhar vagarosamente. – A aranha tece sua teia com vagar [AN].

Ser uma barra Distinguir-se ou assinalar-se em alguma coisa [GAS].

Ser uma besta quadrada Diz-se de "uma pessoa completamente idiota": "Como disse Stephen Jay Gould: 'É preciso ser uma besta quadrada pra entender aquilo'" (Aldir Blanc, *Bundas*, 30/8/99, p. 39) [MPa].

Var.: *ser (uma) besta*

Ser uma bíblia Ser um livro fundamental, de consulta frequente, de ótima doutrina [AN].

Ser uma boa bisca Ser pessoa de mau caráter, velhaca [AN].

Ser uma boa boca (sic) Ser malandro, mau [GAS].

Ser uma boa espada 1. Manejar a espada com perícia e coragem. **2.** Ser um bom general [AN].

Ser uma boa peseta Diz-se de pessoa que não presta [AN].

Ser uma boa prenda Ser pessoa de más qualidades; não ser pessoa de confiança [AN/GAS].

Ser uma boa prosa Ver *ser bom de papo*

Ser uma boa tesoura Ser um bom alfaiate [AN].

Ser uma bomba Ser de péssima qualidade, ruim: "Sem dois titulares, o jogo do Botafogo foi uma bomba" [CLG].

Ser uma boneca Ter uma beleza muito delicada [AN].

Ser uma caninana Ser mulher de mau gênio, atrabiliária (violenta). – A caninana, uma cobra, embora não tenha veneno, é temida por ser agressiva [AN].

Ser uma carraça *Lus.* Diz-se de pessoa que não larga outra [GAS].

Ser uma carroça 1. Diz-se de veículo que anda muito devagar. **2.** Trabalhar vagarosamente [AN].

Ser uma carta viva Diz-se de pessoa que sabe tudo que acontece [AN].

Ser uma casa cheia Ser muito animado, muito conversador, muito alegre [ABH].

Ser uma casca de noz Diz-se de embarcação frágil, e de pequenas dimensões [AN].

Ser uma cascavel Diz-se de mulher de mau gênio e de má língua [AN].

Ser uma cassandra Profetizar catástrofes sem ser acreditado. – Cassandra, filha de Príamo, profetizou a queda de Troia e não foi acreditada por ninguém [AN].

Ser uma casta susana Diz-se de mulher casada muito virtuosa, incapaz de trair o marido. – Susana foi uma hebreia que repeliu as propostas desonestas de dois velhos juízes que, para se vingarem, acusaram-na de adultério. Desmascarados esses velhos por seu falso testemunho, foram eles mortos e Susana escapou à condenação (ver Dn 13) [AN].

Ser um achado 1. Diz-se de coisa muito barata. **2.** Vir a propósito; ser muito conveniente [ABH/AN/GAS].

Ser uma cloaca de vícios Ser pessoa muito impura, cheia de manchas morais [AN].

Ser uma cobra *Bras.* **1.** Ser pessoa traiçoeira, perversa, de gênio irascível. **2.** Diz-se de pessoa ativa, despachada, esforçada em alguma atividade [AN/CLG/FS].

Var. (2): (bras., CE) *ser uma cobra de chifre*

Ser um adônis Ser moço e belo. – Adônis foi um lendário jovem, tipo de beleza masculino, amado por Vênus [AN].

Ser uma enfardadeira Diz-se de pessoa que come muito [GAS].

Ser uma enguia Não se deixar pegar; escapar com facilidade e ligeireza [AN].

Ser uma esfinge Não deixar adivinhar o pensamento; falar por enigmas. – Alusão ao monstro da fábula de Esopo (ver Diadoro Século, *Biblioteca*, IV) [AN].

Ser uma espada de dois gumes 1. Diz-se de arma que pode ferir a quem a maneja. **2.** Argumentar pró e contra ao mesmo tempo [AN].

Var. (2): *ser faca de dois gumes*

Ser uma estampa Ser pessoa de grande beleza plástica [GAS].

Ser uma faca *Bras., MA.* **1.** Qualidade de quem é hábil, destro; ser habilidoso ao extremo, afiado no que faz. **2.** Ser "devorador" de livros; diz-se de pessoa que lê bastante [AN/DVF/FN].

Ser uma figueira do inferno Ser estéril (a mulher). – Reminiscência do N. T., Mt 21, 19, e Mc 11, 13 [AN].

Ser uma figura *Bras.* Ter uma personalidade interessante; ser figura ou pessoa fora do comum [ABH/AT].

Ser uma fome negra Diz-se de fome grande e persistente [AN].

Ser uma formiga Gostar muito de doces [AN/CLG].

Ser uma formiga carregadeira Gostar de levar tudo para casa [AN].

Ser uma galinha choca Ser pessoa irrequieta [AN].

Ser uma galinha morta Ser coisa fácil de fazer ou de aprender [AN].

Ser uma gaveta de sapateiro Diz-se de móvel em que os objetos estão todos misturados, mal-arrumados; diz-se de lugar onde tudo está mesclado, sem ordem [AN].

Ser uma girafa Ser pessoa alta, magra e de pescoço comprido [AN].

Ser uma gota de água/d'água no oceano Ser coisa sem valor, sem importância, em relação àquela com que é confrontada: "Com a fortuna dele, um milhão é uma gota de água no oceano" [ABH/AN].

Ser uma grande cabeça Ser muito inteligente, muito sabedor [AN].

Ser um(a) águia 1. Ser esperto, vivo, expedito, capaz de enganar ou embrulhar os outros. **2.** Ser um homem de talento, de espírito superior; ser um indivíduo ardiloso, sagaz nos negócios ou de inteligência apurada; ser desembaraçado, não se deter diante de pequenos obstáculos: "O gordo não precisava de ser nenhum águia para entender: se a *Internacional* era um ponto cantado, a macumba seria justamente a reunião dos comunas" (Rachel de Queiroz, *Cenas brasileiras*, p. 25). – Em *A gíria brasileira*, Antenor Nascentes define a palavra "águia" como "espertalhão" e apresenta como abon. este trecho da *Vida de caserna*, de Silva Barros: "No exercício destes princípios, o Galdino, um cariocazinho águia..." Mas o ilustre lexicógrafo se enganou ao supor que se tratava de palavra de gír. bras. A expr. é ant., embora fosse us., antes, no fem. Morais Silva já consignava: "Dizemos que é uma águia o que se move mui rapidamente" [CLG/RMJ/TC].

Ser uma joia Ser pessoa muito estimável [AN].

Ser uma letra vencida Diz-se de solteirona que já se acha desesperançada de casar [AN].

Ser um alfenim Ser pessoa muito franzina e delicada [AN].

Ser um alho Ser um espertalhão; diz-se de indivíduo esperto, sabido, vivido, sagaz (ver João Ribeiro, *Frases feitas*) [AN/GAS/RG].
Sin.: *ser passado na casca do alho*

Ser uma lucrécia Ser um símbolo de castidade; diz-se de mulher que coloca a honra acima da própria vida; ser mulher de virtude, corajosa e de impecável fidelidade. – Lucrécia foi esposa do romano Tarquínio Colatino. Violentada por Sexto Tarquínio, suicidou-se com um punhal diante de seu pai e de seu marido (ver Tito Lívio, *Res memorabiles*, I) [AN/RMJ].

Ser uma madalena arrependida Diz-se de pessoa que se comportou mal para com outra e depois vem dar provas de arrependimento. – Reminiscência de personagem do N.T., Lc 7, 37; Mt 26, 6; Mc 14, 3 [AN].

Ser uma manteiga derretida Ser pessoa muito chorona. – Alusão ao chiado da manteiga quando se derrete ao fogo [AN/CLG].

Ser uma mão na roda *Bras., fam.* Constituir ajuda grande e oportuna; ser uma boa ajuda: "Se me emprestar o dinheiro, será uma mão na roda" [ABH/CLG].

Ser uma matraca *Bras.* Ser falador, boateiro, espalhador de notícias falsas, mexeriqueiro; ter incontinência verbal; não poder nem saber calar-se, propalando balelas, irresponsável pela loquacidade [LCCa].

Ser uma merda Ser coisa difícil, trabalhosa, intolerável: "Quebrar sal com aquele ferro de cova é uma merda" (Caio Porfírio Carneiro, *O sal da terra*) [TC].

Ser uma mina Ser negócio muito vantajoso, lucrativo; ser uma fonte de vantagens, de riquezas, de resultado imediato e permanente [AN/GAS].

Ser uma moça Ser delicado, educado: "O Pedrinho é uma moça, é uma flor de pessoa" [JB].

Ser um amor 1. Ser muito bonito. **2.** Ser pessoa muito bondosa [AN/CLG].

Ser uma muralha chinesa Constituir um obstáculo ao progresso. – Em realidade, o objetivo da Grande Muralha não era isolar do mundo a China; era deter invasões dos tártaros manchus [AN].

Ser uma negação Diz-se de pessoa incompetente, incapaz, inábil; ser inapto para exercer alguma função ou para desempenhar algum serviço [AN/GAS].

Ser uma negra Diz-se de mulher que trabalha muito [GAS].

Ser um anjo Ser pessoa excelente na bondade: "– Espiraldo lança a Juju um olhar agradecido. – Você é um anjo" (Dias Gomes, *Sucupira, ame-a ou deixe-a*, p. 27) [AN].

Ser uma nódoa Diz-se daquele que estraga o conjunto, o coletivo [GAS].

Ser uma nota preta *Bras., gír.* Ser muito caro, dispendioso: "– Olhe que esse hotel é uma nota preta" (Dias Gomes, *Sucupira, ame-a ou deixe-a*, p. 22).

Ser um anteu *Mit.* Tirar da terra natal sua força e seu prestígio. – Anteu era um gigante, filho da Terra e de Netuno, o qual, nas lutas, tocando a terra, recobrava forças. Hércules só pôde vencê-lo suspendendo-o [AN].

Ser uma ótima Ser uma boa situação: "É uma ótima pra toda galera" [JB].

Ser uma ovelha negra Ser pessoa de costumes dissolutos; ser um mau elemento, uma companhia nefasta. – Daí o prov.: "Uma ovelha negra põe um rebanho a perder" [RMJ, s. v. "OVELHA NEGRA"].

Ser uma peça inteiriça Diz-se de quem não presta para nada [AN].

Ser uma pedra no sapato Ser um problema, um incômodo [CLG].

Ser uma pérola Ser pessoa excelente, de apreciáveis qualidades [AN].

Ser uma pessoa sem palavra Ser pessoa que não cumpre aquilo que promete: "Alcebíades era uma pessoa sem palavra" [F&A].

Ser uma pia de sal *Bras., NE.* Ser muito salgado [AN].
Var.: *ser uma pilha de sal*

Ser uma pilha Ser pessoa excessivamente nervosa, muito irritável; ser muito sensível, muito irritadiço; irritar-se por qualquer coisa [ABH/AN/CLG/GAS].
Sin.: *ter os nervos à flor da pele*
Var.: *ser uma pilha de nervos*

Ser uma pintura 1. Ser pessoa muito formosa. **2.** Ser coisa muito benfeita [AN].

Ser uma pomba sem fel Ser pessoa ingênua, sem maldade. – Às vezes, a expr. é empregada iron. Esta ideia provém da concepção que, na Idade Média, se tinha das pombas: supunha-se que elas não possuíam fel, como diz Brunetto Latini no seu *Livre du Trésor* (Leite de Vasconcelos, *Opúsculos*) [AN].

Ser uma posta de carne com dois olhos Diz-se de pessoa de corpo desenvolvido mas de espírito acanhado [AN].

Ser uma pouca-vergonha Diz-se de ato vergonhoso e imoral, patifaria, maroteira [AN].

Ser uma rede Ser mulher fácil, que topa a cantada de quantos a queiram conquistá-la, que aceita a corte de quantos a procurem: "Quando pega um, entrega-se inteiramente. Não escolhe, é uma rede" (Graciliano Ramos, *Angústia*, p. 52) [AN].
Var.: (bras., CE) *ser uma rede de arrasto*

Ser um argos Ser pessoa perspicaz, vigilante. – Argos era um indivíduo cuja cabeça era coroada por cem olhos, de modo que ele olhava para todos os lados. Juno encarregou-o de vigiar Io, de quem tinha ciúmes (Ovídio, *Metamorfoses*) [AN].

Ser um ar que lhe deu Diz-se do que se consumiu rapidamente [GAS].

Ser um arraso Ser um sucesso: "Foi um arraso! Ela abafou quando chegou" [JB].

Ser um ás Ser um dos primeiros entre os primeiros em sua profissão; ser exímio: "Ayrton Senna foi um ás das corridas de Fórmula 1." – Aplicou-se a princípio aos aviadores. O ás é a carta mais forte na bisca e em outros jogos de cartas [AN/GAS].

Ser uma salada Diz-se de mistura de coisas heterogêneas [AN].

Ser uma sarna *Bras.* Ser glutão; guloso [ABH/AN].

Ser um(a) sarna Ser impertinente, maçante, importuno, cacete, chato [ABH/AN/GAS].

Ser uma sombra do que foi Ter perdido a beleza, o viço, a graça, o encanto; estar em decadência: "Coitada! é uma sombra do que foi" [ABH].

Ser uma teia de Penélope Diz-se de trabalho que recomeça sempre. – Para enganar os pretendentes à sua mão, Penélope, a esposa de Ulisses, prometeu que faria sua escolha depois que acabasse de tecer a mortalha do velho Laerte. Trabalhava de dia na teia e de noite desmanchava o que havia feito (Homero, *Odisseia*, II) [AN].

Ser um atraso de vida Diz-se de pessoa pouco esperta [GAS].

Ser uma válvula Ser um meio de desabafo, de alívio [AN].

Var.: *ser uma válvula de escape*

Ser uma válvula de segurança Diz-se de cautela ou precaução tomada em ocasiões críticas [AN].

Ser uma vara de bater feijão Diz-se de pessoa muito alta e magra [AN].

Ser uma vassoura Namorar todo homem que apareça, um após outro [AN].

Ser uma vênus de Milo Ter, uma mulher, rara perfeição de formas. – Na ilha de Milo encontrou-se em 1820 bela estátua de Afrodite, hoje no Louvre [AN].

Ser um baiacu Ser baixo e gordo. – O baiacu, quando assustado ou irritado, estufa o corpo, como se fosse uma bola de borracha [AN].

Sin.: *ser um batoque*

Ser um banana Ser frouxo, palerma; diz-se de pessoa que se deixa levar facilmente: "Dona Norma considerou para si mesma que, se o finado Gil não fosse ele também um banana, um molengas sem vontade, certamente não teria suportado por muito tempo tal esposa, e lastimou a sorte do pai de dona Flor" (Jorge Amado, *Dona Flor e seus dois maridos*, p. 42) [CLG/GAS].

Ser um barato *Bras., gír.* Diz-se daquilo que funciona, que é ótimo, eficiente: " – Tem um preparado aí que dizem que é um barato" (Carlos Drummond de Andrade, *Boca de luar*, p. 15).

Ser um barba-azul Ser marido de muitas mulheres. – A expr. origina-se de um personagem de um conto de Perrault [AN].

Ser um batoque Ver *ser um baiacu*

Ser um beco sem saída 1. Ser caso sem solução. **2.** Diz-se de homem casado [AN].

Ser um beldroega *Ant.* Ser vadio, desclassificado, inútil, vulgar [LCCa].

Ser um bicho de concha Ser pessoa metida consigo, esquiva [AN].

Ser um bicho do mato Diz-se de criança que tem medo de gente, que não gosta de vir falar com as pessoas; ser pessoa insociável [AN].

Ser um biju Ser muito lindo; ser lindo como uma joia. – Do fr. *bijou* [AN].

Ser um boa-vida Diz-se de indivíduo que não gosta de trabalhar e vive despreocupadamente com o pouco que arranja, indo-lhe tudo sempre bem [AN].

Ser um bolo fofo *Pej.* Ser muito gordo [CLG].

Ser um bom copo *Fam.* Ser muito dado a bebidas alcoólicas; ser bom bebedor [ABH].

Ser um bom garfo Ser comilão, glutão; comer bem; gostar dos prazeres da mesa; comer bastante [ABH/AN/CLG/GAS].

Ser um bom partido Diz-se de uma pessoa rica, ou de bons meios de vida, e que está solteira [GAS].

Ser um bom-serás Ser muito boa pessoa [GAS].

Ser um boneco nas mãos de alguém Ser totalmente dominado, manipulado por alguém [GAS].

Ser um brinquedo de criança Ser coisa de nenhuma importância ou transcendência [AN].

Ser um burro de carga Topar tudo, a qualquer hora; aceitar qualquer missão ou tarefa sem reclamar: "O patrão sabe que eu não enjeito parada: sou um burro de carga" (José Américo de Almeida, *A bagaceira*, p. 10).

Ser um cabide de empregos Ter muitos cargos [AN].

Ser um cachimbo apagado Ser pessoa esgotada, inútil, nada podendo fazer que se aproveite [AN].

Ser um caco Ser pessoa alquebrada [AN].

Ser um camaleão Diz-se de indivíduo que toma o caráter que serve aos seus interesses; diz-se de hipócrita que muda de opinião segundo a conveniência do momento [AN].

Ser um canário belga Ser pessoa muito loura [AN].

Ser um cândido Ver *ser um doutor pangloss*

Ser um cão Ser mau: "Esse menino está mudado, mas, na escola, era um cão!" [GAS].

Ser um capacho Ser subserviente, espezinhado por todos; ser demasiado servil, obediente [AN/CLG/GAS].

Sin.: *andar de chanqueta*
Var.: *servir de capacho*

Ser um cara-dura Ser cínico, sem-vergonha [AN].

Ser um caramujo Ser um esquisitão, metido consigo, como o caramujo dentro da sua concha [AN].

Ser um carrapato Apegar-se a uma pessoa, a um cargo, a uma situação, sem querer largar [AN].

Ser um caso perdido 1. Estar doente sem possibilidade de cura. **2.** Diz-se de pessoa incapaz de regeneração [AN].

Ser um caso sério Ser uma situação difícil, embaraçosa [AN].

Ser um castiçal do inferno Ser pessoa muito baixinha [AN].

Ser um castigo Ser súbito ou inesperado; acontecer algo de surpresa como por ato de uma potência misteriosa [FS].

Ser um cata-vento Ser pessoa versátil, volúvel, que muda de opinião a toda hora; mudar de opinião ou de atitude conforme as conveniências [AN/GAS].

Var.: *virar-se como o cata-vento*

Ser um cérbero *Mit*. Estar de guarda, vigilante a toda prova. – Cérbero era um cão trifauce que guardava a porta do inferno greco-romano [AN].

Ser um céu aberto 1. Ser vivenda ou lugar delicioso. **2.** Ter grande ventura, grande alegria. **3.** Ser espetáculo encantador, surpreendente [AN].

Ser um chato de galocha Ser muito chato [MPa].

Ser um chumbo Ser muito pesado [AN].

Ser um cincinato Ser um patriota, um exemplo de honradez, desinteresse e espírito público. – Esse era o nome de um legendário herói romano, nascido no ano 519 a.C. [RMJ, s. v. "CINCINATO"].

Ser um coca-bichinhos *Lus*. Ser miudinho [GAS].

Ser um conselheiro acácio Ser um recitador de lugares-comuns, com ares de pessoa grave e importante. – O conselheiro Acácio é um personagem do romance *O primo Basílio*, de Eça de Queiroz [AN].

Ser um conto de fadas Ser história fantástica, extraordinária, incrível [AN].

Ser um coração aberto Ser sincero, franco, afável com todos, compassivo [AN/GAS].
Var.: *ser um coração lavado*

Ser um cordeiro Concordar com tudo [CLG].

Ser um crânio Ser muito inteligente [AN].
Var.: (lus., Univ. Coimbra) *ter crânio*

Ser um crava Lus. Diz-se de quem pede insistentemente dinheiro emprestado [GAS].

Ser um Deus nos acuda Haver muitas complicações (de saúde, inclusive); haver balbúrdia, confusão, sufoco: "Aí já sabe, foi aquele Deus nos acuda. (...) porque a fininha era tanta que não dava nem para sair do banheiro" (*Jornal da Rua*, 1º/2/00, p. 5); "A última letra se venceu num dia de inverno. Chovia que era um Deus nos acuda" (Graciliano Ramos, *São Bernardo*, p. 20); "Você entende, é uma questão de ética. Se ele abrir a boca vai ser um Deus nos acuda" (João Antônio, *Casa de loucos*, p. 80) [GAS].

Ser um dez réis de gente Diz-se de pessoa pequeníssima. – O dez réis era a menor moeda que havia [AN].

Ser um dia cheio Ser dia passado regaladamente [AN].

Ser um dia de cão Diz-se de dia de muitos vexames, contrariedades, preocupações: "Esse domingo tinha sido um dia de cão. Como é que a Júlia podia ter se envolvido, por incrível que pareça, com o filho de Edgar Hertz!" (Rogério Andrade Barbosa, *Rômulo e Júlia: os caras-pintadas*, p. 44).

Ser um dia de juízo Diz-se de dia de barulhos, de confusões, desgraças, brigas etc. [AN].

Ser um diamante bruto Ser suscetível de aperfeiçoamento, de polimento. – Aplica-se a pessoas e coisas [AN].

Ser um dicionário vivo Ser pessoa que de pronto dá explicação de tudo [AN].

Ser um doido varrido Ser completamente doido [AN].

Ser um dois de paus Diz-se de pessoa sem importância, que não deve ser considerada [AN].

Ser um dom-juan Ser um conquistador impenitente, um homem dissoluto, um libertino incorrigível. – Dom Juan é um dos personagens mais famosos da galeria teatral e apareceu pela primeira vez na peça *El burlador de Sevilla*, do religioso esp. Gabriel Tellez. O A., que viveu entre o último quartel do séc. XVI e o ano de 1648, usava o pseudônimo de Tirso de Molina [GAS/RMJ].

Ser um dom quixote Ser um idealista, que aplica seus esforços em direção errada, campeão de causa mais ou menos extravagante; diz-se de quem a todo transe quer ser juiz ou defensor de coisas que não lhe dizem respeito [AN].

Ser um doutor pangloss Ant. Ser um otimista. – O dr. Pangloss é o professor de *Cândido*, na novela de Voltaire, e constantemente repete a máxima de que "tudo acontece para o melhor no melhor dos mundos possíveis". É uma caricatura do filósofo al. Gottfried Wilhelm von Leibniz (1646-1716) [RMJ].
Sin.: *ser um cândido*

Ser um doutor sangrado Ser um médico ignorante, de pouca ciência, atrasadão, fossilizado. – É esse o nome de um dos numerosos personagens criados pela imaginação do escritor fr. Lesage em sua admirável novela picaresca *Gil Blás de Santilhana*, publicada em 1715. Com os seus parcos conhecimentos, o dr. Sangrado receitava água morna e sangrias como remédios infalíveis para toda e qualquer espécie de enfermidade [RMJ].

Ser um espetáculo Diz-se de indivíduo que diverte os outros [GAS].

Ser um espírito de porco Estar sempre disposta a dizer ou a fazer coisa que contrarie [AN].

Ser um esqueleto Ver *ser pele e ossos*

Ser um evangelho Merecer todo o crédito, toda a confiança; ser coisa de que não se pode duvidar [AN].

Ser um fala barato Falar muito dizendo pouco [GAS].

Ser um/como o feijão-frade *Lus.* Diz-se de pessoa hipócrita, de duas caras, que tem duas opiniões sobre o mesmo assunto [GAS].

Ser um feixe de nervos Ser pessoa demasiadamente sensível [AN].

Ser um feixe de ossos Ser muito magro, esquelético [AN].

Ser um ferrabrás Ser metido a valente. – Ferrabrás (ferro no braço ou fero braço) era um gigante sarraceno que aparece numa canção de gesta do séc. XII [AN].

Ser um festim de Baltazar Diz-se de um rega-bofe (festa, folguedo, comilança) nas vésperas de uma catástrofe (cf. A. T., Dn 5) [AN].

Ser um filinto *Ant.* Ter espírito tolerante; ser um crítico indulgente e compreensivo, que facilmente desculpa as fraquezas ou defeitos alheios. – É o nome de um dos personagens de *O misantropo*, de Molière, em que faz contraste com a intransigência e o radicalismo de Alceste [RMJ].

Ser um foca 1. *Lus.* Diz-se de pessoa avarenta, sovina. **2.** *Bras., gír. jorn.* Diz-se do estagiário ou novato que aspira fixar-se no jorn. [GAS].

Ser um foguete Ser desinquieto, vivaz [AN].

Ser um forno Diz-se de lugar excessivamente quente [AN].

Ser um frango 1. Ser muito jovem e petulante. ♦ **2.** *Bras., pop., PE.* Ser pederasta, homossexual [CLG]

Ser um frango de botica Diz-se de rapazote esguio, metido a dom Juan [AN].

Ser um frasco *Lus.* Diz-se de mulher feia [GAS].

Ser um frasquinho de veneno Ser maldizente, intriguista, maldoso [GAS].

Ser um garganta Ser pessoa mentirosa, conversa-fiada, que promete e não cumpre, que alardeia grandezas [AN].

Ser um gato Ser bonito [CLG].

Ser um goela Ser um ganancioso [AN].

Ser um golaço Ser algo espetacular: "Foi um golaço, mano, foi um gol de placa" [JB].

Ser um grande cágado Ser matreiro [GAS].

Ser um grande ponto Ser sempre bem-disposto, brincalhão [GAS].

Ser um harpagão Ser avarento. – Harpagão é o protagonista da comédia *O avarento*, de Molière. Ele é "o mais famoso avarento da galeria teatral" [AN/RMJ].

Ser um hércules Ser homem excessivamente forte, robusto [AN].

Ser um homem Ser uma criatura admirável por suas qualidades [AN].

≠ **Não ser um homem** Ser fraco, sem energia [AN].

Ser um homem ao mar Diz-se de homem fracassado, inutilizado, irremediavelmente perdido, em iminente perigo [AN].

Ser um jagodes Ser manhoso [GAS].

Ser um jardim Estar exageradamente enfeitado de flores [AN].

Ser um jarrão Diz-se de pessoa idosa e com ideias antiquadas [GAS].

Ser um javert Ser um perseguidor implacável, tenaz, indormido. – É esse o nome do policial que, em *Os miseráveis*, de Victor Hugo, não dá tréguas ao ex-forçado [= ex-prisioneiro] Jean Valjean, a quem persegue até mesmo nas galerias subterrâneas que levam os esgotos de Paris ao rio Sena [RMJ].

Sin.: *ser um pina manique, ser um torquemada, ser um trépoff*

Ser um jogo de empurra Transmitir uma incumbência, atribuir uma responsabilidade a uma pessoa que por sua vez a transmite a outra e assim sucessivamente, sem se chegar a uma solução [AN].

Ser um joguete nas mãos de alguém Ser dominado, manipulado por alguém [GAS].

Ser um judeu errante Viajar sem cessar; pouco se deter nos lugares por onde anda. – A expr. alude à personagem lendária de um judeu chamado Aasvero, que teria sido condenado a andar sem parar até o fim do mundo, por haver injuriado Cristo quando este levava sua cruz ao Calvário [AN].

Ser um leito de Procusto Diz-se de interpretação que procura encaixar uma opinião em um sistema. – Procusto era um bandido da Ática que infligia a suas vítimas o castigo de, estendendo-as sobre um leito de ferro, encurtá-las por horríveis mutilações ou esticá-las até que ficassem da medida do leito (ver Plutarco, *Vida de Teseu*, XI) [AN].

Ser um letras gordas Ter instrução escassa; ser ignorante [AN].

Ser um leva-e-traz Ser um intrigante: "O cidadão é um leva e traz (*sic*)" [JB].

Ser um livro aberto 1. Diz-se de pessoa sapiente. **2.** Ser do conhecimento de todos; não ser segredo: "Sua vida é um livro aberto" [ABH/GAS].

Ser um lovelace Ser um sedutor indigno de mulheres, desleal, depravado, que não recua diante de meio algum, mesmo crim., para triunfar de uma mulher. – Lovelace é um personagem do romance *Clarisse Harlowe* (do escritor ing. Samuel Richardson) que se tornou símbolo da canalhice masculina [AN/RMJ].

Ser um luculo Gostar da boa mesa; ser um exímio gastrônomo. – O romano Luculo (um general) banqueteava-se com as mais finas iguarias, embora não tivesse convidados. Ao encomendar ao mordomo um jantar de luxo e perguntar-lhe este quem viria jantar, disse: "Luculo hoje janta em casa de Luculo" (Plutarco, *Luculo*, cap. LVII) [AN]. Para saber mais sobre a expr., ver RMJ, s. v. "LUCULO JANTA COM LUCULO".

Ser um machiavelli/maquiavel Ser pessoa astuta, intrigante, sem escrúpulos, que usa de quaisquer meios para chegar aos seus fins; empregar todos os ardis ou recursos para triunfar. – A expr. vem do nome do famoso escritor ital. Niccolò Machiavelli (1469-1527), ou Maquiavel, como se escreve no Brasil. Machiavelli foi tb. um político que expôs suas cínicas ideias no livro *Il principe* [*O príncipe*] [AN/RMJ].

Ser um maná Diz-se de coisa que dá lucros fáceis [GAS].

Ser um maná do céu Ser coisa suave, deleitosa, vinda com facilidade, com pouco ou nenhum esforço. – Reminiscência do A. T. (Ex 16, 15.31) [AN].

Ser um mané *Bras., PE*. Ser tolo [BB].

Ser um mané-coco *Lus*. Ser um idiota; ser atrasado mental [GAS].

Ser um mão de samambaia Ver *ser pão-duro*

Ser um maquis Estar em luta com as autoridades e com a justiça oficial, viver na ilegalidade e não abdicar ao espírito de rebeldia. – A palavra é do dial. corso. Vem de *macchia, tacho*, e define terreno coberto por arbustos [RMJ].

Ser um marca judas Ser pessoa demasiado pequena [AN].

Ser um marquês *Lus., Ericeira*. Ser difícil, complicado, delicado [GAS].

Ser um masoquista 1. Diz-se de pessoa que só sente prazer sexual quando é submetida a humilhações e flagelações. – A palavra se originou do nome do escritor austríaco Leopold von Sacher-Masoch, que viveu entre 1839 e 1895 e que primeiro descreveu essa situação. **2.** *P. ext*. Gostar de sofrer; ser dado a passar por maus momentos [RMJ].

Ser um massa bruta Ser um grosseirão [AN].

Ser um mata-moiros/matamouros *Lus*. Diz-se de fanfarrão que se gaba das suas proezas; ser um valentão, um bravateiro. – A expr. surgiu na Espanha, durante as lutas que culminaram com a expulsão dos mouros [GAS/RMJ].

Ser um matusalém Viver muitos anos. – Matusalém viveu 969 anos (Gn 5, 27) [AN].

Ser um mecenas Ser um patrono das letras, um homem generoso, que estimula o talento alheio; diz-se de pessoa protetora de artistas. – Mecenas foi um ministro do imperador Augusto, e protegia literatos. Ele tinha a sua casa permanentemente aberta aos homens de letras. Foi amigo e patrono, entre outros, de Horácio e Virgílio [AN/RMJ].

Ser um meio-sangue Ser filho de pai de boa raça e mãe de má raça ou vice-versa [AN].

Ser um minotauro *Mit.* Diz-se de coisa que absorve muitos recursos. – O Minotauro era uma monstro, homem com cabeça de touro, antropófago, que anualmente devorava sete rapazes e sete moças atenienses (ver Plutarco, *Teseu*, XV) [AN].

Ser um moiro de trabalho Diz-se de indivíduo que se farta de trabalhar [GAS].

Ser um monumento Diz-se de mulher bonita: "A Ana Paula é um monumento" [JB].

Ser um morcego Só sair de casa à noite, como fazem os morcegos, que não aparecem de dia [AN/CLG].

Ser um nabo *Lus.* Ser um incompetente [GAS].

Ser um narciso Ser admirador de si mesmo. – Narciso foi um mancebo que, enamorado da própria imagem, refletida na água de um lago, acabou afogando-se (ver Ovídio, *Metamorfoses*, III) [AN].

Ser um nemrod Gostar muito de caçar. – Nemrod, filho de Cus e neto de Cã, é chamado na Bíblia de "robusto caçador perante o Senhor" (ver Gn 10, 9) [AN].

Ser um nestor Ser esclarecido e experiente, ser um guia e um conselheiro. – Nestor, rei de Pilos, na Grécia, era o mais velho e o mais experimentado dos chefes que tomaram parte do cerco de Troia. Constantemente consultado pelos outros reis, Nestor figura entre os personagens da *Ilíada*, de Homero, em que é tido como uma expr. de prudência (ver *Ilíada*, II) [AN/RMJ, s. v. "NESTOR"].

Ser um número 1. Desempenhar uma parte num ato variado. **2.** *Bras.* Prestar-se ao ridículo; ser chistoso; ser motivo de chacotas; ser desfrutável; ser ingênuo, muito engraçado etc.: "Gasparina é um número. E lá vem ela outra vez falando de glórias" (Ana Cláudia Peres, *O Povo*, 12/11/97, p. 5B); "Beirão é um número! Quando deixa a carapaça de romanista e se põe a conversar com naturalidade, torna-se um companheiro realmente divertido" (Ciro dos Anjos, *Abdias*) [ABH/AC/AN/FSB/RG/TC].

Sin.: *ser bom algarismo*

Ser um nunca acabar Ser coisa que não tem mais fim [AN].

Ser um osso duro de roer Ser coisa difícil de suportar, de vencer [AN].

Ser um ovo Ser muito pequeno, ou muito estreito, ou pouco cômodo: "Comprou um apartamento que é um ovo" [ABH].

Ser um ovo de Colombo Diz-se de coisa fácil de realizar mas em que ninguém anteriormente pensou. – Num banquete em casa do cardeal Ximenes dizia-se em torno de Colombo que, para descobrir a América, bastava ter pensado nisto. Depois que se fez o silêncio, Colombo convidou os presentes a porem de pé um ovo sobre uma das pontas. Ninguém conseguindo, Colombo bate ligeiramente a ponta do ovo de encontro à mesa e assim o põe em equilíbrio estável. Todos então responderam que deste modo também o fariam. "Sem dúvida, respondeu o navegador, mas era preciso pensar nisto e ninguém pensou senão eu." Vasari conta o caso em relação a Brunelleschi, o arquiteto de Santa Maria dei Fiori, de Florença. A anedota foi transferida para Colombo em 1565 por Benzoni, na *Istoria del mondo nuovo* [AN].

Ser um ovo por um real Ser muito barato (ver João Ribeiro, *Frases feitas*) [AN].

Ser um pacheco *Lus.* Ser uma pessoa medíocre, favorecida pela sorte, com fama de possuir um imenso talento; ser vaidoso e tolo; ser uma nulidade, um indivíduo de escasso merecimento intelectual, um tolo vitorioso porque favorecido pela sorte e pela mediocridade do meio que frequenta. – Pacheco é um personagem das *Cartas de Inglaterra*, de Eça de Queiroz [AN/RMJ].

Ser um pai da vida Ser indulgente em demasia com os subordinados; ser indolente, comodista [AN].

Ser um paio Ser um tolo [AN].

Ser um palito Ser muito magro [GAS].

Ser um pancada Ser amalucado, apatetado, maníaco [AN/GAS].
   Sin.: *ter pancada na mola*
   Var.: (lus.) *sofrer de pancada*

Ser um pão Ser coisa excelente [AN].

Ser um pão com dois pedaços *Bras., NE.* Ser uma pechincha; ser uma satisfação completa, um êxito integral: "Havendo inverno e a lagarta não dando no algodão, é um pão com dois pedaços" [LM].

Ser um parto difícil Ser difícil, custoso, trabalhoso [ABH].

Ser um pau de virar tripa Ser muito alto e muito magro. – A expr. vem do fato de que se viravam com uma vara comprida e delgada as tripas dos animais, postas a secar [AN].

Ser um pau-mandado Obedecer cegamente a ordens de alguém; pessoa que cumpre ordens de um superior, cegamente [CLG/MPa].

Ser um pavão Ser vaidoso [AN].

Ser um *pax-vobis* Ser simplório, pacato, sem iniciativa e sem agressividade. – Arthur Azevedo usa *pax-vobis* como sin. de tolo nesta passagem do diálogo de *A filha de Maria Angu*: "E com quem se casa este *pax-vobis*?" [RMJ].

Ser um pedaço de mau caminho Diz-se de mulher bonita: "A Débora é um pedaço de mau caminho" [JB].

Ser um pé-de-boi Ser aferrado aos velhos costumes, conservador, reacionário [AN].

Ser um pedro malasartes Ser burlão invencível, astucioso, cínico, inesgotável em expedientes e enganos, sem escrúpulos, sem remorsos (ver Leite de Vasconcelos, *Opúsculos*; *Rev. Lus.*, XXIX, p. 146; Luís da Câmara Cascudo, *Vocabulário*) [AN].

Ser um pé no chão Ser pessoa pobre, que não tem meios para andar calçado [AN].

Ser um pé no saco Diz-se de pessoa desagradável: "Este cara é um pé no saco" [JB].

Ser um pé-rapado Ser pobre, malvestido, mal calçado [AN/BB].

Ser um peru dentro de um círculo de giz Diz-se de pessoa presa a uns tantos princípios, a umas tantas regrinhas, de que não se afasta [AN].

Ser um petisco Causar muito sofrimento ou muito trabalho [GAS].

Ser um *pico della mirandola* *Ant.* Ser uma espécie de sabichão, assombro de inteligência, homem de mentalidade superior e de cultura enciclopédica. – Protegido de Lorenzo de Medici e de Marcílio Ficino, o conde Giovanni Pico della Mirandola foi um exemplo de precocidade. Era considerado o maior humanista da Renascença ital. Alguns, por vezes incorretamente, grafam "de la Mirandola" [RMJ].

Ser um *pina manique* *Ant.* Ser um policial ou perseguidor das mentalidades liberais. – Muitos A. port. e bras. usaram o nome do célebre personagem como exemplo de truculência e arbitrariedade. Seu nome, por extenso, era Diogo Inácio de Pina Manique. Nascido em 1733 e falecido em 1803, formou-se em leis pela Univ. de Coimbra e tornou-se famoso como intendente-geral de Polícia, na época em que o marquês de Pombal deteve o poder, e ainda depois da morte deste, no governo de d. Maria I. Pina Manique, grande perseguidor dos liberais, severo policiador de Lisboa, foi tb. quem a mandou iluminar, em seguida à reconstrução procedida depois do grande terremoto que quase a destruiu totalmente [RMJ].
   Sin.: *ser um javert*

Ser um pinhal de Azambuja Diz-se de lugar onde ocorrem assaltos. – Num pinhal próximo à vila de Azambuja se açoitavam outrora ladrões e malfeitores [AN].

Ser um pobre-diabo Ser um indivíduo de pouca importância, que não faz bem nem mal, inofensivo, bonachão [AN].

Ser um poço de Ter (uma qualidade) em alto grau, exageradamente; ser pessoa de muita ciência, saber – às vezes iron. –, vaidade etc.: "É um poço de vaidade"; "Era um poço de sabedoria" [ABH/AN].

Ser um poço sem fundo Lus. Saber guardar segredo [GAS].

Ser um ponto de honra Diz-se de questão que pode ofender a honra, a dignidade, os melindres de alguém [AN].

Ser um porrete Ser infalível, curar radicalmente (diz-se de remédio) [AN].

Ser um pouca roupa Diz-se de quem não dispõe de muitas mudas de roupa; que se veste mal [AN].

Ser um primeiro de abril Ser um logro feito de brincadeira. – A expr. parece ter or. fr. Em 1504 o rei Carlos IX assinou uma ordenação em virtude da qual era transferido para 1º de janeiro o primeiro dia do ano, que até então começava em abril. Então, por brincadeira, nasceu o hábito de mandar falsos presentes de festas às pessoas que lastimavam a mudança, hábito que depois se generalizou [AN].

Ser um problema Diz-se de criança travessa, endiabrada, intolerável [TC].

Ser um proteu Mudar constantemente de opinião. – Proteu era, na mit. greco-romana, um semideus célebre por suas metamorfoses [AN].

Ser um punhado de trabalho Bras., NE, fam. Ser muito travesso, ou violento, ou brigão, de modo que dá sérias preocupações (especialmente aos pais) [ABH].

Ser um queijo Diz-se de coisa que dá muito trabalho [AN].

Ser um rabagás Mudar de opinião, de partido político conforme as circunstâncias. – A expr. foi muito us. na imprensa política no séc. XIX devido ao êxito de *Rabagás*, comédia em cinco atos, de Victorien Sardou. É uma obra satírica, cuja ação se passa no principado de Mônaco; Rabagás é advogado e político de mesa de café [RMJ].

Ser um rato de cinemateca Diz-se de quem frequenta muitos locais onde se conservam os filmes cinematográficos, em especial aqueles de valor cultural e artístico: "– O cineasta pode ser você, mas eu sou um rato de cinemateca" (Ana Maria Machado, *Alice e Ulisses*, p. 30) [*Dic. Novo Aurélio*, s. v. "CINEMATECA"].

Ser um rato de sacristia Frequentar as sacristias das igrejas; diz-se do carola fervoroso [AN].

Ser um rei pequeno Mandar muito; ter muito poder [AN].

Ser um rio que passou em minha vida Diz-se de coisa que já aconteceu: "Isto foi um rio que passou em minha vida, hoje só lembrança" [JB]. ♦ A expr. foi dicionarizada depois da canção do sambista carioca Paulinho da Viola, cujo título é *Foi um rio que passou em minha vida*.

Ser um rolo compressor Diz-se de coisa que esmaga, destrói, em seu movimento contínuo e vagaroso [AN].

Ser um saco de gatos Diz-se de reunião de pessoas que não se estimam, que não se entendem, que vivem em briga constante [AN].

Ser um saco roto /ô/ Ser incapaz de guardar um segredo [AN].

Ser um salta na criva 1. Diz-se de quem não para, de quem não se senta nem descansa. **2.** Ser estabanado, estouvanado [GAS].

Ser um salto de pulga Diz-se de distância pequena: "De Juazeiro a Crato é um salto de pulga, vai-se em minutos" [AN].

Ser um sancho-pança Ter bom-senso; ser um espírito de voo rasteiro, terreno, sem idealismo, simplório, sem nada de visionário e com muito de prático. – Sancho Pança é o fiel escudeiro de dom Quixote, na obra imortal de Cervantes, e oferece um singular contraste com a exaltação, o idealismo e a loucura do amo [RMJ].

Ser um sansão Ser muito corpulento e ter muita força (ver Jz 13, 24-25; 14-17) [RMJ].

Ser um santo Ser pessoa incapaz de fazer mal [AN].

Ser um santo do pau oco Ser bom só na aparência; ser sonso, velhaco; manifestar ingenuidade mas agir com esperteza. – O prof. Meneses de Oliva dá como or. da expr. o descobrimento, na cidade do Salvador, de imagens ocas de santos, as quais vinham de Lisboa recheadas de dinheiro falso (*Correio da Manhã*, 18/3/43, p. 3). Pereira da Costa, *Vocabulário pernambucano*, diz que é o nome que o povo dá a são Vilibaldo, por figurar de pé, dentro de volumoso e carcomido tronco de árvore, na procissão de cinza. Ver Caldas Aulete, *Dicionário*; Ladislau Batalha, *História geral dos adágios portugueses* [AN].

Var.: (port.) *ser santo do pau caruncboso*

Ser um sapateiro Ser um profissional que não sabe do seu ofício; diz-se de pessoa incompetente, desajeitada. – A expr. virá do remendão incompetente, que faz trabalhos matados [AN/GAS].

Ser um saxe Ser bonita e delicada (como uma porcelana de Saxe) [AN].

Ser um segredo de Polichinelo Ser coisa sabida de toda a gente e que alguém quer fazer passar por um segredo. – A expr. vem de só Pierrô desconhecer a infidelidade de Colombina com Arlequim [AN].

Ser um seio de Abraão Ser o lugar de repouso no qual estavam as almas dos justos antes da vinda de Cristo, o limbo. – A ele se refere o Credo quando diz que Jesus desceu aos infernos. A expr. vem da parábola do mau rico e do pobre Lázaro (N. T., Lc 16, 22-23) [AN].

Ser um serafim Ser pessoa de rara formosura [AN].

Ser um shylock Ser um usurário impiedoso, sem entranhas. – Shylock é um personagem da tragédia de William Shakespeare, *O mercador de Veneza* [AN].

Ser um siri sem unha Diz-se de pessoa aparentemente inofensiva [AN].

Ser um sonho Diz-se daquilo que não passa de um devaneio [GAS/JB].

Ser um sósia Ser o duplo de outra pessoa; ser extremamente parecido, tal qual os gêmeos idênticos. – Sósia era o nome de um personagem da comédia de Plauto, *Anfitrião*, e sob sua aparência vem ao mundo o deus Mercúrio, em companhia de Júpiter. Os dois papéis são feitos pelo mesmo ator. No *Anfitrião*, de Molière, como no de Jean Giraudoux, sobrevive esse personagem que, por fim, se converteu em substantivo comum, em fr. como em port. [RMJ].

Ser um taco 1. Jogar bem bilhar. **2.** Ser corajoso, temível como parceiro [AN].

Ser um tal de Forma de aludir a certas ocorrências: "Era um tal de apresentar armas..." (Sinval Sá, *O sanfoneiro do riacho da Brígida*); "E é um tal de cair velho que estão vazios os vidros do massagista" (pe. J. J. Dourado, *Uma história por dia*) [TC].

Ser um tiro 1. Diz-se de uma coisa certa, que não deixa dúvida: "A palavra dele é um tiro." **2.** Expr. que dá ideia de distância: "Daqui lá é um tiro" [TC].

Var. (2): *ser um tiro de rifle*

Ser um tonel Ser um beberrão [AN].

Ser um torquemada Ver *ser um javert*

Ser um touro de força/de forte Ser muito forte [AN].

Ser um traste Ser maroto, velhaco, de maus costumes; ser pessoa que não presta [AN].

Ser um trépoff Ser truculento, arbitrário; perseguir as mentalidades liberais. – Trépoff, ou Trépov, foi chefe de polícia do czar da Rússia; foi ele que, em 1905, mandou abrir fogo contra os grevistas [RMJ].

Sin.: *ser um javert*

Ser um trinta diabos Ver *ser levado da breca*

Ser um túmulo Ser pessoa de absoluta discrição; ser muito discreto; saber guardar segredo(s) [ABH/AN].

Ser um valdivinos *Ant.* Ser um estroina, vagabundo, traficante, imprestável, boêmio etc. [RMJ].

Ser um veneno 1. Ter má índole. **2.** Ser artista cinematográfico que não dá bilheteria [AN].

Ser um venha a nós Ser um explorador da humanidade [GAS].

Ser um verdadeiro títere Ser pessoa sem vontade própria, que se move ao sabor dos outros [AN].

Ser um verme Ser desprezível, sem importância [CLG].

Ser um vidro Ter saúde precária [AN].

Ser um violão Ter, uma mulher, um corpo benfeito, com as curvas da cintura e dos quadris bem acentuadas [AN].

Ser um xibolet Diz-se de um modo de reconhecimento por meio de dificuldade de extrema sutileza, senha, sinal de identificação. – A palavra em hebraico quer dizer "espiga". Pela pronúncia dela os soldados de Jefté reconheciam os eferaimitas e os matavam. Alusão ao A.T., Jz 13, 6. Os it. fizeram o mesmo com os fr. no séc. XIII por ocasião das vésperas sicilianas, usando a palavra "Sicília", que os fr. pronunciavam mal. Na guerra de 1914-18 um espião alemão, que falava muito bem fr., foi preso por ter dito *neufième* em vez de *neuvième*; o "v" em alemão tem o som de "f" [AN].

Ser um zelote/zelota *Ant.* Pecar pelo excesso de zelo e de intransigência. – Os zelotas constituíam um partido político-religioso da Judeia, que se supunha o único capaz de zelar pela lei de Deus, negando aos outros qualquer espécie de autoridade para fazê-lo [RMJ].

Ser um zero à esquerda Não valer nada; não ter importância alguma [AN/GAS].

Ser um zoilo Ser um crítico maldoso, exagerado, impenitente, severíssimo, mais que injusto. – O gr. Zoilo fez uma crítica perversa dos poemas de Homero [AN/RMJ].

Ser (um) unha de fome Ser muito avarento, sovina, mesquinho, egoísta (ver *Rev. de Língua Portuguesa*, XVI, p. 37) [ABH/AN/CLG/F&A].

≠ **Não ser unha de santo** *Fam.* Não necessitar de perfeição, de acabamento perfeito; não ser coisa que deve ser caprichosamente feita; não ser coisa que precise ficar de perfeição absoluta; não ser coisa importante; não ser coisa que exija excesso de cuidado, exagerada preocupação de acabamento: "Não é unha de santo" [ABH/AN/GAS/LM].

Var.: *não ser nariz/olho de santo*

Ser unha e carne Serem, duas pessoas, muito chegadas entre si, muito íntimas; diz-se de duas pessoas muito íntimas e amigas: "E por falar em políticos, mexendo nas minhas gavetas, achei um desenho do mestre Nássara, feito quando César Maia e Conde eram unha e carne" (Jaguar, *Bundas*, 1º/8/00, p. 37) [ABH/GAS].

Var.: *ser como unha com carne*

Ser unha e carne com alguém Manter relações muito estreitas com alguém; andar sempre junto com alguém; ser muito chegado a alguém; ser muito próximo, íntimo, amigo de alguém: "... Não vê que coronel Teodoro é unha e carne com os Badarós..." (Jorge Amado, *Terras do sem fim*, p. 93) [ABH/AN/CLG/F&A/FF/GAS/Gl].

Var.: *ser unha com carne com/para alguém*

Ser uns músicos Ser uns espertalhões: "São uns músicos" [LM].

Ser usado Ser gozado; ser manipulado; servirem-se da sua pessoa para vários fins [GAS].

Ser useiro e vezeiro Ter por hábito fazer algo repetidamente; costumar fazer algo com frequência; ser reincidente: "Ele é useiro e vezeiro em contar potocas." – Emprega-se geralmente no mau sentido [AN/FF/GAS].

Ser vasculho Ser o que faz tudo, aquele em quem todos mandam [GAS].

≠ **Não ser vasculho de ninguém** Diz-se de coisa de que ninguém faz caso [AN].

Ser veado Ser pederasta: "Mas eu não sou veado. Mais fácil um burguês como Tino virar veado do que eu" (Carlos Heitor Cony, *Matéria de memória*, p. 107).

Ser vinho da mesma pipa Ver *ser farinha do mesmo saco*

Ser vinho de outra pipa Ser pessoa de outra qualidade, de qualidade diferente, para melhor [AN].

Ser vivedor Ser ativo, esperto: "É um sujeito vivedor" [BB].

Ser xangai *Bras., RJ*. Ser vulgar, casca-grossa, de elegância ou distinção duvidosa. – Surgiu a expr. na crônica mundana de *O Globo*, de Ibraim Sued, e, durante algum tempo, esteve em moda [RMJ].

Serenar

Serenar na dança Dançar de um modo brando, suave e, de propósito, vagaroso; "dançar muito vagarosamente, sem fazer barulho com os pés" – de acordo com Euclides da Cunha, em *Os sertões* (ver Juvenal Galeno, *Lendas e canções populares*) [FN/FS].

Serenar os ânimos Amainar, arrefecer o estado de beligerância, de irritabilidade; acalmar: "Vamos serenar os ânimos, primeiro, falou?" – Quando se diz que os ânimos estão serenos, quer significar que o espírito de animosidade arrefeceu [JB/TC].

Sernir

Sernir, sernir e não deitar pó *Lus., Alentejo*. Fingir que trabalha muito e não se ver nada feito [GAS].

Serrar

Serrar a velha *Bras., NE, CE*. Costume tradicional, ainda encontrado em Fortaleza nos primeiros decênios do séc. XX, mas hoje relegado a certas zonas rurais, mesmo assim muito simplificado. Tal costume constitui uma advertência e consiste em serrar uma barrica na frente da casa da vítima (geralmente velha, advertindo para que já cuide de seu caixão, ou de casal de concubinos, para que se casem legalmente) [FS].

Serrar de cima Estar bem colocado, de melhor partido; estar em situação vantajosa; dominar. – A expr. vem do fato de que a serra braçal requeria dois serradores, e o de cima ficava em melhor posição porque a serragem não caía na cabeça dele [ABH/AN/FF/GAS].

Serrar serradura Falar sem dizer nada; entreter em conversa sem finalidade [GAS].

Servir(-se)

Servir a carapuça Aplicar-se o caso ou alusão a alguém; convir a alguém uma censura que se faz; convir a censura ou a sátira [AN/FF/GAS].

Servir de arroz *Bras., CE*. Ir só como acompanhante; servir de acompanhante; acompanhar; diz-se de homem que sai com uma mulher sem namorá-la: "A Ritinha serve de arroz pro irmão dela, o Guto" [CGP/JB/TG/TGa].

Servir de capa Encobrir alguma falta [GAS].

Servir de chá *Bras., SP*. Ser objeto de zombaria [LCC].

Servir de cobaia Prestar-se a experiência; servir de experiências [AN/GAS].

Servir de degrau Ajudar a subir na vida [AN].
Sin.: *servir de escada*

Servir de escada Ver *servir de escada*

Servir de galheteiro Andar de braço dado, uma pessoa alta, no meio de duas mais baixas [GAS].

Servir de gato morto Prestar-se a papéis simulados, no interesse de outros. – A expr. parece buscar-se na fábula do gato que se fingia de morto para apanhar os ratos, mas revela certo desvio de sentido (ver João Ribeiro, *Frases feitas*) [AN].

Servir de isca Ser meio empregado para atrair alguém: "... Então só servi de isca para você comover a pobre da madrinha?" (Mário Palmério, *Vila dos Confins*, p. 148) [AN].

Servir de jarro Ir à festa e não ser tirada para dançar [Net].

Servir de melhoral *Bras., CE.* Servir de remédio; remediar: "Toma isso, cara, isso serve de melhoral, pode melhorar ocê" [JB/TG].

Servir de palito Ser objeto ou alvo de escárnio; dar-se ao desfrute [AN/GAS].

Servir de papangu Prestar-se a zombaria [LM].

Servir de pau de cabeleira Diz-se de pessoa que acompanha namorados; proteger amores alheios [AN/FF/GAS].

Servir de pedestal a alguém Concorrer para que alguém se eleve e se distinga, e ficar desprezado e no esquecimento [AC/AN].

Servir de peteca Ser objeto de zombaria, mofa, motejo [AN].

Servir de ponto Diz-se do estudante que ajuda o colega quando chamado à lição ou a fazer o exercício escrito [GAS].

Servir de seis e cinco a alguém *Lus., Minho.* Servir de alcoviteiro [GAS].

Servir de veículo Ser o transmissor [AN].

Servir para remendo Ser chamado depois; ser convidado depois [AN].

≠ **Não servir para retalhado** *Bras., RS.* Não se deixar desmoralizar [AJO].

Servir-se da prata da casa Servir-se dos recursos próprios; empenhar sua baixela para não pedir dinheiro emprestado a ninguém (João Ribeiro, *Frases feitas*) [AN].

Soar

Soar a hora Chegar o momento [GAS].

Soar a rachado Produzir som fora do vulgar, som chocho (falando-se de lança ou de sinos quando fundidos) [GAS].

Soar bem Agradar; produzir boa impressão [GAS].

Soar mal Desagradar; produzir má impressão [GAS].

Sobrar

Sobrar pra alguém Ficar responsável; caber a responsabilidade a alguém: "A documentação do bar sobrou pra mim" [JB].

Sobrar pra todo mundo Diz-se em situações em que pessoas arcam com as consequências de algo que não fizeram, em que pagam pelo que não fizeram: "Vai sobrar pra todo mundo. Vai voar caco de..." [JB].

Socar

Socar banha em cu de porco Ver *enfiar toicinho em cu de capado gordo*

Socar canjica Andar mal a cavalo, sacudindo-se todo; diz-se da pessoa que não sabe andar a cavalo e em consequência não neutraliza as sacudidelas que o trote duro e seco provoca no cavaleiro [AJO/AN].

Socar no rabo *Chulo.* Expr. interjetiva de ódio, revolta, desabafo, sugerindo que o interlocutor vá ser pederasta: "Roque já alimentando uma vontade de mandar ele pegar a amizade dele e socar no rabo antes que ele se esquecesse" (João Ubaldo Ribeiro, *Livro de estórias*) [GAS/MSM].

Sin.: *meter no cu*

Socar pilão Ver *bater punheta*

Socar pra dentro Engolir; deglutir; comer: "Ele socou logo pra dentro um pedaço de tapioca e outro tanto de queijo do coalho..." [FS/LM].

Sofrer

Sofrer alfinetadas/uma alfinetada Ouvir algo dito com malícia; receber pequeno golpe (indireta ou charada), mas bastante doloroso, porque desferido com malícia e com a intenção de ferir o amor-próprio da pessoa [AN/GAS/RMJ].

Sofrer as injúrias do tempo Estar arruinado; estar velho, cheio de rugas, de cabelos brancos, arrastando os pés, tremendo com as mãos, sem dentes [AN].

Sofrer calado Enfrentar, sem queixa ou protesto, a adversidade [TC].

Sofrer da bola *Bras.* Ser meio maluco; não ter bom juízo: "Há juízes que sofrem da bola" (Barão de Itararé, 1895-1971, humorista gaúcho, *apud Caras*, seção "Citações", 21/6/02) [ABH/AC/AN/FF].

Sin.: *não bater bem da bola*, *ser ruim da bola*

Sofrer da memória Esquecer-se com frequência [TC].

Sofrer das oiças Ser surdo ou quase surdo [TC].

Sofrer das urinas Ser portador de incômodos renais [TC].

Sofrer de diarreia mental *Bras., S, NE.* Diz-se de quem não tem nada na cabeça, de quem é pobre mentalmente [MSM].

Sofrer do engasgo Sofrer do esôfago ou ter dificuldades na deglutição [TC].

Sofrer do juízo Ser amalucado, louco; dar sinais de loucura; delirar; tresvariar [TC].
Var.: *variar do juízo*

Sofrer do toutiço *Lus.* Diz-se de indivíduo que só faz disparates [GAS].

Sofrer mais do que pé de cego Estar sem dinheiro [AN/FNa/GAS].
Sin.: *andar à/na onça*

Sofrer na própria carne Ressentir-se profundamente de alguma coisa; experimentar pessoalmente: "No Rio de Janeiro, onde alcançara grande prestígio, desenvolvendo-se amplamente, o comércio francês começou a sofrer na própria carne" (Artur César Ferreira Reis, *A Amazônia e a cobiça internacional*) [ABH/AN].
Var.: *sentir na carne*

Sofrer na própria pele Experimentar algo penoso ou difícil pessoalmente: "E assim, por conhecer profundamente a causa pública e a natureza humana, estar sempre pronto a usufruir diariamente o gozo de pequenas provações e a sofrer na própria pele insuportáveis vantagens" (Millôr Fernandes, *Todo homem é minha caça*, p. 34) [ABH/AN].
Var.: *sentir na (própria) pele*

Sofrer o que o diabo enjeitou Sofrer demasiadamente: "Eu também sofri o que o diabo enjeitou" (Jáder de Carvalho, *Aldeota*) [TC].
Var.: *passar o que o diabo enjeitou*

Sofrer pairo *Lus.* Resistir bem; não esmorecer; aguentar com firmeza [GAS].
Var.: *sustentar pairo*

Sofrer pressão *Desp.* Ser objeto de ataques incessantes do adversário [HM].

Sofrer privações Passar fome, sentir necessidade: "– Leve, não deixe o bichinho sofrer privações" (João Clímaco Bezerra, *Não há estrelas no céu*, p. 234).

Sofrer que nem cabo de chapéu-de--sol de parteira Sofrer em demasia [LM/TC].

Sofrer que nem "cacunda" de anão em ruge-ruge de eleição Ver *padecer que só sovaco de aleijado em muleta*

Sofrer que nem couro de pisar fumo Sofrer em demasia, em excesso [TC].
Sin.: *padecer que só sovaco de aleijado em muleta*
Var.: *sofrer que nem couro de fazer torrado, fazer que nem couro de pisar tabaco*

Sofrer que nem/que só pé de cego em porta de igreja Sofrer muito, bastante; padecer muito ou continuamente [LM/TC].
Sin.: *padecer que só sovaco de aleijado em muleta*
Var.: *sofrer que só/mais do que pé de cego*

Sofrer que só/mais do que pé de cego Penar; passar por dificuldades; sofrer muitíssimo [ABH/AN/FN/FNa/GAS]. ♦ Tais expr. são de um tom preconceituoso, porém às vezes sem má intenção, bem ao gosto pop.
Var.: *sofrer que nem/que só pé de cego em porta de igreja*

Sofrer tratos de polé Ser submetido a um exame difícil, a interrogatório rigoroso e demorado [GAS].

Sofrer uma alfinetada.

Sofrer uma rebordosa *Bras.* Ter prejuízo [BB].

Soltar

Soltar a bomba *Desp.* Desferir chute muito violento na bola [HM].
Sin.: *soltar o pé*

Soltar a bruxa *Bras., BA.* Distribuir confusão [Net].

Soltar a franga *Bras., gír.* **1.** "Galinhar"; fazer sexo; desinibir-se: "Todos aplaudindo minha coragem de ter, afinal, assumido, soltando a franga pra todo mundo ver e saber" (Aírton Monte, *O Povo*, 15/10/97, p. 2B); "Para nós, o negócio é soltar a franga. Mas, para os iogues tântricos, o tesão despertado é a imagem de uma serpente, a Kundaline" (*Playboy*, jun./1997, p. 106); "Cubanos soltam a franga no Periquiton! E diz que aí chegou a polícia e deu um baculejo por 'perturbação da paz'" (José Simão, *O Povo*, 28/8/97, p. 7B); "Depois de qualquer festa, a americana não quer nem saber se é motorista ou o quê o homem que está do lado dela. Ela solta a franga mesmo" (Edgar Alves, *Marie Claire*, jul./1998, p. 96); "O tema é bem curioso: 'Eu era careta e agora soltei a franga'" (*O Povo*, 3/10/97, p. 2A); "Ela gosta mesmo é de soltar a franga". **2.** Apressar: "Solta a franga, menina, estamos esperando." **3.** Desmunhecar; assumir modos afeminados; fazer sexo anal: "A bicha adora soltar a franga" [GM/JB/NL].

Soltar a(s) gaita(s) Desembolsar dinheiro [TC].

Soltar a grana 1. Gastar dinheiro: "O menino rico adora soltar a grana do pai." **2.** Pagar a despesa, a conta: "– Vamo (*sic*) lá, pessoal! Tá na hora de botar a mão no bolso e soltar a grana!" (Ricardo Azevedo, *A hora do cachorro louco*, p. 5) [JB]

Soltar a língua 1. Dizer o que lhe apetece; contar tudo o que sabe; falar sem receio; revelar tudo; falar demais; começar a falar; falar com soltura: "Solta a língua, seu viado (*sic*), fale tudo o que sabe sobre o corno." **2.** Tagarelar: "O matuto gosta de soltar a língua" (pe. Antônio Vieira (CE), *Sertão brabo*) [FF/GAS/JB/TC].
Var.: *desatar a língua*

Soltar a língua em cima de alguém Descompor alguém [AN].

Soltar as descargas *Bras., gír.* Vomitar: "O cara gosta de soltar as descargas" [JB].

Soltar as ferraduras *Bras., gír.* Engrossar, zangar-se: "O chefe é brabo e gosta de soltar as ferraduras" [JB].

Soltar as patas *Bras., RS.* **1.** Brigar, putear; gritar com alguém. **2.** Desprezar. **3.** Escoicear; dar coices [LAFa].
Sin.: *largar os pés*
Var.: *largar/sentar as patas*

Soltar as penas *Bras., S, RJ.* Diz-se da mulher infiel [MSM].

Soltar as plumas *Bras., gír.* Exibir-se espalhafatosamente: "A bicha louca tava soltando as plumas no xadrez" [JB].

Soltar a taramela Começar a falar [AN].

Soltar a trela Ver *afrouxar a rédea*

Soltar a voz Cantar; falar; gritar: "Artistas soltam a voz pelos refugiados de Kosovo" (*Jornal da Rua*, 1º/6/99, p. 8); "Cantei. Por sobre os terraços adormecidos da muçulmana Alexandria soltei a voz dolorida, voltado para as estrelas..." (Eça de Queiroz, *A relíquia*, p. 70) [GAS].

Soltar balão *Bras., gír.* Mentir; contar mentira: "O Mané solta balão, descaradamente. Mente pracaralho" (*sic*) [JB].

Soltar batatas Cometer erros de gramática [TC].

Soltar busca-pé Diz-se de rapazola de tendências afeminadas que aprecia requebros e outras formas de manifestação de suas convicções íntimas [RBA].

Soltar com uma lata ao rabo Despedir de modo humilhante. – A expr. vem da prática desumana de amarrar uma lata ao rabo de um cachorro e escorraçá-lo para ele sair correndo [AN].

Soltar farpas Fazer críticas veementes: "Para arrematar, a bunda-símbolo de *Bundas*, desenhada por Jaguar, é prima do ratinho sabido que soltava farpas pelas páginas do *Pasquim*" (Eleuda de Carvalho, *O Povo*, 22/6/99, p. 1B).

Soltar foguete *Bras.* Olhar para trás, procurando divisar, mais de uma vez, a namorada (ou o namorado); caminhar voltando-se constantemente, a olhar para trás: "O namoro deles é um namoro roxo: quando ele passa é soltando foguete até dobrar a esquina" (Leonardo Mota, *Violeiros do Norte*, p. 254) [LM/TC].

Soltar foguetes Dar manifestações intensas de regozijo [ABH].

Soltar gargalhadas Rir espalhafatosamente: "Fujo dos negociantes que soltam gargalhadas enormes, discutem política e putaria" (Graciliano Ramos, *Angústia*, p. 8).

Soltar mó veneno *Bras., gír.* Falar mal: "... terminando o namoro, porque ela soltou mó veneno contra ele" [Vivianne Banharo, *Pais & Filhos*, Família, I, ago./1998, p. 49].

Soltar o(s) barro(s) *Bras., gír., chulo.* Defecar; cagar: "Vou ao banheiro soltar o barro" [ABF/CGP/JB/LAF/Mga/Net/NL].

Sin.: *amarrar a gata* (2)

Var.: (CE) *arriar o barro*, (MG) *bater um barro*, (NE) *derrubar o barro*, (BA, RJ) *jogar um barro*, (RS) *largar um barro*, (RJ) *liberar um barro, soltar um barro*

Soltar o bicho 1. *Bras., AL.* Diz-se de mulher ou de pederasta que aceita uma transa. **2.** *Bras., gír.* Matar gente: "A polícia soltou o bicho na Baixada" [JB/Net].

Soltar o bode *Bras., gír.* Ir embora; sair: "Vou soltar o bode, mano, cansei de ficar neste lugar" [JB].

Soltar o freio 1. Dar ampla ou plena liberdade; deixar à solta. **2.** Passar dos limites: "Vou soltar os freios, num guento mais ficar sozinho segurando as pontas neste caso de amor" [AN/JB].

Soltar o gogó Cantar; interpretar canções: "No dia 25 ele subiu ao palco no Espaço Picadeiro, em São Paulo, para soltar o gogó, cantando desde Djavan até Bee Gee's" (*Contigo!*, 7/9/99, p. 14).

Soltar o laço Livrar-se de um perigo [GAS].

Soltar o pé Ver *soltar a bomba*

Soltar os bichos *Bras., gír.* **1.** Ficar furioso: "O chefe soltou os bichos." **2.** Agir: "Vou soltar os bichos, saiam da frente" [JB].

Soltar os burros *Bras., gír.* Agir com palavras agressivas para com outra pessoa; ser hostil, grosso, mal-educado [JB].

Soltar os cachorros Mostrar-se hostil, agressivo; ficar nervoso, furioso; realizar a briga que já se prenunciava: "Mas, na hora de escrever sobre sexo, enquanto os ingleses soltam os cachorros, nós, almas brasílicas, seguramos a franga" (Geraldo Carneiro, *Bundas*, 12/7/99, p. 8); "Os atores Fernando Alves Pinto, Marília Medina e Regina França soltam os cachorros e transformam o espetáculo num programa divertidíssimo" (equipe *Bundas*, 8/5/00, p. 46) [ABH/CLG/JB/LAF/MPa].

Var.: *botar os cachorros*

Soltar os cachorros em cima de 1. Insultar; xingar; apostrofar: "Descompunha Quincas de Barros, soltava os cachorros em cima dele" (José Cândido de Carvalho, *Olha para o céu, Frederico!*, p. 38); "Minha mulher soltou os cachorros em cima do açougueiro que lhe vendera carne estragada". **2.** Discutir acaloradamente com; altercar com: "... menos pelos belos olhos de Boneco do que pela satisfação que Zé sente em soltar os cachorros em cima de quem enche o saco" (João Ubaldo Ribeiro, *Livro de histórias*, p. 169) [ABH/DT].

Soltar os foguetes e apanhar as flechas *Bras., BA.* Rir das próprias piadas [Net].

Soltar o verbo Falar; expressar sem reserva, ao falar, declamar ou escrever; expressar tudo o que vem à cabeça; falar o que bem quiser: "Gaiarsa nunca teve medo de soltar o verbo, abrir seus pensamentos e conhecimentos, seja para colegas, amigos, programas de tevê e inimigos" (Ângela Oliveira, *IstoÉ*, 1º/3/00, p. 8); "Crente que estava abafando, o dito-cujo soltou o verbo. E tome besteira!" (Regina Marshall, *Diário do Nordeste*, 18/3/00, p. 7); "Vou soltar o verbo e dizer tudo o que sei" [JB].

Var.: *deitar o verbo* (1)

Soltar pilhéria *Bras.* Dar piada, cantada; jogar indireta (com fins de sedução ou iron.) [BB].

Soltar pum *Chulo.* Peidar: "O velho vive soltando pum" [JB].

Soltar (um) traque *Chulo*. Peidar: "Homem baixo só serve para soltar traque em samba" (dito pop.) [TC].

Soltar uma gargalhada Rir-se alto: "Certo então de que Luizinha não poderia, pela presença do mulato, estar em outra parte, perdeu de todo a razão e soltou uma gargalhada estridente com aquela ameaça terrível que fez tremer a todos" (T. A. Araripe Jr., *Luizinha*, p. 112) [GAS].

Soltar um balão de ensaio Lançar uma notícia, tentar uma experiência para sondar o terreno, tatear a opinião sem se comprometer [AN].

≠ **Não soltar um pio** Não se pronunciar; omitir-se; silenciar: "Dois meses depois, o Palácio do Planalto não soltou um pio sobre a correspondência nem sobre o fortíssimo discurso feito na tribuna do Senado, na terça-feira 14" (Mino Pedrosa & Wladimir Gramacho, *IstoÉ*, 22/9/99, p. 26).

Var.: *não dar (um/nem um) pio*

Sondar

Sondar o coração Espreitar os sentimentos [AN].

Sonhar

Sonhar acordado Devanear; fantasiar [GAS].

Sonhar alto Fazer projetos de difícil realização; sonhar com coisas impossíveis; pensar, filosofar, querer muito: "O meu amigo sonha alto, muito alto, vive nas nuvens" [GAS/JB].

Var.: *voar alto*

Sonhar com ladrões *Lus*. Imaginar coisas; sonhar com projetos ambiciosos e irrealizáveis [GAS].

Sonhar com o pai *Lus*. Embriagar-se: "Ontem, lá na festa, ele sonhou com o pai, fez um monte de besteiras" [GAS].

Sonhar um Eldorado Sonhar um lugar de riquezas em abundância, fáceis de conquistar. – Os conquistadores espanhóis davam fé às narrações dos índios rel. à maravilhosa cidade de Manoa, com telhados de prata, situada entre o Amazonas e o Orenoco. A lenda se refere aos reis dos chibchas, índios da Colômbia (ver Antenor Nascentes, *América do Sul*) [AN].

Soprar

Soprar aos ouvidos Ver *soprar nas orelhas*

Soprar a palheta Ver *agachar a palhinha*

Soprar a pemba *Umb*. Ritual em que o pai de santo sopra o pó de giz branco (raspando de uma pemba), para descarregar os maus fluidos do ambiente. ♦ Pemba é um tipo de giz grosso, utilizado nos rituais de umb. e cand. [OGC].

Soprar e comer *Ant*. **1.** Comer sem aguardar que o alimento esfrie; engolir quente. **2.** Não perder tempo; ter preferência pelas soluções imediatas: "Voltando do cemitério pleiteou o emprego do defunto. Foi soprar e comer!" [LCCa]

Soprar nas orelhas Segredar; dizer segredos: "Só queria acabar com essas caraminholas que giram pela Comarca inteira e já sopram nas orelhas do Senhor Bispo" (Sebastião Martins, *A dança da serpente*, p. 57) [GAS].

Sin.: *soprar aos ouvidos*

Sossegar

Sossegar a pitanga *Bras., gír*. Ficar calmo: "Seria bom que o amigo sossegasse a pitanga" [JB].

Sossegar o facho *Bras., NE, S*. Aquietar-se; acalmar-se; ficar quieto, calmo: "Tu sossega o facho, guria"; "Sossegue o facho, amigão, fica frio". – Dito especialmente como repreenda contra gente mais jovem [AN/DVF/JB/LAF].

Var.: *baixar o facho* (1)

Sossegar o(a) periquito(a) *Bras., NE*. Ficar calmo; deixar de afobação ou de excitação; acalmar-se [FN/FNa].

Sin.: *baixar o fogo* (1)

Var.: *sossegar o(a) priquito(a)*

Sossegar o pito *Bras., S, fam.* Acalmar-se; sossegar; aquietar-se: "Você já brincou demais: agora sossegue o pito" [ABH/AC/AJO/AN].
Var.: *baixar o facho* (1)

Sovar

Sovar a fumaça *Bras., BA.* Tragar profundamente a fumaça do cigarro [FNa].

Suar

Suar a bom suar Ver *dar que suar*

Suar a camisa 1. Fazer um grande esforço; esforçar-se; não se poupar para conseguir um bom resultado; mostrar disposição tenaz e excepcional combatividade: "É preciso suar a camisa, cara, para sair dessa." – A expr. vem do futebol. **2.** *Desp.* Disputar uma partida com paixão [AN/GAS/HM/JB/RMJ].
Var. (1): *vestir a camisa*

Suar as estopinhas *Lus.* Suar muito por esforço prolongado. – Segundo Antônio Tomás Pires, a frase deriva do jogo das estopinhas, que consiste em um movimento das mãos batendo nas do parceiro, ao mesmo tempo proferindo "Estopa, linho, lã", e que se empregava para aquecer as mãos nas noites de inverno [GAS].

Suar em bica(s) Suar muito; transpirar demais, copiosamente [ABH/AN/CLG/CPL/GAS].
Sin.: *esvair-se em suor*

Suar frio 1. Estar em situação difícil, complicada; estar em apertos; ter grande trabalho com alguma coisa; encontrar embaraços: "Deu pra suar frio, porra." **2.** Sofrer castigo, perseguição [AN/GAS/JB/TC].
Sin. (1): *ter suores frios*

Suar juntos *Bras., S, SP.* Copular: "Nas 24 seguintes, ele tropica numa italiana cinemalizada do Hotel Lutetia e combina de jantar e suarem juntos" (Oswald de Andrade, *Memórias sentimentais de João Miramar*) [MSM].

Suar por todos os poros Suar muito: "Dr. Jessé suava por todos os poros" (Jorge Amado, *Terras do sem fim*, p. 116) [AN].

Suar que só tampa de chaleira *Bras., NE.* Suar, transpirar muito: "– Por quê? – Porque vaminçê sua que só tampa de chaleira..." (Leonardo Mota, *Sertão alegre*, p. 167) [LM].

Suar sangue Ter grande trabalho; ter trabalho em excesso; afadigar-se em extremo; realizar esforço exaustivo [ABH/AN].

Subir

Subir a bandeira *Desp.* Marcar impedimento ou a saída de bola do campo de jogo: "Subiu a bandeira" [HM].
Sin.: *subir a flanela*

Subir à cabeça 1. Sentir-se muito poderoso, importante; julgar-se de dotes excepcionais; inebriar-se: "O dinheirão que tenho a receber nunca me subiu à cabeça. Sei que sou quase uma milionária, mas ainda não sou" (uma leitora, *Marie Claire*, jun./1999, p. 130); "Com o passar dos dias, entendemos que a postura de Gilberto Gil não era só porque a fama lhe subira à cabeça, mas principalmente pela sua atração ideológica pelos poderosos" (Mariano Freitas, *Nós, os estudantes*, p. 62). **2.** *Bras., Umb.* Diz-se do orixá, quando este penetrar na cabeça da *iaô*, i. e., nela incorporar [GAS/OGC, s. v. "SUBIU À CABEÇA"].

Subir à cadeira Prelecionar; discursar [GAS].

Subir a cor ao rosto Corar; envergonhar-se [GAS].

Subir a festo /ê/ Subir encosta acima, sem ladear, como a tesoura cortando o pano pelo festo [ABH].

Subir a flanela Ver *subir a bandeira*

Subir a lomba *Bras., RS, ant.* **1.** Comparecer a cartório para pagar promissória vencida ou para fazer uma promissória, especificamente por causa do cartório de protesto de títulos. **2.** Morrer [LAFb].

Subir a mostarda ao nariz *Fam.* Perder a paciência; ter um acesso de fúria; zangar-se; irritar-se; ficar furioso: "Ao ouvir o insulto, subiu-lhe a mostarda ao nariz." – A expr. faz referência ao engano cometido quando se leva ao nariz mostarda e não rapé [ABH/AC/AN/GAS].

Sin.: *chegar o vinagre ao nariz*
Var.: *chegar a mostarda ao nariz*, (lus.) *subir a montaria ao nariz*

Subir ao capitólio *Lus*. Alcançar um grande triunfo [GAS].

Subir ao céu Morrer na graça de Deus [FF].

Subir ao trono Começar a reinar [AN/FF].

Subir a pulso Subir à custa do seu esforço [GAS].

Subir a rampa *Bras*. Subir a rampa do Palácio do Planalto (DF): "O sonho de todo babaca é subir a rampa" [JB].

Subir bonito *Desp*. Saltar com decisão e elegância para recolher a bola [HM].

Subir com o carro a andar *Lus., Col. Mil*. Entrar na formatura indo esta já em marcha [GAS].

Subir de ponto Aumentar; crescer; subir: "No inverno, o lençol freático sobe de ponto sensivelmente" [ABH/AC/AN/FSB].

Subir-lhe os calores 1. Ficar furioso, irritado. **2.** Diz-se de senhora na menopausa [GAS].

Subir livre *Desp*. Saltar sozinho para cabecear [HM].

Subir mais cedo *Bras., gír*. Morrer: "O malandro subiu mais cedo, foi chamado por satanás" [JB].

Subir na cabeça *Bras., gír*. Fazer sucesso: "A glória subiu na cabeça dele. O cara tá nas nuvens" [JB].

Subir na ponta do facão *Bras., gír*. Morrer esfaqueado: "O bandidão subiu na ponta do facão e morreu assassinado" [JB].

Subir nas tamancas *Bras., gír*. Reagir; irritar-se; exasperar-se: "Diante da ameaça do presidente da Fifa de tirar o Brasil do Mundial de 2002, o cronista esportivo Armando Nogueira subiu nas tamancas e mandou Joseph Blatter ir 'lamber sabão'" (*Bundas*, 7/11/00, p. 9); "Vou subir nas tamancas contra esses viados" (*sic*) [ABH/JB].

Var.: *pular nas tamancas*

Subir na vida Realizar-se; sair-se bem; obter vitória ou sucesso; ascender social e economicamente, sem importar os meios empregados (i. e., até por meios ilícitos): "– Não tem como um bom pau-de-fogo para fazer o sujeito subir na vida. Não tem!" (José Cândido de Carvalho, *Porque Lulu Bergantim não atravessou o Rubicon*, p. 9).

Subir no salto *Bras., gír*. Sair à noite: "Vou subir no salto hoje à noite. Vou passar em vários lugares" [JB].

Subir no telhado *Bras., gír*. Expr. us. para se referir a algo que deixará de acontecer, de existir: "Subiu no telhado a nomeação Mendonça de Barros para a Petrobras" [JB].

Subir o cartaz Aumentar a fama [OB].

Subir o elevador Ganhar; vencer: "O Brasil tá subindo o elevador, como diz o Marco Antônio, da Band" [JB].

Subir o morro *Desp*. Jogar em cidade de elevada altitude [HM].

Subir o muro Ultrapassar os limites; exceder-se na sua missão [OB].

Subir o sangue à cabeça Ficar exasperado, enfurecido, encolerizado; exasperar-se; ficar irritado, furioso. – O povo conhece as alterações que os sentimentos trazem à circulação normal do sangue, daí a expr. [ABH/AN/CLG/FF/GAS].

Subir parede *Bras., NE*. Diz-se de quem se encontra sexualmente excitado: "No cinema, ao ver as cenas avançadas, ele ficou subindo parede" [MSM]. ♦ Uso, em geral, no gerúndio.

Subir pelas paredes Enfurecer-se; ficar com raiva: "O chefe dele tava subindo pelas paredes" [GAS/JB].

Var.: *trepar às paredes*

Sujar(-se)

Sujar a água que bebe Ver *cuspir no prato em que/onde comeu*

Sujar a barra *Bras., gír.* Criar problema: "Vamos sujar a barra deste filha da puta" (*sic*) [JB].
Sin.: *sujar a praia*

Sujar a calça Borrar-se; ter medo: "O cara sujou a calça, é um cagão" [JB].

Sujar a farda Cometer ação indigna de honra militar [GAS].

Sujar a porcelana Ver *amarrar a gata* (2)

Sujar a praia *Bras., gír.* Criar problema: "Com suas declarações, o Edinho sujou a praia do Fluzão" [JB].
Sin.: *sujar a barra*

Sujar as mãos 1. Fazer um furto. **2.** Corromper-se: "Não vou sujar as mãos com pouca merda" [AN/JB].
Sin. (2): *sujar os dedos*

Sujar as mãos em alguém Bater em quem só merece desprezo [GAS].

Sujar geral *Bras., gír.* Falhar; estragar alguma coisa; dar tudo errado: " – Xiii, sujou geral! – disse Ding, os olhos fixos, arregalados, acompanhando César e o rapaz engalfinhados e rolando pelo chão numa desajeitada mas violenta troca de socos" (Júlio Emílio Braz, *A coragem de mudar*, p. 30) [JB].
Var.: (RJ) *babar geral*

Sujar o avental *Desp.* Cometer uma burrada na pequena área, ou defendendo ou atacando: "O artilheiro sujou o avental" [HM].

Sujar os dedos *Bras., gír.* Corromper-se: "Não sou homem de sujar os dedos com porcaria" [JB].
Sin.: *sujar as mãos* (2)

Sujar-se com alguém *Bras., CE.* Perder o conceito da parte de alguém; indispor-se com alguém [RG].

Sumir

Sumir como manteiga em focinho de cão Sumir no mesmo instante, imediatamente [AN].

Sumir do mapa Desaparecer: "Vou sumir do mapa, num guento mais, encheu o saco" [CLG/JB].
Sin.: *sumir do pedaço, sumir pelas portas do fundo*
Var.: *sair/varrer do mapa*

Sumir do pedaço Desaparecer: "O cara sumiu do pedaço, ninguém sabe mais dele, tomou doril" [JB].
Sin.: *sumir do mapa*

Sumir o chão debaixo dos pés Ficar aturdido; perder momentaneamente o controle, a presença de espírito: "Sentiu o chão sumir-se debaixo dos pés" (pe. J. J. Dourado, *Uma história por dia*) [TC].

Sumir pelas portas do fundo Ver *sumir do mapa*

Surfar

Surfar na internet *Bras., gír., inform.* Buscar informações na internet: "A nova onda não é a batata do Rubinho, mas surfar na internet" [AT/JB].
Sin.: *surfar na rede*
Var.: *navegar na internet*

Surfar na polenta *Bras., RS.* Delirar. dizer besteira, fazer deduções ou ilações totalmente imprevisíveis [LAFb].

Surfar na rede Ver *surfar na internet*

Surfar no iogurte *Bras., gír.* Querer facilidade: "Se você quer surfar no iogurte, não é comigo" [JB].

Surtir

Suspender

Suspender as regras 1. Haver interrupção anormal do ciclo menstrual. **2.** Atingir a menopausa [TC].

Suspirar

Suspirar por alguém Ter amor a alguém; desejar alguém ardentemente [FF/GAS].

Sustentar

Sustentar à argola Manter, sustentar um ocioso [GAS].

Sustentar a caçula. *Bras., CE*. Ao socar o pilão, manter o ritmo sem o encontro das mãos de pilão [RG].

Sustentar a nota Resistir. – A metáfora talvez venha do meio musical, com alusão às fermatas [AN].

Sustentar a palavra Confirmar aquilo que foi dito [TC].

Sustentar a pisada Acompanhar, aguentar o ritmo: "Compadre Vicente, sustente a pisada com os mata-cachorros" (José Lins do Rego, *Cangaceiros*) [TC].

Sustentar a razão Manter o ponto de vista; ter opinião própria e defendê-la com segurança: "Só se meta com homem que sustente a razão" (José Lins do Rego, *O moleque Ricardo*) [TC].

Sustentar burro a pão-de-ló Manter alguém no luxo; gastar dinheiro em vão; alimentar vício financeiro; diz-se do quanto seria dispendioso alimentar pessoas dadas ao vício de exagerar no comer: "Isto não vou fazer, sustentar burro a pão-de-ló" [JB/Net/RBA].

Sustentar o brio Cumprir sempre os próprios deveres: "Me dizem que eu não trabaio, / Que eu não sustento o meu brio: / Assim mesmo preguiçoso, / Sustento muié e fio" [LM].

Sustentar o canjirão. *Bras., CE*. Resistir, não esmorecer, não afrouxar [RG].

Sustentar o rojão 1. Suportar o trabalho; dar andamento à tarefa empreendida: "Aguenta o toco! Sustenta o rojão!" (José Américo de Almeida, *A bagaceira*). **2.** Manter a mesma andadura, em viagem prolongada [TC].

Var.: *aguentar o rojão* (1)

Sustentar o toco Resistir: "Cantador, sustente o toco / Que eu quero ver seu talento: / Sendo de aço, eu envergo, / Sendo de ferro, rebento!" [LM].

Var.: *aguentar o toco*

Sustentar um agudo *Bras., S, RJ, gír. artística*. Praticar a pederastia passiva (Sylvio Abreu, *in* art.) [MSM].

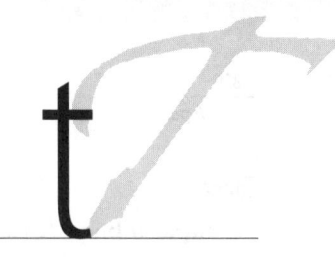

Tabaquear

Tabaquear o caso 1. Submeter o caso a apreciações sucessivas ou comentá-lo tranquilamente. **2.** Interromper a conversação para sorver uma narigada de fumo torrado; tomar rapé: "Voltou a 'tabaquear o caso' e estrondou os ares com forte espirro" (Leonardo Mota, *No tempo de Lampião*, p. 43). – "Vamos tabaquear o caso" é fórmula gentil de pedido ou oferecimento de torrado (rapé) e demonstração de cordialidade entre interlocutores. **3.** Comentar pilhericamente o caso. **4.** *Lus.* "Divertir-se à custa de alguém com quem está conversando" (Alberto Bessa, *A gíria portuguesa*) [ABH/AN/FF/LM/RG].

Tabelar

Tabelar na perna do adversário Lançar bola à perna do adversário para em seguida retomá-la: "Pelé era um craque em tabelar na perna do adversário" [HM].

Tacar(-se)

Tacar a faca Esfaquear: "Eu ia lhe tacar a faca" (Sinval Sá, *O sanfoneiro do riacho da Brígida*) [TC].
Var.: *comer (à/de/na) faca*

Tacar a mão Esbofetear; dar taponas: "Já há meses tinha vontade de lhe tacar a mão" (Rachel de Queiroz, *Dora, Doralina*) [TC].
Var.: *assentar a mão* (2)

Tacar fogo 1. Incendiar; queimar, arder, fazer arder, tocar fogo. **2.** Atirar com arma de fogo: "– Agora vamos tacar fogo – ordenou o comandante" (Carlos Drummond de Andrade, *Contos de aprendiz*, p. 53) [TC].
Var. (2): *baixar fogo*

Tacar o facão Espaldeirar; bater, usando o facão: "Tacou o facão rabo-de-galo nos punhos da rede" (Mário Landim, *Mãe d'água e caipora*) [TC].
Var.: *banhar de facão*

Tacar o pau 1. Espancar: "Taquei-lhe o pau na cabeça" (Mílton Dias, *As outras cunhãs*). **2.** Começar: "Tacou o pau a dizer asneiras." **3.** Gastar; esbanjar: "Do que sobrou, Elpídio tacou o pau em tudo" (W. Bariani Ortêncio, *Sertão sem fim*) [TC].
Var. (1): *baixar o pau* (1)

Tacar-se no chão Cair: "... até que o cara desvanecido tacou-se no chão feito morto" (Mário Landim, *Mãe d'água e caipora*) [TC].

Talhar

Talhar à vontade *Lus.* **1.** Gastar à larga. **2.** Dividir em grandes porções [GAS].

Talhar carapuças Exercer com habilidade a arte da censura, sem designação de pessoa, mas com alvo certo; fazer alusões, ou dizer piadas, indiretas para melindrar alguém [ABH/AN/GAS/RMJ].

Talhar o ar *Lus., Vila do Conde.* Espécie de feitiço, magia, que emprega rezas, praticado pelos pescadores para curar doenças [GAS].

Talhar os dentes *Lus., Barcelos.* Embotar os dentes; ter os dentes sensíveis [GAS].

Tanger

Tanger o braço Espancar com taponas; esbofetear: "Um sujeito alto, meio à discussão, tangeu-lhe o braço" [TC].
Var.: *enfincar o braço*

Tanger o pau Espancar: "O velho chamou-o à parte e lhe tangeu o pau no couro" (pe. J. J. Dourado, *Uma história por dia*) [TC].
Var.: *baixar o pau* (1)

Tapar

Tapar a boca 1. Fazer calar por meio da verdade dos fatos. **2.** Calar-se [ABH/AC/AN/FF/GAS].

Tapar (um) buraco 1. Pagar dívida. **2.** Remediar uma situação difícil; suprir uma falta: "Na ânsia da donzela, no arrebatamento da viúva, corno por antecipação, onde já se viu? Quem tapa buraco é ajudante de pedreiro" (Jorge Amado, *Tocaia Grande*, p. 110) [ABH/AC/AN/FF/GAS/OB].

Tapar buracos Consertar mal; remendar; usar de paliativos [AN].

Tapar o cu com barro *Chulo*. Diz-se de tudo que é demasiado, excessivo: "Fulano tomou um porre de tapar o cu com barro" [MSM].

Tapar o sol com a mão Tentar enganar a si próprio no tocante a fatos nunca descartáveis; tentar negar fatos palpáveis, que não se podem esconder [LM/RBA/TC].

Var.: *cobrir o sol com a mão, tapar o sol com (a/uma) peneira*

Tapar o sol com (a/uma) peneira Esconder o que toda a gente conhece; fugir à evidência; negar ou dissimular o que é evidente; não conseguir esconder o que é evidente; negar algum fato conhecido por todos; fazer um esforço malsucedido para ocultar uma asneira, ou tentar dissimular alguma atitude suscetível de ser interpretada de maneira desfavorável; pretender esconder o que é notório e todos veem; querer esconder o que todos estão vendo; tentar negar fatos palpáveis, irrefutáveis; tentar o impossível, porque os raios do sol se filtrarão pelos crivos: "Atribuir a derrota de Patrícia ao apoio do Cambeba é querer tapar o sol com a peneira" (Alan Neto, *O Povo*, 15/10/00, p. 4); "Não queira tapar o sol com uma peneira, Doutor Darley" (Aníbal Bonavides, *As profecias do Arquimedes*, p. 307); "Fernando Henrique disse que não adianta tapar o sol com a peneira, ao avaliar a necessidade de criar a CPI do Judiciário" (*O Povo*, 27/3/99, p. 11A); "Quer tapar o sol com peneira, mas é impossível: o escândalo é público e notório"; "Não adianta querer tapar o sol com a peneira; todos já perceberam que vocês dois estão apaixonados" [ABH/AN/CLG/DT/GAS/JB/LM/MPa/RMJ/TC].

Sin.: *cobrir o céu com (uma) joeira*

Var.: *cobrir o sol com uma peneira; tapar o sol com a mão*

Tapar os ouvidos *Fig*. Negar-se a ouvir; não querer ouvir (razões ou escusas); cerrar os ouvidos; não prestar atenção ao que se diz; não ligar, não dar ouvidos à maledicência, aos comentários: "O melhor é tapar os ouvidos" (Fran Martins, *Estrela do pastor*) [ABH/AC/AN/FF/FSB/GAS/TC].

Var.: *cerrar/fechar os ouvidos*

Tapar todos os becos Não permitir meios de defesa ou não dar margem a desculpas [TC].

Var.: *tomar todos os becos*

Tardar

Tardar a fala Gaguejar [GAS].

Tardar mas arrecadar Depois de esperar muito, conseguir ainda mais do que esperava [GAS].

≠ **Não tardar uma loja de barbeiro** *Lus*. Não demorar nada [GAS].

≠ **Não tardar uma unha negra** *Lus*. Não demorar; estar muito próximo de chegar [GAS].

Tascar

Tascar uns pipocos *Bras., gír*. Atirar: "Vou tascar uns pipocos em cima desses viados" (*sic*) [JB].

Tatear

Tatear alguém Sondar alguém para conhecer sua opinião [GAS].

Tatear terreno Procurar saber a opinião dos outros [GAS].

Tecer

Tecer loas a Elogiar; lisonjear; fazer louvação a: "É padrão que os discursos de posse na Academia Brasileira de Letras se restrinjam a tecer loas aos ex-donos da cadeira que o novo imortal passa a ocupar" (Ronaldo França, *Veja*, 3/11/99, p. 52).

Temer

≠ **Não temer a Deus nem ao diabo** Ser requintadamente mau; não ser capaz de sentir remorsos [AN].

Temperar

Temperar a goela 1. Pigarrear. 2. Procurar despertar a atenção de alguém com pigarreado [TC].

Temperar a jogada *Desp*. 1. Desfazer lance confuso. 2. Afastar-se com a bola dominada. 3. Preparar a bola para fazer lançamento ou chutar a gol [HM].

Temperar a vida *Bras., NE*. Afinar a vida; pôr a vida no devido tom; levar ou ajustar a vida da melhor maneira possível [RG].

Temperar linha Passar cerol na pipa [NL].

Tentar

Tentar a Deus Fazer coisas perigosas ou dizer iniquidades como para fazer experiência do poder divino [AN].

Tentar a fortuna Ver *jogar a sorte*

Tentar carreira Procurar firmar-se artística e/ou profissionalmente: "... dois discos só com poemas seus, um musicado por Gildário (*Cantos de Patativa*) e José Fábio canta Patativa do Assaré, do garoto de Nova Olinda que foi tentar carreira em São Paulo" (Gilmar de Carvalho, *Patativa do Assaré*, p. 58).

Tentar sair do buraco Procurar superar dificuldades: "Estou tentando sair do buraco, acredito que vou vencer" [JB].

Tentear

Tentear alguém *Lus*. Experimentar, sondar alguém [GAS].

Ter(-se)

Ter a alma nos bofes Estar bastante cansado, esbaforido, ofegante: "... estava deitado de barriga no chão e tinha chegado ali gatinhando e tinha a alma nos bofes, mas ainda segurei com as duas mãos, mirei devagar e carreguei a pedra em cima dele com as duas mãos outra vez e aí pronto..." (João Ubaldo Ribeiro, *Sargento Getúlio*, p. 75).

Ter a barba rija Não se curvar; não deixar vencer; ser enérgico [GAS].
Var.: *ter a barba tesa*

Ter a barriga cheia 1. Ter muito dinheiro. 2. Diz-se de quem comeu bem [GAS].

Ter a barriga como um tambor 1. Ter barriga volumosa e dura. 2. Estar grávida no fim do tempo [GAS].

Ter a batuta na mão Dirigir [AN].

Ter a boca cheia de favas Falar atabalhoadamente [GAS].

Ter a boca cosida Guardar silêncio; ser discreto. – A expr. corre tb. em fr. [RMJ].

Ter a boca suja Andar sempre dizendo palavrões [AN].

Ter abuso de Não gostar de, não suportar: "Apesar de atriz e advogada, minha mulher tem abuso de jornal. E não atura os jornalistas, todos eles uns chatos. Basta eu" (Ronildo Maia Leite, *Um chope para a Gordinha*) [FN].

Ter a cabeça a prêmio Estar prometida uma quantia como prêmio a quem ajudar à sua captura [GAS].

Ter a cabeça cheia *Bras., CE*. Ter o espírito tomado de atribulações, de preocupações [RG].

Ter a cabeça cheia de minhocas Ter a cabeça com ideias preconceituosas [GAS].

Ter a cabeça em água 1. Ter o cérebro cansado por esforço intelectual ou por barulho excessivo e prolongado. 2. Estar muito preocupado: "Tinha cabeça em água, não se lhe tiravam da mente os gritos e as risadas..." (Fialho d'Almeida, *Contos*) [ECS/GAS].

Ter a cabeça moída Ter o cérebro cansado; estar esvaído [GAS].

Ter a cabeça oca Ser descuidado, displicente, irresponsável [TC].

Ter a cabeça ruim Esquecer-se facilmente [TC].

Ter ação 1. Ter coragem, iniciativa: "O senhor já viu homem de farofa ter ação?" (Inez Mariz, *A barragem*). **2.** Ser pródigo, desprendido: "Aqui ninguém tem riqueza, mas porém tem muita ação" (Patativa do Assaré, *Inspiração nordestina*) [TC].

≠ **Não ter acochambração** *Bras., gír.* Não ter solução: "Desta vez não tem acochambração por debaixo do pano, vai ser tudo às claras" [JB].

Sin.: *não ter acordo, não ter apelação, não ter arrego, não ter escapatória, não ter jeito*

Ter a consciência elástica Ser pouco escrupuloso [FF].

≠ **Não ter acordo** Ver *não ter acochambração*

Ter a dita Ter sorte [GAS].

Ter a escola toda Ser muito sabido, experiente, vivido, manhoso [GAS].

Var.: *ter uma grande escola*

Ter a garganta seca Diz-se quando se quer beber [GAS].

Ter agraz no olho *Lus.* Ser perspicaz, esperto [GAS].

Ter água de coco na cabeça Ser bronco, estúpido [AC].

Ter agulha *Lus.* Diz-se de bebidas que têm sabor picante, ácido [GAS].

Ter alguém à perna Ser perseguido, maçado, ameaçado por alguém; ter alguém incitando-o constantemente; ser estimulado ou atormentado com palavras por alguém [ABH/AC/GAS].

Ter alguém de olho 1. Vigiar alguém. **2.** Pensar em alguém com algum intento [GAS].

Ter alguma coisa contra alguém Ter motivo de queixa de alguém [GAS].

Ter alguma coisa no seu horizonte Pretender alguma coisa [AN].

≠ **Não ter alicerces** *Lus.* Não ter bases; não ter meios que lhe proporcionem progredir [GAS].

Ter a língua afiada Ver *afiar os dentes*

Ter a língua comprida 1. Falar mal de alguém; ser falador, fofoqueiro; revelar o que não deve. **2.** Ser malcriado [AN/CA/CLG/GAS].

Ter a língua maior que o corpo *Fam.* Ser muito falador, muito indiscreto [ABH].

Ter a língua pouco limpa Expressar-se habitualmente com palavras grosseiras [AN].

Ter a lira de Anfião Realizar com facilidade um trabalho penoso. – Anfião foi um músico gr. que construiu as muralhas de Tebas vindo as pedras colocar-se por si mesmas nos seus lugares ao som de sua lira de ouro, dada por Apolo [AN].

≠ **Não ter alisado banco de escola** Não haver tido cultivo mental [LM].

≠ **Não ter alma** *Lus.* Não ter coragem; não ter energia; não ter entusiasmo [GAS].

Ter alma até Almeida *Lus.* Ser persistente, tenaz [GAS].

Ter alma de poeta Ser sonhador [GAS].

Ter alma de reiuno *Bras., RS.* Ser indiferente diante da própria honra [AJO].

Ter alta Ser dado como convalescente quase curado [GAS].

Ter altos e baixos Sofrer vicissitudes na vida; ter bons e maus momentos [GAS].

Ter a mania Ser presumido, presunçoso [GAS].

Ter a manjedoura alta *Lus.* Alimentar-se mal [GAS].

Ter à mão Estar perto, ao pé; ter à disposição; ter; dispor naquele momento [GAS/TC].

Ter a mão furada *Bras.* Ser pródigo, esbanjador, manirroto [ABH].

Ter a mão pesada Ser bruto; fazer tudo com demasiada força; dar palmadas que fazem doer; incomodar ou molestar ao mais leve toque [ABH/AN/GAS].

Ter a moleira dura Ser já velho para aprender [GAS].

Ter amor à arte Gostar do ofício que exerce [GAS].

Ter amor à pele Defender a vida [GAS].

Ter amoras *Lus*. Ter dificuldades [GAS].

Ter a morte à cabeceira Estar perigosamente enfermo, para morrer [AN].

Ter a muitas amarras Ter bem preso: "As descuidadas por aqui as têm a muitas amarras..." (fr. Luís de Sousa, *Vida do arcebispo*) [ECS].

Ter andado brincando com gato Apresentar arranhões no rosto [AN].

Ter a orelha quente Estarem falando bem ou mal da pessoa, nestas condições: bem, se a orelha direita estiver quente; mal, se a esquerda [AN].
Var.: *estar com as orelhas quentes*

Ter a palavra Ser autorizado a falar, numa assembleia: "– Existem vários oradores inscritos para falar sobre o projeto de lei enviado pelo prefeito. Tem a palavra o vereador Luiz Gouveia" (Dias Gomes, *Sucupira, ame-a ou deixe-a*, p. 35) [ABH].

Ter a palavra de alguém Haver recebido o compromisso de alguém; ter uma promessa verbal, um acordo de cavalheiros [AN/GAS].

Ter a papinha feita *Lus*. Aproveitar-se do trabalho de outrem [GAS].

Ter a pedalada *Lus*. Ter a prática; ter energia e capacidade de trabalho [GAS].

Ter a peito Empenhar-se em: "... uma vez que a prima tinha a peito casá-la, e só lhe pedia que deixasse arranjar as coisas" (Machado de Assis, *Quincas Borba*, cap. 77) [ECS].
Sin.: *ter a pique*

≠ **Não ter apelação** Ver *não ter acochambração*

Ter a pele grossa Ser invulnerável aos ataques [AN].

Ter a pique Empenhar-se em: "O governo tem a pique conquistar as boas graças da minoria parlamentar" [ECS].
Sin.: *ter a peito*

Ter a ponta dum corno *Lus*. Não ter nada [GAS].

Ter a quinta a render *Lus*. Andar na prostituição [GAS].

Ter ar(es) de Parecer; aparentar; ter aspecto de; ter semelhança com: "Porque o visconde de Santa Quitéria em roupa de passeio não tinha ares de fidalgo, como quando se apresentava de casaca..." (Adolfo Caminha, *Tentação*, p. 52); "Ouvidor Geral da Comarca do Rio das Mortes, por ordem do marquês de Pombal, aquele Alvarenga nunca teve ares de senhorio..." (Sebastião Martins, *A dança da serpente*, p. 119) [FF/TC].
Var.: *dar (os/uns) ares de*

Ter ar de boa pessoa Aparentar ter bom feitio [GAS].

Ter ar de má pessoa Aparentar ter mau feitio [GAS].

Ter ar de quem não quebra um prato Diz-se de quem tem cara de boa pessoa, de inofensivo [GAS].

Ter areia no sótão *Lus*. Não estar bom do juízo [GAS].

Ter a resposta na ponta da língua Ter resposta pronta [GAS].

Ter arestas nos olhos *Lus*. Não ver bem; não entender [CA/GAS].

Ter arestins *Lus*. Diz-se de quem não consegue ficar quieto, de quem está sempre se mexendo [CA/GAS].

Ter armação *Lus*. Diz-se de homem ou mulher enganados pelo cônjuge [GAS].

Ter a rosca moída *Lus*. Não funcionar bem da cabeça [GAS].

Não ter arrego Ver *não ter acochambração*

Ter arte do cão Ser perturbado, traquinas: "Esse menino tem arte do cão!" [NL].

Ter asas *Lus*. Fugir depressa; desaparecer a toda a velocidade [GAS].

Ter asas nos pés 1. Ser muito feliz. **2.** Andar muito rápido [ABH/AT/GAS].

Ter as calças curtas Estar embriagado [GAS].

Ter(-se)

Ter as cartas na mão Controlar a situação; ser dono da situação: "Ele agora tem as cartas na mão e pode fazer o que quiser" [AN/CLG/DT/GAS].

Ter às costas Ter como encargo; ser responsável: "Ao eleger-se presidente da República, o ex-metalúrgico Luiz Inácio 'Lula' da Silva agora tem às costas o pesado encargo de bem dirigir o Brasil" [AN].

Ter a seus pés Ter alguém na dependência [GAS].

Ter as granas Ser rico; estar endinheirado [TC].

Ter as horas contadas Estar próximo de morrer: "Se Lampião botasse atrás de um, aquele tinha as horas contadas" [GAS].

Ter as mãos ensanguentadas Haver praticado crime de morte [AN].

Ter as mãos limpas Ser pessoa honrada, que não se mete em negócios desonestos [AN].

Ter as mãos rotas 1. Ser gastador, pródigo, perdulário, dissipador do que tem; ser um dadivoso; ser generoso; dar as coisas com larguez, sem sovinice. **2.** Deixar cair os objetos em que pega [AN/GAS].
Sin. (1): *ter mãos largas*
Var. (1): *ser um mãos rotas*

Ter as moral (sic) *Bras., ling. rap e rock.* Ter coragem [Net].

Ter as orelhas a escaldar Ver *estar com as orelhas quentes*

Ter as orelhas quentes *Bras.* Estar zangado [RG].

Ter as rédeas na(s) mão(s) Estar dirigindo; estar senhor dos acontecimentos [AN/GAS].

Ter as tripas às voltas 1. Ter cólicas. **2.** Estar pensando em determinado assunto que o incomoda e deixa revoltado [GAS].

Ter as tripas na cabeça Não ter juízo; ter ideias absurdas: "– Se pensou que era você, é porque tem juízo de camarão; é porque tem as tripas na cabeça, minha filha" (Marilene Felinto, *O lago encantado de Grongonzo*) [FNa].

Ter a sua conta 1. Receber um corretivo; levar uma sova; ser sovado; apanhar a porção merecida de pancadas. **2.** Estar bêbado [ABH/AC/AN/FF/GAS].
Var. (1): *apanhar/levar a sua conta*

≠ **Não ter atilho nem vencilho** *Lus.* **1.** Diz-se de algo que não tem por onde ser pego; não ter ponta por onde se lhe pegue. **2.** Ser disparate; não vir a propósito; não ter préstimo nem serventia [GAS].

Ter a vertigem das alturas Tornar-se demasiado orgulhoso por se encontrar em posição de destaque [GAS].

≠ **Não ter a vida para negócio** Arriscar-se a tudo, não ter medo de morrer [AN].

Ter a vida por um fio Não haver, não ter esperanças de viver muito; estar em perigo de vida [AN/GAS].

Ter a vista torta Ter os olhos vesgos [GAS].

Ter azar a alguém Não gostar de alguém; não suportar, não poder ver alguém [GAS].

Ter azar às borboletas *Lus.* Diz-se de indivíduo afeminado [GAS].

≠ **Não ter azeite na lamparina** Estar à mesa, numa comezaina (repasto, rega-bofe), com o copo vazio [AN].

Ter (grande) bagagem Possuir boa preparação intelectual ou profissional; ser culto [GAS].

Ter bala na agulha 1. Ter recursos (não apenas recurso monetário) para realizar algo. **2.** Ter muito dinheiro: "O magnata tem bala na agulha, não está blefando" [JB].

≠ **Não ter bandeira** *Bras., gír.* **1.** Fazer as coisas segundo os próprios ditames, não respeitando os princípios dos outros; não haver contemplações: "Não aceitava desculpa de ninguém: com ele não tinha bandeira." **2.** Não atender à bandeira branca do parlamentário [ABH/AN].

Ter barbas *Lus.* Diz-se de assunto demasiado conhecido, que já é velho; ser muito ant. (caso, história, anedota): "Há ... o caso de um outro – esse muito antigo – que semeava bastardos entre a criadagem e que a cada amante oferecia um lenço velho. Tem barbas, a história" (José Cardoso Pires, *O Delfim*) [ABH/GAS].

Ter barriga de ema Não cumprir o prometido: "Mas o Brito tem barriga de ema: desprezou o aviso e mandou-me diversas cartas, as primeiras com choro, as últimas com exigências" (Graciliano Ramos, *São Bernardo*, p. 57) [ABH].

Ter bebido chá em pequeno Ter maneiras; ser bem-educado [GAS].
Var.: *ter tomado chá em pequenino*

Ter berço Ser de boa família; ser de estirpe famosa, célebre, rica etc. [ABH/CLG].
Sin.: *ter nascimento*

Ter bicho a roer Ter vontade de comer [GAS].

Ter bicho-carpinteiro *Fam.* Não poder estar quieto; não parar em lugar nenhum; não ter sossego; não estar sossegado; estar desassossegado; ser inquieto, traquinas; não conseguir ficar sentado num banco, numa cadeira, como se estivesse interiormente roído pelo coleóptero do gênero *Xylotrogus*, conhecido vulgarmente por este nome; diz-se das crianças que nunca estão quietas, parecendo mordidas por algum inseto. – O bicho-carpinteiro, na ling. pop., é o escaravelho. Leite de Vasconcelos, *Etnografia*, II, pensa que se trata do oxiúro, porque o prurido anal causado por este verme é muito incômodo, o que obriga o sofredor a movimentos sacudidos [ABH/AC/AO/AN/FF/FSB/GAS/RMJ].

Ter boa cabeça Ter boa memória: "O velho tinha boa cabeça para decorar" (F. Coutinho Filho, *Violas e repentes*) [TC].

Ter boa cara 1. Apresentar um rosto que reflete saúde; ter boa aparência, aspecto saudável. **2.** Diz-se de quem parecer ser boa pessoa [CA/GAS].

Ter boa cor Aparentar boa saúde; ter as faces naturalmente rosadas, coradas (como sinal de saúde) [ABH/AN/GAS].

Ter boa educação 1. Ter abundância de dinheiro. **2.** Ter maneiras educadas [GAS].

Ter boa embocadura *Lus.* Diz-se de quem bebe muito [GAS].

Ter boa estrela Ser feliz [AN].

Ter boa garganta 1. Ter boa voz; cantar bem. **2.** Saber convencer; ter lábia. **3.** Ser fanfarrão, gabola [ABH/TC].

Ter boa mesa Ter alimentação farta e requintada [GAS].

Ter boa munheca Ser forte; ser bom lutador na queda de braço [TC].

Ter boa-pinta Exteriorizar no rosto boas tendências; ter sinais de ser de boa qualidade; apresentar bom aspecto ou aparentar bom caráter: "Achava que ele não tinha boa-pinta" (José Américo de Almeida, *A bagaceira*) [AN/GAS/TC].

Ter boa ponta de língua Ser loquaz, falador; expressar-se bem: "Apesar de ter boa ponta de língua, sentia um aperto na garganta e não poderia explicar-se" (Graciliano Ramos, *Vidas secas*, p. 126).

≠ **Não ter boas ausências** *Lus.* Diz-se de indivíduo considerado duvidoso, de quem não se tem boas informações [GAS].

Ter boas mãos Ser habilidoso [GAS].

Ter boas pernas Estar em condições de andar muito, em estado de dar longas caminhadas [ABH/AN].

Ter boas saídas Ter falas engraçadas, réplicas felizes, senso de humor [GAS].

Ter boas tragadeiras *Lus.* **1.** Comer muito. **2.** Ser tolerante com o mau comportamento da mulher [GAS].

Ter boca de anjo Dizer coisas boas futuras [AN].

Ter boca de praga Dizer coisas ruins que vêm a acontecer [AN].

Ter bofe Ter coragem, disposição, espírito de tolerância: "Rapaz, tu não tem bofe para o repuxo com o teu amo" (José Lins do Rego, *Cangaceiros*) [TC].

Ter boi na linha Haver embaraços ou coisa suspeita; ter complicações, problemas; ter gente atrapalhando: "Tem boi na linha, malandro, vou arrebentá-lo"; "Parece que aí na festa já começou a ter boi na linha" [JB/MPa/TC].

Ter bojo *Lus.* Ser capaz [GAS].

Ter bola de cristal Ser adivinho; adivinhar; poder prever o futuro; fazer previsões; saber o que vai acontecer: "Tenho bola de cristal, sei o que está se passando à minha volta"; "Não tenho bola de cristal, mas acho que o ministro vai perder o emprego" [ABH/JB].

Ter bolha *Lus.* Não funcionar bem da cabeça [GAS].

Ter bom corpo Ser forte, resistente [GAS].

Ter bom dente Comer muito; comer bem [AN/GAS].

Ter bom estômago 1. Diz-se do indivíduo que aceita tudo o que de bom ou mau lhe dizem ou fazem; aturar com paciência. **2.** Gostar de coisa que não presta [AN/GAS].

Ter bom lombo Poder suportar pesos [GAS].

Ter bom olho Ser perspicaz, esperto, bom caçador; ter tato para negócios; avaliar rapidamente o que é bom [AN/GAS].

Ter bom ouvido Ter fácil percepção de sons, especialmente musicais [ABH].

Ter bom sangue 1. Diz-se de pessoas em quem as feridas cicatrizam com facilidade. **2.** Ter boa constituição física [AN/GAS].

Ter bons alicerces Ser bem constituído fisicamente [GAS].

Ter bossa Ter tendência; ter aptidão: "Tudo isso virou saudade e sinto grandemente não ter bossa para escrever a valsinha em que a exprimisse, bem no estilo amolescente de Antenógenes Silva" (Manuel Bandeira, *Poesia completa e prosa*, p. 581) [GAS].

Ter brado de armas Ser notável, célebre, distinto [AN].

≠ **Não ter brilho** Diz-se de algo sem importância: "Isto não tem brilho, cara, tá ruim" [JB].

Ter cabeça 1. Ser atinado; possuir tino; ter juízo: "A tropa no Ingá e ele no mesmo descanso, comendo galinha. O homem tinha cabeça" (José Lins do Rego, *Fogo morto*, p. 72). **2.** Ter boa conduta. **3.** Ser inteligente, talentoso [AN/GAS].

≠ **Não ter cabeça** Não ter juízo [GAS].

Ter cabeça de melão Ser bobo, tolo [CLG].

Ter cabeça-dura 1. Ser tardo no aprender; ser pouco inteligente. **2.** Ser turrão [AN/GAS].

Var. (2): *ser cabeça-dura*

Ter cabeça oca Ser um desmemoriado [AN].

Ter cabeça para Ter inclinação, jeito, pendor para determinada arte ou trabalho; raciocinar: "Aparício teve cabeça para manobrar direitinho" (José Lins do Rego, *Cangaceiros*) [TC].

Ter cabelo na palma da mão. *Bras., NE, MG*. Expr. us. para indicar aqueles que gostam de se masturbar [FNa].

Ter cabelo/cabelinho na venta Ter muito gênio; ser de mau gênio, irritável, atrevido; ter mau feitio; ser ríspido [AN/GAS/PJC/RG].

Var.: *ter cabelo(s) na venta, ter pelo na venta*

Ter cabelo(s) no coração *Bras., pop.* **1.** Ter coragem extraordinária; ter disposição para qualquer empresa perigosa. **2.** Ser insensível, inexorável, cruel; ser perverso; ter instintos perversos; não ser compassivo; ser desumano; não se comover [ABH/AC/AN/FF/FS/GAS/LM].

Sin. (1): *ter fígado*

Sin. (2): *ter coração de pedra*

Var. (1): *ter cabelo(s) no céu da boca, ter pelos no coração*

Ter cabelo no peito *Bras., RS*. Diz-se de quem tem coragem, demonstrando-a claramente, que tem cabelo no peito, numa clara machice do termo [LAF].

Ter cabelos brancos 1. Ser muito velho (diz-se de pessoas). **2.** Ser muito antigo, não constituir novidade; diz-se de fato conhecido. **3.** Diz-se de dívida muito ant. e de problemático resgate [AN].

Ter cabidela *Lus.* Ter lugar; estar a propósito; ser oportuno [GAS].

Ter cachaça por Ter inclinação, simpatia, gosto por: "O brasileiro tem cachaça por carnaval e futebol" [TC].

Ter caco *Lus.* Ter boa cabeça; ter juízo [GAS].

Ter cada uma Praticar ação de pessoa sem tino, ingênua, tola, cínica: "Marta tem cada uma!" (Moreira Campos, *Dizem que os cães veem coisas*, p. 22) [AN].
Var.: *ter cada uma que parecem* (sic) *duas*

Ter cadeira cativa Ser veterano num lugar, num evento etc.; ser assíduo frequentador; ter exclusividade: "Ela já tem, inclusive, cadeira cativa na festa. Cissa teve direito a quebrar o coco sem arrebentar a Beira Mar" (Abidoral Possidônio, *O Povo*, cad. Jornal da Tevê, 1º/8/99, p. 4).

Ter café no bule *Bras., gír.* Haver alguma coisa diferente, estranha, escondida; haver alguma confusão, alguma coisa a esclarecer: "Tem café no bule, alguma coisa tá errada"; "Como diz o Ratinho: tem café no bule" [JB].

Ter cagança *Lus.* Ter vaidade [GAS].

Ter calmado Ter batido, ter dado pancada [GAS].

Ter calo Ter experiência; ter rotina [GAS].

Ter cancha *Bras.* Ter habilidade, destreza em alguma coisa, em algum ofício etc. [LAF].

Ter cara *Lus.* Ter disposição [GAS].

≠ **Não ter cara** *Lus.* Não ousar; não ter coragem [GAS].

Ter caracas no costado *Lus., Univ. Coimbra*. Ser velho [GAS].

Ter caracu *Bras., RS.* Ser forte, resistente, enérgico [AJO/AN].
Var.: *ter caracu resistente*

Ter cara de cu *Lus.* Ser muito bochechudo [GAS].

Ter cara de fastio Estar, ter cara de tédio [GAS].

Ter cara de lua cheia Ter a cara muito gorda, larga, redonda [GAS].

Ter cara de lula *Lus.* Ter cara de maricas [GAS].

Ter cara-de-pau Ter a fisionomia inexpressiva; ter o rosto impassível [GAS].

Ter cara de poucos amigos Ser antipático [GAS].

≠ **Não ter caranço** *Lus.* Não ter amizade [GAS].

Ter cara para Ter audácia, coragem, ousadia, disposição para fazer algo; ser convencido, petulante, atrevido; estar talhado para o efeito [GAS/TC].

Ter cara para tudo Diz-se de pessoa sem escrúpulos [GAS].

Ter carne de cancã *Bras., SE.* Ser pessoa magra, forte, que não envelhece [AN].
Var.: (CE) *ter carne de cancão*

Ter carne de cão Ver *ser de boa carnadura*

≠ **Não ter carne nos quartos** Faltar coragem para determinado empreendimento [TC].

Ter carne nos quartos como sabiá tem nas unhas *Bras., NE.* Ser excessivamente magro [LM]. – Símile ou comparação de or. rural.

Ter caroço nesse angu *Bras., gír.* Haver alguma coisa estranha a ser esclarecida: "Tem caroço nesse angu, maninho, tão armando" [JB].

Ter carradas de razão 1. Estar cheio de razão; ter toda a razão; ter inteira razão, muitas razões. **2.** Ter todo o direito de proceder como procede [ABH/AN/GAS].
Var. (1): *ter razão às carradas*

Ter carta branca Ter inteira liberdade para agir; ter autorização para proceder como entender: "Sem titubear, Ronald (Lewinhson) respondeu ao governador de Minas: 'Desculpa, Hélio (Garcia), mas assim não dá. Ou eu tenho carta branca ou não aceito'" (Millôr Fernandes, *Diário da Nova República*, p. 88) [AN/GAS].

Ter carta(s) na manga 1. Ter novos argumentos, novas possibilidades. **2.** Ter poderes: "Ele tem carta na manga, quem quiser pague pra ver" [GAS/JB].

Ter cartaz *Bras.* Ser afamado; ter mérito, fama, notoriedade, renome ou popularidade; merecer acatamento: "– Sr. Bezerra, o senhor tem um cartaz muito grande no Estado e aqui na polícia" (Gregório Bezerra, *Memórias*, II, p. 133) [ABH/AN/RG/TC].

Ter caruncho Estar velho e doente [AN].

Ter casa de portas abertas *Bras., NE.* Entregar-se à prostituição (ver Edison Carneiro, *A ling. popular da Bahia*) [MSM].

Ter casa posta Possuir casa própria e apetrechada [GAS].

Ter catinga de água *Bras., SP, pop.* Ter azar [ABH/AN]. ♦ ABH, que registra "água", e AN, que registra "égua" (ver var. abaixo), divergem quanto às grafias: enfim, "água" ou "égua"? Erro de revisão à parte, provável é ser mesmo "água", o que já é inusitado – como o azar – este líquido ter cheiro, i. e., catinga.

Var.: *ter catinga de égua*

Ter cera nos ouvidos Fazer-se de surdo [AN].

Ter chama acesa Ter proteção; ter o beneplácito de alguém [GAS].

≠ **Não ter (nem) cheta** *Lus.* Não ter dinheiro; estar totalmente desprovido de dinheiro [AN/GAS].

Ter chita *Bras., CE.* Ser custoso, dificultoso; ser difícil: "Mesmo chovendo agora, daqui que as coisas melhorem tem chita!" (Leonardo Mota, *Violeiros do Norte*, p. 254) [AN/FS/GAS/LM].

≠ **Não ter chora minha nega** /ê/ Não haver, não ter acordo: "Não tem chora minha nega, vamos aos finalmente" [JB].

≠ **Não ter choro baixo** *Bras.* **1.** Não adiantar pedir nem lamentar. **2.** Não dar direito a decidir [TC].

Ter choro de gralha *Lus.* Ser muito bom, de agradável paladar [GAS].

≠ **Não ter choro nem vela** Nada adiantar: "Não tem choro nem vela, pessoal, comigo num tem arrego. Esse pessoal vai se ferrar" [JB].

Ter ciência a potes *Lus., Univ. Coimbra.* Estar bem seguro da matéria escolar [GAS].

≠ **Não ter cinco réis** Não ter dinheiro [GAS].

Ter cinza nos olhos *Bras., CE.* Não querer ver a realidade; iludir-se [RG].

Ter classe Conservar-se imperturbável nos momentos críticos; manter a linha [GAS].

Ter cócegas na língua Estar com vontade de dizer uma coisa [AN/CLG].

Var.: *ter comichão na língua*

Ter coisa no miolo Ter ideias, imaginação, planos: "Tinha ideias, tinha muita coisa no miolo" (Graciliano Ramos, *Vidas secas*) [TC].

Ter coisas Diz-se de quem é extravagante [GAS].

Ter cola superbonder na cadeira Ser sólido, inamovível: "O Chelotti disse que tinha cola superbonder na cadeira, mas na hora do vamu (*sic*) ver não tinha porra nenhuma e caiu do cavalo" [JB].

Ter colhão/culhão Ser corajoso, valente: "Estes pestes não têm colhão para brigar de verdade" (José Lins do Rego, *Cangaceiros*) [TC].

≠ **Não ter colher de chá** Não ter ajuda: "Não tem colher de chá comigo não. Não vou adiantar o lado de ninguém" [JB].

Var.: *não ter colher*

Ter comido toicinho/toucinho com mais cabelo *Bras., NE, pop.* Ter já enfrentado e vencido desgraça ou perigo ainda maior do que aquele que está atravessando; ter passado por coisa muito pior e ter sobrevivido; haver arrostado perigos maiores; haver enfrentado vantajosamente situações mais difíceis; ter passado por situações piores: "– Tenho comido toicinho com mais cabelo, declarou Fabiano desafiando o céu, os espinhos e os urubus" (Graciliano Ramos, *Vidas secas,* p. 133) [ABH/AN/FN/FS/LM/TC].

Ter compasso no olho Saber calcular as distâncias [AN].

Ter com que/quê *Bras., pop.* Dispor de meios de subsistência; possuir dinheiro, bens, meios de vida; ter meios de viver, sem aperreios financeiros; ser abastado, remediado [ABH/AN/FS/GAS/LM/TC].

≠ **Não ter com que comprar os melões** *Lus.* Não ter dinheiro [GAS].

≠ **Não ter com que/para mandar cantar um cego** Não ter dinheiro; ser pobretanas [GAS].

Ter com que passar Ter recursos monetários suficientes [GAS].

Ter com que se coçar Ter dificuldades para vencer, trabalhos para sofrer [AN].

Ter consciência Ser incapaz de faltar aos preceitos da honra [AN].

≠ **Não ter consciência** Não ter escrúpulos em proceder mal [GAS].

Ter consciência elástica Julgar as coisas de modo diverso, segundo as circunstâncias ou conveniências [AN].

≠ **Não ter conta com alguma coisa** Não ser de sua atribuição [Gl].

≠ **Não ter contemplação** Ser irredutível, implacável nos propósitos, na vingança: "Eu já preveni que no dia em que encontrar algum menino roubando, não tenho contemplação" (Fran Martins, *A rua e o mundo*) [TC].

≠ **Não ter conto** Não se poder contar [GAS].

Ter conversa Ser fluente no falar e ter grande poder de convicção: "Político conceituado, boa pinta e tem conversa" [GAS/TC].

Sin.: *ter lábia*

Ter (uma) conversa Ter ou procurar ter um entendimento, uma satisfação: "Diga pro Sabino que eu tenho uma conversa com ele" (Caio Porfírio Carneiro, *Trapiá*) [GAS/TC].

≠ **Não ter (mais) conversa** Tomar uma decisão e agir logo; não relutar mais em tomar certa resolução; não perder tempo: "Viu um vulto entrar na sua barraca e não teve conversa. Quarenta e duas facadas" (João Clímaco Bezerra, *Sol posto*); "Não tem conversa, cara, acabou sua chance" [JB/NL/TC].

Var.: *não contar conversa*

≠ **Não ter conversa fiada** Não haver mentira: "Comigo não tem conversa fiada, é tudo preto no branco" [JB].

Sin.: *não ter lero-lero*

Ter (bom) coração Não guardar ódios; desculpar tudo; estar sempre disposto para o bem; ser muito boa pessoa; ser bondoso [AN/GAS].

≠ **Não ter coração** Ser bárbaro, cruel, maldoso; não ter amizade nem caridade; ser mau: "Sua filha não tem coração" (Graciliano Ramos, *Angústia*, p. 84) [AN/CLG/GAS].

Ter coração de gelo Ser pessoa fria, insensível, apática [AN].

Ter coração de leão Ser valente, denodado em extremo. – O rei Ricardo I da Inglaterra teve a alcunha de "Coração de Leão" [AN/CLG].

Ter (um) coração de ouro Ser pessoa muito nobre e boa; ser generoso, prestável, amigo; ser uma pessoa bem formada, que tem grandes qualidades morais [AN/GAS].

Ter coração de pedra Não ter piedade; não ter dó; não se comover; ser impiedoso, cruel, insensível, inexorável; ser perverso; ser insensível a rogos, súplicas: "Aquele homem tem coração de pedra, não se comove com nada" [ABH/AC/AN/CLG/DT/FF/GAS/LM].

Sin.: *ter cabelo(s) no coração* (2)

Var.: *ter coração de bronze/mármore*

Ter coração de pomba Ser manso; ter muita benevolência e afabilidade com os outros; ser meigo, bondoso, afetuoso [AN].

Ter coração de víbora Ser perverso [AN].

Ter coração duro Não ser bondoso [AN].

Ter coração grande Ser muito generoso, muito magnânimo [AN].

Ter coragem *Lus.* Ter dinheiro [GAS].

Ter coragem de mamar em onça 1. Ter gosto extravagante. **2.** Não ter escrúpulo de fazer algo importante, de mau gosto, inacreditável, imprudente [TC].

Ter coragem de matar quandu com a bunda *Bras., CE.* Ser capaz de arrojadas ou arriscadas façanhas. – O quandu (um mamífero) tem o corpo coberto de espinhos. ABH grafa "cuandu"; LM e FS registram ainda uma terceira var.: "coandu" [AN/FS].

Ter corda *Lus.* Falar muito [GAS].

≠ **Não ter corda com que se enforque** Diz-se de quem não tem posses mas se faz passar por rico [GAS].

≠ **Não ter coré coré** *Bras., gír.* Não ter explicação: "Não tem coré coré, cara, acabou" [JB].

Ter cor local Diz-se de obra de arte que apresenta o conjunto de caracteres exteriores próprios de um país e de uma época [AN].

Ter costa larga/as costas largas 1. Estar sob a proteção de alguém; ser bem apadrinhado; ter proteção forte. **2.** Ser capaz de arrostar responsabilidades, encargos, culpas etc.; suportar indiferentemente intrigas, calúnias; ter disposição moral para suportar os ataques dos maldizentes; aguentar com as responsabilidades ou com os encargos; suportar as intrigas que lhe fazem e os erros que lhe atribuem; dispor de meios para enfrentar tropeços, vicissitudes, prejuízos etc.: "Tinhas as costas largas: pagava, sem querer, as culpas alheias" (Viriato Corrêa, *Cazuza*, p. 147) [ABH/AC/AN/CLG/FF/GAS/TC].

Sin. (1): *ter santo forte* (2)

Var. (1): *ter costas largas, ter (as) costas quentes*

Ter (as) costas quentes Estar fiado no patrocínio de alguém; estar, sentir-se protegido por alguém; estar sob a proteção de alguém; estar bem protegido; ter proteção; ter padrinhos: "Não se esqueça que eu tenho as costas quentes. Vai ser ruim ele vencer na justiça" (Rogério Andrade Barbosa, *Rômulo e Júlia: os caras-pintadas*, p. 51); "Em Aracaju tenho as costas quentes e não é assim que Getúlio vai se ver de uma hora para outra" (João Ubaldo Ribeiro, *Sargento Getúlio*, p. 12). – Tem as costas quentes o indivíduo que é instigado por pessoas poderosas ou influentes à prática de atos violentos ou a quaisquer atitudes em desacordo com as leis, ou que se julga altamente apadrinhado e, por isso mesmo, imune às repressões e punições [ABH/AC/CLG/FF/GAS/RMJ].

Var.: *sentir as costas quentes, ter costa larga/as costas largas* (1)

Ter costela de *Lus.* **1.** Ser filho de. **2.** Apresentar alguma característica negativa inumana [GAS].

Ter cotoco Ver *ter rabo* (2) (3)

Ter crânio. *Lus., Univ. Coimbra.* Ser inteligente [*Id.*].

Ter criança Parir: "Era uma visagem, a modos dum vulto branco, baixa e grossa, sem tirar nem pôr o corpo da Doroteia do Ludovico, quando andava para ter criança" (Gustavo Barroso, *Alma sertaneja*, p. 80).

≠ **Não ter culpa de ser bonito** Desculpa de um rapaz querido das moças e invejado pelos outros [AN].

Ter culpa(s) no cartório Estar implicado, enredado, comprometido em um delito, falta, crime, ou qualquer ato condenável; ser responsável ou conivente com um "pepino"; não ser inocente; ser culpado; ter participado de algo represensível (ver Ladislau Batalha, *História geral dos adágios portugueses*): "Como não tem culpa no cartório, se dá ao direito de dar um gelo em quem..." (TG, p. 44); "Mais que nunca é preciso dizer não, deixar de ser cúmplice em crimes sociais em que todo mundo tem lá sua pontinha de culpa no cartório" (Aírton Monte, *O Povo*, 12/11/97, p. 2B) [ABH/AN/AT/CLG/FF/FS/GAS/JB/TG].

Ter culpas em aberto Ter culpas por pagar (por não terem sido julgadas ou prescritas) [GAS].

Ter cura Ter solução: "Tem cura, gente, calma, vamos resolver o assunto" [JB].

≠ **Não ter cura nem prior** Diz-se do que não tem arranjo, conserto ou cura [GAS].

Ter dares e tomares com alguém Ter altercações, disputas, contendas com alguém [AN].

Ter de/que Estar obrigado a; ter necessidade ou obrigação de: "Tenho de sair." – É preferível usar "ter de" a "ter que", embora da última construção não faltem ótimos ex. [ABH/AC/FF].

Ter de baixar-se Humilhar-se [GAS].

Ter debaixo da/sob a língua Estar quase se lembrando de uma palavra ou de algo que momentaneamente esqueceu; ter um lapso momentâneo e não se lembrar do termo próprio: "Mas o nome dele, qual é? Sabe-o, tem-no sob a língua, não o lembra, e range os dentes com furor..." Ferreira Soares, "Casa abatida", in *Portucale*); "Um momento, tenho debaixo da língua o nome dessa cidade" [ABH/AN/ECS/GAS].

Var.: *estar com algo debaixo da língua*

Ter debaixo da mão Ter em seu poder, à sua disposição [AN].

Ter debaixo de olho Não desviar a atenção ou cuidado; estar atento [AN/GAS].

Ter de comer muitas rasas de sal Ter de esperar muito tempo até ser mais experiente [GAS].

Ter de comer muito pão de côdea Ter de crescer; ter de se tornar adulto [GAS].

Ter dedo Ter habilidade; ser hábil; possuir jeito, aptidão [ABH/AN/FF/GAS].

Ter dedos de fada Diz-se de mulher destra para lavores delicados e primorosos [AN].

Ter defeito de fabrico *Lus.* Ser amalucado [GAS].

Ter defunto *Bras., CE.* Diz-se quando alguém morre na cidade [AS].

Ter de memória Recordar-se; conservar na lembrança; saber de cor [FF/GAS].

Ter demora Não estar ainda pronto [GAS].

Ter de nascer outra vez Ter que aprender muito [GAS].

Ter de olho Tencionar: "Quando terminei o capítulo, tinha de olho a dizer, à quarta linha, que acerca de culpas de mulheres jamais consulto homens" (Camilo Castelo Branco, *O que fazem mulheres*) [ECS].

≠ **Não ter de quê** Não haver razão para agradecer: "Não tem de quê." – Réplica a "Muito obrigado" [AN].

Ter de seu 1. Ter bens de fortuna; ter dinheiro; não ser pobre: "É um homem que tem de seu." **2.** Ser proprietário, dono de algo: "Tem de seu, apenas, a casa onde mora." **3.** Dispor de: "Trabalha demais, não tem de seu um minuto" [ABH/FF/GAS].

≠ **Não ter de seu** Não ter nada; achar-se sem recursos; ser completamente desprovido de dinheiro; ser muito pobre [AN/GAS].

Var.: *não ter um real/vintém de seu*

Ter diante dos olhos 1. Estar na sua frente; ter em frente de si. **2.** Representar sempre na mente; não esquecer; não lhe sair da memória [AN/GAS].

Ter (seus) dias Estar ora de bom, ora de mau humor; estar ora bem, ora mal; apresentar aspectos diferentes [AN/GAS].

Ter dinheiro como bagaço Ser muito rico. – Nos engenhos de cana sobra muito bagaço, daí a expr. [ABH/AN].

Var.: *ter dinheiro como capim, ter dinheiro como terra*

Ter dinheiro como capim Ser muito rico. – Capim é planta comum, que há em toda parte em grande quantidade, daí a expr. [AN].

Var.: *ter dinheiro como bagaço*

Ter direito a um lugar ao sol Fazer jus a ocupar uma posição. – A frase é atribuída a Alfred de Vigny [AN].

Ter disto Ter dinheiro. – Faz-se o sinal com o dedo indicador esfregando-se no polegar [GAS].

Var.: (Bras.) *ter isso*

Ter dois dedos de testa *Lus.* Ser inteligente [GAS].

Ter dois pesos e duas medidas Tratar uns com justiça e outros com injustiça; não ser equitativo na maneira de proceder; julgar de maneira diferente situações iguais ou análogas; agir sem equidade [ABH/AN/GAS].

Ter dois vês Diz-se de objeto que deve ser devolvido: "Este livro tem dois vês, vai e volta" [JB].

Ter dom Ter tendência; ter aptidão: "Vamos levá-lo. O menino ajuda. É criança que tem dons" (José Sarney, *O dono do mar*, p. 28) [GAS].

Ter dom de palavra Falar bem, com facilidade; ser bom orador; ser eloquente [GAS].

Var.: *ter o dom da palavra*

Ter dor de corno Ser ciumento com razão [GAS].

Ter dores de burro Ter dores nos músculos abdominais devido a exercícios atléticos [GAS].

Ter duas caras Reagir de duas maneiras conforme as conveniências; não ser homem de palavra; uma hora dizer uma coisa, outra hora outra; não manter a palavra; ser falso [AN/GAS].

Var.: (lus.) *ter duas caras como o feijão-frade*

≠ **Não ter eira nem beira 1.** Ser um pobretão; não ter bens, nem ter casa; não ter nada de seu. **2.** *Bras., gír.* Não ter modos: "O bundão não tem eira nem beira" [AN/JB/RF].

Var.: *não ter eira nem beira nem ramo de figueira*

Não ter eira nem beira nem ramo de figueira Ser pobre; não ter nada; não ter terra nem casa, nem uma figueira onde, à semelhança de Judas, se enforcasse (ver *Rev. Lus.*, XXII, p. 127; Aires da Mata Machado Filho, *Escrever certo*) [AN/RF].

Var.: *não ter eira nem beira* (1)

Ter em alto preço Ter em grande estima, em grande consideração [GAS].

Ter embocadura Ter propensão, tendência, predisposição a; dar para a coisa: "O garoto leva jeito, tem embocadura." – É propriamente jeito para tocar flauta ou outros instrumentos de sopro [AN/GAS/JB].

≠ **Não ter embocadura** Não saber fazer, não ser capaz: "Não tenho embocadura para o cargo, não sou do ramo" [JB].

Ter em cima das costas Ver *carregar nas costas*

≠ **Não ter emenda** Não se corrigir; não se regenerar [GAS].

≠ **Não ter em grande conta** Não ter em grande consideração [GAS].

Ter em mente 1. Tencionar; planejar: "Eu tenho em mente comprar uma casa"; "Tinha esconderijo em mente" (Sinval Sá, *O sanfoneiro do riacho da Brígida*). **2.** Imaginar [Gl/TC]

Ter em mira Ver *ter em vista* (2)

Ter em muito Ter em alta consideração [GAS].

Ter em nada Não ter apreço a; desprezar [AC].

Ter em olho Ver *ter em vista* (2)

Ter empenho Ter vontade [GAS].

Ter em perspectiva Esperar; ter como provável; contar com [AC/FF].

Ter em vista 1. *Lus.* Considerar. **2.** *Bras.* Planejar; projetar; aspirar; ter vontade de; atender a [ABH/AC/AN/FF/GAS].

Sin. (2): *ter em mira, ter em olhos*

≠ **Não ter encomendado (o) sermão** Não haver mandado dizer nada em seu lugar; não ser responsável pelo que outrem disse ou fez [AN/GAS].

Ter entrada de leão e saída de sendeiro Prometer muito e nada fazer; começar com arrogância e acabar com covardia. – Reminiscência da fábula do Leão caçando com o Burro (La Fontaine) [AN].

≠ **Não ter entranhas** Não ter piedade, comiseração; ser sem consciência: "Aquilo não tem entranhas de cristão: é um malfazejo!" (Domingos Olímpio, *Luzia-Homem*) [TC].

Ter entre dentes Ter ódio a alguém [GAS].

Ter entre mãos 1. *Lus.* Estar trabalhando em algo, ocupando-se com ele; estar tratando de alguma coisa, de algum assunto. **2.** Estar de posse [ABH/AN/FSB/GAS].
Var. (1) (2): *ter em mão*
Var. (1): *ter entre as mãos uma coisa*, (lus.) *trazer entre mãos*

≠ **Não ter errada** Poder seguir diretamente; não haver encruzilhada que faça errar quem seguir o caminho indicado [AN]. ♦ Expr. mais us. na terceira pess. do sing.: "Não tem errada; pode seguir em frente, depois dobrar à esquerda."

≠ **Não ter escapatória** Não ter solução [JB].
Sin.: *não ter acochambração*
Var.: *não ter escapação*

≠ **Não ter espinhas nem ossos** *Lus.* Ser coisa fácil [GAS].

Ter espírito *Lus.* Ter graça [GAS].

Ter espírito de observação Ser particularmente apto para indagar coisas: os efeitos, a ligação dos acontecimentos e as ações humanas [GAS].

Ter espírito santo de orelha Estar informado antecipadamente; receber informação secreta [GAS].

Ter estado em Fernando de Noronha *Bras., NE.* Expr. us. por jogadores para se gabarem. – Os jogadores costumam dizer gracejando que, por causa do jogo, já estiveram presos nessa ilha. Outros dizem que fugiram do presídio de Fernando de Noronha com água pelo pescoço e, assim mesmo, jogando... Época existiu em que o jogo de azar (de cartas) e, sobretudo, o jogo do bicho davam cadeia, o que justifica a chalaça da expr., atualmente em desuso [FS/LM].

Ter estilo Ter boas maneiras, bom comportamento [TC].
Var.: *ter estilo de gente*

Ter estômago 1. Ser capaz de tolerar golpes contrários sem protestar; ser capaz de engolir sapos, ou de se manter numa situação difícil; suportar algo, sem sentir náuseas: "Desistir e pedir transferência para a crônica policial. É preciso ter estômago. Você tem estômago? (Luis Fernando Verissimo, *Comédias para se ler na escola*, p. 79). **2.** Casar com mulher velha e feia; suportar uma mulher feia e desagradável. – Expr. semelhantes em fr.: *avoir bon estomac* ou: *avoir de l'estomac* [GAS/RMJ/TC].

Ter estômago de avestruz Ser voraz, não fazendo seleção do que come; ser capaz de comer qualquer coisa; digerir bem, comer de tudo e em grandes quantidades, sem que a saúde se ressinta. – O avestruz, quando come, engole tudo o que estiver misturado com os alimentos, paus, pedras etc. [AN/CLG/RMJ].

Ter estrela na testa Ter sorte: "Xará, parece que tem estrela na testa" [JB].

Ter excelência Ser importante [GAS].

Ter excelente presença *Desp.* Jogar com excepcional destaque na partida [HM].

Ter expediente Ser desembaraçado, ativo, diligente; diz-se de pessoa que não se atrapalha, que é ativa [ABH/GAS].

Ter Exu na cabeça *Umb.* Enlouquecer [OGC].

Ter é Zé 1. Ser difícil; dar trabalho: "Maracutaias contra FGTS agora tem é Zé" (*Jornal da Rua*, 6/7/99, p. 5). **2.** Haver muito tempo: "Tem é zé que tô aqui esperando" [JB]. ♦ A expr. leva um "é" meramente enfático. Serve apenas de expletivo, partícula de realce.

Ter falta de chá Ser mal-educado; não ter maneiras; ser grosseiro [GAS].

Ter faro Ter palpite [GAS].

Ter fé 1. Ter crença religiosa; acreditar em algo ou alguém. **2.** Ser digno de crédito [ABH/GAS].

Ter fechada na mão uma pessoa Fazer de uma pessoa o que quer porque lhe conhece os podres, porque ela lhe deve obrigações etc. [AN].

Ter fé em Depositar confiança em; confiar [ABH/AC].

Ter ferro *Lus.* Estar despeitado; ficar com inveja [GAS].

Ter(-se)

≠ **Não ter fezes** *Lus.* Não ter cuidados, inquietações, preocupações [GAS].

Ter ficha limpa *Bras., gír.* Desfrutar de crédito, de bom conceito; merecer confiança [ABH/CLG].

Ter fígado Ser excepcionalmente animoso ou apto para qualquer empreendimento difícil; aparentar gostar de algo desagradável; ter a capacidade realizadora, aptidão, ânimo; ter disposição, coragem para suportar ou tolerar algo; possuir coragem, energia, disposição ao trabalho, destemor [FS/LCCa/LM/TC].
Sin.: *ter cabelo no coração* (1)
Var.: *ter figo*

≠ **Não ter filho barbado, não** Fórmula de recusa de cigarro ou de algo que se está comendo ou bebendo: "Não tenho filho barbado, não!" [LM].

Ter filho no jirau Estar grávida; estar esperando bebê: "Ela tem dois filhos se criando e mais um no jirau" (Edilberto Trigueiros, *A língua e o folclore da bacia do São Francisco*) [FNa].

Ter filhos que nem rato Ser muito prolífico. – O rato é um dos mamíferos mais prolíficos [AN].

Ter fim Morrer [GAS].

Ter flor no jardim *Bras., S, RJ.* Diz-se da menina, na sua transição para moça, quando começa a ter os primeiros pelos no púbis [MSM].

≠ **Só ter foba** *Bras., CE.* Diz-se de quem se gaba demais e, quando chega na hora, sai fora; diz-se de quem fica contando vantagens de si mesmo: "Só tem foba" [AS].

Ter fogo 1. Ser, um cavalo, vivo e ardente. **2.** Diz-se de homem de letras, artista, que possui entusiasmo; ter vivacidade, ardor [AN/GAS].

Ter fogo no rabo *Bras., S, pop.* **1.** Diz-se de quem está sexualmente excitado; diz-se de quem chega à idade núbil e está desesperado por casar-se. **2.** Fazer muita bagunça (ver Silveira Bueno, *Grande dic. etimológico-prosódico da língua portuguesa*) [CLG/MSM].

Ter fôlego Ser resistente [GAS].

Ter fôlego de gato Ser dotado de grande resistência; ser muito resistente. – O gato é animal de muita resistência, daí a expr. (ver *Rev. Lus.*, XXVII, p. 217) [ABH/AN].

Ter fôlego de sete gatos *Bras., CE.* Ter dobrada resistência; ter muita disposição; ser peitudo: "– Sempre diz isso, resmungou Padilha. O senhor tem fôlego de sete gatos" (Graciliano Ramos, *São Bernardo*, p. 90) [JB/RG].

≠ **Só ter folia** Só fazer onda; contar vantagens; querer ser mais do que pode: "O que Zezinho fala não se escreve... Ele só tem folia..." [FNa/PJC].
Sin.: *contar goga*

Ter fome canina Ter demasiado apetite [GAS].

Ter fome de bola *Desp.* Diz-se de "quem manifesta disposição de jogar, sobretudo após longa ausência do gramado" [HM, s. v. "FOMINHA"].
Sin.: *ter secura de bola*

Ter fome de gol *Desp.* Jogar com visível disposição, indo buscar jogo e avançando com ímpeto para o gol [HM].
Sin.: *ter secura de gol*

Ter fome de leão Ter muita fome [CLG].

Ter força na verga *Lus.* Ter virilidade [GAS].

≠ **Não ter força na verga** Perder a virilidade [GAS].

Ter formigas no açucareiro Estar com necessidades sexuais [GAS].

Ter formigas no traseiro Ser inquieto [CLG].

Ter fraca figura Ter aparência insignificante; ter mau aspecto [GAS].

≠ **Não ter freio na língua** Ser inconveniente ou descomedido no falar; não ser comedido no falar [ABH/GAS].

Ter friagem na garagem *Bras., gír.* Diz-se de garota que não faz sexo: "A Mônica tem friagem na garagem, não topa namorar" [JB].

≠ **Não ter frio nos olhos** *Lus.* Ser esperto [GAS].

Ter frouxos de riso Ter ataques prolongados de riso; "rir contínuo por muito tempo" (segundo Morais Silva) [CPL, *O romance das palavras*, p. 96].

Ter fumaças *Lus.* Tomar atitudes corajosas [GAS].

Ter fumaças de Ser vaidoso de [AN].

Ter fundamento Ter vergonha ou dar-se a respeito: "Largue de dizer 'iscandilice', tenha fundamento!" [LM].

≠ **Não ter furo** *Lus.* Não ter solução [GAS].

Ter futuro Diz-se de quem promete vir a ter bons proventos por sua habilidade, por seu profissionalismo [GAS].

Ter gadanhos *Lus.* Ser hábil; ter força [GAS].

Ter galhos Diz-se daquele cuja mulher se comporta mal, é infiel [GAS].

Ter galo *Lus.* Ter azar [GAS].

Ter gana(s) Ter vontade: "Só via em Soledade a solteirinha intata, de uma graça tão menineira, que, às vezes, tinha ganas de tomá-la ao colo" (José Américo de Almeida, *A bagaceira*, p. 68); "O tenente encarou-o e teve gana de esbofeteá-lo" (Érico Veríssimo, *O prisioneiro*, p. 149). – Diz-se em estado de irritação [GAS].

Var.: *dar ganas/na gana*

Ter ganga e chita Ter muita manha: "– Essa Florinda faz cada cousa... Isso tem ganga e chita!" (Fran Martins, *Poço de Paus*, p. 41) [TC].

Ter garfo em dia de sopa Ter azar [CLG].

Ter garra Ter talento [GAS].

Ter gente em casa *Bras., RS.* Diz-se de mulher que tem peitos de tamanho razoável [LAF].

Ter gente que só farinha Ter muita gente; atrair grande assistência: "Lá no circo hoje tinha gente que só farinha" [FN].

≠ **Não ter giz na ponta do taco** *Desp.* Não chutar certo, resvalando a bola para direção errada: "O taco do cara não tem giz na ponta" [HM].

Ter goela de pato Engolir grandes pedaços, quase sem mastigar [AN].

Ter gogó 1. Ter audácia, coragem. **2.** Falar, comunicar-se ou cantar bem [TC].

≠ **Só ter gogó** Ficar na ameaça; dizer que vai fazer e acontecer mas não passar disso: "Carlos Eduardo só tem gogó, vive dizendo que vai largar a mulher, mas qual o quê... Vai morrer com ela" [FNa].

Ter gorda guedelha *Lus.* Ter grande lucro, grosso ganho (*Dic. do comércio*) [GAS].

Ter gosto Ter inclinação; gostar: "– Você não tem gosto, você não tem cultura, Sandra" (Álvaro Cardoso Gomes, *Ladrões de tênis*, p. 14) [GAS].

Ter gosto de cabo de guarda-sol de parteira *Bras., CE.* Ter gosto esquisito [RG].

Ter graça Ser engraçado; fazer alguma coisa divertida: "– Tinha graça – queixava-se – uma bisneta do Barão a vender ovos" (João Clímaco Bezerra, *O semeador de ausências*, p. 124) [RG].

≠ **Não ter guines** Ver *não ter vintém*

Ter homem ao leme Ter timoneiro; ter direção ou bom governo, principalmente no lar; ter quem governe bem [AN/RMJ].

Ter homem pela frente Encontrar quem se oponha, quem lhe resista [AN].

Ter hora Haver ocasiões [TC].

≠ **Não ter horizontes** Não ter planos para o futuro [GAS].

Ter horizontes curtos Não ter ambições [TC].

Ter horizontes largos Ter grandes ambições [TC].

≠ **Não ter ido tomar banho de mar** Ter viajado com ideia de ganho, só visando lucrar; ter ido com propósito de ganhar [LM].

Var.: *não ter vindo tomar banho de mar*

Ter intenção Projetar; planejar; ter o desígnio [GAS].

Ter intimidade com a bola Ver *chamar a bola de meu bem*

≠ **Não ter intimidade com a bola** Ver *chamar a bola de vossa excelência*

≠ **Não ter inveja** Não ser menos importante; não ser inferior [AN].

Ter jabá Ter dinheiro no meio, em geral para corromper ou manipular alguém: "Vai ter jabá, tô nessa" [JB, s. v. "VAI TER JABÁ"].
Var.: *rolar jabá*

Não ter jeito Ver *não ter acochambração*

≠ **Não ter jeito para** Não ter habilidade para algo; não estar certo; ser inconveniente [GAS].

Ter jenipapo Apresentar, na parte inferior da região dorsal, mancha escura, tida como sinal de mestiçagem [ABH/AN].

Ter jenipapo nas cadeiras *Bras., SP.* **1.** Andar rebolando as ancas. **2.** Não ser um branco puro; ser mulato. – Jenipapo é uma mancha arroxeada que aparece na região lombar dos mestiços [AN/LM].

Ter jogo de cintura Ter muito jeito, muita habilidade, para sair de situações difíceis; saber sair-se bem de uma situação desagradável ou embaraçosa; enfrentar com argúcia uma dificuldade qualquer; driblar com maestria algum estorvo, obstáculo etc.: "Acho que a análise me ajudou, inclusive, a ter mais jogo de cintura com as pessoas" (Marieta Severo, *Marie Claire*, jul./1998, p. 38); "Ai de mim, que não tenho fôlego nem jogo de cintura pra driblar a interminável legião dos filadores de plantão a desfiar extorsivos peditórios de 'festas'" (Aírton Monte, *O Povo*, 23/12/98, p. 3B) [ABH].
Var.: *fazer jogo de cintura*

Ter juba de leão Ser cabeludo [CLG].

Ter lábia *Ant.* Ser bem falante, enganar os outros com palavras estudadas [FSB, "Questões de português", p. 217/GAS].
Sin.: *ter conversa*, (lus.) *ter paleio*

Ter lacraia no bolso Ver *ser pão-duro*

Ter lágrimas na voz Falar em tom comovente, enternecedor [AN].

Ter (a) lata *Lus.* Ter a desfaçatez, o descaramento; não ter vergonha, escrúpulos: "– Como é que ele teve a lata de vir até aqui?" [GAS/MPb].

≠ **Não ter lero** Não ter acordo: "Acabou, macho, não tem lero" [JB].

≠ **Não ter lero-lero** Ver *não ter conversa fiada*

Ter letras Possuir conhecimentos livrescos ou escolares; ser culto, educado, instruído: "... mulher tem lugar em casa, ordenando as negras, e não precisa ter letras para se alargar e nem formar juízo certo sobre matéria alguma" (Sebastião Martins, *A dança da serpente*, pp. 122-3).

≠ **Não ter léu** *Lus.* **1.** Não ter sossego. **2.** Não poder passear [GAS].

Ter língua suja Ser malcriado; dizer obscenidades [GAS].
Var.: *ter língua porca*

Ter lua 1. Ter certo desarranjo no juízo, ora estar de um modo, ora de outro, conforme a lua. **2.** Passar a existir rapidamente; não ter sido visto nem sabido senão por poucas pessoas [AN/FS].

Ter lugar *Gal.* Realizar-se; efetuar-se; ocorrer: "A colação de grau terá lugar na Concha Acústica da UFC" [ABH/AN/FF].

Ter (o seu) lugar Caber; ter cabimento; ser admissível ou lógico; vir a propósito [ABH/AN/FF].

Ter lume de Ter algum conhecimento de alguma coisa [ABH/FSB].

Ter lume no olho Ser esperto, sagaz. – A expr. original era a var. abaixo [GAS].
Var.: *ter sangue no olho*

Ter (umas) luzes Ter rudimento; ter poucos conhecimentos; ter conhecimentos muito vagos, rudimentares [GAS].

≠ **Não ter luz própria** Não ser líder: "O dr. Numa não tem luz própria, é um pau-mandado" [JB].

Ter má (*sic*) **bico** *Lus., Alentejo.* Ser esquisito com as comidas [GAS].

Ter má boca 1. Comer pouco; gostar apenas de certos alimentos; não gostar de qualquer comida; ser exigente, biqueiro. **2.** Não consentir em tudo o que lhe fazem [ABH/FF/GAS].

Ter macaquinho(s) no sótão *Fam.* Ser amalucado; ter pouco juízo; não ter juízo; ser desmiolado; ser maníaco; disparatar [ABH/AN/CLG/FF/GAS].

Ter má cara 1. Ter aparência doentia. **2.** Ter cara de não inspirar confiança [GAS].

Ter má catadura Ter mau aspecto, semblante carregado, cara de facínora [GAS].

Ter má cor Apresentar as faces pálidas, amareladas, descoradas, ou rubras como sinal de doença; dar mostras de estar doente [ABH/AN/GAS].

Ter má estrela Ser infeliz [AN].

Ter mais alma Ter mais coragem [GAS].

Ter mais farelo que farinha Fazer-se passar por ter maior valor do que realmente tem [GAS].

Ter mais medo que vergonha Temer o castigo e não o ato censurável que cometeu [GAS].

≠ **Não ter mais para/pra onde** Não haver meio de [TC].

Var.: *não ter por onde*

≠ **Não ter mais porquês** Não aceitar mais desculpas ou justificativas [TC].

Ter mais que fazer Expr. com que se mostra desinteresse por certos assuntos ou disputas mesquinhas; diz-se quando queremos ver-nos livres de alguém ou quando o assunto não merece sequer discussão. – Aplica-se quando certa coisa não vale a pena [AN/GAS/RMJ].

≠ **Não ter mais que um sopro de vida** Estar prestes a expirar (morrer) [AN].

Ter mais sorte que o facadas Ter muita sorte [GAS].

Ter mais tretas que letras Ser mais esperto do que inteligente ou ilustrado; diz-se de pessoa velhaca, finória, traiçoeira [GAS].

Ter mais um(a) criadinho(a) às ordens Maneira de participar o nascimento de filho(a) [AN].

Ter malapata *Lus.* Ter azar [GAS].

Ter má língua Ser maldizente [AN].

Ter mamar de cobra *Lus.* Saber insinuar-se [GAS].

Ter maneiras Ser bem-educado [ABH].

≠ **Não ter maneiras** Diz-se de quem não se sabe comportar conforme as regras da boa educação [GAS].

Ter mão 1. Resistir; segurar; interromper a ação; suspender o que estava fazendo, ou deixar de fazer o que ia fazer; ordem para suspender algo, para acalmar-se ou conter-se; resistir; segurar: "Tenham mão, soldados!" – Us., em geral, no modo imperativo. **2.** Tomar cautela; ter jeito, cuidado: "Ai, que injeção pra doer!... Tenha mão, doutor!" **3.** Deter-se; suster; fazer parar; parar [ABH/AN/FF/FS/FSB/GAS].

≠ **Não ter mão** Não ter força; não ter poder [GAS].

Ter mão de pilão *Bras.* Ser desajeitado, inábil em trabalhos manuais [ABH].

≠ **Não ter mão de/em si** Não se conter; perder o autodomínio: "Pedro, exultante, não teve mão de si, quis ver com os próprios olhos a caranguejola que o vingava tão a pique" (Monteiro Lobato, *Urupês*, pp. 54-5); "E o Pedro já não teve mão em si: jogou-se p'ra grota abaixo, numa aflição e num desespero sem termos" (Valdomiro Siqueira, *Os caboclos*) [ABH/FSB/GAS].

Ter mão em 1. Não deixar sair das mãos; segurar; agarrar. **2.** Amparar; suster [ABH].

Ter mão em alguém Deter alguém, impedir que alguém faça alguma coisa [AC/AN/FF].

Ter mão em si Dominar-se; ser capaz de evitar os seus impulsos; saber dominar-se; controlar-se [AN/GAS].

Var.: *ter poder em si*

Ter mão leve *Bras., gír.* Ser gatuno, ratoneiro, ladrão [ABH/FF].

Ter (a) mão leve Gostar de bater; estar sempre pronto para bater nos outros; estar sempre disposto a bater, a espancar [ABH/AN/GAS].

Ter(-se)

≠ **Não ter mãos a medir 1.** Ter muito que fazer; ter serviço continuado e persistente, apesar de todas as instâncias; não poder parar: "Mas depois que curou, com um par de hipnotizações, a papeira de Dona Licovina Beirão, professora pública, foi um chover de gente no consultório da rua dos Alfaiates, de Albernico não ter mãos a medir" (José Cândido de Carvalho, *Porque Lulu Bergantim não atravessou o Rubicon*, p. 129). **2.** Não se conter; esbanjar; distribuir inconsideradamente [ABH/AN/GAS].

Var.: *não haver mãos a medir*

Ter mãos de fada Diz-se de mulher muito habilidosa em trabalhos de costura (ou bordado) [FF].

Ter mãos largas Ver *ter as mãos rotas* (1)

Ter má pinta Ter, apresentar mau aspecto; exteriorizar no rosto más tendências; ter sinais de ser de má qualidade; aparentar mau caráter [AN/GAS/TC].

Ter marca na paleta, mas não ser tambeiro *Bras., RS*. Ser manso na aparência, porém decidido nas ocasiões necessárias [Aurélio Buarque de Holanda, "Glossário", *apud* J. Simões Lopes Neto, *Contos gauchescos e Lendas do Sul*, p. 357].

Ter marmelada Tem negociata; diz-se de negócio inescrupuloso: "Tem marmelada neste lance" [JB].

Ter más entranhas Ter mau caráter [GAS].

≠ **Não ter mas nem meio mas** Modo de repelir uma escusa; não admitir desculpas, oposição [AN/TC].

Ter mau coração Ser pessoa rancorosa, sempre disposta para o mal [AN].

Ter mau pago Ser mal recompensado [GAS].

Ter maus bofes Ser mal-humorado, impertinente, rabugento, birrento etc.; ser de má índole, de má inclinação, rancoroso; ser muito genioso, vingativo; ser violento; ter maus instintos: "Tinha maus bofes e tratava todo mundo da fila com a maior ranhetice" (Stanislaw Ponte Preta, *Febeapá 1*, p. 15) [ABH/AN/GAS].

Sin.: *ter maus fígados*
Var.: *ser de maus bofes*

Ter maus fígados Ver *ter maus bofes*

Ter mau vinho Diz-se de pessoa que, bebendo, se torna agressiva [GAS].

Ter má venta Ser de gênio irascível [GAS].

Ter má vontade a alguém Ter antipatia, raiva ou zanga a alguém [GAS].

Ter medo como o diabo da cruz Ter muito medo [GAS].

Ter medo da própria sombra Assustar-se, apavorar-se por qualquer motivo, com facilidade; ter medo excessivo. – Referência a Bucéfalo, o cavalo de Alexandre, o Grande. Alexandre o domou dirigindo-o contra o sol (Plutarco, *Alexandre*, VI) [ABH/AN/CLG/GAS].

≠ **Não ter medo de cara feia** Não ter medo de ameaças [CLG].

≠ **Não ter medo de caretas** Não se amedrontar com ameaças; não ser covarde, medroso; não temer brigas, discussões, questões [ABH/AN/TC].

Ter medo de entalar o rabo Diz-se de quem não fecha a porta quando sai [GAS].

Ter medo que se fina Ver *ter (um) medo que se pela*

Ter (um) medo que se pela Ter medo incontrolável, impossível de reprimir; sentir muito medo ou receio; ficar apavorado: "Tenho medo que me pelo" [ABH/AN/CLG/FF/GAS/TC].

Sin.: *pelar-se com/de medo, ter medo que se fina*

Ter meios *Bras*. **1.** Possuir rendimentos financeiros: "Você tem meios para comprar essa casa?" **2.** Conseguir outra solução para o caso: "Tinha meios. Ia à tribuna da imprensa, reclamar os seus direitos, protestar contra o esbulho" (Graciliano Ramos, *São Bernardo*, p. 24).

Ter menino *Bras., NE*. Parir; ter um filho (não importa se foi menino ou menina) [CGP/FS/LM/Net/RG].

Ter merda na cabeça *Bras., chulo.* Ser desavisado, ser irresponsável; não refletir bem, com acerto: "Rosa: (...) A gente quando é franga, com licença da palavra, tem merda na cabeça" (Dias Gomes, *O pagador de promessas*, p. 34) [LAFa].

≠ **Não ter merda no cu pra cagar** *Chulo.* Não ter nada: "O cidadão não tem merda no cu pra cagar e fica aí arrotando" [JB].

Ter mijado à porta férrea *Lus.* Ter frequentado a Univ. de Coimbra [GAS].

Ter minas de caroço Ter muito dinheiro [GAS].
  Sin.: (lus.) *ter muito bago*
  Var.: *ter muito caroço*

Ter minhoca(s) na cabeça Ter ideias más, tristes; ser depressivo; ter ideias absurdas [CLG/GAS].

Ter miolo Ter bom raciocínio [GAS].

Ter miolos de galinha Diz-se de pessoa pouco inteligente; não ter inteligência, juízo [CLG/GAS].

Ter mira nalguma coisa Ter interesse em alguma coisa [GAS].

Ter morte(s) na cacunda Ter morte(s) na consciência; ser responsável pela morte de alguém ou de várias pessoas [AN].

Ter morte(s) nas costas Ter cometido crimes de morte: "... ouviu a voz de Guará, que ninguém sabe quantas mortes tem nas costas" (Romeu de Carvalho, *Carro Doce*, p. 57); "... aparece um corpo saracoteando na quinta-feira santa; dizem que é morte que os Belarmínios (meus parentes) têm nas costas" (Terezinha Alvarenga, *Rio dos sonhos*, p. 15); "Era homem respeitado. Tinha uma morte nas costas" (José Lins do Rego, *Fogo morto*, p. 82) [TC].
  Var.: *carregar mortes nas costas, ter mortes nos couros*

≠ **Não ter morto o caboclo de alguém** Não merecer os ressentimentos de alguém; não merecer a inimizade ou indiferença de alguém; não haver concorrido para o agastamento de alguém [LM].

Ter muita armação e pouco jogo *Bras., S.* Ser de presença muito agradável, mas ser incapaz de mostrar-se útil em momentos difíceis [ABH/AJO/AN].

Ter muita bola *Desp.* Jogar ótimo futebol: "Bola ele tem, e demais" (Alberto Helena Jr., *Folha de S.Paulo*, 19/7/95) [HM].

Ter muita cara *Desp.* Estar o estádio lotado: "Tem muita cara nesta tarde de decisão" [HM].

≠ **Ainda ter muita farinha que comer** Ainda demorar muito [AN]. ♦ Sintagma us., em ger., na terceira pess. do sing.: "Ainda tem muita farinha que comer."

Ter muita lã *Lus.* Ser rico [RF].

Ter muita pinta *Lus.* Ter muitas qualidades; ter valor [GAS].

Ter muita proa *Lus.* Ser exageradamente vaidosa [GAS].

Ter muita prosa Ter grande facilidade de falar; ser palavroso; ter lábia [GAS].

Ter muita tripa Faltar muito para acabar. – A expr. talvez venha da ling. dos salsicheiros [AN].

Ter muito bago Ver *ter minas de caroço*

Ter muito chão *Desp.* Restar muito tempo para o fim do jogo [HM].

Ter muito chão pela frente **1.** Ter grande distância a percorrer. **2.** Ainda ter muito que fazer ou trabalhar para terminar uma tarefa [GAS/TC].
  Sin. (2): *ter muito que andar*

Ter muito que andar Ver *ter muito chão pela frente* (2)

Ter muitos cajus Ser muito velho [AN].

Ter muitos quilômetros rodados Amar muitos homens: "A Rovânia tem muitos quilômetros rodados, já aprontou demais" [JB].

≠ **Não ter nada a ver** Não lhe dizer respeito; não interessar [GAS].

≠ **Não ter nada com a Geografia do Sobreira** *Bras., CE.* Nada ter com o alegado: "Eu não tenho nada com a Geografia do Sobreira: ou você me paga ou eu mando lhe citar." – Sobreira é o A. de uma *Coreografia do Ceará* [LM].

≠ **Não ter nada com isso** Não ter que haver com o assunto [GAS].

≠ **Não ter nada com o barulho** Não ter interesse no caso, no assunto, na discussão: "Nós é que não temos nada com o barulho" (João Clímaco Bezerra, *Sol posto*) [TC].

≠ **Não ter nada (a ver) com o peixe** Não ter nenhuma ligação com o caso, com o assunto; ser inteiramente alheio à peleja ou contenda, à discussão, ao caso ou assunto de que se trata: "Eu não tenho nada com o peixe, eu cumpro determinações do alto, eu nem sequer posso entrar na sala de projeção, ainda não fiz 40!" (Carlos Drummond de Andrade, *De notícias e não notícias faz-se a crônica*, p. 95); "Pode ser aqui, na Cochinchina, na Antuérpia, em Honolulu como pode ser, como foi, no estádio do Junco, em Sobral, que acabou ganhando na festa sem ter nada a ver com o peixe" (Alan Neto, *O Povo*, 17/7/00, p. 24A); "O cabeçudo não tem nada com o peixe" (Gustavo Barroso, *Mississipe*); "Perguntaram a Angélica se ela era culpada pela situação, mas ela disse que não tinha nada a ver com o peixe"; "Não se meta! Você não tem nada com o peixe" [ABH/AC/AN/CLG/DT/FF/F&A/FSB/MPa/TC].

Var.: *nada ter (a ver) com o peixe*

≠ **Não ter nada na manga** O que dizem os prestidigitadores quando trabalham em artes de magia [GAS].

≠ **Não ter nada por onde se lhe pegue** Não merecer crítica ou censura; não dar motivo a crítica ou censura; ser irrepreensível [AN/GAS].

Var.: *não ter por onde se pegue*

Ter na gaveta Prender a si por meio de suborno [AN].

Ter na manga Ter um trunfo para jogar na primeira oportunidade; andar com trunfos escondidos [GAS].

Var.: *trazer na manga*

Ter na mão Ter alguém ao sabor da sua vontade, de seus caprichos; dominar alguém [ABH].

Ter na mente que Admitir; imaginar; supor: "... e eu achei que eu tava certo / defendendo meu amô, / pois tenho na minha mente / que negro também é gente, / pertence a Nosso Senhô" (Patativa do Assaré, *Cordéis*, p. 130).

Var.: *estar na mente que*

Ter nariz de cão perdigueiro Descobrir rapidamente uma situação [GAS].

≠ **Não ter nariz para óculos** Lus. Não gostar de ser troçado [GAS].

≠ **Não se ter nas canetas** *Lus.* Não se aguentar em pé; sentir-se extremamente fraco [GAS].

Var.: *não se ter nas pernas*, *não se ter nas tíbias*

≠ **Não ter nascido hoje** Ser esperto; não se deixar enganar [AN].

≠ **Não ter nascido ontem** Não ser tolo ou ingênuo; ser vivo, esperto, experiente [ABH/CLG].

Ter nascimento Ver *ter berço*

Ter nas costas Manter sob a sua responsabilidade: "O besta foi arranjar uma mulher e já tem quatro filhos nas costas" [TC]. ♦ Esta expr., em geral, vem acompanhada de um complemento (como "filhos", por ex.).

Sin.: *carregar nas costas* (2)

Ter na(s) unha(s) Estar de posse; ter em seu poder [AN/FF/GAS].

Ter negão na arquibancada *Bras., gír.* Estar com feijão ou azeitona no dente: "Ih, rapaz, cê tá com negão na arquibancada, vê se limpa" (*sic*) [JB].

≠ **Não ter nem cacoete** *Desp.* Ser escalado para uma posição que lhe é estranha e onde não se mostra à vontade [HM].

≠ **Não ter nem um para/pra remédio** *Bras., NE, fam.* Não ter absolutamente nenhum; não ter de jeito nenhum; estar em falta completa: "Não tem em casa nem um livro para remédio"; "Dicionário, lá em

casa, não tem nem um pra remédio" [ABH/FN].
Sin.: *não ficar pra meizinha*
Var.: *não ficar (nem um) pra remédio*

≠ **Não ter nenhum tusta** Estar completamente sem dinheiro. – Tusta: forma regressiva de "tostão", us. jocosamente [FS/LM].

≠ **Não ter népia** *Lus*. Não ter nada [GAS].

Ter nervo 1. Possuir energia, vigor. **2.** Ter calma: "Tenha nervo!" [AN/MGa].

Ter nervos Ser dotado de extrema sensibilidade, de extrema irritabilidade; ser piegas [AN].

≠ **Não ter ninguém** *Lus*. Não ter dinheiro [GAS].

Não ter ninguém em casa *Bras., RS*. Diz-se de mulher que tem peitos pequenos [LAF].

Ter no costado Ter a responsabilidade de: "Dizem que tem algumas (mortes) no costado" (Afrânio Peixoto, *Bugrinha*, cap. 13) [ECS].

≠ **Não ter no cu o que (um) periquito roa** *Bras., chulo*. Ser extremamente pobre; nada possuir [ABH/AN/FS/TGa].
Var.: *não ter o que um periquito roa*

Ter no sentido Presumir: "Essa moleza... Eu tenho no sentido que vou gripar" [TC].

Ter nos lábios uma coisa Estar a ponto de dizer uma coisa [AN].

Ter o cangote duro *Bras*. **1.** Ser forte, resistente, valente, bravio. **2.** Ser teimoso, difícil de ceder ou de curvar-se a admoestações, conselhos etc. [RG/TC].
Var.: *ter o cangote grosso*

Ter o céu na terra Gozar, na terra, das venturas concedidas aos bem-aventurados; ser muito feliz [AN].

Ter o condão Ter o dom, a qualidade, a virtude, a possibilidade [GAS].

Ter o coração ao pé da boca Ser suscetível; dizer sem pensar o que diz; ser impetuoso; ser generoso; dizer o que sente sem olhar às conveniências; ser muito suscetível, irritar-se à toa; ser melindroso em extremo [AN/GAS].

Ter o coração na boca Não ser de reserva; dizer quanto sente [AN].

Ter o coração na goela 1. Estar aflito, na iminência de chorar. **2.** Ser neurastênico, grosseiro; irritar-se facilmente: "Raulino era demasiado ardente; tinha o coração na goela e seria capaz de estrepolias graves" (Domingos Olímpio, *Luzia-Homem*, p. 26) [TC].
Var. (2): *ter o coração no pé da goela*

Ter o coração perto da goela *Bras., NE, pop*. Ser muito franco; não saber ocultar o que sente ou pensa; falar com franqueza, com sinceridade; não mentir [ABH/FN].

Ter o coração transbordando Ser de vida afetiva demasiado intensa [AN].

Ter o corpo fechado 1. *Bras*. Ser inacessível a feitiços, tiros, picadas de cobra etc.; julgar o corpo invulnerável a doenças e mandingas ou feitiços; estar imune de perigos como tiro, facada, mordida de serpente ou qualquer outro malefício, graças a amuletos e mandingas: "Vidal: Ele não tinha o corpo fechado?" (Dias Gomes, *O rei de Ramos*, p. 70). **2.** Ser invulnerável [ABH/AC/AN/RG].

Ter o corpo num feixe Ser moído de pancada [GAS].

Ter o couro curtido Estar afeito ao sofrimento, ao trabalho pesado: "Trabalhador tem o couro curtido" (Jorge Amado, *Terras do sem fim*) [TC].

Ter o cu folheado a ouro Mostrar senso de superioridade; comportar-se com arrogância [GM].

Ter o diabo no corpo 1. Estar furioso, enfurecido, possesso; ser insuportável, mau; ter colapsos nos sentidos: "O francês tinha o diabo no corpo. Tornou-se alma do outro mundo. Desapareceu. Do jeito que ele estava não podia andar" (José Sarney, *Saraminda*, p. 214). **2.** Ser muito inquieto; fazer grandes travessuras; ser insuportável, travesso. – Esta loc., diz José Maria Adrião,

Rev. Lus., XXVII, p. 203, é vestígio dos tempos de grande eflorescência mística em que a medicina estava ainda bem atrasada e os fenômenos da patol. do sistema nervoso eram frequentemente tidos como obra do diabo (ver Mt 8, 28; Mc 5, 1-14; Lc 8, 27-36) [AN/GAS].
Var.: *estar com o diabo no corpo*

Ter o diabo nos chifres *Bras.* Ser endiabrado; estar doido, endiabrado, sem controle [ABH/AN/RG].

≠ **Só ter (de seu) o dia e a noite** Ver *possuir só a noite e o dia*

Ter ódio figadal a alguém Ter ódio total, irreprimível a alguém [GAS].

≠ **Não ter o dom dum urubu** Não saber fazer nada [TGa].

Ter o estômago frio *Bras., RS.* Ser indiscreto [Aurélio Buarque de Holanda, "Glossário", *apud* J. Simões Lopes Neto, *Contos gauchescos e Lendas do Sul*, p. 357/AJO].

≠ **Não ter ofício nem benefício** Não ter ocupação; não trabalhar; não ter rendimentos [GAS].

Ter o fígado ao pé da boca Zangar-se com facilidade: "O meu amigo, que tinha ... como costume dizer-se, o fígado ao pé da boca, tomou a ameaça como ele" (Camilo Castelo Branco, *Aventuras de B. F. Enxertado*, cap. 14) [ECS].

Ter o fio de Ariadne Ter coisa que guie. – Alusão ao fio com que Ariadne guiou Teseu no labirinto de Creta (ver Plutarco, *Teseu*, XIX) [AN].

Ter o fósforo queimado Diz-se do intelectual que já nada consegue criar [GAS].

Ter o juízo no seu lugar Proceder com acerto [GAS].

Ter olho(s)/olhinhos Ser esperto, sagaz, previdente; ser bom observador; ser arguto, perspicaz, vivo; ver longe [ABH/GAS].

Ter olho clínico 1. Diz-se do médico que costuma acertar habitualmente no diagnóstico das moléstias. **2.** Ser perspicaz e discernir qualquer assunto [AN/GAS].

Ter olho(s) de lince Possuir vista penetrante; ter olhos agudos, penetrantes, capazes de enxergar longe, mesmo na escuridão; ver muito bem; ter boa vista; ter uma vista agudíssima. – Atribuía-se tal vista a este animal. O lince, como todos os felinos, enxerga bem na escuridão. Na expr. há adulteração, para lince, do nome de Linceu, piloto dos Argonautas, homem de vista penetrante. A loc. existe em várias línguas: em fr., *avoir des yeux de lynx*; em esp., *tener ojos de lince* [AN/GAS/RMJ, s. v. "OLHOS DE LINCE"].
Var.: *ter vista de lince*

Ter olho em alguém Vigiar alguém; tomar conta de alguém [GAS].

Ter olho em si Acautelar-se; precaver-se; proceder com tino [GAS].

Ter olhos de carneiro mal morto Ter olhos mortiços; diz-se de pessoa que semicerra os olhos ao falar [GAS].

Ter olhos de gato Ter olhos esverdeados ou garços [AN].

Ter olhos na cara Diz-se de pessoa que não se deixa enganar [GAS].

Ter olhos nos dedos Diz-se de pessoa que não se contenta em olhar e que também tem de mexer [GAS].

≠ **Não ter olhos senão para** Diz-se quando alguém só olha determinada pessoa ou coisa [AN].

Ter o mapa da mina Conhecer a melhor maneira para chegar ao objetivo [CLG].

≠ **Não ter ombros para** Não ser capaz de; não arcar com [GAS].

Ter o nariz arrebitado Ter mau gênio; ser senhor de si [GAS].

≠ **Não ter onde cair morto** Ser muito pobre; não ter dinheiro; ser um desgraçado, sem nada de seu; estar em sérias dificuldades financeiras; estar na miséria; achar-se em extrema penúria; não ter amparo nem meios de vida: "Apossara-se da casa porque não tinha onde cair morto, passara uns dias mastigando raiz de imbu e sementes de mucunã" (Graciliano Ramos, *Vidas secas*,

Ter(-se)

p. 20); "Estorvos não achava, a não ser uns derriços que o João Vicente, um desgraçado que não tinha onde cair morto, e vivia por ali, de servicinhos, principiava a mostrar pela moça" (Herman Lima, *Tigipió*, p. 67); "– Mas não tem onde cair morto! Devemos aos empregados todos, à farmácia, ao banco do povoado..." (Lúcio Cardoso, *Crônica da casa assassinada*, p. 56); "Eu? Eu não tenho casa em lugar nenhum! Eu não tenho onde cair morto" (Rui Guerra, *Bundas*, 5/9/00, p. 44) [ABH/AN/CLG/GAS/JB/LM//TC].
Sin.: *possuir só a noite e o dia*, (NE) *não ter onde se encostar*
Var.: *não ter onde cair*

≠ **Não ter onde pôr a cabeça** Não ter um lugar onde descansar [AN].

≠ **Não ter onde se encostar** Ver *não ter onde cair morto*

Ter o(s) olho(s) maior(es) que a barriga *Fam.* Ser muito guloso; não saber calcular o apetite; desejar mais do que pode comer; pedir muita comida para depois não comer: "Leodoro pensa que ela estava certa quando dizia do filho que tinha o olho maior que a barriga" (Chico Buarque de Holanda, *Benjamim*, pp. 126-7). – É uma frase comum, aplicada sobretudo pelas mães, quando os filhos, durante as refeições, enchem o prato demasiadamente, não comendo os alimentos em excesso e deixando no prato grandes sobras de comida. É, pois, uma advertência contra o desperdício. Os fr. têm loc. igual [ABH/AN/CLG/GAS/RMJ].
Var.: *ter maiores olhos que barriga, ter os olhos maiores do que a boca*

Ter o pássaro na mão e deixá-lo fugir Ter uma oportunidade e perdê-la [GAS].

Ter o pecado original Proceder de má ou baixa origem [AN].

Ter o pé leve 1. Ser bom dançarino; dançar com agilidade. **2.** Ter o passo ligeiro; ser ligeiro; andar depressa. [AN/GAS].

≠ **Não ter o que a periquita roa** *Bras., NE.* Diz-se da mulher que se encontra em estado de pobreza [MSM].

≠ **Não ter o quê nem porque** Não ter solução: "Não tem o quê nem porque, vou começar a agir" (*sic*) [JB].

Ter o rabo aceso *Bras., CE.* Ser, uma mulher, viva demais, ardente, fogosa [AN].

Ter o rabo comprido Diz-se das pessoas que deixam as portas abertas [GAS].

Ter o rabo pelado *Lus.* Ser pessoa muito experiente [GAS].

Ter o rei na barriga Ter, ou aparentar, uma grande importância; dar-se ares de importante; ser presunçoso, orgulhoso, vaidoso, pretensioso, arrogante, petulante, enfatuado; considerar-se importante; diz-se de quem é altivo e arrogante, menosprezando toda a gente; julgar-se superior aos demais: "– Que zangue! só fujo de cuisarrúim. Felipão pensa que tem o rei na barriga, mas comigo ele tem que se avê! Ora se!..." (Mário de Andrade, *O poço & outras histórias*, p. 43); "E o velho Campos continuou a falar: – Esse tipo tem o rei na barriga" (José Lins do Rego, *Eurídice*, p. 102); "Por sinal que ele mal me cumprimentava, até parecia que tinha o rei na barriga" (Lúcio Cardoso, *Crônica da casa assassinada*, p. 93); "O Sinhozinho, na sua roupinha de brim branco, parecia ter o rei na barriga" (Viriato Corrêa, *Cazuza*, p. 125). – Alusão às rainhas grávidas por ocasião da morte de rei que não deixou herdeiro varão [ABH/AN/CLG/FF/GAS/RMJ/TC].
Sin.: *trazer o rei na barriga*

Ter o rosto estanhado Ser um completo cínico [AN].

Ter os alqueires bem medidos *Lus.* Ter juízo [GAS].

≠ **Não ter os alqueires bem medidos** *Lus., Alentejo.* Diz-se do doidivanas, do valdevinos, de quem não tem juízo. [GAS].
Var.: *não ter os cinco alqueires bem medidos*

Ter o sangue frio Ser sereno, frio, ponderado [CLG].

Ter o sangue quente 1. Irritar-se facilmente; ser genioso, exaltado, esquentado, irritadiço; reagir contra a menor ofensa; reagir de pronto a uma provocação; ter grande viveza e impaciência; ser imprudente e irrefletido. **2.** Ser muito fogoso: "Pafúncio não pode ver rabo de saia por perto. O cara tem o sangue quente, viiiche!" [ABH/AN/CLG/GAS].

Sin. (1): *ter (o) sangue na guelra, ter sangue nas veias*

Ter os braços partidos Estar impedido de agir [GAS].

Ter os cornos grandes *Lus*. Diz-se das pessoas que dão encontrões em tudo e em todos [GAS].

Ter os dias contados 1. Estar próximo da morte. **2.** *P. ext*. Aproximar-se do fim; não durar muito: "Em meio ao inferno astral verde-amarelo, o reinado de Leão parece ter os dias contados, assim como a até então unânime majestade do futebol brasileiro" (Ivan Padilla, *Época*, 30/4/01, p. 94). – Alusão ao festim de Baltasar (Dn 5) [ABH/AN/GAS].

Var. (1): *estar com os dias contados* (1)
Var. (2): *ter seus dias contados*

Ter o seu pataco/pataquito *Lus*. Ter alguns meios de fortuna [GAS].

Ter o seu talher na sociedade Ter situação social definida; ser pessoa de posição social [ABH].

Ter o sexo na cabeça Só pensar em assuntos de sexualidade [AN].

Ter os nervos à flor da pele Ver *ser uma pilha*

Ter os nervos num feixe Estar muito nervoso [GAS].

Ter os olhos bem apertados Ser muito experiente; ser espertalhão [GAS].

Ter os olhos em bico *Lus*. **1.** Ter sono. **2.** Ficar admirado [GAS].

Ter os olhos fechados Ter vivido pouco; ser ainda inexperiente [GAS].

Ter os olhos sobre alguém Observar alguém para dele se acautelar, para ver-lhe os passos [AN].

Ter os ossos num feixe Estado em que se encontra um indivíduo depois de uma grande queda, ou de ter sofrido uma grande tareia [GAS].

Ter os ouvidos cheios Estar farto de ouvir a mesma coisa; ter dado atenção a intrigas; ter repetidas queixas sobre o procedimento de alguém [AN/GAS].

Ter os pés bem assentes Diz-se de pessoa ajuizada, precavida, que tem possibilidades [GAS].

Ter os pés fincados na terra Ser objetivo, realista; não inventar ou fantasiar, não sonhar [ABH/AT].

Var.: *ter os pés na terra*

Ter os pés grossos *Lus*. Ter fortuna [GAS].

Ter os pés inchados *Lus*. Estar bêbado [GAS].

Ter os pés malfeitos *Lus., Alentejo*. Ter poucas habilitações; não ter capacidade [GAS].

Ter os pés na cova Achar-se muito doente ou ameaçado de morte: "Como ele se levantou, já tendo os pés na cova?" (Domingos Olímpio, *Luzia-Homem*) [TC].

Var.: *estar com o(s) pé(s) na cova*

Ter os pés no chão Ser realista: "Ele tem os pés no chão; sabe o que pode e o que não pode fazer" [DT].

Ter os seus quês Ver *ter os seus quindins*

Ter os seus quindins Ter as suas dificuldades: "A Ibéria, que viveu crucificada politicamente durante décadas, teve os seus quindins com a liberdade de expressão" [GAS].

Sin.: *ter os seus quês, ter que se lhe diga* (2)

Ter o topete de Ter a ousadia, o atrevimento de fazer algo. – Os valentões ant. usavam topete, daí a expr. [AN].

Ter ourelo *Lus*. Ter atenção, cautela; ser precavido [GAS].

Ter outro por dentro 1. *Bras., RS*. Diz-se de quem mostra subitamente uma qualidade até então escondida. **2.** Diz-se de quem insinua ter verve, humor, capacidade irôn. ou algo assim, mas que não costuma manifestá-la [LAF].

Ter ouvido Ter facilidade para reter na memória peças musicais [GAS].

Ter ouvido(s) de tísico *Ant.* Ter grande acuidade auditiva; ouvir a grande distância; ter o ouvido muito delicado; ouvir o que se diz baixinho [AN/GAS].

Ter ouvido de tuberculoso 1. Escutar bem. **2.** Possuir o sono leve [CGP].

Ter ouvidos de ferreiro *Lus.* Diz-se de quem não ouve, não entende o que se lhe diz [GAS].

Ter ovos debaixo dos braços Ser lento a trabalhar [GAS].

Ter o zangador perto *Lus., ant.* Zangar-se facilmente, por motivo fútil [LCCa].

Ter paciência de santo Ter muita paciência [GAS].

Ter pacto com o cão Ser possesso, endiabrado: "Todos julgaram que ele / Tinha pacto com o cão / Então daí por diante / Pelas zonas do sertão / Ficou ele apelidado / Por todos, Lampião" (Expedito Sebastião da Silva, *Trechos da vida completa de Lampião*, p. 11).

Sin.: *ter parte(s) com o satanás, ter pauta com o capeta, ter pauta com o capiroto*

Var.: *ter arte(s) com o cão, ter pacto com o diabo, ter parte(s) com o cão, ter pauta com o cão*

Ter pacto com o diabo Diz-se quando uma pessoa faz quanto quer, parecendo protegido ou ajudado pelo diabo; escapar alguém a um castigo merecido parecendo protegido por espírito mau; praticar ações extraordinárias, mágicas, sortilégios. – Segundo crença medieval, aquele que fazia pacto com o diabo entregava-lhe a alma, em troca de benefícios terrenos. Lavrava-se um documento, assinado com sangue (ver *Rev. Lus.*, XXVII, p. 204) [AN/GAS].

Var.: *ter arte(s) com o diabo, ter pacto com o cão, ter parte(s) com o diabo, ter pauta com o diabo*

Ter pai vivo e mãe bulindo *Bras., CE, pop.* Ter pais que o defendam; não precisar de castigos ou auxílios a não ser os paternos; não ser desprotegido; ser bem apadrinhado; ter forte proteção [ABH/AN/FS/LM/TC].

Ter palavra Cumprir o prometido, ou o que promete [ABH/AN/GAS].

Ter palavra de rei Não voltar atrás; não se desdizer; cumprir [GAS].

Ter paleio Ver *ter lábia*

Ter palheta *Lus.* Ter palavreado; falar bem [GAS].

Ter palheto *Lus.* Ser esperto, ágil, competente; possuir qualidades, conhecimentos; ter força [GAS].

Sin.: *ter unhas*

Ter palitos Diz-se do marido que é atraiçoado pela mulher ou vice-versa [GAS].

Ter pancada na mola *Lus.* Não ter juízo perfeito; ser amalucado, apatetado; ser maníaco. – Alusão a relógio que não regula bem por ter levado um tombo, um baque [AN/GAS].

Sin.: *ser um pancada*

Não ter pano para mangas *Lus.* **1.** Não ter tempo. **2.** Não ter recursos suficientes [GAS].

Ter pantufas Ver *aguentar pianinho*

≠ **Não ter papai nem mamãe** *Bras., gír.* Não ter solução; não adiantar pedir nem lamentar: "Não tem papai nem mamãe, cara, vai ter que pagar dobrado por tua besteira" [JB].

≠ **Não ter papa(s) na língua 1.** Falar com franqueza; ser franco, sem reservas, doa a quem doer; dizer sempre e claramente o que pensa; falar sem olhar as conveniências, sem condescendências nem contemplações; falar claro, desembaraçado e franco e um tanto desbocado; não ter manhas encobertas; diz-se das pessoas cujas formas de comportamento são sempre duras e de ação imediata; ser destabocado; não usar de rodeios: "Considerando que as donas de casa não têm papas na língua para gritar, feira por feira, supermercado por supermercado, que o governo, o governo é não sei o quê!" (Henfil, *Cartas da mãe*, p. 27); "... Aquele Seu Vitorino não tem papas na língua" (José Lins do Rego, *Fogo morto*, p. 37). **2.** Ser pessoa que fala demais, que não guarda segredo. – João Ribeiro, em *Frases feitas*, achando incompreensível a frase, atribui-lhe or. castelhana. Em esp., há *no tener pepita en la lengua*. "Papa" estaria em lugar de *papita* (e *papita* em lugar de *pepita*) [ABH/AC/AN/GAS/JB/RBA/RG/RMJ].

Var. (1): *ser sem papas na língua*

Ter para dar e vender Ter algo com fartura, em abundância, de sobra: "Sherazade tinha beleza, inteligência e coragem para dar e vender" [AN/CLG/F&A/GAS].

Ter para mais de Ter mais de: "Só este seu criado tinha para mais de cem vacas" (José Américo de Almeida, *A bagaceira*) [TC].

Ter ... para mostrar o que vale Diz-se do tempo que é concedido para alguém prestar provas dos seus conhecimentos. – As reticências, aqui, substituem a medida de tempo [GAS].

Ter para os seus alfinetes Diz-se da mulher que tem reservada uma pequena quantia retirada dos seus rendimentos ou economizada pouco a pouco, para as suas despesas pessoais [GAS].

Ter para peras Ter grande trabalho ou sofrimento; diz-se de assunto que vai levar muito tempo a resolver-se; diz-se de circunstância demorada, de difícil resolução [AN/GAS].

Var.: (lus.) *dar para peras*; *ter pão para peras*

Ter para si Estar convencido de; supor; imaginar: "Eu tenho para mim que ele não fez isso de propósito..." [ABH/FS/GAS].

Ter parte com 1. Estar de combinação com; estar mancomunado com; mancomunar-se com. **2.** Ter parentesco, ter ligação com: "Você tem parte com a família...?" [ABH/TC].

Ter parte(s) com o diabo Ser endemoninhado; ser muito endiabrado: "Ninguém nunca ganhava desse cara no jogo, até diziam, aqueles que eram chamados de 'perus', que esse cara tinha parte com o diabo" (Ciro Colares, *Diário do Nordeste*, cad. 3, 20/8/00, p. 5). – "Parte(s)" talvez esteja por "pacto" [AN/GAS].

Var.: *ter pacto com o diabo*

Ter parte(s) com o satanás Ter acordo, pacto com o diabo; ser endemoninhado ou feiticeiro [AN/TC].

Sin.: *ter pacto com o cão*

Var.: *ter arte(s) com o satanás, ter parte(s) com o satanás, ter pauta com o satanás*

Ter parte em Participar de: "Ele teve parte no caso do narcotráfico?" [ABH].

Var.: *fazer parte de*

Ter partes com alguma mulher Ter cópula com essa determinada mulher [GAS].

Ter pauta com o cão *Bras., CE*. Fazer trato com o diabo, ser endemoninhado ou feiticeiro. – Diz-se de pessoa tida por bem-afortunada nos negócios ordinários da vida: "Diziam que tinha pauta com o cão. Mentira" (João Clímaco Bezerra, *O semeador de ausências*, p. 19) [AN/TC].

Var.: *fazer pauta com o cão, ter pacto com o cão, ter pauta*

Ter pauta com o capeta Ser endemoninhado: "E logo pra uns ele só pode mesmo é ter pauta com o capeta aninhado na sua cabeça pra saber se desembaraçar das forças do perigo..." (Barros Pinho, *A viúva do vestido encarnado*, p. 110).

Sin.: *ter pacto com o cão*

Ter pauta com o capiroto Ser endemoninhado: "Mas o negro, para se esconder, tinha pauta com o capiroto" (Leonardo Mota, *No tempo de Lampião*, p. 40) [AN/TC].

Sin.: *ter pacto com o cão*

Var.: *ter arte(s) com o capiroto, ter parte(s) com o capiroto*

Ter pauta com o diabo Ser endemoninhado: "Leonardo ria, um pouco para dentro, sacudindo-se todo: 'Essa danada tem pauta com o diabo', dizia, morto de gosto" (Gilvan Lemos, *Os olhos da treva*) [FN].

Var.: *ter pacto com o diabo*

Ter(-se)

Ter pavio curto Diz-se de pessoa que se irrita facilmente: "– Naquele tempo, eu era esquentadinho, tinha pavio curto..." (Carlos Lira, *apud* Sérgio Cabral, *Nara Leão: uma biografia*, p. 49) [JB].

Ter pé 1. Ter um pretexto; haver uma oportunidade. **2.** *Lus.* Estar bem cozido no exterior e malcozido no interior. – Referente a pães e bolos. **3.** Acreditar. **4.** Ter capacidade de andar muito. **5.** Ser raso o suficiente para que se toque o fundo com os pés, ficando a cabeça para fora da água [ABH/FF/FSB/GAS].

Var. (5): *dar pé* (1)

Ter pé de chinesa Ter um pé muito pequeno. – Os chineses ant. comprimiam desde o nascimento os pés das meninas para que estes não crescessem. Acha-se bonito na mulher o pé pequeno [AN].

Ter pé de chumbo Diz-se de pessoa que não sabe dançar, que tem o andar pesado [GAS].

≠ **Não ter pé e querer dar coice** Pretender insultar ou ofender quem está acima de todas as ofensas e insultos; assumir uma importância que não pode ter [GAS].

≠ **Não ter pegada** *Desp.* Faltar vontade e raça a jogador ou time: "Os próprios jogadores acham que o time não teve pegada" [HM].

Ter peito Ser audacioso, atrevido, corajoso, disposto para um empreendimento; ousar; ter determinação; ter raça; ser corajoso, firme, resoluto; não temer; assumir responsabilidades perigosas; enfrentar riscos; ter audácia e coragem: "O negócio é ter peito para afirmar; o resto pode deixar que a crendice popular funciona melhor do que o melhor dos *public relations*" (Stanislaw Ponte Preta, *Febeapá 1*, p. 144); "– A verdade é que o coronel nunca teve peito para me peitar" (Aníbal Bonavides, *As profecias do Arquimedes*, p. 145) [AN/FS/RMJ/TC].

Ter peixe na rede 1. Ter assunto de interesse. **2.** *Desp.* Haver gol; existir bola na rede: "Tem, tem, tem peixe na rede! E é, é goool!!!..." – Quando de sua morte, o locutor carioca Valdir Amaral foi dado pela imprensa bras. como o criador desta expr. [GAS].

Ter pela proa Ter alguém a fazer frente, a enfrentar; ter alguém diante de si; ter pela frente alguém atacando, contrariando; ter alguém contra si; ter algo a enfrentar: "Ele agora vai ver quem vai ter pela proa" (Ribamar Galiza, *O povoado*) [AN/GAS/TC].

Ter pelego *Bras., RS.* Apresentar dificuldade oculta [AN].

Ter pelo Estar com sorte [AN].

Ter pena de pica-pau *Bras., CE.* **1.** Ser homem de muita sorte. – Uma lenda atribuía poderes mágicos à pena do pica-pau (João Ribeiro, *A língua nacional*). Achar esta pena não é fácil, na ocasião em que o pica-pau trabalha para furar o tronco de uma árvore. **2.** Ser feliz (em qualquer empresa) [AN/LM]. Ver ainda RMJ, p. 310.

Sin.: *nascer empelicado*
Var.: *ter pena de pinica-pau*

Ter peneiras *Lus.* Ser vaidoso [GAS].

≠ **Não ter pé(s) nem cabeça** Não ter sentido; ser disparatado, absurdo; diz-se de coisa sem começo nem fim, despropositada, sem razão [AN/CLG/GAS].

≠ **Não ter penhe de** *Bras., NE.* Não estar disposto a [Gl].

≠ **Não ter *perhaps*** Não haver hesitação, ser certo: "Comigo é assim, não tem *perhaps*, pão é pão, queijo é queijo" [AN/JB].

Sin.: *não ter talvez*

Ter pernas *Desp.* Correr no jogo sem parar, demonstrando muito fôlego [HM].

≠ **Não ter pernas** Custar a sustentar-se nas pernas; não poder andar; não ter força nas pernas [ABH/AN].

Ter pernas para andar Ter condições para andar [GAS].

≠ **Não ter perto nem longe** *Lus.* Diz-se do indivíduo que gasta perdulariamente [GAS].

Ter pés de barro 1. Ser frágil; ser vulnerável. **2.** *Fig.* Ter base inconsistente, a despeito da aparência de solidez [ABH/GAS].

Ter peso 1. *Lus.* Ter poder; diz-se de pessoa muito importante ou muito rica: "O FMI tem peso na economia mundial." **2.** Ser infeliz, azarado; ter azar; ser perseguido pela má sorte [AN/GAS/RMJ].
Var. (1): *mandar peso*

≠ **Não ter pevide na língua** Falar muito [GAS].

Ter picos na amarra *Lus.* Ter dificuldades; ser difícil o assunto [GAS].

Ter pilhas de Ter muito de (qualquer coisa) [GAS].

Ter pilhas de graça Ser muito engraçado [FF].

Ter pílulas no capacete *Lus.* Ser maníaco, amalucado [GAS].

Ter pinta *Lus.* Ser jeitoso; evidenciar qualidades [GAS].

Ter pinta braba Ser mau elemento, tipo nocivo, companhia perniciosa [RMJ].
Var.: *ter pinta manjada*

Ter pinta de *Bras.* Assemelhar-se a, parecer-se com alguém: "Escândalo é o Ronivon ter pinta de Waldick Soriano!" (José Simão, *O Povo*, 17/5/97, p. 7B).

Ter pinta de boa-praça Parecer muito bondoso, agradável, "certinho", correto em atitudes: "Se o general Costa e Silva, / já nosso meio-chefão, / tem pinta de boa-praça, / por que tal irritação?" (Carlos Drummond de Andrade, *apud* Sérgio Cabral, *Nara Leão: uma biografia*, p. 114).

Ter pistolão Estar apadrinhado ou recomendado por pessoas influentes; dispor de bons empenhos para alcançar posições que o mérito puro e simples não conquista [RMJ].
Sin.: *estar empistolado*

Ter planta *Lus.* Ter boa apresentação [GAS].

≠ **Não ter planta nenhuma** *Lus.* Não ter propósitos; ser uma figura ridícula [GAS].

Ter pó a alguém *Lus.* Odiar alguém; não poder, não simpatizar com alguém; desejar fazer mal a alguém [GAS].
Sin.: *ter (uma) sede a alguém*

Ter poder de fogo *Fig.* Ter, grupo armado ou indivíduo, capacidade destrutiva: "Portanto, o time tem poder de fogo para ganhar" (Tom Barros, *Diário do Nordeste*, cad. Jogada, 5/5/01, p. 4).

≠ **Não ter ponta por onde se lhe pegue** Não ter merecimento nem préstimo; estar inutilizado por completo; não servir para nada [AN/GAS].
Var.: *não ter por onde se lhe pegue*

≠ **Não ter porém** Não ter dúvidas [TC].

Ter por força de ir *Bras., NE.* Ir por bem ou por mal [Gl].

Ter por onde 1. Ter recursos, meios, possibilidades, para alguma coisa: "Pode gastar à vontade; tem por onde pagar." **2.** Ter motivo ou razão para: "Tem por onde ser orgulhoso" [ABH].

≠ **Não ter por onde pagar** Não ter nenhum rendimento nem haveres que possam responder pela dívida [GAS].

Ter pouca bola *Desp.* Jogar medianamente, sem destaque, com pobreza técnica [HM].

Ter pouca lã *Lus.* Possuir poucos bens [RF].

Ter pouco fósforo *Lus.* Ter pouca inteligência [GAS].

≠ **Não ter pra ninguém** *Bras., gír.* Não sobrar nada: "Não tem pra ninguém. Matei a pau" [JB].
Var.: *não dar pra ninguém*

Ter preciso de *Lus., Alentejo.* Ter precisão de; precisar de; necessitar [GAS].

≠ **Não ter preço 1.** Ser superior a qualquer avaliação; possuir merecimento extraordinário; ter preço inestimável. **2.** Não valer nada [AN/GAS].

Ter preconceito Ser aferrado a certas ideias ant.; não acompanhar o progresso [GAS].

Ter pregos *Lus., Beira Baixa*. Ter frio; passar frio durante a noite [GAS].

Ter presente Ter na memória; lembrar-se de [AC/FF].

Ter presilhas *Lus., calão teatral*. Diz-se do ator sem grandes méritos e que usa processos menos sérios como prejudicar o trabalho dos colegas para se fazer aplaudir [GAS].

Ter propósitos Ver *ter termos*

Ter pulmão *Bras., CE*. Ser valente, corajoso [RG].

Ter pulmão na cabeça *Bras., CE*. Ser inteligente, perspicaz [RG].

Ter pulso Possuir firmeza, energia; ser enérgico [AN/GAS].

Ter quatro olhos Usar óculos ou pincenê [AN/CLG].

Ter quebrado pedra na pedreira de São Diogo Ter sofrido muito na vida. – No morro de São Diogo, no RJ, havia uma afamada pedreira [AN].

Ter quebranto Sentir moleza; não ter forças [GAS].

Ter queda Ter jeito, habilidade [GAS].

Ter queixo de rabeca Ter o queixo muito saliente, pontiagudo [AN].

Ter queixo duro Ser teimoso [AN].

Ter (bons) queixos 1. Ser fanfarrão, gabola. **2.** Gostar de falar demais [TC].

≠ **Não ter que lhe dizer** Não ter defeito; não merecer censura [AN].

Ter quem lhe faça a papinha Ter explicador, ou ajuda de toda a espécie [GAS].

≠ **Não ter que saber** Ser certo, indiscutível, dispensar provas; não haver nenhuma dúvida; ser claríssimo: "Não tem que saber" [GAS/LM].

Sin.: *não ter que ver*

Ter que se haver com Ser obrigado a enfrentar alguém forçosamente: "Agora terás que te haver com o patrão" [GAS].

Ter que se lhe diga 1. Não ser sem defeito. **2.** Diz-se de coisa difícil [AN/GAS].

Sin. (2): *ter os seus quindins*

Ter que ver Expr. com que se procura designar algo pouco crível [GAS].

≠ **Nada ter que ver** Não ter a menor relação [AN].

≠ **Não ter que ver** Ver *não ter que saber*

≠ **Não ter que ver alguém** *Bras., NE, fam*. Ser igual, tal e qual, muito semelhante a alguém; ser muitíssimo parecido com alguém: "O pequeno não tem que ver o pai" [ABH/AN/FS/Gl].

≠ **Nada/Não ter que ver o cu com as calças** *Chulo*. Não haver relação entre si [GAS].

Ter quitanda *Bras., SP, pop*. Ter saúde e/ou posição social [ABH/AN].

Ter quizília/quizila Ter implicância, antipatia, aversão por algo ou alguém: "Eu toda vida tive quizila com home (*sic*) pequeno!" (Leonardo Mota, *No tempo de Lampião*, p. 125). – A palavra "quizília" é de or. africana [RMJ].

≠ **Não ter rabicho(s) 1.** Ser irrepreensível; não precisar temer acusações; não ter acusações. **2.** Não ser mal-humorado [FF/GAS].

Ter rabo 1. *Lus., Cadaval*. Diz-se de história ou cantiga picante ou obscena. **2.** Diz-se da crueldade instintiva, do sadismo nato, da malvadeza irreprimível. **3.** Diz-se das pessoas inquietas, em constante movimento, insuscetíveis de tranquilidade. **4.** Ter problemas: "O cara tem rabo, só fez merda na vida." **4.** *Bras., RS*. Ser sortudo [GAS/JB/LAFa/LCCa].

Sin. (2) (3): *ter cotoco*

Ter rabo(s) de palha Proceder com covardia por ter atos censuráveis que teme que sejam descobertos e lançados em rosto; ter culpas pouco conhecidas que o impedem de formular críticas; ter conduta irregular, vida viciosa, estando, portanto, impedido de fazer críticas severas aos demais: "Por trás de um grande homem tem sempre um grande rabo de palha" (Mino, *Diário do Nordeste*, cad. 3, 24/6/01, p. 8). – Ladislau Batalha, *História geral dos adágios* *portugueses*, vê alusão a ant. torturas [AN/GAS/RMJ].

Sin.: *ter telhado(s) de vidro*

Ter (o) rabo preso *Bras.* Estar comprometido com fatos, situações ilegais ou reprováveis, ou com pessoas envolvidas em tais fatos ou situações; estar comprometido com maracutaias, corrupções, negócios ilícitos; estar sob o jugo ou domínio de alguém ou algo, ilicitamente; não ter altivez nem independência em relação a outrem; ter problemas: "'Não tenho o rabo preso com ninguém', disse à época, ao afirmar que pretendia processar Jazadji" (Mino Pedrosa & Wladimir Gramacho, *IstoÉ*, 22/9/99, p. 27); "Não pago nada porque têm (os policiais) rabo preso comigo – sei de todos os podres daqui" (Rachel, codinome de uma chefe do tráfico de cocaína na zona leste de São Paulo, em entrevista a Eduardo Marini *et al.*, *IstoÉ*, 21/10/98, p. 65); "Como *Bundas* não tem rabo preso, está feita a denúncia. Tá bem! A anistia já saiu" (Fritz Utzeri, *Bundas*, 9/8/99, p. 34); "Quantos, nestes tempos de tanta promiscuidade entre o 'público' e o 'privado', não têm o rabo preso num negócio, num emprego, num partido, num 'encosto' qualquer" (Fernando Pedreira, *O quebra-cabeças*) [ABH/JB].

Ter raça *Bras.* **1.** Não ser um branco puro; ter ascendência africana. **2.** Ser forte, lutador, bravo, brioso. **3.** *Desp.* Demonstrar ímpeto e determinação na guerra do jogo [ABH/AN/HM].

Ter raça de cão pelado Ser friorento [GAS].

Ter raiva de quem inventou o trabalho Ser preguiçoso crônico e irremediável, incapaz de qualquer esforço, nascido apenas para a mais completa ociosidade [RMJ].

Ter raízes numa terra Possuir num lugar, numa terra, bens, interesses, família, relações [AN].

Ter ramo à porta Diz-se de loja que vende vinho, taberna [GAS].

Ter rasca na assadura *Lus.* Ter responsabilidade, comprometimento em má ação [GAS].

≠ **Não ter rasca na assadura** *Lus.* Não ter nada com o assunto [GAS].

Ter razão Ter argumentos com justos motivos; estar com a verdade [GAS].

Ter razão às carradas Ter bastante razão: "Se tiram teu sossego, tens razão às carradas de reclamares contra a poluição sonora."

Var.: *ter carradas de razão* (1)

Ter razões de alguém *Lus.* Ter ofensas de alguém [GAS].

≠ **Não ter rebuço** *Lus.* Não ter pejo; não ter escrúpulo [GAS].

Ter reflexo *Desp.* Denotar preparo técnico e físico ao sair do gol na ocasião certa para defender a meta [HM].

≠ **Não ter rei nem roque** *Lus.* Não ter disciplina, arrumação [GAS].

Ter relações com alguém 1. Ser da intimidade de alguém; ser visita. **2.** Fazer amor com alguém [GAS].

≠ **Não ter relho nem trambelho** Não ter juízo [GAS].

Ter remédio Ter solução: "Tem remédio, gente, vamos com calma que tudo se resolve"; "Esse cara não tem remédio, vive aprontando" [JB].

Ter resposta para tudo Não se calar a nenhuma objeção [GAS].

Ter ... risonhas primaveras Ter ainda idade juvenil. – As reticências referem-se à idade da pessoa [GAS].

≠ **Não ter rival** Não ter competidor, não ter outro que se assemelhe [GAS].

Ter roupa na mochila Ter coragem, habilidade, competência ou outras qualidades para enfrentar algo na hora decisiva [TC].

Ter rugas na cara 1. Estar com semblante feroz. **2.** Ser uma pessoa difícil. **3.** Diz-se de caso intrincado. **4.** Ser velho [GAS].

≠ **Não ter safa** *Lus.* Ser caso perdido; não ter solução [GAS].

Ter (muita) saída Ter muito sucesso, êxito; ser procurado, desejado; ter venda; ter gasto [GAS].

≠ **Não ter saído das fraldas** Ser novo, inexperiente [CLG].

Ter samba no pé *Bras., gír.* Dançar o samba com mestria; sambar com perfeição: "Você tem que admitir que eu tenho samba no pé, tenho ou não?" (João Ubaldo Ribeiro, *Diário do Nordeste*, cad. 3, 4/3/01, p. 5).

Ter sangue azul nas veias Ser de sangue nobre; julgar-se muito importante. – Os nobres, em seu desarrazoado orgulho de raça, pensam que têm sangue diferente do dos plebeus [AN/CLG].

Ter sangue de barata *Bras.* Não gostar de brigas; não reagir a uma provocação, a insultos; deixar de reagir a uma ofensa; não reagir contra uma ofensa; ser extremamente tolerante; ser covarde, poltrão: "Dona Lúcia afirmou que o marido tinha sangue de barata..." (José Cândido de Carvalho, *Olha para o céu, Frederico!*, p. 48); "Seus jogadores pareciam ter sangue de barata" (Alan Neto, *O Povo*, 18/8/98, p. 13A). – O povo julga mais fraco do que o sangue vermelho o sangue branco dos insetos e outros animais [ABH/AC/AN/CLG/FF/GAS/OB].

≠ **Não ter sangue de barata** Reagir contra uma ofensa. – A expr. se origina do fato de o sangue branco dos insetos e outros animais ser considerado, por alguns, mais fraco que o sangue vermelho [AN].

Ter sangue na guelra Ter a energia própria da mocidade [GAS].

Ter (o) sangue na guelra Ver *ter o sangue quente* (1)

Ter sangue nas veias Ver *ter o sangue quente* (1)

≠ **Não ter sangue nas veias 1.** Ser sem energia ou sem coragem; ser muito apático; suportar resignadamente injúrias. **2.** Ser frio, insensível [CLG].

Ter santa paciência Modo irôn. de corrigir um engano, de reclamar ou de protestar contra algo: "Tenham santa paciência, não posso ser traidor" (Nertan Macedo, *Capitão Virgulino Ferreira: Lampião*) [TC].

Var.: *ter paciência*

Ter santo forte 1. *Bras., pop.* Ser imune a sortilégios ou bruxarias; livrar-se de grandes perigos graças à proteção do seu santo. – Expr. de frequentadores de macumbas. **2.** Estar fiado no patrocínio de alguém; sentir-se protegido por alguém; ter padrinhos [ABH/AC/AN/CLG/GAS/RMJ].

Sin. (2): *ter costa larga/s costas largas* (1)

Ter sapo enterrado *Desp.* Exprime a suspeita de bruxaria ou despacho feito e que explicaria a má fase de um clube. – Alusão ao sapo provavelmente enterrado vivo no campo do Clube de Regatas Vasco da Gama (RJ), há tempos, pelo macumbeiro Arubinha [HM].

Ter sarna para se coçar Ter assunto espinhoso para tratar; ter coisa que demande atenção e esforços continuados [AN/GAS].

Ter (uma) saúde de ferro Ser muito sadio; nunca ficar doente; ter saúde muito boa: "... tenho uma saúde de ferro, posso andar vinte e cinco quilômetros sem sentir fadiga" (Manuel Bandeira, *Poesia completa e prosa*, p. 569) [AN/GAS].

Ter saúde para *Bras., pop.* Ser capaz de suportar, aguentar; ter paciência para: "Ninguém tem saúde para ler o que ele escreve" [ABH].

Ter-se à banda Estar firme nas suas ideias ou propósitos [GAS].

Ter secura de bola Ver *ter fome de bola*

Ter secura de gol Ver *ter fome de gol*

Ter (uma) sede a alguém Ver *ter pó a alguém*

≠ **Não ter segredo para alguém** Ser perito em alguma arte, ciência etc. [AN].

≠ **Não ter segredos para uma pessoa** Não ocultar nada a essa pessoa [AN].

≠ **Não ter senão a noite e o dia** Ser extremamente pobre: "– Pouco ou muito ele trouxesse, tudo é riqueza, disse a velha, para quem não tem senão a noite e o dia" (Fialho d'Almeida, *O país das uvas*) [ABH].

Var.: *possuir só a noite e o dia*

Ter-se nas pernas Aguentar-se de pé [GAS].

Ter senhoria *Lus.* **1.** Ser caro, difícil de obter. **2.** Diz-se de indivíduo exigente [GAS].

Ter sentido Ser concebível; ser aceitável [ABH].

Ter sete fôlegos como o gato Possuir grande resistência para trabalho árduos, penosos, prolongados; ter força bastante para resistir a grandes trabalhos físicos ou morais (ver João Ribeiro, *Frases feitas*) [ABH/AN].

Ter seu arranjo Ter com que viver [FF].

Ter seu calcanhar de aquiles Apresentar um ponto vulnerável. – Reminiscência do que se passou com o herói gr. Aquiles. Para conferir-lhe a imortalidade, Tétis, sua mãe, a conselho dos deuses, mergulhou-o no Estige, mas a água não tocou no ponto onde ela o segurou para fazer a imersão e neste ponto foi que Páris feriu o herói na guerra de Troia (ver Quinto de Esmirna, *Posthomerica*, III) [AN].

Ter seu dia Alcançar uma vez o que pretende [AN].

Ter seu pé-de-meia Haver feito seu pecúlio; ter dinheiro guardado, poupança. – Na Europa existe no povo miúdo o hábito de fazer de um pé de meia velha o mealheiro [AN/CLG].

Ter (os) seus conformes *Bras., NE, pop.* Depender de certas circunstâncias; não ser tão certo, tão incontroverso como se pensa: "Nossa viagem tem os seus conformes. Iremos, mas se sair o pagamento" [ABH/AN/LM].

Ter seus quatro vinténs Possuir boa fortuna; ter seu dinheirinho [AN].

Ter (o) seu tanto de Ter pouco tributo mas reconhecido; possuir de modo não muito pronunciado a qualidade indicada (por um ad. qualquer, que dá sequência à expr.) [AN/GAS].

Ter (o) seu Waterloo *Ant.* Sofrer uma derrota ou um desastre definitivo e irreparável; chegar o dia da derrota definitiva. – Foi em Waterloo que, em 1815, após a jornada dos Cem Dias, Napoleão I, imperador dos fr., foi derrotado pelas forças ingl., comandadas pelo duque de Wellington, com a ajuda dos prussianos comandados pelo marechal Gebhard Leberecht von Blücher [AN/RMJ].

Var.: *encontrar seu Waterloo*

≠ **Não ter sido feito para cachorro** Ter sido feito para gente. – Diz-se de hospital público, reprovação em exame etc. [AN].

≠ **Não ter sido nem uma nem duas vezes** Ter ocorrido várias vezes [TC].

Ter sido uma ducha Fazer perder a animação, o entusiasmo [AN].

Ter sido vacinado com uma agulha de gramofone *Lus.* Diz-se de quem fala muito, de quem nunca se cala [GAS].

Ter sinal encoberto Ser dissimulado, hipócrita [LM].

Ter sobrinho *Bras., gír.* Ser homossexual. Frase muito empregada por homossexuais, e que acaba denotando sua condição: "O maricão diz que tem sobrinho em todo lugar" [JB].

Ter sono de tetéu *Bras., CE.* Ter sono muito leve, levíssimo [AN/FS/LM].

Var.: *ter sono de xexéu*

Ter sono leve Acordar facilmente [AN].

Ter sono pesado Custar muito a acordar [AN].

Sin.: *ter um sono de ferro*

Ter sorte como o diabo Ser extraordinariamente afortunado; obter êxito em todas as tentativas ou empresas [RMJ].

Ter só um pulmão *Desp.* Demonstrar precário condicionamento físico: "Só tem pulmão para um tempo" [HM].

Ter (a) sua cachacinha Ter a sua mania, o seu *hobby*, a sua paixão por algo que não representa um interesse profissional nem traz proveito material; ter paixão por algo que sirva de distração. – Em fr.: *avoir sa marotte* [AN/RMJ].

Ter suas coisas Ser intrincado; ser difícil; apresentar dificuldades [AN/GAS].

Ter suco *Lus.* Ter qualidade [GAS].

Ter suores frios Ver *suar frio* (1)

≠ **Não ter tabela** *Lus., Ericeira.* Não ter hora ou preço certo [GAS].

≠ **Não ter talho nem maravalho** Diz-se de coisa malfeita, mal-acabada [GAS].

≠ **Não ter talvez** Ver *não ter* perhaps

Ter tanta vergonha como um cachorro Ser um desavergonhado [AN].

Ter tarimba *Bras., S.* Ser experiente; ter muita prática, longo tirocínio [AN/GAS/FF].

Ter taro *Lus.* Ter frio [GAS].

Ter táxi na praça *Port., bras., S.* Diz-se do homem que vive a expensas de mulheres: gigolô [MSM].

Ter teias de aranha na cabeça Ter preconceitos, ideias antiquadas; ser retrógrado [GAS].

Ter teias de aranha na xereca *Bras., RJ, chulo.* Diz-se da mulher que há muito tempo não tem relações sexuais [MSM].

Ter teias de aranha no cu *Bras., S, NE, chulo.* Diz-se de pessoa que há muito tempo não defeca porque não come [MSM].

Ter telha Ser amalucado, com esquisitices, destrambelhado [GAS].

Ter telhado(s) de vidro Não ser isento de faltas, defeitos, e por isso não dever atirar pedras no telhado de outrem; ser vulnerável; ter defeitos, vida irregular ou conduta menos digna; diz-se de pessoa que tem, na sua vida, aspectos censuráveis: "O chefe tem telhado de vidro, tá fodido" [AN/GAS/JB/RMJ].

Sin.: *ter rabo(s) de palha*

≠ **Não ter tempo (nem) de/para se coçar** *Bras.* Não ter um momento de ócio, folga, sossego ou lazer; estar, achar-se muito ocupado; não dispor de tempo para coisa alguma; ser alguém tão ocupado que não tem tempo para nada; andar atarefadíssimo [ABH/AN/F&A/FF/GAS/TC].

≠ **Não ter tempo ruim** Estar sempre a postos, disposto; ser otimista: "Comigo não tem tempo ruim. Vou agindo conforme manda minha consciência" [JB].

Ter tento na bola *Lus.* Ter juízo; ser atinado [GAS].

Ter termos Portar-se bem; ter maneiras civilizadas; ter modos educados [FS/GAS/LM].

Sin.: *ter propósitos*

Ter tintim na parada *Desp.* **1.** Haver renumeração extracontratual a jogadores de um time por vitória ou empate. **2.** Dar recompensa em dinheiro a titulares, reservas e comissão técnica de clube ou seleção pela conquista de torneio ou campeonato; gratificar [HM, s. v. "BICHO"].

≠ **Não ter (meu) tio Chico** *Bras., CE.* Não admitir desculpas nem controvérsia: "Não tem 'meu tio Chico!'" – "Meu tio Chico" pronuncia-se "meu ti-Chico" [AN/FS/LM].

Var.: *não ter meu tio*

Ter todos os ases na mão Ter todos os elementos para o êxito seguro [GAS].

Ter todos os matadores 1. Possuir no voltarete as cartas de chalupa (de maior valor no jogo) e os trunfos que se lhe seguem pela ordem dos seus valores. **2.** *Fig.* Ter tudo (coisas de luxo) o que é preciso, sem faltar nada [AN].

Ter todos os trunfos na(s) mão(s) Dominar a situação; estar em situação excepcional; dispor de empenhos e de proteção especial para conseguir o que se tem em vista. – Quem tem todos os trunfos na mão não pode deixar de ganhar (no jogo, assim como na vida) [AN/RMJ].

Ter tomado chá de trepadeira Ser muito alto e magro [CLG].

≠ **Não ter tomado chá em pequeno** Ser mal-educado; não ter educação; não possuir modos; não ter modos refinados; ser grosseiro. – Ant. o chá era bebida cara, só acessível aos ricos. Note-se, aqui, a convencionalidade da frase. Pura convenção social! [ABH/AC/AN/GAS/RG].

Sin.: *não beber chá de criança*

Var.: *não ter tomado/tomar chá em criança*

Ter(-se)

Ter tomates *Lus.* Ser valente [GAS].

≠ **Não ter tomates** *Lus.* Ser covarde, medroso [GAS].

Ter topete Ser ousado, destemido, arrogante e afrontoso nas atitudes; ter coragem; ser exibicionista, audacioso; ter afoiteza e coragem exibicionistas. – Os valentões de outrora deixavam crescer um tufo de cabelos sobre a testa, ou o penteavam para trás, formando uma espécie de crista, semelhante à dos galos, que se destacava sobretudo por ser o resto da cabeleira mais rasa. Era um distintivo, um símbolo de valentia, servindo como aviso aos imprudentes. "Topetudo" é sin. de atrevido, desabusado [LCCa/MPa/RMJ].

Ter traços de alguém Ter semelhanças com alguém; parecer-se fisionomicamente, fisicamente com alguém: "Você tem traços do seu avô paterno" [CGP/FS/GAS/LM].

≠ **Não ter tramenha 1.** Não haver dúvidas, trapalhada, suspeita, subterfúgio. **2.** Não ser razoável [Gl/TC].

Ter tranca nos peitos Ter travanca, aperto: "E mais se sombreava o rosto de Valentim que se recolheu, pretextando doença: – Tenho uma tranca nos peitos" (José Américo de Almeida, *A bagaceira*, p. 92) [Gl].

Ter trânsito Ter acesso fácil; ser bem-aceito; ser admitido com simpatia: "Tem trânsito em todas as áreas políticas" [ABH].

Ter treta 1. *Lus.* Falar muito, sabendo pouco. **2.** *Bras., gír.* Ter mutreta, negociata, enganação: "Tem treta nesta jogada, mermão. Tão te arrumando de montão" [GAS/JB].

Sin. (2): *ter truta*

Ter troco Ter resposta, revide: "Isto não vai ficar assim, vai ter troco, claro" [JB].

Sin.: *ter volta* (2)

Ter truta Ter mutreta, negociata, enganação: "Tem truta, xará, podes crer" [JB].

Sin.: *ter treta* (2)

Ter tutano *Bras., BA, PE.* Ser inteligente: "Aquele cara tem tutano." – Tutano: inteligência [BB/NL].

Ter uma abelha *Bras., gír.* Ficar irritado, irascível; estar irado, zangado: "Vou ter uma abelha se este negócio continuar assim" [JB/RG].

Sin.: *ter um filho*

Var.: *estar com as abelhas*

Ter uma aduela de mais/de menos *Fam.* Ter pouco juízo; não ser bom da cabeça; não regular bem do juízo; ser aluado, meio desequilibrado mentalmente; ser doidivanas, amalucado; ser esquisitão, excêntrico, pouco aprumado no modo de pensar, de agir: "– Parece que este rapaz tem uma aduela de menos. – Não senhora, é engano. Tenho as aduelas todas" (Graciliano Ramos, *Caetés*, p. 97). – O barril, com falta de uma aduela, fica imperfeito; daí a expr. [ABH/AC/AN/DRR/FF/GAS/TC].

Sin.: *ter uma telha a mais/de menos, ter um parafuso frouxo*

Ter uma bomba nos pés *Desp.* Ter chute muito potente [HM].

Sin.: *ter um canhão*

Ter uma cachaça 1. Gostar de beber. **2.** Ser intolerável, quando se embriaga: "Era uma boa pessoa, mas tinha umas cachaças horríveis" (César Coelho, *Strip-tease da cidade*) [TC].

≠ **Não ter uma camisa para vestir** Achar-se em miséria extrema [AN].

Ter uma coisa Sofrer um colapso, uma tontura: "Severina teve uma coisa e ficou como morta" (José Pereira de Sousa, *Adivinha quem vem*) [TC].

Var.: *dar/sentir uma coisa*

Ter uma grande crônica Ter um passado duvidoso ou censurável [GAS].

≠ **Não ter uma hora de seu** Estar tão ocupado que não sobra tempo de que dispor; achar-se atarefadíssimo [AN/GAS].

Var.: *não ter um momento de seu*

Ter uma hora feliz *Lus.* Ter um bom parto [GAS].

Ter uma ideia ferrada *Lus.* Ter intenção reservada, ideia premeditada [GAS].

Ter uma lapa de língua Ser falador da vida alheia; ser linguarudo: "Evite essa vizinha daí da frente, pois, pelo que soube, ela tem uma lapa de língua do tamanho de um trem." – A expr. vem seguida de algum termo que dê noção de medida ("muito grande", "do tamanho do mundo" etc.).

Ter uma lembrança que parece um esquecimento Ter uma triste ideia [AN].

Ter uma língua Ser maldizente; ter o hábito de falar mal da vida alheia [AN/FS].
Var.: *ter uma língua de prata, ter uma língua L*

Ter uma língua de trapos Expressar-se mal; não articular bem as palavras [AN].

Ter uma macaca Ter um desmaio [BB].

Ter um amargo despertar Sofrer desencanto ou desengano depois de horas felizes [AN].

Ter uma paciência beneditina Ter paciência igual à dos monges de são Bento, que copiavam códices, faziam delicadas iluminuras etc. [AN].

Ter uma paciência de Jó Suportar todos os males com resignação, sem se queixar; ser muito paciente. – Reminiscência do A. T., Jó (ver Ladislau Batalha, *História geral dos adágios portugueses*) [AN].

Ter uma pá de otário *Bras., gír.* Ter muita gente: "Tem uma pá de otário no pedaço querendo aparecer" [JB].

Ter uma pele-do-ceará nos olhos *Bras., PB.* Não ver o que os outros veem. – Pele-do-ceará: charque [Gl].

Ter uma pista Ter uma indicação [GAS].

Ter uma platina *Lus.* **1.** Usar uma ling. obscena, depravada. **2.** Ser bem falante. **3.** Ter posição elevada, autoridade, poder [GAS].

Ter uma ponta de vinho Estar um tanto embriagado [GAS].

Ter uma porca moída Ter pouco juízo; ser amalucado [GAS].

Ter uma queda por alguém Ser caído ou inclinado sentimentalmente por alguém: "Sei que ele sempre teve uma certa queda por você..." (Dias Gomes, *O Bem-Amado*, p. 90).

Ter um arranjo bom Ter meios de fortuna [GAS].

Ter uma saia... *Lus.* Ter muita lábia [GAS].

Ter uma saia muito redonda *Lus.* Saber dissimular para conseguir o que se pretende [GAS].

Ter umas linhadas *Bras., NE.* Ter namoro platônico ou ainda incipiente: "Ô Severino, você já teve umas linhadas com a Filomena, filha de Pafúncio?" [TC].
Sin.: *tirar (uma) linha*
Var.: *dar/tirar umas linhadas*

Ter umas tintas Denotar certos sintomas, certas qualidades: "Tinha ele no sangue e na pele umas tintas de branquidade" (José Carvalho, *O matuto cearense e o caboclo do Pará*) [TC].

Ter um ataque 1. *Bras., pop.* Sofrer crise nervosa ou convulsiva, muitas vezes com perda de consciência. **2.** *Bras., gír.* Perder a calma e exceder-se em palavras violentas ou grosseiras contra alguém [ABH].
Var.: *dar um ataque*

Ter uma telha a mais/de menos Não ter o juízo certo; não ser certo da cabeça; ser meio desequilibrado. – Compara-se a cabeça, a parte superior do corpo, com um telhado [AC/AN/GAS].
Sin.: *ter uma aduela de mais/de menos*

Ter uma vara/varinha de condão Ter o dom de fazer coisas extraordinárias. – O povo crê que as fadas possuem uma vara mágica, com poderes sobrenaturais, vara essa com que executam transformações. Expr. mais us. no diminutivo [AN].

Ter uma venda nos olhos Não perceber; não entender [AN].

Ter uma volta perigosa Ser terrível na reação: "Lampião tinha uma volta perigosa como o diabo!" [LM/FS].

Ter uma ziquizira *Bras., PE.* Ter um desmaio [BB].

Ter um bom amanho *Lus.* Ter bens em terras [GAS].

Ter um bom petisco Encetar uma ação difícil [GAS].

Ter(-se)

Ter um bom tacho *Lus.* Ter um ótimo emprego [GAS].

Ter um cachorro para dizer passa fora Ter alguém para receber ordens, para ser maltratado [AN].

Ter um canhão Ver *ter uma bomba nos pés*

≠ **Não ter um chavo** *Lus.* Não ter dinheiro [GAS].

Ter um chilique Ter uma crise histérica [BB].

Ter um controle *Bras., NE.* Diz-se de quem mantém relações sexuais com uma mulher com certa assiduidade, sem que ela seja prostituta profissional [MSM].

Ter um dedo de conversa Conversar; bater um papo: "– É que eu queria ter um dedo de conversa com você, foi só por isso que te acordei" (Raduan Nassar, *Lavoura arcaica*, p. 178).

Ter um dedo que adivinha Diz-se por brincadeira quando se adivinha alguma coisa [GAS].

Ter um encosto Ter um espírito perturbado a seu lado, prejudicando-o: "A Eliane tá esquisita, parece até que tem um encosto" [CGP].

Ter um enterro de primeira classe Ter uma proposta rejeitada no meio das maiores atenções; ser despedido ou demitido recebendo grandes elogios [AN].

Ter um erro *Bras., NE.* Diz-se da solteira que engravida; perder a virgindade quando solteira. – Ant. a moça que tivesse um erro não podia casar-se de vestido branco [MGb/TG].

Ter um fanico Perder os sentidos; desmaiar [BB/GAS].

Sin.: *ficar sem sentidos*

Var.: *dar-lhe o fanico, ter um faniquito*

Ter um filho *Bras., gír.* Ficar irritado, irascível: "Vou ter um filho se as coisas não mudarem, estou subindo nas paredes" [JB].

Sin.: *ter uma abelha*

Ter um fiozinho de voz Ter uma voz de volume reduzido e pouco extenso [RMJ].

Ter um fraco/fraquinho por Gostar de; ter preferência por; ter inclinação, pendor por [GAS/RG].

Ter um gênio picado das bexigas Ter mau gênio [GAS].

Ter um grande calvário Ter grandes dívidas, grandes encargos, muitas dificuldades; ter grandes responsabilidades [GAS].

Ter um grande parlapié *Lus.* Ter lábia; diz-se de indivíduo que tem muita conversa, que sabe ludibriar os outros; ter astúcia, manha (s. v. "LÁBIA") [GAS].

Ter um grande patriotismo *Lus.* Diz-se de uma mulher de grandes seios [GAS].

Ter um ímã Ser muito simpático; captar as amizades facilmente [AN].

Ter um lindo enterro Diz-se por graça a quem não teve êxito [GAS].

Ter um mamar muito doce Saber insinuar-se [GAS].

≠ **Não ter um níquel** Estar sem dinheiro [TC].

Sin.: *não ter um xenxém*

Ter um nó na garganta Estar sufocado por um desgosto; estar embatucado; não poder falar [AN/GAS].

Ter um nó na tripa Querer comer e não ser capaz [GAS].

Ter um (bom) palminho de cara Ser de rosto formoso; ter uma cara bonita [AN/GAS].

≠ **Não ter um palmo de terra** Não possuir nem uma pequena propriedade rural [AN].

≠ **Não ter um pão para levar à boca** Não ter rapidez e diligência [AN].

Ter um parafuso frouxo *Fam.* Não ter bom juízo; não ter o juízo certo; ser aluado, meio desequilibrado mentalmente: "– Esses homens de Governo têm um parafuso frouxo" (Graciliano Ramos, *São Bernardo*, p. 40) [ABH/GAS].

Sin.: *ter uma aduela de mais/de menos*

Var.: *ter um parafuso a/de menos, ter um parafuso de mais*

Ter um passamento Desmaiar: "Não podia tomar ar e teve um passamento" (José Américo de Almeida, *A bagaceira*) [TC].
Var.: *dar um passamento*

≠ **Não ter um pau pra dar num gato** Bras., CE. Não ter dinheiro algum; diz-se de pessoa sem posses [AS].

Ter um pé Ter um pretexto: "Você só quer ter um pezinho pra iniciar uma briga" [GAS].
Var.: *achar (um) pé*

Ter um pé cá e outro lá 1. Andar sempre nos dois sentidos. **2.** Viajar entre dois locais [GAS].

Ter um pedaço de mau caminho Bras., NE. Ter um lado mau [Gl].

Ter um pé de rabo Bras., NE. Ter nádegas avantajadas [BB].

Ter um pegadio com Bras., NE. Ter apego, grande afeição a: "Essa menina tem um pegadio com gatos, que é uma coisa!" [BB].

Ter um pé-quebrado Bras., PE. Ter amante [BB].

Ter um peso na consciência Ter cometido uma falta [GAS].

Ter um pó 1. Odiar; detestar. **2.** Ter um azar [GAS].

Ter um rompante Ter um momento de fúria: "Xingada pela vizinha, a coitada teve um rompante, foi parar na delegacia." [GAS].

Ter um sono de ferro Ver *ter sono pesado*

Ter um *tête-à-tête* Conversar de frente, face a face: "Preciso ter um *tête-à-tête* com esse viado (*sic*), pra ver se ele confirma o que anda dizendo sobre minha pessoa" [JB].

Ter um T na testa Lus. Ser parvo, tolo, idiota, palonça, pateta. – Ant. marcava-se o ladrão com um L na testa, por meio de um ferro em brasa; daí a comparação [GAS].

≠ **Não ter um T na testa** Não ser nenhum tolo. – Antigamente marcava-se o ladrão com um L na testa, por meio de um ferro em brasa; daí a comparação (ver *Rev. Lus.*, XXVII, 231) [AN].

Ter um V escrito Dever voltar, ser restituído. – Recomendação que se faz a quem pegou algo emprestado [AN].
Var.: *ter um V gravado*

Ter um véu diante dos olhos Ter ilusões; não ver o que se passa [GAS].

≠ **Não ter um vintém de seu** Ser um pobretão. – O vintém era, no Brasil, ant. moeda de vinte réis equivalente a dois centavos de cruzeiro [AN].
Var.: *não ter de seu*

≠ **Não ter um xenxém** Desus. Estar sem dinheiro. – Xenxém: ant. moeda bras. de pouco valor, valendo 10, 20 e 40 réis [TC].
Sin.: *não ter um níquel*
Var.: *não ter um xem*

Ter unhas Ver *ter palheto*

≠ **Não ter unhas** Lus. Não ter aptidão; não saber [GAS].
Var.: *não ter unhas para tocar guitarra*

Ter unhas na palma da mão Roubar; furtar [GAS].

Ter uns zum-zuns Ter ouvido falar vagamente sobre o assunto [GAS].

Ter urtigas na consciência Ter remorsos [GAS].

Ter vaca Lus. Ter sorte [GAS].

Ter vários bicos Bras., CE. Ter vários empregos ou ganha-pães, biscates, ganchos [RG].

Ter veia Ter inclinação; ter facilidade [GAS].

Ter vela acesa Ter proteção [GAS].

Ter veneta Ter um desejo ou impulso repentino de fazer algo ou de cometer ato imprudente; tomar uma resolução súbita; ter capricho: "Tive a veneta de almoçar marisco" (Leonardo Mota, *No tempo de Lampião*) [TC].
Var.: *dar (na) veneta*

Ter vergonha na cara Ter sentimento da própria dignidade; ter brios [ABH].

≠ **Não ter vergonha na cara** Ser um completo desavergonhado, um perfeito cínico, um descarado [AN/GAS].
Var.: *não ter um pingo de vergonha na cara*

Ter verniz Ter educação superficial [GAS].

Ter vez 1. Ter oportunidade, chance: "Há países em que o pobre de berço não tem vez"; "Vagabundo aqui não tem vez". **2.** Ter cabimento; ser cabível, oportuno: "Este argumento, é claro, não tem vez" [ABH/AN/JB].

Ter vício Comer terra, ou coisa anormal; praticar a geofagia: "Neuma descobriu que ela tem vício – quer dizer que come terra" (Rachel de Queiroz, *O caçador de tatu*) [ABH/AN/LM/RG/TC].
Var.: *comer vício*

Ter vida de cão 1. Ter vida regalada de luxo. **2.** Ter vida cheia de dificuldades [GAS].

Ter vida de luxo Viver na opulência [GAS].

Ter vida dura 1. Ter dificuldades. **2.** Ter demasiado trabalho [GAS].

≠ **Não ter vintém** Não ter dinheiro [GAS].
Sin.: (lus.) *não ter guines*
Var.: *estar sem vintém*

Ter visgo Ter engodo e atrativo que prendem [AN].

Ter vista aguda Enxergar bem ao longe [AN].

Ter vista cansada Enxergar mal de perto; ser presbita [AN].

Ter vista curta Enxergar mal de longe; ser míope [AN].

Ter vista sobre alguém Propor-se aproveitar os préstimos, os talentos de alguém [AN].

Ter vista sobre uma coisa Ter intentos a respeito dessa coisa; desejar alcançar essa coisa [AN].

Ter visto alma Ver *ficar com os cabelos em pé*

Ter visto a morte Haver escapado de grande perigo de vida [AN].

≠ **Não/Nunca ter visto cu de cutia assobiar ao meio-dia** *Chulo.* Jamais se ter defrontado com o perigo: "Não penda para aquelas bandas. Você está brincando com fogo. E você nunca viu cu de cutia assobiar ao meio-dia, cara!" [LM].

≠ **Nunca ter visto mais gordo** *Bras.* Nunca ter avistado anteriormente; desconhecer de todo: "O rapaz de quem falas, nunca o vi mais gordo" [ABH].

≠ **Já ter vivido** Estar no último quartel da vida [AN].

Ter vivido muito Haver gozado, ter se divertido bastante [AN].

Ter volta 1. Dever ser restituído: "Cuidado com esse livro, viu? Ele tem volta." – Recomendação que se faz quando se empresta algo. **2.** Ter resposta, revide: "Isto vai ter volta, aguarde, ninguém aqui é besta" [AN/GAS/JB].
Sin. (2): *ter troco*
Var. (1): *ter uma volta na ponta*

≠ **Não ter vontade própria** Ser falto de energia; ser irresoluto, tímido; ser muito condescendente; não ter convicções próprias [AN/GAS].
Var.: *não ter vontade sua*

Ter voto na matéria Poder intervir; ter uma palavra a dizer; ter o direito de manifestar a sua opinião sobre a matéria; ser competente no assunto [AN/GAS/RF].

≠ **Não ter voto na matéria** Não poder falar sobre o assunto por falta de conhecimentos [GAS].

Ter voz 1. Possuir disposição natural para o canto. **2.** Ter direito de votar, de dar opinião [AN].

Ter voz ativa Ter ingerência, intervenção, competência; ter autoridade, influência; ter o direito de opinar, decidir, eleger; ser ouvido em deliberações: "A gente quer ter voz ativa, / No nosso destino mandar, / Mas eis que chega a roda-viva / E empurra o destino pra lá" (canção *Roda-viva*, Chico Buarque, 1969) [ABH/AN/FF/GAS].

≠ **Não ter voz ativa** Não ter direito a intervenção; não mandar [GAS].

Ter voz de alguém Seguir partido de alguém; reconhecer alguém como chefe; obedecer às ordens de alguém [RF].

Ter voz no capítulo 1. Poder dar sua opinião; ser ouvido com atenção. **2.** Não ser um intruso. – Naturalmente havia eclesiásticos que não possuíam direito de voto nos capítulos das comunidades [AN].

≠ **Não ter (um/nem um) xis/X** Nada possuir; achar-se sem dinheiro; ser um pobretão; estar sem a menor quantia; não possuir sequer uma moeda de dez réis: "Anda liso. De dinheiro não tem um xis" (Leonardo Mota, *No tempo de Lampião*); "Aquilo só tem lorota: não tem um xis...". – "Xis" foi moeda de cobre do valor de dez réis, circulante no Brasil colônia [AN/FS/GAS/RG/TC].
Var.: *não ter uma de X/xis*

Terçar

Terçar a pena Escrever bem: "– Oh, em Lisboa merecera os maiores elogios, as mais belas referências de quanto jornalista sabe terçar a pena (*terçar a pena* era uma de suas frases prediletas)" (Adolfo Caminha, *Tentação*, p. 18).

Terçar armas Ver *quebrar lança(s) por*

Terçar cal Misturar a cal com areia; amassar a cal [GAS].

Terminar(-se)

Terminar(-se) com Ter (algo) por limite [ABH/FF].

Terminar em pizza *Bras., gír. jornalística*. Acabar sem punição; findar um processo sem a apuração dos devidos fatos; deixar os implicados em um crime na impunidade, sem o julgamento dos culpados: "Essa CPI não vai terminar em pizza, não. Já é pizza. A CPI deveria se preocupar com os responsáveis pelo assalto aos cofres públicos" (Salvatore A. Cacciola, *Veja*, entrevista a Policarpo Jr., 5/5/99, p. 41). – Diz-se geralmente quando nos defrontamos com "crimes de colarinho branco", operações financeiras fraudulentas, favorecimento a outrem, crimes de peculato, apropriação indébita etc., tudo afeto aos setores do serviço público.
Var.: *acabar em pizza*

Terrar

– Forma corrupta de "enterrar".
Terrar no sono Começar a dormir [AN].

Tesourar

Tesourar o próximo Falar mal da vida alheia: "Enquanto ele tesourava o próximo, observei-o" (Graciliano Ramos, *São Bernardo*, p. 28).

Tingir

Tingir as mãos de sangue Matar alguém [GAS].

Tinir

Tinir de Achar-se em determinado estado ou ter determinada qualidade em altíssimo grau: "Está tinindo de zangado" [ABH].

Tinir de frio Sentir muito frio [FF].

Tinir de raiva Estar excessivamente raivoso: "Deixei o armazém tinindo de raiva" (Fran Martins, *Mundo perdido*) [TC].

Tinir nos arames *Bras., NE*. Ser forte, intenso, ao extremo; estar em demasia: "Àquela hora, meio-dia, verão firmado, o sol, de tão brabo, tinia nos arames" [Prof. José Humberto Gomes de Oliveira, Capistrano – CE].

Tirar(-se)

Tirar a barriga da miséria 1. Gozar largamente de alguma coisa de que até então se privara: "A cabroeira escarninha metia-os à bulha: – Vem tirar a barriga da miséria..." (José Américo de Almeida, *A bagaceira*, p. 5); "Enriqueceu, e está tirando a barriga da miséria: só faz gastar". **2.** Sair de uma fase de aperturas para a abastança; sair de dificuldades; matar a fome; saciar-se; satisfazer um desejo: "Xulé (*sic*): Mas um sambista com tamanha inspiração / merece tirar a barriga da miséria" (Chico Buarque & Paulo Pontes, *Gota d'água*, p. 23); "Foi muito dinheiro – US$ 2,5 milhões – uma festa! Coisa pra tirar a barriga da miséria e acalmar um pouco aquela loucura de ação atrás de ação" (Luiz Maklouf Carvalho, *Mulheres que foram à luta armada*, p. 389) [ABH/CLG/JB/TC].

Tirar a barriga de misérias Comer até fartar [GAS].
Var.: *tirar o ventre da miséria/de misérias* (1)

Tirar à boca *Lus*. Economizar na alimentação [GAS].
Sin.: *tirar ao bucho*

Tirar a borra *Lus*. Defecar [GAS].

Tirar a calça pela cabeça *Bras., gír*. Agir com pressa, com rapidez: "O cara é de tirar a calça pela cabeça e aprontar" [JB].

Tirar a camisa a alguém Deixar alguém na miséria; reduzir alguém à miséria; explorar alguém [AN/GAS].

Tirar a campo Formar para a batalha [AN].

Tirar a cara Diz-se do ato de fumar um cigarro para sair do estado "de cara": "Acho que já tá na hora de tirar a cara..." – Estado de cara: estado em que não se está sob efeito da maconha [RK].
Var.: *livrar a cara* (3)

Tirar a clava de Hércules Fazer uma coisa que exige grande esforço contra inimigo poderosíssimo. – A clava era a arma de que Hércules se utilizava em seus combates [AN].

Tirar a conta Calcular uma despesa feita ou os saldos de um salário; ajustar ou fazer a prestação de contas com o empregado que se exonera ou é despedido: "– Venho comunicar-lhe que vou deixar a casa e peço-lhe mande tirar a minha conta" (Humberto de Campos, *Memórias inacabadas*, p. 79) [AN/TC].
Var.: *fazer a(s) conta(s)*

Tirar a/uma dúvida 1. Apurar algo. **2.** Ajustar contas com alguém; resolver diferenças e pendências [TC].

Tirar a escada *Bras., gír*. Retirar o apoio: "Vou tirar a escada. Este merda não sobe mais" [JB].

Tirar a fala Deixar de falar por ação julgada injuriosa ou malévola [GAS].

Tirar a ferrugem da língua Ter ocasião de falar [AN].

Tirar a força a 1. Tirar a razão a. **2.** Não confirmar [ABH].

Tirar a forra Vingar-se: "Vou tirar a forra, pode esperar" [GAS/JB].
Var.: *ir à forra* (1), *tirar a desforra, tirar a forra com juros e correção monetária*

Tirar a forra com juros e correção monetária Vingar-se: "Não vai ficar assim, vou tirar a forra com juros e correção monetária" [JB].
Var.: *tirar a forra*

Tirar a goma Acabar com a fanfarronice [TC].

Tirar água de pedra Realizar trabalho ou tarefa quase impossível: "Com eles vou aprendendo um pouquinho. Cada vez que Brandão Filho tirava água de pedra, com um texto péssimo, fazendo todo mundo rir, eu prestava atenção" (Chico Anísio, *Bundas*, 1º/11/99, p. 8); "Coitada da repórter designada para fazer o texto. Teve que tirar água de pedra. Quase chamou o Mr. M" (Regina Marshall, *Diário do Nordeste*, cad. 3, 20/8/00, p. 7) [ABH/CLG].
Var.: *tirar leite da/de pedra* (1)

Tirar água do joelho *Bras., gír*. Ir ao banheiro urinar; urinar; fórmula delicada para dizer que vai urinar; fazer xixi: "Perambulava pelos corredores, fazendo hora para a audiência, quando foi acometido por uma insopitável (sem trocadilho) vontade de tirar água do joelho" (Jaguar, *Bundas*, 10/4/00, p. 21); "O coitado foi tirar água do joelho justo no muro da casa do sargento. BUM! Tiro" (José Simão, *O Povo*, 24/5/00, p. 5B) [ABH/AS/GM/JB/LAFb/MPa/MSM/Net].
Var.: (bras., NE, S) *tirar água da rótula*

Tirar água do poço *Bras., S, chulo*. Ter relação sexual (ver E. d'Almeida Víctor, *Pe-*

queno dic. de gíria entre delinquentes, 1969) [MSM].

Tirar a honra *Bras., NE*. Desvirginar, deflorar, desonrar alguém: "Vou tirar a honra de neném e sei o que me espera." – A "honra" a que se refere a expr. é a virgindade da moça [AS/JB/J&J/NL].
Var.: *dever (a) honra de*

Tirar a lã a alguém Tirar com partidas o acanhamento a alguém [RF].

Tirar a ladainha Ver *puxar o terço*

Tirar a limpo 1. Copiar do borrão. **2.** *Fig*. Deslindar; esclarecer; explicar; certificar-se; investigar para obter esclarecimentos; saber tudo com verdade: "Tirou a limpo as habilitações do rapaz: sabia ler, escrever e fazer as quatro operações..." (Jorge Amado, *Tocaia Grande*, p. 251); "Vestiu roupa saidinha do alfaiate, largou meio quilo de Loção Sonho de Valsa no vão da sovaqueira, apurou o cabelo no espelho e partiu Chicó Rios para tirar a limpo a paixão de Abelardina Cruz por ele" (José Cândido de Carvalho, *Porque Lulu Bergantim não atravessou o Rubicon*, p. 83) [ABH/CPL/ECS/FF/GAS/TC].
Sin. (2): *botar (tudo) em pratos limpos*
Var. (1): *passar a limpo* (1)
Var. (2): *pôr/sacar a limpo*

Tirar a macaca das costas Anúncio de trabalho remunerador, significando que o período de má sorte é passado [ABH/LCCa].

Tirar a macaúba da boca Diz-se quando alguém fala embolado, sem ninguém entender: "Fala direito, louro, tira a macaúba da boca!" [CGP].

Tirar a manteiga do pão *Bras., NE, chulo*. Masturbar-se [MSM].

Tirar a mão da cabeça *Umb*. Conjunto de cerimônias que tem por finalidade retirar da cabeça das iaôs o orixá que ali fora posto pela Ialorixá ou babalorixá, após o falecimento destes, tendo início depois do axexê. Nos cultos de angola e afins, diz-se "tirar a mão de vumbi" [OGC]. ♦ Segundo a fonte do verbete, "vumbi" é uma cerimônia fúnebre, nos cand. de or. banto.

Tirar a máscara Mostrar a todos o que alguém é; mostrar-se como realmente é; deixar de fingir, de dissimular; revelar-se: "Tirou a máscara, vê se te enxerga, agora, seu merda" [AN/CLG/GAS/JB].
Var.: *largar a máscara*

Tirar a minha da boca Dizer alguém o que se ia dizer: "Tirou a minha da boca." – "Minha" refere-se à palavra [FS/LM].
Var.: *tirar da boca* (2)

Tirar a moagem Trabalhar no fabrico da rapadura ou da cachaça, aguardente: "Ainda tem as moagens, que o feitor tira todos os anos" (Odálio Cardoso de Alencar, *Recordações da comarca*) [TC].
Var.: *fazer a moagem*

Tirar a/uma moça Raptar uma moça [Gl/TC].

Tirar ao bucho Ver *tirar à boca*

Tirar a oração Ver *puxar o terço*

Tirar a palavra a alguém Fazer alguém calar [FF].

Tirar a palavra da boca de Antecipar-se e dizer o que o interlocutor pensava; antecipar-se em declarar o que ia ser dito por outra pessoa; dizer o que alguém ia dizer: "– E eu. Tirou-me a palavra da boca, atalhou João Nogueira" (Graciliano Ramos, *São Bernardo*, p. 46); "O menino tirou a palavra da boca da menina" [ABH/AC/AN/F&A/FF/GAS].
Var.: *tirar da boca* (2)

Tirar a papa *Lus., Douro*. Matar [GAS].

Tirar a(s) pele(s) Fazer (cirurgia) plástica: "A Teca tirou as peles, se esticou toda" [JB].

Tirar a pele a/de Explorar, defraudar alguém; maltratar; exigir o máximo; explorar escandalosamente vendendo a preço muito alto; cobrar caro por um trabalho ou fornecimento de artigo; emprestar a altos juros; extorquir tudo a outrem, deixando-o sem nada: "Vou tirar a pele daquele malandro que pensa que sou otário" [ABH/AN/CLG/FF/GAS/JB].
Var.: *arrancar a pele a, levar-lhe a pele*

Tirar a pressão Medir a pressão (arterial) [MGb/TG].

Tirar a proa Obrigar a submeter-se, a deixar a prosa [AN].

Tirar a prova Usar meios ou estratagemas para certificar-se de algo [TC].

Tirar a prova de uma conta Verificar se o cálculo está certo [FF].

Tirar a prova dos nove Certificar-se: "No entanto, para tirar a prova dos nove, o JR foi perguntar ao cearense..." (*Jornal da Rua*, 28/5/99, p. 3) [GAS].

Tirar a saca-rolhas 1. Insistir quando há dificuldades. **2.** Tirar aos poucos [GAS].

Tirar as aranheiras *Lus.* Tirar as ilusões [GAS].

Tirar a sardinha *Bras.* Bater fortemente com o indicador e o médio, por brincadeira, nas nádegas de alguém [ABH].

Tirar a sardinha com a mão do gato *Fam.* Empregar rodeios para conseguir alguma coisa; tentar obter um proveito sorrateiramente, servindo-se de terceira pessoa e pondo-a em risco; agir ardilosamente; assegurar vantagens sem correr riscos; usar um testa de ferro [ABH/AC/FF/GAS/RMJ].

Var.: *tirar sardinhas com mão de gato, tirar castanhas com mão de gato*

Tirar as carocas Ver *quebrar a castanha* (1)

Tirar as castanhas do lume Conseguir alguma coisa mesmo com certo perigo [GAS].

Tirar as cataratas a/de alguém Fazer alguém ver a verdade; desfazer a ilusão; esclarecer, elucidar alguém [AC/AN/GAS].

Tirar a sentença *Bras., CE.* Cumprir a pena judicial [RG].

Tirar as ganfanas *Lus.* Abrir os olhos a alguém (no sent. fig.), iniciando-o na vida [GAS].

Tirar a sisa Apoderar-se de uma verba sobre os gêneros vendidos [GAS].

Tirar à sorte Decidir o destino por meio de sorteio [ABH].

Tirar a sorte grande 1. Ser contemplado com o primeiro prêmio da Loteria; ganhar o prêmio máximo em loteria, sorteio etc.: "– Vim lhe trazer o melhor negócio do ano, Mombaça. É o mesmo que tirar a sorte grande. O mesmo!" (José Cândido de Carvalho, *Porque Lulu Bergantim não atravessou o Rubicon,* p. 71). **2.** *Fig.* Enriquecer de modo repentino ou imprevisível; obter algo vantajoso; conquistar ou ganhar alguma coisa: "– E você então acha que uma pobre se agarrar com o Salu é o mesmo que tirar a sorte grande?" (Rachel de Queiroz, *João Miguel,* p. 91). **3.** *Fig.* Ser muito afortunado em determinadas circunstâncias: "Acho que sou a garota mais invejada da escola. E da rua. Talvez até do bairro. Me olham como quem tirou a sorte grande. A grande premiada da rifa" (Fanny Abramovich, *As voltas do meu coração,* p. 17); "Tirou a sorte grande, com o marido que tem!" [ABH/GAS/JB/TC].

Tirar a sorte grande sem comprar bilhete Nada fazer para alcançar uma coisa e alcançá-la [AN].

Tirar as páreas *Lus., Bairrada.* Tomar a defesa de alguém; pedir explicações; provocar razões [GAS].

Tirar as peneiras Chamar à realidade da vida; tirar as ilusões [GAS].

Tirar as pixilingas Livrar-se de sujeiras e coceiras: "Vou tirar as pixilingas, depois desta viagem comendo poeira o dia inteiro" [JB].

Tirar as pregas Fazer cirurgia plástica: "A Carminha vai tirar as pregas pra ficar novinha em folha" [JB].

Var.: *esticar as pregas*

Tirar as pregas de *Chulo.* Estuprar alguém: "O pedreiro tirou as pregas do patrão que vacilou no tapa beiço." – Tapa beiço: bebedeira [JB].

Tirar as teias de aranha a alguém Elucidar; desiludir alguém; fazer alguém perder preconceitos, opiniões falsas [AN/GAS].

Tirar as telhas *Bras., gír.* Beijar na boca: "Vou tirar as telhas da Vicentina, ela tem uma boquinha lindinha" [JB].

Tirar a suja Ver *limpar a barra* (1)

Tirar as unhas Afastar a mão; não tocar [AN].

Tirar a tábua da carroça Ver *arriar a canastra*

Tirar a terreiro Provocar; desafiar para cantar, para dançar, para conversar, para discutir ou bater: "A mim ele não me tira a terreiro e, no dia em que cair na besteira de brotar pro meu lado, uma das onça sai do pasto!" (Leonardo Mota, *No tempo de Lampião*, p. 125) [AN/GAS/TC].

Var.: *levar a terreiro*

Tirar a venda dos olhos Esclarecer; elucidar; conhecer a verdade [AN/GAS].

Tirar a verdade a limpo Averiguar a verdade [AN].

Tirar a vez Usurpar o lugar de outrem; preterir [AN/GAS].

Tirar a vida Matar: "– Não satisfeito de ter matado mulheres e meninos no fogo, veio tirar aqui a vida a sangue-frio àquela que o quis acompanhar" (Franklin Távora, *O Cabeleira*, p. 161); "O eco repetiria ao longe aquele estampido que tirava a vida de um homem" (Fran Martins, *Poço de Paus*, p. 127); "... Lampião vendo que era / Sua vontade perdida / Nas margens do S. Francisco / Decidiu tirar-lhe a vida" (Expedito Sebastião da Silva, *Trechos da vida completa de Lampião*, p. 22) [FF].

Tirar a vista Não deixar ver; ficar defronte de modo que impeça a vista [AN].

≠ **Não tirar a vista de cima** Olhar insistentemente: "E não tiram a vista de cima" (Mário Landim, *Mãe d'água e caipora*) [TC].

Tirar azeite das pedras Realizar coisa impossível. – Reminiscência dos tempos da alquimia. Os alquimistas pensavam que a barrela bem cozida dava um sal que, dissolvido, produzia um óleo que por arte misteriosa se transformaria na pedra filosofal. Mas, se a operação falhasse, o trabalho daria em água de barrela [AN].

Var.: *tirar leite da/de pedra* (1)

Tirar boa nota 1. Ser bem classificado. **2.** Ganhar bom dinheiro no negócio [GAS].

Tirar camoatim sem poncho Bras., RS. **1.** Enfrentar trabalhos duros ou dificuldades. **2.** Sofrer privações [ABH/AJO/AN].

Tirar carteira na Paraíba Bras., PE. A expr. serve para sacanear quem dirige mal no trânsito: "Sai pra lá, barbeiro! Parece que tirou carteira na Paraíba!" [FNa].

Tirar (uma) casquinha 1. Ter também parte em alguma coisa boa e lucrativa; tirar vantagem; aproveitar-se da oportunidade para obter algo; participar: "Werneck foi sarcástico com o Gabo. Muito bom. Como bom esquerdeiro, Gabo adora uma sinecura, como a que lhe deu Fidel. E, mesquinho, não quer que tirem 'casquinha' da sua glória. Confirmado: gênio convive com mau-caráter" (João Albano de Almeida, leitor, *Bundas*, 2/8/99, p. 42); "Resta saber por que o tal coleguinha absteve-se de tirar uma casquinha da fama de um personagem que coleciona furos de reportagem, de Débora Bloch e de Lilian Lemmertz! Aí tem!" (Tutty Vasques, *Bundas*, 12/7/99, p. 25); "O rapaz bem que aproveitou para tirar a sua casquinha" (Ribamar Galiza, *O povoado*); "Preciso tirar uma casquinha". **2.** Bras., NE, S. Bolinar mulher, tirando-lhe vantagens eróticas; conseguir pequenas vantagens de uma mulher; namorar; flertar: "Meu filho, se você tá com pressa, vamos embora, eu vejo o filme outra vez. Mas não fica tirando casquinha... isso é chato" (Orígenes Lessa, *Beco da fome*); "Vou tirar casquinha, também sou filho de Deus" [ABH/AC/AN/FF/GM/JB/MSM/RG/TC].

Sin.: *tirar (uma) lasquinha*

Tirar castanhas com mão de gato Realizar seus intentos aproveitando-se do esforço alheio; agir ardilosamente; assegurar vantagens sem correr riscos; usar um testa de ferro. – Reminiscência de uma fábula de La Fontaine, IX, "O macaco e o gato" (ver Ladislau Batalha, *História geral dos adágios portugueses*), na qual o macaco, Bertrand, convence o gato, Raton, a tirar do fogo as castanhas com que o símio se regala [AN/RMJ].

Var.: *tirar a sardinha com a mão do gato, tirar as castanhas do lume com a mão do gato*

Tirar(-se)

Tirar catota *Bras., AL.* Tirar melecas do nariz [Net].

Tirar (a) cisma a/de alguém *Bras., pop.* Acabar com a fama de valentão de alguém [ABH/AJO/AN/RG].

Tirar coco Diz-se de namoro irreverente em que o casal deixa a impressão de estar tentando subir em coqueiro [RBA].

Tirar coiro e cabelo Vender demasiado caro, por preço exorbitante [GAS].

Tirar com a mão *Bras., RS.* Expr. que se usa para descrever o feito imediato e quase milagroso de um remédio: "Tomei aquele negócio e foi o mesmo que tirar (a dor) com a mão" [LAFb].

Tirar com saca-rolhas as palavras Fazer falar pessoa acanhada, de conhecimentos duvidosos, tímida [AN].

Tirar conta Fazer qualquer uma das quatro operações fundamentais [TC].

Tirar creca *Bras., AL.* Tirar melecas do nariz, ou alguma sujeira grossa [Net].

Tirar da boca 1. Privar-se de alguma coisa em proveito de outrem. **2.** Exprimir aquilo que alguém presente pretendia dizer na oportunidade [GAS/TC].

Var. (2): *tirar a minha da boca, tirar a palavra da boca de*

Tirar da cabeça 1. Devanear; fantasiar; idear imagens. **2.** Esquecer; procurar ou fazer esquecer; dissuadir; fazer desistir; desistir do intento: "Creio que cemitérios e agências funerárias estão na mira da sanha privatista. Nada me tira da cabeça que o governo deve estar pensando em estatizar o setor para depois entregá-lo às multinacionais, via privatização beênedeézizada (*sic*), ou seja, na bacia das almas. Anotem: para dar mais lucro ao capital, nós brasileiros ainda vamos ser enterrados com terra importada" (Nani, *Bundas*, 12/7/99, p. 24) [AN/CLG/GAS/TC].

Tirar da cartola Produzir, criar, inventar: "Vamos tirar da cartola a solução para a crise" [JB].

Tirar da cova Dar alento a uma pessoa [GAS].

≠ **Não se tirar da ilharga de alguém** Não sair de perto de alguém, para vigiá-lo [AN].

Tirar da jogada Deixar de fora, pôr de lado; afastar; isolar: "A Santíssima Trindade, como disse Jung, foi a forma de tirar a mulher da jogada" (Pedro Tornaghi, *Bundas*, 23/8/99, p. 8).

Tirar da lama Retirar da pobreza, do opróbrio; tirar da miséria, de uma posição humilde [AN/GAS].

Tirar da lembrança Esquecer: "Mude o disco, homem. Tire da lembrança essas ideias."

Var.: *apagar da lembrança*

Tirar da cola de alguém *Bras., gír.* Deixar em paz: "Tira da minha cola, porra, me deixa em paz, some" [JB].

Tirar da reta Sair da frente: "É bom tirar da reta. Vou botar pra foder" [JB].

Var.: *tirar o cu da reta* (2), *tirar o meu da reta* (2)

Tirar das unhas de alguém Conseguir algo de alguém [AN].

Tirar de bolo Tirar de cena [NL].

Tirar de branco *Tip.* Imprimir o primeiro lado da folha de papel [ABH].

Tirar de casa *Bras., NE, BA.* Seduzir (Edilberto Trigueiros, *A língua e o folclore da bacia do São Francisco*); deflorar, desvirginar sem casar [FNa/MSM/NL].

Tirar de eito *Bras., NE.* Exceder; ultrapassar; derrotar: "Eu disse que levava, e levo e tiro de eito tudo, estou lhe dizendo" (João Ubaldo Ribeiro, *Sargento Getúlio*, p. 136) [ABH/AN].

Sin.: *levar de vencida*

Tirar de letra *Bras., gír.* **1.** Resolver uma questão com facilidade; saber fazer as coisas: "Sou muito natural, o senhor tá vendo como eu sou natural. Se me contratarem eu tiro de letra" (Carlos Drummond de Andrade, *Boca de luar*, p. 42); "Safadeza desse tipo, Nelson tira de letra" (João Antônio, *Casa de loucos*, p. 26); "Ana Maria acredita que o desafio de estrear na Globo, o que deve ocorrer no dia 5 de outubro, vai ser tirado de letra" (Ana Lúcia Ribeiro, *Caras*, 3/9/99, s/p.); "Incrível como ele tira de letra!" (Paulo Caruso, *IstoÉ*, 5/7/00, p. 122); "As investidas para lá de ousadas das fãs do rapaz a noiva garante tirar de letra" (Valença Sotero, *QuemAcontece*, 27/4/01, pp. 42-3). **2.** *Desp.* Livrar-se facilmente de um adversário tomando-lhe a bola: "Mas o artilheiro do Barça tirou de letra" (Marconi Alves, *O Povo*, 4/5/97, p. 8D) [HM/JB/MPa].

Tirar de tempo *Bras., CE, dial.* das gangues urbanas. "Disfarçar, fazer algo para preencher o tempo" [tese de doutorado da socióloga Glória Diógenes, da UFC, in: *O Povo*, 1º/6/98, p. 19A].

Tirar devassa Instaurar processo criminal [GAS].

Tirar diante dos olhos Levar para longe; esquecer; desprezar [GAS].

Tirar do cu com pauzinho *Bras., RS, chulo.* Usa-se a expr. para sublinhar a total impossibilidade de executar alguma tarefa: "Como é que vou conseguir essa grana? Só se eu tirar do cu com pauzinho" [LAF].

Tirar do pé de alguém Deixar em paz: "Tira do meu pé, Romão, não sou novela pra ficar me acompanhando" [JB].
Var.: *largar do pé de alguém*

Tirar do nada Elevar a uma boa posição [GAS].

Tirar dos eixos Desordenar; introduzir confusão [AN].

Tirar do sentido 1. Procurar esquecer: "Vocês não podem tirar aquela criaturinha do meu sentido!" (Valdomiro Silveira, *Lérias*). **2.** Renunciar [AN/Net/TC].
Var. (1): *mudar de/o sentido*

Tirar do sério Irritar; zangar; aporrinhar: "O que me tira do sério é toda hora confundirem o meu nome com o tal Cartola, como se eu não tivesse a menor importância" (Maurício Murad, *Todo esse lance que rola*, p. 49); "Como prefeito não sou, tenho minhas pequenas vaidades no que se refere a meu ofício de escritor. Nada que me tire do sério, me faça perder o senso" (Aírton Monte, *O Povo*, cad. Vida & Arte, 20/6/02, p. 2) [MM].

Tirar do sufoco Liberar: "Vou tirar do sufoco o meu pessoal" [JB].

Tirar do tempo Desregular o motor do carro [NL].

Tirar do túmulo Arrancar a morte iminente [AN].

Tirar efeito Saber valorizar-se [GAS].

Tirar encosto Fazer um despacho de macumba: "Tô precisando tirar um encosto" [JB].

Tirar farinha *Bras.* **1.** Exigir satisfações. **2.** Procurar ou provocar briga. **3.** Levar vantagens [ABH/FF].

≠ **Não tirar farinha com alguém** Não levar a melhor [AN].

Tirar fogo *Bras., NE.* Exaltar-se [Gl].

Tirar fora Interromper um ato sexual: "Tirei fora, cara, não dá, abra mais as pernas" [JB].

Tirar fotografia *Turfe.* Ganhar, um cavalo, disparado uma carreira, deixando o segundo colocado fora do campo fotográfico da foto automática da chegada [ABH].

Tirar ideia Ver *tirar pergunta* (2)

Tirar (uma) lasquinha 1. Participar de alguma coisa; tirar proveito, em certa oportunidade: "Vou tirar uma lasquinha deste lance"; "Quero tirar lasquinha, também sou filho de Deus". **2.** *Bras., S, NE, chulo.* Bolinar a namorada de outrem; aproveitar-se [JB/MSM/TC].
Var.: *tirar uma casquinha*

Tirar lechiguana/lichiguana *Bras., RS.* Passar muito frio durante a noite por falta de coberta [ABH/AJO].

Tirar leite com espuma *Bras., CE.* Tirar partido de alguma coisa; aproveitar a oportunidade, a ocasião [AN].

Tirar leite da/de pedra 1. Vencer as coisas difíceis; fazer ou tentar fazer o impossível; conseguir uma coisa tida como impossível: "O cara é especialista em tirar leite de pedra." **2.** Buscar onde não existe [ABH/AN/JB/RBA].

Var. (1): *tirar água de pedra, tirar azeite das pedras*

Tirar leite de vaca morta *Bras., RS*. Lamentar-se de males para os quais já não há remédio [ABH/AJO/AN].

Tirar liberdade Dirigir-se, com graçolas ou pilhérias, a pessoas idosas ou de respeito ou a quem não conhece mas finge ser da intimidade: "Você é mestre em tirar liberdade com gente estranha" [TC].

Tirar (uma) linha *Bras., pop. Desus*. Namoricar; entreter um namorico; namorar com os olhos; namoriscar; flertar; ter namoro platônico ou ainda incipiente [ABH/AJO/AN/FS/FSB/LM/RG/TC].

Sin.: *ter umas linhadas, tirar um fiapo* (1)
Var.: *puxar linha*

Tirar luz *Bras., RS*. Diz-se quando, numa corrida, um cavalo toma a dianteira e coloca uma diferença de mais de um corpo sobre o adversário [AJO].

Tirar meladura *Bras*. Aproveitar-se: "Comigo ninguém tira meladura." – "Meladura" significa "gorjeta, ganho demasiado" [LCC].

Tirar nabos da púcara Indagar, fingindo-se desinteressado; tentar saber o que outros pretendem; imiscuir-se na vida alheia [GAS].

Tirar na garupa *Bras., RS*. Tirar alguém de um perigo, de aperto ou dificuldade [ABH/AJO/AN/FF].

≠ **Não tirar nem pôr 1.** Diz-se de algo que é tal e qual, ou é feito de sem nenhuma diferença ou alteração. **2.** Não fazer diferença; não mexer: "A vontade dos pais não tira nem põe" (Graciliano Ramos, *São Bernardo*, p. 80) [GAS].

Tirar (a) novena Ser quem diz as orações principais da novena; iniciar as orações principais numa novena; recitar as orações em primeira voz; rezar a novena: "Venha, Mundica, venha tirar a novena..." – Tal tarefa é exercida sempre por determinadas pessoas: as tiradeiras [CGP/FS/LM].

Sin.: *puxar o terço*

Tirar o atraso *Bras., CE*. **1.** Vingar-se; tirar vindita: "Dacildo usa colega pra tirar o atraso" (*Jornal da Rua*, 1º/6/99, p. 8). **2.** Procurar recuperar o tempo perdido; alcançar êxito; lograr vantagens; desforrar-se de prejuízo; vencer etapas; aproveitar a oportunidade que se apresenta, para fazer algo de seu interesse ou o que lhe é sumamente agradável: "Muitos, nos dias de eleição, almoçavam quatro ou cinco vezes. Tiravam o atraso" (Hilário Gaspar de Oliveira, *Ceará hilariante*); "Preciso tirar o atraso". **3.** Fazer sexo: "Preciso tirar o atraso, maninho, tô no sufoco" [GM/JB/RG/TC].

Sin. (3): *pôr a escrita em dia* (2)

Tirar o boi da linha Remover uma dificuldade [AN/GAS].

Tirar o cabaço a/de 1. *Bras., S, NE, chulo*. Deflorar; desvirginar; tirar a virgindade de alguém; descabaçar: "Quem tirou teu cabaço?" (Jorge Amado, *Capitães de areia*); "O seu Afonso tirou o cabaço da Chiquinha" (Luciano Barreira, *Os cassacos*). **2.** Ser o primeiro a usar certo objeto; estrear ou iniciar alguma coisa; usar em primeira mão [ABH/BB/CPL/FS/GM/JB/MPa/MSM/RG/TC].

Var. (1): *arrancar o cabaço, tirar um cabaço*

Tirar o cabelo da venta Desistir de alguma coisa: "Pode ir tirando o cabelo da venta que eu não vou deixar filha minha sair com um maconheiro de sua laia" [JB/PJC/TG].

Sin.: *tirar o cavalo/cavalinho da chuva*

Tirar o capote Ver *tirar o dedo* (2)

Tirar o carro da garagem Tirar a roupa íntima de dentro da bunda: "Se quiser limpar o salão ou tirar o carro da garagem, ir no banheiro, e isso serve também em caso de precisar esgravatar os dentes" (TG, p. 123) [TGa].

Tirar o cartaz de alguém Vencer alguém, fazendo-o sair do primeiro lugar [AN].

Tirar o cavalo da chuva *Bras.* **1.** *RS.* Retirar o que disse; voltar atrás; desistir de algum negócio. **2.** Ser franco; dizer a verdade; deixar de desculpas, rodeios ou circunlóquios: "– Que panegírico! Com que calor você diz estas coisas! Então você a frequenta? Oh, amiguinho, tire o cavalo da chuva: você está apaixonado pela Bilinha..." (Antônio Sales, *Aves de arribação*, p. 41) [AC/AJO/AN/F&A/FS/GAS/JB/LM/TC].

Tirar o cavalo/cavalinho da chuva Não ser bobo; deixar de pretensão; não persistir; desistir dum propósito, dum intento, duma pretensão; dissuadir; desiludir-se do propósito de obter ou conseguir algo que tem em mente adquirir; não pensar em algo porque ele não é como se pensa: "Se a *Playboy* não colocar pelos menos R$ 1 milhão nas mãos de Luana Piovani, os fãs da atriz podem ir tirando o cavalinho da chuva: 'Vão ficar sem ver a minha perereca!'" (Tutty Vasques, *Bundas*, 12/7/99, p. 25); "A garota falou para o rapaz que era melhor ele tirar o cavalo da chuva"; "Podes tirar o cavalo da chuva"; "Pode tirar o cavalinho da chuva, que tá todo mundo contra você, meu irmão". – Significa dizer pra pessoa mais ou menos o seguinte: "num vem que não tem, pode perder as esperanças que não vai dar certo, nem se iluda" [ABH/AC/AN/AS/F&A/FS/GAS/JB/LM/MPa/RBA/TC].
Sin.: *tirar o cabelo da venta*
Var.: *tirar o pônei da chuva*

Tirar o chapéu a/para 1. Reconhecer a superioridade de; admirar; respeitar; render homenagens a: "... O alemão está apanhando há três semanas como um cão danado e não abriu o bico. Nem ele nem a mulher. Sou obrigado a tirar o chapéu: esse comunista é fantástico" (Fernando Morais, *Olga*, pp. 110-1); "Não massageio meu próprio ego, mas tiro o chapéu para os homens e mulheres que tiveram a coragem de enfrentar aquela situação" (Sônia Lafoz, apud Luiz Maklouf Carvalho, *Mulheres que foram à luta armada*, p. 456); "Devemos tirar o chapéu para tanta imaginação" (Raduan Nassar, escritor, *Veja*, 30/7/97, p. 13). **2.** Cumprimentar: "Eu só lhe tiro o chapéu para não bancar o mal-educado" [AN/FF/JB].

Tirar o corpo 1. Esquivar-se; eximir-se de compromissos. **2.** Ir embora; retirar-se; fugir: "No meio daquela zuada (*sic*) toda, resolvi tirar o corpo, e na primeira sinaleira que o buzu [= ônibus] parou eu me piquei. Jurei que mais nunca entro em carro com enxame de gente" [FS/NL].
Var.: *negar o corpo, tirar o corpo de banda, tirar o corpo fora*

Tirar o corpo de banda *Bras.* Esquivar-se de dificuldades; safar-se; sair da situação; fugir: "Tirar o corpo de banda, eis o comportamento" (Durval Aires, *Barra da Solidão*) [ABH/RG/TC].
Var.: *botar o corpo de banda, tirar de banda, tirar o corpo*

Tirar o corpo fora Esquivar-se de dificuldades, encargos ou complicações; livrar-se de trabalhos ou complicações; eximir-se da responsabilidade; eximir-se de alguma incumbência com habilidade ou astúcia; não assumir responsabilidade pelo que fez; desistir; safar-se; sair da situação, do assunto: "Quando percebeu que as coisas estavam ficando complicadas, meu colega tirou o corpo fora" (DT, *VI série*, p. 88); "– Conversou, né? Não teve jeito de se esquivar, de tirar o corpo fora" (Odette de Barros Mott, *O Instituto de Beleza Eliza*, p. 16); "– Basta te dizer que Paiva, o nosso querido Ministro, voto meu, de cabresto, anda querendo tirar o corpo fora" (Jorge Amado, *Farda fardão camisola de dormir*, p. 107); "Vou tirar o corpo fora, FHC" (Nani, *Bundas*, 13/9/99, p. 37) [ABH/AN/JB/RG].
Var.: *botar/jogar/quebrar o corpo fora, tirar o corpo, torcer o corpo (de) fora*

Tirar o couro 1. Difamar; falar mal de alguém. **2.** Importunar; pilheriar com alguém: "A negada quando soube que eu era apaixonado pela Rosinete, tirou o meu coro" (*sic*). **3.** Roubar, enganar, explorar no(s) preço(s); cobrar um preço muito alto por um serviço ou venda de algo: "O proprietário e os comerciantes tiravam-me o couro" (Graciliano Ramos, *Vidas secas*). **4.** Obrigar a trabalho forçado ou exageradamente cansativo; explorar; exigir produtividade

Tirar(-se)

no trabalho ou no estudo: "... podendo tirar o couro daquele negro na enxada" (Sinval Sá, *O sanfoneiro do riacho da Brígida*). **5.** Dar uma pisa, uma sova; "comer o couro", conforme Jackson do Pandeiro, com duplo sentido: "Se eu pegar o homem que inventou o trabalho / tiro-lhe o couro e boto no sol pra secar, / quando secar eu boto ele na cuíca, / quero ver quanto ele estica, / vou puxando até lascar" (José Bezerra e Jackson do Pandeiro, *Preguiçoso*) [AJO/AS/FN/FNa/RG/TC].

Sin. (3): (bras., RS) *tirar o pelego*
Var. (1): *cortar o couro*

Tirar o couro do boi para matar o carrapato Diz-se mais comumente dos excessos de exação com que os governantes tratam o contribuinte [RBA]. ◆ FSB define exação como cobrança rigorosa de dívida ou impostos, pontualidade, exigência, exatidão.

Tirar o cu da reta *Bras., chulo.* **1.** Acautelar-se; eximir-se da responsabilidade; colocar culpa em outrem (*sic*). **2.** Sair do perigo; escafeder-se; sair da frente: "Pode tirar o cu da reta se não quiser se foder" [AS/JB/LAFa].

Var.: *tirar o cu da seringa*
Var. (2): *tirar da reta*

Tirar o cu da seringa *Bras., chulo.* **1.** Desistir da aquiescência; livrar-se de situação embaraçosa; declarar-se irresponsável por um fato. **2.** Escafeder-se; sair da frente: "Tirei o cu da seringa, afinal não sou de ferro." Ver Paulino Santiago, *Dinâmica de uma linguagem*, "O falar de Alagoas [ABH/GM/JB/LM/MPa/MSM].

Var. (1) (2): *tirar o cu da reta, tirar o rabo da seringa, torcer o cu da seringa*
Var. (2): *tirar o dele da seringa*

Tirar o dedo *Bras., CE, pop., chulo.* **1.** Começar a ganhar; realizar algo pela primeira vez, ou em primeiro lugar; conseguir fazer algo pela primeira vez, depois de várias tentativas.: "Rubinho pé de chinelo sonha em tirar o dedo" (*Jornal da Rua*, 27/6/99, p. 1); "Você joga baralho há uma hora e ainda não tirou o dedo?". **2.** *Desp.* Fazer o gol de honra ou vencer pelo menos uma partida de qualquer jogo; tirar o zero no jogo: "Dizia o locutor que Zezinho estava fazendo sucesso no River e já era artilheiro com seis gols. Só que Zezinho ainda não tirou o dedo" (Deusdeth Nunes, col. Um prego na chuteira, in *O Dia*) [ABH/AN/FS/LM/PJC/RG/TC/TG].

Var. (1) (2): *tirar o dedo do cu*
Var. (2): *tirar o capote*

Tirar o dele da seringa *Bras., gír.* Sair da frente: "O cara tirou o dele da seringa, depois viu a coisa preta" [JB].

Var. (2): *tirar o cu da seringa*

Tirar o dente *Lus.* Formar-se em qualquer faculdade da Univ. de Coimbra [GAS].

Tirar o dia *Bras.* Expr. us. para se queixar de alguém que está reiteradamente importunando: "Tchê, mas tu tirou o dia pra me incomodar?" [LAF].

Tirar o freio *Bras., RS.* Escovar os dentes de manhã, quando levantar [AJO].

Tirar o maior sarro Divertir-se a valer; fazer muita gozação: "Aí não aguentei, caí na risada e a gente ficou tirando o maior sarro das corumbaenses (elas que não me ouçam!)" (Valéria Piassa Polizzi, *Depois daquela viagem*, p. 22).

Var.: *tirar (o/um) sarro*

Tirar o meu 1. Retirar o dinheiro investido: "Tirei o meu, porra, o cara é louco." **2.** Sair da frente: "Tirei o meu, não sou idiota" [JB].

Var. (2): *tirar o meu da reta* (2)

Tirar o meu da reta 1. Deixar em paz: "Tira o meu da reta, meu cumpadi, não quero levar chumbo." **2.** Sair da frente: "Tirei o meu da reta, o resto que se dane" [JB].

Var. (2): *tirar da reta, tirar o meu* (2)

Tirar onda *Bras., gír.* Dar-se ares de valente, de culto, de inteligente, de bom, de importante etc.: "Eu tinha um pangaré chamado Escopeta, feio que nem um revólver, saía a cavalo pelo meio da rua, me sentindo um fazendeiro. Ia pagar conta no banco, 'estacionava' o bicho na porta e entrava, tirando a maior onda" (Zeca Pagodinho, *Bundas*, 5/7/99, p. 12) [ABH].

Var.: *cartar onda*

Tirar (uma) onda de *Bras., gír.* Fazer-se ou fingir-se de; passar por; tomar ares de; querer aparentar o que não é: "Não pense que eu tou querendo tirar onda de santa" (Orígenes Lessa, *Beco da fome*); "Adora tirar onda de rico"; "O cara vive tirando onda de granfa"; "Vou tirar uma onda de valente"; "Às vezes, tiro uma onda de atleta; faço caminhada à beça"; "Estranhei, cara, ele está tirando uma onda de bom moço" [ABH/JB/MSM].

Sin.: *tirar uma de*

Tirar o pai da forca 1. Diz-se de quem vai com pressa; ir com toda a pressa, a toda a velocidade; diz-se de quem tem por hábito caminhar apressado; estar com muita pressa; ter exagerada pressa; costuma acontecer sob a forma de pergunta irôn. para alguém que demonstra pressa: "... se despediam às pressas, diziam até-amanhã, e saíam correndo como se fossem tirar o pai da forca" (Lourenço Diaféria, *O invisível cavalo voador*, p. 7); "– Não comeu a merenda, pô! Sempre correndo, parece que vai tirar o pai da forca, seu" (Giselda Laporta Nicolelis, *No fundo dos teus olhos*, p. 59); "Quê que houve, vai tirar o pai da forca?". **2.** Sair de uma situação ruim: "Acabei de tirar o pai da forca" [GAS/JB/LAF/MPa/RBA/TC].

Var. (1): *andar depressa como quem vai tirar o pai da forca, livrar o pai da forca*

Tirar o pão a alguém Privar alguém de granjear o sustento [GAS].

Tirar o pão da boca *Desp.* Tomar a bola do adversário no momento do chute a gol [HM].

Tirar o pão da boca de Privar dos meios de subsistência; apoderar-se do ganha-pão de outrem; tomar alguma coisa de alguém: "Vou tirar o pão da boca daquele viado (*sic*)" [ABH/AN/JB/TC].

Tirar o(s) pé(s) da lama Sair de uma situação inferior, difícil; sair de uma situação péssima e melhorar; sair-se, dar-se bem (em qualquer sentido: arranjar namorada, dinheiro, conseguir emprego etc.); sair de embaraços de ordem financeira; melhorar de posição (social, financeira etc.); recuperar-se financeiramente; enriquecer; prosperar; ser bem-sucedido; subir na vida; melhorar de vida: "Os cangaceiros tinham arrasado o comércio da vila. Havia gente de barriga cheia no Pilar. O povo tirara o pé da lama" (José Lins do Rego, *Fogo morto*, p. 186); " ... Aqui nunca que tirasse o pé da lama. Lá por riba, só melhorar de condição" (*id.*, *O moleque Ricardo*, p. 6); "... Seu Brandini tirava o pé da lama, e logo na primeira semana já nos foi pagando um pouco por conta dos atrasados" (Rachel de Queiroz, *Dora, Doralina*, p. 148) [ABH/AC/AT/CGP/F&A/FF/FS/FSB/GAS/JB/LAF/LM/MPa/TC/TGa].

Sin.: *afinar o cabelo* (2)

Var.: (bras., CE, chulo) *tirar o pé da bosta*, (bras., RS) *tirar o pé do barro, tirar o pé do lodo* (1)

Tirar o pé de banda Sair da jogada [NL].

Tirar o pé do acelerador *Desp.* Moderar o ímpeto do time: "Onze minutos, 2 × 0, a Argentina tirou o pé do acelerador" [HM].

Tirar o pé do chão *Bras., BA.* Dançar; bailar [FNa].

Tirar o pé do lodo *Bras.* **1.** Sair de situação inferior; subir de posição; melhorar de vida; sair da miséria; prosperar; arrumar-se: "Preciso tirar o pé do lodo." – Expr. corrente tb. em esp.: *sacar el pie del lodo*. **2.** *MA, desp.* Diz-se quando alguém, no futebol, consegue tocar na bola depois de um longo tempo longe dela [ABH/AN/FN/JB/OB/RMJ].

Var. (1): *tirar o(s) pé(s) da lama*

Tirar o pelego Ver *tirar o couro* (3)

Tirar o pelo 1. Civilizar. **2.** *Bras., gír.* Gozar; achar graça em: "– Não tira o pelo. Não tenho culpa de ter 17 anos e vocês todos já terem passado dos 21" (Fanny Abramovich, *As voltas do meu coração*, p. 14) [AN].

Sin. (2): *tirar (o/um) sarro*

Tirar(-se)

Tirar o penacho Tirar a prosa, a vaidade, a presunção [AN].

Tirar o peso da cacunda Desafogar; relaxar; cumprir missão: "Tirei o peso da cacunda, já num aguentava mais, tava muito pesado o fardo" [JB].

Tirar o pio Fazer calar [GAS].

Tirar o pônei da chuva *Bras.* Não ser bobo; deixar de pretensão; não persistir: "Luciana Gimenez pode ir tirando o pônei da chuva. US$ 30 mil de pensão Mick Jagger não paga" (Sérgio Augusto, *Bundas*, 29/5/00, p. 45) [ABH/AC/AJO/AN/LM/TC]. ♦ Na frase de ex., o A. utilizou-se de sua criatividade analógica. Na verdade, tal nos assegura FSB, o pônei é um cavalo pequeno, ágil, originário da Bretanha.
Var.: *tirar o cavalo/cavalinho da chuva*

Tirar o queijo *Bras., S, NE, chulo.* **1.** Copular. **2.** Perder a virgindade: "Vocês vão ficar velhas e solteironas, vocês não vão tirar o queijo nunca" [FNa/MSM].

Tirar o ranço *Bras., CE.* **1.** Fazer alguém acovardar-se; acabar com a empáfia, a petulância, a vaidade. **2.** Desculpar: "Num quer dizer nada não! / Dizia, tirando o ranço. / Vou comprar outro boi, / nem que me custe um milhão" (cit. Alberto Porfírio, *Poetas populares e cantadores do Ceará*) [RG/TC].

Tirar o retrato Espreitar, observar numa fração de segundos; ver os fundilhos da mulher numa fugaz cruzada de pernas [TG].

Tirar o sangue a alguém Explorar alguém [GAS].

Tirar o santo da cabeça *Umb.* Cerimônia que tem a finalidade de desfazer um erro de iniciação, quando houve engano sobre o orixá do iniciado, coisa, porém, muito rara [OGC].

Tirar o sarro Aproveitar-se de alguém, sexualmente [MPa/TC].

Tirar os calços Ver *fazer fiapo*

Tirar os couros *Bras., NE.* Despir a roupa de couro, o gibão [RG/TC].

Tirar os dois cruzados de Desvirginar uma mulher: "E quando pensei que não, tirou os dois cruzados da bichinha e antes que ela ficasse buchuda, pisou no mundo" (Sabino Campos, *Catimbó*) [TC].
Sin.: *mexer nos/com os dois cruzados de*

Tirar o sebo da piaba *Chulo.* Fazer um asseio íntimo [CGP/TGa].
Sin.: (CE) *lavar o litro, lavar o pau*
Var.: *lavar o sebo da pica*

Tirar o selinho Desvirginar: "O segurança tirou o selinho da garotinha" [JB].
Var.: *arrancar o selinho*

Tirar o selo 1. Dar uma bisca (pancada com a mão aberta) na cabeça das crianças que cortaram o cabelo à escovinha. **2.** Pisar no sapato novo; inaugurar (pisando no sapato novo de alguém ou dando um tabefe na careca de quem passa no vestibular); estrear. – As mercadorias não us. trazem a estampilha do selo de consumo, daí a expr. **3.** *Bras., PE, chulo.* Tirar a virgindade; descabaçar [AN/BB/CGP/DVF/MGa, pp. 120-1/TG].
Var. (3): *quebrar o selo* (1)

Tirar o sentido de Deixar de pensar em; desistir de [FF/GAS].

Tirar o serviço por Substituir alguém (no quartel, hospital etc.), durante seu expediente: "– Pagarei a um percevejo para tirar o serviço por mim, é comum, eles adoram, vivem duros e dormem no quartel mesmo" (Carlos Eugênio Paz, *Viagem à luta armada*, p. 127).

Tirar o seu Locupletar-se [TC].

Tirar os olhos Extorquir: "O capitalismo tira os olhos do Terceiro Mundo" [GAS].

Tirar os olhos da cara Exigir preço demasiadamente alto [AN].

≠ **Não tirar os olhos de** Não desviar a vista de; não cessar de contemplar: "– Não me consta que haja nenhum pajem nem mucama ali dançando, e ele não tira os olhos dos que dançam" (Bernardo Guimarães, *A escrava Isaura*, p. 81); "Basílio não tirava os olhos de Luísa" (Eça de Queiroz, *O primo Basílio*, p. 73) [AN].

Tirar o sono Ter preocupações que não deixam dormir; desequilibrar: "Esta é de tirar o sono de qualquer chefe" [GAS/JB].

Tirar os panos Despir-se: "A Cristiana topou tirar os panos e ficar pelada" [JB].

Tirar os quartos de fora Ficar neutro: "– Pois eu tirava os quartos de fora – acrescentou Manuel Broca" (José Américo de Almeida, *A bagaceira*, p. 35).
Sin.: *botar os quartos de banda*
Var.: *pôr os quartos de fora*

Tirar os três Deflorar; desvirginar. – A or. dessa expr. está na normal perfuração do hímen de dar escoamento às regras, perfuração natural que se apresenta, segundo os casos, em dois e em três pontos da membrana vaginal. O ato de defloramento não é nada mais do que a ligação destas naturais perfurações em uma só, pela penetração do pênis [FSB/MPb/MSM].
Var.: *tirar os três vinténs de* (1)

Tirar os três vinténs de 1. *Bras., BA, RN*. Deflorar uma donzela; ter relações sexuais pela primeira vez; desvirginar alguém; descabaçar. **2.** *Lus*. Proceder a uma inauguração [FNa/GAS].
Sin. (1): *mexer nos/com os dois cruzados de*
Var. (1): *mexer nos três vinténs de, tirar os três vinténs*

Tirar o talhe Examinar detalhadamente [FNa/GAS].

Tirar o(s) tampo(s) *Bras., NE, S, chulo*. Deflorar; desvirginar; descabaçar: "O tarado tirou os tampos da neném" [ABH/GM/JB/MSM].
Var.: *arrancar o(s) tampo(s)*

Tirar o tapete *Bras., gír*. Retirar o apoio: "Tirar o tapete deste filho da puta, já que só pensa em sacanear com os outros" [JB].
Var.: *puxar o tapete*

Tirar o tapete debaixo dos pés Retirar a proteção; [GAS].

Tirar o tempo *Bras., RS*. Cronometrar o tempo do parelheiro quando este está se aprontando para uma corrida [AJO].

Tirar o time *Bras., pop*. Partir; retirar(-se); ir(-se) embora; sair; diz-se das situações em que pessoas reunidas deixam o local e afastam-se sem dar satisfação; fugir; escafeder-se: "– O rapaz me mandô tirar o time. Diz pr'ocês sumir daqui, que tá tudo fodido" (Alfredo Sirkis, *Os carbonários*, p. 201); "Quando voltaram a ficar sozinhos na mesa 27 do bar do Peixoto, depois que os outros amigos comuns tiraram o time, Cangalha voltou a bater na velha tecla, querendo saber mais detalhes sobre a desenfreada sorte da mulher de Lindolfo" (H. Aruom, *Jornal da Rua*, 27/6/99, p. 4); "Tô tirando o time, o ambiente tá carregado". – Expr. embasada no jargão do futebol [ABH/JB/RBA].
Sin.: *cair fora, estar vazando*
Var.: *tirar o time de campo*

Tirar o time de campo *Bras., pop*. Ir embora; sair de uma situação; desistir: "Já quando começaram a discutir se o Luiz Estevão havia feito mais de duas plásticas no rosto, tirei meu time de campo e fui repassar mais uma lição de português com a Gisele Bündchen" (Sérgio Augusto, *Bundas*, 1º/8/00, p. 7) [ABH/JB/MPa].
Var.: *tirar o time*

Tirar o venado *Lus., Minho*. Diz-se da criada que vai substituir outra, que sai por ser intriguista [GAS].

Tirar o ventre da miséria/de misérias 1. Aproveitar a ocasião para se fartar; comer muito. **2.** Ter grandes vantagens [AN/GAS].
Var. (1): *tirar a barriga de misérias*

Tirar o virgo Desonrar; desvirginar [GAS].

Tirar paciência Procurar certo entretenimento, por meio das cartas do baralho [TC].

Tirar palha com alguém Discutir com alguém [GAS].

Tirar palhinha Desfrutar; fazer troça [GAS].

Tirar partido Aproveitar-se de contexto favorável para proveito próprio; saber aproveitar a boa vontade ou boa disposição ocasional de alguém para o mesmo fim; aproveitar-se da oportunidade, da posição vantajosa: "Pensou em tirar partido: – É um pedaço... Muito minha amiga..." (Jorge Amado, *Terras do sem fim*, pp. 134-5) [GAS/TC].

Tirar passo Ir devagar [GAS].

Tirar patente Dar-se por inventor [AN].

Tirar pedaço Corromper; tirar a honra: "– Faz mal não, Rolim; o que é bonito é para ver mesmo. Não tira pedaço – ela disse, virando-se de frente para os dragões" (Paulo Amador, *Rei branco, rainha negra*, p. 42).

Tirar pelos domingos os dias santos Inferir umas coisas por outras que com elas têm analogia [GAS].

Tirar pergunta *Bras., BA.* **1.** Pedir explicação; tirar ou tomar satisfação; esclarecer; investigar: "... e considera tal comportamento uma vergonha, de tirar pergunta ao marido, se é informado de que ele está plantando uns aipins fora de casa" (João Ubaldo Ribeiro, *Miséria e grandeza do amor de Benedita*). **2.** Provocar; agredir [FNa/Net/NL].
Sin. (2): *tirar ideia*

Tirar por Avaliar, ajuizar, concluir com base em: "Nação de gente ruim é mulher. Tiro por mim" (Jáder de Carvalho, *Aldeota*) [TC].

Tirar proveito Obter ganhos [GAS].

Tirar raça Procriar; gerar; reproduzir-se; perpetuar a espécie: "... Um homem assim como és / Que não foge da desgraça / Não se mata, a gente deixa / Vivo para tirar raça" (Expedito Sebastião da Silva, *Trechos da vida completa de Lampião*, p. 23).

Tirar (os) Reis Ver *tirar reisado* (1)

Tirar reisado 1. *Bras., NE.* Costume tradicional, que consiste em sair um grupo de pessoas, de porta em porta, à noite de janeiro (véspera de Reis, dia 6) e mesmo alguns dias antes, cantando, ao som de alguns instrumentos musicais, versos alusivos à data, com o fim de obter dádivas ou dinheiro dos moradores de uma localidade ou de certos bairros, mesmo na capital do estado. **2.** *Bras., CE.* Parar muito; andar com passos lentos; fazer as coisas vagarosamente [AS/FS].
Var. (1): *tirar (os) Reis*

Tirar sarro Namorar: "Vou tirar sarro com a minha gatinha" [JB].

Tirar (o/um) sarro Gozar com a cara de alguém; brincar; divertir-se; debochar de alguém; ironizar; armar uma história contra alguém: "Tirar o sarro: divertir-se à custa de outros" (Centro de Estudos Folclóricos do Instituto Joaquim Nabuco de Pesquisas Sociais, p. 40, fascículo 42); "– Índio leva chumbo, sacou? Não tire sarro com a minha cara não, tá? Olha um pé de maria-mole!" (Terezinha Alvarenga, *Rio dos sonhos*, p. 18); "O Nélson gostava de tirar sarro com as pessoas" (Plínio Marcos, *in* "Conexão Roberto D'Ávila", entrevista a Roberto D'Ávila, rede Cultura); "Eles têm sacadas geniais e tiram sarro uns dos outros como a gente nunca faria" (Ana Carvalho Pinto, *IstoÉ*, 14/6/00, p. 79); "– Que foi? Ficou bobo? – ele me perguntou. Aí, pensei em tirar um sarro dele: – Nada, não. Estava pensando na Nilce. – Que Nilce? – O Batata ficou vermelho" (Álvaro Cardoso Gomes, *A hora da luta*, p. 35); "Vou tirar sarro em cima desse pessoal que é mané" [JB/LAFb, s. v. "SARRO"].
Sin.: *tirar o pelo* (2)
Var.: *tirar o maior sarro*

Tirar-se da rua *Lus., Alentejo.* Diz-se quando se chama alguém para entrar em casa: "Tire-se da rua" [GAS].

Tirar-se de cuidados 1. Remover dificuldades. **2.** Tomar uma resolução decisiva [FF].

Tirar-se do lamaçal Sair de apuros, de dificuldades, de uma situação abjeta [AN].

Tirar sentença Cumprir sentença, ou pena judicial, na prisão: "O Elias já tirou sentença na cadeia de Sobral" (Leonardo Mota, *Violeiros do Norte*) [FS/LM/TC].

Tirar (a) sorte Obter certo prêmio; ser premiado; ganhar em loteria ou sorteio [ABH/FF/TC].

Tirar sortes Fazer uma "simpatia"; fazer adivinhações: "Porém também sou testemunha de um fato relevante. Josefina, nossa vizinha, era solteira e queria casar. Vivia tirando sortes na noite de São João" (Lourenço Diaféria, *O invisível cavalo voador*, p. 52).

Tirar tinta da trave *Desp*. Passar, a bola, raspando a baliza, a centímetros de entrar no gol e perdendo-se pela linha de fundo [HM].
Sin.: *arranhar a trave*
Var.: *tirar esmalte da trave, tirar tinta*

Tirar uma abelha Extrair de árvore, de cupins ou do chão o mel fabricado pelas abelhas e ali recolhido [TC].

Tirar uma alma do inferno Diz-se de quem por exceção dá uma esmola; diz-se de pessoa má que faz um benefício [AN].

Tirar uma banguela *Bras., PE*. Dormir; dormitar; cochilar: "Depois do almoço, sempre tiro uma banguela."

Tirar uma chapa 1. Ser fotografado. **2.** Ser radiografado [GAS].

Tirar uma chinfra *Bras., gír*. Passar por importante: "Vou tirar uma chinfra de machão e dar umas porradas" [JB].

Tirar uma de Passar por: "Vou tirar uma de bom moço" [JB].
Sin.: *tirar (uma) onda de*

Tirar uma diferença Ver *ajustar (as/umas) contas*

Tirar uma empena Medir a distância (chamada de empena) entre a cumeeira de uma casa e o solo [TC].

Tirar uma espinha da garganta Livrar de inquietações, dúvidas; esclarecer sobre determinado assunto [AN].

Tirar uma fera do pasto Prender ou matar um malfeitor [LM].
Var.: *tirar uma onça do pasto*

Tirar uma filipeta *Bras., BA, gír*. Gozar com a cara de alguém [NL].

Tirar uma fumaça Fumar um pouco, cigarro ou cachimbo: "Sei o que é um fumante inveterado, impedido de tirar uma fumaça" (Carlos Drummond de Andrade, *Boca de luar*, pp. 31-2) [TC].
Var.: *tirar uma fumaçada*

Tirar uma fumaçada Fumar um pouco, no cigarro ou no cachimbo [TC].

Var.: *dar uma fumaçada, tirar uma fumaça*

Tirar uma lasquinha Cochilar [JB/MSM/TC].
Sin.: *tirar uma pestana*

Tirar uma linha *Bras., pop*. **1.** Observar intencionalmente; dar uma olhadela. **2.** Ver como alguém ou algo se conduz [ABH/AJO/AN/FSB/LM].

Tirar uma onda *Bras., gír*. Brincar; divertir-se: "Vou tirar uma onda com o mané, o cara é otário" [JB].

Tirar uma pelada Bater, jogar bola, jogar futebol, geralmente entre amigos, mais a título de treino ou passatempo: "Aquele joguinho foi uma besteira minha, onde estava eu com a cabeça quando prometi tirar uma pelada com a turma!" (Lourenço Diaféria, *O invisível cavalo voador*, p. 57).
Var.: *bater uma pelada*

Tirar uma pestana *Bras., pop., fam*. Cochilar; dormitar; dormir ligeiramente; dar um cochilo; descansar um pouco: "Diz que o delegado da 32ª estava em sua mesa de soneca tirando uma pestana, feliz com o sossego, quando um bando de perto de duzentas pessoas invadiu a delegacia..." (Stanislaw Ponte Preta, *Febeapá 1*, p. 91); "O cinegrafista, inclusive, armou até beicinho para aninhar à mesma (câmara) enquanto tira uma pestana" (Sônia Pinheiro, *O Povo*, 16/9/98, p. 3B) [ABH/AC/AN/FF/FSB/TC].
Sin.: *tirar uma lasquinha, tirar uma soneca*
Var.: *fazer uma pestana*

Tirar uma reta Cumprir uma jornada longa na estrada; viajar muito tempo sem parar: "Ojuara tirou uma reta até o rio Mossoró, depois veio descendo" (Neil de Castro, *As pelejas de Ojuara*) [FN].

Tirar uma soneca Dormir um sono curto; cochilar: "Ele deve estar deitado, com o cansaço, a tirar uma soneca" (Orígenes Lessa, *Aventuras do Barão de Münchhausen*, p. 67) [JB].
Sin.: *tirar uma pestana*

Tirar uma tora *Bras., RS.* **1.** Dormir um instante, um pouquinho, alguns momentos; tirar um cochilo; cochilar, sestear: "... o capitão já chegou? Se não chegou, me acordem quando chegar. E ia tirar uma tora" (Fernando Sabino, *O homem nu*). **2.** Brigar; lutar; travar luta [ABH/AC/AJO/AN/FF/JB/RMJ]. Ver tb. Aurélio Buarque de Holanda, "Glossário", *apud* J. Simões Lopes Neto, *Contos gauchescos e Lendas do Sul*, p. 358.

Tirar um baiano *Bras., gír.* Dormir, descansar: "O bandido foi morto quando tirava um baiano. Vacilou" [JB].

Tirar um cabaço Desvirginar; deflorar uma mulher: "Amorim: ... Mas homem mesmo, provado, / só no dia em que ele tira um cabaço" (Chico Buarque & Paulo Pontes, *Gota d'água*, p. 65).

Var.: *tirar o cabaço a/de* (1)

Tirar um coco *Bras., S, chulo.* Copular (ver Ariel Tacla, *Dic. dos marginais*, 1968; E. d'Almeida Víctor, *Pequeno dic. de gír. entre delinquentes*, 1969) [MSM].

Tirar um cotejo *Bras., SP, MT.* Desafiar para luta de arma branca; desafiar para a luta na faca, na peixeira ou no canivete (ver Frederico Lane, *Vorta, boi, vorta!*) [FN/LCC].

Var.: (NE, SP, MS) *medir as armas*

Tirar um dedo de prosa Conversar; bater papo: "... se sentiria satisfeito se os homens fossem seus camaradas, viessem, sem ser chamados, tirar um dedo de prosa na varanda da casa-grande, não fechassem a cara quando ele entrasse nas festas" (Jorge Amado, *Seara vermelha*, p. 10).

Tirar um fiapo *Bras., desus.* Namorar de longe; namoricar; flertar; olhar com interesse. **2.** *Bras., pop.* Olhar dissimuladamente; espiar; observar de relance, de esguelha (certo detalhe); dar uma olhadela [ABH/AC/AN/FF/FS/LAFa/OB/RG/TC].

Sin. (1): *tirar (uma) linha*
Sin. (2): *tirar um friso*

Tirar um fino 1. No jogo do bilhar, tocar de leve a primeira na segunda bola, a fim de não desviar seu rumo e poder atingir a terceira; carambolar tocando levemente, de maneira quase imperceptível, numa das bolas. **2.** *Autom.* Passar de raspão por alguém ou por alguma coisa; atravessar espaço muito estreito; diz-se de carro que passa num local apertado quase tocando o que lhe fica ao lado; não bater ou não tocar por um triz: "Eita, que hoje eu escapei de morrer. Num é que um carro desimbestado vinha com mais de mil e tirou um fino de mim, chega eu senti o vento..." (sic). **3.** Passar velozmente bem perto de uma superfície, sem contudo tocá-la: "Um vulto passou numa rapidez danada, tirando um fino, rentinho com as ondas achatadas" (Mário Landim, *Vaca preta e boi pintado*) [ABH/AS/RMJ/TC].

Tirar um friso *Bras., RS.* Observar com atenção; espiar; sacar: "Só pra tu tirar um friso, imagina que o carro do cara era azul-calcinha." – Expr. pouco us. [LAF].

Sin.: *tirar um fiapo* (2)

Tirar um mapa *Bras., pop.* Observar com atenção; guardar o que se está observando [ABH/FSB].

Tirar um peso de cima de si Livrar-se de sentimentos de culpa ou libertar-se de grande responsabilidade; ficar livre de preocupação grave ou de séria responsabilidade [AN/GAS].

Tirar um pico Abrir uma picada, para serviços de agrimensura [TC].

Tirar um pissirico *Chulo.* Fazer sexo: "Vou tirar um pissirico com minha nega velha" [JB].

Tirar um ronco Dormir; tirar uma soneca: "À noitinha, tirou um ronco" (R. Batista Aragão, *Pedra verde*) [TC].

Tirar um sarro *Bras., chulo.* Procurar contatos voluptuosos, principalmente numa aglomeração de pessoas, em veículo, cinema etc.; namorar com sacanagem; excitar sexualmente a mulher; fazer carinhos; bolinar; sarrar: "Vou tirar um sarro nesta gata" [ABH/GM/JB/MGa/MSM/Net].

Sin.: *dar um(uns) mata(s)*, (AL) *dar um pega, dar um tranco* (3)

Tirar vantagem Fazer um benefício e depois querer aproveitar-se da pessoa [AN].

Tirar verniz do poste Ver *arranhar a trave*

Tirar vingança Vingar-se de alguém; tirar desforço (desforra) [GAS].

Toar

Toar bem Agradar [GAS].

Toar mal Desagradar [GAS].

Tocar

Tocar a bola *Desp.* **1.** Tabelar no meio de campo com a intenção de moderar o ímpeto do time contrário: "Quando se lembraram dos milagres de ídolos, ali tocando a bola, recebendo, fazendo tabelinha..." (Maurício Murad, *Todo esse lance que rola*, p. 85). **2.** Trocar passes curtos, em manobra de ataque [HM].

Tocar a burros *Lus.* Resmungar [GAS].

Tocar a capítulo Tratar de reunir os membros da mesma corporação [GAS].

Tocar a cavar Sinal para fugir [GAS].

Tocar a coisa Dar andamento ao negócio, ao caso etc.; levar algo adiante: "Preveni nossos amigos e fomos tocando a coisa" (Benedito Valadares, *Esperidião*) [TC].

Tocar a corneta *Bras., chulo.* Fazer sexo oral: "A bichona adora tocar a corneta" [JB].

Tocar a flauta lisa *Lus.* Masturbar-se (segundo registra Albino Lapa, *Dic. de calão*) [MSM].

Sin.: *bater punheta*

Var.: (NE) *tocar flauta*

Tocar a fogo (sic) **na freguesia dos ossos** *Lus.* Bater; espancar [GAS].

Var.: *ir à freguesia dos ossos, tocar a fogo na freguesia do espinhaço*

Tocar a furriéis *Lus.* Praticar o onanismo; masturbar-se [GAS/MSM].

Var.: (Bras., S, SP) *tocar o furriel*

Tocar a gaita Ver *encher a cara*

Tocar à lata *Lus., desp.* No futebol, diz-se de incitamento ao jogo violento: "Diz o técnico para os seus atletas: '– Não toquem à lata. Não aceitem provocações'" [GAS].

Tocar a mariquinhas *Bras., S, SP, chulo.* Masturbar-se [MSM].

Tocar a meta Chegar ao fim [FF].

Sin.: *tocar o termo*

Tocar ao beato *Lus.* Não ter onde ganhar dinheiro; estar desempregado [GAS].

Tocar ao bicho *Lus., chulo.* Masturbar-se [GAS].

Tocar a oco Soar mal, não produzindo o efeito esperado: "... como tocam a rachado e a oco estes palavrões, quando ouvidos a distância dos acontecimentos a que correspondem" (Ramalho Ortigão, *Últimas farpas*, cap. VI) [ECS].

Tocar ao ferrolho Bater a uma porta de residência; bater à porta de casa; convite a fazer visita: "Quando lá passar, toque ao ferrolho" [GAS].

Var.: *bater ao ferrolho*

Tocar a pavana Espancar; açoitar; bater; infligir castigo corporal [ABH/AN/GAS].

Tocar a quebrados *Lus., Univ. Coimbra.* Chegar ao momento decisivo, à ocasião certa [GAS].

Tocar a rachado Soar mal: "... como tocam a rachado e a oco todos esses palavrões, quando ouvidos a distância dos acontecimentos a que correspondem" (Ramalho Ortigão, *Últimas farpas*, cap. VI) [ECS].

Tocar a rebate 1. Anunciar perigo iminente: "Coube a dona Ester, mulher de Lupiscínio, competente em doenças e em medicinas, tocar a rebate: a febre se instalara em Tocaia Grande" (Jorge Amado, *Tocaia Grande*, p. 338). **2.** Fazer soar o sino para dar alarme; tocar o sino apressadamente para avisar de perigo [ABH/AC/GAS].

Var.: *dar rebate*

Tocar a reunir Beber com a boca na garrafa, diretamente do gargalo [GAS].

Sin.: *tocar a trombeta*

Tocar as raias Atingir o(s) limite(s) [ABH/AC/AN/FF/GAS].

Tocar a trombeta Ver *tocar a reunir*

Tocar a vez Surgir a oportunidade: "Tocava a vez da outra se amostrar" (Ribamar Galiza, *O povoado*) [AN/TC].
Var.: *chegar a vez*

Tocar bronha *Bras., NE, S, chulo*. Masturbar-se (o homem): "Agora pode ficar com ela, que eu não quero esse couro nem pra me tocar bronha" (Jorge Amado, *Jubiabá*, p. 202); "Dessa vez não contava a respeito de uma qualquer, fosse comborça corneando com ele o generoso protetor em quarto de castelo, fosse moça de família, sonsa e sagaz, tomando nas coxas, tocando-lhe bronha na porta do quintal" (Jorge Amado, *Tocaia Grande*, p. 105) [MSM/Net/TC].
Var.: *bater bronha*

Tocar clarineta *Bras., S, SP, chulo*. Praticar felação [MSM].

Tocar coió *Bras*. **1.** Emitir som com o sopro das mãos em concha (o coió). **2.** Alcovitar namoro; servir de cupido [TC].
Sin. (1): *tocar sericora*
Sin. (2): *tocar trombone* (2)

Tocar corneta *Lus*. Beber vinho diretamente do gargalo da garrafa [GAS].

Tocar da terra Expulsar: "O latifúndio toca da terra os descamisados" [Gl].

Tocar de ouvido Tocar certo instrumento, sem saber música ou sem olhar para a partitura [TC].

Tocar de sorte Acontecer; ser favorecido; chegar a vez: "Qual é o alimento do jumento? – Capim. E milho seco com sal quando toca de sorte" (César Coelho, *Striptease da cidade*) [TC].

Tocar em sorte Ser destinado pela sorte a (fazer algo, p. ex.) [GAS].

Tocar flautim de capa Ver *bater punheta*

Tocar fogo 1. Atear fogo. **2.** *Fig*. Atirar com arma de fogo: "... O chefe do batalhão / Gritou de arma na mão: / Toca-lhe fogo, negrada" (José Pacheco, *apud* Otacílio Batista, *Ria até cair de costa*, p. 92) [TGa].
Var. (1): *chegar fogo*
Var. (2): *abrir fogo*

Tocar fogo na binga *Bras., NE*. Precipitar um acontecimento; precipitar-se num acontecimento: "Esses bacharéis têm fome canina, e se eu mandar o Nogueira tocar fogo na binga, você fica de saco nas costas" (Graciliano Ramos, *São Bernardo*, p. 23) [ABH/AN/FN/LM/RG/TC].
Var.: *tocar fogo na canjica* (1)

Tocar fogo na canjica *Bras., NE, pop*. **1.** Precipitar um acontecimento; precipitar-se num acontecimento; começar e apressar um trabalho; apressar o casamento de namorados que se querem há bastante tempo. **2.** Animar-se; entusiasmar-se; incitação à folia, ao entusiasmo na festa, a um empreendimento: "Toca fogo na canjica! Aí, negrada!" (José Américo de Almeida, *A bagaceira*); "Digam quanto precisam e vamos tocar fogo na canjica!" (João Clímaco Bezerra, *Sol posto*) [ABH/AN/FN/FS/LM/MPa/RG/TC].
Var. (1): *tocar fogo na binga*

Tocar fogo no mundo Agitar: "Não vou tocar fogo no mundo, não quero ver o circo pegar fogo" [JB].
Sin.: *botar fogo no circo*

Tocar gaitinha *Bras., RS*. Roer a carne dos ossos, estando em um churrasco; dizia-se nos churrascos, quando alguém pega algum osso (especialmente costela de gado) com as mãos e começava a roer a carne grudada nele, para aproveitar: "Desculpe, vou tocar gaitinha." – Quando isso ocorre, em geral há uma concordância ativa dos demais, que dizem "A melhor carne é essa, a que tá grudada no osso", ou outra mit. qualquer [LAFa/LAFb].

Tocar (a/uma) gloriosa *Bras., NE, S, chulo*. Masturbar-se (o homem): "O guri sabe tocar uma gloriosa" [JB/MSM].
Var.: *ser da gloriosa*

Tocar gronha *Bras., NE, MA, chulo*. Masturbar-se [DVF/MSM].

Tocar guitarra com as unhas dos pés *Lus*. Exercer uma profissão com ignorância ou incompetência [GAS].

Tocar harpa *Lus*. Coçar-se [GAS].

Tocar (o) horror Expr. muito us. para designar ou relatar situações de confusão, de medo, de apreensão: "Quando o cara me disse que não ia pagar, aí tocou o horror" [LAF].
Var.: *bater (o) horror*

Tocar-lhe bem Diz-se do indivíduo que bebe muito vinho [GAS].

Tocar macareno Lus. Dizer mal de alguém ou de algo [GAS].

Tocar machimo Lus., Minho. Preferir o prazer da música ao dever do trabalho [GAS].

Tocar na chaga Ver *botar o dedo na ferida*

Tocar na coisa 1. Falar no assunto; referir-se a algo; falar a respeito. **2.** Mexer nas partes sexuais [GAS/Gl/TC].
Sin. (1): *tocar no caso*

Tocar na corda sensível Apelar ao sentimento; tocar no ponto fraco, na principal balda; falar de coisa que particularmente interessa a alguém, que impressiona alguém [AN/FF/GAS].

Tocar na sineta Bras., S, RJ. Praticar a pederastia passiva (Sylvio Abreu, *in* art.) [MSM].

≠ **Não tocar nem um fio de cabelo** Não causar a menor ofensa corporal [AN].

Tocar no assunto Referir-se a determinado fato ou assunto; ventilar ou discutir algo: "– Eles não gostam. Desde pequenos eles sabem que a gente fuma mas não gostam. E também nem tocam no assunto" (Ricardo Kelmer, *Baseado nisso*, p. 33) [AN].

Tocar no caso Ver *tocar na coisa* (1)

Tocar no ponto fraco Aludir a um defeito, a uma fraqueza de alguém [AN].

Tocar nos machinhos Pedir para andar mais depressa [GAS].

Tocar no vivo Tocar onde dói; tocar em assunto cuja alusão magoa [GAS].

Tocar o barco para a frente Ir enfrentando a vida, tratando seus negócios, dos seus problemas, em meio a vicissitudes e dificuldades: "Mas 'o pobre nasceu para sofrer' e 'o que não tem remédio remediado está'. Acompanhando esses preceitos da ignorante sabedoria popular, *seu* Augusto, no dia seguinte, tocava o barco para a frente, ia vivendo" (Miroel Silveira, *Bonecos de engonço*) [ABH].
Var.: *tocar o barco*

Tocar o bonde Maneira de mandar continuar; dar prosseguimento a; levar algo adiante: "Agora é tocar o bonde para a frente" (Fran Martins, *O Cruzeiro tem cinco pontas*) [AN/OB/TC].

Tocar o bonde pra lapinha Bras., BA. Ir em frente; continuar a vida [NL].

Tocar o búzio Avisar; chamar; solicitar; dispor de alguém: "– Já recomendei ao garçom cinquenta por cento de abatimento. Qualquer coisa, toquem o búzio..." (Narcélio Limaverde, *Senhoras e senhores...*, p. 79).

Tocar o cavalo Bras., S. Chicotear o cavalo durante o apronto para uma corrida, a fim de tirar-lhe o tempo [AJO].

Tocar o coração Conseguir comover [GAS].

Tocar o gado Conduzir o gado de um lugar para outro [AJO].

Tocar o hino Bras., gír., chulo. Fazer sexo oral: "O viadão (sic) foi surpreendido tocando o hino" [JB].

Tocar o pé no mundo Ir(-se) embora; fugir; retirar-se; escafeder-se: "Quando o rei já desaparecia com os velhos e mulheres pelos caminhos secretos, muitos negros tocaram o pé no mundo" (Luiz Galdino, *Saruê, Zambi!*, p. 33).
Var.: *arribar o pé no mundo*

Tocar o termo Ver *tocar a meta*

Tocar para Seguir certa direção: "Vou já tocando para casa..." [FS].

Tocar pela porta Diz-se quando as coisas nos dizem diretamente respeito [GAS].

Tocar pela rama Abordar o assunto superficialmente [GAS].

Tocar piano 1. Realizar tarefas penosas, como lavar roupa à mão, esfregar o chão etc. (trabalho geralmente feito por mulheres). **2.** Roubar; furtar. **3.** Tirar as impressões digitais: "O ladrão tocou piano na federal (sic)" [AN/GAS/JB].

Tocar por casa Dizer respeito; interessar [AN].

Tocar por cobertura *Desp.* **1.** Impulsionar a bola na tentativa de cobrir o goleiro momentaneamente fora da meta. **2.** Lançar pelo alto a companheiro, fazendo a bola ultrapassar um ou mais adversários [HM].

Var. (2): *dar por cobertura*

Tocar por sorte Ser bafejado pela ventura [GAS].

Tocar pro pau Obedecer; submeter-se [AN].

Tocar punheta *Bras., NE, S, chulo.* Masturbar-se (o homem): "Rosana Schiaffino, quando João Ubaldo já não tocava mais punheta" (legenda em foto, *Bundas*, 12/7/99, p. 12) [J&J/MSM].

Var.: *bater punheta*

Tocar rabeca/rabecão *Fig., pop.* Dizer mal de alguém (que não está presente) ou de alguma coisa [GAS/RG].

Var. (lus.): *afinar a rabeca*

Tocar realejo de cabo *Bras., NE, S, chulo.* Praticar minete; fazer, o homem, sexo oral na mulher [MSM].

Tocar safira Ver *bater punheta*

Tocar sericora *Bras., NE.* Emitir sons, soprando na concavidade das mãos unidas, em forma de concha: "Vou tocar siricora para assustá-los" (Ciro de Carvalho Leite, *Grito da terra*) [TC].

Sin.: *tocar coió* (1)

Tocar trombone 1. *Bras., chulo.* Fazer sexo oral: "A bichona gosta de tocar trombone." **2.** *Bras., CE, fam., irôn. joc.* Servir de alcoviteiro, de pau-de-cabeleira, a alguém; servir de cupido, de intermediário, ou medianeiro, entre namorados ou pessoas que se requestam; alcovitar namoro: "Agora tu vem pra me dar uma mãozinha, né? Mas quando queria namorar o Robinho da Territa me pedia era muito pra eu tocar trombone" (Leonardo Mota, *Sertão alegre*). [ABH/AN/FS/JB/PJC/TC].

Sin. (2): *tocar coió* (2)

Var. (2): *servir de trombone*

Tocar trombone de vara *Bras., NE, chulo.* Masturbar-se [MSM].

Tocar uma flauta *Bras., gír.* **1.** *Funk.* Ter conversa particular: "Precisamos tocar uma flauta, maninho." **2.** Fazer sexo oral: "O viadão (sic) adora tocar uma flauta" [JB].

Tocar um apito Exercer um ofício, um emprego; ter uma ocupação [AN].

Tocar umazinha Masturbar-se: "Vou tocar umazinha" [JB].

Tocar vários instrumentos Ter várias ocupações [GAS].

Tocar viola sem corda *Bras., SP, pop.* Dizer coisas disparatadas, sem nexo; dizer disparates; falar coisas sem sentido; falar à toa [ABH/AN/CLG/LM].

Tolher

Tolher o passo Impedir de andar, de caminhar [GAS].

Var.: *tomar o passo*

Tomar(-se)

Tomar a abrideira Ingerir, pela primeira vez no dia, qualquer bebida alcoólica; tomar a primeira cachaça ou cerveja do dia; tomar a primeira de uma série de muitas: "Vamos tomar a abrideira e brindar o sol com o copo" [CGP/FNa/JB/TGa].

Sin.: *bater o centro, matar o bicho* (2), *salgar o galo*

Tomar à boa paz Tomar a bem [GAS].

Tomar a corda *Desp.* Diz-se do atleta que vai para a parte interior da pista [GAS].

Tomar a dianteira Colocar-se à frente; avançar na frente; antecipar-se: "O cavalo tomava a dianteira, chegaria de rabo frocado" (Manuel de Oliveira Paiva, *Dona Guidinha do Poço*, p. 229); "Tomando a dianteira, / veloz como um trem, / gritou-lhe: –

'Meu bem, / que demora é essa? / Corra mais depressa, / que o diabo aí vem!'" (Patativa do Assaré, *Cordéis*, p. 108) [GAS/JB/TC].
Sin.: *tomar a frente*

Tomar a escala vista Tomar uma praça, um lugar apesar da defesa [ECS].

Tomar afeição Tomar amor [GAS].

Tomar a figura de Disfarçar-se em; assumir o aspecto de [FF].
Sin.: *tomar (a) forma de*

Tomar à força Tirar com violência [GAS].
Sin.: *tomar na marra*

Tomar a frente Antecipar-se: "Vou tomar a frente da parada, tá de rosca" [JB].
Sin.: *tomar a dianteira*

Tomar a garça no ar Praticar um ato de destreza, de galhardia; agir precipitadamente, sem maior exame: "Ouça-me o nobre deputado, e ficará sabendo o que ela vale. Não tome a garça no ar. Acompanhe, meditando, o meu raciocínio, e julgue-o, então, escusando apartes como esse" (Rui Barbosa, num discurso na Câmara do Império, respondendo a um aparte de Higino Silva, em 17/3/1879) [AN/RMJ].

Tomar água 1. *Mar.* Munir-se de água potável, para o abastecimento de um navio; abastecer-se, o navio, de água potável. **2.** Encher; diz-se dos rios e riachos que recebem água das chuvas: "O riacho já estava tomando água" (Ciro de Carvalho Leite, *Cacimba*) [ABH/TC].
Sin. (1): *fazer aguada*
Var. (2): *pegar água*

Tomar água em sua fonte Buscar a notícia ou doutrina no seu princípio [GAS].

Tomar à letra Interpretar literalmente, à risca, com toda a exatidão; compreender no sentido literal [AN/GAS].
Var.: *tomar ao pé da letra*

Tomar a liberdade de Não esperar por licença; fazer sem pedir autorização; não esperar por licença nem autorização, ao fazer algo: "... a grade estava aberta; tomei a liberdade de penetrar no jardim, apanhei o lenço, e corri a entregar-lho, quando já ela punha o pé na soleira de sua casa" (Bernardo Guimarães, *A escrava Isaura*, p. 59) [AN/GAS].
Sin.: *tomar a ousadia*

Tomar (a) altura Avaliar; calcular; sindicar; examinar um sítio qualquer; orientar-se; medir: "Eu irei, mas quero apenas tomar altura..." (Manuel de Oliveira Paiva, *Dona Guidinha do Poço*) [AN/TC].
Sin.: *tomar pé* (3)
Var.: *tomar as alturas*

Tomar alturas Diz-se das averiguações de um gatuno para estudo do local a roubar [GAS].

Tomar a mão Tomar a iniciativa; adiantar-se; adquirir confiança demasiada [GAS].

Tomar a mão a quem (lhe) dá o pé Tomar mais confiança do que a que lhe dão [AN/GAS].

Tomar ânimo Animar-se; resolver-se [FF].

Tomar a nuvem por Juno Considerar importante um fato de menor valia; enganar-se ou iludir-se com as aparências; cair num logro; formar falsas opiniões; laborar em falso propósito, ou pressuposto: "Além deste requisito elementar da probidade, pouco mais pede... uma crítica de atribuição senão muita paciência, (...) o preciso discernimento para não se tomar a nuvem por Juno, e a vigilância da autocrítica para impedir que a vontade influa na razão, e que o pensamento se compasse pelo desejo" (Afonso Pena Jr., *A arte de furtar e o seu autor*, I). – Alusão à fábula de Ixião, que, acolhido por Zeus no Olimpo depois do assassinato do sogro Deioneu, tentou seduzir Hera. Zeus então formou de nuvens um fantasma, com o qual Ixião teve relações na crença de achar-se com a rainha dos deuses [ABH/AC/AN/FF/FSB/GAS/RMJ].

Tomar a ousadia Ver *tomar a liberdade de*

Tomar a pagode 1. Ridicularizar: "Muita gente tomou a pagode e fez a pobrezinha marchar..." (Mário Landim, *Vaca preta e boi pintado*). **2.** Faltar com o devido respeito a autoridades ou a pessoas mais idosas [TC].

Var.: *levar a pagode*

Tomar (d)a palavra Começar a falar, a discursar: "E o comandante, voltado agora para ele, preparava-se para encerrar aquela entrevista com um 'muito bem, estamos entendidos...' – quando o outro de novo tomou a palavra" (Érico Veríssimo, *O prisioneiro*, p. 30); "Entramos, e o mais moço, também o mais desembaraçado, tomou a palavra e explicou ao que vinham: – Somos poetas e pensamos em publicar..." (Manuel Bandeira, *Quadrante 2*, p. 143) [AC/AN/GAS].

Tomar a peito Ligar interesse, boa vontade; interessar-se seriamente por; enfrentar decididamente, com entusiasmo; empenhar-se; tomar a iniciativa; tomar a sério; fazer diligências; empregar esforços para conseguir algo: "Se o gunverno (*sic*) não tomar o negócio a peito..." (Leonardo Mota, *Sertão alegre*) [ABH/AC/AN/ECS/FF/FSB/GAS/TC].

Var.: *levar/pôr a peito*

Tomar a peso Levantar no ar [AN].

Tomar ar 1. Respirar ar livre: "Aí o velho saiu um pouco, tomou ar" (José Lins do Rego, *Pedra Bonita*, p. 115). **2.** Dar um passeio para espairecer; passear; desanuviar; ir embora; sair [ABH/CA/GAS].

Tomar ares 1. Dar-se importância. **2.** Dar um passeio. **3.** Passar algum tempo na roça ou numa estação de águas [AN/GAS].

Tomar a riso Ridicularizar: "Gesticulava com aprumo de quem dá as suas irrefutáveis razões e consola, tomando a riso a dor alheia." (Camilo Castelo Branco, *Amor de perdição*) [ECS].

Var.: *meter a riso*

Tomar armas Preparar-se para combater; preparar-se para a guerra [AN].

Tomar a rol Anotar: "Na cidade mandou tomar a rol todo gênero de pobres" (fr. Luís de Sousa, *Vida do arcebispo*) [ECS].

Tomar a saideira Tomar a última cachaça ou cerveja do dia: "Vamos tomar a saideira, pois tenho gente me esperando em casa" [JB].

Tomar as dores de/por alguém Tomar parte na ofensa feita a alguém; assumir a defesa de alguém; tomar a defesa, assumir a responsabilidade: "O juiz, o dr. Samuel, tomara as dores do pobre homem e ia fazer processo" (José Lins do Rego, *Fogo morto*, p. 44) [AN/FF/TC].

Tomar a sério 1. Ligar importância a; dar importância a; dedicar-se a: "Sempre tomou a sério o trabalho." **2.** Melindrar-se por alguma coisa que não agrada; magoar-se com ato ou palavra de outrem; considerar coisa grave: "Tomou a sério as minhas brincadeiras e rompeu relações" [ABH/AN/GAS].

Var.: *levar a sério*

Tomar a seu cargo Encarregar-se [GAS].

Tomar à/de sovessa *Lus., Trás-os-Montes*. Embirrar com alguém [ECS/GAS].

Sin.: *tomar de ponta*

Tomar as palavras pela toada Tomar as palavras pelo som e não pelo seu significado [GAS].

Tomar as rédeas Assumir o governo, a direção, o mando: "Procurando ganhar a confiança e a amizade do Padre Cícero, ele decide tomar as rédeas da situação e termina o erguimento da capela" (Régis Lopes, *Padre Cícero*, p. 37) [AN/GAS].

Tomar as rédeas na mão Decidir a situação [CLG].

Tomar assento 1. Assentar-se; colocar-se: "... ninguém ia ter coragem de embaraçar um parente de Pernambuco Nogueira, em véspera de tomar assento em posto da governança: – Ninguém, que ninguém é doido" (José Cândido de Carvalho, *O coronel e o lobisomem*, p. 274); "Os noivos tomaram assento / no pavão de alumínio / e o monstro levantou-se, / foi ficando pequenino..." (João Melquíades Ferreira, *Romance do pavão misterioso*, p. 31). **2.** Tomar juízo [FF/GAS].

Tomar assento de gente Ter compostura; portar-se com bons modos; sentar-se como gente grande: "Ela ainda simulava: – Tome assento de gente... E riam todas num riso crasso e condescendente" (José Américo de Almeida, *A bagaceira*) [FN/TC].

Tomar assinatura com alguém *Bras., pop.* Importunar alguém frequentemente; não deixar alguém em paz; caçoar constantemente de alguém; implicar com alguém, não o deixando em paz, perseguir [ABH/AC/AN/FF/TC].

Tomar à sua conta 1. Criticar continuamente; procurar a toda hora importunar ou prejudicar. **2.** *Lus.* Encarregar-se de: "Tomou à sua conta executar o tormento que ainda me faltava..." (Camilo Castelo Branco, *A bruxa de Monte Córdova*, I, cap. 3) [AN/ECS].

Tomar aversão Odiar [GAS].

Tomar a vez Desempenhar as funções de quem está ausente [GAS].

Tomar banho cantando *Bras., PR.* Transar; fazer sexo: "Vou tomar banho cantando com aquela mina" [JB/*O Povo*, 31/3/96, p. 4B].

Tomar banho de assento Tomar meio banho; molhar-se apenas do abdome aos pés; banhar apenas a parte inferior do corpo [J&J]. ♦ Tipo de banho morno, bem esperto, que o médico costuma aconselhar aos que padecem de hemorroidas.

Tomar bênção a(os) cachorro(s) Nada valer hierarquicamente; não gozar da menor consideração; estar desprestigiado; mostrar-se descaído socialmente; achar-se em extrema pobreza, miséria ou humilhação; estar, andar em estado de completa miserabilidade; estar na penúria, desamparado: "Meu pai chegou aqui tomando bença a cachorro, chamando gato meu tio e já hoje não é rico, mas é arranjado..." (Leonardo Mota, *Violeiros do Norte*) [ABH/AN/FS/LM/RG]. – Às vezes, pode ocorrer "bença" em vez de "bênção".

Sin.: *chamar (a/o) gato meu tio*

Var.: *pedir a bênção aos cachorros, tomar a bênção ao(s) cachorro(s),* (NE) *tomar bênção a cachorro e chamar gato meu irmão*

Tomar bênção à madrinha *Bras., CE.* Afastar-se o recém-casado, por uns dias, do outro, com o objetivo de evitar certo esgotamento [RG].

Tomar bomba 1. Na escola, repetir de ano. **2.** *Bras., RJ, gír. da rap e rock.* Injetar anabolizante [= droga que faz aumentar a massa corpórea]; lançar mão de estimulante muscular com intenção de aumentar e definir a musculatura [MPa/Net].

Tomar (o) bonde errado *Bras., gír.* **1.** Enganar-se quanto ao resultado de negócio ou de aventura em cujo bom êxito se confiava muito; tomar uma coisa por outra; malograr-se, frustrar-se; falhar; errar: "Certo, tomei o bonde errado e vou me ferrar." **2.** Não conseguir realizar ou ultimar o plano desonesto; entrar onde não lhe compete; imiscuir-se em negócios que não são de seu conhecimento. **3.** Ser descoberto com segundas intenções [ABH/AN/JB/OB/TC].

Sin. (1): *errar de porta*

Var. (1): *pegar o bonde errado*

Tomar calor Entusiasmar-se [GAS].

Tomar calote Ser prejudicado: "Tomei um calote da bandidagem" [JB].

Tomar caminho Começar a proceder bem [AN/GAS].

Tomar chá *Bras.* Gracejar; pilheriar [ABH/AN].

Tomar chá de buraco *Bras., fig.* Morrer: "– Vamos mudar de assunto? – Vamos, antes que a gente tome chá de buraco" (Manuel Bandeira, *in* Miriam Maranhão & Gerusa Martins, *Pensar expressar e criar*, p. 125). – Expr. eufemística.

Tomar chá de cadeira 1. Esperar muito tempo para ser atendido; ficar esperando durante muito tempo, em vão. **2.** Não ser, uma moça, convidada para dançar nos bailes; ir, uma moça, ao baile e não dançar [ABH/AN/CLG/MPa].

Sin. (1) (2): *fazer renda*

Var. (1): *receber um chá de cadeira*

Tomar chá de casca de vaca *Bras., CE, S.* Ser surrado com chibatadas de couro curtido; levar uma surra [AJO/RG].

Tomar chá de pica *Bras., NE, chulo.* Remédio aconselhado às moças que ficam solteironas, na cura de seu nervoso, de sua histeria [MSM].

Tomar (um) chá de sumiço *Bras., pop.* Desaparecer do lugar que habitualmente costumava frequentar, sem dar notícia; deixar de frequentar determinado lugar regularmente; desaparecer; sumir-se; ausentar-se, sem avisar e sem dar notícias; ir embora sem deixar endereço: "Jasão: Não sou de esquecer, não tomo chá de sumiço" (Chico Buarque & Paulo Pontes, *Gota d'água*, p. 72); "... ainda mais que o marido, aquele sem-vergonha, tomou chá de sumiço, faz tempo" (Giselda Laporta Nicolelis, *No fundo dos teus olhos*, p. 42); "Quando percebeu que a polícia estava atrás dele, o sujeito tomou um chá de sumiço" (DT, *V série*, p. 164); "A babá Francisca Pereira dos Santos, de 20 anos, que residia no bairro de Fátima, em Fortaleza, tomou um chá de sumiço e a Polícia suspeita de que ela pode ter caído no golpe do 'descobridor de talentos'" (*Jornal da Rua*, 6/7/99, p. 10) [ABH/AC/AJO/AN/CLG/MPa/RG/TC].

Sin.: *sair de circulação*
Var.: *levar um chá de sumiço*

Tomar chegada *Bras., CE.* Aproximar-se dissimulada e cautelosamente, sorrateiramente; chegar à linha de frente; aproximar-se: "– Vá, seu Doutô, pode ir sem susto que eu lhe garanto que tão cedo eu não consinto outro Doutô tomar chegada no seu negóço" (Leonardo Mota, *No tempo de Lampião*, p. 20); "Mande o pessoal tomar chegada para um cafezinho" (Nertan Macedo, *Capitão Virgulino Ferreira: Lampião*) [AN/FN/FS/Gl/LM/TC].

Tomar cheta com alguém Ver *tomar confiança*

Tomar chicote Ser açoitado [TC].
Sin.: *entrar na chibata*
Var.: *entrar no chicote*

Tomar chumbo Ser visado com tiros: "Tantos passassem tomavam chumbo" (Cândido Carvalho Guerra, *Do calcinado agreste ao inferno verde*) [TC].
Var.: *comer chumbo* (1)

Tomar confiança Familiarizar-se; perder o respeito [AN/CA/GAS].
Sin.: (AL) *tomar cheta com alguém*

Tomar conselho Ouvir outra opinião [GAS].

Tomar (de) conta Assumir a responsabilidade; ter sob a sua responsabilidade; criar; educar; cuidar; olhar; encarregar-se de; vigiar; administrar: "Cada moça toma conta de uma criança de tenra idade durante sete dias" (Humberto de Campos, *Fragmentos de um diário*, p. 79); "Bonitão: Pode ir sem susto que eu ajudo a tomar conta de sua cruz..." (Dias Gomes, *O pagador de promessas*, p. 31); "Com a morte da mãe viúva o tio tomou conta do sobrinho"; "Se a mulher não tomasse conta, ia tudo de água abaixo"; "É para você tomar de conta da criança bem direitinho" [ABH/AN/FF/RG/TC].

Tomar conta de 1. Utilizar-se de; apossar-se de; apoderar-se de: "... ia chegando, para tomar conta das pedras onde batiam roupa" (Paulo Elpídio de Menezes, *O Crato de meu tempo*). **2.** Invadir; alastrar-se; espalhar-se; dominar: "Rosalena meneia a cabeça, muitas vezes, essa Doriquinha vai ver tem o capeta tomando conta dela" (Stela Maris Resende, *Atrás de todas as portas*, p. 84); "Os maribondos tomaram conta de mim, estão me matando" (Rachel de Queiroz, *Dora, Doralina*); "E de manhã um movimento estranho tomava conta da rua" (Fran Martins, *Estrela do pastor*); "Mas a ideia de loucura começava a tomar conta de mim" (José Lins do Rego, *Menino de engenho*). **3.** Fazer de outrem objeto de troças e motejos; ridicularizar alguém, impertinentemente [ABH/AN/FF/RG/TC].

Tomar couro/nos couros Apanhar; sofrer espancamento, açoite etc.: "Vai tomar couro e levar muita porrada" [JB].
Var.: *entrar no(s) couro(s)*

Tomar cria *Bras., CE.* Apresentar indícios de prenhez (diz-se de fêmea de animal, especialmente a vaca); emprenhar (diz-se da fêmea de qualquer animal) [AN/FS/RG/TC].

Tomar cuidado Casar-se [AN].

Tomar de assalto *Fig.* Capturar com rapidez; tomar à força: "... uma sanha de tinhoso me tomou de assalto assim que dei pela falta dela..." (Raduan Nassar, *Lavoura arcaica*, p. 116) [AC/FSB].
Var.: *levar de assalto*

Tomar delas frias Tomar bebida alcoólica, em quantidade (geralmente cerveja gelada) [TC].

Tomar dentro *Chulo.* **1.** Sofrer prejuízo; ser lesado. **2.** Ser pederasta passivo. **3.** Procurar o que fazer; expr. com que se tenta despachar, despedir ou livrar-se de alguém, pedindo-lhe que deixe de importunar, de aborrecer: "Vá tomar dentro e vê se me deixa em paz, seu viado (sic)" [ABH/GAS/JB/TC].
Var. (2): *levar dentro*

Tomar de ponta Embirrar com alguém; ter debaixo de olho outrem para prejudicar ou castigar na primeira infração; indispor-se; ter má vontade contra alguém [ABH/AN/GAS].
Sin.: *tomar à/de sovessa*
Var.: *trazer de ponta*

Tomar de rédeas Levar pela rédea: "O estribeiro seguiu seu caminho, levando de rédea o alazão..." (Almeida Garrett, *O arco de Santana*) [ECS].

Tomar destino Ir embora, sem destino [TC].

Tomar do meu mingau *Bras., NE, chulo.* Praticar sexo oral [MSM].

Tomar doril *Bras.* Sumir: "O cara tomou doril, nunca mais a gente viu" [JB]. ♦ Modo de falar cuja or. é o anúncio publicitário de um analgésico, que se popularizou bastante, à força da repetição, nos meios de comunicação de massa: "Tomou Doril, a dor sumiu."

Tomar embalagem Avançar; levar adiante; pegar impulso para a consecução do seu intento: "Quando preparava uma falseta contra alguém, tinha que ficar com raiva da pessoa para tomar embalagem" (Rachel de Queiroz, *Dora, Doralina*, p. 100).

Tomar embocadura *Lus., Univ. Coimbra.* Diz-se de estudante que toma gosto pelo estudo [GAS].

Tomar em consideração Ver *levar em conta*

Tomar em desconto Perdoar: "... legado que o séc. XXI me tomaria em desconto" (Camilo Castelo Branco, *Vingança*, cap. 21) [ECS].

Tomar estado 1. Casar-se: "E nas entrelinhas levantava suspeita de que o coronel Ponciano de Azevedo Furtado talvez fosse pedir a mão da dita moça para com ela tomar estado" (José Cândido de Carvalho, *O coronel e o lobisomem*, p. 234). **2.** Montar uma casa para morar; estabelecer um lar. **3.** Tomar uma profissão, um ofício. **4.** *Bras., S.* Ficar em boas condições. – Us. nesta última acepção especialmente com relação ao cavalo de corrida ou galo de rinha que se tornaram aptos para os respectivos esportes [ABH/GAS].
Var. (1): *mudar de estado*

Tomar ferro Perder; dar-se mal: "O cara tomou um ferro, deu-se" (sic) [JB].
Var.: *levar ferro* (1)

Tomar fôlego Aspirar o ar; descansar momentaneamente [TC].

Tomar (a) forma /ó/ **de** Ver *tomar a figura de*

Tomar fresco 1. Sair; passear: "– Boa noite, mestre Zé Amaro. Tomando fresco? – É verdade, estirando as pernas" (José Lins do Rego, *Fogo morto*, p. 52). **2.** Receber aragem [GAS/TC].
Var. (2): *tomar uma fresca*

Tomar gagau Perder; ter um final desastroso nos empreendimentos: "Meteu-se em cavalarias altas e tomou gagau" [LCCa].

Tomar gongo *Bras., RJ, gír.* **1.** Ser reprovado (numa avaliação, numa matéria etc.). **2.** Ser repreendido severamente [Net].
Var. (1): *levar gongo*

Tomar gosto 1. Depurar; destilar; curtir; ficar de bom sabor, suave ao paladar: "A aguardente que corria morna do alambique era depositada nos tonéis de cerejeira para tomar gosto" (José Lins do Rego, *Meus verdes anos*, p. 41). **2.** Degustar: "Os homens chegavam à destilação e com uma coité aparavam a bebida na fonte, tomando gosto: 'Está de primeira, Seu João'" (José Lins do Rego, *id.*).

Tomar gosto a alguma coisa Entusiasmar-se por alguma coisa; comprazer-se ou deleitar-se com alguma coisa: "André Cutait cresceu observando os movimentos do pai à frente do fogão e tomou gosto" (Lucinéia Nunes, *Gula*, n? 86, dez./1999, p. 57) [AN/FF/GAS].

Tomar (o) hábito Fazer votos, entrando para uma ordem religiosa; professar [ABH/AN/GAS].

Tomar intimidade Aproximar-se das pessoas com modos cativantes; ser sociável; fazer graça: "Contava histórias, anedotas, aplicava provérbios para tudo, e tinha um modo especial de ensinar ponto de bordado, de dar conselhos, de tomar intimidade, de curar doenças..." (Aníbal M. Machado, *João Ternura*, p. 42).

Tomar jeito Corrigir-se de defeitos; regenerar-se: "Cavalo quebra cabresto, leva chicote, mas acaba tomando jeito" (Jaime Sisnando, *Sertão bravio*) [TC].
Var.: *tomar jeito de gente*

Tomar lá, dar cá Oferecer valores em troca de favores escusos; propor troca ou negócio, na hora, com ambas as partes vendo logo o resultado; fazer pacto de utilidade mútua ou manter relação de reciprocidade: "... Mas é que já tou meio escaldado nesses transacionismos defuntícios. Só pago o restante com a mercadoria na mão. Contraentrega. Toma lá, dá cá" (Dias Gomes, *Sucupira, ame-a ou deixe-a*, pp. 23-4); "Zé: (...). Eu sei que tem muito caloteiro por aí. Mas comigo, não. É toma lá, dá cá" (Dias Gomes, *O pagador de promessas*, pp. 50-1) [RBA].

Tomar lenha Ver *levar sarrafo*

Tomar liberdade(s) Cortejar; cantar (para fins sexuais); paquerar: "Aí siá Mia, exibida, tomava liberdades que não tinha, de pôr a mão na minha mão" (Darcy Ribeiro, *O mulo*, p. 366) [GM].

Tomar louvado *Bras., SP*. Pedir a bênção [LM].

Tomar lugar Colocar-se; sentar-se: "No dia 23, restabelecido e pronto para outra, comprou um bilhete, segundo o seu costume, e tomou lugar no trem, ao lado do comendador Vidal..." (Arthur Azevedo, *Contos*, p. 144) [GAS].

Tomar mais um mate *Bras., RS*. Demorar-se na palestra [LM].

Tomar marido *Lus*. Casar-se [GAS].

Tomar (suas/as suas) medidas Acautelar-se; precaver-se; tomar precaução; medir qualquer coisa [FF/GAS].

Tomar muita tinta Fazer-se demasiadamente familiar [GAS].

Tomar muito calo *Lus*. Tomar muita confiança [GAS].

Tomar mulher *Lus., bras., NE, gír. do cangaço*. Casar-se (segundo Alcides Nicéas) [GAS/GS].

Tomar na boa *Desp*. Levar a melhor na briga pela bola, com classe e sem violência [HM].

Tomar na bunda *Bras., S, N, NE, chulo*. Submeter-se à cópula anal [MSM].

Tomar na chambica *Bras., CE*. Sofrer um fracasso; ter um prejuízo. – Chambica: ânus [RG].

Tomar na cuia 1. Ser vencido, derrotado; perder uma questão. **2.** Ter uma desilusão; sofrer uma ingratidão [AN].

Tomar na cuia dos quiabos *Bras., BA*. Ser enrolado por alguém; vacilar; bobear; passar por bobo [FN/FNa].
Sin.: *virar pirão*

Tomar na devida conta Ter muita consideração [GAS].

Tomar na mão grande Roubar: "Vamos tomar na mão grande e agir [JB].
Var.: *ganhar na mão grande*

Tomar(-se)

Tomar na marra Ver *tomar à força*

Tomar na peida Ver *tomar no cu*

Tomar nas costas *Desp.* Adiantar-se o goleiro, deixando a meta desguarnecida: "Já-já ele toma um nas costas" [HM].

Tomar nas mãos Encarregar-se de um serviço [GAS].

Tomar nas pregas Ver *tomar no cu*

Tomar na tarraqueta *Bras., PI.* Sofrer as consequências; dar-se mal: "Ele, Gilberto, enumera uma série de acontecimentos em que só o seu time é que toma na tarraqueta. E abre o bocão" (Deusdeth Nunes, col. Um Prego na Chuteira, in *O Dia*) [PJC].
Sin.: *tomar no cu*
Var.: *levar na tarraqueta*

Tomar no assento Ver *tomar no cu* (1)

Tomar no chicote *Bras., BA.* **1.** Dar-se mal (*sic*). **2.** Dar a traseira para alguém; submeter-se à cópula anal [Net].

Tomar no cu *Bras., NE, S, chulo.* **1.** Submeter-se à cópula anal. **2.** Sofrer as consequências [ABH/FNa/GM/JB/ LAFa/MSM/ PJC/RG].
Sin. (1) (2): (PI) *tomar na peida, tomar na tarraqueta*, (NE, S) *tomar nas pregas*, (PE) *tomar no oiti*, (PE) *tomar no quincas*
Sin. (1): (CE) *tomar no assento*
Var. (1): *dar o cu, tomar no cult*

Tomar no cult *Bras., gír., chulo.* Dar o ânus; submeter-se à cópula anal: "A bichona gosta de tomar no cult, mas isto é problema dela" [JB].
Var.: *tomar no cu* (1)

Tomar no oiti Ver *tomar no cu*

Tomar no olho da goiaba *Bras., NE, chulo.* Submeter-se à cópula anal: "– Ela tava rinchando de nóis. – Se eu tivesse visto, eu tinha mandado ela tomar no ôi da goiaba (*sic*)" (diálogo entre duas catadoras de papel, cada qual empurrando seu carrinho. O papo, ouvi-o ao longo de uma caminhada, no bairro de Álvaro Weyne, Fortaleza) [ABH/GM/JB/MSM].
Sin.: *dar o cu*
Var.: *tomar no olho da jatoba*

Tomar no olho da jatoba *Bras., NE, chulo.* Submeter-se à cópula anal – informa A. do Monte e Vale (RJ) [MSM].
Var.: *tomar no olho da goiaba*

Tomar no quincas Ver *tomar no cu*

Tomar no rabo *Chulo.* Submeter-se à cópula anal: "Outro exemplo: jamais escrever 'O jovem industrial e baitolo... tomando na b....a' mas sim 'O jovem industrial e wildeano Antoninho Vaduz de Souza foi surpreendido no vestiário do Itanhangá Golfe tomando no rabo'. Entenderam, seus bostas?" (*sic*) (Nataniel Jebão, *Bundas*, 12/7/99, p. 50) [GM/MSM/RG].
Var.: *dar o rabo*

Tomar nos canos *Bras., gír.* Injetar droga nas veias: "O cara é chegado a tomar nos canos" [JB].
Sin.: *tomar pico*

Tomar nos couros 1. Ser condenado: "Tomou nos couros vinte anos de cadeia." **2.** Enfrentar suplício moral, de consciência: "Vai tomar nos couros essa lição, pelo resto da vida" [TC].

Tomar o alto Ver *fazer-se ao mar*

Tomar o amarelo *Desp.* Receber cartão amarelo: "Tomou o amarelo no primeiro minuto do jogo" [HM].

Tomar o atrevimento Não esperar por licença ou autorização [AN].

Tomar o azimute *Náut.* Determinar, medir o azimute [ABH].

Tomar o bonde andando Entrar no assunto, no meio da conversa: "Acho que tomei o bonde andando" [JB].
Var.: *pegar o bonde andando*

Tomar o choro Diz-se de criança que está chorando muito e para, ficando por um bom tempo com a respiração presa [CGP].

Tomar o fôlego de alguém *Bras.* **1.** Adquirir ascendência sobre alguém; dominar alguém, moral ou fisicamente; desmoralizar alguém, impondo-se-lhe ao medo; subjugar; sobrepujar; vencer moralmente: "E, despeitado: – Já lhe tomou o fôlego. Anda muito senhora de si" (José Américo de Almeida, *A bagaceira*, p. 93); "Se desengane que a mim você não desfeita: fôlego de homem você não toma!" (Leonardo Mota, *Violeiros do Norte*). **2.** Ficar impedido de resistir [FS/Gl/LM/RG/TC].

Tomar o freio nos dentes *Ant.* **1.** Desbocar-se (a cavalgadura); diz-se da cavalgadura que não quer obedecer ao freio; desembestar e escapar a qualquer forma de controle; não obedecer ao freio: "Zangara-se, procedera como os cavalos mansos que tomam o freio nos dentes" (Graciliano Ramos, *Infância*, p. 87). **2.** *Fig.* Indisciplinar-se; exceder-se; desregrar-se; deixar-se arrebatar; deixar-se levar pelos ímpetos da paixão; descomedir-se; tornar-se desobediente, ou indisciplinado; rebelar-se; insubordinar-se; tomar decisões por conta própria; desmandar-se; perder a compostura: "E foi tomando imediatamente o freio nos dentes" (Sabino Campos, *Catimbó*). **3.** *Fig.* Entregar-se com disposição e entusiasmo a alguma atividade [ABH/AN/GAS/RMJ/TC].

Tomar o gosto Provar, saborear [AN].

Tomar o partido Mostrar-se a favor [GAS].

Tomar o passo a alguém Passar adiante de alguém; preceder em algum ato [AN].

Tomar o peso Avaliar experimentalmente o peso; sopesar [AN/GAS].

Tomar o pião na unha 1. *Lus.* Irritar-se aplicando a si uma alusão. **2.** *Bras.* Enfrentar situação difícil, caótica, desesperadora etc., com decisão e sentimento de responsabilidade: "Ele pode tomar o pião na unha e depois você se arrepende" (Gustavo Barroso, *Mississipe*) [ABH/CA/GAS/TC].

Sin. (2): *pegar o boi pelo(s) chifre(s)*

Tomar o ponto 1. Verificar os que estão presentes e os que faltaram. **2.** Arguir um aluno para verificar se tem a matéria estudada [AC].

Tomar o pulso 1. Aplicar o dedo na artéria radical para sentir as pulsações. **2.** *Bras., fig.* Sondar, pesquisar, experimentar os sentimentos, o ânimo, humor ou disposição de alguém; informar-se, com o fim de bem conhecer (situação, problema etc.); investigar cautelosamente [ABH/AN/GAS].

Tomar o recado na escada Fazer pouco-caso do que se lhe diz; não ouvir completamente [GAS].

Tomar o recado na ponta da rua Desarrazoar respondendo antes de ouvir o que se vem dizer [AN].

Var.: *tomar o recado no topo da escada*

Tomar os bentos Cerimônia da entrega dos bentos, por ocasião do ingresso na Irmandade de N. S. do Carmo [TC].

Tomar os fôlegos *Pop.* Convulsionar [J&J].

Var.: *tomar os fôrgo*

Tomar o vermelho *Desp.* Receber o cartão vermelho e sair expulso de campo [HM].

Tomar o véu Fazer-se freira; professar [AN/GAS].

Tomar pagode *Bras., BA.* Tomar intimidade; fazer graça [Net].

Tomar para 1. Ir na direção: "Tomar para o riacho..." (Manuel de Oliveira Paiva, *Dona Guidinha do Poço*). **2.** Escolher para (padrinho, compadre etc.). **3.** Ser dirigido a: "Eu tomava aqueles ditos para mim, contra mim" (Rachel de Queiroz, *Dora, Doralina*) [TC].

Tomar para entremês Ridicularizar; fazer alvo de zombaria [AN].

Tomar para o seu tabaco Receber uma lição, sofrer castigo por imprudência ou falta cometida (João Ribeiro, *Frases feitas*) [AN].

Var.: *apanhar para o (seu) tabaco* (1)

Tomar para palito Fazer objeto de zombaria, troça [AN].

Tomar para si Reservar para seu uso: "Os soldados, à custa de muita pranchada de sabre, restabeleceram a ordem e o anspeçada tomou para si a rede de 'varandas' de labirinto (*sic*)" (Gustavo Barroso, *Alma sertaneja*, p. 115) [GAS].

Tomar parte em Participar de; comparticipar de; ter participação em: "Só o Ba-

laio não tomara parte na luta indo de um canto a outro, empurrando, esbordoando, louco, as mãos na cabeça..." (Herman Lima, *Tigipió*, p. 88) [ABH/GAS].
Var.: *fazer parte de*

Tomar partido Assumir uma posição; decidir-se: "O Rio é a única cidade do Brasil onde paulista desencabula e mineiro toma partido" (Joel Silveira, *Bundas*, 12/6/00, p. 10); "Por que diabo o Governador tomava partido naquela disputa que somente a eles interessava, aos senhores da região?" (Jorge Amado, *Tocaia Grande*, p. 18); "Tomei partido. Já me defini" [GAS/JB].

Tomar partido de/por Advogar a causa de; ser favorável a [TC].

Tomar passaporte para o outro mundo Morrer [AN].

Tomar passe *Umb*. Receber das mãos dos médiuns em transe vibrações da entidade, que retiram do corpo da pessoa os males provocados por vibrações negativas, provenientes de feitiços, encostos, mau-olhado, castigo das entidades etc. [OGC].

Tomar paternidade Assumir, resolver algum problema [NL].

Tomar pé 1. Tocar com os pés o fundo da água; achar fundo (em mar, rio, lago etc.); mergulhar até tocar no fundo, com os pés: "O rio não é traiçoeiro, não tem nenhum porão onde não se possa tomar pé" (Francisco Fernandes do Nascimento, *Milagre na terra violenta*). 2. Firmar-se; fixar-se; enraizar-se. 3. Inteirar-se, assenhorar-se de um problema, uma situação, uma nova condição; compreender; ficar entendendo certo assunto, conversa etc.; sondar um negócio; orientar-se; firmar-se; tomar confiança; aperceber-se; saber o que está acontecendo; informar-se: "Quando [as cavaqueiras de Nazaré com o Dr. Liberato] têm pouco fundo e posso nelas tomar pé, agrada-me escutá-los, rio interiormente, na ilusão de que não sou ignorante de todo" (Graciliano Ramos, *Caetés*, p. 212); "Quando tomou pé, já estava na cama" (José Sarney, *O dono do mar*, p. 125); "Vou tomar pé da situação, depois a gente conversa"; "Antes de assumir a chefia, pediu alguns dias para tomar pé na situação" [ABH/AN/FSB/GAS/TC].
Sin. (3): *tomar (a) altura*
Var.: *procurar pé*

Tomar pelo atalho Escolher o meio de abreviar um negócio [AN].

Tomar pico *Bras., gír*. Picar-se com droga; injetar droga: "O cara é chegado a tomar pico" [JB].
Sin.: *tomar nos canos*

Tomar por 1. Julgar, considerar: "Talvez o tomassem por ladrão de galinha" (Fran Martins, *Dois de ouros*). 2. Seguir; ir em certa direção: "Ele tomou por este caminho" [GAS/TC].

Tomar por barato Adotar como melhor [FF].

Tomar por exemplo Copiar [GAS].

Tomar por ponto Fazer consistir nisso a sua honra; gloriar-se de algo [AC].

Tomar por testemunha Invocar o testemunho de [FF].

Tomar por uma errada Errar o caminho; desviar-se do rumo certo [TC].

Tomar posse Ser investido num cargo [GAS].

Tomar (um) prego Ver *encher a cara*

Tomar providência(s) Arranjar soluções; promover a resolução: "Então Seu Brandini resolveu tomar providência" (Rachel de Queiroz, *Dora, Doralina*, p. 89) [GAS].

Tomar raiva Encolerizar-se [NL/OB].

Tomar rumo 1. Pôr-se no rumo; dirigir-se para um lugar; navegar para um lugar. 2. Achar emprego ou ocupação; tomar uma direção na vida; ficar com juízo; endireitar [AN/GAS].

Tomar satisfação/satisfações Exigir contas a alguém: "Maria Regina é ruim de dar dó. Ao saber que o pai vai assumir a presidência da pequena marmoraria arrendada, a megera vai tomar satisfação com o maridão, Figueira (Kadu Moliterno), que passa mal" (*Jornal da Rua*, cad. JRTevê, 8/6/99, p. 1) [GAS].

Tomar-se da pingoleta *Lus.* Embriagar-se; embebedar-se: "– Esta escrivã não é má rapariga. Só tem o defeito de se tomar da pingoleta; pois, não há quem a ature. Tem uma boa tença, mas gasta tudo em vinho..." (Camilo Castelo Branco, *Amor de perdição*, p. 57).

Sin.: *encher a cara*

Tomar-se de amores Apaixonar-se; gostar muito de: "... na governança de nossa terra o eminente Justiniano de Serpa, que, antes de se tomar de amores pelas letras jurídicas e pela ciência da administração..." (Leonardo Mota, *Cabeças-chatas*, p. 183) [GAS].

Tomar-se de emoções Emocionar-se: "Lucy fez as operações recomendadas e tomou-se de emoções e curiosidade" (José Sarney, *Saraminda*, p. 24).

Tomar-se nos cascos *Bras., RS.* Levar a peito a situação; encorajar-se, decidir uma ação; enfrentar a adversidade que se apresentou [LAF].

Tomar sentido *Bras.* Ter cuidado; prestar atenção; considerar; refletir: "Tome sentido que eu não devo a vosmicê homenagem nenhuma" (Juarez Barroso, *Mundinha Panchico e o resto do pessoal*) [Gl/OB/TC].

Tomar sentido em 1. Fixar bem; olhar com cuidado. **2.** Prestar atenção em; ter cuidado com; tomar cautela com: "... Gritou, ainda, sem ver Pirunga: – Repare minha filha aí! Tome sentido nela! (...)" (José Américo de Almeida, *A bagaceira*) [FN/GAS/TC].

Sin. (2): *tomar tento*

Tomar sobre si Responsabilizar-se [GAS].

Tomar sopa com *Bras., BA, MG.* Tomar liberdade, confiança, com alguém [ABH].

Tomar sopa de papagaio Falar demais: "O Marquinho disse que o Miguel tomou sopa de papagaio, não para de falar" [JB].

Tomar sopa na cabeça de alguém Ser mais alto do que alguém [AN].

Tomar tema *Lus., Minho.* Fixar na memória; aprender algo [GAS].

Tomar (o) tempo a alguém Distrair alguém de suas ocupações; importunar ou entreter alguém com assuntos alheios ao mister que está desempenhando [AN/GAS].

Tomar tenência *Bras., NE, pop.* Observar ou examinar prudentemente, cautelosamente; ter prudência ou consciência; acautelar-se; calcular; enquadrar-se; assuntar; olhar; avaliar; prestar atenção; fazer planos; tomar tento de; tomar jeito: "Você deve tomar tenência pra não fazer besteira" (JB, p. 550); "É um possesso profissional, um domador circense, o Balalaô dos obalalás, o Alan Greensporro dos juriscorruptos que, após os passes e a purgação, tomam a bênção ao dono do terreiro e prometem tomar tenência, ou seja, fazer o que ele quer" (Aldir Blanc, *Bundas*, 5/7/99, p. 28). – Expr. de or. rural [ABH/FS/LM/PJC/RG/TC].

Tomar tenência na vida *Bras.* Tomar jeito; "consertar-se": "Veja se toma tenência na vida, rapaz!" [Net/NL].

Var.: (BA) *tomar tendência na vida*

Tomar tento Prestar toda a atenção; tomar cuidado: "– Desperdiçar dinheiro por Jussa, tu não toma tento!" (Jorge Amado, *Tocaia Grande*, p. 133) [ABH/AC/AJO/FF/GAS].

Sin.: *tomar sentido em* (2)

Tomar terra Ver *tomar tema*

Tomar terreno *Bras., CE.* Adiantar-se ou avançar, o boi, mais que o vaqueiro que o persegue, na carreira [RG].

Tomar toco *Bras., gír. dos lutadores* Sofrer recusa amorosa; ser recusado, preterido; receber um não: "Tomei um toco da neguinha, agora tô na pior" [JB/*Veja*, 24/9/97, p. 85].

Tomar todas Beber demais: "O balão apagado [= bêbado] tomou todas e foi roubado" [JB].

Var.: *tomar todas a que tinha direito*

Tomar uma(s) Beber (bebida alcoólica): "Moro de aluguel, ando de táxi por absoluta necessidade, tenho fogão a gás, geladeira, *freezer*, filtro de água na base do ozônio, televisão, videocassete, radiola a laser, quatro máquinas de escrever, fim de semana vou pro bar tomar uma como todo mundo" (Aírton Monte, *O Povo*, 22/6/99, p. 3B) [NL].
Sin.: *beber um trago*
Var.: *tomar umas e outras, tomar umas a mais*

Tomar uma barrigada Encher muito a barriga; comer ou beber a fartar: "Tomei uma barrigada de caldo de cana..." [FS].

Tomar uma bica *Bras., gír. dos skatistas.* Levar o fora de uma garota; sofrer uma recusa amorosa; receber um não: "Tomei uma bica da Mariana, mas depois vou falar com ela" [JB/*Veja*, 24/9/97, p. 88].

Tomar uma bicada Beber (bebida alcoólica): "Nas primeiras pancadas do inverno, os cabras deixavam o eito para tomar uma bicada na destilação" (José Lins do Rego, *Menino de engenho*, p. 81) [NL].
Sin.: *beber um trago*

Tomar uma birita Beber cachaça, pinga [BB].

Tomar uma bordoada Ver *tomar uma pregada*

Tomar uma cachimbada *Bras.* Beber um trago de cachimbo ("bebida preparada com cachaça e mel de abelha") [ABH/AN].
♦ No CE, tal bebida, com limão adicionado, é conhecida como "meladinha".

Tomar uma carraspana *Bras., PE.* Ficar bêbado; embriagar-se: "Voltou a procurar os amigos, começou a tomar suas carraspanas, a ir dançar no forró da lapinha" (Romeu de Carvalho, *Carro Doce*, p. 19) [BB].
Var.: *apanhar uma carraspana* (1)

Tomar uma carreira Ser enxotado [TC].

Tomar uma(s) chamada(s) Tomar certa dose de bebida alcoólica [TC].
Sin.: *tomar um aperitivo, tomar um gole*

Tomar uma fresca Pegar uma brisa; refrescar-se: "A calçada virou ponto de fuga da rotina, possibilidade de espairecer, tomar uma fresca, jogar conversa fora sem precisar sair de casa..." (Ethel de Paula, *O Povo*, 19/6/98, p. 1B) [PJC].
Var.: *tomar fresco* (2)

Tomar uma gelada *Bras., PE.* Tomar um raspa-raspa, uma raspadinha (raspas de gelo servidas com xarope de fruta) [BB].

Tomar uma gelada/umas geladinhas Tomar uma ou várias cervejas geladas [TC].

Tomar uma injeção de ânimo Revigorar-se; ficar otimista; voltar a ter sonhos, esperanças: "E, como sempre acontecia quando tomava uma injeção de ânimo, voltou a sonhar com uma viagem ao exterior, logo que terminasse a novela..." (Dias Gomes, *Apenas um subversivo*, p. 320).

Tomar uma jorna Ver *encher a cara*

Tomar uma lamborada Tomar uma dose mais avantajada de cachaça: "Acabavam de tomar uma lamborada da caninha que vinha do Carro Doce..." (Romeu de Carvalho, *Carro Doce*, p. 107).
Sin.: *tomar uma lapingonchada*

Tomar uma lapada Tomar uma dose de cachaça: "Antes passa ligeiro na casa do bagaço e ainda toma outra lapada da friinha, na cabaça de Charuto" (Romeu de Carvalho, *Carro Doce*, p. 20) [BB].

Tomar uma lapingonchada *Bras., CE.* Beber uma dose mais avantajada de cachaça: "Estava doido pra beber, tomei logo foi uma lapingonchada." – Esta expr., pela primeira vez, ouvi-a da boca de Pedro Aguiar Gomes, professor de português e advogado, nosso amigo, natural de Tianguá, CE. TC registra o termo "lapinguachada", como "forma burlesca de referir-se a um bom trago de bebida (como *lapada, talagada* etc.)". FS traz a grafia "lapinguaxada", significando "relhada", "lapada", tanto como pancada com relho ou lapa, como no sentido de gole de aguardente. ABH não faz referência ao termo, um típico regionalismo nordestino, ao que parece.
Sin.: *tomar uma lamborada*

Tomar um aperitivo Ver *tomar uma(s) chamada(s)*

Tomar(-se)

Tomar uma pregada Ser atingido: "O cidadão tomou uma pregada, não esperava ser demitido" [JB].
Sin.: *tomar uma bordoada*

Tomar umas e outras Beber pelos bares; tomar uma ou algumas garrafas de cerveja; embriagar-se por aí; bebericar: "Um outro fato interessante ocorreu com o Lobinho, ex-Rádio Iracema, um correspondente contador mas que, nas horas vagas, gostava de tomar umas e outras" (Narcélio Limaverde, *Senhoras e senhores...*, p. 22); "Em tempos outros que já vão longe, no mundo dos bichos, a onça certo dia resolveu tomar umas e outras no boteco do bode" (Mino, *Diário do Nordeste*, 1º/4/01, cad. 3, p. 8) [JB/TC].
Var.: *tomar uma(s)*

Tomar uma vaca *Bras., gír. dos skatistas.* Cair: "Tava tudo rolando legal quando levei uma vaca e me estabaquei" [JB/ *Veja*, 24/9/97, p. 88].

Tomar uma ximbreza Ver *encher a cara*

Tomar uma xumbrega Embriagar-se. – Usa-se tb. o v. "xumbregar-se" ou "xumbergar-se". A expr. vem do nome do famoso soldado da fortuna Friedrich Hermann von Schomberg, nascido em Heidelberg por volta de 1615 e que terminou a vida em 1690 como o duque de Schomberg, com assento na Câmara dos Lordes da Inglaterra, onde se naturalizou. Serviu como mercenário em vários exércitos, entre eles os da Suécia, Holanda e França. De 1660 a 1668 esteve em Lisboa, instruindo o exército port. Como era beberrão, "tomar uma carraspana" (q. v.) passou a ser "tomar uma Schomberg", por deturpação uma "xumbrega" [RMJ].
Sin.: *encher a cara*

Tomar um baile 1. *Bras., RS, desp.* Ser bem vencido; ser derrotado com uma grande diferença de gols. **2.** *Fig.* Passar vexame, constrangimento; diz-se de qualquer situação em que se perdeu por completo o controle das coisas, p. ex. quando um filho pequeno chora a noite toda e os pais "dançam". **3.** Perder o rumo [LAF].
Sin. (3): *bailar na curva* (1)
Var.: *levar um baile*

Tomar um banzai *Bras., gír.* Levar um fora; sofrer recusa amorosa; receber um não: "Tomei um banzai delazinha, agora perdi o rumo" [JB].

Tomar um boxe *Bras.* Apanhar: "O cara tomou um boxe, apanhou como boi ladrão" [JB].

Tomar um calisto Ver *beber um trago*

Tomar um chá de pique *Bras., BA.* Retirar-se; ir embora [NL].

Tomar um chá de simancol *Bras., gír.* Despertar, acordar (em sent. fig.); ver, perceber o que está acontecendo: "Tome um chá de simancol, malandro, que a coisa tá feia pro teu lado" [JB].

Tomar um gole Ver *tomar uma(s) chamada(s)*

Tomar um mé Beber bebida alcoólica: "Gosto de tomar um mé" [JB].

Tomar um oito *Bras., CE.* Ingerir certa quantidade de bebida alcoólica; embriagar-se; beber demais. – A expr. faz referência a 1/8 do conteúdo de um litro de aguardente [ABH/AN/FN/FNa/FS/LM/RG].
Sin.: *encher a cara*
Var.: *tomar um oito de cana*

Tomar um pau Apanhar: "O cara tomou um pau e saiu chorando" [JB].
Var.: *levar (um) pau*

Tomar um pé na bunda Ser mandado embora; ser dispensado [LAF].
Var.: *levar um pé na bunda, tomar um pé*

Tomar um pifão Ver *encher a cara*

Tomar um pileque *Bras., S.* Embriagar-se: "Bebia paisagens, músicas de Tom Jobim, versos de Mário Quintana. Tomou um pileque de Segall" (Carlos Drummond de Andrade, *Contos plausíveis*, p. 33) [AC/AN].
Var.: *meter-se em pileque*

Tomar um porre Embriagar-se; beber demais: "... e tomava lá o seu porrezinho

uma vez por outra" (Manuel de Oliveira Paiva, *A afilhada*) [JB/TC].
Sin.: *encher a cara*
Var.: *entrar/meter-se no porre*

Tomar um sal *Bras., gír.* Apanhar: "O cara tomou um sal porque assaltou favelado, da próxima vez..." [JB].

Tomar um tombo *Bras., RS.* Levar prejuízo em algum negócio [AJO].

Tomar um tufo *Bras., RS.* Dar-se mal; perder dinheiro num negócio; ter prejuízo. – Deve ter vindo do it., em que *tuffo* é "tombo", "baque" [AJO/LAFb, s. v. "TUFO"].

Tomar uns conhaques Tomar certa dose de bebida alcoólica (de qualquer bebida, não necessariamente conhaque) [TC].

Tomar (uma) vaca *Bras., gír. de surfistas.* Diz-se quando um surfista cai da prancha e toma um caldo: "O cara tomou uma vaca" [JB].

Tomar vergonha na cara Envergonhar-se; ser correto: "Toma vergonha na cara, malandro, não queira ser esperto demais" [JB].

Tomar voz por Defender a causa ou partido de [RF].

Tomar vulto Aumentar de volume, crescer; avultar-se, avolumar-se [GAS/OB].

Topar

≠ **Não topar** Não simpatizar com; não tolerar; não admitir; discordar de: "Quer dizer que eles não topam o negócio?" (João Clímaco Bezerra, *Sol posto*) [TC].

Topar a ideia Aprovar, concordar com a proposta; aceitar o convite: "Topas a ideia de irmos ao teatro?" [TC].

Topar a/uma parada Enfrentar; reagir; dispor-se à luta; aceitar um desafio; não fugir à responsabilidade: "Decidiu que agora era topar a parada" (Ribamar Galiza, *O povoado*) [AN/GAS/RG/TC].
Sin.: *não enjeitar (a) parada*

Topar barulho Enfrentar a briga, questão, encrenca: "O Carlão é de topar barulho, ele não abre nem pro trem" [TC].

Topar com Defrontar com; surpreender; encontrar-se com: "Andei até mei dia e topei cum home impanado..." (*sic*). – Uso rural [FS].
Sin.: *dar com*

Topar o boi Ver *topar (o) touro*

Topar qualquer parada Nada recusar; aceitar toda proposta, inclusive ilícita, qualquer convite, briga etc.: "Huck topava qualquer parada. Peter Pan preferia cair sobre o bando de surpresa, depois de segui-los, andando de costas" (Ana Maria Machado, *Amigos secretos*, p. 64).

Topar serviço Encontrar embaraço, à vista de forte competidor: "... valentão nas unhas dele / não dava mesmo pra nada. / Ele só topou serviço / foi com Maria Tampada" (Erotildes Miranda dos Santos, *O encontro de Chico Tampa com Maria Tampada*, folh. de cordel) [TC].

Topar toda parada 1. Aceitar qualquer proposta ou desafio. **2.** Dispor-se a enfrentar qualquer situação [TC].
Var. (2): *enfrentar toda parada*

Topar touro Perseguir, o cavalo, o touro bravio no mato [TC].

Topar (o) touro Enfrentar o touro com vara de ferrão ou à mão limpa, agarrando-o pelos chifres, subjugando-o; enfrentar o touro, procurando domá-lo: "Era a maneira habitual de enfrentar, testa-a-testa, topar o touro bravio" (Luís da Câmara Cascudo, *A vaquejada nordestina e sua origem*). – Ling. rural [FS/TC].
Sin.: *topar o boi*

Topar tudo Aceitar qualquer proposta; aceitar toda espécie de negócios, ocupações, encargos, aventuras etc.; achar-se disposto a enfrentar a situação: "... talvez umas voltas, procurando serviço. Estou topando tudo" (Gustavo Barroso, *Mississipe*); "Então vamos ver no que dá. Eu topo tudo" (José Carvalho, *O matuto cearense e o caboclo do Pará*) [AN/TC].

Torar

Torar (o maior) aço *Bras., NE.* Correr perigo, desesperado, angustiado, com medo, no maior sufoco: "Enquanto o avião balançava, todo mundo ficou lá, paradão, torando o maior aço do mundo" [FN, s. v. "TORANDO AÇO"]. ♦ Expr. comumente us. no modo gerundial: final em "-ndo".

Torar dentro Bras., PI. Complicar: "Ih, rapaz, agora torou dentro e escondeu a ponta" [PJC].

Torar na bala Matar a tiros: "... ou pega a cobra de mão / ou eu o toro na bala" (Joaquim Batista de Sena, *Os amores de Chiquinha e as bravuras de Apolinário*) [TC].
Var.: *meter bala* (1)

Torar prego Estar com medo: "Tô torando prego da minha mulher saber que eu fui pro forró com a negada" [MGa, p. 121].
Var.: *cortar prego*

Torar um aço Ver *cortar prego*

Torar um pino Bras., AL. Ficar preocupado com algo que já fez (ver Renato Oliveira, *Dic. alagoano*) [Net].

Torcer(-se)

Torcer a cara Mostrar má vontade: "Depois da revolução de outubro, tornou-se uma fera, exige devassas rigorosas e castigos para os que não usaram lenços vermelhos. Torceu-me a cara. E éramos amigos" (Graciliano Ramos, *São Bernardo*, pp. 7-8); "A comida que deixavam / Traziam pro capitão / Mas esse torcia a cara / E não lhes dava atenção" (Expedito Sebastião da Silva, *Trechos da vida completa de Lampião*, p. 22) [AN].

Torcer a(s) orelha(s) Arrepender-se de não ter feito o que podia fazer [ABH/AC/FF].

Torcer a orelha e não deitar sangue Estar arrependido; ter deixado passar a ocasião ideal; ser tarde demais; arrepender-se quando já não há remédio [ABH/AN/GAS].
Var.: *torcer a orelha e não pingar/sair sangue*

Torcer a orelha e não ver sangue Sofrer muito e não ser acudido nem encontrar como se sair das dificuldades [FS/LM].

Torcer as ventas Ver *torcer o nariz*

Torcer (o) caminho Mudar de rumo; desviar-se; esquivar-se: "Torcera caminho porque o odiava" (Fran Martins, *O amigo da infância*) [TC].

Torcer de banda Esquivar-se; mudar de rumo [TC].

Torcer o bico ao prego Mudar de opinião [GAS].

Torcer o focinho Ver *torcer o nariz*

Torcer o gasnate Ver *torcer o pescoço*

Torcer o nariz Rejeitar; recusar; duvidar de; não concordar com; repugnar; desaprovar; tornar-se indiferente; não gostar muito do que está vendo ou ouvindo, ou cheirando; mostrar desagrado; dar sinal de reprovação; revelar que não gostou; dar mostras de enfado, desagrado ou recusa: "Ela me olha invocada, torce o nariz e diz: – Doente coisa nenhum! Deixa de ser mentiroso" (Álvaro Cardoso Gomes, *Ladrões de tênis*, p. 8); "Disse que tia Cinira era a melhor cozinheira do mundo. Ela ficou toda contente, mas o tio Cenoura torceu o nariz e disse: – Gostosa está, mas no preço que anda o feijão nem vale mais a pena comer feijão" (Álvaro Cardoso Gomes, *A hora da luta*, p. 124); "'Leia com a maior atenção – religiosamente', disse Nelson. Bandeira ouviu aquilo e torceu o nariz. Uma peça que precisasse ser lida com tanta atenção, que diacho seria no palco?" (Ruy Castro, *O anjo pornográfico*, p. 159); "A moça, porém, estudava letras e além disso estava noiva de um executivo, de modo que torceu o nariz para os versos e despachou o mensageiro sem a graça de uma resposta" (Liberato Vieira da Cunha, *Um hóspede na sacada*, p. 91); "O majorengo, nas dúvidas, torceu o nariz, cabreiro. Havia mau cheiro ali" (João Antônio, *Sete vezes rua*, p. 7); "Torceu o nariz à comida que lhe serviram" [ABH/AN/CLG/FF/FSB/GAS/JB/MPa/TC].
Sin.: *torcer as ventas, torcer o focinho*

Torcer o pepino Dar educação; amansar; orientar [GAS].

Torcer o pescoço Matar por sufocação, por asfixia: "Tem-me dado vontade de tor-

cer o pescoço daquela galinha..." (Domingos Olímpio, *Luzia-Homem*, p. 79) [GAS].
Sin.: (lus.) *torcer o gasnate*

Torcer o rosto a 1. Voltar as costas a, fugir de (o inimigo). **2.** Mostrar-se desdenhoso em relação a: "... torceriam o rosto às divagações em torno da linhagem dos Ataídes, que lhes parecerão denunciadores de um gosto secreto pelas coisas da heráldica e genealogia, a que tanto se apegam os frívolos" (Ciro dos Anjos, *Abdias*) [ABH].
Var. (2): *virar o rosto*

Torcer os(as) negalhos(as) *Lus.* Contrariar, aberta ou ocultamente, os desejos ou propostas de outrem [GAS].

Torcer-se como um danado Estar enraivecido; espernear [GAS].

Torcer serviço Esquivar-se, fugir ao trabalho; trabalhar com lentidão, com desinteresse: "Nunca torceu serviço e tinha disposição para enfrentar o trabalho" (Artífio Bezerra da Cunha, *Memórias de um sertanejo*) [TC].

Tornar(-se)

Tornar a/em si Recuperar os sentidos; retemperar de um colapso, de um desmaio: "Por espaço de muito tempo não a pôde Clarimundo tornar em si" (João de Barros, *Vida do imperador Clarimundo*, 3º, cap. 27) [ECS/FF/GAS].
Var.: *vir/voltar a si, volver a/em si*

Tornar a vida amarga Causar desgostos, dissabores [AN].

Tornar mão *Lus.* Defender-se com mão armada; ferir [GAS].

Tornar-se saliente Fazer-se notar pelas maneiras pretensiosas como procede [GAS].

Torrar

Torrar a grana *Bras., gír.* Gastar todo o dinheiro: "O cara torrou a grana, ficou duro" [JB].

Torrar a paciência *Bras.* Aborrecer; irritar; impacientar; importunar; maçar; apoquentar: "Não vai querer torrar a paciência do papai aqui" [GAS/JB/LAFb/TC].
Sin.: *encher o saco* (1)
Var.: *amolar/massacrar a paciência*

Torrar o piçador *Bras., gír.* Cortar o pênis: "Torraram o piçador do tarado que queria vazar a neném" [JB].

Torrar o saco *Bras., chulo.* Chatear; irritar: "Quer fazer o favor de parar de torrar o saco dos outros?"; "Suas brincadeiras torram o saco da gente!" [ABH/GM/JB].
Var.: *encher o saco* (1)

Torrar um bagulho *Bras., gír.* Fumar maconha: "Vamos torrar um bagulho, mano, é bom puxar fumo" [JB].
Var.: *queimar um bagulho*

Torrar um gado *Bras., gír.* Nos presídios, diz-se quando um preso violenta outro: "O Marcão torrou um gado. O cara tinha estuprado uma garotinha" [JB].

Torvar

Torvar de susto *Lus.* Assustar-se; amedrontar-se [GAS].

Toscar

Toscar da marosca Conhecer bem o assunto; observar o que se passa [GAS].

Trabalhar

Trabalhar à direita *Umb.* Praticar somente o bem e anular a feitiçaria [OGC].

Trabalhar à esquerda Praticar a feitiçaria [OGC].

Trabalhar (de/no) alugado Não ter emprego certo ou fixo; trabalhar sem contrato permanente, percebendo soldo por tarefa ou dias esporádicos de trabalho: "Minha mãe sempre falava em deixar de trabalhar alugado" (José Pereira de Souza, *Adivinha quem vem*) [TC].

Trabalhar a seco Trabalhar sem direito a comida [GAS].

Trabalhar à unha 1. Trabalhar com as mãos, sem ferramenta. **2.** Trabalhar muito [GAS].

Trabalhar como uma besta Trabalhar em atividades muito pesadas; trabalhar muito [AN/GAS].
Sin.: *trabalhar como um burro*

Trabalhar como um burro Ver *trabalhar como uma besta*

Trabalhar como um cão deitado Mandriar [GAS].

Trabalhar como um escravo Ver *trabalhar como um mouro*

Trabalhar como um mouro Trabalhar muito e sem descanso; trabalhar muito, esforçadamente: "Eu trabalhei como um mouro durante vinte anos para aproveitar a vida quando me aposentasse, mas não é isso que está acontecendo" (Eduardo Jorge Caldas Pereira, *Veja*, 19/8/98, p. 41). – Reminiscência do tempo da reconquista da Península Ibérica no qual havia o regime de trabalho forçado para os mouros [AN/GAS/RMJ].
Sin.: *trabalhar como um escravo, trabalhar como um negro*

Trabalhar como um negro Empregar grandes e prolongados esforços; trabalhar muito (como o faziam os negros escravos) [ABH/AN].
Sin.: *trabalhar como um mouro*

Trabalhar com santo encostado *Umb*. Diz-se quando o médium não entra em transe total, ficando apenas em meio transe, com o santo "perto", mas não incorporado [OGC].

Trabalhar de meia Trabalhar na lavoura, de sociedade com outro [TC].

Trabalhar de sol a sol Trabalhar do nascer ao pôr do sol; trabalhar o dia inteiro sem descanso [AJO/GAS].

Trabalhar de sovaco Roubar e esconder os roubos debaixo do braço, no interior do casaco [GAS].

Trabalhar em todas as linhas *Umb*. Conhecer e poder realizar todos os rituais de umbanda [OGC].

Trabalhar na companhia do desvio Ver *ficar no desvio*

Trabalhar na estaca *Bras., RS*. Fazer que o cavalo trote ou galope em círculo, preso no maneador, para adelgaçar ou desaguachar [AJO].

Trabalhar na forquilha *Bras., gír*. Ser punguista (batedor de carteira, trombadinha) [ABH].

Trabalhar na macumba Praticar a umbanda na qualidade de médium. – Termo us. pelos médiuns de alguns terreiros de umb. pop., empregando-o no mesmo sentido genérico que os leigos [OGC].

Trabalhar nas gáveas Furtar nas gavetas dos estabelecimentos [GAS].

Trabalhar na ventana *Bras., gír*. Ser ventanista (ladrão que invade a casa saltando a janela) [ABH]. ♦ *Ventana*, em esp., é "janela".

Trabalhar no arame Conduzir-se habilmente em missão difícil; ter um negócio arriscado [GAS].

Trabalhar no pesado Fazer trabalhos pesados: "Com essa perna cotó, não posso trabalhar no pesado" (José Potiguara, *Terra caída*) [TC].
Var.: *pegar no pesado*

Trabalhar no pisa *Bras., gír*. Roubar em lojas [ABH].

Trabalhar no santo *Umb*. Ser médium em um terreiro, "receber" as entidades [OGC].

Trabalhar no tope *Lus*. Procurar onde se possa furtar; andar em busca de produto para roubar [GAS].

Trabalhar para a galeria Trabalhar apenas para que os outros vejam [GAS].

Trabalhar para aquecer *Lus*. Trabalhar sem obter recompensa [GAS].
Sin.: *trabalhar pro boneco*

Trabalhar para o/pro bispo *Lus., ant*. Trabalhar sem obter a devida recompensa; não tirar proveito do que faz; perder o tempo; trabalhar sem lucro, glória ou proveito; trabalhar de graça, inutilmente; fazer esforço sem consequência útil; realizar tarefa gratuita, encargo sem retribuição: "Vá trabalhar para o bispo, talvez, quem sabe, seja melhor." – José Maria Adrião, *Rev. Lus.*,

XXIX, p. 128, julga que a expr. pode aludir ao costume que tinham os bispos de saldar suas contas com bênçãos e indulgências. **2.** Diz-se de trabalho fácil, sem nenhuma dificuldade, uma moleza [AN/FF/GAS/JB/LCCa/LM/MPa/RMJ].

Trabalhar para o mal Usar a feitiçaria, a magia negra, buscando o mal para alguém [OGC].

Trabalhar pro boneco Ver *trabalhar para aquecer*

Trabalhar pros outros Diz-se do homem cuja prole é só de mulheres [TG].

Tramar

Tramar a jogada *Desp.* Coordenar, armar, definir determinado lance [HM].

Trancar(-se)

Trancar o bico Nada falar: "Ele trancou o bico porque adivinhou bem a intenção" (Luiz Galdino, *Saruê, Zambi!*, p. 35).
Var.: *calar o bico*

Trançar

Trançar as pernas Perambular: "Tanto rapazola na rua, trançando as pernas e eu com falta de um na oficina" (Jáder de Carvalho, *Aldeota*) [TC].
Var.: *entrançar perna(s)*

Transar

Transar pela frente *Chulo.* Praticar o sexo vaginal: "Miss Jones transa um pela frente e outro pela retaguarda" (Henfil, *Diário de um cucaracha*) [MSM].

Transar pela retaguarda *Chulo.* Praticar sexo anal: "Não tenho nenhum preconceito. Transo pela retaguarda numa boa – disse Catherine, oferecendo a bunda" (Márcio Galvão, *A devassa*) [MSM].

Transbordar

Transbordar a taça Chegar ao cúmulo, ao máximo (da paciência, da dor, do sofrimento moral etc.) [GAS].

Tratar(-se)

Tratar a fundo Tratar um assunto em profundidade, até à raiz [GAS].

Tratar alguém de potência a potência Tratar alguém, falar com alguém em pé de igualdade [AN/GAS].
Var.: *tratar de igual para igual*

Tratar a pão e água Castigar com o maior rigor, dando o mínimo necessário: "Pelo menos, por enquanto, o Campeonato Cearense está sendo tratado a pão e água, em razão do sucesso financeiro e de público do Nordestão" (Alan Neto, *O Povo*, cad. Esportes, 8/3/01, p. 20) [AN/CLG].

Tratar à vela de libra Tratar excelentemente; regalar; banquetear: "Que é que você está dizendo a mim, que o tratei à vela de libra?" (Jáder de Carvalho, *Aldeota*). – Vela que custasse uma libra (ant. moeda port.) devia ser muito boa, daí a expr. [ABH/AN/TC].

Tratar bem a bola *Desp.* Jogar com técnica e sem violência [HM].

Tratar com dureza Tratar com disciplina rigorosa, com inflexibilidade [GAS].

Tratar com luva de pelica Tratar com muita delicadeza [GAS].

Tratar como não se trata um cachorro Tratar muito mal [AN].

Tratar como (a) um cão Dar muito maus-tratos; tratar mal (por palavras, por falta de alimentos) [AN/CLG/GAS].

Tratar da vida Prostituir-se: "Joana saiu de casa e foi tratar da vida, você soube?" [FNa].
Var.: *andar na vida*

Tratar de Diligenciar, esforçar-se por [FF].

Tratar de alto Tratar com arrogância [GAS].

Tratar de cachorro para baixo Dizer os piores xingamentos [AN].

Tratar de igual para igual Ver *tratar alguém de potência a potência*

Tratar de resto Desprezar, pospor; não fazer caso de; tratar com desdém [ABH/ECS/GAS].

Tratar friamente Tratar sem cordialidade, sem sinal de simpatia [GAS].

Tratar-lhe da saúde Bater-lhe; dar-lhe uma sova [GAS].

Tratar nas palmas das mãos Demonstrar especial atenção, com muitos agrados e obséquios; tratar com muito carinho, com todo o cuidado; paparicar [ABH/AC/AN/FF/GAS/TC].
Sin.: *trazer nas palminhas*
Var.: *trazer na(s) palma(s) das mãos*

Tratar por cima da burra Ver *olhar por cima do ombro*

Tratar por tu Ver *ser tu cá, tu lá com alguém*

Tratar-se à grande Ver *tratar-se à lei da nobreza*

Tratar-se à lei da nobreza Lus. Viver suntuosamente; gastar com fartura e só querer o melhor: "Aquele juiz infrator trata-se à lei da nobreza" [AJO/ECS/GAS].
Sin.: (lus.) *tratar-se à grande*, (lus.) *viver à grande e à francesa, viver à larga*

Travar(-se)

Travar as quatro rodas Bras., gír. Parar: "Travei as quatro rodas, bem. Agora nem penso mais, deixo tudo andar sozinho" [JB].

Travar de soquete Lus. Travar de repente, subitamente [GAS].

Travar o passo 1. Impedir a passagem. **2.** Andar a passo miúdo e apertado (falando dos animais) [FF/GAS].

Travar os canecos Bras., gír. Beber demais: "O pinguço travou os canecos e tomou todas que tinha direito" [JB].

Travar relações Entabular conversa; iniciar um relacionamento [GAS].

Travar-se de razões com alguém Armar questões, criar conflito, altercar com alguém; questionar com calor [AN/FF/GAS].

Trazer

Trazer à baila/balha Trazer ao plano da discussão; surgir na conversa; alegar ou citar a propósito; mencionar, lembrar oportunidade; tornar patente; mostrar; falar sobre: "Era sabido que Dona Ana trazia à balha a sua vida na cidade" (Castro Soromenho, *Terra morta*). – Baila era uma velha dança pop. port., executada nos terreiros [ABH/AN/CPL/ECS/GAS/RMJ].
Sin.: *trazer à dança, trazer a lume, vir à colação*
Var.: *vir à baila/balha*

Trazer a campo 1. Trazer à discussão. **2.** Alardear [GAS].

Trazer a catrapó(s) Lus. Trazer às costas, às cavalitas; trazer uma criança nos ombros, de cavalinho, às cavalitas [ECS/GAS].
♦ ECS grafa "catrapó". Tanto em Portugal quanto no Brasil, no entanto, encontra-se o termo "catrapós", i. e., "cavalo, voz imitativa do galopar do cavalo". Ver GAS e ABH.
Var.: *trazer a catrapo*

Trazer à dança Ver *trazer à baila/balha*

Trazer a furo Falar sobre: "... Piscando o olho, trouxe a furo o desejo de ela tomar estado..." (José Cândido de Carvalho, *O coronel e o lobisomem*) [ECS].
Var.: *vir a furo* (2)

Trazer água no bico Ter motivo suspeito, disfarçado; ter segunda intenção; ter sentido encoberto, intenção reservada, oculta ou dissimulada; ter intenções reservadas, propósitos ocultos; diz-se de coisas suspeitas, combinações de interesses ou coações contrárias à lei e à moral: "Voltando, porém, ao último júri de uxoricídio, eu notei que os jornais pouco falaram na defesa do sr. Evaristo de Morais, a não ser para dizer que ele se alegrava de ver o réu cercado, ali, de muitos camaradas. Isto traz água no bico; mas quero crer que o júri decidiu com completa liberdade de ação" (Lima Barreto, *Bagatelas*, falando de um júri em que um oficial de Marinha era acusado de homicídio) [ABH/AN/GAS/RMJ].
Var.: *levar água no bico*

Trazer alguém atravessado na garganta Não "engolir" alguém; não suportar alguém [AN].

Trazer alguém entre dentes Ter má vontade para com alguém [FF].

Trazer a lume Ver *trazer à baila/balha*

Trazer à mão Domesticar; amansar [GAS].

Trazer a marca da fábrica 1. Ser muito parecido com o pai ou com a mãe. **2.** Revelar quem fez [AN].

Trazer à memória Lembrar; relembrar; recordar [FF/GAS].
Var.: *vir à memória*

Trazer a morte diante dos olhos Estar continuamente em grande risco [GAS].

Trazer ao colo Ver *andar com alguém no colo*

Trazer ao/no estricote *Lus.* **1.** Escarnecer; zombar: "Trá-lo o amor ao estricote, / Coisa má e coisa feia, / E, até encher um pipote, / Aqui chorou D. Quixote / Ausência de Dulcineia / De Taboso" (Aquilino Ribeiro, *Dom Quixote de la Mancha*, I). **2.** Iludir com promessas [ECS/GAS]. ♦ "Estricote", em GAS, quer dizer "confusão, mistura, logro".
Var.: *trazer ao estrigote*

Trazer ao rego *Lus.* Levar ao bom caminho: "A melhor maneira de o desfincar e trazê-lo ao rego seria levá-lo a bem e não magoar" (Manuel Ribeiro, *Planície heroica*) [ECS].

Trazer a pelo Trazer à presença [GAS].
Sin.: (lus.) *trazer a terreiro*

Trazer a reboque Ver *trazer à sirga*

Trazer às costas 1. Dar toda a proteção, todo o carinho; cuidar muito de; amparar. **2.** Tratar dos negócios gratuitamente [ABH/AN/GAS].
Sin. (1): *andar com alguém no colo*

Trazer à sirga Arrastar atrás de si. – Alusão ao modo como ant. se faziam deslocar embarcações puxadas por cordas, nas margens dos rios [GAS].
Sin.: *trazer a reboque*

Trazer a talhe de conversa Falar sobre: "... tudo lhe servindo de pretexto, ainda que sem propósito nenhum, para trazê-la a talhe de conversa..." (Aquilino Ribeiro, *Dom Quixote de la Mancha*) [ECS].

Trazer a terreiro Ver *trazer a pelo*

Trazer consigo Trazer na sua companhia [GAS].

Trazer debaixo de vara Trazer obrigado pela justiça pública, por ordem do juiz [AN].

Trazer de cabo curto Não deixar com muita liberdade [AN].

Trazer de canto chorado *Bras.* Atormentar sem dar uma folga; não dar folga a alguém: "– Ela não engorda é de ruindade. Me traz de canto chorado, com as suas ciumadas..." (Ciro dos Anjos, *Montanha*) [ABH/AJO/AN/FF].

Trazer (debaixo) de olho Espreitar alguém ou algo, por cautela ou prevenção; estar de prevenção ou de vigilância; vigiar; manter em observação; observar atentamente [ABH/FF/GAS].
Sin.: *trazer os olhos em*

Trazer de olhos Observar, fiscalizar, tomar nota para se apoderar na primeira ocasião [AN].

Trazer de renda Ser inquilino de, alugar [GAS].

Trazer em si Conter: "Por muito delicada que seja e traga em si o ressaibo raro dos poetas do Lácio..." (Aquilino Ribeiro, *Portugueses das Sete Partidas*) [ECS].

Trazer entre dentes *Lus.* Dispor-se para fazer mal; planejar desforra [GAS].

Trazer exemplos Aduzir fatos para esclarecer ou demonstrar um assunto [AN].

Trazer força *Lus., Ericeira.* Diz-se do mar quando embravece [GAS].

≠ **Não trazer letreiro** Diz-se de bala que acerta quem estiver no trajeto [AN].

≠ **Não trazer letreiro na testa** Diz-se de patife que parece gente honesta [AN].

Trazer luto nas unhas Estar com as unhas sujas [AN].

Trazer na cabeça Ter em mente, na memória [GAS].

Trazer nas palmilhas Ver *trazer nas palminhas*

Trazer nas palminhas Proporcionar todas as comodidades, atenções e mimos; tratar muito bem; tratar com carinho e desvelo; trazer com todo o carinho, com todo o cuidado: "O Mariano e as duas velhas traziam nas palminhas a pequena" (J. Simões Lopes Neto, *Contos gauchescos*) [ABH/ECS/FSB/GAS].
Sin.: *tratar nas palmas das mãos, trazer nas palmilhas, trazer nas pontinhas*
Var.: *tratar nas palminhas*

Trazer nas pontinhas Ver *trazer nas palminhas*

Trazer no bolso do colete Impor a resolução própria (quanto a soluções, nomes etc.), sem opiniões alheias [AN].

Trazer no peito Ter no íntimo [FF].

Trazer no regaço Tratar com carinho e desvelo, como filho dileto [AN].

Trazer no sentido 1. Não esquecer. **2.** Ter intenção a respeito de [GAS].

Trazer numa roda-viva Ver *trazer num cortado*

Trazer num cortado Perseguir sem cessar; perseguir miúda e iterativamente: "O governador traz os servidores num cortado" [AC/AN].
Sin.: *trazer numa roda-viva*

Trazer o aganho *Lus.* Alugar [GAS].

Trazer o anel de Giges Gozar do poder de tornar-se invisível. — Giges foi um rei da Lídia. Sua lenda é constatada por Platão no segundo livro da *República* [AN].

Trazer o diabo no corpo 1. Ter colapsos nos sentidos; ter que ser exorcizado. **2.** Andar em grande excitação; ser travesso; provocar distúrbio, desordem [GAS].
Var. (2): *trazer o diabo no ventre*

Trazer os cabelos ao desdém *Lus.* **1.** Não suportar gente. **2.** Andar com os cabelos soltos, não sujeito(s) por pente, grinalda, coifa, não trançados, nem compostos com arte (ver Morais Silva, *Grande dic.*, s. v. "AO DESDÉM") [ECS/GAS].

Trazer os olhos em Ver *ter (debaixo) de olho*

Trazer pela orelha Castigar; dominar; governar alguém; fazer de alguém o que quer [AN/GAS].

Trazer pelo beiço/beicinho Governar alguém; fazer de alguém o que quiser; submeter sem resistência; constranger docemente; conduzir à sujeição; dominar amorosamente; ter influência em; ser amado apaixonadamente por; prender alguém por amor ou sujeição dos sentidos. — A expr. se origina do fato de os soberanos da Assíria, Babilônia e Egito furarem o lábio dos prisioneiros reduzidos à escravidão [ABH/AN/GAS/LCCa].
Var.: *levar pelo beiço, trazer preso pelo beiço*

Trazer pelo cabresto Dominar [AN].

Trazer pelo freio Ter sujeito; manter alguém ou algo sob controle, com submissão [AJO/AN].

Trazer também sua pedrinha Apresentar sua modesta contribuição [AN].

Trazer um ramo de oliveira Ser portador de uma proposta de paz; realizar uma interferência amistosa e pacificadora. — Oliveira: ant. símbolo de paz [RMJ].

Tremer

Tremer a perna/perninha Ver *afrouxar o garrão* (3)

Tremer como folha de catolé babão *Bras., NE.* Tremer muito [LM]. — Símile ou comparação de procedência rural.

Tremer como uma folha Tremer de medo ou de frio [GAS].

Tremer como vara(s) verde(s) 1. Ter medo que faça estremecer, como tremem os ramos das árvores, agitadas pelos ventos; tremer demasiadamente; tremer de medo; ter crise de medo ou pavor; estar com muito medo, aterrorizado: "O pobre de seu Edgar haveria de tremer como vara verde

na frente do velho" (João Clímaco Bezerra, *Não há estrelas no céu*, p. 167); "O fato é que ele tremia como vara verde" (Jáder de Carvalho, *Aldeota*). **2.** Tiritar de frio [AN/CLG/FF/GAS/TC].
Var.: *tremer que nem/que só vara verde*

Tremer de raiva Exasperar-se odiosamente; exteriorizar raiva [GAS].

Tremer-lhe a bandarrinha *Lus., Trás-os-Montes.* Estar muito assustado [GAS].

Tremer-lhe a passarinha *Lus.* Diz-se de mulher assustada [GAS].

Tremer mais do que vara verde Ter medo ou calafrio em excesso [CGP].

Tremer na base *Bras., RS.* Estremecer; Ter medo de algo ou alguém: "Tremeu na base quando soube o que aconteceu" [JB/LAF]. – Tem sentido igual ao de *tremer a perna/perninha*, mas aqui insinuando que a tremedeira de medo começa mais embaixo.
Sin.: *afrouxar o garrão* (3)

Tremer nas bases Ver *bater a passarinha a alguém*

Tremer o queixo Circunstância que se dá por efeito de frio, febre, ira, desgosto ou comoção [GAS].

Tremer que nem/que só vara verde Tremer muito, de medo, frio etc.: "O cara tremia que nem vara verde, diante do bandido" [JB/TC].
Var.: *tremer como vara(s) verde(s)*

Trepar(-se)

≠ **Não trepar e nem sair de cima** *Chulo.* Não resolver; não fazer nada: "O cara não trepa e nem sai de cima, é um bunda-mole" [JB].
Var.: *não foder e não sair de cima*

Trepar no cangote 1. Dominar; exercer domínio; sobrepujar; deprimir ou subjugar alguém; submeter à sua vontade ou ao seu capricho. **2.** Viver às expensas de [AN/GAS/RG/TC].
Sin. (1): *botar o pé no pescoço*
Var. (1): *montar no cangote*

Trepar nos tamancos em cima de Fazer carga, pressão sobre; criticar publicamente; atacar a honradez de alguém: "Não devia deixar o Melo de *O Estado* trepar nos tamancos em cima dos barões" (José Cândido de Carvalho, *Olha para o céu, Frederico!*, p. 6).

Trepar-se nas tamancas/tamanquinhas *Bras., RJ, gír.* Exasperar-se, irritar-se; ficar zangado [ABH/AN].
Var.: *pôr-se nas suas tamancas/tamanquinhas* (2), *trepar-se nos tamancos*

Trilhar

Trilhar caminho *Lus.* Fazer caminho (no sent. próprio); ir por determinado caminho [GAS].
Sin.: *trilhar vereda*

Trilhar vereda Ver *trilhar caminho*

Trincar

Trincar a sedela *Lus.* Cortar, o peixe, a linha da pesca [GAS].

Trincar a sedela a alguém *Lus.* Enganar, lograr alguém; frustrar as esperanças de alguém [GAS].

Trincar a vela *Bras., gír. metaleiros.* Ficar bêbado: "Trinquei a vela, enchi a moringa e fiquei bebum" [JB/*Veja*, 24/9/97, p. 87].

Trincar e piar *Lus.* Comer e beber [GAS].

Trincar nos dentes Cortar com os dentes [TC].

Troar

≠ **O pau troar** Haver confusão, disputa: "O pau vai troar na briga dos partidos por mais espaço no governo" [JB].
Var.: *comer o pau/o pau comer*

Trocar

Trocar as bolas Dizer ou fazer alguma coisa em lugar de outra (à maneira do jogador de bilhar que, por engano, joga com a bola do parceiro); cair em erro; enganar-se; equivocar-se; confundir(-se); substituir: "Vitorino trocava as bolas, mexia os pauzinhos, fazia negaça, eu aceitava a sua chalaça macia" (João Antônio, *Meninão do caixote*, p. 70); "A clínica trocou as bolas e enterrou o defunto errado" [ABH/AN/CLG/JB/LAF/MPa/TC]. – Seu sin. (ver abaixo) tem forma jocosa, procurando denotar, no enunciado da expr., seu significado.

Sin.: *bolar as trocas*

Trocar as voltas Enganar; procurar frustrar os intentos de outrem; mudar de direção para evitar o encontro com alguém; escapar-se [GAS].

Trocar a vista Ver *olhar contra o governo*

Trocar berros *Bras., gír.* Trocar tiros: "Os marginais trocaram berros no morro" [JB].

Trocar chumbo *Bras., gír.* Conversar; debater: "Vamos trocar chumbo, pessoal" [JB].

Trocar dinheiro 1. Fazer troco. **2.** Fazer câmbio [ABH].

Trocar dois dedos de prosa Conversar; levar um papo: "Vamos trocar dois dedos de prosa e afinar a viola" [JB/NL].

Var.: *dar dois dedos de prosa*

Trocar égua por animal fêmea Ver *confundir alhos com bugalhos*

Trocar em/por miúdos 1. Trocar notas por moedas. **2.** Descrever pormenorizadamente; dizer com objetividade e clareza, sem rodeios; esclarecer; detalhar; explicar; justificar: "– Alinhamento de planetas? Troque em miúdos" (Jaguar, *Bundas*, 23/8/99, p. 9); "Troque essa conversa em miúdos, rapaz: diga logo o que quer!" [ABH/DT/GAS/JB/Net].

Trocar farpas Acusarem-se dois lados, pessoas ou partidos, mutuamente; agredir-se mutuamente; diz-se de agressão simultânea: "Enquanto Jáder e Renan ainda trocavam farpas com tucanos e pefelistas, o presidente da Câmara, deputado Michel Temer, telefonava para FHC e se oferecia para ajudar a superar a crise" (Andrei Meireles & Guilherme Evelin, *IstoÉ*, 16/6/99, p. 27) [JB].

Trocar figuras de santos *Bras., NE.* Expr. utilizada pelo sertanejo quando ele compra ou vende a imagem de um santo. – O sertanejo – homem rústico – considera sacrilégio dizer que comprou ou vendeu a imagem de um santo, empregando, tanto num caso como noutro, o v. trocar, como se vê na seguinte frase (no entanto sem o uso dessa expr. exata): "Cada vez que nasce um menino, eu troco um santo e boto no oratório" (José Pereira de Souza, *Adivinha quem vem*) [TC].

Sin.: *trocar imagens*

Trocar figurinha(s) 1. Confabular; conversar a respeito de algum tema específico; trocar informações: "O generalíssimo Cândido Freire voa, próxima semana, à Corte. Vai trocar figurinhas com o senador-xerife Romeu Tuma" (Sônia Pinheiro, *O Povo*, 24/5/97, p. 3B); "No Rio, ontem, o senador Sérgio Machado trocou figurinhas com o presidente do Banco do Brasil" (Sônia Pinheiro, *id.*, 29/10/97, p. 3B); "No CD *3001* você voltou a trocar figurinhas com Tom Zé depois de anos sem se ver" (Luciano Almeida Filho, *O Povo*, cad. Vida & Arte, 5/5/01, p. 1). **2.** *Desp.* Trocar passes curtos [HM/JB/LAF].

Trocar gato por lebre Dar uma coisa inferior por outra muito mais valiosa: "... tornou-se de bom-tom trocar gato por lebre, ou seja, passar de Salinas a Fujimori" (Aldir Blanc, *Bundas*, 8/5/00, p. 16).

Var.: *passar gato por lebre*

Trocar ideias *Bras., gír. rap e rock.* Conversar com alguém [JB/Net].

Trocar imagens Ver *trocar figuras de santos*

Trocar impressões 1. Falar acerca de algum assunto. **2.** *Desp.* Travar luta corporal: "... quase no final do primeiro tempo, Arleto e Vicente trocaram impressões" (Ferreira da Costa, *A história do Paysandu Sport Clube*) [GAS/HM].

Trocar língua Falar com alguém em língua estrangeira a fim de que outra pessoa que esteja perto não compreenda [AN/FSB].

Trocar (de) língua *Bras.* Conversar, palestrar: "Os dois árabes sentaram no madeirame do saveiro e começaram a trocar língua" (Jorge Amado, *Mar morto*, p. 176) [ABH].

Trocar o juízo Discutir com quem não tem condições para isso: "– Ora, dona Abigail, a senhora trocando seu juízo com Marilda..." (João Clímaco Bezerra, *Sol posto*) [TC].

Trocar o neto *Lus., Minde.* Comprar [GAS].

Trocar o óleo *Bras., S, chulo.* Copular; ter relações sexuais; fazer sexo: "Preciso trocar o óleo, cara, tô atrasado." – Síntese entre o sexo e a outra grande paixão masc., o automóvel [JB/LAFb/MSM].

Var.: *arriar o óleo* (1)

Trocar o passo Ver *trocar pernas* (2)

Trocar (a) orelha *Bras., RS.* Mover, o cavalo, as orelhas ora para diante ora para trás, por susto ou em razão de qualquer coisa estranha; estar, o cavalo, assustado e prever perigo iminente [Aurélio Buarque de Holanda, "Glossário", *apud* J. Simões Lopes Neto, *Contos gauchescos e Lendas do Sul*, p. 359/AJO/AN].

Trocar os olhos Ver *olhar contra o governo*

Trocar ouro por lama Trocar o bom pelo ruim, o ótimo pelo péssimo [ABH].

Trocar para o circo Diz-se de quem tem a vista torta [GAS].

Trocar pela pinta *Bras., NE.* Diz-se quando o sertanejo não vê o animal trocado e se deixa levar pelas informações recebidas a respeito dele [LM].

Trocar pernas 1. Andar à toa, sem rumo, daqui e dali, passeando; vaguear: "Eu andava inquieto, trocando pernas, ia à cidade e voltava a qualquer pretexto ou sem nenhum" (Autran Dourado, *Nove histórias em grupos de três*). **2.** Cambalear, andar com dificuldade por estar bêbado; andar indeciso: "Ternura e Manuel saíram bêbados trocando pernas pela plataforma" (Aníbal M. Machado, *João Ternura*, p. 193) [ABH/AN/GAS].

Sin. (2): *trocar o passo*
Var. (2): *trocar a(s) perna(s)*

≠ **Não se trocar por alguém** Julgar-se melhor do que alguém; julgar que vale mais do que alguém [AN].

Trocar por mariola *Bras., gír.* Mudar de assunto: "Trocando por mariola, ficou tudo igual, não mudou nada" [JB].

Trocar seis por meia dúzia 1. Deixar tudo no mesmo; fazer nada evoluir; nada acontecer de novo; ficar tudo em estaca zero; diz-se de situação inalterada; promover transformações na forma, na aparência, sem que isso, contudo, acarrete alteração no conteúdo, na essência: "O Amazonas fez uma homenagem ao Don (*sic*) Doca FHC Boca de Sovaco: batizaram com o nome dele uma vila que se chamava Vila Preguiça. Vila Preguiça agora é Vila FHC! Trocaram seis por meia dúzia!" (José Simão, *O Povo*, cad. Vida & Arte, 16/10/01, p. 5). **2.** *Desp.* Promover a permuta de jogadores da mesma posição e de semelhante nível técnico; fazer uma alteração sem eficácia, sem repercussão positiva ou negativa: "O Vovô (time do Ceará) tá trocando seis por meia dúzia" (*Jornal da Rua*, 1º/2/00, p. 1) [HM/JB/LAF].

Trocar tiros Atirar um no outro; atirar um contra outro [ABH/AN].

Trocar uma ideia *Bras., gír.* **1.** Bater papo; conversar. **2.** Ensaiar truques para roubar: "Vamos trocar uma ideia, cidadão, pois preciso me arrumar." **3.** *BA.* Namorar no escurinho [ABH/JB/*O Povo*, 31/3/96, p. 4B].

Tropeçar

Tropeçar em argueiros Embaraçar-se com insignificâncias: "A tribuna de onde falo é tão acessível a V. Exª como a este humilde orador, que, fique certo o nobre deputado, não se afoga em argueiros" (Rui Barbosa, em discurso de 1879 na Câmara do Império, dirigindo-se a um colega) [RMJ]. – O insigne tribuno (Rui Barbosa), por analogia com a expr. *afogar-se em água rasa*, literal e talvez conscientemente, "tropeçou", ao substituir o v. "tropeçar" por "afogar-se".

Sin.: *afogar-se em pouca água* (1)

Tropeçar na bola Jogar mal numa partida [HM].

Tropeçar na língua Ver *perder o gás*

Tropeçar numa mortalha Diz-se de pessoa ou animal que mostra não ter firmeza nas pernas [GAS].

Trovejar

Trovejar cacete Haver pancadaria: "Diz que trovejou foi muito cacete" (Manuel de Oliveira Paiva, *Dona Guidinha do Poço*) [TC].

Var.: *cair o cacete*

Trucar

Trucar de falso Fazer parada no jogo de truque (truco), dando indícios de que tem bom jogo, quando, na realidade, não tem; blefar [ABH].

Truviscar

Truviscar o ferro Bater com a espada, faca ou facão [AJO].

Truviscar o pau Surrar com um porrete [AJO].

Turvar(-se)

Turvarem-se os horizontes Estar iminente alguma desgraça ou catástrofe; complicarem-se as coisas, os negócios [AN].

Tutar

Tutar por um corno *Lus., Beira*. Lamentar-se; carpir-se. – "Tutar" significa "soprar" [GAS].

Tutear-se

Tutear-se com alguém Tratar alguém por "tu" [FF].

U

Untar

Untar a barriga e pôr-se ao sol *Lus.* Pôr-se na ociosidade [GAS].

Untar as rodas Ver *molhar a(s) mão(s)* (1)

Untar as unhas Ver *molhar a(s) mão(s)* (1)

Untar o carro Ver *molhar a(s) mão(s)* (1)

Urinar

Urinar fora do caco *Bras., NE.* Prevaricar: "A senhora sabe como é que eu me comporto, nunca tive coragem de urinar fora do caco, como se diz" (Permínio Asfora, *O amigo Lourenço*) [GS/MSM].
Var.: *mijar fora do caco* (2)

Usar

Usar a cabeça Pensar, agir sensatamente, ou com inteligência [CLG/GAS].

Usar a cabeça apenas para enfeitar o corpo Diz-se das pessoas como que desmioladas, desatentas, abestalhadas [RBA].

Usar a mina *Bras., S, RJ, chulo.* Copular [MSM].

Usar bem *Ilha das Flores, Açor.* Dar muito de comer [GAS].

Usar calças *Bras., pop., fam.* Ser másculo e valente: "Não me insulte, que eu uso calças" [ABH].

Usar da palavra Falar numa reunião depois de lhe ter sido dada a palavra pelo presidente; falar em público; discursar: "O prefeito ainda usou da palavra, para uma ligeira explicação" (Jáder de Carvalho, *Sua majestade, o juiz*, p. 160) [AN/GAS].

Usar dedal e sair rebolando *Bras., gír.* Diz-se de homossexual: "O dedo-duro chegou no xadrez e foi obrigado a usar dedal e sair rebolando" [JB].

Usar de matacões *Lus.* Diz-se de indivíduo que tem costeletas grandes de um e outro lado da cara [GAS].

Usar punhos de renda Ser delicado, distinto de maneiras [GAS].

Usar saia e blusa depois da meia-noite Diz-se de homossexual: "O cara usa saia e blusa depois da meia-noite, quando solta a franga" [JB].

Usar uma linguagem de arrieiro Utilizar ling. grosseira [AN].

V

Vadiar

Vadiar com terra Dizer ou fazer coisas indignas de apreço: "Dar em você não é vantagem: eu, brigando com você, estou vadiando com terra..." [FS/LM].

Vagar

Vagar nos ares Diz-se de boato, rumor que circula e vai se propagando [GAS].

Valer(-se)

≠ **Não valer a cabeça de um alfinete** Não valer nada; não ter nenhum valor [ABH/GAS].
   Sin.: *não valer dois caracóis*
   Var.: *não valer um alfinete*

≠ **Não valer a pena** Não ter nenhum interesse [GAS].

Valer a verdade Dizer-se a verdade: "Valha a verdade" [AN].

≠ **Não valer (um) dez-réis de mel coado** Nada valer; não valer nada; não prestar (coisas e pessoas): "Não perde nada, aquilo não vale um derréis de mel coado" (João Ubaldo Ribeiro, *Sargento Getúlio*, pp. 114-5); "Não vale um dez réis de mel coado" (José Américo de Almeida, *A bagaceira*). [FS/GAS/TC]. ♦ O indicativo das cifras monetárias varia muito, até pela influência da moeda e da fração vigentes (ver var.). São expr. que se prestam à ridicularização, ao xingamento das pessoas.
   Var.: *não dar um vintém de mel coado, não valer um tostão/centavo/cruzado/real de mel coado*

≠ **Não valer dois caracóis** Nada valer; não ter nenhum valor; ser pessoa insignificante; ter muito pouco valor; não merecer atenção: "Como atriz não prestava para nada, como cantora não valia dois caracóis" (Arthur Azevedo, *Contos cariocas*); "A vida, meu caro, não vale dois dois caracóis" (Casimiro de Abreu, em carta a um amigo, referindo-se à morte de dois de seus jovens colegas de letras poéticas). – A lesma é malvista e desprezível pelos danos que causa aos jardins e vinhedos. Ver R. Olbrich, *Miscelânea Adolfo Coelho* [ABH/GAS/RMJ/TC].
   Sin.: *não valer a cabeça de um alfinete*
   Var.: *não valer um caracol*

≠ **Não valer mais nada** *Desp.* Apitar falta antes de jogada da qual resultaria avanço perigoso para o gol: "Não vale mais nada!" [HM].

≠ **Não valer meia-pataca** Ter valor quase nulo; diz-se para indicar nenhum préstimo, nenhuma valia, quer material, quer moral ou intelectual: "Aquele cabra não valia meia-pataca..." [FS/RG]. – Há quem grafe "meia pataca", sem hífen.

≠ **Não valer níquel** Não valer nada. – Houve época em que eram deste metal as moedas divisórias de menor valor: 10, 20, 50, 100, 200 e 400 réis [AN].

≠ **Não valer o feijão que come** Não valer nada: "O cara não vale o feijão que come" [GAS/JB].
   Var.: *não valer o prato que come, não valer o que come*

Valer o ingresso *Desp.* Compensar o preço da entrada, pela qualidade do jogo: "A decisão valeu o ingresso" [HM].

≠ **Não valer o peido de uma gata** *Pop.* Não ter o mínimo valor. – A expr. tem correspondente em fr.: *ne valoir pas un pet de lapin* (= não valer o traque de um coelho), consignada por Maurice Rat, em seu *Dictionnaire des locutions françaises* [RMJ].
   Var.: *não valer o traque de uma gata, não valer um peido de gato*

Valer o que come Diz-se de um trabalhador [GAS].

≠ **Não valer o que o/um gato enterra 1.** Ter mau caráter; ser imprestável, de péssimo procedimento; não valer nada (diz-se de pessoa). **2.** Não valer nada; nada valer (diz-se de coisa) [LM/MGb/TC].
Var.: *não valer o que a gata enterra*

≠ **Não valer o que um periquito rói** Nada valer; ser totalmente desqualificado, sem valor: "– Bobagem! São Bernardo não vale o que um periquito rói. O Pereira tem razão. Seu pai esbagaçou a propriedade" (Graciliano Ramos, *São Bernardo*, p. 19).

Valer ouro 1. Ter muito valor. **2.** Ser boníssimo, de ótimas qualidades morais [ABH/RMJ].

≠ **Não valer porra nenhuma** *Chulo*. Não valer nada: "Este relógio não vale porra nenhuma" [JB].

≠ **Não valer puto** *Lus*. Não valer nada [GAS].

Valer quanto pesa Ter merecimento, valor ou aplicação; valer muitíssimo; ser excelente, admirável (um indivíduo) [ABH].

Valer (o) seu peso em ouro Ter muito valor; ser muito bom, precioso; valer muitíssimo [ABH/AN].

Valer tudo menos tirar olhos Frase fig. para indicar que se podem usar de todos os meios para se vencer no jogo, na discussão (argumentos), nas vendas etc. [GAS].

≠ **Não valer uma broa** Ver *não valer um vintém furado*

≠ **Não valer uma cibazol** Ver *não valer um vintém furado*

≠ **Não valer uma masca de fumo** Nada valer [LM].

≠ **Não valer uma pataca furada** Não valer nada: "Você não vale uma pataca furada."
Var.: *não valer um vintém furado*

≠ **Não valer uma pipoca** Não valer nada; ser inútil [CLG].

≠ **Não valer uma pitada de tabaco** Ter pouquíssimo valor [AN].

≠ **Não valer uma ponta de cigarro** Não ter nenhum valor [GAS].

≠ **Não valer uma xeta** *Ant*. Não valer nada. – Referência a moeda ínfima [LCCa].

≠ **Não valer um caracol furado** Não valer coisa alguma; não merecer atenção: "Era uma fabriquinha que não valia um caracol furado, chaminé sem fumaça..." (José Cândido de Carvalho, *Olha para o céu, Frederico!*, p. 35) [ABH/RMJ/GAS].
Var.: *não valer um caracol*

≠ **Não valer um ceitil** *Lus*. Não valer nada; dar uma insignificância [GAS].

≠ **Não valer um centavo** Não valer nada: "O Cláudio é tão mau-caráter que não vale um centavo" [JB].

≠ **Não valer um chavo** *Lus*. Não ter nenhum valor [GAS].

≠ **Não valer um cominho** Ter pouco préstimo [AN].

≠ **Não valer um derréis** Valer muito pouco [AN]. ♦ "Derréis" é forma pop. e sintética de dez-réis.

≠ **Não valer um grão de milho** Não valer nada: "O cara não vale um grão de milho, é um merda" [JB].

≠ **Não valer um pataco** *Lus*. Não ter nenhum valor [GAS].

≠ **Não valer um peido** *Chulo*. Nada valer; ser inteiramente sem préstimo [FS/LM/RG/TC].
Sin.: *não valer um traque*

≠ **Não valer um peido de gato** *Chulo*. Não valer nada: "O cara, francamente, não vale um peido de gato" [JB].
Var.: *não valer o peido de uma gata*

Valer um poema Diz-se iron. das pessoas que falam de coisas menos certas, ou extravagantes, ou engraçadas [GAS].

≠ **Não valer um real** *Ant*. Nada valer, tanto em sentido material como intelectual ou moral: "Aquele cabra é ruim, não vale um real" [FS/GAS]. ♦ Expr. ant., em termos, pois com a ressuscitação desta moeda, no Brasil, ela passa a ter valor atual, a partir da "Era FHC" (1994).

≠ **Não valer um sabugo** Não ter nenhum valor [AJO/Aurélio Buarque de Holanda, "Glossário", *apud* J. Simões Lopes Neto, *Contos gauchescos e Lendas do Sul*, p. 340].

≠ **Não valer um traque** Ver *não valer um peido*

≠ **Não valer um vintém furado** Não valer nada: "Este síndico é um merda; não vale um vintém furado" [JB/TGa].
Sin.: *não valer uma broa, não valer uma cibazol*
Var.: *não valer uma pataca furada, não valer um tostão furado, não valer um vintém*

≠ **Não valer um xenxém** *Bras., CE*. Nada valer; ser insignificante, inferior. – Xenxém: ant. moeda bras. de pouco valor, valendo 10, 20 e 40 réis [FS/LCCa/LM/RG].

≠ **Não valer um xis** *Bras., CE*. Nada valer; ser sem préstimo; não prestar para nada; não possuir caráter nem dignidade: "Aquele caboclo não vale um xis..." [AN/ FS/RG/TC].
♦ Xis: ant. moeda de dez réis, na qual era estampado o algarismo romano X.

Valorizar

Valorizar a posse da bola *Desp*. Deixar, o time que vence, passar o tempo, administrando a vantagem no marcador [HM].

Valorizar um espadim *Bras., S, RJ, gír. mil*. Diz-se de quem é dado à prática da pederastia passiva (Sylvio Abreu, *in* art.) [MSM].

Varar

Varar a noite Passar a noite fazendo alguma coisa: "Vamos varar a noite, estudando pra prova" [JB].
Var.: *cortar a noite*

Varar o sertão Atravessar toda a região sertaneja: "Vinha gente de longe, varando o sertão" (João Clímaco Bezerra, *O homem e seu cachorro*) [TC].

Variar

Variar da cabeça 1. Tresvariar; delirar; imaginar coisas inverossímeis. **2.** Caducar; ficar maluco: "A velha está variando da cabeça" (José Lins do Rego, *Cangaceiros*) [TC].
Var.: *sofrer da cabeça*

Varrer

Varrer a casa *Bras., NE, Centro*. Ter relações sexuais com a esposa: "Estava farto daquelas ausências, mal tendo tempo para varrer a casa de mês em mês, às carreiras" (Lauro Palhano, *O Gororoba*) [MSM].

Varrer a testada Afastar de si toda a culpa; desviar de si certa responsabilidade; justificar-se. – A expr. provém de ant. disposições municipais (ver Leite de Vasconcelos, *Opúsculos*) [ABH/AN/FF].

Varrer do mapa Sumir: "Vou varrer do mapa. Não quero me aborrecer mais" [JB].
Var.: *sumir do mapa*

Varrer o rasto/rastro *Bras., NE*. Esquecer para sempre, perdendo a memória da direção do ausente: "E de mim se esqueçam logo, / Meu rasto varram do chão" (Juvenal Galeno, *Lendas e canções populares*). Ver Luís da Câmara Cascudo, *Superstição no Brasil* [FNa].

Varrer o salão *Bras., gír*. Chegar antes de começar a festa: "O Arildo varreu o salão, chegou muito cedo pro forró" [FNa].

Vazar

Vazar pelo pito *Bras., CE*. Ter diarreia profunda; estar com diarreia, disenteria ou caganeira; vazar-se [AS/J&J].
Sin.: *estar com fininha*

Velar

Velar armas *Lus*. Atitude de rezar na noite anterior à investidura; cerimônia preparatória para o recebimento das ordens: "Na mesma noite e na sé de Zamora tinham velado as armas" (Alexandre Herculano, *O bobo*, p. 33).

Vencer

Vencer ou vencer *Desp*. Vencer a qualquer preço, custe o que custar. – Expr. cunhada por Francisco Horta, ex-presidente do Fluminense (RJ), na década de 1970, para incentivar o time à vitória [HM].

Vencer sem sacrifício Triunfar sem glória nos empreendimentos cuja realização não apresenta sacrifício [RBA].

Vender(-se)

Vender a camisa do corpo Desfazer-se de tudo que tem para arranjar recursos necessários [AN].

Vender à enxerca *Lus*. Vender a olho, do modo que se vendia ant. a carne de enxerca [ECS]. ♦ A carne de enxerca corresponde à nossa suculenta carne de sol, tb. dita carne de vento ou carne do sertão.

Vender a grós *Lus*. Vender a grosso, em grandes quantidades, por atacado [GAS].

Vender água sem caneco *Lus*. Querer convencer e não ter argumentos [GAS].

Vender agudezas *Lus*. Considerar-se criatura de dotes engenhosos e engraçados [GAS].

Vender a manta *Lus*. Deixar de namorar [GAS].

Vender a olho Vender sem conta nem peso nem medida [AN].

Vender aparelhos elétricos *Fig*. Não conceder gratuitamente; sacrificar por dinheiro ou por interesse; trair, denunciar por interesse [FF].

Vender a pele *Lus*. Lutar até mais não poder [GAS].

Vender a pele do urso Dispor de uma coisa antes de a possuir. – Reminiscência da fábula "Os dois amigos e o urso", de La Fontaine [AN].

Vender a preço de banana Vender muito barato, quase de graça: "É sempre assim: pegam uma estatal lucrativa e enchem de pepinos, então transformam num tremendo abacaxi, aí vem a imprensa e diz um monte de abobrinhas que é pra venderem a preço de banana!" (Santiago, in charge, *Bundas*, 12/7/99, p. 35).

Vender a pronto pagamento Vender recebendo o pagamento contra recibo [ECS].

Vender à racha *Lus*. Vender melão ou melancia depois de calada (abertura que se faz com uma faca para ver se estão maduros) [GAS].

Vender à restunha *Lus*. Vender em leilão; a quem mais der [GAS].
Sin.: *vender às rebatinhas*

Vender a rola Ver *dar o golpe do baú*

Vender às rebatinhas Ver *vender à restunha*

Vender azeite às canadas *Bras*. **1.** Fugir; sair precipitadamente; escafeder-se. **2.** Desapontar; ficar em má situação; enfurecer-se; vociferar de desespero; estar decepcionado, furioso; diz-se de abundância de mau humor, irritação contagiante: "Vai vendendo azeite às canadas" (Gustavo Barroso, *Mississipe*). – Expr. contemporânea do ant. sistema de pesos e medidas, está caindo em desuso [AN/GAS/LCCa/LM/RMJ/TC].
Sin. (2): *chupar (uma) barata, estar no/com os (seus) azeites*

Vender banha da cobra *Lus*. Enganar alguém com muito palavreado [GAS].

Vender bulas *Lus*. Querer passar por santo e virtuoso sem o ser [GAS].

Vender caro a pele Defender com toda a energia, morrendo mas dando cabo do adversário [AN].

Vender caro a vida Defender-se bem, com valentia, atacando de rijo [AN/GAS].

Vender como água Vender muito: "O que é bom se vende como água" [JB].

Vender como comprou Transmitir sem alterar [AN].

Vender cuia e comprar cabaça *Lus*. Vender e comprar sem vantagem lucrativa [GAS].

Vender farinha *Bras., fam*. Andar com a fralda da camisa fora da calça, à mostra. – Em determinados setores dos sertões bras., muitos indivíduos têm o costume de deixar a camisa por fora da calça, conservando ou não o paletó. Dizem, de quem se apresenta deste modo, que "está vendendo farinha" [ABH/AN/FF/FN/LCCa].

Vender fumo *Lus.* Pretender que acreditem em coisas inconsistentes; querer impingir [GAS].

Vender gato por lebre *Pop.* Enganar alguém numa transação, oferecendo coisa pior do que a devida ou esperada; enganar fingindo que fornece artigo bom; vender, por uma coisa, outra mais ordinária: "Gaspari – O senhor fez a campanha de Celso Pitta para prefeito de São Paulo. Não vendeu gato por lebre?" (Elio Gaspari, *O Povo*, 18/8/97, p. 3B); "O diabo é que a gente não pode nem processar o Governo por estelionato tributário, a nos vender sempre gato por lebre" (Aírton Monte, *O Povo*, 9/12/98, p. 3B). Ver Ladislau Batalha, *História geral dos adágios portugueses* [ABH/AC/AN/CGP/FF/GAS/RBA].

Var.: *passar gato por lebre*

Vender logo o seu peixe *Bras., CE.* Falar primeiro ou contar logo a sua história, ficando a dos outros para depois [AN/FS].

Vender na folha *Bras., CE.* Vender o legume (milho, arroz etc.), o fruto antes mesmo da colheita [AN]. – Sentindo-se no aperreio, sem nem o que comer, é comum este expediente: o agricultor, já com a safra segura, passa tudo nos cobres a um atravessador endinheirado. E por baixo preço, o que é pior.

Sin.: *vender no pé*

Vender no fuso Vender fiado, sem receber o pagamento na hora [TC].

Vender no pé Ver *vender na folha*

Vender o almoço para ter o que jantar *Gír.* Diz-se de quem anda em má situação financeira; viver extremamente endividado ou carente de dinheiro: "Você ainda me pede grana emprestada?! Estou é vendendo o almoço para ter o que jantar, ó meu" [catálogo da McDonald's (empresa), maio/2000].

Sin.: *estar na/numa pior*

Vender o (seu) peixe 1. Valorizar a causa própria, argumentando com veemência; tratar dos seus interesses com habilidade; cuidar do assunto do próprio interesse: "Todos venderam o mesmo peixe, um refogado de marxismo via o velho Partido Comunista..." (Paulo Francis, *O Povo*, 19/9/96, p. 6B); "Não digo isto para vender o meu peixe. Pergunto por perguntar: há muito tempo que não reforma suas persianas?" (Carlos Drummond de Andrade, *De notícias e não notícias faz-se a crônica*, p. 193). **2.** Argumentar; expor as suas razões ou opinião, o seu ponto de vista; manifestar-se; conseguir que escutem o que tem a dizer; relatar o que pretende: "Venda seu peixe, que eu, depois, vendo o meu! – Fale que depois falarei eu" [ABH/CGP/FS/GAS/LCC/LM/MPa/TC/TG].

Var.: *vender seu peixe*

Vender o peixe Contar o que ouviu, sem nada alterar: "Estava vendendo o peixe dessa maneira (estou dando pelo preço que comprei)" (Manoel Lobato, *Garrucha 44*) [CGP/FS/LCC/LM/MPa/TC/TG].

Var.: *vender o peixe pelo preço que comprou*

Vender o peixe caro Apreçar demasiado o merecimento [LCC].

Vender o peixe pelo preço que comprou Transmitir uma história, ou notícia, de modo igual como foi recebida de outrem: "Mesmo sabendo o quanto perde em mímica e fraseado a linguagem oral quando escrita, vou tentar vender o peixe pelo preço que comprei" (Aírton Monte, *O Povo*, cad. Vida & Arte, 2/10/02, p. 2) [GAS].

Sin.: *vender pelo mesmo preço, vender pelo preço de fatura*

Var.: *vender o peixe, vender peixe pelo preço que o comprou, vender pelo preço que comprou*

Vender pé-com-cabeça *Bras., PE.* Vender os bons e os ruins misturados: "– Qual o preço do chuchu? – Com'eu quero ir embora logo, vendo pé-com-cabeça por 10 centavos, cada um" [BB].

Vender pelo mesmo preço Repetir ou passar adiante, sem alteração, um boato, notícia, fuxico, recado: "É o que me disseram. Estou vendendo pelo mesmo preço que comprei" (pe. J. J. Dourado, *Cafundó*) [TC].

Sin.: *vender o peixe pelo preço que comprou*

Vender pelo preço de fatura *Bras., AL.* Contar um fato (em geral escandaloso) tal como o ouviu de outrem, sem exagerar nada: "Estou vendendo pelo preço da fatura – explicou o maledicente ante a dúvida do ouvinte" [ABH].

Sin.: *vender o peixe pelo preço que comprou*

Vender por atacado Vender por junto, em grande quantidade [GAS].

Vender por qualquer preço Vender por qualquer quantia que ofereçam [GAS].

Vender por um dote *Bras.* Vender (algo) muito caro [ABH/AN].

Vender saúde Diz-se de pessoa com ótimo aspecto, que aparenta saúde, em estado robusto e vigoroso; ter aspecto de muito saudável; ter ou revelar saúde excelente; achar-se com excelente aspecto físico; ser saudável; estar em excelentes condições físicas: "Jasão: ... com quarenta / e cinco anos, na força do homem, seguro / de mim, vendendo saúde..." (Chico Buarque & Paulo Pontes, *Gota d'água*, p. 73). – Em esp. tb. se diz: *vender salud*, ou *verter salud* [ABH/AN/FS/GAS/OB/RMJ].

Vender-se caro 1. Custar a aparecer para visitar os amigos. **2.** Dar-se ares de importância; ser inabordável, inacessível; não ser dado ou fácil no trato social; valorizar-se ao extremo [ABH/AN/RMJ].

Vender-se por um prato de lentilhas Diz-se de quem se deixa subornar por importância reduzida ou por qualquer interesse de pouca monta; vender-se barato; desfazer-se de um direito ou vantagem real em dias futuros por uma insignificância. – A expr. é bíblica, na passagem em que o Livro do Gênese conta-nos a história dos gêmeos Esaú e Jacó [GAS/RMJ].

Vender seu peixe Expor seu ponto de vista: "Um grupo, que cantou no prestigiado *show* da NBC – TV Today, tentou vender seu peixe e citar patrocinadores" (Paulo Francis, *O Povo*, 7/7/96, p. 10B) [CLG].

Var.: *vender o (seu) peixe*

Vender seu peixe caro Fazer-se rogar [AN].

Vender toucinho Diz-se das mulheres que, ao repuxar o vestido, sem querer, deixam aparecer a basta da combinação (tipo de saia de baixo, hoje totalmente fora de uso) [DVF].

Ventar

Ventar a cabeça *Lus.* **1.** Imaginar; tomar uma decisão. **2.** Apetecer [GAS].

Var. (1): *dar na cabeça* (1)

Ver(-se)

Ver a China *Bras., CE.* **1.** Achar-se apertado, em situação difícil. **2.** Sofrer muito [ABH/AN/LM/RG].

Sin. (1) (2): *ver urso de gola, ver-se doido com*

Sin. (1): *ver-se em/nas amarelas*

Sin. (2): *ver o diabo com, ver o mundo com*

Ver a cigarra cantar *Bras., NE, chulo.* Ver e ouvir uma mulher urinar [MSM].

Ver a(s) coisa(s) preta(s) Estar em situação difícil, com previsão de perigo iminente; ver difícil a situação: "Vendo as coisas pretas, torrou tudo nos cobres" (José Américo de Almeida, *A bagaceira*) [AN/TC].

Var.: *estar/estarem as coisas pretas*

Ver a cor do céu por dentro Morrer [FS/LM].

Ver a gordura de perto Golpear no ventre [LM].

Sin.: *ver o preço da banha*

Ver a hora que Antever impressionadamente: "Não se atrepe mais naquele coqueiro: eu estava vendo a hora que você caía" (Leonardo Mota, *Violeiros do Norte*, p. 255) [AN/FS/LM].

Ver alma de bigode *Bras., PI.* **1.** Passar por uma experiência desagradável. **2.** Ter medo: "Viu alma de bigode" [PJC].

Ver a luz Nascer; viver [AN].

Ver a matéria descer Ver o sangue correr, assistir a uma luta, disputa ou jogo [LM].

Ver a morte de perto Quase morrer [F&A].

Ver a morte diante dos olhos Assistir ou tomar parte em grande desastre [GAS].
Var.: *ver a morte diante de si*

Ver a palha da cana voar Esquentar, animar: "Bumba, zabumba, zabumbeiro, oi boi-bumbá, / castiga de lá sanfoneiro / que eu quero ver a palha da cana voar" (Elba Ramalho, *Do jeito que a gente gosta*, letra musical de Severo e Jaguar) [FNa].

Ver as barbas do vizinho a arder Observar o sofrimento de um familiar ou amigo ao pagar um erro ou asneira cometidos [GAS].

Ver a vida andar para trás Estar em maré de azar; sucederem-se fatos de pouca sorte; estar na iminência de não conseguir o que deseja [GAS].

≠ **Não ver bem** Não aprovar [Gl].

≠ **Não ver boia** (*sic*) *Lus.* Não ver coisa alguma; não perceber nada [GAS].

Ver Braga por um canudo *Lus.* Não alcançar o que deseja; não conseguir nada; ficar sem a sua parte [GAS].

Ver candeias de sebo Sentir uma grande dor que escureça a vista [Gl].

Ver claros os horizontes Definir-se a situação [AN].

Ver com bons olhos Aceitar ou receber bem; ser ou mostrar-se favorável a; usar de complacência, compreensão; ver com benevolência, com satisfação; estar determinado a conseguir, a concordar; demonstrar interesse, simpatia, acatamento: "Euclides alegrou-se com isto. Não via com bons olhos esse reinício de viagem, na zona mais perigosa do sertão, num dia aziago como a sexta-feira" (Sylvio Rabello, *Euclides da Cunha*, p. 107); "Este não via com bons olhos o gosto do filho pelas letras" (Manuel Bandeira, *Poesia completa e prosa*, p. 659); "O pai vê com bons olhos o casamento da filha com esse advogado". – Us. com mais frequência na forma negativa [ABH/AN/DT/FF/GAS/TC].
Var.: *olhar com bons olhos*

Ver com estes/os olhos que a terra há de comer Ser testemunha ocular; ver de verdade: "– Eu não digo uma coisa por outra. Vi-os com estes olhos que a terra fria há de comer" (Franklin Távora, *O Cabeleira*, p. 162) [CGP/GAS]. – Às vezes ocorre com a forma contracta "há-de", m. us. poeticamente, por convencionalidade métrica, ou em textos arc.
Var.: *olhar com esses olhos que a terra há de comer, ver com estes que a terra há de comer*

Ver com o microscópio 1. Examinar minunciosamente de perto. **2.** Exagerar a grandeza ou a importância [AN].

Ver com os olhos da amizade Ser benévolo para com as faltas dos outros; estar mais disposto a achar qualidades boas do que defeitos [AN/CLG/GAS].
Var.: *ver com os olhos do coração*

Ver com os olhos da fé Acreditar cegamente [AN].

Ver com os olhos de ver Diz-se de pessoa que sabe ver um assunto, que dedica a maior atenção a ele [GAS].

Ver com os olhos e comer com a testa *Bras., CE.* Ver desejando, sem poder obter nem gozar; admirar ou desejar e não poder possuir; ver, desejar e não obter ou não gozar; desejar alguma coisa inacessível, algo que se pode contemplar, mas não fruir, ou usufruir (ver d. Francisco Manuel de Melo, *Metáforas* ou *Feira de anexins*) [AN/FS/GAS/LM/RMJ].
Var.: *comer com a testa* (1)

Ver com os olhos e mexer com a testa *Bras., BA.* Não mexer [Net].

Ver com os (seus) próprios olhos Ser testemunha ocular; não conhecer por informações; não confiar no que os outros dizem sem primeiro ver: "Então quando Saturnino / Com seus próprios olhos viu / Voltou à sua fazenda / E dez cabras reuniu /

Ver(-se)

Pra fazenda dos Ferreira / Indignado seguiu" (Expedito Sebastião da Silva, *Trechos da vida completa de Lampião*, p. 6); "O homem tomou conhecimento do caso e, assombrado, fez questão de descer ao saguão para ver com seus próprios olhos..." (Fernando Sabino, *O gato sou eu*, p. 43) [AN/GAS].

Var.: *ver pelos seus olhos*

Ver com/de quantos paus se faz uma cangalha Obter, adquirir penosa experiência, à própria custa: "– Então tu pode ir. Mas se tu não voltar amanhã... Quando eu te pegar tu vai ver com quantos paus se faz uma cangalha..." (Jorge Amado, *Capitães de areia*, p. 68); "Se você quer ver de quantos paus se faz uma cangalha, diga esses desaforos comigo" [LM].

Var.: *ver com/de quantos paus se faz uma jangada*

Ver com/de quantos paus se faz uma jangada Bras., NE. Adquirir penosa experiência, à própria custa: "– Vocês ainda me pagam, bando de cachorros! Quando eu me soltar vocês vão ver com quantos paus se faz uma jangada!" (Fran Martins, *Poço de Paus*, p. 81) [LM].

Var.: *ver com/de quantos paus se faz uma cangalha*

Ver com vidro de aumento Exagerar [AN].

Ver corrida de submarino Bras., gír. Namorar no escuro à beira do mar; diz-se sobre o ato de estacionar o carro, de noite, na praia, para homem e mulher fazerem amor ou namorar: "Vou ver corrida de submarino, em Ipanema, com minha gata" [JB/MSM].

Var.: *assistir corrida de submarinos*

Ver crescer o capim na porta Sentir-se abandonado de todos, por haver deixado de exercer cargo importante [AN].

Ver crescer o capim pela raiz Estar enterrado [AN].

Ver de longes olhares Ver de longe: "A Rosa'uarda, vi, de longes olhares" (*sic*) (João Guimarães Rosa, *Grande sertão: veredas*) [ECS].

Ver demais Ver coisa que não existe [AN].

Ver de palanque Assistir como espectador, sem tomar parte; assisitr a uma contenda ou desordem comodamente, sem correr perigo; observar de longe, sem correr perigo ou comprometer-se; presenciar tumulto em lugar seguro; assistir a uma discussão sem tomar parte nela [AC/AN/GAS].

Var.: *assistir/estar de palanque, ver (os) touros de palanque*

Ver de perto pra contar de certo Procurar apurar devidamente, para se manifestar com segurança: "De diversos pontos têm sido atraídos observadores para ver de perto e contar de certo" (*O Araripe*, Crato – CE, 9/10/1919) [TC].

Ver de que lado sopra o vento *Fig.* Observar o rumo dos acontecimentos para então tomar uma decisão; não ter projeto algum assentado, esperando pelos acontecimentos para se subordinar a eles; esperar pelos acontecimentos para depois agir; aguardar os acontecimentos para assentar seus projetos [ABH/AN/GAS].

Var.: *ver donde sopra o vento*

Ver Deus por quem é Ver quem sai vitorioso: "Vamos ver Deus por quem é: se é pelo *home* ou pela *muié*?" [LM].

Ver e crer com são Tomé Exigir todas as provas palpáveis, irrefutáveis e seguras para reconhecer a veracidade de qualquer afirmação ou proposta. – A frase teve a sua or. na dúvida apresentada por são Tomé na ressurreição de Cristo [GAS].

Var.: *ver para crer*

Ver em espírito Ver com os olhos da imaginação [AN].

Ver em que/no que/onde param as modas Aguardar cautelosamente os acontecimentos; esperar alguma solução; aguardar paciente e cautelosamente; não se apressar; ver como vão as coisas. – Como as modas variam constantemente, o cauteloso não manda fazer roupa logo que aparece uma moda. Contam que Bocage (ou Nicolau Tolentino) apareceu um dia em Lisboa com uma peça de fazenda debaixo do braço e, ao perguntarem-lhe para que fazia aquilo, dera esta resposta [AN/FS/GAS/LM].

Ver (as) estrelas Sentir forte dor; ver ou sentir na vista fagulhas provocadas por pancadas na cabeça ou por grande esforço; sofrer uma forte dor devido a contusão; receber na cabeça ou no rosto grande pancada que produza fosfenas; sofrer repentinamente grande dor, apuro ou aflição; sentir uma dor muito viva, um atordoamento, sobretudo em consequência de pancada na cabeça. – Alusão às fosfenas que aparecem nos olhos quando há contusão [ABH/AN/CLG/FF/GAS/OB/TC].

Var.: *ver estrelas ao meio-dia, ver estrelinhas*

Ver estrelas Achar-se subitamente em situação difícil: "Li no *Jornal de Alagoas* as penitências de um tal Rui d'Alcântara, um indivíduo que, sofrendo uma violenta crise de caiporismo, escapou de comer *cuscuz* com cabelos e de tomar café pelo bico de um bule, um pobre-diabo que viu estrelas em uma noite tempestuosa de junho" (Graciliano Ramos, *Cartas*, p. 17) [CLG/TC].

Ver flamejar a (*sic*) meia-noite *Lus*. Ver-se embaraçado, atrapalhado, em dificuldades; não entender nada; não perceber o que se diz [AN/GAS].

Sin.: (lus.) *ver-se gago, ver-se grego*

Ver furo Reconhecer a possibilidade, o meio, a exequibilidade [GAS].

≠ **Não ver furo** Não ver possibilidades [GAS].

Ver jeito de Ver possibilidades [GAS].

Ver longe Prever; enxergar o futuro; ser perspicaz; ser inteligente; ter discernimento; ver além da situação; prever oportunidades, vantagens; ter boa intuição: "Clément Tamba estava contagiado pela aventura, mas era um homem de negócios realista, que sabia ver longe" (José Sarney, *Saraminda*, p. 34) [AN/CLG/GAS/TC].

Var.: *enxergar longe*

Ver mosquitos na outra banda 1. Ver coisas que não existem. 2. Ter boa visão [GAS].

Ver mosquitos por cordas *Lus*. 1. Diz-se de quem sofreu uma grande sova. 2. Diz-se quando há grande pancadaria ou discussão violenta [GAS].

Ver muito Ser inteligente; perspicaz [GAS].

Ver mundo Viajar; visitar muitos países [AC/FF].

≠ **Não ver nem a cor** Não mais recuperar: "Não viam nem a cor desse dinheiro" (Josué de Castro, *Homens e caranguejos*) [TC].

Var.: *não ver nem o azul*

≠ **Não ver nem a poeira** Não conseguir alcançar; ser vencido na carreira (corrida), com larga margem [TC].

≠ **Não ver nem o azul** Não ver, não obter, não conseguir, não recuperar mais: "700$000 nas mãos do Dr. Silveira. Desses não verei nem o azul" (João Clímaco Bezerra, *Sol posto*) [TC].

Var.: *não ver nem a cor*

≠ **Não ver népia** *Lus*. Não ver nada [GAS].

Ver no que param as modas. Aguardar paciente e cautelosamente; não se apressar [FS/LM].

Ver o argueiro nos olhos dos outros e não ver uma trave nos seus Notar nos outros a mais leve imperfeição e não reparar nos próprios defeitos; criticar os defeitos alheios e não conhecer os próprios (ver Mt 7, 5) [AN/GAS].

Var.: *ver o argueiro no olho alheio e não ver uma trave nos seus*

Ver o cão sair da garrafa *Bras., CE*. Diz-se do estado em que fica alguém quando se mexe em seu ponto fraco: irritação, ódio, cólera: "Se tu quer ver o cão sair da garrafa chame o Francisco Genivaldo de Chico da Bilô na frente da Rosinete..." [AS].

Ver o caso malparado Reconhecer o assunto em situação difícil e não vislumbrar solução [GAS].

Ver o chão de perto Cair: "Você quer que eu veja o chão de perto" (Valdomiro Silveira, *Os caboclos*) [LM/TC].

Sin.: *ganhar o jeito do chão* (1)

Ver o China seco Ver-se mal, em situação difícil. – Alusão ao cadáver mumificado que houve no cemitério do Caju, no RJ [AN].

Ver o cinema *Bras., NE, chulo*. Ver as partes pudendas da mulher através de lances, oportunidades fugazes, *flashes* [MSM].

Ver o cu ao pé das calças *Lus., chulo*. Levar um grande susto [GAS].

Ver o dia Ver *vir à luz* (2) (3)

Ver o diabo Ver pessoa de quem se tem graves razões de queixa [GAS].

Ver o diabo com Ver *ver a China*

Ver o diabo de testa Ver *comer o diabo*

Ver o fim do túnel Ver o resultado final; admitir melhoria de situação [GAS].

Ver o fundo ao tacho 1. Acabarem-se os rendimentos. **2.** Diz-se do fim de qualquer situação [GAS].

Ver o mundo com *Bras., CE*. Sofrer muito com alguém ou com algo; sofrer as consequências de algo: "Eu tenho visto o mundo com essas feridas" (Leonardo Mota, *Violeiros do Norte*, p. 255) [ABH/AN/FS/Gl/LM/RG].

Sin.: *ver a China* (2)
Var.: *ver o mundo e as capas do fundo*

≠ **Não ver o padeiro 1.** *Bras*. Não ter relações sexuais. **2.** *Lus*. Não ter comido; estar sem comer [GAS/MSM].

Ver o peso Avaliar ou verificar a força, a competência, o prestígio etc. [TC].

Ver o preço da banha Ver *ver a gordura de perto*

Ver o sol nascer quadrado *Bras*. Ir preso; estar ou ficar preso, encarcerado: "Ver o sol nascer quadrado é seu único horizonte" (Okky de Souza, *Veja*, 26/8/98, p. 75); "Hildebrando Pascoal que já sabe como é ver o sol nascer quadrado como..." (S.A., Aroeira, *Bundas*, 3/4/00, p. 31); "Se ficar dando volta em balão apagado, vai ver o sol nascer quadrado" [CLG/JB/MPa].

Var.: *ver o sol quadrado*

Ver o sol quadrado *Bras., gír*. Estar encarcerado; estar, ficar preso: "Sabe-se lá como se livrou de ver o sol quadrado" (*IstoÉ*, 19/4/00, p. 82) [ABH/GAS/JB/TC].

Var.: *ver o sol aos quadradinhos, ver o sol nascer quadrado*

Ver, ouvir e calar Manter a discrição. – Advertência que nunca deve ser desprezada [RBA].

Ver para crer Só acreditar no que vê [CLG/GAS]. – Para conhecer histórico da expr., ver RMJ, p. 328.

Var.: *ver e crer com são Tomé*

Ver passarinho novo *Lus*. Ter um novo namoro, notícias agradáveis, grande alegria [GAS].

Ver passarinho verde *Fam*. Mostrar-se muito alegre, sem razão aparente; ficar muito contente, sem motivo aparente; estar muito satisfeito inexplicavelmente; ter alegria fora de propósito; estar visivelmente alegre: "'Maria Menina viu passarinho verde', diziam na cozinha. De fato, irradiava satisfação de minha mãe postiça" (José Lins do Rego, *Meus verdes anos*, p. 140) [ABH/CLG/LM/OB/RG]. Ver LCCa, s. v. "VIU PASSARINHO VERDE?", pp. 200-1.

Ver passar os comboios (sic) *Lus*. Não fazer nada; não aproveitar as oportunidades que surgem [GAS].

Ver pelo mesmo prisma Ter a mesma opinião [GAS].

Ver pelos olhos de outrem 1. Ser cego. **2.** Imitar pensamentos e ações de outra pessoa [GAS].

Ver por um binóculo Diz-se quando se pensa que não se tornará a ver; perder algo e não voltar a olhá-lo [GAS].

Ver por um canudo Ver *ver por um óculo* (1)

Ver por um óculo 1. Ver de longe, sem alcançar, como se vê uma paisagem pelo canudo de um óculo; não ver; não lograr ver distintamente; não conseguir obter aquilo que esperava ou desejava; não obter; não conseguir; não gozar de algo senão vaga

ou diminutamente. **2.** Ser logrado; ser ludibriado em algo que lhe foi devido ou prometido; não ser aquinhoado por uma benesse aguardada [ABH/AC/AN/FF/FS/FSB/GAS/LM].
Sin. (1): *comer com a testa* (1)

Ver quanto dói uma saudade Sofrer sério dissabor [FS/LM].

Ver quem tem garrafas vazias para vender Ver quem tem mais recursos, mais "bala na agulha" para conseguir algo. – Expr. de ameaça. Reminiscência da noite das garrafadas (14/3/1831), na qual por ocasião da chegada de d. Pedro I, de Minas, houve distúrbios entre port. e bras., que se agrediram a garrafadas [AN].

≠ **Não ver razão** Achar desnecessário [GAS].

Ver-se à barba Ver-se abarbado, assoberbado de dificuldades e/ou trabalhos [ABH].

Ver-se a braços com uma coisa Lutar para vencer ou alcançar alguma coisa [AN].

Ver-se amarelo Estar com medo, aflito [GAS].

Ver-se à nora *Lus.* Ver-se em dificuldades [GAS].

Ver-se a perros *Lus.* Sentir-se aflito; ver-se em apuros [GAS].

Ver-se às aranhas *Lus.* Ver-se atrapalhado, aflito [GAS].

Ver-se azul *Lus.* Estar bêbado [GAS].

Ver-se doido *Lus.* Não saber para que lado se voltar [GAS].
Sin.: *ver-se maluco*

Ver-se doido com Ver *ver a China*

Ver-se e desejar-se Ver *estar metido em calças pardas*

Ver-se em/nas amarelas Achar-se em dificuldades; ter de enfrentar ou arrostar sérias dificuldades; ver-se em apuros, em apertura; ter sérias preocupações, problemas; ter de enfrentar situação difícil, embaraço sério: "Devia de estar em o se agachar, ver-se em amarelas..." (João Guimarães Rosa, *Primeiras estórias*); "Querem banha pro cabelo / E querem sal pra panela, / Querem brinco pras orêia, / Querem meia pras canela, / Coitadinho do marido / Que se vê nas amarela! / Eu bem que via isso tudo / E inda caí na esparrela..." (cantador, enumerando as exigências das esposas e os encargos que a vida de casado acarreta); "Pode virar lobisomem e eu me ver nas amarelas" (Leonardo Mota, *Sertão alegre*) [ABH/ECS/LCCa/LM/RG/TC].
Sin.: *ver a China* (1)

Ver-se em apuros Achar-se em situação difícil, em grandes dificuldades, de miséria ou angústia [AN/GAS].
Var.: *viver em apuros*

Ver-se em assado(s) Estar em dificuldades; ver-se em apuros [AJO/AN/GAS].
Var.: *ver-se num assado*

Ver-se em betas /ê/ *Bras., S.* Encontrar-se em apuros, em situação difícil; achar-se em dificuldades: "O degas aqui viu-se em betas com o pai da guria" [ABH/AJO/*Seleções*, jul./1996, p. 7].
Var.: *meter-se em betas*

Ver-se em fofas *Lus.* **1.** Ver-se em complicações. **2.** Dançar lascivamente [GAS].

Ver-se em pancas Estar, ou ver-se em dificuldades: "Viu-se em pancas para contradizer as testemunhas do inquérito..." (Camilo Castelo Branco, *Boêmia do espírito*, 1886, p. 136) [ABH/AC/ECS/FF/FSB/GAS].
Sin.: *meter-se em talas*
Var.: *andar/estar em pancas*

Ver-se em papos de aranha Andar azafamado, aos trambolhões, em reboliço, no meio de mil dificuldades; encontrar-se em situação embaraçosa; estar aflito (ver *Rev. Lus.*, XX, 307; Gonçalves Viana, *Apostilas*, II; Lindolfo Gomes, *Contos*; *Boletim de Filologia*, III). – A correção para "palpos" não tem razão de ser porque o povo desconhece esta palavra erudita [AC/AN/FF/GAS].
Var.: *estar em papos de aranha*; *ver-se em palpos de aranha*

Ver se eu estou pra biu Expr. utilizada para dizer que não se está disposto, que não quer saber de conversa mole: "E ela ainda veio com uma conversa estranha, queria dinheiro emprestado... Vê se eu tô pra biu!" [FNa, s. v. "vê se eu tô pra biu!"].

Ver-se gago Ver *ver flamejar a meia-noite*

Ver-se grego Ver *ver flamejar a meia-noite*

Ver-se livre Estar desobrigado de alguma coisa, liberto de um estorvo [GAS].

Ver-se maluco Ver *ver-se doido*

Ver-se metido num torniquete Estar em apertos, em dificuldades. – É reminiscência das torturas inquisitoriais (ver Ladislau Batalha, *História geral dos adágios portugueses*) [AN].
Var.: *estar num torniquete*

≠ **Não ver senão pelos olhos de alguém** Ser sempre da opinião de alguém; imitar alguém em tudo [AN/GAS].

Ver-se nas de atacar Ver *estar metido em calças pardas*

Ver se pegam as bichas Ver se dão bom resultado os meios empregados para conseguir um fim; ver se os recursos adotados resultam eficazes; tentar convencer; tentar obter o que deseja. – Reminiscência do tempo em que se faziam muitas sangrias empregando sanguessugas [AN].
Var.: *ver se as bichas pegam*

Ver tudo cor-de-rosa Ser otimista; olhar as coisas com ânimo alegre e risonho, e conforme seu desejo; ver o mundo sem maldade; omitir o lado feio e mau da vida; idealizar as situações; fantasiar [AN/CLG/GAS].
Var.: *ver com óculos cor-de-rosa*

Ver tudo negro Ser pessimista [FF/GAS].

Ver tudo verde Alimentar muita esperança; ser otimista [TC].

Ver uma bruxa Ver-se embaraçado, atrapalhado; ser fortemente repreendido; ser obrigado a grande trabalho, ou azáfama [TC].

Ver uma fona *Lus*. Não ter descanso; estar atarefado, sobrecarregado, em grande agitação. – O povo diz a frase erradamente porque deveria dizer-se ver o Mafona (fundador da rel. islâmica) [GAS].
Sin.: *andar numa roda-viva*
Var.: *andar numa fona*

≠ **Não ver uma linha** *Lus., Univ. Coimbra*. Não estudar absolutamente nada [GAS].

Ver um calor 1. *Lus*. Sofrer forte admoestação. **2.** Ver-se aflito [GAS].

Ver urso de gola 1. Encontrar embaraços; achar-se em sérias dificuldades ou atrapalhações; achar-se em situação aperreada: "Coitado do Elesbão, um conhecido meu, coitado. Anda numa pior, vendo urso de gola, chamando urubu de meu louro, pedindo a bênção a meio-fio. Imaginem que nosso herói, aliás sofrido herói, era funcionário de carreira de um banco estadual, concursado, primeiro lugar e tudo" (Aírton Monte, *O Povo*, cad. Vida & Arte, 12/6/02, p. 2). **2.** Sofrer muito. – Expr. muito us. entre 1920 e 1930. Hoje é quase desconhecida. Era comum àquela época ver-se urso domesticado, preso a uma coleira ou gola, a exibir-se nas feiras e circos. Daí talvez a or. da expr. Uso em tom joc. ou irôn. ABH registra "gole", enquanto LM, que o precede cronologicamente em obra editada, assinala "gola" [ABH/FS/LM/RG/TC].
Sin.: *ver a China*
Var.: *ver urso, ver urso de gole*

Ver visagem 1. Ver coisas sobrenaturais. **2.** Imaginar coisas inverossímeis ou inacreditáveis [TC].

≠ **Não ver vivalma** Não ver ninguém [GAS].

Ver vovó Ser suspenso pelas orelhas; suspender a criança pela cabeça. – Brincadeira que se faz com as crianças [FS/LM/TC].

Vergar

Vergar a mola Executar trabalhos forçados [GAS].

Verter

Verter água(s) *Bras., NE*. Mictar; urinar, fazer xixi; mijar: "Um sagué desses verte água em sua cara e encalomba tudo, nunca mais sara" (João Ubaldo Ribeiro, *Sargento Getúlio*, pp. 16-7) [ABH/AJO/AN/GAS/JB/J&J/MSM/PJC/TC].

Verter pranto Ver *derramar lágrimas*

Verter sangue 1. Lançar sangue de si; lacerar-se ficando ensanguentado. **2.** *Fig.* Sofrer amargamente [AN/FF].

Vestir

Vestir a beca *Bras., BA.* Vestir uma roupa domingueira; vestir roupa de gala [Net].

Vestir a camisa Empenhar-se: "É preciso vestir a camisa" [JB].

Var.: *suar a camisa* (1)

Vestir a carapuça Tomar a si alusão ou indireta (crítica) dirigida a outrem; tomar para si comentários dirigidos a outros; assumir, sem querer, uma crítica feita a outra pessoa: "Imatura Franco vestiu a carapuça outra vez!" (Tutty Vasques, *Época*, 16/7/01, p. 28) [ABH/AT/CLG/MPa].

Var.: *enfiar a carapuça*

Vestir camisa de sete varas Encontrar-se em sérias dificuldades, em situação melindrosa ou embaraçosa: "Todo mundo quebra o galho de todo mundo sem correr risco de vestir camisa de sete varas..." (Aírton Monte, *O Povo*, 17/10/96, p. 4B).

Vestir dos pés à cabeça Vestir o corpo inteiro, dando calçado, roupa e chapéu [AN].

Vestir o paletó de madeira *Bras., gír.* Morrer [ABH].

Sin.: *bater a(s) bota(s)*

Var.: *vestir o pijama de madeira*

Vestir o pano Vestir-se: "Vou vestir o pano, depois a gente vai à luta" [JB].

Vestir o pijama Ir para casa; demitir-se ou exonerar-se; aposentar-se: "Foi uma forma delicada de mandá-los vestir o pijama" (Tales Faria *et al.*, *IstoÉ*, 4/11/98, p. 31).

Vestir toga 1. Ser juiz. **2.** Arvorar-se em juiz [AN].

Viajar

Viajar de banda Cavalgar em selim próprio para mulheres; andar de banda: "Minha mãe, mesmo viajando de banda..." (Nélson Lustosa Cabral, *Paisagem do Nordeste*) [TC].

Viajar na maionese *Bras., gír.* Querer uma situação favorável: "Tudo isso parece coisa de quem, como diria a ala jovem do PT, viajou na maionese" (Okky de Souza, *Veja*, 26/8/98, p. 128); "Cê só pensa em viajar na maionese e viver no bem-bom" [JB].

Viajar para sempre Morrer [F&A].

Vibrar

Vibrar raios e coriscos Mostrar grande indisposição ou furor; proferir ameaças [GAS].

Vingar

Vingar a sela *Lus.* Cavalgar [GAS].

Vir(-se)

Vir à baila/balha Ser objeto de conversa; surgir no comentário; vir, ser lembrado a propósito; vir de novo à discussão; fazer-se lembrado oportunamente: "Afinal veio à baila a escritura..." (Aluísio Azevedo, *O mulato*) [ABH/CPL, 20ª. ed., Ática, 2000/ECS/FSB/GAS/OB]

Var.: *trazer à baila/balha*

Vir abaixo 1. Cair (uma empresa por falência, ou um prédio por deficiência dos alicerces); ruir; desabar; desmoronar-se; extinguir-se; acabar-se; aniquilar-se; desfazer; destruir; haver destruição: "A estribaria viera abaixo, com as traves carcomidas" (José Américo de Almeida, *A bagaceira*). **2.** Haver discussão forte, destampatório, barulho, briga, bate-boca. **3.** *Teat.* Irromperem aplausos. **4.** Descer à rua. – As varinas usavam o termo "Venha abaixo e traga o tacho". **5.** *Lus.* Diz-se do carro, quando ele "morre", enguiça [ABH/AN/FF/GAS/MPb/TC].

Sin. (5): *dar (o/um) prego* (2)

Var. (2): *vir o mundo abaixo* (3)

Vir à cabeça 1. Lembrar-se; vir à memória: "A estória me veio à cabeça a propósito da Venezuela, onde o presidente Chávez..." (Iza Salles, *Bundas*, 13/9/99, p. 33). **2.** Estar à frente [GAS].

Vir (mesmo) a calhar Ser oportuno; vir no momento próprio: "Isto chegou na hora certa, veio a calhar" [AJO/GAS/JB].

Sin.: *cair no jeito, vir ao pintar da faneca*

Vir a casa abaixo Diz-se quando ocorre grande discussão [GAS].

Vir acima Emergir; aparecer em cima [AT/FF].

Vir à colação Citar, referir ou vir a propósito; vir em boa altura: "Os amigos estão aí a palavrear em objetos que não vêm à colação..." (Camilo Castelo Branco, *Os brilhantes do brasileiro*) [ABH/AN/FF/GAS].

Sin.: *trazer à baila/balha*
Var.: *trazer à colação*

Vir a efeito Alcançar-se o desejado [GAS].

Vir à estacada Vir em defesa de alguém [GAS].

Vir à(s) fala(s) 1. Chegar, um navio, tão perto de outro de modo que se possa ouvir perguntas e respostas. **2.** Aproximar-se de alguém para lhe falar; procurar falar sobre certo assunto; entrar em acordo, ajuste ou entendimento com alguém; discutir: "Tenho dito, e aviso-vos que, se torno a vir à fala, é para vos mostrar a boca dum arcabuz" (Manuel Pinheiro Chagas, *A máscara vermelha*) [ABH/AN/ECS/GAS/TC].

Var. (2): *ir à fala*

Vir à frecha *Lus*. Correr; andar com muita pressa (ver *Rev. de Port.*, vol. XXX, p. 75) [ECS].

Var.: *ir à frecha*

Vir-à-fura (sic) *Patol*. Diz-se de acúmulo supurado, abscesso, cujo conteúdo purulento irrompeu para a superfície [J&J].

Vir a furo 1. Estourar (tumor); chegar, um tumor, ao ponto em que deve ser furado ou espremido. **2.** Chegar, um negócio, um assunto, ao ponto em que a respeito dele se deve tomar uma resolução; ser divulgado o segredo, o escândalo; transparecer; falar-se; falar sobre; chegar ao momento de ser resolvido: "– É cada desaforo! Até intimidade de família vem a furo" (José Cândido de Carvalho, *O coronel e o lobisomem*, p. 231); "Na marola da conversa, (...) veio a furo o nome de Jordão Tibiriçá" (José Cândido de Carvalho, *id.*, p. 298) [ABH/AN/ECS/TC].

Var. (2): *chegar/trazer a furo*

Vir a gume Vir oportunamente: "... Palavras que vieram a gume à minha boca foram estas" (João Guimarães Rosa, *Grande sertão: veredas*) [ECS].

Vir a lanço Vir a propósito, em momento oportuno [ECS].

Vir a lume 1. Ser publicado (livro etc.); publicar-se. **2.** Aflorar [ECS/GAS].

Var. (1): *sair a lume*

Vir à luz 1. Surgir; aparecer. **2.** Nascer. **3.** Publicar-se; ser publicado [ABH/AN/FF].

Sin (2) (3): *sair à luz*
Var. (2): *sair à luz*

Vir à mão Chegar-se; concordar; fazer as pazes; resolver pacificamente uma questão [GAS].

Vir a mão de Cair sob o poder de: "... Com este nome andou a lugar... até vir a mão de Comentários Clérigos" (fr. Luís de Sousa, *Frei Bartolomeu dos Mártires*) [ECS].

Vir a miúdo *Lus*. Vir muitas vezes [GAS].
Var.: *vir amiúde*

Vir ao caso Vir ou ser a propósito; ter procedência, razão de ser; ter aplicação [ABH/AN/GAS].

Vir ao mundo Nascer: "Você é muito bobinha. Como é que alguém pode vir ao mundo sem ter mãe?" (Luiz Galdino, *Saruê, Zambi!*, p. 12) [FF/GAS].

Vir ao pintar da faneca *Lus*. Vir no momento oportuno; chega na ocasião mais própria; vir na melhor ocasião, no momento propício [ABH/AN/FF/GAS].

Sin.: *vir a calhar*
Var.: *vir ao picar da faneca, vir ao pintar*

Vir ao relho Chegar ao que se pretende [AN].

Vir ao sentido *Lus., Alentejo*. Cheirar muito; ter cheiro ativo [GAS].

Vir ao tapete da discussão Propor o exame [AN].

Vir a pelo Vir a propósito; acontecer, aparecer na hora certa, na ocasião propícia: "Vem a pelo o estudo de dois vocábulos da língua geral" (Gonçalves Dias, *Brasil e Oceania*) [ABH/ECS/GAS].
Var.: *cair a pelo*

Vir a propósito Vir a tempo; chegar na altura própria, no momento oportuno [FF/GAS].

Vir a saber-se Chegar ao conhecimento público [GAS].

Vir às brabas Chegar ao confronto físico; brigar: "Por que não se avançam de uma vez para tudo, vir às brabas?" (João Guimarães Rosa, *Grande sertão: veredas*) [ECS].
Sin.: *chegar a/às vias de fato*

Vir a ser Tornar-se [FF/OB].

Vir às mãos 1. Aparecer sem esperar; deparar-se-lhe. **2.** Lutar corporalmente; romper as hostilidades; brigar: "Estiveram para vir às mãos, e decidir pela espada a contenda" (Arnaldo Gama, *O bailio de Leça*) [ABH/AN/ECS/FSB/GAS].
Var. (2): (bras.) *encarar na mão*

Vir às mãos de alguém Chegar ao poder, ao conhecimento de alguém [AN].

Vir a talho de foice 1. Vir o tempo de se fazer a ceifa. **2.** Vir a propósito, a jeito, no momento oportuno [AC/AN/FF/GAS].

Vir a tempo Chegar ou lembrar em ocasião oportuna [FF].

Vir à tona Saber-se; tornar-se público; vir à superfície: "Basta um simples surto de gripe para o atendimento precário vir à tona" (Regina Marshall, *Diário do Nordeste*, cad. Gente, 1º/10/00, p. 14) [GAS].

Vir atrasado *Lus.* Diz-se de quem demonstra estar com fome [GAS].

Vir batendo Voltar sem carga, sem a mercadoria, objetos ou algo que poderia trazer: "E eu vinha batendo, podia fazer-lhes uma caridade" (Sinval Sá, *O sanfoneiro do riacho da Brígida*) [TC].
Var.: *voltar batendo*

Vir bater em Vir ter a; chegar a: "Vim bater na minha terra velha" (João Clímaco Bezerra, *Não há estrelas no céu*) [TC].

Vir bater em boa porta Ter quem lhe responda desfavoravelmente [AN].

≠ **Não me vir chorar as pitangas** Não me aborrecer: "Não me venha chorar as pitangas, gente, não posso me amolar" [JB].

Vir com a ladainha de sempre Repetir os pedidos, as desculpas, as histórias etc., que sempre diz [AN].

Vir com a maré Chegar inesperadamente [GAS].

Vir com as mãos a abanar/abanando 1. Vir com as mãos vazias; trazer as mãos vazias. **2.** Sair logrado num negócio em que esperava ganhar; não conseguir o que queria; voltar sem haver conseguido nada [ABH/AC/AN/CLG/FSB].
Var.: *voltar com as mãos abanando*

Vir com charada Estar com subterfúgios, indiretas, sofismas [TC].

≠ **Não vir com essa** Não inventar: "Não vem com essa de galo que não cola" [JB].

Vir com hora *Bras., CE.* Não chegar atrasado; ir ou vir com tempo suficiente ou com certa antecipação: "Venha com hora" [RG/TC].
Var.: *ir com horas*

≠ **Não vir com o cu à mostra** *Bras., S, SP, chulo.* Não fazer a alguém, com rodeios, propostas inaceitáveis: "Não venha com o cu à mostra" [MSM]. ♦ Uso frequente no modo imperativo.

Vir com o pé nas mãos *Açor.* Brindar com as pessoas presentes [GAS].

≠ **Não vir com papo furado** Não inventar: "Não vem com papo furado nem com papo dez [= conversa inteligente], a gente te conhece muito bem" [JB].

Vir com partes de siri sem unhas Mostrar aparência de inofensivo [AN].

Vir com pedras na mão Bancar o mal-educado; ser incivilizado, rude, grosseiro: "A gente quer ajudar, e você vem com pedras na mão" (Álvaro Cardoso Gomes, *Ladrões de tênis*, p. 25).

Vir com seus cantos de sereia Querer iludir com palavras dulçorosas. – Alusão

Vir(-se)

ao passo da *Odisseia* (canto XII), de Homero, em que as sereias do farol de Messina quiseram encantar Ulisses e seus companheiros [AN].

Vir da parvônia *Lus.* Vir de uma aldeia recôndita, da província. – Parvônia: nome que ant. se dava às terras recônditas da província [GAS].
Sin.: *vir das berças*

Vir das berças Ver *vir da parvônia*

Vir de Acabar de: "Um dos escritores que vimos de nomear" [FF].

Vir de carrinho *Lus.* Apresentar-se quando já são conhecidas as suas manhas ou habilidades [GAS].

Vir de lá esses ossos Apertar as mãos: "Venham de lá esses ossos" (= Apertemos as mãos) [AN].

Vir dentro Avançar, com propósito de agredir: "Não venha dentro, patrão" (D. Martins de Oliveira, *Os romeiros*) [TC].
Var.: *correr dentro*

Vir de porta *Lus.* Ganhar logo à primeira cartada [GAS].

Vir de sarcita *Lus., Trás-os-Montes.* Chegar esfomeado; ter muita fome [GAS].
Var.: (lus.) *vir o sarcito*

Vir do alto Lograr uma coisa sem merecê-la [AN].

Vir do berço Ser (algum traço psicológico, mental etc.) herdado, inato, de nascença: "Parece até que esse tipo de sabedoria vem do berço, o sujeito já nasce sabendo..." (Aníbal Bonavides, *As profecias do Arquimedes*, p. 16).

Vir do céu Ser excelente [AN].

Vir do nada Diz-se de pessoa de origem humilde [GAS].

Vir em águas mornas *Lus.* Vir com palavras suaves, mansas, amenas [GAS].

Vir em direção Aproximar-se: "Lá vem o bêbado. Ele vem em nossa direção" [ECS].

Vir em letra de forma /ô/ Diz-se para se referir ao que vem impresso no jornal [GAS].
Sin.: *estar em letra redonda*
Var.: *estar em letra de forma, vir em letra redonda*

Vir feito com *Lus., Ericeira.* Vir no enfiamento da maré, com o refluxo ou com a enchente da maré; vir ao correr da onda, no momento em que a onda se espraia [GAS].

Vir feito para cima de alguém Estar, vir preparado para ferir ou lutar; estar, vir disposto a infligir castigo, a atacar [AN].

Vir fumaçando 1. Chegar em alta velocidade. **2.** Vir irritado, enraivecido, intempestivamente [RMJ/TC].

Vir na casa de Nosso Senhor Jesus Cristo Mal despontar (o dia) [AN].

Vir nas horas de estalar Chegar a toda a pressa [GAS].

Vir o diabo e escolha (*sic*) Ter de optar e estar com dúvidas [GAS].

Vir o mundo abaixo 1. Ocorrer uma catástrofe, um desastre, um mal irremediável. **2.** Ocorrer ventania ou chuva forte, uma grande tempestade etc. **3.** Haver barulho, desordem, destruição; haver grande escarcéu, forte escândalo, cenas desagradáveis; haver uma grande discussão: "Chegar à janela era um ato que lhe estava tacitamente vedado e de sair sozinha à rua Deus a livrasse: viria o mundo abaixo!" (Arthur Azevedo, *Contos efêmeros*); "E o mundo pode vir abaixo que ela não se altera" (João Clímaco Bezerra, *Sol posto*); "Foi um Deus nos acuda. Quase o mundo veio abaixo" (Sabino Campos, *Catimbó*) [ABH/AN/GAS/RF/TC].
Sin.: *desabar o mundo*
Var. (1) (2) (3): *vir o céu abaixo*
Var. (3): *vir abaixo* (2)

≠ **Não vir que não tem** Pedido para que alguém não aborreça, pois não conseguirá o que pretende: "Não vem que não tem, não aceito coisa desse tipo" [JB].

Vir-se na tocha Ter orgasmo na masturbação [GAS].

Vir tarde e a más horas Chegar quando já não é preciso [GAS].

Vir tinindo Chegar, vir com pressa, ou em estado de excitação, ou com muita raiva: "A dona Rufina, que vinha tinindo, disse para o marido..." (José de Alencar, *Guerra dos mascates*) [TC].

Var.: *chegar tinindo*

Virar(-se)

≠ **Não virar** *Bras., SP, gír.* Não dar certo: "O agito no camarote da Brahma, o mais disputado do evento pelo *frisson* habitual de personalidades e artistas, não virou (= não deu certo)" (Valéria Propato, *IstoÉ*, 30/8/00, p. 80). – Ling. dos peões de rodeio, em Barretos, SP.

Virar a bandeira Ver *virar (a) casaca*

Virar a cabeça 1. Apresentar mudança para pior no seu procedimento; tornar-se insensato; corromper: "– Espere aí, rapaz. Você virou a cabeça, assim de repente?" (Aníbal Bonavides, *As profecias do Arquimedes*, p. 28); "Nezinha: Deus me perdoe! Cumé que tu foi virar a cabeça desse jeito? Lourenço tão bom, coitado" (Édson d'Santana, *Ao mar!*, p. 11). **2.** Apaixonar-se: "No dia que viu aquela cabrita, virou a cabeça" (João Valle Maurício, *Grotão*) [ABH/TC].

Var. (2): *perder a cabeça* (3)

Virar a cabeça a/de alguém Perturbar o juízo de alguém; conseguir mudar a opinião de alguém; fazer que alguém vire a cabeça; fazer perder o juízo [ABH/GAS]. ♦ Em Portugal, prevalece a regência com a prep. "a", enquanto no Brasil é usual a regência com a prep. "de".

Var.: *voltar a cabeça a alguém*

Virar a cara a alguém Desviar a atenção para não cumprimentar ou não falar com alguém; desprezar, ignorar alguém: "Virei a cara praquele (*sic*) mau-caráter" [GAS/JB].

Var.: *voltar a cara a alguém*

Virar a esquina Ir embora: "Vou virar a esquina e procurar o que fazer" [JB].

Virar a folha Ver *virar a página*

Virar a labita Ver *virar (a) casaca*

Virar alcanfor Ver *dar às de vila-diogo*

Virar a mão 1. Mudar de ideia; mudar de procedimento. **2.** Abicharar; assumir, o homem, que é homossexual; desmunhecar [AN/GM].

Virar a mesa 1. *Bras., pop.* Engrossar; ser ríspido, grosseiro. **2.** Criar confusão: "Do jeito que vai, vou virar a mesa." **3.** Mudar tudo; reagir; reverter uma situação: "O pessoal que era contra a apuração do atentado e contra a abertura dispunha de meios suficientes para virar a mesa" (Hélio Contreiras, *IstoÉ*, 19/5/99, p. 43); "Vou virar a mesa, não aceito ser passado pra trás" [ABH/JB].

Virar anjinho Morrer: "– Papai, mamãe disse que Zequinha tá querendo virar anjinho. Como é que a gente vira anjinho? Diz, papai" (Eneida, *Boa-noite, professor*, p. 24).

Virar a noite Passar a noite sem dormir: "– Vamos virar a noite? Vamos pernoitar?" (Caio Porfírio Carneiro, *Da terra para o mar, do mar para a terra*, p. 15) [CGP/GAS/TGa].

Var.: *perder a noite*

Virar a página Mudar de assunto: "– Fiz tudo, Rutinha. Apelei até para a história do Brasil. E sabe o que fez o primo? – Virou a página" (José Cândido de Carvalho, *Porque Lulu Bergantim não atravessou o Rubicon*, p. 92) [AN/FF/GAS].

Sin.: *mudar o disco* (3), *virar a folha*

Virar a ponta *Bras.* Morrer [TC].

Virar as costas Retirar-se por falta de interesse ou por desprezo; retirar-se propositadamente, por desatenção ou desprezo: "Neguinho virou as costas e foi andando" (Antônio Callado, *Quarup*, I, p. 41) [FF/GAS/RG].

Var.: *dar as/de costas* (1)

Virar a vaca *Bras., gír. surfistas.* Cair da prancha: "O garoto virou a vaca e perdeu pontos" [JB].

Virar bicho *Bras., CE.* **1.** Exaltar-se e dispor-se a brigar; zangar-se, ficar zangado, furioso, descontrolado; aborrecer-se a ponto de querer brigar com o mundo; exceder-

-se na zanga; enraivecer-se; enfurecer-se; enfezar-se; encolerizar-se; agredir; mostrar-se agressivo: "Isto por aqui está horrível, Ló. Uma tristeza medonha. Creio que estou virando bicho" (Graciliano Ramos, *Cartas*, p. 131). **2.** Ficar livre, desimpedido, sem governo. **3.** *Bras., NE.* Segundo crendice pop., virar ou transformar-se em lobisomem: "– E estão dizendo que é um tal de mestre José Amaro que deu para virar bicho..." (José Lins do Rego, *Fogo morto*, p. 56) [ABF/ABH/AC/AJO/AN/CGP/FF/GS/JB/LM/RG/RMJ/TC].

Sin. (1): *chupar (uma) barata, estar (uma) fera*, (RS) *virar galo de rinha*

Sin. (2): *estar solto/soltinho na buraqueira* (1)

Var. (1): *dar (o) bicho, virar bicho do cão*

Virar bicho do cão *Bras., CE.* Exaltar-se e dispor-se a brigar; ficar zangado, furioso, descontrolado; aborrecer-se a ponto de querer brigar com o mundo; enraivecer-se; enfezar-se; encolerizar-se; agredir; mostrar-se agressivo: "Quando alguém pedia uma esmola, ele virava bicho do cão" (Mário Landim, *Vaca preta e boi pintado*) [ABH/AN/RG/RMJ/TC].

Var.: *virar bicho* (1), *virar (o) cão*

Virar biscoito *Bras., gír.* Morrer [GS].

Virar bosta d'alma Ver *abrir de/do/o bredo*

Virar cabide de emprego Referência a empresas do setor público que empregam muita gente pra não fazer nada: "Virou cabide de emprego, os vagabundos vão adorar" [JB].

Virar cachorro doido Danar-se de raiva; enfurecer-se: "E não me venha com a sua justiça, porque se vier, eu viro cachorro doido e o senhor morre na faca cega" (Graciliano Ramos, *São Bernardo*, p. 15).

Virar cânfora Ver *virar sorvete* (3)

Virar (a) casaca Por interesse, mudar de parecer, de opinião, de partido, de time etc.; trocar de opinião política com facilidade e visando tirar proveito pessoal; aderir; diz-se de casos de versatilidade política, transferência da fidelidade partidária, convicção sucessiva etc.: "Cuba, a última ditadura (ostensiva...) da América Latina, vira casaca assim que Fidel abotoar o paletó" (Paulo Francis, *O Povo*, 7/7/96, p. 10B); "Não precisa virar a casaca, gente boa, a gente saca tudo"; "Chico Anysio virou a casaca e passou a torcer pelo Vasco. Antes era América". – Alusão ao duque Carlos Manuel I, de Saboia (Port.), que alternativamente era pelos fr. e pelos esp., vestindo-se com as cores da nação a que se aliava. Expr. transnacional, us. na Itália e na França [ABH/AN/CPL/FF/GAS/GS/JB/LCCa, p. 214/RMJ/TC].

Sin.: *virar a bandeira*, (lus.) *virar a labita*

Var.: *voltar (a) casaca*

Virar caso de polícia Virar, ser problema grande: "O rolo virou caso de polícia e agora é no distrito" [JB].

Virar de bordo 1. *Mar.* Manobrar a embarcação à vela de modo que receba o vento pelo bordo contrário àquele em que o recebia; mudar de rumo (barco ou navio). **2.** *Fig.* Retirar-se; voltar; desandar [ABH/AN/GAS].

Virar de catrâmbias Virar de pernas para o ar [GAS/RMJ]. ♦ GAS grafa "catambrias", porém ABH confirma o registro bras. de RMJ.

Virar do avesso 1. Indispor; conseguir que alguém fique indignado. **2.** Fazer o impossível [GAS/RMJ].

Virar e mexer Andar daqui e dali excogitando, empenhando-se, pedindo, a toda hora; ir e vir; insistir: "Viravam e mexiam e findavam sendo levadas" (César Coelho, *Strip-tease da cidade*) [AN/TC].

Var.: *virar, mexer e remexer*

Virar em pandarecos *Bras.* Reduzir-se a pedaços ou destroços [RG].

Virar em roda *Mar.* Mudar a direção do navio com o vento atingindo antes a popa [ABH].

Virar escambote *Bras., AL.* Virar cambalhota; cair [Net].

Virar(-se)

Virar espírito de vinho 1. Evaporar-se. **2.** Desaparecer [TC].

Virar exu *Bras.* **1.** Receber o santo, ou cair em transe, na macumba. **2.** Ser tomado de cólera; enfurecer-se [ABH].

Virar facão *Bras., Centro, MG.* Permanecer, a núbil, solteira (ver Manuel Viotti, *Novo dic. da gír. brasileira*) [MSM].

Virar folha 1. Mudar de opinião a toda hora. **2.** Procurar esquecer o ocorrido [ABF/AN].

Virar (em) frege *Bras., pop.* **1.** Acabar em barulho, briga; degenerar em desordem, conflito; provocar grande desordem ou arruaça. **2.** Transformar-se em lugar ruim: "Istaqui (*sic*) tá virando frege, vai acabar mal" [ABH/FS/JB/LM/RG/TC].

Sin.: (CE) *virar tudo em beiju de caco/beiju-de-caco*

Var.: *dar em frege*

Virar fumaça Acabar-se; desaparecer; ir embora; sumir: "Com a inflação alta meu dinheiro virou fumaça" [AJO/JB].

Sin.: *virar pó*

Var.: *fazer-se fumaça*

Virar galo de rinha Ver *virar bicho* (1)

Virar gente Transformar-se em pessoa séria: "O cidadão virou gente, agora é pessoa de bem" [AJO].

Virar (a) lata Farrear a noite inteira [CGP/TGa].

Virar major *Bras., Centro, S.* Diz-se do homem de idade avançada e já sexualmente impotente: "Tu não dá mais no couro. Tu já virou major, Chiranha!" (Paulo Dantas, *O livro de Daniel*) [MSM].

Virar maria-combona Dar cambalhotas: "Você corre, você vira maria-combona, você está até aprendendo a nadar" (Manoel Cardoso, *Rolando na duna*, p. 12).

Virar massa *Constr.* Misturar (utilizando uma enxada) cimento, areia (e/ou barro) e água, até obter uma pasta consistente [Net].

Virar moda Estar em evidência: "Agora virou moda usar brinco sem ser bichona" [JB].

Sin.: *estar na onda*

Virar museu Ver *ficar para/pra semente*

Virar na ponta *Desp.* Acabar, um clube, o primeiro turno na liderança do campeonato [HM].

Virar o balandrau 1. Dar vida, entusiasmo à festa. **2.** Provocar a briga. – Balandrau: termo que dá ideia de coisa anormal [TC].

Var. (2): *começar o balandrau*

Virar o bico ao prego Conseguir transformar assunto que lhe era adverso em favorável [GAS].

Virar o cabo de Ultrapassar, ir além de certa idade: "Aquele homem à minha frente, solitário e ríspido, virando o cabo dos 60, já havia sido jovem" (Lourenço Cazarré, *O mistério da obra-prima*, p. 35).

Var.: *dobrar o cabo* (2)

Virar o cacho Diz-se do arroz quando pende, inclina-se maduro [TC].

Virar o(s) cambito(s) Cair; rolar: "... Ele deu-lhe um grito / e um murro na cara, / que Josefa Clara / virou o cambito" (Patativa do Assaré, *Cordéis*, p. 106).

Virar o carro Ligar o carro; ligar a ignição; pôr o carro para funcionar [Net/NL].

Virar o casco *Bras., RS.* Simpatia muito comum no RS, us. para curar animal com bicheira, que consiste em remover o local onde o animal acabou de pisar, retirando um pouco de terra junto com a grama e recolocando esse torrão no mesmo lugar, porém com a grama para baixo [AJO].

Sin.: *virar o rasto*

Virar o copo Beber (ou beber de uma só vez) bebida alcoólica; representa o simbolismo do bebedor de cachaça: "Não quis fazer figura de maricas, e bebi com todos a cerveja que o Campos nos oferecia. Pela primeira vez fazia aquilo. Sentia o líquido amargo, e com repugnância virei o copo" (José Lins do Rego, *Eurídice*, p. 85); "Fabiano virou o copo de um trago, cuspiu, limpou os beiços à manga, contraiu o rosto" (Graciliano Ramos, *Vidas secas*, p. 28) [GS/TC].

Sin.: *emborcar a bebida*

Var.: *emborcar o copo*

Virar o diabo Ver *dar a peste*

Virar o disco *Bras., S, RJ.* **1.** Mudar de assunto. **2.** *Chulo.* Tornar-se homossexual; praticar a cópula anal; "abicharar"; "desmunhecar": "O magnata virou o disco" [ABH/CLG/GM/JB/MSM].
Sin. (3): *virar o fio* (3), *virar o pavio*
Var. (1): *mudar o disco* (3)

Virar o escudo *Lus., Coimbra.* Não oferecer ou negar-se a pagar uma bebida a outrem [GAS].

Virar(-se) o feitiço contra o feiticeiro Ter algum ato ou empreendimento resultado oposto ao que se pretendia; ser o resultado de uma ação contrário à expectativa de quem a praticou; sair um resultado contrário, às avessas; virar-se o mal contra quem o preparou; acontecer que uma ação mal-intencionada recaia sobre quem a executa; recaírem as consequências de um ato sobre quem o praticou pensando prejudicar outrem; servir-se dos argumentos do adversário para confundi-lo: "Um castigo que ela bem merecia, mas o feitiço virou contra o feiticeiro" (Luiz Galdino, *Saruê, Zambi!*, p. 16) [ABH/AN/DT/FF/FS/GAS/RBA/TC].
Sin.: *mudar as setas em grelhas, sair o tiro pela culatra*
Var.: *sair o feitiço contra o feiticeiro, voltar(-se) o feitiço contra o feiticeiro*

Virar oficial de verruma Tornar-se femeeiro [= conquistador de mulheres, galanteador] [LM].

Virar o fio 1. Amolar em excesso o gume de uma faca, a ponto de virar, rompendo-se. **2.** *Fig.* Diz-se de treino excessivo, que acaba provocando esgotamento. **3.** *Bras., gír.* Tornar-se homossexual: "Virou o fio, bichou de vez" [JB/TC].
Sin. (3): *virar o disco* (2)

Virar o jogo 1. Mudar; reverter uma situação qualquer; mudar um resultado, gradual ou inesperadamente: "Odorico: Esses badernistas conseguiram botar o povo contra mim. E é preciso que aconteça alguma coisa que vire o jogo, o senhor está entendendo? Um atentado, por exemplo" (Dias Gomes, *O Bem-Amado*, p. 133); "Do ponto de vista político, os tucanos não fizeram nada para virar o jogo" (Fábio Campos, *O Povo*, 5/7/98, p. 3A). – Alusão ao futebol. **2.** *Desp.* Passar à frente no placar, depois de estar perdendo [HM/JB].

Virar o lombo Ver *dar as/de costas* (1)

Virar o mate *Bras., RS.* Remover a erva, dentro da cuia, de um lado para outro, a fim de tornar o mate mais forte [AJO].

Virar o milho Dobrar a haste do pé de milho, deixando a espiga ainda presa. – Tal providência tem por finalidades: a) acelerar o processo de secagem do milho, b) evitar que as águas chuvas temporãs se acumulem nas palmas e provoquem apodrecimento da espiga e, por fim, c) aliviar o trabalho do agricultor, pois o milho virado pode ser colhido em época mais folgada [TC].

Virar o miolo Endoidecer: "– Ocê virou o miolo, Costa?" (Terezinha Alvarenga, *Rio dos sonhos*, p. 32) [GAS].
Sin.: *ficar de miolo virado*

Virar o mundo pelo avesso Revirar; redescobrir: "Virei o mundo pelo avesso e não encontrei nada" [JB].

Virar (uma) onça Zangar-se; ficar muito zangado; ficar bravo; achar-se muito raivoso; enfurecer-se; estar muito irritado; ficar furioso: "Pobre Matias. Virou onça quando disseram que franguinho era uma ameaça à humanidade" (Antônio Ermírio de Moraes, *Folha de S.Paulo,* 29/12/96, p. 2) [ABH/AT/FSB/JB/TC].
Sin.: *estar (uma) fera*
Var.: *estar/ficar (uma) onça*

Virar onda Estar em evidência: "Virou onda abrir choparia, danceteria, bar, livraria etc. com o nome de CPI. É mole?" [JB].
Var.: *estar na onda*

Virar o pangaio/pangalho *Bras., NE.* **1.** Divertir-se a valer; desmandar-se em brincadeiras: "A hora é boa de virar pangaio, / no meio deste povaréu" (Mazinho & Aluísio de Oliveira, de uma marcha carnavalesca, *apud* dic. *Novo Aurélio – Séc. XXI,*

s. v. "PANGAIO"). **2.** Provocar desordens; ter a vida irregular, desastrada; entregar-se à vida de desregramento; cair, pôr de pernas para o ar; destroçar; desmanchar-se: "Não sei o que houve: a Lurdinha resolveu agora virar o pangaio!..." [FS/RG/TC].

Virar o pavio *Bras., gír.* Tornar-se homossexual: "O Marcelo virou o pavio e agora se chama Simone" [JB].

Sin.: *virar o disco* (2)

Virar o rabo Ver *dar as/de costas* (1)

Virar o rasto Ver *virar o casco*

Virar o rosto Desprezar; não querer falar: "Virei o rosto como última resposta praquele (*sic*) filho da puta" [AN/JB].

Var.: *torcer o rosto a* (2), *voltar o rosto*

Virar o santé *Umb.* Cobrir o peji (altar das divindades) com toalha branca ou puxar a cortina diante dele e apagar as luzes, à meia-noite, para proceder à "gira dos Exus". – "Santé" é o conjunto de espíritos da natureza que habitam as matas, no culto cabulista (de "cabula", culto afro-bras.) [OGC].

Virar o sol Já passar de meio-dia [AJO].

Virar pacalho *Bras., NE, gír.* Acabar-se; perder-se; inutilizar-se; virar ou terminar em nada [ABH/RG].

Virar para o santo *Umb.* Incorporar o orixá. – Da primeira vez que há transe, sem iniciação, diz-se "bolar para o santo" (ver verbete neste dic.) [OGC].

Virar pedra Ver *ficar para/pra semente*

Virar pelo avesso 1. Pôr para fora a parte interna de algo. **2.** Tratar assunto, caso, em todos os seus aspectos. **3.** Fazer pesquisa meticulosa em um local, ou em seus recantos mais escondidos: "Virou a casa pelo avesso em busca dos óculos" [ABH].

Virar pirão Ver *tomar na cuia dos quiabos*

Virar pó Acabar-se: "As ações do Bamerindus viraram pó, toda minha pequena fortuna virou pó" [JB].

Sin.: *virar fumaça*

Virar presunto *Bras., gír.* **1.** Morrer. **2.** Matar: "Zé do Queijo fez Zé Paraíba virar presunto" [ABH/JB].

Virar pulga Pular: "Aí, cara, virei pulga, saí ferrando o que vi pela frente" [JB].

Virar saco de pancada Diz-se de pessoa em quem todo mundo bate; tornar-se alvo: "Não vou virar saco de pancada, vou reagir e devolver as porradas" [JB].

Virar sócio da viúva Diz-se quando o Tesouro (o erário; o Estado) paga a conta: "O governador de Alagoas virou sócio da viúva, liberou os usineiros e espetou a conta no Tesouro" [JB].

Var.: *virar sócio do Tesouro*

Virar sócio do Tesouro Diz-se quando o Tesouro (o erário; o Estado) paga a conta: "O prefeito virou sócio do Tesouro, faz as merdas e manda o Tesouro pagar" [JB].

Var.: *virar sócio da viúva*

Virar sorvete *Bras.* **1.** Enregelar-se. **2.** *Bras., CE.* Resultar em nada. **3.** Sumir(-se), desaparecer, acabar-se; consumir-se [ABH/AN/LM/RG/TC].

Sin. (3): *virar cânfora*

Virar tábua de pirulito Morrer todo furado de bala; ficar cheio de furos: "O bandidão virou tábua de pirulito. Levou chumbo pra c..." [JB].

Var.: *virar tabuleiro de pirulito*

Virar tabuleiro de pirulito Ficar todo retalhado; ficar cheio de furos; esquartejar algo: "... e deu a louca nos deputados: o nosso Estado virou tabuleiro de pirulito" (Adísia Sá, *O Povo*, 14/12/98, p. 6A). – Alusão à tábua cheia de furos na qual são expostos à venda os pirulitos. A frase de ex. é de uma época em que os dep. estaduais promoviam verdadeira farra de seccionamento do estado do Ceará, transformando inexpressivos distritos em municípios, por motivações eleitoreiras.

Var.: *virar tábua de pirulito*

Virar tudo em beiju de caco/beiju-de-caco Ver *virar (em) frege*

Virar uma cascavel Ver *ficar como cobra que perdeu o veneno*

Visar

Visar o alvo Apontar uma arma de fogo contra [AC].

Visitar

Visitar igrejas Visitar sete igrejas (obrigação que compete ao católico na Semana Santa) [GAS].

Visitar todas as capelas Em caminho de casa, entrar em todas as casas de bebidas que encontra. – Gomes Monteiro e Costa Leão entendem que a expr. veio da visitação de certo número de igrejas e capelas, para alcançar determinadas indulgências [AN].

Viver

≠ **Não viver** Passar a vida trabalhando, sem gozar, sem se divertir: "O trabalhador brasileiro não vive, nem meios para ter seu lazer ele tem" [AN].

Viver à barba longa *Lus.* Viver regaladamente [GAS].

Viver à custa da barba longa *Lus., Turquel.* Viver parasitariamente; sustentar-se à custa de outrem (*Rev. Lus.*, XXVIII, p. 163) [ECS/FF/GAS].

Var.: *comer à (custa do) barba longa*

Viver à grande e à francesa Ver *tratar-se à lei da nobreza*

Viver a la gordacha *Bras., RS.* Viver no luxo [AJO].

Viver à larga Ver *tratar-se à lei da nobreza*

Viver ao deus-dará Sustentar-se com os recursos que arranja cada dia; viver descuidadamente, sem pensar no futuro; sobreviver com o que se consegue arranjar a cada dia: "Esse coitado vive ao deus-dará; está sempre pedindo ajuda e não sabe se terá o que comer no dia seguinte" [AN/DT/GAS].

Sin.: *andar à/na gandaia* (1)

Viver aos dias *Lus.* Viver pobremente [ECS].

Viver a rasto Viver arrastadamente, com dificuldades de ordem financeira, na penúria [TC].

Sin.: *viver arrastado*

Viver arrastado Ver *viver a rasto*

Viver à sombra de alguém Viver sob a proteção de alguém; ser protegido; ser auxiliado [AN/GAS].

Viver à tripa forra /ô/ Viver regaladamente e comer com fartura, sem preocupações de dinheiro, ou à custa dos outros; viver folgadamente, sem aperturas financeiras: "Quer viver à tripa forra, ela no trabalho, ele na perdição" (Jorge Amado, *Dona Flor e seus dois maridos*) [RMJ, s. v. "À TRIPA FORRA"/TC].

Var.: *comer à tripa forra*

Viver a vida Ter vida alegre, cheia de emoções, bem desfrutada [AN].

Viver baixo Sofrer provações [TC].

Viver com a barriga tinindo Viver farto, bem alimentado, de barriga cheia: "O resultado é a paga encolher e essa cambada viver com a barriga tinindo" (Graciliano Ramos, *São Bernardo*, p. 51).

Viver com a carinha n'água Estar alegre, em situação feliz, regozijo. ♦ Expr., segundo o A. cit. a seguir, ouvida de uma camareira de hotel, no Recife: "– Casou, está importante, morando em Olinda. Vive com a carinha n'água" [LCCa]. Ver, para saber mais, LCCa, p. 54.

Var.: *andar com a carinha n'água*

Viver como Deus é servido Sofrer privações; passar a vida parcamente [GAS].

Viver como dois pombinhos Viver muito amorosamente; ter vida de ternura, mutuamente amorosa. – O pombo é animal muito afetuoso com a companheira [AN/GAS].

Viver como gato com/e cachorro Viver (duas pessoas) em conflitos intermináveis, sempre a discutir, a brigar; viver em briga, em luta constante, em grande e permanente confusão; viver em constante desunião, com rixas frequentes: "Lembrou que o pai e a mãe viviam como gato e cachorro, brigando e discutindo em voz alta, pelas mínimas coisas" (Rogério Andrade Barbosa, *Rômulo e Júlia: os caras-pintadas*, p. 12) [ABH/AN/F&A/LM/TC].

Sin.: *viver como o cão e o gato*

Viver como gato e rato Viver brigando, discutindo [CLG].

Viver como o cão e o gato Viver em constante inimizade, brigando sempre, sem se poderem ver; diz-se de casais cujas desavenças são notórias e constantes, mas que apesar disso continuam juntos; viver em estado de briga constante [AN/GAS/RMJ].
Sin.: *viver como gato com/e cachorro*
Var.: *viver como cão com/e gato*

Viver como um paxá Viver regaladamente, com todo o conforto, largueza, opulência; viver faustosamente [AN/GAS].
Sin.: *viver como um rei*

Viver como um rei Ver *viver como um paxá*

Viver da agulha Dizia-se ant. de quem vivia da costura [GAS].

Viver da algibeira dos outros Viver à custa de outrem [GAS].

Viver da mão para a boca Ter de trabalhar de manhã para comer de tarde [AN].

≠ **Não viver de ar como o camaleão** Precisar comer; ter necessidade de comer. – Certos lacertílios têm um saco glandular que estufam quando estão irritados. Daí a crença pop. de que ele "come" ar [AN].

Viver de arriba *Bras., RS.* Viver de favor; viver às custas de outrem; viver sem pagar; ter tudo pago: "... caminhar dias e dias / Viver de arriba na terra. / E pelear algumas vezes, / Eis no que consiste a guerra" (Piá do Sul, *Gauchadas e gauchismos*). Ver Roque Callage, *Vocabulário gaúcho* [ECS].

Viver de arribada Viver de mudança; viajar para lá e para cá [RG].

Viver debaixo do/sob o mesmo teto Viver na mesma habitação, na mesma casa [AN/GAS].

Viver de balões de oxigênio *Lus.* Viver de improvisos [GAS].

Viver de brisa(s) Viver sem garantia; não ter uma única posse; passar fome; empregar tdos os meios ao alcance para subsistir: "... mas bem perto ficam as macumbas do Encantado, mundo onde a impressão que se tem é que ali o pessoal vive de brisa, cura a tosse com álcool e desgraça pouca é bobagem" (Manuel Bandeira, *Poesia completa e prosa*, p. 533); "O time do (*sic*) futebol está vivendo de brisa. A pendura é geral" (Armando Nogueira, *Diário do Nordeste*, 15/4/01, cad. Jogada, p. 2) [OB/TC].
Var.: *viver na brisa*

≠ **Não viver de brisa** Precisar comer: "Mas o senhor precisa de receber. O senhor não vive de brisa" (Jorge Amado, *Mar morto*, p. 166) [AN].

Viver de chinela emborcada Diz-se de quem vive no infortúnio, no insucesso, sem nada animador interrompendo a desventura. – "O calçado virado ao contrário é um dos mais receados agouros, anunciando infalível má sorte. Sugere a posição invertida do possuidor, palmilhas na superfície do solo e o restante corporal enterrado, de cabeça para baixo. Aviso de situação financeira, social, política, no sentido oposto ao natural" [LCCa].

≠ **Não viver de cantigas** Precisar ter dinheiro para comer, beber e vestir-se [LCCa].

Viver de casa e pucarinho *Lus.* Viver amancebado [GAS].

Viver de expedientes Usar processos vários ilícitos para viver; usar de subterfúgios; recorrer a toda sorte de meios, as mais das vezes ilícitos, para viver, por não ter meio certo de vida; não ter meio certo de vida; recorrer a espertezas, burlas, biscates, para angariar os meios de vida; ser trapaceiro, vigarista; manter-se à custa de negócios ilícitos [ABH/AN/GAS/TC].

Viver de grande Viver regaladamente, com ostentação: "Esses catimbozeiros vivem de grande" (José Lins do Rego, *O moleque Ricardo*) [TC].
Var.: *estar de grande*

Viver de mulage *Lus., Minho.* Viver à custa de tolos, de parvos [GAS].

Viver dentro de quatro paredes Levar vida sedentária [GAS].

Viver de orelha em pé Estar alerta: "Os outros moradores observavam: Vive de orelha em pé" (José Américo de Almeida, *A bagaceira*) [ECS].
Var.: *estar com a/de orelha em pé*

Viver de recovado *Lus.* Viver, ficar sem fazer nada [GAS].

Viver de trocas e baldrocas Viver de ciganagem, ou de expedientes mesquinhos. – "Baldrocas" são trocas de coisas vis, de bugigangas, de quinquilharias. "Baldrocar" é o m. q. "barganhar miudezas" [RMJ].

Viver do ar Viver quase sem se alimentar [GAS].

Viver do bozó Ter o jogo de dados como meio de vida [TC].

Viver dos cobres Manter-se com o dinheiro recebido de alguém ou de certa renda: "Muita família vive aqui dos cobres que os maridos mandam" (Gustavo Barroso, *Mississipe*) [TC].

Viver em boa paz Estar de bem com os outros; viver em sossego [TC].

Viver em jejum permanente 1. Passar fome. **2.** Não manter relações sexuais [TC].

Viver em pecado Viver em concubinato: "... vivia em pecado com uma moça tirada da casa dos pais" (Gustavo Barroso, *Consulado da China*) [TC].

Viver fora do seu século Não proceder em harmonia com as ideias correntes; ter ideias retrógradas; não compreender o espírito do século em que vive [AN].

Viver limpo 1. Viver sem dinheiro. **2.** Andar asseado, bem trajado [TC].

Viver meio mundo Ter experiência, sabedoria: "– Menino... menino... larga de ser *encegueirado*! Te fia em tua avó, que já viveu meio mundo" (Francisco Dantas, *Coivara da memória*) [FN].

Viver na enxada Trabalhar exclusivamente na agricultura rotineira [TC].
Var.: *viver no rabo da enxada*

Viver na flauta 1. Viver bem e despreocupado: "Vivo na flauta, companheiro, não tenho aporrinhação." **2.** Não levar as coisas a sério; ser irresponsável [JB/TC].
Var.: *levar na flauta*

Viver na lama Viver miseravelmente, em contínuas privações, num estado de abjeção [AN].

Viver na lua Diz-se de pessoa que anda sempre alheada das realidades; devanear; sonhar; agir descuidadamente; viver distraído, pensando em nada: "Daniel iria reclamar, dizer como diz sempre que sou um sujeito que vive na lua" (João Antônio, *Sete vezes rua*, pp. 37-8) [AC/GAS/RG].
Var.: *andar/estar na lua, viver no mundo da lua*

Viver na quengagem *Bras., AL.* Levar a vida em prostíbulos (local das "quengas", putas) ou tendo vários parceiros sexuais (ver Renato Oliveira, *Dic. alagoano*) [FNa/Net].

Viver na rua Sair muito; permanecer em casa pouquíssimo tempo [ABH].

Viver nas grades Ser frequentemente aprisionado [TC].
Var.: *só viver nas grades*

Viver nas nuvens Filosofar; pensar alto; sonhar; andar, estar distraído, enlevado, alheio: "O cara vive nas nuvens, vive sonhando". – Diz-se do idealista, do sonhador, dos apaixonados, dos astronautas [CPL/GAS/JB].
Var.: *andar/estar nas nuvens*

Viver nas palavras da salve-rainha Alusão àqueles que só vivem a gemer e a chorar [T. A. Araripe Jr., *Luizinha*, p. 121, em "Notas aos capítulos"].

Viver no bozó Empregar o tempo no jogo de dados [TC].

Viver no cabresto Viver sem liberdade, dominado por outros [TC].

Viver no/debaixo do cangaço Viver vida de cangaceiro: "Cangaceiro é homem que vive debaixo do cangaço" (Gustavo Barroso, *Terra do sol*) [TC].
Var.: *andar no cangaço*

Viver no fio da navalha Viver em si-

tuação difícil: "O cara vive no fio da navalha, tá na guerra" [JB].
Var.: *andar no/sobre o fio da navalha*
Viver no melhor dos mundos Viver despreocupado: "O chefão vive no melhor dos mundos, como um magnata" [JB].
Viver no mundo da lua Ser distraído em excesso, alheio às realidades; estar sempre distraído, sem saber o que está acontecendo; viver à toa, fora da realidade: "Dizem que eu vivo no mundo da lua, mas garanto que tenho os pés no chão" (Ronaldo Rogério de Freitas Mourão, *IstoÉ*, 3/6/98, p. 44) [AN/CLG/ECS/FF/JB/RBA].
Var.: *andar no mundo da lua, viver na lua*
Viver no seu canto Viver retirado; não fazer vida social; viver em sua casa [GAS].
Viver noutro mundo Diz-se de pessoa sonhadora, distraída, alheada [GAS].
Viver num mar de rosas Viver com tudo a correr-lhe bem [GAS].
Viver o passado Recordar; lembrar de coisas do passado, boas ou ruins [ABF].
Viver sem regras *Bras., S, RJ*. Praticar a pederastia passiva (Sylvio Abreu, *in* art.) [MSM].
Viver sobre si Viver com seus próprios recursos: "... moças solteiras que viviam honradamente sobre si ou em casa dos seus pais..." (Franklin Távora, *O matuto*, cap. 17) [ECS].
Viver socado 1. Viver escondido, isolado, preso, encafuado: "Aquele bicho vive socado na fazenda" (Manuel de Oliveira Paiva, *Dona Guidinha do Poço*). **2.** Viver em proximidade; conviver; estar sempre em convívio: "Eu tenho lá jeito de viver socado na casa dos outros!" (Inez Mariz, *A barragem*) [TC].
Var.: *andar socado*
≠ **Não viver só de pão** Precisar também ver o lado espiritual da vida. – Resposta de Jesus a Satanás (Mt 4, 4; Lc 14, 4; Dt 8, 3) [AN].
Viver sujeito Viver sob forte imposição, quase escravizado [TC].

Voar

Voar alto *Fig*. Ser otimista em extremo; ser ambicioso; fazer projetos irrealizáveis ou de realização difícil; pensar alto demais: "O filósofo gosta de voar alto, é assim mesmo" [ABH/GAS/JB].
Var.: *sonhar alto*
Voar baixinho *Bras., RS, fig*. Andar em má situação, sem dinheiro, mal de negócios, e por isso ter aspirações (ou pretensões) modestas [ABH/AJO/AN].
Voar baixo Correr demais: "O cara corre demais, voa baixo" [JB].
Voar com as próprias asas Sustentar-se por si, sem ajuda dos pais, como se dá com as aves quando estão em condições de deixar o ninho [AN].
Voar em céu de brigadeiro *Bras*. Estar em excelentes condições; ir muito bem: "Até 8 de janeiro, o Governador voará em céu de brigadeiro" (*O Povo*, col. Vertical, 26/12/96, p. 4A). – A expr. sugere um céu límpido, sereno, com ótimas condições de voo. Ver dic. *Novo Aurélio – Séc. XXI*, s. v. "céu".
Voar no papo 1. *Bras., CE*. Agredir alguém, sustentando-o pelo colarinho; abrecar; abotoar. **2.** *Bras., NE*. Apossar-se: "Viu o livro raro, na estante, e voou no papo na hora" [AN/FS/LM/TC].
Sin. (1): *pegar pelas aberturas/berturas*
Voar para/pra cima de 1. Investir, arrojar-se; aproximar-se afoitamente: "O bicho voava pra cima de mim" (Fran Martins, *Mundo perdido*). **2.** *Pop*. Procurar auferir lucros ou vantagens: "Bambeava para me dirigir ao dr. Magalhães quando Costa Brito voou para cima de mim, numa carta, com a intenção de avançar-me em duzentos mil-réis" (Graciliano Ramos, *São Bernardo*, p. 57). **3.** Tentar afoitamente conquista amorosa; iludir com propostas ou finas lábias; assediar alguém com o intuito de conquista ou de namoro: "Ele voou pra cima da morena, mas não arranjou nada..." [ABH/AC/FF/FS/TC].
Var. (3): *dar em cima de* (4), (bras., gír., fig.) *voar em cima de*

Vogar

Vogar nos tempos *Lus.* Viver na rotina [GAS].

Voltar(-se)

Voltar à baila Ressurgir; retornar; voltar a ser comentado: "Chegaram os amigos, mas o assunto sobre a mulher do Lindolfo não voltou à baila, mesmo porque é segredo absoluto entre os dois inseparados (*sic*) papudinhos" (H. Aruom, *Jornal da Rua*, 27/6/99, p. 4).

Voltar à berra Tornar à cena pública [GAS].

Voltar a cabeça para Olhar para o lado ou para trás: "O homem chamou-o para dentro do quarto: o cão ainda voltou a cabeça para o corredor, hesitante, depois entrou" (Luís Vilela, *Chuva e outros contos*, p. 9) [GAS].

Voltar à carga Fazer nova tentativa; insistir: "Voltara à carga, e, munido de um diamante, cortara cautelosamente a vidraça na altura do fecho" (Adolfo Coelho, *Porto de abrigo*) [ABH/AN/ECS/GAS/JB].

Voltar (tudo) à estaca zero *Bras.* Voltar ao ponto de partida, ao princípio; retrogradar; recomeçar (tudo de novo); regredir em certa atividade, discussão ou entendimentos: "Sem negociações com os canais governistas, tudo voltou à estaca zero. Os grevistas estão no mato sem cachorro"; "Agora, volta tudo à estaca zero. Vamos ver o que poderá ser feito" [ABH/AN/GAS/JB/TC].

Sin.: (lus.) *voltar à primeira forma*

Voltar à mesma cantilena Repetir as mesmas desculpas, ou os mesmos contos, ou os mesmo pedidos [AN].

Voltar ao aprisco Voltar ao lar depois de se haver separado da família; voltar ao seio da Igreja depois de se haver afastado dele. – Reminiscência da parábola do filho pródigo [AN].

Voltar ao ar Tornar, emissora radiofônica, a irradiar [AN].

Voltar à primeira forma /ó/ Ver *voltar (tudo) à estaca zero*

Voltar as costas 1. Fugir; retirar-se: "Nosso matuto, porém, não era homem de voltar as costas à palavra empenhada" (José Humberto Gomes de Oliveira, *Dez contos mal contados*, p. 38); "– Então, que arranjo fizeste com o homem, meu Álvaro? – perguntou Geraldo, apenas Martinho voltou as costas" (Bernardo Guimarães, *A escrava Isaura*, p. 100). **2.** Manifestar descontentamento ou desprezo [AN/FF/GAS].

Var.: *dar às/de costas*

Voltar a si Recuperar ou recobrar os sentidos; voltar para a realidade: "Quando voltou a si, o corpo ensanguentado e dolorido pelas pancadas e pontapés, que recebera após a queda..." (Murilo Rubião, *O pirotécnico Zacarias*, p. 38) [AN/CLG/GAS].

Var.: *tornar a/em si*

Voltar as tripas do avesso Diz-se quando sucede grande contrariedade [GAS].

Voltar atrás Desdizer-se; retratar-se; arrepender-se do trato, do acordo, do negócio etc.; reconsiderar; faltar à palavra empenhada: "Tinha certeza de que não voltaria atrás" (Francisco de Brito, *Terras bárbaras*) [AN/CLG/FF/GAS/TC].

Var.: *voltar com a palavra atrás*

Voltar à vaca-fria Repisar assunto ou questão já tratada ou discutida; retomar um assunto interrompido; insistir em questões já deliberadas; voltar a um assunto anteriormente discutido; voltar a assunto que se interrompera ou a questão já discutida; retomar o assunto principal de uma conversação; expr. us. por quem deseja voltar a falar sobre determinado assunto: "Mas voltando à vaca-fria, asseguro ao senhor que entrei no cangaço tangido pela injustiça dos poderosos" (Aníbal Bonavides, *As profecias do Arquimedes*, p. 215); "Voltando à vaca-fria, quero que me mandes dizer o número da casa em que ele mora. Apenas sei que é na Rua dos Arcos" (Graciliano Ramos, *Cartas*, p. 17). – A vianda fria é um prato com que se iniciam as refeições e ao qual não é costume voltar, depois de servido os pratos quentes. Em fr. há uma expr. equivalente: *revenons à nos moutons* (= voltemos aos nossos carneiros), cuja or. é literária

[ABH/AC/CPL/ECS/FF/GAS/JB/OB/RMJ/TC]. Para conhecer mais sobre a expr. e seu histórico, ver LCCa, p. 167.

Var.: *ir à vaca-fria*.

Voltar batendo Voltar escoteiro, i. e., sem carga, sem a mercadoria, objetos ou algo que poderia trazer [TC].

Var.: *vir batendo, voltar com as malas batendo*

Voltar com os beiços com que mamou Regressar sem ter logrado êxito, sem ter realizado certa aspiração ou objetivo [LM].

Voltar da morte à vida Salvar-se, contra toda expectativa, de doença ou grave perigo [AN].

Voltar em cima dos pés Voltar imediatamente, na mesma hora em que chega: "Na primeira fuga, se volta em cima dos pés" (José Américo de Almeida, *A bagaceira*); "Muitas vezes ele mandava Ricardo levar as coisas para a amásia, mas que voltasse em cima dos pés..." (José Lins do Rego, *O moleque Ricardo*) [ECS/TC].

Sin.: *voltar no rasto*

Voltar logo logo (*sic*) Retornar em breve: "Espero voltar logo logo" [JB].

Var.: *voltar logo*

Voltar no rasto Voltar de imediato, logo depois; voltar na mesma hora em que chega: "Era vender e voltar no rasto" (Sinval Sá, *O sanfoneiro do riacho da Brígida*) [TC].

Sin.: *voltar em cima dos pés*
Var.: *voltar em cima/riba do rasto*

Voltar o bico ao prego Ver *dar o dito por não dito*

Voltar o cascabulho Lus. Morrer [*Id.*].

Voltar os pés pela cabeça 1. Dar cambalhota. **2.** Sofrer um grande aumento de preço [GAS].

Var.: *dobrar os pés pela cabeça*

Voltar-se contra alguém Imputar uma culpa a alguém [AN].

Vomitar

Vomitar (quase) até as tripas Ter crise aguda de vômito; diz-se quando alguém vomita muito; vomitar demasiadamente: "– Mas eu nem tive tempo de pensar, porque me senti mal, corri pra trás de uma moita e vomitei até as tripas" (Pedro Vicente, *Bundas*, 25/6/99, p. 30); "Mas eu trabalhei num hospital uma vez e vomitei quase até as tripas" (Marilene Felinto, *Mulheres de Tijucopapo*) [FN].

Sin.: *botar as tripas pra fora*
Var.: *vomitar as tripas*

Vomitar o pirão de louro Bras., AL. Vomitar de tanto beber (ver Renato Oliveira, *Dic. alagoano*) [Net].

Sin.: *botar o bezerro*

Vomitar que nem urubu novo Vomitar muito. – Símile ou comparação de or. rural. No NE bras. é voz corrente, em termos de folclore, que urubu novo vomita copiosamente. E isso porque a pessoa que o observa ou o toca lhe causa asco, nojo [LM].

Vomitar tudo o que tinha no bucho Lus. Confessar tudo sem faltar nada [GAS].

X Z

Xaquear

Xaquear de/o rabo *Lus.* Não conseguir o que se desejava; esperar em vão (ver "Gíria dos estudantes de Coimbra", *Boletim de Filologia*, IX, p. 366) [ECS/GAS]. ♦ Para GAS, p. 694, "xaquear" significa "aperrear, apertar, pôr em aperto, hostilizar".
Sin.: *ficar a ver navios*

Xingar

Xingar a mãe de alguém Putear alguém; descompor, insultar alguém; discutir com alguém: "– Que é que eu é de fazer? Eu não posso xingar a mãe dele" (Leonardo Mota, *No tempo de Lampião*, p. 80) [GM].

Zangar

Zangar cobra com vara curta Provocar; expor-se a perigo. – O perigo consiste em ser picado, visto como a distância entre a cobra e o seu agressor facilita o lance do bote [RBA].
Var.: *cutucar (a) onça com vara curta*

Zarear

Zarear a mona *Lus.* Zangar-se [GAS].

Zoar

Zoar geral Ver *perder a linha* (1)
Zoar na comédia *Bras., RJ, gír.* Fazer graça sem agradar [Net].
Zoar na moral Ver *ficar no sapatinho* (1)

Zuar (sic)

Zuar a miora *Bras., gír.* Fazer a maior bagunça durante um *pega*, um racha, para chamar a atenção: "Vou zuar a miora, cara, vou sujar legal" [JB].

Zunir

Zunir de papo Ver *dizer cobras e lagartos*

Zupar

Zupar na bisca *Lus.* Sair habilmente de qualquer embaraço (ver "Gír. dos Estudantes de Coimbra", *Boletim de Filologia*, IX, p. 366) [ECS/GAS].

X, Z

Bibliografia

As *siglas* dos colchetes, em **Literatura específica** (6.1.1), algumas convencionais, em *ordem alfabética*, levam-nos a identificar *autores* ou *obras* consultados na feitura dos verbetes; os demais casos, em **Literatura em geral** (6.1.2), nos remetem às *frases de exemplo*, ou *créditos*, explicitados no contexto.

Livros

Literatura específica

[ABF] FERREIRA, Aline Brito. *Dicionário comparativo do Brasil: linguagens regionais*. Fortaleza: ABC, 2000.
[ABH] FERREIRA, Aurélio Buarque de Holanda. *Novo dicionário da língua portuguesa*. 2ª ed. Rio de Janeiro: Nova Fronteira, 1996.
[ABHa] _____. *Novo Aurélio Século XXI: dicionário eletrônico* [Versão 3.0]. Rio de Janeiro: Lexikon/Nova Fronteira, 2000.
[AC] COSTA, Altino *et al. Dicionário prático*. 9 vols. São Paulo: Codil, s/d.
[AGK] KURY, Adriano da Gama (org. Ubiratan Rosa). *Minidicionário Gama Kury da língua portuguesa*. São Paulo: FTD, 2001.
[AJO] OLIVEIRA, Alberto Juvenal de. *Dicionário gaúcho*. Porto Alegre: AGE, 2002.
[AN] NASCENTES, Antenor. *Tesouro da fraseologia brasileira*. 2ª ed. Rio de Janeiro: Freitas Bastos, 1966.
[AS] SARAIVA, Andréa. *Orélio cearense*. Fortaleza: Premius, 2001.
[AT] TERSARIOL, Alpheu. *Minidicionário da língua portuguesa*. Erechim: Edelbra, 1996.
[BB] BERNARDINO, Bertrando. *Minidicionário de pernambuquês*. 2ª ed. rev. e ampl. Recife: Bagaço, 1996.
[CA] CALDAS AULETE, Francisco Júlio de *et al. Dicionário contemporâneo da língua portuguesa*. 3ª ed. 5 vols. Rio de Janeiro: Delta, 1974.
[CGP] PONTES, Carlos Gildemar. *Superdicionário de cearenses*. Fortaleza: Acauã/Livro Técnico, 2000.
[CLG] GARCIA, Cássia Leslie *et al. De olho no futuro. Português: pequeno dicionário de expressões idiomáticas*. V a VIII séries. Vols. 1 a 4. São Paulo: Quinteto, 1996.
[CPL] LUFT, Celso Pedro. *Minidicionário Luft*. 3ª ed. rev. e ampl. São Paulo: Ática/Scipione, 1991.
[DPC] CEGALLA, Domingos Paschoal. *Dicionário de dificuldades da língua portuguesa*. Rio de Janeiro: Nova Fronteira, 1996.
[DRR] RIOS, Dermeval Ribeiro. *Novo dicionário da língua portuguesa*. São Paulo: DCL, 1998.

Bibliografia

[DT] TUFANO, Douglas. *Curso moderno da língua portuguesa*. V a VIII séries. Livro do professor. 2ª ed. São Paulo: Moderna, 1992.

[DVF] VIEIRA FILHO, Domingos. *A linguagem popular do Maranhão*. 3ª ed. ampl. São Luís: s/ed., 1979.

[ECS] SILVA, Euclides Carneiro da. *Dicionário de locuções da língua portuguesa*. Rio de Janeiro: Bloch, 1975.

[F&A] FERREIRA, Givan & ALMEIDA, Maria Aparecida. *Falando a mesma língua: português*. V a VIII séries. Livro do professor. São Paulo: FTD, 1994.

[FF] FERNANDES, Francisco et al. *Dicionário brasileiro Globo*. 40ª ed. São Paulo: Globo, 1995.

[FN] NAVARRO, Fred. *Assim falava Lampião*. São Paulo: Estação Liberdade, 1998.

[FNa] _____. *Dicionário do Nordeste*. São Paulo: Estação Liberdade, 2004.

[FS] SERAINE, Florival. *Dicionário de termos populares/registrados no Ceará*. 2ª ed. rev. e ampl. Fortaleza: Stylus, 1991.

[FSB] SILVEIRA BUENO, Francisco da. "Questões de português". In: *Curso prático de português*. São Paulo: CBL, 5 vols, vols. 4., 1973.

[FSBa] _____. *Dicionário escolar da língua portuguesa*. 11ª ed. Rio de Janeiro: MEC/Fename, 1982.

[FSBb] _____. *Minidicionário da língua portuguesa*. Ed. rev. e atual. São Paulo: FTD/Lisa, 1996.

[GAS] SIMÕES, Guilherme Augusto da Costa. *Dicionário de expressões populares portuguesas*. Lisboa: Dom Quixote, 1994.

[GC] CAMPOS, Geir. *Glossário de termos técnicos do espetáculo*. Rio de Janeiro: Ediouro, s/d.

[Gl] GLOSSÁRIO. *Apud* ALMEIDA, José Américo de. *A bagaceira*. 14ª ed. Rio de Janeiro: José Olympio, 1978.

[GM] MATTOSO, Glauco. *Dicionário do palavrão e correlatos: inglês-português/português-inglês*. 2ª ed. Rio de Janeiro: Record, 1991.

[GS] SARAIVA, Gumercindo. *A gíria brasileira: dos marginais às classes de elite*. Belo Horizonte: Itatiaia, 1988.

[HM] MARANHÃO, Haroldo. *Dicionário de futebol*. Rio de Janeiro: Record, 1998.

[JB] GURGEL, J. B. Serra e. *Dicionário de gíria*. 6ª ed. Brasília: Valci, 2000.

[JF] FERNANDO, J. *Dicionário sintético da língua portuguesa*. São Paulo: Ícone, 1995.

[JIF] INÁCIO FILHO, José. *Vocabulário de termos populares do Ceará: etimologia e tradições*. Fortaleza: Livro Técnico, 2001.

[J&J] PONTE, João Conrado Cavalcante da & OLIMAR FILHO, José. *Dicionário de medicina popular*. Sobral: Secretaria de Cultura, Desporto e Mobilização Social/Cepema, 2000.

[JN] NICOLA, José de. *Língua, literatura & redação*. Exemplar do professor. Ed. rev. e ampl. São Paulo: Scipione, vol. 1, 1999.

[LAF] FISCHER, Luís Augusto. *Dicionário de porto-alegrês*. 9ª ed. Porto Alegre: Artes e Ofícios, 2000.

[LAFa] _____. *Bá, tchê!: dicionário temático*. Porto Alegre: Artes e Ofícios, 2000.

[LAFb] _____. *Dicionário de porto-alegrês*. 10ª ed. ampl. Porto Alegre: Artes e Ofícios, 2000.

Bibliografia

[LCC] CASCUDO, Luís da Câmara. *Dicionário do folclore brasileiro*. 3ª ed. Rio de Janeiro: Tecnoprint, 1972.
[LCCa] _____. *Locuções tradicionais no Brasil*. 3ª ed. Rio de Janeiro: Funarte, 1997.
[LM] MOTA, Leonardo. *Adagiário brasileiro*. 2ª ed. Fortaleza: BNB, 1991.
[MD] DUARTE, Marcelo. *O guia dos curiosos*. São Paulo: Companhia das Letras, 1995.
[MF] FERNANDES, Millôr. *A vaca foi pro brejo = The Cow Went to the Swamp*. 2ª ed. Rio de Janeiro: Record, 1989.
[MG] GADELHA, Marcus. *Dicionário de cearês*. Fortaleza: Multigraf, 1999.
[MGa] _____. *Dicionário de cearês*. 2ª ed. Fortaleza: Multigraf, 2000.
[MP] PRATA, Mário. *Mas será o Benedito?* 9ª ed. São Paulo: Globo, 1997.
[MPa] _____. *Dicionário de português*. 18ª ed. São Paulo: Globo, 1998.
[MSM] SOUTO-MAIOR, Mário. *Dicionário do palavrão e termos afins*. 6ª ed. Rio de Janeiro: Record, 1992.
[Net] INTERNET (*v. Bibliografia:* Imprensa/outros veículos de comunicação.)
[NL] LARIÚ, Nivaldo. *Dicionário de baianês: humor*. 2ª ed. rev. e ampl. Salvador: Empresa Gráfica da Bahia, 1992.
[OB] BARBOSA, Osmar. *Português dos vestibulares*. Rio de Janeiro: Tecnoprint, s/d.
[OGC] CACCIATORE, Olga Gudolle. *Dicionário de cultos afro-brasileiros*. 2ª ed. atual. Rio de Janeiro: Forense Universitária, 1977.
[PJC] CUNHA, Paulo José. *Grande enciclopédia internacional do piauiês*. Teresina: s/ed., 1995.
[RBA] ARAGÃO, R. Batista. *Meu & deles: glossário popular*. Fortaleza: Ed. do Autor, 1999.
[RF] FONTINHA, Rodrigo. *Novo dicionário etimológico da língua portuguesa*. Porto: Domingos Barreira, s/d.
[RG] GIRÃO, Raimundo. *Vocabulário popular cearense*. Fortaleza: Demócrito Rocha, 2000.
[RK] KELMER, Ricardo. *Baseado nisso*. Fortaleza: Expressão, 1998.
[RMJ] MAGALHÃES JR., R. *Dicionário de curiosidades verbais*. Rio de Janeiro: Ediouro, s/d.
[TC] CABRAL, Tomé. *Novo dicionário de termos e expressões populares*. 2ª ed. Fortaleza: Imprensa Universitária/UFC, 1982.
[TG] GARCÍA, Tarcísio. *Nó na língua: um armarinho de molecagem*. Fortaleza: Premius/Livro Técnico, 1997.
[TGa] _____. *Dicionário do Ceará: as palavras, as expressões e como usá-las*. Fortaleza: Premius/Livro Técnico, 2000.
[VAP] PEREIRA, Valdemar Alves. *Entre excelências e majestades: da linguagem erudita à popular*. Fortaleza: Henriqueta Galeno, 1981.

Literatura em geral

ABRAMOVICH, Fanny. *As voltas do meu coração*. São Paulo: Atual, 1989.
ALMEIDA, José Américo de. *A bagaceira*. 14ª ed. Rio de Janeiro: José Olympio, 1978.

Bibliografia

ALMEIDA, Manuel Antônio de. *Memórias de um sargento de milícias*. São Paulo: FTD, 1992.
ALVARENGA, Terezinha. *Rio dos sonhos*. 3ª ed. São Paulo: Atual, 1986.
AMADO, Jorge. *Capitães de areia*. São Paulo: Martins, vol. 5, 1976.
_____. *Dona Flor e seus dois maridos*. São Paulo: Martins, vol. 6, 1976.
_____. *Farda fardão camisola de dormir*. 16ª ed. Rio de Janeiro: Record, 1997.
_____. *Gabriela, cravo e canela*. São Paulo: Martins, vol. 1, 1976.
_____. *Jubiabá*. São Paulo: Martins, vol. 4, 1976.
_____. *Mar morto*. São Paulo: Martins, vol. 3, 1976.
_____. *O Cavaleiro da Esperança: vida de Luiz Carlos Prestes*. 34ª ed. Rio de Janeiro: Record, 1987.
_____. *O Gato Malhado e a Andorinha Sinhá*. Rio de Janeiro: Record, 1978.
_____. *Seara vermelha*. São Paulo: Martins, vol. 2, 1976.
_____. *Tenda dos milagres*. São Paulo: Martins, vol. 15, 1976.
_____. *Terras do sem fim*. São Paulo: Martins, vol. 7, 1976.
_____. *Tieta do agreste*. Rio de Janeiro: Record, 1977.
_____. *Tocaia Grande*. São Paulo: Círculo do Livro, 1993.
AMADOR, Paulo. *Rei branco, rainha negra*. Belo Horizonte: Lê, 1990.
ANDRADE, Carlos Drummond de et al. *Quadrante 2*. 2ª ed. Rio de Janeiro: Ed. do Autor, 1963.
_____. *Obra completa*. 2ª ed. Rio de Janeiro: Aguilar, 1967.
_____. *De notícias e não notícias faz-se a crônica*. 6ª ed. Rio de Janeiro: Record, 1993.
_____. *Contos plausíveis*. 3ª ed. Rio de Janeiro: Record, 1994.
_____. *O observador no escritório*. São Paulo: Círculo do Livro, 1994.
_____. *Contos de aprendiz*. 36ª ed. Rio de Janeiro: Record, 1997.
ANDRADE, Carlos Drummond de & PINTO, Ziraldo Alves. *O pipoqueiro da esquina*. São Paulo: Círculo do Livro, 1986.
ANDRADE, Mário de. *O poço & outras histórias*. São Paulo: Ática, 1989.
ANTÔNIO MARIA Araújo de Morais. *Crônicas*. São Paulo/Rio de Janeiro: Paz e Terra, 1996.
ARARIPE JR., T. A. (org., atual. ortogr. e notas Otacílio Colares; introd. crítica Pedro Paulo Montenegro). *Luizinha: perfil literário de José de Alencar*. Coleção Dolor Barreira. Rio de Janeiro/Fortaleza: José Olympio/Academia Cearense de Letras, vol. V, 1980.
ARAÚJO, Lucia & ECHEVERRIA, Regina. *Cazuza: preciso dizer que te amo*. São Paulo: Globo, 2001.
AZEVEDO, Aluísio. *O cortiço*. Coleção Grandes Leituras. São Paulo: FTD, 1993.
_____. *O mulato*. 11ª ed. São Paulo: Ática, 1992.
AZEVEDO, Arthur. *Contos*. São Paulo: Editora Três, vol. 21, 1973.
AZEVEDO, Ricardo. *A hora do cachorro louco*. Coleção Veredas. São Paulo: Moderna, 1992.
BANDEIRA, Manuel. *Poesia completa e prosa*. 2ª ed. Rio de Janeiro: Aguilar, 1967.
BARBOSA, Rogério Andrade. *Rômulo e Júlia: os caras-pintadas*. São Paulo: FTD, 1993.
BARREIRA, Luciano. *Os cassacos*. 2ª ed. Brasília: Horizonte, 1979.

BARREIRA, Luciano. *Os cassacos*. 3ª ed. Brasília: Senado Federal, 1992.
BARROS, Manoel de. *O livro das ignorãnças*. 3ª ed. Rio de Janeiro: Civilização Brasileira, 1994.
_____. *Poemas concebidos sem pecado*. 3ª ed. Rio de Janeiro: Record, 1999.
BARROSO, Gustavo. *Praias e várzeas; alma sertaneja*. Rio de Janeiro: José Olympio/Academia Cearense de Letras, 1979.
BARROSO, Juarez. *Obra completa*. Fortaleza: Demócrito Rocha, 2001.
BATISTA, Otacílio. *Ria até cair de costa*. João Pessoa: Borges, 1978.
BEZERRA, Gregório. *Memórias: segunda parte: 1946-1969*. Rio de Janeiro: Civilização Brasileira, 1979.
BEZERRA, João Clímaco. *O semeador de ausências*. Rio de Janeiro: Record, 1967.
_____. *Não há estrelas no céu*. Coleção Alagadiço Novo. 2ª ed. Fortaleza: UFC/Casa José de Alencar, Programa Editorial, 1997.
BILAC, Olavo (org. Alei Bueno). *Obra reunida*. Rio de Janeiro: Nova Aguilar, 1996.
BIONDI, Aloysio. *O Brasil privatizado*. São Paulo: Perseu Abramo, 1999.
BONAVIDES, Aníbal Fernandes. *As profecias do Arquimedes*. Fortaleza: ABC, 1996.
_____. *Diário de um preso político*. Fortaleza: O Povo, s/d.
BRAGA, Rubem. *200 crônicas escolhidas*. 8ª ed. Rio de Janeiro: Record, 1992.
BRAZ, Júlio Emílio. *A coragem de mudar*. 2ª ed. São Paulo: FTD, 1993.
BUARQUE DE HOLANDA, Francisco. *Benjamim*. São Paulo: Companhia das Letras, 1995.
_____ & GUERRA, Rui. *Calabar: o elogio da traição*. Rio de Janeiro: Civilização Brasileira, 1973.
_____ & PONTES, Paulo. *Gota d'água*. 26ª ed. Rio de Janeiro: Civilização Brasileira, 1996.
CABRAL, Plínio. *O mistério dos desaparecidos: uma história dos dias de hoje*. São Paulo: Atual, 2000.
CABRAL, Sérgio. *Nara Leão: uma biografia*. 2ª ed. Rio de Janeiro: Lumiar, 2001.
CADERNO DE ATIVIDADES Nº 3. VI Série. Fortaleza: Secretaria da Cultura e Desporto do Estado do Ceará/Funtelc, 1995.
CALLADO, Antônio. *Quarup, I*. Coleção Mestres da Literatura Contemporânea. Rio de Janeiro/São Paulo: Record/Altaya, 1996.
_____. *Quarup, II*. Coleção Mestres da Literatura Contemporânea. Rio de Janeiro/São Paulo: Record/Altaya, 1996.
CÂMARA, D. Hélder (org. e sel. Maria do Carmo Pimenta). *Ano 2000: 500 anos de Brasil*. São Paulo: Paulinas, 1999.
CAMINHA, Adolfo. *Tentação; no país dos ianques*. Coleção Dolor Barreira. Rio de Janeiro/Fortaleza: José Olympio/Academia Cearense de Letras, vol. 1, 1979.
CAMÕES, Luís Vaz de. *Os Lusíadas*. Coleção Gigantes da Literatura Clássica. Lisboa: Verbo, 1972.
CAMPOS, Humberto de. *Fragmentos de um diário; obra póstuma*. Rio de Janeiro: José Olympio, 1939.
_____. *Memórias inacabadas*. 4ª ed. Rio de Janeiro: José Olympio, 1939.
CAMPOS, Paulo Mendes. *Balé do pato e outras crônicas*. 2ª ed. Rio de Janeiro: Ática, 1998.

CARDOSO, Lúcio. *Crônica da casa assassinada*. 2ª ed. Rio de Janeiro: Nova Fronteira, s/d.
CARDOSO, Manoel. *Rolando na duna*. São Paulo: Brasil, 1989.
CARNEIRO, Caio Porfírio. *Da terra para o mar, do mar para a terra*. Coleção Canto Jovem. 3ª ed. São Paulo: FTD, 1992.
CARVALHO, Gilmar de. *Patativa do Assaré*. Coleção Terra Bárbara. Fortaleza: Demócrito Rocha, vol. 5, 2000.
CARVALHO, Jáder de. *Sua majestade, o juiz*. 2ª ed. Fortaleza: Forgrel, 2001.
CARVALHO, José Augusto. *A ilha do vento sul*. Rio de Janeiro: Cátedra, 1973.
CARVALHO, José Cândido de. *Porque Lulu Bergantim não atravessou o Rubicon*. 3ª ed. Rio de Janeiro: José Olympio, 1974.
_____. *Olha para o céu, Frederico!* 6ª ed. Rio de Janeiro: José Olympio, 1984.
_____. *O coronel e o lobisomem*. 35ª ed. Rio de Janeiro: José Olympio, 1985.
CARVALHO, Luiz Maklouf. *Mulheres que foram à luta armada*. São Paulo: Globo, 1998.
CARVALHO, Romeu de. *Carro Doce*. Rio de Janeiro: Anima, 1986.
CASTELO BRANCO, Camilo. *Amor de perdição*. 27ª ed. São Paulo: Ática, 1998.
_____. *Amor de salvação*. São Paulo: Ática, 1997.
CASTRO, Ruy. *O anjo pornográfico: a vida de Nelson Rodrigues*. 10ª reimp. São Paulo: Companhia das Letras, 1997.
CAZARRÉ, Lourenço. *O mistério da obra-prima*. 2ª ed. São Paulo: Atual, 1986.
_____. *O motorista que contava assustadoras histórias de amor*. Coleção Jabuti. São Paulo: Saraiva, 1999.
CLAVER, Ronald. *Diário do outro*. São Paulo: Atual, 1989.
COELHO, Paulo. *O Monte Cinco*. Rio de Janeiro: Rocco, 1998.
_____. *O alquimista*. 152ª ed. Rio de Janeiro: Rocco, 1999.
CONY, Carlos Heitor. *Matéria de memória*. Rio de Janeiro: Ediouro, s/d.
_____. *Ali Babá e os quarenta ladrões*. 8ª ed. Rio de Janeiro: Ediouro, 1996.
CORRÊA, Viriato. *Cazuza*. 26ª ed. São Paulo: Nacional, 1978.
CRUZ FILHO, José da. *Histórias de Trancoso: ficção e devaneio*. Fortaleza: Henriqueta Galeno, 1971.
CUNHA, Leo. *Pela estrada afora*. São Paulo: Atual, 1993.
CUNHA, Liberato Vieira da. *Um hóspede na sacada*. 2ª ed. Porto Alegre: Sulina, 1977.
DIAFÉRIA, Lourenço. *O invisível cavalo voador*. São Paulo: FTD, 1990.
DIAS GOMES, Alfredo. *O pagador de promessas*. 2ª ed. Rio de Janeiro: Agir, 1962.
_____. *Sucupira, ame-a ou deixe-a*. São Paulo: Círculo do Livro, 1982.
_____. *Derrocada*. Rio de Janeiro: Record, 1993.
_____. *O rei de Ramos*. 3ª ed. Rio de Janeiro: Bertrand Brasil, 1996.
_____. *O Bem-Amado*. Rio de Janeiro: Bertrand Brasil, 1998.
_____. *Apenas um subversivo*. Rio de Janeiro: Bertrand Brasil, 1998.
DIAS, Milton. *As cunhãs*. 2ª ed. Fortaleza: UFC/Casa José de Alencar, 1997.
DREWNICK, Raul. *Correndo contra o destino*. São Paulo: Ática, 2001.
D'SANTANA, Edson. *Ao mar!* São Paulo: Scipione, vol. 3, 1991.
ENEIDA [Eneida Vilas Boas Costa de Morais]. *Boa-noite, professor*. Rio de Janeiro: Civilização Brasileira, 1965.
FERNANDES, Millôr. *Diário da Nova República*. Porto Alegre: L&PM, 1985.
_____. *Todo homem é minha caça*. São Paulo: Círculo do Livro, 1981.

FONTES, Amando. *Os Corumbas*. Coleção Sagarana. 14ª ed. Rio de Janeiro: José Olympio, vol. 59, 1981.
FREI BETTO [Carlos Alberto Libânio Christo]. *O vencedor*. São Paulo: Ática, 1996.
FREITAS, Mariano. *Nós, os estudantes*. Fortaleza: Livro Técnico, 2002.
GABEIRA, Fernando. *Entradas & bandeiras*. São Paulo: Círculo do Livro, 1982.
GALDINO, Luiz. *Saruê, Zambi!*. 3ª ed. São Paulo: FTD, 1987.
GARRETT, João Batista da Silva Leitão de Almeida. *Viagens na minha terra*. São Paulo: FTD, 1992.
GATTAI, Zélia. *Anarquistas, graças a Deus*. Rio de Janeiro: Record/Altaya, s/d.
GOMES, Álvaro Cardoso. *A hora da luta*. 5ª ed. São Paulo: FTD, 1991.
_____. *A hora do amor*. 11ª ed. São Paulo: FTD, 1992.
_____. *Ladrões de tênis*. São Paulo: FTD, 1993.
GRAÇA ARANHA, José Pereira da. *Canaã*. Rio de Janeiro/Brasília: J. Aguilar/INL, 1974.
GUIMARÃES, Bernardo. *A escrava Isaura*. 24ª ed. São Paulo: Ática, 1998.
HENFIL [Henrique de Souza Filho]. *Cartas da mãe*. 3ª ed. Rio de Janeiro: Codecri, 1981.
HERCULANO, Alexandre [de Carvalho e Araújo]. *O bobo*. 2ª ed. São Paulo: Ática, 1997.
JESUS, Carolina Maria de. *Quarto de despejo*. Série Sinal Aberto. 3ª ed. São Paulo: Ática, 1994.
JOÃO ANTÔNIO Ferreira Filho. *Casa de loucos*. 2ª ed. Rio de Janeiro: Civilização Brasileira, 1976.
_____. *Malagueta, Perus e Bacanaço*. São Paulo: Ática, 1987.
_____. *Meninão do caixote*. 4ª ed. São Paulo: Atual, 1991.
_____. *Patuleia: gentes da rua*. São Paulo: Ática, 1996.
_____. *Sete vezes rua*. São Paulo: Scipione, 1996.
_____. *Um herói sem paradeiro*. 2ª ed. São Paulo: Atual, 1993.
KUPSTAS, Márcia. *Crescer é perigoso*. 34ª ed. São Paulo: Moderna, 1986.
LEAL, Ângela Barros. *Jáder de Carvalho*. Coleção Terra Bárbara. Fortaleza: Demócrito Rocha, vol. 2, 2000.
LESSA, Orígenes (Adapt.). *Aventuras do barão de Münchhausen*. São Paulo: Moderna.
LIMA, Aristides Fraga. *Mané Tomé, o liberto*. São Paulo: Scipione, 1990.
LIMA, Herman. *Tigipió*. Coleção Sagarana. 7ª ed. Rio de Janeiro: José Olympio, vol. 112, 1976.
LIMAVERDE, Narcélio [Sobreira]. *Senhoras e senhores...* Fortaleza: Vértice, s/d.
_____. *Fortaleza, história e estórias: memórias de uma cidade*. 2ª ed. Fortaleza: ABC, 1999.
LINS, Osman. *Avalovara*. 5ª ed. São Paulo: Companhia das Letras, 1995.
LINSINGEN, Luana von & RIOS, Rosana. *O botão grená*. São Paulo: Saraiva, 2000.
LOPES NETO, João Simões. *Contos gauchescos e Lendas do Sul*. 5ª ed. São Paulo: Globo, 2001.
LOPES, Régis. *Padre Cícero*. Coleção Terra Bárbara. Fortaleza: Demócrito Rocha, vol. 3, 2000.
LUCENA JR., Ricardo. *Longo caminho de volta*. São Paulo: FTD, 1994.
LUFT, Celso Pedro (org. Lya Luft). *O romance das palavras*. São Paulo: Ática, 1996.

MACHADO, Ana Maria. *Alice e Ulisses*. 4ª. ed. Rio de Janeiro: Nova Fronteira, 1990.
_____. *Amigos secretos*. Série Sinal Aberto. São Paulo: Ática, 1996.
MACHADO, Aníbal M. *João Ternura*. 3ª. ed. Rio de Janeiro: José Olympio, 1976.
MARANHÃO, Miriam & MARTINS, Gerusa. *Pensar expressar e criar: 8.ª série: manual do professor*. Tatuí: Casa Publicadora Brasileira, 1994.
MARINS, Francisco. *Em busca do diamante*. São Paulo: Ática, 1995.
MARTINS, Fran. *Poço de Paus*. Coleção Alagadiço Novo. 2ª. ed. Fortaleza: UFC/Casa José de Alencar, vol. 192, 1999.
MARTINS, Sebastião. *A dança da serpente*. Belo Horizonte: Lê, 1990.
MELO FILHO, Murilo. *Testemunho político*. Rio de Janeiro: Bloch, 1997.
MONTEIRO LOBATO, José Bento. *Urupês*. 33ª. ed. São Paulo: Brasiliense, 1988.
MORAES, Vinicius de. *Poesia completa e prosa*. 2ª. ed. Rio de Janeiro: Nova Aguilar, 1986.
MORAIS, Fernando. *Olga*. Rio de Janeiro/Barcelona: Record/Altaya, 1996.
MOREIRA CAMPOS. *Dizem que os cães veem coisas*. 2ª. ed. São Paulo: Maltese, 1993.
MOTA, Leonardo. *Cabeças-chatas*. Brasília: Casa do Ceará, 1993.
_____. *Cantadores*. 7ª. ed. Rio de Janeiro/São Paulo/Fortaleza: ABC, 2002.
_____. *No tempo de Lampião*. 3ª. ed. Rio de Janeiro/São Paulo/Fortaleza: ABC, 2002.
_____. *Sertão alegre*. 3ª. ed. Rio de Janeiro/São Paulo/Fortaleza: ABC, 2002.
_____. *Violeiros do Norte*. 7ª. ed. Rio de Janeiro/São Paulo/Fortaleza: ABC, 2002.
MOTT, Odette de Barros. *Férias do orfanato*. São Paulo: Brasil, 1986.
_____. *O Instituto de Beleza Eliza*. 2ª. ed. São Paulo: Atual, 1986.
_____. *O clube dos bacanas*. 14ª. ed. São Paulo: Atual, 1987.
MURAD, Maurício. *Todo esse lance que rola*. Rio de Janeiro: Relume-Dumará, 1996.
NASSAR, Raduan. *Lavoura arcaica*. 3ª. ed. rev. São Paulo: Companhia das Letras, 1998.
NICOLELIS, Giselda Laporta. *No fundo dos teus olhos*. 5ª. ed. São Paulo: FTD, 1987.
NORONHA, Teresa & JOSÉ, Ganymédes. *O príncipe fantasma*. São Paulo: Atual, 1991.
OLÍMPIO, Domingos. *Luzia-Homem*. São Paulo: Moderna, 1993.
OLIVEIRA, José Humberto Gomes de. *Dez contos mal contados*. Capistrano/Baturité: Cristo Rei, s/d.
PAIVA, Mário Garcia de. *Os agricultores arrancam paralelepípedos*. São Paulo: Ática, 1977.
PAIVA, Manuel de Oliveira. *Dona Guidinha do Poço*. Coleção Obras Imortais da Nossa Literatura. São Paulo: Editora Três, vol. 20, 1973.
PAIVA, Marcelo Rubens. *Blecaute*. 12ª. ed. São Paulo: Brasiliense, 1986.
PALMÉRIO, Mário. *Vila dos Confins*. 21ª. ed. Rio de Janeiro: José Olympio, 1982.
PASSONI, Célia A. N. (org. e apres.). *Onze contos de Machado de Assis*. 3ª. ed. São Paulo: Núcleo, 1994.
PATATIVA DO ASSARÉ [Antonio Gonçalves da Silva]. *Cordéis*. Fortaleza: EUFC, 1999.

PATATIVA DO ASSARÉ [Antonio Gonçalves da Silva]. *Digo e não peço segredo*. Fortaleza: Acesso, 2002.
PAZ, Carlos Eugênio. *Viagem à luta armada: memórias romanceadas*. Rio de Janeiro: Civilização Brasileira, 1996.
PINHO, José Maria Barros. *A viúva do vestido encarnado*. Rio de Janeiro: Record, 2002.
PINTO, José Alcides. *Os verdes abutres da colina*. 6ª ed. 2ª tir. Fortaleza: EUFC, 2000.
POLIZZI, Valéria Piassa. *Depois daquela viagem*. São Paulo: Ática, 2001.
PONTE PRETA, Stanislaw. *Rosamundo e os outros*. São Paulo: Círculo do Livro, 1987.
_____. *Febeapá 1: Primeiro Festival de Besteira que Assola o País*. 13ª ed. Rio de Janeiro: Civilização Brasileira, 1996.
_____. *Gol de padre e outras crônicas*. São Paulo: Ática, 1997.
PONTES, Ivan José de Azevedo. *As outras pessoas*. São Paulo: Editora do Brasil, 2001. [Na capa e na segunda folha de rosto o autor assina "Ivan Jau"].
PRADO, Adélia. *Oráculos de maio*. 4ª ed. São Paulo: Siciliano, 1999.
QUEIRÓS, Eça de. *A relíquia*. Coleção Biblioteca Universal. São Paulo: Editora Três, vol. 2, 1974.
_____. *O primo Basílio*. Série Bom Livro. 18ª ed. São Paulo: Ática, 1997.
QUEIROZ, Rachel de. *Dora, Doralina*. 5ª ed. Rio de Janeiro: José Olympio, 1979.
_____. *João Miguel*. 10ª ed. São Paulo: Siciliano, 1992.
_____. *Cenas brasileiras*. São Paulo: Ática, 1995.
_____ & SALEK, Maria Luiza de Queiroz. *O nosso Ceará*. Fortaleza: Demócrito Rocha, 1996.
RABELLO, Sylvio. *Euclides da Cunha*. Coleção Vera Cruz. Rio de Janeiro: Civilização Brasileira, vol. 103, 1966.
RAMOS, Graciliano. *Alexandre e outros heróis*. 15ª ed. Rio de Janeiro/São Paulo: Record, 1978.
_____. *Angústia*. 18ª ed. Rio de Janeiro: Record, 1978.
_____. *Cartas*. 7ª ed. Rio de Janeiro: Record, 1992.
_____. *Infância*. 13ª ed. Rio de Janeiro: Record, 1978.
_____. *São Bernardo*. 30ª ed. Rio de Janeiro: Record, 1978.
_____. *Vidas secas*. 39ª ed. Rio de Janeiro: Record, 1978.
REGO, José Lins do. *Cangaceiros*. 7ª ed. Rio de Janeiro/Brasília: José Olympio/INL, vol. 12, 1980.
_____. *Eurídice*. 7ª ed. Rio de Janeiro/Brasília: José Olympio/INL, vol. 11, 1980.
_____. *Fogo morto*. 20ª ed. Rio de Janeiro/Brasília: José Olympio/INL, vol. 10, 1980.
_____. *Menino de engenho*. 28ª ed. Rio de Janeiro/Brasília: José Olympio/INL, vol. 1, 1980.
_____. *Meus verdes anos: memórias*. 3ª ed. Rio de Janeiro/Brasília: José Olympio/INL, vol. 13, 1980.
_____. *O moleque Ricardo*. 13ª ed. Rio de Janeiro/Brasília: José Olympio/INL, vol. 4, 1980.
_____. *Pedra Bonita*. 10ª ed. Rio de Janeiro/Brasília: José Olympio/INL, vol. 7, 1980.
_____. *Pureza*. 9ª ed. Rio de Janeiro/Brasília: José Olympio/INL, vol. 6, 1980.

REGO, José Lins do. *Usina*. 10ª ed. Rio de Janeiro/Brasília: José Olympio/INL, vol. 5, 1980.
RESENDE, Otto Lara. *O elo partido e outras histórias*. 3ª ed. São Paulo: Ática, 1994.
REZENDE, Stela Maris. *Atrás de todas as portas*. 4ª ed. São Paulo: Atual, 1988.
RIBEIRO, Darcy. *O mulo*. 3ª ed. Rio de Janeiro: Record, 1998.
RIBEIRO, João Ubaldo. *Viva o povo brasileiro*. Rio de Janeiro: Nova Fronteira, 1984.
_____. *Sargento Getúlio*. Rio de Janeiro/Barcelona: Record/Altaya, 1996.
_____. *Livro de histórias*. São Paulo: Círculo do Livro, s/d.
_____. *A casa dos budas ditosos*. Rio de Janeiro: Objetiva, 1999.
RIBEIRO, Júlio. *A carne*. São Paulo: Martin Claret, 1999.
RUBIÃO, Murilo. *O pirotécnico Zacarias*. 8ª ed. São Paulo: Ática, 1981.
SÁ, Sinval. *Luiz Gonzaga: o sanfoneiro do riacho da Brígida*. 8ª ed. Fortaleza: Realce, 2002.
SABINO, Fernando. *O homem nu*. 25ª ed. Rio de Janeiro: Record, 1985.
_____. *O tabuleiro de damas*. 3ª ed. Rio de Janeiro: Record, 1988.
_____. *A faca de dois gumes*. 7ª ed. Rio de Janeiro: Record, 1989.
_____. *A volta por cima*. 3ª ed. Rio de Janeiro: Record, 1990.
_____. *Os restos mortais*. São Paulo: Ática, 1994. [Texto pertencente à obra *Aqui estamos todos nus*, do mesmo autor, publicado pela Record.]
_____. *A vitória da infância: seleção de crônicas*. 2ª ed. São Paulo: Ática, 1995.
_____. *O gato sou eu*. 18ª ed. Rio de Janeiro: Record, 2000.
SALES, Antônio (org., atual. ortogr., introd. crítica e notas Otacílio Azevedo). *Aves de arribação*. Coleção Dolor Barreira. Rio de Janeiro/Fortaleza: José Olympio/Academia Cearense de Letras, vol. IV, 1979.
SARAMAGO, José. *A jangada de pedra*. Rio de Janeiro/Barcelona: Record/Altaya. 1998.
_____. *Levantado do chão*. Rio de Janeiro/São Paulo: Record/Altaya,1998.
SARNEY, José. *Norte das águas*. São Paulo: Siciliano, 2001.
_____. *O dono do mar*. 8ª ed. São Paulo: Siciliano, 1999.
_____. *Saraminda*. São Paulo: Siciliano, 2000.
SENS, Enih. *Gente crescendo: português*. 8ª série. Curitiba: Arco-Íris, 1991.
SIRKIS, Alfredo. *Os carbonários*. 2ª ed. Rio de Janeiro: Record, 1998.
SUASSUNA, Ariano. *A história do amor de Fernando e Isaura*. Recife: Bagaço, 1994.
_____. *Auto da Compadecida*. Coleção Teatro Moderno. 32ª ed. Rio de Janeiro: Agir, 1997.
TÁVORA, Franklin. *O Cabeleira*. Coleção Obras Imortais da Nossa Literatura. São Paulo: Editora Três, vol. 16, 1973.
TEÓFILO, Rodolfo. *A fome; violação*. Coleção Dolor Barreira. Rio de Janeiro/Fortaleza: José Olympio/Academia Cearense de Letras, vol. 2, 1979.
VAZ, Fernando. *É tudo mentira*. Coleção Jabuti. São Paulo: Saraiva, vol. 1, 2000.
VIEIRA, José Luandino. *Luuanda*. Coleção Autores Africanos. São Paulo: Ática, vol. 10, 1990.
VILELA, Luís Junqueira. *Chuva e outros contos*. São Paulo: Editora do Brasil, 2001.
VILHENA, Cândida Vilares Vera. *Além da neblina*. 3ª ed. São Paulo: Melhoramentos, 1995.
VERÍSSIMO, Érico. *O prisioneiro*. 3ª impr. Porto Alegre: Globo, 1970.

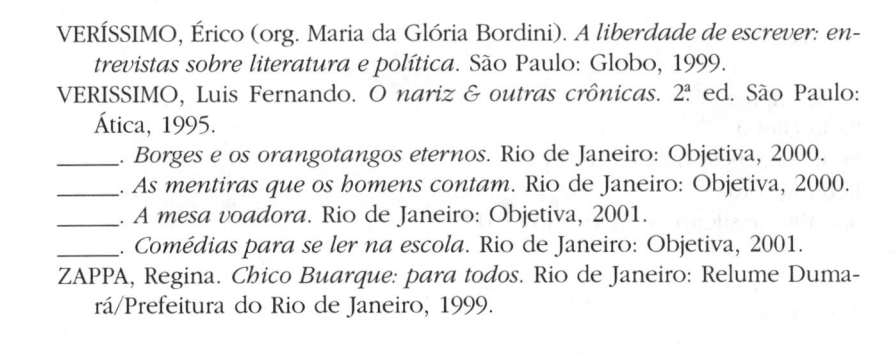

VERÍSSIMO, Érico (org. Maria da Glória Bordini). *A liberdade de escrever: entrevistas sobre literatura e política.* São Paulo: Globo, 1999.
VERISSIMO, Luis Fernando. *O nariz & outras crônicas.* 2ª ed. São Paulo: Ática, 1995.
_____. *Borges e os orangotangos eternos.* Rio de Janeiro: Objetiva, 2000.
_____. *As mentiras que os homens contam.* Rio de Janeiro: Objetiva, 2000.
_____. *A mesa voadora.* Rio de Janeiro: Objetiva, 2001.
_____. *Comédias para se ler na escola.* Rio de Janeiro: Objetiva, 2001.
ZAPPA, Regina. *Chico Buarque: para todos.* Rio de Janeiro: Relume Dumará/Prefeitura do Rio de Janeiro, 1999.

Imprensa/outros veículos de comunicação

Jornais

Diário de Pernambuco, Recife.
Diário do Nordeste, Fortaleza.
Folha de S.Paulo, São Paulo.
Hoje, Fortaleza.
Jornal da Amererp, apud *Saúde em Família/Hapvida,* nº 18, ago./set. de 2000, Fortaleza.
Jornal da Rua, Fortaleza.
Jornal do Cariri, Juazeiro do Norte.
Jornal do Comércio, Recife.
Jornal do MEC, Brasília.
O Povo, Fortaleza.
Tribuna do Ceará, Fortaleza.
Tribuna do Norte, Natal.

Revistas

Bundas, Rio de Janeiro: Pererê.
Caras, São Paulo: Caras.
Contigo!, São Paulo: Abril.
Época, Rio de Janeiro/São Paulo: Globo.
Gula, São Paulo: Camelot.
IstoÉ, São Paulo: Editora Três.
Manchete, Rio de Janeiro: Bloch.
Marie Claire, Rio de Janeiro/São Paulo: Globo.
Pais & Filhos/Família, Rio de Janeiro: Bloch.
Placar, São Paulo: Abril.
Planeta, São Paulo: Editora Três.
Playboy, São Paulo: Abril.
QuemAcontece, Rio de Janeiro/São Paulo: Globo.
Seleções, Rio de Janeiro: Reader's Digest.
Uma, São Paulo: Símbolo/Abril Cultural.
Veja, São Paulo: Abril.
Você S. A., São Paulo: Abril.

Bibliografia

Televisões

Rede Cultura
Rede Globo
Rede Manchete (atual RedeTV)
Rede Record
Sistema Brasileiro de Televisão (SBT)

Discografia

Chico Buarque de Holanda. "Roda-viva". In: *Grandes sucessos de Chico Buarque*, LP, RGE/Premier, PRLP-106-A, 1969.
_____. "Iracema voou" (CD2, faixa 2). In: *Chico ao vivo*, CD duplo, BMG/RCA, 7432169929-2, 1999.
Rafael Santos. (...) *CD* Arimar Cândido. Fortaleza, 1999.
Sérgio Ricardo. "Contra a maré" (faixa 19), "Vou renovar" (faixa 2). In: *Mestres da MPB*, CD, Continental/Warner Music Brasil, 997156-2, 1994.

Folhetos de cordel

Abraão Batista. *João Peitudo, o filho de Maria Bonita e de Lampião*. Fortaleza: O Povo, 1997.
Expedito Sebastião da Silva. *Trechos da vida completa de Lampião*. Fortaleza: O Povo, 1997.
Firmino Teixeira do Amaral. *Peleja do Cego Aderaldo com Zé Pretinho*. Gonçalo Ferreira da Silva (Editor), 2000.
João Melquíades Ferreira. *Romance do pavão misterioso*. Juazeiro do Norte: José Bernardo da Silva e filhas.
José Costa Leite. *Peleja de Jerônimo do Junqueiro com Zefinha do Chambocão*. Fortaleza: Tupynanquim, 1999.

Internet [Net]

Na internet foram consultados os seguintes sítios, ou endereços eletrônicos:
http://www.cruiser.com.br/gíria. Acesso em: 16.12.2000.
http://quasar.com.br/axe/dic.htm. Acesso em: 22.12.2000.
http://www.terravista.com.br, *Gírias BrasaMora*. Acesso em: 27.12.2000.
Renato Oliveira (org.). *Dicionário alagoano*. Disponível em: http://www.dicionario.al.org.br. Acesso em: 15.3.2001.
Glossário da gíria do Rio. Disponível em: http://www.estado.estadao.com.br/edicao/pano/97/10/04/cid364.html. Acesso em: 31.8.2001.
Clério José Borges. *Gírias e jargões da malandragem* (ES). Disponível em: http://www.esshop.com.br/gírias. Acesso em: 23.12.2001.

Referências bibliográficas

Aqui são listados autores e/ou obras, além de entidades ou órgãos, apenas referidos. Academias, jornais, revistas, livros sagrados, almanaques etc. vêm precedidas de um *hífen* (-).

A. J. de Souza Carneiro. *Furundungo*.
A. M. Brás da Silva. *Gíria marinheira*.
A. Tenório de Albuquerque. *Questões linguísticas americanas*.
A. Tito Filho. *Ligeiras observações sobre a "Lira sertaneja"*.
Abel Marques Caldeira. *Falares da Ilha* [Madeira].
Abelardo Duarte. *Três ensaios*.
Abraão Batista. *Lozarte e Ormando no país dos xexeléus* (folheto de cordel).
– Academia Espanhola. *Diccionario de la Lengua Castellana*.
– Academia Piauiense de Letras.
Aderaldo Ferreira de Araújo. *Eu sou o Cego Aderaldo*.
Adolfo Coelho. *Dicionário etimológico*; *Porto de Abrigo*.
Adovaldo Fernandes Sampaio. "Lídia, Lígia e Lívia". In: *Antologia do conto erótico*.
Afonso Arinos. "A fuga" (conto).
Afonso Pena Jr. *A arte de furtar e o seu autor*.
Afrânio Peixoto. *Bugrinha*; *Miçangas*; *Trovas brasileiras*.
Aglaé Lima de Oliveira. *De pote, esteira, chita e candeeiro*; *Lampião, cangaço e Nordeste*.
Aguinaldo Silva e Ricardo Linhares. *A indomada* (novela, Rede Globo).
Aires da Mata Machado Filho. "Fraseologia diferencial luso-brasileira", coluna Escrever certo. In: *Miscelânea Antenor Nascentes*; *Miscelânea Said Ali*.
Alberto Bessa. *A gíria portuguesa: esboço de um dicionário de calão*.
Alberto de Serpa. *Fonte*.
Alberto Porfírio. *Poetas populares e cantadores do Ceará*.
Albino Lapa. *Dicionário de calão*.
Alexandre Herculano. *Eurico, o presbítero*; *Lendas e narrativas*; *O monge de Cister*; *O panorama*.
Alfredo Augusto Lopes. *Polícia portuguesa*.
– *Almanach do Estado da Parahyba*.
Almeida Garret. *O Arco de Santana*.
Almir Albuquerque. *Eu e o futebol*.
Alphonsus de Guimaraens. *Obra completa*.
Aluísio Azevedo. *Casa de pensão*; *O Coruja*.
Amadeu Amaral. *O dialeto caipira*; "Os ditados que, de fato, se dizem". In: *Revista da Academia Brasileira de Letras*; *Tradições populares* (publicação póstuma).
Amadeu de Queiroz. *Os casos do Carimbamba*; *Provérbios e ditos populares*.

Referências bibliográficas

Amado Mendes. *Vocabulário amazônico*.
Antenor Nascentes. *A gíria brasileira*; *América do Sul*; *Dicionário etimológico da língua portuguesa*; *O linguajar carioca*.
Antônio Barroso Pontes. *Cangaceirismo do Nordeste*; *Mundo dos coronéis*.
Antônio Cabral. *Pequeno dicionário de Moçambique*.
Antônio Constantino. *Embrião*.
Antônio de Castro Lopes. *Origens de anexins, prolóquios, locuções populares, siglas etc*.
Antônio Feliciano de Castilho. *Fausto*.
Antônio Gomes de Freitas. *Inhamuns: terra e homens*.
Antônio Torres. *Essa terra*.
Antônio Versiani. *Viola de Queluz*.
Antônio Vieira Sales e Francisco Alcides do Nascimento. *Uma viagem ao mundo de Pintinho*.
Antônio Vilaça. *Meu limão, meu limoeiro*.
Aquilino Ribeiro. *Dom Quixote de la Mancha*; *Lápides partidas*; *Maria Benigna*; *Mônica*; *Os avós dos nossos avós*; *Portugueses das Sete Partidas*.
Araripe Jr., T. A. *O cajueiro do Fagundes*.
Ariano Suassuna. *A pena e a lei*.
Ariel Tacla. *Dicionário dos marginais*.
Aristóteles. *História dos animais*; *Peri psychês*.
Arnaldo Gama. *O bailio de Leça*; *Última dona*.
Arthur Azevedo. *A filha de Maria Angu* (peça); *Amor por anexins* (comédia). In: *Revista da Academia Brasileira de Letras*; *Contos cariocas*; *Contos efêmeros*; *Contos fora de moda*.
Artífio Bezerra da Cunha. *Memórias de um sertanejo*.
Artur César Ferreira Reis. *A Amazônia e a cobiça internacional*.
Assis Ângelo. *O poeta do povo: vida e obra de Patativa do Assaré*.
Athos Damasceno Ferreira. *Carnavais antigos de Porto Alegre*.
Augusto Meyer. *No tempo da flor*.
Augusto Rabelo da Paixão (da comunidade negra Mimbó, PI). *Cadernos de Teresina*.
Autran Dourado. *Nove histórias em grupos de três*.
Basílio de Magalhães. *Expansão*; *O folclore no Brasil*.
Batista Siqueira. *Folclore humorístico*.
Baptista Caetano. *Vocabulário*.
Beaurepaire-Rohan. Visconde de, *Dicionário de vocábulos brasileiros*.
Benedito Valadares. *Esperidião*.
Benoni Conrado. *Antônio Silvino na casa do fazendeiro* (folheto de cordel).
Benzoni. *Istoria del mondo nuovo*.
– *Boletim de Filologia* (Lisboa). "Gíria dos estudantes de Coimbra", X, p. 361, e IX, p. 362; XIII, p. 10.
Braga Montenegro. *As viagens e outras ficções*.
Brito Camacho. *Por cerros e vales*.
Brunetto Latini. *Livre du Trésor*.
Buffon. *Histoire naturelle*.
Bulhão Pato. *Portugueses na Índia*.
C. de Moura Batista. *Capurreiros do Piauhy*.
C. Nery Camelo. *Alma do Nordeste*.

Referências bibliográficas

Caio Porfírio Carneiro. *Chuva (ou Os dez cavaleiros)*; *O casarão*; *O sal da terra*; *Os meninos e o agreste*; *Trapiá*; *Uma luz no sertão*.
Camilo Castelo Branco. *A brasileira de Prazins*; *A bruxa de Monte Córdova*; *A Corja*; *Agulha em palheiro*; *A mulher fatal*; *As três irmãs*; *Aventuras de B. F. Enxertado*; *Boêmia do espírito (ed. de 1886)*; *Carlota Ângela*; *Formosa Lusitânia*; *Noites de Lamego*; *Novelas do mundo novo*; *O que fazem mulheres*; *O regicida*; *Os brilhantes do brasileiro*; *Vingança*.
Camões, Luís Vaz de. "Canção V"; "Elegia IX"; *Filodemeo* (comédia); "O cisne quando sabe ser chegado..." (soneto).
Cândido Carvalho Guerra. *Do calcinado agreste ao inferno verde*.
Cândido de Figueiredo. *Dicionário*.
Carlos Drummond de Andrade. *Cadeira de balanço*.
Carlos Feitosa. *No tempo dos coronéis*.
Carvalho Deda. *Brefaias e burundangas do folclore sergipano*.
Castro Soromenho. *Terra morta*.
Cecília Meireles. *Obra poética*.
– Centro de Estudos Folclóricos do Instituto Joaquim Nabuco de Pesquisas Sociais.
Cerominas. *Diccionario*.
César Coelho. *Strip-tease da cidade*.
Chateaubriand. *Le dernier des Abencérrages*; *O gênio do cristianismo*.
Chico Buarque. *Roda-Viva*.
Cícero. *Filípicas*.
Ciro de Carvalho Leite. *Cacimba*; *Grito da terra*.
Ciro dos Anjos. *Abdias* (romance); *Montanha*.
Clarice Lispector. *Uma aprendizagem ou O livro dos prazeres*.
Clóvis Amorim. *O alambique*.
Coelho Neto. *Neve ao sol* (peça); *O diabo no corpo* (comédia); *O rei negro*; *Turbilhão*.
– Corão.
Corina Rónai Vieira e Paulo Rónai. *Aventuras de Fígaro*.
Cornélio Pires. "Vocabulário". In: *Conversas ao pé do fogo*.
Dalcídio Jurandir. *Chove nos Campos de Cachoeira*.
– Daniel, A. T.
Darci Azambuja. *No galpão*.
David Antunes. *Briguela*.
Demóstenes de Oliveira. *A mulher dá à luz de 4 em 4 meses* (folheto de cordel).
– Deuteronômio, A. T.
Diadoro Século. *Biblioteca*.
– *Dicionário do comércio* (Port.).
Diógenes Laércio. *Tales*.
Diogo do Couto. *Soldado prático*.
Djalma Batista. *Da habitabilidade da Amazônia*.
D. Francisco Manuel de Melo. *Carta de guia de casados*; *Feira de anexins*.
D. Fr. Amador Arrais. *Diálogo*.
D. Martins de Oliveira. *Os romeiros*.
Durval Aires. *Barra da solidão*.
E. d'Almeida Víctor. *Pequeno dicionário de gírias entre delinquentes*.

Referências bibliográficas

E. Roquete-Pinto. *Seixos rolados*.
Eça de Queirós. *Cartas de Inglaterra*; *O crime do Padre Amaro*; *O mandarim* (novela).
Edilberto Trigueiros. *A língua e o folclore da bacia do São Francisco*.
Edison Carneiro. *A linguagem popular da Bahia*.
Eduardo Barbosa. *Lampião: rei do cangaço*.
Eduardo Campos. *Cantador, musa e viola*; *O chão dos mortos*.
Eliano. *Histórias de animais*; *Histórias várias*.
Elsie Lessa. *A dama da noite*.
Emílio de Meneses. *Mortalhas*.
Erotildes Miranda dos Santos. *O encontro de Chico Tampa com Maria Tampada* (folheto de cordel).
Esopo. *Fedro*; *Lykos Kaierodiós*.
Euclides Carneiro da Silva. *Dicionário da gíria brasileira*.
Euclides da Cunha. *Os sertões*.
Euclides Neto. *A enxada e a mulher que venceu o próprio destino*; *Dicionareco das roças de cacau e arredores*.
Evandro Rabello. *O mundo de Dona Finha*.
– Êxodo, A. T.
F. Coutinho Filho. *Violas e repentes*.
F. Magalhães Martins. *Mundo agreste*.
F. Monteiro de Lima. *No botequim da velha Chica*; *O Nordeste e meus alforjes*.
Fernando Lemos. *Os enforcados*.
Fernando Pedreira. *O quebra-cabeças*.
Fernando Ramos. *Os enforcados*.
Fernando São Paulo. *Linguagem médico-popular no Brasil*.
Fernão de Queirós. *Vida do Venerável Irmão Pedro Basto*.
Fernão Lopes. *Crônica de Dom Fernando*.
Fernão Mendes Pinto. *Peregrinação/Antologia*.
Ferreira da Costa. *A história do Paysandu Sport Clube*.
Ferreira de Castro. *A selva*.
Ferreira Soares. "Casa abatida". In: *Portucale*, III, p. 17.
Feydaux. *La Dame de Chez Maxim* (*A lagartixa*).
Fialho d'Almeida. "A eminente atriz" (conto); *Contos: O país das uvas*; *Pasquinadas*.
Flávio da Cunha Prata. *Estórias pitorescas do Nordeste*.
Fontes Ibiapina. *Congresso de duendes*; *Passarelas de marmotas*; *Tombador*.
Fran Martins. *A rua e o mundo*; *Dois de ouros*; *Estrela do pastor*; *Mundo perdido*; *O amigo da infância*; *O Cruzeiro tem cinco estrelas*; *Ponta de rua*.
Francisco da Silveira Bueno. *Grande dicionário etimológico-prosódico da língua portuguesa*.
Francisco de Assis Barbosa. *A vida de Lima Barreto*.
Francisco Dantas. *Coivara da memória*.
Francisco de Brito. *Terras bárbaras*.
Francisco Fernandes do Nascimento. *Milagre na terra violenta*.
Francisco Julião. *Irmão Juazeiro*.
Francisco Rolland. *Adágios, provérbios, rifões e anexins da língua portuguesa*.
Franklin Távora. *Lourenço*; *O matuto*.
Frederico Bezerra Maciel. *Lampião, seu tempo e seu reinado*.

Frederico Lane. *Vorta, boi, vorta!*
Fr. Domingos Vieira. *Grande dicionário português.*
Fr. Luís de Sousa. *Frei Bartolomeu dos Mártires*; *Vida do arcebispo.*
Gabriel Tellez (pseudônimo: Tirso de Molina). *El burlador de Sevilla* (peça).
Gebes Medeiros. *Linha do Equador.*
Gen. Jonas Moraes Correa. *Subsídios para um vocabulário da gíria militar.*
Getúlio César. *Crendices do Nordeste.*
Gilberto Freyre. *Assombrações do Recife Velho*; *Casa-grande & senzala.*
Gildário. "Cantos de Patativa" (música).
Gilvan Lemos. *A noite dos abraçados*; *Jutaí Menino*; *Os emissários do diabo*; *Os olhos da treva.*
– Gíria dos estudantes de Coimbra. *Boletim de Filologia*, IX, p. 362.
Gomes Monteiro e Costa Leão. *A vida misteriosa das palavras.*
Gonçalves Dias. *Brasil e Oceania.*
Gonçalves Viana. *Apostilas.*
Graça Aranha. "O espírito moderno" (conferência).
Gregório de Matos (fins do séc. XVII). *Décimas.*
Gualtier de Lille (ou *Guatier de Chatillon*). "Alexandreis" (poema épico, séc. XII).
Gustavo Barroso. *Consulado da China*; *Heróis e bandidos*; *Liceu do Ceará*; *Mississipe*; *O Tonico* (novela semanal, 1921); *Terra do sol* (costumes do Norte, 1912).
H. Castelo Branco. *A lira sertaneja.*
Haroldo Lobo e Mílton Oliveira. "Pele-vermelha" (música).
Henfil. *Diário de um cucaracha.*
Henry Woodsworth Longfellow. "The Son of Haiawatha" (poema).
Hermilo Borba Filho. *A porteira do mundo*; *Os ambulantes de Deus*; *Sete dias a cavalo.*
Hernâni Donato. *Selva trágica.*
Heródoto. *História.*
Hilário Gaspar de Oliveira. *Ceará hilariante.*
Hildegardes Vianna. *As aparadeiras, as sendeironas e seu folclore.*
Homero. *Ilíada*; *Odisseia.*
Horácio. *Epístola.*
Hugo Moura. *Contribuição ao estudo do linguajar paraibano.*
Humberto Crispim Borges. *Chico Melancolia.*
Ihering. *Dicionário.*
Ildefonso Albano. *Jeca Tatu e Mané Xique-xique.*
Inez Mariz. *A barragem.*
– Isaías, in *Versão dos Setenta.*
J. Cruz Medeiros. *Pinheiros.*
J. Simões Lopes Neto. *Casos do Romualdo.*
Jacinto Freire de Andrade. *Vida de D. João de Castro, quarto rei da Índia.*
Jackson do Pandeiro e José Bezerra. *Preguiçoso* (música).
Jáder de Carvalho. *Aldeota* (romance social).
Jaime Sisnando. *Sertão bravio.*
Jaime Vieira dos Santos. "Vocabulário do dialeto madeirense". In: *Revista de Portugal.*
Jean Giraudoux. *Anfitrião.*

Joana Rolim. *Casos e coisas sertanejas*.
– João, S. (N. T.).
João Alphonsus. *Eis a noite!*.
João Antônio. *Onze em campo*.
João Clímaco Bezerra. *O homem e seu cachorro*; *Sol posto*.
João de Barros. *Décadas*; *Vida do imperador Clarimundo*.
João do Cristo Rei. *João Noberto e Luciana* (folheto de cordel); *Toinha e Napoleão* (folheto de cordel).
João Felício dos Santos. *João Abade*.
João Francisco Lisboa. *Vida do padre Antônio Vieira*.
João Gaspar Simões. *O Ministério da Poesia*.
João Grave. *São Frei Gil de Santarém*.
João Guimarães Rosa. *Grande sertão: veredas*; *No Urubuquaquá, no Pinhém*; *Noites do sertão*; *Primeiras estórias*; *Sagarana*.
João José da Silva. *A condessa Rosa Negra*.
João Martins de Athayde. *Peleja de Antônio Machado com Manoel Gavião* (folheto de cordel).
João Melquíades Ferreira. *História de José Colatino e o Carranca do Piauí* (folheto de cordel).
João Ribeiro. *A língua nacional*; *Curiosidades verbais*; *Frases feitas* (Estudo conjuntural de locuções, provérbios etc.); *Seleta clássica*.
João Saldanha. *Histórias do futebol*.
João Ubaldo Ribeiro. *Miséria e grandeza do amor de Benedita*.
João Valle Maurício. *Grotão*.
Joaquim Batista de Sena. *Os amores de Chiquinha e as bravuras de Apolinário* (folheto de cordel); *Os martírios de Emília e as crueldades de Adolfo Rico* (folheto de cordel).
Joaquim de Paula Sousa. *Escola de caça, ou Montaria paulista*.
Joaquim Ferreira dos Santos. *Antônio Maria: noites de Copacabana*.
Joaquim Ribeiro, in *Revista da Academia Brasileira de Letras*, CVII, p. 294.
Jorge Ferreira. *Aulegrafia*.
Jorge Ferreira de Vasconcelos. *Eufrosina* (comédia).
– Jornal *A Imprensa*. RJ.
– Jornal *A Peroba*. São Luís, MA.
– Jornal *Correio da Manhã*. RJ.
– *Jornal da Cidade*. Recife, PE. *A derradeira história das ricas aventuras do coronel Chico Heráclito, o "Senhor das Varjadas"*.
– *Jornal da Província*.
– *Jornal de Timon*. PI.
– *Jornal do Brasil*. RJ.
– *Jornal do Cariri*. Juazeiro do Norte, CE.
– *Jornal do Comércio*. PE.
– Jornal *Diário Carioca*. RJ.
– Jornal *Diário de Notícias*. RJ.
– Jornal *Folha de Goiás*.
– Jornal *Folha de S.Paulo*.
– Jornal *Meio Norte*.
– Jornal *O Araripe*. Crato, CE.
– Jornal *O Dia*, RJ.

– Jornal *O Diário*. Piracicaba, SP.
– Jornal *O Estado de S. Paulo*.
– Jornal *O Estado do Maranhão*. MA.
– Jornal *Última Hora*, SP.
José Américo de Almeida. *Coiteiros*; *O Boqueirão*.
José Cardoso Pires. *O Delfim*.
José Costa Leite. *Peleja de José C. Leite com Maria Quixabeira* (folheto de cordel).
José de Alencar. *Guerra dos mascates*; *Til*.
José de Figueiredo Filho. *Feiras do Nordeste*; *Folguedos infantis caririenses*; *Meu mundo é uma farmácia*; *Patativa do Assaré*; *Renovação*.
José Expedito Rego. *Reminiscências de Oeiras Velha*.
José Fábio. "José Fábio canta Patativa do Assaré" (música).
José Geraldo Vieira. *Carta a minha filha em prantos*.
José J. Veiga. *A máquina extraviada*.
José Maria de Melo. *Os Canoés*.
José Marques da Silva. *Diário de um candango*.
José Pereira de Souza. *Adivinha quem vem*.
José Potiguara. *Terra caída*.
José Saramago. *Todos os nomes*.
José Soares. *Como o Nordeste foi à Lua* (folheto de cordel).
Josué de Castro. *Homens e caranguejos*.
Josué Montello. *A noite sobre Alcântara*; *Casais da Sagração*; *Uma tarde, outra tarde*.
– Juízes, A. T.
Júlio Conte. *Bailei na curva* (peça).
Júlio Nogueira. *Estudos da Língua Portuguesa*.
Juvenal Galeno. *Cenas populares*; *Lendas e canções*.
Juvenal Lamartine. *Velhos costumes do meu sertão*.
Ladislau Batalha. *História geral dos adágios portugueses*.
La Fontaine. *Fábulas*.
– Larousse. *Enciclopédia*.
Latino Coelho. *Vasco da Gama*.
Lauro Palhano. *O Gororoba*.
Leandro Gomes de Barros. *O boi misterioso* (poesia).
Leite de Vasconcelos. *Etnografia*; *Opúsculos*.
Lesage. *Gil Blás de Santilhana* (novela picaresca).
– *Les Brigands* (opereta).
– Levítico, A. T.
Liedo Maranhão de Souza. *Classificação popular da literatura de cordel*; *Conselhos, comidas e remédios para levantar as forças do homem*.
Lima Barreto. Afonso Henriques de, *Bagatelas*; *Feiras e mafuás* (artigos e crônicas).
Lindolfo Gomes. *Contos*.
– Livro de Jó, A. T.
– Livro do Gênese, A. T.
Lourenço Filho. *Juazeiro do Padre Cícero*.
Lourival Açucena. "Pirraças de amor" (poema).
– Lucas, S. (N. T.).

Referências bibliográficas

Luciano. *Alexandria*; *Fugitivo*.
Luís Cristóvão dos Santos. *Brasil de chapéu de couro*.
Luís da Câmara Cascudo. *Antologia do folclore brasileiro*; *A vaquejada nordestina e sua origem*; *Brasil de chapéu de couro*; *Coisas que o povo diz*; *Contos tradicionais do Brasil*; "Exibição da prova de virgindade"; *Flor dos romances trágicos*; *Folclore do Brasil*; *Superstição no Brasil*; *Vocabulário*.
Luís Edmundo. *De um livro de memórias*; *O Rio de Janeiro de meu tempo*.
Luis Fernando Verissimo. *Comédia da vida privada* (crônicas).
Luís Luna. *Lampião e seus cabras*.
Luís Vilela. *Tremor de terra*.
Luiz A. P. Vitória. *Dicionário da origem e da vida das palavras*.
Luiz Gonzaga. "Forró no escuro" (música).
Luiz Marinho. *Viva o cordão encarnado*.
Machado de Assis. *A Semana*; *Dom Casmurro*; *Helena*; *Memórias póstumas de Brás Cubas*; *Poesias completas*; *Quincas Borba*; *Várias histórias*; *Páginas recolhidas*.
Magalhães da Costa. *Estação das manobras*.
Mansur Guerios. *Tabus*.
Manoel Florêncio Duarte e outros. *Literatura de cordel: antologia*.
Manoel Lobato. *Garrucha 44*.
Manuel Cavalcanti Proença. *Roteiro de Macunaíma*.
Manuel de Oliveira Paiva. *A afilhada*.
Manuel do Nascimento. *Mineiros*.
Manuel Ferreira. *Voz de prisão*.
Manuel Pinheiro Chagas. *A máscara vermelha*; *Histórias alegres de Portugal*.
Manuel Ribeiro. *Planície heroica*.
Manuel Viotti. *Novo dicionário da gíria brasileira*.
Márcio Galvão. *A devassa*.
– Marcos, S. (N. T.).
Marilene Felinto. *Mulheres de Tijucopapo*; *O lago encantado do Grongonzo*.
Mário Brandão. *Almas do outro mundo*.
Mário C. Barata. "Gíria dos delinquentes da cadeia de Fortaleza". In: *A bem da língua portuguesa*.
Mário de Andrade. *Contos novos*; *Macunaíma*.
Mário Filho. *Viagem em torno de Pelé*.
Mário Lamenza. *Provérbios*.
Mário Landim. *Mãe d'água e caipora*; *Vaca preta e boi pintado*.
Mário Sette. *Sombra de baraúnas*.
Mário Souto Maior. *Antônio Silvino: capitães de trabuco*; *Como nasce um cabra da peste*; *Dicionário de pernambuquês*; *Em torno de uma possível etnografia do pão*; *A morte na boca do povo*.
Marisa Raja Gabaglia. *Milho pra galinha, Mariquinha*; *Os grilos de Amâncio Pinto*.
Marques Rebelo. *O simples coronel Madureira*.
Martins Pena. *O caixeiro da taverna* (comédia); *O diletante*.
– Mateus, S. (N. T.).
Maurice Rat. *Dictionnaire des Locutions Françaises*.
Mauro Mota. *Os bichos na fala da gente*.
Maximiano Campos. *Sem lei nem rei*.

Mello Souza. *Folclore*.
Miguel de Cervantes. *Dom Quixote de la Mancha*.
Miguel Torga. *Traço de união*.
Mílton Dias. *Estórias e crônicas*.
Miroel Silveira. *Bonecos de engonço*.
Moacir C. Lopes. *Chão de mínimos amantes*.
Moacir Japiassu. *A santa do cabaré*.
Molière. *Anfitrião*; *L'Avare* (comédia); *O misantropo*.
Montaigne. *Ensaios*.
Monteiro Lobato. *A barca de Gleyre*; *Urupês, outros contos e coisas*.
Morais Silva, Antônio. *Grande dicionário*.
Moreira Campos. *Contos*.
Moreira de Azevedo. *O Rio de Janeiro*.
Nagib Jorge Neto. *As três princesas perderam o encanto na boca da noite*.
Nascimento Morais Filho. *Pé de conversa*.
Neil de Castro. *As pelejas de Ojuara*.
Nelly Cordes. *O rei dos cangaceiros*.
Nélson Barbalho. *Major Sinval*.
Nélson de Faria. *Tiziu e outras estórias*.
Nélson Lustosa Cabral. *Paisagem do Nordeste*.
Nélson Rodrigues. *À sombra das chuteiras imortais*; *O beijo no asfalto*.
Nertan Macedo. *Capitão Virgulino Ferreira: Lampião*; *O clan dos Inhamuns*; *Rosário, rifle e punhal*.
Niccolò Machiavelli (ou *Maquiavel*). *Il principe*.
Noé Mendes de Oliveira. *Folclore brasileiro: Piauí*.
– "O Castigo da Soberba". Auto pop., anônimo. In: Ariano Suassuna, *Auto da Compadecida*.
O. G. Rego de Carvalho. *Ulisses entre o amor e a morte*.
Octávio de Faria. *Ângela ou as areias do mundo*.
Odálio Cardoso de Alencar. *Recordações da comarca*.
Oldemário Touguinhó e Marcos Veras. *As copas que eu vi*.
Olímpio Bonald Neto. *O homem que devia ter morrido há três anos*.
Oliveira Lima. *Memórias*.
Omer Mont'Alegre. *Vila de Santa Luzia*.
Orígenes Lessa. *Beco da fome*; *João Simões continua*.
Oswald de Andrade. *Memórias sentimentais de João Miramar*.
Oswaldo Lamartine de Faria. *Encouramentos e arreios do vaqueiro do Seridó*.
Oswaldo Valpassos. *Nordeste pitoresco*.
Ovídio. *Metamorfoses*.
Pe. Antônio Vieira (CE). *Sertão brabo*.
Pe. J. J. Dourado. *Cafundó*; *Muçambê*; *Uma história por dia*.
Pardal Mallet, Paula Ney e Coelho Neto. *O Meio* (folh.).
Patativa do Assaré (Antônio Gonçalves da Silva). *Cante lá que eu canto cá*; *Inspiração nordestina*.
Paulinho da Viola. "Foi um rio que passou em minha vida" (música).
Paulino Nogueira. *Vocabulário indígena*.
Paulino Santiago. *Dinâmica de uma linguagem: o falar de Alagoas*; *Temas e processos do cancioneiro de Alagoas*.
– Paulo, S. Atos dos Apóstolos, N. T.

Referências bibliográficas

Paulo Cavalcanti. *O caso eu conto como o caso foi.*
Paulo Dantas. *Menino jagunço; O capitão jagunço; O livro de Daniel.*
Paulo Elpídio de Menezes. *O Crato de meu tempo.*
Paulo Setúbal. *A marquesa de Santos.*
Pedro Armando. *Do jeito que vai agora* (folh. pop.).
Pedro Bandeira. *O sertão e a viola.*
Pedro Batista. *Cangaceiros do Nordeste.*
Pedro Ivo. *Contos.*
Pedro José da Fonseca. *Dicionário português e latim.*
Pedro Menezes. *Casas de caranguejo.*
Peregrino Jr. *A mata submersa.*
Pereira da Costa. *Vocabulário pernambucano.*
Perestrelo da Câmara. *Provérbios, adágios, rifões, anexins, sentenças morais e idiotismos da língua portuguesa.*
Péricles Leal. *Caminhos da danação.*
Permínio Asfora. *Bloqueio; O amigo Lourenço; O eminente senador; Sapé; Vento nordeste.*
Pery de Castro. *Cousas do meu pago.*
Peter Kellemen. *O Brasil para principiantes.*
Philippe Pinel. *Traité Médico-Philosophique sur l'Aliénation Mentale.*
Piá do Sul. *Gauchadas e gauchismos.*
Píndaro. *Olímpica.*
Platão. *Fédon; Protágoras; República; Teeteto.*
Plauto. *Anfitrião* (comédia).
Plínio. *História natural.*
Plínio Marcos. *Barrela.*
Plutarco. *Luculo; Teseu; Vida de Alexandre; Vida de César.*
Poggio. *Facetiae.*
Quintiliano. *Institutiones Oratoriae.*
Quinto de Esmirna. *Posthomerica.*
R. Batista Aragão. *Pedra Verde.*
R. Olbrich. *Miscelânea Adolfo Coelho.*
Rachel de Queiroz. *Cem crônicas escolhidas; Lampião; O caçador de tatu; O Quinze.*
Ramalho Ortigão. *A Holanda; Últimas farpas.*
Raul Pederneiras. *Geringonça carioca.*
Raul Seixas. "As aventuras de Raul Seixas na cidade de Thor" (música); "Você roubou meu videocassete" (música).
Rebelo da Silva. *Contos e lendas; História de Portugal.*
Regina Lacerda. *Folclore brasileiro: Goiás; Papa-ceia.*
– *Revista Brasileira de Medicina.* RJ.
– *Revista da Academia Brasileira de Letras.*
– *Revista da Faculdade de Filosofia da Paraíba.*
– *Revista de Cultura.*
– *Revista de Filologia Hispânica.*
– *Revista de Língua Portuguesa.*
– *Revista de Portugal.*
– *Revista do Arquivo Municipal.* SP.
– *Revista do Instituto Histórico.* RJ.
– *Revista Filológica.*

– *Revista Lusitana*.
– *Revista Portuguesa de Filologia*.
– *Revista Realidade*.
Ribamar Galiza. *O povoado*; *Que duas belas crianças*.
Ricardo Jorge. *Sermões dum leigo*.
Ricardo Ramos. *Os caminhantes de Santa Luzia*.
Rodolfo Garcia. *Dicionário de brasileirismos*.
Rodolfo Teófilo. *Maria Rita*.
Rodrigo Paganino. *Contos do tio Joaquim*.
Rodrigues de Carvalho. *Gíria do Norte*.
Rodríguez Marín. *Más de 21.000 refranes castellanos*.
Romanguera Correia. *Vocabulário sul-rio-grandense*.
Ronildo Maia Leite. *Um chope para a Gordinha*.
Roque Callage. *Vocabulário gaúcho*.
Rubens Dória. *Dicionário de sergipanês*.
Sá de Miranda. *Carta a Antônio Pereira*; *Obras completas*.
Sabino Campos. *Catimbó*.
Sainte-Beuve. *Consolation*.
Samuel Richardson, ingl. *Clarisse Harlowe* (romance).
Sebastião Nunes Batista. *Antologia da literatura de cordel*.
Segovia. *Diccionario de argentinismos*.
Sêneca. *Hércules Furioso*.
Severo e Jaguar. "Do jeito que a gente gosta" (música).
Silva Barros. *Vida de caserna*.
Sousa Costa. *Camilo*; *Milagres de Portugal*.
Sra. Leandro Dupré (Maria José Dupré). *Gina*.
Suetônio. *César*; *Tibério*; *Valério Máximo*.
Teobaldo. *Provérbios históricos e locuções populares*.
Teotônio Brandão Vilela. *Andanças pela crônica*.
Tito Lívio. *Res memorabiles*.
Tito Novais. *Peneirando*.
Tomás de Figueiredo. *Nó cego*.
Valdomiro Silveira. *Lérias*; *Os caboclos*.
Valério Máximo. *Facta*.
Vargas Neto. *Tropilha crioula e gado xucro*.
Vera Ferreira e Antônio Amaury. *O espinho do quipá*.
Veríssimo de Melo. *Adagiário da alimentação*.
Vicente de Carvalho. *Poemas e canções*.
Victorien Sardou. *Rabagás* (comédia).
Vilma Guimarães Rosa. *Acontecências*.
Virgílio. *Eneida*.
Visconde de Taunay (Alfredo d'Escragnolle Taunay). *Ao entardecer*; *Inocência*; *Memórias*; *O encilhamento*; *Reminiscências*.
Victor Hugo. *Os miseráveis* (romance).
Vítor Gonçalves Neto. "Fogo" (conto).
Voltaire. *Cândido* (novela); *Don Pèdre* (peça).
W. Bariani Ortêncio. *Sertão sem fim*; *Vão dos Angicos*.
William Shakespeare. *O mercador de Veneza* (tragédia).
Xavier de Placer. *Doze histórias curtas*.
Zé Praxedi. *Luís Gonzaga e outras poesias*.

IMPRESSÃO E ACABAMENTO:
YANGRAF Fone/Fax:
2095-7722
e-mail:santana@yangraf.com.br